Shriman MAHABHARATAM
Part VI

12. ŚĀNTIPARVA

WITH

Bharata Bhawadeepa By Nīalkaṇṭha.

Nag Publishers
11A/U.A. (POST OFFICE BUILDING) JAWAHAR NAGAR, DELHI-7.

This publication has been brought out with the financial assistance from the Govt. of India, Ministry of Human Resource Development.

[If any defect is found in this book please return per V.P.P. for postage expences for exchange of free of cost].

© **NAG PUBLISHERS**

(i) 11A/U.A. (POST OFFICE BUILDING), JAWAHAR NAGAR, DELHI-110 007

(ii) 8A/U.A.-3, JAWAHAR NAGAR, DELHI-110 007

(iii) JALALPUR MAFI (CHUNAR-MIRZAPUR) U.P.

ISBN 81-7081-188-0

I S B N : 81-7081-182-1 (7 Vols Set)

R E P R I N T
1988

PRICE Rs.   7 Vols. Set

PRINTED IN INDIA

Published by : NAG SHARAN SINGH FOR NAG PUBLISHERS
11A/U.A., Jawahar Nagar, Delhi-110 007 and Printed at New Gian Offset Printers
495. D.D.A. Complex, Shahzada Bagh Extn., Daya Basti, Delhi.

श्रीमन्महाभारतम्

षष्ठ खण्ड

१२. शान्तिपर्व

चतुर्धरवंशावतंसश्रीमन्नीलकण्ठविरचितभारतभावदीपाख्यटीकया समेतम्।

नाग प्रकाशक
११ ए/यू. ए., जवाहर नगर, दिल्ली-७

नाग पब्लिशर्स
१. ११ए/यू. ए. (पोस्ट आफिस बिल्डिंग),
जवाहरनगर, दिल्ली ११०००७
२. ८ए/यू. ए. ३ जवाहरनगर दिल्ली ११०००७
३. जलालपुरमाफी (चुनार-मिर्जापुर) उ० प्र०

पुनर्मुद्रित
१९८८

नागशरण सिंह द्वारा नाग पब्लिशर्स, जवाहर नगर, दिल्ली-७ के लिए प्रकाशित तथा न्यू ज्ञान आफसेट प्रिंटर्स, ४९५ डी० डी० ए० कम्पलेक्स, शाहजादा बाग एक्सटेंशन, दयाबस्ती, दिल्ली-३५ द्वारा मुद्रित।

अथ श्रीमहाभारते शांतिपर्वप्रारंभः

शान्तिपर्व १२
स्त्री समुदाय
राज मंडली
पांडव
श्रीकृष्ण

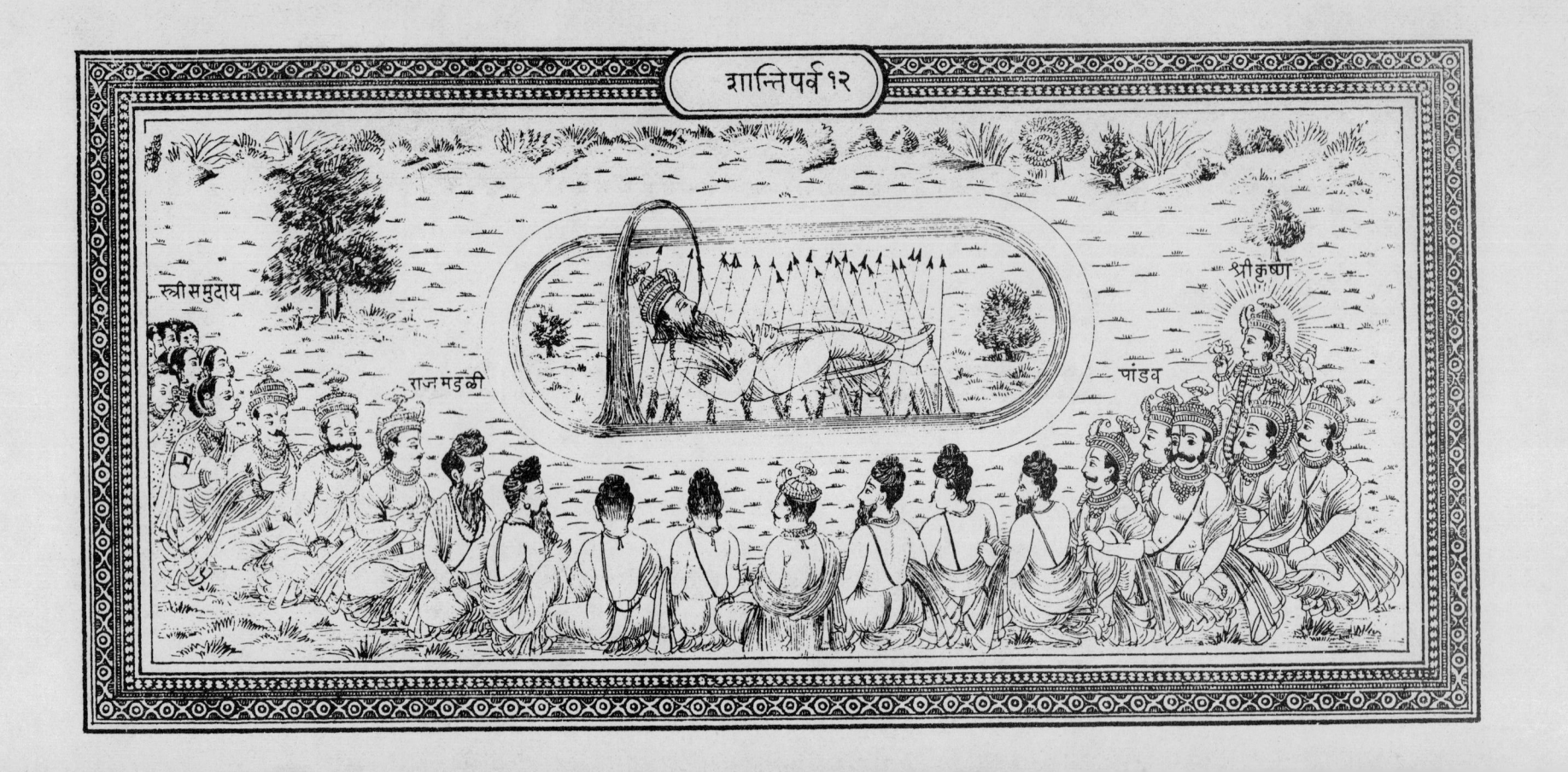

॥ महाभारतम् ॥

शान्तिपर्व

-१२-

विषयानुक्रमणिका ।

(१) राजधर्मानुशासनपर्व

१ कृतोदकेषु पाण्डवेषु गंगातीरे निवसत्सु तान्प्रत्यागतेषु व्यासनारदादिषु नारदो "भवता बाहुवीर्येण" इत्याद्युवाच युधिष्ठिरं प्रति । असंतुष्टो युधिष्ठिरो नारदं प्रति कुन्तीकृतमन्त्रसंवरणवृत्तान्तं पूर्वोक्तं कुन्तीकर्णसंवादं च कथयित्वा कर्णाज्ञानेनानुतप्तः सन् कर्णाभिशापवृत्तान्तं शुश्रूषया प्रपच्छ । १

२ उत्तरं वदन्नारदो द्रोणसमीपे कर्णकृतं ब्रह्मास्त्रयाचनं द्रोणकृतं तत्प्रत्याख्यानं च कथयति स्म । द्रोणेन प्रत्याख्यातः कर्णः परशुरामं प्रति गत्वा ब्राह्मणोऽहमित्युक्त्वा तत्र वसंस्तस्मादस्त्रशिक्षामवाप । कदाचित्कर्णः समुद्रतीरे विचरन्नज्ञानाद्ब्राह्मणधेनुं हत्वा तं ब्राह्मणमनुनयन्नपि क्रुद्धात्तस्मान्मरणकाले चक्रमज्जनादिरूप शापमवाप । १

३ कर्णस्य वीर्यादिकं दृष्ट्वा तुष्टो रामस्तस्मै ब्रह्मास्त्रं ददौ । कदाचित्कर्णोत्संगे शिरो निधाय सुप्तो रामः केनचित्कीटेन भग्नात्कर्णोरोर्निर्गतेन रुधिरेण स्पृष्टः प्रबुद्धः सन् कर्णोरुभेदकं कीटं ददर्श । कीटको रामस्य दृष्टिपातेन तत्कीटकरूपं त्यक्त्वा राक्षसरूपः सन् स्वस्य कीटत्वप्राप्तिकारणवृत्तान्तमाचख्यौ । "नैतादृशं ब्राह्मणस्य धैर्यं तस्मात्तथ्यं कथय" इति परशुरामेण सक्रोधमुक्तः कर्णः स्वस्य यथार्थं वृत्तान्तं कथयामास । तच्छ्रुत्वा क्रुद्धेन रामेण "यस्मान्मिथ्योपचारितः" इत्यादिना मरणकाले ब्रह्मास्त्रास्फुरणरूपं शापं दत्वा विसर्जितः कर्णः पादवंदनादिपूर्वकं स्वदेशं

जगाम २

४ दुर्योधनेन सह कर्णस्य सख्ये जाते कदाचित्स्वयंवरदर्शनार्थं कलिंगदेशं प्रत्युभौ जग्मतुः। तत्र दुर्योधनेन कलिंगराजकन्यायां हृतायां राजभिः सह कर्णदुर्योधनयोर्युद्धम् ३

५ मागधेन युद्धार्थमाहूतः कर्णस्तं पराजिग्ये, पराजितश्च स कर्णाय मालिनीनगरं ददौ। देवमायाविमोहितः कर्ण इन्द्राय सहजं कवचं कुण्डले चाददौ ३

६ इत्युक्त्वा विरते नारदे शोचन् युधिष्ठिरो "यातितः स मया पूर्वं" इत्यादिना कर्णेन सह जातं स्वसंवादं कथयन्तीं कुन्तीं प्रति "तव मन्त्रसंवरणेनाहं पीडितः" इत्याद्युक्त्वा "न गुह्यं धारयिष्यन्ति" इति सर्वाः स्त्रियः शशाप ३

७ कर्णं स्मृत्वा संतप्तो युधिष्ठिरो हतान् ज्ञातीननुस्मृत्य दुर्योधनं विनिंदन् पापभीतोऽर्जुनं प्रत्यात्मनो वनवासाभिप्रायं कथयति स्म ३

८ युधिष्ठिरं प्रत्युत्तरं वदन्नर्जुनोऽर्थं प्रशंसन्नर्थहीनान्विनिंदन् भूमित्यागरूपं कुपथं मा स्म गम इत्याह। ५

९ युधिष्ठिरो वनवासप्रशंसापूर्वकं तद्धर्मान् यतिधर्मांश्चाख्याय संसारालम्बने दुःखं तत्यागे सुखं च वर्णयति स्म ... ६

१० युधिष्ठिरं प्रति भीमस्य "श्रोत्रियस्येव ते राजन्" इत्याद्युपदेशवाक्यम् ७

११ अर्जुनो युधिष्ठिरं प्रति गार्हस्थ्यालम्बनस्य श्रेयस्त्वं प्रतिपादयंस्तापसेन्द्रसंवादरूपमितिहासं कथयामास ८

१२ युधिष्ठिरं प्रत्यर्जुनोक्त्युपबृंहकं "विशाखयूपे देवानां" इत्यादिकं नकुलस्योपदेशवाक्यम् ९

१३ सहदेवो युधिष्ठिरं प्रति "न बाह्यं द्रव्यमुत्सृज्य" इत्याद्युवाच १०

१४ भ्रातृभिर्बोधितमपि तूष्णींभूतं युधिष्ठिरं प्रति सर्वैः प्रकारै राज्योपभोगसमर्थनरूपा द्रौपद्युक्तिः १०

१५ द्रौपदीवाक्यं श्रुत्वा पुनरर्जुनो दण्डं प्रशस्य तस्यार्थाधीनत्वं प्रतिपादयन्नन्तरात्मनोऽवध्यत्वं कथयन् भ्रूणहत्यादिदोषाभावं वर्णयति स्म ११

१६ अर्जुनवाक्यं श्रुत्वा भीमो युधिष्ठिरमाक्षिपन् शारीरादीन् व्याधीनभिधाय द्रौपदीसभानयनाद्यनूद्य राज्यं शाधीत्याह ... १२

१७ युधिष्ठिरो राज्यं विनिंदन् वनवासिनः प्रशस्य जनकोक्तां गाथां जगाद... ... ... १३

१८ तूष्णींभूते युधिष्ठिरे पुनरर्जुनो राज्यत्यागिनो जनकस्य तत्पत्न्या सह संवादं कथयित्वा तद्दृष्टांतेन "त्वं मोहं मास्म गमः" इत्याह १४

१९ पुनर्युधिष्ठिरो राज्यत्यागमभिप्रेत्य वनवासिनः प्रशशंस... १५

२० युधिष्ठिरं प्रत्युपदिशन् देवस्थानऋषिर्यज्ञं प्रशशंस... ३३

२१ पुनर्देवस्थान इंद्रबृहस्पतिसंवादरूपमितिहासमुक्त्वा भूतानां नानाविधानि मतान्युपन्यस्य राज्यं पालयितुमुपादिदेश... १६

२२ पुनरर्जुनो युधिष्ठिरं प्रति "क्षत्रधर्मेण धर्मज्ञ प्राप्य राज्यं सुदुर्लभं" इत्याद्युवाच... ...१६

२३ अर्जुनोक्तिं श्रुत्वा तूष्णींभूतं युधिष्ठिरं प्रति व्यासो गृहस्थाश्रमं प्रशस्य ब्राह्मणक्षत्रियधर्मानुपदिश्य तदुद्देशेन बृहस्पतिगीतां "राजानं चाविरोद्धारं" इत्यादिरूपां गाथामाह स्म। सुद्युम्नः केन

कर्मणा सिद्धिमवाप्नोति युधिष्ठिर- प्रश्ने तदुत्तरं कथयन् व्यासः शंख- लिखितवृत्तान्तं कथयति स्म । क- दाचिल्लिखितः शंखाश्रमं गत्वा फ- लान्यभुङ्क्त तं चाह शांखो मदनुज्ञां विना फलानि भक्षितवता त्वया. स्तेयं कृतमिति सुद्युम्नं राजानं प्रति गच्छेति । शांखानुज्ञया सुद्यु- म्नं प्रति गत्वा "स्तेनं मां मत्वा दण्डं धारय" इत्युक्तवंतं लिखितं प्रति स राजा "प्रमाणं चेन्मतो राजा" इत्याद्युवाच । पुनर्दण्डमेव कुर्विति प्रार्थितेन सुद्युम्नेन हस्त- द्वयच्छेदनरूपे दंडे विहिते धृत दंडो लिखितः शंखवाक्याद्बाहु- दानयां स्नात्वा हस्तावाप तेन स राजापि सिद्धिं प्राप... १७

२४ व्यासः पुनर्युधिष्ठिरं प्रति राज- धर्मानुपदिदेश... १७

२५ प्रत्युत्तरं वदन्युधिष्ठिरो यदा "न पार्थिवमिदं राज्यं" इत्याद्यु-

वाच तदा व्यासः "कालप्रभा- वात्सर्वं भवति" इत्युक्त्वा तद् दृष्टभक्तत्वेन सेनजित्कथितां गाथा- मभिधाय पुनः राजधर्मान्भ्य- धात्... ... १८

२६ पुनर्युधिष्ठिरोऽर्जुनं प्रति वनवास- प्रशंसारूपं वाक्यमुक्त्वा ययाति- गीता गाथाः कथयित्वा धनं विनि- द्यदुवाच... ... १९

२७ अभिमन्युवधादिकं भीष्मपरा- क्रमं द्रोणवाक्यं चानूद्य विलपन्तं बंधुशोकविह्वलं युधिष्ठिरं प्रति व्यासः "संयोगा विप्रयोगान्ताः" इत्याद्युपदिदेश... ... २०

२८ पुनर्युधिष्ठिरस्य शोकमपनुदन् व्यासोऽस्मिन्नर्थे जनकसंवादरूपमि- तिहासं कथयति स्म । "आगमे यदि वापाये ज्ञातीनां द्राविणस्य च" इत्यादिके जनकप्रश्ने उत्तरं वदन्धर्मर्षिः सर्वेषां कालाधी- नत्वं भूतसमागमस्यानित्यत्वं च

कथयन्नुपदिदेश । अश्मोपदेशेन विशोकस्य जनकस्य स्वगृहगमन- माख्याय "जनकवत् त्वमपि शोकं मुञ्च" इत्याद्याह व्यासः... २१

२९ युधिष्ठिरशोकापनोदार्थमर्जुनेन प्रेरितः श्रीकृष्णस्तदर्थं सृञ्जयना- रदसंवादरूपमितिहासं कथयति स्म । पुत्रशोकसंतप्तं सृञ्जयं प्रति नारदो मरुत्त-सुहोत्र-बृहद्रथ-शिबि- भरत-राम-भगीरथ-दिलीप-मान्धा- तृ-ययाति-अम्बरीषप्रभृतीनां षो- डशानां मरणकथनेन तस्य शोक- मपनुद्य राज्ञः पुत्रयाचनमंगीकृत्य पुनस्तं दातुं प्रतिजज्ञे... २२

३० सृञ्जयस्य स्वर्णष्ठीवी पुत्रः कथं जात इति धृतराष्ट्रप्रश्ने श्रीकृष्ण- स्तदुत्तरं वदन्नारदपर्वतवृत्तान्तं कथयति स्म । नारदपर्वतयोः प्रार्थनापूर्वकं सृञ्जयगृहे निवसतोः सृञ्जयेनोभयोः सेवार्थं नियुक्तायाः कन्यायाः परिचर्यया मदनाक्रान्तं

नारदं दृष्ट्वा पर्वतस्तस्मै वानरा- कृतिप्राप्तिरूपं शापं वितार, नारदश्च पर्वताय स्वर्गगतिरोध- रूपम् । परस्परशापदानानन्तरं गते पर्वते नारदो राजकन्यां लब्ध्वा निवसन् कास्मिंश्चित्काले पर्वतं जगाम । तत्र नारदं दृष्ट्वा शापमोचनार्थं पर्वतेन प्रार्थनायां कृतायामुभावपि परस्परं शाप- मोचनं चक्रतुः । शापमोचनेन रूपान्तरवन्तं नारदं दृष्ट्वा परपुरुष- शङ्कया विद्रवन्तीं राजकन्यां पर्वतोपदेशेन प्रकृतिमापेदे । इत उत्तरं वृत्तान्तमेष नारदो वक्ष्य- तीत्युवाच श्रीकृष्णो युधिष्ठि- रम्... २३

३१ युधिष्ठिरेण पृष्टो नारदोऽवशिष्टं वृत्तान्तं कथयितुं प्रतिजज्ञे, राज- गृहे बहुदिनवासेन तुष्ट्यो नारद- पर्वतयोरुक्तिप्रत्युक्त्यनन्तरं पर्व- तेन वराचनार्थमुक्तः सृञ्जयो

देवराजसमद्युतिं पुत्रं ययाचे, तच्छ्रुत्वा पर्वतो "यतस्त्वयेन्द्रस्पर्धया पुत्रः प्रार्थितोऽतस्तव स्वर्णष्ठीवी पुत्रो भविष्यति परं त्वल्पायुर्भविष्यति" इत्युवाच राजानम्। पुनर्दीर्घायुषं पुत्रं प्रार्थितवति राजनि नारदो "भवत्वल्पायुर्मां स्मर ते पुत्रं दर्शयिष्यामि" इत्यवादीत्। पर्वतप्रसादात्पुत्रे स्वर्णष्ठीविनि जाते सति तन्नाशार्थमिन्द्रेण प्रेषितं स्वकीयं वज्रं व्याघ्ररूपेण राजपुत्रं जघान। तदा स्मृतो नारद आगत्य तं पुत्रं जीवयामास राजा च तुष्टः सन् राज्यं पालयामास। एवं कथयित्वा नारदो युधिष्ठिरं प्रति शोकं परित्यज्य राज्यं पालयेत्युवाच २६

३२ तूष्णीं भूतं युधिष्ठिरं "प्रजानां पालनं धर्मः" इत्यादिकं व्यासवाक्यं श्रुत्वा "न तेऽभिशङ्के वचनं" इत्यादिना अवध्यानां हननं मां दहति इत्यादिना वदन्तं प्रति व्यासः "ईश्वरप्रयुक्तेन पुरुषेण साध्वसाधु क्रियते" इत्याद्युवाच २६

३३ पुनर्विलपन्तं युधिष्ठिरमाश्वासयितुं उपदिशन् व्यासो देवासुरसंग्रामवृत्तान्तमाख्याय प्रायश्चित्तार्थमश्वमेधकरणमुपदिदेश २७

३४ "कानि कृत्वेह कर्माणि प्रायश्चित्तीयते नरः" इत्यादिके युधिष्ठिरप्रश्ने उत्तरं कथयन् व्यासो विहिताकरणादिना प्रायश्चित्तार्हत्वमभिधाय प्रायश्चित्तार्हाणां स्वरूपं निरूप्य येषु क्रियमाणेष्वपि दोषाभावस्तान्यप्यभिदधाति स्म २८

३५ ब्रह्महसुरापगुरुतल्पगपरदाराभिमर्शिपरिवेत्तृप्रभृतीनां प्रायश्चित्तान्यभिदधाति स्म व्यासः। ब्राह्मणादीनां प्रायश्चित्ते गौरवलाघवे निरूप्यागम्यागमनप्रायश्चित्तं भक्ष्याभक्ष्येष्वज्ञानिनः स्वल्पप्रायश्चित्तादिकं चाचष्ट ... २९

३६ भक्ष्याभक्ष्यादिज्ञानार्थं युधिष्ठिरप्रश्ने तन्निरूपणार्थं सिद्धमनुसंवादरूपमितिहासं वर्णयति स्म व्यासः। सिद्धैः कार्याकार्यविषये पृष्टो मनुः "अनादेशे जपो होमः" इत्याद्युक्त्वा ब्राह्मणानामभक्ष्याणि कथयित्वा प्रेतान्नादिभक्षणे दोषं चाभिधाय गृहस्थानां देवादिपूजनपूर्वकं भोजनादिनियमं दाननियमं चाख्यातवान्। ...३०

३७ राजधर्मादीन् श्रोतुं प्रार्थयन्तं युधिष्ठिरं प्रति व्यासो "भीष्मं गच्छ स ते सर्वं कथयिष्यति" इत्युक्त्वा भीष्मं प्रशशंस। भीष्मं प्रति गंतुं लज्जमानो युधिष्ठिरः श्रीकृष्णेन बोधितः सन् षोडशगवं रथमारुह्य तत्कालोचितपरिकरसमेतः पुरं प्रविवेश। ३१

३८ पुरप्रवेशसमये दिदृक्षूणां जनानामागमने स्त्रीषु द्रौपदीं स्तुतवतीषु प्रकृतिषु च राजानं प्रशंसत्सु प्रविष्टो युधिष्ठिरो ब्राह्मणपूजादिकमाचचार, पुरे पुण्याहघोषादिके प्रवृत्ते दुर्योधनसखश्चार्वाको नाम राक्षसो भिक्षुरूपेणागत्य युधिष्ठिरं निनिंद। तदवसरेण युधिष्ठिरेण प्रार्थिता ब्राह्मणास्तत्प्रत्यभिज्ञां दत्वा हुंकारैः पापराक्षसं चार्वाकं जघ्नुः ... ३३

३९ श्रीकृष्णो युधिष्ठिरं प्रति चार्वाकराक्षसस्य ब्रह्मणो वरदानं देवप्रार्थनया ब्रह्मादिष्टं तद्वधोपायं चाकथयत्। ३३

४० वैशंपायनो युधिष्ठिरादीनामासनोपवेशनमभिषेचनिकसामग्रीं युधिष्ठिरस्य राज्याभिषेकं ब्राह्मणानां स्तुतिपूर्वकाशीर्वादांश्चाभिदधाति स्म। ३३

४१ युधिष्ठिरोऽमात्यादीन् प्रति धृ-

शान्तिपर्वविषयानुक्रमणिका ।

तराष्ट्राज्ञानुवर्तनाद्यांभिधाय भीष्म
यौवराज्येऽभिषिच्य मंत्रणादिषु
धृतराष्ट्रसंमाननेच विदुरादीन्
विनियुयोज। ३४

४२ युधिष्ठिरादिभिः कृतानि मृता-
नां श्राद्धान्यकथयद्वैशंपायनः ३४

४३ अभिषेकोत्तरं युधिष्ठिरकृतः
श्रीकृष्णस्तवः । ... ३५

४४ विसर्जितेष्वमात्यादिषु स्व-
गृहगतेषु युधिष्ठिरो भीमादीन्सां-
त्वयित्वा भीमार्जुननकुलसहदे-
वान् प्रति दुर्योधनदुःशासनदुर्मर्ष-
णदुर्मुखगृहेषु निवासितुं यथाक्र-
मनुज्ञे... ... ३५

४५ "प्राप्य राज्यं युधिष्ठिरो यद-
करोत्तत्कथय" इति जनमेजयस्य
प्रश्ने वैशंपायनस्योत्तरम् । युधिष्ठिरो
भ्रातृवर्ग्ये यथायोग्यं स्वे स्वे
स्थाने निवेश्य धौम्यादिभ्यो धनं
दत्त्वा श्रीकृष्णसमीपं गत्वा "सुखेन
ते निशा कश्चित्" इत्याद्युवाच ३५

४६ उत्तरमददानं ध्यायंतं श्रीकृष्णं

दृष्ट्वा विस्मितो युधिष्ठिरः "किमिदं
परमाश्चर्यं" इत्याद्युवाच तं प्रति ।
"भीष्मो मां ध्यायति तद्गतं मम
मनः" इत्युक्त्वा तं प्रशस्य राज-
धर्मादीन् श्रोतुं तं प्रति गच्छेति
श्रीकृष्णेनोक्तो युधिष्ठिरस्त्वां पुर-
स्कृत्य गमिष्यामीत्युवाच । तच्छ्रु-
त्वा श्रीकृष्णेन रथयोजनार्थं साय-
किद्रारादंज्ञप्तो दारुको रथं सज्जी-
कृत्याजगाम... ... ...३६

४७ भीष्मः कथं देहमुत्सृष्टवानिति
जनमेजयप्रश्ने वैशंपायनस्योत्तरम् ।
शरतल्पगतो भीष्मो व्यासनार-
दादिषु समीपस्थितेषु श्रीकृष्णस्य
स्तवराजं कृतवान् । स्तवेन तुष्टः
श्रीकृष्णो रूपांतरेण भीष्माय दिव्यं
ज्ञानं दत्त्वा शयनस्थाने स्वं देह-
मागतो युधिष्ठिरेण प्रबोधितो रथ-
मारुह्य युधिष्ठिरादिभिः सह कुरु-
क्षेत्रदर्शनार्थं निर्जगाम... ३६

४८ श्रीकृष्णादिषु कुरुक्षेत्रमवतीर्य

तद्दर्शनं कुर्वत्सु श्रीकृष्णो युधि-
ष्ठिरं प्रति संक्षेपेण जामदग्न्यस्य
रामस्य पराक्रममकथयत्... ३६

४९ रामपराक्रमज्ञानार्थं युधिष्ठिर
प्रश्ने श्रीकृष्णः सविस्तरं तं कथ-
यन् रामस्य जन्मवृत्तांतं कथयति
स्म । ऋचीको गाधिकन्यां सत्य-
वतीं परिणीय प्रसन्नः संस्तस्या
गाधेश्च पुत्रोत्पत्त्यर्थं चरुद्वयं
निर्माय "त्वच्चरुर्ब्राह्मणं पुत्रं त्व-
न्मातृचरुः क्षत्रियं पुत्रं जनयिष्य-
तीति यथायोग्यमनयोरुपयोगः
कर्तव्यः" इत्युक्त्वा वनं जगाम-
एतस्मिन्नवसरे तीर्थयात्रां कुर्वन्
गाधिराश्रममाजगाम, तेन सह-
गतायाः मातुरुपदेशेन विनिमय-
पूर्वकं चर्वोरुपयोगं सत्यवती-
तन्मातरौ चक्रतुः । चर्वोर्व्यत्ययेन
गर्भाद्व्यत्ययं दृष्ट्वा ऋचीकः सत्य-
वतीं प्राह "तव पुत्रः क्रूरकर्मा
क्षत्रियो भविष्यति त्वन्मातुश्च
तपोरतो ब्राह्मणः पुत्रः" इति ।

"मम पौत्रस्तथा भवतु पुत्रश्च
मे ब्राह्मणो भवतु" इति
सत्यवत्या प्रार्थित ऋचीकस्तथा-
गीचकार, ततः सत्यवती जमदग्निं
तन्माता च विश्वामित्रं जनया-
मास । जमदग्नेस्तपसः पुत्रो रामो महा-
देवाद्यस्त्राणि परशुं चावाप्तदत्ता-
त्रेयप्रसादाल्लब्धबाहुसहस्रो हैहय-
त्रिपतिरर्जुनोऽग्निना भिक्षितस्तस्मै
पुरराष्ट्रादीनि ददौ स च तानि
ददाह । दग्धतान्यग्निनाऽऽपव्स्या-
श्रमे दग्धे क्रुद्धः सोऽर्जुनं प्रति तव
बाहुसहस्रं रामश्छेत्स्यति" इति
शशाप । कदाचिदर्जुनपुत्रैर्जम-
दग्निहोमधेनोर्वत्से हृते तन्निमि-
त्तकेऽर्जुनरामयोर्युद्धे प्रसक्ते रामो-
र्जुनस्य बाहुसहस्रमच्छिनत् ।
आश्रमं रामरहितं दृष्ट्वा तत्रा-
गतार्जुनपुत्रैर्जमदग्नौ हते क्रुद्धो
रामः पृथिवीं निःक्षत्रियां कर्तुं
प्रतिज्ञाय तथा कृत्वा वनं जगाम ।

पुनः परावसोराक्षेपवाक्यात्क्रुद्धो
राम एकविंशतिवारं क्षत्रियान्
हत्वा निःक्षत्रियां पृथिवीं कश्य-
पाय दत्वा समुद्रतीरे वासम-
करोत्। अराजके प्रजानां दुःखं
पृथिव्या उर्वीतिनाम्नो वृत्तांतं नि-
गूढतया स्थितैः क्षत्रियैरात्मरक्षार्थं
कश्यपं प्रति पृथ्वीप्रार्थनं तद्वा-
क्यात्कश्यपकृतं क्षत्रियाणां रा-
ज्याभिषेकं चाभिधाय युधिष्ठिरा
दीनां कुरुक्षेत्रदर्शनं चाभिदधाति
स्म वैशम्पायनः... ... ३९

५० विस्मितेन युधिष्ठिरेण रामपरा-
क्रमेऽभिनंदिते तदादयः सर्वे भी-
ष्मसमीपमाजग्मुः। आगतेषु सर्वेषु
श्रीकृष्णो भीष्मं प्रति " कच्चिज्ज्ञा-
नानि सर्वाणि " इत्याद्युक्त्वा
तं प्रशस्य युधिष्ठिरस्य शोकमप-
नुद इत्याह। श्रीकृष्णवाक्यं श्रुत्वा
तं स्तुत्वा उत्तमां गतिं प्रार्थयन्तं
भीष्मं प्रति इत्याह ... ४१

५१ श्रीकृष्णवाक्यं श्रुत्वा तं स्तुत्वा
उत्तमां गतिं प्रार्थयंतं भीष्मं प्रति
श्रीकृष्णः " उदगयने त्वमिष्टां
गतिं प्राप्स्यसीत्युक्त्वा सर्वधर्मो-
पदेशपूर्वकं युधिष्ठिरस्य शोकम-
पाकुरु " इत्याह... ... ४२

५२ " शरवेदनाक्रांतोऽनवस्थित-
मनाः कथं वक्ष्यामि " इत्युक्तवन्तं
भीष्मं प्रति श्रीकृष्णो ग्लानिमू-
र्च्छादिनिवृत्तये वरं ददौ। तदा
व्यासादिषु श्रीकृष्णसंमाननं
कृत्वा भीष्ममामंत्र्य " श्वः समे-
ष्यामः " इत्युक्त्वा गतेषु युधिष्ठि-
रादयोऽपि स्वस्वगृहाणि जग्मुः ४२

५३ रात्रौ सुप्तः श्रीकृष्णोऽर्धयामशे-
षायां रात्रावुत्थाय प्रातःकृत्यं
कृत्वा युधिष्ठिरं प्रति सात्यकिं
प्रेषयामास स च " कृष्णः सज्जो
भूत्वा त्वां प्रतीक्षते इत उत्तरं
यत्कर्तव्यं तत्कुरु " इत्युवाच युधि-
ष्ठिरम्। सात्यकिवाक्यं श्रुत्वा
युधिष्ठिराज्ञयार्जुनेनानीतं रथमा-
रुह्य सर्वे कृष्णं प्रति गत्वा तेन
सह भीष्मसमीपं जग्मुः... ४३

५४ " शरतल्पगते भीष्मे काः कथाः
समवर्तंत " इति जनमेजयप्रश्ने
वैशम्पायन आह। ऋषिप्रभृतिषु
सर्वेष्वागतेषु भीष्मात्सकाशाद्धर्म-
श्रवणार्थं नारदेन प्रेरितेषु पांड-
वेषु प्रश्नकरणार्थं श्रीकृष्णं प्रत्याह
युधिष्ठिरः। श्रीकृष्णेन कुशलप्रश्ने
कृते भीष्मस्तं प्रति " त्वत्प्रसादान्मे
ग्लान्यादिकं नास्ति, श्रेयो वक्तु-
महं समर्थोऽस्मि, परंतु त्वमेव कुतो
न कथयसि मां किमिति प्रेरयसि "
इत्याद्याह स्म। भीष्मवाक्यं श्रुत्वा
श्रीकृष्णस्तं प्रशस्य " मया धर्मेषु
कथितेषु नाश्चर्यं परंतु तव यशः
प्रख्यापयितुं त्वां प्रेरयामि " इत्या-
द्युक्त्वा प्रथमं राजधर्मान्ब्रूही-
त्याह... ... ... ४३

५५ " युधिष्ठिरो मां पृच्छतु "
इत्युक्तवंतं भीष्मं प्रति श्रीकृष्णो
" युद्धे गुरुवधादिप्रयुक्तलज्जया
व्रीडितो युधिष्ठिरस्त्वां न पृच्छति "
इत्युवाच। " युद्धे गुर्वादिहननं
राज्ञां धर्मः " इत्यादि भीष्मवाक्यं
श्रुत्वा पादयोः पतन्तं युधिष्ठिरं
प्रति " मां पृच्छ तात विस्रब्धं
मा भैस्त्वं कुरुसत्तम " इत्युवाच
भीष्मः... ... ... ४४

५६ राजनीतिं श्रोतुं युधिष्ठिरेण
पृष्टो भीष्मस्तां कथयन् प्रथमं देव-
ब्राह्मणार्चनमभिधाय सर्वथा क्षमा-
शीलस्य भृत्यैः सह सोपहास-
भाषणशीलस्य च दोषानाचष्ट ९४

५७ राज्ञा नित्यमुद्योगवता भावि-
तव्यमित्याद्युक्त्वा " द्वाविमौ ग्र-
सते भूमिः " इत्यादिकमुशनोगी-
तमभिधाय मरुत्ताद्याचारनिदर्श-
नपूर्वकं राजधर्मानाख्यातवान्

शान्तिपर्वविषयानुक्रमणिका ।

भीष्मः... ... ... ९७

५८ बृहस्पत्याद्युक्तप्रजारक्षणरूपं राजधर्मे चारादिसाधनं चाख्याय राजधर्मविषयिणीं बृहस्पतिगाथामाह स्म भीष्मः । व्यासादिषु भीष्मं प्रशंसत्सु श्वः प्रष्टास्मीत्युक्तवति युधिष्ठिरे ब्राह्मणादीनभिवाद्य कृष्णादयो गृहं जग्मुः ९८

राजनीतिप्रारम्भः ।

५९ पुनर्युधिष्ठिरादिषु भीष्मसमीपमागतेषु युधिष्ठिरो "य एष राजन् राजेति" इत्यादिना राजशब्दोत्पत्त्यादिकं प्रपच्छ । राज्यस्य कारणमभिधानो भीष्मः कृतयुगे प्रजानां धर्मेणैव परस्पररक्षणमभिधाय कालांतरे तासु मोहाद्युत्पत्तिक्रमेण वेदनाशमभ्यधात् । वेदे नष्टे देवैः प्रार्थितो ब्रह्मा "श्रेयोऽहं चिंतयिष्यामि" इत्याद्युक्त्वा लक्षाध्यायात्मकं नीतिशास्त्रं कृत्वा देवान् प्रति "उप-

कराय लोकस्य" इत्याद्युवाच । तदेव नीतिशास्त्रं प्रजानामायुर्हासाचालोच्य शिवाद्य उत्तरोत्तरं संचिक्षिपुः । विष्णुं प्रति गत्वा सर्वे मनुष्येभ्यः श्रेष्ठं दिशेत्युक्तवत्सु देवेषु स मानसं पुत्रं विरजसनामानं जनयामास । विरजसः कीर्तिमांस्ततः कर्दमस्ततोऽनंगापरनामाङ्गस्ततोऽतिबलस्ततो मृत्युकन्यायां संभूतो वेनो यदा प्रजासु विधर्मेण वर्तनं चकार तदा तमृषयो जग्मुः । मृतस्य वेनस्य दक्षिणमूरुमृषयो ममन्थुस्ततो निषादेषूत्पन्नेषु पुनस्तस्य दक्षिणबाहोस्तैरेव मथितात्पृथुरुत्पद्यतान् प्रति "सुसूक्ष्मा मे समुत्पन्ना" इत्याद्युवाच । पृथुं प्रति देवाद्यो "नियतो यत्र धर्मो वै" इत्याद्युक्त्वा "पालयिष्याम्यहं भौमं" इत्यादिकं प्रतिजानीहीत्यूचुः । भीष्मो वैन्यस्य पुरोधःप्रभृतीनां नामा-

नि निरूप्य तस्य राज्याभिषेकादिकं तत्कृतपृथ्वीदोहनादिकं राजादिशब्दानां निर्वचनं राजदेहे विष्णोराविर्भावादिकं चाब्रवीत्... ... १०५

६० युधिष्ठिरेण चातुर्वर्ण्यधर्मान् पृष्टो भीष्मो धर्मादीन् प्रणम्य ब्राह्मणक्षत्रियवैश्यशूद्राणां धर्मानाख्याय शूद्रवृत्तिं निरूप्य श्राद्धां प्रशंसंस्तद्विषये यज्ञगाथा आचख्यौ ... १०८

६१ आश्रमधर्मान् कथयन् भीष्मो वानप्रस्थधर्मान् यतिधर्मान् गृहस्थधर्मांस्तद्विषयिणीं नारायणगीतां ब्रह्मचारिधर्मांश्च निजगाद ... १०९

६२ "शिवान् सुखान् महोदकान्" इत्यादिविशेषणविशिष्टान् धर्मान्ब्रूहीति युधिष्ठिरप्रश्ने उक्तविशेषेण विशिष्टधर्माधिकारित्वं ब्राह्मणस्यैवेत्यभिप्रायेण ब्राह्मणानामेव चतुराश्रमाधिकारमुक्त्वा

तेषां क्षत्रियादिवृत्तिकरणे दोषं स्वकर्मकरणे प्रशंसां चाह स्म भीष्मः ... ११०

६३ ब्राह्मणानामविहितं कर्म संख्याय विहितं च प्रतिपाद्य क्षत्रधर्माश्रयिकं सर्वधर्मस्थितिमाचष्ट ... ११२

६४ सर्वधर्माणां क्षत्रधर्माधीनत्वमभिधाय दण्डनीतिं प्रशस्य धर्मनिश्चयार्थं मान्धातृचरितमाह भीष्मः । विष्णुदर्शनार्थं मान्धात्रारब्धे यज्ञे इन्द्ररूपेणाविर्भूतस्य विष्णोस्तेन सह संवाद इन्द्रकृता क्षत्रधर्मप्रशंसा च ५४

६५ पुनः क्षत्रधर्मं प्रशस्य स्वस्वकर्मपरित्यागिनो दोषमभिधाय विकर्मस्थान् ब्राह्मणांस्त्रिनिन्देन्द्रः । यवनादिधर्मान् श्रोतुं मान्धात्रा पृष्ट इन्द्रस्तानभिदधाति स्म । पुनर्मान्धात्रा "दृह्यन्ते मानुवे लोके सर्ववर्णेषु दस्यवः" इति

प्रश्ने कृते तदुत्तरमभिधाय तमुपदिश्येन्द्ररूपो विष्णुर्जगाम ५५

६६ त्वत्कथिता मनुष्यमात्रस्य श्रमधर्मा मया श्रुताः परं तेषामेव स्पष्टीकरणं सविस्तरमाचक्ष्वेति युधिष्ठिरप्रश्नः । अस्योत्तरं कथयन् भीष्मः "चातुराश्रम्यकारिणां यानि लिङ्गानि तानि राज्ञां धर्मे एव वर्तन्ते" इत्यभिधाय "अकामद्वेषयुक्तस्य दण्डनीत्या युधिष्ठिर । समदर्शिनश्च भूतेषु भैक्ष्याश्रमपदं भवेत्" इत्यादिनाऽऽश्रमान्तरे आश्रमान्तरस्यासाधारणं धर्ममप्याचरंस्तदाश्रमफलं प्राप्नोतीति विवरणपूर्वकमाह । एतत्सर्वमभिधाय भीष्मो युधिष्ठिरं प्रति राजधर्मं प्रजापालनमुपददेश ५६

६७ "राष्ट्रवासिनो जनस्य यत्कृत्यतमं तद्ब्रूहि" इति युधिष्ठिरप्रश्ने भीष्मस्तत्कथयन् 'प्रजानां राज्ञोऽभिषचनं कृत्यतमं' इत्यभिधाय तदकरणे दोषं चाख्याय पूर्वमराजके दुःखितानां प्रजानां ब्रह्माणं प्रति शरणगमनमाचष्ट । प्रजापालने ब्रह्मकृतमादेशमनंगीकुर्वन्तं मनुं प्रति सर्वाः प्रजाः "कर्तॄनेनो गमिष्यति" इत्याद्यभिधाय "पशूनामधिपञ्चाशत्" इत्यादिना तद्वृत्तिं कल्पयामासुः ... ५६

६८ राजानं किं दैवतमाहुरित्यादिके युधिष्ठिरप्रश्ने भीष्मो बृहस्पतिवसुमनसोः संवादरूपमितिहासमाह स्म । "केन भूतानि वर्धन्ते" इत्यादि पृष्टवन्तं वसुमनसं राजानं प्रति बृहस्पतिर्धर्मो राजमूल इत्याद्यभिधाय राज्ञोऽभावे प्रजानां दोषं, प्रजारक्षणे राज्ञो गुणं, प्रशंसापूर्वकं राज्ञोऽग्न्यादिरूपतां, तद्योगेन प्रजानां हितादिकं चादिदेश ५७

६९ पार्थिवेन किं कार्यं, जनपदः कथं रक्षणीयः,शत्रवश्च कथं जेयाः इत्यादिके युधिष्ठिरेण पृष्टे भीष्मो राज्ञां कर्तव्यकर्माण्याह । मनःसहितेन्द्रियजयकरणं दुर्गादिषु गुल्मन्यासममात्यादिषु गूढचारनियोजनमापणादिषु परप्रेषितचारान्वेषणमात्मनो हीनतादशायां सन्धिकरणादिकं चाह । प्रजाभ्यो बलिग्रहणादिकमाकरादिष्वमात्यादिन्यासं चाभिधाय सम्यग्दण्डधरत्वादीन् राजगुणान् बलवता पीडितस्य दुर्गाश्रयणादिकं दुर्गादिरक्षणोपायादींश्चाह । भिक्षुकादीनां बहिष्करणादिकमर्थानां तैलवसादिद्रव्याणां च संग्रहं रक्षणीयमात्मादिसप्तकं षाड्गुण्यादिकं त्रिवर्गमनयोर्लक्षणं प्रजापालने बृहस्पतिगीतश्लोकद्वयं चाह । दण्डनीतिं ज्ञातुं युधिष्ठिरेण पृष्टो भीष्मस्तां कथयंस्तद्गुणानाह । दण्डनीत्यां सम्यग्वर्तमाने राज्ञि कृतयुगप्रवृत्तिमंशत्रयेण वर्तमाने त्रेतायुगप्रवृत्तिमर्धांशेनानुवर्तमाने द्वापरयुगप्रवृत्तिं तां परित्यज्य वर्तमाने कलियुगप्रवृत्तिं चाभिधाय राज्ञश्चतुर्युगप्रवृत्तिकारणत्वं सत्यादियुगप्रवर्तनेन गुणदोषौ चाभ्यधात् ... ५८

७० केन वृत्तेन राज्ञा सुखमित्यादिके युधिष्ठिरप्रश्ने भीष्मो राज्ञः षट्त्रिंशद्गुणानाचष्ट ... ६१

७१ "कथं राजा प्रजा रक्षन्" इत्यादिके युधिष्ठिरप्रश्ने भीष्मः संक्षेपेण राजधर्मानाख्याय लोभत्यागं कर्तुमुपदिश्य प्रजारक्षणे राज्ञः फलं कथयति स्म ... ६१

७२ "य एव तु सतो रक्षेदसतश्च नियर्तयेत् । स एव राज्ञा कर्तव्यो राजन् राजपरोहितः"

इत्यभिधाय तद्विषये पुरूरवसो मातरिश्वनश्च संवादरूपमितिहासमाह। कुतःस्विद्ब्राह्मणो जात इत्यादिके पुरूरवसः प्रश्ने मातरिश्वा ब्राह्मणादीनां जन्मवृत्तान्तमाचख्यौ। "द्विजक्षत्रिययोर्मध्ये कस्येयं पृथिवी" इति पुरूरवसः प्रश्ने "विप्रस्य सर्वमेवैतत्" इत्यादिना ज्येष्ठत्वाद्ब्राह्मणस्यैव सर्वमित्यभिधाय राजा तदनुशिष्टं यं धर्ममाचरति तस्य सर्वस्य भागी राजपुरोहित इत्याद्याह स्म मातरिश्वा ६२

७३ भीष्मः पुरोहितलक्षणान्युक्त्वा "ब्रह्मक्षत्रं हि सर्वेषां वर्णानां मूलमुच्यते" इत्यभिधायैतद्विषये ऐलकश्यपसंवादरूपमितिहासमाह स्म । "यदा हि ब्रह्म प्रजहाति क्षत्रं" इत्यादिके ऐलस्य प्रश्ने कश्यपो ब्रह्मक्षत्रिययोः परस्पररक्षणं कथयति स्म । ऐलकश्यपयोः संवादः ६२

७४ भीष्मो राजपुरोहितयोः समानयोगक्षेमत्वं निरूप्य तद्विषये मुचुकुंदवैश्रवणयोः संवादं जगाद मुकुचुन्दः पृथिवीं जित्वा स्वबलपरीक्षार्थं धनदं प्रति जगाम, तेन च स्वाज्ञप्तै राक्षसैः पराभूतो राजा पुरोहितं वसिष्ठं गर्हयामास । गर्हितेन पुरोहितेन तपस्तप्त्वा राक्षसेषु हतेषु मुचुकुंदं धनद आचिक्षेप, ततः क्रुद्धस्य मुचुकुंदस्य धनदस्य चोक्तिप्रत्युक्ती अभिधाय क्षत्रधर्मास्थितमुचुकुंददर्शनेन धनदस्य विस्मयादिकमभ्यधासीद्भीष्मः... ... ६३

७५ "कृतपुरोहितो राजा कथं प्रजावृद्ध्या परलोकं जयेत्"-इति युधिष्ठिरप्रश्ने "दानशीलो भवेद्राजा" इत्यादिना भीष्मस्योत्तरम् । राज्यकरणमनिच्छन्तं युधिष्ठिरं प्रति तद्विषये भीष्मस्योपदेशः। "किं तात परमं स्वर्ग्यं" इत्यादिके युधिष्ठिरप्रश्ने "यस्मिन्भयार्दितः सम्यक् क्षेमं विदत्यपि क्षणम् । स स्वर्गजित्तमः" इत्यादिकं भीष्मस्योत्तरम्... ६४

७६ स्वकर्मरतानां विकर्मरतानां च विशेषमभिधत्स्वेति युधिष्ठिरप्रश्ने भीष्मः स्वकर्माचरतां ब्राह्मणानां प्रशंसां विकर्मकृतां निंदां चाकरोत्... ... ... ६५

७७ राजा केषां वित्तस्य प्रभुः कया च वृत्त्या वर्तेतेति युधिष्ठिरप्रश्ने भीष्मः "अब्राह्मणादीनां धनाधिकारी राजा" इत्याद्युक्त्वा राज्ये स्तेनसत्ता राजदोष इति चाभिधाय तद्विषये केकयराजस्येतिहासमुपन्यास्यत्। कदाचिदरण्ये केकयं निगृह्णन् राक्षसो "न मे स्तेनो जनपदे" इत्यादिकं केकयवाक्यं श्रुत्वा तमुन्मुच्य "स्वस्ति प्राप्नुहि गृहं गच्छ" इत्युक्त्वा स्वयं जगाम । इममितिहासमुक्त्वा भीष्मो ब्राह्मणादिरक्षणरूपं धर्ममाचष्ट ... ६५

७८ ब्राह्मणस्यापदि क्षत्रियवृत्त्याश्रयणवद्वैश्यवृत्त्याश्रयणमस्ति न वेति युधिष्ठिरप्रश्ने वैश्यवृत्त्यापि जीवनविषये भीष्मस्याभ्यनुज्ञा। ब्राह्मणानामापदि विक्रेयद्रव्यजिज्ञासया युधिष्ठिरप्रश्ने उत्तरं वदन्भीष्मो ब्राह्मणस्याविक्रेयाणि सुरालवणादिद्रव्याण्याह । "यदा तु सर्वे शस्त्रधारिणः स्वधर्मं व्युत्क्रामंति तदा क्षीणबलो राजा कथं प्रजारक्षकः स्यात्" इति युधिष्ठिरप्रश्ने दानादिना ब्राह्मणप्रमुखा वर्णाः क्षेममिच्छेयुरित्युक्त्वा ब्राह्मणेन वर्धितबलो राजा प्रजा रक्षेदित्याद्याह स्म ब्राह्मणान् दूषयतः क्षत्रियस्य कथं। ब्राह्मणस्त्रातेति प्रश्ने भीष्मः "तप आद्युपायेन ब्राह्मणेनैव क्षत्रं नियं-

तव्यम्" इत्याद्युक्त्वा ब्राह्मणरक्षणां गतिमाचष्ट। यदि ब्राह्मणो वैश्यः शूद्रो वा दस्यूत्थाने शस्त्रं गृहीत्वा प्रजा रक्षेत्तर्हि तेन राजकार्यं कर्तव्यं न वा स च स्वामी भवेन्न वेति युधिष्ठिरेण पृष्टो भीष्मो य एवं कुर्यात्स माननीय एवेत्युक्त्वा प्रजारक्षणासमर्थं राजानं निनिंद भीष्मः... ... ६६

७९ ऋत्विजां लक्षणानि ज्ञातुं युधिष्ठिरेण पृष्टो भीष्मस्तानि कथयामास। पुनर्युधिष्ठिरेण ऋत्विग्देयदक्षिणाविषये कृतप्रश्नो भीष्मो "न वेदानां परिभवात्" इत्यादिना तदुत्तरमकथयत् ६७

८० सचिवस्य लक्षणं ज्ञातुं युधिष्ठिरेण पृष्टो भीष्मश्चतुर्विधमित्राणां विशेषमाख्यायामित्रस्योत्तममित्रस्यामात्यानां च लक्षणानि निरूप्य राज्ञो ज्ञातिभिः सह व्यवहाररीतिमाह... ... ६७

८१ ज्ञातिप्रभृतिषु राज्ञा कीदृशो भावः कर्तव्य इति युधिष्ठिरेण पृष्टो भीष्मस्तद्विषये वासुदेवनारदसंवादेतिहासमाह स्म। ज्ञातिवाक्शल्यपीडितस्य वासुदेवस्य "नासुहृत्परमं मंत्रं" इत्यादिना सर्वेषां चित्तवशीकारः कथं कर्तव्य इत्यभिप्रायके प्रश्ने नारदस्य "आपदो द्विविधाः कृष्ण" इत्याद्युत्तरम्। अनायासेन शस्त्रेण जिह्वामुद्धर इति कथयन्नारदः 'अनायासं मुने शस्त्रं' इत्यादि पृष्टवन्तं श्रीकृष्णं प्रति तत्स्वरूपमाह स्म ... ६८

८२ "कोशवृद्धिकरोऽमात्यादिभ्योऽपि विशेषेण संमाननीयः' इत्युक्त्वा तद्विषये कालकवृक्षीयमुनेः कौसल्यस्य च संवादमाह भीष्मः। सर्वज्ञः कालकवृक्षीयो मुनिः पंजरनिहितं काकं गृहीत्वा कौसल्यराजसमीपमागत्य तवामात्यादयः सर्वेऽपि कोशं हरंतीति सत्यवाद्ययं काकः कथयति तद्विचारयेत्याह स्म। एतच्छ्रुतवद्भिरमात्यादिभिरीर्ष्यया निशि काके बाणेन विद्धे मुनिः कौसल्यं प्रत्यभयं ययाचे। राज्ञाऽभये दत्ते तं प्रत्यमात्यानां दोषान् कथयित्वा दुष्टानां तेषां भयादन्यत्र गच्छामीत्यभिधायोपदेशं चकार कालकवृक्षीयः। राज्ञा रक्षणप्रतिज्ञापूर्वकं स्वगृहे निवासितो मुनिर्दुष्टामात्यगणनाशपूर्वकं राज्यरक्षणमादिश्यात्मनः प्रत्यभिज्ञानं दत्वा "व्यापन्ने भवतो राज्ये" इत्याद्युक्तवान्... ६९

८३ "कीदृशाः सभासदादयः" इति युधिष्ठिरप्रश्ने तेषां लक्षणं कथयन् भीष्मो राज्ञः श्रेयोलक्षणममात्यानां गुणदोषान् मन्त्रिलक्षणं मन्त्रश्रवणे योग्यायोग्ययोर्लक्षणादिकमभ्यधात ७१

८४ मन्त्रमूलभूतप्रजासंग्रहणविषये बृहस्पतिशक्रसंवादरूपमितिहासमवोचद्भीष्मः। "किमाचरन्सर्वभूतप्रियो भवति" इति शक्रस्य प्रश्ने "सांत्वमेकपदं शक्र" इत्यादि बृहस्पतेः प्रत्युत्तरम् ७२

८५ "प्रजाः पालयन् राजा कथं कीर्तिमाप्नोति" इति युधिष्ठिरप्रश्ने "व्यवहारेण शुद्धेन" इत्याद्याह भीष्मः। "कीदृशैर्व्यवहारैस्तु कैश्च व्यवहरेन्नृपः" इत्यादिके पुनर्युधिष्ठिरप्रश्ने राज्ञाऽमात्यादिकरणरीतिं दण्डविधानरीतिं दूतादीनां लक्षणं च जगाद भीष्मः ७२

८६ "कथंविधं पुरं राजा स्वयमावस्तुमर्हति" इति युधिष्ठिरप्रश्ने भीष्मः षड्विधदुर्गनिर्माणादिकं पुरे स्थापनीयद्रव्यसञ्चयं चाभिधाय तत्र स्थितस्य राज्ञः कर्तव्यं व्याजहार ... ७३

८७ राष्ट्रगुप्तिराष्ट्रसंग्रहयोर्जिज्ञासया

शान्तिपर्वविषयानुक्रमणिका ।

युधिष्ठिरप्रश्ने राष्ट्रगुप्तिप्रकारं करा-
दानरीत्युपन्यासेन राष्ट्रसंग्रह-
प्रकारं चाववभाषे ... ७४

८८ कोशार्थी राजा प्रजासु कथं
वर्तेतेति पृच्छन्तं युधिष्ठिरं प्रति
भीष्मः प्रजानुशासनरीति पाना-
गारादीनां नियमनं कोशसंग्रहो-
पायांश्चाभाषत ... ७५

८९ " वनस्पतीनभक्ष्यफलान् "
इत्यादिना राष्ट्रपालनरीतिमुप-
दिशन् भीष्मः " तुल्यबाहु-
बलानां च "इत्यादिना कथमितर
इतर भुञ्जीतेति पृच्छन्तं युधिष्ठिरं
प्रति " यद्यत्राचरान्ध्वः " इत्या-
दिना बलवानेव दुर्बलं
भुञ्जीत, तुल्यस्त्वात्मानं रक्षेदि-
त्यभिप्रायमुत्तरमाह ... ७६

९० प्रकीर्णकान् धर्मान् वक्तुम-
तथ्यगीतमाह भीष्मः मान्धातरं
प्रति । राजधर्ममुपदिशन्नुतथ्यः
" उच्छिद्यते धर्मवृत्तं " इत्यादिना

पापनिवारणार्थं राजा यत्नः
करणीय इत्याद्युपदिश्य धर्मस्य
श्रैष्ठ्यमुक्त्वा तत्स्वरूपाद्याह स्म
पुनरुतथ्यो बलिष्ठदृष्टान्तेनासूयादि
त्यागमुपदिश्य प्रमत्ते राज्ञि सर्वे-
षामधर्मोत्थानादिकमाह ... ७६

९१ " अकालवर्षी पर्जन्यः " इत्या-
दिना राज्ञोऽप्रमादे प्रजानां सुख-
मभिधाय प्रमाद्यति तस्मिन्
सर्वेषां प्रमादं " दुर्बलार्थं बलं
सृष्टं " इत्यादिना दुर्बलावमाने
दोषं चाहोतथ्यः । " राज्ञो यदा
जनपदे " इत्यादिनान्यायव-
र्तिनां राजपुरुषाणामदण्डने
दोषं " यदा राजा शास्ति "
इत्यादिनादुष्टानां दण्डने
राज्यवृद्धिं चाभिधाय राज्ञोऽव-
श्यकर्तव्यमुपदिश्येत्राजवृत्तम्-
प्रमादेन त्वम्प्याचरति मान्धात्-
रमुपदिशोत्थ्यः, मान्धातृदृष्टा-
न्तेन युधिष्ठिरं प्रति भीष्मस्य

वाक्यम् ७७

९२ धर्मे स्थातुमिच्छन् राजा कथं
वर्तेतेति युधिष्ठिरप्रश्ने भीष्मो
वामदेवगीतां व्याजहार । वसु-
मनसा पृष्टो वामदेवो " धर्म-
मेवानुवर्तस्व " इत्याद्युक्त्वा
राज्ञो विनाशकारणान्याख्याय
सुखकारणमप्याह स्म ... ७८

९३ पुनरपि " यत्राधर्मं प्रणयते "
इत्यादिना किञ्चिन्नाशकारणम्-
भिधाय राज्ञोऽवश्यकरणीयमा-
दिदेश ... ७९

९४ पुनर्वामदेवेन " अयुद्धेनैव
विजयं " इत्यादिनोपदिष्टं राज-
धर्ममाख्याय भीष्मो वसुमनसं
दृष्टान्तीकृत्य युधिष्ठिरं प्रति
त्वम्प्येतत्कुर्वीत्याह स्म ... ७९

९५ विजिगीषुविजयधर्मजिज्ञासो-
र्युधिष्ठिरस्य प्रश्ने भीष्मस्तं कथ-
यति स्म । क्षत्रियेण क्षत्रियः कथं
योद्धव्य इति युधिष्ठिरप्रश्ने भीष्मो

युद्धरीतिं व्याजहार ... ८०

९६ अधर्मेण युद्धे दोषमाख्याय
राज्ञो वर्तनप्रकारमाह स्म
भीष्मः ... ८०

९७ क्षत्रियधर्मजिज्ञासया पृच्छ-
न्तं युधिष्ठिरं प्रति भीष्मस्तं कथ-
यित्वायुद्धेन मरणे क्षत्रियस्य
निन्दामाह ... ८१

९८ युद्धे मृतानां के लोका भव-
न्तीति युधिष्ठिरानुयोगे भीष्मो-
म्बरीषशक्रसंवादेतिहासमाह ।
अम्बरीषः स्वर्गं गत्वात्तमनो-
मात्यं सुदेवमिन्द्रसमीपस्थं दृष्ट्वा
विस्मितः सन्निन्द्रं प्रति " समा-
य्यममात्यो मद्पेक्षया कुतोधिकः "
इत्याद्याह स्म । अमात्यस्याधि-
क्यकारणभूतं युद्धयज्ञं कथ-
यन्तमिन्द्रं प्रति तत्प्रकारं
पृच्छति स्माम्बरीषः । इन्द्रो
युद्धयज्ञे ऋत्विगादीन्निरूप्य
युद्धे मृतादीनां लोकप्राप्तिं

चाख्याय · युद्धमृतानामशोच्यत्वादिकमाह ... ८१

९९ भीष्मः शूरप्रोत्साहनविषये प्रतर्दन-मैथिल-संग्रामेतिहासमाख्याय शूरं प्रशशंस ... ८२

१०० जयार्थिनो योधान् यथानयन्ति तत्कथयेति युधिष्ठिरप्रश्ने सेनानीतिमवादीद्भीष्मः। अश्वादीनां युद्धार्थं भूम्यादीन्निरूप्य सैन्याधिपतिसंख्यादिकमाख्याय युद्धसमये योधान् प्रति यद्वक्तव्यं तदाह भीष्मः ... ८३

१०१ "किंशीलाः किंसमाचाराः" इत्यादिना कीदृशा योद्धारः संग्रामे क्षमा इत्यादिके युधिष्ठिरप्रश्ने भीष्मोऽस्त्रविशेषयुद्धकुशलान्गान्धारादीन्निरूप्य "सिंहशार्दूलवाङ्नेत्राः" इत्यादिना योधानां लक्षणान्यभिदधाति स्म ८४

१०२ "जयित्र्याः कानि रूपाणि" इत्यादिना जयित्र्याः सेनाया लक्षणेषु युधिष्ठिरेण पृष्टेषु भीष्मस्तान्यभिधाय युद्धसाराणिमुपदिदेश ८४

१०३ मृदौ तीक्ष्णे च शत्रौ राज्ञा आदौ कथं वर्तितव्यमिति पृच्छंतं युधिष्ठिरं प्रति भीष्मो बृहस्पतींद्रसंवादेतिहासं बभाषे "अहितेषु कथं ब्रह्मन् वर्तेयं" इतीन्द्रेण पृष्टो बृहस्पतिः शत्रौ वर्तनरीतिं प्रदर्शयति स्म। "कानि लिङ्गानि दुष्टस्य" इतीन्द्रेण पृष्टो बृहस्पतिस्तान्यभ्यधात ८५

१०४ "कोशदण्डाभ्यां च्युतोऽमात्यैः प्रबाधितो धार्मिको राजा सुखमिच्छन् कथं चरेत" इति युधिष्ठिरेण पृष्टो भीष्मः क्षेमदर्शी येतिहासमभाषत। वैदेहेन राज्याद् भ्रंशितः क्षेमदर्शी कालकवृक्षीयं मुनिं प्रति "अर्थेषु भागी पुरुषः" इत्यादिना यत्नवतोऽप्यलब्धराज्यस्य कर्तव्यं किं, विषयविरक्तस्य च सुखं किमित्यादिकं पप्रच्छ। मुनिरपि निवृत्तिरतं तं दृष्ट्वा "पुरस्तादेव ते बुद्धिः" इत्यादिना दुर्बलस्य हीनसंपदः परैर्निर्जितस्य निवृत्तिधर्म एव श्रेयानित्युपदिदेश ८६

१०५ हीनसंपदः परैर्जितस्य प्रबलस्य तु "अथ चेत्पौरुषं किञ्चित्" इत्यादिना निकृतिप्रधानां राजनीतिमुपदिदेश कालकवृक्षीयः ८७

१०६ "न निकृत्या न दंभेन" इत्यादिना निकृतिं कर्तुमनिच्छतः क्षेमदर्शिनो विदेहस्य च परस्परं संधिकरणेनैतादृशस्य धर्मिष्ठस्य सामाख्यं जयोपायमुपदिशति स्म कालकवृक्षीयः ८८

१०७ कथितं ब्राह्मणादिधर्माणां वृत्तमनूद्य गणानां वृत्तं पृच्छंतं युधिष्ठिरं प्रति भीष्मस्तदाख्यातवान् ८९

१०८ अनेकविधानां धर्माणां मध्ये किमनुष्ठेयतरमिति युधिष्ठिरप्रश्ने मात्रादिपूजनरूपधर्मस्य बहुमतत्वमभिधायाचार्यादीनामुत्तरोत्तरगुरुत्वं पित्रादिभक्तस्य फलमाचार्यादिद्रोहिणामनिष्कृतिं चोवाच भीष्मः... ... ... ८९

१०९ धर्मे स्थातुमिच्छन्नरः कथं वर्तेतेत्यादिषु युधिष्ठिरप्रश्नेषु भीष्मः सत्यासत्ययोर्व्यवस्थां धर्माधर्मव्यवस्थां प्राणात्ययादावसत्ये दोषाभावं स्वधर्मविरोधेनोपजीवितुर्दंडं चाचख्यौ... ... ९०

११० येन दुर्गाण्यतितरेत्तत्कथयेति युधिष्ठिरप्रश्ने "आश्रमेषु यथोक्तेषु" इत्यादिना दुर्गातितरणमुपदिदेश भीष्मः... ... ९१

१११ "असौम्याः सौम्यरूपेण सौम्याश्चा-

शान्तिपर्वविषयानुक्रमणिका ।

१३

सौम्यदर्शनाः॥ईद्दशान् पुरुषांस्तात् कथं विद्यामहे वयं" इति युधिष्ठिरप्रश्ने भीष्मो द्याघ्रगोमायुसंवादेतिहासमाह स्म । पौरिकाख्यो नृपः प्राक्कर्मदोषेण गोमायुत्वं प्राप्य श्मशाने वसन्नपि शुद्धाचारेण वर्त्तमानः सजातीयैः खसदृशाचारार्थमुपदिष्टापि तान् शुद्धाचारेण वर्त्तयितुमुपदिशेत् । कदाचिच्छुद्धाचारो गोमायुः शार्दूलेनामात्यत्वेन वृत्वा "सौम्य विज्ञातरूपस्त्वं गच्छ यात्रां मया सह" इत्युक्तः संस्तं प्रति "सदृशां मृगराजैतत्" इत्याद्युवाच । शार्दूलस्य पूर्वामात्यैः स्पर्धया गोमायौ मांसचौर्यारोपं कृत्वा तद्विषये विज्ञापितः शार्दूलो गोमायुं हंतुसद्यतः स्वमात्रा बोधितस्तं मुमोच । गोमायोः प्रायोपवेशनाभिप्रायं ज्ञात्वा सान्त्वयंस्तं व्याघ्रं प्रति गोमायुः "पूर्वजितोऽहं त्वया पूर्वं" इत्यादिना

प्रसादयित्वा वनं प्रविश्य प्रायोपवेशेन स्वं देहं त्यजा ... ११

११२ "राज्ञा किं कर्त्तव्यं किं कृत्वा सुखी भवेत्" इत्यादिके युधिष्ठिरेण पृष्टे भीष्मो राज्ञः कर्त्तव्यमुपदिशन्नुद्वृत्तांतं व्याजहार । काश्चिद्दुष्ट्रो ब्राह्मणो वरप्रदानाद्योजनशतदीर्घां ग्रीवामुपलभ्यालस्येनैकत्र स्थितवेतस्ततो ग्रीवां चालयन् कदाचिद्द्वातवर्षाभ्यां पीडितस्तां गुहायां प्रवेश्य स्थितो जम्बुकेन भक्षितग्रीवो ममार । इत्युक्त्वा राज्ञ आलस्यवर्जनमुपदिश्य बुद्धिमूलत्वं विजयस्यावोच न्द्रीपमः ... १२

११३ अमित्रेण सहासाधनेन राज्ञा कथं वर्त्तितव्यामिति युधिष्ठिरेण पृष्टो भीष्मः सागरगंगयोरितिहासमाख्याय तं प्रति "यो हि शत्रोर्विवृद्धस्य" इत्याद्युवाच १३

११४ मूर्खेण सह विदुषा कथं वर्त्तित-

व्यामिति युधिष्ठिरेण पृष्टो भीष्मस्तदुत्तरमाचख्यौ ... १४

११५ "यद्वित्तं राज्यतंत्रस्य" इत्यादिषु युधिष्ठिरप्रश्नेषु भीष्मो राजधर्मानुपदिशत् ... १४

११६ उत्तमस्थाने नीचो न योज्य इत्युपदेशार्थं श्वद्दृष्टांतरूपमितिहासमाह स्म भीष्मः । कस्मिञ्श्चिदाश्रमे तपस्यंतं शांतं मुनिं प्रति व्याघ्रादयः सत्त्वाः प्रतिदिनमागत्य सुखप्रश्नादिकं कृत्वा जम्बुरित्येवं प्रचलिते क्रमे तन्निकटे कश्चिच्छ्वा अवात्सीत् । स श्वा कदाचिच्छुद्रव्याघ्रं दृष्ट्वा भीतो मुनिवाक्यात्तद्रूपोऽभूत् पुनर्महाव्याघ्रं दृष्ट्वा भीतो मुनिवाक्यादेव तद्रूपो भूत् ... १५

११७ पुनः स मुनिर्हस्तिनं दृष्ट्वा भीतः श्वानं हस्तिनं सिंहं दृष्टवन्तं सिंहं शरभं दृष्टवन्तं शरभं च चक्रे स

श्वा शरभो भूत्वा यदा मुनिं हन्तुं प्रवृत्तस्तदा मुनिवाक्यात्पुनः श्वैवाभवत् ... १५

११८ मुनिना तपोवनाद्बहिष्कृतः श्वास्तदिन्यमवाप्येत्युक्त्वा भीष्मः पतद्दृष्टांतेन युधिष्ठिरं प्रति यथायोग्यं भृत्यानियोजनं सचिवलक्षणं राजगुणान्योध गुणांश्चघ ... १६

११९ भीष्मः पुनः श्वद्दृष्टांतेन यथाधिकारं नीचादीनां तत्तत्स्थाने नियोजनं कोशरक्षणादिकं चाभ्यधात् ... १६

१२० एतावत्पर्यंतं विस्तरेण कथितं राजधर्मं पुनः संक्षिप्तं कथयेत्यनुयुज्ञानं युधिष्ठिरं प्रति प्रजारक्षणादिकं राजधर्मं राजनीतिं धनवृद्धिकारणं निंदापूर्वकं लुब्धस्य संग्रहं चाब्रवीत् ... १७

१२१ "को दंडः कीदृशो दंडः" इत्यादिना दंडविषये एकादश प्र-

श्रान्कुर्वन्तं युधिष्ठिरं प्रति भीष्मः
सर्वप्रश्नोत्तराणि वदन् दंडस्य सा-
मान्यनामानि बहुरूपतां प्रयोजन-
वत्तां विशेषनामाष्टकं चाख्याया-
ष्टांगबलं मात्रादीनामपि दंडार्हत्वं
च व्याहरति स्म... ... ९८
१२२ दंडोत्पत्तिविषयेऽङगराजस्य व-
सुहोमस्येतिहासं जगाद भीष्मः।
मुंजपृष्ठं गतं वसुहोमं प्रति यदृ-
च्छागतो मांधाता दंडोत्पत्ति-
प्रकारं पप्रच्छ। दंडोत्पत्तिप्रकारं
कथयन् वसुहोमो ब्रह्मणा प्रारब्धे
यज्ञे प्रजानियमनरूपस्य दंड-
स्यान्तर्धानं जगाद। ततो निर्मर्या-
दासु प्रजासु ब्रह्मणा केशवं संपूज्य
प्रार्थितो महादेवो दंडं निर्माये-
न्द्रादीन् देवाद्याधिपत्ये नियोज्य
धर्मगोप्तारं दंडं विष्णवे ददौ।
"विष्णुरंगिरसे प्रादात्" इत्यादि-
ना दंडप्राप्तिपरंपरामाख्याय सर्वेषां
जागरेण दंडस्यादिकारणत्वं चा-
भिधाय वसुहोमेतिहासश्रवणफ-
लमाचष्ट युधिष्ठिरं प्रति भीष्मः
... ... १००
१२३ "तात धर्मार्थकामानां श्रोतु-
मिच्छामि निश्चयम्" इत्यादिना
धर्मादयः किमुद्दिश्य क्रियंते,
किमेषामुत्पत्तिस्थानं, कथं तेषां
साहित्यं, कथं च पृथक्त्वं, इति
चतुरः प्रश्नांश्चकार युधिष्ठिरः।
तत्र "यदा ते" इत्यादिनाऽऽद्यानां
त्रयाणां व्युत्क्रमेणोत्तरमभिधाय
चतुर्थस्योत्तरमभिधाय चतुर्थ-
स्योत्तरमभिदधानो भीष्म आंग-
रिष्ठकामंदकयोरितिहासं निज-
गाद। मर्यादाभंगं कृत्वा "यः
पापं कुरुते राजा" इत्यादिके
आंगारिष्ठप्रश्ने "यो धर्मार्थौ परि-
त्यज्य" इत्यादिकं कामन्दकस्यो-
त्तरम्... ... ... १०१
१२४ "धर्मस्य मूलकारणं शीलं व-
दंति जनास्तत्कथं प्राप्यते तल्लक्षणं
च किं" इति युधिष्ठिरेणानुयुक्तो
भीष्मस्तदुत्तरं वक्तुं दुर्योधनधृत-
राष्ट्रसंवादरूपमितिहासमाह स्म।
किमर्थं तप्यसे पुत्रेत्यादिके धृतरा-
ष्ट्रप्रश्ने तापकारणभूतां युधिष्ठिर-
संपत्तिमभिदधानं दुर्योधनं प्रति
स "युधिष्ठिरसदृशसंपत्प्राप्तिका-
रणं शीलं संपादय" इत्याह।
"तच्छीलं कथं प्राप्यते" इति दुर्यो-
धनेन पृष्टो धृतराष्ट्रः शीलेन प्रह्राद-
स्य राज्यप्राप्तिरूपामितिहासमाच-
ष्ट। इंद्रो बृहस्पतेः सकाशाच्छ्रेयः श्रु-
त्वा तदनुज्ञया भार्गवं गतस्तस्माद-
पि तच्छ्रुत्वा तस्याप्यनुज्ञया शिष्य-
त्वं पुरस्कृत्य ब्राह्मणरूपेण प्रल्हादं
गत्वा "त्रैलोक्यराज्यं त्वया कथं
प्राप्तं" इति पप्रच्छ। "नासूयामि
द्विजान् विप्र" इत्यादिना स्वेना-
चीर्णं श्रेयोभिधाय प्रल्हादो ब्रा-
ह्मणरूपमिंद्रं प्रति वरं याचस्वेत्यु-
वाच। वरं दत्वा चिंतयन् प्रह्रादः
स्वशरीरान्निर्गतं शीलं प्रति को
भवानिति पप्रच्छ। तच्च "शील-
महमस्मि त्वया त्यक्तं ब्राह्मण-
शरीरं गच्छामि" इत्युवाच। एवमेव
तमनु धर्मसत्यवृत्तबलेषु गतेषु स्व-
शरीरान्निर्गता श्रीः प्रल्हादेन का
त्वमिति पृष्टा सती "श्रीरहं यत्र
शीलादीनि तत्र गच्छामि" इत्या-
द्युक्त्वा ब्राह्मणस्येंद्रत्वेन प्रत्यभि-
ज्ञां दत्वा शीलं प्रशस्य शीलादि-
सहिता श्रीरिंद्रं प्रति जगाम।
शीलप्राप्त्युपायं कथयेति दुर्योध-
नेन पृष्टो धृतराष्ट्रस्तत्प्राप्त्युपाय-
मभिदधाति स्म... ... १०२
१२५ आशायाः स्वरूपं ज्ञातुं युधिष्ठि-
रेण पृष्टो भीष्म ऋषभसुमित्रयोः
संवादरूपमितिहासं कथयन्सुमि-
त्रस्य मृगयां संवर्ण्य तद्बाणवि-
द्धस्य मृगस्य महारण्यप्रवेशमा-
ख्यातवान्... ... १०३
१२६ मृगमन्वेषितुमरण्यगतो मुनि-

शान्तिपर्वविषयानुक्रमणिका। १५

भिः " कस्त्वं कुत आयातः " इति पृष्टः सुमित्रः स्ववृत्तं कथयित्वा तान् प्रत्याशाविवरणज्ञानार्थं पप्रच्छ... ... ... १०४

१२७ मुनीनां मध्ये श्रेष्ठ ऋषभः कृशस्य मुनेरितिहासं कथयन् वीरद्युम्नस्यागमनादिकमाचख्यौ १०४

१२८ मुनीन् प्रति स्वप्रत्यभिज्ञादानपूर्वकं स्वपुत्रनाशादिकं कथयतो वीरद्युम्नस्य वाक्यं श्रुत्वाप्युत्तरमददानं कृशनामानं मुनिं प्रति आशावृत्तान्तं ज्ञातुं स राजा पुनः पप्रच्छ। ततः कृशवीरद्युम्नयोरुक्तिप्रत्युक्ती अभिधाय भीष्मो युधिष्ठिरं प्रति "एवं त्वमपि कौंतेय" इत्याद्युवाच... ... १०४

१२९ पुनर्धर्मान् श्रोतुं युधिष्ठिरेण पृष्टो भीष्मो गौतमयमसंवादेतिहासं वर्णयंस्तयोरुक्तिप्रत्युक्ती अभ्यधात्... ... ... १०५

१३० " मित्रैर्हीनस्य बह्वमित्रस्य राज्ञः का गतिः " इत्यादिके युधिष्ठिरप्रश्ने तमुपदिशन् भीष्म आपदि कोशसंचयरूपं प्रशस्तमुपायमाख्याय धर्मादीनां तन्मूलकत्वमाचख्यौ... ... ... १०६

---

(२) आपद्धर्मपर्व

१३१ क्षीणत्वदीर्घसूत्रत्वादिविशिष्टस्य किं कार्यमवशिष्यते इति युधिष्ठिरेण पृष्टो भीष्म आपद्धर्मानकथयत्। अभ्यन्तरप्रकुपितादेः किं कार्यमिति युधिष्ठिरप्रश्ने भीष्मस्योत्तरकथनम्... ... १०७

१३२ 'हीने परमके धर्मे सर्वलोकाभिसंहिते। सर्वस्मिन्दस्युसाद्भूते पृथिव्यामुपजीवने। केन स्विद्ब्राह्मणो जीवेत्' इत्यादिना आपद्बहुले काले ब्राह्मणः कथं जीवेदिति युधिष्ठिरेण पृष्टो भीष्मो ब्राह्मणजीवनप्रकारमभिदधाति स्म १

१३३ आपन्नस्य कोशादिसंग्रहकरणमुपदिश्य तद्विषयकमुपायं कथयन्दस्यूनामाश्रयणं तत्कर्मकरणं चानुजज्ञे भीष्मः... ... १

१३४ पुनर्भीष्मस्य पुराविद्वाक्यकथनेन युधिष्ठिरं प्रत्युपदेशः। बलप्रशंसा। पापकारिणां तत्परिहारोपायकथनम्... ... २

१३५ दस्यूनामपि सिद्धिविषये कायव्यदस्युसंवादेतिहासं प्रोवाच भीष्मः। त्वमस्माकं ग्रामणीर्भवेति दस्युभिः प्रार्थितः कायव्यस्तान् प्रति 'मा वधीस्त्वं स्त्रियं भीरुम्' इत्यादीन् धर्मानुपदिदेश, तैश्च तस्मिन्नङ्गीकृते उभयेऽपि सिद्धिमापुः २

१३६ राज्ञां कोशसंग्रहमार्गं कथयितुं ब्रह्मगीता गाथाः प्रोवाच गाङ्गेयः ३

१३७ अनागतविधातुः प्रत्युत्पन्नमतेश्च सुखं दीर्घसूत्रस्य तु तन्नास्तीत्येतद्विषये अनागतविधातृप्रत्युत्पन्नमतिदीर्घसूत्राणां मत्स्यानामितिहासमाचष्ट भीष्मः... ३

१३८ 'यथा राजा न मुह्येत शत्रुभिः परिवारितः' इत्यादिषु युधिष्ठिरप्रश्नेषु भीष्म आपद्धर्मानुपदिशन्नापादि शत्रुणाऽपि संधिकरणविषये दृष्टान्ततया मार्जारमूषिककथा। एकस्मिन्वने महान्तं वटमाश्रित्य पलिताख्यमूषिकलोमशाख्यमार्जारयोर्वसतोः कदाचित्प्रमत्ते मार्जारे व्याधप्रसारितेन जालेन निबद्धे सति निःशंको मूषिकस्तत्स्थं मांसं भक्षयति स्म। एतदन्तरे वटस्याधो बिलस्थितं नकुलमुपरिस्थितमुलूकं च दृष्ट्वा भीतो मूषिक आपदि शत्रुरपि संधेय इति मनसि निधाय मार्जारं प्रति 'सौहृदेनाभिभाषे त्वाम्' इत्यादि

प्रोवाच । उभयोः संवादानन्तरमाश्वस्तो मूषिको मार्जारक्रोडे 'त्वत्तो मयात्मा संरक्ष्यस्त्वमपि चाण्डालादात्मानं रक्ष' इति मूषिकेणोक्तो मार्जारो वटं हित्वाऽन्यत्र जगाम, मूषिकोऽपि तत् बिलं हित्वा बिलान्तरमगात्... ३

१३९ विश्वासं विना राज्ञा कथं वर्तितव्यमिति युधिष्ठिरेणानुयुक्तो भीष्मः पूजनीब्रह्मदत्तसंवादकथनपूर्वकं प्रत्युत्तरमब्रवीत् राजपुत्रेण हतं स्वपुत्रं दृष्ट्वा क्षत्रियनिन्दां विधाय चरणाभ्यां राजपुत्रस्य नेत्रे भित्त्वाऽऽकाशे स्थिता सती ब्रह्मदत्तं प्रति 'इच्छयेह कृतं पापं सद्यस्तं चोपसर्पति' इत्यादि बहुप्रश्नोत्तरमिषेण जगाद पूजनी। उभयोः संवादानन्तरं पूजनी ब्रह्मदत्तं प्रति 'यस्येह प्राणिनौ पादौ' इत्यादिदृष्टान्तमुखेन कृतापराधाहं त्वयि न वत्स्यामीति स्वाभिप्रायं प्रकटय्य दिगन्तरं ययौ ७

निःशंकं स्थितो मार्जारेण जालतन्तुच्छेदने त्वरां कुर्वित्युक्तो 'मा भैस्त्वरां मा कुरु' इत्याद्युवाच मूषिकस्तं प्रति। यमदूताभं चाण्डालं दृष्ट्वा भीतेन मार्जारेण 'किमिदानीं करिष्यसि' इत्युक्तेन मूषिकेण चाण्डालभयादुलूककुलो पलायितौ दृष्ट्वा जालतन्तौ छिन्ने मार्जारो वटोपरि जगाम मूषिकश्च स्वबिलं जगाम । ततो वटोपरिस्थितस्य मार्जारस्य बिलस्थितस्य मूषिकस्य च पुनः संवादे प्रवृत्ते मूषिको मार्जारं प्रति सौहार्दकारणमाख्यायात्मरक्षार्थं यत्नः करणीय इत्याद्युपादिदेश । 'सत्यं शपे त्वयाऽहं वै मित्रद्रोहो विगर्हितः' इत्यादिकं मार्जारोक्तं प्रत्याख्यायोशनसा कृते 'शत्रुसाधारणे कृत्ये' इत्यादिके द्वे गाथे अभिधाय

१४० 'युगक्षयात्परिक्षीणे' इत्यादिके युधिष्ठिरप्रश्ने भीष्मो भारद्वाजशत्रुंजयसंवादेतिहासोपन्यासपूर्वकमुत्तरमाह स्म । 'अलब्धस्य कथं लिप्सा' इत्यादिके शत्रुंजयप्रश्ने भारद्वाजो 'नित्यमुद्यतदण्डः स्यात्' इत्यादिनाऽध्यायपरिसमाप्तिपर्यन्तं राजनीतिमुपदिदेश ६

१४१ 'हीने परमके धर्मे' इत्यादिके युधिष्ठिरप्रश्ने योगक्षेमादीनां राजमूलत्वमभिधाय विश्वामित्रचाण्डालसंवादरूपमितिहासमब्रवीद्भीष्मः । कदाचिद्द्वादशवार्षिक्यामनावृष्ट्यां नष्टप्रायासु प्रजासु क्षुधा पीडितो विश्वामित्रः कुत्राप्यन्नादिकमलभमानः कस्यचिच्छ्वपचस्य गृहं प्रविवेश । तत्र प्रविष्टो विश्वामित्रः श्वमांसयुतां दण्डिकां दृष्ट्वा 'आपदि ब्राह्मणेन स्तेयमपि कर्तव्यम्' इत्यादि विचार्य श्वजंघां चोरयितुमुद्युक्तः श्वपचेनाधिक्षिप्तः । श्वपचविश्वामित्रयोः संवादानन्तरं श्वजंघां गृहीत्वा निर्गते विश्वामित्रे विधिना भागान् परिकल्प्येन्द्रादीनाह्वयति सति शक्रः सर्वत्र वृष्टिं चकार । वृष्ट्या सर्वत्र सुभिक्षे विश्वामित्रः श्वमांसं परित्यज्य तपसा सिद्धिमवाप ११

१४२ 'यदि घोरं समुद्दिष्टमश्रद्धेयमिवानृतम् । अस्तिस्विद्दस्युमर्यादा यामहं परिवर्जये' इत्यादिके युधिष्ठिरप्रश्ने भीष्म आपत्कालिकं राजधर्मं कथयंस्तद्विषये बृहस्पतेर्भार्गवस्य चानुमतिमाह स्म। यामन्यो नाभिलंघयेत् ईदृशी मर्यादा अस्ति चेत्तां ब्रूहीति युधिष्ठिरप्रश्ने भीष्मस्योत्तरम् १३

१४३ 'शरणागतरक्षकस्य यो धर्मस्तं ब्रूहि' इत्यनुयुञ्जानं युधिष्ठिरं प्रति भीष्मस्तं कथयंस्त-

शान्तिपर्वविषयानुक्रमणिका ।

...नमकथयत् ।
श्रोतुं युधि-
...मुचुकुन्द-
...सविस्तरं तदा-
ख्यातुमुपचक्रमे । कच्चिच्छकुनि-
लुब्धकः शकुनान्हन्तुं निर्गतो वात-
वर्षादिना क्रान्तः स्थातुं गन्तु-
मशक्नुवन्नप्येकस्माद्वृक्षात्पतितां
कपोतीं स्वपञ्जरे क्षिप्त्वा वात-
वर्षनिवृत्तावपि गन्तुमसमर्थो
महान्तमेकं वृक्षं दृष्ट्वा तत्प्रार्थना-
१४४ पूर्वकं नक्तं तदधः सुष्वाप १५
तस्य वृक्षस्य शाखायां सस-
हृज्जनो दीर्घकालं निवसन्कपोतः
प्रातर्गतायां भार्यायां रात्रावना-
गतायां तामुद्दिश्य बहु विल-
१४५ लाप १५
लुब्धपञ्जरे स्थित्वा कपोती
कपोतस्य विलापवाक्यं श्रुत्वा
दृष्ट्वा सती तं प्रति 'शरणागत-
त्राता भव' इत्युक्त्वा शरणागत-

रक्षणमाहात्म्यमाख्याय लुब्धक-
स्तत्कारकरणमुपादिशत् ... १५
१४६ कपोतीवाक्यं श्रुत्वा कपोतो
लुब्धकमागत्य स्वागतप्रश्नपूर्वक-
मतिथिपूजनं प्रशस्य 'किमहं ते
करोमि' इत्यादि पप्रच्छ । शरीर-
तापनार्थं शीतार्तस्य व्याधस्य
प्रार्थनां श्रुत्वा तदर्थमग्निमादीप्य
'शरीरं तापयित्वा सुखी भव'
इति कपोतोक्तिः । तापितशरी-
रेण स्वेन लुब्धकेनाहारे या-
चिते कपोतः स्वनिकटे तत्पर्या-
प्तसाम्ग्र्यभावादात्मप्रदानेन तस्या-
हारं दित्सुः पूर्वप्रज्वालितमार्गिं
प्रविवेश, तं दृष्ट्वा विष्णणो लुब्धक
आत्मानं जगर्हे ... १६
१४७ क्रूरकर्माप्यहं लुब्धकः किमी-
दृशं नृशंसेन इत्याद्युक्त्वा स्व-
कीयं मृगयापरिकरं कपोतीं च
विसृज्य महाप्रस्थानगमनं च
कार १६

१४८ भर्तारं स्मृत्वा विलपन्ती
कपोती तच्छोकेनाग्नि प्रविवेश,
तत आगतं विमानं कपोतः कपो-
त्या सहारुह्य स्वर्गं गतो
रेमे १६
१४९ विमानस्थौ तौ दृष्ट्वा चिन्तयँ-
ल्लुब्धको महारण्यं प्रविश्य दाव-
दग्धः सन्स्वर्गमगच्छत् ... १७
१५० 'अबुद्धिपूर्वकं पापं कुर्वन्कथं
मुच्यते' इति युधिष्ठिरप्रश्ने
भीष्मो जनमेजयशौनकसंवादो-
पन्यासेनोत्तरं कथयति स्म ।
अबुद्धिपूर्वकं ब्रह्महत्यां प्राप्तो
जनमेजयो वनं जगाम तं च
शौनको भर्त्स्यांचक्रे .. १७
१५१ 'गर्हो भवान्गर्ह्यते' इत्यादि
ब्रुवतो जनमेजयस्य शौनकेन
सह संवादः ... १७
१५२ 'यज्ञो, दानं, दया, वेदाः
सत्यं च पृथिवीपते । पञ्चैतानि

पवित्राणि षष्ठं सुचरितं तपः
इत्यादिना यज्ञादीनि पाप-
निवृत्तिसाधनान्युपदिश्याबुद्धि-
पूर्वकपापनाशविषये बृहस्पति-
वाक्यं चोदाहृत्य जनमेजयमश्व-
मेधेन याजयामास च निष्क-
ल्मषः स्वं राज्यं विवेश ... १८
१५३ 'कच्चित्पितामहेनासीच्छ्रुतं त्वा
दृष्टमेव च । कच्चिन्मर्त्यो मृतो
राजन् पुनरुज्जीवितोऽभवत्'
इति युधिष्ठिरेण पृष्टो भीष्मो
गृध्रजम्बुकसंवादेतिहासमुदाह-
त्योत्तरयामास । कस्यचिद्ब्राह्म-
णस्य बालग्रहेण मृतं पुत्रमादाय
स्मशानमागतान्शोकेन तं परि-
त्यज्य गन्तुमसमर्थान् ब्राह्मणा-
न्प्रति स्मशानवासी कश्चिद्गृध्रो
'यद्येनं परित्यज्य दिवैव गृहं
गमिष्यन्ति तदा मम कार्यं भवि-
ष्यति' इत्यभिप्रायेण 'मृतं बालमिह

त्यक्त्वा गृहं गच्छत' इति उपदिदेश । गृध्रवाक्येन गन्तुमुद्यतान् प्रति श्मशानवासी कश्चिज्जम्बुको 'यद्येते सायंकालपर्यन्तमत्र स्थित्वा गमिष्यन्ति तदा मम कार्यसिद्धिर्भविष्यति' इत्यभिप्रायेण 'निर्घृणाः खलु मानुषाः' इत्यादिना तेषां गमनं न्यषेधीत्। एवं स्वस्वाभिप्रायेण बोधयतोर्गृध्रजम्बुकयोर्वाक्याद्गन्तुं स्थातुं चानिश्चितबुद्धींस्तान्व्याकुलान्दृष्ट्वा करुणाविष्टः शंकरः प्रादुरभूत्। शंकरेण वरदोऽस्मीत्युक्ते मृतपुत्रजीवनरूपं वरं प्रार्थयन्तो ब्राह्मणास्ते संजीवितं पुत्रमादाय हृष्टाः सन्तो जग्मुः १९

१५४ 'बलिनः प्रत्यमित्रस्य नित्यमासन्नवर्तिनः । उपकारापकाराभ्यां समर्थस्योद्यतस्य च' इत्यादिके युधिष्ठिरप्रश्ने भीष्मो 'यदा पन्नो राजा दैवेन नानुगृह्यते तर्हि शत्रुमेव शरणी कुर्यात्, यदि तु वाक्शूरत्वात्तेन सह वैरं करोति तदा कृत्स्नं स्वपरिग्रहं स्वयमेव त्यक्त्वा स्वात्ममात्रं रक्षेत्' इत्यर्थबोधिकां पवनशाल्मलिसंवादाख्यायिकामुदघाटयत्। हिमालयस्थं महान्तं शाल्मलिवृक्षं दृष्ट्वा तन्निकट आगत्य नारदस्तं प्रति 'अहो नु रमणीयस्त्वम्' इत्याद्युवाच २१

१५५ 'बन्धुत्वादथवा सख्यात्त्वां पवनो रक्षति' इत्यादिकां नारदोक्तिमाकर्ण्य 'न मे वायुः सखा ब्रह्मन्' इत्याद्युक्तवन्तं शाल्मलिं प्रति नारदः 'शाल्मले विपरीतं ते' इत्याद्युवाच २२

१५६ ततः नारदो वायुसमीपमागत्य तं प्रति शाल्मलेरहंकारं नाशयितुं हिमवत्पृष्ठजः कश्चित् इत्याद्युवाच। एतन्नारदवाक्यं श्रुत्वा क्रुद्धः समीरणः शाल्मलिवृक्षसमीपमागत्य 'यतो नारदसमीपे मां निन्दितवानस्यतस्तथा प्रभावं दर्शयामि यथा त्वं पुनर्नावमन्यथाः' इत्याद्युवाच। वायुवाक्यं श्रुत्वा 'पवन त्वं च मे क्रुद्धः' इत्याद्युक्तवन्तं शाल्मलिं प्रति 'श्वो दर्शयिष्यामि ते तेजः' इत्याद्यभिदधे पवनः ... २२

१५७ प्रातरागतो वायुः शाखापर्णस्कन्धादिरहितं शाल्मलिं दृष्ट्वा तं प्रति 'अहमप्येवमेव त्वाम्' इत्याद्युवाच। शाल्मलिं दृष्टान्ती कृत्य भीष्मः 'एवं हि राजशार्दूल' इत्याद्युपदिदेश युधिष्ठिरं प्रति २२

१५८ 'पापस्य यदधिष्ठानं यतः पापं प्रवर्तते। एतदिच्छाम्यहं श्रोतुं तत्त्वेन भरतर्षभ' इति युधिष्ठिरस्य प्रश्ने भीष्मः 'एको लोभो महाग्राहो लोभात्पापं प्रवर्तते' इत्यादि प्रोवाच २३

१५९ 'अज्ञानं श्रोतुमिच्छामि' इति युधिष्ठिरवाक्ये भीष्मस्तदाचष्ट। अज्ञानप्रवृत्त्यादिविषये युधिष्ठिरप्रश्ने भीष्मस्तदब्रवीत् ... २३

१६० 'स्वाध्याये कृतयत्नस्य नरस्य च पितामह। धर्मकामस्य धर्मात्मन् किं नु श्रेय इहोच्यते' इत्यादिके युधिष्ठिरप्रश्ने भीष्मो दमस्य श्रेयस्त्वमभ्यधात् २४

१६१ 'भीष्मः सर्वमेतत्तपोमूलम्' इत्यादिना तपः प्रशशंस २५

१६२ सत्यस्य स्वरूपादिके युधिष्ठिरेण पृष्टे भीष्मः सत्यस्य लक्षणादिकथनपूर्वकं तत्प्रशशंस २५

१६३ 'यतः क्रोधादीनां संभवस्तत्कथय इति युधिष्ठिरेण पृष्टो भीष्मः क्रोधादीनां दुर्जयत्वमाख्याय तेषामुत्पत्तिप्रकारं व्याजहार २५

शान्तिपर्वविषयानुक्रमणिका ।

१६४ 'आनृशंस्यं विजानामि दर्शनेन सतां सदा । नृशंसान्न विजानामि तेषां कर्म च भारत' इत्यादिना नृशंसधर्मान् पृच्छति युधिष्ठिरे भीष्मस्तान् कथयामास २६

१६५ भीष्मः प्रथमं दानयोग्यत्वप्रतिपादनपुरःसरं ब्राह्मणान् प्रशस्य सर्वोपन्मूलभूतपापनिवृत्तये प्रायश्रित्तान्यभ्यधात् ... २६

१६६ 'धनुःखङ्गयोर्मध्ये युद्धे किं श्रेष्ठतरम्' इत्यापृच्छथ नकुलः स्वाभिमतस्य खङ्गस्योत्पत्स्यादिकं प्रपच्छ । एतदुत्तरं वदन् भीष्मः सृष्टिप्रकारमभिधाय ब्राह्मणो यज्ञप्रस्तावे खङ्गोत्पत्तिप्रकारं रुद्रादारभ्य नकुलपर्यन्तं तत्प्राप्तिपरंपरां चाख्याय 'असिर्विशसनः' इत्यादित्वन्नामानि चोक्त्वा धनुष्योत्पत्तिमाचष्ट ... २७

१६७ इत्युक्त्वा तूष्णींभूते भीष्मे युधिष्ठिरो गृहं गत्वा विदुरसहितान् भ्रातून् प्रति कामादीनां मध्ये को गरीयान् कश्च मध्यमः कश्च कनीयानिति पप्रच्छ । युधिष्ठिरवाक्यं श्रुत्वा विदुरो बाहुशृत्यं तमस्त्याग इत्यादिना धर्मस्य प्राधान्यमर्थस्य मध्यमत्वं कामस्य कनीयस्त्वं जगाद । एवमेवार्जुनोऽर्थस्य उच्चायस्त्वमवोचत्।नकुलसहदेवौ धर्मार्थयोर्गरीयस्त्वमवोचतां भीष्मश्च कामस्य प्राधान्यमभ्यधात् । सर्वेषां वचनानि श्रुत्वा युधिष्ठिरो 'यो वै न पापे निरतो न पुण्ये' इत्या दिना मोक्षाख्यपुरुषार्थस्यैवाभ्यर्हितत्वं व्याजहार, तच्छ्रुत्वा सर्वे जह्रुषुः ३०

१६८ 'कीदृशा मानवाः सौम्याः' इत्यादिके युधिष्ठिरप्रश्ने भीष्मः सन्धेयानसंधेयांश्च पुरुषाँल्लक्षणतः कथयति स्म । मित्रद्रोहिणः कृतघ्नस्य वृत्तं जिज्ञासोर्युधिष्ठिरस्य प्रश्ने श्रुत्वा भीष्मो दुर्जनसंबन्धेदोषानभिधातुं गौतमस्येतिहासमाह स्म। दस्युगृहे भिक्षार्थमागतो गौतमनामा ब्राह्मणो दस्युना द्रव्यदानेन स्त्रीसमर्पणेन च सत्कृतस्तद्गृहे निवसंस्तत्समतामवाप।कदाचिद्गौतमस्य गृहमागतस्य सब्रह्मचारी कश्चिद्ब्राह्मणस्तस्याचारवैपरीत्यं दृष्ट्वा 'किमिदं कुरुषे मोहात्' इत्याद्युवाच । तच्छ्रुत्वा सोऽपि स्ववृत्तभ्रंशप्रकारादिकं कथयामास ३१

१६९ ब्राह्मणोपदेशेन दस्युगृहान्निर्गतो गौतमः समुद्रं गच्छता सार्थेन सह जगाम । मार्गमध्ये मत्तेन द्विरदेन सार्थे निहते गौतम एकाकी भ्रमन् कस्मिंश्चिद्वने न्यग्रोधवृक्षं दृष्ट्वा तन्मूले सुखं सुष्वाप । तस्मिन्वृक्षे निवसन्कश्यपस्य पुत्रो ब्राह्मणः सखा नाडीजंघाख्यो राजधर्मापरनामा बकः सूर्यास्तनन्तरं तत्रागत्य ब्राह्मणं दृष्ट्वा तं सभाजयामास ३२

१७० ततो राजधर्मा गौतमायात्मवृत्तान्तकथनपूर्वकं सत्कारोपयोग्यासनादिकं ददाति स्म । तत उभयोरुक्तिप्रत्युक्त्यनन्तरमर्थार्थी गौतमो राजधर्मवाक्याद्विरूपाक्षराक्षसनगरसमीपं गतस्तत्रेषितः प्रेष्यैः सह तद्वनं प्रविवेश ... ३२

१७१ सत्कारपूर्वकमासने उपवेशितेन गौतमेन सहोक्तिप्रत्युक्त्यनन्तरं जन्ममात्रेणायं ब्राह्मण इति जानन् विरूपाक्षो राक्षसो 'मम सख्या प्रेषितायास्मै किं देयम्' इत्यादि चिन्तयामास । कार्तिकीमहोत्सवे मिलितेषु ब्राह्मणेषु विरूपाक्षेणानुज्ञातं द्रव्यं स्वस्वकृत्यनुरोधेन गृहीत्वा गतेषु गौ_

तमोऽपि स्वभर्तारं गृहीत्वा निर्गतो राजधर्मसमीपं जगाम। तत्रागत्य विश्रान्तो गौतमो "महान्तमेनं स्वर्णभारं गृहीत्वा गन्तव्यं मार्गश्च दूरतरो मार्गमध्ये भक्ष्यं किमपि नास्ति तस्मादेनं महान्तं मांसराशिभूतं राजधर्माणं हत्वैतन्मांसेन प्राणधारणं कार्यम्" इत्यादि चिन्तयामास... ३३

१७२ ततो विश्वस्तं राजधर्माणं हत्वा तन्मांसं गृहीत्वा गते गौतमे प्रतिदिनमागच्छन्तं स्वसखायं राजधर्माणमदृष्ट्वा साशंको विरूपाक्षस्तच्छोधनार्थं स्वपुत्रं प्रेषयामास। राजाज्ञया निर्गतस्तत्पुत्रो न्यग्रोधमागत्य हतस्य बकस्य कंकालं दृष्ट्वा रुदन् गौतमं गृहीत्वा बककंकालं चादाय विरूपाक्षसमीपमाजगाम। गौतमं हन्तुमाज्ञप्तो राजपुत्रः खण्डशश्छित्वा तन्मांसं मांसादेभ्यो ददौ। ते च कृतघ्नमांसमेतदिति बुद्ध्या तन्न जजक्षुः... ... ... ३४

१७३ विरूपाक्षे राजधर्मणो दाहादिसंस्कारं कुर्वति चितायां सुरभिमुखाच्च्युतः फेनो राजधर्माणमुदजीवयत्। सुरभ्योज्जीवितो राजधर्मा यावद्विरूपाक्षमागच्छति तावदिन्द्रोऽप्यागत्य तस्य ब्रह्मशापादिवृत्तान्तमाचष्ट। गौतमस्योज्जीवनार्थं राजधर्मणा प्रार्थित इन्द्रस्तं जीवयामास। ततो राजधर्मा तमालिङ्ग्य ब्रह्मणः सदनं ययौ गौतमश्च स्वगृहं, देवाश्चैनं शेपुः। भीष्मो नारदेनैतदाख्यानं मह्यं कथितमित्यभिधाय 'कृतघ्ने नास्ति निष्कृतिः' इत्याद्युक्त्वा 'कृतज्ञेन सर्वदा भाव्यं मित्रद्रोहश्च न कर्तव्यः' इत्याद्याह स्म। तच्छ्रुत्वा युधिष्ठिरः प्रीतमना बभूव ३५

(३) मोक्षधर्मपर्व

१७४ मोक्षधर्मं ज्ञातुं युधिष्ठिरेण पृष्टो भीष्मस्तमुपदिदेश। धनादौ नष्टे पुरुषो यया बुद्ध्या शोकमपनुदेत्तद्ब्रूहीति युधिष्ठिरेणानुयुक्तो भीष्मः सेनजिद्विप्रसंवादरूपमितिहासमाचष्टे स्म। 'का बुद्धिः किं तपो विप्र' इत्यादि पृच्छन्तं सेनजितं प्रत्युपदिशन् विप्र आशाया दुर्जयत्वमाख्याय तद्विषये पिङ्गलागीता गाथा अकथयत्... ... ... ३६

१७५ 'अतिक्रामति कालेऽस्मिन्सर्वभूतक्षयावहे किं श्रेयः' इति युधिष्ठिरप्रश्ने तद्विषये पितापुत्रसंवादेतिहासं व्याजहार भीष्मः। पितापुत्रयोः संवादमाख्याय पुत्रोपदेशेन पित्रा यत्कृतं तत् त्वमप्याचरेत्याह युधिष्ठिरं प्रति भीष्मः ३८

१७६ 'धनिनश्चाधना ये च वर्तयन्ते स्वतन्त्रिणः। सुखदुःखागमस्तेषां कः कथं वा पितामह' इति युधिष्ठिरप्रश्ने शंपाकगीतामाह स्म भीष्मः... ... ३९

१७७ धनतृष्णाभिभूतः किं कुर्वन् सुखी भवेत् इति युधिष्ठिरेण पृष्टो भीष्मः सुखिनं निरूप्य मंकिगीतां कथयति स्म... ... ४०

१७८ मंकिगीतोपष्टम्भकत्वेन जनकगीतमाख्याय बोध्यनाहुषसंवादेतिहासं कथयन् बोध्योक्तानां पिङ्गलादीनां षण्णां गुरूणां वृत्तमकथयत् भीष्मः... ४२

१७९ वीतशोकः केन वृत्तेन महीं चरेत् इत्यादिके युधिष्ठिरप्रश्ने भीष्मः प्रन्हादाजगरसंवादेतिहासमाचख्यौ। स्वस्थः शक्तो मृदुर्दान्तः इत्यादिके प्रन्हादप्रश्ने आजगरो मुनिः स्वाभाविकप्रवृत्त्यादिकमाख्यायाजगरव्रतस्वरूपं कथ-

यति स्म । इदमाजगरं चरितं योऽनुचरेत्सुखी भवेदित्याह भीष्मः ... ४२

१८० आजगरव्रतरूपां स्वास्थ्यलक्षणां निष्ठां बांधवोपलक्षिता जातिरेव समर्पयति किंवा मणिमौषधिसाधनादि कर्म किंवा वित्तसाध्यं यज्ञादि उत प्रज्ञैवेति युधिष्ठिरप्रश्ने भीष्मः 'प्रज्ञैव समर्पयति' इत्युक्त्वा तद्विषये इन्द्रकाश्यपसंवादरूपमितिहासं व्याजहार । मच्छेन वैश्येन पातितः काश्यपो वनहीनत्वान्मत्वा यदा प्रवव्रज्ये तदा शृगालरूपेणेन्द्र आगत्य 'मनुष्ययोनिमिच्छन्ति' इत्यादिना ब्राह्मणत्वलाभेप्यसंतोषमभिधाय 'न तृप्तिः प्रियलाभेस्ति' इत्यादिना जीवानां दुःखहेतुमाशाप्रशमनाभावाद्याह। एतच्छ्रुत्वा विगतशोको ब्राह्मणः प्रत्यक्षमिन्द्रं दृष्ट्वा तं संपूज्य क्षमालयं जगाम ... ४३

१८१ 'यद्यस्ति दत्तमिष्टं वा' इत्यादिके युधिष्ठिरप्रश्ने भीष्म 'आत्मानानर्थयुक्तेन' इत्यादिनोपदिदेश ... ४५

१८२ 'कुतः सृष्टमिदं विश्वम्' इत्यादिप्रश्ने तद्विषये भृगुभरद्वाजसंवादरूपमितिहासं व्याहृतवान् । सृष्टिविषये प्रश्नं कुर्वन्तं भरद्वाजं प्रति भृगुर्मानसस्याव्यक्तस्य महत्तत्त्वादिसृष्टिकर्तृत्वमाख्यातवान् । गगनादिपरिमाणजिज्ञासुं भरद्वाजं प्रति भृगुर्गगनादीनां परिमेयत्वमाह। 'यदि ब्रह्मा पुष्करात्संभूतस्तर्हि पुष्करं ज्येष्ठं भवेत्, भवांस्तु ब्रह्माणं पूर्वजमाह, कथमेतत्' इति पृच्छन्तं भरद्वाजं प्रति भृगुर्ब्रह्मण एव ज्येष्ठत्वमभिधाय तस्य पुष्करे प्रादुर्भूतत्वात्संभूतत्वमित्याह स्म ... ४६

१८३ सृष्टिविषये भृगुभरद्वाजयोः संवादः ... ४७

१८४ 'ब्रह्मणा सहस्रशो भूतानां सर्जनात्कथं पञ्चानामेव भूतत्वम्' इति भरद्वाजप्रश्ने भृगुः सर्वभूतव्यापनादतेषामेव महाभूतत्वमित्याद्याह । 'स्थावरजङ्गमा यदि पाञ्चभूतयुक्तास्तर्हि स्थावराणां कथं पाञ्चभौतिकत्वम्' इत्यनुयुञ्जानं भरद्वाजं प्रत्युत्तरं वदन् भृगुः स्थावरेषु तत्सत्तां प्रकाश्य दृष्टान्ततेन जङ्गमेष्वपि तत्सत्तामाख्याय पृथिव्यादीनां गुणविभागादिकमपि स्फुटयति स्म .. ४८

१८५ शारीरयोरग्निवाय्वोर्गतिं ज्ञातुं भरद्वाजेन पृष्टो भृगुः 'वायोर्गतिमहं ब्रह्मन्' इत्यादिना तां कथयति स्म ... ४९

१८६ यदिप्राणयते वायुस्तदा जीवो निरर्थकः' इत्यारभ्याध्यायसमाप्तिपर्यन्तं भरद्वाजप्रश्नः... ५०

१८७ 'न प्रणाशोस्ति जीवस्य' इत्यादिना तदुत्तरं वदन्भृगुः 'यद्यग्निमारुतौ भूमिम्' इत्यादिना जीवस्वरूपजिज्ञासया भरद्वाजेन पृष्टस्तत्कथयति स्म... ५०

१८८ ब्राह्मणादिवर्णभेदेन सृष्ट्यादिकमभिधाय ब्राह्मणादीनां सितादीन्वर्णानभिदधद्भृगुः । 'चातुर्वर्ण्यस्य वर्णेन यदि वर्णो विभिद्यते' इत्यादिना भरद्वाजेनाक्षिप्तस्तद्विभागे कारणादिकमभ्यधात्... ५१

१८९ 'ब्राह्मणः केन भवति' इत्यादिके भरद्वाजप्रश्ने भृगुर्ब्राह्मणस्य लक्षणादाचष्टे ... ५२

१९० भृगुः सत्यस्य ब्रह्मादिरूपत्वमनृतस्य तमोरूपत्वं प्रतिपाद्योभयोर्धर्माधर्मरूपत्वं सुखदुःखरूपत्वं चाभिधायैतदेव 'यदेतद्व्रतमभिहितम्' इत्यादि भरद्वाजप्रश्नद्वारा दृढीचकार ... ५३

१९१ 'दानस्य किं फलं प्राहुः'

इत्यादौ भरद्वाजप्रश्ने भृगुर्व्युत्क्रमेण होमादीनां फलं प्रत्यपादयत्। भृगुभरद्वाजयोराश्रमविषये प्रश्नोत्तरे... ... ... ५४

१९२ वानप्रस्थवृत्तान्तं परिव्राजकाचारं चाख्याय परलोकजिज्ञासोर्भरद्वाजस्य प्रश्नमुत्तरयन्भृगुस्तेन तदक्रियत... ... ५४

१९३ आचारविधिजिज्ञासयानुयुं--जानं युधिष्ठिरं प्रति भीष्म आचारं प्रतिपादयति स्म... ५६

१९४ 'अध्यात्मं नाम यदिदं पुरुषस्येह चिन्त्यते। यदध्यात्मं यथा चैतत्तन्मे ब्रूहि पितामह' इत्यादिनाध्यात्मविषयके युधिष्ठिरानुयोगे भीष्मस्तान्निरूप्य सत्त्वादीनां गुणानां लक्षणानि व्याकरोत् ५७

१९५ भीष्मेण चतुर्विधध्यानयोगकथनम्... ... ... ६०

१९६ 'जापकानां फलावाप्तिं श्रोतुमिच्छामि भारत' इत्यादिना जापकानां फलावाप्तिविषयके युधिष्ठिरप्रश्ने तदुत्तरं कथयन्भीष्मो यमब्राह्मणसंवादेतिहासं व्याजहार... ... ... ६२

१९७ जापकानां ब्रह्मलोकप्राप्त्यादिरूपगत्यपेक्षयाऽन्या गतिरस्ति न वेति युधिष्ठिरानुयुक्तो भीष्मस्तेषां गतिविशेषमाचष्टे स्म... ६३

१९८ जापकः कीदृशं निरयं यातीति युधिष्ठिरप्रश्ने भीष्मो जापकस्य निरयान्निरूपयति स्म... ६३

१९९ कालमृत्युयमानामिक्ष्वाकोर्ब्राह्मणस्य च यद्वृत्तं तत्कथयेति युधिष्ठिरेण पृष्टो भीष्मस्तेषां संवादरूपमितिहासं जगाद। पैप्पलादिः कौशिकनामा जापकः संतुष्टां सावित्रीं प्रति 'जप्ये मे रमतां मनः' इत्यूचे। सावित्री तच्छ्रुत्वा ब्राह्मणं प्रति सर्वं तत्ते भविष्यति इत्युक्त्वा कालमृत्युयमानां त्वया संवादो भविष्यति इति चाभिधाय जगाम। ततो जापके दिव्यं वर्षशतं जपति तत्रागतस्य प्रसन्नस्य धर्मस्य संवादे प्रचलति सत्यागतानां कालमृत्युयमानां जापकस्य चोक्तिप्रत्युक्ती। तस्मिन्स्थाने आगतमिक्ष्वाकुं प्रति सत्कारपूर्वकं 'किं करोमि' इत्युवाच ब्राह्मणः। इक्ष्वाकुराजब्राह्मणयोर्विवदतोः सतोस्तौ प्रति 'युवयोरविवादोऽस्तु' इत्याद्युवाच धर्मः। साक्षादागतः स्वर्ग उभौ प्रत्यविषादोऽस्तु युवयोरुभौ तुल्यफलौ युवाम् इत्युवाच। स्वर्गं प्रत्याख्याय 'यदीच्छा तर्हि ब्राह्मणो मे फलं गृह्णातु' इत्युक्तवत इक्ष्वाकोर्ब्राह्मणस्य चोक्तिप्रत्युक्ती। एतदन्तरे विवदमानौ विकृतविरूपाख्यौ द्वौ पुरुषावागत्य राजानं प्रति स्वस्ववृत्तं निवेदयामासतुः। विरूप किं धारयसे इत्यादिना राज्ञा पृष्टेन विरूपेण विवादवृत्तान्ते कथिते इक्ष्वाकुविकृतविरूपाणां परस्परमुक्तिप्रत्युक्तयः तद्विवादं श्रुतवतो ब्राह्मणस्येक्ष्वाकोश्चोक्तिप्रत्युक्ती। विरूपः कामः क्रोधौ विद्धि नौ त्वम् इत्याद्युक्त्वा 'गच्छ लोकान् जितान् स्वेन कर्मणा यत्र वाञ्छसि' इत्युवाच राजानं प्रति। भीष्मो जापकानां गत्यादिकमाख्यायोपसंजहार ६४

२०० 'इक्ष्वाकुराजब्राह्मणौ किं चक्रतुः' इति युधिष्ठिरप्रश्ने उत्तरमकथयद्भीष्मः। राजब्राह्मणयोरुक्तिप्रत्युक्तिद्वारा सहैवोभयोर्गमनं निश्चिन्वतोस्तत्रागतेषु ब्रह्मादिषु तत्समक्षं योगधारणया प्राणांस्त्यजतोस्तयोः शरीराद्विनिर्गते तेजसि ब्रह्माणं प्रति प्रविष्टे सर्वे देवा ब्रह्मणो वाक्यं श्रुत्वा स्वं स्वं स्थानं जग्मुः... ६७

२०१ ' किं फलं ज्ञानयोगस्य ' इत्या-
दिके युधिष्ठिरप्रश्ने तदुत्तरं कथ-
यन्भीष्मो मनुबृहस्पतिसंवाद-
रूपमितिहासमाह स्म । ' यत्का-
रणं यत्र विधिः प्रवृत्तः ' इत्यादि-
केषु बृहस्पतिप्रश्नेषु मनुः कर्मवि-
ध्यादिप्रवृत्तिकारणान्याख्याया-
तेऽक्षरस्वरूपमभ्यधात्... ६९

२०२ अक्षराख्यमित्यादिना सृष्टि-
क्रमं, पतैः शारीरैरित्यादिना
संहारक्रमं, नोष्णमित्यादिना-
क्षरस्वरूपकथनं न चक्षुषेत्यादिना
तस्यासत्त्वं च प्रतिपाद्य यथा स-
मीप इत्यादिना धीतादात्म्याभ्रा-
न्त्या संसारप्रतीत्यादिकमाह स्म
मनुः... ... ६९

२०३ यदिन्द्रियैरित्यादिना बुद्धि-
प्रकाशकत्वेन चेतनस्य तस्य तद-
न्यत्वं न चक्षुषेत्यादीनीन्द्रिया-
गोचरत्वं च प्रतिपाद्याऽद्द्रस्यापि
तस्यानुमानेन ज्ञेयत्वं दृष्टान्तपुरः-

सरमाह स्म मनुः... ... ७०

२०४ यथा व्यक्तमित्यादिना देहसं-
बंधनिवृत्त्युपायं वदन्निन्द्रियमन
आदीनां लयमभिधातुमिन्द्रियेभ्य
इत्यादिना तेषां कार्यकारणभाव
माख्याय विषया विनिवर्तन्ते
इत्यादिना प्रवृत्तिनिवृत्तिधर्म-
वभ्यधान्मनुः... ... ७२

२०५ शारीरे मानसे च दुःखे प्राप्ते
तन्निवृत्त्युपायतया तदनुचिन्तना-
भावरूपं वैराग्यं साधनत्वेना-
भिधाय ज्ञानं ज्ञेयमित्यादिना
सुखप्राप्त्युपायभूतं ब्रह्मात्मज्ञान-
माह ७३

२०६ शब्दादिविषयैः सहितानि
पञ्चेन्द्रियाणि मनसा सह यदा
निगृहीतानि भवन्ति तदा सर्वत्र
ब्रह्म्यास्ति पश्यतीत्याद्यभिधा-
याध्यायान्तेऽनागतमित्यनेन प्र-
करणार्थमुपसञ्जहार मनुः ७४

२०७ ' पितामह महाप्राज्ञ पुण्डरी-

काक्षमच्युतम् । कर्तारमकृतं
विष्णुं भूतानां प्रभवाप्ययम् । '
इत्यादिना नारायणं तत्त्वेन
श्रोतुमिच्छामि इति युधिष्ठिर-
प्रश्ने तत्कथनं प्रतिजज्ञे भीष्मः ।
उदके शयानस्य विष्णोर्नाभि-
पद्मे ब्रह्मण उत्पत्त्यनन्तरमुत्प-
न्नस्य मधोर्महासुरस्य नाशना-
ह्रगवान् मधुसूदन इत्यामिहितो
देवादिभिः । ब्रह्मणः सकाशा-
न्मरीच्यादीनां सप्तानां जन्म-
प्रकारमदित्यां देवादीनां जन्म,
श्रीकृष्णस्य मुखादितो ब्राह्मणा-
दीनां सृष्ट्यादि च समवर्णय-
द्भीष्मः । ७७

२०८ ' के प्रजानां पतयः पूर्वमासन् '
इति युधिष्ठिरप्रश्ने ब्रह्मणो मरी-
च्यादीन्पुत्रान् दक्षादीनां तथा
देवानां नामानि च निरूप्य
देवेषु ब्राह्मणादींश्चतुरो वर्णान्द-
दश्ये प्राच्यादिचतुर्दिक्षु पृथक्

पृथक् अवस्थितान् सप्तर्षींश्च
नामतो व्याचख्यौ भीष्मः ७८

२०९ पुनः कात्स्न्येन ' कृष्णं श्रोतु-
मिच्छामि ' इति युधिष्ठिरप्रश्ने
कश्यपकथितां श्रीकृष्णकथां
ह्याजहार भीष्मः । पुरा दानव-
पीडितेषु देवेषु ब्रह्माणं प्रति गतेषु
' वराहरूपेण भगवानन्तभूमि-
गतान्दानवान्हनिष्यति ' इति
ब्रह्मवाक्यं श्रुतवत्सु तत्काल-
विर्भूतो वराहरूपधारी भगवा-
नन्तभूमिगतो दैत्यदानवान्
क्षोभयन् महान्तं नादं चकार '
वराहनादं श्रुत्वा मुग्धैर्देवैः '
' कोऽसौ हि कस्य वा नादः '
इति पृष्टो ब्रह्मा ' दानवपतीन्नि-
हत्य भगवता वराहेण मुक्तोऽयं
नादः इति न कार्या भीर्भवद्भिः '
इत्याद्युवाच पितामहः ... ७९

२१० मोक्षयोगशुश्रूषोर्युधिष्ठिरस्या-
नुयोगे भीष्मो गुरुशिष्य-

संवादरूपेतिहासकथनद्वारा तमुपदिदेश। गुरुं प्रति शिष्यस्य 'कुतश्चाहं कुतश्च त्वम्' इत्यादिकेऽनुयोगे गुरुर्ब्रह्मवार्ष्णेयाख्येतिहासकथनमुखेनोपदिदेश। 'युगान्तेऽन्तर्हितान्वेदान्' इत्यादिना अन्तर्हितानां वेदानां लाभादिकं, विज्ञेयं व्यापकं चित्तमित्यादिकं, अग्निर्दारुगतो यद्वदित्यादिकं,कर्मणा बाध्यते रूपं इत्यादिकं चोपदिदेश गुरुः ७९

२११ 'चतुर्विधानि भूतानि' इत्यादिना जीवस्य प्राग्वासनावशात्कर्मणि प्रवृत्तिमभिधाय 'येनैतद्वर्तते चक्रम्' इत्यादिना वासनावशात्कर्म, कर्मवशाच्च वासना इत्यादिकं चक्रं प्रतिपाद्य तादात्म्याभ्यासात्. शुद्धस्वरूपं न जानीयात् इत्याद्याह स्म भीष्मः ८१

२१२ पुनर्भीष्मो निवृत्तिरूपं मोक्षमार्गं बुद्धिमन्त इच्छन्तीति 'प्रवृत्तिलक्षणो धर्मः' इत्यादिनाऽभिधाय 'नाशुद्धमाचरेत्' इत्यादिना चित्तशुद्ध्यर्थं निष्कामकर्माचरणं चोक्त्वा 'पञ्चभूतात्मके देहे' इत्यादिना देहस्य मृद्विकारत्वं चाख्यायाहङ्कारत्यागमुपदिश्य गुणत्रयमूलकान्दोषांश्चिन्तयेदित्याह स्म। 'के दोषा मनसा त्यक्ताः' इत्यादिना संशयं निरसितुं युधिष्ठिरेणानुयुक्तो भीष्मस्तदुत्तरं वदन् 'दोषैर्मूलादवच्छिन्नैः' इत्यादिना दोषाणां समूलं नाशनमाख्याय 'रजसाऽधर्मयुक्तानि' इत्यादिना श्लोकत्रयेण त्याज्यत्वेन राजसतामसकर्माण्युक्त्वा ग्राह्यत्वेन सात्त्विकान्याह स्म कर्माणि ८२

२१३ पूर्वाध्यायान्तिमश्लोकत्रयं विवृण्वन् भीष्मः क्रोधादिररित्यागाच्छुचित्वं तत्फलं चाभिधाय मायामोहितानां क्रोधाद्युद्भवप्रणालिकया गर्भवासादि दुःखं निरूप्य तन्निरासार्थमिन्द्रियनिग्रहाद्याह स्म ८४

२१४ इन्द्रियनिग्रहविषये उपायं कथयन् भीष्मः 'सर्वेषामेव भूतानाम्' इत्यादिना ज्ञानहीनापेक्षया ज्ञानिनोऽधिकत्वमभिधाय 'तांस्तानुपासते धर्मान्' इत्यादिना धर्मज्ञानां शुभगुणज्ञापकत्वमभ्यधात्। ब्रह्मचर्यस्य दुष्करत्वमाख्याय 'संप्रदीप्तमुदीर्णं च निगृह्णीयाद्द्विजो रजः' इत्याद्युपदिश्य 'त्रिबीजमिन्द्रदैवत्यं तस्मादिन्द्रियमुच्यते' इतीन्द्रियलक्षणं निरूप्य 'भविता मनसो ज्ञानं' इत्याद्युपदिदेश ... ८४

२१५ वशीकृतेन्द्रियाणां परपदप्राप्त्याद्यभिधाय पापनाशकं शुभं कर्म कुर्यादित्याह स्म भीष्मः। 'अहिंसा सत्यवचनं' इत्यादिनाऽहिंसादिविशिष्टस्य सुखित्वं 'सत्यां वाचम्' इत्यादिना सत्यादिगुणविशिष्टां वाचं वदेदिति चाभिधाय 'रजोभूतैर्हि करणैः' इत्यादिना राजसतामसकर्मवर्जनमुपदिश्य 'निःसंदिग्धमनीहो वै' इत्यादिना ब्रह्मप्राप्त्युपायमाह स्म ८५

२१६ ब्रह्मचर्यं चरतो निद्रावर्जनं, निद्रायां दोषांश्चाख्यायैतत्प्रसङ्गेन जाग्रदाद्यवस्थात्रयं चाभिधाय सर्वेषां मनोगतत्वमुपादिश्य देवासुरेभ्यः प्रजापतिना गोपितं ब्रह्मेन्द्रियनिग्रहेण वेदितुं शक्यमित्याद्याह स्म भीष्मः ... ८६

२१७ पुनर्भीष्मः प्रधानपुरुषजीवेश्वररूपं चतुष्टयं न वेद स परं ब्रह्म न वेदेत्युक्त्वा प्रवृत्तिनिवृत्तिलक्षणौ धर्मौ चाख्याय

'अनाद्यन्तावुभावेतौ' इत्यादिना पुंप्रकृत्योर्जीवेश्वरयोश्च साधर्म्य- वैधर्म्यं निरूप्य 'श्रियं दिव्याम्' इत्यादिना शारीरमानसे तपसी कर्तव्यत्वेनाह । 'अन्तकाले' इत्यादिना साधनान्तराण्यभिधाय तैः परपदप्राप्तिं चाख्याय 'तृष्णाबद्धम्' इत्यादिना तृष्णा- त्यागं चाभिदधाति स्म ... ५७

२१८ 'केन वृत्तेन वृत्तज्ञ' इत्या- दिना जनकः कथं मोक्षमवाप्नोति युधिष्ठिरानुयुक्तो भीष्मो जन- कस्येतिहासमाह स्म । भीष्मो मिथिलायां पञ्चशिखस्य मुने- रागमनं तस्य पञ्चशिख इति कापिलेय इति च संज्ञाद्वयप्राप्ति- कारणं चाभिधाय 'एतन्मे भग- वानाह' (श्लो० १६) इत्याद्युु- वाच । पञ्चशिखं दृष्ट्वा गुरुशतं विहायानुसरन्तं जनकं प्रति स

'जातिनिर्वेदम्' (श्लो० २१) इत्यादिना जन्मादिनिर्वेदमा- ख्याय कर्मादिप्रवृत्तिकारणं मोहं विवरीतुं 'दह्यमाने विनाशे च' (श्लो० २३) इत्यादिना लोकायतमतमुपन्यासपूर्वकं निर- स्य तथैव सौगतमतं तार्किक- मतं च निरस्यार्थलिप्सूनां दुःखं तदनिच्छूनां सुखं चाचख्यौ ५८

२१९ 'भगवन्यदि न प्रेत्य' (श्लो० २) इत्यादिना प्रेत्य संज्ञाभावे सति ज्ञानाज्ञानकृतो न काश्चिद्वि- शेषः इत्याद्याक्षेपान् कुर्वन्तं जन- कं प्रत्युपदिशन् पञ्चशिखो 'धातवः पञ्चभूतेषु' (श्लो० ७) इत्यादिना शरीरादीनामनात्म- त्वं बोधयितुं तत्प्रकृतीराह स्म। एतेषामात्मन्यारोपमुक्त्वा 'अ- नात्मेति च यद् दृष्टम्' (श्लो०१५) इत्यादिनाऽपवादं चाभिधाय 'अत्र सम्यग्वधो नाम' (श्लो० १६)

इत्यादिना त्यागप्रधानं सांख्य- शास्त्रमुपदिश्य जनककृतानाक्षे- पान्निरस्य 'इमां च यो वेद्' (श्लो० ४४) इत्यादिना विद्या- फलं प्रतिपादयति स्म ... ५९

२२० 'किं कुर्वन्सुखमाप्नोति' (श्लो० १) इत्यादिके युधिष्ठिरप्रश्ने भीष्मो दमं प्रशस्य 'तेषां लिङ्गानि वक्ष्यामि' (श्लो० ९) इत्यादिना दमवतां लक्षणान्यभिधाय फल- तो दमं कुर्वन्सुखी भवत्यकुर्वंश्च दुःखीत्याह स्म... ... ६०

२२१ 'द्विजातयो व्रतोपेताः' (१) इत्यादिना वैदिकं तांत्रिकं च विधिमाश्रित्य त्रैवर्णिका हविः- भुंजते तदुक्तमुक्तं वेति युधि- ष्ठिरप्रश्ने भीष्मः 'अवेदोक्तव्रतो- पेता' (२) इत्याद्युत्तरमाह। 'यदिदं तपः'(३) इत्यादिना उप- वासात्मकमेव तप उतान्यदपीति पुनर्युधिष्ठिरेणानुयुक्तो भीष्मो

मासपक्षोपवासेनेत्याद्युक्तरमाह। 'कथं सदोपवासी स्यात्'(९) इत्यादिषु चतुर्षु युधिष्ठिरप्रश्नेषु 'अ- न्तरा प्रातराशं च' (१०) इत्या- दिना क्रमेणोत्तराण्याह भीष्मः... ... ... ६१

२२२ 'यदिदं कर्म लोकेऽस्मिन्' (१) इत्यादिना शुभाशुभकर्मणां पुरुषः कर्तास्ति न वेति पृच्छन्तं युधि- ष्ठिरं प्रत्येतद्विषये इन्द्रप्रह्लाद- संवादरूपमितिहासं आजहार भीष्मः । 'यैः कश्चित्संमतो लोके' (९) इत्यादिके इन्द्रप्रश्ने प्रह्लादः 'प्रवृत्तिं निवृत्तिं च'(१४)इत्यादिना स्वस्य कर्तृत्वं सोपपत्तिकं निरस्य शुभाशुभकर्मणां स्वभावादेव प्राप्ति- मुक्त्वा सर्वस्यानित्यतां जानन् न शोचामीत्याह । 'येनैष लभ्यते प्रज्ञा' (३२) इत्यादिनैता- दृशप्रज्ञालाभोपायं पृच्छन्तमिन्द्रं प्रति प्रह्लादः 'आर्जवेनाप्रमादेन

(३४) इत्यादिना तं कथयति स्म- ९५

२२३ 'यया द्धया महीपालः' (१) इत्यादिना भ्रष्टश्रीर्नृपः पृथ्व्यां कथं चरेदित्यनुयुञ्जानं युधिष्ठिरं प्रति भीष्म एतद्विषये इन्द्रबलिसंवादरूपमितिहासमब्रवीत्। सर्वान्सुराञ्जित्वेन्द्रो बलिमपश्यन् ब्रह्माणं प्रति गत्वा 'बलिं नाधिगच्छामि तं कथय' इति पप्रच्छ, तच्छ्रुत्वा ब्रह्मा 'उष्ट्रेषु यदि वा गोषु' (९) इत्यादिना तेजाखिपश्वरूपेण शून्यागारे तिष्ठतीत्याह। शून्यागार उपलब्धं तमहं हन्यां न वेति पृच्छन्निन्द्रो 'मा स्म शक्र बलिं हिंसीः ......न्यायस्तु शक्रप्रष्टव्यः' (११) इति ब्रह्मवाक्यं श्रुत्वा तं गवेषयन् शून्यागारे खररूपेण स्थितं ददर्श। 'खरयोनिमनुप्राप्तः' (१४) इत्यादीन् प्रश्नान्कुर्वन्तमिन्द्रं प्रति बलिः 'न त्वं पश्यसि भृंगारम्' (२६) इत्याद्युवाच ... ९६

२२४ पुनर्हासपूर्वकमिन्द्रस्य 'यत्तद्यानसहस्रेण' (२) इत्याद्युक्तिं श्रुत्वा बलिः 'अनित्यमुपलक्ष्येह' (५) इत्यादिना सर्वस्यांतवत्त्वादनित्यत्वं बुद्ध्वा न शोचामीत्युक्त्वा 'सर्वं कालः समादत्ते' (१९) इत्यादिना सर्वस्य कालकृतत्वं 'मासमासार्धवेश्मानम्' (४६) इत्यादिना कालस्वरूपं चाख्याय तस्यानिर्वर्त्यत्वकथनपूर्वकं श्रियश्चांचल्यमभ्यधात्... ... ९७

२२५ बलिदेहनिर्गतां श्रियं दृष्ट्वा बलिवाक्यात्तां प्रति का त्वमिति पृच्छन्तमिन्द्रं प्रति श्रीः स्वनामाद्याख्यानपूर्वकं स्वस्य दुर्ज्ञेयत्वमाचख्यौ। उभयोरुक्तिप्रत्युक्त्यनन्तरं 'तिष्ठेथा मयि नित्यं त्वम्' (१८) इत्यादि प्रार्थयन्निन्द्रः 'स्थास्यामि नित्यं देवेन्द्र' (१९) इत्यादि श्रीवाक्यं श्रुत्वेन्द्रः स्वकथितेषु पृथ्वीजलाग्निसाधुषु चतुर्षु निहितपदां श्रियं रक्षितुं प्रतिजज्ञे। ततो बलिना 'यावत्पुरस्तात्प्रतपेत्' (३०) इत्यादिना स्वपराक्रमकाले कथिते इन्द्रेण ब्रह्माज्ञया त्वयि वज्रं न मुञ्चामीत्युक्तो बलिर्दक्षिणां दिशं जगाम। इन्द्रश्चोदीचीं गतः खमारुरोह... ९९

२२६ भीष्मोऽनहंकारत्वविषये इन्द्रनमुचिसंवादाख्यमितिहासं कथयामास... ... ... १००

२२७ 'मग्नस्य व्यसने कृच्छ्रे' (१) इत्यादि पृच्छन्तं युधिष्ठिरं प्रति भीष्म उत्तरं वदन् 'धृतिः श्रेयस्करी नृप' (३) इत्याद्युक्त्वैतद्विषये पुनर्बलिवासवसंवादेतिहासमाह स्म। विजयीन्द्र ऐरावतारूढः सञ्चरन् समुद्रान्ते गिरिगह्वरे बलिमविकारं निर्भयं च दृष्ट्वा तं प्रति 'दैत्य न व्यथसे शौर्यात्' (१४) इत्यादि पप्रच्छ। बलिरुत्तरं वदन् 'नैतदस्मत्कृतं शक्र' (२६) इत्याद्युक्त्वा 'कालः काले नयति माम्' (२९) इत्यादिना सर्वस्य कालकृतत्वमभिधाय 'न च कालेन कालज्ञः' (८६) इत्यादिनाऽऽत्मनः शोकाभावं प्रतिपादयामास १०१

२२८ 'पूर्वरूपाणि मे राजन् पुरुषस्य भविष्यतः। पराभविष्यतश्चैव तन्मे ब्रूहि पितामह' (१) इति युधिष्ठिरेणानुयुक्तो भीष्मो मन एव मनुष्यस्य (२) इत्याद्यभिधाय श्रीशक्रसंवादरूपमितिहासमाचख्यौ। कदाचिदिन्द्रनारदयोर्गङ्गातीरे वार्ताः कुर्वतोः सूर्यमुपतिष्ठमानयोः सतोरग्रत उपस्थितां श्रियं दृष्ट्वेन्द्रस्तां प्रति का त्वमित्यादि पप्रच्छ। श्रिया "पुण्येषु त्रिषु लोकेषु" (२०) इत्यादिना स्ववृत्तान्तमाख्याय "त्वयि वासमरोचयम्" (२७) इत्युक्तः

शक्रस्तां प्रति "कथं वृत्तेषु दैत्येषु" (२८) इत्यादि पप्रच्छ । एवामिन्द्रेण पृष्टा श्रीः "स्वधर्ममनुतिष्ठत्सु" (२९) इत्यादिना स्वनिवासयोग्यान् गुणान् "ततःकालविपर्यासे" (५०) इत्यादिना स्वनिवासयोग्यान् दोषांश्चाभिधाय "नाहं देवेन्द्र वत्स्यामि" (८१) इत्याद्याचख्रे स्म ... १०३

२२९ "किंशीलः किंसमाचारः" (१) इत्यादिके युधिष्ठिरप्रश्ने भीष्मो जैगीषव्यासितदेवलसंवादकथनमुखेनोत्तरमाह स्म १०४

२३० "प्रियः सर्वस्य लोकस्य" (१) इत्यादिना सर्वस्य प्रियः, सर्वलोकाभिनन्दितो, सर्वगुणैरुपेतो भुवि, कोऽस्तीति पृच्छन्तं युधिष्ठिरं प्रत्युत्तरं वदन् भीष्मो नारदोद्देशेनोग्रसेनवासुदेवसंवादरूपमितिहासं व्याचख्यौ १०५

२३१ "आचन्तुं सर्वभूतानां ज्ञातुमिच्छामि कौरव" (१) इति पृच्छति युधिष्ठिरे भीष्मो व्यासशुकसंवादेतिहासं न्यरूपयत् । "भूतग्रामस्य कर्तारं" (९) इत्यादिके शुकप्रश्ने व्यासः "अनाद्यन्तमजं दिव्यं" (११) इत्यादिना प्रश्नद्वयोत्तरमभ्यधात् । १०५

२३२ पुनः शुकं प्रत्युपदिशन् व्यासो "ब्रह्मतेजोमयं शुक्रं" (१) इत्यादिना ब्रह्मतो मनो मनस्त आकाश इत्यादिक्रमेण वेदपर्यतां सृष्टिमभिधाय "ऋषयस्तपसा वेदान्" (२५) इत्यादिना ऋषीणां वेदप्राप्त्यादिकमभ्यधात् । ... १०७

२३३ व्यासः "प्रत्याहारं तु वक्ष्यामि" (१) इत्यादिनाध्यायसमाप्तिपर्यन्तेन ग्रन्थेन क्रमप्राप्तं प्रलयं न्यरूपयत् । ... १०८

२३४ "ब्राह्मणस्य तु यत्कृत्यं तत्ते वक्ष्यामि तच्छृणु" (१) इत्युक्त्वा व्यासो ब्राह्मणस्य कृत्यान्यभिधाय "देवर्षिपितृगुर्वर्थं" (१३) इत्यादिना दानस्यावश्यकत्वं निरूप्य रन्तिदेवादिदृष्टान्तविवरणेन तदेव द्रढयति स्म ११०

२३५ "त्रयीं विद्यामवेक्षेत" (१) इत्यादिना ब्राह्मणस्यावश्यकर्तव्यमुपदिश्य ज्ञानपूर्वकमुक्तकर्माणि कुर्वतः सिद्धिं चाभिधाय "पञ्चेन्द्रियजलां घोरां" (११) इत्यादिना रूपकेण संसारनदीं प्रदर्श्य तत्तरणाय प्रज्ञाप्लवमभिधाय तत्सम्पादनाय साधनान्यभ्यधाद्व्यासः । ... १११

२३६ "अथ चेद्रोचयेदेतत्" (१) इत्यादिना मोक्षकामो ज्ञानवान् भवेदित्यभिधाय देशकर्मादिद्वादशनियमनपूर्वकं "यच्छेद्वाङ्मनसी" (४) इत्यादिना मनोवाङ्नियमनं चोक्त्वा "धर्मोपघ्नो ह्रीनिषेवः" (९) इत्यादिना रूपकेण योगमुपदिशन् वाह्यानि तदङ्गान्याचख्यौ । ततः पृथिव्यादीनां जयमभिधाय "पञ्चविंशतितत्त्वानि" (२९) इत्यादिना तद्विषये योगसांख्ययोर्विशेषं व्याचख्यौ । १११

२३७ "अथ ज्ञानप्लवं धीरः" (१) इत्यादि वदन्तं व्यासं प्रति शुकः "किं तज्ज्ञानमथो विद्या" (२) इत्यादि पप्रच्छ । संशयकारणभूतानि शून्यवादिप्रभृतीनां मतान्युपन्यासपूर्वकं यस्तित्वत्यादिना निरस्य "स्वारैभ्यो विशिष्टानि" (१२) इत्यादिना विदुषो ब्रह्मनिष्ठस्य श्रैष्ठ्यमाह व्यासः । ... ११४

२३८ "एषा पूर्वतरा वृत्तिः" (१) इत्या-

महाभारते- २८

दिना ब्राह्मणस्य नित्यां वृत्ति-
मभिधाय " पौरुषं कारणं के-
चित् " (४) इत्यादिना मतान्त-
राण्युपन्यासपूर्वकं निरस्य ज्ञान-
स्वरूपं निर्णीतवान् व्यासः ११५
२३९ एवं व्यासोक्तं प्रशस्य शुकः
"प्रज्ञावान् श्रोत्रियो यज्वा " (२)
इत्यादिना ब्रह्मप्राप्तिः कथं भवति,
केन प्रकारेण भवति, सांख्ये वा
योगे वा, इति पप्रच्छ । अत्रोत्तरं
वदन् व्यासो " नान्यत्र विद्यात-
पसोः" (५)इत्यद्यभिधाय "क्रान्ते
विष्णुर्बले" (८) इत्यादिनाध्याय-
समाप्तिपर्यन्तेन ग्रन्थेन सांख्य-
स्यैव सिद्धान्तत्वं प्रतिपादयति
स्म ११५
२४० योगकृत्यं कथयितुं प्रतिजानन्
व्यासो योगकारिणां कामादि-
त्यागं, सत्त्वगुणाश्रयेण निद्रोच्छे-
दनं दोषजयादिकं, मनसि पञ्चे-
न्द्रियाणां स्थापनं, मनसः स्थिरी-

करणं चाह स्म ... ११७
२४१ " यदिदं वेदवचनं कुरु कर्म
त्यजेति च । कां दिशं विद्यया
यान्ति कां च गच्छन्ति कर्मणा"
(१) इति शुकेन पृष्टो व्यास
" कर्मणा बध्यते जन्तुः " (७)
इत्यादिना कर्मणा बन्धं विद्यया
तन्मोचनं चाभिधायोभयप्राप्ये
गती अभिदधाति स्म ... ११८
२४२ पुनरुक्तानुवादपूर्वकं " वेदे
वचनमुक्तं तु " (३) इत्यनेन
कर्मकरणतत्त्यागयोर्व्यवस्थां पृ-
च्छति शुके व्यासो " यथा वै
विहिता वृत्तिः" (५) इत्यादिना
तामाह स्म । " कुरु कर्म त्यजेति
विरुद्धयोर्वाक्ययोः शास्त्रता क-
थम् " इत्यादिनाऽशास्त्रत्वात्प्रा-
माण्याभावे प्रसक्ते प्रामाण्यमु-
भयोः कथमिति पृच्छन्तं शुकं
प्रति व्यासः कर्मणां चित्तशुद्ध्य-
र्थत्वं मनसि निधाय चातुराश्रम्य-

धर्मान्वदन्प्रथमं ब्रह्मचारिधर्मा-
नाह ११९
२४३ " द्वितीयमायुषो भागम् "
(१) इत्यादिना क्रमप्राप्तान्
गृहस्थधर्मानाख्यायान्ते " अतः
परं " (२९) इत्यादिना
वानप्रस्थाश्रमो विधेय इति व्या-
जहार व्यासः १२०
२४४ भीष्मस्य युधिष्ठिरं प्रत्युक्तिः ।
" गृहस्थस्तु यदा पश्येत् " (४)
इत्यादिना व्यासो वानप्रस्थधर्मा-
नभिधाय " चतुर्थे चायुषः शेषे "
(२२) इत्यादिना संन्यासं कुर्या-
दित्याह १२०
२४५ " वर्तमानस्तथैवात्र " (१)
इति शुकप्रश्ने व्यासः " प्राप्य
संस्कारमेताभ्याम् " (२)
इत्यादिनाऽध्यायसमाप्तिपर्यन्तेन
ग्रन्थेन यतिधर्मानाह ... १२१
२४६ " प्रकृत्यास्तु विकारा ये " (१)
इत्यादिना चक्षुरादय आत्मानं न

पश्यन्ति तांस्त्वयं पश्यतीत्या-
ख्याय "इंद्रियेभ्यः परे ह्यर्थाः"(३)
इत्यादिना आत्मनो भूतेषु गूढत्वं
" दृश्यते त्वग्र्यया बुद्ध्या "(५) इ-
त्यादिनाऽऽत्मनःसत्त्वे मानं च
प्रदर्श्य ध्यानेनोपरतस्यामृतत्वामि-
न्द्रियवश्यस्य मृत्युं चाभिधाय
" आहत्य सर्वसंकल्पान् " (९)
इत्यादिना सत्त्वे निवेशितस्य चे-
तसः प्रसादमुक्त्वा " अतो गुह्यत-
रार्थं" (२१) इत्यादिनाऽध्यात्म-
कथनं प्रतिजज्ञे व्यासः... १२३
२४७ " अध्यात्मं विस्तरेणेह " (१)
इत्यादि पृच्छन्तं शुकं प्रति व्यासः
सविस्तरमध्यात्ममाचचक्षे १२४
२४८ "मनो विसृजते भावम् "(१)
इत्यादिना मनोबुद्ध्यहंकाराणां
स्वरूपादिकमभिधाय जगतो बुद्धि-
मात्रकल्पितत्वं जानतः "एवं स्व-
भावमेवेदं" (१३) इत्यादिना शो-
काभावं फलमभिधाय मनसेंद्रि-

शान्तिपर्वविषयानुक्रमणिका।

यनियमने आत्मा प्रकाशते इत्या-
द्याह स्म व्यासः... ... १२४
२४९ "सृजते तु गुणान् सर्वं"
(१) इत्यादिना बुद्धेर्गुणत्वपूर्वकं
क्षेत्रज्ञस्याधिष्ठातृत्वादुदासीनत्वं
संवर्ण्य "अनादिनिधनो ह्यात्मा"
(५) इत्यादिनाऽऽत्मानं बुद्ध्वा
विचरतः शमप्राप्त्यादिकमाह स्म
व्यासः... ... १२५
२५० "यस्माद्धर्मात्परो धर्मः" (१)
इत्यादिना विद्याप्रापकं धर्मं पृ-
च्छति शुके व्यासो "धर्मं ते सं-
प्रवक्ष्यामि" (२) इत्यादिना
तान्धर्मानाख्यास्यन् "बुद्ध्वा त्वमा-
त्मनात्मानं" (१०) इत्यादिनाऽऽ-
त्मानं ज्ञात्वा "सर्वतः स्रोतसं"
(१२) इत्यादिना निरूपितां संसार-
नदीं तीर्त्वा ब्रह्मैव भविष्यसी-
त्याद्याह स्म... १२६
२५१ "गंधान् रसान्" (१) इत्या-
दिना ब्रह्मप्राप्तिसाधनान्याख्याय

जीवन्मुक्तस्य लक्षणान्यप्यवादी-
द्व्यासः... ... १२७
२५२ एतावत्पर्यन्तं विस्तरेण निरू-
पितमध्यात्मं "द्वंद्वानि मोक्षजि-
ज्ञासुः" (१) इत्याद्यध्यायेन सुख-
संग्रहार्थं संक्षेपेणाख्यातवान् व्या-
सः... ... १२८
२५३ "शरीराद्विप्रमुक्तं हि" (१)
इत्यादिना स्थूलशरीरांतर्गतं लिं-
गशरीरं तद्विषये विदुषां योगिना-
मनुभवं प्रदर्श्य 'तमेतमतिते-
जांशं' (१२) इत्यादिना रजस्त-
मोभ्यामाविष्टानामात्मदर्शनाभा-
वं "योगशास्त्रपरा भूत्वा" (१३)
इत्यादिना योगेन तद्दर्शनं चाभ्य-
धाद्व्यासः... ... १२९
२५४ "हृदि कामद्रुमश्रित्रः" (१)
इत्यादिना हृदयक्षेत्रस्थं कामद्रुमं
रूपकेण निरूप्य तन्निवृत्तस्य दुः-
खाभावं "शरीरं पुरमित्याहुः"
(९) इत्यादिना संसारं कुराज्य-

रूपकेण चाभिधाय तत्सक्रस्थानर्थ-
मभिधत्ति स्म व्यासः... १२९
२५५ "भूतानां परिसंख्यानं" (१)
इत्यादिना व्यासोक्तनुपायं वक्तुं
प्रतिजानानो भीष्मो युधिष्ठिरं
प्रत्युपादिशन् "भूमेः स्थैर्यं" (३)
इत्यादिना प्रत्येकस्य दश दशोच्चैवं
क्रमेण पंचभूतानां मिलितान्
पंचाशद्गुणानभिधाय मनसो बुद्धेश्च
गुणानाख्याति स्म। "कथं पंच-
गुणा बुद्धिः" (११) इति पृच्छंतं
युधिष्ठिरं प्रति "आहुः षष्टि बुद्धि-
गुणान्" (१२) इत्यादिनोत्तर-
माह भीष्मः... ... १३०
२५६ "य इमे पृथिवीपालाः" (१)
इत्यारभ्य "कस्य मृत्युः कुतो
मृत्युः" (६) इत्यंतेन मृत्यु-
विषयकं प्रश्नं कुर्वाणं युधिष्ठिरं
विषयंकृतपनराजचरितकथनद्वारोत्त-
रमाह स्म भीष्मः पुत्रशोकार्तम-
त्स्वपनं प्रति नारदस्योक्तिः। स्वसृष्टाभिः

प्रजाभिर्वर्धमानाभिरखिललोक्यां नि-
रुच्छ्वासायां तत्सञ्जिहीर्षया प्रजा-
पतिर्यदा क्रुद्धस्तदा तदिन्द्रियेभ्यो
निर्गतेऽश्रौ प्रजा दहति सति स्थाणुः
पितामहं प्रति शरणं जगाम १३१
२५७ स्थाणुप्रजापत्योः संवादानंतरं
स्थाणुवाक्यात्तेजः संहरतो ब्रह्मणः
खेभ्यः प्रजासंहारकारिणी नायु-
दपद्यत। उत्पद्य दक्षिणां दिशं
गच्छंतीं नारीं "मृत्यो" इ-
त्याहूय ब्रह्मणा "प्रजाः संहर"
(२०) इत्युक्ता सती चिन्त्-
याऽश्रूण्युञ्चत्तानि च प्रजापति-
र्लोकानां हितायांजलावधा-
रयत् १३१
२५८ "त्वया सृष्टा कथं नारीं"
(२) इत्यादिना संहारमनिच्छंतीं
नारीं प्रति "मृत्यो संक्लिप्तो मे
त्वं" (७) इत्यादिना ब्रह्मा पुनः
प्रेरयामास। एवं पुनः
पुनर्निर्युज्य
प्रजापतौ गतरोषे सति सा नारी

धेनुकामाश्रमादौ गत्वा तपश्चचार।
तपसा तुष्टेन ब्रह्मणा पुनः संहारे
नियुज्यमाना तदनिच्छन्त्यपि
"अधर्मो नास्ति मे मृत्यो" (२८)
इत्याद्युक्त्वा "ये तवाश्रुबिंदवो
मयाञ्जली धृतास्ते प्राणिनो मार-
यिष्यन्ति" (३४) इत्यभिहिता
सती शापभयात्तन्नियोगमङ्गी-
चकार। इत्यभिधाय "अथो
प्राणान् प्राणिनामन्तकाले"
(३७) इत्यादिना राजानं सां-
त्वयन्नारदः "तस्मात्पुत्रं मा शुचो
राजसिंह" (४१) इत्याह स्म १३१
२५९ "कोऽयं धर्मः कुतो धर्मः"
(१) इत्यादिके युधिष्ठिरप्रश्ने
भीष्मो धर्मस्वरूपं निरूप्य "तस्मा-
दनार्जवे बुद्धिर्न ते कार्या" (२७)
इत्याद्याह स्म। ... १३२
२६० "सूक्ष्मं साधु समुद्दिष्टम्"
(१) इत्यारभ्याध्यायसमाप्ति-
पर्यन्तेन ग्रन्थेन धर्मतत्त्वस्य दुर्ज्ञे-
यत्वमाचाराणामनैकाग्र्यं व्यभिचा-
रित्वं च प्रतिपाद्य स्वभावेनैव
सुखदुःखादिव्यवस्था न श्रुत्यादि-
प्रमाणकेन धर्मेणेत्याचिक्षेप युधि-
ष्ठिरः ... .१३३
२६१ युधिष्ठिरेणैवमुक्तो भीष्मो
धर्मे प्रमाणभूतं तुलाधारजाजलि-
संवादरूपमितिहासं व्याजहार।
वनचरो जाजलिनामा कश्चि-
द्ब्राह्मणः समुद्रतीरे जले तपः
कुर्वन् जल एव सर्वां महीं पश्यन्
दूरदर्शित्वसिद्धिप्राप्त्या गर्वितः
सन् "नेमया सदृशोऽस्तीह"
(६) इत्याद्युवाच। तदा पिशाचैः
"नैवं त्वं वक्तुमर्हसि" (७)
इत्यादिना उक्तस्तैरेव बहिर्नि-
ष्कास्य दर्शितमार्गो वाराणस्यां
तुलाधारं प्रति जगाम। "केन
कर्मणा जाजलिः सिद्धिं प्राप"
(१२) इति युधिष्ठिरप्रश्ने सिद्धि-
कारणं तपश्चर्यादिकमाख्याय
गर्वितस्य जाजलेराकाशवाणी-
श्रवणेन वाराणस्यां तुलाधारं
प्रति गमनं तं प्रति तुलाधार-
वाक्यं चाचष्ट भीष्मः ... १३४
२६२ "विक्रीणीतः सर्वरसान्" (२)
इत्यादिना जाजलिनाऽऽक्षिप्त-
स्तुलाधारो "वेदाहं जाजले
धर्मम्" (५) इत्यादिना हिंसाप्रधा-
नयज्ञकृष्यादिवर्जितान् निवृत्ति-
धर्मानेवाचख्यौ ... १३५
२६३ "अयं प्रवर्तितो धर्मः" (१) इत्या-
दिना जाजलिना पुनराक्षिप्तस्तु
लाधारो हिंसाप्रधानान्धर्मान्नि-
रस्याहिंसाप्रधानान्धर्मानेवोपदि-
देश। "न वै मुनीनां शृणुमः"
(३६) इत्यादिके जाजलिप्रश्ने
तुलाधारस्य "उत यज्ञा उता-
यज्ञाः" (३८) इत्यादि तदुत्तर-
कथनम् १३७
२६४ स्वोक्ते अहिंसाधर्मे प्रत्ययो-
त्पादनार्थे तुलाधारेणादिष्टेन
जाजलिनाऽऽहूताः पक्षिणोऽप्य-
हिंसाहिंसात्मकधर्मयोरिह परत्र
च प्रत्यक्षं फलमित्यभिधाय
हिंसायाः श्रद्धाविघातकत्वं चा-
ख्याय श्रद्धामेव प्रशशंसुः। भी-
ष्मस्तुलाधारस्य जाजलेश्च स्वर्ग-
गमनमभिधायोपसंजहार ...१३९
२६५ एतावत्पर्यंतमुपपादितमहिंसा-
धर्ममेव प्रशंसितुं विचख्नुगीतां
कथयन् भीष्मो हिंसाधर्मं निनिंद।
"शरीरमापदश्चापि" (१३) इ-
त्यादिना हिंसाशून्यस्य कथं शरी-
रनिर्वाह इति युधिष्ठिरेणानुयुक्तो
भीष्मः शरीराविरोधेन धर्माचरणं
कर्तव्यमुपदिदेश... ... १४०
२६६ "कथं कार्यं परीक्षेत" (१)
इत्यादिके युधिष्ठिरप्रश्ने भीष्मः
किमपि कार्यं चिरेण विचार्य
कर्तव्यमित्येतत्तात्पर्यकं चिरकारु-
पाख्यानं व्याजहार। अहल्यायाः
कस्मिंश्चित्काले व्यभिचाररूपमप-

चारं दृष्ट्वा चिरकारिणं पुत्रं प्रति
"इमां जननीं जहि" इत्युक्त्वा
गौतमे वनं गते सति विचारयन्
पित्राज्ञानुल्लंघने हेतुभूतपितृगौरव-
मुपपाद्य तथैव मातृगौरवमुद्भाव्य-
स्त्रीणां निरपराधत्वं पुरुषाणां
सापराधत्वं च व्यचिंतयत्। एवं
विचारयति चिरकारिणि बहुका-
लातिक्रमानंतरमाश्रममागतो गौ-
तमः पश्चात्तापं कुर्वंश्चिरकारिणं
पुत्रं स्वस्त्रियमहल्यां च दृष्ट्वा "चिर-
कारिक भद्रं ते" (६७) इत्यादिना
चिरकारिणं प्रशंसति स्म १४१

२६७ "कथं राजा प्रजा रक्षेत्" (१)
इत्यनुयुंजानं युधिष्ठिरं प्रति भी-
ष्मो द्युमत्सेनसत्यवत्संवादरूप-
मितिहासमब्रवीत् १४३

२६८ "अविरोधेन भूतानां" (१)
इत्यादिना गार्हस्थ्ययोगधर्मयोः
किं श्रेय इति पृच्छति युधिष्ठिरे
भीष्म उभयोरपि धर्मयोर्महाफ-
लत्वं सदाचरितत्वं चाभिधाय
कपिलगोसंवादरूपमितिहासम-
भ्यधात्। गृहमागताय त्वष्ट्रे मधु-
पर्के नहुषे लब्धुं नियुक्तां गां दृष्ट्वा
वेदा ३ इत्युक्तवन्तं कपिलं प्रति
योगबलेन गवि प्रविष्टः स्यूमरश्मिः
"हंहो वेदा३ यदि मताः" (९) इत्या-
द्युवाच। स्यूमरश्मिवाक्यं श्रुत्वा
कपिलो नाहं वेदान् विनिंदामि
इत्यादिना चतुर्णामाश्रमाणां फले-
षु जायस्त्वकनीयस्त्वे उपपाद्या-
नारंभेऽदोषमारंभे दोषं चाभ्यधा-
त्। कपिवाक्यं श्रुत्वा स्यूमरश्मिः
"स्वर्गकामो यजेतेति सततं श्रूयते
श्रुतिः" (१८) इत्यादिना यागीय-
हिंसाया हिंसात्वाभावं प्रतिपाद्य
हिंसारंभयोरदोषत्त्वादिकमाह स्म
... ... १४४

२६९ कपिलः "एतावदनुपश्यन्ति
यतयः" (१) इत्यादिना निर्द्वन्द्वा-
दिविशेषेण विशिष्टानां सना-
तनलोकप्राप्तिमाख्याय "गार्ह-
स्थ्ये किं प्रयोजनं" (४) इत्याह। स्यू-
मरश्मिर्जनकादीनां गार्हस्थ्यं एव
विद्वत्त्वदर्शनात्कर्म समुच्चितैव वि-
द्या फलदेत्यभिप्रेत्य "यद्येषा पर-
मा काष्ठा" (५) इत्यादिना गार्हस्थ्य-
स्य सर्वाश्रमाधारत्वं विश्वोत्प-
त्त्यादिहेतुत्वादिकं प्रतिपाद्य मो-
क्षो गार्हस्थ्ये एव, सिद्ध्यतीत्या-
ह। कपिलो "दर्शं च पौर्णमासं
च" (२०) इत्यादिना चित्तशुध्य-
र्थं चातुर्मास्यान्तानां कर्मणां
कर्तव्यत्वमभिधाय "नाक्षै-
र्दीव्येत" (२४) इत्यादिना पाणिवा
गुदरोपस्थगुप्तिमाख्याय यज्ञादी-
नामन्तवत्फलत्वं जानन्, ज्ञान-
निष्ठामेवाश्रयस्वेत्याह। "यथा च
वेदप्रामाण्यं" (३९) इत्यादि पृ-
च्छन्तं स्यूमरश्मिं प्रति "प्रत्यक्ष-
मिह पश्यन्ति" (४०) इत्यादिनो-
त्तरमाह कपिलः। "स्यूमरश्मि-
रहं ब्रह्मन्" (४१) इत्यादिना स्व-
प्रत्यभिज्ञां दत्वा "इमं च संशयं"
(४२) इत्यारभ्य "निर्णये किं नि-
रामयम्" (४८) इत्यन्तेन ग्रंथेन
पुनः पृच्छन्तं स्यूमरश्मिं प्रति
"यद्यदाचरते शास्त्रं" (४९) इत्या-
दिनोत्तरमाह कपिलः। "सर्वमे
तन्मया ब्रह्मन्" (५७) इत्यारभ्य
"यथा ते विदितो मोक्षस्तथेच्छा-
म्यनुशिक्षितुं" (६९) इत्यंतेन पुनः
प्रश्नं कृतवान् स्यूमरश्मिः १४६

२७० "वेदाः प्रमाणं लोकानां" (१)
इत्यादिना कपिलः कर्मकाण्डस्य
ज्ञानाङ्गत्वं प्रतिपादयन् सदाचारं
प्रशस्य "निरापद्धर्म आचारः"
(२१) इति तल्लक्षणमाख्याय तस्यै-
कस्यैव चतुर्धा विभागं प्रदर्श्य
प्रश्नप्रत्युत्तरभावेनात्मविद्यामुप-
दिदेश १४६

२७१ "धर्ममर्थं च कामं च" (१)
इत्यादित्रिवर्गमध्ये कस्य लाभः श्रे-
यान् इति पृच्छति युधिष्ठिरे भी-

ष्मः कुण्डधारोपाख्यानं प्रतिपा-
दयन्नुत्तरमाह स्म। धनार्थी कश्चि-
द्ब्राह्मणो बह्वीर्देवता आराध्य धनं
प्राप्नुवन् देवानुचरं कुण्डधाराख्यं
मेघमन्यैर्मानुषैरनावृतं दृष्ट्वा तमारा
धयति स्म। ब्राह्मणतपसा तुष्टे
कुण्डधारे उपकारप्रकारप्रवर्ति-
कां वाचमुदीरयति तत्तेजःप्रभा-
वाद्ब्राह्मणः स्वप्ने सर्वभूतानि प-
श्यन् देवाज्ञया याचकेभ्यः फला-
नि समर्पयन्तं मणिभद्रमपश्यत्।
कुण्डधारं भूमिपतनपूर्वकं "यदि
प्रसन्ना देवा मे" (२०) इत्याद्युक्त-
वन्तं प्रति मणिभद्रो धनार्थिनेऽस्मै
ब्राह्मणाय धनं दीयतामित्युवाच।
एतच्छ्रुत्वा ब्राह्मणस्य धर्मे प्रवृत्त्यर्थं
पुनः पुनः प्रार्थयति कुण्डधारे
मणिभद्रः "प्रीतास्ते देवताः
सर्वाः" (२९)इत्यादिना तदनुजज्ञे।
देवताप्रसादान्निर्विण्णे ब्राह्मणे
वनं गत्वा तपश्चरति सति तत्प्र-
भावाल्लब्धदिव्यचक्षुषि च सति
पुनः कुण्डधारस्तमागत्य निर-
यस्थान् राज्ञः स्वरूपेण स्थितान्
क्रोधादींश्च दर्शयित्वा "एतैर्लो-
काः सुसंवृद्धाः" (४८) इत्या-
द्याह स्म। प्रणामादिपूर्वकं सत्कृ-
ते कुण्डधारेऽन्तर्हिते ब्राह्मणस्त-
त्प्रसादात्सिद्धिं प्राप्य विचचार
यथेच्छम् १५१

२७२ "बहूनां यज्ञतपसाम्" (१)
इत्यादिना हिंसायज्ञस्वरूपं पृच्छ
ति युधिष्ठिरे भीष्मो नारदकथि-
तमुञ्छवृत्त्युपाख्यानं कथयन्, हिं-
सात्मकं यज्ञं निनिंद ... १५२

२७३ "कथं भवति पापात्मा" (१)
इत्यादिना युधिष्ठिरेण कृतानां
चतुर्णां प्रश्नानामुत्तराणि क्रमेणाह
भीष्मः १५३

२७४ मोक्षोपायजिज्ञासया युधिष्ठिरे-
णानुयुक्तो भीष्मो मोक्षोपायाना-
दिदेश १५४

२७५ ब्रह्मपदप्राप्तिविषये नारदासि-
तदेवलसंवादं कथयति स्म भीष्मः।
"कुतः सृष्टमिदं विश्वं" (३)
इत्यादिके नारदप्रश्ने सितः सृष्टि-
वृत्तान्तं सविस्तरमाचचक्षे १५५

२७६ "भ्रातरः पितरः पौत्राः" (१)
इत्यादिना तृष्णानिवृत्तिप्रकारं
पृच्छति युधिष्ठिरे भीष्मस्तद्विषये
जनकगीतं कथयति स्म। १५७

२७७ "अतिक्रामति काले किं श्रेयः",
(१) इति पृच्छति युधिष्ठिरे भीष्मः
पूर्वोक्तं पितापुत्रसंवादमाह स्म।
"धीरः किं स्वित्तात कुर्यात्"
(५) इत्यादिके पुत्रप्रश्ने पिता
ब्रह्मचर्याद्याश्रमधर्मान् कथयति
स्म। "एवमभ्याहते लोके"
(७) इत्यादि ब्रुवन्तं पुत्रं प्रति
"कथमभ्याहतो लोकः" (८)
इत्यादि पितृप्रश्नः। "मृत्युनाभ्या-
हतो लोकः"(९) इत्यादेः पुत्रस्यो-
पदेशात पितुर्ज्ञानमुदेति स्म...१५७

२७८ "किंशीलः किंसमाचारः"
(१) इत्यादिना मोक्षसाधनानि
पृच्छति युधिष्ठिरे भीष्मो "मोक्ष
धर्मेषु निरतः" (२) इत्यादिना
हारितकथितानि तान्याचष्ट १५८

२७९ "धन्या धन्या इति जनाः"
(१) इत्यादिके राज्यविरक्तस्य
युधिष्ठिरस्य प्रश्ने भीष्मो दुःखाना-
मन्तवत्त्वमभिधाय भ्रष्टराज्यवृत्र-
गीतं कथयन्नुपदिदेश। भ्रष्टैश्वर्यो
वृत्रासुर उशनसा "काच्चित् परा-
जितस्याद्य न व्यथा तेऽस्ति दा-
नव" (१५) इति पृष्टः सन्
"सत्येन तपसा चैव" (१६) इ-
त्यादिना संसारमोक्षौ विदित्वा
नाहं शोचामीत्याह। तच्छ्रुत्वा
तद्बुद्धिपरीक्षार्थं "धीमन् दुष्टप्र-
लापांस्त्वं तात कस्मात्प्रभाषसे"
(२३) इति पृच्छन् तमुशनसं
प्रति वृत्रः "प्रत्यक्षमेतद्भवतः"

(२४)इत्यादिना स्वकर्मानुरोधेनैश्वर्यप्राप्तिभ्रंशो युद्धकाले विष्णुदर्शनं चाख्याय "ऐश्वर्यं वै महद्ब्रह्म" (३१) इत्यादिकं पप्रच्छ ...१५६

२८० वृत्रप्रश्नं श्रुत्वा तं प्रति विष्णुमाहात्म्यं कथयितुं प्रतिज्ञातवत्युशनसि तत्कालागतः सनत्कुमारस्तत्प्रेरितः सन् " श्रृणु सर्वमिदं दैत्य " (७) इत्यादिना तत्कथयति स्म। वृत्रः सनत्कुमारोक्तं विष्णुमाहात्म्यं श्रुत्वा " एवं गते मे न विषादोऽस्ति कश्चित" (५७) इत्याद्युक्त्वा प्राणानुत्सृज्य परमं स्थानमवाप । " अयं स भगवान्देवः " (६०) इत्यादिना पुरोवर्तिनं श्रीकृष्णं निर्दिशति युधिष्ठिरे तत्तत्त्वमुपदिदेश भीष्मः। " वृत्रेण परमार्थज्ञ " (६५) इत्यादिना वृत्रासुरगतिमनूद्य स्वगतिविषये सन्देहमुद्भाव्य भीतं युधिष्ठिरं " शुद्धाभिजनसंपन्नाः " (६९) इत्यादिनाऽऽश्वासयति स्म भीष्मः १६०

२८१ " अहो ! धर्मिष्ठता तात " (१) इत्यादिना वृत्रप्रशंसापूर्वकं तद्वधप्रकारं ज्ञातुं पृच्छति युधिष्ठिरे तं कथयन्भीष्म इन्द्रवृत्रयोर्युद्धं वर्णयति स्म। युद्धे मोहित इन्द्रो वसिष्ठप्रोत्साहितो विवृद्धतेजाः सन् वृत्रप्रणीतां मायां व्यपाकर्षत् । बृहस्पत्यादिभिः प्रार्थितस्य महेश्वरस्य तेजो ज्वररूपेण वृत्रशरीरमविशत् विष्णुश्चेन्द्रवज्रम् । महेश्वरेण " एष वृत्रो महान्। शक्र " (३४) इत्याद्यभिधाय " एतत्त्वां मामकं तेजः " (३८) इत्यादि व्याजहार। ततो देवा जहृषुः ... ... १६५।

२८२ माहेश्वरज्वराविष्टो गात्रकंपादियुक्तो वृत्रासुर इन्द्रप्रेषितेन वज्रेण हतः पपात । वृत्रशरीरान्निर्गतया ब्रह्महत्यया गृहीत इन्द्रो ब्रह्माणं शरणं जगाम। तेन चेन्द्रं मोचयितुमाज्ञप्ता सा स्वनिवासस्थानमयाचत। ब्रह्मणा ब्रह्महत्यायाश्चतुर्धा विभागं कृत्वा प्रथमभागग्रहणार्थमाज्ञप्तोऽग्निस्तत्कथितं तन्निवृत्त्युपायं श्रुत्वैकं भागं जग्राह । एवमेव ब्रह्माज्ञया वृक्षौषधिभिरप्सरोभिरद्भिश्च भागत्रितये गृहीते मुक्त इन्द्रो ब्रह्माज्ञयाऽश्वमेधं कृत्वा श्रिया युक्तः प्रहर्षं लेभे १६५

२८३ ज्वरोत्पत्तिं श्रोतुमिच्छामीति युधिष्ठिरेणानुपृष्टो भीष्मो ज्वरोत्पत्तिकथनं प्रतिजज्ञे। पुरा देवादिभिरुपास्यमाने महादेवे कैलासे स्थिते सति कदाचिद्दक्षयज्ञं गच्छतो देवान् दृष्ट्वा पार्वत्या पृष्टेन शङ्करेण 'दक्षयज्ञं प्रति गच्छन्ति इत्युक्ते पुनस्तया त्वं कस्मान्न गच्छसीति पृष्टेन स्वभागाभावान्न गच्छामीत्युक्ता सा तूष्णीं बभूव। पार्वत्या अभिप्रायं ज्ञात्वाऽनुचरैः सह दक्षयज्ञं ध्वंसयितुं प्रवृत्ते महादेवे तद्भयान्मृगरूपं धृत्वा पलायमानं यज्ञमनुसरति तस्मिंस्तल्ललाटान्निर्गतस्वेदबिन्दोरुत्पन्नः क्रूरः पुरुषो यज्ञमदहत् । देवादयश्च तद्भयादपलायन्त । ब्रह्मणा " भवतोऽपि सुराः सर्वे " (४५) इत्यादिना यज्ञे भागदानं प्रकल्प्य त्वया सृष्टोऽयं पुरुषो ज्वरनामा लोके प्रचरिष्यति इत्युक्त्वैतस्य भागं कुर्वित्युक्ते महादेवस्तुष्टः सन् शीर्षाभितापादिभेदेन ज्वरस्य विभागं चकार। भीष्मः "एतन्माहेश्वरं तेजः" (५७) इत्यादिनोपसंहारं कृत्वा ज्वरोत्पत्तिश्रवणपठनफलमभ्यधात्। १६७

२८४ दक्षस्याश्वमेधः कथं नष्टः इति

जनमेजयेन पृष्टो वैशम्पायनस्त-द्वृत्तान्तं व्याजहार। यज्ञे शिवम दृष्ट्वा क्रुद्धस्य दधीचेर्दक्षस्य चोक्ति-प्रत्युक्ती। पार्वत्योत्तेजितः शिवो वीरभद्रमुत्पाद्य तं पार्वतीमन्यूद्भवया भद्रकाल्या सह दक्षयज्ञं विहन्तुं प्रेषयामास। यज्ञनाशं कुर्वन्वीरभद्रो ब्रह्मादिभिः प्रार्थितः स्वस्योत्पत्तिं तत्प्रयोजनं चाख्याय शिवं शरणं गच्छेत्युवाच दक्षं प्रति। वीरभद्रवाक्याच्छिवं स्तुतवति दक्षेऽग्निकुण्डात्समुद्भूतः शिवस्तत्प्रार्थनया यज्ञसमाप्तिं तथाऽस्त्वित्यनुजज्ञे दक्षश्च तमष्टोत्तरसहस्रनामाभिस्तुष्टाव। सहस्रनामशुश्रूषया युधिष्ठिरेणानुयुक्तो भीष्मो नाम्नां सहस्रं, तेन तुष्टस्य शंकरस्य वरदानं चाख्याय तत्पाठफलमाचष्ट ... १६८

२८५ "अध्यात्मं नाम यदिदम्" (१) इत्यादिके युधिष्ठिरप्रश्ने भीष्मस्तत्कथयन् पृथिव्यादिभूतानि तेषां गुणांश्चाख्याय "इन्द्रियाणि नरे पञ्च" (१५) इत्यादिना बुद्धेः सप्तमीत्वमभिधाय "प्रहर्षः प्रीतिरारम्भः"(२५) इत्यादिना सत्त्वादीनां गुणादिकं व्याख्याय "सत्त्वक्षेत्रज्ञयोः"(३३)इत्यादिना तद्भेदं प्रदर्श्य वस्तुतत्त्वमुपदिदेश १७१

२८६ "सुदुःखाच्च सुमृत्योश्च" (१) इत्यादिना सुखं वा दुःखं वा यथाऽस्माकं न स्यात्तथा कथयेति युधिष्ठिरप्रश्ने नारदसमंगसंवादरूपमितिहासमाचख्यौ भीष्मः "उरसैव प्रणमसे" (३) इत्यादिना सर्वदा विशोकत्वे हृष्टत्वे च कारणं पृच्छति नारदे समंगस्तत्कथयति स्म १७६

२८७ शास्त्रतत्त्वानभिज्ञस्य संशयात्मनोऽकृतव्यवसायस्य च श्रेयो ब्रूहि इति युधिष्ठिरेण पृष्टो भीष्मो गुरुपूजादिना तस्य श्रेयोभिधाय तद्विषये गालवनारदसंवादरूपमितिहासमब्रवीत। "यैः काश्चित्संमतो लोके" (५) इत्यादिनात्मश्रेयसि सन्दिहानेन गालवेन पृष्टो नारदः "आश्रमास्तात चत्वारः" (१२) इत्यादिना श्रेयःसाधनानि कथयित्वा "यत्रागमयमानानाम्" (४१) इत्यादिना गुरुशिष्यधर्माद्याख्यातवान् १७७

२८८ "कथं न युक्तः पुरुषः"(१)इत्यादिके युधिष्ठिरप्रश्ने भीष्मः सगरारिष्टनेमिसंवादरूपमितिहासं व्याचचक्षे। "किं श्रेयः परमं ब्रह्मन्" (३) इत्यादिके सगरप्रश्ने अरिष्टनेमिः "सुखं मोक्षसुखं लोके" (५) इत्यादिना तदुत्तरमाचचक्षे १७६

२८९ उशना देवर्षिरसुराणां प्रियकरः सुराणां चाप्रियकरः कथमभूत इति युधिष्ठिरेण पृष्टो भीष्मो देवानामप्रियकरत्वे कारणमभ्यधात। "किमर्थमुशना महादेवजठरे व्यचरत" (२१) इति युधिष्ठिरानुयोगे तदुत्तरं वदन् भीष्मो महादेवजठरे तस्य स्थितिकारणमभ्यधात। स्वजीवितं प्रार्थयन्नुशना महादेववाक्याच्छिश्नद्वारानिर्गतः शुक्रेति नाम प्राप्य देव्या वचनाच्छिवेन मुक्तस्तं प्रणम्य जगाम १८०

२९० "किं कर्म पुरुषः कृत्वा श्रेयः प्राप्नोति" (२) इति युधिष्ठिरेण पृष्टो भीष्मो जनकपराशरसंवादरूपेतिहासकथनेन तदुत्तरमाह। "किं श्रेयः सर्वभूतानां" (४) इत्यादिके जनकप्रश्ने "धर्म एव कृतः श्रेयान्" (६) इत्यादिना तदुत्तरं वदति स्म पराशरः १८१

२९१ "मनोरथरथं प्राप्य" (१) इत्यादिना देहं प्राप्यायुषो दौर्लभ्यं च बुध्वा ब्रह्मभावेन संपश्यन्मुच्यते इत्याद्यभिधाय "स्वयं कृत्वा तु" (११) इत्यादिना

बुद्धिपूर्वकृतानां पापानां नाशा-
भावं प्रदर्श्य राज्ञा जेतव्याः शत्रवः
इत्यादिना राज्ञां विशेषधर्मानाच
चष्टे... ... ... १९२

२९२ "कः कस्य चोपकुरुते" (१)
इत्यादिना सर्वैः प्राणी यत्कर्म
कुरुते तदात्मार्थमेव कुरुते न प-
रार्थमित्याख्याय विशिष्टस्येत्या-
दिना निर्धनस्य विशिष्टात्परि-
ग्रहो दानेन तुल्यः सधनस्य तु
दानं पुण्यतरमित्याद्यात्महितमनु-
शासन् रन्तिदेवादीनुदाहरणत्वेन
प्रदर्श्यान्नादीनां सेवादिकमभ्य-
धात्पराशरः... ... १९३

२९३ "वृत्तिः सकाशाद्वर्णेभ्यः" (१)
इत्यादिना वृद्धसेवां प्रशस्य
ब्राह्मणादीनां धर्मान्व्याख्याय
"प्राणसंतापनिर्दिष्टाः" (१६)
इत्यादिना दानमेव प्रशशंस १९४

२९४ "प्रतिग्रहागता विप्रे" (१)
इत्यादिना दानार्थमर्थार्जनं नियम्य

प्रासङ्गिकानि वृत्तान्तराण्यभि-
धाय "श्रूयन्ते हि पुराणेषु" (८)
इत्यादिना कामक्रोधादिद्वारेण
प्रजानां बंधनं प्रदर्श्य "एतस्मि-
न्नेव काले तु" (१५) इत्यादिना
तन्निह्रसृपायं व्याजहार पराशरः
... ... १९४

२९५ "एष धर्मविधिः" (१) इत्या-
दिना तपोविधिकथनं प्रतिज्ञाय
"प्रायेण च गृहस्थस्य" (२)
इत्यादिना गृहस्थधर्मं विनिंद्य त-
पसः प्रशंसामकरोत् पराशरः १९५

२९६ "वर्णो विशेषवर्णानां" (१)
इत्यादिनोत्तरोत्तरसुत्कर्षं कथम्भि-
ति पृच्छन्तं जनकं प्रति परा-
शरः "एवमेतन्महाराज" (३)
इत्यादिना ईश्वरस्य वक्त्रादि-
तश्चतुर्णां वर्णानां तेभ्यश्च संकर-
जातीयानामुत्पत्तिं चाभ्यधात् ।
"ब्राह्मणैकेन जातानां नानात्वं
गोत्रतः कथं" (१०) इत्यानुयुं-

जानं जनकं प्रति पराशरो "राजन्
नैतव भवेद्ग्राह्यं" (१२) इत्या-
दिना तेषां दुर्ज्ञेयत्वं व्याकुर्वन्
मूलगोत्राणि चत्वारि कर्मतो-
न्यानि "गोत्राणि इत्याद्याह स्म ।
"वर्णानां विशेषधर्मान्सामान्य-
धर्मांश्चाभिधेहि" (१९) इति जन-
केन पृष्टः पराशरस्तान्व्याजहार ।
"किं कर्म दूषयत्येनं" (३१)
इत्यादिके जनकप्रश्ने कर्म जाति-
श्चेत्युभयं दोषकारकमित्याह
पराशरः । "कानि धर्म्याणि
कर्माणि" (३५) इति जनकप्रश्ने
तानि न्यरूपयत्पराशरः... १९६

२९७ "पिता सखायो गुरवः" (१)
इत्यादिना धर्मकार्याण्युपादिक्ष-
त्पराशरः ।... ... १९७

२९८ "किं श्रेयः का गतिर्ब्रह्मन्" (२)
इत्यादिके जनकप्रश्ने पराशरः
"असंगः श्रेयसो मूलं" (३) इत्या-
द्युपादिदेश । एवं पराशरेणाभि-

हितं सर्वं श्रुतवतो जनकस्य हर्षं-
प्राप्तिमाचष्ट भीष्मः... १९८

२९९ "सत्यं दमं क्षमां प्रज्ञां" (१)
इत्यादिना पृच्छन्तं युधिष्ठिरं प्रति
भीष्मोऽस्नानार्थं यत्कुर्वतो यत्कर्म
तच्छ्रेयं तन्निरूपयितुं साध्यहंसस-
संवादरूपां हंसगीतामाचचक्षे "श-
कुने वयं स्म देवा वै" (४)
इत्यादिना मोक्षधर्मं पृच्छत्सु
साध्येषु हंसरूपेणाविभूतः प्रजा-
पतिः "इदं कार्यमृताशाः श्रृ-
णोमि" (७) इत्यादिना तमुपदि-
देश । "केनायमावृतो लोकः"
(३९) इति साध्यैः पृष्टो हंसः
"अज्ञानेनावृतो लोकः" (४०)
इत्यादिनोत्तरं जगाद । भीष्मः
साध्यानां हंसस्य चोक्तिप्रत्युक्ती
अभिधाय "संवाद इत्यत्र श्रेष्ठः"
(४५) इत्यादिनोपसंजहार १९९

३०० सांख्ययोगयोर्विशेषजिज्ञासया

युधिष्ठिरेण पृष्टो भीष्मः "सांख्याः सांख्यं प्रशंसन्ति" (२) इत्यादिना तयोर्विशेषमभ्यधात् "यदि तुल्यं व्रतं शौचं" (१०) इत्याद्यनुयुंजानं युधिष्ठिरं प्रति भीष्मो "रागं मोहं तथा स्नेहं" (११) इत्याद्युपदिदेश। "आहारान्कीदृशान् कृत्वा" (४२) इत्यादिना कीदृशमाहारं कृत्वा योगी बलमाप्नोतीति युधिष्ठिरेणापृष्टो भीष्मः "कणानां भक्षणे युक्तः" (४३) इत्यादिना बलाधायकानि भक्ष्याणि निगद्य कामक्रोधादिजयादिकमभ्यधात्... ... १९२

३०१ "सम्यक्त्वयाऽयं नृपते" (१) इत्यादिना सांख्यविधिं जिज्ञासुना युधिष्ठिरेणानुयुक्तो भीष्मः "शृणु मे त्वमिदं सूक्ष्मम्"(३) इत्यारभ्य "तथा विज्ञाय चाशुभान्" (५२) इत्यन्तेन ग्रन्थेन तमाख्यातवान्। "कान् स्वगात्रोद्भवान् दोषान्पश्यसि" (५३) इति युधिष्ठिरप्रश्ने भीष्मो देहस्य कामादीन्दोषांस्तच्छेदनोपायांश्चाभिधाय "ततो दुःखोदकं घोरं" (६४) इत्यादिना संसारसमुद्रतरणादिकमाख्याय मोक्षप्राप्तिं चाचख्यौ। "स्थानमुत्तममासाद्य" (८०) इत्यादिना मोक्षे विशेषविज्ञानमस्ति न वेत्येतत्तात्पर्यकं युधिष्ठिरप्रश्नमाकर्ण्य भीष्मस्तदभिनंदनपुरःसरं "यथान्यायं त्वया तात" (८४) इत्यादिना तदुत्तरमभिधाय "ज्ञानं महद्यद्धि महत्सु" (१०८) इत्यादिना सांख्यज्ञानं प्रशशंस... ... ... १९४

३०२ अक्षरक्षरयोर्विवेकं ज्ञातुं युधिष्ठिरेणानुयुक्तो भीष्मो वसिष्ठकरालजनकसंवादरूपामितिहासकथनमुखेनोत्तरमाह। "भगवन् श्रोतुमिच्छामि परं ब्रह्म सनातनं" (११) इत्यादिना क्षराक्षरविषयकं प्रश्नं कुर्वति जनके क्षराक्षरयोर्विवेकं कथयन् वसिष्ठश्चतुर्विंशतितत्त्वात्मकं क्षरमुपदिश्य पंचविंशमक्षरत्वेनोपदिदेश... १९८

३०३ प्रकृतिसंयोगात् पुरुषस्तामेवानुवर्तत इति, पूर्वाध्यायोक्तमेवाभिनयपूर्वकं विस्तरेण व्याचख्यौ वसिष्ठः... ... ... २००

३०४ पूर्वोक्तं व्याख्यानं समाप्यान्ते "तत्क्षयान्मोक्ष उच्यते" (७) इत्यनेन प्रकृतिक्षयान्मोक्ष इत्याह... ... ... २०१

३०५ प्रकृतिक्षयान्मोक्ष इति श्रुत्वा प्रकृतिपुरुषयोस्तुल्यत्वेन निवृत्त्यसंभवं मन्वानस्य जनकस्य "अक्षरक्षरयोरेषः" (१) इत्याद्याक्षेपे वसिष्ठो "यदेतदुक्तं भवता" (११) इत्यादिना आक्षेपं निरस्यान्ते "एकत्वमक्षरं प्राहुर्नानात्वं क्षरमुच्यते" (३६) इत्याद्याह २०१

३०६ नानात्वैकत्वविषये संदेहपूर्वकं "तदेतच्छ्रोतुमिच्छामि" (४) इत्यादिना जनकेन कृतानां प्रश्नानामुत्तराणि वदन् वासिष्ठो "हन्त ते संप्रवक्ष्यामि" (६) इत्यारभ्य "योगदर्शनमेतावत्"(२९) इत्यन्तेन योगदर्शनमुक्त्वा सांख्यज्ञानमित्यादिना सांख्यदर्शनं व्याचष्टे स्म २०३

३०७ "विद्याविद्ये त्विदानीं मे"(१) इत्यारभ्य "विद्याविद्यार्थतत्त्वेन" (१०) इत्यन्तेन विद्याविद्ये अभिधाय "अक्षरं च क्षरं चैव" (१०) इत्यारभ्य अक्षरक्षरयोरेतत् (४२) इत्यन्तेन क्षराक्षरे निरूप्य "यदेव शास्त्रं" (४४) इत्यादिना सांख्ययोगयोरैक्यं बोधयति स्म वासिष्ठः २०६

३०८ "अथ बुद्धमथाबुद्धम्" (१) इत्यारभ्य "प्रोक्तो बुद्धश्च तत्त्वेन" (२२) इत्यन्तेन बुद्धाबुद्धबुद्धमानान् प्रदर्श्य "नानात्वैकत्वं"

(४२) इत्यादिनैकत्वनानात्वे निरूप्य "एतावदेतत्कथितं" (३१) इत्यादिनोपसंजहार वसिष्ठः । भीष्म इमं वासिष्ठकरालजनकसंवादमुपदिश्य "एतदुक्तं परं ब्रह्म" (४२) इत्यादिनैतत्प्राप्तिपरंपरामाख्याय "मा शुचः" (४६) इत्यादिकमुपदिदेश २०८

३०९ अक्षराधिगमेऽधिकारहेतून्कांश्चिद्धर्मान्वक्तुं भीष्मो "मृगयां विचरन् कश्चित्" (१) इत्यादिना भार्गववसुमत्संवादेतिहासं व्याजहार ... २०९

३१० "धर्माधर्मविमुक्तं यत्" इत्यादिके युधिष्ठिरेण पृष्टे भीष्मो जनकयाज्ञवल्क्यसंवादेतिहासकथनद्वारोत्तरमवदत् । "कर्तृ-न्द्रियाणि विप्रर्षे" (५) इत्यादिना जनकेन कृतानां प्रश्नानामुत्तराणि वदन् याज्ञवल्क्यः "श्रूय-

तामवनीपाल" (८) इत्यादिना जनकं प्रशस्याग्रौ प्रकृतिं षोडश विकारान् महदादीन् नव सर्गांश्चाभ्यधात्... ... २१०

३११ "अव्यक्तस्य नरश्रेष्ठ" (१) इत्यादिना कालसंख्यां वर्णयति स्म याज्ञवल्क्यः... ... २११

३१२ तत्त्वसंख्यानकालसंख्यानकथनमनूद्य "यथा संहरते" (२) इत्यादिना संहारं व्याजहार याज्ञवल्क्यः २१२

३१३ पूर्वाध्यायान्ते "अध्यात्ममभिभूतं च" (१७) इत्यादिना कथनीयत्वेन प्रतिज्ञातान्यध्यात्माभिभूताधिदैवानि "पादावध्यात्ममित्याहुः" (१) इत्यादिना निर्दिश्य प्रकृतिं स्वच्छन्देन गुणान् विकुरुते इत्याह याज्ञवल्क्यः ... २१२

३१४ "एते प्रधानस्य गुणाः" (१) इत्यादिना सात्विकादीनां प्राप्या-

णि स्थानान्याख्यायाचेतनायाः प्रकृतेश्चेतनपुरुषाधिष्ठितायाः सर्गादिकर्तृत्वमाह याज्ञवल्क्यः । "अनादिनिधनावेतौ" (१३) इत्यादिना प्रकृतेर्चेतनत्वमाक्षिप्य "अस्तित्वं केवलत्वं च" (१६) इत्यादीन् प्रश्नांश्चकार जनकः । ... २१३

३१५ तेषां प्रश्नानामुत्तराणि व्युत्क्रमेण वदन् याज्ञवल्क्यो "न शक्यो निर्गुणस्तात" (१) इत्यादिना सांख्यं प्रावोचत् २१३

३१६ योगं कथयन् याज्ञवल्क्यः सांख्ययोगयोरेकत्वमुपपाद्य मनोधारणादिकं चाख्याय, युक्तयुञ्जानयोर्योगिनोर्लक्षणे अभिधात् स्म, ... २१४

३१७ "तथैवोत्क्रमणं तु" (१) इत्यादिनोत्क्रममाणस्य स्थानान्यभिधाय "अरिष्टानि प्रवक्ष्यामि" (९) इत्यादिनाऽरिष्टानि

चोक्त्वा सांख्ययोगयोर्मुख्यं फलमाख्यातवान् याज्ञवल्क्यः ६४४

३१८ "अव्यक्तस्य परं यत्तत्" (१) इत्यादिनोत्तरकथनं प्रतिज्ञाय सूर्यात् सकाशात् स्वस्य वेदप्राप्त्यादिकमभिधाय विश्वावसुगन्धर्वकृतानां "विश्वाविश्वं तथाभ्यार्श्वं" (२८) इत्यादिना चतुर्विंशतिप्रश्नानां स्वेन दत्तानि तावन्त्युत्तराणि चाख्याय "पञ्चविंशं" (५८) इत्यादिना पुनर्विश्वावसुकृते प्रश्ने तदुक्तरं चाभिधाय "एवमप्रतिबुद्धश्च" (८१) इत्यादिनोपसंजहार याज्ञवल्क्यः । एवमुपदिश्य याज्ञवल्क्ये गते जनकेन कृतं, गोकोटिदानादिकमभिधाय युधिष्ठिरमुपदिदेश भीष्मः २१५

३१९ ऐश्वर्यादिकमवाप्य "कथं मृत्युमतिक्रमेत्"(१) इति युधिष्ठिरप्रश्ने भीष्मः पञ्चशिखजनकसंवादमाचख्यौ स्वधर्ममाचरन् निवृत्ति-

मार्गनिष्ठो जरांतकावतिक्रामति इत्यध्यायतात्पर्यम् ... २२०

३२० "अपरित्यज्य गार्हस्थ्य" (१) इत्यादिना गार्हस्थ्यमपरित्यजतो मोक्षः कथमिति पृष्टो भीष्मस्तद्विषये सुलभाजकसंवादरूपमितिहासमुदीरयति स्म । कदाचित् जगत्यटंती सुलभा संन्यासिनां मुखाज्जनकस्य मोक्षशास्त्रनिष्णातत्वं श्रुत्वा सन्दिहाना तत्परीक्षार्थं रूपान्तरेण मिथिलामागता राज्ञा सत्कृता सती योगबलेन तच्छरीरं प्रविश्य तस्य चित्तं बबन्ध । सुलभयैवं निबद्धचित्तो जनकस्तां प्रति "भगवत्या क चर्येयं कृता क च गमिष्यसि" (२०) इत्यादिप्रश्नान् कुर्वन् जीवन्मुक्तत्वमाख्यातुं स्वस्य पञ्चशिखशिष्यत्वं तत्कृतमुपदेशं चोदीर्य स्वस्यासङ्गत्वं प्रकाश्य "सौकुमार्यं तथा रूपं" (५४) इत्यादिना तस्याः संन्यासविरुद्धाचारप्रदर्शनाय परशरीरप्रवेशेनाश्रमसङ्करादिकरत्वमुद्भाव्य "सा त्वं जातिं श्रुतं वृत्तं" (७५) इत्याद्यब्रवीत्। जनकवाक्यं श्रुत्वा वक्तुं प्रवृत्ता सुलभा प्रथमं "नवभिर्नवभिश्चैव" (७८) इत्यादिना वाक्यलक्षणं वाक्यस्य गुणदोषांश्चाख्याय "यथा जतु च काष्ठं च" (९५) इत्यादिना जतुकाष्ठादियोगसंयोगवच्चिद्‌चित्संघातात्मके शरीरे तदन्तर्वर्तिनि चिदंशे च भेदाभावादिकं प्रतिपालयितुं "विंशतिर्दश चैवं हि" (१११) इत्यादिना शरीरस्वरूपं "बिन्दुन्यासादयोऽवस्थाः" (११५) इत्यादिना तदवस्था अभिधाय "यद्यात्मनि"(१२६) इत्यादिना काऽसि कस्यासीति प्रश्नासम्भवमुद्भाव्य "रिपौ मित्रे च" (१२८) इत्यादिना मुक्तामुक्तलक्षणानि चाख्याय "तानि तानि" (१३२) इत्यादिना राज्ञोऽस्वतन्त्रत्वं राज्ये दुःखानि चोक्त्वा "ननु नाम त्वया" (१६२) इत्यादिना राजानमधिक्षिप्य तदुद्भावितान्याश्रमसङ्करादीनि निरस्य "प्रधानो नाम राजर्षिः" (१८१) इत्यादिना स्वस्य वृत्तान्तमुदीर्य तत्त्वजिज्ञासार्थमहमागतेत्युक्त्वा तव शरीरे अद्य स्थित्वा श्वो गमिष्यामीत्युवाच । सुलभावाक्यं श्रुत्वा जनकस्तूष्णीमासीदित्याह भीष्मः तूष्णींभावे तात्पर्यं तु, गार्हस्थ्ये मुक्तिदौर्लभ्यात्संन्यास एव श्रेयानिति सुलभामतमेव सिद्धान्त इति २२०

३२१ "कथं निर्वेदमापन्नः शुको वैयासिकिः पुरा" (१) इति युधिष्ठिरेणानुयुक्तो भीष्मः पूर्वाध्याने श्रेष्ठत्वेनाभिहितस्य संन्यासस्य धर्मानुपदेष्टुं व्यासेन कृतं शुकानुशासनं व्याकुर्वन्नुत्तरमाह । व्यासः शुकं पुत्रमध्याप्य "धर्मं पुत्र निषेवस्व" (४) इत्यादिना "धनेन किं यन्न ददाति नाश्नुते" (९३) इत्यन्तेन मोक्षसाधनत्वेन संन्यासधर्मानुपादिक्षत् शुकोऽप्येतच्छ्रुत्वा व्यासं परित्यज्य जगाम २२७

३२२ "यद्यस्ति दत्तमिष्टं वा" (१) इत्याद्यनुयुञ्जानं युधिष्ठिरं प्रति भीष्मः "आत्मनाऽनर्थयुक्तेन" (२) इत्यादिना पुरा कृतस्य कर्मणो जन्मजन्मन्यनुवर्तनमाचख्यौ २२९

३२३ "कथं व्यासस्य धर्मात्मा" (१) इत्यादिना शुकोत्पत्त्यादिविषये युधिष्ठिरेणानुयुक्तो भीष्मः तत्कथयन् मेरुशृङ्गे पुत्रप्राप्त्यर्थं कर्णिकारवने विहरन्तं महादेवं तोषयितुं तत्र शतं वर्षाणि तपो विधाय तुष्टान्महादेवात्पुत्रप्राप्तिरूपं वरमलभत व्यासः २२९

३२४ कदाचित् घृताचीदर्शनेन क्षु॰
भितमनसो व्यासस्यारण्यां
स्खलितोद्रेतसः समुत्पन्नः शुको
महादेवेनोपनीत इन्द्रेण कमण्ड॰
लुवादिना संभावितो बृहस्पते॰
सकाशाद्वेदानधीत्य गुरवे द॰
क्षिणां दत्त्वा समावृत्तस्तत्पञ्चार
... ... ३२०

३२५ मोक्षार्थिनः शुकस्य प्रश्ने व्या॰
सस्तस्मै कापिलं योगं चोपदिश्य
मोक्षधर्मज्ञानार्थं जनकं गच्छेत्यु॰
वाच । व्यासवाक्यान्निर्गतः शुको
मिथिलां गत्वा जनकस्य प्रमदा॰
वने तां रात्रिमुवास ... ३२०

३२६ द्वितीयेऽह्नि जनकेन समानपुरः॰
सरं कुशलप्रश्नादिना संभावितः
शुकः पित्राज्ञया मोक्षधर्मान् प्रष्टुं
समागतोऽस्मीत्युक्त्वा "किं कार्यं
ब्राह्मणेनेह" (१३) इत्यादीन् प्रश्नां॰
श्चकार । एवं कृतप्रश्नो जनको
"यत्कार्यं ब्राह्मणेनेह" (१४)

इत्यादिनोत्तरमाह । "उत्पन्ने ज्ञान-
विज्ञाने" (२०) त्रिष्वाश्रमेष्व॰
वश्यं वस्तव्यं, न वा इति शु॰
केनानुयुक्तो जनको ज्ञानविज्ञान॰
प्राप्त्यर्थं ब्रह्मचर्यस्यावश्यकत्वम॰
भिधाय ततः प्रागेव वा तदुत्पत्तौ
लोकसंग्रहार्थं तदावश्यकत्वं चा॰
ख्याय, चित्तशुद्धयर्थं मात्रमधर्मा॰
चरणं तच्छुद्धौ तेषां वैयर्थ्यं
चोदीर्य शुकस्याधिकारं निरू॰
प्यान्ते किमन्यत् श्रोतुमर्हसीत्यु॰
वाच ... ३२१

३२७ भीष्मो, जनकवाक्यश्रवणा॰
नन्तरं शुकस्य हिमालयं प्रति ग॰
मनं तद्वर्णनपुरःसरं कार्तिकेयस्य
शक्तिप्रक्षेपादिवृत्तान्तमुत्तरस्यां दि॰
शि व्यासाश्रमं तत्र गतस्य
शुकस्य व्यासवन्दनपुरःसरं जनक॰
समागमवृत्तान्तनिवेदनं चाचष्ट,
"षष्ठः शिष्यो न ते ख्याति"
(४०) इत्यादि प्रार्थ्यमाणो व्यास-

शिष्या व्यासेन कथितं वेदोपदे॰
शादिविधिं श्रुत्वा जह्रुः २३२

३२८ दृष्ट्वा व्यासशिष्याः शाखाभि॰
रागादिना वेदानेकधा कर्तुं
व्यासानुज्ञां गृहीत्वा पृथ्वीमव॰
तीर्य चातुर्होत्रमचीक्लृपन् । शिष्येषु
गतेष्वनध्यायानो व्यासो "भो
भो ब्रह्मर्षिवसिष्ठ" (१२) इत्यादि॰
ना नारदेन पृष्ठोऽनध्ययनकारणं
शिष्यगमनमभिदधानः पुनर्ना॰
रदेनानभ्यस्य, वेदमलत्वे कथिते
तदुपदेशाच्छुकेन सह वेदाध्ययनं
प्रारब्धम् । अधीयानयोर्द्वयोरक॰
स्मान्महति वाते प्रवृत्तेऽनध्यायं
कुर्वन्व्यासः शुकेन वायूत्पत्त्यादि॰
विषयेऽनुयुक्तः स तत्सर्वमकथ-
यत् ... ३३३

३२९ व्यासाश्रमे पुनरागतो नारदः
शुकेन सत्कृतः "केन त्वां श्रेयसा
वत्स" (३) इत्याद्युवाच तं
प्रति । "अस्मिँल्लोके हित यत्स्या-

त्तेन मां योक्तुमर्हासि" (३) इति
शुकेन प्रार्थितो नारदस्तं प्रति
"तत्त्वं जिज्ञासतां पूर्वमृषीणां
भावितात्मनाम् ॥ सनत्कुमारो
भगवानिदं वचनमब्रवीत्" (५)
इत्यारभ्य एकात्रिंशदधिकत्रिशत॰
तमाध्यायस्यैतत्ते परमं गुह्यम्
(४५) मित्यादि पञ्च चत्वारिंश॰
ल्लोकपर्यन्तेन हितमुपदिदेश २३४
  "   "   "   "   २३५
  "   "   "   "   २३६

३३१ "नारदस्य वचः श्रुत्वा" इत्या॰
दिष्टचत्वारिंशल्लोकपर्यन्तेन
ग्रन्थेन नारदवाक्यश्रवणानन्तरं
दीप्ततेजसमादित्यं गत्वा सुखं
वत्स्यामीति निश्चित्य, तत्रत्या॰
नगादीनापृच्छ्य नारदानुज्ञा॰
माय पितरं नमस्कृत्य तत्यागपू॰
र्वकं कैलासपृष्ठं जगाम शुकः
इत्याह स्म भीष्मः... २३७

३३२ "गिरिशृङ्गं समारुह्य" (१)

समे विविक्ते देशे उपविश्य योगधारणयाऽऽत्मानं सर्वसंगविनिर्मुक्तं दृष्ट्वा हासं कुर्वाणो नारदेनाभ्यनुज्ञातो विहायसा गच्छन् सर्वैर्भूतैर्विस्मयपूर्वकमालोकितो मलयपर्वते उर्वश्यादिभिः स्तुतो दिगादीनालोक्य तान्प्रति "मत्पृष्ठतः शुकेत्याह्वानपूर्वकमागच्छन्तं मत्पितरं प्रति प्रत्युत्तरं देयं सर्वैः" इत्युवाच ते च तद्वचनमंगीचक्रुः.... ... २३८

३३३ भीष्मः शुकस्य सिद्धिप्राप्तितत्समये उल्कापातादिकं पर्वतभेदनपूर्वकं तस्य गमनं तत्समये देवादीनां कोलाहलादिकं तस्य मंदाकिनीदर्शनं तत्रत्यानामप्सरसां तद्दर्शने लज्जाभावं तस्य ब्रह्मप्राप्तिं चाभ्यधात्। पुत्रस्य पृष्ठतः आह्वानपूर्वकं गच्छन् व्यासः पर्वतादिभिर्दत्तप्रतिवचनः स्वदर्शनेन लज्जिता अप्सरसो दृष्ट्वा पुत्रप्रभावं निश्चित्य प्रीतो व्रीडितश्च तत्कालागतेन महादेवेन छायाशुकदर्शनरूपे वरे दत्ते तत्प्रभावाच्छुकच्छायां सर्वत्र पश्यन्मुमोद... ... २३९

३३४ "गृहस्थो ब्रह्मचारी वा" (१) इत्यादिना सिद्धिप्राप्तीच्छुः कां देवतां यजेतेत्यादीन्प्रश्नान्कुर्वति युधिष्ठिरे भीष्मो "गूढं मां प्रश्नवित्प्रश्नं" (५) इत्युक्त्वा नारायणनारदसंवादरूपमितिहासं वर्णयन् उत्तरमाह स्म। नारायणस्य जन्मादिवृत्तान्तमाख्याय बदर्याश्रमे नारदागमनमाचष्ट भीष्मः। "वेदेषु सपुराणेषु" (२५) इत्यादिना "जगद्गुरुस्त्वं कं त्वद्य यजसे देवम्" इत्यादि पृच्छन्तं नारदं प्रति "अवाच्यमेतद्वक्तव्यं" (२८) इत्यादिनोत्तरमुदैरयन्नारायणः २३६

३३५ "यदर्थमात्मप्रभवेण जन्म" (२) इत्यादिना श्वेतद्वीपस्थामाद्यां मूर्तिं द्रष्टुं प्रार्थयन्नारदो नारायणानुज्ञया श्वेतद्वीपं जगाम भीष्मश्च तत्रत्यान्लोकान् वर्णयति स्म। "अनिंद्रिया निराहाराः" (१३) इत्यादिना तत्रस्थाः पुरुषाः निरिंद्रियत्वादिविशिष्टाः कथं जाताः इत्यादि पृच्छन्तं युधिष्ठिरं प्रति तदुत्तरं कथयन् भीष्म उपरिचरराजवृत्तान्तं व्याजहार। उपरिचरराजस्य राज्यस्थितिं संवर्ण्य मरीच्यादयः स्वायंभुवसहिताः स्वनिर्मितं शास्त्रमशरीरस्य भगवतो वाक्यात् बृहस्पतौ स्थापयित्वा यथेप्सितं देशं जग्मुरित्याह भीष्मः... ... २४०

३३६ पुनर्भीष्मः "ततोऽतीते महाकल्पे" (१) इत्यादिना बृहस्पतेरुत्पत्त्या देवानां सुखं तन्नामनिर्वचनं चाख्यायोपरिचरवसोरश्वमेधयज्ञवृत्तान्तमुदीरयन् यज्ञेऽदृश्येन भगवता भागे गृहीते क्रुद्धस्य बृहस्पतेः स्रुचा आकाशताडनाद्यभिदधाति स्म। "किमर्थमिह न प्राप्तो दर्शनं स हरिः" (१६) इत्यादिके युधिष्ठिरप्रश्ने भीष्मस्योत्तरम्। क्रुद्धस्य बृहस्पतेः सान्त्वनं कुर्वन्त एकतद्वितत्रितादय ऋषयो भगवद्दर्शनार्थं स्वतपश्चरणं भगवदाज्ञया श्वेतद्वीपगमनं, "पुनस्तत्र एतेषां दर्शनेन भगवद्दर्शनम्" इत्याद्यदृश्यपुरुषवाक्यश्रवणं चाचख्यौ। बृहस्पतिना समापितयज्ञ उपरिचरो वसुर्ब्रह्मशापादन्तर्भूमिगतो भगवत्प्रसादादुपर्यागत्य ब्रह्मलोकं जगामेत्याह भीष्मः २४२

३३७ भागवतो राजा कथं स्वर्गाद्भ्रष्ट इति, युधिष्ठिरेण पृष्टो भीष्मो देवानामृषीणां च संवादरूपमितिहासमाचष्ट। अजेन यष्टव्यमिति प्रतिपादयत्सु देवेषु बीजैर्यष्टव्यं, न पशुनेति, प्रतिपादयत्स्वृषिषु

शान्तिपर्वविषयानुक्रमाणिका । ४१

उभयोर्विवादनिर्णयार्थमुभाभ्यां
पृष्टे उपरिचरे देवपक्षपातेन प-
शुना यष्टव्यमित्युक्तवति तमृषयो
"दिवः पत" इत्यादि शेपुः । शाप-
मोचनार्थं देवैरुपदिष्टो वसुर्भूमिवि-
वरगतोऽपि भगवन्तमर्चयंस्तुष्टेन
भगवता गरुडेनोर्पयानाथितो
ब्रह्मलोकं जगाम । भीष्मस्तु नार-
दस्य श्वेतद्वीपगमनमाख्यातुं प्रति-
जज्ञे २४३
३३८ नारदः श्वेतद्वीपं गत्वा "नमस्ते
देवदेवेश" इत्यादिभिः शतनाम-
भिर्भगवन्तं तुष्टाव ... २४४
३३९ स्तवेन तुष्टे नारायणे प्रादुर्भूय
वरं याचस्वेत्युक्तवति नारदो भ-
गवतः साक्षाद्दर्शनमभूदेतावानेव
वरो नान्यो याचनीय इत्याह ।
नारायणो नारदं प्रति स्वमाहा-
त्म्यप्रदर्शनपूर्वकमात्मतत्त्वमुपदि-
शन् आत्मनः सकाशाद्ब्रह्मादि-
सृष्टिं, ब्रह्मणे स्वदत्तान् वरान्,
अनिरुद्धादिचतुर्व्यूहकार्याणि, स्व-
कर्तव्यकर्माणि चाख्यायान्तर्धान-
मयासीत् । ब्रह्मा नारायणमाहा-
त्म्यं कथं नाज्ञासीदित्याश्चर्यपूर्वकं
पृच्छति युधिष्ठिरे भीष्मस्तदुत्तर-
मभिधाय नारायणीयोपाख्यान-
प्राप्तिपरंपरामगादीत । वैशम्पा-
यनस्य भीष्मस्य सौतेश्च जनमे-
जययुधिष्ठिरर्षीन् प्रत्युक्तयः ७०७
३४० "कथं स भगवान्देवो यज्ञेष्व-
ग्रहरः प्रभुः" (१) इत्यादिषु शौ-
नकप्रश्नेषु सौतेस्तदुत्तरकथनप्र-
तिज्ञा । "इमे सब्रह्मका लोकाः"
(७) इत्यादि पृच्छन्तं जनमेजयं
प्रति वैशम्पायनो व्यासोक्तिकथ-
नेनोत्तरं वक्तुं प्रतिजज्ञे । व्यासः
सुमन्तुप्रभृतीन् शिष्यान्प्रति त्रैका-
लिकज्ञानं कथयितुं प्रतिज्ञाय
पृथिव्यादिसृष्टिप्रकारमुदैरय
रुद्रादिभिर्देवैः "किमस्माकं हितं"
इति पृष्टो ब्रह्मा तेषां हितोपायमु-
पदिश्य तैः सह क्षीरसमुद्रं गत्वा
तपश्चचार । तपसा तुष्टेन भगवता
यज्ञकरणार्थमाज्ञप्ता देवा वैष्णव-
यज्ञानुष्ठानमारभ्य स्वं स्वं भागं
परिकल्पयाञ्चक्रुः । कल्पितदेव-
यज्ञभागान् देवान्प्रति "येन यः
कल्पितो भागः" (५९) इत्या-
द्युक्त्वा सत्यादियुगधर्मानाचष्ट
भगवान् । "कलियुगे किं कर्त-
व्यमस्माभिः" इति देवैः पृष्टेन
भगवता "यत्र वेदाश्च यज्ञाश्च"
(८८) इत्यादिना सेव्यदेशे कथिते
ते सर्वे स्वस्वस्थानान्यभ्ययुः ।
एतेषु देवेषु गतेष्वेकाकी स्थितो
ब्रह्मा हयग्रीवं भगवन्तं दृष्ट्वा प्रण-
नाम भगवांश्च तमालिंग्योपादिश्य
चान्तरधात् । वैशम्पायनो व्यास-
कृतं भगवत्स्तवं तच्छ्रवणादि-
फलं चोदीर्योपसंजहार ...२४८
३४१ भगवन्नामनिरुक्तीः श्रोतुं जनमे-
जयेन पृष्टो वैशम्पायनः श्रीकृष्णा-
र्जुनयोः प्रश्नोत्तरकथनेन ता व्या-
ख्याय हृषीकेशनामनिर्वचनप्रस-
ङ्गेनाग्नीषोमयोरेकयोनित्वमाच-
ख्यौ २५०
३४२ "अग्नीषोमौ कथं पूर्वमेकयो-
नी प्रवर्तितौ" (१) इत्यर्जुनेन
पृष्टः श्रीकृष्णस्तदुत्तरं कथयन्
"संप्रक्षालनकाले" (३) इत्यादि-
ना प्रलयान्ते तमसः प्रादुर्भूतस्य
हरेः प्रजाः सिसृक्षमाणस्य नेत्रा-
भ्यामग्नीषोमोत्पत्तिमभिधाय "यः
सोमस्तद्ब्रह्म" (९) इत्यादिना
ब्राह्मणश्रैष्ठ्यमाचष्ट । ब्राह्मणश्रैष्ठ्ये
एवोदाहरणान्यभिधास्यन् "अ
हल्याधर्षणनिमित्तं हि" (२३)
इत्यादिना अहल्याधर्षणादीन्या-
ख्यायैतत्प्रसङ्गादेव "विश्वरूपो
हि वै त्वाष्ट्रः" (२८) इत्यादिना
त्वाष्ट्रवधादिकमिन्द्रवृत्तान्तादिक-
मुक्त्वा, एवंविधं माहात्म्यं ब्राह्म-

णानां इति व्याहृत्य हृषीकेशपदनिर्वचनं निगमय्य हर्यादिपदानां निर्वचनान्यभिदधदन्ते खण्डपरशुनाम।निर्वचनप्रसङ्गेनार्जुनप्रश्नमुखेन रुद्रनारायणयोर्युद्धवृत्तान्तमभिधाय रुद्रमाहात्म्यमुपदिशाति स्मार्जुनं कृष्णः ... २५२

३४३ शौनकस्य सौतेश्च प्रश्नोत्तरानंतरं "भगवद्वाक्यं ध्यायता नारदेन किमाचरितं" इत्यादिषु जनमेजयप्रश्नेषूत्तरं वदन् वैशम्पायनो भगवत्तत्त्वमाचष्ट । नारदस्य बदर्याश्रमगमनादिविषये पृच्छन्तं जनमेजयं प्रति वैशम्पायन उत्तरं वदन् नारदस्य बदर्याश्रमागमनं कथयित्वा नरनारायणयो रूपं वर्णयति स्म । "अपीदानीं स भगवान्" (४६) इत्यादिना श्वेतद्वीपे आवयोः प्रकृतिर्दृष्टा किमिति नरनारायणाभ्यां पृष्टो नारदः श्वेतद्वीपस्थवृत्तान्तमभिदधाति स्म... ... २५६

३४४ नारदः स्वप्रशंसासहितं नरनारायणवाक्यं श्रुत्वा जपादिकं कुर्वन्, बदर्याश्रम एवावसत् २५७

३४५ नारदो दैवं पित्र्यं च कर्म कुर्वन् "क इज्यते द्विजश्रेष्ठ"(२)इति पृच्छन्तं नारायणं प्रति "त्वयैतत्कथितं" (४) इत्यादिनोत्तरमभिधाय"त्रीन् पिंडान्न्यस्य वै पृथ्व्याम्" (११) इत्यादि पप्रच्छ। एवं पृच्छन्तं नारदं प्रति नरनारायणौ "इमां हि धरणीं पूर्वं" (१२) इत्यादिनोत्तरमभिदधानो पृथिषयकान् प्रश्नान्कुर्वति जनमेजये वैशंपायनः "समुपोढेष्वनीकेषु" (८) इत्यादिना कृष्णभीष्म-समीपे पार्थं प्रति नारदोक्तस्य कथनं प्रतिजज्ञे। "यदासीन्मानसं जन्म" (१३) इत्यारभ्य "यत्र चैकांतिनो यांति नारायणपरायणाः" (६६) इत्यंतेन मानस-चाक्षुष-वाचिकश्रावण-नासत्यांडज-पाद्माख्यानि ब्रह्मणः सप्त जन्मानि प्रतिजन्मानि नारायणादेतद्धर्मप्राप्तितत्परंपरादिकं च विवृत्य प्रशंसापूर्वकं तद्धर्मप्राप्यां गतिमाचष्ट। "एवं बहुविधं धर्मं" (६६) इत्यादिना जनमेजयवैशम्पायनयोरुक्तप्रत्युक्ते... ... ...२६१

३४९ "सांख्यं योगः पांचरात्रं"(१) इत्यादिना सांख्ययोगपांचरात्रोपनिषदामेकनिष्ठत्वं पृथङ्निष्ठत्वं वेति संदेहपूर्वके जनमेजयप्रश्ने वैशम्पायनस्तदुत्तरं वदन्, प्रथमं नारायणो व्यासं ससर्जेत्यवोचत्। "त्वयैव कथितं पूर्वं" (६) इत्यादिना नारायणो व्यासं ससर्जेत्युक्तिमाक्षिप्य पृच्छति जनमेजये वैशम्पायनस्तत्समाधानं वदन्नुत्तरमाह मत्सहितैः सुमंतुप्रभृतिभिः पंचभिः शिष्यैः सह हिमवत्पादे साङ्गान्वेदान् भारतार्थांश्चावर्तयन् स्थितो व्यासो नारायणाद्यज्जन्म, तद्विषये शिष्यैरनुयुक्तः सन्भगवतः प्रथमं ब्रह्मणो निर्माणं तस्य प्रजासर्गविषये तत्प्रवर्तनं चाख्याय वाचः सकाशादपान्तरतमनाम्नः पुत्रस्य निर्माणं तत्कृतं वेदविभागं च प्रतिपाद्य कलियुगे पराशरात्ते जन्म भविष्यति तदा पुनर्वेदान् विभजेति भगवदाज्ञां चाभिधाय स्वजन्मवृत्तांतमुपसंजहारेत्याह वै. व्युद्धरणानन्तरं दंष्ट्रालग्नांस्त्रीन् पिण्डान्भूमौ निधाय लोकमर्यादास्थापनार्थं "अहं हि पितरः स्रष्टुं" (१८) इत्यादिकां तदुक्तिमभ्यधात्... ... ...२५७

३४६ नरनारायणोपदेशलब्धभक्तिर्नारदस्तयोराश्रमे सहस्रं वर्षाणि निरुष्य हिमालयस्थं स्वमाश्रमं जगाम । सौतिर्नारायणीयोपा-

ख्यानमुपसंहृत्य नरनारायणमा-
हात्म्यकथनपूर्वकमाशिषमाह स्म
... ... २५८

३४७ हयग्रीवावतारशुश्रूषया शौन-
केन पृष्टः सौतिस्तत्कथनं प्रति-
जज्ञे, हयग्रीवावतारविषये जनमे-
जयप्रश्ने तदुत्तरं कथयन्, वैशंपा-
यनो "यत्किंचिदिह लोके वै"
(१२) इत्यादिना सर्वेषां पंच-
भूतात्मकत्वं प्रलयं चाभिधाय
तदवसाने अनिरुद्धात्पद्मे ब्रह्मणः
प्रादुर्भावं मधुकैटभयोरुत्पत्तिं चा-
कथयत् । मधुकैटभयोर्वेदानाहृत्य
रसातलं गतयोर्ब्रह्मणो विलापपू-
र्विकया स्तुत्या तुष्टो भगवान्
हयग्रीवरूपेणाविर्भूय विगाह्य
रसातलं ततो वेदानाहृत्य ब्रह्मणे
समर्प्य स्वप्रकृतिस्थो बभूव । मधु-
कैटभौ वेदस्थानं शून्यं दृष्ट्वा तान्
शोधयंतौ शेषतल्पशायिनं भगवंतं
दृष्ट्वा अयमेव वेदहर्तेति निश्चि-
त्य तं प्रबोधयामासतुः।स च ता-
भ्यां युद्धं कुर्वंस्तौ हत्वा ब्राह्मणे
लोकसर्जनमार्तिं दत्वाऽन्तर्दधे। हय-
ग्रीवावतारवृत्तांतश्रवणफलं नि-
र्दिश्य नारायणमाहात्म्यं जगाद
वैशम्पायनः... ... २५९

३४८ "अहो ! ह्येकान्तिनः सर्वा-
न्" (१) इत्यादिना ऐकान्त-
धर्मिणः प्रशस्य "केनैष धर्मः
कथितः" (६) इत्यादिना तद्वि-
शम्पायनः । एतदाख्याय सांख्य-
योगपांचरात्रादीनां तत्तद्वक्तृ-
प्रशंसापूर्वकं प्रामाण्यं प्रतिपाद्य
सर्वेषामवांतरतात्पर्यभेदेपि पर-
मतात्पर्यं त्वेकमेवेत्यभिप्रायेण
तेषां नारायणनिष्ठत्वमवादीद्वै-
शम्पायनः... ... २६[illegible]

३५० "बहवः पुरुषा ब्रह्मन्" (१)
इत्यादिके जनमेजयप्रश्ने तदुत्तरं
व्याहरन् वैशम्पायनो "बहवः
पुरुषा लोके" (२) इत्यादिना
सांख्ययोगमते पुरुषबहुत्वं स्वम-
तेन पुरुषैकत्वं च प्रतिपाद्यैतद्वि-
षये ब्रह्मरुद्रसंवादरूपमितिहास-
माचचक्षे । वैजयन्तपर्वतमधिष्ठि-
तो ब्रह्मा स्वसमीपागतं रुद्रं स्वा-
गतप्रश्नादिना सदाकार्षीत्, ततो
रुद्रेण "को ह्यसौ चिन्त्यते ब्रह्मन्
त्वयैकः पुरुषोत्तमः" (२४)
इत्यनुयुक्तो ब्रह्मा एकं पुरुषं प्रत्य-
पादयत्... ... ... २६४

३५१ ब्रह्मा पुनः पुनः पुरुषस्य वस्तुत
एकत्वमुपाधिभेदात् बहुरूपत्वं
चाख्याय तदनुसंदधानो "मंतामं-
तव्यम् प्राशिताप्राशितव्यम्"
(१७) इत्यादिना भेदं रूपया-
मास... ... ... २६५

३५२ "धर्माः पितामहेनोक्ताः" (१)
इत्यादिना आश्रमिणां श्रेष्ठधर्मं
वक्तुमर्हसीति युधिष्ठिरेण पृष्टो
भीष्मः "सर्वत्र विहितो धर्मः"
(२) इत्यादिना गृहस्थधर्मस्य
श्रैष्ठ्यं प्रतिपादयितुमिन्द्रं प्रति ना-
रदकथितमुञ्छवृत्त्युपाख्यानमाह
स्म २६६

३५३ गंगादक्षिणतीरे महापद्मनगरे
अत्रिगोत्रसमुत्पन्नः कश्चिद्ब्राह्मण
आसीत्स च धर्मविषये निश्चय-
मलभमानो यावत् चिंतयति
तावदागतमातिथिं सत्कृत्य तम-
पृच्छत्... ... ... २६७

३५४ "समुत्पन्नाभिधानोऽस्मि" (१)
इत्यादिकं ब्राह्मणवाक्यमाक-
र्ण्यातिथिः "अहमप्यत्र मुह्यामि"
(९) इत्यादिना मोक्षधर्मादि-
प्राशस्त्यबोधकानि मतान्तराण्यु-
पन्यस्य स्वस्याप्यनिश्चयमुद्भाव-
यति स्म... ... ... २६७

३५५ पुनरतिथिः "उपदेशं तु ते"
(१) इत्यादिना गोमतीतीरस्थ-
नैमिषारण्यगतनागाह्वये पुरे स्थितं
पद्मनाभाख्यं नागं गच्छ स ते
परमं धर्मं प्रवक्ष्यति इत्याह

ब्राह्मणं प्रति... ... २६७

३५६ ब्राह्मणोऽतिथिनोक्तं श्रुत्वाऽभिनन्द्याद्य रात्रावत्र निरुष्य प्रभाते गमिष्यसीति प्रार्थितोऽतिथिस्तथाऽकरोत् ब्राह्मणश्च प्रभातेऽतिथिं पूजयित्वा तत्कथितस्य भुजगेन्द्रस्य गृहं जगाम... २६७

३५७ नागगृहं गतो ब्राह्मणो नागपत्न्या सत्कारपूर्वकं सूर्यरथं वोढुं नागो गतः सप्ताष्टभिर्दिवसै रागमिष्यति, इत्युक्ते "अहं तदागमनावधि स्थास्यामि, ममागमनं तस्मै निवेद्य" इति तामादिश्य गोमतीपुलिने न्यवात्सीत्... २६८

३५८ गोमतीतीरे निराहारतया स्थितो ब्राह्मणो नागबन्धुभिराहारार्थं प्रेरितो "नागदर्शनार्थं ममैतद्व्रतमस्ति तदागमनोत्तरमाहारं ग्रहीष्यामि" इत्युवाच तान् प्रति ते च तच्छ्रुत्वा स्वस्वगृहाणि जग्मुः २६८

३५९ गृहमागत नागं प्रति तद्भार्या "भवद्दर्शनार्थी कश्चिद्ब्राह्मण आगत्य सप्ताष्टदिनानि गोमतीतीरे निराहारास्तिष्ठति तं प्रति गत्वा स्वात्मानं दर्शय" इत्युवाच २६८

३६० नागनागभार्ययोरुक्तिप्रत्युक्ती २६९

३६१ भार्यावाक्यात्तत्रागतस्य नागस्य ब्राह्मणस्य च प्रश्नोत्तरयोः प्रचलतोर्ब्राह्मणो नागं प्रति "मत्प्रश्नस्योत्तरं वद तदनन्तरमागमनकारणं कथयिष्यामि" इत्युवाच २६९

३६२ "सूर्यरथं वोढुं गतेन भवता तत्र किमाश्चर्यं दृष्टं तत्कथय" इति ब्राह्मणेन पृष्टो नागो नानाविधान्याश्चर्याण्यभिधायान्ते, मध्याह्ने कश्चित् स्वतेजसा सर्वान् लोकानवभासयन् सूर्येण दत्तहस्तो रश्मिमण्डलप्रविष्टः सूर्येणैकीभावमवाप। तद्दृष्टवन्तो वयं कोयमिति सूर्यमपृच्छाम इत्युवाच। २६९

३६३ अस्माभिः पृष्ट सूर्यः "उञ्छवृत्तिव्रते सिद्धो मुनिरेष दिवं गतः" (१) इत्याद्यवाच एतदाश्चर्यं दृष्टमिति कथयति स्म नागः २७०

३६४ "एतदाश्चर्यं कथयता भवता ममाभीष्टः पन्था दर्शितः" इत्युक्त्वा गन्तुमुद्यतो ब्राह्मणो "भवता प्रतिज्ञातं स्वागमनकारणमनुक्त्वा कथं गच्छसि" इति नागेनाक्षिप्तः सन् "पुण्यसंशयमापद्य त्वत्समीपागतोऽहं त्वत्कथितेन वृत्तेनोञ्छवृत्तिं पुण्यसाधनभूतां चरिष्यामि" इत्युक्त्वा तममन्त्रयति स्म ... २७०

३६५ "नागमापृच्छ्य निर्गतो ब्राह्मणश्च्यवनभार्गवाद्दीक्षामवाप्योञ्छवृत्त्याश्रयणेन धर्मं चचार" इत्यभिधाय एतत्कथाप्राप्तिपरंपरामुक्त्वाव्योञ्छवृत्त्युपाख्यानमुपसञ्जहार भीष्मः ... २७०

इति श्रीमहाभारते शान्तिपर्वविषयानुक्रमणिका समाप्ता ॥

॥ शुभं भवतु ॥

॥ श्रीगणेशायनमः ॥ श्रीमद्गोपालमानम्यश्रीलक्ष्मणपदानुगः ॥ नीलकण्ठोभावदीपंकुरुतेशान्तिपर्वणि ॥ १ ॥ यत्साधनेषुरुच्यर्थमितिहासोऽयमीरितः ॥ धर्मार्थकाममोक्षास्तेसम्यगत्रनिरू
पिताः ॥ २ ॥ धर्मादित्रयमर्थकामकरणप्रीत्यर्थमित्यल्पकाधीशुद्धिक्रतुजीवनार्थकतयामुक्त्यर्थमित्युत्तमाः ॥ एतत्पांडवधार्त्तराष्ट्रचरितव्याख्यामिषाद्दर्शितंयेनासौनिजवाक्यजातहृदयंमह्यंददात्वा
दरात् ॥ ३ ॥ तत्रतावच्छांतौराजधर्मापद्धर्ममोक्षधर्माख्याःकांडास्त्रयःक्रमेणविश्वस्यापन्नस्यविरक्तस्यचोपकारकास्तेष्वभ्यर्हितत्वात्प्राथम्यंराजधर्माणां। राजशब्दार्थश्चात्रप्रकरणात्‘राजारंजनकाम्य
या’इतिवक्ष्यमाणनिर्वचनानुसारेणसमानप्रकरणेसर्वारंजयतिप्रजाइतिमनूक्तेः‘अथातोनृपतेर्धर्मंवक्ष्यामिहितकाम्यया’इतिवृद्धपराशरेणापिसर्ववर्णसाधारणनृपतिशब्दप्रयोगाच्चयःप्रजारंजनंकरोतिसएवबोध्यः। सच
क्षत्रियोऽक्षत्रियोवाउत्थानेनसदापुत्रेत्यादिनावक्ष्यमाणानुत्थानादीन्धर्माननुतिष्ठेत् । तत्रापियःकामलोभादिहीनोऽत्यंतनिर्विण्णःकेवलंप्रजापालनजंधर्ममात्रंकामयते सएवराज्यार्हइतियुधिष्ठिरोदाह
रणेनप्रथमंनिरूपयति । कृतोदकास्तेसुहृदामित्यादिना नमोधर्मायमहतेइत्यतःप्राक्तनेनग्रंथेन । कृतोदकाःकृतप्रेततर्पणाः । सुहृदामित्यनेनैवदुर्योधनादीनामपिग्रहणं मरणांतानिवैरा
णीतिन्यायेनतेषामपीदानींसुहृत्त्वात् १. तत्रगंगातीरेपुराद्बहिर्मासमात्रवासस्यप्रयोजनंतुयत्कचिच्छद्मयुद्धंकृतंतज्जन्यदोषनिर्हरणेनशुद्धिसंपादनं तदेतदुक्तंशौचंनिर्वर्तयिष्यंतइति । नत्वत्रशावाशौच

॥ श्रीगणेशायनमः ॥ ॥ श्रीवेदव्यासायनमः ॥ नारायणंनमस्कृत्यनरंचैवनरोत्तमम् ॥ देवींसरस्वतींचैवततोजयमुदीरयेत् ॥ १ ॥ वैशंपायनउवाच ॥ कृतो
दकास्तेसुहृदांसर्वेषांपांडुनन्दनाः ॥ विदुरोधृतराष्ट्रश्चसर्वाश्चभरतस्त्रियः १ तत्रतेसुमहात्मानोन्यवसन्पांडुनन्दनाः ॥ शौचंनिर्वर्तयिष्यन्तोमासमात्रंबहिःपुरात् २
कृतोदकंतुराजानंधर्मपुत्रंयुधिष्ठिरम् ॥ अभिजग्मुर्महात्मानःसिद्धाब्रह्मर्षिसत्तमाः ३ द्वैपायनोनारदश्चदेवलश्चमहानृषिः ॥ देवस्थानश्चकण्वश्चतेषांशिष्याश्चसत्त
माः ४ अन्येचवेदविद्वांसःकृतप्रज्ञाद्विजातयः ॥ गृहस्थाःस्नातकाःसन्तोददृशुःकुरुसत्तमम् ५ तेऽभिगम्यमहात्मानःपूजिताश्चयथाविधि ॥ आसनेषुमहार्हेषुविवि
शुस्तेमहर्षयः ६ प्रतिगृह्यततःपूजांतत्कालसदृशींतदा ॥ पर्युपासन्यथान्यायंपरिवार्ययुधिष्ठिरम् ७ पुण्येभागीरथीतीरेशोकव्याकुलचेतसम् ॥ आश्वासयन्तोरा
जानंविप्राःशतसहस्रशः ८ नारदस्त्वब्रवीत्कालेधर्मपुत्रंयुधिष्ठिरम् ॥ संभाष्यमुनिभिःसार्धंकृष्णद्वैपायनादिभिः ९ भवताबाहुवीर्येणप्रसादान्माधवस्यच ॥ जिते
यमवनिःकृत्स्नाधर्मेणचयुधिष्ठिर १० ॥ ॥ ॥ ॥ ॥

शुद्धिर्मासमात्रेणेतिविवक्षितं ‘दशाहाच्छुद्ध्यतेविप्रोद्वादशाहेनभूपतिः । वैश्यःपंचदशाहेनशूद्रोमासेनशुद्ध्यति’इतिमनुवाक्यविरोधात् । नचैतेशूद्रायेनमासमाशौचंकुर्युः । किंच‘उद्यतै
राहवेशस्त्रैःक्षत्रधर्महतस्यच । सद्यःसंतिष्ठतेयज्ञस्तथाऽऽशौचमितिस्थितिः’इति संग्रामहतानांसापिंडाःसद्यएवशुद्ध्यंतीत्युक्तंमनुना । तेनद्वादशाहमपिनैषामाशौचंमासस्तुदूरतोनिरस्तइतिप्रती
यते । यद्वा सौप्तिकेपशुवद्धतानांसुहृदांद्वादशाहमाशौचमस्ति तेनयुद्धदिनेष्वष्टादशाहपर्यंतंप्रत्यहमाशौचप्राप्तिः सद्यःशुद्धिश्चअन्त्यदिनेप्राप्तस्याशौचस्यद्वादशाहेननिवृत्तिरितिमासंशौचसंपादनो
क्तिर्युज्यते २ । ३ । ४ वेदविद्वांसोवेदार्थविदः कृतप्रज्ञावेदोक्ताचारनिष्ठाः स्नातकाब्रह्मचारिणः संतोऽभयदक्षिणाप्रदाःसंन्यासिनः ५ तेराज्ञाऽभिगम्यप्रत्युपगम्यनमस्कारादिनापूर्वं
पूजिताःसंतआसनेषुविविशुरितिसंबंधः ६ पूजामर्घादिकां परिवार्यपर्युपासन्परितउपविष्टवंतः तङभावआर्षः ७ आश्वासयंतः हेतौशतृप्रत्ययः आश्वासनार्थंपर्युपासन्नित्यर्थः ८ कालेऽ
वसरेसंभाष्यैकमत्यंकृत्वाऽब्रवीत् ९ भवतइतिपष्ठ्यंतपाठेपूर्वमधर्मेणाक्रांतासतीयमवनिरिदानींत्वद्बलेनमाधवबलसहायेनधर्मेणकर्त्राजितायुवाभ्यांखलनाशेकृतेसतिधर्मःप्रादुरभूदित्यर्थः १० ॥

दिष्ट्याभाग्येन कच्चिदितिकामप्रवेदने अनेनकर्मणातवमोदंसुहृत्प्रीणनंविशोकत्वंचकामयमानस्त्वांपृच्छामीत्यर्थः ११ । १२ । १३ । १४ । १५ किंनुवक्ष्यतीति । वधूःकनिष्ठभ्रातृभार्यात्वात् स्नुषाभूतावार्ष्णेयीसुभद्रा मेमांप्रतिकिंनुवक्ष्यति राज्यलोभेनत्वयामत्पुत्रोघातितइतिवक्ष्यत्येवेतिभावः । तथामधुसूदनंहरिमितोद्वारकांप्रतिगतंसंतंप्रति वासिनीअस्मज्जयश्रवणोत्सुका द्वारकाद्वारकावासिजन समूहःकिंनुवक्ष्यतीतिसंबंधः । खलहंत्रास्वजनपीडापहंत्राईश्वरेणत्वयासाधुःस्त्रीयःसौभद्रःकथंघातितइतिवक्ष्यत्येवेतिभावः । एतच्चकृष्णस्यमधुसूदनंहरिमितिविशेषणद्वयसामर्थ्यादेवलभ्यते १६ यतो

दिष्ट्यामुक्तस्तुसंग्रामादस्माल्लोकभयंकरात् ॥ क्षत्रधर्मरतश्चापिकच्चिन्मोदसिपांडव ११ कच्चिच्चनिहतामित्रःप्रीणासिसुहृदोनृप ॥ कच्चिच्छ्रियमिमांप्राप्यनत्वां शोकःप्रबाधते १२ ॥ युधिष्ठिरउवाच ॥ विजितेयंमहीकृत्स्नाकृष्णबाहुबलाश्रयात् ॥ ब्राह्मणानांप्रसादेनभीमार्जुनबलेनच १३ इदंममहद्दुःखंवर्ततेहृदिनित्यदा ॥ कृत्वाज्ञातिक्षयमिमंमहांतंलोभकारितम् १४ सौभद्रंद्रौपदेयांश्चघातयित्वासुतान्प्रियान् ॥ जयोऽयमजयाकारोभगवन्प्रतिभातिमे १५ किंनुवक्ष्यतिवार्ष्णेयीवधूर्मे मधुसूदनम् ॥ द्वारकावासिनीकृष्णमितःप्रतिगतंहरिम् १६ द्रौपदीहतपुत्रेयंकृपणाहतबांधवा ॥ अस्मत्प्रियहितेयुक्ताभूयःपीडयतीवमाम् १७ इदमन्यत्तुभगवन् यत्त्वांवक्ष्यामिनारद ॥ मंत्रसंवरणेनास्मिकुंत्यादुःखेनयोजितः १८ यःसनागायुतबलोलोकेऽप्रतिरथोरणे ॥ सिंहखेलगतिर्धीमान्घृणीदातायतव्रतः १९ आश्रयो धार्तराष्ट्राणांमानीतीक्ष्णपराक्रमः ॥ अमर्षीनित्यसंरंभीक्षेप्ताऽस्माकंरणेरणे २० शीघ्रास्त्रश्चित्रयोधीचकृतीचाद्भुतविक्रमः ॥ गूढोत्पन्नःसुतःकुंत्याभ्राताऽस्माकमसौ किल २१ तोयकर्मणितंकुन्तीकथयामाससूर्यजम् ॥ पुत्रंसर्वगुणोपेतमवकीर्णंजलेपुरा २२ मंजूषायांसमाधायगंगास्रोतस्यमज्जयत् ॥ यंसूतपुत्रंलोकोऽयंराधेयं चाभ्यमन्यत २३ सज्येष्ठपुत्रःकुंत्यावैभ्राताऽस्माकंचमातृजः ॥ अजानतामयाभ्रात्राराज्यलुब्धेनघातितः २४ तन्मेदहतिगात्राणितूलराशिमिवानलः ॥ नहितंवेद पार्थोऽपिभ्रातरंश्वेतवाहनः २५ नाहंनभीमोनयमौसत्वस्मान्वेदसुव्रतः ॥ गताकिलपृथातस्यसकाशमितिनःश्रुतम् २६ अस्माकंशमकामावैत्वंचपुत्रोममेत्यथ ॥ पृथायानकृतःकामस्तेनचापिमहात्मना २७ अपिपश्चादिदंमातर्यवोचदितिनःश्रुतम् ॥ नहिशक्ष्याम्यहंत्यक्तुंनृपंदुर्योधनंरणे २८ अनार्यंत्वंनृशंसंत्वंकृतघ्नत्वं चमेभवेत् ॥ युधिष्ठिरेणसंधिंहियदिकुर्यांमतेतव २९ भीतोरणेश्वेतवाहादितिमांमंस्यतेजनः ॥ सोऽहंनिर्जित्यसमरेविजयंसहकेशवम् ३० संधास्येधर्मपुत्रेणपश्चा दितिचसोऽब्रवीत् ॥ तमुवाचकिलपृथापुनःपृथुलवक्षसम् ३१ ॥ ॥ ॥ ॥

हतपुत्राहतबांधवाऽतःकृपणादीनाऽतिदुःखिताइत्यर्थः प्रियंसुखकरं हितंपथ्यं प्रियंचतद्धितंचतस्मिन्नर्थेयुक्तासन्नद्धा १७ मंत्रसंवरणेनगूढोत्पन्नस्यास्मद्भ्रातुःकर्णस्याप्रकाशेन १८ तदेवाह त्रिभिः यःसइति । सिंहस्येवखेलोयुद्धक्रीडागतिर्गमनंचयस्यसतथा घृणीदयालुः १९ अमर्षीपरोत्कर्षासहिष्णुः नित्यसंरंभीसदाक्रोधवान् २० । २१ । पुत्रंस्वस्येतिशेषः अवकीर्णंत्यक्तम् २२।२३ मातृजोमातृसंबंधेन २४ श्वेतवाहनोऽर्जुनः २५ । २६ पांडववत्त्वंचपुत्रोममेत्यब्रवीदितिशेषः कामोऽभिलषितम् २७ मातरिमातरंप्रत्यवोचत्कर्णइतिशेषः नोऽस्माभिःश्रुतम् २८ २९ नृशंसत्वंसंकटेमित्रत्यागाच्छिद्रंयत्त्वंकृतघ्नत्वमुपकर्तृष्वपकारित्वंचप्रसिद्धमित्यतोऽनार्यत्वमेवस्पष्टीकरोति भीतइति । विजयमर्जुनम् ३० पृथुलवक्षसंकपाटवक्षसम् ३१ ॥ ॥ ॥

॥ १ ॥

वेपमानामर्जुननाशभीत्या ३२ विषह्यान्वशगान् ३३ पुत्रगृद्धिनीपुत्रलोभवती ३४ विसृज्यकर्णमितिशेषः ३५ । ३६ । ३७ दूयतेउपतप्यते ३८ । ३९ । ४० । ४१ । ४२ कारणंसादृश्यहेतोस्तज्जन्यत्वस्यज्ञापकं कथंनुइत्यद्भुतप्रश्ने चक्रंरथचक्रं ४३ सर्वविस्त्वेहेतुःविद्वानिति आत्मज्ञइत्यर्थः अतएवकृतंकार्यमकृतंकारणंचवेदजानाति ४४ ॥ इतिशांतिपर्वणिराजधर्मानुशासनपर्वणिनीलकंठीयेभारतभाव

चतुर्णामभयंदेहिकामंयुध्यस्वफाल्गुनम् ॥ सोऽब्रवीन्मातरंधीमान्वेपमानांकृतांजलिः ३२ प्राप्तान्विषह्यांश्चतुरोनहनिष्यामितेसुतान् ॥ पंचैवहिसुतादेविभविष्यंतितवध्रुवाः ३३ सार्जुनावाहतेकर्णेसकर्णावाहतेऽर्जुने ॥ तंपुत्रगृद्धिनीभूयोमातापुत्रमथाब्रवीत् ३४ भ्रातॄणांस्वस्तिकुर्वीथायेषांस्वस्तिचिकीर्षसि ॥ एवमुक्त्वाकिलपृथाविसृज्योपययौगृहान् ३५ सोऽर्जुनेनहतोवीरोभ्रात्राभ्रातासहोदरः ॥ नचैवविवृतोमंत्रःपृथायास्तस्यवाविभो ३६ अथशूरोमहेष्वासःपार्थेनात्वौनिपातितः ॥ अहंत्वज्ञासिषंपश्चात्स्वसोदर्यंद्विजोत्तम ३७ पूर्वजंभ्रातरंकर्णंपृथायावचनात्प्रभो ॥ तेनमेदूयतेतीव्रंहृदयंभ्रातृघातिनः ३८ कर्णार्जुनसहायोऽहंजयेयमपिवासवम् ॥ सभायांक्लिश्यमानस्यधार्तराष्ट्रैर्दुरात्मभिः ३९ सहसोत्पतितःक्रोधःकर्णंदृष्ट्वाप्रशाम्यति ॥ यदाह्यस्यगिरोरूक्षाःशृणोमिकटुकोदयाः ४० सभायांगदतोद्यूतेदुर्योधनहितैषिणः ॥ तदानश्यतिमेरोषःपादौतस्यनिरीक्ष्यह ४१ कुंत्याहिसदृशौपादौकर्णस्येतिमतिर्मम ॥ सादृश्यहेतुमन्विच्छन्पृथायास्तस्यचैवह ४२ कारणंनाधिगच्छामिकथंचिदपिचिंतयन् ॥ कथंनुतस्यसंग्रामेपृथिवीचक्रमग्रसत् ४३ कथंनुशप्तोभ्रातामेतत्त्वंवक्तुमिहार्हसि ॥ श्रोतुमिच्छामिभगवंस्त्वत्तःसर्वंयथातथम् ॥ भवान्हिसर्वविद्विद्वाँल्लोकेवेदकृताकृतम् ४४ ॥ इतिश्रीमहा० शांतिपर्वणिराजधर्मानुशासनपर्वणिकर्णाभिज्ञानेप्रथमोऽध्यायः ॥ १ ॥ वैशंपायनउवाच ॥ सएवमुक्तस्तुमुनिर्नारदोवदतांवरः ॥ कथयामासतत्सर्वंयथाशप्तःससूतजः १ ॥ नारदउवाच ॥ एवमेतन्महाबाहोयथावदसिभारत ॥ नकर्णार्जुनयोःकिंचिदविषह्यंभवेद्रणे २ गुह्यमेतत्तुदेवानांकथयिष्यामितेऽनघ ॥ तन्निबोधमहाबाहोयथावृत्तमिदंपुरा ३ क्षत्रंस्वर्गंकथंगच्छेच्छस्त्रपूतमितिप्रभो ॥ संघर्षजननस्तस्मात्कन्यागर्भोविनिर्मितः ४ सबालस्तेजसायुक्तःसूतपुत्रत्वमागतः ॥ चकारांगिरसांश्रेष्ठाद्धनुर्वेदंगुरोस्तदा ५ सबलंभीमसेनस्यफाल्गुनस्यचलाघवम् ॥ बुद्धिंचतवराजेंद्रयमयोर्विनयंतदा ६ सख्यंचवासुदेवेनबाल्येगांडीवधन्वनः ॥ प्रजानामनुरागंचचिंतयानोव्यदह्यत ७ ससख्यमकरोद्बाल्येराज्ञादुर्योधनेनच ॥ युष्माभिर्नित्यसंद्विष्टोदैवाच्चापिस्वभावतः ८ वीर्याधिकमथालक्ष्यधनुर्वेदेधनंजयम् ॥ द्रोणंरहस्युपागम्यकर्णोवचनमब्रवीत् ९ ब्रह्मास्त्रंवेत्तुमिच्छामिसरहस्यनिवर्तनम् ॥ अर्जुनेनसमंचाहंयुध्येयमितिमेमतिः १० समःशिष्येषुवःस्नेहःपुत्रेचैवतथाध्रुवम् ॥ त्वत्प्रसादान्नमांब्रूयुरकृतास्त्रंविचक्षणाः ११ ॥

दीपेप्रथमोऽध्यायः ॥ १ ॥ सएवमिति । उक्तःपृष्टः १ कर्णार्जुनसहायोऽहंजयेयमपिवासवमित्युक्तमनुमोदते एवमेतदिति २ तर्हिकिमर्थंदेवैरनयोर्वैरमुत्पादितमित्याशंक्याह गुह्यमिति ३ क्षत्रमिति । संघर्षजननोवैराग्न्युद्दीपकः कन्यागर्भोदेवैःक्षत्रस्यस्वर्गमनायनिर्मितइत्यर्थः ४ चकाराधीतवान् अंगिरसांश्रेष्ठाद्द्रोणात् ५ । ६ । ७ दैवाच्चापिस्वभावतइति । दैवाद्देवानांसंकल्पात्पूर्वोक्तात् स्वभावतः 'वीर्याधिकोनीचकुलोदुःसंगेनसमेधितः ॥ महाजनैःस्पर्धमानोहंतिराष्ट्रंसराजकम्' इतिश्लोकोक्तात् ८ । ९ ब्रह्मास्त्रमिति । रहस्यंतत्प्रसादनविधिर्निवर्त्तनमुपसंहारस्ताभ्यांसहितंसरहस्यनिवर्तनम् १० । ११

१२ । ब्रह्मास्त्रमिति । त्वंतुब्रह्मक्षत्रेतरत्वान्नविद्याईइत्यर्थः १३ । १४ गुरुरेवपितेत्यभिसंधायाहंब्राह्मणोभार्गवोऽस्मीति १५ । १६ । १७ । १८ समुद्रांतेदक्षिणसमुद्रसमीपे १९ होमधेनुंकर्ण पर्वोक्तदिशावत्सवधएवात्रधेनुवधोज्ञेयः २० । २१ । २२ । २३ । २४ । २५ । २६ । २७ मेव्याहृतमितिशेषः अव्याहृतमनुक्तंतद्वदन्यथेत्यर्थः नेदमव्याहृतमितिपाठःसुगमः केवलंतूष्णींयथा

॥ २ ॥ द्रोणस्तथोक्तःकर्णेनसापेक्षःफाल्गुनंप्रति ॥ दौरात्म्यंचैवकर्णस्यविदित्वातमुवाचह १२ ब्रह्मास्त्रंब्राह्मणोविद्याद्यथावच्चरितव्रतः ॥ क्षत्रियोवातपस्वीयोनान्योवि
द्यात्कथंचन १३ इत्युक्तोंगिरसांश्रेष्ठमामंत्र्यप्रतिपूज्यच ॥ जगामसहसारामंमहेंद्रंपर्वतंप्रति १४ सतुराममुपागम्यशिरसाऽभिप्रणम्यच ॥ ब्राह्मणोभार्गवोऽस्मीति
गौरवेणाभ्यगच्छत १५ रामस्तंप्रतिजग्राहपृष्ट्वागोत्रादिसर्वशः ॥ उष्यतांस्वागतंचेतिप्रीतिमांश्चाभवद्भृशम् १६ तत्रकर्णस्यवसतोमहेंद्रेस्वर्गसन्निभे ॥ गंधर्वै
राक्षसैर्यक्षैर्देवैश्चासीत्समागमः १७ सतत्रेष्वस्त्रमकरोद्भृगुश्रेष्ठाद्यथाविधि ॥ प्रियश्चाभवदत्यर्थंदेवदानवरक्षसाम् १८ सकदाचित्समुद्रांतेविचरन्नाश्रमांतिके ॥ एकः
खड्गधनुष्पाणिःपरिचक्रामसूर्यजः १९ सोऽग्निहोत्रप्रसक्तस्यकस्यचिद्ब्रह्मवादिनः ॥ जघानाज्ञानतःपार्थहोमधेनुंयदृच्छया २० तदज्ञानकृतंमत्वाब्राह्मणाय
न्यवेदयत् ॥ कर्णःप्रसादयंश्चैनमिदमित्यब्रवीद्वचः २१ अबुद्धिपूर्वंभगवन्धेनुरेषाहतातव ॥ मयातत्रप्रसादंचकुरुष्वेतिपुनःपुनः २२ तंसविप्रोऽब्रवीत्क्रुद्धोवाचा
निर्भर्त्सयन्निव ॥ दुराचारवधार्हस्त्वंफलंप्राप्नुहिदुर्मते २३ येनविस्पर्धसेनित्यंयदर्थंघटसेऽनिशम् ॥ युध्यतस्तेनतेपापभूमिश्चक्रंग्रसिष्यति २४ ततश्चक्रेमहीग्रस्ते
मूर्धानंतेविचेतसः ॥ पातयिष्यतिविक्रम्यशत्रुर्गच्छनराधम २५ यथेयंगौर्हतामूढप्रमत्तेनत्वयामम ॥ प्रमत्तस्यतथाऽरातिःशिरस्तेपातयिष्यति २६ शप्तः
प्रसादयामासकर्णस्तंद्विजसत्तमम् ॥ गोभिर्धनैश्चरत्नैश्चसचैनंपुनरब्रवीत् २७ नहिमेऽव्याहृतंकुर्यात्सर्वलोकोऽपिकेवलम् ॥ गच्छवातिष्ठवायद्वाकार्यंतेतत्समाचर
२८ इत्युक्तोब्राह्मणेनाथकर्णोदैन्यादधोमुखः ॥ राममभ्यगमद्भीतस्तदेवमनसास्मरन् २९ ॥ इतिश्रीमहाभारतेशांतिपर्वणिराजधर्मानुशासनपर्वणिकर्णशापोनाम
द्वितीयोऽध्यायः ॥ २ ॥ ॥ नारदउवाच ॥ कर्णस्यबाहुवीर्येणप्रणयेनदमेनच ॥ तुतोषभृगुशार्दूलोगुरुशुश्रूषयातथा १ तस्मैसविधिवत्कृत्स्नंब्रह्मास्त्रंसनि
वर्तनम् ॥ प्रोवाचाखिलमव्यग्रंतपस्वीतत्तपस्विने २ विदितास्त्रस्ततःकर्णोरममाणोऽश्रमेभृगोः ॥ चकारवैधनुर्वेदेयत्नमद्भुतविक्रमः ३ ततःकदाचिद्रामस्तु
चरन्नाश्रममंतिकात् ॥ कर्णेनसहितोधीमानुपवासेनकर्शितः ४ सुष्वापजामदग्न्यस्तुविश्रंभोत्पन्नसौहृदः ॥ कर्णस्योत्संगआधायशिरःक्लांतमनागुरुः ५ अथ
कृमिःश्लेष्ममेदोमांसशोणितभोजनः ॥ दारुणोदारुणस्पर्शःकर्णस्याभ्याशमागतः ६ सतस्योरुमथासाद्यबिभेदरुधिराशनः ॥ नचैनमशकत्क्षेप्तुंहंतुंवापिगुरो
भयात् ७ संदश्यमानस्तुतथाकृमिणातेनभारत ॥ गुरोःप्रबोधनाशंकीतमुपैक्षतसूर्यजः ८ ॥ ॥ ॥ ॥ २ ॥

स्याच्चथायच्चेकार्यंतद्वासमाचरेत्यन्वयः २८ ॥ २९ ॥ इतिशांतिपर्वणिराजधर्मा० नीलकंठीयेभारतभावदीपेद्वितीयोऽध्यायः ॥ २ ॥ कर्णस्येति । प्रश्रयेणेतिपाठेऽनुरागेण दमेनेंद्रियजयेन १ कृत्स्नंसरहस्यं नतुमंत्रमात्रं अखिलमंगप्रत्यंगदेवताराधनसहितं अव्यग्रंयथास्यात्तथा तपस्वीएकाग्रचित्तः २ अश्रमेश्रमवर्जितेआश्रमेइत्यर्थः ३ । ४ विश्रंभोविश्वासः ५ । ६ क्षेप्तुंदूरीकर्तुं भयान्निद्राभंगभयात् ७।८

९ । १० । ११ । १२ सूचीभिरिवतीक्ष्णैरोमभिःसंवृतं सन्निरुद्धांगंत्रासेनसंकुचितांगं नामप्रसिद्धं नामतोनाम्ना १३ अस्रजिशोणिते १४ विश्वरूपःकामरूपी करालवान्भीषणरूपवान् मेघवा
हनोमेघोपरिस्थः १५ । १६ । १७ । १८ देवयुगेसत्ययुगे १९ । २० । २१ । २२ नकुशलमभद्रम् २३ । २४ कामयास्वरसेन २५ ब्रह्मक्षत्रयोरंतरेऽन्यत्रजातं तदेवाह सूतंमांविद्धीति

कर्णस्तुवेदनांधैर्यादसह्यांविनिगृह्यताम् ॥ अकंपयन्नव्यथयन्धारयामासभार्गवम् ९ यदाऽस्यरुधिरेणांगंपरिस्पृष्टंभृगूद्वहः ॥ तदाऽबुद्ध्यततेजस्वीसंत्रस्तश्चेदम
ब्रवीत् १० अहोऽस्म्यशुचितांप्राप्तःकिमिदंक्रियतेत्वया ॥ कथयस्वभयंत्यक्त्वायाथातथ्यमिदंमम ११ तस्यकर्णस्तदाचष्टकृमिणापरिभक्षणम् ॥ ददर्शराम
स्तंचापिकृमिंसूकरसन्निभम् १२ अष्टपादंतीक्ष्णदंष्ट्रंसूचीभिरिवसंवृतम् ॥ रोमभिःसन्निरुद्धांगमलर्कंनामनामतः १३ सदृष्टमात्रोरामेणकृमिःप्राणानवासृ
जत् ॥ तस्मिन्नेवास्रजिक्लिन्नस्तदद्भुतमिवाभवत् १४ ततोऽन्तरिक्षेददृशेविश्वरूपःकरालवान् ॥ राक्षसोलोहितग्रीवःकृष्णांगोमेघवाहनः १५ सरामंप्रांजलिर्भू
त्वाबभाषेपूर्णमानसः ॥ स्वस्तितेभृगुशार्दूलगमिष्येऽहंयथागतम् १६ मोक्षितोनरकादस्माद्भवतामुनिसत्तम ॥ भद्रंतवास्तुवंदेत्वांप्रियंमेभवताकृतम् १७ तमु
वाचमहाबाहुर्जामदग्न्यःप्रतापवान् ॥ कस्त्वंकस्माच्चनरकंप्रतिपन्नोब्रवीहितत् १८ सोऽब्रवीदहमासंप्राक्दंशोनाममहासुरः ॥ पुरादेवयुगेतातभृगोस्तुल्यवयाइव
१९ सोऽहंभृगोःसुदयितांभार्यामपहरंबलात् ॥ महर्षेरभिशापेनकृमिभूतोऽपतंभुवि २० अब्रवीद्धिसमांक्रुद्धस्तवपूर्वपितामहः ॥ मूत्रश्लेष्माशनःपापनिरयंप्रतिप
त्स्यसे २१ शापस्यांतोभवेद्ब्रह्मन्नित्येवंतमथाब्रुवम् ॥ भविताभार्गवाद्रामादितिमामब्रवीद्भृगुः २२ सोऽहमेनांगतिंप्राप्तोयथानकुशलंतथा ॥ त्वयासाधोसमागम्यवि
मुक्तःपापयोनितः २३ एवमुक्त्वानमस्कृत्यययौराममहासुरः ॥ रामःकर्णंचसक्रोधमिदंवचनमब्रवीत् २४ अतिदुःखमिदंमूढनजातुब्राह्मणःसहेत् ॥ क्षत्रियस्येवते
धैर्यंकामयासत्यमुच्यताम् २५ तमुवाचततःकर्णःशापाद्भीतःप्रसादयन् ॥ ब्रह्मक्षत्रांतरेजातंसूतंमांविद्धिभार्गव २६ राधेयःकर्णइतिमांप्रवदंतिजनाभुवि ॥ प्रसा
दंकुरुमेब्रह्मन्नस्त्रलुब्धस्यभार्गव २७ पितागुरुर्नसंदेहोवेदविद्याप्रदःप्रभुः ॥ अतोभार्गवइत्युक्तंमयागोत्रंतवांतिके २८ तमुवाचभृगुश्रेष्ठःसरोषःप्रदहन्निव ॥ भूमौ
निपतितंदीनंवेपमानंकृतांजलिम् २९ यस्मान्मिथ्योपचरितोह्यस्त्रलोभादिहत्वया ॥ तस्मादेतन्नतेमूढब्रह्मास्त्रंप्रतिभास्यति ३० अन्यत्रवधकालात्तेसदृशेनसमीयुषः ॥
अब्राह्मणेनहिब्रह्मध्रुवंतिष्ठेत्कदाचन ३१ गच्छेदानींनतेस्थानमनृतस्येहविद्यते ॥ नत्वयासदृशोयुद्धेभविताक्षत्रियोभुवि ३२ एवमुक्तःसरामेणन्यायेनोपजगाम
ह ॥ दर्योधनमुपागम्यकृतास्त्रोऽस्मीतिचाब्रवीत् ३३ ॥ इतिश्रीमहाभारतेशांतिपर्वणिराजधर्मानुशास० कर्णास्त्रप्राप्तिर्नामतृतीयोऽध्यायः ॥ ३ ॥ ॥ ॥

२६ । २७ कथंतर्हिब्राह्मणोभार्गवोस्मीतिमिथ्यावचनंत्वयोक्तमित्यतआह पितागुरुरिति २८ । २९ तस्मादिति । हेमूढ तेतववधकालादन्यत्र ब्रह्मास्त्रंनप्रतिभास्यतीतिनकिंतुवधकालएवनप्रति
भास्यति कालांतरेतुप्रतिभास्यत्येवेत्यर्थःइत्युत्तरेणसंबंधः ३० सदृशेऽर्जुनादौशूरेतेपुरतःस्थिते समीयुषोयुध्यमानस्य 'समित्याजिसमिद्युधे'इति संपूर्वस्यइणोयुद्धार्थत्वदर्शनात् । ध्रुवंमरणा
वधिनतिष्ठेद्ब्रह्मब्रह्मास्त्रम् ३१ । ३२ न्यायेनाभिवंदनादिपूर्वकमुपजगाम इष्टंदेशमितिशेषः ३३ ॥ इति शांतिपर्वणि राजधर्मानुशासनपर्वणि नीलकंठीये भारतभावदीपे तृतीयोऽध्यायः ॥ ३ ॥ ॥

म.भा.टी० कर्णस्तुसमवाप्यैवमित्यध्यायःस्पष्टार्थः १ विषयेदेशे २।३।४।५।६।७।८।९ वर्षवरःषंढः १०।११।१२।१३।१४।१५।१६।१७।१८।१९ व्यपेयुर्व्यपगताः २०।२१ शां० १२

॥ ३ ॥ ॥ नारदउवाच ॥ कर्णस्तुसमवाप्यैवमस्त्रंभार्गवनंदनात् ॥ दुर्योधनेनसहितोमुमुदेभरतर्षभ १ ततःकदाचिद्राजानःसमाजग्मुःस्वयंवरे ॥ कलिंगविषयेराजन्राज्ञ
श्चित्रांगदस्यच २ श्रीमद्राजपुरंनामनगरंतत्रभारत ॥ राजानःशतशस्तत्रकन्यार्थेसमुपागमन् ३ श्रुत्वादुर्योधनस्तत्रसमेतान्सर्वपार्थिवान् ॥ रथेनकांचनांगेन अ०
कर्णेनसहितोययौ ४ ततःस्वयंवरेतस्मिन्संप्रवृत्तेमहोत्सवे ॥ समाजग्मुर्नृपतयःकन्यार्थेनृपसत्तम ५ शिशुपालोजरासंधोभीष्मकोवक्रएवच ॥ कपोतरोमानील
श्चरुक्मीचदृढविक्रमः ६ सृगालश्चमहाराजःस्त्रीराज्याधिपतिश्चयः ॥ अशोकःशतधन्वाचभोजोवीरश्चनामतः ७ एतेचान्येचबहवोदक्षिणांदिशमाश्रिताः ॥ ॥ ५ ॥
म्लेच्छाचार्याश्चराजानःप्राच्योदीच्यास्तथैवच ८ कांचनांगदिनःसर्वेशुद्धजांबूनदप्रभाः ॥ सर्वेभास्वरदेहाश्चव्याघ्राइवबलोत्कटाः ९ ततःसमुपविष्टेषुतेषुराजसुभा
रत ॥ विवेशरंगंसाकन्याधात्रीवर्षवरान्विता १० ततःसंश्राव्यमाणेषुराज्ञांनामसुभारत ॥ अत्यक्रामद्धार्तराष्ट्रंसाकन्यावरवर्णिनी ११ दुर्योधनस्तुकौरव्योनामर्ष
यतलंघनम् ॥ प्रत्यषेधच्चतांकन्यामसत्कृत्यनराधिपान् १२ सवीर्यमदमत्तत्वाद्भीष्मद्रोणावुपाश्रितः ॥ रथमारोप्यतांकन्यामाजहारनराधिपः १३ तमन्वगाद्रथी
खड्गीबद्धगोधांगुलित्रवान् ॥ कर्णःशस्त्रभृतांश्रेष्ठःपृष्ठतःपुरुषर्षभ १४ ततोविमर्दःसुमहान्राज्ञामासीद्युयुत्सताम् ॥ सन्नह्यतांतनुत्राणिरथान्योजयतामपि १५
तेऽभ्यधावंतसंक्रुद्धाःकर्णदुर्योधनावुभौ ॥ शरवर्षाणिमुंचंतोमेघाःपर्वतयोरिव १६ कर्णस्तेषामापततामेकैकेनशरेणह ॥ धनूंषिचशरव्रातान्पातयामासभूतले १७
ततोविधनुषःकांश्चित्कांश्चिदुद्यतकार्मुकान् ॥ कांश्चिच्चोद्वहतोबालान्रथशक्तिगदास्तथा १८ लाघवाद्व्याकुलीकृत्यकर्णःप्रहरतांवरः ॥ हतसूतांश्चभूयिष्ठानवजिग्ये
नराधिपान् १९ तेस्वयंवाहयंतोऽश्वान्पाहिपाहीतिवादिनः ॥ व्यपेयुस्तेरणंहित्वाराजानोभग्नमानसाः २० दुर्योधनस्तुकर्णेनपाल्यमानोऽभ्ययात्तदा ॥ हृष्टःक
न्यामुपादायनगरंनागसाह्वयम् २१ ॥ इतिश्रीमहाभारतेशांतिपर्वणिराजध० दुर्योधनस्यस्वयंवरेकन्याहरणंनामचतुर्थोऽध्यायः ॥४॥ ॥ नारदउवाच ॥ आविष्कृ
तबलंकर्णंश्रुत्वाराजासमागधः ॥ आह्वयद्द्वैरथेनाजौजरासंधोमहीपतिः १ तयोःसमभवद्युद्धंदिव्यास्त्रविदुषोर्द्वयोः ॥ युधिनानाप्रहरणैरन्योन्यमभिवर्षतोः २ क्षीण
बाणौविधनुषौभग्नखड्गौमहींगतौ ॥ बाहुभिःसमसज्जेतामुभावपिबलान्वितौ ३ बाहुकंटकयुद्धेनतस्यकर्णोऽथयुध्यतः ॥ बिभेदसंधिंदेहस्यजरयाश्लेषितस्यहि ४ स
विकारंशरीरस्यदृष्ट्वानृपतिरात्मनः ॥ प्रीतोऽस्मीत्यब्रवीत्कर्णंवैरमुत्सृज्यदूरतः ५ प्रीत्याददौसकर्णायमालिनींनगरीमथ ॥ अंगेषुनरशार्दूलसराजाऽऽसीत्सपत्नजित् ६

॥ इतिशांतिप० रा० नीलकंठीयेभारतभावदीपेचतुर्थोऽध्यायः ॥ ४ ॥ ॥ आविष्कृतेति १।२।३ बाहुकंटकयुद्धेनबाहुकंटकंकेतकपत्रंतद्वयत्रबलिनादुर्बलस्यशरीरंपाट्यतेतद्बाहुकंटकंनामयुद्धं
यथोक्तम् 'एकांजंघांपदाऽऽक्रम्यपरामुद्यम्यपाट्यते ॥ केतकीपत्रवच्छत्रुर्युद्धंतद्बाहुकंटकम्'इति जरासंधस्यसंबंधीयोदेहस्तस्यसंधिंबिभेद ४ विकारंपाटनरूपम् ५।६ ॥ ॥

॥ ३ ॥

७ । ८ । ९ । १० । ११ रथस्यार्धानुकीर्तनाच्छल्याच्चतेजोवधादितिसंबंधः १२ । १३ । १४ । १५ इतिशांति० रा० नी० भारतभावदीपे पंचमोऽध्यायः ॥ ५ ॥ ॥ एतावदुक्त्वेति । दध्यौ
भ्रातृवधजंदोषंचिंतितवान् १ पर्यश्रुनयनंपरितोऽश्रुव्याप्तनयनम् २ मधुराआभाषाभाषणंयस्याःसातथा ३ एनंकर्णम् ४ यातितःप्रवर्तितस्तवतुभ्यं भ्रात्र्यंभ्रातुःकर्मकनिष्ठानांपरिपालनंज्ञापयितुं

पालयामासचंपांचकर्णःपरबलार्दनः ॥ दुर्योधनस्यानुमतेतवापिविदितंतथा ७ एवंशस्त्रप्रतापेनप्रथितःसोऽभवत्क्षितौ ॥ त्वद्धितार्थंसुरेन्द्रेणभिक्षितोवर्मकु
ण्डले ८ सदिव्येसहजेप्रादात्कुण्डलेपरमार्जिते ॥ सहजंकवचंचापिमोहितोदेवमायया ९ विमुक्तःकुण्डलाभ्यांचसहजेनचवर्मणा ॥ निहतोविजयेनाजौवासुदेव
स्यपश्यतः १० ब्राह्मणस्याभिशापेनरामस्यचमहात्मनः ॥ कुन्त्याश्चवरदानेनमाययाचशतक्रतोः ११ भीष्मावमानात्संख्यायांरथस्यार्धानुकीर्तनात् ॥
शल्यात्तेजोवधाच्चापिवासुदेवनयेनच १२ रुद्रस्यदेवराजस्ययमस्यवरुणस्यच ॥ कुबेरद्रोणयोश्चैवकृपस्यचमहात्मनः १३ अस्त्राणिदिव्यान्यादाययुधिगांडीव
धन्वना ॥ हतोवैकर्तनःकर्णोदिवाकरसमद्युतिः १४ एवंशप्तस्तवभ्राताबहुभिश्चापिवंचितः ॥ नशोच्यःपुरुषव्याघ्रयुद्धेननिधनंगतः १५ ॥ इतिश्रीमहाभा
रतेशांतिपर्वणि राज० कर्णवीर्यकथनंनामपंचमोऽध्यायः ॥ ५ ॥ ॥ वैशंपायनउवाच ॥ एतावदुक्त्वादेवर्षिर्विरराससनारदः ॥ युधिष्ठिरस्तुराजर्षिर्दध्यौशोकप
रिप्लुतः १ तंदीनमनसंवीरंशोकोपहतमातुरम् ॥ निःश्वसंतंयथानागंपर्यश्रुनयनंतथा २ कुन्तीशोकपरीतांगीदुःखोपहतचेतना ॥ अब्रवीन्मधुराभाषाकाले
वचनमर्थवत् ३ युधिष्ठिरमहाबाहोनैनंशोचितुमर्हसि ॥ जहिशोकंमहाप्राज्ञश्रृणुचेदंवचोमम ४ यातितःसमयापूर्वंभ्रात्र्यंज्ञापयितुंतव ॥ भास्करेणचदेवेन
पित्राधर्मभृतांवरः ५ यद्वाच्यंहितकामेनसुहृदाहितमिच्छता ॥ तथादिवाकरेणोक्तःस्वप्नांतेममचाग्रतः ६ नचैनमशकद्भानुरहंवास्नेहकारणैः ॥ पुराप्रत्यनुने
तुंवानेतुंवाऽप्येकतांत्वया ७ ततःकालपरीतःसवैरस्योद्धरणेरतः ॥ प्रतीपकारीयुष्माकमितिचोपेक्षितोमया ८ इत्युक्तोधर्मराजस्तुमात्राबाष्पाकुलेक्षणः ॥
उवाचवाक्यंधर्मात्माशोकव्याकुलितेन्द्रियः ९ भवत्यागूढमंत्रत्वात्पीडितोऽस्मीत्युवाचताम् १० शशापचमहातेजाःसर्वलोकेषुयोषितः ॥ नगुह्यंधारयिष्यंती
त्येवंदुःखसमन्वितः ११ सराजापुत्रपौत्राणांसंबंधिसुहृदांतदा ॥ स्मरन्नुद्विग्नहृदयोबभूवोद्विग्नचेतनः १२ ततःशोकपरीतात्मासधूमइवपावकः ॥ निर्वेदम
गमद्धीमान्राजासंतापपीडितः १३ ॥ इतिश्रीमहाभारतेशांतिपर्वणिराजधर्मानुशासनपर्वणिस्त्रीशापेषष्ठोऽध्यायः ॥ ६ ॥ ॥ वैशंपायनउवाच ॥ युधिष्ठि
रस्तुधर्मात्माशोकव्याकुलचेतनः ॥ शुशोचदुःखसंतप्तःस्मृत्वाकर्णंमहारथम् १ ॥ ॥ ॥

त्वयासौभ्रात्र्यंयुधिष्ठिरादिभ्यःप्रदर्शनीयमित्यभ्यर्थितइति ५ । ६ प्रत्यनुनेतुंक्षमयितुम् ७ कालपरीतोमृत्युग्रस्तः उद्धरणेशत्रूणांनिःशेषनाशेनोन्मूलने ८ । ९ । १० । ११ सराजेति । कर्मणि
षष्ठ्यौ उद्विग्नहृदयउद्विग्नचेतनोबभूव । ध्यायतीवलेलायतीवेतिश्रुतेः बुद्धौध्यायंत्यांचेतनोऽपिध्यायतीवेत्यादिरर्थः १२ निर्वेदंराज्यादौवैराग्यम् १३ ॥ इतिशांतिपर्वणिराजधर्मानुशासनपर्वणि
नीलकंठीयेभारतभावदीपेषष्ठोऽध्यायः ॥ ६ ॥ ॥ ॥ युधिष्ठिरइति १ ॥ ॥ ॥ ॥

दुःखंदेहेंद्रियादीनांतापः शोकस्तत्कृतंवैकल्यं ताभ्यामाविष्टोव्याप्तः कर्शितःकृशीकृतः २ यद्यदिभैक्ष्यमाचीर्णस्यात्तर्हिज्ञातिवधाज्जातादुर्गतिर्नप्राप्तास्यादित्यर्थः । लिङ्निमित्तेलृङ्क्रियाति पत्तौ ३ यतोवयंन्नत्तार्थाःलुप्तपुरुषार्थाःज्ञातिवधेनहतभाग्याःस्म ततोहेतोर्नोऽस्माकममित्राःसमृद्धार्थाइत्यर्थः । ज्ञातिवधोऽप्यस्माकंधर्मवधएवेत्याशंक्याह आत्मानमिति । धर्मफलंयशःस्व र्गौकिमाप्नुमः उभयमपिनास्तीत्यर्थः ४ सत्यपिशास्त्रदृष्टेफलेवीभत्सत्वाक्षिप्यएवायंधर्मइत्याह धिगिति । बलंसहायादि पौरुषंपराक्रमः अमर्षःक्रोधः येनआचारादिना आपदंशोकम् ५ तर्हिकोधर्मःश्रेष्ठःइत्यतआह साध्विति । क्षमादिकमेवश्रेष्ठमित्यर्थः ६ । ७ ननुयुद्धेजयश्चेद्राज्यलाभोमृत्युश्चेत्स्वर्गलाभइत्युभयलोकहितंयुद्धमित्याशंक्याद्यंनिरस्यति त्रैलोक्यस्येति ८ । ९

आविष्टोदुःखशोकाभ्यांनिःश्वसंश्वपुनःपुनः ॥ दृष्ट्वाऽर्जुनमुवाचेदंवचनंशोककर्शितः २ ॥ युधिष्ठिरउवाच ॥ यद्भैक्ष्यमाचरिष्यामवृष्ण्यंधकपुरेवयम् ॥ ज्ञाती न्निष्पुरुषान्कृत्वानेमांप्राप्स्यामदुर्गतिम् ३ अमित्रानःसमृद्धार्थावृत्तार्थाःकुरवःकिल ॥ आत्मानमात्मनाहत्वाकिंधर्मफलमाप्नुमः ४ धिगस्तुक्षात्रमाचारं धिगस्तुबलपौरुषम् ॥ धिगस्त्वमर्षंयेनेमामापदंगमितावयम् ५ साधुक्षमादमःशौचंवैराग्यंचाप्यमत्सरः ॥ अहिंसासत्यवचनंनित्यानिवनचारिणाम् ६ वयंतुलो भान्मोहाच्चदंभंमानंचसंश्रिताः ॥ इमामवस्थांसंप्राप्ताराज्यलाभबुभुत्सया ७ त्रैलोक्यस्यापिराज्येननास्मान्कश्चित्प्रहर्षयेत् ॥ बांधवान्निहतान्दृष्ट्वापृथिव्यां विजयैषिणः ८ तेवयंपृथिवीहेतोरवध्यान्पृथिवीश्वरान् ॥ संपरित्यज्यजीवामोहीनार्थाहतबांधवाः ९ आमिषेगृध्यमानानामशुभंवैशुनामिव ॥ आमिषंचै वनोहीष्टमामिषस्यविवर्जनम् १० नपृथिव्यासकलयानसुवर्णस्यराशिभिः ॥ नगवाश्वेनसर्वेणतेत्याज्यायइमेहताः ११ काममन्युपरीतास्तेक्रोधहर्षसमन्वि ताः ॥ मृत्युयानंसमारुह्यगतावैवस्वतक्षयम् १२ बहुकल्याणसंयुक्तानिच्छंतिपितरःसुतान् ॥ तपसाब्रह्मचर्येणसत्येनचतितिक्षया १३ उपवासैस्तथेज्या भिर्व्रतकौतुकमंगलैः ॥ लभंतेमातरोगर्भान्मासान्दशचबिभ्रति १४ यदिस्वस्तिप्रजायंतेजाताजीवंतिवायदि ॥ संभाविताजातबलास्तेदद्युर्यदिनःसुखम् १५ इहचामुत्रचैवेतिकृपणाःफलहेतवः ॥ तासामयंसमुद्योगोनिर्वृत्तःकेवलोऽफलः १६ यदासांनिहताःपुत्रायुवानोमृष्टकुंडलाः १७ अभुक्त्वापार्थिवान्भोगानृणा न्यनपहायच ॥ पितृभ्योदेवताभ्यश्चगतावैवस्वतक्षयम् १८ यदैषामंबपितरौजातकामावुभावपि ॥ संजातधनरत्नेषुतदैवनिहतान्नृपाः १९ ॥

हीनार्थत्वमेवाह आमिषमिति । आमिषेराज्यनिमित्ते अशुभंज्ञातिद्रोहाख्यं शुनामिवेतरेषांभवतिनोऽस्माकंतुआमिषंचाऽऽमिषस्यविवर्जनंचेतिद्वयमपीष्टम् १० एतदेवविभजते नपृथिव्येति । पृथिव्यादेरामिषस्यवर्जनमिष्टंबंधुरूपंत्वामिषमिष्टमेव बंधूनामर्थेसर्वंत्याज्यमित्यर्थः ११ कामेति । मृत्युयानंमृत्युमार्गं युद्धेमृतानांस्वर्गोऽपिनास्तिकिंतुकामाद्याक्रांतत्वान्नरकएवास्तीत्यर्थः १२ ए वंहिनृणांपापहतानांनरकंचोपपाद्यतत्संबंधिनांशोकंचव्युत्पादयति बहुकल्याणेत्यादिना १३ व्रतानिगौरीव्रतादीनि कौतुकानिदुर्गोत्सवादीनि मंगलानिलक्ष्मीनारायणशिलादीनितैः १४ । १५ १६ । १७ अनपहायअपरिहृत्य अनवदायेतिपाठेअपरिशोध्य पितृभ्यइतिपष्ठ्यर्थेचतुर्थी १८ यदैषामिति । अर्जुनेनसहवदन्नपिसंनिहितांमातरमुक्तार्थसंवादायसंबोधयति हेअंबेति । पितरौमातापितरौ गांधारीधृतराष्ट्रौ यदैवजातकामौतदैवतेनृपादुर्योधनप्रभृतयोहताः १९ ॥ ॥ ॥

संयुक्ताइति। कामोऽर्थस्याभिलाषः । मन्युस्तदलाभेदैन्यम । क्रोधःकामप्रतिबंधेसत्यत्युत्तप्तता। हर्षोलाभेसतिअत्युत्फुल्लता तैरसमंजसाः । ह्रस्वपाठेऽसमंजसइतिसकारांतःशब्दः। विषमायेपुरुषा स्तेजयफलंभूमेःस्वर्गस्यवाजयेनयत्फलंतन्नभोक्तारोनभोक्ष्यंति । जातुकदाचिज्जीवनेमरणेवाकर्हिचित्क्वचिद्देशेइहपरत्रवा २० ननुयेहतास्तेस्वर्गंभोक्ष्यंत्येवेत्याशंक्याह पंचालानामिति। येहतास्तेहता एवनतुस्वर्गंगताः कामाद्युपेतत्वादित्युक्तहेतोः । एवंनचेदपहंतास्वेनैवकर्मणानिमित्तेनस्वर्गतांस्तान्पश्येन्नचपश्यतीतिलोकायतमतमाश्रित्योक्तम २१ तत्सर्वविनाशकारणत्वं प्रतिपत्स्यतिपर्य वस्यति वयंराज्यलोभाद्विनाशेअवांतरकारणं मुख्यंकारणंत्वस्मद्राज्यापहाराद्धार्तराष्ट्रएवेतिभावः २२ तदेवाह सदैवेत्यादिना । निकृतिर्वंचनंतन्निष्ठैवप्रज्ञायस्येतिनिकृतिप्रज्ञः माययाकपटद्यूता दिनोपजीवनंयस्यसतथा मिथ्याविनीतश्चधृतराष्ट्रएवात्रग्राह्यः सर्वमूलत्वात २३ युद्धयतांलोकद्वयनाशमुपपाद्योपसंहरत्यर्थेन नसकामाइति २४ श्रुतवतांपंडितानां रत्नानीत्यादौभुक्तानी

संयुक्ताःकाममन्युभ्यांक्रोधहर्षासमंजसाः ॥ नतेजयफलंकिंचिद्भोक्तारोजातुकर्हिचित् २० पंचालानांकुरूणांचहताएवहियेहताः ॥ नचेत्सर्वानयंलोकःपश्येत्स्वेनै वकर्मणा २१ वयमेवास्यलोकस्यविनाशेकारणंस्मृताः ॥ धृतराष्ट्रस्यपुत्रेषुतत्सर्वंप्रतिपत्स्यति २२ सदैवनिकृतिप्रज्ञोद्वेष्टामायोपजीवनः ॥ मिथ्याविनीतःसत तमस्मास्वनपकारिषु २३ नसकामावयंतेचनचास्माभिर्नतैर्जितम् ॥ नतैर्भुक्तेयमवनिर्ननार्योगीतवादितम् २४ नामात्यसुहृदांवाक्यंनचश्रुतवतांश्रुतम् ॥ नरत्नानिपरार्ध्यानिनभूर्नद्रविणागमः २५ अस्मद्द्वेषेणसंतप्तःसुखंनस्मेहविंदति ॥ ऋद्धिमस्मासुतांदृष्ट्वाविवर्णोहरिणःकृशः २६ धृतराष्ट्रश्चनृपतिःसौबलेननि वेदितः ॥ तंपितापुत्रगृद्धित्वादनुमेनेऽनयेस्थितः २७ अनपेक्ष्यैवपितरंगांगेयंविदुरंतथा ॥ असंशयंक्षयंराजायथैवाहंतथागतः २८ अनियम्याशुचिंलुब्धंपुत्रं कामवशानुगम् ॥ यशसःपतितोदीप्ताद्घातयित्वासहोदरान् २९ इमौहिवृद्धौशोकाग्नौप्रक्षिप्यससुयोधनः ॥ अस्मत्प्रद्वेषसंयुक्तःपापबुद्धिःसदैवह ३० कोहिबंधुः कुलीनःसंस्तथाब्रूयात्सुहृज्जने ॥ यथाऽसाववदद्वाक्यंयुयुत्सुःकृष्णसन्निधौ ३१ आत्मनोहिवयंदोषाद्विनष्टाःशाश्वतीःसमाः ॥ प्रदहंतोदिशःसर्वाभास्वराइवतेज सा ३२ सोऽस्माकंवैरपुरुषोदुर्मतिःप्रग्रहंगतः ॥ दुर्योधनकृतेह्येतत्कुलंनोविनिपातितम् ३३ अवध्यानांवधंकृत्वालोकेप्राप्ताःस्मवाच्यताम् ॥ कुलस्यास्यांतक रणंदुर्मतिंपापपूरुषम् ३४ राजाराष्ट्रेश्वरंकृत्वाधृतराष्ट्रोऽद्यशोचति ॥ हताःशूराःकृतंपापंविषयःस्वोविनाशितः ३५ हत्वानोविगतोमन्युःशोकोमांरुंधयत्ययम् ॥ धनंजयकृतंपापंकल्याणेनोपहन्यते ३६ ख्यापनेनानुतापेनदानेनतपसाऽपिवा ॥ निवृत्त्यातीर्थगमनाच्छ्रुतिस्मृतिजपेनवा ३७ त्यागवांश्चपुनःपापंनालंकर्तु मितिश्रुतिः ॥ त्यागवान्जन्ममरणेनाप्नोतीतिश्रुतिर्यदा ३८ ॥ ॥ ॥

सादिर्यथालिंगंशेषः २५ तत्रहेतुरस्मादिति। हरिणःपांडुरः २६।२७ तथागतोबुद्धमुनिः क्षणिकबुद्धिरितियावत् यथाहमनवस्थितबुद्धिस्तथाधृतराष्ट्रोऽपीत्यर्थः २८ एतत्फलमाह अनियम्येति २९ प्रक्षिप्यगतइ तिशेषः ३० युयुत्सुर्योद्धुकामः वाक्यमस्मद्द्वेषेणपांडवानष्टाइत्येवंरूपम ३१ तदेवार्थतआह आत्मनइति . दुर्योधनेऽप्युपचारादात्मपदप्रयोगः आत्मनोदुर्योधनस्य ३२ प्रग्रहंदृढबंधनं गतःप्राप्तः नोऽस्माभिः ३३ अवध्यानामवध्यकल्पानांभीष्मादीनांगुरुत्वाद्राग्वधानर्हाणाम ३४ विषयआमिषम ३५ नोऽस्माकंसर्वेषांमन्युःक्रोधस्तान्हत्वाविगतः मांत्वेकंशोकोरुंधयतिरुणद्धि रोधयतीतिवक्त व्येरुंधयतीतिप्रयोगोवक्तुर्वैक्लव्यंसूचयति कल्याणेनोपकारेण ३६ निवृत्त्यात्यागेन ३७ एतेषुत्यागमेवप्रशंसति त्यागवानिति । श्रुतिः'त्यागेनैके अमृतत्वमानशुः'इति यदाप्यदाह ३८ ॥

तस्मात्प्राप्तवर्त्मा लब्धयोगमार्गः कृतमतिः श्रवणमननादिना ऽहंब्रह्मास्मीतिनिश्चितबुद्धिः ब्रह्मअखंडानंदंसंपद्यतेऐक्येनप्राप्नोति । सइति । एवंत्यागफलंजानन्नहंनिर्द्वंद्वःपरिग्रहशून्यः मुनिर्ध्याननिष्ठःज्ञानेनब्रह्मात्मैक्यविषयेणसमन्वितोभवितुमिच्छुः ३९ समन्वितःसन्वावनंगमिष्यामि कृत्स्नोधर्मोयोगेनात्मदर्शनं यदाहयाज्ञवल्क्यः 'इज्याऽऽचारदमोऽहिंसादानस्वाध्यायकर्मणाम् ॥ अयंतुपरमोधर्मोयद्योगेनात्मदर्शनम्'इति । कृत्स्नतमोधर्मस्तुपार्यंतिकंजीवन्मुक्तिसुखम् ४० परिग्रहवताग्रहस्थेननहिप्राप्तुंशक्यं एतेनयाज्ञवल्क्यादिवत्स्वस्यापिविद्वत्संन्यासेऽधिकारोदर्शितः परिग्रहसत्त्वेदोषमाह मयेति । परिग्रहात्पापकरणंततश्चजन्मादिहेतोर्मोहस्यपुनःप्राप्तिरित्यर्थः अत्रश्रुतिः 'तत्त्वेवभयंविदुषोऽमन्वानस्य'तदेवब्रह्मभयहेतुर्विदुषोप्यमन्वानस्यध्यानशून्यस्येतिश्रुत्यर्थः । फलितमाह सइति । ४१ । ४२ गमिष्यामिनिर्विक्षेपेणध्यानसिद्ध्यर्थं क्वचिदितिअज्ञातदेशत्वंदर्शितम् ४३ । ४४ ॥ इतिशांतिप० रा० नी० भारतभावदीपे सप्तमोऽध्यायः ॥ ७ ॥ ॥ अथार्जुनःइढौ

प्राप्तवर्त्माकृतमतिर्ब्रह्मसंपद्यतेतदा ॥ सधनंजयनिर्द्वंद्वोमुनिर्ज्ञानसमन्वितः ३९ वनमामंत्र्यवःसर्वान्गमिष्यामिपरंतप ॥ नहिकृत्स्नतमोधर्मःशक्यःप्राप्तुमितिश्रुतिः ४० परिग्रहवतातन्मेप्रत्यक्षमरिसूदन ॥ मयानिसृष्टंपापंहिपरिग्रहमभीप्सता ४१ जन्मक्षयनिमित्तंचप्राप्तुंशक्यमितिश्रुतिः ॥ सपरिग्रहमुत्सृज्यकृत्स्नंराज्यंसुखानिच ४२ गमिष्यामिविनिर्मुक्तोविशोकोनिर्ममःक्वचित् ॥ प्रशाधित्वमिमामुर्वींक्षेमांनिहतकंटकाम् ४३ नममार्थोऽस्तिराज्येनभोगैर्वाकुरुनंदन ॥ एतावदुक्त्वावचनंकुरुराजोयुधिष्ठिरः ॥ उपारमत्ततःपार्थःकनीयानभ्यभाषत ४४ इतिश्रीमहाभारतेशांतिपर्वणिराजधर्मानुशासनपर्वणि युधिष्ठिरपरिदेवनंनामसप्तमोऽध्यायः ॥ ७ ॥ ॥ वैशंपायनउवाच ॥ अथार्जुनउवाचेदमधिक्षिप्तइवाक्षमी ॥ अभिनीततरंवाक्यंदृढवादपराक्रमः १ दर्शयन्नैन्द्रिरात्मानमुग्रमुग्रपराक्रमः ॥ स्मयमानोमहातेजाःसृक्किणीपरिसंलिहन् २ ॥ अर्जुनउवाच ॥ अहोदुःखमहोकृच्छ्रमहोवैक्लव्यमुत्तमम् ॥ यत्कृत्वाऽमानुषंकर्मत्यजेथाःश्रियमुत्तमाम् ३ शत्रून्हत्वामहींलब्ध्वास्वधर्मेणोपपादिताम् ॥ एवंविधंकथंसर्वंत्यजेथाबुद्धिलाघवात् ४ क्लीबस्यहिकुतोराज्यंदीर्घसूत्रस्यवापुनः ॥ किमर्थंचमहीपालानवधीःक्रोधमूर्छितः ५ योह्याजिजीविषेद्भैक्ष्यंकर्मणानैवकस्यचित् ॥ समारंभान्बुभूषेतहतस्वस्तिरकिंचनः ॥ सर्वलोकेषुविख्यातोनपुत्रपशुसंहितः ६ कापालींनृपपापिष्ठांवृत्तिमासाद्यजीवतः ॥ संत्यज्यराज्यमृद्धंतेलोकोऽयंकिंवदिष्यति ७ सर्वारंभान्समुत्सृज्यहतस्वस्तिरकिंचनः ॥ कस्मादाशंससेभैक्ष्यंकर्तुंप्राकृतवत्प्रभो ८ ॥

युक्तिशक्त्युपेतौवादपराक्रमावुक्तिविक्रमौयस्यसतथा १ । २ अमानुषमितिच्छेदः ३ दुःखंस्वजनवधात् कृच्छ्रंपरवीरजयात् वैक्लव्यंमौढ्यं धर्मलब्धस्यत्यागादित्याह शत्रूनिति । शत्रून्शातयितॄन्परान्हत्वाप्रविनाश्यशत्रून्शातयितव्यान्स्वीयान्हत्वाघातयित्वेतिद्वयोरेकेनवाक्येनसंग्रहः ४ क्लीबस्यस्वीयवधेकातरस्य दीर्घसूत्रस्यपरवधेअलसस्य एवंचेन्महीपालानुभयपक्षीयान्किमर्थमवधीरतोऽपिक्लीवोसीत्यर्थः ५ एतदेवस्पष्टयति योहीति । सार्धश्लोकोवाक्यं हिप्रसिद्धं यःपुमान्हतस्वस्तिर्नष्टकल्याणः अकिंचनोदरिद्रः अतएवक्रमात्सर्वलोकेषुनविख्यातः पुत्रपशुसंहितःपुत्रादिभिराश्लिष्टश्चनभवति सभैक्ष्यंआजिजीविषेदुपजीवितुमिच्छेत् सकर्मणापौरुषेणकस्यचिदपिपरस्य समारभ्यंतइतिसमारंभाअर्थास्तान्नैवबुभूषेतनैवप्राप्तुमिच्छेत् त्वंतुप्राप्तकल्याणःसंपन्नःख्यातःपुत्राद्याश्लिष्टश्चपौरुषेणार्थाल्लँब्ध्वाभैक्ष्येणजीवितुमिच्छसीतिविपर्यस्तबुद्धिरसीतिभावः ६ कापालींभिक्षापात्रवतीमिमांवृत्तिंजीविकामासाद्यराज्यंसंत्यज्यजीवतस्तेइतिसंबंधः ७ सर्वारंभान्सर्वार्थान्धर्मादीन् प्राकृतवन्मूढवत् ८ ॥ ॥ ॥ ॥

९ धर्महानिंव्युत्पादयति यदीति ।अस्माकंराज्येऽनधिकारात् अधिकारिणस्तवैवधर्मलोपजंकिल्बिषंभवतीत्यर्थः १० अर्थस्तुधर्मादीनांचतुर्णामपिमूलमितिसर्वथासनत्याज्यइत्याह आकिंचन्य
मित्यादिना । ‘ आकिंचन्यंमुनीनांचराज्यादप्यधिकंमतम् ’ इतियद्वाक्यंतदुद्दिश्यनहुषोराजाअधनतामिहधिगस्त्वित्यब्रवीत् । अधनेधनाभावेनिमित्तेसत्यगस्त्यशापात्सर्पीभावदशायां नृशंसंनिर्दयंभीमसे
नादिमनुष्यग्रासरूपंकर्मकृत्वादारिद्र्यंपापहेतुत्वान्निंदितवानित्यर्थः ११ एतदपिऋषीणामेवोचितं नराज्ञामित्याह अश्वस्तनमिति । ‘वयमेवास्यलोकस्यविनाशेकारणंस्मृताः’ इतियदुक्तंतत्राह
यंत्विमधित्यादि १२ वयंक्षत्रियाःकस्यभ्रातुःपितुर्वाअपराधंक्षमेमहिनकस्यापीत्यर्थः १३ क्षमायादोषमाह अभिशस्तमिति । अभिशस्तवदित्यर्थः शंसितुंप्रशंसितुं १४ । १५ । १६

अस्मिन्राजकुलेजातोजित्वाकृत्स्नांवसुंधराम् ॥ धर्मार्थावखिलौहित्वावनंमौढ्यात्प्रतिष्ठसे ९ यदीमानिहवींषीहविमथिष्यंत्यसाधवः ॥ भवताविप्रहीणानिप्राप्तं
त्वामेवकिल्बिषम् १० आकिंचन्यंमुनीनांचइतिवैनहुषोऽब्रवीत् ॥ कृत्वानृशंसंह्यधनेधिगस्त्वधनतामिह ११ अश्वस्तनमृषीणांहिविद्यतेवेदतद्भवान् ॥ यंत्विमंध
र्ममित्याहुर्धनादेषप्रवर्त्तते १२ धर्मंसंहरतेतस्यधनंहरतियस्यसः ॥ ह्रियमाणेधनेराजन्वयंकस्यक्षमेमहि १३ अभिशस्तंप्रपश्यंतिदरिद्रंपार्श्वतःस्थितम् ॥ दरि
द्रंपातकंलोकेनतच्छंसितुमर्हति १४ पतितःशोच्यतेराजन्निर्धनश्चापिशोच्यते ॥ विशेषंनाधिगच्छामिपतितस्याधनस्यच १५ अर्थेभ्योहिविवृद्धेभ्यःसंभृतेभ्य
स्ततस्ततः ॥ क्रियाःसर्वाःप्रवर्तंतेपर्वतेभ्यइवापगाः १६ अर्थाद्धर्मश्चकामश्चस्वर्गश्चैवनराधिप ॥ प्राणयात्राऽपिलोकस्यविनाह्यर्थंनसिद्ध्यति १७ अर्थेनहिविहीन
स्यपुरुषस्याल्पमेधसः ॥ विच्छिद्यंतेक्रियाःसर्वाग्रीष्मेकुसरितोयथा १८ यस्यार्थास्तस्यमित्राणियस्यार्थास्तस्यबांधवाः ॥ यस्यार्थाःसपुमाँल्लोकेयस्यार्थाःस
चपंडितः १९ अधनेनार्थकामेननार्थःशक्योविधित्सितुम् ॥ अर्थैरर्थानिबध्यन्तेगजैरिवमहागजाः २० धर्मःकामश्चस्वर्गश्चहर्षःक्रोधःश्रुतंदमः ॥ अर्थादेतानिस
र्वाणिप्रवर्त्ततेनराधिप २१ धनात्कुलंप्रभवतिधनाद्धर्मःप्रवर्धते ॥ नाधनस्यास्त्ययंलोकोनपरःपुरुषोत्तम २२ नाधनोधर्मकृत्यानियथावदनुतिष्ठति ॥ धनाद्धिधर्मः
स्रवतिशैलादभिनदीयथा २३ यःकृशार्थःकृशगवःकृशभृत्यःकृशातिथिः ॥ सवैराजन्कृशोनामनशरीरकृशःकृशः २४ अवेक्षस्वयथान्यायंपश्यदेवासुरंयथा ॥
राजन्किमन्यज्ज्ञातीनांवधादृध्यंतिदेवताः २५ नचेद्धर्तव्यमन्यस्यकथंतद्धर्ममारभेत् ॥ एतावानेववेदेषुनिश्चयःकविभिःकृतः २६ अध्येतव्यात्रयीनित्यंभवित
व्यंविपश्चिता ॥ सर्वथाधनमाहार्यंयष्टव्यंचापियत्नतः २७ द्रोहाद्देवैरवाप्तानिदिविस्थानानिसर्वशः ॥ द्रोहात्किमन्यज्ज्ञातीनांगृध्यंतेयेनदेवताः २८ इतिदेवा
व्यवसितावेदवादाश्चशाश्वताः ॥ अधीयन्तेऽध्यापयन्तेयजन्तेयाजयन्तिच २९ ॥ ॥ ॥ ॥

प्राणेति । मुमुक्षूणांप्राणयात्राऽप्यर्थाधीनेति मोक्षोऽप्यर्थादेवभवतीत्याशयः १७ । १८ । १९ । २० । २१ । २२ । २३ कृशार्थःक्षीणार्थः २४ यत्तूक्तंज्ञातीनांपरस्परंयुद्धेहता
नांहंतॄणांचश्रेयोनास्तीतितच्छिष्टाचारदर्शनेनदूषयति अवेक्षस्वेत्यादिना २५ अन्यस्यपरस्यधनंचेन्नहर्तव्यंतर्हिराजाकथंधर्ममाचरेत् तस्यवृत्त्यंतराभावान्नकथंचिदित्यर्थः २६ आहार्यंस्वधर्मेणार्ज
नीयंतस्यचप्रयोजनंयष्टव्यमित्युक्तम् २७ । २८ । २९ ॥ ॥ ॥ ॥ ॥ ॥

ननुपरद्रव्यापहारेदोषोऽस्तीत्याशंक्याह कृत्स्नमिति । यदेवधनंराजानोऽन्यतःपरस्मादाददतेतदेवतेषांश्रेयःश्रेयस्करमन्यथाअनपकृतमपकारवर्जितंधनंराज्ञांनास्त्येवेत्यर्थः । यज्ञार्थंपशुवीजादिवधादिवपर द्रव्यापहारादपिराज्ञांनदोषोऽस्तीतिभावः ३० । ३१ निरुच्यतेउत्कृष्टत्वेनकीर्त्यते स्यंदंतिप्रस्रवंति ३२ । ३३ । ३४ किंचपरवित्तापहारोऽस्यपरोद्धरणार्थएवेत्याह येषामिति । येषां मांडलिकानांप्रजादीनांच द्रव्यापहर्ताराजायजतेतेसर्वेतदवभृतेपूताभवंतीत्यन्वयः ३५ विश्वरूपइति । ब्रह्मणेब्राह्मणमालभेतइत्यादिशास्त्राद्ब्राह्मणादीनांभूतानांचस्वदेहस्यचहोमोयज्ञार्थंक्रियते तत्रकि यानद्रव्यापहारइतिभावः ३६ एवमनादिरनंतश्चायंयज्ञियःपंथाइत्याह शाश्वतइति । दाशरथः एकःपशुः द्वौपत्नीयजमानौ त्रयोवेदाश्चत्वारऋत्विजइतिदशरथाश्चप्रचरंतियस्मिन्सदशरथःसए

कृत्स्नंतदेवतच्छ्रेयोयदप्याददतेऽन्यतः ॥ नपश्यामोनपकृतंधनंकिंचित्क्वचिद्वयम् ३० एवमेवहिराजानोजयंतिपृथिवीमिमाम् ॥ जित्वाममेयंब्रुवतेपुत्राइवपितु र्धनम् ३१ राजर्षयोऽपितेस्वर्ग्याधर्मोह्येषांनिरुच्यते ॥ यथैवपूर्णादुदधेःस्यंदंत्यापोदिशोदश ३२ एवंराजकुलाद्वित्तंपृथिवींप्रतितिष्ठति ॥ आसीदियंदिलीप स्यनृगस्यनहुषस्यच ३३ अंबरीषस्यमांधातुःपृथिवीसात्वयिस्थिता ॥ सत्वांद्रव्यमयोयज्ञःसंप्राप्तःसर्वदक्षिणः ३४ तंचेन्नयजसेराजन्प्राप्तस्त्वंराज्यकिल्बिषम् येषांराजाऽश्वमेधेनयजतेदक्षिणावता ३५ उपेत्यतस्यावभृतेपूताःसर्वेभवंतिते ॥ विश्वरूपोमहादेवःसर्वमेधेमहामखे ॥ जुहावसर्वभूतानितथैवात्मानमात्मना ३६ शाश्वतोऽयंभूतिपथोनास्त्यंतमनुशुश्रुम ॥ महान्दाशरथःपंथामाराजन्कुपथंगमः ३७ ॥ इतिश्रीमहाभारतेशांतिपर्वणिराजधर्मानुशासनपर्वणिअर्जुनवाक्ये अष्टमोऽध्यायः ॥ ८ ॥ ॥ ॥ ॥ युधिष्ठिरउवाच ॥ मुहूर्तंतावदेकाग्रोमनःश्रोत्रेऽन्तरात्मनि ॥ धारयन्नपितच्छ्रुत्वारोचेतवचनंमम १ साधुगम्य महंमार्गंनजातुत्वत्कृतेपुनः ॥ गच्छेयंतद्गमिष्यामिहित्वाग्राम्यसुखान्युत २ क्षेम्यश्चैकाकिनागम्यःपंथाःकोऽस्तीतिपृच्छमाम् ॥ अथवानेच्छसिप्रष्टुमपृच्छन्न पिमेशृणु ३ हित्वाग्राम्यसुखाचारंतप्यमानोमहत्तपः ॥ अरण्येफलमूलाशीचरिष्यामिमृगैःसह ४ जुह्वानोऽग्निंयथाकालमुभौकालावुपस्पृशन् ॥ कृशःपरिमिता हारश्चर्मचीरजटाधरः ५ शीतवातातपसहःक्षुत्पिपासाश्रमक्षमः ॥ तपसाविधिदृष्टेनशरीरमुपशोषयन् ६ मनःकर्णसुखानित्यंशृण्वन्नुच्चावचागिरः ॥ मुदितानाम रण्येषुवसतांमृगपक्षिणाम् ७ आजिघ्रन्पेशलान्गंधान्फुल्लानांवृक्षवीरुधाम् ॥ नानारूपान्वनेपश्यन्रमणीयान्वनौकसः ८ वानप्रस्थजनस्यापिदर्शनंकुलवा सिनाम् ॥ नाप्रियाण्याचरिष्यामिकिंपुनर्ग्रामवासिनाम् ९ एकांतशीलीविमृशन्पक्वापक्वेनवर्तयन् ॥ पितॄन्देवांश्चवन्येनवाग्भिरद्भिश्चतर्पयन् १० एवमारण्यशा स्त्राणामुग्रमुग्रतरंविधिम् ॥ सेवमानःप्रतीक्षिष्येदेहस्यास्यसमापनम् ११ अथवैकोऽहमेकाहमेकैकस्मिन्वनस्पतौ ॥ चरन्भैक्ष्यंमुनिर्मुंडःक्षपयिष्येकलेवरम् १२

वदाशरथः ३७ ॥ इतिशांतिपर्वणिरा० नीलकंठीयेभारतभावदीपे अष्टमोऽध्यायः ॥ ८ ॥ मुहूर्तमिति । त्वमपिमदुक्तंनिवृत्तिमार्गमपिश्रुत्वामुहूर्तमंतरात्मनिहृदयपुंडरीकेमनःश्रोत्रेबाह्याभ्यंतरकर णेधारयन्स्थिरीकुर्वंस्तावदादावेकाग्रोभवेतिशेषः पश्चान्ममवचनंतुभ्यंरोचेतत्त्वद्रुचयेभवेत । अंतर्मुखस्यैवनिवृत्तिमार्गइष्टोनबहिर्मुखस्येतिभावः । श्रोत्रेऽन्तरितिसंधिरार्षः १ साध्विति । उतअ पिग्राम्यसुखानिहित्वासाधुगम्यंमार्गंगच्छेयं नपुनस्त्वत्कृतेजातुतद्राज्यंगमिष्यामिस्वीकरिष्यामि २ राज्यमेवसाधुगम्योमार्गइतिचेत्तत्राह क्षेम्यइति ३ तत्रतावद्वनस्थधर्माननुष्ठास्यामीत्याह हित्वे त्यादिना ४ । ५ । ६ । पेशलान्रम्यान् ७ । ८ । ९ । १०।११ यतेर्धर्मानुष्ठानंप्रतिजानीतेऽथवेति १२ ॥ ॥ ॥

१३ । १४ आत्मारामोयोगेनात्मन्येवरममाणः प्रसन्नात्माशुद्धसत्वः केनचिन्निमित्तेनसंविदंसंवादमकुर्वाणः कृत्याभावात् १५ चतुर्विधान्जंगमस्यजरायुजांडजस्वेदजभेदेनत्रैविध्यात् स्वधर्मस्थाः प्राणभृतइंद्रियपोषकाश्चप्रजाःप्रतिसमइत्यन्वयः १६ । १७ केनचिन्मार्गेण १८ एवंयत्याश्रमधर्मानुक्त्वाऽत्याश्रमधर्ममाह ऋजुरिति । कामक्रोधादिशून्यः प्रणिहितोऽन्तर्मुखः त्रस्यतीतित्रसंभया दिधर्मकंलिंगशरीरं मरणकालेऽत्रैवतिष्ठतीतिस्थावरंस्थूलशरीरंतयोर्वर्जकः स्थूलसूक्ष्मशरीराभिमानशून्यइत्यर्थः १९ एवंरूपस्यकथंदेहयात्रानिर्वाहइत्याशंक्याह स्वभावइति । स्वभावोदेहादीनां पूर्वसंस्कारः कटवेष्टनवत्प्रारब्धकर्मोपस्थापितदेहनिर्वाहार्थमग्रेत्रजतिपुरस्कृतोभवतिनन्वेवंसुषुप्तावपियात्रास्यादित्याशंक्याह प्रभवंत्यशनान्यपीति । यथाप्रसुप्तःशिशुःस्तनंपिबतिसंस्कारदार्ढ्यात् एवं देहद्वयाभिमानहीनोऽहमपिभोजनादिकंकरिष्यामीत्यर्थः द्वंद्वादिषुयानिविरुद्धान्यपमानाल्पभोज्यादीनितान्यचिंतयन् २० पूर्वालाभेनपूर्वस्मिन्गृहेऽलाभेनहेतुनाजातुकदाचिदन्येष्वपिगृहेषुलाभंलब्ध

पांसुभिःसमभिच्छन्नःशून्यागारप्रतिश्रयः ॥ वृक्षमूलनिकेतोवात्यक्तसर्वप्रियाप्रियः १३ नशोचन्नप्रहृष्यंश्चतुल्यनिंदात्मसंस्तुतिः ॥ निराशीर्निर्ममोभूत्वा निर्द्वंद्वोनिष्परिग्रहः १४ आत्मारामःप्रसन्नात्माजडान्धबधिराकृतिः ॥ अकुर्वाणःपरैःकांचित्संविदंजातुकैरपि १५ जंगमाजंगमान्सर्वानविहिंसंश्चतुर्विधान् ॥ प्रजाःसर्वाःस्वधर्मस्थाःसमःप्राणभृतःप्रति १६ नचाप्यवहसन्कंचिन्नकुर्वन्भ्रुकुटीःक्वचित् ॥ प्रसन्नवदनोनित्यंसर्वेंद्रियसुसंयतः १७ अपृच्छन्कस्यचिन्मार्गं प्रव्रजन्नेवकेनचित् ॥ नदेशंनदिशंकांचिद्गंतुमिच्छन्विशेषतः १८ गमनेनिरपेक्षश्चपश्चादनवलोकयन् ॥ ऋजुःप्रणिहितोगच्छंस्त्रसस्थावरवर्जकः १९ स्वभा वस्तुप्रयात्यग्रेप्रभवंत्यशनान्यपि ॥ द्वंद्वानिचविरुद्धानितानिसर्वाण्यचिन्तयन् २० अल्पंवास्वादुवाभोज्यंपूर्वालाभेनजातुचित् ॥ अन्येष्वपिचरँल्लाभमला भेसप्तपूरयन् २१ विधूमेन्यस्तमुसलेव्यंगारेभुक्तवज्जने ॥ अतीतपात्रसंचारेकालेविगतभिक्षुके २२ एककालंचरन्भैक्ष्यंत्रीनथद्वेचपंचवा ॥ स्नेहपाशंविमु च्याहंचरिष्यामिमहीमिमाम् २३ अलाभेसतिवालाभेसमदर्शीमहातपाः ॥ नजिजीविषुवत्किंचिन्नमुमूर्षुवदाचरन् २४ जीवितंमरणंचैवनाभिनंदन्नचद्विषन् ॥ वास्यैकंतक्षतोबाहुंचंदनेनैकमुक्षतः ॥ नाकल्याणंनकल्याणंचिंतयन्नुभयोस्तयोः २५ याःकाश्चिज्जीवताशक्याःकर्तुमभ्युदयक्रियाः ॥ सर्वास्ताःसमभित्य ज्यनिमेषादिव्यवस्थितः २६ तेषुनित्यमसक्तश्चत्यक्तसर्वेंद्रियक्रियः ॥ अपरित्यक्तसंकल्पःसुनिर्णिक्तात्मकल्मषः २७ विमुक्तःसर्वसंगेभ्योव्यतीतःसर्ववागुराः॥ नवशेकस्यचित्तिष्ठन्सधर्मामातरिश्वनः २८ वीतरागश्चरन्नेवंतुष्टिंप्राप्स्यामिशाश्वतीम् ॥ तृष्णयाहिमहत्पापमज्ञानादस्मिकारितः २९ कुशलाकुशलान्येके कृत्वाकर्माणिमानवाः ॥ कार्यकारणसंश्लिष्टंस्वजनंनामबिभ्रति ३० ॥ ॥

मन्नेचरन्भक्षयन् २१ भैक्ष्यकालमाह विधूमेइति । गृहेइतिशेषः २२ त्रीन्गृहान् २३ जिजीविषुवद्धनादिसंग्रहं मुमूर्षुवदन्नादित्यागम् २४ वासीतक्षायुधंतया २५ याइति । निमेषो न्मेषाशनपानादिशारीरनिर्वाहमात्रकर्मस्ववस्थितइत्यर्थः २६ तेष्वपिकर्मसुअसक्तः अपरित्यक्तोनित्यंवशीकृतःसंकल्पोमनःक्रियायेन दृढमनाइत्यर्थः । नास्तिपरित्यक्तःसंकल्पोयस्मादन्यइतिवा ।

३ सुनिर्णिक्तात्मकल्मषःसम्यक्दूरीकृतधीमलः २७ वागुराःस्नेहपाशान् २८ चिकीर्षितमाह वीतरागइति २९ एकेमूढाःकार्यकारणसंश्लिष्टंस्वसुखेननिमित्तभूतेनसंलग्नंरुग्यादिकंबिभ्रत्यात्मोप कारकत्वेनपुष्णंति तथाचश्रुतिः 'नवाअरेपत्युःकामायपतिःप्रियोभवत्यात्मनस्तुकामायपतिःप्रियोभवति'इति ३० ॥ ॥ ॥ ॥

अनात्मीयेष्वात्मीयबुद्ध्यातत्पोषणार्थंकृतंकर्मतुमरणांतेऽपिनमुंचतीत्याह आयुषइति ३१ व्याविद्धेभ्राम्यमाणे समेतिसंयोगमेति ३२ अस्वस्थमात्मन्यध्यासंविनारज्ज्वांभुजंगवदविद्यमानम् ३३ ऐहिकार्थानांत्यागेसुखमुक्त्वाऽऽमुष्मिकाणामपित्यागेतदस्तीत्याह दिवइति । भवेनस्वर्गैश्वर्येण कारणमविद्यातस्यास्तत्त्वंतद्दुःखमयत्वंतद्वित् ३४ कृत्वाहीति । विविधंसामाद्युपायवद्विविधलक्षणं नानाविधकपटादिरूपंकर्मकृत्वास्वल्पैःपार्थिवैःक्षुद्रराजभिर्नृपतिर्महाराजोवध्यते कारणैःस्वापधानादिभिर्हेतुभिः बहवोमिलित्वाएकंमहांतंघ्नंतीत्यर्थः ३५ यस्माद्दुःखमयंक्षयिष्णुचऐश्वर्यंतस्मात् स्थानंमोक्षंअव्ययमपक्षयशून्यं शाश्वतमनादि ध्रुवंसदैकरूपम् ३६ संस्थापयिष्यामि समापयिष्यामि ३७ ॥ इतिशांतिपर्वणिरा० नी०भारत० नवमोध्यायः ॥ ९ ॥ श्रोत्रियस्यवेदपाठकस्यमंद

आयुषोन्तेप्रहायेदंक्षीणप्राणंकलेवरम् ॥ प्रतिगृह्णातितत्पापंकर्तुःकर्मफलंहितं ३१ एवंसंसारचक्रेऽस्मिन्व्याविद्धेरथचक्रवत् ॥ समेतिभूतग्रामोऽयंभूतग्रामेणका ॥ १० ॥
र्यवान् ३२ जन्ममृत्युजराव्याधिवेदनाभिरभिद्रुतम् ॥ अपारमिवचास्वस्थंसंसारंत्यजतःसुखम् ३३ दिवःपतत्सुदेवेषुस्थानेभ्यश्चमहर्षिषु ॥ कोहिनामभवेना
र्थीभवेत्कारणतत्त्ववित् ३४ कृत्वाहिविविधंकर्मतत्तद्विविधलक्षणम् ॥ पार्थिवैर्नृपतिःस्वल्पैःकारणैरेवबध्यते ३५ तस्मात्प्रज्ञामृतमिदंचिरान्मांप्रत्युपस्थितम् ॥
तत्प्राप्यप्रार्थयेस्थानमव्ययंशाश्वतंध्रुवम् ३६ एतयासंततंधृत्याचरन्नेवंप्रकारया ॥ जन्ममृत्युजराव्याधिवेदनाभिरभिद्रुतम् ॥ देहंसंस्थापयिष्यामिनिर्भयंमा
र्गमास्थितः ३७ ॥ इतिश्रीमहाभारतेशांतिपर्वणि राजधर्मानुशासनपर्वणि युधिष्ठिरवाक्ये नवमोऽध्यायः ॥ ९ ॥ ॥ भीमउवाच ॥ श्रोत्रियस्येवतेराजन्मं
दकस्याविपश्चितः ॥ अनुवाकहताबुद्धिर्नैषातत्त्वार्थदर्शिनी १ आलस्येकृतचित्तस्यराजधर्मानसूयतः ॥ विनाशेधार्त्तराष्ट्राणांकिंफलंभरतर्षभ २ क्षमाऽनुकंपा
कारुण्यमानृशंस्यंनविद्यते ॥ क्षात्रमाचरतोमार्गमपिबंधोस्त्वदंतरे ३ यदीमांभवतोबुद्धिंविद्यामवयमीदृशीम् ॥ शस्त्रंनैवग्रहीष्यामोनवधिष्यामकंचन ४ भैक्ष्य
मेवाचरिष्यामशरीरस्याविमोक्षणात् ॥ नचेदंदारुणंयुद्धमभविष्यन्महीक्षिताम् ५ प्राणस्यान्नमिदंसर्वमितिवैकवयोविदुः ॥ स्थावरंजंगमंचैवसर्वंप्राणस्यभो
जनम् ६ आददानस्यचेद्राज्यंयेकेचित्परिपंथिनः ॥ हंतव्यास्तइतिप्राज्ञाःक्षत्रधर्मविदोविदुः ७ तेसदोषाहताऽस्माभीराज्यस्यपरिपंथिनः ॥ तान्हत्वाभुंक्ष्व
धर्मेणयुधिष्ठिरमहीमिमाम् ८ यथाहिपुरुषःखात्वाकूपमप्राप्यचोदकम् ॥ पंकदिग्धोनिवर्तेतकर्मेदंनस्तथोपमम् ९ यथाऽऽरुह्यमहावृक्षमपहृत्यततोमधु ॥
अप्राश्यनिधनंगच्छेत्कर्मेदंनस्तथोपमम् १० यथामहांतमध्वानमाशयापुरुषःपतन् ॥ सनिराशोनिवर्त्तेतकर्मैतन्नस्तथोपमम् ११ यथाशत्रून्घातयित्वापुरुषः
कुरुनंदन ॥ आत्मानंघातयेत्पश्चात्कर्मेदंनस्तथोपमम् १२ ॥ ॥

त्वादेवाविपश्चितोऽर्थज्ञानशून्यस्य अनुवाकेननित्यपाठेनहतानष्टा १ आलस्यएवनतुपरमार्थेकृतचित्तस्यतव २ त्वदंतरेत्वत्तोऽन्यत्र ३ । ४ ।५ प्राणस्यप्राणवतोबलिष्ठस्येदंसर्वमन्नमिवा संभोग्यम् 'वीरभोग्यावसुंधरा' इतिस्मृतेः अतएवतस्यैवभोजनंभुज्यतेपाल्यतेइतिव्युत्पत्त्यापालनीयमिदंयद्यप्येतत्प्राणोपासनाप्रकरणेश्रुतंतथाऽपिसर्वस्यात्मार्थत्वमित्यंशेनसाम्यादुदाहृतम् ६ । ७ हताऽस्माभिरितिसंधिरार्षःतान्धर्मेणहत्वानिघ्नन् त्वंराज्यंभुंक्ष्व । हंतेरन्येभ्योऽपिदृश्यतइतिक्निप् अनुनासिकलोपोन्हस्वस्येतितुक् ८ तथातेनप्रकारेणोपमीयतइतितथोपमम् ९ । १० पतन्गच्छन् ११ । १२ ॥ ॥ ॥ ॥ ॥ ॥ ॥ ॥ ॥

१३ । १४ अशक्तयःशक्तिहीनाः १५ अगतीकगतीननाथरक्षकान् दैर्घ्यमार्षं ईदृशानपिनष्टार्थानदृष्ट्वाजनाइतरेऽपिअसिद्धयेकथंमानुपश्येयुरपितुअलोचयेयुरेव एतद्यादृशंममवचनंतादृशं पश्यत युक्तमयुक्तंवेतिपरीक्षयतेत्यर्थः समर्थैःस्वार्थसिद्ध्यर्थंयतितव्यमेवेतिभावः १६ ननुसंन्यासएवनःश्रेयानित्युक्तंततआह आपदिति। व्यंसितेनदुर्गतिंप्रापितेन १७ इहक्षत्रयोनौत्यागंचरन् भैक्ष्यंमुनिर्मुंडइत्युक्तविधंसंन्यासंनपरिचक्षतेनप्रशंसंति तत्रहेतुःधर्मेति 'मुखजानामयंधर्मोवैष्णवंलिंगधारणं ॥ बाहुजातोरुजातानांनायंधर्मोविधीयते'इतिस्मृतेः क्षत्रियस्यमौंड्यादिकंनिषिद्धंतस्याचरणेधर्मव्यतिक्रमोऽस्त्येवेतिभावः १८ ननुहिंस्रोऽयंक्षात्रधर्मोनिंद्यएवेत्याशंक्याह कथमिति। हिंसार्थमुत्पन्नाहिंस्रयोनौजाताहिंसैकजीवनास्तदेवतस्यैवहिंस्रधर्मस्यनिंदांकथंभाषेयुः । कथंवात त्रधातातस्यधर्मस्यस्रष्टानगर्ह्यतेनानिंद्यते । धातृविहितत्वात्सहजत्वाच्चनासौधर्मोनिंद्यइत्यर्थः । यदाहभगवान् 'सदोषमपिकौंतेयसहजंकर्मनत्यजेत्'इति १९ कथंतर्हिजाबालोपनिषदिअथपरिव्राट् मुंडोविवर्णवासाइत्युपक्रम्यभरतरैवतकप्रभृतयोऽनुन्मत्ताउन्मत्तवदाचरंतःइति भरतादीनांक्षत्रियाणांमौंड्यमुन्मत्तचर्याचश्रूयतेइत्याशंक्याह श्रियेति । 'ऋचःसमानियजूंषिसाहिश्रीरमृतासताम्'इतिश्रुतेः

यथाऽन्नंक्षुधितोलब्ध्वानभुंजीयाद्यदृच्छया ॥ कामीवकामिनींलब्ध्वाकर्मेदंनस्तथोपमम् १३ वयमेवात्रगर्ह्याहियद्वयंमंदचेतसम् ॥ त्वांराजन्ननुगच्छामोज्येष्ठोऽयमितिभारत १४ वयंहिबाहुबलिनःकृतविद्यामनस्विनः ॥ क्लीबस्यवाक्येतिष्ठामोयथैवाशक्तयस्तथा १५ अगतीकगतीनस्मान्नष्टार्थानर्थसिद्धये ॥ कथंवैनानुपश्येयुर्जनाःपश्यतयादृशम् १६ आपत्कालेहिसंन्यासःकर्तव्यइतिशिष्यते ॥ जरयाऽभिपरीतेनशत्रुभिर्व्यंसितेनवा १७ तस्मादिहकृतप्रज्ञास्त्यागंनपरिचक्षते ॥ धर्मव्यतिक्रमंचैवमन्यंतेसूक्ष्मदर्शिनः १८ कथंतस्मात्समुत्पन्नास्तन्निष्ठास्तदुपाश्रयाः ॥ तदेवनिंदांभाषेयुर्धातातत्रनगर्ह्यते १९ श्रियाविहीनैरधनैर्नास्तिकैःसंप्रवर्तितम् ॥ वेदवादस्यविज्ञानंसत्याभासमिवानृतम् २० शक्यंतुमौनमास्थायबिभ्रताऽऽत्मानमात्मना ॥ धर्मच्छद्मसमास्थायच्यवितुंनतुजीवितुम् २१ शक्यंपुनररण्येषुसुखमेकेनजीवितुम् ॥ अबिभ्रतापुत्रपौत्रान्देवर्षीनतिथीन्पितॄन् २२ नेमेमृगाःस्वर्गजितोनवराहानपक्षिणः ॥ अथान्येनप्रकारेणपुण्यमाहुर्नतंजनाः २३ यदिसंन्यासतःसिद्धिंराजाकश्चिदवाप्नुयात् ॥ पर्वताश्चद्रुमाश्चैवक्षिप्रंसिद्धिमवाप्नुयुः २४ एतेहिनित्यसंन्यासादृश्यंतेनिरुपद्रवाः ॥ अपरिग्रहवंतश्चसततंब्रह्मचारिणः २५ अथचेदात्मभाग्येषुनान्येषांसिद्धिमश्नुते ॥ तस्मात्कर्मैवकर्तव्यंनास्तिसिद्धिरकर्मणः २६ ॥ ॥ ॥

श्रियात्रय्याविद्ययाविहीनैःअधनैर्लक्ष्म्याचहीनैः इदमनृतंसंप्रवर्तितं वेदयतीतिवेदोविधिस्तस्यवादोऽर्थवादस्तत्संबंधिविज्ञानंसंन्यासविधिस्तुसर्थभरतादिकीर्तनंप्रजापतिवपोत्खननवदर्थवादोनतुतावतामौंड्येक्षत्रियस्याधिकारःसिद्ध्यतीतिभावः २० यत्तुऋजुःप्रणिहितोगच्छन्क्षितिअत्याश्रमउक्तस्तंदूषयति शक्यंत्विति। आत्मानंदेहमात्मनास्वेनैवबिभ्रतानिश्चलंस्थापयताधर्मच्छद्मकपटयोगंआस्थायच्यवितुंमर्तुमेवशक्यंनजीवितुं केवलंप्रणिधानेनशरीरनाशोभवेदित्यर्थः २१ यत्तुस्वभावस्तुव्रजत्यग्रेइतिसुप्तबालकस्तनपानवद्देहयात्रासिद्धिरुक्तातांदूषयतिद्वाभ्यां शक्यंपुनरिति। पुत्राद्यभरणेनपशुसाम्येनचतत्रापिदोषोऽस्तीत्यर्थः २२ अथेत्यतःशब्दार्थे तमेकचरमन्येनप्रकारेणएकचर्यांविनानपुण्यंश्रेयांसमाहुःसाचमृगेऽप्यस्तीतिनतयोर्विशेषइतिभावः २३ संन्यासयुक्तमेकाकित्वमपिनिरस्यति द्वाभ्यां यदीति २४ । २५ ननुपश्वादयःकर्मयोनयोनभवंतिकिंतुपूर्वकृतमेवतेभुंजते अहंतुकर्माधिकृतःस्वप्रयत्नेनध्रुवंपदंप्राप्स्यामीतिचेत्तत्राह अथचेदिति। आत्मभाग्येषुस्वसंपत्स्वन्येषांसिद्धिंपरकर्मार्जितंफलंनाप्नुवेकिंतुस्वकर्मार्जितमेवाप्नुतेतर्हिकर्मैवकुर्वित्यर्थः सिद्धिर्मोक्षः २६ ॥ ॥ ॥ ॥ ॥ ॥ ॥

ननुमुमुक्षूणांदेहभरणव्यतिरिक्तंकर्मनापेक्षितमित्यतआह औदकाइति उदकेभवामीनादयःसृष्ट्यःस्थावरास्तेषामप्यात्मैवदेहएवभर्तव्योनान्यइतितेऽपिमुच्येरन् २७ लोकदृष्ट्याऽपिकर्मैवकर्तव्यमित्याह अवेक्षस्वेति २८ ॥ इतिशांतिपर्वणिरा०नीलकंठीयेभारतभावदीपेदशमोऽध्यायः ॥ १० ॥ एवंसंन्यासःश्रेयानितिधर्मस्यपक्षः गार्हस्थ्यंश्रेयइतिभीमस्यपक्षः तत्राऽऽद्यस्यश्रैष्ठ्यंमत्वाऽनधिकारिकृतसंन्यासापेक्षयागार्हस्थ्यमेवश्रेयइत्याख्यायिकामुखेनसमर्थयन्नर्जुनउवाच अत्रैवेत्यादिना १ प्रवव्रजुःपुनर्गृहंप्रतिनगंतव्यमितिप्रकर्षेणगताइत्यर्थः २ । ३ विघसाशिभिर्महायज्ञावशिष्टभोजिभिः ४ । ५ शास्तिज्ञापयति विगतोघसोऽन्नंयस्यतदन्नंविघसंशीर्णतृणपर्णफलादिकंतददनशीलास्तुवयमेवातोविघसाशिनःश्रेयांसःस्मइतिमेनिरेइत्यर्थः ६ पंकदिग्धान् रजस्वलानित्यागंतुकस्वाभाविकदोषयुक्तत्वमुक्तंक्रमेण उच्छिष्टभोजिनइति प्रायेणशीर्णतृणपर्णफलानिमृगकीटपक्ष्युच्छिष्टानिभवंति तद्भोजिनोमंदान्मूढान् ७ तेतववचइतिशेषः ८ श्रद्दधानोऽन्योवक्ताऽऽ

औदकाःसृष्टयश्चैवजंतवःसिद्धिमाप्नुयुः ॥ तेषामात्मैवभर्तव्योनान्यःकश्चनविद्यते २७ अवेक्षस्वयथास्वैःस्वैःकर्मभिर्व्याप्तंजगत ॥ तस्मात्कर्मैवकर्तव्यंनास्तिसिद्धिरकर्मणः २८ ॥ इतिश्रीमहाभारतेशांतिपर्वणिराजधर्मानुशासनपर्वणिदशमोऽध्यायः ॥ १० ॥ ॥ अर्जुनउवाच ॥ अत्रैवोदाहरंतीममितिहासंपुरातनम् ॥ तापसैःसहसंवादंशक्रस्यभरतर्षभ १ केचिद्गृहान्परित्यज्यवनमभ्यागमन्द्विजाः ॥ अजातश्मश्रवोमंदाःकुलेजाताःप्रवव्रजुः २ धर्मोऽयमितिमन्वानाःसमृद्धाब्रह्मचारिणः ॥ त्यक्त्वाभ्रातृन्पितृंश्चैवतानिंद्रोऽन्वकृपायत ३ तानाबभाषेभगवान्पक्षीभूत्वाहिरण्मयः ॥ सुदुष्करंमनुष्यैश्चयत्कृतंविघसाशिभिः ४ पुण्यंभवतिकर्मेदंप्रशस्तंचैवजीवितम् ॥ सिद्धार्थास्तेगतिंमुख्यांप्राप्ताधर्मपरायणाः ५ ॥ ऋषयऊचुः ॥ ॥ अहोबतायंशकुनिर्विघसाशान्प्रशंसति ॥ अस्मान्नूनमयंशास्तिवयंचविघसाशिनः ६ ॥ ॥ शकुनिरुवाच ॥ ॥ नाहंयुष्मान्प्रशंसामिपंकदिग्धान्रजस्वलान् ॥ उच्छिष्टभोजिनोमंदानन्येवैविघसाशिनः ७ ॥ ॥ ऋषयऊचुः ॥ ॥ इदंश्रेयःपरमितिवयमेवाभ्युपास्महे ॥ शकुनेब्रूहियच्छ्रेयोभृशंतेश्रद्दधामहे ८ ॥ ॥ शकुनिरुवाच ॥ ॥ यदिमांनाभिशंकध्वंविभज्यात्मानमात्मना ॥ ततोऽहंवःप्रवक्ष्यामियाथातथ्यंहितंवचः ९ ॥ ॥ ऋषयऊचुः ॥ शृणुमस्तेवचस्तातपंथानोविदितास्तव ॥ नियोगेचैवधर्मात्मन्स्थातुमिच्छामशाधिनः १० ॥ शकुनिरुवाच ॥ चतुष्पदांगौःप्रवरालोहानांकांचनंवरम् ॥ शब्दानांप्रवरोमंत्रोब्राह्मणोद्विपदांवरः ११ मंत्रोऽयंजातकर्मादिर्ब्राह्मणस्यविधीयते ॥ जीवतोपियथाकालंश्मशाननिधनादिभिः १२ कर्माणिवैदिकान्यस्यस्वर्ग्यःपंथास्त्वनुत्तमः ॥ कथंमेसर्वकर्माणिमंत्रसिद्धानिचक्रिरे १३ आत्मानंदृढवादीनितथासिद्धिरिहेष्यते ॥ मासार्धमासाऋतवआदित्यशशितारकम् १४ ॥ ॥ ॥

त्माशंकिताऽन्योमंताऽऽत्मेतीत्यात्मन्येवायंविभागोविषमभागद्वयं यदिधूर्तानभविष्यथेत्यर्थः ९ पंथानःश्रेयोमार्गाः १० । ११ मंत्रोमंत्रोक्तसंस्कारः श्मशानेतिपदंयतिनिधनव्यावृत्त्यर्थम् १२ कर्माणिस्वर्ग्यःपंथाइतिनचेत्तर्हिकथंमेमत्समक्षंमदर्थंत्वाकर्माणिचक्रिरेप्राञ्चःस्वर्गार्थिनइतिशेषः अतस्तानिस्वर्ग्याण्येवेतिभावः मंत्रसिद्धानिमंत्रैःप्रकाशितानि १३ आत्मानमिति । दृढवादीदृढनिश्चयःपुमान्यथाऽऽत्मानमितिएति गुणाभावआर्षः । यदेवतारूपंजानातिअयमहमस्मिसांबशिवइतितथैवेहलोकेशास्त्रेवासिद्धिस्तत्तद्देवतातादात्म्यरूपाइष्यते । 'तंयथायथोपासतेतथैतःप्रेत्यभवंति'इतिश्रुतेः । अथागमो । 'यांयांदेवतांनिराहतस्यास्तस्यास्ताज्ञाव्यमनुभवति'इतिस्मृतेश्च। तत्रकतिप्रकारासिद्धिरित्यतआह मासेति । माघादिभिर्मासैःशुक्लैरर्धमासैःशिशिरादिभिर्ऋतुभि-

—श्वाऽऽदित्यमार्गप्राप्तिरूपाएकासिद्धिः क्रममुक्तिस्थानभूतब्रह्मलोकावाप्तिफला । तथाश्रावणादिभिर्मासैःकृष्णैरर्धमासैर्वर्षादिभिर्ऋतुभिःशशिमार्गप्राप्तिरूपाद्वितीयासिद्धिःपुनरावृत्तिस्थानभूतस्वर्ग लोकावाप्तिफला । तथामार्गद्वयानपेक्षाआध्यात्मिकमाधिभौतिकंवाविमुक्तमुपासीनानांदेहांतेतारकब्रह्मावाप्तिरूपातृतीयासद्योमुक्तिफला तथाचश्रुतयः 'सएतान्ब्रह्मगमयतिनसपुनरावर्त्तते' इति । तथा'एतमेवाध्वानंपुनर्निवर्त्तते'इति । 'तथाऽत्रहिजंतोःप्राणेषूत्क्रममाणेषुरुद्रस्तारकंब्रह्मव्याचष्टेयेनासावमृतीभूत्वामोक्षीभवति' इतिचक्रमेणज्ञेयाः १४ ईहंतइति । तदिदमादित्यशशितारकात्मकंसिद्धि त्रयंकर्मसंज्ञितंकर्मफलत्वेनाभिहितमीहंतेकामयंतेसर्वभूतानि । तस्मात्कर्माधिकारस्थानंगार्हस्थ्यमेवसिद्धिक्षेत्रंपुण्यश्चायमाश्रमोमहांश्च १५ अन्यथादोषमाह अथेति । निंदंतोनिंदांकृत्वाकापथंत्वदुक्तं त्यागमार्गंयेगतास्तेषामेनःपापंविद्यते १६ आदित्यशशितारकाख्यसिद्धित्रयानादरेदुर्गतिमाह देवेति । वंशइववंशोर्चिरादिपर्वोपेतत्वान्मार्गः देववंशोदेवयानमार्गः । तथापितृवंशःपितृयानमार्गः ब्रह्मवंशोब्रह्मावाप्तिमार्गः । तत्प्राप्त्युपायबहुत्वात्प्रत्येकंबहुवचनम् । एषांत्यागेनाऽश्रुतीपथंक्षुद्रदंदशूकादियोनिंयांति श्रुतीतिदैर्घ्यमार्षं १७ एतत्कर्मवोयुष्माकमस्तुतद्व्रतपोयुक्तमुपासनायुक्तं उपासनाचात्रद्विविधा अध्यात्ममधियज्ञंच । तत्रयज्ञांगेऽश्वादौविराड्दृष्टिरूपावाअश्वस्यमेधस्यशिरइत्यादिनाविहितांत्या । आद्यात्वविमुक्तोपासनासोऽविमुक्तउपास्यइत्युपक्रम्यकतमश्चास्यस्थानंभ्रुवो

ईहंतेसर्वभूतानितदिदंकर्मसंज्ञितम् ॥ सिद्धिक्षेत्रमिदंपुण्यमयमेवाश्रमोमहान् १५ अथयेकर्मनिंदंतोमनुष्याःकापथंगताः ॥ मूढानामर्थहीनानांतेषामेनस्तुवि द्यते १६ देववंशान्पितृवंशान्ब्रह्मवंशांश्चशाश्वतान् ॥ संत्यज्यमूढावर्तंतेततोयांत्यश्रुतीपथम् १७ एतद्वोऽस्तुतपोयुक्तंददामीत्यृषिचोदितम् ॥ तस्मात्तत्त द्व्यवस्थानंतपस्वितपउच्यते १८ देववंशान्ब्रह्मवंशान्पितृवंशांश्चशाश्वतान् ॥ संविभज्यगुरोश्चर्यांतद्वैदुष्करमुच्यते १९ देवावैदुष्करंकृत्वाविभूतिंपरमांगताः ॥ तस्माद्गार्हस्थ्यमुद्वोढुंदुष्करंप्रब्रवीमिवः २० तपःश्रेष्ठंप्रजानांहिमूलमेतन्नसंशयः ॥ कुटुंबविधिनाऽनेनयस्मिन्सर्वंप्रतिष्ठितम् २१ एतद्विदुस्तपोविप्राद्वंद्वातीता विमत्सराः ॥ तस्माद्व्रतंमध्यमंतुलोकेषुतपउच्यते २२ दुराधर्षंपदंचैवगच्छंतिविघसाशिनः ॥ सायंप्रातर्विभज्यान्नंस्वकुटुंबेयथाविधि २३ दत्वाऽतिथिभ्यो देवेभ्यःपितृभ्यःस्वजनायच ॥ अवशिष्टानियेऽश्नंतितानाहुर्विघसाशिनः २४ ॥ ॥ ॥ ॥

घ्राणस्यचयःसंधिरित्यादिनाविहिता । एतेनद्विविधाऽप्युपासनाकर्मसमुच्चितैवकर्तव्येतिदर्शितम् । किंभूतमेतत्कर्म ददामीति ऋषिणामंत्रेणचोदितं तथाचेंद्रवाक्यंकर्मकांडे 'देहिमेददा मिते' इति । देवतोद्देशेनद्रव्यत्यागरूपंदानंकुरुतुभ्यंचाहंपुत्रपशुस्वर्गादिकंफलंदास्यामीतिमंत्रार्थः । यस्मादेवंतस्मात्तत्तत्तत्रतत्रमार्गेव्यवस्थानंनिष्ठापूर्विकास्थितिस्तदेवतपस्विनांतपउच्यतेनान्यत्काय शोषणादि १८ देवेति । अंगोपास्तियुक्तंवाकेवलंवाविमुक्तोपास्तियुक्तंवादेववंशादिशब्दोपलक्षितंकर्मगुरोश्चर्यांपरिचर्यांसंविभज्यपरस्पराविरोधेनदिननाडीविभागेननित्यंक्रियमाणंदुष्करंदुःसाध्यमुच्यते विद्वद्भिः इत्थमेवकर्तव्यमितिभावः १९ एतदेवपरकृत्याद्रढयति देवाइति २० तपःकर्मैवप्रजानांमूलमतःश्रेष्ठं यतोऽनेनच्छांदोग्यदृष्टेनकुटुंबविधिनाकुटुंबेशुचौदेशेस्वाध्यायमधीयानइत्यादिना यस्मिन्गृहस्थकर्मणिसर्वंप्रतिष्ठितं तथाचसूत्रम् 'कृत्स्नभावात्तुगृहिणोपसंहारः' इति । सर्वेषामाश्रमाणांधर्मागृहेएवसंतिनत्वन्यत्रेतिहेतोश्छांदोग्येकुटुंबइत्यादिश्रुत्यागृहिणैवविद्योपसंहारःकृतइति सूत्रार्थः २१ व्रतंब्रह्मचर्याद्युपेतमध्ययनंमध्यमंचतद्रहितंयज्ञादिचतपःशब्देनोच्यते २२ तयोर्द्वितीयंस्तौति दुराधर्षेति २३ विघसाशिपदंव्याचष्टे सायमितिसार्धेन २४ ॥

॥ ९ ॥

अनुपस्कृर्तानःसशयाः २५ । २६ ततइति । तेतरुणाःसंन्यासंचिकीर्षवः उत्सृज्यनास्तीतिगताः आश्रमांतरेसिद्धिर्नास्तीतितदुत्सृज्यगताइतियोज्यं २७ फलितमाह तस्मादीति २८ ॥ इति शांतिपर्वणिराजधर्मानुशासनपर्वणि नीलकंठीयेभारतभावदीपेएकादशोऽध्यायः ॥ ११ ॥ ॥ ॥ एवमर्जुनवाक्यात्कर्मणामवश्यकर्तव्यत्वेसिद्धे संगंकर्तृत्वाभिमानंफलाशांचत्यक्त्वातानि कर्तव्यानीतिनकुलवाक्येनप्रतिपादयिष्यन्नारभते अर्जुनस्येत्यादि १ ताम्रास्योदुःखेनविवर्णमुखः २ विशाखयूपेक्षेत्रविशेषे देवानांदेवैःअग्न्योऽग्निस्थापनार्थानिस्थंडिलानिचिताइष्टकाभी रचिताअद्यापिदृश्यंते तेनदेवत्वमपिकर्मफलमेवेत्यर्थः 'कर्मणापितृलोकोविद्ययादेवलोकः' इतिश्रुतेश्चयनाश्रितविद्याबलाद्ब्रह्मलोकंगतायेतेऽत्रदेवाः । तथाग्नेःकेवलकर्मणास्वर्लोकंगतायेतेऽत्रपितरइति बोध्यं ३ अनास्तिकानामास्तिक्यशून्यानामपि पाठांतरेस्पष्टोऽर्थः प्राणदावृष्टिद्वाराअन्नप्रदाः 'अन्नंहप्राणः'इतिश्रुतेः विधिमग्निर्वाअकामयतेत्यादि अङ्ग्यादिभावस्यकर्मसाध्यत्वज्ञापकं ४

तस्मात्स्वधर्ममास्थायसुव्रताःसत्यवादिनः ॥ लोकस्यगुरवोभूत्वातेभवंत्यनुपस्कृताः २५ त्रिदिवंप्राप्यशक्रस्यस्वर्गलोकेविमत्सराः ॥ वसंतिशाश्वतान्वर्षान् जनादुष्करकारिणः २६ ॥ अर्जुनउवाच ॥ ततस्तेतद्वचःश्रुत्वाधर्मार्थसहितंहितम् ॥ उत्सृज्यनास्तीतिगतागार्हस्थ्यंसमुपाश्रिताः २७ तस्मात्त्वमपिसर्वज्ञधैर्य मालंब्यशाश्वतम् ॥ प्रशाधिपृथिवींकृत्स्नांहतामित्रांनरोत्तम २८ ॥ इतिश्रीमहाभारतेशांतिपर्वणिराजधर्मानुशासनपर्वणिअर्जुनवाक्येऋषिशकुनिसंवादकथने एकादशोऽध्यायः ॥ ११ ॥ वैशंपायनउवाच ॥ अर्जुनस्यवचःश्रुत्वानकुलोवाक्यमब्रवीत् ॥ राजानमभिसंप्रेक्ष्यसर्वधर्मभृतांवरम् १ अनुरुध्यमहाप्राज्ञोभ्रातु श्चित्तमरिंदम ॥ व्यूढोरस्कोमहाबाहुस्ताम्रास्योमितभाषिता २ ॥ नकुलउवाच ॥ विशाखयूपेदेवानांसर्वेषामग्नयश्चिताः ॥ तस्माद्विद्धिमहाराजदेवाःकर्मफले स्थिताः ३ अनास्तिकानांभूतानांप्राणदाःपितरश्चये ॥ तेऽपिकर्मैवकुर्वंतिविधिंसंप्रेक्ष्यपार्थिव ४ वेदवादापविद्धांस्तुतान्विद्धिभृशनास्तिकान् ॥ नहिवेदोक्त मुत्सृज्यविप्रःसर्वेषुकर्मसु ५ देवयानेननाकस्यपृष्ठमाप्नोतिभारत ॥ अत्याश्रमानयंसर्वानित्याहुर्वेदनिश्चयाः ६ ब्राह्मणाःश्रुतिसंपन्नास्तान्निबोधनराधिप ॥ वित्ता निधर्मलब्धानिक्रतुमुख्येष्ववासृजन् ७ कृतात्मासमहाराजसवैत्यागीस्मृतोनरः ८ अनवेक्ष्यसुखादानंतथैवोर्ध्वंप्रतिष्ठितः ॥ आत्मत्यागीमहाराजसत्यागीता मसोमतः ९ अनिकेतःपरिपतन्वृक्षमूलाश्रयोमुनिः ॥ अपाचकःसदायोगीसत्यागीपार्थभिक्षुकः १० ॥ ॥ ॥

वेदवादोऽपविद्धस्त्यक्तोयैस्तान् ५ देवयानेनमार्गेणपृष्ठमुपरिभागंब्रह्मलोकमित्यर्थः । अयंगृहाश्रमःसर्वानाश्रमान्अतिअतिक्रांतस्तेभ्यःश्रेष्ठइत्यर्थः ६ तान्ब्राह्मणान्मत्वानिबोधबुध्यस्व अवा सृजन्समार्पयन् ७ कृतात्माजितचित्तः अहंममाभिमानशून्यइत्यर्थः सत्यागीसात्त्विकइतिशेषः ८ सुखादानंगार्हस्थ्यसुखभोगं ऊर्ध्ववनादौप्रतिष्ठितोनिष्ठावान्सन्यआत्मत्यागीदेहत्यागीसता मसोमतः । 'अनधीत्यद्विजोवेदाननुत्पाद्यसुतानपि ॥ अनिष्ट्वाशक्तितोयज्ञैर्मोक्षमिच्छन्पतत्यधः'इतिमनूक्तयनभिज्ञत्वात्तामसोऽयंत्यागीतिभावः ९ परिपतन्भिक्षार्थंपर्यटन्यतोऽपाचकः योगीनिरुद्धसर्ववृत्तिर्भिक्षुकइति । याञ्चाधर्मोब्राह्मणःस्मृतः । सोऽयंब्राह्मणकल्पोधर्मः शुभोऽपिप्रजापरिपालनक्लेशार्हेणक्षत्रियेणआश्रितइतिराजसत्वाद्दोषमूलः तथाचश्रुतिः 'यदावै क्षत्रियायपापंभवतिब्राह्मणकल्पोऽस्यप्रजायामाजायते' इतिमाभूत्वं याचकोभिक्षुकः १० ॥ ॥ ॥ ॥ ॥

॥ ९ ॥

संन्यस्येत्सर्वकर्माणिवेदंतुनपरित्यजेत् । नियतोवेदमभ्यस्यन्पुत्रैश्वर्येसुखंवसेत् ’ इतिमनूक्तंवेदन्यासमकृत्वाभ्रातृराज्येनिवत्स्यामीत्याशंक्याह क्रोधेति । विप्रइत्यनेनायमपिधर्मोब्राह्मणस्यैवविहि
तोधिकारादितिदर्शितम् । तेनायंत्यागोराजसएवपूर्ववदितिसिद्धम् ११ । १२ समीक्ष्येति । आश्रमांतरेस्वर्गएवास्तिनकामःगार्हस्थ्येतूभयमस्तीसयमेवमार्गोगतिश्चेत्यर्थः १३ इतीति । आवश्य
कमेवेदंममेतिभावंकृत्वायःसंगफलेप्सारहितःकरोतिसत्यागी नान्यइत्यर्थः १४ वनेऽपिकामस्मरणंचेत्पतत्येवेत्याह यदेति । धर्मवैतंसिकोधर्मध्वजी १५ अभिमानःकर्ताऽहमित्येवंरूपस्तेनकृतं ।
कर्मफलवन्नगतिप्रदंन त्यागयुक्तमभिमानत्यागोपेतम् १६ आर्षःऋषीणांहितः १७ अत्रगार्हस्थ्ये १८ इहविधौ प्रस्तुतस्यनिष्ठावतः १९ । २० । २१ तच्चकर्मगृहस्थाश्रमिणोविरोधकं

क्रोधहर्षावनादृत्यपैशुन्यंचविशेषतः ॥ विप्रोवेदानधीतेयःसत्यागीपार्थउच्यते ११ आश्रमांस्तुलयासर्वान्धृतानाहुर्मनीषिणः ॥ एकतश्चत्रयोराजन्गृहस्थाश्र
मएकतः १२ समीक्ष्यतुलयापार्थकामंस्वर्गंचभारत ॥ अयंपंथामहर्षीणामियंलोकविदांगतिः १३ इतियःकुरुतेभावंसत्यागीभरतर्षभ ॥ नयःपरित्यज्यगृहा
न्वनमेतिविमूढवत् १४ यदाकामान्समीक्षेतधर्मवैतंसिकोनरः ॥ अथैनंमृत्युपाशेनकंठेबध्नातिमृत्युराट् १५ अभिमानकृतंकर्मनैतत्फलवदुच्यते ॥ त्यागयुक्तं
महाराजसर्वमेवमहाफलम् १६ शमोदमस्तथाधैर्यंसत्यंशौचमथार्जवम् ॥ यज्ञोधृतिश्चधर्मश्चनित्यमार्षोविधिःस्मृतः १७ पितृदेवातिथिकृतेसमारंभोऽत्रशस्य
ते ॥ अत्रैवहिमहाराजत्रिवर्गःकेवलंफलम् १८ एतस्मिन्वर्तमानस्यविधावप्रतिषेधिते ॥ त्यागिनःप्रसृतस्येहनोच्छित्तिर्विद्यतेक्वचित् १९ असृजद्धिप्रजाराज
न्प्रजापतिरकल्मषः ॥ मांयक्ष्यंतीतिधर्मात्मायज्ञैर्विविधदक्षिणैः २० वीरुधश्चैववृक्षांश्चयज्ञार्थंवैतथौषधीः ॥ पशूंश्चैवतथामेध्यान्यज्ञार्थानिहवींषिच २१ गृह
स्थाश्रमिणस्तच्चयज्ञकर्मविरोधकम् ॥ तस्माद्गार्हस्थ्यमेवेहदुष्करंदुर्लभंतथा २२ तत्संप्राप्यगृहस्थायेपशुधान्यधनान्विताः ॥ नयजंतेमहाराजशाश्वतंतेषुकि
ल्बिषम् २३ स्वाध्याययज्ञाऋषयोज्ञानयज्ञास्तथाऽपरे ॥ अथापरेमहायज्ञान्मनस्येववितन्वते २४ एवंमनःसमाधानंमार्गमातिष्ठतोनृप ॥ द्विजातेर्ब्रह्मभूत
स्यस्पृहयंतिदिवौकसः २५ सरत्नानिविचित्राणिसंहृतानिततस्ततः ॥ मखेष्वनभिसंत्यज्यनास्तिक्यमभिजल्पसि २६ कुटुंबमास्थितेत्यागंनपश्यामिनरा
धिप ॥ राजसूयाश्वमेधेषुसर्वमेधेषुवापुनः २७ येचान्येक्रतवस्तातब्राह्मणैरभिपूजिताः ॥ तैर्यजस्वमहीपालशक्रोदेवपतिर्यथा २८ राज्ञःप्रमाददोषेणदस्युभिःप
रिमुष्यताम् ॥ अशरण्यःप्रजानांयःसराजाकलिरुच्यते २९ अश्वान्गाश्चैवदासीश्चकरेणूश्चस्वलंकृताः ॥ ग्रामाञ्जनपदांश्चैवक्षेत्राणिचगृहाणिच ३० ॥

निगडवद्विशेषेणरोधकम् २२ एतत्त्यागेदोषमाह तदिति २३ अपरेयोगिनःमहायज्ञानितिबहुवचनंवितर्कविचाराद्यवांतरयोगभेदापेक्षम् २४ । २५ त्रिष्वपियज्ञेष्वाद्योऽतीतकालः उपस्थितंमध्य
ममुल्लंघ्यांत्यस्यवार्तांकुर्वतस्तेनास्तिक्यंस्पष्टमित्याह सइति २६ पूर्वंदेवसंन्यासेऽपितत्राधिकारोनास्तीत्युक्तं इदानींवेदसंन्यासएवनसंभवतीत्यर्थेनाह कुटुंबमिति । कुत्रतर्हित्यागंपश्यसीत्यतआह
राजसूयेति २७ फलितमाह येचेति २८ प्रमादोराज्याकरणं परिमुष्यतांलुप्यमानानाम् २९ । ३० ॥ ॥ ॥ ॥

म.भा.टी. शां० १२ अ० ॥ १० ॥ ॥ ११ ॥

मात्सर्यंबंधुद्रोहः दानाभावेनकलिस्वरूपाएववयंजाताइत्यर्थः ३१ । ३२ । ३३ अंतरालेपिशाचयोनौ ३४ अंतर्व्यासंगः अहंज्ञाताहंदाताकर्ताहर्ताइत्यादिरात्मपूजा बहिर्व्यासंगःपुत्रपश्वादिपूजा तयोःकारकंमूलंअहंकारममकारौत्यक्त्वैवत्यागीभवेन्नतुयोगृहंहित्वाप्रतितिष्ठतिसइत्यर्थः ३५ । ३६ । ३७ । ३८ ॥ ॥ इतिशांतिपर्वणिराजधर्मानुशासनपर्वणिनीलकंठीयेभारतभावदीपेद्वादशोऽध्यायः ॥ १२ ॥ ॥ ॥ नबाह्यमिति । अहंकारममकारौत्यक्तव्यावित्युक्तं तत्राद्यत्यागेसर्वव्यवहारोच्छेदःस्यादितिममकारएवत्याज्यइत्येतदर्थमध्यायआरभ्यते । तत्रद्रव्यंममकारास्पदंद्विविधं बाह्यंव्यावहारिकं शारीरंशरीरेभवंमनःकल्पितंच यथोक्तं 'घटौमृन्मयधीमयौ'इति । तथाचश्रुतिर्विदुषोविदेहकैवल्यकालेबाह्यद्रव्यस्यस्वकारणेलयंदर्शयति गताःकलाःपंचदशप्रतिष्ठाइति । कलाः प्राणमनःप्रभृतयः प्रतिष्ठाःउपादानकारणानिप्रतिगताः तथाइमाःषोडशकलाःपुरुषायणाःपुरुषंप्राप्यास्तंयंतीतिमनःकल्पितानांकलानांपुरुषेलयंदर्शयति अतःशारीरमेवद्रव्यं

अप्रदायद्विजातिभ्योमात्सर्याविष्टचेतसः ॥ वयंतेराजकलयोभविष्यामविशांपते ३१ अदातारोशरण्याश्चराजकिल्बिषभागिनः ॥ दोषाणामेवभोक्तारोनसुखानांकदाचन ३२ अनिष्ट्वाचमहायज्ञैरकृत्वाचपितृस्वधाम् ॥ तीर्थेष्वनभिसंप्लुत्यप्रव्रजिष्यसिचेत्प्रभो ३३ छिन्नाभ्रमिवगंताऽसिविलयंमारुतेरितम् ॥ लोकयोरुभयोर्भ्रष्टोह्यंतरालेव्यवस्थितः ३४ अंतर्बहिश्चयत्किंचिन्मनोव्यासंगकारकम् ॥ परित्यज्यभवेत्त्यागीनहित्वाप्रतितिष्ठति ३५ एतस्मिन्वर्तमानस्यविधावप्रतिषेधिते ॥ ब्राह्मणस्यमहाराजनोच्छित्तिर्विद्यतेक्वचित् ३६ निहत्यशत्रूंस्तरसासमृद्धान्शक्रोयथादैत्यबलानिसंख्ये ॥ कःपार्थशोचेन्निरतःस्वधर्मेपूर्वैःस्मृतेपार्थिवशिष्टजुष्टे ३७ क्षात्रेणधर्मेणपराक्रमेणजित्वामहींमंत्रविद्भ्यःप्रदाय ॥ नाकस्यपृष्ठेऽसिनरेंद्रगंतानशोचितव्यंभवताऽद्यपार्थ ३८ ॥ इतिश्रीमहाभारतेशांतिपर्वणि राजधर्मानुशासनपर्वणि नकुलवाक्येद्वादशोऽध्यायः ॥ १२ ॥ ॥ सहदेवउवाच ॥ नबाह्यंद्रव्यमुत्सृज्यसिद्धिर्भवतिभारत ॥ शारीरंद्रव्यमुत्सृज्यसिद्धिर्भवतिवानवा १ बाह्यद्रव्यविमुक्तस्यशारीरेष्वनुगृध्यतः ॥ योधर्मोयत्सुखंवास्याद्द्विषतांतत्तथाऽस्तुनः २ शारीरंद्रव्यमुत्सृज्यपृथिवीमनुशासतः ॥ योधर्मोयत्सुखंवास्यात्सुहृदांतत्तथाऽस्तुनः ३ द्व्यक्षरस्तुभवेन्मृत्युस्त्र्यक्षरंब्रह्मशाश्वतम् ॥ ममेतिचभवेन्मृत्युर्नममेतिचशाश्वतम् ४ ब्रह्ममृत्यूततोराजन्नात्मन्येवसमाश्रितौ ॥ अदृश्यमानौभूतानियोधयेतामसंशयम् ५ अविनाशोऽस्यसत्वस्यनियतोयदिभारत ॥ हत्वाशरीरंभूतानांनहिंसाप्रतिपत्स्यते ६ अथापिचसहोत्पत्तिःसत्वस्यप्रलयस्तथा ॥ नष्टेशरीरेनष्टःस्याद्वृथाचस्यात्क्रियापथः ७ तस्मादेकांतमुत्सृज्यपूर्वैःपूर्वतरैश्चयः ॥ पंथानिषेवितःसद्भिःसनिषेव्योविजानता ८

वंधनमूलंनबाह्यमितिबाह्यत्यागोव्यर्थः । शारीरद्रव्यत्यागेऽपिमनश्चांचल्यात्पुनरुपादानेसिद्धिर्नभवतीतिनवेत्यनेनउक्तं तेनद्वंद्वत्यागएवसिद्धिकृदित्युक्तं । अक्षरयोजनास्पष्टा १ । २ । ३ ममेतिस्वीकारः नममेतिपरित्यागश्च एतौमृत्युशाश्वतौसंसारमोक्षयोर्मूलेइत्यर्थः ४ आत्मनिबुद्धौभूतानिशास्त्रकर्तृन्तथाचकेचित्कर्ताऽऽत्मानित्यइतिवदंतिइति ५ तत्राद्येदोषाभावमाह अविनाशइति ६ सत्वस्यकर्तृत्वधर्मवत्वाबुद्धेः ७ द्वितीयेकृतहानादिदोषइत्याह तस्मादिति । तस्मात्कर्तुरनाशेमोक्षाभावोनाशेदेहात्मवादप्रसंगस्तस्मादेकान्तमन्यतरंनिश्चयंत्यक्त्वाप्राचांपंथास्तन्मिथ्यात्वपक्षएवादर्तव्यः । तेनकल्पितस्यशारीरद्रव्यस्यस्वाम्यस्यैवत्यागोयुज्यतइत्याशयवानाह तस्मादिति ८ ॥ ॥ ॥ ॥

निष्फलंबाह्यद्रव्यत्यागंकृत्वाऽऽन्तरद्रव्यत्यागमकुर्वन्मूढएवेत्याहद्वाभ्यां लब्ध्वापीति ९ । १० तर्ह्युभयद्रव्यत्यागःश्रेयानित्याशंक्याह बाह्येति । भूतानांबाह्यमाभ्यंतरंचयद्द्रव्यंतत्सर्वंस्वभावंस्वस्यप्रत्य
गात्मनोभावं सत्तांपश्यजानीहि तदात्मव्यतिरिक्तंनास्तीत्यर्थः तथाचश्रुतिः 'आत्मैवेदंसर्वम्' इति । येतुपुमांसस्तदात्मरूपंभूतंनित्यसिद्धंपश्यंति वृत्तमितिपाठेऽपिसएवार्थः । तेमहतोभ
यादुभयद्रव्यसंगजात्संसारान्मुच्यंतेकल्पितस्यमरीचिकोदकस्येवत्यागःकर्तव्योनस्वरूपतस्तस्यनित्यनिवृत्तत्वादितिभावः ११ । १२ भक्त्यैवभाषितंनतुज्ञानगर्वेण १३ ॥ इतिशांतिपर्वणिरा०

लब्ध्वाऽपिपृथिवींकृत्स्नांसहस्थावरजंगमाम् ॥ नभुङ्क्तेयोनृपःसम्यङ्निष्फलंतस्यजीवितम् ९ अथवावसतोराजन्वनेवन्येनजीवतः ॥ द्रव्येषुयस्यममतामृ
त्योरास्येसवर्तते १० बाह्यांतरंचभूतानांस्वभावंपश्यभारत ॥ येतुपश्यंतितद्भूतंमुच्यंतेतेमहाभयात् ११ भवान्पिताभवान्माताभवान्भ्राताभवान्गुरुः ॥
दुःखप्रलापानार्तस्यतन्मेत्वंक्षंतुमर्हसि १२ तथ्यंवायदिवाऽतथ्यंयन्मयैतत्प्रभाषितम् ॥ तद्विद्धिपृथिवीपालभक्त्याभरतसत्तम १३ ॥ ॥ इति श्रीम
हाभारते शांतिपर्वणि राजध० सहदेववाक्ये त्रयोदशोऽध्यायः ॥ १३ ॥ ॥ वैशंपायनउवाच ॥ अव्याहरतिकौंतेयेधर्मराजेयुधिष्ठिरे ॥ भ्रातॄणांब्रुव
तांतांस्तान्विविधान्वेदनिश्चयान् १ महाभिजनसंपन्नाश्रीमत्यायतलोचना ॥ अभ्यभाषतराजेंद्रद्रौपदीयोषितांवरा २ आसीनमृषभंराज्ञांभ्रातृभिःपरिवा
रितम् ॥ सिंहशार्दूलसदृशैर्वारणैरिवयूथपम् ३ अभिमानवतीनित्यंविशेषेणयुधिष्ठिरे ॥ लालितासततंराज्ञाधर्मज्ञाधर्मदर्शिनी ४ आमंत्र्यविपुलश्रोणीसाम्ना
परमवल्गुना ॥ भर्तारमभिसंप्रेक्ष्यततोवचनमब्रवीत् ५ ॥ द्रौपद्युवाच ॥ इमेतेभ्रातरःपार्थशुष्यंतेस्तोककाइव ॥ वावाश्यमानास्तिष्ठंतिनचैनानभिनंदसे
६ नंदयैतान्महाराजमत्तानिवमहाद्विपान् ॥ उपपन्नेनवाक्येनसततंदुःखभागिनः ७ कथंद्वैतवनेराजन्पूर्वमुक्त्वातथावचः ॥ भ्रातॄनेतान्स्मसहितान्शीतवाता
तपार्दितान् ८ वयंदुर्योधनंहत्वामृधेभोक्ष्याममेदिनीम् ॥ संपूर्णांसर्वकामानामाहवेविजयैषिणः ९ विरथांश्चरथान्कृत्वानिहत्यचमहागजान् ॥ संस्तीर्यचरथैर्भू
मिंससादिभिररिंदमाः १० यजतांविविधैर्यज्ञैःसमृद्धैराप्तदक्षिणैः ॥ वनवासकृतंदुःखंभविष्यतिसुखायवः ११ इत्येतानेवमुक्त्वात्वंस्वयंधर्मभृतांवर ॥ कथमद्यपु
नर्वीरविनिहंसिमनांसिनः १२ नक्लीबोवसुधांभुंक्तेनक्लीबोधनमश्नुते ॥ नक्लीबस्यगृहेपुत्रामत्स्याःपंकइवासते १३ नादंडःक्षत्रियोभातिनादंडोभूमिमश्नुते ॥
नादंडस्यप्रजाराज्ञःसुखंविंदंतिभारत १४ मित्रतासर्वभूतेषुदानमध्ययनंतपः ॥ ब्राह्मणस्यैवधर्मःस्यान्नराज्ञोराजसत्तम १५ असतांप्रतिषेधश्चसतांचपरिपा
लनम् ॥ एषराज्ञांपरोधर्मःसमरेचापलायनम् १६ यस्मिन्क्षमाचक्रोधश्चदानादानेभयाभये ॥ निग्रहानुग्रहौचोभौसवैधर्मविदुच्यते १७ नश्रुतेननदानेन
नसांत्वेननचेज्यया ॥ त्वयेयंपृथिवीलब्धानसंकोचेनचाप्युत १८ ॥ ॥ ॥ ॥ ॥ ॥

नीलकंठीये भारतभावदीपे त्रयोदशोऽध्यायः ॥ १३ ॥ ॥ अव्याहरति वक्तव्याभावान्नतुक्रोधान्मौर्ख्याद्वा १ । २ । ३ । ४ साम्नासांत्ववादेन वल्गुनारमणीयेन ५
स्तोककाश्चातकावावाश्यमानाःपुनःपुनःक्रंदंतः ६ उपपन्नेनयुक्तियुक्तेन ७ । ८ सर्वकामानांसर्वैरर्थैः ९ । १० । ११ । १२ क्लीबोऽधीरः १३ । १४ । १५ प्रतिषेधोदंडो
राज्यान्निर्वासनंवा १६ दानमादानंचते १७ संकोचेनयाञ्चया १८ ॥ ॥ ॥ ॥ ॥ ॥

त्रिभिरंगैस्त्रिसृभिःशक्तिभिः ताश्चप्रभुशक्तिर्मंत्रशक्तिरुत्साहशक्तिस्ताभिरनुत्तमंश्रेष्ठम् १९ । २० । २१ अधरेणपश्चिमतः २२ क्रौंचद्वीपादिवशीकरणंसिद्धद्वाराराजसूये २३ । २४ । २५ । २६
२७ । २८ । २९ । ३० । ३१ । ३२ । ३३ नस्यकर्मनासाद्वाराभेषजग्रहणं नष्टेतिपाठेनष्टाःप्रेतास्तद्बाधानिवृत्त्यर्थंरक्षाबंधनादिभिःकर्मभिः ३४ । ३५ । एतेषांएताननादृत्य ३६ । ३७ । ३८ । ३९

॥ ११ ॥

यत्तद्बलममित्राणांतथावीर्यसमुद्यतम् ॥ हस्त्यश्वरथसंपन्नंत्रिभिरंगैरनुत्तमम् १९ रक्षितंद्रोणकर्णाभ्यामश्वत्थाम्नाकृपेणच ॥ तत्त्वयानिहतंवीरतस्माद्भुंक्ष्व वसुंधराम् २० जंबूद्वीपोमहाराजनानाजनपदैर्युतः ॥ त्वयापुरुषशार्दूलदंडेनमृदितःप्रभो २१ जंबूद्वीपेनसदृशःक्रौंचद्वीपोनराधिप ॥ अधरेणमहामेरोर्दंडेन मृदितस्त्वया २२ क्रौंचद्वीपेनसदृशःशाकद्वीपोनराधिप ॥ पूर्वेणतुमहामेरोर्दंडेनमृदितस्त्वया २३ उत्तरेणमहामेरोःशाकद्वीपेनसंमितः ॥ भद्राश्वःपुरुषव्याघ्र दंडेनमृदितस्त्वया २४ द्वीपाश्चसांतरद्वीपानानाजनपदाश्रयाः ॥ विगाह्यसागरंवीरदंडेनमृदितास्त्वया २५ एतान्यप्रतिमेयानिकृत्वाकर्माणिभारत ॥ नप्रीयसेमहाराजपूज्यमानोद्विजातिभिः २६ ॥ सत्वंभ्रातॄनिमान्दृष्ट्वाप्रतिनंदस्वभारत ॥ ऋषभानिवसंमत्तान्गजेंद्रानूर्जितानिव २७ अमरप्रतिमाःसर्वेशत्रुसाहाः परंतपाः ॥ एकोऽपिहिसुखायैषांममस्यादितिमेमतिः २८ ॥ किंपुनःपुरुषव्याघ्रपतयोमेनरर्षभाः ॥ समस्तानीन्द्रियाणीवशरीरस्यविचेष्टने २९ अनृतंनाब्रवी च्छ्वश्रूःसर्वज्ञासर्वदर्शिनी ॥ युधिष्ठिरस्त्वांपांचालिसुखेधास्यत्यनुत्तमे ३० हत्वाराजसहस्राणिबहून्याशुपराक्रमः ॥ तद्व्यर्थंसंप्रपश्यामिमोहात्तवजनाधिप ३१ येषामुन्मत्तकोज्येष्ठःसर्वेतेऽप्यनुसारिणः ॥ तवोन्मादान्महाराजसोन्मादाःसर्वपांडवाः ३२ यदिहिस्युरनुन्मत्ताभ्रातरस्तेनराधिप ॥ बद्ध्वात्वांनास्तिकैःसार्धंप्रशा सेयुर्वसुंधराम् ३३ कुरुतेमूढएवंहियःश्रेयोनाधिगच्छति ॥ धूपैरंजनयोगैश्चनस्यकर्मभिरेवच ३४ भेषजैःसचिकित्स्यःस्याद्यउन्मार्गेणगच्छति ॥ साऽहंसर्वाध मालोकेस्त्रीणांभरतसत्तम ३५ तथाविनिकृतापुत्रैर्याऽहमिच्छामिजीवितुम् ॥ एतेषांयतमानानांनमेऽद्यवचनंमृषा ३६ त्वंतुसर्वांमहींत्यक्त्वाकुरुषेस्वयमा पदम् ॥ यथाऽऽस्तांसंमतौराज्ञांपृथिव्यांराजसत्तम ३७ मांधाताचांबरीषश्चतथाराजन्विराजसे ॥ प्रशाधिपृथिवींदेवींप्रजाधर्मेणपालयन् ३८ सपर्वतवन द्वीपांमाराजन्विमनाभव ॥ यजस्वविविधैर्यज्ञैर्युध्यस्वारीन्प्रयच्छच ॥ धनानिभोगान्वासांसिद्विजातिभ्योनृपोत्तम ३९ ॥ इतिश्रीमहाभारतेशांतिपर्व णिराजधर्मानुशासनप० द्रौपदीवाक्येचतुर्दशोऽध्यायः ॥ १४ ॥ ॥ वैशंपायनउवाच ॥ याज्ञसेन्यावचःश्रुत्वापुनरेवार्जुनोऽब्रवीत् ॥ अनुमान्यमहाबाहुंज्ये ष्ठंभ्रातरमच्युतम् १ ॥ अर्जुनउवाच ॥ दंडःशास्तिप्रजाःसर्वादंडएवाभिरक्षति ॥ दंडःसुप्तेषुजागर्तिदंडंधर्मंविदुर्बुधाः २ दंडःसंरक्षतेधर्मंतथैवार्थंजनाधिप ॥ कामंसंरक्षतेदंडस्त्रिवर्गोदंडउच्यते ३ दंडेनरक्ष्यतेधान्यंधनंदंडेनरक्ष्यते ॥ एवंविद्वन्नुपाधत्स्वभावंपश्यस्वलौकिकम् ४ ॥ ॥ ॥

॥ इतिशांतिपर्वणिराजधर्मानुशासनपर्वणिनीलकंठीयेभारतभावदीपेचतुर्दशोऽध्यायः ॥ १४ ॥ याज्ञसेन्यावचइति १ नादंडःक्षत्रियोभातीतिद्रौपद्युक्तिमुपबृंहयतिदंडइति २ । ३ उपाधत्स्वदंडमि तिशेषः लौकिकंभावंलोकव्यवहारंपश्यस्वपश्य । यद्वा शोभनश्चासावलौकिकश्चतंभावंशास्त्रैकगम्यमानंदात्मानमंतर्दृष्ट्यापश्यवहिश्चदंडमुपाधत्स्वतेनसहदेवोक्तोऽर्थःप्रदर्शितोभवति ४ ॥ ॥

५ सांसिद्धिकेपशुवद्दंडार्हस्त्रभावे ६ । ७ दंडशब्दार्थमाह यस्मादिति । दमयतिताडनादिना दंडयतिविचमपहरति ८ भुज्यतइतिभुजंभक्तंतन्मात्रार्पणंवेतनप्रदानमित्यर्थः । दानंराज्ञेद्रव्या
र्पणं । निर्दंडोदास्यमेवकारयेन्नत्वस्यदंडोऽस्ति 'शूद्रंतुकारयेद्दास्यम्'इतिमनूक्तेः एतच्चाल्पापराधेज्ञेयं ९ । १० श्यामोदृढाभिघातेनदंडयस्यांध्यजनकत्वात् लोहिताक्षोदंडयितुःक्रोधातिश

राजदंडभयादेकेपापाःपापंनकुर्वते ॥ यमदंडभयादेकेपरलोकभयादपि ५ परस्परभयादेकेपापाःपापंनकुर्वते ॥ एवंसांसिद्धिकेलोकेसर्वंदंडेप्रतिष्ठितम् ६ दंडस्यै
वभयादेकेनखादंतिपरस्परम् ॥ अंधेतमसिमज्जेयुर्यदिदंडोनपालयेत् ७ यस्माददांतान्दमयत्यशिष्टान्दंडयत्यपि ॥ दमनाद्दंडनाच्चैवतस्माद्दंडंविदुर्बुधाः ८ वा
चादंडोब्राह्मणानांक्षत्रियाणांभुजार्पणम् ॥ दानदंडाःस्मृतावैश्यानिर्दंडःशूद्रउच्यते ९ असंमोहायमर्त्यानामर्थसंरक्षणायच ॥ मर्यादास्थापितालोकेदंडसंज्ञावि
शांपते १० यत्रश्यामोलोहिताक्षोदंडश्चरतिसूद्यतः ॥ प्रजास्तत्रनमुह्यंतेनेताचेत्साधुपश्यति ११ ब्रह्मचारीगृहस्थश्चवानप्रस्थश्चभिक्षुकः ॥ दंडस्यैवभयादेते
मनुष्यावर्त्मनिस्थिताः १२ नाभीतोयजतेराजन्नाभीतोदातुमिच्छति ॥ नाभीतःपुरुषःकश्चित्समयेस्थातुमिच्छति १३ नाच्छित्त्वापरमर्माणिनाकृत्वाकर्मदु
ष्करम् ॥ नाहत्वामत्स्यघातीवप्राप्नोतिमहतींश्रियम् १४ नाघ्नतःकीर्तिरस्तीहनवित्तंनपुनःप्रजाः ॥ इंद्रोवृत्रवधेनैवमहेंद्रःसमपद्यत १५ यएवदेवाहंतारस्तांल्लो
कोऽर्चयतेभृशम् ॥ हंतारुद्रस्तथास्कंदःशक्रोऽग्निर्वरुणोयमः १६ हंताकालस्तथावायुर्मृत्युर्वैश्रवणोरविः ॥ वसवोमरुतःसाध्याविश्वेदेवाश्चभारत १७ एता
न्देवान्नमस्यंतिप्रतापप्रणताजनाः ॥ नब्रह्माणंनधातारंनपूषाणंकथंचन १८ मध्यस्थान्सर्वभूतेषुदांतान्शमपरायणान् ॥ जयंतेमानवाःकेचित्प्रशांताःसर्वकर्मसु
१९ नहिपश्यामिजीवन्तंलोकेकंचिदहिंसया ॥ सत्वैःसत्वाहिजीवन्तिदुर्बलैर्बलवत्तराः २० नकुलोमूषिकानत्तिबिडालोनकुलंतथा ॥ बिडालमत्तिश्वाराजन्श्वानं
व्यालमृगस्तथा २१ तानत्तिपुरुषःसर्वान्पश्यकालोयथागतः ॥ प्राणस्यान्नमिदंसर्वंजंगमंस्थावरंचयत् २२ विधानंदैवविहितंतत्रविद्वान्नमुह्यति ॥ यथासृष्टोऽसि
राजेंद्रतथाभवितुमर्हसि २३ विनीतक्रोधहर्षाहिमंदावनमुपाश्रिताः ॥ विनावधंनकुर्वंतितापसाःप्राणयापनम् २४ उदकेबहवःप्राणाःपृथिव्यांचफलेषुच ॥ नचक
श्चिन्नतान्हंतिकिमन्यत्प्राणयापनात् २५ सूक्ष्मयोनीनिभूतानितर्कगम्यानिकानिचित् ॥ पक्ष्मणोऽपिनिपातेनयेषांस्यात्स्कंधपर्ययः २६ ग्रामान्निष्क्रम्यमुनयोवि
गतक्रोधमत्सराः ॥ वनेकुटुंबधर्माणोदृश्यंतेपरिमोहिताः २७ भूमिंभित्त्वौषधीश्छित्त्वावृक्षादीनंडजान्पशून् ॥ मनुष्यास्तन्वतेयज्ञांस्तेस्वर्गंप्राप्नुवंतिच २८ दंडनी
त्यांप्रणीतायांसर्वेसिद्ध्यंत्युपक्रमाः ॥ कौंतेयसर्वभूतानांतत्रमेनास्तिसंशयः २९ दंडश्चेन्नभवेल्लोकेविनश्येयुरिमाःप्रजाः ॥ जलेमत्स्यानिवाभक्ष्यन्दुर्बलान्बलवत्तराः ३०

यात् सूद्यतःसुतरामुद्यतः साधुयथापराधं ११ । १२ । १३ । महतींभिंद्रलोकादिं मत्स्यघातीवेत्यनपकारिणामपिवधःकार्यइत्यत्रदृष्टांतः १४ । १५ । १६ । १७ । १८ । १९ । २० व्या
लमृगश्चित्रव्याघ्रः २१ । २२ यथासृष्टःशौर्यंतेजोधृतिर्दाक्ष्यमित्याद्युक्तस्त्रभावःक्षत्रियःसृष्टोऽसिधात्रा २३ विनीतावपनीतौक्रोधहर्षौयैस्ते मंदाःक्षत्रियाः २४ । २५ । स्कंधपर्ययोदेहस्यविपर्ययः
२६ । २७ । २८ ततोदंडयुक्तानीतिर्दंडनीतिस्तस्यांप्रणीतायांप्रवर्तितायां २९ अभक्ष्यन्भक्षयेयुः ३० ॥ ॥ ॥ ॥ ॥

संतर्जिताःफूत्कारेण ३१ । ३२ भोगायपालनाय मर्यादायाइतिशेषः ३३ । ३४ सुनतिनयनायविनयप्रापणाय ३५ । ३६ कल्याणीमपत्यवतींनदुहेतलोकः उद्वहनंनंगच्छेत्किंतुव्यभिचरेदव ३७ विष्वग्लोपःसर्वोच्छेदः सेतवोमर्यादाःममत्वंपरिच्छिन्नंनजानीयुः सर्वःसर्वत्रममत्वंकुर्यादित्यर्थः ३८ तिष्ठेयुरनुतिष्ठेयुः ३९ आश्रिताआश्रमिणः ४० । ४१। ४२। ४३। ४४ । ४४।४५ । ४६

सत्यंचेदंब्रह्मणापूर्वमुक्तंदंडःप्रजारक्षतिसाधुनीतः ॥ पश्यान्ग्नयश्चप्रतिशाम्यभीताःसंतर्जितादंडभयाज्ज्वलंति ३१ अंधंतमइवेदंस्यान्नप्राज्ञायतकिंचन ॥ दंडश्चेन्नभवेल्लोकेविभजन्साध्वसाधुन ३२ येऽपिसंभिन्नमर्यादानास्तिकावेदनिंदकाः ॥ तेऽपिभोगायकल्पंतेदंडेनाशुनिपीडिताः ३३ सर्वोदंडजितोलोकोदुर्लभोहिशुचिर्जनः ॥ दंडस्यहिभयाद्भीतोभोगायैवप्रवर्तते ३४ चातुर्वर्ण्यप्रमोदायसुनीतिनयनायच ॥ दंडोविधात्राविहितोधर्मार्थौभुविरक्षितुम् ३५ यदिदंडान्नबिभ्येयुर्वयांसिश्वापदानिच ॥ अद्युःपशून्मनुष्यांश्चयज्ञार्थानिहवींषिच ३६ नब्रह्मचार्यधीयीतकल्याणींनदुहेतगाम् ॥ नकन्योद्वहनंगच्छेद्यदिदंडोनपालयेत् ३७ विष्वग्लोपःप्रवर्तेतभिद्येरन्सर्वसेतवः ॥ ममत्वंनप्रजानीयुर्यदिदंडोनपालयेत् ३८ नसंवत्सरसत्राणितिष्ठेयुरकुतोभयाः ॥ विधिवद्दक्षिणावंतियदिदंडोनपालयेत् ३९ चरेयुर्नाश्रमंधर्मंयथोक्तंविधिमाश्रिताः ॥ नविद्यांप्राप्नुयात्कश्चिद्यदिदंडोनपालयेत् ४० नचोष्ट्रानबलीवर्दानाश्वाश्वतरगर्दभाः ॥ युक्तावहेयुर्यानानियदिदंडोनपालयेत् ४१ नप्रेष्यावचनंकुर्युर्नबालाजातुकर्हिचित् ॥ नतिष्ठेद्युवतीधर्मेयदिदंडोनपालयेत् ४२ दंडेस्थिताःप्रजाःसर्वाभयंदंडेविदुर्बुधाः ॥ दंडेस्वर्गोमनुष्याणांलोकोऽयंसुप्रतिष्ठितः ४३ नतत्रकूटंपापंवावंचनावाऽपिदृश्यते ॥ यत्रदंडःसुविहितश्चरत्यरिविनाशनः ४४ हविःश्वाप्रलिहेद्दृष्ट्वादंडश्चेन्नोद्यतोभवेत् ॥ हरेत्काकःपुरोडाशंयदिदंडोनपालयेत् ४५ यदीदंधर्मतोराज्यंविहितंयद्यधर्मतः ॥ कार्यस्तत्रनशोकोवैभुंक्ष्वभोगान्यजस्वच ४६ सुखेनधर्मंश्रीमंतश्चरंतिशुचिवाससः ॥ संवर्षतःफलैर्दानैर्भुंजानाश्चान्नमुत्तमम् ४७ अर्थेसर्वेसमारंभाःसमायत्तानसंशयः ॥ सचदंडेसमायत्तःपश्यदंडस्यगौरवम् ४८ लोकयात्रार्थमेवहधर्मप्रवचनंकृतम् ॥ अहिंसासाधुहिंसेतिश्रेयान्धर्मपरिग्रहः ४९ नात्यंतंगुणवत्किंचिन्नचाप्यत्यंतनिर्गुणम् ॥ उभयंसर्वकार्येषुदृश्यतेसाध्वसाधुवा ५० पशूनांवृषणंछित्त्वाततोभिंदंतिमस्तकम् ॥ वहंतिबहवोभारान्बध्नंतिदमयंतिच ५१ एवंपर्याकुलेलोकेवितथैर्जर्जरीकृते ॥ तैस्तैर्न्यायैर्महाराजपुराणंधर्ममाचर ५२ यजदेहिप्रजांरक्षधर्मंसमनुपालय ॥ अमित्रान्जहिकौंतेयमित्राणिपरिपालय ५३ माचतेनिघ्नतःशत्रून्मन्युर्भवतुपार्थिव ॥ नतत्रकिल्बिषंकिंचित्कर्तुर्भवतिभारत ५४ आततायीहियोहन्यादाततायिनमागतम् ॥ नतेनभ्रूणहासस्यान्मन्युस्तंमन्युमार्छति ५५ ॥ ॥

४७ । ४८ गोष्ठप्रविष्टव्याघ्रादेरहिंसागवामेवहिंसाभवति । अतएतयोर्मध्येधर्मस्यपरिग्रहआर्तत्राणंश्रेयान् ४९ । ५० मस्तकंभिंदंतिशृंगवृद्धिर्माभूदिति । नस्तकानितिपाठेनासिकाः ५१ जर्जरीकृतेदंडेन तदभावेभारवहनादिकार्यंनस्यादतःपुराणमेवधर्ममाचर । नत्वत्रप्रवाहायातंहिंसादिदोषमवेक्षस्वेतिभावः ५२ । ५३ मन्युर्दैन्यम् ५४ आततायीशस्त्रपाणिः मन्युःक्रोधः मन्युंक्रोधमार्छति आसर्वतऋच्छतिप्राप्नोति 'मन्युःकर्तानाहंकर्ता' इतिश्रुतेस्तत्रनभ्रूणहाभवतीत्यर्थः ५५ ॥ ॥ ॥ ॥ ॥ ॥ ॥

वस्तुतस्त्ववध्यएव आत्मा देहस्तुशालावदनात्मा तेनदेहेनदेहेनिहतेनात्माहंतावावध्योवेत्याह अवध्यइत्यादिना ५६ । ५७ । ५८॥ इतिशांतिपर्वणिराज०नीलकंठीयेभारतभावदीपे पंचदशोऽध्यायः
॥ १५ ॥ ॥ अर्जुनस्येति । ननुदेहश्चेच्छालातुल्यस्तर्हितत्पीडयाकःपीड्यतेइत्याशंक्यमनएवपीड्यतेनात्मेतिवक्तुमयमध्यायः १. नचशक्नुमःकर्तुमितिशेषः २ । ३ । ४ । ५ आयत्यामुत्तर
कालेतदात्वेवर्तमानकाले अगतिर्दुर्मार्गः गतिःसन्मार्गः ६ राज्यंप्रतिहेतुंराज्यंकर्तुंयुक्तिं ७ देहमनसीदुःखाश्रयेनत्वात्मेतिज्ञात्वासुखेनराज्यंकर्तव्यमितितात्पर्यं । निर्द्वंद्वंशरीरंविनाव्याधिर्नास्ति मनोवि

अवध्यःसर्वभूतानामंतरात्मानसंशयः ॥ अवध्येचात्मनिकथंवध्योभवतिकस्यचित् ५६ यथाहिपुरुषःशालांपुनःसंप्रविशेन्नवाम् ॥ एवंजीवःशरीराणितानितानि प्रपद्यते ५७ देहान्पुराणानुत्सृज्यनवान्संप्रतिपद्यते ॥ एवंमृत्युमुखंप्राहुर्जनायेतत्त्वदर्शिनः ५८ ॥ इतिश्रीमहाभारतेशांतिपर्वणिराजधर्मानुशासनपर्वणिअर्जुन वाक्येपंचदशोऽध्यायः ॥ १५ ॥ ॥ ॥ वैशंपायनउवाच ॥ अर्जुनस्यवचःश्रुत्वाभीमसेनोऽत्यमर्षणः ॥ धैर्यमास्थायतेजस्वीज्येष्ठंभ्रातरमब्रवीत् १ राज न्विदितधर्मोऽसिनतेऽस्त्यविदितंक्वचित् ॥ उपशिक्षामतेवृत्तंसदैवनचशक्नुमः २ नवक्ष्यामिनवक्ष्यामीत्येवंमेमनसिस्थितम् ॥ अतिदुःखात्तुवक्ष्यामितन्निबो धजनाधिप ३ भवतःसंप्रमोहेनसर्वंसंशयितंकृतम् ॥ विक्लवत्वंचनःप्राप्तमबलत्वंतथैवच ४ कथंहिराजालोकस्यसर्वशास्त्रविशारदः ॥ मोहमापद्यसेदैन्याद्यथा कापुरुषस्तथा ५ अगतिश्चगतिश्चैवलोकस्यविदितातव ॥ आयत्यांचतदात्वेचनतेऽस्त्यविदितंप्रभो ६ एवंगतेमहाराजराज्यंप्रतिजनाधिप ॥ हेतुमत्रप्रवक्ष्यामित मिहैकमनाःशृणु ७ द्विविधोजायतेव्याधिःशारीरोमानसस्तथा ॥ परस्परंतयोर्जन्मनिर्द्वंद्वंनोपलभ्यते ८ शारीराज्जायतेव्याधिर्मानसोनात्रसंशयः ॥ मानसाज्जाय तेवाऽपिशारीरइतिनिश्चयः ९ शारीरंमानसंदुःखंयोऽतीतमनुशोचति ॥ दुःखेनलभतेदुःखंद्वावनर्थौचविंदति १० शीतोष्णेचैववायुश्चत्रयःशारीरजागुणाः ॥ तेषांगु णानांसाम्यंयत्तदाहुःस्वस्थलक्षणम् ११ तेषामन्यतमोद्रेकेविधानमुपदिश्यते ॥ उष्णेनबाध्यतेशीतंशीतेनोष्णंप्रबाध्यते १२ सत्वंरजस्तमइतिमानसाःस्युस्त्रयो गुणाः॥ तेषांगुणानांसाम्यंयत्तदाहुःस्वस्थलक्षणम् १३ तेषामन्यतमोत्सेकेविधानमुपदिश्यते ॥ हर्षेणबाध्यतेशोकोहर्षःशोकेनबाध्यते १४ कश्चित्सुखेवर्तमानोदुःखस्य स्मर्तुमिच्छति ॥ कश्चिद्दुःखेवर्तमानःसुखस्यस्मर्तुमिच्छति ॥ १५ सत्वंनदुःखीदुःखस्यनसुखीचसुखस्यवा ॥ नदुःखीसुखजातस्यनसुखीदुःखजस्यवा १६ स्मर्तुमिच्छसिकौरव्यदिष्टंहिबलवत्तरम् ॥ अथवातेस्वभावोऽयंयेनपार्थिवक्लिश्यसे १७ ॥ ॥ ॥ ॥

नाआधिर्नास्तीत्यर्थः ८ । ९ । १० शीतोष्णेकफपित्ते वायुर्वातः ११ विधानंचिकित्सा उष्णेनद्रव्येण १२ । १३ । १४ कश्चिदिति । कश्चिन्मूढोदिव्यस्त्र्यादिसुखकालेनष्टंपुत्रादिस्मरन् शोकेनहर्षंबाधते । कश्चिद्दुःखकालेऽतीतंसुखंस्मरन्हर्षेणशोकंबाधते । इदमुभयंदेहाद्यभिमानविषयं १५ त्वंतुशारीरमानसाभ्यामन्यःकालत्रयेऽपिनदुःखीनवासुखी । अतस्तदुभयस्मरणानर्हत्वा त्सुखकालेदुःखंदुःखकालेसुखंवास्मर्तुंनार्हसि अथापिचेत्स्मरसितर्हिदैवमेवबलीयइत्याहसार्धेन सइति १६ अथतेतवदेहादिसंघात्ममानिनःस्वभावएवेतिचेत्किंद्रौपदीक्लेशादिकंदुःखंनस्मर्तुमर्हस्यपितुअ र्हस्येवेत्याह अथवेत्यादिना १७ ॥ ॥ ॥ ॥ ॥ ॥ ॥ ॥

१.८ । १.९ ।२० । २१ यच्चयथाचतेद्रोणभीष्माभ्यामात्मतुल्याभ्यांसहयुद्धमासीत्तत्तथातेतवचात्मसमेनमनसाएकेनयोद्धव्यमुपस्थितमितियोजना । द्रोणादिवन्मनोऽपित्वत्तोऽन्यदित्याशयः । एकेननि
विकल्पावस्थेनाऽऽत्ममनोनाशोभवतीत्यर्थः २२ । २३ तस्मिन्मनसिवासनातंतुसंतानरूपेअनिर्जितेसतिदेहांतरेऽपिपूर्वसंस्काराात्तवयुध्यतस्तस्ययुद्धमाप्तिरनिवार्येत्याह तस्मिन्निति २४ तस्मादिति ।
॥ १३ ॥ यस्मादेवंतस्मादद्यैवस्वकर्मभिर्यमाद्यष्टांगैर्व्यक्तंस्थूलशरीरंत्यक्त्वाऽव्यक्तरूपस्यमनसःपरंशत्रुभूतमैकात्म्यं गंतव्यंप्राप्तव्यं अतोयुध्यस्व मनोजयार्थंसन्नद्धोभवेत्यर्थः २५ तस्मिन्मनसि कामवस्थां अवाच्या

दृष्ट्वासभागतांकृष्णामेकवस्त्रांरजस्वलाम् ॥ मिषतांपांडुपुत्राणांनतस्यस्मर्तुमर्हसि १८ प्रव्राजनंचनगरादजिनैश्चविवासनम् ॥ महारण्यनिवासश्चनतस्यस्मर्तुमर्हसि १९ जटासुरात्परिक्लेशंचित्रसेनेनचाहवम् ॥ सैंधवाच्चपरिक्लेशंकथंविस्मृतवानसि २० पुनरज्ञातचर्यायांकीचकेनपदावधम् ॥ द्रौपद्याराजपुत्र्याश्चकथंविस्मृतवानसि २१ यच्चतेद्रोणभीष्माभ्यांयुद्धमासीदरिंदम ॥ मनसैकेनयोद्धव्यंतत्तेयुद्धमुपस्थितम् २२ यत्रनास्तिशरैःकार्यंनमित्रैर्नचबंधुभिः ॥ आत्मनैकेनयोद्धव्यंतत्तेयुद्धमुपस्थितम् २३ तस्मिन्ननिर्जितेयुद्धेप्राणान्यदिविमोक्ष्यसे ॥ अन्यंदेहंसमास्थायततस्तैरपियोत्स्यसे २४ तस्मादद्यैवगंतव्यंयुद्धस्व भरतर्षभ ॥ परमंव्यक्तरूपस्यव्यक्तंत्यक्त्वास्वकर्मभिः २५ तस्मिन्ननिर्जितेयुद्धेकामवस्थांगमिष्यसि ॥ एतज्जित्वामहाराजकृतकृत्योभविष्यसि २६ एतांबुद्धिंविनिश्चित्यभूतानामागतिंगतिम् ॥ पितृपैतामहेवृत्तेशाधिराज्यंयथोचितम् २७ दिष्ट्यादुर्योधनःपापोनिहतःसानुगोयुधि ॥ द्रौपद्याःकेशपाशस्यदिष्ट्यात्वंपदवींगतः २८ यजस्ववाजिमेधेनविधिवद्दक्षिणावता ॥ वयंतेकिंकराःपार्थवासुदेवश्चवीर्यवान् २९ ॥ इतिश्रीमहाभारतेशांतिपर्वणिराजधर्मानुशासनपर्वणिभीमवाक्येषोडशोऽध्यायः ॥ १६ ॥ ॥ ॥ युधिष्ठिरउवाच ॥ असंतोषःप्रमादश्चमदोरागोऽप्रशांतता ॥ बलंमोहोऽभिमानश्चाप्युद्वेगश्चैवसर्वशः १
एभिःपाप्मभिराविष्टोराज्यंत्वमभिकांक्षसे ॥ निरामिषोविनिर्मुक्तःप्रशांतःसुसुखीभव २ यइमामखिलांभूमिंशिष्यादेकोमहीपतिः ॥ तस्याप्युदरमेकंवैकिमिदंत्वंप्रशंससि ३ नाह्नापूरयितुंशक्यांनमासैर्भरतर्षभ ॥ अपूर्यांपूरयन्निच्छामायुषाऽपिनशक्नुयात् ४ यथेद्धःप्रज्वलत्यग्निरसमिद्धःप्रशाम्यति ॥ अल्पाहारतयात्वग्निंशमयौदर्यमुत्थितम् ५ आत्मोदरकृतेप्राज्ञःकरोतिविघसंबहु ॥ जयोदरंपृथिव्यातेश्रेयोनिर्जितयाजितम् ६ मानुषान्कामभोगांस्त्वमैश्वर्यंचप्रशंससि ॥ अभोगिनोऽबलाश्चैवयांतिस्थानमनुत्तमम् ७ ॥ ॥ ॥ ॥ ॥ ॥

मित्यर्थः एतन्मनः २६ एतांमनोदेहाभ्यामन्यश्चात्मेत्येवंरूपां । भूतानामागतिंगतिंचमनसातादात्म्येनकृतामवेक्ष्यतदपहायहर्षशोकविमुक्तःसन्राज्यंकुर्वित्यर्थः २७ । २८ । २९ ॥ इतिशांति
तिपर्वणिराज॰ नीलकंठीयेभारतभावदीपेषोडशोऽध्यायः १.६ ॥ ॥ असंतोषइति । मनस्तादात्म्यंत्यक्त्वाहर्षविषादशून्योराज्यंयज्ञांश्चकुर्वित्युक्तं तत्रत्यागोवाङ्मात्रेणनभवतिकिंतुमनोनिरोधेन
सचसंतोषैकाग्र्यविनयवैराग्यशांतिधैर्यविवेकाहंकारत्यागानुद्वेगादिनासाध्यः राज्यंत्वसंतोषादिमताकर्तव्यमतोराज्याकांक्षीत्वथापांडित्यंमाकुरु किंतुराज्यंत्यक्त्वासंतोषादिनिष्ठएवभवेतिश्लोकद्वयार्थः १ ।
२ । ३ । ४ इद्धःप्रदीप्तः ५ श्रेयसापरलोकजयेनैवपृथिवीजिताभवतीतिवेतत्वजितंजयएवास्तीतिभावः ६ अबलास्तपःकृशाः ७ ॥ ॥ ॥

अलब्धलाभोयोगो लब्धसंरक्षणंक्षेमस्तदुभयंधर्माधर्मात्मकसंसाररूपत्वान्महद्भयंतस्मान्मुच्यस्वमुक्तोभव ८ एकेति । व्याघ्रइवस्वार्थपरएवराजाऽतोबध्यते पाराध्यत्वस्यानुषंगिकंनमोचयितुंक्षममितिभावः
९ विषयानिति । बहिरर्थांस्त्यक्त्वाशांतःसंन्यासीसन्नबध्यतइत्युक्तं तद्बुद्ध्यंतरंबुद्धेर्विपर्ययोयथातथापश्यजानीहि १० एवंचेत्पत्राहारादिकंमुनयोनकुर्युरितिद्वयोःश्लोकयोर्भावः ११ । १२
१३ मनसैवत्यागःकार्यइत्येतन्निरस्यति निरामिषाइति । अतआत्मानंत्यागीतिवदन्मृषावादीभवसीत्यर्थः १४ ईजानावर्णाश्रमाद्यभिमानिनः गताइतिशेषः मोक्षिणोनिःसंगाः १५ । १६
बंधनंराज्यसंगस्ताभ्यामामिषाभ्याम् १७ यत्तुपितृपैतामहंराज्यमित्युक्तंतत्रापिस्वस्यासंगंदर्शयति अपिगाथामिति १८ । १९ यत्तूक्तंदिष्ट्यादुर्योधनोहतइतितत्राह प्रज्ञेति । मंदत्वादेवप्रज्ञाप्रा

योगःक्षेमश्चराष्ट्रस्यधर्माधर्मौत्वयिस्थितौ ॥ मुच्यस्वमहतोभारात्त्यागमेवाभिसंश्रय ८ एकोदरकृतेव्याघ्रःकरोतिविघसंबहु ॥ तमन्येऽप्युपजीवंतिमंदालोभव
शामृगाः ९ विषयान्प्रतिसंगृह्यसंन्यासंकुर्वतेयदि ॥ नचतुष्यंतिराजानःपश्यबुद्ध्यंतरंयथा १० पत्राहारैरश्मकुट्टैर्दंतोलूखलिकैस्तथा ॥ अब्भक्षैर्वायुभक्षै
श्चतैरयंनरकोजितः ११ यस्त्विमांवसुधांकृत्स्नांप्रशासेदखिलांनृपः ॥ तुल्याश्मकांचनोयश्चसकृतार्थोनपार्थिवः १२ संकल्पेषुनिरारंभोनिराशोनिर्ममोभव ॥
अशोकंस्थानमातिष्ठइहचामुत्रचाव्ययम् १३ निरामिषानशोचंतिशोचसित्वंकिमामिषम् ॥ परित्यज्यामिषंसर्वंमृषावादात्प्रमोक्ष्यसे १४ पंथानौपितृयानश्चदे
वयानश्चविश्रुतौ ॥ ईजानाःपितृयानेनदेवयानेनमोक्षिणः १५ तपसाब्रह्मचर्येणस्वाध्यायेनमहर्षयः ॥ विमुच्यदेहांस्तेयांतिमृत्योरविषयंगताः १६ आमिषंबंध
नंलोकेकर्मेहोक्तंतथाऽऽमिषम् ॥ ताभ्यांविमुक्तःपापाभ्यांपदमाप्नोतितत्परम् १७ अपिगाथांपुरागीतांजनकेनवदंत्युत ॥ निर्द्वंद्वेनविमुक्तेनमोक्षंसमनुपश्य
ता १८ अनंतंबतमेवित्तंयस्यमेनास्तिकिंचन ॥ मिथिलायांप्रदीप्तायांनमेदह्यतिकिंचन १९ प्रज्ञाप्रासादमारुह्यअशोच्यान्शोचतोजनान् ॥ जगतीस्थानि
वाद्रिस्थोमंदबुद्धिर्नचेक्षते २० दृश्यंपश्यतियःपश्यन्सचक्षुष्मान्सबुद्धिमान् ॥ अज्ञातानांचविज्ञानात्संबोधाद्बुद्धिरुच्यते २१ यस्तुवाचंविजानातिबहुमान
मियात्सवै ॥ ब्रह्मभावप्रपन्नानांवैद्यानांभावितात्मनाम् २२ यदाभूतपृथग्भावमेकस्थमनुपश्यति ॥ ततएवचविस्तारंब्रह्मसंपद्यतेतदा २३ ॥

सादमारोढुमशक्तः । अशोच्यान्स्वर्गतान्दुर्योधनादीन्शोचतस्तद्दारादीन्पश्यसि । परदुःखेनसुखीभवन्मूर्खोऽसीतिभावः २० कस्तर्हिबुद्धिमानित्यतआह दृश्यमिति । दृश्यंद्रष्टुंयोग्यंकर्तव्यम
कर्तव्यंच । अज्ञातंज्ञापयतितस्यकर्तव्यत्वमकर्तव्यत्वंवासंबोधयतिसम्यङ्निश्चाययतिसाबुद्धिस्तद्वान्बुद्धिमान् २१ यस्त्वेतांबुद्धिंविनिश्चित्येत्युक्तंतत्राह यइति । यस्तुवैद्यानांविद्यावतांवाचंविजानातिन
तुतदर्थंसत्वाद्दशोबहुमानमियात् । गुरूनप्युपदेष्टुंयोग्यमात्मानंमन्यते नतुतत्त्वंविंदति २२ कस्तर्हितत्त्वंविंदतीत्यतआह यदेति । यदायस्मिन्कालेभूतानांवियदादीनांपृथग्भावंनानात्वमेकस्थंएकस्मि
न्नात्मनिपर्यवसन्नंविलीनमितियावत् घटशरावादीनामिवमृण्मात्रमनुपश्यतिशास्त्राचार्योपदेशमनुध्यानेनसाक्षात्करोतितथाततएकस्मादेवविस्तारमुत्पत्तिंचपश्यतितदाब्रह्मसंपद्यतेतत्त्वंविंदति २३

तेबुद्धिमंतस्तांगतिंब्रह्मसंपत्तिंयांतिनत्वादृशाविद्वांसःशास्त्रमात्राभिज्ञाः यतोऽल्पचेतसः मंदबुद्धयोबहिर्मुखाइत्यर्थः । कथंतर्हिबुद्धिमंतोभवंतीत्यतआह नाबुद्धयोनातपसइति । येअतपसोनतेअबुद्धयोन तपसैवबुद्धिःप्राप्यतइत्यर्थः २४ ॥ इतिशांतिपर्वणिराजधर्मानुशासनपर्वणिनीलकंठीये भारतभावदीपे सप्तदशोऽध्यायः ॥ १७ ॥ ॥ तूष्णींभूतमिति १ बुद्धयर्थंतपोऽनुष्ठातुंवनमेव श्रेयइत्युक्तंतत्रकर्मणैवहिंससिद्धिमास्थिताजनकादयइत्युक्तेगृहेऽपिचित्तशुद्धिकरंयज्ञादिकंतपोऽस्तीत्याख्यायिकामुखेनप्रतिपादयिष्यन्नर्जुनउवाच कथयंतीति २ । ३ पावकंयज्ञादिद्वाराशोधकं ४ धानाभृष्टयवाः निरीहंवितृष्णं ५ हेतुमद्युक्तियुक्तं ६ नतेवरोनतेत्वयावरणीयः ७ प्रतिज्ञा सर्वसंगंत्यक्ष्यामीत्येवंरूपा स्वल्पेनापिकुंडिकादिसंग्रहेणनष्टेत्यर्थः ८ एतेनधानामुष्टिना ९

तेजनास्तांगतिंयांतिनाविद्वांसोऽल्पचेतसः ॥ नाबुद्धयोनातपसःसर्वंबुद्धौप्रतिष्ठितम् २४ ॥ इतिश्रीमहाभारतेशांतिपर्वणिराजधर्मानुशासनपर्वणियुधिष्ठिरवाक्येसप्तदशोऽध्यायः ॥ १७ ॥ ॥ वैशंपायनउवाच ॥ तूष्णींभूतंतुराजानंपुनरेवार्जुनोऽब्रवीत् ॥ संतप्तःशोकदुःखाभ्यांराजवाक्शल्यपीडितः १ अर्जुनउवाच ॥ कथयंतिपुरावृत्तमितिहासमिमंजनाः ॥ विदेहराज्ञःसंवादंभार्ययासहभारत २ उत्सृज्यराज्यंभिक्षार्थंकृतबुद्धिंनरेश्वरम् ॥ विदेहराजमहिषीदुःखितायदभाषत ३ धनान्यपत्यंदाराश्चरत्नानिविविधानिच ॥ पंथानंपावकंहित्वाजनकोमौण्ड्यमास्थितः ४ तंददर्शप्रियाभार्याभैक्ष्यवृत्तिमकिंचनम् ॥ धानामुष्टिमुपासीनंनिरीहंगतमत्सरम् ५ तमुवाचसमागत्यभर्तारमकुतोभयम् ॥ क्रुद्धामनस्विनीभार्याविविक्तेहेतुमद्वचः ६ कथमुत्सृज्यराज्यंस्वंधनधान्यसमन्वितम् ॥ कापालींवृत्तिमास्थायधानामुष्टिर्नतेवरः ७ प्रतिज्ञातेऽन्यथाराजन्विचेष्टाचान्यथातव ॥ यद्राज्यंमहदुत्सृज्यस्वल्पेतुष्यसिपार्थिव ८ नैतेनातिथयोराजन्देवर्षिपितरस्तथा ॥ अद्यशक्यास्त्वयाभर्तुंमोघस्तेऽयंपरिश्रमः ९ देवतातिथिभिश्चैवपितृभिश्चैवपार्थिव ॥ सर्वैरेतैःपरित्यक्तःपरिव्रजसिनिष्क्रियः १० यस्त्वंत्रैविद्यवृद्धानांब्राह्मणानांसहस्रशः ॥ भर्ताभूत्वाचलोकस्यसोऽद्यतैर्भृतिमिच्छसि ११ श्रियंहित्वाप्रदीप्तांत्वंश्ववत्संप्रतिवीक्ष्यसे ॥ अपुत्राजननीतेऽद्यकौसल्याचापतिस्त्वया १२ अमीचधर्मकामास्त्वांक्षत्रियाःपर्युपासते ॥ त्वदाशामभिकांक्षंतःकृपणाःफलहेतुकाः १३ तांश्चत्वंविफलान्कुर्वन्कंनुलोकंगमिष्यसि ॥ राजन्संशयितेमोक्षेपरतंत्रेषुदेहिषु १४ नैवतेऽस्तिपरोलोकोनापरःपापकर्मणः ॥ धर्म्यान्दारान्परित्यज्ययस्त्वमिच्छसिजीवितुम् १५ स्रजोगंधानलंकारान्वासांसिविविधानिच ॥ किमर्थमभिसंत्यज्यपरिव्रजसिनिष्क्रियः १६ निपानंसर्वभूतानांभूत्वात्वंपावनंमहत् ॥ आढ्योवनस्पतिर्भूत्वासोऽन्यांस्त्वंपर्युपाससे १७ खादंतिहस्तिनंन्यासैःक्रव्यादाबहवोऽप्युत ॥ बहवःकृमयश्चैवकिंपुनस्त्वामनर्थकम् १८ ॥ ॥ ॥

यतोनिष्क्रियोऽतोदेवतादिभिःपरित्यक्तःसन्नेवपरिव्रजसि १० भृतिस्वोदरभरणं ११ । १२ फलहेतुकाःफलार्थिनः १३ परतंत्रेष्वदृष्टाधीनेषु १४ । १५ । १६ निपीयतेऽस्मिन्स्वेच्छयागोभिर्जलमितिनिपानमाहावः कूपोपांतस्थक्षुद्रजलाशयइतियावत् तद्वद्भूत्वा तथाआढ्यःफलवान्पक्षिणामाश्रयश्चभूत्वा अन्यान्उदरार्थंकथंपर्युपासते १७ हस्तिनमपिन्यासैःसर्वकर्मत्यागैरुपेतंक्रव्यादामांसादाःखादंति अनर्थकंसर्वपुरुषार्थहीनं १८ ॥ ॥ ॥ ॥

यइमामिति । त्रिविष्टब्धंत्रिदंडं १९ अवसीयसेअध्यवस्यसि अनेनधानामुष्टिनासर्वंराज्यादिकंसमं संगित्वाविशेषात् २० इहार्थइतिजीवनार्थंबाह्यमप्यर्थंत्यक्तुमशक्तःकथमांतरान्देहेन्द्रियादींस्त्यक्ष्य
सि । तथाचसर्वसंगत्यागप्रतिज्ञाव्यर्थैव किंतर्हिसर्वसंगत्यागरूपमतआह कावेति । देहेंद्रियमनोबुद्धिविषयाणांत्यागेशुद्धचिन्मात्रस्यतवाहंचतादृशीकाममत्वंचकः । नह्यसंगचिन्मात्रयोर्द्वयोःपरस्प
रसंबंधोऽस्तिभेदकोपाधेरभावात् एवंसतिमयिकश्चतेऽनुग्रहोनकश्चिदित्यर्थः २१ एवमसंगस्यतवराज्यंकुर्वतोयथाकथंचित्प्रारब्धकर्मावसानपर्यंतंदेहंधारयतःकुंडिकाद्यपेक्षयाराज्यमेवमंगलमनुग्राहकमित्याह
प्रशाधीत्यादिना २२ सौखिकैःपरमसुखार्थिभिःसंन्यासिभिः संभृतानर्थान्कुंडिकादीन्वीक्ष्ययःस्वयमपितथाकरोतिसर्किंनुतद्राज्यादिकंत्यजत्यपितुनैवत्यजति किंतूचितंपरिग्रहंत्यक्त्वादैवोपहृतत्वाद

यइमांकुंडिकांभिंद्यात्त्रिविष्टब्धंचयोहरेत् ॥ वासश्चापिहरेत्तस्मिन्कथंतेमानसंभवेत् १९ यस्त्वयंसर्वमुत्सृज्यधानामुष्टेरनुग्रहः ॥ यदानेनसमंसर्वंकिमिदंह्यवसीयसे
२० धानामुष्टेरिहार्थश्चेत्प्रतिज्ञातेविनश्यति ॥ कावाऽहंतवकोमेत्वंकश्चतेमय्यनुग्रहः २१ प्रशाधिपृथिवींराजन्यदितेऽनुग्रहोभवेत् ॥ प्रासादंशयनंयानंवा
सांस्याभरणानिच २२ श्रियाविहीनैरधनैस्त्यक्तमित्रैरकिंचनैः ॥ सौखिकैःसंभृतानर्थान्यःसंत्यजतिकिंनुतत् २३ योऽत्यंतंप्रतिगृह्णीयाद्यश्चदद्यात्सदैवहि ॥
तयोस्त्वमंतरंविद्धिश्रेयांस्ताभ्यांकउच्यते २४ सदैवयाचमानेषुतथादंभान्वितेषुच ॥ एतेषुदक्षिणादत्तादावाग्नाविवदुर्हुतम् २५ जातवेदायथाराजन्नादग्ध्वैवो
पशाम्यति ॥ सदैवयाचमानोहितथाशाम्यतिवैद्विजः २६ सतांवैददतोऽन्नंचलोकेस्मिन्प्रकृतिर्ध्रुवा ॥ नचेद्राजाभवेद्दाताकुतःस्युर्मोक्षकांक्षिणः २७ अन्नाद्गृहस्था
लोकेऽस्मिन्भिक्षवस्ततएवच ॥ अन्नात्प्राणःप्रभवतिअन्नदःप्राणदोभवेत् २८ गृहस्थेभ्योऽपिनिर्मुक्तागृहस्थानेवसंश्रिताः ॥ प्रभवंचप्रतिष्ठांचदांताविंदंतआसते
२९ त्यागान्नंभिक्षुकंविंद्यान्नमौढ्यान्नचयाचनात् ॥ ऋजुस्तुयोऽर्थंत्यजतिनसुखंविद्धिभिक्षुकम् ३० असक्तःसक्तवद्गच्छन्निःसंगोमुक्तबंधनः ॥ समःशत्रौच
मित्रेचसवैमुक्तोमहीपते ३१ परिव्रजंतिदानार्थंमुंडाःकाषायवाससः ॥ सिताबहुविधैःपाशैःसंचिन्वंतोवृथाऽऽमिषम् ३२ त्रयींचनामवार्त्तांचत्यक्त्वापुत्रान्व्र
जंतिये ॥ त्रिविष्टब्धंचवासश्चप्रतिगृह्णंत्यबुद्धयः ३३ अनिष्कषायेकाषायमीहार्थमितिविद्धितम् ॥ धर्मध्वजानांमुंडानांवृत्त्यर्थमितिमेमतिः ३४ काषायैर
जिनैश्चीरैर्नग्नान्मुंडान्जटाधरान् ॥ बिभ्रत्साधून्महाराजजयलोकान्जितेंद्रियः ३५ अग्न्याधेयानिगुर्वर्थंक्रतूनपिसुदक्षिणान् ॥ ददात्यहरहःपूर्वंकोनुधर्मरतस्ततः
३६ ॥ अर्जुनउवाच ॥ तत्त्वज्ञोजनकोराजालोकेऽस्मिन्नितिगीयते ॥ सोऽप्यासीन्मोहसंपन्नोमामोहवशमन्वगाः ३७ एवंधर्ममनुक्रांताःसदादानतपःपराः ॥
आनृशंस्यगुणोपेताःकामक्रोधविवर्जिताः ३८ ॥ ॥ ॥ ॥

नुचितंपरिग्रहांतरमेवकरोतीत्यसंगत्वमस्यदुर्लभमित्यर्थः २३ एतदेवाह यइति २४ सदैवयाचमानःपरिव्राट् २५ सचक्लेशान्दग्ध्वैवोपशाम्यत्यग्निवदित्याह जातेति २६ एतच्चगृहस्था
धीनमित्याह सतामिति । सतांसंन्यासिनां प्रकृतिर्जीवनं २७ । २८ । २९ । ३० ऋजुत्वमेवाह असक्तइति ३१ दानार्थंदानंप्राप्तुंसिताबद्धाःपाशैर्मठोमेभूयाच्छिष्योमेभूया
न्मानोमेभूयादित्यादिभिः आमिषंधनंमठपुस्तकाद्यर्थं ३२ । ३३ अनिष्कषायेरागादिदोषवर्जनाभावे ३४ साधून्निष्कषायान् ३५ । ३६ । ३७ । ३८ ॥ ॥

म.भा.टी. ॥ १५ ॥ शां.रा.१.२ अ० ॥ १९ ॥

३९ । ४० ॥ इतिशांतिपर्वणिराजधर्मानुशासनपर्वणि नीलकंठीयेभारतभावदीपेअष्टादशोऽध्यायः ॥ १८ ॥ ॥ अंतःसंगंत्यक्त्वाबहिःकर्मकुर्वित्युक्तंदूषयन्युधिष्ठिरउवाच वेदेति । अपराणिधर्मशास्त्राणिपराणिब्रह्मशास्त्राणि 'कुर्वन्नेवेहकर्माणिजिजीविषेच्छतंसमाः'इति 'त्यजतैवहितज्ज्ञेयम्' इति'कुरुकर्मत्यज'इतिचशास्त्रद्वयंवेदजाने १ तयोर्निश्चयमप्यहंवेद । विविदिषंतियज्ञेन दानेनेत्यादिश्रुतेरात्मवेदनेच्छापर्यंतंकर्मविषयः २ एतमेवप्रव्राजिनोलोकमिच्छंतःप्रव्रजंतीतिइच्छोत्तरंप्रव्रज्येतिकर्मतत्त्यागश्रुत्योर्व्यवस्थामजानंस्त्वंमूर्खोऽसीत्याह त्वंत्वित्यादिना ३ । ४ । ५ । ६ धर्मंधर्मप्रतिपादकंतत्रविषयेदुष्प्रतरंदुरवगाहम् ७ । ८ कस्तर्हिनिश्चयइत्यतआह तपइति । अविधिरनिर्देश्यंब्रह्म ९ । १० एतेषुतपोविभजते ततइति ११ अरण्यइति । अतिजघन्यं

प्रजानांपालनेयुक्तादानमुत्तममास्थिताः ॥ इष्टान्लोकानवाप्स्यामोगुरुवृद्धोपचायिनः ३९ देवतातिथिभूतानांनिर्वपंतोयथाविधि ॥ स्थानमिष्टमवाप्स्यामोब्रह्मण्याःसत्यवादिनः ४० ॥ इतिश्रीमहाभारतेशांतिपर्वणि राजधर्मानुशासनपर्वणि अर्जुनवाक्येअष्टादशोऽध्यायः ॥ १८ ॥ ॥ युधिष्ठिरउवाच ॥ वेदाहंतातशास्त्राणिअपराणिपराणिच ॥ अभयंवेदवचनंकुरुकर्मत्यजेतिच १ आकुलानिचशास्त्राणिहेतुभिश्चिंतितानिच ॥ निश्चयश्चैवयोमंत्रेवेदाहंतंयथाविधि २ त्वंतुकेवलमस्त्रज्ञोवीरव्रतसमन्वितः ॥ शास्त्रार्थंतत्त्वतोगंतुंनसमर्थःकथंचन ३ शास्त्रार्थसूक्ष्मदर्शीयोधर्मनिश्चयकोविदः ॥ तेनाप्येवंनवाच्योऽहंयदिधर्मंप्रपश्यसि ४ भ्रातृसौहृदमास्थाययदुक्तंवचनंत्वया ॥ न्याय्यंयुक्तंचकौन्तेयप्रीतोऽहंतेनतेऽर्जुन ५ युद्धधर्मेषुसर्वेषुक्रियाणांनैपुणेषुच ॥ नत्वयासदृशःकश्चित्त्रिषुलोकेषुविद्यते ६ धर्मसूक्ष्मतरंवाच्यंतत्रदुष्प्रतरंत्वया ॥ धनंजयनमेबुद्धिमभिशंकितुमर्हसि ७ युद्धशास्त्रविदेवत्वंनवृद्धाःसेवितास्त्वया ॥ संक्षिप्तविस्तरविदांनतेषांवेत्सिनिश्चयम् ८ तपस्त्यागोऽविधिरितिनिश्चयस्त्वेषधीमताम् ॥ परस्परंज्यायएषांयेषांनैश्रेयसीमतिः ९ यस्त्वेतन्मन्यसेपार्थनज्यायोऽस्तिधनादिति ॥ तत्रतेवर्तयिष्यामियथानैतत्प्रधानतः १० तपःस्वाध्यायशीलाहिदृश्यंतेधार्मिकाजनाः ॥ ऋषयस्तपसायुक्तायेषांलोकाःसनातनाः ११ अजातशत्रवोधीरास्तथाऽन्येवनवासिनः ॥ अरण्येबहवश्चैवसाध्यायेनदिवंगताः १२ उत्तरेणतुपंथानमार्याविषयनिग्रहात् ॥ अबुद्धिजंतमस्त्यक्त्वालोकांस्त्यागवतांगताः १३ दक्षिणेनतुपंथानंयंभास्वंतंप्रचक्षते ॥ एतेक्रियावतांलोकायेश्मशानानिभेजिरे १४ अनिर्देश्यागतिःसातुयांप्रपश्यंतिमोक्षिणः ॥ तस्माद्योगःप्रधानेष्टःसतुदुःखंप्रवेदितुम् १५ अनुस्मृत्यतुशास्त्राणिकवयःसमवस्थिताः ॥ अपीहस्यादपीहस्यात्सारासारदिदृक्षया १६ ॥ ॥ ॥

तपोऽपिधनाज्ज्यायः किमुतत्यागविधिरितिभावः १२ त्यागमाह उत्तरेणेति १३ श्मशानानीति । क्रियावतांजन्ममरणसंबंधोदुर्वारइतित्यागएवकर्तव्यइतिदर्शितम् १४ अविधिमाह अनिर्देश्येति । गतिर्मोक्षःप्रत्यगानंदरूपः तस्माद्धेतोस्तल्लाभायेत्यर्थः योगश्चित्तवृत्तिनिरोधः सःप्रधानंचतदिष्टश्चप्रधानेष्टः योगेनैवब्रह्मप्राप्यतेनान्यथेत्यर्थः यदाहदक्षः 'स्वसंवेद्यंहितद्ब्रह्मकुमारीस्त्रीसुखंयथा । अयोगीनैवजानातिजात्यंधोवैयथाघटम्'इति सतुदुःखंप्रवेदितुंतुभ्यंज्ञापयितुमशक्यस्तवतत्रानधिकारादित्यर्थः १५ अपिर्वार्थे इहवासारोऽस्तीहवेति एवमिहवाऽसारइहवेति शास्त्राण्यालोक्यकवयःसारमुपादायासारंपरित्यज्यसमवस्थिताः सम्यङ्निश्चयवंतोजाताइत्यर्थः १६ ॥ ॥ ॥ ॥ ॥

॥ १५ ॥

अरण्यकानिवेदांतान् १.७ एकांतंजनवर्जितं तद्वयुदासेनतत्त्यागेन केचिच्छरीरेस्थितमात्मानमिच्छादिमंतंप्राहुः । ममेदंभूयादित्यादिभिरिंगितैर्लिंगैः १.८ एवंपरमतमुपन्यस्यसिद्धांतमाह अग्रा ह्यमिति । चक्षुषासमनस्कैश्चक्षुरादिभिरग्राह्यंयतःसूक्ष्मंगिरावाऽनिर्देश्यं । कर्महेतुरविद्यातयैवपुरस्कारोब्राह्मणोऽहंगृहस्थोऽहमितिचक्षुर्वाग्गोचरत्वंयस्यतत्सूक्ष्ममेवविपरिवर्तते जीवरूपेणास्तीत्यर्थः १९ कल्याणगोचरमात्मोन्मुखं निरालंबनोनिरहंकारः २० सूक्ष्मगम्येसूक्ष्मयाबुद्ध्यागम्ये सद्भिश्चनिषेविते‍ऽन्तरहंकारत्यागरूपेसतिकथंबाह्यतमानर्थान् उपादेयत्वेनप्रशंससि २१ पूर्वशास्त्रविदःकर्मकां डविदोऽपिएवमर्थमनर्थत्वेनपश्यंतिकिमुतज्ञानिनः २२ दुरावर्ताःदुःखेनापिसिद्धांतंग्राहयितुमशक्याः दृढःपूर्वःप्राग्भावीयःसंस्कारोयेषांतेदृढपूर्वे । बहुव्रीहावप्यार्षीसर्वनामता २३ । २४ हेपार्थ

वेदवादानतिक्रम्यशास्त्राण्यारण्यकानिच ॥ विपाट्यकदलीस्तंभंसारंददृशिरेनते १७ अथैकांतव्युदासेनशरीरेपांचभौतिके ॥ इच्छाद्वेषसमासक्तमात्मानं प्राहुरिंगितैः १८ अग्राह्यंचक्षुषासूक्ष्ममनिर्देश्यंचतद्गिरा ॥ कर्महेतुपुरस्कारंभूतेषुपरिवर्तते १९ कल्याणगोचरंकृत्वामनस्तृष्णांनिगृह्यच ॥ कर्मसंततिमुत्सृज्यस्यान्निरालंबनःसुखी २० अस्मिन्नेवंसूक्ष्मगम्येमार्गेसद्भिर्निषेविते ॥ कथमर्थमनर्थाढ्यमर्जुनत्वंप्रशंससि २१ पूर्वशास्त्रविदोऽप्येवंजनाःपश्यंतिभारत ॥ क्रियासुनिरतानित्यंदानेयज्ञेचकर्मणि २२ भवंतिसुदुरावर्ताहेतुमंतोऽपिपंडिताः ॥ दृढपूर्वस्मृतामूढानैतदस्तीतिवादिनः २३ अनृतस्यावमंतारोवक्तारोजन संसदि ॥ चरंतिवसुधांकृत्स्नांवावदूकाबहुश्रुताः २४ पार्थयन्नविजानीमःकस्तान्ज्ञातुमिहार्हति ॥ एवंप्राज्ञाःश्रुताश्चापिमहांतःशास्त्रवित्तमाः २५ तपसा महदाप्नोतिबुद्ध्यावैविंदतेमहत् ॥ त्यागेनसुखमाप्नोतिसदाकौन्तेयतत्त्ववित् २६ ॥ इतिश्रीमहाभारतेशांतिपर्वणिराजधर्मा० युधिष्ठिरवाक्येएकोनविंशतितमोऽ ध्यायः १९ ॥ ॥ ॥ ॥ वैशंपायनउवाच ॥ अस्मिन्वाक्यांतरेवक्तादेवस्थानोमहातपाः ॥ अभिनीततरंवाक्यमित्युवाचयुधिष्ठिरम् १ ॥ देव स्थानउवाच ॥ यद्वचःफाल्गुनेनोक्तंनज्यायोऽस्तिधनादिति ॥ अत्रतेवर्तयिष्यामितदेकांतमनाःशृणु २ आजातशत्रोधर्मेणकृत्स्नातेवसुधाजिता ॥ तांजित्वा चवृथाराजन्नपरित्यक्तुमर्हसि ३ चतुष्पदीहिनिःश्रेणीब्रह्मण्येवप्रतिष्ठिता ॥ तांक्रमेणमहाबाहोयथावज्जयपार्थिव ४ तस्मात्पार्थमहायज्ञैर्यजस्वबहुदक्षिणैः ॥ स्वाध्याययज्ञाऋषयोज्ञानयज्ञास्तथाऽपरे ५ कर्मनिष्ठांश्चबुद्ध्येथास्तपोनिष्ठांश्चपार्थिव ॥ वैखानसानांकौन्तेयवचनंश्रूयतेयथा ६ ईहेतधनहेतोर्यस्तस्यानी हागरीयसी ॥ भूयान्दोषोहिवर्धेतयस्तंधर्ममुपाश्रयेत् ७ ॥ ॥ ॥

यत्यान्लौकिकानप्यर्थान्नवयंविजानीमस्तान्इतरःकोज्ञातुमर्हति नकोऽपियथा एवंप्राज्ञाअपिअस्माकमन्येषांचदुर्ज्ञेयाइत्यर्थः २५ महद्वैराग्यं महत्परंब्रह्म तत्ववित्तपआदीनामेव २६ ॥ ॥ इतिशांतिपर्वणि राज० नीलकंठीयेभारतभावदीपेएकोनविंशोऽध्यायः ॥ १.९ ॥ ॥ ॥ ॥ अस्मिन्वाक्यांतरेवक्तेत्यादिना 'दंडएवहिराजेन्द्रक्षत्रधर्मोनमुंडनमित्यंतेनग्रंथेनात्मविविदि षोत्पत्तेःपूर्वंकर्माणिकर्तव्यानिपश्चात्त्याज्यानीतियुधिष्ठिरमतंब्राह्मणविषयं नतुक्षत्रियविषयमितिप्रतिपाद्यते वाक्यांतरेवाक्यावसरे अभिनीततरंयुक्तिमत्तरं १ । २ । ३ चतुष्पदीचतुराश्रमी ४ तामेवाह स्वाध्यायेति । क्रमाद्ब्रह्मचारियतिगृहस्थवानप्रस्थान्बुध्यस्वेत्यर्थः ५ वैखानसानांहैरण्यगर्भाणां ६ धनंहेतुःकारणंयस्यतस्ययज्ञादेर्यज्ञाद्यर्थेईहेतधनंतस्यानीहैवगरीयसी । 'प्रक्षालनाद्धि पंकस्यदूरादस्पर्शनंवरम्'इतिन्यायात्तमिमंपरधर्मंयःक्षत्रियउपाश्रयेतसदूष्येतेत्याह भूयानिति ७ ॥ ॥ ॥ ॥

चोहेतौ यस्माद्विधिकारणात् यज्ञार्थधनसंहारंधनसंचयं आत्मानमितिबुद्ध्यादूषितआत्मानंदेहंतद्रक्षिप्रियंधनंवाअनर्हतेअयोग्यायकर्मणेसमर्पयतियोग्यायचन सआत्मद्रोहजांभ्रूणहत्यांनबुध्यतेसार्धः ८ दान धर्मःशुद्धिधर्मः दैप्रश्नोधनेइत्यस्यरूपं पक्षेस्पष्टोऽर्थः ९ यज्ञोद्दिष्टोयज्ञार्थमेवआज्ञप्तोवेदेन यज्ञसृष्टइतिपाठेयज्ञार्थमेवसृष्टःअनंतरःसन्निहितःयज्ञादेवसर्वकामावाप्तिर्भवतीतिभावः १० । ११ । १२ भांडमुपकरणंपात्रादि १३ । १४ ॥ इतिशांतिपर्वणि राज० नीलकंठीयेभारतभावदीपेविंशतितमोऽध्यायः ॥ २० ॥ अत्रैवक्षत्रियस्यवैखानसधर्माश्रयणंदोषः पालनयागदानादिकंगुणइत्य स्मिन्नर्थेएव १ असंतुष्टोहिराजाप्रजाःपीडयत्यतःसंतोषमेवस्तौति संतोषइति । सातुष्टिः २ सम्यक्प्रतितिष्ठतियेनतदाह यदेति । यदाप्रसीदतितदातुष्टिःप्रतितिष्ठतीतिसंबंधः कदाप्रसीदति यदाका मान्रजाप्रदादिविषयान्संहरतेआत्मनिप्रविलापयतितदाऽऽत्मज्योतिःस्वयंज्योतिरात्मास्वात्मन्येवस्वस्वरूपेएवप्रसीदतिद्रष्टृदर्शनेनदृश्यादिभेददर्शनरूपंमलंत्यजति ३ नबिभेतिद्वितीयाभावात् अस्माद्भवि

कृत्स्नंचधनसंहारंकुर्वीतिविधिकारणात् ॥ आत्मानंदूषितोबुद्ध्याभ्रूणहत्यांनबुद्ध्यते ८ अनर्हतेयद्ददातिनददातियदर्हते ॥ अर्हानर्हापरिज्ञानाद्दानधर्मोऽपिदु ष्करः ९ यज्ञायसृष्टानिधनानिधात्रायज्ञोद्दिष्टःपुरुषोरक्षिताच ॥ तस्मात्सर्वंयज्ञएवोपयोज्यंधनंततोऽनंतरएवकामः १० यज्ञैरिंद्रोविविधैरन्नवद्भिर्देवान्सर्वा नभ्ययाद्भूरितेजाः ॥ तेनेंद्रत्वंप्राप्यविभ्राजतेऽसौतस्माद्यज्ञेसर्वमेवोपयोज्यम् ११ महादेवःसर्वयज्ञेमहात्माहुत्वाऽऽत्मानंदेवदेवोबभूव ॥ विश्वान्लोकान्व्याप्यवि ष्टभ्यकीर्त्याविराजतेद्युतिमान्कृत्तिवासाः १२ आविक्षितःपार्थिवोऽसौमरुत्तोवृद्ध्याशक्रंयोऽजयद्देवराजम् ॥ यज्ञेयस्यश्रीःस्वयंसन्निविष्टायस्मिन्भांडंकांचनंस र्वमासीत् १३ हरिश्चंद्रःपार्थिवेंद्रःश्रुतस्तेयज्ञैरिष्ट्वापुण्यभाग्वीतशोकः ॥ ऋद्ध्याशक्रंयोऽजयन्मानुषःसंस्तस्माद्यज्ञेसर्वमेवोपयोज्यम् १४ ॥ इतिश्रीमहा०शां तिपर्वणिराज०देवस्थानवाक्येविंशतितमोऽध्यायः ॥ २० ॥ ॥ देवस्थानउवाच ॥ अत्रैवोदाहरंतीममितिहासंपुरातनम् ॥ इंद्रेणसमयेपृष्टोयदुवाचबृहस्प तिः १ संतोषोवैस्वर्गतमःसंतोषःपरमंसुखम् ॥ तुष्टेर्नकिंचित्परतःसासम्यक्प्रतितिष्ठति २ यदासंहरतेकामान्कूर्मोऽङ्गानीवसर्वशः ॥ तदाऽऽत्मज्योतिरचिरा त्स्वात्मन्येवप्रसीदति ३ नबिभेतियदाचायंयदाचास्मान्नबिभ्यति ॥ कामद्वेषौचजयतितदाऽऽत्मानंचपश्यति ४ यदाऽसौसर्वभूतानांनद्रुह्यतिनकांक्षति ॥ कर्मणामनसावाचाब्रह्मसंपद्यतेतदा ५ एवंकौंतेयभूतानितंतंधर्मंतथातथा ॥ तदात्मनाप्रपश्यंतितस्माद्बुध्यस्वभारत ६ अन्येसामप्रशंसंतिव्यायाममपरेजनाः ॥ नैकंनचापरेकेचिदुभयंचतथाऽपरे ७ यज्ञमेवप्रशंसंतिसंन्यासमपरेजनाः ॥ दानमेकेप्रशंसंतिकेचित्त्वेवप्रतिग्रहम् ८

भ्यति अस्यनिष्क्रियत्वात् समाधौव्युत्थानेतु कामक्रोधौजयति ४ यदाकाले ५ एवमिति । भूतानिअधिकारिजीवाः यथायथायेनयेनप्रकारेण यद्यत्कर्मयज्ञादिकंवा सगुणोपासनंनिर्गुणो पासनंवा सांगंव्यंगंवाकरोतितत्तत्कर्मतथातथातेनतेनप्रकारेणफलात्मनाआविर्भूतंआत्मनास्वानुभवेनपश्यंति । एतेन'तंयथायथोपासतेतथेतःप्रेत्यभवति'इतिश्रुतेरर्थोदर्शितः । तस्मात्सर्वेभ्योभूतेभ्योभयं ददद्भयंविंदत्यभयंददद्भयंविंदतीतिबुध्यस्व । सम्यक्प्रजापालनेनत्वमप्यभयंप्राप्नुहीतिभावः ६ अन्यइति । सामप्रीतिं व्यायामंयत्नं अपरेएकंध्यानंनप्रशंसंतिइतिनापितुप्रशंसंत्येवउभयंसामव्या यामौएकस्यैवअवस्थाभेदेनप्रशंसंति । अपरेतथैवप्रशंसंतिप्रागुपात्तमेकंज्ञेयं ७ पंचाप्येतान्पक्षान्विवृणोति यज्ञेतित्रिभिः । यज्ञसंन्यासदानैर्देवसर्वभूतविप्राणांप्रीतिर्भवति प्रतिग्रहंप्रजाभ्योयजमाने भ्योवाद्रव्यादानंव्यायामरूपंमंदाःप्रशंसंति ८

सर्वपरित्यागेनत्वेकंकेचित् । राज्यमेकेइत्यादिपादत्रयेणसामव्यायामात्रेकस्यैवाह ९ अंत्यंपक्षमाह केचिदेकांतशीलिनः १० सिद्धांतमाह अद्रोहेणेति ११ प्रजनंपुत्रोत्पादनंप्रधानंचासौइष्टश्चे
तिसमासस्तम् १२ । १३ प्रग्रहेसंग्रहे १४ । १५ श्रावणेनशास्त्रश्रवणाद्विहितेन १६ । १७ । १८ । १९ । २० ॥ इतिशांतिपर्वणिराजधर्मानुशासनपर्वणि नीलकंठीये भारतभावदीपेएकावें

केचित्सर्वंपरित्यज्यतूष्णींध्यायंतआसते ॥ राज्यमेकेप्रशंसंतिप्रजानांपरिपालनम् ९ हत्वाछित्त्वाचभित्त्वाचकेचिदेकांतशीलिनः ॥ एतत्सर्वंसमालोक्यबुधानामे
षनिश्चयः १० अद्रोहेणैवभूतानांयोधर्मःससतांमतः ॥ अद्रोहःसत्यवचनंसंविभागोदयादमः ११ प्रजनंस्वेषुदारेषुमार्दवंह्रीरचापलम् ॥ एवंधर्मंप्रधानेष्टंमनुःस्वा
यंभुवोऽब्रवीत् १२ तस्मादेतत्प्रयत्नेनकौंतेयप्रतिपालय ॥ योहिराज्येस्थितःशश्वद्वशीतुल्यप्रियाप्रियः १३ क्षत्रियोयज्ञशिष्टाशीराजाशास्त्रार्थतत्त्ववित् ॥ असा
धुनिग्रहरतःसाधूनांप्रग्रहेरतः १४ धर्मेवर्त्मनिसंस्थाप्यप्रजावर्तेतधर्मतः ॥ पुत्रसंक्रामितश्रीश्चवनेवन्येनवर्तयन् १५ विधिनाश्रावणेनैवकुर्यात्कर्माण्यतंद्रितः ॥ यएवं
वर्ततेराजन्सराजाधर्मनिश्चितः १६ ॥ तस्यायंचपरश्चैवलोकःस्यात्सफलोदयः ॥ निर्वाणंहिसुदुष्प्राप्यंबहुविघ्नंचमेमतम् १७ एवंधर्ममनुक्रांताःसत्यदानतपःपराः ॥
आनृशंस्यगुणैर्युक्ताःकामक्रोधविवर्जिताः १८ प्रजानांपालनेयुक्तादमधर्ममुत्तममास्थिताः ॥ गोब्राह्मणार्थेयुध्यंतःप्राप्तागतिमनुत्तमाम् १९ एवंरुद्राःसवसवस्तथाऽऽ
दित्याःपरंतप ॥ साध्याराजर्षिसंघाश्चधर्ममेतंसमाश्रिताः ॥ अप्रमत्तास्ततःस्वर्गंप्राप्ताःपुण्यैःस्वकर्मभिः २० ॥ इतिश्रीमहाभारतेशांतिपर्वणिराजधर्मेदेवस्थान
वाक्येएकविंशोऽध्यायः ॥ २१ ॥ ॥ वैशंपायनउवाच ॥ अस्मिन्नेवांतरेवाक्यंपुनरेवार्जुनोऽब्रवीत् ॥ निर्विण्णमनसंज्येष्ठमिदंभ्रातरमच्युतम् १ क्षत्रधर्मेणधर्म
ज्ञप्राप्यराज्यंसुदुर्लभम् ॥ जित्वाचारीन्नरश्रेष्ठतप्यतेकिंभृशंभवान् २ क्षत्रियाणांमहाराजसंग्रामेनिधनंमतम् ॥ विशिष्टंबहुभिर्यज्ञैःक्षत्रधर्ममनुस्मर ३ ब्राह्मणानांत
पस्त्यागःप्रेत्यधर्मविधिःस्मृतः ॥ क्षत्रियाणांचनिधनंसंग्रामेविहितंप्रभो ४ क्षात्रधर्मोमहारौद्रःशस्त्रनित्यइतिस्मृतः ॥ वधश्चभरतश्रेष्ठकालेशस्त्रेणसंयुगे ५ ब्राह्मण
स्यापिचेद्राजन्क्षत्रधर्मेणवर्ततः ॥ प्रशस्तंजीवितंलोकेक्षत्रंहिब्रह्मसंभवम् ६ नत्यागोनपुनर्यज्ञोनतपोमनुजेश्वर ॥ क्षत्रियस्यविधीयंतेनपरस्वोपजीवनम् ७ सभवा
न्सर्वधर्मज्ञोधर्मात्माभरतर्षभ ॥ राजामनीषीनिपुणोलोकेदृष्टपरावरः ८ त्यक्त्वासंतापजंशोकंदंशितोभवकर्मणि ॥ क्षत्रियस्यविशेषेणहृदयंवज्रसन्निभम् ९ जि
त्वाऽरीन्क्षत्रधर्मेणप्राप्यराज्यमकंटकम् ॥ विजितात्मामनुष्येंद्रयज्ञदानपरोभव १० इंद्रोवैब्रह्मणःपुत्रःक्षत्रियःकर्मणाऽभवत् ॥ ज्ञातीनांपापवृत्तीनांजघानन्नवतीर्नव ११
तच्चास्यकर्मपूज्यंचप्रशस्यंचविशांपते ॥ तेनेंद्रत्वंसमापेदेदेवानामितिनःश्रुतम् १२ सत्वंयज्ञैर्महाराजयजस्वबहुदक्षिणैः ॥ यथैवेंद्रोमनुष्येंद्रचिरायविगतज्वरः १३

शतितमोऽध्यायः ॥ २१ ॥ ॥ अस्मिन्निति । अच्युतंधर्मात् १ । २ । ३ त्यागःसंन्यासः ४ । ५ । ६ यज्ञआत्मयज्ञःसमाधिरितियावत् ७ । ८ । दंशितःसन्नद्धः विजयंधर्मसंहितमिति
पाठेप्रशंसंतीत्यध्याहारः ९ । १० ब्रह्मणःकश्यपस्यनवतीर्नवदशाधिकंशताष्टकम् ११ इंद्रत्वमैश्वर्यं १२ । १३ ॥ ॥ ॥ ॥

म.भा.टी० १४ । १५ ॥ इतिशां० रा० ना० भारतभावदीपेद्वाविंशोऽध्यायः ॥ २२ ॥ ॥ एवमुक्तइति १ गार्हस्थ्यंगृहस्थस्यायंगार्हस्थ्यस्तम् २ तवक्षत्रियस्वादरण्यंसंन्यासः ३ । ४ । ५ दुर्बलानि शां.रा १२

॥ १७ ॥ मात्वमेवंगतेकिंचिच्छोचेथाःक्षत्रियर्षभ ॥ गतास्तेक्षत्रधर्मेणशस्त्रपूताःपरांगतिम् १४ भवितव्यंतथातच्चयदृत्तंभरतर्षभ ॥ दिष्टंहिराजशार्दूलनशक्यमतिवर्तितुम् अ०
१५ ॥ इतिश्रीमहाभारतेशांतिपर्वणिराजधर्मानुशासनपर्वणिअर्जुनवाक्येद्वाविंशोऽध्यायः ॥ २२ ॥ ॥ वैशंपायनउवाच ॥ एवमुक्तस्तुकौंतेयोगुडाकेशेनपांडवः
॥ नोवाचकिंचित्कौरव्यस्ततोद्वैपायनोऽब्रवीत् १ ॥ व्यासउवाच ॥ बीभत्सोर्वचनंसौम्यसत्यमेतद्युधिष्ठिर ॥ शास्त्रदृष्टःपरोधर्मःस्थितोगार्हस्थ्यमाश्रितः २ स्वध ॥ २३ ॥
र्मंचरधर्मज्ञयथाशास्त्रंयथाविधि ॥ नहिगार्हस्थ्यमुत्सृज्यतवारण्यंविधीयते ३ गृहस्थंहिसदादेवाःपितरोऽतिथयस्तथा ॥ भृत्याश्चैवोपजीवंतितान्भरस्वमहीपते
४ वयांसिपशवश्चैवभूतानिचजनाधिप ॥ गृहस्थैरेवधार्यंतेतस्माच्छ्रेष्ठोगृहाश्रमी ५ सोऽयंचतुर्णामेतेषामाश्रमाणांदुराचरः ॥ तंचराद्यविधिंपार्थदुश्चरंदुर्बलेंद्रियैः ६
वेदज्ञानंचतेकृत्स्नंतपश्चाचरितंमहत् ॥ पितृपैतामहंराज्यंधुर्यवद्वोढुमर्हसि ७ तपोयज्ञस्तथाविद्याभैक्ष्यमिंद्रियसंयमः ॥ ध्यानमेकांतशीलत्वंतुष्टिर्ज्ञानंचशक्तितः ८
ब्राह्मणानांमहाराजचेष्टासंसिद्धिकारिका ॥ क्षत्रियाणांतुवक्ष्यामितवापिविदितंपुनः ९ यज्ञोविद्यासमुत्थानमसंतोषःश्रियंप्रति ॥ दंडधारणमुग्रत्वंप्रजानांपरिपा
लनम् १० वेदज्ञानंतथाकृत्स्नंतपःसुचरितंतथा ॥ द्रविणोपार्जनंभूरिपात्रेचप्रतिपादनम् ११ एतानिराज्ञांकर्माणिसुकृतानिविशांपते ॥ इमंलोकममुंचैवसाधयं
तीतिनःश्रुतम् १२ एषांज्यायस्तुकौंतेयदंडधारणमुच्यते ॥ बलंहिक्षत्रियेनित्यंबलेदंडःसमाहितः १३ एताविद्याःक्षत्रियाणांराजन्संसिद्धिकारिकाः ॥ अपिगा
थामिमांचापिबृहस्पतिरगायत १४ भूमिरेतौनिगिरतिसर्पोबिलशयानिव ॥ राजानंचाविरोद्धारंब्राह्मणंचाप्रवासिनम् १५ सुद्युम्नश्चापिराजर्षिःश्रूयतेदंडधारणात् ॥
प्राप्तवान्परमांसिद्धिंदक्षःप्राचेतसोयथा १६ ॥ युधिष्ठिरउवाच ॥ भगवन्कर्मणाकेनसुद्युम्नोवसुधाधिपः ॥ संसिद्धिंपरमांप्राप्तःश्रोतुमिच्छामितंनृपम् १७ ॥ व्यास
उवाच ॥ अत्राप्युदाहरंतीममितिहासंपुरातनम् ॥ शंखश्चलिखितश्चास्तांभ्रातरौसंशितव्रतौ १८ तयोरावसथावास्तांरमणीयौपृथक्पृथक् ॥ नित्यपुष्पफलैर्वृक्षैरु
पेतौबाहुदामनु १९ ततःकदाचिल्लिखितःशंखस्याश्रममागतः ॥ यदृच्छयाऽथशंखोऽपिनिष्क्रांतोऽभवदाश्रमात् २० सोऽभिगम्याश्रमंभ्रातुःशंखस्यलिखितस्त
दा ॥ फलानिपातयामाससम्यक्परिणतान्युत २१ तान्युपादायविस्रब्धोभक्षयामाससद्विजः॥ तस्मिंश्चभक्षयत्येवशंखोऽप्याश्रममागतः २२ भक्षयंतंतुतंदृष्ट्वाशंखो
भ्रातरमब्रवीत् ॥ कुतःफलान्यवाप्तानिहेतुनाकेनखादसि २३ सोऽब्रवीद्भ्रातरंज्येष्ठमुपस्पृत्याभिवाद्यच ॥ इतएवगृहीतानिमयेतिप्रहसन्निव २४ ॥ ॥

जितानिचतानिइंद्रियाणितैः ६ । ७ विद्याआत्मनोऽसंगत्वज्ञानं ज्ञानंशास्त्रविषयम् ८ । ९ । १० । ११ । १२ । १३ । १४ बिलशयान्मूषिकान् अप्रवासिनंगृहादिसंगिनम् १५ । १६ । १७ । १८ ॥ १७ ॥
बाहुदांनदीमनुतत्समीपे १९ । २० । २१ विस्रब्धोममैवैतानीतिनिश्चयवान् २२ । २३ । २४ ॥ ॥ ॥ ॥ ॥ ॥

इदंभक्षणंकृतम् २५ हेपार्थिवसत्तम मयाअदत्तादानंकृतमित्यस्मैराज्ञेकथयस्वेतिसंबंधः २६ । २७ । २८ अंतपालेभ्योद्वारपालेभ्यः २९ । ३० करिष्यइतिसंधिरार्षः ३१ अनिसृष्टान्यदत्ता
नि गुरुणाज्येष्ठभ्रात्रा ३२ यथादंडधारणेराजाप्रमाणंतथाऽनुज्ञायांहेतुःप्रमाणम् ३३ शुचिकर्मामदनुज्ञयैवशोधितदोषः । श्रुतकर्मेतिपाठेश्रावितकर्मा कीर्तनेनापिदोषोनश्यतीत्यर्थः ३४ । ३५

तमब्रवीत्तथाशंखस्तीव्ररोषसमन्वितः ॥ स्तेयंत्वयाकृतमिदंफलान्याददतास्वयम् २५ गच्छराजानमासाद्यस्वकर्मकथयस्ववै ॥ अदत्तादानमेवंहिकृतंपार्थिवस
त्तम २६ स्तेनंमांत्वंविदित्वाचस्वधर्ममनुपालय ॥ शीघ्रंधारयचौरस्यममदंडंनराधिप २७ इत्युक्तस्तस्यवचनात्सुद्युम्नंसनराधिपम् ॥ अभ्यगच्छन्महाबाहोलि
खितःसंशितव्रतः २८ सुद्युम्नस्त्वंतपालेभ्यःश्रुत्वालिखितमागतम् ॥ अभ्यगच्छत्सहामात्यःपद्भ्यामेवजनेश्वरः २९ तमब्रवीत्समागम्यसराजाधर्मवित्तमम्
किमागमनमाचक्ष्वभगवन्कृतमेवतत् ३० एवमुक्तःसविप्रर्षिःसुद्युम्नमिदमब्रवीत् ॥ प्रतिश्रुत्यकरिष्येतिश्रुत्वातत्कर्तुमर्हसि ३१ अनिसृष्टानिगुरुणाफलानिमनुज
र्षभ ॥ भक्षितानिमहाराजतत्रमांशाधिमाचिरम् ३२ ॥ सुद्युम्नउवाच ॥ प्रमाणंचेन्मतोराजाभवतोदंडधारणे ॥ अनुज्ञायामपितथाहेतुःस्याद्ब्राह्मणर्षभ ३३
सभवानभ्यनुज्ञातःशुचिकर्मामहाव्रतः ॥ ब्रूहिकामानतोऽन्यांस्त्वंकरिष्यामिहितेवचः ३४ ॥ व्यासउवाच ॥ संछंद्यमानोब्रह्मर्षिःपार्थिवेनमहात्मना ॥ नान्यं
सवरयामासतस्माद्दंडादृतेवरम् ३५ ततःसपृथिवीपालोलिखितस्यमहात्मनः ॥ करौप्रच्छेदयामासधृतदंडोजगामसः ३६ सगत्वाभ्रातरंशंखमार्तरूपोऽब्रवी
दिदम् ॥ धृतदंडस्यदुर्बुद्धेर्भवांस्तत्क्षंतुमर्हति ३७ ॥ शंखउवाच ॥ नकुप्येतवधर्मज्ञनत्वंदूषयसेमम ॥ धर्मस्तुतेव्यतिक्रांतस्ततस्तेनिष्कृतिःकृता ३८ त्वं
गत्वाबाहुदांशीघ्रंतर्पयस्वयथाविधि ॥ देवानृषीन्पितॄंश्चैवमाचाधर्मेमनःकृथाः ३९ तस्यतद्वचनंश्रुत्वाशंखस्यलिखितस्तदा ॥ अवगाह्यापगांपुण्यामुदकार्थंप्र
चक्रमे ४० प्रादुरास्तांततस्तस्यकरौजलजसन्निभौ ॥ ततःसविस्मितोभ्रातुर्दर्शयामासतौकरौ ४१ ततस्तमब्रवीच्छंखस्तपसेदंकृतंमया ॥ माचतेऽत्रविशंकाऽ
भूद्दैवमत्रविधीयते ४२ ॥ लिखितउवाच ॥ किंतुनाहंत्वयापूतःपूर्वमेवमहाद्युते ॥ यस्यतेतपसोवीर्यमीदृशंद्विजसत्तम ४३ ॥ शंखउवाच ॥ एवमेतन्मयाका
र्यंनाहंदंडधरस्तव ॥ सचपूतोनरपतिस्त्वंचापिपितृभिःसह ४४ ॥ व्यासउवाच ॥ सराजापांडवश्रेष्ठश्रेयान्वैतेनकर्मणा ॥ प्राप्तवान्परमांसिद्धिंदक्षःप्राचेतसो
यथा ४५ एषधर्मःक्षत्रियाणांप्रजानांपरिपालनम् ॥ उत्पथोऽन्योमहाराजमास्मशोकेमनःकृथाः ४६ भ्रातुरस्यहितंवाक्यंश्रृणुधर्मज्ञसत्तम ॥ दंडएवहिराजें
द्रक्षत्रधर्मोनमुंडनम् ४७ ॥ इतिश्रीमहाभारतेशांतिपर्वणिराजध०व्यासवाक्येत्रयोविंशोऽध्यायः ॥ २३ ॥ ॥ वैशंपायनउवाच ॥ पुनरेवमहर्षिस्तंकृष्ण
द्वैपायनोमुनिः ॥ अजातशत्रुंकौंतेयमिदंवचनमब्रवीत् १ ॥ ॥ ॥ ॥ ॥

३६ । ३७ ममममयावानदूषयसे तेत्वया निष्कृतिःप्रायश्चितम् ३८ । ३९ उदकस्यार्थंप्रयोजनमाचमनादिकर्तुमितिशेषः ४० । ४१ । ४२ । ४३ । ४४ । ४५ । ४६ आख्यायि
कातात्पर्यमाहदंडइति ४७ ॥ इतिशांतिपर्वणिरा०नीलकंठीयेभारतभावदीपेत्रयोविंशोऽध्यायः ॥ २३ ॥ ॥ ॥ ॥ पुनरेवेति १ ॥ ॥

स्वधर्मइति। राज्यंकर्तव्यमित्युक्तभ्रात्रादीनामानृण्यार्थमपितत्कर्तव्यमित्याह अरण्यइत्यादिना २ । ३ । ४ । ५ । ६ । ७ । ८ वचनंहिंसाप्रधानःक्षत्रधर्मोमेमाऽस्त्वित्येवंरूपं हेकुरुसत्तम ९ आददानस्यपरस्वापहर्तुः समानधर्मःअविषमोधर्मस्तत्रकुशलाःस्थापयंतिअवश्यकर्तव्यतयाव्यवस्थापयंति हेनरेश्वर नरेश्वरमितिपाठांतरेविजयादिकंकर्तुमितिशेषः १० मर्षयतेदस्यूनपिनहंति

अरण्येवसतांतातभ्रातृणांतेमनस्विनाम् ॥ मनोरथामहाराजयेतत्रासन्युधिष्ठिर २ तानिमेभरतश्रेष्ठप्राप्नुवंतुमहारथाः ॥ प्रशाधिपृथिवींपार्थययातिरिवनाहुषः ३ अरण्येदुःखवसतिरनुभूतातपस्विभिः ॥ दुःखस्यांतेनरव्याघ्रसुखान्यनुभवंतुवै ४ धर्ममर्थंचकामंचभ्रातृभिःसहभारत ॥ अनुभूयततःपश्चात्प्रस्थाताऽसि विशांपते ५ अर्थिनांचपितृणांचदेवतानांचभारत ॥ आनृण्यंगच्छकौंतेयततस्सर्वंचकरिष्यसि ६ सर्वमेधाश्वमेधाभ्यांयजस्वकुरुनंदन ॥ ततःपश्चान्महाराजगमिष्यसिपरांगतिम् ७ भ्रातॄंश्चसर्वान्क्रतुभिःसंयोज्यबहुदक्षिणैः ॥ संप्राप्तःकीर्तिमतुलांपांडवेयभविष्यसि ८ विद्मस्तेपुरुषव्याघ्रवचनंकुरुसत्तम ॥ शृणुष्वैवंयथा कुर्वन्नधर्माच्च्यवसेनृप ९ आददानस्यविजयंविग्रहंचयुधिष्ठिर ॥ समानधर्मकुशलाःस्थापयंतिनरेश्वर १० देशकालप्रतीक्षीयोदस्यून्मर्षयतेनृपः ॥ शास्त्रजांबुद्धिमास्थाययुज्यतेनैनसाहिसः ११ आदायबलिषड्भागंयोराष्ट्रंनाभिरक्षति ॥ प्रतिगृह्णातितत्पापंचतुर्थांशेनभूमिपः १२ निबोधचयथाऽऽतिष्ठन्धर्मान्नच्यवतेनृपः ॥ निग्रहाद्धर्मशास्त्राणामनुरुद्ध्यन्नपेतभीः १३ कामक्रोधावनादृत्यपितेवसमदर्शनः ॥ शास्त्रजांबुद्धिमास्थाययुज्यतेनैनसाहिसः १४ दैवेनाभ्याहतोराजा कर्मकालेमहाद्युते ॥ नसाधयतियत्कर्मनतत्राहुरतिक्रमम् १५ तरसाबुद्धिपूर्वंवानिग्राह्याएवशत्रवः ॥ पापैःसहनसंदध्याद्राज्यंपुण्यंचकारयेत् १६ शूराश्चार्याश्च सत्कार्याविद्वांसश्चयुधिष्ठिर ॥ गोमिनोधनिनश्चैवपरिपाल्याविशेषतः १७ व्यवहारेषुधर्मेषुयोक्तव्याश्चबहुश्रुताः ॥ गुणयुक्तेपिनैकस्मिन्विश्वसेतविचक्षणः १८ अरक्षितादुर्विनीतोमानीस्तब्धोऽभ्यसूयकः ॥ एनसायुज्यतेराजादुर्दांतइतिचोच्यते १९ येरक्षमाणाहीयंतेदैवेनाभ्याहतानृप ॥ तस्करैश्चापिहीयंतेसर्वंतद्राजकिल्बिषम् २० सुमंत्रितेसुनीतेचसर्वतश्चोपपादिते ॥ पौरुषेकर्मणिकृतेनास्त्यधर्मोयुधिष्ठिर २१ विच्छिद्यंतेसमारब्धाःसिद्ध्यंतेचापिदैवतः ॥ कृतेपुरुषकारेतुनैनःस्पृशतिपार्थिवम् २२ अत्रतेराजशार्दूलवर्तयिष्येकथामिमाम् ॥ यद्वृत्तंपूर्वराजर्षेर्हयग्रीवस्यपांडव २३ शत्रून्हत्वाहतस्याजौशूरस्याक्लिष्टकर्मणः ॥ असहायस्यसंग्रामेनिर्जितस्ययुधिष्ठिर २४ यत्कर्मवैनिग्रहेशात्रवाणांयोगश्चाग्र्यःपालनेमानवानाम् ॥ कृत्वाकर्मप्राप्यकीर्तिंसयुद्धाद्वाजिग्रीवोमोदतेस्वर्गलोके २५

एनसातज्जेनपापेन ११ । १२ आतिष्ठन्नितिच्छेदः धर्मशास्त्राणांनिग्रहादतिलंघनाज्जाताद्धर्माद्धेतोश्च्यवतेतानिअनुरुध्यन्नपेतभीश्चभवति १३ । १४ । १५ । १६ गांवाचंमिमतेविचारयंतितेगोमिनोब्रह्मकर्मकांडार्थविदोब्राह्मणाः गोमंतोवाधनिनोवैश्याः १७ । १८ स्तब्धोमान्यानमानयन् अभ्यसूयकोगुणेषुदोषदृष्टिः १९ येजनाःदैवेनआवर्षणादिना २० मंत्रनीतिसहायाद्युपेतेपुरुषकारेकृतेऽपियदिजनाहीयंतेम्रियंतेवातर्हिराज्ञोऽधर्मोनास्तीत्यर्थः २१ । २२ । २३ शत्रून्हत्वाप्राप्यततःशत्रोःसकाशादाजौहतस्यवधंप्राप्तस्य तत्रहेतुरसहायस्येति २४ यत्कर्मकर्तव्यंतत्कर्मकृत्वेतिसंबंधः २५

२६ कामजःक्रोधोयुद्धमूलभूतोऽग्निः चातुर्होत्रंब्रह्माद्याःऋत्विजः चतुरश्चत्वारः २७ । २८ संत्यक्तात्मात्यक्ताहंकारः २९ योगःक्रियायामुत्साहोन्यासाअभिमानत्यागास्तैर्युक्तांदैवींसिद्धिं
यज्ञादिक्रियामन्यदीयांमानुषींचसिद्धिंदंडनीतिंमहींचपालयित्वेतियोजना स्वयंचयज्ञशीलः ३० मानुषंलोकमितिसंबंधः तनुत्यजांप्रयागादौ ३१ । ३२ ।३३ । ३४ ॥ इतिशां० रा० नी० भारत

संयुक्तात्मासमरेष्वाततायीशस्त्रैश्छिन्नोदस्युभिर्वध्यमानः ॥ अश्वग्रीवःकर्मशीलोमहात्मासंसिद्धार्थोमोदतेस्वर्गलोके २६ धनुर्यूपोरशनाज्याशरःस्रुक्स्रुवःखड्गो
रुधिरंयत्रचाज्यम् ॥ रथोवेदीकामजोयुद्धमग्निश्चातुर्होत्रंचतुरोवाजिमुख्याः २७ हुत्वातस्मिन्यज्ञवह्नावथारीन्पापान्मुक्तोराजसिंहस्तरस्वी ॥ प्राणान्हुत्वाचाव
भृथेरणेसवाजिग्रीवोमोदतेदेवलोके २८ राष्ट्रंरक्षन्बुद्धिपूर्वंनयेनसंत्यक्तात्मायज्ञशीलोमहात्मा ॥ सर्वांल्लोकान्व्याप्यकीर्त्यामनस्वीवाजिग्रीवोमोदतेदेवलोके २९ दैवीं
सिद्धिंमानुषींदंडनीतिंयोगन्यासैःपालयित्वामहींच ॥ तस्माद्राजाधर्मशीलोमहात्मावाजिग्रीवोमोदतेदेवलोके ३० विद्वांस्त्यागीश्रद्दधानःकृतज्ञस्त्यक्त्वालोकं
मानुषंकर्मकृत्वा ॥ मेधाविनांविदुषांसंमतानांतनुत्यजांलोकमाक्रम्यराजा ३१ सम्यग्वेदान्प्राप्यशास्त्राण्यधीत्यसम्यग्राज्यंपालयित्वामहात्मा ॥ चातुर्वर्ण्यं
स्थापयित्वास्वधर्मेवाजिग्रीवोमोदतेदेवलोके ३२ जित्वासंग्रामान्पालयित्वाप्रजाश्चसोमंपीत्वातर्पयित्वाद्विजाग्र्यान् ॥ युक्त्यादंडंधारयित्वाप्रजानांयुद्धेक्षीणेमोदते
देवलोके ३३ वृत्तंयस्यश्लाघनीयंमनुष्याःसंतोविद्वांसोऽर्हयन्त्यर्हणीयम् ॥ स्वर्गंजित्वावीरलोकानवाप्यसिद्धिंप्राप्तःपुण्यकीर्तिर्महात्मा ३४ ॥ इतिश्रीमहाभारतेशां
तिपर्वणिराजधर्मानुशासनपर्वणिव्यासवाक्येचतुर्विंशतितमोऽध्यायः ॥ २४ ॥ वैशंपायनउवाच ॥ ॥ द्वैपायनवचःश्रुत्वाकुपितेचधनंजये ॥ व्यासमामंत्र्य
कौन्तेयःप्रत्युवाचयुधिष्ठिरः १ ॥ युधिष्ठिरउवाच ॥ नपार्थिवमिदंराज्यंनभोगाश्चपृथग्विधाः ॥ प्रीणयंतिमनोमेऽद्यशोकोमांरुन्धयत्ययम् २ श्रुत्वावीरविही
नानामपुत्राणांचयोषिताम् ॥ परिदेवयमानानांशांतिंनोपलभेमुने ३ इत्युक्तःप्रत्युवाचेदंव्यासोयोगविदांवरः ॥ युधिष्ठिरंमहाप्राज्ञोधर्मज्ञोवेदपारगः ४
॥ व्यासउवाच ॥ नकर्मणालभ्यतेचेज्ययावानाप्यस्तिदातापुरुषस्यकश्चित् ॥ पर्याययोगाद्विहितंविधात्राकालेनसर्वंलभतेमनुष्यः ५ नबुद्धिशास्त्राध्ययनेन
शक्यंप्राप्तुंविशेषंमनुजैरकाले ॥ मूर्खोऽपिचाप्नोतिकदाचिदर्थान्कालोहिकार्यंप्रतिनिर्विशेषः ६ नाभूतिकालेषुफलंददंतिशिल्पानिमंत्राश्चतथौषधानि ॥ तान्येव
कालेनसमाहितानिसिद्ध्यंतिवर्धंतिचभूतिकाले ७ कालेनशीघ्राःप्रवहंतिवाताःकालेनवृष्टिर्जलदानुपैति ॥ कालेनपद्मोत्पलवज्जलंचकालेनपुष्यंतिवनेषुवृक्षाः ८
कालेनकृष्णाश्चसिताश्चरात्र्यःकालेनचंद्रःपरिपूर्णबिंबः ॥ नाकालतःपुष्पफलंद्रुमाणांनाकालवेगाःसरितोवहंति ९ नाकालमत्ताःखगपन्नगाश्चमृगद्विपाःशैलमृगा
श्चलोके ॥ नाकालतःस्त्रीषुभवंतिगर्भानायांत्यकालेशिशिरोष्णवर्षाः १० ॥ ॥ ॥

भाव० चतुर्विंशतितमोऽध्यायः ॥ २४ ॥ द्वैपायनेति कुपितेराज्यकारणात् १ रुंधयतिशोकोपहतोगुरूणांबंधूनांचावाक्यंनशृणोतीतिभावः २ वीरविहीनानांपतिहीनानां ३ । ४ नलभ्यतेवीरोहतवीरा
भिर्वीरपत्नीभिरित्यर्थः नापिताभ्यःकश्चित्पतिंदातुंसमर्थोऽस्तीत्यर्थः कालेनलभतेनत्वकालेऽतस्तासांपतिलाभकालोनीतइतिनताःशोच्याः५ विशेषंविगतंशेषमस्यास्तितद्विशेषंपुत्रादिकं६-ददंतिददते ७।८।९।१०

११ अस्तंगिरिंभानुरभ्युपैति १२ सेनजितापुत्रशोककृतदुःखार्तेन १३ पर्यायःकालगतिः १४ नहिहन्स्तिनहन्यते हननस्यकर्ताकर्मवानभवति तेनकर्त्रात्मवादोदेहात्मवादश्चतार्किकलोकायतिकमतौक्रमेणनिरस्तौ १५ कश्चित्तार्किकः अपरःसांख्यः स्वभावतश्चित्सत्तातः भूतानांदेहाद्याकाराणांप्रभवाप्ययौउत्पत्तिनाशौनियतौ आत्मानकर्तानाप्यकर्ता किंतु स्वसत्तामात्रेणमहाहृदतरंगाणांमरीचयइवभूतानामुत्पत्तिविनाशयोर्हेतुरितिभावः १६ मौढ्यात्ध्यायन्नेवापचितिंप्रतीकारंचरेन्नत्वध्यायन् १७ शोच्यान्शोकाक्रांतान्बालविधवयादुहित्रातुल्यान् दुःखेषुशोकजेषुमनस्तापेषुदुःखानिशिरस्ताडनादीनिदुःखादेर्द्विगुणीकरणंमूढकार्यमित्यर्थः १८ मोहनिवृत्तेरवधिमाह आत्मेति। अयंव्यावहारिकआत्माअहंप्रत्ययविषयः सोऽपिममस्वरूपंन मत्तःपृथग्भूतत्वात् सर्वा

नाकालतोम्रियतेजायतेवानाकालतोव्याहरतेचबालः ॥ नाकालतोयौवनमभ्युपैतिनाकालतोरोहतिबीजमुप्तम् ११ नाकालतोभानुरुपैतियोगंनाकालतोऽस्तंगिरिमभ्युपैति ॥ नाकालतोवर्धतेहीयतेचचंद्रःसमुद्रोऽपिमहोर्मिमाली १२ अत्राप्युदाहरंतीममितिहासंपुरातनम् ॥ गीतंराज्ञासेनजितादुःखार्तेनयुधिष्ठिर १३ सर्वानेवैषपर्यायोमर्त्यान्स्पृशतिदुःसहः ॥ कालेनपरिपक्वाहिम्रियंतेसर्वपार्थिवाः १४ घ्नंतिचान्यान्नरान्राजंस्तानप्यन्येतथानराः ॥ संज्ञैषालौकिकीराजन्नहिनस्तिनहन्यते १५ हंतीतिमन्यतेकश्चिन्नहंतीत्यपिचापरः ॥ स्वभावतस्तुनियतौभूतानांप्रभवाप्ययौ १६ नष्टेधनेवादारेवापुत्रेपितरिवामृते ॥ अहोदुःखमितिध्यायन्दुःखस्यापचितिंचरेत् १७ सकिंशोचसिमूढःसन्शोच्यान्किमनुशोचसि ॥ यस्यदुःखेषुदुःखानिभयेषुचभयान्यपि १८ आत्माऽपिचायंनममसर्वाऽपिपृथिवीमम ॥ यथाममतथाऽन्येषामितिपश्यन्नमुह्यति १९ शोकस्थानसहस्राणिहर्षस्थानशतानिच ॥ दिवसेदिवसेमूढमाविशंतिनपंडितम् २० एवमेतानिकालेनप्रियद्वेष्याणिभागशः ॥ जीवेषुपरिवर्तन्तेदुःखानिचसुखानिच २१ दुःखमेवास्तिनसुखंतस्मात्तदुपलभ्यते ॥ तृष्णार्तिप्रभवंदुःखंदुःखार्तिप्रभवंसुखम् २२ सुखस्यानंतरंदुःखंदुःखस्यानंतरंसुखम् ॥ ननित्यंलभतेदुःखंननित्यंलभतेसुखम् २३ सुखमेवांहदुःखांतंकदाचिद्दुःखतःसुखम् ॥ तस्मादेतद्द्वयंजह्याद्यइच्छेच्छाश्वतंसुखम् २४ सुखांतप्रभवंदुःखंदुःखांतप्रभवंसुखम् ॥ यन्निमित्तोभवेच्छोकस्तापोवादुःखमूर्छितः ॥ आयासोवाऽपियन्मूलस्तदेकांगमपित्यजेत् २५ सुखंवायदिवादुःखंप्रियंवायदिवाऽप्रियम् ॥ प्राप्तंप्राप्तमुपासीतहृदयेनापराजितः २६ ईषदप्यंगदाराणांपुत्राणामाचरन्प्रियम् ॥ ततोज्ञास्यसिकःकस्यकेनवाकथमेवच २७ येचमूढतमालोकेयेचबुद्धेःपरंगताः ॥ तएवसुखमेधन्तेमध्यमःक्लिश्यतेजनः २८ ॥ ॥ ॥

पृथिवीतिसर्वप्रपंचोपलक्षणं सर्वंवाममैवस्वरूपं यथाऽहंसर्वस्मादन्यःसर्वात्माचतथाऽन्येपीत्याह यथेति एवमद्वैतात्मतत्त्वंपश्यन्नमुह्यतीत्यर्थः तथाचश्रुतिः । 'तरतिशोकमात्मवित्'इति १९ । २० यानिप्रियाणितान्येवकालेदुःखानिभवंति यानिद्वेष्याणितान्येवसुखानि तस्माद्वातजहस्यताडनमिवसर्वंदुःखमेवमोहात्सुखवद्विभातीत्यर्थः २१ तृष्णायायाऽऽर्तिरनवस्थितचित्ततातज्जंदुःखं दुःखस्यार्तिर्विनाशस्तज्जंसुखं २२ संततेयंसुखदुःखधारेत्यतस्त्याज्यैवेत्याह सुखस्येत्यादिना २३ । २४ दुःखमूर्छितःदुखेनवर्धितः एकांगमपिसर्पदष्टांगुष्ठवत्त्यजेत्किमुतबाह्यंराज्यादीतिभावः २५ हृदयेन शोकमूलेन २६ प्रियमाचरन्कुर्वन्केनहेतुनाकथंकेनप्रकारेणकस्यसंबंधीतिज्ञास्यसि २७ मूढतमाःप्रसुप्तनरवज्जडाः बुद्धेःपरंब्रह्मगताःप्राप्ताः अतस्त्वमधमस्तुनभवसिमध्यमोऽपिमाभूरित्यर्थः २८ ॥

२९ येनतृष्णादिनिमित्तेन ३० भवाभवौऐश्वर्यानैश्वर्ये ३१ दीक्षामिबि। राज्ञोयागयोगसंन्यासस्थानीयाः युद्धंपालनंक्रतौवित्तत्यागश्चेति तान्येवास्यपावनानीत्यर्थः ३२ संत्यक्तात्मानिरहंकारः
३३ । ३४ । ३५ । ३६ ॥ इतिशांतिपर्वणिराजधर्मानुशासनपर्वणि नीलकंठीयेभारतभावदीपेपंचविंशोऽध्यायः ॥ २५ ॥ ॥ अस्मिन्नेवेति १ । २ । ३ सम्यमध्ययनसंप्रदायस्याविच्छेदं
आश्रिताआश्रमिणः ब्रह्मचारिणइत्यर्थः ४ । ५ कार्याणिराजकार्याणिप्रतिष्ठाप्यानि तद्वचसाऽनुष्ठेयानीत्यर्थः तथाहि । धर्माधर्मनिर्णयार्थंपर्षदमुपक्रम्यएकोवाऽध्यात्मवित्तमइतिस्मरंति पर्ष

इत्यब्रवीन्महाप्राज्ञोयुधिष्ठिरससेनजित् ॥ परावरज्ञोलोकस्यधर्मवित्सुखदुःखवित् २९ येनदुःखेनयोदुःखीनसजातुसुखीभवेत् ॥ दुःखानांहिक्षयोनास्तिजा
यतेह्यपरात्परम् ३० सुखंचदुःखंचभवाभवौचलाभालाभौमरणंजीवितंच ॥ पर्यायतःसर्वमवाप्नुवंतितस्माद्धीरोनैवहृष्येन्नशोचेत् ३१ दीक्षांराज्ञःसंयुगेयुद्धमा
हुर्योगंराज्येदंडनीत्यांचसम्यक् ॥ वित्तत्यागोदक्षिणानांचयज्ञेसम्यग्दानंपावनानीतिविद्यात् ३२ रक्षन्राज्यंबुद्धिपूर्वंनयेनसंत्यक्तात्मायज्ञशीलोमहात्मा ॥ सर्वा
न्लोकान्धर्मदृष्ट्याचरंश्चाप्यूर्ध्वंदेहान्मोदतेदेवलोके ३३ जित्वासंग्रामान्पालयित्वाचराष्ट्रंसोमंपीत्वावर्धयित्वाप्रजाश्च ॥ युक्त्यादंडंधारयित्वाप्रजानांयुद्धेक्षीणो
मोदतेदेवलोके ३४ सम्यग्वेदान्प्राप्यशास्त्राण्यधीत्यसम्यग्राज्यंपालयित्वाचराजा ॥ चातुर्वर्ण्यंस्थापयित्वास्वधर्मेपूतात्मावैमोदतेदेवलोके ३५ यस्यवृत्तंनमस्यं
तिस्वर्गस्थस्यापिमानवाः ॥ पौरजानपदामात्याःसराजाराजसत्तमः ३६ ॥ इतिश्रीमहाभारतेशांतिप० राजध० सेनजिदुपाख्यानेपंचविंशोऽध्यायः ॥ २५ ॥
॥ वैशंपायनउवाच ॥ अस्मिन्नेवप्रकरणेधनंजयमुदारधीः ॥ अभिनीततरंवाक्यमित्युवाचयुधिष्ठिरः १ यदेतन्मन्यसेपार्थनज्यायोऽस्तिधनादिति ॥ नस्वर्गो
नसुखंनार्थोनिर्धनस्येतितन्मृषा २ स्वाध्याययज्ञसंसिद्धादृश्यन्तेबहवोजनाः ॥ तपोरताश्चमुनयोयेषांलोकाःसनातनाः ३ ऋषीणांसमयंशश्वद्येरक्षंतिधनंज
य ॥ आश्रिताःसर्वधर्मज्ञादेवास्तान्ब्राह्मणान्विदुः ४ स्वाध्यायनिष्ठान्हिऋषीन्ज्ञाननिष्ठांस्तथाऽपरान् ॥ बुद्ध्येथाःसंततंचापिधर्मनिष्ठान्धनंजय ५ ज्ञान
निष्ठेषुकार्याणिप्रतिष्ठाप्यानिपांडव ॥ वैखानसानांवचनंयथानोविदितंप्रभो ६ अजाश्चपृश्नयश्चैवसिकताश्चैवभारत ॥ अरुणाःकेतवश्चैवस्वाध्यायेनदिवंगताः
७ अवाप्यैतानिकर्माणिवेदोक्तानिधनंजय ॥ दानमध्ययनंयज्ञोनिग्रहश्चैवदुर्ग्रहः ८ दक्षिणेनचपंथानमर्यम्णोयेदिवंगताः ॥ एतान्क्रियावतांलोकानुक्तवान्पू
र्वमप्यहम् ९ उत्तरेणतुपंथानंनियमाद्यंप्रपश्यसि ॥ एतेयागवतांलोकाभांतिपार्थसनातनाः १० तत्रोत्तरांगतिंपार्थप्रशंसंतिपुराविदः ॥ संतोषोवैस्वर्गतमः
संतोषःपरमंसुखम् ११ तुष्टेर्नकिंचित्परमंसासम्यक्प्रतितिष्ठति ॥ विनीतक्रोधहर्षस्यसततंसिद्धिरुत्तमा १२ ॥ ॥

त्त्वेनवरणीयइतिशेषः कव्यानीतिपाठेपिद्रव्याणिहवींषिज्ञाननिष्ठेभ्यएवदेयानीत्यर्थः । ज्ञाननिष्ठेषुकव्यानिप्रतिपाद्यानीत्येववैखानसानांवानप्रस्थानांवचनम् ६ अजादयोवालखिल्यवदृषीणांगणविशेषाः
७ । ८ एतान्द्युरूपान् क्रियावतांकर्मिणाम् ९ उत्तरेणउत्तरतःस्थितम् १० गतिद्वयादप्यधिकमाह संतोषइति। संतोषःपरंवैराग्यं परमंसुखंकैवल्यम् ११ सातुष्टिःपरमवैराग्याभिव्राउत्त
मासिद्धिर्विनीतक्रोधहर्षस्यक्रोधादिजयिनःसम्यक्प्रतितिष्ठति इतरस्यतुनेत्यर्थः १२ ॥ ॥ ॥

१३ । १४ । १५ आत्मज्योतिषआत्मज्ञस्यनिर्वाणंमोक्षः १६ वृत्तंशीलंईहन्तिईहन्ते १७ धनहेतोर्धर्मायवित्तस्यार्जनेइतिशेषः तदाश्रयोधर्मोयज्ञादिस्तस्मिन्नपिभूयान्दोषोऽस्ति १८ ईहमानेन धनार्थिना १९ सम्यक्त्वंसाधुकर्मद्रुह्यतःद्रोहयुक्तानेवतद्धनंप्रैतिनत्वद्रोहानितिप्राहुः हिंसांविनाधनप्राप्तिर्नास्तीत्यर्थः । प्राप्तमपियथायथंसर्वथाप्रतिकूलं नानाभयहेतुत्वात् २० संभिन्नवृत्तःसंकीर्णस्वभावः वीतंगतंभाविशोकजंभयंयस्मात्सवीतशोकभयः अल्पेनधनेनहेतुनातृषितस्तृष्णावान्सन्द्रुह्यंस्तेनद्रोहेणजायमानांब्रह्महत्यांनबुध्यतेलोभी अल्पार्थेपिब्रह्महत्यामर्जयतीत्यर्थः २१ दुर्लभंधनंप्राप्यानुकूले भ्योपिभृत्येभ्योदत्वादस्युभयादिवभृशमनुतप्यतइतिसंबंधः वित्तव्ययेमहद्दुःखंभवतीत्यर्थः २२ देवस्वं तथा'त्रैवार्षिकाधिकान्नोयःसहिसोमंपिबेद्द्विजः । प्राक्सौमिकीःक्रियाःकुर्याद्यस्यान्नंवार्षिकंभ

अत्राप्युदाहरंतीमांगाथांगीतांययातिना ॥ योऽभिप्रेत्याहरेत्कामान्कूर्मोऽङ्गानीवसर्वशः १३ यदाचायंनबिभेतियदाचास्मान्नबिभ्यति ॥ यदानेच्छतिनद्वेष्टिब्रह्मसं पद्यतेतदा १४ यदानभावंकुरुतेसर्वभूतेषुपापकम् ॥ कर्मणामनसावाचाब्रह्मसंपद्यतेतदा १५ विनीतमानमोहश्चबहुसंगविवर्जितः ॥ तदाऽऽत्मजोतिषःसाधोर्नि र्वाणमुपपद्यते १६ इदंतुशृणुमेपार्थब्रुवतःसंयतेन्द्रियः ॥ धर्ममन्येवृत्तमन्येधनमीहंतिचापरे १७ धनहेतोर्यईहेततस्यानीहागरीयसी ॥ भूयान्दोषोहिवित्तस्यय श्चधर्मस्तदाश्रयः १८ प्रत्यक्षमनुपश्यामित्वमपिद्रष्टुमर्हसि ॥ वर्जनंवर्जनीयानामीहमानेनदुष्करम् १९ येवित्तमभिपद्यन्तेसम्यक्त्वंतेषुदुर्लभम् ॥ द्रुह्यतःप्रैतित त्प्राहुःप्रतिकूलंयथातथम् २० यस्तुसंभिन्नवृत्तःस्याद्वीतशोकभयोनरः ॥ अल्पेनतृषितोद्रुह्यन्भ्रूणहत्यांनबुध्यते २१ दुष्यंत्याददतोभृत्यानित्यंदस्युभयादिव ॥ दुर्लभंचधनंप्राप्यभृशंदत्वाऽनुतप्यते २२ अधनःकस्यकिंवाच्योविमुक्तःसर्वशःसुखी ॥ देवस्वमुपगृह्यैवधनेननसुखीभवेत् २३ तत्रगाथांयज्ञगीतांकीर्तयंतिपुरा विदः ॥ त्रयीमुपाश्रितांलोकेयज्ञसंस्तरकारिकाम् २४ यज्ञायसृष्टानिधनानिधात्रायज्ञायसृष्टःपुरुषोरक्षिताच ॥ तस्मात्सर्वंयज्ञएवोपयोज्यंधनंनकामाय हितंप्रशस्तम् २५ एतत्स्वार्थेचकौन्तेयधनंधनवतांवर ॥ धाताददातिमर्त्येभ्योयज्ञार्थमितिविद्धितत् २६ तस्माद्बुद्ध्यंतिपुरुषानहितत्कस्यचिद्ध्रुवम् ॥ श्रद्द धानस्ततोलोकोदद्याच्चैवयजेतच २७ लब्धस्यत्यागमित्याहुर्नभोगंनचसंक्षयम् ॥ तस्यकिंसंचयेनार्थःकार्येज्यायसितिष्ठति २८ येस्वधर्मादपेतेभ्यःप्रयच्छन्त्य ल्पबुद्धयः ॥ शतंवर्षाणितेप्रेत्यपुरीषंभुंजतेजनाः २९ अनर्हतेयद्ददातिनददातियदर्हते ॥ अर्हानर्हापरिज्ञानाद्दानधर्मोऽपिदुष्करः ३० लब्धानामपिवित्तानां बोद्धव्यौद्वावतिक्रमौ ॥ अपात्रेप्रतिपत्तिश्चपात्रेचाप्रतिपादनम् ३१ ॥ इतिश्रीमहाभारतेशांतिपर्वणिराजध०युधिष्ठिरवाक्येषड्विंशोऽध्यायः ॥ २६ ॥ ॥ ॥

वेत्'इतिस्मृतेरल्पमपिसंचितंधनंदेवस्वमेवतदाप्युपसंगृह्यदेवेभ्योऽदत्त्वैवनतेनतावताऽपिसुखीभवेत्किंतु'लाभाल्लोभःप्रवर्तते'इतिन्यायेनतृष्णाधिक्याद्दुःखमेवानुभवतीत्यर्थः २३ गाथांवैदिकजनेयज्ञप्रतिष्ठाकरीम् २४ तामाह यज्ञायेति २५ एतद्धनंस्वार्थे चायज्ञार्थेपि २६ तस्मादिति । धनस्वाम्यंतस्यापिनास्तीत्यर्थः तथाचश्रुतिः । 'मागृधःकस्यस्विद्धनम्'इति फलितमाह श्रद्दधानतइति । इत्याहुः प्रशस्तमाहुरित्यर्थः कार्येत्यागरूपे २७ । २८ अपात्रेधनंनदेयमित्याह । यइति २९ । ३० । ३१ इतिशांतिपर्वणिराजधर्मानुशासनपर्वणि नीलकंठीयेभारतभावदीपेषड्विंशोऽध्यायः ॥ २६ ॥ ॥

अभिमन्याविति १ वृषसेनेकर्णे पाठांतरेत्वसुषेणोऽपिसएव २ । ३ । ४ । ५ । ६ पररथारुजंपररथानांपीडकम् ७ । ८ । ९ । १० । ११ । १२ । १३ । १४ । १५ आमर्शयन्निश्निन्वन् १६ । १७

॥ युधिष्ठिरउवाच ॥ अभिमन्यौहतेबालेद्रौपद्यास्तनयेषुच ॥ धृष्टद्युम्नेविराटेचद्रुपदेचमहीपतौ १ वृषसेनेचधर्मज्ञेधृष्टकेतौतुपार्थिवे ॥ तथाऽन्येषुनरेन्द्रेषुनानादेश्येषु
संयुगे २ नचमुंचतिमांशोकोज्ञातिघातिनमातुरम् ॥ राज्यकामुकमत्युग्रंस्ववंशोच्छेदकारिणम् ३ यस्यांकेक्रीडमानेनमयावैपरिवर्तितम् ॥ समयाराज्यलुब्धेनगांगे
योयुधिपातितः ४ यदाह्येनंविघूर्णंतमपश्यंपार्थसायकैः ॥ कंपमानंयथावज्रैःप्रेक्ष्यमाणंशिखंडिना ५ जीर्णसिंहमिवप्रांशुंनरसिंहंपितापहम् ॥ कीर्यमाणंशरैर्दृष्ट्वा
भृशंमेव्यथितंमनः ६ प्राङ्मुखंसीदमानंचरथेपररथारुजम् ॥ घूर्णमानंयथाशैलंतदामेकश्मलोऽभवत् ७ यःसबाणधनुष्पाणिर्योधयामासभार्गवम् ॥ बहून्यहानि
कौरव्यःकुरुक्षेत्रेमहामृधे ८ समेतंपार्थिवंक्षत्रंवाराणस्यांनदीसुतः ॥ कन्यार्थमाह्वयद्वीरोरथेनैकेनसंयुगे ९ येनचोग्रायुधोराजाचक्रवर्तीदुरासदः ॥ दग्धश्चास्त्रप्रतापे
नसमयायुधिघातितः १० स्वयंमृत्युंरक्षमाणःपांचाल्यंयःशिखंडिनम् ॥ नबाणैःपातयामाससोऽर्जुनेननिपातितः ११ यदैनंपतितंभूमावपश्यंरुधिरोक्षितम् ॥
तदैवाविशदत्युग्रोज्वरोमांमुनिसत्तम १२ येनसंवर्धिताबालायेनस्मपरिरक्षिताः ॥ समयाराज्यलुब्धेनपापेनगुरुघातिना ॥ अल्पकालस्यराज्यस्यकृतेमूढे
नघातितः १३ आचार्यश्चमहेष्वासःसर्वपार्थिवपूजितः ॥ अभिगम्यरणेमिथ्यापापेनोक्तःसुतंप्रति १४ तन्मेदहतिगात्राणियन्मांगुरुरभाषत ॥ सत्यमा
ख्याहिराजंस्त्वंयदिजीवतिमेसुतः १५ सत्यमामर्षयन्विप्रोमयितत्परिपृष्टवान् ॥ कुंजरंचांतरंकृत्वामिथ्योपचरितंमया १६ सुभृशंराज्यलुब्धेनपापेनगुरुघा
तिना ॥ सत्यकंचुकमुन्मुच्यमयासगुरुराहवे १७ अश्वत्थामाहतइतिनिरुक्तःकुंजरेहते ॥ कांल्लोकांस्तुगमिष्यामिकृत्वाकर्मसुदुष्करम् १८ अघातयंचयत्क
र्णंसमरेष्वपलायिनम् १९ ज्येष्ठभ्रातरमत्युग्रंकोमत्तःपापकृत्तमः ॥ अभिमन्युंचयद्बालंजातंसिंहमिवाद्रिषु २० प्रावेशयमहंलुब्धोवाहिनींद्रोणपालिताम् ॥
तदाप्रभृतिबीभत्सुंनशक्नोमिनिरीक्षितुम् २१ कृष्णंचपुंडरीकाक्षंकिल्बिषीभ्रूणहायथा ॥ द्रौपदींचापिदुःखार्तांपंचपुत्रैर्विनाकृताम् २२ शोचामिपृथिवींहीं
नांपंचभिःपर्वतैरिव ॥ सोऽहमागस्करःपापःपृथिवीनाशकारकः २३ आसीनएवमेवेदंशोषयिष्येकलेवरम् ॥ प्रायोपविष्टंजानीध्वमथमांगुरुघातिनम् २४
जातिष्वन्यास्वपियथानभवेयंकुलांतकृत् ॥ नभोक्ष्येनचपानीयमुपभोक्ष्येकथंचन २५ शोषयिष्येप्रियान्प्राणानिहस्थोऽहंतपोधनाः ॥ यथेष्टंगम्यतांकामम
नुजानेप्रसाद्यवः २६ सर्वेमामनुजानीतत्यक्ष्यामीदंकलेवरम् २७ ॥ वैशंपायनउवाच ॥ तमेवंवादिनंपार्थंबंधुशोकेनविह्वलम् ॥ मैवमित्यब्रवीद्व्यासो
निगृह्यमुनिसत्तमः २८ ॥ व्यासउवाच ॥ अतिवेलंमहाराजनशोकंकर्तुमर्हसि ॥ पुनरुक्तंतुवक्ष्यामिदिष्टमेतदितिप्रभो २९ संयोगाविप्रयोगांताजाता
नांप्राणिनांध्रुवम् ॥ बुद्बुदाइवतोयेषुभवन्तिनभवन्तिच ३० ॥ ॥ ॥ ॥ ॥

१८ । १९ । २० । २१ । २२ । २३ । २४ । २५ । २६ । २७ । २८ अतिवेलमत्यर्थं २९ । ३० ॥ ॥ ॥ ॥

म.भा.टी. शां.रा.१२

॥ २१ ॥ अ० २८

३१ आलस्यंतत्कालेसुखमपिदुःखांतं दाक्ष्यंतत्कालेदुःखमपिसुखोदयं । भूतिरणिमादिः ३२ । ३३ अतएवकर्मभ्यएवकर्मणांत्यागेत्वंनेशोनप्रभुः ३४ ॥ इति श्रीम०शां०रा०नीलकंठीयेभारतभावदीपेसप्तविंशतितमोऽध्यायः ॥ २७ ॥ ॥ ॥ ज्ञातीति । अभ्युत्तिस्सक्षतस्त्यक्तुमिच्छतः १ । २ । ३ कल्याणमिच्छतासुखादिकंकथंप्रतिपत्तव्यंकेनप्रकारेणेष्टत्वेनाऽनिष्टत्वेनोदासीनत्वेनवाज्ञातव्यं ४ आत्मानंदेहमुत्पन्नमनुअनंतरमव्यवधानेनैवदेहस्वभावप्राप्तेसुखादौहर्षविषादौनकुर्वीतार्किंतुउदासीनैवेतिभावः ५ । ६ प्रसिच्यतेक्लिन्नंश्लथंभवतीत्यर्थः ७ भोगान्भो

सर्वेक्षयांतानिचयाःपतनांताःसमुच्छ्रयाः ॥ संयोगाविप्रयोगांतामरणांतंहिजीवितम् ३१ सुखंदुःखांतमालस्यंदाक्ष्यंदुःखंसुखोदयम् ॥ भूतिःश्रीर्ह्रीर्धृतिःकीर्तिर्दक्षेवसतिनालसे ३२ नालंसुखायसुहृदोनालंदुःखायशत्रवः ॥ नचप्रजाऽलमर्थेभ्योनसुखेभ्योऽप्यलंधनम् ३३ यथासृष्टोसिकौन्तेयधात्राकर्मसुतत्कुरु ॥ अतवएहिसिद्धिस्तेनेशस्त्वंकर्मणांनृप ३४ ॥ इतिश्रीमहाभारतेशांतिपर्वणिराजधर्मा० व्यासवाक्येसप्तविंशतितमोऽध्यायः ॥ २७ ॥ वैशंपायनउवाच ॥ ज्ञातिशोकाभितप्तस्यप्राणानभ्युत्तिस्सक्षतः ॥ ज्येष्ठस्यपांडुपुत्रस्यव्यासःशोकमपानुदत् १ ॥ व्यासउवाच ॥ अत्राप्युदाहरन्तीममितिहासंपुरातनम् ॥ अश्मगीतंनरव्याघ्रतन्निबोधयुधिष्ठिर २ अश्मानंब्राह्मणंप्राज्ञंवैदेहोजनकोनृपः ॥ संशयंपरिपप्रच्छदुःखशोकसमन्वितः ३ ॥ जनकउवाच ॥ आगमेयदिवाऽपायेज्ञातीनांद्रविणस्यच ॥ नरेणप्रतिपत्तव्यंकल्याणंकथमिच्छता ४ ॥ अश्मोवाच ॥ उत्पन्नमिममात्मानंनरस्यानंतरंततः ॥ तानितान्यनुवर्तन्तेदुःखानिचसुखानिच ५ तेषामन्यतरापत्तौयद्यदेवोपपद्यते ॥ तदस्यचेतनामाशुहरत्यभ्रमिवानिलः ६ अभिजातोऽस्मिसिद्धोऽस्मिनास्मिकेवलमानुषः ॥ इत्येभिर्हेतुभिस्तस्यत्रिभिश्चित्तंप्रसिच्यते ७ संप्रसक्तमनाभोगान्विसृज्यपितृसंचितान् ॥ परिक्षीणःपरस्वानामादानंसाधुमन्यते ८ तमतिक्रांतमर्यादमाददानमसांप्रतम् ॥ प्रतिषेधंतिराजानोलुब्धामृगमिवेषुभिः ९ येचविंशतिवर्षावात्रिंशद्वर्षाश्चमानवाः ॥ परेणतेवर्षशतान्नभविष्यंतिपार्थिव १० तेषांपरमदुःखानांबुद्ध्याभैषज्यमाचरेत् ॥ सर्वप्राणभृतांवृत्तंप्रेक्षमाणस्ततस्ततः ॥ ११ मानसानांपुनर्योनिर्दुःखानांचित्तविभ्रमः ॥ अनिष्टोपनिपातोवाद्वतीयंनोपपद्यते १२ एवमेतानिदुःखानितानितानीहमानवम् ॥ विविधान्युपवर्तन्तेतथासंस्पर्शजान्यपि १३ जरामृत्यूहिभूतानांखादितारौवृकाविव ॥ बलिनांदुर्बलानांचह्रस्वानांमहतामपि १४ नकश्चिज्जात्वतिक्रामेज्जरामृत्यूहिमानवः ॥ अपिसागरपर्यंतांविजित्येमांवसुंधराम् १५ सुखंवायदिवादुःखंभूतानांपर्युपस्थितम् ॥ प्राप्तव्यमवशैःसर्वंपरिहारोनविद्यते १६ ॥ ॥ ॥ ॥ ॥ ॥

ग्यार्थान्धनादीन्विसृज्यभोगेननटनर्तकादिद्वाराव्ययीकृत्य आदानंचौर्यं साधुहितं ८ असांप्रतमयुक्तंयथास्यात्तथाइषुभिःप्रतिषेधंतिनिघ्नंतीत्यर्थः लुब्धाव्याधाः ९ येचोरास्तेपरेणविंशत्यादिवर्षादूर्ध्वंवर्षशतात्शतवर्षपर्यंतंनभविष्यंतिनजीविष्यंति चौर्यप्रसक्ताःसद्यएवमार्यंतइत्यर्थः १० तेषांदारद्र्योत्थानांभैषज्यंप्रतीकारंतमेवाह सर्वेति । 'दुःखेदुःखाधिकान्पश्येत्सुखेपश्येत्सुखाधिकान् ॥ आत्मानंहर्षशोकाभ्यांशत्रुभ्यामिवनार्पयेत्' इतिभावः ११ विभ्रमोविपर्यासः अनिष्टेपीष्टबुद्धिरिष्टेचानिष्टबुद्धिरिति अनिष्टंपुत्रशोकादितत्प्राप्तिर्वा १२ संस्पर्शजानिविषयसंगजानि १३ १४ । १५ प्राप्तव्यंभोक्तव्यं १६ ॥ ॥ ॥ ॥

॥ २१ ॥

तेऽर्थाजरादयःपदार्थाः ततोऽन्यथाऽजरत्वादिरूपेणयेमनुष्यस्यकांक्षिताइष्टाः १७ विधानमदृष्टम् १८ प्राप्तिर्लाभो व्यायामःश्रमः अलाभइतियावत् तयोर्योगः प्रतिष्ठितंविधानमित्यनु
युज्यते १९ गंधेति । फलस्थागंधादयोनिवर्तंतेपूर्वेपूर्वे उत्तरेउत्तरेउपयांति तथैवसुखादीन्यप्रत्याख्येयानि अनुसृत्यवर्ततेविद्वान् २० । २१ । २२ । २३ । २४ बुभुक्षाः क्षुत्प्रभृतयः

पूर्वेवयसिमध्येवाऽप्युत्तरेवानराधिप ॥ अवर्जनीयास्तेऽर्थावैकांक्षितायेततोऽन्यथा १७ अप्रियैःसहसंयोगोविप्रयोगश्चसुप्रियैः ॥ अर्थानर्थौसुखंदुःखंविधानमनु
वर्तते १८ प्रादुर्भावश्चभूतानांदेहत्यागस्तथैवच ॥ प्राप्तिर्व्यायामयोगश्चसर्वमेतत्प्रतिष्ठितम् १९ गंधवर्णरसस्पर्शानिवर्ततेस्वभावतः ॥ तथैवसुखदुःखानिविधा
नमनुवर्तते २० आसनंशयनंयानमुत्थानंपानभोजनम् ॥ नियतंसर्वभूतानांकालेनैवभवत्युत २१ वैद्याश्चाप्यातुराःसंतिबलवंतश्चदुर्बलाः ॥ श्रीमंतश्चापरेषण्ढा
विचित्रःकालपर्ययः २२ कुलेजन्मतथावीर्यमारोग्यंरूपमेवच ॥ सौभाग्यमुपभोगश्चभवितव्येनलभ्यते २३ संतिपुत्राःसुबहवोदरिद्राणामनिच्छताम् ॥ नास्तिपु
त्रःसमृद्धानांविचित्रंविधिचेष्टितम् २४ व्याधिरग्निर्जलंशस्त्रंबुभुक्षाश्वापदोविषम् ॥ ज्वरश्चमरणंजंतोरुच्चाच्चपतनंतथा २५ निर्माणेयस्ययद्दिष्टंतेनगच्छतिसेतुना
॥ दृश्यतेनाप्यतिक्रामन्ननिष्क्रांतोऽथवापुनः ॥ दृश्यतेचाप्यतिक्रामन्ननिग्राह्योऽथवापुनः २६ दृश्यतेहियुवैवेहविनश्यन्वसुमान्नरः ॥ दरिद्रश्चपरिक्लिष्टःशतवर्षो
जरान्वितः २७ अकिंचनाश्चदृश्यंतेपुरुषाश्चिरजीविनः ॥ समृद्धेचकुलेजाताविनश्यंतिपतंगवत् २८ प्रायेणश्रीमतांलोकेभोक्तुंशक्तिर्नविद्यते ॥ काष्ठान्यपिहि
जीर्यंतेदरिद्राणांचसर्वशः २९ अहमेतत्करोमीतिमन्यतेकालनोदितः॥ यद्यदिष्टमसंतोषाद्दुरात्मापापमाचरेत् ३० मृगयाक्षाःस्त्रियःपानंप्रसंगानिंदिताबुधैः ॥ दृश्यंतेपुरु
षाश्चात्रसंप्रयुक्ताबहुश्रुताः ३१ इतिकालेनसर्वार्थानीप्सितानीप्सितानिह ॥ स्पृशंतिसर्वभूतानिनिमित्तंनोपलभ्यते ३२ वायुमाकाशमग्निंचचन्द्रादित्यावहःक्षये ॥
ज्योतींषिसरितःशैलान्कःकरोतिबिभर्तिच ३३ शीतमुष्णंतथाऽमर्षंकालेनपरिवर्तते ॥ एवमेवमनुष्याणांसुखदुःखेनरर्षभ ३४ नौषधानिनमंत्राश्चनहोमानपुनर्जपाः॥
त्रायंतेमृत्युनोपेतंजरयाचापिमानवम् ३५ यथाकाष्ठंचकाष्ठंचसमेयातांमहोदधौ ॥ समेत्यचव्यपेयातांतद्वद्भूतसमागमः ३६ येचैवपुरुषाःस्त्रीभिर्गीतवाद्यैरुपस्थिताः
॥ येचानाथाःपरान्नादाःकालस्तेषुसमक्रियः ३७ मातापितृसहस्राणिपुत्रदारशतानिच ॥ संसारेष्वनुभूतानिकस्यतेकस्यवावयम् ३८ नैवास्यकश्चिद्भवितानायं
भवतिकस्यचित् ॥ पथिसंगतमेवेदंदारबंधुसुहृज्जनैः ३९ क्वासंक्वचगमिष्यामिकोन्वहंकिमिहास्थितः ॥ कस्मात्किमनुशोचेयमित्येवंस्थापयेन्मनः ४० ॥

२५ निर्माणेऽदृष्टेसेतुनाकर्ममर्यादयाऽतिक्रामन्नतिपात्यनिष्क्रांतोनदृश्यतेकिंतुपापेनसद्योबध्यतएव कश्चित्तुनिग्राह्योनभवतीत्यपिदृश्यते २६ । २७ । २८ । २९ । ३० प्रसंगाद्युद्धविवादादयः
अत्रमृगयादौ ३१ इहनिमित्तंनोपलभामहे किंत्वदृष्टनिमित्तमेवतदित्यर्थः ३२ यथावाय्वादिरीशकृतत्वादविनाश्यएवंदुःखमपीत्याह वायुमित्यादिना ३३ । ३४ । ३५ । ३६ उपस्थि
ताःसेविताः कालोमृत्युः ३७ । ३८ पथिमार्गेअन्यैरिवेहदारादिभिःसंगतंज्ञेयम् ३९ स्थापयेद्विचारेइतिशेषः ४० ॥ ॥ ॥ ॥

४१ एवमिष्टवियोगेशोकोनकार्यइत्युक्त्वाऽमुत्रनरकपातभयादपिशोकोनकार्यइत्याह नदृष्टपूर्वमित्यादिना। आगमैकगम्यःपरलोकआगमेषयुद्धेशत्रुघातिनांसनश्यतीतिनदृष्टस्ततोऽप्येवतेशोकइत्यर्थः ४२ धर्म्याणिधर्मावहानि ४३ । ४४ । ४५ । ४६ नागागजाःउत्तमैर्बलिष्ठैः ४७ । ४८ । ४९ अध्वानंसंसारमार्गं अवशइतिच्छेदः ५० अभ्येत्याविर्भवति नित्यात्मपक्षेजीवाद्देहात्पश्चिरनित्यात्मपक्षेदेहाज्जीवोत्पत्तिर्वाभवतु सर्वथादारादिसंगमःपांथसंगमतुल्यएवेत्यर्थः ५१ संवासःसहावस्थानं ५२ । ५३ । ५४ प्रजायेतपुत्रादीनुत्पादयेत् आनृण्याद्धेतोः ५५ प्रजने

अनित्येप्रियसंवासेसंसारेचक्रवद्गतौ ॥ पथिसंगतमेवैतद्भ्राताभातापितासखा ४१ नदृष्टपूर्वंप्रत्यक्षंपरलोकंविदुर्बुधाः ॥ आगमांस्त्वनतिक्रम्यश्रद्धातव्यंबुभूषता
४२ कुर्वीतपितृदैवत्यंधर्म्याणिचसमाचरेत् ॥ यजेच्चविद्वान्विधिवत्त्रिवर्गंचाप्युपाचरेत् ४३ सन्निमज्जेज्जगदिदंगंभीरेकालसागरे ॥ जरामृत्युमहाग्राहेनकश्चिदवबुध्यते ४४ आयुर्वेदमधीयानाःकेवलंसपरिग्रहाः ॥ दृश्यंतेबहवोवैद्याव्याधिभिःसमभिप्लुताः ४५ तेपिबंतःकषायांश्चसर्पींषिविविधानिच ॥ नमृत्युमतिवर्तंतेवेलामिवमहोदधिः ४६ रसायनविदश्चैवसुप्रयुक्तरसायनाः ॥ दृश्यन्तेजरयाभग्नानगानागैरिवोत्तमैः ४७ तथैवतपसोपेताःस्वाध्यायाभ्यसनेरताः ॥ दातारोयज्ञशीलाश्चनतरंतिजरांतकौ ४८ नह्यहानिनिवर्तंतेनमासानपुनःसमाः ॥ जातानांसर्वभूतानांनपक्षानपुनःक्षपाः ४९ सोऽयंविपुलमध्वानंकालेनध्रुवमध्रुवः ॥ नरोऽवशःसमभ्येतिसर्वभूतनिषेवितम् ५० देहोवाजीवतोऽभ्येतिजीवोवाऽभ्येतिदेहतः ॥ पथिसंगममभ्येतिदारैरन्यैश्चबंधुभिः ५१ नायमत्यंतसंवासोलभ्यतेजातुकेनचित् ॥ अपिस्वेनशरीरेणकिमुतान्येनकेनचित् ५२ क्वनुतेऽद्यपिताराजन्क्वनुतेद्यपितामहाः ॥ नत्वंपश्यसितानद्यनत्वांपश्यंतितेऽनघ ५३ नचैवपुरुषोद्रष्टास्वर्गस्यनरकस्यच ॥ आगमस्तुसतांचक्षुर्नृपतेतमिहाचर ५४ चरितब्रह्मचर्योहिप्रजायेतयजेतच ॥ पितृदेवमनुष्याणामानृण्यादनसूयकः ५५ सयज्ञशीलःप्रजनेनिविष्टःप्राग्ब्रह्मचारीप्रविविक्तचक्षुः ॥ आराधयेत्स्वर्गमिमंचलोकंपरंचमुक्त्वाहृदयव्यलीकम् ५६ समंहिधर्मंचरतोनृपस्यद्रव्याणिचाभ्याहरतोयथावत् ॥ प्रवृत्तधर्मस्ययशोऽभिवर्धतेसर्वेषुलोकेषुचराचरेषु ५७ इत्येवमाज्ञायविदेहराजोवाक्यंसमग्रंपरिपूर्णहेतु ॥ अश्मानमामंत्र्यविशुद्धबुद्धिर्ययौगृहंस्वंप्रतिशांतशोकः ५८ तथात्वमप्यच्युतमुंचशोकमुत्तिष्ठशक्रोपमहर्षमेहि ॥ क्षात्रेणधर्मेणमहीजितातेतांमुंक्ष्वकुंतीसुतमाऽवमंस्थाः ५९ ॥ इतिश्रीम० शां० राजध० व्यासवाक्येअष्टाविंशोऽध्यायः ॥ २८ ॥ ॥ वैशंपायनउवाच ॥ ॥ अव्याहरतिराजेन्द्रेधर्मपुत्रेयुधिष्ठिरे ॥ गुडाकेशोहृषीकेशमभ्यभाषतपांडवः १ ॥ अर्जुनउवाच ॥ ॥ ज्ञातिशोकाभिसंतप्तोधर्मपुत्रःपरंतपः ॥ एषशोकार्णवेमग्नस्तमाश्वासयमाधव २ ॥ ॥

प्रजोत्पादने हृदयव्यलीकंहृत्स्थमप्रियंशोकमनृतंवाममत्वाद्यध्यासंमुक्त्वास्वर्गमिमंचलोकंपरंपरमात्मानंवाआराधयेत् ५६ समंरागद्वेषवर्जंयथास्यात्तथाधर्मंचरतः ५७ । ५८ हेअच्युतेति। स्वधर्मान्नच्युतोसीत्यर्थः तेत्वया ५९ ॥ इतिशांतिपर्वणिराजधर्मानुशासनपर्वणिनीलकंठीये भारतभावदीपेअष्टाविंशोऽध्यायः ॥२८॥ अव्याहरति । हेत्वाभावेऽपिशोकोबाधतेइतिविस्मयान्मौनमास्थिते १ । २

तेवयम ३ पर्यवर्ततअभिमुखोऽभूत् ४ । ५ भुजंराज्ञःसंप्रगृह्यहस्तेधृत्वा ६ व्याकोशंविकसितम् ७ इताः अस्मिन्संधिरार्षः ८ लाभाः अर्थाः ९ । १० । ११ । १२ मृतान्महानुभावान्श्रुत्वाता
न्बंधून्शोचितुंनार्हसीतिसंबंधः १३ संजयस्यपुत्रःसहदेवस्तस्यशोकेनार्तं सहदेवायसार्जयायेतिब्राह्मणात् १४ अविमुक्ताइति । मरणेऽपिसुखादेर्वियोगोनास्तीतिप्रायोपवेशनंव्यर्थमितिभावः महाभाग्यं
माहात्म्यम् १५ । १६ । १७ उपादानमुपादातुंश्रोतुंयोग्यम् १८ ईयुःप्रत्यक्षमागतवंतः १९ यागंमाकुर्वितिप्रत्याचष्टप्रत्याख्यातवान् २० । २१ 'मरुतःपरिवेष्टारोमरुत्तस्यावसन्गृहे आविक्षित

सर्वेस्मतेसंशयिताःपुनरेवजनार्दन ॥ अस्यशोकंमहाबाहोप्रणाशयितुमर्हसि ३ ॥ वैशंपायनउवाच ॥ एवमुक्तस्तुगोविंदोविजयेनमहात्मना ॥ पर्यवर्तत
राजानंपुंडरीकेक्षणोऽच्युतः ४ अनतिक्रमणीयोहिधर्मराजस्यकेशवः ॥ बाल्यात्प्रभृतिगोविंदःप्रीत्याचाभ्यधिकोऽर्जुनात् ५ संप्रगृह्यमहाबाहुर्भुजंचंदनभू
षितम् ॥ शैलस्तंभोपमंशौरिरुवाचाभिविनोदयन् ६ शुशुभेवदनंतस्यसुदंष्ट्रंचारुलोचनम् ॥ व्याकोशमिवविस्पष्टंपद्मंसूर्यइवोदिते ७ ॥ वासुदेवउवाच ॥
माकृथाःपुरुषव्याघ्रशोकंत्वंगात्रशोषणम् ॥ नहितेसुलभाभूयोयेहताऽस्मिन्रणाजिरे ८ स्वप्नलब्धायथालाभावितथाःप्रतिबोधने ॥ एवंतेक्षत्रियाराजन्येव्य
तीतामहारणे ९ सर्वेऽप्यभिमुखाःशूराविजितारणशोभिनः ॥ नैषांकश्चित्पृष्ठतोवापलायन्वापिपातितः १० सर्वेत्यक्त्वाऽत्मनःप्राणान्युद्ध्वावीरामहामृधे ॥
शस्त्रपूतादिवंप्राप्तानतान्शोचितुमर्हसि ११ क्षत्रधर्मरताःशूरावेदवेदांगपारगाः ॥ प्राप्तावीरगतिंपुण्यांतान्नशोचितुमर्हसि १२ मृतान्महानुभावांस्त्वंश्रुत्वैव
पृथिवीपतीन् ॥ अत्रैवोदाहरंतीममितिहासंपुरातनम् १३ सृंजयंपुत्रशोकार्तंयथाऽयंनारदोऽब्रवीत् ॥ सुखदुःखैरहंत्वंचप्रजाःसर्वाश्चसृंजय १४ अविमुक्ता
मरिष्यामस्तत्रकापरिदेवना ॥ महाभाग्यंपुराराज्ञांकीर्त्यमानंमयाशृणु १५ गच्छावधानंनृपतेततोदुःखंप्रहास्यसि ॥ मृतान्महानुभावांस्त्वंश्रुत्वैवपृथिवी
पतीन् १६ शममानयसंतापंश्रृणुविस्तरशश्चमे ॥ क्रूरग्रहाभिशमनमायुर्वर्धनमुत्तमम् १७ अग्रिमाणांक्षितिभुजामुपादानंमनोहरम् ॥ आविक्षितंमरुत्तंचमृतंसृं
जयशुश्रुम १८ यस्यसेंद्राःसवरुणाबृहस्पतिपुरोगमाः ॥ देवाविश्वसृजोराज्ञोयज्ञमीयुर्महात्मनः १९ यःस्पर्धयाऽजयच्छक्रंदेवराजंपुरंदरम् ॥ शक्रप्रियैषीयं
विद्वान्प्रत्याचष्टबृहस्पतिः २० संवर्तोयाजयामासयबीयान्सबृहस्पतेः ॥ यस्मिन्प्रशासतिमहींनृपतौराजसत्तम ॥ अकृष्टपच्यापृथिवीविबभौचैत्यमालिनी
२१ आविक्षितस्यवैसत्रेविश्वेदेवाःसभासदः ॥ मरुत्तःपरिवेष्टारःसाध्याश्चासन्महात्मनः २२ मरुद्गणामरुत्तस्ययत्सोममपिबंस्ततः ॥ देवान्मनुष्यान्गंधर्वा
नत्यरिच्यंतदक्षिणाः २३ सचेन्ममारसृंजयचतुर्भद्रतरस्त्वया ॥ पुत्रात्पुण्यतरश्चैवमापुत्रमनुतप्यथाः २४ सुहोत्रंचैवातिथिनंमृतंसृंजयशुश्रुम ॥ यस्मि
न्हिरण्यंववृषेमघवापरिवत्सरम् २५ सत्यनामावसुमतीयंप्राप्याऽसीज्जनाधिपम् ॥ हिरण्यमवहन्नद्यस्तस्मिन्जनपदेश्वरे २६ ॥ ॥

स्यकाममेर्विश्वेदेवाःसभासदः' इतिश्रुतेरर्थंदर्शयतिआविक्षितस्येति २२ अत्यरिच्यंतएभ्योयाःदक्षिणादत्तास्तास्तैर्वोढुमशक्याजाताइत्यर्थः २३ चतुर्भद्रतरः चत्वारिधर्मज्ञानवैराग्यैश्वर्याख्यानिभ
द्राणियस्मिन्सचतुर्भद्रः त्वयाअवधिभूतेमत्तत्तोऽतिशयेनचतुर्भद्रइत्यर्थः २४ । २५ । २६ ॥ ॥ ॥

२७ । २८ । २९ । ३० चेत्यचेतनावान्भवजानीहीत्यर्थः संशाम्यज्ञात्वाशांतोभवेत्यर्थः ३१ अवामृजद्यद्द:र्थमुत्सृष्टवान् ३२ अत्यकालयद्दत्तवान् ३३।३४ । ३५ । ३६ ।३७ सप्तस्वग्निष्टोमेत्यग्निष्टोम

॥ २३ ॥ कूर्मान्कर्कटकान्नक्रान्मकराञ्छिशुकानपि ॥ नदीष्ववपातयद्राजन्मघवालोकपूजितः २७ हिरण्यान्पातितान्दृष्ट्वामत्स्यान्मकरकच्छपान् ॥ सहस्रशोऽथशतशस्ततोऽस्मयदथोऽतिथिः २८ तद्धिरण्यमपर्यंतमावृतंकुरुजांगले ॥ ईजानोविततेयज्ञेब्राह्मणेभ्यःसमार्पयत् २९ सचेन्ममारसृंजयचतुर्भद्रतरस्त्वया ॥ पुत्रात्पुण्यतरश्चैवमापुत्रमनुतप्यथाः ३० अदक्षिणमयज्वानंचेत्यसंशाम्यमाशुचः ॥ अंगंबृहद्रथंचैवमृतंसृंजयशुश्रुम ३१ यःसहस्रंसहस्राणांश्वेतानश्वानवासृजत् ॥ सहस्रंचसहस्राणांकन्याहेमपरिष्कृताः ३२ ईजानोविततेयज्ञेदक्षिणामत्यकालयत् ॥ यःसहस्रंसहस्राणांगजानामतिपद्मिनाम् ३३ ईजानोविततेयज्ञेदक्षिणामत्यकालयत् ॥ शतंशतसहस्राणिवृषाणांहेममालिनाम् ३४ गवांसहस्रानुचरंदक्षिणामत्यकालयत् ॥ अंगस्ययजमानस्यतदाविष्णुपदेगिरौ ३५ अमाद्यदिन्द्रःसोमेनदक्षिणाभिर्द्विजातयः ॥ यस्ययज्ञेषुराजेन्द्रशतसंख्येषुवैपुरा ३६ देवान्मनुष्यान्गंधर्वानत्यरिच्यंतदक्षिणाः ॥ नजातोजनितानान्यःपुमान्यःसंप्रदास्यति ३७ यदंगःप्रददौवित्तंसोमसंस्थासुसप्तसु ॥ सचेन्ममारसृंजयचतुर्भद्रतरस्त्वया ३८ पुत्रात्पुण्यतरश्चैवमापुत्रमनुतप्यथाः ॥ शिबिमौशीनरंचैवमृतंसृंजयशुश्रुम ३९ यइमांपृथिवींसर्वांचर्मवत्समवेष्टयत् ॥ महतारथघोषेणपृथिवीमनुनादयन् ४० एकच्छत्रांमहींचक्रेजैत्रेणैकरथेनयः ॥ यावदस्यगवाश्वंस्यादारण्यैःपशुभिःसह ४१ तावतीःप्रददौगाःसशिबिरौशीनरोऽध्वरे ॥ नवोढारंधुरंतस्यकंचिन्मेनेप्रजापतिः ४२ नभूतंनभविष्यंचसर्वराजसुसृंजय ॥ अन्यत्रौशीनराच्छैब्याद्राजर्षेरिन्द्रविक्रमात् ४३ अदक्षिणमयज्वानंमापुत्रमनुतप्यथाः ॥ सचेन्ममारसृंजयचतुर्भद्रतरस्त्वया ॥ पुत्रात्पुण्यतरश्चैवमापुत्रमनुतप्यथाः ४४ भरतंचैवदौष्यंतिंमृतंसृंजयशुश्रुम ॥ शाकुंतलंमहात्मानंभूरिद्रविणसंचयम् ४५ योबद्धात्रिंशतंचाश्वान्देवेभ्योयमुनामनु ॥ सरस्वतींविंशतिंचगंगामनुचतुर्दश ४६ अश्वमेधसहस्रेणराजसूयशतेनच ॥ इष्टवान्समहातेजादौष्यंतिर्भरतःपुरा ४७ भरतस्यमहत्कर्मसर्वराजसुपार्थिवाः ॥ खंमर्त्याइवबाहुभ्यांनानुगंतुमशक्नुवन् ४८ परंसहस्राद्योबद्धान्हयान्वेदींवितत्यच ॥ सहस्रंयत्रपद्मानांकण्वायभरतोददौ ४९ सचेन्ममारसृंजयचतुर्भद्रतरस्त्वया ॥ पुत्रात्पुण्यतरश्चैवमापुत्रमनुतप्यथाः ५० रामंदाशरथिंचैवमृतंसृंजयशुश्रुम ॥ योऽन्वकंपतवैनित्यंप्रजाःपुत्रानिवौरसान् ५१ विधवायस्यविषयेनानाथाःकाश्चनाभवन् ॥ सदैवासीत्पितृसमोरामोराज्यंयदन्वशात् ५२ कालवर्षीचपर्जन्यःसस्यानिसमपादयत् ॥ नित्यंसुभिक्षमेवासीद्रामेराज्यंप्रशासति ५३ ॥ ॥

उक्थ्यःषोडशीवाजपेयोऽतिरात्रआप्तोर्यामइतिसप्तसोमसंस्थास्तासु ३८ । ३९ । ४० । ४१ । ४२ । ४३ । ४४ । ४५ । ४६ । ४७ भरतस्य'महाकर्मनपूर्वेनापरेजनाः ॥ दिवंमर्त्यइवहस्ताभ्यांनोदापुःपंचमानवाः'इतिश्रुतेरर्थंसंगृह्णातिभरतस्येति ४८ बद्धान्हयानितिपाठः बद्धंसंख्याविशेषोऽर्बुदपर्यायः 'यस्मिन्सहस्रंब्राह्मणाबद्धशोगाविभेजिरे'इतिश्रुतेः ४९ । ५० । ५१ । ५२ । ५३ ॥

५४ वर्षसहस्रिण्यःस्त्रियःवर्षसहस्रकाःपुरुषाः ५५ ।५६ । ५७ द्रोणदुघाःद्रोणपरिमितंक्षीरंदुहंतिताः द्रोणःकलशइत्येके ५८ जारूथ्यानस्तुत्यान् त्रिगुणदक्षिणानित्यन्ये निरर्गलानवारितद्वारा
न् ५९ । ६० । ६१ । ६२ । ६३ । ६४ । ६५ चतुर्युजश्चतुरश्वाः ६६ । ६७ उपह्वरेसमीपे अंकेऊरौनिषसादआसांचक्रे तस्माद्योगात्साउर्वशीऊरौवासोयस्याःसाइतियोगात् । ऊर्वसीत्यपे

प्राणिनोनाप्सुमज्जंतिनान्यथापावकोऽदहत् ॥ रुजाभयंनतत्रासीद्रामेराज्यंप्रशासति ५४ आसन्वर्षसहस्रिण्यस्तथावर्षसहस्रकाः ॥ अरोगाःसर्वसिद्धार्थारामे
राज्यंप्रशासति ५५ नान्योन्येनविवादोऽभूत्स्त्रीणामपिकुतोनृणाम् ॥ धर्मनित्याःप्रजाश्चासन्रामेराज्यंप्रशासति ५६ संतुष्टाःसर्वसिद्धार्थानिर्भयाःस्वैरचारिणः ॥
नराःसत्यव्रताश्चासन्रामेराज्यंप्रशासति ५७ नित्यपुष्पफलाश्चैवपादपानिरुपद्रवाः ॥ सर्वाद्रोणदुघागावोरामेराज्यंप्रशासति ५८ सचतुर्दशवर्षाणिवनेप्रोष्यम
हातपाः ॥ दशाश्वमेधान्जारूथ्यानाजहारनिरर्गलान् ५९ युवाश्यामोलोहिताक्षोमातंगइयूथपः ॥ आजानुबाहुःसुमुखःसिंहस्कंधोमहाभुजः ६० दशवर्षस
हस्राणिदशवर्षशतानिच ॥ अयोध्याधिपतिर्भूत्वारामोराज्यमकारयत् ६१ सचेन्ममारसृंजयचतुर्भद्रतरस्त्वया ॥ पुत्रात्पुण्यतरश्चैवमापुत्रमनुतप्यथाः ६२
भगीरथंचराजानंमृतंसृंजयशुश्रुम ॥ यस्येन्द्रोवितितेयज्ञेसोमंपीत्वामदोत्कटः ६३ असुराणांसहस्राणिबहूनिसुरसत्तमः ॥ अजयद्बाहुवीर्येणभगवान्पाकशासनः ६४
यःसहस्रंसहस्राणांकन्याहेमविभूषिताः ॥ ईजानोवितितेयज्ञेदक्षिणामत्यकालयत् ६५ सर्वारथगताःकन्यारथाःसर्वेचतुर्युजः ॥ शतंशतंरथेनागाःपद्मिनोहेममा
लिनः ६६ सहस्रमश्वाएकैकंहस्तिनंपृष्ठतोन्वयुः ॥ गवांसहस्रमश्वेऽश्वेसहस्रंगव्यजाविकम् ६७ उपह्वरेनिवसतोयस्यांकेनिषसादह ॥ गंगाभागीरथीतस्मादुर्व
शीचाभवत्पुरा ६८ भूरिदक्षिणमिक्ष्वाकुंयजमानंभगीरथम् ॥ त्रिलोकपथगागंगादुहितृत्वमुपेयुषी ६९ सचेन्ममारसृंजयचतुर्भद्रतरस्त्वया ॥ पुत्रात्पुण्यतरश्चै
वमापुत्रमनुतप्यथाः ७० दिलीपंचमहात्मानंमृतंसृंजयशुश्रुम ॥ यस्यकर्माणिभूरीणिकथयंतिद्विजातयः ७१ यइमांवसुसंपूर्णांवसुधांवसुधाधिपः ॥ ददौ
तस्मिन्महायज्ञेब्राह्मणेभ्यःसमाहितः ७२ यस्येहयजमानस्ययज्ञेयज्ञेपुरोहितः ॥ सहस्रंवारणान्हेमान्दक्षिणामत्यकालयत् ७३ यस्ययज्ञेमहानासीद्यूपःश्रीमा
न्हिरण्मयः ॥ तंदेवाःकर्मकुर्वाणाःशक्रज्येष्ठाउपाश्रयन् ७४ चषालेयस्यसौवर्णेतस्मिन्यूपेहिरण्मये ॥ ननृतुर्देवगंधर्वाःषट्सहस्राणिसप्तधा ७५ अवादयत्तत्रवीणां
मध्येविश्वावसुःस्वयम् ॥ सर्वभूतान्यमन्यंतममवादयतीत्ययम् ७६ एतद्राज्ञोदिलीपस्यराजानोनानुचक्रिरे ॥ यस्येभाहेमसंच्छन्नाःपथिमत्ताःस्मशेरते ७७ राजानं
शतधन्वानंदिलीपंसत्यवादिनम् ॥ येऽपश्यन्सुमहात्मानंतेऽपिस्वर्गजितोनराः ७८ त्रयःशब्दानजीर्यंतेदिलीपस्यनिवेशने ॥ स्वाध्यायघोषोज्याघोषोदीयतामितिवै
त्रयः ७९ सचेन्ममारसृंजयचतुर्भद्रतरस्त्वया ॥ पुत्रात्पुण्यतरश्चैवमापुत्रमनुतप्यथाः ८० मांधातारंयौवनाश्वंमृतंसृंजयशुश्रुम ॥ यंदेवामरुतोगर्भंपितुःपार्श्वादपाहरन् ८१

क्षितेन्हस्वत्वंवर्णविपर्ययश्चपृषोदरादित्वात्ज्ञेयः ६८ । ६९ । ७० । ७१ । ७२ । ७३ । ७४ सप्तधासप्तस्वरानुसारेणावादयदितिसंबंधः ७५ ममपुरतइतिशेषः मांलक्षीकृत्येत्यर्थः ७६ । ७७
शतधन्वानंशतंअनंतान्महतेधनुर्यस्यतंशतधन्वानं मध्यमपदलोपीसमासः ७८ । ७९ । ८० । ८१ ॥ ॥ ॥ ॥

पृषदाज्यंदधिमिश्रमाज्यं कस्यचिदर्थेपुत्रोत्पादनायनिर्मितंतद्युवनाश्वेनपीतं तदरेतोरुधिरयोगंविनाऽपितदुदरेगर्भोऽभवत् । सपितुःपार्श्वंभित्त्वानिःसारितोदेवैरित्याख्यायिकार्थोऽत्रसूचितः ८२ ८३ । ८४ । ८५ अन्हाएकेनशतंपलानिव्यवर्धत द्वादशसमोद्वादशवर्षतुल्यः । द्वादशशतपलतुलितोवाऽभवत् एतावानेवप्रायेणपक्वस्यपुरुषस्यभारोभवति ८६ । ८७ । ८८ अभेदिभिन्ना ८९ । ९० मत्स्यान्हैरण्यानितिसंबंधः ९१ । ९२ । ९३ । ९४ शम्यास्थूलबुध्नःकाष्ठदंडः सबलवताक्षिप्तोयावद्दूरंपतेत्तावान्देशःशम्यापातः तावतांतरेणपुरापुरोयज्ञवेदींकुर्वाणोवसुंधरांपर्यग

समृद्धोयुवनाश्वस्यजठरेयोमहात्मनः ॥ पृषदाज्योद्भवःश्रीमांस्त्रिलोकविजयीनृपः ८२ यंदृष्ट्वापितुरुत्संगेशयानंदेवरूपिणम् ॥ अन्योन्यमब्रुवन्देवाःकमयंधास्यतीतिवै ८३ मामेवधास्यतीत्येवमिंद्रोऽथाभ्युपपद्यत ॥ मांधातेतिततस्तस्यनामचक्रेशतक्रतुः ८४ ततस्तुपयसोधारांपुष्टिहेतोर्महात्मनः ॥ तस्यास्येयौवनाश्वस्यपाणिरिंद्रस्यचास्रवत् ८५ तंपिबन्पाणिमिंद्रस्यशतमह्नाव्यवर्धत ॥ सआसीद्द्वादशसमोद्वादशाहेनपार्थिवः ८६ तमिमंपृथिवीसर्वाएकाह्नासमपद्यत ॥ धर्मात्मानंमहात्मानंशूरमिंद्रसमंयुधि ८७ यश्चांगारंतुनृपतिंमरुत्तमसितंगयम् ॥ अंगंबृहद्रथंचैवमांधातासमरेऽजयत् ८८ यौवनाश्वोयदांगारंसमरेप्रत्ययुध्यत ॥ विस्फारैर्धनुषोदेवाद्यौरभेदीतिमेनिरे ८९ यत्रसूर्यउदेतिस्मयत्रचप्रतितिष्ठति ॥ सर्वंतद्यौवनाश्वस्यमांधातुःक्षेत्रमुच्यते ९० अश्वमेधशतेनेष्ट्वाराजसूयशतेनच ॥ अददद्रोहितान्मत्स्यान्ब्राह्मणेभ्योविशांपते ९१ हैरण्यान्योजनोत्सेधानायतान्दशयोजनम् ॥ अतिरिक्तान्द्विजातिभ्योव्यभजंस्त्वितरेजनाः ९२ सचेन्ममारसृंजयचतुर्भद्रतरस्त्वया ॥ पुत्रात्पुण्यतरश्चैवमापुत्रमनुतप्यथाः ९३ ययातिंनाहुषंचैवमृतंसृंजयशुश्रुम ॥ यइमांपृथिवींकृत्स्नांविजित्यसहसागराम् ९४ शम्यापातेनाभ्यतीयाद्वेदीभिश्चित्रयन्महीम् ॥ ईजानःक्रतुभिर्मुख्यैःपर्यगच्छद्वसुंधराम् ९५ इष्ट्वाक्रतुसहस्रेणवाजपेयशतेनच ॥ तर्पयामासविप्रेंद्रांस्त्रिभिःकांचनपर्वतैः ९६ व्यूढेनासुरयुद्धेनहत्वादैतेयदानवान् ॥ व्यभजत्पृथिवींकृत्स्नांययातिर्नहुषात्मजः ९७ अंत्येषुपुत्रान्निक्षिप्ययदुद्रुह्युपुरोगमान् ॥ पूरुंराज्येऽभिषिच्याथसदारःप्राविशद्वनम् ९८ सचेन्ममारसृंजयचतुर्भद्रतरस्त्वया ॥ पुत्रात्पुण्यतरश्चैवमापुत्रमनुतप्यथाः ९९ अंबरीषंचनाभागंमृतंसृंजयशुश्रुम ॥ यंप्रजावव्रिरेपुण्यंगोप्तारंनृपसत्तमम् १०० यःसहस्रंसहस्राणांराज्ञामयुतयाजिनाम् ॥ ईजानोविततेयज्ञेब्राह्मणेभ्यःसुसंहितः १ नैतत्पूर्वेजनाश्चक्रुर्नकरिष्यंतिचापरे ॥ इत्यंबरीषंनाभागिमन्वमोदंतदक्षिणाः २ शतंराजसहस्राणिशतंराजशतानिच ॥ सर्वेऽश्वमेधैरीजानास्तेऽन्वयुर्दक्षिणायनम् ३ सचेन्ममारसृंजयचतुर्भद्रतरस्त्वया ॥ पुत्रात्पुण्यतरश्चैवमापुत्रमनुतप्यथाः ४ शशबिंदुंचैत्ररथंमृतंशुश्रुमसृंजय ॥ यस्यभार्यासहस्राणांशतमासीन्महात्मनः १०५ ॥ ॥

च्छत्परित्यज्यसमुद्रतीरंप्राप्तइत्यर्थः ९५ । ९६ व्यभजत्पुत्रेभ्योदत्तवान् ९७ यदुर्द्रुह्युरनुस्तुर्वसुश्चतान्यदुद्रुह्युपुरोगमान् ९८ । ९९ । १०० याजिनांयज्वनांराज्ञांसहस्रंब्राह्मणेभ्यःब्राह्मणानामातिथ्यार्थअयुतयोजितवान् नृपान्दास्येयोजितवानित्यर्थः १०१ दक्षिणाःदाक्ष्ययुक्ताः २ सर्वेराजानोऽम्बरीषयज्ञेषुविप्रदास्यंकुर्वाणाअश्वमेधफलभागित्वात्तद्याजिनःसंतःअंबरीषमाहात्म्याद्दक्षिणायनंअनुपश्चात् अयुर्गताः । उत्तरायणमार्गेणहिरण्यगर्भलोकंप्राप्ताइत्यर्थः ३ । ४ । १०५ ॥ ॥ ॥

शाशबिंदवाःशशबिंदोःपुत्राः ६ । ७ । ८ । ९ । ११० । ११ ददतोदानंकुर्वतः अयःसुवर्णं तदेवविक्तंअक्षयंसदवर्धतां मेक्षयमितिपाठस्त्वनार्षः १२।१३।१४।१५।१६ व्यामंव्यायतहस्तप्रमाणं पंचहस्तोन्मितं दशव्यामांपंचाशद्धस्तविस्तारां द्विरायतांशतहस्तदीर्घाम् । १७ । १८ । १९ । १२० । २१ उपातिष्ठंतपितृकार्येमांनियोजयमांनियोजयेति २२ तेषांमारितानांपशूनां चर्मराशेः

सहस्रंतुसहस्राणांयस्यासन्शाशबिन्दवाः ॥ हिरण्यकवचाःसर्वेसर्वेचोत्तमधन्विनः ६ शतंकन्याराजपुत्रमेकैकंपृथगन्वयुः ॥ कन्यांकन्यांशतंनागानागंनागं शतंरथाः ७ रथेरथेशतंचाश्वादेशजाहेममालिनः ॥ अश्वेअश्वेशतंगावोगवांतद्वदजाविकम् ८ एतद्धनमपर्यन्तमश्वमेधेमहामखे ॥ शशबिन्दुर्महाराजब्राह्मणेभ्यः समार्पयत् ९ सचेन्ममारसृंजयचतुर्भद्रतरस्त्वया ॥ पुत्रात्पुण्यतरश्चैवमापुत्रमनुतप्यथाः १० गयंचामूर्तरयसंमृतंशुश्रुमसृंजय ॥ यःसवर्षशतंराजाहुत शिष्टाशनोऽभवत् ११ यस्मैवह्निर्वरंप्रादात्ततोवव्रेवरान्गयः ॥ ददतोयोऽक्षयंवित्तंधर्मेश्रद्धाचवर्धताम् १२ मनोमेरमतांसत्येत्वत्प्रसादाद्धुताशन ॥ लेभेचका मांस्तान्सर्वान्पावकादितिनःश्रुतम् १३ दर्शेचपूर्णमासेचचातुर्मास्येपुनःपुनः ॥ अयजद्धयमेधेनसहस्रंपरिवत्सरान् १४ शतंगवांसहस्राणिशतमश्वतराणि च ॥ उत्थायोत्थायवैप्रादात्सहस्रंपरिवत्सरान् १५ तर्पयामाससोमेनदेवान्वित्तैर्द्विजानपि ॥ पितॄन्स्वधाभिःकामैश्चस्त्रियःसपुरुषर्षभ १६ सौवर्णांपृथिवीं कृत्वादशव्यामांद्विरायताम् ॥ दक्षिणामददद्राजावाजिमेधेमहाक्रतौ १७ यावत्यःसिकताराजन्गंगायांपुरुषर्षभ ॥ तावतीरेवगाःप्रादादामूर्तरयसोगयः १८ सचेन्ममारसृंजयचतुर्भद्रतरस्त्वया ॥ पुत्रात्पुण्यतरश्चैवमापुत्रमनुतप्यथाः १९ रन्तिदेवंचसांकृत्यंमृतंसृंजयशुश्रुम ॥ सम्यगाराध्ययःशक्राद्वरंलेभेमहात पाः १२० अन्नंचनोबहुभवेदतिथींश्चलभेमही ॥ श्रद्धाचनोमाव्यगमन्माचयाचिष्मकंचन २१ उपातिष्ठंतपशवःस्वयंतंसंशितव्रतम् ॥ ग्राम्यारण्यामहात्मा नंरंतिदेवंयशस्विनम् २२ महानदीचर्मराशेरुत्क्लेदात्सस्रजेयतः ॥ ततश्चर्मण्वतीत्येवंविख्यातासामहानदी २३ ब्राह्मणेभ्योददौनिष्कान्सदसिप्रततेनृपः ॥ तुभ्यंनिष्कंतुभ्यंनिष्कमितिक्रोशंतिवैद्विजाः २४ सहस्रंतुभ्यमित्युक्त्वाब्राह्मणान्संप्रपद्यते ॥ अन्वाहार्योपकरणंद्रव्योपकरणंचयत् २५ घटाःपात्र्यःकटाहा निस्थाल्यश्चपिठराणिच ॥ नासीत्किंचिदसौवर्णंरंतिदेवस्यधीमतः २६ सांकृतेरंतिदेवस्ययांरात्रिमवसन्गृहे ॥ आलभ्यंतशतंगावःसहस्राणिचविंशतिः २७ तत्रस्मसूदाःक्रोशंतिसुमृष्टमणिकुंडलाः ॥ सूपंभूयिष्ठमश्नीध्वंनाद्यमांसंयथापुरा २८ सचेन्ममारसृंजयचतुर्भद्रतरस्त्वया ॥ पुत्रात्पुण्यतरश्चैवमापुत्रमनुतप्यथाः २९ सगरंचमहात्मानंमृतंशुश्रुमसृञ्जय ॥ ऐक्ष्वाकंपुरुषव्याघ्रमतिमानुषविक्रमम् १३० षष्टिःपुत्रसहस्राणियंयांतमनुजग्मिरे ॥ नक्षत्रराजंवर्षान्तेव्यभ्रेज्योति र्गणाइव ३१ एकच्छत्रामहीयस्यप्रतापादभवत्पुरा ॥ योऽश्वमेधसहस्रेणतर्पयामासदेवताः १३२ ॥ ॥ ॥

उत्क्लेदात्सारद्रवात् २३ तुभ्यमिति निष्कंनिष्कशतं । 'शतंतुभ्यंशतंतुभ्यमितिस्मैवप्रताम्यति'इतिमंत्रवर्णात् । तुभ्यंनिष्कशतंददामीतिक्रोशंत्येवद्विजाः नतुकश्चिद्गृह्णाति २४ सहस्रंतुभ्यमित्यु क्त्वातुब्राह्मणान्प्रतिग्रहीतॄन्प्रपद्यतेप्राप्नोति २५ पिठराणिवितत्तमुखानिदारुपात्राणि २६ । २७ नाद्यमांसंपशुमात्रोपयोगस्यप्रागुक्तत्वात् २८ । २९ ऐक्ष्वाकमिक्ष्वाकुवंशजं १३० । ३१ । १३२

३३ आदेशेनआज्ञया तद्वित्तंस्वर्णप्रासादरूपं ३४। ३५ । ३६ वैन्यंवेनपुत्रं महारण्येदंडकारण्ये ३७। ३८। ३९ पुटकेपुटकेपत्रेपत्रेइतिप्राञ्चः १४०। ४१ । ४२ त्रिनलोत्सेधान्नल्वःकिष्कुचतुःशतमितिपाठंप्रकल्प्यव्याख्यायतेप्राचीनैः । वस्तुतस्तुनल्वइत्यत्रच्छांदसोवर्णलोप ४३ । ४४ विप्रलब्धंविप्रलपितं ४५। ४६ विशोकोजातइतिशेषः ४७ । ४८ गमितःमृतःविजातःगुणवान्

यःप्रादात्कनकस्तम्भंप्रासादंसर्वकांचनम् ॥ पूर्णपद्मदलाक्षीणांस्त्रीणांशयनसंकुलम् ३३ द्विजातिभ्योऽनुरूपेभ्यःकामांश्चविविधान्बहून् ॥ यस्यादेशेनतद्वित्तं व्यभजन्तद्विजातयः ३४ खानयामासयःकोपात्पृथिवींसागरांकिताम् ॥ यस्यनाम्नासमुद्रश्चसागरत्वमुपागतः ३५ सचेन्ममारसृंजयचतुर्भद्रतरस्त्वया ॥ पुत्रात्पुण्यतरश्चैवमापुत्रमनुतप्यथाः ३६ राजानंचपृथुंवैन्यंमृतंशुश्रुमसृंजय ॥ यमभ्यषिंचन्संभूयमहारण्येमहर्षयः ३७ प्रथयिष्यतिवैलोकान्पृथुरित्येवशब्दितः ॥ क्षताद्योवैत्रायतीतिसतस्मात्क्षत्रियःस्मृतः ३८ पृथुंवैन्यंप्रजादृष्ट्वारक्ताःस्मेतियदब्रुवन् ॥ ततोराजेतिनामास्यअनुरागादजायत १३९ अकृष्टपच्यापृथिवीपुटकेपुटकेमधु ॥ सर्वाद्रोणदुघागावोवैन्यस्यासन्प्रशासतः १४० अरोगाःसर्वसिद्धार्थामनुष्याअकुतोभयाः ॥ यथाभिकाममवसन्क्षेत्रेषुचगृहेषुच ४१ आपस्तस्तंभिरेचास्यसमुद्रमभियास्यतः ॥ सरितश्चानुदीर्यंतध्वजभंगश्चनाभवत् ४२ हैरण्यांस्त्रिनलोत्सेधान्पर्वतानेकविंशतिम् ॥ ब्राह्मणेभ्योददौराजायोऽश्वमेधमहामखे ४३ सचेन्ममारसृंजयचतुर्भद्रतरस्त्वया ॥ पुत्रात्पुण्यतरश्चैवमापुत्रमनुतप्यथाः ४४ किंवातूष्णींध्यायसेसृंजयत्वंनमेराजन्वाचमिमांश्रृणोषि ॥ नचेन्मोघंविप्रलप्तंममेदंपथ्यंमुमूर्षोरिवसुप्रयुक्तम् ४५ ॥ सृंजयउवाच ॥ शृणोमितेनारदवाचमेनांविचित्रार्थांस्रजमिवपुण्यगंधाम् ॥ राजर्षीणांपुण्यकृतांमहात्मनांकीर्त्यायुक्तानांशोकनिर्नाशनार्थाम् ४६ नतेमोघंविप्रलप्तंमहर्षेदृष्ट्वैवाहंनारदत्वांविशोकः ॥ शुश्रूषेतेवचनंब्रह्मवादिन्नतेतृप्याम्यमृतस्येवपानात् ४७ अमोघदर्शिन्ममचेत्प्रसादंसंतापदग्धस्यविभोप्रकुर्याः ॥ सुतस्यसंजीवनमद्यमेस्यात्तवप्रसादात्सुतसंगमश्च ४८ ॥ नारदउवाच ॥ यस्तेपुत्रोगमितोऽयंविजातःस्वर्णष्ठीवीयमदात्पर्वतस्ते ॥ पुनस्तुतेपुत्रमहंददामिहिरण्यनाभंवर्षसहस्रिणंच १४९ ॥ इतिश्रीमहाभारतेशांतिपर्वणिराजधर्मानुशासनपर्वणिषोडशराजोपाख्यानेएकोनत्रिंशत्तमोऽध्यायः ॥ २९ ॥ ॥ युधिष्ठिरउवाच ॥ सकथंकांचनष्ठीवीसृंजयस्यसुतोऽभवत् ॥ पर्वतेनकिमर्थंवादत्तस्तेनममारच १ यदावर्षसहस्रायुस्तदाभवतिमानवः ॥ कथमप्राप्तकौमारःसृंजयस्यसुतोमृतः २ उताहोनाममात्रंवैसुवर्णष्ठीविनोऽभवत् ॥ कथंवाकांचनष्ठीवीत्येतदिच्छामिवेदितुम् ३ ॥ श्रीकृष्णउवाच ॥ अत्रतेवर्णयिष्यामियथावृत्तंजनेश्वर ॥ नारदःपर्वतश्चैवद्वावृषीलोकसत्तमौ ४ मातुलोभागिनेयश्चदेवलोकादिहागतौ ॥ विहर्तुकामौसंप्रीत्यामानुषेषुपुराविभो ५ हविःपवित्रभोज्येनदेवभोज्येनचैवहि ॥ नारदोमातुलश्चैवभागिनेयश्चपर्वतः ६ ॥

१४९ ॥ इतिशांतिपर्व०रा०नी०भारतभाव०एकोनत्रिंशत्तमोऽध्यायः ॥ २९ ॥ सद्दवि १ । २ । ३ । ४ । ५ हविःपवित्रभोज्येनशाल्यन्नेन देवभोज्येनघृतेन ताभ्यांविहर्तुकामावितिसंबंधः ६

७ । ८ । ९ । १० प्रगुणीभवानुकूलोभव ११ । १२ १३ सुकुमारीनाम्ना सौम्यमुत्तमं १४ । १५ । १६ । १७ । १८ । १९ । २० । २१ प्रवर्ततंप्रवर्तमानं २२ तेत्वां २३ । २४ । २५
तावुभौतपसोपेतावनीतलचारिणौ ॥ भुंजानौमानुषान्भोगान्यथावत्पर्यधावताम् ७ प्रीतिमंतौमुदायुक्तौसमयंचैवचक्रतुः ॥ योभवेद्धृदिसंकल्पःशुभोवाय
दिवाऽशुभः ८ अन्योन्यस्यचआख्येयोमृषाशापोऽन्यथाभवेत् ॥ तौतथेतिप्रतिज्ञायमहर्षीलोकपूजितौ ९ सृंजयंश्वैत्यमभ्येत्यराजानमिदमूचतुः ॥ आवां
भवतिवत्स्यावःकंचित्कालंहितायते १० यथावत्पृथिवीपालआवयोःप्रगुणीभव ॥ तथेतिकृत्वाराजातौसत्कृत्योपचचारह ११ ततःकदाचित्तौराजामहात्मानौ
तपोधनौ ॥ अब्रवीत्परमप्रीतःसुतेयंवरवर्णिनी १२ एकैवममकन्यैषायुवांपरिचरिष्यति ॥ दर्शनीयाऽनवद्यांगीशीलवृत्तसमाहिता १३ सुकुमारीकुमारीच
पद्मकिंजल्कसुप्रभा ॥ परमंसौम्यमित्युक्तंताभ्यांराजाशशासताम् १४ कन्येविप्रावुपचरदेववत्पितृवच्चह ॥ सातुकन्यातथेत्युक्त्वापितरंधर्मचारिणी १५
यथानिदेशंराज्ञस्तौसत्कृत्योपचचारह ॥ तस्यास्तेनोपचारेणरूपेणाप्रतिमेनच १६ नारदंहृच्छयस्तूर्णंसहसैवाभ्यपद्यत ॥ ववृधेहिततस्तस्यहृदिकामो
महात्मनः १७ यथाशुक्लस्यपक्षस्यप्रवृत्तौचंद्रमाःशनैः ॥ नचतंभागिनेयायपर्वतायमहात्मने १८ शशंसहृच्छयंतीव्रंव्रीडमानःसधर्मवित् ॥ तपसाचेंगितै
श्चैवपर्वतोऽथबुबोधतम् १९ कामार्तंनारदंक्रुद्धःशशापैनंततोभृशम् ॥ कृत्वासमयमव्यग्रोभवान्वैसहितोमया २० योभवेद्धृदिसंकल्पःशुभोवायदिवाऽशुभः ॥
अन्योन्यस्यसआख्येयइतितद्वैमृषाकृतम् २१ भवतावचनंब्रह्मंस्तस्मादेषशपाम्यहम् ॥ नहिकामंप्रवर्ततंभवानाचष्टमेपुरा २२ सुकुमार्यांकुमार्यांतेतस्मादेष
शपाम्यहम् ॥ ब्रह्मचारीगुरुर्यस्मात्तपस्वीब्राह्मणश्चसन् २३ अकार्षीःसमयभ्रंशमावाभ्यांयःकृतोमिथः ॥ शप्स्येतस्मात्सुसंक्रुद्धोभवन्तंतंनिबोधमे २४ सुकुमा
रीचतेभार्याभविष्यतिनसंशयः ॥ वानरंचैवतेरूपंविवाहात्प्रभृतिप्रभो २५ संद्रक्ष्यंतिनराश्चान्येस्वरूपेणविनाशनम् ॥ सतद्वाक्यंतुविज्ञायनारदःपर्वतंतथा
२६ अशपत्तमपिक्रोधाद्भागिनेयंसमातुलः ॥ तपसाब्रह्मचर्येणसत्येनचदमेनच २७ युक्तोऽपिनित्यधर्मश्चनवैस्वर्गमवाप्स्यसि ॥ तौतुशप्त्वाभृशंक्रुद्धौपरस्प
रममर्षणौ २८ प्रतिजग्मतुरन्योन्यंक्रुद्धाविवगजोत्तमौ ॥ पर्वतःपृथिवींकृत्स्नांविचचारमहामतिः २९ पूज्यमानोयथान्यायंतेजसास्वेनभारत ॥ अथताम
लभत्कन्यांनारदःसृंजयात्मजाम् ३० धर्मेणविप्रप्रवरःसुकुमारीमनिंदिताम् ॥ सातुकन्यायथाशापंनारदंतंददर्शह ३१ पाणिग्रहणमंत्राणांनियोगादेवनारदम् ॥
सुकुमारीचदेवर्षिंवानरप्रतिमाननम् ३२ नैवावमन्यततदाप्रीतिमत्येवचाभवत् ॥ उपतस्थेचभर्तारंनचान्यंमनसाऽप्यगात् ३३ देवंमुनिंवायक्षंवापतित्वेप
तिवत्सला ॥ ततःकदाचिद्भगवान्पर्वतोऽनुचचारह ३४ वनंविरहितंकिंचित्तत्रापश्यत्सनारदम् ॥ ततोऽभिवाद्यप्रोवाचनारदंपर्वतस्तदा ३५ भवान्प्रसादं
कुरुतात्स्वर्गादेशायमेप्रभो ॥ तमुवाचततोदृष्ट्वापर्वतंनारदस्तथा ३६ ॥ ॥ ॥ ॥ ॥
२६ । २७ । २८ । २९ । ३० । ३१ । ३२ । ३३ । ३४ । ३५ । ३६ ॥ ॥ ॥ ॥

३७ । ३८ । ३९ । ४० । ४१ । ४२ । ४३ । ४४ ॥ इतिशांतिपर्वणिराजधर्मानुशासनपर्वणिनीलकंठीयेभारतभावदीपेत्रिंशत्तमोऽध्यायः ॥ ३० ॥ ॥ ततइति १ । २ । ३ । ४ । ५ । ६

कृतांजलिमुपासीनंदीनंदीनतरःस्वयम् ॥ त्वयाऽहंप्रथमंशप्तोवानरस्त्वंभविष्यसि ३७ इत्युक्तेनमयापश्चाच्छप्तस्त्वमपिमत्सरात् ॥ अद्यप्रभृतिवैवासंस्वर्गेनावाप्स्य
सीतिह ३८ तवनैतद्धिसदृशंपुत्रस्थानेहिमेभवान् ॥ निवर्तयेतांतौशापावन्योन्येनतदामुनी ३९ श्रीसमृद्धंतदादृष्ट्वानारदंदेवरूपिणम् ॥ सुकुमारीप्रदुद्राववपरप
त्यभिशंकया ४० तांपर्वतस्ततोदृष्ट्वाप्रद्रवंतीमनिंदिताम् ॥ अब्रवीत्तवभर्तैषनात्रकार्याविचारणा ४१ ऋषिःपरमधर्मात्मानारदोभगवान्प्रभुः ॥ तवैवाभेद्यहृद
योमातेऽभूदत्रसंशयः ४२ सानुनीताबहुविधंपर्वतेनमहात्मना ॥ शापदोषंचतंभर्तुःश्रुत्वाप्रकृतिमागता ॥ पर्वतोऽथययौस्वर्गंनारदोभ्यगमद्गृहान् ४३
वासुदेवउवाच ॥ प्रत्यक्षकर्तासर्वस्यनारदोभगवानृषिः ॥ एषवक्ष्यतितेपृष्टोयथावृत्तंनरोत्तम ४४ ॥ इतिश्रीमहाभारतेशांतिपर्वणिरा० नारदपर्वतोपाख्यानेत्रिं
शत्तमोऽध्यायः ॥ ३० ॥ ॥ वैशंपायनउवाच ॥ ततोराजापांडुसुतोनारदंप्रत्यभाषत ॥ भगवञ्छ्रोतुमिच्छामिसुवर्णष्ठीविसंभवम् १ एवमुक्तस्तुसमुनिर्ध
र्मराजेननारदः ॥ आचचक्षेयथावृत्तंसुवर्णष्ठीविनंप्रति २ ॥ नारदउवाच ॥ एवमेतन्महाबाहोयथाऽयंकेशवोऽब्रवीत् ॥ कार्यस्यास्यतुयच्छेषंतत्तेवक्ष्यामिपृच्छ
तः ३ अहंचपर्वतश्चैवस्वस्रीयोमेमहामुनिः ॥ वस्तुकामावभिगतौसृंजयंजयतांवरम् ४ तत्रावांपूजितौतेनविधिदृष्टेनकर्मणा ॥ सर्वकामैःसुविहितौनिवसावो
ऽस्यवेश्मनि ५ व्यतिक्रांतासुवर्षासुसमयेगमनस्यच ॥ पर्वतोमामुवाचेदंकालेवचनमर्थवत् ६ आवामस्यनरेंद्रस्यगृहेपरमपूजितौ ॥ उषितौसमयेब्रह्मंस्तद्धि
चिंतयसांप्रतम् ७ ततोऽहमब्रुवंराजन्पर्वतंशुभदर्शनम् ॥ सर्वमेतत्त्वयिविभोभागिनेयोपपद्यते ८ वरेणच्छंद्यतांराजालभतांयद्यदिच्छति ॥ आवयोस्तपसासिद्धिं
प्राप्नोतुयदिमन्यसे ९ ततआहूयराजानंसृंजयंजयतांवरम् ॥ पर्वतोऽनुमतोवाक्यमुवाचकुरुपुंगव १० प्रीतौस्वोनृपसत्कारैर्भवदार्जवसंभृतैः ॥ आवाभ्यामभ्यनुज्ञातो
वरंनृवरचिंतय ११ देवानामविहिंसायांनभवेन्मानुषक्षयम् ॥ तद्गृहाणमहाराजपूजार्होनौमतोभवान् १२ ॥ सृंजयउवाच ॥ प्रीतौभवंतौयदिमेकृतमेतावताभम
एषएवपरोलाभोनिर्वृत्तोमेमहाफलः १३ तमेवंवादिनंभूयःपर्वतःप्रत्यभाषत ॥ वृणीष्वराजन्संकल्पंयत्तेहृदिचिरंस्थितम् १४ ॥ सृंजयउवाच ॥ अभीप्सामिसुतंवी
रंवीर्यवंतंदृढव्रतम् ॥ आयुष्मंतंमहाभागंदेवराजसमद्युतिम् १५ ॥ पर्वतउवाच ॥ भविष्यत्येषतेकामोनत्वायुष्मान्भविष्यति ॥ देवराजाभिभूत्यर्थंसंकल्पोह्येषतेहृदि
१६ ख्यातःसुवर्णष्ठीवीतिपुत्रस्तवभविष्यति ॥ रक्ष्यश्चदेवराजात्सदेवराजसमद्युतिः १७ तच्छ्रुत्वासृंजयोवाक्यंपर्वतस्यमहात्मनः ॥ प्रसादयामासतदानैतदेवंभवेदिति
१८ आयुष्मान्मेभवेत्पुत्रोभवतस्तपसामुने ॥ नचतंपर्वतःकिंचिदुवाचेंद्रव्यपेक्षया १९ तमहंनृपतिंदीनमब्रुवंपुनरेवच ॥ स्मर्तव्योऽस्मिमहाराजदर्शयिष्यामितेसुतम् २०

सांप्रतंकल्याणम् ७ । ८ । ९ । १० । ११ देवानामिति । येनदेवपीडामनुष्यक्षयश्चनभवतितादृशंवरंगृहाणेतिभावः १२ । १३ । १४ । १५ । १६ । १७ । १८ । १९ । २० ॥ ॥

२१ । २२ । २३ । २४ । २५ । २६ । २७ । २८ । २९ । ३० । ३१ । ३२ । ३३ । ३४ । ३५ । ३६ । ३७ । ३८ । ३९ । ४० । ४१ । ४२ । ४३ । ४४ । ४५ । ४६ । ४७

अहंतेदयितंपुत्रंप्रेतराजवशंगतम् ॥ पुनर्दास्यामितद्रूपंमाशुचःपृथिवीपते २१ एवमुक्तातुनृपतिंप्रयातौस्वौयथेप्सितम् ॥ सृंजयश्चयथाकामंप्रविवेशस्वमंदि
रम् २२ सृंजयस्याथराजर्षेःकस्मिंश्चित्कालपर्यये ॥ जज्ञेपुत्रोमहावीर्यस्तेजसाप्रज्वलन्निव २३ ववृधेसयथाकालंसरसीवमहोत्पलम् ॥ बभूवकांचनष्ठीवीयथार्थं
नामतस्यतत् २४ तदद्भुततमंलोकेपप्रथेकुरुसत्तम ॥ बुबुधेतच्चदेवेन्द्रोवरदानंमहर्षितः २५ ततःस्वाभिभवाद्भीतोबृहस्पतिमतेस्थितः ॥ कुमारस्यांतरप्रेक्षीबभू
वबलवृत्रहा २६ चोदयामासतद्वज्रंदिव्यास्त्रंमूर्तिमत्स्थितम् ॥ व्याघ्रोभूत्वाजहीमंत्वंराजपुत्रमितिप्रभो २७ प्रवृद्धःकिलवीर्येणमामेषोऽभिभविष्यति ॥ सृंजय
स्यसुतोवज्रयथैनंपर्वतोऽब्रवीत् २८ एवमुक्तस्तुशक्रेणवज्रःपरपुरंजयः ॥ कुमारमंतरप्रेक्षीनित्यमेवान्वपद्यत २९ सृंजयोऽपिसुतंप्राप्यदेवराजसमद्युतिम् ॥ हृष्टः
सांतःपुरोराजावननित्योबभूवह ३० ततोभागीरथीतीरेकदाचिन्निर्जनेवने ॥ धात्रीद्वितीयोबालःसक्रीडार्थंपर्यधावत ३१ पंचवर्षकदेशीयोबालोनागेंद्रविक्रमः ॥
सहसोत्पतितंव्याघ्रमाससादमहाबलम् ३२ सबालस्तेननिष्पिष्टोवेपमानोनृपात्मजः ॥ व्यसुःपपातमेदिन्यांततोधात्रीविचुक्रुशे ३३ हत्वातुराजपुत्रंसतत्रैवांत
रधीयत ॥ शार्दूलोदेवराजस्यमाययान्तर्हितस्तदा ३४ धात्र्यास्तुनिनदंश्रुत्वारुदत्यापरमार्तवत् ॥ अभ्यधावततंदेशंस्वयमेवमहीपतिः ३५ सददर्शशयानंतंगता
सुंपीतशोणितम् ॥ कुमारंविगतानंदंनिशाकरमिवच्युतम् ३६ सतमुत्संगमारोप्यपरिपीडितमानसः ॥ पुत्रंरुधिरसंसिक्तंपर्यदेवयदातुरः ३७ ततस्तामातरस्त
स्यरुदत्यःशोककर्शिताः ॥ अभ्यधावंततंदेशंयत्रराजाससृंजयः ३८ ततःसराजासस्मारमामेवगतमानसः ॥ तदाऽहंचिंतनंज्ञात्वागतवांस्तस्यदर्शनम् ३९ मयैता
निचवाक्यानिश्राविताःशोकलालसः ॥ यानितेयदुवीरेणकथितानिमहीपते ४० संजीवितश्चापिपुनर्वासवानुमतेतदा ॥ भवितव्यंतथातच्चनतच्छक्यमतोऽन्यथा
४१ ततऊर्ध्वंकुमारस्तुस्वर्णष्ठीवीमहायशाः ॥ चित्तंप्रसादयामासपितुर्मातुश्चवीर्यवान् ४२ कारयामासराज्यंचपितरिस्वर्गतेनृप ॥ वर्षाणांशतमेकंचसहस्रंभीमविक्र
मः ४३ ततईजेमहायज्ञैर्बहुभिर्भूरिदक्षिणैः ॥ तर्पयामासदेवांश्चपितृंश्चैवमहाद्युतिः ४४ उत्पाद्यचबहून्पुत्रान्कुलसंतानकारिणः ॥ कालेनमहताराजन्कालधर्म
मुपेयिवान् ४५ सत्वंराजेन्द्रसंजातंशोकमेनंनिवर्तय ॥ यथात्वांकेशवःप्राहव्यासश्चसुमहातपाः ४६ पितृपैतामहंराज्यमास्थायधुरमुद्वह ॥ इष्ट्वापुण्यैर्महायज्ञैरि
ष्टंलोकमवाप्स्यसि ४७ ॥ इतिश्रीमहाभारतेशां०रा०स्वर्णष्ठीविसंभवोपाख्यानेएकत्रिंशत्तमोऽध्यायः ॥ ३१ ॥ वैशंपायनउवाच ॥ तूष्णींभूतंतुराजानंशोचमानंयु
धिष्ठिरम् ॥ तपस्वीधर्मतत्त्वज्ञःकृष्णद्वैपायनोऽब्रवीत् १ ॥ व्यासउवाच ॥ प्रजानांपालनंधर्मोराज्ञांराजीवलोचन ॥ धर्मःप्रमाणंलोकस्यनित्यंधर्मानुवर्तिनः २

॥ इतिशांतिपर्वणिराजधर्मानुशासनपर्वणि नीलकंठीये भारतभावदीपे एकत्रिंशत्तमोऽध्यायः ॥ ३१ ॥ ॥ तूष्णींभूतमिति १ । २ ॥ ॥

तत्तस्माद्धर्ममनुतिष्ठस्वपदंपालयेतिचसंबंधः ३ । ४ । ५ । ६ शातयीतमारयेत् ७ । ८ । ९ । १० मेमांदहंति हृदयंपचंति शरीरंशोषयंति ११ मयाबहवोघातिताइत्युक्तं तत्किंहनन क्रियायांतवप्रयोज्यकर्तृत्वंप्रयोजककर्तृत्वंवावध्यस्यचकर्मत्वंवाप्राकृतकर्मफलभोक्तृत्वंवेतिविकल्पानाह ईश्वरइति १२ नाद्यइत्याह ईश्वरेणेति । परशोरिवपरप्रयोज्यस्यतवहंतृत्वंनास्तीत्यर्थः १३ १४ परप्रयोज्योऽप्यहंपरशोःप्रयोक्ताऽस्मिनतुपरशुवदचेतनोऽस्मीतिममपापसंबंधोऽस्त्येवेत्याह अथवेति । प्राप्नुयात्परशोरुपादाता एवंतर्हियेनपरशोर्दंडःशस्त्रंपरशुश्चकृतस्तमेवपापंकर्तृनाप्नुयात्तस्य प्रथमप्रयोज्यत्वात्पुरुषेउपादातरितन्नविद्यतेतस्यजघन्यत्वात् १५ नचेति । यदिचैतन्नेष्टं एतर्त्किं यदन्येनप्रहर्त्राकृतंपापंतस्यफलंशस्त्रकर्ताआप्नुयादिति । तर्हिजघन्यप्रयोज्येत्वय्यपिपापाभावादीश्वरेएव

अनुतिष्ठस्वतद्राजन्पितृपैतामहंपदम् ॥ ब्राह्मणेषुतपोधर्मःसनित्योवेदनिश्चितः २ तत्प्रमाणंब्राह्मणानांशाश्वतंभरतर्षभ ॥ तस्यधर्मस्यकृत्स्नस्यक्षत्रियःपरिरक्षिता
४ यःस्वयंप्रतिहंतिस्मशासनंविषयेरतः ॥ सबाहुभ्यांविनिग्राह्योलोकयात्राविघातकः ५ प्रमाणमप्रमाणंयःकुर्यान्मोहवशंगतः ॥ भृत्योवायदिवापुत्रस्तपस्वीवाथ
कश्चन ६ पापान्सर्वैरुपायैस्तान्नियच्छेच्छातयीतवा ॥ अतोऽन्यथावर्तमानोराजाप्राप्नोतिकिल्बिषम् ७ धर्मंविनश्यमानंहियोनरक्षेत्सधर्महा ॥ तेत्वयाधर्महं
तारोनिहताःसपदानुगाः ८ स्वधर्मेवर्तमानस्त्वंकिंनुशोचसिपांडव ॥ राजाहिहन्याद्दद्याच्चप्रजारक्षेच्चधर्मतः ९ ॥ युधिष्ठिरउवाच ॥ नतेऽभिशंकेवचनंयद्ब्रवी
षितपोधन ॥ अपरोक्षोहितेधर्मःसर्वधर्मविदांवर १० मयात्ववध्याबहवोघातिताराज्यकारणात् ॥ तानिकर्माणिमेब्रह्मन्दहंतिचपचंतिच ११ ॥ व्यासउवाच ॥
ईश्वरोवाभवेत्कर्तापुरुषोवाऽपिभारत ॥ हठोवावर्ततेलोकेकर्मजंवाफलंस्मृतम् १२ ईश्वरेणनियुक्तोहिसाध्वसाधुचभारत ॥ कुरुतेपुरुषःकर्मफलमीश्वरगामितत् ॥
१३ यथाहिपुरुषश्छिंद्याद्वृक्षंपरशुनावने ॥ छेत्तुरेवभवेत्पापंपरशोर्नकथंचन १४ अथवातदुपादानात्प्राप्नुयात्कर्मणःफलम् ॥ दंडशस्त्रकृतंपापंपुरुषेतन्नविद्यते १५
नचैतदिष्टंकौन्तेययदन्येनकृतंफलम् ॥ प्राप्नुयादितियस्माच्चईश्वरेतन्निवेशय १६ अथापिपुरुषःकर्ताकर्मणोःशुभपापयोः ॥ नपरोविद्यतेतस्मादेवमेतच्छुभंकृतम्
१७ नहिकश्चित्क्वचिद्राजन्दिष्टंप्रतिनिवर्तते ॥ दण्डशस्त्रकृतंपापंपुरुषेतन्नविद्यते १८ यदिवामन्यसेराजन्हतमेकंप्रतिष्ठितम् ॥ एवमप्यशुभंकर्मनभूतंनभवि
ष्यति १९ अथाभिपत्तिर्लोकस्यकर्तव्यापुण्यपापयोः ॥ अभिपन्नमिदंलोकेराज्ञामुद्यतदंडनम् २० ॥ ॥ ॥

तन्निवेशय १६ अथापीति । यदापुरुषएवकर्तापरईश्वरोनास्तितस्मादपिहेतोस्त्वयाएतच्छुभमेवकृतम् १७ यतःकश्चिदपिदिष्टंप्रत्यदृष्टस्यप्रतिकूलोभूत्वाऽवश्यंभाविनःकर्मणःसकाशान्ननिवर्तते दैवस्यदु र्लंघ्यत्वादितिभावः । ननुदिष्टमपिजन्मांतरीयःस्वस्यैवापराधइत्याशंक्याह दंडेति । पूर्वपूर्वापराधस्योतरोत्तरहेतुत्वमित्यनादित्वादिदानींतनस्यकर्त्तुर्नापराधोऽस्तीत्यतःप्राचीनकर्तादंडशस्त्रकृदिवनपर्य नुयोज्यइतिभावः १८ तृतीयंपक्षंदूषयति । प्रतिष्ठितंनिश्चितंयथास्यात्तथायदिपुरुषंहतंहननक्रियायाःकर्मीभूतमेवमन्यसेतर्हिस्वभाववादिनस्तेभूतभाव्यशुभाभावाद्वृथैवशोकइत्यर्थः १९ चतुर्थंपक्षमाह अथेति । पुण्यपापयोःसुखदुःखयोःअभिपत्तिरुपपत्तिःकर्तव्या साचधर्माधर्मावंतरेणनघटते तौचशास्त्रैकगम्याविति चेद्राज्ञामुद्यतदंडनमुद्धतदमनंलोकेशास्त्रेचोपपन्नतरमित्यर्थः २० ॥ ॥

अत्रशंकते तथाऽपीति । यद्यप्येवंतथापिलोकेशास्यमानेकर्माणिशुभान्यशुभानिचसमापतंत्यवश्यमायांतिफलंचप्रयच्छंत्यतोममप्रायोपवेशनमेववरमितिभावः २१ समाधत्ते एवमिति । यस्मात्क
र्मणःपापादशुभफलात्मकंपापप्रवृत्तिरूपंकर्मभवतितत्पापमूलंकर्मत्यज २२ सापत्रादेर्निंद्येऽपिस्वधर्मेस्थितस्यतेआत्मत्यागोनोचितइत्यर्थः २३ ननुतथापिनिंद्यात्कर्मणःपापंभवतीत्याशंक्याह विहिता

तथापिलोकेकर्माणिसमावर्त्तंतिभारत ॥ शुभाशुभफलंचैतेप्राप्नुवंतीतिमेमतिः २१ एवमप्यशुभंकर्मकर्मणस्तत्फलात्मकम् ॥ त्यजत्वंराजशार्दूलमैवंशोकेमनः
कृथाः २२ स्वधर्मेवर्तमानस्यसापवादेऽपिभारत ॥ एवमात्मपरित्यागस्तवराजन्नशोभनः २३ विहितानिहिकौन्तेयप्रायश्चित्तानिकर्मणाम् ॥ शरीरवांस्तानि
कुर्यादशरीरःपराभवेत् २४ तद्राजन्जीवमानस्त्वंप्रायश्चित्तंकरिष्यसि ॥ प्रायश्चित्तमकृत्वातुप्रेत्यतप्तासिभारत २५ ॥ इतिश्रीमहाभारतेशांतिपर्वणिराजध
र्मानुशासनपर्वणि प्रायश्चित्तविधौद्वात्रिंशत्तमोऽध्यायः ॥ ३२ ॥ ॥ युधिष्ठिरउवाच ॥ हताःपुत्राश्चपौत्राश्चभ्रातरःपितरस्तथा ॥ श्वशुरागुरवश्चैवमातु
लाश्चपितामहाः १ क्षत्रियाश्चमहात्मानःसंबंधिसुहृदस्तथा ॥ वयस्याभागिनेयाश्चज्ञातयश्चपितामह २ बहवश्चमनुष्येन्द्रानानादेशसमागताः ॥ घातितारा
ज्यलुब्धेनमयैकेनपितामह ३ तांस्तादृशानहंहत्वाधर्मनित्यान्महीक्षितः ॥ असकृत्सोमपान्वीरान्किंप्राप्स्यामितपोधन ४ दह्याम्यनिशमद्यापिचिंतयानःपुनः
पुनः ॥ हीनांपार्थिवसिंहैस्तैःश्रीमद्भिःपृथिवीमिमाम् ५ दृष्ट्वाज्ञातिवधंघोरंहतांश्चशतशःपरान् ॥ कोटिशश्चनरानन्यान्परितप्येपितामह ६ कानुतासांवरस्त्री
णामवस्थाऽद्यभविष्यति ॥ विहीनानांतुतनयैःपतिभिर्भ्रातृभिस्तथा ७ अस्मानंतकरान्घोरान्पांडवान्वृष्णिसंहतान् ॥ आक्रोशंत्यःकृशादीनाःप्रपतिष्यंति
भूतले ८ अपश्यंत्यःपितॄन्भ्रातॄन्पतीन्पुत्रांश्चयोषितः ॥ त्यक्त्वाप्राणान्प्रियान्सर्वागमिष्यंतियमक्षयम् ९ वत्सलत्वाद्द्विजश्रेष्ठतत्रमेनास्तिसंशयः ॥ व्यक्तं
सौक्ष्म्याच्चधर्मस्यप्राप्स्यामःस्त्रीवधंवयम् १० यद्वयंसुहृदोहत्वाकृत्वापापमनंतकम् ॥ नरकेनिपतिष्यामोह्यधःशिरसएवह ११ शरीराणिविमोक्ष्यामस्तपसोग्रे
णसत्तम ॥ आश्रमाणांविशेषंत्वमथाचक्ष्वपितामह १२ ॥ वैशंपायनउवाच ॥ युधिष्ठिरस्यतद्वाक्यंश्रुत्वाद्वैपायनस्तदा ॥ निरीक्ष्यनिपुणंबुद्ध्याऋषिःप्रो
वाचपांडवम् १३ ॥ ॥ व्यासउवाच ॥ माविषादंकृथाराजन्क्षत्रधर्ममनुस्मरन् ॥ स्वधर्मेणहताह्येतेक्षत्रियाःक्षत्रियर्षभ १४ कांक्षमाणाःश्रियंकृत्स्नांपृ
थिव्यांचमहद्यशः ॥ कृतान्तविधिसंयुक्ताःकालेननिधनंगताः १५ नत्वंहंतानभीमोऽयंनार्जुनोनयमावपि ॥ कालःपर्यायधर्मेणप्राणानादत्तदेहिनाम् १६ न
तस्यमातापितरौनानुग्राह्योहिकश्चन ॥ कर्मसाक्षीप्रजानांयस्तेनकालेनसंहृताः १७ ॥ ॥ ॥ ॥

नीति २४ । २५ ॥ इतिशांतिपर्वणिराजधर्मानुशासनपर्वणि नीलकंठीये भारतभावदीपेद्वात्रिंशत्तमोऽध्यायः ॥ ३२ ॥ ॥ हताःपुत्राश्चेति १। २। ३। ४। ५। ६। ७। ८। ९
१० अनंतकंप्रायश्चित्तैरप्यविनाश्यम् ११ शरीराणीति । ममतुतपएवप्रशस्तमितिनिश्चयोऽस्ति तथापिआश्रमाणांमध्येविशेषंश्रेष्ठमुक्तदोषनिवर्तनक्षममाचक्ष्वेत्यर्थः १२ । १३ । १४ कृतांत
विधिःपरप्राणहरणंतेनसंयुक्ताः स्वापराधेनैवहताइत्यर्थः १५ वस्तुतस्तुतेषामपिस्वातंत्र्यंनास्तीत्याह नत्वमिति । पर्यायधर्मेणमरणविधिना आदत्तगृहीतवान् १६ । १७ ॥ ॥

हेतुमात्रंनिमित्तमात्रमिदंयुद्धं तस्यतेन अस्मैअस्य ऐश्वरंनियंतृत्वम् १८ कर्मैवसूत्रंबंधनंतदात्मकंतत्प्रधानं ईश्वरोऽपिकर्मानुसारेणफलंददन्नवैषम्यनैर्घृण्यदोषौभजतीत्यर्थः । कालंकर्मापिकालएवे त्यर्थः १९ । २० आत्मनइति । शांतस्यापितवहिंस्रेकर्मणिप्रवृत्तिरितिकालस्यैवैतन्माहात्म्यमित्यर्थः २१ । २२ पुरुषस्येति । उत्पत्तिवद्विनाशोऽपियादृच्छिकएवेतिभावः २३ व्यलीकमनृतंचि त्तवैतंसिकंचित्तबंधनंतदर्थं तन्निवृत्त्यर्थंमृषाभूतमपिहंतृत्वादिकंयदिसत्यमितिमन्यसेतर्हिप्रायश्चित्तंकुर्वित्यर्थः २४ यवीयसःयवीयांसः २५ समुच्छ्रयोविरोधः २६ । २७ संश्रिताःसन्नद्धाः

हेतुमात्रमिदंतस्यविहितंभरतर्षभ ॥ यद्धंतिभूतैर्भूतानितदस्मैरूपमैश्वरम् १८ कर्मसूत्रात्मकंविद्धिसाक्षिणंशुभपापयोः ॥ सुखदुःखगुणोदर्कंकालंकालफल प्रदम् १९ तेषामपिमहाबाहोकर्माणिपरिचिंतय ॥ विनाशहेतुकानित्वंयैस्तेकालवशंगताः २० आत्मनश्चविजानीहिनियतव्रतशासनम् ॥ यदात्वमीदृशंकर्म विधिनाऽऽक्रम्यकारितः २१ त्वष्ट्रेवविहितंयंत्रंयथाचेष्टयितुर्वशे ॥ कर्मणाकालयुक्तेनतथेदंचेष्टतेजगत् २२ पुरुषस्यहिदृष्टेमामुत्पत्तिमनिमित्ततः ॥ यदृच्छया विनाशंचशोकहर्षावनर्थकौ २३ व्यलीकमपियत्त्वत्रचित्तवैतंसिकंतव ॥ तदर्थमिष्यतेराजन्प्रायश्चित्तंतदाचर २४ इदंतुश्रूयतेपार्थयुद्धेदेवासुरेपुरा ॥ असु राभ्रातरोज्येष्ठादेवाश्चापियवीयसः २५ तेषामपिश्रीनिमित्तंमहानासीत्समुच्छ्रयः ॥ युद्धंवर्षसहस्राणिद्वात्रिंशदभवत्किल २६ एकार्णवांमहींकृत्वारुधिरेणप रिप्लुताम् ॥ जघ्नुर्दैत्यांस्तथादेवास्त्रिदिवंचाभिलेभिरे २७ तथैवपृथिवींलब्ध्वाब्राह्मणावेदपारगाः ॥ संश्रितादानवानांवैसाह्यार्थेदर्पमोहिताः २८ शालावृकाइ तिख्यातास्त्रिषुलोकेषुभारत ॥ अष्टाशीतिसहस्राणितेचापिविबुधैर्हताः २९ धर्मव्युच्छित्तिमिच्छंतोयेऽधर्मस्यप्रवर्तकाः ॥ हंतव्यास्तेदुरात्मानोदेवैर्दैत्याइ वोल्बणाः ३० एकंहत्वायदिकुलेशिष्टानांस्यादनामयम् ॥ कुलंहत्वाचराष्ट्रंचनतद्वृत्तोपघातकम् ३१ अधर्मरूपोधर्मोहिकश्चिदस्तिनराधिप ॥ धर्मश्चाधर्मरूपोऽस्ति तच्चज्ञेयंविपश्चिता ३२ तस्मात्संस्तंभयात्मानंश्रुतवानसिपांडव ॥ देवैःपूर्वगतंमार्गमनुयातोसिभारत ३३ नहीदृशागमिष्यंतिनरकंपांडवर्षभ ॥ भ्रातॄनाश्वा सयैतांस्त्वंसुहृदश्चपरंतप ३४ योहिपापसमारंभेकार्येतद्भावभावितः ॥ कुर्वन्नपितथैवस्यात्कृत्वाचनिरपत्रपः ३५ तस्मिंस्तत्कलुषंसर्वंसमाप्तमितिशब्दितम् ॥ प्रायश्चित्तंनतस्यास्तिह्रासोवापापकर्मणः ३६ त्वंतुशुक्लाभिजातीयःपरदोषेणकारितः ॥ अनिच्छमानःकर्मेदंकृत्वाचपरितप्यसे ३७ अश्वमेधोमहायज्ञःप्राय श्चित्तमुदाहृतम् ॥ तमाहरमहाराजविपाप्मैवंभविष्यसि ३८ मरुद्भिःसहजित्वाऽरीन्भगवान्पाकशासनः ॥ एकैकंक्रतुमाहृत्यशतकृत्वःशतक्रतुः ३९ ॥

साह्यार्थंसाहाय्यार्थम् २८ । २९ अधर्मस्येतिच्छेदः ३० राष्ट्रेऽनामयंस्यात्तर्हितदेकस्यकुलस्यवाहननंवृत्तोपघातकंधर्मनाशकंनभवति ३१ अधर्मरूपोधर्मवद्भासिर्ऽधर्मः यथाशालावृकाख्यब्राह्म णवधः धर्मश्चाधर्मःयथाकर्णपर्वोक्तसत्यवादिनःचोरेभ्यःकार्पटिकमार्गप्रदिशतः ३२ । ३३ । ३४ तद्भावभावितःपापभावनांगतः कुर्वन्पापमितिविवर्तते ३५ तस्मिन्निति । तस्यापश्चात्तापिनो निर्लज्जस्यप्रायश्चित्तंवातेनपापह्रासोवानास्तीत्यर्थः ३६ परदोषेणदुर्योधनदोषेण ३७ । ३८ । ३९ ॥ ॥

४० महीयंतंमहीयमानं ४१ । ४२ हतनाथानांस्त्रीणांशोकेनममदोषोनेतइत्युक्तंतत्राह तेषामिति ४३ । ४४ कामाःआशेरतेऽस्मिन्कामाशयःपूर्णकामइत्यर्थः ४५ । ४६ । ४७ । ४८ ॥ इति शांतिपर्वणिराजधर्मानुशासनपर्वणिनीलकंठियेभारतभावदीपेत्रयस्त्रिंशत्तमोऽध्यायः ॥ ३३ ॥ ॥ ॥ ॥ 'कानिकृत्वेति । प्रायश्चित्तीयतेप्रायश्चित्तेऽधिक्रियते १ मिथ्यानुवर्त्तयन्कापट्यंचरन् २ सूर्येणाभ्युदितः यस्मिन्शयानेसतिसूर्योऽभ्युदेतीत्यर्थः । अभिनिर्मुक्तो यस्मिन्शयानेसतिसूर्योस्तंगच्छतीत्यर्थः । अन्याधितंचेत्स्वपंतमादित्योऽभ्युदियादित्यादिस्मृत्युक्तप्रायश्चित्तंसकुर्यादित्यर्थः । कुनखीश्यावदन्निति च'स्वर्णहारीतुकुनखीसुरापःश्यावदंतकः'इतिकर्मविपाकेजन्मांतरीयदोषवताऽपिसूर्यारुणसंवादादावुपदिष्टंप्रायश्चित्तंकर्तव्यमित्युक्तं ३ अनूढेज्येष्ठेऊढवान्कनिष्ठः

धूतपाप्माजितस्वर्गोलोकान्प्राप्यसुखोदयान् ॥ मरुद्गणैर्वृतःशक्रःशुशुभेभासयन्दिशः ४० स्वर्गेलोकेमहीयंतमप्सरोभिःशचीपतिम् ॥ ऋषयःपर्युपासंतेदेवाश्च विबुधेश्वरम् ४१ सेयंत्वामनुसंप्राप्ताविक्रमेणवसुंधरा ॥ निर्जिताश्चमहीपालाविक्रमेणत्वयाऽनघ ४२ तेषांपुराणिराष्ट्राणिगत्वाराजन्सुहृद्वृतः ॥ भ्रातॄन्पुत्रांश्चपौत्रांश्चस्वेस्वेराज्येऽभिषेचय ४३ बालानपिचगर्भस्थान्सान्त्वेनसमुदाचरन् ॥ रंजयन्प्रकृतीःसर्वाःपरिपाहिवसुंधराम् ४४ कुमारोनास्तियेषांचकन्यास्तत्राभिषेचय ॥ कामाशयोहिस्त्रीवर्गःशोकमेवंप्रहास्यसि ४५ एवमाश्वासनंकृत्वासर्वराष्ट्रेषुभारत ॥ यजस्ववाजिमेधेनयथेंद्रोविजयीपुरा ४६ अशोच्यास्तेमहात्मानः क्षत्रियाःक्षत्रियर्षभ ॥ स्वकर्मभिर्गतानाशंकृतांतबलमोहिताः ४७ अवाप्तःक्षत्रधर्मस्तेराज्यंप्राप्तमकंटकम् ॥ रक्षस्वधर्मंकौन्तेयश्रेयान्यःप्रेत्यभारत ४८ ॥ इति श्रीम० शां० रा० प्रायश्चित्तीयोपाख्यानेत्रयस्त्रिंशत्तमोऽध्यायः ॥ ३३ ॥ ॥ युधिष्ठिरउवाच ॥ कानिकृत्वेहकर्माणिप्रायश्चित्तीयतेनरः ॥ किंकृत्वामुच्यते तत्रतन्मेब्रूहिपितामह १ ॥ ॥ व्यासउवाच ॥ ॥ अकुर्वन्विहितंकर्मप्रतिषिद्धानिचाचरन् ॥ प्रायश्चित्तीयतेह्येवंनरोमिथ्याऽनुवर्तयन् २ सूर्येणाभ्युदितोयश्चब्रह्मचारीभवत्युत ॥ तथासूर्याभिनिर्मुक्तःकुनखीश्यावदन्नपि ३ परिवित्तिःपरिवेत्ताब्रह्मघ्नोयश्चकुत्सकः ॥ दिधिषूपपतिर्यःस्यादग्रेदिधिषुरेवच ४ अवकीर्णीभवेद्यश्चद्विजातिवधकस्तथा ॥ अतीर्थेब्राह्मणस्त्यागीतीर्थेचाप्रतिपादकः ५ ग्रामयाजीचकौन्तेयमांसस्यपरिविक्रयी ॥ यश्चाग्नीनपविध्येतततथैवब्रह्मविक्रयी ६ गुरुस्त्रीवधकोयश्चपूर्वःपूर्वस्तुगर्हितः ॥ वृथापशुसमालंभीगृहदाहस्यकारकः ७ अनृतेनोपवर्तीचप्रतिरोद्धागुरोस्तथा ॥ एतान्येनांसिसर्वाणिव्युत्क्रांतसमयश्चयः ८ अकार्याणितुवक्ष्यामियानितानिनिबोधमे ॥ लोकवेदविरुद्धानितान्येकाग्रमनाःशृणु ९ स्वधर्मस्यपरित्यागःपरधर्मस्यचक्रिया ॥ अयाज्ययाजनंचैव तथाऽभक्ष्यस्यभक्षणम् १० शरणागतसंत्यागोभृत्यस्याभरणंतथा ॥ रसानांविक्रयश्चापितिर्यग्योनिवधस्तथा ११ ॥ ॥

परिवेत्ता परिवित्तिःपूर्वजः ज्येष्ठायामनूढायांकनिष्ठामूढवानग्रेदिधिषुः दिधिषूपपतिस्तुकनिष्ठाविवाहोत्तरंज्येष्ठामूढवान् ४ अवकीर्णीनष्टव्रतः अतीर्थेअपात्रे त्यागीदाता ५ ग्रामयाजीसमूहहंता । याजीतियाठांतरं मांसस्येतिनृपश्वादेः अपविध्येतत्यजेत् । ब्रह्मविक्रयीभृतकाध्यापकः राजविक्रयीतिपाठेसोमविक्रयी राजानमाप्यायतीत्यादौसोमेराजशब्दश्रवणात् ६ । ७ । ८ । ९ अभक्ष्यस्यलशुनादेः १० रसानांलवणगुडादीनां ११ ॥ ॥ ॥ ॥ ॥ ॥ ॥

नित्यदेयानिगोग्रासादीनि १२ दक्षिणानांप्रतिश्रुतानाम १३ विवदतेधनाद्यर्थंपित्रासहकलहंकरोति । अप्रजायन्धर्मपत्न्यांकालेमैथुनमकुर्वन् १४ इतरेणसंक्षेपेण १५ एतानिस्वधर्मस्यपरित्यागइत्यादीनिकर्माणिक्रियमाणानियेमानवाः उपजीवंतइतिशेषः १६ जिघांसीहंतुमिच्छावान् इयात्गच्छेत् १७ मंत्रोमन्युरकार्षीन्नमोनमइत्यादिर्मन्यवेस्वाहेत्यंतः १८ मन्युःक्रोधःतन्मन्युंशत्रोःक्रोधंप्रतिऋच्छतिगच्छति क्रोधएवतंप्रतीपीभूयपरशरीरद्वाराहंतीत्यर्थः १९ असाध्यरोगादिनाप्राणात्ययेउपस्थितेजीवनार्थंमदिरामपिआचरन्पिबन्धर्मपरैःचिकित्सकैःआदेशितउपदिष्टः २०

आधानादीनिकर्माणिशक्तिमान्नकरोतियः ॥ अप्रयच्छंश्चसर्वाणिनित्यदेयानिभारत १२ दक्षिणानामदानंचब्राह्मणस्वाभिमर्शनम् ॥ सर्वाण्येतान्यकार्याणिप्राहुर्धर्मविदोजनाः १३ पित्राविवदतेपुत्रोयश्चस्याद्गुरुतल्पगः ॥ अप्रजायन्नरव्याघ्रभवत्यधार्मिकोनरः १४ उक्तान्येतानिकर्माणिविस्तरेणेतरेणच ॥ यानिकुर्वन्नकुर्वंश्चप्रायश्चित्तीयतेनरः १५ एतान्येवतुकर्माणिक्रियमाणानिमानवः ॥ येषुयेषुनिमित्तेषुनलिप्यंतेऽथतान्शृणु १६ प्रगृह्यशस्त्रमायांतमपिवेदांतगंरणे ॥ जिघांसंतंजिघांसीयान्नतेनब्रह्महाभवेत् १७ इतिचाप्यत्रकौन्तेयमंत्रोवेदेषुपठ्यते ॥ वेदप्रमाणविहितंधर्मंचप्रब्रवीमिते १८ अपेतंब्राह्मणंवृत्ताद्योहन्यादाततायिनम् ॥ नतेनब्रह्महासस्यान्मन्युस्तन्मन्युमृच्छति १९ प्राणात्ययेतथाऽज्ञानादाचरन्मदिरामपि ॥ आदेशितोधर्मपरैःपुनःसंस्कारमर्हति २० एतत्तेसर्वमाख्यातंकौन्तेयाभक्ष्यभक्षणम् ॥ प्रायश्चित्तविधानेनसर्वमेतेनशुद्ध्यति २१ गुरुतल्पंहिगुर्वर्थंनदूषयतिमानवम् ॥ उद्दालकःश्वेतकेतुंजनयामासशिष्यतः २२ स्तेयंकुर्वंश्चगुर्वर्थमापत्सुननिषिध्यते ॥ बहुशःकामकारेणनचेद्यःसंप्रवर्त्तते २३ अन्यत्रब्राह्मणस्वेभ्यआददानोनदुष्यति ॥ स्वयमप्राशितायश्चनसपापेनलिप्यते २४ प्राणत्राणेऽनृतंवाच्यमात्मनोवापरस्यच ॥ गुर्वर्थेस्त्रीषुचैवस्याद्विवाहकरणेषुच २५ नावर्ततेव्रतंस्वप्नेशुक्रमोक्षेकथंचन ॥ आज्यहोमःसमिद्धेऽग्नौप्रायश्चित्तंविधीयते २६ पारिवित्त्यंतुपतितेनास्तिप्रव्रजितेतथा ॥ भिक्षितेपारदार्यंचतद्धर्मस्यनदूषकम् २७ वृथापशुसमालंभंनैवकुर्यान्नकारयेत् ॥ अनुग्रहःपशूनांहिसंस्कारोविधिनोदितः २८ अनर्हेब्राह्मणेदत्तमज्ञानात्तन्नदूषकम् ॥ सत्काराणांतथातीर्थेनित्यंवाप्रतिपादनम् २९ स्त्रियास्तथाऽपचारिण्यानिष्कृतिःस्याददूषिका ॥ अपिसापूयतेतेननतुभर्ताप्रदुष्यति ३० तत्त्वंज्ञात्वातुसोमस्यविक्रयःस्याददोषवान् ॥ असमर्थस्यभृत्यस्यविसर्गःस्याददोषवान् ॥ वनदाहोगवामर्थेक्रियमाणोनदूषकः ३१ ॥ ॥ ॥

। २१ गुर्वर्थेगुर्वाज्ञया २२ । २३ । २४ । २५ व्रतंनावर्ततेपुनरुपनयनंनकर्तव्यमित्यर्थः आज्यहोमः पुनर्मामैत्विंद्रियमितिमंत्रेण २६ पतितेज्येष्ठभ्रातरि भिक्षितेधर्मार्थमपिरेतःसिंचेतिस्त्रियाप्रार्थितेसति २७ वृथाश्राद्धादिनिमित्तंविना । संस्कारःपावित्र्यम । 'योयजेताश्वमेधेनमासिमासिशतंसमाः ॥ मांसानिचनखादेतद्वयमेतत्समंस्मृतम्'इतिस्मृतेः २८ तीर्थेसत्काराणामज्ञानादप्रतिपादनमपिनदूषकम २९ अपचारिण्याःव्यभिचारिण्याःनिष्कृतिःधिक्करणंदासीवदन्नाच्छादनमात्रेणदूरस्थापनं तयासहरतिभोजनादिवर्जनंचेत्यर्थः ३० सोमस्यतत्त्वंअनेनतृप्तादेवामनुष्यान्कामैरभिवर्षंतीतिलोकद्वयोपकारणकोऽयंसोमइति ३१ ॥ ॥ ॥ ॥ ॥

॥ २९ ॥

३२ ॥ इतिशांतिपर्वणिरा० नी० भारतभावदीपेचतुस्त्रिंशत्तमोऽध्यायः ॥ ३४ ॥ ॥ साधारणानिप्रायश्चित्तानितानदाह तपसेति। तपसाकृच्छ्रचान्द्रायणादिना । कर्मणायज्ञादिना प्रदानेन गवादीनां पुनातिशोधयति १ स्वकर्मकृद्दासादिरहितः २ कर्मब्रह्महत्याम् ३ लक्ष्यइतिकामकारविषयेविदुषांप्रायश्चित्तोपदेष्टॄणांआत्मनोवाइच्छयावैदुष्येसति अकामतस्त्वाह। त्रिरित्यादिना ४ अवाक्शिराःयंकंचिद्वेदंजपन्योजनानांशतंत्रिर्व्रजेत्। शतत्रययोजनंपादचारेणतीर्थयात्रायांवेदंजपन्मुच्यतइत्यर्थः ५।६ कृच्छ्रभोजीकृच्छ्ररीत्यासातत्येनभुंजानः । 'त्र्यहंप्रातस्त्र्यहंसायंत्र्यहमद्याद्याचितं । त्र्यहंपरंचनाश्नीयात्'इतिविधिनाएकैकःकृच्छ्रोद्वादशदिनात्मकोज्ञेयः मासेमासेइतितस्यैवातिदेशः सप्ताहंप्रातःसप्ताहंसायंसप्ताहमयाचितंसप्ताहमनशनंविषमेषुमासेषुसएवाष्टाहक्रमेणसमेषुमासे

उक्तान्येतानिकर्माणियानिकुर्वन्नदुष्यति ॥ प्रायश्चित्तानिवक्ष्यामिविस्तरेणैवभारत ३२ ॥ इतिश्रीमहाभारतेशांतिपर्वणिराजधर्मानुशासनपर्वणिप्रायश्चित्तीयेचतुस्त्रिंशत्तमोऽध्यायः ॥ ३४ ॥ ॥ व्यासउवाच ॥ तपसाकर्मणाचैवप्रदानेनचभारत ॥ पुनातिपापंपुरुषःपुनश्चेन्नप्रवर्तते १ एककालंतुभुंजीतचरन्भैक्ष्यंस्वकर्मकृत् ॥ कपालपाणिःखट्वांगीब्रह्मचारीसदोत्थितः २ अनसूयुरधःशायीकर्मलोकेप्रकाशयन् ॥ पूर्णैर्द्वादशभिर्वर्षैर्ब्रह्महाविप्रमुच्यते ३ लक्ष्यःशस्त्रभृतांवास्याद्विदुषामिच्छयाऽऽत्मनः ॥ प्रास्येदात्मानमग्नौवासमिद्धेत्रिरवाक्शिराः ४ जपन्वान्यतमंवेदंयोजनानांशतंव्रजेत् ॥ सर्वस्वंवावेदविदेब्राह्मणायोपपादयेत् ५ धनंवाजीवनायालंगृहंवासपरिच्छदम् ॥ मुच्यतेब्रह्महत्यायागोप्तागोब्राह्मणस्यच ६ षड्भिर्वर्षैःकृच्छ्रभोजीब्रह्महापूयतेनरः ॥ मासेमासेसमश्नंस्तुत्रिभिर्वर्षैःप्रमुच्यते ७ संवत्सरेणमासाशीपूयतेनात्रसंशयः ॥ तथैवोपवसन्राजन्स्वल्पेनापिप्रपूयते ८ क्रतुनाचाश्वमेधेनपूयतेनात्रसंशयः ॥ येचास्यावभृथस्नाताःकेचिदेवंविधानराः ९ तेसर्वेधूतपाप्मानोभवंतीतिपराश्रुतिः ॥ ब्राह्मणार्थेहतोयुद्धेमुच्यतेब्रह्महत्यया १० गवांशतसहस्रंतुपात्रेभ्यःप्रतिपादयेत् ॥ ब्रह्महाविप्रमुच्येतसर्वपापेभ्यएवच ११ कपिलानांसहस्राणियोदद्यात्पंचविंशतिम् ॥ दोग्ध्रीणांसचपापेभ्यःसर्वेभ्योविप्रमुच्यते १२ गोसहस्रंसवत्सानांदोग्ध्रीणांप्राणसंशये ॥ साधुभ्योवैदरिद्रेभ्योदत्वामुच्येतकिल्बिषात् १३ शतंवैयस्तुकांबोजान्ब्राह्मणेभ्यःप्रयच्छति ॥ नियतेभ्योमहीपालसचपापात्प्रमुच्यते १४ मनोरथंतुयोदद्यादेकस्माअपिभारत ॥ नकीर्तयेतदत्वायःसचपापात्प्रमुच्यते १५ सुरापानंसकृत्कृत्वायोऽग्निवर्णांसुरांपिबेत् ॥ सपावयत्यथात्मानमिहलोकेपरत्रच १६ मरुप्रपातंप्रपतन्ज्वलनंवासमाविशन् ॥ महाप्रस्थानमातिष्ठन्मुच्यतेसर्वकिल्बिषैः १७ बृहस्पतिसवेनेष्ट्वासुरापोब्राह्मणःपुनः ॥ समितिंब्राह्मणोगच्छेदितिवैब्रह्मणःश्रुतिः १८ ॥ ॥ ॥ ॥

षुप्रकारएवंवर्षत्रयमितिद्वितीयः ७ मासाशीति। मासंसायंमासंप्रातर्मासमयाचितंमासमुपवासइतिक्रमेणवर्षंत्रानयेत् मासादधिकेनस्वल्पेनापिकालेनोपवसन्जलमात्रेणवर्तयन्मुच्यते ८ 'सर्वंपाप्मानंतरतितरतिब्रह्महत्यांयोऽश्वमेधेनयजते'इतिश्रुतिः ९ । १० । ११ । १२ । १३ कांबोजान्जात्यश्वान् कंबुदेशजान् १४ मनोरथंवांछितंगृहक्षेत्रादि १५ । १६ मरुप्रपातंनिर्जलदेशेपर्वताग्रात्पतनं महाप्रस्थानंकेदारेहिमवदारोहणं १७ समितिंगच्छेदित्यस्यनिष्पापःसन्ब्रह्मणःसभामारोढुंयोग्योभवतीत्यर्थः १८ ॥ ॥

१९ शेफंशिश्नम् २० यत्तास्त्यक्ताहारविहाराः युक्तेष्वेवपापेषुसत्सुमुच्यंते २१ महाव्रतंमासमात्रंजलस्यापित्यागः २२ । २३ । २४ । २५ । २६ कृच्छ्रादिति एतच्चज्येष्ठस्यापिदाराग्निहोत्रक रणानंतरंद्रष्टव्यम् २७ तेनकनिष्ठेननिवेश्यंविवाहांतरंकर्तव्यं अन्यथाशुद्धिर्नास्तीत्यर्थ २८ अंतराभोजनंधारणापारणव्रतेनमासचतुष्टयकृतेनशुध्यंतिमहापापयोगे २९ अन्यत्रतुसकृद्व्यभिचारसात्रे मानसिकेवाआह स्त्रियइति ३० प्रसंगाद्भाजनशुद्धिमाह पादजेति । शूद्रस्पृष्टउच्छिष्टंकांस्यंपात्रंतथातदेवगवाघ्रातंतथागंडूषपात्रंब्राह्मणस्यापिपूतानिदशभिःशोधनैःशुद्ध्यंतितानिचपंचगव्येनमृत्तो यैर्भस्मनाऽऽम्लेनवह्निनेति ३१ । ३२ विधीयतेपादःपादोपकृष्टइत्यर्थः वैश्यस्यद्विपादः शूद्रस्यपादमात्रः धर्मःशौचादिः प्रायश्चित्तादेरधिकस्यविधानात् ३३ । ३४ । ३५ एषइति । भस्मसाह्च

भूमिप्रदानंकुर्याद्यःसुरांपीत्वाविमत्सरः ॥ पुनर्नचपिबेद्राजन्संस्कृतःसचशुध्यति १९ गुरुतल्पीशिलांतप्तामायसीमभिसंविशेत् ॥ अवकृत्यात्मनःशेफंप्रव्रजे दूर्ध्वदर्शनः २० शरीरस्यविमोक्षेणमुच्यतेकर्मणोऽशुभात् ॥ कर्मभ्योविप्रमुच्यंतेयत्ताःसंवत्सरंस्त्रियः २१ महाव्रतंचरेद्यस्तुदद्यात्सर्वस्वमेवतु ॥ गुर्वर्थेवाह तोयुद्धेसमुच्येत्कर्मणोऽशुभात् २२ अनृतेनोपवर्तीचेत्प्रतिरोद्धागुरोस्तथा ॥ उपाहृत्यप्रियंतस्मैतस्मात्पापात्प्रमुच्यते २३ अवकीर्णिनिमित्तंतुब्रह्महत्याव्रतं चरेत् ॥ गोचर्मवासाःषण्मासांस्तथामुच्येतकिल्बिषात् २४ परदारापहारीतुपरस्यापहरन्वसु ॥ संवत्सरंव्रतीभूत्वातथामुच्येतकिल्बिषात् २५ धनंतुयस्या पहरेत्तस्मैदद्यात्समंवसु ॥ विविधेनाभ्युपायेनतदामुच्येतकिल्बिषात् २६ कृच्छ्राद्द्वादशरात्रेणसंयतात्माव्रतेस्थितः ॥ परिवेत्ताभवेत्पूतःपरिवित्तिस्तथैवच २७ निवेश्यंतुपुनस्तेनसदातारयतापितॄन् ॥ नतुस्त्रियाभवेद्दोषोनतुसातेनलिप्यते २८ भोजनंह्यंतराशुद्धंचातुर्मास्येविधीयते ॥ स्त्रियस्तेनप्रशुध्यंतिइति धर्मविदोविदुः २९ स्त्रियस्त्वाशंकिताःपापानोपगम्याविजानता ॥ रजसाताविशुध्यंतेभस्मनाभाजनंयथा ३० पादजोच्छिष्टकांस्यंयद्गवाघ्रातमथापिवा ॥ गंडूषो च्छिष्टमपिवाविशुध्येद्दशभिस्तुतत् ३१ चतुष्पात्सकलोधर्मोब्राह्मणस्यविधीयते ॥ पादावकृष्टोराजन्येतथाधर्मोविधीयते ३२ तथावैश्येचशूद्रेचपादःपादोविधीय ते ॥ विद्यादेवंविधेनैषांगुरुलाघवनिश्चयम् ३३ तिर्यग्योनिवधंकृत्वाद्रुमांश्छित्त्वेतरान्बहून ॥ त्रिरात्रंवायुभक्षःस्यात्कर्मचप्रथयन्नरः ३४ अगम्यागमनेराजन्प्राय श्चित्तंविधीयते ॥ आर्द्रवस्त्रेणषण्मासान्विहार्यंभस्मशायिना ३५ एषएवतुसर्वेषामकार्याणांविधिर्भवेत् ॥ ब्राह्मणोक्तेनविधिनादृष्टांतागमहेतुभिः ३६ सावित्रीमप्यधी यीतशुचौदेशेमिताशनः ॥ अहिंसोमंदकोऽजल्पोमुच्यतेसर्वकिल्बिषैः ३७ अहःसुसततंतिष्ठेदभ्याकाशंनिशांस्वपन् ॥ त्रिरह्नित्रिर्निशायांचसवासाजलमाविशेत् ३८

र्यंच्छतरुद्रीयजपोप्यऽत्रद्रष्टव्यः यदाहवृद्धशातातपः । 'मद्यंपीत्वागुरुदारांश्चगत्वास्तेयंकृत्वाब्रह्महत्यांचकृत्वा ॥ भस्मच्छन्नोभस्मशय्यांशयानोरुद्राध्यायीमुच्यतेसर्वपापैः'इति । पापानांगौ रवलाघवानुसारेणदीक्षासंवत्सरंषण्मासंत्रिमासंमासंद्वादशाहमितियथायोग्यंज्ञेया । तत्रयथाकूष्मांडहोमे योयोनौरेतःसिंचतीतिपारदार्यप्रकृत्य वर्षमासचतुर्विंशतिरात्रद्वादशरात्रषड्रात्रत्रिरात्रपक्षाश्चोक्ताः । यावदेनोदीक्षामुपैतीतिचपापानुसारित्वंदीक्षायामुक्तंतदृष्टांतेनसर्वत्रबोध्यम् । दृष्टांतभूतोयआगमस्तत्रोक्तैर्हेतुभिर्यावदेनइत्याद्यैः ३६ मंदइवमंदकः रागद्वेषमानापमानशून्यः अजल्पइतिच्छेदः ३७ तिष्ठेदित्युपवेशनादेर्व्यावृत्तिः अभ्याकाशंनिरावरणेस्थंडिलादौ अहःसुइतिबहुवचनादिनाऽपिपापानुसारेणाप्यवराणामह्नांगणनाकल्पनीया ३८ ॥ ॥

३९ यत्रपुण्येपापेवाऽतिरिच्येतयोधिकोभवति सइतरेणेतरदभिभूयातिरिक्तस्यफलंभुंक्तइत्यर्थः ४० । ४१ । ४२ व्रतादिरूपंप्रायश्चित्तंमहापातकवर्जंज्ञेयम् ४३ । ४४ । ४५ । ४६ । ४७ ४८ । ४९ । ५० । ५१ ॥ इतिशांतिपर्वणिराजधर्मानुशासनपर्वणि नीलकंठीयेभारतभावदीपेपंचत्रिंशत्तमोऽध्यायः ॥ ३५ ॥ । किंभक्ष्यमिति १ । २ प्रजापतिमनुम् ३ कथंकेनप्रकारेण

स्त्रीशूद्रंपतितंचापिनाभिभाषेद्व्रतान्वितः ॥ पापान्यज्ञानतःकृत्वामुच्येदेवंव्रतोद्विजः ३९ शुभाशुभफलंप्रेत्यलभतेभूतसाक्षिकम् ॥ अतिरिच्येतयोयत्रतत्क र्तालभतेफलम् ४० तस्माद्दानेनतपसाकर्मणाचफलंशुभम् ॥ वर्धयेदशुभंकृत्वायथास्यादतिरिक्तवान् ४१ कुर्याच्छुभानिकर्माणिनिवर्तेत्पापकर्मणः ॥ दद्यान्नि त्यंचवित्तानितथामुच्येतकिल्बिषात् ४२ अनुरूपंहिपापस्यप्रायश्चित्तमुदाहृतम् ॥ महापातकवर्जंतुप्रायश्चित्तंविधीयते ४३ भक्ष्याभक्ष्येषुचान्येषुवाच्या वाच्येतथैवच ॥ अज्ञानज्ञानयोराजन्विहितान्यनुजानतः ४४ जानतातुकृतंपापंगुरुसर्वंभवत्युत ॥ अज्ञानात्स्वल्पकोदोषःप्रायश्चित्तंविधीयते ४५ शक्य तेविधिनापापंयथोक्तेनव्यपोहितुम् ॥ आस्तिकेश्रद्दधानेचविधिरेषविधीयते ४६ नास्तिकाश्रद्दधानेषुपुरुषेषुकदाचन ॥ दंभद्वेषप्रधानेषुविधिरेषनदृश्यते ४७ शिष्टाचारश्चशिष्टश्चधर्मोधर्मभृतांवर ॥ सेवितव्योनरव्याघ्रप्रेत्येहचसुखेप्सुना ४८ सराजन्मोक्ष्यसेपापात्तेनपूर्वेणहेतुना ॥ प्राणार्थंवाधनेनैषामथवान्नृप कर्मणा ४९ अथवातेघृणाकाचित्प्रायश्चित्तंचरिष्यसि ॥ मात्वेवानार्यजुष्टेनमन्युनानिधनंगमः ५० ॥ वैशंपायनउवाच ॥ एवमुक्तोभगवताधर्मराजोयुधि ष्ठिरः ॥ चिंतयित्वामुहूर्तेनप्रत्युवाचतपोधनम् ५१ ॥ इतिश्रीमहाभारतेशांतिपर्वणिराजधर्मानुशासनपर्वणि प्रायश्चित्तीयेपंचत्रिंशत्तमोऽध्यायः ॥ ३५ ॥

युधिष्ठिरउवाच ॥ किंभक्ष्यंचाप्यभक्ष्यंचकिंचदेयंप्रशस्यते ॥ किंचपात्रमपात्रंवातन्मेब्रूहिपितामह १ ॥ व्यासउवाच ॥ अत्राप्युदाहरंतीममितिहासंपुरा तनम् ॥ सिद्धानांचैवसंवादंमनोश्चैवप्रजापतेः २ ऋषयस्तुव्रतपराःसमागम्यपुराविभुम् ॥ धर्मंपप्रच्छुरासीनमादिकालंप्रजापतिम् ३ कथमन्नंकथंपात्रंदान मध्ययनंतपः ॥ कार्याकार्यंचयत्सर्वंशंसवैत्वंप्रजापते ४ तैरेवमुक्तोभगवान्मनुःस्वायंभुवोऽब्रवीत् ॥ शुश्रूषध्वंयथावृत्तंधर्मंव्याससमासतः ५ अनादेशेजपोहो मउपवासस्तथैवच ॥ आत्मज्ञानंपुण्यनद्योयत्रप्रायश्चतत्पराः ६ अनादिष्टंतथैतानिपुण्यानिधरणीभृतः ॥ सुवर्णप्राशनमपिरत्नादिस्नानमेवच ७ देवस्थाना भिगमनमाज्यप्राशनमेवच ॥ एतानिमेध्यंपुरुषंकुर्वन्त्याशुनसंशयः ८ नगर्वेणभवेत्प्राज्ञःकदाचिदपिमानवः ॥ दीर्घमायुरथेच्छन्हित्रिरात्रंचोष्णपोभवेत् ९

अन्नमदनीयंकिंद्रव्यकंकर्तव्यमित्यर्थः ४ व्यासोविस्तरः ५ अनादेशेविशेषतोऽनुक्तेदोषेयत्रदेशेतत्पराःजपादिपराः प्रायःबहुशःसंतिसोऽपिगंगादिवत्पावनइत्यर्थः । यत्रोपायाइतिपाठेस्पष्टोर्थः
११ ६ तथाजपादिवत् पुण्यान्येतानिवक्ष्यमाणानि धरणीभृतःपर्वताब्रह्मगिरिप्रभृतयः आदिपदात्सुवर्णस्नानादि अनादिष्टंप्रायश्चित्तंसामान्यमित्यर्थः ७ । ८ गर्वेणयुक्तोनभवेत्पूजांनावगणयेत् अव गणनेतुत्रिरात्रमुष्णपोभवेदिदितितप्तकृच्छ्रंधर्मशास्त्रोक्तंकुर्यादित्यर्थः । भवेदित्यत्रपिबेदितिपाठंप्रकल्प्यसुरामित्यध्याहृत्यसुरांनपिबेत् । पानेतूष्णपोभवेत्सुरामेवोष्णांकृत्वापिबेदितिकेचित् ९

तपउपवासादि १० आदानंस्तेयं आवस्थिकोऽवस्थाविशेषेभवः प्राणात्ययादावधर्मस्यापिस्तेयादेर्धर्मत्वंधर्मस्याप्यस्तेयादेरधर्मत्वमित्यर्थः ११ वैदिक्यौप्रवृत्त्यप्रवृत्तीमर्त्यत्वामृतत्वप्रदे लौकिक्यौतुतेशुभेचेच्छुभफलेअशुभेचेदशुभफलेइत्याहद्वाभ्यां द्विविधाविति १२ एतयोर्लौकिक्योःफलेअपिकारणानुरूपेइत्यर्थः १३ दैवयुक्तंशास्त्रीयंकर्म प्राणोजीवनं एतेषांचतुर्णामपेक्षापूर्वयत्किंचित् क्रियतेतदशुभानांनीचानामपिपुंसांतस्यफलंशुभंभवति १४ ऊर्ध्वमिति । सत्यपिसंदेहेयल्लोकविगानपरिहारार्थंकृतंनित्यादियच्चकेवलंदृष्टार्थंकृतंश्येनादितन्नोभयत्रापि १५ क्रोधादिनायन्मनसःप्रियम

अदत्तस्यानुपादानंदानमध्ययनंतपः ॥ अहिंसासत्यमक्रोधइज्याधर्मस्यलक्षणम् १० सएवधर्मःसोऽधर्मोदेशकालेप्रतिष्ठितः ॥ आदानमनृतंहिंसाधर्मोह्यावस्थिकःस्मृतः ११ द्विविधौचाप्युभावेतौधर्माधर्मौविजानताम् ॥ अप्रवृत्तिःप्रवृत्तिश्चद्वैविध्यंलोकवेदयोः १२ अप्रवृत्तेरमर्त्यत्वंमर्त्यत्वंकर्मणःफलम् ॥ अशुभस्याशुभंविद्याच्छुभस्यशुभमेवच ॥ एतयोश्चोभयोःस्यातांशुभाशुभतयातथा १३ दैवंचदैवमंयुक्तंप्राणश्चप्राणदश्चह ॥ अपेक्षापूर्वकरणादशुभानांशुभंफलम् १४ ऊर्ध्वंभवतिसंदेहादिहदृष्टार्थमेवच ॥ अपेक्षापूर्वकरणात्प्रायश्चित्तंविधीयते १५ क्रोधमोहकृतेचैवदृष्टांतागमहेतुभिः ॥ शरीराणामुपक्लेशोमनसश्चप्रियाप्रिये ॥ तदौषधैश्चमंत्रैश्चप्रायश्चित्तैश्चशाम्यति १६ उपवासमेकरात्रंदण्डोत्सर्गेनराधिपः ॥ विशुद्ध्येदात्मशुद्ध्यर्थंत्रिरात्रंतुपुरोहितः १७ क्षयंशोकंप्रकुर्वाणोनम्रियेतयदानरः ॥ शस्त्रादिभिरुपाविष्टस्त्रिरात्रंतत्रनिर्दिशेत् १८ जातिश्रेण्यधिवासानांकुलधर्माश्चसर्वतः ॥ वर्जयंतिचयेधर्मंतेषांधर्मोनविद्यते १९ दशवावेदशास्त्रज्ञास्त्रयोवाधर्मपाठकाः ॥ यद्ब्रूयुःकार्यउत्पन्नेसधर्मोधर्मसंशये २० अनड्वान्मृत्तिकाचैवतथाक्षुद्रपिपीलिकाः ॥ श्लेष्मातकस्तथाविप्रैरभक्ष्यंविषमेवच २१ अभक्ष्याब्राह्मणैर्मत्स्याःशुल्कैर्येवैविवर्जिताः ॥ चतुष्पात्कच्छपादन्योमंडूकाजलजाश्चये २२ भासाहंसाःसुपर्णाश्चचक्रवाकाःप्लवाबकाः ॥ काकोमद्गुश्चगृध्रश्चश्येनोलूकस्तथैवच २३ क्रव्यादादंष्ट्रिणःसर्वेचतुष्पात्पक्षिणश्चये ॥ येषांचोभयतोदंताश्चतुर्दंष्ट्राश्चसर्वशः २४ एडकाश्वखरोष्ट्रीणांसूतिकानांगवामपि ॥ मानुषीणांमृगीणांचनपिबेद्ब्राह्मणःपयः २५ प्रेतान्नंसूतिकान्नंचयच्चकिंचिदनिर्दशम् ॥ अभोज्यंचाप्यपेयंचधेनोर्दुग्धमनिर्दशम् २६ राजान्नंतेजआदत्तेशूद्रान्नंब्रह्मवर्चसम् ॥ आयुःसुवर्णकारान्नमवीरायाश्चयोषितः २७ विष्ठावार्धुषिकस्यान्नंगणिकान्नमथेंद्रियम् ॥ मृष्यंतियेचोपपतिंस्त्रीजितान्नंचसर्वशः २८ ॥ ॥

प्रियंकृतंतत्रदृष्टांतागमहेतुभिःपूर्वोक्तैर्यावदेनइत्याद्यैःप्रमाणैर्देहस्यशोषणमुपवासादिकंप्रायश्चित्तंकर्तव्यं । औषधैर्हविष्याशनैः मंत्रैश्चपवित्रजपैः चादन्यदपितीर्थाटनश्रमादिभिस्तत्पापंशाम्यतीतिसार्धं १६ । १७ क्षयंपुत्रादिमरणनिमित्तमात्मवधार्थंप्रवृत्तोनम्रियेतचेत्त्रिरात्रमुपवासंचरेत् १८ जातिर्ब्राह्मणत्वादिः श्रेणीगृहस्थादीनांपंक्तिः अधिवासोजन्मभूमिः जात्यादिधर्माश्चयेवर्जयंतितेषांधर्मः प्रायश्चित्तादिस्वरूपोनविद्यते १९ पाठकाःशोधकाःविचारकाइतियावत् कार्येप्रायश्चित्तनिमित्तेदोषे २० अभक्ष्यानाहचतुर्भिः अनड्वानिति २१ । २२ । २३ । २४ एडकामेषी सूतिकानामनिर्दशानां २५ अभोज्यंपायसाद्यंतर्गतम् २६ अवीरायाःपतिपुत्रहीनायाः २७ इंद्रियंशुक्रं गणिकादित्रयानामन्नम् २८ ॥ ॥ ॥

दीक्षितस्यअग्नीषोमीयवपाहोमात्प्राङ्नभोक्तव्यं कदर्योधनव्ययभयाद्भोगत्यागहीनः २९ रक्षिणोग्रामपालकस्यसीमादिरक्षिणोवा ३० । ३१ शेषितंकुटुंबायाऽदत्वात्मार्थरक्षितं ३२ धाना
भृष्टयवाः करंभादधिसक्तवः सक्त्वादीनांविकारानष्टाःसक्त्वादयःकृसरंतिलमिश्रओदनः वृथाकृताःदेवताद्युद्देशंविनाकृताः ३३ चात्पेयाःपीयूषादयः ३४ । ३५। ३६ हासकेषुपरिहासपरे

दीक्षितस्यकदर्यस्यक्रतुविक्रयिकस्यच ॥ तक्षणश्चर्मावकर्तुश्चपुंश्चल्यारजकस्यच २९ चिकित्सकस्ययच्चान्नमभोज्यंरक्षिणस्तथा ॥ गणग्रामाभिशस्तानांरंगस्त्री
जीविनांतथा ३० परिवित्तीनांपुंसांचबंदिद्यूतविदांतथा ॥ वामहस्ताहृतंचान्नंभक्तंपर्युषितंचयत् ३१ सुरानुगतमुच्छिष्टमभोज्यंशेषितंचयत् ॥ पिष्टस्यचेक्षुशा
कानांविकाराःपयसस्तथा ३२ सक्तुधानाकरंभाणांनोपभोग्याश्चिरस्थिताः ॥ पायसंकृसरंमांसमपूपाश्चवृथाकृताः ३३ अपेयाश्चाप्यभक्ष्याश्चब्राह्मणैर्गृहमेधि
भिः ॥ देवानृषीन्मनुष्यांश्चपितॄन्गृह्याश्चदेवताः ३४ पूजयित्वाततःपश्चाद्गृहस्थोभोक्तुमर्हति ॥ यथाप्रव्रजितोभिक्षुस्तथैवस्वेगृहेवसेत् ३५ एवंवृत्तःप्रियैर्दारैः
संवसन्धर्ममाप्नुयात् ॥ नदद्याद्यशसेदानंनभयान्नोपकारिणे ३६ ननृत्यगीतशीलेषुहासकेषुचधार्मिकः ॥ नमत्तेचैवनोन्मत्तेनस्तेनेनचकुत्सके ३७ नवाग्घीनेवि
वर्णेवानांगहीनेनवामने ॥ नदुर्जनेदौष्कुलेवाव्रतैर्योवानसंस्कृतः ३८ नश्रोत्रियमृतेदानंब्राह्मणेब्रह्मवर्जिते ॥ असम्यक्चैवयद्दत्तमसम्यक्चप्रतिग्रहः ॥ उभयंस्या
दनर्थायदातुरादातुरेवच ३९ यथाखदिरमालंब्यशिलांवाऽप्यर्णवंतरन् ॥ मज्जेतमज्जतस्तद्वद्दातायश्चप्रतिग्रही ४० काष्ठैरार्द्रैर्यथावह्निरुपस्तीर्णोनदीप्यते ॥
तपःस्वाध्यायचारित्रैरेवंहीनःप्रतिग्रही ४१ कपालेयद्वदापःस्युःश्वदृतौचयथापयः ॥ आश्रयस्थानदोषेणवृत्तहीनेतथाश्रुतम् ४२ निर्मंत्रोनिर्व्रतोयःस्यादशा
स्त्रज्ञोऽनसूयकः ॥ अनुक्रोशात्प्रदातव्यंहीनेष्वव्रतिकेषुच ४३ नवैदेयमनुक्रोशाद्दीनार्तातुरकेष्वपि ॥ आप्ताचरितइत्येवधर्मइत्येववापुनः ४४ निष्कारणं
स्मृतंदत्तंब्राह्मणेब्रह्मवर्जिते ॥ भवेदपात्रदोषेणनचात्रास्तिविचारणा ४५ यथादारुमयोहस्तीयथाचर्ममयोमृगः ॥ ब्राह्मणश्चानधीयानस्त्रयस्तेनामबिभ्रति ४६
यथाषंढोऽफलःस्त्रीषुयथागौर्गविचाफला ॥ शकुनिर्वाप्यपक्षःस्यान्निर्मंत्रोब्राह्मणस्तथा ४७ ग्रामधान्यंयथाशून्यंयथाकूपश्चनिर्जलः ॥ यथाहुतमनग्नौचतथैवस्या
न्निराकृतौ ४८ देवतानांपितॄणांचहव्यकव्यविनाशकः ॥ शत्रुरर्थहरोमूर्खोनलोकान्प्राप्तुमर्हति ४९ एतत्तेकथितंसर्वंयथावृत्तंयुधिष्ठिर ॥ समासेनमहद्ध्येतच्छ्रोतव्यं
भरतर्षभ ५० ॥ ॥ इतिश्रीमहाभारतेशां० रा० व्यासवाक्येषट्त्रिंशत्तमोऽध्यायः ॥ ३६ ॥ ॥ युधिष्ठिरउवाच ॥ ॥ श्रोतुमिच्छामिभगवन्विस्तरे
णमहामुने ॥ राजधर्मान्द्विजश्रेष्ठचातुर्वर्ण्यस्यचाखिलान् १ ॥ ॥ ॥

परिभंडेषु ३७ वाग्घीनेमूकेमूर्खेवा ३८ । ३९ । ४० । ४१ श्वदृतौशुनकचर्ममयेकोशे ४२ अनसूयकोगुणेषुदोषारोपमकुर्वन् अनुक्रोशाद्दयया ४३ आप्तचरितइष्टकारीतिबुद्ध्याधर्मबुद्ध्यावा
निर्मन्त्रेनदेयमित्याह नवाइति ४४ अत्रैवहेतुमाह निष्कारणमिति निष्कारणंनिष्फलं दोषेणयुक्तइतिशेषः ४५ । ४६ । ४७ निराकृतौमूर्खे ४८ । ४९ । ५० ॥ इतिशांतिपर्व
णिरा०नीलकंठीयेभा०षट्त्रिंशत्तमोऽध्यायः ॥ ३६ ॥ ॥ ॥ ॥ ॥ ॥ श्रोतुमिति १ ॥ ॥ ॥ ॥

२ भक्ष्याभक्ष्यविवर्जिताउपवासात्मिका कौतूहलेनप्रसंगेनाऽनुप्रवणाअभिमुखा ३ । ४ । ५ प्रेहिप्रयाहि । ६ ७ । ८ । ९ सवैयाख्यंव्याख्यासहितम् १० । ११ । १२ । १३ । १४ । १५

आपत्सुचयथानीतिःप्रणेतव्याद्विजोत्तम ॥ धर्म्यमालक्ष्यपंथानंविजयेयंकथंमहीम् २ प्रायश्चित्तकथाह्येषाभक्ष्याभक्ष्यविवर्जिता ॥ कोतूहलानुप्रवणाहर्षंज नयतीवमे ३ धर्मचर्याचराज्यंचनित्यमेवविरुध्यते ॥ एवंमुह्यतिमेचेतश्चिन्तयानस्यनित्यशः ४ ॥ वैशंपायनउवाच ॥ तमुवाचमहाराजव्यासोवेदविदांवरः ॥ नारदंसमभिप्रेक्ष्यसर्वज्ञानांपुरातनम् ५ श्रोतुमिच्छसिचेद्धर्मंनिखिलेननराधिप ॥ प्रेहिभीष्मंमहाबाहोवृद्धंकुरुपितामहम् ६ सतेधर्मरहस्येषुसंशयान्मनसि स्थितान् ॥ छेत्ताभागीरथीपुत्रःसर्वज्ञःसर्वधर्मवित् ७ जनयामासयंदेवीदिव्यात्रिपथगानदी ॥ साक्षाद्ददर्शयोदेवान्सर्वानिन्द्रपुरोगमान् ८ बृहस्पतिपुरोगां स्तुदेवर्षीनसकृत्प्रभुः ॥ तोषयित्वोपचारेणराजनीतिमधीतवान् ९ उशनावेदयच्छास्त्रंयच्चदेवगुरुर्द्विजः ॥ यच्चधर्मंसवैयाख्यंप्राप्तवान्कुरुसत्तमः १० भार्ग वाच्च्यवनाच्चापिवेदानंगोपबृंहितान् ॥ प्रतिपेदेमहाबाहुर्वसिष्ठाच्चरितव्रतः ११ पितामहसुतंज्येष्ठंकुमारंदीप्ततेजसम् ॥ अध्यात्मगतितत्त्वज्ञमुपाशिक्षतयःपुरा १२ मार्कण्डेयमुखात्कृत्स्नंयतिधर्ममवाप्तवान् ॥ रामादस्त्राणिशक्राच्चप्राप्तवान्पुरुषर्षभः १३ मृत्युरात्मेच्छयायस्यजातस्यमनुजेष्वपि ॥ तथाऽनपत्यस्यसतःपुण्य श्लोकादिविश्रुताः १४ यस्यब्रह्मर्षयःपुण्यानित्यमासन्सभासदः ॥ यस्यनाविदितंकिंचिज्ज्ञानयज्ञेषुविद्यते १५ सतेवक्ष्यतिधर्मज्ञःसूक्ष्मधर्मार्थतत्त्ववित् ॥ तमभ्येहिपुराप्राणान्सविमुंचतिधर्मवित् १६ एवमुक्तस्तुकौन्तेयोदीर्घप्रज्ञोमहामतिः ॥ उवाचवदतांश्रेष्ठंव्यासंसत्यवतीसुतम् १७ ॥ युधिष्ठिरउवाच ॥ वैशसं सुमहत्कृत्वाज्ञातीनांरोमहर्षणम् ॥ आगस्कृत्सर्वलोकस्यपृथिवीनाशकारकः १८ घातयित्वातमेवाजौछलेनाजिह्मयोधिनम् ॥ उपसंप्रष्टुमर्हामितमहंकेनहेतुना १९ ॥ वैशंपायनउवाच ॥ ततस्तंनृपतिश्रेष्ठंचातुर्वर्ण्यहितेप्सया ॥ पुनराहमहाबाहुर्यदुश्रेष्ठोमहामतिः २० ॥ वासुदेवउवाच ॥ नेदानीमतिनिर्बंधंशोकेत्वं कर्तुमर्हसि ॥ यदाहभगवान्व्यासस्तत्कुरुष्वनृपोत्तम २१ ब्राह्मणास्त्वांमहाबाहोभ्रातरश्चमहौजसः ॥ पर्जन्यमिवघर्मार्तानाथमानाउपासते २२ हतशिष्टा श्चराजानःकृत्स्नंचैवसमागतम् ॥ चातुर्वर्ण्यंमहाराजराष्ट्रंतेकुरुजांगलम् २३ प्रियार्थमपिचैतेषांब्राह्मणानांमहात्मनाम् ॥ नियोगादस्यचगुरोर्व्यासस्यामिततेजसः २४ सुहृदामस्मदादीनांद्रौपद्याश्चपरंतप ॥ कुरुप्रियममित्रघ्नलोकस्यचहितंकुरु २५ ॥ वैशंपायनउवाच ॥ एवमुक्तःसकृष्णेनराजाराजीवलोचनः ॥ हितार्थं सर्वलोकस्यसमुत्तस्थौमहामनाः २६ सोऽनुनीतोनरव्याघ्रविष्टरश्रवसास्वयम् ॥ द्वैपायनेनचतथादेवस्थानेनजिष्णुना २७ एतैश्चान्यैश्चबहुभिरनुनीतोयुधिष्ठि रः ॥ व्यजहान्मानसंदुःखंसंतापंचमहायशाः २८ ॥ ॥ ॥

विमुंचतिविमोक्ष्यति ततःपुरा १६ । १७ वैशसंविनाशम् १८ उपसंप्रष्टुमुपागत्यसम्यक्प्रष्टुं १९ । २० । २१ नाथमानाःयाचमानाः उपासतइत्युत्तरत्रापियोज्यम् २२ । २३ । २४ २५ । २६ । विष्टरश्रवसाविष्णुना २७ संतापंशारीरंतापम् २८ ॥ ॥ ॥ ॥ ॥ ॥

वाक्यानिवेदावयवाः निधिस्तदर्थविचारग्रंथोमीमांसा । अन्यदपियच्छ्रुतंश्रव्यंनीतिशास्त्रादितत्रविशारदःऊहापोहकुशलः । व्यवस्यकर्तव्यमर्थंनिश्चित्य २९ । ३० । ३१ ततइति। गोभिर्ब
लीवर्दैःएतस्माल्लिंगाद्गम्यतेयत्पुरप्रवेशेप्रथमंगोरथेनप्रवेष्टव्यमिति । मंत्रलिंगादप्येतद्गम्यते । 'संगोभिरांगिरसोनक्षमाणोभगइवेदर्यमणंनिनाय ॥ जनेमित्रोनदंपतीअनक्तिबृहस्पतेवाजयाशूँ
रिवाजौ' अस्यार्थः हेबृहस्पतेबृहस्पतितुल्यहेपुरोहित अंगिरसोबृहस्पतिः गोभिर्वृषैःरथमित्यर्थात् संनक्षमाणःरथस्यसंनहनंकरिष्यन् यकारलोपआर्षः अर्यमणंदेवंभगइवषड्विधमैश्वर्यमिवनिनाय
प्रापितवान् तत्रदृष्टांतः जनेइति नकारउपमार्थेयथाजनेलोकेमित्रःसखादंपतीअनक्तिअन्योन्यसंबद्धेसकरोतिएवंनगरगतामैश्वर्यलक्ष्मींपरिणेष्यन्गोरथेननगरंप्रवेशयेद्राजानंपुरोहितः । एवंजयलक्ष्मींपरि

श्रुतवाक्यःश्रुतनिधिःश्रुतश्रव्यविशारदः ॥ व्यवस्यमनसःशांतिमगच्छत्पांडुनंदनः २९ सतैःपरिवृतोराजानक्षत्रैरिवचंद्रमाः ॥ धृतराष्ट्रंपुरस्कृत्यस्वपुरंप्रविवे
शह ३० प्रविविक्षुःसधर्मज्ञःकुंतीपुत्रोयुधिष्ठिरः ॥ अर्चयामासदेवांश्चब्राह्मणांश्चसहस्रशः ३१ ततोनवंरथंशुभ्रंकंबलाजिनसंवृतम् ॥ युक्तंषोडशभिर्गोभिःपांडुरैः
शुभलक्षणैः ३२ मंत्रैरभ्यर्चितंपुण्यैःस्तूयमानश्चबंदिभिः ॥ आरुरोहयथादेवःसोमोऽमृतमयंरथम् ३३ जग्राहरश्मीन्कौन्तेयोभीमोभीमपराक्रमः ॥ अर्जुनःपां
डुरंछत्रंधारयामासभानुमत् ३४ ध्रियमाणंचतच्छत्रंपांडुरंरथमूर्धनि ॥ शुशुभेतारकाकीर्णंसितमभ्रमिवांबरे ३५ चामरव्यजनेत्वस्यवीरौजगृहतुस्तदा ॥ चंद्र
रश्मिप्रभेशुभ्रेमाद्रीपुत्रावलंकृते ३६ तेपंचरथमास्थायभ्रातारःसमलंकृताः ॥ भूतानीवसमस्तानिराजन्ददृशिरेतदा ३७ आस्थायतुरथंशुभ्रंयुक्तमश्वैर्मनोजवैः ॥
अन्वयात्पृष्ठतोराजन्युयुत्सुःपांडवाग्रजम् ३८ रथंहेममयंशुभ्रंशैब्यसुग्रीवयोजितम् ॥ सहसात्यकिनाकृष्णःसमास्थायान्वयात्कुरून् ३९ नरयानेनतुज्येष्ठःपि
तापार्थस्यभारत ॥ अग्रतोधर्मराजस्यगांधारीसहितोययौ ४० कुरुस्त्रियश्चताःसर्वाःकुंतीकृष्णातथैवच ॥ यानैरुच्चावचैर्जग्मुर्विदुरेणपुरस्कृताः ४१ ततोरथा
श्चबहुलानागाश्चसमलंकृताः ॥ पादाताश्चहयाश्चैवपृष्ठतःसमनुव्रजन् ४२ ततोवैतालिकैःसूतैर्मागधैश्चसुभाषितैः ॥ स्तूयमानोययौराजानगरंनागसाव्हयम् ४३
तत्प्रयाणंमहाबाहोर्बभूवाप्रतिमंभुवि ॥ आकुलाकुलमुत्कुष्टंहृष्टपुष्टजनाकुलम् ४४ अभियानेतुपार्थस्यनरैर्नगरवासिभिः ॥ नगरंराजमार्गाश्चयथावत्समलंकृताः
४५ पांडुरेणचमाल्येनपताकाभिश्चमेदिनी ॥ संस्कृतोराजमार्गोऽभूद्धूपनैश्चप्रधूपितः ४६ अथचूर्णैश्चगंधानांनानापुष्पप्रियंगुभिः ॥ माल्यदामभिरासक्तैराज
वेश्माभिसंवृतम् ४७ कुंभाश्चनगरद्वारिवारिपूर्णानवादृढाः ॥ सिताःसुमनसोगौराःस्थापितास्तत्रतत्रह ४८ ॥ ॥

णेष्यन्नश्वरथेनआजिंप्रविशेदित्याह वाजयेति। आजौसंग्रामे अशूनश्वान्रथेयुंजन्वाजयगमययजमानंजयलक्ष्मींपरिणेतुमित्यर्थादनुषंजनीयं ३२ अमृतमयंदेवतामयं ३३ । ३४ तारकास्ताराः
तत्तुल्याश्छत्रप्रांतस्थमौक्तिकगुच्छाश्च ३५ । ३६ यथादेहरथोभूतपंचकमयः एवंसोऽपिरथोभ्रातृपंचकयुक्तः ३७ युयुत्सुर्धृतराष्ट्रपुत्रः ३८ । ३९ नरयानं 'तखतरावा' इतिम्लेछभाषायांप्रसिद्धं
नतुशिविका ४० । ४१ । ४२ । ४३ आकुलाकुलमतिसंकुलं संमर्दवशात् ४४ ।४५ माल्येनपुष्पसमूहेनमेदिनीसमलंकृतेत्यनुषज्ज्यते धूपनैःअगुरुप्रभृतिभिर्धूपद्रव्यैः ४६ । ४७ सिताः
चूर्णादिनाशुक्लीकृताः सुमनसःपुष्पाणि गौराःशुक्लाः ४८ ॥ ॥ ॥ ॥ ॥ ॥ ॥ ॥

म.भा.टी. ४९ इतिशांतिपर्वणिराजधर्मानुशासनपर्वणिनीलकंठीयेभारतभावदीपेसप्तत्रिंशत्तमोऽध्यायः ॥ ३७ ॥ प्रवेशनेइति १।२ स्त्रीणांस्त्रीभिः ३।४।५।६।७।८।९।१०।११।१२ । १३ शां.रा.१२

॥ ३३ ॥ यथास्वलंकृतंद्वारंनगरंपांडुनंदनः ॥ स्तूयमानःशुभैर्वाक्यैःप्रविवेशसुहृद्वृतः ४१ इतिश्रीमहाभारतेशांतिपर्वणिराजधर्मानुशासनपर्वणियुधिष्ठिरप्रवेशेसप्तत्रिंशत्तमोऽ अ०
ध्यायः ॥ ३७ ॥ ॥ ॥ वैशंपायनउवाच ॥ प्रवेशनेतुपार्थानांजनानांपुरवासिनाम् ॥ दिदृक्षूणांसहस्राणिसमाजग्मुःसहस्रशः १ सराजमार्गःशु
शुभेसमलंकृतचत्वरः ॥ यथाचंद्रोदयेराजन्वर्धमानोमहोदधिः २ गृहाणिराजमार्गेषुरत्नवंतिमहांतिच ॥ प्राकंपंतीवभारेणस्त्रीणांपूर्णानिभारत ३ ताःशनैरिव ३८
सव्रीडंप्रशशंसुर्युधिष्ठिरम् ॥ भीमसेनार्जुनौचैवमाद्रीपुत्रौचपांडवौ ४ धन्यात्वमसिपांचालियात्वंपुरुषसत्तमान् ॥ उपतिष्ठसिकल्याणिमहर्षीनिवगौतमी ५
तवकर्माण्यमोघानिव्रतचर्याचभाविनि ॥ इतिकृष्णांमहाराजप्रशशंसुस्तदास्त्रियः ६ प्रशंसावचनैस्तासांमिथःशब्दैश्चभारत ॥ प्रीतिजैश्चतदाशब्दैःपुरमासी
त्समाकुलम् ७ तमतीत्ययथायुक्तंराजमार्गंयुधिष्ठिरः ॥ अलंकृतंशोभमानमुपायाद्राजवेश्मह ८ ततःप्रकृतयःसर्वाःपौराजानपदास्तदा ॥ ऊचुःकर्णसुखावा
चःसमुपेत्यततस्ततः ९ दिष्ट्याजयसिराजेंद्रशत्रूञ्छत्रुनिषूदन ॥ दिष्ट्याराज्यंपुनःप्राप्तंधर्मेणचबलेनच १० भवनस्त्वंमहाराजराजेहशरदांशतम् ॥ प्रजाः
पालयधर्मेणयथेंद्रस्त्रिदिवंतथा ११ एवंराजकुलद्वारिमंगलैरभिपूजितः ॥ आशीर्वादान्द्विजैरुक्तान्प्रतिगृह्यसमंततः १२ प्रविश्यभवनंराजादेवराजगृहोपमम् ॥
श्रुद्धाविजयसंयुक्तंरथात्पश्चादवातरत् १३ प्रविश्याभ्यंतरंश्रीमान्दैवतान्यभिगम्यच ॥ पूजयामासरत्नैश्चगंधमाल्यैश्चसर्वशः १४ निश्चक्रामततःश्रीमान्पुन
रेवमहायशाः ॥ ददर्शब्राह्मणांश्चैवसोऽभिरूपानवस्थितान् १५ ससंवृतस्तदाविप्रैराशीर्वादविवक्षुभिः ॥ शुशुभेविमलश्चंद्रस्तारागणवृतोयथा १६ तांस्तु
वैपूजयामासकौन्तेयोविधिवद्द्विजान् ॥ धौम्यंगुरुंपुरस्कृत्यज्येष्ठंपितरमेवच १७ सुमनोमोदकैरत्नैर्हिरण्येनचभूरिणा ॥ गोभिर्वस्त्रैश्चराजेंद्रविविधैश्चकिमिच्छ
कैः १८ ततःपुण्याहघोषोऽभूद्दिवंस्तब्ध्वेवभारत ॥ सुहृदांप्रीतिजननःपुण्यःश्रुतिसुखावहः १९ हंसवद्विदुषांराजाद्विजानांतत्रभारतीम् ॥ शुश्रुवेवेदविदुषांपु
ष्कलार्थपदाक्षराम् २० ततोदुंदुभिनिर्घोषःशंखानांचमनोरमः ॥ जयंप्रवदतांतत्रस्वनःप्रादुरभून्नृप २१ निःशब्देचस्थितेतत्रततोविप्रजनेपुनः ॥ राजानंब्राह्म
णच्छद्माचार्वाकोराक्षसोऽब्रवीत् २२ तत्रदुर्योधनसखाभिक्षुरूपेणसंवृतः ॥ साक्षःशिखीत्रिदंडीचधृष्टोविगतसाध्वसः २३ वृतःसर्वैस्तथाविप्रैराशीर्वादविवक्षुभिः ॥
परंसहस्रैराजेन्द्रतपोनियमसंवृतैः २४ सदुष्टःपापमाशंसुःपांडवानांमहात्मनाम् ॥ अनामंत्र्यैवतान्विप्रांस्तमुवाचमहीपतिम् २५ ॥ चार्वाकउवाच ॥ इमेप्राहुर्द्विजाः
सर्वेसमारोप्यवचोमयि ॥ धिग्भवंतंकुनृपतिंज्ञातिघातिनमस्तुवै २६ किंतेनस्याद्धिकौन्तेयकृत्वेमंज्ञातिसंक्षयम् ॥ घातयित्वागुरूंश्चैवमृतंश्रेयोनजीवितम् २७

१४ अभिरूपान्मंगलद्रव्यपाणीन् १५ । १६ । १७ किमिच्छसिकिमिच्छसीतिपृच्छद्भिर्भृत्यैर्विविधैर्गोवस्त्रादिद्रव्यैर्निमंत्रयद्भिरित्यर्थः १८ स्तब्ध्वाव्याप्य १९ । २० । २१ । २२।२३।२४।२५।२६।२७

२८ । २९ प्रत्यासन्नाःसमीपस्थाव्यसनिनश्चिरदुःखिनोभ्रात्रादयोयस्यतं भ्रात्रादिदुःखपरिहारार्थंममेदंराज्यकरणंनतुस्वसुखार्थमित्यर्थः ३० । ३१ जघ्नुर्ज्ञातवंतः ३२ । ३३ । ३४ । ३५ । ३६
३७ ॥ ॥ इतिशांतिपर्वणिराजधर्मानुशासनपर्वणिनीलकंठीयेभारतभावदीपेअष्टत्रिंशत्तमोध्यायः ॥ ३८ ॥ ॥ ॥ ब्राह्मणाइति १।२ । ३ । ४ । ५ । ६ विहितोमयाआज्ञप्तः

इतितेवैद्विजाःश्रुत्वातस्यदुष्टस्यरक्षसः ॥ विव्यथुश्चुक्षुभुश्चैवतस्यवाक्यप्रधर्षिताः २८ ततस्तेब्राह्मणाःसर्वेसचराजायुधिष्ठिरः ॥ व्रीडिताःपरमोद्विग्नास्तूष्णी
मासन्विशांपते २९ ॥ युधिष्ठिरउवाच ॥ प्रसीदंतुभवंतोमेप्रणतस्याभियाचतः ॥ प्रत्यासन्नव्यसनिनंनमांधिक्कर्तुमर्हथ ३० ॥ ॥ वैशंपायनउवाच ॥
ततोराजन्ब्राह्मणास्तेसर्वएवविशांपते ॥ ऊचुर्नैतद्वचोऽस्माकंश्रीरस्तुतवपार्थिव ३१ जज्ञुश्चैवमहात्मानस्ततस्तंज्ञानचक्षुषा ॥ ब्राह्मणावेदविद्वांसस्तपोभि
र्विमलीकृताः ३२ ॥ ब्राह्मणाऊचुः ॥ एषदुर्योधनसखाचार्वाकोनामराक्षसः ॥ परिव्राजकरूपेणहितंतस्यचिकीर्षति ३३ नवयंब्रूमधर्मात्मन्व्येतुतेभयमीदृ
शम् ॥ उपतिष्ठतुकल्याणंभवंतंभ्रातृभिःसह ३४ ॥ वैशंपायनउवाच ॥ ततस्तेब्राह्मणाःसर्वेहुंकारैःक्रोधमूर्छिताः ॥ निर्भर्त्सयंतःशुचयोनिजघ्नुःपापराक्षसम् ॥
३५ सपपातविनिर्दग्धस्तेजसाब्रह्मवादिनाम् ॥ महेन्द्राशनिनिर्दग्धःपादपोङ्कुरवानिव ३६ पूजिताश्चययुर्विप्राराजानमभिनंद्यतम् ॥ राजाचहर्षमापेदेपांडवः
ससुहृज्जनः ३७ ॥ ॥ इतिश्रीमहाभारतेशांतिपर्वणिराजधर्मानुशासनपर्वणिचार्वाकवधेअष्टत्रिंशत्तमोऽध्यायः ॥ ३८ ॥ ॥ वैशंपायनउवाच ॥
ततस्तत्रतुराजानंतिष्ठंतंभ्रातृभिःसह ॥ उवाचदेवकीपुत्रःसर्वदर्शीजनार्दनः १ ॥ वासुदेवउवाच ॥ ब्राह्मणास्ताततलोकेऽस्मिन्नर्चनीयाःसदामम ॥ एतेभू
मिचरादेवावाग्विषाःसुप्रसादकाः १ पुराकृतयुगेराजंश्चार्वाकोनामराक्षसः ॥ तपस्तेपेमहाबाहोबदर्यांबहुवार्षिकम् २ वरेणच्छंद्यमानश्चब्रह्मणाचपुनःपुनः ॥
अभयंसर्वभूतेभ्योवरयामासभारत ३ द्विजावमानादन्यत्रप्रादाद्वरमनुत्तमम् ॥ अभयंसर्वभूतेभ्योददौतस्मैजगत्पतिः ४ सतुलब्धवरःपापोदेवानमितविक्रमः ॥
राक्षसस्तापयामासतीव्रकर्मामहाबलः ५ ततोदेवाःसमेताश्चब्रह्माणमिदमब्रुवन् ॥ वधायरक्षसस्तस्यबलविप्रकृतास्तदा ६ तानुवाचततोदेवोविहितस्तत्र
वैमया ॥ यथाऽस्यभवितामृत्युरचिरेणेतिभारत ७ राजादुर्योधनोनामसखाऽस्यभवितानृषु ॥ तस्यस्नेहावबद्धोऽसौब्राह्मणानवमंस्यते ८ तत्रैनंरुषिताविप्रा
विप्रकारप्रधर्षिताः ॥ धक्ष्यंतिवाग्बलाःपापंततोनाशंगमिष्यति ९ सएषनिहतःशेतेब्रह्मदण्डेनराक्षसः ॥ चार्वाकोनृपतिश्रेष्ठमाशुचोभरतर्षभ १० ॥ ह
तास्तेक्षत्रधर्मेणज्ञातयस्तवपार्थिव ॥ स्वर्गताश्चमहात्मानोवीराःक्षत्रियपुंगवाः ११ सत्वमातिष्ठकार्याणिमातेऽभूद्ग्लानिरच्युत ॥ शत्रून्जहिप्रजारक्षद्विजां
श्चपरिपूजय १२ ॥ इतिश्रीमहाभारतेशांतिपर्वणि राजधर्मानुशासनपर्वणि चार्वाकवरदानादिकथने एकोनचत्वारिंशत्तमोऽध्यायः ॥ ३९ ॥ ॥ ॥
॥ वैशंपायनउवाच ॥ ततःकुंतीसुतोराजागतमन्युर्गतज्वरः ॥ कांचनेप्राङ्मुखोहृष्टोन्यषीदत्परमासने १ ॥ ॥ ॥

७ । ८ । ९ । १० । ११ । १२ ॥ ॥ इतिशां०रा०नी०भारतभाव०एकोनचत्वारिंशत्तमोऽध्यायः ॥ ३९ ॥ ॥ ॥ ततःकुंतीसुतइति । गतमन्युर्वीतदैन्यः गतज्वरोवीतशोकः १

निषीदतुरितिनिषेदतुरित्यर्थेआर्षम् २ । ३ दांतेगजदंतमये ४ सुधर्मादुर्योधनपुरोहितः ५ । ६ स्वस्तिकान्सर्वतोभद्राद्यंकितानिदेवतापीठानि ७ । ८ भांडंउपकरणम् ९ औदुंबरास्ताम्रम

तमेवाभिमुखौपीठेप्रदिष्टेकांचनेशुभे ॥ सात्यकिर्वासुदेवश्चनिषीदतुररिंदमौ २ मध्येकृत्वातुराजानंभीमसेनार्जुनावुभौ ॥ निषीदतुर्महात्मानौश्लक्ष्णयोर्मणिपी
ठयोः ३ दांतेसिंहासनेशुभ्रेजांबूनदविभूषिते ॥ पृथापिसहदेवेनसहास्तेनकुलेनच ४ सुधर्माविदुरोधौम्योधृतराष्ट्रश्चकौरवः ॥ निषेदुर्ज्वलनाकारेष्वासनेषुपृ
थक्पृथक् ५ युयुत्सुःसंजयश्चैवगांधरीचयशस्विनी ॥ धृतराष्ट्रोयतोराजाततःसर्वेसमाविशन् ६ तत्रोपविष्टोधर्मात्माश्वेताःसुमनसोऽस्पृशत् ॥ स्वस्तिकान
क्षतान्भूमिंसुवर्णंरजतंमणिम् ७ ततःप्रकृतयःसर्वाःपुरस्कृत्यपुरोहितम् ॥ ददृशुर्धर्मराजानमादायबहुमंगलम् ८ पृथिवींचसुवर्णंचरत्नानिविविधानिच ॥ आ
भिषेचनिकंभांडंसर्वसंभारसंभृतम् ९ कांचनौदुंबरास्तत्रराजताःपृथिवीमयाः ॥ पूर्णकुंभाःसुमनसोलाजाबर्हींषिगोरसम् १० शमीपिप्पलपालाशसमिधोमधु
सर्पिषी ॥ स्रुवऔदुंबरःशंखस्तथाहेमविभूषितः ११ दाशार्हेणाभ्यनुज्ञातस्तत्रधौम्यःपुरोहितः ॥ प्रागुदक्प्रवणेवेदींलक्षणेनोपलिख्यच १२ व्याघ्रचर्मोत्तरे
शुक्लेसर्वतोभद्रआसने ॥ दृढपादप्रतिष्ठानेहुताशनसमत्विषि १३ उपवेश्यमहात्मानंकृष्णांचद्रुपदात्मजाम् ॥ जुहावपावकंधीमान्विधिमंत्रपुरस्कृतम् १४ त
तउत्थायदाशार्हःशंखमादायपूजितम् ॥ अभ्यषिंचत्पतिंपृथ्व्याःकुंतीपुत्रंयुधिष्ठिरम् १५ धृतराष्ट्रश्चराजर्षिःसर्वाःप्रकृतयस्तथा ॥ अनुज्ञातोऽथकृष्णे
नभ्रातृभिःसहपांडवः १६ पांचजन्याभिषिक्तश्चराजाऽमृतमुखोऽभवत् ॥ ततोऽनुवादयामासुःपणवानकदुंदुभीन् १७ धर्मराजोऽपितत्सर्वंप्रतिजग्राहधर्मतः ॥
पूजयामासतांश्चापिविधिवद्भूरिदक्षिणः १८ ततोनिष्कसहस्रेणब्राह्मणान्स्वस्तिवाचयन् ॥ वेदाध्ययनसंपन्नान्धृतिशीलसमन्वितान् १९ तेप्रीताब्राह्मणाराज
न्स्वस्त्यूचुर्जयमेवच ॥ हंसाइवचनर्दंतःप्रशशंसुर्युधिष्ठिरम् २० युधिष्ठिरमहाबाहोदिष्ट्याजयसिपांडव ॥ दिष्ट्यास्वधर्मंप्राप्तोऽसिविक्रमेणमहाद्युते २१ दि
ष्ट्यागांडीवधन्वाचभीमसेनश्चपांडवः ॥ त्वंचापिकुशलीराजन्माद्रीपुत्रौचपांडवौ २२ मुक्तावीरक्षयात्तस्मात्संग्रामाद्विजितद्विषः ॥ क्षिप्रमुत्तरकार्याणिकुरुसर्वा
णिभारत २३ ततःप्रत्यर्चितःसद्भिर्धर्मराजोयुधिष्ठिरः ॥ प्रतिपेदेमहद्राज्यंसुहृद्भिःसहभारत २४ इतिश्रीमहाभारतेशांतिपर्वणिराजधर्मानुशासनपर्वणियुधि
ष्ठिराभिषेकेचत्वारिंशत्तमोऽध्यायः ॥ ४० ॥ वैशंपायनउवाच ॥ प्रकृतीनांचतद्वाक्यंदेशकालोपबृंहितम् ॥ श्रुत्वायुधिष्ठिरोराजासोत्तरंप्रत्यभाषत १ धन्याःपां
डुसुतानूनंयेषांब्राह्मणपुंगवाः ॥ तथ्यान्वाप्यथवाऽतथ्यान्गुणानाहुःसमागताः २ अनुग्राह्यावयंनूनंभवतामितिमेमतिः ॥ यदेवंगुणसंपन्नानस्मान्ब्रूथविमत्सराः ३

याः १० उदुंबरकाष्ठमयःस्रुवः ११ । १२ । १३ । १४ । १५ । १६ अमृतमुखः अत्यंतंदर्शनीयः १७ । १८ । १९ । २० । २१ । २२ । २३ । २४ ॥ इतिशांतिपर्वणिराजधर्मानुशासन
पर्वणि नीलकंठीये भारतभावदीपे चत्वारिंशत्तमोऽध्यायः ॥ ४० ॥ ॥ ॥ प्रकृतीनामिति । तद्वाक्यं दिष्ट्याजयसीत्यादि अंतरंपश्चात् १ । २ । ३ ॥ ॥

४ । ५ । ६ । ७।८ । ९ । १० । ११ । १२ । १३ । १४ । १५ । १६ । १७ यत्अस्यकार्यंतच्चभवद्भिःकर्तव्यमित्यर्थः १८ राजानंधृतराष्ट्रंअनुज्ञाप्यतानिकार्याणिकर्तव्यानीत्यर्थः १९

धृतराष्ट्रोमहाराजःपितामेदैवतंपरम् ॥ शासनेऽस्यप्रियेचैवस्थेयंमत्प्रियकांक्षिभिः ४ एतदर्थंहिजीवामिकृत्वाज्ञातिवधंमहत् ॥ अस्यशुश्रूषणंकार्यंमयानित्य
मतंद्रिणा ५ यदिचाहमनुग्राह्योभवतांसुहृदांतथा ॥ धृतराष्ट्रेयथापूर्वंवृत्तिंवर्तितुमर्हथ ६ एषनाथोहिजगतोभवतांचमयासह ॥ अस्यैवपृथिवीकृत्स्नापांडवाः
सर्वएवच ७ एतन्मनसिकर्तव्यंभवद्भिर्वचनंमम ॥ अनुज्ञाप्याथतान्राजायथेष्टंगम्यतामिति ८ पौरजानपदान्सर्वान्विसृज्यकुरुनंदनः ॥ यौवराज्येनकौन्तेयं
भीमसेनमयोजयत् ९ मंत्रचनिश्चयेचैवषाड्गुण्यस्यचचिन्तने ॥ विदुरंबुद्धिसंपन्नंप्रीतिमान्ससमादिशत् १० कृताकृतपरिज्ञानेतथाऽऽयव्ययचिन्तने ॥ संजयं
योजयामासवृद्धंसर्वगुणैर्युतम् ११ बलस्यपरिमाणेचभक्तवेतनयोस्तथा ॥ नकुलंव्यादिशद्राजाकर्मणांचान्ववेक्षणे १२ परचक्रोपरोधेचदुष्टानांचावमर्दने ॥
युधिष्ठिरोमहाराजफाल्गुनंव्यादिदेशह १३ द्विजानांदेवकार्येषुकार्येष्वन्येषुचैवह ॥ धौम्यंपुरोधसांश्रेष्ठंनित्यमेवसमादिशत् १४ सहदेवंसमीपस्थंनित्यमेवसमा
दिशत् ॥ तेनगोप्योहिनृपतिःसर्वावस्थोविशांपते १५ यान्यानमन्यद्योग्यांश्चयेषुयेष्विहकर्मसु ॥ तांस्तांस्तेष्वेवयुयुजेप्रीयमाणोमहीपतिः १६ विदुरंसंजयं
चैवयुयुत्सुंचमहामतिम् ॥ अब्रवीत्परवीरघ्नोधर्मात्माधर्मवत्सलः १७ उत्थायोत्थातयत्कार्यमस्यराज्ञःपितुर्मम ॥ सर्वंभवद्भिःकर्तव्यमप्रमत्तैर्यथायथम् १८ पौ
रजानपदानांचयानिकार्याणिसर्वशः ॥ राजानंसमनुज्ञाप्यतानिकर्माणिभागशः १९ ॥ इतिश्रीमहाभारतेशांतिपर्वणिराजधर्मानु० भीमादिकर्मनियोगेएकच
त्वारिंशत्तमोऽध्यायः ॥ ४१ ॥ ॥ वैशंपायनउवाच ॥ ततोयुधिष्ठिरोराजाज्ञातीनांयेहतायुधि ॥ श्राद्धानिकारयामासतेषांपृथगुदारधीः १ धृतराष्ट्रो
ददौराजापुत्राणामौर्ध्वदेहिकम् ॥ सर्वकामगुणोपेतमन्नंगाश्चधनानिच २ रत्नानिचविचित्राणिमहार्हाणिमहायशाः ॥ युधिष्ठिरस्तुद्रोणस्यकर्णस्यचमहात्मनः
३ धृष्टद्युम्नाभिमन्युभ्यांहैडिंबस्यचरक्षसः ॥ विराटप्रभृतीनांचसुहृदामुपकारिणाम् ४ द्रुपदद्रौपदेयानांद्रौपद्यासहितोददौ ॥ ब्राह्मणानांसहस्राणिपृथगेकैकमु
द्दिशन् ५ धनैरत्नैश्चगोभिश्चवस्त्रैश्चसमतर्पयत् ॥ येचान्येपृथिवीपालायेषांनास्तिसुहृज्जनः ६ उद्दिश्योद्दिश्यतेषांचचक्रेराजौर्ध्वदेहिकम् ॥ सभाःप्रपाश्चविवि
धास्तटाकानिचपांडवः ७ सुहृदांकारयामाससर्वेषामौर्ध्वदेहिकम् ॥ सतेषामनृणोभूत्वागत्वालोकेष्ववाच्यताम् ८ कृतकृत्योऽभवद्राजाप्रजाधर्मेणपालयन् ॥
धृतराष्ट्रंयथापूर्वंगांधारींविदुरंतथा ९ सर्वांश्चकौरवान्मान्यान्भृत्यांश्चसमपूजयत् ॥ याश्चतत्रस्त्रियःकाश्चिद्धतवीराहतात्मजाः १० ॥ ॥

॥ इति शांतिपर्वणि राजधर्मानुशासनपर्वणि नीलकंठीये भारतभावदीपे एकचत्वारिंशत्तमोऽध्यायः ॥ ४१ ॥ ॥ ॥ ॥ ॥ ॥ ततोयुधिष्ठिरइति १ । २ । ३ । ४ । ५
६ उद्दिश्येति । सभाःधर्मशालाः तत्तन्नामांकितानिसभादीनिचक्रे इयममुकस्यसभाइयममुकस्यसभेति । एतेनसभादिकरणात्संतानफलंलभ्यतेइतिगम्यते ७ । ८ । ९ । १० ॥ ॥

म.भा.टी० ॥ ३५ ॥ शां.रा.१२ अ० ॥ ४३ ॥

११। १२ इतिशांतिपर्वणिराजधर्मानुशासनपर्वणिनीलकंठीये भारतभावदीपेद्विचत्वारिंशत्तमोऽध्यायः ॥ ४२ ॥ ॥ अभिषिक्तइति १ । २ । ३ पुरुषंसर्वशरीरशायिनं सात्वतामुपासकानांप तिंपालकम् ४ विश्वस्यसंभवोयोनिः ५ सप्तधा विष्ण्वाख्यआदित्योवामनश्चेतिद्वेधाअदित्यामेवजन्म । ततोऽदितेरूपांतरेषुपृश्निप्रभृतिषु क्रमात्पृश्निगर्भः परशुरामः दाशरथीरामः यादवौ रामकृष्णौचेतिसर्वेषुगर्भेषुएकएवत्वंनतुप्रतिगर्भंभिन्नः । त्रिषुवर्तमानाद्युगात्पूर्वेषुभवंत्रियुगं । अन्येतुधर्मज्ञानवैराग्यैश्वर्येश्रीयशसीचेतित्रीणियुग्मानितद्वंतमित्याहुः ६ शुचिश्रवाःपुण्यकीर्तिः । घृतार्चिर्यज्ञेश्वरः हंसोब्रह्मणोऽपिगुरुः त्रीणिचक्षूंषिदर्शनसाधनानिश्रुत्यनुमानप्रत्यक्षाणियस्मिन् ७ बृहद्भानुःसूर्यः । वृषभोधर्मः । तार्क्ष्यलक्षणोगरुडध्वजः । अनीकसाहःशत्रुसेनावमर्दी । शिपि

सर्वास्ताःकौरवोराजासंपूज्यापालयद्घृणी ॥ दीनांधकृपणानांचगृहाच्छादनभोजनैः ११ आनृशंस्यपरोराजाचकारानुग्रहंप्रभुः ॥ सविजित्यमहींकृत्स्नामानृण्यं प्राप्यवैरिषु ॥ निःसपत्नःसुखीराजाविजहारयुधिष्ठिरः १२ ॥ इतिश्रीमहाभारतेशांतिपर्वणिराजधर्मानुशासनपर्वणिश्राद्धक्रियायांद्विचत्वारिंशत्तमोऽध्यायः ॥ ४२॥

॥ वैशंपायनउवाच ॥ अभिषिक्तोमहाप्राज्ञोराज्यंप्राप्ययुधिष्ठिरः ॥ दाशार्हंपुंडरीकाक्षमुवाचप्रांजलिःशुचिः १ तवकृष्णप्रसादेननयेनचबलेनच ॥ बुद्ध्या चयदुशार्दूलतथाविक्रमणेनच २ पुनःप्राप्तमिदंराज्यंपितृपैतामहंमया ॥ नमस्तेपुंडरीकाक्षपुनःपुनररिंदम ३ त्वामेकमाहुःपुरुषंत्वामाहुःसात्वतांपतिम् ॥ नामभिस्त्वांबहुविधैःस्तुवंतिप्रयताद्विजाः ४ विश्वकर्मन्नमस्तेऽस्तुविश्वात्मन्विश्वसंभव ॥ विष्णोजिष्णोहरेकृष्णवैकुंठपुरुषोत्तम ५ अदित्याःसप्तधात्वंतुपुराणो गर्भतांगतः ॥ पृश्निगर्भस्त्वमेवैकस्त्रियुगंत्वांवदंत्यपि ६ शुचिश्रवाहृषीकेशोघृतार्चिर्हंसउच्यते ॥ त्रिचक्षुःशंभुरेकस्त्वंविभुर्दामोदरोऽपिच ७ वराहोऽग्निर्बृहद्भानुर्वृषभस्तार्क्ष्यलक्षणः ॥ अनीकसाहःपुरुषःशिपिविष्टउरुक्रमः ८ वरिष्ठउग्रसेनानीःसत्योवाजसनिर्गुहः ॥ अच्युतश्च्यावनोऽरीणांसंस्कृतोविकृतिर्वृषः ९ कृष्णधर्मस्त्वमेवादिर्वृषदर्भोवृषाकपिः ॥ सिंधुर्विधर्मस्त्रिककुप्त्रिधामात्रिदिवाच्च्युतः १० सम्राड्विराट्स्वराट्चैवसुरराजोभवोद्भवः ॥ विभुर्भूरतिभूःकृष्णः कृष्णवर्त्मात्वमेवच ११ स्विष्टकृद्भिषजावर्तःकपिलस्त्वंचवामनः ॥ यज्ञोध्रुवःपतंगश्चयज्ञसेनस्त्वमुच्यसे १२ शिखंडीनहुषोबभ्रुर्दिवस्पृक्त्वंपुनर्वसुः ॥ सुबभ्रूरुक्मयज्ञश्चसुषेणोदुंदुभिस्तथा १३ गभस्तिनेमिःश्रीपद्मःपुष्करःपुष्पधारणः ॥ ऋभुर्विभुःसर्वसूक्ष्मश्चारित्रंचैवपठ्यसे १४ अंभोनिधिस्त्वंब्रह्मात्वंपवित्रंधाम धामवित् ॥ हिरण्यगर्भंत्वामाहुःस्वधास्वाहाचकेशव १५ ॥ ॥ ॥

विष्टःसर्वशरीरांतःप्रविष्टःपुरुषोजीवः ८ वरिष्ठउत्तमः । वाजसनिःअन्नप्रदः । गुहःदेवसेनानीः । संस्कृतोविप्रादिरूपः । विकृतिःअनुलोमजविलोमजादिरूपः वृषःश्रेष्ठः परिव्राडादिरूपः ९ कृष्णधर्मःयज्ञादिरूपः । वृषाइंद्रस्तंदृभ्नातिस्तभ्नातीतिवृषदर्भइंद्रदर्पहंता । वृषाकपिर्हरिहररूपी सिंधुःसमुद्रः विधर्मोनिर्गुणः त्रिककुप्कर्मयोग्यप्रागुदगैशानादिदिग्रूपः त्रिधामासूर्यचंद्राग्निप्रभः । त्रिदिवाच्च्युतोऽवतीर्णः १० भूःसत्तारूपः । अतिभूः अशरीरः ११ भिषजावर्तःभिषजौअश्विनौआवर्ततइत्यावर्तस्तयोःपितासूर्यः पतंगोगरुडः १२ बभ्रुर्महेश्वरः पुनर्वसुर्नक्षत्रभेदः । सुबभ्रुःसुतरांपिंगलवर्णः १३ गभस्तिरर्कोनेमिःपरिधिर्यस्यसकालचक्ररूपः १४ । १५ ॥ ॥ ॥ ॥ ॥ ॥

॥ ३५ ॥

१६ । १७ ॥ इतिशांतिपर्वणिराजधर्मानुशासनपर्वणिनीलकंठीयेभारतभावदीपेत्रिचत्वारिंशत्तमोऽध्यायः ॥ ४३ ॥ ततइति विस्पष्टार्थः १ । २ । ३ । ४ । ५ । ६ । ७ । ८ । ९ । १० । ११

योनिस्त्वमस्यप्रलयश्चकृष्णत्वमेवेदंसृजसिविश्वमग्रे ॥ विश्वंचेदंत्वद्वशेविश्वयोनेनमोऽस्तुतेशार्ङ्गचक्रासिपाणे १६ एवंस्तुतोधर्मराजेनकृष्णःसभामध्येप्रीतिमा
न्पुष्कराक्षः ॥ तमभ्यनंदद्भारतंपुष्कलाभिर्वाग्भिर्ज्येष्ठंपांडवंयादवाग्र्यः १७ ॥ इतिश्रीमहाभारतेशांतिपर्वणिराजधर्मानुशासनपर्वणिवासुदेवस्तुतौत्रिचत्वारिंश
त्तमोऽध्यायः ॥ ४३ ॥ ॥ वैशंपायनउवाच ॥ ॥ ततोविसर्जयामाससर्वाःप्रकृतयोनृपः ॥ विविशुश्चाभ्यनुज्ञातायथास्वानिगृहाणिते १ ततोयुधि
ष्ठिरोराजाभीमंभीमपराक्रमम् ॥ सांत्वयन्नब्रवीच्छ्रीमानर्जुनंयमजौतथा २ शत्रुभिर्विविधैःशस्त्रैःक्षतदेहामहारणे ॥ श्रांताभवन्तःसुभृशंतापिताःशोकमन्युभिः ३
अरण्येदुःखवसतीर्मत्कृतेभरतर्षभाः ॥ भवद्भिरनुभूताहियथाकुपुरुषैस्तथा ४ यथासुखंयथाजोषंजयोऽयमनुभूयताम् ॥ विश्रांताँल्लब्धविज्ञानान्श्वःसमे
ताऽस्मिवःपुनः ५ ततोदुर्योधनगृहंप्रासादैरुपशोभितम् ॥ बहुरत्नसमाकीर्णंदासीदाससमाकुलम् ६ धृतराष्ट्राभ्यनुज्ञातंभ्रात्रादत्तंवृकोदरः ॥ प्रतिपेदेमहाबा
हुर्मंदिरंमघवानिव ७ यथादुर्योधनगृहंतथादुःशासनस्यतु ॥ प्रासादमालासंयुक्तंहेमतोरणभूषितम् ८ दासीदाससुसंपूर्णंप्रभूतधनधान्यवत् ॥ प्रतिपेदेमहाबा
हुरर्जुनोराजशासनात् ९ दुर्मर्षणस्यभवनंदुःशासनगृहाद्वरम् ॥ कुबेरभवनप्रख्यंमणिहेमविभूषितम् १० नकुलायवरार्हायकर्शितायमहावने ॥ ददौप्रीतोम
हाराजधर्मपुत्रोयुधिष्ठिरः ११ दुर्मुखस्यचवेश्माग्र्यंश्रीमत्कनकभूषणम् ॥ पूर्णपद्मदलाक्षीणांस्त्रीणांशयनसंकुलम् १२ प्रददौसहदेवायसंततंप्रियकारिणे ॥
मुमुदेतच्चलब्ध्वाऽसौकैलासंधनदोयथा १३ युयुत्सुर्विदुरश्चैवसंजयश्चविशांपते ॥ सुधर्माचैवधौम्यश्चयथास्वान्जग्मुरालयान् १४ सहसात्यकिनाशौरिरर्जुन
स्यनिवेशनम् ॥ विवेशपुरुषव्याघ्रोव्याघ्रोगिरिगुहामिव १५ तत्रभक्ष्यान्नपानैस्तेमुदिताःसुसुखोषिताः ॥ सुखप्रबुद्धाराजानमुपतस्थुर्युधिष्ठिरम् १६ ॥ इति
श्रीमहाभारतेशांतिपर्वणिराजध० गृहविभागेचतुश्चत्वारिंशत्तमोऽध्यायः ॥ ४४ ॥ ॥ ॥ जनमेजयउवाच ॥ प्राप्यराज्यंमहाबाहुर्धर्मपुत्रोयुधिष्ठिरः ॥
यदन्यदकरोद्विप्रतन्मेवक्तुमिहार्हसि १ भगवान्वाहृषीकेशस्त्रैलोक्यस्यपरोगुरुः ॥ ऋषेयदकरोद्वीरस्तच्चव्याख्यातुमर्हसि २ ॥ वैशंपायनउवाच ॥ शृणुतत्त्वे
नराजेंद्रकीर्त्यमानंमयाऽनघ ॥ वासुदेवंपुरस्कृत्ययदकुर्वतपाण्डवाः ३ प्राप्यराज्यंमहाराजकुंतीपुत्रोयुधिष्ठिरः ॥ चातुर्वर्ण्यंयथायोग्यंस्वेस्वेस्थानेन्यवेशयत् ४
ब्राह्मणानांसहस्रंचस्नातकानांमहात्मनाम् ॥ सहस्रंनिष्कमेकैकंदापयामासपांडवः ५ तथाऽनुजीविनोभृत्यान्संश्रितानतिथीनपि ॥ कामैःसंतर्पयामासकृपणां
स्तर्ककानपि ६ पुरोहितायधौम्यायप्रादादयुतशःसगाः ॥ धनंसुवर्णंरजतंवासांसिविविधान्यपि ७ ॥ ॥ ॥

१२ । १३ । १४ । १५ । १६ ॥ इतिशांतिपर्वणिराजधर्मानुशासनपर्वणिनीलकंठीयेभारतभावदीपे चतुश्चत्वारिंशत्तमोऽध्यायः ॥ ४४ ॥ प्राप्येति १ । २ । ३ । ४ । ५ तर्ककान्याचकान् ६ । ७

८ । ९ लब्धप्रशमनंलब्धस्यधनादेःयथोचितमंशतःपात्रेसमर्पणेनशांतिकं १० । ११ । १२ । १३ । १४ । १५ । १६ । १७ । १८ । १९ । २० ॥ इतिशां०रा०नी०भा०पंचचत्वारिंशत्तमोऽध्यय ॥ ४५ ॥ किमिति १ चतुर्थंजाग्रत्स्वप्नसुषुप्तिभ्यःपरंआलंब्यअपक्रांतःदेहत्रयाद २ पंचकर्माप्राणनादिकारी ३ सत्वंमनः वायुपलक्षितानींद्रियाणिचबुद्धौमहत्तत्त्वे गुणाःशब्दादिगुण

कृपायचमहाराजगुरुवृत्तिमवर्तत ॥ विदुरायचराजाऽसौपूजांचक्रेयतव्रतः ८ भक्ष्यान्नपानैर्विविधैर्वासोभिःशयनासनैः ॥ सर्वान्संतोषयामाससंश्रितान्ददतां वरः ९ लब्धप्रशमनंकृत्वासराजाराजसत्तम ॥ युयुत्सोर्धार्तराष्ट्रस्यपूजांचक्रेमहायशाः १० धृतराष्ट्रायतद्राज्यंगांधार्यैविदुरायच ॥ निवेद्यसुस्थवद्राजासुख मास्तेयुधिष्ठिरः ११ तथासर्वंसनगरंप्रसाद्यभरतर्षभ ॥ वासुदेवंमहात्मानमभ्यगच्छत्कृतांजलिः १२ ततोमहतिपर्यंकेमणिकांचनभूषिते ॥ ददर्शकृष्णमा सीनंनीलमेघसमद्युतिम् १३ जाज्वल्यमानंवपुषादिव्याभरणभूषितम् ॥ पीतकौशेयवसनंहेम्नेवोपगतंमणिम् १४ कौस्तुभेनोरसिस्थेनमणिनाभिविराजितम् ॥ उद्यतेवोदयंशैलंसूर्येणाभिविराजितम् १५ नौपम्यंविद्यतेतस्यत्रिषुलोकेषुकिंचन ॥ सोभिगम्यमहात्मानंविष्णुंपुरुषविग्रहम् १६ उवाचमधुरंराजास्मितपूर्व मिदंतदा ॥ सुखेनतेनिशाकच्चिद्व्युष्टाबुद्धिमतांवर १७ कच्चिज्ज्ञानानिसर्वाणिप्रसन्नाणितवाच्युत ॥ तथैवोपश्रितादेवीबुद्धिर्बुद्धिमतांवर १८ वयंराज्यमनु प्राप्ताःपृथिवीचवशेस्थिता ॥ तवप्रसादाद्भगवंस्त्रिलोकगतिविक्रम १९ जयंप्राप्तायशश्चाग्र्यंनचधर्मच्युतावयम् ॥ तंतथाभाषमाणंतुधर्मराजमरिंदमम् ॥ नोवाचभगवान्किंचिद्ध्यानमेवान्वपद्यत २० ॥ इतिश्रीमहाभारतेशांतिपर्वणिरा० कृष्णंप्रतियुधिष्ठिरवाक्येपंचचत्वारिंशत्तमोऽध्यायः ॥ ४५ ॥ ॥ युधिष्ठिर उवाच ॥ किमिदंपरमाश्चर्यंध्यायस्यमितविक्रम ॥ कच्चिल्लोकत्रयस्यास्यस्वस्तिलोकपरायण १ चतुर्थंध्यानमार्गंत्वमालंब्यपुरुषर्षभ ॥ अपक्रान्तोयतोदेवस्ते नमेविस्मितंमनः २ निगृहीतोहिवायुस्तेपंचकर्माशरीरगः ॥ इंद्रियाणिप्रसन्नानिमनसिस्थापितानिते ३ वाक्सत्वंचगोविंदबुद्धौसंवेशितानिते ॥ सर्वेचैवगु णादेवाःक्षेत्रज्ञेतेनिवेशिताः ४ नेङ्गन्तितवरोमाणिस्थिराबुद्धिस्तथामनः ॥ काष्ठकुड्यशिलाभूतोनिरीहश्चासिमाधव ५ यथादीपोनिवातस्थोनिरिंगोज्वलतेपु नः ॥ तथाऽसिभगवन्देवपाषाणइवनिश्चलः ६ यदिश्रोतुमिहार्हामिनरहस्यंचतेयदि ॥ छिंधिमेसंशयंदेवप्रपन्नायाभियाचते ७ त्वंहिकर्ताविकर्ताचक्षरंचैवा क्षरंचहि ॥ अनादिनिधनश्चाद्यस्त्वमेवपुरुषोत्तम ८ त्वत्प्रपन्नायभक्तायशिरसाप्रणतायच ॥ ध्यानस्यास्ययथातत्त्वंब्रूहिधर्मभृतांवर ९ ततःस्वेगोचरेन्यस्य मनोबुद्धींद्रियाणितः ॥ स्मितपूर्वमुवाचेदंभगवान्वासवानुजः १० ॥ वासुदेवउवाच ॥ शरतल्पगतोभीष्मःशाम्यन्निवहुताशनः ॥ मांध्यातिपुरुषव्याघ्रस्ततो मेतद्गतंमनः ११ यस्यज्यातलनिर्घोषंविस्फूर्जितमिवाशनेः ॥ नसेहेदेवराजोऽपितमस्मिमनसागतः १२ ॥ ॥ ॥

भाजोदेवाः श्रोत्रादीनिइंद्रियाणि ४ नेंगंतिनकंपंते निरीहोनिश्चेष्टः ५ निरिंगःअचलः ६ । ७ । ८ । ९ गोचरेस्वेस्वेस्थाने १० ध्यातिध्यायति ११ । १२ ॥ ॥

१३ । १४ । १५ । १६ । १७ । १८ । १९ । २० । २१ चतस्रोविद्याः धर्मार्थकाममोक्षविद्याःसर्ववर्णसाधारणाः चातुर्होत्रंत्रैवर्णिकानांविशेषधर्मायज्ञादिः २२ । २३ । २४ । २५। २६

येनाभिजित्यतरसासमस्तंराजमंडलम् ॥ ऊढास्तिस्रस्तुताःकन्यास्तमस्मिमनसागतः १३ त्रयोविंशतिरात्रंयोयोधयामासभार्गवम् ॥ नचरामेणनिस्तीर्ण स्तमस्मिमनसागतः १४ एकीकृत्येन्द्रियग्रामंमनःसंयम्यमेधया ॥ शरणंमामुपागच्छत्ततोमेतद्गतंमनः १५ यंगंगागर्भविधिनाधारयामासपार्थिव ॥ वसिष्ठशि क्षितंताततमस्मिमनसागतः १६ दिव्यास्त्राणिमहातेजायोधारयतिबुद्धिमान् ॥ सांगांश्चचतुरोवेदांस्तमस्मिमनसागतः १७ रामस्यदयितंशिष्यंजामदग्न्य स्यपांडव ॥ आधारंसर्वविद्यानांतमस्मिमनसागतः १८ सहिभूतंभविष्यच्चभवच्चभरतर्षभ ॥ वेत्तिधर्मविदांश्रेष्ठंतमस्मिमनसागतः १९ तस्मिन्हिपुरुषव्या घ्रेकर्मभिःस्वैर्दिवंगते ॥ भविष्यतिमहीपार्थनष्टचंद्रेवशर्वरी २० तद्युधिष्ठिरगांगेयंभीष्मंभीमपराक्रमम् ॥ अभिगम्योपसंगृह्यपृच्छयत्तेमनोगतम् २१ चातु र्विद्यंचातुर्होत्रंचातुराश्रम्यमेवच ॥ राजधर्मांश्चनिखिलान्पृच्छैनंपृथिवीपते २२ तस्मिन्नस्तमितेभीष्मेकौरवाणांधुरंधरे ॥ ज्ञानान्यस्तंगमिष्यंतितस्मात्त्वां चोदयाम्यहम् २३ तच्छ्रुत्वावासुदेवस्यतथ्यंवचनमुत्तमम् ॥ साश्रुकंठःसधर्मज्ञोजनार्दनमुवाचह २४ यद्भवानाहभीष्मस्यप्रभावंप्रतिमाधव ॥ तथातन्नात्रसंदे होविद्यतेमममाधव २५ महाभाग्यंचभीष्मस्यप्रभावश्चमहाद्युते ॥ श्रुतंमयाकथयतांब्राह्मणानांमहात्मनाम् २६ भवांश्चकर्तालोकानांयद्ब्रवीत्यरिसूदन ॥ तथा तदनभिध्येयंवाक्यंयादवनंदन २७ यदित्वनुग्रहवतीबुद्धिस्तेमयिमाधव ॥ त्वामग्रतःपुरस्कृत्यभीष्मंयास्यामहेवयम् २८ आवृत्तेभगवत्यर्केसहिलोकान्गमिष्य ति ॥ त्वद्दर्शनंमहाबाहोतस्मादर्हतिकौरवः २९ तवचाद्यस्यदेवस्यक्षरस्यैवाक्षरस्यच ॥ दर्शनंतस्यलाभःस्यात्त्वंहिब्रह्ममयोनिधिः ३० ॥ वैशंपायनउवाच ॥ श्रुत्वैवंधर्मराजस्यवचनंमधुसूदनः ॥ पार्श्वस्थंसात्यकिंप्राहरथोमेयुज्यतामिति ३१ सात्यकिस्त्वाशुनिष्क्रम्यकेशवस्यसमीपतः ॥ दारुकंप्राहकृष्णस्ययुज्य तांरथइत्युत ३२ ससात्यकेराशुवचोनिशम्यरथोत्तमंकांचनभूषितांगम् ॥ मसारगल्वर्कमयैर्विभंगैर्विभूषितंहेमनिबद्धचक्रम् ३३ दिवाकरांशुप्रभमाशुगामिनंवि चित्रनानामणिभूषितांतरम् ॥ नवोदितंसूर्यमिवप्रतापिनंविचित्रतार्क्ष्यध्वजिनंपताकिनम् ३४ सुग्रीवशैब्यप्रमुखैर्वराश्वैर्मनोजवैःकांचनभूषितांगैः ॥ संयुक्तमा वेदयदच्युतायकृतांजलिर्दारुकोराजसिंह ३५ ॥ इ० म० शां० रा० महापुरुषस्तवेषट्चत्वारिंशत्तमोऽध्यायः ॥ ४६ ॥ जनमेजयउवाच ॥ शरतल्पेशयानस्तुभर तानांपितामहः ॥ कथमुत्सृष्टवान्देहंकंचयोगमधारयत् १ ॥ वैशंपायनउवाच ॥ शृणुष्वावहितोराजन्शुचिर्भूत्वासमाहितः ॥ भीष्मस्यकुरुशार्दूलदेहोत्सर्गंमहात्मनः २

१३ अनभिध्येयमविचारणीयम् २७ । २८ । २९ । ३० । ३१ । ३२ सइति । मसारगल्वर्कमयैर्विभंगैः मसारोमरकतमणिः गलुश्चंद्रकांतः अर्कःसूर्यकांतः तन्मयैर्विभंगैर्विस्तरैः। विटंकैरितिपाठेप क्ष्युपवेशनस्थानैः ३३ । ३४ । ३५ ॥ इतिशांतिपर्वणि राजधर्मानुशासनपर्वणि नीलकंठीये भारतभावदीपे षट्चत्वारिंशत्तमोऽध्यायः ॥ ४६ ॥ ॥ ॥ ॥ शरतल्पेइति १ । २

३ । ४ । ५ । ६ । ७ । ८ । ९ । १० । ११ । १२ । १३ । १४ । १५ आरिराधयिषुः वस्तुतस्तत्त्वावधारणपूर्वकंध्यानमाराधनंतत्कर्तुमिच्छुः जिगदिषामिवक्तुमिच्छामि व्याससमासिन्या विस्तरसंक्षेपवत्या १६ तत्रसंक्षेपमाह शुचिमिति । शुचिस्वतःपरतोवादोषहीनं शुचिपदंतादृशमेवपदंमाप्तिमार्गोगोप्योयस्यतं । हंसंसर्वातिगं । तत्पदंतत्त्वमसीतिवाक्येतत्पदस्यार्थभूतमीश्वरं परमेष्ठिनंहिरण्यगर्भं आत्मानंदेहत्रयम् १७ । १८ । १९ । २० । २१ सदसत्कार्यकारणचताभ्यांसूत्रांतर्यामिभ्यांग्रथितं । विश्वमंगेऽधिष्ठानभूतेयस्यतस्मिन् । विश्वंकर्मयस्मात् ।

निवृत्तमात्रेत्वयनउत्तरेवैदिवाकरे ॥ समावेशयदात्मानमात्मन्येवसमाहितः ३ विकीर्णांशुरिवादित्योभीष्मःशरशतैश्चितः ॥ शुशुभेपरयालक्ष्म्यावृतोब्राह्मणसत्तमैः ४ व्यासेनवेदविदुषानारदेनसुरर्षिणा ॥ देवस्थानेनवात्स्येनतथाऽश्मकसुमंतुना ५ तथाजैमिनिनाचैवपैलेनचमहात्मना ॥ शांडिल्यदेवलाभ्यांचमैत्रेयेणचधीमता ६ असितेनवसिष्ठेनकौशिकेनमहात्मना ॥ हारीतलोमशाभ्यांचतथाऽऽत्रेयेणधीमता ७ बृहस्पतिश्चशुक्रश्चच्यवनश्चमहामुनिः ॥ सनत्कुमारःकपिलोवाल्मीकिस्तुंबुरुःकुरुः ८ मौद्गल्योभार्गवोरामस्तृणबिन्दुर्महामुनिः ॥ पिप्पलादोऽथवायुश्चसंवर्तःपुलहःकचः ९ काश्यपश्चपुलस्त्यश्चक्रतुर्दक्षःपराशरः ॥ मरीचिरंगिराःकाश्योगौतमोगालवोमुनिः १० धौम्योविभांडोमांडव्योधौम्रःकृष्णानुभौतिकः ॥ उलूकःपरमोविप्रोमार्कंडेयोमहामुनिः ११ भास्करिःपूरणःकृष्णःसूतःपरमधार्मिकः ॥ एतैश्चान्यैर्मुनिगणैर्महाभागैर्महात्मभिः १२ श्रद्धादमशमोपेतैर्वृतश्चंद्रइवग्रहैः ॥ भीष्मस्तुपुरुषव्याघ्रःकर्मणामनसागिरा १३ शरतल्पगतःकृष्णंप्रदध्यौप्रांजलिशुचिः ॥ स्वरेणहृष्टपुष्टेनतुष्टावमधुसूदनम् १४ योगेश्वरंपद्मनाभंविष्णुंजिष्णुंजगत्पतिम् ॥ कृतांजलिपुटोभूत्वावाग्विदांप्रवरःप्रभुः ॥ भीष्मःपरमधर्मात्मावासुदेवमथास्तुवत् १५ ॥ भीष्मउवाच ॥ आरिराधयिषुःकृष्णंवाचंजिगदिषामियाम् ॥ तयाव्याससमासिन्याप्रीयतांपुरुषोत्तमः १६ शुचिंशुचिपदंहंसंतत्पदंपरमेष्ठिनम् ॥ युक्त्वासर्वात्मनाऽऽत्मानंतंप्रपद्येप्रजापतिम् १७ अनाद्यंतंपरंब्रह्मनदेवानर्षयोविदुः ॥ एकोऽयंवेदभगवान्धातानारायणोहरिः १८ नारायणादृषिगणास्तथासिद्धमहोरगाः ॥ देवादेवर्षयश्चैवयंविदुःपरमव्ययम् १९ देवदानवगंधर्वायक्षराक्षसपन्नगाः ॥ यंनजानंतिकोह्येषकुतोवाभगवानिति २० यस्मिन्विश्वानिभूतानितिष्ठंतिचविशंतिच ॥ गुणभूतानिभूतेशेसूत्रेमणिगणाइव २१ यस्मिन्नित्येततेतंतौदृढेस्रगिवतिष्ठति ॥ सदसद्ग्रथितंविश्वंविश्वांगेविश्वकर्मणि २२ हरिंसहस्रशिरसंसहस्रचरणेक्षणम् ॥ सहस्रबाहुमुकुटंसहस्रवदनोज्ज्वलम् २३ प्राहुर्नारायणंदेवंयंविश्वस्यपरायणम् ॥ अणीयसामणीयांसंस्थविष्ठंचस्थवीयसाम् २४ गरीयसांगरिष्ठंचश्रेष्ठंचश्रेयसामपि २५ यंवाकेष्वनुवाकेषुनिषत्सूपनिषत्सुच ॥ गृणंतिसत्यकर्माणंसत्यंसत्येषुसामसु २६

कोह्येवान्यादितिश्रुतिः २२ । २३ । २४ । २५ । वाकेषुमंत्रेषुसामान्यतःकर्मप्रकाशकेषु अनुवाकेषुमंत्रार्थविवरणभूतेषुब्राह्मणवाक्येषु । निषत्सुकर्मांगाद्यवबद्धदेवतादिज्ञानवाक्येषु । उपनिषत्सुकेवलात्मज्ञापकवाक्येषु । गृणंतिध्यायंति सत्यमबाधितं सत्येष्वबाधितार्थेषु सामसुज्येष्ठसामादिषु २६ ॥ ॥ ॥ ॥

चतुर्भिर्नामभिर्वासुदेवसंकर्षणप्रद्युम्नानिरुद्धरूपैः क्रमाच्चतुरात्मानंब्रह्मजीवमनोहंकाररूपं । सत्वस्थंबुद्धावभिव्यक्तं सात्वतांभक्तानांपतिम् २७ नित्यंतपःस्वधर्मस्तद्यस्मिन् यत्प्रीत्यर्थंतप्तंसत्यच
स्मादंगेषुचित्तेष्वनुतिष्ठतिउपतिष्ठति । यश्चसर्वात्मातंप्रपद्येइतिसर्वेषांयच्छब्दसंबद्धानांप्रथमेनान्वयः । ईश्वरार्थमनुष्ठितोधर्मःस्वचित्तशुद्धिद्वारास्वार्थएवभवतीत्याश्चर्यमितिभावः २८ भौमंब्रह्म
वेदाब्राह्मणायज्ञाश्च २९ अनन्यस्त्यक्तभेदः आत्मानंप्रत्यंचमेव आत्मानंसर्वेश्वरमात्मनिहार्दाकाशेदृष्ट्यासूक्ष्मबुद्ध्या दृष्ट्वेतिपाठेयोगेन पश्यति आनंत्यायमोक्षाय ३० । ३१ पुराणेअती

चतुर्भिश्चतुरात्मानंसत्वस्थंसात्वतांपतिम् ॥ यंदिव्यैर्देवमर्चंतिगुह्यैःपरमनामभिः २७ यस्मिन्नित्यंतपस्तप्तंयदंगेष्वनुतिष्ठति ॥ सर्वात्मासर्ववित्सर्वःसर्वज्ञःसर्व
भावनः २८ यंदेवंदेवकीदेवीवसुदेवादजीजनत् ॥ भौमस्यब्रह्मणोगुप्त्यैदीप्तमग्निमिवारणिः २९ यमनन्योव्यपेताशीरात्मानंवीतकल्मषम् ॥ दृष्ट्वाऽऽनंत्यायगो
विंदंपश्यत्यात्मानमात्मनि ३० अतिवाय्विन्द्रकर्माणमतिसूर्यातितेजसम् ॥ अतिबुद्धींद्रियात्मानंतंप्रपद्येप्रजापतिम् ३१ पुराणेपुरुषंप्रोक्तंब्रह्मप्रोक्तंयुगादिषु ॥
क्षयेसंकर्षणंप्रोक्तंतमुपास्यमुपास्महे ३२ यमेकंबहुधाऽऽत्मानंप्रादुर्भूतमधोक्षजम् ॥ नान्यभक्ताःक्रियावंतोयजन्तेसर्वकामदम् ३३ यमाहुर्जगतःकोशंयस्मिन्स
न्निहिताःप्रजाः ॥ यस्मिँल्लोकाःस्फुरंतीमेजलेशकुनयोयथा ३४ ऋतमेकाक्षरंब्रह्मयत्तत्सदसतोःपरम् ॥ अनादिमध्यपर्यंतंनदेवानर्षयोविदुः ॥ यंसुरासुरगंधर्वाः
सिद्धाऋषिमहोरगाः ३५ प्रयतानित्यमर्चंतिपरमंदुःखभेषजम् ॥ अनादिनिधनंदेवमात्मयोनिंसनातनम् ३६ अप्रेक्ष्यमनभिज्ञेयंहरिंनारायणंप्रभुम् ॥ यंवैवि
श्वस्यकर्तारंजगतस्तस्थुषांपतिम् ॥ वदंतिजगतोऽध्यक्षमक्षरंपरमंपदम् ३७ हिरण्यवर्णंयंगर्भमदितेर्दैत्यनाशनम् ॥ एकंद्वादशधाजज्ञेतस्मैसूर्यात्मनेनमः ३८
शुक्लेदेवान्पितृन्कृष्णेतर्पयत्यमृतेनयः ॥ यश्चराजाद्विजातीनांतस्मैसोमात्मनेनमः ३९ महतस्तमसःपारेपुरुषंह्यतितेजसम् ॥ यंज्ञात्वामृत्युमत्येतितस्मैज्ञेया
त्मनेनमः ४० यंबृहंतंबृहत्युक्थेयमग्नौयंमहाध्वरे ॥ यंविप्रसंघागायंतितस्मैवेदात्मनेनमः ४१ ऋग्यजुःसामधामानंदशार्धहविरात्मकम् ॥ यंसप्ततन्तुंतन्वन्तित
स्मैयज्ञात्मनेनमः ४२ चतुर्भिश्चचतुर्भिश्चद्वाभ्यांपंचभिरेवच ॥ हूयतेचपुनर्द्वाभ्यांतस्मैहोमात्मनेनमः ४३ ॥ ॥

तकल्पादिविषये पुरुषंपूर्णंसर्वमस्मिन्नतीतमस्त्येवेतियोगात्पुरुषइतिनाम युगादिषुयुगारंभेषु बृंहकत्वात्स्रष्टृत्वेनेनंब्रह्मेत्याहुः क्षयेसर्वस्यसम्यक्कर्षणादयंसंकर्षणइत्युक्तः ३२ बहुधाइंद्रादिदेवतारूपे
णनान्यभक्ताअनन्यभक्ताः ३३ शकुनयोहंसकारंडवाद्याः ३४ । ३५ । ३६ । ३७ जज्ञेजनयामास ३८ । ३९ अतितेजसंस्त्रयंज्योतिषं ज्ञेयात्मनेनतदुपास्यात्मने ४० उक्थेबह्वृचाः अग्नौचयनंऽ
ध्वर्यवः ४१ ऋग्यजुःसामान्येवधामानियस्यतं । दशार्धानिपंचधानाःकरंभःपरिवापःपुरोडाशःपयश्चेतिपंचहवींषितदात्मकं । सप्ततंतवइवयोजनीयागायज्ञादयोयस्मिन्तंसप्ततंतुं ४२ चतु
र्भिरिति ।आश्रावयेतिचतुरक्षरं अस्तुश्रौषडितिचतुरक्षरं यजेतिद्व्यक्षरं येयजामहेइतिपंचाक्षरं द्व्यक्षरोवषट्कारइतिसप्तदशभिरक्षरैर्योहूयतेतस्मैहोमात्मनेनमः ४३ ॥ ॥

सुपर्णोवेदपुरुषःयजुरितियस्यनाम छंदांसिगायत्र्यादीनियस्यगात्राणिहस्तादीनि त्रिवृदत्रिभिर्ऋग्यजुःसामभिर्वर्ततइतियोगाद्यज्ञः सएवशिरोयस्य यस्यरथंतरंबृहच्चवैकल्पिकंसामप्रीतिवाक्यं ४४ सहस्रसमेसहस्रसंवत्सरेसत्रेजज्ञेआविर्बभूव ४५ पादाश्चरणाःपदसमूहावाक्यानिवाअंगानिहस्तादीनियस्यतंपादांगं । संधयःशाब्दिकप्रसिद्धाः। पर्वाण्यंगुल्यादिनिकांडानि । स्वरा अचः । व्यंजनानिहलः ४६ । ४७ । ४८ सेतुंतरणोपायंयोगधर्मं । ऋतेनवेदोक्तेनोपायेनअमृतयोनिनामोक्षहेतुना धर्मार्थएवनत्वर्थकामार्थोव्यवहारोवागादिपरिस्पंदस्तदर्थान्यंगानितैः जितैरिंद्रियैरित्यर्थः ४९ धर्मैःपाशुपतपंचरात्रादितंत्रोक्तैः ५० अनंगात्मानिकाममयान्यंगानियस्यसोऽनंगात्मांगःसच।सौदेहीचतस्यानंगात्मांगदेहिनः ५१ व्यक्तस्थंदेहांतस्थं क्षेत्रेबुद्धौ ५२ आत्मानंचेतनं ।

यःसुपर्णोयजुर्नामछंदोगात्रस्त्रिवृच्छिराः ॥ रथंतरंबृहत्सामतस्मैस्तोत्रात्मनेनमः ४४ यःसहस्रसमेसत्रेजज्ञेविश्वसृजामृषिः ॥ हिरण्यपक्षःशकुनिस्तस्मैहंसात्मनेनमः ४५ पादांगंसंधिपर्वाणंस्वरव्यंजनभूषणम् ॥ यमाहुरक्षरंदिव्यंतस्मैवागात्मनेनमः ४६ यज्ञांगोयोवराहोवैभूत्वागामुज्जहारह ॥ लोकत्रयहितार्थायतस्मैवीर्यात्मनेनमः ४७ यःशेतेयोगमास्थायपर्यंकेनागभूषिते ॥ फणासहस्ररचितेतस्मैनिद्रात्मनेनमः ४८ यस्तनोतिसतांसेतुमृतेनामृतयोनिना ॥ धर्मार्थव्यवहारांगैस्तस्मैसत्यात्मनेनमः ४९ यंपृथग्धर्मचरणाःपृथग्धर्मफलैषिणः ॥ पृथग्धर्मैःसमर्चंतितस्मैधर्मात्मनेनमः ५० यतःसर्वेप्रसूयंतेह्यनंगात्मांगदेहिनः ॥ उन्मादःसर्वभूतानांतस्मैकामात्मनेनमः ५१ यंचव्यक्तस्थमव्यक्तंविचिन्वंतिमहर्षयः ॥ क्षेत्रेक्षेत्रज्ञमासीनंतस्मैक्षेत्रात्मनेनमः ५२ यंत्रिधात्मानमात्मस्थंवृतंषोडशभिर्गुणैः ॥ प्राहुःसप्तदशंसांख्यास्तस्मैसांख्यात्मनेनमः ५३ यंविनिद्राजितश्वासाःसत्वस्थाःसंयतेन्द्रियाः ॥ ज्योतिःपश्यंतियुंजानास्तस्मैयोगात्मनेनमः ५४ अपुण्यपुण्योपरमेयंपुनर्भवनिर्भयाः ॥ शांताःसंन्यासिनोयांतितस्मैमोक्षात्मनेनमः ५५ योऽसौयुगसहस्रांतेप्रदीप्तार्चिर्विभावसुः ॥ संभक्षयतिभूतानितस्मैघोरात्मनेनमः ५६ संभक्ष्यसर्वभूतानिकृत्वाचैकार्णवंजगत् ॥ बालःस्वपितियश्चैकस्तस्मैमायात्मनेनमः ५७ तद्यस्यनाभ्यांसंभूतंयस्मिन्विश्वंप्रतिष्ठितम् ॥ पुष्करेपुष्कराक्षस्यतस्मैपद्मात्मनेनमः ५८ सहस्रशिरसेचैवपुरुषायामितात्मने ॥ चतुःसमुद्रपर्यायंयोगनिद्रात्मनेनमः ५९ यस्यकेशेषुजीमूतानद्यःसर्वांगसंधिषु ॥ कुक्षौसमुद्राश्चत्वारस्तस्मैतोयात्मनेनमः ६० यस्मात्सर्वाःप्रसूयंतेसर्गप्रलयविक्रियाः ॥ यस्मिंश्चैवप्रलीयन्तेतस्मैहेत्वात्मनेनमः ६१ योनिषण्णोभवेद्रात्रौदिवाभवतिविष्ठितः ॥ इष्टानिष्टस्यचद्रष्टातस्मैद्रष्ट्रात्मनेनमः ६२ अकुंठंसर्वकार्येषुधर्मकार्यार्थमुद्यतम् ॥ वैकुंठस्यचतद्रूपंतस्मैकार्यात्मनेनमः ६३ त्रिःसप्तकृत्वोयःक्षत्रंधर्मव्युत्क्रांतगौरवम् ॥ क्रुद्धोनिजघ्नेसमरेतस्मैक्रौर्यात्मनेनमः ६४ ॥ ॥ ॥

आत्मस्थंनित्यंस्वरूपस्थितमपि षोडशभिर्गुणैर्गुणकार्यैरेकादशभिरिंद्रियैः पंचभिर्भूतैश्च त्रिधाजाग्रत्स्वप्नसुषुप्तिषूदारतनुप्रसुप्तरूपैर्वृतं ५३ ।५४ । ५५।५६ । ५७ तत्पुष्करंयस्यनाभ्यांसंभूतं यस्मिन्पुष्करेविश्वंप्रतिष्ठितं ५८ चतुर्णांप्रसुप्ततनुविच्छिन्नोदाराणांसमुद्राणांकामानांपर्यायःसर्वात्मनानिर्गमनंयस्याःसायोगनिद्रातदात्मने कामंसमुद्रमाविशेतिमंत्रवर्णात्समुद्रःकामः ५९ ।६० । ६१ रात्रौसुषुप्तौनिषण्णएवनतुसुप्तःसाक्षीत्यर्थः दिवाजाग्रत्स्वप्नयोर्विष्ठितः कर्तृरूपेणतद्विपरीतेनस्थितः वस्तुतस्तुद्रष्टा नतुकर्ता ६२ अकुंठमनिरुद्धम् ६३ । ६४ ॥ ॥

पंचधाप्राणादिरूपेण ६५ युगेषुकृतादिषुआवर्ततेमत्स्यादिरूपेण किंकर्मवशोऽयंनेत्याह योगैरिति योगमायाबलेननटवदित्यर्थः ६६ । ६७ । ६८ पराद्धिरण्यगर्भात् परोमायावी परतरस्तुशुद्धः
६९ विषयेश्रोत्रादिगोचरेवर्तमानानां अनादरेषष्ठी ताननादृत्यवैशेषिकैर्गुणैर्विशेषजैरागद्वेषैर्यंविषयगोप्तारंप्राहुः यत्ररागस्तमेवार्थंवासनारूपेणमनसिरक्षन्संसरतिनतुसर्वमित्यर्थः ७० । ७१
अंतर्भूतोऽन्तःप्रविष्टः ७२ दृप्तात्मनेनृसिंहाय ७३ । ७४ । ७५ । ७६ आत्मेति । शब्दादिविषयकोयोबोधः सविषयमनंतर्भाव्यआत्मस्वरूपभूतमेवज्ञानं यथोक्तं । 'परागर्थप्रमेयेषुयाफलत्वेनसंमता ॥

सर्गप्रलययोःकर्तातस्मैकाला
विभज्यपंचधाऽऽत्मानंवायुर्भूत्वाशरीरगः ॥ यश्चेष्टयतिभूतानितस्मैवाय्वात्मनेनमः ६५ युगेष्वावर्ततेयोगैर्मासर्त्वयनहायनैः ॥ सर्गप्रलययोःकर्तातस्मैकाला
त्मनेनमः ६६ ब्रह्मवक्त्रंभुजौक्षत्रंकृत्स्नमूरूदरंविशः ॥ पादौयस्याश्रिताःशूद्रास्तस्मैवर्णात्मनेनमः ६७ यस्याग्निरास्यंद्यौर्मूर्धाखंनाभिश्चरणौक्षितिः ॥ सूर्यश्च
क्षुर्दिशःश्रोत्रेतस्मैलोकात्मनेनमः ६८ परःकालात्परोयज्ञात्परात्परतरश्चयः ॥ अनादिरादिर्विश्वस्यतस्मैविश्वात्मनेनमः ६९ विषयेवर्तमानानांयंतंवैशेषिकै
र्गुणैः ॥ प्राहुर्विषयगोप्तारंतस्मैगोप्त्रात्मनेनमः ७० अन्नपानेंधनमयोरसप्राणविवर्धनः ॥ योधारयतिभूतानितस्मैप्राणात्मनेनमः ७१ प्राणानांधारणार्थाययो
न्नंभुङ्क्चतुर्विधम् ॥ अंतर्भूतःपचत्यग्निस्तस्मैपाकात्मनेनमः ७२ पिंगेक्षणसटंयस्यरूपंदंष्ट्रानखायुधम् ॥ दानवेंद्रांतकरणंतस्मैदृप्तात्मनेनमः ७३ यंनदेवान
गंधर्वानदैत्यानचदानवाः ॥ तत्त्वतोहिविजानंतितस्मैसूक्ष्मात्मनेनमः ७४ रसातलगतःश्रीमाननंतोभगवान्विभुः ॥ जगद्धारयतेकृत्स्नंतस्मैवीर्यात्मनेनमः ७५
योमोहयतिभूतानिस्नेहपाशानुबंधनैः ॥ सर्गस्यरक्षणार्थायतस्मैमोहात्मनेनमः ७६ आत्मज्ञानमिदंज्ञानंज्ञात्वापंचस्ववस्थितम् ॥ यंज्ञानेनाभिगच्छंतितस्मै
ज्ञानात्मनेनमः ७७ अप्रमेयशरीरायसर्वतोबुद्धिचक्षुषे ॥ अनंतपरिमेयायतस्मैदिव्यात्मनेनमः ७८ जटिनेदंडिनेनित्यंलंबोदरशरीरिणे ॥ कमंडलुनिषंगाय
तस्मैब्रह्मात्मनेनमः ७९ शूलिनेत्रिदशेशायत्र्यंबकायमहात्मने ॥ भस्मदिग्धोर्ध्वलिंगायतस्मैरुद्रात्मनेनमः ८० चंद्रार्धकृतशीर्षायव्यालयज्ञोपवीतिने ॥ पि
नाकशूलहस्तायतस्मैउग्रात्मनेनमः ८१ सर्वभूतात्मभूतायभूतादिनिधनायच ॥ अक्रोधद्रोहमोहायतस्मैशांतात्मनेनमः ८२ यस्मिन्सर्वंयतःसर्वंयःसर्वंसर्वत
श्चयः ॥ यश्चसर्वमयोनित्यंतस्मैसर्वात्मनेनमः ॥ ८३ विश्वकर्मन्नमस्तेऽस्तुविश्वात्मन्विश्वसंभव ॥ अपवर्गस्थभूतानांपंचानांपरतःस्थित ८४ नमस्तेत्रिषुलो
केषुनमस्तेपरतस्त्रिषु ॥ नमस्तेदिक्षुसर्वासुत्वंहिसर्वमयोनिधिः ८५ नमस्तेभगवन्विष्णोलोकानांप्रभवाप्यय ॥ त्वंहिकर्ताहृषीकेशसंहर्ताचापराजितः ८६ न
हिपश्यामितेभावंदिव्यंहित्रिषुवर्त्मसु ॥ त्वांतुपश्यामितत्त्वेनयत्तेरूपंसनातनम् ८७ ॥ ॥ ॥ ॥

संवित्सैवेहमेयोऽर्थोवेदांतोक्तिप्रमाणतः'इति ईदृशमेवयंज्ञानेनज्ञानसाधनवाक्येन ७७ अप्रमेयमगोचरंशरीरंस्वरूपंयस्य अनंतमपारंपरिमेयंत्रिषयजातंयत्रतस्मै ७८ कमंडलुनिषंगायतज्जलैरेवबाण
भूतैरसुरान्नाशयतेइत्यर्थः ७९ । ८० । ८१ भूतादेरहंकारस्यनिधनंमरणंतस्मै ८२ । ८३ अपवर्गस्थनित्यमुक्त यतोभूतानांभूतेभ्यःपरतःस्थित ८४ त्रिषुलोकेषुतेभ्यःपरतश्चविद्यमानायतेत्रिषु
कालेषुनमः ८५ । ८६ वर्त्मसुवर्तमानादिषु ८७ ॥ ॥ ॥ ॥

दिवंद्यौः ८८ सप्तउपरितनानिच्छिद्राणिप्रवहादयोवा सर्वंस्वयैवव्याप्तमित्यर्थः ८९ । ९० । ९१ । ९२ । ९३ । ९४ । ९५ । ९६ । ९७ । ९८ । ९९ । १०० भीष्मायज्ञानंदत्वापुनःस्वदेहंम

दिवंतेशिरसाव्याप्तंपद्भ्यांदेवीवसुन्धरा ॥ विक्रमेणत्रयोलोकाःपुरुषोऽसिसनातनः ८८ दिशोभुजारविश्चक्षुर्वीर्येशुक्रःप्रतिष्ठितः ॥ सप्तमार्गानिरुद्धास्तेवायोरमिततेजसः ८९ अतसीपुष्पसंकाशंपीतवाससमच्युतम् ॥ येनमस्यंतिगोविंदंनतेषांविद्यतेभयम् ९० एकोऽपिकृष्णस्यकृतःप्रणामोदशाश्वमेधावभृथेनतुल्यः ॥ दशाश्वमेधीपुनरेतिजन्मकृष्णप्रणामीनपुनर्भवाय ९१ कृष्णव्रताःकृष्णमनुस्मरंतोरात्रौचकृष्णंपुनरुत्थिताये ॥ तेकृष्णदेहाःप्रविशंतिकृष्णमाज्यंयथामंत्रहुतंहुताशे ९२ नमोनरकसंत्रासरक्षामंडलकारिणे ॥ संसारनिम्नगावर्ततरिकाष्ठायविष्णवे ९३ नमोब्रह्मण्यदेवायगोब्राह्मणहितायच ॥ जगद्धितायकृष्णायगोविंदायनमोनमः ९४ प्राणकांतारपाथेयंसंसारोच्छेदभेषजम् ॥ दुःखशोकपरित्राणंहरिरित्यक्षरद्वयम् ९५ यथाविष्णुमयंसत्यंतथाविष्णुमयंजगत् ॥ यथाविष्णुमयंसर्वंपाप्मामेनश्यतांतथा ९६ त्वांप्रपन्नायभक्तायगतिमिष्टांजिगीषवे ॥ यच्छ्रेयःपुंडरीकाक्षतद्ध्यायस्वसुरोत्तम ९७ इतिविद्यातपोयोनिरयोनिर्विष्णुरीडितः ॥ वाग्यज्ञेनार्चितोदेवःप्रीयतांमेजनार्दनः ९८ नारायणःपरंब्रह्मनारायणपरंतपः ॥ नारायणःपरोदेवःसर्वंनारायणःसदा ९९ ॥ वैशंपायनउवाच ॥ एतावदुक्त्वावचनंभीष्मस्तद्गतमानसः ॥ नमइत्येवकृष्णायप्रणाममकरोत्तदा १०० अभिगम्यतुयोगेनभक्तिंभीष्मस्यमाधवः ॥ त्रैलोक्यदर्शनंज्ञानंदिव्यंदत्वाययौहरिः १ तस्मिन्नुपरतेशब्देततस्तेब्रह्मवादिनः ॥ भीष्मंवाग्भिर्बाष्पकंठास्तमानर्चुर्महामतिम् २ तेस्तुवंतश्चविप्राग्र्याःकेशवंपुरुषोत्तमम् ॥ भीष्मंचशनकैःसर्वेप्रशशंसुःपुनःपुनः ३ विदित्वाभक्तियोगंतुभीष्मस्यपुरुषोत्तमः ॥ सहसोत्थायसंहृष्टोयानमेवान्वपद्यत ४ केशवःसात्यकिश्चापिरथेनैकेनजग्मतुः ॥ अपरेणमहात्मानौयुधिष्ठिरधनंजयौ ५ भीमसेनोयमौचोभौरथमेकंसमाश्रिताः ॥ कृपोयुयुत्सुःसूतश्चसंजयश्चपरंतपः ६ तेरथैर्नगराकारैःप्रयाताःपुरुषर्षभाः ॥ नेमिघोषेणमहताकंपयंतोवसुंधराम् ७ ततोगिरःपुरुषवरस्तवान्वितादिवजेरिताःपथिसुमनाःसशुश्रुवे ॥ कृतांजलिंप्रणतमथापरंजनंसकेशिहामुदितमनाऽभ्यनंदत १०८ ॥ इतिश्रीम० शांतिपर्वणिराज० भीष्मस्तवराजेसप्तचत्वारिंशत्तमोध्यायः ॥ ४७ ॥ ॥ वैशंपायनउवाच ॥ ततःसचहृषीकेशःसचराजायुधिष्ठिरः ॥ कृपादयश्चतेसर्वेचत्वारःपांडवाश्चते १ रथैस्तैर्नगरप्रख्यैःपताकाध्वजशोभितैः ॥ ययुराशुकुरुक्षेत्रंवाजिभिःशीघ्रगामिभिः २ तेऽवतीर्यकुरुक्षेत्रंकेशमज्जास्थिसंकुलम् ॥ देहन्यासःकृतोयत्रक्षत्रियैस्तैर्महात्मभिः ३ गजाश्वदेहास्थिचयैःपर्वतैरिवसंचितम् ॥ नरशीर्षकपालैश्चशंखैरिवचसर्वशः ४ चितासहस्रप्रचितंवर्मशस्त्रसमाकुलम् ॥ आपानभूमिंकालस्यतथाभुक्तोज्झितामिव ५ ॥ ॥ ॥ ॥

तिशयनस्थानेययावागतवान् तदायुधिष्ठिरेणचप्रबोधितःसन्नुत्थितइत्यर्थः १ । २ । ३ विदित्वायोगबलेनज्ञात्वा ४ । ५ । ६ । ७ अभ्यनंदतेतिसंधिरार्षः १०८ ॥ इतिशां० रा० नी० भा० भा० सप्तचत्वारिंशत्तमोऽध्यायः ॥ ४७ ॥ ॥ ॥ ॥ ततःसचेति १ । २ । ३ । ४ । ५ ॥ ॥ ॥ ॥ ॥

६ । ७ संतर्पयामासरामइत्यर्थात् एतेनशत्रुकुलवधजाग्लानिस्तेमाभूदितिदर्शितम् ८ । ९ । १० । ११ । १२ । १३ । १४ आगमोवेदः त्वत्तस्त्वद्वचनाच्चोपरःनाधिकः १५ । १६ ॥ इतिशां

भूतसंघानुचरितंरक्षोगणनिषेवितम् ॥ पश्यंतस्तेकुरुक्षेत्रंययुराशुमहारथाः ६ गच्छन्नेवमहाबाहुःसवैयादवनंदनः ॥ युधिष्ठिरायप्रोवाचजामदग्न्यस्यविक्रमम् ७ अमीरामन्हदाःपंचदृश्यन्तेपार्थदूरतः ॥ तेषुसंतर्पयामासपितॄन्क्षत्रियशोणितैः ८ त्रिःसप्तकृत्वोवसुधांकृत्वानिःक्षत्रियांप्रभुः ॥ इहेदानींततोरामःकर्मणोविररामह ९ ॥ युधिष्ठिरउवाच ॥ त्रिःसप्तकृत्वःपृथिवीकृतानिःक्षत्रियापुरा ॥ रामेणेतितथाऽऽत्थत्वमत्रमेसंशयोमहान् १० क्षत्रबीजंयथादग्धंरामेणयदुपुंगव ॥ कथंभूयःसमुत्पत्तिःक्षत्रस्यामितविक्रम ११ महात्मनाभगवतारामेणयदुपुंगव ॥ कथमुत्सादितंक्षत्रंकथंवृद्धिमुपागतम् १२ महतारथयुद्धेनकोटिशःक्षत्रियाहताः ॥ तथाभूच्चमहीकीर्णाक्षत्रियैर्वदतांवर १३ किमर्थंभार्गवेणेदंक्षत्रमुत्सादितंपुरा ॥ रामेणयदुशार्दूलकुरुक्षेत्रेमहात्मना १४ एतन्मेछिंधिवार्ष्णेयसंशयंतार्क्ष्यकेतन ॥ आगमोहिपरःकृष्णत्वत्तोनोवासवानुज १५ ॥ वैशंपायनउवाच ॥ ततोयथावत्सगदाग्रजःप्रभुःशशंसतस्मैनिखिलेनतत्त्वतः ॥ युधिष्ठिरायाप्रतिमौजसेतदायथाऽभवत्क्षत्रियसंकुलामही १६ ॥ इतिश्रीमहाभारतेशांतिपर्वणिराजधर्मा० रामोपाख्यानेअष्टचत्वारिंशत्तमोऽध्यायः ॥ ४८ ॥ ॥ वासुदेवउवाच ॥ शृणुकौन्तेयरामस्यप्रभावोयोमयाश्रुतः ॥ महर्षीणांकथयतांविक्रमंतस्यजन्मच १ यथाचजामदग्न्येनकोटिशःक्षत्रियाहताः ॥ उद्धृताराजवंशेषुयेभूयोभारतेहताः २ जन्होरजस्तुतनयोबलाकाश्वस्तुतत्सुतः ॥ कुशिकोनामधर्मज्ञस्तस्यपुत्रोमहीपते ३ अग्र्यंतपःसमातिष्ठत्सहस्राक्षसमोभुवि ॥ पुत्रंलभेयमजितंत्रिलोकेश्वरमित्युत ४ तमुग्रतपसंदृष्ट्वासहस्राक्षःपुरंदरः ॥ समर्थःपुत्रजननेस्वयमेवान्वपद्यत ५ पुत्रत्वमगमद्राजंस्तस्यलोकेश्वरेश्वरः ॥ गाधिर्नामाभवत्पुत्रःकौशिकःपाकशासनः ६ तस्यकन्याऽभवद्राजन्नाम्नासत्यवतीप्रभो ॥ तांगाधिर्भृगुपुत्रायसर्चीकायददौप्रभुः ७ तस्याःप्रीतःसशौचेनभार्गवःकुरुनंदनः ॥ पुत्रार्थंश्रपयामासचरुंगाधेस्तथैवच ८ आहूयोवाचतांभार्यांसर्चीकोभार्गवस्तदा ॥ उपयोज्यश्चरुरयंत्वयामात्राऽप्ययंतव ९ तस्याजनिष्यतेपुत्रोदीप्तिमान्क्षत्रियर्षभः ॥ अजय्यःक्षत्रियैर्लोकेक्षत्रियर्षभसूदनः १० तवापिपुत्रंकल्याणिधृतिमंतंशमात्मकम् ॥ तपोन्वितंद्विजश्रेष्ठंचरुरेषविधास्यति ११ इत्येवमुक्त्वातांभार्यांसर्चीकोभृगुनंदनः ॥ तपस्यभिरतःश्रीमान्जगामारण्यमेवहि १२ एतस्मिन्नेवकालेतुतीर्थयात्रापरोनृपः ॥ गाधिःसदारःसंप्राप्तःसर्चीकस्याश्रमंप्रति १३ चरुद्वयंगृहीत्वाचराजन्सत्यवतीतदा ॥ भर्तुर्वाक्यंतदाव्यग्रामात्रेहृष्टान्यवेदयत् १४ मातातुतस्याःकौन्तेयदुहित्रेस्वंचरुंददौ ॥ तस्याश्चरुमथाज्ञानादात्मसंस्थंचकारह १५ अथसत्यवतीगर्भंक्षत्रियांतकरंतदा ॥ धारयामासदीप्तेनवपुषाघोरदर्शनम् १६ ॥ ॥ ॥

१४ तिपर्वणि राजधर्मानुशासनपर्वणि नीलकंठीये भारतभावदीपे अष्टचत्वारिंशत्तमोऽध्यायः ॥ ४८ ॥ ॥ ॥ ॥ शृण्विति १ भारतेभारतसंग्रामे २ । ३ । ४ । ५ । ६ गाधेःपुत्रार्थं तस्याश्चपुत्रार्थंचरुंचरुद्वयम् ७ उपयोज्योभोज्योभोक्तव्यः ८ । ९ । १० । ११ । १२ । १३ व्यग्राहर्षेणैव १४ । १५ । १६ ॥ ॥ ॥

म.भा.टी. १७ व्यंसितावंचिता १८।१९।२०।२१।२२।२३।२४।२५।२६।२७।२८।२९।३०।३१।३२।३३।३४।३५।३६।३७ चित्रभानुनाअग्निना ३८ शां.रा.१२

॥ ४८ ॥ तामृचीकस्तदादृष्ट्वातस्यागर्भगतंद्विजम् ॥ अब्रवीद्भृगुशार्दूलःस्वांभार्यांदेवरूपिणीम् १७ मात्राऽसिव्यंसिताभद्रेचरुव्यत्यासहेतुना ॥ भविष्यतिहितेपुत्रःक्रूर कर्माऽत्यमर्षणः १८ उत्पत्स्यतिचतेभ्राताब्रह्मभूतस्तपोरतः ॥ विश्वंहिब्रह्मसुमहच्चरौतवसमाहितम् १९ क्षत्रवीर्यंचसकलंतवमात्रेसमर्पितम् ॥ विपर्ययेणतेभद्रेनै तदेवंभविष्यति २० मातुस्तेब्राह्मणोभूयात्तवचक्षत्रियःसुतः ॥ सैवमुक्तामहाभागाभर्त्रासत्यवतीतदा २१ पपातशिरसातस्मैवेपंतीचाब्रवीदिदम् ॥ नार्होऽ सिभगवन्नद्यवक्तुमेवंविधंवचः ॥ ब्राह्मणापसदंपुत्रंप्राप्स्यसीतिहिमांप्रभो २२ ॥ ऋचीकउवाच ॥ नैषसंकल्पितःकामोमयाभद्रेतथात्वयि ॥ उग्रकर्मासमु त्पन्नश्चरुव्यत्यासहेतुना २३ ॥ सत्यवत्युवाच ॥ इच्छन्लोकानपिमुनेसृजेथाःकिंपुनःसुतम् ॥ शमात्मकमृजुंपुत्रंदातुमर्हसिमेप्रभो २४ ॥ ऋचीकउवाच ॥ नोक्तपूर्वानृतंभद्रेस्वैरेष्वपिकदाचन ॥ किमुताग्निंसमाधायमंत्रवच्चरुसाधने २५ दृष्टमेतत्पुराभद्रेज्ञातंचतपसामया ॥ ब्रह्मभूतंहिसकलंपितुस्तवकुलंभवेत् २६ ॥ सत्यवत्युवाच ॥ काममेवंभवेत्पौत्रोममेहतवचप्रभो ॥ शमात्मकमहंपुत्रंलभेयंजयतांवर २७ ॥ ऋचीकउवाच ॥ पुत्रेनास्तिविशेषोमेपौत्रेचवरवर्णिनि ॥ य थात्वयोक्तंवचनंतथाभद्रेभविष्यति २८ ॥ वासुदेवउवाच ॥ ततःसत्यवतीपुत्रंजनयामासभार्गवम् ॥ तपस्यभिरतंशांतंजमदग्निंयतव्रतम् २९ विश्वामित्रं चदायादंगाधिःकुशिकनंदनः ॥ यःप्रापब्रह्मसमितंविश्वैर्ब्रह्मगुणैर्युतम् ३० ऋचीकोजनयामासजमदग्निंतपोनिधिम् ॥ सोऽपिपुत्रंह्यजनयज्जमदग्निःसुदारुणम् ३१ सर्वविद्यांगतंश्रेष्ठंधनुर्वेदस्यपारगम् ॥ रामंक्षत्रियहंतारंप्रदीप्तमिवपावकम् ३२ तोषयित्वामहादेवंपर्वतेगंधमादने ॥ अस्त्राणिवरयामासपरशुंचातितेज सम् ३३ सतेनाकुंठधारेणज्वलितानलवर्चसा ॥ कुठारेणाप्रमेयेणलोकेष्वप्रतिमोऽभवत् ३४ एतस्मिन्नेवकालेतुकृतवीर्यात्मजोबली ॥ अर्जुनोनामतेजस्वीक्षत्रियोहै हयाधिपः ३५ दत्तात्रेयप्रसादेनराजाबाहुसहस्रवान् ॥ चक्रवर्तीमहातेजाविप्राणामाश्वमेधिके ३६ ददौसपृथिवींसर्वांसप्तद्वीपांसपर्वताम् ॥ स्वबाह्वस्त्रबलेनाजौजि त्वापरमधर्मवित् ३७ तृषितेनचकौन्तेयभिक्षितश्चित्रभानुना ॥ सहस्रबाहुर्विक्रांतःप्रादाद्भिक्षामथाग्नये ३८ ग्रामान्पुराणिराष्ट्राणिघोषांश्चैवतुवीर्यवान् ॥ जज्वालतस्य बाणाग्राच्चित्रभानुर्दिधक्षया ३९ सतस्यपुरुषेन्द्रस्यप्रभावेणमहौजसः ॥ ददाहकार्त्तवीर्यस्यशैलानथवनस्पतीन् ४० सशून्यमाश्रमंरम्यमापवस्यमहात्मनः ॥ ददाह पवनेनेद्धश्चित्रभानुःसहैहयः ४१ आपवस्तुततोरोषाच्छशापार्जुनमच्युत ॥ दग्धेऽऽश्रमेमहाबाहोकार्तवीर्येणवीर्यवान् ४२ त्वयानवर्जितंयस्मान्ममेदंहिमहद्वनम् ॥ दग्धंतस्माद्रणेरामोबाहूंस्तेच्छेत्स्यतेऽर्जुन ४३ अर्जुनस्तुमहातेजाबलीनित्यंशमात्मकः ॥ ब्रह्मण्यश्चशरण्यश्चदाताशूरश्चभारत ४४ ॥ ॥ अ० ४८

बाणाग्रात्उद्भूतइतिशेषः ३९ । ४० आपवस्यवसिष्ठस्य ४१ दग्धेश्रमेआश्रमे ४२ । ४३ । ४४ ॥ ॥ ॥ ४० ॥

पितुर्वधेवधनिमित्तमासन् ४५ निमित्ताच्छापादेवहेतोः ४६ । ४७ । ४८ । ४९ । ५० । ५१ । ५२ । ५३ । ५४ । ५५ क्षेपंनिंदामशक्तोरामइति ५६ । ५७ । ५८

न॥चिंतयत्तदाशापंतेनदत्तंमहात्मना ॥ तस्यपुत्रास्तुबलिनःशापेनासन्पितुर्वधे ४५ निमित्तादवलिप्तावैनृशंसाश्चैवसर्वदा ॥ जमदग्निधेन्वास्तेवत्समानिन्युर्भ
रतर्षभ ४६ अज्ञातंकार्तवीर्येणहैहयेन्द्रेणधीमता ॥ तन्निमित्तमभूद्युद्धंजामदग्नेर्महात्मना ४७ ततोऽर्जुनस्यबाहूंस्तांश्छित्त्वारामोरुषान्वितः ॥ तंभ्रमन्तंततो
वत्संजामदग्न्यःस्वमाश्रमम् ४८ प्रत्यानयतराजेन्द्रतेषामंतःपुरात्प्रभुः ॥ अर्जुनस्यसुतास्तेतुसंभूयाबुद्धयस्तदा ४९ गत्वाऽऽश्रममसंबुद्धाजमदग्नेर्महात्मनः ॥
अपातयंतभल्लाग्रैःशिरःकायान्नराधिप ५० समित्कुशार्थेरामस्यनिर्यातस्ययशस्विनः ॥ ततःपितृवधामर्षाद्रामःपरममन्युमान् ५१ निःक्षत्रियांप्रतिश्रुत्यमहीं
शस्त्रमगृह्णत ॥ ततःसभृगुशार्दूलःकार्तवीर्यस्यवीर्यवान् ५२ विक्रम्यनिजघानाशुपुत्रान्पौत्रांश्चसर्वशः ॥ सहैहयसहस्राणिहत्वापरममन्युमान् ५३ चकारभार्गवोरा
जन्महींशोणितकर्दमाम् ॥ सतथाऽशुमहातेजाःकृत्वानिःक्षत्रियांमहीम् ५४ कृपयापरयाऽऽविष्टोवनमेवजगामह ॥ ततोवर्षसहस्रेषुसमतीतेषुकेषुचित् ५५ क्षे
पंसंप्राप्तवांस्तत्रप्रकृत्याकोपनःप्रभुः ॥ विश्वामित्रस्यपौत्रस्तुरैभ्यपुत्रोमहातपाः ५६ परावसुर्महाराजक्षिप्त्वाऽऽहजनसंसदि ॥ येतेययातिपतनेयज्ञेसंतःसमाग
ताः ५७ प्रतर्दनप्रभृतयोरामकिंक्षत्रियानते ५८ मिथ्याप्रतिज्ञोरामत्वंकत्थसेजनसंसदि ॥ भयात्क्षत्रियवीराणांपर्वतंसमुपाश्रितः ५९ सापुनःक्षत्रियशतैःपृथि
वीसर्वतस्तृता ॥ परावसोर्वचःश्रुत्वाशस्त्रंजग्राहभार्गवः ६० ततोयेक्षत्रियाराजन्शतशस्तेनवर्जिताः ॥ तेविवृद्धामहावीर्याःपृथिवीपतयोऽभवन् ६१ सपुन
स्तान्जघानाशुबालानपिनराधिप ॥ गर्भस्थैस्तुमहीव्याप्तापुनरेवाभवत्तदा ६२ जातंजातंसगर्भंतुपुनरेवजघानह ॥ अरक्षंश्चसुतान्कांश्चित्तदाक्षत्रिययोषितः
६३ त्रिःसप्तकृत्वःपृथिवींकृत्वानिःक्षत्रियांप्रभुः ॥ दक्षिणामश्वमेधांतेकश्यपायाददत्ततः ६४ सक्षत्रियाणांशेषार्थंकरेणोद्दिश्यकश्यपः ॥ स्रुक्प्रग्रहवताराजंस्ततो
वाक्यमथाब्रवीत् ६५ गच्छतीरंसमुद्रस्यदक्षिणस्यमहामुने ॥ नतेमद्विषयेरामवस्तव्यमिहकर्हिचित् ६६ ततःशूर्पारकंदेशंसागरस्तस्यनिर्ममे ॥ सहसाजामद
ग्न्यस्यसोपरांतमहीतलम् ६७ कश्यपस्तांमहाराजप्रतिगृह्यवसुंधराम् ॥ कृत्वाब्राह्मणसंस्थांवैप्रविष्टःसुमहद्वनम् ६८ ततःशूद्राश्चवैश्याश्चयथास्वैरप्रचारिणः ॥
अवर्तन्तद्विजाग्र्याणांदारेषुभरतर्षभ ६९ अराजकेजीवलोकेदुर्बलाबलवत्तरैः ॥ पीड्यन्तेनहिविप्रेषुप्रभुत्वंकस्यचित्तदा ७० ततःकालेनपृथिवीपीड्यमानादुरा
त्मभिः ॥ विपर्ययेणतेनाशुप्रविवेशरसातलम् ७१ अरक्ष्यमाणाविधिवत्क्षत्रियैर्धर्मरक्षिभिः ॥ तांदृष्ट्वाद्रवतींतत्रसंत्रासात्समहामनाः ७२ ॥

मिथ्याप्रतिज्ञःसर्वेषांक्षत्रियाणांवधाकरणात् ५९ स्तृताव्याप्ता शस्त्रंजग्राहतत्कार्यंक्षत्रियाणामंतंकृतवान् ६० वर्जिताःअहताः ६१ । ६२ । ६३ । ६४ स्रुक्प्रग्रहवताकरेणेतिकश्यपोऽध्वर्युः
सन्कर्मांतरएवमाध्यंदिनसवनेदक्षिणाकालेइदमब्रवीदितिसूच्यते ६५ । ६६ । ६७ । ६८ । ६९ । ७० । ७१ । ७२ ॥ ॥ ॥

म.भा.टी. ॥ ४९ ॥ शां.रा.१२ अ० ५०

७३ । ७४ । ७५ । ७६ । ७७ द्विजःक्षत्रियोऽपि ७८ । ७९ । ८० । ८१ । ८२ । ८३ घोतुल्यान्विचित्रप्रासादादीन्कुर्वंतितेघोकाराःशिल्पिनः ज्याकारेतिपाठांतरेस्पष्टोऽर्थः ८४ । ८५

ऊरुणाधारयामासकश्यपःपृथिवींततः ॥ धृतातेनोरुणायेनतेनोर्वीतिमहीस्मृता ७३ रक्षणार्थंसमुद्दिश्यययाचेपृथिवीतदा ॥ प्रसाद्यकश्यपंदेवीवरयामासभूमिपम् ७४ पृथिव्युवाच ॥ संतिब्रह्मन्मयागुप्ताःस्त्रीषुक्षत्रियपुंगवाः ॥ हैहयानांकुलेजातास्तेसंरक्षंतुमांमुने ७५ अस्तिपौरवदायादोविदूरथसुतःप्रभो ॥ ऋक्षैःसंवर्धितोविप्रऋक्षवत्यथपर्वते ७६ तथाऽनुकंपमानेनयज्वनाऽथामितौजसा ॥ पराशरेणदायादःसौदासस्याभिरक्षितः ७७ सर्वकर्माणिकुरुतेशूद्रवत्तस्यसद्द्विजः ॥ सर्वकर्मेत्यभिख्यातःसमांरक्षतुपार्थिवः ७८ शिबिपुत्रोमहातेजागोपतिर्नामनामतः ॥ वनेसंवर्धितोगोभिःसोऽभिरक्षतुमांमुने ७९ प्रतर्दनस्यपुत्रस्तुवत्सोनाममहाबलः ॥ वत्सैःसंवर्धितोगोष्ठेसमांरक्षतुपार्थिवः ८० दधिवाहनपौत्रस्तुपुत्रोदिविरथस्यच ॥ गुप्तःसगौतमेनाभीद्गंगाकूलेऽभिरक्षितः ८१ बृहद्रथोमहातेजाभूरिभूतिपरिष्कृतः ॥ गोलांगूलैर्महाभागोगृध्रकूटेऽभिरक्षितः ८२ मरुत्तस्यान्ववायेचरक्षिताःक्षत्रियात्मजाः ॥ मरुत्पतिसमावीर्येसमुद्रेणाभिरक्षिताः ८३ एतेक्षत्रियदायादास्तत्रतत्रपरिश्रुताः ॥ घोकारहेमकारादिजातिंनित्यंसमाश्रिताः ८४ यदिमामभिरक्षंतिततःस्थास्यामिनिश्चला ॥ एतेषांपितरश्चैवतथैवचपितामहाः ८५ मदर्थेनिहतायुद्धेरामेणाक्लिष्टकर्मणा ॥ तेषामपचितिश्चैवमयाकार्यामहामुने ८६ नह्यहंकामयेनित्यमतिक्रांतेनरक्षणम् ॥ वर्तमानेनवर्तेयंतत्क्षिप्रंसंविधीयताम् ८७ ॥ वासुदेवउवाच ॥ ततःपृथिव्यानिर्दिष्टांस्तान्समानीयकश्यपः ॥ अभ्यषिंचन्महीपालान्क्षत्रियान्वीर्यसंमतान् ८८ तेषांपुत्राश्चपौत्राश्चयेषांवंशाःप्रतिष्ठिताः ॥ एवमेतत्पुरावृत्तंयन्मांपृच्छसिपाण्डव ८९ ॥ वैशंपायनउवाच ॥ एवंब्रुवंस्तंचयदुप्रवीरोयुधिष्ठिरंधर्मभृतांवरिष्ठम् ॥ रथेनतेनाशुययौमहात्मादिशःप्रकाशन्भगवानिवार्कः ९० ॥ इतिश्रीमहाभारते शांतिपर्वणि राजधर्मानुशासनपर्वणि रामोपाख्याने एकोनपंचाशत्तमोऽध्यायः ॥ ४९ ॥

॥ वैशंपायन उवाच ॥ ततोरामस्यतत्कर्मश्रुत्वाराजायुधिष्ठिरः ॥ विस्मयंपरमंगत्वाप्रत्युवाचजनार्दनम् १ अहोरामस्यवार्ष्णेयशक्रस्येवमहात्मनः ॥ विक्रमोवसुधायेनक्रोधान्निःक्षत्रियाकृता २ गोभिःसमुद्रेणतथागोलांगूलर्क्षवानरैः ॥ गुप्तारामभयोद्विग्नाःक्षत्रियाणांकुलोद्वहाः ३ अहोधन्योनृलोकोऽयंसभाग्याश्चनराभुवि ॥ यत्रकर्मेदृशंधर्म्यंद्विजेनकृतमित्युत ४ तथावृत्तौकथांताततावच्युतयुधिष्ठिरौ ॥ जग्मतुर्यत्रगांगेयःशरतल्पगतःप्रभुः ५ ततस्तेददृशुर्भीष्मंशरप्रस्तरशायिनम् ॥ स्वरश्मिजालसंवीतंसायंसूर्यसमप्रभम् ६ उपास्यमानंमुनिभिर्देवैरिवशतक्रतुम् ॥ देशेपरमधर्मिष्ठेनदीमोघवतीमनु ७ दूरादेवतमालोक्यकृष्णोराजाचधर्मजः ॥ चत्वारःपांडवाश्चैवतेचशारद्वतादयः ८

अपचितिःआनृण्यार्थपूजा ८६ नित्यमतिक्रांतेनधर्मातिक्रमिणा ८७ । ८८।८९ प्रकाशन्प्रकाशयन् ९० ॥ इतिशांतिपर्वणिराजधर्मानुशासनपर्वणि नीलकंठीये भारतभावदीपे एकोनपंचाशत्तमोऽध्यायः ॥ ४९ ॥ ॥ ततइति १ । २ । ३ । ४ तथावृत्तौतादृग्गोष्ठीपरौ ५ । ६ । ७ । ८

॥ ४९ ॥

अवस्कंद्यावरुह्य वाहेभ्यः ९ । १० । ११ निशाम्यआलोच्य १२ । १३ । १४ छन्दमृत्युःइच्छामरणः एतच्छंदमृत्युतायाःकारणंपितृतोषणंममापिनकिमुतान्येषामित्यर्थः १५ । १६ कामंए
तन्नयुक्तमितिशेषः सर्वज्ञस्यापितवोपदेशोनयुक्तइत्यर्थः १७ प्रतिष्ठितंबुद्धावितिशेषः १८ । १९ पश्यामीवेतीवशब्दात्प्रतिज्ञातःपूर्वमूर्ध्वरेतस्त्वंनासीदितिभावः २० भीष्माहतेमृत्युभावार्थं

अवस्कंद्याथवाहेभ्यःसंयम्यप्रचलंमनः ॥ एकीकृत्येंद्रियग्राममुपतस्थुर्महामुनीन् ९ अभिवाद्यतुगोविंदःसात्यकिस्तेचपार्थिवाः ॥ व्यासादीनृषिमुख्यांश्चगांगे
यमुपतस्थिरे १० ततोनृद्धंतथादृष्ट्वागांगेयंयदुकौरवाः ॥ परिवार्यततःसर्वेनिषेदुःपुरुषर्षभाः ११ ततोनिशाम्यगांगेयंशाम्यमानमिवानलम् ॥ किंचिद्दीनमना
भीष्ममितिहोवाचकेशवः १२ कच्चिज्ज्ञानानिसर्वाणिप्रसन्नानियथापुरा ॥ कच्चिन्नव्याकुलाचैवबुद्धिस्तेवदतांवर १३ शराभिघातदुःखार्त्तकच्चिद्गात्रंनदूयते ॥
मानसादपिदुःखाद्धिशारीरंबलवत्तरम् १४ वरदानात्पितुःकामंछंदमृत्युरसिप्रभो ॥ शांतनोर्धर्मनित्यस्यनत्वेतन्ममकारणम् १५ सुसूक्ष्मोऽपितुदेहेवैशल्योज
नयतेरुजम् ॥ किंपुनःशरसंघातैश्चितस्यतवपार्थिव १६ कामंनैतत्तवाख्येयंप्राणिनांप्रभवाप्ययौ ॥ उपदेष्टुंभवान्शक्तोदेवानामपिभारत १७ यच्चभूतंभविष्यं
चभवच्चपुरुषर्षभ ॥ सर्वंतज्ज्ञानवृद्धस्यतवभीष्मप्रतिष्ठितम् १८ संहारश्चैवभूतानांधर्मस्यचफलोदयः ॥ विदितस्तेमहाप्राज्ञत्वंहिधर्ममयोनिधिः १९ त्वांहिरा
ज्येस्थितंस्फीतेसमग्रांगमरोगिणम् ॥ स्त्रीसहस्रैःपरिवृतंपश्यामीवोर्ध्वरेतसम् २० ऋतेशांतनवाद्भीष्मात्त्रिषुलोकेषुपार्थिव ॥ सत्यधर्मान्महावीर्याच्छूराद्धर्मैक
तत्परात् २१ मृत्युमावार्यतपसाशरसंस्तरशायिनः ॥ निसर्गप्रभवंकिंचिन्नचतातानुशुश्रुम २२ सत्येतपसिदानेचयज्ञाधिकरणेतथा ॥ धनुर्वेदेचवेदेचनीत्यांचै
वानुरक्षणे २३ अनृशंसंशुचिंदांतंसर्वभूतहितेरतम् ॥ महारथंत्वत्सदृशंनकंचिदनुशुश्रुम २४ त्वंहिदेवान्सगंधर्वान्ससुरान्यक्षराक्षसान् ॥ शक्तस्त्वेकरथेनैवविजे
तुंनात्रसंशयः २५ सत्वंभीष्ममहाबाहोवसूनांवासवोपमः ॥ नित्यंविप्रैःसमाख्यातोनवमोऽनवमोगुणैः २६ अहंचत्वाऽभिजानामियस्त्वंपुरुषसत्तम ॥ त्रि
दशेष्वपिविख्यातस्त्वंशक्त्यापुरुषोत्तमः २७ मनुष्येषुमनुष्येंद्रनदृष्टोनचमेश्रुतः ॥ भवतावागुणैर्युक्तःपृथिव्यांपुरुषःक्वचित् २८ त्वंहिसर्वगुणैराजन्देवानप्य
तिरिच्यसे ॥ तपसाहिभवान्शक्तःस्रष्टुंलोकांश्चराचरान् २९ किंपुनश्चात्मनोलोकानुत्तमानुत्तमैर्गुणैः ॥ तदस्यतप्यमानस्यज्ञातीनांसंक्षयेनवै ३० ज्येष्ठस्यपां
डुपुत्रस्यशोकंभीष्मव्यपानुद ॥ येहिधर्माःसमाख्याताश्चातुर्वर्ण्यस्यभारत ३१ चातुराश्रम्यसंयुक्ताःसर्वेतेविदितास्तव ॥ चातुर्विद्येचयेप्रोक्ताश्चातुर्होत्रेचभारत
३२ योगेसांख्येचनियतायेचधर्माःसनातनाः ॥ चातुर्वर्ण्यस्ययश्चोक्तोधर्मोनस्मविरुध्यते ३३ सेव्यमानःसवैयाख्योगांगेयविदितस्तव ॥ प्रतिलोमप्रसूतानां
वर्णानांचैवयःस्मृतः ३४ देशजातिकुलानांचजानीषेधर्मलक्षणम् ॥ वेदोक्तोयश्चशिष्टोक्तःसदैवविदितस्तव ३५ इतिहासपुराणार्थाःकार्त्स्न्येनविदितास्तव ॥
धर्मशास्त्रंचसकलंनित्यंमनसितेस्थितम् ३६ येचकेचनलोकेऽस्मिन्नर्थाःसंशयकारकाः ॥ तेषांछेत्तानास्तिलोकेत्वदन्यःपुरुषर्षभ ३७ ॥ ॥

स्थितंकिमपिनिसर्गप्रभवंजनिमत्सत्वंनशुश्रुमेतिद्वयोःसंबंधः २१ । २२ । २३ । २४ । २५ वसूनामष्टानामंशैर्यस्त्रिरोनवमोगुणैरनवमश्च २६।२७।२८।२९ । ३० । ३१ । ३२ । ३३। ३४ । ३५ । ३६ । ३७

३८ ॥ इति शांतिपर्वणि राजधर्मानुशासनपर्वणि नीलकंठीये भारतभावदीपे पंचाशत्तमोऽध्यायः ॥ ५० ॥ ॥ श्रुत्वेति १ नमस्तइत्यादयोऽष्टौ श्लोकाः स्तवराजेव्याख्याताः २ । ३ ४ । ५ । ६ । ७ । ८ । ९ । १० । ११ । १२ । १३ पंचाशतंषट्चेति तवजीवितसंबंधिनांदिनानांशेषंपंचषट्चपंचवारमात्रंतैताःषडितिरीत्यात्रिंशदितिज्ञेयं तावदेवआशतंशतावधि यद्दिनानांशतेनकर्तुंशक्यंतत्रिंशताऽपिकर्तुंशक्यमित्यर्थः । 'अष्टपंचाशतंरात्र्यःशयानस्याद्यमेगताः' इतिभीष्मोवक्ष्यति । तत्रत्रिंशदतःपरंशिष्टाअष्टाविंशतिरितःपूर्वंव्यतीताः । तथाहिभीष्मस्य

५१

सपांडवेयस्यमनःसमुत्थितंनरेंद्रशोकंव्यपकर्षमेधया ॥ भवद्विधाह्युत्तमबुद्धिविस्तराविमुह्यमानस्यनरस्यशांतये ॥ ३८ ॥ इतिश्रीमहाभारतेशांतिपर्वणि राजधर्मानुशासनपर्वणि कृष्णवाक्ये पंचाशत्तमोऽध्यायः ॥ ५० ॥ ॥ ॥ ॥ वैशंपायनउवाच ॥ श्रुत्वातुवचनंभीष्मोवासुदेवस्यधीमतः ॥ किंचिदुन्नाम्यवदनंप्रांजलिर्वाक्यमब्रवीत् १ ॥ भीष्मउवाच ॥ नमस्तेभगवन्कृष्णलोकानांप्रभवाप्यय ॥ त्वंहिकर्ताहृषीकेशसंहर्ताचापराजितः २ विश्वकर्मन्नमस्तेऽस्तुविश्वात्मन्विश्वसंभव ॥ अपवर्गस्थभूतानांपंचानांपरतःस्थित ३ नमस्तेत्रिषुलोकेषुनमस्तेपरतस्त्रिषु ॥ योगीश्वरनमस्तेऽस्तुत्वंहिसर्वपरायणः ४ मत्संश्रितंयदात्थत्वंवचःपुरुषसत्तम ॥ तेनपश्यामितेदिव्यान्भावान्हित्रिषुवर्त्मसु ५ तच्चपश्यामिगोविंदयत्तेरूपंसनातनम् ॥ सप्तमार्गानिरुद्धास्तेवायोरमिततेजसः ६ दिवंतेशिरसाव्याप्तंपद्भ्यांदेवीवसुंधरा ॥ दिशोभुजारविश्चक्षुर्वीर्येशुक्रःप्रतिष्ठितः ७ अतसीपुष्पसंकाशंपीतवाससमच्युतम् ॥ वपुर्ह्यनुमिमीमस्तेमेघस्येवसविद्युतः ८ त्वत्प्रपन्नायभक्तायगतिमिष्टांजिगीषवे ॥ यच्छ्रेयःपुंडरीकाक्षतद्ध्यायस्वसुरोत्तम ९ ॥ वासुदेवउवाच ॥ यतःखलुपराभक्तिर्मयितेपुरुषर्षभ ॥ ततोमयावपुर्दिव्यंत्वयिराजन्प्रदर्शितम् १० नह्यभक्तायराजेंद्रभक्तायानृजवेनच ॥ दर्शयाम्यहमात्मानंनचाशांतायभारत ११ भवांस्तुममभक्तश्चनित्यंचार्जवमास्थितः ॥ दमेतपसिसत्येचदानेचनिरतःशुचिः १२ अर्हस्त्वंभीष्ममांद्रष्टुंतपसास्वेनपार्थिव ॥ तवह्युपस्थितालोकायेभ्योनावर्ततेपुनः १३ पंचाशतंषट्चकुरुप्रवीरशेषंदिनानांतवजीवितस्य ॥ ततःशुभैःकर्मफलोदयैस्त्वंसमेष्यसेभीष्मविमुच्यदेहम् १४ एतेहिदेवावसवोविमानान्यास्थायसर्वेज्वलिताग्निकल्पाः ॥ अंतर्हितास्त्वांप्रतिपालयंतिकाष्ठांप्रपद्यंतमुदक्पतंगम् १५ व्यावर्तमानेभगवत्युदीचींसूर्येजगत्कालवशंप्रपन्ने ॥ गंतासिलोकान्पुरुषप्रवीरनावर्ततेयानुपलभ्यविद्वान् १६ अमुंचलोकंत्वयिभीष्मयातेज्ञानानिनंक्ष्यंत्यखिलेनवीर ॥ अतस्तुसर्वेत्वयिसन्निकर्षंसमागताधर्मविवेचनाय १७ तज्ज्ञातिशोकोपहतश्रुतायसत्याभिसंधाययुधिष्ठिराय ॥ प्रब्रूहिधर्मार्थसमाधियुक्तंसत्यंवचोऽस्यापनुदाशुशोकम् १८ ॥ इतिश्रीमहाभारतेशांतिपर्वणि राजध० कृष्णवाक्ये एकपंचाशत्तमोऽध्यायः ॥ ५१ ॥

शरतल्पशयनानंतरमष्टौदिनानियुद्धं ततोदुर्योधनाशौचंयुयुत्सोःषोडशदिनानि तेनसहपुरंप्रविशतांपांडवानामपितावंतिदिनानिगतानि पंचविंशेसर्वेषांश्राद्धदानंषड्विंशेपुरप्रवेशःसप्तविंशे राज्याभिषेकः अष्टाविंशेभक्तिसांत्वनमाभ्युदयिकंदानंच ऊनत्रिंशेभीष्मप्रत्यागमनं तद्दिनमारभ्यत्रिंशद्दिनानिशिष्टानीतिज्ञेयम् १४ प्रतिपालयंतिप्रतीक्षंते पतंगंसूर्यम् १५ कालवशंचजगत्प्रपन्नेप्राप्तेसंक्षेप्तुमितिशेषः १६ । १७ । १८ ॥ इतिशांतिपर्वणि राजधर्मानुशासनपर्वणि नीलकंठीयेभारतभावदीपे एकपंचाशत्तमोऽध्यायः ॥ ५१ ॥ ॥ ॥

ततइति १।२ तेतवैत्ववाक्यंतत्वसन्निधौ वाचोगतंवाचांविषयःसर्वोऽपितववाचिवेदे ३ यच्चेति हितेप्रिये लोकेदेवलोके इहपरत्रच तत्सर्वंत्रैकालिकं त्वत्तोनिःसृतमितिउक्तेऽर्थेहेतुरुक्तः ४।५

॥ वैशंपायनउवाच ॥ ततःकृष्णस्यतद्वाक्यंधर्मार्थसहितंहितम् ॥ श्रुत्वाशांतनवोभीष्मःप्रत्युवाचकृतांजलिः १ लोकनाथमहाबाहोशिवनारायणाच्युत ॥
तववाक्यमुपश्रुत्यहर्षेणास्मिपरिप्लुतः २ किंचाहमभिधास्यामिवाक्यंतेतवसन्निधौ ॥ यदावाचोगतंसर्वंतववाचिसमाहितम् ३ यच्चकिंचित्क्वचिल्लोकेकर्तव्यंक्रि
यतेचयत् ॥ त्वत्तस्तन्निःसृतंदेवलोकेबुद्धिमतोहिते ४ कथयेद्देवलोकंयोदेवराजसमीपतः ॥ धर्मकामार्थमोक्षाणांसोऽर्थंब्रूयात्तवाग्रतः ५ शराभितापाद्व्यथितंम
नोमेमधुसूदन ॥ गात्राणिचावसीदंतिनचबुद्धिःप्रसीदति ६ नचमेप्रतिभाकाचिदस्तिकिंचित्प्रभाषितुम् ॥ पीड्यमानस्यगोविंदविषानलसमैःशरैः ७ बलंमे
प्रजहातीवप्राणाःसंत्वरयंतिच ॥ मर्माणिपरितप्यंतिभ्रांतचित्तस्तथाह्यहम् ८ दौर्बल्यात्सज्जतेवाङ्मेसकथंवक्तुमुत्सहे ॥ साधुमेत्वंप्रसीदस्वदाशार्हकुलवर्धन ९
तत्क्षमस्वमहाबाहोनब्रूयांकिंचिदच्युत ॥ त्वत्सन्निधौचसीदेद्धिवाचस्पतिरपिब्रुवन् १० नदिशःसंप्रजानामिनाकाशंनचमेदिनीम् ॥ केवलंतववीर्येणतिष्ठामि
मधुसूदन ११ स्वयमेवभवांस्तस्माद्धर्मराजस्ययद्धितम् ॥ तद्ब्रवीत्वाशुसर्वेषामागमानांत्वमागमः १२ कथंत्वयिस्थितेकृष्णेशाश्वतेलोककर्तरि ॥ प्रब्रूयान्म
द्विधःकश्चिद्गुरौशिष्यइवस्थिते १३ ॥ वासुदेवउवाच ॥ उपपन्नमिदंवाक्यंकौरवाणांधुरंधरे ॥ महावीर्येमहासत्त्वेस्थिरेसर्वार्थदर्शिनि १४ यच्चमामात्थगांगेयबा
णघातरुजंप्रति ॥ गृहाणात्रवरंभीष्ममत्प्रसादकृतंप्रभो १५ नतेग्लानिर्नतेमूर्छानदाहोनचतेरुजा ॥ प्रभविष्यंतिगांगेयक्षुत्पिपासेनचाप्युत १६ ज्ञानानि
चसमग्राणिप्रतिभास्यंतितेनघ ॥ नचतेक्वचिदासक्तिर्बुद्धेःप्रादुर्भविष्यति १७ सत्त्वस्थंचमनोनित्यंतवभीष्मभविष्यति ॥ रजस्तमोभ्यांरहितंघनैर्मुक्तइवोडु
राट् १८ यद्यच्चधर्मसंयुक्तमर्थयुक्तमथापिच ॥ चिंतयिष्यसितत्राग्र्याबुद्धिस्तवभविष्यति १९ इमंचराजशार्दूलभूतग्रामंचतुर्विधम् ॥ चक्षुर्दिव्यंसमाश्रित्य
द्रक्ष्यस्यमितविक्रम २० संसरंतंप्रजाजालंसंयुक्तोज्ञानचक्षुषा ॥ भीष्मद्रक्ष्यसितत्त्वेनजलेमीनइवामले २१ ॥ वैशंपायनउवाच ॥ ततस्तेव्याससहिताःस
र्वएवमहर्षयः ॥ ऋग्यजुःसामसहितैर्वचोभिःकृष्णमार्चयन् २२ ततःसर्वार्तवंदिव्यंपुष्पवर्षंनभस्तलात् ॥ पपातयत्रवार्ष्णेयःसगांगेयःसपांडवः २३ वादित्रा
णिचसर्वाणिजगुश्चाप्सरसांगणाः ॥ नचाहितमनिष्टंचकिंचित्तत्रप्रदृश्यते २४ ववौशिवःसुखोवायुःसर्वगंधवहःशुचिः ॥ शांतायांदिशिशांताश्चप्रावदन्मृगपक्षि
णः २५ ततोमुहूर्ताद्भगवान्सहस्रांशुर्दिवाकरः ॥ दहन्वनमिवैकांतेप्रतीच्यांप्रत्यदृश्यत २६ ततोमहर्षयःसर्वेसमुत्थायजनार्दनम् ॥ भीष्ममामंत्रयांचक्रूराजा
नंचयुधिष्ठिरम् २७ ततःप्रणाममकरोत्केशवःसहपांडवः ॥ सात्यकिःसंजयश्चैवसचशारद्वतःकृपः २८ ॥ ॥ ॥

६।७।८।९।१०।११।१२।१३।१४।१५।१६ आसक्तिरवसन्नता १७।१८।१९।२० संसरंतंसंसरत् २१।२२।२३।२४।२५।२६।२७।२८ ॥

म.भा.टी. २९ । ३० । ३१ । ३२ । ३३ । ३४ ॥ इतिशांतिपर्वणिराजधर्मानुशासनपर्वणिनीलकंठीये भारतभावदीपेद्विपंचाशत्तमोऽध्यायः ॥ ५२ ॥ ततइति १ । २ । ३ । ४ । ५ । ६ । ७ । ८ शां.रा.१.२

॥ ४३ ॥ ततस्तेधर्मनिरताःसम्यक्तैरभिपूजिताः ॥ श्वःसमेष्यामइत्युक्त्वायथेष्टंत्वरितायुयुः २९ तथैवामंत्र्यगांगेयंकेशवःपाण्डवास्तथा ॥ प्रदक्षिणमुपावृत्यरथानारुरुहुः
शुभान् ३० ततोरथैःकांचनचित्रकूबरैर्महीधराभैःसमदैश्चदंतिभिः ॥ हयैःसुपर्णैरिवचाशुगामिभिःपदातिभिश्चात्तशरासनादिभिः ३१ ययौरथानांपुरतोहिसाच
मूस्तथैवपश्चादतिमात्रसारिणी ॥ पुरश्चपश्चाच्चयथामहानदीतमृक्षवंतंगिरिमेत्यनर्मदा ३२ ततःपुरस्ताद्भगवान्निशाकरःसमुत्थितस्तामभिहर्षयंश्चमूम् ॥ दिवा
करापीतरसामहौषधीःपुनःस्वकेनैवगुणेनयोजयन् ३३ ततःपुरंसुरपुरसंमितद्युतिप्रविश्ययेयदुवृषपाण्डवास्तदा ॥ यथोचितान्भवनवरान्समाविशन्श्रमान्विता
मृगपतयोगुहाइव ३४ ॥ इतिश्रीम०शां०राजधर्मानुशासनपर्वणियुधिष्ठिराद्यागमनेद्विपंचाशत्तमोऽध्यायः ॥ ५२ ॥ वैशंपायनउवाच ॥ ततःशयनमाविश्यप्रसु
प्तोमधुसूदनः ॥ याममात्रार्धशेषायांयामिन्यांप्रत्यबुद्ध्यत १ सध्यानपथमाविश्यसर्वज्ञानानिमाधवः ॥ अवलोक्यततःपश्चाद्दध्यौब्रह्मसनातनम् २ ततःस्तुति
पुराणज्ञारक्तकंठाःसुशिक्षिताः ॥ अस्तुवन्विश्वकर्माणंवासुदेवंप्रजापतिम् ३ पठंतिपाणिस्वनिकास्तथागायंतिगायनाः ॥ शंखानथमृदंगांश्चप्रवाद्यंतिसह
स्रशः ४ वीणापणववेणूनांस्वनश्चातिमनोरमः ॥ प्रहासइवविस्तीर्णःशुश्रुवेतस्यवेश्मनः ५ ततोयुधिष्ठिरस्यापिराज्ञोमंगलसंहिताः ॥ उच्चेरुर्मधुरावाचोगीत
वादित्रनिःस्वनाः ६ ततउत्थायदाशार्हःस्नातःप्रांजलिरच्युतः ॥ जप्त्वागुह्यंमहाबाहुरग्नीनाश्रित्यतस्थिवान् ७ ततःसहस्रंविप्राणांचतुर्वेदविदांतथा ॥ गवांसहस्रे
णैकैकंवाचयामासमाधवः ८ मंगलालंभनंकृत्वाआत्मानमवलोक्यच ॥ आदर्शेविमलेकृष्णस्ततःसात्यकिमब्रवीत् ९ गच्छशैनेयजानीहिगत्वाराजनिवेशनम् ॥
अपिसज्जोमहातेजाभीष्मंद्रष्टुंयुधिष्ठिरः १० ततःकृष्णस्यवचनात्सात्यकिस्त्वरितोययौ ॥ उपगम्यचराजानंयुधिष्ठिरमभाषत ११ युक्तोरथवरोराजन्वासुदे
वस्यधीमतः ॥ समीपमापगेयस्यप्रयास्यतिजनार्दनः १२ भवत्प्रतीक्षःकृष्णोऽसौधर्मराजमहाद्युते ॥ यदत्रानंतरंकृत्यंतद्भवान्कर्तुमर्हति १३ एवमुक्तःप्रत्युवाच
धर्मपुत्रोयुधिष्ठिरः ॥ युधिष्ठिरउवाच ॥ युज्यतांमेरथवरःफाल्गुनाप्रतिमद्युते १४ नसैनिकैश्चयातव्यंयास्यामोवयमेवहि ॥ नचपीडयितव्योमेभीष्मोधर्म
भृतांवरः १५ अतःपुरःसराश्चापिनिवर्तंतुधनंजय ॥ अद्यप्रभृतिगाङ्गेयःपरंगुह्यंप्रवक्ष्यति १६ अतोनेच्छामिकौन्तेयपृथक्जनसमागमम् ॥ वैशंपायनउवाच ॥
सतद्वाक्यमथाज्ञायकुंतीपुत्रोधनंजयः १७ युक्तंरथवरंतस्माआचचक्षेनरर्षभः ॥ ततोयुधिष्ठिरोराजायमौभीमार्जुनावपि १८ भूतानीवसमस्तानिययुःकृष्णनिवे
शनम् ॥ आगच्छत्स्वथकृष्णोऽपिपाण्डवेषुमहात्मसु १९ शैनेयसहितोधीमान्रथमेवान्वपद्यत ॥ रथस्थाःसंविदंकृत्वासुखांपृष्ट्वाचशर्वरीम् २० ॥

मङ्गलानांगवादीनामालंभनंस्पर्शः ९ । १० । ११ । १२ । १३ । १४ । १५ । १६ । १७ । १८ । १९ । २० ॥ ॥ ॥ ॥ ४३ ॥

२१ । २२ । २३ । २४ । २५ । २६ । २७ । २८ ॥ इतिशांतिपर्वणिराजधर्मानुशासनपर्वणिनीलकंठीये भारतभावदीपेत्रिपंचाशत्तमोऽध्यायः ॥ ५३ ॥ । ॥ धर्मात्मनीति १

मेघघोषैरथवरैःप्रययुस्तेनरर्षभाः ॥ बलाहकंमेघपुष्पंशैब्यंसुग्रीवमेवच २१ दारुकश्चोदयामासवासुदेवस्यवाजिनः ॥ तेहयावासुदेवरुकेण प्रचोदिताः २२
गांखुराग्रैस्तथाराजन्लिखंतःप्रययुस्तदा ॥ तेग्रसंतइवाकाशंवेगवंतोमहाबलाः २३ क्षेत्रंधर्मस्यकृत्स्नस्यकुरुक्षेत्रमवातरन् ॥ ततोययुर्यत्रभीष्मःशरतल्पगतःप्र
भुः २४ आस्तेमहर्षिभिःसार्धंब्रह्मादेवगणैर्यथा ॥ ततोऽवतीर्यगोविंदोरथात्सचयुधिष्ठिरः २५ भीमोगांडीवधन्वाचयमौसात्यकिरेवच ॥ ऋषीनभ्यर्चयामासुःक
रानुद्यम्यदक्षिणान् २६ सतैःपरिवृतोराजानक्षत्रैरिवचंद्रमाः ॥ अभ्याजगामगांगेयंब्रह्माणमिववासवः २७ शरतल्पेशयानंतमादित्यंपतितंयथा ॥ सददर्शमहा
बाहुंभयाच्चागतसाध्वसः २८ ॥ इतिश्रीमहाभारतेशां० राज० भीष्माभिगमनेत्रिपंचाशत्तमोऽध्यायः ॥ ५३ ॥ ॥ जनमेजयउवाच ॥ धर्मात्मनिमहा
वीर्येसत्यसंधेजितात्मनि ॥ देवव्रतेमहाभागेशरतल्पगतेऽच्युते १ शयानेवीरशयनेभीष्मेशांतनुनंदने ॥ गांगेयेपुरुषव्याघ्रेपांडवैःपर्युपासिते २ काःकथाःसमवर्त
तर्तास्मन्वीरसमागमे ॥ हतेषुसर्वसैन्येषुतन्मेशंसमहामुने ३ ॥ ॥ वैशंपायनउवाच ॥ ॥ शरतल्पगतेभीष्मेकौरवाणांधुरंधरे ॥ आजग्मुर्ऋषयःसिद्धानार
दप्रमुखान्नृप ४ हतशिष्टाश्चराजानोयुधिष्ठिरपुरोगमाः ॥ धृतराष्ट्रश्चकृष्णश्चभीमार्जुनयमास्तथा ५ तेऽभिगम्यमहात्मानोभरतानांपितामहम् ॥ अन्वशोचंतगां
गेयमादित्यंपतितंयथा ६ मुहूर्तमिवचध्यात्वानारदोदेवदर्शनः ॥ उवाचपांडवान्सर्वान्हतशिष्टांश्चपार्थिवान् ७ प्राप्तकालंसमाचक्षेभीष्मोऽयमनुयुज्यताम् ॥
अस्तमेतिहिगांगेयोभानुमानिवभारत ८ अयंप्राणानुत्सिसृक्षुस्तंसर्वेऽभ्यनुपृच्छत ॥ कृत्स्नान्हिविविधान्धर्मांश्चातुर्वर्ण्यस्यवेत्त्ययम् ९ एषवृद्धःपराँल्लोकान्सं
प्राप्नोतितनुंत्यजन् ॥ तंशीघ्रमनुयुंजीध्वंसंशयान्मनसिस्थितान् १० ॥ ॥ वैशंपायनउवाच ॥ ॥ एवमुक्तेनारदेनभीष्ममीयुर्नराधिपाः ॥ प्रष्टुंचाशक्नुवंतस्ते
वीक्षांचक्रुःपरस्परम् ११ ततोवाचहृषीकेशंपांडुपुत्रोयुधिष्ठिरः ॥ नान्यस्तुदेवकीपुत्राच्छक्तःप्रष्टुंपितामहम् १२ प्रव्याहरयदुश्रेष्ठत्वमग्रेमधुसूदन ॥ त्वंहिन
स्तातसर्वेषांसर्वधर्मविदुत्तमः १३ एवमुक्तःपांडवेनभगवान्केशवस्तदा ॥ अभिगम्यदुराधर्षंप्रव्याहारयदच्युतः १४ ॥ ॥ वासुदेवउवाच ॥ ॥ कच्चित्सुखेन
रजनीव्युष्टातेराजसत्तम ॥ विस्पष्टलक्षणाबुद्धिःकच्चिच्चोपस्थितातव १५ कच्चिज्ज्ञानानिसर्वाणिप्रतिभांतिचतेऽनघ ॥ नग्लायतेचहृदयंनचतेव्याकुलंमनः १६
॥ भीष्मउवाच ॥ दाहोमोहःश्रमश्चैवक्लमोग्लानिस्तथारुजा ॥ तवप्रसादाद्वार्ष्णेयसद्यःप्रतिगतानिमे १७ यच्चभूतंभविष्यच्चभवच्चपरमद्युते ॥ तत्सर्वमनुपश्या
मिपाणौफलमिवार्पितम् १८ वेदोक्ताश्चैवयेधर्मावेदांताधिगताश्चये ॥ तान्सर्वान्संप्रपश्यामिवरदानात्तवाच्युत १९ ॥ ॥

२ । ३ । ४ । ५ । ६ । ७ समाचक्षेब्रवीमि अनुयुज्यतांपृच्छतां ८ । ९ । १० । ११ ततःउवाचेतिच्छेदः १२ । १३ प्रव्याहारयत्अवाचयत १४ । १५ । १६ । १७ । १८ वेदोक्ताअग्निहो
त्रादयः वेदांताधिगताःशमदमसंन्यासादयः १९ ॥ ॥ ॥ ॥

२० । २१ मेमममनःकर्मबुद्धिराविशत् २२ । २३ । २४ । २५ । २६ मेमया २७ । २८ । २९ । ३० । ३१ यशःपरचित्तचमत्कृतिजनकोगुणौघः कीर्तिःसाधुत्वयाऽन्यैःकथनं ३२ अनुयुयुक्षंतः

शिष्टैश्चधर्मोयःप्रोक्तःसचमेहृदिवर्तते ॥ देशजातिकुलानांचधर्मज्ञोऽस्मिजनार्दन २० चतुर्ष्वाश्रमधर्मेषुयोऽर्थःसचहृदिस्थितः ॥ राजधर्मांश्चसकलानवगच्छामिकेशव २१ यच्चयत्रचवक्तव्यंतद्वक्ष्यामिजनार्दन ॥ तवप्रसादाद्धिशुभामनोमेबुद्धिराविशत् २२ युवेवास्मिसमावृत्तस्त्वदनुध्यानबृंहितः ॥ वक्तुंश्रेयःसमर्थोऽस्मित्वत्प्रसादाज्जनार्दन २३ स्वयंकिमर्थंतुभवान्श्रेयोनप्राहपांडवम् ॥ किंतेविवक्षितंचात्रतदाशुवदमाधव २४ ॥ ॥ वासुदेवउवाच ॥ ॥ यशसःश्रेयसश्चैवमूलंमांविद्धिकौरव ॥ मत्तःसर्वेऽभिनिर्वृत्ताभावाःसदसदात्मकाः २५ शीतांशुश्चंद्रइत्युक्तेलोकेकोविस्मयिष्यति ॥ तथैवयशसापूर्णेमयिकोविस्मयिष्यति २६ आधेयंतुमयाभूयोयशस्तवमहाद्युते ॥ ततोमेविपुलाबुद्धिस्त्वयिभीष्मसमर्पिता २७ यावद्धिपृथिवीपालपृथ्वीयंस्थास्यतिध्रुवा ॥ तावत्तवाक्षयाकीर्तिर्लोकाननुचरिष्यति २८ यच्चत्वंवक्ष्यसेभीष्मपांडवायानुपृच्छते ॥ वेदप्रवादइवतेस्थास्यतेवसुधातले २९ यश्चैतेनप्रमाणेनयोक्ष्यत्यात्मानमात्मना ॥ सफलंसर्वपुण्यानांप्रेत्यचानुभविष्यति ३० एतस्मात्कारणाद्भीष्ममतिर्दिव्यामयाहिते ॥ दत्तायशोविप्रथयेत्कथंभूयस्तवेतिह ३१ यावद्धिप्रथतेलोकेपुरुषस्ययशोभुवि ॥ तावत्तस्याक्षयाकीर्तिर्भवतीतिविनिश्चिता ३२ राजानोहतशिष्टास्त्वांराजन्नभितआसते ॥ धर्माननुयुयुक्षंतस्तेभ्यःप्रब्रूहिभारत ३३ भवान्हिवयसावृद्धःश्रुताचारसमन्वितः ॥ कुशलोराजधर्माणांसर्वेषामपराश्रये ३४ जन्मप्रभृतितेकश्चिद्वृजिनंनददर्शह ॥ ज्ञातारंसर्वधर्माणांत्वांविदुःसर्वपार्थिवाः ३५ तेभ्यःपितेवपुत्रेभ्योराजन्ब्रूहिपरंनयम् ॥ ऋषयश्चैवदेवाश्चत्वयानित्यमुपासिताः ३६ तस्माद्वक्तव्यमेवेदंत्वयाऽवश्यमशेषतः ॥ धर्मंशुश्रूषमाणेभ्यःपृष्टेनचसतापुनः ३७ वक्तव्यंविदुषाचेतिधर्ममाहुर्मनीषिणः ॥ अप्रतिब्रुवतःकष्टोदोषोहिभवितात्प्रभो ३८ तस्मात्पुत्रैश्चपौत्रैश्चधर्मान्पृष्टान्सनातनान् ॥ विद्वान्जिज्ञासमानैस्त्वंप्रब्रूहिभरतर्षभ ३९ ॥ इतिश्रीमहाभारतेशांतिपर्वणिराजधर्मानुशासनपर्वणिकृष्णवाक्येचतुष्पंचाशत्तमोऽध्यायः ॥ ५४ ॥ ॥ वैशंपायनउवाच ॥ अथाब्रवीन्महातेजावाक्यंकौरवनंदनः ॥ हंतधर्मान्प्रवक्ष्यामिदृढेवाङ्मनसीमम १ तवप्रसादाद्गोविंदभूतात्माह्यसिशाश्वतः ॥ युधिष्ठिरस्तुधर्मात्मामांधर्माननुपृच्छतु ॥ एवंप्रीतोभविष्यामिधर्मान्वक्ष्यामिचाखिलान् २ यस्मिन्राजर्षभेजातेधर्मात्मनिमहात्मनि ॥ अहृष्यन्नृषयःसर्वेसमांपृच्छतुपांडवः ३ सर्वेषांदीप्तयशसांकुरूणांधर्मचारिणाम् ॥ यस्यनास्तिसमःकश्चित्समांपृच्छतुपांडवः ४ धृतिर्दमोब्रह्मचर्यंक्षमाधर्मश्चनित्यदा ॥ यस्मिन्नोजश्चतेजश्चसमांपृच्छतुपांडवः ५ ॥ ॥

प्रष्टुमिच्छंतः ३३ । ३४ । ३५ । ३६ । ३७ । ३८ । ३९ ॥ इतिशांतिपर्वणिनीलकंठीये भारतभावदीपे चतुष्पंचाशत्तमोऽध्यायः ॥ ५४ ॥ ॥ ॥ । भूत त्माप्राणिनामंतरात्माऽसि तेनममाभिप्रायंवेत्सीतिभावः १।२ प्रसंगाद्धर्मश्रवणाधिकारिणंनिरूपयतियुधिष्ठिरस्तुतिव्याजेन यस्मिन्नित्यादिना ३ । ४ । ५ ॥ ॥

संबंधीन्संबंधिनः ६ । ७ । ८ । ९ । १० अभिशापोलोकगर्हता ११ । १२ । १३ गोत्रवधजांग्लानिं धर्मराजस्यापनेष्यन् भीष्मउवाच ब्राह्मणानामिति १४ । १५ । १६ तंलोभिनम् १७ १८ । १९ । २० । २१।२२ ॥ इतिशांतिपर्वणिरा०नी०भारतभावदीपेपंचपंचाशत्तमोऽध्यायः ॥ ५५ ॥ ॥ प्रणिपत्येति । गुरून्कृपव्यासादीन् पर्यपृच्छत्धर्मानितिशेषः १ धर्मःप्रजा

संबंधीनतिथीन्भृत्यान्संश्रितांश्चवयोभृशम् ॥ संमानयतिसत्कृत्यसमांपृच्छतुपांडवः ६ सत्यंदानंतपःशौर्यंशांतिर्दाक्ष्यमसंभ्रमः ॥ यस्मिन्नेतानिसर्वाणिसमां पृच्छतुपांडवः ७ योनकामान्नसंरंभान्नभयान्नार्थकारणात् ॥ कुर्यादधर्मंधर्मात्मासमांपृच्छतुपांडवः ८ सत्यनित्यःक्षमानित्योज्ञाननित्योऽतिथिप्रियः ॥ योद दातिसतांनित्यंसमांपृच्छतुपांडवः ९ इज्याध्ययननित्यश्चधर्मेचनिरतःसदा ॥ क्षांतःश्रुतरहस्यश्चसमांपृच्छतुपांडवः १० ॥ वासुदेवउवाच ॥ लज्जयापर योपेतोधर्मराजोयुधिष्ठिरः ॥ अभिशापभयाद्भीतोभवंतंनोपसर्पति ११ लोकस्यकदनंकृत्वालोकनाथोविशांपते ॥ अभिशापभयाद्भीतोभवंतंनोपसर्पति १२ पूज्यान्मान्यांश्चभक्तांश्चगुरून्संबंधिबांधवान् ॥ अर्घार्हानिषुभिर्भित्वाभवंतंनोपसर्पति १३ ॥ भीष्मउवाच ॥ ब्राह्मणानांयथाधर्मोदानमध्ययनंतपः ॥ क्ष त्रियाणांतथाकृष्णसमरेदेहपातनम् १४ पितॄन्पितामहान्भ्रातॄन्गुरून्संबंधिबान्धवान् ॥ मिथ्याप्रवृत्तान्यःसंख्येनिहन्याद्धर्मएवसः १५ समयत्यागिनोलुब्धा न्गुरूनपिचकेशव ॥ निहंतिसमरेपापान्क्षत्रियोयःसधर्मवित् १६ योलोभान्नसमीक्षेतधर्मसेतुंसनातनम् ॥ निहंतियस्तंसमरेक्षत्रियोवैसधर्मवित् १७ लोहि तोदांकेशतृणांगजशैलांध्वजद्रुमाम् ॥ महींकरोतियुद्धेषुक्षत्रियोयःसधर्मवित् १८ आहूतेनरणेनित्यंयोद्धव्यंक्षत्रबंधुना ॥ धर्म्यंस्वर्ग्यंचलोक्यंचयुद्धंहिमनुर ब्रवीत् १९ ॥ वैशंपायनउवाच ॥ एवमुक्तस्तुभीष्मेणधर्मपुत्रोयुधिष्ठिरः ॥ विनीतवदुपागम्यतस्थौसंदर्शनेऽग्रतः २० अथास्यपादौजग्राहभीष्मश्चाभिननं दतम् ॥ मूर्ध्निचैनमुपाघ्रायनिषीदेत्यब्रवीत्तदा २१ तमुवाचाथगांगेयोवृषभःसर्वधन्विनाम् ॥ मांपृच्छताताविश्रब्धंमाभैस्त्वंकुरुसत्तम २२ ॥ इतिश्रीमहाभा रतेशांतिपर्वणिराजधर्मानुशासनपर्वणि युधिष्ठिराश्वासनेपंचपंचाशत्तमोऽध्यायः ॥ ५५ ॥ ॥ वैशंपायनउवाच ॥ प्रणिपत्यहृषीकेशमभिवाद्यपितामहम् ॥ अनुमान्यगुरून्सर्वान्पर्यपृच्छद्युधिष्ठिरः १ ॥ युधिष्ठिरउवाच ॥ राज्ञांवैपरमोधर्मइतिधर्मविदोविदुः ॥ महांतमेतंभारंचमन्येतद्ब्रूहिपार्थिव २ राजधर्मान्वि शेषेणकथयस्वपितामह ॥ सर्वस्यजीवलोकस्यराजधर्मःपरायणम् ३ त्रिवर्गोहिसमासक्तोराजधर्मेषुकौरव ॥ मोक्षधर्मश्चविस्पष्टःसकलोऽत्रसमाहितः ४ यथा हिरश्मयोऽश्वस्यद्विरदस्यांकुशोयथा ॥ नरेन्द्रधर्मोलोकस्यतथाप्रग्रहणंस्मृतम् ५ तत्रचेत्संप्रमुह्येतधर्मेराजर्षिसेविते ॥ लोकस्यसंस्थानभवेत्सर्वंचव्याकुली भवेत् ६ उदयन्हियथासूर्योनाशयत्यशुभंतमः ॥ राजधर्मास्तथाऽलोक्यांनिक्षिपंत्यशुभांगतिम् ७

पालनात्मकः परमःसर्वधर्मश्रेष्ठः एतंधर्मभारंदुर्वहंमन्ये २ परायणमाश्रयः ३ त्रिवर्गोधर्मार्थकामात्मकोराजधर्मेषुदंडनीतौसमासक्तःसमाश्रितः ४ प्रग्रहणंनियंत्रणम् ५ संस्थामर्यादाव्यव स्था ६ अलोक्यामप्रकाशात्मिकामशुभांगतिंनरकंनिक्षिपंतिदूरीकुर्वंति तथाचस्मृतिः । 'राजभिःकृतदंडास्तुशुध्यंतिमलिनाजनाः ॥ कृतार्थाश्चततोयांतिस्वर्गंसुकृतिनोयथा'इति ७ ॥ ॥

अग्रेइतरेभ्योधर्मेभ्यःपूर्वं ८ परःआगमःपररहस्यं नोऽस्माकंत्वत्तएवविहितमस्तु ९ शाश्वतान्वेदपरंपरागतान् १० । ११ रंजनकाम्ययेति । यःकश्चिदक्षत्रियोऽपिप्रजापालनाधिकृतस्तस्यराज्ञोऽयंधर्मः यदेवद्विजादिषुयथाविधिअनुग्रहबुद्ध्यावर्तितव्यमिति १२ यद्धर्मलोपाद्राज्ञोऋणंभवतितद्देवताद्यर्चनेनेननश्यतीत्याह देवतानीति। लोकेचततएवपूज्योभवतीतिसंयोगांतरम् १३ उत्थानेनपुरुषकारेण प्रयतेथाःजयाद्यर्थंयतस्व दैवंप्राग्भवीयंकर्मदेवताराधनादिकंवाकेवलमुत्थानंविनानराज्ञामिष्टमर्थंसाधयेत् १४ साधारणंरथचक्रवत्समानं तत्रापिपौरुषंपरंश्रेष्ठंदृष्टद्वारत्वात् दैवंतुफलद्वारानिश्चित्यमुच्यते अकरणदोषात्फलासिद्धौफलसिद्धौतुदुःखान्मुच्यते १५ विपन्नेइति ।घटस्वघटयस्व कर्षकवत्सकृद्यत्नवैफल्येपियतस्वैवेत्यर्थः १६ नहीति । सत्यात्सामंताअपिवशेभवंत्यन्य

तदग्रेराजधर्मान्ब्रूहिमदर्थेत्वंपितामह ॥ प्रब्रूहिभरतश्रेष्ठत्वंहिधर्मभृतांवरः ८ आगमश्चपरस्त्वत्तःसर्वेषांनःपरंतप ॥ भवंतंहिपरंबुद्धौवासुदेवोभिमन्यते ९ ॥ भीष्मउवाच ॥ नमोधर्मायमहतेनमःकृष्णायवेधसे ॥ ब्राह्मणेभ्योनमस्कृत्यधर्मान्वक्ष्यामिशाश्वतान् १० शृणुकारस्न्र्येनमत्तस्त्वंराजधर्मान्युधिष्ठिर ॥ निरुच्यमानान्नियतोयच्चान्यदपिवांछसि ११ आदावेवकुरुश्रेष्ठराज्ञारंजनकाम्यया ॥ देवतानांद्विजानांचवर्तितव्यंयथाविधि १२ देवतान्यर्चयित्वाहिब्राह्मणांश्चकुरूद्वह ॥ आनृण्यंयातिधर्मस्यलोकेनचसमर्च्यते १३ उत्थानेनसदापुत्रप्रयतेथायुधिष्ठिर ॥ नह्युत्थानमृतेदैवंराज्ञामर्थंप्रसाधयेत् १४ साधारणंद्वयंह्येतदैवमुत्थानमेवच ॥ पौरुषंहिपरंमन्येदैवंनिश्चित्यमुच्यते १५ विपन्नेचसमारंभेसंतापंमास्मवैकृथाः ॥ घटस्वैवसदात्मानंराज्ञामेषपरोनयः १६ नहिसत्यादृतेकिंचिद्राज्ञांवैसिद्धिकारकम् ॥ सत्येहिराजानिरतःप्रेत्यचेहचनंदति १७ ऋषीणामपिराजेंद्रसत्यमेवपरंधनम् ॥ तथाराज्ञांपरंसत्यान्नान्यद्विश्वासकारणम् १८ गुणवान्शीलवान्दांतोमृदुर्धर्म्योजितेंद्रियः ॥ सुदर्शःस्थूललक्ष्यश्चनभ्रश्येतसदाश्रियः १९ आर्जवंसर्वकार्येषुश्रयेथाःकुरुनंदन ॥ पुनर्नयविचारेणत्रयीसंवरणेनच २० मृदुर्हिराजासततंलंघ्योभवतिसर्वशः ॥ तीक्ष्णाच्चोद्विजतेलोकस्तस्मादुभयमाश्रय २१ अदंड्याश्चैवतेपुत्रविप्राश्चददतांवर ॥ भूतमेतत्परंलोकेब्राह्मणोनामपांडव २२ मनुनाचैवराजेंद्रगीतौश्लोकौमहात्मना ॥ धर्मेषुस्वेषुकौरव्यहृदितौकर्तुमर्हसि २३ अद्भ्योऽग्निर्ब्रह्मतःक्षत्रमश्मनोलोहमुत्थितम् ॥ तेषांसर्वत्रगंतेजःस्वासुयोनिषुशाम्यति २४ अयोहंतियदाश्मानमग्निनावारिहन्यते ॥ ब्रह्मचक्षत्रियोद्वेष्टितदासीदंतितेत्रयः २५ एवंकृत्वामहाराजनमस्याएवतेद्विजाः ॥ भौमंब्रह्मद्विजश्रेष्ठाधारयंतिसमर्चिताः २६ एवंचैवनरव्याघ्रलोकत्रयविघातकाः ॥ निग्राह्याएवसततंबाहुभ्यांयेस्युरीदृशाः २७ श्लोकौचोशनसागीतौपुरातातमहर्षिणा ॥ तौनिबोधमहाराजत्वमेकाग्रमनानृप २८ ॥ ॥

थाविश्वासाभावात्स्वीयाअप्युद्विजंते क्षीणाअपिपरेप्राणपणेनापिजिगीषंतएवेतिश्लोकद्वयार्थः १७ । १८ गुणाःशौर्यौदार्यगांभीर्यादयस्तद्वान् शीलंसदाचारस्तद्वान् दांतःअचपलःमृदुर्दयावान् धर्म्योधर्मादनपेतः जितेंद्रियःजितचित्तः सुदर्शःप्रसन्नवक्त्रः स्थूललक्ष्यःबहुप्रदः १९ आर्जवमवक्रतां नयोनीतिः स्वरंध्रगोपनंपररंध्रान्वेषणस्यस्वेनक्रियमाणस्यपरेभ्योगोपनंमंत्रगोपनंचेत्यादितद्युक्तेनविचारेणऊहापोहेनसाधकबाधकोपन्यासेनक्रियमाणेन त्रयीसंवरणेउक्तविधनीतिरूपे आर्जवंयथार्थभाषित्वंचनश्रयेथाः २० उभयंमृदुत्वंतीक्ष्णत्वंचसमुचितमाश्रय २१ तत्रापितैक्ष्ण्यापवादमाह अदंड्याइति २२ । २३ । २४ । २५ भौमंब्रह्मवेदान्यज्ञांश्च २६ मार्दवापवादमाह एवमिति २७ । २८ ॥ ॥ ॥ ॥

स्वधर्मेणशस्त्रोद्यमनेन निगृह्णीयादेवनतुहन्यात् २९ विनश्यमानमाततायिदोषात् तेनआततायिनिग्रहेण अनिग्रहेतुधर्महास्यादेव जीवतोऽस्यनिग्रहोदुःशकश्चेत्तत्राह मन्युस्तन्मन्युमृच्छति। यथा सूर्यांशुतप्तःस्फटिकस्तूलपिंडमुद्दीप्यतदूष्मणास्वयंनश्यति एवंआततायिक्रोधोऽन्यमुद्दीप्यतद्वाराऽऽततायिनमेवाश्रयदाहेनदहति नात्रहंतुर्दोषइत्यर्थः ३० एवंचेति। यद्यप्येवंतथापिद्विजातयोब्राह्मणार क्ष्याएव ३१ अभिशस्तंसताऽसतावादोषेणयुक्तंतथाख्यापितं ३२ शारीरंकशाघातादिदंडं क्लीबत्वमार्षम् ३३ पुरुषसंचयात्ब्राह्मणभक्त्यादितिपूर्वार्धार्थः ३४ षट्सुमरुजलपृथिवीवनपर्वत नरमयेषु ३५। ३६ पुनर्दयापवादमाह नचेति। समंततःसर्वजातीयेषु अधर्मोधर्मविरोधी ३७। ३८ गजस्यक्षममाणस्य ३९। ४० प्रत्यक्षेणोपकारापकारादिना अनुमानेननेत्रवक्त्रवि

उद्यम्यशस्त्रमायान्तमपिवेदांतगंरणे ॥ निगृह्णीयात्स्वधर्मेणधर्मापेक्षीनराधिपः २९ विनश्यमानंधर्मंहियोभिरक्षेत्सधर्मवित् ॥ नतेनधर्महासस्यान्मन्युस्तन्मन्युमृच्छति ३० एवंचैवनरश्रेष्ठरक्ष्याएवद्विजातयः ॥ सापराधानपिहितान्विषयांतेसमुत्सृजेत् ३१ अभिशस्तमपिह्येषांकृपायीतविशांपते ॥ ब्रह्मघ्नेगुरुतल्पेचभ्रूणहत्येतथैवच ३२ राजद्विष्टेचविप्रस्यविषयांतेविसर्जनम् ॥ विधीयतेनशारीरंदण्डमेषांकदाचन ३३ दयिताश्चनरास्तेस्युर्भक्तिमंतोद्विजेषुये ॥ नकोशःपरमोऽन्योस्तिराज्ञांपुरुषसंचयात् ३४ दुर्गेषुचमहाराजषट्सुयेशास्त्रनिश्चिताः ॥ सर्वदुर्गेषुमन्यन्तेनरदुर्गंसुदुस्तरम् ३५ तस्मान्नित्यंदयाकार्याचातुर्वर्ण्येविपश्चिता ॥ धर्मात्मासत्यवाक्चैवराजारंजयतिप्रजाः ३६ नचक्षांतेनतेनित्यंभाव्यंपुत्रसमंततः ॥ अधर्मोहिमृदूराजाक्षमावानिवकुंजरः ३७ बार्हस्पत्येचशास्त्रेचश्लोकोनिगदितःपुरा ॥ अस्मिन्नर्थेमहाराजतन्मेनिगदतःशृणु ३८ क्षममाणंनृपंनित्यंनीचःपरिभवेज्जनः ॥ हस्तियंतागजस्येवशिरएवारुरुक्षति ३९ तस्मान्नैवमृदुर्नित्यंतीक्ष्णोनैवभवेन्नृपः ॥ वासंतार्कइवश्रीमान्नशीतोनचघर्मदः ४० प्रत्यक्षेणानुमानेनतथौपम्यगमैरपि ॥ परीक्ष्यास्तेमहाराजस्वेपरेचैवनित्यशः ४१ व्यसनानिचसर्वाणित्यजेथाभूरिदक्षिण ॥ नचैवनप्रयुंजीतसंकीर्णेपरिवर्जयेत् ४२ लोकस्यव्यसनीनित्यंपरिभूतोभवत्युत ॥ उद्वेजयतिलोकंचयोऽतिद्वेषीमहीपतिः ४३ भवितव्यंसदाराज्ञागर्भिणीसहधर्मिणा ॥ कारणंचमहाराजशृणुयेनेदमिष्यते ४४ यथाहिगर्भिणीहित्वास्वंप्रियंमनसोऽनुगम् ॥ गर्भस्यहितमाधत्तेतथाराज्ञाप्यसंशयम् ४५ वर्तितव्यंकुरुश्रेष्ठसदाधर्मानुवर्तिना ॥ स्वंप्रियंतुपरित्यज्ययद्यल्लोकहितंभवेत् ४६ नसंत्याज्यंचतेधैर्यंकदाचिदपिपाण्डव ॥ धीरस्यस्पष्टदंडस्यनभयंविद्यतेक्वचित् ४७ ॥ ॥ ॥

कारादिना यथोक्तं। 'नेत्रवक्त्रविकारेणज्ञायतेऽन्तर्गतंमनः'इति औपम्यमुपमानमन्यत्रकार्यदर्शनेन आनमैःशब्दादिनासामुद्रिकलक्षणेन तेपुरुषाःपरीक्ष्याः ४१ व्यसनान्यष्टादश यथाहमनुः 'मृगयाक्षादिवास्वप्नःपरिवादःस्त्रियोमदः ॥ तौर्यत्रिकंवृथापानंकामजोदशकोगणः'। तौर्यत्रिकंवाद्यगीतनृत्यानि 'पैशुन्यंसाहसंद्रोहईर्ष्याऽसूयाऽर्थदूषणं ॥ वाग्दंडजंचपारुष्यंक्रोधजोऽपिगणोऽष्टकः'इति तत्रचसप्तकष्टतमानि यथाऽऽह। 'पानमक्षाःस्त्रियश्चैवमृगयाचयथाक्रमं ॥ एतत्कष्टतमंविद्याच्चतुष्कंकामजेगणे ॥ दंडस्यपातनंचैववाक्पारुष्यार्थदूषणे ॥ क्रोधजेऽपिगणेविद्यात्कष्टमेतत्त्रिकंसदा'इति नप्रयुंजीतेतिनअपितुसर्वदाशूरान्जयायप्रयोजयेदेव संकीर्णप्रयुक्तयप्रयुक्तयोःसंकरं साम्नाऽपगतेप्रयोगोनास्तिअन्यत्रकुर्यादेवेत्यर्थः ४२ व्यसनीमृगयाऽक्षाःस्त्रियःपानंचतद्वान् अतिद्वेषीप्रजाद्रोहपरः ४३। ४४। ४५ प्रियमिष्टं ४६ तेत्वया स्पष्टःप्रख्यातोदंडःअश्वरथहस्तिपुरुषादिसमूहोयस्यतस्यस्पष्टदंडस्य ४७ ॥ ॥ ॥ ॥

४८ संघर्षात् अतिसंश्लेषात् ४९ विकल्पंतेकार्येसंशयंदर्शयंति गुह्यंगोप्यमपिच्छिद्रंअनुयुंजतेप्रकटयंति भोज्यानिराज्ञः आहारयंतिभक्षयंति ५० उत्कोचैर्लंचाभिः वंचनाअलीकगुणदोषादिप्र दर्शनं अनुविहंतिविनिघ्नंति ५१ प्रतिरूपकैःकृत्रिमैःशासनपत्रैः विषयंदेशं जर्जरंनिःसारं स्त्रीरक्षिभिःसज्जंतेप्रीतिंकुर्वंति अंतःपुरेप्रवेशमिच्छंतः ५२ वांतंजृंभादिना निष्ठीवनंथूत्कारं तद्वचःराज वाक्यंगुह्यमपिलोकेव्याहरंति ५३ हर्षुलेपरिहासशीले ५४ । ५५ । ५६ विस्रंसयंतिभेदयंति ५७ हेलनानिकुर्वंतीतिशेषः उपशृण्वतःशृण्वंतमनादृत्य स्वस्थाःनिर्भयाः ५८ राजदेयंराजभागं

परिहासश्चभृत्यैस्तेनात्यर्थंवदतांवर ॥ कर्तव्योराजशार्दूलदोषमत्रहिमेशृणु ४८ अवमन्यंतिभर्तारंसंघर्षादुपजीविनः ॥ स्वेस्थानेनचतिष्ठन्तिलंघयन्तिचतद्वचः ४९ प्रेष्यमाणाविकल्पंतेगुह्यंचाप्यनुयुंजते ॥ अयाच्यंचैवयाचन्तेभोज्यान्याहारयंतिच ५० क्रुध्यंतिपरिदीप्यंतिभूमिपायाधितिष्ठते ॥ उत्कोचैर्वंचनाभिश्च कार्याण्यनुविहंतिच ५१ जर्जरंचास्यविषयंकुर्वंतिप्रतिरूपकैः ॥ स्त्रीरक्षिभिश्चसज्जंतेतुल्यवेषाभवंतिच ५२ वांतंनिष्ठीवनंचैवकुर्वतेचास्यसन्निधौ ॥ निर्लज्जाराज शार्दूलव्याहरंतिचतद्वचः ५३ हयंवादंतिनंवापिरथंवान्नृपसत्तम ॥ अभिरोहंत्यनादृत्यहर्षुलेपार्थिवेमृदौ ५४ इदन्तेदुष्करंराजन्निदंतेदुष्टचेष्टितम् ॥ इत्येवंसुहृदो वाचंवदंतेपरिषद्गताः ५५ क्रुद्धेचास्मिन्हसंत्येवनचहृष्यंतिपूजिताः ॥ संहर्षशीलाश्चतदाभवंत्यन्योन्यकारणात् ५६ विस्रंसयंतिमंत्रंचविवृण्वंतिचदुष्कृतम् ॥ लीलयाचैवकुर्वन्तिसावज्ञास्तस्यशासनम् ५७ अलंकारेचभोज्येचतथास्नानानुलेपने ॥ हेलनानिनरव्याघ्रस्वस्थास्तस्योपशृण्वतः ५८ निन्दतेस्वानधीकारान्सं त्यजंतेचभारत ॥ नवृत्त्यापरितुष्यंतिराजदेयंहरंतिच ५९ क्रीडितुंतेनचेच्छंतिससूत्रेणेवपक्षिणा ॥ अस्मत्प्रणेयोराजेतिलोकांश्चैववदंत्युत ६० एतेचैवापरेचै वदोषाःप्रादुर्भवंत्युत ॥ नृपतौमार्दवोपेतेहर्षुलेचयुधिष्ठिर ६१ ॥ इतिश्रीमहाभारतेशांतिपर्वणिराज०षट्पंचाशत्तमोऽध्यायः ॥ ५६ ॥ ॥ भीष्मउवा च ॥ नित्योद्युक्तेनवैराज्ञाभवितव्यंयुधिष्ठिर ॥ प्रशस्यतेनराजाहिनारीवोद्यमवर्जितः १ भगवानुशनाचाहश्लोकमत्रविशांपते ॥ तदिहैकमनाराजन्गदतस्तंनि बोधमे २ द्वाविमौग्रसतेभूमिःसर्पोबिलशयानिव ॥ राजानंचाविरोद्धारंब्राह्मणंचाप्रवासिनम् ३ तदेतन्नरशार्दूलहृदित्वंकर्तुमर्हसि ॥ संधेयानभिसंधत्स्व विरोध्यांश्चविरोधय ४ सप्तांगस्यचराज्यस्यविपरीतंयआचरेत् ॥ गुरुर्वायदिवामित्रंप्रतिहंतव्यएवसः ५ मरुत्तेनहिराज्ञावैगीतःश्लोकःपुरातनः ॥ राजाधि काररराजेन्द्रबृहस्पतिमतेपुरा ६ गुरोरप्यवलिप्तस्यकार्याकार्यमजानतः ॥ उत्पथप्रतिपन्नस्यदंडोभवतिशाश्वतः ७ ॥ ॥

५९ क्रीडितुंराज्ञासहमृगयादिक्रीडांकर्तुं ससूत्रेणबद्धेनपक्षिणाश्येनेन राज्ञोनिरोधकाइत्यर्थः प्रणेयःशास्यः ६० अपरेदारापहारादयः ६१ ॥ इतिशांतिपर्वणिराजधर्मानुशासनपर्वणिनीलकं ठीयेभारतभावदीपे षट्पंचाशत्तमोऽध्यायः ॥ ५६ ॥ ॥ ॥ अस्यैवाध्यायस्यसूत्रभूतस्योत्तरोग्रंथोवृत्तिरूपः । तत्रउत्थानेनयतेथाइत्युक्तंतद्विवृणोति नित्येति १ यदश्लोकं आहततस्मात्तंश्लोकंनिबोध २ अप्रवासिनंवेदाध्ययनार्थम् ब्राह्मणंयतिंवा ३ विरोधयपर्वतादौतेषांविशेषेणरोधंकुरु ४ सप्तस्वाम्यमात्यसुहृत्कोशराष्ट्रदुर्गबलानिअंगानियस्यतस्यसप्तांगस्य विपरीतंयस्यकस्यचिदप्यंगस्यप्रतिकूलं ५ । ६ शाश्वतःअप्रतिसमाधेयःवर्जतारोहणादिर्गुरोः अन्यस्यतुवधएव ७ ॥ ॥ ॥ ॥ ॥

८ । ९ । १० । ११ नहिंस्यात्करार्थंक्षेत्रेषुधान्यानिरुद्ध्वावृष्ट्यादिनाननाशयेत् देयंभृत्यानांवेतनं विक्रांतःपराक्रमी क्षांतःक्षमावान् पथःशुभमार्गात् १२ आत्मवान्जितचित्तः शास्त्रार्थैकृतनि श्चयःनिःसंदेहः सततंनित्यं पूर्वाह्णेधर्ममध्यान्हेऽर्थमपराह्णेकाममपररात्रेयोगंचेतिनित्यंसर्वानपिसेवेत १३ वृजिनंसंकटं अरक्षणान्मंत्रस्यागोपनादन्यन्नास्ति १४ धर्माणांसंकरोऽन्यत्ययस्तस्मात्प्र जानांरक्षाधर्मसंकररक्षा १५ नविश्वसेत् चात्विश्वसेदप्याप्तेषु तेष्वप्यत्यर्थंनविश्वसेत् षण्णांगुणानांभावःषाड्गुण्यं तेचबलवतिस्थायिनियानिनःसंधिः समबलेविग्रहोयुद्धादिः दुर्बलेयानंतदीयदुर्गा द्याक्रमणं एवंस्थायिनोबलवतियायिन्यासनंदुर्गादावेवस्वरक्षणं मध्यमेद्वैधीभावः अर्धेनदंडेनदुर्गाश्रयणमर्धेनपरेषांधान्यादिनिरोधनं दुर्बलेसमाश्रयोमित्रांतरमाश्रित्यतेनसहयुद्धंकर्तव्यं एते षुकर्तव्येषुगुणान्जयावहान्दोषान्पराजयावहांश्चार्थान्कोशदंडादिपौष्कल्यादीन्बुद्ध्यास्वयमेवनिश्चिनुयात् १६ द्विषःशत्रोःसप्तसुराज्यांगेषुस्वप्रवेशद्वारशैथिल्यंतत्द्विट्छिद्रं एवंस्वस्यसप्तसुराज्यांगेषुस्व त्परप्रवेशद्वारशैथिल्यंतत्परच्छिद्रं द्विट्छिद्रदर्शीस्यात् एतच्चस्वच्छिद्रगोपनस्याप्युपलक्षणं त्रिवर्गेधर्मादौविदितार्थोज्ञाततत्त्वः युक्तश्चारःप्रच्छन्नःस्पशःउपधिःपरकीयानाममात्यादीनामुत्कोचदानादिनाभेद

बाहोःपुत्रेणराज्ञाचसगरेणचधीमता ॥ असमंजाःसुतोज्येष्ठस्त्यक्तःपौरहितैषिणा ८ असमंजाःसरय्वांसपौराणांबालकान्नृप ॥ न्यमज्जयदतःपित्रानिर्भर्त्स्यस विवासितः ९ ऋषिणोद्दालकेनापिश्वेतकेतुर्महातपाः ॥ मिथ्याविप्रानुपचरन्संत्यक्तोदयितःसुतः १० लोकरंजनमेवात्रराज्ञांधर्मःसनातनः ॥ सत्यस्यरक्षणंचैव व्यवहारस्यचार्जवम् ११ नहिंस्यात्परवित्तानिदेयंकालेचदापयेत् ॥ विक्रांतःसत्यवाक्क्षांतोनृपोनचलतेपथः १२ आत्मवांश्चजितक्रोधःशास्त्रार्थकृतनिश्चयः ॥ धर्मेचार्थेचकामेचमोक्षेचसततंरतः १३ त्रय्यांसंवृतमंत्रश्चराजाभवितुमर्हति ॥ वृजिनंचनरेन्द्राणांनान्यच्चारक्षणात्परम् १४ चातुर्वर्ण्यस्यधर्माश्चरक्षितव्यामहीक्षिता ॥ धर्मसंकररक्षाचराज्ञांधर्मःसनातनः १५ नविश्वसेच्चनृपतिर्नचात्यर्थंचविश्वसेत् ॥ षाड्गुण्यगुणदोषांश्चनित्यंबुद्ध्यावलोकयेत् १६ द्विड्छिद्रदर्शी नृपतिर्नित्यमेवप्रशस्यते ॥ त्रिवर्गेविदितार्थश्चयुक्तचारोपधिश्चयः १७ कोशस्योपार्जनरतिर्यमवैश्रवणोपमः ॥ वेत्ताचदशवर्गस्यस्थानवृद्धिक्षयात्मनः १८ अभृतानांभवेद्भर्ताभृतानामन्ववेक्षकः ॥ नृपतिःसुमुखश्चस्यात्स्मितपूर्वाभिभाषिता १९ उपासिताचवृद्धानांजिततंद्रिरलोलुपः ॥ सतांवृत्तेस्थितमतिःसंतो प्यश्चारुदर्शनः २० नचाददीतवित्तानिसतांहस्तात्कदाचन ॥ असद्भ्यश्चसमादद्यात्सद्भ्यस्तुप्रतिपादयेत् २१ स्वयंप्रहर्तादाताचवश्यात्मारम्यसाधनः ॥ काले दाताचभोक्ताचशुद्धाचारस्तथैवच २२ शूरान्भक्तानसंहार्यान्कुलेजातानरोगिणः ॥ शिष्टान्शिष्टाभिसंबंधान्मानिनोऽनवमानिनः २३ ॥ ॥

नंचयेनसयुक्तचारोपधिः तत्रचारनियोजनस्थानान्युक्तानिनीतिशास्त्रे 'मंत्रीपुरोहितश्चैवयुवराजश्चभूपतिः ॥ पंचमोद्वारपालश्चषष्ठोऽन्तर्वेशिकस्तथा ॥ कारागाराधिकारी चद्रव्यसंचयकृत्तथा ॥ कृत्याकृ त्येषुचार्थानांनवमोविनियोजकः ॥ प्रदेष्टानगराध्यक्षःकार्यनिर्माणकृत्तथा ॥ धर्माध्यक्षःसभाध्यक्षोदंडपालस्त्रिपंचमः ॥ षोडशोदुर्गपालश्चतथाराष्ट्रांतपालकः ॥ अटवीपालकांतानितीर्थान्यष्टादशै वतु ॥ चारान्विचारयेत्तीर्थेस्वात्मनश्चपरस्यच ॥ पाषंडादीनविज्ञातानन्योन्यमितरेष्वपि ॥ मंत्रिणंयुवराजंचहित्वास्वेषुपुरोहितम्'इति १७ दशवर्गः'अमात्यराष्ट्रदुर्गाणिकोशोदंडश्चपंचमः'इतिप्रकृतिपंचकंस्वप क्षेपरपक्षेचेतिदशकोवर्गः सचोभयोःसाम्यंचेत्स्थानंस्थितिस्तत्कर्ता स्वस्याधिकश्चेद्वृद्धिकर्ता परस्याधिकश्चेत्क्षयकर्ता १८ । १९ २० । २१ । २२ शूरान्सहायान्कुर्यादितितृतीयेना न्वयः असंहार्यान्परैरप्रतार्यान् शिष्टाभिसंबंधान्शिष्टपरिवारान् अनवमानिनःअवमानंपरस्याकुर्वतः २३

अचलान्स्थिरान् अचलानिवपर्वतानिव २४ छत्रमात्रेणमहितायाआज्ञेदमित्थंकुर्विदंनेतितयाऽधिकः अन्यत्सर्वंशूरैःसमानंभुंजीत २५ इयंचशूरेषुराज्ञोवृत्तिःप्रत्यक्षाऽपरोक्षाचसमाभवेत् सन्निहिते ष्वसन्निहितेषुवातुल्यास्यादित्यर्थः २६ सर्वाभिशंकीसर्वत्राकृतविश्वासः सर्वहरःसर्वस्वापहारीअनृजुरनृतापराधारोपकृत् यतोलुब्धः २७ । २८ । २९ । ३० । ३१ । ३२ । ३३ । ३४ असंघातरताःसंघातेशरीरेप्रीतिमंतोनभवंतिकिंतुतत्साध्येधर्मएवेत्यर्थः ३५ नेयाःविनेतुंयोग्याः संघर्षःपराभिभवस्तच्छीलिनोन ३६ कूटंदंभः कपटमनृतं मत्सरःपरोत्कर्षासहिष्णुत्वं ३७ ज्ञानानि

विद्याविदोलोकविदःपरलोकान्ववेक्षकान् ॥ धर्मेचनिरतान्साधूनचलानचलानिव २४ सहायान्सततंकुर्याद्राजाभूतिपरिष्कृतः ॥ तैश्चतुल्योभवेद्भोगैश्छत्रमात्राज्ञयाधिकः २५ प्रत्यक्षाचपरोक्षाचवृत्तिश्चास्यभवेत्समा ॥ एवंकुर्वन्नरेन्द्रोपिनखेदमिहविन्दति २६ सर्वाभिशंकीनृपतिर्यश्चसर्वहरोभवेत् ॥ सक्षिप्रमनृजुर्लुब्धःस्वजनेनैवबध्यते २७ शुचिस्तुपृथिवीपालोलोकचित्तग्रहेरतः ॥ नपतत्यरिभिर्ग्रस्तःपरितश्चावतिष्ठते २८ अक्रोधनोह्यव्यसनीमृदुदंडोजितेंद्रियः ॥ राजाभवतिभूतानांविश्वास्योहिमवानिव २९ प्राज्ञस्त्यागगुणोपेतःपररंध्रेषुतत्परः ॥ सुदर्शःसर्ववर्णानांनयापनयवित्तथा ३० क्षिप्रकारीजितक्रोधःसुप्रसादोमहामनाः ॥ अरोषप्रकृतिर्युक्तःक्रियावानविकत्थनः ३१ आरब्धान्येवकार्याणिसुपर्यवसितानिच ॥ यस्यराज्ञःप्रदृश्यंतिसराजाराजसत्तमः ३२ पुत्राइवपितुर्गेहेविषयेयस्यमानवाः ॥ निर्भयाविचरिष्यंतिसराजाराजसत्तमः ३३ अगूढविभवायस्यपौराराष्ट्रनिवासिनः ॥ नयापनयवेत्तारःसराजाराजसत्तमः ३४ स्वकर्मनिरतायस्यजनाविषयवासिनः ॥ असंघातरतादांताःपाल्यमानायथाविधि ३५ वश्यानेयाविधेयाश्चनचसंघर्षशीलिनः ॥ विषयेदानरुचयोनरायस्यसपार्थिवः ३६ नयस्यकूटंकपटंनमायानचमत्सरः ॥ विषयेभूमिपालस्यतस्यधर्मःसनातनः ३७ यःसत्करोतिज्ञानानिज्ञेयेपरहितेरतः ॥ सतांवर्त्मानुगस्त्यागीसराजाराज्यमर्हति ३८ यस्यचाराश्चमंत्राश्चनित्यंचैवकृताकृताः ॥ नज्ञायंतेहिरिपुभिःसराजाराज्यमर्हति ३९ श्लोकश्चायंपुरागीतोभार्गवेणमहात्मना ॥ आख्यातेरामचरितेनृपतिंप्रतिभारत ४० राजानंप्रथमंविंदेत्ततोभार्यांततोधनम् ॥ राजन्यसतिलोकस्यकुतोभार्याकुतोधनम् ४१ तद्राज्येराज्यकामानांनान्योधर्मःसनातनः ॥ ऋतेरक्षांतुविस्पष्टांरक्षालोकस्यधारिणी ४२ प्राचेतसेनमनुनाश्लोकौचेमावुदाहृतौ ॥ राजधर्मेषुराजेन्द्रतांविहैकमनाःशृणु ४३ षडेतान्पुरुषोजह्याद्भिन्नांनावमिवार्णवे ॥ अप्रवक्तारमाचार्यमनधीयानमृत्विजम् ४४ अरक्षितारंराजानंभार्यांचाप्रियवादिनीम् ॥ ग्रामकामंचगोपालंवनकामंचनापितम् ४५ ॥ इतिश्रीमहाभारतेशांतिपर्वणिराजधर्मानुशासनपर्वणिसप्तपंचाशत्तमोऽध्यायः ॥ ५७ ॥ भीष्मउवाच ॥ एतत्तेराजधर्माणांनवनीतंयुधिष्ठिर ॥ बृहस्पतिर्हिभगवान्नान्यंधर्मंप्रशंसति १

ज्ञानयुक्तान्पंडितान् ज्ञेयेशास्त्रार्थेपरस्यहितावहेरतोनतुहिंसामये त्यागीदाता ३८ कृताअप्यकृताइवेतिकृताकृताः ३९ । ४० प्रथमंश्रेष्ठं असत्यशुभे ४१ । ४२ रक्षैवराज्ञःकर्म तामकुर्वन्नराजात्याज्यइत्याह प्राचेतसइति ४३ । ४४ । ४५ ॥ इतिशांतिप०राजध०नी०भारत०सप्तपंचाशत्तमोऽध्यायः ॥ ५७ ॥ एतदिति । एतद्रक्षणंनवनीतंनवनीतवत्सर्वधर्मसारं न्याय्यंन्यायादनपेतम् १

२ । ३ अत्ररक्षणेसाधनंयुक्तिम ४ चारोगुप्तस्पशः प्रणिधिःप्रकटस्पशः दानंभक्तवेतनयोः युक्तेरादानं अयोगेनाऽनुपायेनआदानंकरग्रहणंनच ५ । ६ केतनानांगृहादीनां द्विविधस्यशारीरदंडो
र्थदंडश्चेतिभेदात ७ निचेयानांसंग्राह्याणांधान्यादीनांनिचयःसंग्रहः ८ । ९ अविश्वासोयामिकादीनामपि पौराणांसंघातस्यपरैर्वाणिज्यादिच्छलेनवशीकृतस्यभेदनंविघटनम १० उपजापःपरै
स्वभृत्यानांभेदनं अविश्वासोभृत्यानामेव ११ उत्थानमुद्योगः अनार्यंहीनकर्मकदर्यत्वादितद्वर्जनम १२ । १३ । १४ वाग्वीरान् पण्डितान् उत्थानमेवमहत्पांडित्यमित्यर्थः १५। १६ । १७ एकां

विशालाक्षश्चभगवान्काव्यश्चैवमहातपाः ॥ सहस्राक्षोमहेन्द्रश्चतथाप्राचेतसोमनुः २ भरद्वाजश्चभगवांस्तथागौरशिरामुनिः ॥ राजशास्त्रप्रणेतारोब्रह्मण्याब्रह्मवा
दिनः ३ रक्षामेवप्रशंसंतिधर्मंधर्मभृतांवर ॥ राज्ञांराजीवताम्राक्षसाधनंचात्रमेशृणु ४ चारश्चप्रणिधिश्चैवकालेदानममत्सरात ॥ युक्त्यादानंनचादानमयोगेनयु
धिष्ठिर ५ सतांसंग्रहणंशौर्यंदाक्ष्यंसत्यंप्रजाहितम् ॥ अनार्जवैरार्जवैश्चशत्रुपक्षस्यभेदनम् ६ केतनानांचजीर्णानामवेक्षाचैवसीदताम् ॥ द्विविधस्यचदंडस्यप्रयो
गःकालचोदितः ७ साधूनामपरित्यागःकुलीनानांचधारणम् ॥ निचयश्चनिचेयानांसेवाबुद्धिमतामपि ८ बलानांहर्षणंनित्यंप्रजानामन्ववेक्षणम् ॥ कार्येष्वखे
दःकोशस्यतथैवचविवर्धनम् ९ पुरगुप्तिरविश्वासःपौरसंघातभेदनम् ॥ अरिमध्यस्थमित्राणांयथावच्चान्ववेक्षणम् १० उपजापश्चभृत्यानामात्मनःपुरदर्शनम् ॥
अविश्वासःस्वयंचैवपरस्याश्वासनंतथा ११ नीतिधर्मानुसरणंनित्यमुत्थानमेवच ॥ रिपूणामनवज्ञानंनित्यंचानार्यवर्जनम् १२ उत्थानंहिनरेन्द्राणांबृहस्पतिरभा
षत ॥ राजधर्मस्यतन्मूलंश्लोकांश्चात्रनिबोधमे १३ उत्थानेनामृतंलब्धमुत्थानेनासुराहताः ॥ उत्थानेनमहेंद्रेणश्रैष्ठ्यंप्राप्तंदिवीहच १४ उत्थानवीरःपुरुषो
वाग्वीरानधितिष्ठति ॥ उत्थानवीरान्वाग्वीरारमयंतउपासते १५ उत्थानहीनोराजाहिबुद्धिमानपिनित्यशः ॥ प्रधर्षणीयःशत्रूणांभुजंगइवनिर्विषः १६ नचश
त्रुरवज्ञेयोदुर्बलोपिबलीयसा ॥ अल्पोपिहिदहत्यग्निर्विषमल्पंहिनस्तिच १७ एकांगेनापिसंभूतःशत्रुर्दुर्गमुपाश्रितः ॥ सर्वंतापयतेदेशमपिराज्ञःसमृद्धिनः १८
राज्ञोरहस्यंतद्वाक्यंयथार्थंलोकसंग्रहः ॥ हृदियच्चास्यजिह्मंस्यात्कारणेनचयद्भवेत् १९ यच्चास्यकार्यंवृजिनमार्जवेनेहनिर्जयेत् ॥ दंभनार्थंचलोकस्यधर्मिष्ठामा
चरेत्क्रियाम् २० राज्यंहिसुमहत्तंत्रंधार्यतेनाकृतात्मभिः ॥ नशक्यंमृदुनावोढुमायासस्थानमुत्तमम् २१ राज्यंसर्वामिषंनित्यमार्जवेनेहधार्यते ॥ तस्मा
न्मिश्रेणसततंवर्तितव्यंयुधिष्ठिर २२ यद्यप्यस्यविपत्तिःस्याद्रक्षमाणस्यवैप्रजाः ॥ सोप्यस्यविपुलोधर्मएवंवृत्ताहिभूमिपाः २३ एषतेराजधर्माणांलेशःसमनुवर्णि
तः ॥ भूयस्तेयत्रसंदेहस्तद्ब्रूहिकुरुसत्तम २४ ॥ वैशंपायनउवाच ॥ ततोव्यासश्चभगवान्देवस्थानोश्मएवच ॥ वासुदेवःकृपश्चैवसात्यकिःसंजयस्त
था २५ साधुसाध्वितिसंहृष्टाःपुष्यमाणैरिवाननैः ॥ अस्तुवंश्चनरव्याघ्रंभीष्मंधर्मभृतांवरम् २६ ॥ ॥ ॥

गेनहस्त्यश्वरथपादातानामन्यतमेनापिसंभूतःसंपन्नः समृद्धिनःसमृद्धिमतः १८ स्वीयेनआर्जवेनराज्ञोयद्रहस्यंवाक्यंयोवाजयार्थंलोकसंग्रहोयच्चास्यकारणेनशत्रुजयादिहेतुनाजिह्मंकपटंयच्चवृजिनंहीनंकार्यंतत्स
र्वंसमीकुर्यादित्याहद्वाभ्यां राज्ञइति १९ दंभनार्थंसंघातार्थम २० अकृतात्मभिःक्रूरैः २१ मिश्रेणक्रौर्यमार्दवाभ्याम २२ । २३ । २४ । २५।२६ ॥ ॥ ॥

२७ । २८ । २९ । ३० ॥ इतिशांतिपर्वणिराजधर्मानुशासनपर्वणि नीलकंठीयेभारतभावदीपे अष्टपंचाशत्तमोऽध्यायः ॥ ५८ ॥ ततःकल्यमित्यध्यायोदंडनीतिशास्त्रस्यराज्ञश्चोत्पत्तिंवक्तुंप्रवर्तते कल्यंप्रातः १ । २ । ३ । ४ मानुषत्वेसमानेऽपिकिंनिमित्तेयमेकस्मिन्निग्रहानुग्रहशक्तिरितिपृच्छति यद्दत्यादिना ५ । ६ । ७ । ८ । ९ । १० । ११ । १२ । १३ दंडोदमनं दांडिकोदंडप्रणेता १४ धर्मेणैवनतु

ततोदीनमनाभीष्ममुवाचकुरुसत्तमः ॥ नेत्राभ्यामश्रुपूर्णाभ्यांपादौतस्यशनैःस्पृशन् २७ श्वइदानींस्वसंदेहंप्रक्ष्यामित्वांपितामह ॥ उपैतिसविताह्यस्तंरसमापीयपार्थिवम् २८ ततोद्विजातीनभिवाद्यकेशवःकृपश्चतेचैवयुधिष्ठिरादयः ॥ प्रदक्षिणीकृत्यमहानदीसुतंततोरथानारुरुहुर्मुदान्विताः २९ दृषद्वतींचाप्यवगाह्यसुव्रताःकृतोदकार्थाःकृतजप्यमंगलाः ॥ उपास्यसंध्यांविधिवत्परंतपास्ततःपुरंतेविविशुर्गजाह्वयम् ३० ॥ इतिश्रीमहाभारते शांतिपर्वणि राजधर्मानुशासनपर्वणि युधिष्ठिरादिस्वस्थानगमने अष्टपंचाशत्तमोऽध्यायः ॥ ५८ ॥

॥ वैशंपायनउवाच ॥ ततःकल्यंसमुत्थायकृतपूर्वाह्णिकक्रियाः ॥ ययुस्तेनगराकारैरथैःपांडवयादवाः १ प्रतिपद्यकुरुक्षेत्रंभीष्ममासाद्यचानघ ॥ सुखांचरजनींपृष्ट्वागांगेयंरथिनांवरम् २ व्यासादीनभिवाद्यर्षीन्सर्वैस्तैश्चाभिनंदिताः ॥ निषेदुरभितोभीष्मंपरिवार्यसमंततः ३ ततोराजामहातेजाधर्मराजोयुधिष्ठिरः ॥ अब्रवीत्प्रांजलिर्भीष्मंप्रतिपूज्ययथाविधि ४ ॥ युधिष्ठिरउवाच ॥ यएषराजन्राजेतिशब्दश्चरतिभारत ॥ कथमेषसमुत्पन्नस्तन्मेब्रूहिपरंतप ५ तुल्यपाणिभुजग्रीवस्तुल्यबुद्धीन्द्रियात्मकः ॥ तुल्यदुःखसुखात्माचतुल्यपृष्ठमुखोदरः ६ तुल्यशुक्रास्थिमज्जाचतुल्यमांसासृगेवच ॥ निःश्वासोच्छ्वासतुल्यश्चतुल्यप्राणशरीरवान् ७ समानजन्ममरणःसमःसर्वगुणैर्नृणाम् ॥ विशिष्टबुद्धीन्शूरांश्चकथमेकोऽधितिष्ठति ८ कथमेकोमहींकृत्स्नांशूरवीरार्यसंकुलाम् ॥ रक्षत्यपिचलोकस्यप्रसादमभिवांछति ९ एकस्यतुप्रसादेनकृत्स्नोलोकःप्रसीदति ॥ व्याकुलेचाकुलःसर्वोभवतीतिविनिश्चयः १० एतदिच्छाम्यहंश्रोतुंतत्त्वेनभरतर्षभ ॥ कृत्स्नंतन्मेयथातत्त्वंप्रब्रूहिवदतांवर ११ नैतत्कारणमल्पंहिभविष्यतिविशांपते ॥ यदेकस्मिन्जगत्सर्वंदेववद्यातिसन्नतिम् १२ भीष्मउवाच ॥ नियतस्त्वंनरव्याघ्रशृणुसर्वमशेषतः ॥ यथाराज्यंसमुत्पन्नमादौकृतयुगेऽभवत् १३ नवैराज्यंनराजासीन्नचदंडोनदांडिकः ॥ धर्मेणैवप्रजाःसर्वारक्षंतिस्मपरस्परम् १४ पाल्यमानास्तथाऽन्योन्यंनराधर्मेणभारत ॥ खेदंपरमुपाजग्मुस्ततस्तान्मोहआविशत् १५ तेमोहवशमापन्नामनुजामनुजर्षभ ॥ प्रतिपत्तिविमोहाच्चधर्मस्तेषामनीनशत् १६ नष्टायांप्रतिपत्तौचमोहवश्यानरास्तदा ॥ लोभस्यवशमापन्नाःसर्वेभरतसत्तम १७ अप्राप्तस्याभिमर्शंतुकुर्वन्तोमनुजास्ततः ॥ कामोनामापरस्तत्रप्रत्यपद्यतवैप्रभो १८ तांस्तुकामवशंप्राप्तान्रागोनामाभिसंस्पृशत् ॥ रक्ताश्चनाभ्यजानंतकार्याकार्येयुधिष्ठिर १९ अगम्यागमनंचैववाच्यावाच्यंतथैवच ॥ भक्ष्याभक्ष्यंचराजेन्द्रदोषादोषंचनात्यजन् २० विप्लुतेनरलोकेवैब्रह्मचैवननाशह ॥ नाशाच्चब्रह्मणोराजन्धर्मोनाशमथागमत् २१

मातृवत्स्नेहेनभृत्यवद्वेतनेनवा खेदंश्रमं मोहोवैचित्यं १५ प्रतिपत्तिविमोहाज्ज्ञानलोपात् १६ प्रथमंज्ञानलोपस्ततोमोहस्ततोलोभोलोभाद्विषयाभिलाषोऽभिलषितसंयोगादिंद्रियप्रीत्याख्यः कामस्ततस्तद्विषयेरागोरागात्कर्तव्याकर्तव्यप्रतिपत्तिशून्यत्वंततःपुनर्मोहइत्यादिचक्रमाह नष्टायामितित्रिभिः १७ । १८ । १९ नात्यजन्दुष्टमदुष्टंच सर्वेस्वीचक्रुरित्यर्थः २० ब्रह्मवेदः धर्मोयज्ञः २१

२२ । २३ । २४ मर्त्यैःसमतांयाताःस्म स्वाहाद्यभावेनक्षीणाःस्मइत्यर्थः २५ नरायजमानाहविर्धाराभिरूर्ध्वप्रवर्षिणः ततश्चान्नाभावान्नश्यामइत्यर्थः २६ नोऽस्माकंस्वभावऐश्वर्यसत्यसंकल्पत्वादिकम् २७ । २८ । २९ पृथगर्थस्त्रिवर्गफलापेक्षयात्रिपरीतफलः पृथग्गुणस्त्रिवर्गसाधनापेक्षयाविपरीतसाधनः ३० मोक्षस्यत्रिवर्गोधर्मादिरन्योनिष्कामः धर्मादेर्भेदश्चसत्वादिगुणप्राधान्यनिमित्तइत्यर्थः दंडात्स्थानंसाम्यंवणिजां वृद्धिस्तपस्विनां क्षयश्चोराणांचभवतीत्याहार्धेन स्थानमिति ३१ नीतिजान्षड्गुणानाह आत्मेति । आत्माचित्तंनीतिबलात्प्रजानांचित्तंदुःस्थितमपिसुस्थितंभवतिकुदेशोपिसुदेशोभवतिकलिरपिकृतंभवति । उपायाःसाधनानि । कृत्यंकृतिनिर्वर्त्यंप्रयोजनं । सहायाःसुहृदादयः। एतेसर्वेविकलाअपिसकलाभवंति तत्रकारणंनीतिजःषड्वर्गोनीतिप्रोत्तंभितश्चित्तादिरित्यर्थः३२ त्रयीकर्मकांडः । आन्वीक्षिकीज्ञानकाण्डः। वार्ताकृषिवाणिज्यादिजीविकाकांडः । दंडनीतिःपालनविद्या । एतेधर्मादयस्तत्रब्रह्मकृतशतसहस्राध्यायेदर्शिताः ३३

नष्टेब्रह्मणिधर्मेचदेवांस्त्रासःसमाविशत् ॥ तेत्रस्तानरशार्दूलब्रह्माणंशरणंययुः २२ प्रसाद्यभगवंतंतंदेवंलोकपितामहम् ॥ ऊचुःप्रांजलयःसर्वेदुःखवेगसमाहताः २३ भगवन्नरलोकस्थंग्रस्तंब्रह्मसनातनम् ॥ लोभमोहादिभिर्भावैस्ततोनोभयमाविशत् २४ ब्रह्मणश्चप्रणाशेनधर्मोप्यनशदीश्वर ॥ ततःस्मसमतांयातामर्त्यैस्त्रिभुवनेश्वर २५ अधोहिवर्षमस्माकंनरास्तूर्ध्वप्रवर्षिणः ॥ क्रियाव्युपरमात्तेषांततोगच्छामसंशयम् २६ अत्रनिःश्रेयसंयन्नस्तद्ध्यायस्वपितामह ॥ त्वत्प्रभावसमुत्थोऽसौस्वभावोनोविनश्यति २७ तानुवाचसुरान्सर्वान्स्वयंभूर्भगवान्स्तुतः ॥ श्रेयोऽहंचिंतयिष्यामिव्येतुवोभीःसुरर्षभाः २८ ततोऽध्यायसहस्राणांशतंचक्रेस्वबुद्धिजम् ॥ यत्रधर्मस्तथैवार्थःकामश्चैवाभिवर्णितः २९ त्रिवर्गइतिविख्यातोगणएषस्वयंभुवा ॥ चतुर्थोमोक्षइत्येवपृथगर्थःपृथग्गुणः ३० मोक्षस्यास्तित्रिवर्गोन्यःप्रोक्तःसत्वंरजस्तमः ॥ स्थानंवृद्धिःक्षयश्चैवत्रिवर्गश्चैवदंडजः ३१ आत्मादेशश्चकालश्चाप्युपायाःकृत्यमेवच ॥ सहायाःकारणंचैवषड्वर्गोनीतिजःस्मृतः ३२ त्रयीचान्वीक्षिकीचैववार्ताचभरतर्षभ ॥ दंडनीतिश्चविपुलाविद्यास्तत्रनिदर्शिताः ३३ अमात्यरक्षाप्रणिधीराजपुत्रस्यलक्षणम् ॥ चारश्चविविधोपायःप्रणिधेयःपृथग्विधः ३४ सामभेदःप्रदानंचततोदंडश्चपार्थिव ॥ उपेक्षापंचमीचात्रकात्स्न्र्येनसमुदाहृता ३५ मंत्रश्चवर्णितःकृत्स्नस्तथाभेदार्थएवच ॥ विभ्रमश्चैवमंत्रस्यसिद्ध्यसिद्ध्योश्चयत्फलम् ३६ संधिश्चत्रिविधाभिख्योहीनोमध्यस्तथोत्तमः ॥ भयसत्कारवित्ताख्यंकात्स्न्र्येनपरिवर्णितम् ३७ यात्राकालाश्चचत्वारस्त्रिवर्गस्यचविस्तरः ॥ विजयोधर्मयुक्तश्चतथार्थविजयश्चह ३८ आसुरश्चैवविजयस्तथाकात्स्न्र्येनवर्णितः ॥ लक्षणंपंचवर्गस्यत्रिविधंचात्रवर्णितम् ३९ प्रकाशश्चाप्रकाशश्चदंडोऽथपरिशब्दितः ॥ प्रकाशोष्टविधस्तत्रगुह्यश्चबहुविस्तरः ४० रथानागाहयाश्चैवपादाताश्चैवपांडव ॥ विष्टिर्नावश्चराश्चैवदेशिकाइतिचाष्टमम् ४१

भेदशंकयाऽमात्यानामपिरक्षाकर्तव्यातदर्थंप्रणिधिर्गुप्तश्चारः सचचारोविविधोपायः ब्रह्मचार्यादिवेषधारी प्रणिधेयःपृथग्विधः एकैकस्मिन्स्थानेपृथक्पृथग्वेषास्त्रयस्त्रयइति ३४ सामादिचतुष्टयमुपेक्षाचपंचमीत्युपायाः ३५ विभ्रमोभेदार्थे ३६ भयेनसंधिर्हीनः । सत्कारेणमध्यमः । वित्तग्रहणेनोत्तमः । तन्त्रयंसंधिकारणंवर्णितम् ३७ चत्वारोमित्रवृद्धिकोशसंचयश्चस्वस्यमित्रनाशःकोशहानिश्चपरस्येति ३८ आसुरोविजयःसौप्तिकेगतः । पंचवर्गोऽमात्यराष्ट्रदुर्गाणिबलंकोशाश्चपंचमः । त्रिविधमुत्तममध्यमाधमभेदेन ३९ दंडःसेना । 'दंडोऽस्त्रीलगुडेपुमान्'इत्युपक्रम्य 'सैन्येकालेमानभेदे'इतिमेदिनी ४० विष्टिर्विष्टिगृहीताभारवाहाः चराश्चाराः देशिकाउपदेष्टारोगुरवः ४१ ॥ ॥ ॥ ॥ ॥ ॥

जंगमामहाहृश्चिकादिजाः अजंगमाःरक्तशृंगिकादयः ४२ स्पर्शेवस्त्रादौ अभ्यवहार्येऽन्नादौ उपांशुरभिचारादिरितिविविधोत्रिपयोगरूपोदंडः ४३ मार्गगुणाःग्रहनक्षत्रादिमार्गगुणाः । भूमिगुणाश्च तुरशीतिभूवलानियामलोक्तानि आत्मरक्षणं मंत्रयंत्रादिना । सर्गाणांरथादिनिर्माणानाम् ४४ कल्पनाःबलपुष्टिकरायोगाः । त्रिविधाभिख्याश्चक्रव्यूहक्रौंचव्यूहादिनानानामानः ४५ उत्पाताःग्रहयुद्धादयोधूमकेत्वादयश्च । निपाताःउल्कापातभूमिकंपादयः । शस्त्राणांपालनंतीक्ष्णीकरणम् ४६ पीडाचआपदांसमूहआपदंतस्यकालआपदकालः ४७ आख्यातमभिमंत्रितदुंदुभिध्वनिनाप्रयाणादिकथनं योगःपताकादिमंत्रणादि तयोःसंचारःश्रवणदर्शनाभ्यांपरमोहनं एतत्सर्वंतत्रउक्तमितिसर्वत्रयोज्यम् ४८ गरदैःविषदैः प्रतिरूपकंप्रतिमातत्कारकैस्तद्द्वाराकार्मणकारिभिःकौलिकैः

अंगान्येतानिकौरव्यप्रकाशानिबलस्यतु ॥ जंगमाजंगमाश्चोक्ताश्चूर्णयोगाविषादयः ४२ स्पर्शेचाभ्यवहार्येचाप्युपांशुर्विविधःस्मृतः ॥ अरिर्मित्रउदासीनइत्येतेऽप्यनुवर्णिताः ४३ कृत्स्नामार्गगुणाश्चैवतथाभूमिगुणाश्चह ॥ आत्मरक्षणमाश्वासःसर्गाणांचान्ववेक्षणम् ४४ कल्पनाविविधाश्चापिनृनागरथवाजिनाम् व्यूहाश्चविविधाभिख्याविचित्रंयुद्धकौशलम् ४५ उत्पाताश्चनिपाताश्चसुयुद्धंसुपलायितम् ॥ शस्त्राणांपालनंज्ञानंतथैवभरतर्षभ ४६ बलव्यसनयुक्तंचतथैवबलहर्षणम् ॥ पीडाचापदकालश्चपत्तिज्ञानंचपांडव ४७ तथाख्यातविधानंचयोगसंचारएवच ॥ चोरैराटविकैश्चोग्रैःपरराष्ट्रस्यपीडनम् ४८ अग्निदैर्गरदैश्चैवप्रतिरूपककारकैः ॥ श्रेणिमुख्योपजापेनवीरुधश्छेदनेनच ४९ दूषणेनचनागानामातंकजननेनच ॥ आराधनेनभक्तस्यप्रत्ययोपार्जनेनच ५० सप्तांगस्यचराज्यस्यह्रासवृद्धीसमंजसम् ॥ दूतसामर्थ्यसंयोगात्सराष्ट्रस्यविवर्धनम् ५१ अरिमध्यस्थमित्राणांसम्यक्प्रोक्तंप्रपंचनम् ॥ अवमर्दःप्रतीघातस्तथैवचबलीयसाम् ५२ व्यवहारःसुसूक्ष्मश्चतथाकंटकशोधनम् ॥ श्रमोव्यायामयोगश्चत्यागोद्रव्यस्यसंग्रहः ५३ अभृतानांचभरणंभृतानांचान्ववेक्षणम् ॥ अर्थस्यकालेदानंचव्यसनेचाप्रसंगिता ५४ तथाराजगुणाश्चैवसेनापतिगुणाश्चह ॥ कारणंचत्रिवर्गस्यगुणदोषास्तथैवच ५५ दुश्चेष्टितंचविविधंवृत्तिश्चैवानुवर्तिनाम् ॥ शंकितत्वंचसर्वस्यप्रमादस्यचवर्जनम् ५६ अलब्धलाभोलब्धस्यतथैवचविवर्धनम् ॥ प्रदानंचविवृद्धस्यपात्रेभ्योविधिवत्ततः ५७ विसर्गोऽर्थस्यधर्मार्थंकामहेतुकमुच्यते ॥ चतुर्थंव्यसनाघातेतथैवात्रानुवर्णितम् ५८ क्रोधजानितथोग्राणिकामजानितथैवच ॥ दशोक्तानिकुरुश्रेष्ठव्यसनान्यत्रचैवह ५९ मृगयाक्षास्तथापानंस्त्रियश्चभरतर्षभ ॥ कामजान्याहुराचार्याःप्रोक्तानीहस्वयंभुवा ६० वाक्पारुष्यंतथोग्रत्वंदंडपारुष्यमेवच ॥ आत्मनोनिग्रहस्त्यागोह्यर्थदूषणमेवच ६१ यंत्राणिविविधान्येवक्रियास्तेषांचवर्णिताः ॥ अवमर्दःप्रतीघातःकेतनानांचभंजनम् ६२ ॥ ॥ ॥ ॥

श्रेणिमुख्यावलाध्यक्षादयस्तेषामुपजापोभेदनंतेन वीरुधश्छेदनेनधान्याद्युच्छेदेन ४९ नागानांदूषणंमंत्रतंत्रौषधादिनातेन प्रत्ययोपार्जनेनविश्वासोत्पादनेनचपरराष्ट्रस्यपीडनमुक्तमितिप्रपूर्वेणसंबंधः ५० समंजसंसमत्वम् ५१ । ५२ कंटकशोधनंखलानामुन्मूलनं श्रमोमल्लक्रीडा व्यायामयोगःआयुधप्रयोगाभ्यासः त्यागोदानं ५३ अप्रसंगिताअसंबंधः ५४ राजगुणाःउत्थानादयः सेनापतिगुणाःमौलतादयः ५५ । ५६ पात्रेभ्यःप्रदानंप्रथमम् ५७ विसर्गइति विसर्गोदानंधर्मार्थं यज्ञार्थंद्वितीयं काम्यंतृतीयं व्यासनाघातेचतुर्थम् ५८ । ५९ । ६० परिशेषादवाक्पारुष्यादीनिषट् क्रोधजानि आत्मनोदेहस्य ६१ अवमर्दःपरचक्रेणदेशादेःपीडनम् ६२ ॥ ॥ ॥ ॥ ॥ ॥ ॥

कर्मान्तःकृष्यादिफलंतत्रानुशासनंरोधः अपस्कारउपकरणानि वसनंकक्चादिकं उपायास्तन्निर्माणेयुक्तयः ६३ तानिद्रव्याणिषट् । 'मणयःपशवःपृथ्वीवासोदास्यादिकांचनम्'इति ६४।६५ मंगलं
स्वार्णादिकंतस्यालंभनंस्पर्शः प्रतिक्रियाअलंकरणं ६६ एकस्याप्युत्थानप्रकारः केतनजाःगृहजाःक्रियाःध्वजारोहणाद्याः ६७ अधिकरणेषुजनोपवेशनस्थानेषुचत्वरादिषु ६८ जातितोगुण
तश्चसमुद्भवोमान्यत्वं ६९ द्वादशानांराज्ञांसमूहोद्वादशराजिका मध्यस्थस्यविजिगीषोश्चतुर्दिक्षुचत्वारोऽरयस्तेभ्योऽपरेचत्वारोमित्राणितेभ्यःपरेचत्वारउदासीनाइति ७० द्वासप्ततिविधावैद्यशास्त्रप्रसि

चैत्यद्रुमावमर्दश्चरोधःकर्मानुशासनम् ॥ अपस्करोऽथवसनंतथोपायाश्चवर्णिताः ६३ पणवानकशंखानांभेरीणांचयुधिष्ठिर ॥ उपार्जनंचद्रव्याणांपरिमर्दश्चतानि
षट् ६४ लब्धस्यचप्रशमनंसतांचैवाभिपूजनम् ॥ विद्वद्भिरेकीभावश्चदानहोमविधिज्ञता ६५ मंगलालंभनंचैवशरीरस्यप्रतिक्रिया ॥ आहारयोजनंचैवनित्यमास्ति
क्यमेवच ६६ एकेनचयथोत्थेयंसत्यत्वंमधुरागिरः ॥ उत्सवानांसमाजानांक्रियाःकेतनजास्तथा ६७ प्रत्यक्षाश्चपरोक्षाश्चसर्वाधिकरणेष्वथ ॥ वृत्तेर्भरतशार्दूलनि
त्यंचैवान्ववेक्षणम् ६८ अदंड्यत्वंचविप्राणांयुक्त्यादंडनिपातनम् ॥ अनुजीवीस्वजातिभ्योगुणेभ्यश्चसमुद्भवः ६९ रक्षणंचैवपौराणांराष्ट्रस्यचविवर्धनम् ॥ मंड
लस्थाचयाचिंताराजन्द्वादशराजिका ७० द्वासप्ततिविधाचैवशरीरस्यप्रतिक्रिया ॥ देशजातिकुलानांचधर्माःसमनुवर्णिताः ७१ धर्मश्चार्थश्चकामश्चमोक्षश्चात्रा
नुवर्णिताः ॥ उपायाश्चार्थलिप्साचविविधाभूरिदक्षिण ७२ मूलकर्मक्रियाचात्रमायायोगश्चवर्णितः ॥ दूषणंस्रोतसांचैववर्णितंचास्थिरांभसाम् ७३ यैर्यैरुपायैर्लोक
स्तुनचलेदार्यवर्त्मनः ॥ तत्सर्वंराजशार्दूलनीतिशास्त्रेऽभिवर्णितम् ७४ एतत्कृत्वाशुभंशास्त्रंततःसभगवान्प्रभुः ॥ देवानुवाचसंहृष्टःसर्वाञ्छक्रपुरोगमान् ७५ उप
कारायलोकस्यत्रिवर्गस्थापनायच ॥ नवनीतंसरस्वत्याबुद्धिरेषाप्रभाविता ७६ दंडेनसहिताह्येषालोकरक्षणकारिका ॥ निग्रहानुग्रहरतालोकाननुचरिष्यति ७७
दंडेननीयतेचेदंदण्डंनयतिवापुनः ॥ दंडनीतिरितिख्यातात्रीँल्लोकानभिवर्तते ७८ षाड्गुण्यगुणसारैषास्थास्यत्यग्रेमहात्मसु ॥ धर्मार्थकाममोक्षाश्चसकलाह्यत्रश
ब्दिताः ७९ ततस्तांभगवान्नीतिंपूर्वंजग्राहशंकरः ॥ बहुरूपोविशालाक्षःशिवःस्थाणुरुमापतिः ८० प्रजानामायुषोह्रासंविज्ञायभगवाञ्शिवः ॥ संचि
क्षेपततःशास्त्रंमहार्थंब्रह्मणाकृतम् ८१ वैशालाक्षमितिप्रोक्तंतदिंद्रःप्रत्यपद्यत ॥ दशाध्यायसहस्राणिसुब्रह्मण्योमहातपाः ८२ भगवानपितच्छास्त्रंसंचि
क्षेपपुरंदरः ॥ सहस्रैःपंचभिस्तातयदुक्तंबाहुदंतकम् ८३ अध्यायानांसहस्रैस्तुत्रिभिरेवबृहस्पतिः ॥ संचिक्षेपेश्वरोबुद्ध्याबार्हस्पत्यंतदुच्यते ८४ अध्या
यानांसहस्रेणकाव्यःसंक्षेपमब्रवीत् ॥ तच्छास्त्रममितप्रज्ञोयोगाचार्योमहायशाः ८५ एवंलोकानुरोधेनशास्त्रमेतन्महर्षिभिः ॥ संक्षिप्तमायुर्विज्ञायमर्त्यानांह्रासमेवच ८६

द्धा प्रतिक्रियासंस्कारःशौचाभ्यंगादिः ७१ हेभूरिदक्षिण ७२ मूलकर्माणिकोशवृद्धिकराणिकृष्यादीनि तेषांक्रियाकरणप्रकारः ७३ । ७४ । ७५ । ७६ । ७७ नीयतेपुरुषार्थफलाय
इदंजगत् दंडंनयतिप्रणयतिअनयाचेतिवा ७८ । ७९ । ८० संचिक्षेपसंक्षिप्तंकृतवान् ८१ वैशालाक्षंबाहुदंतकंबार्हस्पत्यमित्युत्तरोत्तरसंक्षिप्तदंडनीतिग्रंथनामानि ८२ । ८३ । ८४ । ८५ । ८६

एवंशास्त्रोत्पत्तिमुक्त्वानृपोत्पत्तिमाह अथेत्यादिना ८७। ८८। ८९ पंचातिगःविषयातिगःमुक्तः ९० अनंगइत्यंगस्यैवनामांतरं ९१।९२।९३।९४।९५।९६।९७।९८।९९

अथदेवाःसमागम्यविष्णुमूचुःप्रजापतिम् ॥ एकोयोऽर्हतिमर्त्येभ्यःश्रेष्ठ्यंवैतंसमादिश ८७ ततःसंचिंत्यभगवान्देवोनारायणःप्रभुः ॥ तैजसंवैविरजसंसोऽसृजन्मानसंसुतम् ८८ विरजास्तुमहाभागःप्रभुत्वंभुविनैच्छत ॥ न्यासायैवाभवद्बुद्धिःप्रणीतातस्यपांडव ८९ कीर्तिमांस्तस्यपुत्रोभूत्सोऽपिपंचातिगोऽभवत् ॥ कर्दमस्तस्यतुसुतःसोऽप्यतप्यन्महत्तपः ९० प्रजापतेःकर्दमस्यत्वनंगोनामवैसुतः ॥ प्रजारक्षयितासाधुर्दंडनीतिविशारदः ९१ अनंगपुत्रोऽतिबलोनीतिमानभिगम्यवै ॥ प्रतिपेदेमहाराज्यमथेंद्रियवशोऽभवत् ९२ मृत्योस्तुदुहिताराजन्सुनीथानाममानसी ॥ प्रख्यातात्रिषुलोकेषुयाऽसौवेनमजीजनत् ९३ तंप्रजासुविधर्माणंरागद्वेषवशानुगम् ॥ मन्त्रपूतैःकुशैर्जघ्नुर्ऋषयोब्रह्मवादिनः ९४ ममंथुर्दक्षिणंचोरुमृषयस्तस्यमंत्रतः ॥ ततोऽस्यविकृतोजज्ञेन्हस्वांगःपुरुषोभुवि ९५ दग्धस्थूणाप्रतीकाशोरक्ताक्षःकृष्णमूर्धजः ॥ निषीदेत्येवमूचुस्तमृषयोब्रह्मवादिनः ९६ तस्मान्निषादाःसंभूताःक्रूराःशैलवनाश्रयाः ॥ येचान्येविंध्यनिलयाम्लेच्छाःशतसहस्रशः ९७ भूयोस्यदक्षिणंपाणिंममंथुस्तेमहर्षयः ॥ ततःपुरुषउत्पन्नोरूपेणेंद्रइवापर ९८ कवचीबद्धनिस्त्रिंशःसशरःसशरासनः ॥ वेदवेदांगविच्चैवधनुर्वेदेचपारगः ९९ तंदंडनीतिःसकलाश्रिताराजन्नरोत्तमम् ॥ ततस्तुप्रांजलिर्वैन्योमहर्षीस्तानुवाचह १०० सुसूक्ष्मामेसमुत्पन्नाबुद्धिर्धर्मार्थदर्शिनी ॥ अनयाकिंमयाकार्यंतन्मेतत्त्वेनशंसत १ यन्मांभवंतोवक्ष्यंतिकार्यमर्थसमन्वितम् ॥ तदहंवैकरिष्यामिनात्रकार्याविचारणा २ तमूचुस्तत्रदेवास्तेतेचैवपरमर्षयः ॥ नियतोयत्रधर्मोवैतमशंकःसमाचर ३ प्रियाप्रियेपरित्यज्यसमःसर्वेषुजंतुषु ॥ कामंक्रोधंचलोभंचमानंचोत्सृज्यदूरतः ४ यश्चधर्मात्प्रविचलेल्लोकेकश्चनमानवः ॥ निग्राह्यस्तेस्वबाहुभ्यांशश्वद्धर्ममवेक्षता ५ प्रतिज्ञांचाधिरोहस्वमनसाकर्मणागिरा ॥ पालयिष्याम्यहंभौमंब्रह्मइत्येवचासकृत् ६ यश्चात्रधर्मोनित्योक्तोदंडनीतिव्यपाश्रयः ॥ तमशंकःकरिष्यामिस्ववशोनकदाचन ७ अदंड्यामेद्विजाश्चेतिप्रतिजानीहिहेविभो ॥ लोकंचसंकरात्कृत्स्नंत्रातास्मीतिपरंतप ८ वैन्यस्ततस्तानुवाचदेवानृषिपुरोगमान् ॥ ब्राह्मणामेमहाभागानमस्याःपुरुषर्षभाः ९ एवमस्त्वितिवैन्यस्तुतैरुक्तोब्रह्मवादिभिः ॥ पुरोधाश्चाभवत्तस्यशुक्रोब्रह्ममयोनिधिः ११० मंत्रिणोवालखिल्याश्चसारस्वत्योगणस्तथा ॥ महर्षिर्भगवान्गर्गस्तस्यसांवत्सरोऽभवत् ११ आत्मनाष्टमइत्येवश्रुतिरेषापरानृषु ॥ उत्पन्नौबंदिनौचास्यतत्पूर्वौसूतमागधौ १२ तयोःप्रीतोददौराजापृथुर्वैन्यःप्रतापवान् ॥ अनूपदेशंसूतायमगधंमागधायच १३ समतांवसुधायाश्चससम्यगुदपादयत् ॥ वैषम्यंहिपरंभूमेरासीदितिचनःश्रुतम् ११४ ॥ ॥ ॥ ॥

१००।१।२।३।४।५।६ स्ववशःस्वानींद्रियाणितद्वशः नकदाचनभविष्यामीतिशेषः स्वेतिस्वच्छःपाठः ७।८।९।११० सांवत्सरोज्यौतिषिकः ११ आत्मनास्वशरीरेणसहाष्टमःपृथुर्विष्णोःसकाशादित्यर्थः तथाहि विष्णुःप्रथमः विरजाद्वितीयः कीर्तिमांस्तृतीयः कर्दमश्चतुर्थः अनंगःपंचमः अतिबलःषष्ठः वेनःसप्तमः पृथुरष्टमइति १२।१३।११४ ॥

११५ । ११६ । १७ । १८ । १९ । २० । २१ । २२ । २३ । २४ । २५ प्रथितावनताचेतिविग्रहेवर्णलोपविकाराभ्यांपृथिवी २६ स्थापनंमर्यादां २७ । २८ दंडेति । रक्षितव्यंराज्यं तस्मान्योनआ धर्षयेत् तत्रहेतुःचाराणांनिष्पंदःसंचारस्तद्द्वारायद्दर्शनंलोकवृत्तांतस्यदृष्ट्वाचपालनंततइत्यर्थः आत्मनाचित्तेनकारणैःक्रियाभिश्चसमस्यमहीक्षितःकर्मेतिसंबंधः २९ । १३० विष्णुर्भूमिपमाविवेशेत्युक्तं

मन्वंतरेषुसर्वेषुविषमाजायतेमही ॥ उज्जहारततोवैन्यःशिलाजालान्समंततः ११५ धनुष्कोट्यामहाराजतेनशैलाविवर्धिताः ॥ सविष्णुनाचदेवेनशक्रेणविबुधैः सह १६ ऋषिभिश्चप्रजापालैर्ब्राह्मणैश्चाभिषेचितः ॥ तंसाक्षात्पृथिवीभेजेरत्नान्यादायपांडव १७ सागरःसरितांभर्ताहिमवांश्चाचलोत्तमः ॥ शक्रश्चधनमक्षय्यं प्रादात्तस्मैयुधिष्ठिर १८ रुक्मंचापिमहामेरुःस्वयंकनकपर्वतः ॥ यक्षराक्षसभर्ताचभगवान्नरवाहनः १९ धर्मेचार्थेचकामेचसमर्थंप्रददौधनम् ॥ हयारथाश्च नागाश्चकोटिशःपुरुषास्तथा १२० प्रादुर्बभूवुर्वैन्यस्यचिंतनादेवपांडव ॥ नजरानचदुर्भिक्षंनाधयोव्याधयस्तथा २१ सरीसृपेभ्यःस्तेनेभ्योनचान्योन्यात्क दाचन ॥ भयमुत्पद्यतेतत्रतस्यराज्ञोऽभिरक्षणात् २२ आपस्तस्तंभिरेचास्यसमुद्रमभियास्यतः ॥ पर्वताश्चददुर्मार्गंध्वजभंगश्चनाभवत् २३ तेनेयंपृथि वीदुग्धासस्यानिदशसप्तच ॥ यक्षराक्षसनागैश्चापीप्सितंयस्ययस्ययत् २४ तेनधर्मोत्तरश्चायंकृतोलोकोमहात्मना ॥ रंजिताश्चप्रजाःसर्वास्तेनराजेतिशब्द्य ते २५ ब्राह्मणानांक्षतत्राणात्ततःक्षत्रियउच्यते ॥ प्रथिताधर्मतश्चेयंपृथिवीबहुभिःस्मृता २६ स्थापनंचाकरोद्विष्णुःस्वयमेवसनातनः ॥ नातिवर्तिष्यतेक श्चित्राजंस्त्वामितिभारत २७ तपसाभगवान्विष्णुराविवेशचभूमिपम् ॥ देववन्नरदेवानांनमतेयंजगन्नृपम् २८ दंडनीत्याचसततंरक्षितव्यंनरेश्वर ॥ ना धर्षयेत्तथाकश्चिच्चारनिष्पंददर्शनात् २९ शुभंहिकर्मराजेंद्रशुभत्वायोपकल्पते ॥ आत्मनाकारणैश्चैवसमस्येहमहीक्षितः १३० कोहेतुर्यद्वशेतिष्ठेल्लोकोदैवादृते गुणात् ॥ विष्णोर्ललाटात्कमलंसौवर्णमभवत्तदा ३१ श्रीःसंभूतायतोदेवीपत्नीधर्मस्यधीमतः ॥ श्रियःसकाशादर्थश्चजातोधर्मेणपांडव ३२ अथधर्मस्तथैवार्थः श्रीश्चराज्येप्रतिष्ठिता ॥ सुकृतस्यक्षयाच्चैवस्वर्लोकादेत्यमेदिनीम् ३३ पार्थिवोजायतेतातदंडनीतिविशारदः ॥ महत्त्वेनचसंयुक्तोवैष्णवेननरोभुवि ३४ बुद्ध्याभवतिसंयुक्तोमाहात्म्यंचाधिगच्छति ॥ स्थापितंचततोदेवैर्नकश्चिदतिवर्तते ॥ तिष्ठत्येकस्यचवशेतंचेदंनविधीयते ३५ शुभंहिकर्मराजेंद्रशुभत्वायोप कल्पते ॥ तुल्यस्यैकस्ययस्यायंलोकोवचसितिष्ठते ३६ योऽस्यवैमुखमद्राक्षीत्सौम्यंसोऽस्यवशानुगः ॥ सुभगंचार्थवंतंचरूपवंतंचपश्यति ३७ महत्त्वात्तस्य दंडस्यनीतिर्विस्पष्टलक्षणा ॥ नयचारश्चविपुलोयेनसर्वमिदंततम् ३८ आगमश्चपुराणानांमहर्षीणांचसंभवः ॥ तीर्थवंशश्चवंशश्चनक्षत्राणांयुधिष्ठिर १३९

तत्रोपपत्तिःकइत्यर्धेन ३१ पत्नीपालयित्री ३२ । ३३ । ३४ स्थापितमभिषिक्तं एकस्यराज्ञोवशेइदंतिष्ठतितंचेदंसलक्षीकृत्यनविधीयतेइदंजगद्विधानसामर्थ्यंनभवति ३५ तुल्यस्यहस्ताद्यवयवैः समस्य ३६ अस्यराज्ञःसौम्यंमुखमद्राक्षीत्सुभगादिरूपंचैनंपश्यत्यस्यद्रष्टुःसराजावशानुगआज्ञाकारीतिज्ञेयं ३७ महत्त्वादिति । दंडसामर्थ्यादेवलोकेनीत्यादिकंदृश्यतइत्यर्थः ३८ आगमा दिकंचात्रग्रंथेकीर्तितं १३९ ॥ ॥ ॥ ॥ ॥ ॥ ॥

॥ १४० । ४१ । ४२ । ४३ । ४४ । ४५ ॥ इतिशांतिप०रा०नी०भारतभाव०एकोनषष्टितमोऽध्यायः ॥ ५९ ॥ ततःपुनरिति १ सर्ववर्णानामनुलोमविलोमजादीनांचातुर्वर्ण्यस्ययेआश्रमाःब्राह्मण

अ० ६०

सकलंचातुराश्रम्यंचातुर्होत्रंतथैवच ॥ चातुर्वर्ण्यंतथैवात्रचातुर्विद्यंचकीर्तितम् १४० इतिहासाश्चवेदाश्चन्यायःकृत्स्नश्चवर्णितः ॥ तपोज्ञानमहिंसाचसत्यासत्येनयःपरः ४१ वृद्धोपसेवादानंचशौचमुत्थानमेवच ॥ सर्वभूतानुकंपाचसर्वमत्रोपवर्णितम् ४२ भुविवाधोगतंयच्चतच्चसर्वंसमर्पितम् ॥ तस्मिन्पैतामहेशास्त्रेपांडवैतन्नसंशयः ४३ ततोजगतिराजेन्द्रसततंशब्दितंबुधैः ॥ देवाश्चनरदेवाश्चतुल्याइतिविशांपते ४४ एतत्तेसर्वमाख्यातंमहत्त्वंप्रतिराजसु ॥ कार्त्स्न्येनभरतश्रेष्ठकिमन्यदिहवर्तते १४५ ॥ इतिश्रीमहाभारतेशांतिपर्वणिराजधर्मानुशासनपर्वणिसूत्राध्यायेएकोनषष्टितमोऽध्यायः ॥ ५९ ॥ ॥ ॥

६०

॥ वैशंपायनउवाच ॥ ततःपुनःसगांगेयमभिवाद्यपितामहम् ॥ प्रांजलिर्नियतोभूत्वापर्यपृच्छद्युधिष्ठिरः १ केधर्माःसर्ववर्णानांचातुर्वर्ण्यस्यकेपृथक् ॥ चातुर्वर्ण्याश्रमाणांचराजधर्माश्चकेमताः २ केनस्विद्वर्धतेराष्ट्रंराजाकेनविवर्धते ॥ केनपौराश्चभृत्याश्चवर्धंतेभरतर्षभ ३ कोशंदंडंचदुर्गंचसहायान्मंत्रिणस्तथा ॥ ऋत्विक्पुरोहिताचार्यान्कीदृशान्वर्जयेन्नृपः ४ केषुविश्वसितव्यंस्याद्राज्ञाकस्यांचिदापदि ॥ कुतोवाऽऽत्मादृढंरक्ष्यस्तन्मेब्रूहिपितामह ५ ॥ भीष्मउवाच ॥ नमोधर्मायमहतेनमःकृष्णायवेधसे ॥ ब्राह्मणेभ्योनमस्कृत्यधर्मान्वक्ष्यामिशाश्वतान् ६ अक्रोधःसत्यवचनंसंविभागःक्षमातथा ॥ प्रजनःस्वेषुदारेषुशौचमद्रोहएवच ७ आर्जवंभृत्यभरणंनवैतेसार्ववर्णिकाः ॥ ब्राह्मणस्यतुयोधर्मस्तंतेवक्ष्यामिकेवलम् ८ दममेवमहाराजधर्ममाहुःपुरातनम् ॥ स्वाध्यायाभ्यसनंचैवतत्रकर्मसमाप्यते ९ तंचेद्वित्तमुपागच्छेद्वर्तमानंस्वकर्मणि ॥ अकुर्वाणंविकर्माणिशांतंप्रज्ञानतर्पितम् १० कुर्वीतापत्यसंतानमथोदद्याद्यजेतच ॥ संविभज्यचभोक्तव्यंधनंसद्भिरितीर्यते ११ परिनिष्ठितकार्यस्तुस्वाध्यायेनैवब्राह्मणः ॥ कुर्यादन्यन्नवाकुर्यान्मैत्रोब्राह्मणउच्यते १२ क्षत्रियस्यापियोधर्मस्तंतेवक्ष्यामिभारत ॥ दद्याद्राजन्नयाचेतयजेतनचयाजयेत् १३ नाध्यापयेदधीयीतप्रजाश्चपरिपालयेत् ॥ नित्योद्युक्तोदस्युवधेरणेकुर्यात्पराक्रमम् १४ येतुक्रतुभिरीजानाःश्रुतवंतश्चभूमिपाः ॥ यएवाहवजेतारस्तएषांलोकजित्तमाः १५ अविक्षतेनदेहेनसमराद्योनिवर्तते ॥ क्षत्रियोनास्यतत्कर्मप्रशंसंतिपुराविदः १६ एवंहिक्षत्रबंधूनांमार्गमाहुःप्रधानतः ॥ नास्यकृत्यतमंकिंचिदन्यद्दस्युनिबर्हणात् १७ दानमध्ययनंयज्ञोराज्ञांक्षेमोविधीयते ॥ तस्माद्राज्ञाविशेषेणयोद्धव्यंधर्ममीप्सता १८ स्वेषुधर्मेष्ववस्थाप्यप्रजाःसर्वामहीपतिः ॥ धर्मेणसर्वकृत्यानिशमनिष्ठानिकारयेत् १९ परिनिष्ठितकार्यस्तुनृपतिःपरिपालनात् ॥ कुर्यादन्यन्नवाकुर्यादैन्द्रोराजन्यउच्यते २०

स्यचत्वारआश्रमाःक्षत्रियस्यत्रयो वैश्यस्यद्वौ शूद्रस्यैकइतितेषां २ । ३ । ४ । ५ । ६ सर्ववर्णधर्मानाह अक्रोधइतिसार्धेन ७ । ८ तत्राध्ययने तावतैवनैष्ठिकःकृतार्थोभवतीत्यर्थः ९ स्वयमुपागतैर्वित्तैर्दारक्रियापूर्वकमपत्यसंतानमिच्छेत्सइत्याहद्वाभ्यां तंचेदिति १० । ११ । १२ । १३ । १४ । १५ । १६ । १७ । १८ । १९ । २० ॥ ॥ ॥

२१ । २२ । २३ । २४ षण्णांधेनूनांरक्षकोवैश्यएकस्याःक्षीरंस्ववेतनंहरेत् शतस्यरक्षकोवर्षेएकंगोवृषभमिथुनंवेतनंहरेत् । वाणिज्येतुलब्धात्सप्तमंभागंधनिकाद्धरेत् गवयादिशृंगवाणिज्येलाभा
त्सप्तममेव । खुरेपशुविशेषखुरेमहामूल्ये कलाषोडशोभागः २५ एवंसस्यानामपिसप्तममेवांशंहरेत् २६ । २७ । २८ । २९ । ३० कुर्वीतसंचयानित्यपक्रुष्यते धार्मिकःकर्मप्रधानोनतुभोग
लोभप्रधानः ३१ औशीरंवेष्टनंवीरणमूलकृताच्छदिः ३२ यातयामानिभुक्तभोगानिजीर्णानीतियावत् ३३ द्विजातीनांमध्येयंकंचित्प्रति ३४ तेनद्विजातिना ३५ अतिरेकेणस्वकुटुंबपोषणा
दाधिक्येनभर्तापोष्टा ३६ अन्यत्रभृत्यार्जितमपिधनंशूद्रस्यस्वामिनैवहार्यं यथोक्तं । 'त्रयएवाधनाराजन्भार्यादासस्तथासुतः ॥ यत्तेसमधिगच्छंतियस्यैतेतस्यतद्धनम्'इति तस्माद्युक्तमुक्तंभर्तृहार्यधनोहि

वैश्यस्यापिहियोधर्मस्तंतेवक्ष्यामिशाश्वतम् ॥ दानमध्ययनंयज्ञःशौचेनधनसंचयः २१ पितृवत्पालयेद्वैश्योयुक्तःसर्वान्पशूनिह ॥ विकर्मतद्भवेदन्यत्कर्मयत्ससमाचरेत् २२ रक्षयासहितेषांवैमहत्सुखमवाप्नुयात् ॥ प्रजापतिर्हिवैश्यायसृष्ट्वापरिददौपशून् २३ ब्राह्मणायचराज्ञेचसर्वाःपरिददेप्रजाः ॥ तस्यवृत्तिंप्रवक्ष्यामियच्चतस्योपजीवनम् २४ षण्णामेकांपिबेद्धेनुंशताच्चमिथुनंहरेत् ॥ लब्धाच्चसप्तमंभागंतथाशृङ्गेकलाखुरे २५ सस्यानांसर्वबीजानामेषासांवत्सरीभृतिः ॥ नचवैश्यस्यकामःस्यान्नरक्षेयंपशूनिति २६ वैश्येचेच्छतिनान्येनरक्षितव्याःकथंचन ॥ शूद्रस्यापिहियोधर्मस्तंतेवक्ष्यामिभारत २७ प्रजापतिर्हिवर्णानांदासंशूद्रमकल्पयत् ॥ तस्माच्छूद्रस्यवर्णानांपरिचर्याविधीयते २८ तेषांशुश्रूषणाच्चैवमहत्सुखमवाप्नुयात् ॥ शूद्रएतान्परिचरेत्त्रीन्वर्णाननुपूर्वशः २९ संचयांश्चनकुर्वीतजातुशूद्रःकथंचन ॥ पापीयान्हिधनंलब्ध्वावशेकुर्याद्गरीयसः ३० राज्ञावासमनुज्ञातःकामंकुर्वीतधार्मिकः ॥ तस्यवृत्तिंप्रवक्ष्यामियच्चतस्योपजीवनम् ३१ अवश्यंभरणीयोहिवर्णानांशूद्रउच्यते ॥ छत्रंवेष्टनमौशीरमुपानद्व्यजनानिच ३२ यातयामानिदेयानिशूद्रायपरिचारिणे ॥ अधार्याणिविशीर्णानिवसनानिद्विजातिभिः ३३ शूद्रायैवप्रदेयानितस्यधर्मधनंहितत् ॥ यंचकंचिद्द्विजातीनांशूद्रःशुश्रूषुराव्रजेत् ३४ कल्प्यांतेनतुतेप्राहुर्वृत्तिंधर्मविदोजनाः ॥ देयःपिंडोऽनपत्यायभर्तव्यौवृद्धदुर्बलौ ३५ शूद्रेणतुनहातव्योभर्ताकस्यांचिदापदि ॥ अतिरेकेणभर्तव्योभर्ताद्रव्यपरिक्षये ३६ नहिस्वमस्तिशूद्रस्यभर्तृहार्यधनोहिसः ॥ उक्तस्त्रयाणांवर्णानांयज्ञस्तस्यचभारत ॥ स्वाहाकारवषट्कारौमंत्रःशूद्रेनविद्यते ३७ तस्माच्छूद्रःपाकयज्ञैर्यजेताव्रतवान्स्वयम् ॥ पूर्णपात्रमयीमाहुःपाकयज्ञस्यदक्षिणाम् ३८ शूद्रःपैजवनोनामसहस्राणांशतंददौ ॥ ऐन्द्राग्नेनविधानेनदक्षिणामितिनःश्रुतम् ३९ यतोहिसर्ववर्णानांयज्ञस्तस्यैवभारत ॥ अग्रेसर्वेषुयज्ञेषुश्रद्धायज्ञोविधीयते ४० ॥ ॥

सइति । तस्यशूद्रस्यचामंत्रकोयज्ञोऽस्तीत्यर्थः ३७ तस्मादिति । पाकयज्ञैःक्षुद्रयज्ञैर्ग्रहशांतिवैश्वदेवादिभिर्यजेत अव्रतवान्श्रौतव्रतोपायहीनः 'अष्टमुष्टिभवेत्किंचित्किंचिदष्टौतुपुष्कलं ॥ पुष्कलानितुचत्वारिपूर्णपात्रंप्रचक्षते' इत्युक्तलक्षणपूर्णपात्रमयी यज्ञेगवामित्रपूर्णपात्राणांभेवगणनायज्ञानुसारेण मंत्रास्तेषांपौराणिकानाममंत्रावाप्रणववर्जिताइतिसर्वशूद्रपद्धत्युक्तंद्रष्टव्यं ३८ सहस्राणांशतंलक्षंपूर्णपात्राणि ऐंद्राग्नस्यविधिर्यथाश्रौतेचरोःपशोर्वाविधिस्तथैवामंत्रकमस्यविधानंतेन ३९ ननु 'तस्माच्छूद्रोयज्ञेऽनवक्लृप्तः' इतिश्रुतेःकथमस्यामंत्रोऽपियज्ञइत्याशंक्याह यतइति । सर्ववर्णानांत्रैवर्णिकानांयोयज्ञःसतस्यैवशूद्रस्यभवतितस्यतत्सेवकत्वात् यथाहिश्रद्धयागुर्वग्नीन्परिचरतउपकोसलस्याग्नयोब्रह्मविद्यांदत्तवंतः एवंश्रद्धयाब्राह्मणादीनाराधयतःशूद्रस्यापिब्राह्मणकृतयज्ञफलभागित्वमस्त्येवेत्यर्थः सार्धःश्लोकः ४०

४१ स्रष्टय:संतानानितेनसर्वेषांवर्णानांब्राह्मणजत्वादस्त्येवशूद्रस्यापियज्ञेऽधिकारइत्यर्थः ४२ यद्ब्रूयुस्तेतच्चेतत्परंहितं वर्णैःसशूद्रैः सर्वयज्ञाःश्रौताःस्मार्ताश्चनकाम्ययास्वभावात्संसृज्यंतइतिपूर्वस्यो
पसंहारः ४३ अत्रहेतुमाह ऋगिति । द्विजस्त्रैवर्णिकःपूज्यः शूद्रेणोपद्रवतीतितत्समीपगामित्वादुपद्रवोदासःशूद्रःसवेदहीनोऽपिप्राजापत्यःप्रजापतिदेवताकः यथाऽग्नेयोब्राह्मणऐंद्रःक्षत्रियस्तद्वत्तथाचमानसेदेवतोद्देशे
नद्रव्यत्यागात्मकेयज्ञेसर्वेवर्णाअधिक्रियंतइत्यर्थःसार्धःश्लोकः ४४ अस्यमानसयज्ञकर्तुर्देवाइतरेजनाश्चनईहंतेइतिनाऽपितुश्रद्धापूतत्वात्सर्वेऽप्यस्ययज्ञेभागंकामयंतइत्यर्थः नास्ययज्ञस्यतइतिपाठे एनंयज्ञंदेवा
अपिकर्तुंनईहंतेनसमर्थाभवंतीतियोज्यं ४५ नन्वग्निहीनस्यशूद्रस्यकथंपाकयज्ञेष्वधिकारइत्याशंक्याह स्वंदैवतंब्राह्मणःस्वेननित्यंपरान्वर्णानयजन्नेवमासीत् ॥ अधरोवितानःसंसृष्टोवैश्योब्राह्मण
स्त्रिषुवर्णेषुयज्ञस्रष्टः इति । ब्राह्मणस्त्रयाणामपिवर्णानांस्वमसाधारणंदैवतमतःकारणात्तेस्वेआत्मीयाब्राह्मणाः परान्वर्णानुद्दिश्यनायजन्नितिनैवाऽऽसीदपित्वमुककामेनामुकशर्मणाहंत्वतोमुकयज्ञेनयक्ष्यइत्युद्दे
शंकृत्वाऽयजन्नेवयागंकृतवंतएवेत्येवमेवासीदेवंपुराकल्पप्रदर्शनमुखेनायंविधिर्ज्ञेयः आयजन्नितिपरस्मैपदप्रयोगस्तुपरगामित्वात्क्रियाफलस्ययुक्तः । अधरोनीचःवैवाहिकाच्छ्रौताग्न्यन्यत्वात् वितानोऽ
ग्नीनांविस्तरः तस्याऽग्नयोलौकिकाएवपंचकुंडीविधानादौज्ञेयाः । एककुंडपक्षेत्वेकएवलौकिकः । सत्राऽथखलुयत्रक्वचहोष्यन्स्यादित्युपक्रम्याग्निप्रतिष्ठाप्येतिसूत्रकारैर्दर्शितः संसृष्टइति। तत्रापि

दैवतंहिमहच्छ्रद्धापवित्रंयजतांचयत् ॥ दैवतंहिपरंविप्राःस्वेनस्वेनपरस्परम् ४१ अयजन्निहसत्रैस्तेतैस्तैःकामैःसमाहिताः ॥ संसृष्टाब्राह्मणैरेवत्रिषुवर्णेषुसृ
ष्टयः ४२ देवानामपियेदेवायद्ब्रूयुस्तेपरंहितम् ॥ तस्माद्वर्णैःसर्वयज्ञाःसंसृज्यंतेनकाम्यया ४३ ऋग्यजुःसामवित्पूज्योनित्यंस्याद्देववद्द्विजः ॥ अनृग्यजुर
सामाचप्राजापत्यउपद्रवः ॥ यज्ञोमनीषयाताततसर्ववर्णेषुभारत ४४ नास्ययज्ञकृतोदेवाईहन्तेनेतरेजनाः ॥ ततःसर्वेषुवर्णेषुश्रद्धायज्ञोविधीयते ४५ स्वंदैवतं
ब्राह्मणःस्वेननित्यंपरान्वर्णानयजन्नेवमासीत् ॥ अधरोवितानःसंसृष्टोवैश्योब्राह्मणस्त्रिषुवर्णेषुयज्ञसृष्टः ४६ तस्माद्वर्णाऋजवोज्ञातिवर्णाःसंसृज्यंतेतस्यविकार
एव ॥ एकंसामयजुरेकमृगेकाविप्रश्चैकोनिश्चयेतेषुसृष्टः ४७ अत्रगाथायज्ञगीताःकीर्तयंतिपुराविदः ॥ वैखानसानांराजेंद्रमुनीनांयष्टुमिच्छताम् ४८ उदितेऽनु
दितेवापिश्रद्दधानोजितेंद्रियः ॥ वह्निंजुहोतिधर्मेणश्रद्धावैकारणंमहत् ४९ यत्स्कन्नमस्यतत्पूर्वंयदस्कन्नंतदुत्तरम् ॥ बहूनियज्ञरूपाणिनानाकर्मफलानिच ५०

मंत्रसंसर्गउच्यते वैश्योवैश्यगृहादानीतः श्रौतेऽपिविट्कुलाद्वित्तवतोत्रेतिवैश्यगृहाद्दक्षिणाग्न्यर्थमग्न्यानयनंदृश्यते यस्मादेवंतस्माद्ब्राह्मणस्त्रिष्वपिवर्णेषुयज्ञःसृष्टोयेनसयज्ञस्रष्टाभवतीत्यर्थः । पाठांतरेवैश्यपदे
विभक्तिलोपआर्षः ४६ यस्मात्त्रिषुवर्णेषुब्राह्मणोयज्ञस्रष्टातस्मात्सर्वेऽपिवर्णाऋजवःसाधवएवयज्ञसंयोगात् । एवंधर्मसाम्येऽपिज्ञातिसाम्यंनास्तीत्याशंक्याह ज्ञातिवर्णाअपिक्षत्रियवैश्यशूद्रास्तस्यब्रा
ह्मणस्यैवविकारेक्षत्रियादिकन्यासूत्पन्नेमूर्धाभिषिक्तादौसंसृज्यंतएव तेनधर्मतोजन्मतश्चसर्वेवर्णाब्राह्मणसंसृष्टाइतिस्थितं । तत्रहेतुमाह एकइति। तेषुतत्त्वनिश्चयेक्रियमाणेएकोविप्रोब्रह्मैवप्रथमोब्राह्मणःसृष्टोजातः
ब्राह्मणसंततित्वात्सर्वेऽप्येतेब्राह्मणाएवेत्यर्थः । तत्रदृष्टांतः एकंसामेति। अकारोवैसर्वावाक्सैषास्पर्शोष्मभिर्व्यज्यमानाबह्वीनानारूपाभवतीतिश्रुतेरेकमकाररूपमेवाक्षरंयथासामादिरूपंतथाब्रह्मैवब्राह्मणादिरू
पमित्यर्थः ४७ वैखानसानांवानप्रस्थानां गाथायज्ञस्तुतिश्लोकाः यज्ञगीताविष्णुगीताः ४८ । ४९ यत्स्कन्नमिति। रौद्रंगर्भविसद्धाम्यम्भ्युपावसृष्टमित्यादिबह्वृचब्राह्मणेषोडशकमग्निहोत्रमुक्तं
तत्रमारुतंविष्यंदमानमितिस्कन्नमपिमरुद्दैवसंभवतीतितत्पूर्वमाद्यमग्निहोत्रंयदस्कन्नंयथाविधिहुतमुत्तरंसर्वोत्कृष्टं बहूनीतिरौद्रादीनि ५० ॥ ॥ ॥ ॥

तानिषोडशाऽग्निहोत्ररूपाणि ५१ यज्ञंविष्णुंयष्टुंयज्ञदानादिनाआराधितुम् ५२ ऋषयइसिसार्धः ५३ श्रद्धापवित्रंयथास्यात्तथायष्टव्यमितिसंबंधः आश्रित्यशास्त्रमितिशेषः ५४ ॥ इतिशांतिपर्व
णिराजधर्मानुशासनपर्वणिनी० भारतभा० षष्टितमोऽध्यायः ॥ ६० ॥ ॥ आश्रमाणामिति १ वानप्रस्थमिति पाठक्रमोनविवक्षितः चतुर्थंसंन्यासंतंचजटाधरणसंस्कारमवाप्यचेतिचोभिन्नक्रमः
चान्मुंडिनंचवदंति २ द्विजातित्वमवाप्यवेदमधीत्यआधानादीनिकर्माणिप्राप्यवानप्रस्थाश्रमंगच्छेदित्यन्वयः ३ । ४ आरण्यकानांवानप्रस्थानांशास्त्राणिशासनानिसमधीत्यसम्यगनुष्ठानेनप्राप्य

तानियःसंप्रजानातिज्ञाननिश्चयनिश्चितः ॥ द्विजातिःश्रद्धयोपेतःसयष्टुंपुरुषोऽर्हति ५१ स्तेनोवायदिवापापोयदिवापापकृत्तमः ॥ यष्टुमिच्छतियज्ञंयःसाधु
मेववदंतितम् ५२ ऋषयस्तंप्रशंसंतिसाधुचैतदसंशयम् ॥ सर्वथासर्ववर्णैर्यष्टव्यमितिनिर्णयः ॥ नहियज्ञसमंकिंचित्त्रिषुलोकेषुविद्यते ५३ तस्माद्यष्टव्यमि
त्याहुःपुरुषेणानसूयता ॥ श्रद्धापवित्रमाश्रित्ययथाशक्तियथेच्छया ५४ ॥ ॥ इ० म० शां० प० रा०प० वर्णाश्रमधर्मकथनेषष्टितमोऽध्यायः ॥ ६० ॥
भीष्मउवाच ॥ आश्रमाणांमहाबाहोशृणुसत्यपराक्रम ॥ चतुर्णामपिनामानिकर्माणिचयुधिष्ठिर १ वानप्रस्थंभैक्ष्यचर्यंगार्हस्थ्यंचमहाश्रमम् ॥ ब्रह्मचर्याश्रमं
प्राहुश्चतुर्थंब्राह्मणैर्वृतम् २ जटाधरणसंस्कारंद्विजातित्वमवाप्यच ॥ आधानादीनिकर्माणिप्राप्यवेदमधीत्यच ३ सदारोवाऽप्यदारोवाआत्मवान्संयतेंद्रियः ॥
वानप्रस्थाश्रमंगच्छेत्कृतकृत्योगृहाश्रमात् ४ तत्रारण्यकशास्त्राणिसमधीत्यसधर्मवित् ॥ ऊर्ध्वरेताःप्रव्रजित्वागच्छत्यक्षरसात्मताम् ५ एतान्येवनिमित्तानिमु
नीनामूर्ध्वरेतसाम् ॥ कर्तव्यानीहविप्रेणराजन्नादौविपश्चिता ६ चरितब्रह्मचर्यस्यब्राह्मणस्यविशांपते ॥ भैक्षचर्यास्वधीकारःप्रशस्तइहमोक्षिणः ७ यत्रास्त
मितशायीस्यान्निराशीरनिकेतनः ॥ यथोपलब्धजीवीस्यान्मुनिर्दांतोजितेंद्रियः ८ निराशीःस्यात्सर्वसमोनिर्भोगोनिर्विकारवान् ॥ विप्रःक्षेमाश्रमंप्राप्तोगच्छ
त्यक्षरसात्मताम् ९ अधीत्यवेदान्कृतसर्वकृत्यःसंतानमुत्पाद्यसुखानिभुक्त्वा ॥ समाहितःप्रचरेद्दुश्चरंयोगार्हस्थ्यधर्मंमुनिधर्मजुष्टम् १० स्वदारतुष्टस्त्वृतुकाल
गामीनियोगसेवीनशठोनजिह्मः ॥ मिताशनोदेवरतःकृतज्ञःसत्योमृदुश्चानृशंसःक्षमावान् ११ दांतोविधेयोहव्यकव्येप्रमत्तोह्यन्नस्यदातासततंद्विजेभ्यः ॥ अ
मत्सरीसर्वलिंगप्रदातावैतानित्यश्चगृहाश्रमीस्यात् १२ अथात्रनारायणगीतमाहुर्महर्षयस्तातमहानुभावाः ॥ महार्थमत्यंततपःप्रयुक्तंतदुच्यमानंहिमयानिबोध
१३ सत्यार्जवंचातिथिपूजनंचधर्मस्तथाऽर्थश्चरतिःस्वदारैः ॥ निषेवितव्यानिसुखानिलोकेह्यस्मिन्परेचैवमतंममैतत् १४ भरणंपुत्रदाराणांवेदानांधारणंतथा ॥
वसतामाश्रमंश्रेष्ठंवदंतिपरमर्षयः १५ एवंहियोब्राह्मणोयज्ञशीलोगार्हस्थ्यमध्यावसतेयथावत् ॥ गृहस्थवृत्तिंप्रविशोध्यसम्यक्स्वर्गेविशुद्धंफलमाप्नुतेसः १६

अक्षरसात्मतांकैवल्यम् ५ एतानिद्विजत्वावाप्त्यादीनि एवशब्दःप्रकारांतरंमोक्षप्राप्तौवारयति ब्रह्मचर्यादेवप्रव्रजेदितिश्रुतेर्मध्यममाश्रमद्वयमनित्यमित्याह चरितेति ६ । ७ । ८
विकाराःकामसंकल्पादयस्तद्वच्चित्तंतद्रहितोनिर्विकारवान् अमनस्कइत्यर्थः ९ गृहिणोमुक्तिमाह अधीत्येति । समाहितोयोयुक्तःसन्गार्हस्थ्यधर्मंयःप्रचरेत्सोऽप्यक्षरसात्मतांगच्छतीतिपूर्वेणसंबं
धः १० असमाहितंप्रत्याह स्वदारेति । शठोधूर्तः जिह्मःकुटिलः ११ विधेयोगुरुशास्त्राज्ञापालकः अप्रमत्तोऽवहितः । सर्वेभ्योलिंगयुक्तेभ्यःआश्रमेभ्यःप्रदाताअन्नादेः लिंगप्रदावेति
मध्यमपदलोपीसमासः वैतानंश्रौतकर्मतत्रनित्यः १२ । १३ । १४ । १५ वृत्तिंजीविकां प्रविशोध्यशुद्धांकृत्वा न्यायागतेनधनेनजीवन्नित्यर्थः १६ ॥ ॥

तस्येति । तस्यगृहस्थस्यदेहपरित्यागात्समाहितश्चेदिहैवदेहाभिमानत्यागादसमाहितस्यमरणानंतरंइष्टाःकामाविषयाःहार्दाकाशेस्वर्गेवाउपतिष्ठंति कामाःअक्षयाइतिच्छेदः संधिरार्षः । सर्वतोक्षिशिरोमुखाइत्यनेनकामानांकिंकराणामिववश्यत्वमुक्तं यत्रयत्रदेशेकालेवायोग्यमयोग्यंवासंकल्पयतितत्सर्वंसद्यउपतिष्ठतीत्यर्थः १७ ब्रह्मचारिणोऽपिकैवल्यमाह स्मरन्निति । सर्वान्देवान्मंत्रांश्च १८ दीक्षानियमविशेषस्वीकारः वेदंवेदांतान् कृत्यंकर्तुमर्हंध्यानयोगम् १९ तदविरोधेनशुश्रूषांचकुर्वन्निवृत्तोनिवृत्तिमान् २० अधिकारेणनिग्रहानुग्रहेण २१ ॥ इतिशांतिपर्वणिराजधर्मानुशासनपर्वणि नीलकंठीयेभारतभावदीपेएकषष्टितमोऽध्यायः ॥ ६१ ॥ ॥ शिवानिति १ उक्तविशेषणविशिष्टाब्राह्मणस्यैवधर्माइत्याशयेनाह ब्राह्मणस्येति । एतेनगृहस्थस्यापिब्राह्मणस्य हिंसाधर्मःकामकारएवनविधिचोदितइतिदर्शितं वक्ष्यतिचमोक्षधर्मेषु 'पशुयज्ञैःकथंहिंस्रैर्मादृशोयष्टुमर्हति'इति । त्रयोहिंसापरावर्णास्तान्नानुवर्तंते २ नानुवर्ततेइत्येतत्प्रपंचयति उक्तानीत्यादि

तस्यदेहपरित्यागादिष्टाःकामाऽक्षयामताः ॥ आनंत्यायोपतिष्ठंतिसर्वतोक्षिशिरोमुखाः १७ स्मरन्नेकोजपन्नेकःसर्वानेकोयुधिष्ठिर ॥ एकस्मिन्नेवचाचार्येशुश्रूषुर्मलपंकवान् १८ ब्रह्मचारीव्रतीनित्यंनित्यंदीक्षापरोवशी ॥ परिचार्यतथावेदंकृत्यंकुर्वन्वसेत्सदा १९ शुश्रूषांसततंकुर्वन्गुरोःसंप्रणमेतच ॥ षट्कर्मसुनिवृत्तश्चनप्रवृत्तश्चसर्वशः २० नचरत्यधिकारेणसेवेतद्विषतोनच ॥ एषोऽश्रमपदस्तातब्रह्मचारिणइष्यते २१ ॥ इतिश्रीमहाभारते शांतिपर्वणि राजधर्मानुशासनपर्वणि चतुराश्रमधर्मकथने एकषष्टितमोऽध्यायः ॥ ६१ ॥ ॥ युधिष्ठिरउवाच ॥ शिवान्सुखान्महोदर्कानहिंस्रान्लोकसंमतान् ॥ ब्रूहि धर्मान्सुखोपायान्मद्विधानांसुखावहान् १ ॥ भीष्मउवाच ॥ ब्राह्मणस्यतुचत्वारस्त्वाश्रमाविहिताःप्रभो ॥ वर्णास्तान्नानुवर्तन्तेत्रयोभारतसत्तम २ उक्तानि कर्माणिबहूनिराजन्स्वर्ग्याणिराजन्यपरायणानि ॥ नेमानिदृष्टांतविधौस्मृतानिक्षात्रेहिसर्वंविहितंयथावत् ३ क्षात्राणिवैश्यानिचसेव्यमानःशौद्राणिकर्माणि चब्राह्मणःसन् ॥ अस्मिँल्लोकेनिंदितोमंदचेताःपरेलोकेनिरयंप्रयाति ४ यासंज्ञाविहितालोकेदासेशुनिवृकेपशौ ॥ विकर्मणिस्थितेविप्रेसैवसंज्ञाचपांडव ५ षट्कर्मसंप्रवृत्तस्यआश्रमेषुचतुर्ष्वपि ॥ सर्वधर्मोपपन्नस्यसंवृतस्यकृतात्मनः ६ ब्राह्मणस्यविशुद्धस्यतपस्यभिरतस्यच ॥ निराशिषोवदान्यस्यलोकाह्यक्षरसंमिताः ७ योयस्मिन्कुरुतेकर्मयादृशंयेनयत्रच ॥ तादृशंतादृशेनैवसगुणंप्रतिपद्यते ८ वृद्ध्याकृषिवणिक्त्वेनजीवसंजीवनेनच ॥ वेत्तुमर्हसिराजेन्द्रस्वाध्यायगणितंमहत् ९ ॥

ना । राजन्यानांपरायणानियुद्धजयादीनि दृष्टांतविधौत्वयापृष्टस्यप्रतिवचनेनयोग्यानि यतःक्षात्रेविहितंविभिप्रधानंप्रवृत्तिशास्त्रमितियावत् । तत्कथंनिवृत्तिप्रधानैर्ब्राह्मणधर्मैःसमत्वमेतीत्यर्थः ३ ४ । ५ षट्कर्माणिप्राणायामःप्रत्याहारोध्यानंधारणातर्कःसमाधिरिति । इज्यादीनामाश्रमांतरेष्वयोगात्सर्वाश्रमयोग्यान्येतान्येवषट्कर्माणि सर्वधर्मोऽहिंसा संवृतस्याचपलस्य कृतात्मनोजितचित्तस्य ६ तपसिविचारे अक्षरसंमिताः अक्षयाः ७ नन्वेवंब्राह्मणःस्वधर्मंत्यक्त्वाकिमितिहीनधर्मेरमतइत्याशंक्याह यइति । यःपुमान्यस्मिन्नवस्थाविशेषेयद्देशेकालेवायेनफलेननिमित्तेन यत्कर्मकरोतिसाध्वसाधुवातत्सकलंलोभाच्चिराभ्यासाच्चसगुणमेवेतिप्रतिपद्यते नत्विदंनिंद्यमितितत्तोविरज्यतइत्यर्थः ८ तान्येवाह वृद्धयेति । जीवैःसंजीवनंमृगयाजीवित्वंतेनमहदपि स्वाध्यायगणितंवेदाभ्यसनंवृद्ध्यादिभिःसमानमितिवेत्तुमर्हसि उक्तहेतोरित्यर्थः ९ ॥ ॥ ॥ ॥

अभ्यासात्कर्माणिरोचंतेचेदुत्तमान्येवतानिकुतोनाभ्यस्यंतइत्याशंक्याह कालेति । कालेनपर्येत्याविर्भवतीतिकालपर्यायःप्राग्भवीयोवासनासमूहस्तेननिश्चितः तेनकालेनप्रेरितस्तदनुगुणंकर्मकरोतियतःअव
शःकालाद्यधीनः १० एवंचेत्कृतंविधिनिषेधाभ्यामित्यतआह अन्तवन्तीति । पुराश्रेयस्कराणिप्राचीनानिपुण्यापुण्यानियानिप्रधानानिदेहारंभकाणितान्यंतवंतिदेहस्यैवाऽन्तवत्त्वात्देहसंबंधियत्सुखदुःखाद्या
गमनंतदपरिहार्यं अन्यत्रतुशुभाशुभप्रवृत्त्यादौ लोकःस्वकर्मनिरतःस्वस्याऽभीष्टंयत्कर्मरागादिविषयभूतंतत्रैवनिरतस्तत्रायत्तःसर्वतोमुखःप्रवृत्तौवास्वतंत्रः अक्षरोजीवः तत्रतत्रकामकारेणप्रवर्ततेऽ
तोविधिनिषेधशास्त्रस्यास्त्येवार्थत्वमित्यर्थः ११ ॥ इतिशांतिपर्वणिनीलकंठीयेभारतभावदीपेद्विषष्टितमोऽध्यायः ॥ ६२ ॥ ॥ ॥ ॥ ज्याकर्षणमिति १ । २ कौटिल्य
मनार्जवं कौलटेयंकुलटाप्रधानंजारकर्मपारदार्यंवा अन्येतुकौटिलीयमितिपाठंप्रकल्प्यमात्सर्यमितिव्याचक्षते कुसीदंवृद्धिजीविकां ३ । ४ राजप्रेष्यादिर्वेदान्जपन्नजपन्वाशूद्रइवपंक्तेर्बहिर्भोजनी

कालसंचोदितोलोकःकालपर्यायनिश्चितः ॥ उत्तमाधममध्यानिकर्माणिकुरुतेवशः १० अंतवंतिप्रधानानिपुराश्रेयस्कराणिच ॥ स्वकर्मनिरतोलोकोह्यक्षरःस
र्वतोमुखः ११ ॥ इतिश्रीमहाभारतेशांतिपर्वणिराजधर्मानुशासनपर्वणिवर्णाश्रमधर्मकथनेद्विषष्टितमोऽध्यायः ॥ ६२ ॥ ॥ भीष्मउवाच ॥ ॥ ज्याकर्षणंश
त्रुनिबर्हणंचकृषिर्वणिज्यापशुपालनंच ॥ शुश्रूषणंचापितथाऽर्थहेतोरकार्यमेतत्परमंद्विजस्य १ सेव्यंतुब्रह्मषट्कर्मगृहस्थेनमनीषिणा ॥ कृतकृत्यस्यचारण्येवा
सोविप्रस्यशस्यते २ राजप्रेष्यंकृषिधनंजीवनंचवणिक्पथा ॥ कौटिल्यंकौलटेयंचकुसीदंचविवर्जयेत् ३ शूद्रोराजन्भवतिब्रह्मबंधुर्दुश्चारित्रोयश्चधर्मादपेतः ॥
वृषलीपतिःपिशुनोनर्तनश्चराजप्रेष्योयश्चभवेद्विकर्मा ४ जपन्वेदानजपंश्चापिराजन्समःशूद्रैर्दासवच्चापिभोज्यः ॥ एतेसर्वेशूद्रसमाभवंतिराजन्नेतान्वर्जयेद्देवकृत्ये
५ निर्मर्यादेचाशुचौक्रूरवृत्तौहिंसात्मकेत्यक्तधर्मस्ववृत्ते ॥ हव्यंकव्यंयानिचान्यानिराजन्देयान्यदेयानिभवंतिचास्मै ६ तस्माद्धर्मोविहितोब्राह्मणस्यदमःशौच
मार्जवंचापिराजन् ॥ तथाविप्रस्याश्रमाःसर्वएवपुराराजन्ब्रह्मणावैनिसृष्टाः ७ यःस्याद्दांतःसोमपश्चार्यशीलःसानुक्रोशःसर्वसहोनिराशीः ॥ ऋजुर्मृदुरनृशंसःक्षमा
वान्सवैविप्रोनेतरःपापकर्मा ८ शूद्रंवैश्यंराजपुत्रंचराजन्लोकाःसर्वेसंश्रिताधर्मकामाः ॥ तस्माद्वर्णान्शांतिधर्मेष्वसक्तान्मत्वाविष्णुर्नेच्छतिपांडुपुत्र ९ लोकेचेदं
सर्वलोकस्यनस्याच्चातुर्वर्ण्यंवेदवादाश्चनस्युः ॥ सर्वाश्चेज्याःसर्वलोकक्रियाश्चसद्यःसर्वेचाश्रमस्थानवैस्युः १० यश्चत्रयाणांवर्णानामिच्छेदाश्रमसेवनम् ॥ चातु
राश्रम्यदृष्टांश्चधर्मास्तान्शृणुपांडव ११ शुश्रूषोःकृतकार्यस्यकृतसंतानकर्मणः ॥ अभ्यनुज्ञातराजस्यशूद्रस्यजगतीपते १२ अल्पांतरगतस्यापिदशधर्मगत
स्यवा ॥ आश्रमाविहिताःसर्वेवर्जयित्वानिराशिषम् १३ ॥ ॥ ॥

यएवेतिभावः ५ । ६ । ७ । ८ । ९ धर्मेष्वसक्तान्विष्णुर्नेच्छतिचेत्काहानिरतआह लोकइति । लोकेस्वर्गे इदंसुखादि आश्रमस्थाश्चस्वधर्मेनतिष्ठेयुः स्वर्गादिकंसर्वंविष्णुप्रसादादेवतदभावेस
र्वंकृतंकर्मव्यर्थमितिभावः १० योराजात्रयाणांब्राह्मणवैश्यशूद्राणांस्वराज्येआश्रमधर्मसेवनंयथोक्तंइच्छेत् तेनावश्यज्ञातव्यान्धर्मान्शृणु ११ शुश्रूषोर्वेदांतेष्वनधिकारात्पुराणद्वाराआत्मानंश्रोतु
मिच्छोः कृतकार्यस्ययावच्छरीरसामर्थ्यंसेवितत्रैवर्ण्यस्यकृतसंतानकर्मणोजातपुत्रस्य अभ्यनुज्ञातोराज्ञाइत्यभ्यनुज्ञातराजस्तस्य १२ अल्पांतरगतस्यआचारनिष्ठयात्रैवर्णिकसमस्य दशधर्मगतस्ये
तिमत्तप्रमत्तादीन्प्रकृत्यदशधर्मंनजानंतीत्युक्तेरत्रयोगधर्मानभिज्ञस्यग्रहणंतस्यापिआश्रमाःसर्वेविहिताः । शूद्रोऽपिनैष्ठिकंब्रह्मचर्यंवानप्रस्थंवासकलविक्षेपकर्मत्यागरूपंसंन्यासंवाऽनुतिष्ठेदेव निरा
शिषंशांतिदांत्यादिकल्याणगुणरहितम् १३ ॥ ॥ ॥ ॥

भैक्ष्यचर्यां पारिव्राज्यं तस्य शूद्रस्य तद्धर्मचारिणस्तान्पूर्वोक्तान्स्वधर्मान्चरतीति तथाभूतस्य तथा वैश्यस्य राजपुत्रस्य च भैक्ष्यचर्यामाहुरित्यन्वयः १४ । १५ । १६ । १७ । १८ । १९ । २० । २१ राजा ऋषित्वेन मंत्रार्थद्रष्टृत्वेन वेदांतश्रवणकर्तृत्वेन हेतुना भैक्ष्यचर्यामिच्छेदिति पूर्वेण संबंधः नतु सेवया श्रवणमकुर्वन्नाश्रममात्रार्थमित्यर्थः तदकुर्वंस्तु जीवितकांक्षया भैक्ष्यचर्यां चरेदेवेत्यर्थः २२ एतन्नैक्ष्यं नैष्ठिकं निवं त्रयाणां राजादीनां तेषामाश्रमसंन्यासो नित्यो नास्ति अपितु विक्षेपककर्मत्यागरूपः काम्य एवास्तीत्यर्थः । सच चतुर्णामप्याश्रमाणामस्तीति माहुः २३ राजधर्मप्रशंसति बाह्यायत्तमित्यादिना २४ । २५

भैक्ष्यचर्यां ततः प्राहुस्तस्य तद्धर्मचारिणः ॥ तथा वैश्यस्य राजेन्द्र राजपुत्रस्य चैव हि १४ कृतकृत्यो वयोतीतो राज्ञः कृतपरिश्रमः ॥ वैश्यो गच्छेदनुज्ञातो नृपेणाश्रमसंश्रयम् १५ वेदानधीत्य धर्मेण राजशास्त्राणि चानघ ॥ संतानादीनि कर्माणि कृत्वा सोमं निषेव्य च १६ पालयित्वा प्रजाः सर्वा धर्मेण वदतां वर ॥ राजसूयाश्वमेधादीन्मखानन्यांस्तथैव च १७ आनयित्वा यथापाठं विप्रेभ्यो दत्तदक्षिणः ॥ संग्रामे विजयं प्राप्य तथाल्पं यदि वा बहु १८ स्थापयित्वा प्रजापालं पुत्रं राज्ये च पांडव ॥ अन्यगोत्रं प्रशस्तं वा क्षत्रियं क्षत्रियर्षभ १९ अर्चयित्वा पितॄन्सम्यक्पितृयज्ञैर्यथाविधि ॥ देवान्यज्ञैर्ऋषीन्वेदैरर्चयित्वा तु यत्नतः २० अंतकाले च संप्राप्ते य इच्छेदाश्रमांतरम् ॥ सोऽनुपूर्व्याश्रमान्राजन्गत्वा सिद्धिमवाप्नुयात् २१ राजर्षित्वेन राजेंद्र भैक्ष्यचर्यां न सेवया ॥ अपेतगृहधर्मोऽपि चरेज्जीवितकाम्यया २२ नचैतन्नैष्ठिकं कर्म त्रयाणां भूरिदक्षिण ॥ चतुर्णां राजशार्दूल प्राहुराश्रमवासिनाम् २३ बाह्यायत्तं क्षत्रियैर्मानवानां लोकश्रेष्ठं धर्ममासेवमानैः ॥ सर्वे धर्माः सोपधर्मास्त्रयाणां राज्ञो धर्मादिति वेदाच्छृणोमि २४ यथा राजन्हस्तिपदे पदानि संलीयंते सर्वसत्त्वोद्भवानि ॥ एवं धर्मान्राजधर्मेषु सर्वान्सर्वावस्थं संप्रलीनान्निबोध २५ अल्पाश्रयानल्पफलान्वदंति धर्मानन्यान्धर्मविदो मनुष्याः ॥ महाश्रयं बहुकल्याणरूपं क्षात्रं धर्मं नेतरं प्राहुरार्याः २६ सर्वे धर्मा राजधर्मप्रधानाः सर्वे वर्णाः पाल्यमाना भवंति ॥ सर्वस्त्यागो राजधर्मेषु राजंस्त्यागं धर्मं चाहुरग्र्यं पुराणम् २७ मज्जेत्त्रयी दंडनीतौ हतायां सर्वे धर्माः प्रक्षयेयुर्विबुद्धाः ॥ सर्वे धर्माश्चाश्रमाणां हताः स्युः क्षात्रे त्यक्ते राजधर्मे पुराणे ॥ २८ सर्वे त्यागा राजधर्मेषु दृष्टाः सर्वा दीक्षा राजधर्मेषु चोक्ताः ॥ सर्वा विद्या राजधर्मेषु युक्ताः सर्वे लोका राजधर्मे प्रविष्टाः २९ यथा जीवाः प्राकृतैर्वध्यमाना धर्मश्रुतानामुपपीडनाय ॥ एवं धर्मा राजधर्मैर्वियुक्ताः संचिन्वंतो नाद्रियंते स्वधर्मम् ॥ ३० ॥ इति श्रीम० शांतिपर्वणि राजध० वर्णाश्रमधर्मकथने त्रिषष्टितमोऽध्यायः ॥ ६३ ॥

भीष्म उवाच ॥ ॥ चातुराश्रम्यधर्माश्च यतिधर्माश्च पांडव ॥ लोकवेदोत्तराश्चैव क्षात्रधर्मे समाहिताः १ सर्वाण्येतानि कर्माणि क्षात्रे भरतसत्तम ॥ निराशिषो जीवलोकाः क्षत्रधर्मे व्यवस्थिते २ ॥ ॥ ॥ ॥ ॥

२६ सर्वेषां त्यागिनां षड्भागहारी राजाऽपि सर्वत्यागी भवतीत्यर्थः २७ । २८ । २९ यथेति । जीवा मृगादयः प्राकृतैर्नीचैर्वध्यमाना दृणां धर्मस्य श्रुतदृष्टादीनां च नाशाय भवंति एवं राजधर्मैर्नीत्यादिभिर्वियुक्ता धर्मा अग्निहोत्रादयश्चोरैर्नाश्यमानाः कर्तॄणां धर्मं चित्तं च खेदयंति कर्तारश्च संचिन्वंतः स्वास्थ्यमन्वेषयंतो व्याकुलतया स्वधर्मं नाद्रियंते तस्माद्राजधर्म एव मुख्यो धर्म इत्यर्थः ३० ॥ इति शांतिपर्वणि राजधर्मानुशासनपर्वणि नीलकंठीये भारतभावदीपे त्रिषष्टितमोऽध्यायः ॥ ६३ ॥ ॥ ॥ ॥ चातुराश्रम्येति १ । २ ॥ ॥ ॥

धर्मंबहुद्वारंविद्धि अन्येतुतद्भावंधर्मस्यस्वरूपंकोपयंतिविरुद्धागमैः ३ अदृष्टांतेनदृष्टोऽन्तोयस्यतस्मिन्वरेधर्मेहतानष्टधियः निश्चयंप्रकोपयंति ४ ।५ धर्माश्रमेइति । गार्हस्थ्येत्रयाणांवर्णानांधर्माणा मुपश्रुतिरंतर्भावः संख्यातामकटा तथाऽध्यवसिनांनैष्ठिकवानप्रस्थयतीनांब्राह्मणानांचधर्माणामुपश्रुतिःसंख्याता तथाराजधर्मेषुधर्मैःसहलोकाअंतर्भूताइति सार्धःश्लोकः ६ अत्रपूर्वोक्तांकथांस्मार यति उदाहृतमिति सार्धः ७ । ८ आश्रमंआश्रमविहितंकर्मधर्मंतुलयित्वाकिंदंडनीतिजोधर्मोमहान्उतआश्रमधर्मइतिसंदिह्यदृष्टांतवचनेसिद्धांतंश्रोतुंप्रभुमुपासंतेतियोजना ९ । १० अर्थस्य

अप्रत्यक्षंबहुद्वारंधर्ममाश्रमवासिनाम् ॥ प्रकोपयंतितद्भावमागमैरेवशाश्वतम् ३ अपरेवचनैःपुण्यैर्वादिनोलोकनिश्चयम् ॥ अनिश्चयज्ञाधर्माणामदृष्टांतेपरेहताः ४
प्रत्यक्षंसुखभूयिष्ठमात्मसाक्षिकमच्छलम् ॥ सर्वलोकहितंधर्मंक्षत्रियेषुप्रतिष्ठितम् ५ धर्माश्रमेऽध्यवसिनांब्राह्मणानांयुधिष्ठिर ॥ यथात्रयाणांवर्णानांसंख्यातोपश्रु
तिःपुरा ६ राजधर्मेष्वनुमतालोकाःसुचरितैःसह ॥ उदाहृतंतेराजेन्द्रयथाविष्णुंमहौजसम् ७ सर्वभूतेश्वरंदेवंप्रभुंनारायणंपुरा ॥ जग्मुःसुबहुशःशूराराजानोदं
डनीतये ८ एकैकमात्मनःकर्मतुलयित्वाऽऽश्रमंपुरा ॥ राजानःपर्युपासंतदृष्टांतवचनेस्थिताः ९ साध्यादेवावसवश्चाश्विनौचरुद्राश्चविश्वेमरुतांगणाश्च ॥ सृ
ष्टाःपुराद्यादिदेवेनदेवाःक्षात्रेधर्मेवर्तयंतेचसिद्धाः १० अत्रतेवर्तयिष्यामिधर्ममर्थविनिश्चयम् ॥ निर्मर्यादेवर्तमानेदानवैकार्णवेपुरा ११ बभूवराजाराजेंद्रमांधा
तानामवीर्यवान् ॥ पुरावसुमतीपालोयज्ञंचक्रेदिदृक्षया १२ अनादिमध्यनिधनंदेवंनारायणंप्रभुम् ॥ सराजाराजशार्दूलमांधातापरमेश्वरम् १३ जगामशिर
सापादौयज्ञेविष्णोर्महात्मनः ॥ दर्शयामासतंविष्णूरूपमास्थायवासवम् १४ सपार्थिवैर्वृतःसद्भिरर्चयामासतंप्रभुम् ॥ तस्यपार्थिवसिंहस्यतस्यचैवमहात्मनः ॥
संवादोऽयंमहानासीद्विष्णुंप्रतिमहाद्युतिम् १५ ॥ इंद्रउवाच ॥ किमिष्यतेधर्मभृतांवरिष्ठयद्द्रष्टुकामोऽसितमप्रमेयम् ॥ अनंतमायामितमंत्रवीर्यंनारायणंह्यादिदे
वंपुराणम् १६ नासौदेवोविश्वरूपोमयाऽपिशक्योद्रष्टुंब्रह्मणावापिसाक्षात् ॥ येऽन्येकामास्तवराजन्हृदिस्थादास्येचैतांस्त्वंहिमर्त्येषुराजा १७ सत्येस्थितो
धर्मपरोजितेन्द्रियःशूरोदृढप्रीतिरतःसुराणाम् ॥ बुद्ध्याभक्त्याचोत्तमःश्रद्धयाचततस्तेऽहंदद्मिवरान्यथेष्टम् १८ ॥ मांधातोवाच ॥ असंशयंभगवन्नादिदेवंद्रक्ष्या
मित्वाऽहंशिरसासंप्रसाद्य ॥ त्यक्त्वाकामान्धर्मकामोह्यरण्यमिच्छेगंतुंसत्पथंलोकदृष्टम् १९ क्षात्राद्धर्माद्विपुलादप्रमेयाल्लोकाःप्राप्ताःस्थापितंस्वंयशश्च ॥ धर्मो
योसावादिदेवात्प्रवृत्तोलोकश्रेष्ठंतंनजानामिकर्तुम् २० ॥ इंद्रउवाच ॥ असैनिकाधर्मपराश्चधर्मेपरांगतिंननयंतेह्ययुक्तम् ॥ क्षात्रोधर्मोह्यादिदेवात्प्रवृत्तःपश्चादन्ये
शेषभूताश्चधर्माः २१ शेषाःसृष्टाह्यंतवंतोह्यनंताःसप्रस्थानाःक्षात्रधर्माविशिष्टाः ॥ अस्मिन्धर्मेसर्वधर्माःप्रविष्टास्तस्माद्धर्मंश्रेष्ठमिमंवदंति २२ ॥

निश्चयोयत्रतं ११ । १२ । १३ वासवमैन्द्रंरूपं १४ । १५ । १६ । १७ । १८ त्वाऽहंत्वामहं १९ तंक्षात्रधर्मात्श्रेष्ठंकर्तुंनजानामि २० नसंतिसैनिकायेषांतेअसैनिकाअराजानः धर्मेविषये परांगतिंकाष्ठांननयंतेनप्रापयंति अन्यंस्वयंचनव्रजंति । राजानस्तुप्रयुक्तैर्धर्मैर्द्वयमपिकुर्वंति । ह्ययुक्तमितिपाठेहिप्रसिद्धमयुक्तंअभिनिवेशशून्यंयथास्यात्तथाहेलयैवननयंतेइत्यर्थः शेषभूताअंगभूताः २१ सप्रस्थानाःपारिव्राज्यसहिताः शेषधर्माअंतवत्फलाः अनंताअसंख्याताः २२ ॥ ॥ ॥ ॥ ॥ ॥

म.भा.टी. कर्मणाक्रियया २३ अयंक्षात्रः आदिर्ब्राह्मः २४ ।२५।२६। आत्मत्यागोयुद्धेमरणम् २७।२८।२९ अक्षरपर्यन्तंमोक्षात्मस्थानम् ३० ॥ इति शां० रा० नी० भारतभा० चतुःषष्टितमोऽध्यायः ॥६४॥ शां.रा.१.२ अ०

॥ ५९ ॥ कर्मणावैपुरादेवाऋषयश्चामितौजसः ॥ त्राताःसर्वेप्रसह्यारीन्क्षत्रधर्मेणविष्णुना २३ यद्यसौभगवन्नाहनिष्यद्रिपून्सर्वानसुरानप्रमेयः ॥ नब्राह्मणानचलोका
दिकर्तानायंधर्मोनादिधर्मोऽभविष्यत् २४ इमामुर्वींनाजयद्विक्रमेणदेवश्रेष्ठःसासुरामादिदेवः ॥ चातुर्वर्ण्यंचातुराश्रम्यधर्माःसर्वेनस्युर्ब्राह्मणानांविनाशात् २५
नष्टाधर्माःशतधाशाश्वतास्तेक्षात्रेणधर्मेणपुनःप्रवृद्धाः ॥ युगेयुगेह्यादिधर्माःप्रवृत्तालोकज्येष्ठंक्षात्रधर्मंवदंति २६ आत्मत्यागःसर्वभूतानुकंपालोकज्ञानंपालनंमो ॥ ६५ ॥
क्षणंच ॥ विषण्णानांमोक्षणंपीडितानांक्षात्रेधर्मेविद्यतेपार्थिवानाम् २७ निर्मर्यादाःकाममन्युप्रवृत्ताभीताराज्ञोनाधिगच्छंतिपापम् ॥ शिष्टाश्चान्येसर्वधर्मोपप
न्नाःसाध्वाचाराःसाधुधर्मंवदंति २८ पुत्रवत्पाल्यमानानिराजधर्मेणपार्थिवैः ॥ लोकेभूतानिसर्वाणिचरंतेनात्रसंशयः २९ सर्वधर्मपरंक्षात्रंलोकश्रेष्ठंसनातनम् ॥
शश्वदक्षरपर्यंतमक्षरंसर्वतोमुखम् ३० ॥ इति श्रीम० शां० राजध० वर्णाश्रमध० चतुःषष्टितमोऽध्यायः ॥ ६४ ॥ ॥ इंद्रउवाच ॥ एवंवीर्यःसर्वधर्मोपप
न्नःक्षात्रःश्रेष्ठःसर्वधर्मेषुधर्मः ॥ पाल्योयुष्माभिर्लोकहितैरुदारैर्विपर्ययेस्यादभवःप्रजानाम् १ भूसंस्काररंराजसंस्कारयोगमभैक्ष्यचर्यापालनंचप्रजानाम् ॥ विद्या
द्राजासर्वभूतानुकंपीदेहत्यागंचाहवेधर्ममग्र्यम् २ त्यागंश्रेष्ठंमुनयोवैवदंतिसर्वश्रेष्ठंयच्छरीरंत्यजंतः ॥ नित्यंयुक्ताराजधर्मेषुसर्वेप्रत्यक्षंतेभूमिपालायथैव ३ बहुश्रु
त्यागुरुशुश्रूषयाचपरस्पराःसंहननाद्वदंति ॥ नित्यंधर्मंक्षत्रियोब्रह्मचारीचरेदेकोह्याश्रमंधर्मकामः ४ सामान्यार्थेव्यवहारप्रवृत्तेप्रियाप्रियेवर्जयन्नेवयत्नात् ॥ चा
तुर्वर्ण्यस्थापनात्पालनाच्चतैस्तैर्योगैर्नियमैरौरसैश्च ५ सर्वोद्योगैराश्रमंधर्ममाहुःक्षात्रंश्रेष्ठंसर्वधर्मोपपन्नम् ॥ स्वंस्वंधर्मंयेनचरंतिवर्णास्तांस्तान्धर्मानन्यथार्थान्वदं
ति ६ निर्मर्यादान्नित्यमर्थेनिविष्टानाहुस्तांस्तान्वैपशुभूतान्मनुष्यान् ॥ यथानीतिंगमयत्यर्थयोगाच्छ्रेयस्तस्मादाश्रमात्क्षत्रधर्मः ७ त्रैविद्यानांयागतिर्ब्राह्मणानांये
चैवोक्ताश्चाश्रमाब्राह्मणानाम् ॥ एतत्कर्मब्राह्मणस्याहुरग्र्यमन्यत्कुर्वञ्छूद्रवच्छस्त्रवध्यः ८ चातुराश्रम्यधर्माश्चवेदधर्माश्चपार्थिव ॥ ब्राह्मणेनानुगंतव्यानान्योविद्या
त्कदाचन ९ अन्यथावर्तमानस्यनासौवृत्तिःप्रकल्प्यते ॥ कर्मणावर्धतेधर्मोयथाधर्मस्तथैवसः १० योविकर्मस्थितोविप्रोनससन्मानमर्हति ॥ कर्मस्वंनोपयुंजानमवि
श्वास्यंहितंविदुः ११ एतेधर्माःसर्ववर्णेषुलीनाउत्कृष्टव्याःक्षत्रियैरेषधर्मः ॥ तस्माज्ज्येष्ठाराजधर्मानचान्येवीरज्येष्ठावीरधर्मामतामे १२ ॥ मांधातोवाच ॥ यवनाःकि
राताःगांधाराश्चीनाःशबरबर्बराः ॥ शकास्तुषाराःकंकाश्चपल्हवाश्चांध्रमद्रकाः १३ पौण्ड्राःपुलिंदारमठाःकांबोजाश्चैवसर्वशः ॥ ब्रह्मक्षत्रप्रसूताश्चवैश्याःशूद्राश्चमानवाः १४

एवमिति १ भूसंस्कारंभुवःसंपन्नसस्यत्वं राजसंस्कारोराजसूयाश्वमेधावभृथस्नानंभैक्ष्यचर्यासंन्यासाभावं एतेनसंन्यासोराज्ञःमधर्मइत्युक्तम् २ यथैवशरीराणित्यक्तवंतः ३ । ४ औरसैःपौरुषैः ५
येनक्षात्रधर्मेणअन्यथार्थांस्तांस्तान्धर्मान्वदंति ६ । ७ यागतिर्यज्ञादिः आश्रमधर्मश्चएतद्द्वयं ८ । ९ । १० नोपयुंजानंनाचरंतं ११ उत्कृष्टव्याउत्कर्षमापणीयाः एषधर्मःक्षत्रियस्य १२ । १३ । १४ ॥ ५९ ॥

दस्युजीविनोदस्युवृत्तिजीविनः १५ एतदिति । संकरजानांचोराणांचकथंधर्मेस्थापनंकर्तव्यमितिप्रश्नार्थः १६ तेषामपिमात्रादिशुश्रूषारूपेधर्मेस्थापनंकर्तव्यमित्याह मातेति १७ । १८ । १९
२० महार्हाइति । पाकयज्ञमुद्दिश्यब्राह्मणायधनंदेयमेवंश्राद्धमप्यामेनहिरण्येनचेतिज्ञेयम् २१ । २२ । २३ । २४ । २५ । २६ पापःपापादितिशेषः २७ । २८ । २९ । ३० गतिफलं आस्तिक

कथंधर्मांश्चरिष्यंतिसर्वेविषयवासिनः ॥ मद्विधैश्चकथंस्थाप्याःसर्वेवैदस्युजीविनः १५ एतदिच्छाम्यहंश्रोतुंभगवंस्तद्ब्रवीहिमे ॥ त्वंबंधुभूतोह्यस्माकंक्षत्रियाणां
सुरेश्वर १६ ॥ इंद्रउवाच ॥ मातापित्रोर्हिशुश्रूषाकर्तव्यासर्वदस्युभिः ॥ आचार्यगुरुशुश्रूषातथैवाश्रमवासिनाम् १७ भूमिपानांचशुश्रूषाकर्तव्यासर्वदस्यु
भिः ॥ वेदधर्मक्रियाश्चैवतेषांधर्मोविधीयते १८ पितृयज्ञास्तथाकूपाःप्रपाश्चशयनानिच ॥ दानानिचयथाकालंद्विजेभ्योविसृजेत्सदा १९ अहिंसासत्यमक्रोधो
वृत्तिदायानुपालनम् ॥ भरणंपुत्रदाराणांशौचमद्रोहएवच २० दक्षिणासर्वयज्ञानांदातव्याभूतिमिच्छता ॥ पाकयज्ञामहार्हाश्चदातव्याःसर्वदस्युभिः २१ एता
न्येवंप्रकाराणिविहितानिपुराऽनघ ॥ सर्वलोकस्यकर्माणिकर्तव्यानीहपार्थिव २२ ॥ मांधातोवाच ॥ दृश्यंतेमानुषेलोकेसर्ववर्णेषुदस्यवः ॥ लिंगांतरेवर्तमाना
आश्रमेषुचतुर्ष्वपि २३ ॥ इंद्रउवाच ॥ विनष्टायांदंडनीत्यांराजधर्मेनिराकृते ॥ संप्रमुह्यंतिभूतानिराजदौरात्म्यतोऽनघ २४ असंख्याताभविष्यंतिभिक्षवोलिं
गिनस्तथा ॥ आश्रमाणांविकल्पाश्चनिवृत्तेऽस्मिन्कृतेयुगे २५ अशृण्वानाःपुराणानांधर्माणांपरमागतीः ॥ उत्पथंप्रतिपत्स्यन्तेकाममन्युसमीरिताः २६ यदा
निवर्त्यंतेपापोदंडनीत्यामहात्मभिः ॥ तदाधर्मोनचलतेसद्भूतःशाश्वतःपरः २७ सर्वलोकगुरुंचैवराजानंयोऽवमन्यते ॥ नतस्यदत्तंनहुतंनश्राद्धंफलतेक्वचित् २८
मानुषाणामधिपतिंदेवभूतंसनातनम् ॥ देवाऽपिनावमन्यंतेधर्मकामंनरेश्वरम् २९ प्रजापतिर्हिभगवान्सर्वंचैवासृजज्जगत् ॥ सप्रवृत्तिनिवृत्त्यर्थंधर्माणांक्षत्रमिच्छ
ति ३० प्रवृत्तस्यहिधर्मस्यबुद्ध्यायःस्मरतेगतिम् ॥ समेमान्यश्चपूज्यश्चतत्रक्षत्रंप्रतिष्ठितम् ३१ ॥ भीष्मउवाच ॥ एवमुक्त्वासभगवान्मरुद्गणवृतःप्रभुः ॥ ज
गामभवनंविष्णोरक्षरंशाश्वतंपदम् ३२ एवंप्रवर्तितेधर्मेपुरासुचरितेऽनघ ॥ कःक्षत्रमवमन्येतचेतनावान्बहुश्रुतः ३३ अन्यायेनप्रवृत्तानिनिवृत्तानितथैवच ॥
अंतराविलयंयांतियथापथिविचक्षुषः ३४ आदौप्रवर्तितेचक्रेतथैवादिपरायणे ॥ वर्तस्वपुरुषव्याघ्रसंविजानामितेऽनघ ३५ ॥ इतिश्रीमहाभारतेशां
तिपर्वणिराजधर्मानुशासनपर्वणिइंद्रमांधातृसंवादेपंचषष्टितमोऽध्यायः ॥ ६५ ॥ ॥ युधिष्ठिरउवाच ॥ श्रुतामेकथिताःपूर्वेचत्वारोमानवाश्रमाः ॥ व्याख्या
नयित्वाव्याख्यानमेषामाचक्ष्वपृच्छतः १ ॥ भीष्मउवाच ॥ विदिताःसर्वएवेहधर्मास्तवयुधिष्ठिर ॥ यथाममहाबाहोविदिताःसाधुसंमताः २ ॥

त्वात्समेमान्यः ३१ । ३२ । ३३ अन्यायेनक्षत्रधर्मावज्ञया ३४ चक्रेधातुराज्ञायांआदिपरायणेपूर्वेषांशरणभूतेवर्तस्व तेत्वां संविजानामिसम्यक्समर्थोऽसीतिजानामि ३५ ॥ इतिशांतिपर्वणि
राजधर्मानुशासनपर्वणिनीलकंठीयेभारतभावदीपेपंचषष्टितमोऽध्यायः ॥ ६५ ॥ ॥ ॥ ॥ श्रुताइति । मानवस्यमनुष्यमात्रस्याऽश्रमाश्चत्वारइतिश्रुतं तत्कथंदस्यूनामप्युत्तमाश्रमयो
गः एषामाश्रमाणां व्याख्यानंस्पष्टीकरणं व्याख्यानयित्वाविस्तरंनीत्वाआचक्ष्व व्याख्यानयित्वेतिनामधातुपदम् १ यथाममविदितास्तथातवविदिताइत्यन्वयः २ ॥ ॥

लिंगस्यसूक्ष्मस्याप्यंतरंकारणंहार्दाकाशंतद्गतंसर्वज्ञमित्यर्थः ३ एतानिचातुराश्रम्यकारिणांलिंगानिसतांराज्ञांराजधर्मेष्वेववर्तन्तेइत्यर्थः ४ अत्रयोयस्याश्रमस्यासाधारणोधर्मःसयत्रकुत्रचि दाश्रमेयस्यांकस्यांचिज्जातौदृष्टश्चेत्सतदाश्रमधर्मप्राप्यंस्थानमाप्नोतिनतूत्तमपदप्राप्तौजातिराश्रमोवाकारणमित्यध्यायार्थस्तमाह अकामेत्यादिना । कामद्वेषराहित्यंसमदर्शित्वंचयतेरसाधारणो

यत्तुलिंगांतरगतंपृच्छसेमांयुधिष्ठिर ॥ धर्मंधर्मभृतांश्रेष्ठतन्निबोधनराधिप ३ सर्वाण्येतानिकौन्तेयविद्यन्तेमनुजर्षभ ॥ साध्वाचारप्रवृत्तानांचातुराश्रम्यकारिणाम् ४ अकामद्वेषयुक्तस्यदंडनीत्यायुधिष्ठिर ॥ समदर्शिनश्चभूतेषुभैक्ष्याश्रमपदंभवेत् ५ वेत्तिज्ञानविसर्गंचनिग्रहानुग्रहंतथा ॥ यथोक्तवृत्तेर्धीरस्यक्षेमाश्रमपदंभवेत् ६ अर्हान्पूजयतोनित्यंसंविभागेनपांडव ॥ सर्वतस्तस्यकौन्तेयभैक्ष्याश्रमपदंभवेत् ७ ज्ञातिसंबंधिमित्राणिव्यापन्नानियुधिष्ठिर ॥ समभ्युद्धरमाणस्यदीक्षाश्रमपदंभवेत् ८ लोकमुख्येषुसत्कारंलिंगिमुख्येषुचासकृत् ॥ कुर्वतस्तस्यकौन्तेयवन्याश्रमपदंभवेत् ९ आह्निकंपितृयज्ञांश्चभूतयज्ञान्समानुषान् ॥ कुर्वतःपार्थविपुलान्वन्याश्रमपदंभवेत् १० संविभागेनभूतानामतिथीनांतथाऽर्चनात् ॥ देवयज्ञैश्चराजेन्द्रवन्याश्रमपदंभवेत् ११ मर्दनंपरराष्ट्राणांशिष्टार्थंसत्यविक्रम ॥ कुर्वतःपुरुषव्याघ्रवन्याश्रमपदंभवेत् १२ पालनात्सर्वभूतानांस्वराष्ट्रपरिपालनात् ॥ दीक्षाबहुविधाराजन्सत्याश्रमपदंभवेत् १३ वेदाध्ययननित्यत्वंक्षमाऽथाचार्यपूजनम् ॥ अथोपाध्यायशुश्रूषाब्रह्माश्रमपदंभवेत् १४ आह्निकंजपमानस्यदेवान्पूजयतःसदा ॥ धर्मेणपुरुषव्याघ्रधर्माश्रमपदंभवेत् १५ मृत्युर्वारक्षणंवेतियस्यराज्ञोविनिश्चयः ॥ प्राणद्यूतेततस्तस्यब्रह्माश्रमपदंभवेत् १६ अजिह्ममशठंमार्गेवर्तमानस्यभारत ॥ सर्वदासर्वभूतेषुब्रह्माश्रमपदंभवेत् १७ वानप्रस्थेषुविप्रेषुत्रैविद्येषुचभारत ॥ प्रयच्छतोर्थान्विपुलान्वन्याश्रमपदंभवेत् १८ सर्वभूतेष्वनुक्रोशंकुर्वतस्तस्यभारत ॥ आनृशंस्यप्रवृत्तस्यसर्वावस्थंपदंभवेत् १९ बालवृद्धेषुकौन्तेयसर्वावस्थंयुधिष्ठिर ॥ अनुक्रोशक्रियापार्थसर्वावस्थंपदंभवेत् २० बलात्कृतेषुभूतेषुपरित्राणंकुरूद्वह ॥ शरणागतेषुकौरव्यकुर्वन्गार्हस्थ्यमावसेत् २१ चराचराणांभूतानांरक्षणंचापिसर्वशः ॥ यथार्हपूजांचतथाकुर्वन्गार्हस्थ्यमावसेत् २२ ज्येष्ठानुज्येष्ठपत्नीनांभ्रातॄणांपुत्रनप्तृणाम् ॥ निग्रहानुग्रहौपार्थगार्हस्थ्यमितितत्तपः २३ साधूनामर्चनीयानांपूजासुविदितात्मनाम् ॥ पालनंपुरुषव्याघ्रगृहाश्रमपदंभवेत् २४ आश्रमस्थानिभूतानियस्तुवेश्मनिभारत ॥ आददीतेहभोज्येनतद्गार्हस्थ्यंयुधिष्ठिर २५ यःस्थितःपुरुषोधर्मेधात्रासृष्टेयथाऽर्थवत् ॥ आश्रमाणांहिसर्वेषांफलंप्राप्नोत्यनामयम् २६ यस्मिन्ननश्यंतिगुणाःकौन्तेयपुरुषेसदा ॥ आश्रमस्थंतमप्याहुर्नरश्रेष्ठंयुधिष्ठिर २७ ॥ ॥ ॥

धर्मस्तद्वान्राजायदिदंडनीत्याभूतेषुवर्तेततर्हितस्ययद्भैक्ष्याश्रमस्यसंन्यासिनोयत्पदंब्रह्मलोकप्राप्तिस्तद्भवेत् एवंसर्वत्रज्ञेयम् ५ क्षेमाश्रमोगार्हस्थ्यम् ६ भैक्ष्याश्रमोब्रह्मचर्यम् ७ दीक्षाश्रमोवैखानसः ८ । ९ । १० । ११ परराष्ट्राणांवनौषधीनामिवशिष्टार्थंशिष्टसंरक्षणार्थंकुर्वन्वनितुल्यः १२ दीक्षाबहुविधेति । यावतांपालनंतावंतोयज्ञाःकृताइत्यर्थ सत्याश्रमोब्रह्मलोकप्रदआश्रमः संन्यासः १३ । १४ । १५ । १६ । १७ ।१८ अनुक्रोशंदयां आनृशंस्यमनिष्ठुरत्वम् १९ । २० । २१ । २२ । २३ । २४ । २५ । २६ । २७ ॥ ॥

२८ । २९ । ३० दशधर्मगतोभीतत्वादिना अत्यंतंव्याकुलतयाधर्माधर्मप्रतिपत्तिशून्योऽपिसोश्रमीसःआश्रमी सर्वाश्रमफलभागित्यर्थः ३१ । ३२ । ३३ । ३४ । ३५ । ३६ धर्मेइति । राजधर्मा
त्मिकानौःधर्मेऽब्धाविषस्थितासत्वमेववीर्यंकर्णधारबलंयत्र धर्मसेतुःशास्त्रंसैववटारकाबंधनरज्जुर्यत्र त्यागवातेनेवशीघ्रगा ३७ सत्वस्थोधीसत्वमात्रनिष्ठः ३८ भावेनचेतसा योगेनचित्तनिरोधेन

स्थानमानंकुलेमानंवयोमानंतथैवच ॥ कुर्वन्वसतिसर्वेषुह्याश्रमेषुयुधिष्ठिर २८ देशधर्माश्चकौन्तेयकुलधर्मास्तथैवच ॥ पालयन्पुरुषव्याघ्रराजासर्वाश्रमीभवेत्
२९ कालेविभूतिंभूतानामुपहारांस्तथैवच ॥ अर्हयन्पुरुषव्याघ्रसाधूनामाश्रमेवसेत् ३० दशधर्मगतश्चापियोधर्मंप्रत्यवेक्षते ॥ सर्वलोकस्यकौन्तेयराजाभवतिसो
श्रमी ३१ येधर्मकुशलालोकेधर्मंकुर्वंतिभारत ॥ पालितायस्यविषयेधर्मांशस्तस्यभूपतेः ३२ धर्मारामान्धर्मपरान्येनरक्षंतिमानवान् ॥ पार्थिवाःपुरुषव्या
घ्रतेषांपापंहरंतिते ३३ येचाप्यत्रसहायाःस्युःपार्थिवानांयुधिष्ठिर ॥ तेचैवांशहराःसर्वेधर्मेपरकृतेऽनघ ३४ सर्वाश्रमपदेऽप्याहुर्गार्हस्थ्यंदीप्तनिर्णयम् ॥ पावनं
पुरुषव्याघ्रयंधर्मंपर्युपास्महे ३५ आत्मोपमस्तुभूतेषुयोवैभवतिमानवः ॥ न्यस्तदंडोजितक्रोधःप्रेत्येहलभतेसुखम् ३६ धर्मेस्थितासत्ववीर्याधर्मसेतुवटारका ॥
त्यागवाताध्वगाशीघ्रानौस्तंसंतारयिष्यति ३७ यदानिवृत्तःसर्वस्मात्कामोयोस्यहृदिस्थितः ॥ तदाभवतिसत्त्वस्थस्ततोब्रह्मसमश्नुते ३८ सुप्रसन्नस्तुभावेनयो
गेनचनराधिप ॥ धर्मंपुरुषशार्दूलप्राप्स्यतेपालनेरतः ३९ वेदाध्ययनशीलानांविप्राणांसाधुकर्मणाम् ॥ पालनेयत्नमातिष्ठसर्वलोकस्यचैवह ४० वनेचरंतियेध
र्मंमाश्रमेषुचभारत ॥ रक्षणात्तच्छतगुणंधर्मंप्राप्नोतिपार्थिवः ४१ एषतेविविधोधर्मःपांडवश्रेष्ठकीर्तितः ॥ अनुतिष्ठत्वमेनंवैपूर्वदृष्टंसनातनम् ४२ चातुराश्रम्यमैका
ग्र्यंचातुर्वर्ण्येचपांडव ॥ धर्मंपुरुषशार्दूलप्राप्स्यसेपालनेरतः ४३ ॥ इतिश्रीमहाभारतेशां० राजधर्मा० चातुराश्रम्यविधौषट्षष्टितमोऽध्यायः ॥ ६६ ॥ ॥
युधिष्ठिरउवाच ॥ ॥ चातुराश्रम्यमुक्तंतेचातुर्वर्ण्यंतथैवच ॥ राष्ट्रस्ययत्कृत्यतमंततोब्रूहिपितामह १ ॥ ॥ भीष्मउवाच ॥ ॥ राष्ट्रस्यैतत्कृत्यतमंराज्ञएवाभि
षेचनम् ॥ अनिंद्रमबलंराष्ट्रंदस्यवोऽभिभवंत्युत २ अराजकेषुराष्ट्रेषुधर्मोनव्यवतिष्ठते ॥ परस्परंचखादंतिसर्वथाधिगराजकम् ३ इंद्रमेवप्रवृणुतेयद्राजानमिति
श्रुतिः ॥ यथैवेंद्रस्तथाराजासंपूज्योभूतिमिच्छता ४ नाराजकेषुराष्ट्रेषुवस्तव्यमितिरोचये ॥ नाराजकेषुराष्ट्रेषुहव्यमग्निर्वहत्युत ५ अथचेदभिवर्तेतराज्यार्थी
बलवत्तरः ॥ अराजकाणिराष्ट्राणिहतवीर्याणिवापुनः ६ प्रत्युद्गम्याभिपूज्यःस्यादेतदत्रसुमंत्रितम् ॥ नहिपापात्परतरमस्तिकिंचिदराजकात् ७ सचेत्समनुप
श्येतसमग्रंकुशलंभवेत् ॥ बलवान्हिप्रकुपितःकुर्यान्निःशेषतामपि ८ ॥ ॥ ॥

३९ । ४० । ४१ पूर्वमनादिं । सनातनंपारंपर्यागतम् ४२ अध्यायार्थमुपसंहरति चातुराश्रम्यमिति ४३ ॥ इतिशांतिपर्वणिनीलकंठीयेभारतभावदीपेषट्षष्टितमोऽध्यायः ॥ ६६ ॥ ॥
चातुराश्रम्यमिति १ राष्ट्रस्यतात्स्थ्याद्राष्ट्रवासिनोजनस्यकृत्यतमंमुख्यंकार्यमनिंद्रमराजकमतएवाबलम् २ नव्यवतिष्ठतेअन्योन्यंलोकाधर्मव्यवस्थापनंनकुर्वंतीत्यर्थः ३ । ४ । ५ अथेति ।
राज्यार्थीअन्योऽपिकश्चिदायातितदासंपूज्यः राष्ट्रस्थैरित्युभयोःसंबंधः ६ अपूजनेदोषमाह नहीति ७ सचेदिति । तत्प्रसादप्रकोपायत्तेकुशलाकुशलेराष्ट्रस्येत्यर्थः ८ ॥ ॥
॥

९ । १० । ११ धनादेरर्थउपभोगः १२ । १३ । १४ । १५ । १६ । १७ वाक्शूरोनिष्ठुरभाषी दंडपरुषउग्रदंडः पारजायिकःपरस्त्रीगामी १८।१९ असुखार्तादुःखपीडिताः असुखार्थाइतिपाठे सुखैरर्थैश्चही
नाः दिशदेहि २० ताःप्रजाःनाभिननंदनांगीचकार २१ । २२ अधिपंचाशतपंचाशतमधिकृत्यपंचाशत्पशुलाभएकंभागंतुभ्यंदास्यामइत्यर्थः तथैवहिरण्यस्यापि २३ विवाहेषूद्यतासुकन्यासुशु

भूयांसंलभतेक्लेशंयागौर्भवतिदुर्दुहा ॥ अथयासुदुहाराजन्नैवतांवितुदंत्यपि ९ यदतप्तंप्रणमतेनैतत्संतापमर्हति ॥ यत्स्वयंनमतेदारुनतत्संनामयंत्यपि १० एत
योपमयावीरसन्नमेतबलीयसे ॥ इंद्रायसप्रणमतेनमतेयोबलीयसे ११ तस्माद्राजैवकर्तव्यःसततंभूतिमिच्छता ॥ नधनार्थोनदारार्थस्तेषांयेषामराजकम् १२
प्रीयतेहिहरन्पापःपरवित्तमराजके ॥ यदाऽस्यउद्धरंत्यन्येतदाराजानमिच्छति १३ पापाह्यपितदाक्षेमंनलभंतेकदाचन ॥ एकस्यहिद्वौहरतोद्वयोश्चबहवोऽपरे
१४ अदासःक्रियतेदासोह्रियंतेचबलात्स्त्रियः ॥ एतस्मात्कारणाद्देवाःप्रजापालान्प्रचक्रिरे १५ राजाचेन्नभवेल्लोकेपृथिव्यांदंडधारकः ॥ जलेमत्स्यानिवाभक्ष्य
न्दुर्बलंबलवत्तराः १६ अराजकाःप्रजाःपूर्वंविनेशुरितिनःश्रुतम् ॥ परस्परंभक्षयंतोमत्स्याइवजलेकृशान् १७ समेत्यतास्ततश्चक्रुःसमयानितिनःश्रुतम् ॥ वा
क्शूरोदंडपरुषोयश्चस्यात्पारजायिकः १८ यःपरस्वमथादद्यात्त्याज्यानस्तादृशाइति ॥ विश्वासार्थंचसर्वेषांवर्णानामविशेषतः ॥ तास्तथासमयंकृत्वासमयेना
वतस्थिरे १९ सहितास्तास्तदाजग्मुरसुखार्ताःपितामहम् ॥ अनीश्वराविनश्यामोभगवन्नीश्वरंदिश २० यंपूजयेमसंभूययश्चनःप्रतिपालयेत् ॥ ततोमनुंव्या
दिदेशमनुर्नाभिननंदताः २१ ॥ ॥ मनुरुवाच ॥ ॥ बिभेमिकर्मणःपापाद्राज्यंहिभृशदुस्तरम् ॥ विशेषतोमनुष्येषुमिथ्यावृत्तेषुनित्यदा २२ ॥ ॥ भीष्मउ
वाच ॥ ॥ तमब्रुवन्प्रजामाभैःकर्तॄनेनोगमिष्यति ॥ पशूनामधिपंचाशद्धिरण्यस्यतथैवच २३ धान्यस्यदशमंभागंदास्यामःकोशवर्धनम् ॥ कन्यांशुल्केचारु
रूपांविवाहेषूद्यतासुच २४ मुखेनशस्त्रपत्रेणयेमनुष्याःप्रधानतः ॥ भवंतंतेऽनुयास्यंतिमहेंद्रमिवदेवताः २५ सत्वंजातबलोराजादुष्प्रधर्षःप्रतापवान् ॥ सुखे
धास्यसिनःसर्वान्कुबेरइवनैर्ऋतान् २६ यंचधर्मंचरिष्यंतिप्रजाराज्ञासुरक्षिताः ॥ चतुर्थंतस्यधर्मस्यत्वत्संस्थंवैभविष्यति २७ तेनधर्मेणमहतासुखलब्धेनभा
वितः ॥ पाह्यस्मान्सर्वतोराजन्देवानिवशतक्रतुः २८ विजयायहिनिर्याहिप्रतपन्रश्मिवानिव ॥ मानंविधमशत्रूणांजयोऽस्तुतवसर्वदा २९ सनिर्ययौमहातेजा
बलेनमहतावृतः ॥ महाभिजनसंपन्नस्तेजसाप्रज्वलन्निव ३० तस्यदृष्ट्वामहत्त्वंतेमहेंद्रस्येवदेवताः ॥ अपतत्रसिरेसर्वेस्वधर्मेचदधुर्मनः ३१ ततोमहींपरियियौप
र्जन्यइववृष्टिमान् ॥ शमयन्सर्वतःपापान्स्वकर्मसुचयोजयन् ३२ एवंयेभूतिमिच्छेयुःपृथिव्यांमानवाःक्वचित् ॥ कुर्यूराजानमेवाग्रेप्रजाऽनुग्रहकारणात् ३३ नम
स्येरंश्चतंभक्त्याशिष्याइवगुरुंसदा ॥ देवाइवचदेवेंद्रंतत्रराजानमंतिके ३४ सत्कृतंस्वजनेनेहपरोऽपिबहुमन्यते ॥ स्वजनेनत्ववज्ञातंपरेपरिभवंत्युत ३५ ॥

ल्केमौल्यप्रसंगेसतिसुरूपांकन्यांतुभ्यंदास्यामइतिपूर्वेणान्वयः विवादेषुततासुचेतिप्राचांपाठः इयंमयाक्रेयाइयंमयाक्रेयेतिविवादविषयास्वितितदर्थः । विवादेद्यूततासुचेतिपाठेद्यूततायूतेपणीकृतत्वं २४
मुखेनमुखतःप्रथममित्यर्थः शस्त्रपत्रेणशस्त्रेणवाहनेनच प्रधानतःश्रेष्ठाःप्रथमार्थेतसिः २५ । २६ । २७ । २८ मानंदर्पंविधमनाशय २९ । ३० अपतत्रसिरेत्रासंमाप्ताः ३१ । ३२ । ३३ । ३४ । ३५

पत्रंवाहनं ३६ । ३७ । ३८ संविभागीविभज्यभोक्ता वल्गुशोभनम् ३९ ॥ इतिशांतिपर्वणिराजधर्मानुशासनप० नीलकंठीयेभारतभावदीपेसप्तषष्ठितमोऽध्यायः ॥ ६७ ॥ किमाहुरिति १ । २ । ३
वैनयिकमभ्युत्थानाभिवादनादिकं दक्षिणादक्षिणातोऽनंतरःसमीपेभूत्वाप्रदक्षिणीकृत्येत्यर्थः ४ । ५ । ६ । ७ । ८ समुदीर्णंत्यक्तमर्यादं समुत्सुकंपरदाराद्यासक्तं प्रसादयतिदंडेनशुद्धंकरोति

राज्ञःपरैःपरिभवःसर्वेषांससुखावहः ॥ तस्माच्छत्रंचपत्रंचवासांस्याभरणानिच ३६ भोजनान्यथपानानिराज्ञेदद्युर्गृहाणिच ॥ आसनानिचशय्याश्चसर्वोपक
रणानिच ३७ गोप्तातस्माद्दुराधर्षःस्मितपूर्वाभिभाषिता ॥ आभाषितश्चमधुरंप्रत्याभाषेतमानवान् ३८ कृतज्ञोदृढभक्तिःस्यात्संविभागीजितेंद्रियः ॥ ईक्षि
तःप्रतिवीक्षेतमृदुवल्गुचसुष्ठुच ३९ ॥ इतिश्रीमहाभारतेशांतिपर्वणिराजध० राष्ट्रेराजकरणावश्यकत्वकथनेसप्तषष्ठितमोऽध्यायः ॥ ६७ ॥ युधिष्ठिरउवाच ॥
किमाहुर्दैवतंविप्राराजानंभरतर्षभ ॥ मनुष्याणामधिपतिंतन्मेब्रूहिपितामह १ ॥ भीष्मउवाच ॥ अत्राप्युदाहरंतीममितिहासंपुरातनम् ॥ बृहस्पतिंवसुमना
यथापप्रच्छभारत २ राजावसुमनानामकौसल्योधीमतांवरः ॥ महर्षिंकिलपप्रच्छकृतप्रज्ञंबृहस्पतिम् ३ सर्ववैनयिकंकृत्वाविनयज्ञोबृहस्पतिम् ॥ दक्षिणाऽनंत
रोभूत्वाप्रणम्यविधिपूर्वकम् ४ विधिंपप्रच्छराज्यस्यसर्वलोकहितेरतः ॥ प्रजानांसुखमन्विच्छन्धर्मशीलंबृहस्पतिम् ५ ॥ वसुमनाउवाच ॥ केनभूतानिवर्धंते
क्षयंगच्छंतिकेनवा ॥ कमर्चन्तोमहाप्राज्ञसुखमव्ययमाप्नुयुः ६ एवंपृष्टोमहाप्राज्ञःकौसल्येनामितौजसा ॥ राजसत्कारमव्यग्रंशशंसास्मैबृहस्पतिः ७ ॥ बृहस्प
तिरुवाच ॥ राजमूलोमहाप्राज्ञधर्मोलोकस्यलक्ष्यते ॥ प्रजाराजभयादेवनखादंतिपरस्परम् ८ राजाह्येवाखिलंलोकंसमुदीर्णंसमुत्सुकम् ॥ प्रसादयतिधर्मेणप्र
साद्यचविराजते ९ यथाह्यनुदयेराजन्भूतानिशशिसूर्ययोः ॥ अंधेतमसिमज्जेयुरपश्यंतःपरस्परम् १० यथाह्यनुदकेमत्स्यानिराक्रंदेविहंगमाः ॥ विहरेयुर्यथा
कामंविहिंसंतःपुनःपुनः ११ विमथ्यातिक्रमेरंश्चविषह्यापिपरस्परम् ॥ अभावमचिरेणैवगच्छेयुर्नात्रसंशयः १२ एवमेवविनाराज्ञाविनश्येयुरिमाःप्रजाः ॥
अंधेतमसिमज्जेयुरगोपाःपशवोयथा १३ हरेयुर्बलवंतोऽपिदुर्बलानांपरिग्रहान् ॥ हन्युर्व्यायच्छमानांश्चयदिराजानपालयेत् १४ ममेदमितिलोकेऽस्मिन्नभ
वेत्संपरिग्रहः ॥ नदारानचपुत्रःस्यान्नधनंनपरिग्रहः ॥ विष्वग्लोपःप्रवर्तेतयदिराजानपालयेत् १५ यानंवस्त्रमलंकारान्रत्नानिविविधानिच ॥ हरेयुःसहसापा
पायदिराजानपालयेत् १६ पतेद्बहुविधंशस्त्रंबहुधाधर्मचारिषु ॥ अधर्मःप्रगृहीतःस्याद्यदिराजानपालयेत् १७ मातरंपितरंवृद्धमाचार्यमतिथिंगुरुम् ॥
क्लिश्नीयुरपिहिंस्युर्वायदिराजानपालययेत् १८ वधबंधपरिक्लेशोनित्यमर्थवतांभवेत् ॥ ममत्वंचनविन्देयुर्यदिराजानपालयेत् १९ अंताश्चाकालएवस्युर्लोकोऽ
यंदस्युसाद्भवेत् ॥ पतेयुर्नरकंघोरंयदिराजानपालयेत् २० नयोनिदोषोवर्तेतनकृषिर्नवणिक्पथः ॥ मज्जेद्धर्मस्त्रयीनस्याद्यदिराजानपालयेत् २१ ॥

९ । १० । अनुदकेह्यल्पोदके निराक्रंदेहिंस्रभयरहिते ११ । १२ । १३ । परिग्रहान्गृहादीन् व्यायच्छमानान्स्वंस्वमर्थमाग्रहेणरक्षमाणान् १४ ममेदमितिनस्यादपितुबलवतइदमित्येवस्यात्
विष्वक्सर्वतः लोपोऽर्थानांलुंपनम् १५ । १६ । १७ ।१८ । १९ अंतामृत्यवः दस्युसाच्चोराधीनः २० योनिदोषोव्यभिचारेत्रिगानम् २१ ॥ ॥ ॥

२२ नसंप्रवर्तेरन्नरेतःसिंचेरन् गर्गरामन्थन्यः 'गर्गरोमीनभेदेस्त्रीमंथन्याम्'इतिमेदिनी २३।२४।२५ । २६ । २७ हस्ताद्धस्तंहस्तस्थमपिचोराहरेयुः २८ अनयाअनीतयः । अनाया समितिषाठेअक्लेशंयथास्यात्तथाप्रवर्तेरन्परदारादिषु २९ विवृत्योद्घाट्य ३० हस्तलाघवंतत्साध्यंताडनं आक्रुष्टंगालनंवा कुतोनसहतेअपित्वनायकत्वात्सहतएव गांपृथ्वीं ३१ अपुरुषाअर

नयज्ञाःसंप्रवर्तेयुर्विधिवत्स्वाप्तदक्षिणाः ॥ नविवाहाःसमाजोवायदिराजानपालयेत् २२ नवृषासंप्रवर्तेरन्नमथ्येरंश्चगर्गराः ॥ घोषाःप्रणाशंगच्छेयुर्यदिराजान पालयेत् २३ त्रस्तमुद्विग्नहृदयंहाहाभूतमचेतनम् ॥ क्षणेनविनशेत्सर्वंयदिराजानपालयेत् २४ नसंवत्सरसत्राणितिष्ठेयुरकुतोभयाः ॥ विधिवद्दक्षिणावंतियदि राजानपालयेत् २५ ब्राह्मणाश्चतुरोवेदान्नाधीयीरंस्तपस्विनः ॥ विद्यास्नाताव्रतस्नातायदिराजानपालयेत् २६ नलभेद्धर्मसंश्लेषंहतविप्रहतोजनः ॥ हर्तास्व स्थैंद्रियोगच्छेद्यदिराजानपालयेत् २७ हस्ताद्धस्तंपरिमुषेद्भिद्येरन्सर्वसेतवः ॥ भयार्तेविद्रवेत्सर्वंयदिराजानपालयेत् २८ अनयाःसंप्रवर्तेरन्भवेद्वैवर्णसंकरः ॥ दु र्भिक्षमाविशेद्राष्ट्रंयदिराजानपालयेत् २९ विवृत्यहियथाकामंगृहद्वाराणिशेरते ॥ मनुष्यारक्षिताराज्ञासमंतादकुतोभयाः ३० नाक्रुष्टंसहतेकश्चित्कुतोवाहस्त लाघवम् ॥ यदिराजानसम्यग्गांरक्षयत्यपिधार्मिकः ३१ स्त्रियश्चापुरुषामार्गेसर्वालंकारभूषिताः ॥ निर्भयाःप्रतिपद्यंतेयदिरक्षतिभूमिपः ३२ धर्ममेवप्रपद्यंते नहिंसंतिपरस्परम् ॥ अनुगृह्णंतिचान्योन्यंयदारक्षतिभूमिपः ३३ यजंतेचमहायज्ञैस्त्रयोवर्णाःपृथग्विधैः ॥ युक्ताश्चाधीयतेविद्यांयदारक्षतिभूमिपः ३४ वार्ता मूलोह्ययंलोकस्त्रय्यावैधार्यतेसदा ॥ तत्सर्वंवर्ततेसम्यग्यदारक्षतिभूमिपः ३५ यदाराजाधुरंश्रेष्ठामादायवहतिप्रजाः ॥ महताबलयोगेनतदालोकःप्रसीदति ३६ यस्याभावेनभूतानामभावःस्यात्समंततः ॥ भावेचभावोनित्यंस्यात्कस्तंनप्रतिपूजयेत् ३७ तस्ययोवहतेभारंसर्वलोकभयावहम् ॥ तिष्ठन्प्रियहितेराज्ञ उभौलोकाविमौजयेत् ३८ यस्तस्यपुरुषःपापंमनसाप्यनुचिंतयेत् ॥ असंशयमिहक्लिष्टःप्रेत्यापिनरकंव्रजेत् ३९ नहिजात्ववमंतव्योमनुष्यइतिभूमिपः ॥ महतीदेवताह्येषानररूपेणतिष्ठति ४० कुरुतेपंचरूपाणिकालयुक्तानियःसदा ॥ भवत्यग्निस्तथादित्योमृत्युर्वैश्रवणोयमः ४१ यदाह्यासादतःपापान्दहत्युग्रे णतेजसा ॥ मिथ्योपचरितोराजातदाभवतिपावकः ४२ यदापश्यतिचारेणसर्वभूतानिभूमिपः ॥ क्षेमंचकृत्वाव्रजतितदाभवतिभास्करः ४३ अशुचींश्चयदा क्रुद्धःक्षिणोतिशतशोनरान् ॥ सपुत्रपौत्रान्सामात्यांस्तदाभवतिसोऽन्तकः ४४ यदात्वधार्मिकान्सर्वांस्तीक्ष्णैर्दण्डैर्नियच्छति ॥ धार्मिकांश्चानुगृह्णातिभवत्य थयमस्तदा ४५ यदातुधनधाराभिस्तर्पयत्युपकारिणः ॥ आच्छिनत्तिचरत्नानिविविधान्यपकारिणाम् ४६ श्रियंददातिकस्मैचित्कस्माच्चिदपकर्षति ॥ तदा वैश्रवणोराजालोकेभवतिभूमिपः ४७ नास्यापवादेस्थातव्यंदक्षेणाक्लिष्टकर्मणा ॥ धर्म्यमाकांक्षतालोकमीश्वरस्यानसूयता ४८ ॥ ॥

क्षिताअपि ३२ । ३३ । ३४ वार्ताजीविकातन्मूलः त्रय्याचतुष्टयादिहेतुतयात्रायतेरक्षतेसर्वंत्रयीवार्तादिः ३५ । ३६ । ३७ । ३८ । ३९ । ४० । ४१ आसीदतःसमीपस्थान् मिथ्योपच रितोवंचितः ४२ । ४३ । ४४ । ४५ । ४६ । ४७ । ४८ ॥ ॥ ॥ ॥ ॥ ॥

४९ कृष्णगतिरग्निः अभिपन्नस्यतिरस्कृतस्य ५० सर्वाणिद्रव्याणिरक्ष्याण्येवनतुहर्तव्यानि यद्वारक्षणीयानिद्रव्याण्येवरक्ष्याणि ५१ कूटंमारणयंत्रं'कूटोऽस्त्रीसीरावयवयंत्रयोः'इतिमेदिनी
५२ । ५३ राजारंजकःभोजःसुखानांभोजयिता विविधंराजतइतिविराट् श्रीमान्सम्राडिति राज्ञामपि राजेत्यकुंठितैश्वर्यः ५४ बुभूषुर्भवितुमिच्छुः ५५ । ५६ निषिद्धजनमहमेकएवेदंकार्यंकरिष्या
मिकिमेतैरितिवादिनमेकांगवीरं ५७ । ५८ समाश्रिताराजानमितिशेषः ५९ । ६० । ६१ इतिशांतिपर्वणिराजधर्मानुशासनपर्वणिनीलकंठीयेभारतभावदीपेअष्टषष्टितमोऽध्यायः ॥ ६८ ॥

नहिराज्ञःप्रतीपानिकुर्वन्सुखमवाप्नुयात् ॥ पुत्रोभ्रातावयस्योवायद्यप्यात्मसमोभवेत् ४९ कुर्यात्कृष्णगतिःशेषंज्वलितोऽनिलसारथिः ॥ नतुराजाभिपन्नस्य
शेषंक्वचनविद्यते ५० तस्यसर्वाणिरक्ष्याणिदूरतःपरिवर्जयेत् ॥ मृत्योरिवजुगुप्सेतराजस्वहरणान्नरः ५१ नश्येदभिमृशन्सद्योमृगःकूटमिवस्पृशन् ॥ आत्म
स्वमिवरक्षेतराजस्वमिहबुद्धिमान् ५२ महांतंनरकंघोरमप्रतिष्ठमचेतनम् ॥ पतंतिचिररात्रायराजवित्तापहारिणः ५३ राजाभोजोविराट्सम्राट्क्षत्रियोभूपति
र्नृपः ॥ यएभिःस्तूयतेशब्दैःकस्तंनार्चितुमर्हति ५४ तस्माद्बुभूषुर्नियतोजितात्मानियतेन्द्रियः ॥ मेधावीस्मृतिमान्दक्षःसंश्रयेतमहीपतिम् ५५ कृतज्ञंप्रा
ज्ञमक्षुद्रंदृढभक्तिंजितेंद्रियम् ॥ धर्मनित्यंस्थितंनीत्यंमंत्रिणंपूजयेन्नृपः ५६ दृढभक्तिंकृतप्रज्ञंधर्मज्ञंसंयतेंद्रियम् ॥ शूरमक्षुद्रकर्माणंनिषिद्धजनमाश्रयेत् ५७
प्रज्ञाप्रगल्भंकुरुतेमनुष्यंराजाकृशंवैकुरुतेमनुष्यम् ॥ राजाऽभिपन्नस्यकुतःसुखानिराजाऽभ्युपेतंसुखिनंकरोति ५८ राजाप्रजानांहृदयंगरीयोगतिःप्रतिष्ठासु
खमुत्तमंच ॥ समाश्रितालोकमिमंपरंचजयंतिसम्यक्पुरुषानरेन्द्र ५९ नराधिपश्चाप्यनुशिष्यमेदिनींदमेनसत्येनचसौहृदेन ॥ महद्भिरिष्ट्वाक्रतुभिर्महायशा
स्त्रिविष्टपेस्थानमुपैतिशाश्वतम् ६० सएवमुक्तोऽङ्गिरसाकौसल्योराजसत्तमः ॥ प्रयत्नात्कृतवान्वीरःप्रजानांपरिपालनम् ६१ ॥ इतिश्रीमहाभारतेशांतिपर्व
णिराजधर्मानुशासनपर्वणिआंगिरसवाक्येअष्टषष्टितमोऽध्यायः ॥ ६८ ॥ ॥ युधिष्ठिरउवाच ॥ ॥ पार्थिवेनविशेषेणकिंकार्यमवशिष्यते ॥ कथंर
क्ष्योजनपदःकथंजेयाश्चशत्रवः १ कथंचारंप्रयुंजीतवर्णान्विश्वासयेत्कथम् ॥ कथंभृत्यान्कथंदारान्कथंपुत्रांश्चभारत २ ॥ भीष्मउवाच ॥ राजवृत्तंमहाराजशृ
णुष्वावहितोऽखिलम् ॥ यत्कार्यंपार्थिवेनादौपार्थिवप्रकृतेनवा ३ आत्माजेयःसदाराज्ञाततोजेयाश्चशत्रवः ॥ अजितात्मानरपतिर्विजयेतकथंरिपून् ४ एता
वानात्मविजयःपंचवर्गविनिग्रहः ॥ जितेंद्रियोनरपतिर्बाधितुंशक्नुयादरीन् ५ न्यसेतगुल्मान्दुर्गेषुसंधौचकुरुनंदन ॥ नगरोपवनेचैवपुरोद्यानेषुचैवह ६ सं
स्थानेषुचसर्वेषुपुरेषुनगरेषुच ॥ मध्येचनरशार्दूलतथाराजनिवेशने ७ प्रणिधींश्चततःकुर्याज्जडान्धबधिराकृतीन् ॥ पुंसःपरीक्षितान्प्राज्ञान्क्षुत्पिपासाश्रमक्ष
मान् ८ अमात्येषुचसर्वेषुमित्रेषुविविधेषुच ॥ पुत्रेषुचमहाराजप्रणिदध्यात्समाहितः ९ ॥ ॥ ॥

एवंराज्ञांमाहात्म्यंश्रुत्वातत्कर्तव्यंपृच्छति पार्थिवेनेति १ भृत्यादीनपिकथंप्रयुंजीतविश्वासयेच्चेतियोज्यं २ पार्थिवेनपृथुवंश्येनराज्ञापार्थिवप्रकृतेनवाविजातीयेनापितत्कार्यकारिणाप्रहितेनेतिपाठान्तरं
३ आत्माचित्तं ४ पंचवर्गःश्रोत्रादिः ५ गुल्मान्रक्षिणःपत्तीन् संधौसीमांते ६ संस्थानेषुकोष्ठपालाद्युपवेशनस्थानेषु मध्येऽन्तःपुरे ७ प्रणिधीन्चारान् ८ प्रणिदध्याद्गुप्तचारान्नियुंज्यात् ९

१० आपणेषुवणिजांहट्टेषु विहारेषुयूनांमल्लक्रीडास्थानेषु समाजेषुमहाजनसमुदायेषु ११ आरामेषुपुरवाटिकासु उद्यानेबहिर्वाटिकायां देशेष्वाकरस्थानेषु चत्वरेअधिकारिणामुपवेशनस्थाने सभासुराजसंसत्सु आवसथेषुतत्रतत्रमहतांगृहेषु १२ विचिनुयादन्विष्यात् १३ । १४ । १५ तैर्द्वारभूतैस्तान्द्वारीकृत्यसंदध्यादबलवद्भिर्नृपैःसहसंधिंकुर्यात् १६ पूर्वापकारिणः पूर्वंदुष्टाइत्यपकृताःपश्चाद्दययाऽनुगृहीतास्तेपूर्वापकारवंतस्तान् १७ तत्रापिविशेषमाह यइति १८ यात्रायांयदीच्छास्याचर्हिदुर्बलत्वादिनाविज्ञातंशत्रुप्रत्येवयात्रामाज्ञापयेदित्युत्तरेणसंबंधः यात्रांयाया दविज्ञातमितिपाठेदुर्बलंशत्रुमुद्दिश्यतेनाविज्ञातंयथास्यात्तथायात्रांयायादितियोजना अनाक्रंदंमित्रहीनं अनंतरंबंधुजनहीनं व्यासक्तमन्येनयुद्धंकुर्वाणं प्रमत्तमनवहितम् १९ विधानंरक्षणंरक्ष

पुरेजनपदेचैवतथासामंतराजसु ॥ यथानविदुरन्योन्यंप्रणिधेयास्तथाहिते १० चारांश्चविद्यात्प्रहितान्परेणभरतर्षभ ॥ आपणेषुविहारेषुसमाजेषुचभिक्षुषु ११ आरामेषुतथोद्यानेपंडितानांसमागमे ॥ देशेषुचत्वरेचैवसभास्वावसथेषुच १२ एवंविचिनुयाद्राजापरचारंविचक्षणः ॥ चारेहिविदितेपूर्वंहितंभवतिपां डव १३ यदातुहीनंनृपतिर्विद्यादात्मानमात्मना ॥ अमात्यैःसहसंमंत्र्यकुर्यात्संधिंबलीयसा १४ अज्ञायमानेहीनत्वेसंधिंकुर्यात्परेणवै ॥ लिप्सुर्वाकंचिदेवार्थं त्वरमाणोविचक्षणः १५ गुणवंतोमहोत्साहाधर्मज्ञाःसाधवश्चये ॥ संदधीतनृपस्तैश्चराष्ट्रंधर्मेणपालयन् १६ उच्छिद्यमानमात्मानंज्ञात्वाराजामहामतिः ॥ पूर्वापकारिणोहन्याल्लोकद्विष्टांश्चसर्वशः १७ योनोपकर्तुंशक्नोतिनापकर्तुंमहीपतिः ॥ नशक्यरूपश्चोद्धर्तुमुपेक्ष्यस्तादृशोभवेत् १८ यात्रायांयदिविज्ञातमनाक्रं दमनंतरम् ॥ व्यासक्तंचप्रमत्तंचदुर्बलंचविचक्षणः १९ यात्रामाज्ञापयेद्वीरःकल्यःपुष्टबलःसुखी ॥ पूर्वंकृत्वाविधानंचयात्रायांनगरेतथा २० नचवश्योभवे दस्यनृपोयश्चातिवीर्यवान् ॥ हीनश्चबलवीर्याभ्यांकर्षयंस्तत्परोवसेत् २१ राष्ट्रंचपीडयेत्तस्यशस्त्राग्निविषमूर्छनैः ॥ अमात्यवल्लभानांचविवादांस्तस्यकारयेत् २२ वर्जनीयंसदायुद्धंराज्यकामेनधीमता ॥ उपायैस्त्रिभिरादानमर्थस्याहबृहस्पतिः २३ सांत्वेनतुप्रदानेनभेदेनचनराधिप ॥ यदर्थंशक्नुयात्प्राप्तुंतेनतुष्ये त्पंडितः २४ आददीतबलिंचापिप्रजाभ्यःकुरुनंदन ॥ सषड्भागमपिप्राज्ञस्तासामेवाभिगुप्तये २५ दशधर्मगतेभ्योयद्वसुबह्वल्पमेवच ॥ तदाऽऽददीतसह सापौराणांरक्षणायवै २६ यथापुत्रास्तथापौत्राद्रष्टव्यास्तेनसंशयः ॥ भक्तिश्चैषांनकर्तव्याव्यवहारेप्रदर्शिते २७ श्रोतुंचैवन्यसेद्राजाप्राज्ञान्सर्वार्थदर्शि नः ॥ व्यवहारेषुसततंतत्रराज्यंप्रतिष्ठितम् २८ ॥ ॥ ॥ ॥ ॥ ॥

णादिसामग्रीसंपादनम् २० कर्षयन्वीर्यवंतं तत्परःकर्षणपरः २१ कर्षणमेवाह राष्ट्रंचेति । कारयेद्भृत्यादिद्वारा २२ । २३ बलिमोराष्ट्रंकर्षन्दुर्बलस्ततःसांत्वेनार्थंयथावत्प्राप्तुंशक्नुयात्तेन तुष्येत् भवद्भिर्मत्तोवार्षिकःकरोनग्राह्योमयाचभवतांराष्ट्रंनोपहंतव्यमितिसांत्वं । महांग्रामद्वयंदेयंतेनाहंशमिष्यइत्युक्त्याऽर्थप्रदानं । भेदेनराजामात्यान्भेदयित्वाराज्ञःस्वोपरिप्रयाणस्यविघ्नादिकंवाकर्त व्यमित्यादिना । क्षीणःप्रबलेनसहवैरंचेत्संग्रामंविनाएवमुपायत्रयेणस्वार्थंसाधयेदित्यर्थः २४ प्रजाभ्यःस्वाभ्यः २५ दशधर्मगतानामत्तोन्मत्तादयस्तेभ्योदंड्येभ्योयद्वसुग्राह्यंतत्पौराणांर क्षणायभवति अदंडितास्तेपुरंबाधेरन्निति भावः २६ भक्तिःस्नेहयत्वेनस्नेहएषामुपरि २७ व्यवहारेष्वर्थिप्रत्यर्थिवाक्यविचारेषु विषयेपुराजाप्राज्ञान्पंडितान्न्यसेत् २८ ॥

आकरेस्वर्णाद्युत्पत्तिस्थाने । लवणेतदुत्पत्तिस्थाने । शुल्केधान्यादिविक्रयस्थाने । तरेनदीसंतरणे । नागबलेहस्तियूथे । एतेषुस्थानेष्वायव्ययविचारार्थममात्यान्न्यसेत् २९ । ३० । ३१ । ३२ ३३ । ३४ घोषान्वनस्थान्मार्गेषुराजपथेषुन्यसेत् । शाखानगराणिमहानगरस्योपनगराणि ३५ येइति । धनिकादीन्दुर्गेषुप्रवेशयेदित्यर्थः ३६ अभिहारंसमीपमानयनं दहेत् परेषांतन्माभूदिति ३७ उपजपेत्भेदयित्वातद्द्वारादाहयेत् ३८ संक्रमानवतरणार्थान्सेतून् । जलंतटाकादिस्थंविस्रावयेत्तदयोग्यंवापीकूपादिस्थंदूषयेद्विषादिनानाशयेत् ३९ तदात्वेनवर्तमानकाले आयतीभिरुत्तरकालेषुच अपवर्गेतृतीया सर्वदामित्रकार्यउपस्थितेऽपितद्विहायेत्यर्थात् आजौपरस्यशत्रोःप्रतीघातंहंतारंभूम्यनंतरंनिकटदेशवासिनंतच्छत्रुमाश्रित्यनिवसेत् अयमर्थः । स्वराष्ट्रेयन्मुख्यंस्थानंतदाक्रम्यवसन्शत्रोःशत्रुभिःसर्वदास्नेहंकृत्वातद्बलेनशत्रून्स्वराष्ट्राद्दूरीकुर्यादिति ४० दुर्गाणांक्षुद्रदुर्गाणांपरेषामाश्रयोमाभूदितिमूलच्छेदंकुर्यात् ४१ । ४२ ‘प्रगंडीःकारयेत्सम्यक्षाड्गुण्यंस

आकरेलवणेशुल्केतरेनागबलेतथा ॥ न्यसेदमात्यान्नृपतिःस्वाप्तान्वापुरुषान्हितान् २९ सम्यग्दण्डधरोनित्यंराजाधर्ममवाप्नुयात् ॥ नृपस्यसततंदंडःसम्यग्धर्मः प्रशस्यते ३० वेदवेदांगवित्प्राज्ञःसुतपस्वीनृपोभवेत् ॥ दानशीलश्चसततंयज्ञशीलश्चभारत ३१ एतेगुणाःसमस्ताःस्युर्नृपस्यसततंस्थिराः ॥ व्यवहारलोपे नृपतेःकुतःस्वर्गःकुतोयशः ३२ यदातुपीडितोराजाभवेद्राज्ञाबलीयसा ॥ तदाऽभिसंश्रयेद्दुर्गंबुद्धिमान्पृथिवीपतिः ३३ विधावाक्रम्यमित्राणिविधानमुपकल्पयेत् ॥ सामभेदान्विरोधार्थंविधानमुपकल्पयेत् ३४ घोषान्न्यसेतमार्गेषुग्रामानुत्थापयेदपि ॥ प्रवेशयेच्चतान्सर्वान्शाखानगरकेष्वपि ३५ येगुप्ताश्चैवदुर्गाश्चदेशास्तेषुप्रवेशयेत् ॥ धनिनोबलमुख्यांश्चसांत्वयित्वापुनःपुनः ३६ तस्याभिहारंकुर्याच्चस्वयमेवनराधिपः ॥ असंभवेप्रवेशस्यदहेद्दावाग्निनाभृशम् ३७ क्षेत्रस्थेषुचसस्येषुशत्रोरुपजपेन्नरान् ॥ विनाशयेद्वातत्सर्वंबलेनाथस्वकेनवा ३८ नदीमार्गेषुचतथासंक्रमानवसादयेत् ॥ जलंविस्रावयेत्सर्वमविस्राव्यंचदूषयेत् ३९ तदात्वेनायतीभिश्चनिवसेद्भूम्यनंतरम् ॥ प्रतीघातंपरस्याजौमित्रकार्येऽप्युपस्थिते ४० दुर्गाणांचाभितोराजामूलच्छेदंप्रकारयेत् ॥ सर्वेषांक्षुद्रवृक्षाणांचैत्यवृक्षान्विवर्जयेत् ४१ प्रवृद्धानांचवृक्षाणांशाखांप्रच्छेदयेत्तथा ॥ चैत्यानांसर्वथात्याज्यमपिपत्रस्यपातनम् ४२ प्रगंडीःकारयेत्सम्यगाकाशजननीस्तदा ॥ आपूरयेच्चपरिखांस्थाणुनक्रझषाकुलाम् ४३ संकटद्वारकाणिस्युरुच्छ्वासार्थंपुरस्यच ॥ तेषांचद्वारवद्गुप्तिःकार्यासर्वात्मनाभवेत् ४४ द्वारेषुचगुरूण्येवयंत्राणि स्थापयेत्सदा ॥ आरोपयेच्छतघ्नीश्चस्वाधीनानिचकारयेत् ४५ काष्ठानिचाभिहार्याणितथाकूपांश्चखानयेत् ॥ संशोधयेत्तथाकूपान्कृतपूर्वान्पयोर्थिभिः ४६ तृणच्छन्नानिवेश्मानिपंकेनाथप्रलेपयेत् ॥ निर्हरेच्चतृणंमासिचैत्रेवह्निभयात्तथा ४७ नक्तमेवचभक्तानिपाचयेतनराधिपः ॥ नदिवाज्वालयेदग्निंवर्जयित्वाऽग्निहोत्रिकम् ४८

त्रिवर्गकम् । योवेत्तिपुरुषव्याघ्रसभुंक्तेपृथिवीमिमाम्’ इतिप्राचांपाठः तद्व्याख्यानंचतदीयमेव । ‘संचारोयत्रलोकानांदूरादेवात्रबुध्यते । प्रगंडीसाचविज्ञेयाबहिःप्राकारसंज्ञिता । प्रणिधिस्तत्रयत्नेनकर्तव्योभूतिमिच्छता । सएवाकाशरक्षीतिह्युच्यतेशास्त्रकोविदैः’ इतितांश्चतुर्दिक्षुकारयेदित्यर्थः षाड्गुण्यंसंधिविग्रहादि । त्रिवर्गःस्थानवृद्धिक्षयरूपोवा । अरिमित्रोदासीनरूपोवा । मंत्रोत्साहप्रभुशक्तिरूपोवा । भूमिमित्रहिरण्यादिरूपोवा । धर्मार्थकामरूपोवा । उत्तरार्धार्थःस्पष्टः । प्रगंडीर्दुर्गप्राकारभित्तौशूराणामुपवेशनस्थानानि । आकाशजननीस्तत्रैवैकपक्षायांभित्तौतत्रत्यानांरक्षणभूतायांबाह्यार्थदर्शनार्थानिक्षुद्रच्छिद्राणि यद्द्वाराआग्नेयास्त्रगुलिकाःप्रक्षिप्यंते । स्थाणवःसशूलाः येषुपतन्विदीर्यतेनक्रैर्वाभक्ष्यते ४३ संकटद्वारकाणिसूक्ष्मद्वाराणितेषांचद्वारवत्गुप्तिःकार्या । तेषांचाचारवद्गुप्तिरितिपाठेआचारवद्भिःशिष्टैर्गुप्तिःकार्या ४४ । ४५ । ४६ । ४७ । ४८ ॥ ॥ ॥

४९ कर्मारोलोहकारादिस्तच्छाला । अरिष्टंसूतिकागृहंतद्रूपासुशालासु । अंतर्विधेयःआच्छादितःकर्तव्यः महादंडोवधः ५० चाक्रिकान्शाकटिकान् कुशीलवान्फाललेखान् कीनाशानितिया वत् ५१ तीर्थेषुभंव्यादिष्वष्टादशसुप्राग्व्याख्यातेषु ५२ । ५३ । ५४ प्रतोलीरथ्या निष्कुटानिगृहारामाः ५५ । ५६ वर्णिनांलेखकानाम् । 'वर्णीस्याल्लेखकेचित्रकारेऽपिब्रह्मचारिणि'इतिमेदिनी

कर्मारारिष्टशालासुज्वलेदग्निःसुरक्षितः ॥ गृहाणिचप्रवेश्यान्तर्विधेयःस्याद्धुताशनः ४९ महादंडश्चतस्यस्याद्यस्याग्निर्वैदिवाभवेत् ॥ प्रघोषयेदथैवंचरक्षणार्थंपुर
स्यच ५० भिक्षुकांश्चाक्रिकांश्चैवक्लीबोन्मत्तान्कुशीलवान् ॥ बाह्यान्कुर्यान्नरश्रेष्ठदोषायस्युर्हितेऽन्यथा ५१ चत्वरेष्वथतीर्थेषुसभास्वावसथेषुच ॥ यथार्थंवर्णप्र
णिधिंकुर्यात्सर्वस्यपार्थिवः ५२ विशालान्राजमार्गांश्चकारयीतनराधिपः ॥ प्रपाश्चविपणांश्चैवयथोद्देशंसमाविशेत् ५३ भांडागारायुधागारान्योधागारांश्चसर्वशः ॥
अश्वागारान्गजागारान्बलाधिकरणानिच ५४ परिखाश्चैवकौरव्यप्रतोलीर्निष्कुटानिच ॥ नजात्वन्यःप्रपश्येतगुह्यमेतद्युधिष्ठिर ५५ अर्थसंनिचयंकुर्याद्राजाप
रबलार्दितः ॥ तैलंवसामधुघृतमौषधानिचसर्वशः ५६ अंगारकुशमुंजानांपलाशशरवर्णिनाम् ॥ यवसेन्धनदिग्धानांकारयीतचसंचयान् ५७ आयुधानांचसर्वेषां
शक्त्यृष्टिप्रासवर्मणाम् ॥ संचयानेवमादीनांकारयीतनराधिपः ५८ औषधानिचसर्वाणिमूलानिचफलानिच ॥ चतुर्विधांश्चवैद्यान्वैसंगृह्णीयाद्विशेषतः ५९ न
टांश्चनर्तकांश्चैवमल्लान्मायाविनस्तथा ॥ शोभयेयुःपुरवरंमोदयेयुश्चसर्वशः ६० यतःशंकाभवेन्नापिभृत्यतोऽथापिमंत्रितः ॥ पौरेभ्योनृपतेर्वापिस्वाधीनान्कार
यीततान् ६१ कृतेकर्मणिराजेंद्रपूजयेद्धनसंचयैः ॥ दानेनचयथार्हेणसांत्वेनविविधेनच ६२ निर्वेदयित्वातुपरंहत्वावाकुरुनंदन ॥ ततोनृणोभवेद्राजायथाशास्त्रेनि
दर्शितम् ६३ राज्ञासप्तैवरक्ष्याणितानिचैवनिबोधमे ॥ आत्माऽमात्याश्चकोशाश्चदंडोमित्राणिचैवहि ६४ तथाजनपदाश्चैवपुरंचकुरुनंदन ॥ एतत्सप्तात्मकंरा
ज्यंपरिपाल्यंप्रयत्नतः ६५ षाड्गुण्यंचत्रिवर्गंचत्रिवर्गपरमंतथा ॥ योवेत्तिपुरुषव्याघ्रसभुंक्तेपृथिवीमिमाम् ६६ षाड्गुण्यमितियत्प्रोक्तंतन्निबोधयुधिष्ठिर ॥ संधा
नासनमित्येवयात्रासंधानमेवच ६७ विगृह्यासनमित्येवयात्रांसंपरिगृह्यच ॥ द्वैधीभावस्तथाऽन्येषांसंश्रयोऽथपरस्यच ६८ त्रिवर्गश्चापियःप्रोक्तस्तमिहैकमनाः
शृणु ॥ क्षयःस्थानंचवृद्धिश्चत्रिवर्गःपरमस्तथा ६९ धर्मश्चार्थश्चकामश्चसेवितव्योऽथकालतः ॥ धर्मेणचमहीपालश्चिरंपालयतेमहीम् ७० अस्मिन्नर्थेचश्लोकौद्वौ
गीतावंगिरसास्वयम् ॥ यादवीपुत्रभद्रंतेतावपिश्रोतुमर्हसि ७१ कृत्वासर्वाणिकार्याणिसम्यक्संपाल्यमेदिनीम् ॥ पालयित्वातथापौरान्परत्रसुखमेधते ७२ किं
तस्यतपसाराज्ञःकिंचतस्याध्वरैरपि ॥ सुपालितप्रजोयःस्यात्सर्वधर्मविदेवसः ७३ ॥ ॥ ॥

यवसंघासः दिग्धानांविषाक्तबाणानाम् । 'दिग्धोविषाक्तवाणेस्यात्'इतिमेदिनी ५७ । ५८ चतुर्विधान्विषशल्यरोगकृत्याहरान् ५९ । ६० । ६१ । ६२ अस्थानेकोपेनपरस्यनिर्वेदस्ताडनं वाक्कृतंचेत्संदानमानादिनापुनस्तत्समीकर्तव्यमित्याह निर्वेदयित्वेति ६३ । ६४ । ६५ । ६६ संधानासनंसंधिंकृत्वाऽवस्थितिः यात्रासंधानंयानम् ६७ विगृह्यवैरंकृत्वाऽवस्थानंविग्रहः । यात्रांसंपरिगृह्यआऽऽसनंशत्रोर्भयप्रदर्शनार्थयानंप्रदर्श्यस्वस्थानेऽवस्थानम् । द्वैधीभावउभयत्रसंधिकरणं परस्याऽन्यस्याश्रयोदुर्गादेर्महाराजस्यवा ६८ । ६९ । ७० । ७१ । ७२ । ७३ ॥

अत्राध्यायंकेचित्समापयंति   दंडेति । इदंद्वयंसमस्तंचव्यस्तंचतत्रकेनकस्यकिंक्रियतइतिप्रश्नत्रयम् ७४ दंडनीत्याःसकाशाद्राज्ञांप्रजानांचयन्महाभाग्यंतच्छृणु ७५ तत्रदंडनीत्याराजास्वर्गा
दिकंप्राप्नोति राज्ञांचदंडनीतिःकृतादीन्जनयति   तावुभौचप्रजानांक्षेमंजनयतइत्युत्तरमाह दंडनीतिरित्यादिना ।७स्वधर्मेभ्यःस्वधर्मार्थं अधर्मेभ्यइतिपंचमी ७६ असंकरेतद्रूपेक्षेमे ७७ स्वाम्ये

॥ युधिष्ठिरउवाच ॥ दंडनीतिश्चराजाचसमस्तौतावुभावपि ॥ कस्यकिंकुर्वतःसिध्येत्तन्मेब्रूहिपितामह ७४ ॥ भीष्मउवाच ॥ महाभाग्यंदंडनीत्याःसिद्धैःश
ब्दैःसहेतुकैः ॥ शृणुमेशंसतोराजन्यथावदिहभारत ७५ दंडनीतिःस्वधर्मेभ्यश्चातुर्वर्ण्यंनियच्छति ॥ प्रयुक्तास्वामिनासम्यगधर्मेभ्योनियच्छति ७६ चातुर्व
र्ण्येस्वकर्मस्थेमर्यादानामसंकरे ॥ दंडनीतिकृतेक्षेमेप्रजानामकुतोभये ७७ स्वाम्येप्रयत्नंकुर्वंतित्रयोवर्णायथाविधि ॥ तस्माद्देवमनुष्याणांसुखंविद्धिसमाहितम्
७८ कालोवाकारणंराज्ञोराजावाकालकारणम् ॥ इतितेसंशयोमाभूद्राजाकालस्यकारणम् ७९ दंडनीत्यांयदाराजासम्यक्कात्स्न्येनवर्तते ॥ तदाकृतयुगंनामका
लसृष्टंप्रवर्तते ८० ततःकृतयुगेधर्मोनाधर्मोविद्यतेक्वचित् ॥ सर्वेषामेववर्णानांनाधर्मेरमतेमनः ८१ योगक्षेमाःप्रवर्तंतेप्रजानांनात्रसंशयः ॥ वैदिकानिच
सर्वाणिभवंत्यपिगुणान्युत ८२ ऋतवश्चसुखाःसर्वेभवंत्युतनिरामयाः ॥ प्रसीदंतिनराणांचस्वरवर्णमनांसिच ८३ व्याधयोनभवंत्यत्रनाल्पायुर्दृश्यतेनरः ॥ वि
धवानभवंत्यत्रकृपणोनतुजायते ८४ अकृष्टपच्यापृथिवीभवंत्योषधयस्तथा ॥ त्वक्पत्रफलमूलानिवीर्यवंतिभवंतिच ८५ नाधर्मोविद्यतेतत्रधर्मएवतुकेवलम् ॥ इति
कार्तयुगानेतान्धर्मान्विद्धियुधिष्ठिर ८६ दंडनीत्यांयदाराजात्रीनंशाननुवर्तते ॥ चतुर्थमंशमुत्सृज्यतदात्रेताप्रवर्तते ८७ अशुभस्यचतुर्थांशस्त्रीनंशाननुवर्तते ॥
कृष्टपच्यैवपृथिवीभवंत्योषधयस्तथा ८८ अर्धंत्यक्त्वायदाराजानीत्यर्धमनुवर्तते ॥ ततस्तुद्वापरंनामसकालःसंप्रवर्तते ८९ अशुभस्ययदात्वर्धंद्वावंशावनुवर्तते ॥
कृष्टपच्यैवपृथिवीभवत्यर्धफलातथा ९० दंडनीतिंपरित्यज्ययदाकात्स्न्येनभूमिपः ॥ प्रजाःक्लिश्नात्ययोगेनप्रवर्तेततदाकलिः ९१ कलावधर्मोभूयिष्ठंधर्मोभवतिनक्व
चित् ॥ सर्वेषामेववर्णानांस्वधर्माच्च्यवतेमनः ९२ शूद्राभैक्षेणजीवंतिब्राह्मणाःपरिचर्यया ॥ योगक्षेमस्यनाशश्चवर्ततेवर्णसंकरः ९३ वैदिकानिचकर्माणिभवंतिविगु
णान्युत ॥ ऋतवोनसुखाःसर्वेभवंत्यामयिनस्तथा ९४ ह्रसंतिचमनुष्याणांस्वरवर्णमनांस्युत ॥ व्याधयश्चभवंत्यत्रम्रियंतेचगतायुषः ९५ विधवाश्चभवंत्यत्रनृशं
साजायतेप्रजा ॥ क्वचिद्वर्षतिपर्जन्यःक्वचित्सस्यंप्ररोहति ९६ रसाःसर्वेक्षयंयांतियदानेच्छतिभूमिपः ॥ प्रजाःसंरक्षितुंसम्यग्दंडनीतिसमाहितः ९७ राजाकृतयुगस्र
ष्टात्रेतायाद्वापरस्यच ॥ युगस्यचचतुर्थस्यराजाभवतिकारणम् ९८ कृतस्यकरणाद्राजास्वर्गमत्यंतमश्नुते ॥ त्रेतायाःकरणाद्राजास्वर्गंनात्यंतमश्नुते ९९ प्रवर्त
नाद्द्वापरस्ययथाभागमुपाश्नुते ॥ कलेःप्रवर्तनाद्राजापापमत्यंतमश्नुते १००ततोवसतिदुष्कर्मानरकेशाश्वतीःसमाः ॥ प्रजानांकल्मषेमग्नोऽकीर्तिंपापंचविन्दति१०१

स्वास्थ्येतन्निमित्तं तस्मात्क्षेमाख्यादसंकरात् ७८ । ७९ । ८० । ८१ । ८२ । ८३ । ८४ । ८५ । ८६ । ८७ अशुभस्याऽधर्मस्य ८८ । ८९ । ९० अयोगेनाऽनुपायेन ९१ । ९२ । ९३
९४ । ९५ । ९६ । ९७ चतुर्थस्यकलेः ९८ । ९९ । १०० । १०१   ॥   ॥   ॥   ॥   ॥

१०२ सीमंतकरीव्यवस्थापिका ३ । ४ । १०५ ॥ इतिशांतिप० रा० नी० भा० एकोनसप्ततितमोऽध्यायः ॥ ६९ ॥ केनेति । दंडनीतिसम्यक्प्रयोज्यकेनवृत्तेनवर्तेतेतिप्रश्नः ॥ १ ॥ षट्त्रिंशत् एतत्संख्याकोधर्मचर्यादिगुणगणः सचप्रत्येकमेकैकगुणयोगात्षट्त्रिंशद्गुणैरकटुकतादिभिःसंयुतः अतएवगुणोपेतः यान्गुणान्धर्मादीन्कुर्वन्गुणंकल्याणमवाप्नुयात्सोऽयंषट्त्रिंशत्कोगणस्त्वयाश्रोतव्य इत्यर्थः ॥ २ ॥ अकटुकोरागद्वेषहीनःधर्मान्सर्वांश्चरेत् १ आस्तिकःपरलोककामुकःसन्स्नेहंकुर्यान्नतुलोभादिना २ अनृशंसोऽनिष्ठुरःसन्नर्थमर्जयेत् ३ अनुद्धतोधर्मार्थावनाशयन्काममिंद्रियप्रीतिंचरेत् ४ ॥ ३ ॥ अकृपणोऽदीनः ५ अविकत्थनः श्लाघाहीनः ६ । ७ अनिष्ठुरःसदयः ८ ॥ ४ ॥ आर्यत्वंजानन्संधिंकुर्यात् ९ बंधुत्वंजानन्विग्रहंनकुर्यात् १० इतिसर्वत्रगुणोपेतोगुणोद्रष्टव्यः अभ

दंडनीतिंपुरस्कृत्यविजानन्क्षत्रियःसदा ॥ अनवाप्तंचलिप्सेतलब्धंचपरिपालयेत् १०२ लोकस्यसीमंतकरीमर्यादालोकभाविनी ॥ सम्यङ्नीतादंडनीतिर्यथामातायथापिता ३ यस्यांभवंतिभूतानितद्विद्धिमनुजर्षभ ॥ एषएवपरोधर्मोयद्राजादंडनीतिमान् ४ तस्मात्कौरव्यधर्मेणप्रजाःपालयनीतिमान् ॥ एवंवृत्तःप्रजारक्षन्स्वर्गंजेताऽसिदुर्जयम् १०५ ॥ इतिश्रीमहाभारतेशांतिपर्वणिराजधर्मानुशासनपर्वणि एकोनसप्ततितमोऽध्यायः ॥ ६९ ॥ युधिष्ठिरउवाच ॥ केनवृत्तेनवृत्तज्ञवर्तमानोमहीपतिः ॥ सुखेनार्थान्सुखोदर्कानिहचप्रेत्यचाप्नुयात् १ ॥ भीष्मउवाच ॥ अयंगुणानांषट्त्रिंशत्षट्त्रिंशद्गुणसंयुतः ॥ यान्गुणांस्तुगुणोपेतःकुर्वन्गुणमवाप्नुयात् २ चरेद्धर्मानकटुकोमुंचेत्स्नेहंनचास्तिकः ॥ अनृशंसश्चरेदर्थंचरेत्काममनुद्धतः ३ प्रियंब्रूयादकृपणःशूरःस्यादविकत्थनः ॥ दातानापात्रवर्षीस्यात्प्रगल्भःस्यादनिष्ठुरः ४ संदधीतनचानार्यैर्विगृह्णीयान्नबंधुभिः ॥ नाभक्तंचारयेच्चारंकुर्यात्कार्यमपीडया ५ अर्थंब्रूयान्नचासत्सुगुणान्ब्रूयान्नचात्मनः ॥ आदद्यान्नचसाधुभ्योनासत्पुरुषमाश्रयेत् ६ नापरीक्ष्यनयेद्दंडंनचमंत्रंप्रकाशयेत् ॥ विसृजेन्नचलुब्धेभ्योविश्वसेन्नापकारिषु ७ अनीर्षुर्गुप्तदारःस्याच्चोक्षःस्यादघृणीनृपः ॥ स्त्रियःसेवेतनात्यर्थंमृष्टंभुंजीतनाहितम् ८ अस्तब्धःपूजयन्मान्यान्गुरून्सेवेदमायया ॥ अर्चेद्देवानदंभेनश्रियमिच्छेदकुत्सिताम् ९ सेवेतप्रणयंहित्वादक्षःस्यान्नत्वकालवित् ॥ सांत्वयेन्नचमोक्षायअनुगृह्णन्नचाक्षिपेत् १० प्रहरेन्नत्वविज्ञायहत्वाशत्रून्नशोचयेत् ॥ क्रोधंकुर्यान्नचाकस्मान्मृदुःस्यान्नापकारिषु ११ एवंचरस्वराज्यस्थोयदिश्रेयइहेच्छसि ॥ अतोऽन्यथानरपतिर्भयमृच्छत्यनुत्तमम् १२ इतिसर्वान्गुणानेतान्यथोक्तान्योऽनुवर्तते ॥ अनुभूयेहभद्राणिप्रेत्यस्वर्गेमहीयते १३ ॥ वैशंपायनउवाच ॥ इदंवचःशांतनवस्यशुश्रुवान्युधिष्ठिरःपांडवमुख्यसंवृतः ॥ तदाववंदेचपितामहंनृपोयथोक्तमेतच्चचकारबुद्धिमान् १४ ॥ इति श्रीमहाभारते शांतिपर्वणि राजधर्मानुशासनपर्वणि सप्ततितमोऽध्यायः ॥ ७० ॥ ॥ ॥

क्तमल्पान्नं पुष्कलान्नदश्चारान्कुर्यात् ११ अपीडयन्भक्तंदद्यात् १२ ॥ ५ ॥ साधुत्वेनपरीक्ष्यार्थप्रयोजनंब्रूयात् १३ श्रोतारउपहसिष्यंतीतिज्ञात्वाऽऽत्मनोगुणान्नब्रूयात् १४ १६ ॥ ६ ॥ २० ॥ ७ ॥ २१ ॥ चोक्षः शुद्धः २२ । २४ ॥ ८ ॥ २८ ॥ ९ ॥ प्रणयंनम्रतां हित्वाधारयित्वा हित्वेतिधाञोरूपम् २९ । ३० नचमोक्षायफलंदित्सन्नेवसांत्वयेदित्यर्थः ३१ । ३२ ॥ १० अविज्ञायशत्रुंदोषंचेतिशेषः ३३ नशोचयेच्छत्रुबंधून्नांशोकमपनुदेत् ३४ अकस्मात्कारणंविना ३५ । ३६ ॥ ११ ॥ अनुत्तमंमहत्तरम् ॥ १२ ॥ १३ ॥ पांडवमुख्यैः पांडुपुत्रैर्भीमादिभिःसंवृतोगुप्तः १४ ॥ ॥ इति शांतिपर्वणि राजधर्मानुशासनपर्वणि नीलकंठीये भारतभावदीपे सप्ततितमोऽध्यायः ॥ ७० ॥ ॥ ॥ ॥

कथमिति । बह्वीनांप्रजानांपरिपालनंकथंस्यादितिचिंताआधिः सएवबंधस्तेननयुज्यतेनापराध्नोतिनान्यथाकरोति धर्मेव्यवहारनिर्णयादौएतद्द्वयंकथंस्यादितिप्रश्नः १ उत्तरंवक्तुंप्रतिजानीतेसमा
सेनैवेति २ रागद्वेषहीनोब्राह्मणान्पुरस्कृत्यव्यवहारनिर्णयंकुर्वन्धर्मेऽपिनापराध्नोतीतिद्वितीयस्योत्तरमाह धर्मनिष्ठानितिचतुर्भिः ३ । ४ । ५ । ६ विपक्षेदोषमाह कामेति ७ आद्यस्योत्तर
माहमास्मेत्यादिना । साधून्सर्वत्रकार्येषुनियोज्यस्वयंनाधिबंधेनयुज्यतइत्यर्थः ८ अयोगेनयोगइष्टप्राप्तिस्तदभावेन ९ बलीराजदेयंतद्देवसस्यादेःषष्ठांशस्तेनबलिषष्ठेन शुक्लेनशुद्धेन गणनादन

॥ युधिष्ठिरउवाच ॥ कथंराजाप्रजारक्षन्नाधिबंधेनयुज्यते ॥ धर्मेचनापराध्नोतितन्मेब्रूहिपितामह १ ॥ भीष्मउवाच ॥ समासेनैवतेराजन्धर्मान्वक्ष्यामिशाश्व
तान् ॥ विस्तरेणैवधर्माणांनजात्वंतमवाप्नुयात् २ धर्मनिष्ठान्श्रुतवतोदेवव्रतसमाहितान् ॥ अर्चयित्वायजेथास्त्वंगृहेगुणवतोद्विजान् ३ प्रत्युत्थायोपसंगृह्य
चरणावभिवाद्यच ॥ अथसर्वाणिकुर्वीथाःकार्याणिसपुरोहितः ४ धर्मकार्याणिनिर्वर्त्यमंगलानिप्रयुज्यच ॥ ब्राह्मणान्वाचयेथास्त्वमर्थसिद्धिजयाशिषः ५ आ
र्जवेनचसंपन्नोधृत्याबुद्ध्याचभारत ॥ यथार्थंप्रतिगृह्णीयात्कामक्रोधौचवर्जयेत् ६ कामक्रोधौपुरस्कृत्ययोऽर्थंराजाऽनुतिष्ठति ॥ नसधर्मंनचाप्यर्थंप्रतिगृह्णा
तिबालिशः ७ मास्मलुब्धांश्चमूर्खांश्चकामार्थेचप्रयूयुजः ॥ अलुब्धान्बुद्धिसंपन्नान्सर्वकर्मसुयोजयेत् ८ मूर्खोह्यधिकृतोऽर्थेषुकार्याणामविशारदः ॥ प्रजाः
क्लिश्नात्ययोगेनकामक्रोधसमन्वितः ९ बलिषष्ठेनशुक्लेनदंडेनाथापराधिनाम् ॥ शास्त्रानीतेनलिप्सेथावेतनेनधनागमम् १० दापयित्वाकरंधर्म्यंराष्ट्रंनीत्याय
थाविधि ॥ तथैतंकल्पयेद्राजायोगक्षेममतंद्रितः ११ गोपायितारंदातारंधर्मनित्यमतंद्रितम् ॥ अकामद्वेषसंयुक्तमनुरज्यंतिमानवाः १२ मास्मलोभेनाध
र्मेणलिप्सेथास्त्वंधनागमम् ॥ धर्मार्थावध्रुवौतस्ययोनशास्त्रपरोभवेत् १३ अर्थशास्त्रपरोराजाधर्मार्थौनाधिगच्छति ॥ अस्थानेचास्यतद्वित्तंसर्वमेवविनश्यति
१४ अर्थमूलोऽपिहिंसांचकुरुतेस्वयमात्मनः ॥ करैरशास्त्रदृष्टैर्हिमोहात्संपीडयन्प्रजाः १५ ऊधश्छिंद्यात्तुयोधेन्वाःक्षीरार्थीनलभेत्पयः ॥ एवंराष्ट्रमयोगेनपी
डितंनविवर्धते १६ योहिदोग्ध्रीमुपास्तेचसनित्यंविंदतेपयः ॥ एवंराष्ट्रमुपायेनभुंजानोलभतेफलम् १७ अथराष्ट्रमुपायेनभुज्यमानंसुरक्षितम् ॥ जनयत्यतु
लांनित्यंकोशवृद्धिंयुधिष्ठिर १८ दोग्ध्रीधान्यंहिरण्यंचमहीराज्ञासुरक्षिता ॥ नित्यंस्वेभ्यःपरेभ्यश्चतृप्तामातायथापयः १९ मालाकारोपमोराजन्भवमाऽङ्गारि
कोपमः ॥ तथायुक्तश्चिरंराज्यंभोक्तुंशक्ष्यसिपालयन् २० परचक्राभियानेनयदितेस्याद्धनक्षयः ॥ अथसाम्नैवलिप्सेथाधनमब्राह्मणेषुयत् २१ मास्मतेब्राह्मणं
दृष्ट्वाधनस्थंप्रचलेन्मनः ॥ अंत्यायामप्यवस्थायांकिमुस्फीतस्यभारत २२ धनानितेभ्योदद्यास्त्वंयथाशक्तियथार्हतः ॥ सांत्वयन्परिरक्षंश्चस्वर्गमाप्स्यसिदुर्जयम् २३

धिकेनेत्यर्थः 'शुक्लंपूताम्लनिष्ठुरे' इतिमेदिनी वेतनेनपथिरक्षितैर्वणिग्भिर्यद्दत्तंतद्राज्ञोवेतनंसेवाधनंतेनचधनागमंलिप्सेतराजा १० धान्यादेःषष्ठांशेहृतेशेषेणप्रजानांयदिवार्षिकोग्रासोनभ
वेत्तदाराजैवतासांयोगक्षेमंकल्पयेदित्याह दापयित्वेति ११ । १२ । १३ धर्मसहितानर्थान्धर्मार्थान् १४ । १५ अर्थमूलोऽर्थार्थीप्रजाःपीडयन्नात्मानमेवहिनस्तीत्युक्तंतत्रदृष्टांतमाह
ऊधइति १६ । १७ । १८ दोग्ध्रीपूरयित्री १९ आंगारिकइंगालकर्ता २० । २१ । २२ । २३ ॥ ॥ ॥ ॥ ॥

२४ यथायुक्तउक्तेनप्रकारेणाऽवहितः २५ । २६ योदयांकुरुतेतंधर्ममन्यंतेइतियोजना २७ अंतंयातनाभोगनिष्कृतिं २८ । २९ स्विष्टिःस्वधीतिःसुतपाइतिक्रमेणगृहस्थब्रह्मचारिवानप्रस्थध

एवंधर्मेणवृत्तेनप्रजास्त्वंपरिपालय ॥ स्वंतंपुण्यंयशोनित्यंप्राप्स्यसेकुरुनंदन २४ धर्मेणव्यवहारेणप्रजाःपालयपांडव ॥ युधिष्ठिरयथायुक्तोनाधिबंधेनयोक्ष्य
से २५ एषएवपरोधर्मोयद्राजारक्षतिप्रजाः ॥ भूतानांहियदाधर्मोरक्षणंपरमादया २६ तस्मादेवंपरंधर्मंमन्यंतेधर्मकोविदाः ॥ योराजारक्षणेयुक्तोभूतेषुकुरु
तेदयाम् २७ यदह्नाकुरुतेपापमरक्षन्भयतःप्रजाः ॥ राजावर्षसहस्रेणतस्यान्तमधिगच्छति २८ यदह्नाकुरुतेधर्मंप्रजाधर्मेणपालयन् ॥ दशवर्षसहस्राणित
स्यभुंक्तेफलंदिवि २९ स्विष्टिःस्वधीतिःसुतपालोकान्जयतियावतः ॥ क्षणेनतानवाप्नोतिप्रजाधर्मेणपालयन् ३० एवंधर्मंप्रयत्नेनकौन्तेयपरिपालय ॥ ततः
पुण्यफलंलब्ध्वानाधिबंधेनयोक्ष्यसे ३१ स्वर्गलोकेसुमहतींश्रियंप्राप्स्यसिपांडव ॥ असंभवश्चधर्माणामीदृशानामराजसु ३२ तस्माद्राजैवनान्योस्तियोधर्म
फलमाप्नुयात् ॥ सराज्यंधृतिमान्प्राप्यधर्मेणपरिपालय ॥ इंद्रंतर्पयसोमेनकामैश्चसुहृदोजनान् ३३ ॥ इतिश्रीमहाभारतेशांतिपर्वणिराजधर्मानुशासनपर्वणि
एकसप्ततितमोऽध्यायः ॥ ७१ ॥ ॥ भीष्मउवाच ॥ यएवतुसतोरक्षेदसतश्चनिवर्तयेत् ॥ सएवराज्ञाकर्तव्योराजन्राजपुरोहितः १ अत्राप्युदाहरंतीम
मितिहासंपुरातनम् ॥ पुरूरवसऐलस्यसंवादंमातरिश्वनः २ ॥ पुरूरवाउवाच ॥ कुतःस्विद्ब्राह्मणोजातोवर्णाश्चापिकुतस्त्रयः ॥ कस्माच्चभवतिश्रेष्ठस्तन्मेव्या
ख्यातुमर्हसि ३ ॥ मातरिश्वोवाच ॥ ब्राह्मणोमुखतःसृष्टोब्रह्मणोराजसत्तम ॥ बाहुभ्यांक्षत्रियःसृष्टऊरुभ्यांवैश्यएवच ४ वर्णानांपरिचर्यार्थंत्रयाणांभरतर्षभ ॥
वर्णश्चतुर्थःसंभूतःपद्भ्यांशूद्रोविनिर्मितः ५ ब्राह्मणोजायमानोहिपृथिव्यामनुजायते ॥ ईश्वरःसर्वभूतानांधर्मकोशस्यगुप्तये ६ अतःपृथिव्यायंतारंक्षत्रियंदंड
धारणे ॥ द्वितीयंदंडमकरोत्प्रजानामनुगुप्तये ७ वैश्यस्तुधनधान्येनत्रीन्वर्णान्बिभृयादिमान् ॥ शूद्रोह्येतान्परिचरेदितिब्रह्मानुशासनम् ८ ॥ ऐलउवाच ॥
द्विजस्यक्षत्रबंधोर्वाकस्येयंपृथिवीभवेत् ॥ धर्मतःस्नेहवित्तेनसम्यग्वायोप्रचक्ष्वमे ९ ॥ वायुरुवाच ॥ विप्रस्यसर्वमेवैतद्यत्किंचिज्जगतीगतम् ॥ ज्येष्ठेनाभिज
नेनेहतद्धर्मकुशलाविदुः १० स्वमेवब्राह्मणोभुंक्तेस्वंवस्तेस्वंददातिच ॥ गुरुर्हिसर्ववर्णानांज्येष्ठःश्रेष्ठश्चवैद्विजः ११ पत्यभावेयथैवस्त्रीदेवरंकुरुतेपतिम् ॥ एष
तेप्रथमःकल्पआपद्यन्योभवेदतः १२ यदिस्वर्गंपरंस्थानंस्वधर्मंपरिमार्गसि ॥ यत्किंचिज्जयसेभूमिंब्राह्मणायनिवेदय १३ श्रुतवृत्तोपपन्नायधर्मज्ञायतपस्वि
ने ॥ स्वधर्मपरितृप्ताययोनवित्तपरोभवेत् १४ योराजानंनयेद्बुद्ध्यासर्वतःपरिपूर्णया ॥ ब्राह्मणोहिकुलेजातःकृतप्रज्ञोविनीतवान् १५ श्रेयोनयतिराजानंब्रुवंश्चि
त्रांसरस्वतीम् ॥ राजाचरतियंधर्मंब्राह्मणेननिदर्शितम् १६ ॥ ॥ ॥

र्मान्सम्यगनुतिष्ठन् ३० । ३१ । ३२ ३३ ॥ इतिशांतिपर्वणिराजधर्मानुशासन०नीलकंठीयेभारतभावदीपेएकसप्ततितमोऽध्यायः ॥ ७१ ॥ यइति । निवर्तयेद्राज्याद्दूरीकारयेत् १ । २ । ३ ।
४ । ५ । ६ । ७ । ८ । ९ । १० । ११ । १२ । १३ । १४ । १५ । १६ ॥ ॥ ॥ ॥ ॥ ॥

१७ । १८ । १९ । २० । २१ छायायामिति । उष्णजंशीतजंचभयंछयादिनाग्न्यादिनाचनश्यतिशब्दादिनाचरमते अराजकभयक्रांतस्तुकुत्रापिसुखंनलभतेइतिश्लोकद्वयतात्पर्यम् २२ । २३
अतएवमतोऽभयदानमेवमुख्यंदानं तद्दातेंद्रादिरूपएवेत्याहद्वाभ्यां अभयस्येति २४ । २५ । २६ । इतिशांतिपर्वणिराजधर्मानुशासनपर्वणिनीलकंठीयेभारतभावदीपेद्विसप्ततितमोऽध्यायः ॥७२॥

शुश्रूषुरनहंवादीक्षत्रधर्मव्रतेस्थितः ॥ तावतासत्कृतःप्राज्ञश्चिरंयशसितिष्ठति १७ तस्यधर्मस्यसर्वस्यभागीराजपुरोहितः ॥ एवमेवप्रजाःसर्वाराजानमभिसंश्रि
ताः १८ सम्यग्वृत्ताःस्वधर्मस्थानकुतश्चिद्भयान्विताः ॥ राष्ट्रेचरंतियंधर्मंराज्ञासाध्वभिरक्षिताः १९ चतुर्थंतस्यधर्मस्यराजाभागंतुविंदति ॥ देवामनुष्याः
पितरोगंधर्वोरगराक्षसाः २० यज्ञमेवोपजीवंतिनास्तिचेष्टमराजके ॥ ततोदत्तेनजीवंतिदेवताःपितरस्तथा २१ राजन्येवास्यधर्मस्ययोगक्षेमःप्रतिष्ठितः ॥
छायायामप्सुवायौचसुखमुष्णेऽधिगच्छति २२ अग्नौवाससिसूर्येचसुखंशीतेऽधिगच्छति ॥ शब्देस्पर्शेरसेरूपेगंधेचरमतेमनः २३ तेषुभोगेषुसर्वेषुनभीतो
लभतेसुखम् ॥ अभयस्यहियोदातातस्यैवसुमहत्फलम् २४ नहिप्राणसमंदानंत्रिषुलोकेषुविद्यते ॥ इंद्रोसजायमोराजाधर्मोराजातथैवच २५ राजाबिभर्तिरूपा
णिराज्ञासर्वमिदंधृतम् २६ ॥ इतिश्रीमहाभारतेशांतिपर्वणिराजधर्मानुशासनपर्वणिद्विसप्ततितमोऽध्यायः ॥ ७२ ॥ भीष्मउवाच ॥ राज्ञापुरोहितःकार्योभ
वेद्विद्वान्बहुश्रुतः ॥ उभौसमीक्ष्यधर्मार्थौवप्रमेयावनंतरम् १ धर्मात्मामंत्रविद्येषांराज्ञांराजन्पुरोहितः ॥ राजाचैवंगुणोयेषांकुशलंतेषुसर्वशः २ उभौप्रजावर्ध
यतोदेवान्सर्वान्सुतान्पितॄन् ॥ भवेयातांस्थितौधर्मेश्रद्धेयौसुतपस्विनौ ३ परस्परस्यसुहृदोविहितौसमचेतसौ ॥ ब्रह्मक्षत्रस्यसंमानात्प्रजासुखमवाप्नुयात् ४
विमाननात्तयोरेवप्रजानश्येयुरेवहि ॥ ब्रह्मक्षत्रंहिसर्वेषांवर्णानांमूलमुच्यते ५ अत्राप्युदाहरंतीममितिहासंपुरातनम् ॥ ऐलकश्यपसंवादंतन्निबोधयुधिष्ठिर ६
॥ ऐलउवाच ॥ यदाहिब्रह्मप्रजहातिक्षत्रंक्षत्रंयदावाप्रजहातिब्रह्म ॥ अन्वग्बलंकतमेऽस्मिन्भजंतेतथावर्णाःकतमेऽस्मिन्ध्रियंते ७ ॥ कश्यपउवाच ॥ वृद्धं
राष्ट्रंक्षत्रियस्यभवतिब्रह्मक्षत्रंयत्रविरुद्ध्यतीह ॥ अन्वग्बलंदस्यवस्तद्भजंतेतथावर्णंतत्रविंदंतिसंतः ८ नैषांब्रह्मचवर्धतेनोतपुत्रानगर्गरोमथ्यतेनोजयंते ॥
नैषांपुत्रावेदमधीयतेचयदाब्रह्मक्षत्रियाःसंत्यजंति ९ नैषामर्थोवर्धतेजातुगेहेनाधीयतेसुप्रजानोयजंते ॥ अपध्वस्तादस्युभूताभवंतियेब्राह्मणान्क्षत्रियाःसंत्यजंति
१० एतौहिनित्यंसंयुक्तावितरेतरधारणे ॥ क्षत्रंवैब्रह्मणोयोनिर्योनिःक्षत्रस्यवैद्विजाः ११ ॥ ॥ ॥ ॥

राज्ञेति । अप्रमेयौगहनौ अनंतरंशीघ्रमेवपुरोहितःकार्योभवेत् १ धर्मात्मेति । धर्मसाधकः २ । ३ । ४ । ५ । ६ ब्रह्मकर्म क्षत्रंकर्तृ अनुपश्चात्प्रकाशमानंबलमन्वग्बलंयथास्यात्तथाऽस्मिन्ब्रह्मक्ष
त्रान्यतरस्मिन्कतमेभजंते किंक्षत्रेणब्रह्मबलवद्भवत्युतब्रह्मणाक्षत्रमित्यर्थः ७ वृद्धंछिन्नं क्षत्रंकर्तृ तत्रक्षत्रेसंतोवर्णंविंदंति ब्राह्मणानामवमंताम्लेच्छजातीयोऽयंराजेत्यनुमानाज्जानंति यथोक्तं ।
'भोगेनज्ञायतेकर्मकर्मणाज्ञायतेजनिः'इति ८ अपध्वस्ताःसंकरजाइवकंसादिवत् सार्धःश्लोकः ९ । १० । ११ ॥ ॥ ॥

अभिप्रपन्नावन्योन्यशरणौ क्षत्रशरणं ब्रह्मतपस्यति ब्रह्मशरणं क्षत्रंजयतीतिभावः १२ अत्रब्रह्मक्षत्रयोर्वियोगे संप्रपन्नाविपन्ना १३ मधुसुखं अश्रुदुःखं पापंनरकम् १४ नक्षत्रियंब्रह्मब्राह्मण जातिर्ब्रह्मचारीचरणाद्अधीतशाखातःअपेतःदस्युभिर्वारितःसन्ब्रह्मणिवेदेऽध्येतव्येत्राणंरक्षणमिच्छेत् । रक्षितुरभावात्तदाद्देवस्तत्रआश्चर्यतोवर्षति तत्रवर्षमत्यंतंदुर्लभमित्यर्थः दुःसहाःमारीदुर्भिक्षादयः । अब्रह्मचारीनाश्चर्यतइतिचपाठे ब्रह्मचरणादपेतत्वादब्रह्मचारीवेदाध्ययनशून्यःसन्त्राणमिच्छेत्तर्हितत्राश्चर्यतोऽपिनवर्षतीतियोज्यं १५ स्त्रियंब्राह्मणंवाऽपिहत्वाऽनुवादंप्रशंसा १६ रुद्रोहिंस्रः देवोराजा रुद्रंकलिं १७ । १८ कुतोराज्ञोरुद्रत्वमितिपृष्टेआह आत्मेति । मानवानांहृदयेयआत्माजीवोऽस्तिसएवरुद्रःसंहर्ताभवति । यथाचग्रहाविष्टस्यशरीरंदेहस्वामिनःस्वंनभवतिकिंतुतदानींतद्ग्रहस्यैवस्वमेवंरुद्रावेशकालेनृपस्यशरीरंरौद्रमेवभवतीत्यर्थः । ननुकुतःशांतस्यात्मनोरुद्रत्वमतआह, वातेति । यथाउत्पातवातआकाशोत्थआकाशोत्थांमेघदेवतामित

उभावेतौनित्यमभिप्रपन्नौसंप्रापतुर्महतींसंप्रतिष्ठाम् ॥ तयोःसंधिर्भिद्यतेचेत्पुराणस्ततःसर्वंभवतिहिसंप्रमूढम् १२ नात्रपारंलभतेपारगामीमहागाधेनौरिवसंप्रपन्ना ॥ चातुर्वर्ण्यंभवतिहिसंप्रमूढंप्रजास्ततःक्षयसंस्थाभवंति १३ ब्रह्मवृक्षोरक्ष्यमाणोमधुंहेमचवर्षति ॥ अरक्षमाणःसततमश्रुपापंचवर्षति १४ नब्रह्मचारीचरणादपेतोयदाब्रह्मब्रह्मणित्राणमिच्छेत् ॥ आश्चर्यतोवर्षतितत्रदेवस्तत्राभीक्ष्णंदुःसहाश्चाविशंति १५ स्त्रियंहत्वाब्राह्मणंवाऽपिपापःसभायांयत्रलभतेऽनुवादम् ॥ राज्ञःसकाशेनबिभेतिचापिततोभयंविद्यतेक्षत्रियस्य १६ पापैःपापेक्रियमाणेहिचैलततोरुद्रोजायतेदेवएषः ॥ पापैःपापाःसंजनयंतिरुद्रंततःसर्वान्साध्वसाधून्हिनस्ति १७ ॥ ऐलउवाच ॥ कुतोरुद्रःकीदृशोवापिरुद्रःसत्वैःसत्वंदृश्यतेवध्यमानम् ॥ एतत्सर्वंकश्यपमेप्रचक्ष्वकुतोरुद्रोजायतेदेवएषः १८ ॥ कश्यपउवाच ॥ आत्मारुद्रोहृदयेमानवानांस्वंस्वंदेहंपरदेहंचहंति ॥ वातोत्पातैःसदृशंरुद्रमाहुर्दैवैर्जीमूतैःसदृशंरूपमस्य १९ ॥ ऐलउवाच ॥ नवैवातःपरिवृणोतिकश्चिन्नजीमूतोवर्षतिनापिदेवः ॥ तथायुक्तोदृश्यतेमानुषेषुकामद्वेषाद्बध्यतेमुह्यतेच २० ॥ कश्यपउवाच ॥ यथैकगेहेजातवेदाःप्रदीप्तःकृत्स्नंग्रामंदहतेचत्वरंवा ॥ विमोहनंकुरुतेदेवएषततःसर्वंस्पृशतेपुण्यपापैः २१ ॥ ॥ ॥ ॥

स्ततोनयतिगर्जयतिविद्युदशनिवारीणिचततआविर्भावयत्येवमात्मोत्थितंजीवमात्मोत्थिताःकामक्रोधादयःसर्वाहिंस्रंकारयंतीत्यर्थः १९ इदमाक्षिपति नवाइति । यथाआकाशेनयुक्तास्ततः पृथग्भूताःवातोमेघाश्चमेघप्रवर्तकदेवताचप्रत्यक्षेणशास्त्रज्ञानेनचदृश्यंतेनैवंजीवोवातदभिभावकःकामादिर्वापृथग्दृश्यतेकिंत्वात्मन्येवब्रह्मयौष्ण्यवत्कामद्वेषौवर्तेतेतौचैतस्यसंबंधकौमोहकौचभवतइत्यर्थः २० अत्रोत्तरमाह यथेति । यथाऽल्पोऽपिवन्हिरधिकमधिकंकाष्ठभारमुपारुह्यकृत्स्नंग्रामंदहतितत्रनकेवलंकाष्ठानांदाहकत्वंनापिकाष्ठाग्न्यनुपारूढस्याग्नेःकिंतुतदुभयसंघातस्यैव । तत्रापिविवेकेक्रियमाणेवन्हेरेवोपाध्यावेशाद्दाहकत्वं । एवमात्मानमारुह्याहंकारवन्हिःकामक्रोधादिवातैरुद्दीपितोरुद्रत्वंप्रतिपद्यते । ततश्चाऽयोदहत्येधांसिपचंतीतिवदहंकारेणकृतमात्मन्युपचर्यतेमोहाच्चेनचसर्वंजगदसंगमपिजलचंद्रन्यायेनपुण्यैःपापैश्चस्पृश्यते तत्त्वालोचनेत्वसंगएवात्मेत्यर्थः २१ ॥ ॥ ॥ ॥ ॥

अत्रशंकतेयदीति । अपुण्यपापमप्यत्मानंयदिविशेषात्क्रियमाणेपापेनिमित्तभूतेसतिदंडःपापंदंडात्मकंपापंगालनताडनादिदुःखंकर्तृस्पृशतेमोहादितिब्रवीषितर्हिपुण्यकरणंपापवर्जनंचशास्त्रचोदितंव्यर्थंस्यात् । आ
त्मनिवास्तवदुःखाभावस्यसिद्धत्वात्तदर्थंसाधनोपादानंव्यर्थंस्यादितिभावः २२ आत्माहंकारयोर्मिश्रीभावादहंकारगतंदुःखमात्मनिप्रतीयतेऽतोऽहंकारत्यागान्नकिंचिदात्मनोदुःखमस्तीत्युत्तरयति । असंयो
गादिति २३ अहंकर्त्रादीनधिष्ठानभूतआत्माभूमिसूर्यादिवदसंगएवमन्धारयतुप्रकाशयतु वाय्यंबुवच्चालयतुस्वसत्तयाआप्याययतुवाकस्तत्रात्मनःसंबोधोऽहंकारधर्मेणरुद्रत्वेनातआत्मारुद्रइत्युक्तमयुक्त
मित्याक्षेपः २४ तत्त्वदृष्ट्यायद्यप्येवमेवतथापि ऐहिकामुष्मिकव्यवहारदृष्ट्याऽस्त्येवात्मनोरुद्रत्वमित्युत्तरयति एवमस्मिन्नित्यादिना । एवंएवंरूपोऽर्थःअस्मिन्प्रसंगात्मनिलोकेलोक्यतइतिलोकोदर्शनं

ऐलउवाच ॥ यदिदण्डःस्पृशतेऽपुण्यपापंपापंपापेक्रियमाणेविशेषात् ॥ कस्यहेतोःसुकृतंनामकुर्याद्दुष्कृतंवाकस्यहेतोर्नकुर्यात् २२ ॥ कश्यपउवाच ॥ असंयो
गात्पापकृतामपापांस्तुल्योदण्डःस्पृशतेमिश्रभावात् ॥ शुल्केनार्द्रंदह्यतेमिश्रभावान्नमिश्रःस्यात्पापकृद्भिःकथंचित् २३ ॥ ऐलउवाच ॥ साध्वसाधून्धारयतीहभू
मिःसाध्वसाधूंस्तापयतीहसूर्यः ॥ साध्वसाधूंश्चापिवातीहवायुरापस्तथासाध्वसाधून्पुनंति २४ ॥ कश्यपउवाच ॥ एवमस्मिन्वर्ततेलोकएषनामुत्रैवंवर्ततेरा
जपुत्र ॥ प्रेत्यैतयोरंतरावान्विशेषोयोवैपुण्यंचरतेयश्चपापम् २५ पुण्यस्यलोकोमधुमान्घृतार्चिर्हिरण्यज्योतिरमृतस्यनाभिः ॥ तत्रप्रेत्यमोदतेब्रह्मचारीनत
त्रमृत्युर्नजरानोतदुःखम् २६ पापस्यलोकोनिरयोऽप्रकाशोनित्यंदुःखंशोकभूयिष्ठमेव ॥ तत्रात्मानंशोचतिपापकर्माबह्वीःसमाःप्रतपन्नप्रतिष्ठः २७ मिथोभेदा
द्ब्राह्मणक्षत्रियाणांप्रजादुःखंदुःसहंचाविशंति ॥ एवंज्ञात्वाकार्यएवेहनित्यंपुरोहितोनैकविद्योनृपेण २८ तंचैवान्वभिषिंचेततथाधर्मोविधीयते ॥ अग्र्यंहिब्राह्मणः
प्रोक्तंसर्वस्यैवेहधर्मतः २९ पूर्वंहिब्रह्मणःसृष्टिरितिब्रह्मविदोविदुः ॥ ज्येष्ठेनाभिजनेनास्यप्राप्तंपूर्वंयदुत्तरम् ३० तस्मान्मान्यश्चपूज्यश्चब्राह्मणःप्रसृताग्रभुक् ॥
सर्वंश्रेष्ठंविशिष्टंचनिवेद्यंतस्यधर्मतः ३१ अवश्यमेवकर्तव्यंराज्ञाबलवताऽपिहि ॥ ब्रह्मवर्धयतिक्षत्रंक्षत्रतोब्रह्मवर्धते ॥ एवंराज्ञाविशेषेणपूज्यावैब्राह्मणाःसदा
३२ ॥ इतिश्रीमहाभारतेशांतिपर्वणिराजध० ऐलकश्यपसंवादेत्रिसप्ततितमोऽध्यायः ॥ ७३ ॥ ॥ भीष्मउवाच ॥ योगक्षेमोहिराष्ट्रस्यराजन्यायत्तउच्य
ते ॥ योगक्षेमोहिराज्ञोहिसमायत्तःपुरोहिते १ यत्रादृष्टंभयंब्रह्मप्रजानांशमयत्युत ॥ दृष्टंचराजाबाहुभ्यांराष्ट्रंराज्यंसुखमेधते २ अत्राप्युदाहरंतीमतिहासंपुरा
तनम् ॥ मुचुकुन्दस्यसंवादंराज्ञोवैश्रवणस्यच ३ मुचुकुन्दोविजित्येमांपृथिवींपृथिवीपतिः ॥ जिज्ञासमानःस्वबलमुपेयादलकाधिपम् ४ ॥ ॥

तत्रविषये वर्ततेसिद्धांतोऽस्ति नत्वमुत्रपरलोकविषये एवंदर्शनंवर्तते किंतर्ह्यमुत्रवर्ततेयःपापंचरतेयश्चपुण्यमेतयोःप्रेत्यमरणानंतरंविशेषोऽस्तिसचांतरावान्तिरोहितः शास्त्रैकगम्येधर्माधर्मफलेइत्यर्थः
२५ शास्त्रमेवाहद्वाभ्यां पुण्यस्येति २६ । २७ प्रकृतमनुसरति मिथइति । नैकविद्योबहुविद्यः २८ तंपुरोहितंदृष्ट्वाअनुपश्चादात्मानंराज्येऽभिषिंचेत् २९ । ३० । ३१ । ३२ । ॥ इतिशांतिपर्वणि
राजधर्मानुशासनपर्वणि नीलकंठीयेभारतभावदीपेत्रिसप्ततितमोऽध्यायः ॥ ७३ ॥ योगेति १ अदृष्टमनावृष्ट्यादिजं ब्रह्मब्राह्मणः दृष्टंपरचक्रादिजम् । २ । ३ । ४ ॥ ॥ ॥

असृजदतिसृष्टवान् आज्ञापितवानितियावत् ५।६ तस्यमुचुकुंदस्य पंथानंगतिमार्गमविंदतज्ञातवान् ७।८।९।१०।११।१२।१३।१४।१५ अनिर्दिष्टमीश्वरेणाननुज्ञातंविदधामिद

ततोवैश्रवणोराजाराक्षसानसृजत्तदा ॥ तेबलान्यवमृद्नन्तमुचुकुंदस्यनैर्ऋताः ५ सहन्यमानेसैन्येस्वेमुचुकुंदोनराधिपः ॥ गर्हयामासविद्वांसंपुरोहितमरिंदमः ॥ ६ ततउग्रंतपस्तप्त्वावसिष्ठोधर्मवित्तमः ॥ रक्षांस्युपावधीत्तस्यपंथानंचाप्यविन्दत ७ ततोवैश्रवणोराजामुचुकुंदमदर्शयत् ॥ वध्यमानेषुसैन्येषुवचनंचेदमब्रवीत् ८ ॥ धनदउवाच ॥ बलवंतस्त्वयापूर्वेराजानःसपुरोहिताः ॥ नचैवंसमवर्ततंयथात्वमिहवर्तसे ९ तेखल्वपिकृतास्त्राश्चबलवंतश्चभूमिपाः ॥ आगम्यपर्युपासंते मामीशंसुखदुःखयोः १० यद्यस्तिबाहुवीर्यंतेतद्दर्शयितुमर्हसि ॥ किंब्राह्मणबलेनत्वमतिमात्रंप्रवर्तसे ११ मुचुकुंदस्ततःक्रुद्धःप्रत्युवाचधनेश्वरम् ॥ न्यायपूर्वं मसंरब्धमसंभ्रान्तमिदंवचः १२ ब्रह्मक्षत्रमिदंसृष्टमेकयोनिस्वयंभुवा ॥ पृथग्बलविधानंतन्नलोकंपरिपालयेत् १३ तपोमंत्रबलंनित्यंब्राह्मणेषुप्रतिष्ठितम् ॥ अस्त्र बाहुबलंनित्यंक्षत्रियेषुप्रतिष्ठितम् १४ ताभ्यांसंभूयकर्तव्यंप्रजानांपरिपालनम् ॥ तथाचमांप्रवर्ततंकिंगर्हस्यलकाधिप १५ ततोऽब्रवीद्वैश्रवणोराजानंसपुरोहितम् ॥ नाहंराज्यमनिर्दिष्टंकस्मैचिद्विदधाम्युत १६ नाच्छिंदेचाप्यनिर्दिष्टमितिजानीहिपार्थिव ॥ प्रशाधिपृथिवींकृत्स्नांमद्दत्तामखिलामिमाम् ॥ एवमुक्तः प्रत्युवाचमुचुकुंदोमहीपतिः १७ ॥ मुचुकुंदउवाच ॥ नाहंराज्यंभवद्दत्तंभोक्तुमिच्छामिपार्थिव ॥ बाहुवीर्यार्जितंराज्यमश्नीयामितिकामये १८ ॥भीष्मउवाच॥ ततोवैश्रवणोराजाविस्मयंपरमंययौ ॥ क्षत्रधर्मेस्थितंदृष्ट्वामुचुकुंदमसंभ्रमम् १९ ततोराजामुचुकुंदःसोऽन्वशासद्वसुंधराम् ॥ बाहुवीर्यार्जितांसम्यक्क्षत्रधर्ममनुव्रतः २० एवंयोधर्मविद्राजाब्रह्मपूर्वंप्रवर्तते ॥ जयत्यविजितामुर्वींयशश्चमहदश्नुते २१ नित्योदकीब्राह्मणःस्यान्नित्यशस्त्रश्चक्षत्रियः ॥ तयोर्हिसर्वमायत्तंयत्किंचिज्जगतीगतम् २२ ॥ इतिश्रीमहाभारतेशांतिपर्वणिराजधर्मानुशासनपर्वणिमुचुकुंदोपाख्यानेचतुःसप्ततितमोऽध्यायः ॥ ७४ ॥ ॥ युधिष्ठिरउवाच ॥ यया वृत्त्यामहीपालोविवर्धयतिमानवान् ॥ पुण्यांश्चलोकान्जयतितन्मेब्रूहिपितामह १ ॥ भीष्मउवाच ॥ दानशीलोभवेद्राजायज्ञशीलश्चभारत ॥ उपवासतपःशीलःप्रजानांपालनेरतः २ सर्वाश्चैवप्रजानित्यंराजाधर्मेणपालयन् ॥ उत्थानेनप्रदानेनपूजयेच्चापिधार्मिकान् ३ राज्ञाहिपूजितोधर्मस्ततःसर्वत्रपूज्यते ॥ यद्यदाचरतेराजातत्प्रजानांस्मरोचते ४ नित्यमुद्यतदंडश्चभवेन्मृत्युरिवारिषु ॥ निहन्यात्सर्वतोदस्यून्नकामात्कस्यचित्क्षमेत् ५ यंहिधर्मंचरंतीहप्रजाराज्ञासुरक्षिताः ॥ चतुर्थंतस्यधर्मस्यराजाभारतविंदति ६ यदधीतेयद्ददातियज्जुहोतियदर्चति ॥ राजाचतुर्थभाक्तस्यप्रजाधर्मेणपालयन् ७ ॥ ॥

दामि १६ नाच्छिंदेनहरामिच अखिलांखिलरहितां १७।१८।१९।२०।२१।२२ ॥ इतिशांतिपर्वणिराजधर्मानुशासनपर्वणिनीलकंठीयेभारतभावदीपेचतुःसप्ततितमोऽध्यायः ॥ ७४ ॥
एवंकृतपुरोहितोराजाकथंप्रजावृद्ध्यापरलोकंजयेदितिपृच्छति ययेति १ तत्रप्रजावृद्धिप्रकारमाह दानेति २ उत्थानेननित्योद्योगेन ३।४।५ परलोकजयप्रकारमाह यंहीति ६ यदधीतेब्राह्मणादिः ७

विपक्षेदोषमाह यद्राष्ट्रेइति । अकुशलमितिच्छेदः ८ नृशंसोऽनृतवाकूच यत्कर्मकरोतितस्यकर्मणःसर्वंयत्ततोभूयोवापापमाप्नोतीत्यन्येआहुर्निश्चयस्तत्त्वर्धमित्यर्थः ९ अशक्तेनराज्ञाउपजीवितोधनोप जीविनोवणिजादेःसार्धः १० । ११ । १२ । १३ । १४ नाहमिति । अत्रराज्येपुण्यस्यचतुर्थांशःपापस्यत्वर्धंकृत्स्नंवालभ्यतइतिपापाधिक्याद्धर्मोनास्तीत्यर्थः १५ । १६ । १७ आनृशंस्यापरदुः खापहा साचात्रराजधर्मेषुदस्युवधप्रधानेष्वगुणैव १८ घृणाकृपा १९ । २० आप्तासिप्राप्स्यसि २१ । २२ । २३ । २४ एतद्दानादिकंधर्ममधर्मंवाधर्म्यमधर्म्यंवाऽस्तु तथापितत्कर्तुजन्मनैवत्वंजा

यद्राष्ट्रेऽकुशलंकिंचिद्राज्ञोरक्षयतःप्रजाः ॥ चतुर्थंतस्यपापस्यराजाभारतविंदति ८ अप्याहुःसर्वमेवेतिभूयोऽर्धमितिनिश्चयः ॥ कर्मणःपृथिवीपालनृशंसोऽनृत वागपि ९ तादृशात्किल्बिषाद्राजाशृणुयेनप्रमुच्यते ॥ प्रत्याहर्तुमशक्यंस्याद्धनंचोरैर्हृतंयदि ॥ तत्स्वकोशात्प्रदेयंस्यादशक्तेनोपजीवतः १० सर्ववर्णैःसदारक्ष्यं ब्रह्मस्वंब्राह्मणायथा ॥ नस्थेयंविषयेतेनयोऽपकुर्याद्द्विजातिषु ११ ब्रह्मस्वेरक्ष्यमाणेतुसर्वंभवतिरक्षितम् ॥ तस्मात्तेषांप्रसादेनकृतकृत्योभवेन्नृपः १२ पर्जन्यमि वभूतानिमहाद्रुममिवद्विजाः ॥ नरास्तमुपजीवंतिनृपंसर्वार्थसाधकम् १३ नहिकामात्मनाराजासततंकामबुद्धिना ॥ नृशंसेनाऽतिलुब्धेनशक्यंपालयितुंप्रजाः १४ ॥ ॥ युधिष्ठिरउवाच ॥ ॥ नाहंराज्यसुखान्वेषीराज्यमिच्छाम्यपिक्षणम् ॥ धर्मार्थंरोचयेराज्यंधर्मश्चात्रनविद्यते १५ तदलंममराज्येनयत्रधर्मोनविद्य ते ॥ वनमेवगमिष्यामितस्माद्धर्मचिकीर्षया १६ तत्रमेध्येष्वरण्येषुन्यस्तदंडोजितेंद्रियः ॥ धर्ममाराधयिष्यामिमुनिर्मूलफलाशनः १७ ॥ ॥ भीष्मउवाच ॥ वेदाहंतवयाबुद्धिरानृशंस्याऽगुणैवसा ॥ नचशुद्धानृशंसेनशक्यंराज्यमुपासितुम् १८ अपितुत्वांमृदुप्रज्ञमत्यार्यमतिधार्मिकम् ॥ क्लीबंधर्मघृणायुक्तंनलोकोबहुम न्यते १९ वृत्तंतुस्वमपेक्षस्वपितृपैतामहोचितम् ॥ नैवराज्ञांतथावृत्तंयथात्वंस्थातुमिच्छसि २० नहिवैक्लव्यसंसृष्टमानृशंस्यमिहास्थितः ॥ प्रजापालनसंभूत माप्ताधर्मफलंह्यसि २१ नह्येतामाशिषंपांडुर्नचकुंतीत्वयाचत ॥ तथैतत्प्रज्ञयाताततयथाचरसिमेधया २२ शौर्यंबलंचसत्यंचपितातवसदाऽब्रवीत् ॥ माहात्म्यंच महौदार्यंभवतःकुंत्ययाचत २३ नित्यंस्वाहास्वधानित्यंचोभेमानुषदैवते ॥ पुत्रेष्वाशासतेनित्यंपितरोदैवतानिच २४ दानमध्ययनंयज्ञंप्रजानांपरिपालनम् ॥ धर्ममेतदधर्मंवाजन्मनैवाभ्यजायथाः २५ कालेधुरिचयुक्तानांवहतांभारमाहितम् ॥ सीदतामपिकौन्तेयनकीर्तिरवसीदति २६ समंततोविनियतोवहत्यस्खलि तोहयः ॥ निर्दोषःकर्मवचनात्सिद्धिःकर्मणएवसा २७ नैकांतविनिपातेनविचचारेहकश्चन ॥ धर्मीगृहीवाराजावाब्रह्मचारीयथापुनः २८ अल्पंहिसारभूयिष्ठं यत्कर्मोदारमेवतत् ॥ कृतमेवाकृताच्छ्रेयोनपापीयोऽस्त्यकर्मणः २९ यदाकुलीनोधर्मज्ञःप्राप्नोत्यैश्वर्यमुत्तमम् ॥ योगक्षेमस्तदाराज्ञःकुशलायैवकल्प्यते ३०

तोसि तथाचश्रेयान्स्वधर्मोविगुणइतिन्यायेनतवतंविनागतिर्नास्तीत्यर्थः २५ । २६ समंततइति । शिक्षितोऽश्वोऽपिसम्यग्वहतिकिमुतत्वंमानुषइत्यर्थः २७ धर्मीधर्मवानेकांतविनिपातेनाऽत्यंता भिनिवेशेनधर्मकश्चिदपिनविचचार सूक्ष्मस्यांधर्मस्यापरिहार्यत्वादितिभावः २८ अल्पंदुष्टंहिंसामयत्वात्तुच्छमपिबहुजनसुखहेतुत्वात्सारभूयिष्ठं २९ ऐश्वर्यंसाचिव्याद्यधिकारं ३० ॥

प्रतिगृह्णीयाद्दशीकुर्यात ३१ । ३२ । ३३ । दरिद्रैर्वैश्यतर्पणाद्भयार्दितत्राणंमहान्धर्मइत्याह यस्मिन्निति ३४ । ३५ । ३६ । ३७ ॥ इतिशांतिपर्वणिराजधर्मानुशानपर्वणिनीलकंठीयेभारतभावदीपे पंचसप्ततितमोऽध्यायः ॥ ७५ ॥ ॥ ॥ स्वकर्मणीति १ लक्षणानिशमोदमस्तपःशौचमित्यादीनि २ । ३ जन्मकर्मजन्मोचितकर्मतेनविहीनाः ४ बलिंकरदानं विष्टिं

दानेनान्यंबलेनान्यमन्यंसूनृतयागिरा ॥ सर्वतःप्रतिगृह्णीयाद्राज्यंप्राप्येहधार्मिकः ३१ यंहिवैद्याःकुलेजाताह्यवृत्तिभयपीडिताः ॥ प्राप्यतृप्ताःप्रतिष्ठंतिधर्मः कोऽभ्यधिकस्ततः ३२ ॥ युधिष्ठिरउवाच ॥ किंतातपरमंस्वर्ग्यंकाततःप्रीतिरुत्तमा ॥ किंततःपरमैश्वर्यंब्रूहिमेयदिपश्यसि ३३ ॥ भीष्मउवाच ॥ यस्मिन्भयार्दितःसम्यक्क्षेमंविंदत्यपिक्षणम् ॥ सस्वर्गजित्तमोऽस्माकंसत्यमेतद्ब्रवीमिते ३४ त्वमेवप्रीतिमांस्तस्मात्कुरूणांकुरुसत्तम ॥ भवराजाजयस्वर्गंसतोरक्षाऽसतोजहि ३५ अनुत्वांतातजीवंतुसुहृदःसाधुभिःसह ॥ पर्जन्यमिवभूतानिस्वादुद्रुममिवद्विजाः ३६ धृष्टंशूरंप्रहर्तारमनृशंसंजितेंद्रियम् ॥ वत्सलंसंविभक्तारमुपजीवंति तंनराः ३७ ॥ इतिश्रीमहाभारतेशांतिपर्वणिराजधर्मानुशासनपर्वणिपंचसप्ततितमोऽध्यायः ॥ ७५ ॥

॥ युधिष्ठिरउवाच ॥ स्वकर्मण्यपरेयुक्तास्तथैवाऽन्येविकर्मणि ॥ तेषांविशेषमाचक्ष्वब्राह्मणानांपितामह १ ॥ भीष्मउवाच ॥ ॥ विद्यालक्षणसंपन्नाःसर्वत्रसमदर्शिनः ॥ एतेब्रह्मसमाराजन्ब्राह्मणाःपरिकीर्तिताः २ ऋग्यजुःसामसंपन्नाःस्वेषुकर्मस्ववस्थिताः ॥ एतेदेवसमाराजन्ब्राह्मणानांभवंत्युत ३ जन्मकर्मविहीनायेकदर्याब्रह्मबंधवः ॥ एतेशूद्रसमाराजन्ब्राह्मणानांभवंत्युत ४ अश्रोत्रियाःसर्वएवसर्वेचानाहिताग्नयः ॥ तान्सर्वान्धार्मिकोराजाबलिंविष्टिंचकारयेत् ५ आह्वायकादेवलकानाक्षत्राग्रामयाजकाः ॥ एतेब्राह्मणचांडालामहापथिकपंचमाः ६ ऋत्विक्पुरोहितोमंत्रीदूतोवार्तानुकर्षकः ॥ एतेक्षत्रसमाराजन्ब्राह्मणानांभवंत्युत ७ अश्वारोहागजारोहारथिनोऽथपदातयः ॥ एतेवैश्यसमाराजन्ब्राह्मणानांभवंत्युत ८ एतेभ्योबलिमादद्याद्धीनकोशोमहीपतिः ॥ ऋतेब्रह्मसमेभ्यश्चदेवकल्पेभ्यएवच ९ अब्राह्मणानांवित्तस्यस्वामीराजेतिवैदिकम् ॥ ब्राह्मणानांचयेकेचिद्विकर्मस्थाभवंत्युत १० विकर्मस्थाश्चनोपेक्ष्याविप्राराज्ञाकथंचन ॥ नियम्याःसंविभज्याश्चधर्मानुग्रहकारणात् ११ यस्यस्मविषयेराजन्स्तेनोभवतिवैद्विजः ॥ राज्ञएवापराधंतंमन्यन्तेतद्विदोजनाः १२ अवृत्त्यायोभवेत्स्तेनोदवेवित्स्नातकस्तथा ॥ राजन्सराज्ञाभर्तव्यइतिवेदविदोविदुः १३ सचेन्नोपरिवर्तेतकृतवृत्तिःपरंतप ॥ ततोनिर्वासनीयःस्यात्तस्माद्देशात्सबांधवः १४ ॥ इतिश्रीमहाभारतेशांतिपर्वणिराजधर्मानुशासनपर्वणिषट्सप्ततितमोऽध्यायः ॥ ७६ ॥

॥ युधिष्ठिरउवाच ॥ केषांप्रभवतेराजावित्तस्यभरतर्षभ ॥ कयाचवृत्त्यावर्तेततन्मेब्रूहिपितामह १ ॥

विनावेतनंराजसेवां ५ आह्वायकाधर्माधिकारिणः देवलकावेतनेनदेवपूजाकर्तारः महापथिकःसमुद्रेनौयानेनगच्छन् यद्वामहापथिशुल्कग्राहकः ६ । ७ । ८ । ९ । १० । ११ । १२ । १३ । १४ ॥ इतिशांतिपर्वणिराजधर्मानुशासनपर्वणि नीलकंठीयेभारतभावदीपे षट्सप्ततितमोऽध्यायः ॥ ७६ ॥ ॥ केषामिति १ ॥ ॥

२ । ३ । ४ येनब्राह्मणानामपालनेन ५ । ६ । ७ मामकांतरमाविशः मदीयाभ्यंतरंत्वमाविष्टवान्कुतइतिशेषः ८ अविद्वानितिच्छेदः ९ । १० । ११ । १२ नयाचंतीति प्रतिग्रहादिजीविको

॥ भीष्मउवाच ॥ ॥ अब्राह्मणानांवित्तस्यस्वामीराजेतिवैदिकम् ॥ ब्राह्मणानांचयेकेचिद्विकर्मस्थाभवंत्युत २ विकर्मस्थाश्चनोपेक्ष्याविप्राराज्ञाकथं
चन ॥ इतिराज्ञांपुरावृत्तमभिजल्पंतिसाधवः ३ यस्यस्मविषयेराज्ञःस्तेनोभवतिवैद्विजः ॥ राज्ञएवापराधंतंमन्यंतेकिल्बिषंनृप ४ अभिशस्तमिवात्मा
नंमन्यन्तेयेनकर्मणा ॥ तस्माद्राजर्षयःसर्वेब्राह्मणानन्वपालयन् ५ अत्राप्युदाहरंतीममितिहासंपुरातनम् ॥ गीतंकैकेयराजेनह्रियमाणेनरक्षसा ६ के
कयानामधिपतिंरक्षोजग्राहदारुणम् ॥ स्वाध्यायेनान्वितंराजन्नरण्येसंशितव्रतम् ७ ॥ ॥ राजोवाच ॥ ॥ नमेस्तेनोजनपदेनकदर्योनमद्यपः ॥
नानाऽऽहिताग्निर्नायज्वामामकांतरमाविशः ८ नचमेब्राह्मणोऽविद्वान्नाव्रतीनाप्यसोमपः ॥ नानाऽऽहिताग्निर्नायज्वामामकांतरमाविशः ९ नानाप्रदक्षिणैर्यज्ञै
र्यजंतेविषयेमम ॥ नाधीतेनाऽव्रतीकश्चिन्मामकांतरमाविशः १० अधीयंतेऽध्यापयंतियजंतेयाजयंतिच ॥ ददातिप्रतिगृह्णंतिषट्सुकर्मस्ववस्थिताः ११
पूजिताःसंविभक्ताश्चमृदवःसत्यवादिनः ॥ ब्राह्मणामेस्वकर्मस्थामामकांतरमाविशः १२ नयाचंतिप्रयच्छंतिसत्यधर्मविशारदाः ॥ नाध्यापयन्त्यधीयन्तेयजंतेया
जयंतिन १३ ब्राह्मणान्परिरक्षंतिसंग्रामेष्वपलायिनः ॥ क्षत्रियामेस्वकर्मस्थामामकांतरमाविशः १४ कृषिगोरक्षवाणिज्यमुपजीवंत्यमायया ॥ अप्रमत्ताःक्रिया
वंतःसुव्रताःसत्यवादिनः १५ संविभागंदमंशौचंसौहृदंचव्यपाश्रिताः ॥ ममवैश्याःस्वकर्मस्थामामकांतरमाविशः १६ त्रीन्वर्णानुपजीवंतियथावदनसूयकाः ॥
ममशूद्राःस्वकर्मस्थामामकांतरमाविशः १७ कृपणानाथवृद्धानांदुर्बलातुरयोषिताम् ॥ संविभक्ताऽस्मिसर्वेषांमामकांतरमाविशः १८ कुलदेशादिधर्माणांप्रथि
तानांयथाविधि ॥ अव्युच्छेत्ताऽस्मिसर्वेषांमामकांतरमाविशः १९ तपस्विनोमेविषयेपूजिताःपरिपालिताः ॥ संविभक्ताश्चसत्कृत्यमामकांतरमाविशः २०
नासंविभज्यभोक्ताऽस्मिनाविशामिपरस्त्रियम् ॥ स्वतंत्रोजातुनक्रीडेमामकांतरमाविशः २१ नाब्रह्मचारीभिक्षावान्भिक्षुर्वाऽब्रह्मचर्यवान् ॥ अनृत्विजाहुतंनास्ति
मामकांतरमाविशः २२ नावजानाम्यहंवैद्यान्नवृद्धान्नतपस्विनः ॥ राष्ट्रेस्वपतिजागर्मिमामकांतरमाविशः २३ आत्मविज्ञानसंपन्नस्तपस्वीसर्वधर्मवित् ॥ स्वा
मीसर्वस्यराष्ट्रस्यधीमान्ममपुरोहितः २४ दानेनविद्यामभिवांछयामिसत्येनार्थंब्राह्मणानांचगुप्त्या ॥ शुश्रूषयाचापिगुरूनुपैमिनमेभयंविद्यतेराक्षसेभ्यः २५
नमेराष्ट्रेविधवाब्रह्मबंधुर्नब्राह्मणःकितवोनोतचोरः ॥ अयाज्ययाजीनचपापकर्मानमेभयंविद्यतेराक्षसेभ्यः २६ नमेशस्त्रैरनिर्भिन्नंगात्रेद्व्यंगुलमंतरम् ॥ धर्मार्थं
युध्यमानस्यमामकांतरमाविशः २७ गोब्राह्मणेभ्योयज्ञेभ्योनित्यंस्वस्त्ययनंमम ॥ आशासतेजनाराष्ट्रेमामकांतरमाविशः २८ ॥ ॥

पायाच्चिद्वत्ताः १३ । १४ । १५ । १६ । १७ । १८ । १९ । २० । २१ । २२ स्वपतिस्वापंकुर्वतिसति २३ । २४ वांछयामिवांछामि २५ । २६ । २७ । २८

२९ अध्यायतात्पर्यंसंगृह्णाति यंषामाति ३० । ३१ । ३२ । ३३ । ३४ ॥ इतिम० शां० राजधर्मानुशासनपर्वणिनीलकंठीयेभारतभावदीपेसप्तसप्ततितमोऽध्यायः ॥ ७७ ॥ व्याख्यातात्राह्मणस्ये तिशेषः राजधर्मेणेति । शस्त्रधारणादिनार्ह्तत्तिर्जीविकाआपदिविकर्मस्थोऽपित्राह्मणादिर्नराज्ञःपापायभवतीतिभावः १ वर्तयेद्ब्राह्मणः २ । ३ केसरिणोऽश्वान् पशून्गोजाविमहिषादीन् कृतान्नं

राक्षसउवाच ॥ यस्मात्सर्वास्ववस्थासुधर्ममेवान्ववेक्षसे ॥ तस्मात्प्राप्नुहिकैकेयगृहंस्वस्तिव्रजाम्यहम् २९ येषांगोब्राह्मणंरक्ष्यंप्रजारक्ष्याश्वकेकय ॥ नरक्षोभ्यो भयंतेषांकुतएवतुपावकात् ३० येषांपुरोगमाविप्रायेषांब्रह्मपरंबलम् ॥ अतिथिप्रियास्तथापौरास्तेवैस्वर्गजितोनृपाः ३१ ॥ भीष्मउवाच ॥ तस्माद्विजातीन् रक्षेततेहिरक्षंतिरक्षिताः ॥ आशीरेषांभवेद्राजन्राज्ञांसम्यक्प्रवर्तताम् ३२ तस्माद्राज्ञाविशेषेणविकर्मस्थाद्विजातयः ॥ नियम्याःसंविभज्याश्चतदनुग्रहकार णात् ३३ एवंयोवर्ततेराजापौरजानपदेष्विह ॥ अनुभूयेहभद्राणिप्राप्नोतींद्रसलोकताम् ३४ ॥ इतिश्रीमहाभारतेशांतिपर्वणिराजधर्मानुशासनपर्वणिकैकेयोपा ख्यानेसप्तसप्ततितमोऽध्यायः ॥ ७७ ॥ ॥ युधिष्ठिरउवाच ॥ व्याख्याताराजधर्मेणवृत्तिरापत्सुभारत ॥ कथंस्विद्वैश्यधर्मेणसंजीवेद्ब्राह्मणोनवा १ ॥ भीष्म उवाच ॥ अशक्तःक्षत्रधर्मेणवैश्यधर्मेणवर्तयेत् ॥ कृषिगोरक्ष्यमास्थायव्यसनेवृत्तिसंक्षये २ ॥ युधिष्ठिरउवाच ॥ कानिपण्यानिविक्रीयस्वर्गलोकान्नहीयते ॥ ब्राह्मणोवैश्यधर्मेणवर्तयन्भरतर्षभ ३ ॥ भीष्मउवाच ॥ सुरालवणमित्येवतिलान्केसरिणःपशून् ॥ वृषभान्मधुमांसंचकृतान्नंचयुधिष्ठिर ४ सर्वास्ववस्थास्वेता न्ब्राह्मणःपरिवर्जयेत् ॥ एतेषांविक्रयात्तातब्राह्मणोनरकंव्रजेत् ५ अजोऽग्निर्वरुणोमेषःसूर्योऽश्वःपृथिवीविराट् ॥ धेनुर्यज्ञश्वसोमश्चनविक्रेयाःकथंचन ६ पक्वे नामस्यनिमयंनप्रशंसंतिसाधवः ॥ निमयेत्पक्वमामेनभोजनार्थायभारत ७ वयंसिद्धमशिष्यामोभवान्साधयतामिदम् ॥ एवंसंवीक्ष्यनिमयन्नाधर्मोऽस्तिकथंच न ८ अत्रतेवर्तयिष्यामिपुराधर्मःसनातनः ॥ व्यवहारप्रवृत्तानांतन्निबोधयुधिष्ठिर ९ भवतेऽहंददानीदंभवानेतत्प्रयच्छतु ॥ रुचितोवर्ततेधर्मोनबलात्संप्रवर्त ते १० इत्येवंसंप्रवर्ततेव्यवहाराःपुरातनाः ॥ ऋषीणामितरेषांचसाधुचैतदसंशयम् ११ ॥ युधिष्ठिरउवाच ॥ अथतातयदासर्वाःशस्त्रमाददतेप्रजाः ॥ व्युत्क्रा मंतिस्वधर्मेभ्यःक्षत्रस्यक्षीयतेबलम् १२ राजात्राताहुलोकस्यकथंचस्यात्परायणम् ॥ एतन्मेसंशयंब्रूहिविस्तरेणनराधिप १३ ॥ भीष्मउवाच ॥ दानेनतपसाय ज्ञैरद्रोहेणदमेनच ॥ ब्राह्मणप्रमुखावर्णाःक्षेममिच्छेयुरात्मनः १४ तेषांयेवेदबलिनस्तेऽभ्युत्थायसमंततः ॥ राज्ञोबलंवर्धयेयुर्महेंद्रस्येवदेवताः १५ ॥

पक्वमन्नम् ४ । ५ अजादीनांविक्रयेऽग्न्यादयोदेवताएवविक्रीतास्ततश्चायज्ञियोभवतीत्यर्थः विराडन्नमितिप्राञ्चः अन्नविक्रयात्पृथिवीविक्रयपापंभवतीतितेषामाशयः पृथिवीविक्रयात्सर्वदेवतासमष्टिरूपोविरा डेवविक्रीतस्तेनतदसंबंधाद्वेदादिरहितोभवतीत्यर्थः ६ पक्वेनामस्यविनिमयेपक्वदोदुष्यतिनत्वामदइत्यर्थः ७ इदमप्यपवदति वयमिति ८ । ९ भवतेऽहमिति । रुचितःसर्वेऽपिविनिमयायुक्तानतुला भलोभइत्यर्थः १० । ११ प्रजावैश्यशूद्रांत्यजाः १२ । १३ क्षीणबलोराजाकथमन्यांस्त्रायेतेत्याहद्वाभ्यां दानेनेति १४ । १५ ॥ ॥

यदिताःस्पर्धेरन्तर्हिराजाब्रह्मणानेवाश्रित्यप्रजावशीकुर्यादित्याहद्वाभ्यां राज्ञोऽपीति १६ । १७ कालविशेषेसर्वेषामपिशस्त्रधारणंयुक्तमित्याह उन्मर्यादेइति १८ ब्राह्मणान्द्विषतःक्ष
त्रियस्यब्रह्मैवपरायणमितिप्रश्नपूर्वकमाह अथेत्यादिना १९ नियंतव्यंक्षत्रंब्राह्मणेनेतिशेषः २० । २१ । २२ । २३ । २४ सर्वैर्वर्णैर्ब्रह्मक्षत्रयोरभिभवेब्राह्मणार्थंक्षत्रेणमर्तव्यमेवेत्याह ।
ब्रह्मेत्यादिना २५ । २६ । २७ अतीति । यज्ञाध्ययनतपोयुक्तानामनशनाग्निप्रवेशकारिणामप्यपेक्षयाब्राह्मणार्थंम्रियमाणउत्कृष्टान्लोकानाप्नोतीत्यर्थः २८ एवंयुद्धधर्मेण २९ नोऽस्मा

राज्ञोऽपिक्षीयमाणस्यब्रह्मैवाहुःपारायणम् ॥ तस्माद्ब्रह्मबलेनैवसमुत्थेयंविजानता १६ यदाभ्रुविजयीराजाक्षेमंराष्ट्रेऽभिसंदधेत् ॥ तदावर्णायथाधर्मंनिविशेयुः
कथंचन १७ उन्मर्यादेप्रवृत्तेतुदस्युभिःसंकरेकृते ॥ सर्वेवर्णानदुष्येयुःशस्त्रवंतोयुधिष्ठिर १८ ॥ युधिष्ठिरउवाच ॥ अथचेत्सर्वतःक्षत्रंप्रदुष्येद्ब्राह्मणंप्रति ॥
कस्तस्यब्रह्मणस्त्राताकोधर्मःकिंपरायणम् १९ ॥ भीष्मउवाच ॥ तपसाब्रह्मचर्येणशस्त्रेणचबलेनच ॥ अमाययामाययाचनियंतव्यंतदाभवेत् २० क्षत्रियस्या
तिवृत्तस्यब्राह्मणेषुविशेषतः ॥ ब्रह्मैवसंनियंतृस्यात्क्षत्रंहिब्रह्मसंभवम् २१ अद्भ्योऽग्निर्ब्रह्मतःक्षत्रमश्मनोलोहमुत्थितम् ॥ तेषांसर्वत्रगंतेजःस्वासुयोनिषुशाम्यति ॥
२२ यदाछिनत्त्ययोऽश्मानमग्निश्चापोऽभिगच्छति ॥ क्षत्रंचब्राह्मणंद्वेष्टितदानश्यंतितेत्रयः २३ तस्माद्ब्रह्मणिशाम्यंतिक्षत्रियाणांयुधिष्ठिर ॥ समुदीर्णान्यजे
यानितेजांसिचबलानिच २४ ब्रह्मवीर्येमृदूभूतेक्षत्रवीर्येचदुर्बले ॥ दुष्टेषुसर्ववर्णेषुब्राह्मणान्प्रतिसर्वशः २५ येतत्रयुद्धंकुर्वंतित्यक्त्वाजीवितमात्मनः ॥ ब्राह्मणान्प
रिरक्षंतोधर्ममात्मानमेवच २६ मनस्विनोमन्युमंतःपुण्यश्लोकाभवंतिते ॥ ब्राह्मणार्थंहिसर्वेषांशस्त्रग्रहणमिष्यते २७ अतिस्विष्टमधीतानांलोकानतितपस्वि
नाम् ॥ अनाशनाग्न्योर्विशतांशूरायांतिपरांगतिम् २८ ब्राह्मणस्त्रिषुवर्णेषुशस्त्रंगृह्णन्नदुष्यति ॥ एवमेवात्मनस्त्यागान्नान्यंधर्मंविदुर्जनाः २९ तेभ्योनमश्चभद्रंच
येशरीराणिजुह्वते ॥ ब्रह्मद्विषोनियच्छन्तस्तेषांनोऽस्तुसलोकता ३० ब्रह्मलोकजितःस्वर्ग्यान्वीरांस्तान्मनुरब्रवीत् ॥ यथाऽश्वमेधावभृथेस्नाताःपूताभवं
त्युत ॥ दुष्कृतस्यप्रणाशेनततःशस्त्रहतारणे ३१ भवत्यधर्मोधर्मोहिधर्माधर्मावुभावपि ॥ कारणाद्देशकालस्यदेशकालःसताद्दशः ३२ मैत्राःक्रूराणिकुर्वंतोजयं
तिस्वर्गमुत्तमम् ॥ धर्म्याःपापानिकुर्वाणागच्छंतिपरमांगतिम् ३३ ब्राह्मणस्त्रिषुकालेषुशस्त्रंगृह्णन्नदुष्यति ॥ आत्मत्राणेवर्णदोषेदुर्दम्यनियमेषुच ३४
युधिष्ठिरउवाच ॥ अभ्युत्थितेदस्युबलेक्षत्रार्थेवर्णसंकरे ॥ संप्रमूढेषुक्षेत्रेषुयद्यन्योऽभिभवेद्बली ३५ ॥ ॥ ॥

क्रमस्तु ३० यथेति ततस्तथा ३१ भवतीति । धर्माधर्मौक्रमादधर्मोधर्मश्चभवतः कारणविशेषात् ३२ मैत्राउत्तंकपराशरादयः क्रूराणिसर्पराक्षससत्रादीनि । धर्म्याधर्मादनपेताःक्षत्रियाःपापा
निपरराष्ट्रावमर्दादीनि । अधर्मस्यधर्मत्वेउदाहरणद्वयमुक्तं । इदमेवाऽहिंसाख्यधर्माश्रयेऽधर्मरूपमपिभवतीतिज्ञेयं ३३ वर्णदोषेक्षत्रियादिषूत्पथगामिषुसत्सु ३४ दस्यूदयेसतिक्षत्रार्थेप्रजा
पालननिमित्तंलोकेषुमूढेषुवर्णसंकरेऽन्योन्यंदारहरणादौप्रवृत्तेसतियद्यन्योऽक्षत्रियोबलीदस्यूनभिभवेत्प्रजाश्चदस्युभ्योरक्षेत्तर्हिसराजकार्यंकुर्यान्नवा आर्यःस्वामीचभवेन्नवा आद्येअक्षत्रियोऽपिमान्यःस्यात्
अंत्येसर्वनाशइत्याहत्रिभिः अभ्युत्थितइति ३५ ॥ ॥ ॥ ॥

३६ । ३७ आद्यमेवपक्षमुपादत्ते अपारइत्यादिना ३८ । ३९ । ४० । ४१ । ४२ । ४३ । ४४ ॥ इतिशांतिप० रा० नी० भारतभावदीपेअष्टसप्ततितमोऽध्यायः ॥ ७८ ॥ ॥ स्वाम्यमात्यसुहृत्कोशराष्ट्रदुर्गबलानांसप्तानांराज्यप्रकृतीनांमध्येस्वामिरूपाप्रकृतिःऋत्विक्पुरोहितनृपभेदेनत्रिविधातत्राभ्यर्हितत्वात्प्रथमंपुरोहितस्ततः शेषित्वाद्राजाचनिरूपितइदानीमृत्विजोनिरूपयति कैत्यादिना । कसमुत्थाःकस्मिन्निमित्तउदिताः किमेषांकर्तव्यंकर्मेत्यर्थः १ प्रतीचि । यथायोगशास्त्रेमैत्र्यादिभिश्चित्तप्रसादनाख्यंप्रतिकर्मविधीयतेएवंराज्ञांशांतिकपौष्टिकादिकर्मप्रयोगशुद्ध्याख्यंप्रतिकर्मऋत्विग्भिःकर्तव्यं । तत्रपराचारोऽत्यंताभियोगेनाचरणमृत्विजांविधीयते कीदृशानां छंदोऋचःसाम आदिपदार्थोयजुः श्रुतंमीमांसा तानिविज्ञायस्थितानामितिशेषः २ एवंकसमुत्थाइत्यस्योत्तरमुक्त्वा

ब्राह्मणोयदिवावैश्यःशूद्रोवाराजसत्तम ॥ दस्युभ्योऽथप्रजारक्षेद्दण्डंधर्मेणधारयन् ३६ कार्यंकुर्यान्नवाकुर्यात्सवार्योवाभवेन्नवा ॥ तस्माच्छस्त्रंग्रहीतव्यमन्यत्रक्षत्रबंधुतः ३७ ॥ भीष्मउवाच ॥ अपारेयोभवेत्पारमप्लवेयःप्लवोभवेत् ॥ शूद्रोवायदिवाऽप्यन्यःसर्वथामानमर्हति ३८ यमाश्रित्यनराराजन्वर्तयेयुर्यथासुखम् ॥ अनाथाःपरिकाल्यंतोदस्युभिःपरिपीडिताः ३९ तमेवपूजयेयुस्तेप्रीत्यास्वमिवबांधवम् ॥ अभीरभीक्ष्णंकौरव्यकर्तासन्मानमर्हति ४० किंतैर्येऽनडुहोनोह्याःकिंधेन्वावाऽप्यदुग्धया ॥ वंध्ययाभार्ययाकोऽर्थःकोऽर्थोराज्ञाऽप्यरक्षता ४१ यथादारुमयोहस्तीयथाचर्ममयोमृगः ॥ यथाह्यनर्थःषंढोवापार्थक्षेत्रंयथोषरम् ४२ एवंविप्रोऽनधीयानोराजायश्चनरक्षिता ॥ मेघोनवर्षतेयश्चसर्वथातेनिरर्थकाः ४३ नित्यंयस्तुसतोरक्षेदसतश्चनिवर्तयेत् ॥ सएवराजाकर्तव्यस्तेनसर्वमिदंधृतम् ४४ ॥ इतिश्रीमहाभा० शांतिप० राजध० अष्टसप्ततितमोऽध्यायः ॥ ७८ ॥ ॥ युधिष्ठिरउवाच ॥ कसमुत्थाःकथंशीलाऋत्विजःस्युःपितामह ॥ कथंविधाश्चराजेंद्रतद्ब्रूहिवदतांवर १ ॥ भीष्मउवाच ॥ प्रतिकर्मपराचारऋत्विजांस्मविधीयते ॥ छंदःसामादिविज्ञायद्विजानांश्रुतमेवच २ येत्वेकमतयोनित्यंवीराणांप्रतिवादिनः ॥ परस्परस्यसुहृदःसमंतात्समदर्शिनः ३ अनृशंसाःसत्यवाक्याअकुसीदाअथर्जवः ॥ अद्रोहोऽनभिमानश्चह्रीस्तितिक्षादमःशमः ४ धीमान्सत्यधृतिर्दांतोभूतानामविहिंसकः ॥ अकामद्वेषसंयुक्तस्त्रिभिःशुक्लैःसमन्वितः ५ अहिंसकोज्ञानतृप्तःसब्रह्मासनमर्हति ॥ एतेमहर्त्विजस्तातसर्वेमान्यायथार्हतः ६ ॥ युधिष्ठिरउवाच ॥ यदिदंवेदवचनंदक्षिणासुविधीयते ॥ इदंदेयमिदंदेयंनक्वचिद्व्यवतिष्ठते ७ नेदंप्रतिधनंशास्त्रमापद्धर्मानुशास्त्रतः ॥ आज्ञाशास्त्रस्यघोरेयंनशक्तिंसमवेक्षते ८ श्रद्धावताचयष्टव्यमित्येषावैदिकीश्रुतिः ॥ मिथ्योपेतस्ययज्ञस्यकिमुश्रद्धाकरिष्यति ९ ॥ ॥

किंशीलाइत्यस्योत्तरमाह येत्विति ३ कथंविधाइत्यस्याहत्रिभिः अनृशंसाइति ४ त्रिभिःश्रुतवृत्तवंशैः शुक्लैर्निर्दोषैः ५ महर्त्विजोब्रह्मादयउपर्त्विजोब्राह्मणाच्छंस्यादयस्तेयथार्हतोयथायोग्यंमान्याधनादिनाआराधनीयाः ६ ऋत्विक्प्रसंगात्तद्दानार्थांदक्षिणांविचारयति यदिदमिति । नक्वचिद्व्यवतिष्ठतेव्यवस्थांप्राप्नोति अल्पेऽप्यपच्छेदनिमित्तेसर्वस्वदक्षिणाविधानादुत्तरक्रतुकलापलोपप्राप्तेः ७ ततश्चनेदंशास्त्रंप्रतिधनंधनविभागाभिप्रायमपित्वापत्कल्पाभिप्रायं द्वादशशतदक्षिणादानासमर्थस्यसर्वस्वदानंविधेयं अन्यथादरिद्रस्ययागएवनघटेतेत्यर्थः ८ ननुयावतीर्गास्तावंतिवासांसिचरून्वादद्यादितिदरिद्रंप्रत्यनुकल्पोऽप्यस्तीतिचेन्नेत्याह मिथ्येति । गोःस्थानेचरुमात्रदानंमिथ्याचारस्तदुपेतोयज्ञःश्रद्धयाऽपिनसंपूर्यतइत्यर्थः ९ ॥ ॥ ॥

सर्वस्वदानशास्त्रंदरिद्रपरंकुर्वतोवेदावज्ञाशाठ्यंचभवतीतिनेदंशास्त्रतात्पर्यमित्याह नेति। महत्पदम् १०। ११ पूर्णपात्रेणेति। यथासक्तुप्रस्थस्यदानमश्वमेधादप्यधिकं तद्वद्दरिद्रस्यपूर्णपात्रंद्वादशशतसममित्यर्थः
१२ सोमविक्रयादिनाऽप्यर्थंप्रसाध्ययष्टव्यमित्याहद्वाभ्यां सोमइति। वृथायज्ञादिनिमित्तंविनावृत्तिर्वर्तनंनेष्यते १३ तेनसोमविक्रयलब्धेनधनेनक्रीतोयोयज्ञःसोमस्तेनयज्ञःप्रतायते १४ न्यायवृत्तः
शाठ्यादिरहितः १५ शरीरेति। देहधारणमात्रमास्थायप्रवृत्तानांब्राह्मणानांप्रणीतानिप्रणीताग्निसाध्यानियज्ञादीनिनातिसम्यक्हिंसामयत्वान्नशुभंतत् १६ किंतर्हिशुभमतआह तपइति १७ अहिं
सेति। तपःअध्ययनंतदर्थानुसंधानंच घृणादयात्रपावा १८। १९। कर्माण्यपिज्ञानपराण्येवेत्याह निबोधेति। दशहोतॄणांचित्तिःस्रुक्चित्तमाज्यमित्यादीनांमंत्राणांचित्तिः
साधनंजीवब्रह्मणोरेकीकरणसाधनंयोगस्तत्स्थानेऽत्रस्रुक्। होतव्यंद्रव्यंपरात्मनिप्रविलापनीयंचित्तंतत्स्थानेऽत्राज्यमिति। यज्ज्ञानंतदेवात्यंतंपवित्रंनकेवलोयज्ञइत्यर्थः २० जिह्मंशाठ्यं आर्जव

भीष्मउवाच॥ नवेदानांपरिभवान्नशाठ्येननमायया॥ कश्चिन्महदवाप्नोतिमातेऽभूद्बुद्धिरीदृशी १० यज्ञांगंदक्षिणातातवेदानांपरिबृंहणम्॥ नयज्ञादक्षिणा
हीनास्तारयंतिकथंचन ११ शक्तिस्तुपूर्णपात्रेणसंमितानसमाऽभवत्॥ अवश्यंतातयष्टव्यंत्रिभिर्वर्णैर्यथाविधि १२ सोमोराजाब्राह्मणानामित्येषावैदिकीस्थि
तिः॥ तंचविक्रेतुमिच्छंतिनवृथावृत्तिरिष्यते १३ तेनक्रीतेनयज्ञेनततोयज्ञःप्रतायते॥ इत्येवंधर्मतोध्यातमृषिभिर्धर्मचारिभिः १४ पुमान्यज्ञश्चसोमश्चन्या
यवृत्तोयदाभवेत्॥ अन्यायवृत्तःपुरुषोनपरस्यनचात्मनः १५ शरीरवृत्तमास्थायइत्येषाश्रूयतेश्रुतिः॥ नातिसम्यक्प्रणीतानिब्राह्मणानांमहात्मनाम् १६
तपोयज्ञादपिश्रेष्ठमित्येषापरमाश्रुतिः॥ तत्तेतपःप्रवक्ष्यामिविद्वंस्तदपिमेशृणु १७ अहिंसासत्यवचनमानृशंस्यंदमोघृणा॥ एतत्तपोविदुर्धीरानशरीरस्यशो
षणम् १८ अप्रामाण्यंचवेदानांशास्त्राणांचाभिलंघनम्॥ अव्यवस्थाचसर्वत्रतद्वैनाशनमात्मनः १९ निबोधदशहोतॄणांविधानंपार्थयादृशम्॥ चित्तिःस्रुक्
चित्तमाज्यंचपवित्रंज्ञानमुत्तमम् २० सर्वंजिह्मंमृत्युपदमार्जवंब्रह्मणःपदम्॥ एतावान्ज्ञानविषयःकिंप्रलापःकरिष्यति २१॥ इतिश्रीमहाभारतेशांतिप०
राजध० एकोनाशीतितमोऽध्यायः॥ ७९॥ ॥ युधिष्ठिरउवाच॥ यदप्यल्पतरंकर्मतदप्येकेनदुष्करम्॥ पुरुषेणासहायेनकिमुराज्ञापितामह १
किंशीलःकिंसमाचारोराज्ञोऽथसचिवोभवेत्॥ कीदृशेविश्वसेद्राजाकीदृशेनचविश्वसेत् २॥ भीष्मउवाच॥ चतुर्विधानिमित्राणिराज्ञांराजन्भवंत्युत॥
सहार्थोभजमानश्चसहजःकृत्रिमस्तथा ३ धर्मात्मापंचमश्चापिमित्रंनैकस्यनद्वयोः॥ यतोधर्मस्ततोवास्याद्धर्मस्थोवाततोभवेत् ४ यस्तस्यार्थोनरोचेतनतंतस्य
प्रकाशयेत्॥ धर्माधर्मेणराजानश्चरंतिविजिगीषवः ५ ॥ ॥ ॥ ॥

मवक्रत्वम् २१॥ इतिशांतिपर्वणिराजधर्मानुशासनपर्वणि नीलकंठीयेभारतभावदीपे एकोनाशीतितमोऽध्यायः॥ ७९॥ ॥ ॥ एवंस्वामिसंपदंविविच्यामात्यसंपदंविविनक्ति यदपीत्यादिना १
यज्ञवद्राज्यमप्येकाकिनाकर्तुमशक्यमतऋत्विजामिवसचिवानामपिपरीक्षाऽवश्यंकर्तव्येत्यर्थः २ उत्तरमाह चतुर्विधानीति। सहार्थःअयंशत्रुरुभाभ्यामुन्मूलनीयोऽस्यराज्यमुभाभ्यांविभज्यग्रा
ह्यमितिपणपूर्वंकृतः। भजमानः पितृपैतामहक्रमागतः। सहजो मातृष्वस्रीयादिः। कृत्रिमो धनादिनाआवर्जितः ३ नैकस्येति पक्षपातशून्यः नद्वयोरित्युभयत्रेतनत्वेनकपटकारी। योऽप्रा
र्थितोऽपिधर्मपक्षपातीभवतितस्योदासीनत्वेतुयोधर्मस्थःसतमाश्रयेदित्यर्थः ४ अर्थोधर्मापेतत्वात्स्वयमपिसोऽर्थस्त्याज्यइत्याशंक्याह धर्मेति। केवलेनधर्मेणजिगीषवोनसिद्ध्यंतीत्यर्थः ५ ॥

मध्यमौभजमानसहजौ । जपरौसहार्थकृत्रिमौ । आद्यःफलप्राप्तिकालेबलवांश्चेत्सर्वमपजिहीर्षतीतिशंक्यएव । कृत्रिमोविशेषधनलाभात्परकीयोभविष्यतीतिसोऽपिशंक्यएव सर्वेवंचाविप्रत्यक्षं कार्यमुद्दिश्यमंत्रितमपिदुष्टामात्यनिग्रहादिकंकार्यंपंचानामपिसमक्षंनकुर्यादित्यर्थः ६ नहीति । कुमित्रंसर्वथाहंतव्यमेवेत्यर्थः ७ यस्मान्नृणांचलचित्तत्वाद्विपर्यासोमित्रादीनांदृश्यतेतस्मात्कचिदपित्रिश्वासमकृत्वाकोशदुर्गादिसंरक्षणंस्वप्रत्यक्षमेवकुर्याद्राजेत्याहद्वाभ्यां असाधुरिति ८ । ९ अत्यंतविश्वासात्रिश्वासावपिविरुद्धाविस्याहत्रिभिः एकांतेनेति १० । ११ । १२ अविश्वासस्थानान्याह यमिति । मयिमृतेऽयंराजाभविष्यतीतियंमन्येतप्रतिवेशीभ्राता वापुत्रोवाऽस्तुतस्माच्छंकितव्यमेवेत्यर्थः १३ अमित्रस्यलक्षणांतरमाह यस्येतिद्वाभ्यां । यथामहातटाकसेतुसमीपेयस्यक्षेत्रंसचेत्सेतुंरक्षतितर्हितितोऽर्वाचीनानिक्षेत्राणिसमोदकानिसम्यक्फलंति । सचेत्सेतुंभिनत्तितदाऽतिजलप्रवाहात्क्षेत्राणामुपघातोभवति । एवंमहतिशत्रौसीमान्तपालःसम्यक्सीमांपालयतितदापरराष्ट्राद्दुत्तमपण्यागमेनस्वराष्ट्रं

चतुर्णांमध्यमौश्रेष्ठौनित्यंशंक्यौतथाऽपरौ ॥ सर्वेनित्यंशंकितव्याःप्रत्यक्षंकार्यमात्मनः ६ नहिराज्ञाप्रमादोवैकर्तव्योमित्ररक्षणे ॥ प्रमादिनंहिराजानंलोकाः परिभवंत्युत ७ असाधुःसाधुतामेतिसाधुर्भवतिदारुणः ॥ अरिश्चमित्रंभवतिमित्रंचापिप्रदुष्यति ८ अनित्यचित्तःपुरुषस्तस्मिन्कोजातुविश्वसेत् ॥ तस्मात्प्रधानंयत्कार्यंप्रत्यक्षंतत्समाचरेत् ९ एकांतेनहिविश्वासःकृत्स्नोधर्मार्थनाशकः ॥ अविश्वासश्चसर्वत्रमृत्युनाचविशिष्यते १० अकालमृत्युर्विश्वासोविश्वसन्हिविपद्यते ॥ यस्मिन्करोतिविश्वासमिच्छतस्तस्यजीवति ११ तस्माद्विश्वसितव्यंचशंकितव्यंचकेषुचित् ॥ एषानीतिगतिस्तातलक्ष्याचैवसनातनी १२ यं मन्येतममाभावादिममर्थागमंस्पृशेत् ॥ नित्यंतस्माच्छंकितव्यममित्रंतद्विदुर्बुधाः १३ यस्यक्षेत्रादप्युदकंक्षेत्रमन्यस्यगच्छति ॥ नतत्रानिच्छतस्तस्यभिद्येरन्सर्वसेतवः १४ तथैवात्युदकाद्भीतस्तस्यभेदनमिच्छति ॥ यमेवंलक्षणंविद्यात्तममित्रंविनिर्दिशेत् १५ यस्तुवृद्ध्यानतृप्येतक्षयेदीनतरोभवेत् ॥ एतदुत्तममित्रस्यनिमित्तमितिचक्षते १६ यन्मन्येतममाभावादस्याभावोभवेदिति ॥ तस्मिन्कुर्वीतविश्वासंयथापितरिवैतथा १७ तंशक्त्यावर्धमानश्चसर्वतःपरिबृंहयेत् ॥ नित्यंक्षताद्वारयतियोधर्मेष्वपिकर्मसु १८ क्षताद्भीतंविजानीयादुत्तमंमित्रलक्षणम् ॥ येतस्यक्षतमिच्छंतितेतस्यरिपवःस्मृताः १९ व्यसनान्नित्यभीतोयःसमृद्ध्यायोनदुष्यति ॥ यत्स्यादेवंविधंमित्रंतदात्मसममुच्यते २० रूपवर्णस्वरोपेतस्तितिक्षुरनसूयकः ॥ कुलीनःकुलसंपन्नःसतस्मात्प्रत्यनंतरः २१ मेधावीस्मृतिमान्दक्षःप्रकृत्याचानृशंस्यवान् ॥ योमानितोमानितोवानचदुष्येत्कदाचन २२ ऋत्विग्वायदिवाऽऽचार्यःसखावाऽत्यंतसंस्तुतः ॥ गृहेवसेदमात्यस्तेसस्यात्परमपूजितः २३ सतेविद्यात्परंमंत्रंप्रकृतिंचार्थधर्मयोः ॥ विश्वासस्तेभवेत्तत्रयथापितरिवैतथा २४ ॥ ॥ ॥

सुखभाक्भवतिसचेत्सीमांभिनत्तितदास्वंराज्यंविपक्षप्रवेशान्नश्यति । तत्रयस्यात्सीमांतपालाद्भयंसंभावितंसशत्रुरितिज्ञेयम् यदधीनौशत्रुरकोपौसोऽन्तपालोऽप्यविश्वसनीयइत्यर्थः अक्षरार्थःस्पष्टः १४ । १५ मित्रलक्षणमाह यस्त्विति । वृद्ध्यानतृप्येतएतदुक्तमितिचपाठांतरे इदमेवामित्रलक्षणं अदीनेतिचच्छेदः १६ यन्मित्रंकर्तृ १७ । १८ । १९ । २० । २१ । २२ । २३ सइति । तत्रार्थप्रकृतिर्धर्मप्रकृतिरर्थधर्मप्रकृतिश्चेतित्रेधाप्रकृतिस्तत्रां तत्राद्या'कृषिर्वणिक्पथोदुर्गंसेतुःकुंजरबंधनम् । खन्याकरकरादानंशून्यानांचनिवेशनम् । अष्टौसंधानकर्माणिप्रयुक्तानिमनीषिभिः'इति संधानमर्थप्राप्तिः तथा' दुर्गाध्यक्षोबलाध्यक्षोधर्माध्यक्षश्चमूपतिः । पुरोधावैद्यदैवज्ञौसप्तप्रकृतयस्त्विमाः' इति । तत्रधर्माध्यक्षोधर्मप्रकृतिःअन्येऽर्थधर्मप्रकृतयइतिविवेकः २४ ॥ ॥

एकार्थेएकस्मिन्प्रयोजनेएकएवाध्यक्षःकार्यश्चारैस्तुतद्गुणदोषान्संकलयेन्नत्वेकार्थंद्वावध्यक्षौकार्यावित्याह एकार्थेइति २५ समयेनीतिमर्यादायां २६ प्रत्यनंतरःप्रतिनिधिःप्रधानइतियावत् २७ प्रतिपत्तिविशारदःकार्याकार्यविवेककुशलः २८ स्वनुष्ठिताःसुष्ठ्वनुष्ठितंकर्तव्यंयेषांते २९ कृत्स्नमप्रतिकंचुकंयथास्यात्तथाविनिक्षिप्ताअधिकृताः प्रतिरूपेष्वनुरूपेषुकर्मस्वायव्ययसंकलनादिषु कार्येषुपराभिभवादिषु ३० । ३१ उपराजासमीपवर्तीसामंतः ३२ । ३३ । ३४ निकृतस्यलंघितस्यनान्यःपरायणं कथंचकथमपिनसहतेइत्यन्वयः ३५ बांधवैःसंबंधिभिर्निकृतेक

नैवद्वौनत्रयःकार्यानमृष्येरन्परस्परम् ॥ एकार्थेह्येवभूतानांभेदोभवतिसर्वदा २५ कीर्तिप्रधानोयस्तुस्याद्यश्चस्यात्समयेस्थितः ॥ समर्थान्यश्चनद्वेष्टिनानर्थान्कुरुतेचयः २६ योनकामाद्भयाल्लोभात्क्रोधाद्वाधर्ममुत्सृजेत् ॥ दक्षःपर्याप्तवचनःसतेस्यात्प्रत्यनंतरः २७ कुलीनःशीलसंपन्नस्तितिक्षुरविकत्थनः ॥ शूरश्चार्यश्चविद्वांश्चप्रतिपत्तिविशारदः २८ एतेह्यमात्याःकर्तव्याःसर्वकर्मस्ववस्थिताः ॥ पूजिताःसंविभक्ताश्चसुसहायाःस्वनुष्ठिताः २९ कृत्स्नमेतेविनिक्षिप्ताःप्रतिरूपेषुकर्मसु ॥ युक्तामहत्सुकार्येषुश्रेयांस्युत्थापयंत्युत ३० एतेकर्माणिकुर्वंतिस्पर्धमानामिथःसदा ॥ अनुतिष्ठंतिचैवार्थमाचक्षाणाःपरस्परम् ३१ ज्ञातिभ्यश्चैवबुध्येथामृत्योरिवभयंसदा ॥ उपराजेवराजर्धिंज्ञातिर्नसहतेसदा ३२ ऋजोर्मृदोर्वदान्यस्यह्रीमतःसत्यवादिनः ॥ नान्योज्ञातेर्महाबाहोविनाशमभिनंदति ३३ अज्ञातिनोऽपिनसुखानावज्ञेयास्ततपरम् ॥ अज्ञातिमंतंपुरुषंपरेचाभिभवंत्युत ३४ निकृतस्यनरैरन्यैर्ज्ञातिरेवपरायणम् ॥ नान्योनिकारंसहतेज्ञातिर्ज्ञातेःकथंचन ३५ आत्मानमेवजानातिनिकृतंबांधवैरपि ॥ तेषुसंतिगुणाश्चैवनैर्गुण्यंचैवलक्ष्यते ३६ नाज्ञातिरनुगृह्णातिनचाज्ञातिर्नमस्यति ॥ उभयंज्ञातिवर्गेषुदृश्यतेसाध्वसाधुच ३७ संमानयेत्पूजयेच्चवाचानित्यंचकर्मणा ॥ कुर्याच्चप्रियमेतेभ्योनाप्रियंकिंचिदाचरेत् ३८ विश्वस्तवदविश्वस्तस्तेषुवर्ततेसर्वदा ॥ नहिदोषोगुणोवेतिनिरूप्यस्तेषुदृश्यते ३९ अस्यैवंवर्तमानस्यपुरुषस्याप्रमादिनः ॥ अमित्राःसंप्रसीदंतितथाऽमित्रीभवंत्यपि ४० यएवंवर्ततेनित्यंज्ञातिसंबंधिमंडले ॥ मित्रेष्वमित्रमध्यस्थेचिरंयशसितिष्ठति ४१ ॥ इतिश्रीमहाभारतेशांतिपर्वणि राजधर्मानुशासनपर्वणिअशीतितमोऽध्यायः ॥ ८० ॥

॥ युधिष्ठिरउवाच ॥ एवमग्राह्यकेतस्मिन्ज्ञातिसंबंधिमंडले ॥ मित्रेष्वमित्रेष्वपिचकथंभावोविभाव्यते १ ॥ भीष्मउवाच ॥ अत्राप्युदाहरंतीममितिहासंपुरातनम् ॥ संवादंवासुदेवस्यसुरर्षेर्नारदस्यच २ ॥ वासुदेवउवाच ॥ नासुहृत्परमंमंत्रंनारदार्हतिवेदितुम् ॥ अपंडितोवाऽपिसुहृत्पंडितोवाप्यनात्मवान् ३ सतेसौहृदमास्थाय किंचिद्वक्ष्यामिनारद ॥ कृत्स्नंबुद्धिबलंप्रेक्ष्यसंपृच्छेत्रिदिवंगम ४ ॥ ॥ ॥

स्मिंश्चित्पुरुषेतज्ज्ञातिःकृत्स्नाऽऽत्मानमेवनिकृतंजानाति तेषुज्ञातिषु यथोक्तं 'परस्परविरोधेहिवयंपंचचतेशतं ॥ अन्यैःसहविरोधेतुवयंपंचोत्तरंशतम्' इति ३६ । ३७ । ३८ । ३९ । ४० ४१ ॥ इतिशांतिपर्वणि राजधर्मानुशासनपर्वणिनीलकंठीये भारतभावदीपे अशीतितमोऽध्यायः ॥ ८० ॥ ॥ एवमिति । अग्राह्यकेवशीकर्तुमशक्ये द्वयोरन्योन्यंस्पर्धमानयोरेकस्यादरे इतरस्यकोपोत्पत्तेरवश्यंमित्रमप्यमित्रतांयात्यतःसर्वेषांभावश्चित्तंकथंविभाव्यतेवशीक्रियतेइतिप्रश्नः १ । २ । ३ । ४ ॥ ॥ ॥ ॥ ॥

दास्यमेवाह अर्धमिति । अजितस्यार्धंज्ञातिभ्योदेयंतद्दुरुक्तानिचक्षंतव्यानीत्येवंज्ञातिदास्यं ५ वाशब्दइवार्थः वाचादुरुक्तमाहुकस्नेहात्कृष्णोमांद्वेष्टीत्यक्रूरदुरुक्तमक्रूरस्नेहात्कृष्णोमांद्वेष्टीत्याहुकदुरुक्तं ६ असहायःआहुकाक्रूरयोःसांत्वनेइतिशेषः ७ । ८ तेयस्यपक्षेनस्युःसनस्यात्नश्येदेव यस्यपक्षेतेस्युस्तत्कुलंकृत्स्नमेवपुरुषार्थंलभते ईदृशाअपिममसाहाय्यंनकुर्वंतीतिभावः । द्वाभ्यामाहुकाक्रूराभ्यां निवारितोनिरस्तःसन्नेकतरंनवृणोमीतरस्यकोपोमाभूदिति ९ द्वयोर्महिषयोरिवयुध्यतोर्वारणेमध्यस्थस्यममहद्दुःखंतथाद्वयोःसुहृदोस्त्यागेऽपीत्याह स्यातामिति १० द्वयोःकितवयोर्द्यूतकारिणोरेका मातेव ११ । १२ अन्यतोबाह्याआपदः स्वकृताज्ञातिकृताभ्यंतराआपदः १३ एतेसंकर्षणादयःतदन्वयाअक्रूरान्वयाः १४ तत्रहेतुरर्थेति । तत्स्नेहप्रभवेयंत्वयाऽऽपदितिसार्धः स्वकर्म

दास्यमैश्वर्यवादेनज्ञातीनांनकरोम्यहम् ॥ अर्धभोक्ताऽस्मिभोगानांवाग्दुरुक्तानिचक्षमे ५ अरणीमग्निकामोवामथ्नातिहृदयंमम ॥ वाचादुरुक्तंदेवर्षेतन्मेदहति नित्यदा ६ बलंसंकर्षणेनित्यंसौकुमार्यंपुनर्गदे ॥ रूपेणमत्तःप्रद्युम्नःसोसहायोऽस्मिनारद ७ अन्येहिसुमहाभागाबलवंतोदुरुत्सहाः ॥ नित्योत्थानेनसंपन्नाना रदांधकवृष्णयः ८ यस्यनस्युर्नवैसस्याद्यस्यस्युःकृत्स्नमेवतत् ॥ द्वाभ्यांनिवारितोनित्यंवृणोम्येकतरंनच ९ स्यातांयस्याहुकाक्रूरौकिंनुदुःखतरंततः ॥ यस्य चापिनतौस्यातांकिंनुदुःखतरंततः १० सोऽहंकितवमातेवद्वयोरपिमहामते ॥ एकस्यजयमाशंसेद्वितीयस्यापराजयम् ११ ममैवंक्लिश्यमानस्यनारदोभयतः सदा ॥ वक्तुमर्हसियच्छ्रेयोज्ञातीनामात्मनस्तथा १२ ॥ ॥ नारदउवाच ॥ ॥ आपदोद्विविधाःकृष्णबाह्याश्चाभ्यंतराश्चह ॥ प्रादुर्भवंतिवार्ष्णेयस्वकृताय दिवाऽन्यतः १३ सेयमाभ्यंतरातुभ्यमापत्कृच्छ्रास्वकर्मजा ॥ अक्रूरभोजप्रभवासर्वेह्येतेतदन्वयाः १४ अर्थहेतोर्हिकामाद्वावाचाबीभत्सयाऽपिवा ॥ आत्मना प्राप्तमैश्वर्यमन्यत्रप्रतिपादितम् १५ कृतमूलमिदानींतज्ज्ञातिशब्दंसहायवत् ॥ नशक्यंपुनरादातुंवांतमन्नमिवत्वया १६ बभ्रूग्रसेनयोराज्यंनाप्तुंशक्यंकथंचन ॥ ज्ञातिभेदभयात्कृष्णत्वयाचापिविशेषतः १७ तच्चसिध्येत्प्रयत्नेनकृत्वाकर्मसुदुष्करम् ॥ महाक्षयंव्ययोवास्याद्विनाशोवापुनर्भवेत् १८ अनायसेनशस्त्रेणमृदुना हृदयच्छिदा ॥ जिह्वामुद्धरसर्वेषांपरिमृज्यानुमृज्यच १९ ॥ ॥ वासुदेवउवाच ॥ ॥ अनायसंमुनेशस्त्रंमृदुविद्यामहंकथम् ॥ येनैषामुद्धरेजिह्वांपरिमृज्यानुमृ ज्यच २० ॥ ॥ नारदउवाच ॥ ॥ शक्त्याऽन्नदानंसततंतितिक्षार्जवमार्दवम् ॥ यथाऽर्हप्रतिपूजाचशस्त्रमेतदनायसम् २१ ज्ञातीनांवक्तुकामानांकटुकानिल घूनिच ॥ गिरात्वंहृदयंवाचंशमयस्वमनांसिच २२ नामहापुरुषःकश्चिन्नानात्मानासहायवान् ॥ महतींधुरमाधत्तेतामुद्यम्योरसावह २३ ॥

जेत्युक्तंतद्विवृणोति आत्मनेतिसार्धेन अन्यत्राऽऽहुके १५ तदैश्वर्यंकृतमूलंयतोज्ञातिशब्दंज्ञातित्वादनुच्छेदनीयं हेसहायवन् अतएवपुनरादातुंनशक्यमित्याह नेति १६ तत्रहेतुः ज्ञातीति । त्वयेति महतांदत्तापहारोनोचितो 'विषवृक्षोऽपिसंवर्ध्यस्वयंच्छेत्तुमसांप्रतम्'इतिन्यायादित्यर्थः १७ तच्चराज्यस्यपुनरादानंच १८ जिह्वामुद्धरतेषांमूकीभावंसंपादययेन कलहोदयोनस्यात् १९ । २० परिमार्जनंदोषापनयनंतितिक्षार्जवमार्दवैःकार्यं अनुमार्जनंप्रीतिगुणाधानं यथार्हपूजनादित्यर्थः २१ हृदयंक्रूरनिश्चयं मनांसिकुसंकल्पजालानि २२ आनात्माअजितचित्तःउरसाअंगीकृत्यक्षमयावहस्वेत्यर्थः २३ ॥ ॥ ॥ ॥ ॥ ॥ ॥ ॥

२४ । २५ । २६ । २७ । २८ । २९ । ३० । ३१ ॥ इतिशांतिपर्वणिराजधर्मानुशासनपर्वणि नीलकंठीयेभारतभावदीपे एकाशीतितमोऽध्यायः ॥ ८१ ॥ ॥ ॥ एवममात्यान्मृष्टान्नदानतितिक्षार्जवमार्दवपूजाभिर्धानयेदित्युक्तं कोशवृद्धिकरंतुततोप्यधिकतरंधानयेद्रक्षेच्चेत्याह एषेति १ । २ । ३ । ४ । ५ । ६ प्रवृत्त्यर्थीअमात्यदोषदर्शनेराजानंप्रवर्तयितुकामः

सर्वएवगुरुंभारमनड्वान्वहतेसमे ॥ दुर्गेप्रतीकःसुगवोभारंवहतिदुर्वहम् २४ भेदाद्विनाशःसंघानांसंघमुख्योऽसिकेशव ॥ यथात्वांप्राप्यनोत्सीदेदयंसंघस्तथा कुरु २५ नान्यत्रबुद्धिक्षांतिभ्यांनान्यत्रेंद्रियनिग्रहात् ॥ नान्यत्रधनसंत्यागाद्गणःप्राज्ञेऽवतिष्ठते २६ धन्यंयशस्यमायुष्यंस्वपक्षोद्भावनंसदा ॥ ज्ञातीनामविनाशःस्याद्यथाकृष्णतथाकुरु २७ आयत्यांचतदात्वेचनतेऽस्त्यविदितंप्रभो ॥ षाड्गुण्यस्यविधानेनयात्रायानविधौतथा २८ यादवाःकुकुराभोजाःसर्वेचांधकवृष्णयः ॥ त्वय्यासक्तामहाबाहोलोकालोकेश्वराश्चये २९ उपासंतेहित्वद्बुद्धिमृषयश्चापिमाधव ॥ त्वंगुरुःसर्वभूतानांजानीषेत्वंगतागतम् ३० त्वामासाद्ययदुश्रेष्ठमेधंतेयादवाःसुखम् ३१ ॥ इतिश्रीमहाभारतेशांतिपर्वणिराजधर्मानुशासनपर्वणिवासुदेवनारदसंवादोनामैकाशीतितमोऽध्यायः ॥ ८१ ॥ भीष्मउवाच ॥ एषाप्रथमतोवृत्तिर्द्वितीयांशृणुभारत ॥ यःकश्चिज्जनयेदर्थंराज्ञारक्ष्यःसदानरः १ ह्रियमाणममात्येनभृत्योवायदिवाभृतः ॥ योराजकोशंनश्येत्तंतमाचक्षीतयुधिष्ठिर २ श्रोतव्यमस्यचरहोरक्ष्यश्चामात्यतोभवेत् ॥ अमात्याह्यपहर्तारोभूयिष्ठंघ्नंतिभारत ३ राजकोशस्यगोप्तारंराजकोशविलोपकाः ॥ समेत्यसर्वेबाधन्तेसविनश्यत्यरक्षितः ४ अत्राप्युदाहरंतीममितिहासंपुरातनम् ॥ मुनिःकालकवृक्षीयःकौसल्यंयदुवाचह ५ कोसलानामाधिपत्यंसंप्राप्तंक्षेमदर्शिनम् ॥ मुनिःकालकवृक्षीयआजगामेतिनःश्रुतम् ६ सकाकंपंजरेबद्ध्वाविषयंक्षेमदर्शिनः ॥ सर्वपर्यचरद्युक्तःप्रवृत्त्यर्थीपुनःपुनः ७ अधीध्वंवायसींविद्यांशंसंतिममवायसाः ॥ आनागतमतीतंचयच्चसंप्रतिवर्तते ८ इतिराष्ट्रेपरिपतन्बहुभिःपुरुषैःसह ॥ सर्वेषांराजयुक्तानांदुष्करंपरिदृष्टवान् ९ सबुद्ध्वातस्यराष्ट्रस्यव्यवसायंहिसर्वशः ॥ राजयुक्तापहारांश्चसर्वान्बुद्ध्वाततस्ततः १० ततःसकाकमादायराजानंद्रष्टुमागमत् ॥ सर्वज्ञोऽस्मीतिवचनंब्रुवाणःसंशितव्रतः ११ सस्मकौसल्यमागम्यराजाऽमात्यमलंकृतम् ॥ प्राहकाकस्यवचनादमुत्रेदंत्वयाकृतम् १२ असौचासौचजानीतेराजकोशस्त्वयाहृतः ॥ एवमाख्यातिकाकोऽयंतच्छीघ्रमनुगम्यताम् १३ तथाऽन्यानपिसप्राहराजकोशहरांस्तदा ॥ नचास्यवचनंकिंचिदनृतंश्रूयतेक्वचित् १४ तेनविप्रकृताःसर्वेराजयुक्ताःकुरूद्वह ॥ तमस्याभिप्रसुप्तस्यनिशिकाकमवेधयन् १५ वायसंतुविनिर्भिन्नंदृष्ट्वाबाणेनपंजरे ॥ पूर्वाह्णेब्राह्मणोवाक्यंक्षेमदर्शिनमब्रवीत् १६ राजंस्त्वामभयंयाचेप्रभुंप्राणधनेश्वरम् ॥ अनुज्ञातस्त्वयाब्रूयांवचनंभवतोहितम् ॥ मित्रार्थमभिसंतप्तोभक्त्यासर्वात्मनाऽगतः १७ ॥ ॥ ॥ ॥ ॥ ॥

७ । ८ परिपतन्परितोभ्रमन् राजयुक्तानांराज्ञातेषुतेषुकार्येषुनियुक्तानां दुष्करंस्वामिद्रव्यापहाररूपंपापम् ९ राजयुक्तैर्धनस्यापहारान् १० । ११ राजानमागम्यतत्समक्षमेवामात्यंप्राह अमुत्रस्थानेत्वयेदंधनचौर्यंकृतमिति १२ अनुगम्यतामालोच्यतां १३ । १४ अस्यमुनेःतमनादृत्येत्यर्थः १५ । १६ आगतोऽहंत्वयाऽनुज्ञातःसन्तवहितंब्रूयामितिसार्धः १७ ॥

अर्थोहियतइतियोब्रूयात्तस्यमित्रस्यतथाभूतंतद्वचनंत्वयाक्षंतव्यमितिद्वयोःसंबंधःनपुनःकाकवत्तादृशंमित्रमनवहिततयापरैर्घातनीयमितिभावः सार्धश्लोकद्वयं १८ । १९ । २० । २१ पापानपापांश्चभृत्यान्ज्ञात्वाभृत्यतोभृत्यात्तेतवभयानिचज्ञात्वा २२ अगतीकगतिःश्वट्टचित्वात् श्ववृत्तिर्नीचसेवनं २३ । २४ तेभ्योराजकीयमित्रेभ्योऽमित्रेभ्योराजतश्चभयमस्तीत्यर्थः २५ । २६ प्रमादाद्भृत्यकृतात्स्खलेत्पूर्वोपकारंविस्मृत्यद्विषेत् २७ नाहमस्तीतिमत्वाजीवनाशांत्यक्त्वेत्यर्थः २८ । २९ । ३० अहमितिपाठेभूयांसंबह्वैश्वर्यवंतंकरिष्यामि ३१ तत्रद्वारमाह

अयंतवार्थोह्रियतेयोब्रूयादक्षमान्वितः ॥ संबुबोधयिषुर्मित्रंसदश्वमिवसारथिः १८ अतिमन्युप्रसक्तोहिप्रसह्यहितकारणात् ॥ तथाविधस्यसुहृदाक्षंतव्यंस्वंविजानता ॥ ऐश्वर्यमिच्छतानित्यंपुरुषेणबुभूषता १९ तंराजाप्रत्युवाचेदंयत्किंचिन्मांभवान्वदेत् ॥ कस्मादहंनक्षमेयमाकांक्षन्नात्मनोहितम् २० ब्राह्मणप्रतिजानेतेप्रब्रूहियदिहेच्छसि ॥ करिष्यामिहितेवाक्यंयदस्मान्विप्रवक्ष्यसि २१ ॥ मुनिरुवाच ॥ ज्ञात्वापापानपापांश्चभृत्यतस्तेभयानिच ॥ भक्त्यावृत्तिंसमास्थाय तुंभवतोन्तिकमागमम् २२ प्रागेवोक्तस्तुदोषोयमाचार्यैर्नृपसेविनाम् ॥ अगतीकगतिर्ह्येषापापाराजोपसेविनाम् २३ आशीविषैश्चतस्याहुःसंगतंयस्यराजभिः ॥ बहुमित्राश्चराजानोबह्वमित्रास्तथैवच २४ तेभ्यःसर्वेभ्यएवाहुर्भयंराजोपजीविनाम् ॥ तथैषांराजतोराजन्मुहूर्तादेवभीर्भवेत् २५ नैकांतेनाप्रमादोहिशक्यःकर्तुंमहीपतौ ॥ नतुप्रमादःकर्तव्यःकथंचिद्भूतिमिच्छता २६ प्रमादाद्धिस्खलेद्राजास्खलितेनास्तिजीवितम् ॥ अग्निंदीप्तमिवासीदेद्राजानमुपशिक्षितः २७ आशीविषमिवक्रुद्धंप्रभुंप्राणधनेश्वरम् ॥ यत्नेनोपचरेन्नित्यंनाहमस्मीतिमानवः २८ दुर्व्याहृताच्छंकमानोदुःस्थिताद्दुरधिष्ठितात् ॥ दुरासिताद्दुर्व्रजितादिंगितादंगचेष्टितात् २९ देवतेवहिसर्वार्थान्कुर्याद्राजाप्रसादितः ॥ वैश्वानरइवक्रुद्धःसमूलमपिनिर्दहेत् ३० इतिराजन्यमःप्राहवर्ततेचतथैवतत् ॥ अथभूयांसमेवार्थंकरिष्यामिपुनःपुनः ३१ ददात्यस्मद्विधोऽमात्योबुद्धिसाहाय्यमापदि ॥ वायसस्त्वेषमेराजन्ननुकार्योभिसंहितः ३२ नचमेऽत्रभवान्गर्ह्योनचयेषांभवान्प्रियः ॥ हिताहितांस्तुबुद्ध्येथामापरोक्षमतिर्भवेः ३३ येत्वादानपराएववसंतिभवतोगृहे ॥ अभूतिकामाभूतानांतादृशैर्मेऽभिसंहितम् ३४ योवाभवद्विनाशेनराज्यमिच्छत्यनंतरम् ॥ आंतरैरभिसंधायराजन्सिद्ध्यतिनान्यथा ३५ तेषामहंभयाद्राजन्गमिष्याम्यन्यमाश्रमम् ॥ तैर्हिमेसंधितोबाणःकाकेनिपतितःप्रभो ३६ छद्मकामैरकामस्यगमितोयमसादनम् ॥ दृष्टंह्येतन्मयाराजंस्तपोदीर्घेणचक्षुषा ३७ बहुनक्रझषग्राहांतिमिंगिलगणैर्युताम् ॥ काकेनबालिशेनेमांयामतार्षमहंनदीम् ३८ ॥ ॥ ॥ ॥ ॥

ददातीति । बुद्धिदानेऽप्यनिष्टमाह वायसस्त्विति । नन्विति वितर्के तुशब्दोयथार्थे यथामेवायसःकार्याभिसंहितःकार्यकारीतथाऽहमप्यस्मीतिशेषः तद्वदेवचमांत्वदमात्यामारयिष्यंतीतिवितर्कयेइतिभावः ३२ । ३३ आदानपराःकोशलोप्तारः भूतानांप्रजानां मेमयि तादृशैरभिसंहितमभिसंधिर्वैरंकृतं मदीयकाकहननादितिभावः ३४ आंतरैःसूदादिभिःअभिसंधायाऽन्नादौविषंप्रक्षेप्स्यामितिस्नेहंकृत्वातेषामभीप्सितोभवद्विनाशःसिध्यतिचाऽन्यथानसिध्यतिच आयुःशेषेसतीतिभावः ३५ तेषांत्वद्वैरिणां काकमित्रमामपिमारयिष्यंतीतिध्वनिः ३६ । ३७ इमांराजनीतिनदींसजातीयविजातीयदुर्बलग्रासिभिर्नक्रादितुल्यैरधिकारिपुरुषैर्व्याप्तां काकेनबालिशेन स्वमृत्युंसंपादयतासहायेनाहमतार्षंतीर्णवानस्मि विरुद्धलक्षणयावन्मरणान्मृतोऽस्मीतिभावः ३८ ॥ ॥ ॥

स्थाण्वितिपूर्वनद्याएवोपमानं ३९ अग्निनादीपेन ४० गहनंकपटं अंधकारमिवतमोन्वितंधर्माधर्मदर्शनशून्यं ४१ । ४२ । ४३ यथावह्लावर्तायांसीतायांप्लवस्तारणोपायोनिमज्जतितथातत्र राजनीतौप्लवोमादृशोऽपिनिमज्जति ४४ मध्वितिसार्धः ४५ तीर्थंजलावतरणमार्गः करीरोनिष्पत्रकंटीक्षुपः ४६ । ४७ यथेति । तेनकक्षेणसहैवदावोदावाग्निर्दहतिवृक्षमेवंत्वदाश्रयाद्वृद्धिंप्राप्तास्त्वाम तिक्रांताअमात्यास्तैःसहत्वंनाशंप्राप्स्यसीत्यर्थः ४८ । ४९ । ५० उषितंमयेतिशेषः वीरपत्न्याआलयेजारेणेवेतिशेषः मृत्युस्थानेत्वच्छीलजिज्ञासयास्थितमितिसार्धाभिप्रायः ५१ जिज्ञासा

स्थाण्वश्मकंटकवतींसिंहव्याघ्रसमाकुलाम् ॥ दुरासदांदुष्प्रसहांगुहांहैमवतीमिव ३९ अग्निनातामसंदुर्गंनौभिराप्यंचगम्यते ॥ राजदुर्गावतरणेनोपायंपंडिता विदुः ४० गहनंभवतोराज्यमंधकारंतमोन्वितम् ॥ नेहविश्वसितुंशक्यंभवताऽपिकुतोमया ४१ अतोनायंशुभोवासस्तुल्येसदसतीइह ॥ वधोह्येवाऽत्रसुकृतेदु ष्कृतेनचसंशयः ४२ न्यायतोदुष्कृतेघातःसुकृतेनकथंचन ॥ नेहयुक्तंस्थिरंस्थातुंजवेनैवात्रजेद्बुधः ४३ सीतानामनदीराजन्प्लवोयस्यांनिमज्जति ॥ तथोप मामिमांमन्येवागुरांसर्वघातिनीम् ४४ मधुप्रपातोहिभवान्भोजनंविषसंयुतम् ॥ असतामिवतेभावोवर्ततेनसतामिव ४५ आशीविषैःपरिवृतःकूपस्त्वमसिपा र्थिव ॥ दुर्गतीर्थाबृहत्कूलाकारीरावेत्रसंयुता ४६ नदीमधुरपानीयायथाराजंस्तथाभवान् ॥ श्वगृध्रगोमायुयुतोराजहंससमोह्यसि ४७ यथाऽऽश्रित्यमहावृक्षं कक्षःसंवर्धतेमहान् ॥ ततस्तंसंवृणोत्येवतमतीत्यचवर्धते ४८ तेनैवोग्रेन्धनेनैनंदावोदहतिदारुणः ॥ तथोपमाह्यमात्यास्तेराजंस्तान्परिशोधय ४९ त्वयाचैवकृ ताराजन्भवतापरिपालिताः ॥ भवंतमभिसंधायजिघांसंतिभवत्प्रियम् ५० उषितंशंकमानेनप्रमादंपरिरक्षता ॥ अंतःसर्पइवागारेवीरपत्न्याइवालये ॥ शी लंजिज्ञासमानेनराज्ञश्चसहजीविनः ५१ कच्चिज्जितेंद्रियोराजाकच्चिदस्यांतराजिताः ॥ कच्चिदेषांप्रियोराजाकच्चिद्राज्ञःप्रियाःप्रजाः ५२ विजिज्ञासुरिहप्राप्त स्तवाहंराजसत्तम ॥ तस्यमेरोचतेराजन्क्षुधितस्येवभोजनम् ५३ अमात्यामेनरोचंतेवितृष्णस्ययथोदकम् ॥ भवतोऽर्थकृदित्येवंमयिदोषोहितैःकृतः ॥ वि द्यतेकारणंनान्यदितिमेनात्रसंशयः ५४ नहितेषामहंद्रुग्धस्तत्तेषांदोषदर्शनम् ॥ अरेर्हिदुर्हृदाद्भेयंभग्नपृष्ठादिवोरगात् ५५ ॥ राजोवाच ॥ भूयसापरिहारेण सत्कारेणचभूयसा ॥ पूजितोब्राह्मणश्रेष्ठभूयोवसगृहेमम ५६ येत्वांब्राह्मणनेच्छंतितेनवत्स्यंतिमेगृहे ॥ भवतैवहितज्ज्ञेयंयत्तदेषामनंतरम् ५७ यथास्यात्सुधृतो दंडोयथाचसुकृतंकृतम् ॥ तथासमीक्ष्यभगवन्श्रेयसेविनियुंक्ष्वमाम् ५८ ॥ मुनिरुवाच ॥ अदर्शयन्निमंदोषमेकैकंदुर्बलीकुरु ॥ ततःकारणमाज्ञायपुरुषं पुरुषंजहि ५९ एकदोषाहिबहवोमृद्नीयुरपिकंटकान् ॥ मंत्रभेदभयाद्राजंस्तस्मादेतद्ब्रवीमिते ६० ॥ ॥ ॥

मेवाह कच्चिदिति । आंतराःकामादयःषट् एषाममात्यादीनां ५२ रोचतेभवानितिशेषः ५३ अमात्येष्वरुचौहेतुमाह भवतइति । दोषोमित्रध्वंसः ५४ नह्युग्धोनद्रोहकर्ता एवंसत्यपितदयमस्मद्द्रोहीति तेषांमयिदोषदर्शनमस्त्यतोमयाऽत्रनस्थेयमित्यर्थः । दुर्हृदादुष्टचित्तात्भेयंभेतव्यं भग्नपृष्ठात्पृष्ठभंगेनकोपितात् ५५ । ५६ । ५७ । ५८ इमंहितस्यकाकस्यवधेदोषमदर्शयन्नेकमेकममात्यंक्रमेणदुर्बली कुरु ऐश्वर्याच्च्यावय दुर्बलीकृतस्यकारणंवधहेतुंदोषमाज्ञायसाकल्येनज्ञात्वैकैकमेवजहि ५९ तेषामकस्माद्युगपच्चवधेदोषमाह एकेति । संहताःकंटकानपिमृद्नीयुः किमुतमादृशान्मृदूनित्यर्थः ६०

६१ । ६२ पितरित्वदीये संस्थितेमृते ६३ विश्रमेदनाप्तेष्वाप्तबुद्धिभवान्माकार्षीदिति ६४ केवलममात्यसंस्थोमाभूरित्याशयेनाह उभेइति ६५ नांदीमंगलपाठः ततस्तस्मिन्मंत्रिणिवृतेसति नंदीतिपाठेहर्षः मंत्रीतिपाठेभूयसायत्नेनसंजज्ञेजातः ६६ कौसल्यायकौसल्यार्थे ६७ । ६८ ॥ इतिशांतिपर्वणिराजधर्मानुशासनपर्वणि नीलकंठीयेभारतभावदीपे त्र्यशीतितमोऽध्यायः ॥ ८२ ॥ ॥ ॥ ॥ सभासदोव्यवहारनिर्णायकाः । सहायायुद्धादावुपयोगिनः । सुहृदोहितकर्तारः । परिच्छदाः सेनान्यादयः । अमात्यामंत्रिणः १ क्रमेणैषांलक्षणान्याह हीति ।

वयंतुब्राह्मणानाममृदुदंडाःकृपालवः ॥ स्वस्तिचेच्छामभवतःपरेषांचयथाऽत्मनः ६१ राजन्नात्मानमाचक्षेसंबंधीभवतोह्यहम् ॥ मुनिःकालकवृक्षीयइत्येवमभिसंज्ञितः ६२ पितुःसखाचभवतःसंमतःसत्यसंगरः ॥ व्यापन्नेभवतोराज्येराजन्पितरिसंस्थिते ६३ सर्वकामान्परित्यज्यतपस्तप्तंतदामया ॥ स्नेहात्त्वांतुब्रवीम्येतन्माभूयोविभ्रमेदिति ६४ उभेदृष्ट्वादुःखसुखेराज्यंप्राप्ययदृच्छया ॥ राज्येनामात्यसंस्थेनकथंराजन्प्रमाद्यसि ६५ ततोराजकुलेनांदीसंजज्ञेभूयसापुनः ॥ पुरोहितकुलेचैवसंप्राप्तेब्राह्मणर्षभे ६६ एकच्छत्रांमहींकृत्वाकौसल्याययशस्विने ॥ मुनिःकालकवृक्षीयईजेक्रतुभिरुत्तमैः ६७ हितंतद्वचनंश्रुत्वाकौसल्योऽप्यजयन्महीम् ॥ तथाचकृतवान्राजायथोक्तंतेनभारत ६८ ॥ इतिश्रीमहाभारतेशांतिपर्वणि राजध० अमात्यपरीक्षायांकालकवृक्षीयोपाख्यानेद्व्यशीतितमोऽध्यायः ॥ ८२ ॥ ॥ युधिष्ठिरउवाच ॥ सभासदःसहायाश्चसुहृदश्चविशांपते ॥ परिच्छदास्तथाऽमात्याःकीदृशाःस्युःपितामह १ ॥ भीष्मउवाच ॥ ह्रीनिषेधास्तथादांताःसत्यार्जवसमन्विताः ॥ शक्ताःकथयितुंसम्यक्तेतवस्युःसभासदः २ अमात्यांश्चातिशूरांश्चब्राह्मणांश्चपरिश्रुतान् ॥ सुसन्तुष्टांश्चकौन्तेयमहोत्साहांश्चकर्मसु ३ एतान्सहायाँल्लिप्सेथाःसर्वास्वापत्सुभारत ॥ कुलीनःपूजितोनित्यंनहिशक्तिंनिगूहति ४ प्रसन्नमप्रसन्नंवापीडितंहतमेववा ॥ आवर्तयतिभूयिष्ठंतदेवह्यनुपालितम् ५ कुलीनादेशजाःप्राज्ञारूपवंतोबहुश्रुताः ॥ प्रगल्भाश्चानुरक्ताश्चतेतवस्युःपरिच्छदाः ६ दौष्कुलेयाश्चलुब्धाश्चनृशंसानिरपत्रपाः ॥ तेत्वांतातनिषेवेयुर्यावदार्द्रकपाणयः ७ कुलीनान्शीलसंपन्नानिंगितज्ञाननिष्ठुरान् ॥ देशकालविधानज्ञान्भर्तृकार्यहितैषिणः ८ नित्यमर्थेषुसर्वेषुराजाकुर्वीतमंत्रिणः ॥ अर्थमानार्घसत्कारैर्भोगैरुच्चावचैःप्रियैः ॥ यानर्थभाजोमन्येथास्तेतेस्युःसुखभागिनः ९ अभिन्नवृत्ताविद्वांसःसद्वृत्ताश्चरितव्रताः ॥ नत्वांनित्यार्थिनोजह्युरक्षुद्राःसत्यवादिनः १० अनार्यायेनजानंतिसमयंमंदचेतसः ॥ तेभ्यःपरिजुगुप्सेथायेचापिसमयच्युताः ११ नैकमिच्छेद्गणंहित्वास्याच्चेदन्यतरग्रहः ॥ यस्त्वेकोबहुभिःश्रेयान्कामंतेनगणंत्यजेत् १२ ॥ ॥

कथयितुंन्यायान्यायौवक्तुम् २ अमात्यान्नित्यंसन्निहितान् शूराःपुरोहितादयश्चसहायाइत्यर्थः ३ सुहृदमाहसार्धेन कुलीनइति ४ । ५ । ६ यावदार्द्रकपाणयः शुष्कहस्तास्तुसद्योविक्रियंतेइत्यर्थः ७ इंगितज्ञान्नेत्रवक्त्रादिचेष्टितज्ञान् ८ अर्थोधनं मानउच्चस्थानेनिवेशादिः अर्घोदिव्यवस्त्रतांबूलादिदानं सत्कारआदरः यान्प्रिधान्मन्येथास्तेऽर्थभाजःसुखभागिनश्चस्युः ९ तएवापद्यभिन्नवृत्ताःस्वामिनासहाऽनर्थभाजोदुःखभाजश्चस्युः नित्यमापद्यनापदिचार्थयंतइतिनित्यार्थिनः १० समयंधर्माधर्ममर्यादां जुगुप्सेथारक्षस्व ११ अन्यतरग्रहोगणैकयोरेकतरस्यग्रहणप्रसंगः एकश्चेद्गुणीतदागणंत्यक्त्वासएवग्राह्यः अन्यथागणएवग्राह्यइति १२ ॥ ॥ ॥

श्रेयसःसाधोः १३ । १४ । १५ सत्यःसत्यवान् १६ । १७ भूमिपःपरीक्षेतेतियोजना १८ अभिजातैःकुलीनैःअहार्यैर्लंचादिनावशीकर्तुमशक्यैः संबंधिपुरुषैर्येषांसंबंधोऽस्तितादृशैः १९ यौना उत्तमयोनयः श्रौतावेदपथगाः मौलाःपरंपरागताः अनहंकृताअगर्वाः कर्तव्यामंत्रिणइतिशेषः २० प्रकृतिःपूर्वकर्मजःसंस्कारः । शोभनासत्यार्जवादिमती तेजःपराभिभवसामर्थ्यं । धैर्यमहत्या मप्यापदिचित्तस्यानवसादः । क्षमामहत्यप्यपकारेसहिष्णुत्वं । शौचंबाह्यमांतरंचनिष्कापट्यं । अनुरागःस्वामिनिप्रीतिः । स्थितिरव्यभिचारिता । धृतिर्धारणसामर्थ्यम् २१ पंचमंत्रिणइति

श्रेयसोलक्षणंचैतद्विक्रमोयस्यदृश्यते ॥ कीर्तिप्रधानोयश्चस्यात्समयेयश्चतिष्ठति १३ समर्थान्पूजयेद्यश्चनास्पर्ध्यैःस्पर्धतेचयः ॥ नचकामाद्भयात्क्रोधाल्लोभाद्वा धर्ममुत्सृजेत् १४ अमानीसत्यवान्क्षांतोजितात्मामानसंयुतः ॥ सतेमंत्रसहायःस्यात्सर्वावस्थापरीक्षितः १५ कुलीनःकुलसंपन्नस्तितिक्षुर्दक्षआत्मवान् ॥ शूरः कृतज्ञःसत्यश्चश्रेयसःपार्थलक्षणम् १६ तस्यैवंवर्तमानस्यपुरुषस्यविजानतः ॥ अमित्राःसंप्रसीदंतितथामित्रीभवंत्यपि १७ अतऊर्ध्वममात्यानांपरीक्षेतगुणागु णम् ॥ संयतात्माकृतप्रज्ञोभूतिकामश्चभूमिपः १८ संबंधिपुरुषैराप्तैरभिजातैःस्वदेशजैः ॥ अहार्यैरव्यभीचारैःसर्वशःसुपरीक्षितैः १९ यौनाःश्रौतास्तथामौला स्तथैवाप्यनहंकृताः ॥ कर्तव्याभूतिकामेनपुरुषेणबुभूषता २० येषांवैनयिकीबुद्धिःप्रकृतिश्चैवशोभना ॥ तेजोधैर्यंक्षमाशौचमनुरागःस्थितिर्धृतिः २१ परीक्ष्य चगुणान्नित्यंप्रौढभावान्धुरंधरान् ॥ पंचोपधाव्यतीतांश्चकुर्याद्राजार्थकारिणः २२ पर्याप्तवचनान्वीरान्प्रतिपत्तिविशारदान् ॥ कुलीनान्सत्त्वसंपन्नानिंगितज्ञाननिष्ठु रान् २३ देशकालविधानज्ञान्भर्तृकार्यहितैषिणः ॥ नित्यमर्थेषुसर्वेषुराजन्कुर्वीतमंत्रिणः २४ हीनतेजोऽभिसंसृष्टोनैवजातुव्यवस्यति ॥ अवश्यंचनयत्येवसर्वक र्मसुसंशयम् २५ एवमल्पश्रुतोमंत्रीकल्याणाभिजनोऽप्युत ॥ धर्मार्थकामसंयुक्तोनालंमंत्रंपरीक्षितुम् २६ तथैवानभिजातोऽपिकाममस्तुबहुश्रुतः ॥ अनायक इवाचक्षुर्मुह्यत्यणुषुकर्मसु २७ योवाप्यस्थिरसंकल्पोबुद्धिमानागतागमः ॥ उपायज्ञोऽपिनालंसकर्मप्रापयितुंचिरम् २८ केवलात्पुनरादानात्कर्मणोनोपपद्यते ॥ परामर्शोविशेषाणामश्रुतस्येहदुर्मतेः २९ मंत्रिण्यननुरक्तेतुविश्वासोनोपपद्यते ॥ तस्मादननुरक्तायनैवमंत्रंप्रकाशयेत् ३० व्यथयेद्धिसराजानंमंत्रिभिःसहितो ऽनृजुः ॥ मारुतोपहितच्छिद्रैःप्रविश्याग्निरिवद्रुमम् ३१ संक्रुद्धश्चैकदास्वामीस्थानाच्चैवापकर्षति ॥ वाचाक्षिपतिसंरब्धःपुनःपश्चात्प्रसीदति ३२ तानितान्य नुरक्तेनशक्यानिहितितिक्षितुम् ॥ मंत्रिणांचभवेत्क्रोधोविस्फूर्जितमिवाशनेः ३३ ॥ ॥ ॥

तृतीयेनान्वयः उपधाच्छलंतव्यतीतान् २२ पर्याप्तंकृत्स्नस्यविवित्सितस्यार्थस्यनिर्वाहकंवचनंयेषांतान् २३ । २४ वर्ज्यानाह हीनेत्यादिना । हीनतेजसामित्रेणाभिसंसृष्टःसंबद्धः नव्य वस्यतिनकर्तव्याकर्तव्येनिश्चिनोति २५ बहुगुणयुक्तोऽपिकिंचिद्दोषयुक्तस्त्याज्यइत्याह एवमिति २६ अणुषुसूक्ष्मेषु २७ प्रापयितुंसमापयितुम् २८ केवलादिति । आरंभशूरोऽपिमूर्खः कर्मणःफलविशेषानज्ञातुंनशक्नोतीत्यर्थः २९ । ३० । ३१ अनुरक्तलक्षणमाहत्रिभिः संक्रुद्धइति । संक्रुद्धःस्वामीकदाचिदाश्वासितमप्यधिकारच्युतंकरोति कदाचित्परुषमुक्त्वाऽप्यनुगृह्णाति तच्चानुरक्तेनापिमंत्रिणासोढुमशक्यं मंत्रिकोपश्चवज्रपाततुल्योऽतोनित्यंराजहितार्थीयस्तानिसोढुंशक्नुयात्सएवानुरक्तस्तमेवराजापृच्छेदित्यर्थः ३२ । ३३ ॥ ॥

३४ । ३५ । ३६ । ३७ आगंतुर्नूतनः सोऽप्यविश्वास्यइत्यर्थः ३८ विधर्मतोऽन्यायेन ३९ आक्षारितोधनग्रहणेनरिक्तःकृतः ४० उपादेयानाह सर्वेति जानपदःस्वदेशजः ४१ परस्यशत्रोः आत्मनश्चप्रकृतीःस्वाम्यमात्यादिकाजानातीतिप्रकृतिज्ञः ४२ गंभीरोमंत्रगोपनसमर्थः ४३ शौटीरःप्रगल्भः द्वेष्यवद्वेद्वेयंपापंयस्यसद्वेष्यपापकः ४४ आधित्सताआधातुमिच्छता ४५ । ४६ पंचानामभावेऽप्यवरास्त्रिभ्योन्यूनानकार्याः ४७ प्रकृतिषुस्वाम्यमात्यादिषुमंत्रिणांछिद्रमयथोक्तकारित्वाभावेनपरस्यावसरदानम् ४८ रक्षेद्गोपयेत्पिदध्यात विवरंछिद्रम्

यस्तुसंहरतेतानिभर्तुःप्रियचिकीर्षया ॥ समानसुखदुःखंतंपृच्छेदर्थेषुमानवम् ३४ अनृजुस्त्वनुरक्तोऽपिसंपन्नश्चेतरैर्गुणैः ॥ राज्ञःप्रज्ञानयुक्तोऽपिनमंत्रंश्रोतुमर्हति ३५ योऽमित्रैःसहसंबद्धोनपौरान्बहुमन्यते ॥ असुहत्तादृशोज्ञेयोनमंत्रंश्रोतुमर्हति ३६ अविद्वानशुचिःस्तब्धःशत्रुसेवीविकत्थनः ॥ असुहृत्क्रोधनोलुब्धोनमंत्रंश्रोतुमर्हति ३७ आगंतुश्चानुरक्तोऽपिकाममस्तुबहुश्रुतः ॥ सत्कृतःसंविभक्तोवानमंत्रंश्रोतुमर्हति ३८ विधर्मतोविप्रकृतःपितायस्याभवत्पुरा ॥ सत्कृतःस्थापितःसोऽपिनमंत्रंश्रोतुमर्हति ३९ यःस्वल्पेनापिकार्येणसुहृदाक्षारितोभवेत् ॥ पुनरन्यैर्गुणैर्युक्तोनमंत्रंश्रोतुमर्हति ४० कृतप्रज्ञश्चमेधावीबुधोजानपदःशुचिः ॥ सर्वकर्मसुयःशुद्धःसमंत्रंश्रोतुमर्हति ४१ ज्ञानविज्ञानसंपन्नःप्रकृतिज्ञःपरात्मनोः ॥ सुहृदात्मसमोराज्ञःसमंत्रंश्रोतुमर्हति ४२ सत्यवाक्शीलसंपन्नोगंभीरःसत्रपोमृदुः ॥ पितृपैतामहोयःस्यात्समंत्रंश्रोतुमर्हति ४३ संतुष्टःसंमतःसत्यःशौटीरोद्वेष्यपापकः ॥ मंत्रवित्कालविच्छूरःसमंत्रंश्रोतुमर्हति ४४ सर्वंलोकमिमंशक्तःसांत्वेनकुरुतेवशे ॥ तस्मैमंत्रःप्रयोक्तव्योदंडमाधित्सतानृप ४५ पौरजानपदायस्मिन्विश्वासंधर्मतोगताः ॥ योद्धानयविपश्चिच्चसमंत्रंश्रोतुमर्हति ४६ तस्मात्सर्वैर्गुणैरेतैरुपपन्नाःसुपूजिताः ॥ मंत्रिणःप्रकृतिज्ञाःस्युस्त्र्यवरामहदीप्सवः ४७ स्वासुप्रकृतिषुच्छिद्रंलक्षयेरन्परस्यच ॥ मंत्रिणांमंत्रमूलंहिराज्ञोराष्ट्रंविवर्धते ४८ नास्यच्छिद्रंपरःपश्येच्छिद्रेषुपरमन्वियात् ॥ गूहेत्कूर्मइवांगानिरक्षेद्विवरमात्मनः ४९ मंत्रगूढाहिराज्यस्यमंत्रिणोयेमनीषिणः ॥ मंत्रसंहननोराजामंत्रांगानीतरेजनाः ५० राज्यंप्रणिधिमूलंहिमंत्रसारंप्रचक्षते ॥ स्वामिनस्त्वनुवर्तंतेवृत्त्यर्थमिहमंत्रिणः ५१ संविनीयमदक्रोधौमानमीर्ष्यांचनिर्वृताः ॥ नित्यंपंचोपधातीतैर्मंत्रयेत्सहमंत्रिभिः ५२ तेषांत्रयाणांविविधंविमर्शंविबुद्ध्यचित्तंविनिवेश्यतत्र ॥ स्वनिश्चयंतत्प्रतिनिश्चयज्ञंनिवेदयेदुत्तरमंत्रकाले ५३ धर्मार्थकामज्ञमुपेत्यपृच्छेद्युक्तोगुरुंब्राह्मणमुत्तरार्थम् ॥ निष्ठाकृतातेनयदासहःस्यात्तंमंत्रमार्गंप्रणयेदसक्तः ५४ ॥ ॥

४९ मंत्रोगूढोयेषांते मंत्रसंहननोमंत्रकवचः इतरेशूरजना रः ५० स्वामिनोमंत्रिणश्चमदादिरहिताःसंतोयद्यन्योन्यमनुवर्तंतेतर्हिनिर्वृताःसुखिनोभवंतीत्यर्थः ५१ नित्यमित्यर्धः उपधाश्छलानि तानिपंच तेषुकेवलंवाचिकीद्रोणवधेहतोऽश्वत्थामाकुंजरइत्युक्तिर्युधिष्ठिरस्यमनसिच्छलाभावात् । भीमस्यतुतत्रैवकायिकीवाचिकीच । केवलंमानसिकीपांडवेषुधृतराष्ट्रस्य वाचिक्याअभावात् । तत्रैवधार्तराष्ट्राणांकायवाङ्मनोभवाजतुगृहे । सौप्तिकेऽश्वत्थाम्नःकायिकीतिपंचविधाउपधा तामतीतैः ५२ तेषामितित्रयाणांत्रीणिमतानिस्वनिश्चयंचावधार्यनिश्चयज्ञंगुरुंप्रतितन्मतचतुष्टयंनिवेदयेदितिद्वयोःसम्बन्धः ५३ तेनगुरुणाऽपिचतुर्भिःसहऊहापोहपूर्वकंयदानिष्ठासिद्धांतःकृतोभवेत्सोऽपियदासहःस्यात्सर्वेषामैकमत्येनस्यात्तदातंमंत्रंप्रणयेत्कार्येनियोजयेत् ५४ ॥ ॥

५८ अत्रमंत्रस्थाने ५६ वाग्दोषउच्चैर्भाषणादिः अंगदोषोनेत्रवक्रविकारादिः तेनान्यंनाधिक्षिपेदित्यथः ५७ ॥ इतिशांतिपर्वणिराजध०पर्वणिनीलकंठीये भा० त्र्यशीतितमोऽध्यायः ॥ ८३ ॥
अत्रमंत्रमूलभूतेप्रजासंग्रहणेविषये १ एकपदंयत्रसर्वेगुणाअंतर्भवंतितदेवकर्तव्यंवस्तु प्रमाणंसंमतं २ सांत्वंनिष्कपटंप्रियवचनं ३ । ४ नाभाषतेतूष्णीमास्ते नाचरन्ननाचरन् ५ योराजापूर्वंस्त्रदुः

एवंसदामंत्रयितव्यमाहुर्येमंत्रतत्त्वार्थविनिश्चयज्ञाः ॥ तस्मात्तमेवंप्रणयेत्सदैवमंत्रंप्रजासंग्रहणेसमर्थम् ५५ नवामनाःकुब्जकृशानखंजानांधोजडःस्त्रीचनपुंसकं
च ॥ नचात्रतिर्यङ्पुरोनपश्चान्नोर्ध्वंनचाधःप्रचरेत्कथंचित् ५६ आरुह्यवावेश्मतथैवशून्यंस्थलंप्रकाशंकुशकाशहीनम् ॥ वागंगदोषान्परिहृत्यसर्वान्संमंत्रयेत्का
र्यमहीनकालम् ५७ ॥ इतिश्रीमहाभारतेशांतिपर्वणिराजधर्मानुशासनपर्वणिसभ्यादिलक्षणकथनेत्र्यशीतितमोऽध्यायः ॥ ८३ ॥ ॥ भीष्मउवाच ॥ अत्राप्यु
दाहरंतीममितिहासंपुरातनम् ॥ बृहस्पतेश्चसंवादंशक्रस्यचयुधिष्ठिर १ ॥ शक्रउवाच ॥ किंस्विदेकपदंब्रह्मन्पुरुषःसम्यगाचरन् ॥ प्रमाणंसर्वभूतानांयशश्चैवाप्नुया
न्महत् २ ॥ ॥ बृहस्पतिरुवाच ॥ ॥ सांत्वमेकपदंशक्रपुरुषःसम्यगाचरन् ॥ प्रमाणंसर्वभूतानांयशश्चैवाप्नुयान्महत् ३ एतदेकपदंशक्रसर्वलोकसुखावहम् ॥
आचरन्सर्वभूतेषुप्रियोभवतिसर्वदा ४ योहिनाभाषतेकिंचित्सर्वदाभ्रुकुटीमुखः ॥ द्वेष्योभवतिभूतानांससांत्वमिहनाचरन् ५ यस्तुसर्वमभिप्रेक्ष्यपूर्वमेवाभिभाष
ते ॥ स्मितपूर्वाभिभाषीचतस्यलोकःप्रसीदति ६ दानमेवहिसर्वत्रसांत्वेनानभिजल्पितम् ॥ नप्रीणयतिभूतानिनिर्व्यंजनमिवाशनम् ७ आदानादपिभूतानांमधु
रामीरयन्गिरम् ॥ सर्वलोकमिमंशक्रसांत्वेनकुरुतेवशे ८ तस्मात्सांत्वंप्रयोक्तव्यंदंडमाधित्सताऽपिहि ॥ फलंचजनयत्येवंनचास्योद्विजतेजनः ९ सुकृतस्यहि
सांत्वस्यश्लक्ष्णस्यमधुरस्यच ॥ सम्यगासेव्यमानस्यतुल्यंजातुनविद्यते १० ॥ ॥ भीष्मउवाच ॥ ॥ इत्युक्तःकृतवान्सर्वंयथाशक्रःपुरोधसा ॥ तथात्वमपि
कौन्तेयसम्यगेतत्समाचर ११ ॥ इतिश्रीमहाभारतेशांतिपर्वणिराजधर्मानुशासनपर्वणिइंद्रबृहस्पतिसंवादेचतुरशीतितमोऽध्यायः ॥ ८४ ॥ ॥ युधिष्ठिरउवाच ॥
कथंस्विदिहराजेंद्रपालयन्पार्थिवःप्रजाः ॥ प्रीतिंधर्मविशेषेणकीर्तिमाप्नोतिशाश्वतीम् १ ॥ ॥ भीष्मउवाच ॥ ॥ व्यवहारेणशुद्धेनप्रजापालनतत्परः ॥ प्राप्य
धर्मंचकीर्तिंचलोकावाप्नोत्युभौशुचिः २ ॥ ॥ युधिष्ठिरउवाच ॥ ॥ कीदृशैर्व्यवहारैस्तुकैश्चव्यवहरेन्नृपः ॥ एतत्पृष्टोमहाप्राज्ञयथावद्वक्तुमर्हसि ॥ ३ येचैवपूर्वं
कथितागुणास्तेपुरुषंप्रति ॥ नैकस्मिन्पुरुषेह्येतेविद्यंतइतिमेमतिः ४ ॥ ॥ भीष्मउवाच ॥ ॥ एवमेतन्महाप्राज्ञयथावदसिबुद्धिमन् ॥ दुर्लभःपुरुषःकश्चि
दभियुक्तोगुणैःशुभैः ५ किंतुसंक्षेपतःशीलंप्रयत्नेनेहदुर्लभम् ॥ वक्ष्यामितुयथाऽमात्यान्यादृशांश्चकरिष्यसि ६ ॥ ॥ ॥

स्त्रनिवेदनात्प्रागेवकिमर्थमागतोऽसीत्यादिभाषते ६ दानमेवदानमपिसांत्वहीनंनप्रीणयतीत्यर्थः ७ सर्वस्वंगृहीत्वाऽपिसांत्वंप्रयुंजतोवशेलोकोभवतीत्याह आदानादपीति ८ । ९ । १० । ११
॥ इतिशां० रा० नी० भा० चतुरशीतितमोऽध्यायः ॥ ८४ ॥ ॥ कथमिति प्रीतिंस्वर्गम् १ व्यवहारेणैकस्मिन्गृहक्षेत्रादौविषयेममेदंममेदमितिद्वयोर्विवदतोर्मध्येऽयंसत्योऽयमनृतइतिविवेको
व्यवहारः तेनशुद्धेनपक्षपातहीनेन २ कीदृशैःकिंस्वरूपैः कैर्व्यवहारनिर्णायकैः व्यवहरेन्निर्णयंकुर्यात् ३ । ४ । ५ । ६ ॥ ॥

७ पूर्वकेनित्ये ८ अष्टाभिर्गुणैः शुश्रूषाश्रवणंग्रहणंधारणमूहनमपोहनंविज्ञानंतत्त्वज्ञानंचेतितैः पंचाशद्वर्षवयसमित्येकैकस्यविशेषणम् ९ । १० सप्तभिर्मृगयाक्षाःस्त्रियःपानमितिचतुर्भिःकामजैर्दण्डपातनंवाक्पारुष्यमर्थदूषणमितित्रिभिःक्रोधजैरितिसप्तभिः अष्टानांब्राह्मणचतुष्टयंशूद्रत्रयंसूतश्चेतितेषाम् ११ तेत्वयाद्रष्टव्याः १२ गूढंन्यासापहारादिकंतेत्वयानग्राह्यम् । अन्योन्यंविवदमानौद्रव्येपरस्परसंबन्धंदूषयतस्तथाचोभयोरसंबन्धाद्राजकीयमिदमितिबुद्धिनकार्येत्यर्थः सार्धः १३ परिस्रवेन्मन्दंमन्दमन्यत्रगच्छेत् १४ ।१५ अधर्मतइतिच्छेदः धर्ममूलेराज्ये १६ । १७ । १८ ततःसाक्षीति । यतोऽपरीक्षायांसामात्यस्यराज्ञोऽधोगतिस्ततोहेतोस्तव्द्यवहारजातंपरीक्ष्यं तथाहि । अर्थिनाममायंशतंसुवर्णान्धारयतीतिपक्षेउपन्यस्तेयदिप्रत्यर्थीधारयामीतिवदेत्तदानसाक्ष्या

चतुरोब्राह्मणान्वैद्यान्प्रगल्भान्स्नातकाञ्शुचीन् ॥ क्षत्रियांश्चतथाचाष्टौबलिनःशस्त्रपाणिनः ७ वैश्यान्वित्तेनसंपन्नानेकविंशतिसंख्यया ॥ त्रींश्चशूद्रान्विनीतांश्चशुचीन्कर्मणिपूर्वके ८ अष्टाभिश्चगुणैर्युक्तंसूतंपौराणिकंतथा ॥ पंचाशद्वर्षवयसंप्रगल्भमनसूयकम् ९ श्रुतिस्मृतिसमायुक्तंविनीतंसमदर्शिनम् ॥ कार्येविवदमानानांशक्तमर्थेष्वलोलुपम् १० वर्जितंचैवव्यसनैःसुघोरैःसप्तभिर्भृशम् ॥ अष्टानांमंत्रिणांमध्येमंत्रंराजोपधारयेत् ११ ततःसंप्रेषयेद्राष्ट्रेराष्ट्रीयायचदर्शयेत् ॥ अनेनव्यवहारेणद्रष्टव्यास्तेप्रजाःसदा १२ नचापिगूढंद्रव्यंतेग्राह्यंकार्योपघातकम् ॥ कार्येखलुविपन्नेत्वांसोऽधर्मस्तांश्चपीडयेत् १३ विद्रवेच्चैवराष्ट्रंतेश्येनात्पक्षिगणाइव ॥ परिस्रवेच्चसततंनौर्विशीर्णेवसागरे १४ प्रजाःपालयतोऽसम्यगधर्मेणेहभूपतेः ॥ हार्दंभयंसंभवतिस्वर्गश्चास्यविरुद्ध्यते १५ अथयोधर्मतःपातिराजाऽमात्योऽथवाऽऽत्मजः ॥ धर्मासनेसन्नियुक्तोधर्ममूलेनरर्षभ १६ कार्येष्वधिकृताःसम्यगकुर्वंतोनृपानुगाः ॥ आत्मानंपुरतःकृत्वायांत्यधःसहपार्थिवाः १७ बलात्कृतानांबलिभिःकृपणंबहुजल्पताम् ॥ नाथोवैभूमिपोनित्यमनाथानांनृणांभवेत् १८ ततःसाक्षिबलंसाधुद्वैधवादकृतंभवेत् ॥ असाक्षिकमनाथंवापरीक्ष्यंतद्विशेषतः १९ अपराधानुरूपंचदंडंपापेषुधारयेत् ॥ वियोजयेद्धनैरृद्धानधनानथबंधनैः २० विनयेच्चापिदुर्वृत्तान्प्रहारैरपिपार्थिवः ॥ सांत्वेनोपप्रदानेनशिष्टांश्चपरिपालयेत् २१ राज्ञोवधंचिकीर्षेद्यस्तस्यचित्रोवधोभवेत् ॥ आदीपकस्यस्तेनस्यवर्णसंकरिकस्यच २२ सम्यक्प्रणयतोदंडंभूमिपस्यविशांपते ॥ युक्तस्यवानास्त्यधर्मोऽधर्मएवहिशाश्वतः २३ कामकारेणदंडंतुयःकुर्यादविचक्षणः ॥ सइहाकीर्तिसंयुक्तोमृतोनरकमृच्छति २४ ॥

दिप्रयोजनमस्ति यदित्वसौनधारयामीतिवदतितदाद्वैधवादकृतमन्योन्यंविरुद्धोयउभयोर्वादस्तत्रकृतंसाक्षिबलंसाधुभवेत् निर्णायकमितिशेषः तत्रार्थिनाप्रत्यर्थिनिस्त्रार्थसाधनायसाक्षिपत्रंशपथोवाआस्थेयः । क्षेत्रादिविषयेविवादश्चेद्भोगोऽपिप्रदर्शनीयः । यदातुप्रत्यर्थीवदतिसत्यमस्यमयागृहीतंपरंतुप्रत्यर्पितमितिवा । अस्मिन्नर्थेपूर्वमेवायंमयापराजितोऽस्तिपुनर्निर्लज्जत्वादुपागतइतिवावदति तदाप्रत्यर्पणकालीना अर्थिपराजयकालीनावासाक्ष्यादयःप्रदर्शनीयाः । यद्यर्थिनःप्रत्यर्थिनोवासाक्ष्यादिकंनास्तिशपथंवापरोनानुमन्यतेतदातद्विवादास्पदंद्रव्यमसाक्षिकत्वादनाथंनिःस्वामिकंभवतिअर्थीचतन्नमुंचति तदाविशेषतस्तप्तपरशुग्रहणादिनातत्परीक्ष्यमिति १९ परीक्षोत्तरमपिकिंकार्यमतआह अपराधेति २० । २१ चित्रोऽनेकधा आदीपकस्यगृहादिदाहकस्यचित्रइतिसर्वत्रानुकृष्यते २२ युक्तस्ययथाशास्त्रमवहितस्य चित्रवधंकुर्वतोऽपिराज्ञोदोषोनास्तिप्रत्युतधर्मएवास्तीत्यर्थः २३ । २४ ॥ ॥

नेति । पितुरपराधेपुत्रोनदंड्योऽपित्वागमानुगमःकार्यः त्वंस्वपितरंपत्रादिद्वाराआनीयोपस्थापयेतितदुपरिपित्रागमनस्यपर्यनुयोगःकार्यः तावत्पर्यंतंपुत्रंबध्नीयात् यदितुसबद्धेऽपिपुत्रेनायातितदा पुत्रमपिमोक्षयेत् पितुःराष्ट्रान्निर्वासनरूपस्यदंडस्यतेनस्वतएवसंपादितत्वादितिभावः २५ । २६ । २७ । २८ प्रतीहारोद्वारपालः शिरोरक्षःशिरांसीवशिरांसिदुर्गनगरादीनिप्रधानस्थानानित

नपरस्यप्रवादेनपरेषांदंडमर्पयेत् ॥ आगमानुगमंकृत्वाबध्नीयान्मोक्षयीतवा २५ नतुहन्यान्नृपोजातुदूतंकस्यांचिदापदि ॥ दूतस्यहंतानिरयमाविशेत्सचिवैः सह २६ यथोक्तवादिनंदूतंक्षत्रधर्मरतोनृपः ॥ योहन्यात्पितरस्तस्यभ्रूणहत्यामवाप्नुयुः २७ कुलीनःकुलसंपन्नोवाग्मीदक्षःप्रियंवदः ॥ यथोक्तवादीस्मृतिमान्दूतःस्यात्सप्तभिर्गुणैः २८ एतैरेवगुणैर्युक्तःप्रतीहारोऽस्यरक्षिता ॥ शिरोरक्षश्चभवतिगुणैरेतैःसमन्वितः २९ धर्मशास्त्रार्थतत्त्वज्ञःसंधिविग्रहिकोभवेत् ॥ मतिमान्धृतिमान्ह्रीमान्रहस्यविनिगूहिता ३० कुलीनःसत्वसंपन्नःशुक्लोऽमात्यःप्रशस्यते ॥ एतैरेवगुणैर्युक्तस्तथासेनापतिर्भवेत् ३१ व्यूहयंत्रायुधानांचतत्त्वज्ञोविक्रमान्वितः ॥ वर्षशीतोष्णवातानांसहिष्णुःपररन्ध्रवित् ३२ विश्वासयेत्परांश्चैवविश्वसेन्नकस्यचित् ॥ पुत्रेष्वपिहिराजेन्द्रविश्वासोनप्रशस्यते ३३ एतच्छास्त्रार्थतत्त्वंतुमयाऽऽख्यातंतवाऽनघ ॥ अविश्वासोनरेंद्राणांगुह्यंपरममुच्यते ३४ ॥ इतिश्रीमहाभारतेशांतिपर्वणिराजध० अमात्यविभागेपंचाशीतितमोऽध्यायः ८५ ॥ ॥ युधिष्ठिरउवाच ॥ कथंविधंपुरंराजास्वयमावस्तुमर्हति ॥ कृतंवाकारयित्वावातन्मेब्रूहिपितामह १ ॥ भीष्मउवाच ॥ वस्तव्यंयत्र कौन्तेयसपुत्रज्ञातिबंधुना ॥ न्याय्यंतत्रपरिप्रष्टुंवृत्तिंगुप्तिंचभारत २ तस्मात्तेवर्तयिष्यामिदुर्गकर्मविशेषतः ॥ श्रुत्वातथाविधातव्यमनुष्ठेयंचयत्नतः ३ षड्विधंदुर्गमास्थायपुराण्यर्थानिवेशयेत् ॥ सर्वसंपत्प्रधानंयद्बाहुल्यंचापिसंभवेत् ४ धन्वदुर्गंमहीदुर्गंगिरिदुर्गंतथैवच ॥ मनुष्यदुर्गंमृद्दुर्गंवनदुर्गंचतानिषट् ५ यत्पुरंदुर्गसंपन्नंधान्यायुधसमन्वितम् ॥ दृढप्राकारपरिखंहस्त्यश्वरथसंकुलम् ६ विद्वांसःशिल्पिनोयत्रनिचयाश्चसुसंचिताः ॥ धार्मिकश्चजनोयत्रदाक्ष्यउत्तममास्थितः ७ ऊर्जस्विनरनागाश्वंचत्वरापणशोभितम् ॥ प्रसिद्धव्यवहारंचप्रशांतमकुतोभयम् ८ सुप्रभंसानुनादंचसुप्रशस्तनिवेशनम् ॥ शूराढ्यजनसंपन्नंब्रह्मघोषानुनादितम् ९ समाजोत्सवसंपन्नंसदापूजितदैवतम् ॥ वश्याऽमात्यबलोराजातत्पुरंस्वयमाविशेत् १० तत्रकोशंबलंमित्रंव्यवहारंचवर्धयेत् ॥ पुरेजनपदेचैवसर्वदोषान्निवर्तयेत् ११ भांडागारायुधागारंप्रयत्नेनाभिवर्धयेत् ॥ निचयान्वर्धयेत्सर्वांस्तथायंत्रायुधालयान् १२ काष्ठलोहतुषांगारदारुशृंगास्थिवैणवान् ॥ मज्जास्नेहवसाक्षौद्रमौषधग्राममेवच १३ ॥ ॥ ॥ ॥

द्रक्षणकर्ता २९ । ३० एतैर्धर्मेत्यादिभिरमात्यगुणैः ३१ सेनापतेर्विशेषगुणानाह व्यूहेति । व्यूहःसेनायानिवेशनप्रकारविशेषः । यंत्राणिधनुरादीनि । आयुधानिखड्गादीनि ३२ । ३३ । ३४ ॥ इतिशांतिपर्वणिराजध० नीलकंठीयेभारतभावदीपे पंचाशीतितमोऽध्यायः ॥ ८५ ॥ ॥ कथंविधमिति १ । २ । ३ अथ दुर्गाणामाश्रयेणपुराणिमहानगराणिनिवेशयेत् ४ धन्वानिर्जलदेशस्तदेवपरितश्चदुर्गंधन्वदुर्गं महीदुर्गंकोटः ५ दुर्गेणमहीदुर्गेणसंपन्नं अतएवदृढप्राकारपरिखं ६ । ७ । ८ सानुनादंगीतवादित्रध्वनिमत् ९ । १० । ११ निचयान्धान्यादिसंग्रहान् १२ । १३

दंध्वनान्ध्वनिमतोनिःसाणादीन् बंधनानितिपाठांतरेस्पष्टोऽर्थः १४ आशयानिपानानि उदपानाःकूपाः निरोद्धव्यारक्षणीयाः १५ । १६ प्रज्ञाग्रंथार्थग्रहणसामर्थ्यं मेधाऊहापोहकौशलम् १७ १८ । १९ अनुतिष्ठेदालोचयेत् २० । २१ विधातव्यंप्रतिकर्तव्यम् २२ । २३ । २४ । २५ तापसेतपस्विजने २६ । २७ । २८ निधीन्धनभांडानि अभीक्ष्णंनसेवेत दस्यूनांतत्सूचने

श्णंसर्जरसंधान्यमायुधानिशरांस्तथा ॥ चर्मस्नायुंतथावेत्रंमुंजवल्वजदंध्वनान् १४ आशयाश्चोदपानाश्चप्रभूतसलिलाकराः ॥ निरोद्धव्याःसदाराज्ञाक्षीरिणश्चमहीरुहाः १५ सत्कृताश्चप्रयत्नेनआचार्यर्त्विक्पुरोहिताः ॥ महेष्वासाःस्थपतयःसांवत्सरचिकित्सकाः १६ प्राज्ञामेधाविनोदांतादक्षाःशूराबहुश्रुताः ॥ कुलीनाःसत्वसंपन्नायुक्ताःसर्वेषुकर्मसु १७ पूजयेद्धार्मिकान्राजानिगृह्णीयादधार्मिकान् ॥ नियुंज्याच्चप्रयत्नेनसर्ववर्णान्स्वकर्मसु १८ बाह्यमाभ्यंतरंचैवपौरजानपदंतथा ॥ चारैःसुविदितंकृत्वाततःकर्मप्रयोजयेत् १९ चरान्मंत्रंचकोशंचदंडंचैवविशेषतः ॥ अनुतिष्ठेत्स्वयंराजासर्वंह्यत्रप्रतिष्ठितम् २० उदासीनारिमित्राणांसर्वमेवचिकीर्षितम् ॥ पुरेजनपदेचैवज्ञातव्यंचारचक्षुषा २१ ततस्तेषांविधातव्यंसर्वमेवाप्रमादतः ॥ भक्तान्पूजयतानित्यंद्विषतश्चनिगृह्णता २२ यष्टव्यंक्रतुभिर्नित्यंदातव्यंचाप्यपीडया ॥ प्रजानांरक्षणंकार्यंनकार्यंधर्मबाधकम् २३ कृपणानाथवृद्धानांविधवानांचयोषिताम् ॥ योगक्षेमंचवृत्तिंचनित्यमेवप्रकल्पयेत् २४ आश्रमेषुयथाकालंचैलभाजनभोजनम् ॥ सदैवोपहरेद्राजासत्कृत्याभ्यर्च्यमान्यच २५ आत्मानंसर्वकार्याणितापसेराष्ट्रमेवच ॥ निवेदयेत्प्रयत्नेनतिष्ठेत्प्रह्वश्चसर्वदा २६ सर्वार्थत्यागिनंराजाकुलेजातंबहुश्रुतम् ॥ पूजयेत्तादृशंदृष्ट्वाशयनासनभोजनैः २७ तस्मिन्कुर्वीतविश्वासंराजाकस्यांचिदापदि ॥ तापसेषुहिविश्वासमपिकुर्वंतिदस्यवः २८ तस्मिन्निधीनादधीतप्रज्ञांपर्याददीतच ॥ नचाप्यभीक्ष्णंसेवेतभृशंवाप्रतिपूजयेत् २९ अन्यःकार्यःस्वराष्ट्रेषुपरराष्ट्रेषुचापरः ॥ अटवीषुपरःकार्यःसामंतनगरेष्वपि ३० तेषुसत्कारमानाभ्यांसंविभागांश्चकारयेत् ॥ परराष्ट्राटवीस्थेषुयथास्वविषयेतथा ३१ तेकस्यांचिदवस्थायांशरणंशरणार्थिने ॥ राज्ञेदद्युर्यथाकामंतापसाःसंशितव्रताः ३२ एषतेलक्षणोद्देशःसंक्षेपेणप्रकीर्तितः ॥ यादृशेनगरेराजास्वयमावस्तुमर्हति ३३ ॥ इतिश्रीमहाभारतेशांतिपर्वणिराजधर्मानुशासनपर्वणिदुर्गपरीक्षायांषडशीतितमोऽध्यायः ८६ ॥ ॥ ॥ ॥ युधिष्ठिरउवाच ॥ राष्ट्रगुप्तिंचमेराजन्राष्ट्रस्यैवतुसंग्रहम् ॥ सम्यग्जिज्ञासमानायप्रब्रूहिभरतर्षभ १ ॥ भीष्मउवाच ॥ राष्ट्रगुप्तिंचतेसम्यग्राष्ट्रस्यैवतुसंग्रहम् ॥ हंतसर्वंप्रवक्ष्यामितत्त्वमेकमनाःशृणु २ ग्रामस्याधिपतिःकार्योदशग्राम्यास्तथापरः ॥ द्विगुणायाःशतस्यैवंसहस्रस्यचकारयेत् ३ ॥ ॥ ॥

तपस्विनाशापचेः नप्रतिपूजयेच्च २९ अन्यस्तापसःकार्यःसखित्वेनसंपादनीयः ३० तेषुतत्तत्स्थानस्थेषुतापसेषु ३१ । ३२ । ३३ ॥ इतिशांतिपर्वणिराजधर्मानुशासनपर्वणि नीलकंठीयेभारतभावदीपेषडशीतितमोऽध्यायः ॥ ८६ ॥ ॥ ॥ ॥ राष्ट्रस्यगुप्तिःपरिपालनंकथंकर्तव्यमितिपृच्छति नगरगुप्तिश्रवणानंतरंतस्याबुद्धिस्थायाउपस्थानात् राष्ट्रेति १ । २ दशानांग्रामाणांसमाहारोदशग्रामीतस्यादशग्राम्याः द्विगुणायाविंशतिग्राम्याः शतस्यसहस्रस्यचाधिपतिंकारयेत् ३ ॥ ॥ ॥

४ । ५ । ६ । ७ तत्रराष्ट्रेशताधिपतिभोग्यंग्रामअनेकपायत्तंभवति क्लीबत्वमार्षं सार्धः अन्यथातस्यतदायत्तत्वेधनलोभात्सकृत्स्नंग्रामंपीडयेदितिभावः सहस्रपतिःशाखानगरंतत्रत्यधान्यहैर
ण्यसंबंधीयोभोगोधनंतेनस्वस्यवेतनेनभोक्तुंपालयितुमर्हः तत्रक्षत्रियाणामभावाद्वैश्येभ्योयःकरआयातितदेवतस्यवेतनमित्यर्थः ८ । ९ । १० । ११ । १२ । १३ कारयेद्दापयेत् १४ । १

ग्रामेयान्ग्रामदोषांश्चग्रामिकःप्रतिभावयेत् ॥ तान्ब्रूयाद्दशपायाऽसौसतुविंशतिपायवै ४ सोऽपिविंशत्यधिपतिर्वृत्तंजानपदेजने ॥ ग्रामाणांशतपालायसर्वमेव
निवेदयेत् ५ यानिग्राम्याणिभोज्यानिग्रामिकस्तान्युपाश्नियात् ॥ दशपस्तेनभर्तव्यस्तेनापिद्विगुणाधिपः ६ ग्रामंग्रामशताध्यक्षोभोक्तुमर्हतिसत्कृतः ॥ म
हांतंभरतश्रेष्ठसुस्फीतंजनसंकुलम् ७ तत्रह्यनेकपायत्तंराज्ञोभवतिभारत ॥ शाखानगरमर्हस्तुसहस्रपतिरुत्तमः ८ धान्यहैरण्यभोगेनभोक्तुंराष्ट्रीयसंगतः ॥
तेषांसंग्रामकृत्यंस्याद्ग्रामकृत्यंचतेषुयत् ९ धर्मज्ञःसचिवःकश्चित्तत्तत्पश्येदतंद्रितः ॥ नगरेनगरेवास्यादेकःसर्वार्थचिंतकः १० उच्चैःस्थानेघोररूपोनक्षत्रा
णामिवग्रहः ॥ भवेत्सतान्परिक्रामेत्सर्वानेवसभासदः ११ तेषांवृत्तिंपरिणयेत्कश्चिद्राष्ट्रेषुतच्चरः ॥ जिघांसवःपापकामाःपरस्वादायिनःशठाः १२ रक्षाऽभ्यधिकृ
तानामतेभ्योरक्षेदिमाःप्रजाः ॥ विक्रयंक्रयमध्वानंभक्तंचसपरिच्छदम् १३ योगक्षेमंचसंप्रेक्ष्यवणिजांकारयेत्करान् ॥ उत्पत्तिंदानवृत्तिंचशिल्पंसंप्रेक्ष्यचास
कृत् १४ शिल्पंप्रतिकरानेवंशिल्पिनःप्रतिकारयेत् ॥ उच्चावचकरादाप्यामहाराज्ञायुधिष्ठिर १५ यथायथानसीदेरंस्तथाकुर्यान्महीपतिः ॥ फलंकर्मचसंप्रे
क्ष्यततःसर्वंप्रकल्पयेत् १६ फलंकर्मचनिर्हेतुनकश्चित्संप्रवर्तते ॥ यथाराजाचकर्ताचस्यातांकर्मणिभागिनौ १७ संवेक्ष्यतुतथाराज्ञाप्रणेयाःसततंकराः ॥ नो
च्छिंद्यादात्मनोमूलंपरेषांचापितृष्णया १८ ईहाद्वाराणिसंरुध्यराजासंप्रीतदर्शनः ॥ प्रद्विषंतिपरिख्यातंराजानमतिखादिनम् १९ प्रद्विष्टस्यकुतःश्रेयोना
प्रियोलभतेफलम् ॥ वत्सौपम्येनदोग्धव्यंराष्ट्रमक्षीणबुद्धिना २० भृतोवत्सोजातबलःपीडांसहतिभारत ॥ नकर्मकुरुतेवत्सोभृशंदुग्धोयुधिष्ठिर २१ राष्ट्रम
प्यतिदुग्धंहिनकर्मकुरुतेमहत् ॥ योराष्ट्रमनुगृह्णातिपरिरक्षन्स्वयंनृपः २२ संजातमुपजीवन्सलभतेसुमहत्फलम् ॥ आपदर्थंचनिर्यातंधनंत्विहविवर्धयेत् २३
राष्ट्रंचकोशभूतंस्यात्कोशोवेश्मगतस्तथा ॥ पौरजानपदान्सर्वान्संश्रितोपाश्रितांस्तथा ॥ यथाशक्त्यनुकंपेतसर्वान्स्वल्पधनानपि २४ बाह्यंजनंभेदयित्वा
भोक्तव्योमध्यमःसुखम् ॥ एवंनास्यप्रकुप्यंतिजनाःसुखितदुःखिताः २५ प्रागेवतुधनादानमनुभाष्यततःपुनः ॥ सन्निपत्यस्वविषयेभयंराष्ट्रेप्रदर्शयेत् २६
इयमापत्समुत्पन्नापरचक्रभयंमहत् ॥ अपिचांतायकल्पंतेवेणोरिवफलागमाः २७ ॥ ॥ ॥ ॥

फलंधान्यधनवृद्ध्यादिवृद्ध्यनुरूपःकरःकल्प्यइत्यर्थः १६ । १७ आत्मनोमूलंराष्ट्रं परेषांमूलंकृष्यादि १८ ईहालोभः अतिखादिनंबहुभक्षम् १९ । २० । २१ । २२ निर्यातंदत्तं इहराष्ट्रे
२३ संश्रिताः साक्षादाश्रिताः उपाश्रिताव्यवहिताः २४ बाह्यमिति । आटविकोदस्युसंघोबाह्यजनस्तं यूयमुपतिष्ठध्वमितिभेदयित्वामध्यमोग्रामीणजनोभोक्तव्यस्ततोबहुलंधनमादद्यादित्यर्थः
२५ तत्रप्रकारमाह प्रागिति । चोरनिग्रहार्थंकटकबंधःकर्तव्यस्तदर्थंधनमपेक्षितमितिपूर्वमेवाभाष्यसूचनांकृत्वाततःसन्निपत्यतेषुतेषुग्रामेषुगत्वाभयंदर्शयेत् २६ । २७ ॥ ॥

आत्मवधायेतिप्रजासुस्वसामर्थ्यंद्योत्यते २८ । २९ । ३० । ३१ । ३२ पुंगवैर्बलीवर्दैः नचप्रियमित्यादिसार्धः एवंचालेख्येनसुशिक्षितान्मुक्ताश्वस्वरश्मीन्स्वस्यरश्मिभूतान्पदातीनधिकारिणः प्रजासुधनमुद्ग्रहीतुमभ्यवसृजेत्प्रेरयेत् योगंधनग्रहणोपायमाधायप्रजासुप्रयोज्यधनंगृह्णीयादितिशेषः ३३ । ३४ गोमिनःवैश्यान्भाषायां 'चारणा' इतिप्रसिद्धान् प्राकारादीन्कर्तव्यान्प्रेक्ष्यसंदर्शयित्वाइदंकार्यमुपस्थितमत्यावश्यकमित्युक्त्वाकरंकारयेत् ३५ । ३६ । ३७ । ३८ । ३९ । ४० ॥ इतिशांतिपर्वणिराजधर्मानुशासनपर्वणिनीलकंठीयेभारतभावदीपेसप्ताशीतितमोऽध्यायः ॥८७॥

अरयोमेसमुत्थायबहुभिर्दस्युभिःसह ॥ इदमात्मवधायैवराष्ट्रमिच्छंतिबाधितुम् २८ अस्यामापदिघोरायांसंप्राप्तेदारुणेभये ॥ परित्राणायभवतःप्रार्थयिष्येधनानिवः २९ प्रतिदास्येचभवतांसर्वंचाहंभयक्षये ॥ नारयःप्रतिदास्यंतियद्धरेयुर्बलादितः ३० कलत्रमादितःकृत्वासर्वंवोविनशेदिति ॥ अपिचेत्पुत्रदारार्थमर्थसंचयइष्यते ३१ नंदामिवःप्रभावेणपुत्राणामिवचोदये ॥ यथाशक्त्युपगृह्णामिराष्ट्रस्यापीडयाचवः ३२ आपत्स्वेवचवोढव्यंभवद्भिःपुंगवैरिव ॥ नचप्रियतरंकार्यंधनंकस्यांचिदापदि ३३ इतिवाचामधुरयाश्लक्ष्णयासोपचारया ॥ स्वरश्मीनभ्यवसृजेद्योगमाधायकालवित् ३४ प्राकारंभृत्यभरणंव्ययंसंग्रामतोभयम् ॥ योगक्षेमंचसंप्रेक्ष्यगोमिनःकारयेत्करम् ३५ उपेक्षिताहिनश्येयुर्गोमिनोऽरण्यवासिनः ॥ तस्मात्तेषुविशेषेणमृदुपूर्वंसमाचरेत् ३६ सांत्वनंरक्षणंदानमवस्थाचाप्यभीक्ष्णशः ॥ गोमिनांपार्थकर्तव्यःसंविभागःप्रियाणिच ३७ अजस्रमुपयोक्तव्यंफलंगोमिषुभारत ॥ प्रभावयंतिराष्ट्रंचव्यवहारंकृषिंतथा ३८ तस्माद्गोमिषुयत्नेनप्रीतिंकुर्याद्विचक्षणः ॥ दयावानप्रमत्तश्चकरान्संप्रणयन्मृदून् ३९ सर्वत्रक्षेमचरणंसुलभंनामगोमिषु ॥ नह्यतःसदृशंकिंचिद्धनमस्तियुधिष्ठिर ॥ ४० ॥ इतिश्रीम० शांतिप० राजध० राष्ट्रगुप्त्यादिकथनेसप्ताशीतितमोऽध्यायः ॥ ८७ ॥

॥ युधिष्ठिरउवाच ॥ यदाराजासमर्थोऽपिकोशार्थीस्यान्महामते ॥ कथंप्रवर्तेततदातन्मेब्रूहिपितामह १ ॥ ॥ भीष्मउवाच ॥ ॥ यथादेशंयथाकालंयथाबुद्धियथाबलम् ॥ अनुशिष्यात्प्रजाराजाधर्मार्थीतद्धितेरतः २ यथातासांचमन्येतश्रेयआत्मनएवच ॥ तथाकर्माणिसर्वाणिराजाराष्ट्रेषुवर्तयेत् ३ मधुदोहंदुहेद्राष्ट्रंभ्रमराइवपादपम् ॥ वत्सापेक्षीदुहेच्चैवस्तनांश्चनविकुट्टयेत् ४ जलौकावत्पिबेद्राष्ट्रंमृदुनैवनराधिपः ॥ व्याघ्रीवचहरेत्पुत्रान्संदशेन्नचपीडयेत् ५ यथाशल्यकवानाखुःपदंधूनयतेसदा ॥ अतीक्ष्णेनाभ्युपायेनतथाराष्ट्रंसमापिबेत् ६ अल्पेनाल्पेनदेयेनवर्धमानंप्रदापयेत् ॥ ततोभूयस्ततोभूयःक्रमवृद्धिंसमाचरेत् ७ दमयन्निवदम्यानिशश्वद्भारंविवर्धयेत् ॥ मृदुपूर्वंप्रयत्नेनपाशानभ्यवहारयेत् ८ ॥

यदेति १ । २ । ३ । ४ । ५ शल्यकवांस्तीक्ष्णतुंडआखुविशेषः सहिनिद्रितस्यमनुष्यस्यपादतलस्थंमांसमतीक्ष्णेनैवोपायेनभक्षयति । शयानस्तुईषच्छेदनयापदंकिंचिद्धूनयतेकंपयतेनतुतीव्रछेदनयाप्रबुद्धयन्नाखुंनिवारयति तद्वद्राष्ट्रंसमापिबेत् ६ प्रत्यब्दंशततमेनाधिकेनवांशेनवर्धमानंकरंप्रदापयन्ग्रामद्रव्यस्यवृद्धिंकुर्यादित्याह अल्पेनेति ७ दम्यानिवत्सतरकुलानियथाक्रमेणदमयेत्तद्वत्प्रजाअपीत्याह दमयन्निवेति अभ्यवहारयेद्ग्राहयेत् ८ ॥ ॥ ॥ ॥ ॥

सकृत्सद्यःपाशावकीर्णाःसंतोनभविष्यंतिमरिष्यंति यतोदुर्दमाअतउचितेनक्रमेणतेभोक्तव्यादम्याःप्रजाश्च ९ पुरुषंप्रतीत्यस्यप्रतिपुरुषमित्यर्थः १० ततोमुख्यद्वारा तानितरान् विवक्षिता न्वोढुमिष्टान् ११ । १२ । १३ मद्यशालाः संदेशहराःकुट्टन्यः कुत्सितेनशीलेनवांतिगच्छंतिधर्मंहिंसंतिवाकुशीलवाविटाः कितवाद्यूतकाराश्चनिग्राह्याइत्याह पानेति १४ भद्रिकाः

सकृत्पाशावकीर्णास्तेनभविष्यंतिदुर्दमाः ॥ उचितेनैवभोक्तव्यास्तेभविष्यंतियत्नतः ९ तस्मात्सर्वसमारंभोदुर्लभःपुरुषंप्रति ॥ यथामुख्यान्सांत्वयित्वाभोक्तव्य इतरोजनः १० ततस्तान्भेदयित्वातुपरस्परविवक्षितान् ॥ भुंजीतसांत्वयंश्चैवयथासुखमयत्नतः ११ नचास्थानेनचाकालेकरांस्तेभ्योनिपातयेत् ॥ आनुपू र्व्येणसांत्वेनयथाकालंयथाविधि १२ उपायान्प्रब्रवीम्येतान्नमेमायाविवक्षिता ॥ अनुपायेनदमयन्प्रकोपयतिवाजिनः १३ पानागारनिवेशाश्चवेश्याःप्रापणिका स्तथा ॥ कुशीलवाःसकितवायेचान्येकेचिदीदृशाः १४ नियम्याःसर्वएवैतेयराष्ट्रस्योपघातकाः ॥ एतेराष्ट्रेऽभितिष्ठंतोबाधंतेभद्रिकाःप्रजाः १५ नकेनचिद्या चितव्यःकश्चित्किंचिदनापदि ॥ इतिव्यवस्थाभूतानांपुरस्तान्मनुनाकृता १६ सर्वेतथाऽनुजीवेयुर्नकुर्युःकर्मचेदिह ॥ सर्वएवइमेलोकानभवेयुरसंशयम् १७ प्रभुर्नियमनेराजायएतान्ननियच्छति ॥ भुंक्तेसतस्यपापस्यचतुर्भागमितिश्रुतिः १८ भोक्तातस्यतुपापस्यसुकृतस्ययथातथा ॥ नियंतव्याःसदाराज्ञापापा येस्युर्नराधिप १९ कृतपापस्त्वसौराजायएतान्ननियच्छति ॥ तथाकृतस्यधर्मस्यचतुर्भागमुपाश्नुते २० स्थानान्येतानिसंयम्यप्रसंगोभूतिनाशनः ॥ कामेप्रसक्तःपुरुषःकिमकार्यंविवर्जयेत् २१ मद्यमांसपरस्वानितथादाराधनानिच ॥ आहरेद्रागवशगस्तथाशास्त्रंप्रदर्शयेत् २२ आपद्येवतुयाचंतेयेषां नास्तिपरिग्रहः ॥ दातव्यंधर्मतस्तेभ्यस्त्वनुक्रोशाद्भयान्नतु २३ मातेराष्ट्रेयाचनकाऽभूवन्माचापिदस्यवः ॥ एषांदातारएवैतेनैतेभूतस्यभावकाः २४ येभूतान्यनुगृह्णंतिवर्धयंतिचयेप्रजाः ॥ तेतेराष्ट्रेषुवर्ततांमाभूतानामभावकाः २५ दंड्यास्तेचमहाराजधनादानप्रयोजकाः ॥ प्रयोगंकारयेयुस्तान्यथाब लिकरांस्तथा २६ कृषिगोरक्ष्यवाणिज्यंयच्चान्यात्किंचिदीदृशम् ॥ पुरुषैःकारयेत्कर्मबहुभिःकर्मभेदतः २७ नरश्चेत्कृषिगोरक्ष्यवाणिज्यंचाप्यनुष्ठितः ॥ संशयंलभतेकिंचित्तेनराजाविगर्ह्यते २८ धनिनःपूजयेन्नित्यंपानाच्छादनभोजनैः ॥ वक्तव्याश्चानुगृह्णीध्वंप्रजाःसहमयेतिवै २९ अंगमेतन्महद्राज्येधनिनो नामभारत ॥ ककुदंसर्वभूतानांधनस्थोनात्रसंशयः ३० ॥ ॥ ॥ ॥ ॥

कल्याण्यः १५ याचितव्यःदत्तमृणंकरंवेतिशेषः १६ अनुजीवेयुरनुसरेयुःअन्यथादोषमाह नेवि १७ । १८ । १९ तथानियच्छन्निितिशेषः २० स्थानानिमद्यादीनांवक्ष्यमाणानां किमका र्यंविवर्जयेदपितुसर्वमकार्यंकुर्यादेव २१ अकार्यमेवाह मद्येति । शास्त्रमाज्ञांप्रदर्शयेत्प्रवर्तयेत् २२ आपद्येवनतुशाठ्यादिनाअनापद्यपि २३ दातारआच्छेत्तारः २४ । २५ धनेत्यधिकृधनग्रहणं प्रयोजयंतोऽधिकारिणोदंड्याःअन्येचाऽधिकारिणस्तान्यथावद्बलिकरानुद्दिश्यप्रयोगंकारयेयुः २६ बहुभिःकारयेदन्यथाकर्मभेदतःकार्यणोभेदोनाशःस्यादित्यर्थः २७ संशयंचोरेभ्योराजकीयेभ्योवा भयात् २८ । २९ । ३० ॥ ॥ ॥ ॥ ॥ ॥

३१ । ३२ । ३३ ॥ इतिशांतिपर्वणिराजधर्मानुशासनपर्वणिनीलकंठीयेभारतभावदीपेअष्टाशीतितमोऽध्यायः ॥ ८८ ॥ ॥ ॥ वनस्पतीनिति । मूलफलंब्राह्मणानांस्वमितिधर्ममाहुर
तोऽप्येतन्नच्छिद्युः १ ब्राह्मणापराधेनतैरपालनेन २ त्यागंराष्ट्रस्य ३ अवृत्त्याराष्ट्रंत्यजतोराज्ञावृत्तिःकल्प्येतिमर्यादा नतुराजरथाद्यलाभात्त्यजतस्तदपिदेयमित्यस्तीतिकस्मिन्नितिकाकासूचयति
४ अतःपरंत्वंवृत्तिकल्पयसिनतुपूर्वमित्युपालंभे पूर्वंपरोक्षंकर्तव्यंक्षंतव्यमितितंप्रार्थयेदित्यर्थः ५ वृत्तिमात्रंकल्पयेदितिपरमतं भोगार्थीचेद्राष्ट्रंत्यजतितदाभोगैरपिनिमंत्र्यः अवृत्त्याचेत्तदावृत्त्याऽपिनिमंत्र्य

प्राज्ञःशूरोधनस्थश्चस्वामीधार्मिकएवच ॥ तपस्वीसत्यवादीचबुद्धिमांश्चापिरक्षति ३१ तस्मात्सर्वेषुभूतेषुप्रीतिमान्भवपार्थिव ॥ सत्यमार्जवमक्रोधमानृशंस्यं
चपालय ३२ एवंदंडंचकोशंचमित्रंभूमिंचलप्स्यसि ॥ सत्यार्जवपरोराजन्मित्रकोशबलान्वितः ३३ ॥ इतिश्रीमहाभारतेशांतिपर्वणिराजधर्मानुशासनपर्व
णिकोशसंचयप्रकारकथनेअष्टाशीतितमोऽध्यायः ॥ ८८ ॥ ॥ ॥ भीष्मउवाच ॥ वनस्पतीन्भक्ष्यफलान्नच्छिंद्युर्विषयेतव ॥ ब्राह्मणानांमूलफलंधर्म
माहुर्मनीषिणः १ ब्राह्मणेभ्योऽतिरिक्तंचभुंजीरन्नितरेजनाः ॥ नब्राह्मणापराधेनहरेदन्यःकथंचन २ विप्रश्चेत्त्यागमातिष्ठेदात्मार्थेवृत्तिकर्शितः ॥ परिकल्प्या
स्यवृत्तिःस्यात्सदारस्यनराधिप ३ सचेन्नोपनिवर्तेतवाच्योब्राह्मणसंसदि ॥ कस्मिन्निदानींमर्यादामयंलोकःकरिष्यति ४ असंशयंनिवर्तेतनचेद्वक्ष्यत्यतः
परम् ॥ पूर्वंपरोक्षंकर्तव्यमेतत्कौन्तेयशाश्वतम् ५ आहुरेतज्जनाब्रह्मन्नचैतच्छ्रद्दधाम्यहम् ॥ निमंत्र्यश्चभवेद्भोगैरवृत्त्याचेत्तदाचरेत ६ कृषिगोरक्ष्यवाणिज्यंलो
कानामिहजीवनम् ॥ ऊर्ध्वंचैवत्रयीविद्यासाभूतान्भावयत्युत ७ तस्यांप्रपतमानायांयेस्युस्तत्परिपंथिनः ॥ दस्यवस्तद्वधायेहब्रह्माक्षत्रमथासृजत् ८ शत्रून्
जयप्रजारक्षयजस्वक्रतुभिर्नृप ॥ युध्यस्वसमरेवीरोभूत्वाकौरवनंदन ९ संरक्ष्यान्पालयेद्राजासराजाराजसत्तमः ॥ येकेचित्तान्नरक्षंतितैरर्थोनास्तिकश्चन १०
सदैवराज्ञायोद्धव्यंसर्वलोकाद्युधिष्ठिर ॥ तस्माद्धेतोर्हिभुंजीतमनुष्यानेवमानवः ११ आंतरेभ्यःपरान्रक्षन्परेभ्यःपुनरांतरान् ॥ परान्परेभ्यःस्वान्स्वेभ्यःसर्वा
न्पालयनित्यदा १२ आत्मानंसर्वतोरक्षन्राजन्रक्षस्वमेदिनीम् ॥ आत्ममूलमिदंसर्वमाहुर्वैविदुषोजनाः १३ किंछिद्रंकोऽनुसंगोमेकिंवास्त्यविनिपातितम् ॥
कुतोमामाश्रयेद्दोषइतिनित्यंविचिंतयेत् १४ अतीतदिवसेवृत्तंप्रशंसंतिनवापुनः ॥ गुप्तैश्चारैरनुमतैःपृथिवीमनुसारयेत् १५ जानीयुर्यदिमेवृत्तंप्रशंसंति
नवापुनः ॥ कच्चिद्रोचेजनपदेकच्चिद्राष्ट्रेचमेयशः १६ धर्मज्ञानांधृतिमतांसंग्रामेष्वपलायिनाम् ॥ राष्ट्रेतुयेऽनुजीवंतियेतुराज्ञोऽनुजीविनः १७ अमात्यानां
चसर्वेषांमध्यस्थानांचसर्वशः ॥ येचत्वाभिप्रशंसेयुर्निन्देयुरथवापुनः १८ सर्वान्सुपरिणीतांस्तान्कारयेथायुधिष्ठिर ॥ एकांतेर्नहिसर्वेषांनशक्यंतातरोचितुम् ॥
मित्रामित्रमथोमध्यंसर्वभूतेषुभारत १९ ॥ ॥ ॥ ॥

इत्याद्याहुरिति ६ ऊर्ध्वंस्वर्गं ७ । ८ । ९ । १० लोकाल्लोकहितार्थंयोद्धव्यं बोद्धव्यमितिपाठेस्वपरचरित्रमितिशेषः उत्तरार्धेतुभुंजीतेत्यत्रयुंजीतेतिपाठः मनुष्यांश्चारानितिचार्थः ११ स्वी
याआंतराबाह्याश्चपरस्माद्रक्ष्याः स्वीयाःबाह्यास्तुशत्रुभ्योरक्ष्याइत्यर्थः १२ विदुषोविद्वांसः १३ संगोव्यसनस्येतिशेषः १४ । १५ । १६ । १७ । १८ सुपरिणीतान्सत्कृतान् १९

तुल्येपुकथमितरइतरंभुंजीतेतिप्रश्नः बलवानेवदुर्बलंभुंजीततुल्यात्स्वात्मानंरक्षेच्छलेनचतंभुंजीतेत्युत्तरमाह तुल्येतित्रिभिः २० । २१ भारुंडोपक्षः २२ । २३ । २४ । २५ । २६ ॥ इतिशांतिपर्व
णिराजधर्मानुशासनपर्वणिनीलकंठीयेभारतभावदीपेएकोननवतितमोऽध्यायः ॥ ८९ ॥ ॥ ॥ ॥ एवंस्वाम्यादिप्रकृतिषट्कंनिरूप्यप्रकीर्णकान्धर्मान्वक्तुमुतथ्यमांधातृसंवादंवामदे

युधिष्ठिरउवाच ॥ तुल्यबाहुबलानांचतुल्यानांचगुणैरपि ॥ कथंस्यादधिकःकश्चित्सचभुंजीतमानवान् २० ॥ भीष्मउवाच ॥ यच्चराष्ट्रचरानुग्रदंष्ट्रान्दंष्ट्रिण
स्तथा ॥ आशीविषाइवक्रुद्धाभुजंगान्भुजगाइव २१ एतेभ्यश्चाप्रमत्तःस्यात्सदाशत्रोर्युधिष्ठिर ॥ भारुंडसदृशाह्येतेनिपतंतिप्रमादतः २२ कच्चित्तेवणिजोराष्ट्रे
नोद्विजंतिकरार्दिताः ॥ क्रीणंतोबहुनाल्पेनकांतारकृतविश्रमाः २३ कच्चित्कृषिकराराष्ट्रंनजहत्यतिपीडिताः ॥ येवहंतिधुरंराज्ञांतेभरंतीतरानपि २४ इतोदत्ते
नजीवंतिदेवाःपितृगणास्तथा ॥ मानुषोरगरक्षांसिवयांसिपशवस्तथा २५ एषातेराष्ट्रवृत्तिश्चराज्ञांगुप्तिश्चभारत ॥ एतमेवार्थमाश्रित्यभूयोवक्ष्यामिपांडव २६
इतिश्रीमहाभारतेशांतिप०राजध०राष्ट्रगुप्तौएकोननवतितमोऽध्यायः ॥ ८९ ॥ ॥ भीष्मउवाच ॥ यानंगिराःक्षत्रधर्मानुतथ्योब्रह्मवित्तमः ॥ मांधात्रेयौवना
श्वायप्रीतिमानभ्यभाषत १ सयथाऽनुशशासैनमुतथ्योब्रह्मवित्तमः ॥ तत्तेसर्वंप्रवक्ष्यामिनिखिलेनयुधिष्ठिर २ ॥ उतथ्यउवाच ॥ धर्मायराजाभवतिनकामकर
णायतु ॥ मांधातरितिजानीहिराजालोकस्यरक्षिता ३ राजाचरतिचेद्धर्मंदेवत्वायैवकल्पते ॥ सचेदधर्मंचरतिनरकायैवगच्छति ४ धर्मेतिष्ठंतिभूतानिधर्मोरा
जनितिष्ठति ॥ तंराजासाधुयःशास्तिसराजापृथिवीपतिः ५ राजापरमधर्मात्मालक्ष्मीवान्धर्मउच्यते ॥ देवाश्चगर्हांगच्छंतिधर्मोनास्तीतिचोच्यते ६ स्वध
र्मेवर्तमानानामर्थसिद्धिःप्रदृश्यते ॥ तदेवमंगलंलोकःसर्वःसमनुवर्तते ७ उच्छिद्यतेधर्मवृत्तमधर्मोवर्ततेमहान् ॥ भयमाहुर्दिवारात्रंयदापापोनवार्यते ८ ममेद
मितिनैवैतत्साधूनांतातधर्मतः ॥ नवैव्यवस्थाभवतियदापापोनवार्यते ९ नैवभार्यानपशवोनक्षेत्रंननिवेशनम् ॥ संदृश्येतमनुष्याणांयदापापबलंभवेत् ॥ देवाः
पूजांनजानंतिनस्वधांपितरस्तदा १० नपूज्यंतेह्यतिथयोयदापापोनवार्यते ॥ नवेदानधिगच्छंतिव्रतवंतोद्विजातयः ११ नयज्ञांस्तन्वतेविप्रायदापापोनवा
र्यते ॥ वृद्धानामिवसत्वानांमनोभवतिविह्वलम् १२ मनुष्याणांमहाराजयदापापोनवार्यते ॥ उभौलोकावभिप्रेक्ष्यराजानमृषयःस्वयम् १३ असृजन्सुमहद्भू
तमयंधर्मोभविष्यति ॥ यस्मिन्धर्मोविराजेततंराजानंप्रचक्षते १४ यस्मिन्विलीयतेधर्मस्तंदेवावृषलंविदुः ॥ वृषोहिभगवान्धर्मोयस्तस्यकुरुतेह्यलम् ॥
वृषलंतंविदुर्देवास्तस्माद्धर्मंविवर्धयेत् १५ धर्मेवर्धतिवर्धंतिसर्वभूतानिसर्वदा ॥ तस्मिन्ह्रसतिहीयंतेतस्माद्धर्मंनलोपयेत् १६ ॥ ॥

वगीतांचारभते यानंगिराइत्यादिनाऽध्यायपंचकेन । अंगिराःआंगिरसः १ । २ । ३ । ४ । ५ देवाइति । यदापापोनवार्यतेतदादैवतनिंदादयोदोषाःप्रवर्ततइतिसार्धत्रयम् ६ । ७ । ८ । ९ । १०
११ वृद्धानांशस्त्रेणच्छिन्नदेहानाम् १२ । १३ धर्मोधर्मपालः १४ अलंवारणंछेदनमितियावत् तेनवृषंलुनातिच्छिनत्तीतिवृषलइतियोगोदर्शितः १५ । १६ ॥ ॥

धर्मपदस्यद्वेधाव्युत्पत्तिमाह धनादिति । धनवाचीनांतोधनशब्दः अर्तेर्गत्यर्थान्मक्प्रत्ययेततोनलोपगुणौ धनादिस्रवतीतिधर्मइत्यर्थः धनादितिपंचमीतुधनंप्रापयितुंस्रवतिद्रवतिकृपायतइतिल्यब्लोपे ज्ञेया धारणाद्वाधर्मः धृञोमन्प्रत्ययः सीमांतकरःयावत्पापंतावत्पातनाकरइत्यर्थः १७।१८। १९। २०।२१ अमित्रीभवंतिवर्धंते २२ असूयात्असूयातः लिंगव्यत्ययआर्षः असूययाअततिम

धनात्स्रवतिधर्मोहिधारणाद्वेतिनिश्चयः ॥ अकार्याणांमनुष्येन्द्रससीमांतकरःस्मृतः १७ प्रभवार्थंहिभूतानांधर्मःसृष्टःस्वयंभुवा ॥ तस्मात्प्रवर्तयेद्धर्मंप्रजाऽनुग्रह कारणात् १८ तस्माद्धिराजशार्दूलधर्मःश्रेष्ठतरःस्मृतः ॥ सराजायःप्रजाःशास्तिसाधुकृत्पुरुषर्षभ १९ कामक्रोधावनादृत्यधर्ममेवानुपालय ॥ धर्मःश्रेयस्कर तमोराज्ञांभरतसत्तम २० धर्मस्यब्राह्मणोयोनिस्तस्मात्तान्पूजयेत्सदा ॥ ब्राह्मणानांचमांधातःकुर्यात्कामानमत्सरी २१ तेषांह्यकामकरणाद्राज्ञःसंजायतेभयम् ॥ मित्राणिनचवर्धन्तेतथाऽमित्रीभवंत्यपि २२ ब्राह्मणानांसदाऽसूयाद्बाल्याद्वैरोचनोबलिः ॥ अथास्माच्छ्रीरपाक्रामद्याऽस्मिन्नासीत्प्रतापिनी २३ ततस्तस्माद पाक्रम्यसाऽगच्छत्पाकशासनम् ॥ अथसोन्वतपत्पश्चाच्छ्रियंदृष्ट्वापुरंदरे २४ एतत्फलमसूयायाअभिमानस्यवाविभो ॥ तस्माद्बुध्यस्वमांधातर्मात्वांजह्यात्प्रता पिनी २५ दर्पोनामश्रियःपुत्रोजज्ञेऽधर्मादितिश्रुतिः ॥ तेनदेवासुराराजन्नीताःसुबहवोव्ययम् २६ राजर्षयश्चबहवस्तथाबुध्यस्वपार्थिव ॥ राजाभवतितंजित्वा दासस्तेनपराजितः २७ सयथादर्पसहितमधर्मंनानुसेवते ॥ तथावर्तस्वमांधातश्चिरंचेत्स्थातुमिच्छसि २८ मत्तात्प्रमत्तात्पौगंडादुन्मत्ताच्चविशेषतः ॥ तद भ्यासादुपावर्तसंहितानांचसेवनात् २९ निगृहीतादमात्याच्चस्त्रीभ्यश्चैवविशेषतः ॥ पर्वताद्विषमाद्दुर्गाद्धस्तिनोश्वात्सरीसृपात् ३० एतेभ्योनित्ययुक्तःस्यान्नक्तं चर्यांचवर्जयेत् ॥ अत्यागंचाभिमानंचदंभंक्रोधंचवर्जयेत् ३१ अविज्ञातासुचस्त्रीषुक्लीबासुस्वैरिणीषुच ॥ परभार्यासुकन्यासुनाचरेन्मैथुनंनृप ३२ कुलेषुपा परक्षांसिजायंतेवर्णसंकरात् ॥ अपुमांसोङ्गहीनाश्चस्थूलजिह्वाविचेतसः ३३ एतेचान्येचजायंतेयदाराजाप्रमाद्यति ॥ तस्माद्राज्ञाविशेषेणवर्तितव्यंप्रजाहिते ३४ क्षत्रियस्यप्रमत्तस्यदोषःसंजायतेमहान् ॥ अधर्माःसंप्रवर्धंतेप्रजासंकरकारकाः ३५ अशीतेविद्यतेशीतंशीतेशीतंनविद्यते ॥ अवृष्टिरतिवृष्टिश्चव्याधिश्चाप्याविशेत्प्रजाः ३६ नक्षत्राण्युपतिष्ठंतिग्रहाघोरास्तथागते ॥ उत्पाताश्चात्रदृश्यंतेबहवोराजनाशनाः ३७ अरक्षितात्मायोराजाप्रजाश्चापिनरक्षति ॥ प्रजाश्चतस्यक्षी यंतेततःसोऽनुविनश्यति ३८ द्वावाददातेह्येकस्यद्वयोःसुबहवोऽपरे ॥ कुमार्यःसंप्रलुप्यंतेतदाहुर्नृपदूषणम् ३९ ॥ ॥

ततंवर्ततइतिवाअसूयात् २३ । २४ । २५ अधर्मादितिच्छेदः २६ तंदर्पं २७ । २८ पौगंडाद्बालकादज्ञादित्यर्थः पापंडादितिमुख्यःपाठः मत्तादिभ्यउपावर्तपरावृत्तिंभजतदभ्यासात्तैः सहपरिचयात् संहितानांमिलितानांचतेषांसेवनाचसुतरामुपावर्तेत्यर्थः २९ । ३० अत्यागंवद्धमुष्टिताम् ३१ । ३२ अपुमांसःक्लीबाः स्थूलजिह्वामूकाः ३३ । ३४ । ३५ । ३६ नक्षत्राणिधूमकेत्वादयः ३७ । ३८ एकस्यधनंद्वावाददातेआच्छिद्यगृह्णीतः ३९ ॥ ॥ ॥

४० ॥ इतिशांतिपर्वणिराजध० नीलकंठीयेभारतभावदीपे नवतितमोऽध्यायः ॥ ९० ॥ ॥ कालेति १ वस्त्राणांशुक्लानां शोधयितुंरंगमविचाल्यमलमात्रंदूरीकर्तुं २ द्विजानांमध्येयःकश्चिच्छूद्रोवानानाकर्मस्ववस्थितः स्वकर्मच्युतोमूढः रजकतुल्यइत्यर्थः ३ । ४ । ५ । ६ । ७ अग्नित्रेतागार्हपत्यदक्षिणाग्न्याहवनीयाख्यंवह्नित्रयं त्रयीऋग्यजुःसामवेदाः ८ । ९ । १० । ११ अब

ममेदमितिनैकस्यमनुष्येष्ववतिष्ठति ॥ त्यक्त्वाधर्मंयदाराजाप्रमादमनुतिष्ठति ४० ॥ इतिश्रीमहाभारतेशांतिपर्वणिराजध० उतथ्यगीतासुनवतितमोऽध्यायः ॥ ९० ॥ ॥ उतथ्यउवाच ॥ कालवर्षीचपर्जन्योधर्मचारीचपार्थिवः ॥ संपद्यदेषाभवतिसाबिभर्तिसुखंप्रजाः १ योनजानातिहर्तुंवावस्त्राणांरजकोमलम् ॥ रक्तानांवाशोधयितुंयथानास्तितथैवसः २ एवमेतद्द्विजेंद्राणांक्षत्रियाणांविशांतथा ॥ शूद्रश्चतुर्थोवर्णानांनानाकर्मस्ववस्थितः ३ कर्मशूद्रेकृषिर्वैश्येदंडनीतिश्चराजनि ॥ ब्रह्मचर्यंतपोमंत्राःसत्यंचापिद्विजातिषु ४ तेषांयःक्षत्रियोवेदवस्त्राणामिवशोधनम् ॥ शीलदोषान्विनिर्हंतुंसपितासप्रजापतिः ५ कृतंत्रेताद्वापरंचकलिश्चभरतर्षभ ॥ राजवृत्तानिसर्वाणिराजैवयुगमुच्यते ६ चातुर्वर्ण्यंतथावेदाश्चातुराश्रम्यमेवच ॥ सर्वंप्रमुह्यतेह्येतद्यदाराजाप्रमाद्यति ७ अग्नित्रेतात्रयीविद्यायज्ञाश्चसहदक्षिणाः ॥ सर्वएवप्रमाद्यंतियदाराजाप्रमाद्यति ८ राजैवकर्ताभूतानांराजैवचविनाशकः ॥ धर्मात्मायःसकर्तास्यादधर्मात्माविनाशकः ९ राज्ञोभार्याश्चपुत्राश्चबांधवाःसुहृदस्तथा ॥ समेत्यसर्वेशोचंतियदाराजाप्रमाद्यति १० हस्तिनोऽश्वाश्चगावश्चाप्युष्ट्राश्वतरगर्दभाः ॥ अधर्मभूतेनृपतौसर्वेसीदंतिजंतवः ११ दुर्बलार्थंबलंसृष्टंधात्रामांधातरुच्यते ॥ अबलंतुमहद्भूतंयस्मिन्सर्वंप्रतिष्ठितम् १२ यच्चभूतंसंभजतेयेचभूतास्तदन्वयाः ॥ अधर्मस्थेहिनृपतौसर्वेशोचंतिपार्थिव १३ दुर्बलस्यचयच्चक्षुर्मुनेराशीविषस्यच ॥ अविषह्यतमंमन्येमास्मदुर्बलमासदः १४ दुर्बलांस्तातबुध्येथानित्यमेवाविमानितान् मात्वांदुर्बलचक्षूंषिप्रदहेयुःसबांधवम् १५ नहिदुर्बलदग्धस्यकुलेकिंचित्प्ररोहते ॥ आमूलंनिर्दहंत्येवमास्मदुर्बलमासदः १६ अबलंवैबलाच्छ्रेयोयच्चातिबलवद्बलम् ॥ बलस्याबलदग्धस्यनकिंचिदवशिष्यते १७ विमानितोहतःक्रुष्टस्त्रातारंचेन्नविंदति ॥ अमानुषकृतस्तत्रदंडोहंतिनराधिपम् १८ मास्मतातरणेस्थित्वाभुंजीथादुर्बलंजनम् ॥ मात्वांदुर्बलचक्षूंषिदहंत्वग्निरिवाशयम् १९ यानिमिथ्याभिशस्तानांपतंत्यश्रूणिरोदताम् ॥ तानिपुत्रान्पशून्घ्नंतितेषांमिथ्याभिशंसनात् २० यदिनात्मनिपुत्रेषुनचेत्पौत्रेषुनप्तृषु ॥ नहिपापंकृतंकर्मसद्यःफलतिगौरिव २१ यत्राबलोवध्यमानस्त्रातारंनाधिगच्छति ॥ महान्दैवकृतस्तत्रदंडःपततिदारुणः २२ युक्तायदाजानपदाभिक्षंतेब्राह्मणाइव ॥ अभीक्ष्णंभिक्षुरूपेणराजानंघ्नंतितादृशाः २३ राज्ञोयदाजनपदेबहवोराजपूरुषाः ॥ अनयेनोपवर्तंतेतद्राज्ञःकिल्बिषंमहत् २४ यदायुक्त्यानयेदर्थान्कामादर्थवशेनवा ॥ कृपणंयाचमानानांतद्राज्ञोवैशसंमहत् २५ ॥ ॥

लंतु अबलस्यपालनान्महत्पुण्यमपालनाच्चमहत्पापमित्यर्थः १२ भूतंदुर्बलंसंभजतेऽन्नादिनासेवते तदन्वयादातृसंबंधिनः १३ अबलंतुमहद्भूतमित्येतद्विवृणोति दुर्बलस्येत्यादिना १४ । १५ । १६ । १७ । १८ रणेस्थित्वाप्रतिपक्षीभूयभुंजीथाःकरादानेन १९ । २० यद्यात्मनिफलंपापंनफलतितर्हिपुत्रादिषुफलति नतुसद्यःफलतीत्यर्थः २१ । २२ । २३ । २४ नयेदपहरेत् २५ ॥

म.भा.टी. शां.रा.१२

२६ महानितिदृष्टांतमुक्त्वादार्ष्टांतिकमाह यदेति । यदाधर्मंचरतितदाराजावर्धतइतिभावः दुष्कृतंचापयातीत्यर्थः २७ राज्ञः नृपान् २८ । २९ । ३० । ३१ । ३२ । ३३ । ३४ । ३५ सारणि

महान्वृक्षोजायतेवर्धतेचतंचैवभूतानिसमाश्रयंति ॥ यदावृक्षश्छिद्यतेदह्यतेचतदाश्रयाअनिकेताभवंति २६ यदाराष्ट्रेधर्ममग्र्यंचरंतिसंस्कारंवाराजगुणंब्रुवाणाः ॥ तैरेवाधर्मश्चरितोधर्ममोहात्तूर्णंजह्यात्सुकृतंदुष्कृतंच २७ यत्रपापाज्ञायमानाश्चरंतिसतांकलिर्विंदतेतत्रराज्ञः ॥ यदाराजाशास्तिनरानशिष्टांस्तदाराज्यंवर्धतेभूमिपस्य २८ यश्चामात्यान्मानयित्वायथार्थंमंत्रेचयुद्धेचनृपोनियुंज्यात् ॥ विवर्धतेतस्यराष्ट्रंनृपस्यभुंक्तेमहींचाप्यखिलांचिराय २९ यत्रापिसुकृतंकर्मवाचंचैवसुभाषिताम् ॥ समीक्ष्यपूजयन्राजाधर्मंप्राप्नोत्यनुत्तमम् ३० संविभज्ययदाभुंक्तेनामात्यानवमन्यते ॥ निहंतिबलिनंदृप्तंसराज्ञोधर्मउच्यते ३१ त्रायतेहियदासर्वंवाचाकायेनकर्मणा ॥ पुत्रस्यापिनमृष्येच्चसराज्ञोधर्मउच्यते ३२ संविभज्ययदाभुंक्तेनृपतिर्दुर्बलान्नरान् ॥ तदाभवंतिबलिनःसराज्ञोधर्मउच्यते ३३ यदारक्षतिराष्ट्राणियदादस्यूनपोहति ॥ यदाजयतिसंग्रामेसराज्ञोधर्मउच्यते ३४ पापमाचरतोयत्रकर्मणाव्याहृतेनवा ॥ प्रियस्यापिनमृष्येतसराज्ञोधर्मउच्यते ३५ यदासारणिकान्राजापुत्रवत्परिरक्षति ॥ भिनत्तिचनमर्यादांसराज्ञोधर्मउच्यते ३६ यदाप्तदक्षिणैर्यज्ञैर्यजतेश्रद्धयाऽन्वितः ॥ कामद्वेषावनादृत्यसराज्ञोधर्मउच्यते ३७ कृपणानाथवृद्धानांयदाऽश्रुपरिमार्जति ॥ हर्षंसंजनयन्नॄणांसराज्ञोधर्मउच्यते ३८ विवर्धयतिमित्राणितथारींश्चापिकर्षति ॥ संपूजयतिसाधूंश्चसराज्ञोधर्मउच्यते ३९ सत्यंपालयतिप्रीत्यानित्यंभूमिंप्रयच्छति ॥ पूजयेदतिथीन्भृत्यान्सराज्ञोधर्मउच्यते ४० निग्रहानुग्रहौचोभौयत्रस्यातांप्रतिष्ठितौ ॥ अस्मिन्लोकेपरेचैवराजासप्राप्नुतेफलम् ४१ यमोराजाधार्मिकाणांमांधातःपरमेश्वरः ॥ संयच्छन्भवतिप्राणानसंयच्छंस्तुपातुकः ४२ ऋत्विक्पुरोहिताचार्यान्सत्कृत्यानवमन्यच ॥ यदासम्यक्प्रगृह्णातिसराज्ञोधर्मउच्यते ४३ यमोयच्छतिभूतानिसर्वाण्येवाविशेषतः ॥ तथाराज्ञाऽनुकर्तव्यंयंतव्याविधिवत्प्रजाः ४४ सहस्राक्षेणराजाहिसर्वथैवोपमीयते ॥ सपश्यतिचयंधर्मंसधर्मःपुरुषर्षभ ४५ अप्रमादेनशिक्षेथाःक्षमांबुद्धिंधृतिंमतिम् ॥ भूतानांचैवजिज्ञासासाध्वसाधुचसर्वदा ४६ संग्रहःसर्वभूतानांदानंचमधुरंवचः ॥ पौरजानपदाश्चैवगोप्तव्यास्तेयथासुखम् ४७ नजात्वदक्षोनृपतिःप्रजाःशक्नोतिरक्षितुम् ॥ भारोहिसुमहांस्तातराज्यंनामसुदुष्करम् ४८ तद्दंडविन्नृपःप्राज्ञःशूरःशक्नोतिरक्षितुम् ॥ नहिशक्यमदंडेनक्लीबेनाबुद्धिनाऽपिवा ४९ अभिरूपैःकुलेजातैर्दक्षैर्भक्तैर्बहुश्रुतैः ॥ सर्वाबुद्धीःपरीक्षेथास्तापसाश्रमिणामपि ५० अतस्त्वंसर्वभूतानांधर्मंवेत्स्यसिवैपरम् ॥ स्वदेशेपरदेशेवानतेधर्मोविनंक्ष्यति ५१ ॥ ॥ ॥

कान्प्रसारिणीप्रधानान्वणिजः शारणिकानितिपाठेशरणागतान् ३६ । ३७ । ३८ । ३९ । ४० । ४१ धार्मिकाणांपरमेश्वरोऽनुग्राहकोऽस्यतःप्राणानिंद्रियाणिनियच्छन्भवतिऐश्वर्यंप्राप्नोति अनियच्छंस्तुपातुकःपतयालुर्भवति पावकइतिपाठेस्वाश्रयदाहीभवतीत्यर्थः ४२ । ४३ । ४४ । ४५ । ४६ । ४७ । ४८ । ४९ अभिरूपैरमात्यैःसहेतिशेषः ५० । ५१ ॥

॥ ७८ ॥

धर्मोऽर्थादुत्पद्यतइतितत्फलभूतत्वात्ततउत्तरः एवंकामादपिधर्मएवोत्तरस्तन्मूलत्वात् ५२ । ५३ प्रमादिथाःप्रमाद्येथाः ५४ । ५५ । ५६ । ५७ । ५८ । ५९ । ६० ॥ इतिशांतिपर्वणिराजधर्मानुशासनप

तस्मादर्थाच्चकामाच्चधर्मएवोत्तरोभवेत् ॥ अस्मिन्लोकेपरेचैवधर्मात्मासुखमेधते ५२ त्यजंतिदारान्पुत्रांश्चमनुष्याःपरिपूजिताः ॥ संग्रहश्चैवभूतानांदानंच
मधुराचवाक् ५३ अप्रमादश्चशौचंचराज्ञोभूतिकरंमहत् ॥ एतेभ्यश्चैवमांधातःसततंमाप्रमादिथाः ५४ अप्रमत्तोभवेद्राजाछिद्रदर्शीपरात्मनोः ॥ नास्यछि
द्रंपरःपश्येच्छिद्रेषुपरमन्वियात् ५५ एतद्वृत्तंवासवस्ययमस्यवरुणस्यच ॥ राजर्षीणांचसर्वेषांतत्त्वमप्यनुपालय ५६ तत्कुरुष्वमहाराजवृत्तंराजर्षिसेवि
तम् ॥ आतिष्ठदिव्यंपंथानमह्नायभरतर्षभ ५७ धर्मवृत्तंहिराजानंप्रेत्यचेहचभारत ॥ देवर्षिपितृगंधर्वाःकीर्तयंतिमहौजसः ५८ ॥ भीष्मउवाच ॥ सएवमुक्तो
मांधातातेनोतथ्येनभारत ॥ कृतवानविशंकश्चएकःप्रापचमेदिनीम् ५९ भवानपितथासम्यङ्मांधातेवमहीपते ॥ धर्मंकृत्वामहींरक्षस्वर्गेस्थानमवाप्स्यसि ६०
॥ इतिश्रीमहा० शांति० राजध० उतथ्यगीतासुएकनवतितमोऽध्यायः ॥ ९१ ॥ ॥ युधिष्ठिरउवाच ॥ कथंधर्मेस्थातुमिच्छन्राजावर्तेतधार्मिकः ॥ पृच्छा
मित्वांकुरुश्रेष्ठतन्मेब्रूहिपितामह १ ॥ भीष्मउवाच ॥ अत्राप्युदाहरंतीममितिहासंपुरातनम् ॥ गीतंदृष्टार्थतत्त्वेनवामदेवेनधीमता २ राजावसुमनानामज्ञा
नवान्धृतिमान्शुचिः ॥ महर्षिंपरिपप्रच्छवामदेवंतपस्विनम् ३ धर्मार्थसहितैर्वाक्यैर्भगवन्ननुशाधिमाम् ॥ येनवृत्तेनवैतिष्ठन्नहीयेयंस्वधर्मतः ४ तमब्रवीद्वामदे
वस्तेजस्वीतपतांवरः ॥ हेमवर्णंसुखासीनंययातिमिवनाहुषम् ५ वामदेवउवाच ॥ धर्ममेवानुवर्तस्वनधर्माद्विद्यतेपरम् ॥ धर्मेस्थिताहिराजानोजयंतिपृ
थिवीमिमाम् ६ अर्थसिद्धेःपरंधर्मंमन्यतेयोमहीपतिः ॥ वृद्धयांचकुरुतेबुद्धिंसधर्मेणविराजते ७ अधर्मदर्शीयोराजाबलादेवप्रवर्तते ॥ क्षिप्रमेवापयातोऽस्मादु
भौप्रथममध्यमौ ८ असत्पापिष्ठसचिवोवध्योलोकस्यधर्महा ॥ सहैवपरिवारेणक्षिप्रमेवावसीदति ९ अर्थानामननुष्ठाताकामचारीविकत्थनः ॥ अपिसर्वांमहींल
ब्ध्वाक्षिप्रमेवविनश्यति १० अथाददानःकल्याणमनसूयुर्जितेंद्रियः ॥ वर्धतेमतिमान्राजास्रोतोभिरिवसागरः ११ नपूर्णोऽस्मीतिमन्येतधर्मतःकामतोऽर्थ
तः ॥ बुद्धितोमित्रतश्चापिसततंवसुधाधिप १२ एतेष्वेवहिसर्वेषुलोकयात्राप्रतिष्ठिता ॥ एतानिशृण्वँल्लभतेयशःकीर्तिंश्रियंप्रजाः १३ एवंयोधर्मसंरंभीधर्मा
र्थपरिचिंतकः ॥ अर्थान्समीक्ष्यभजतेसध्रुवंमहदश्नुते १४ अदाताह्यनतिस्नेहोदण्डेनावर्तयन्प्रजाः ॥ साहसप्रकृतीराजाक्षिप्रमेवविनश्यति १५ अथपापकृतंबुद्ध्या
नचपश्यत्यबुद्धिमान् ॥ अकीर्त्याऽभिसमायुक्तोभूयोनरकमश्नुते १६ ॥ ॥ ॥ ॥

र्वणिनीलकंठीये भारतभावदीपेएकनवतितमोऽध्यायः ॥ ९१ ॥ ॥ धर्मस्योत्कर्षंश्रुत्वाधर्मेस्थितिप्रकारंपृच्छति कथमिति १ । २ । ३ । ४ तपतांतपःकुर्वताम् ५ । ६ अर्थापेक्षयाधर्मश्रेष्ठंमत्वाधर्म
वृद्धौबुद्धिंकुर्यादित्याहार्थेति ७ उभौधर्मार्थौ ८ असंतोदुष्टाःपापिष्ठाश्चसचिवायस्यसः ९ । १० । ११ । १२ एतेषुधर्मादिषु १३ । १४ । १५ पापकृतंपापकारिणम् १६ ॥

दाम्नोदातुः १७ । १८ । १९ ॥ इतिशांति० रा० नी० भा० द्विनवतितमोऽध्यायः ॥ ९२ ॥ ॥ यत्रराष्ट्रेप्रणयतेआरोपयति बलवत्तरोराजा १ तंराजानमनुवर्तन्तेऽन्ये २ प्रकृतिःस्वधर्मः विषमःकुमार्गः ३ । ४ जितानामापन्नानांअजितानांस्वस्थानाम् ५ कृतकल्याणंप्रागुपकारंकृतवंतम् ६ शक्तौसुखमनुभवेत्‌आपदितुकरणंआपन्निवारणंकर्मकुर्यात । 'करणंहेतुकर्मणोः'इतिमेदिनी ७

अथमानयितुर्दान्तःश्लक्ष्णस्यवशवर्तिनः ॥ व्यसनंस्वमिवोत्पन्नंविजिघांसंतिमानवाः १७ यस्यनास्तिगुरुर्धर्मेनचान्यानपिपृच्छति ॥ सुखतंत्रोऽर्थलाभेषुन चिरंसुखमश्नुते १८ गुरुप्रधानोधर्मेषुस्वयमर्थानवेक्षिता ॥ धर्मप्रधानोलाभेषुसचिरंसुखमश्नुते १९ ॥ इतिश्रीमहाभारतेशांतिप० राज० वामदेवगीतासुद्वि नवतितमोऽध्यायः ॥ ९२ ॥ ॥ ॥ ॥ वामदेवउवाच ॥ यत्राधर्मंप्रणयतेदुर्बलेबलवत्तरः ॥ तांवृत्तिमुपजीवंतियेभवंतितदन्वयाः १ राजानमनु वर्ततेतंपापाभिप्रवर्तकम् ॥ अविनीतमनुष्यंतत्क्षिप्रंराष्ट्रंविनश्यति २ यद्वृत्तमुपजीवंतिप्रकृतिस्थस्यमानवाः ॥ तदेवविषमस्थस्यस्वजनोऽपिनमृष्यते ३ साहसप्रकृतिर्यत्रकिंचिदुल्बणमाचरेत् ॥ अशास्त्रलक्षणोराजाक्षिप्रमेवविनश्यति ४ योऽत्यंताचरितांवृत्तिंक्षत्रियोनानुवर्तते ॥ जितानामजितानांचक्षत्रध र्मादपैतिसः ५ द्विषंतंकृतकल्याणंगृहीत्वानृपतिरणे ॥ योनमानयतेद्वेषात्क्षत्रधर्मादपैतिसः ६ शक्तःस्यात्सुसुखोराजाकुर्यात्करणमापदि ॥ प्रियोभवतिभू तानांनचविभ्रश्यतेश्रियः ७ अप्रियंयस्यकुर्वीतभूयस्तस्यप्रियंचरेत् ॥ नचिरेणप्रियःसस्याद्योऽप्रियःप्रियमाचरेत् ८ मृषावादंपरिहरेत्कुर्यात्प्रियमयाचितः ॥ नकामान्नचसंरंभान्नद्वेषाद्धर्ममुत्सृजेत् ९ नापत्रपेतप्रश्नेषुनाविभाव्यांगिरंसृजेत् ॥ नत्वरेतनचासूयेत्तथासंगृह्यतेपरः १० प्रियेनातिभृशंहृष्येदप्रियेनचसं ज्वरेत् ॥ नतप्येदर्थकृच्छ्रेषुप्रजाहितमनुस्मरन् ११ यःप्रियंकुरुतेनित्यंगुणतोवसुधाधिपः ॥ तस्यकर्माणिसिद्ध्यंतिनचसंत्यज्यतेश्रिया १२ निवृत्तंप्रतिकूले षुवर्तमानमनुप्रिये ॥ भक्तंभजेतनृपतिःसदैवसुसमाहितः १३ अप्रकीर्णेंद्रियग्राममत्यंतानुगतंशुचिम् ॥ शक्तंचैवानुरक्तंचयुंज्यान्महतिकर्मणि १४ एवमेतैर्गुणै र्युक्तोयोऽनुरज्यतिभूमिपम् ॥ भर्तुरर्थेष्वप्रमत्तंनियुंज्यादर्थकर्मणि १५ मूढमैंद्रियकंलुब्धमनार्यचरितंशठम् ॥ अनतीतोपधंहिंस्रंदुर्बुद्धिमबहुश्रुतम् १६ त्य क्तोदात्तंमद्यरतंद्यूतस्त्रीमृगयापरम् ॥ कार्येमहतियुंजानोहीयतेनृपतिःश्रिया १७ रक्षितात्माचयोराजारक्ष्यान्यश्चानुरक्षति ॥ प्रजाश्चतस्यवर्धंतेध्रुवंचमहद श्नुते १८ येकेचिद्भूमिपतयःसर्वांस्तानन्ववेक्षयेत् ॥ सुहृद्भिरनभिख्यातैस्तेनराजाऽतिरिच्यते १९ अपकृत्यबलस्थस्यदूरस्थोऽस्मीतिनाश्वसेत् ॥ श्येना भिपतनैरेतेनिपतंतिप्रमाद्यतः २० दृढमूलस्त्वदुष्टात्माविदित्वाबलमात्मनः ॥ अबलानभियुंजीतनतुयेबलवत्तराः २१ ॥ ॥

अप्रियमिति । उपकृतःशत्रुरग्रेऽप्युपकरिष्यत्येवेत्यर्थः ८ । ९ नापत्रपेतन्यायनिष्ठुरमुत्तरंदद्यात् अविभाव्यामगंभीरां अभीतिपाठेदूषणार्हाम् १० । ११ प्रियंभृत्यादीनाम् १२ । १३ । १४ एतैर्निवृत्त मितिश्लोकद्वयोक्तैर्योऽनुरज्यत्यनुरंजयतितंनियुंज्यात् भूमिपः १५ । १६ त्यक्तोदात्तमुदारकर्मत्यागिनम् १७ महत्पदम् १८ सुहृद्भिश्चारैःअनभिख्यातैःस्वेषांपरेषांचाविदितैः १९ । २० । २१ ॥

२२ मरणांतमपीदंपालनमनामयंकुशलमेवस्वर्गहेतुत्वादित्यर्थः २३ रक्षाधिकरणंदुर्गादि सुखंसुखप्रदानं २४ गुप्तानिसुरक्षितानि २५ एकेनराज्ञा तेषुदुर्गाद्यधिष्ठातृषुपंचसु ॥ २६ । २७
ज्ञानमिदंममनिःश्रेयसमितियज्ज्ञानंतत् २८ अर्थकामस्यसख्युः प्रातिकूल्याद्द्वेषात् शृणोतितच्छत्रुभ्यःसकाशात् २९ अग्राम्यैर्बुद्धिमद्भिः वृत्तिलाभोपायं ३० । ३१ मुख्यानिति । गाधंकार्य

विक्रमेणमहींलब्ध्वाप्रजाधर्मेणपालयेत् ॥ आहवेनिधनंकुर्याद्राजाधर्मपरायणः २२ मरणांतमिदंसर्वंनेहकिंचिदनामयम् ॥ तस्माद्धर्मेस्थितोराजाप्रजाधर्मे
णपालयेत् २३ रक्षाधिकरणंयुद्धंतथाधर्मानुशासनम् ॥ मंत्रचिंतासुखंकालेपंचभिर्वर्धतेमही २४ एतानियस्यगुप्तानिसराजाराजसत्तम ॥ सततंवर्तमानोऽत्र
राजाधत्तेमहीमिमाम् २५ नैतान्येकेनशक्यानिसातत्येनानुवीक्षितुम् ॥ तेषुसर्वंप्रतिष्ठाप्यराजाभुंक्तेचिरंमहीम् २६ दातारंसंविभक्तारंमार्दवोपगतंशुचिम् ॥
असंत्यक्तमनुष्यंचतंजनाःकुर्वतेनृपम् २७ यस्तुनिःश्रेयसंश्रुत्वाज्ञानंतत्प्रतिपद्यते ॥ आत्मनोमतमुत्सृज्यतंलोकोऽनुविधीयते २८ योऽर्थकामस्यवचनंप्राति
कूल्यान्नमृष्यते ॥ शृणोतिप्रतिकूलानिसर्वदाविमनाइव २९ अग्राम्यचरितांवृत्तिंयोनसेवेतनित्यदा ॥ जितानामजितानांचक्षत्रधर्मादपैतिसः ३० निगृहीताद
मात्याच्चस्त्रीभ्यश्चैवविशेषतः ॥ पर्वताद्विषमाद्दुर्गाद्धस्तिनोऽश्वात्सरीसृपात् ॥ एतेभ्योनित्ययुक्तःसन्रक्षेदात्मानमेवतु ३१ मुख्यानमात्यान्योहित्वानिहीना
न्कुरुतेप्रियान् ॥ सवैव्यसनमासाद्यगाधमार्तोनविंदति ३२ यःकल्याणगुणान्ज्ञातीन्प्रद्वेषान्नोबुभूषति ॥ अदृढात्माऽदृढक्रोधःसमृत्योर्वसतेऽन्तिके ३३ अथ
योगुणसंपन्नान्हृदयस्याप्रियानपि ॥ प्रियेणकुरुतेवश्यांश्चिरंयशसितिष्ठति ३४ नाकालेप्रणयेदर्थान्नाप्रियेजातुसंज्वरेत् ॥ प्रियेनातिभृशंतुष्येद्युंजीतारोग्यक
र्मणि ३५ केवाऽनुरक्ताराजानःकेभयात्समुपाश्रिताः ॥ मध्यस्थदोषाःकेचैषामितिनित्यंविचिंतयेत् ३६ नजातुबलवान्भूत्वादुर्बलेविश्वसेत्क्वचित् ॥ भारुंड
सदृशाह्येतेनिपतंतिप्रमाद्यतः ३७ अपिसर्वगुणैर्युक्तंभर्तारंप्रियवादिनम् ॥ अभिद्रुह्यतिपापात्मानतस्माद्धिविश्वसेज्जनात् ३८ एवंराजोपनिषदंययातिःस्माह
नाहुषः ॥ मनुष्यविषयेयुक्तोहंतिशत्रूननुत्तमान् ३९ ॥ इतिश्रीमहाभारतेशांतिपर्वणि राजधर्मा० वामदेवगीतासुत्रिनवतितमोऽध्यायः ॥ ९३ ॥ ॥
॥ वामदेवउवाच ॥ अयुद्धेनैवविजयंवर्धयेद्वसुधाधिपः ॥ जघन्यमाहुर्विजयंयुद्धेनचनराधिप १ नचाप्यलब्धंलिप्सेतमूलेनातिदृढेसति ॥ नहिदुर्बलमूलस्य
राज्ञोलाभोविधीयते २ यस्यस्फीतोजनपदःसंपन्नप्रियराजकः ॥ संतुष्टपुष्टसचिवोदृढमूलःसपार्थिवः ३ यस्ययोधाःसुसंतुष्टाःसांत्विताःसूपधास्थिताः ॥
अल्पेनापिसदंडेनमहींजयतिपार्थिवः ४ पौरजानपदायस्यभूतेषुचदयालवः ॥ सधनाधान्यवंतश्चदृढमूलःसपार्थिवः ५ प्रतापकालमधिकंयदामन्येतचात्मनः ॥
तदालिप्सेतमेधावीपरभूमिधनान्युत ६ ॥ ॥ ॥ ॥ ॥ ॥

स्यांतं ३२ । ३३ । ३४ । ३५ । ३६ । ३७ । ३८ राजोपनिषदंराज्ञांरहस्यविद्याम् ३९ ॥ इतिशांतिप० रा० नी० भारत० त्रिनवतितमोऽध्यायः ॥ ९३ ॥ अयुद्धेनेति
१ नातिदृढेअनतिदृढे २ दृढमूलत्वस्यलक्षणमाह यस्येति ३ सूपधाःपरवंचनास्तत्रास्थतानिष्ठावंतः दंडेनसैन्येन ४ । ५ लिप्सेतविजिगीषेत ६ ॥ ॥

७ । ८ । ९ । १० कृत्यशेषेणपरकृत्यंकात्स्न्येंननसमापयेत्समापितेतुपरोऽवमन्यतेस्वस्यचतापोभवतीत्यर्थः ११ । १२ नृपोवसुमनाः १३ ॥ ॥ इतिशांतिप० रा० नी० भा० चतुर्नवति तमोऽध्यायः ॥ ९४ ॥ ॥ ॥ वामदेवगीतासमाप्ता ॥ यस्यस्वाम्याद्याःसप्तप्रकृतयोदृढाःसपरमहीं लिप्सेतेत्युक्तंतत्रयोजिगीषतेजेतुमिच्छतितस्यविजयेविषयेविजयनिमित्तंकोऽनुष्ठेयोधर्मइ

भोगेषूदयमानस्यभूतेषुचदयावतः ॥ वर्धतेत्वरमाणस्यविषयोरक्षितात्मनः ७ तक्षेदात्मानमेवंसवनंपरशुनायथा ॥ यःसम्यग्वर्तमानेषुस्वेषुमिथ्या प्रवर्तते ८ नैवद्विषंतोहीयंतेराज्ञोनित्यमनिघ्नतः ॥ क्रोधंनिहंतुंयोवेदतस्यद्वेष्टानविद्यते ९ यदार्यजनविद्विष्टंकर्मतन्नाचरेद्बुधः ॥ यत्कल्याणमभिध्यायेत्तत्रा त्मानंनियोजयेत् १० नैवमन्येऽवजानंतिनात्मनापरितप्यते ॥ कृत्यशेषेणयोराजासुखान्यनुबुभूषति ११ इदंवृत्तंमनुष्येषुवर्ततेयोमहीपतिः ॥ उभौलोकौ विनिर्जित्यविजयेसंप्रतिष्ठते १२ ॥ भीष्मउवाच ॥ इत्युक्तोवामदेवेनसर्वंतत्कृतवान्नृपः ॥ तथाकुर्वंस्त्वमप्येतौलोकौजेतानसंशयः १३ ॥ इतिश्रीमहाभारते शांतिपर्वणि राजध० वामदेवगीतासुचतुर्नवतितमोऽध्यायः ॥ ९४ ॥ ॥ युधिष्ठिरउवाच ॥ अथयोविजिगीषेतक्षत्रियःक्षत्रियंयुधि ॥ कस्तस्यविजयेध र्मोह्येतंपृष्टोब्रवीहिमे १ ॥ भीष्मउवाच ॥ ससहायोऽसहायोवाराष्ट्रमागम्यभूमिपः ॥ ब्रूयादहंवोराजेतिरक्षिष्यामिचवःसदा २ ममधर्म्यंबलिंदत्तकिंवामांप्रति पत्स्यथ ॥ तेचेत्तमागतंतत्रवृणुयुःकुशलंभवेत् ३ तेचेदक्षत्रियाःसंतोविरुध्येरन्कथंचन ॥ सर्वोपायैर्नियंतव्याविकर्मस्थानराधिप ४ अशस्त्रंक्षत्रियंमत्वाशस्त्रं गृह्णात्यथापरः ॥ त्राणायाप्यसमर्थंतंमन्यमानमतीवच ५ ॥ युधिष्ठिरउवाच ॥ अथयःक्षत्रियोराजाक्षत्रियंप्रत्युपाव्रजेत् ॥ कथंसंप्रतियोद्धव्यस्तन्मेब्रूहिपि तामह ६ ॥ भीष्मउवाच ॥ नैवासन्नद्धकवचोयोद्धव्यःक्षत्रियोरणे ॥ एकएकेनवाच्यश्चविसृजेतिक्षिपामिच ७ सचेत्सन्नद्धआगच्छेत्सन्नद्धव्यंततोभवेत् ॥ सचेत्ससैन्यआगच्छेत्ससैन्यस्तमथाह्वयेत् ८ सचेन्निकृत्यायुद्ध्येतनिकृत्याप्रतियोधयेत् ॥ अथचेद्धर्मतोयुद्ध्येद्धर्मेणैवनिवारयेत् ९ नाश्वेनरथिनंयायादुदि याद्रथिनंरथी ॥ व्यसनेनप्रहर्तव्यंनभीतायजितायच १० इषुर्लिप्तोनकर्णीस्यादसतामेतदायुधम् ॥ यथार्थमेवयोद्धव्यंनक्रुद्ध्येतजिघांसतः ११ साधूनांतुय दाभेदात्साधुश्चेद्व्यसनीभवेत् ॥ निष्प्राणोनाभिहंतव्योनानपत्यःकथंचन १२ भग्नशस्त्रोविपन्नश्चकृत्तज्योहतवाहनः ॥ चिकित्स्यःस्यात्स्वविषयेप्राप्योवास्व गृहेभवेत् १३ निर्व्रणश्चसमोक्तव्यएषधर्मःसनातनः ॥ तस्माद्धर्मेणयोद्धव्यमितिस्वायंभुवोऽब्रवीत् १४ सत्सुनित्यःसतांधर्मस्तमास्थायननाशयेत् ॥ योवै जयत्यधर्मेणक्षत्रियोधर्मसंगरः १५ आत्मानमात्मनाहंतिपापोनिकृतिजीवनः ॥ कर्मचैतदसाधूनामसाधून्साधुनाजयेत् १६ ॥ ॥

तिपृच्छति अथेति १ जिगीषुर्द्विविधःअनुपस्थितपरिपंथी उपस्थितपरिपंथीच तत्राद्यस्यधर्ममाह ससहायइति । योऽकस्माद्राष्ट्रंपरकीयमागत्याऽहंवोरक्षिष्यामीत्यादिब्रूयात्सआद्योविजिगीषमाणइ त्यर्थः २ । ३।४ अशस्त्रमिति । त्राणायाप्यसमर्थंपरंचातीवमन्यमानंक्षत्रियमशस्त्रंज्ञात्वाऽपरोहीनोऽपिशस्त्रंगृह्णात्यतःशस्त्रबलेनैवजितान्ग्रामादीनुल्लंघ्यतत्तदधिपतिमुखेस्थातव्यं जितंराष्ट्रंसामादिनावशीकर्त व्यमितिशेषः ५ । ६ । ७ । ८ । ९ । १० लिप्तोविषदिग्धःइषुर्महान्बाणः कर्णीऋजुःप्रतीपकंटकोबाणः ११ । १२ । १३ । १४ । १५ । एतन्निकृत्याजयरूपं असाधूनपि १६

१७ । १८ । १९ । २० महादृतिर्महांश्चर्मकोशः आध्मातोवायुनापूरितइवातिपुष्टः सुकृतेसत्कर्मणि २१ । २२ ॥ इतिशांतिपर्वणिराजधर्मानुशासनपर्वणिनीलकंठीयेभारतभावदीपे पंचनव
तितमोऽध्यायः ॥ ९५ ॥ ॥ ॥ नाधर्मेणेति १ । २ । ३ विप्रणयेद्दासोऽस्मीतिवदेतितंशिक्षयेत् ततःसंवत्सरादूर्ध्वंसएवाऽब्रुवन्नपितत्तोजातोजेतुःपुत्रएवभवेत्ततश्चमोक्तव्य
इत्यर्थः ४ विक्रमाहृताकन्यात्वमस्मान्वृणीषेउतान्यंचेतिप्रष्टव्याऽन्यार्थिनीनस्थाप्येतिभावः । सहसानिकृत्याआहृतंदासदास्यादिकंवत्सरांतेप्रत्यर्पणीयंतदास्वीयमेवतस्मैदत्तंभवति ५ वध्याश्चोरा

धर्मेणनिधनंश्रेयोनजयःपापकर्मणा ॥ नाधर्मश्चरितोराजन्सद्यःफलतिगौरिव १७ मूलानिचप्रशाखाश्चदहन्समधिगच्छति ॥ पापेनकर्मणावित्तंलब्ध्वापापः
प्रहृष्यति १८ सवधर्मानःस्तेयेनपापःपापेप्रसज्जति ॥ नधर्मोस्तीतिमन्वानःशुचीनवहसन्निव १९ अश्रद्दधानश्चभवेद्विनाशमुपगच्छति ॥ संबद्धोवारुणैः
पाशैरमर्त्यइवमन्यते २० महादृतिरिवाध्मातःसुकृतेनैववर्तते ॥ ततःसमूलोह्रियतेनदीकूलादिवद्रुमः २१ अथैनमभिनिंदंतिभिन्नंकुंभमिवाश्मनि ॥ तस्माद्ध
र्मेणविजयंकोशंलिप्सेतभूमिपः २२ ॥ इतिश्रीम० शां० रा० विजिगीषमाणवृत्तेपंचनवतितमोऽध्यायः ॥ ९५ ॥ भीष्मउवाच ॥ नाधर्मेणमहींजेतुंलिप्सेतजगती
पतिः ॥ अधर्मविजयंलब्ध्वाकोऽनुमन्येतभूमिपः १ अधर्मयुक्तोविजयोह्यध्रुवोऽस्वर्ग्यएवच ॥ सादयत्येषराजानंमहींचभरतर्षभ २ विशीर्णकवचंचैवतवास्मीति
चवादिनम् ॥ कृतांजलिंन्यस्तशस्त्रंगृहीत्वानहिहिंसयेत् ३ बलेनविजितोयश्चनतंयुध्येतभूमिपः ॥ संवत्सरंविप्रणयेत्तस्माज्जातःपुनर्भवेत् ४ नार्वाक्संवत्सरात्क
न्याप्रष्टव्याविक्रमाहृता ॥ एवमेवधनंसर्वंयच्चान्यत्सहसाऽऽहृतम् ५ नतुवध्यधनंतिष्ठेत्पिबेयुर्ब्राह्मणाःपयः ॥ युंजीरन्वाप्यनड्डुहःक्षंतव्यंवातदाभवेत् ६ राज्ञाराजेवयो
द्धव्यस्तथाधर्मोविधीयते ॥ नान्योराजानमभ्यस्येदराजन्यःकथंचन ७ अनीकयोःसंहतयोर्यदीयाद्ब्राह्मणोन्तरा ॥ शांतिमिच्छन्नुभयतोनयोद्धव्यंतदाभवेत् ८ म
र्यादांशाश्वतींभिंद्याद्ब्राह्मणंयोभिलंघयेत् ॥ अथचेल्लंघयेदेवमर्यादांक्षत्रियब्रुवः ९ असंख्येयस्तदूर्ध्वंस्यादनादेयश्चसंसदि ॥ यस्तुधर्मविलोपेनमर्यादाभेदनेनच
१० तांवृत्तिंनानुवर्तेतविजिगीषुर्महीपतिः ॥ धर्मलब्धाद्धिविजयाल्लाभःकोऽभ्यधिकोभवेत् ११ सहसाऽनार्यभूतानिक्षिप्रमेवप्रसादयेत् ॥ सांत्वेनभोगदानेनसरा
ज्ञांपरमोनयः १२ भुज्यमानाह्ययोगेनस्वराष्ट्रादभितापिताः ॥ अमित्रास्तमुपासीरन्व्यसनौघप्रतीक्षिणः १३ अमित्रोपग्रहंचास्यतेकुर्युःक्षिप्रमापदि ॥ संतुष्टाः
सर्वतोराजन्राजव्यसनकांक्षिणः १४ नामित्रोविनिकर्तव्योनातिच्छेद्यःकथंचन ॥ जीवितंह्यप्यतिच्छिन्नःसंत्यजेन्नकदाचन १५ अल्पेनापिचसंयुक्तस्तुष्य
त्येवनराधिपः ॥ शुद्धंजीवितमेवापितादृशोबहुमन्यते १६ यस्यस्फीतोजनपदःसंपन्नःप्रियराजकः ॥ संतुष्टभृत्यसचिवोदृढमूलःसपार्थिवः १७ ॥

दयः तद्धनंनतिष्ठेदपितुव्ययितव्यमेव वध्योऽप्यचोरश्चेत्तदाक्षंतव्यं पूर्ववत्तद्धनंप्रतिदेयमित्यर्थः ६ अभ्यस्येदभिमुखंशस्त्रंक्षिपेत् ७ । ८ क्षत्रियब्रुवःक्षत्रियाधमः । ९ असंख्येयःक्षत्रि
येषुनगणनीयः जातिबाह्यःकर्तव्यइत्यर्थः १० । ११ अनार्यभूतानिजयादीनिकृत्वाप्रसादयेत् १२ अयोगेनासांत्वेन १३ अमित्रोपग्रहंतद्वैरिणामानुकूल्यं तेवलाद्भुज्यमानाः १४
विनिकर्तव्योनिकृत्यावंचयितव्यः १५ । १६ । १७ ॥ ॥ ॥

१८ । १९ भूमीति । धान्यान्यपिशत्रोर्हर्तव्यानीतिकिमुस्वर्णादिकमितिभावः २० अग्निशेषंयज्ञांगभूतंहविः भोजनंसिद्धान्नं एतन्नहर्तव्यमित्यर्थः विप्रकृतोवंचितः २१ । २२ उच्चेति । राज्ञासर्वंहर्तव्य मित्यर्थः २३ । २४ ॥ इतिशांतिप० रा० नीलकंठीये भारतभाव० षण्णवतितमोऽध्यायः ॥ ९६ ॥ ॥ क्षत्रेति । महाजनंकटकाश्रितंवैश्यादिजनम् १ केनतद्वधप्रायश्चित्तंकृत्वापुण्यफलमाप्नोती

ऋत्विक्पुरोहिताचार्यायेचान्येश्रुतसत्तमाः ॥ पूजार्हाःपूजितायस्यसवैलोकविदुच्यते १८ एतेनैवचवृत्तेनमहींप्रापसुरोत्तमः ॥ अनेनचेंद्रविषयंविजिगीषंतिपार्थिवाः १९ भूमिवर्जंधनंराजाजित्वाराजन्महाहवे ॥ अपिचान्नौषधीःशश्वदाजहारप्रतर्दनः २० अग्निहोत्राग्निशेषंचहविर्भोजनमेवच ॥ आजहारदिवोदासस्ततोविप्रकृतोऽभवत् २१ सराजकानिराष्ट्राणिनाभागोदक्षिणांददौ ॥ अन्यत्रश्रोत्रियस्वाच्चतापसार्थाच्चभारत २२ उच्चावचानिवित्तानिधर्मज्ञानांयुधिष्ठिर ॥ आसन्राज्ञांपुराणानांसर्वंतन्ममरोचते २३ सर्वविद्यातिरेकेणजयमिच्छेन्महीपतिः ॥ नमाययानदंभेनयइच्छेद्भूतिमात्मनः २४ इतिश्रीमहाभारतेशां०रा० विजिगीषमाणवृत्तेषण्णवतितमोऽध्यायः ॥ ९६ ॥ युधिष्ठिरउवाच ॥ क्षत्रधर्मान्नपापीयान्धर्मोऽस्तिनराधिप ॥ अपयानेनयुद्धेनराजाहंतिमहाजनम् १ अथस्मकर्मणाकेनलोकाञ्जयतिपार्थिवः ॥ विद्वञ्जिज्ञासमानायप्रब्रूहिभरतर्षभ २ ॥ भीष्मउवाच ॥ निग्रहेणचपापानांसाधूनांसंग्रहेणच ॥ यज्ञैर्दानैश्चराजानोभवंतिशुचयोऽमलाः ३ उपरुंधंतिराजानोभूतानिविजयार्थिनः ॥ तएवविजयंप्राप्यवर्धयंतिपुनःप्रजाः ४ अपविध्यंतिपापानिदानयज्ञतपोबलैः ॥ अनुग्रहायभूतानांपुण्यमेषांविवर्धते ५ यथैवक्षेत्रनिर्याताँनिर्यातंक्षेत्रमेवच ॥ हिनस्तिधान्यंकक्षंचनचधान्यंविनश्यति ६ एवंशस्त्राणिमुंचंतोघ्नंतिवध्याननेकधा ॥ तस्यैषानिष्कृतिःकृत्स्नाभूतानांभावनंपुनः ७ योभूतानिधनाक्रांत्यावधात्क्लेशाच्चरक्षति ॥ दस्युभ्यःप्राणदानात्सधनदःसुखदोविराट् ८ ससर्वयज्ञैरीजानोराजाऽथाभयदक्षिणैः ॥ अनुभूयेहभद्राणिप्राप्नोतींद्रसलोकताम् ९ ब्राह्मणार्थेसमुत्पन्नेयोऽरिभिःसृत्ययुध्यति ॥ आत्मानंयूपमुत्सृज्यसयज्ञोऽनंतदक्षिणः १० अभीतोविकिरञ्शत्रून्प्रतिगृह्यशरांस्तथा ॥ नतस्मात्त्रिदशाःश्रेयोभुविपश्यंतिकिंचन ११ तस्यशस्त्राणियावंतित्वचंभिंदंतिसंयुगे ॥ तावतःसोऽश्नुतेलोकान्सर्वकामदुहोऽक्षयान् १२ यदस्यरुधिरंगात्रादाहवेसंप्रवर्तते ॥ सहतेनैवपापेनसर्वपापैःप्रमुच्यते १३ यानिदुःखानिसहतेक्षत्रियोयुधितापितः ॥ तेनतेनतपोभूयइतिधर्मविदोविदुः १४ पृष्ठतोभीरवःसंख्येवर्ततेधर्मपूरुषाः ॥ शूराच्छरणमिच्छंतःपर्जन्यादिवजीवनम् १५ यदिशूरस्तथाक्षेमंप्रतिरक्षेद्यथाऽभये ॥ प्रतिरूपंजनंकुर्यान्नचेत्तद्वर्ततेतथा १६ यदितेकृतमाज्ञायनमस्कुर्युःसदैवतम् ॥ युक्तंन्याय्यंचकुर्युस्तेनचतद्वर्ततेतथा १७ ॥ ॥

त्यर्थः २ उत्तरमाह निग्रहेणेति ३ उपरुंधंतिपीडयंति ४ अपविध्यंतिदूरीकुर्वंति ५ निर्यातातृणाद्यपनयेनशोधकः । निर्दातेतिपाठेदैप्शोधनेइत्यस्यरूपं कक्षंतृणम् ६ भावनंवर्धनम् ७ । ८ । ९ आत्मानंदेहयूपंयज्ञस्तंभमुत्सृज्योच्छ्रित्य यज्ञोयुद्धयज्ञः १० । ११ । १२ पापेनदुःखेन १३ । १४ । १५ यदीति । रक्षित्वाप्रतिरूपंयुद्धाभिमुखंजनंचेन्नकुर्यात्किंतर्हिस्वयंपुरतोभूत्वातांश्चेत्पृष्ठतःकुर्यात्तर्हितत्तथापूर्ववत्पुण्यंवर्ततेनान्यथेत्यर्थः १६ यदितेरक्षितारःसंतस्तंनमस्कुर्युःअथवान्याय्यंयुद्धंचपराहत्यकुर्युस्तदपितथान १७ ॥ ॥ ॥

अनीकवेलायामनीकानांसंघट्टकाले आभिपतंत्येके उताऽपिचनेत्यन्यइत्यर्थात् १८ तदेवाह पततीति । विषमेप्राणसंकटेत्यजेत् देहमितिशेषः १९ ।२० तेभ्यस्तस्मै २१ तस्यदंडमाह तंहन्युरिति ।
तृणमयेकटेवद्धादहनंकटाग्निनादाहः २२ । २३ । २४ शौटीराणांशूरत्वाभिमानवतां २५ निष्टनन्शब्दंकुर्वन् पूतिर्दुर्गंधिः अमात्यान्पुत्रान् २६ । २७ । २८ । २९ । ३० । ३१ । ३२

पुरुषाणांसमानानांदृश्यतेमहदंतरम् ॥ संग्रामेऽनीकवेलायामुत्कुष्टेऽभिपतंत्युत १८ पतत्यभिमुखःशूरःपरान्भीरुःपलायते ॥ आस्थायस्वर्ग्यमध्वानंसहायान्वि
षमेत्यजेत् १९ मास्मतांस्तादृशांस्तातजनिष्ठाःपुरुषाधमान् ॥ येसहायान्रणेहित्वास्वस्तिमंतोगृहान्ययुः २० अस्वस्तितेभ्यःकुर्वन्तिदेवाइंद्रपुरोगमाः ॥
त्यागेनयःसहायानांस्वान्प्राणांस्त्रातुमिच्छति २१ तंहन्युःकाष्ठलोष्टैर्वादहेयुर्वाकटाग्निना ॥ पशुवन्मारयेयुर्वाक्षत्रियायेस्युरीदृशाः २२ अधर्मःक्षत्रियस्यैषय
च्छय्यामरणंभवेत् ॥ विसृजन्श्लेष्ममूत्राणिकृपणंपरिदेवयन् २३ अविक्षतेनदेहेनप्रलयंयोऽधिगच्छति ॥ क्षत्रियोनास्यतत्कर्मप्रशंसंतिपुराविदः २४ नगृहेमर
णंतातक्षत्रियाणांप्रशस्यते ॥ शौटीराणामशौटीर्यमधर्मंकृपणंचतत् २५ इदंदुःखंमहत्कष्टंपापीयइतिनिष्टनन् ॥ प्रतिध्वस्तमुखःपूतिरमात्याननुशोचयन् २६
अरोगाणांस्पृहयतेमुहुर्मृत्युमपीच्छति ॥ वीरोदृप्तोऽभिमानीचनेदृशंमृत्युमर्हति २७ रणेषुकदनंकृत्वाज्ञातिभिःपरिवारितः ॥ तीक्ष्णैःशस्त्रैरभिक्लिष्टःक्षत्रि
योमृत्युमर्हति २८ शूरोहिकाममन्युभ्यामाविष्टोयुध्यतेभृशम् ॥ हन्यमानानिगात्राणिपरैर्नैवावबुध्यते २९ ससंख्येनिधनंप्राप्यप्रशस्तंलोकपूजितम् ॥ स्व
धर्मंविपुलंप्राप्यशक्रस्यैतिसलोकताम् ३० सर्वोपायैरणमुखमातिष्ठंस्त्यक्तजीवितः ॥ प्राप्नोतींद्रस्यसालोक्यंशूरःपृष्ठमदर्शयन् ३१ यत्रयत्रहतःशूरःशत्रुभिःप
रिवारितः ॥ अक्षयाँल्लभतेलोकान्यदिदैन्यंनसेवते ३२ ॥ इतिश्रीमहाभारतेशांतिपर्वणिराजधर्मानुशासनपर्वणिसप्तनवतितमोऽध्यायः ॥ ९७ ॥ ॥
युधिष्ठिरउवाच ॥ ॥ केलोकायुध्यमानानांशूराणामनिवर्तिनाम् ॥ भवंतिनिधनंप्राप्यतन्मेब्रूहिपितामह १ ॥ ॥ भीष्मउवाच ॥ ॥ अत्राप्युदाहरंतीममि
तिहासंपुरातनम् ॥ अंबरीषस्यसंवादमिंद्रस्यचयुधिष्ठिर २ अंबरीषोहिनाभागिःस्वर्गंगत्वासुदुर्लभम् ॥ ददर्शसुरलोकस्थंशक्रेणसचिवंसह ३ सर्वतेजोमयंदि
व्यंविमानवरमास्थितम् ॥ उपर्युपरिगच्छंतंस्वंवैसेनापतिंप्रभुम् ४ सदृष्ट्वोपरिगच्छंतंसेनापतिमुदारधीः ॥ ऋद्धिंदृष्ट्वासुदेवस्यविस्मितःप्राहवासवम् ५ ॥ अं
बरीषउवाच ॥ ॥ सागरांतांमहींकृत्स्नामनुशास्ययथाविधि ॥ चातुर्वर्ण्येयथाशास्त्रंप्रवृत्तोधर्मकाम्यया ६ ब्रह्मचर्येणघोरेणगुर्वाचारेणसेवया ॥ वेदानधीत्यध
र्मेणराजशास्त्रंचकेवलम् ७ अतिथीनन्नपानेनपितॄंश्चस्वधयातथा ॥ ऋषीन्स्वाध्यायदीक्षाभिर्देवान्यज्ञैरनुत्तमैः ८ क्षत्रधर्मेस्थितोभूत्वायथाशास्त्रंयथाविधि ॥
उदीक्षमाणःपृतनांजयामियुधिवासव ९ देवराजसुदेवोऽयंममसेनापतिःपुरा ॥ आसीद्योधःप्रशांतात्मासोऽयंकस्मादतीवमाम् १० ॥ ॥ ॥

॥ इतिशांतिपर्वणिराजधर्मानुशासनपर्वणिनीलकंठीयेभारतभावदीपेसप्तनवतितमोऽध्यायः ॥ ९७ ॥ ॥ ॥ ॥ अक्षयाँल्लभतेलोकानित्युक्तंतत्प्रश्नपूर्वकंविवृणोति केइति १ । २
नाभागिर्नाभागपुत्रः शक्रेणसहस्थितंसचिवं ३ । ४ । ५ । ६ । ७ । ८ । ९ । १० ॥ ॥ ॥ ॥ ॥

म.भा.टी ॥ ८२ ॥ शां.रा.१२ अ० ९८

११ यश्चान्योक्षत्रियोऽपियुध्येनरस्तस्याप्ययंचयज्ञोऽस्ति यश्चान्योविद्यतेनवइतिपाठेयोयस्मात अन्योयज्ञोवोयुष्माकंक्षत्रियाणांनविद्यतइत्यर्थः १२ । १३ । १४ । १५ । १६ निशिताः

अनेनक्रतुभिर्मुख्यैर्नेष्टंनापिद्विजातयः ॥ तर्पितावििधवच्छक्रसोऽयंकस्मादतीवमाम् ११ ॥ ॥ इंद्रउवाच ॥ ॥ एतस्यविततस्तातसुदेवस्यबभूवह ॥ संग्राम
यज्ञःसुमहान्यश्चान्योयुद्धयतेनरः १२ सन्नद्धोदीक्षितःसर्वोयोधःप्राप्यचमूमुखम् ॥ युद्धयज्ञाधिकारस्थोभवतीतिविनिश्चयः १३ ॥ ॥ अंबरीषउवाच ॥ ॥
कानियज्ञेहवींष्यस्मिन्किमाज्यंकाचदक्षिणा ॥ ऋत्विजश्चात्रकेप्रोक्तास्तन्मेब्रूहिशतक्रतो १४ ॥ ॥ इंद्रउवाच ॥ ॥ ऋत्विजःकुंजरास्तत्रवाजिनोऽध्वर्यवस्त
था ॥ हवींषिपरमांसानिरुधिरंत्वाज्यमुच्यते १५ श्रृगालगृध्रकाकोलाःसदस्यास्तत्रपत्रिणः ॥ आज्यशेषंपिबंत्येतेहविःप्राश्नंतिचाध्वरे १६ प्रासतोमरसंघाताः
खड्गशक्तिपरश्वधाः ॥ ज्वलंतोनिशिताःपीताःस्रुचस्तस्याथसत्रिणः १७ चापवेगायतस्तीक्ष्णःपरकायावभेदनः ॥ ऋजुःसुनिशितःपीतःसायकश्चस्रुवोमहान्
१८ द्वीपिचर्मावनद्धश्चनागदंतकृतत्सरुः ॥ हस्तिहस्तधरःखड्गःस्फिग्भवेत्तस्यसंयुगे १९ ज्वलितैर्निशितैःप्रासशक्त्यृष्टिसपरश्वधैः ॥ शैक्यायसमयैस्तीक्ष्णैरभि
घातोभवेद्वसु २० संख्यासमयविस्तीर्णमभिजातोद्भवंबहु ॥ आवेगाद्यत्ररुधिरंसंग्रामेस्रवतेभुवि २१ साऽस्यपूर्णाहुतिर्होमेसमृद्धासर्वकामधुक् ॥ छिंधिभिंधीति
यःशब्दःश्रूयतेवाहिनीमुखे २२ सामानिसामगास्तस्यगायंतियमसादने ॥ हविर्धानंतुतस्याहुःपरेषांवाहिनीमुखम् २३ कुंजराणांहयानांचवर्मिणांचसमुच्चयः ॥
अग्निःश्येनचितोनामसचयज्ञेविधीयते २४ उत्तिष्ठतेकबंधोऽत्रसहस्रेनिहतेतुयः ॥ सयूपस्तस्यशूरस्यखादिरोष्टास्रिरुच्यते २५ इडोपहूताःक्रोशंतिकुंजरास्त्वंकुशे
रिताः ॥ व्याघुष्टतलनादेनवषट्कारेणपार्थिव २६ उद्गातातत्रसंग्रामेत्रिसामादुन्दुभिर्नृप ॥ ब्रह्मस्वेन्हियमाणेतुत्यक्त्वायुद्धेप्रियांतनुम् २७ आत्मानंयूपमुत्सृ
ज्यसयज्ञोऽनंतदक्षिणः ॥ भर्तुरर्थेचयःशूरोविक्रमेद्वाहिनीमुखे २८ नभयाद्विनिवर्तेततस्यलोकायथामम ॥ नीलचर्मावृतैःखड्गैर्बाहुभिःपरिघोपमैः २९ यस्यवे
दिरुपस्तीर्णातस्यलोकायथामम ॥ यस्तुनापेक्षतेकंचित्सहायंविजयेस्थितः ३० विगाह्यवाहिनीमध्यंतस्यलोकायथामम ॥ यस्यशोणितसंघाताभेरीमंडूकक
च्छपा ३१ वीरास्थिशर्करादुर्गामांसशोणितकर्दमा ॥ असिचर्मप्लवाघोराकेशशैवलशाद्वला ३२ अश्वनागरथैश्चैवसंछिन्नैःकृतसंक्रमा ॥ पताकाध्वजवानीरा
हतवारणवाहिनी ३३ शोणितोदासुसंपूर्णादुस्तरापारगैर्नरैः ॥ हतनागमहानक्रापरलोकवहाशिवा ३४ ऋष्टिखड्गमहानौकागृध्रकंकबलप्लवा ॥ पुरुषादानुच
रिताभीरूणांकश्मलावहा ३५ नदीयोधस्यसंग्रामेतदस्यावभृथंस्मृतम् ॥ वेदिर्यस्यत्वमित्राणांशिरोभ्यश्चप्रकीर्यते ३६ अश्वस्कंधैर्गजस्कंधैस्तस्यलोकायथा
मम ॥ पत्नीशालाकृतायस्यपरेषांवाहिनीमुखम् ३७ ॥ ॥ ॥ ॥

शाणघृष्टाः पीताःक्षारपानीयेनसंभाविताः १७ । १८ । १९ शैक्यायसमयैःसर्वलोहमयैः वसुयत्किंचिद्यज्ञियंद्रव्यं २० । २१ । २२ हविर्धानंहविषःस्थापनस्थलं २३ । २४ । २५ । २६
२७ । २८ । २९ । ३० शोणितसंघाताशोणितौघमयी ३१ । ३२ । ३३ । ३४ । ३५ । ३६ । ३७ ॥ ॥ ॥ ॥ ॥

॥ ८२ ॥

३८ । ३९ । ४० । ४१ । ४२ । ४३ । ४४ । ४५ । ४६ । ४७ । ४८ । ४९ । ५० । ५१ ॥ इतिशांतिपर्वणिराजधर्मानुशासनपर्वणिनीलकंठीयेभारतभावदीपे अष्टनवतितमोऽध्यायः ॥ ९८ ॥

हविर्धानंस्ववाहिन्यास्तदस्याहुर्मनीषिणः ॥ सदस्यादक्षिणायोधाआग्नीध्रश्चोत्तरांदिशम् ३८ शत्रुसेनाकलत्रस्यसर्वलोकानदूरतः ॥ यदातूभयतोव्यूहेभवत्या
काशमग्रतः ३९ साऽस्यवेदिस्तदायज्ञैर्नित्यंवेदास्त्रयोऽग्नयः ॥ यस्तुयोधःपरावृत्तःसंत्रस्तोहन्यतेपरैः ४० अप्रतिष्ठःसनरकंयातिनास्त्यत्रसंशयः ॥ यस्यशो
णितवेगेनवेदिःस्यात्संपरिप्लुता ४१ केशमांसास्थिसंपूर्णासगच्छेत्परमांगतिम् ॥ यस्तुसेनापतिंहत्वातद्यानमधिरोहति ४२ सविष्णुविक्रमक्रामीबृहस्पतिसमः
प्रभुः ॥ नायकंतत्कुमारंवायोवास्यात्तत्रपूजितः ४३ जीवग्राहंप्रगृह्णातितस्यलोकायथामम ॥ आहवेतुहतंशूरंनशोचेतकथंचन ४४ अशोच्योहिहतःशूरःस्वर्ग
लोकेमहीयते ॥ नह्यन्नंनोदकंतस्यनस्नानंनाप्यशौचकम् ४५ हतस्यकर्तुमिच्छंतितस्यलोकाञ्शृणुष्वमे ॥ वराप्सरःसहस्राणिशूरमायोधनेहतम् ४६ त्वरमाणा
भिधावंतिममभर्ताभवेदिति ॥ एतत्तपश्चपुण्यंचधर्मश्चैवसनातनः ४७ चत्वारश्चाश्रमास्तस्ययोयुद्धमनुपालयेत् ॥ वृद्धबालौनहंतव्यौनचस्त्रीनैवपृष्ठतः ४८
तृणपूर्णमुखश्चैवतवास्मीतिचयोवदेत् ॥ जंभंवृत्रंबलंपाकंशतमायंविरोचनम् ४९ दुर्वार्यंचैवनमुचिंनैकमायंचशंबरम् ॥ विप्रचित्तिंचदैतेयंदनोःपुत्रांश्चसर्वशः
५० प्रल्हादंचनिहत्याजौततोदेवाधिपोऽभवम् ॥ भीष्मउवाच ॥ इत्येतच्छक्रवचनंनिशम्यप्रतिगृह्यच ॥ योधानामात्मनःसिद्धिमंबरीषोऽभिपन्नवान् ५१
॥ इतिश्रीमहाभारतेशांतिप० राजध० इंद्रांबरीषसंवादेअष्टनवतितमोऽध्यायः ॥ ९८ ॥ भीष्मउवाच ॥ अत्राप्युदाहरंतीममितिहासंपुरातनम् ॥ प्रतर्दनोमैथिल
श्चसंग्रामंयत्रचक्रतुः १ यज्ञोपवीतीसंग्रामेजनकोमैथिलोयथा ॥ योधानुद्धर्षयामासतन्निबोधयुधिष्ठिर २ जनकोमैथिलोराजामहात्मासर्वतत्त्ववित् ॥ योधान्स्वा
न्दर्शयामासस्वर्गंनरकमेवच ३ अभीरूणामिमेलोकाभास्वंतोहंतपश्यत ॥ पूर्णागंधर्वकन्याभिःसर्वकामदुहोऽक्षयाः ४ इमेपलायमानानांनरकाःप्रत्युपस्थिताः ॥
अकीर्तिःशाश्वतीचैवयतितव्यमनंतरम् ५ तान्दृष्ट्वाऽरीन्विजयतभूत्वासंत्यागबुद्धयः ॥ नरकस्याप्रतिष्ठस्यमाभूतवशवर्तिनः ६ त्यागमूलंहिशूराणांस्वर्गद्वार
मनुत्तमम् ॥ इत्युक्तास्तेनृपतिनायोधाःपरपुंजय ७ अजयंतरणेशत्रून्हर्षयंतोनरेश्वरम् ॥ तस्मादात्मवतानित्यंस्थातव्यंरणमूर्धनि ८ गजानांरथिनोमध्ये
रथानामनुसादिनः ॥ सादिनामंतरेस्थाप्यंपादातमपिदंशितम् ९ एएवंव्यूहतेराजासनित्यंजयतिद्विषः ॥ तस्मादेवंविधातव्यंनित्यमेवयुधिष्ठिर १० सर्वेस्व
र्गतिमिच्छंतिसुयुद्धेनातिमन्यवः ॥ क्षोभयेयुरनीकानिसागरंमकरायथा ११ हर्षयेयुर्विषण्णांश्चव्यवस्थाप्यपरस्परम् ॥ जितांचभूमिंरक्षेतभग्नान्नात्यनुसारयेत्
१२ पुनरावर्तमानानांनिराशानांचजीविते ॥ वेगःसुदुःसहोराजंस्तस्मान्नात्यनुसारयेत् १३ ॥ ॥ ॥ ॥

अत्रशूरप्रोत्साहनेविषये मैथिलोजनकः १ यज्ञोपवीतीत्यनेनसंग्रामस्ययज्ञत्वात्तत्रप्रायत्येनभाव्यमितिदर्शितम् २ दर्शयामासयोगबलेन ३ । ४ । ५ । ६ । ७ । ८ गजानांमध्येरथिनः रथिनांमध्ये
सादिनः सादिनांमध्येपादातं ९ । १० । ११ नात्यनुसारयेन्नातिद्रावयेत्पराद्वृत्तिभयात् १२ तदेवाह पुनरिति १३ ॥ ॥ ॥

१४ । १५ । १६ । १७ । १८ ॥ इतिशांतिपर्वणिराजध० नीलकंठीयेभारतभावदीपेनवनवतितमोऽध्यायः ॥ ०९ ॥ ॥ यथेति । नयान्तभीतानपिराजभयप्रदर्शनेनपुरस्कुर्वीति १ सत्यंक्षत्रधर्मः उपपत्तिर्मरणनिश्चयः साध्वाचारःशिष्टाचारः औपयिकउक्तभयप्रदर्शनजाप्रवृत्तिः एतैश्चतुर्भिर्हेतुभिर्धर्मःस्थितःस्थिरोभवति २ सिद्धार्थान्सद्यःफलान् तेषांचयेऽर्थधर्मयोर्निर्मर्यादास्तेपरिपंथिनोनाशकाभवंति ३ तेषांदस्यूनां नैगमंवेदोक्तमुपायं ४ प्रतीति । वक्रांवक्रयैवनाशयेत् ५ अमित्रानिवतांनिकृतिंप्रबाधतेबाधेत् ६ गजानांवर्माणिबाणघातत्राणानि गवादीनांशल्या

नहिप्रहर्तुमिच्छंतिशूराःप्रद्रवतोभृशम् ॥ तस्मात्पलायमानानांकुर्यान्नात्यनुसारणम् १४ चराणामचराह्यन्नमदंष्ट्रादंष्ट्रिणामपि ॥ आपःपिपासतामन्नमन्नंशूरस्यकातराः १५ समानपृष्ठोदरपाणिपादाःपराभवंभीरवोवैव्रजंति ॥ अतोभयार्ताःप्रणिपत्यभूयःकृत्वांजलीनुपतिष्ठंतिशूरान् १६ शूरबाहुषुलोकोऽयंलंबतेपुत्रवत्सदा ॥ तस्मात्सर्वास्ववस्थासुशूरःसंमानमर्हति १७ नहिशौर्यात्परंकिंचित्त्रिषुलोकेषुविद्यते ॥ शूरःसर्वंपालयतिसर्वंशूरेप्रतिष्ठितम् १८ ॥ इतिश्रीमहाभारते शांतिपर्वणिराजधर्मानुशासनपर्वणिविजिगीषमाणवृत्तेनवनवतितमोऽध्यायः ॥ ९९ ॥ युधिष्ठिरउवाच ॥ यथाजयार्थिनःसेनांनयंतिभरतर्षभ ॥ ईषद्धर्मंप्रपीड्यापितन्मेब्रूहिपितामह १ ॥ भीष्मउवाच ॥ सत्येनहिस्थितोधर्मउपपत्त्यातथाऽपरे ॥ साध्वाचारतयाकेचित्तथैवौपयिकादपि २ उपायधर्मान्वक्ष्यामिसिद्धार्नानर्थधर्मयोः ॥ निर्मर्यादादस्यवस्तुभवंतिपरिपंथिनः ३ तेषांप्रतिविघातार्थंप्रवक्ष्याम्यथनैगमम् ॥ कार्याणांसर्वसिद्ध्यर्थंतानुपायान्निबोधमे ४ उभेप्रज्ञेवेदितव्येऋज्वीवक्राचभारत ॥ जानन्वक्रांनसेवेतप्रतिबाधेतचागताम् ५ अमित्राएवराजानंभेदेनोपचरंत्युत ॥ तांराजानिकृतिंजानन्यथाऽमित्रान्प्रबाधते ६ गजानांपार्थवर्माणिगोवृषाजगराणिच ॥ शल्यकंटकलोहानितनुत्रचमराणिच ७ सितपीतानिशस्त्राणिसन्नाहाःपीतलोहिताः ॥ नानारंजनरक्ताःस्युःपताकाःकेतवश्चह ८ ऋष्टयस्तोमराःखड्गानिशिताश्चपरश्वधाः ॥ फलकान्यथचर्माणिप्रतिकल्प्यान्यनेकशः ९ अभिनीतानिशस्त्राणियोधाश्चकृतनिश्चयाः ॥ चैत्र्यांवामार्गशीर्ष्यांवासेनायोगःप्रशस्यते १० पक्वसस्याहिपृथिवीभवत्यंबुमतीतदा ॥ नैवातिशीतोनात्युष्णःकालोभवतिभारत ११ तस्मात्तदायोजयेतपरेषांव्यसनेऽथवा ॥ एतेहियोगाःसेनायाःप्रशस्ताःपरबाधने १२ जलवांस्तृणवान्मार्गःसमोगम्यःप्रशस्यते ॥ चारैःसुविदिताभ्यासःकुशलैर्वनगोचरैः १३ नह्यरण्येनशक्येतगंतुंमृगगणैरिव ॥ तस्मात्सेनासुतानेवयोजयंतिजयार्थिनः १४ अग्रतःपुरुषानीकंशक्तंचापिकुलोद्भवम् ॥ आवासस्तोयवान्दुर्गःपर्याकाशःप्रशस्यते १५ परेषामुपसर्पाणांप्रतिषेधस्तथाभवेत् ॥ आकाशात्तुवनाभ्यासंमन्यंतेगुणवत्तरम् १६ बहुभिर्गुणजातैश्चयेयुद्धकुशलाजनाः ॥ उपन्यासोभवेत्तत्रबलानांनातिदूरतः १७ उपन्यासावतरणंपदातीनांचगूहनम् ॥ अथशत्रुप्रतीघातमापदर्थंपरायणम् १८ ॥ ॥ ॥

दीनि ७ । ८ । ९ । १० । ११ । १२ । १३ । १४ । १५ । १६ । १७ उपन्यासंन्यासस्यधननिक्षेपस्यसमीपेऽवतरणंपदातीनांगूहनंचन्यासस्यैवकार्यं । उपास्याःसवितरणमितिपाठे सदानं यथास्यात्तथाजनाउपास्याइतिपूर्वान्वयि पदातीनांगूहनंपरवंचनार्थं अथनिलीयाऽऽगतशत्रुप्रतिघातंकुर्यात् १८ ॥ ॥ ॥

१९ । २० अमर्यादांसेतुप्राकारादिहीनां २१ । २२ । २३ सुदिनेषुवृष्टिवर्जितदिनेषु २४ प्रसंख्यायसम्यग्विचार्य तिथौनक्षत्रेचपूजितआशीर्भिर्याजितः २५ । २६ । २७ उपन्यासात्सुरुंगादिगुप्तोपायात् बहिस्तृणाद्यर्थंचरतोबहिश्चरानल्पान् उपन्यासान्तृणाद्याहर्तॄन् २८ राजद्वारेऽमात्यद्वारेवायेवर्गिणःसमुदायाधिपतयस्तान्नाभिघातयेदितिप्रपूर्वेणसंबंधः २९ अनीकंपरकीयं भिन्नंस्वीयं ३० । ३१ सन्निपात्यैकीकृत्य ३२ । ३३ प्रदरंभंगं 'प्रदरःशरभंगयोः' इतिविश्वः प्रदरंपलायनमित्येके वधंवास्वीयाना ३४ । ३५ नोऽस्मत्संबंधिनांद्विषतां

सप्तर्षीन्पृष्ठतःकृत्वायुध्येयुरचलाइव ॥ अनेनविधिनाशत्रूञ्जिगीषेतापिदुर्जयान् १९ यतोवायुर्यतःसूर्योयतःशुक्रस्ततोजयः ॥ पूर्वंपूर्वंज्यायएषांसन्निपातेयुधिष्ठिर २० अकर्दमामनुदकाममर्यादामलोष्टकाम् ॥ अश्वभूमिंप्रशंसंतियेयुद्धकुशलाजनाः २१ अपंकागर्तरहितारथभूमिःप्रशस्यते ॥ नीचद्रुमामहाकक्षासोदकाहस्तियोधिनाम् २२ बहुदुर्गामहाकक्षावेणुवेत्रसमाकुला ॥ पदातीनांक्षमाभूमिःपर्वतोऽपवनानिच २३ पदातिबहुलासेनादृढाभवतिभारत ॥ रथाश्वबहुलासेनासुदिनेषुप्रशस्यते २४ पदातिनागबहुलाप्रावृट्कालेप्रशस्यते ॥ गुणानेतान्प्रसंख्यायदेशकालौप्रयोजयेत् ॥ एवंसंचिंत्ययोयातितिथिनक्षत्रपूजितः २५ विजयंलभतेनित्यंसेनांसम्यक्प्रयोजयन् ॥ प्रसुप्तांस्तृषितान्श्रांतान्प्रकीर्णान्नाभिघातयेत् २६ मोक्षेप्रयाणेचलनेपानभोजनकालयोः ॥ अतिक्षिप्तान्व्यतिक्षिप्तान्निहतान्प्रतनूकृतान् २७ अविश्रब्धान्कृतारंभानुपन्यासात्प्रतापितान् ॥ बहिश्चरानुपन्यासान्कृतवेश्मानुसारिणः २८ पारंपर्यागतेद्वारेयेकेचिदनुवर्तिनः ॥ परिचर्यावतोद्वारेयेचकेचनवर्गिणः २९ अनीकंयेविभिंदंतिभिन्नंसंस्थापयंतिच ॥ समानाशनपानास्तेकार्याद्विगुणवेतनाः ३० दशाधिपतयःकार्याःशताधिपतयस्तथा ॥ ततःसहस्राधिपतिंकुर्याच्छूरमतंद्रितम् ३१ यथामुख्यान्सन्निपात्यवक्तव्याःसंशयामहे ॥ विजयार्थेहिसंग्रामेनत्यक्ष्यामःपरस्परम् ३२ इहैवतेनिवर्तंतांयेचकेचनभीरवः ॥ येघातयेयुःप्रवरंकुर्वाणास्तुमुलंप्रति ३३ नसन्निपातेप्रदरंवधंवाकुर्युरीदृशाः ॥ आत्मानंचस्वपक्षंचपालयन्हंतिसंयुगे ३४ अर्थनाशोवधोऽकीर्तिरयशश्चपलायने ॥ अमनोज्ञाऽसुखावाचःपुरुषस्यपलायने ३५ प्रतिध्वस्तोष्ठदंतस्यन्यस्तसर्वायुधस्यच ॥ अमित्रैरवरुद्धस्यद्विषतामस्तुनःसदा ३६ मनुष्यापसदाह्येतेयेभवंतिपराङ्मुखाः ॥ राशिवर्धनमात्रास्तेनैवतेप्रेत्यनोइह ३७ अमित्राहृष्टमनसःप्रत्युद्यांतिपलायिनम् ॥ जयिनस्तुनरास्तातचंदनैर्मण्डनेनच ३८ यस्यस्मसंग्राममगतायशोवैघ्नंतिशत्रवः ॥ तदसह्यतरंदुःखमहंमन्येवधादपि ३९ जयंजानीतधर्मस्यमूलंसर्वसुखस्यच ॥ याभीरूणांपराग्लानिःशूरस्तामधिगच्छति ४० तेवयंस्वर्गमिच्छंतःसंग्रामेत्यक्तजीविताः ॥ जयंतोवध्यमानावाप्राप्नुयामचसद्गतिम् ४१ एवंसंशप्तशपथाःसमभित्यक्तजीविताः ॥ अमित्रवाहिनींवीराःप्रतिगाहंत्यभीरवः ४२ अग्रतःपुरुषानीकमतिचर्मवतांभवेत् ॥ पृष्ठतःशकटानीकंकलत्रंमध्यतस्तथा ४३

पुरुषस्यद्रव्यनाशादिकमस्त्वितिपूर्वेणसहद्वयोःसंबंधः ३६ राशिर्योधसंख्याशरीरंवातस्यवर्धनाःवृथाजन्मानइत्यर्थः ३७ पलायिनंजयिनःप्रत्युद्यांतियत्तदसह्यतरमित्यपकृष्यते ३८ । ३९ पराग्लानिर्मृत्युःप्रहारोवा ४० । ४१ । ४२ चर्मवतांपुरुषाणामनीकं विभक्तिलोपआर्षः ४३ ॥ ॥ ॥ ॥ ॥ ॥ ॥

येपुरोगमाभवेयुस्तेपदातीनांबृंहणंकुर्युः ४४ । ४५ 'स्कंधःस्यान्नृपतावंसेसंपरायसमूहयोः'इतिमेदिनी समूहमात्रार्थंवातिष्ठेयुः ४६ संहतानन्योन्यंश्लिष्टान्स्वान्परैःसहयोधयेत्सेनापतिः तदेवाह सूचीति ४७ । ४८ । ४९ । ५० ॥॥ इतिशांति०रा०नी०भारतभावदीपेशततमोऽध्यायः ॥ १०० ॥ ॥ किंशीलाइति १ आचरितंकुलदेशाचारागतं पत्रंवाहनं २ । ३ । ४ नियुद्धं बाहुयुद्धं दाक्षिणात्याअसिपाणयइतिच्छेदः संधिरार्षः ५ सर्वत्रसर्वदेशे समुद्दिष्टाःप्रख्याताः ६ पारावतकुलिंगाक्षाः'कुलिंगोभूमिकूष्मांडेमतंगजभुजंगयोः'इतिमेदिनी सर्पाक्षत्वंशूरलक्षणं कुलिं

परेषांप्रतिघातार्थंपदातीनांचबृंहणम् ॥ अपितस्मिन्पुरेवृद्धाभवेयुर्येपुरोगमाः ४४ येपुरस्तादभिमताःसत्ववंतोमनस्विनः ॥ तेपूर्वमभिवर्तेरंश्चैतानेवेतरे जनाः ४५ अपिचोद्धर्षणंकार्यंभीरूणामपियत्नतः ॥ स्कंधदर्शनमात्रात्तुतिष्ठेयुर्वासमीपतः ४६ संहतान्योधयेदल्पान्कामंविस्तारयेद्बहून् ॥ सूचीमुखमनीकंस्यादल्पानांबहुभिःसह ४७ संप्रयुक्तेनिकृष्टेवासत्यंवायदिवाऽनृतम् ॥ प्रगृह्यबाहून्क्रोशेतभग्नाभग्नाःपरेइति ४८ आगतंमेमित्रबलंप्रहरध्वमभीतवत् ॥ सत्ववंतोऽभिबाधेयुःकुर्वंतोभैरवान्रवान् ४९ क्ष्वेडाःकिलकिलाशब्दाःक्रकचागोविषाणिकाः ॥ भेरीमृदंगपणवान्नादयेयुःपुरश्चरान् ५० ॥ इतिश्रीमहाभारते शांतिप०राजध०सेनानीतिकथनेशततमोऽध्यायः १०० ॥ ॥ युधिष्ठिरउवाच ॥ किंशीलाःकिंसमाचाराःकथंरूपाश्चभारत ॥ किंसन्नाहाःकथंशस्त्राजनाःस्युःसंगरेक्षमाः १ ॥ भीष्मउवाच ॥ यथाऽऽचरितमेवात्रशस्त्रंपत्रंविधीयते ॥ आचाराद्वीरपुरुषस्तथाकर्मसुवर्तते २ गांधाराःसिंधुसौविरानखरप्रासयोधिनः ॥ अभीरवःसुबलिनस्तद्बलंसर्वपारगम् ३ सर्वशस्त्रेषुकुशलाःसत्ववंतोह्युशीनराः ॥ प्राच्यामातंगयुद्धेषुकुशलाःकूटयोधिनः ४ तथायवनकांबोजामथुरामभितश्चये ॥ एतेनियुद्धकुशलादाक्षिणात्याऽसिपाणयः ५ सर्वत्रशूराजायंतेमहासत्वामहाबलाः ॥ प्रायएवसमुद्दिष्टालक्षणानितुमेशृणु ६ सिंहशार्दूलवाङ्नेत्राःसिंहशार्दूलगामिनः ॥ पारावतकुलिंगाक्षाःसर्वेशूराःप्रमाथिनः ७ मृगस्वराद्वीपिनेत्राऋषभाक्षास्तरस्विनः ॥ प्रमादिनश्चमंदाश्चक्रोधनाःकिंकिणीस्वनाः ८ मेघस्वनाःक्रोधमुखाःकेचित्करभसन्निभाः ॥ जिह्मनासाग्रजिह्वाश्चदूरगादूरपातिनः ९ बिडालकुब्जतनवस्तनुकेशास्तनुत्वचः ॥ शीघ्राश्चपलवृत्ताश्चतेभवंतिदुरासदाः १० गोधानिमीलिताःकेचिन्मृदुप्रकृतयस्तथा ॥ तुरंगगतिनिर्घोषास्तेनराःपारयिष्णवः ११ सुसंहताःसुतनवोव्यूढोरस्काःसुसंस्थिताः ॥ प्रवादितेषुकुप्यंतिहृष्यंतिकलहेषुच १२ गंभीराक्षानिःसृताक्षाःपिंगाक्षाभ्रुकुटीमुखाः ॥ नकुलाक्षास्तथाचैवसर्वेशूरास्तनुत्यजः १३ जिह्माक्षाःप्रललाटाश्चनिर्मांसहनवोऽपिच ॥ वज्रबाहंगुलीचक्राःकृशाधमनिसंतताः १४ प्रविशंतिचवेगेनसांपरायेह्युपस्थिते ॥ वारणाइवसंमत्तास्तेभवंतिदुरासदाः १५ दीप्तस्फुटितकेशांताःस्थूलपार्श्वहनूमुखाः ॥ उन्नतांसापृथुग्रीवाविकटाःस्थूलपिंडिकाः १६ उद्धताइवसुग्रीवाविनताविहगाइव ॥ पिंडशीर्षाऽतिवक्त्राश्चवृषदंशमुखास्तथा १७

दाक्षाइतिपाठेऽपिकुलिंदःपक्षिविशेषः ७ । ८ । करभउष्ट्रः ९ । १० । ११ । १२ । १३ जिह्माक्षाःकुटिलदृशः प्रललाटाउन्नतकपालाः १४ । १५ दीप्तःपिंगलः स्थूलादीर्घाःपिंडिकाजानुनोरधः पश्चाद्भागाःयेषां १६ सुग्रीवावासुदेवाश्वाइवउद्धताः विनताविहगागरुडास्तद्वदुद्धताउत्पतंतः पिंडशीर्षावृत्तशिरसः अतिवक्त्राविस्तीर्णमुखाः संधिरार्षः समासोवा वृषदंशोमार्जारः १७ ॥

१८ अंत्यंजाःप्रांतदेशोद्भवाःकैवर्तभिल्लादयः १९ । २० ॥ इतिशांतिपर्वणिराजधर्मानुशासनप० नीलकंठीयेभारतभावदीपे एकाधिकशततमोऽध्यायः ॥ १०१ ॥ ॥ ॥

उग्रस्वरामन्युमंतोयुद्धेष्वारावसारिणः ॥ अधर्मज्ञाऽवलिप्ताश्चघोरारौद्रप्रदर्शनाः १८ त्यक्तात्मानःसर्वएतेअंत्यजाह्यनिवर्तिनः ॥ पुरस्कार्याःसदासैन्येहन्यंते घ्नंतिचापिये १९ अधार्मिकाभिन्नवृत्ताःसांत्वेनैषांपराभवः ॥ एवमेवप्रकुप्यंतिराज्ञोऽप्येतेह्यभीक्ष्णशः २० ॥ इतिश्रीमहाभारतेशांतिप० राजधर्मानुशासन० विजीगीषमाणवृत्तेएकाधिकशततमोऽध्यायः ॥ १०१ ॥ ॥ युधिष्ठिरउवाच ॥ जयिष्याःकानिरूपाणिभवंतिभरतर्षभ ॥ पृतनायाःप्रशस्तानितानिचे च्छामिवेदितुम् १ ॥ भीष्मउवाच ॥ जयिन्यायानिरूपाणिभवंतिभरतर्षभ ॥ पृतनायाःप्रशस्तानितानिवक्ष्यामिसर्वशः २ दैवेपूर्वंप्रकुपितेमानुषेकाल चोदिते ॥ तद्विद्वांसोऽनुपश्यंतिज्ञानदिव्येनचक्षुषा ३ प्रायश्चित्तविधिंचात्रजपहोमांश्चतद्विदः ॥ मंगलानिचकुर्वंतिशमयंत्यहितानिच ४ उदीर्णमनसोयो धावाहनानिचभारत ॥ यस्यांभवंतिसेनायांध्रुवंतस्यांपराजयः ५ अन्वेतान्वायवोयांतितथैवेंद्रधनूंषिच ॥ अनुप्लवंतोमेघाश्चतथाऽऽदित्यस्यरश्मयः ६ गो मायवश्चानुकुलाबलगृध्राश्चसर्वशः ॥ अर्हयेयुर्यदासेनांतदासिद्धिरनुत्तमा ७ प्रसन्नभाःपावकश्चोर्ध्वरश्मिःप्रदक्षिणावर्तशिखोविधूमः ॥ पुण्यागंधाश्चाहुतीनां भवंतिजयस्यैतद्भाविनोरूपमाहुः ८ गंभीरशब्दाश्चमहास्वनाश्चशंखाश्चभेर्यश्चनदंतियत्र ॥ युयुत्सवश्चाप्रतीपाभवंतिजयस्यैतद्भाविनोरूपमाहुः ९ इष्टामृ गाःपृष्ठतोवामतश्चसंप्रस्थितानांचगमिष्यतांच ॥ जिघांसतांदक्षिणाःसिद्धिमाहुर्येत्वग्रतस्तेप्रतिषेधयंति १० मांगल्यशब्दान्शकुनावदंतिहंसाःक्रौञ्चाःशतपत्राश्चचा षाः ॥ हृष्टायोधाःसत्ववंतोभवंतिजयस्यैतद्भाविनोरूपमाहुः ११ शस्त्रैर्यंत्रैःकवचैःकेतुभिश्चसुभानुभिर्मुखवर्णैश्चयूनाम् ॥ भ्राजिष्मतीदुष्प्रतिवीक्षणीयाये षांचमूस्तेभिभवंतिशत्रून् १२ शुश्रूषवश्चानभिमानिनश्चपरस्परंसौहृदमास्थिताश्च ॥ येषांयोधाःशौचमनुष्ठिताश्चजयस्यैतद्भाविनोरूपमाहुः १३ शब्दाः स्पर्शास्तथागंधाविचरंतिमनःप्रियाः ॥ धैर्यंचाविशतेयोधान्विजयस्यमुखंचतत् १४ इष्टोवामःप्रविष्टस्यदक्षिणःप्रविविक्षतः ॥ पश्चात्संसाधयत्यर्थंपुर स्ताच्चनिषेधति १५ संभृत्यमहतींसेनांचतुरंगांयुधिष्ठिर ॥ साम्नैववर्तयेःपूर्वंप्रयतेथास्ततोयुधि १६ जघन्यएषविजयोयद्युद्धंनामभारत ॥ याद्दच्छिकोयु धिजयोदैवोवेतिविचारणम् १७ अपामिवमहावेगस्त्रस्ताइवमहामृगाः ॥ दुर्निवार्यतमाचैवप्रभग्नामहतीचमूः १८ भग्नाइत्येवभज्यंतेविद्वांसोऽपिनकारणम् ॥ उदारसारामहतीरुरुसंघोपमाचमूः १९ परस्परज्ञाःसंहृष्टास्त्यक्तप्राणाःसुनिश्चिताः ॥ अपिपंचाशतंशूरानिघ्नंतिपरवाहिनीम् २० अपिवापंचषसप्तसत्तं हताःकृतनिश्चयाः ॥ कुलीनाःपूजिताःसम्यग्विजयंतीहशात्रवान् २१ ॥ ॥ ॥ ॥

जयिष्याइति १ । २ दैवज्ञसंपत्तिः पुरोहितसंपत्तिश्च जयलक्षणमित्याहद्वाभ्यां दैवेइति ३ । ४ । ५ अनुयांतीतिसंबंधः ६ । ७ । ८ अप्रतीपाअनुकूलाः ९ । १० । ११ । १२ । १३ । १४ इष्टःकाकइतिशेषः १५ । १६ । १७ । १८ । १९ पंचाशतंपंचाशत् २० । २१ ॥ ॥ ॥

२९

सन्निपातोयुद्धं २२ प्रबाधतेभीरून् २३ समितिंसंग्रामं स्यंदंतिस्विद्यंति विजयस्यविजिगीषमाणस्यचगात्राणिस्विद्यंति २४ विषयोदेशः २५ योगंसंधिं २६ आंतराणांशत्रोःसखीनांत स्माच्छत्रोःपरःश्रेष्ठस्तेनसंधिंचकुर्यात् भयेनसंधिनाशत्रूंस्तेजनेनचयुगपत्प्रयुक्तेनत्रयेणपरंजयेदितिसमुदायार्थः २७ । २८ नन्वेवंपरंक्षमापयेदेवाकिंकपटेनेत्याशंक्याह क्षमेति २९ अस्मिन्क्षमा

॥ ८९ ॥ अ० १०२

सन्निपातोनमंतव्यःशक्येसतिकथंचन ॥ सांत्वभेदप्रदानानांयुद्धमुत्तरमुच्यते २२ संदर्शनेनैवसेनायाभयंभीरून्प्रबाधते ॥ वज्रादिवप्रज्वलितादियंक्वनुपतिष्य ति २३ अभिप्रयातांसमितिंज्ञात्वायेप्रतियांत्यथ ॥ तेषांस्यंदंतिगात्राणियोधानांविजयस्यच २४ विषयोव्यथतेराजन्सर्वःसस्थाणुजंगमः ॥ अस्त्रप्रतापत प्तानांमज्जासीदतिदेहिनाम् २५ तेषांसांत्वंक्रूरमिश्रंप्रणेतव्यंपुनःपुनः ॥ संपीड्यमानाहिपरैर्योगमायांतिसर्वतः २६ आंतराणांचभेदार्थंचरानभ्यवचारयेत् ॥ यश्चतस्मात्परोराजातेनसंधिःप्रशस्यते २७ नहितस्यान्यथापीडाशक्याकर्तुंतथाविधा ॥ यथासार्धममित्रेणसर्वतःप्रतिबाधनम् २८ क्षमावैसाधुमायातिनह्य साधून्क्षमासदा ॥ क्षमायाश्चाक्षमायाश्चपार्थविद्धिप्रयोजनम् २९ विजित्यक्षममाणस्ययशोराज्ञोविवर्धते ॥ महापराधेह्यप्यस्मिन्विश्वसंत्यपिशत्रवः ३० मन्यतेकर्षयित्वातुक्षमासाध्वीतिशंबरः ॥ असंतप्तंतुयद्दारुप्रत्येतिप्रकृतिंपुनः ३१ नैतत्प्रशंसंत्याचार्यानचसाधुनिदर्शनम् ॥ अक्रोधेनाविनाशेननियंतव्याः स्वपुत्रवत् ३२ द्वेष्योभवतिभूतानामुग्रोराजायुधिष्ठिर ॥ मृदुमप्यवमन्यंतेतस्मादुभयमाचरेत् ३३ प्रहरिष्यन्प्रियंब्रूयात्प्रहरन्नपिभारत ॥ प्रहृत्यचकृपायी तशोचन्निवरुदन्निव ३४ नमेप्रियंयन्निहताःसंग्रामेमामकैर्नरैः ॥ नचकुर्वंतिमेवाक्यमुच्यमानाःपुनःपुनः ३५ अहोजीवितमाकांक्षेन्नेदृशोवधमर्हति ॥ सुदु र्लभाःसुपुरुषाःसंग्रामेष्वपलायिनः ३६ कृतंममाप्रियंतेनयेनायंनिहतोमृधे ॥ इतिवाचावदन्हंतॄन्पूजयेतरहोगतः ३७ हंतॄणामाहतानांचयत्कुर्युरपराधिनः ॥ क्रोशेद्बाहुंप्रगृह्यापिचिकीर्षन्जनसंग्रहम् ३८ एवंसर्वास्ववस्थासुसांत्वपूर्वंसमाचरेत् ॥ प्रियोभवतिभूतानांधर्मज्ञोवीतभीर्नृपः ३९ विश्वासंचात्रगच्छंतिसर्वभू तानिभारत ॥ विश्वस्तःशक्यतेभोक्तुंयथाकाममुपस्थितः ४० तस्माद्विश्वासयेद्राजासर्वभूतान्यमायया ॥ सर्वतःपरिरक्षेच्चयोमहींभोक्तुमिच्छति ४१ ॥

॥ इतिश्रीमहाभारते शांतिपर्वणिराजधर्मानुशासनपर्वणिसेनानीतिकथनेद्व्यधिकशततमोऽध्यायः ॥ १०२ ॥

॥ युधिष्ठिरउवाच ॥ कथंमृदौकथंतीक्ष्णेमहापक्षेचपार्थिव ॥ आदौवर्तेतनृपतिस्तन्मेब्रूहिपितामह १ ॥ भीष्मउवाच ॥ अत्राप्युदाहरंतीममितिहासंपुरातनम् ॥ बृहस्पतेश्चसंवादमिंद्रस्यचयुधिष्ठिर २ बृहस्पतिंदेवपतिरभिवाद्यकृतांजलिः ॥ उपसंगम्यपप्रच्छवासवःपरवीरहा ३ ॥ ॥ ॥ ॥ ॥

वति ३० असंताप्यऋजूकृतंवंशादिपुनर्वक्रीभवत्यतःशत्रुंसंताप्यक्षमांकुर्यादितिशंबरस्यदैत्यस्यमतम् ३१ स्वमतमाह नैतदिति ३२ । ३३ । ३४ । ३५ । ३६ । ३७ स्वीयान्बंधून्हतानिवलो कप्रीत्यर्थंशोचेदित्याह हंतॄणामिति ३८ । ३९ विश्वस्तोजनः ४० । ४१ ॥ इतिशांतिपर्वणिनीलकंठीयेभारतभावदीपे द्व्यधिकशततमोऽध्यायः ॥ १०२ ॥ ॥ ॥ कथमिति १ । २। ३

४ व्यतिषंगेणमिश्रणेनयुद्धेनेत्यर्थः साधारणोनियतः ५ प्रत्युवाचगुरुः ६ । ७ विवृतःसावधानः सार्धःश्लोकः ८ । ९ कठायासान्मुखरत्वं वितंसःपक्षिबंधनोपायस्तदुपजीवीवैतंसिकः १०
११ स्वर्पातिमहीपतिरित्यमुकर्षः 'संकरोऽग्निचटत्कारः'इतिमेदिनी १२ सामान्येअनिश्चिते रिपुर्वशेकृत्वाउपसन्नार्थोलंभितार्थःकृतश्चेत्सएनंकालेप्रहरेदितिसार्धयोर्द्वयोःसंबंधः १३ । १४
किंचास्यदंडसेनांचभेदेनदूषयेत्सः १५ प्रच्छन्नंयथास्यात्तथाविधारयेन्मनसिविषमंधारयेत् १६ औषधैर्विषादिभिः फलितमाह नन्विति १७ यथाविश्रंभंविश्वासमाप्नुयुस्तथाकुर्यात् १८ द्रष्ट

इंद्रउवाच ॥ अहितेषुकथंब्रह्मन्प्रवर्तेयमतंद्रितः ॥ असमुच्छिद्यचैवैतान्नियच्छेयमुपायतः ४ सेनयोर्व्यतिषंगेणजयःसाधारणोभवेत् ॥ किंकुर्वाणंनमांजह्या
ज्ज्वलिताश्रीःप्रतापिनी ५ ततोधर्मार्थकामानांकुशलःप्रतिभानवान् ॥ राजधर्मविधानज्ञःप्रत्युवाचपुरंदरम् ६ ॥ बृहस्पतिरुवाच ॥ नजातुकलहेनेच्छेन्नियं
तुमपकारिणः ॥ बालैरासेवितंह्येतद्यदमर्षोयदक्षमा ७ नशत्रुर्विवृतःकार्योवधमस्याभिकांक्षता ॥ क्रोधंभयंचहर्षंचनियम्यस्वयमात्मनि ८ अमित्रमुपसेवेत
विश्वस्तवदविश्वसन् ॥ प्रियमेववदेन्नित्यंनाप्रियंकिंचिदाचरेत् ९ विरमेच्छुष्कवैरेभ्यःकंठायासांश्चवर्जयेत् ॥ यथावैतंसिकोयुक्तोद्विजानांसदृशस्वनः १० तान्
द्विजान्कुरुतेवश्यांस्तथायुक्तोमहीपतिः ॥ वशंचोपनयेच्छत्रून्निहन्याच्चपुरंदर ११ ननित्यंपरिभूयारीन्सुखंस्वपितिवासव ॥ जागर्त्येवहिदुष्टात्मासंकरेऽग्नि
रिवोत्थितः १२ नसन्निपातःकर्तव्यःसामान्येविजयेसति ॥ विश्वास्यैवोपसन्नार्थोवशेकृत्वारिपुःप्रभो १३ संप्रधार्यसहामात्यैर्मंत्रविद्भिर्महात्मभिः ॥ उपेक्ष्यमा
णोऽवज्ञातोहृदयेनापराजितः १४ अथास्यप्रहरेत्कालेकिंचिद्विचलितेपदे ॥ दंडंचदूषयेदस्यपुरुषैराप्तकारिभिः १५ आदिमध्यावसानज्ञःप्रच्छन्नंचविधार
येत् ॥ बलानिदूषयेदस्यजानन्नेवप्रमाणतः १६ भेदेनोपप्रदानेनसंसृजेदौषधैस्तथा ॥ नत्वेवंखलुसंसर्गंरोचयेदरिभिःसह १७ दीर्घकालमपीक्षेतनिहन्यादेव
शात्रवान् ॥ कालाकांक्षीहिक्षपयेद्यथाविश्रंभमाप्नुयुः १८ नसद्योऽरीन्विहन्याच्चद्रष्टव्योविजयोध्रुवः ॥ नशल्यंवाघटयतिनवाचाकुरुतेव्रणम् १९ प्राप्तेचप्र
हरेत्कालेनचसंवर्ततेपुनः ॥ हंतुकामस्यदेवेंद्रपुरुषस्यरिपून्प्रति २० योहिकालोव्यतिक्रामेत्पुरुषंकालकांक्षिणम् ॥ दुर्लभःसपुनस्तेनकालःकर्मचिकीर्षुणा २१
ओजश्चविनयेदेवसंगृह्णन्साधुसंमतम् ॥ अकालेसाधयेन्मित्रंनचप्राप्तेप्रपीडयेत् २२ विहायकामंक्रोधंचतथाऽहंकारमेवच ॥ युक्तोविवरमन्विच्छेदहितानां
पुनःपुनः २३ मार्दवंदंडआलस्यंप्रमादश्चसुरोत्तम ॥ मायाःसुविहिताःशक्रसादयंत्यविचक्षणम् २४ निहत्यैतानिचत्वारिमायांप्रतिविहायच ॥ ततःशक्नो
तिशत्रूणांप्रहर्तुमविचारयन् २५ यदेवैकेनशक्येतगुह्यंकर्तुंतदाचरेत् ॥ यच्छंतिसचिवागुह्यंमिथोविश्रावयंत्यपि २६ ॥ ॥

व्यःप्रदर्शनीयः नेतिसार्धः १९ रिपून्प्रतिहंतुकामस्यपुनःकालोनसंवर्ततेनोपसंपद्यतेऽतःप्राप्तेकालेप्रहरेदेवनतुकालांतरंप्रतीक्षेतेत्यर्थः २० । २१ ओजःसामर्थ्यं शत्रावकालेप्राप्तेसतिस्वकार्यंनसाधयेत्
नापितंप्रपीडयेत् कालेचनातिक्रामेतेत्यर्थः २२ । २३ । २४ चत्वारिमार्दवादीनि २५ मंत्रविप्लवभयाद्यदेकेनैवकर्तुंशक्यंतत्तंप्रतिवक्तव्यंनबहून्प्रतीत्याह यदिति। यच्छंतिनिगृह्णंतिकर्तुंनप्रयच्छंतीत्यर्थः २६

अन्यैःसहसंविदंसंमतिंचरेद्यदिपूर्वोमंत्रंविघ्नयेदित्यर्थः ततश्चादृष्टेषुदूरस्थेषुब्रह्मदंडंपुरोहितद्वारमभिचारंप्रयुंज्यात् । दृष्टेप्रत्यक्षशत्रौचतुरंगिणीमपिप्रयुंज्यादित्याह ब्रह्मेति २७ । २८ । २९ न विशंकयेच्छंकायत्तंनकुर्यात् ३० तदेवाह स्थानानीति। निराकृताःस्वशत्रुभिःसहप्रीतिंकुर्वाणानन्यान्शत्रुत्वेनपश्यंतितदीयमित्रत्वेचनविश्वसंतीत्यर्थः ३१ त्रिविधवृत्तानामस्थिराणांस्थिरचित्तएव भवेदित्यर्थः ३२ । ३३ । ३४ वेगवतिपूरेसतिवप्रेतटेविवरणाद्विदारणाद्बाधइतियोजना ३५ । ३६ निपुणंकुशलं आरभेतवेष्टुमितिशेषः ३७ षडंगिनीरथतुरगमातंगपदातिकोशवणिक्पथवती ३८ प्रतिलोमतःशत्रोरपेक्षया विवृत्यप्रकटीभूय दस्यूनांदस्यून् ३९ उक्तमेवार्थसंगृह्णाति नसामेति। बलवतिशत्रौसामनप्रशस्यतेकिंतर्हिदंडोपनिषद्रहस्यदंडःनशत्रुर्विश्वतःकार्यइत्यादिनाप्रागुक्तरीत्याछलेनैवसनाशनीयइत्यर्थः । अतएवशत्रुषुमार्दवंपार्यंतिकंनकार्यं नापियात्रिकंसदाकार्यं जयस्यानियतत्वात् यात्रायांहिसस्यानांघातः संकरक्रियाविषादिनाजलादीनांनाशनं भूयः

अशक्यमितिकृत्वावाततोऽन्यैःसंविदंचरेत् ॥ ब्रह्मदंडमदृष्टेषुदृष्टेषुचतुरंगिणीम् २७ भेदंचप्रथमंयुंज्यात्तूष्णीमपितथैवच ॥ कालेप्रयोजयेद्राजातस्मिंतस्मिंस्तदातदा २८ प्रणिपातंचगच्छेतकालेशत्रोर्बलीयसः ॥ युक्तोऽस्यवधमन्विच्छेदप्रमत्तःप्रमाद्यतः २९ प्रणिपातेनदानेनवाचामधुरयाब्रुवन् ॥ अमित्रमपिसेवेतनचजातुविशंकयेत् ३० स्थानानिशंकितानांचनित्यमेवविवर्जयेत् ॥ नचतेष्वाश्वसेद्राजाजाग्रतीहनिराकृताः ३१ नह्यतोदुष्करंकर्मकिंचिदस्तिसुरोत्तम ॥ यथाविविधवृत्तानामैश्वर्यममराधिप ३२ तथाविविधवृत्तानामपिसंभवउच्यते ॥ यततेयोगमास्थायमित्रामित्रंविचारयेत् ३३ मृदुमप्यवमन्यंतेतीक्ष्णादुद्विजतेजनः ॥ मातीक्ष्णोमामृदुर्भूस्त्वंतीक्ष्णोभवमृदुर्भव ३४ यथावप्रेवेगवतिसर्वतःसंप्लुतोदके ॥ नित्यंविवरणाद्बाधस्तथाराज्यंप्रमाद्यतः ३५ नबहूनभियुंजीतयौगपद्येनशात्रवान् ॥ साम्नादानेनभेदेनदंडेनचपुरंदर ३६ एकैकमेषांनिष्पिष्यशिष्टेषुनिपुणंचरेत् ॥ नतुशक्तोऽपिमेधावीसर्वानेवारभेन्नृप ३७ यदास्यान्महतीसेनाहयनागरथाकुला ॥ पदातियंत्रबहुलाअनुरक्ताषडंगिनी ३८ यदाबहुविधांवृद्धिंमन्येतप्रतिलोमतः ॥ तदाविवृत्यप्रहरेद्दस्यूनामविचारयन् ३९ नसामदंडोपनिषत्प्रशस्यतेनमार्दवंशत्रुषुयात्रिकंसदा ॥ नसस्यघातोनचसंकरक्रियानचापिभूयःप्रकृतेर्विचारणा ४० मायाविभेदानुपसर्जनानितथैवपापंनयशःप्रयोगात् ॥ आप्तैर्मनुष्यैरुपचारयेतपुरेषुराष्ट्रेषुचसंप्रयुक्तान् ४१ पुराऽपिचैषामनुसृत्यभूमिपाःपुरेषुभोगानखिलान्जयंति ॥ पुरेषुनीतिंविहितांयथाविधिप्रयोजयंतोबलवृत्रसूदन ४२ प्रदायगूढानिवसूनिराजन्प्रच्छिद्यभोगानवधायचस्वान् ॥ दुष्टान्स्वदोषैरितिकीर्तयित्वापुरेषुराष्ट्रेषुचयोजयंति ४३

पुनःपुनःप्रकृतेःसप्तविधायाविचारणाकथंदंडःकथंकोशःकथममात्यइत्यादिसंदेहश्चापतति ततत्रयमपिनकार्यंहिंसामूलत्वाच्चिंतावृद्धिकरत्वाच्च तस्मात्कृपाःपूर्वकोदंडएवश्रेयानित्यर्थः ४० एतदेवविवृणोति मायेति। मायाविभेदान्नानाविधामायाःप्रयुंजीत ततउपसर्जनानिपरस्परमितरेषांशत्रूणामुत्थापनादीनि तत्तथैवशत्रुषुपापंकपटंचप्रयुंज्यात् कथंयशसःप्रयोगात् प्रयोगेहियशोननाशनीयंप्राक्फलोदयाद्यमनेनास्मास्वपकारश्चिंतितआसीदित्यकीर्तिंगूढमंत्रतयानकुर्यात् किंतर्हिकुर्यादतआह आप्तैरिति ४१ एषामेतान्शत्रून्पुरेषुनतस्थानेष्वनुसृत्यभोगांस्तदीयान्जयंति नीतिंपुरेषुस्वीयेषु ४२ अनुसरणमेवाह प्रदायेति। एतेनममामात्यादुष्टामांत्यक्त्वाराजान्तरंप्रतिगताइतिलोकमुखात्कीर्तयित्वापरेषांपुरेषुराष्ट्रेषुचतान्योजयंति ४३ ॥ ॥ ॥ ॥

कृत्याभिवकृत्यांमृत्युकारिणींदेवतां ४४ । ४५ । ४६ । ४७ संसृष्टंसंसर्गं असंसृष्टश्चपरइवभाषते अदृष्टितःपरोक्षेप्रतिश्रुतमपिकार्यंनकुरुते ४८ । ४९ । ५० । ५१ । ५२ । ५३
॥ इतिशांतिपर्वणि राजधर्मानुशासनपर्वणिनीलकंठीये भारतभावदीपे त्र्यधिकशततमोऽध्यायः ॥ १०३ ॥ ॥ ॥ ॥ ॥ अधार्मिकस्यच्छलादिकंविधेयमित्युक्तंधार्मिकस्यहीन

तथैवचान्यैरपिशास्त्रवेदिभिःस्वलंकृतैःशास्त्रविधानदृष्टिभिः ॥ सुशिक्षितैर्भाष्यकथाविशारदैःपरेषुकृत्यामुपधारयेच्च ४४ ॥ इंद्रउवाच ॥ कानिलिंगानिदुष्टस्यभवंतिद्विजसत्तम ॥ कथंदुष्टंविजानीयामेतत्पृष्टोब्रवीहिमे ४५ ॥ बृहस्पतिरुवाच ॥ परोक्षमगुणानाहसद्गुणानभ्यसूयते ॥ परैर्वाकीर्त्यमानेषुतूष्णीमास्तेपराङ्मुखः ४६ तूष्णींभावेऽपिविज्ञेयंनचेद्भवतिकारणम् ॥ विश्वासंचोष्ठसंदंशंशिरसश्चप्रकंपनम् ४७ करोत्यभीक्ष्णंसंसृष्टमसंसृष्टश्चभाषते ॥ अदृष्टितोनकुरुतेदृष्टोनैवाभिभाषते ४८ पृथगेत्यसमश्नातिनेदमद्ययथाविधि ॥ आसनेशयनेयानेभावालक्ष्याविशेषतः ४९ आर्तिरार्तेप्रियेप्रीतिरेतावन्मित्रलक्षणम् ॥ विपरीतंतुबोद्धव्यमरिलक्षणमेवतत् ५० एतान्येवयथोक्तानिबुध्येथास्त्रिदशाधिप ॥ पुरुषाणांप्रदुष्टानांस्वभावोबलवत्तरः ५१ इतिदुष्टस्यविज्ञानमुक्तंतेसुरसत्तम ॥ निशम्यशास्त्रतत्त्वार्थंयथावदमरेश्वर ५२ ॥ भीष्मउवाच ॥ सतद्वचःशत्रुनिबर्हणेरतस्तथाचकाराविथंबृहस्पतेः ॥ चचारकालेविजयायचारिहावशंचशत्रूननयत्पुरंदरः ५३ ॥ इतिश्रीमहाभारतेशांतिपर्वणि राजधर्मानुशासनपर्वणि इंद्रबृहस्पतिसंवादे त्र्यधिकशततमोऽध्यायः ॥ १०३ ॥ ॥ ॥

॥ युधिष्ठिरउवाच ॥ धार्मिकोऽर्थानसंप्राप्यराजाऽमात्यैःप्रबाधितः ॥ च्युतःकोशाच्चदंडाच्चसुखमिच्छन्कथंचरेत् १ ॥ भीष्मउवाच ॥ अत्रायंक्षेमदर्शीयइतिहासोऽनुगीयते ॥ तत्तेऽहंसंप्रवक्ष्यामितन्निबोधयुधिष्ठिर २ क्षेमदर्शीनृपसुतोयत्रक्षीणबलःपुरा ॥ मुनिंकालकवृक्षीयमाजगामेतिनःश्रुतम् ॥ तंपप्रच्छानुसंगृह्यकृच्छ्रामापदमास्थितः ३ ॥ राजोवाच ॥ अर्थेषुभागीपुरुषईहमानःपुनःपुनः ॥ अलब्ध्वामद्विधोराज्यंब्रह्मन्किंकर्तुमर्हति ४ अन्यत्रमरणाद्दैन्यादन्यत्रपरसंश्रयात् ॥ क्षुद्रादन्यत्रचाचारात्तन्ममाचक्ष्वसत्तम ५ व्याधिनाचाभिपन्नस्यमानसेनेतरेणवा ॥ धर्मज्ञश्चकृतज्ञश्चत्वद्विधःशरणंभवेत् ६ निर्विद्यतिनरःकामान्निर्विद्यसुखमेधते ॥ त्यक्त्वाप्रीतिंचशोकंचलब्ध्वाबुद्धिमयंवसु ७ सुखमर्थाश्रयंयेषामनुशोचामितानहम् ॥ ममह्यर्थाःसुबहवोनष्टाःस्वप्नइवागताः ८ दुष्करंबतकुर्वंतिमहतोर्थांस्त्यजंतिये ॥ वयंत्वेतान्परित्यक्तुमसतोऽपिनशक्नुमः ९ इमामवस्थांसंप्राप्तंदीनमार्तंश्रियाच्युतम् ॥ यदन्यत्सुखमस्तीहतद्ब्रह्मन्ननुशाधिमाम् १० कौसल्येनैवमुक्तस्तुराजपुत्रेणधीमता ॥ मुनिःकालकवृक्षीयःप्रत्युवाचमहाद्युतिः ११ ॥ मुनिरुवाच ॥ पुरस्तादेवतेबुद्धिरियंकार्याविजानता ॥ अनित्यंसर्वमेवैतदहंचममचास्तियत् १२ ॥ ॥ ॥ ॥

संपदोविजिगीषमाणस्यकर्तव्यंपृच्छति धार्मिकइति १ । २ । ३ भागीभागार्हः ईहमानोयतमानः ४ । ५ इतरेणशारीरेण ६ निर्विद्यतिविरज्यते कामाद्विषयभोगात् बुद्धिमयंवसुज्ञानरूपंधनं ७ । । ८ । ९ । १० । ११ इयंनिर्विद्यतीतिश्लोकेनत्वयाप्रोक्ता अहंचयच्चममाऽस्त्येतत्सर्वमनित्यमितिजानता १२ ॥ ॥ ॥ ॥

नास्तितुच्छत्वात् १३ सर्वंतन्नाभून्नभविष्यति दृष्टिसमसमयैवसृष्टिरितिभावः १४ यच्चपूर्वंप्राचीनंसमाहारेराज्ञांसमुदायेधान्यादिकं यच्चपूर्वंपरेपरेपूर्वस्मिन्पूर्वस्मिन्राज्ञितत्सर्वंतेतवनास्त्येवेतितज्ज्ञात्वासर्वत्रममतांत्यक्त्वेतिभावः १५ सामर्थ्यंधनार्जनवीर्यं कथंचकथमपिनकुर्याच्छोकं १६ । १७ आत्मनोदेहस्यअध्रुवतामितिच्छेदः नभविष्यसिमरिष्यसि १८ । १९ । २० नप्रमुच्येतप्रत्य

॥ ८७ ॥ यत्किंचिन्मन्यसेऽस्तीतिसर्वंनास्तीतिविद्धितत् ॥ एवंनव्यथतेप्राज्ञःकृच्छ्रामप्यापदंगतः १३ यद्धिभूतंभविष्यंचसर्वंतन्नभविष्यति ॥ एवंविदितवेद्यस्त्वमधर्मे भ्यःप्रमोक्ष्यसे १४ यच्चपूर्वंसमाहारेयच्चपूर्वंपरेपरे ॥ सर्वंतन्नास्तितेचैवतज्ज्ञात्वाकोऽनुसंज्वरेत् १५ भूत्वाचनभवत्येतदभूत्वाचभविष्यति ॥ शोकेनह्य स्तिसामर्थ्यंशोकंकुर्यात्कथंचन १६ क्वनुतेऽद्यपिताराजन्क्वनुतेऽद्यपितामहः ॥ नत्वंपश्यसितानद्यनत्वांपश्यंतितेऽपिच १७ आत्मनोऽध्रुवतांपश्यंस्तां स्त्वंकिमनुशोचसि ॥ बुद्ध्याचैवानुबुद्ध्यस्वध्रुवंहिनभविष्यसि १८ अहंचत्वंचनृपतेसुहृदःशत्रवश्चते ॥ अवश्यंनभविष्यामःसर्वंचनभविष्यति १९ ये तुविंशतिवर्षावैत्रिंशद्वर्षाश्चमानवाः ॥ अर्वागेवहितेसर्वेमरिष्यंतिशरच्छतात् २० अपिचेन्महतोवित्तान्नप्रमुच्येतपूरुषः ॥ नैतन्ममेतितन्मत्वाकुर्वीत प्रियमात्मनः २१ अनागतंयन्नममेतिविद्यादतिक्रांतंयन्नममेतिविद्यात् ॥ दिष्टंबलीयइतिमन्यमानास्तेपंडितास्तत्सतांस्थानमाहुः २२ अनाढ्या श्चापिजीवंतिराज्यंचाप्यनुशासति ॥ बुद्धिपौरुषसंपन्नास्त्वयातुल्याऽधिकाजनाः २३ नचत्वमिवशोचंतितस्मात्त्वमपिमाशुचः ॥ किंनत्वंतैर्नरैःश्रेयां स्तुल्योवाबुद्धिपौरुषैः २४ ॥ राजोवाच ॥ यादृच्छिकंसर्वमासीत्तद्राज्यमितिचिंतये ॥ ह्रियतेसर्वमेवेदंकालेनमहताद्विज २५ तस्यैवह्रियमाणस्य स्रोतसेवतपोधन ॥ फलमेतत्प्रपश्यामियथालब्धेनवर्तयन् २६ ॥ मुनिरुवाच ॥ ॥ अनागतमतीतंचयाथातथ्यविनिश्चयात् ॥ नानुशोचेतकौस ल्यसर्वार्थेषुतथाभव २७ अवाप्यान्कामयन्नर्थान्नानवाप्यान्कदाचन ॥ प्रत्युत्पन्नाननुभवन्माशुचस्त्वमनागतान् २८ यथालब्धोपपन्नार्थैस्तथाकौसल्यरं स्यसे ॥ कच्चिच्छुद्धस्वभावेनश्रियाहीनोनशोचसि २९ पुरस्ताद्भूतपूर्वत्वाद्धीनभोग्योहिदुर्मतिः ॥ धातारंगर्हतेनित्यंलब्धार्थश्चनमृष्यते ३० अनर्हानपिचै वान्यान्मन्यतेश्रीमतोजनान् ॥ एतस्मात्कारणादेतद्दुःखंभूयोऽनुवर्तते ३१ ईर्ष्याभिमानसंपन्नाराजन्पुरुषमानिनः ॥ कच्चित्त्वंनतथाराजन्मत्सरीकोसलाधि प ३२ सहस्वश्रियमन्येषांयद्यपित्वयिनास्तिसा ॥ अन्यत्रापिसतींलक्ष्मींकुशलाभुंजतेसदा ॥ अभिनिस्यंदतेश्रीर्हिसत्यपिद्विषतोजनम् ३३ श्रियंचपुत्रपौ त्रंचमनुष्याधर्मचारिणः ॥ योगधर्मविदोधीराःस्वयमेवत्यजंत्युत ३४ ॥ ॥ ॥ ॥

क्षेणत्यागोनसंभवतिचेन्ममत्वंबांधवादौत्याज्यमित्याह अपीति २१ विद्याद्विद्युःतन्निर्ममत्वं २२ । २३ । २४ यादृच्छिकमयत्नादागतं २५ एतच्छोकाख्यंफलंयथालब्धेनवर्तयन्नजीवन्नपिपश्यामि यादृच्छिकस्यनाशेनजीवनालोपेऽपिशोकोननश्यतीत्यर्थः २६ । २७ । २८ । २९ नमृष्यतेतैर्नसंतुष्यति ३० अनर्हान्म्लेच्छादीन्नीचान् ३१ । ३२ सहस्वेतिसार्धं अन्यत्रशत्रौ कुशला निर्मत्सराः जनंद्विषतःसकाशात् अभिनिस्यंदतेप्रस्रवति ३३ । ३४ ॥ ॥ ॥ ॥ ॥ ॥ ८७ ॥

विधित्साक्रियाणामनुपरमस्तेनसाधनेनसंकुसुकमस्थिरंनित्यंनवंनवमारंभंकुर्वाणंदृष्ट्वाऽन्येप्राकृतास्तत्संत्यजंत्येव ३५ उपद्रवानस्थिरान् ३६ अर्थरूपेणभासमानाः ३७ आद्यस्योदाहरणंअर्थायेति ३८ द्वितीयस्योदाहरणंरममाणइति ३९ परिभग्नक्रमोनष्टारंभः ४० । ४१ । ४२ । ४३ विप्रणयेद्द्यात् ४४ । ४५ अन्येषामपीतिसार्धः बुद्ध्याकल्पितामापदंपश्य कथमतआह नियच्छेति यथाक्रमेणान्वयः इंद्रियादीनांनिरोधेहिजगत्सत्त्वंसम्यक्स्फुरतितेनापदांकल्पितत्वंस्फुटीभवतीतिभावः ४६ प्रतीति । भावेष्वर्थेषुप्राप्तिस्पृष्टेषुदर्शनमात्रोत्पन्नेषु प्रतिषेद्धानविद्यतेअप्रत्या

बहुसंकुसुकंदृष्ट्वाविधित्सासाधनेनच ॥ तथाऽन्येसंत्यजंत्येवमत्वापरमदुर्लभम् ३५ त्वंपुनःप्राज्ञरूपःसन्कृपणंपरितप्यसे ॥ अकाम्यान्कामयानोऽर्थान्पराधीनानुपद्रवान् ३६ तांबुद्धिमुपजिज्ञासुस्त्वमेवैतान्परित्यज ॥ अनर्थाश्चार्थरूपेणह्यर्थाश्चानर्थरूपिणः ३७ अर्थायैवहिकेषांचिद्धननाशोभवत्युत ॥ आनंत्यंतत्सुखंमत्वाश्रियमन्यःपरीप्सति ३८ रममाणःश्रियाकश्चिन्नान्यच्छ्रेयोऽभिमन्यते ॥ तथातस्येहमानस्यसमारंभोविनश्यति ३९ कृच्छ्राल्लब्धमभिप्रेतंयदिकौसल्यनश्यति ॥ तदानिर्विद्यतेसोऽर्थात्परिभग्नक्रमोनरः ४० धर्ममेकेऽभिपद्यंतेकल्याणाभिजनानराः ॥ परत्रसुखमिच्छंतोनिर्विंद्ययुश्चलौकिकात् ४१ जीवितंसंत्यजंत्येकेधनलोभपराजनाः ॥ नजीवितार्थंमन्यंतेपुरुषाहिधनादृते ४२ पश्यतेषांकृपणतांपश्यतेषामबुद्धिताम् ॥ अध्रुवेजीवितेमोहादर्थदृष्टिमुपाश्रिताः ४३ संचयेचविनाशांतेमरणांतेचजीविते ॥ संयोगेचवियोगांतेकोऽनुविप्रणयेन्मनः ४४ धनंवापुरुषोराजन्पुरुषंवापुनर्धनम् ॥ अवश्यंप्रजहात्येवतद्विद्वान्कोऽनुसंज्वरेत् ४५ अन्येषामपिनश्यंतिसुहृदश्चधनानिच ॥ पश्यबुद्ध्यामनुष्याणांराजन्नापदमात्मनः ॥ नियच्छयच्छसंयच्छइंद्रियाणिमनोगिरम् ४६ प्रतिषेद्धानचाप्येषुदुर्बलेष्वहितेष्वपि ४७ प्राप्तिस्पृष्टेषुभावेषुव्यपकृष्टेष्वसंभवे ॥ प्रज्ञानतृप्तोविक्रांतस्त्वद्विधोनानुशोचति ४८ अल्पमिच्छन्नचपलोमृदुर्दांतःसुनिश्चितः ॥ ब्रह्मचर्योपपन्नश्चत्वद्विधोनैवशोचति ४९ नत्वेवजाल्मींकापालींवृत्तिमेषितुमर्हसि ॥ नृशंसवृत्तिंपापिष्ठांदुष्टांकापुरुषोचिताम् ५० अपिमूलफलाजीवोरमस्वैकोमहावने ॥ वाग्यतःसंगृहीतात्मासर्वभूतदयान्वितः ५१ सदृशंपंडितस्यैतदीषादन्तेनदंतिना ॥ यदेकोरमतेऽरण्येष्वारण्येनैवतुष्यति ५२ महाह्रदःसंक्षुभितआत्मनैतप्रसीदति ॥ एतदेवंगतस्याहंसुखंपश्यामिजीवितुम् ५३ असंभवेश्रियोराजन्हीनस्यसचिवादिभिः ॥ दैवेप्रतिनिविष्टेचकिंश्रेयोमन्यतेभवान् ५४ ॥ इतिश्रीमहाभारतेशांतिपर्वणि राजधर्मानुशासनपर्वणि कालकवृक्षीये चतुरधिकशततमोऽध्यायः ॥ १०४ ॥ ॥ मुनिरुवाच ॥ अथचेत्पौरुषंकिंचित्क्षत्रियात्मनिपश्यसि ॥ ब्रवीमितांतुतेनीतिंराज्यस्यप्रतिपत्तये १ ॥ ॥ ॥

ख्येयदर्शनाःसर्वेवर्तमानाःपदार्थाइत्यर्थव्यपकृष्टेषुदेशतःकालतश्चव्यवहितेष्वतीतानागतदूरस्थेषु दर्शनस्यासंभवेचज्ञातेसतित्वद्विधोनानुशोचतीष्टानिष्टसंयोगवियोगयोरितिसार्धार्थः ४७ । ४८ । ४९ । ५० । ५१ । ५२ । ५३ । ५४ ॥ इतिशांतिपर्वणिराजधर्मानुशासनपर्वणिनीलकंठीयेभारतभावदीपेचतुरधिकशततमोऽध्यायः ॥ १०४ ॥ ॥ एवंदुर्बलस्यहीनसंपदःपरैर्निर्जितस्यनिवृत्तिधर्मएवश्रेयानित्युक्तं प्रबलस्यतुतादृशस्यनिकृत्याख्यंजयोपायंवक्तुमध्यायआरभ्यते अथचेदिति १ ॥ ॥ ॥

२ । ३ उपपन्नोऽस्मिपौरुषेणेतिशेषः ४ । ५ । ६ वित्तंवेतनरूपं प्रमाणंविश्वासं प्रग्रहमिवप्रग्रहंभुजत्वं तस्यबाहुस्थानीयोभविष्यसीत्यर्थः 'प्रग्रहस्तुतुलासूत्रेबंद्यांनियमनेभुजे'इतिमेदिनी ७ स्वशास्त्रेणनीतिशास्त्रेण ८ । ९ ग्रहणमादरं 'ग्रहणंस्वीकारादरकरोपरागोपलब्धिबंदिषु'इतिमेदिनी १० बिल्वंबिल्वेनेति । अन्यपराजयोऽपीष्टइतिमत्वाजनकेनान्यंविपरीतंवाघातय अस्य वैदेहस्य ११ । १२ । १३ ।तिषेधस्थानेतदकरणेऽयंमांनप्रतिषिद्धवानितिममशत्रुरितिविद्दतत्वंभवतितद्रक्ष्यमित्यर्थः १४ हेपरम । अमित्रेशत्रुसमीपे श्वेतकाकीयैःश्वाचएतश्चकाकश्चतेषामिभे

तांचेच्छक्रोषिनिर्मातुंकर्मचैवकरिष्यसि ॥ श्रृणुसर्वमशेषेणयत्त्वांवक्ष्यामितत्त्वतः २ आचरिष्यसिचेत्कर्ममहतोऽर्थानवाप्स्यसि ॥ राज्यंराज्यस्यमंत्रंवामहतींवा पुनःश्रियम् ३ अथैतद्ब्रोचतेराजन्पुनर्ब्रूहिब्रवीमिते ॥ राजोवाच ॥ ब्रवीतुभगवान्नीतिमुपपन्नोस्म्यहंप्रभो ४ अमोघोयंभवत्वद्यत्वयासहसमागमः ॥ मुनिरुवाच ॥ हित्वादंभंचकामंचक्रोधंहर्षंभयंतथा ५ अप्यमित्राणिसेवस्वप्रणिपत्यकृतांजलिः ॥ तमुत्तमेनशौचेनकर्मणाचाभिपारय ६ दातुमर्हतितेवित्तंवैदेहःसत्यसंगरः ॥ प्रमाणंसर्वभूतेषुप्रग्रहंचभविष्यसि ७ ततःसहायान्सोत्साहाँल्लप्स्यसेऽव्यसनाञ्शुचीन् ॥ वर्तमानःस्वशास्त्रेणसंयतात्माजितेंद्रियः ८ अभ्युद्धरति चात्मानंप्रसादयतिचप्रजाः ॥ तेनैवत्वंधृतिमताश्रीमताचाभिसत्कृतः ९ प्रमाणंसर्वभूतेषुगत्वाचग्रहणंमहत् ॥ ततःसुहृद्बलंलब्ध्वामंत्रयित्वासुमंत्रिभिः १० आंतरैर्भेदयित्वारीन्बिल्वंबिल्वेनभेदय ॥ परैर्वासंविदंकृत्वाबलमप्यस्यघातय ११ अलभ्यायेशुभाभावाःस्त्रियश्चाच्छादनानिच ॥ शय्यासनानियानानिमहार्हाणिगृहाणिच १२ पक्षिणोमृगजातानिरसगंधाःफलानिच ॥ तेष्वेवसज्जयेथास्त्वंयथानश्यत्त्वयंपरः १३ यद्येवंप्रतिषेद्धव्योयद्युपेक्षणमर्हति ॥ नजातुविवृतःकार्यःशत्रुःसुनयमिच्छता १४ रमस्वपरमामित्रेविषयेप्राज्ञसंमतः ॥ भजस्वश्वेतकाकीयैर्मित्रधर्ममनर्थकैः १५ आरंभांश्चास्यमहतोदुश्चरांश्चप्रयोजय ॥ नदीवच्चविरोधांश्चबलवद्भिर्विरुध्यताम् १६ उद्यानानिमहार्हाणिशयनान्यासनानिच ॥ प्रतिभोगसुखेनैवकोशमस्यविरेचय १७ यज्ञदानेप्रशाध्यस्मैब्राह्मणाननुवर्ण्यतान् ॥ तेत्वांप्रतिकरिष्यंतितंभोक्ष्यंतिवृकाइव १८ असंशयंपुण्यशीलःप्राप्नोतिपरमांगतिम् ॥ त्रिविष्टपेपुण्यतमंस्थानंप्राप्नोतिमानवः १९ कोशक्षयेत्वमित्राणांवशंकौसल्यगच्छति ॥ उभयत्रप्रयुक्तस्यधर्मेणाधर्मएवच २० फलार्थमूलंव्युच्छिद्येत्तेननंदंतिशत्रवः ॥ नचास्मैमानुषंकर्मदैवमस्योपवर्णय २१ असंशयंदैवपरःक्षिप्रमेवविनश्यति ॥ याजयैनंविश्वजितासर्वस्वेनवियुज्यताम् २२ ततोगच्छसिसिद्धार्थःपीड्यमानंमहाजनम् ॥ योगधर्मविदंपुण्यंकंचिदस्योपवर्णयेत् २३ ॥ ॥ ॥ ॥

धर्माः क्रमेण नित्यंजागरूकत्वभयचकितत्वपरेंगितज्ञत्वानि तैरुपायैर्मित्रधर्मभजस्व श्वेतइत्यत्रोमाङ्गेश्वेतिपररूपं एतोमृगः १५ आरंभान्विरोधांश्चमहानदीवद्दुस्तरान् १६ । १७ प्रतिकरिष्यंतिप्रत्युपकारेणस्वस्त्ययनादिनोपकरिष्यंति १८ । १९ धर्माधर्माभ्यांकोशक्षयेसति २० फलस्यस्वर्गादेरर्थस्यजयादेर्मूलकारणंकोशोव्युच्छिद्येद्विशेषतउच्छेदंगच्छेत् दैवंजयादिकम् २१ २२ गच्छसिअत्रगच्छसि सिद्धार्थःकृतयज्ञादिप्रयोजनः महाजनपीडांतस्मैनिवेदयेत् तत्परिहारार्थमाचार्यंचवर्णयेत् २३ ॥ ॥

तद्वाराराज्यंत्याजयेदित्याह अपीति । यद्वाऔषधाद्यैरस्यनागादीन्घातयेदितिसार्धः २४ । २५ ॥ ॥ इतिशांतिपर्वणिराजधर्मानुशासनपर्वणि नीलकंठीयेभारतभावदीपेपंचाधिकशततमोऽध्यायः ॥ १०५ ॥ ॥ ॥ निकृतिंकपटंचकर्तुमनिच्छोर्धर्मिष्ठस्यक्षीणस्यसामाख्यंजयोपायमाह ननिकृत्येत्यादिना १ । २ । ३ । ४ वांयुवयोः तस्यविदेहस्य ५ त्वादृशंराजानं

अपित्यागंवुभूषेतकच्चिद्गच्छेदनामयम् ॥ सिद्धेनौषधियोगेनसर्वशत्रुविनाशिना ॥ नागानश्वान्मनुष्यांश्चकृतकैरुपघातयेत् २४ एतेचान्येचबहवोदंभयो
गाःसुचिंतिताः ॥ शक्याविषहताकर्तुंपुरुषेणकृतात्मना २५ ॥ इतिश्रीम० शां० रा० कालकवृक्षीयेपंचाधिकशततमोऽध्यायः ॥ १०५ ॥ ॥ राजोवाच ॥
ननिकृत्त्यानदंभेनब्रह्मन्निच्छामिजीवितुम् ॥ नाधर्मयुक्तानिच्छेयमर्थान्सुमहतोऽप्यहम् १ पुरस्तादेवभगवन्मयैतदपवर्जितम् ॥ येनमांनाभिशंकेतयेनकृत्स्नं
हितंभवेत् २ आनृशंस्येनधर्मेणलोकेह्यस्मिन्जिजीविषुः ॥ नाहमेतदलंकर्तुंनैतत्त्वय्युपपद्यते ३ ॥ मुनिरुवाच ॥ उपपन्नस्त्वमेतेनयथाक्षत्रियभाषसे ॥
प्रकृत्याह्युपपन्नोऽसिबुद्ध्याचाबहुदर्शनः ४ उभयोरेववामर्थेयतिष्येतवतस्यच ॥ संश्लेषंवाकरिष्यामिशाश्वतंह्यनपायिनम् ५ त्वादृशंहिकुलेजातमनृशंसंबहुश्रुतम् ॥
अमात्यंकोनकुर्वीतराज्यप्रणयकोविदम् ६ यस्त्वंप्रच्यावितोराज्याद्व्यसनंचोत्तमंगतः ॥ आनृशंस्येनवृत्तेनक्षत्रियेच्छसिजीवितुम् ७ आगंतामद्गृहंतातवैदेहः
सत्यसंगरः ॥ अथाहंतंनियोक्ष्यामितत्करिष्यत्यसंशयम् ८ ततआहूयवैदेहंमुनिर्वचनमब्रवीत् ॥ अयंराजकुलेजातोविदिताभ्यंतरोमम ९ आदर्शइवशुद्धात्मा
शारदश्चंद्रमायथा ॥ नास्मिन्पश्यामिवृजिनंसर्वतोमेपरीक्षितः १० तेनतेसंधिरेवास्तुविश्वसास्मिन्यथामयि ॥ नराज्यमनमात्येनशक्यंशास्तुमपित्र्यहम् ११
अमात्यःशूरएवस्याद्बुद्धिसंपन्नएववा ॥ ताभ्यांचैवोभयंराजन्पश्यराज्यप्रयोजनम् १२ धर्मात्मनांक्वचिल्लोकेनान्यास्तिगतिरीदृशी ॥ महात्माराजपुत्रोऽयंस
तांमार्गमनुष्ठितः १३ सुसंगृहीतस्त्वेवैषत्वयाधर्मपुरोगमः ॥ संसेव्यमानःशत्रूंस्तेगृह्णीयान्महतोगणान् १४ यद्यहंप्रतियुद्ध्येत्त्वांस्वकर्मक्षत्रियस्यतत् ॥ जि
गीषमाणस्त्वांयुद्धेपितृपैतामहेपदे १५ त्वंचापिप्रतियुद्ध्येथाविजिगीषुव्रतेस्थितः ॥ अयुद्ध्वैवनियोगान्मेवशेकुरुहितेस्थितः १६ सत्वंधर्ममवेक्षस्वहित्वालोभमसां
प्रतम् ॥ नचकामान्नचद्रोहात्स्वधर्मंहातुमर्हसि १७ नैवनित्यंजयस्तातनैवनित्यंपराजयः ॥ तस्माद्भोजयितव्यश्चभोक्तव्यश्चपरोजनः १८ आत्मन्यपिचसंदृश्यावुभौ
जयपराजयौ ॥ निःशेषकारिणांतातनिःशेषकरणाद्भयम् १९ इत्युक्तःप्रत्युवाचेदंवचनंब्राह्मणर्षभम् ॥ प्रतिपूज्याभिसत्कृत्यपूजार्हमनुमान्यच २० यथाब्रूया
न्महाप्राज्ञोयथाब्रूयान्महाश्रुतः ॥ श्रेयस्कामोयथाब्रूयादुभयोरेवतत्क्षमम् २१ यद्यद्वचनमुक्तोऽस्मिकरिष्यामिचतत्तथा ॥ एतद्धिपरमंश्रेयोनमेऽत्रास्तिविचारणा २२

लब्ध्वाअमात्यकर्मकोनकुर्वीतापितुसर्वोऽपिमादृशःकुर्वीतैवेत्यर्थः ६ उत्तमंमहत् ७ । ८ । ९ । १० । ११ ताभ्यांशौर्यबुद्धिभ्यां उभयंलोकद्वयम् १२ । १३ गणान्शत्रुसंघान् १४ । १५
१६ असांप्रतमनुचितम् १७ परोजनःशत्रुजनोभोजनादिनासंधेयः दंडापेक्षयासामैवश्रेयइत्यर्थः १८ । १९ । २० । २१ । २२ ॥ ॥

२३ अहमिति । जितवत्प्राप्तजयइव २४ । २५ । २६ । २७ । २८ ॥ इतिशांतिपर्वणिराज० नीलकंठीयेभारतभावदीपेषडधिकशततमोऽध्यायः ॥ १०६ ॥ ॥ गणवृत्तंबुभुत्सुःपूर्वोक्तमनुवद

ततःकौसल्यमाहूयमैथिलोवाक्यमब्रवीत् ॥ धर्मतोनीतितश्चैवलोकश्चविजितोमया २३ अहंत्वयाचात्मगुणैर्जितःपार्थिवसत्तम ॥ आत्मानमनवज्ञायजितवद्वर्ततां भवान् २४ नावमन्यामितेबुद्धिंनावमन्येचपौरुषम् ॥ नावमन्येजयामीतिजितवद्वर्ततांभवान् २५ यथावत्पूजितोराजन्गृहंगंताऽसिमेभृशम् ॥ ततःसंपूज्यतौ विप्रंविश्वस्तौजग्मतुर्गृहान् २६ वैदेहस्त्वथकौसल्यंप्रवेश्यगृहमंजसा ॥ पाद्यार्घ्यमधुपर्केस्तंपूजार्हंप्रत्यपूजयत् २७ ददौदुहितरंचास्मैरत्नानिविविधानिच ॥ एषराज्ञांपरोधर्मोनित्यौजयपराजयौ ॥ २८ ॥ इतिश्रीमहाभारतेशांतिपर्वणि राजधर्मानु० कालकवृक्षीयेषडधिकशततमोऽध्यायः ॥ १०६ ॥ ॥ ॥

॥ युधिष्ठिरउवाच ॥ ब्राह्मणक्षत्रियविशांशूद्राणांचपरंतप ॥ धर्मवृत्तंचवित्तंचवृत्त्युपायाःफलानिच १ राज्ञांवित्तंचकोशंचकोशसंचयनंजयः ॥ अमात्यगुणवृत्तिश्च प्रकृतीनांचवर्धनम् २ षाड्गुण्यगुणकल्पश्चसेनावृत्तिस्तथैवच ॥ परिज्ञानंचदुष्टस्यलक्षणंचसतामपि ३ समहीनाधिकानांचयथावल्लक्षणंचयत् ॥ मध्यमस्यच तुष्ट्यर्थंयथास्थेयंविवर्धता ४ क्षीणग्रहणवृत्तिश्चयथाधर्मंप्रकीर्तितम् ॥ लघुनादेशरूपेणग्रंथयोगेनभारत ५ विजिगीषोस्तथावृत्तमुक्तंचैवतथैवते ॥ गणानांवृत्ति मिच्छामिश्रोतुंमतिमतांवर ६ यथागणाःप्रवर्धंतेनभिद्यंतेचभारत ॥ अरींश्चविजिगीषंतेसुहृदःप्राप्नुवंतिच ७ भेदमूलोविनाशोहिगणानामुपलक्षये ॥ मंत्रसंवर णंदुःखंबहूनामितिमेमतिः ८ एतदिच्छाम्यहंश्रोतुंनिखिलेनपरंतप ॥ यथाचतेनभिद्येरंस्तच्चमेवदपार्थिव ९ ॥ भीष्मउवाच ॥ गणानांचकुलानांचराज्ञांभरत सत्तम ॥ वैरसंदीपनावेतौलोभामर्षौनराधिप १० लोभमेकोहिवृणुतेततोऽमर्षमनंतरम् ॥ तौक्षयव्ययसंयुक्तावन्योन्यंचविनाशिनौ ११ चारमंत्रबलादानैःसा मदानविभेदनैः ॥ क्षयव्ययभयोपायैःप्रकर्षंतीतरेतरम् १२ तत्रादानेनभिद्यंतेगणाःसंघातवृत्तयः ॥ भिन्नाविमनसःसर्वेगच्छंत्यरिवशंभयात् १३ भेदेगणाविन श्युर्हिभिन्नास्तुसुजयाःपरैः ॥ तस्मात्संघातयोगेनप्रयतेरन्गणाःसदा १४ अर्थाश्चैवाधिगम्यंतेसंघातबलपौरुषैः ॥ बाह्याश्चमैत्रींकुर्वंतितेषुसंघातवृत्तिषु १५ ज्ञा नवृद्धाःप्रशंसंतिशुश्रूषंतःपरस्परम् ॥ विनिवृत्ताभिसंधानाःसुखमेधंतिसर्वशः १६ धर्मिष्ठान्व्यवहारांश्चस्थापयंतश्चशास्त्रतः ॥ यथावत्प्रतिपश्यंतोविवर्धंतेग णोत्तमाः १७ पुत्रान्भ्रातॄन्निगृह्णंतोविनयंतश्चतान्सदा ॥ विनीतांश्चप्रगृह्णंतोविवर्धंतेगणोत्तमाः १८ चारमंत्रविधानेषुकोशसंनिचयेषुच ॥ नित्ययुक्तामहाबा होवर्धंतेसर्वतोगणाः १९ प्राज्ञाञ्छूरान्महोत्साहान्कर्मसुस्थिरपौरुषान् ॥ मानयंतःसदायुक्ताविवर्धंतेगणानृप २० ॥ ॥

ति ब्राह्मणेति १ । २ । ३ । ४ क्षीणस्यग्रहणंवृत्तिर्जीविकाचलघुनाप्रुगमेनआदेशरूपेणोपदेशात्मकेन ५ गणानांशूरजनस्तोमानाम् ६ । ७ । ८ । ९ । १० एकोराजालोभंवृणुते गणस्तदाऽस्म भ्यंनददातीत्यमर्षंवृणुते ११ इतरेतरंगणाराजानश्चप्रकर्षंति १२ । १३ संघातयोगेनैकमत्यप्रयोगेण १४ । १५ विनिवृत्ताभिसंधानाः विघटितसंधाः १६ । १७ । १८ । १९ । २० ॥

द्रव्यवंतश्चशूराश्चशस्त्रज्ञाःशास्त्रपारगाः ॥ कृच्छ्रास्वापत्सुसंमूढान्गणाःसंतारयंतिते २१ क्रोधोभेदोभयंदंडःकर्षणंनिग्रहोवधः ॥ नयत्यरिवशंसद्योगणान्भरतसत्त
म २२ तस्मान्मानयितव्यास्तेगणमुख्याःप्रधानतः ॥ लोकयात्रासमायत्ताभूयसीतेषुपार्थिव २३ मंत्रगुप्तिःप्रधानेषुचारश्चामित्रकर्षण ॥ नगणाःकृत्स्नशो
मंत्रंश्रोतुमर्हंतिभारत २४ गणमुख्यैस्तुसंभूयकार्यंगणहितंमिथः ॥ पृथग्गणस्यभिन्नस्यविततस्यततोऽन्यथा २५ अर्थाःप्रत्यवसीदंतितथाऽनर्थाभवंतिच ॥ ते
षामन्योन्यभिन्नानांस्वशक्तिमनुतिष्ठताम् २६ निग्रहःपंडितैःकार्यःक्षिप्रमेवप्रधानतः ॥ कुलेषुकलहाजाताःकुलवृद्धैरुपेक्षिताः २७ गोत्रस्यनाशंकुर्वंतिगणभे
दस्यकारकम् ॥ आभ्यंतरंभयंरक्ष्यमसारंबाह्यतोभयम् २८ आभ्यंतरंभयंराजन्सद्योमूलानिकृंतति ॥ अकस्मात्क्रोधमोहाभ्यांलोभाद्वापिस्वभावजात् २९ अ
न्योन्यंनाभिभाषंतेतत्पराभवलक्षणम् ॥ जात्याचसदृशाःसर्वेकुलेनसदृशास्तथा ३० नचोद्योगेनबुद्ध्यावारूपद्रव्येणवापुनः ॥ भेदाच्चैवप्रदानाच्चभिद्यंतेरिपुभि
र्गणाः ३१ तस्मात्संघातमेवाहुर्गणानांशरणंमहत् ॥ ३२ ॥ इतिश्रीमहाभारतेशांतिपर्वणिराजधर्मानु० गणवृत्तेसप्ताधिकशततमोऽध्यायः ॥ १०७ ॥ ॥
युधिष्ठिरउवाच ॥ महानयंधर्मपथोबहुशाखश्चभारत ॥ किंस्विदेवेहधर्माणामनुष्ठेयतमंमतम् १ किंकार्यंसर्वधर्माणांगरीयोभवतोमतम् ॥ यथाऽहंपरमंधर्ममिह
चप्रेत्यचाप्नुयाम् २ ॥ भीष्मउवाच ॥ मातापित्रोर्गुरूणांचपूजाबहुमतामम ॥ इहयुक्तोनरोलोकान्यशश्चमहदश्नुते ३ यच्चतेभ्यनुजानीयुःकर्मतातसुपूजि
ताः॥धर्माधर्मविरुद्धंवातत्कर्तव्यंयुधिष्ठिर ४ नचतैरभ्यनुज्ञातोधर्ममन्यंसमाचरेत् ॥ यंचतेभ्यनुजानीयुःसधर्मइतिनिश्चयः ५ एतएवत्रयोलोकाएतएवाश्रमास्त्रयः
॥ एतएवत्रयोवेदाएतएवत्रयोऽग्नयः ६ पितावैगार्हपत्योऽग्निर्माताऽग्निर्दक्षिणःस्मृतः ॥ गुरुराहवनीयस्तुसाऽग्नित्रेतागरीयसी ७ त्रिष्वप्रमाद्यन्नेतेषुत्रींल्लोकां
श्चविजेष्यसि ॥ पितृवृत्त्यात्विमंलोकंमातृवृत्त्यातथापरम् ८ ब्रह्मलोकंगुरोर्वृत्त्यानियमेनतरिष्यसि ॥ सम्यगेतेषुवर्तस्वत्रिषुलोकेषुभारत ९ यशःप्राप्स्यसिभद्रं
तेधर्मंचसुमहत्फलम् ॥ नैतानतिशयेज्जातुनात्यश्नीयान्नदूषयेत् १० नित्यंपरिचरेच्चैवतद्वैसुकृतमुत्तमम् ॥ कीर्तिंपुण्यंयशोलोकान्प्राप्स्यसेराजसत्तम ११
सर्वेतस्यादृतालोकायस्यैतेत्रयआदृताः ॥ अनादृतास्तुयस्यैतेसर्वास्तस्याफलाःक्रियाः १२ नचायंनपरोलोकस्तस्यचैवपरंतप ॥ अमानितानित्यमेवयस्यैते
गुरवस्त्रयः १३ नचास्मिन्नपरेलोकेयशस्तस्यप्रकाशते ॥ नचान्यदपिकल्याणंपरत्रसमुदाहृतम् १४ तेभ्यएवहियत्सर्वंकृत्वाचविसृजाम्यहम् ॥ तदासीन्मेशतगुणं
सहस्रगुणमेवच १५ तस्मान्मेसंप्रकाशंतेत्रयोलोकायुधिष्ठिर ॥ दशैवतुसदाऽऽचार्यःश्रोत्रियानतिरिच्यते १६ ॥ ॥

नीतिप्रधानान्राजधर्मान्श्रुत्वातदनुग्राहकान्शुद्धधर्मानाह महानित्यादिना १।२।३।४।५।६।७ वृत्त्यापूजया ८ । ९. नाऽतिशयेद्भोगेषुक्रियासुवास्वस्याधिक्यंनदर्शयेत् १० । ११ । १२ । १३ । १४ । १५।१६

१७ । १८ । १९. जातिर्जन्म अवध्येत्यादिसार्थः चाद्गुरुः २० तद्वध्यानामपितेषामत्रधंकृत्वातिअपराधिनोऽपिपितृमातृगुरवः अवधेनराजानमिवनैनंदूषयंति । राजादिवध्यानामवधेदुष्यतितद्व
न्नात्रेत्यर्थः । धर्मायदुष्टानामपिपित्रादीनांपालनाययतमानानांयतमानान्देवाअप्यनुग्राह्यत्वेनविदुः २१. आवृणोत्यनुगृह्णाति कर्मणाप्रवचनेन ऋतंवेदम् २२ नाद्रियंतेयेतेप्रत्यासन्नाःत्रिपर्ययेण

दशाचार्यानुपाध्यायउपाध्यायान्पितादश ॥ पितॄन्दशतुमातैकासर्वांवापृथिवीमपि १७ गुरुत्वेनातिभवतिनास्तिमातृसमोगुरुः ॥ गुरुर्गरीयान्पितृतोमातृ
तश्चेतिमेमतिः १८ उभौहिमातापितरौजन्मन्येवोपयुज्यतः ॥ शरीरमेवसृजतःपितामाताचभारत १९ आचार्यशिष्टायाजातिःसादिव्यासाऽजरामरा ॥ अ
वध्याहिसदामातापिताचाप्यपकारिणौ २० नसंदुष्यतितत्कृत्वानचतेदूषयंतितम् ॥ धर्माययतमानानांविदुर्देवामहर्षिभिः २१ यश्चावृणोत्यवितथेनकर्मणा
ऋतंब्रुवन्ननृतंसंप्रयच्छन् ॥ तंवैमन्येतपितरंमातरंचतस्मैनद्रुह्येत्कृतमस्यजानन् २२ विद्यांश्रुत्वायेगुरुंनाद्रियंतेप्रत्यासन्नामनसाकर्मणावा ॥ तेषांपापंभ्रूणह
त्याविशिष्टंनान्यस्तेभ्यःपापकृदस्तिलोके ॥ यथैवतेगुरुभिर्भावनीयास्तथातेषांगुरवोऽप्यर्चनीयाः २३ तस्मात्पूजयितव्याश्चसंविभज्याश्चयत्नतः ॥ गुरवो
र्चयितव्याश्चपुराणंधर्ममिच्छता २४ येनप्रीणातिपितरंतेनप्रीतःप्रजापतिः ॥ प्रीणातिमातरंयेनपृथिवीतेनपूजिता २५ येनप्रीणात्युपाध्यायंतेनस्याद्ब्रह्म
पूजितम् ॥ मातृतःपितृतश्चैवतस्मात्पूज्यतमोगुरुः २६ ऋषयश्चहिदेवाश्चप्रीयंतेपितृभिःसह ॥ पूज्यमानेषुगुरुषुतस्मात्पूज्यतमोगुरुः २७ केनचिन्नचवृत्ते
नह्यवज्ञेयोगुरुर्भवेत् ॥ नचमातानचपितामन्यतेयादृशोगुरुः २८ नतेऽवमानमर्हंतिनतेषांदूषयेत्कृतम् ॥ गुरूणामेवसत्कारंविदुर्देवामहर्षिभिः २९ उपाध्या
यंपितरंमातरंचयेऽभिद्रुह्यंतेमनसाकर्मणावा ॥ तेषांपापंभ्रूणहत्याविशिष्टंतस्मान्नान्यःपापकृदस्तिलोके ३० भृतोवृद्धोयोनबिभर्तिपुत्रःस्वयोनिजःपितरंमातरंच
॥ तद्वैपापंभ्रूणहत्याविशिष्टंतस्मान्नान्यःपापकृदस्तिलोके ३१ मित्रद्रुहःकृतघ्नस्यस्त्रीघ्नस्यगुरुघातिनः ॥ चतुर्णांवयमेतेषांनिष्कृतिंनाऽनुशुश्रुम ३२ एतत्सर्व
मनिर्देशेनैवमुक्तंयत्कर्तव्यंपुरुषेणेहलोके ॥ एतच्छ्रेयोनान्यदस्माद्विशिष्टंसर्वान्धर्माननुसृत्यैतदुक्तं ३३ इतिश्रीमहाभारतेशांतिप०राजधर्म०मातापितृगुरुमाहात्म्ये
अष्टाधिकशततमोऽध्यायः ॥ १०८ ॥ ॥ युधिष्ठिरउवाच ॥ कथंधर्मेस्थातुमिच्छन्नरोवर्तेतभारत ॥ विद्वन्जिज्ञासमानायप्रब्रूहिभरतर्षभ १ सत्यं
चैवानृतंचोभेलोकानावृत्त्यतिष्ठतः ॥ तयोःकिमाचरेद्राजन्पुरुषोधर्मनिश्चितः २ किंस्वित्सत्यंकिमनृतंकिंस्विद्धर्म्यंसनातनम् ॥ कस्मिन्कालेवदेत्सत्यंकस्मि
न्कालेऽनृतंवदेत् ३ ॥ भीष्मउवाच ॥ सत्यस्यवचनंसाधुनसत्याद्विद्यतेपरम् ॥ यत्तुलोकेषुदुर्ज्ञानंतत्प्रवक्ष्यामिभारत ४ ॥ ॥

विशीर्णानष्टाभवंति २३ । २४ । २५ । २६ । २७ । २८ २९ । ३० । ३१ । ३२ अनिर्देशेनविस्तरेणनतुनिर्देशमात्ररूपेणसंक्षेपेण अनुसृत्यैकीकृत्य एतत्सारभूतम् ३३ ॥ इतिशांतिप०
राजधर्मानुशासनपर्वणिनीलकंठीयेभारतभा०अष्टाधिकशततमोऽध्यायः ॥ १०८ ॥ ॥ ॥ कथमिति । सत्यानृतयोर्धर्माधर्मरूपत्वेहिंसाऽहिंसायुक्तयोस्तयोर्वैपरीत्यदर्शनात्संशयइत्यर्थः १
उभयोस्त्यागस्त्वतिदुष्करइत्याह सत्यमिति । लोकान्संसारिणः २ । ३ । ४ ॥ ॥ ॥ ॥ ॥ ॥ ॥

५ तादृशःसत्यानृतयोस्तत्त्वमजानन्बालत्वाद्बध्यते यत्रविषयेअहिंसोपकारादौसत्यमनिष्ठितंननिष्ठायुक्तंतेसत्यानृतेबहूपकारप्रधानेनिश्चिन्वन्धर्मविद्भवति ६ अंधस्यघ्राणचक्षुषःसर्वप्राणिवधायोद्यतस्यवधा
द्बलाकोव्याधोहिंस्रस्वभावोऽपिस्वर्गजगामेतिकर्णपर्वकथाऽनुसंधेया ७ मूढःकर्णपर्वोक्तःसत्यवादीचोरेभ्यःसत्यवचनाभिमानित्वान्मार्गमुपदिश्यकार्पटिकान्घाततिवान्असौधर्मविन्नेत्यर्थः कौशिकउलू
कोगंगातीरेसहस्रशःसर्पिण्यास्थापितान्यंडानिभित्त्वामहत्पुण्यंप्राप तदभेदनेतुतीक्ष्णविषाणांसर्पाणांवृद्ध्यासद्योलोकनाशःसंभवेत् ८ सुदुर्लभोदुर्विवेकः अत्रधर्मलक्षणे व्यवस्यतिनिश्चिनोति ९
प्रभवोऽभ्युदयः अहिंसाअपीडनं धारणंसंरक्षणं एतत्त्रयंयेनसत्येनानृतेनवामृदुनातीक्ष्णेनवायतोभवतिसधर्मइत्याहत्रिभिः प्रभवेति १० । ११ । १२ श्रुतीति । श्रुत्युक्तोऽर्थःसर्वोधर्मइत्य
पिन श्येनादेर्धर्मत्वाभावात् 'फलतोऽपिचयत्कर्मनानर्थेनानुबध्यते ॥ केवलंप्रीतिहेतुत्वात्तद्धर्मइतिकथ्यते' इतिवचनात्श्येनादिफलस्यशत्रुवधादेरनर्थत्वादुक्तलक्षणएवधर्मइत्यर्थः सर्वंश्येनाद्यपिविधी

भवेत्सत्यंनवक्तव्यंवक्तव्यमनृतंभवेत् ॥ यत्रानृतंभवेत्सत्यंसत्यंवाप्यनृतंभवेत् ५ तादृशोबध्यतेबालोयत्रसत्यमनिष्ठितम् ॥ सत्यानृतेविनिश्चित्यततोभवतिध
र्मवित् ६ अप्यनार्योकृतप्रज्ञःपुरुषोऽप्यतिदारुणः ॥ सुमहत्प्राप्नुयात्पुण्यंबलाकोन्धवधादिव ७ किमाश्चर्यंचयन्मूढोधर्मकामोप्यधर्मवित् ॥ सुमहत्प्राप्नुयात्पु
ण्यंगंगायामिवकौशिकः ८ तादृशोऽयमनुप्रश्नोयत्रधर्मःसुदुर्लभः ॥ दुष्करःप्रतिसंख्यातुंतत्केनात्रव्यवस्यति ९ प्रभवार्थायभूतानांधर्मप्रवचनंकृतम् ॥ यः
स्यात्प्रभवसंयुक्तःसधर्मइतिनिश्चयः १० धारणाद्धर्ममित्याहुर्धर्मेणविधृताःप्रजाः ॥ यःस्याद्धारणसंयुक्तःसधर्मइतिनिश्चयः ११ अहिंसार्थायभूतानांधर्मप्रवच
नंकृतम् ॥ यःस्यादहिंसासंयुक्तःसधर्मइतिनिश्चयः १२ श्रुतिधर्मइतिह्येकेनेत्याहुरपरेजनाः ॥ नचतत्प्रत्यसूयामोनहिसर्वंविधीयते १३ येऽन्यायेनजिहीर्ष
तोधनमिच्छंतिकस्यचित् ॥ तेभ्यस्तुनतदाख्येयंसधर्मइतिनिश्चयः १४ अकूजनेनचेन्मोक्षोनावकूजेत्कथंचन ॥ अवश्यंकूजितव्येवाशंकेरन्वाप्यकूजनात् १५
श्रेयस्तत्रानृतंवक्तुंसत्यादितिविचारितम् ॥ यःपापैःसहसंबंधान्मुच्यतेशपथादपि १६ नतेभ्योऽपिधनंदेयंशक्येसतिकथंचन ॥ पापेभ्योहिधनंदत्तंदातारम
पिपीडयेत् १७ स्वशरीरोपरोधेनधनमादातुमिच्छतः ॥ सत्यसंप्रतिपत्त्यर्थंयद्ब्रूयुःसाक्षिणःक्वचित् १८ अनुक्त्वातत्रतद्वाच्यंसर्वेतेऽनृतवादिनः ॥ प्राणा
त्ययेविवाहेचवक्तव्यमनृतंभवेत् १९ अर्थस्यरक्षणार्थायपरेषांधर्मकारणात् ॥ परेषांसिद्धिमाकांक्षन्नीचःस्याद्धर्मभिक्षुकः २० ॥ ॥

यतेधर्मत्वेनचोद्यते १३ यइति । अन्यायेनेतिच्छेदः बुभुक्षितेभ्यश्चोरेभ्योधनिकंनज्ञापयेत्भिक्षुभ्यस्तुज्ञापयेदेवेत्यर्थः १४ अकूजनेनेति । चोरेषुधनिकंपृच्छत्सुनवदेत् अवदतोमोक्षाभा
वेनवेद्मीतिशपथपूर्वकमपिवदेत्तादृशस्थलेऽनृतेदोषोनास्तीतिश्लोकद्वयार्थः १५ । १६ नेति । तेभ्यःस्तेनेभ्यः अपिर्हेत्वर्थे १७ स्वेतिसार्धः यदाधनंत्वदीयंश्रमोमदीयोलाभस्तूभाभ्यांवि
भज्यग्राह्यइतिनियमपूर्वकंप्रवृत्तेऽधर्मेणचोरादिनाधननाशःस्यात्तदोत्तमर्णोऽधमर्णस्यशरीरोपरोधेनदासीकरणेनधनमादातुमिच्छतिचेत्तस्यवाक्येसत्यसंप्रतिपत्त्यर्थंसंवादार्थमाहूताःसाक्षिणो वाच्यंवक्तुंयोग्यंत्र
चोऽनुक्त्वाशतंरूप्याणिधारयत्येवेतिनिश्चयवादित्वादनृतवादिनइतिभावः १८ यदात्वधमर्णोधनवानुत्तमर्णस्तुक्षीणस्तदातदप्यनृतंनदोषायेत्याह प्राणेति १९ ईदृशस्थलेत्वेषांतरेणापिपरकीयमर्थं
३१ रक्षेदित्याह अर्थस्येति २० ॥ ॥ ॥ ॥

यदितूक्तविषयेएवलाभालाभौसमावुभाभ्यांविभज्यग्राह्यमितिप्रतिश्रुतंतदानाश्रितोर्थोऽधमर्णेनयथाभागंप्रदातव्यः । अथवास्वकारीधनार्जनकार्यधमर्णोबलात्कृतउक्तरीत्यादासीकृतोऽप्यस्तुसचेत्कपटंकरोत्यनष्टमपिधनंनष्टमितिवदतिचेत्तत्राह यइत्यादिना २१ अमानवमासुरं २२ शठोवंचकः तममानवं २३ धनमेवश्रेयोनधर्मइत्यर्थः २४ मासंगमःसंगंमाकार्षीः २५ तत्रहेतुर्धनेति । विप्रयोजनंवियोगः एतदपिपापाःकुर्वतीत्यर्थः अयमिति । पापानांपापिनांमध्येवाचाउपदेशार्हःकश्चिदपिनास्तिकिंतुसर्वधर्मइत्येवतेषांनिश्चयइत्यन्वयः अधर्मकोटिस्फुरणाभावादित्याशयः २६

प्रतिश्रुत्यप्रदातव्यःस्वकार्यस्तुबलात्कृतः ॥ यःकश्चिद्धर्मसमयात्प्रच्युतोधर्मसाधनः २१ दंडेनैवसहंतव्यस्तंपंथानंसमाश्रितः ॥ च्युतःसदैवधर्मेभ्योऽमानवंधर्ममास्थितः २२ शठःस्वधर्ममुत्सृज्यतमिच्छेदुपजीवितुम् ॥ सर्वोपायैर्निहंतव्यःपापोनिकृतिजीवनः २३ धनमित्येवपापानांसर्वेषामिहनिश्चयः ॥ अविषह्याह्यसंभोज्यानिकृत्यापतनंगताः २४ च्युतादेवमनुष्येभ्योयथाप्रेतास्तथैवते ॥ निर्यज्ञास्तपसाहीनामास्मतैःसहसंगमः २५ धननाशाद्दुःखतरंजीविताद्विप्रयोजनम् ॥ अयंतेरोचतांधर्मइतिवाच्यःप्रयत्नतः २६ नकश्चिदस्तिपापानांधर्मइत्येषनिश्चयः ॥ तथागतंचयोहन्यान्नासौपापेनलिप्यते २७ स्वकर्मणाहतंहंतिहतएवसहन्यते ॥ तेषुयःसमयंकश्चित्कुर्वीतहतबुद्धिषु २८ यथाकाकाश्चगृध्राश्चतथैवोपधिजीविनः ॥ ऊर्ध्वंदेहविमोक्षांतेभवंत्येतासुयोनिषु २९ यस्मिन्यथावर्ततेयोमनुष्यस्तस्मिंस्तथावर्तितव्यंसधर्मः ॥ मायाचारोमाययाबाधितव्यःसाध्वाचारःसाधुनाप्रत्युपेयः ३० ॥ ॥ इति श्रीमहाभारते शांतिपर्वणि राजधर्मानुशासनपर्वणि सत्यानृतकविभागेनवाधिकशततमोऽध्यायः ॥ १०९ ॥ ॥ ॥ ॥ युधिष्ठिरउवाच ॥ क्लिश्यमानेषुभूतेषुतैस्तैर्भावैस्ततस्ततः ॥ दुर्गाण्यतितरेद्येनतन्मेब्रूहिपितामह १ ॥ भीष्मउवाच ॥ आश्रमेषुयथोक्तेषुयथोक्तंयेद्विजातयः ॥ वर्तंतेसंयतात्मानोदुर्गाण्यतितरंतिते २ येदंभान्नाचरंतिस्मयेषांवृत्तिश्चसंयता ॥ विषयांश्चनिगृह्णंतिदुर्गाण्यतितरंतिते ३ प्रत्याहुर्नोच्यमानायेनहिंसंतिचहिंसिताः ॥ प्रयच्छंतिनयाचंतेदुर्गाण्यतितरंतिते ४ वासयंत्यतिथीन्नित्यंनित्यंयेचानसूयकाः ॥ नित्यंस्वाध्यायशीलाश्चदुर्गाण्यतितरंतिते ५ मातापित्रोश्चयेवृत्तिंवर्ततेधर्मकोविदाः ॥ वर्जयंतिदिवास्वप्नंदुर्गाण्यतितरंतिते ६ येवापापंनकुर्वंतिकर्मणामनसागिरा ॥ निक्षिप्तदंडाभूतेषुदुर्गाण्यतितरंतिते ७ येनलोभान्नयंत्यर्थान्राजानोरजसान्विताः ॥ विषयान्परिरक्षंतिदुर्गाण्यतितरंतिते ८ स्वेषुदारेषुवर्ततेन्यायवृत्तिमृतावृतौ ॥ अग्निहोत्रपराःसंतोदुर्गाण्यतितरंतिते ९ आहवेषुचयेशूरास्त्यक्त्वामरणजंभयम् ॥ धर्मेणजयमिच्छंतिदुर्गाण्यतितरंतिते १० येवदंतीहसत्यानिप्राणत्यागेप्युपस्थिते ॥ प्रमाणभूताभूतानांदुर्गाण्यतितरंतिते ११ ॥ ॥

२७ समयमेतान्नहनिष्यामीतिव्रतंयश्चिकीर्षेत्सकुर्वीत तादृशानांवधेपुण्यमस्तीतिभावः २८ । २९ । ३० ॥ इतिशांतिपर्वणिराजधर्मानुशासनपर्वणिनीलकंठीयेभारतभावदीपेनवाधिकशततमोऽध्यायः ॥ १०९ ॥ ॥ क्लिश्यमानेष्विति । भूतेषुप्राणिषु दुर्गाणिदुस्तराणि १ । २ विषयान्विषयार्थानीन्द्रियाणि ३ उच्यमानानिंद्यमानाः ४ । ५ । ६।७ रजसाऽन्विताःसंतोऽर्थान्ननयन्तिनहरन्ति ८ । ९ । १० । ११ ॥ ॥ ॥

अकुहकार्थान्यदंभार्थानि १२ । १३ । १४ । १५ । १६ । १७ । १८ । १९ । २० । २१ । २२ यात्रार्थंजीवनार्थं २३ । २४।२५।२६ तत्रचहितेस्थितः २७ । २८ । २९ कृत्यसमुद्देशःकर्त

कर्माण्यकुहकार्थानियेषांवाचश्चसूनृताः ॥ येषामर्थाश्चसंबद्धादुर्गाण्यतितरंतिते १२ अनध्यायेषुयेविप्राःस्वाध्यायंनेहकुर्वते ॥ तपोनिष्ठाःसुतपसोदुर्गाण्यति
तरंतिते १३ येतपश्चतपस्यंतिकौमारब्रह्मचारिणः ॥ विद्यावेदव्रतस्नातादुर्गाण्यतितरंतिते १४ येचसंशांतरजसःसंशांततमसश्चये ॥ सत्वेस्थितामहात्मानोदु
र्गाण्यतितरंतिते १५ येषांनकश्चित्रसतिनत्रसंतिहिकस्यचित् ॥ येषामात्मसमोलोकोदुर्गाण्यतितरंतिते १६ परश्रियानतप्यंतियेसंतःपुरुषर्षभाः ॥ ग्राम्याद
र्थान्निवृत्ताश्चदुर्गाण्यतितरंतिते १७ सर्वान्देवान्नमस्यंतिसर्वधर्मांश्चशृण्वते ॥ येश्रद्दधानाःशांताश्चदुर्गाण्यतितरंतिते १८ येनमानित्वमिच्छंतिमानयंतिचयेप
रान् ॥ मान्यमानान्नमस्यंतिदुर्गाण्यतितरंतिते १९ येचश्राद्धानिकुर्वंतितिथ्यांतिथ्यांप्रजार्थिनः ॥ सुविशुद्धेनमनसादुर्गाण्यतितरंतिते २० येक्रोधंसंनियच्छं
तिक्रुद्धान्संशमयंतिच ॥ नचकुप्यंतिभूतानांदुर्गाण्यतितरंतिते २१ मधुमांसंचयेनित्यंवर्जयंतीहमानवाः ॥ जन्मप्रभृतिमद्यंचदुर्गाण्यतितरंतिते २२ यात्रार्थं
भोजनंयेषांसंतानार्थंचमैथुनम् ॥ वाक्सत्यवचनार्थायदुर्गाण्यतितरंतिते २३ ईश्वरंसर्वभूतानांजगतःप्रभवाप्ययम् ॥ भक्तानारायणंदेवंदुर्गाण्यतितरंतिते २४
यएषपद्मरक्ताक्षःपीतवासामहाभुजः ॥ सुहृद्भ्राताचमित्रंचसंबंधीचतथाऽच्युतः २५ यइमान्सकलाँल्लोकांश्चर्मवत्परिवेष्टयेत् ॥ इच्छन्प्रभुरचिंत्यात्मागोविंदःपु
रुषोत्तमः २६ स्थितःप्रियहितेजिष्णोःसएषपुरुषोत्तमः ॥ राजंस्तवचदुर्धर्षोवैकुंठःपुरुषर्षभ २७ यएनंसंश्रयंतीहभक्तानारायणंहरिम् ॥ तेतरंतीहदुर्गाणिन
चात्रास्तिविचारणा २८ दुर्गातितरणंयेचपठंतिश्रावयंतिच ॥ कथयंतिचविप्रेभ्योदुर्गाण्यतितरंतिते २९ इतिकृत्यसमुद्देशःकीर्तितस्तेमयाऽनघ ॥ तरंतेयेन
दुर्गाणिपरत्रेहचमानवाः ३० ॥ इतिश्रीम० शां० रा० दुर्गातितरणंनामदशाधिकशततमोऽध्यायः ११० ॥ युधिष्ठिरउवाच ॥ असौम्याःसौम्यरूपेणसौम्या
श्चासौम्यदर्शनाः ॥ ईदृशान्पुरुषांस्तातकथंविद्यामहेवयम् ॥ १ भीष्मउवाच ॥ अत्राप्युदाहरंतीममितिहासंपुरातनम् ॥ व्याघ्रगोमायुसंवादंतंनिबोधयुधि
ष्ठिर २ पुरिकायांपुरिपुराश्रीमत्यांपौरिकोनृपः ॥ परहिंसारतिःक्रूरोबभूवपुरुषाधमः ३ सत्वायुषिपरिक्षीणेजगामानीप्सितांगतिम् ॥ गोमायुत्वंचसंप्राप्तोदू
षितःपूर्वकर्मणा ४ संस्मृत्यपूर्वभूतिंचनिर्वेदंपरमंगतः ॥ नभक्षयतिमांसानिपरैरुपहृतान्यपि ५ अहिंस्रःसर्वभूतेषुसत्यवाक्सुदृढव्रतः ॥ सचकारयथाकालमा
हारंपतितैःफलैः ६ श्मशानेतस्यचावासोगोमायोःसंमतोऽभवत् ॥ जन्मभूम्यनुरोधाच्चनान्यवासमरोचयत् ७ तस्यशौचममृष्यंतस्तेसर्वेसहजातयः ॥ चालयं
तिस्मतांबुद्धिंवचनैःप्रश्रयोत्तरैः ८ वसन्पितृवनेरौद्रेशौचेवर्तितुमिच्छसि ॥ इयंविप्रतिपत्तिस्तेयदात्वंपिशिताशनः ९ ॥ ॥

व्यलेशः ३० ॥ इतिशांतिपर्वणिराजधर्मानुशासनपर्वणिनीलकंठीयेभा०दशाधिकशततमोऽध्यायः ॥ ११० ॥ असौम्याइति १ । २ । ३ । ४ । ५ । ६ । ७ । ८ विप्रपत्तिर्विपरीताबुद्धिः ९

१० प्रसृतैर्विस्तृतैः ११ । १२ । १३ । १४ अनुबंधेपरिणामे १५ अप्रत्ययोऽसंतोषस्तेनकृतां अर्थापनयोधर्महानिः १६ । १७ यात्रांराजकार्यं गच्छप्राप्नुहि परिहार्याश्चानीप्सिताः परिहार्याः परिच्छेद्याइत्यन्ये १८ ज्ञापयामहेसूचयामहे १९ । २० मदंतरेमन्निमित्तं २१ नशक्यंराज्ञेतिशेषः २२ । २३ । २४ । २५ योक्ष्यतियोगंप्राप्स्यति मदंतरेमन्निमित्तंदुःशीलाश्चभविष्यंति २६ अत्रहे

तत्समानोभवास्माभिर्भोज्यंदास्यामहेवयम् ॥ भुंक्ष्वशौचंपरित्यज्ययद्धिभुक्तंसदाऽस्तुते १० इतितेषांवचःश्रुत्वाप्रत्युवाचसमाहितः ॥ मधुरैःप्रसृतैर्वाक्यैर्हेतुमद्भिरनिष्ठुरैः ११ अप्रमाणाप्रसूतिर्मेशीलतःक्रियतेकुलम् ॥ प्रार्थयामिचतत्कर्मयेनविस्तीर्यतेयशः १२ श्मशानेयदिमेवासःसमाधिर्मेनिशम्यताम् ॥ आत्माफलतिकर्माणिनाश्रमोधर्मकारणम् १३ आश्रमेयोद्विजंहन्याद्गांवादद्यादनाश्रमे ॥ किंतुतत्पातकंनस्यात्तद्वादत्तंवृथाभवेत् १४ भवंतःस्वार्थलोभेनकेवलंभक्षणेरताः ॥ अनुबंधेत्रयेदोषास्तान्नपश्यंतिमोहिताः १५ अप्रत्ययकृतांगर्ह्यामर्थापनयदूषिताम् ॥ इहचामुत्रचानिष्टांतस्माद्वृत्तिंनरोचये १६ तंशुचिंपंडितंमत्वाशार्दूलःख्यातविक्रमः ॥ कृत्वाऽऽत्मसदृशींपूजांसाचिव्येऽवरयत्स्वयम् १७ ॥ शार्दूलउवाच ॥ सौम्यविज्ञातरूपस्त्वंगच्छयात्रांमयासह ॥ व्रियंतामीप्सिताभोगाःपरिहार्याश्चपुष्कलाः १८ तीक्ष्णाइतिवयंख्याताभवंतंज्ञापयामहे ॥ मृदुपूर्वंहितंचैवश्रेयश्चाधिगमिष्यसि १९ अथसंपूज्यतद्वाक्यंमृगेंद्रस्यमहात्मनः ॥ गोमायुःसंश्रितंवाक्यंबभाषेकिंचिदानतः २० ॥ गोमायुरुवाच ॥ सदृशंमृगराजैतत्तववाक्यंमदंतरे ॥ यत्सहायान्मृगयसेधर्मार्थकुशलाञ्छुचीन् २१ नशक्यंह्यनमात्येनमहत्त्वमनुशासितुम् ॥ दुष्टामात्येनवावीरशरीरपरिपंथिना २२ सहायाननुरक्तांश्चनयज्ञानुपसंहितान् ॥ परस्परमसंसृष्टान्विजिगीषूनलोलुपान् २३ अनतीतोपदान्प्राज्ञान्हितेयुक्तान्मनस्विनः ॥ पूजयेथामहाभागयथाऽऽचार्यान्यथापितॄन् २४ नत्वेवममसंतोषाद्रोचतेऽन्यन्मृगाधिप ॥ नकामयेसुखान्भोगानैश्वर्यंचतदाश्रयम् २५ नयोक्ष्यतिहिमेशीलंतवभृत्यैःपुरातनैः ॥ तेत्वांविभेदयिष्यंतिदुःशीलाश्चमदंतरे २६ नसंश्रयःश्लाघनीयोऽहमेषामपिभास्वताम् ॥ कृतात्मासुमहाभागःपापकेष्वप्यदारुणः २७ दीर्घदर्शीमहोत्साहःस्थूललक्ष्योमहाबलः ॥ कृतीचामोघकर्ताऽसिभोग्यैश्चसमलंकृतः २८ नस्वल्पेनास्मिसंतुष्टोदुःखावृत्तिरनुष्ठिता ॥ सेवायांचापिनाभिज्ञःस्वच्छंदेनवनेचरः २९ राजोपक्रोशदोषाश्चसर्वेसंश्रयवासिनाम् ॥ व्रतचर्यातुनिःसंगानिर्भयावनवासिनाम् ३० नृपेणाहूयमानस्ययत्तिष्ठतिभयंहृदि ॥ नतत्तिष्ठतितुष्टानांवनेमूलफलाशिनाम् ३१ पानीयंवानिरायासंस्वाद्वन्नंवाभयोत्तरम् ॥ विचार्यखलुपश्यामितत्सुखंयत्रनिर्वृतिः ३२ अपराधैर्नतावंतोभृत्याःशिष्टानराधिपैः ॥ उपघातैर्यथाभृत्यादूषितानिधनंगताः ३३ यदित्वेतन्मयाकार्यंमृगेंद्रयदिमन्यसे ॥ समयंकृतमिच्छामिवर्तितव्यंयथामयि ३४ ॥ ॥ ॥ ॥

तुमाह नेति । एषामहंश्लाघनीयोनास्मीतिद्वयोःसंबंधः २७ स्थूललक्ष्योबहुप्रदः २८ दुःखावृत्तिःसेवावृत्तिश्चनानुष्ठिता २९ राजसमीपेउपक्रोशोनिंदातज्जादोषाराजोपक्रोशदोषाःसंति ३० । ३१ यत्रनिर्वृतिस्सुखंतत्खलुसुखंस्वर्गंपश्यामि निर्वृतिःसुस्थितिरितिवा'सुखंशर्मणिनाकेच' 'निर्वृतिःसुस्थितावृति' चमेदिनी ३२ शिष्टाःकृतदंडाः ३३।३४ ॥ ॥

३५ । ३६ । ३७ । ३८ । व्याघ्रयोनितोव्याघ्रयोनेःव्याघ्रस्येत्यर्थः ३९ । ४० । ४१ । ४२ । ४३ । ४४ तस्यगोमायोर्वेश्मनि ४५ तस्यगोमायोस्तद्विदितंतेनचतन्मर्षितंकारणार्थंस्वस्यबंधविच्छेदोभव

मदीयामाननीयास्तेश्रोतव्यंचहितंवचः ॥ कल्पितायाचमेवृत्तिःसाभवेत्त्वयिसुस्थिरा ३५ नमंत्रयेयमन्यैस्तेसचिवैःसहकर्हिचित् ॥ नीतिमंतःपरीप्संतोवृथा
ब्रूयुःपरेमयि ३६ एकएकेनसंगम्यरहोब्रूयांहितंवचः ॥ नचतेज्ञातिकार्येषुप्रष्टव्योऽहंहिताहिते ३७ मयासंमंत्र्यपश्चाच्चनहिंस्याःसचिवास्त्वया ॥ मदीयानांच
कुपितोमात्वंदंडंनिपातयेः ३८ एवमस्त्वितितेनासौमृगेंद्रेणाभिपूजितः ॥ प्राप्तवान्मतिसाचिव्यंगोमायुर्व्याघ्रयोनितः ३९ तंतथासुकृतंदृष्ट्वापूज्यमानंस्वकर्म
सु ॥ प्राद्विषन्कृतसंघाताःपूर्वभृत्यामुहुर्मुहुः ४० मित्रबुद्ध्याचगोमायुंसांत्वयित्वाप्रसाद्यच ॥ दोषैस्तुसमतांनेतुमैच्छन्नशुभबुद्धयः ४१ अन्यथाह्युषिताःपूर्वं
परद्रव्याभिहारिणः ॥ अशक्ताःकिंचिदादातुंद्रव्यंगोमायुयंत्रिताः ४२ व्युत्थानंचविकांक्षद्भिःकथाभिःप्रतिलोभ्यते ॥ धनेनमहताचैवबुद्धिरस्यविलोभ्यते ४३
नचापिसमहाप्राज्ञस्तस्माद्धैर्याच्चचालह ॥ अथास्यसमयंकृत्वाविनाशायतथाऽपरे ४४ ईप्सितंतुमृगेन्द्रस्यमांसंयत्तत्रसंस्कृतम् ॥ अपनीयस्वयंतद्धितैर्न्यस्तं
तस्यवेश्मनि ४५ यदर्थंचाप्यपहृतंयेनतच्चैवमंत्रितम् ॥ तस्यतद्विदितंसर्वंकारणार्थंचमर्षितम् ४६ समयोऽयंकृतस्तेनसाचिव्यमुपगच्छता ॥ नोपघातस्त्व
याकार्योराजन्मैत्रीमिहेच्छता ४७ ॥ भीष्मउवाच ॥ क्षुधितस्यमृगेन्द्रस्यभोक्तुमभ्युत्थितस्यच ॥ भोजनायोपहर्तव्यंतन्मांसंनोपदृश्यते ४८ मृगराजेनचाज्ञप्तं
दृश्यतांचोरइत्युत ॥ कृतकैश्चापितन्मांसंमृगेन्द्रायोपवर्णितम् ४९ सचिवेनापनीतंतेविदुषाप्राज्ञमानिना ॥ सरोषस्त्वथशार्दूलःश्रुत्वागोमायुचापलम् ५० बभू
वामर्षितोराजावधंचास्यव्यरोचयत् ॥ छिद्रंतुतस्यतद्दृष्ट्वाप्रोचुस्तेपूर्वमंत्रिणः ५१ सर्वेषामेवसोऽस्माकंवृत्तिभंगेप्रवर्तते ॥ निश्चित्यैवपुनस्तस्यतेकर्माण्यपि
वर्णयन् ५२ इदंतस्येदृशंकर्मकिंतेननकृतंभवेत् ॥ श्रुतश्चस्वामिनापूर्वंयादृशोनैवतादृशः ५३ वाङ्मात्रेणैवधर्मिष्ठःस्वभावेनतुदारुणः ॥ धर्मच्छद्माह्ययंपापोवृथा
चारपरिग्रहः ५४ कार्यार्थंभोजनार्थेषुव्रतेषुकृतवान्श्रमम् ॥ यदिविप्रत्ययोह्येषतदिदंदर्शयामते ५५ तन्मांसंचैवगोमायोस्तैःक्षणादाशुढौकितम् ॥ मांसापनयनं
ज्ञात्वाव्याघ्रःश्रुत्वाचतद्वचः ५६ आज्ञापयामासतदागोमायुर्वध्यतामिति ॥ शार्दूलस्यवचःश्रुत्वाशार्दूलजननीततः ५७ मृगराजंहितैर्वाक्यैःसंबोधयितुमा
गमत् ॥ पुत्रनैतत्त्वयाग्राह्यंकपटारंभसंयुतम् ५८ कर्मसंघर्षजैर्दोषैर्दुष्येताशुचिभिःशुचिः ॥ नोच्छ्रितंसहतेकश्चित्प्रक्रियावैरकारिका ५९ शुचेरपिहियुक्तस्यदोष
एवनिपात्यते ॥ मुनेरपिवनस्थस्य[illegible]ानिकर्माणिकुर्वतः ६० उत्पाद्यंतेत्रयःपक्षामित्रोदासीनशत्रवः ॥ लुब्धानांशुचयोद्वेष्याःकातराणांतरस्विनः ६१ मूर्खा
णांपंडिताद्वेष्यादरिद्राणांमहाधनाः ॥ अधार्मिकाणांधर्मिष्ठाविरूपाणांसुरूपिणः ६२ ॥ ॥ ॥

त्वितिहेतोरित्यर्थः ४६ । ४७ । ४८ । ४९ । ५० । ५१ वर्णयन्नवर्णयन् ५२ । ५३ । ५४ विप्रत्ययोऽविश्वासः ५५ गोमायोर्गृहेढौकितंप्रवेशितं मांसंप्रदर्शयामासुरित्यर्थः ५६।५७ कर्मनग्राह्यमि
त्युत्तरश्लोकेनसंबंधः ५८ संघर्षजैःस्पर्धोत्थैः प्रक्रियाप्रकृष्टंकर्म ५९ । ६० । ६१ । ६२ ॥ ॥ ॥ ॥ ॥

६३ । ६४ । ६५ । तलवद्वाङ्मुखकटाहगर्भवत् ६६ प्रभवतांप्रभूणां ६७ । ६८ । ६९ । ७० गोमायोश्चारः ७१ । ७२ प्रायंमरणार्थमुपवेशनं आसितुमाचरितुं ७३ । ७४ । ७५ । ७६ उपहिताववंचिताः ७७ प्रतारिताः क्षारिताः ७८ अपरसाश्चाऽधनाश्चेत्यपरसाधनाः प्रीतिशून्यानिर्धनाश्चेत्यर्थः ७९ । ८० । ८१ । ८२ । ८३ । ८४ । ८५ कश्चिदेवकश्चिदपिभर्तुर्हितेनदृश्यतेकिंतुवाणि

॥ ९३ ॥ बहवःपंडितामूर्खालुब्धामायोपजीविनः ॥ कुर्युर्दोषमदोषस्यबृहस्पतिमतेरपि ६३ शून्यात्तच्चगृहान्मांसंयद्यप्यपहृतंतव ॥ नेच्छंतेदीयमानंचसाधुतावद्विमृश्यताम् ६४ असभ्याःसभ्यसंकाशाःसभ्याश्चासभ्यदर्शनाः ॥ दृश्यंतेविविधाभावास्तेषुयुक्तंपरीक्षणम् ६५ तलवद्दृश्यतेव्योमखद्योतोहव्यवाडिव ॥ नचैवास्तितलंव्योम्निखद्योतेनहुताशनः ६६ तस्मात्प्रत्यक्षदृष्टोऽपियुक्तोह्यर्थःपरीक्षितुम् ॥ परीक्ष्यज्ञापयन्नर्थान्नपश्चात्परितप्यते ६७ नदुष्करमिदंपुत्रयत्प्रभुर्घातयेत्परम् ॥ श्लाघनीयायशस्याचलोकेप्रभवतांक्षमा ६८ स्थापितोऽयंत्वयापुत्रसामंतेष्वपिविश्रुतः ॥ दुःखेनासाद्यतेपात्रंधार्यतामेषतेसुहृत् ६९ दूषितंपरदोषैर्हिगृह्णीतेयोऽन्यथाशुचिम् ॥ स्वयंसंदूषितामात्यःक्षिप्रमेवविनश्यति ७० तस्मादप्यरिसंघाताद्गोमायोःकश्चिदागतः ॥ धर्मात्मातेनचाख्यातंयथैतत्कपटंकृतम् ७१ ततोविज्ञातचरितःसत्कृत्यसविमोक्षितः ॥ परिष्वक्तश्चसस्नेहंमृगेन्द्रेणपुनःपुनः ७२ अनुज्ञाप्यमृगेन्द्रंतुगोमायुर्नीतिशास्त्रवित् ॥ तेनामर्षेणसंतप्तःप्रायमासितुमैच्छत ७३ शार्दूलस्तंतुगोमायुंस्नेहात्प्रोत्फुल्ललोचनः ॥ अवारयत्सधर्मिष्ठंपूजयाप्रतिपूजयन् ७४ तंसगोमायुरालोक्यस्नेहादागतसंभ्रमम् ॥ उवाचप्रणतोवाक्यंबाष्पगद्गदयागिरा ७५ पूजितोऽहंत्वयापूर्वंपश्चाच्चैवविमानितः ॥ परेषामास्पदंनीतोवस्तुंनार्हाम्यहंत्वयि ७६ असंतुष्टाश्च्युताःस्थानान्मानात्प्रत्यवरोपिताः ॥ स्वयंचापहृताभृत्यायेचाप्युपहिताःपरैः ७७ परिक्षीणाश्चलुब्धाश्चक्रुद्धाभीताःप्रतारिताः ॥ हृतस्वामानिनोयेचत्यक्तादानामहेप्सवः ७८ संतापिताश्चयेकेचिद्व्यसनौघप्रतीक्षिणः ॥ अंतर्हिताःसोपहितास्तेसर्वेऽपरसाधनाः ७९ अवमानेनयुक्तस्यस्थानभ्रष्टस्यवापुनः ॥ कथंयास्यसिविश्वासमहंतिष्ठामिवाकथम् ८० समर्थइतिसंगृह्यस्थापयित्वापरीक्षितः ॥ कृतंचसमयंभित्त्वात्वयाऽहमवमानितः ८१ प्रथमंयःसमाख्यातःशीलवानितिसंसदि ॥ नवाच्यंतस्यवैगुण्यंप्रतिज्ञांपरिरक्षता ८२ एवंचावमतस्येहविश्वासंमेनयास्यसि ॥ त्वयिचापेतविश्वासेममोद्वेगोभविष्यति ८३ शंकितस्त्वमहंभीतःपरच्छिद्रानुदर्शिनः ॥ अस्निग्धाश्चैवदुस्तोषाःकर्मचैतद्बहुच्छलम् ८४ दुःखेनश्लिष्यतेभिन्नंश्लिष्टंदुःखेनभिद्यते ॥ भिन्नाश्लिष्टातुयाप्रीतिर्नसास्नेहेनवर्तते ८५ कश्चिदेवहितेभर्तुर्दृश्यतेनपरात्मनोः ॥ कार्यापेक्षाहिवर्ततेभावस्निग्धाःसुदुर्लभाः ८६ सुदुःखंपुरुषज्ञानंचित्तंह्येषांचलाचलम् ॥ समर्थोवाप्यशक्तोवाशतेष्वेकोऽधिगम्यते ८७ अकस्मात्प्रक्रियानॄणामकस्माच्चापकर्षणम् ॥ शुभाशुभेमहत्त्वंचप्रकर्तुंबुद्धिलाघवम् ८८ एवंविधंसांत्वमुक्त्वाधर्मकामार्थहेतुमत् ॥ प्रसादयित्वाराजानंगोमायुर्वनमभ्यगात् ८९ ॥ ॥ ॥ ॥

ज्यवदुभयार्थः स्नेहोनकेवलंभर्तुःकार्यार्थइत्यर्थः ८६ पुरुषज्ञानंसुदुःखंदुर्लभंयतएषांनृपाणांचित्तंचलाचलमस्थिरंगम्यतेज्ञायते सुपुरुषज्ञानंदुर्घटमित्यर्थः ८७ प्रक्रियामहीकरणं अकस्मात्कर्तुंबुद्धेर्लाघवंतुच्छत्वमेवहेतुः ८८ प्रसादयित्वाप्रसाद्य ८९ ॥ ॥ ॥ ॥ ॥ ॥ ॥ ॥ ॥

अगृह्य अगृहीत्वा ९० इतिशांतिपर्वणिराजधर्मानुशासनपर्वणि नीलकंठीयेभारतभावदीपे एकादशाधिकशततमोऽध्यायः ॥ १११ ॥ किंपार्थिवेनेत्यध्यायोनीचोमहत्पदंप्राप्यापिमौर्ख्यादा
लस्याच्चनश्यतीतिदर्शयति १ । २ । ३ । ४ । ५ । ६ । ७ । ८ । ९ । १० । ११ । १२ । १३ । १४ । १५ । १६ योगेनोपायेन एवंविधमालस्यं १७ बाहिति बाहूपलक्षितंशौर्यं जंघोपलक्षि

अगृह्यानुनयंतस्यमृगेन्द्रस्यचबुद्धिमान् ॥ गोमायुःप्रायमास्थायत्यक्त्वादेहंदिवंययौ ९० ॥ इतिश्रीम० शांतिप० राजध० व्याघ्रगोमायुसंवादेएकादशाधि
कशततमोऽध्यायः ॥ १११ ॥ ॥ युधिष्ठिरउवाच ॥ किंपार्थिवेनकर्तव्यंकिंचकृत्वासुखीभवेत् ॥ एतदाचक्ष्वतत्त्वेनसर्वधर्मभृतांवर १ ॥ भीष्मउवाच ॥
हंततेऽहंप्रवक्ष्यामिशृणुकार्यैकनिश्चयम् ॥ यथाराज्ञेहकर्तव्यंयच्चकृत्वासुखीभवेत् २ नचैवंवर्तितव्यंस्मयथेदमनुशुश्रुम ॥ उष्ट्रस्यतुमहद्वृत्तंतन्निबोधयुधिष्ठिर
३ जातिस्मरोमहानुष्ट्रःप्राजापत्येयुगेऽभवत् ॥ तपःसुमहदातिष्ठदरण्येसंशितव्रतः ४ तपसस्तस्यचान्तेऽथप्रीतिमानभवद्विभुः ॥ वरेणच्छंदयामासततश्चै
नंपितामहः ५ ॥ उष्ट्रउवाच ॥ भगवंस्त्वत्प्रसादान्मेदीर्घाग्रीवाभवेदियम् ॥ योजनानांशतंसाग्रंगच्छामिचरितुंविभो ६ एवमस्त्वितिचोक्तःसवरदेनमहात्म
ना ॥ प्रतिलभ्यवरंश्रेष्ठंययावुष्ट्रःस्वकंवनम् ७ सचकारतदाऽलस्यंवरदानात्सुदुर्मतिः ॥ नचैच्छच्चरितुंगंतुंदुरात्माकालमोहितः ८ सकदाचित्प्रसार्यैवतांग्रीवां
शतयोजनाम् ॥ चचारश्रांतहृदयोवातश्चागात्ततोमहान् ९ सगुहायांशिरोग्रीवांनिधायपशुरात्मनः ॥ आस्तेतुवर्षमभ्यागात्सुमहत्प्लावयज्जगत् १० अथ
शीतपरीतांगोजंबुकःक्षुच्छ्रमान्वितः ॥ सदारस्तांगुहामाशुप्रविवेशजलार्दितः ११ सदृष्ट्वामांसजीवीतुसुभृशंक्षुच्छ्रमान्वितः ॥ अभक्षयत्ततोग्रीवामुष्ट्रस्यभर
तर्षभ १२ यदात्वबुध्यतात्मानंभक्ष्यमाणंसवैपशुः ॥ तदासंकोचनेयत्नमकरोद्भृशदुःखितः १३ यावदूर्ध्वमधश्चैवग्रीवांसंक्षिपतेपशुः ॥ तावत्तेनसदारेणजंबुके
नसभक्षितः १४ सहत्वाभक्षयित्वाचतमुष्ट्रंजंबुकस्तदा ॥ विगतेवातवर्षेतुनिश्चक्रामगुहामुखात् १५ एवंदुर्बुद्धिनाप्राप्तमुष्ट्रेणनिधनंतदा ॥ आलस्यस्यक्रमा
त्पश्यमहांतंदोषमागतम् १६ त्वमप्येवंविधंहित्वायोगेननियतेन्द्रियः ॥ वर्तस्वबुद्धिमूलंतुविजयंमनुरब्रवीत् १७ बुद्धिश्रेष्ठानिकर्माणिबाहुमध्यानिभारत ॥
तानिजंघाजघन्यानिभारप्रत्यवराणिच १८ राज्यंतिष्ठतिदक्षस्यसंगृहीतेन्द्रियस्यच ॥ आर्तस्यबुद्धिमूलंहिविजयंमनुरब्रवीत् ॥ गुह्यमंत्रंश्रुतवतःसुसहायस्य
चानघ १९ परीक्ष्यकारिणोह्यर्थास्तिष्ठंतीहयुधिष्ठिर ॥ सहाययुक्तेनमहीकृत्स्नाशक्याप्रशासितुम् २० इदंहिसद्भिःकथितंविधिज्ञैःपुरामहेन्द्रप्रतिमप्रभाव ॥
मयाऽपिचोक्तंतवशास्त्रदृष्ट्यायथैवबुद्ध्याप्रचरस्वराजन् २१ ॥ ॥ इतिश्रीमहाभारतेशांतिपर्वणिराजधर्मानुशासनपर्वणि उष्ट्रग्रीवोपाख्यानेद्वादशाधिकशततमो
ऽध्यायः ॥ ११२ ॥ ॥ युधिष्ठिरउवाच ॥ राजाराज्यमनुप्राप्यदुर्लभंभरतर्षभ ॥ अमित्रस्यातिवृद्धस्यकथंतिष्ठेदसाधनः १ ॥ ॥

तंपादविहरणं भारोभारवहनं १८ आर्तस्याऽतिलिप्सावतः १९ । २० । २१ इतिशांतिपर्वणिराजधर्मानुशासनपर्वणिनीलकंठीयेभारतभावदीपे द्वादशाधिकशततमोऽध्यायः ॥ ११२ ॥ ॥ ॥
राजाराज्यमित्यध्यायोबलवतिरिपौविनयएवश्रेयानित्यर्थकः १ ॥ ॥ ॥ ॥ ॥

२।३ निहतानुन्मूलितान् कायिनोमहाशरीरान् अन्यान्वृक्षान्आनीतानितिशेषः ४ अकायोऽल्पकायः ५।६। ७ एकनिकेतनाःस्तब्धाइत्यर्थः प्रातिलोम्यादस्माकंप्रातिकूल्यात् ८।९।१०।११।१२।१३ वैतसींवृत्तिमस्तब्धत्वं १४ ॥ इतिशांतिपर्वणिराजधर्मानुशासनपर्वणिनीलकंठीये भारतभावदीपे त्रयोदशाधिकशततमोऽध्यायः ॥ ११३ ॥
विद्वानिति । मूर्खश्चासौप्रगल्भश्चतेन १ सहतेदुरुक्तं २ क्रुश्यमानस्यक्रोशतः मर्षीतितिक्षुः रुष्यतिक्रोधवति ३ टिट्टिभमिवटिट्टिभवद्बहुःश्रवंवाशमानंरटंतं ४।५।६।७

॥ भीष्मउवाच ॥ अत्राप्युदाहरंतीममितिहासंपुरातनम् ॥ सरितांचैवसंवादंसागरस्यचभारत २ सुरारिनिलयःशश्वत्सागरःसरितांपतिः ॥ पप्रच्छसरितःसर्वाः संशयंजातमात्मनः ॥ ३ ॥ सागरउवाच ॥ समूलशाखान्पश्यामिनिहतान्कायिनोद्रुमान् ॥ युष्माभिरिहपूर्णाभिर्नत्वस्तत्रनवेतसम् ४ अकायश्चाल्पसारश्चवे तसःकूलजश्चवः ॥ अवज्ञयावानानीतःकिंचवातेनवःकृतम् ५ तदहंश्रोतुमिच्छामिसर्वासामेववोमतम् ॥ यथाचेमानिकूलानिहित्वानायातिवेतसः ६ तत्रप्राह नदीगंगावाक्यमुत्तममर्थवत् ॥ हेतुमद्ग्राहकंचैवसागरंसरितांपतिम् ७ ॥ गंगोवाच ॥ तिष्ठंत्येतेयथास्थानंनगाह्येकनिकेतनाः ॥ तेत्यजंतिततःस्थानंप्रातिलो म्यान्नवेतसः ८ वेतसोवेगमायांतंदृष्ट्वानमतिनापरे ॥ सरिद्वेगेऽभ्यतिक्रांतेस्थानमासाद्यतिष्ठति ९ कालज्ञःसमयज्ञश्चसदावश्यश्चनोद्धतः ॥ अनुलोमस्तथाल ब्धस्तेननाभ्येतिवेतसः १० मारुतोदकवेगेनयेनमंत्युन्नमंतिच ॥ ओषध्यःपादपागुल्मानतेयांतिपराभवम् ११ ॥ भीष्मउवाच ॥ योहिशत्रोर्विवृद्धस्यप्रभोर्बध विनाशने ॥ पूर्वंनसहतेवेगंक्षिप्रमेवविनश्यति १२ सारासारंबलंवीर्यमात्मनोद्विषतश्चयः ॥ जानन्विचरतिप्राज्ञोनसयातिपराभवम् १३ एवमेवयदाविद्वान्मन्य तेऽतिबलंरिपुम् ॥ संश्रयेद्वैतसींवृत्तिमेतत्प्रज्ञानलक्षणम् १४ ॥ इतिश्रीमहाभारतेशांतिपर्वणि राजधर्मानुशासनपर्वणिसरित्सागरसंवादे त्रयोदशाधिकशतत मोऽध्यायः ॥ ११३ ॥ ॥ युधिष्ठिरउवाच ॥ विद्वान्मूर्खप्रगल्भेनमृदुतीक्ष्णेनभारत ॥ आक्रुश्यमानःसदसिकथंकुर्यादरिंदम १ ॥ भीष्मउवाच ॥ श्रूयतांपृथिवीपालयथैषोऽर्थोनुगीयते ॥ सदासुचेताःसहतेनरस्येहाल्पमेधसः २ अरुष्यन्क्रुश्यमानस्यसुकृतंनामविंदति ॥ दुष्कृतंचात्मनोऽमर्षीरुष्यत्येवाप मार्ष्टिवै ३ टिट्टिभंतमुपेक्षेतवाशमानमिवातुरम् ॥ लोकविद्वेषमापन्नोनिष्फलंप्रतिपद्यते ४ इतिसंश्लाघतेनित्यंतेनपापेनकर्मणा ॥ इदमुक्तोमया कश्चित्संमतोजनसंसदि ५ सतत्रव्रीडितःशुष्कोमृतकल्पोऽवतिष्ठते ॥ श्लाघन्नश्लाघनीयेनकर्मणानिरपत्रपः ६ उपेक्षितव्योयत्नेनतादृशःपुरुषाधमः ॥ यद्यद्ब्रूयादल्पमतिस्तत्तदस्यसहेद्बुधः ७ प्राकृतोहिप्रशंसन्वानिंदन्वाकिंकरिष्यति ॥ वनेकाकइवाबुद्धिर्वाशमानोनिरर्थकम् ८ यदिवाग्भिःप्रयोगःस्यात्प्र योगेपापकर्मणः ॥ वागेवार्थोभवेत्तस्यनह्येवार्थोजिघांसतः ९ ॥ ॥ ॥ ॥

८ यदीति । पापकर्मणःप्रयोगेअनेनेदंकुकर्मकृतमितिशब्दोच्चारणेकृतेसतिवाग्भिर्वाङ्मात्रेणप्रयोगःपरत्रदोषसिद्धिःस्यात्तर्हिवागेवार्थःप्रयोजनंस्यात्तवपुत्रोम्रियतामितिशब्देनैवपुत्रमृत्युःस्याज्जिघांसतस्त्वर्थो व्यापारोनहिस्यात् यथावाचाहतोनहन्यतेएवंवाचादूषितोनदुष्यतीत्यर्थः ९ ॥ ॥ ॥ ॥ ॥

निषेकामिति । सएवंवदन्वृत्तैर्नाक्रियया चेष्टया वागादिव्यापारेण चालिंगैर्नानिषेकस्वमातरिरेतःसेकंविपरीतंपितुरन्येनकृतमित्याचष्टेव्यक्तंकथयति । कौपीनंगुह्यप्रदेशंसंदर्शयन्निवनृत्यंकुर्वन्मयूरोयथाश्लाघते सम्यङ्नृत्यामीतिमन्यतेनतुममगुह्यंलोकाःपश्यंतीतित्रपते एवंखलोऽपिमयासमहानमुकसभायांदुरुक्तमुक्तइतिश्लाघतेनत्वनेनममातुर्दोषःस्पष्टीक्रियतेमयैवेतिनत्रपतेइत्यर्थः १० । ११ नष्टोलोकःपरंज्ञानमवरोधर्मश्चयस्यसनष्टलोकपरावरः १२ तादृक्पुमान् १३ सारमेयामिषंशुनोमांसं १४ निषेकमित्युक्तंव्याचष्टे परिवादमिति। दोषाञ्जारजत्वादीन् १५ भस्मकूटेभस्मराशौखरइवाबुद्धीरजसिदुःखेनिमज्जति १६ शालावृकंश्वानमेवमनुष्यत्वेनलोकेगृहीतमित्यर्थः १७ । १८ प्रत्युच्यमानआक्षिप्यमाणएभिरसद्भिर्निशाम्याऽभिभूयोऽस्मैप्रत्युत्तरंमादेहीतिनिवारणीयः तदेवाह माभूरिति १९ दशार्धेनसंवृतांगुलिपंचकेनपाणिना इदंसर्वंकुपितमूढेसिद्धमेव २० । २१ ॥ इतिशांति० रा० चतुर्दशाधिकशततमोऽध्यायः ॥ ११४ ॥ पितामहेति १ अयंनिंदारूपः २ हितमनिंद्यं आयत्यामुत्तरकालेतदात्वेवर्तमानकाले ३ । ४ मित्रसुहृदौप्रत्युपकारमपेक्ष्यानपेक्ष्यचोपकर्तारौतद्वान् समुपेतःशौर्यादिनेतिशेषः ५ तथापिजितेंद्रियत्वाद्विगुणितभृत्यःसन्राज्येसुखंलभतेनवेतिप्रश्नार्थः सत्यपिसाधनांतरेभृत्यानामानुकूल्याभावेराज्यंनश्यतितत्सद्भावेचसर्वान्कामान्फलतीत्युत्तरमाह योहीत्यादिना। असत्प्रग्रहरतिरिंद्रियाणामनिग्रहशीलः ६

निषेकंविपरीतंसआचष्टेनृत्तचेष्टया ॥ मयूरइवकौपीनंनृत्यंसंदर्शयन्निव १० यस्यावाच्यंनलोकेऽस्तिनाकार्यंचापिकिंचन ॥ वाचंतेननसंदध्याच्छुचिःसंश्लिष्टकर्मणा ११ प्रत्यक्षंगुणवादीयःपरोक्षेचापिनिंदकः ॥ समानवःश्ववल्लोकेनष्टलोकपरावरः १२ तादृग्जनशतस्यापियद्ददातिजुहोतिच ॥ परोक्षेणापवादीयस्तंनाशयतितत्क्षणात् १३ तस्मात्प्राज्ञोनरःसद्यस्तादृशंपापचेतसम् ॥ वर्जयेत्साधुभिर्वर्ज्यंसारमेयामिषंयथा १४ परिवादंब्रुवाणोहिदुरात्मावैमहाजने ॥ प्रकाशयतिदोषांस्तुसर्पःफणमिवोच्छ्रितम् १५ तंस्वकर्माणिकुर्वाणंप्रतिकर्तुंयइच्छति ॥ भस्मकूटइवाबुद्धिःखरोरजसिमज्जति १६ मनुष्यशालावृकमप्रशांतंजनापवादेसततंनिविष्टम् ॥ मातंगमुन्मत्तमिवोन्नदन्तंत्यजेततंश्वानमिवातिरौद्रम् १७ अधीरजुष्टेपथिवर्तमानंदमादपेतंविनयाच्चपापम् ॥ अरिव्रतंनित्यमभूतिकामंधिगस्तुतंपापमतिंमनुष्यम् १८ प्रत्युच्यमानस्त्वभिभूयएभिर्निशाम्यमाभूस्त्वमथार्तरूपः ॥ उच्चस्यनीचेनहिसंप्रयोगंविगर्हयंतिस्थिरबुद्धयोये १९ क्रुद्धोदशार्धेनहिताडयेद्वासपांसुभिर्वाविकिरेत्तुषैर्वा ॥ विवृत्यदंतांश्चविभीषयेद्वासिद्धंहिमूढेकुपितेनृशंसे २० विगर्हणांपरमदुरात्मनाकृतांसहेतयःसंसदिदुर्जनान्नरः ॥ पठेदिदंचापिनिदर्शनेसदानवाङ्मयंसलभतिकिंचिदप्रियम् २१ ॥ ॥ इतिश्रीमहाभारतेशांतिपर्वणिराजधर्मानुशासनपर्वणिटिट्टिभकंनामचतुर्दशाधिकशततमोऽध्यायः ॥ ११४ ॥ ॥ ॥ ॥ युधिष्ठिरउवाच ॥ पितामहमहाप्राज्ञसंशयोमेमहानयम् ॥ संछेत्तव्यस्त्वयाराजन्भवान्कुलकरोहिनः १ पुरुषाणामयंतातदुर्वृत्तानांदुरात्मनाम् ॥ कथितोवाक्यसंचारस्ततोविज्ञापयामिते २ यद्धितंराज्यतंत्रस्यकुलस्यचसुखोदयम् ॥ आयत्यांचतदात्वेचक्षेमवृद्धिकरंचयत् ३ पुत्रपौत्राभिरामंचराष्ट्रवृद्धिकरंचयत् ॥ अन्नपानेशरीरेचहितंयत्तद्ब्रवीहिमे ४ अभिषिक्तोहियोराजाराष्ट्रस्थोमित्रसंवृतः ॥ ससुहृत्समुपेतोवासकथंरंजयेत्प्रजाः ५ योह्यसत्प्रग्रहरतिःस्नेहरागबलात्कृतः ॥ इंद्रियाणामनीशत्वादसज्जनबुभूषकः ६ ॥ ॥

भृत्यफलैर्भृत्यबलप्राप्यैरर्थैर्धनादिभिः ७ । ८ क्षत्ताविदुरः ९ । १० । ११ । १२ । १३ लब्धुंलब्ध्वा च रक्षितुंशक्याइतिशेषः १४ । १५ असंहार्याउत्कोचादिनाअभेद्याः १६ । १७ । १८ । १९ पटलंसमूहम् २० कोष्ठागारंधान्यादिसामग्रीगृहं गुणीभवेद्बहुगुणिभावंगच्छेत् २१ व्यवहारोऽर्थिप्रत्यर्थिनोर्विवादेनिर्णयः फलोदयोऽर्थिन्यनृतेसतत्पक्षेपमानद्विगुणोदंडोराज्ञाग्राह्यः प्रत्यर्थिन्यनृतेसतितावद्दर्श्यमानमर्थिनेदाप्यंतावानेवराजदंडश्चफलपर्यन्तः तत्रदृष्टांतःशंखलिखितइति यथाफलमात्रस्तेनेशंखेनलिखितस्यहस्तच्छेदोराजानंप्रतिपेधयित्वाकारितस्तद्वदित्यर्थः २२ षड्वर्गसंधिविग्रहादिकम् २३ ॥

तस्यभृत्याविगुणतांयांतिसर्वेकुलोद्गताः ॥ नचभृत्यफलैरर्थैःसराजासंप्रयुज्यते ७ एतन्मेसंशयस्यास्यराजधर्मान्सुदुर्विदान् ॥ बृहस्पतिसमोबुद्ध्याभवान्शंसितुमर्हति ८ शंसितापुरुषव्याघ्रत्वन्नःकुलहितेरतः ॥ क्षत्ताचैकोमहाप्राज्ञोयोनःशंसतिसर्वदा ९ त्वत्तःकुलहितंवाक्यंश्रुत्वाराज्यहितोदयम् ॥ अमृतस्याव्ययस्येवतृप्तःस्वप्स्याम्यहंसुखम् १० कीदृशाःसंनिकर्षस्थाभृत्याःसर्वगुणान्विताः ॥ कीदृशैःकिंकुलीनैर्वासहयात्राविधीयते ११ नह्येकोभृत्यरहितोराजाभवतिरक्षिता ॥ राज्यंचेदंजनःसर्वस्तत्कुलीनोऽभिकांक्षति १२ ॥ भीष्मउवाच ॥ नचप्रशास्तुंराज्यंहिशक्यमेकेनभारत ॥ असहायवतातातनैवार्थाःकेचिदप्युत १३ लब्धुंलब्धाह्यपिसदारक्षितुंभरतर्षभ ॥ यस्यभृत्यजनःसर्वोज्ञानविज्ञानकोविदः १४ हितैषीकुलजःस्निग्धःसराज्यफलमश्नुते १५ मंत्रिणोयस्यकुलजाअसंहार्याःसहोषिताः ॥ नृपतेर्मतिदाःसंतःसंबंधज्ञानकोविदाः १६ अनागतविधातारःकालज्ञानविशारदाः ॥ अतिक्रांतमशोचंतःसराज्यफलमश्नुते १७ समदुःखसुखायस्यसहायाःप्रियकारिणः ॥ अर्थचिंतापराःसत्याःसराज्यफलमश्नुते १८ यस्यनार्तोजनपदःसन्निकर्षगतःसदा ॥ अक्षुद्रःसत्पथालंबीसराजाराज्यभाग्भवेत् १९ कोशाख्यपटलंयस्यकोशवृद्धिकरैर्नरैः ॥ आप्तैस्तुष्टैश्चसततंचीयतेसनृपोत्तमः २० कोष्ठागारमसंहार्यैराप्तैःसंचयतत्परैः ॥ पात्रभूतैरलुब्धैश्चपाल्यमानंगुणीभवेत् २१ व्यवहारश्चनगरेयस्यकर्मफलोदयः ॥ दृश्यतेशंखलिखितःस्वधर्मफलभाङ्नृपः २२ संगृहीतमनुष्यश्चयोराजाराजधर्मवित् ॥ षड्वर्गप्रतिगृह्णातिसधर्मफलमश्नुते २३ ॥ इतिश्रीमहाभारतेशांति० राजध० पंचदशाधिकशततमोऽध्यायः ॥ ११५ ॥ ॥ भीष्मउवाच ॥ अत्राप्युदाहरंतीममितिहासंपुरातनम् ॥ निदर्शनंपरंलोकेसज्जनाचरितेसदा १ अस्यैवार्थस्यसदृशंयच्छ्रुतंमेतपोवने ॥ जामदग्न्यस्यरामस्ययदुक्तमृषिसत्तमैः २ वनेमहतिकस्मिंश्चिदमनुष्यनिषेविते ॥ ऋषिर्मूलफलाहारोनियतोनियतेंद्रियः ३ दीक्षादमपरःशांतःस्वाध्यायपरमःशुचिः ॥ उपवासविशुद्धात्मासततंसत्वमास्थितः ४ तस्यसंदृश्यसद्भावमुपविष्टस्यधीमतः ॥ सर्वेसत्वाःसमीपस्थाभवंतिवनचारिणः ५ सिंहव्याघ्रगणाःक्रूरामत्ताश्चैवमहागजाः ॥ द्वीपिनःखड्गभल्लूकायेचान्येभीमदर्शनाः ६

इतिशांतिप० रा० नी० भा० पंचदशाधिकशततमोऽध्यायः ॥ ११५ ॥ ॥ ॥ अत्रेति । अत्रवक्ष्यमाणेउत्तमाधममध्यमस्थानेषु क्रमादुत्तमाधममध्यमाएवयोज्यानतूच्चस्थानेनीचोनियोज्यइत्यस्मिन्नर्थेनिदर्शनंदृष्टांतरूपमितिहासमुदाहरंति १ अस्यैववक्ष्यमाणस्य २ । ३ । ४ सत्वाःप्राणिनः ५ । ६ ॥ ॥ ॥ ॥ ॥

सुखप्रश्नदाःसुखिनःस्थइतिप्रश्नस्योत्तरंसुखिनःस्मइतितत्प्रदाइत्यर्थः न्यग्भूतादासभूताः ७ । ८ । ९ भावंचित्तं १० द्वीपीक्षुद्रव्याघ्रः ११ । १२ । १३ । १४ । १५ द्वीपिनोद्वीपिरूपान्मृत्युतः श्वरूपरहितःश्वरूपहीनः १६ । १७ । १८ । १९ क्षुधाभुग्नंपीडितम् २० । २१ । २२ । २३ ॥ इतिरा०नी०भा०षोडशाधिकशततमोऽध्यायः ॥ ११६ ॥ व्याघ्रश्चेति मृगैस्तृप्तः १ । २ । ३

तेऽसुखप्रश्नदाःसर्वेभवंतिक्षतजाशनाः ॥ तस्यर्षेःशिष्यवच्चैवन्यग्भूताःप्रियकारिणः ७ दत्वाचतेसुखप्रश्नंसर्वेयांतियथागतम् ॥ ग्राम्यस्त्वेकःपशुस्तत्रनाजहा
त्समहामुनिम् ८ भक्तोऽनुरक्तःसततमुपवासकृशोऽबलः ॥ फलमूलोदकाहारःशांतःशिष्टाकृतिर्यथा ९ तस्यर्षेरुपविष्टस्यपादमूलेमहामते ॥ मनुष्यवद्गतोभावं
स्नेहबद्धोऽभवद्भृशम् १० ततोऽभ्ययान्महावीर्योद्वीपीक्षतजभोजनः ॥ स्वार्थमत्यंतसंतुष्टःक्रूरकालइवांतकः ११ लेलिह्यमानस्तृषितःपुच्छास्फोटनतत्परः ॥
व्यादितास्यःक्षुधाभुग्नःप्रार्थयानस्तदामिषम् १२ दृष्ट्वातंक्रूरमायांतंजीवितार्थीनराधिप ॥ प्रोवाचश्वामुनिंतत्रतच्छृणुष्वविशांपते १३ श्वशत्रुर्भगवन्नेषद्वी
पीमांहंतुमिच्छति ॥ त्वत्प्रसादाद्भयंनस्यादस्मान्ममममहामुने १४ तथाकुरुमहाबाहोसर्वज्ञस्त्वंनसंशयः ॥ समुनिस्तस्यविज्ञायभावज्ञोभयकारणम् ॥ रुतज्ञः
सर्वसत्वानांतमैश्वर्यसमन्वितः १५ ॥ मुनिरुवाच ॥ नभयंद्वीपिनःकार्यंमृत्युतस्तेकथंचन ॥ एषश्वरूपरहितोद्वीपीभवसिपुत्रकः १६ ततःश्वाद्वीपितांनीतो
जांबूनदनिभाकृतिः ॥ चित्रांगोविस्फुरद्दंष्ट्रोवनेवसतिनिर्भयः १७ तंदृष्ट्वासंमुखेद्वीपीआत्मनःसदृशंपशुम् ॥ अविरुद्धस्ततस्तस्यक्षणेनसमपद्यत १८ ततो
ऽभ्ययान्महारौद्रोव्यादितास्यःक्षुधान्वितः ॥ द्वीपिनंलेलिहद्वक्त्रोव्याघ्रोरुधिरलालसः १९ व्याघ्रंदृष्ट्वाक्षुधाभुग्नंदंष्ट्रिणंवनगोचरम् ॥ द्वीपीजीवितरक्षार्थमृषिं
शरणमेयिवान् २० संवासजंपरंस्नेहमृषिणाकुर्वतातदा ॥ सद्वीपीव्याघ्रतांनीतोरिपूणांबलवत्तरः २१ ततोदृष्ट्वासशार्दूलोनाहनत्तंविशांपते ॥ सतुश्वाव्याघ्रतां
प्राप्यबलवान्पिशिताशनः २२ नमूलफलभोगेषुस्पृहामप्यकरोत्तदा ॥ यथामृगपतिर्नित्यंप्रकांक्षतिवनौकसः ॥ तथैवसमहाराजव्याघ्रःसमभवत्तदा २३ ॥ इति
श्रीमहाभारतेशां० रा० श्वर्षिसंवादेषोडशाधिकशततमोऽध्यायः ११६ ॥ ॥ भीष्मउवाच ॥ व्याघ्रश्चोटजमूलस्थस्तृप्तःसुप्तोहतैर्मृगैः ॥ नागश्चा
गात्तमुद्देशंमत्तोमेघइवोद्धतः १ प्रभिन्नकरटःप्रांशुःपद्मीविततकुंभकः ॥ सुविषाणोमहाकायोमेघगंभीरनिःस्वनः २ तंदृष्ट्वाकुंजरंमत्तमायांतंबलगर्वितम् ॥ व्या
घ्रोहस्तिभयात्त्रस्तस्तमृषिंशरणंययौ ३ ततोऽनयत्कुंजरत्वंव्याघ्रंतमृषिसत्तमः ॥ महामेघनिभंदृष्ट्वासभीतोह्यभवद्गजः ४ ततःकमलषंडानिशल्लकीगहनानिच ॥
व्यचरत्ससुदायुक्तःपद्मरेणुविभूषितः ५ कदाचिद्भ्रममाणस्यहस्तिनःसंमुखंतदा ॥ ऋषेस्तस्योटजस्थस्यकालोगच्छन्निशानिशम् ६ अथाजगामतंदेशंकेसरी
केसरारुणः ॥ गिरिकंदरजोभीमःसिंहोनागकुलांतकः ७ तंदृष्ट्वासिंहमायांतंनागःसिंहभयार्दितः ॥ ऋषिंशरणमापेदेवेपमानोभयातुरः ८ सततःसिंहतांनीतो
नागेंद्रोमुनिनातदा ॥ वन्यंनागणयत्सिंहंतुल्यजातिसमन्वयात् ९ दृष्ट्वाचसोभवत्सिंहोवन्योभयसमन्वितः ॥ सचाश्रमेऽवसत्सिंहस्तस्मिन्नेववमहावने १० ॥

४ कमलषंडानिकमलवनानि ५ निशानिशंबहुरात्रम् ६ । ७ । ८ समन्वयात्संबंधात् ९ । १० ॥ ॥ ॥

११ । १२ । १३ । १४ । १५ । १६ । १७ । १८ अकृतज्ञस्त्वेहेतुःश्वयोनिजइति १९ । २० मदपटुःप्रवहन्मदः २१ विसृष्टोविविधेनरूपेणत्वंसृष्टः नतुत्वेकुलान्वयः तेनतेनकुलेनान्वयःसंबंधोयस्य सकुलान्वयस्मात्त्वस्त्वंनभवसि २२ । २३ ॥ इतिशांतिपर्वणिराजधर्मानुशासनपर्वणिनीलकंठीयेभारतभावदीपेसप्तदशाधिकशततमोऽध्यायः ॥ ११७ ॥ ॥ ॥ सश्वेति १ दृष्टांतमुप

तद्भयात्पशवोनान्यंतपोवनसमीपतः ॥ व्यदृश्यंततदात्रस्ताजीविताकांक्षिणस्तथा ११ कदाचित्काल्योगेनसर्वप्राणिविहिंसकः ॥ बलवान्क्षतजाहारोनानास्वभरःकरः १२ अष्टपादूर्ध्वनयनःशरभोवनगोचरः ॥ तंसिंहंहंतुमागच्छन्मुनेस्तस्यनिवेशनम् १३ तंमुनिःशरभंचक्रेबलोत्कटमरिंदम ॥ ततःसशरभोवन्योमुनेःशरभमग्रतः १४ दृष्ट्वाबलिनमत्युग्रंद्रुतंसंप्राद्रवद्वनात् ॥ सएवंशरभस्थानेसंन्यस्तोमुनिनातदा १५ मुनेःपार्श्वगतोनित्यंशरभःसुखमाप्तवान् ॥ ततःशरभसंत्रस्ताःसर्वेमृगगणास्तदा १६ दिशःसंप्राद्रवन्राजन्भयाज्जीवितकांक्षिणः ॥ शरभोऽप्यतिसंहृष्टोनित्यंप्राणिवधेरतः १७ फलमूलाशनंकर्तुंनैच्छत्सपिशिताशनः ॥ ततोरुधिरतर्षेणबलिनाशरभोन्वितः १८ इयेषतंमुनिंहंतुमकृतज्ञःश्वयोनिजः ॥ ततस्तेनतपःशक्त्याविदितोज्ञानचक्षुषा १९ विज्ञायसमहाप्राज्ञोमुनिःश्वानंतमुक्तवान् ॥ श्वात्वंद्वीपित्वमापन्नोद्वीपीव्याघ्रत्वमागतः २० व्याघ्रान्नागोमदपटुर्नागःसिंहत्वमागतः ॥ सिंहस्त्वंबलमापन्नोभूयःशरभतांगतः २१ मयास्नेहपरीतेनविसृष्टोनकुलान्वयः ॥ यस्मादेवमपापंमांपापहिंसितुमिच्छसि २२ तस्मात्स्वयोनिमापन्नःश्वैवत्वंहिभविष्यसि ॥ ततोमुनिजनद्वेष्टादुष्टात्माप्राकृतोऽबुधः ॥ ऋषिणाशरभःशप्तस्तद्रूपंपुनराप्तवान् २३ ॥ इतिश्रीमहाभारतेशांतिपर्वणिराजधर्मानुशासनपर्वणिश्वर्षिसंवादेसप्तदशाधिकशततमोऽध्यायः ॥ ११७ ॥ भीष्मउवाच ॥ सश्वाप्रकृतिमापन्नःपरंदैन्यमुपागतः ॥ ऋषिणाहुंकृतःपापस्तपोवनबहिष्कृतः १ एवंराजामतिमताविदित्वासत्यशौचताम् ॥ आर्जवंप्रकृतिंसत्वंश्रुतंवृत्तंकुलंदमम् २ अनुक्रोशंबलंवीर्यंप्रभावंप्रश्रयंक्षमाम् ॥ भृत्यायेयत्रयोग्याःस्युस्तत्रस्थाप्याःसुरक्षिताः ३ नापरीक्ष्यमहीपालःसचिवंकर्तुमर्हति ॥ अकुलीननराकीर्णोनराजासुखमेधते ४ कुलजःप्राकृतोराज्ञास्वकुलीनतयासदा ॥ नपापेकुरुतेबुद्धिंभिद्यमानोऽप्यनागसि ५ अकुलीनस्तुपुरुषःप्राकृतःसाधुसंश्रयात् ॥ दुर्लभैश्वर्यतांप्राप्तोनिंदितःशत्रुतांव्रजेत् ६ कुलीनंशिक्षितंप्राज्ञंज्ञानविज्ञानपारगम् ॥ सर्वशास्त्रार्थतत्वज्ञंसहिष्णुंदेशजंतथा ७ कृतज्ञंबलवंतंचक्षांतंदांतंजितेंद्रियम् ॥ अलुब्धंलब्धसंतुष्टंस्वामिमित्रबुभूषकम् ८ सचिवंदेशकालज्ञंसत्वसंग्रहणेरतम् ॥ सततंयुक्तमनसंहितैषिणमतंद्रितम् ९ युक्ताचारंस्वविषयेसंधिविग्रहकोविदम् ॥ राज्ञस्त्रिवर्गवेत्तारंपौरजानपदप्रियम् १० खातकव्यूहतत्त्वज्ञंबलहर्षणकोविदम् ॥ इंगिताकारतत्त्वज्ञंयात्राज्ञानविशारदम् ११ हस्तिशिक्षासुतत्त्वज्ञमहंकारविवर्जितम् ॥ प्रगल्भंदक्षिणंदांतंबलिनंयुक्तकारिणम् १२ चौक्षंचौक्षजनाकीर्णंसुमुखंसुखदर्शनम् ॥ नायकंनीतिकुशलंगुणचेष्टासमन्वितम् १३ ॥ ॥

पाद्यदार्ष्टांतिकमाह एवमित्यादीना २ । ३ । ४ राज्ञाअनागसिभिद्यमानोऽपिकुलीनःपापेबुद्धिंनकुरुतइत्यन्वयः ५ अकुलीनस्तुनिंदामात्रेणशत्रुतांव्रजेत् ६ । ७ स्वामिनोमित्राणांबुभूषकमैश्वर्यलिप्सुम् ८ सत्वसंग्रहणेप्राणिमात्ररंजने ९ । १० खातकाःपरसैन्यावदारकाःव्यूहादयस्तेषांतत्त्वज्ञम् ११ । १२ चौक्षंशुद्धम् १३ ॥ ॥ ॥ ॥

प्रसृतंसूक्ष्मार्थगामिनं १४ । १५ । १६ मर्षीक्षमी १७ विपर्ययेऽक्षमावत्यपकारिणिक्षमावान् १८ दानस्याऽच्छेदेविषयेस्त्वयमविच्छेदकर्ता १९ ननिर्द्वंद्वोननिष्परिग्रहः कर्ताउपकर्ता २०। २१
२२ गुणशतंकुलीनत्वादयएकपंचाशदमात्यगुणास्तत्सहितः धर्मपरमत्वादयएकचत्वारिंशदेवमष्टोनंगुणशतं एतेषांसंधिविग्रहकोविदमित्यादिरीत्याऽन्यद्गुणाष्टकमूहयित्वापूर्णंशतंज्ञेयं २३ । २४

अस्तब्धंप्रसृतंश्लक्ष्णंमृदुवादिनमेवच ॥ धीरंशूरंमहर्द्धिंचदेशकालोपपादकम् १४ सचिवंयःप्रकुरुतेनचैनमवमन्यते ॥ तस्यविस्तीर्यतेराज्यंज्योत्स्नाग्रहपतेरिव
१५ एतैरेवगुणैर्युक्तोराजाशास्त्रविशारदः ॥ एष्टव्योधर्मपरमःप्रजापालनतत्परः १६ धीरोमर्षीशुचिस्तीक्ष्णःकालेपुरुषकालवित् ॥ शुश्रूषुःश्रुतवान्श्रोताऊहापो
हविशारदः १७ मेधावीधारणायुक्तोयथान्यायोपपादकः ॥ दांतःसदाप्रियाभाषीक्षमावांश्चविपर्यये १८ दानाच्छेदेस्वयंकारीश्रद्धालुःसुखदर्शनः ॥ आर्तहस्त
प्रदोनित्यममात्योहिहितेरतः १९ नाहंवादीननिर्द्वंद्वोनयत्किंचनकारकः ॥ कृतेकर्मण्यमात्यानांकर्ताभक्तजनप्रियः २० संगृहीतजनोऽस्तब्धःप्रसन्नवदनःसदा ॥
सदाभृत्यजनापेक्षीनक्रोधीसुमहामनाः २१ युक्तदंडोननिर्दंडोधर्मकार्यानुशासनः ॥ चारनेत्रःप्रजावेक्षीधर्मार्थकुशलःसदा २२ राजागुणशताकीर्णएष्टव्यस्ता
दृशोभवेत् ॥ योधाश्चैवमनुष्येंद्रसर्वैर्गुणगणैर्वृताः २३ अन्वेष्टव्याःसुपुरुषाःसहायाराज्यधारणे ॥ नविमानयितव्यास्तेराज्ञावृद्धिमभीप्सता २४ योधाःसमरशौ
टीराःकृतज्ञाःशस्त्रकोविदाः ॥ धर्मशास्त्रसमायुक्ताःपदातिजनसंवृताः २५ अभयागजपृष्ठस्थारथचर्याविशारदाः ॥ इष्वस्त्रकुशलायस्यतस्येयंनृपतेर्मही २६ स
र्वसंग्रहणेयुक्तोनृपोभवतियःसदा ॥ उत्थानशीलोमित्राढ्यःसराजाराजसत्तमः २७ शक्याचाश्वसहस्रेणवीरारोहेणभारत ॥ संगृहीतमनुष्येणकृत्स्नाजेतुंवसुंध
रा २८ इतिश्रीमहाभारतेशांतिपर्वणिराजधर्मानुशासनपर्वणिश्वर्षिसंवादेअष्टादशाधिकशततमोऽध्यायः ॥ ११८ ॥ ॥ भीष्मउवाच ॥ एवंशुनासमान्भृ
त्यान्स्वेस्वेस्थानेनराधिपः ॥ नियोजयतिकृत्येषुसराज्यफलमश्नुते १ नश्वास्वंस्थानमुत्क्रम्यप्रमाणमभिसत्कृतः ॥ आरोप्यःश्वास्वकात्स्थानादुत्क्रम्यान्यत्प्रमा
द्यति २ स्वजातिगुणसंपन्नाःस्वेषुकर्मसुसंस्थिताः ॥ प्रकर्तव्याह्यमात्यास्तुनास्थानेप्रक्रियाक्षमा ३ अनुरूपाणिकर्माणिभृत्येभ्योयःप्रयच्छति ॥ सभृत्यगुण
संपन्नोराजाफलमुपाश्नुते ४ शरभःशरभस्थानेसिंहःसिंहइवोर्जितः ॥ व्याघ्रोव्याघ्रइवस्थाप्योद्वीपीद्वीपीयथातथा ५ कर्मस्विहानुरूपेषुन्यस्याभृत्यायथावि
धि ॥ प्रतिलोमंनभृत्यास्तेस्थाप्याःकर्मफलैषिणा ६ यःप्रमाणमतिक्रम्यप्रतिलोमंनराधिपः ॥ भृत्यान्स्थापयतेऽबुद्धिर्नसरंजयतेप्रजाः ७ नबालिशानचक्षु
द्रानाप्राज्ञानाजितेन्द्रियाः ॥ नाकुलीनानराःसर्वेस्थाप्यागुणगणैषिणा ८ साधवःकुलजाःशूराज्ञानवंतोऽनसूयकाः ॥ अक्षुद्राःशुचयोदक्षाःस्युर्नराःपारिपार्श्व
काः ९ न्यग्भूतास्तत्पराःशांताश्चौक्षाःप्रकृतिजैःशुभाः ॥ स्वस्थानानपकृष्टायेतस्यूराज्ञांबहिश्चराः १० ॥ ॥

२५ । २६ । २७ । २८ ॥ इतिशांतिपर्वणिराजधर्मानुशासनपर्वणिनीलकंठीयेभारतभावदीपेअष्टादशाधिकशततमोऽध्यायः ॥ ११८ ॥ एवमिति । एवंनीचाननीचैनैरयोजयेत् १ विपरीतेदोष
माह नश्वेति । स्वंस्थानंप्रमाणंचोत्क्रम्योच्चस्थानेनाऽऽरोप्यः आरोपितश्चेत्प्रमाद्यतीतियोजना २ । ३ । ४ । ५ । ६ अबुद्धिरितिच्छेदः ७ । ८ । ९ बहिश्चराःप्राणाइवेतिशेषः १० ॥

११ । १२ । १३ । १४ विस्तृताअपराधवर्तिनः १५ । १६ । १७ । १८ । १९ । २० ॥ इतिशांतिप० राजध० नीलकंठीयेभारतभा० एकोनविंशाधिकशततमोऽध्यायः ११९ ॥ ॥ ॥
राजवृत्तानीत्यध्यायःपूर्वोक्तानांराजधर्माणांसर्वेषामुपसंहारार्थः १ राजधर्माणांराजधर्मविदांमतंयद्विस्तरेणोक्तंतदेवप्रणेयंप्रकर्षेणनेतुंवोढुंशक्यंसंक्षिप्तमित्यर्थः प्रब्रूहि २ सर्वभूतरक्षणेकृत्स्नोराजधर्मः
परिसमाप्तइत्याह रक्षणमिति ३ एतदेवमयूरदृष्टांतेनोपपादयति यथेति । बर्हाणिपक्षान् भुजगाशनोमयूरः ४ तैक्ष्ण्यंक्रूरत्वं जिह्मत्वंकौटिल्यं आदाल्भ्यंदल्भोभयंतदभावोऽदल्भोऽभयंतस्य
भावआदाल्भ्यंअभयप्रदत्वमित्यर्थः रलयोःसावर्ण्याद्दर्भोभयेइत्यस्यरूपं आदानमितिपाठांतरेस्पष्टोऽर्थः ५ यस्मिन्नर्थेदंडेऽनुग्रहेवाहितंक्रूरंशांतंवारूपमादिशेद्दर्शयेत् ६ । ७ आपद्द्वारेषुमं

सिंहस्यसततंपार्श्वेसिंहएवानुगोभवेत् ॥ असिंहःसिंहसहितःसिंहवल्लभतेफलम् ११ यस्तुसिंहःश्वभिःकीर्णःसिंहकर्मफलेरतः ॥ नससिंहफलंभोक्तुंशक्तःश्वभिरुपासितः १२ एवमेतन्मनुष्येन्द्रशूरैःप्राज्ञैर्बहुश्रुतैः ॥ कुलीनैःसहशक्येतकृत्स्नाजेतुंवसुंधरा १३ नाविद्योनानृजुःपार्श्वेनाप्राज्ञोनामहाधनः ॥ संग्राह्योवसुधापालैर्भृत्योभृत्यवतांवर १४ बाणवद्विसृतायांतिस्वामिकार्यपरानराः ॥ येभृत्याःपार्थिवहितास्तेषांसांत्वंप्रयोजयेत् १५ कोशश्चसततंरक्ष्योयत्नमास्थायराजभिः ॥ कोशमूलाहिराजानःकोशोवृद्धिकरोभवेत् १६ कोष्ठागारंचतेनित्यंस्फीतैर्धान्यैःसुसंवृतम् ॥ सदाऽस्तुसत्सुसंन्यस्तंधनधान्यपरोभव १७ नित्ययुक्ताश्चतेभृत्याभवंतुरणकोविदाः ॥ वाजिनांचप्रयोगेषुवैशारद्यमिहेष्यते १८ ज्ञातिबंधुजनावेक्षीमित्रसंबंधिसंवृतः ॥ पौरकार्यहितान्वेषीभवकौरवनंदन १९ एषातेनैष्ठिकीबुद्धिःप्रजास्वभिहितामया ॥ शुनोविदर्शनंतातकिंभूयःश्रोतुमिच्छसि २० इतिश्रीमहाभारतेशांतिप० राजध० श्वर्षिसंवादेएकोनविंशाधिकशततमोऽध्यायः ॥ ११९ ॥ ॥ युधिष्ठिरउवाच ॥ राजवृत्तान्यनेकानित्वयाप्रोक्तानिभारत ॥ पूर्वैःपूर्वनियुक्तानिराजधर्मार्थवेदिभिः १ तदेवविस्तरेणोक्तंपूर्वदृष्टंसतांमतम् ॥ प्रणेयंराजधर्माणांप्रब्रूहिभरतर्षभ २ ॥ भीष्मउवाच ॥ रक्षणंसर्वभूतानामितिक्षात्रंपरंमतम् ॥ तद्यथारक्षणंकुर्यात्तथाशृणुमहीपते ३ यथाबर्हाणिचित्राणिबिभर्तिभुजगाशनः ॥ तथाबहुविधंराजारूपंकुर्वीतधर्मवित् ४ तैक्ष्ण्यंजिह्मत्वमादाल्भ्यंसत्यमार्जवमेवच ॥ मध्यस्थःसत्वमातिष्ठंस्तथावैसुखमृच्छति ५ यस्मिन्नर्थेहितंयत्स्यात्तद्वर्णंरूपमादिशेत् ॥ बहुरूपस्यराज्ञोहिसूक्ष्मोप्यर्थोनसीदति ६ नित्यंरक्षितमंत्रःस्याद्यथामूकःशरच्छिखी ॥ श्लक्ष्णाक्षरतनुःश्रीमान्भवेच्छास्त्रविशारदः ७ आपद्द्वारेषुयुक्तःस्याज्जलप्रस्रवणेष्विव ॥ शैलवर्षोदकानीवद्विजान्सिद्धान्समाश्रयेत् ॥ अर्थकामःशिखांराजाकुर्याद्धर्मध्वजोपमाम् ८ नित्यमुद्यतदंडःस्यादाचरेदप्रमादतः ॥ लोकेचायव्ययौदृष्ट्वाबृहद्वृक्षमिवास्रवत् ९ ॥ ॥ ॥

त्रभेदादिषुयुक्तोऽवहितःस्यात् शैलवर्षोदकानिपर्वतप्रदेशेवृष्ट्याजनितानिमहानदीजलानि शिखांयोग्यलिंगंक्रूरत्वादिकंकुर्यात्प्रकाशयेत् ८ नित्यमिति। आचरेद्यथायोग्यंदंडं तत्रदृष्टांतःबृहदिति
बृहंतोवृक्षायत्रतद्बृहद्वृक्षंतालवनं आस्रवत्रसंप्रस्रवत् यथारसग्राहीप्रदेशविशेषेएवप्रहृत्यरसंगृह्णातिनतुकृत्स्नवृक्षच्छेदेनेक्षुकांडादिवत्तथेतोरसंजिघृक्षति एवंप्रजानामायव्ययौज्ञात्वाताजीवयंस्ताभ्यो
धनरसमादद्यादित्यर्थः ९ ॥ ॥ ॥ ॥ ॥ ॥ ॥

मृजाशुद्धिस्तद्वान् भौमानिपरेषांसस्यानिचरणैरश्वादिगमनैः क्षिपेत्नाशयेत् १० अर्थात्मृगयादिव्याजात्परराष्ट्रंसमाचरन्परपक्षान्विधूनयेत् ११ छायांपरदुर्गाधिपतिनासंधिंकृत्वादेवतादर्श
नादिव्याजेनाकस्मात्परदुर्गंगत्वाप्रविश्यतन्नाशयेदित्याह उच्छ्रितानिति १२ असितग्रीवोमयूरोनिशीवप्रावृषिमज्जेत अदृश्योऽन्तःपुरुचरएवस्यात् १३ तत्रापिचारैर्दर्शितासुभूमिषुधात्रीसौत्रि
दल्लसूपकारादिषुपरैर्भेदितेषुअभिगतान्विषादीन्पाशान्परिवर्जयेदात्मानंरक्षेच्चेत्याह नेति १४ ननुकुतस्तत्रापिपाशप्रसक्तिरतआह प्रणयेदिति । गहनेदुर्बोधेपाशज्ञानेसतितांकपटभूमिंप्रतिपद्यात्मा
नंप्रणयेत्प्रापयेत्तदानश्येदेव वाशब्दएवार्थे प्रयोजयंतिहिराजानोविषमर्थांकन्यांकृत्वाद्वीपांतरप्राप्तेयंपद्मिनीजातीयाकन्याअस्याःस्पर्शमात्रादशीतिवार्षिकोऽपिषोडशवर्षोभवतीतिसेयमतिश्रेष्ठरत्नतयाश्री
मतामर्थेकल्पिताऽनुग्राह्याचेयंवयंचेतिब्रुवाणाः तत्रचारमुखात्कपटंश्रुत्वातांनप्रणयेत् ऊहितान्केनचिन्निमित्तेनतर्कितांस्तानतिविषान्कन्यादीन्स्पर्शमात्रेणोच्छ्वासमात्रेणवासंगतमक्षिकामशकादिमरणलिंगे
नज्ञातान्हन्यादेव १५ नाशयेदितिसार्धः । बलबर्हाणिस्थूलान्पक्षान्सैन्यस्यपक्षस्थानीयान्महाशिबिरवारवनितानटनर्तकादींश्चनाशयेत् मयूरइवदूरीकुर्यात् 'बलंगंधरसेरूपेस्थामनिस्थौल्यसैन्ययोः' इतिमेदिनी

मृजावान्स्यात्स्वयूथ्येषुभौमानिचरणैःक्षिपेत् ॥ जातपक्षःपरिस्पंदेत्प्रेक्षेद्वैकल्यमात्मनः १० दोषान्विवृणुयाच्छत्रोःपरपक्षान्विधूनयेत् ॥ काननेष्विवपुष्पाणि
बहिरर्थान्समाचरन् ११ उच्छ्रितान्नाशयेत्स्फीतान्नरेंद्रानचलोपमान् ॥ श्रयेच्छायामविज्ञातांगुप्तंशरणमुपाश्रयेत् १२ प्रावृषीवासितग्रीवोमज्जेतनिशिनिर्जने ॥
मायूरेणगुणेनैवस्त्रीभिश्चावेक्षितश्चरेत् १३ नजह्याच्चतनुत्राणंरक्षेदात्मानमात्मना ॥ चारभूमिष्वभिगतान्पाशांश्चपरिवर्जयेत् १४ प्रणयेद्वापितांभूमिंप्रणश्ये
द्गहनेपुनः ॥ हन्यात्क्रुद्धानतिविषांस्तान्जिह्मगतयोऽहितान् १५ नाशयेद्बलबर्हाणिसन्निवासान्निवासयेत् ॥ सदाबर्हिनिभःकामंप्रशस्तंकृतमाचरेत् ॥ सर्वत
श्चाददेत्प्रज्ञांपतंगंगहनेष्विव १६ एवंमयूरवद्राजास्वराज्यंपरिपालयेत् ॥ आत्मबुद्धिकरींनीतिंविदधीतविचक्षणः १७ आत्मसंयमनंबुद्ध्यापरबुद्ध्याऽवधार
णम् ॥ बुद्ध्याचात्मगुणप्राप्तिरेतच्छास्त्रनिदर्शनम् १८ परंविश्वासयेत्साम्नास्वशक्तिंचोपलक्षयेत् ॥ आत्मनःपरिमर्शेनबुद्धिंबुद्ध्याविचारयेत् १९ सांत्वयोग
मतिःप्राज्ञःकार्याकार्यप्रयोजकः ॥ निगूढबुद्धेर्धीरस्यवक्तव्येवाकृतंतथा २० सनिकृष्टांकथांप्राज्ञोयदिबुद्ध्याबृहस्पतिः ॥ स्वभावमेष्यतेतप्तंकृष्णायसमिवो
दके २१ अनुयुंजीतकृत्यानिसर्वाण्येवमहीपतिः ॥ आगमैरुपदिष्टानिस्वस्यचैवपरस्यच २२ ॥ ॥ ॥

सन्निवासान्दृढमूलान्पक्षानमात्यादीन्शूरांश्चवासयेत्स्थापयेत् बर्हिनिभःमयूरतुल्यःकामंयथेष्टंप्रशस्तंकृतंप्रशस्तांक्रियांपक्षाणांविस्फारणमाचरेत् अनेनैवक्रमेणसर्वतश्चजातिमात्रात्प्रज्ञांआददीत यथोक्तम् ।
'बकवच्चिंतयेदर्थान्सिंहवच्चपराक्रमेत्' इत्यादि । पतंगंशलभसमूहोयथागहनेषुपततिगहनंचनिष्पत्रंकरोतिएवंसंभूयशत्रुराष्ट्रेपतितव्यमित्यर्थः । पन्नगंगहनेष्विवेतिपाठेपन्नगग्राहीपन्नगमिवाकस्माच्छत्रुंगृह्णी
यादित्यर्थः १६ । १७ बुद्ध्याआत्मनःसंयमनंइत्थमेवकर्तुंयुक्तंनियमंकुर्यात् परबुद्ध्याचतत्रैवार्थेसंवादितयातस्यार्थस्यावधारणंदृढतरोनिश्चयःकार्यः । बुद्ध्याशास्त्रोत्थधियाआत्मगुणस्यपूर्वो
क्तनिश्चयहेतोःप्राप्तिर्भवतिएतदेवशास्त्रस्यनिदर्शनंप्रयोजनंयत्कार्यक्षोदक्षमताबुद्धेरित्यर्थः १८ आत्मानःस्वस्यपरिमर्शेनसर्वतोऽतीतानागतविचारेणबुद्धिकार्यनिश्चयंबुद्ध्याऊहापोहकौशलरूपयामेधयाविचार
येत्साधकबाधकभूमौसंचारयेत् १९ तमेवाह सांत्वेउपदेशेकर्तव्येकृतंअलं तस्योपदेशापेक्षानास्तीत्यर्थः २० सोऽनंतरश्लोकोक्तःप्राज्ञोबुद्ध्याबृहस्पतिसमोऽपिसन्यदिनिकृष्टांकथांनिर्बुद्धित्ववादं
प्राप्नुयात्ताहसद्यएवयुक्तयास्वभावंस्वास्थ्यंएष्यते उदकेप्रक्षिप्तंतप्तायसंशैत्यमिव २१ । २२ ॥ ॥ ॥ ॥ ॥ ॥

२३ । २४ । २५ । २६ । २७ । २८ । २९ । ३० । ३१ गोभिःरश्मिभिःचरान्चारान्स्वनुचरान्समाचारान् ३२ नअर्थमसूचयेदर्थवत्तांनज्ञापयेत् ३३ । ३४ संचयान्न
विसर्गीस्यात्कोशाद्धनंनदद्यादपितूपर्याहृतमेवेत्यर्थः ३५ । ३६ आत्मादेहः देशेकालेवाऽप्रमादइत्येकं ३७। ३८ अबालःअहीनः अन्वःसंपन्नः ३९ शत्रोःशत्रुंप्राप्यनैवहीयेतैत्रप्रमादीस्यात् ४०
क्षयमैश्वर्यंसत्त्वमैश्वर्यादि कामोविजिगीषादिस्तौसर्वकामौबुद्धावासंदधीतसंधिवाकुर्यात् अन्यद्विग्रहादिकंकुर्यात् ४१ वर्धमानंक्षीयमाणं बुद्धेःपश्चात्बुद्ध्यनुसारि ४२ अल्पेनापिसत्वेन

मृदुशीलंतथाप्राज्ञंशूरंचार्थविधानवित् ॥ स्वकर्मणिनियुंजीतयेचान्येचबलाधिकाः २३ अथदृष्टानियुक्तानिस्वानुरूपेषुकर्मसु ॥ सर्वांस्ताननुवर्तेतस्वरांस्तं
त्रीरिवायता २४ धर्माणामविरोधेनसर्वेषांप्रियमाचरेत् ॥ ममायमितिराजायःसपर्वतइवाचलः २५ व्यवसायंसमाधायसूर्योरश्मीनिवायतान् ॥ धर्ममेवाभिर
क्षेतकृत्वातुल्येप्रियाप्रिये २६ कुलप्रकृतिदेशानांधर्मज्ञान्मृदुभाषिणः ॥ मध्येवयसिनिर्दोषान्हितेयुक्तानविक्लवान् २७ अलुब्धान्शिक्षितान्दांतान्धर्मेषुपरि
निष्ठितान् ॥ स्थापयेत्सर्वकार्येषुराजाधर्मार्थरक्षिणः २८ एतेनचप्रकारेणकृत्यानामागतिंगतिम् ॥ युक्तःसमनुतिष्ठेततुष्टश्चारैरुपस्कृतः २९ अमोघक्रोधह
र्षस्यस्वयंकृत्यान्ववेक्षितुः ॥ आत्मप्रत्ययकोशस्यवसुदैववसुंधरा ३० व्यक्तश्चानुग्रहोयस्ययथार्थश्चापिनिग्रहः ॥ गुप्तात्मागुप्तराष्ट्रश्चसराजाराजधर्मवित् ३१ नि
त्यंराष्ट्रमवेक्षेतगोभिःसूर्यइवोदितः ॥ चरान्स्वनुचरान्विद्यात्तथाबुद्ध्यास्वयंचरेत् ३२ कालंप्राप्तमुपादद्यान्नार्थंराजाप्रसूचयेत् ॥ अहन्यहनिसंदुह्यान्महींगा
मिवबुद्धिमान् ३३ यथाक्रमेणपुष्पेभ्यश्चिनोतिमधुषट्पदः ॥ तथाद्रव्यमुपादायराजाकुर्वीतसंचयम् ३४ यद्धिगुप्तावशिष्टंस्यात्तद्वित्तंधर्मकामयोः ॥ संचयान्न
विसर्गीस्याद्राजाशास्त्रविदात्मवान् ३५ नार्थमल्पंपरिभवेन्नावमन्येतशात्रवान् ॥ बुद्ध्यात्मबुद्ध्येदात्मानंनचाबुद्धिपुविश्वसेत् ३६ धृतिर्दाक्ष्यंसंयमोबुद्धिरात्मा
धैर्यंशौर्यंदेशकालाप्रमादः ॥ अल्पस्यवाबहुनोवाविवृद्धौधनस्यैतान्यष्टसमिंधनानि ३७ अग्निःस्तोकोवर्धतेप्याज्यसिक्तोबीजंचैकंरोहसहस्रमेति ॥ आयव्य
यौविपुलौसन्निशाम्यतस्मादल्पंनावमन्येतवित्तम् ३८ बालोऽप्यबालःस्थविरोरिपुर्यःसदाप्रमत्तंपुरुषंनिहन्यात् ॥ कालेनान्यस्तस्यमूलंहरेतकालज्ञानापार्थिवा
नांवरिष्ठः ३९ हरेत्कीर्तिंधर्ममस्योपरुंध्यादर्थेदोर्वीर्यमस्योपहन्यात् ॥ रिपुर्द्वेष्टादुर्बलोवाबलीवातस्माच्छत्रोर्नैवहीयेद्यतात्मा ४० क्षयंवृद्धिंपालनंसंचयंवाबुद्धा
ऽप्युभौसंहतौसर्वकामौ ॥ ततश्चान्यन्मतिमान्संदधीततस्माद्राजाबुद्धिमत्तांश्रयेत ४१ बुद्धिर्दीप्ताबलवंतंहिनस्तिबलंबुद्ध्यापाल्यतेवर्धमानम् ॥ शत्रुर्बुद्ध्यासी
दतेवर्धमानोबुद्धेःपश्चात्कर्मयत्तत्प्रशस्तम् ४२ सर्वान्कामान्कामयानोहिधीरःसत्वेनाल्पेनाप्नुतेहीनदोषः ॥ यश्चात्मानंप्रार्थयतेऽर्थ्यमानैःश्रेयःपात्रंपूरयतेचनाल्पम्
४३ तस्माद्राजाप्रगृहीतःप्रजासुमूलंलक्ष्म्याःसर्वशोह्याददीत ॥ दीर्घकालंह्यपिसंपीड्यमानोविद्युत्संपातमपिवानोर्जितःस्यात् ४४ ॥ ॥ ॥

बलेनअर्थ्यमानैर्युक्तमात्मानंप्रार्थयते लुब्धोदृप्तश्चभवतीत्यर्थः श्रेयःपात्रंनपूरयतेततःश्रेयोऽपसर्पतीत्यर्थः ४३ प्रगृहीतःस्निग्धः लक्ष्म्यामूलमर्थंसर्वशःसर्वाभ्यःसंपीड्यमानःसंपीडयन्प्रजामृति
युद्रत्संपातंसम्यक्पतित्वाप्यूर्जितःस्यात् अत्रबहद्वृक्षदृष्टांतःप्रागेवोक्तः ४४ ॥ ॥ ॥ ॥ ॥ ॥ ॥

व्यवसायेनोद्योगेनविद्याल्लभेत ४५ अनुद्योगेनजन्मनमामर्षयेदित्याह यत्रेति ४६ कर्मयज्ञादिगुणोंऽशंयस्यतत्फलंसुखंतदुपभोगेसर्वोऽपिलुब्धः सचेदर्थैर्हीनस्तर्हिसुखलोभाद्धर्मकामौद्रव्यादिविषयंचजहाति ४७
समृद्धिंचप्राप्यापीतिशेषः धनमुत्कोचरूपं नप्रगृह्णीतनसंगृह्णीत ४८ । ४९ धर्मान्वितेषुब्राह्मणमंडलेषु विज्ञाताज्ञाततत्त्वः राजसंग्रहेसामंतवशीकरणे ५० निबोधबुद्धयस्व व्यतिसृत्यगुरुमनुसृत्य
विदध्यावद्दिकुर्यात ५१ विधानजंदैवप्राप्तंराजधर्माज्ञानेप्राप्तोऽप्यर्थःसद्योनश्यतीत्यर्थः ५२ गुणोपपन्नान्शौर्यादियुक्तान् गुणेषुसंधिविग्रहादिषु आत्मवानप्रमत्तःयतउत्थानंकुर्वाणान्शात्रवानभिसं

विद्यातपोवाविपुलंधनंवासर्वंह्येतद्व्यवसायेनशक्यम् ॥ बुद्ध्यायत्तंतन्निवसेद्देहवत्सुतस्माद्विद्याद्व्यवसायंप्रभूतम् ४५ यत्रासतेमतिमंतोमनस्विनःशक्रोविष्णुर्यत्र
सरस्वतीच ॥ वसंतिभूतानिचयत्रनित्यंतस्माद्विद्वान्नावमन्येतदेहम् ४६ लुब्धंहन्यात्संप्रदानेननित्यंलुब्धस्तृप्तिंपरवित्तस्यनैति ॥ सर्वोलुब्धःकर्मगुणोपभोगेयो
ऽर्थैर्हीनोधर्मकामौजहाति ४७ धनंभोगंपुत्रदारंसमृद्धिंसर्वंलुब्धःप्रार्थयतेपरेषाम् ॥ लुब्धेदोषाःसंभवंतीहसर्वेतस्माद्राजानप्रगृह्णीतलुब्धम् ४८ संदर्शनेनपुरुषं
जघन्यमपिचोदयेत् ॥ आरंभान्द्विषतांप्राज्ञःसर्वार्थांश्चप्रसूदयेत् ४९ धर्मान्वितेषुविज्ञातामंत्रीगुप्तश्चपांडव ॥ आप्तोराजाकुलीनश्चपर्याप्तोराजसंग्रहे ५० वि
धिप्रयुक्तान्नरदेवधर्मानुक्तान्समासेननिबोधबुद्ध्या ॥ इमान्विदध्याद्व्यतिसृत्ययोवैराजामहींपालयितुंसशक्तः ५१ अनीतिजंयस्यविधानजंसुखंहठप्रणीतंविधि
वत्प्रदृश्यते ॥ नविद्यतेतस्यगतिर्महीपतेर्नविद्यतेराज्यसुखंह्यनुत्तमम् ५२ धनैर्विशिष्टान्मतिशीलपूजितान्गुणोपपन्नान्युधिदृष्टविक्रमान् ॥ गुणेषुदृष्ट्वानचि
रादिवात्मवान्यतोभिसंधायनिहंतिशात्रवान् ५३ पश्येदुपायान्विविधैःक्रियापथैर्नचानुपायेनमतिंनिवेशयेत् ॥ श्रियंविशिष्टांविपुलंयशोधनंनदोषदर्शीपुरुषः
समश्नुते ५४ प्रीतिप्रवृत्तौविनिवर्तितौयथासुहृत्सुविज्ञायनिवृत्यचोभयोः ॥ यदेवमित्रंगुरुभारमावहेत्तदेवसुस्निग्धमुदाहरेद्बुधः ५५ एतान्मयोक्तांश्चरराजध
र्मान्नृणांचगुप्तौमतिमादधस्व ॥ अवाप्स्यसेपुण्यफलंसुखेनसर्वोहिलोकोनृपधर्ममूलः ५६ ॥ इतिश्रीमहाभारतेशांति॰रा॰राजधर्मकथनेविंशाधिकशतत
मोऽध्यायः ॥ १२० ॥ ॥ युधिष्ठिरउवाच ॥ अयंपितामहेनोक्तोराजधर्मःसनातनः ॥ ईश्वरश्चमहादंडोदंडेसर्वंप्रतिष्ठितम् १ देवतानामृषीणांचपितृ
णांचमहात्मनाम् ॥ यक्षरक्षःपिशाचानांसाध्यानांचविशेषतः २ सर्वेषांप्राणिनांलोकेतिर्यग्योनिनिवासिनाम् ॥ सर्वव्यापीमहातेजादंडःश्रेयानितिप्रभो ३
इत्येवमुक्तंभवतादंडेवैसचराचरम् ॥ पश्यतालोकमासक्तंससुरासुरमानुषम् ४ एतदिच्छाम्यहंज्ञातुंतत्त्वेनभरतर्षभ ॥ कोदंडःकीदृशोदंडःकिंरूपःकिंपरायणः
५ किमात्मकःकथंभूतःकथंमूर्तिःकथंप्रभो ॥ जागर्तिचकथंदंडःप्रजास्ववहितात्मकः ६ ॥ ॥ ॥ ॥

धायलक्षीकृत्यनिहंति ५३ दोषदर्शीनिर्दोषेष्वपीतिशेषः ५४ सुहृत्सुविज्ञायज्ञानपूर्वकंप्रीतेःप्रवृत्तौसत्यांयौसुहृदौनिवृत्त्यनितरांद्वस्वाएकस्मिनकार्येविनिवर्तितावभिमुखीकृतौतयोरुभयोर्मध्येयदेवगुरुभारमाव
हेत्तदेवोदाहरेत्प्रशंसेत ५५ चरानुतिष्ठ आदधस्वआधत्स्व दधधारणेइत्यस्यरूपं ५६ ॥ ॥ इतिशांतिपर्वणिराजधर्मानुशासनपर्वणिनीलकंठीयेभारतभावदीपेविंशाधिकशततमोऽध्यायः
॥ १२० ॥ ॥ ॥ ॥ अयंपितामहेनेत्यध्यायद्वयेनदंडस्वरूपादिकमुच्यते १ । २ । ३ । ४ । ५ । ६ ॥ ॥ ॥

७ । ८ कोदंडइत्यादयएकादशप्रश्नास्तत्रकोदंडइत्यस्योत्तरमाह धर्मेति । धर्मस्यसंख्यासम्यक्ख्यानंप्रकाशनंदंडापरपर्यायव्यवहारशब्दवाच्यं व्यवहारपदंनिर्वक्ति तस्येतिसार्धेन । अव
हितात्मनोराज्ञः तस्यधर्मस्यलोपःकथंकेनप्रकारेणनस्यात्सप्रकारोव्यवहारोविगतोऽवहारोनीचमार्गेणपरस्वादिहरणंयस्मात्सइतिव्युत्पत्त्यासिद्धः ९ अपिचेति । एतदेतस्यव्यवहारस्य १० प्रजा
रक्षकत्वाद्व्यवहारएवधर्मपदवाच्योऽपीत्याह सुप्रणीतेनेति ११ यथेति । सुप्रणीतेनेतिश्लोकेनयन्मनुवचनमुक्तंतद्ब्रह्मणएववचनंमनुमुखाच्छ्रुतमित्यर्थः १२ प्रागिति । दंडएवउक्तवचनाद्धर्मशब्दे
नव्यवहारशब्देनचोच्यतइत्यर्थः प्राग्वचनंधर्मवचनम् १३ रूपतोऽग्निरिवोत्थितइतितस्यांतरंरूपंदुष्टसंतापकत्वात्क्रूरमग्नितुल्यमित्युक्तम् १४ बाह्यंरूपंवर्णयति नीलेति । दंडाधिष्ठात्र्यादेव
तायाइदंध्यानादिकंअज्ञानादंड्यदंडजंदोषंनिराकर्तुंदंडकर्तृभिरमात्यादिभिर्ध्येयमित्येवमर्थयुक्तं यदितुलौकिकानिदंडधर्मव्यवहारांगाण्यत्रोत्प्रेक्ष्यंतेतर्हिएवंव्याख्येयम् । तत्रदंडःसंहर्तृत्वाद्रौद्रोरुद्रश्चनी
ललोहितइतितस्याग्निरिवोत्थितइतिलोहितंरूपमुक्तं नीलंचनीलोत्पलेतिनिरुक्तं तत्रराज्ञोदंड्येद्वेषात्तद्धनेचलोभात्प्रणेयस्यदंडस्यमालिन्यरागोत्पन्नत्वान्नीललोहितंदंडस्यरूपंचतस्रोदंष्ट्राइवप्राणिनांवधसाध
नानियत्रसः । तथाहि । केचिन्मानभंगेनकेचिद्धनहरणेनकेचिदंगवैकल्येनकेचित्प्राणव्यापादनेनचवध्यंतेऽतस्तान्येवतद्दंष्ट्राः । चत्वारोभुजाःअर्थादानकर्तारोयस्यसः तथाहि । प्रजाभ्यःसामंते

कश्चपूर्वापरमिदंजागर्तिप्रतिपालयन् ॥ कश्चविज्ञायतेपूर्वंकोवरोदंडसंज्ञितः ॥ किंसंस्थश्चभवेद्दंडःकावाऽस्यगतिरुच्यते ७ ॥ भीष्मउवाच ॥
शृणुकौरव्ययोदंडोव्यवहारोयथाचसः ॥ यस्मिन्हिसर्वमायत्तंसदंडइहकेवलः ८ धर्मसंख्यामहाराजव्यवहारइतीष्यते ॥ तस्यलोपःकथंनस्याल्लोकेष्व
वहितात्मनः ९ इत्येवंव्यवहारस्यव्यवहारत्वमिष्यते ॥ अपिचैतत्पुराराजन्मनुनाप्रोक्तमादितः १० सुप्रणीतेनदण्डेनप्रियाप्रियसमात्मना ॥ प्रजारक्षतियः
सम्यग्धर्मएवसकेवलः ११ यथोक्तमेतद्वचनंप्रागेवमनुनापुरा ॥ यन्मयोक्तंमनुष्येंद्रब्रह्मणोवचनंमहत् १२ प्रागिदंवचनंप्रोक्तमतःप्राग्वचनंविदुः
॥ व्यवहारस्यचाख्यानाद्व्यवहारइहोच्यते १३ दंडेत्रिवर्गःसततंसुप्रणीतेप्रवर्तते ॥ दैवंहिपरमोदंडोरूपतोऽग्निरिवोत्थितः १४ नीलोत्पलदलश्यामश्च
तुर्दंष्ट्रश्चतुर्भुजः ॥ अष्टपान्नैकनयनःशंकुकर्णोर्ध्वरोमवान् १५ ॥ ॥ ॥ ॥ ॥

भ्यश्चकरादानम् । अनृतादर्थिनोऽर्थ्यमानद्रव्याद्द्विगुणधनादानम् । अनृतात्प्रत्यर्थिनस्तत्समंद्रव्यादानं । धनवतःकदर्याद्विप्रात्सर्वस्वादानंचेति । अथतस्यैवव्यवहाररूपिणोरूपंवर्णयति
अष्टपान्नैकनयनःशंकुकर्णोर्ध्वरोमवान्जटीद्विजिह्वइति आवेदनं भाषासंप्रतिपत्तिर्मिथ्योत्तरंकारणोत्तरंप्राङ्न्यायंप्रतिभूःक्रियाफलसिद्धिश्चेत्यष्टौपादाः एतैर्हिनिमित्तैर्दंडश्चरतिनान्यथेत्येतेषांपादत्वंतत्र
आवेदनंअर्थिनासभ्यान्प्रतिगत्वादेवदत्तोमदीयंशतंसुवर्णानांअमुकस्मिन्देशेकालेसाक्षिणिचगृहीत्वानददातीतितद्धस्तेनलेखनं पुनरपिप्रत्यर्थिनमाहूयतत्समक्षंतथैवलेखनंभाषा । तत्रप्रत्यर्थिनाऽहमेतस्यधा
रयामीत्युक्तेनकस्यापिदंडइतितदिदंसंप्रतिपत्तिरूपमुत्तरंनदंडपादत्वेनगण्यते नाहमेतस्यधारयामीतिमिथ्योत्तरंमयागृहीतमासीच्चपुनःपरावृत्यदत्तमितिकारणोत्तरं अस्मिन्नर्थेऽनेनपूर्वमहमभियुक्तस्तत्रपरा
जितोमयेतिप्राङ्न्यायोत्तरं त्रिविधेऽप्यस्मिन्नुत्तरेअर्थिप्रत्यर्थिभ्यांप्रतिभूर्देयःअहमेतस्मिन्पराजितइदंद्रव्यंदास्यामीति । क्रिया स्वमतसाधकानांसाक्षिपत्रभोगशपथादीनांप्रदर्शनं ततोऽन्यतरेतस्यजयइ
तिअष्टभ्यःपादेभ्योनंतरमपराधीदंड्यतइत्येतेदंडस्यपादाः यदाहयाज्ञवल्क्यः । 'निन्हवेभावितोदद्याद्धनंराज्ञेचतत्समम् ॥ मिथ्याभियोगीद्विगुणमभियोगाद्धनंवहेत्'इति । नैकनयनःनैकानिब
हूनिनयनस्थानीयानिराजामात्यपुरोहितपर्षदाख्यानिदर्शनसाधनानियस्मिन् । शंकुकर्णःतीक्ष्णकर्णःअवश्यंश्राव्यः । ऊर्ध्वरोमवान्अत्यंतउत्फुल्लः शंकुकर्णश्चासौऊर्ध्वरोमवांश्चेतिसमासः १५

जटीति । जटीअनेकसंदेहजटिलः । द्विजिह्वः अर्थिप्रत्यर्थिनोर्वाक्यवैमत्यावद्वेजिह्वेयस्यसतथा । एवंव्यवहाररूपिणोदंडस्यरूपमुक्त्वाधर्माख्यदंडरूपमाह ताम्रास्योमृगराजतनुच्छदइति ताम्रोवह्निरेवाह वनीयादिरास्यंयस्यसतथा मृगराजःकृष्णमृगस्तत्ससंबंधीचर्मतनुच्छदःशरीराच्छादकंप्रावरणमस्य । एतेनदीक्षाप्रधानोयज्ञउक्तः । एतच्चसर्वेषांदानोपवासहोमादीनामुपलक्षणम् १६ । १७ १८ । १९ । २० । २१ । २२ मुरूयंदंडस्यरूपमाह दंडोहीति २३ तत्पत्न्यारूपमाह तथेति । दंडेनसहितानीतिर्दंडनीतिः २४ किंपरायणइत्यस्योत्तरमर्थानर्थादिविवेकएवतस्यपरायण

जटीद्विजिह्वस्ताम्रास्योमृगराजतनुच्छदः ॥ एतद्रूपंबिभर्त्युग्रंदंडोनित्यंदुराधरः १६ असिर्धनुर्गदाशक्तिस्त्रिशूलंमुद्गरःशरः ॥ मुशलंपरशुश्चक्रंपाशोदंडर्ष्टितोमराः १७ सर्वप्रहरणीयानिसंतियानीहकानिचित् ॥ दंडएवससर्वात्मालोकेचरतिमूर्तिमान् १८ भिंदंश्छिंदन्रुजन्कृंतन्दारयन्पाटयंस्तथा ॥ घातयन्नभिधावंश्चदंडएवचरत्युत १९ असिर्विशसनोधर्मस्तीक्ष्णवर्मादुराधरः ॥ श्रीगर्भोविजयःशास्ताव्यवहारःसनातनः २० शास्त्रंब्राह्मणमंत्राश्चशास्ताप्राग्वदतांवरः ॥ धर्मपालोऽक्षरोदेवःसत्यगोनित्यगोऽग्रजः २१ असंगोरुद्रतनयोमनुर्ज्येष्ठःशिवंकरः ॥ नामान्येतानिदंडस्यकीर्तितानियुधिष्ठिर २२ दंडोहिभगवान्विष्णुर्दण्डोनारायणःप्रभुः ॥ शश्वद्रूपंमहद्बिभ्रन्महान्पुरुषउच्यते २३ तथोक्ताब्रह्मकन्येतिलक्ष्मीर्वृत्तिःसरस्वती ॥ दंडनीतिर्जगद्धात्रीदंडोहिबहुविग्रहः २४ अर्थानर्थौसुखंदुःखंधर्माधर्मौबलाबले ॥ दौर्भाग्यंभागधेयंचपुण्यापुण्येगुणागुणौ २५ कामाकामावृतुर्मासःशर्वरीदिवसःक्षणः ॥ अप्रमादःप्रमादश्चहर्षक्रोधौशमोदमः २६ दैवंपुरुषकारश्चमोक्षामोक्षौभयाभये ॥ हिंसाहिंसेतपोयज्ञःसंयमोऽथविषाविषम् २७ अंतश्चादिश्चमध्यंचकृत्यानांचप्रपंचनम् ॥ गदःप्रमादोदर्पश्चदंभोधैर्यंनयानयौ २८ अशक्तिःशक्तिरित्येवंमानस्तंभौव्ययाव्ययौ ॥ विनयश्चविसर्गश्चकालाकालौचभारत २९ अनृतंज्ञानितासत्यंश्रद्धाश्रद्धेतथैवच ॥ क्लीबताव्यवसायश्चलाभालाभौजयाजयौ ३० तीक्ष्णतामृदुतामृत्युरागमानागमौतथा ॥ विरोधश्चाविरोधश्चकार्याकार्येबलाबले ३१ असूयाचानसूयाचधर्माधर्मौतथैवच ॥ अपत्रपानपत्रपेह्रीश्चसंपद्विपत्पदम् ३२ तेजःकर्माणिपांडित्यंवाक्शक्तिस्तत्त्वबुद्धिता ॥ एवंदंडस्यकौरव्यलोकेस्मिन्बहुरूपता ३३ नस्याद्यदीहदंडोवैप्रमथेयुःपरस्परम् ॥ भयाद्दंडस्यनान्योन्यंघ्नंतिचैवयुधिष्ठिर ३४ दंडेनरक्ष्यमाणाहिराजन्नहरहःप्रजाः ॥ राजानंवर्धयंतीहतस्माद्दंडःपरायणम् ३५ व्यवस्थापयतिक्षिप्रमिमंलोकंनरेश्वर ॥ सत्येव्यवस्थितोधर्मोब्राह्मणेष्ववतिष्ठते ३६ धर्मयुक्ताद्विजश्रेष्ठादेवयुक्ताभवंतिच ॥ बभूवयज्ञोदेवेभ्योयज्ञःप्रीणातिदेवताः ३७ प्रीताश्चदेवतानित्यमिंद्रेपरिवदंत्यपि ॥ अन्नंददातिशक्रश्चाप्यनुगृह्णन्निमाःप्रजाः ३८ ॥ ॥ ॥ ॥

मित्याह अर्थानर्थावित्यादिना तस्माद्दंडःपरायणमित्यंतेन २५ । २६ । २७ । २८ । २९ । ३० । ३१ । ३२ । ३३ । ३४ । ३५ किमात्मकःकथंभूतःकथंमूर्तिरितिप्रश्नत्रयस्योत्तरमाह व्यवस्थापयतीति । लोकपालनात्मकःसत्यपक्षपातीब्राह्मणमूर्तिस्वरूपइत्यर्थः ३६ दंडस्यब्राह्मणमूर्तित्वंविवृण्वन्कथंजागर्तीत्यस्योत्तरमाह धर्मयुक्ताइत्यादिना । ब्राह्मणमूर्तिर्दंडोयज्ञादिद्वाराऽन्नसृष्टिहेतुतयाभूतानिपालयन्जागर्तीतिश्लोकत्रयार्थः ३७ । ३८ ॥ ॥ ॥ ॥ ॥

३९ कश्चपूर्वापरमिदंजागर्तिप्रतिपालयन्नित्यस्योत्तरमाह एवंप्रयोजनइत्यादिना ज्ञेयोनःसनरेंद्रस्योदंडःप्रत्ययएवचेत्यंतेन ४० । ४१ अददद्दीश्वरइतिशेषः अस्मैराज्ञे दंडंदंडनीतिं अतएवा यंबलेनसंयुक्तःपंचविधआत्मायस्यसतथा । धर्मव्यवहारदंडेश्वरजीवरूपेणपंचमकारात्मकोराजा ४२ बहुधनसहिताअमात्याःबहुधनामात्याः । बलानितुतेजओजःसहआख्यानिदेहेंद्रियबुद्धिसामर्थ्या नि । अष्टकैरष्टसंख्याकैरनन्तरश्लोकेवक्ष्यमाणैर्हस्त्यादिभिराहार्यमर्जनीयं । अन्यद्बलंकोशद्धिरूपं ४३ । ४४ अंगस्यसैन्यस्य राजस्यदंडमेवांगमितिवाक्यशेषात् । युक्तस्यसन्नद्धस्यरथा दिकंशरीरंविदुरितितृतीयेनान्वयः रसदावैद्याः ४५ प्राड्विवाकाःपृच्छतीतिप्राट्सचासौविवाकश्चविवदमानयोर्द्वयोःप्रवृत्तिनिमित्तवेत्ता ४६ दंडःसैन्यं दंडःप्रसिद्धः ४७ दंडोदंडाधीनं ४८ प्रदर्शितोदंडः स्थापनायचप्रदर्शिताब्राह्मणाः ४९ भर्तृप्रत्ययोभर्तारौद्वौविवदमानौप्रत्ययःकारणंयस्यसतथावादिप्रतिवादिभ्यांप्रवर्तितोव्यवहारः । तयोरन्यतरस्यप्रत्ययोऽभ्युपगमोलक्षणंयस्य सभर्तृप्रत्ययलक्षणः अन्यतरपराजयादित्यर्थः सहितोहितमिष्टंतेनयुक्तःसहितः अन्यतरजयावहइत्यर्थः ५० वेदात्मावेदोक्तोदोषःपारदार्यादिस्तन्निवृत्त्यर्थपर्षदंप्रतिगतश्चेत्तत्रप्रायश्चित्तात्मको

प्राणाश्चसर्वभूतानांनित्यमत्रेप्रतिष्ठिताः ॥ तस्मात्प्रजाःप्रतिष्ठन्तेदंडोजागर्तितासुच ३९ एवंप्रयोजनश्चैवदंडःक्षत्रियतांगतः ॥ रक्षन्प्रजाःसजागर्तिनित्यंस्व वहितोऽक्षरः ४० ईश्वरःपुरुषःप्राणःसत्वंचित्तंप्रजापतिः ॥ भूतात्माजीवइत्येवंनामभिःप्रोच्यतेऽष्टभिः ४१ अददद्दंडमेवास्मैधृतमैश्वर्यमेवच ॥ बलेनयश्चसं युक्तःसदापंचविधात्मकः ४२ कुलंबहुधनामात्याःप्रज्ञाप्रोक्ताबलानितु ॥ आहार्यमष्टकैर्द्रव्यैर्बलमन्ययुधिष्ठिर ४३ हस्तिनोऽश्वारथाःपत्तिर्नावोविष्टिस्तथैवच दैशिकाश्चाविकाश्चैवतदष्टांगंबलंस्मृतम् ४४ अथवांगस्ययुक्तस्यरथिनोहस्तियायिनः ॥ अश्वारोहाःपदाताश्चमंत्रिणोरसदाश्चये ४५ भिक्षुकाःप्राड्विवाका श्चमौहूर्तादैवचिंतकाः ॥ कोशोमित्राणिधान्यंचसर्वोपकरणानिच ४६ सप्तप्रकृतिचाष्टांगंशरीरमिहयद्विदुः ॥ राज्यस्यदंडमेवांगंदंडःप्रभवएवच ४७ ईश्वरेण प्रयत्नेनकारणात्क्षत्रियस्यच ॥ दंडोदत्तःसमानात्मादंडोहीदंसनातनम् ४८ राज्ञांपूज्यतमोनान्योयथाधर्मःप्रदर्शितः ॥ ब्रह्मणालोकरक्षार्थंस्वधर्मस्थापनाय च ४९ भर्तृप्रत्ययउत्पन्नोव्यवहारस्तथाऽपरः ॥ तस्माद्यःसहितोदृष्टोभर्तृप्रत्ययलक्षणः ५० व्यवहारस्तुवेदात्मावेदप्रत्ययउच्यते ॥ मौलश्चनरशार्दूलशा स्त्रोक्तश्चतथाऽपरः ५१ उक्तोयश्चापिदंडोऽसौभर्तृप्रत्ययलक्षणः ॥ ज्ञेयोनःसनरेंद्रस्थोदंडःप्रत्ययएवच ५२ दंडप्रत्ययदृष्टोऽपिव्यवहारात्मकःस्मृतः ॥ व्यवहा रःस्मृतोयश्चसवेदविषयात्मकः ५३ यश्चवेदप्रसूतात्मासधर्मोगुणदर्शनः ॥ धर्मप्रत्ययउद्दिष्टोयथाधर्मंकृतात्मभिः ५४ ॥ ॥

वेदहेतुकएवदंडः । मौलःकुलाचारप्रयुक्तोयोव्यवहारस्तत्रापिशास्त्रोक्तोदंडः । यथाशूद्रस्यसुरापानेप्रायश्चित्तंनास्त्यथापिकस्मिंश्चिच्छूद्रकुलेएवंनियमोयोऽस्माकंमध्येसुरांपिबतिसज्ञातिबाह्य इति तस्योल्लंघनेशूद्रस्यसुरापानोक्तंप्रायश्चित्तंभवति । तथाचशास्त्रविदामनुक्रमणंधर्मज्ञानांसमयःप्रमाणंवेदाश्चेति ५१ तेषांत्रयाणांदंडानांमध्येआद्यःक्षत्रियाधीनइत्याह उक्तइति । नोऽस्माभिःक्षत्रि यैर्दण्डोऽपिज्ञेयः तत्रप्रत्ययोऽपिज्ञेयः ५२ अस्यापिवेदमूलत्वमाह दंडइति । विविधोऽवहारोऽन्योन्यंपरपक्षक्षेपेणस्वपक्षसाधनंव्यवहारस्तदात्मकोन्यायः सयद्यपिदंडः प्रत्ययदृष्टस्तथापिसव्यवहार पदार्थोमन्वादिभिःस्मृतोऽस्ति अतःसोऽपिवैदिकप्रणीतत्वाद्वेदविषयात्मकोवेदार्थगोचरोऽस्तीत्यर्थः ५३ इतरौद्वौव्यवहारौवेदमूलत्वाद्धर्मरूपावित्याह यश्चेतिद्वाभ्यां । यथाधर्ममुद्दिष्टोममपारदार्यजेनाध र्मेणधर्मलोपोमाभूदितिपश्चात्तापवत्युद्दिष्टःप्रायश्चित्तरूपोदंडोधर्मएवेत्यर्थः ५४ ॥ ॥ ॥

प्रजागोप्ताप्रजाकृतस्यनियमस्यरक्षिताशूद्रस्यापिसुरापानप्रायश्चित्तादिरूपःसोऽपिधर्मएवेत्यर्थः ५५ दंडव्यवहारधर्मवेदसत्पथप्रजापतीनामैकात्म्यमाहद्वाभ्यां यइति ५६ । ५७ । ५८ यतःप्रजाप
तिर्भूतकृत्ततोहेतोःअयमस्मदीयोभर्तृप्रत्ययलक्षणोव्यवहारःप्रवृत्तस्तस्मादस्मिन्विषयेसइदंनिदर्शनंवाक्यमुवाच ५९ तदेववाक्यंपठति मातेति। योराजास्वधर्मेणतिष्ठतितस्यराज्ञइतिसंबंधः ६० ॥ इति

व्यवहारःप्रजागोप्ताब्रह्मदिष्टोयुधिष्ठिर ॥ त्रीन्धारयतिलोकान्वैसत्यात्माभूतिवर्धनः ५५ यश्चदंडःसदृष्टोनोव्यवहारःसनातनः ॥ व्यवहारश्चदृष्टोयःसवेदइतिनि
श्चितम् ५६ यश्चवेदःसवैधर्मोयश्चधर्मःससत्पथः ॥ ब्रह्मापितामहःपूर्वंबभूवाथप्रजापतिः ५७ लोकानांसहिसर्वेषांससुरासुररक्षसाम् ॥ समनुष्योरगवतांकर्ता
चैवसभूतकृत् ५८ ततोऽन्योव्यवहारोऽयंभर्तृप्रत्ययलक्षणः ॥ तस्मादिदमथोवाचव्यवहारनिदर्शनम् ५९ मातापिताचभ्राताचभार्याचैवपुरोहितः ॥ नादं
ड्योविद्यतेराज्ञोयःस्वधर्मेणतिष्ठति ६० ॥ इतिश्रीमहाभारतेशांतिपर्वणिराजधर्मानुशासनपर्वणिदंडस्वरूपादिकथनेएकविंशाधिकशततमोऽध्यायः ॥ १२१ ॥

॥ भीष्मउवाच ॥ अत्राप्युदाहरंतीममितिहासंपुरातनम् ॥ अंगेषुराजाद्युतिमान्वसुहोमइतिश्रुतः १ सराजाधर्मविन्नित्यंसहपत्न्यामहातपाः ॥ मुंजपृष्ठंजगामा
थपितृदेवर्षिपूजितम् २ तत्रशृंगेहिमवतोमेरौकनकपर्वते ॥ यत्रमुंजावटेरामोजटाहरणमादिशत् ३ तदाप्रभृतिराजेंद्रऋषिभिःसंशितव्रतैः ॥ मुंजपृष्ठइतिप्रो
क्तःसदेशोरुद्रसेवितः ४ सतत्रबहुभिर्युक्तस्तदाश्रुतिमयैर्गुणैः ॥ ब्राह्मणानामनुमतोदेवर्षिसदृशोऽभवत् ५ तंकदाचिददीनात्मासखाशक्रस्यमानिता ॥ अ
भ्यगच्छन्महीपालोमांधाताशत्रुकर्शनः ६ सोपसृत्यतुमांधातावसुहोमंनराधिपम् ॥ दृष्ट्वाप्रकृष्टतपसंविनतोऽग्रेऽभ्यतिष्ठत ७ वसुहोमोऽपिराज्ञोवैपाद्यमर्घ्यं
न्यवेदयत् ॥ सप्तांगस्यतुराज्यस्यपप्रच्छकुशलाव्यये ८ सद्भिराचरितंपूर्वंयथावदनुयायिनम् ॥ अपृच्छद्वसुहोमस्तंराजन्किंकरवाणिते ९ सोऽब्रवीत्परम
प्रीतोमांधाताराजसत्तमम् ॥ वसुहोमंमहाप्राज्ञमासीनंकुरुनंदन १० ॥ मांधातोवाच ॥ बृहस्पतेर्मतंराजन्नधीतंसकलंत्वया ॥ तथैवौशनसंशास्त्रंविज्ञातंतेनरो
त्तम ११ तदहंज्ञातुमिच्छामिदंडउत्पद्यतेकथम् ॥ किंचास्यपूर्वंजागर्तिकिंवापरममुच्यते १२ कथंक्षत्रियसंस्थश्चदंडःसंप्रत्यवस्थितः ॥ ब्रूहिमेसुमहाप्राज्ञ
ददाम्याचार्यवेतनम् १३ ॥ वसुहोमउवाच ॥ शृणुराजन्यथादंडःसंभूतोलोकसंग्रहः ॥ प्रजाविनयरक्षार्थंधर्मस्यात्मासनातनः १४ ब्रह्मायियक्षुर्भगवान्सर्व
लोकपितामहः ॥ ऋत्विजंनात्मनस्तुल्यंददर्शेतिहिनःश्रुतम् १५ सगर्भंशिरसादेवोबहुवर्षाण्यधारयत् ॥ पूर्णेवर्षसहस्रेतुसगर्भःक्षुवतोऽपतत् १६ सक्षुपोनाम
संभूतःप्रजापतिररिंदम ॥ ऋत्विगासीन्महाराजयज्ञेतस्यमहात्मनः १७ ॥ ॥ ॥

शांतिपर्वणिराजधर्मानुशासनपर्वणि नीलकंठीयेभारतभावदीपेएकविंशाधिकशततमोऽध्यायः ॥ १२१ ॥ ॥ ॥ ॥ अत्रदंडोत्पत्तौविषये १ । २ । ३ । ४ । ५ । ६
७ । ८ । ९ । १० । ११ । १२ आचार्यवेतनंगुरुदक्षिणां १३ । १४ यियक्षुर्यष्टुमिच्छुः १५ क्षुवतःक्षुतवतः १६ । १७ ॥ ॥

दृष्टरूपप्रधानत्वात्दृष्टंरूपंदीक्षापरिग्रहःप्रजानियंतादीक्षांप्रविष्टइतिनियमनरूपोदंडोऽन्तर्हितोऽभवदित्यर्थः १८ । १९ । २० । २१ । २२ । २३ । २४ । २५ । २६ । २७ । २८ । २९ । ३० । ३१ । ३२

तस्मिन्प्रवृत्तेसत्रेतुब्रह्मणःपार्थिवर्षभ ॥ दृष्टरूपप्रधानत्वाद्दंडःसोन्तर्हितोभवत् १८ तस्मिन्नंतर्हितेचापिप्रजानांसंकरोऽभवत् ॥ नैवकार्यंनवाकार्यंभोज्याभोज्यंन विद्यते १९ पेयापेयेकुतःसिद्धिर्हिंसंतिचपरस्परम् ॥ गम्यागम्यंतदानासीत्स्वंपरस्वंचवैसमम् २० परस्परंविलुंपंतिसारमेयायथाऽऽमिषम् ॥ अबलान्बलिनो घ्नंतिनिर्मर्यादमवर्तत २१ ततःपितामहोविष्णुंभगवंतंसनातनम् ॥ संपूज्यवरदंदेवंमहादेवमथाब्रवीत् २२ अत्रत्वमनुकंपांवैकर्तुमर्हसिकेशव ॥ संकरोनभवेदत्रय थातद्वैविधीयताम् २३ ततःसभगवान्ध्यात्वाचिरंशूलवरायुधः ॥ आत्मानमात्मनादंडंससृजेदेवसत्तमः २४ तस्माच्चधर्मचरणान्नीतिर्देवीसरस्वती ॥ ससृजेदंड नीतिंसात्रिषुलोकेषुविश्रुता २५ भूयःसभगवान्ध्यात्वाचिरंशूलवरायुधः ॥ तस्यतस्यनिकायस्यचकारैकैकमीश्वरम् २६ देवानामीश्वरंचक्रेदेवंदशशतेक्षणम् ॥ यमंवैवस्वतंचापिपितॄणामकरोत्प्रभुम् २७ धनानांराक्षसानांचकुबेरमपिचेश्वरम् ॥ पर्वतानांपतिंमेरुंसरितांचमहोदधिम् २८ अपांराज्येसुराणांचविदधेवरुणं प्रभुम् ॥ मृत्युंप्राणेश्वरमथोतेजसांचहुताशनम् २९ रुद्राणामपिचेशानंगोप्तारंविदधेप्रभुम् ॥ महात्मानंमहादेवंविशालाक्षंसनातनम् ३० वसिष्ठमीशंविप्राणां वसूनांजातवेदसम् ॥ तेजसांभास्करंचक्रेनक्षत्राणांनिशाकरम् ३१ वीरुधामंशुमंतंचभूतानांचप्रभुंवरम् ॥ कुमारंद्वादशभुजंस्कंदंराजानमादिशत् ३२ कालंसर्वे शमकरोत्संहारविनयात्मकम् ॥ मृत्योश्चतुर्विभागस्यदुःखस्यचसुखस्यच ३३ ईश्वरःसर्वदेवस्तुराजराजोनराधिपः ॥ सर्वेषामेवरुद्राणांशूलपाणिरितिश्रुतिः ३४ तमेनंब्रह्मणःपुत्रमनुजातंक्षुपंददौ ॥ प्रजानामधिपंश्रेष्ठंसर्वधर्मभृतामपि ३५ महादेवस्ततस्तस्मिन्वृत्तेयज्ञेयथाविधि ॥ दंडंधर्मस्यगोप्तारंविष्णवेसत्कृतंददौ ३६ विष्णुरंगिरसेप्रादादंगिरामुनिसत्तमः ॥ प्रादादिंद्रमरीचिभ्यांमरीचिर्भृगवेददौ ३७ भृगुर्ददावृषिभ्यस्तुदंडंधर्मसमाहितम् ॥ ऋषयोलोकपालेभ्योलोकपालाः क्षुपायच ३८ क्षुपस्तुमनवेप्रादादादित्यतनयायच ॥ पुत्रेभ्यःश्राद्धदेवस्तुसूक्ष्मधर्मार्थकारणात् ३९ विभज्यदंडःकर्तव्योधर्मेणनयदृच्छया ॥ दुष्टानांनिग्रहोदं डोहिरण्यंबाह्यतःक्रिया ४० व्यंगत्वंचशरीरस्यवधोनाल्पस्यकारणात् ॥ शरीरपीडास्तास्ताश्चदेहत्यागोविवासनम् ४१ तंददौसूर्यपुत्रस्तुमनुर्वैरक्षणार्थकम् ॥ आनुपूर्व्याच्चदंडोयंप्रजाजागर्तिपालयन् ४२ इंद्रोजागर्तिभगवानिंद्रादग्निर्विभावसुः ॥ अग्नेर्जागर्तिवरुणोवरुणाच्चप्रजापतिः ४३ प्रजापतेस्ततोधर्मोजागर्ति विनयात्मकः ॥ धर्माच्चब्रह्मणःपुत्रोव्यवसायःसनातनः ४४ ॥ ॥ ॥ ॥

विनयोविवृद्धिः चत्वारोविभागायस्यतस्यशस्त्रंशत्रुर्यमःकर्मच रोगोऽपथ्याशनप्रयोजकोरागोयमःकर्मचेतिवा ३३ । ३४ । ३५ । ३६ । ३७ । ३८ । ३९ विभज्यन्यायंन्यायाभासंचविविच्य दुष्टनिग्र हएवदंडस्यमुख्यंप्रयोजनं हिरण्यादिग्रहणंतुलोकानांबिभीषिकार्थंनतुकोशवृद्ध्यर्थमित्यर्थः ४० देहत्यागःभृगुपातादौ विवासनंस्वदेशाद्दूरीकरणम् ४१ । ४२ । ४३ । ४४ ॥ ॥

४५ । ४६ । ४७ । ४८ । ४९ । ५० । ५१ । ५२ । ५३ । ५४ । ५५ । ५६ ॥ इतिशांतिपर्वणिराजधर्मानुशासनपर्वणिनीलकंठीयेभारतभावदीपेद्वाविंशाधिकशततमोऽध्यायः ॥ १२२ ॥
तातेति १ किंमूलाःकिमुद्दिश्यक्रियंतइत्यर्थः प्रभवत्यस्मादितिप्रभवःकिमेषामुत्पत्तिस्थानं तेषांसाहित्यंकथंपृथक्पृथक्त्वंचकथमितिचत्वारःप्रश्नाः २ सूचीकटाहन्यायेनसाहित्यमाह यदेति । सुमनसः शोभनचित्ताःपुमांसोयदास्युस्तदालोकेभूमौधर्मपूर्वकेऽर्थनिश्चयेअइंगर्भाधानोक्तविधिनाऋतौभार्यांगत्वासुपुत्रंलप्स्याम्येवेत्येवंरूपेप्रवृत्तेसति । तेधर्मार्थकामास्त्रयोऽपिकालोऋतुवेलाप्रभवोजायासंस्था सम्यक्कर्मनिष्पत्तिस्तासुसतीपुसज्जंतेयुगपदुत्पद्यंते । योनिसंस्काररूपोधर्मःपुत्ररूपोऽर्थःस्त्रीसंगरूपःकामश्चभवतीत्यर्थः ३ आद्यस्यप्रश्नद्वयस्योत्तरमाह धर्मेति । दिव्यदेवतादिशरीरप्राप्तिमर्थांश्चरूयादी

व्यवसायात्ततस्तेजोजागर्तिपरिपालयत् ॥ ओषध्यस्तेजसस्तस्मादोषधीभ्यश्चपर्वताः ४५ पर्वतेभ्यश्चजागर्तिरसोरसगुणात्तथा ॥ जागर्तिनिर्ऋतिर्देवीज्योतीं षिनिर्ऋतेरपि ४६ वेदाःप्रतिष्ठाज्योतिर्भ्यस्ततोहयशिराःप्रभुः ॥ ब्रह्मापितामहस्तस्माज्जागर्तिप्रभुरव्ययः ४७ पितामहान्महादेवोजागर्तिभगवान्शिवः ॥ विश्वेदेवाःशिवाच्चापिविश्वेभ्यश्चतथर्षयः ४८ ऋषिभ्योभगवान्सोमःसोमाद्देवाःसनातनाः ॥ देवेभ्योब्राह्मणालोकेजाग्रतीत्युपधारय ४९ ब्राह्मणेभ्यश्चराजन्या लोकान्रक्षंतिधर्मतः ॥ स्थावरंजंगमंचैवक्षत्रियेभ्यःसनातनम् ५० प्रजाजाग्रतिलोकेऽस्मिन्दंडोजागर्तितासुच ॥ सर्वंसंक्षिपतेदंडःपितामहसमप्रभः ५१ जागर्तिकालःपूर्वंचमध्येचांतेचभारत ॥ ईश्वरःसर्वलोकस्यमहादेवःप्रजापतिः ५२ देवदेवःशिवःसर्वोजागर्तिसततंप्रभुः ॥ कपर्दीशंकरोरुद्रःशिवःस्थाणुरुमापतिः ५३ इत्येषदंडोविख्यातआदौमध्येतथाऽवरे ॥ भूमिपालोयथान्यायंवर्तेतानेनधर्मवित् ५४ ॥ भीष्मउवाच ॥ इतीदंवसुहोमस्यश्शृणुयाद्योमतंनरः ॥ श्रुत्वासम्यक्प्रवर्तेतसर्वान्कामानवाप्नुयात् ५५ इतितेसर्वमाख्यातंयोदंडोमनुजर्षभ ॥ नियंतासर्वलोकस्यधर्माक्रांतस्यभारत ५६ ॥ इतिश्रीमहाभारतेशांतिपर्वणिराजध० दंडोत्पत्त्युपाख्यानेद्वाविंशाधिकशततमोऽध्यायः ॥ १२२ ॥ युधिष्ठिरउवाच ॥ तातधर्मार्थकामानांश्रोतुमिच्छामिनिश्चयम् ॥ लोकयात्राहिकात्स्न्र्येनतिष्ठत्केषुप्रतिष्ठिता १ धर्मार्थकामाःकिंमूलास्त्रयाणांप्रभवश्चकः ॥ अन्योन्यंचानुषज्जन्तेवर्ततेचपृथक्पृथक् २ ॥ भीष्मउवाच ॥ यदातेस्युःसुमनसोलोकेधर्मार्थनिश्चये ॥ कालप्रभवसंस्थासुसज्जंतेचत्रयस्तदा ३ धर्ममूलःसदैवार्थःकामोऽर्थफलमुच्यते ॥ संकल्पमूलास्तेसर्वेसंकल्पोविषयात्मकः ४ विषयाश्चैवकात्स्न्र्येनसर्वआहारसिद्धये ॥ मूलमेतत्त्रिवर्गस्यनिवृत्तिर्मोक्षउच्यते ५ धर्माच्छरीरसंगुप्तिर्धर्मार्थंचार्थउच्यते ॥ कामोरतिफलश्चात्रसर्वेतेचरजस्वलाः ६ ॥ ॥

नुद्दिश्यधर्मःक्रियतेऽतोदैवेनसहितोऽर्थोधर्ममूलः । अर्थस्यभोगार्थत्वंप्रसिद्धमितिकाममूलोऽर्थइतिनोक्तं कामोर्थफलंकामस्यमूलंइंद्रियप्रीतिरित्यर्थः । संकल्पमूलाःसंकल्पप्रभवास्तेसर्वेऽपीतिद्वितीयस्योत्तरं एतदेवोपपादयति संकल्पइति रूपादिविषयःसंकल्पोरूपाद्याश्चभोगार्थाइतिसर्वेप्येतेसंकल्पमूलाः । मोक्षस्तुतद्विलक्षणोनिःसंकल्परूपइत्यर्थः ४ । ५ किमेवंत्रिवर्गःसर्वेणाविनसेव्यइत्याशंक्यरजस्वलोरजःप्रधानःसनसेव्यःसत्त्वप्रधानस्तुसेव्यएवेत्याह धर्मादिति । आरोग्यार्थधर्मःकाम्यधर्मार्थइंद्रियप्रीत्यर्थकामइत्येतेहेयाइत्यर्थः ६ ॥ ॥ ॥

स्वर्गादिकंबाह्यंफलंविप्रकृष्टंतदर्थाएतेविप्रकृष्टाः आत्मज्ञानरूपंफलंतुसन्निकृष्टं तदर्थाएतेसन्निकृष्टास्तांश्चरेवसेवेत । धर्मश्चित्तशुद्धयर्थोऽर्थोनिष्कामकर्मार्थःकामोदेहधारणमात्रार्थइत्येवमेतेसेव्याइत्यर्थः । धर्मादीन्कामनैष्ठिकान्कामांतान्धर्मार्थकामान्सर्वानपिमनसाऽपिनत्यजेत्किमुतस्वरूपेणनत्यजेदित्यर्थः । कथंतर्हितांस्त्यजेदित्याह तपसाविमुक्तइति । विचारेणैवतेभ्योविमुक्तोभवेत्संगफलत्यागपूर्वकंधर्मादीननुतिष्ठेदितिभावः ७ ततश्चकिमतआह । श्रेष्ठेत्यर्धेन त्रिवर्गस्यबुद्धिर्निष्ठाश्रेष्ठंमोक्षएवास्ति यद्यदिअयंकर्तातंश्रेष्ठंप्राप्नुयात् इतस्तुनिष्कामस्यतस्यदौर्लभ्यमेवेतिभावः । काम्यंधर्मंनिंदति कर्मणेति । अस्मात्कर्मणइदंफलंप्राप्स्येइतिबुद्धिपूर्वकृतेनापिकर्मणाऽर्थःकदाचिद्भवतिकदाचिन्नेतिव्यभिचारः ८ अर्थार्थंधर्मादपिअन्यत्सेवाकृष्यादिकंभवतीतिनधर्मैकलभ्योऽर्थइत्यर्थार्थंधर्मोनकार्यः । प्रत्युतविपरीतमपिअपरंमतमस्ति । केचिद्धठेनैवार्थोभवतिस्वभावेनवादैवेनवेतिमन्यंतइतितदर्थमलंधर्मेणेत्यर्थः । एवंधर्मस्यार्थहेतुत्वंदूरीकृत्यार्थस्यापिधर्महेतुत्वंदूषयति अर्थमवाप्यापिजगदनर्थार्थमपायार्थंभवति । तथाहि धनमत्तःसर्वपापंकरोतीतितनार्थेनधर्मोत्पत्तिर्नित्याऽस्ति । अर्थंविनाऽपिधर्मोत्पत्तिरस्तीत्याहान्यत्राद्योपकारकं स्त्रार्थेत्रल् अन्यत्रान्यदेवोपवासव्रतादिकंआद्यस्यधर्मस्योपका

सन्निकृष्टांश्चरेदेतान्नचैतान्मनसात्यजेत् ॥ विमुक्तस्तपसासर्वान्धर्मादीन्कामनैष्ठिकान् ७ श्रेष्ठेबुद्धिस्त्रिवर्गस्ययदयंप्राप्नुयान्नरः ॥ कर्मणाबुद्धिपूर्वेणभवत्यर्थोनवापुनः ८ अर्थार्थमन्यद्भवतिविपरीतमथापरम् ॥ अनर्थार्थमवाप्यार्थमन्यत्राद्योपकारकम् ॥ बुद्ध्याबुद्धिरिहार्थेनतदज्ञाननिकृष्टया ९ अपध्यानमलोधर्मोमलोऽर्थस्यनिगूहनम् ॥ संप्रमोदमलःकामोभूयःस्वगुणवर्जितः १० अत्राप्युदाहरंतीममितिहासंपुरातनम् ॥ कामंदकस्यसंवादमांगरिष्ठस्यचोभयोः ११ कामंदमृषिमासीनमभिवाद्यनराधिपः ॥ आंगरिष्ठोऽथपप्रच्छकृत्वासमयपर्ययम् १२ यःपापंकुरुतेराजाकाममोहबलात्कृतः ॥ प्रत्यासन्नस्यतस्यर्षेकिंस्यात्पापप्रणाशनम् १३ अधर्मंधर्मइतिचयोऽज्ञानादाचरेन्नरः ॥ तंचापिप्रथितंलोकेकथंराजानिवर्तयेत् १४ ॥ कामंदउवाच ॥ योधर्मार्थौपरित्यज्यकाममेवानुवर्तते ॥ सधर्मार्थपरित्यागात्प्रज्ञानाशमिहार्छति १५ प्रज्ञानाशात्मकोमोहस्तथाधर्मार्थनाशकः ॥ तस्मान्नास्तिकताचैवदुराचारश्चजायते १६ दुराचारान्यदाराजाप्रदुष्टान्ननियच्छति ॥ तस्मादुद्विजतेलोकःसर्पाद्वेश्मगतादिव १७ तंप्रजानानुवर्तन्तेब्राह्मणानचसाधवः ॥ ततःसंशयमाप्नोतितथावध्यत्वमेतिच १८ अपध्वस्तस्त्ववमतोदुःखंजीवितमृच्छति ॥ जीवेच्चयदपध्वस्तस्तच्छुद्धंमरणंभवेत् १९ अत्रैतदाहुराचार्याःपापस्यपरिगर्हणम् ॥ सेवितव्यात्रयीविद्यासत्कारोब्राह्मणेषुच २०

रकंवर्धकंभवति इहार्थेअस्मिन्नर्थेधर्मादर्थोऽर्थतोधर्मइतिविषयेअज्ञाननिकृष्टयाबुद्ध्याउपलक्षितःअबुद्धिर्विमूढःतत्उक्तरूपंधर्मार्थयोःफलंनप्राप्नुयात्उभयत्रापिव्यभिचारस्यान्यथासिद्धेःप्रदर्शितत्वात्तस्माच्छ्रेष्ठमेवतयोःफलमव्यभिचारीतिज्ञेयम् ९ धर्मादीनांरजस्वलत्वमुक्तंतदेवरजोदर्शयति अपेति । अपध्यानंफलाभिसंधिः । निगूहनंदानभोगयोरप्रतिपादनं । संप्रमोदःप्रीतिविशेषः सएवत्रिवर्गःस्वगुणवर्जितःसुतरांअगुणोदुर्गुणोऽपध्यानादिस्तेनवर्जितःसन्भूयःबहुतरंफलंचित्तशुद्धिद्वाराब्रह्मानंदरूपंप्रयच्छतीतिशेषः १० एवंपूर्वोक्तस्यप्रश्नत्रयस्योत्तरमुक्त्वावर्ततेचपृथक्पृथगितिचतुर्थप्रश्नस्योत्तरमितिहासमुखेनाह अत्रापीति ११ समयपर्ययंमर्यादाभंगम् १२ प्रत्यासन्नस्यपश्चात्तप्तस्य १३ । १४ अत्रआपस्तंबाम्रनिदर्शनात् तद्यथाम्रेफलार्थेनिर्मितेच्छायागंधइत्यनूत्पद्येते एवंधर्मचर्यमाणमर्थाअनूत्पद्यंतइत्येवंरूपाद्धर्मोऽर्थकामाभ्यामविनाभूतोऽर्थश्चकामेनाविनाभूतःसर्वत्रास्तिपरिशेषात्कामएवधर्मार्थौअतिक्रम्यास्तितत्परंनिंदति यइति १५ । १६ । १७ । १८ १९ एवंनिंदितस्यकर्तव्यमाह अत्रेति २० ॥ ॥ ॥ ॥

२१ । २२ । २३ । २४ । २५ ॥ इतिशांतिपर्वणिराजधर्मानुशासनपर्वणिनीलकंठीये भारतभावदीपे त्रयोविंशाधिकशततमोऽध्यायः ॥ १२३ ॥ इमेजनाइतिशीलाध्यायःधर्मस्यकारणमितिशेषः

महामनाभवेद्धर्मेविवहेच्चमहाकुले ॥ ब्राह्मणांश्चापिसेवेतक्षमायुक्तान्मनस्विनः २१ जपेदुदकशीलःस्यात्सततंसुखमास्थितः ॥ धर्मान्वितान्संप्रविशेद्बहिःकृत्वे हदुष्कृतीन् २२ प्रसादयेन्मधुरयावाचावाप्यथकर्मणा ॥ तवास्मीतिवदेन्नित्यंपरेषांकीर्तयन्गुणान् २३ अपापोह्येवमाचारःक्षिप्रंबहुमतोभवेत् ॥ पापान्यपिहि कृच्छ्राणिशमयेन्नात्रसंशयः २४ गुरवोहिपरंधर्मंयंब्रूयुस्तंतथाकुरु ॥ गुरूणांहिप्रसादाद्धिश्रेयःपरमवाप्स्यसि २५ ॥ इतिश्रीमहाभारतेशांतिपर्वणिराजधर्मा नुशासनपर्वणिकामंदांगरिष्ठसंवादेत्रयोविंशाधिकशततमोऽध्यायः ॥ ॥ १२३ ॥ ॥ ॥ युधिष्ठिरउवाच ॥ इमेजनानरश्रेष्ठप्रशंसंतिसदाभुवि ॥ ध र्मस्यशीलमेवादौततोमेसंशयोमहान् १ यदितच्छक्यमस्माभिर्ज्ञातुंधर्मभृतांवर ॥ श्रोतुमिच्छामितत्सर्वंयथैतदुपलभ्यते २ कथंतत्प्राप्यतेशीलंश्रोतुमिच्छा मिभारत ॥ किंलक्षणंचतत्प्रोक्तंब्रूहिमेवदतांवर ३ ॥ भीष्मउवाच ॥ पुरादुर्योधनेनेहधृतराष्ट्रायमानद ॥ आख्यातंतप्यमानेनश्रियंदृष्ट्वातथागताम् ४ इंद्र प्रस्थेमहाराजतवसभ्रातृकस्यह ॥ सभायांचाहवचनंतत्सर्वंशृणुभारत ५ भवतस्तांसभांदृष्ट्वासमृद्धिंचाप्यनुत्तमाम् ॥ दुर्योधनस्तदाऽऽसीनःसर्वंपित्रेन्यवेदय त् ६ श्रुत्वाहिधृतराष्ट्रश्चदुर्योधनवचस्तदा ॥ अब्रवीत्कर्णसहितंदुर्योधनमिदंवचः ७ ॥ धृतराष्ट्रउवाच ॥ किमर्थंतप्यसेपुत्रश्रोतुमिच्छामितत्त्वतः ॥ श्रुत्वा त्वामनुनेष्यामियदिसम्यग्भविष्यति ८ त्वयाचमहदैश्वर्यंप्राप्तंपरपुरंजय ॥ किंकराभ्रातरःसर्वेमित्रसंबंधिनःसदा ९ अच्छादयसिप्रावारानश्नासिपिशितौद नम् ॥ आजानेयावहंत्यश्वाःकेनासिहरिणःकृशः १० ॥ दुर्योधनउवाच ॥ दशतानिसहस्राणिस्नातकानांमहात्मनाम् ॥ भुंजतेरुक्मपात्रीभिर्युधिष्ठिरनिवेश ने ११ दृष्ट्वाचतांसभांदिव्यांदिव्यपुष्पफलान्विताम् ॥ अश्वांस्तित्तिरकल्माषान्वस्त्राणिविविधानिच १२ दृष्ट्वातांपांडवेयानामृद्धिंवैश्रवणीशुभाम् ॥ अमि त्राणांसुमहतीमनुशोचामिभारत १३ ॥ धृतराष्ट्रउवाच ॥ यदीच्छसिश्रियंतातयादृशीसायुधिष्ठिरे ॥ विशिष्टांवानरव्याघ्रशीलवान्भवपुत्रक १४ शीलेनहित्र योलोकाःशक्याजेतुंनसंशयः ॥ नहिकिंचिदसाध्यंवैलोकेशीलवतांभवेत् १५ एकरात्रेणमांधाताऽयहेणजनमेजयः ॥ सप्तरात्रेणनाभागःपृथिवींप्रतिपेदिरे १६ एतेहिपार्थिवाःसर्वेशीलवंतोदयान्विताः ॥ अतस्तेषांगुणक्रीतावसुधास्वयमागता १७ ॥ दुर्योधनउवाच ॥ कथंतत्प्राप्यतेशीलंश्रोतुमिच्छामिभारत ॥ ये नशीलेनतैःप्राप्ताक्षिप्रमेववसुंधरा १८ ॥ धृतराष्ट्रउवाच ॥ अत्राप्युदाहरंतीममितिहासंपुरातनम् ॥ नारदेनपुराप्रोक्तंशीलमाश्रित्यभारत १९ प्रह्लादेनहृतं राज्यंमहेंद्रस्यमहात्मनः ॥ शीलमाश्रित्यदैत्येनत्रैलोक्यंचवशेकृतम् २० ततोबृहस्पतिंशक्रःप्रांजलिःसमुपस्थितः ॥ तमुवाचमहाप्राज्ञःश्रेयइच्छामिवेदितुम् २१

१ । २ । ३ । ४ । ५ । ६ । ७ । ८ । ९ । १० । ११ । १२ । १३ । १४ । १५ । १६ गुणाक्रीडेतिपाठेगुणारामा १७ । १८ । १९ । २० । २१ ॥ ॥

नैःश्रेयसंमोक्षोपयोगि २२ कोविशेषःनैःश्रेयसादपिकिंश्रेयइत्यर्थः २३ । २४ । २५ । २६ । २७ । २८ । २९ आचर्यमाचरणीयम् ३० । ३१ । ३२ । ३३ काव्यानिशुक्रप्रोक्तानिनीतिशास्त्रा णिसर्वज्ञत्वाभिमानेननासूयामि ३४ तेमुनयः तेत्वांसंयच्छामिनियमयामीतिमांप्रभाषंते ३५ क्षुद्राभिर्मधुमक्षिकाभिर्निर्मितंक्षौद्रंमधु तत्रमक्षिकामध्विवमांतेशास्त्रेणसिंचंति ३६ सइति । वागग्रविद्यानांवाग

ततोबृहस्पतिस्तस्मैज्ञानंनैःश्रेयसंपरम् ॥ कथयामासभगवान्देवेंद्रायकुरूद्वह २२ एतावच्छ्रेयइत्येवबृहस्पतिरभाषत ॥ इंद्रस्तुभूयःपप्रच्छकोविशेषोभवेदि ति २३ ॥ बृहस्पतिरुवाच ॥ विशेषोऽस्तिमहांस्तातभार्गवस्यमहात्मनः ॥ अत्रागमयभद्रंतेभूयएवसुरर्षभ २४ आत्मनस्तुततःश्रेयोभार्गवात्सुमहातपाः ॥ ज्ञानमागमयत्प्रीत्यापुनःसपरमद्युतिः २५ तेनापिसमनुज्ञातोभार्गवेणमहात्मना ॥ श्रेयोऽस्तीतिपुनर्भूयःशुक्रमाहशतक्रतुः २६ भार्गवस्त्वाहसर्वज्ञःप्रह्लादस्य महात्मनः ॥ ज्ञानमस्तिविशेषेणेत्युक्तोहृष्टश्चसोऽभवत् २७ सततोब्राह्मणोभूत्वाप्रह्लादंपाकशासनः ॥ गत्वाप्रोवाचमेधावीश्रेयइच्छामिवेदितुम् २८ प्रह्लाद स्त्वब्रवीद्विप्रंक्षणोनास्तिद्विजर्षभ ॥ त्रैलोक्यराज्यसक्तस्यततोनोपदिशामिते २९ ब्राह्मणस्त्वब्रवीद्राजन्यस्मिन्कालेक्षणोभवेत् ॥ तदोपादेष्टुमिच्छामियदा ऽऽचर्यमनुत्तमम् ३० ततःप्रीतोऽभवद्राजाप्रह्लादोब्रह्मवादिनः ॥ तथेत्युक्त्वाशुभेकालेज्ञानतत्त्वंददौतदा ३१ ब्राह्मणोऽपियथान्यायंगुरुवृत्तिमनुत्तमाम् ॥ चकारसर्व भावेनयदस्यमनसेप्सितम् ३२ पृष्टश्चतेनबहुशःप्राप्तंकथमनुत्तमम् ॥ त्रैलोक्यराज्यंधर्मज्ञकारणंतद्ब्रवीहिमे ॥ प्रह्लादोऽपिमहाराजब्राह्मणंवाक्यमब्रवीत् ३३ ॥ प्रह्ला दउवाच ॥ नासूयामिद्विजान्विप्रराजाऽस्मीतिकदाचन ॥ काव्यानिवदतांतेषांसंयच्छामिवहामिच ३४ तेविश्रब्धाःप्रभाषन्तेसंयच्छंतिचमांसदा ॥ तेमांकाव्यपथे युक्तंशुश्रूषुमनसूयकम् ३५ धर्मात्मानंजितक्रोधंनियतंसंयतेंद्रियम् ॥ समासिंचंतिशास्तारःक्षौद्रंमध्विवमक्षिकाः ३६ सोऽहंवागग्रविद्यानांरसानामवलेहिता ॥ स्वजात्यानधितिष्ठामिनक्षत्राणीवचंद्रमाः ३७ एतत्पृथिव्याममृतमेतच्चक्षुरनुत्तमम् ॥ यद्ब्राह्मणमुखेकाव्यमेतच्छ्रुत्वाप्रवर्तते ३८ एतावच्छ्रेयइत्याहप्रह्लादोब्रह्मवादिनम् ॥ शुश्रूषितस्तेनतदादैत्येंद्रोवाक्यमब्रवीत् ३९ यथावद्गुरुवृत्त्यातेप्रीतोऽस्मिद्विजसत्तम ॥ वरंवृणीष्वभद्रंतेप्रदाताऽस्मिनसंशयः ४० कृतमित्येवदैत्येंद्रमुवाचसचवैद्विजः ॥ प्रह्लादस्त्वब्रवीत्प्रीतोगृह्यतांवरइत्युत ४१ ॥ ॥ ब्राह्मणउवाच ॥ ॥ यदिराजन्प्रसन्नस्त्वंममचेदिच्छसिप्रियम् ॥ भवतःशीलमिच्छामिप्राप्तुमेषवरोमम ४२ ततःप्रीतस्तुदैत्येंद्रोभयमस्याभवन्महत् ॥ वरेप्रदिष्टेविप्रेणनाल्पतेजाऽयमित्युत ४३ एवमस्त्वितिसप्राहप्रह्लादोविस्मितस्तदा ॥ उपाकृत्यतुविप्रायवरंदुःखान्वि तोऽभवत् ४४ दत्तेवरेगतेविप्रेचिंताऽऽसीन्महतीतदा ॥ प्रह्लादस्यमहाराजनिश्चयंनचजग्मिवान् ४५ तस्यचिंतयतस्तावच्छायाभूतंमहाद्युति ॥ तेजोविग्रहवत्तातश रीरमजहात्तदा ४६ तमपृच्छन्महाकायंप्रह्लादःकोभवानिति ॥ प्रत्याहतंतुशीलोऽस्मित्यक्तोगच्छाम्यहंत्वया ४७ ॥ ॥

ग्रेएवनतुपुस्तकेत्रियायेपांतेषां ३७ । ३८ । ३९ । ४० । ४१ । ४२ तेजाऽयमितिसंधिरार्षः ४३ । ४४ । ४५ तेजोविग्रहवत्तेजोमयशरीरंशीलम् ४६ । ४७ ॥ ॥

तस्मिन्द्विजोत्तमेराजन्वत्स्याम्यहमनिंदिते ॥ योऽसौशिष्यत्वमागम्यत्वयिनित्यंसमाहितः ४८ इत्युक्त्वांतर्हितंतद्वैशक्रंचान्वाविशत्प्रभो ॥ तस्मिंस्तेजसियाते
तुताद्दग्रूपस्ततोपरः ४९ शरीरान्निःसृतस्तस्यकोभवानितिचाब्रवीत् ॥ धर्मंप्रह्लादमांविद्धियत्रासौद्विजसत्तमः ५० तत्रयास्यामिदैत्येन्द्रयतःशीलंततोह्यहम् ॥
ततोऽपरोमहाराजप्रज्वलन्निवतेजसा ५१ शरीरान्निःसृतस्तस्यप्रह्लादस्यमहात्मनः ॥ कोभवानितिपृष्टश्चतमाहसमहाद्युतिः ५२ सत्यंविद्ध्यसुरेंद्राद्यप्रयास्ये
धर्ममन्वहम् ॥ यस्मिन्ननुगतेसत्येमहान्वैपुरुषोऽपरः ५३ निश्चक्रामततस्तस्मात्पृष्टश्चाहमहाबलः ॥ वृत्तंप्रह्लादमांविद्धियतःसत्यंततोह्यहम् ५४ तस्मिन्गते
महाशब्दःशरीरात्तस्यनिर्ययौ ॥ पृष्टश्चाहबलंविद्धियतोवृत्तमहंततः ५५ इत्युक्त्वाप्रययौतत्रयतोवृत्तंनराधिप ॥ ततःप्रभामयीदेवीशरीरात्तस्यनिर्ययौ ॥ ताम
पृच्छत्सदैत्येन्द्रःसाश्रीरित्येनमब्रवीत् ५६ उषितास्मिस्वयंवीरत्वयिसत्यपराक्रम ॥ त्वयात्यक्तागमिष्यामिबलंह्यनुगताह्यहम् ५७ ततोभयंप्रादुरासीत्प्रह्लादस्य
महात्मनः ॥ अपृच्छत्सततोभूयःक्वयासिकमलालये ५८ त्वंहिसत्यव्रतादेवीलोकस्यपरमेश्वरी ॥ कश्चासौब्राह्मणश्रेष्ठस्तत्त्वमिच्छामिवेदितुम् ५९ ॥ श्रीरुवाच ॥
सशक्रोब्रह्मचारीयस्त्वत्तश्चैवोपशिक्षितः ॥ त्रैलोक्येतेयदैश्वर्यंतत्तेनापहृतंप्रभो ६० शीलेनहित्रयोलोकास्त्वयाधर्मज्ञनिर्जिताः ॥ तद्विज्ञायसुरेन्द्रेणतवशीलंहृ
तंप्रभो ६१ धर्मःसत्यंतथावृत्तंबलंचैवतथाऽप्यहम् ॥ शीलमूलामहाप्राज्ञसदानास्त्यत्रसंशयः ६२ ॥ भीष्मउवाच ॥ एवमुक्त्वागताश्रीस्तुतेचसर्वेयुधिष्ठिर ॥
दुर्योधनस्तुपितरंभूयएवाब्रवीद्वचः ६३ शीलस्यतत्त्वमिच्छामिवेत्तुंकौरवनंदन ॥ प्राप्यतेचयथाशीलंतंचोपायंवदस्वमे ६४ ॥ धृतराष्ट्रउवाच ॥ सोपायंपू
र्वमुद्दिष्टंप्रह्लादेनमहात्मना ॥ संक्षेपेणतुशीलस्यशृणुप्राप्तिंनरेश्वर ६५ अद्रोहःसर्वभूतेषुकर्मणामनसागिरा ॥ अनुग्रहश्चदानंचशीलमेतत्प्रशस्यते ६६ यदन्येषां
हितंनस्यादात्मनःकर्मपौरुषम् ॥ अपत्रपेतवायेननतत्कुर्यात्कथंचन ६७ तत्तुकर्मतथाकुर्याद्येनश्लाघ्येतसंसदि ॥ शीलंसमासेनैतत्तेकथितंकुरुसत्तम ६८ यद्य
प्यशीलान्नृपतेप्राप्नुवंतिश्रियंक्वचित् ॥ नभुंजतेचिरंतातसमूलाश्चनसंतिते ६९ ॥ धृतराष्ट्रउवाच ॥ एतद्विदित्वातत्त्वेनशीलवान्भवपुत्रक ॥ यदीच्छसिश्रियं
तातसुविशिष्टांयुधिष्ठिरात् ७० ॥ भीष्मउवाच ॥ एतत्कथितवान्पुत्रेधृतराष्ट्रोनराधिपः ॥ एतत्कुरुष्वकौन्तेयततःप्राप्स्यसितत्फलम् ७१ ॥ इतिश्रीमहाभारते
शांतिपर्वणि राजधर्मानुशासनपर्वणि शीलवर्णनंनाम चतुर्विंशाधिकशततमोऽध्यायः ॥ १२४ ॥ ॥ ॥ युधिष्ठिरउवाच ॥ शीलंप्रधानंपुरुषेकथितं
तेपितामह ॥ कथंत्वाशासमुत्पन्नायाचाशातद्वदस्वमे १ ॥ ॥ ॥

॥ इतिशांतिपर्वणिराजधर्मानुशासनपर्वणिनीलकंठीये भारतभावदीपे चतुर्विंशाधिकशततमोऽध्यायः ॥ १२४ ॥ ॥ ॥ शीलमिति १ ॥ ॥ ॥ ॥

म.भा.टी

२ युक्तंयुद्धंविनैवराज्यार्धदानंकर्त्ताकरिष्यति ३।४।५ पर्वतान्महत्तरामविचाल्यत्वेन द्रुमान्महत्तरांनचफलप्रदर्शकत्वेन ६ दुर्लभादुर्जया ७।८।९।१०।११ बाणासनभृद्धनुर्धरः १२

संशयोमेमहानेषसमुत्पन्नःपितामह ॥ छेत्ताचतस्यनान्योऽस्तित्वत्तःपरपुरंजय २ पितामहाशामहतीममासीद्धिसुयोधने ॥ प्राप्तेयुद्धेतुतद्युक्तंतत्कर्ताऽयमितिप्रभो ३ सर्वस्याशासुमहतीपुरुषस्योपजायते ॥ तस्यांविहन्यमानायांदुःखोमृत्युर्नसंशयः ४ सोऽहंहताशोदुर्बुद्धिःकृतस्तेनदुरात्मना ॥ धार्तराष्ट्रेणराजेन्द्रपश्यमंदात्मतांमम ५ आशांमहत्तरांमन्येपर्वतादपिसद्रुमात् ॥ आकाशादपिवाराजन्नप्रमेयैववापुनः ६ एषाचैवकुरुश्रेष्ठदुर्विचिंत्यासुदुर्लभा ॥ दुर्लभत्वाच्चपश्यामिकिमन्यद्दुर्लभंततः ७ ॥ भीष्मउवाच ॥ अत्रतेवर्तयिष्यामियुधिष्ठिरनिबोधतत् ॥ इतिहासंसुमित्रस्यनिर्वृत्तमृषभस्यच ८ सुमित्रोनामराजर्षिर्हैहयोमृगयांगतः ॥ ससारसमृगंविद्ध्वाबाणेनानतपर्वणा ९ समृगोबाणमादाययावमितविक्रमः ॥ सचराजाबलात्तूर्णंससारमृगयूथपम् १० ततोनिम्नंस्थलंचैवसमृगोऽद्रवदाशुगः ॥ मुहूर्तमिवराजेन्द्रसमेनसपथाऽगमत् ११ ततःसराजातारुण्यादौरसेनबलेनच ॥ ससारबाणासनभृत्सखड्गोऽसौतनुत्रवान् १२ ततोनदान्नदीश्चैवपल्वलानिवनानिच ॥ अतिक्रम्याभ्यतिक्रम्यससारैकोवनेचरः १३ सतुकामान्मृगोराजन्नासाद्यासाद्यतंनृपम् ॥ पुनरभ्येतिजवनोजवेनमहताततः १४ सतस्यबाणैर्बहुभिःसमभ्यस्तोवनेचरः ॥ प्रक्रीडन्निवराजेन्द्रपुनरभ्येतिचांतिकम् १५ पुनश्चजवमास्थायजवनोमृगयूथपः ॥ अतीत्यातीत्यराजेन्द्रपुनरभ्येतिचांतिकम् १६ तस्यमर्मच्छिदंघोरंतीक्ष्णंचामित्रकर्शनः ॥ समादायशरंश्रेष्ठंकार्मुकेतुतथाऽसृजत् १७ ततोगव्यूतिमात्रेणमृगयूथपयूथपः ॥ तस्यबाणपथंमुक्त्वातस्थिवान्प्रहसन्निव १८ तस्मिन्निपतितेबाणेभूमौज्वलिततेजसि ॥ प्रविवेशमहारण्यंमृगोराजाऽप्यथाद्रवत् १९ ॥ इतिश्रीमहाभारतेशांति० राजध० ऋषभगीतासुपंचविंशाधिकशततमोऽध्यायः ॥ १२५ ॥ ॥ भीष्मउवाच ॥ प्रविश्यसमहारण्यंतापसानामथाश्रमम् ॥ आससादततोराजाश्रांतश्चोपाविशत्तदा १ तंकार्मुकधरंदृष्ट्वाश्रमार्तंक्षुधितंतदा ॥ समेत्यऋषयस्तस्मिन्पूजांचक्रुर्यथाविधि २ सपूजामृषिभिर्दत्तांसंप्रगृह्यनराधिपः ॥ अपृच्छत्तापसान्सर्वांस्तपसोवृद्धिमुत्तमाम् ३ तेतस्यराज्ञोवचनंसंप्रगृह्यतपोधनाः ॥ ऋषयोराजशार्दूलंतमपृच्छन्प्रयोजनम् ४ केनभद्रसुखार्थेनसंप्राप्तोऽसितपोवनम् ॥ पदातिर्बद्धनिस्त्रिंशोधन्वीबाणीनरेश्वर ५ एतदिच्छामहेश्रोतुंकुतःप्राप्तोऽसिमानद ॥ कस्मिन्कुलेतुजातस्त्वंकिंनामाचासिब्रूहिनः ६ ततःसराजासर्वेभ्योद्विजेभ्यःपुरुषर्षभ ॥ आचचक्षेयथान्यायंपरिचर्यांचभारत ७ हैहयानांकुलेजातःसुमित्रोमित्रनंदनः ॥ चरामिमृगयूथानिनिघ्नन्बाणैःसहस्रशः ८ ॥ ॥ ॥

१३।१४ समभ्यस्तोविद्धः १५।१६।१७।१८।१९ ॥ इतिशांतिपर्वणिराजधर्मानुशासनपर्वणि नीलकंठीये भारतभावदीपे पंचविंशाधिकशततमोऽध्यायः ॥ १२५ ॥ ॥ ॥

प्रविश्येति १।२।३।४ हेभद्र ५।६।७।८ ॥ ॥ ॥ ॥

९ । १० । ११ पुरस्यचत्यागइतिपदैकदेशोऽपिनिष्कृष्यते आशामृगाशा १२ हिमवानुच्चत्वेनमहोदधिर्विततत्वेनचगगनांतंनान्वपद्येतां तस्यततोऽप्युच्चत्वाद्विततत्वाच्च अवांतरंएकांशमपि १३

बलेनमहतागुप्तःसामात्यःसावरोधनः ॥ मृगस्तुविद्धोबाणेनमयासरतिशल्यवान् ९ तंद्रवंतमनुप्राप्तोवनमेतद्यदृच्छया ॥ भवत्सकाशंनष्टश्रीर्हताशःश्रमकर्शि
तः १० किंनुदुःखमतोऽन्यद्वैयदहंश्रमकर्शितः ॥ भवतामाश्रमंप्राप्तोहताशोभ्रष्टलक्षणः ११ नराजलक्षणत्यागोनपुरस्यतपोधनाः ॥ दुःखंकरोतितत्तीव्रंयथा
ऽशाविहताम्मम १२ हिमवान्वामहाशैलःसमुद्रोवामहोदधिः ॥ महत्त्वान्नान्वपद्येतांनभसोवांतरंतथा १३ आशायास्तपसिश्रेष्ठास्तथानांतमहंगतः ॥ भवतां
विदितंसर्वंसर्वज्ञाहितपोधनाः १४ भवंतःसुमहाभागास्तस्मात्पृच्छामिसंशयम् ॥ आशावान्पुरुषोयःस्यादंतरिक्षमथापिवा १५ किंनुज्यायस्तरंलोकेमहत्वा
त्प्रतिभातिवः ॥ एतदिच्छामितत्त्वेनश्रोतुंकिमिहदुर्लभम् १६ यदिगुह्यंनवोनित्यंतदाप्रब्रूतमाचिरम् ॥ नगुह्यंश्रोतुमिच्छामियुष्मद्भ्योद्विजसत्तमाः १७ भवत्त
पोविघातोवायदिस्याद्विरमेततः ॥ यदिवाऽस्तिकथायोगोयोऽयंप्रश्नोमयेरितः १८ एतत्कारणसामर्थ्यंश्रोतुमिच्छामितत्त्वतः ॥ भवंतोऽपितपोनित्याब्रूयुरे
तत्समन्विताः १९ ॥ इतिश्रीमहाभारतेशांतिपर्वणिराजध० ऋषभगीतासुषड्विंशाधिकशततमोऽध्यायः ॥ १२६ ॥ भीष्मउवाच ॥ ततस्तेषांसमस्ताना
मृषीणामृषिसत्तमः ॥ ऋषभोनामविप्रर्षिर्विस्मयन्निदमब्रवीत् १ पुराऽहंराजशार्दूलतीर्थान्यनुचरन्प्रभो ॥ समासादितवान्दिव्यंनरनारायणाश्रमम् २ यत्रसा
बदरीरम्याह्रदोवैहायसस्तथा ॥ यत्रचाश्वशिराराजन्वेदान्पठतिशाश्वतान् ३ तस्मिन्सरसिकृत्वाऽहंविधिवत्तर्पणंपुरा ॥ पितॄणांदेवतानांचततोऽऽश्रममियां
तदा ४ रेमातेयत्रतौनित्यंनरनारायणावृषी ॥ अदूरादाश्रमंकंचिद्वासार्थमगमंतदा ५ तत्रचीराजिनधरंकृशमुच्चमतीवच ॥ अद्राक्षमृषिमायांतंतनुंनामतपो
धनम् ६ अन्यैर्नरैर्महाबाहोवपुषाऽष्टगुणान्वितम् ॥ कृशताचापिराजर्षेनदृष्टातादृशीक्वचित् ७ शरीरमपिराजेंद्रतस्यकानिष्ठिकासमम् ॥ ग्रीवाबाहूतथापा
दौकेशाश्चाद्भुतदर्शनाः ८ शिरःकायानुरूपंचकर्णौनेत्रेतथैवच ॥ तस्यवाक्चैवचेष्टाचसामान्येराजसत्तम ९ दृष्ट्वाऽहंतंकृशंविप्रंभीतःपरमदुर्मनाः ॥ पादौतस्या
भिवाद्याथस्थितःप्रांजलिरग्रतः १० निवेद्यनामगोत्रंचपितरंचनरर्षभ ॥ प्रदिष्टेचासनेतेनशनैरहमुपाविशम् ११ ततःसकथयामासकथांधर्मार्थसंहिताम् ॥
ऋषिमध्येमहाराजतनुर्धर्मभृतांवरः १२ तस्मिंस्तुकथयत्येवराजाराजीवलोचनः ॥ उपायाजवनैरश्वैःसबलःसावरोधनः १३ स्मरन्पुत्रमरण्येवैनष्टंपरमदुर्म
नाः ॥ भूरिद्युम्नपिताश्रीमान्वीरद्युम्नोमहायशाः १४ इहद्रक्ष्यामितंपुत्रंद्रक्ष्यामीहेतिपार्थिवः ॥ एवमाशाहतोराजाचरन्वनमिदंपुरा १५ ॥

१४ आशावान् आशायामहत्त्वेनतद्वतोऽपिमहत्त्वमंतरिक्षवत् १५ । १६ । १७ । १८ । १९ ॥ इतिशांतिपर्वणिराज० नीलकंठीयेभारतभावदीपे षड्विंशाधिकशततमोऽध्यायः ॥ १२६॥ ॥ ततइति
१ । २ वैहायसःविहायसागच्छंत्यामंदाकिन्यावैहायस्याअयंवैहायसः ३ ततोश्रमंततआश्रमंमंडपंइयांगतवानहम् ४ । ५ । ६ । ७ । ८ कायानुरूपंस्थूलम् ९ । १० । ११ । १२ । १३ । १४ । १५ ॥

म.भा.टी. शां.रा.१२ अ०

१६ । १७ । १८ । १९ । २० तेनतवपुत्रेणभूरिद्युम्नेन २१ । २२ एवंमुनिनाउक्तःवीरद्युम्नःअवसीदवनष्टप्रायोऽभूदित्यर्थः २३ । २४ ततएवंमुनिनाराजपूजानंतरंआगताः किमर्थंआश्रमेत्वं प्रविष्टोऽसीत्यपृच्छन् २५ । २६ ॥ इतिशांतिपर्वणि राजधर्मानुशासनपर्वणिनीलकंठीये भारतभावदीपे सप्तविंशाधिकशततमोऽध्यायः ॥ १२७ ॥ ॥ ॥ वीरेति १ । २ । ३

॥१०५॥ दुर्लभःसमयाद्रष्टुंनूनंपरमधार्मिकः ॥ एकःपुत्रोमहारण्येनष्टइत्यसकृत्तदा १६ दुर्लभःसमयाद्रष्टुमाशाचमहतीमम ॥ तयापरीतगात्रोऽहंमुमूर्षुर्नात्रसंशयः १७

एतच्छ्रुत्वातुभगवांस्तनुर्मुनिवरोत्तमः ॥ अवाक्शिराध्यानपरोमुहूर्तमिवतस्थिवान् १८ तमनुध्यांतमालक्ष्यराजापरमदुर्मनाः ॥ उवाचवाक्यंदीनात्मामंदंमं १२८

दमिवासकृत् १९ दुर्लभंकिंनुदेवर्षेआशायाश्चैवकिंमहत् ॥ ब्रवीतुभगवानेतद्यदिगुह्यंनतेमयि २० ॥ मुनिरुवाच ॥ महर्षिर्भगवांस्तेनपूर्वमासीद्विमानितः॥

बालिशांबुद्धिमास्थायमंदभाग्यतयाऽऽत्मनः २१ अर्थयन्कलशंराजन्कांचनंवल्कलानिच ॥ अवज्ञापूर्वकेनापिनसंपादितवांस्ततः २२ निर्विण्णःसतुराजर्षि

निराशःसमपद्यत ॥ एवमुक्त्वाऽभिवाद्याथतमृषिंलोकपूजितम् ॥ श्रांतोऽवसीदद्धर्मात्मायथात्वंनरसत्तम २३ अर्घंततःसमानीयपाद्यंचैवमहानृषिः ॥ आरण्ये

नैवविधिनाराज्ञेसर्वंन्यवेदयत् २४ ततस्तेमुनयःसर्वेपरिवार्यनरर्षभम् ॥ उपाविशन्नरव्याघ्रसप्तर्षयइवध्रुवम् २५ अपृच्छंश्चैवतंतत्रराजानमपराजितम् ॥

प्रयोजनमिदंसर्वमाश्रमस्यनिवेशने २६ ॥ इतिश्रीमहाभारतेशांतिपर्वणि राजधर्मानुशासनपर्वणि ऋषभगीतासु सप्तविंशाधिकशततमोऽध्यायः ॥ १२७ ॥

राजोवाच ॥ वीरद्युम्नइतिख्यातोराजाऽहंदिक्षुविश्रुतः ॥ भूरिद्युम्नंसुतंनष्टमन्वेष्टुंवनमागतः १ एकःपुत्रःसविप्राग्र्यबालएवचमेऽनघ ॥ नदृश्यतेवनेचास्मिंस्त

मन्वेष्टुंचराम्यहम् २ ॥ ऋषभउवाच ॥ इत्येवमुक्तेवचनेराज्ञामुनिरधोमुखः ॥ तूष्णीमेवाभवत्तत्रनचप्रत्युक्तवान्नृपम् ३ सहितेनपुराविप्रोराज्ञानात्यर्थमा

नितः ॥ आशाकृतश्चराजेंद्रतपोदीर्घंसमाश्रितः ४ प्रतिग्रहमहंराज्ञांनकरिष्येकथंचन ॥ अन्येषांचैववर्णानामितिकृत्वाधियंतदा ५ आशाहिपुरुषंबालमुत्थाप

यतितस्थुषी ॥ तामहंव्यपनेष्यामिइतिकृत्वाव्यवस्थितः ॥ वीरद्युम्नस्तुतंभूयःपप्रच्छमुनिसत्तमम् ६ ॥ राजोवाच ॥ आशायाःकिंकृशत्वंचकिंचेहभुवि

दुर्लभम् ॥ ब्रवीतुभगवानेतत्त्वंहिधर्मार्थदर्शिवान् ७ ततःसंस्मृत्यतत्सर्वंस्मारयिष्यन्निवाब्रवीत् ॥ राजानंभगवान्विप्रस्ततःकृशतनुस्तदा ८ ॥ ऋषिरुवाच ॥

कृशत्वेनसमंराजन्नाशायाविद्यतेनृप ॥ तस्यावैदुर्लभत्वाच्चप्रार्थिताःपार्थिवामया ९ ॥ राजोवाच ॥ कृशाकृशेमयाब्रह्मन्गृहीतेवचनात्तव ॥ दुर्लभत्वंचतस्यैववे

दवाक्यमिवद्विज १० संशयस्तुमहाप्राज्ञसंजातोहृदयेमम ॥ तन्मुनेममतत्त्वेनवक्तुमर्हसिपृच्छतः ११ त्वत्तःकृशतरंकिंनुब्रवीतुभगवानिदम् ॥ यदिगुह्यंनते

किंचिद्विद्यतेमुनिसत्तम १२ ॥ ॥ कृशउवाच ॥ ॥ दुर्लभोऽप्यथवानास्तियोऽर्थीधृतिमवाप्नुयात् ॥ सदुर्लभतरस्तातयोऽर्थिनंनावमन्यते १३ ॥

आशयाकृतोहतःकृहिंसायामित्यस्यरूपम् ४ । ५ । ६ । ७ । ८ आशायाआशावतःसममन्यत्कृशत्वेनसमंकिमपिनास्तितस्यास्तन्नृहीतार्थस्य ९ कृशाकृशेयआशाजितःसकृशः येनाशाजितासपुष्टइत्यर्थः तस्यैवाऽऽशाविषयस्यैव १० । ११ । १२ दुर्लभंकिंन्वितिपूर्वप्रश्नस्योत्तरमाह दुर्लभइति १३ ॥ ॥

त्वषः कृशतरमित्यनुपदोक्तस्योत्तरमाह सत्कृत्येति । आदरेणाशांप्रदर्श्ययोऽर्थिनंनोपकुरुते तत्रयाआशासाऽतिकृशा मयामत्तःदीनत्वसंपादकत्वात १.४ । १.५ । १.६ । १.७ तथायुक्ताःप्रदानंस्थि
तमितिशब्दयुक्ताः १.८ । १९ । २० । २१. उपालभ्यतत्रापराधंस्थापयित्वा २२ । २३ । २४ । २५ । २६ मममत्तः २७ ॥ इतिशांतिपर्वणिराजधर्मानुशासनपर्वणिनी०भारत०अष्टाविंशत्य

सत्कृत्यनोपकुरुतेपरंशक्त्यायथार्हतः ॥ यासक्तासर्वभूतेषुसाऽऽशाकृशतरीमया १४ कृतघ्नेषुचयासक्तानृशंसेष्वलसेषुच ॥ अपकारिषुचासक्तासाऽऽशाकृशतरी
मया १५ एकपुत्रःपितापुत्रेनष्टेवाप्रोषितेऽपिवा ॥ प्रवृत्तिंयोनजानातिसाऽऽशाकृशतरीमया १६ प्रसवेचैवनारीणांवृद्धानांपुत्रकारिता ॥ तथानरेंद्रधनिनांसा
ऽऽशाकृशतरीमया १७ प्रदानकांक्षिणीनांचकन्यानांवयसिस्थिते ॥ श्रुत्वाकथास्तथायुक्ताःसाऽऽशाकृशतरीमया १८ एतच्छ्रुत्वाततोराजन्सराजासावरोध
नः ॥ संस्पृश्यपादौशिरसानिपपातद्विजर्षभम् १९ ॥ राजोवाच ॥ प्रसादयेत्वांभगवन्पुत्रेणेच्छामिसंगमम् ॥ यदेतदुक्तंभवतासंप्रतिद्विजसत्तम २० सत्यमे
तन्नसंदेहोयदेतद्व्याहृतंत्वया ॥ ततःप्रहस्यभगवांस्तनुर्धर्मभृतांवरः २१ पुत्रमस्यानयत्क्षिप्रंतपसाचश्रुतेनच ॥ समानीयततत्पुत्रंतमुपालभ्यपार्थिवम् २२
आत्मानंदर्शयामासधर्मंधर्मभृतांवरः ॥ सदर्शयित्वाचात्मानंदिव्यमद्भुतदर्शनम् ॥ विपाप्माविगतक्रोधश्चचारवनमंतिकात् २३ एतद्दृष्टंमयाराजंस्तथाचवचनं
श्रुतम् ॥ आशामपनयस्वाशुततःकृशतरीमिमाम् २४ ॥ भीष्मउवाच ॥ सतथोक्तस्तदाराजन्नृषभेणमहात्मना ॥ सुमित्रोऽपनयत्क्षिप्रमाशांकृशतरींततः
२५ एवंत्वमपिकौन्तेयश्रुत्वावाणीमिमांमम ॥ स्थिरोभवमहाराजहिमवानिवपर्वतः २६ त्वंहिप्रष्टाचश्रोताचकृच्छ्रेष्वनुगतेष्विह ॥ श्रुत्वाममममहाराजनसंतप्तु
मिहार्हसि २७ ॥ इतिश्रीमहाभारतेशांतिपर्वणिराजधर्मानुशासनपर्वणिऋषभगीतासुअष्टाविंशत्यधिकशततमोऽध्यायः ॥ १२८ ॥ युधिष्ठिरउवाच ॥ नामृत
स्येवपर्याप्तिर्ममास्तिब्रुवतित्वयि ॥ यथाहिस्वात्मवृत्तिस्थस्तथातृप्तोऽस्मिभारत १ तस्मात्कथयभूयस्त्वंधर्ममेवपितामह ॥ नहितृप्तिमहंयामिपिबन्धर्मामृतंहिते
२ ॥ भीष्मउवाच ॥ अत्राप्युदाहरंतीममितिहासंपुरातनम् ॥ गौतमस्यचसंवादंयमस्यचमहात्मनः ३ पारियात्रंगिरिंप्राप्यगौतमस्याश्रमोमहान् ॥ उवासगौ
तमोयंचकालंतमपिमेशृणु ४ षष्टिंवर्षसहस्राणिसोऽतप्यद्गौतमस्तपः ॥ तमुग्रतपसायुक्तंभावितंसुमहामुनिम् ५ उपयातोनरव्याघ्रलोकपालोयमस्तदा ॥ तम
पश्यत्सुतपसमृषिंवैगौतमंतदा ६ सतंविदित्वाब्रह्मर्षिर्यममागतमोजसा ॥ प्रांजलिःप्रयतोभूत्वाउपविष्टस्तपोधनः ७ तंधर्मराजोदृष्ट्वैवसत्कृत्यैवद्विजर्षभम् ॥
न्यमंत्रयतधर्मेणक्रियतांकिमितिब्रुवन् ८ ॥ गौतमउवाच ॥ मातापितृभ्यामानृण्यंकिंकृत्वासमवाप्नुयात् ॥ कथंचलोकानाप्नोतिपुरुषोदुर्लभान्शुचीन् ९
यमउवाच ॥ तपःशौचवतानित्यंसत्यधर्मरतेनच ॥ मातापित्रोरहरहःपूजनंकार्यमंजसा १० ॥ ॥ ॥

धिकशततमोऽध्यायः ॥ १.२८ ॥ ॥ ॥ ॥ नामृतस्येति । शीलवतोजिताशस्ययत्कर्तव्यंतदत्रोच्यते पर्याप्तिरलंभावस्तृप्तिरितियावत् स्वात्मवृत्तिस्थःसमाधिसुखेनेवाहमपित्वद्वागमृतेनतृप्तोऽ
स्मीत्यर्थः १. । २ । ३ । ४ । ५ । ६ । ७ धर्मेणमयातवकिमिष्टंक्रियतामितिब्रुवन्यमोन्यमंत्रयततंसंमुखीकृतवान् ८ । ९ । १.० ॥ ॥ ॥

अश्वमेधैरितिस्वधर्ममात्रस्योपलक्षणं १.१ इतिशांतिपर्वणिराजधर्मानु०नीलकंठीयेभारतभावदीपएकोनत्रिंशदधिकशततमोऽध्यायः ॥ १२९ ॥ ॥ ॥ ॥ मित्रैरित्यध्यायोवक्ष्यमाणानामापद्धर्माणांसूत्रभूतस्तत्रसर्वप्रकारैरापद्यागतायामधर्मेणप्रजापीडनजेनापिकोशवृद्धिःकर्तव्यातेनैवसर्वाआपदस्तरतीत्यध्यायार्थः १ सर्वतःसर्वैः २ परस्यचक्रंराष्ट्रंप्रत्यभियातस्यबलीयसामार्धे ३ असंविहितमसम्यक्प्रक्षितंराष्ट्रंयेनतस्य अतिपीडनात्परकीयामात्यादीनांभेदोऽप्यप्राप्यः तत्राऽर्थसाध्यंजीवितंवासुकृतमर्थश्चामार्गेणापिग्राह्यउतार्थैविनामरणंवाश्रेयइतिसार्धेनप्रश्नः ४ मामामप्राक्षीःपृष्टवानभि ५ वचनाच्छास्त्राद्धर्मंश्रुत्वोपास्यचक्वचिद्देशेकाश्चिदेवसाधुर्भवति ६ आपत्कालेधनार्थंप्रजाःकर्षन्नपिधनंलभतेचेदापदंनिस्तीर्यप्रजाअनुकंपयेत् । नवालभतेचेत्स्वस्यप्रजानांचनाशोभवतीतिविचार्यस्वस्यप्रश्नस्योत्तरंस्वयमेवचिंतनीयमित्यर्थः ७ यात्रार्थंराज्ञांव्यवहारनिर्वाहार्थंधर्मोराज्ञामापद्धर्मस्वदर्थत्वेनबहुलमुपायंशृणु अहंतुनबुभूपइतितस्यशब्दैरनादरणीयत्वंदर्शितं बुभूपेप्राप्तुमिच्छामि ८ एषउपायोदुःखादानःप्रजानांदुः

अश्वमेधैश्चयष्टव्यंबहुभिःस्वाप्तदक्षिणैः ॥ तेनलोकानवाप्नोतिपुरुषोऽद्भुतदर्शनान् ११ ॥ इतिश्रीमहाभारतेशांतिपर्वणिराजधर्मानुशासनपर्वणियमगौतमसंवादे एकोनत्रिंशदधिकशततमोऽध्यायः ॥ १२९ ॥ युधिष्ठिरउवाच ॥ मित्रैःप्रहीयमाणस्यबह्वमित्रस्यकागतिः ॥ राज्ञःसंक्षीणकोशस्यबलहीनस्यभारत १ दुष्टामात्यसहायस्यच्युतमंत्रस्यसर्वतः ॥ राज्यात्प्रच्यवमानस्यगतिमन्यामपश्यतः २ परचक्राभियातस्यपरराष्ट्राणिमृद्नतः ॥ विग्रहेवर्तमानस्यदुर्बलस्यबलीयसा ३ असंविहितराष्ट्रस्यदेशकालावजानतः ॥ अप्राप्यंचभवेत्सांत्वंभेदोवाऽप्यतिपीडनात् ॥ जीवितंत्वर्थहेतुर्वातत्रकिंसुकृतंभवेत् ४ ॥ भीष्मउवाच ॥ गुह्यंधर्मजमाप्राक्षीरतीवभरतर्षभ ॥ अपृष्टोनोत्सहेवक्तुंधर्ममेतंयुधिष्ठिर ५ धर्मोह्यणीयान्वचनाद्बुद्धिश्चभरतर्षभ ॥ श्रुत्वोपास्यसदाचारैःसाधुर्भवतिसक्वचित् ६ कर्मणाबुद्धिपूर्वेणभवत्याढ्योनवापुनः ॥ तादृशोऽयमनुप्रश्नःसंव्यवस्यःस्वयाधिया ७ उपायंधर्मबहुलंयात्रार्थंशृणुभारत ॥ नाहमेतादृशंधर्मंबुभूषेधर्मकारणात् ८ दुःखादानइहह्येषस्यात्तुपश्चात्क्षयोपमः ॥ अभिगम्यमतीनांहिसर्वासामेवनिश्चयः ९ यथायथाहिपुरुषोनित्यंशास्त्रमवेक्षते ॥ तथातथाविजानातिविज्ञानमथरोचते १० अविज्ञानादयोगोहिपुरुषस्योपजायते ॥ विज्ञानादपियोगश्चयोगोभूतिकरःपरः ११ अशंकमानोवचनमनसूयुरिदंशृणु ॥ राज्ञःकोशक्षयादेवजायतेबलसंक्षयः १२ कोशंचजनयेद्राजानिर्जलेभ्योयथाजलम् ॥ कालंप्राप्यानुगृह्णीयादेषधर्मःसनातनः ॥ उपायधर्मंप्राप्येमंपूर्वैराचरितंजनैः १३ अन्योधर्मःसमर्थानामापत्स्वन्यश्चभारत ॥ प्राक्कोशात्प्राप्यतेधर्मोवृत्तिर्धर्माद्गरीयसी १४ धर्मंप्राप्यन्यायवृत्तिंनबलीयान्नविंदति ॥ यस्माद्बलस्योपपत्तिरेकान्तेनननविद्यते १५

खेनाऽऽदीयतेंगीक्रियतेऽतएवपश्चात्क्षयोपमोमरणतुल्यः 'प्रजापीडनसंतापात्समुद्भूतोहुताशनः । राज्ञःप्राणान्बलंकोशंनादग्ध्वाविनिवर्तते'इति अभिगम्याश्वतामतयश्चतासांसर्वासांप्रजानामितिवा ९ । १० अयोगउपायाभावः ११ । १२ अनुगृह्णीयात्प्राक्कर्पिताःप्रजाइतिशेषः उपायधर्ममुपधर्मअमुख्यधर्ममितियावत् सार्धः १३ प्राक्कोशाद्विनाऽपिकोशंतपआदिनाधर्मः वृत्तिर्जीवनं तच्चोपप्रसक्तौतुकोशसंचयविरोधीधर्मोनादर्तव्यइत्यर्थः १४ नबलीयान्नेकधेतिवत्समासः दुर्बलोधर्मंप्राप्याऽनुरुध्यन्यायवृत्तिंन्यायोपेतांश्रेष्ठांजीविकांनविंदति यस्माद्यत्नाच्चावश्यंबलंभवतीतिनियमोनास्तियस्मात्तस्मादापद्यधर्मोऽपिकर्तव्यत्वेनश्रूयतेतत्रचयोऽधर्मलक्षणोधर्मःसोऽधर्मएवभवतीतिशास्त्रमर्यादेतिश्लोकद्वयार्थः प्रजाकर्पणादिरधर्मोप्यापदिधर्मएव अकृतश्चेत्सएवार्धइतिभावः १५ ॥ ॥

१६ अनंतरमापन्निदस्युभरंतत्रपूर्वोक्ताधर्मेकिंविचिकित्स्यतेप्रायश्चित्तादिकंकराग्रहणादिकंचविधीयतेदोषपरिहारार्थमित्यर्थः फलितमाह यथेति १७ धर्मस्येतिकर्मणिषष्ठी परस्यधर्मंनोज्जिहीर्षेन्नाप्यात्मनोधर्ममुज्जिहीर्षेदपित्वात्मानमेवोज्जिहीर्षेत्स्वपरधर्मलोपेऽप्यात्मानमेवोद्धर्तुमिच्छेदित्यर्थः १८ । १९ । २० । २१ विधृतस्यनिरुद्धस्यकउत्पथोनकोपिकिंतुयथाऽपथेनापिप्रद्रवतितथाप्यतितव्यमितिशेषः २२ । २३ नर्वाहितायस्येत्यनुषज्ज्यते स्वधर्मोविजयेनक्षत्रियस्यधनार्जनंतस्यानंतराप्रत्यासन्नास्वपरराष्ट्रावमर्देनधनार्जनंतेनवृत्तिस्तस्यविहितेत्यनुषंगः । जात्यान्सजातीयाननुपजीवतोऽयाचमानस्यनित्यंप्रथमंकल्पंवहतोऽप्यापद्यनुकल्पेनजीवनंयुक्तमित्यर्थः २४ अन्यायेनविपर्ययेण 'बुभुक्षितस्त्र्यहंविप्रोधान्यमब्राह्मणाद्धरेत्'इतिप्रतिग्रहालाभेब्राह्मणस्ययथाचौर्यंविहितम् २५ एवंक्षत्रियोऽप्यापदिशिष्टेभ्योबलादाददीतेत्यत्रसंदेहएवनयुक्तइत्यर्थः २६ । २७ अस्यापवादमाहान्यत्रेति । अन्यत्रहिंसायाःकृशजनपीडामकृत्वेत्यर्थः । इहहिंसायांकस्यचिदपिवृत्तिर्हिंसापूर्विकानहिताऽस्तीतिनेत्यर्थः अरण्यसमुत्थस्यचनेएवंतिष्ठतः

तस्मादापत्स्वधर्मोऽपिश्रूयतेधर्मलक्षणः ॥ अधर्मोजायतेतस्मिन्नितिवैकवयोविदुः १६ अनंतरंक्षत्रियस्यतत्रकिंविचिकित्स्यते ॥ यथाऽस्यधर्मोनग्लायेन्नेया
च्छत्रुवशंयथा ॥ तत्कर्तव्यमिहेत्याहुर्नात्मानमवसादयेत् १७ सर्वात्मनैवधर्मस्यनपरस्यनचात्मनः ॥ सर्वोपायैरुज्जिहीर्षेदात्मानमितिनिश्चयः १८ तत्रधर्मवि
दांतातनिश्चयोधर्मनैपुणम् ॥ उद्यमोनैपुणंक्षात्रेबाहुवीर्यादितिश्रुतिः १९ क्षत्रियोवृत्तिसंरोधेकस्यनादातुमर्हति ॥ अन्यत्रतापसस्वाच्चब्राह्मणस्वाच्चभारत २०
यथावैब्राह्मणःसीदन्नयाज्यमपियाजयेत् ॥ अभोज्यान्नानिचाश्नीयात्तथेदंनात्रसंशयः २१ पीडितस्यकिमद्वारमुत्पथोविधृतस्यच ॥ अद्वारतःप्रद्रवतियथाभवति
पीडितः २२ यस्यकोशबलग्लान्यासर्वलोकपराभवः ॥ भैक्ष्यचर्यानविहितानचविट्शूद्रजीविका २३ स्वधर्मानंतरावृत्तिर्जात्याननुपजीवतः ॥ वहतःप्रथमंकल्प
मनुकल्पेनजीवनम् २४ आपद्गतेनधर्माणामन्यायेनोपजीवनम् ॥ अपिह्येतद्ब्राह्मणेषुदृष्टंवृत्तिपरिक्षये २५ क्षत्रियेसंशयःकस्मादित्येवंनिश्चितंसदा ॥ आददीत
विशिष्टेभ्योनावसीदेत्कथंचन २६ हंतारंरक्षितारंचप्रजानांक्षत्रियंविदुः ॥ तस्मात्संरक्षताकार्यमादानंक्षत्रबंधुना २७ अन्यत्रराजन्हिंसायावृत्तिर्नेहास्तिकस्यचित् ॥
अप्यरण्यसमुत्थस्यएकस्यचरतोमुनेः २८ नशंखलिखितांवृत्तिंशक्यमास्थायजीवितुम् ॥ विशेषतःकुरुश्रेष्ठप्रजापालनमीप्सया २९ परस्परंहिसंरक्षाराज्ञाराष्ट्रेण
चापदि ॥ नित्यमेवहिकर्तव्याएषधर्मःसनातनः ३० राजाराष्ट्रंयथाऽऽपत्सुद्रव्यौघैरपिरक्षति ॥ राष्ट्रेणराजाव्यसनेरक्षितव्यस्तथाभवेत् ३१ कोशंदंडंबलंमित्रंयद
न्यदपिसंचितम् ॥ नकुर्वीतांतरंराष्ट्रेराजापरिगतःक्षुधा ३२ बीजंभक्तेनसंपाद्यमितिधर्मविदोविदुः ॥ अत्रैतच्छंबरस्याहुर्महामायस्यदर्शनम् ३३ धिक्तस्यजी
वितंराज्ञोराष्ट्रंयस्यावसीदति ॥ अवृत्त्यान्यमनुष्योऽपियोवैदेशिकइत्यपि ३४ राज्ञःकोशबलंमूलंकोशमूलंपुनर्बलम् ॥ तन्मूलंसर्वधर्माणांधर्ममूलाःपुनःप्रजाः ३५

स्यचनेएवंतिष्ठतः २८ शंखेललाटास्थिर्नालिखितांवृत्तिं दिष्टमात्रालंबिनाराज्ञाजीवितुंनशक्यम् 'शंखःकंबुललाटास्थि'इतिविश्वलोचनः । ईप्सयाऔत्कंठ्येनप्रजापालनंचिकीर्षतेतिशेषः २९ । ३० ३१ अंतरंदूरतः ३२ बीजंभक्तेनासंपादितंचेदग्रेभक्तदौर्बल्यंयथाभवतिएवमल्पधनोराजाप्रजाभिर्नरक्षितोनश्यतिनष्टेचतस्मिन्सर्वाःप्रजाअपिनश्यंतीत्यर्थः । एतत्पूर्वार्धोक्तं दर्शनंशास्त्रम् ३३ अवृत्त्याजीविकायाअभावेनयस्यराष्ट्रमवसीदतियोवाऽन्यमनुष्यः अल्पेतिपाठेऽल्पपरीवारः योवावैदेशिकोदेशांतरोपजीवीतस्यराज्ञोजीवितंधिक् ३४ राज्ञोमूलंदीर्घकारणंकोशोबलंचतत्रापिकोशोबलस्यमूलंतद्द्वयंधर्माणांमूलंधर्मश्चप्रजानांमूलमतःसर्वस्यमूलभूतंकोशंवर्धयेत् ३५ ॥ ॥ ॥

३६ कारणातदृष्टांतात् राजारक्षार्थंप्रजाःकर्षन्नदोषंप्राप्नोति ३७ अन्यदाऽऽपदिप्रजापीडनमप्यर्थंभवतिअपरपपीडनंविपरीतमनर्थार्थंभवति यदप्यन्यदनर्थार्थमर्थाभावार्थंकुंजरपालनादिभवति तदेवेहार्थस्यकारणमुत्पादकंभवति एवमेतदपीत्याहार्थेन एवमितिसार्धः ३८ याज्ञार्थमिति। यथापश्वादिकंयज्ञार्थंयज्ञश्चचित्तसंस्कारार्थः पश्वादिकंयज्ञःसंस्कारश्चेतित्रयमर्थार्थंमोक्षार्थंभवति। एवंदंडःकोशार्थंकोशोबलार्थः बलंशत्रुपराभवार्थं कोशोबलंजयश्चेतित्रयंराष्ट्रपुष्ट्यर्थमितिभावः ३९।४० सामंताःप्रतिपक्षभूताः ४१। ४२ यथानास्त्ययनस्तथेतिजीवन्मृतत्वमधनस्योक्तम् ४३यज्ञार्थंधनंसर्वैरप्यनिषिद्धैरुपायैराददीत परंतुकार्याकार्येषुविहितनिषिद्धेषुआपदिप्रजापीडनंविहितंतदेवानापदिनिषिद्धंतथाभूतेष्वर्थेषुतुल्यदोषोनस्यादेशकालानुसारेणकार्यमप्यकार्यंभवत्यकार्यमपिकार्यंभवति

नान्यानपीडयित्वेहकोशःशक्यःकुतोबलम् ॥ तदर्थंपीडयित्वाचदोषंप्राप्तुंनसोऽर्हति ३६ अकार्यमपियज्ञार्थंक्रियतेयज्ञकर्मसु ॥ एतस्मात्कारणाद्राजानदोषं प्राप्तुमर्हति ३७ अर्थार्थमन्यद्भवतिविपरीतमथापरम् ॥ अनर्थार्थमथाप्यन्यत्तत्सर्वंह्यर्थकारणम् ॥ एवंबुद्ध्यासंप्रपश्येन्मेधावीकार्यनिश्चयम् ३८ यज्ञार्थमन्य द्भवतियज्ञोऽन्यार्थस्तथापरः ॥ यज्ञस्यार्थार्थमेवान्यत्तत्सर्वंयज्ञसाधनम् ३९ उपमामत्रवक्ष्यामिधर्मतत्त्वप्रकाशिनीम् ॥ यूपंछिन्दन्तियज्ञार्थंतत्रयेपरिपंथिनः ४० द्रुमाःकेचनसामंताध्रुवंछिन्दन्तितानपि ॥ तेचापिनिपतंतोऽन्यान्निघ्नंत्येववनस्पतीन् ४१ एवंकोशस्यमहतोयेनराःपरिपंथिनः ॥ तानहत्वानपश्यामिसिद्धिमत्र परंतप ४२ धनेनजयतेलोकावुभौपरमिमंतथा ॥ सत्यंचधर्मवचनंयथानास्त्यधनस्तथा ४३ सर्वोपायैराददीतधनंयज्ञप्रयोजनम् ॥ नतुल्यदोषःस्यादेवंकार्या कार्येषुभारत ४४ नैतौसंभवतोराजन्कथंचिदपिपार्थिव ॥ नह्यरण्येषुपश्यामिधनवृद्धानहंक्वचित् ४५ यदिदंदृश्यतेवित्तंपृथिव्यामिहकिंचन ॥ ममेदंस्यान्ममेदं स्यादित्येवंकांक्षतेजनः ४६ नचराज्यसमोधर्मःकश्चिदस्तिपरंतप ॥ धर्मःसंशब्दितोराज्ञामापदर्थमतोऽन्यथा ४७ दानेनकर्मणाचान्येतपसाऽन्येतपस्विनः ॥ बुद्ध्यादाक्ष्येणचैवान्येविन्दन्तिधनसंचयान् ४८ अधनंदुर्बलंप्राहुर्धनेनबलवान्भवेत् ॥ सर्वंधनवताप्राप्यंसर्वंतरतिकोशवान् ४९ कोशेनधर्मःकामश्चपरलो कस्तथाह्ययम् ॥ तंचधर्मेणलिप्सेतनाधर्मेणकदाचन ५० ॥ इतिश्रीमहाभारते शतसाहस्र्यांसंहितायां वैयासिक्यांशांतिपर्वणि राजधर्मानुशासनपर्वणि त्रिंशदधिकशततमोऽध्यायः ॥ १३० ॥ ॥ समाप्तंचराजधर्मानुशासनपर्व ॥ ॥ अथापद्धर्मपर्व ॥ ॥ ॥ ॥

तत्रविपरीतंनप्रतिपद्येतेतिभावः ४४ एतौधनसंग्रहत्यागावेकस्मिन्पुरुषेनसंभवतः युगपत्तयोर्वृत्तिर्नसिध्यति विरक्तेषुसंग्रहासंभवात् ४५ अन्येषुत्यागासंभवमाह यदिदमिति। तस्माद्विरक्तत्वाद्राज्ञो धनमेष्टव्यमेवेतिभावः४६ननुकिंपापमूलेनधनेनकिंचतन्मूलेनराज्येनेत्याशंक्याह नचेति। अनापद्येवराज्ञोबहुकरादानंपापमूलमापदितुनतत्तथाभवति। अतोनपापमूलंधनंनापितन्मूलराज्यस्यहेयत्वमपितुधर्महेतुत्वा दवश्यंकर्तव्यत्वमेवेत्यर्थः ४७। ४८। ४९। ५० ॥ इति श्रीमत्पदवाक्यप्रमाणमर्यादाधुरंधरचतुर्धरवंशावतंसश्रीगोविंदसूरिसूनोर्नीलकंठस्यकृतौ भारतभावदीपे राजधर्मानुशासन पर्वणि त्रिंशदधिकशततमोऽध्यायः ॥ १३० ॥ ॥ ॥ ॥ ॥ ॥

॥ श्रीगणेशायनमः ॥ ॥ गोपालनारायणलक्ष्मणार्यानधीरेशगंगाधरनीलकंठान् ॥ चिंतामणिसांबशिवंचनत्वाविवृण्मआपद्गतराजधर्मान् ॥ १ ॥ पूर्वस्मिन्नध्यायेयायिनआपदि आगतायां
प्रजापीडनेनापिकोशंसंपाद्यापदंतरेदित्युक्तं इदानींस्थायिनएवापद्यागतायांपृच्छति क्षीणस्येत्यादिना । क्षीणस्यधान्यकोशादिसंग्रहरहितस्य । दीर्घसूत्रस्यालसस्य । सानुक्रोशस्यबंधुक्षयभ
याद्दुर्गाद्बहिर्निर्गत्ययुद्धंदातुमसमर्थस्य । परिशंकितवृत्तस्यामात्येषुशंकावतः । यतः श्रुतमंत्रस्य लोकैरितिशेषः अगुप्तमंत्रस्येत्यर्थः १ विभक्तानिशत्रुभिर्विभज्यगृहीतानिपुरराष्ट्राणियस्य
। अतएवनिर्द्रव्यनिचयस्य द्रव्याभावादेवनसंभावितानिआवर्जितानिमित्राणियेनतस्य । मित्रबलहीनत्वादेवभिन्नाःशत्रुभिर्वशीकृताअमात्यायस्य २ परचक्रमभिजातंसंमुखंयस्यपरचक्रेणाभिभूत
स्येत्यर्थः । बलीयसाशत्रुणाआपन्नंव्याकुलीकृतंचेतोयस्य ३ बाह्योयायीवदिधर्मपूर्वकेअर्थार्जनेकुशलस्तर्हिशीघ्रंसंधिःकर्तव्यः । स्वीयपूर्वैर्भुक्तान्ग्रामनगरादीन्तेनाक्रांतान्क्रमशःततोमोचये

॥ श्रीगणेशायनमः ॥ ॥ नारायणंनमस्कृत्यनरंचैवनरोत्तमम् ॥ देवींसरस्वतींव्यासंततोजयमुदीरयेत् ॥ १ ॥ ॥ अथापद्धर्मपर्व ॥ ॥ युधिष्ठिरउवाच ॥
क्षीणस्यदीर्घसूत्रस्यसानुक्रोशस्यबन्धुषु ॥ परिशंकितवृत्तस्यश्रुतमन्त्रस्यभारत १ विभक्तपुरराष्ट्रस्यनिर्द्रव्यनिचयस्यच ॥ असंभावितमित्रस्यभिन्नामात्यस्यसर्वशः
२ परचक्राभिजातस्यदुर्बलस्यबलीयसा ॥ आपन्नचेतसोब्रूहिकिंकार्यमवशिष्यते ३ ॥ ॥ भीष्मउवाच ॥ ॥ बाह्यश्चेद्विजिगीषुःस्याद्धर्मार्थकुशलःशुचिः ॥ जवे
नसंधिंकुर्वीतपूर्वभुक्तान्विमोचयेत् ४ योऽधर्मविजिगीषुःस्याद्बलवान्पापनिश्चयः ॥ आत्मनःसन्निरोधेनसंधिंतेनापिरोचयेत् ५ अपास्यराजधानींवातरेद्द्रव्येणचाप
दम् ॥ तद्भावयुक्तोद्रव्याणिजीवन्पुनरुपार्जयेत् ६ यास्तुकोशबलत्यागाच्छक्यास्तरितुमापदः ॥ कस्तत्राधिकमात्मानंसंत्यजेदर्थधर्मवित् ७ अवरोधान्जुगु
प्सेतकासपत्नधनेदया ॥ नत्वेवात्माप्रदातव्यःशक्येसतिकथंचन ८ ॥ ॥ युधिष्ठिरउवाच ॥ ॥ आभ्यंतरेप्रकुपितेबाह्येचोपनिपीडिते ॥ क्षीणेकोशेश्रुतेमंत्रेकिं
कार्यमवशिष्यते ९ ॥ ॥ भीष्मउवाच ॥ ॥ क्षिप्रंवासंधिकामःस्यात्क्षिप्रंवातीक्ष्णविक्रमः ॥ तदापनयनंक्षिप्रमेतावत्सांपरायिकम् १० अनुरक्तेनचेष्टेनहृष्टेन
जगतीपतिः ॥ अल्पेनापिहिसैन्येनमहींजयतिभूमिपः ११ हतोवादिवमारोहेद्धत्वावाक्षितिमावसेत् ॥ युद्धेहिसंत्यजन्प्राणान्शक्रस्यैतिसलोकताम् १२ सर्व
लोकागमंकृत्वामृदुत्वंगन्तुमेवच ॥ विश्वासाद्विनयंकुर्याद्विश्वसेच्चाप्युपायतः १३ ॥ ॥ ॥ ॥ ॥

त्साम्नैवेत्यर्थः ४ सचेद्दुष्टात्मातर्हिस्वंनिरोधेनकतिपयग्रामदानेनापिसंधिमेवकुर्यादित्याह यइति । अधर्मेतिच्छेदः । अधर्मप्रधानोविजिगीषुरधर्मविजिगीषुः ५ सचेद्दुष्टतरस्तदाकिंकर्तव्यंत
दाह अपास्येति। तद्भावयुक्तोराजत्वगुणयुक्तश्चेत् ६ दुष्टतमेतुराज्यधनंत्यक्त्वाआत्मानंरक्षेदित्याह यास्त्विति ७ अवरोधान्अंतःपुराणिजुगुप्सेतपलायितुमिच्छेत् तत्राशक्तौतेषुशत्रुसाद्भूते
पुदयास्नेहोनकार्यः तानुपेक्ष्यापिकेवलमात्मानमेवरक्षेदित्यर्थः ८ आभ्यंतरेऽमात्यादौबाह्येदुर्गराष्ट्रादौउपनिपीडितेआक्रांते ९ धर्मिष्ठेबाह्येक्षिप्रंसंधिःअधर्मिष्ठेतुतीक्ष्णःपराक्रमःकर्तव्यः । यदा
त्वेवंतदाअपनयनंशत्रोर्दूरीकरणंक्षिप्रमेवभवति । अथवासांपरायिकंधर्मयुद्धेनमरणेपरलोकहितंभवति १० विक्रमेपक्षद्वयमपिसंभावितमित्याहद्वाभ्यां अनुरक्तेनेति ११ । १२ यस्मिन्कालेमृ
दुत्वंगंतुंयुद्धपक्षंत्यक्तुं सर्वलोकागमंसर्वस्यलोकस्यप्रसिद्धमागमंशपथाद्युपायंछलंमाभूदितिबुद्ध्याकृत्वा विश्वासात्विश्वासंप्रापय्यविनयंकुर्यात्मृदुर्भवेत् । नतुयुद्धमेवहठेनश्रयेत् १३ ॥

यद्याभ्यंतरप्रकोपाद्युद्धंकर्तुमशक्यं बाह्यप्रकोपात्सामचाशक्यं तदासाम्नाअपचिक्रमिषुर्दुर्गादपक्रांतुमिच्छुःस्यात । अपक्रम्यकंचित्कालंदेशंचविलंघयित्वामंत्रेणमंत्रबलेनपुनःपृथ्वींजेतुमुपक्रमेत ॥ १४ ॥ इतिशांतिप० आप० नीलकंठीयेभा० एकत्रिंशदधिकशततमोऽध्यायः ॥ १३१ ॥ ॥ ॥ ॥ हीनेधर्मेराज्ञामितिशेषः परमकेसर्वोपायेनब्राह्मणारक्ष्याइत्यस्मिन् १ जघन्येआपद्बहुलेब्राह्मणःकेनजीवेदित्यस्यब्राह्मणंकथंरक्षेदित्यर्थः २ सर्वंधनादिकंसाध्वर्थसतामर्थे ३ एवंहेतुमुक्त्वाविधेयमाह असाधुभ्यइति । संक्रमगमागमनमार्गं ४ स्थितिंपालनधर्मं दातुःपालयितुः देङ्पालनेइत्यस्यरूपं । स्थानभ्रष्टस्यराज्ञोब्राह्मणपालनार्थंसर्वस्वहरणेऽपिदोषोनास्तीत्यर्थः ५ वक्तुंनिंदितुं ६ । ७ प्राकृतंप्राकृतापद्धर्मोपयोगिशास्त्रं । स्वराष्ट्रात्परराष्ट्राच्चकोशंसंजनयेन्नृपइतिसामा

॥ १ ॥

अपाचिक्रमिषुःक्षिप्रंसाम्नावापरिसांत्वयन् ॥ विलंघयित्वामंत्रेणततःस्वयमुपक्रमेत् १४ ॥ इतिश्रीम० शां० आपद्धर्मपर्वणिएकत्रिंशदधिकशततमोऽध्यायः ॥ १३१ ॥

युधिष्ठिरउवाच ॥ हीनेपरमकेधर्मेसर्वलोकाभिसंहिते ॥ सर्वस्मिन्दस्युसाद्भूतेपृथिव्यामुपजीवने १ केनस्विद्ब्राह्मणोजीवेज्जघन्येकालआगते ॥ असंत्यजन्पुत्रपौत्राननुक्रोशात्पितामह २ ॥ भीष्मउवाच ॥ विज्ञानबलमास्थायजीवितव्यंतथागते ॥ सर्वंसाध्वर्थमेवेदमसाध्वर्थेनकिंचन ३ असाधुभ्योर्थमादायसाधुभ्योयःप्रयच्छति ॥ आत्मानंसंक्रमंकृत्वाकृच्छ्रधर्मविदेवसः ४ आकांक्षन्नात्मनोराज्यंराज्येस्थितिमकोपयन् ॥ अदत्तमेवाददीतदातुर्वित्तंममेतिच ५ विज्ञानबलपूतोयोवर्ततेनिंदितेष्वपि ॥ वृत्तिविज्ञानवान्धीरःकस्तंवावक्तुमर्हति ६ येषांबलकृतावृत्तिस्तेषामन्यानरोचते ॥ तेजसाऽभिप्रवर्ततेबलवन्तोयुधिष्ठिर ७ यदेवप्राकृतंशास्त्रमविशेषेणवर्तते ॥ तदेवमभ्यसेदेवंमेधावीवाप्यथोत्तरम् ८ ऋत्विक्पुरोहिताचार्यान्सत्कृतानभिसत्कृतान् ॥ नब्राह्मणान्घातयीतदोषान्प्राप्नोतिघातयन् ९ एतत्प्रमाणंलोकस्यचक्षुरेतत्सनातनम् ॥ तत्प्रमाणोऽवगाहेततेनतत्साध्वसाधुवा १० बहवोग्रामवास्तव्यारोषाद्ब्रूयुःपरस्परम् ॥ नतेषांवचनाद्राजासत्कुर्याद्घातयीतवा ११ नवाच्यःपरिवादोऽयंनश्रोतव्यःकथंचन ॥ कर्णौवथापिधातव्यौप्रस्थेयंचान्यतोभवेत् १२ असतांशीलमेतद्वैपरिवादोऽथपैशुनम् ॥ गुणानामेववक्तारःसंतःसत्सुनराधिप १३ यथासमधुरौदम्यौसुदांतौसाधुवाहिनौ ॥ धुरमुद्यम्यवहतस्तथावर्तेतवैनृपः १४ यथायथाऽस्यबहवःसहायाःस्युस्तथाऽपरे ॥ आचारमेवमन्यंतेगरीयोधर्मलक्षणम् १५ अपरेनैवमिच्छंतियेशंखलिखितप्रियाः ॥ मात्सर्यादथवालोभान्नब्रूयुर्वाक्यमीदृशम् १६ आर्षमप्यत्रपश्यंतिविकर्मस्थस्यपातनम् ॥ नतादृक्सदृशंकिंचित्प्रमाणंदृश्यतेक्वचित् १७ देवताश्चविकर्मस्थंपातयंतिनराधमम् ॥ व्याजेनविंदन्वित्तंहिधर्मात्सपरिहीयते १८ ॥ ॥

न्यशास्त्रमेवापन्नोराजाउपजीवेत् । मेधावीतुतत्रापियेराष्ट्रद्रयस्थाधनिकाःकदर्यत्वेनदंडार्हास्तादृशेभ्यएवाददीतेत्युत्तरंशास्त्रमभ्यसेत् ८ ऋत्विगिति । अत्यंतापद्यपिऋत्विगादीन्धनवतोऽपिनघातयीतधनहरणेननहिंस्यादित्यर्थः ९ । १० ग्रामवास्तव्याग्रामवासिनः ११ ऋत्विगादीनांनिंदाऽपिनश्रोतव्येत्याह नवाच्यइति १२ । १३ । १४ । १५ अपरेइति । एवंऋत्विगादीनामदंडनंशंखेनलिखितस्यभ्रातुरपिहस्तच्छेदःकृतस्तादृशधर्मपराः इदमपिवाक्यंमात्सर्यादिनानब्रूयात् धर्मेणतुब्रूयादेवेत्यपरेइच्छंति १६ आर्षं 'गुरोरप्यवलिप्तस्यकार्याकार्यमजानतः ॥ उत्पथंप्रतिपन्नस्यकार्यंभवतिशासनम्'इति तादृक्त्वविकर्मस्थंनपातयेदित्येवंरूपम् १७ स्वमतमाह देवताइति । दैवमेवपापिष्ठंऋत्विगादिदंडयति । राजातुतत्रोदासीतैवेतिभावः १८ ॥ ॥

॥ १ ॥

सर्वतःसर्वात्मनासत्कृतःआदृतःश्रौतोधर्मः । सद्भिर्मन्वादिभिःसत्कृतःस्मार्तधर्मः । भूतिप्रवरकारणैःभूतिप्रवराईश्वराःकारणानिपारंपर्यागतानिकुलदेशग्रामादिपरिगृहीतानितैरपिनिमित्तैः सत्कृतः
मन्वादिभिरनुक्तोऽपिशिष्टैरादृतइत्यर्थः । हेतुत्रयाभावेऽपिस्वयंचयोधर्मत्वेननिश्चितः एवंचतुर्भिःकारणैर्धर्मःसिध्यति नतदनुमतिर्ऋत्विगादीनांदंडेदृश्यतइतिभावः १९ चत्वारोगुणाःआन्वी
क्षिकीत्रयीवार्तादंडनीतिश्चेतियएषामविरुद्धश्चतुर्गुणसंपन्नः २० पदंभूमौनिहितंपदस्थानं लक्षेल्लक्षयेत् नयेत्अन्यान्प्रापयेत् युक्त्येतिशेषः २१ । २२ ॥ इतिशां० आप० नी०भार०द्वात्रिंश
दधिकशततमोऽध्यायः ॥ १३२ ॥ ॥ ॥ स्वराष्ट्रादिति । राजधर्मेनेउक्तस्यापन्नस्ययायिनउक्तांस्थितिंदृढीकर्तुमयमध्यायः १ अनुतनुयादनुगृह्णीयात् २ । ३ । ४ उच्चैर्वृत्तेःमहतः ५

सर्वतःसत्कृतःसद्भिर्भूतिप्रवरकारणैः ॥ हृदयेनाभ्यनुज्ञातोयोधर्मस्तंव्यवस्यति १९ यश्चतुर्गुणसंपन्नंधर्मंब्रूयात्सधर्मवित् ॥ अहेरिवहिधर्मस्यपदंदुःखंगवेषितुम्
२० यथामृगस्यविद्धस्यपदमेकपदंनयेत् ॥ लक्षेद्रुधिरलेपेनतथाधर्मपदंनयेत् २१ यथासद्भिर्विनीतेनयथागंतव्यमित्युत ॥ राजर्षीणांवृत्तमेतदेवंगच्छयुधिष्ठिर
२२ ॥ इतिश्रीमहाभारतेशां० आप० राजर्षिवृत्तंनामद्वात्रिंशदधिकशततमोऽध्यायः ॥ १३२ ॥ भीष्मउवाच ॥ स्वराष्ट्रात्परराष्ट्राच्चकोशंसंजनयेन्नृपः ॥ कोशा
द्धिधर्मःकौन्तेयराज्यमूलंचवर्धते १ तस्मात्संजनयेत्कोशंसत्कृत्यपरिपालयेत् ॥ परिपाल्यानुतनुयादेषधर्मःसनातनः २ नकोशःशुद्धशौचेननृशंसेनजातुचित् ॥
मध्यमंपदमास्थायकोशसंग्रहणंचरेत् ३ अबलस्यकुतःकोशोह्यकोशस्यकुतोबलम् ॥ अबलस्यकुतोराज्यमराज्ञःश्रीर्भवेत्कुतः ४ उच्चैर्वृत्तेःश्रियोहानिर्यथैवमरणं
तथा ॥ तस्मात्कोशंबलंमित्रमथराजाविवर्धयेत् ५ हीनकोशंहिराजानमवजानंतिमानवाः ॥ नचास्याल्पेनतुष्यंतिकार्यमप्युत्सहंतिच ६ श्रियोहिकारणाद्राजा
सत्क्रियांलभतेपराम् ॥ सास्यगूहतिपापानिवासोगुह्यमिवस्त्रियाः ७ ऋद्धिमस्यानुतप्यन्तेपुराविप्रकृतानराः ॥ शालावृकाइवाजस्रंजिघांसुमेवविन्दति ८ ईदृश
स्यकुतोराज्ञःसुखंभवतिभारत ॥ उद्यच्छेदेवननमेदुद्यमोह्येवपौरुषम् ९ अप्यपर्वणिभज्येतननमेतेहकस्यचित् ॥ अप्यरण्यंसमाश्रित्यचरेन्मृगगणैःसह १०
नत्वेवोज्झितमर्यादैर्दस्युभिःसहितश्चरेत् ॥ दस्यूनांसुलभासेनारौद्रकर्मसुभारत ११ एकांततोह्यमर्यादात्सर्वोप्युद्विजतेजनः ॥ दस्यवोप्यभिशंकंतेनिरनुक्रोश
कारिणः १२ स्थापयेदेवमर्यादांजनचित्तप्रसादिनीम् ॥ अल्पेप्यर्थेचमर्यादालोकेभवतिपूजिता १३ नायंलोकोऽस्तिनपरइतिव्यवसितोजनः ॥ नालंगन्तुंहि
विश्वासंनास्तिकेभयशंकिते १४ यथासद्भिःपरादानमहिंसादस्युभिःकृता ॥ अनुरज्यंतिभूतानिसमर्यादेषुदस्युषु १५ अयुद्ध्यमानस्यवधोदारामर्षःकृतघ्न
ता ॥ ब्रह्मवित्तस्यचादानंनिःशेषकरणंतथा १६ ॥ ॥ ॥ ॥ ॥

कार्यमपिकर्तुंनोत्सहंति ६ । ७ विप्रकृताःकृतविरोधाः शालावृकवांछजघांसुमेनमेवविंदंतिआश्रयंतिकपटेनहंतुं प्राप्त्यर्थस्यविंदतेरूपं आर्षोवचनव्यत्ययः ८ । ९ । १० दस्युभिःदस्युप्रायै
रमात्यैः अत्यंतापन्नस्यवनस्थाद्दस्यवोऽपिकार्यकराइत्याह दस्यूनामिति ११ तेष्वपिसत्येनमार्दवेनचस्थेयमित्याह एकांततइति १२ । १३ जनःप्राकृतः अलंपर्याप्तंयुक्तमित्यर्थः १४ सद्भिर्द
स्युभिःपरादानंपरस्वहरणमपिकृतंअहिंसाभवति तथावक्ष्येइतिशेषः १५ तदेवाह । अयुद्ध्यमानस्येति निःशेषकरणंसर्वहरणम् १६ ॥ ॥ ॥

स्त्रियाःकन्यायाःमोषश्चौर्यं दारावर्षस्यप्रागुक्तेः पतिस्थानंग्रामादीनाक्रम्यतत्पतित्वेनावस्थानंआत्यंतिकपरवृत्तिनिरोधात् संश्लेषंसद्योऽविभागेदूषणम् १७ येमानवाःनिःशेषीकृतास्तेऽस्मद्रक्षे विश्वा सायाभिसंदधतेदस्युनासहविश्वासःकर्तव्यइतिव्यवस्यंति ततश्चविश्वासेजातेदस्योःस्थानादिकमुपलभ्यअशेषंदस्योरपिनिःशेषंधनसंतानादिकंकुर्वन्ति १८ यस्मादेवंतस्मात्सशेषमेवपरलुपनंकर्तव्यम् १९ योयथाकरोतितथैवप्रजाःकुर्वन्तीत्याह सशेषेति २० ॥ इतिशांतिपर्वणिआ० नीलकंठीयेभा० त्रयस्त्रिंशदधिकशततमोऽध्यायः ॥१३३ ॥ ॥ ॥ अत्रेति। प्रत्यक्षौदुःखस्यकारणंसर्व स्वादानमपिदुःखस्यकारणंस्तेयमपिधर्मः १ तस्माद्व्यवधानंशास्त्रोक्तधर्माधर्मविचारेणादृष्टसुखेऽन्तरायोनकर्तव्यः धर्मयापनाधर्मोपदेशःपरोक्षोदृष्टफलस्याभावादविश्वास्यइत्यर्थः वृकपदंयथातथेदंकिमिदं

स्त्रियामोषःपतिस्थानंदस्युष्वेतद्विगर्हितम् ॥ संश्लेषंचपरस्त्रीभिर्दस्युरेतानिवर्जयेत् १७ अभिसंदधतेयेचविश्वासायास्यमानवाः ॥ अशेषमेवोपलभ्यकुर्वंती तिविनिश्चयः १८ तस्मात्सशेषंकर्तव्यंस्वाधीनमपिदस्युभिः ॥ नबलस्थोऽहमस्मीतिनृशंसानिसमाचरेत् १९ सशेषकारिणस्तत्रशेषंपश्यंतिसर्वशः ॥ निः शेषकारिणोनित्यंनिःशेषकरणाद्भयम् २० ॥ इतिश्रीमहाभारतेशांतिपर्वणिआपद्धर्मपर्वणित्रयस्त्रिंशदधिकशततमोऽध्यायः ॥ १३३ ॥ ॥ भीष्मउवाच ॥ अत्रधर्मानुवचनंकीर्तयंतिपुराविदः ॥ प्रत्यक्षावेवधर्मार्थौक्षत्रियस्यविजानतः १ तत्रनव्यवधातव्यंपरोक्षाधर्मयापना ॥ अधर्मोधर्मइत्येतद्यथावृकपदंतथा २ धर्माधर्मफलेजातुददर्शेहनकश्चन ॥ बुभूषेद्बलमेवैतत्सर्वंबलवतोवशे ३ श्रियोबलममात्यांश्चबलवानिहविन्दति ॥ योह्यनाढ्यःसपतितस्तदुच्छिष्टंयदल्पकम् ४ बह्वपथ्यंबलवतिनकिंचित्क्रियतेभयात् ॥ उभौसत्याधिकारस्थौत्रायेतेमहतोभयात् ५ अतिधर्माद्बलंमन्येबलाद्धर्मःप्रवर्तते ॥ बलेप्रतिष्ठितोधर्मोधरण्यामिवजं गमम् ६ धूमोवायोरिववशेबलंधर्मोऽनुवर्तते ॥ अनीश्वरोबलेधर्मोद्रुमेवल्लीवसंश्रिता ७ वशेबलवतांधर्मःसुखंभोगवतामिव ॥ नास्त्यसाध्यंबलवतांसर्वंबलवतां शुचि ८ दुराचारःक्षीणबलःपरित्राणंनगच्छति ॥ अथतस्मादुद्विजतेसर्वोलोकोवृकादिव ९ अपध्वस्तोह्यवमतोदुःखंजीवतिजीवितम् ॥ जीवितंयदपकृष्टंयथै वमरणंतथा १० यदेवमाहुःपापेनचारित्रेणविवर्जितः ॥ सुभृशंताप्यतेतेनैववाक्शल्येनपरिक्षतः ११ अत्रैतदाहुराचार्याःपापस्यपरिमोक्षणे ॥ त्रयींविद्याम वेक्षेततथोपासीतवैद्विजान् १२ प्रसादयेन्मधुराचवाचाचाप्यथकर्मणा ॥ महामनाश्चापिभवेद्विवहेच्चमहाकुले १३ इत्यस्मीतिवदेदेवंपरेषांकीर्तयेद्गुणान् ॥ ज पेदुदकशीलःस्यात्पेशलोनातिजल्पकः १४ ब्रह्मक्षत्रंसंप्रविशेद्बहुकृत्वासुदुष्करम् ॥ उच्यमानोहिलोकेनबहुकृत्तदचिंतयन् १५ ॥ ॥

भूमौवृकस्यपदंउतशुनःउतचित्रव्याघ्रस्येत्ययंविचारोव्यर्थस्तथाऽयंधर्मोऽधर्मोवेतिविचारोऽपि २ धर्मेति। अदृष्टफलौधर्माधर्मावपास्य । 'विद्याभिजनमित्राणिबुद्धिसत्वधनानिच ॥ तपःसहायवी र्याणिदैवंचदशमंबलम्'इतिविशालोक्तंदशविधंबलमेवाश्रयेदित्यर्थः ३ श्रियोधनानिबलंविंदंति बलवांश्चामात्यादीन्विंदत्यतःश्रीरेवसर्वमूलं तद्रहितएवपतितोनत्वधर्मकारीसर्थमात्रमिदंआततायिश्रो त्रियस्मृतिवत् ४ बलवतिबहुअपथ्यंदृष्ट्वाऽपिभयात्सनकिंचित्क्रियतेपतितोऽयमितिनबहिःक्रियते उभौबलधर्मौ ५ अनयोर्मध्येबलमेवश्रेयइत्याह अतीति ६ । ७ । ८ । ९ अपध्वस्तःऐश्वर्याच्च्युतः अपकृष्टंनिंदितं १० वर्जितस्त्यक्तोबांधवैरितिशेषः ताप्यतापयित्वापरिक्षतःक्रियतइतिशेषः ११ अत्रअधर्मेणधनार्जनेकृतेसति १२ । १३ । १४ । १५ ॥ ॥

१६ । १७ ॥ इतिशांतिपर्वणिआपद्धर्मपर्वणिनीलकंठीयेभारतभावदीपेचतुस्त्रिंशदधिकशततमोऽध्यायः ॥ १३४ ॥ ॥ ॥ ॥ ॥ ॥ ननु'प्रक्षालनाद्धिपंकस्यदूरादस्पर्शनंवरम्'
इतिन्यायेनदस्युकर्मैवराज्ञानकर्तव्यंकृतेऽपिप्रायश्चित्तकालावधिजीवनानियमादंतरामरणेसत्यक्षय्यनरकप्राप्तिरित्याशंक्यदस्यूनामपिस्वर्गोऽस्तीत्याह अत्रापीत्यादिना । प्रेत्यभावेमरणेनन

अपापोह्येवमाचारःक्षिप्रंबहुमतोभवेत् ॥ सुखंचचित्रंभुंजीतकृतेनैकेनगोपयेत् १६ लोकेचलभतेपूजांपरत्रेहमहत्फलम् १७ ॥ इतिश्रीमहाभा०शां०आप०
चतुस्त्रिंशदधिकशततमोध्यायः ॥ १३४ ॥ ॥ भीष्मउवाच ॥ अत्राप्युदाहरंतीममितिहासंपुरातनम् ॥ यथादस्युःसमर्यादःप्रेत्यभावेननश्यति १ प्रहर्तार
तिमान्शूरःश्रुतवान्सुनृशंसवान् ॥ रक्षन्नाश्रमिणांधर्मंब्रह्मण्योगुरुपूजकः २ निषाद्यांक्षत्रियाज्जातःक्षत्रधर्मानुपालकः ॥ कायव्योनामनैषादिर्दस्युत्वात्सिद्धि
माप्तवान् ३ अरण्येसायंपूर्वाह्णेमृगयूथप्रकोपिता ॥ विधिज्ञोमृगजातीनांनैषादानांचकोविदः ४ सर्वकालप्रदेशज्ञःपारियात्रचरःसदा ॥ धर्मज्ञःसर्वभूतानाम
मोघेषुर्दृढायुधः ५ अप्यनेकशतांसेनामेकएवजिगायसः ॥ सवृद्धावंधबधिरौमहारण्येऽभ्यपूजयत् ६ मधुमांसैर्मूलफलैरन्नैरुच्चावचैरपि ॥ सत्कृ
त्यभोजयामाससमान्यान्परिचचारच ७ आरण्यकान्प्रव्रजितान्ब्राह्मणान्परिपूजयन् ॥ अपितेभ्योमृगान्हत्वानिनायसततंवने ८ येऽस्मान्नप्रतिगृह्णंतिदस्युभो
जनशंकया ॥ तेषामासज्ज्यगेहेषुकल्यएवसगच्छति ९ बहूनिचसहस्राणिग्रामणित्वेऽभिवव्रिरे ॥ निर्मर्यादानिदस्यूनांनिरनुक्रोशवर्तिनाम् १० ॥ दस्यव
ऊचुः ॥ मुहूर्तदेशकालज्ञःप्राज्ञःशूरोदृढव्रतः ॥ ग्रामणीर्भवनोमुख्यःसर्वेषामेवसंगतः ११ यथायथावक्ष्यसिनःकरिष्यामस्तथातथा ॥ पालयास्मान्यथा
न्यायंयथामातायथापिता १२ ॥ कायव्यउवाच ॥ मावधीस्त्वंस्त्रियंभिरुंमाशिशुंमातपस्विनम् ॥ नायुध्यमानोहंतव्योनचग्राह्याबलात्स्त्रियः १३ सर्व
थास्त्रीनहंतव्यासर्वसत्वेषुकेनचित् ॥ नित्यंतुब्राह्मणेस्वस्तियोद्धव्यंचतदर्थतः १४ सत्यंचनापिहर्तव्यंसारविघ्नंचमाकृथाः ॥ पूज्यंतेयत्रदेवाश्चपितरोऽतिथय
स्तथा १५ सर्वभूतेष्वपिचवैब्राह्मणोमोक्षमर्हति ॥ कार्याचोपचितिस्तेषांसर्वस्वेनापियाभवेत् १६ यस्यह्येतेसंप्ररुष्टामंत्रयंतिपराभवम् ॥ नतस्यत्रिषुलोके
षुत्राताभवतिकश्चन १७ योब्राह्मणान्परिवदेद्विनाशंचापिरोचयेत् ॥ सूर्योदयइवध्वान्तेध्रुवंतस्यपराभवः १८ इहैवफलमासीनःप्रत्याकांक्षेतसर्वशः ॥ येये
नोनप्रदास्यंतितांस्तांस्तेनाभियास्यसि १९ शिष्ट्यर्थंविहितोदंडोनवृद्ध्यर्थंविनिश्चयः ॥ येचशिष्टान्प्रबाधन्तेदण्डस्तेषांवधःस्मृतः २० येचराष्ट्रोपरोधेनवृद्धिंकुर्वीतिके
चन ॥ तदैवतेऽनुमार्यंतेकुणपेकृमयोयथा २१ येपुनर्धर्मशास्त्रेणवर्तेरन्निहदस्यवः ॥ अपितेदस्यवोभूत्वाक्षिप्रंसिद्धिमवाप्नुयुः २२ ॥

श्यतिननिरयंप्राप्नोति १ । २ । ३ । ४ पारियात्रःपर्वतविशेषः ५ वृद्धौमातापितरौ ६ । ७ । ८ आसज्ज्यकंचिन्निधाय कल्येप्रातः ९ वव्रिरेतमितिशेषः १० । ११ । १२ मावधीस्त्वमित्ये
कवचनंगणाभिप्रायेण १३ स्वस्तिकल्याणंचिंतनीयं १४ सारोविवाहादिकार्यंतत्रविघ्नंमाकृथाः १५ उपचितिर्वृद्धिः । १६ । १७ ध्वांतेध्वांतस्य १८ येयेवणिजः मःअस्मभ्यं १९ शिष्टयर्थंदुष्टानां
शासनार्थम् २० कुणपेकृमयोयथादुःखदत्वात्सद्योमार्यंते एवंतेऽपित्वध्याइत्यर्थः । २१ । २२ ॥ ॥ ॥ ॥

२३ । २४ । २५ । २६ ॥ इतिशांतिपर्वणिआपद्धर्मपर्वणिनीलकंठीयेभारतभावदीपेपंचत्रिंशदधिकशततमोऽध्यायः ॥ १३५ ॥ ॥ ॥ अत्रगाथाइति १ । २ । ३ औषधीश्छित्वाताभि रिंधनीकृताभिर्भोग्यात्रीह्याद्याः दुष्टान्हिंसित्वासाधून्पालयेदितिभावः ४ । ५ । ६।७ द्वितियाउपमा शुक्लजीवाःवज्रीसंज्ञाः उद्भिद्यभुवंजायंतेइत्युद्भिज्जाःपिपीलिकादयोयथाशनैर्दूरमपिगच्छंत्ये

भीष्मउवाच ॥ तेसर्वेमेवानुचक्रुःकायव्यस्यानुशासनम् ॥ वृद्धिंचलेभिरेसर्वेपापेभ्यश्चाप्युपारमन् २३ कायव्यःकर्मणातेनमहतींसिद्धिमाप्तवान् ॥ साधूनामा चरन्क्षेमंदस्यून्पापान्निवर्तयन् २४ इदंकायव्यचरितंयोनित्यमनुचिंतयेत् ॥ नारण्येभ्योहिभूतेभ्योभयंप्राप्नोतिकिंचन २५ नभयंतस्यभूतेभ्यःसर्वेभ्यश्चैवभा रत ॥ नासतोविद्यतेराजन्सह्यरण्येषुगोपतिः २६ ॥ इतिश्रीमहाभारतेशांतिपर्वणिआपद्धर्मपर्वणिकायव्यचरितेपंचत्रिंशदधिकशततमोऽध्यायः ॥ १३५ ॥ ॥ भीष्मउवाच ॥ अत्रगाथाब्रह्मगीताःकीर्तयंतिपुराविदः ॥ येनमार्गेणराजावैकोशंसंजयनयत्युत १ नधनंयज्ञशीलानांहार्यंदेवस्वमेवच ॥ दस्यूनांनिष्क्रियाणांच क्षत्रियोहर्तुमर्हति २ इमाःप्रजाःक्षत्रियाणांराज्यभोगाश्चभारत ॥ धनंहिक्षत्रियस्यैवद्वितीयस्यनविद्यते ३ तदस्यस्याद्बलार्थंवाधनंयज्ञार्थमेवच ॥ अभोग्याश्चोष धीश्छित्वाभोग्याएवपचंत्युत ४ योवैनदेवान्नपितॄन्नमर्त्यान्हविषाऽर्चति ॥ अनर्थकंधनंतत्रप्राहुर्धर्मविदोजनाः ५ हरेतद्द्रविणंराजन्धार्मिकःपृथिवीपतिः ॥ ततः प्रीणयतेलोकंनशोकंतद्विधंनृपः ६ असाधुभ्योर्थमादायसाधुभ्योयःप्रयच्छति ॥ आत्मानंसंक्रमंकृत्वाकृत्स्नधर्मविदेवसः ७ तथातथाजयल्लोकान्शक्त्याचैवयथा यथा ॥ उद्भिज्जाजंतवोयद्वच्छुक्लजीवायथायथा ८ अनिमित्तात्संभवंतितथाऽयज्ञःप्रजायते ९ यथैवदंशमशकंयथाचांडपिपीलिकम् ॥ सैववृत्तिरयज्ञेषुयथाधर्मो विधीयते १० यथाह्यकस्माद्भवतिभूमौपांसुर्विलोलितः ॥ तथैवेहभवेद्धर्मःसूक्ष्मःसूक्ष्मतरस्तथा ११ ॥ इतिश्रीमहाभारतेशांतिपर्वणिआपद्धर्मपर्वणिषट्त्रिंशद धिकशततमोऽध्यायः ॥ १३६ ॥ ॥ भीष्मउवाच ॥ अनागतविधाताचप्रत्युत्पन्नमतिश्चयः ॥ द्वावेवसुखमेधेतेदीर्घसूत्रीविनश्यति १ अत्रैवचेदमव्यग्रं शृणुष्वाख्यानमुत्तमम् ॥ दीर्घसूत्रमुपाश्रित्यकार्याकार्यविनिश्चये २ नातिगाधेजलाधारेसुहृदःकुशलास्त्रयः ॥ प्रभूतमत्स्येकौन्तेयबभूवुःसहचारिणः ३ तत्रैको दीर्घकालज्ञउत्पन्नप्रतिभोऽपरः ॥ दीर्घसूत्रश्चतत्रैकस्त्रयाणांसहचारिणाम् ४ कदाचित्तंजलस्थायंमत्स्यबंधाःसमंततः ॥ निस्रावयामासुरथोनिम्नेषुविविधैर्मुखैः ५ प्रक्षीयमाणंतंदृष्ट्वाजलस्थायंभयागमे ॥ अब्रवीद्दीर्घदर्शीतुतावुभौसुहृदौतदा ६ इयमापत्समुत्पन्नासर्वेषांसलिलौकसाम् ॥ शीघ्रमन्यत्रगच्छामःपंथायावन्नदुष्य ति ७ अनागतमनर्थंहिसुनयैर्यःप्रबाधयेत् ॥ सनसंशयमाप्नोतिरोचतांभोव्रजामहे ८ ॥ ॥ ॥ ॥

वंपरलोकमाक्रमेत् ८ अयज्ञइतिच्छेदः ९ सैवयथादंशाद्यागवादिभ्योऽपोह्यंते एवंराष्ट्रादयज्ञाअपिअपोह्याःअयमेवधर्मइतिभावः १० विलोलितः शिलायांशिलयापिष्टःसूक्ष्मःसूक्ष्मतरश्चभव त्येवंधर्मोऽपि ११ इतिशांतिपर्वणिआपद्धर्मपर्वणिनीलकंठीयेभारतभावदीपेषट्त्रिंशदधिकशततमोऽध्यायः ॥ १३६ ॥ ॥ ॥ ॥ अनागतेति १ । २ । ३ सहचारिणोऽन्येप्यासन्निति शेषः ४ जलस्थायंक्षुद्रजलाशयं निम्नेषुप्रदेशेषु विविधैर्मुखैर्जलनिर्गमनमार्गैर्निःस्रावयामासुः ५ । ६ । ७ । ८ ॥ ॥ ॥ ॥ ॥

९ । १० श्रुत्वानयोर्वचनेइतिशेषः तेनरेचनमार्गेणसलिलाशयंजलाशयांतरम् ११ योगैर्जलस्याकुलीकरणादिभिरुपायैः १२ । १३ उद्दानेग्रथनेएतेषांग्रथितानांमत्स्यानामंतरंप्रविश्यस्थितः १४
गृह्यमिति । तदुद्दानंग्रथनसूत्रंगृह्यंगृह्णातीतिगृह्यंसूत्रंमुखेनावलंब्यावस्थितंतंमत्स्यंतेमत्स्यबंधाःगृहीत्वासर्वानेवग्रथितान्विदुः सचमत्स्यःतथैवगृहीतवदेवतत्रास्तेइतिशेषः १५ । १६ । १७ । १८
१९ । २० काष्ठेति । कालस्यदेशस्यचसूक्ष्मतां अर्वाहितोजानीयादितिश्लोकद्वयार्थः २१ । २२ एतौदीर्घदर्शिसंप्रतिपत्तिमंतौ २३ ताभ्यांपंचमी तदपेक्षयाऽपिपरीक्ष्यकारीयुक्तश्चविशि

दीर्घसूत्रस्तुयस्तत्रसोऽब्रवीत्सम्यगुच्यते ॥ नतुकार्यात्वरातावदितिमेनिश्चितामतिः ९ अथसंप्रतिपत्तिज्ञःप्राब्रवीद्दीर्घदर्शिनम् ॥ प्राप्तेकालेनमेकिंचिन्न्यायतःप
रिहास्यते १० एवंश्रुत्वानिराक्रम्यदीर्घदर्शीमहामतिः ॥ जगामस्रोतसातेनगंभीरंसलिलाशयम् ११ ततःप्रसृततोयंतंप्रसमीक्ष्यजलाशयम् ॥ बबंधुर्विविधैर्यो
गैर्मत्स्यान्मत्स्योपजीविनः १२ विलोड्यमानेतस्मिंस्तुस्रुततोयेजलाशये ॥ अगच्छद्बंधनंतत्रदीर्घसूत्रःसहापरैः १३ उद्दानेक्रियमाणेतुमत्स्यानांतत्ररज्जुभिः ॥
प्रविश्यांतरमेतेषांस्थितःसंप्रतिपत्तिमान् १४ गृह्यमेवतदुद्दानंगृहीत्वातंतथैवसः ॥ सर्वानेवचतांस्तत्रतेविदुर्ग्रथितानिति १५ ततःप्रक्षाल्यमानेषुमत्स्येषुविपु
लेजले ॥ मुक्त्वारज्जुंप्रमुक्तोऽसौशीघ्रंसंप्रतिपत्तिमान् १६ दीर्घसूत्रस्तुमंदात्माहीनबुद्धिरचेतनः ॥ मरणंप्राप्तवान्मूढोयथैवोपहतेंद्रियः १७ एवंप्राप्ततमंकालंयो
मोहान्नावबुद्ध्यते ॥ सविनश्यतिवैक्षिप्रंदीर्घसूत्रोयथाझषः १८ आदौनकुरुतेश्रेयःकुशलोऽस्मीतियःपुमान् ॥ ससंशयमवाप्नोतियथासंप्रतिपत्तिमान् १९ अ
नागतविधाताचप्रत्युत्पन्नमतिश्चयः ॥ द्वावेवसुखमेधेतेदीर्घसूत्रोविनश्यति २० काष्ठाकलामुहूर्ताश्चदिवारात्रिस्तथालवाः ॥ मासाःपक्षाःषडृतवःकल्पःसंवत्सरा
स्तथा २१ पृथिवीदेशइत्युक्तःकालःसचनदृश्यते ॥ अभिप्रेतार्थसिद्ध्यर्थंध्यायतेयच्चतत्तथा २२ एतौधर्मार्थशास्त्रेषुमोक्षशास्त्रेषुचर्षिभिः ॥ प्रधानावितिनिर्दिष्टौका
मेचाभिमतौनृणाम् २३ परीक्ष्यकारीयुक्तश्चससम्यगुपपादयेत् ॥ देशकालावभिप्रेतौताभ्यांफलमवाप्नुयात् २४ ॥ इतिश्रीमहाभारतेशांतिपर्वणिआपद्धर्मपर्वणिशा
कुलोपाख्यानेसप्तत्रिंशदधिकशततमोऽध्यायः ॥ १३७ ॥ ॥ युधिष्ठिरउवाच ॥ सर्वत्रबुद्धिःकथिताश्रेष्ठातेभरतर्षभ ॥ अनागतातथोत्पन्नादीर्घसूत्राविनाशिनी
१ तदिच्छामितदाश्रोतुंबुद्धिंतेभरतर्षभ ॥ यथाराजानमुह्येतशत्रुभिःपरिवारितः २ धर्मार्थकुशलोराजाधर्मशास्त्रविशारदः ॥ पृच्छामित्वांकुरुश्रेष्ठतन्मेव्याख्यातुमर्हसि
३ शत्रुभिर्बहुभिर्ग्रस्तोयथावर्तेतपार्थिवः ॥ एतदिच्छाम्यहंश्रोतुंसर्वमेवयथाविधि ४ विषमस्थंहिराजानंशत्रवःपरिपंथिनः ॥ बहवोप्येकमुद्धर्तुंयतंतेपूर्वतापिताः ५
सर्वत्रप्रार्थ्यमानेनदुर्बलेनमहाबलैः ॥ एकेनैवासहायेनशक्यंस्थातुंभवेत्कथम् ६ कथंमित्रमरिंचापिविंदतेभरतर्षभ ॥ चेष्टितव्यंकथंचात्रशत्रोर्मित्रस्यचांतरे ७

ष्टइत्यर्थः २४ शाकुलंमीनसंबंध्युपाख्यानम् ॥ इतिशांतिपर्वणिआपद्धर्मपर्वणिनीलकंठीयेभारतभावदीपे सप्तत्रिंशदधिकशततमोऽध्यायः ॥ १३७ ॥ ॥ ॥ ॥ सर्वत्रेति १ । २
३ । ४ उद्धर्तुमुन्मूलयितुम् ५ सर्वत्रसर्वदिक्स्थैःप्रार्थ्यमानेनग्रसितुमितिशेषः ६ । ७ ॥ ॥ ॥

८ प्राकृतकृत्रिममित्रयोर्मध्येकेनसंधिःकर्तव्यःकेनवावैरम् ९ । १० । ११ । १२ । १३ । १४ व्यवस्यनिश्चित्य १५ । १६ । १७ अत्रपूर्वश्लोकोक्तेऽर्थे १८ । १९ । २० । २१ । २२ उन्माथंकूटयंत्रंपशुमृगपक्षिबंधनम् २३ । २४ । २५ पलितोमूषिकः २६ । २७ तदामिषंतस्यउन्माथेधृतमामिषम् २८ सपत्नस्यसपत्नंबद्धमनादृत्य २९ शरस्तृणविशेषस्तत्प्रसूनंपुष्पं ३०

प्रज्ञातलक्षणेमित्रेतथैवामित्रतांगते ।। कथंतुपुरुषःकुर्यात्कृत्वाकिंवासुखीभवेत् ८ विग्रहंकेनवाकुर्यात्संधिंवाकेनयोजयेत् ।। कथंवाशत्रुमध्यस्थोवर्तेतबलवानपि ९ ए तद्वैसर्वकृत्यानांपरंकृत्यंपरंतप ।। नैतस्यकश्चिद्वक्तास्तिश्रोतावाऽपिसुदुर्लभः १० ऋतेशांतनवाद्भीष्मात्सत्यसंधाज्जितेंद्रियात् ।। तदन्विष्यमहाभागसर्वमेतद्ब्रवीहिमे ११ ।। भीष्मउवाच ।। त्वद्युक्तोऽयमनुप्रश्नोयुधिष्ठिरसुखोदयः ।। शृणुमेपुत्रकात्स्न्र्येनगुह्यमापत्सुभारत १२ अमित्रोमित्रतांयातिमित्रंचापिप्रदुष्यति ।। सामर्थ्ययोगात्कार्याणामनित्यावैसदागतिः १३ तस्माद्विश्वसितव्यंचविग्रहंचसमाचरेत् ।। देशंकालंचविज्ञायकार्याकार्यविनिश्चये १४ संधातव्यंबुधैर्नित्यंव्यवस्यचहितार्थिभिः ।। अमित्रैरपिसंधेयंप्राणारक्ष्याहिभारत १५ योह्यमित्रैर्नरोनित्यंनसंदध्यादपंडितः ।। नसोऽर्थंप्राप्नुयात्किंचित्फलान्यपिचभारत १६ यस्त्वमित्रेणसंदध्यान्मित्रेणचविरुद्ध्यते ।। अर्थयुक्तिंसमालोक्यसुमहद्विंदतेफलम् १७ अत्राप्युदाहरंतीममितिहासंपुरातनम् ।। मार्जारस्यचसंवादंन्यग्रोधेमूषिकस्यच १८ वनेमहतिकस्मिंश्चिन्न्यग्रोधःसुमहानभूत् ।। लताजालपरिच्छन्नोनानाद्विजगणान्वितः १९ स्कंधवान्मेघसंकाशःशीतच्छायोमनोरमः ।। अरण्यमभितोजातःसतुव्यालमृगाकुलः २० तस्यमूलंसमाश्रित्यकृत्वाशतमुखंबिलम् ।। वसतिस्ममहाप्राज्ञःपलितोनाममूषिकः २१ शाखांतस्यसमाश्रित्यवसतिस्मसुखंपुरा ।। लोमशोनाममार्जारःपक्षिसंघातखादकः २२ तत्रचागत्यचांडालोह्यरण्येकृतकेतनः ।। प्रयोजयतिचोन्माथंनित्यमस्तंगतेरवौ २३ तत्रस्नायुमयान्पाशान्यथावत्संविधायसः ।। गृहंगत्वासुखंशेतेप्रभातामेतिशर्वरीम् २४ तत्रस्मनित्यंबध्यन्तेनक्तंबहुविधामृगाः ।। कदाचिदत्रमार्जारस्त्वप्रमत्तोव्यबध्यत २५ तस्मिन्बद्धेमहाप्राणेशत्रौनित्याततायिनि ।। तंकालंपलितोज्ञात्वाप्रचचारसुनिर्भयः २६ तेनानुचरतातस्मिन्वनेविश्वस्तचारिणा ।। भक्ष्यंमृगयमाणेनचिराद्दृष्टंतदामिषम् २७ सतमुन्माथमारुह्यतदामिषमभक्षयत् २८ तस्योपरिसपत्नस्यबद्धस्यमनसाहसन् ।। आमिषेतुप्रसक्तःसकदाचिदवलोकयन् २९ अपश्यदपरंघोरमात्मनःशत्रुमागतम् ।। शरप्रसूनसंकाशंमहीविवरशायिनम् ३० नकुलंहरिणंनामचपलंताम्रलोचनम् ।। तेनमूषिकगंधेनत्वरमाणमुपागतम् ३१ भक्ष्यार्थंसंलिहानंतंभूमावूर्ध्वमुखंस्थितम् ।। शाखागतमरिंचान्यमपश्यत्कोटरालयम् ३२ उलूकंचंद्रकंनामतीक्ष्णतुंडंक्षपाचरम् ।। गतस्यविषयंतत्रनकुलोलूकयोस्तथा ३३ अथास्यासीदियंचिंतातत्प्राप्यसुमहद्भयम् ।। आपद्यस्यांसुकष्टायांमरणेप्रत्युपस्थिते ३४ समंताद्भयउत्पन्नेकथंकार्यंहितैषिणा ।। सतथासर्वतोरुद्धःसर्वत्रभयदर्शनः ३५ अभवद्भयसंतप्तश्चक्रेचपरमांमतिम् ।। आपद्विनाशभूयिष्ठंगतेःकार्यंहिजीवितम् ३६ ।। ।। ।। ।।

३१ । ३२ । ३३ । ३४ । ३५ गतैरापद्गतैर्जीवितमापद्विनाशेनभूयिष्ठंप्रशस्तंकार्यं ३६ ।। ।। ।। ।।

रपष्ठेऽध्यायशेषः ३७ । ३८ । ३९ । ४० । ४१ । ४२ । ४३ । ४४ । ४५ । ४६ । ४७ । ४८ । ४९ । ५० । ५१ । ५२ । ५३ । ५४ । ५५ । ५६ । ५७ । ५८

समंतात्संशयात्सैषातस्मादापदुपस्थिता ॥ गतंमांसहसाभूमिंनकुलोभक्षयिष्यति ३७ उलूकश्चेहतिष्ठंतंमार्जारःपाशसंक्षयात ॥ नत्वेवास्मद्विधःप्राज्ञःसंमोहं
गंतुमर्हति ३८ करिष्येजीवितयत्नंयावद्युक्त्यार्प्रतिग्रहात् ॥ नहिबुद्ध्यान्वितःप्राज्ञोनीतिशास्त्रविशारदः ३९ निमज्जत्यापदंप्राप्यमहतींदारुणामपि ४० नत्व
न्यामिहमार्जाराद्गतिंपश्यामिसांप्रतम् ॥ विषमस्थोह्ययंशत्रुःकृत्यंचास्यमहन्मया ४१ जीवितार्थीकथंत्वद्यशत्रुभिःप्रार्थितस्त्रिभिः ॥ तस्मादेनमहंशत्रुंमार्जा
रंसंश्रयामिवै ४२ नीतिशास्त्रंसमाश्रित्यहितमस्योपवर्णये ॥ येनेमंशत्रुसंघातंमतिपूर्वेणवंचये ४३ अयमत्यंतशत्रुर्मेवैषम्यंपरमंगतः ॥ मूढोग्राहयितुंस्वार्थेसं
गत्यायदिशक्यते ४४ कदाचिद्व्यसनंप्राप्यसंधिंकुर्यान्मयासह ॥ बलिनासन्निकृष्टस्यशत्रोरपिपरिग्रहः ४५ कार्यइत्याहुराचार्याविषमेजीवितार्थिना ॥ श्रेष्ठो
हिपंडितःशत्रुर्नचमित्रमपंडितः ४६ ममत्वमित्रेमार्जारेजीवितंसंप्रतिष्ठितम् ॥ हंतास्मैसंप्रवक्ष्यामिहेतुमात्माभिरक्षणे ४७ अपीदानीमयंशत्रुःसंगत्यापंडितो
भवेत् ॥ एवंविचिंतयामासमूषिकःशत्रुचेष्टितम् ४८ ततोऽर्थगतितत्त्वज्ञःसंधिविग्रहकालवित् ॥ सांत्वपूर्वमिदंवाक्यंमार्जारंमूषिकोऽब्रवीत् ४९ सौहृदेनाभि
भाषेत्वांकच्चिन्मार्जारजीवसि ॥ जीवितंहितवेच्छामिश्रेयःसाधारणंहिनौ ५० नतेसौम्यभयंकार्यंजीविष्यसियथासुखम् ॥ अहंत्वामुद्धरिष्यामियदिमांनजिघां
ससि ५१ अस्तिकश्चिदुपायोऽत्रदुष्करःप्रतिभातिमे ॥ येनशक्यस्त्वयामोक्षःप्राप्तुंश्रेयस्तथामया ५२ मयाप्युपायोदृष्टोऽयंविचार्यमतिमात्मनः ॥ आत्मार्थं
चत्वदर्थंचश्रेयःसाधारणंहिनौ ५३ इदंहिनकुलोलूकंपापबुद्ध्याऽभिसंस्थितम् ॥ नधर्षयतिमार्जारतेनमेस्वस्तिसांप्रतम् ५४ कूजंश्चपलनेत्रोयंकौशिकोमांनिरी
क्षते ॥ नगशाखाग्रगःपापस्तस्याहंभृशमुद्विजे ५५ सतांसाप्तपदंमैत्रंससखामेऽसिपंडितः ॥ सांवासयकंकरिष्यामिनास्तितेभयमद्यवै ५६ नहिशक्तोऽसिमार्जा
रपाशंछेत्तुंमयाविना ॥ अहंछेत्स्यामिपाशांस्तेयदिमांत्वंनहिंससि ५७ त्वमाश्रितोद्रुमस्याग्रंमूलंत्वहमुपाश्रितः ॥ चिरोषितावुभावावांवृक्षेऽस्मिन्विदितंचते ५८
यस्मिन्नाश्वासतेकश्चिद्यश्चनाश्वसितिक्वचित् ॥ नतौधीराःप्रशंसंतिनित्यमुद्विग्नमानसौ ५९ तस्माद्विवर्धतांप्रीतिर्नित्यंसंगतमस्तुनौ ॥ कालातीतमिहार्थंतुनप्र
शंसंतिपंडिताः ६० अर्थयुक्तिमिमांतत्रयथाभूतांनिशामय ॥ तवजीवितमिच्छामित्वंममेच्छसिजीवितम् ६१ कश्चित्तरतिकाष्ठेनसुगंभीरांमहानदीम् ॥ सता
रयतितत्काष्ठंसचकाष्ठेनतार्यते ६२ ईदृशोनौसमायोगोभविष्यतिसुविस्तरः ॥ अहंत्वांतारयिष्यामिमांचत्वंतारयिष्यसि ६३ एवमुक्त्वातुपलितस्तमर्थमुभयो
हितम् ॥ हेतुमद्ग्रहणीयंचकालापेक्षीन्यवेक्षयच ६४ अथसुव्याहृतंश्रुत्वातस्यशत्रोर्विचक्षणः ॥ हेतुमद्ग्रहणीयार्थंमार्जारोवाक्यमब्रवीत् ६५ ॥

५९ । ६० । ६१ । ६२ । ६३ । ६४ । ६५ ॥ ॥ ॥

॥ ९ ॥ बुद्धिमान्वाक्यसंपन्नस्तद्वाक्यमनुवर्णयन् ॥ स्वामवस्थांसमीक्ष्याथसाम्नैवप्रत्यपूजयत् ६६ ततस्तीक्ष्णाग्रदशनोमणिवैदूर्यलोचनः ॥ मूषिकंमंदमुद्वीक्ष्यमार्जा अ०
रोलोमशोऽब्रवीत् ६७ नंदामिसौम्यभद्रंतेयोमांजीवितुमिच्छसि ॥ श्रेयश्चयदिजानीषेक्रियतांमाविचारय ६८ अहंहिभृशमापन्नस्त्वमापन्नतरोमम ॥ द्वयो
रापन्नयोःसंधिःक्रियतांमाचिरायच ६९ विधास्येप्राप्तकालंयत्कार्यंसिद्धिकरंविभो ॥ मयिकृच्छ्राद्विनिर्मुक्तेनविनंक्ष्यतितेकृतम् ७० न्यस्तमानोऽस्मिभक्तोऽस्मि ॥१३८॥
शिष्यस्त्वद्धितकृत्तथा ॥ निदेशवशवर्तीचभवंतंशरणंगतः ७१ इत्येवमुक्तःपलितोमार्जारंवशमागतम् ॥ वाक्यंहितमुवाचेदमभिनीनार्थमर्थवित् ७२ उदारंय
द्भवानाहनैतच्चित्रंभवद्विधे ॥ विहितोयस्तुमार्गोमेहितार्थंशृणुतंमम ७३ अहंत्वाऽनुप्रवेक्ष्यामिनकुलान्मेमहद्भयम् ॥ त्रायस्वमामावधीस्त्वंशक्तोऽस्मितवरक्षणे ७४
उलूकाच्चैवमांरक्षक्षुद्रःप्रार्थयतेहिमाम् ॥ अहंछेत्स्यामितेपाशान्सखेसत्येनतेशपे ७५ तद्वचःसंगतंश्रुत्वालोमशोयुक्तमर्थवत् ॥ हर्षादुद्वीक्ष्यपलितंस्वागतेनाभ्य
पूजयत् ७६ तंसंपूज्याथपलितंमार्जारःसौहृदेस्थितः ॥ सविचिन्त्याब्रवीद्धीरःप्रीतस्त्वरितएवच ७७ शीघ्रमागच्छभद्रन्तेत्वंमेप्राणसमःसखा ॥ तवप्राज्ञप्र
सादाद्धिप्रायःप्राप्स्यामिजीवितम् ७८ यद्यदेवंगतेनाथशक्यंकर्तुंमयातव ॥ तदाज्ञापयकर्ताऽस्मिसंधिरेवास्तुनौसखे ७९ अस्मात्तुसंकटान्मुक्तःसमित्रगण
बान्धवः ॥ सर्वकार्याणिकर्ताऽहंप्रियाणिचहितानिच ८० मुक्तश्चव्यसनादस्मात्सौम्याहमपिनामते ॥ प्रीतिमुत्पादयेयंचप्रीतिकर्तुश्चसत्क्रियाम् ८१ प्रत्युपकु
र्वन्बह्वपिनभातिपूर्वोपकारिणातुल्यः ॥ एकःकरोतिहिकृतेनिष्कारणमेवकुरुतेऽन्यः ८२ ॥ भीष्मउवाच ॥ ग्राहयित्वातुतंस्वार्थंमार्जारंमूषिकस्तथा ॥ प्रविवे
शतुविश्रम्यक्रोडमस्यकृतागसः ८३ एवमाश्वासितोविद्वान्मार्जारेणसमूषिकः ॥ मार्जारोरसिविस्रब्धःसुष्वापपितृमातृवत् ८४ लीनंतुतस्यगात्रेषुमार्जारस्यच
मूषिकम् ॥ दृष्ट्वातौनकुलोलूकौनिराशौप्रत्यपद्यताम् ८५ तथैवतौसुसंत्रस्तौदृढमागततंद्रितौ ॥ दृष्ट्वातयोःपरांप्रीतिंविस्मयंपरमंगतौ ८६ बलिनौमतिमंतौ
चसुवृत्तौचाप्युपासितौ ॥ अशक्तौतुनयात्तस्मात्संप्रधर्षयितुंबलात् ८७ कार्यार्थंकृतसंधीतौदृष्ट्वामार्जारमूषिकौ ॥ उलूकनकुलौतूर्णंजग्मतुस्तौस्वमालयम्
८८ लीनःसतस्यगात्रेषुपलितोदेशकालवित् ॥ चिच्छेदपाशान्नृपतेकालापेक्षीशनैःशनैः ८९ अथबंधपरिक्लिष्टोमार्जारोवीक्ष्यमूषिकम् ॥ छिन्दन्तंवैतदापा
शानत्वरंतंत्वरान्वितः ९० तमत्वरंतंपलितंपाशानांछेदनेतथा ॥ संचोदयितुमारेभेमार्जारोमूषिकंतदा ९१ किंसौम्यनातित्वरसेकिंकृतार्थोऽवमन्यसे ॥ छिं
धिपाशानमित्रघ्नपुराश्वपचएतिच ९२ इत्युक्तस्त्वरतातेनमतिमान्पलितोऽब्रवीत् ॥ मार्जारमकृतप्रज्ञंपथ्यमात्महितंवचः ९३ तूष्णींभवनतेसौम्यत्वराकार्यान
संभ्रमः ॥ वयमेवात्रकालज्ञानकालःपरिहास्यते ९४ ॥ ॥ ॥

९५ । ९६ । ९७ । ९८ । ९९ । १०० । १०१ । १०२ । १०३ । ४ । ५ । ६ । ७ । ८ । ९ । १० । ११ । १२ । १३ । १४ । १५ । १६ । १७ । १८ । १९ । २० । २१ । २२ । २३ । २४

अकालेकृत्यमारब्धंकर्तुर्नार्थायकल्पते ॥ तदेवकालआरब्धंमहतेऽर्थायकल्पते ९५ अकालेविप्रमुक्तान्मेत्वत्तएवभयंभवेत् ॥ तस्मात्कालंप्रतीक्षस्वकिमितित्वरसेस
खे ९६ यदापश्यामिचांडालमायांतंशस्त्रपाणिनम् ॥ ततश्छेत्स्यामितेपाशान्प्राप्तेसाधारणेभये ९७ तस्मिन्कालेप्रमुक्तस्त्वंतरुमेवाधिरोक्ष्यसे ॥ नहितेजी
वितादन्यत्किंचित्कृत्यंभविष्यति ९८ ततोभवत्यपक्रांतेत्रस्तेभीतेचलोमश ॥ अहंबिलंप्रवेक्ष्यामिभवान्शाखांभजिष्यति ९९ एवमुक्तस्तुमार्जारोमूषिकेणात्म
नोहितम् ॥ वचनंवाक्यतत्त्वज्ञोजीवितार्थीमहामतिः १०० अथात्मकृत्येत्वरितःसम्यक्प्रश्रितमाचरन् ॥ उवाचलोमशोवाक्यंमूषिकंचिरकारिणम् १०१ नह्ये
वंमित्रकार्याणिप्रीत्याकुर्वंतिसाधवः ॥ यथात्वंमोक्षितःकृच्छ्रात्त्वरमाणेनवैमया १०२ तथाहित्वरमाणेनत्वायाकार्यंहितंमम ॥ यत्नंकुरुमहाप्राज्ञयथारक्षाऽऽवयो
र्भवेत् १०३ अथवापूर्ववैरंत्वंस्मरन्कालंजिहीर्षसि ॥ पश्यदुष्कृतकर्मंस्त्वंव्यक्तमायुःक्षयंतव ४ यदिकिंचिन्मयाऽज्ञानात्पुरस्ताद्दुष्कृतंकृतम् ॥ नतन्मनसिकर्त
व्यंक्षामयेत्वांप्रसीदिमे ५ तमेवंवादिनंप्राज्ञःशास्त्रबुद्धिसमन्वितः ॥ उवाचेदंवचःश्रेष्ठंमार्जारंमूषिकस्तदा ६ श्रुतंमेतवमार्जारस्वमर्थंपरिगृह्णतः ॥ ममापित्वंवि
जानासिस्वमर्थंपरिगृह्णतः ७ यन्मित्रंभीतवत्साध्यंयन्मित्रंभयसंहितम् ॥ सुरक्षितव्यंतत्कार्यंपाणिःसर्पमुखादिव ८ कृत्वाबलवतासंधिमात्मानंयोनरक्षति ॥
अपथ्यमिवतद्भुक्तंतस्यनार्थायकल्पते ९ नकश्चित्कस्यचिन्मित्रंनकश्चित्कस्यचित्सुहृत् ॥ अर्थतस्तुनिबध्यंतेमित्राणिरिपवस्तथा १० अर्थैरर्थानिबध्यंतेगजैर्व
नगजाइव ॥ नचकश्चित्कृतेकार्येकर्तारंसमवेक्षते ११ तस्मात्सर्वाणिकार्याणिसावशेषाणिकारयेत् ॥ तस्मिन्कालेऽपिचभवान्दिवाकीर्तिभयार्दितः १२ ममनग्र
हणेशक्तःपलायनपरायणः ॥ छिन्नंतुतंतुबाहुल्यंतंतुरेकोवशेषितः १३ छेत्स्याम्यहंतमप्याशुनिर्वृतोभवलोमश ॥ तयोःसंवदतोरेवंतथैवापन्नयोर्द्वयोः १४ क्षयं
जगामसारात्रिर्लोमशंत्वाविशद्भयम् ॥ ततःप्रभातसमयेविकृतःकृष्णपिंगलः १५ स्थूलस्फिग्विकृतोरूक्षःश्वयूथपरिवारितः ॥ शंकुकर्णोमहावक्त्रोमलिनोघो
रदर्शनः ॥ १६ परिघोनामचांडालःशस्त्रपाणिरदृश्यत ॥ तंदृष्ट्वायमदूताभंमार्जारस्त्रस्तचेतनः १७ उवाचवचनंभीतःकिमिदानींकरिष्यसि ॥ अथतावपिसंत्र
स्तौतंदृष्ट्वाघोरसंकुलम् १८ क्षणेननकुलोलूकौनैराश्यमुपजग्मतुः ॥ बलिनौमतिमंतौचसंघातेचाप्युपागतौ १९ अशक्तौसुनयात्तस्मात्संप्रधर्षयितुंबलात् ॥
कार्यार्थेकृतसंधानौदृष्ट्वामार्जारमूषिकौ २० उलूकनकुलौतत्रजग्मतुःस्वंस्वमालयम् ॥ ततश्चिच्छेदतंपाशंमार्जारस्यचमूषिकः २१ विप्रमुक्तोऽथमार्जारस्तमेवा
भ्यपतद्द्रुमम् ॥ सतस्मात्संभ्रमावर्तान्मुक्तोघोरेणशत्रुणा २२ बिलंविवेशपलितःशाखांलेभेसलोमशः ॥ उन्माथमप्यथादायचांडालोवीक्ष्यसर्वशः २३ विहताशः
क्षणेनास्तेतस्माद्देशादपाक्रमत् ॥ जगामसस्वभवनंचांडालोभरतर्षभ २४ ॥ ॥ ॥ ॥

॥ ६ ॥ ततस्तस्माद्भयान्मुक्तोदुर्लभंप्राप्यजीवितम् ॥ बिलस्थंपादपाग्रस्थःपलितंलोमशोऽब्रवीत् २५ अकृत्वासंविदंकांचित्सहसासमवप्लुतः ॥ कृतज्ञंकृतकर्माणंकच्चिन्मां अ० १३८
नाभिशंकसे २६ गत्वाचममविश्वासंदत्वाचममजीवितम् ॥ मित्रोपभोगसमयेकिंमांत्वंनोपसर्पसि २७ कृत्वाहिपूर्वंमित्राणियःपश्चान्नानुतिष्ठति ॥ नसमित्राणि
लभतेकृच्छ्रास्वापत्सुदुर्मतिः २८ सत्कृतोहंत्वयामित्रसामर्थ्यादात्मनःसखे ॥ समांमित्रत्वमापन्नमुपभोक्तुंत्वमर्हसि २९ यानिमेसंतिमित्राणियेचसंबंधिबांधवाः ॥
सर्वेत्वांपूजयिष्यंतिशिष्यागुरुमिवप्रियम् ३० अहंचपूजयिष्येत्वांसमित्रगणबांधवम् ॥ जीवितस्यप्रदातारंकृतज्ञःकोनपूजयेत् ३१ ईश्वरोमेभवानस्तुस्वशरीरगृ
हस्यच ॥ अर्थानांचैवसर्वेषामनुशास्ताचमेभव ३२ अमात्योमेभवप्राज्ञपितेवेहप्रशाधिमाम् ॥ नतेऽस्तिभयमस्मत्तोजीवितेनात्मनःशपे ३३ बुद्ध्यात्वमुशनासा
क्षाद्बलेनाधिकृतावयम् ॥ त्वंमंत्रबलयुक्तोहिदत्वाजीवितमद्यमे ३४ एवमुक्तःपरांशांतिंमार्जारेणसमूषिकः ॥ उवाचपरमंत्रज्ञःश्लक्ष्णमात्महितंवचः ३५ यद्भवाना
हतत्सर्वंमयातेलोमशश्रुतम् ॥ ममापितावद्ब्रुवतःशृणुयत्प्रतिभातिमे ३६ वेदितव्यानिमित्राणिविज्ञेयाश्चापिशत्रवः ॥ एतत्सुसूक्ष्मंलोकेस्मिन्दृश्यतेप्राज्ञसंमतम्
३७ शत्रुरूपाहिसुहृदोमित्ररूपाश्चशत्रवः ॥ संधितास्तेनबुद्ध्यंतेकामक्रोधवशंगताः ३८ नास्तिजातुरिपुर्नाममित्रंनामनविद्यते ॥ सामर्थ्ययोगाज्जायंतेमित्रा
णिरिपवस्तथा ३९ योयस्मिन्जीवतिस्वार्थंपश्येत्पीडांनजीवति ॥ सतस्यमित्रंतावत्स्याद्यावन्नस्याद्विपर्ययः ४० नास्तिमैत्रीस्थिरानामनचध्रुवमसौहृदम् ॥
अर्थयुक्त्यानुजायंतेमित्राणिरिपवस्तथा ४१ मित्रंचशत्रुतामेतिकस्मिंश्चित्कालपर्यये ॥ शत्रुश्चमित्रतामेतिस्वार्थोहिबलवत्तरः ४२ योविश्वसितिमित्रेषुनवि
श्वसितिशत्रुषु ॥ अर्थयुक्तिमविज्ञाययःप्रीतौकुरुतेमनः ४३ मित्रेवायदिवाशत्रौतस्यापिचलितामतिः ॥ नविश्वसेदविश्वस्तेविश्वस्तेनातिविश्वसेत् ॥ वि
श्वासाद्भयमुत्पन्नमपिमूलानिकृंतति ४४ अर्थयुक्त्याहिजायंतेपितामातासुतस्तथा ॥ मातुलाभागिनेयाश्चतथासंबंधिबांधवाः ४५ पुत्रंहिमातापितरौत्यजतः
पतितंप्रियम् ॥ लोकोरक्षतिचात्मानंपश्यस्वार्थस्यसारताम् ४६ सामान्यानिष्कृतिःप्राज्ञयोमोक्षात्प्रत्यनंतरम् ॥ कृतंमृगयसेशत्रुंसुखोपायमसंशयम् ४७
अस्मिन्निलयएवत्वंन्यग्रोधादवतारितः ४८ पूर्वंनिविष्टमुन्माथंचपलत्वान्नबुद्धवान् ॥ आत्मनश्चपलोनास्तिकुतोऽन्येषांभविष्यति ४९ तस्मात्सर्वाणिका
र्याणिचपलोहंत्यसंशयम् ॥ ब्रवीषिमधुरंयच्चप्रियोमेऽद्यभवानिति ५० तन्मित्रकारणंसर्वंविस्तरेणापिमेशृणु ॥ कारणात्प्रियतामेतिद्वेष्योभवतिकारणात् ५१ अर्था
र्थीजीवलोकोऽयंनकश्चित्कस्यचित्प्रियः ॥ सख्यंसोदर्ययोर्भ्रात्रोर्दम्पत्योर्वापरस्परम् ५२ कस्यचिन्नाभिजानामिप्रीतिंनिष्कारणामिह ॥ यद्यपिभ्रा
तरःक्रुद्धाभार्यावाकारणांतरे १५३ ॥ ॥ ॥ ॥ ॥ ६ ॥

५४ । ५५ । ५६ । ५७ । ५८ । ५९ । ६० । ६१ । ६२ । ६३ । ६४ । ६५ । ६६ । ६७ । ६८ । ६९ । ७० । ७१ । ७२ । ७३ । ७४ । ७५ । ७६ । ७७ । ७८ । ७९ । ८० । ८१ । ८२ । ८३

स्वभावतस्तेप्रीयन्तेनेतरःप्रीयतेजनः ॥ प्रियोभवतिदानेनप्रियवादेनचापरः १५४ मंत्रहोमजपैरन्यःकार्यार्थंप्रीयतेजनः ॥ उत्पन्नाकारणंप्रीतिरासीन्नौकारणां
तरं ५५ प्रध्वस्तेकारणस्थानेसाप्रीतिर्विनिवर्तते ॥ किंतुतत्कारणंमन्येयेनाहंभवतःप्रियः ५६ अन्यत्राभ्यवहारार्थंतत्रापिचबुधावयम् ॥ कालोहेतुंविकुरु
तेस्वार्थस्तमनुवर्तते ५७ स्वार्थंप्राज्ञोऽभिजानातिप्राज्ञंलोकोऽनुवर्तते ॥ नत्वीदृशंत्वयावाच्यंविदुषिस्वार्थपंडिते ५८ अकालेहिसमर्थस्यस्नेहहेतुरयंतव ॥
तस्मान्नाहंचलेस्वार्थात्सुस्थिरःसंधिविग्रहे ५९ अभ्राणामिवरूपाणिविकुर्वंतिक्षणेक्षणे ॥ अद्यैवहिरिपुर्भूत्वापुनरद्यैवमेसुहृत् ६० पुनश्चरिपुरद्यैवयुक्तीनांपश्य
चापलम् ॥ आसीन्मैत्रीतुतावन्नौयावद्धेतुरभूत्पुरा ६१ सागतासहतेनैवकालयुक्तेनहेतुना ॥ त्वंहिमेजातितःशत्रुःसामर्थ्यान्मित्रतांगतः ६२ तत्कृत्यमभि
निर्वर्त्यप्रकृतिःशत्रुतांगता ॥ सोऽहमेवंप्रणीतानिज्ञात्वाशास्त्राणितत्त्वतः ६३ प्रविशेयंकथंपाशंत्वत्कृतेतद्वदस्वमे ॥ त्वद्वीर्येणप्रमुक्तोऽहंमद्वीर्येणतथाभवान् ६४
अन्योन्यानुग्रहेवृत्तेनास्तिभूयःसमागमः ॥ त्वंहिसौम्यकृतार्थोऽद्यनिवृत्तार्थास्तथावयम् ६५ नतेस्त्यद्यमयाकृत्यंकिंचिदन्यत्रभक्षणात् ॥ अहमन्नंभवान्भोक्ता
दुर्बलोऽहंभवान्बली ६६ नावयोर्विद्यतेसंधिर्वियुक्तेविषमेबले ॥ समन्येऽहंतवप्रज्ञांयन्मोक्षात्प्रत्यनंतरम् ६७ भक्ष्यंप्रशंससेनूनंसुखोऽपायेनकर्मणा ॥ भक्ष्यार्थंह्यव
बद्धस्त्वंसमुक्तःपीडितःक्षुधा ६८ शास्त्रजांमतिमास्थायनूनंभक्षयिताऽद्यमाम् ॥ जानामिक्षुधितंतुत्वामाहारसमयश्चते ६९ सत्वंमामभिसंधायभक्ष्यंमृगयसेपु
नः ॥ त्वंचापिपुत्रदारस्थोयत्संधिंसृजसेमयि ७० शुश्रूषांयतसेकर्तुंसखेममनतत्क्षमम् ॥ त्वयामांसहितंदृष्ट्वाप्रियाभार्यासुताश्चते ७१ कस्मात्तेमांनखादेयुर्हृ
ष्टाःप्रणयिनस्त्वयि ॥ नाहंत्वयासमेष्याभिवृत्तोहेतुःसमागमे ७२ शिवंध्यायस्वमेस्वस्थःसुकृतंस्मरसेयदि ॥ शत्रोरनार्यभूतस्यक्लिष्टस्यक्षुधितस्यच ७३ भ
क्ष्यंमृगयमाणस्यकःप्राज्ञोविषयंव्रजेत् ॥ स्वस्तितेऽस्तुगमिष्यामिदूरादपितवोद्विजे ७४ विश्वस्तंवाप्रमत्तंवाएतदेवकृतंभवेत् ॥ बलवत्संनिकर्षोहिनकदाचित्प्र
शस्यते ७५ नाहंत्वयासमेष्यामिनिवृत्तोभवलोमश ॥ यदित्वंसुकृतंवेत्सितत्सख्यमनुसारय ७६ प्रशांतादपिमेपापाद्भेतव्यंबलिनःसदा ॥ यदिस्वार्थंनते
कार्यंब्रूहिकिंकरवाणिते ७७ कामंसर्वंप्रदास्यामिनत्वाऽऽत्मानंकदाचन ॥ आत्मार्थेसंततिस्त्याज्याराज्यंरत्नंधनानिच ७८ अपिसर्वस्वमुत्सृज्यरक्षेदात्मानमा
त्मना ॥ ऐश्वर्यधनरत्नानांप्रत्यमित्रेनिवर्तताम् ७९ दृष्टाहिपुनरावृत्तिर्जीवतामितिनःश्रुतम् ॥ नत्वात्मनःसंप्रदानंधनरत्नवदिष्यते ८० आत्माहिसर्वदार
क्ष्योदारैरपिधनैरपि ॥ आत्मरक्षणतंत्राणांसुपरीक्षितकारिणाम् ८१ आपदोनोपपद्यन्तेपुरुषाणांस्वदोषजाः ॥ शत्रुंसम्यग्विजानंतिदुर्बलायेबलीयसम् ८२ न
तेषांचाल्यतेबुद्धिःशास्त्रार्थकृतनिश्चया ॥ इत्यभिव्यक्तमेवंसपलितेनाभिभर्त्सितः १८३ ॥ ॥ ॥

म.भा.टी. ॥ १८४ । ८५ । ८६ । ८७ । ८८ । ८९ । ९० । ९१ । ९२ । ९३ । ९४ । ९५ । ९६ । ९७ । ९८ । ९९ । २०० । १ । २ । ३ । ४ । ५ । ६ । ७ । ८ । ९ । २१० । ११ । १२ । २१३ शां.आ.१२

॥ ७ ॥ अ० १३८

मार्जारोव्रीडितोभूत्वामूषिकंवाक्यमब्रवीत् १८४ ॥ लोमशउवाच ॥ सत्यंशपेत्वयाऽहंवैमित्रद्रोहोविगर्हितः ॥ तन्मन्येऽहंतवप्रज्ञांयस्त्वंममहितेरतः ८५
उक्तवानर्थतत्त्वेनमयासंभिन्नदर्शनः ॥ नतुमामन्यथासाधोत्वंग्रहीतुमिहार्हसि ८६ प्राणप्रदानजंत्वत्तोमयिसौहृदमागतम् ॥ धर्मज्ञोऽस्मिगुणज्ञोस्मिकृतज्ञोऽस्मि
विशेषतः ८७ मित्रेषुवत्सलश्चास्मित्वद्भक्तश्चविशेषतः ॥ तस्मादेवंपुनःसाधोमय्याचरितुमर्हसि ८८ त्वयाहिवाच्यमानोऽहंजह्यांप्राणान्सबांधवः ॥ विश्रंभोहिबुधै
र्दृष्टोमद्विधेषुमनस्विषु ८९ तदेतद्धर्मतत्त्वज्ञनत्वंशंकितुमर्हसि ॥ इतिसंस्तूयमानोऽपिमार्जारेणसमूषिकः ९० मनसाभावगंभीरोमार्जारंवाक्यमब्रवीत् ॥ साधुर्भ
वान्श्रुतार्थोऽस्मिप्रीयेचनचविश्वसे ९१ संस्तवैर्वाधनौघैर्वानाहंशक्यःपुनस्त्वया ॥ नह्यमित्रवशंयांतिप्राज्ञानिष्कारणंसखे ९२ अस्मिन्नर्थेचगाथेद्वेनिबोधोशन
साकृते ॥ शत्रुसाधारणेकृत्येकृत्वासंधिंबलीयसा ९३ समाहितश्चरेद्युक्त्याकृतार्थश्चनविश्वसेत् ॥ नाविश्वस्तेविश्वसेदविश्वस्तेनातिविश्वसेत् ९४ नित्यंविश्वा
सयेदन्यान्परेषांतुनविश्वसेत् ॥ तस्मात्सर्वास्ववस्थासुरक्षेज्जीवितमात्मनः ९५ द्रव्याणिसंततिश्चैवसर्वंभवतिजीवतः ॥ संक्षेपोनीतिशास्त्राणामविश्वासःपरो
मतः ९६ नृषुतस्मादविश्वासःपुष्कलंहितमात्मनः ॥ वध्यंतेनहिविश्वस्ताःशत्रुभिर्दुर्बलाअपि ९७ विश्वस्तास्तेषुवध्यंतेबलवंतोऽपिदुर्बलैः ॥ त्वद्विधेभ्यो
मयाह्यात्मारक्ष्योमार्जारसर्वदा ९८ रक्षत्वमपिचात्मानंचांडालाज्जातिकिल्बिषात् ॥ सतस्यब्रुवतस्त्वेवंसंत्रासाज्जातसाध्वसः ९९ शाखांहित्वाजवेनाशुमा
र्जारःप्रययौततः ॥ ततःशास्त्रार्थतत्त्वज्ञोबुद्धिसामर्थ्यमात्मनः २०० विश्राव्यपलितःप्राज्ञोबिलमन्यज्जगामह ॥ एवंप्रज्ञावताबुद्ध्यादुर्बलेनमहाबलाः १ ए
केनबहवोऽमित्राःपलितेनाभिसंधिताः ॥ अरिणापिसमर्थेनसंधिंकुर्वीतपंडितः २ मूषिकश्चबिडालश्चमुक्तावन्योन्यसंश्रयात् ॥ इत्येवंक्षत्रधर्मश्चमयामार्गेषुदर्शि
तः ३ विस्तरेणमहाराजसंक्षेपमपिमेशृणु ॥ अन्योन्यकृतवैरौतुचक्रतुःप्रीतिमुत्तमाम् ४ अन्योन्यमभिसंधातुंसंबभूवतयोर्मतिः ॥ तत्रप्राज्ञोऽभिसंधत्तेसम्य
ग्बुद्धिसमाश्रयात् ५ अभिसंधीयतेप्राज्ञःप्रमादादपिवाबुधैः ॥ तस्मादभीतवद्भीतोविश्वस्तवदविश्वसन् ६ नह्यप्रमत्तश्चलतिचलितोवाविनश्यति ॥ कालेन
रिपुणासंधिःकालेमित्रेणविग्रहः ७ कार्यइत्येवसंधिज्ञाःप्राहुर्नित्यंनराधिप ॥ एतज्ज्ञात्वामहाराजशास्त्रार्थमभिगम्यच ८ अभियुक्तःप्रसन्नश्चप्राग्भयाद्भीतवच्चरे
त् ॥ भीतवत्संनिधिःकार्यःप्रतिसंधिस्तथैवच ९ भयादुत्पद्यतेबुद्धिरप्रमत्ताभियोगतः ॥ नभयंविद्यतेराजन्भीतस्यानागतेभये २१० अभीतस्यचविश्रंभात्
सुमहज्जायतेभयम् ॥ अभीश्चरतियोनित्यंमंत्रोदेयःकथंचन ११ अविज्ञानाद्धिविज्ञातोगच्छेदास्पददर्शिषु ॥ तस्मादभीतवद्भीतोविश्वस्तोबहुविश्वसन् १२
कार्याणांगुरुतांप्राप्यनानृतंकिंचिदाचरेत् ॥ एवमेतन्मयाप्रोक्तमितिहासंयुधिष्ठिर २१३ ॥ ॥ ॥

॥ ७ ॥

२१४ । १५ । १६ । १७ । १८ । १९ । २० । २२१ ॥ इतिशांतिपर्वणिआपद्धर्मपर्वणिनीलकंठीये भारतभावदीपे अष्टत्रिंशदधिकशततमोऽध्यायः ॥ १३८ ॥ ॥ ॥ उक्तोमं
त्रोइति १ । २ । ३ अविश्वस्तंयथास्यात्तथाबहुविश्वसेदित्युक्तंतत्रसर्वत्राविश्वासेकार्यस्यासिद्धिरेवस्यादित्याशंक्यपूजनीदृष्टांतेनपूर्वकृतापकारोनविश्वसेदितिनिरूपयति उक्तइत्यध्यायेन पूजन्या

श्रुत्वात्वंसुहृदांमध्येयथावत्समुपाचर ॥ उपलभ्यमतिंचाग्र्यामरिमित्रांतरंतथा २१४ संधिविग्रहकालेचमोक्षोपायस्तथैवच ॥ शत्रुसाधारणेकृत्येकृत्वासंधिंबली
यसा १५ समागमेचरेद्युक्त्याकृतार्थोनचविश्वसेत् ॥ अविरुद्धांत्रिवर्गेणनीतिमेतांमहीपते १६ अभ्युत्तिष्ठश्रुतादस्माद्भूयःसंरक्षयन्प्रजाः ॥ ब्राह्मणैश्चापितेसार्धं
यात्राभवतुपांडव १७ ब्राह्मणावैपरंश्रेयोदिविचेहचभारत ॥ एतेधर्मस्यवेत्तारःकृतज्ञाःसततंप्रभो १८ पूजिताःशुभकर्तारःपूजयेत्तान्नराधिप ॥ राज्यंश्रेयःपरंरा
जन्यशःकीर्तिंचलप्स्यसे १९ कुलस्यसंततिंचैवयथान्याय्यंयथाक्रमम् २० द्वयोरिमंभारतसंधिविग्रहंसुभाषितंबुद्धिविशेषकारकम् ॥ यथात्ववेक्ष्यक्षितिपेनसर्व
दानिषेवितव्यंनृपशत्रुमंडले २२१ ॥ इतिश्रीमहाभारतेशांतिप० आप० मार्जारमूषिकसंवादेअष्टत्रिंशदधिकशततमोऽध्यायः ॥ १३८ ॥ ॥ युधिष्ठिरउवाच ॥
उक्तोमंत्रोमहाबाहोविश्वासोनास्तिशत्रुषु ॥ कथंहिराजावर्तेतयदिसर्वत्रनाश्वसेत् १ विश्वासाद्धिपरंराजन्राज्ञामुत्पद्यतेभयम् ॥ कथंहिनाश्वसन्राजाशत्रूञ्जयति
पार्थिवः २ एतन्मेसंशयंछिंधिमतिर्मेसंप्रमुह्यति ॥ अविश्वासकथामेतामुपश्रुत्यपितामह ३ भीष्मउवाच ॥ शृणुष्वराजन्यद्वृत्तंब्रह्मदत्तनिवेशने ॥ पूजन्या
सहसंवादंब्रह्मदत्तस्यभूपतेः ४ कांपिल्येब्रह्मदत्तस्यत्वंतःपुरनिवासिनी ॥ पूजनीनामशकुनिर्दीर्घकालंसहोषिता ५ रुतज्ञासर्वभूतानांयथावैजीवजीवकः ॥ सर्व
ज्ञासर्वतत्त्वज्ञातिर्यग्योनिंगताऽपिसा ६ अभिप्रजातासातत्रपुत्रमेकंसुवर्चसम् ॥ समकालंचराज्ञोऽपिदेव्यांपुत्रोव्यजायत ७ तयोरर्थेकृतज्ञासाखेचरीपूजनी
सदा ॥ समुद्रतीरंसागत्वाआजहारफलद्वयम् ८ पुष्ट्यर्थंचस्वपुत्रस्यराजपुत्रस्यचैवह ॥ फलमेकंसुतायादाद्राजपुत्रायचापरम् ९ अमृतास्वादसदृशंबलतेजो
भिवर्धनम् ॥ आदायादायसैवाशुतयोःप्रादात्पुनःपुनः १० ततोगच्छत्परांवृद्धिंराजपुत्रःफलाशनात् ॥ ततःसधात्र्याकक्षेणउह्यमानोनृपात्मजः ११ ददर्शतं
पक्षिसुतंबाल्यादागत्यबालकः ॥ ततोबाल्याच्चयत्नेनतेनाक्रीडतपक्षिणा १२ शून्येचतमुपादायपक्षिणंसमजातकम् ॥ हत्वाततःसराजेंद्रधात्र्याहस्तमुपागतः
१३ अथसापूजनीराजन्नागमत्फलहारिणी ॥ अपश्यन्निहतंपुत्रंतेनबालेनभूतले १४ बाष्पपूर्णमुखीदीनादृष्ट्वातंरुदतीसुतम् ॥ पूजनीदुःखसंतप्तारुदतीवाक्यम
ब्रवीत् १५ क्षत्रियेसंगतंनास्तिनप्रीतिर्नचसौहृदम् ॥ कारणात्संत्वयंत्येतेकृतार्थाःसंत्यजंतिच १६ क्षत्रियेषुनविश्वासःकार्यःसर्वापकारिषु ॥ अपकृत्यापिस
ततंसांत्वयंतिनिरर्थकम् १७ अहमस्यकरोम्यद्यसदृशींवैरयातनाम् ॥ कृतघ्नस्यनृशंसस्यभृशंविश्वासघातिनः १८ ॥ ॥

चटकया ४ । ५ जीवजीवकःशाकुनिकःसह्ययंपक्षीअस्यांदिशिलाभमस्यामलाभंदिशतीतिवर्णयति जीवजीवकइतिपक्षिविशेषइत्यन्ये ६ अभिप्रजाताप्रसूतवती देव्यांराजभार्यायाम् ७ । ८
३ ९ । १० । ११ । १२ समजातकंसमानवयसम् १३ । १४ । १५ । १६ । १७ । १८ ॥ ॥ ॥ ॥

१९ । २० इच्छयाबुद्धिपूर्वकंउपसर्पतिफलरूपेणकर्तारम् २१. कर्तर्यदृष्टंतत्पुत्रादावपिपापंदृश्यतएवेत्याह पापमिति । तेषांमहतांपापमपराधकृतमेनः २२ । २३ मागमःमास्मगमः २४ परिलंब तःविश्वासंकुर्वतः २५ ।२६ निच्छतिमृत्युर्नाशयतितितोनष्टसंततित्वात्परलोकंचनियच्छति २७ । २८ । २९ जराबीर्यहरत्वात् । बीजमात्रंप्रसवरूपत्वात् । शत्रुःरिक्थहरत्वात् । छिन्नपाणिः उपक्रियमाणः धनादिनापूज्यमानमेवमित्रंनान्यदित्यर्थः ३० हेतुःपुत्ररक्षास्नेहोवा ३१ कर्मस्वकृतं अबलान्माद्दशान् ३२ । ३३ । ३४ । ३५ नेति । अन्योन्यस्यापकार

सहसंजातवृद्धस्यतथैवसहभोजिनः ॥ शरणागतस्यचवधस्त्रिविधंह्येवपातकम् १९ इत्युक्त्वाचरणाभ्यांतुनेत्रेनृपसुतस्यसा ॥ भित्त्वाखस्थाततइदंपूजनीवाक्य मब्रवीत् २० इच्छयेहकृतंपापंसद्यस्तंचोपसर्पति ॥ कृतंप्रतिकृतंयेषांननश्यतिशुभाशुभम् २१ पापंकर्मकृतंकिंचिद्यदितस्मिन्नदृश्यते ॥ नृपतेतस्यपुत्रेषुपौत्रे ष्वपिचनप्तृषु २२ ब्रह्मदत्तःसुतंदृष्ट्वापूजन्याहृतलोचनम् ॥ कृतेप्रतिकृतंमत्वापूजनीमिदमब्रवीत् २३ ॥ ब्रह्मदत्तउवाच ॥ अस्तिवैकृतमस्माभिरस्तिप्रकृतितं त्वया ॥ उभयंतत्समीभूतंवसपूजनिमागमः २४ ॥ पूजन्युवाच ॥ सकृत्कृतापराधस्यतत्रैवपरिलंबतः ॥ नतद्बुधाःप्रशंसंतिश्रेयस्तत्रापसर्पणम् २५ सांत्वे प्रयुक्तेसततंकृतवैरेनविश्वसेत् ॥ क्षिप्रंसबध्यतेमूढोनहिवैरंप्रशाम्यति २६ अन्योन्यकृतवैराणांपुत्रपौत्रंनियच्छति ॥ पुत्रपौत्रविनाशेचपरलोकंनियच्छति २७ सर्वेषांकृतवैराणामविश्वासःसुखोदयः ॥ एकांततोनविश्वासःकार्योविश्वासघातकैः २८ नविश्वसेदविश्वस्तेविश्वस्तेनातिविश्वसेत् ॥ विश्वासाद्भयमुत्पन्नमपिमूलं निकृंतति ॥ कामंविश्वासयेदन्यान्परेषांचनविश्वसेत् २९ मातापिताबांधवानांवरिष्ठौभार्याजराबीजमात्रंतुपुत्रः ॥ भ्राताशत्रुःक्लिन्नपाणिर्वयस्यआत्माह्येकःसु खदुःखस्यभोक्ता ३० अन्योन्यकृतवैराणांनसंधिरुपपद्यते ॥ सचहेतुरतिक्रांतोयदर्थमहमावसम् ३१ पूजितस्यार्थमानाभ्यांजंतोःपूर्वापकारिणः ॥ मनोभव त्यविश्वस्तंकर्मत्रासयतेऽबलान् ३२ पूर्वंसंमाननायत्रपश्चाच्चैवविमानना ॥ जह्यात्तत्सत्ववान्स्थानंशत्रोःसंमानितोऽपिसन् ३३ उषितास्मितवागारेदीर्घकालंसम र्चिता ॥ तदिदंवैरमुत्पन्नंसुखमाशुव्रजाम्यहम् ३४ ॥ ब्रह्मदत्तउवाच ॥ यःकृतेप्रतिकुर्याद्वैनसतत्रापराध्नुयात् ॥ अनृणस्तेनभवतिवसपूजनिमागमः ३५ पूजन्युवाच ॥ नकृतस्यतुकर्तुश्चसख्यंसंधीयतेपुनः ॥ हृदयंतत्रजानातिकर्तुश्चैवकृतस्यच ३६ ॥ ब्रह्मदत्तउवाच ॥ कृतस्यचैवकर्तुश्चसख्यंसंधीयतेपुनः ॥ वैरस्योपशमोदृष्टःपापंनोपाश्नुतेपुनः ३७ ॥ पूजन्युवाच ॥ नास्तिवैरमतिक्रांतंसांत्वितोऽस्मीतिनाश्वसेत् ॥ विश्वासाद्बध्यतेलोकेतस्माच्छ्रेयोऽप्यदर्शनम् ३८ तरसायेनशक्यंतेशस्त्रैःसुनिशितैरपि ॥ साम्नातेऽपिनिगृह्यंतेगजाइवकरेणुभिः ३९ ॥ ब्रह्मदत्तउवाच ॥ संवासाज्जायतेस्नेहोजीवितांतकरेष्वपि ॥ अन्यो न्यस्यचविश्वासःश्वपचेनशुनोयथा ४० अन्योन्यकृतवैराणांसंवासान्मृदुतांगतम् ॥ नैवतिष्ठतितद्वैरंपुष्करस्थमिवोदकम् ४१ ॥ ॥

मुभावपिनित्यंस्मरतइत्यर्थः ३६ प्रतिकृतंप्रायश्चित्तंजातमितिमन्वानःसाधुःपुनर्नापकरोतीत्याशयेनाह कृतस्येति ३७ । ३८ नशक्यंतेजेतुमितिशेषः ३९ श्वपचश्चांडालःश्वमांसाहारोऽपिशुनासह सख्यमेति । संवासादेवंमामपिजानीहीत्यर्थः ४० । ४१ ॥ ॥ ॥ ॥ ॥ ॥

वैरंस्त्रीकृतंकृष्णशिशुपालयोः । वास्तुगृहादिकंस्थानंतज्जंकौरवपांडवानां । वाग्जंद्रोणद्रुपदयोः । सापत्नंजातिवैरंमूषकमार्जारयोः अपराधजमावयोः तच्चतच्चेतिद्वंद्वः ताभ्यांसहितंससापत्नापराधजं ४२ कृतवैरोऽपिदाताऽर्थादिनामानयितार्थाशावतारान्नानहंतव्यः ४३ यद्यप्येवंनित्यंफलद्वयदानात्त्वंमांनहनिष्यसीतिजानामितथाऽपिकृतवैरेविश्वासोनीतिविरुद्धइत्याह कृतेति ४४ पारुष्यैर्गुरुशिक्षार्थंगुरुभिरुक्तैः ४५ वैराग्निरदग्ध्वानशाम्यत्यपराधजंकर्मैकतरक्षयाद्विनानशाम्यतीतियोजना ४६ । ४७ कस्मिंश्चिदन्यतरेअपकार्येऽन्यतरेणबाध्येसति अहंचत्वयितथाऽ

॥ पूजन्युवाच ॥ वैरंपंचसमुत्थानंतच्चबुध्यंतिपंडिताः ॥ स्त्रीकृतंवास्तुजंवाग्जंससापत्नापराधजम् ४२ तत्रदातानहंतव्यःक्षत्रियेणविशेषतः ॥ प्रकाशंवाऽप्रकाशं वाबुद्ध्वादोषबलाबलम् ४३ कृतवैरेनविश्वासःकार्यस्त्विहसुहृद्यपि ॥ छन्नंसंतिष्ठतेवैरंगूढोऽग्निरिवदारुषु ४४ नवित्तेननपारुष्यैर्नचसांत्वेनवाऽऽश्रितैः ॥ कोपाग्निःशाम्यतेराजंस्तोयाग्निरिवसागरे ४५ नहिवैराग्निरुद्भूतःकर्मचाप्यपराधजम् ॥ शाम्यत्यदग्ध्वानृपतेविनाह्येकतरक्षयात् ४६ सत्कृतस्यार्थमानाभ्यामनुपूर्वापकारिणः ॥ नादेयोऽमित्रविश्वासःकर्मत्रासयतेऽबलान् ४७ नैवापकार्येकस्मिंश्चिदहंत्वयितथाभवान् ॥ उषिताऽस्मिगृहेऽहंतेनेदानींविश्वसाम्यहम् ४८ ॥ ब्रह्मदत्तउवाच ॥ कालेनक्रियतेकार्यंतथैवविविधाःक्रियाः ॥ कालेनैतेप्रवर्तंतेकःकस्येहापराध्यति ४९ तुल्यंचोभेप्रवर्तेतेमरणंजन्मचैवह ॥ कार्यतेचैवकालेनतन्निमित्तंनजीवति ५० बध्यंतेयुगपत्केचिदेकैकस्यनचापरे ॥ कालोदहतिभूतानिसंप्राप्याग्निरिवेंधनम् ५१ नाहंप्रमाणंनैवत्वमन्योन्यंकारणंशुभे ॥ कालोनित्यमुपादत्तेसुखंदुःखंचदेहिनाम् ५२ एवंवसेहसस्नेहायथाकाममहिंसिता ॥ मत्कृतंतत्तुमेक्षांतंत्वंचवैक्षमपूजनि ५३ ॥ पूजन्युवाच ॥ यदिकालःप्रमाणंतेनवैरंकस्यचिद्भवेत् ॥ कस्मात्त्वपचितिंयांतिबांधवाबांधवेहतेः ५४ कस्माद्देवासुराःपूर्वमन्योन्यमभिजघ्निरे ॥ यदिकालेननिर्याणंसुखंदुःखंभवाभवौ ५५ भिषजोभैषजंकर्तुंकस्मादिच्छंतिरोगिणः ॥ यदिकालेनपच्यंतेभेषजैःकिंप्रयोजनम् ५६ प्रलापःसुमहान्कस्मात्क्रियतेशोकमूर्छितैः ॥ यदिकालःप्रमाणंतेकस्माद्धर्मोऽस्तिकर्तृषु ५७ तवपुत्रोममापत्यंहतवान्सहतोमया ॥ अनंतरंत्वयाऽहंचहंतव्याहिनराधिप ५८ अहंहिपुत्रशोकेनकृतपापातवात्मजे ॥ यथात्वयाप्रहर्तव्यंतथातत्त्वंचमेशृणु ५९ भक्षार्थंक्रीडनार्थंचनरावांछंतिपक्षिणः ॥ तृतीयोनास्तिसंयोगोवधबंधादृतेक्षमः ६० वधबंधभयादेतेमोक्षतंत्रमुपाश्रिताः ॥ मरणोत्पातजंदुःखंप्राहुर्वेदविदोजनाः ६१ सर्वस्यदयिताःप्राणाःसर्वस्यदयिताःसुताः ॥ दुःखादुद्विजतेसर्वःसर्वस्यसुखमीप्सितम् ६२ दुःखंजराब्रह्मदत्तदुःखमर्थविपर्ययः ॥ दुखंचानिष्टसंवासोदुःखमिष्टवियोजनम् ६३ वधबंधकृतंदुःखंस्त्रीकृतंसहजंतथा ॥ दुःखंसुतेनसततंजनान्विपरिवर्तते ६४ ॥ ॥ ॥

स्म्येवंभवानपिमयितथास्तीतियोज्यं अतोनावयोरन्योन्यंविश्वासःसंभवतीत्यर्थः ४८ कालाधीनेजगत्यावयोर्मध्येकस्यापिदोषोनास्तीत्याह कालेनेत्यादिना ४९ कार्यतेजायते तन्निमित्तंकालनिमित्तं नजीवतिम्रियते ५० एकैकस्यएकैकेन ५१ । ५२ क्षमक्षमस्व ५३ । ५४ । ५५ । ५६ कस्माद्धर्मोऽस्तिकर्तृषुतदाविधिनिषेधकथाव्यर्थास्यादितिभावः ५७ । ५८ । ५९ । ६० । ६१ । ६२ । ६३ सुतेननष्टेनदुष्टेनवा ६४ ॥ ॥ ॥

६५ । ६६ । ६७ कृतंअलंपर्याप्तंमस्व्यमितिशेषः ६८ । ६९ । ७० वैरिणोवाक्येइतिशेषः शत्रुणादर्शितंपुरःस्थितंमधुश्रद्दधानाः शुष्कतृणैश्छन्नेप्रपातेयथापतंतितद्वदेतेइत्यर्थः ७१ । ७२ ७३ । ७४ सर्वथाऽनाश्वासेनृणांजीवनमेवनस्यादित्याह नेति ७५ स्वयंदोषवतीअहंनिर्दोषमपित्वयासहवासंकर्तुंनशक्नोमीत्याहदृष्टांतमुखेन यस्येत्यादिना ७६ । ७७ । ७८ । ७९ । ८०

नदुःखंपरदुःखेवैकेचिदाहुरबुद्धयः ॥ योदुःखंनाभिजानातिसजल्पतिमहाजने ६५ यस्तुशोचतिदुःखार्तःसकथंवक्तुमुत्सहेत् ॥ रसज्ञःसर्वदुःखस्ययथात्मनितथाऽपरे ६६ यत्कृतंतेमयाराजंस्त्वयाचममयत्कृतम् ॥ नतद्वर्षशतैःशक्यंव्यपोहितुमरिंदम ६७ आवयोःकृतमन्योन्यंपुनःसंधिर्नविद्यते ॥ स्मृत्वास्मृत्वाहितेपुत्रंनवंवैरंभविष्यति ६८ वैरमंतिकमासाद्ययःप्रीतिंकर्तुमिच्छति ॥ मृन्मयस्येवभग्नस्ययथासंधिर्नविद्यते ६९ निश्चयःस्वार्थशास्त्रेषुविश्वासश्चासुखोदयः ॥ उशनाचैवगाथेद्वेप्रह्लादायाब्रवीत्पुरा ७० येवैरिणःश्रद्दधंतेसत्येसत्येतरेऽपिवा ॥ वध्यंतेश्रद्दधानास्तुमधुशुष्कतृणैर्यथा ७१ नहिवैराणिशाम्यंतिकुलेदुःखगतानिच ॥ आख्यातारश्चविद्यंतेकुलेवैध्रियतेपुमान् ७२ उपगृह्यतुवैराणिसांत्वयंतिनराधिप ॥ अथैनंप्रतिपिंषंतिपूर्णंघटमिवाश्मनि ७३ सदानविश्वसेद्राजापापंकृत्वेहकस्यचित् ॥ अपकृत्यपरेषांहिविश्वासाद्दुःखमश्नुते ७४ ॥ ब्रह्मदत्तउवाच ॥ नाविश्वासाद्विंदतेऽर्थानीहतेचापिकिंचन ॥ भयात्त्वेकतरान्नित्यंमृतकल्पाभवंतिच ७५ ॥ पूजन्युवाच ॥ यस्येहव्रणिनौपादौपद्भ्यांचपरिसर्पति ॥ खन्येतेतस्यतौपादौसुगुप्तमिहधावतः ७६ नेत्राभ्यांसरुजाभ्यांयःप्रतिवातमुदीक्षते ॥ तस्यवायुरुजात्यर्थंनेत्रयोर्भवतिध्रुवम् ७७ दुष्टंपंथानमासाद्ययोमोहादुपपद्यते ॥ आत्मनोबलमज्ञायतदंतंतस्यजीवितम् ७८ यस्तुवर्षमविज्ञायक्षेत्रंकर्षतिकर्षकः ॥ हीनःपुरुषकारेणसस्यंनैवाश्नुतेततः ७९ यस्तुतिक्तंकषायंवास्वादुवामधुरंहितम् ॥ आहारंकुरुतेनित्यंसोऽमृतत्वायकल्पते ८० पथ्यंमुक्त्वातुयोमोहाद्दुष्टमश्नातिभोजनम् ॥ परिणाममविज्ञायतदंतंतस्यजीवितम् ८१ दैवंपुरुषकारश्चस्थितावन्योन्यसंश्रयात् ॥ उदाराणांतुसत्कर्मदैवंक्लीबाउपासते ८२ कर्मचात्महितंकार्यंतीक्ष्णंवायदिवामृदु ॥ ग्रस्यतेऽकर्मशीलस्तुसदाऽनर्थैरकिंचनः ८३ तस्मात्सर्वंव्यपोह्यार्थंकार्यएवपराक्रमः ॥ सर्वस्वमपिसंत्यज्यकार्यमात्महितंनरैः ८४ विद्याशौर्यंचदाक्ष्यंचबलंधैर्यंचपंचमम् ॥ मित्राणिसहजान्याहुर्वर्तयंतीहतैर्बुधाः ८५ निवेशनंचकुप्यंचक्षेत्रंभार्यासुहृज्जनः ॥ एतान्युपहितान्याहुःसर्वत्रलभतेपुमान् ८६ सर्वत्ररमतेप्राज्ञःसर्वत्रचविराजते ॥ नविभीषयतेकश्चिद्भीषितोनबिभेतिच ८७ नित्यंबुद्धिमतोऽप्यर्थःस्वल्पकोऽपिविवर्धते ॥ दाक्ष्येणाकुर्वतःकर्मसंयमात्प्रतितिष्ठति ८८ गृहस्नेहावबद्धानांनराणामल्पमेधसाम् ॥ कुस्त्रीखादतिमांसानिमाघमांसेगवाइव ८९ ॥

८१ । ८२ अकर्मशीलइतिच्छेदः ८३ अर्थंकालदैवस्वभावाख्यम् ८४ बलंवैराग्यम् ८५ कुप्यंताम्रादि चादकुप्यंस्वर्णरत्नादि उपहितान्युपमित्राणि ८६ विद्यादीनांफलानिक्रमेणाह सर्वत्रेति कश्चिच्छत्रमितिशेषः ८७ दाक्ष्येणवर्धतेसंयमाद्दाक्ष्यसंकोचात् प्रतितिष्ठतिप्रतिष्ठांस्थितिमेवगच्छति वर्धतइत्यर्थः ८८ बलहीनस्यावस्थामाह गृहेति । खादतिस्त्रापराधैस्तंसंतापयतिशुष्कंकरोति माघमांकर्कटी सेगवास्तदपत्यानि कर्कट्यानाशहेतुर्गर्भएवेतिप्रसिद्धम् ८९ ॥ ॥ ॥

निर्धैर्यस्याह गृहमिति ९० । ९१ मेमया ९२ । ९३ । ९४ । ९५ । ९६ यत्रेति । यत्रदेशेबलात्कारोनास्तितत्रभीरेवनास्ति योराजादरिद्रंजनंबुभूषतिपालयितुमिच्छति सएवतेनसहपाल्यपाल
कभावलक्षणःसंबंधइतियोज्यं ९७ धर्मनेत्रोधर्मनेता ९८ निग्रहात्वंदीरूपात् नतुस्वेच्छया स्वप्रमत्तःसुतरामप्रमत्तः ९९ समुपयोजयेद्रक्षयेत् अथचनरक्षति १०० अभयमितिच्छेदः १।२।३

गृहंक्षेत्राणिमित्राणिस्वदेशइतिचापरे ॥ इत्येवमवसीदंतिनराबुद्धिविपर्यये ९० उत्पतेत्सहजाद्देशाद्व्याधिदुर्भिक्षपीडितात् ॥ अन्यत्रवस्तुंगच्छेद्वावसेद्वानि
त्यमानितः ९१ तस्मादन्यत्रयास्यामिवस्तुंनाहमिहोत्सहे ॥ कृतमेतदनार्यंमेतवपुत्रेचपार्थिव ९२ कुभार्यांचकुपुत्रंचकुराजानंकुसौहृदम् ॥ कुसंबंधंकुदेशंच
दूरतःपरिवर्जयेत् ९३ कुपुत्रेनास्तिविश्वासःकुभार्यायांकुतोरतिः ॥ कुराज्येनिर्वृतिर्नास्तिकुदेशेनास्तिजीविका ९४ कुमित्रेसंगतिर्नास्तिनित्यमस्थिरसौहृ
दे ॥ अवमानःकुसंबंधेभवत्यर्थविपर्यये ९५ साभार्यायाप्रियंब्रूतेसपुत्रोयत्रनिर्वृतिः ॥ तन्मित्रंयत्रविश्वासःसदेशोयत्रजीव्यते ९६ यत्रनास्तिबलात्कारःसरा
जातीव्रशासनः ॥ भीरेवनास्तिसंबंधोदरिद्रंयोबुभूषते ९७ भार्यादेशोऽथमित्राणिपुत्रसंबंधिबांधवाः ॥ एतेसर्वेगुणवतिधर्मनेत्रेमहीपतौ ९८ अधर्मज्ञस्यवि
लयंप्रजागच्छंतिनिग्रहात् ॥ राजामूलंत्रिवर्गस्यस्वप्रमत्तोऽनुपालयेत् ९९ बलिषड्भागमुद्धृत्यबलिंसमुपयोजयेत् ॥ नरक्षतिप्रजाःसम्यग्यःसपार्थिवतस्करः
१०० दत्वाऽभयंयःस्वयमेवराजानतत्प्रमाणंकुरुतेऽर्थलोभात् ॥ ससर्वलोकादुपलभ्यपापंसोऽधर्मबुद्धिर्निरयंप्रयाति १ दत्वाऽभयंस्वयंराजाप्रमाणंकुरुतेयदि ॥
ससर्वसुखकृज्ज्ञेयःप्रजाधर्मेणपालयन् २ मातापितागुरुर्गोप्तावह्निर्वैश्रवणोयमः ॥ सप्तराज्ञोगुणानेतान्मनुराहप्रजापतिः ३ पिताहिराजाराष्ट्रस्यप्रजानांयोऽनुकं
पनः ॥ तस्मिन्मिथ्याविनीतोहितिर्यग्गच्छतिमानवः ४ संभावयतिमातेवदीनमप्युपपद्यते ॥ दहत्यग्निरिवानिष्टान्यमयन्नसतोयमः ५ इष्टेषुविसृजन्नर्थान्कु
बेरइवकामदः ॥ गुरुर्धर्मोपदेशेनगोप्ताचपरिपालयन् ६ यस्तुरंजयतेराजापौरजानपदान्गुणैः ॥ नतस्यभ्रमतेराज्यंस्वयंधर्मानुपालनात् ७ स्वयंसमुपजान
न्हिपौरजानपदार्चनम् ॥ ससुखंप्रेक्षतेराजाइहलोकेपरत्रच ८ नित्योद्विग्नाःप्रजायस्यकरभारप्रपीडिताः ॥ अनर्थैर्विप्रलुप्यंतेसगच्छतिपराभवम् ९ प्रजा
यस्यविवर्धंतेसरसीवमहोत्पलम् ॥ ससर्वफलभाग्राजास्वर्गलोकेमहीयते ११० बलिनाविग्रहोराजन्नकदाचित्प्रशस्यते ॥ बलिनाविग्रहोयस्यकुतोराज्यंकुतः
सुखम् ११ ॥ भीष्मउवाच ॥ सैवमुक्त्वाशकुनिकाब्रह्मदत्तंनराधिपम् ॥ राजानंसमनुज्ञाप्यजगामाभीप्सितांदिशम् १२ एतत्तेब्रह्मदत्तस्यपूजन्यासहभाषि
तम् ॥ मयोक्तंनृपतिश्रेष्ठकिमन्यच्छ्रोतुमिच्छसि ११३ ॥ इतिश्रीमहाभारते शांतिपर्वणिआपद्धर्मपर्वणि ब्रह्मदत्तपूजन्योःसंवादे एकोनचत्वारिंदशधिक
शततमोऽध्यायः ॥ १३९ ॥ ॥ ॥ ॥ युधिष्ठिरउवाच ॥ युगक्षयात्परिक्षीणेधर्मेलोकेचभारत ॥ दस्युभिःपीड्यमानेचकथंस्थेयंपितामह १

४ संभावयतिहृष्टंचिंतयति उपपद्यतेपालयति ५ । ६ । ७ । ८ । ९ । ११० । ११ । १२ । ११३ ॥ इतिशां० आप० नी० भा० भा० एकोनचत्वारिंशदधिकशततमोऽध्यायः॥१३९॥ युगेति १

घृणांदयाम् २ । ३ । ४ । ५ । ६ । ७ । ८ । ९ । १० । ११।१२ ।१३।१४। १५ । १६ । १७ । १८ नित्यमुद्यतदण्डः स्यादित्येतदंतोग्रंथ आदिपर्वणिव्याख्यातः १९ नानार्थिकोबहुप्रयोजनवान् कृतघ्नेपुरुषेऽर्थसंबंधंनसमाचरेत् मानार्थिकइतिपाठेमानीयद्याचरेत्तर्हितत्कार्यसमाप्तेःप्रागेवाचरेदित्याह अर्थीति । फलितमाह तस्मादिति सार्द्धः २० 'कोकिलस्यवराहस्यमेरोःशून्यस्यवेश्मनः ॥ नटस्यभक्तिमित्रस्ययच्छ्रेयस्तत्समाचरेत्' कोकिलस्यश्रेयःस्वपोष्याणांपरैःपोषणं तथाहि । 'कृषिर्वणिक्पथोदुर्गसेतुःकुंजरबंधनम् ॥ खन्याकरकरादानंसंचयार्थाष्टकंमतं' ॥ यःकीनाशःशतंनिवर्तनानिभूमेःकर्षतितेनविष्टिरूपेणराजकीयमपिनिवर्तनदशकंकर्षणीयंस्वीयवद्रक्षणीयंच तदुत्पन्नंधान्यादिकंराज्ञेदेयं एवमेवयोवणिक्शतेनबलीवर्दैःपण्यमाहरति तेनराजकीयाअपिदशबलीवर्दावोढव्याःपोषणीयाश्च । दुर्गेऽटव्यादौमार्गरक्षामइतिव्यपदेशेनपांथेभ्योवेतनंग्राह्यम् । एवंसेतौनदीतरणे । प्रतिग्रामंकुंजरान्विभज्यबध्नीयात् ग्रामीणैरेवतेषांपोषणंकर्तव्यमित्ये

॥ १० ॥ अ० १४०

॥ भीष्मउवाच ॥ अत्रतेवर्तयिष्यामिनीतिमापत्सुभारत ॥ उत्सृज्यापिघृणांकालेयथावर्तेतभूमिपः २ अत्राप्युदाहरंतीममितिहासंपुरातनम् ॥ भारद्वाजस्यसंवादंराज्ञःशत्रुंजयस्यच ३ राजाशत्रुंजयोनामसौवीरेषुमहारथः ॥ भारद्वाजमुपागम्यपप्रच्छार्थविनिश्चयम् ४ अलब्धस्यकथंलिप्सालब्धंकेनविवर्द्धते ॥ वर्द्धितंपाल्यतेकेनपालितंप्रणयेत्कथम् ५ तस्मैविनिश्चितार्थायपरिपृष्टोऽर्थनिश्चयम् ॥ उवाचब्राह्मणोवाक्यमिदंहेतुमदुत्तमम् ६ नित्यमुद्यतदंडःस्यान्नित्यंविवृतपौरुषः ॥ अच्छिद्रश्छिद्रदर्शीचपरेषांविवरानुगः ७ नित्यमुद्यतदंडस्यभृशमुद्विजतेनरः ॥ तस्मात्सर्वाणिभूतानिदंडेनैवप्रसाधयेत् ८ एवंदंडंप्रशंसंतिपंडितास्तत्त्वदर्शिनः ॥ तस्माच्चतुष्टयेतस्मिन्प्रधानोदंडउच्यते ९ छिन्नमूलेत्वधिष्ठानेसर्वेषांजीवनंहतम् ॥ कथंहिशाखास्तिष्ठेयुश्छिन्नमूलेवनस्पतौ १० मूलमेवादितश्छिंद्यात्परपक्षस्यपंडितः ॥ ततःसहायान्पक्षंचमूलमेवानुसाधयेत् ११ सुमंत्रितंसुविक्रांतंसुयुद्धंसुपलायितम् ॥ आपदास्पदकालेतुकुर्वीतनविचारयेत् १२ वाङ्मात्रेणविनीतःस्याद्धृदयेनयथाक्षुरः ॥ श्लक्ष्णपूर्वाभिभाषीचकामक्रोधौविवर्जयेत् १३ सपत्नसहितेकार्येकृत्वासंधिंनविश्वसेत् ॥ अपक्रामेत्ततःशीघ्रंकृतकार्योविचक्षणः १४ शत्रुंचमित्ररूपेणसांत्वेनैवाभिसांत्वयेत् ॥ नित्यशश्चोद्विजेत्तस्मात्गृहात्सर्पयुतादिव १५ यथाबुद्धिःपरिभवेत्तमतीतेनसांत्वयेत् ॥ अनागतेनदुष्प्रज्ञंप्रत्युत्पन्नेनपंडितम् १६ अंजलिंशपथंसांत्वंप्रणम्यशिरसावदेत् ॥ अश्रुप्रमार्जनंचैवकर्तव्यंभूतिमिच्छता १७ वहेदमित्रंस्कंधेनयावत्कालस्यपर्ययः ॥ प्राप्तकालंतुविज्ञायभिंद्याद्घटमिवाश्मनि १८ मुहूर्तमपिराजेंद्रतिंदुकालातवज्ज्वलेत् ॥ नतुषाग्निरिवानर्चिर्धूमायेतचिरंनरः १९ नानार्थिकोऽर्थसंबंधंकृतघ्नेनसमाचरेत् ॥ अर्थीतुशक्यतेभोक्तुंकृतकार्योऽवमन्यते ॥ तस्मात्सर्वाणिकार्याणिसावशेषाणिकारयेत् २० कोकिलस्यवराहस्यमेरोःशून्यस्यवेश्मनः ॥ नटस्यभक्तिमित्रस्ययच्छ्रेयस्तत्समाचरेत् २१ ॥ ॥ ॥ ॥

वमादियथायथमूह्यम् । एवंसर्वोऽपिराजकीयःकुटुंबार्थःप्रजाद्वारैवनिर्वोढव्यः । षड्भागहारस्तुकोशार्थमुपयुज्यते कोशश्चधर्मायपराबमर्दायवोपयुज्यतेइत्यन्यत् । वराहस्यश्रेयः वराहस्यश्रेयोमूलोत्खननम् तच्चराजाशत्रूणांकुर्यात् । मेरोरचंचलत्वमनुल्लंघनीयत्वंचतत्स्वयमात्मनइच्छेत् । शून्यस्यवेश्मनःसंपदागमइष्टस्तमिच्छेत् । नटस्यनानारूपत्वमिष्टं एवंराजास्निग्धप्रसन्नादीनगुणान्बिभृयात् । व्यालस्येतिपाठेसर्पवद्वंध्यकोपत्वमिष्टं । भक्तिमित्रस्यस्वाराध्योदयइष्टएवंस्वप्रतिपाल्यानांप्रजानामुदयोराज्ञानित्यमेष्टव्यइत्यर्थः २१ ॥ ॥

२२ । २३ । २४ बकादीनामेकाग्रत्वंनिर्भयत्वंशीघ्रकारित्वं अपराङ्वृत्तित्वंचगुणास्तान्परार्थादानेराजाऽऽश्रयेदित्यर्थः २५ । २६ । २७ । २८ । २९ अश्वतरीगर्दभजाऽश्वाउदरभेदेनैवप्रसूतइ
तिप्रसिद्धं ३० । ३१ । ३२ । ३३ । ३४ निगृहीतमपिभयंपुनर्विवृद्धिभयादनिवृत्तमिवनिशामयेज्जानीयात सर्वदाऽवहितस्तिष्ठेदितिभावः ३५ । ३६ । ३७ । ३८ । ३९ । ४० । ४१ । ४२

उत्थायोत्थायगच्छेतनित्ययुक्तोरिपोर्गृहान् ॥ कुशलंचास्यपृच्छेतयद्यप्यकुशलंभवेत् २२ नालसाःप्राप्नुवंत्यर्थान्नक्लीबानाभिमानिनः ॥ नचलोकरवाद्भीतान्नवैश
श्वत्प्रतीक्षिणः २३ नात्मच्छिद्रंरिपुर्विद्याद्विद्याच्छिद्रंपरस्यतु ॥ गूहेत्कूर्मइवांगानिरक्षेद्विवरमात्मनः २४ बकवच्चिंतयेदर्थान्सिंहवच्चपराक्रमेत् ॥ वृकवच्चाप्य
लुंपेतशरवच्चविनिष्पतेत् २५ पानमक्षास्तथानार्योमृगयागीतवादितम् ॥ एतानियुक्त्यासेवेतप्रसंगोह्यत्रदोषवान् २६ कुर्यात्तृणमयंचापंशयीतमृगशायिकाम् ॥
अंधःस्यादंधवेलायांबाधिर्यमपिसंश्रयेत् २७ देशकालौसमासाद्यविक्रमेतविचक्षणः ॥ देशकालव्यतीतोहिविक्रमोनिष्फलोभवेत् २८ कालाकालौसंप्रधार्यबलाब
लमथात्मनः ॥ परस्परंबलंज्ञात्वातत्रात्मानंनियोजयेत् २९ दंडेनोपनतंशत्रुंयोराजानंनियच्छति ॥ समृत्युमुपगृह्णातिगर्भमश्वतरीयथा ३० सुपुष्पितःस्यादफ
लःफलवान्स्याद्दुरारुहः ॥ आमःस्यात्पक्वसंकाशोनचशीर्येतकस्यचित् ३१ आशांकालवतींकुर्यात्तांचविघ्नेनयोजयेत् ॥ विघ्नंनिमित्ततोब्रूयान्निमित्तंचापिहेतुतः
३२ भीतवत्संविधातव्यंयावद्भयमनागतम् ॥ आगतंतुभयंदृष्ट्वाप्रहर्तव्यमभीतवत् ३३ नसंशयमनारुह्यनरोभद्राणिपश्यति ॥ संशयंपुनरारुह्ययदिजीवतिपश्य
ति ३४ अनागतंविजानीयाद्यच्छेद्भयमुपस्थितम् ॥ पुनर्वृद्धिभयात्किंचिदनिवृत्तंनिशामयेत् ३५ प्रत्युपस्थितकालस्यसुखस्यपरिवर्जनम् ॥ अनागतसुखाशा
चनैवबुद्धिमतांनयः ३६ योऽरिणासहसंधायसुखंस्वपितिविश्वसन् ॥ सवृक्षाग्रप्रसुप्तोवापतितःप्रतिबुध्यते ३७ कर्मणायेनतेनैवमृदुनादारुणेनच ॥ उद्धरेद्दीनमात्मा
नंसमर्थोधर्ममाचरेत् ३८ येसपत्नाःसपत्नानांसर्वांस्तानुपसेवयेत् ॥ आत्मनश्चापिबोद्धव्याश्चाराविनिहताःपरैः ३९ चारस्त्वविदितःकार्यआत्मनोऽथपरस्यच ॥
पाषंडांस्तापसादींश्चपरराष्ट्रेप्रवेशयेत् ४० उद्यानेषुविहारेषुप्रपास्वावसथेषुच ॥ पानागारेप्रवेशेषुतीर्थेषुचसभासुच ४१ धर्माभिचारिणःपापाश्चौरालोकस्यकंटकाः ॥
समागच्छंतितान्बुद्ध्वानियच्छेच्छमयीतच ४२ नविश्वसेदविश्वस्तेविश्वस्तेनातिविश्वसेत् ॥ विश्वासाद्भयमभ्येतिनापरीक्ष्यचविश्वसेत् ४३ विश्वासयित्वातुपरं
तत्त्वभूतेनहेतुना ॥ अथास्यप्रहरेत्कालेकिंचिद्विचलितेपदे ४४ अशंक्यमपिशंकेतनित्यंशंकेतशंकितात् ॥ भयंह्यशंकिताज्जातंसमूलमपिकृंतति ४५ अवधानेन
मौनेनकाषायेणजटाजिनैः ॥ विश्वासयित्वाद्वेष्टारमवलुंपेद्यथावृकः ४६ पुत्रोवायदिवाभ्राता पितावायदिवासुहृत् ॥ अर्थस्यविघ्नंकुर्वाणाहंतव्याभूतिमिच्छता ४७ गुरो
रप्यवलिप्तस्यकार्याकार्यमजानतः ॥ उत्पथंप्रतिपन्नस्यदंडोभवतिशासनम् ४८ अभ्युत्थानाभिवादाभ्यांसंप्रदानेनकेनचित् ॥ प्रतिपुष्पफलाघातीतीक्ष्णतुंडइवद्विजः ४९

४३ । ४४ । ४५ । ४६ । ४७ । ४८ अभ्युत्थानादिमृदूपायैःशत्रोःप्रतिपुष्पफलाघातीस्यात पुष्पफलंपुष्पफलंप्रतीतिप्रतिपुष्पफलं सर्वंपुष्पंपुरुषार्थसाधनं सर्वंफलंपुरुषार्थरूपंच तद्विनाश
येत तीक्ष्णतुंडोद्विजःपक्षीयथासर्ववृक्षस्यपुष्पंफलंचनाशयतितद्वत् ४९ ॥ ॥ ॥ ॥ ॥

म.भा.टी. ॥ ११ ॥ शां.आ.१.२ अ० ॥१.४०॥

५० नास्तीति । समर्थस्यतेजीयांसोरिपवोभवंत्यन्येमित्राणिभवंतीत्यर्थः ५१ । ५२ । ५३ । ५४ । ५५ शुष्कंलाभशून्यं तत्रदृष्टांतोगोविषाणस्यभक्षणमिति शत्रोरियंगौरिरितितद्विषाणचर्वणे प्रवृत्तस्यायासोऽनर्थस्तद्वदित्यर्थः सार्धः ५६ त्रिवर्गःधर्मार्थकामाः तत्रत्रिविधापीडा धर्मेणार्थस्यपीडा अर्थेनधर्मस्य कामेनतयोरिति अनुबंधाःफलानि धर्मस्यार्थोऽर्थस्यकामःकामस्येंद्रियप्रीतिरितिक्षुद्राः । धर्मस्यचित्तशुद्धिरर्थस्ययज्ञः कामस्यजीवनमात्रमितिप्राज्ञाः । तत्रबलाबलंज्ञात्वाऽनुबंधान्लिप्सेतपीडांतुपरिवर्जयेदेवेत्यर्थः ५७ । ५८ । ५९ । ६० । ६१ । गृध्रदृष्टिर्गृध्रवत्दूरदर्शी । बकवदालीनोनिश्चलोबकालीनः । श्वचेष्टःशुनकवज्जागरूकश्चोरसूचकश्च । सिंहवद्विक्रमोयस्यानिर्दयस्यतद्वदेव । काकवच्छंकीपरेंगितज्ञः । भुजंगचरितंअकस्मात्परकृतेदुर्गादौप्रवेशनं तत्कुर्यात् ६२ । ६३ श्रेणीमुख्यःनानाजातीयाःसंतएककार्येनिविष्टाःश्रेणयस्तासांमुख्यस्योपजापोभेदः । उपतापेष्वितिपाठेउपतापःक्लेशोवा । वल्लभानांमित्राणामनुनयेष्वन्यैःक्रियमाणेष्वमात्यान्परिरक्षेत । भेदात्संघातात्संभूयकार्यकारित्वाच्च संहताह्यमात्याःसद्योराजानमराजानंकुर्युर्विपरीतंवाकुर्युरित्यर्थः ६४ । ६५ । ६६ । ६७ । ६८ । ६९ द्विजनाभिसंहितमापत्कालाभिप्रायेणैतदुक्तं नत्वेतदेवंपुरुषःसमाचारेत् । परप्रयुक्तेपरेणाभियोगेकृतेसतिइदंमदुक्तंकथंनभावयेदपितुभावयेदेव आपदिएतदनुष्ठानादधर्मोनास्तीतिभावः ७० ॥

नाच्छित्त्वापरमर्माणिनाकृत्वाकर्मदारुणम् ॥ नाहत्वामत्स्यघातीवप्राप्नोतिमहतींश्रियम् ५० नास्तिजात्यारिपुर्नाममित्रंवापिनविद्यते ॥ सामर्थ्ययोगाज्जायन्ते मित्राणिरिपवस्तथा ५१ अमित्रंनैवमुंचेतवदंतंकरुणान्यपि ॥ दुःखंतत्रनकर्तव्यंहन्यात्पूर्वापकारिणम् ५२ संग्रहानुग्रहेयत्नःसदाकार्योऽनसूयता ॥ निग्रहश्चापियत्नेनकर्तव्योभूतिमिच्छता ५३ प्रहरिष्यन्प्रियंब्रूयात्प्रहृत्यैवप्रियोत्तरम् ॥ असिनापिशिरश्छित्त्वाशोचेतचरुदेतच ५४ निमंत्रयीतसांत्वेनसंमानेनतितिक्षया ॥ लोकाराधनमित्येतत्कर्तव्यंभूतिमिच्छता ५५ नशुष्कवैरंकुर्वीतबाहुभ्यांननदींतरेत् ॥ अनर्थकमनायुष्यंगोविषाणस्यभक्षणम् ॥ दंताश्चपरिमृज्यन्तेरसश्चापिनलभ्यते ५६ त्रिवर्गस्त्रिविधापीडाअनुबंधास्तथैवच ॥ अनुबंधंतथाज्ञात्वापीडांचपरिवर्जयेत् ५७ ऋणशेषमग्निशेषंशत्रुशेषंतथैवच ॥ पुनःपुनःप्रवर्धन्ते तस्माच्छेषंनधारयेत् ५८ वर्धमानमृणंतिष्ठेत्परिभूताश्चशत्रवः ॥ जनयंतिभयंतीव्रंव्याधयश्चाप्युपेक्षिताः ५९ नासम्यक्कृतकारीस्यादप्रमत्तःसदाभवेत् ॥ कंटकोपिहिदुश्छिन्नोविकारंकुरुतेचिरम् ६० वधेनचमनुष्याणांमार्गाणांदूषणेनच ॥ अगाराणांविनाशैश्चपरराष्ट्रंविनाशयेत् ६१ गृध्रदृष्टिर्बकालीनःश्वचेष्टःसिंहविक्रमः ॥ अनुद्विग्नःकाकशंकीभुजंगचरितंचरेत् ६२ शूरमंजलिपातेनभीरुंभेदेनभेदयेत् ॥ लुब्धमर्थप्रदानेनसमंतुल्येनविग्रहः ६३ श्रेणीमुख्योपजापेषुवल्लभानुनयेषुच ॥ अमात्यान्परिरक्षेतभेदसंघातयोरपि ६४ मृदुरित्यवजानंतितीक्ष्णइत्युद्विजंतिच ॥ तीक्ष्णकालेभवेत्तीक्ष्णोमृदुकालेमृदुर्भवेत् ६५ मृदुनैवमृदुंछिंधिमृदुनाहंतिदारुणम् ॥ नासाध्यंमृदुनाकिंचित्तस्मात्तीक्ष्णतरोमृदुः ६६ कालेमृदुर्योभवतिकालेभवतिदारुणः ॥ प्रसाधयतिकृत्यानिशत्रुंचाप्यधितिष्ठति ६७ पंडितेनविरुद्धःसन्दूरस्थोऽस्मीतिनाश्वसेत् ॥ दीर्घौबुद्धिमतोबाहूयाभ्यांहिंसतिहिंसितः ६८ नतत्तरेद्यस्यनपारमुत्तरेन्नतद्धरेद्यत्पुनराहरेत्परः ॥ नतत्खनेद्यस्यनमूलमुद्धरेन्नतंहन्याद्यस्यशिरोनपालयेत् ६९ इतीदमुक्तंवृजिनाभिसंहितंनचैतदेवंपुरुषःसमाचरेत् ॥ परप्रयुक्तेनकथंविभावयेदतोमयोक्तंभवतोहितार्थिना ७०

७१ ॥ इतिशांतिपर्वणिआपद्धर्मपर्वणि नीलकंठीयेभारतभावदीपे चत्वारिंशदधिकशततमोऽध्यायः ॥ १४० ॥ ॥ हीनेइति । आपद्यकार्यमपिकणिकेनोक्तंतत्रविश्वामित्रश्वजाघनीपचनरूपं शिष्टाचारंप्रमाणयति १ । २ । ३ । ४ । ५ । ६ अतितिक्षुस्त्यक्तुमनिच्छुः अनुक्रोशाद्दयातः ब्राह्मणान्पालयितुमशक्तोराजाकिंकुर्यादित्यर्थः ७ । ८ अप्राप्तप्रापणंयोगः प्राप्तसंरक्षणंक्षेमः सुवृष्टिश्चताः ब्राह्मणादीनांविपदागमोराज्ञएवदोषइत्यर्थः ९ । १० । ११ पक्कणेचांडालागारे १२ दैवविधिर्दैवविहितः १३ । १४ प्रतिलोमोवक्री व्यावृत्तमन्यथाभूतंलक्षणंचिन्हंयस्य

यथावदुक्तंवचनंहितार्थिनानिशम्यविप्रेणसुवीरराष्ट्रपः ॥ तथाऽकरोद्वाक्यमदीनचेतनःश्रियंचदीप्तांबुभुजेसबांधवः ७१ ॥ इतिश्रीमहाभारतेशांतिपर्वणिआपद्धर्मपर्वणि कणिकोपदेशेचत्वारिंशदधिकशततमोऽध्यायः ॥ १४० ॥ ॥ ॥ युधिष्ठिरउवाच ॥ हीनेपरमकेधर्मेसर्वलोकाभिलंघिते ॥ अधर्मेधर्मतांनीतेधर्मेचाधर्मतांगते १ मर्यादासुविनष्टासुक्षुभितेधर्मनिश्चये ॥ राजभिःपीडितेलोकेपरैर्वापिविशांपते २ सर्वाश्रयेषुमूढेषुकर्मसूपहतेषुच ॥ कामाल्लोभाच्चमोहाच्चभयंपश्यत्सुभारत ३ अविश्वस्तेषुसर्वेषुनित्यंभीतेषुपार्थिव ॥ निकृत्याहन्यमानेषुवंचयत्सुपरस्परम् ४ संप्रदीप्तेषुदेशेषुब्राह्मणेचातिपीडिते ॥ अवर्षतिचपर्जन्येमिथोभेदेसमुत्थिते ५ सर्वस्मिन्दस्युसाद्भूतेपृथिव्यामुपजीवने ॥ केनस्विद्ब्राह्मणोजीवेज्जघन्येकालआगते ६ अतितिक्षुःपुत्रपौत्राननुक्रोशान्नराधिप ॥ कथमापत्सुवर्ततेतन्मेब्रूहिपितामह ७ कथंचराजावर्तेतलोकेकलुषतांगते ॥ कथमर्थाच्चधर्माच्चनहीयेतपरंतप ८ ॥ भीष्मउवाच ॥ राजमूलामहाबाहोयोगक्षेमसुवृष्टयः ॥ प्रजासुव्याधयश्चैवमरणंचभयानिच ९ कृतंत्रेताद्वापरंचकलिश्चभरतर्षभ ॥ राजमूलाइतिमतिर्ममनास्त्यत्रसंशयः १० तस्मिंस्त्वभ्यागतेकालेप्रजानांदोषकारके ॥ विज्ञानबलमास्थायजीवितव्यंभवेत्तदा ११ अत्राप्युदाहरंतीममितिहासंपुरातनम् ॥ विश्वामित्रस्यसंवादंचांडालस्यचपक्कणे १२ त्रेताद्वापरयोःसंधौतदादैवविधिक्रमात् ॥ अनावृष्टिरभूद्घोरालोकेद्वादशवार्षिकी १३ प्रजानामतिवृद्धानांयुगांतेसमुपस्थिते ॥ त्रेताविमोक्षसमयेद्वापरप्रतिपादने १४ नववर्षसहस्राक्षःप्रतिलोमोऽभवद्गुरुः ॥ जगामदक्षिणंमार्गंसोमोव्यावृत्तलक्षणः १५ नावश्यायोऽपितत्राभूत्कुतएवाभ्रजातयः ॥ नद्यःसंक्षिप्ततोयौघाःकिंचिदंतर्गतास्ततः १६ सरांसिसरितश्चैवकूपाःप्रस्रवणानिच ॥ हतत्विषोनलक्ष्यंतेनिसर्गाद्दैवकारितात् १७ उपशुष्कजलस्थायाविनिवृत्तसभाप्रपा ॥ निवृत्तयज्ञस्वाध्यायानिर्वषट्कारमंगला १८ उच्छिन्नकृषिगोरक्षानिवृत्तविपणापणा ॥ निवृत्तयूपसंभाराविप्रनष्टमहोत्सवा १९ अस्थिसंचयसंकीर्णामहाभूतरवाकुला ॥ शून्यभूयिष्ठनगरादग्धग्रामनिवेशना २० क्वचिच्चोरैःक्वचिच्छस्त्रैःक्वचिद्राजभिरातुरैः ॥ परस्परभयाच्चैवशून्यभूयिष्ठनिर्जना २१ गतदैवतसंस्थानावृद्धलोकनिराकृता ॥ गोजाविमहिषीहीनापरस्परपराहता २२ हतविप्राहतारक्षाप्रनष्टौषधिसंचया ॥ सर्वभूततरुप्रायाबभूववसुधातदा २३ ॥ ॥

१५ अवश्यायोधूमिका १६ । १७ जलस्थायाः क्षुद्रजलाशयाः १८ विपणोविक्रयादिः आपणोहट्टः १९ । २० । २१ । २२ हताआरक्षारक्षाकर्तारोयस्यांसा भूततरुःश्मशानवृक्षस्तद्वद्दग्धाभूततरुप्राया भूतनरप्रायेतिपाठेभूतप्रायनरेत्यर्थः शावभूतनरप्रायेतिप्राच्यांपाठःस्पष्टार्थः शवएवशावः २३ ॥ ॥ ॥

म.भा.टी॰ २४ । २५ । २६ । २७ । २८ । २९ । ३० । ३१ । ३२ । ३३ । ३४ । ३५ वृथाअन्नंविना ३६ कुतंत्रींदंडिकां ३७ । ३८ । ३९ । ४० प्रतिग्रहात्तज्जदोषात् स्तैन्यदोषमधिकंनपश्यामीत्यर्थः शां.आ.१२

॥ १२ ॥ तस्मिन्प्रतिभयेकालेक्षतेधर्मेयुधिष्ठिर ॥ बभूवुःक्षुधितामर्त्याःखादमानाःपरस्परम् २४ ऋषयोनियमांस्त्यक्त्वापरित्यज्याग्निदेवताः ॥ आश्रमान्संपरित्यज्यप अ॰
र्यधावन्नितस्ततः २५ विश्वामित्रोऽथभगवान्महर्षिरनिकेतनः ॥ क्षुधापरिगतोधीमान्समंतात्पर्यधावत २६ त्यक्त्वादारांश्चपुत्रांश्चकस्मिंश्चजनसंसदि ॥ भक्ष्या
भक्ष्यसमोभूत्वानिरग्निरनिकेतनः २७ सकदाचित्परिपतन्श्वपचानांनिवेशनम् ॥ हिंस्राणांप्राणिघातानामाससादवनेक्वचित् २८ विभिन्नकलशाकीर्णंश्वचर्मच्छेद ॥१४१॥
नायुतम् ॥ वराहखरभग्नास्थिकपालघटसंकुलम् २९ मृतचैलपरिस्तीर्णंनिर्माल्यकृतभूषणम् ॥ सर्पनिर्मोकमालाभिःकृतचिह्नकुटीमठम् ३० कुक्कुटारावबहु
लंगर्धभध्वनिनादितम् ॥ उद्घोषद्भिःखरैर्वाक्यैःकलहद्भिःपरस्परम् ३१ उलूकपक्षिध्वनिभिर्देवतायतनैर्वृतम् ॥ लोहघंटापरिष्कारंश्वयूथपरिवारितम् ३२ त
त्प्रविश्यक्षुधाऽऽविष्टोविश्वामित्रोमहानृषिः ॥ आहारान्वेषणेयुक्तःपरंयत्नंसमास्थितः ३३ नचक्वचिदविंदत्सभिक्षमाणोऽपिकौशिकः ॥ मांसमन्नंफलंमूलमन्य
द्वातत्रकिंचन ३४ अहोकृच्छ्रंमयाप्राप्तमितिनिश्चित्यकौशिकः ॥ पपातभूमौदौर्बल्यात्तस्मिंश्चांडालपक्कणे ३५ सचिन्तयामाससमुनिःकिंनुमेसुकृतंभवेत् ॥ कथं
वृथानमृत्युःस्यादितिपार्थिवसत्तम ३६ सददर्शश्वमांसस्यकुतंत्रींविततांमुनिः ॥ चांडालस्यगृहेराजन्सद्यःशस्त्रहतस्यवै ३७ सचिन्तयामासतदास्तैन्यंकार्यमि
तोमया ॥ नहीदानीमुपायोमेविद्यतेप्राणधारणे ३८ आपत्सुविहितंस्तैन्यंविशिष्टंचमहीयसः ॥ विप्रेणप्राणरक्षार्थंकर्तव्यमितिनिश्चयः ३९ हीनादादेयमादौ
स्यात्समानात्तदनंतरम् ॥ असंभवेवाऽऽददीतविशिष्टादपिधार्मिकात् ४० सोऽहमंत्यावसायानांहराम्येनांप्रतिग्रहात् ॥ नस्तैन्यदोषंपश्यामिहरिष्यामिश्वजाघनीम्
४१ एतांबुद्धिंसमास्थायविश्वामित्रोमहामुनिः ॥ तस्मिन्देशेससुष्वापश्वपचोयत्रभारत ४२ सविगाढांनिशांदृष्ट्वासुप्तेचांडालपक्कणे ॥ शनैरुत्थायभगवान्प्रवि
वेशकुटीमतः ४३ ससुप्तइवचांडालःश्लेष्मापिहितलोचनः ॥ परिभिन्नस्वरोरूक्षःप्रोवाचाप्रियदर्शनः ४४ ॥ श्वपचउवाच ॥ कःकुतंत्रींघट्टयतिसुप्तेचांडालप
क्कणे ॥ जागर्मिनात्रसुप्तोऽस्मिहतोऽसीतिचदारुणः ४५ विश्वामित्रस्ततोभीतःसहसातमुवाचह ॥ तत्रव्रीडाकुलमुखःसोद्वेगस्तेनकर्मणा ४६ विश्वामित्रोऽह
मायुष्मन्नागतोऽहंबुभुक्षितः ॥ मावधीर्ममसद्बुद्धेयदिसम्यक्प्रपश्यसि ४७ चांडालस्तद्वचःश्रुत्वामहर्षेर्भावितात्मनः ॥ शयनादुपसंभ्रांतउद्ययौप्रतितंततः
४८ सविसृज्याश्रुनेत्राभ्यांबहुमानात्कृतांजलिः ॥ उवाचकौशिकंरात्रौब्रह्मन्किंतेचिकीर्षितम् ४९ विश्वामित्रस्तुमातंगमुवाचपरिसांत्वयन् ॥ क्षुधितोऽहंग
तप्राणोहरिष्यामिश्वजाघनीम् ५० क्षुधितःकलुषंयातोनास्तिह्रीरशनार्थिनः ॥ क्षुच्चमांदूषयत्यत्रहरिष्यामिश्वजाघनीम् ५१ ॥ ॥

श्वजाघनींशुनोजंघां ४१ । ४२ । ४३ । ४४ घट्टयतिचालयति ४५ । ४६ ममगाम् ४७ । ४८ नेत्राभ्यांश्लेष्मपिहिताभ्याम् ४९ । ५० कलुषंयातःपापंकर्मानुसृतः ५१ ॥ १२ ॥

५२ । ५३ अग्निर्देवानांमुखंचपुरोधाश्चसः शुचिषाट्शुचिमेध्यमेवसहतेनामेध्यं ५४ तस्यापियथासर्वभुक्त्वंतथाऽहंब्रह्माब्राह्मणोऽपितत्तुल्यत्वात्सर्वभुग्भविष्यामीत्यर्थः ५५ । ५६ । ५७ । ५८

अवसीदंतिमेप्राणाःश्रुतिर्मेनश्यतिक्षुधा ॥ दुर्बलोनष्टसंज्ञश्चभक्ष्याभक्ष्यविवर्जितः ५२ सोऽधर्मंबुद्ध्यमानोऽपिहरिष्यामिश्वजाघनीम् ॥ अटन्भैक्ष्यंनविंदामि यदायुष्माकमालये ५३ तदाबुद्धिःकृतापापेहरिष्यामिश्वजाघनीम् ॥ अग्निर्मुखंपुरोधाश्चदेवानांशुचिषाड्विभुः ५४ यथावत्सर्वभुग्ब्रह्मातथामांविद्धिधर्मतः ॥ तमुवाचसचांडालोमहर्षेशृणुमेवचः ५५ श्रुत्वातत्त्वंतथाऽऽतिष्ठयथाधर्मोनहीयते ॥ धर्मंतवापिविप्रर्षेशृणुयत्तेब्रवीम्यहम् ५६ शृगालादधमंश्वानंप्रवदंतिमनीषिणः ॥ तस्याप्यधमउद्देशःशरीरस्यश्वजाघनी ५७ नेदंसम्यग्व्यवसितंमहर्षेधर्मगर्हितम् ॥ चांडालस्वस्यहरणमभक्ष्यस्यविशेषतः ५८ साध्वन्यमनुपश्य त्वमुपायंप्राणधारणे ॥ नमांसलोभात्तपसोनाशस्तेस्यान्महामुने ५९ जानताविहितंधर्मंनकार्योधर्मसंकरः ॥ मास्मधर्मंपरित्याक्षीस्त्वंहिधर्मभृतांवरः ६० विश्वामित्रस्ततोराजन्नित्युक्तोभरतर्षभ ॥ क्षुधार्त्तःप्रत्युवाचेदंपुनरेवमहामुनिः ६१ निराहारस्यसुमहान्ममकालोऽभिधावतः ॥ नविद्यतेऽप्युपायश्चकश्चिन्मेप्राणधारणे ६२ येनयेनविशेषेणकर्मणायेनकेनचित् ॥ अभ्युज्जीवेत्साद्यमानःसमर्थोधर्ममाचरेत् ६३ ऐन्द्रोधर्मःक्षत्रियाणांब्राह्मणानामथाग्निकः ॥ ब्रह्मवह्निर्ममबलं भक्ष्यामिशमयन्क्षुधाम् ६४ यथायथैवजीवेद्धितत्कर्तव्यमहेलया ॥ जीवितंमरणाच्छ्रेयोजीवन्धर्ममवाप्नुयात् ६५ सोऽहंजीवितमाकांक्षन्नभक्ष्यस्यापिभक्षणम् ॥ व्यवस्येबुद्धिपूर्वंवैतद्भवाननुमन्यताम् ६६ बलवंतंकरिष्यामिप्रणोत्स्याम्यशुभानितु ॥ तपोभिर्विद्ययाचैवज्योतींषीवमहत्तमः ६७ ॥ श्वपचउवाच ॥ नैतत्खादन्प्राप्नुतेदीर्घमायुर्नैवप्राणान्नामृतस्येवतृप्तिः ॥ भिक्षामन्यांभिक्षमातेमनोऽस्तुश्वभक्षणेश्वाह्यभक्ष्योद्विजानाम् ६८ ॥ विश्वामित्रउवाच ॥ नदुर्भिक्षेसुलभं मांसमन्यच्छ्वपाकमन्येनचमेस्तिवित्तम् ॥ क्षुधार्तश्चाहमगतिर्निराशःश्वमांसेचास्मिन्षड्रसान्साधुमन्ये ६९ ॥ श्वपचउवाच ॥ पंचपंचनखाभक्ष्याब्रह्मक्षत्रस्य वैविशः ॥ यथाशास्त्रंप्रमाणंतेमाऽभक्ष्येमानसंकृथाः ७० ॥ विश्वामित्रउवाच ॥ अगस्त्येनासुरोजग्धोवातापिःक्षुधितेनवै ॥ अहमापद्गतःक्षुत्तोभक्षयिष्येश्वजाघनीम् ७१ ॥ श्वपचउवाच ॥ भिक्षामन्यामाहरेतिनचकर्तुमिहार्हसि ॥ ननूनंकार्यमेतद्वैहरकामंश्वजाघनीम् ७२ ॥ विश्वामित्रउवाच ॥ शिष्टावैकारणंधर्मेतद्वृत्तमनुवर्तये ॥ परांमेध्याशनादेनांभक्ष्यांमन्येश्वजाघनीम् ७३ ॥ श्वपचउवाच ॥ असतायत्समाचीर्णंनचधर्मःसनातनः ॥ नाकार्यमिहकार्यंवैमाछलेनाशुभं कृथाः ७४ ॥ विश्वामित्रउवाच ॥ नपातकंनावमतमृषिःसन्कर्तुमर्हति ॥ समौचश्वमृगौमन्येतस्माद्भोक्ष्येश्वजाघनीम् ७५ ॥ ॥

५९ । ६० । ६१ । ६२ । ६३ ऐंद्रःपालनात्मकः आग्निकःसर्वभुक्त्वरूपः ब्रह्मवेदःसएववह्निः ६४ । ६५ । ६६ ज्योतींषीवतपइंधनेनबलवंतंकरिष्यामि आत्मानमितिशेषः ६७ । ६८ । ६९ पंचशशशल्यकादयः(शशकःशल्यकोगोधाकूर्मःखड्गीतुपंचमः) पंचैवभक्ष्यानान्येइतिहेतोरभक्ष्येश्वमांसेमनोमाकृथाः७०।७१इतिकर्तुंनार्हसीतियोजना ७२ शिष्टाःअगस्त्यादयः ७३।७४ समौपशुत्वादितिभावः ७५

र्यदिति । तेनागस्त्येनब्राह्मणानामर्थेऽर्थितेमप्रार्थितेनाऽर्थाद्ब्राह्मणैरेववातापिभक्षणंकृतंनस्वार्थे तदप्यवस्थाधिकारेसतादृशएवसमयोनान्यदाकिंचित्कर्तुंशक्यमित्यर्थः नृशंसमपिभक्षित्वातेनवातापिनाभक्ष्यमा णाद्ब्राह्मणारक्षिताइतिधर्मएवेत्यर्थः ७६ तर्हियमात्मादेहोममभिन्नमेतस्यरक्षणार्थमयाऽप्येतद्भुक्तंचेत्कश्चिद्दोषोऽस्तीत्याह मित्रंचेति ७७ क्षुधैववर्जितयासर्वान्कामानन्ये आप्नुवंतिअतस्त्वमपिक्षुधैवस हितोऽनाहारेणैवकामंप्रियस्वपूरयस्व ७८ स्थानेइति । सकामःप्रेत्यभावेमरणेसतियशः यशस्करोभवेदितिस्थानेयुक्तं अनशनेनमरणंश्रेयइतिसत्यमित्यर्थः जीवतस्त्वनश्नतोधर्मलोपः प्रत्यक्षः मूलंधर्मस्यशरीरंरक्ष्यंतस्यवैकल्येनधर्मविरोधोभवतीत्यर्थः ७९ बुद्ध्यात्मकेप्रमातरिविचारितेश्वजाघनीभक्षणेऽपिपुण्यमस्तीतिजाने । ज्ञानोत्पत्तियोग्यंशरीरमपथेनापिरक्ष्यमेवेतिभावः मोहात्मकेकर्तृत्वा द्यभिमानभाजियथाश्वभक्षणेदोषस्तथैवतत्रविषयेऽस्ति संशयात्मा अन्यतरस्यात्मनोदृढपरिग्रहाभावात् । तथापिश्वभक्षणमात्रेणत्वादृशःश्वपचोऽहंनभविष्यामि तपसादोषंदूरी

श्वपचउवाच ॥ यद्ब्राह्मणार्थेकृतमर्थितेनतेनर्षिणातदवस्थाऽधिकारे ॥ सवैधर्मोयत्रनपापमस्तिसर्वैरुपायैर्गुरवोहिरक्ष्याः ७६ विश्वामित्रउवाच ॥ मित्रंचमेब्राह्मणस्यायमात्माप्रियश्चमेपूज्यतमश्चलोके ॥ तंभर्तुकामोहमिमांजिहीर्षेनृशंसानामीदृशानांनबिभ्ये ७७ ॥ श्वपचउवाच ॥ कामंनराजीवितंसंत्यजंतिनचाभक्ष्येक्वचित्कुर्वंतिबुद्धिम् ॥ सर्वान्कामान्प्राप्नुवंतीहविद्वन्प्रियस्वकामंसहितःक्षुधैव ७८ ॥ विश्वामित्रउवाच ॥ स्थानेभवेत्सयशःप्रेत्यभावेनिःसंशयःकर्मणांवैविनाशः ॥ अहंपुनर्व्रतनित्यःशमात्मामूलंरक्ष्यंभक्षयिष्याम्यभक्ष्यम् ७९ बुद्ध्यात्मकेव्यक्तमस्तीतिपुण्यंमोहात्मकेयत्रयथाश्वभक्ष्ये ॥ यद्यप्येतत्संशयात्माचरामिनाहंभविष्यामियथात्वमेव ८० ॥ श्वपचउवाच ॥ गोपनीयमिदंदुःखमितिमेनिश्चितामतिः ॥ दुष्कृतोब्राह्मणःसत्रंयस्त्वामहमुपालभे ८१ ॥ विश्वामित्रउवाच ॥ पिबंत्येवोदकंगावोमंडूकेषुरुवत्स्वपि ॥ नतेऽधिकारोधर्मेऽस्तिमाभूरात्मप्रशंसकः ८२ ॥ श्वपचउवाच ॥ सुहृद्भूत्वानुशासेत्वांकृपाहित्वयिमेद्विज ॥ यदिदंश्रेयआधत्स्वमालोभात्पातकंकृथाः ८३ ॥ विश्वामित्रउवाच ॥ सुहृन्मेत्वंसुखेप्सुश्चेदापदोमांसमुद्धर ॥ जानेऽहंधर्मतोऽऽत्मानंशौनीमुत्सृजजाघनीम् ८४ श्वपचउवाच ॥ नैवोत्सहेभवतोदातुमेतांनोपेक्षितुंह्रियमाणंस्वमन्नम् ॥ उभौस्यावःपापलोकावलिप्तौदाताचाहंब्राह्मणस्त्वंप्रतीच्छन् ८५ ॥ विश्वामित्रउवाच ॥ अद्याहमेतद्वृजिनंकर्मकृत्वाजीवंश्चरिष्यामिमहापवित्रम् ॥ सपूतात्माधर्ममेवाभिपत्स्येयदेतयोर्गुरुतद्वैब्रवीहि ८६ ॥ श्वपचउवाच ॥ आत्मैवसाक्षीकुलधर्मकृत्येत्वमेवजानासियदत्रदुष्कृतम् ॥ योह्याद्रियाद्भक्ष्यमितिश्वमांसंमन्येनतस्यास्तिविवर्जनीयम् ८७ ॥ विश्वामित्रउवाच ॥ उपादानेखादनेचास्तिदोषःकार्येत्यायेनित्यमत्रापवादः ॥ यस्मिन्नहिंसानानृतंवाच्यलेशोभक्ष्यक्रियायत्रनतद्गरीयः ८८ ॥ ॥ ॥

कर्तुंशक्तोऽस्मीतिभावः ८० इदंश्वजाघनीभक्षणजंदुःखंपापंगोपनीयंगूहनीयंत्वयाक्रियमाणंनिरसनीयमितिमेबुद्धिर्निश्चिताऽस्ति ततोऽहंदुष्कृतःपापीयानप्यब्राह्मणोऽपित्वामुपालभेयःसोऽहंसत्रंकैतवकारी अस्मि । सत्वमितिपाठेसत्वंप्रसिद्धोविश्वामित्रस्त्वांयदब्राह्मणोऽहमुपालभेऽतःदुष्कृतोऽस्मीतियोजना ८१ धर्मेधर्मानुशासने ८२ । ८३ । ८४ पापलोकौचतावलिप्तौचेतिसमासः प्रतीच्छन्प्रतिगृह्णन् ८५ । ८६ । ८७ कार्येत्यायेप्राणात्ययेऽभक्ष्यमपिभक्षणीयमितिभक्ष्याभक्ष्यविधेरपवादोऽस्ति तथाचसूत्रं । सर्वान्नानुमतिश्चप्राणात्ययेतद्दर्शनादिति । यत्राभक्ष्यक्रियाऽभक्ष्यतापादकंवाक्यंतच्छास्त्रंगरीयोनयतःयस्मिन्नभक्ष्यभक्षणेहिंसानृतंचनइदमेवद्वयमधर्मस्यज्ञापकंकिंतर्हिभक्ष्याभक्ष्यशास्त्रमनर्थकंनेत्याह वाच्यलेशइतिभावप्रधानोनिर्देशः तत्रवाच्यत्वस्यनिंद्यत्वस्यलेशमात्रंनतुतद्धिंसानृतवदत्यंतंनिंद्यमित्यर्थः ८८ ॥ ॥ ॥ ॥ ॥ ॥

हेतुःप्राणपोषणेच्छाऽस्ति कारणंप्रमाणं भक्ष्येभक्षणेअभक्षणेऽतिच्छेदः ८९ अतिपापंहिंसावदभक्ष्यंभक्षमाणस्यनदृष्टं पततीतिशब्दःशास्त्रस्याज्ञामात्रं परंतुपापहेतुर्मुख्योहिंसाख्योऽत्रनदृश्यतइतिभावः । अन्योन्यकार्याणिमैथुनानि पापमात्रेणकृतंपुण्यंहिनस्तिनाशयति तेनईषत्पापोत्पत्तिरस्तुनतुब्राह्मण्यादिधर्महानिरस्तीतिभावः ९० अस्थानतश्चांडालगृहात् हीनतश्चौर्यतः कुत्सितात्अदित्सतःकदर्यात् अभिषंगादत्याग्रहात् श्वानंलभतेतेनापितेनैवदंडःसहितव्यःसोढव्यएव नतुदातुर्ममदोषोस्तीतिभावः ९१ । ९२ । ९३ । ९४ । ९५ । ९६ । ९७ । ९८ । ९९

श्वपचउवाच ॥ यद्येषहेतुस्तवखादनेस्यान्नतेवेदःकारणंनार्यधर्मः ॥ तस्माद्भक्ष्येऽभक्षणेवाद्विजेन्द्रदोषंनपश्यामियथेदमत्र ८९ ॥ विश्वामित्रउवाच ॥ नैवाति
पापंभक्षमाणस्यदृष्टंसुरांतुपीत्वापततीतिशब्दः ॥ अन्योन्यकार्याणियथातथैवनपापमात्रेणकृतंहिनस्ति ९० ॥ श्वपचउवाच ॥ अस्थानतोहीनतःकुत्सिताद्वा
तद्विद्वांसंबाधतेसाधुवृत्तम् ॥ श्वानंपुनर्योलभतेऽभिषंगात्तेनापिदण्डःसहितव्यएव ९१ ॥ भीष्मउवाच ॥ एवमुक्त्वानिववृतेमातंगःकौशिकंतदा ॥ विश्वामित्रो
जहारैवकृतबुद्धिःश्वजाघनीम् ९२ ततोजग्राहसश्वांगंजीवितार्थीमहामुनिः ॥ सदारस्तामुपाहृत्यवनेभोक्तुमियेषसः ९३ अथास्यबुद्धिरभवद्विधिनाहंश्वजाघ
नीम् ॥ भक्षयामियथाकामंपूर्वंसंतर्प्यदेवताः ९४ ततोऽग्निमुपसंहृत्यब्राह्मेणविधिनामुनिः ॥ ऐन्द्राग्नेयेनविधिनाचरुंश्रपयतस्वयम् ९५ ततःसमारभत्कर्मदैवं
पित्र्यंचभारत ॥ आहूयदेवानिन्द्रादीन्भागंभागंविधिक्रमात् ९६ एतस्मिन्नेवकालेतुप्रववर्षसवासवः ॥ संजीवयन्प्रजाःसर्वाजनयामासचौषधीः ९७ विश्वामि
त्रोऽपिभगवांस्तपसादग्धकिल्बिषः ॥ कालेनमहतासिद्धिमवापपरमाद्भुताम् ९८ ससंहृत्यचतत्कर्मअनास्वाद्यचतद्धविः ॥ तोषयामासदेवांश्चपितॄंश्चद्विजस
त्तमः ९९ एवंविद्वानदीनात्माव्यसनस्थोजिजीविषुः ॥ सर्वोपायैरुपायज्ञोदीनमात्मानमुद्धरेत् १०० एतांबुद्धिंसमास्थायजीवितव्यंसदाभवेत् ॥ जीवन्पुण्यम
वाप्नोतिपुरुषोभद्रमश्नुते १०१ तस्मात्कौन्तेयविदुषाधर्माधर्मविनिश्चये ॥ बुद्धिमास्थायलोकेऽस्मिन्वर्तितव्यंकृतात्मना १०२ ॥ इतिश्रीमहाभारतेशांतिपर्व
णिआपद्धर्मप० विश्वामित्रश्वपचसंवादेएकचत्वारिंशदधिकशततमोऽध्यायः ॥ १४१ ॥ ॥ युधिष्ठिरउवाच ॥ यदिघोरंसमुद्दिष्टमश्रद्धेयमिवानृतम् ॥ अ
स्तिस्विद्दस्युमर्यादायामहंपरिवर्जये १ संमुह्यामिविषीदामिधर्मोमेशिथिलीकृतः ॥ उद्यमंनाधिगच्छामिकदाचित्परिसांत्वयन् २ ॥ भीष्मउवाच ॥ नैतच्छ्रु
त्वागमादेवतवधर्मानुशासनम् ॥ प्रज्ञासमवहारोऽयंकविभिःसंभृतंमधु ३ बह्व्यःप्रतिविधातव्याःप्रज्ञाराज्ञाततस्ततः ॥ नैकशाखेनधर्मेणयात्रैषासंप्रवर्तते ४ ॥

१०० । १०१ । १०२ ॥ इतिशां० आ० नी० भा० एकचत्वारिंशदधिकशततमोऽध्यायः ॥ १४१ ॥ ॥ यदिमहद्भिरपिघोरंकर्मकर्तव्यत्वेनसमुद्दिष्टंयदश्रद्धेयमिवानृतमिवचतर्हिदस्यूनामकार्यकारिणामपिमर्यादाकाचिदस्तिइतोऽधिकंदस्यूनांनकर्तव्यमिति १ अस्मिन्श्वाकृत्येकर्तव्येसंमोहादिकंप्राप्तोऽप्यात्मानंसांत्वयन्नप्युद्यममध्यवसायंनाधिगच्छामि एतान्धर्मान्कर्तुमहंनशक्नोमीत्यर्थः २ एतदागमादेवश्रुत्वातवधर्मानुशासनंमयाकृतमितिनास्तिकिंतुप्रज्ञायाःसमवहारःनिष्ठाकल्पितेयमित्यर्थः । एतदग्निहोत्रादिवद्विधेयंन अपितुकविभिरकरणेमहांतंदोषंपश्यद्भिःकल्पितमितिभावः ३ ततस्ततः कोकिलवराहटर्कसिंहादिभ्यःशिक्षित्वायत्रयासुप्रज्ञास्वनुष्ठेयासुएषातवबुद्धिः ऐकशाखेनैकदेशिनाधर्मेणोपलक्षितानसंप्रवर्तते ताःप्रज्ञाःबह्व्यःप्रतिविधातव्याःसंति ४ ॥ ॥

धर्मादिज्ञेयःतत्तत्रविषयेमेममवचोविद्धि ५ प्रतिविधातव्यश्चिकित्सनीयः ६ यतःपुरस्तादध्ययनकालेऽनुपाहृताअशिक्षिताऽतोदुर्बलस्यैकदेशाध्ययनवतःप्रज्ञाकुतः नकुतश्चिदित्यर्थः ७ द्वैधमेकस्यैवकर्मणःक्वचित्कालेधर्मत्वंक्वचिदधर्मत्वमितिद्विप्रकारत्वं तस्मिन्प्राप्तेतदनभिज्ञःसंशयंसंकटंप्राप्नोति अहिंसायाधर्मत्वेऽपिचोररक्षयापापंभवतितद्रदिदंज्ञेयम् ८ पार्श्वतःपश्चात् करणंकरणीयं विष्टंभित्वानिश्चित्याग्रिमवर्षेप्रजाभ्यःषड्भागस्यार्धमंशत्रयंवाग्रहीष्यामीत्यभिसंधाय प्रकारयेदापत्कालेतमेवषड्भागंसार्धगुणंसपादगुणंवाप्रकर्षेणगृह्णीयात्तत्कुर्वन्मूढदृष्ट्याऽधर्मीभवतिनतुप्राज्ञदृष्ट्येत्यर्थः ९ सत्तांमतमितिशेषः १० मुष्णंतिधर्मशास्त्रविरुद्धमर्थशास्त्रंनादर्तव्यमितिवदंति वैषम्यमप्रामाण्यमधर्मत्वंवा ११ शास्त्रचोरानिंदाप्रसंगात्तदुपजीविनोऽपिनिंदति आजिजीविषवइतिसार्धैश्चतुर्भिः १२ । १३ । १४ । १५ दंभिनंनिंदत्यर्धेन व्याजेनेति । कृतइतिशेषः तेतत्र १६ प्रकृतमाह नेति । वाचाकेवलया बुद्ध्यातर्केणवाकेवलेन धर्मवचनंधर्मनिश्चयोनास्त्यपितुसमुचिताभ्या

बुद्धिसंजननोधर्मआचारश्चसतांसदा ॥ ज्ञेयोभवतिकौरव्यसदातद्धिद्धिमेवचः ५ बुद्धिश्रेष्ठाहिराजानश्चरंतिविजयैषिणः ॥ धर्मःप्रतिविधातव्योबुद्ध्याराज्ञातस्ततः ६ नैकशाखेनधर्मेणराज्ञोधर्मोविधीयते ॥ दुर्बलस्यकुतःप्रज्ञापुरस्तादनुपाहृता ७ अद्वैधज्ञःपथिद्वैधेसंशयंप्राप्तुमर्हति ॥ बुद्धिद्वैधंवेदितव्यंपुरस्तादेवभारत ८ पार्श्वतःकरणंप्राज्ञोविष्टंभित्वाप्रकारयेत् ॥ जनस्तच्चरितंधर्मंविजानात्यन्यथान्यथा ९ अमिथ्याज्ञानिनःकेचिन्मिथ्याविज्ञानिनःपरे ॥ तद्वैयथायथंबुद्ध्वाज्ञानमाददतेसताम् १० परिमुष्णंतिशास्त्राणिधर्मस्यपरिपंथिनः ॥ वैषम्यमर्थविद्यानांनिरर्थाःख्यापयंतिते ११ आजिजीविषवोविद्यांयशःकामौसमंततः ॥ तेसर्वेनृपपापिष्ठाधर्मस्यपरिपंथिनः १२ अपक्वमतयोमंदानजानंतियथातथम् ॥ यथाह्यशास्त्रकुशलाःसर्वत्रायुक्तिनिष्ठिताः १३ परिमुष्णंतिशास्त्राणिशास्त्रदोषानुदर्शिनः ॥ विज्ञातमर्थविद्यानांनसम्यगितिवर्तते १४ निन्दयापरविद्यानांस्वविद्यांख्यापयंतिच ॥ वागस्त्रावाक्छुरीभूतादुग्धविद्याफलाइव १५ तान्विद्यावणिजोविद्धिराक्षसानिवभारत ॥ व्याजेनसद्भिर्विहितोधर्मस्तेपरिहास्यति १६ नधर्मवचनंवाचानैवबुद्ध्येतिनःश्रुतम् ॥ इतिबार्हस्पतंज्ञानंप्रोवाचमघवास्वयम् १७ नत्वेववचनंकिंचिदनिमित्तादिहोच्यते ॥ सुविनीतेनशास्त्रेणनव्यवस्यंत्यथापरे १८ लोकयात्रामिहैकेतुधर्मंप्राहुर्मनीषिणः ॥ समुद्दिष्टंसतांधर्मंस्वयमूहेतपंडितः १९ अमर्षाच्छास्त्रसंमोहादविज्ञानाच्चभारत ॥ शास्त्रंप्राज्ञस्यवदतःसमूहेयात्यदर्शनम् २० ॥ ॥

मुभाभ्यांधर्मनिर्णयइत्यर्थः १७ नत्विति । आततायीब्राह्मणोऽपिहंतव्यइत्यादिवचनंकामतोब्राह्मणंहंतुःप्रायश्चित्तंनविद्यतइत्यनेनविरुद्धमपिनिष्कारणंनप्रवर्तते । कोहितद्वेदयद्यमुष्मिँल्लोकेऽस्तिवानवेतिवचनंयथादिक्ष्ववकाशान्नकरोतीत्यतोऽकाशविधिपरंनतुपरलोकफलेसंदेहोपन्यासपरम् एवमाततायिब्राह्मणवधवाक्यमपिअततायीसर्वथाहंतव्यइत्येवंपरंनतुब्राह्मणरूपोऽप्याततायीहंतव्यइत्येवंपरमितिकैश्चिदुच्यते अपरेतुसुविनीतेनयुक्तिमताऽपिशास्त्रेणशिक्षितंआततायिवधंनव्यवस्यंतिकर्तव्यत्वेननिश्चिन्वंतिअहिंसाशास्त्रप्राबल्यात् आत्मवधार्थमुद्यताद्गोरिवाततायिनोऽप्यात्मानंरक्षेन्नत्वभिवर्तंहन्यादितितेषांभावः १८ इहलोकेतुएकेमुख्यास्त्वाचार्याः लोकयात्रांतन्निर्वाहमेवधर्मंप्राहुः । साचचोरादीनांवधमंतरेणनसंभवतीत्यवश्यंहिंसाऽपिकर्तव्येतितेषामाशयः । तथाहिकल्पकाराःश्रुतिमुदाहरंति 'अन्नादेभ्रूणहामार्ष्टिअनेनाअभिशंसति स्तेनःप्रमुक्तोराजनियाचन्ननृतसंगरे गुरौयाजश्चशिष्यश्चस्त्रियश्चभर्तुर्व्यभिचारिणीति' मार्ष्टिपापमितिशेषः । एवंसत्यपिमतभेदेयुक्त्यैवधर्मंमूहेतेत्याह समिति १९ तस्मादमर्षादींस्त्यक्त्वासमूहेसभायांशास्त्रंवदेदित्याशयेनाहामर्षादिति २० ॥ ॥ ॥

आगतागमयाबुद्ध्याश्रुत्युपगृहीतेनतर्केणसहितंयद्वचनंतेनप्रशस्यतेशास्त्रंनान्यतरेण । अभ्यस्तुज्ञानहेतुत्वात् अज्ञातज्ञापकतयावचनंतर्केणहीनंशब्दमेवसाधुमन्यतेकुतःअज्ञानात् २१ अभ्यःपुनःअन
यायुक्त्याइदंशास्त्रंहतंदूषितमितिहेतोरपार्थकंव्यर्थमितिमन्यतेतदप्यज्ञानादेव । तस्मात्तर्केणशास्त्रस्यशास्त्रेणतर्कस्यवाबाधमकृत्वायदुभयसंमतंतदेवानुष्ठेयमित्युशनसोमतंपूर्वोक्तेनबार्हस्पत्येनज्ञानेनैक्यंगतमि
तिदर्शितं २२ किंचअपदिश्यंदिशोर्मध्येस्थितंकोटिद्वयस्पर्शिज्ञानंसंशयरूपंतद्यथानास्तितथैवव्यर्थमित्यर्थः । अतस्तंसंशयंछिन्नमूलेनमूलोच्छेदेनयथास्यात्तथासन्नोदयितुंदूरीकर्तुमर्हसि निःसंशयंयत्
ज्ञानंतदेवाश्रयस्वेत्यर्थः २३ योवाभवान्ममेदंनीतिवाक्यंनउपाश्नुतेनांगीकरोतितदनव्यवहितमयुक्तं । व्यवहितपदंनशब्देनसमस्तंचेदनव्यवहितशब्दःसन्निकृष्टवचनस्तदभावोऽनव्यवहितमिति
योगोऽत्रज्ञेयः । कुतोयुक्तमतआह उग्रायेति । यतःउग्रायहिंस्रकर्मार्थमेवत्वंसृष्टोऽसितत्त्वंनसमीक्षसेऽतोममवचनंतवचेतसिनकिंचिच्छर्ममित्यर्थः २४ हेअंगमामन्ववेक्षस्व बुभूषतेऐश्वर्यलिप्सवे राज

आगतागमयाबुद्ध्यावचनेनप्रशस्यते ॥ अज्ञानाज्ज्ञानहेतुत्वाद्वचनंसाधुमन्यते २१ अनयाहतमेवेदमितिशास्त्रमपार्थकम् ॥ दैतेयानुशनाप्राहसंशयच्छेदनं
पुरा २२ ज्ञानमप्यपदिश्यंहियथानास्तितथैवतत् ॥ तंतथाछिन्नमूलेनसन्नोदयितुमर्हसि २३ अनव्यवहितंयोवानेदंवाक्यमुपाश्नुते ॥ उग्रायैवहिसृष्टोऽसि
कर्मणेनत्वमीक्षसे २४ अंगमामन्ववेक्षस्वराजन्यायबुभूषते ॥ यथाप्रमुच्यतेत्वन्योयदर्थंनप्रमोदते २५ अजोऽश्वःक्षत्रमित्येतत्सदृशंब्रह्मणाकृतम् ॥ तस्माद
भीक्ष्णंभूतानांयात्राकाचित्प्रसिद्ध्यति २६ यस्त्ववध्यवधेदोषःसवध्यस्यावधेस्मृतः ॥ साचैवखलुमर्यादायामयंपरिवर्जयेत् २७ तस्मात्तीक्ष्णःप्रजाराजा
स्वधर्मेस्थापयेत्ततः ॥ अन्योन्यंभक्षयंतोहिप्रचरेयुर्वृकाइव २८ यस्यदस्युगणाराष्ट्रेध्वांक्षामत्स्यान्जलादिव ॥ विहरंतिपरस्वानिसवैक्षत्रियपांसनः २९ कुली
नान्सचिवान्कृत्वावेदविद्यासमन्वितान् ॥ प्रशाधिपृथिवींराजन्प्रजाधर्मेणपालयन् ३० विहीनंकर्मणान्यायंयःप्रगृह्णातिभूमिपः ॥ उपायस्याविशेषज्ञंतद्वै
क्षत्रंनपुंसकम् ३१ नैवोग्रंनैवचानुग्रंधर्मेणेहप्रशस्यते ॥ उभयंनव्यतिक्रामेदुग्रोभूत्वामृदुर्भव ३२ कष्टःक्षत्रियधर्मोयंसौहृदंत्वयिमेस्थितम् ॥ उग्रकर्मनिसृष्टोऽ
सितस्माद्राज्यंप्रशाधिवै ३३ आशिष्टनिग्रहोनित्यंशिष्टस्यपरिपालनम् ॥ एवंशुक्रोऽब्रवीद्धीमानापत्सुभरतर्षभ ३४ ॥ युधिष्ठिरउवाच ॥ ॥ अस्तिचे
दिहमर्यादायामन्योनाभिलंघयेत् ॥ पृच्छामित्वांसतांश्रेष्ठतन्मेब्रूहिपितामह ३५ ॥ ॥ भीष्मउवाच ॥ ॥ ब्राह्मणानेवसेवेतविद्यावृद्धांस्तपस्विनः ॥
श्रुतचारित्रवृत्ताढ्यान्पवित्रंह्येतदुत्तमम् ३६ यादेवतासुवृत्तिस्तेसाऽस्तुविप्रेषुनित्यदा ॥ क्रुद्धैर्हिविप्रैःकर्माणिकृतानिबहुधानृप ३७ ॥

न्यायराजसमूहाय तदर्थंयथातत्प्रमुच्यते तथाकुर्वाणंमामन्ववेक्षस्वेत्यध्याहृत्ययोज्यं । अन्योलोकोयदर्थंयमर्थंनप्रमोदतेनानुमोदते हिंस्रोऽयमितिमांनिंदंतोऽपिभूलोकार्थिनोराजानःस्वहितमजानाना
अपिमयास्वर्लोकंप्रापिताउपकारायैवनस्वार्थाय । एवंत्वमप्युग्रेणकर्मणाप्रजास्तद्धितायैवशाधीतिभावः २५ अजइति । यथाऽजोयज्ञार्थंनीयतेतद्धितायैवमश्वक्षत्रियावपिसंग्रामार्थंनीयेतेतद्धितायैव ।
‘हतोवाप्राप्स्यसिस्वर्गंजित्वावाभोक्ष्यसेमहीम्’ इत्युक्तेः । तथायज्ञेहन्यमानस्यपशोरपिस्वर्गप्राप्तिर्दृष्टा । ‘पशुर्वैनीयमानः समृत्युंप्रापश्यत्सदेवान्नान्वकामयतैतुंतंदेवाअब्रुवन्नेहिस्वर्गंवैत्वालोकंगमयिष्या
म’इति २६ एवंसंगृह्णामीत्यादेरुत्तरमुक्त्वाऽस्तिस्विद्दस्युमर्यादाइत्यस्योत्तरमाह यस्त्विति २७ । २८ । २९ । ३० अन्यायंन्यायवर्जितंयथास्यात्तथाप्रगृह्णातिषड्भागमादत्तेकर्मणापालनात्मकेनविहीनं
क्षत्रम ३१ । ३२ । ३३ । ३४ । ३५ ब्राह्मणादर्वागेवदंडस्यमर्यादा ब्राह्मणस्तुनैवदंड्योऽपितुपूज्यएवेत्याह ब्राह्मणानेवेति ३६ । ३७ ॥ ॥ ॥

म.भा.टी

३८ ॥ इतिशांतिपर्वणिआपद्धर्मपर्वणिनीलकंठीये भारतभावदीपे द्विचत्वारिंशदधिकशततमोऽध्यायः ॥ १४२ ॥ ॥ पितामहेति १ । २ । ३ । ४ । ५ । ६ । ७ । ८ । ९ । १०

॥ १९ ॥ प्रीत्यायशोभवेन्मुख्यमप्रीत्यापरमंभयम् ॥ प्रीत्याह्यमृतवद्विप्राःकुद्धाश्चैवविषंयथा ३८ ॥ इतिश्रीमहाभारतेशांति० आप० द्विचत्वारिंशदाधिकशततमोऽध्या
यः ॥ १४२ ॥ युधिष्ठिरउवाच ॥ पितामहमहाप्राज्ञसर्वशास्त्रविशारद ॥ शरणंपाल्यमानस्ययोधर्मस्तंब्रवीहिमे १ ॥ भीष्मउवाच ॥ महान्धर्मोमहाराज
शरणागतपालने ॥ अर्हःप्रष्टुंभवांश्चैवप्रश्नंभरतसत्तम २ शिबिप्रभृतयोराजन्राजानःशरणागतान् ॥ परिपाल्यमहात्मानःसंसिद्धिंपरमांगताः ३ श्रूयतेचकपो
तेनशत्रुःशरणमागतः ॥ पूजितश्चयथान्यायंस्वैश्चमांसैर्निमंत्रितः ४ ॥ युधिष्ठिरउवाच ॥ कथंकपोतेनपुराशत्रुःशरणमागतः ॥ स्वमांसंभोजितःकांचगतिंलेभे
सभारत ५ ॥ भीष्मउवाच ॥ शृणुराजन्कथांदिव्यांसर्वपापप्रणाशिनीम् ॥ नृपतेर्मुचुकुंदस्यकथितांभार्गवेणवै ६ इममर्थंपुरापार्थमुचुकुंदोनराधिपः ॥ भार्ग
वंपरिपप्रच्छप्रणतःपुरुषर्षभ ७ तस्मैशुश्रूषमाणायभार्गवोऽकथयत्कथाम् ॥ इमांयथाकपोतेनसिद्धिःप्राप्तानराधिप ८ ॥ मुनिरुवाच ॥ धर्मनिश्चयसंयुक्तांका
मार्थसहितांकथाम् ॥ शृणुष्वावहितोराजन्गदतोमेमहाभुज ९ कश्चित्क्षुद्रसमाचारःपृथिव्यांकालसंमितः ॥ विचचारमहारण्येघोरःशकुनिलुब्धकः १० काको
लइवकृष्णांगोरक्ताक्षःकालसंमितः ॥ दीर्घजंघोह्रस्वपादोमहावक्त्रोमहाहनुः ११ नैवतस्यसुहृत्कश्चिन्नसंबंधीनबांधवाः ॥ सहितैःसंपरित्यक्तस्तेनरौद्रेणकर्मणा
१२ नरःपापसमाचारस्त्यक्तव्योदूरतोबुधैः ॥ आत्मानंयोऽभिसंधत्तेसोऽन्यस्यस्यात्कथंहितः १३ येनृशंसादुरात्मानःप्राणिप्राणहरानराः ॥ उद्वेजनीयाभूता
नांव्यालाइवभवंतिते १४ सवैक्षारकमादायद्विजान्हत्वावनेसदा ॥ चकारविक्रयंतेषांपतंगानांजनाधिप १५ एवंतुवर्तमानस्यतस्यवृत्तिंदुरात्मनः ॥ अगमत्सु
महान्कालोनचाधर्ममबुध्यत १६ तस्यभार्यासहायस्यरममाणस्यशाश्वतम् ॥ दैवयोगविमूढस्यनान्यावृत्तिररोचत १७ ततःकदाचित्तस्याथवनस्थस्यसमंततः ॥
पातयन्निववृक्षांस्तान्सुमहान्वातसंभ्रमः १८ मेघसंकुलमाकाशंविद्युन्मंडलमंडितम् ॥ संछन्नस्तुमुहूर्तेननौसार्थैरिवसागरः १९ वारिधारासमूहेनसंप्रविष्टःशतक्रतुः ॥
क्षणेनपूरयामाससलिलेनवसुंधराम् २० ततोधाराकुलेकालेसंभ्रमन्नष्टचेतनः ॥ शीतार्तस्तद्वनंसर्वमाकुलेनांतरात्मना २१ नैवनिम्नंस्थलंवाऽपिसोऽविंदतविहंगहा ॥
पूरितोहिजलौघेनतस्यमार्गोवनस्यतु २२ पक्षिणोवर्षवेगेनहतालीनास्तदाऽभवन् ॥ मृगसिंहवराहाश्चस्थलमाश्रित्यशेरते २३ महतावातवर्षेणत्रासितास्तेवनौ
कसः ॥ भयार्ताश्चक्षुधार्ताश्चबभ्रमुःसहितावने २४ सतुशीतहतैर्गात्रैर्जगामनतस्थिवान् ॥ ददर्शपतितांभूमौकपोतींशीतविह्वलाम् २५ दृष्ट्वाऽतोंपिहिपापात्मा
सतांपंजरकेऽक्षिपत् ॥ स्वयंदुःखाभिभूतोऽपिदुःखमेवाकरोत्परे २६ पापात्मापापकारित्वात्पापमेवचकारसः ॥ सोऽपश्यत्तरुषंडेषुमेघनीलवनस्पतिम् २७

अ०

॥१४३॥

काकोलःकाकविशेषः ११ । १२ अभिसंधत्तेविषोद्बंधनादिनाहंतुमितिशेषः १३ । १४ क्षारकंजालं १५ । १६ । १७ । १८ । १९ । २० । २१ । २२ । २३ । २४ । २५ । २६ । २७ ॥

२८ । २९ । ३० । ३१ । ३२ । ३३ । ३४ ॥ इतिशांतिपर्वणिआपद्धर्मपर्वणिनीलकंठीये भारतभावदीपे त्रिचत्वारिंशदधिकशततमोऽध्यायः ॥ १४३ ॥ ॥ अथेति १ । २ । ३ । ४

सेव्यमानंविहंगौघैश्छायावासफलार्थिभिः ॥ धात्रापरोपकारायससाधुरिवनिर्मितः २८ अथाभवत्क्षणेनैववियद्विमलतारकम् ॥ महत्सरइवोत्फुल्लंकुमुदच्छुरितो
दकम् २९ ताराढ्यंकुमुदाकारमाकाशंनिर्मलंबहु ॥ घनैर्मुक्तंनभोदृष्ट्वालुब्धकःशीतविह्वलः ३० दिशोविलोकयामासविगाढांप्रेक्ष्यशर्वरीम् ॥ दूरतोमेनिवेशश्च
अस्माद्देशादितिप्रभो ३१ कृतबुद्धिर्द्रुमेतस्मिन्वस्तुंतांरजनींततः ॥ सांजलिःप्रणतिंकृत्वावाक्यमाहवनस्पतिम् ३२ शरणंयामियान्यस्मिन्दैवतानिवनस्प
तौ ॥ सशिलायांशिरःकृत्वापर्णान्यास्तीर्यभूतले ३३ दुःखेनमहताऽऽविष्टस्ततःसुष्वापपक्षिहा ३४ ॥ इतिश्रीमहाभारतेशांतिपर्वणिआपद्धर्मपर्वणिकपोतलु
ब्धकसंवादोपक्रमेत्रिचत्वारिंशदधिकशततमोऽध्यायः ॥ १४३ ॥ भीष्मउवाच ॥ अथवृक्षस्यशाखायांविहंगःससुहृज्जनः ॥ दीर्घकालोषितोराजंस्त
त्रचित्रतनूरुहः १ तस्यकल्यगताभार्याचरितुंनाभ्यवर्तत ॥ प्राप्तांचरजनींदृष्ट्वासपक्षीपर्यतप्यत २ वातवर्षंमहच्चासीत्रचागच्छतिमेप्रिया ॥ किंनुतत्कारणंयेन
साऽद्यापिननिवर्तते ३ अपिस्वस्तिभवेत्तस्याःप्रियायाममकानने ॥ तयाविरहितंहीदंशून्यमद्यगृहंमम ४ पुत्रपौत्रवधूभृत्यैराकीर्णमपिसर्वतः ॥ भार्याहीनंगृहस्थस्य
शून्यमेवगृहंभवेत् ५ नगृहंगृहमित्याहुर्गृहिणीगृहमुच्यते ॥ गृहंतुगृहिणीहीनमरण्यसदृशंमतम् ६ यदिसारक्तनेत्रांताचित्रांगीमधुरस्वरा॥ अद्यनायातिमेकांतानका
र्यंजीवितेनमे ७ नभुंक्तेमय्यभुक्तेयानास्नातेस्नातिसुव्रता ॥ नातिष्ठत्युपतिष्ठेतशेतेचशयितेमयि ८ हृष्टेभवतिसाहृष्टादुःखितेमयिदुःखिता ॥ प्रोषितेदीनवदना
क्रुद्धेचप्रियवादिनी ९ पतिव्रतापतिगतिःपतिप्रियहितेरता ॥ यस्यस्यात्तादृशीभार्याधन्यःसपुरुषोभुवि १० साहिश्रांतंक्षुधार्तंचजानीतेमांतपस्विनी ॥ अनुर
क्तास्थिराचैवभक्तास्निग्धायशस्विनी ११ वृक्षमूलेऽपिदयितायस्यतिष्ठतितद्गृहम् ॥ प्रासादोऽपितयाहीनःकांतारइतिनिश्चितम् १२ धर्मार्थकामकालेषुभार्यापुं
सःसहायिनी ॥ विदेशगमनेचास्यसैवविश्वासकारिका १३ भार्याहिपरमोह्यर्थःपुरुषस्येहपठ्यते ॥ असहायस्यलोकेऽस्मिँल्लोकयात्रासहायिनी १४ तथारोगा
भिभूतस्यनित्यंकृच्छ्रगतस्यच ॥ नास्तिभार्यासमंकिंचिन्नरस्यार्तस्यभेषजम् १५ नास्तिभार्यासमोबंधुर्नास्तिभार्यासमागतिः ॥ नास्तिभार्यासमोलोकेसहा
योधर्मसंग्रहे १६ यस्यभार्यागृहेनास्तिसाध्वीचप्रियवादिनी ॥ अरण्यंतेनगंतव्यंयथाऽरण्यंतथागृहम् १७ ॥ इतिश्रीमहाभारतेशांतिपर्वणिभार्याप्रशंसायांचतु
श्चत्वारिंशदधिकशततमोऽध्यायः ॥ १४४ ॥ ॥ भीष्मउवाच ॥ एवंविलपतस्तस्यश्रुत्वातुकरुणंवचः ॥ गृहीताशकुनिघ्नेनकपोतीवाक्यमब्रवीत् १

५ । ६ । ७ । ८ । ९ । १० । ११ । १२ । १३ । १४ । १५ । १६ । १७ ॥ इतिशांतिपर्वणिआपद्धर्मपर्वणिनीलकंठीये भारतभावदीपे चतुःश्चत्वारिंशदधिकश
ततमोऽध्यायः ॥ १४४ ॥ ॥ एवमिति १ ॥ ॥ ॥

म.भा.टी. २।३।४।५।६।७।८।९। १०। ११ ।१२।१३।१४ ॥ इतिशांतिपर्वणिआपद्धर्मपर्वणिनीलकंठीये भारतभावदीपे पंचचत्वारिंशदधिकशततमोऽध्यायः ॥ १४५ ॥ सपत्न्या शां.आ.१२

॥ २६ ॥ ॥ कपोत्युवाच ॥ अहोऽतीवसुभाग्याहंयस्यामेदयितःपतिः ॥ असतोवासतोवाऽपिगुणानेवंप्रभाषते २ नसास्त्रीह्यभिमंतव्यायस्यांभर्तानतुष्यति ॥ तुष्टेभ अ० १४६
र्तरिनारीणांतुष्टाःस्युःसर्वदेवताः ३ अग्निसाक्षिकमित्येवभर्तावैदैवतंपरम् ॥ दावाग्निनेवनिर्दग्धासपुष्पस्तबकालता ४ भस्मीभवतिसानारीयस्याभर्तानतुष्य
ति ॥ इतिसंचिंत्यदुःखार्ताभर्तारंदुःखितंतदा ५ कपोतीलुब्धकेनापिगृहीतावाक्यमब्रवीत् ॥ हंतवक्ष्यामितेश्रेयःश्रुत्वातुकुरुतत्तथा ६ शरणागतसंत्राता
भवकांतविशेषतः ॥ एषशाकुनिकःशेतेतववासंसमाश्रितः ७ शीतार्तश्चक्षुधार्तश्चपूजामस्मैसमाचर ॥ योहिकश्चिद्द्विजंहन्याद्गांचलोकस्यमातरम् ८ शर
णागतंचयोहन्यात्तुल्यंतेषांचपातकम् ॥ अस्माकंविहितावृत्तिःकापोतीज्ञातिधर्मतः ९ सान्याय्यात्मवतानित्यंत्वद्विधेनानुवर्तितुम् ॥ यस्तुधर्मंयथाशक्ति
गृहस्थोह्यनुवर्तते १० सप्रेत्यलभतेलोकानक्षयानितिशुश्रुम ॥ सत्वंसंतानवानद्यपुत्रवानसिचद्विज ११ तत्स्वदेहेदयांत्यक्त्वाधर्मार्थौपरिगृह्यच ॥ पूजामस्मै
प्रयुंक्ष्वत्वंप्रीयेतास्यमनोयथा १२ शरीरेमाचसंतापंकुर्वीथास्त्वंविहंगम ॥ शरीरयात्राकृत्यर्थमन्यान्दारानुपैष्यसि १३ इतिसाशकुनीवाक्यंपंजरस्थातपस्वि
नी ॥ अतिदुःखान्विताप्रोक्त्वाभर्तारंसमुदैक्षत १४ ॥ इतिश्रीमहाभारते शांतिपर्वणिआपद्धर्मपर्वणिकपोतंप्रतिकपोतीवाक्ये पंचचत्वारिंशदधिकशतत
मोऽध्यायः ॥ १४५ ॥ ॥ ॥ भीष्मउवाच ॥ सपत्न्यावचनंश्रुत्वाधर्मयुक्तिसमन्वितम् ॥ हर्षेणमहतायुक्तोवाक्यंव्याकुललोचनः १ तंवैशाकुनिकं
दृष्ट्वाविधिदृष्टेनकर्मणा ॥ सपक्षीपूजयामासयत्नात्तंपक्षिजीविनम् २ उवाचस्वागतंतेऽद्यब्रूहिकिंकरवाणिते ॥ संतापश्चनकर्तव्यःस्वगृहेवर्ततेभवान् ३ तद्ब्रवी
तुभवान्क्षिप्रंकिंकरोमिकिमिच्छसि ॥ प्रणयेनब्रवीमित्वांत्वंहिनःशरणागतः ४ अरावप्युचितंकार्यमातिथ्यंगृहमागते ॥ छेत्तुमप्यागतेच्छायांनोपसंहरतेद्रुमः
५ शरणागतस्यकर्तव्यमातिथ्यंहिप्रयत्नतः ॥ पंचयज्ञप्रवृत्तेनगृहस्थेनविशेषतः ६ पंचयज्ञांस्तुयोमोहान्नकरोतिगृहाश्रमे ॥ तस्यनायंनचपरोलोकोभवतिधर्मतः
७ तद्ब्रूहिमांसुविश्रब्धोयत्त्वंवाचावदिष्यसि ॥ तत्करिष्याम्यहंसर्वंमात्वंशोकेमनःकृथाः ७ तस्यतद्वचनंश्रुत्वाशकुनेर्लुब्धकोऽब्रवीत् ॥ बाधतेखलुमेशीतंसंत्रा
णंहिविधीयताम् ९ एवमुक्तस्ततःपक्षीपर्णान्यास्तीर्यभूतले ॥ यथाशक्त्याहिपर्णेनज्वलनार्थंद्रुतंययौ १० सगत्वांगारकर्मांतंगृहीत्वाग्निमथागमत् ॥ ततः
शुष्केषुपर्णेषुपावकंसोप्यदीपयत् ११ ससंदीप्तंमहत्कृत्वातमाहशरणागतम् ॥ प्रतापयसुविश्रब्धःस्वगात्राण्यकुतोभयः १२ सतथोक्तस्तथेत्युक्त्वालुब्धोगात्रा
ण्यतापयत् ॥ अग्निप्रत्यागतप्राणस्ततःप्राहविहंगमम् १३ हर्षेणमहताऽऽविष्टोवाक्यंव्याकुललोचनः ॥ तथेमंशकुनिंदृष्ट्वाविधिदृष्टेनकर्मणा १४ ॥

वचनमित्यध्यायत्रयंप्रायःस्पष्टार्थम् १।२।३।४।५।६।७।८।९ । १० अंगारकर्मान्तंकर्मारगृहसमीपम् ११ । १२ । १३ । १४ ॥ ॥ ॥ २६ ॥

१५ । १६ । १७ । १८ । १९ । २० । २१ । २२ । २३ । २४ । २५ । २६ ॥ इतिशांतिपर्वणिनीलकंठीयेभारतभावदीपे षट्चत्वारिंशदधिकशततमोऽध्यायः ॥ १४६ ॥ ॥ ततइति १

दत्तमाहारमिच्छामित्वयाक्षुद्बाधतेहिमाम् ॥ सतद्वचःप्रतिश्रुत्यवाक्यमाहविहंगमः १५ नमेऽस्तिविभवोयेननाशयेयंक्षुधांतव ॥ उत्पन्नेनहिजीवामोवयंनित्यंव
नौकसः १६ संचयोनास्तिचास्माकंमुनीनामिवभोजने ॥ इत्युक्त्वातंतदातत्रविवर्णवदनोऽभवत् १७ कथंनुखलुकर्तव्यमितिचिंतापरस्तदा ॥ बभूवभरतश्रेष्ठगर्ह
यन्वृत्तिमात्मनः १८ मुहूर्ताल्लब्धसंज्ञस्तुसपक्षीपक्षिघातिनम् ॥ उवाचतर्पयिष्येत्वांमुहूर्तंप्रतिपालय १९ इत्युक्त्वाशुष्कपर्णैस्तुसमुज्ज्वाल्यहुताशनम् ॥ हर्षे
णमहताऽविष्टःसपक्षीवाक्यमब्रवीत् २० ऋषीणांदेवतानांचपितॄणांचमहात्मनाम् ॥ श्रुतःपूर्वंमयाधर्मोमहानतिथिपूजने २१ कुरुष्वानुग्रहंसौम्यसत्यमेतद्ब्र
वीमिते ॥ निश्चिताखलुमेबुद्धिरतिथिप्रतिपूजने २२ ततःकृतप्रतिज्ञोवैसपक्षीप्रहसन्निव ॥ तमग्निंत्रिःपरिक्रम्यप्रविवेशमहामतिः २३ अग्निमध्येप्रविष्टंतुलु
ब्धोदृष्ट्वातुपक्षिणम् ॥ चिंतयामाससमनसाकिमिदंवैमयाकृतम् २४ अहोममनृशंसस्यगर्हितस्यस्वकर्मणा ॥ अधर्मःसुमहान्घोरोभविष्यतिनसंशयः २५ एवं
बहुविधंभूरिविललापसलुब्धकः॥गर्हयन्स्वानिकर्माणिद्विजंदृष्ट्वातथागतम् २६ ॥ इतिश्रीमहाभारतेशांति०आपद्धर्मपर्वणिकपोतलुब्धकसंवादेषट्चत्वारिंशदधिक
शततमोऽध्यायः ॥ १४६ ॥ ॥ भीष्मउवाच ॥ ततःसलुब्धकःपश्यन्क्षुधयाऽपिपरिप्लुतः ॥ कपोतमग्निपतितंवाक्यंपुनरुवाचह १ किमीदृशंनृशंसेनम
याकृतमबुद्धिना ॥ भविष्यतिहिमेनित्यंपातकंकृतजीविनः ॥ सविनिंदंस्तथाऽऽत्मानंपुनःपुनरुवाचह २ अविश्वास्यःसुदुर्बुद्धिःसदानिकृतिनिश्चयः ॥ शुभं
कर्मपरित्यज्यसोऽहंशकुनिलुब्धकः ३ नृशंसस्यममाद्यायंप्रत्यादेशोनसंशयः ॥ दत्तःस्वमांसंदहताकपोतेनमहात्मना ४ सोऽहंत्यक्ष्येप्रियान्प्राणान्पुत्रान्दारांस्त
थैवच ॥ उपदिष्टोहिमेधर्मःकपोतेनमहात्मना ५ अद्यप्रभृतिदेहंस्वंसर्वभोगैर्विवर्जितम् ॥ यथास्वल्पंसरोग्रीष्मेशोषयिष्याम्यहंतथा ६ क्षुत्पिपासातपसहःकृशो
धमनिसंततः ॥ उपवासैर्बहुविधैश्चरिष्येपारलौकिकम् ७ अहोदेहप्रदानेनदर्शिताऽतिथिपूजना ॥ तस्माद्धर्मंचरिष्यामिधर्मोहिपरमागतिः ८ दृष्टोधर्मोहि
धर्मिष्ठेयादृशोविहगोत्तमे ॥ एवमुक्त्वाविनिश्चित्यरौद्रकर्मासलुब्धकः ९ महाप्रस्थानमाश्रित्यप्रययौसंशितव्रतः १० ततोयष्टिंशलाकांचक्षारकंपंजरंतथा ॥
तांचबद्धांकपोतींसप्रमुच्यविससर्जह ११ ॥ इतिश्रीमहाभारतेशांतिपर्वणिलुब्धकोपरतौ सप्तचत्वारिंशदधिकशततमोऽध्यायः ॥ १४७ ॥ ॥ भीष्मउवा
च ॥ ततोगतेशाकुनिकेकपोतीप्राहदुःखिता ॥ संस्मृत्यसाचभर्तारंरुदतीशोककर्शिता १ नाहंतेविप्रियंकांतकदाचिदपिसंस्मरे ॥ सर्वाऽपिविधवानारीबहुपु
त्राऽपिशोचते २ शोच्याभवतिबंधूनांपतिहीनातपस्विनी ॥ लालिताऽहंत्वयानित्यंबहुमानाच्चपूजिता ३ ॥ ॥

२ प्रत्यादेशोधिक्कारपूर्वकउपदेशः ३ । ४ । ५ । ६ । ७ । ८ । ९ यष्टिंदंडं पष्टिशलाकमितिपाठेपक्षिसंश्लेषार्थंचिक्कणद्रव्योपेतंदीर्घदंडंयथेष्टंप्रर्धयितुंशक्यं षष्ट्याशलाकाभिःसंधितंपंजरंस्पष्टम् १०
६ इतिशांतिपर्वणिआपद्धर्मपर्वणिनीलकंठीयेभारतभावदीपेसप्तचत्वारिंशदधिकशततमोऽध्यायः ॥ १४७ ॥ ॥ ततइति १ । २ । ३ ॥ ॥ ॥

म.भा.टी. ४ । ५ । ६ । ७ । ८ । ९ । १० । ११ । १२ ॥ इतिशांतिपर्वणिआपद्धर्मपर्वणिनीलकंठीये भारतभावदीपे अष्टचत्वारिंशदधिकशततमोऽध्यायः ॥ १४८ ॥ ॥ विमानस्थावितिचाध्या शां.आ.१२

वचनैर्मधुरैःस्निग्धैरसंक्लिष्टमनोहरैः ॥ कंदरेषुचशैलानांनदीनांनिर्झरेषुच ४ द्रुमाग्रेषुचरम्येषुरमिताऽहंत्वयासह ॥ आकाशगमनेचैवविहृताऽहंत्वयासुखम् ५ रमामिस्मपुराकांततन्मेनास्त्यद्यकिंचन ॥ मितंददातिहिपितामितंभ्रातामितंसुतः ६ अमितस्यहिदातारंभर्तारंकानपूजयेत् ॥ नास्तिभर्तृसमोनाथोनास्तिभर्तृसमंसुखम् ७ विसृज्यधनसर्वस्वंभर्तावैशरणंस्त्रियाः ॥ नकार्यमिहमेनाथजीवितेनत्वयाविना ८ पतिहीनातुकानारीसतीजीवितुमुत्सहेत् ॥ एवंविलप्यबहुधाकरुणंसासुदुःखिता ९ पतिव्रतासंप्रदीप्तंप्रविवेशहुताशनम् ॥ ततश्चित्रांगदधरंभर्तारंसान्वपश्यत १० विमानस्थंसुकृतिभिःपूज्यमानंमहात्मभिः ॥ चित्रमाल्यांबरधरंसर्वाभरणभूषितम् ११ विमानशतकोटीभिरावृतंपुण्यकर्मभिः ॥ ततःस्वर्गगतःपक्षीविमानवरमास्थितः ॥ कर्मणापूजितस्तत्ररेमेससहभार्यया १२ ॥ इतिश्रीमहाभारते शांतिपर्वणिआपद्धर्मपर्वणिकपोतस्वर्गगमने अष्टचत्वारिंशदधिकशततमोऽध्यायः ॥ १४८ ॥ ॥ ॥ भीष्मउवाच ॥ विमानस्थौतुतौराजन्लुब्धकःखेददर्शह ॥ दृष्ट्वातौदंपतीराजन्व्यचिंतयततांगतिम् १ ईदृशेनैवतपसागच्छेयंपरमांगतिम् ॥ इतिबुद्ध्याविनिश्चित्यगमनायोपचक्रमे २ महाप्रस्थानमाश्रित्यलुब्धकःपक्षिजीवकः ॥ निश्चेष्टोमरुदाहारोनिर्ममःस्वर्गकांक्षया ३ ततोपश्यत्सुविस्तीर्णंहृद्यंपद्माभिभूषितम् ॥ नानापक्षिगणाकीर्णंसरःशीतजलंशिवम् ४ पिपासार्तोऽपितद्दृष्ट्वातृप्तःस्यान्नात्रसंशयः ॥ उपवासकृशोऽत्यर्थंसतुपार्थिवलुब्धकः ५ अनवेक्ष्यैवसंहृष्टःश्वापदाध्युषितंवनम् ॥ महांतंनिश्चयंकृत्वालुब्धकःप्रविवेशह ६ प्रविशन्नेवसवनंनिगृहीतःसकंटकैः ॥ सकंटकैर्विभिन्नांगोलोहितार्द्रीकृतच्छविः ७ बभ्रामतस्मिन्विजनेनानामृगसमाकुले ॥ ततोद्रुमाणांमहतापवनेनवनेतदा ८ उदतिष्ठतसंघर्षात्सुमहान्हव्यवहनः ॥ तद्वनंवृक्षसंपूर्णंलताविटपसंकुलम् ९ ददाहपावकःक्रुद्धोयुगांताग्निसमप्रभः ॥ सज्वालैःपवनोद्धूतैर्विस्फुलिंगैःसमंततः १० ददाहतद्वनंघोरंमृगपक्षिसमाकुलम् ॥ ततःसदेहमोक्षार्थंसंप्रहृष्टेनचेतसा ११ अभ्यधावतवर्धंतंपावकंलुब्धकस्तदा ॥ ततस्तेनाग्निनादग्धोलुब्धकोनष्टकल्मषः ॥ जगामपरमांसिद्धिंततोभरतसत्तम १२ ततःस्वर्गस्थमात्मानमपश्यद्विगतज्वरः ॥ यक्षगंधर्वसिद्धानांमध्येभ्राजंतमिंद्रवत् १३ एवंखलुकपोतश्चकपोतीचपतिव्रता ॥ लुब्धकेनसहस्वर्गंगताःपुण्येनकर्मणा १४ याऽपिचैवंविधानारीभर्तारमनुवर्तते ॥ विराजतेहिसाक्षिप्रंकपोतीवदिविस्थिता १५ एवमेतत्पुरावृत्तंलुब्धकस्यमहात्मनः ॥ कपोतस्यचधर्मिष्ठागतिःपुण्येनकर्मणा १६ यश्चेदंशृणुयान्नित्यंयश्चेदंपरिकीर्तयेत् ॥ नाशुभंविद्यतेतस्यमनसाऽपिप्रमादतः १७ युधिष्ठिरमहानेषधर्मोधर्मभृतांवर ॥ गोघ्नेष्वपिभवेदस्मिन्निष्कृतिःपापकर्मणः १८ ॥ ॥

गौरपृष्ठार्थौ १ । २ । ३ । ४ । ५ । ६ ७ । ८ । ९ । १० । ११ । १२ । १३ । १४ । १५ । १६ । १७ । १८ ॥ ॥ ॥ ॥ १७ ॥

१९ ॥ इतिशांतिपर्वणिआपद्धर्मपर्वणिनीलकंठीये भारतभावदीपेएकोनपंचाशदधिकशततमोऽध्यायः ॥ १४९ ॥ ॥ ॥ ॥ लुब्धकदृष्टांतेनबुद्धिपूर्वकृतस्यापिपापस्यमहतातपसापरि
हारोदृष्टस्तत्प्रसंगादबुद्धिपूर्वस्यापिपरिहारस्तत्तुल्ययत्नसाध्यइत्याशयवान्पृच्छति अबुद्धीति १ । २ पारिक्षितपारिक्षितः ३ । ४ । ५ । ६ पापकृत्यापापक्रियया ७ । ८ । ९ । १० । ११

ननिष्कृतिर्भवेत्तस्ययोहन्याच्छरणागतम् ॥ इतिहासमिमंश्रुत्वापुण्यंपापप्रणाशनम् ॥ नदुर्गतिमवाप्नोतिस्वर्गलोकंचगच्छति १९ इतिश्रीमहाभारतेशांति
पर्वणिआपद्धर्मपर्वणिलुब्धकस्वर्गगमनेएकोनपंचाशदधिकशततमोऽध्यायः ॥ १४९ ॥ ॥ ॥ ॥ युधिष्ठिरउवाच ॥ अबुद्धिपूर्वंयत्पापंकुर्याद्भरतसत्त
म ॥ मुच्यतेसकथंतस्मादेतत्सर्वंब्रवीहिमे १ ॥ भीष्मउवाच ॥ ॥ अत्रतेवर्तयिष्यामिपुराणमृषिसंस्तुतम् ॥ इंद्रोतःशौनकोविप्रोयदाहजनमेजयम् २
आसीद्राजामहावीर्यःपरिक्षिज्जनमेजयः ॥ अबुद्धिपूर्वामागच्छद्ब्रह्महत्यांमहीपतिः ३ ब्राह्मणाःसर्वएवैतेतत्यजुःसपुरोहिताः ॥ सजगामवनंराजादह्यमानोदि
वानिशम् ४ प्रजाभिःसपरित्यक्तश्चकारकुशलंमहत् ॥ अतिवेलंतपस्तेपेदह्यमानःसमन्युना ५ ब्रह्महत्यापनोदार्थमपृच्छद्ब्राह्मणान्बहून् ॥ पर्यटन्पृथिवींकृ
त्स्नांदेशेदेशेनराधिपः ६ तत्रेतिहासंवक्ष्यामिधर्मस्यास्योपबृंहणम् ॥ दह्यमानःपापकृत्याजगामजनमेजयः ७ चरिष्यमाणइंद्रोतंशौनकंसंशितव्रतम् ॥ समासा
द्योपजग्राहपादयोःपरिपीडयन् ८ ऋषिर्दृष्ट्वानृपंतत्रजगर्हेसुभृशंतदा ॥ कर्तापापस्यमहतोभ्रूणहाकिमिहागतः ९ किंतवास्मासुकर्तव्यंमामांस्प्राक्षीःकथंच
न ॥ गच्छगच्छनतेस्थानंप्रीणात्यस्मानितिब्रुवन् १० रुधिरस्येवतेगंधःशवस्येवचदर्शनम् ॥ अशिवःशिवसंकाशोमृतोजीवन्निवाटसि ११ ब्रह्ममृत्युरशुद्धा
त्मापापमेवानुचिंतयन् ॥ प्रबुध्यसेप्रस्वपिषिवर्तसेपरमेसुखे १२ मोघंतेजीवितंराजन्परिक्लिष्टंचजीवसि ॥ पापायैवहिसृष्टोसिकर्मणेहयवीयसे १३ बहुकल्या
णमिच्छंतिईहन्तेपितरःसुतान् ॥ तपसादैवतेज्याभिर्वन्दनेनतितिक्षया १४ पितृवंशमिमंपश्यत्वत्कृतेनरकंगतम् ॥ निरर्थाःसर्वएवैषामाशाबंधास्त्वदाश्रयाः १५
यान्पूजयंतोविंदंतिस्वर्गमायुर्यशःप्रजाः ॥ तेषुत्वंसततंद्वेष्टाब्राह्मणेषुनिरर्थकः १६ इमंलोकंविमुच्यत्वमवाङ्मूर्द्धापतिष्यसि ॥ अशाश्वतीःशाश्वतीश्चसमाःपापेनक
र्मणा १७ अर्द्यमानोयत्रगृध्रैःशितिकण्ठैरयोमुखैः ॥ ततश्चपुनरावृत्तःपापयोनिंगमिष्यसि १८ यदिदंमन्यसेराजन्नायमस्तिकुतःपरः ॥ प्रतिस्मारयितारस्त्वां
यमदूतायमक्षये १९ ॥ इतिश्रीमहाभारतेशांति० आप० इंद्रोतपारिक्षितीयसंवादेपंचाशदधिकशततमोऽध्यायः ॥ १५० ॥ भीष्मउवाच ॥ एवमुक्तःप्रत्यु
वाचतंमुनिंजनमेजयः ॥ गर्ह्यंभवान्गर्हयतेनिंद्यंनिंदतिमांपुनः १ धिक्कार्यंमांधिक्कुरुतेतस्मात्त्वाऽहंप्रसादये ॥ सर्वंहीदंदुष्कृतंमेज्वलाम्यग्नाविवाहितः २ स्वक
र्माण्यभिसंधायनाभिनंदतिमेमनः ॥ प्राप्यघोरंभयंनूनंमयावैवस्वतादपि ३ तत्तुशल्यमनिर्हृत्यकथंशक्ष्यामिजीवितुम् ॥ सर्वंमन्युंविनीयत्वमभिमांवदशौनक ४

१२ यवीयसेहीनाय १३ । १४ । १५।१६ अशाश्वतीःसर्वस्यापिकर्मणोऽन्तवत्त्वादशाश्वतीःबहुत्वात् १७ । १८ । १९ ॥ इतिशांतिपर्वणिआपद्धर्मपर्वणिनीलकंठीयेभारतभावदीपेपंचाश
दधिकशततमोऽध्यायः ॥ १५० ॥ ॥ ॥ एवमिति १ त्वाहंत्वामहं सार्द्धः दुष्कृतमभिसंधायेतिसंबंधः २ प्राप्येति। यमयातनाभोगान्ते दुष्कृतजंशल्यंममगमिष्यतीत्यर्थः ३ । ४

ब्राह्मणानांभक्तइतिशेषः ५ ब्रह्मशस्तंहिंसितंयैस्तेषां संविदमैकमत्यंसजातीयैःसहालभमानानामितिपूर्वान्वयि बेदनिश्चितान्युष्मान्प्रतिभूयोवक्ष्यामि ६ निर्जनाःनिष्परिग्रहाःयोगिनोयथा निर्धनान्दीनान्रक्षंतिएवंमांभवंतोदययैवस्वसामर्थ्येनरक्षंत्वित्यर्द्धार्थः ७ आपातान्नरकान् पुलिंदाःशबराःम्लेच्छभेदाः ८ सपंडितःयोमद्दोपान्जानातिनत्वंतस्थांप्रज्ञांशरणागतोऽहमित्येवं रूपांसत्वपंडितः ब्रह्मन्ब्राह्मण ९ ब्रह्मब्राह्मणजातिःकुपितासती असांप्रतमयुक्तमपिकुर्यात् अत्रकिमाश्चर्यंनकिमपीत्यर्थः यतएवमतःप्राज्ञोबुद्धिमान् इत्येवंप्रकारेणपंडितोविवेकवान् भूत्वाभूतानांभूतेषुनानुकुप्यतेऽनुकोपंनकरोति १० नकेवलमकोपएवप्रज्ञाफलं अपितुमहत्त्वमप्यस्तीत्याह प्रज्ञेति ११ यःसाधुषुनिर्विण्णात्माविरक्तःपरोक्षस्तदृष्टिपथादपेतस्तैश्चधिक्कृतस्तेनप्रज्ञा

महानासंब्राह्मणानांभूयोवक्ष्यामिसांप्रतम् ॥ अस्तुशेषंकुलस्यास्यमापराभूदिदंकुलम् ५ नहिनोब्रह्मशस्तानांशेषंभवितुमर्हति ॥ स्तुतीरलभमानानांसंविदंवेद निश्चितान् ६ निर्विद्यमानस्त्वात्मानंभूयोवक्ष्यामिशाश्वतम् ॥ भूयश्चैवाभिरक्षंतुनिर्धनान्निर्जनाइव ७ नह्ययज्ञाअमुंलोकंप्राप्नुवंतिकथंचन ॥ आपातान्प्रति तिष्ठंतिपुलिंदशबराइव ८ अविज्ञायैवमेप्रज्ञांबालस्येवसपंडितः ॥ ब्रह्मन्पितेवपुत्रस्यप्रीतिमान्भवशौनक ९ ॥ शौनकउवाच ॥ किमाश्चर्यंयतःप्राज्ञोब्रह्म कुर्यादसांप्रतम् ॥ इतिवैपंडितोभूत्वाभूतानांनानुकुप्यते १० प्रज्ञाप्रासादमारुह्यअशोच्यःशोचतेजनान् ॥ जगतीस्थानिवाद्रिस्थःप्रज्ञयाप्रतिपत्स्यति ११ नचो पलभ्यतेतेननचाश्चर्याणिकुर्वते ॥ निर्विण्णात्मापरोक्षोवाधिक्कृतःपूर्वसाधुषु १२ विदितंभवतोवीर्यंमाहात्म्यंवेदआगमे ॥ कुरुष्वेहयथाशांतिब्रह्माशरणमस्तु ते १३ तद्वैपारत्रिकंतातब्राह्मणानामकुप्यताम् ॥ अथवातप्यसेपापैधर्ममेवानुपश्यवै १४ ॥ जनमेजयउवाच ॥ अनुतप्यचपापेननचधर्मंविलोपये ॥ बुभूषुंभजमानंचप्रीतिमान्भवशौनक १५ ॥ शौनकउवाच ॥ छित्वादंभंचमानंचप्रीतिमिच्छामितेनृप ॥ सर्वभूतहितंतिष्ठधर्मंचैवप्रतिस्मरन् १६ नभयान्न चकार्पण्यान्नलोभात्त्वामुपाह्वये ॥ तांमेदैवींगिरंसत्यांशृणुत्वंब्राह्मणैःसह १७ सोऽहंनकेनचिच्चार्थीत्वांचधर्मादुपाह्वये ॥ क्रोशतांसर्वभूतानांहाहाधिगितिजल्प ताम् १८ वक्ष्यंतिमामधर्मज्ञंत्यक्ष्यंतिसुहृदोजनाः ॥ तावाचःसुहृदःश्रुत्वासंज्वरिष्यंतिमेभृशम् १९ केचिदेवमहाप्राज्ञाःप्रतिज्ञास्यंतितत्त्वतः ॥ जानीहिम त्कृतंतातब्राह्मणान्प्रतिभारत २० यथातेमत्कृतेक्षेमंलभंतेतेतथाकुरु ॥ प्रतिजानीहिचाद्रोहंब्राह्मणानांनराधिप २१ ॥ जनमेजयउवाच ॥ नैववाचानमनसा पुनर्जातुनकर्मणा ॥ द्रोग्धास्मिब्राह्मणान्विप्रचरणावपितेस्पृशे २२ ॥ इतिश्रीम० शां०आप० इंद्रोतपारिक्षितीयेएकपंचाशदधिकशततमोऽध्यायः ॥ १५१ ॥

नचोपलभ्यते तादृशस्यतदलाभेऽन्येआश्चार्यमपिनकुर्वते अतःसत्संगंविनाप्रज्ञादुर्लभैवेत्यर्थः १२ वीर्यंब्राह्मणस्येतिशेषः वेदेऋग्वेदादौआगमेसर्वार्थद्योतके ब्रह्माब्राह्मणःशरणंरक्षिता यथा शांतिशांतिमनतिक्रम्य १३ यत्कृतंतद्वैपारत्रिकमित्यध्याहृत्ययोज्यं १४ बुभूषुंश्रेयोलिप्सुंभजमानंमांप्रतीतिशेषः १५ सर्वभूतहितंहितरूपंधर्मंतिष्ठानुतिष्ठ हितेइतिसप्तम्यंतपाठःस्पष्टार्थः १६ उपाह्वयेशिष्यंकरोमीत्यर्थः १७ शौनकंपापिष्ठसंग्रहीतारंधिगितिजल्पतांताननादृत्यउपाह्वयेइत्यर्थः १८ । १९ प्रतिज्ञास्यंतिमदभिप्रायंकृतमेवजानीहीति २० तेब्राह्मणामत्कृतेमन्निमित्तं तेत्वत्तः २१ । २२ ॥ इतिशांतिपर्वणिआपद्धर्मपर्वणि नीलकंठीये भारतभावदीपे एकपंचाशदधिकशततमोऽध्यायः ॥ १५१ ॥ ॥ ॥ ॥ ॥ ॥

तस्मादिति । यस्माच्छ्रीमान्विश्वावानस्मितस्मात् १ । २ सभवान्तादृशस्तोपकः ३ अभिभूतानामधर्मेणेतिशेषः ४ नास्तिदुर्लभंयस्यसोऽदुर्लभःसंपन्नः ५ यदसमीक्षितंपौर्वापर्येणानालोचितं एतदेकंसमग्रंकृत्स्नंकार्पण्यंचेत्कार्यंसमीक्ष्यैवस्यात् तस्मिन्कार्येततःसमीक्षातःगुणःस्यात् ६ समीक्षामेवाह यज्ञइति ७ । ८ । ९ एकांततोऽतियत्नेन १० तपएवाह पुण्यमिति ११ । १२ मानसइतिपुंस्त्वमार्षं १३ पवित्राणांपावनानांमध्येत्यागधर्मःदानात्मकोधर्मःपवित्रतरः संन्यासंतुपरंधर्मंततोऽप्यधिकंमनुरब्रवीत् १४ कुमारोबालः सत्योरागद्वेषशून्यत्वात् तथातिष्ठेदित्यर्थः १५ नहीति

॥ शौनकउवाच ॥ तस्मात्तेऽहंप्रवक्ष्यामिधर्ममावृतचेतसे ॥ श्रीमान्महाबलस्तुष्टःस्वयंधर्ममवेक्षसे १ पुरस्ताद्दारुणोभूत्वासुचित्रतरमेवतत् ॥ अनुगृह्णातिभूता॥निस्वेनवृत्तेनपार्थिवः २ कृत्स्नंनूनंसदहातिइतिलोकोव्यवस्यति ॥ यत्रत्वंतादृशोभूत्वाधर्ममेवानुपश्यसि ३ हित्वातुसुचिरंभक्ष्यंभोज्यांश्चतपआस्थितः ॥ इत्येतदभिभूतानामद्भुतंजनमेजय ४ योऽदुर्लभोभवेद्दाताकृपणोवातपोधनः ॥ अनाश्चर्यंतदित्याहुर्नातिदूरेणवर्तते ५ एतदेवहिकार्पण्यंसमग्रमसमीक्षितम् ॥ यच्चेत्समीक्ष्यैवस्याद्भवेत्तस्मिंस्ततोगुणः ६ यज्ञोदानंदयावेदाःसत्यंचपृथिवीपते ॥ पंचैतानिपवित्राणिषष्ठंसुचरितंतपः ७ तदेवराज्ञांपरमंपवित्रंजनमेजय ॥ तेनसम्यग्गृहीतेनश्रेयांसंधर्ममाप्स्यसि ८ पुण्यदेशाभिगमनंपवित्रंपरमंस्मृतम् ॥ अत्राप्युदाहरंतीमांगाथांगीतांययातिना ९ योमर्त्यःप्रतिपद्येतआयुर्जीवितमात्मनः ॥ यज्ञमेकांततःकृत्वातत्संन्यस्यतपश्चरेत् १० पुण्यमाहुःकुरुक्षेत्रंकुरुक्षेत्रात्सरस्वतीम् ॥ सरस्वत्याश्चतीर्थानितीर्थेभ्यश्चपृथूदकम् ११ यत्रावगाह्यपीत्वाचनैनंश्वोमरणंतपेत् ॥ महासरःपुष्कराणिप्रभासोत्तरमानसे १२ कालोदकंचगंताऽसिलब्धायुर्जीवितेपुनः ॥ सरस्वतीदृषद्वत्योःसंगमोमानसःसरः १३ स्वाध्यायशीलःस्थानेषुसर्वेष्वेवमुपस्पृशेत् ॥ त्यागधर्मःपवित्राणांसन्न्यासंमनुरब्रवीत् १४ अत्राप्युदाहरंतीमागाथाःसत्यवताकृताः ॥ यथाकुमारःसत्योवैनैवपुण्योनपापकृत् १५ नह्यस्तिसर्वभूतेषुदुःखमस्मिन्कुतःसुखम् ॥ एवंप्रकृतिभूतानांसर्वसंसर्गयायिनाम् १६ त्यजतांजीवितंश्रेयोनिवृत्तेपुण्यपापके ॥ यत्त्वेवराज्ञोज्यायिष्ठंकार्याणांतद्ब्रवीमिते १७ बलेनसंविभागैश्चजयस्वर्गंजनेश्वर ॥ यस्यैवबलमोजश्चसधर्मस्यप्रभुर्नरः १८ ब्राह्मणार्थंसुखार्थंहित्वंपाहिवसुधांनृप ॥ यथैवैतान्पुराक्षेप्सीस्तथैवैतान्प्रसादय १९ अपिविक्रममाणोपित्यजमानोऽप्यनेकधा ॥ आत्मनोदर्शनाद्विप्रान्नहंतास्मीतिमार्गय ॥ घटमानःस्वकार्येषुकुरुनिःश्रेयसंपरम् २० हिमाग्निघोरसदृशोराजाभवतिकश्चन ॥ लांगलाशनिकल्पोवाभवेदन्यःपरंतप २१ नविशेषेणगंतव्यमविच्छिन्नेनवापुनः ॥ नजातुनाहमस्मीतिसुप्रसक्तमसाधुषु २२ ॥

सार्धः सुखंदुःखंचोभयमपिकल्पितमित्यर्थः प्रकृतिर्ब्रह्मतद्भूतानांब्रह्मस्वरूपाणांसत्राणियानिसंसर्गरूपाणिपापानियांतितद्व्रतांआविद्यकसंगमात्राद्दुःखादिभाजामित्यर्थः १६ । १७ बलेनधैर्येणसंविभागैर्दानैः ओजइंद्रियपाटवम् १८ । १९ विक्रममाणःकर्मणिशानच् नीचैःक्रियमाणइत्यर्थः त्यजमानःदूरीक्रियमाणः आत्मनोदर्शनादात्मौपम्येनमार्गयनिश्चिनु २० हिमवच्छीतलःअग्निवत्क्रूरः घोरोयमस्तद्वद्गुणदोषविचारकः लांगलवदृष्टमूलोन्मूलनपरः अशनिवदाकस्मिकपातोदुष्टेषु २१ असाधुषुसुप्रसक्तंप्रीतिविशेषेण विशेषेणविद्वत्वादिनाहेतुनाअविच्छिन्नेनसामान्येनब्राह्मणत्वादिनाधर्मेणवानगंतव्यं नप्राप्तव्यं केनापिहेतुनाखलेषुसंगोनकर्तव्यइत्यर्थः तत्रहेतुमाहनोति जातुकदाचित् अहंनअस्मीतिनअपित्वस्मीत्येवमत्वेतिशेषः स्वनाशार्थिखलसंगंनकुर्यादितिभावः २२ ॥

विकर्मणेति । सकृत्कृतात्पापात्पश्चात्तापमात्रेण मुच्यते । द्विरावृत्तात्पुनर्नकरिष्यामीतिनियमग्रहणमात्रेण । त्रिरावृत्ताच्चार्तिकंचिद्धर्मस्वीकारमात्रेण बहुकृत्वेतितदभ्यस्तात्शुचिस्तीर्थादिनामुच्यतइतिश्लोकद्वयार्थः २३ । २४ । २५ । २६ । २७ । २८ यावतइतिप्रकृतोपयोगि २९ अघमर्षणमृतंचसत्यंचेतिऋक्त्रयम् ३० । ३१ अनुयुज्यअत्यादरपूर्वकमुपेत्यापृच्छन्नितिशेषः धर्म्यंधर्मोऽत्रैवफलंसुखरूपंवेत्थजानीषे तथानरकेफलंदुःखंतदपिवेत्थ ३२ यस्ययोगिनउभेअपिसुखदुःखेसदृशेयस्यचतयोर्द्वयोस्तुल्योजयोऽस्तिउतनसामान्याभावेऽपिकिंपुण्यस्यफलंकथंदानपुण्येनपापंनुद

विकर्मणातप्यमानःपापाद्विपरिमुच्यते ॥ नैतत्कार्यंपुनरितिद्वितीयात्परिमुच्यते २३ चरिष्येधर्ममेवेतितृतीयात्परिमुच्यते ॥ शुचिस्तीर्थान्यनुचरन्बहुत्वात्परिमुच्यते २४ कल्याणमनुकर्तव्यंपुरुषेणबुभूषता ॥ येसुगंधीनिसेवंतेतथागंधाभवंतिते २५ येदुर्गंधीनिसेवंतेतथागंधाभवंतिते ॥ तपश्चर्यापरःसद्यःपापाद्विपरिमुच्यते २६ संवत्सरमुपास्याग्निमभिशस्तःप्रमुच्यते ॥ त्रीणिवर्षाण्युपास्याग्निंभ्रूणहाविप्रमुच्यते २७ महासरःपुष्करणिप्रभासोत्तरमानसे ॥ अभ्येत्ययोजनशतंभ्रूणहाविप्रमुच्यते २८ यावतःप्राणिनोहन्यात्तज्जातीयांस्तुतावतः ॥ प्रमीयमाणानुन्मोच्यप्राणिहाविप्रमुच्यते २९ अपिचाप्सुनिमज्जेतजपंस्त्रिरघमर्षणम् ॥ यथाऽश्वमेधावभृथस्तथातन्मनुरब्रवीत् ३० तत्क्षिप्रंनुदतेपापंसत्कारंलभतेतथा ॥ अपिचैनंप्रसीदंतिभूतानिजडमूकवत् ३१ बृहस्पतिंदेवगुरुंसुरासुराःसर्वेसमेत्याभ्यनुयुज्यराजन् ॥ धर्म्यंफलंवेत्थफलंमहर्षेतथैवतस्मिन्नरकेपारलोक्ये ३२ उभेतुयस्यसदृशेभवेतांकिंस्वित्तयोस्तत्रजयोऽथनस्यात् ॥ आचक्ष्वनःपुण्यफलंमहर्षेकथंपापंनुदतेधर्मशीलः ३३ ॥ बृहस्पतिरुवाच ॥ कृत्वापापंपूर्वमबुद्धिपूर्वंपुण्यानिचेत्कुरुतेबुद्धिपूर्वम् ॥ सतत्पापंनुदतेकर्मशीलोवासोयथामलिनंक्षारयुक्तम् ३४ पापंकृत्वाऽभिमन्येतनाहमस्मीतिपूरुषः ॥ तच्चिकीर्षतिकल्याणंश्रद्दधानोऽनसूयकः ३५ छिद्राणिविवृत्तान्येवसाधूनांचावृणोतियः ॥ यःपापंपुरुषःकृत्वाकल्याणमभिपद्यते ३६ यथाऽऽदित्यःप्रातरुद्यंस्तमःसर्वंव्यपोहति ॥ कल्याणमाचरन्नेवंसर्वपापंव्यपोहति ३७ ॥ भीष्मउवाच ॥ एवमुक्त्वातुराजानमिंद्रोतोजनमेजयम् ॥ याजयामासविधिवद्वाजिमेधेनशौनकः ३८ ततःसराजाव्यपनीतकल्मषःश्रियोवृतःप्रज्वलिताग्निरूपवान् ॥ विवेशराज्यंस्वममित्रकर्षणोयथादिवंपूर्णवपुर्निशाकरः ३९ ॥ इति श्रीमहाभारते शांतिपर्वणि आपद्धर्मपर्वणि इंद्रोतपारिक्षितीये द्विपंचाशदधिकशततमोऽध्यायः ॥ १५२ ॥

॥ युधिष्ठिरउवाच ॥ कच्चित्पितामहेनासीच्छ्रुतंवादृष्टमेवच ॥ कच्चिन्मर्त्योमृतोराजन्पुनरुज्जीवितोऽभवत् १ ॥ ॥

तितदाचक्ष्वेतिद्वयोःसंबंधः ३३ अबुद्धिपूर्वमित्यस्यप्रश्नस्योत्तरमाह कृत्वेति ३४ पापमिति कर्तृत्वाभिमानशून्यःपापंकुर्वन्नपिनकरोत्येवेत्यर्द्धस्यार्थः ३५ आवृणोतिपिधत्ते सकल्याणंचिकीर्षतीतिसंबंधः ३६ । ३७ । ३८ । ३९ ॥ इतिशांतिपर्वणिआपद्धर्मपर्वणिनीलकंठीये भारतभावदीपे द्विपंचाशदधिकशततमोऽध्यायः ॥ १५२ ॥ ॥ ॥ ॥ तदेवंव्यापन्नस्यराज्ञोबुद्धिपूर्वमबुद्धिपूर्वंवाकृतंपापंसत्कर्मणाधर्माध्यवसायेनचनश्यतीतिपरलोकभयाभावोदर्शितः इहलोकेऽप्यत्यंतापन्नस्यमृतकल्पस्यद्वाभ्यामहमहमिकयाग्रसितुमवेक्षितस्यकेनचित्कारणेनकंचित्कालमवस्थितस्यकाचिद्गतिरस्तिनवेतिपृच्छति कच्चिदिति । तादृशस्याप्युज्जीवनंकचिद्दृष्टमस्तीतिप्रश्नाशयः १ ॥ ॥ ॥

अत्रोत्तरंगृध्रगोमायुभ्यांयुगपत्प्रार्थ्यमानस्यशिशोःस्वजननिरोधात्कंचित्कालमत्रस्थितस्येश्वरेणयथाजीवनंदत्तंएवमेवेश्वरोऽनुगृह्णातीत्याख्यायिकामुखेनैवाह शृणुपार्थेत्यादिना । स्पष्टार्थोऽध्याय

भीष्मउवाच ॥ शृणुपार्थयथावृत्तमितिहासंपुरातनम् ॥ गृध्रजंबुकसंवादंयोवृत्तोनैमिषेपुरा २ कस्यचिद्ब्राह्मणस्यासीद्दुःखलब्धःसुतोमृतः ॥ बालएवविशा
लाक्षोबालग्रहनिपीडितः ३ दुःखिताःकेचिदादायबालमप्राप्तयौवनम् ॥ कुलसर्वस्वभूतंवैरुदंतःशोकविह्वलाः ४ बालंमृतंगृहीत्वाऽथश्मशानाभिमुखाःस्थि
ताः ॥ अंकेनैवचसंक्रम्यरुरुदुर्भृशदुःखिताः ५ शोचंतस्तस्यपूर्वोक्तान्भाषितांश्चासकृत्पुनः ॥ तंबालंभूतलेक्षिप्यप्रतिगंतुंनशक्नुयुः ६ तेषांरुदितशब्देन
नगृध्रोऽभ्येत्यवचोऽब्रवीत् ॥ एकात्मजमिमंलोकेत्यक्त्वागच्छतमाचिरम् ७ इहपुंसांसहस्राणिस्त्रीसहस्राणिचैवह ॥ समानीतानिकालेनहित्वावैयांतिबांधवाः ८
संपश्यतजगत्सर्वंसुखदुःखैरधिष्ठितम् ॥ संयोगोविप्रयोगश्चपर्यायेणोपलभ्यते ९ गृहीत्वायेचगच्छंतियेनयांतिचतान्मृतान् ॥ तेऽप्यायुषःप्रमाणेनस्वेनग
च्छंतिजंतवः १० अलंस्थित्वाश्मशानेऽस्मिन्गृध्रगोमायुसंकुले ॥ कंकालबहुलेरौद्रेसर्वप्राणिभयंकरे ११ नपुनर्जीवितःकश्चित्कालधर्ममुपागतः ॥ प्रियोवा
यदिवाद्वेष्यःप्राणिनांगतिरीदृशी १२ सर्वेणखलुमर्तव्यंमर्त्यलोकेप्रसूयता ॥ कृतांतविहितेमार्गेमृतंकोजीवयिष्यति १३ कर्मांतविरतेलोकेअस्तंगच्छतिभा
स्करे ॥ गम्यतांस्वमधिष्ठानंसुतस्नेहंविसृज्यवै १४ ततोगृध्रवचःश्रुत्वाप्राक्रोशंतस्तदानृप ॥ बांधवास्तेऽभ्यगच्छंतपुत्रमुत्सृज्यभूतले १५ विनिश्चित्याथ
चतदाविक्रोशंतस्ततस्ततः ॥ मृतमित्येवगच्छंतोनिराशास्तस्यदर्शने १६ निश्चितार्थाश्चतेसर्वेसंत्यजंतःस्वमात्मजम् ॥ निराशाजीवितेतस्यमार्गमावृत्यधि
ष्ठिताः १७ ध्वांक्षपक्षसवर्णस्तुबिलान्निसृत्यजंबुकः ॥ गच्छमानान्स्मतानाहनिर्घृणाःखलुमानुषाः १८ आदित्योऽयंस्थितोमूढाःस्नेहंकुरुतमाभयम् ॥ बहु
रूपोमुहूर्तश्चजीवत्यपिकदाचन १९ यूयंभूमौविनिक्षिप्यपुत्रस्नेहविनाकृताः ॥ श्मशानेसुतमुत्सृज्यकस्माद्गच्छतनिर्घृणाः २० नवोऽस्त्यस्मिन्सुतेस्नेहोबा
लेमधुरभाषिणि ॥ यस्यभाषितमात्रेणप्रसादमधिगच्छत २१ तेपश्यतसुतस्नेहोयादृशःपशुपक्षिणाम् ॥ नतेषांधारयित्वातान्कश्चिदस्तिफलागमः २२ च
तुष्पात्पक्षिकीटानांप्राणिनांस्नेहसंगिनाम् ॥ परलोकगतिस्थानांमुनियज्ञक्रियामिव २३ तेषांपुत्राभिरामाणामिहलोकेपरत्रच ॥ नगुणोदृश्यतेकश्चित्प्रजाः
संधारयंतिच २४ अपश्यतांप्रियान्पुत्रांस्तेषांशोकोनतिष्ठति ॥ नचपुष्णंतिसंवृद्धास्तेमातापितरौक्वचित् २५ मानुषाणांकुतःस्नेहोयेषांशोकोभविष्यति॥इमं
कुलकरंपुत्रंत्यक्त्वाक्वनुगमिष्यथ २६ चिरंमुंचतबाष्पंचचिरंस्नेहेनपश्यत ॥ एवंविधानिहीष्टानिदुस्त्यजानिविशेषतः २७ क्षीणस्यार्थाभियुक्तस्यश्मशाना
भिमुखस्यच ॥ बांधवायत्रतिष्ठंतितत्रान्योनाधितिष्ठति २८ सर्वस्यदयिताःप्राणाःसर्वःस्नेहंचविंदति ॥ तिर्यग्योनिष्वपिसतांस्नेहंपश्यतयादृशम् २९ ॥

 क्षेपः २।३।४।५।६।७।८।९। १०।११। १२। १३। १४।१५।१६।१७।१८।१९।२०। २१।२२।२३।२४। २५।२६। २७।२८।२९

म.भा.टी. ॥ २० ॥ ३० । ३१ । ३२ । ३३ । ३४ । ३५। ३६ । ३७ । ३८ ऋथाऽतिवचनव्यत्ययश्छांदसः ३९ । ४० । ४१ । ४२ । ४३ । ४४ । ४५ । ४६ । ४७। ४८ शां.आ.१२

त्यकाकथंगच्छथमेपङ्मलेलायताक्षिकम् ॥ यथानवोढाह्कृतंस्नानमाल्यविभूषितम् ३० जंबुकस्यवचःश्रुत्वाकृपणंपरिदेवतः ॥ न्यवर्तंततदासर्वेश्वार्थैस्तेस्ममा
नुषाः ३१ ॥ गृध्रउवाच ॥ अहोवतनृशंसेनजंबुकेनाल्पमेधसा ॥ शुद्रेणोक्ताहीनसत्वामानुषाःकिंनिवर्तथ ३२ पंचभूतपरित्यक्तंशून्यंकाष्ठत्वमागतम् ॥ कस्मा
च्छोचथतिष्ठंतमात्मानंकिंनशोचथ ३३ तपःकुरुतवैत्रिंमुच्यध्वंयेनकिल्बिषात् ॥ तपसालभ्यतेसर्वेविलापःकिंकरिष्यति ३४ अनिष्टानिचभागान्यनिजातानि
सहमूर्तिना ॥ येनगच्छतिबालोऽयदत्वाशोकमनंतकम् ३५ धनंगावःसुवर्णंचमणिरत्नमथापिच ॥ अपत्यंचतपोमूलंतपोयोगाच्चलभ्यते ३६ यथाकृताच
भूतपुप्राप्यतेसुखदुःखिता ॥ गृहीत्वाजायतेजंतुदुःखानिचसुखानिच ३७ नकर्मणापितुःपुत्रःपितावाअपुत्रकर्मणा ॥ मार्गेणान्येनगच्छंतिबद्धाःसुकृतदुष्कृतैः
३८ धर्मेचरतयत्नेननचाधर्मेमनःकृथाः ॥ वर्त्तध्वंचयथाकालंदेवतेषुद्विजेषुच ३९ शोकंत्यजतदैन्यंचसुतस्नेहात्रिवर्तत त्यज्यतामयमाकाशतःशीघ्रंनिवर्त्त ४०
यत्करोतिशुभंकर्मतथाकर्मसुदारुणम् ॥ तत्कर्तैवसमश्नातिबांधवानांकिमत्रह ४१ इहत्यक्त्वानतिष्ठंतिबांधवाबांधवंप्रियम् ॥ स्नेहमुत्सृज्यगच्छंतिबाष्पपूर्णा
विलक्षणाः ४२ प्राज्ञोवायदिवामूर्खःसधनोनिर्धनोपिवा ॥ सर्वःकालवशंयातिशुभाशुभसमन्वितः ४३ किंकरिष्यथशोचित्वामृतंकिमनुशोचथ ॥ सर्वस्यहिप्रभुः
कालोधर्मतःसमदर्शनः ४४ यौवनस्थांश्चबालांश्चवृद्धान्गर्भगतानपि ॥ सर्वानाविशतेमृत्युरेवंभूतमिदंजगत् ४५ ॥ जंबुकउवाच ॥ अहोमंदीकृतःस्नेहोगृध्रेणेहा
ल्पबुद्धिना ॥ पुत्रस्नेहाभिभूतानांयुष्माकंशोचतांश्रमम् ४६ शमेसम्यक्प्रयुक्तेश्ववचनेःप्रत्ययोत्तरे ॥ यद्गच्छतिजनःस्वार्थंस्नेहमुत्सृज्यदुस्त्यजम् ४७ अहोपुत्रवि
योगेनमृतशून्योपसेवनात् ॥ कोशतांसुष्टशंदुःखंविवसानांगवामिव ४८ अद्याशोकंविजानामिमानुषाणांमहीतले ॥ स्नेहंहिकारणंकृत्वाममाप्यश्रूण्यथापतन् ४९
यत्नोहिसततंकार्यस्ततोदैवंनसिद्धति ॥ दैवंपुरुषकारश्चकृतांतेनोपपद्यते ५० अनिर्वेदःसदाकार्योनिर्वेदाद्धिकुतःसुखम् ॥ प्रयत्नात्प्राप्यतेह्यर्थःकस्माद्रच्छथ
निर्देयम् ५१ आत्ममांसोपवृत्तंचशरीरार्धमयंतनुम् ॥ पितृणांवंशकर्तारंवनेत्यक्ताक्यास्यथ ५२ अथवास्तंगतेसूर्येसंध्याकालउपस्थिते ॥ ततोनेष्यथवापुत्रं
हस्ताभविष्यथ ५३ ॥ गृध्रउवाच ॥ अद्यवर्षसहस्रंमेसाग्रंजातस्यमानुषाः ॥ नचपश्याम्यजीवंतंमृतंस्त्रीपुंपुंसकम् ५४ मृतागर्भेषुजायंतेजातमात्राम्रियंतिच ॥
चंक्रमंतोम्रियंतेचयौवनस्थास्तथाऽपरे ५५ अनित्यानीहभागानिचतुष्पात्पक्षिणामपि ॥ जंगमानांगानांवाप्यायुरग्रेऽवतिष्ठते ५६ इष्टदारवियुक्ताश्चपुत्रशो
कान्वितास्तथा ॥ दह्यमानाःस्मशोकेनगृहंगच्छंतिनित्यशः ५७ अनिष्टानांसहस्राणितथेष्टानांशतानिच ॥ उत्सृज्यहप्रयातावैबान्धवाब्रषदुःखिता ५८ ॥

॥ २० ॥ ४९ ।५० । ५१ । ५२ ५३ । ५४ । ५५ । ५६ । ५७ । ५८

त्यज्यतामेषनिस्तेजाःशून्यःकाष्ठत्वमागतः ॥ अन्यदेहविषक्तेहिशावंकाष्ठत्वमागतम् ५९ त्यक्तजीवस्यचैवास्यकस्माद्धित्वानगच्छत ॥ निरर्थकोह्ययंस्नेहोनिष्फल
श्चपरिश्रमः ६० चक्षुर्भ्यांनचकर्णाभ्यांसंशृणोतिसमीक्षते ॥ कस्मादेनंसमुत्सृज्यनगृहान्गच्छताशुवै ६१ मोक्षधर्माश्रितैर्वाक्यैर्हेतुमद्भिःसुनिष्ठुरैः ॥ मयोक्तागच्छ
तक्षिप्रंस्वंस्वमेवनिवेशनम् ६२ प्रज्ञाविज्ञानयुक्तेनबुद्धिसंज्ञाप्रदायिना ॥ वचनंश्राविताःनूनंमानुषाःसंन्यवर्तत ६३ शोकोद्विगुणतांयातिदृष्ट्वास्मृत्वाचचेष्टितम् ॥
इत्येतद्वचनंश्रुत्वासन्निवृत्तास्तुमानुषाः ॥ अपश्यत्तंतदासुप्तंद्रुतमागत्यजंबुकः ६४ ॥ जंबुकउवाच ॥ इमंकनकवर्णाभंभूषणैःसमलंकृतम् ॥ गृध्रवाक्यात्कथंपु
त्रंत्यक्षध्वंपितृपिंडदम् ६५ नस्नेहस्यचविच्छेदोविलापरुदितस्यच ॥ मृतस्यास्यपरित्यागात्तापोवैभविताध्रुवम् ६६ श्रूयतेजंबुकेशूद्रेहतेब्राह्मणदारकः ॥ जीवि
तांधर्ममासाद्यरामात्सत्यपराक्रमात् ६७ तथाश्वेतस्यराजर्षेर्बालोदिष्टांतमागतः ॥ श्वेतेनधर्मनिष्ठेनमृतःसंजीवितःपुनः ६८ तथाकश्चिद्भवेत्सिद्धोमुनिर्वादेवता
पिवा ॥ कृपणानामनुक्रोशंकुर्याद्वोरुदतामिह ६९ इत्युक्तास्तेन्यवर्तन्तशोकार्ताःपुत्रवत्सलाः ॥ अंकेशिरःसमाधायरुरुदुर्बहुविस्तरम् ॥ तेषांरुदितशब्देनगृध्रो
भ्येत्यवचोऽब्रवीत् ७० ॥ गृध्रउवाच ॥ अश्रुपातपरिक्लिन्नःपाणिस्पर्शप्रपीडितः ॥ धर्मराजप्रयोगाच्चदीर्घनिद्रांप्रवेशितः ७१तपसाऽपिहिसंयुक्ताधनवंतोमहाधियः ॥
सर्वेमृत्युवशंयांतितदिदंप्रेतपत्तनम् ७२ बालवृद्धसहस्राणिसदासंत्यज्यबांधवाः ॥ दिनानिचैवरात्रीश्चदुःखंतिष्ठंतिभूतले ७३ अलंनिर्बंधमागत्यशोकस्यपरिधा
रणे ॥ अप्रत्ययंकुतोह्यस्यपुनरद्येहजीवितम् ७४ मृतस्योत्सृष्टदेहस्यपुनर्देहोनविद्यते ॥ नैवमूर्तिप्रदानेनजंबुकस्यशतैरपि ७५ शक्यंजीवयितुंह्येषबालोवर्षशतै
रपि ॥ अथरुद्रःकुमारोवाब्रह्मावाविष्णुरेवच ७६ वरमस्मैप्रयच्छेयुस्ततोजीवेदयंशिशुः ॥ नैवबाष्पविमोक्षेणनवाश्वासकृतेनच ७७ नदीर्घरुदितेनायंपुनर्जीवं
गमिष्यति ॥ अहंचक्रोष्टुकश्चैवयूयंयेचास्यबांधवाः ७८ धर्माधर्मौगृहीत्वेहसर्वेवर्तामहेऽध्वनि ॥ अप्रियंपरुषंचापिपरद्रोहंपरस्त्रियम् ७९ अधर्ममनृतंचैवदूरात्प्रा
ज्ञोविवर्जयेत् ॥ धर्मंसत्यंश्रुतंन्याय्यंमहतींप्राणिनांदयाम् ८० अजिह्मत्वमशाठ्यंचयत्नतःपरिमार्गत ॥ मातरंपितरंवाऽपिबांधवान्सुहृदस्तथा ८१ जीवतोये
नपश्यंतितेषांधर्मविपर्ययः ॥ योनपश्यतिचक्षुर्भ्यांनेंगतेचकथंचन ८२ तस्यनिष्ठावसानांतेरुदंतःकिंकरिष्यथ ॥ इत्युक्तास्तेसुतंत्यक्त्वाभूमौशोकपरिप्लुताः ॥
दह्यमानाःसुतस्नेहात्प्रययुर्बांधवागृहम् ८३ ॥ जंबुकउवाच ॥ दारुणोमर्त्यलोकोऽयंसर्वप्राणिविनाशनः ॥ इष्टबंधुवियोगश्चतथेहाल्पंचजीवितम् ८४ बह्वलीकम
सत्यंचाप्यतिवादाप्रियंवदम् ॥ इमंप्रेक्ष्यपुनर्भावंदुःखशोकविवर्धनम् ८५ नमेमानुषलोकोऽयंमुहूर्तमपिरोचते ॥ अहोधिग्गृध्रवाक्येनयथैवाबुद्धयस्तथा ८६
कथंगच्छथनिःस्नेहाःसुतस्नेहंविसृज्यच ॥ प्रदीप्ताःपुत्रशोकेनसन्निवर्ततमानुषाः ८७ ॥ ॥ ॥ ॥

श्रुत्वागृध्रस्यवचनंपापस्येहाकृतात्मनः ॥ सुखस्यानंतरंदुःखंदुःखस्यानंतरंसुखम् ८८ सुखदुःखावृतेलोकेनेहास्त्येकमनंतरम् ॥ इमंक्षितितलेत्यक्त्वाबालं
रूपसमन्वितम् ८९ कुलशोभाकरंमूढाःपुत्रंत्यक्त्वाक्वयास्यथ ॥ रूपयौवनसंपन्नंद्योतमानमिवश्रिया ९० जीवंतमेवपश्यामिमनसानात्रसंशयः ॥ विनाशोना
स्यनहिवैसुखंप्राप्स्यथमानुषाः ९१ पुत्रशोकाभितप्तानांमृतानामद्यवःक्षमम् ॥ सुखसंभावनंकृत्वाधारयित्वासुखंस्वयम् ॥ त्यक्त्वागमिष्यथक्वाद्यसमुत्सृज्याल्पबु
द्धिवत् ९२ ॥ भीष्मउवाच ॥ तथाधर्मविरोधेनप्रियमिथ्याभिधायिना ॥ श्मशानवासिनानित्यंरात्रिंमृगयतानृप ९३ ततोमध्यस्थतांनीतावचनैरमृतोपमैः ॥
जंबुकेनस्वकार्यार्थंबांधवास्तस्यधिष्ठिताः ९४ ॥ गृध्रउवाच ॥ अयंप्रेतसमाकीर्णोयक्षराक्षससेवितः ॥ दारुणःकाननोद्देशःकौशिकैरभिनादितः ९५ भीमःसु
घोरश्चतथानीलमेघसमप्रभः ॥ अस्मिञ्छवंपरित्यज्यप्रेतकार्याण्युपासत ९६ भानुर्यावत्प्रयात्यस्तंयावच्चविमलादिशः ॥ तावदेनंपरित्यज्यप्रेतकार्याण्युपास
त ९७ नदंतिपरुषंश्येनाःशिवाःक्रोशंतिदारुणम् ॥ मृगेंद्राःप्रतिनंदंतिरविरस्तंचगच्छति ९८ चिताधूमेननीलेनसंरज्यन्तेचपादपाः ॥ श्मशानेचनिराहाराः
प्रतिनर्दंतिदेवताः ९९ सर्वेविकृतदेहाश्चाप्यस्मिन्देशेसुदारुणे ॥ युष्मान्प्रधर्षयिष्यंतिविकृतामांसभोजिनः १०० क्रूरश्चायंवनोद्देशोभयमद्यभविष्यति ॥ त्यज्य
तांकाष्ठभूतोयंमृष्यतांजांबुकंवचः १ यदिजंबुकवाक्यानिनिष्फलान्यनृतानिच ॥ श्रोष्यथभ्रष्टविज्ञानास्ततःसर्वेविनंक्ष्यथ २ ॥ जंबुकउवाच ॥ स्थीयतांनेहभे
तव्यंयावत्तपतिभास्करः ॥ तावदस्मिन्सुतेस्नेहादनिर्वेदेनवर्तत ३ स्वैरंरुदंतोविश्रब्धाश्चिरंस्नेहेनपश्यत ॥ स्थीयतांयावदादित्यःकिंचक्रव्यादभाषितैः ४
यदिगृध्रस्यवाक्यानितीव्राणिरभसानिच ॥ गृह्णीतमोहितात्मानःसुतोवोनभविष्यति ५ ॥ भीष्मउवाच ॥ गृध्रोस्तमित्याहगतोगतोनेतिचजंबुकः ॥ मृतस्यतं
परिजनमूचतुस्तौक्षुधान्वितौ ६ स्वकार्यबद्धकक्षौतौराजन्गृध्रोऽथजंबुकः ॥ क्षुत्पिपासापरिश्रांतौशास्त्रमालंब्यजल्पतः ७ तयोर्विज्ञानविदुषोर्द्वयोर्मृगपतत्रिणोः ॥
वाक्यैरमृतकल्पैस्तैःप्रातिष्ठंतिव्रजंतिच ८ शोकदैन्यसमाविष्टारुदंतस्तस्थिरेतदा ॥ स्वकार्यकुशलाभ्यांतेसंभ्राम्यंतेहनैपुणात् ९ तथातयोर्विवदतोर्विज्ञानविदुषो
र्द्वयोः ॥ बांधवानांस्थितानांचाप्युपातिष्ठतशंकरः ११० देव्याप्रणोदितोदेवःकारुण्यार्द्रीकृतेक्षणः ॥ ततस्तानाहमनुजान्वरदोऽस्मीतिशंकरः ११ तेप्रत्यूचु
रिदंवाक्यंदुःखिताःप्रणताःस्थिताः ॥ एकपुत्रविहिनानांसर्वेषांजीवितार्थिनाम् १२ पुत्रस्यनोजीवदानाज्जीवितंदातुमर्हसि ॥ एवमुक्तःसभगवान्वारिपूर्णेन
चक्षुषा १३ जीवितंस्मकुमारायप्रादाद्वर्षशतानिवै ॥ तथागोमायुगृध्राभ्यांप्राददत्क्षुद्विनाशनम् १४ वरंपिनाकीभगवान्सर्वभूतहितेरतः ॥ ततःप्रणम्यतंदे
वंप्रायोहर्षसमन्विताः १५ कृतकृत्याःसुखंहृष्टाःप्रातिष्ठंततदाविभो ॥ अनिर्वेदेनदीर्घेणनिश्चयेनध्रुवेणच ११६ ॥ ॥ ॥

॥ २१ ॥

१७।१८।१९।२०।२१।१२२॥ इतिशांतिपर्वणिआपद्धर्मपर्वणिनीलकंठीये भारतभावदीपे त्रिपंचाशदधिकशततमोऽध्यायः ॥ १५३ ॥ ॥ बलिनःप्रत्यमित्रस्येति १।२।३।४ पयावयो

देवदेवप्रसादाच्चक्षिप्रंफलमवाप्यते ॥ पश्यदैवस्यसंयोगंबांधवानांचनिश्चयम् ११७ कृपणानांतुरुदतांकृतमश्रुप्रमार्जनम् ॥ पश्यचाल्पेनकालेननिश्चयान्वेषणे
नच १८ प्रसादंशंकरात्प्राप्यदुःखिताःसुखमाप्नुवन् ॥ तेविस्मिताःप्रहृष्टाश्चपुत्रसंजीवनात्पुनः १९ बभूवुर्भरतश्रेष्ठप्रसादाच्छंकरस्यवै ॥ ततस्तेत्वरिताराजं
स्त्यक्त्वाशोकंशिशूद्भवम् २० विविशुःपुत्रमादायनगरंहृष्टमानसाः ॥ एषाबुद्धिःसमस्तानांचातुर्वर्ण्येनदर्शिता २१ धर्मार्थमोक्षसंयुक्तमितिहासमिमंशृणु ॥
श्रुत्वामनुष्यःसततमिहामुत्रप्रमोदते १२२ ॥ इतिश्रीम० शां० आप० गृध्रगोमायुसंवादेकुमारसंजीवनेत्रिपंचाशदधिकशततमोऽध्यायः ॥ १५३ ॥ ॥ ॥
॥ युधिष्ठिरउवाच ॥ बलिनःप्रत्यमित्रस्यनित्यमासन्नवर्तिनः ॥ उपकारापकाराभ्यांसमर्थस्योद्यतस्यच १ मोहाद्विकत्थनामात्रैरसारोऽल्पबलोलघुः ॥ वाग्भि
रप्रतिरूपाभिरभिद्रुह्यपितामह २ आत्मनोबलमास्थायकथंवर्तेतमानवः ॥ आगच्छतोऽतिक्रुद्धस्यतस्योद्धरणकाम्यया ३ ॥ भीष्मउवाच ॥ अत्राप्युदाह
रंतीममितिहासंपुरातनम् ॥ संवादंभरतश्रेष्ठशाल्मलेःपवनस्यच ४ हिमवंतंसमासाद्यमहानासीद्वनस्पतिः ॥ वर्षपूगाभिसंवृद्धःशाखीस्कंधीपलाशवान् ५
तत्रस्ममत्तमातंगाघर्मार्त्ताःश्रमकर्शिताः ॥ विश्रम्यंतिमहाबाहोतथाऽन्यामृगजातयः ६ नल्वमात्रपरीणाहोघनच्छायोवनस्पतिः ॥ सारिकाशुकसंजुष्टःपु
ष्पवान्फलवानपि ७ सार्थिकावणिजश्चापितापसाश्चवनौकसः ॥ वसंतितत्रमार्गस्थाःसुरम्येनगसत्तमे ८ तस्यताविपुलाःशाखादृष्ट्वास्कंधंचसर्वशः ॥ अभिगम्या
ब्रवीदेनंनारदोभरतर्षभ ९ अहोनुरमणीयस्त्वमहोचासिमनोहरः ॥ प्रियामहेत्वयानित्यंतरुप्रवरशाल्मले १० सदैवशकुनास्तातमृगाश्चाथतथागजाः ॥ वसं
तितवसंहृष्टामनोहरमनोहराः ११ तवशाखामहाशाखस्कंधांश्चविपुलांस्तथा ॥ नवैप्रभग्नान्पश्यामिमारुतेनकथंचन १२ किंनुतेपवनस्तातप्रीतिमानथवासुहृत् ॥
त्वांरक्षतिसदायेनवनेऽत्रपवनोध्रुवम् १३ भगवान्पवनःस्थानाद्वृक्षानुच्चावचानपि ॥ पर्वतानांचशिखराण्याचालयतिवेगवान् १४ शोषयत्येवपातालंवहन्गंध
वहःशुचिः ॥ सरांसिसरितश्चैवसागरांश्चतथैवच १५ संरक्षतित्वांपवनःसखित्वेननसंशयः ॥ तस्मात्त्वंबहुशाखोऽपिपर्णवान्पुष्पवानपि १६ इदंचरमणीयंते
प्रतिभातिवनस्पते ॥ यदिमेविहगास्तातरमंतेमुदितास्त्वयि १७ एषांपृथक्समस्तानांश्रूयतेमधुरस्वरः ॥ पुष्पसंमोदनेकालेवाशतांसुमनोहरम् १८ तथेमेगर्जि
तानागाःस्वयूथकुलशोभिताः ॥ घर्मार्त्तास्त्वांसमासाद्यसुखंविंदंतिशाल्मले १९ तथैवमृगजातीभिरन्याभिरभिशोभसे ॥ तथासर्वाधिवासैश्चशोभसेमेरुवद्द्रुम २०

राजादैवेननानुगृहीतेतदात्मानमेवशरणीकुर्यात । यदितुवाक्शूरतयानेनमहद्विरोधंकरोतितदाकृत्स्नंस्वपरिग्रहंहस्तयमेवत्यक्त्वास्वात्ममात्रंरक्षेत् एतत्पवनशाल्मलिसंवादाख्यायिकयादर्शयति अत्रापीत्यादिना
५।६ नल्वःहस्तानांशतचतुष्टयं परीणाहःस्थूलत्वंवैपुल्यमितियावत् शेषंसुगमम् ७।८।९।१०।११।१२।१३।१४।१५।१६।१७।१८।१९।२०॥ ॥

म.भा.टी. २१ ॥ इतिशांतिपर्वणिआपद्धर्मपर्वणि नीलकंठीयेभारतभावदीपे चतुष्पंचाशदधिकशततमोऽध्यायः ॥ १५४ ॥ ॥ ॥ अत्रबंधुत्वादिति एवमुक्त्वात्विति ततोनिश्चित्येतिचाध्या शां.आ.१२

॥ २२ ॥ ब्राह्मणैश्चतपःसिद्धैस्तापसैःश्रमणैस्तथा ॥ त्रिविष्टपसमंमन्येतवायतनमेवहि २१ ॥ इतिश्रीमहा० शां० आप० पवनशाल्मलिसंवादेचतुष्पंचाशदधिकशत अ०
तमोऽध्यायः ॥ १५४ ॥ ॥ नारदउवाच ॥ बंधुत्वादथवासख्याच्छाल्मलेनात्रसंशयः ॥ पालयत्येवसततंभीमःसर्वत्रगोऽनिलः १ न्यग्भावंपरमंवायोः
शाल्मलेत्वमुपागतः ॥ तवाहमस्मीतिसदायेनरक्षतिमारुतः २ नतंपश्याम्यहंवृक्षंपर्वतंवेश्मचेदृशम् ॥ यंनवायुबलाद्भग्नंपृथिव्यामितिमेमतिः ३ त्वंपुनःका १५६
रणैर्नूनंरक्ष्यसेशाल्मलेयथा ॥ वायुनासपरीवारस्तेनतिष्ठस्यसंशयम् ४ ॥ शाल्मलिरुवाच ॥ नमेवायुःसखाब्रह्मन्नबंधुर्नचमेसुहृत् ॥ परमेष्ठीतथानैवयेनर
क्षतिवाऽनिलः ५ ममतेजोबलंभीमंवायोरपिहिनारद ॥ कलामष्टादशींप्राणैर्नमेप्राप्नोतिमारुतः ६ आगच्छन्परुषोवायुर्मयाविष्टंभितोबलात् ॥ भंजन्द्रुमान्
पर्वतांश्चयच्चान्यदपिकिंचन ७ समयाबहुशोभग्नःप्रभंजन्वैप्रभंजनः ॥ तस्मान्नबिभ्येदेवर्षेक्रुद्धादपिसमीरणात् ८ ॥ नारदउवाच ॥ शाल्मलेविपरीतंतेदर्शनं
नात्रसंशयः ॥ नहिवायोर्बलेनास्तिभूतंतुल्यबलंक्वचित् ९ इंद्रोयमोवैश्रवणोवरुणश्चजलेश्वरः ॥ नैतेऽपितुल्यामरुतःकिंपुनस्त्वंवनस्पते १० यच्चकिंचिदिहप्रा
णीचेष्टतेशाल्मलेभुवि ॥ सर्वत्रभगवान्वायुश्चेष्टाप्राणकरःप्रभुः ११ एषचेष्टयतेसम्यक्प्राणिनःसम्यगायतः ॥ असम्यगायतोभूयश्चेष्टतेविकृतंनृषु १२ सत्वमे
वंविधंवायुंसर्वसत्वभृतांवरम् ॥ नपूजयसिपूज्यंतंकिमन्यद्बुद्धिलाघवात् १३ असारश्चासिदुर्मेधाःकेवलंबहुभाषसे ॥ क्रोधादिभिरवच्छन्नोमिथ्यावदसिशाल्मले १४
ममरोषःसमुत्पन्नस्त्वय्येवंसंप्रभाषति ॥ ब्रवीम्येषस्वयंवायोस्तवदुर्भाषितंबहु १५ चंदनैःस्यंदनैःशालैःसरलैर्देवदारुभिः ॥ वेतसैर्धन्वनैश्चापियेचान्येबलवत्तराः
१६ तैश्चापिनैवंदुर्बुद्धेक्षिप्तोवायुःकृतात्मभिः ॥ तेऽपिजानंतिवायोश्चबलमात्मनएवच १७ तस्मात्तेवैनमस्यंतिश्वसनंतरुसत्तमाः ॥ त्वंतुमोहान्नजानीषेवायोर्ब
लमनंतकम् १८ एवंतस्माद्गमिष्यामिसकाशंमातरिश्वनः १९ ॥ इतिश्रीमहाभारतेशांतिपर्वणिआपद्धर्मपर्वणि पवनशाल्मलिसंवादे पंचपंचाशदधिकशत
तमोऽध्यायः ॥ १५५ ॥ ॥ भीष्मउवाच ॥ एवमुक्त्वातुराजेन्द्रशाल्मलिंब्रह्मवित्तमः ॥ नारदःपवनेसर्वंशाल्मलेर्वाक्यमब्रवीत् १ ॥ नारदउवाच ॥
हिमवत्पृष्ठजःकश्चिच्छाल्मलिःपरिवारवान् ॥ बृहन्मूलोबृहच्छायःसत्वांवायोऽवमन्यते २ बहुव्याक्षेपयुक्तानित्वामाहवचनानिसः ॥ नयुक्तानिमयावायोतानि
वक्तुंतवाग्रतः ३ जानामित्वामहंवायोसर्वप्राणभृतांवरम् ॥ वरिष्ठंचगरिष्ठंचक्रोधेवैवस्वतंयथा ४ ॥ ॥ ॥

यत्रयंस्पष्टार्थम् १ । २ । ३ । ४ । ५ । ६ । ७ । ८ । ९ । १० । ११ । १२ । १३ । १४ । १५ । १६ । १७ । १८ । १९ ॥ इतिशांतिपर्वणिआपद्धर्मपर्वणिनीलकंठीयेभारतभावदीपे
पंचपंचाशदधिकशततमोऽध्यायः ॥ १५५ ॥ ॥ ॥ एवमिति १ । २ । ३ । ४ ॥ ॥ ॥

५ । ६ । ७ । ८ । ९ । १० । ११ । १२ । १३ । १४ । १५ । १६ । १७ । १८ । १९ ॥ इतिशांतिपर्वणिआपद्धर्मपर्वणिनीलकंठीये भारतभावदीपे षट्पंचाशदधिकशततमो

भीष्मउवाच ॥ एतत्तुवचनंश्रुत्वानारदस्यसमीरणः ॥ शाल्मलिंतमुपागम्यक्रुद्धोवचनमब्रवीत् ५ वायुरुवाच ॥ शाल्मलेनारदोगच्छंस्त्वयोक्तोमद्विगर्हणम् ॥
अहंवायुःप्रभावंतेदर्शयाम्यात्मनोबलम् ६ अहंत्वामभिजानामिविदितश्चासिमेद्रुम ॥ पितामहःप्रजासर्गेत्वयिविश्रांतवान्प्रभुः ७ तस्यविश्रमणादेषप्रसादोम
त्कृतस्तव ॥ रक्ष्यसेतेनदुर्बुद्धेनात्मवीर्याद्द्रुमाधम ८ यन्मांत्वमवजानीषेयथाऽन्यंप्राकृतंतथा ॥ दर्शयाम्येषचात्मानंयथामांनावमन्यसे ९ भीष्मउवाच ॥
एवमुक्तस्ततःप्राहशाल्मलिःप्रहसन्निव ॥ पवनत्वंचमेक्रुद्धोदर्शयात्मानमात्मना १० मयिवैत्याज्यतांक्रोधःकिंमेक्रुद्धःकरिष्यसि ॥ नतेबिभेमिपवनयद्यपित्वंस्व
यंप्रभुः ११ बलाधिकोऽहंत्वत्तश्चनभीःकार्यामयातव ॥ येबुद्ध्याहिबलिनस्तेभवंतिबलीयसः १२ प्राणमात्रबलायेवैनैवतेबलिनोमताः ॥ इत्येवमुक्तःपवनःश्व
इत्येवाब्रवीद्वचः १३ दर्शयिष्यामितेतेजस्ततोरात्रिरुपागमत् ॥ अथनिश्चित्यमनसाशाल्मलिर्वातकारितम् १४ पश्यमानस्तदाऽऽत्मानमसमंमातरिश्वना ॥
नारदेयन्मयाप्रोक्तंवचनंप्रतितन्मृषा १५ असमर्थोह्यहंवायोर्बलेनबलवान्हिसः ॥ मारुतोबलवान्नित्यंयथावैनारदोऽब्रवीत् १६ अहंतुदुर्बलोऽन्येभ्योवृक्षेभ्योनात्र
संशयः ॥ किंतुबुद्ध्यासमोनास्तिमयाकश्चिद्वनस्पतिः १७ तदहंबुद्धिमास्थायभयंमोक्ष्येसमीरणात् ॥ यदितांबुद्धिमास्थायतिष्ठेयुःपर्णिनोवने १८ अरिष्टाःस्युः
सदाक्रुद्धात्पवनान्नात्रसंशयः ॥ तेतुबालानजानंतियथावैतान्समीरणः ॥ समीरयतिसंक्रुद्धोयथाजानाम्यहंतथा १९ ॥ इतिश्रीमहाभारतेशांतिपर्वणिआप
द्धर्मपर्वणि पवनशाल्मलिसंवादेषट्पंचाशदधिकशततमोऽध्यायः ॥ १५६ ॥ ॥ भीष्मउवाच ॥ ततोनिश्चित्यमनसाशाल्मलिःक्षुभितस्तदा ॥ शाखाःस्कं
धान्प्रशाखाश्चस्वयमेवव्यशातयत् १ सपरित्यज्यशाखाश्चपत्राणिकुसुमानिच ॥ प्रभातेवायुमायांतंप्रत्यैक्षतवनस्पतिः २ ततःक्रुद्धःश्वसन्वायुःपातयन्वैमहा
द्रुमान् ॥ आजगामाथतंदेशमास्तेयत्रसशाल्मलिः ३ तंहीनपर्णंपतिताग्रशाखंविशीर्णपुष्पंप्रसमीक्ष्यवायुः ॥ उवाचवाक्यंस्मयमानएवंमुदायुतःशाल्मलिमुग्र
शाखम् ४ ॥ वायुरुवाच ॥ अहमप्येवमेवत्वांकुर्वाणःशाल्मलेरुषा ॥ आत्मनायत्कृतंकृच्छ्रंशाखानामपकर्षणम् ५ हीनपुष्पाग्रशाखस्त्वंशीर्णांकुरपलाशकः
आत्मदुर्मंत्रितेनेहमद्वीर्यवशगःकृतः ६ ॥ भीष्मउवाच ॥ एतच्छ्रुत्वावचोवायोःशाल्मलिर्व्रीडितस्तदा ॥ अतप्यतवचःस्मृत्वानारदोयत्तदाऽब्रवीत् ७ एवंहि
राजशार्दूलदुर्बलःसन्बलीयसा ॥ वैरमारभतेबालस्तप्यतेशाल्मलिर्यथा ८ तस्माद्वैरंनकुर्वीतदुर्बलोबलवत्तरैः ॥ शोचेद्धिवैरंकुर्वाणोयथावैशाल्मलिस्तथा ९
नहिवैरंमहात्मानोविवृण्वंत्यपकारिषु ॥ शनैःशनैर्महाराजदर्शयंतिस्मतेबलम् १० वैरंनकुर्वीतनरोदुर्बुद्धिर्बुद्धिजीविना ॥ बुद्धिर्बुद्धिमतोयातितृणेष्विवहुताशनः ११

१२ । १३ । १४ । १५ । १६ ॥ इतिशांतिपर्वणिआपद्धर्मपर्वणिनीलकंठीये भारतभावदीपे सप्तपंचाशदधिकशततमोऽध्यायः ॥ १५७ ॥ ॥ तदेवमापद्धर्मानुक्त्वाराज्ञामराज्ञांचलर्वांपन्मूलभूतान्दोषानुत्पत्तिप्रतिबंधकान्गुणांश्चलोभाज्ञानदमतपःसत्यादीन्हेयानुपादेयांश्चक्रमेणाध्यायसप्तकेनाह पापस्ययदधिष्ठानमित्यादिना १ ग्राहइवग्राहोग्रासकर्ता २ येनलोभेनजनाःपापकृतो

नहिबुद्ध्यासमंकिंचिद्विद्यतेपुरुषेनृप ॥ तथाबलेनराजेंद्रनसमोऽस्तीहकश्चन १२ तस्मात्क्षमेतबालायजडांधबधिरायच ॥ बलाधिकायराजेंद्रतद्दृष्टंत्वयिशत्रुहन् १३ अक्षौहिण्योदशैकाचसप्तचैवमहाद्युते ॥ बलेननसमाराजन्नर्जुनस्यमहात्मनः १४ निहताश्चैवभग्नाश्चपांडवेनयशस्विना ॥ चरताबलमास्थायपाकशासनिनामृधे १५ उक्ताश्चतेराजधर्माआपद्धर्माश्चभारत ॥ विस्तरेणमहाराजकिंभूयःश्रोतुमिच्छसि १६ इतिश्रीमहाभारतेशांतिपर्वणिआपद्धर्मपर्वणिपवनशाल्मलिसंवादेसप्तपंचाशदधिकशततमोऽध्यायः ॥ १५७ ॥ ॥ युधिष्ठिरउवाच ॥ पापस्ययदधिष्ठानंयतःपापंप्रवर्तते ॥ एतदिच्छाम्यहंश्रोतुंतत्त्वेनभरतर्षभ १ ॥ भीष्मउवाच ॥ पापस्ययदधिष्ठानंतच्छृणुष्वनराधिप ॥ एकोलोभोमहाग्राहोलोभात्पापंप्रवर्तते २ अतःपापमधर्मश्चतथादुःखमनुत्तमम् ॥ निकृत्यामूलमेतद्धियेनपापकृतोजनाः ३ लोभात्क्रोधःप्रभवतिलोभात्कामःप्रवर्तते ॥ लोभान्मोहश्चमायाचमानःस्तंभःपरासुता ४ अक्षमाह्रीपरित्यागःश्रीनाशोधर्मसंक्षयः ॥ अभिध्याऽप्रख्यताचैवसर्वंलोभात्प्रवर्तते ५ अत्यागश्चातितर्षश्चविकर्मसुचयाःक्रियाः ॥ कुलविद्यामदश्चैवरूपैश्वर्यमदस्तथा ६ सर्वभूतेष्वभिद्रोहःसर्वभूतेष्वसत्कृतिः ॥ सर्वभूतेष्वविश्वासःसर्वभूतेष्वनार्जवम् ७ हरणंपरवित्तानांपरदाराभिमर्शनम् ॥ वाग्वेगोमनसोवेगोनिंदावेगस्तथैवच ८ उपस्थोदरयोर्वेगोमृत्युवेगश्चदारुणः ॥ ईर्ष्यावेगश्चबलवान्मिथ्यावेगश्चदुर्जयः ९ रसवेगश्चदुर्वार्यःश्रोत्रवेगश्चदुःसहः ॥ कुत्साविकत्थामात्सर्यंपापंदुष्करकारिता १० साहसानांचसर्वेषामकार्याणांक्रियास्तथा ॥ जातौबाल्येचकौमारेयौवनेचापिमानवाः ११ नसंत्यजंत्यात्मकर्मयोनजीर्यतिजीर्यतः ॥ योनपूरयितुंशक्योलोभःप्राप्त्याकुरूद्वह १२ नित्यंगंभीरतोयाभिरापगाभिरिवोदधिः ॥ नप्रहृष्यतियोलोभैःकामैर्यश्चनतृप्यति १३ योनदेवैर्नगंधर्वैर्नासुरैर्नमहोरगैः ॥ ज्ञायतेनृपतत्त्वेनसर्वैर्भूतगणैस्तथा १४ सलोभःसहमोहेनविजेतव्योजितात्मना ॥ दंभोद्रोहश्चनिंदाचपैशुन्यंमत्सरस्तथा १५ भवंत्येतानिकौरव्यलुब्धानामकृतात्मनाम् ॥ सुमहांत्यपिशास्त्राणिधारयंतिबहुश्रुताः १६ छेत्तारःसंशयानांचक्लिश्यंतीहाल्पबुद्धयः ॥ द्वेषक्रोधप्रसक्ताश्चशिष्टाचारबहिष्कृताः १७ अंतःक्रूरावाङ्मधुराःकूपाश्छन्नास्तृणैरिव ॥ धर्मवैतंसिकाःक्षुद्रामुष्णंतिध्वजिनोजगत् १८ कुर्वंतेचबहून्मार्गांस्तान्हेतुबलमाश्रिताः ॥ सतांमार्गान्विलुंपंतिलोभज्ञानेष्ववस्थिताः १९

भवंति ३ परासुतापराधीनप्राणत्वं अभिध्याचिंता ४अप्रख्यताअपकीर्तिः ५ अत्यागादयोऽकार्यक्रियांताः सर्वेदोषाः लोभात्प्रवर्तंतइतिपूर्वेणान्वयः ६ । ७ । ८ । ९ । १० जातौजन्मनि ११ योनपूरयितुंशक्यइत्यादीनांसलोभोजेतव्यइतितृतीयेनान्वयः १२ । १३ । १४ । १५ । १६ अल्पेऽपिधनादौबुद्धिर्येषांतेऽल्पबुद्धयोलुब्धाइत्यर्थः १७ धर्मवैतंसिकाःधर्मव्याजेनेतरान्हिंसंतः ध्वजिनोधर्मख्यापकाः १८ हेतुबलं 'येनकेनाप्युपायेनयस्यकस्यापिदेहिनः ॥ संतोषंजनयेत्प्राज्ञस्तदेवेश्वरपूजनम्'इत्यागमबलेनान्योन्यसंतोषहेतुतयापारदार्यादेरपिधर्मत्वंवर्णयंतीतिभावः १९

संस्थास्थितिःविक्रियतेऽन्यथाभवतिमातथैवप्रपन्नेप्रथांयाति २० । २१ । २२ । २३ । २४ । २५ सर्वप्राणपर्यन्तमपिदेयंपरार्थेदातुंयोग्यंयेषांते २६ । २७ । २८ पृच्छचधर्ममितिशेषः
क्रियाआहारादयः २९ । ३० गुह्यंगोपनीयंकिंचित्पाखंडधर्मम् ३१ अमोहइतिच्छेदः येषांहृत्त्वमितिशेषः ३२।३३।३४ हेशुभहेभद्र सर्वेवाक्प्रलापाःगुणवंतोभवंतितान्दैवान्प्रधानान् अन्येतुमूढानां

धर्मस्यह्रियमाणस्यलोभग्रस्तैर्दुरात्मभिः ॥ यायाविक्रियतेसंस्थाततःसाऽपिप्रपद्यते २० दर्पःक्रोधोमदःस्वप्नोहर्षःशोकोऽतिमानिता ॥ एतएवहिकौरव्यदृश्यं
तेलुब्धबुद्धिषु २१ एतानशिष्टान्बुध्यस्वनित्यंलोभसमन्वितान् ॥ शिष्टांस्तुपरिपृच्छेथायान्वक्ष्यामिशुचिव्रतान् २२ येष्वावृत्तिभयंनास्तिपरलोकभयंनच ॥
नामिषेषुप्रसंगोऽस्तिनप्रियेष्वप्रियेषुच २३ शिष्टाचारःप्रियोयेषुदमोयेषुप्रतिष्ठितः ॥ सुखंदुःखंसमंयेषांसत्यंयेषांपरायणम् २४ दातारोनग्रहीतारोदयावंतस्त
थैवच ॥ पितृदेवातिथेयाश्चनित्योद्युक्तास्तथैवच २५ सर्वोपकारिणोवीराःसर्वधर्मानुपालकाः ॥ सर्वभूतहिताश्चैवसर्वदेयाश्चभारत २६ नतेचालयितुंशक्याध
र्मव्यापारकारिणः ॥ नतेषांभिद्यतेवृत्तंयत्पुरासाधुभिःकृतम् २७ नत्रासिनोनचपलानरौद्राःसत्पथेस्थिताः ॥ तेसेव्याःसाधुभिर्नित्यंयेष्वहिंसाप्रतिष्ठिता २८
कामक्रोधव्यपेतायेनिर्ममानिरहंकृताः ॥ सुव्रताःस्थिरमर्यादास्तानुपास्वचपृच्छच २९ नधनार्थंयशोर्थंवाधर्मस्तेषांयुधिष्ठिर ॥ अवश्यंकार्यइत्येवशरीरस्य
क्रियास्तथा ३० नभयंक्रोधचापल्येनशोकस्तेषुविद्यते ॥ नधर्मध्वजिनश्चैवनगुह्यंकंचिदास्थिताः ३१ येष्वलोभस्तथाऽमोहोयेचसत्यार्जवेस्थिताः ॥ तेषुकौं
तेयरज्येथायेषांनभ्रश्यतेपुनः ३२ येनहृष्यंतिलाभेषुनालाभेषुव्यथंतिच ॥ निर्ममानिरहंकाराःसत्त्वस्थाःसमदर्शिनः ३३ लाभालाभौसुखदुःखेचतातप्रियाप्रि
येमरणंजीवितंच ॥ समानियेषांस्थिरविक्रमाणांबुभुत्सतांसत्पथेस्थितानाम् ३४ धर्मप्रियांस्तान्सुमहानुभावान्दांतोऽप्रमत्तश्चसमर्चयेथाः ॥ दैवान्सर्वेगुणवंतो
भवंतिशुभाशुभेवाक्प्रलापास्तथाऽन्ये ३५ ॥ इतिश्रीमहाभारतेशांतिपर्वणिआपद्धर्मपर्वणिआपन्मूलभूतदोषकथनेअष्टपंचाशदधिकशततमोऽध्यायः ॥ १५८ ॥
युधिष्ठिरउवाच ॥ अनर्थानामधिष्ठानमुक्तोलोभःपितामह ॥ अज्ञानमपिवैतातश्रोतुमिच्छामितत्त्वतः १ ॥ भीष्मउवाच ॥ करोतिपापंयोऽज्ञानान्नात्मनो
वेत्तिचक्षयम् ॥ प्रद्वेष्टिसाधुवृत्तांश्चसलोकस्यैतिवाच्यताम् २ अज्ञानान्निरयंयातितथाऽज्ञानेनदुर्गतिम् ॥ अज्ञानात्क्लेशमाप्नोतितथाऽऽपत्सुनिमज्जति ३ युधि
ष्ठिरउवाच ॥ अज्ञानस्यप्रवृत्तिंचस्थानंवृद्धिक्षयोदयौ ॥ मूलंयोगंगतिंकालंकारणंहेतुमेवच ४ श्रोतुमिच्छामितत्त्वेनयथावदिहपार्थिव ॥ अज्ञानप्रसवंही
दंयद्दुःखमुपलभ्यते ५ ॥ भीष्मउवाच ॥ रागोद्वेषस्तथामोहोहर्षःशोकोऽभिमानिता ॥ कामःक्रोधश्चदर्पश्चतंद्रीचालस्यमेवच ६ इच्छाद्वेषस्तथातापः
परवृद्ध्युपतापिता ॥ अज्ञानमेतन्निर्दिष्टंपापानांचैवयाःक्रियाः ७ ॥ ॥ ॥ ॥ ॥

वाक्प्रलापाअशुभेअशुभार्थमेवभवंतीतिशेषः लोभंजेतुकामेननसत्संगःकर्तव्यइत्यर्थः ३५ ॥ इतिशांतिपर्वणिआपद्धर्मपर्वणिनीलकंठीयेभारतभावदीपेटीकायामष्टपंचाशदधिकशततमोऽध्यायः ॥ १५८ ॥
॥ ॥ ॥ अनर्थानामिति १ वाच्यतांनिंद्यताम २ । ३ अज्ञानस्यस्वरूपेणसहप्रवृत्त्यादयोद्वादशप्रश्नाः ४। ५ स्वरूपमाहद्वाभ्यां रागइति ६ कार्यकारणोपचाराद्रागादयएवा
ज्ञानं पापानांक्रियाःहिंसादयः ७ ॥ ॥ ॥ ॥ ॥ ॥

एतस्यैतत्प्रवृत्तेः प्रवर्त्तितवत्रयंशृणु ८ मुख्यमज्ञानस्वरूपमाह उभाविति । अत्रापिपूर्ववत्कारणेकार्योपचारः ९ लोभप्रभवंलोभात्तस्यप्रवृत्तिः लोभवृद्धौवृद्धिर्लोभस्थानेसाम्येस्थानंसमता लोभेक्षी णेक्षीणंभवतिउपैतिउदेतिलोभस्योदयेउदेतीत्यर्थः विविधांगतिंदुःखसंतापमोहादिरूपांप्रापयितुमितिशेषः तदेवंषण्णांप्रश्नानामुत्तरमुक्तम् १० लोभस्याज्ञानात्मकस्यमूलंमोहोवैचित्र्यंकार्याकार्यामतिप त्तिरूपम् । एतेनैवमोहसंयोगएवाज्ञानयोगइत्यष्टमस्याप्युत्तरम् । कालात्मनामितितेनाज्ञानस्यगतिःस्वर्गनरकनरसुरतिर्यग्भूपेतिनवमस्योत्तरम् । लोभस्यच्छेदभेदादिस्तस्यकालःयदालिप्स्यमानोऽ

एतस्यवाप्रवृत्तेश्चवृद्ध्यादीन्यांश्चपृच्छसि ॥ विस्तरेणमहाराजशृणुतत्रविशेषतः ८ उभावेतौसमफलौसमदोषौचभारत ॥ अज्ञानंचातिलोभश्चाप्येकंजानीहिपा र्थिव ९ लोभप्रभवमज्ञानंवृद्धंभूयःप्रवर्द्धते ॥ स्थानेस्थानेभवेत्क्षीणमुपैतिविविधांगतिम् १० मूलंलोभस्यमोहोवैकालात्मगतिरेवच ॥ छिन्नेभिन्नेतथालोभेकारणं कालएवच ११ तस्याज्ञानाद्धिलोभोहिलोभादज्ञानमेवच ॥ सर्वदोषास्तथालोभात्तस्माल्लोभंविवर्जयेत् १२ जनकोयुवनाश्वश्ववृषादर्भिःप्रसेनजित् ॥ लोभक्षया दिवंप्राप्तास्तथैवान्येनराधिपाः १३ प्रत्यक्षंतुकुरुश्रेष्ठत्यजलोभमिहात्मना ॥ त्यक्त्वालोभंसुखंलोकेप्रेत्यचानुचरिष्यसि १४ ॥ इतिश्रीमहाभारतेशांतिपर्वणिआप द्धर्मपर्वणिअज्ञानमाहात्म्येएकोनषष्ट्यधिकशततमोऽध्यायः ॥ १५९ ॥ ॥ युधिष्ठिरउवाच ॥ स्वाध्यायेकृतयत्नस्यनरस्यचपितामह ॥ धर्मकामस्यध र्मात्मन्किंनुश्रेयइहोच्यते १ बहुधादर्शनेलोकेश्रेयोयदिहमन्यसे ॥ अस्मिँल्लोकेपरेचैवतन्मेब्रूहिपितामह २ महानयंधर्मपथोबहुशाखश्चभारत ॥ किंस्विदेवेहध र्माणामनुष्ठेयतमंमतम् ३ धर्मस्यमहतोराजन्बहुशाखस्यतत्त्वतः ॥ यन्मूलंपरमंताततत्सर्वंब्रूह्यशेषतः ४ ॥ भीष्मउवाच ॥ हंततेकथयिष्यामियेनश्रेयोह्यवा प्स्यसि ॥ पीत्वाऽमृतमिवप्राज्ञोज्ञानतृप्तोभविष्यसि ५ धर्मस्यविधयोनैकेयेवैप्रोक्तामहर्षिभिः ॥ स्वंस्वंविज्ञानमाश्रित्यदमस्तेषांपरायणम् ६ दमंनिःश्रेयसंप्राहु र्वृद्धानिश्चितदर्शिनः ॥ ब्राह्मणस्यविशेषेणदमोधर्मःसनातनः ७ दमात्तस्यक्रियासिद्धिर्यथावदुपलभ्यते ॥ दमोदानंतथायज्ञानधीतंचातिवर्तते ८ दमस्तेजोवर्ध यतिपवित्रंचदमःपरम् ॥ विपाप्मातेजसायुक्तःपुरुषोविंदतेमहत् ९ दमेनसदृशंधर्मनान्यंलोकेषुशुश्रुम ॥ दमोहिपरमोलोकेप्रशस्तःसर्वधर्मिणाम् १० प्रेत्यचा त्रमनुष्येंद्रपरमंविंदतेसुखम् ॥ दमेनहिसमायुक्तोमहांतंधर्ममश्नुते ११ सुखंदांतःप्रस्वपितिसुखंचप्रतिबुध्यते ॥ सुखंपर्येतिलोकांश्चमनश्चास्यप्रसीदति १२ अदां तःपुरुषःक्लेशमभीक्ष्णंप्रतिपद्यते ॥ अनर्थांश्चबहूनन्यान्प्रसृजत्यात्मदोषजान् १३ आश्रमेषुचतुर्ष्वाहुर्दममेवोत्तमंव्रतम् ॥ तस्यलिंगानिवक्ष्यामियेषांसमुदयोदमः १४

र्थोविच्छिन्नोभवति तदैववैचित्र्यंरूपस्याज्ञानस्यकालःइतिदशमस्योत्तरम् । कारणंनिदानं हेतुःफलम् ११ तस्यकालस्यमूढस्यवा तदुभयमाह । अज्ञानकारणाल्लोभःकार्यफलं एवंलोभादज्ञानमित्यं तयोरुत्तरम् १२ । १३ । १४ ॥ इतिशांतिपर्वणि आपद्धर्मपर्वणिनीलकंठीये भारतभावदीपे एकोनषष्ट्यधिकशततमोऽध्यायः ॥ १५९ ॥ ॥ ॥ स्वाध्यायेइति १ । २ ३ । ४ । ५ दमःइंद्रियनियमः परायणंपराकाष्ठा अत्रैवसर्वेधर्माअन्तर्भूताइत्यर्थः ६ । ७ । ८ । ९ । १० । ११ । १२ । १३ । १४ ॥ ॥ ॥ ॥

१५ । १६ पैशुनंदातोनैवांनिषेवतइत्युत्तरेणान्वयः स्तुतिनिंदयोरविसर्जनम् १७ दर्पगर्वस्तंभमविनयम् १८ अल्पेषुअनित्यसुखेषु कथंचनब्रह्मलोकलाभेपिनपूर्यतेनतृप्तोभवति १९ । २० । २१ । २२
२३ वर्त्मस्वाभाविकःपंथाः यदन्येषांविहितंतज्ज्ञानिनःस्वभावसिद्धमित्यर्थः २४ निष्क्रम्यगृहादितिशेषः संन्यस्येत्यर्थः २५ । २६ अवाचिनोतिभोगेनव्ययीकरोति नचसंचिनोतिसंगृह्णातितत्स्वक्ष
स्यकर्माश्लेषस्मरणात् मैत्रायणंसर्वभूतेभ्योऽभयदानम् २७ अनेनदेवयानेनान्येनवापथागतइतिनज्ञायते उत्क्रमणाभावात् । 'नतस्यप्राणाउत्क्रामंत्यत्रैवसमवनीयंतेब्रह्मैवसन्ब्रह्माप्येति'इतिश्रुतेरितिभावः

क्षमाधृतिरहिंसाचसमतासत्यमार्जवम् ॥ इंद्रियाभिजयोदाक्ष्यंमार्दवंह्रीरचापलम् १५ अकार्पण्यमसंरंभःसंतोषःप्रियवादिता ॥ अविहिंसाऽनसूयाचाप्येषांसमुद
योदमः १६ गुरुपूजाचकौरव्यदयाभूतेष्वपैशुनम् ॥ जनवादंमृषावादंस्तुतिनिंदाविसर्जनम् १७ कामंक्रोधंचलोभंचदर्पंस्तंभंविकत्थनम् ॥ रोषमीर्ष्याऽवमानंचनै
वदांतोनिषेवते १८ अनिंदितोह्यकामात्मानाल्पेष्वर्थ्यनसूयकः ॥ समुद्रकल्पःसनरोनकथंचनपूर्यते १९ अहंत्वयिममत्वंचमयितेषुतथाप्यहम् ॥ पूर्वसंबंधिसंयो
गंनैतद्दान्तोनिषेवते २० सर्वाग्राम्यास्तथाऽरण्यायाश्चलोकेप्रवृत्तयः ॥ निंदांचैवप्रशंसांचयोनाश्रयतिमुच्यते २१ मैत्रोऽथशीलसंपन्नःप्रसन्नात्मात्मविच्चयः ॥ मुक्त
स्यविविधैःसंगैस्तस्यप्रेत्यफलंमहत् २२ सुवृत्तःशीलसंपन्नःप्रसन्नात्माऽत्मविद्बुधः ॥ प्राप्येहलोकेसत्कारंसुगतिंप्रतिपद्यते २३ कर्मयच्छुभमेवेहसद्भिराचरितंच
यत् ॥ तदेवज्ञानयुक्तस्यमुनेर्वर्त्मनहीयते २४ निष्क्रम्यवनमास्थायज्ञानयुक्तोजितेन्द्रियः ॥ कालाकांक्षीचरत्येवंब्रह्मभूयायकल्पते २५ अभयंयस्यभूतेभ्यो
भूतानामभयंयतः ॥ तस्यदेहाद्विमुक्तस्यभयंनास्तिकुतश्चन २६ अवाचिनोतिकर्माणिनचसंप्रचिनोतिह ॥ समःसर्वेषुभूतेषुमैत्रायणगतिश्चरेत् २७ शकुनीना
मिवाकाशेजलेवारिचरस्यच ॥ यथागतिर्नदृश्येततथातस्यनसंशयः २८ गृहानुत्सृज्ययोराजन्मोक्षमेवाभिपद्यते ॥ लोकास्तेजोमयास्तस्यकल्पंतेशाश्वतीःस
माः २९ संन्यस्यसर्वकर्माणिसंन्यस्यविधिवत्तपः ॥ संन्यस्यविविधाविद्याःसर्वंसंन्यस्यचैवह ३० कामेशुचिरनावृत्तःप्रसन्नात्माऽऽत्मवित्शुचिः ॥ प्राप्येहलोकेस
त्कारंस्वर्गंसमभिपद्यते ३१ यच्चपैतामहंस्थानंब्रह्मराशिसमुद्भवम् ॥ गुहायांपिहितंनित्यंतद्दमेनाभिगम्यते ३२ ज्ञानारामस्यबुद्धस्यसर्वभूताविरोधिनः ॥ नावृत्ति
भयमस्तीहपरलोकभयंकुतः ३३ एकएवदमेदोषोद्वितीयोनोपपद्यते ॥ यदेनंक्षमयायुक्तमशक्तंमन्यतेजनः ३४ एकोऽस्यसुमहाप्राज्ञदोषःस्यात्सुमहान्गुणः ॥
क्षमयाविपुलालोकाःसुलभाहिसहिष्णुता ३५ दांतस्यकिमरण्येनतथाऽदांतस्यभारत ॥ यत्रैवनिवसेद्दांतस्तदरण्यंसचाश्रमः ३६ ॥ वैशंपायनउवाच ॥ एत
द्भीष्मस्यवचनंश्रुत्वाराजायुधिष्ठिरः ॥ अमृतेनेवसंतृप्तःप्रहृष्टःसमपद्यत ३७ पुनश्चपरिपप्रच्छभीष्मंधर्मभृतांवरम् ॥ ततःप्रीतःसचोवाचतस्मैसर्वंकुरूद्वहः ३८
॥ इतिश्रीमहाभारतेशांतिपर्वणिआपद्धर्मपर्वणिदमकथनेषष्ठ्यधिकशततमोऽध्यायः ॥ १६० ॥ ॥ ॥

२८ । २९ । ३० कामेशुचिःसत्यकामइत्यर्थः अनावृत्तःसर्वत्रकामाचारभाक् 'तस्यसर्वेषुलोकेषुकामचारोभवति'इतिश्रुतेः शुचिस्त्यक्तकामःसत्कारंसत्यसंस्कारत्वादिगुणयोगेनसंमानमिहप्राप्यस्वर्गमभिपद्यते
विदेहकैवल्यकाले ३१ गुहायांहृत्पुंडरीके पैतामहंब्रह्मलोकाख्यम् ३२ । ३३ । ३४ । ३५ । ३६ । ३७ । ३८ ॥ इतिशांतिपर्वणिआपद्धर्मपर्वणिनीलकंठीये भारतभावदीपे षष्ठ्यधिकशततमोऽध्यायः ॥ १६० ॥

सर्वमिति १ । २ । ३ । ४ । ५ । ६ । ७ । ८ नेति । मातरमतिक्रम्याश्रमोन सर्वेष्वप्याश्रमेषु मातापालनीयैव तस्या गृहस्थसंन्यासिनोऽप्ययोगात नास्तिदानसमा गतिरितिपाठांतरेस्पष्टएवार्थः

॥ भीष्मउवाच ॥ सर्वमेतत्तपोमूलंकवयःपरिचक्षते ॥ नह्यतप्ततपामूढःक्रियाफलमवाप्नुते १ प्रजापतिरिदंसर्वंतपसैवासृजत्प्रभुः ॥ तथैववेदानृषयस्तपसाप्र
तिपेदिरे २ तपसैवससर्जान्नंफलमूलानियानिच ॥ त्रीँल्लोकांस्तपसासिद्धाःपश्यंतिसुसमाहिताः ३ औषधान्यगदादीनिक्रियाश्चविविधास्तथा ॥ तपसैवहि
सिद्ध्यंतितपोमूलंहिसाधनम् ४ यद्दुरापंभवेत्किंचित्तत्सर्वंतपसोभवेत् ॥ ऐश्वर्यमृषयःप्राप्तास्तपसैवनसंशयः ५ सुरापोसंमतादायीभ्रूणहागुरुतल्पगः ॥ तप
सैवसुतप्तेननरःपापात्प्रमुच्यते ६ तपसोबहुरूपस्यतैस्तैर्द्वारैःप्रवर्ततः ॥ निवृत्त्यावर्तमानस्यतपोनानशनात्परम् ७ अहिंसासत्यवचनंदानमिंद्रियनिग्रहः ॥
एतेभ्योहिमहराजतपोनानशनात्परम् ८ नदुष्करतरंदानान्नातिमातरमाश्रमः ॥ त्रैविद्येभ्यःपरंनास्तिसंन्यासःपरमंतपः ९ इंद्रियाणीहरक्षंतिस्वर्गधर्माभिगुप्त
ये ॥ तस्मादर्थेचधर्मेचतपोनानशनात्परम् १० ऋषयःपितरोदेवामनुष्यामृगपक्षिणः ॥ यानिचान्यानिभूतानिस्थावराणिचराणिच ११ तपःपरायणाः
सर्वेसिध्यंतितपसाचते ॥ इत्येवंतपसादेवामहत्त्वंप्रतिपेदिरे १२ इमानीष्टविभागानिफलानितपसःसदा ॥ तपसाशक्यतेप्राप्तुंदेवत्वमपिनिश्चयात् १३ ॥ इति
श्रीमहाभारतेशांतिपर्वणिआपद्धर्मपर्वणितपःप्रशंसायांएकषष्ट्यधिकशततमोऽध्यायः ॥ १६१ ॥ ॥ युधिष्ठिरउवाच ॥ ॥ सत्यंधर्मंप्रशंसंतिविप्रर्षिपितृ
देवताः ॥ सत्यमिच्छाम्यहंश्रोतुंतन्मेब्रूहिपितामह १ सत्यंकिंलक्षणंराजन्कथंवातदवाप्यते ॥ सत्यंप्राप्यभवेत्किंचकथंचैवतदुच्यताम् २ ॥ भीष्मउवाच ॥
चातुर्वर्ण्यस्यधर्माणांसंकरोनप्रशस्यते ॥ अविकारितमंसत्यंसर्ववर्णेषुभारत ३ सत्यंसत्सुसदाधर्मःसत्यंधर्मःसनातनः ॥ सत्यमेवनमस्येतसत्यंहिपरमागतिः ४
सत्यंधर्मस्तपोयोगःसत्यंब्रह्मसनातनम् ॥ सत्यंयज्ञःपरःप्रोक्तःसर्वंसत्येप्रतिष्ठितम् ५ आचारानिहसत्यस्ययथावदनुपूर्वशः ॥ लक्षणंचप्रवक्ष्यामिसत्यस्येहयथाक्र
मम् ६ प्राप्यतेचयथासत्यंतच्चश्रोतुमिहार्हसि ॥ सत्यंत्रयोदशविधंसर्वलोकेषुभारत ७ सत्यंचसमताचैवदमश्चैवनसंशयः ॥ अमात्सर्यंक्षमाचैवह्रीस्तितिक्षाऽन
सूयता ८ त्यागोध्यानमथार्यत्वंधृतिश्चसततंदया ॥ अहिंसाचैवराजेन्द्रसत्याकारास्त्रयोदश ९ सत्यंनामाव्ययंनित्यमविकारितथैवच ॥ सर्वधर्माविरुद्धंचयो
गेनैतदवाप्यते १० आत्मनीष्टेतथाऽनिष्टेरिपौचसमतातथा ॥ इच्छाद्वेषक्षयंप्राप्यकामक्रोधक्षयंतथा ११ दमोनान्यस्पृहानित्यंगांभीर्यंधैर्यमेवच ॥ अभयं
रोगशमनंज्ञानेनैतदवाप्यते १२ अमात्सर्यंबुधाःप्राहुर्दानेधर्मेचसंयमः ॥ अवस्थितेननित्यंचसत्येनामत्सरीभवेत् १३ ॥ ॥

९ । १० । ११ । १२ इमानिनक्षत्रादीनि । 'सुकृतांवाएतानिज्योतींषियन्नक्षत्राणि' इतिश्रुतेः १३ ॥ ॥ इतिशांतिपर्वणिआपद्धर्मपर्वणिनीलकंठीये भारतभावदीपेएकषष्ट्यधिकशततमोऽध्यायः
॥ १६१ ॥ ॥ सत्यमिति १ । २ । ३ । ४ । ५ । ६ । ७ । ८ । ९ सत्यादीनांपदानांत्रयोदशानामर्थानव्याचष्टे सत्यंनामेत्यादिना १० । ११ । १२ । १३ ॥

अक्षमयाविषयेतथाक्षमायाइतिदृष्टांतार्थम् १४ । १५ । १६ असूयापरगुणेषुदोषदर्शनं तद्वच्चितिक्षायाअसंभवाच्चितिक्षाव्याख्यानेनैवतद्व्याख्यानंसिद्धमितिनसापृथगुक्ता तत्राख्यानश्लोकोलुप्तइ तिवा तांव्याख्यायत्यागंव्याख्याति त्यागइति। सूत्रश्लोकेत्यागोध्यानमितित्यागानुसंधानाख्यःपदद्वयोपात्तएकःपदार्थः १७ । १८ । १९ सर्वथेतिश्लोकेधृतिशब्देनोद्देशक्रमप्रासादयाप्रा

अक्षमायाःक्षमायाश्चप्रियाणीहाऽप्रियाणिच ॥ क्षमतेसंमतःसाधुःसाध्वाप्नोतिचसत्यवाक् १४ कल्याणंकुरुतेवाढंधीमान्नग्लायतेक्कचित् ॥ प्रशांतवाङ्मनानि त्यंह्रीस्तुधर्मादवाप्यते १५ धर्मार्थहेतोःक्षमतेतितिक्षाक्षांतिरुच्यते ॥ लोकसंग्रहणार्थंवैसातुधैर्येणलभ्यते १६ त्यागःस्नेहस्ययस्त्यागोविषयाणांतथैवच ॥ रा गद्वेषप्रहीणस्यत्यागोभवतिनान्यथा १७ आर्यतानामभूतानांयःकरोतिप्रयत्नतः ॥ शुभंकर्मनिराकारोवीतरागस्तथैवच १८ धृतिर्नामसुखेदुःखेयथानाप्नो तिविक्रियाम् ॥ तांभजेतसदाप्राज्ञोयइच्छेद्भूतिमात्मनः १९ सर्वथाक्षमिणाभाव्यंतथासत्यपरेणच ॥ वीतहर्षभयक्रोधोधृतिमाप्नोतिपंडितः २० अद्रोहःसर्व भूतेषुकर्मणामनसागिरा ॥ अनुग्रहश्चदानंचसतांधर्मःसनातनः २१ एतेत्रयोदशाकाराःपृथक्सत्यैकलक्षणाः ॥ भजंतेसत्यमेवेहबृंहयंतेचभारत २२ नांतःश क्योगुणानांचवक्तुंसत्यस्यपार्थिव ॥ अतःसत्यंप्रशंसंतिविप्राःसपितृदेवताः २३ नास्तिसत्यात्परोधर्मोनानृतात्पातकंपरम् ॥ श्रुतिर्हिसत्यंधर्मस्यतस्मात्सत्यं नलोपयेत् २४ उपैतिसत्याद्दानंहितथायज्ञाःसदक्षिणाः ॥ त्रेताग्निहोत्रंवेदाश्चयेचान्येधर्मनिश्चयाः २५ अश्वमेधसहस्रंचसत्यंचतुलयाधृतम् ॥ अश्वमेधस हस्राद्धिसत्यतेवविशिष्यते २६ ॥ इतिश्रीमहाभारतेशांतिपर्वणिआपद्धर्मपर्वणिसत्यप्रशंसायांद्विषष्ट्यधिकशततमोऽध्यायः ॥ १६२ ॥ युधिष्ठिरउवाच ॥ यतःप्रभवतिक्रोधःकामोवाभरतर्षभ ॥ शोकमोहौविधित्साचपरासुत्वंचतद्वद १ लोभोमात्सर्यमीर्ष्याचकुत्सासूयाकृपाभयम् ॥ एतत्सर्वमहाप्राज्ञयाथा तथ्येनमेवद २ ॥ भीष्मउवाच ॥ त्रयोदशैतेतिबलाःशत्रवःप्राणिनांस्मृताः ॥ उपासंतेमहाराजसमंतात्पुरुषानिह ३ एतेप्रमत्तंपुरुषमप्रमत्तास्तुदंति च ॥ वृकाइवविलुंपंतिदृष्ट्वैवपुरुषंबलात् ४ एभ्यःप्रवर्ततेदुःखमेभ्यःपापंप्रवर्तते ॥ इतिमर्त्योविजानीयात्सततंपुरुषर्षभ ५ एतेषामुदयंस्थानंक्षयंचपृथिवी पते ॥ हंततेकथयिष्यामिक्रोधस्योत्पत्तिमादितः ६ यथातत्त्वंक्षितिपतेतदिहैकमनाःशृणु ॥ लोभात्क्रोधःप्रभवतिपरदोषैरुदीर्यते ७ क्षमयातिष्ठतेराजन्क्ष मयाविनिवर्त्तते ॥ संकल्पाज्जायतेकामःसव्यमानोविवर्धते ८ यदाप्राज्ञोविरमतेतदासद्यःप्रणश्यति ॥ पराऽसूयाक्रोधलोभावंतराप्रतिमुच्यते ९

२० । २१ । २२ । २३ । २४ । २५ । २६ ॥ इतिशांतिपर्वणिआपद्धर्मपर्वणिनीलकंठीयेभारतभावदीपेद्विषष्ट्यधिकशततमोऽध्यायः ॥ १६२ ॥ यतोऽज्ञानात् १ कृपाऽभयमित्यं तास्त्रयोदश २ । ३ । ४ । ५ । ६ क्रोधादीनामुत्पत्तिस्थितिलक्षणानिव्याख्याति लोभादित्यादिना लोभात्केनचिन्निमित्तेनोपहतात्क्रोधोभवति सचपरदोषैर्दृष्टैरुदीर्यतेउद्दीप्तोभवति ७ क्षमया तिष्ठतेनिरुद्धयतेविनिवर्ततेचेति एवंसर्वत्रद्रष्टव्यम् ८ । ९ ॥ ॥ ॥ ॥ ॥

परस्मिन्नसूयादोषदर्शनंतत्क्रोधाल्लोभाद्वाभवति दययानिवर्तते अत्रक्रोधादीनांव्युत्पादनप्रसंगेउद्देशक्रमोनादर्तव्यः असूयाचअवद्यदर्शनात्परस्मिन्दोषदर्शनादेतिउदेति तत्त्वज्ञानाद्वस्तुनोनिर्दोषत्व ज्ञानादसूयाधीमतांनिवर्ततइत्यनुषंगः सार्द्धश्लोकोऽयं १० मोहोविपरीतबुद्धिः ११ मोहइत्याकृष्यते विधित्साआरंभप्रावण्यं इदमुभयंविरुद्धानिकौलिकादिशास्त्राणियेपश्यंतितेषांजायते तत्त्वज्ञानात्सम्यग्वैदिकार्थज्ञानात्तत्रविश्वासाच्चनिवर्तते १२ पुत्रादिप्रियवस्तुनाशेशोकोजायते सचशोचतोऽपिपुनर्दुर्लभइतिनिरर्थकइतिज्ञानान्नश्यतीत्याह प्रीत्येति १३ परासुताअत्यंतमकार्य पारवश्यं अभ्यासादसकृदावृत्तेःदययाक्रोधपरासुतानिवर्तते निर्वेदाद्वैराग्याल्लोभादिजेतिभेदः १४ । १५ ।१६ । १७ । १८ इतिकर्तुंयथायोग्यंप्रतीकारंकर्तुं १९ कृपाऽपिचित्तोन्माथकरी

दययासर्वभूतानांनिर्वेदाद्विनिवर्तते ॥ अवद्यदर्शनादेतितत्त्वज्ञानाच्चधीमताम् १० अज्ञानप्रभवोमोहःपापाभ्यासात्प्रवर्तते ॥ यदाप्राज्ञेषुरमतेतदासद्यः प्रणश्यति ११ विरुद्धानीहशास्त्राणियेपश्यंतिकुरूद्वह ॥ विधित्साजायतेतेषांतत्त्वज्ञानान्निवर्तते १२ प्रीत्याशोकःप्रभवतिवियोगात्तस्यदेहिनः ॥ यदानिर र्थकंवेत्तितदासद्यःप्रणश्यति १३ परासुताक्रोधलोभादभ्यासाच्चप्रवर्त्तते ॥ दययासर्वभूतानांनिर्वेदात्सानिवर्तते १४ सत्यत्यागात्तुमात्सर्यमहितानांचसेवया ॥ एतत्तुक्षीयतेतातसाधूनामुपसेवनात् १५ कुलाज्ज्ञानात्तथैश्वर्यान्मदोभवतिदेहिनाम् ॥ एभिरेवतुविज्ञातैःसचसद्यःप्रणश्यति १६ ईर्ष्याकामात्प्रभवतिसंहर्षा च्चैवजायते ॥ इतरेषांतुसत्त्वानांप्रज्ञयासाप्रणश्यति १७ विभ्रमाल्लोकबाह्यानांद्वेष्यैर्वाक्यैरसंमतैः ॥ कुत्सासंजायतेराजन्लोकान्प्रेक्ष्याभिशाम्यति १८ इतिक र्तुंनशक्तायेबलस्थायापकारिणे ॥ असूयाजायतेतीव्राकारुण्याद्विनिवर्तते १९ कृपणान्सततंदृष्ट्वाततःसंजायतेकृपा ॥ धर्मनिष्ठांयदावेत्तितदाशाम्यतिसाकृ पा २० अज्ञानप्रभवोलोभोभूतानांदृश्यतेसदा ॥ अस्थिरत्वंचभोगानांदृष्ट्वाज्ञात्वानिवर्तते २१ एतान्येवजितान्याहुःप्रशमाच्चत्रयोदश ॥ एतेहिधार्तराष्ट्रा णांसर्वेदोषास्त्रयोदश ॥ त्वयासत्यार्थिनानित्यंविजिताज्येष्ठसेवनात् २२ ॥ इतिश्रीम० शांतिप० आप० लोभनिरूपणेत्रिषष्ट्यधिकशततमोऽध्यायः ॥ १६३ ॥

॥ युधिष्ठिरउवाच ॥ आनृशंस्यंविजानामिदर्शनेनसतांसदा ॥ नृशंसान्नविजानामितेषांकर्मचभारत १ कंटकान्कूपमग्निंचवर्जयंतियथानराः ॥ तथानृशंसक र्माणंवर्जयंतिनरानरम् २ नृशंसोहिदहेद्व्यक्तंप्रेत्यचेहचभारत ॥ तस्मात्त्वंब्रूहिकौरव्यतस्यधर्मविनिश्चयम् ३ ॥ भीष्मउवाच ॥ स्पृहास्याद्गर्हिताचैवविवि धित्साचैवकर्मणाम् ॥ आक्रोष्टाक्रुश्यतेचैववंचितोबुध्यतेसच ४ दत्तानुकीर्तिर्विषमःक्षुद्रोनैकृतिकःशठः ॥ असंविभागीमानीचतथासंगीविकत्थनः ५

तिद्वेषवद्देयैवेत्यभिप्रेत्याह कृपणानिति २० अज्ञानप्रभवोलोभइत्यत्रलोभपदेनभयंग्राह्यं लोभस्यप्राग्व्याख्यातत्वात् कृपाभयमितिभयस्यापिप्रागुद्दिष्टत्वाच्च २१ । २२ ॥ इतिशांतिपर्वणिआपद्धर्म पर्वणिनीलकंठीये भारतभावदीपे त्रिषष्ट्यधिकशततमोऽध्यायः ॥ १६३ ॥ ॥ ॥ ॥ ॥ आनृशंस्यंसतांधर्मइतियद्यपिसामान्यतोजानामितथापिनृशंसत्वेज्ञातेतदभावरूपमानृशं स्यंविशेषतःसुज्ञेयमतोनृशंसस्यैवस्वरूपादिकंब्रूहीतिप्रश्नः १ । २ । ३ यस्यस्पृहाविधित्साचवध्यश्येनादिविषयागर्हितास्यात् योनिंदकोनिंद्यश्चदैवेनाहंवंचितोस्मियदीदृशंकुकर्मकरोमीतिबुध्यतेकरोति वाकृत्यंसअत्महानृशंसकृदितिचतुर्थेनान्वयः ४ दत्तमनुकीर्तयतीतिदत्तानुकीर्तिःस्वस्यवदान्यत्वप्रकाशकः विषमोविद्वेषकर्ता क्षुद्रोनीचकर्मकारी नैकृतिकः स्नेहंप्रदर्श्यवंचकः शठःसत्यपिसामर्थ्येदारिद्र्यव्यंजकः ५

बलीशःकाकइवबंचकर्दर्शी आश्रमद्वेषःसंकरश्चास्यास्तीत्याश्रमद्वेषसंकरी ६ । ७ । ८ । ९ । १० । ११ । १२ । १३ ॥ इतिशांतिपर्वणिआपद्धर्मपर्वणि नीलकंठीये भारतभावदीपे चतुःषष्ट्य
धिकशततमोऽध्यायः ॥ १६४ ॥ ॥ ॥ एवमापदांनिदानप्रतीकारादिकमुक्तमिदानींसामान्यतःसर्वासामापदांमूलंपापंतच्चाकृतप्रायश्चित्तानामापद्रूपेणबाधतइतिसाधारणासाधारणंप्रायश्चित्तमाह
हृतार्थइत्यध्यायेन हृतार्थश्चोरैर्लुण्ठितः १ । २ निःस्वोनिर्धनः अन्यत्रोक्तेभ्योऽन्यत्रापिब्राह्मणेषुअन्येभ्योऽब्राह्मणेभ्यःअकृतान्नमपक्वान्नंविधीयते तेभ्योऽप्यकृतान्नंदेयमितिभावः ३ । ४ । ५

सर्वातिशंकीपुरुषोबलीशःकृपणोऽथवा ॥ वर्गप्रशंसीसततमाश्रमद्वेषसंकरी ६ हिंसाविहारःसततमविशेषगुणागुणः ॥ बह्वलीकोमनस्वीचलुब्धोऽत्यर्थंनृशंस
कृत् ७ धर्मशीलंगुणोपेतंपापमित्यवगच्छति ॥ आत्मशीलप्रमाणेननविश्वसितिकस्यचित् ८ परेषांयत्रदोषःस्यात्तद्गुह्यंसंप्रकाशयेत् ॥ समानेष्वेवदोषेषुवृ
त्त्यर्थमुपघातयेत् ९ तथोपकारिणंचैवमन्यतेवंचितंपरम् ॥ दत्त्वाऽपिचधनंकालेसंतपत्युपकारिणे १० भक्ष्यंपेयमथालेह्यंयच्चान्यत्साधुभोजनम् ॥ प्रेक्षमाणेषुयो
ऽश्नीयान्नृशंसमितितंवदेत् ११ ब्राह्मणेभ्यःप्रदायाग्र्यंयःसुहृद्भिःसहाश्नुते ॥ सप्रेत्यलभतेस्वर्गमिहचानंत्यमश्नुते १२ एषतेभरतश्रेष्ठनृशंसःपरिकीर्तितः ॥ स
दाविवर्जनीयोहिपुरुषेणविजानता १३ ॥ इतिश्रीमहाभारतेशांतिपर्वणिनृशंसाख्यानेचतुःषष्ट्यधिकशततमोऽध्यायः ॥ १६४ ॥ भीष्मउवाच ॥ हृता
र्थोयक्ष्यमाणश्चसर्ववेदांतगश्चयः ॥ आचार्यपितृकार्यार्थंस्वाध्यायार्थमथाऽपिच १ एतेवैसाधवोदृष्टाब्राह्मणाधर्मभिक्षवः ॥ निःस्वेभ्योदेयमेतेभ्योदानंविद्याच
भारत २ अन्यत्रदक्षिणादानंदेयंभरतसत्तम ॥ अन्येभ्योऽपिबहिर्वेदिचाकृतान्नंविधीयते ३ सर्वरत्नानिराजाहियथार्हंप्रतिपादयेत् ॥ ब्राह्मणाएववेदाश्चयज्ञा
श्चबहुदाक्षिणाः ४ अन्योन्यविभवाचारायजंतेगुणतःसदा ॥ यस्यत्रैवार्षिकंभक्तंपर्याप्तंभृत्यवृत्तये ॥ अधिकंचापिविद्येतससोमंपातुमर्हति ५ यज्ञश्चेत्प्रतिरु
द्धःस्यादंशेनैकेनयज्वनः ॥ ब्राह्मणस्यविशेषेणधार्मिकेसतिराजनि ६ योवैश्यःस्याद्बहुपशुर्हीनक्रतुरसोमपः ॥ कुटुंबात्तस्यतद्वित्तंयज्ञार्थंपार्थिवोहरेत् ७ आ
हरेद्धनोकिंचित्कामंशूद्रस्यवेश्मनः ॥ नहियज्ञेषुशूद्रस्यकिंचिदस्तिपरिग्रहः ८ योनाहिताग्निःशतगुरयज्वाचसहस्रगुः ॥ तयोरपिकुटुंबाभ्यामाहरेदविचार
यन् ९ अदातृभ्योहरेद्वित्तंविख्याप्यनृपतिःसदा ॥ तथैवाचरतोधर्मोनृपतेःस्यादथाखिलः १० तथैवशृणुमेभक्तंभक्तानिषडनश्नतः ॥ अश्वस्तनविधानेनह
र्तव्यंहीनकर्मणः ११ खलात्क्षेत्रात्तथाऽऽरामाद्यतोवाप्युपपद्यते ॥ आख्यातव्यंनृपस्यैतत्पृच्छतेऽपृच्छतेपिवा १२ नतस्मैधारयेद्दंडंराजाधर्मेणधर्मवित् ॥ क्ष
त्रियस्यतुबालिश्याद्ब्राह्मणःक्लिश्यतेक्षुधा १३ श्रुतशीलेसमाज्ञायवृत्तिमस्यप्रकल्पयेत् ॥ अथैनंपरिरक्षेतपितापुत्रमिवौरसम् १४ इष्टिंवैश्वानरींनित्यंनिर्व
पेदब्दपर्यये ॥ अनुकल्पःपरोधर्मोधर्मवादैस्तुकेवलम् १५ विश्वैर्देवैश्चसाध्यैश्चब्राह्मणैश्चमहर्षिभिः ॥ आपत्सुमरणाद्भीतैर्विधिःप्रतिनिधीकृतः १६ ॥

ब्राह्मणस्ययज्ञःएकेनांशेनरूपाधंगनाशेनप्रतिरुद्धःस्यात्तर्हितस्यवैश्यस्यतद्धनंपार्थिवोयज्ञार्थंहरेदितिद्वितीयेनसंबंधः ६ । ७ । ८ । ९ । १० भक्तमेकाहपर्याप्तंधान्यं भक्तानिषडनश्नतरूयहमुपो
षितस्य ११ । १२ बालिश्यादित्यनेनक्षत्रियस्यैवसदोषइत्युक्तम् १३ । १४ अब्दपर्ययेप्रत्यब्दंकर्तव्यस्याऽऽग्रयणपशुसोमादेरकरणे धर्मवादैर्धर्मज्ञैरुक्तइतिशेषः १५ अनुकल्पेमानमाह विश्वैरिति १६

सांपरायिकंपारलौकिकंशठत्वात् १७ ननिवेदेताऽहंब्राह्मणोऽस्मीतिननिवेदयेत् १८ । १९ । २० । २१ परिवेष्टाआहुतिप्रक्षेप्ता कन्यायुवत्योःस्मार्ताग्निहोमे'स्वयंपत्न्यपिवापुत्रःकुमार्यन्ते वासीवा,इत्याश्वलायनवचनादधिकृतयोरत्रापिप्रसक्तेर्निषेधउक्तः २२ । २३ । २४ । २५ आसतेमिथुनीभवंति संग्रामदाडिमेत्यादिलिंगानुशासनसूत्राद्धोमशब्दस्यनपुंसकत्वं सर्वेत्रयोऽपि २६ उदपानःकूपस्तदेकोदकेएककूपोपजीव्येइत्यर्थः २७ अभार्यामपरिणीतांशयनेबिभ्रद्ब्राह्मणस्तथाशूद्रंवृद्धंमहानितिमन्यमानस्तथाऽब्राह्मणंक्षत्रियंवैश्यंवावृद्धंमन्यमानस्तृणेषुयदासीतोपविष्टःसयथासंशुध्येततथा

प्रभुःप्रथमकल्पस्ययोऽनुकल्पेनवर्तते ॥ नसांपरायिकंतस्यदुर्मतेर्विद्यतेफलम् १७ नब्राह्मणोनिवेदेताकिंचिद्राजनिवेदवित् ॥ स्ववीर्याद्राजवीर्याच्चस्ववीर्यं बलवत्तरम् १८ तस्माद्राज्ञःसदातेजोदुःसहंब्रह्मवादिनाम् ॥ कर्ताशास्ताविधाताचब्राह्मणोदेवउच्यते १९ तस्मिन्नाकुशलंब्रूयान्नशुष्कामीरयेद्गिरम् ॥ क्षत्रियोबाहुवीर्येणतरेदापदमात्मनः २० धनैर्वैश्यश्चशूद्रश्चमंत्रैर्होमैश्चवैद्विजः ॥ नैवकन्यानयुवतिर्नामंत्रज्ञोनबालिशः २१ परिवेष्टाऽग्निहोत्रस्यभवेन्नासंस्कृतस्तथा ॥ नरकंनिपतंत्येतेजुह्वानाःसचयस्यतत् ॥ तस्माद्वैतानकुशलोहोतास्याद्वेदपारगः २२ प्राजापत्यमदत्वाश्वमग्न्याधेयस्यदक्षिणाम् ॥ अनाहिताग्निरितिसप्रोच्यतेधर्मदर्शिभिः २३ पुण्यानियानिकुर्वीतश्रद्दधानोजितेंद्रियः ॥ अनाप्तदक्षिणैर्यज्ञैर्नयजेतकथंचन २४ प्रजाःपशूंश्चस्वर्गंचहंतियज्ञोह्यदक्षिणः ॥ इंद्रियाणियशःकीर्तिमायुश्चाप्यवकृंतति २५ उदक्यामासतेयेचद्विजाःकेचिदनग्नयः ॥ होमंचाश्रोत्रियंयेषांतेसर्वेपापकर्मिणः २६ उदपानोदकेग्रामेब्राह्मणोवृषलीपतिः ॥ उषित्वाद्वादशसमाःशूद्रकर्मैवगच्छति २७ अभार्याशयनेबिभ्रच्छूद्रंवृद्धंचवैद्विजः ॥ अब्राह्मणंमन्यमानस्तृणेष्वासीतपृष्ठतः ॥ तथासंशुध्यतेराजन्शृणुचात्रवचोमम २८ यदेकरात्रेणकरोतिपापंनिकृष्टवर्णंब्राह्मणःसेवमानः ॥ स्थानासनाभ्यांविहरन्व्रतीसत्रिभिर्वर्षैःशमयेदात्मपापम् २९ ननर्मयुक्तमनृतंहिनस्तिनस्त्रीषुराजन्नविवाहकाले ॥ नगुर्वर्थेनात्मनोजीवितार्थेपंचानृतान्याहुरपातकानि ३० श्रद्दधानःशुभांविद्यांहीनादपिसमाप्नुयात् ॥ सुवर्णमपिचामेध्यादाददीताविचारयन् ३१ स्त्रीरत्नंदुष्कुलाच्चापिविषादप्यमृतंपिबेत् ॥ अदूष्याहिस्त्रियोरत्नमापइत्येवधर्मतः ३२ गोब्राह्मणहितार्थंचवर्णानांसंकरेषुच ॥ वैश्योगृह्णीतशस्त्राणिपरित्राणार्थमात्मनः ३३ सुरापानंब्रह्महत्यागुरुतल्पमथापिवा ॥ अनिर्देश्यानिमन्यंतेप्राणांतमितिधारणा ३४ सुवर्णहरणंस्तैन्यंविप्रस्वंचेतिपातकम् ॥ विहरन्मद्यपानाच्चअगम्यागमनादपि ३५ पतितैःसंप्रयोगाच्चब्राह्मणीयोनितस्तथा ॥ अचिरेणमहाराजपतितोवैभवत्युत ३६ संवत्सरेणपतति पतितेनसहाचरन् ॥ याजनाध्यापनाद्यौनान्नतुयानासनाशनात् ३७ एतानिहित्वाऽतोऽन्यानिनिर्देश्यानीतिभारत ॥ निर्देश्यानेनविधिनाकालेनाव्यसनीभवेत् ३८

घृणिवितिसार्द्धार्थः २८ विहरन्नकरोतीतिसंबंधः २९ । ३० । ३१ । ३२ । ३३ अनिर्देश्यानिबुद्धिपूर्वकानिचेदत्रप्रायश्चित्तंनास्तीत्यर्थः किंतर्हिमरणांतमेवप्रायश्चित्तमितिधारणानिश्चयः ३४ ३५ ब्राह्मणीयोनितःअब्राह्मणोब्राह्मणीगमनादित्यर्थः ३६ याजनादित्रयेणसद्यःपतति नतुयानादिना तेनतुवर्षेणपततीत्यर्थः यौनंविवाहादिनासंबंधः ३७ एतानिपंचमहापापानि अन्यानितुनिर्देश्यानिसप्रायश्चित्तानि निर्देश्यविशोध्याव्यसनीपुनःपापरुचिर्नस्यात् ३८ ॥ ॥ ॥ ॥

अन्नमिति । पूर्वेषुत्रिषुसुरापब्रह्मघ्नगुरुतल्पगेषुमृतेषु प्रेतकर्मण्यपातितेऽपिदाहाद्यकरणेऽप्यन्नंवीर्यंहिरण्यंचगृहीतव्यं तेषुमृतेषुसपिंडानामाशौचाभावाच्चेषांप्रेतकर्मनिषेधाच्चेतिभावः ३९ अमात्यादी
न्पतितान्जह्यादेवधार्मिकस्तैःसहसंविदंनकुर्यात् यतस्तेप्रायश्चित्तानिनार्हंतीतियोजना प्रायश्चित्तान्यकुर्वाणैर्नतैरर्हंतिसंविदमितिपाठांतरेतुसुगमं ४० ब्रुवन्निति । उपलक्षणमिदंदोषांतराणां
४१ दुष्यतीअप्रत्ताऽपिमैथुनमिच्छंती ४२ शेषंभागद्वयं अवगर्ह्यगालयित्वा विनिंद्यस्पृष्ट्वाऽर्धचंद्रादिनाऽपनोद्य गुरुतरंशेषादप्यधिकंपातकंतस्यफलं ४३ तावत्तच्छेषकालपर्यंतंप्रतिष्ठांनाधिग

अन्नंवीर्यंगृहीतव्यंप्रेतकर्मण्यपातिते ॥ त्रिषुत्वेतेषुपूर्वेषुनकुर्वींतविचारणम् ३९ अमात्यान्वागुरून्वापिजह्याद्धर्मेणधार्मिकः ॥ प्रायश्चित्तानिकुर्याच्चनतैरर्हति
संविदम् ४० अधर्मकारीधर्मेणतपसाहंतिकिल्बिषम् ॥ ब्रुवंस्तेनइतिस्तेनंतावत्प्राप्नोतिकिल्बिषम् ४१ अस्तेनंस्तेनइत्युक्त्वाद्विगुणंपापमाप्नुयात् ॥
त्रिभागंब्रह्महत्यायाःकन्याप्राप्नोतिदुष्यती ४२ यस्तुदूषयितातस्याःशेषंप्राप्नोतिपाप्मनः ॥ ब्राह्मणानवगर्ह्येहस्पृष्ट्वागुरुतरंभवेत् ४३ वर्षाणांहिशतंतावत्प्र
तिष्ठांनाधिगच्छति ॥ सहस्रंचैववर्षाणांनिपत्यनरकंवसेत् ४४ तस्मान्नैवावगर्ह्येतनैवजातुनिपातयेत् ॥ शोणितंयावतःपांसून्संगृह्णीयाद्द्विजक्षतात् ४५ ता
वतीःससमाराजन्नरकेप्रतिपद्यते ॥ भ्रूणहाऽऽहवमध्येतुशुध्यतेशस्त्रपाततः ४६ आत्मानंजुहुयादग्नौसमिद्धेतनशुद्ध्यते ॥ सुरापोवारुणीमुष्णांपीत्वापापाद्वि
मुच्यते ४७ तयासकायेनिर्दग्धेमृत्युंवाप्राप्यशुद्ध्यति ॥ लोकांश्चलभतेविप्रोनान्यथालभतेहिसः ४८ गुरुतल्पमधिष्ठायदुरात्मापापचेतनः ॥ सूर्म्याकारांप्र
तिमांलिंग्यमृत्युनासोऽभिशुद्ध्यति ४९ अथवाशिश्नवृषणावादायांजलिनास्वयम् ५० नैर्ऋतींदिशमास्थायनिपतेत्सत्वजिह्मगः ॥ ब्राह्मणार्थेऽपिवाप्राणान्
संत्यजेत्तेनशुद्ध्यति ५१ अश्वमेधेनवाऽपीष्ट्वाअथवागोसवेनवा ॥ अग्निष्टोमेनवासम्यगिहप्रेत्यचपूज्यते ५२ तथैवद्वादशसमाःकपालीब्रह्महाभवेत् ॥ ब्रह्म
चारीभवेन्नित्यंस्वकर्मख्यापयन्मुनिः ५३ एवंवातपसायुक्तोब्रह्महासवनीभवेत् ॥ एवंतुसमभिज्ञातामात्रेयींवानिपातयेत् ५४ द्विगुणाब्रह्महत्यावैआत्रेयीनिध
नेभवेत् ॥ सुरापोनियताहारोब्रह्मचारीक्षितीशयः ५५ ऊर्ध्वंत्रिभ्योऽपिवर्षेभ्योयजेताग्निष्टुतापरम् ॥ ऋषभैकसहस्रंवागादत्वाशौचमाप्नुयात् ५६ वैश्यंहत्वा
तुवर्षेद्वेऋषभैकशतंचगाः ॥ शूद्रंहत्वाऽब्दमेवैकमृषभंचशतंचगाः ५७ श्ववराहखरान्हत्वाशौद्रमेवव्रतंचरेत् ॥ मार्जारचाषमंडूकान्काकंव्यालंचमूषिकम् ५८
उक्तःपशुसमोदोषोराजन्प्राणिनिपातनात् ॥ प्रायश्चितान्यथाऽन्यानिप्रवक्ष्याम्यनुपूर्वशः ५९ अल्पेवाप्यथशोचेतपृथक्संवत्सरंचरेत् ॥ त्रीणिश्रोत्रियभार्यायां
परदारेचद्वेस्मृते ६० कालेचतुर्थेभुंजानोब्रह्मचारीव्रतीभवेत् ॥ स्थानासनाभ्यांविहरेत्त्रिरन्हाभ्युपयन्नपः ॥ एवमेवनिराकर्तायश्चाग्नीनपविध्यति ६१

च्छति प्रेतत्वान्नमुच्यते ब्रह्महत्यायास्तृतीयांशद्वयस्ययावान्भोगस्तावंतंकालमित्यर्थः ४४ । ४५ आहवमध्येगोब्राह्मणरक्षार्थंसंग्रामेशस्त्रेणहतश्चेद्ब्रह्महाशुद्ध्यते ४६ । ४७ । ४८ सूर्म्याकारां
प्रतिमांसंतप्तामितिशेषः लिंग्यआलिंग्य ४९ । ५० । ५१ । ५२ । ५३ सवनीत्रिषवणस्नायी आत्रेयींप्राप्तगर्भांस्त्रियम ५४ । ५५ । ५६ । ५७ । ५८ । ५९ अल्पेपापेअबुद्धिपूर्वकृतेकीटवधादौ
शोचेतपश्चात्तापंकुर्यात् तावतैवतत्रशुद्धिरितिभावः ६० अन्यत्रतुगोवधात् पृथगेकैकस्योपपातकस्यप्रायश्चित्तंसंवत्सरंचरेत् ६१ ॥ ॥ ॥ ॥

पूर्वश्लोकोक्तनिराकर्तृपदं व्याचष्टे त्यजतीति ६२ ग्रासेतिसार्धः ६३ श्रेयांसंब्राह्मणंस्वपतिंहित्वायापापंसवर्णान्नीचवर्णंप्रतिशयनंशय्यांनिगच्छतितस्याःदंडः श्वभिरिति ६४ । ६५ अभिश
स्तस्यभार्याश्चसंसर्गोऽकुर्वतः ६६ तस्यपतितस्यमहसेविनिसंसर्गिणिप्रायश्चित्तंतुकुचरःपृथिवींपर्यटन् ६७ । ६८ । ६९ परिवेत्ताकनिष्ठः परिवित्तयेज्येष्ठायभार्यांस्नुषात्वेनप्रयच्छेत् एतांस्वेनाभु
क्तां तत्रैवेयंस्नुषेतिमानपूर्वकंसमर्पयेत् तदाज्येष्ठानुज्ञातोयवीयाननंतरंतांस्वीकुर्यात् पाणिग्राहेणस्वदोषक्षमापितेत्रयोऽपिपापान्मुच्यंतइतिसार्धश्लोकार्थः ७० अमानुषीषुपशुजातिषु अनावृष्टिर
जीवनंहिंसेत्यर्थः वृक्षवेश्छिदिकर्मणइदंरूपं अनावृष्टिरितिपाठेऽपिसएवार्थः ७१ ऊर्ध्ववालंचमरीपुच्छंपरिधायरंगेऽवतरन्ब्राह्मणएवैतत्प्रायश्चित्तंकुर्यात् ७२ तत्रैवसप्तसुगृहेषु येनपरिधानेनहेतुभूते

त्यजत्यकारणेयश्चपितरंमातरंगुरुम् ॥ पतितःस्यात्सकौरव्ययथाधर्मेषुनिश्चयः ६२ ग्रासाच्छादनमात्रंतुदद्यादितिनिदर्शनम् ॥ भार्यायांव्यभिचारिण्यांनिरु
द्धायांविशेषतः ॥ यत्पुंसःपरदारेषुतदेनांचारयेद्व्रतम् ६३ श्रेयांसंशयनंहित्वायाऽन्यंपापंनिगच्छति ॥ श्वभिस्तामर्दयेद्राजासंस्थानेबहुविस्तरे ६४ पुमांसं
दाहयेत्प्राज्ञःशयनेतप्तआयसे ॥ अप्यादधीतदारूणितत्रदह्येतपापकृत् ६५ एषदंडोमहाराजस्त्रीणांभर्तृष्वतिक्रमात् ॥ संवत्सराभिशस्तस्यदुष्टस्यद्विगुणोभवेत्
६६ द्वेतस्यत्रीणिवर्षाणिचत्वारिसहसेविनि ॥ कुचरःपंचवर्षाणिचरेद्भैक्ष्यंमुनिव्रतः ६७ परिवित्तिःपरिवेत्तायायाचैवपरिविद्यते ॥ पाणिग्राहस्त्वधर्मेणसर्वेतेपति
ताःस्मृताः ६८ चरेयुःसर्वएवैतेवीरहायद्व्रतंचरेत् ॥ चांद्रायणंचरेन्मासंकृच्छ्रंवापापशुद्धये ६९ परिवेत्ताप्रयच्छेततांस्नुषांपरिवित्तये ॥ ज्येष्ठेनत्वभ्यनुज्ञातोयवी
यानप्यनंतरम् ॥ एवंचमोक्षमाप्नोतितौचसाचैवधर्मतः ७० अमानुषीषुगोवर्ज्यमनावृष्टिर्नदुष्यति ॥ अधिष्ठातारमंतारंपशूनांपुरुषंविदुः ७१ परिधायोर्ध्व
वालंतुपात्रमादायमृन्मयम् ॥ चरेत्सप्तगृहान्नित्यंस्वकर्मपरिकीर्तयन् ७२ तत्रैवलब्धभोजीस्याद्द्वादशाहात्सशुद्ध्यति ॥ चरेत्संवत्सरंचापितद्व्रतंयेनकृंतति ७३
भवेत्तुमानुषेष्वेवंप्रायश्चित्तमनुत्तमम् ॥ दानंवादानशक्तेषुसर्वमेतत्प्रकल्पयेत् ७४ अनास्तिकेषुगोमात्रंदानमेकंप्रचक्षते ॥ श्ववराहमनुष्याणांकुक्कुटस्यखरस्यच ७५
मांसंमूत्रंपुरीषंचप्राश्यसंस्कारमर्हति ॥ ब्राह्मणस्तुसुरापस्यगंधमादायसोमपः ७६ अपस्त्र्यहंपिबेदुष्णंत्र्यहमुष्णंपयःपिबेत् ॥ त्र्यहमुष्णंपयःपीत्वावायुभक्षो
भवेत्त्र्यहम् ७७ एवमेतत्समुद्दिष्टंप्रायश्चित्तंसनातनम् ॥ ब्राह्मणस्यविशेषेणयदज्ञानेनसंभवेत् ७८ ॥ इतिश्रीमहाभारतेशांतिपर्वणिआपद्धर्मपर्वणिप्रायश्चित्ती
येपंचषष्ट्यधिकशततमोऽध्यायः ॥ १६५ ॥ ॥ ॥ ॥ वैशंपायनउवाच ॥ ॥ कथांतरमथासाद्यखड्गयुद्धविशारदः ॥ नकुलःशरतल्प
स्थमिदमाहपितामहम् १ ॥ ॥ नकुलउवाच ॥ ॥ धनुःप्रहरणंश्रेष्ठमतीवाऽत्रपितामह ॥ मनस्तुममधर्मज्ञखड्गएवसुसंशितः २ ॥

नऊर्ध्ववालंयःकृंततिछिनत्तिसउक्तंव्रतंसंवत्सरंचरेत् ७३ । ७४ अनास्तिकेषु ७५ । ७६ । ७७ । ७८ ॥ ॥ इतिशांतिपर्वणि आपद्धर्मपर्वणि नीलकंठीये भारतभावदीपे
पंचषष्ट्यधिकशततमोऽध्यायः ॥ १६५ ॥ ॥ ॥ ॥ ॥ ॥ कथांतरमिति । कथांतरमापद्धर्माणांसांगानांसमाप्तत्वात्कथायाअवसानंआसाद्यप्राप्य १ ममतुमनःखड्गेऽस्ति
यतःसुसंशितःसम्यग्विनीतआत्माखड्गेनपरिरक्षितुंशक्यतेइतिद्वितीयेनान्वयः २ ॥ ॥ ॥ ॥ ॥ ॥ ॥

३।४।५।६।७।८।९ धातुमानगैरिकवान्रुधिरोक्षिततत्वात १०।११। १२।१३।१४।१५।१६।१७।१८।१९।२०।२१।२२।२३।२४।२५।२६।२७

विशीर्णेकार्मुकेराजन्प्रक्षीणेषुचवाजिषु ॥ खड्गेनशक्यतेयुद्धेसाध्वात्मापरिरक्षितुम् ३ शरासनधरांश्चैवगदाशक्तिधरांस्तदा ॥ एकःखड्गधरोवीरःसमर्थःप्रतिबाधितुम् ४ अत्रमेसंशयश्चैवकौतूहलमतीवच ॥ किंस्वित्प्रहरणंश्रेष्ठंसर्वयुद्धेषुपार्थिव ५ कथंचोत्पादितःखड्गःकस्मैचार्थायकेनच ॥ पूर्वाचार्यंचखड्गस्यप्रब्रूहिप्रपितामह ६ ॥ वैशंपायनउवाच ॥ तस्यतद्वचनंश्रुत्वामाद्रीपुत्रस्यधीमतः ॥ सतुकौशलसंयुक्तंसूक्ष्मचित्रार्थसंमतम् ७ ततस्तस्योत्तरंवाक्यंस्वरवर्णोपपादितम् ॥ शिक्षयाचोपपन्नायद्रोणशिष्यायभारत ८ उवाचसतुधर्मज्ञोधनुर्वेदस्यपारगः ॥ शरतल्पगतोभीष्मोनकुलायमहात्मने ९ ॥ भीष्मउवाच ॥ तत्त्वंशृणुष्वमाद्रेययदेतत्परिपृच्छसि ॥ प्रबोधितोऽस्मिभवताधातुमानिवपर्वतः १० सलिलैकार्णवंतातपुरासर्वमभूदिदम् ॥ निष्प्रकंपमनाकाशमनिर्देश्यमहीतलम् ११ तमसाऽऽवृतमस्पर्शमतिगंभीरदर्शनम् ॥ निःशब्दंचाप्रमेयंचतत्रजज्ञेपितामहः १२ सोऽसृजद्वातमग्निंचभास्करंचापिवीर्यवान् ॥ आकाशमसृजच्चोर्ध्वमधोभूमिंचनैर्ऋतिम् १३ नभःसचंद्रतारंचनक्षत्राणिग्रहांस्तथा ॥ संवत्सरानृतून्मासान्पक्षानथलवान्क्षणान् १४ ततःशरीरंलोकस्थंस्थापयित्वापितामहः ॥ जनयामासभगवान्पुत्रानुत्तमतेजसः १५ मरीचिमृषिमत्रिंचपुलस्त्यंपुलहंक्रतुम् ॥ वसिष्ठांगिरसौचोभौरुद्रंचप्रभुमीश्वरम् १६ प्राचेतसस्तथादक्षःकन्याःषष्टिमजीजनत् ॥ तावैब्रह्मर्षयःसर्वाःप्रजार्थंप्रतिपेदिरे१७ताभ्योविश्वानिभूतानिदेवाःपितृगणास्तथा ॥ गंधर्वाप्सरसश्चैवरक्षांसिविविधानिच १८ पतत्रिमृगमीनाश्चप्लवंगाश्चमहोरगाः ॥ तथापक्षिगणाःसर्वेजलस्थलविचारिणः १९ उद्भिदःस्वेदजाश्चैवसांडजाश्चजरायुजाः ॥ जज्ञेतातजगत्सर्वंतथास्थावरजंगमम् २० भूतसर्गमिमंकृत्वासर्वलोकपितामहः ॥ शाश्वतंवेदपठितंधर्मंप्रयुयुजेततः २१ तस्मिन्धर्मेस्थितादेवाःसहाचार्यपुरोहिताः ॥ आदित्यावसवोरुद्राःससाध्यामरुदश्विनः २२ भृग्वत्र्यंगिरसःसिद्धाःकाश्यपाश्चतपोधनाः ॥ वसिष्ठगौतमागस्त्यास्तथानारदपर्वतौ २३ ऋषयोवालखिल्याश्चप्रभासाःसिकतास्तथा ॥ घृतपाःसोमवायव्यावैश्वानरमरीचिपाः २४ अकृष्टाश्चैवहंसाश्चऋषयोवाऽग्नियोनयः ॥ वानप्रस्थाःपृश्नयश्चस्थिताब्रह्मानुशासने २५ दानवेंद्रास्त्वतिक्रम्यतत्पितामहशासनम् ॥ धर्मस्यापचयंचक्रुःक्रोधलोभसमन्विताः २६ हिरण्यकशिपुश्चैवहिरण्याक्षोविरोचनः ॥ शंबरोविप्रचित्तिश्चप्रह्लादोनमुचिर्बलिः २७ एतेचान्येचबहवःसगणादैत्यदानवाः ॥ धर्मसेतुमतिक्रम्यरेमिरेधर्मनिश्चयाः २८ सर्वेतुल्याभिजातीयायथादेवास्तथावयम् ॥ इत्येवंधर्ममास्थायस्पर्धमानाःसुरर्षिभिः २९ नप्रियंनाप्यनुक्रोशंचक्रुर्भूतेषुभारत ॥ त्रीनुपायानुपाक्रम्यदण्डेनरुरुधुःप्रजाः ३० नजग्मुःसंविदंतैश्चदर्पादसुरसत्तमाः ॥ अथवैभगवान्ब्रह्माब्रह्मर्षिभिरुपस्थितः ३१ तदाहिमवतःपृष्ठेसुरम्येपद्मतारके ॥ शतयोजनविस्तारेमणिरत्नचयाचिते ३२ ॥ ॥ ॥

२८।२९।३०।३१ पद्मानीवतारकायत्रलग्नास्तस्मिन्पद्मतारके अत्यंतमुच्छ्रितइत्यर्थः ३२ ॥ ॥ ॥

म.भा.टी. ३३ । ३४ । ३५ । ३६ । ३७ । ३८ । ३९ । ४० । ४१ । ४२ । ४३ । ४४ । ४५ । ४६ । ४७ । ४८ । ४९ । ५० त्रिकूटंत्रीणिकूटानिकपटानिपार्श्वयोरग्रेचतीक्ष्णधाररूपाणिपर शां.आ.१२

॥ २९ ॥ अ० १६६

तस्मिन्गिरिवरेपुत्रपुष्पितद्रुमकानने ॥ तस्थौसविबुधश्रेष्ठोब्रह्मालोकार्थसिद्धये ३३ ततोवर्षसहस्रांतेवितानमकरोत्प्रभुः ॥ विधिनाकल्पदृष्टेनयथावच्चोपपादितम् ३४ ऋषिभिर्यज्ञपटुभिर्यथावत्कर्मकर्तृभिः ॥ समिद्भिःपरिसंकीर्णैर्दीप्यमानैश्चपावकैः ३५ कांचनैर्यज्ञभांडैश्चभ्राजिष्णुभिरलंकृतम् ॥ वृतंदेवगणैश्चैवप्रवरैर्यज्ञमंडलम् ३६ तथाब्रह्मर्षिभिश्चैवसदस्यैरुपशोभितम् ॥ तत्रघोरतमंवृत्तमृषीणांमेपरिश्रुतम् ३७ चंद्रमाविमलंव्योमयथाभ्युदिततारकम् ॥ विकीर्याग्निंतथाभूतमुत्थितंश्रूयतेतदा ३८ नीलोत्पलसवर्णाभंतीक्ष्णदंष्ट्रंकृशोदरम् ॥ प्रांशुंसुदुर्धर्षतरंतथैवह्यमितौजसम् ३९ तस्मिन्नुत्पतमानेचप्रचचालवसुंधरा ॥ महोर्मिकलितावर्तश्चुक्षुभेसमहोदधिः ४० पेतुरुल्कामहोत्पाताःशाखाश्चमुमुचुर्द्रुमाः ॥ अप्रशांतादिशःसर्वाःपवनश्चाशिवोववौ ४१ मुहुर्मुहुश्चभूतानिप्राव्यथंतभयात्तथा ॥ ततःसतुमुलंदृष्ट्वातंचभूतमुपस्थितम् ४२ महर्षिसुरगंधर्वानुवाचेदंपितामहः ॥ मयैवंचिन्तितंभूतमसिर्नामैषवीर्यवान् ४३ रक्षणार्थायलोकस्यवधायचसुरद्विषाम् ॥ ततस्तद्रूपमुत्सृज्यबभौनिस्त्रिंशएवसः ४४ विमलस्तीक्ष्णधारश्चकालांतकइवोद्यतः ॥ ततःसशितिकंठायरुद्रायार्षभकेतवे ४५ ब्रह्माददावसिंतीक्ष्णमधर्मप्रतिवारणम् ॥ ततःसभगवान्रुद्रोमहर्षिजनसंस्तुतः ४६ प्रगृह्यासिममेयात्मारूपमन्यच्चकारह ॥ चतुर्बाहुःस्पृशन्मूर्ध्नाभूस्थितोऽपिदिवाकरम् ४७ उर्ध्वदृष्टिर्महालिंगोमुखाज्ज्वालाःसमुत्सृजन् ॥ विकुर्वन्बहुधावर्णान्नीलपांडुरलोहितान् ४८ बिभ्रत्कृष्णाजिनंवासोहेमप्रवरतारकम् ॥ नेत्रंचैकंललाटेनभास्करप्रतिमंवहन् ४९ शुशुभातेऽतिविमलेद्वेनेत्रेकृष्णपिंगले ॥ ततोदेवोमहादेवःशूलपाणिर्भगाक्षिहा ५० संप्रगृह्यतुनिस्त्रिंशंकालाग्निसमवर्चसम् ॥ त्रिकूटंचर्मचोद्यम्यसविद्युतमिवांबुदम् ॥ चचारविविधान्मार्गान्महाबलपराक्रमः ५१ विधुन्वन्नसिमाकाशेतथायुद्धचिकीर्षया ॥ तस्यनादंविनदतोमहाहासंचमुंचतः ५२ बभौप्रतिभयंरूपंतदारुद्रस्यभारत ॥ तद्रूपधारिणंरुद्रंरौद्रकर्मचिकीर्षया ५३ निशम्यदानवाःसर्वेहृष्टाःसमभिदुद्रुवुः ॥ अश्मभिश्चाभ्यवर्षंतप्रदीप्तैश्चतथोल्मुकैः ५४ घोरैःप्रहरणैश्चान्यैःक्षुरधारैरयोमयैः ॥ ततस्तुदानवानीकंसंप्रणेतारमच्युतम् ५५ रुद्रंदृष्ट्वाबलोद्भूतंप्रमुमोहचचालच ॥ चित्रंशीघ्रपदत्वाच्चचरंतमसिपाणिनम् ५६ तमेकमसुराःसर्वेसहस्रमितिमेनिरे ॥ छिंदन्भिंदन्रुजन्कृंतन्दारयन्पोथयन्नपि ५७ अचरद्वैरिसंघेषुदावाग्निरिवकक्षगः ॥ असिवेगप्रभग्नास्तेछिन्नबाहूरुवक्षसः ५८ संप्रकीर्णांत्रगात्राश्चपेतुरुर्व्यांमहाबलाः ॥ अपरेदानवाभग्नाःखड्गपातावपीडिताः ५९ अन्योन्यमभिनर्दंतोदिशःसंप्रतिपेदिरे ॥ भूमिंकेचित्प्रविविशुःपर्वतानपरेतथा ६० अपरेजग्मुराकाशमपरेम्भःसमाविशन् ॥ तस्मिन्महतिसंवृत्तेसमरेभृशदारुणे ६१ बभूवभूःप्रतिभयामांसशोणितकर्दमा ॥ दानवानांशरीरैश्चपतितैःशोणितोक्षितैः ६२ ॥

विदारकाणियस्यिन् ५१ । ५२ ५३ । ५४ । ५५ । ५६ । ५७ । ५८ । ५९ । ६० । ६१ । ६२ ॥ ॥ ॥ ॥ २९ ॥

६३ । ६४ । ६५ । ६६ । ६७ । ६८ । स्थूलसूक्ष्मात्मकारणात्स्थूलआत्माशरीरंसूक्ष्मआत्मामनः तयाःप्रापणाय ६९ । ७० दुर्वारादानात्यत्रदुर्वाचादानादितिसाधीयान्पाठः ७१ । ७२। ७३ । ७४

समाकीर्णामहाबाहोशैलैरिवसकिंशुकैः ॥ सरुद्रोदानवान्हत्वाकृत्वाधर्मोत्तरंजगत् ६३ रौद्ररूपमथोत्क्षिप्यचक्रेरूपंशिवंशिवः ॥ ततोमहर्षयःसर्वेसर्वेदेवगणास्त
था ६४ जयेनाद्भुतकल्पेनदेवदेवंतथाऽर्चयन् ॥ ततःसभगवान्रुद्रोदानवक्षतजोक्षितम् ६५ असिंधर्मस्यगोप्तारंददौसत्कृत्यविष्णवे ॥ विष्णुर्मरीचयेप्रा
दान्मरीचिर्भगवानपि ६६ महर्षिभ्योददौखड्गमृषयोवासवायच ॥ महेंद्रोलोकपालेभ्योलोकपालास्तुपुत्रक ६७ मनवेसूर्यपुत्रायददुःखड्गंसुविस्तरम् ॥
ऊचुश्चैनंतथावाक्यंमानुषाणांत्वमीश्वरः ६८ असिनाधर्मगर्भेणपालयस्वप्रजाइति ॥ धर्मसेतुमतिक्रांताःस्थूलसूक्ष्मात्मकारणात् ६९ विभज्यदंडंरक्ष्यास्तुधर्म
तोनयदृच्छया ॥ दुर्वाचानिग्रहोदंडोहिरण्यबहुलस्तथा ७० व्यंगताचशरीरस्यवधोवाऽनल्पकारणात् ॥ असेरेतानिरूपाणिदुर्वारादीनिनिर्दिशेत् ७१ अ
सेरेवंप्रमाणानिपरिपाल्यव्यतिक्रमात् ॥ सविसृज्याथपुत्रंस्वंप्रजानामधिपंततः ७२ मनुःप्रजानांरक्षार्थंक्षुपायप्रददावसिम् ॥ क्षुपाज्जग्राहचेक्ष्वाकुरिक्ष्वाकोश्चपुरू
रवाः ७३ आयुश्चतस्माल्लेभेतंनहुषश्चततोभुवि ॥ ययातिर्नहुषाच्चापिपूरुस्तस्माच्चलब्धवान् ७४ अमूर्तरयसस्तस्मात्ततोभूमिशयोनृपः ॥ भरतश्चापिदौष्यं
तिर्लेभेभूमिशयादसिम् ७५ तस्माल्लेभेचधर्मज्ञोराजन्नैलविलस्तथा ॥ ततस्त्वैलविलाल्लेभेधुंधुमारोनरेश्वरः ७६ धुंधुमाराच्चकांबोजोमुचुकुंदस्ततोऽलभत् ॥
मुचुकुंदान्मरुत्तश्चमरुत्तादपिरैवतः ७७ रैवताद्युवनाश्वश्चयुवनाश्वात्ततोरघुः ॥ इक्ष्वाकुवंशजस्तस्माद्धरिणाश्वःप्रतापवान् ७८ हरिणाश्वादसिंलेभेशुनकःशुनका
दपि ॥ उशीनरोवैधर्मात्मातस्माद्भोजःसयादवः ७९ यदुभ्यश्चशिबिर्लेभेशिबेश्चापिप्रतर्दनः ॥ प्रतर्दनादष्टकश्चपृषदश्वोष्टकादपि ८० पृषदश्वाद्भरद्वाजोद्रोणस्त
स्मात्कृपस्ततः ॥ ततस्त्वंभ्रातृभिःसार्धंपरमासिमवाप्तवान् ८१ कृत्तिकास्तस्यनक्षत्रमसेरग्निश्चदैवतम् ॥ रोहिणीगोत्रमास्थाप्यरुद्रश्चगुरुरुत्तमः ८२ असेर
ष्टौहिनामानिरहस्यानिनिबोधमे ॥ पांडवेयसदायानिकीर्तयन्लभतेजयम् ८३ असिर्विशसनःखड्गस्तीक्ष्णधारोदुरासदः ॥ श्रीगर्भोविजयश्चैवधर्मपालस्तथै
वच ८४ अग्र्यःप्रहरणानांचखड्गोमाद्रवतीसुत ॥ महेश्वरप्रणीतश्चपुराणेनिश्चयंगतः ८५ पृथुस्तूत्पादयामासधनुराद्यमरिंदमः ॥ तेनेयंपृथिवीदुग्धासस्या
निसुबहून्यपि ॥ धर्मेणचयथापूर्वंवैन्येनपरिरक्षिता ८६ तदेतदार्षमाद्रेयप्रमाणंकर्तुमर्हसि ॥ असेश्चपूजाकर्तव्यासदायुद्धविशारदैः ८७ इत्येषप्रथमःकल्पो
व्याख्यातस्तेसुविस्तरात् ॥ असेरुत्पत्तिसंसर्गोयथावद्भरतर्षभ ८८ सर्वथैतदिदंश्रुत्वाखड्गसाधनमुत्तमम् ॥ लभतेपुरुषःकीर्तिंप्रेत्यचानंत्यमश्नुते ८९ ॥ इति
श्रीमहाभारतेशांतिपर्वणिआपद्धर्मपर्वणिखड्गोत्पत्तिकथनेषट्षष्ट्यधिकशततमोऽध्यायः ॥ १६६ ॥ ॥ ॥ ॥ ॥

७५ । ७६ । ७७ । ७८ । ७९ । ८० । ८१ । ८२ । ८३ । ८४ । ८५ । ८६ । ८७ । ८८ । ८९ ॥ इतिशांतिप० आप० नी० भारतभावदीपेषट्षष्ट्यधिकशततमोऽध्यायः ॥ १६६ ॥ ॥

एवंशूराणांसर्वापन्निवारणहेतुःखड्गःइतिखड्गोत्पत्त्यंताकथासर्वैःश्रुता । अथेदानीमेकरूपेऽप्युपदेष्टरिशिष्याःस्वस्वाभिप्रायानुसारेणैवशास्त्रतत्त्वंगृह्णंतीत्येतमर्थमाख्यायिकामुखेनदर्शयति इत्युक्तव तीत्यादिना । आवसथंगृहं विदुरःपंचमोयेषुतान्त्रस्त्रयंषष्ठःषड्योगजागीताइत्ययंषड्जगीताध्यायः १ । २ त्रिवर्गविजयायकामक्रोधलोभानांजयाय ३ । ४ धर्मावतारत्वाद्धर्मशास्त्रानुसारिवाक्यं

वैशंपायनउवाच ॥ इत्युक्तवतिभीष्मेतुतूष्णींभूतेयुधिष्ठिरः ॥ पप्रच्छावसथंगत्वाभ्रातॄन्विदुरपंचमान् १ धर्मेचार्थेचकामेचलोकवृत्तिःसमाहिता ॥ तेषांगरीया न्कतमोमध्यमःकोलघुश्चकः २ कस्मिंश्चात्मानियंतव्यस्त्रिवर्गविजयायवै ॥ संहृष्टानैष्ठिकंवाक्यंयथावद्वक्तुमर्हथ ३ ततोर्थगतितत्त्वज्ञःप्रथमंप्रतिभानवान् ॥ जगादविदुरोवाक्यंधर्मशास्त्रमनुस्मरन् ४ ॥ विदुरउवाच ॥ बाहुश्रुत्यंतपस्त्यागःश्रद्धायज्ञक्रियाक्षमा ॥ भावशुद्धिर्दयासत्यंसंयमश्चात्मसंपदः ५ एतदेवा भिपद्यस्वमातेऽभूच्चलितंमनः ॥ एतन्मूलौहिधर्मार्थावेतदेकपदंहिमे ६ धर्मेणैवर्षयस्तीर्णाधर्मेलोकाःप्रतिष्ठिताः ॥ धर्मेणदेवावदृधुर्धर्मेचार्थःसमाहितः ७ धर्मोराजन्गुणःश्रेष्ठोमध्यमोह्यर्थउच्यते ॥ कामोयवीयानितिचप्रवदंतिमनीषिणः ८ तस्माद्धर्मप्रधानेनभवितव्यंयतात्मना ॥ तथाचसर्वभूतेषुवर्तितव्यंयथाऽऽ त्मनि ९ ॥ वैशंपायनउवाच ॥ समाप्तवचनेतस्मिन्नर्थशास्त्रविशारदः ॥ पार्थोधर्मार्थतत्त्वज्ञोजगौवाक्यंप्रचोदितः १० ॥ अर्जुनउवाच ॥ कर्मभूमिरियं राजन्निहवार्ताप्रशस्यते ॥ कृषिर्वाणिज्यगोरक्षंशिल्पानिविविधानिच ११ अर्थइत्येवसर्वेषांकर्मणामव्यतिक्रमः ॥ नहृतेऽर्थेनवर्तेतेधर्मकामावितिश्रुतिः १२ विषयैरर्थवान्धर्ममाराधयितुमुत्तमम् ॥ कामंचजरितुंशक्तोदुष्प्रापमकृतात्मभिः १३ अर्थस्यावयवावेतौधर्मकामावितिश्रुतिः ॥ अर्थसिद्ध्याविनिर्वृत्तावुभावे तौभविष्यतः १४ तद्गतार्थंहिपुरुषंविशिष्टतरयोनयः ॥ ब्रह्माणमिवभूतानिसततंपर्युपासते १५ जटाजिनधरादांताःपंकदिग्धाजितेंद्रियाः ॥ मुंडानिस्तंतव श्चापिवसंत्यर्थार्थिनःपृथक् १६ काषायवसनाश्चान्येश्मश्रुलाह्रीनिषेविणः ॥ विद्वांसश्चैवशांताश्चमुक्ताःसर्वपरिग्रहैः १७ अर्थार्थिनःसंतिकेचिदपरेस्वर्गकांक्षिणः ॥ कुलप्रत्यागमाश्चैकेस्वंस्वंधर्ममनुष्ठिताः १८ आस्तिकानास्तिकाश्चैवनियताःसंयमेपरे ॥ अप्रज्ञानंतमोभूतंप्रज्ञानंतुप्रकाशिता १९ भृत्यान्भोगैर्द्विषोदंडैर्योयोजयति सोऽर्थवान् ॥ एतन्मतिमतांश्रेष्ठमतंममयथातथम् ॥ अनयोस्तुनिबोधत्वंवचनंवाक्यकंठयोः २० ॥ वैशंपायनउवाच ॥ ततोधर्मार्थकुशलौमाद्रीपुत्रावनंतरम् ॥ नकुलःसहदेवश्चवाक्यंजगदतुःपरम् २१ नकुलसहदेवावूचतुः ॥ आसीनश्चशयानश्चविचरन्नपिवास्थितः ॥ अर्थयोगंदृढंकुर्याद्योगैरुच्चावचैरपि २२ ॥

विदुरउवाच बाहुश्रुत्यमिति । बाहुश्रुत्यंबह्वध्ययनं । तपःस्वधर्माचरणं । त्यागोदानं । श्रद्धाआस्तिक्यं । यज्ञक्रियासोमसंस्थादिः । क्षमाआक्रुष्टस्यताडितस्यवानिर्विकारित्वं । भावशुद्धिर्नि ष्कपटत्वं । दयादीनेष्वनुजिघृक्षा । सत्यंहिंसाशून्यंयथार्थवचनं । संयमइंद्रियनिग्रहः । एतादृशआत्मनोधर्मस्यसंपदः ऐश्वर्याणि ५ । ६ । ७ । ८ । ९ । १० एवंधर्मश्रैष्ठ्येविदुरेणप्रतिपादितेऽर्थ श्रैष्ठ्यमर्जुनआह कर्मभूमिरिति ११ अव्यतिक्रमः मर्यादा १२ । १३ । १४ । १५ निस्तंतवः नैष्ठिकब्रह्मचारिणः १६ । १७ । १८ अप्रज्ञानमर्थश्रैष्ठ्यविषयं १९ अनयोर्नकुलसहदेवयोः २० । २१ । २२

२३ तद्धिनिश्चितंत्वात्त्वांप्रतिअमृतसमंयथास्यात्तथामतौआवयोरितिशेषः २४ अनर्थस्यअर्थहीनस्यअधर्मिणःधर्महीनस्य २५ धर्मरूपेणप्रदानेनविश्वस्तेषु अस्मद्वाक्येविश्वासवत्सु २६ धर्ममिति।
अत्रधर्मार्थयोःसमत्वेऽपिधर्मस्यपूर्वत्वाद्विदुरमतमेवैतदीषद्भेदेनदर्शितं २७ । २८ कामस्यैवप्राधान्यंमन्वानोभीमसेनउवाच नकामइति २९ । ३० । ३१ । ३२ । ३३ । ३४ उदश्वितः

अस्मिंस्तुवैविनिर्वृत्तेदुर्लभेपरमप्रिये ॥ इहकामानवाप्नोतिप्रत्यक्षंनात्रसंशयः २३ योऽर्थोधर्मेणसंयुक्तोधर्मोयश्चार्थसंयुतः ॥ तद्धित्वाऽमृतसंवादंतस्मादेतौमता
विह २४ अनर्थस्यनकामोऽस्तितथाऽर्थोधर्मिणःकुतः ॥ तस्मादुद्विजतेलोकोधर्मार्थाद्योबहिष्कृतः २५ तस्माद्धर्मप्रदानेनसाध्योऽर्थःसंयतात्मना ॥ विश्वस्ते
षुहिभूतेषुकल्पतेसर्वमेवहि २६ धर्मंसमाचरेत्पूर्वंततोऽर्थंधर्मसंयुतम् ॥ ततःकामंचरेत्पश्चात्सिद्धार्थःसहितत्परम् २७ ॥ वैशंपायनउवाच ॥ विरेमतुस्तुतद्वा
क्यमुक्त्वातावश्विनोःसुतौ ॥ भीमसेनस्तदावाक्यमिदंवक्तुंप्रचक्रमे २८ ॥ भीमसेनउवाच ॥ नाकामःकामयत्यर्थंनाकामोधर्ममिच्छति ॥ नाकामःकामया
नोऽस्तितस्मात्कामोविशिष्यते २९ कामेनयुक्ताऋषयस्तपस्येवसमाहिताः ॥ पलाशफलमूलादावायुभक्षाःसुसंयताः ३० वेदोपवेदेष्वपरेयुक्ताःस्वाध्यायपारगाः
॥ श्राद्धयज्ञक्रियायांचतथादानप्रतिग्रहे ३१ वणिजःकर्षकागोपाःकारवःशिल्पिनस्तथा ॥ दैवकर्मकृतश्चैवयुक्ताःकामेनकर्मसु ३२ समुद्रंवाविशंत्यन्येनराः
कामेनसंयुताः ॥ कामोहिविविधाकारःसर्वंकामेनसंततम् ३३ नास्तिनासीन्नाभविष्यद्भूतंकामात्मकात्परम् ॥ एतत्सारंमहाराजधर्मार्थावत्रसंस्थितौ ३४ नव
नीतंयथादध्नस्तथाकामोऽर्थधर्मतः ॥ श्रेयस्तैलंहिपिण्याकाद्घृतंश्रेयउदश्वितः ३५ श्रेयःपुष्पफलंकाष्ठात्कामोधर्मार्थयोर्वरः ॥ पुष्पतोमध्विवरसःकामआभ्यांत
थास्मृतः ॥ कामोधर्मार्थयोर्योनिःकामश्चाथतदात्मकः ३६ नाकामतोब्राह्मणाःस्वन्नमर्थान्नाकामतोददतिब्राह्मणेभ्यः ॥ नाकामतोविविधालोकचेष्टातस्मात्का
मःप्राक्त्रिवर्गस्यदृष्टः ३७ सुचारुवेषाभिरलंकृताभिर्मदोत्कटाभिःप्रियदर्शनाभिः ॥ रमस्वयोषाभिरुपेत्यकामंकामोहिराजन्परमोभवेन्नः ३८ बुद्धिर्ममैषापरिखा
स्थितस्यमाऽभूद्विचारस्तवधर्मपुत्र ॥ स्यात्संहितंसद्भिरफल्गुसारंममेतिवाक्यंपरमानृशंसम् ३९ धर्मार्थकामाःसममेवसेव्यायोह्येकभक्तःसनरोजघन्यः ॥ तयो
स्तुदाक्ष्यंप्रवदंतिमध्यंसउत्तमोयोऽभिरतस्त्रिवर्गे ४० प्राज्ञःसुहृच्चंदनसारलिप्तोविचित्रमाल्याभरणैरुपेतः ॥ ततोवचःसंग्रहविस्तरेणप्रोक्त्वाथवीरान्विरराममभीमः
४१ ततोमुहूर्तादथधर्मराजोवाक्यानितेषामनुचिंत्यसम्यक् ॥ उवाचवाचावितथंस्मयन्वैलब्धश्रुतोधर्मभृतांवरिष्ठः ४२ ॥ युधिष्ठिरउवाच ॥ निःसंशयंनिश्चित
धर्मशास्त्राःसर्वेभवंतोविदितप्रमाणाः ॥ विज्ञातुकामस्यममेहवाक्यमुक्तंयद्वैनैष्ठिकंतच्छ्रुतंमे ॥ इदंत्ववश्यंगदतोममापिवाक्यंनिबोधध्वमनन्यभावाः ४३ ॥

तक्रात् ३५ । ३६ अकामतःकामंविना केवलार्थात्स्वन्नंमृष्टान्नमस्तिनहिधनमस्तीतिमृष्टंभुज्यतेअपितुरुच्यात्मकःकामोऽस्तीति अन्यथाज्वरितस्यापिमृष्टंदीयेत ३७ । ३८ परिखास्थितस्य
परितःखातापरिखासर्वतोमूलशोधइत्यर्थः तत्रस्थितस्यअनृशंसमनिष्ठुरं ३९ दाक्ष्यंअर्थहेतुत्वान्मध्यंमध्यमं अर्थात्कामउत्तमोधर्मोजघन्यइतिफलितं ४० लब्धंश्रुतंश्रवणंयैस्तेषांलब्धश्रुतां ४१ ।
४२ नैष्ठिकंसिद्धांतरूपं एतेनपूर्वेसर्वेपूर्वपक्षाएवेत्युक्तम् ४३ ॥ ॥ ॥ ॥ ॥ ॥ ॥

यःपापादिपंचकेननिरतःसदुःखसुखादिर्सिद्धिर्यस्यतस्मात्सर्वकर्मद्वन्दाद्विमुच्यते ४४ जातिर्जन्मस्मरणमतीतार्थस्मरणंतेनातीतत्वमात्रंलक्ष्यते जन्ममरणात्मकानीत्यर्थः ४५ स्नेहेनेतिरागद्वेषयोरुपलक्षणं एतेनमुक्तेर्दुर्लभत्वमाह नचेति । तथापिप्रार्थ्याचसेत्याह बुधाइति ४६ एतत्पदार्थमाह यथेत्यादिना ४७ अर्थमोक्षं वित्तजानीत लोकहितायमोक्षाय त्रिवर्गहीनोऽपिगुह्यमर्थं रहस्यंज्ञानंविंदतेलभतेपूर्वोक्तोऽधिकारी ४८ ततोयुधिष्ठिरात् ततःपूर्वोक्तात्सर्वेषांवाक्यात् हेतुमदितिवा ४९ । ५० । ५१ ॥ इतिशांतिपर्वणिआपद्धर्मपर्वणि नीलकंठीयेभारतभावदीपे

योवैनपापेनिरतोनपुण्येनार्थेनधर्मेमनुजोनकामे ॥ विमुक्तदोषःसमलोष्टकांचनोविमुच्यतेदुःखसुखार्थसिद्धेः ४४ भूतानिजातिस्मरणात्मकानिजराविकारैश्चसमन्वितानि ॥ भूयश्चतैस्तैःप्रतिबोधितानिमोक्षंप्रशंसंतिनतंचविद्मः ४५ स्नेहेनयुक्तस्यनचास्तिमुक्तिरितिस्वयंभूर्भगवानुवाच ॥ बुधाश्चनिर्वाणपराभवंतितस्मान्नकुर्यात्प्रियमप्रियंच ४६ एतत्प्रधानंचनकामकारोयथानियुक्तोऽस्मितथाकरोमि ॥ भूतानिसर्वाणिविधिर्नियुंक्तेविधिर्बलीयानितिवित्तसर्वे ४७ नकर्मणाऽऽप्नोत्यनवाप्यमर्थंयद्भावितद्भैभवतीतिवित्त ॥ त्रिवर्गहीनोऽपिहिविंदतेऽर्थंतस्मादहोलोकहितायगुह्यम् ४८ ॥ वैशंपायनउवाच ॥ ततस्तदग्र्यंवचनंमनोनुगंसमस्तमाज्ञायततोहिहेतुमत् ॥ तदाप्रणेदुश्चजहर्षिरेचतेकुरुप्रवीरायचचक्रिरेऽञ्जलिम् ४९ सुचारुवर्णाक्षरचारुभूषितांमनोनुगांनिर्धुतवाक्यकंटकाम् ॥ निशम्यतांपार्थिवपार्थभाषितांगिरंनरेंद्राःप्रशशंसुरेवते ५० सचापितान्धर्मसुतोमहामनास्तदाप्रतीतान्प्रशशंसवीर्यवान् ॥ पुनश्चपप्रच्छसरिद्वरासुतंततःपरंधर्ममहीनचेतसम् ५१ ॥ इतिश्रीमहाभारतेशांतिपर्वणिआपद्धर्मपर्वणिषड्जगीतायांसप्तषष्ट्यधिकशततमोध्यायः ॥ १६७ ॥ ॥ ॥ ॥ युधिष्ठिरउवाच ॥ पितामहमहाप्राज्ञकुरूणांप्रीतिवर्धन ॥ प्रश्नंकंचित्प्रवक्ष्यामितन्मेव्याख्यातुमर्हसि १ कीदृशामानवाःसौम्याःकैःप्रीतिःपरमाभवेत् ॥ आयत्यांचतदात्वेचकेक्षमास्तान्वदस्वमे २ नहितत्रधनंस्फीतंनचसंबंधिबांधवाः ॥ तिष्ठंतियत्रसुहृदस्तिष्ठंतीतिमतिर्मम ३ दुर्लभोहिसुहृच्छ्रोतादुर्लभश्चहितःसुहृत् ॥ एतद्धर्मभृतांश्रेष्ठसर्वंव्याख्यातुमर्हसि ४ ॥ भीष्मउवाच ॥ संधेयान्पुरुषान्राजन्नसंधेयांश्चतत्त्वतः ॥ वदतोमेनिबोधत्वंनिखिलेनयुधिष्ठिर ५ लुब्धःक्रूरस्त्यक्तधर्मानिकृतिःशठएवच ॥ क्षुद्रःपापसमाचारःसर्वशंकीतथाऽलसः ६ दीर्घसूत्रोऽनृजुःक्रुष्टोगुरुदारप्रधर्षकः ॥ व्यसनेयःपरित्यागीदुरात्मानिरपत्रपः ७ सर्वतःपापदर्शीचनास्तिकोवेदनिंदकः ॥ संप्रकीर्णेंद्रियोलोकेयःकामंनिरतश्चरेत् ८ असत्योलोकविद्विष्टःसमयेचानवस्थितः ॥ पिशुनोथाकृतप्रज्ञोमत्सरीपापनिश्चयः ९ दुःशीलोथाकृतात्माचनृशंसःकितवस्तथा ॥ मित्रैरपकृतिर्नित्यमिच्छतेर्थंपरस्ययः १० ॥ ॥ ॥ ॥

सप्तषष्ट्यधिकशततमोऽध्यायः ॥ १६७ ॥ ॥ ॥ ॥ ॥ ॥ यद्यपिसर्वैयथाप्रज्ञमुपदेशार्थंगृह्णंतितथाऽपिसन्मित्रलाभःसर्वासांसंपदांहेतुर्दुर्मित्रसंबंधःसर्वासामापदांहेतुरितिसर्वपुरुषसाधारणोऽर्थःकृत्स्नायाराजनीतेश्चसारभूतइतितमेवव्युत्पादयतिप्रश्नोत्तरमुखेन पितामहमहाप्राज्ञेत्यादिना १ आयत्यांपरिणामकालेतदात्वेचवर्त्तमानकालेक्षमाःहितायेतिशेषः २ मित्रस्यार्थादिभ्योऽन्तरंगत्वमाह नहीति ३ । ४ संधेयान्मित्रीकर्तुंयोग्यान् ५ अलसोऽनुद्योगी ६ दीर्घसूत्रश्चिरकारी क्रुष्टोलोकनिंदितः ७ । ८ । ९ । १०

११ अयुक्तःअनवहितः १२ अज्ञानात्कृतेऽपकृतेकार्यार्थमेवसेवतेनतुधर्मार्थमितिकार्यसेवी १३ विलोचनःविपरीतदृष्टिः १४ । १५ । १६ । १७ । १८ । १९ । २० वासोरक्तमिवाविकंमेषकंबलः २१ अनर्थेनिर्धने क्रोधाद्विरागंनदर्शयंति युवतीषुचलोभमोहाभ्यांविरागंनदर्शयंतीतियोजना विरज्यंतीतिपूर्वश्लोकाद्विपरिणामेनानुषज्यते दोषांश्चलोभमोहादीनर्थेषुयुवतीषुचेतिपाठांतरंतुस्पष्टार्थम् २२ अभिमानानिसर्वतःप्रमाणानिशास्त्रादीनिसृष्टार्थंप्रारब्धकर्मप्रापितंचार्थंचरंतिअनुसरंतिअनुषंगिणःआत्ममानरहिताः २३ । २४ । २५ । २६ कृतंउपकारंघ्नंतिवाचाऽपला

ददतश्चयथाशक्तियोनतुष्यतिमंदधीः ॥ अधैर्यमपियोयुंक्तेसदामित्रंनरर्षभ ११ अस्थानक्रोधनोऽयुक्तोयश्चाकस्माद्विरुध्यते ॥ सुहृदश्चैवकल्याणानाशुत्यजति
किल्बिषी १२ अल्पेप्यपकृतेमूढस्तथाज्ञानात्कृतेऽपिच ॥ कार्यसेवीचमित्रेषुमित्रद्वेषीनराधिप १३ शत्रुर्मित्रमुखोयश्चजिह्मप्रेक्षीविलोचनः ॥ नविरज्यतिकल्या
णेयःकुर्यात्तादृशंनरम् १४ पानपोद्वेषणःक्रोधीनिर्घृणःपरुषस्तथा ॥ परोपतापीमित्रध्रुक्तथाप्राणिवधेरतः १५ कृतघ्नश्चाधमोलोकेनसंधेयःकदाचन ॥ छिद्रान्वे
षीह्यसंधेयःसंधेयानपिमेशृणु १६ कुलीनावाक्यसंपन्नाज्ञानविज्ञानकोविदाः ॥ रूपवंतोगुणोपेतास्तथाऽलुब्धाजितश्रमाः १७ सन्मित्राश्चकृतज्ञाश्चसर्वज्ञालोभव
र्जिताः ॥ माधुर्यगुणसंपन्नाःसत्यसंधाजितेन्द्रियाः १८ व्यायामशीलाःसततंकुलपुत्राःकुलोद्वहाः ॥ दोषैःप्रमुक्ताःप्रथितास्तेग्राह्याःपार्थिवैर्नराः १९ यथाशक्तिस
माचाराःसंप्रतुष्यंतिहिप्रभो ॥ नास्थानेक्रोधवंतश्चनचाकस्माद्विरागिणः २० विरक्ताश्चनदुष्यंतिमनसाप्यर्थकोविदाः ॥ आत्मानंपीडयित्वापिसुहृत्कार्यपरा
यणाः ॥ विरज्यंतिनमित्रेभ्योवासोरक्तमिवाविकम् २१ क्रोधाच्चलोभमोहाभ्यांनानर्थेयुवतीषुच ॥ नदर्शयंतिसुहृदोविश्वस्ताधर्मवत्सलाः २२ लोष्टकांचनतुल्या
र्थाःसुहृत्सुदृढबुद्धयः ॥ येचरंत्यभिमानानिसृष्टार्थमनुषंगिणः २३ संगृह्णंतःपरिजनंस्वाम्यर्थपरमाःसदा ॥ ईदृशैःपुरुषश्रेष्ठैर्यःसंधिंकुरुतेनृपः २४ तस्यविस्तीर्य
तेराज्यंज्योत्स्नाग्रहपतेरिव ॥ शास्त्रनित्याजितक्रोधाबलवंतोरणेसदा २५ जन्मशीलगुणोपेताःसंधेयाःपुरुषोत्तमाः ॥ येचदोषसमायुक्तानराःप्रोक्तामयाऽनघ
२६ तेषामप्यधमाराजन्कृतघ्नामित्रघातकाः ॥ त्यक्तव्यास्तुदुराचाराःसर्वेषामितिनिश्चयः २७ ॥ युधिष्ठिरउवाच ॥ विस्तरेणाथसंबंधंश्रोतुमिच्छामितत्त्व
तः ॥ मित्रद्रोहीकृतघ्नश्चयःप्रोक्तस्तद्वदस्वमे २८ ॥ भीष्मउवाच ॥ हंततेवर्तयिष्येहमितिहासंपुरातनम् ॥ उदीच्यांदिशियद्वृत्तंम्लेच्छेषुमनुजाधिप २९ ब्रा
ह्मणोमध्यदेशीयःकश्चिद्वैब्रह्मवर्जितः ॥ ग्रामंवृद्धियुतंवीक्ष्यप्राविशद्भैक्ष्यकांक्षया ३० तत्रदस्युर्धनयुतःसर्ववर्णविशेषवित् ॥ ब्रह्मण्यःसत्यसंधश्चदानेचनिरतोऽभवत्
३१ तस्यक्षयमुपागम्यततोभिक्षामयाचत ॥ प्रतिश्रयंचवासार्थंभिक्षांचैवाथवार्षिकीम् ३२ प्रादात्तस्मैसविप्रायवस्त्रंचसदशंनवम् ॥ नारींचाविवयोपेतांभर्त्राविर
हितांतथा ३३ एतत्संप्राप्यहृष्टात्मादस्योःसर्वंद्विजस्तथा ॥ तस्मिन्गृहवरेराजंस्तयारेमेसगौतमः ३४ ॥ ॥

पेनवातेकृतघ्नाःतएवउपकर्तुर्नाशकराःमित्रद्रुहः २७ संबंधंसंबध्यतेसज्जतेहातुमुपादातुंवाश्रुतमर्थंयेनतंइतिहासम् २८ । २९ ब्रह्मवेदस्तदुक्तंकर्मचतद्विवर्जितः ३० । ३१ क्षयंगृहम् ३२ वयोपेतांयुवतीं संधिरार्षः भर्त्राविरहितांदासीमित्यर्थः ३३ । ३४ ॥ ॥ ॥ ॥

३५ चक्रांगानहंसान् ३६ । ३७ । ३८ । ३९ । ४० । ४१ । ४२ । ४३ । ४४ । ४५ । ४६ । ४७ । ४८ । ४९ । ५० । ५१ । ५२ इतिशांतिपर्वणिआपद्धर्मपर्वणि नीलकंठीयेभारतभावदी

कुटुंबार्थेचदास्याश्वसाहाय्यंचाप्यथाकरोत् ॥ तत्रावसत्ससवर्षाश्चसमृद्धेशबरालये ३५ बाणवेधेपरंयत्नमकरोच्चैवगौतमः ॥ चक्रांगान्सचनित्यंवैसर्वतोवनगोचरान् ३०
३६ जघानगौतमोराजन्यथादस्युगणास्तथा ॥ हिंसापटुर्घृणाहीनःसदाप्राणिवधेरतः ३७ गौतमःसन्निकर्षेणदस्युभिःसमतामियात् ॥ तथातुवसतस्तस्यदस्यु
ग्रामेसुखंतदा ३८ अगमन्बहवोमासानिघ्नतःपक्षिणोबहून् ॥ ततःकदाचिदपरोद्विजस्तंदेशमागतः ३९ जटाचीराजिनधरःस्वाध्यायपरमःशुचिः ॥ विनी १६९
तोनियताहारोब्रह्मण्योवेदपारगः ४० सब्रह्मचारीतद्देश्यःसखातस्यैवसुप्रियः ॥ तंदस्युग्राममगमद्यत्रासौगौतमोऽवसत् ४१ सतुविप्रगृहान्वेषीशूद्रान्नपरिवर्ज
कः ॥ ग्रामेदस्युसमाकीर्णेव्यचरत्सर्वतोदिशम् ४२ ततःसगौतमगृहंप्रविवेशद्विजोत्तमः ॥ गौतमश्चापिसंप्राप्तस्तावन्योन्येनसंगतौ ४३ चक्रांगभारस्कंधंतंधनु
ष्पाणिंधृतायुधम् ॥ रुधिरेणावसिक्तांगंगृहद्वारमुपागतम् ४४ तंदृष्ट्वापुरुषादाभमपध्वस्तंक्षयागतम् ॥ अभिज्ञायद्विजोव्रीडन्निदंवाक्यमथाब्रवीत् ४५ किमिदं
कुरुषेमोहाद्विप्रस्त्वंहिकुलोद्वहः ॥ मध्यदेशपरिज्ञातोदस्युभावंगतःकथम् ४६ पूर्वान्स्मरद्विजज्ञातीन्प्रख्यातान्वेदपारगान् ॥ तेषांवंशेऽभिजातस्त्वमीदृशःकु
लपांसनः ४७ अवबुध्यात्मनात्मानंसत्वंशीलंश्रुतंदमम् ॥ अनुक्रोशंचसंस्मृत्यत्यजवासमिमंद्विज ४८ सएवमुक्तःसुहृदातेनतत्रहितैषिणा ॥ प्रत्युवाचततोराज
न्विनिश्चित्यतदार्तवत् ४९ निर्धनोऽस्मिद्विजश्रेष्ठनापिवेदविदप्यहम् ॥ वित्तार्थमिहसंप्राप्तंविद्धिमांद्विजसत्तम ५० त्वद्दर्शनात्तुविप्रेंद्रकृतार्थोऽस्म्यद्यवैद्विज ॥
आवांहिसहयास्यावःश्वोवसस्वाद्यशर्वरीम् ५१ सतत्रन्यवसद्विप्रोघृणीकिंचिदसंस्पृशन् ॥ क्षुधितश्छंद्यमानोऽपिभोजनंनाभ्यनंदत ५२ ॥ इतिश्रीमहाभारते
शां० आप० कृतघ्नोपाख्यानेअष्टषष्ट्यधिकशततमोऽध्यायः ॥ १६८ ॥ ॥ भीष्मउवाच ॥ तस्यांनिशायांव्युष्टायांगतेतस्मिन्द्विजोत्तमे ॥ निष्क्रम्यगौत
मोगच्छत्समुद्रंप्रतिभारत १ सामुद्रिकान्सवणिजस्ततोपश्यत्स्थितान्पथि ॥ सतेनसहसार्थेनप्रययौसागरंप्रति २ सतुसार्थोमहान्राजन्कस्मिंश्चिद्गिरिगह्वरे ॥
मत्तेनद्विरदेनाथनिहतःप्रायशोऽभवत् ३ सकथंचिद्भयात्तस्माद्विमुक्तोब्राह्मणस्तथा ॥ कांदिग्भूतोजीवितार्थीप्रदुद्रावोत्तरांदिशम् ४ सतुसार्थपरिभ्रष्टस्तस्माद्दे
शात्तथाच्युतः ॥ एकाकीव्यचरत्तत्रवनेकिंपुरुषोयथा ५ सपंथानमथासाद्यसमुद्राभिसरंतदा ॥ आससादवनंरम्यंदिव्यंपुष्पितपादपम् ६ सर्वर्तुकैराम्रवणैःपुष्पितैरुप
शोभितम् ॥ नंदनोद्देशसदृशंयक्षकिन्नरसेवितम् ७ शालैस्तालैस्तमालैश्चकालागुरुवनैस्तथा ॥ चंदनस्यचमुख्यस्यपादपैरुपशोभितम् ॥ गिरिप्रस्थेषुरम्येषु
तेषुतेषुसुगंधिषु ८ समंततोद्विजश्रेष्ठास्तत्राकूजंतवैतदा ॥ मनुष्यवदनाश्चान्येभारुंडाइतिविश्रुताः ९ ॥ ॥

पेअष्टषष्ट्यधिकशततमोऽध्यायः ॥ १६८ ॥ ॥ ॥ ॥ तस्यामिति १ सामुद्रिकान्समुद्रोपांतेगवान् २ । ३ कांदिग्भूतःभयाभीरुत्वाकुलःक्वांदिग्मूढः ४ । ५ । ६ । ७ । ८ । ९

१० रम्येषुप्रदेशेषुमध्येएकत्र ११ । १२ । १३ । १४ । १५ । १६ । १७ । १८ । १९ । २० । २१ । २२ । २३ । २४ ॥ इतिशांतिपर्वणिआपद्धर्मपर्वणिनीलकंठीये भारतभावदीपे एको

भूलिंगशकुनाश्चान्येसामुद्राःपर्वतोद्भवाः ॥ सतान्यतिमनोज्ञानिविहगानांरुतानिवै १० शृण्वन्सुरमणीयानिविप्रोऽगच्छतगौतमः ॥ ततोऽपश्यत्सुरम्येषु
सुवर्णसिकताचिते ११ देशेसमेसुखेचित्रेस्वर्गोद्देशसमेनृप ॥ श्रियाजुष्टंमहावृक्षंन्यग्रोधंचसुमंडलम् १२ शाखाभिरनुरूपाभिर्भूषितंछत्रसन्निभम् ॥ तस्यमू
लंचसंसिक्तंवरचंदनवारिणा १३ दिव्यपुष्पान्वितंश्रीमत्पितामहसभोपमम् ॥ तंदृष्ट्वागौतमःप्रीतोमनःकांतमनुत्तमम् १४ मेध्यंसुरगृहप्रख्यंपुष्पितैःपादपैर्वृ
तम् ॥ तमासाद्यमुदायुक्तस्तस्याधस्तादुपाविशत् १५ तत्रासीनस्यकौन्तेयगौतमस्यसुखःशिवः ॥ पुष्पाणिसमुपस्पृश्यप्रववावनिलःशुभः ॥ ह्लादयन्सर्व
गात्राणिगौतमस्यतदानृप १६ सतुविप्रःप्रशांतश्चास्पृष्टःपुण्येनवायुना ॥ सुखमासाद्यसुष्वापभास्करश्चास्तमभ्ययात् १७ ततोऽस्तंभास्करेयातेसंध्याकाल
उपस्थिते ॥ आजगामस्वभवनंब्रह्मलोकात्खगोत्तमः १८ नाडीजंघइतिख्यातोदयितोब्रह्मणःसखा ॥ बकराजोमहाप्राज्ञःकश्यपस्यात्मसंभवः १९ राजधर्मे
तिविख्यातोबभूवाप्रतिमोभुवि ॥ देवकन्यासुतःश्रीमान्विद्वान्देवसमप्रभः २० मृष्टाभरणसंपन्नोभूषणैरर्कसन्निभैः ॥ भूषितःसर्वगात्रेषुदेवगर्भःश्रियाज्वलन्
२१ तमागतंखगंदृष्ट्वागौतमोविस्मितोऽभवत् ॥ क्षुत्पिपासापरिश्रांतोहिंसार्थीचाभ्यवैक्षत २२ ॥ राजधर्मोवाच ॥ स्वागतंभवतोविप्रदिष्ट्याप्राप्तोऽसिमेगृहम्
अस्तंचसवितायातःसंध्येयंसमुपस्थिता २३ ममत्वंनिलयंप्राप्तःप्रियातिथिरनिंदितः ॥ पूजितोयास्यसिप्रातर्विधिदृष्टेनकर्मणा २४ ॥ इतिश्रीमहाभारतेशां
तिपर्वणि आपद्धर्मपर्वणि कृतघ्नोपाख्यानेएकोनसप्तत्यधिकशततमोऽध्यायः ॥ १६९ ॥ ॥ भीष्मउवाच ॥ गिरंतांमधुरांश्रुत्वागौतमोविस्मितस्तदा ॥ कौ
तूहलान्वितोराजन्राजधर्माणमैक्षत १ ॥ ॥ राजधर्मोवाच ॥ ॥ भोःकश्यपस्यपुत्रोऽहंमातादाक्षायणीचमे ॥ अतिथिस्त्वंगुणोपेतःस्वागतंतेद्विजोत्तम २
भीष्मउवाच ॥ तस्मैदत्वाससत्कारंविधिदृष्टेनकर्मणा ॥ शालपुष्पमयींदिव्यांबृसींवैसमकल्पयत् ३ भगीरथरथाक्रांतदेशान्गंगानिषेवितान् ॥ येचरंतिमहामी
नास्तांश्चतस्यान्वकल्पयत् ४ वह्निंचापिसुसंदीप्तंमीनांश्चापिसुपीवरान् ॥ सगौतमायातिथयेन्यवेदयतकाश्यपिः ५ भुक्तवंतंचतंविप्रंप्रीतात्मानंमहातपाः ॥
क्लमापनयनार्थंसपक्षाभ्यामभ्यवीजयत् ६ ततोविश्रांतमासीनंगोत्रप्रश्नमपृच्छत ॥ सोऽब्रवीद्गौतमोऽस्मीतिब्रह्मनान्यदुदाहरत् ७ तस्मैपर्णमयंदिव्यंदिव्यपु
ष्पाधिवासितम् ॥ गंधाढ्यंशयनंप्रादात्सशिश्येतत्रवैसुखम् ८ अथोपविष्टंशयनेगौतमंधर्मराट्तदा ॥ पप्रच्छकाश्यपोवाग्मीकिमागमनकारणम् ९ ततोऽब्र
वीद्गौतमस्तंदरिद्रोऽहंमहामते ॥ समुद्रगमनाकांक्षीद्रव्यार्थमितिभारत १० तंकाश्यपोऽब्रवीत्प्रीतोनोत्कंठांकर्तुमर्हसि ॥ कृतकार्योद्विजश्रेष्ठसद्रव्योयास्यसेगृहान् ११
चतुर्विधाह्यर्थसिद्धिर्बृहस्पतिमतंयथा ॥ पारंपर्यंतथादैवंकाम्यंमैत्रमितिप्रभो १२ ॥ ॥ ॥

नसप्तत्यधिकशततमोऽध्यायः ॥ १६९ ॥ ॥ गिरमिति १ । २ । ३ । ४ । ५ । ६ । ७ । ८ । ९ । १० । ११ । १२ ॥

म.भा.टी. १३ । १४ । १५ । १६ । १७ । १८ । १९ । २० । २१ श्येनचेष्टनाः श्येनवद्रुत्पतंतः शीघ्राइत्यर्थः २२ । २३ । २४ । २५ । २६ ॥ इतिशांतिपर्वणिआपद्धर्मपर्वणिनीलकंठीये भारतभाव शां.आ.१२

प्रादुर्भूतोऽस्मितेमित्रंसुहृत्त्वंचममत्वयि ॥ सोऽहंतथायतिष्यामिभविष्यसियथाऽर्थवान् १३ ततःप्रभातसमयेसुखंदृष्ट्वाऽब्रवीदिदम् ॥ गच्छसौम्यपथाऽनेनकृत
कृत्योभविष्यसि १४ इतस्त्रियोजनंगत्वाराक्षसाधिपतिर्महान् ॥ विरूपाक्षइतिख्यातःसखाममममहाबलः १५ तंगच्छद्विजमुख्यत्वंसमद्वाक्यप्रचोदितः ॥
कामानभीप्सितांस्तुभ्यंदातानास्त्यत्रसंशयः १६ इत्युक्तःप्रययौराजन्गौतमोविगतक्लमः ॥ फलान्यमृतकल्पानिभक्षयन्सयथेष्टतः १७ चंदनागुरुमुख्यानित्व
क्पत्राणांवनानिच ॥ तस्मिन्पथिमहाराजसेवमानोद्रुतंययौ १८ ततोमेरुव्रजंनामनगरंशैलतोरणम् ॥ शैलप्राकारवप्रंचशैलयंत्राकुलंतथा १९ विदितश्चाभव
त्तस्यराक्षसेन्द्रस्यधीमतः ॥ प्रहितःसुहृदाराजन्प्रीयमाणःप्रियातिथिः २० ततःसराक्षसेन्द्रःस्वान्प्रेष्यानाहयुधिष्ठिर ॥ गौतमोनगरद्वाराच्छीघ्रमानीयतामिति
२१ ततःपुरवरात्तस्मात्पुरुषाःश्येनचेष्टनाः ॥ गौतमेत्यभिभाषंतःपुरद्वारमुपागमन् २२ तेतमूचुर्महाराजराजप्रेष्यास्तदाद्विजम् ॥ त्वरस्वतूर्णमागच्छराजा
त्वांद्रष्टुमिच्छति २३ राक्षसाधिपतिर्वीरोविरूपाक्षइतिश्रुतः ॥ सत्वांत्वरतिवैद्रष्टुंतत्क्षिप्रंसंविधीयताम् २४ ततःसमाद्रवद्विप्रोविस्मयाद्विगतक्लमः ॥ गौतमः
परमर्द्धितांपश्यन्परमविस्मितः २५ तैरेवसहितोराज्ञोवेश्मतूर्णमुपाद्रवत् ॥ दर्शनंराक्षसेन्द्रस्यकांक्षमाणोद्विजस्तदा २६ ॥ इतिश्रीमहाभारतेशां
तिपर्वणिआपद्धर्मपर्वणि कृतघ्नोपाख्यानेसप्तत्यधिकशततमोऽध्यायः १७० ॥ ॥ भीष्मउवाच ॥ ततःसविदितोराज्ञःप्रविश्यगृहमुत्तमम् ॥ पूजितोराक्षसें
द्रेणनिषसादासनोत्तमे १ पृष्टश्चगोत्रचरणंस्वाध्यायंब्रह्मचारिकम् ॥ नतत्रव्याजहारान्यद्गोत्रमात्रादृतेद्विजः २ ब्रह्मवर्चसहीनस्यस्वाध्यायोपरतस्यच ॥
गोत्रमात्रविदोराजानिवासंसमपृच्छत ३ ॥ ॥ राक्षसउवाच ॥ ॥ क्वतेनिवासःकल्याणकिंगोत्राब्राह्मणीचते ॥ तत्त्वंब्रूहिनभीःकार्याविश्वसस्वयथासुखम् ४
गौतमउवाच ॥ मध्यदेशप्रसूतोऽहंवासोमेशबरालये ॥ शूद्रापुनर्भूर्भार्यामेसत्यमेतद्ब्रवीमिते ५ ॥ भीष्मउवाच ॥ ततोराजाविममृशेकथंकार्यमिदंभवेत् ॥
कथंवासुकृतंमेस्यादितिबुद्ध्याऽन्वचिंतयत् ६ अयंवैजन्मनाविप्रःसुहृत्तस्यमहात्मनः ॥ संप्रेषितश्चतेनायंकाश्यपेनममांतिकम् ७ तस्यप्रियंकरिष्यामिसहि
मामाश्रितःसदा ॥ भ्रातामेबांधवश्चासौसखाचहृदयंगमः ८ कार्तिक्यामद्यभोक्तारःसहस्रंमेद्विजोत्तमाः ॥ तत्रायमपिभोक्ताचदेयमस्मैचमेधनम् ९ सचाद्यदिवसः
पुण्योह्यतिथिश्चायमागतः ॥ संकल्पितंचैवधनंकिंविचार्यमतःपरम् १० ततःसहस्रंविप्राणांविदुषांसमलंकृतम् ॥ स्नातानामनुसंप्राप्तंसुमहत्क्षौमवाससाम् ११ ता
नागतान्द्विजश्रेष्ठान्विरूपाक्षोविशांपते ॥ यथार्हंप्रतिजग्राहविधिदृष्टेनकर्मणा १२ बृस्यस्तेषांतुसंन्यस्ताराक्षसेंद्रस्यशासनात् ॥ भूमौवरकुशास्तीर्णाःप्रेष्यैर्भरतसत्तम १३

दीपे सप्तत्यधिकशततमोऽध्यायः ॥ १७० ॥ ॥ ततइति १ । २ । ३ । ४ । ५ । ६ । ७ । ८ । ९ । १० । ११ । १२ । १३ ॥ ॥ ३३ ॥

१४ विलिप्ताश्चंदनेन १५ । १६ । १७ । १८ । १९ । २० । २१ । २२ । २३ । २४ । २५ इष्टतःइष्टदेशं २६ । २७ । २८ । २९ । ३० । ३१ । ३२ । ३३ । ३४ । ३५ ॥ इतिशांतिपर्वणि

तास्तेपूजिताराज्ञाविपण्णाद्विजसत्तमाः ॥ तिलदर्भोदकेनाथअर्चिताविधिवद्विजाः १४ विश्वेदेवाःसपितरःसाग्नयश्चोपकल्पिताः ॥ विलिप्ताःपुष्पवंतश्चसुप्र
चाराःसुपूजिताः १५ व्यराजंतमहाराजनक्षत्रपतयोयथा ॥ ततोजांबूनदीःपात्रीर्वज्रांकाविमलाःशुभाः १६ वरान्नपूर्णाविप्रेभ्यःप्रादान्मधुघृतप्लुताः ॥ त
स्यनित्यंसदाऽऽषाढ्यांमाघ्यांचबहवोद्विजाः १७ ईप्सितंभोजनवरंलभंतेसत्कृतंसदा ॥ विशेषतस्तुकार्तिक्यांद्विजेभ्यःसंप्रयच्छति १८ शरद्व्यपायेरत्नानिपौ
र्णमास्यामितिश्रुतिः ॥ सुवर्णंरजतंचैवमणीनथचमौक्तिकान् १९ वज्रान्महाधनांश्चैववैडूर्याजिनरांकवान् ॥ रत्नराशीन्विनिक्षिप्यदक्षिणार्थेसभारत २० त
तःप्राहद्विजश्रेष्ठान्विरूपाक्षोमहाबलः ॥ गृहीतरत्नान्येतानियथोत्साहंयथेष्टतः २१ येषुयेषुचभांडेषुभुक्तंवोद्विजसत्तमाः ॥ तान्येवादायगच्छध्वंस्ववेश्मानी
तिभारत २२ इत्युक्तवचनेतस्मिन्राक्षसेंद्रेमहात्मनि ॥ यथेष्टंतानिरत्नानिजगृहुर्ब्राह्मणर्षभाः २३ ततोमहार्हास्तेसर्वेरत्नैरभ्यर्चिताःशुभैः ॥ ब्राह्मणामृष्टवस
नाःसुप्रीताःस्मततोऽभवन् २४ ततस्तान्राक्षसेंद्रश्चद्विजानाहपुनर्वचः ॥ नानादेशगतान्राजन्राक्षसान्प्रतिषिध्यवै २५ अद्यैकंदिवसंविप्रानवोऽस्तीहभयं
क्वचित् ॥ राक्षसेभ्यःप्रमोदध्वमिष्टतोयातमाचिरम् २६ ततःप्रदुद्रुवुःसर्वेविप्रसंघाःसमंततः ॥ गौतमोऽपिसुवर्णस्यभारमादायसत्वरः २७ कृच्छ्रात्समुद्वहन्
भारंन्यग्रोधंसमुपागमत् ॥ न्यषीदच्चपरिश्रांतःक्लांतश्चक्षुधितश्चसः २८ ततस्तमभ्यगाद्राजन्राजधर्माखगोत्तमः ॥ स्वागतेनाभिनंदंश्चगौतमंमित्रवत्सलः २९
तस्यपक्षाग्रविक्षेपैःक्लमंव्यपनयत्खगः ॥ पूजांचाप्यकरोद्धीमान्भोजनंचाप्यकल्पयत् ३० सभुक्तवान्सुविश्रांतोगौतमोऽचिंतयत्तदा ॥ हाटकस्याभिरूपस्य
भारोऽयंसुमहान्मया ३१ गृहीतोलोभमोहाभ्यांदूरंचगमनंमम ॥ नचास्तिपथिभोक्तव्यंप्राणसंधारणंमम ३२ किंकृत्वाधारयेयंवैप्राणानित्यभ्यचिंतयत् ॥ त
तःसपथिभोक्तव्यंप्रेक्षमाणोनकिंचन ३३ कृतघ्नःपुरुषव्याघ्रमनसेदमचिंतयत् ॥ अयंबकपतिःपार्श्वेमांसराशिःस्थितोमहान् ३४ इमंहत्वागृहीत्वाचयास्येऽहं
समभिद्रुतम् ३५ ॥ इतिश्रीमहाभारतेशांतिपर्वणि आपद्धर्मपर्वणिकृतघ्नोपाख्याने एकसप्तत्यधिकशततमोऽध्यायः ॥ १७१ ॥ ॥ भीष्मउवाच ॥ अ
थतत्रमहार्चिष्माननलोवातसारथिः ॥ तस्याविदूरेरक्षार्थंखगेंद्रेणकृतोऽभवत् १ सचापिपार्श्वेसुष्वापनिःश्वस्तोबकराट्तदा ॥ कृतघ्नस्तुसदुष्टात्मातंजिघांसुरथा
ग्रतः २ ततोऽलातेनदीप्तेननिःश्वस्तंनिजघानतम् ॥ निहत्यचमुदायुक्तःसोऽनुबंधंनदृष्टवान् ३ सतंविपक्षरोमाणंकृत्वाग्नावपचत्तदा ॥ तंगृहीत्वासुवर्णंचययौ
द्रुततरंद्विजः ४ ततोऽन्यस्मिन्गतेचाह्निविरूपाक्षोऽब्रवीत्सुतम् ॥ नप्रेक्षेराजधर्माणमद्यपुत्रखगोत्तमम् ५ ॥ ॥

आपद्धर्मपर्वणिनीलकंठीयेभारतभावदीपे एकसप्तत्यधिकशततमोऽध्यायः ॥ १७१ ॥ ॥ ॥ ॥ ॥ ॥ अथेति १ । २ अनुबंधंपापदोषं ३ । ४ । ५ ॥ ॥

म.भा.टी. ॥ ३४ ॥

६ । ७ तद्व्रतोहिंस्रधर्मा ८ । ९ । १० । ११ कंकालंअस्थि १२ । १३ । १४ । १५ । १६ । १७ । १८ । १९ । २० । २१ । २२ । २३ । २४ । २५ । २६ ॥ इतिशांतिपर्वणिआपद्धर्म

सपूर्वसंध्यांब्रह्माणंवंदितुंयातिसर्वदा ॥ मांवाऽदृष्ट्वाकदाचित्सनगच्छतिगृहंखगः ६ उभेद्विरात्रिसंध्येवैनाभ्यगात्सममालयम् ॥ तस्मान्नशुद्ध्यतेभावोममसज्ञायतां
सुहृत् ७ स्वाध्यायेनवियुक्तोहिब्रह्मवर्चसवर्जितः ॥ तद्गतस्तत्रमेशंकाहन्यात्तंसद्विजाधमः ८ दुराचारस्तुदुर्बुद्धिरिंगितैर्लक्षितोमया ॥ निष्कृपोदारुणाकारोदु
ष्टोदस्युरिवाधमः ९ गौतमःसगतस्तत्रतेनोद्विग्नंमनोमम ॥ पुत्रशीघ्रमितोगत्वाराजधर्मनिवेशनम् १० ज्ञायतांसविशुद्धात्मायदिजीवतिमाचिरम् ॥ सएवमुक्त
स्त्वरितोरक्षोभिःसहितोययौ ११ न्यग्रोधंतत्रचापश्यत्कंकालंराजधर्मणः ॥ सरुदन्नगमत्पुत्रोराक्षसेंद्रस्यधीमतः १२ त्वरमाणःपरंशक्त्यागौतमग्रहणायवै ॥ त
तोऽविदूरेजगृहुर्गौतमंराक्षसास्तदा १३ राजधर्मशरीरंचपक्षास्थिचरणोज्झितम् ॥ तमादायाथरक्षांसिद्रुतंमेरुव्रजंययुः १४ राज्ञश्चदर्शयामासुःशरीरंराजधर्मणः ॥
कृतघ्नंपुरुषंतंचगौतमंपापकारिणम् १५ रुरोदराजातंदृष्ट्वासामात्यःसपुरोहितः ॥ आर्तनादश्चसुमहानभूत्तस्यनिवेशने १६ सस्त्रीकुमारंचपुरंबभूवास्वस्थमान
सम् ॥ अथाब्रवीन्नृपःपुत्रंपापोऽयंवध्यतामिति १७ अस्यमांसैरिमेसर्वेविहरंतुयथेष्टतः ॥ पापाचारःपापकर्मापापात्मापापसाधनः १८ हंतव्योऽयंममम
तिर्भवद्भिरितिराक्षसाः ॥ इत्युक्ताराक्षसेंद्रेणराक्षसाघोरविक्रमाः १९ नैच्छंततंभक्षयितुंपापकर्माणमित्युत ॥ दस्यूनांदीयतामेषसाध्वद्यपुरुषाधमः २० इत्यूचु
स्तेमहाराजराक्षसेंद्रंनिशाचराः ॥ शिरोभिःप्रणताःसर्वेव्याहरन्राक्षसाधिपम् २१ नदातुमर्हसित्वंनोभक्षणायास्यकिल्बिषम् ॥ एवमस्त्वितितानाहराक्षसेंद्रोनि
शाचरान् २२ दस्यूनांदीयतामेषकृतघ्नोऽद्यैवराक्षसाः ॥ इत्युक्ताराक्षसास्तेनशूलपट्टिशपाणयः २३ कृत्वातंखंडशःपापंदस्युभ्यःप्रददुस्तदा ॥ दस्यवश्चापिनै
च्छंततमत्तुंपापकारिणम् ॥ क्रव्यादाअपिराजेंद्रकृतघ्नंनोपभुंजते २४ ब्रह्मघ्नेचसुरापेचचौरेभग्नव्रतेतथा ॥ निष्कृतिर्विहिताराजन्कृतघ्नेनास्तिनिष्कृतिः २५
मित्रद्रोहीकृतघ्नश्चनृशंसश्चनराधमः ॥ क्रव्यादैःकृमिभिश्चैवनभुज्यंतेहितादृशाः २६ ॥ इतिश्रीमहाभारतेशांतिपर्वणिआपद्धर्मपर्वणिकृतघ्नोपाख्यानेद्विसप्तत्य
धिकशततमोऽध्यायः ॥ १७२ ॥ ॥ भीष्मउवाच ॥ ततश्चितांबकपतेःकारयामासराक्षसः ॥ रत्नैर्गंधैश्चबहुभिर्वस्त्रैश्चसमलंकृताम् १ ततःप्रज्वाल्यनृपति
र्बकराजंप्रतापवान् ॥ प्रेतकार्याणिविधिवद्राक्षसेंद्रश्चकारह २ तस्मिन्कालेचसुरभिर्देवीदाक्षायणीशुभा ॥ उपरिष्टात्ततस्तस्यसाबभूवपयस्विनी ३ तस्यावक्त्रा
च्च्युतःफेनःक्षीरमिश्रस्तदाऽनघ ॥ सोपतद्वैततस्तस्यांचितायांराजधर्मणः ४ ततःसंजीवितस्तेनबकराजस्तदाऽनघ ॥ उत्पत्यचसमीयायविरूपाक्षंबकाधिपः
५ ततोऽभ्ययाद्देवराजोविरूपाक्षपुरंतदा ॥ प्राहचेदंविरूपाक्षंदिष्ट्यासंजीवितस्त्वया ६ ॥ ॥ ॥ ॥

पर्वणिनीलकंठीये भारतभावदीपे द्विसप्तत्यधिकशततमोऽध्यायः ॥ १७२ ॥ ॥ ॥ ततइति १ । २ । ३ । ४ । ५ । ६ ॥ ॥ ॥

७ । ८ । ९ । १० । ११ । १२ । १३ । १४ । १५ । १६ । १७ । १८ । १९ । २० । २१ । २२ । २३ कथातात्पर्यमाह परित्याज्यइति २४ । २५ । २६ ॥ इतिश्रीमत्पदवाक्यप्रमाणम

श्रावयामासचेंद्रस्तंविरूपाक्षंपुरातनम ॥ यथाशापःपुरादत्तोब्रह्मणाराजधर्मणः ७ यदाबकपतीराजन्ब्रह्माणंनोपसर्पति ॥ ततोरोषादिदंप्राहखगेंद्रायपिता
महः ८ यस्मान्मूढोममसभांनागतोऽसौबकाधमः ॥ तस्माद्वधंसदुष्टात्मानचिरात्समवाप्स्यति ९ तदयंतस्यवचनान्निहतोगौतमेनवै ॥ तेनैवामृतसिक्तश्चपुनः
संजीवितोबकः १० राजधर्माबकःप्राहप्रणिपत्यपुरंदरम् ॥ यदितेऽनुग्रहकृतामयिबुद्धिःसुरेश्वर ११ सखायंमेसुदयितंगौतमंजीवयेत्युत ॥ तस्यवाक्यंसमा
दायवासवःपुरुषर्षभ १२ सिक्त्वाऽमृतेनतंविप्रंगौतमंजीवयत्तदा ॥ सभांडोपस्करंराजंस्तमासाद्यबकाधिपः १३ संपरिष्वज्यसुहृदंप्रीत्यापरमयायुतः ॥ अथ
तंपापकमाणंराजधर्माबकाधिपः १४ विसर्जयित्वासधनंप्रविवेशस्वमालयम् ॥ यथोचितंचसबकोययौब्रह्मसदस्तथा १५ ब्रह्माचैनंमहात्मानमातिथ्येनाभ्यपू
जयत् ॥ गौतमश्चापिसंप्राप्यपुनस्तंशबरालयम् ॥ शूद्रायांजनयामासपुत्रान्दुष्कृतकारिणः १६ शापश्चसुमहांस्तस्यदत्तःसुरगणैस्तदा ॥ कुक्षौपुनर्भ्वांःपा
पोऽयंजनयित्वाचिरात्सुतान् १७ निरयंप्राप्स्यतिमहत्कृतघ्नोऽयमितिप्रभो ॥ एतत्प्राहपुरासर्वंनारदोममभारत १८ संस्मृत्यचापिसुमहदाख्यानंभरतर्षभ ॥
मयाऽपिभवतेसर्वंयथावदनुवर्णितम् १९ कुतःकृतघ्नस्ययशःकुतःस्थानंकुतःसुखम् ॥ अश्रद्धेयःकृतघ्नोहिकृतघ्नेनास्तिनिष्कृतिः २० मित्रद्रोहोनकर्तव्यःपुरु
षेणविशेषतः ॥ मित्रध्रुङ्नरकंघोरमनंतंप्रतिपद्यते २१ कृतज्ञेनसदाभाव्यंमित्रकामेनचैवह ॥ मित्राच्चलभतेसर्वंमित्रात्पूजालभेतच २२ मित्राद्भोगांश्चभुं
जीतमित्रेणापत्सुमुच्यते ॥ सत्कारैरुत्तमैर्मित्रंपूजयेतविचक्षणः २३ परित्याज्योबुधैःपापःकृतघ्नोनिरपत्रपः ॥ मित्रद्रोहीकुलांगारःपापकर्मानराधमः २४
एषधर्मभृतांश्रेष्ठप्रोक्तःपापोमयातव ॥ मित्रद्रोहीकृतघ्नोवैकिंभूयःश्रोतुमिच्छसि २५ ॥ वैशंपायनउवाच ॥ एतच्छ्रुत्वातदावाक्यंभीष्मेणोक्तंमहात्म
ना ॥ युधिष्ठिरःप्रीतमनाबभूवजनमेजय २६ ॥ इतिश्रीमहाभारतेशांतिपर्वणिआपद्धर्मपर्वणिकृतघ्नोपाख्यानेत्रिसप्तत्यधिकशततमोऽध्यायः ॥ १७३ ॥
समाप्तंचापद्धर्मपर्व ॥ अथमोक्षधर्मपर्व ॥ ॥ ॥ ॥ ॥ ॥ ॥ ॥

र्यांदाधुरंधरचतुर्धरवंशावतंसगोविंदसूरिसूनोर्नीलकंठस्यकृतौ भारतभावदीपे शांतिपर्वणि आपद्धर्मार्थप्रकाशःसमाप्तिमगमत् ॥ १७३ ॥ ॥ शुभंभूयात् ॥ ॥

॥ श्रीगणेशायनमः ॥ श्रीगुरुभ्योनमः ॥ ॥ तरणिमुकुरनेत्रोत्तेजनाभांशरीरप्रतिकृतिमनुमायीभूम्निचंद्रांतरामः ॥ स्थिरदृगणुमसंगंयन्नयत्यन्यथात्वंतदभयममृतंसत्प्रत्यगीडेगवेंद्रम् ॥ १ ॥
कणभक्षमक्षचरणंजैमिनिकपिलौपतंजलिंचनुमः ॥ श्रीमद्व्यासवचोंबुधिनयसीकरवर्षिणोमुदिरान् ॥ २ ॥ सर्वविद्येशतामाविश्चिकीर्षूपूर्वपूरुषौ ॥ श्रीनारायणधीरेशरूपौहरिहरौनुमः ॥ ३ ॥
बहून्समाहृत्यविभिन्नदेश्यान्कोशान्विनिश्चित्यचपाठमग्र्यम् ॥ प्राचांगुरूणामनुसृत्यवाचंव्याकुर्महेभारतमोक्षधर्मान् ॥ ४ ॥ उत्तानेष्विहकोशविग्रहबलंपद्येषुनैवाश्रितंगंभीरेषुनसेतवोनाविहिताः
कूटाननस्फोटिताः ॥ नच्छिन्नानतमश्नराननततिर्भक्तानना‌ह्लादितानोदीनाश्चबिभीषणानविहिताःश्रीलक्ष्मणार्यश्रितैः ॥ ५ ॥ ननुमोक्षोनामशरीरनाशादन्योनास्ति 'अशरीरंवावसंतंनप्रियाप्रिये
स्पृशतः'इतिश्रुतेः सचस्वयमेवोपनमतीतिकिंतदर्थंशास्त्रेणेतिचेन्न 'कर्तव्यमेवकर्मेहजानताऽमित्रकर्शन ॥ अकर्माणोहिजीवंतिस्थावरानेतरेजनाः ॥ यावद्गोस्तनपानाच्चयावच्छायोपसेवनात् ॥
प्राणिनःकर्मणावृत्तिमाप्नुवंतिनरर्षभ' इत्यारण्यकेप्राक्कर्मसद्भावसाधनात् स्थूलदेहनाशेऽपिकर्माश्रयलिंगदेहनाशायोगात् । तत्रश्लोकार्थः नजीवंतीतिसंबंधः इतरेजनाइतिदृष्टांतः तथाचायंप्रयोगः
स्थावरजीविकाप्राक्कर्मपूर्विकाजीविकात्वात्पाकादिक्रियापूर्वकाऽस्मदादिजीविकावदिति । यावदितिकात्स्न्र्ये ल्यब्लोपेपंचम्यौ । गोस्तनपानमारभ्यच्छायोपसेवनंप्रतिमाद्वारकंभोगंचारभ्य
सर्वांवृत्तिंजीविकांकर्मणैवाप्नुवंतीतियोजना सद्योजातस्यहिगोवत्सस्यस्तनपानेप्रवृत्तिःप्राग्भवीयेष्टसाधनताज्ञानजन्यसंस्कारपूर्विकाऽस्मदादिपाकादिप्रवृत्तिवद्दृश्यते । एवंमरणात्त्रासोऽपिप्राची
नमरणजदुःखानुभवसंस्कारात्प्राणिमात्रस्यसिद्धोऽतोऽस्तिप्राचीनंकर्म । किंच कौलिकशास्त्रप्रसिद्ध्यायथाचैत्रःस्वदेहेकंटकेनतुन्नेसतिव्यथते एवंशत्रुकृतायांस्वदेहप्रतिमायामपिकंटकेनतुन्नायांव्यथते तत्रव्यथाहेतुर्नां
तरंधातुवैषम्यंदृश्यतेबाह्यंवाकंटकवेधादिदृष्टंद्वारमस्तिकिंतुकेवलमदृष्टमेव । एवंप्राक्कर्मसद्भावसिद्धेस्तत्तत्पूर्वपूर्वजन्मकल्पनयाऽनादिःसंसारः । एवमनादित्वादानंत्यंचास्यसिद्धम् । तर्ह्यनादिभावस्यध्वंसायोगात्तु

॥ श्रीगणेशायनमः ॥ ॥ नारायणंनमस्कृत्यनरंचैवनरोत्तमम् ॥ देवींसरस्वतींचैवततोजयमुदीरयेत् ॥ १ ॥ युधिष्ठिरउवाच ॥ धर्माःपितामहेनोक्ताराजधर्मा
श्रिताःशुभाः ॥ धर्ममाश्रमिणांश्रेष्ठंवक्तुमर्हसिपार्थिव ॥ १ ॥ भीष्मउवाच ॥ सर्वत्रविहितोधर्मःसत्यप्रेत्यतपःफलम् ॥ बहुद्वारस्यधर्मस्यनेहास्तिविफलाक्रिया २

नरनर्थकंशास्त्रमितिचेत्सत्यम् । नवयमात्मनिकर्तृत्वभोक्तृत्वादेःसंसारस्यसंबंधंसत्यंवदामः । यक्षस्यपरशरीरइवचितोलिंगशरीरेआभिमानिकतादात्म्यादपितद्धर्मभाक्त्वोपपत्तेः । अभिमंतृत्वमपिनवास्तवं अनुपदो
क्तच्छायोपसेवनन्यायेनपरकल्पितसंबंधेनापिव्यवहारनिर्वाहेसतितत्सत्यत्वकल्पनानानौचित्यात् । संसारस्यसुषुप्तिमूर्च्छादावदर्शनेनकादाचित्कप्रतीतिविषयतयारज्जूरगवत्कल्पितत्वेनात्मनितत्संबंधस्यसत्यत्वा
योगाच्च यथानौकास्थस्तीरतरौचांचल्यमारोपयति । यथावाप्रत्यग्भूतमपिमुखंमुकुरःपरागिवदर्शयति । यथावासूक्ष्ममपिपुस्तकाक्षरमुपनेत्रमहिम्नास्थूलमिवभाति । तद्वत्कूटस्थेदृङ्मात्रेसूक्ष्मेप्रतीचिद्वितीयेंदुतुल्ये
श्वरसृष्टेदेहप्रतिमाद्वाराचंचलत्वदृश्यत्वस्थूलत्वाद्यारोपोयुज्यतएवेतिनास्माकंकिंचिदवद्यं । यस्यत्वनादिःसत्यश्चसंसारस्तस्यैवपूर्ववाद्युक्तोदोषोऽपरिहार्यः । तस्मात्संसारकल्पिकायाअविद्यायाआत्मविद्ययानिवृ
त्तौसमूलस्यसंसारस्योच्छेदोऽवश्यंभावीतिविद्योत्पत्तयेशास्त्रमारंभणीयमितिसिद्धम् । तत्रनानाविधान्दुरनुष्ठेयान्क्षुद्रफलान्राजधर्मानापद्धर्मांश्चश्रुत्वाऽत्यंतमुद्विग्नःसर्वापन्निवारणमात्यंतिकश्रेयोहेतुंधर्मंजिज्ञासमा
नोराजायुधिष्ठिरउवाच । धर्माःपितामहेनोक्ताराजधर्माश्रिताःशुभाः ॥ धर्ममाश्रमिणांश्रेष्ठंवक्तुमर्हसिपार्थिव इति । पितामहेनेतिश्रैष्ठ्यंवात्सल्यंचसूचितं राजधर्माश्रिताराजधर्मांगत्वेनोपस्थिताधर्माआपद्धर्माउक्ताः ।
१३ श्रेष्ठःप्रशस्यतमोमोक्षधर्मस्तंआश्रमिणामित्युक्तेर्गृहस्थादीनांसर्वेषामप्यत्राधिकारोदर्शितः तथाचयाज्ञवल्क्यः । ' सह्याश्रमैर्विजिज्ञास्यःसमस्तैरेवमेवतु ' इति १ कर्मज्ञानफलेविभजतिज्ञानेश्रैष्ठ्यंवक्तुं सर्वत्रेति ।
सर्वत्राश्रमेषुधर्मोविहितोवेदेनअग्निहोत्रंजुहुयात्स्वर्गकामइत्यादिना अदृष्टफलःसइत्यर्थः । सत्यमेत्यतपःफलम् सतिसद्वस्तुनिविषये तपआलोचनंश्रवणमनननिदिध्यासनात्मकंतस्यफलंसाक्षात्कारःसोऽ
प्रेत्यमरणात्प्रागेवभवति ज्ञानंदृष्टफलमित्यर्थः । ननुतर्हितपएवक्रियतांकिंधर्मेणेत्याशंक्याह बह्विति । अयमर्थः विविदिषंतियज्ञेनेत्यादिश्रुतेरश्वेनजिगमिषतीतिवत्करणस्यधात्वर्थेनान्वयाद्विद्यार्थत्वंकर्म-

णाम् । यद्वा सन्प्रत्ययस्यप्राधान्यात्ज्ञानेच्छैवकर्मसाध्या यथोक्तम् । 'प्रत्यग्विविदिषांबुद्धेःकर्माण्युत्पाद्यशुद्धितः ॥ कृतार्थान्यस्तमायांतिप्रावृडंतेघनाइव' इति । तथा 'योवेदेदंमेऽनेनांगंसंस्क्रियते' इतिस्मृतेश्चित्तशुद्ध्यर्थमेवकर्माणीतित्रेधाविभागः । तत्राद्यपक्षे विशिष्टगुर्वादिलाभोनिष्पत्यूहंश्रवणादिसिद्धिश्चकर्मभिरेवजन्या । द्वितीये इच्छोत्पत्तिरेवकर्मफलमितरत्तुयत्नांतरसाध्यं । तृतीये चित्तशुद्धिरेवकर्मफलंज्ञानेच्छादिकंसर्वंयत्नांतरसाध्यमितिविवेकः । एवंज्ञानाद्यर्थमपिकृतात्कर्मणस्तद्यथाऽऽम्रेफलार्थेनिर्मितेछायागंधइत्यनूत्पद्येतेएवंधर्मंचर्यमाणमर्थाअनूत्पद्यंतेइत्यापस्तम्बोक्ताम्रनिदर्शनादानुषंगिकंस्वर्गाद्यपिभवतितथास्वर्गार्थमपिकृतंतद्विशुद्धदेवतादिदेहोत्पादनद्वारामोक्षायभवति यथाऽऽहुः 'विद्वराहादिदेहेननद्यैन्द्रंभुज्यतेपदम्' इति । 'भोगंभंगुरमीक्षंतेबुद्धिशुद्ध्यनुरोधतः' इतिच । तथादृष्टफलः पुत्रकामेष्ट्यादिरपिधर्मः सद्यःफलप्रदर्शनेनवैदिकधर्मेश्रद्धोत्पादनद्वाराश्रेयोहेतुरितिनधर्मक्रियाविफला सर्वथाऽपिकृतोधर्मोमोक्षदएवेत्यर्थः । स्वर्ग्यैःसत्यफलोदयइतिपाठे स्वर्गार्थैस्तैस्तैर्वाक्यैर्विहितोऽपिधर्मः सत्यमबाधितंफलंमोक्षाख्यंतदुदयायभवति।विविदिषंतियज्ञेनेत्यादिश्रुत्यासंयोगपृथक्त्वन्यायेनदध्नेंद्रियकामस्यजुहुयादितिवाक्यांतरेणनित्यस्यापिदध्नइंद्रियार्थत्वमिवस्वर्गाद्यर्थानामपियज्ञादीनांविद्यार्थत्वमिष्टं ।

यस्मिन्यस्मिंस्तुविषयेयोयोयातिविनिश्चयम् ॥ सतमेवाभिजानातिनान्यंभरतसत्तम ३ यथायथाचपर्येतिलोकतंत्रमसारवत् ॥ तथातथाविरागोऽत्रजायते नात्रसंशयः ४ एवंव्यवसितेलोकेबहुदोषेयुधिष्ठिर ॥ आत्ममोक्षनिमित्तंवैयतेतमतिमान्नरः ॥ ५ ॥ युधिष्ठिरउवाच ॥ नष्टेधनेवादारेवापुत्रेपितरिवामृते ॥ ययाबुद्ध्यानुदेच्छोकंतन्मेब्रूहिपितामह ६ ॥ भीष्मउवाच ॥ नष्टेधनेवादारेवापुत्रेपितरिवामृते ॥ अहोदुःखमितिध्यायन्शोकस्यापचितिंचरेत् ७ अत्राप्युदाहरन्तीममितिहासंपुरातनम् ॥ यथासेनजितंविप्रःकश्चिदेत्याब्रवीत्सुहृत् ८ पुत्रशोकाभिसंतप्तंराजानंशोकविह्वलम् ॥ विषण्णमनसंदृष्ट्वाविप्रोवचनमब्रवीत् ९ किंनुमुह्यसिमूढस्त्वंशोच्यःकिमनुशोचसि ॥ यदात्वामपिशोचंतःशोच्यायास्यंतितांगतिम् १० त्वंचैवाहंचयेचान्येत्वामुपासंतिपार्थिव ॥ सर्वेतत्रगमिष्यामोयतएवागतावयम् ११ ॥ सेनजिदुवाच ॥ काबुद्धिःकिंतपोविप्रकःसमाधिस्तपोधन ॥ किंज्ञानंकिंश्रुतंचैवयत्प्राप्यनविषीदसि १२ ॥ ब्राह्मणउवाच ॥ पश्यभूतानिदुःखेनव्यतिषिक्तानिसर्वशः ॥ उत्तमाधममध्यानितेषुतेष्विहकर्मसु १३

केवलकाम्यस्यापिधर्मस्यपरंपरयापरमपुरुषार्थत्वमाह बहिति । पाठांतरंतुनादरणीयम् २ यस्मिन्निति । विद्यातदिच्छाचित्तसंस्कारस्वर्गपुत्रादिकामेषुयस्मिन्विषयेद्वारभूतेकामे अभिजानातिश्रेयस्त्वेन ३ पर्येति पर्यालोचयाति तेनैवद्वारेणचित्तशुद्धौसत्यां असारंतृणादितद्वत्तुच्छं ४ व्यवसितेनिश्चिते लोकेस्थावरादिसत्यलोकपर्यंते । बहुदोषेऐश्वर्यतारतम्यक्षयिष्णुत्वादिदोषबहुले । दोषदर्शननिश्चयेनवैराग्ये सतीत्यर्थः । व्यवस्थितेइतिपाठेविविधरूपेणावस्थितेसति ५ तन्मेतांमे ६ ध्यायन्नतोऽन्यदार्तमितिश्रुतेरात्मनोऽन्यत्सर्वंदुःखस्वरूपमितिश्रुत्यनुमानादिनाआलोचयन्नपचितिंचरेत् । 'तरतिशोकमात्मवित्' इतिश्रुतेरात्मज्ञानार्थंशोकप्रतीकारहेतुंशमादिकमनुतिष्ठेदित्यर्थः ७ । ८ सतंशोकेत्यत्रपुत्रशोकेत्येवपाठः संतापोऽन्तर्बहिर्दाहः विह्वलत्वंबाह्येंद्रियचलनशून्यत्वं विषण्णंमूढंमनोयस्य ९ किन्विति । मूढाः सर्वेऽपिशोच्याःशोकाक्रांताश्चेत्यतोनिःशोकंपदमन्वेष्टव्यमित्यर्थः १० तदेवाह त्वमिति । त्वंचाहंचेतिभोक्तृवर्गउक्तः । येचेतिदेहेंद्रियवियदादिर्भोग्यवर्गः । तद्द्वयंयतआगतंयत्रलवणोदकवल्लीयतेतदद्वैतमशोकंपदं द्वैतंतुसशोकमित्यर्थः तथाचश्रुतीभवतः । 'तत्रकोमोहःकःशोकएकत्वमनुपश्यतः' इति । 'द्वितीयाद्वैभयंभवति' इतिच । ११ तत्रबुद्धिरुपपत्तिः । तपस्तदालोचनं । समाधिर्बुद्धेरेकत्रपर्यवसानं । ज्ञानंसाक्षात्कारः । श्रुतमेतेष्वर्थेषुप्रमाणम् १२ तत्रबुद्धिमाहसार्धद्वयेन पश्येति । व्यतिषिक्तानिव्याप्तान्युत्तमाधममध्यानिदेवतिर्यङ्मनुष्यादीनि कर्मसुनिमित्तभूतेषु १३

एवंकर्मजंदुःखंदेवादीनामप्यस्तीतिदृश्यमानभूतदृष्टांतेनोपपाद्यतन्निवृत्तावप्युपपत्तिमाह आत्मेति । योऽयमहमितिप्रतीतिगोचरआत्मासोऽपिनममचिन्मात्रस्यस्वरूपंचिद्भास्यत्वात्तस्यभास्यभासकयोश्चघटालोकयोः प्रसिद्धोभेदः । एवमहमर्थाच्चिदात्मानंविविच्यतत्रैवपृथिव्याद्यध्यस्तामितिसर्वस्यतदनन्यत्वमाह सर्वावापृथिवीममस्वरूपमिति । एतदेवाभ्यासेनद्रढयति यथाममेति । अयंभावः यथादर्पणप्रतिबिंबितंमुखंनस्वरूपतः स्वमुखंदृश्यत्वात् नाप्यन्यत्तद्व्यतिरेकेणाभावात् । एवंमायाकल्पितेष्विंद्रियमनोऽविद्यादर्पणेषुस्थूलसूक्ष्मसूक्ष्मतरेषुप्रतिफलितश्चिदात्माविराट्सूत्रांतर्यामिभावेनदृश्योनप्रत्यगात्मानापिततोऽन्यइति । एवमुपपन्नमात्मैकत्वंचिंत्यध्यानेनसाक्षात्कृत्यनमेव्यथेतितत्फलमुक्तं तद्व्याचष्टे एतामित्यर्धेन । हर्षोऽपिवृथैवेतिभावः १४ बुद्धिमुक्त्वातपआह यथेत्यादिना १५ तपःफलमाह एवमिति १६ अदर्शनादिति । नास्तिदर्शनंदृश्यत्वेनद्रष्टृत्वेनवाप्रकाशोयस्यतददर्शनंशुद्धचिन्मात्रंतस्मात्आपतितस्तवपुत्रइतिशेषः त्वात्वांचिन्मात्रमसौपुत्रोनवेदस्वप्नोपलब्धपुरुषवत्त्वत्कल्पनामात्रत्वात्तस्य । तथात्वमपितंचिन्मात्रंनवेत्थ चितश्चिद्गोचरत्वायोगात् । किमनुशोचसीत्यस्याऽयंभावः शोच्यःपुत्रः किंस्विदात्मा उताचिद्रूपोदेहोवा । नाद्यः चितएकत्वादविनाशित्वाच्चकःकेनशोच्यः । नांत्यः लोष्टादेरपिशोच्यतापत्तेरिति १७ कुतस्तर्ह्ययंशोकउल्लसतीत्याशंक्याह तृष्णेतित्रिभिः । तृष्णार्तिर्विषयेषुप्राप्यमाणेष्वपिमोहादतृप्तिरूपापीडा । दुःखार्तिर्दुःखनाशस्तज्जंसुखम् । तेनदुःखार्तिरेवसुखमितिवदन्परास्तः १८ । १९ । २० शरीरंस्थूलसूक्ष्मभेदेनद्विविधम् । तदेवसुखा

आत्माऽपिचायंनममसर्वावापृथिवीमम ॥ यथाममतथाऽन्येषामितिचिंत्यनमेव्यथा ॥ एतांबुद्धिमहंप्राप्यनप्रहृष्येनचव्यथे १४ यथाकाष्ठंचकाष्ठंचसमेयातांमहोदधौ ॥ समेत्यचव्यपेयातांतद्वद्भूतसमागमः १५ ॥ एवंपुत्राश्चपौत्राश्चज्ञातयोबांधवास्तथा ॥ तेषांस्नेहोनकर्तव्योविप्रयोगोध्रुवोहितैः १६ अदर्शनादापतितःपुनश्चादर्शनंगतः ॥ नत्वाऽसौवेदनत्वंतंकःसन्किमनुशोचसि १७ तृष्णार्तिप्रभवंदुखंदुःखार्तिप्रभवंसुखम् ॥ सुखात्संजायतेदुःखंदुःखमेवंपुनःपुनः १८ सुखस्यानंतरंदुःखंदुःखस्यानंतरंसुखम् ॥ सुखदुःखेमनुष्याणांचक्रवत्परिवर्ततः १९ सुखात्त्वंदुःखमापन्नःपुनरापत्स्यसेसुखम् ॥ ननित्यंलभतेदुःखंननित्यंलभतेसुखम् २० शरीरमेवायतनंसुखस्यदुःखस्यचाप्यायतनंशरीरम् ॥ यद्यच्छरीरेणकरोतिकर्मतेनैवदेहीसमुपाश्नुतेतत् २१ जीवितंचशरीरेणतेनैवसहजायते ॥ उभेसहविवर्तेतेउभेसहविनश्यतः २२ स्नेहपाशैर्बहुविधैराविष्टविषयाजनाः ॥ अकृतार्थाश्चसीदन्तेजलैःसैकतसेतवः २३

देरायतनमाश्रयोनत्वात्मा । तदभावेसुप्तिसमाध्योरात्मनिदुःखाद्यनुपलंभात् । जाग्रत्स्वप्नयोस्तत्रतदुपलंभस्तुदेहोपाधिकः जलचांचल्यमिवजलचंद्रे । दुःखादेरात्मधर्मत्वेवह्न्यौष्ण्यवदाश्रयनाशमंतरेणात्यंतिकदुःखोच्छेदायोगात् । घटेयावद्रूपनाशादर्शनादितिभावः । यद्यदित्यत्राद्योयच्छब्दोहेत्वर्थः । यस्माच्छरीरमेवदुःखाद्याश्रयस्तस्माद्देहीदेहाभिमानीयेनयत्कर्मकरोतितेनैवतत्फलमश्नुते । तेनयःकर्तासएवचिदाभासोभोक्तानतुप्रकृतिःकर्त्रीचिदात्माभोक्तेतिवदतःसांख्यस्यावकाशोऽस्ति २१ जीवितंजीवनहेतुलिंगशरीरं शरीरेणस्थूलेन । पाठांतरेजात्यास्वभावेनैवसहजायतेतेनैवेतिस्थूलस्यलिंगादनन्यत्वमुक्तम् लिंगमेवहिचिरभावितंस्थूलंभवतीत्यर्थः तथाचोक्तंवासिष्ठे । 'आतिवाहिकएवायंत्वादृशैश्चित्तदेहकः ॥ आधिभौतिकयाबुद्ध्यागृहीतश्चिरभावनात्' इति । विवर्तेतेसंसारकालेविविधेनरूपेणवर्तेते विनश्यतश्चमोक्षेस्थूलदेहवत्कर्त्रादिधर्मकंलिंगमपिनश्यतीत्यर्थः २२ आविष्टाश्चित्तेमग्नाविषयायेषांतेसेतवइवेतिलुप्तोपमा सीदंतेसीदंति चित्तस्थैर्विषयैरितिशेषः २३

॥ ३७ ॥

स्नेहेननिमित्तेनतिलपीडैस्तैलिकैः क्लेशैरविद्यादिभिरनित्याऽशुचिदुःखानात्मसुदेहादिषुनित्यत्वशुचित्वसुखत्वात्मत्त्वारोपप्रभृतिभिरज्ञानमूलैः । ततश्चाज्ञाननाशात्क्लेशोच्छेदेप्रवृत्त्याद्यभावेनदेहदुःखाद्यभावान्निष्पत्यूहोमोक्षःसिद्धः । तथाचाक्षपादचरणाः । दुःखजन्मप्रवृत्तिदोषमिथ्याज्ञानानामुत्तरोत्तरापायेतदनंतरापायादपवर्गइति २४ अशुभंचौर्यादि कलत्रापेक्षयाभार्यादिपोषणार्थं धनसुखभागिनःसर्वे पापफलभागीत्वेक एवायमित्यर्थः २५ । २६ पुत्रेति । यथाजीवनाशेमरणेदुःखंप्राप्यतेतथापुत्रस्यज्ञात्यादेश्चनाशेपीतितेषुममतानकार्येत्यर्थः २७ भवाभवावैश्वर्यानैश्वर्ये। सुहृत्प्रत्युपकारमनपेक्ष्योपकारकर्ता । मित्रंप्रत्युपकारमपेक्ष्योपकारकर्तृ। तयोःप्रज्ञायाश्चभावेऽभावेवाशत्रुयोगेऽपिवादैवादेवसुखंलभते। निर्दैवाःसत्यपिसुखसाधनेदुःखिनएव तृष्णाधिक्यात् सदैवास्तुतदभावात्सुखिनएवतृष्णात्यागादित्यर्थः२८ सुखायसुखंदातुंनालंपर्याप्ताः अर्थानांलाभेइतिशेषः २९ जाड्यंमूढता असमृद्धयेधनादिनाशाय लोकोभोग्यप्रपंचस्तस्यपर्यायोनिर्माणंतत्रविषयेवृत्तान्तांसिद्धांतं प्राज्ञस्तत्त्ववित् । 'पर्यायस्तुप्रकारेस्यान्निर्माणेऽवसरेक्रमे' इतिविश्वः । तत्त्ववित्तुमरीचिकोदकवल्लोकंपश्यन्नसुखेदुःखेवाहर्षविषादौलभतेइत्यर्थः ३० मूढंनिर्बुद्धिं जडमलसं कविंदीर्घदर्शिनं भागिनंसदैवंभजतेस्वयमेवोपनमते नतुतदर्थंयत्नोऽपेक्ष्यइत्यर्थः ३१ धेनुरिति । पयःपातुरेवधेनुरितरेषांतुतत्रममताव्यर्था तस्मादावश्यकादधिकेस्पृहानकार्येत्यर्थः यथोक्तम् । 'गोशतादपिगोक्षीरंप्रस्थंधान्यशतादपि ॥ प्रासादादपिखट्वार्धंशेषाःपरविभूतयः' इति ३२ मूढतमाःसुषुप्तिस्थाः बुद्धेःपरंगतानिर्विकल्पस-

स्नेहेनतिलवत्सर्वंसर्गचक्रेनिपीड्यते ॥ तिलपीडैरिवाक्रम्यक्लेशैरज्ञानसंभवैः २४ संचिनोत्यशुभंकर्मकलत्रापेक्षयानरः ॥ एकःक्लेशानवाप्नोतिपरत्रेहचमानवः २५ पुत्रदारकुटुंबेषुप्रसक्ताःसर्वमानवाः ॥ शोकपंकार्णवेमग्नाजीर्णावनगजाइव २६ पुत्रनाशेवित्तनाशेज्ञातिसंबंधिनामपि ॥ प्राप्यतेसुमहद्दुःखंदावाग्निप्रतिमंविभो ॥ दैवायत्तमिदंसर्वंसुखदुःखेभवाभवौ २७ असुहृत्ससुहृच्चापिसशत्रुर्मित्रवानपि ॥ सप्रज्ञःप्रज्ञयाहीनोदैवेनलभतेसुखम् २८ नालंसुखायसुहृदोनालंदुःखायशत्रवः ॥ नचप्रज्ञानमर्थानांनसुखानामलंधनम् २९ नबुद्धिर्धनलाभायनजाड्यमसमृद्धये ॥ लोकपर्यायवृत्तांतंप्राज्ञोजानातिनेतरः ३० बुद्धिमंतंचशूरंचमूढंभीरुंजडंकविम् ॥ दुर्बलंबलवंतंचभागिनंभजतेसुखम् ३१ धेनुर्वत्सस्यगोपस्यस्वामिनस्तस्करस्यच ॥ पयःपिबतियस्तस्याधेनुस्तस्येतिनिश्चयः ३२ येचमूढतमालोकेयेचबुद्धेःपरंगताः ॥ तेनराःसुखमेधन्तेक्लिश्यत्यंतरितोजनः ३३ अंत्येषुरेमिरेधीरानतेमध्येषुरेमिरे ॥ अंत्यप्राप्तिंसुखामाहुर्दुःखमंतरमंत्ययोः ३४ येचबुद्धिसुखंप्राप्ताद्वंद्वातीताविमत्सराः ॥ तान्नैवार्थानचानर्थाव्यथयंतिकदाचन ३५ अथयेबुद्धिमप्राप्ताव्यतिक्रांताश्चमूढताम् ॥ तेऽतिवेलंप्रहृष्यंतिसंतापमुपयांतिच ३६ नित्यंप्रमुदितामूढादिविदेवगणाइव ॥ अवलेपेनमहतापरिभूत्याविचेतसः ३७

माधिस्थाः एधंतेवृद्धिंब्रह्मभावाख्यांप्राप्नुवंति । 'सतासौम्यतदासंपन्नोभवति ब्रह्मविद्ब्रह्मैवभवति' इतिसुषुप्तिसमाध्योर्ब्रह्मभावश्रुतेः । अत्रसुषुप्त्युपन्यासोदृष्टांतार्थः। अतएवमाध्यंदिनाःयद्वैतन्नपश्यतिइत्यादिना सुषुप्तिसमाध्योर्द्वैतादर्शनंतुल्यवदामनंति । सूत्रमपिस्वाप्ययसंपत्त्योरन्यतरापेक्षमाविष्कृतंहीति स्वाप्ययेसुषुप्तौसंपत्तौकैवल्येऽत्रद्वैतादर्शनंस्पष्टीकृतमितिसूत्रार्थः। अंतरंभेदःसंजातोऽस्यजाग्रत्स्वप्नसविकल्पसमाधिस्थस्य सोऽन्तरितोभेददर्शीक्लिश्यति । 'अथयत्रान्यत्पश्यतितदल्पंनाल्पेसुखमस्तीत्यतोऽन्यदार्तम्' इत्यादिश्रुतिभ्यः ३३ अंत्येष्वितिबहुवचनंसुप्तिसमाधिव्यक्त्यभिप्रायं अंत्ययोरितिद्विवचनंतुतज्जात्याभिप्रायं अंतरं मध्यम् ३४ विवेकिनस्त्वंतरस्थाअपिनक्लिश्यंतीत्याह येचेति। बुद्धिसुखंबुद्धेःपरंसुखंस्वरूपसुखंप्राप्ताः अतएवद्वंद्वातीताःसुखदुःखाद्यतीताः मत्सरःपरोत्कर्षासहिष्णुत्वंतद्वर्जिताः अर्थाःस्त्र्यादयः अनर्थास्तद्वियोगाः ३५ अल्पज्ञंप्रतिप्राह अथयेइति । अतिवेलमत्यंतम् ३६ अत्यज्ञंप्रतिप्राह नित्यमिति । अवलेपेनगर्वेण मूढाःसदसद्विवेकहीनाः विचेतसःकामादिभिर्ग्रस्तचित्ताः परिभूत्यापरपराभवेन ३७ ॥ ३७ ॥

तर्हिमौढ्यमेवसुखदमित्याशंक्याह सुखमिति । दुःखमंतेयस्य उदर्कदुःखंमौढ्यसुखंनश्रेयइत्यर्थः । आलस्यदुःखंचापिसुखोदयमितिपाठे सुखेष्वसक्तोदुःखादनुद्विग्नोदाक्ष्यंज्ञानसाधनानुष्ठानेउत्साहंश्रयेदित्यर्थः ।
आलस्यंदुःखंदाक्ष्यंसुखोदयमितिपाठेत्वालस्यंज्ञानसाधनेष्वप्रवृत्तिः दुःखंदुःखकरं भूतिरणिमाद्यैश्वर्यं।श्रिया ‘ ऋचःसामानियजूंषिसाहिश्रीरमृतासताम् ’ इतिश्रुत्युक्तयाविद्यया ३८ सुखदुःखसाधनेप्रियाप्रिये
हृदयेनहर्षशोकमयेनाऽपराजितोऽवशीकृतः ३९ शोकेति । शोकमूलानीष्टवियोगादीनिभयमूलान्यनिष्टसंयोगादीनि आविशंतिस्वकार्योत्पादनेनव्याप्नुवंति ४० नपंडितमित्येतद्विवृणोति बुद्धीति । बुद्धिर्ग्रंथधारण
सामर्थ्यंतद्वंतं । कृतास्वतःसिद्धाप्रज्ञाऊहापोहकौशलंयस्यतं । शुश्रूषुंशास्त्राभ्यासपरं । अनसूयकंशास्त्रीयेर्थेदोषदृष्टिरसूयातद्रहितं दांतंजितवाह्येंद्रियं । जितेंद्रियंजितचित्तं ४१ गुप्तंकामादिभ्योरक्षितंचित्तंयेनसगुप्त
चित्तः । युक्तचित्तइतिपाठे प्रतीचियोजितचित्तइत्यर्थः । अतएवोदयास्तमयज्ञंजगदुत्पत्तिलयस्थानंब्रह्मतज्ज्ञं युक्तचित्तत्वात् । एतेन‘तरतिशोकमात्मवित्’इतिश्रुत्यर्थोदर्शितः । उदयास्तमयेत्यतःप्राक्
‘ शुक्लकृष्णगतिज्ञंतंदेवासुरविनिर्गमम् ’ इत्यर्धंगौडाःपठंति तस्यार्थः । शुक्लंसत्वंकृष्णंतमस्ताभ्यांप्राप्येगतीप्रकाशावरणकार्येमुक्तिसंसाराख्येतज्ज्ञं । देवादानदयादिरूपाःसात्विक्यश्चेतोवृत्तयः असुराराजस्यस्तामस्यो
लोभमोहाद्यास्ताएवतासामुभयीनामपिविशेषेणनिर्गमोबहिर्भावोयस्मात्तं । युक्तचित्तोहियोगबलेनमुक्तिसंसारयोस्तत्वंजानन् निरुद्धसदसद्वृत्तिर्ब्रह्मभूतोभवत्यतस्तंशोकोनस्पृशतीति ४२ यतआयासस्तन्मूलंकारण

सुखंदुःखांतमालक्ष्यदुःखंदाक्ष्यंसुखोदयम् ॥ भूतिस्त्वेवंश्रियासार्धंदक्षेवसतिनालसे ३८ सुखंवायदिवादुःखंप्रियंवायदिवाऽप्रियम् ॥ प्राप्तंप्राप्तमुपासी
तहृदयेनापराजितः ३९ शोकस्थानसहस्राणिभयस्थानशतानिच ॥ दिवसेदिवसेमूढमाविशंतिनपंडितम् ४० बुद्धिमंतंकृतप्रज्ञंशुश्रूषुमनसूयकम् ॥ दांतं
जितेंद्रियंचापिशोकोनस्पृशतेनरम् ४१ एतांबुद्धिंसमास्थायगुप्तचित्तश्चरेद्बुधः ॥ उदयास्तमयज्ञंहिनशोकःस्प्रष्टुमर्हति ४२ यन्निमित्तंभवेच्छोकस्तापोवा
दुःखमेवच ॥ आयासोवायतोमूलमेकांगमपितत्त्यजेत् ४३ किंचिदेवममत्वेनयदाभवतिकल्पितम् ॥ तदेवपरितापार्थंसर्वंसंपद्यतेतथा ४४ यद्यत्त्यजतिका
मानांतत्सुखस्याभिपूर्यते ॥ कामानुसारीपुरुषःकामाननुविनश्यति ४५ यच्चकामसुखंलोकेयच्चादिव्यंमहत्सुखम् ॥ तृष्णाक्षयसुखस्यैतेनार्हतःषोडशींकलाम्
४६ पूर्वदेहकृतंकर्मशुभंवायदिवाऽशुभम् ॥ प्राज्ञंमूढंतथाशूरंभजतेयादृशंकृतम् ४७ एवमेवकिलैतानिप्रियाण्येवाप्रियाणिच ॥ जीवेषुपरिवर्तन्तेदुःखानिचसु
खानिच ४८ एतांबुद्धिंसमास्थायसुखमास्तेगुणान्वितः ॥ सर्वान्कामाञ्जुगुप्सेतकामात्कुर्वीतपृष्ठतः ४९ वृत्तएषहृदिप्रौढोमृत्युरेषमनोभवः ॥ क्रोधोनामश
रीरस्थोदेहिनांप्रोच्यतेबुधैः ५० यदासंहरतेकामान्कूर्मोऽङ्गानीवसर्वशः ॥ तदाऽऽत्मज्योतिरात्माऽयमात्मन्येवप्रपश्यति ५१

मायासादेरेकांगंशरीरैकदेशभूतमपित्यजेत् किमुतधनदारादि ४३ दारादौममतैवानर्थहेतुः प्रत्युततत्त्यागएवसुखकरइत्याहद्वाभ्यां किंचिदेवेति ४४ कामानांविषयाणांमध्ये ४५ वैराग्यंस्तौति यच्चेति । लोकेमा
नुषे दिव्यंस्वर्गभवं तृष्णाक्षयोवैराग्यं ४६ नन्वेवंधनादित्यागेकथंदेहनिर्वाहइत्याशंक्याह पूर्वेति । दृष्टसुखार्थमैहिकोयत्नोव्यर्थइत्यर्थः ४७ ननुपूर्वकर्मापिदृष्टयत्नापेक्षमतआह एवमिति । यथारोगारोग्यादिजानि
दुःखसुखान्यप्रार्थितान्येवलभ्यंते एवमेवप्रियाप्रियसंबंधादीनिलाभनाशादीनिचलभ्यंतेइत्यनर्थकोयत्नइत्यर्थः ४८ एतांयच्चकामसुखमित्यादिनोक्तां सुखंनिरुद्योगंयथास्यात्तथा गुणान्वितोवैतृष्ण्यान्वितः
जुगुप्सेतनिंदेत कामान्विषयान् कामाद्धठात् क्रोधंकुर्वीतेत्यपिवापाठः ४९ वृत्तोनित्यनिष्पन्नमृत्युर्जन्ममरणाख्यसंसारद्वारभूतः मनोभवःकामः सएवकेनचिन्निमित्तेनप्रतिहतःक्रोधरूपेणपरिणमतेइत्यर्थः ५०
यदेति । त्रिविधाःकामाःस्थूलसूक्ष्मकारणोपाधिभोग्याविषयाः । तत्रस्थूलानांत्यागःसंगवर्जनेनस्थवीयानेव । सूक्ष्माणांवासनामयानांत्यागोवैराग्यदार्ढ्यात्सर्वविषयस्मरणस्याप्यभावः । एतानपिगुरूक्तयुक्त्या

परित्यज्यहार्दाकाशाख्यंकारणंब्रह्मप्रविष्टोयोगी । ‘ अत्रहिसर्वेकामाःसमाहितायच्चास्येहास्तियच्चनास्तिसर्वंतदत्रगत्वाविंदते ’ इतिश्रुतेर्वर्तमानंत्रिलोक्यंतर्गतमतीतानागतंचकामजातं संकल्पसमकालोत्थितं-पुरोवर्तमानमेवपश्यन्कदाचिद्वैराग्यमांद्यान्मुह्येतातस्तानपिसंहरेत् । तथाचसूत्रंभगवतःपतंजलेः स्थान्युपनिमंत्रणेसंगस्मयाकरणंपुनरनिष्टप्रसंगादिति । व्याख्यातंचैतद्भगवतावादरायणेन तत्रमधुमतीभूमिंसाक्षात्कुर्वतोब्राह्मणस्यस्थानिनोदेवाःसत्यबुद्धिमनुपश्यंतःस्थानैरुपनिमंत्रयंते भोइहास्यतांकमनीयोऽयंभोगः कमनीयेयंकन्या रसायनमिदंजरामृत्युंबाधते वैहायसमिदंयानं अमीकल्पद्रुमाः पुण्यामंदाकिनी सिद्धामहर्षयः उत्तमाःअनुकूलाश्चाऽप्सरसः दिव्येश्रोत्रचक्षुषी वज्रोपमःकायः स्वगुणैःसर्वमिदमप्युर्जितमायुष्मताप्रतिपद्यतामिदमक्षयमजरममरंस्थानंदेवानांप्रियमित्येवमभिधीयमानः संगदोषान्भावयेत् घोरेषुसंसारांगारेषुपच्यमानेनमया जननमरणांधकारेविवर्तमानेनकथंचिदासादितःक्लेशतिमिरविनाशीयोगप्रदीपः तस्यचैतेतृष्णायोनयोविषयवायवःप्रतिपक्षाः सखल्वहंलब्धालोकः कथमनयाविषयमृगतृष्णयावंचितस्तस्यैवपुनःप्रदीप्तस्यसंसाराग्नेरात्मानमिंधनीकुर्यामिति । स्वस्तिवः स्वप्नोपमेभ्यःकृपणजनप्रार्थनीयेभ्योविषयेभ्यइत्येवंनिश्चितमतिःसमाधिंभावयेत्संगमकृत्वास्मयंकुर्यात् एवमहंदेवानांप्रार्थनीयइतिस्मयादयंसुस्थितंमन्यतयामृत्युनाकेशगृहीतमात्मानंनभावयिष्यति । तथाचास्यच्छिद्रांतरप्रेक्षीनित्यंयत्नोपचर्यः प्रमादोलब्धविवरः क्लेशानुत्तंभयिष्यतिततश्चपुनरनिष्टप्रसंगइति । तस्मात्सर्वशःसर्वान्त्रि

नबिभेतियदाचायंयदाचास्मान्नबिभ्यति ॥ यदानेच्छतिनद्वेष्टिब्रह्मसंपद्यतेतदा ५२ उभेसत्यानृतेत्यक्त्वाशोकानंदौभयाभये ॥ प्रियाप्रियेपरित्यज्यप्रशांतात्माभविष्यति ५३ यदानकुरुतेधीरःसर्वभूतेषुपापकम् ॥ कर्मणामनसावाचाब्रह्मसंपद्यतेतदा ५४ यादुस्त्यजादुर्मतिभिर्यानजीर्यतिजीर्यतः ॥ योऽसौप्राणांतिकोरोगस्तांतृष्णांत्यजतःसुखम् ५५ अत्रपिंगलयागीतागाथाःश्रूयंतिपार्थिव ॥ यथासाकृच्छ्रकालेऽपिलेभेधर्मंसनातनम् ५६ संकेतेपिंगलावेश्याकांतेनासीद्विनाकृता ॥ अथकृच्छगताशांताबुद्धिमास्थापयत्तदा ५७

विधानपिकामान्संहरेत् कूर्मोंगानीतिदृष्टांतः । कामानांस्वरूपादनन्यत्वंस्वाधीनोत्पत्तिप्रलयत्वंचदर्शयति यदाकामानसर्वान्संहरेत्तदाऽयमात्माऽहंप्रत्ययगोचरोजीवः आत्मन्येवअपेतसर्वोपाधौस्वस्वरूपेएवाऽऽत्मज्योतिःप्रत्यगभिन्नंचिन्मात्रंपश्यति अयमर्थः । यथाजागरेघटंसूर्यादिनाज्योतिषापश्यति । गाढांधकारेतुवाचैवज्योतिषापश्यति । स्वप्नेत्वालोकेंद्रियज्योतिषोरभावाद्वासनामयस्यघटस्यप्रत्यगात्मज्योतिषैवप्रकाशइतिप्रसाधितंज्योतिर्ब्राह्मणे अत्रायंपुरुषःस्वयंज्योतिरिति । तेनतत्रकारणाभावेसिद्धेसुषुप्तौवासनामयस्यप्रपंचस्यापिनाशेदृश्याभावाद्दृङ्मात्रंप्रकाशते। एवंसमाधावपिसंप्रज्ञातेकरणाभावः । असंप्रज्ञातेकर्मकरणयोरभावाद्द्रष्टृत्वनिवृत्तौदृङ्मात्रंशिष्यतेइति । प्रसीदतीतिपाठेकार्यकरणसंपर्कजंकालुष्यंत्यजतीत्यर्थः । किंचिदेवममत्वेनेतिश्लोकंकेचिदितउत्तरंपठंति । तदामधुमत्यांयोगभूमावुपस्थितेषुविषयेषुवैराग्यार्थमिदंवचनमितिज्ञेयं ५१ असंप्रज्ञातावस्थामेवप्रपंचयतिद्वाभ्यां नबिभेतीति। ‘ह्रीर्धीर्भीरित्येतत्सर्वंमनएव’इतिश्रुतेर्भयादेर्मनोधर्मत्वान्मनसश्चलीनत्वाद्यदाभयादिरहितःस्थाणुवदचंचलोभवतितदाऽस्मादन्येजनानबिभ्यति अयंचब्रह्मसंपद्यते तथाचश्रुतिः । ‘यदापंचावतिष्ठंतेज्ञानानिमनसासह । बुद्धिश्चनविचेष्टतितामाहुःपरमांगतिम्’इति ५२ सत्यंव्यावहारिकंदेहादि अनृतंस्वप्नसबीजसमाधिकालिकंप्रातिभासिकंचदेहादि प्रशांतात्माप्रकर्षेणशांतउपरतआत्माचित्तंयस्यसप्रशांतात्मा ५३ व्युत्थानावस्थामाह यदानेति। पापकंहिंसनं ५४ एषास्थितिस्तृष्णात्यागेनैवलभ्येत्याख्यायिकापूर्वकमाह यादुस्त्यजेत्यादिना ५५ कृच्छ्रकालेदुःखकाले सनातनंधर्मंनित्यप्रसिद्धंयोगं ५६ संकेतेइति । आस्थापयत्व्यवस्थापितवती तीव्रदुःखमेववैराग्यहेतुरितिभावः ५७

उन्मत्ताविकारवती अनुन्मत्तंनिर्विकारंकांतंस्वामिनमंतर्यामिणं अन्ववसं वसआच्छादने आर्षःपदव्यत्ययः अहंकारधर्मकामादिकमनुलक्षीकृत्याऽऽच्छादितवती अंतिकेहृदयकोशेरमणमानंदप्रदं । 'एषह्येवानंदया
ति' इतिश्रुतेः । मरणमित्यपपाठः ५८ एकाअविद्यैवस्थूणेवविधारिकायस्यतदेकस्थूणं । नव श्रोत्रत्वक्चक्षुर्जिह्वाघ्राणमनोबुद्धिकामकर्माणिविषयप्राप्तिद्वाराणियस्यतन्नवद्वारंआपिधास्यामिविद्याबलेनाच्छादयामि ।
अगारमिवचिदात्मोपलब्धिस्थानंदेहादिसंघातं काहीति । 'विभेदजनकेऽज्ञानेनाशमात्यंतिकंगते । आत्मनोब्रह्मणोभेदमसंतंकःकरिष्यति ' इतिविष्णुपुराणोक्तेर्दर्पणापगमेबिंबप्रतिबिंबयोरिवाविद्यानाशेईशजी
वयोर्भेदाभावात् । इहहार्दाकाशेआयांतंचिन्मात्ररूपेणाविर्भवंतंप्रत्यगनन्यमीशमयंकांतंइतिकामंस्यतेनकाऽपीत्यर्थः । तथाचश्रुतिः 'यत्रत्वस्यसर्वमात्मैवाभूत्तत्केनकंपश्येत्'इतिविद्यावस्थायांमंतृमंतव्यभावाभावेनभे
दमपवदति । कांतेतिसंधिरार्षः ५९ अकामामात्मलाभेनसर्वकामावाप्तेर्निरिच्छां कामरूपेणकामुकरूपेण प्रतिबुद्धाज्ञातात्मतत्त्वा जागृमिजागर्भि अविद्यानिद्रोच्छेदात् । ज्ञाततत्त्वोनविषयैराकृष्यतइत्यर्थः ६०

॥ पिंगलोवाच ॥ उन्मत्ताऽहमनुन्मत्तंकांतमन्ववसंचिरम् ॥ अंतिकेरमणंसंतंनैनमध्यगमंपुरा ५८ एकस्थूणंनवद्वारमपिधास्याम्यगारकम् ॥ काहिकांतमिहायां तमयंकान्तेतिमंस्यते ५९ अकामांकामरूपेणधूर्तानरकरूपिणः ॥ नपुनर्वंचयिष्यंतिप्रतिबुद्धाऽस्मिजागृमि ६० अनर्थोहिभवेदर्थोदैवात्पूर्वकृतेनवा ॥ संबुद्धाऽहं निराकारानाहमद्याजितेंद्रिया ६१ सुखंनिराशःस्वपितिनैराश्यंपरमंसुखम् ॥ आशामनाशांकृत्वाहिसुखंस्वपितिपिंगला ६२ ॥ भीष्मउवाच ॥ एतैश्चान्यैश्चविप्र स्यहेतुमद्भिःप्रभाषितैः ॥ पर्यवस्थापितोराजासेनजिन्मुमुदेसुखी ६३ ॥ इतिश्रीम० शां० मो० ब्राह्मणसेनजित्संवादकथनेचतुःसप्तत्यधिकशततमोऽध्यायः ॥१७४॥

॥ युधिष्ठिरउवाच ॥ अतिक्रामतिकालेऽस्मिन्सर्वभूतक्षयावहे ॥ किंश्रेयःप्रतिपद्येततन्मेब्रूहिपितामह १ ॥ भीष्मउवाच ॥ अत्राप्युदाहरंतीममितिहासंपुरा तनम् ॥ पितुःपुत्रेणसंवादंतंनिबोधयुधिष्ठिर २ द्विजातेःकस्यचित्पार्थस्वाध्यायनिरतस्यवै ॥ बभूवपुत्रोमेधावीमेधावीनामनामतः ३ सोऽब्रवीत्पितरंपुत्रःस्वा ध्यायकरणेरतम् ॥ मोक्षधर्मार्थकुशलोलोकतत्त्वविचक्षणः ४॥ पुत्रउवाच ॥ धीरःकिंस्वित्तातकुर्यात्प्रजानन्क्षिप्रंह्यायुर्भ्रश्यतेमानवानाम् ॥ पितस्तदाचक्ष्व यथार्थयोगंममानुपूर्व्यायेनधर्मंचरेयम् ५ ॥ पितोवाच ॥ वेदानधीत्यब्रह्मचर्येणपुत्रपुत्रानिच्छेत्पावनार्थंपितॄणाम् ॥ अग्नीनाधायविधिवच्चेष्टयज्ञोवनंप्रविश्या थमुनिर्बुभूषेत् ६ ॥ पुत्रउवाच ॥ एवमभ्याहतेलोकेसमंतात्परिवारिते ॥ अमोघासुपतंतीषुकिंधीरइवभाषसे ७ ॥ पितोवाच ॥ कथमभ्याहतोलोकःकेनवाप रिवारितः ॥ अमोघाःकाःपतंतीहकिंनुभीषयसीवमाम् ८ ॥ पुत्रउवाच ॥ मृत्युनाऽभ्याहतोलोकोजरयापरिवारितः ॥ अहोरात्राःपतंत्येतेननुकस्मान्नबुध्यसे ९

अनर्थोधनाद्याशयावैक्लव्यंतदेवार्थोभवेत् आशायानिरन्वयोच्छेदहेतुत्वेनसुखायापिस्यात् तत्रहेतुः दैवाद्दैवस्यानुग्रहात् । निरीश्वरवादिमतमनुरुध्याह पूर्वकृतेनवेति निराकारानिर्विषयज्ञानरूपा ६१ सुखमिति ।
नैराश्यमेवपरंसुखंमोक्षाख्यपरसुखप्रापकं अशनंभोजनमाशोविषयभोगस्तद्रहितामनाशां भोगार्थंहिधनाद्याशाभोगत्यागादुच्छिद्यतेइत्यर्थः ६२ पर्यवस्थापितआत्मतत्त्वेनिष्ठांप्रापितः ६३ ॥ ॥ इतिशांतिपर्वणिमो
१४ क्षधर्मपर्वणिनीलकंठीयेभारतभावदीपेचतुःसप्तत्यधिकशततमोऽध्यायः ॥ १७४ ॥ ॥ पूर्वंजिताशोमोक्षमिच्छेदित्युक्तंसंप्रतितत्रकालविलंबोनकर्तव्यइत्याहाध्यायेन अतीति । अतिक्रामतिजरारोगादिभिर्नॄणांप
राभवंकुर्वति श्रेयःप्रशस्ततरं १ । २ । ३ मोक्षधर्माणामर्थेषुकुशलः विचक्षणउहापोहकुशलः ४ यथार्थयोगंफलसंबंधमनतिक्रम्य ५ मुनिर्ध्यानभिक्षुः ६ अभ्याहतेमृत्युनाऽभितस्ताडिते परिवारिते जरयाव्याप्ते ।
परितापिते इतिजीर्णपाठः अमोघास्वायुर्हरणेनसफलासुरात्रिषु ७ । ८ । ९

अहोवारात्रयश्चापीतिपाठेअहोइतिखेदे वाशब्दएवार्थे भिन्नक्रमः यांत्येवनतुतिष्ठंतीत्यर्थः। नतिष्ठत्यपिंतुक्षणेक्षणेअर्वागायाति ज्ञानेनाऽपिहितःअनाच्छादितज्ञानकवचस्यहिमृत्युभयंनास्ति अहंतुतद्रहितःकथंनो द्विजेयमित्यर्थः। अपिशब्दस्यभागुरिमतेनअकारलोपंकृत्वानञ्समासः। जालेनापिहितइतिपाठेतुनाकारलोपादि जालेनमायावरणेनअपिहितआच्छादितः १० वंध्यंनिष्फलं ११ यदामृत्युरभ्येतितदाकःसुखं विंदेतेतिसंबंधः १२ पुष्पाणिकाम्यकर्मफलानिमेषीणामर्त्तवानिवा आर्तवंविनापशूनांस्त्रीसंगेप्रवृत्त्यदर्शनात् विचिन्वंतंशास्त्रदृष्ट्याआघ्राणेनच उरणंमेषं १३। १४। १५ अनित्यंखल्वित्यत्रानिमित्तमितिपाठे आयुरियत्तावधारणकारणहीनम् १६ मोहेनेति एषांपुत्रादीनां १७ सुप्तंव्याघ्रंमहौघेवेतिपाठे सुप्तंसैकते महौघामहानदीअकालपूरवती १८ संचिन्वानकंकुत्सितंसंचिन्वानंसंग्रहीतारं १९ कार्यकर्तुमिष्टं कृताकृतमर्धं कृतं ईहातृष्णा २० फलंनप्राप्तंयेनतंफलमप्राप्तंनरंअप्राप्तकर्मफलमित्यर्थः कर्मसंज्ञितंवणिगित्यादिकर्मानुरूपसंज्ञावंतं २१। २२। २३। द्वयेनांतकजराख्येन २४ एवंपुत्रादिषुवैराग्यमुक्त्वातेषांत्यागमप्याह

अमोघारात्रयश्चापिनित्यमायांतियांतिच ॥ यदाऽहमेतज्जानामिनमृत्युस्तिष्ठतीतिह ॥ सोऽहंकथंप्रतीक्षिष्येज्ञानेनापिहितश्चरन् १० रात्र्यांरात्र्यांव्यतीतायामायुरल्पतरंयदा ॥ तदैववंध्यंदिवसमितिविद्याद्विचक्षणः ११ गाधोदकेमत्स्यइवसुखंविंदेतकस्तदा ॥ अनवाप्तेषुकामेषुमृत्युरभ्येतिमानवम् १२ पुष्पाणीवविचिन्वंतमन्यत्रगतमानसम् ॥ वृकीवोरणमासाद्यमृत्युरादायगच्छति १३ अद्यैवकुरुयच्छ्रेयोमात्वांकालोऽत्यगादयम् ॥ अकृतेष्वेवकार्येषुमृत्युर्वैसंप्रकर्षति १४ श्वःकार्यमद्यकुर्वीतपूर्वाह्णेचापराह्णिकम् ॥ नहिप्रतीक्षतेमृत्युःकृतमस्यनवाकृतम् १५ कोहिजानातिकस्याद्यमृत्युकालोभविष्यति ॥ युवैवधर्मशीलःस्यादनित्यंखलुजीवितम् ॥ कृतेधर्मेभवेत्कीर्तिरिहप्रेत्यचवैसुखम् १६ मोहेनहिसमाविष्टःपुत्रदारार्थमुद्यतः ॥ कृत्वाकार्यमकार्यंवापुष्टिमेषांप्रयच्छति १७ तंपुत्रपशुसंपन्नंव्यासक्तमनसंनरम् ॥ सुप्तंव्याघ्रोमृगमिवमृत्युरादायगच्छति १८ संचिन्वानकमेवैनंकामानामवितृप्तकम् ॥ व्याघ्रःपशुमिवादायमृत्युरादायगच्छति १९ इदंकृतमिदंकार्यमिदमन्यत्कृताकृतम् ॥ एवमीहासुखासक्तंकृतांतःकुरुतेवशे २० कृतानांफलमप्राप्तंकर्मणांकर्मसंज्ञितम् ॥ क्षेत्रापणगृहासक्तंमृत्युरादायगच्छति २१ दुर्बलंबलवन्तंचशूरंभीरुंजडंकविम् ॥ अप्राप्तंसर्वकामार्थान्मृत्युरादायगच्छति २२ मृत्युर्जराचव्याधिश्चदुःखंचानेककारणम् ॥ अनुषक्तंयदादेहेकिंस्वस्थइवतिष्ठसि २३ जातमेवांतकोऽन्तायजराचान्वेतिदेहिनम् ॥ अनुषक्ताद्वयेनैतेभावाःस्थावरजंगमाः २४ मृत्योर्वामुखमेतद्वैयाग्रामेवसतोरतिः ॥ देवानामेषवैगोष्ठोयदरण्यमितिश्रुतिः २५ निबंधनीरज्जुरेषायाग्रामेवसतोरतिः ॥ छित्वैतांसुकृतोयांतिनैनांछिंदंतिदुष्कृतः २६ नहिंसयतियोजंतून्मनोवाक्कायहेतुभिः ॥ जीवितार्थापनयनैःप्राणिभिर्नसहिंस्यते २७

मृत्योरिति। ग्रामेस्त्र्यादिसंघेरतिरासक्तिरेवमृत्योर्मुखंनतुवासमात्रं गोष्ठमिवगोष्ठंवासस्थानं अरण्यंविविक्तदेशः तद्धिदेवानामिंद्रियाणांगवांगोष्ठमिवबंधनस्थानं गृहंत्यक्त्वैकांतेध्यानपरोभवेदित्यर्थः लिंगव्यत्ययआर्षः २५ यांतिमुक्तिमितिशेषः २६ नहिंसयतिहिंसांनकारयतिनकरोतिचेत्यर्थः हेतुःश्राद्धादिनिमित्तंतैः कर्महेतुभिरितिपाठेऽपिसएवार्थः जीवितमर्थांश्चाऽपनयंतितैर्हिंस्रस्तेनादिभिः प्राणिभिः सनहिंस्यतेनिमित्ताभावात् यथोक्तंवैष्णवे। 'यःपरस्यनपापानिचिंतयत्यात्मनोयथा ॥ तस्यपापागमस्तातहेत्वभावान्नविद्यते' इति। कर्मभिर्नसबध्यतइतिपाठे मनोवाक्कायजैरपध्यानपरुषोक्तिशस्त्रपातनादिभिःकरणभूतैर्नबध्यतेसंबंधंनप्राप्नोति। वध्यतइतिस्पष्टार्थःपाठः। योहिंसांयच्छतिप्राणानित्यपपाठः २७

मृत्युसेनांजराव्याधिरूपां सत्यमबाधितात्मतत्त्वप्रापकत्वाद्योगधर्मं अमृतंमरणाभावः एतेन 'नतस्यरोगोनजरानमृत्युःप्राप्तस्ययोगाग्निमयंशरीरं' इतिश्रुतेरर्थउक्तः । ऋतेसत्यमसत्याद्यमितिपाठे असत्यमज्ञानमद्यंभ
क्ष्यंयस्येत्यर्थः २८ सत्यव्रताचारोब्रह्मप्राप्त्यर्थानिव्रतानियमनियमरूपाण्याचरतीतितथा सत्ययोगश्चिदाभासरूपस्यजीवस्यप्रविलापनंतत्रपरायणः । सत्यःप्रमाणभूतआगमोगुरुवेदवाक्यंयस्यससत्यागमः
श्रद्धावान् २९ देहेचित्ते मोहाद्विषयपारवश्यात् सत्येनतद्वर्जनात्मकेनयोगेन तथाच । 'मनएवमनुष्याणांकारणंबंधमोक्षयोः । बंधायविषयासक्तंमुक्त्यैनिर्विषयंस्मृतं' इतिश्रुत्यर्थउक्तः ३० क्षेमीपरसुखार्थी
अमर्त्यवत् हिरण्यगर्भवत् ३१ शांतियज्ञोनिवृत्तिमार्गाभ्यासः ब्रह्मयज्ञोनित्यमुपनिषदर्थचिंतनं । वाग्यज्ञःप्रणवजपः । मनोयज्ञःअकारोकारमकारार्धमात्राणांपूर्वपूर्वस्योत्तरोत्तरत्रप्रविलापनं कर्मयज्ञःस्नानशौचगु
रुशुश्रूषाद्यावश्यकधर्मानुष्ठानम् । उदगायनेइतिदेवयानपथनिमित्तं उक्तपंचयज्ञपरोभविष्यामि दैर्घ्यमार्षम् ३२ अंतवद्भिरनित्यफलैः क्षेत्रयज्ञैःशरीरत्यागैः यथाकश्चित्पिशाचःप्राप्तंप्राप्तंशरीरंपूर्वपूर्ववासनावशा

नमृत्युसेनामायांतींजातुकश्चित्प्रबोधते ॥ ऋतेसत्यमसत्याज्यंसत्येह्यमृतमाश्रितम् २८ तस्मात्सत्यव्रताचारःसत्ययोगपरायणः ॥ सत्यागमःसदादांतःस
त्येनैवांतकंजयेत् २९ अमृतंचैवमृत्युश्चद्वयंदेहेप्रतिष्ठितम् ॥ मृत्युरापद्यतेमोहात्सत्येनापद्यतेऽमृतम् ३० सोऽहंह्यहिंस्रःसत्यार्थीकामक्रोधबहिष्कृतः ॥
समदुःखसुखःक्षेमीमृत्युंहास्याम्यमर्त्यवत् ३१ शांतियज्ञरतोदांतोब्रह्मयज्ञेस्थितोमुनिः ॥ वाङ्मनःकर्मयज्ञश्चभविष्याम्युदगायने ३२ पशुयज्ञैःकथंहिंस्रैर्मा
दृशोयष्टुमर्हति ॥ अंतवद्भिरिवप्राज्ञःक्षेत्रयज्ञैःपिशाचवत् ३३ यस्यवाङ्मनसीस्यातांसम्यक्प्रणिहितेसदा ॥ तपस्त्यागश्चसत्यंचसवैसर्वमवाप्नुयात् ३४
नास्तिविद्यासमंचक्षुर्नास्तिसत्यसमंतपः ॥ नास्तिरागसमंदुःखंनास्तित्यागसमंसुखम् ३५ आत्मन्येवात्मनाजातआत्मनिष्ठोऽप्रजोऽपिवा ॥ आत्मन्येव
भविष्यामिनमांतारयतिप्रजा ३६ नैतादृशंब्राह्मणस्यास्तिवित्तंयथैकतासमतासत्यताच ॥ शीलंस्थितिर्दण्डनिधानमार्जवंततस्ततश्चोपरमःक्रियाभ्यः ३७
किंतेधनैर्बांधवैर्वापिकिंतेकिंतेदारैर्ब्राह्मणयोमरिष्यसि ॥ आत्मानमन्विच्छगुहांप्रविष्टंपितामहास्तेक्वगताःपिताच ३८॥ ॥ भीष्मउवाच ॥ ॥ पुत्रस्यै
तद्वचःश्रुत्वायथाऽकार्षीत्पितानृप ॥ तथात्वमपिवर्तस्वसत्यधर्मपरायणः ३९ ॥ ॥ इतिश्रीमहाभारतेशांतिपर्वणिमोक्षधर्म० पितापुत्रसंवादकथनेपंचस
प्तत्यधिकशततमोऽध्यायः १७५ ॥ ॥ युधिष्ठिरउवाच ॥ ॥ धनिनश्चाधनायेचवर्तयन्तेस्वतंत्रिणः ॥ सुखदुःखागमस्तेषांकःकथंवापितामह १

द्विषाग्न्युद्धंधनादिनापुनःपुनर्हिनस्तितद्वदहंपश्वादिशरीरमात्मदेहत्वेनपश्यन्कथंनाशयेयमित्यर्थः । क्षत्रेत्यपिपाठः क्षत्रियाणामुचितैर्युद्धयज्ञतुल्यैरित्यर्थः ३३ यस्यवागादिपंचकंब्रह्मणिप्रणिहितंसमर्पितंससर्वंब्रह्मप्रा
प्नुयात् । सत्यंचसवैपरमवाप्नुयादितिमूलपाठः ३४ विद्याग्रंथज्ञानंब्रह्माकाराचरमांतःकरणवृत्तिश्चज्ञानापरपर्याया ३५ आश्रमक्रमंपित्राप्रोक्तंनिरस्यति आत्मनीति । आत्मनिब्रह्मण्यात्मनाब्रह्मरूपेणजातोनपि
त्रामातरि आत्मनिष्ठोब्रह्मभूतः अप्रजोऽनपत्यः वाशब्दएवार्थे आत्मन्येवब्रह्मण्येवभविष्यामिनजायायांपुत्ररूपेण प्रजासंततिः ३६ एकताएकाकित्वं शीलंश्लाघनीयंवृत्तं दंडनिधानंवाङ्मनःकायैर्हिंसात्यागः
३७ गुहांबुद्धिम् ३८ । ३९ ॥ इतिशांतिपर्वणिमोक्षधर्मपर्वणिनीलकंठीये भारतभावदीपेपंचसप्तत्यधिकशततमोऽध्यायः ॥ १७५ ॥ ॥ युवैवमोक्षार्थयतेतेत्युक्तंतत्रमोक्षसाधनंयज्ञादिद्वाराधनमेव निर्धनानांतु
दुर्लभोमोक्षइतिमन्वानःपृच्छति धनिनइति । धनिनांकःकिंरूपःकेनप्रकारेणसुखदुःखयोर्मुक्तिसंसारयोरागमः कथंचनिर्धनानांसुखदुःखागमइत्यर्थः स्वतंत्रिणःस्वशास्त्रानुसारिणः १

॥ ४० ॥ अमृतत्वस्यतुनाशास्तिवित्तेन । त्यागेनैकेअमृतत्वमानशुरितिश्रुत्यनुसारादकिंचनाएवमुच्यंतेनतुधानिनइत्युत्तरयति अत्रापीति । शमात्मसुखंतेनपाकोरागद्वेषादिराहित्यान्निर्मलः । 'शंपाकस्तर्ककेधृष्टेमुनिभिच्चतुरंगुले'इत्यनेकार्थः । तेनशंपाकेनयद्गीतंतन्मांप्रतिकश्चिदब्रवीदितिद्वयोःसंबंधः २ कुचैलेनकुवस्त्रेण निर्धनत्वादन्नाच्छादनहीनइत्यर्थः ३ । ४ अभिसंनयेद्दैवंयदिप्रापयेत्तर्हिनसंहृष्येदित्यादिनासंबंधः मार्गइति प्रथमांतपाठेतुसंनयेत्संप्राप्नुयात् ५ नवैइति । कामादिधर्मवानात्माचित्तंकामात्मा । 'कामःसंकल्पोविचिकित्साश्रद्धाऽश्रद्धाधृतिरधृतिर्ह्रीर्धीर्भीरित्येतत्सर्वंमनएव'इतिश्रुतेः त्वंतुस्वरूपेणाऽकामात्माऽपिमनस्तादात्म्याद्भ्रांत्यातप्तायःपिंडवत्कामात्मेवसन्धुरमुद्यम्यधैर्येणयोगांगगणभारंचोढ्वाश्रेयोमोक्षंप्रतिनचरसिनाभिमुखोभवासियत्तत्रकिंहेतुरात्मनाश्चित्तस्यनईशिषेनईश्वरोभवासि उपालंभोयं तेनचित्तस्यस्वाधीनत्वाच्छ्रेयआचरे

भीष्मउवाच ॥ ॥ अत्राप्युदाहरंतीममितिहासंपुरातनम् ॥ शंपाकेनेहमुक्तेनगीतंशांतिगतेनच २ अब्रवीन्मांपुराकश्चिद्ब्राह्मणस्त्यागमाश्रितः ॥ क्लिश्यमानःकुदारेणकुचैलेनबुभुक्षया ३ उत्पन्नमिहलोकेवैजन्मप्रभृतिमानवम् ॥ विविधान्युपवर्तन्तेदुःखानिचसुखानिच ४तयोरेकतरेमार्गेयदेनमभिसन्नयेत् ॥ नसुखंप्राप्यसंहृष्येन्नासुखंप्राप्यसंज्वरेत् ५ नवैचरसियच्छ्रेयआत्मनोवायदीशिषे ॥ अकामात्माऽपिहिसदाधुरमुद्यम्यचैवह ६ अकिंचनःपरिपतन्सुखमास्वादयिष्यसि ॥ अकिंचनःसुखंशेतेसमुत्तिष्ठतिचैवह ७ आकिंचन्यंसुखंलोकेपथ्यंशिवमनामयम् ॥ अनमित्रपथोह्येषदुर्लभःसुलभोमतः ८ अकिंचनस्यशुद्धस्यउपपन्नस्यसर्वतः ॥ अवेक्षमाणस्त्रींल्लोकान्नतुल्यमिहलक्षये ९ आकिंचन्यंचराज्यंचतुलयासमतोलयम् ॥ अत्यरिच्यतदारिद्र्यंराज्यादपिगुणाधिकम् १० आकिंचन्येचराज्येचविशेषःसुमहानयम् ॥ नित्योद्विग्नोहिधनवान्मृत्योरास्यगतोयथा ११ नैवास्याग्निर्नचारिष्टोनमृत्युर्नचदस्यवः ॥ प्रभवंतिधनत्यागाद्विमुक्तस्यनिराशिषः १२ तंवैसदाकामचरमनुपस्तीर्णशायिनम् ॥ बाहूपधानंशाम्यंतंप्रशंसंतिदिवौकसः १३ धनवान्क्रोधलोभाभ्यामाविष्टोनष्टचेतनः ॥ तिर्यगीक्षःशुष्कमुखःपापकोभ्रुकुटीमुखः १४ निर्दशन्नधरोष्ठंचक्रुद्धोदारुणभाषिता ॥ कस्तमिच्छेत्परिद्रष्टुंदातुमिच्छतिचेन्महीम् १५ श्रियाह्यभीक्ष्णंसंवासोमोहयत्यविचक्षणम् ॥ सातस्यचित्तंहरतिशारदाभ्रमिवानिलः १६ अथैनंरूपमानश्चधनमानश्चविंदति ॥ अभिजातोऽस्मिसिद्धोऽस्मिनाऽस्मिकेवलमानुषः १७ इत्येभिःकारणैस्तस्यत्रिभिश्चित्तंप्रमाद्यति ॥ संप्रसक्तमनाभोगान्विसृज्यपितृसंचितान् ॥ परिक्षीणःपरस्वानामादानंसाधुमन्यते १८ तमतिक्रांतमर्यादमाददानंततस्ततः ॥ प्रतिषेधंतिराजानोलुब्धामृगमिवेषुभिः १९ एवमेतानिदुःखानितानितानीहमानवम् ॥ विविधान्युपपद्यंतेगात्रसंस्पर्शजान्यपि २०

दित्यर्थः ६ नास्तिकिंचनधनदारादिकंयस्यसोऽकिंचनः परितःपतनगच्छन् अनिकेतश्चरन्नित्यर्थः ७ पथ्यंमोक्षमार्गादनपेतं अनामयंनिर्विघ्नं अनमित्रपथःशत्रुवर्जितःपंथाः दुर्लभःकामिनां सुलभःपारतंत्र्याभावात् ८ उपपन्नस्यवैराग्यसंपन्नस्य ९ । १० गुणाधिक्यमेवाह आकिंचन्येचेति ११ नचारिष्टइत्यत्रनचादित्यइत्यपपाठः अरिष्टश्चोराद्युपप्लवः १२ अनुपस्तीर्णेशय्याहीनेभूतलेशेतेतं उपधानंशीर्षोपधानं १३ १४ । १५ । १६ अभिजातउत्तमवंश्यः १८ त्रिभिर्धनरूपकुलैः भोगान्भोग्यधनादीन्विसृज्यव्ययीकृत्येतिसार्धश्लोकः परस्वानामादानंचौर्यं १८ प्रतिषेधंतिदंडयंति लुब्धाव्याधाः १९ संस्पर्शजानिदाहच्छेदादीनि २०

तेषांध्रुवाणामवश्यंभाविनांपरमदुःखानांबुद्ध्याज्ञानेनभैषज्यंप्रतीकारमाचरेत्कुर्यात् । किंकृत्वा अध्रुवैर्देहादिभिःसह लोकधर्मपुत्रैषणादिरूपमवज्ञायधिक्कृत्य २१ । २२ । २३ इति शां० मो० नी० भा० षट्सप्तत्यधिकशततमोऽध्यायः ॥ १७६ ॥ ॥ पूर्वंधनस्यमोक्षहेतुत्वंनिरस्तंजीवनहेतुत्वंतुप्रत्यक्षमतोजीवनायसमारंभान्कृषिवाणिज्ययज्ञदानाद्यारंभानीहमानःकर्तुमिच्छन्योधनमलभमानस्तृष्णाभिभूतश्चसकिंकुर्यात् यतेतैववाधनार्थमुपरमेतैववाऽऽरंभादित्यर्थः । आद्येवैयग्र्यादंत्येदेहनाशापाताच्चमोक्षसाधनंविघ्नितंभवत्यतस्तयोर्मध्येकिंश्रेयइतिभावः १ सर्वत्रलाभालाभमानापमानादौसाम्यमवैषम्यंसर्वसाम्यं । अनायासोधनाद्यर्थश्रमाभावः । निर्वेदोवैराग्यं । अविविधित्साकर्मणीच्छाभावः । विविधित्सेतिपाठेश्रवणादीच्छा । लाभादौवैषम्येरागादिस्ततःप्रवृत्तिस्ततआयासस्ततःसत्यत्यागइत्येतानित्यक्त्वैवसुखीस्यान्नत्वत्यक्त्वा देहनिर्वाहस्त्वारब्धकर्मोपनतैरेवान्नादिभिर्भविष्यति । तस्मादुपरमएवश्रेयानित्यर्थः २ पदानिपदनीयान्याश्रयणीयानि प्रशांतयेमोक्षायएषइतिविधेयापेक्षेलिंगैकत्वे एषस्वर्गादिस्तत्साधनत्वात् ३ । ४ भग्नेहोभग्नाशोव्यर्थचेष्टोवा दम्यौदमनयोग्यौगावौवत्सतरौताभ्यांसहितंयुगंशकटादिधुरियोजितंतिर्यक्काष्ठंयस्यांतयोर्गावौयुज्येते ५ सुसम्बद्धौयुगांतयोःसम्यग्योजितौदमनाय असंबद्धाविवितिपाठेदमयित्राअसंयतौ ६

तेषांपरमदुःखानांबुद्ध्याभैषज्यमाचरेत् ॥ लोकधर्ममवज्ञायध्रुवाणामध्रुवैःसह २१ नात्यक्त्वासुखमाप्नोतिनात्यक्त्वाविंदतेपरम् ॥ नात्यक्त्वाचाभयःशेते त्यक्त्वासर्वंसुखीभव २२ इत्येतद्धास्तिनपुरेब्राह्मणेनोपवर्णितम् ॥ शंपाकेनपुरामह्यंतस्मात्त्यागःपरोमतः २३ इतिश्रीमहाभारतेशांतिपर्वणिमो०शंपाकगीतायांषट्सप्तत्यधिकशततमोऽध्यायः ॥ १७६ ॥ ॥ युधिष्ठिरउवाच ॥ ॥ ईहमानःसमारंभान्यदिनासादयेद्धनम् ॥ धनतृष्णाभिभूतश्चकिंकुर्वन्सुखमाप्नुयात् १ ॥ भीष्मउवाच ॥ ॥ सर्वसाम्यमनायासंःसत्यवाक्यंचभारत ॥ निर्वेदश्चाविविधित्साचयस्यस्यात्ससुखीनरः २ एतान्येवपदान्याहुःपंचवृद्धाःप्रशांतये ॥ एषस्वर्गश्चधर्मश्चसुखंचानुत्तमंमतम् ३ अत्राप्युदाहरंतीममितिहासंपुरातनम् ॥ निर्वेदान्मंकिनागीतंतंनिबोधयुधिष्ठिर ४ ईहमानोधनंमंकिर्भग्नेहश्चपुनःपुनः ॥ केनचिद्धनशेषेणक्रीतवान्दम्यगोयुगम् ५ सुसंबद्धौतुतौदम्यौदमनायाभिनिःसृतौ ॥ आसीनमुष्ट्रंमध्येनसहसैवाभ्यधावताम् ६ तयोःसंप्राप्तयोरुष्ट्रःस्कंधदेशममर्षणः ॥ उत्थायोत्क्षिप्यतौदम्यौप्रससारमहाजवः ७ ह्रियमाणौतुतौदम्यौतेनोष्ट्रेणप्रमाथिना ॥ म्रियमाणौचसंप्रेक्ष्यमंकिस्तत्राब्रवीदिदम् ८ नचैवाविहितंशक्यंदक्षेणापीहितुंधनम् ॥ युक्तेनश्रद्धयासम्यगीहांसमनुतिष्ठता ९ कृतस्यपूर्वंचानर्थैर्युक्तस्याप्यनुतिष्ठतः ॥ इमंपश्यत संगत्याममदैवमुपप्लवम् १० उद्यम्योद्यम्यमेदम्यौविषमेणैवगच्छतः ॥ उत्क्षिप्यकाकतालीयमुत्पथेनैवधावतः ११

स्कंधदेशंसंप्राप्तयोःसतोरितिसंबंधः उत्क्षिप्यतुलाभाजनद्वयवदुपरिभूमेर्नीत्वा ७ । ८ अविहितंदैवेनानुपस्थापितंईहितुमेष्टुं ईहितमितिपाठेआप्तुमित्यध्याहारः । श्रद्धयाफलप्राप्तिनिश्चयेन ईहांचेष्टां ९ कृतस्यपूर्वंनानार्थैरितिपाठेअर्थैर्नानाकृतस्यपृथक्कृतस्य । युक्तस्यावहितचित्तस्य । अनुतिष्ठतोऽर्थमाप्त्युपायान् संगत्यादम्योष्ट्रसंबंधेन दैवंदेवेनेश्वरेणनिर्मितं १० उपप्लवमेवाह उद्यम्येति । उद्यम्योद्यभ्योष्ट्रगतिवेगादुत्प्लुत्योत्प्लुत्यविषमेणकृच्छ्रेणदम्यौगच्छतः काकतालीयंदैवकृतंसंगमं उत्क्षिप्योत्थाप्यधावतउष्ट्रस्येत्यग्रिमेणसंबंधः । उन्माथेनेवजंबूकमित्यपिपाठः । तालःकरतलयोःशब्दजनकःसंयोगस्तास्मिन्क्रियमाणेउत्पतन्काकोदैवात्तत्रतालाभ्यामाक्रांतोऽभूत्तदेतत्काकतालीयमित्युच्यते । काकस्पर्शसमकालंतालफलस्यतालवृक्षस्यवापतनंतदित्यन्ये । मेषयोर्युध्यतोःपरस्परशिरःसंघट्टउन्माथस्तेनदैवान्मध्येप्रविष्टोजंबूकोऽतिपीडनान्ममारतदपिकाकतालीयोत्थानमेवतथेदमित्यर्थः ११

मणीवेति। वाशब्दइवार्थे हठेनैवमूढनिर्बंधेनैवपौरुषमस्तिनतुतद्विद्वद्दृष्टचेत्यर्थः नैवेतिपदविभागोवा १२ उपपद्येतगदिलोकदृष्टांतेनपौरुषास्तित्वंयुज्येततर्हिफलव्यभिचारात्तदपिदैवायत्तमेवोपपद्यतेनस्वातंत्र्येणेत्यर्थः १३ निर्वेदमितिपाठेक्लीवत्वमार्षं वैराग्यंगन्तव्यंअनुवर्तितव्यं निराशःनिरस्ताशः अर्थश्चतत्साधनंचेतिसमाहारस्तस्मिन् १४ । १५ । १६ विधित्सानांधनाद्यर्थंप्रवृत्तीनां गतपूर्वःपूर्वंगतःप्राप्तोगतपूर्वः १७ हेकामुककामादिधर्मवत्हेमनः मानसेत्यपिपाठः निर्विद्यवैराग्यंप्राप्य शाम्यशमंगच्छ निकृतःवंचितः प्रवृत्तिनैष्फल्यात् १८ । १९ मोक्ष्यसेत्यक्ष्यसे २० क्रीडनकःक्रीडामृगः जातुकदाचित् प्रेष्यतांदास्यं कामाभावे कोऽपिकस्यचिदपिनप्रेष्यःस्यादित्यर्थः २१ अंतंनाप्नुवन्अतोहेतोस्त्यक्त्वा २२ । २३ प्रियंजायादि २४ नभविष्यसि विनशिष्यसि २४ ईहालिप्सा चेष्टावा तदाधनस्यधनायेत्यर्थः लब्ध्वाचिंतानाशभयात्

मणीवोष्ट्रस्यलंबेतेप्रियौवत्सतरौमम ॥ शुद्धंहिदैवमेवेदंहठेनैवास्तिपौरुषम् १२ यदिवाऽप्युपपद्येतपौरुषंनामकर्हिचित् ॥ अन्विष्यमाणंतदपिदैवमेवावतिष्ठते १३ तस्मान्निर्वेदएवेहगंतव्यःसुखमिच्छता ॥ सुखंस्वपितिनिर्विण्णोनिराशश्चार्थसाधने १४ अहोसम्यक्शुकेनोक्तंसर्वतःपरिमुच्यता ॥ प्रतिष्ठतामहारण्यंजनकस्यनिवेशनात् १५ यःकामानाप्नुयात्सर्वान्यश्चैतान्केवलांस्त्यजेत् ॥ प्रापणात्सर्वकामानांपरित्यागोविशिष्यते १६ नांतंसर्वविधित्सानांगतपूर्वोऽस्तिकश्चन ॥ शरीरेजीवितेचैवतृष्णामंदस्यवर्धते १७ निवर्तस्वविधित्साभ्यःशाम्यनिर्विद्यकामुक ॥ असकृच्चासिनिकृतोनचनिर्विद्यसेततः १८ यदिनाहंविनाश्यस्तेयद्येवंरमसेमया ॥ मामांयोजयलोभेनवृथात्वंवित्तकामुक १९ संचितंसंचितंद्रव्यंनष्टंतवपुनःपुनः ॥ कदाचिन्मोक्ष्यसेमूढधनेहांधनकामुक २० अहोनुममबालिश्यंयोऽहंक्रीडनकस्तव ॥ किंनैवंजातुपुरुषःपरेषांप्रेष्यतामियात् २१ नपूर्वेनापरेजातुकामानामंतमाप्नुवन् ॥ त्यक्त्वासर्वसमारंभान्प्रतिबुद्धोऽस्मिजागृमि २२ नूनंतेहृदयंकामवज्रसारमयंदृढम् ॥ यदनर्थशताविष्टंशतधानविदीर्यते २३ जानामिकामत्वांचैवयच्चकिंचित्प्रियंतव ॥ तवाहंप्रियमन्विच्छन्नात्मन्युपलभेसुखम् २४ कामजानामितेमूलंसंकल्पात्किलजायसे ॥ नत्वांसंकल्पयिष्यामिसमूलोनभविष्यसि २५ ईहाधनस्यनसुखालब्ध्वाचिंताचभूयसी ॥ लब्धनाशेयथामृत्युर्लब्धंभवतिवानवा २६ परित्यागेनलभतेततोदुःखतरंनुकिम् ॥ नचतुष्यतिलब्धेनभूयएवचमार्गति २७ अनुतर्षुलएवार्थःस्वादुगांगमिवोदकम् ॥ मद्विलापनमेतत्तुप्रतिबुद्धोऽस्मिसंत्यज २८ यइमंमामकंदेहंभूतग्रामःसमाश्रितः ॥ सयात्वितोयथाकामंवसतांवायथासुखम् २९ नयुष्मास्विहमेप्रीतिःकामलोभानुसारिषु ॥ तस्मादुत्सृज्यकामान्वैसत्वमेवाश्रयाम्यहम् ३० सर्वभूतान्यहंदेहेपश्यन्मनसिचात्मनः ॥ योगेबुद्धिंश्रुतेसत्वंमनोब्रह्मणिधारयन् ३१

यथामृत्युस्तथादुःखकृत् श्रमेऽपिफलंसंदिग्धं २६ परित्यागेदेहस्यपरस्वत्वापादनेऽपिनलभते मार्गति मृगयते। परेभ्योयोनलभतइतिपाठे परेभ्यःसेव्यमानेभ्योऽपि २७ अनुतर्षुलस्तृष्णावृद्धिकृत् मद्विलापनं मन्नाशः एतत्तृष्णावृद्ध्याख्यं प्रतिबुद्धोऽस्मि अतोमांसंत्यज हेकामेतिशेषः २८ भूतग्रामोयातुस्वकारणंप्रति पंचत्वमस्त्वित्यर्थः २९ युष्मास्वनात्मस्वहंकारादिषुराजसतामसेषु सत्वंसत्वगुणं वनमेवेतिपाठे वनंब्रह्मपारिव्राज्यंवा ३० देहेतत्रापिमनसिहृत्पुंडरीकस्थेपश्यन् हेतौशतृप्रत्ययः एकात्मदर्शनायेत्यर्थः योगेविषयेबुद्धिंकरिष्यामीतिनिश्चयंकुर्वन्श्रुतेश्रवणादौसत्वमेकाग्रचित्तंधारयन्मनश्चब्रह्मणिलवणोदकन्येनधारयन्विहरिष्यामीत्यग्रिमेणसंबंधः ३१

अनासक्तोनिरामयइतिरागद्वेषराहित्यमुक्तं ३२ अन्यायोगेबुद्धिमित्युक्तगतेरन्या ३३ । ३४ अधनेइतिच्छेदः संधिरार्षः ३५ धनमस्यास्तीति ३६ । ३७ अनलोऽग्निरिवेत्यर्थः ३८ । ३९ । ४० सहामिइतः पूर्वंसोढवानस्मि ४१ मनोगतीःमनसोवृत्तीः एतेनसमाधिमनुष्ठास्येइत्युक्तंभवति तत्रैवसर्वकामाभावात् ४२ क्षिपमाणानांधिक्कुर्वतांशब्दादीन् ४३ सकामंलब्धमनोरथं हेकामेतिशेषः ४४ निर्वृतिंसुखं तृप्तिं पूर्णकामतां ४५ प्रतिष्ठंतंमोक्षायगंतुं ४६ । ४७ । ४८ रजःप्रवर्तकोगुणः तच्चकामेनानुबध्नातीतिकामानुबंधंदुःखादिकंचकामाद्युद्भवं अतःसर्वानर्थमूलंरजस्त्याज्यमित्यर्थः ४९ शाम्यामिकर्मभ्यउपरतिं-

विहरिष्याम्यनासक्तःसुखीलोकान्निरामयः ॥ यथामांत्वंपुनर्नैवंदुःखेषुप्रणिधास्यसि ३२ त्वयाहिमेप्रणुन्नस्यगतिरन्यानविद्यते ॥ तृष्णाशोकश्रमाणांहित्वका मप्रभवःसदा ३३ धननाशेऽधिकंदुःखंमन्येसर्वमहत्तरम् ॥ ज्ञातयोह्यवमन्यन्तेमित्राणिचधनाच्च्युतम् ३४ अवज्ञानसहस्रैस्तुदोषाःकष्टतराधने ॥ धनेसुख कलायातुसाऽपिदुःखैर्विधीयते ३५ धनमस्येतिपुरुषंपुरोनिघ्नंतिदस्यवः ॥ क्लिश्यंतिविविधैर्दण्डैर्नित्यमुद्वेजयंतिच ३६ अर्थलोलुपतादुःखमितिबद्धंचिरा न्मया ॥ यद्यदालंबसेकामंतत्तदेवानुरुध्यसे ३७ अतत्त्वज्ञोऽसिबालश्चदुस्तोषोपूरणोऽनलः ॥ नैवत्वंवेत्थसुलभंनैवत्वंवेत्थदुर्लभम् ३८ पातालइवदुष्पूरोमां दुःखैर्योक्तुमिच्छसि ॥ नाहमद्यसमावेष्टुंशक्यःकामपुनस्त्वया ३९ निर्वेदमहमासाद्यद्रव्यनाशाद्यदृच्छया ॥ निर्वृत्तिंपरमांप्राप्यनाद्यकामान्विचिंतये ४० अतिक्लेशान्सहामीहनाहंबुध्याम्यबुद्धिमान् ॥ निकृतोधननाशेनशयेसर्वांगविज्वरः ४१ परित्यजामिकामत्वांहित्वासर्वमनोगतीः ॥ नत्वंमयापुनःकामवत्स्य सेनचरंस्यसे ४२ क्षमिष्येक्षिपमाणानांनाहिंसिष्येविहिंसितः ॥ द्वेष्ययुक्तःप्रियंवक्ष्यम्यनादृत्यतदप्रियम् ४३ तृप्तःस्वस्थेंद्रियोनित्यंयथालब्धेनवर्तयन् ॥ नसकामंकरिष्यामित्वामहंशत्रुमात्मनः ४४ निर्वेदंनिर्वृतिंतृप्तिंशांतिंसत्यंदमंक्षमाम् ॥ सर्वभूतदयांचैवविद्धिमांसमुपागतम् ४५ तस्मात्कामश्चलोभश्चतृष्णा कार्पण्यमेवच ॥ त्यजंतुमांप्रतिष्ठंतंसत्वस्थोह्यस्मिसांप्रतम् ४६ प्रहायकामंलोभंचसुखंप्राप्तोऽस्मिसांप्रतम् ॥ नाद्यलोभवशंप्राप्तोदुःखंप्राप्स्याम्यनात्मवान् ४७ यद्यत्त्यजतिकामानांतत्सुखस्याभिपूर्यते ॥ कामस्यवशगोनित्यंदुःखमेवप्रपद्यते ४८ कामानुबंधंनुदतेयत्किंचित्पुरुषोरजः ॥ कामक्रोधोद्भवंदुःखमह्री ररतिरेवच ४९ एषब्रह्मप्रतिष्ठोऽहंग्रीष्मेशीतमिवह्रदम् ॥ शाम्यामिपरिनिर्वामिसुखंमामेतिकेवलम् ५० यच्चकामसुखंलोकेयच्चदिव्यंमहत्सुखम् ॥ तृष्णाक्ष यसुखस्यैतेनार्हतःषोडशींकलाम् ५१ आत्मनासप्तमंकामंहत्वाशत्रुमिवोत्तमम् ॥ प्राप्यावध्यंब्रह्मपुरंराजेवस्यामहंसुखी ५२

१५ गच्छामि परिनिर्वामिनिर्दुःखोभवामि सुखंस्वरूपसुखं केवलंनिर्विषयं ५० । ५१ आत्मनास्थूलदेहेनसहगणनायांसप्तमःकामः तथाहि अन्नमयप्राणमयमनोमयविज्ञानमयाश्चत्वारःकोशाःप्रवृत्तिमत्त्वाद्रजः प्रधानाः । आनंदमयआवरणरूपत्वात्तमःप्रधानःपंचमः । ततःशुद्धसत्वप्राधान्यात्सबीजसमाधिःसानंदाख्यःषष्ठः । तस्यापिमूलमस्मीतिप्रत्ययमात्रशरीरोमहत्तत्त्वाख्यःसर्वानर्थबीजभूतश्चरमःकामःसप्तमः । तंहत्वाब्रह्मैवपुरंब्रह्मपुरंप्रविष्टःस्यां यतस्तदवध्यं कुतः । ‘नास्यजरयैतज्जीर्यते नवधेनास्यहन्यतएतत्सत्यंब्रह्मपुरं’ इतिश्रुतेः ५२

कामान्प्रथमाध्यायोक्तरीत्याजाग्रत्स्वप्नसंप्रज्ञातावस्थागतान्विषयान् ५३ काममूलमविद्याम् ५४ ॥ इतिशांति० मो० नी० भा० सप्तसप्तत्यधिकशततमोऽध्याय ॥१७७॥ ॥ मंकिवदुपरमेतैवेत्युक्तम् तेनैवयोगक्षेमसिद्धिंसदृष्टांतामाह अत्रेत्यादिना १ अनंतंदेशतःकालतोवस्तुतश्चापरिच्छिन्नं । वित्तमिवनिगूढकोशपंचकलक्षणगुहास्थंप्रत्यक्तत्त्वमेवास्यमेस्वरूपभूतं । अतएवसर्वस्यमदनन्यत्वाद्रज्जूरगवन्मयिकल्पितत्वाचमेममनकिंचन अतएवाह मिथिलायामिति । नह्यध्यस्तदोषैरधिष्ठानंस्पृश्यते मरीचिनद्याऽपिमरुभूमेरार्द्रत्वापत्तेरितिभावः २ पदसंचयंश्लोकं वैराग्यार्थमुपन्यस्तं ३ । ४ । ५ तस्योपदेशस्यलक्षणंज्ञापकं तत्ज्ञाप्यं ६ सारंगोभ्रमरस्तस्याऽन्वेषणमनुगमनं इषगतौदिवादिः ७ यस्माद्यस्माद्गुरोर्यद्यदुपात्तंतत्तदाहभीष्मः आशेति । राजन्हेयुधिष्ठिर ८ । ९ पिंगलावत्कुररवच्चाशांगृहधनरूपामामिषंचत्यक्त्वाकथंजीवे

एतांबुद्धिंसमास्थायमंकिर्निर्वेदमागतः ॥ सर्वान्कामान्परित्यज्यप्राप्यब्रह्ममहत्सुखम् ५३ दम्यनाशक्तेमंकिरमृतत्वंकिलागमत् ॥ अच्छिनत्काममूलंसतेन प्रापमहत्सुखम् ५४॥ इतिश्रीमहाभारतेशांतिपर्वणिमोक्षधर्मपर्वणि मंकिगीतायांसप्तसप्तत्यधिकशततमोऽध्यायः ॥१७७॥ ॥ ॥ भीष्मउवाच ॥ अत्राप्युदाहरंतीममितिहासंपुरातनम् ॥ गीतंविदेहराजेनजनकेनप्रशाम्यता १ अनंतमिवमेवित्तंयस्यमेनास्तिकिंचन ॥ मिथिलायांप्रदीप्तायांनमेदह्यीतकिंचन २ अत्रैवोदाहरंतीमंबोध्यस्यपदसंचयम् ॥ निर्वेदंप्रतिविन्यस्तंतंनिबोधयुधिष्ठिर ३ बोध्यंशांतमृषिंराजानाहुषःपर्यपृच्छत ॥ निर्वेदाच्छांतिमापन्नंशास्त्रप्रज्ञानतर्पितम् ४ उपदेशंमहाप्राज्ञशमस्योपदिशस्वमे ॥ कांबुद्धिंसमनुध्यायशांतश्चरसिनिर्वृतः ५ ॥ बोध्यउवाच ॥ उपदेशेनवर्तामिनानुशास्मीहकंचन ॥ लक्षणंतस्यवक्ष्येऽहंतत्स्वयंपरिमृश्यताम् ६ पिंगलाकुररःसर्पःसारंगान्वेषणंवने ॥ इषुकारःकुमारीचषडेतेगुरवोमम ७ ॥ भीष्मउवाच ॥ आशाबलवतीराजन्नैराश्यंपरमंसुखम् ॥ आशांनिराशांकृत्वातुसुखंस्वपितिपिंगला ८ सामिषंकुररंदृष्ट्वावध्यमानंनिरामिषैः ॥ आमिषस्यपरित्यागात्कुररःसुखमेधते ९ गृहारंभोहिदुःखायनसुखायकदाचन ॥ सर्पःपरकृतंवेश्मप्रविश्यसुखमेधते १० सुखंजीवंतिमुनयोभैक्ष्यवृत्तिंसमाश्रिताः ॥ अद्रोहेणैवभूतानांसारंगाइवपक्षिणः ११ इषुकारोनरःकश्चिदिषावासक्तमानसः ॥ समीपेनापिगच्छंतंराजानंनावबुद्धवान् १२ बहूनांकलहोनित्यंद्वयोःसंकथनंध्रुवम् ॥ एकाकीविचरिष्यामिकुमारीशंखकोयथा १३ ॥ ॥ इतिश्रीमहाभारते शांतिपर्वणि मोक्षधर्मपर्वणि बोध्यगीतायां अष्टसप्तत्यधिकशततमोऽध्यायः ॥ १७८ ॥ ॥ ॥
॥ युधिष्ठिर उवाच ॥ ॥ केनवृत्तेनवृत्तज्ञवीतशोकश्चरेन्महीम् ॥ किंचकुर्वन्नरोलोकेप्राप्नोतिगतिमुत्तमाम् १

तेत्याशंक्यान्यथासिद्धिमाह गृहेतिद्वाभ्यां १० । ११ एवमारंभांतरवर्जितेनब्रह्मण्यैकाग्र्यंचित्तस्यसंपादनीयमित्याह इष्विति १२ ऐकाग्र्यमेकाकितयैवसिद्ध्यतीत्याह बहूनामिति । काचित्कुमारीपित्रादिपरवशागृहागतानतिथीन्प्रच्छन्नंभोजयितुमिच्छंतीव्रीहीनवहंतुंप्रचक्रमेतस्याःप्रकोष्ठस्थाःशंखाश्चुक्रुशुः सापरेषांसूचनामाभूदितिशंखान्भंक्त्वाएकैकमवशेषितवतीतिश्रीमद्भागवतेदृष्टांतोऽयंव्याख्यातः १३ ॥ ॥ इतिशांतिपर्वणि मोक्षधर्मपर्वणि नीलकंठीये भारतभावदीपे अष्टसप्तत्यधिकशततमोऽध्यायः ॥ १७८ ॥ ॥ ॥ ॥ केनेत्याक्षेपे केनवृत्तेनवीतशोकोभूत्वामहींचरेत् नतादृशंवृत्तमस्तीत्यर्थः यतःसर्पसारंगवृत्त्यागृहाहारसंपादनेऽपिप्रतिपक्षबाहुल्यंदृश्यते द्विपंतिहिभिक्षुकाभिक्षुकांतरंस्वाध्यासितस्थानागतमतएकाकित्वैकाग्र्ययोश्चासंभवः अन्नचिंतयाधनाशावियोगस्यापिदुष्करत्वादितिभावः । अतःकिंतादृशमुपायांतरंहिंसाशून्यमुत्तमगतिप्रदमस्तीतिप्रश्नार्थः १

उत्तरमाह अत्रेति। आजगरस्याऽजगरवृत्त्याजीवतः २ कल्पचित्तंदृढचित्तं अनामयंरागद्वेषाननुविद्धं ३ स्वस्थोविषयैरनाकृष्टः। शुद्धोदंभादिहीनः। मृदुर्दयावान्। दांतोजितेंद्रियः। निर्विधित्सोनिरारंभः
अनसूयकःसर्वत्रादोषदर्शी। सुवाक्सत्यवाक्। प्रगल्भःप्रतिभानवान्। मेधावीऊहापोहकुशलः। प्राज्ञःज्ञाततत्त्वः ४ मन्यसेइष्टत्वेनानिष्टत्वेनवा। अवमन्यसेइतिपाठेवीतदर्पोऽसीत्यर्थः ५ स्रोतसाकामादिवेगेन
विमनाःनिर्मनस्कः। स्थाणुरिवकूटस्थोनिर्व्यापारः। अविमनाइतिपाठेत्वव्याकुलचित्तः ६ कौटस्थ्यमेवाह नेति। इंद्रियार्थान्गंधरसादीननादृत्यचरासिक्षुन्निर्वाहमात्रार्थीअश्नासि साक्षिवत्मुक्तःकर्तृत्वादिना ७
प्रज्ञातत्त्वदर्शनं श्रुतंतन्मूलभूतंशास्त्रं वृत्तिस्तदर्थानुष्ठानं। श्रेयोममेतिशेषः ८ अनुयुक्तःपृष्टः लोकस्यधर्मोजन्मजरादिस्तस्यविधानंकारणमविद्याकामकर्मादितदभिज्ञःलोकधर्मविधानवित् ९ भूतानामुत्पत्त्यादिकमनि
मित्ततः करणहीनादेकादद्वितीयादितिपश्यआलोचयश्रुतियुक्तिभ्यां श्रुतिस्तावत् ‘ सदेवसोम्येदमग्रआसीदेकमेवाद्वितीयंतदैक्षतबहुस्यांप्रजायेय ’ इति। सजातीयविजातीयस्वगतभेदशून्यादेकरसाद्वस्तुनोजगदुत्प
त्तिमाह। युक्तिरपिशून्याज्जगदुत्पत्त्ययोगात् अचेतनानांचप्रधानपरमाण्वादीनामधिष्ठातारमंतरेणसंघातकर्तृत्वायोगात् विकरणस्येश्वरस्याधिष्ठातृत्वायोगात्संसारस्यस्वाभाविकत्वेमुक्त्ययोगात्स्वप्नमायेंद्रजालवद
विद्याकल्पितत्त्वमवश्यंवाच्यं। अविद्यानाशस्यचसर्वतंत्रसिद्धत्वादविद्यामिथ्याअनादिभावत्वेसत्यनित्यत्वाद्व्यतिरेकेणाकाशवदित्यविद्यामिथ्यात्वसिद्धेरेकाद्वितीयादेवजगदुत्पत्तिंसाधयति। ततश्चयन्मदन्यन्नास्ति

भीष्मउवाच॥ अत्राप्युदाहरंतीममितिहासंपुरातनम्॥ प्रह्लादस्यचसंवादंमुनेराजगरस्यच २ चरंतंब्राह्मणंकंचित्कल्पचित्तमनामयम्॥ पप्रच्छराजाप्र
ह्लादोबुद्धिमान्बुद्धिसंमतम् ३॥ प्रह्लादउवाच॥ स्वस्थःशक्तोमृदुर्दान्तोनिर्विधित्सोऽनसूयकः॥ सुवाक्प्रगल्भोमेधावीप्राज्ञश्चरसिबालवत् ४ नैवप्रार्थयसेला
भंनालाभेष्वनुशोचसि॥ नित्यतृप्तइवब्रह्मन्नकिंचिदिवमन्यसे ५ स्रोतसाह्रियमाणासुप्रजासुविमनाइव॥ धर्मकामार्थकार्येषुकूटस्थइवलक्ष्यसे ६ नानुतिष्ठ
सिधर्मार्थौनकामेचापिवर्तसे॥ इंद्रियार्थाननादृत्यमुक्तश्चरसिसाक्षिवत् ७ कानुप्रज्ञाश्रुतंवाकिंवृत्तिर्वाकानुतेमुने॥ क्षिप्रमाचक्ष्वमेब्रह्मन्श्रेयोयदिहमन्यसे ८
॥ भीष्मउवाच॥ अनुयुक्तःसमेधावीलोकधर्मविधानवित्॥ उवाचश्लक्ष्णयावाचाप्रह्लादमनपार्थया ९ पश्यप्रह्लादभूतानामुत्पत्तिमनिमित्ततः॥ ह्रासंवृद्धिंवि
नाशंचनप्रहृष्येनचव्यथे १० स्वभावादेवसंदृश्यावर्तमानाःप्रवृत्तयः॥ स्वभावनिरताःसर्वाःपरितुष्येन्नकेनचित् ११ पश्यप्रह्लादसंयोगान्विप्रयोगपरायणान्॥
संचयांश्चविनाशांतान्नक्वचिद्विदधेमनः १२ अंतवंतिचभूतानिगुणयुक्तानिपश्यतः॥ उत्पत्तिनिधनज्ञस्यकिंकार्यमवशिष्यते १३

कस्मान्नुबिभेमीतिश्रुतेरात्मज्ञस्यममद्वितीयाभावान्नहर्षव्यथेभवतः १० एवमेकाद्वितीयाद्वस्तुनउत्पत्तिमुक्त्वातत्रैवस्थितिलयावप्याह स्वेति। स्वभावात्स्वस्यभावःस्वभावःस्वरूपसत्तातत एववर्तमानाःप्रवृत्तयोऽपिसंदृश्याः
सम्यग्द्रष्टव्याःस्वभावेएवनिरताःसर्वाःप्रजास्तासामेतासांस्वभावादन्यत्परायणंनास्तीत्यर्थः। तस्मादेवंजानन्केनचिद्ब्रह्मलोकैश्वर्यलाभेनापिनतुष्येत्तुच्छमेवैतद्दृश्यमितिविजानीयादित्यर्थः ११ एवंतत्त्वदृष्ट्यास्वा
स्थ्यमुपपाद्यबाह्यदृष्ट्याऽपिलोकस्यानित्यत्वात्तदुपपादयति पश्येति। तस्मादहंमनोनक्वचिद्विषयेविदधेधारयामि तद्विनाशेशोकोत्पत्तिंजानन् यद्वा अश्रौतयोरारंभसंघातवादयोरपिजगदनित्यत्वमस्तीतिस्वास्थ्य
मेवोचितमित्याह पश्येति १२ एवमादीन्यश्रौतानिमतानिदूषयति अंतवंतीति। भूतानिपरमतेनित्यसिद्धानिपरमाणुप्रधानादीनीतिपक्षनिर्देशः। जरायुजादिशरीराणिदृष्टांतोवाअंतवत्त्वंसाध्यं गुणयुक्तत्वंहेतुः।
यत्संहतंघटादितदनित्यंपरमाण्वादयश्चगुणगुणिभावेनप्रधानंचगुणत्रयात्मत्वेनसंहताइतिध्रुवमनित्याः। तस्मात्पूर्वोक्तमुत्पत्तिनिधनहेतुभूतंवस्तुजानतःकिंकार्यंकर्तव्यमवशिष्यतेनकिमपीत्यर्थः तथाचश्रुतिः।
‘ एतद्ब्रह्मवैतद्विद्वांसःपूर्वेमहाशालामहाश्रोत्रियाअग्निहोत्रंनजुहवांचक्रिरे ’ इति १३

म.भा.टी. ॥ ४३॥ शां.मो.१२ अ० ॥१७९॥

पामरदृष्ट्याऽपिजगतोविनाशित्वमाह जलजानामित्यादिपंचभिः १४ पार्थिवानांपृथिवीस्थानां १५ । १६ । १७ सर्वसामान्यगःयथाघटत्वादिसामान्यंपटादिभ्योव्यावृत्तं पृथिवीत्वसामान्यंतूभयसमं तदुपादानत्वात् एवंसर्वस्यसत्सदितिसदभेदेनप्रतीयमानस्योपादानंसत्तासामान्यंसर्वसामान्यंनतुतार्किकाभिमतं । तस्यसत्तासमवायादिभ्योव्यावृत्तत्वेनसर्वसामान्यत्वाभावात् । तच्चशुद्धंब्रह्मतद्गतःसर्वसामान्यगः । सर्वसामान्यतोविद्वानित्यपपाठः १८ आजगरींवृत्तिंप्रपंचयति सुमहांतमित्यादिना । सुमहांतंरसाधिक्यात् १९ आशयंतिभोजयंति अल्पंरसाल्पत्वात् २० कणमतिसूक्ष्मंधान्यांशं पिण्याकंतिलखलिं २१ । २२ क्षौमाणिक्षुमाअतसीतत्सूत्रमयानि २३ धर्म्यंधर्मादनपेतं यथेष्टाचरणेतत्त्वविदामपिश्वसूकरादितुल्यतापत्तेः २४ अचलंदृढं अनिधनंमृत्युविरोधि शुचिं आर्षोविभक्त्यलुक् विदुषांमतेब्रह्मणिप्रविष्टंतत्प्रापकमित्यर्थः

जलजानामपिह्यंतंपर्यायेणोपलक्षये ॥ महतामपिकायानांसूक्ष्माणांचमहोदधौ १४ जंगमस्थावराणांचभूतानामसुराधिप ॥ पार्थिवानामपिव्यक्तंमृत्युंपश्यामिसर्वशः १५ अंतरिक्षचराणांचदानवोत्तमपक्षिणाम् ॥ उत्तिष्ठतेयथाकालंमृत्युर्बलवतामपि १६ दिविसंचरमाणानिह्रस्वानिचमहांतिच ॥ ज्योतींष्यपियथाकालंपतमानानिलक्षये १७ इतिभूतानिसंपश्यन्ननुषक्तानिमृत्युना ॥ सर्वसामान्यगोविद्वान्कृतकृत्यःसुखंस्वपे १८ सुमहांतमपिग्रासंग्रसेलब्धंयदृच्छया ॥ शयेपुनरभुंजानोदिवसानिबहून्यपि १९ आशयंत्यपिमामन्नंपुनर्बहुगुणंबहु ॥ पुनरल्पंपुनस्तोकंपुनर्नैवोपपद्यते २० कणंकदाचित्खादामिपिण्याकमपिचग्रसे ॥ भक्षयेशालिमांसानिभक्षांश्चोच्चावचान्पुनः २१ शयेकदाचित्पर्यंकेभूमावपिपुनःशये ॥ प्रासादेचापिमेशय्याकदाचिदुपपद्यते २२ धारयामिचचीराणिशाणक्षौमाजिनानिच ॥ महार्हाणिचवासांसिधारयाम्यहमेकदा २३ नसन्निपतितंधर्म्यमुपभोगंयदृच्छया ॥ प्रत्याचक्षेनचाप्येनमनुरुध्येसुदुर्लभम् २४ अचलमनिधनंशिवंविशोकंशुचिमतुलंविदुषांमतेप्रविष्टम् ॥ अनभिमतमसेवितंविमूढैर्व्रतमिदमाजगरंशुचिश्चरामि २५ अचलितमतिरच्युतःस्वधर्मात्परिमितसंसरणःपरावरज्ञः ॥ विगतभयकषायलोभमोहोव्रतमिदमा० २६ अनियतफलभक्ष्यभोज्यपेयंविधिपरिणामविभक्तदेशकालम् ॥ हृदयसुखमसेवितंकदर्यैर्व्रतमिदमाजगरंशुचिश्चरामि २७ इदमिदमितितृष्णयाऽभिभूतंजनमनवाप्तधनंविषीदमानम् ॥ निपुणमनुनिशम्यतत्त्वबुद्ध्याव्रतमिद० २८ बहुविधमनुदृश्यचार्थहेतोःकृपणमिहार्यमनार्यमाश्रयंतम् ॥ उपशमरुचिरात्मवान्प्रशांतोव्रतमिदमाजगरंशुचिश्चरामि २९ सुखमसुखमलाभमर्थलाभंरतिमरतिंमरणंचजीवितंचविधिनियतमवेक्ष्यतत्त्वतोऽहंव्रतमिद० ३० अपगतभयरागमोहदर्पोधृतिमतिबुद्धिसमन्वितःप्रशांतः ॥ उपगतफलभोगिनोनिशम्यव्रतमिदमाजगरंशुचिश्चरामि ३१ अनियतशयनासनःप्रकृत्यादमनियमव्रतसत्यशौचयुक्तः ॥ अपगतफलसंचयःप्रहृष्टोव्रतमिदमाजगरंशुचिश्चरामि ३२

अनभिमतत्वादेवासेवितंमूढैः आजगरमजगरोह्ययत्नेनैवजीवतितस्येदं २५ कषायःक्रोधाद्यावेशेनस्तिमितचित्ततारागद्वेषादिर्वा २६ अनियतमक्लृप्तंफलादियत्र विधिरदृष्टंतस्यपरिणामः परिपाकस्तेनैवदेशकालव्यवस्थयाप्रापितं कदर्यैर्विषयलुब्धैः२७ धनप्राप्तौकर्मैवकारणंनपौरुषमितिधियानिशम्याऽऽलोच्य २८ अर्थहेतोरनार्यंनीचं अर्यंस्वामिनमाश्रयतियःकृपणोदीनजनस्तमनुदृश्योपशमरुचिः आत्मवान्जितचित्तः२९ विधिनियतंदैवाधीनं ३० धृतिर्धैर्यं मतिरालोचनं बुद्धिर्निश्चयः उपगतंसमीपागतंफलंप्रियंयेषांतान् भोगिनःसर्पान्अजगरान् निशम्यदृष्ट्वा फलभोगिनइतिशाकपार्थिवादिवन्मध्यमपदलोपः ३१ प्रकृत्यादमादियुक्तः सिद्धत्वान्नतुसाधकवद्धठेन अपगतफलसंचयस्त्यक्तयोगफलसमूहः ३२

॥ ४३ ॥

ईहनार्थैरिच्छाविषयैरूपादिभिरेषणाविषयैर्वापुत्रवित्तादिभिर्हेतुभिः असुखार्थंपरिणामेदुःखार्थं अपगतमात्मनःपराङ्मुखंतृषितमनियतंचमनोऽवेक्ष्य उपगवबुद्धिर्लब्धालोकः आत्मसंस्थमात्मनिसंस्थासमाप्ति
र्यस्यतत्तथानियंतुंव्रतंचरामि । अभिहतमसुखैरिहार्थनाशैरित्याद्यःपाठः ३३ हृदयंतात्स्थ्याबुद्धिर्मनश्च ताभ्यांतद्धर्माःकर्त्तृत्वभोक्तृत्वकामसंकल्पादयोलक्ष्यंतेःताननुरुद्धचोपेक्ष्य । पाठांतरे नानुरुध्येतिसंबंधात्स
एवार्थः तत्तत्रबुद्धौ सुदुर्लभतांसुखानित्यतांचोभयमुपलक्षयन्नितियोजना ३४ इदमाजगरंव्रतंसर्ववादिवल्लभमित्याह बह्विति । गहनमात्मतत्त्वंतर्कागोचरमपि तत्रतत्रशास्त्रे हंतेत्यालोचने इदमिदमितिस्वमतैःपरमतै
श्चतर्कयद्भिरुन्नयद्भिः तथाहि । शून्यंवानिर्विषयज्ञानधारावाजडोवाबुद्ध्यादिविशेषगुणहीनस्वरूपप्रतिष्ठंचिन्मात्रंवाऽनृतजडदुःखादिव्यावृत्तमेकरसंसच्चिदानंदानंतस्वरूपंवेतिवादिनांविकल्पाआत्मनिदृश्यंते ।
तथापिसर्वेषांस्वस्वाभिमतात्मतत्त्वदर्शनायाऽऽजगरंव्रतमेवोपेयमितिभावः ३५ तदिदमिति । इदमितिप्रत्यक्षादिप्रमाणप्रमितंजगत् अबुधैःपृथगात्मातिरिक्तत्वेनाभिपन्नंगृहीतंसत्विप्रपातंविशिष्टःप्रपातोभृगुस्तद्वन्नाशक

अपगतमसुखार्थमीहनार्थैरुपगतबुद्धिरवेक्ष्यचात्मसंस्थम् ॥ तृषितमनियतंमनोनियंतुंव्रतमिदमाजगरंशुचिश्चरामि ३३ हृदयमनुरुध्यवाङ्मनोवाप्रियसुखदुर्लभता
मनित्यतांच ॥ तदुभयमुपलक्षयन्निवाहंव्रतमिदमाजगरं० ३४ बहुकथितमिदंहिबुद्धिमद्भिःकविभिरपिप्रथयद्भिरात्मकीर्तिम् ॥ इदमिदमितितत्रतत्रहंतस्वपर
मतैर्गहनंप्रतर्कयद्भिः ३५ तदिदमनुनिशम्यविप्रपातंपृथगभिपन्नमिहाबुधैर्मनुष्यैः ॥ अनवसितमनंतदोषपारंनृषुविहरामिविनीतदोषतृष्णः ३६ ॥ भीष्मउवाच ॥
अजगरचरितंव्रतंमहात्मायइहनरोऽनुचरेद्विनीतरागः ॥ अपगतभयलोभमोहमन्युःसखलुसुखीविचरेदिमंविहारम् ३७ ॥ इतिश्रीमहाभारतेशां०मोक्षधर्मप
र्वणिअजगरप्रह्लादसंवादेएकोनाशीत्यधिकशततमोऽध्यायः ॥१७९॥ ॥ युधिष्ठिरउवाच ॥ बांधवाःकर्मवित्तंवाप्रज्ञावेहपितामह ॥ नरस्यकाप्रतिष्ठास्यादेत
त्पृष्टोवदस्वमे १ ॥ भीष्मउवाच ॥ प्रज्ञाप्रतिष्ठाभूतानांप्रज्ञालाभःपरोमतः ॥ प्रज्ञानिःश्रेयसीलोकेप्रज्ञास्वर्गोमतःसताम् २ प्रज्ञयाप्रापितार्थोहिबलिरैश्वर्यसं
क्षये ॥ प्रह्लादोनमुचिर्मंकिस्तस्याःकिंविद्यतेपरम् ३ अत्राप्युदाहरंतीममितिहासंपुरातनम् ॥ इंद्रकाश्यपसंवादंतन्निबोधयुधिष्ठिर ४ वैश्यःकश्चिदृषिसुतंका
श्यपंसंशितव्रतम् ॥ रथेनपातयामासश्रीमानृद्धस्तपस्विनम् ५ आर्तःसपतितःक्रुद्धस्त्यक्त्वाऽऽत्मानमथाब्रवीत् ॥ मरिष्याम्यधनस्येहजीवितार्थोनविद्यते ६
तथामुमूर्षुमासीनमकूजंतमचेतसम् ॥ इंद्रःसृगालरूपेणबभाषेलुब्धमानसम् ७ मनुष्ययोनिमिच्छंतिसर्वभूतानिसर्वशः ॥ मनुष्यत्वेचविप्रत्वंसर्वएवाभिनंदति ८

रमितिअनुनिशम्यशास्त्रयुक्तिभ्यामन्वालोच्यनृषुविहरामि । किंतर्हिजगतस्तत्त्वंत्वयानिश्चितमित्यतआह अनवसितंनास्तिकालतोगुणतोदेशतश्चावसितमवसानंपरिच्छेदोयस्यतत्तथा । यतोऽनंतदोषपारं अंतोनाशो
दोषोविषमसृष्टिहेतुत्वेननैर्घृण्यादिःपारोदेशपरिच्छेदश्चनास्तियस्यतत्तथा ३६ यइमंविहारमिमामजगरव्रतरूपांक्रीडामनुचरेत्ससुखीविहरेदितिसंबंधः ३७ इतिशांतिपर्वणिमोक्षधर्मपर्वणिनीलकंठीयेभारतभावदी
पेएकोनाशीत्यधिकशततमोऽध्यायः ॥ १७९ ॥ ॥ बांधवाइति । आजगरव्रतरूपांस्वास्थ्यलक्षणांप्रतिष्ठांकिंबान्धवशब्दोपलक्षिताजातिरेवसमर्पयतिपक्षिणामाकाशगमनवत् । किंकर्म मणिमंत्रौषधिसाधनादि ।
किंवित्तंवित्तसाध्यंयज्ञादि । उतप्रज्ञैवेतिप्रश्नः १ । २ । ३ । प्रज्ञाहीनःस्वल्पेनापिनिमित्तेननश्यतिप्रज्ञावांस्तुनकदाचिदित्याहात्रेति ४ रथेनरथघातेन ५ आत्मानं धैर्यंत्यक्त्वा 'आत्माबुद्धौधृतौदेहे'इतिकोशः ।
जीवि तार्थोजीवितप्रयोजनं ६ अकूजंतंमूर्च्छयानिःशब्दं प्रोत्कूजंतमितिपाठेप्रकर्षेणोच्छ्वसंतं ७ सर्वोदेवादिरप्यभिनंदतिविप्रत्वमभिलक्ष्यनंदति ८

श्रोत्रियोऽधीतवेदः एतन्मनुष्यत्वादित्रयम् दोषात्मौढ्यात् ९ साभिमानामयेदंधनंलब्धमित्यभिमानएवधनलाभोनतुवस्तुतःकस्यापिधनेनसंबंधोऽस्ति । मागृधःकस्यस्विद्धनमितिश्रुतेः गृधःगर्धंलोभंमाकार्षीः । यत्संतोषणीयंरूपंत्वंस्वस्याऽभिमन्यसेअवमन्यसेम्मरिष्यामीतिनिर्बंधनेननाशयसेइतिवा । यदिवाएनमभिमंस्येकनीयोऽन्नंकरिष्यइत्याभिपूर्वस्यमन्यतेर्हिंसार्थत्वदर्शनात् । यन्नाभिमन्यसइतिपाठेस्पष्टोऽर्थः १०।११।
॥ ४४ ॥ १२ नकषामननाशयाम १३ निकषंतिकंडूयनेन १४।१५ । अधिष्ठायाऽध्यास्यगांपृथिवीं बलीवर्दादिवा आत्मनिआत्मभोगनिमित्तम् १६ अल्पप्राणाअल्पबलाः १७।१८।१९ अदंतिदशंति २० अकार्यमिति । तिरश्चामपिदेहत्यागःपापायकिमुतविदुषांसमर्थानांनृणामितिभावः २१ मध्येस्थितानातिनीचेत्यर्थः २२ एकेदेवाद्याः अन्येपश्वाद्याः एकांतमत्यन्तंसुखंकस्यापिनास्ति तृष्णायानिरवधित्वात् २३ तदेवाह

मनुष्योब्राह्मणश्चासिश्रोत्रियश्चाऽसिकाश्यप॥सुदुर्लभमवाप्यैतन्नदोषान्मर्तुमर्हसि९सर्वेलाभाःसाभिमानाइतिसत्यवतीश्रुतिः॥ संतोषणीयरूपोसिलोभाद्यदभि मन्यसे१०अहोसिद्धार्थतातेषांयेषांसंतीहपाणयः॥ अतीवस्पृहयेतेषांयेषांसंतीहपाणयः११ पाणिमद्भ्यःस्पृहाऽस्माकंयथातवधनस्यवै॥ नपाणिलाभादधिकोला भःकश्चनविद्यते १२ अपाणित्वाद्वयंब्रह्मन्कंटकंनोद्धरामहे ॥ जंतूनुच्चावचानंगेदशतोनकषामवा १३ अथयेषांपुनःपाणीदेवदत्तौदशांगुली ॥ उद्धरंतिकृमीनंगा द्दशतोनिकषंतिच १४ वर्षाहिमातपानांचपरित्राणानिकुर्वते॥ चैलमन्नंसुखंशय्यांनिवातंचोपभुंजते १५ अधिष्ठायचगांलोकेभुंजतेवाहयंतिच ॥ उपायैर्बहुभि श्चैववश्यानात्मनिकुर्वते १६ येखल्वजिह्वाःकृपणाअल्पप्राणाअपाणयः॥ सहंतेतानिदुःखानिदिष्ट्यात्वंनतथामुने १७ दिष्ट्यात्वंनशृगालोवैनकृमिर्नचमूषकः॥ नसर्पोनचमंडूकोनचान्यःपापयोनिजः १८ एतावतापिलाभेनतोष्टुमर्हसिकाश्यप ॥ किंपुनर्योसिसत्वानांसर्वेषांब्राह्मणोत्तमः १९ इमेमांकृमयोऽदंतियेषामुद्धर णायवै ॥ नास्तिशक्तिरपाणित्वात्पश्यावस्थामिमांमम २० अकार्यमितिचैवेमंनात्मानंसंत्यजाम्यहम् ॥ नातःपापीयसींयोनिंपतेयमपरामिति २१ मध्येवै पापयोनीनांशार्गालींयामहंगतः॥ पापीयस्योबहुतराइतोऽन्याःपापयोनयः २२ जात्यैवैकेसुखितराःसंत्यन्येभृशदुःखिताः॥ नैकांतंसुखमेवेहक्वचित्पश्यामि कस्यचित् २३ मनुष्याह्याढ्यतांप्राप्यराज्यमिच्छंत्यनंतरम्॥ राज्याद्देवत्वमिच्छंतिदेवत्वादिंद्रतामपि २४ भवेस्त्वंयद्यपित्वाढ्योनराजानचदैवतम्॥ देवत्वं प्राप्यचेंद्रत्वंनैवतुष्येस्तथासति २५ नतृप्तिःप्रियलाभेऽस्तितृष्णानाद्भिःप्रशाम्यति॥ संप्रज्वलतिसाभूयःसमिद्भिरिवपावकः २६ अस्त्येवत्वयिशोकोऽपिहर्षश्चा पितथात्वयि ॥ सुखदुःखेतथाचोभेतत्रकापरिदेवना २७ परिच्छिद्यैवकामानांसर्वेषांचैवकर्मणाम् ॥ मूलंबुद्धींद्रियग्रामंशकुंतानिवपंजरे २८

मनुष्याइत्यादिना २४ त्वमाढ्योभूत्वापिब्राह्मणत्वान्नराजाभवेर्नापिदैवतम् यदिकदाचिद्भवेस्तथापिनतुष्येरितियोज्यम् । परिच्छिद्यैवकामान्वैइतिपाठेराजानैवभवेरितिशेषः २५ । २६ अस्तीति । शोकादि कंत्वय्येवास्त्यतःस्वगतेनैवहर्षेणशोकंमार्जयितुंशक्तस्यतेवृथैवेयंपरिदेवनेत्यर्थः २७ हर्षोद्दीपनप्रकारमाह परीति । कामादीनांमूलंबुद्धींद्रियग्रामंशकुंतानिवशरीरपंजरेपरिच्छिद्यनिरुध्यस्थितस्यभयंनास्तीत्युत्तरेण संबंधः २८ ॥ ४४॥

भयाभावोऽपिकिंद्वैतादर्शनाद्वाद्वैताभावाद्वेत्याशंक्यतत्रद्वैताभावेहेतुंदृष्टांतमुखेनाह नेति । यथाद्वितीयस्यशिरसस्तृतीयस्यपाणेर्वास्वरूपेणाभावाज्जातुकदाचिच्छेदनंतज्जंदुःखंनास्तितथायतद्वैतंकालत्रयेऽपिनास्तिततोभयमपिनास्तीत्यर्थः । तथाच 'अतोऽन्यदार्तंनेहनानाऽस्तिकिंचनयन्मदन्यन्नास्तिकस्मान्नुबिभेमि'इत्यादिद्वैताभावप्रतिपादिकाश्रुतिरबाधिताभवति । दुःखप्रतीतिस्तुस्वप्नवदप्युपपद्यतइतिनकश्चिद्दोषः २९ ननुप्रत्यक्षेणशीतोष्णादिभयंस्वप्नवदबाधितंदृश्यतेतत्कथंभयंनास्तीतिलोकदृष्ट्याऽप्याशंक्याह नेति । स्पर्शसुखाभिज्ञस्यैवानुभूतेविषयेकामोजायते । बुद्ध्यादिनिरोधेनरसज्ञानाभावान्नकाचिदपिविषयेकामोजायतेऽतोबुद्ध्यादिकृतंशीतोष्णाद्यपितन्निरोधेननास्त्येवेत्यर्थः ३० अरसज्ञस्यकामोनजायतइत्यत्रदृष्टांतमाह नेति । वारुण्यामद्यस्यलट्वाख्यपक्षिमांसस्यच कर्मणिषष्ठ्यौ त्वंनस्मरसिब्राह्मणत्वेनतवतद्रसग्रहाभावात् । भक्ष्योरस्योवि-

नद्वितीयस्यशिरसश्छेदनंविद्यतेक्वचित् ॥ नचपाणेस्तृतीयस्ययन्नास्तिनततोभयम् २९ नखल्वप्यरसज्ञस्यकामःक्वचनजायते ॥ संस्पर्शाद्दर्शनाद्वापिश्रवणाद्वापिजायते ३० नत्वंस्मरसिवारुण्यालट्वाकानांचपक्षिणाम् ॥ ताभ्यांचाभ्यधिकोभक्ष्योनकश्चिद्विद्यतेक्वचित् ३१ यानिचान्यानिभूतेषुभक्ष्यजातानिकस्यचित् ॥ येषामभुक्तपूर्वाणितेषामस्मृतिरेवते ३२ अप्राशनमसंस्पर्शमसंदर्शनमेवच ॥ पुरुषस्यैषनियमोमन्येश्रेयोनसंशयः ३३ पाणिमंतोबलवंतोधनवंतोनसंशयः ॥ मनुष्यामानुषैरेवदासत्वमुपपादिताः ३४ वधबंधपरिक्लेशैःक्लिश्यंतेचपुनःपुनः ॥ तेखल्वपिरमंतेचमोदन्तेचहसंतिच ३५ अपरेबाहुबलिनःकृतविद्यामनस्विनः ॥ जुगुप्सितांचकृपणांपापवृत्तिमुपासते ३६ उत्सहंतेचतेवृत्तिमन्यामप्युपसेवितुम् ॥ स्वकर्मणातुनियतंभवितव्यंतुतत्तथा ३७ नपुल्कसोनचांडालआत्मानंत्यक्तुमिच्छति ॥ तयातुष्टःस्वयायोन्यामायांपश्यस्वयादृशीम् ३८ दृष्ट्वाकुणीन्पक्षहतान्मनुष्यानामयाविनः ॥ सुसंपूर्णःस्वयायोन्यालब्धलाभोऽसिकाश्यप ३९ यदिब्राह्मणदेहस्तेनिरातंकोनिरामयः ॥ अंगानिचसमग्राणिनचलोकेषुधिक्कृतः ४० नकेनचित्प्रवादेनसत्येनैवापहारिणा ॥ धर्मायोत्तिष्ठविप्रर्षेनात्मानंत्यक्तुमर्हसि ४१ यदिब्रह्मन्शृणोष्येतच्छ्रद्दधासिचमेवचः ॥ वेदोक्तस्यैवधर्मस्यफलंमुख्यमवाप्स्यसि ४२ स्वाध्यायमग्निसंस्कारमप्रमत्तोऽनुपालय ॥ सत्यंदमंचदानंचस्पर्धिष्ठामाचकेनचित् ४३ येकेचनस्वध्ययनाःप्राप्तायजनयाजनम् ॥ कथंतेचानुशोचेयुर्ध्यायेयुर्वाप्यशोभनम् ४४ इच्छंतस्तेविहारायसुखंमहदवाप्नुयुः ॥ उतजाताःसुनक्षत्रेसुतिथौसुमुहूर्तजाः ॥ यज्ञदानप्रजेहायांयतन्तेशक्तिपूर्वकम् ४५ नक्षत्रेष्वासुरेष्वन्येदुस्तिथौदुर्मुहूर्तजाः ॥ संपतंत्यासुरींयोनिंयज्ञप्रसववर्जिताः ४६

षयस्ताभ्यामन्योनविद्यतेतथापित्वंतद्द्वयंनस्मरासि ३१ कस्यचिद्राजादेः येषांयान्यभुक्तपूर्वाणि तेत्वया ३२ उपसंहरति अप्राशनमिति । प्राशनादिवर्जननियमएवपुरुषस्यश्रेयः ३३ दैवाधीनत्वाच्चसुखादेर्नत्वयाशोकःकार्यइत्याह पाणिमंतइत्यादिना । दासत्वं वधबंधादिकं हीनवृत्तिः सत्यपिसामर्थ्येतदत्यागंचांडालादिदेहेनिंद्यतरमनिष्टमपिदैवबलात्कारादेवप्राणिनामपरिहार्यमितिश्लोकपंचकस्यभावः ३४ । ३५ । ३६ । ३७ । ३८ तवत्वितरापेक्षयादैवमनुकूलमस्तीत्याह दृष्ट्वेति । कुणीन् हस्तविकलान् पक्षहतानर्धांगवातादिनानष्टान् आमयाविनोरोगाक्रांतान् अधिकदुःखानन्यान्दृष्ट्वास्वयमात्मानंसुखिनंमन्येतेत्यर्थः ३९ ४० प्रवादेनकलंकेन अपहारिणाजातिभ्रंशकरेण ४१ मुख्यंविवेकंचित्तशुद्धिंवा ४२ । ४३ । ४४ विहारायपयोचितेनयज्ञादिनाविहर्तुं सुनक्षत्रेपुष्यादौ सार्धश्लोकः ४५ आसुरेषुमूलाश्लेषादिषु ४६

पंडितकः कुत्सितःपंडितः यतोहैतुकोऽनारब्धद्रव्यत्वादित्यादिभिर्हेतुभिराकाशादेरपिनित्यत्वसाधनपरः। वेदनिंदकोऽतोऽन्यदांतेभितितदनित्यत्वप्रतिपादकस्यवेदस्याप्रामाण्यकर्ता । ईक्षाप्रत्यक्षं तामनुप्रवृत्ताईक्षाअन्वीक्षाधूमादिदर्शनेनवह्न्याद्यनुमानंतत्प्रधानामान्वीक्षिकींतर्कविद्यांकणभक्षाक्षचरणादिप्रणीतंशास्त्रम् । निरर्थीकांपुरुषार्थचतुष्टयशून्यांश्रुत्येकगम्यस्यवस्तुतत्त्वस्यनिर्णयानुपयोगिनीम् ४७ प्रवदिताप्रकर्षेणवदिता श्रुतेरनुमानाविरोधेनैवप्रामाण्यंनस्वतइतिवदिता । ननुनास्तिकान्प्रत्येतद्वक्तुंयुक्तंयुक्तिबलेनैववेदाप्रामाण्यवादिनांतेषांनिरसनीयत्वादितिनायंदोषइत्यतआह संसत्सुसमीचीनेषुसाधुष्वपिहेतुमदेववक्तानश्रुतिमत् । आक्रोष्टापरुषवाक् । अभिवक्ताऽभिक्रम्यवक्ता । ब्रह्मवाक्येषुवेदवाक्येषुविचार्यमाणेषु ४८ नास्तिकोवेदप्रामाण्यनिंदकः । सर्वशंकीस्वर्गादृष्टादिसद्भावेऽपिशंकावान् । स्वभाववादेनचाभितआक्रुष्यमाणोऽनवस्थितइत्यर्थः । कुतर्कमनादृत्यवेदमार्गेष्ववत्वयास्थातव्यमितिभावः ४९ ममतुष्पतदत्यंतंमाधुर्यमित्याह अपीति । तस्माद्धीनयोनिदात्पापान्मुक्तइतिशेषः ५० । ५१ । ५२ समवैक्षतेति । दिव्यज्ञानैर्वैतांकाश्यपादीनामपिदेहाभिमानावेशादीदृशीबुद्धिर्भवतिकिमुतप्राकृतानामितिदेहावेशोवर्ज्यइतिभावः यथोक्तं देहावेशात्प्रमाद्यतीति ५३ हरिवाहनमिंद्रम् ५४ ॥ इतिशां० मो० नी० भा० अशी

अहमासंपंडितकोहैतुकोवेदनिंदकः ॥ आन्वीक्षिकींतर्कविद्यामनुरक्तोनिरर्थिकाम् ४७ हेतुवादान्प्रवदितावक्तासंसत्सुहेतुमत् ॥ आक्रोष्टाचाऽभिवक्ताचब्रह्मवाक्येषुचद्विजान् ४८ नास्तिकःसर्वशंकीचमूर्खःपंडितमानिकः ॥ तस्येयंफलनिर्वृत्तिःसृगालत्वंममद्विज ४९ अपिजातुतथातस्मादहोरात्रशतैरपि ॥ यदहंमानुषींयोनिंसृगालःप्राप्नुयांपुनः ५० संतुष्टश्चाप्रमत्तश्चयज्ञदानतपोरतिः ॥ ज्ञेयज्ञाताभवेयंवैवर्ज्यवर्जयितातथा ५१ ततःसमुनिरुत्थायकाश्यपस्तमुवाचह ॥ अहोबतासिकुशलोबुद्धिमांश्चेतिविस्मितः ५२ समवैक्षततंविप्रोज्ञानदीर्घेणचक्षुषा॥ ददर्शचैनंदेवानांदेवमिंद्रंशचीपतिम् ५३ ततःसंपूजयामासकाश्यपोहरिवाहनम् ॥ अनुज्ञातस्तुतेनाथप्रविवेशस्वमालयम् ५४ इतिश्रीमहाभारते शां०मोक्षधर्मपर्वणिसृगालकाश्यपसंवादेअशीत्यधिकशततमोऽध्यायः ॥ १८० ॥ ७ ॥ युधिष्ठिरउवाच ॥ यद्यस्तिदत्तमिष्टंवातपस्तप्तंतथैवच ॥ गुरूणांवापिशुश्रूषातन्मेब्रूहिपितामह १ ॥ भीष्मउवाच ॥ आत्मनाऽनर्थयुक्तेनपापेनिविशतेमनः ॥ स्वकर्मकलुषंकृत्वाकृच्छ्रेलोकेविधीयते २ दुर्भिक्षादेवदुर्भिक्षंक्लेशात्क्लेशंभयाद्भयम् ॥ मृतेभ्यःप्रमृतंयांतिदरिद्राःपापकारिणः ३ उत्सवादुत्सवंयांतिस्वर्गात्स्वर्गंसुखात्सुखम् ॥ श्रद्दधानाश्चदांताश्चधनाढ्याःशुभकारिणः ४

त्यधिकशततमोऽध्यायः ॥ १८० ॥ ॥ आजगरव्रतालाभप्रज्ञैवदेहावेशनिवृत्तिद्वारेणहेतुरित्युक्तं तत्रप्रज्ञाबुद्धेःपरिणामविशेषः सचक्षीरदधिवत्स्वभावादेवकालक्रमेणभविष्यतीतिदत्तेष्टादेर्वैयर्थ्यमन्वानःशंकते यदीति । 'शरणागतसंत्राणंभूतानामप्यहिंसनं । बहिर्वेदिचयद्दानंदत्तमित्यभिधीयते । अग्निहोत्रंतपःशौचंवेदानांचानुशासनम् । आतिथ्यंवैश्वदेवंचइष्टमित्यभिधीयते' । दत्तेष्टे गृहस्थस्यधर्मः । तपोवानप्रस्थस्य । गुरुशुश्रूषाब्रह्मचारिणः । यदिदत्तादिकंशुभादृष्टोत्पादनद्वाराकालांतरीयप्रज्ञाहेतुर्भवतितत्तर्हिमेमह्यमनुष्ठेयमेतदितिब्रूहि नोचेत्स्वभावएवशरणंममेत्यर्थः १ स्वभाववादेसर्वेषांभौतिकानामुत्पत्त्यादावेकरूपैवसामग्री तथाचह्रस्वदीर्घसाध्वसाधुसुखदुःखादिवैचित्र्यंजगतिदृश्यमानंनोपपद्यतेऽतस्तत्रावश्यंकर्मजन्यमदृष्टंकारणमभ्युपेयमितिमत्वा 'पुण्योवैपुण्येनकर्मणाभवति पापःपापेन' 'बुद्धिःकर्मानुसारिणी' इतिश्रुतिस्मृतिसिद्धंकर्मणःसदसत्प्रज्ञाहेतुत्वमाह आत्मनेति । आत्मनाबुद्ध्या अनर्थःकामक्रोधादिस्तद्युक्तेन कृच्छ्रेदुःखदेनरकादौ विधीयतेभोक्तुमधिक्रियते २ मृतेभ्योमरणेभ्यः प्रमृतंमरणांतरं अविलंबेनपुनःपुनर्म्रियंतइत्यर्थः । 'अथैतयोःपथोर्नकतरेणचनतानीमानिक्षुद्राण्यसकृदावर्तीनि' इतिश्रुतेः ३ । ४

हस्तावववाप्येतेप्रवेश्येतेयस्मिन्निति हस्तावापोहस्तनिगडस्तेननियडिताःसंतोनास्तिकाराष्ट्राद्दूरीकृताव्यालादिमत्सुवनेषुगच्छंतिनिगडितहस्तत्वाच्चव्यालादीन्वारयितुमशक्ता अत्यंतमुद्वेगंप्राप्नुवंतीत्यर्थः व्यालोदुष्टगजः ५ आतिथेयमतिथिहितंमृष्टान्नदानादि आत्मवतांजितचित्तानांयोगिनां मार्गंदेवयानं हस्तदक्षिणंहस्तोपलक्षितेनतत्कर्तव्येनदानादिनाकर्मणादक्षिणमनुकूलम् ६ पुलाकागर्तोष्मणाभक्तसिक्थवन्नष्टबीजभावाः पूतिधान्यामितियावत् पुत्तिकामशकाः कारणंसुखादिहेतुः ७ शुभप्रज्ञाहेतुरपिधर्मएवचेत्तत्रप्रवृत्तिरपिपूर्वकर्मायत्तेतिकिंपुरुषकारेणेत्याशंक्याह सुशीघ्रमिति । विधानंप्राक्कर्मधावंतंयतमानमनुधावतिफलप्रदाने-नानुसरति । अन्वयमुक्त्वाव्यतिरेकमाह शेतेइति । येनयेनयथाकृतंतंतंप्रतितथाप्राक्कर्मफलदमफलदंचभवति ८ कर्मप्राचीनंछायेवानुविधीयतेपुरुषेणस्वस्यानुकूलंक्रियते अनादौसंसारेऽनंतानांसतामसतांवाकर्मणामहंपूर्वमहंपूर्वमितिस्पर्धयास्वस्वफलदानाययुगपदुपस्थितानांयदेवकर्माऽविकलःपुरुषकारोऽनुगृह्णातितदेवप्रभवतीत्यर्थः ९ येनेति । भुंक्तेइतिवर्तमानार्थलट्प्रयोगेणैहिकभोगेएवप्राक्कर्मणःप्राबल्यंनत्वामुष्मिक

व्यालकुंजरदुर्गेषुसर्पचोरभयेषुच ॥ हस्तावापेनगच्छंतिनास्तिकाःकिमतःपरम् ५ प्रियदेवातिथेयाश्चवदान्याःप्रियसाधवः ॥ क्षेम्यमात्मवतांमार्गमास्थिता हस्तदक्षिणम् ६ पुलाकाइवधान्येषुपुत्तिकाइवपक्षिषु ॥ तद्विधास्तेमनुष्याणांयेषांधर्मोनकारणम् ७ सुशीघ्रमपिधावंतंविधानमनुधावति ॥ शेतेसहशयानेनयेनयेनयथाकृतम् ८ उपतिष्ठतितिष्ठंतंगच्छंतमनुगच्छति ॥ करोतिकुर्वतःकर्मच्छायेवानुविधीयते ९ येनयेनयथायद्यत्पुराकर्मसमीहितम् ॥ तत्तदेकतरोभुंक्तेनित्यंविहितमात्मना १० स्वकर्मफलनिक्षेपंविधानपरिरक्षितम् ॥ भूतग्राममिमंकालःसमंतात्परिकर्षति ११ अचोद्यमानानियथापुष्पाणिचफलानिच ॥ स्वंकालंनातिवर्तन्तेतथाकर्मपुराकृतम् १२ संमानश्चाऽवमानश्चलाभालाभौक्षयोदयौ ॥ प्रवृत्तानिविवर्तन्तेविधानांतेपुनःपुनः १३ आत्मनाविहितंदुःखमात्मनाविहितंसुखम् ॥ गर्भशय्यामुपादायभुज्यतेपौर्वदेहिकम् १४ बालोयुवाचवृद्धश्चयत्करोतिशुभाशुभम् ॥ तस्यांतस्यामवस्थायांतत्फलंप्रतिपद्यते १५ यथा धेनुसहस्रेषुवत्सोविंदतिमातरम् ॥ तथापूर्वकृतंकर्मकर्तारमनुगच्छति १६ समुन्नमग्रतोवस्त्रंपश्चाच्छुध्यतिकर्मणा ॥ उपवासैःप्रतप्तानांदीर्घंसुखमनंतकम् १७ दीर्घकालेनतपसासेवितेनतपोवने ॥ धर्मनिर्धूतपापानांसंपद्यन्तेमनोरथाः १८ शकुनानामिवाऽऽकाशेमत्स्यानामिवचोदके ॥ पदंयथानदृश्येततथाज्ञानविदां गतिः १९ अलमन्यैरुपालंभैःकीर्तितैश्चव्यतिक्रमैः ॥ पेशलंचानुरूपंचकर्तव्यंहितमात्मनः २० ॥ इति॰ शां॰ मो॰ एकाशीत्यधिकशततमोऽध्यायः ॥१८१॥

भोगार्थायांयज्ञादिप्रवृत्तौ विधिप्रतिषेधशास्त्रानर्थक्यापत्तेरित्यर्थः । नित्यमपरिहार्यम् १० स्वकर्मणःफलंस्वर्गपश्वादितदेवनिक्षेपरूपंविधानेनकर्मजन्यादृष्टेनरक्षितंगौणकर्मीभूतंभूतग्रामंप्रतिकालःसमनुकर्षति ११ । १२ । १३ । १४ । १५ । १६ समुन्नंजलेनक्लिन्नं उंदीक्लेदनेऽस्यानिष्ठायांरूपं । संयुक्तमितिपाठेमलेनेतिशेषः । संस्विन्नमितिपाठेस्वेदेनमलिनं । कर्मणाक्षालनेन उपवासोविषयत्यागः अनंतकंसुखंमोक्षः १७ मनोरथाज्ञानलाभविषयाः १८ प्राप्तज्ञानानकार्यब्रह्मलोकंगच्छंतिकिंतु‘नतस्यप्राणाउत्क्रामंत्यत्रैवसमवनीयंते’इतितत्त्वविदःप्राणादीनांप्रलयस्यश्रुद्धेप्रत्यगात्मन्येवश्रवणादात्माच नद्रष्टुंयोग्यइत्याशयेनाह शकुनानामिति । ज्ञानविदांब्रह्मविदांगतिःपरायणंब्रह्मैवेत्यर्थः । ‘ब्रह्मविद्ब्रह्मैवभवति’इतिश्रुतेः १९ उपालंभैराक्षेपवाक्यैः व्यतिक्रमैरपराधैः अलमुक्तैःपर्याप्तं पेशलंकौशलयुक्तं यथास्यात्तथासत्कर्मभिःसद्वासनोदयात्साध्वीप्रज्ञासमुदेतीतिभावः २० ॥ इति शांतिपर्वणि मोक्षधर्मपर्वणि नीलकंठीये भारतभावदीपे एकाशीत्यधिकशततमोऽध्यायः ॥ १८१ ॥ ॥ ॥ ॥

एवमष्टभिरध्यायैःक्रमादाशांजित्वापूर्वस्मिन्नेववयसिनिष्परिग्रहोनिरीहोहिंसाशून्यआजगरींवृत्तिमास्थितःप्रज्ञावान्सुकृतीब्रह्मविद्याधिकारीनिरूपितः तत्रप्रसंगात्तत्रतत्रसंक्षेपेणात्मतत्त्वंचसूचितं । यथाआजगरेऽनवासितमनंतदोषपारमित्यनेनाऽऽकाशस्येवनित्यत्वाद्विभुत्वाच्चात्मनःकालतोदेशतश्चपरिच्छेदाभावःपरेषांसंमतः । अस्माकंत्वात्मनित्रिविधभेदरूपोवस्तुपरिच्छेदोऽपिनास्ति । यथापरेषामात्मांतरस्यपृथिव्यादेरात्मगतबुद्ध्यादिगुणानांचपृथक्सत्त्वेनाऽऽत्मनिसजातीयविजातीयस्वगतभेदरूपोवस्तुपरिच्छेदोऽस्तिनतथाऽस्माकमित्यखंडैकरसमेकाद्वितीयंकूटस्थंवस्तुनिर्दिष्टं । तथासृगालीये 'नद्वितीयस्याशिरसश्छेदनंविद्यतेकाचित् । नचपाणेस्तृतीयस्ययन्नास्तिनततोभयं' इत्यात्मातिरिक्तस्यद्वितीयशिरआदिवदत्यंतासत्वमुक्त्वातदेवदृढीकृतं तथा'शकुनानामिवाकाशेमत्स्यानामिवचोदके ॥ पदंयथानदृश्येततथाज्ञानविदांगतिः'इति'ब्रह्मविद्ब्रह्मैवभवति'इतिचप्रतिपादितं । ततश्चविकारिकारणाभावाज्जगज्जन्माद्यसंभवंमन्वानःपृच्छति कुतइति तत्रकुतइतिकालादृष्टेश्वरेच्छादिनिमित्तप्रश्नः । कमभ्येतीत्युपादानप्रश्नः तत्रैवकार्यलयनियमात् १ केनेत्यवांतरकारणप्रश्नः २ कथमितिसृष्टिप्रकारप्रश्नः विभक्तयोविभागाः ३ जीवःकीदृशइतिजीवतत्त्वप्रश्नः । अमृतामुक्ताःकाऽधिष्ठानेलीयंतइतिमुक्तिप्राप्यवस्तुप्रश्नः ।

॥ युधिष्ठिरउवाच ॥ कुतःसृष्टमिदंविश्वंजगत्स्थावरजंगमम् ॥ प्रलयेचकमभ्येतितन्मेब्रूहिपितामह १ ससागरःसगगनःसशैलःसबलाहकः ॥ सभूमिःसाग्निपवनोलोकोऽयंकेननिर्मितः २ कथंसृष्टानिभूतानिकथंवर्णविभक्तयः ॥ शौचाशौचंकथंतेषांधर्माधर्मविधिःकथम् ३ कीदृशोजीवतांजीवःक्वागच्छंतियेमृताः ॥ अस्माल्लोकादमुंलोकंसर्वंशंसतुनोभवान् ४ ॥ भीष्मउवाच ॥ अत्राप्युदाहरंतीममितिहासंपुरातनम् ॥ भृगुणाऽभिहितंशास्त्रंभरद्वाजायपृच्छते ५ कैलासशिखरेदृष्ट्वादीप्यमानंमहौजसम् ॥ भृगुंमहर्षिमासीनंभरद्वाजोऽन्वपृच्छत ६ ससागरःसगगनःसशैलःसबलाहकः ॥ सभूमिःसाग्निपवनोलोकोयंकेननिर्मितः ७ कथंसृष्टानिभूतानिकथंवर्णविभक्तयः ॥ शौचाशौचंकथंतेषांधर्माधर्मविधिःकथम् ८ कीदृशोजीवतांजीवःक्वागच्छंतियेमृताः ॥ परलोकमिमंचापिसर्वंशंसितुमर्हसि ९ एवंसभगवान्पृष्टोभरद्वाजेनसंशयम् ॥ ब्रह्मर्षिर्ब्रह्मसंकाशःसर्वंतस्मैततोऽब्रवीत् १० ॥ भृगुरुवाच ॥ मानसोनामयःपूर्वोविश्रुतोवैमहर्षिभिः ॥ अनादिनिधनोदेवस्तथाऽभेद्योऽजरामरः ११ अव्यक्तइतिविख्यातः शाश्वतोऽथाऽक्षयोऽव्ययः ॥ यतःसृष्टानिभूतानिजायंतेचम्रियंतिच १२

अस्माल्लोकादिमंलोकंमुक्त्वा अमुंलोकं सर्वंचपूर्वंपृष्टंनोऽस्मभ्यंभवानकथयतु ४ । ५ । ६ । ७ । ८ । ९ । १० पूर्वोक्तब्रह्माद्वैतसिद्धये कृत्स्नस्यजगतोब्रह्मोपादानकत्वंप्रतिपादयिष्यन् 'असतोधिमनोऽसृजत । मनःप्रजापतिमसृजत । प्रजापतिःप्रजाअसृजत । तद्वाइदंमनस्येवपरमंप्रतिष्ठितं यदिदंकिंच'इतिश्रुतिमनुसरन्नुत्तरमाह मानसइति । सत्त्वासत्त्वाभ्यांनिर्वक्तुमशक्यादज्ञानान्मनउत्पन्नं तच्चचित्प्रतिबिंबविशिष्टंमानसोनामजगतोमूलकारणंसर्वश्रुतिस्मृतिप्रसिद्धं । अनादिनिधनआदिनिधनंजन्मलयस्थानंतद्धीनः तत्कारणस्याऽसतोज्ञानस्यानिर्वचनीयस्यस्वरूपेणासत्त्वात् । कूटस्थस्यचशुद्धब्रह्मणस्तंप्रत्यनुपादानत्वात् अभेद्योभेत्तुमनर्हएकत्वात् । अजरामरइति'यआत्माऽपहतपाप्माविजरोविमृत्युर्विशोकोविजिघत्सोऽपिपासःसत्यकामःसत्यसंकल्पः'इतिश्रुत्युक्तानांगुणानांसंग्रहः ११ अक्षयोऽव्ययइतिलक्षणयाद्यंतद्विजन्महीनत्वमुक्तं । अतएवशाश्वतःसदैकरूपः । अव्यक्तइतिसंज्ञामात्रं योगिनांप्रत्यक्षत्वात् मूढान्प्रत्यप्रकाशत्वाद्वाऽव्यक्तः । सृष्टानिजन्मवंतिभूतान्याकाशादीनिजायंतेम्रियंतेव्ययवंतिचयत्रैवभवंति । सृष्टानीतिविशेषणादसृष्टाश्चेतनानजायंतइतिदर्शितम् १२

'सदह्रोऽस्मिन्नंतराकाशः आकाशोहवैनामरूपयोर्निर्वहिता' इत्यादिश्रुतिष्वाकाशइतिविख्यातःसन्महांतंसमष्टिजीवंहैरण्यगर्भंबुद्धिंवाऽसृजदितियोजना । महानप्यहंकारंहैरण्यगर्भंमनः । सचाहंकारोभगवानाकाशंशब्दतन्मात्राख्यमसृजत् १३ 'आकाशादभवद्वारि' इत्यादिपाठक्रमोनविवक्षितः किंतु 'आकाशाद्वायुःवायोरग्निरग्नेरापःअद्भ्यःपृथिवी' इतिश्रौतएवज्ञेयः । तत्रवाय्वादिशब्दैः स्पर्शतन्मात्रंरूपतन्मात्रंरसतन्मात्रंगंधतन्मात्रं चसूक्ष्ममपंचीकृतंभूतजातमुच्यते १४ ततस्तेजोमयंलिंगशरीरं दिव्यंपरलोकगमनार्हं स्थूलभूतानिचपंचीकृतानितत्कर्दममयंब्रह्मांडापरनामधेयंपद्मंचासृजत् । ब्रह्माविराट् वेदमयोवेदपूर्णोनिधिरिवज्ञानैश्वर्यादीनाम् १५ 'ख्यातःसोऽहमित्यग्रेव्याहरत्ततोऽहंनामाभवत्' इत्यादिश्रुतिप्रसिद्धः । सर्वभूतानिस्थूलवियदादीनितदात्मातच्छरीरः सचासौभूतकृच्चतुर्विधभूतग्रामस्रष्टाचेतिसमासः येएतेपंचआकाशादयोधातवोधारणकर्माणःसएवब्रह्मा १६ 'अग्निर्मूर्द्धाचक्षुषीचंद्रसूर्यौदिशःश्रोत्रेवाग्विवृत्ताश्चवेदाः । वायुःप्राणोहृदयंविश्वमस्यपद्भ्यांपृथिवीह्येषसर्वभूतांतरात्मा' इतिभगवतोवैश्वरूप्यप्रतिपादिकांश्रुतिमुपबृंहयतिशैलाइत्य',

सोऽसृजत्प्रथमंदेवोमहांतंनामनामतः ॥ महान्ससर्जाऽहंकारंसचापिभगवानथ ॥ आकाशमितिविख्यातंसर्वभूतधरःप्रभुः १३ आकाशादभवद्वारिसलिलादग्निमारुतौ ॥ अग्निमारुतसंयोगात्ततःसमभवन्मही १४ ततस्तेजोमयंदिव्यंपद्मंसृष्टंस्वयंभुवा ॥ तस्मात्पद्मात्समभवद्ब्रह्मावेदमयोनिधिः १५ अहंकारइतिख्यातःसर्वभूतात्मभूतकृत् ॥ ब्रह्मावैसमहातेजायएतेपंचधातवः १६ शैलास्तस्यास्थिसंज्ञास्तुमेदोमांसंचमेदिनी ॥ समुद्रास्तस्यरुधिरमाकाशमुदरंतथा १७ पवनश्चैवनिःश्वासस्तेजोऽग्निर्निम्नगाःशिराः ॥ अग्नीषोमौतुचंद्रार्कौनयनेतस्यविश्रुते १८ नभश्चोर्ध्वंशिरस्तस्यक्षितिःपादौभुजौदिशः ॥ दुर्विज्ञेयोह्यचिंत्यात्मासिद्धैरपिनसंशयः १९ सएषभगवान्विष्णुरनंतइतिविश्रुतः ॥ सर्वभूतात्मभूतस्थोदुर्विज्ञेयोऽकृतात्मभिः २० अहंकारस्ययःस्रष्टासर्वभूतभवायवै ॥ यतःसमभवद्विश्वंपृष्टोऽहंयदिहत्वया २१ ॥ भरद्वाजउवाच ॥ गगनस्यदिशांचैवभूतलस्यानिलस्यवा ॥ काऽन्यत्रपरिमाणानिसंशयंछिंधितत्वतः २२ ॥ भृगुरुवाच ॥ अनंतमेतदाकाशंसिद्धदैवतसेवितम् ॥ रम्यंनानाश्रयाकीर्णंयस्यांतोनाधिगम्यते २३ ऊर्ध्वंगतेरधस्तात्तुचंद्रादित्यौनदृश्यतः ॥ तत्रदेवाःस्वयंदीप्ताभास्वराभाऽग्निवर्चसः २४ तेचाप्यंतंनपश्यंतिनभसःप्रथितौजसः ॥ दुर्गमत्वादनंतत्वादितिमेविद्धिमानद २५ उपरिष्टोपरिष्टात्तुप्रज्वलद्भिःस्वयंप्रभैः ॥ निरुद्धमेतदाकाशमप्रमेयंसुरैरपि २६ पृथिव्यन्तेसमुद्रास्तुसमुद्रांतेतमःस्मृतम् ॥ तमसोन्तेजलंप्राहुर्जलस्यान्तेऽग्निरेवच २७

दिपंचभिः १७ अग्नीषोमावेवचंद्रार्कौ १८।१९ सर्वभूतानामात्मभूतोऽहंकारस्तत्स्थः २० भूतभवायभूतोत्पत्तये स्रष्टाऽहंकारस्येतिसंबंधः । यतोविश्वंसमभवद्यच्चत्वयाऽहंपृष्टस्तत्तुभ्यमुक्तमितिशेषः २१ कुतः सृष्टमिदंविश्वमित्यस्यप्रश्नस्योत्तरंब्रह्मैवईशसूत्रविराड्रूपेणसन्निविष्टमस्तीत्युक्तं तत्किमेकदेशेनोतकार्त्स्न्येन नाद्यः ब्रह्मणःसांशतापत्तेर्निष्कलत्वश्रुतिव्याकोपः । नांत्यः कार्यस्यपरिच्छिन्नत्वेनव्याप्यत्वाद्ब्रह्मणोऽपिपरिच्छेदापत्तिस्ततश्चानंत्यश्रुतिव्याकोपइतिशंकते गगनस्येति २२ कार्यस्यानंत्यंकारणानंत्यायोपपादयन्नुक्तांशंकांपरिहरति अनंतमेतदिति । आश्रयाश्चतुर्दशभुवनानि २३ गतेःसूर्यरश्मिगतेरपि ऊर्ध्वमधस्ताच्चचंद्रादित्यौनदृश्येतेमध्यमपरिमाणयोस्तयोरनंताकाशव्याप्तियोगात् यत्रतौनदृश्येतेतत्र संधिरार्षः २४ तेऽपिसूर्यादिगतेरूर्ध्वस्थाअनंतमेवाकाशंपश्यंतिनतुपरिच्छिन्नमितिमेमद्वचनाद्विद्धि २५ एवंतत्तदुपर्यपीत्याह उपरिष्टेति । आर्षोवर्णलोपः प्रज्वलद्भिर्लोकैरितिशेषः २६ तिर्यक्प्रमाणतोऽप्यानंत्यमाह पृथिव्यंतइति २७

एवमंतंपुनःपुनर्जलंपुनराकाशंपुनर्जलमित्येवंरूपमेवसलिलस्यसलिलात्मकस्यभगवतोयन्तंपश्यामोनतुजलाकाशमालायाइत्यर्थः तोयेभ्यइतिषष्ठ्यर्थेचतुर्थी २९ अग्नीति वर्णोरूपंतच्चस्पर्शस्याप्युपलक्षणंयथारूप स्पर्शरहितंनभोद्रव्यंदेशतःकालतश्चानंतंतद्वदग्न्यादयोऽपि । तथाचलक्षणभेदाभावादाकाशानतिरिक्ताअपितेकेवलमतत्वदर्शनादेवाकाशात्पृथगवगृह्यंतेद्वितीयचंद्रवत् । एवमाकाशादयोऽपिपूर्वस्मात्पूर्वस्मात्स्व कारणादभिन्नाःसंतोमानसमात्रंभवंतीत्यर्थः ३० कथंतर्हिबौद्धज्यौतिषिकपौराणिकास्त्रैलोक्यादेःप्रमाणंयथाविहितंपंचाशत्कोटियोजनविस्तारायामादिरूपमुपपादयंतीतिशंकते पठंतीति ३१ दूषयतिअदृश्या येति । षष्ठ्यर्थे चतुर्थी ब्रह्मपरिमाणहीनं अदृश्यत्वादगम्यत्वाच्चाऽऽकाशादिवदित्यनुमानेनकारणानंत्यात्कार्यानंत्यसिद्धिः सिद्धानामिति गतिर्गमनमार्गआकाशःसोऽपिचेत्परिमितःस्यात्तर्हिश्रूयमाणंपर मात्मनोमानसाख्यस्याऽऽनंत्यंगौणमौपचारिकंस्यात्तच्चनयुक्तं अनंतंब्रह्मेतिवेदपीडाप्रसंगादित साधःश्लोकः ३२ । ३३ दिव्यंद्योतमानंयद्रूपंविश्वरूपंतदपिह्रसतेसुषुप्तिप्रलययोर्लीयतेवर्धतेचजाग्रत्सर्ग योर्यदितर्ह्यादावंतेचयन्नास्तिवर्तमानेऽपितत्तथेतिन्यायेनसर्गकालेऽप्यसतोजगतःस्वरूपंतद्विधोऽपिब्रम्हभावंगतोऽपिकोऽन्योवेदितुंशक्तोनकश्चित् नहिमरुमरीचितोयस्यरसस्पर्शौकश्चिद्वेदितुमर्हतीतिभावः तत्रसुप्ति बोधयोर्जगल्लयोदयौकौषीतकिनःसमामनंति 'सयदास्वपितितदैनंवावसर्वैर्नामभिःसहाप्येति चक्षुःसर्वैरूपैःसहाप्येति श्रोत्रंसर्वैःशब्दैःसहाप्येति मनःसर्वैर्ध्यानैःसहाप्येति अथयदाप्रबुध्यतेएतस्मादात्मनःसर्वे

रसातलांतेसलिलंजलान्तेपन्नगाधिपाः ॥ तदन्तेपुनराकाशमाकाशांतेपुनर्जलम् २८ एवमंतंभगवतःप्रमाणंसलिलस्यच ॥ अग्निमारुततोयेभ्योदुर्ज्ञेयंदैवतैरपि २९ अग्निमारुततोयानांवर्णाःक्षितितलस्यच ॥ आकाशादवगृह्यंतेभिद्यंतेतत्त्वदर्शनात् ३० पठंतिचैवमुनयःशास्त्रेषुविविधेषुच ॥ त्रैलोक्यसागरेचैवप्रमाणं विहितंयथा ३१ अदृश्यायत्वगम्यायकःप्रमाणमुदाहरेत् ॥ सिद्धानांदेवतानांचयदापरिमितागतिः ॥ तदागौणमनंतस्यनामानन्तेतिविश्रुतम् ३२ नाम धेयानुरूपस्यमानसस्यमहात्मनः ३३ यदातुदिव्यंयद्रूपंह्रसतेवर्धतेपुनः ॥ कोन्यस्तद्वेदितुंशक्योयोऽपिस्यात्तद्विधोऽपरः ३४ ततःपुष्करतःसृष्टःसर्व ज्ञोमूर्तिमान्प्रभुः ॥ ब्रह्माधर्ममयःपूर्वःप्रजापतिरनुत्तमः ३५ ॥ भरद्वाजउवाच ॥ पुष्कराद्यदिसंभूतोज्येष्ठंभवतिपुष्करम् ॥ ब्रह्माणंपूर्वजंचाहभवान्संदेह एवमे ३६ ॥ भृगुरुवाच ॥ मानसस्येहयामूर्तिर्ब्रह्मत्वंसमुपागता ॥ तस्यासनविधानार्थंपृथिवीपद्ममुच्यते ३७ कर्णिकांतस्यपद्मस्यमेरुर्गगनमुच्छ्रितः ॥ त स्यमध्येस्थितोलोकान्सृजतेजगतःप्रभुः ३८ ॥ इतिश्रीमहाभारतेशांतिपर्वणिमोक्षधर्मपर्वणिभृगुभरद्वाजसंवादेद्व्यशीत्यधिकशततमोऽध्यायः ॥ १८२ ॥

प्राणायथायतनंविप्रतिष्ठंतेप्राणेभ्योदेवादेवेभ्योलोकाः'इति । तथाच 'नासतोविद्यतेभावोनाभावोविद्यतेसतः'इतिभगवदुक्तदिशाजगतोऽसत्त्वाद्दुर्ज्ञेयत्वंसिद्धम् ३४ पुष्करतःस्थूलसूक्ष्मकार्यरूपात् ब्रह्माचतु र्मुखः ३५ चतुर्मुखस्यैवमहत्त्वात्मतांमन्वानःशंकते पुष्करादिति ३६ परिहरति मानसस्येति । यथाबीजादंकुरतरुजातावपितरूस्थपक्वफलवदंकुरतर्वंतरोत्पादेनसमर्थौ । फलंत्वनेकबीजगर्भंतरुबीजादप्यधिकश क्तिमत् । एवंमानसाख्यादीशाज्जातावपिसूत्रविराजौनसत्रविराडंतरंस्रष्टुंशक्नुतः । चतुर्मुखेतुकृत्स्नामानसस्यशक्तिरभिव्यक्ताऽतःसचसूत्रविराडात्मकात्पद्माज्ज्यायांस्तथापितदभिव्यक्त्यभिप्रायेणपुष्करतो ब्रह्माऽभवद्वृक्षादिवफलमित्यर्थः ३७ गगनंहार्दाकाशाख्यंब्रह्मपद्मस्यमध्येतस्यापिमध्येउच्छ्रितोमेरुस्तस्यमध्येअधिष्ठितःकर्णिकामितिषदयोजना । एतेन 'दहरंपुण्डरीकंवेश्मदहरोऽस्मिन्नंतराकाशइत्यादि उभेअस्मिन्द्यावापृथिवीअंतरेवसमाहिते'इत्यंतायाःश्रुतेरर्थःसंगृहीतः ३८ ॥ इतिशांतिपर्वणि मोक्षधर्म० नीलकंठीयेभारतभावदीपे द्व्यशीत्यधिकशततमोऽध्यायः ॥ १८२ ॥ ॥ ॥

प्रजाविसर्गमिति । प्रजाजरायुजांडजस्वेदजोद्भिज्जास्तासांविविधंसर्गं । मेरुमध्येइतितस्यव्यवहितत्वमुक्तं । प्रजानांतुसर्गोयथायथंस्वस्वबीजात्स्वस्वादृष्टवशाद्दृश्यते । तत्रकथंतस्यस्रष्टृत्वमित्याक्षेपः १ चतुर्मुखत्वंप्राप्तोमानसएवमनसासंकल्पेनप्रजाविसर्गमसृजत् । 'संकल्पादेवास्यापितरःसमुत्तिष्ठंति'इतिश्रुतेःसत्यकामःसत्यसंकल्पइत्यादिश्रुतेश्चनतस्यबीजसान्निध्याद्यपेक्षा संकल्पैकसाधनत्वात् २ यत्जलं तेनजलेन ३ वारुणंवरुणदेवतासंबंधादाप्यमित्यर्थः । मूर्तिमत्मनुष्यपश्वादिविग्रहवत् आप्यत्वेहेतुः आपस्तस्तंभिरेयतआपस्तंभंघनीभावंपृथिव्यादिरूपंप्राप्ताः । 'तद्यदपांशरआसीत्तत्समहन्यतसापृथिव्यभवत्' इतिश्रुतेः ४ एतदाक्षिपति कथमिति । भौतिकस्रष्टावेवचतुर्मुखस्याधिकाराद्भूतानांचप्रागेवस्रष्टृत्वात्तस्यजलादिस्रष्टृत्वोक्तिरयुक्तेत्याक्षेपाभिप्रायः ५ ब्रह्मकल्पेब्रह्मलोकेकल्पादावित्यर्थः लोकानांसंभवउत्पत्तिस्तत्रविषयेसंदेहः । तथाहि 'कालःस्वभावोनियतिर्यदृच्छाभूतानियोनिःपुरुषइतिचिंत्यं, इतिश्रुत्यैवानेकपक्षोपन्यासात् । तत्रकालइतिज्योतिषिकाः । स्वभावइतिबौद्धालोकायतिकाश्च । नियतिरदृष्टंकारणंकर्मेतिमीमांसकाः । यदृच्छेत्यार्हताः । भूतानीतितार्किकादयः । योनिर्जगत्कारणंपुरुषइत्यौपनिषदाः ६ एवंसंदेहेसतिध्यानयोगएवशरणीकरणीयइत्याख्यायिकामुखेनाह तेऽतिष्ठन्निति । ध्यानंध्यायंत्यस्मिन्नितिव्युत्पत्त्याहृदयपुंडरीकमालंब्यालंबनीकृत्यमौनंध्यानंचित्तनिरोधरूपंयोगमास्थिताःसंतःआतिष्ठन् ७ श्रुतौयद्यपि 'तेध्यानयोगानुगताअपश्यन्देवात्मशक्तिंस्वगुणै

॥ ॥ भरद्वाजउवाच ॥ ॥ प्रजाविसर्गंविविधंकथंससृजतेप्रभुः ॥ मेरुमध्येस्थितोब्रह्मातद्ब्रूहिद्विजसत्तम १ ॥ ॥ भृगुरुवाच ॥ ॥ प्रजाविसर्गंविविधंमानसोमनसाऽसृजत् ॥ संरक्षणार्थंभूतानांसृष्टंप्रथमतोजलम् २ यत्प्राणःसर्वभूतानांवर्धन्तेयेनचप्रजाः ॥ परित्यक्ताश्चनश्यंतितेनेदंसर्वमावृतम् ३ पृथिवीपर्वतामेघामूर्तिमंतश्चयेऽपरे ॥ सर्वंतद्वारुणंज्ञेयमापस्तस्तंभिरेयतः ४ ॥ ॥ भरद्वाजउवाच ॥ ॥ कथंसलिलमुत्पन्नंकथंचैवाग्निमारुतौ ॥ कथंवामेदिनीसृष्टेत्यत्रमेसंशयोमहान् ५ ॥ ॥ भृगुरुवाच ॥ ॥ ब्रह्मकल्पेपुराब्रह्मन्ब्रह्मर्षीणांसमागमे ॥ लोकसंभवसंदेहःसमुत्पन्नोमहात्मनाम् ६ तेऽतिष्ठन्ध्यानमालंब्यमौनमास्थायनिश्चलाः ॥ त्यक्ताहाराःपवनपादिव्यंवर्षशतंद्विजाः ७ तेषांब्रह्ममयीवाणीसर्वेषांश्रोत्रमागमत् ॥ दिव्यासरस्वतीतत्रसंबभूवनभस्तलात् ८ पुरास्तिमितमाकाशमनंतमचलोपमम् ॥ नष्टचंद्रार्कपवनंप्रसुप्तमिवसंबभौ ९ ततःसलिलमुत्पन्नंतमसीवापरंतमः ॥ तस्माच्चसलिलोत्पीडादुदतिष्ठतमारुतः १० यथाभाजनमच्छिद्रंनिःशब्दमिवलक्ष्यते ॥ तच्चांभसापूर्यमाणंसशब्दंकुरुतेऽनिलः ११

र्निगूढां'इत्यनुभवगम्योऽयमर्थइत्युक्तंतथाप्यनुभवेभ्रांतत्वसंभवात्श्रुतिरेवनिष्कलंकंप्रमाणमित्याशयेनाह तेषामिति । तत्रहृदयपुंडरीकेनभस्तलाद्धार्दाकाशाख्यान्मायाविशिष्टाद्ब्रह्मणः ८ सरस्वतीमेवाह पुरेति । हार्दाकाशेगुरूक्तयुक्त्यास्थूलदेहासंगेनाचित्तंधारयन्प्रथमंकज्जलश्यामलेनतमसाव्याप्तमचलमनंतमशब्दमाकाशंपश्यति । तच्चतमःक्रमेणकालिमानंजहदवश्यायाख्यनीहाररूपेणततोधूमरूपेणचभाति । ततःकिंचित्तमसोपगमेसुषिरमनंतमाकाशंपश्यति । सतत्रश्रांतस्तृषार्तइवभूत्वाजलंस्मरति । तच्चजलंक्षणेनतमेवाकाशंपूरयति तत्रयथाघटेजलेनापूर्यमाणेशब्दोवायुश्चाभिव्यजतेतथैवतत्रशब्दवायूआविर्भवतः । ततश्चतयो
१७ र्जलवाय्वोरेरण्योरिवसंघर्षात्तेजउत्पद्यते । तेनचहार्दाकाशंनिस्तिमिरीकुर्वतावायुनासहसंयोगमेत्यसलिलमाकाशेसमुत्क्षिपताजलपवनसंपर्कादात्माघनीक्रियतेसोऽयंत्रयाणांसंघातःपृथिवीनामभवति । एवंभूतानिसृष्ट्वाभौतिकान्यपिसृजतिपुनश्चतत्सर्वमुपसंहृत्यकेवलचिन्मात्रेणरूपेणनिरुद्धसर्ववृत्तिस्तिष्ठतीतियोगिनामनुभवक्रमः तदुपक्रममेकदेशेनश्रुतिरनुवदति । 'नीहारधूमार्कानलानिलानांखद्योतविद्युत्स्फटिकशशीनां । एतानिरूपाणिपुरःसराणिब्रह्मण्यभिव्यक्तिकराणियोगे'इति । सएवायंभूतोत्पत्तिक्रमोऽत्रपुरास्तिमितमाकाशमित्यादिनाश्लोकनवकेनप्रतिपादितः अक्षरयोजनापिकृतमाया ९ । १० । ११

१२ । १३ । १४ । १५ कथंघनत्वमुपपद्यतेइत्यतआह तस्येति । षष्ठीसप्तम्यर्थे तस्मिन्मारुतयुक्तेऽग्न्याकाशमध्येभ्रमतियःस्नेहाश्रयोजलंतत्संघातत्वमितिस्पष्टं । एवंमानसस्यसृष्टिर्मानसस्येवतत्सामान्यादस्मदादीनामपीयंसृष्टिःस्वप्नवन्मानसस्यैवेत्यध्यायतात्पर्यम् । अतएवद्वितीयशिरोवदस्याअसत्त्वंप्रागुक्तंसंगच्छते १६ । १७ इति शांति०मो०नीलकंठीयेत्र्यशीत्यधिकशततमोऽध्यायः ॥ १८३ ॥ ॥ ननुचतुर्मुखेनमनसासृष्टाःपंचधातवआकाशादयःस्वाप्नाकाशादिवदांतराःसंतःकथंबाह्यलोकानामावरकाइत्युपपद्यतेइत्याह तएतेइति । यान्ब्रह्माऽसृजत्तएतेइतिकथमित्यग्रिमेणसंबंधः । एतेकेयेमहाभूतसंज्ञाःयैश्च लोकाआवृत्ताइतियोजना १ तथाब्रह्मणासृष्टानांजरायुजादीनांचैवंप्रत्येकंमानसानिपंचभूतानिसंति स्वप्नेतद्दर्शनात् । ततश्चकथंब्रह्मसृष्टानामेवपंचानांभूतानांमहाभूतत्वंनास्मदादिसृष्टानांभूतत्वं यतःसर्वेषांमानसत्वाविशेषात् प्रातिभासिकत्वेनक्षुद्रभूतत्वं ईशसृष्टानांतुमहाभूतत्वं तथाचप्रातिभासिकव्यावहारिकयोर्बाध्याबाध्ययोःप्रपंचयोर्भेदएष्टव्यइत्याक्षेप्तुरभिप्रायः २ अमितत्वमेवमहच्छब्दार्थोनत्वबाध्यत्वमि

तथासलिलसंरुद्धेनभसोन्तेनिरंतरे ॥ भित्त्वाऽर्णवतलंवायुःसमुत्पततिघोषवान् १२ सएषचरतेवायुरर्णवोत्पीडसंभवः ॥ आकाशस्थानमासाद्यप्रशांतिंनाधिगच्छति १३ तस्मिन्वाय्वंबुसंघर्षेदीप्ततेजामहाबलः ॥ प्रादुरभूदूर्ध्वशिखःकृत्वानिस्तिमिरंनभः १४ अग्निःपवनसंयुक्तःखंसमाक्षिपतेजलम् ॥ सोऽग्निर्मारुतसंयोगाद्घनत्वमुपपद्यते १५ तस्याकाशंनिपतितःस्नेहस्तिष्ठतियोऽपरः ॥ ससंघातत्वमापन्नोभूमित्वमनुगच्छति १६ रसानांसर्वगंधानांस्नेहानांप्राणिनांतथा ॥ भूमिर्योनिरिहज्ञेयायस्यांसर्वंप्रसूयते ॥ १७ ॥ इतिश्रीमहाभारते शां०मो०भृगुभरद्वाजसंवादेमानसभूतोत्पत्तिकथने त्र्यशीत्यधिकशततमोऽध्यायः ॥ १८३ ॥

भरद्वाजउवाच ॥ तएतेधातवःपंचब्रह्मायानसृजत्पुरा ॥ आवृतायैरिमेलोकामहाभूताभिसंज्ञिताः १ यदासृजत्सहस्राणिभूतानांसमहामतिः ॥ पंचानामेवभूतत्वंकथंसमुपपद्यते २ ॥भृगुरुवाच॥ अमितानांमहाशब्दोयांतिभूतानिसंभवम् ॥ ततस्तेषांमहाभूतशब्दोऽयमुपपद्यते ३ चेष्टावायुःखमाकाशमूष्माग्निःसलिलंद्रवः ॥ पृथिवीचात्रसंघातःशरीरंपांचभौतिकम् ४ इत्येतैःपंचभिर्भूतैर्युक्तंस्थावरजंगमम् ॥ श्रोत्रंघ्राणंरसःस्पर्शोदृष्टिश्चेंद्रियसंज्ञिताः ५ ॥ भरद्वाजउवाच ॥ पंचभिर्यदिभूतैस्तुयुक्ताःस्थावरजंगमाः ॥ स्थावराणांनदृश्यंतेशरीरेपंचधातवः ६ अनूष्मणामचेष्टानांघनानांचैवतत्त्वतः ॥ वृक्षाणांनोपलभ्यंतेशरीरेपंचधातवः ७ नशृण्वंतिनपश्यंतिनगंधरसवेदिनः ॥ नचस्पर्शंविजानंतितेकथंपांचभौतिकाः ८ अद्रवत्वादनग्नित्वादभूमित्वादवायुतः ॥ आकाशस्याप्रमेयत्वाद्वृक्षाणांनास्तिभौतिकम् ९

त्याह आमितानामिति । अमितेष्वमितत्वादित्यर्थः । यतःसंभवंयांतिततोहेतोर्भूतानीत्यर्थः । ततश्चानंतत्वोत्पन्नत्वयोरुभयत्राविशेषान्नव्यावहारिकप्रातिभासिकयोर्महाभूतसंघयोर्भेदइत्यर्थः ३ कार्यमात्रेव्याप्तिंप्रदर्शयन्नमितत्वमेवाह चेष्टेति । खंसुषिरं अत्रशरीरेद्रवोलोहितादिसंघातः । कठिनंमांसास्थ्यादि ४ श्रोत्रंखं घ्राणंपृथिवी रसोरसनेंद्रियंजलं स्पर्शःस्पर्शनेंद्रियंत्वग्वायुः दृष्टिश्चक्षुरिंद्रियंतेजः श्रोत्रादीनांखादिगुणान्शब्दादीन्प्रतिग्राहकत्वात्खाद्यात्मकत्वं श्रोत्रादीनांखाद्यात्मत्वोपपादनंदृष्टांतसिद्ध्यर्थम् तथाचायंप्रयोगः । मेयमातारौसमानजातीयौग्राह्यग्राहकत्वाच्छब्दश्रोत्रादिवदिति तथाचप्रमातुश्चेतनाभिन्नत्वेनप्रमेयस्यापितथात्वमित्यद्वैतासिद्धिः ५ ननुवृक्षाणांप्रमेयत्वेऽपिनचेतनाभिन्नत्वंदृश्यतेऽस्मदादिवत्तेषांगत्याद्यभावेनानिंद्रियत्वात्ततश्चाभौतिकत्वमिति नब्रह्मप्रभवत्वमपीत्यद्वैतासिद्धिरित्यभिप्रेत्यवृक्षाणांभौतिकत्वंतावन्निरस्यति पंचभिरित्यादिना ६ ऊष्माद्यभावादग्न्याद्यभावमाहानूष्मणामिति ७ । ८ अप्रमेयत्वादप्रतीयमानत्वात् ९

वृक्षाणामभौतिकत्वानिंद्रियत्वादिकंपरिहरंश्चेतत्वमुपपादयति घनानामित्यादिभिर्नवभिः १० शीर्यतइत्यनेनवज्रमणेरपिमत्कुणशोणितस्पर्शाच्छीर्यमाणस्यचेतनत्वंव्याख्यातं एवमेकदेशेकंपादिदर्शनाद्गोरिव भूमेरपितद्रष्टव्यम् ११ । १२ । १३ । १४ । १५ नालेननलिकया एतेनक्षीरादिपायिनःपारदादेरपिचेतनत्वंव्याख्यातं १६ । १७ तेनवृक्षेण जरयतिजरयतः १८ । १९ । २० शरीरिणोऽन्तर्गतोऽग्निस्तेजःक्रोधचक्षुरूष्मजाठररूपइतिपंचाग्नेयाः २१ श्रोत्रमिंद्रियं घ्राणंनासारंध्रे कोष्ठमन्नादिस्थानं २२ । २३ प्राणात्प्राणमाश्रित्यप्रणीयतेगमनादिकार्यते व्यायच्छतेबलसाध्यमुद्यमंकरोति २४ प्रतिभेदादुरःकंठशिरः

॥ भृगुरुवाच ॥ ॥ घनानामपिवृक्षाणामाकाशोऽस्तिनसंशयः ॥ तेषांपुष्पफलव्यक्तिर्नित्यंसमुपपद्यते १० ऊष्मतोम्लायतेवर्णंत्वक्फलंपुष्पमेवच ॥ म्लायतेशीर्यतेचापिस्पर्शस्तेनात्रविद्यते ११ वाय्वग्न्यशनिनिर्घोषैःफलंपुष्पंविशीर्यते ॥ श्रोत्रेणगृह्यतेशब्दस्तस्माच्छृण्वंतिपादपाः १२ वल्लीवेष्टयतेवृक्षंसर्वतश्चैवगच्छति ॥ नह्यदृष्टेश्चमार्गोऽस्तितस्मात्पश्यंतिपादपाः १३ पुण्यापुण्यैस्तथागंधैर्धूपैश्चविविधैरपि ॥ अरोगाःपुष्पिताःसंतितस्माज्जिघ्रंतिपादपाः १४ पादैःसलिलपानाच्चव्याधीनांचापिदर्शनात् ॥ व्याधिप्रतिक्रियत्वाच्चविद्यतेरसनंद्रुमे १५ वक्त्रेणोत्पलनालेनयथोर्ध्वंजलमाददेत् ॥ तथापवनसंयुक्तःपादैःपिबतिपादपः १६ सुखदुःखयोश्चग्रहणाच्छिन्नस्यचविरोहणात् ॥ जीवंपश्यामिवृक्षाणामचैतन्यंनविद्यते १७ तेनतज्जलमादत्तंजरयत्यग्निमारुतौ ॥ आहारपरिणामाच्चस्नेहोवृद्धिश्चजायते १८ जंगमानांचसर्वेषांशरीरेपंचधातवः ॥ प्रत्येकशःप्रभिद्यंतेयैःशरीरंविचेष्टते १९ त्वक्चमांसंतथाऽस्थीनिमज्जास्नायुश्चपंचमम् ॥ इत्येतदिहसंघातंशरीरेपृथिवीमयम् २० तेजोह्यग्निस्तथाक्रोधश्चक्षुरूष्मातथैवच ॥ अग्निर्जरयतेयच्चपंचाग्नेयाःशरीरिणः २१ श्रोत्रंघ्राणंतथाऽऽस्यंचहृदयंकोष्ठमेवच ॥ आकाशात्प्राणिनामेतेशरीरेपंचधातवः २२ श्लेष्मापित्तमथस्वेदोवसाशोणितमेवच ॥ इत्यापःपंचधादेहेभवंतिप्राणिनांसदा २३ प्राणात्प्रणीयतेप्राणीव्यानाद्व्यायच्छतेतथा ॥ गच्छत्यपानोऽधश्चैवसमानोहृद्यवास्थितः २४ उदानादुच्छ्वसितिचप्रतिभेदाच्चभाषते ॥ इत्येतेवायवःपंचचेष्टयंतीहदेहिनम् २५ भूमेर्गंधगुणान्वेत्तिरसंचाद्भ्यःशरीरवान् ॥ ज्योतिषाचक्षुषारूपंस्पर्शंवेत्तिचवाहिना २६ गंधस्पर्शौरसोरूपंशब्दश्चात्रगुणाःस्मृताः ॥ तस्यगंधस्यवक्ष्यामिविस्तराभिहितान्गुणान् २७ इष्टश्चानिष्टगंधश्चमधुरःकटुरेवच ॥ निर्हारीसंहतःस्निग्धोरूक्षोविशदएवच २८ एवंनवविधोज्ञेयःपार्थिवोगंधविस्तरः ॥ ज्योतिःपश्यतिचक्षुर्भ्यांस्पर्शंवेत्तिचवायुना २९ शब्दःस्पर्शश्चरूपंचरसश्चापिगुणाःस्मृताः ॥ रसज्ञानंतुवक्ष्यामितन्मेनिगदतःशृणु ३०

स्थानभेदात् २५ भूमेर्भूम्याघ्राणरूपया अद्भ्यइतिरसनेन वाहिनावहनशीलेनवायुना चकारेणाऽऽकाशेनश्रोतृरूपेणशब्दंगुणंवेत्तीत्यपिद्रष्टव्यं २६ अत्रगंधादिकरणेगंधेवाऽधिकरणस्यतन्मात्रत्वात् विस्तरेणाभिहितान्वृद्धैः गुणान्भेदान् २७ इष्टःकस्तुरिकादौ । अनिष्टःशवादौ । मधुरोमधुपुष्पादौ । कटुर्मरीच्यादौ । निर्हारीसर्वगंधाभिभावकोहिंग्वादौ । संहतश्चित्रगंधोऽनेकद्रव्यकल्कगतः । स्निग्धःसद्यस्तप्तघृतादौ । रूक्षःसर्षपतैलादौ । विशदःशाल्यन्नादौ २८ पार्थिवःपृथिव्याश्रितोमुख्योगुणः ज्योतिःपृथिव्यादिरूपं वायुनात्वगिंद्रियेण २९ गुणाअप्रधानभूताः एवंजलादावप्येकैकोमुख्यइतरेऽप्रधानाइतिद्रष्टव्यम् ३०

कषायोबिभीतकफलादौ ३१ । ३२ । ३३ कृष्णःकाचकज्जलादेः नीलारुणोमयूरपिच्छादेः । कठिनादयःस्पर्शभेदाअपिचक्षुषाऽपिनिर्णेतुंशक्याइतिरूपमध्येपठिताः तथाहिलोष्टपाषाणसंघट्टेतन्नाशानाशाभ्यां बालस्तयोर्मृदुत्वकठिनत्वेनिश्चिनोति एवमन्यत्रापिज्ञेयं ३४ ज्योतिरात्मकोरूपगुणः द्वौगुणौयस्मिन्निातिद्विगुणः ३५ उष्णशीतावातपतुहिनयोः । सुखदुःखेतेएवकालभेदेनस्निग्धपुत्रादेः । विशदउत्तम वस्त्रादेः ३६ खरमृदूपाषाणतूलादेः रूक्षःकंटकादेः लघुत्वगुरुत्वेतर्कमतेपतनानुमेयेअपिपौराणिकमतेत्वग्राह्येएव तथाहि । तमस्यापिपरीक्षकाःपाणिनाउत्तोल्यैवपलिकसपादपलिकयोरायतानायतयोरपिप्रमाणंनि श्चिन्वंति । गुरुतरइतितरप्प्रत्ययेनगुरुरप्याक्षिप्यते तेनद्वादशविधएवमेकादशविधःइत्यपिपठंति ३७।३८। ३९ ऐश्वर्येणव्यापकत्वेनस्थितोऽपिपटहादिषु अभिव्यज्यतेइतिशेषः ४० एतेषांषड्जादीनां ४१ एव मितिबहुविधः षड्जादिभेदेनतारमंद्रादिभेदेन वायुगुणैःखरमृदुस्पर्शैः । अयमर्थः विवक्षुप्रयत्नाभिहतःकोष्ठ्योऽग्निस्तत्रत्यंवायुंप्रेरयति सचयत्नतारतम्येनहृदयकंठशिरोदेशंप्राप्यमंद्रंमध्यमंतारंवाध्वनिमुत्पाद्यहृदया दिदेशाजिह्वामूलादीनिस्थानानिप्राप्यनित्यान्विभून्वर्णान्मंद्रत्वादिभिर्ध्वनिधर्मैरनुरंजितानकारादीनभिव्यज्यवेगवत्त्वस्वाभाव्यान्मुखाद्बहिर्निर्गतोजनकर्णविवरमनुप्रविशतितेनचसंस्कृतेनतत्रत्यश्रोत्रेणतंशब्दमनुभव

रसोबहुविधःप्रोक्तऋषिभिःप्रथितात्मभिः ॥ मधुरोलवणस्तिक्तःकषायोऽम्लःकटुस्तथा ३१ एषषड्विधविस्तारोरसोवारिमयःस्मृतः ॥ शब्दःस्पर्शश्चरूपंचत्रिगुणं ज्योतिरुच्यते ३२ ज्योतिःपश्यतिरूपाणिरूपंचबहुधास्मृतम् ॥ ह्रस्वोदीर्घस्तथास्थूलश्चतुरस्रोऽणुवृत्तवान् ३३ शुक्लःकृष्णस्तथारक्तःपीतोनीलारुणस्तथा ॥ कठिणश्चिक्कणःश्लक्ष्णःपिच्छिलोमृदुदारुणः ३४ एवंषोडशविस्तारोज्योतीरूपगुणःस्मृतः ॥ शब्दस्पर्शौचविज्ञेयौद्विगुणोवायुरित्युत ३५ वायव्यस्तुगुणःस्प र्शःस्पर्शश्चबहुधास्मृतः ॥ उष्णःशीतःसुखोदुःखःस्निग्धोविशदएवच ३६ तथाखरोमृदूरूक्षोलघुर्गुरुतरोऽपिच ॥ एवंद्वादशधास्पर्शोवायव्योगुणउच्यते ३७ तत्रैकगुणमाकाशंशब्दइत्येवतत्स्मृतम् ॥ तस्यशब्दस्यवक्ष्यामिविस्तरंविविधात्मकम् ३८ षड्जऋषभगांधारौमध्यमोधैवतस्तथा ॥ पंचमश्चापिविज्ञेयस्त थाचापिनिषादवान् ३९ एषसप्तविधःप्रोक्तोगुणआकाशसंभवः ॥ ऐश्वर्येणतुसर्वत्रस्थितोऽपिपटहादिषु ४० मृदंगभेरीशंखानांस्तनयित्नोरथस्यच ॥ यःकश्चि च्छ्रूयतेशब्दःप्राणिनोऽप्राणिनोऽपिवा ॥ एतेषामेवसर्वेषांविषयेसंप्रकीर्तितः ४१ एवंबहुविधाकारःशब्दआकाशसंभवः ॥ आकाशजंशब्दमाहुरेभिर्वायुगुणैःसह ४२ अव्याहतैश्चेतयतेनवेत्तिविषमस्थितैः ॥ अप्यायंतेयतेनित्यंधातवस्तैस्तुधातुभिः ४३

ति सचसंस्कारोमुखजस्यवायोर्बाह्यवायुनाऽनुकूल्याद्दूरतोवाप्रातिकूल्यात्समीपएववाभित्यादिनाप्रतिघातान्नैववागिरिगुहादिगतवायुनाप्रतिस्रोतःप्रवर्तनेनद्विर्वाभवतितदनुसारेणशब्दंदूरतोऽप्यनुभवति समीपतएववा नैववाद्विर्वाशब्दप्रतिशब्दरूपेणानुभवति । एवंवाय्वभिघाततारतम्याद्भेर्यादिशब्दोऽपिमंद्रादिभेदेनानुभूयतेतदिदमुक्तं । अव्याहतैरप्रतिहतैर्वायुर्गुणैःस्पर्शैश्चेतयतेशब्दंजानाति नवेत्तिवाशब्दं विषमस्थितैर्भित्त्यादिना प्रतिवातेनवाऽभिभवात् । तंचैभिर्वायुगुणैःसहसंतंचेतयतेइत्यध्याहृत्यसंबंधनीयं । विषमागतैरितिपाठेऽपिसएवार्थः । विषमागतीरितिगौडपाठस्तुप्रामादिकः । तदेवंशब्दाभिव्यक्तिप्रज्ञप्त्योर्भिन्नकालत्वानुभ वान्मध्येवीचीतरंगन्यायेनशब्दसंततिरुत्पद्यते । तत्रांत्यशब्दएवगृह्यतेइतिक्षणिकवादिबंधवोवदंति। भेरीशब्दोमयाश्रुतःसएवायंप्रपाठकइत्यभेदप्रत्यभिज्ञाबाधकप्रत्ययंविनाऽपिभ्रांतइतिवदंतितद्विद्वांसएवालोचयंतु। तेशब्दाद्युत्पादकाधातवोदेहारंभकास्त्वगादिगोलकाः धातुभिःप्राणेंद्रियैराप्याय्यंतेआदितआरभ्यसंवर्ध्यंतेऽन्नसुखस्पर्शाद्यर्पणेन श्लोकद्वयमेकंवाक्यं ४२ । ४३

तदेवाह आपइति। एतेऽबादयःशरीरस्यमूलं कथंप्राणान्व्याप्यप्राप्य शुक्रशोणितसंयोगेहिप्राणोलब्धवृत्तिश्चेत्शरीरंनिष्पद्यते अन्यथायोनिनिषिक्तमपिरेतोव्यर्थंभवति ४४ ॥ इतिशांतिपर्वणिमोक्ष
पर्वणिनीलकंठीये भारतभावदीपे चतुरशीत्यधिकशततमोऽध्यायः ॥ १८४ ॥ ॥ शरीरेंद्रियादीनांभौतिकत्वमुक्तम् विज्ञानप्राणयोरपिज्ञानक्रियाशक्तिमतोभौतिकत्वंचिदात्मनोव्यतिरिक्तत्वापादनायाह
पार्थिवमित्यादिनाऽध्यायेन । अग्निस्तेजः पार्थिवंपृथिवीबाहुल्यात्पांचभौतिकंदेहमासाद्यशारीरःशरीराभिमानीप्रकाशात्माविज्ञानधातुःकथंकेनप्रकारेणभवेत् । तथाऽनिलोवायुः सोऽपिपार्थिवंधातुमासाद्य
कथंकेनप्रकारेणवर्तयतेदेहंचेष्टयते १ अत्रोत्तरमग्निर्मूर्धेतिमंत्रार्थमनुसरन्नाह वायोरित्यादिना। कथयिष्यामि अग्नेःशारीरत्वमुक्त्वेतिभावः २ मूर्ध्निसहस्रारेस्थितत्वात्श्रेष्ठत्वाद्वामूर्धानंचिदात्मानमग्निर्विज्ञा
नात्माश्रितस्तदुपाधितांप्राप्तःसन्शरीरंपरिपालयंश्चित्प्रातिबिंबंप्राप्याविज्ञानात्माशरीरंचेतयतीत्यर्थः प्राणरूपउपाधिस्तुतावुभावपिव्याप्नोतीत्यर्थः ३ सःचिद्विज्ञानप्राणानांसंघातोजंतुर्जीवःसर्वेषांभूतानांकार्य
कारणरूपाणामात्माचेतयितासनातनःपुरुषःपरंब्रह्मचसएवानिरस्तोपाधिःसन्सएवोपाधिपक्षपातीसन्भूतानांमनआदिरूपोभवति विषयश्चशब्दादिःसएव ४ एवमिति। सर्वत्रांतर्बहिश्चस्थितंसर्वंप्राणेनदेहलीदी

आपोग्निर्मारुतश्चैवनित्यंजाग्रतिदेहिषु ॥ मूलमेतेशरीरस्यव्याप्यप्राणानिहास्थिताः ४४ ॥ इतिश्रीम॰शांतिपर्वणिमोक्ष॰ भृगुभारद्वाजसंवादे चतुरशीत्यधि
कशततमोऽध्यायः ॥ १८४ ॥ ॥ भरद्वाजउवाच ॥ पार्थिवंधातुमासाद्यशारीरोऽग्निःकथंप्रभो ॥ अवकाशविशेषेणकथंवर्तयतेऽनिलः १ ॥ भृगुरुवाच ॥
वायोर्गतिमहंब्रह्मन्कथयिष्यामितेऽनघ॥ प्राणिनामनिलोदेहान्यथाचेष्टयतेबली २ श्रितोमूर्धानमग्निस्तुशरीरंपरिपालयन्॥ प्राणोमूर्धनिचाग्नौचवर्तमानोवि
चेष्टते ३ सजंतुःसर्वभूतात्मापुरुषःससनातनः ॥ मनोबुद्धिरहंकारोभूतानिविषयश्चसः ४ एवंत्विहससर्वत्रप्राणेनपरिचाल्यते ॥ पृष्ठतस्तुसमानेनस्वांस्वांग
तिमुपाश्रितः ५ बस्तिमूलंगुदंचैवपावकंसमुपाश्रितः ॥ वहन्मूत्रंपुरीषंचाप्यपानःपरिवर्तते ६ प्रयत्नेकर्मणिबलेयएकस्त्रिषुवर्तते ॥ उदानइतितंप्राहुरध्यात्म
विदुषोजनाः ७ संधिष्वपिचसर्वेषुसन्निविष्टस्तथाऽनिलः ॥ शरीरेषुमनुष्याणांव्यानइत्युपदिश्यते ८ धातुष्वग्निस्तुविततःसमानेनसमीरितः ॥ रसान्धातूं
श्चदोषांश्चवर्तयन्नवतिष्ठते ९ अपानप्राणयोर्मध्येप्राणापानसमाहितः ॥ समन्वितस्त्वधिष्ठानंसम्यक्पचतिपावकः १० आस्यंहिपायुपर्यन्तमन्तेस्याद्गुदसंज्ञि
तम् ॥ स्रोतस्तस्मात्प्रजायंतेसर्वस्रोतांसिदेहिनाम् ११

पवन्मध्यस्थेनांतरंविज्ञानंबाह्यंदेहेंद्रियादिकंचचाल्यतइत्यर्थः । पृष्ठतोजीवत्वप्राप्त्यनंतरं समानेन इत्थंभावेतृतीया समानवायुत्वंप्राप्तः ५ पावकंजाठरमाश्रितःसन्बस्तिमूलंमूत्राशयंगुदंपुरीषाशयंचस्वांस्वां
पृथग्गम्यांगतिमाश्रितोभवति । जाठरस्थःसमानोऽशितपीतादिकंपाचयित्वास्वंस्वंस्थानंनयतीत्यर्थः । मूत्रंशरीरंचेतिपाठेतुमूत्रशब्देनैवपुरीषमप्युपलक्षणीयम् ६ कर्मगमनादि प्रयत्नस्तदनुकूलाचेष्टाबलंभा
रोद्यमनादौसामर्थ्यं विदुषःसकाशाच्छ्रुत्वेतिशेषः ७ । ८ धातुष्विति । धातुषुत्वगादिषुविततोव्याप्तोऽग्निर्जाठरः रसादीन्वर्तयन्परिणमयन् रसानन्नादीन् धातूंस्त्वगादीन् दोषान्पित्तादीन् ९
कथंवर्तयतीतितत्राहापानेति नाभेरधोऽपानऊर्ध्वंप्राणस्तयोर्मध्येनाभौप्राणापानाभ्यांमिथःसंसर्गेणसमानसंज्ञत्वंप्राप्ताभ्यांसमाहितःसमुद्दीपितोऽधिष्ठानंनाभिमंडलंसमन्वितःसमाश्रितःपचति अन्नादिकमितिशेषः
यद्वा । समन्वितएकीभावेनयुक्तः समानत्वंगतइत्यर्थः । अधितिष्ठतिव्यापारवान्भवत्यनेनेतिजीवनमन्नमधिष्ठानं १० पक्वमन्नंकथंदेहंव्याप्नोतीत्यतआह :आस्यमिति । आस्यमारभ्य आस्यादीत्यपिपाठः
पायुपर्यंतंयथामहत्तरंस्रोतःप्राणप्रवहणमार्गःप्रसिद्धस्तच्चांतेगुदसंज्ञितंस्यात् तस्मान्महास्रोतसः अन्यानिसर्वाणिस्रोतांसिप्राणमार्गानाडीसंज्ञाःशरीरंव्याप्यतिष्ठंतीत्यर्थः ११

तैःस्रोतोभिःसर्वेष्वंगेषुप्राणानांसन्निपाताच्चत्सहचारिणोजाठरवह्नेरपिसान्निपातःसंगमोभवति तत्रानुभवंप्रमाणयति ऊष्माचेति १२ प्राणाग्न्योःपरस्परोद्दीपकत्वमाहाग्नीति । अग्नेर्वेगेनवहतीत्यग्निवेगवहःप्राणः एवंप्राणोप्यग्निवेगहेतुरित्याह गुदांतइत्यादिना दृष्टंचलोकेऽग्निवेगाद्बाष्पवायुवृद्धिर्वायुवेगाच्चाग्निवृद्धिरिति । तथाचप्राणरोधेसतिजाठरभयनिवृत्तेःप्राणोरोद्धव्यइतिभावः १३ जाठरनिरोधेनसर्वेषामिंद्रियाणांनिरोधोभवतीत्याशयेनाह पक्वेति । पक्वाशयःपक्वस्थानं आमाशयोऽपक्वस्थानं नाभिमध्येइतितात्स्थ्याज्जाठरे सर्वेप्राणाःसर्वाणींद्रियाणि १४ सर्वेरसाहृदयात्हृदयंप्राप्यदशभिःप्राणैःप्रेरिताः । तेचप्राणादयःपंच नागकूर्मकृकलदेवदत्तधनंजयाश्चपंच १५ एषआस्यादिपायुपर्यंतोयोगानांयोगिनांमार्गः किमनेनतिर्यगपिगंतव्यंनेत्याह येनेति । केगच्छंति येमूर्धनिसुषुम्नयानाड्यासहस्रारंप्राप्यतत्रात्मानमादधन्नाहितवंतः १६ अध्यायार्थमुपसंहरति एवमिति । देहिनांसर्वेषुप्रचारेषुबुद्धिमनःकार्येंद्रियनिर्वर्त्येषुविषयेषुप्राणादिषुनिमित्तभूतेषुसत्सुविहितःप्राणनिरोधरूपोयोगस्तस्मिन्ननुष्ठितेसतिनित्यंसद्रूपंब्रह्मसमिध्यतेसम्यग्बुद्ध्याद्युपाधिजनितकालुष्यत्यागेनदीप्यतेप्रकाशते मंत्रार्थस्तु । अग्निर्विज्ञानं मूर्धाचितिच्छाययाचिद्रूपःसन्दिवोव्यवहरतःप्राणवायोरपिकक्कुच्छ्रेष्ठः अयंप्राणाग्निचितांसंघातःपृथिव्यादेहस्यपतिर्जीवःअपांरेतांसिशरीराण्यन्नादिप्राणादिरूपेणजाठररूपेणचपाचयन्जिन्वतिपुष्णाति । तेनप्राणविज्ञानयोर्निरोधेयदवशिष्यतेतद्ब्रह्मेत्यर्थः १७ ॥ इति मोक्षधर्मपर्वणि नीलकंठीये

प्राणानांसन्निपाताच्चसन्निपातःप्रजायते॥ ऊष्माचाग्निरितिज्ञेयोयोऽन्नंपचतिदेहिनाम् १२ अग्निवेगवहःप्राणोगुदांतेप्रतिहन्यते॥सऊर्ध्वमागम्यपुनःसमुत्क्षिपतिपावकम् १३ पक्वाशयस्त्वधोनाभ्यामूर्ध्वमामाशयःस्थितः ॥ नाभिमध्येशरीरस्यसर्वेप्राणाश्चसंस्थिताः १४ प्रस्थिताहृदयात्सर्वेतिर्यगूर्ध्वमधस्तथा ॥ वहंत्यन्नरसान्नाड्योदशप्राणप्रचोदिताः १५ एषमार्गोऽथयोगानांयेनगच्छंतितत्पदम् ॥ जितक्लमाःसमाधीरामूर्धन्यात्मानमादधन् १६ एवंसर्वेषुविहितःप्राणापानेषुदेहिनाम् ॥ तस्मिन्समिध्यतेनित्यमग्निःस्थाल्यामिवाहितः १७ ॥ इतिश्रीमहाभारते शांतिपर्वणि मोक्षधर्मपर्वणि पंचाशीत्यधिकशततमोऽध्यायः ॥ १८५ ॥ भरद्वाजउवाच ॥ यदिप्राणयतेवायुर्वायुरेवविचेष्टते ॥ श्वसित्याभाषतेचैवतस्माज्जीवोनिरर्थकः १ यद्यूष्मभावआग्नेयोवह्निनापच्यतेयदि ॥ अग्निर्जरयतेचैतत्तस्माज्जीवोनिरर्थकः २ जंतोःप्रमीयमाणस्यजीवोनैवोपलभ्यते ॥ वायुरेवजहात्येनमूष्मभावश्चनश्यति ३ यदिवायुमयोजीवःसंश्लेषोयदिवायुना ॥ वायुमंडलवद्दृश्योगच्छेत्सहमरुद्गणैः ४ संश्लेषोयदिवातेनयदितस्मात्प्रणश्यति ॥ महार्णवविमुक्तत्वादन्यत्सलिलभाजनम् ५

भारतभावदीपेपंचाशीत्यधिकशततमोऽध्यायः ॥ १८५ ॥ नित्यंसमिध्यतइतिजीवस्यानौपाधिकंरूपंदीप्यतइत्युक्तंतल्लोकायतमतेस्थित्वाआक्षिपति यदीति । प्राणयतेजीवयते १ आग्नेयोऽग्निगुणऊष्मभावऔष्ण्यं वह्निनाजाठरेणांतःस्थेनपच्यतेस्पष्टीक्रियते इदित्वभावेऽपिनलोपः अग्निर्जाठरएवएतदन्नम् २ एवंनित्यस्यवस्तुनःसत्वेकार्यलिंगकमनुमानंनिरस्यप्रत्यक्षमपिनिरस्यति जंतोरिति । जंतोर्देहेंद्रियबुद्धिसंघातस्य प्रमीयमाणस्यनश्यमानस्य नैवोपलभ्यतेपलालपृथक्करणेबीजमिव तस्माद्वायुवियोगएवमरणं ३ वायुमयोवायुप्रधानोवायोरन्यः वायुमंडलवद्वात्याचक्रवद्वायुनासहदृश्यःस्यादित्यर्थः ४ यथापाषाणवद्धंतुंबीफलं जलेमज्जतिच्युतबंधंतून्मज्जतितद्वज्जीवः ज्ञानान्मोक्षोनास्तीतिज्ञानावरणीयम् । आर्हतेमतेमोक्षोनास्तीतिदर्शनावरणीयम् । स्वशास्त्रस्यपरशास्त्रेणसमत्वदर्शनंमोहनीयम् । परोक्षज्ञानादपिकृतकृत्यत्वबुद्धिरंतरीयमितिघातिकर्मचतुष्टयम् शुक्रशोणितसंयोगआयुष्कम् । तयोः कललावस्थागौत्रिकम् तस्यादार्ढ्यंनामिकम् ततोदेहाकारपरिणामोवेदनीयमित्यघातिकर्मचतुष्टयम् । एतेनकर्माष्टकेनबद्धोनपृथगुपाधेर्दृश्यतेइतिदिगंबरमतेनपरिहारमाशंक्याह संश्लेष । इतियदिवातेनवातप्रधानेनसंघातेनजीवस्यसंश्लेषोऽस्तितस्माच्चसंघातादन्योजीवस्तर्हिसंघातेप्रणश्यतिसातिमहार्णवेपाषाणादिनाविमुक्तंतस्य भावस्तत्त्वंतस्माद्धेतोर्जलभाजनमिवजीवोऽन्यत्पृथक्स्यादित्यर्थः ५

ब्रह्मांशोजीवइतिपक्षमाशंक्याह कूपेइति। संघातनाशेब्रह्मांतर्गतस्यस्वरूपनाशएवसमुद्रेनदीनामिवेत्यर्थः ६ इष्टापत्तिमाशंक्याह पंचेति। पंचधारणकेपंचाभिरेवधारणंयस्य पंचसाधारणेइत्याद्यःपाठः। जीवितंजीवः मंचारूढपुरुषवदतिरिक्तंकुतोनकुतश्चिदित्यर्थः। तत्रहेतुः तेषामिति। अतिरिक्तश्चेत्संघातैकदेशनाशेऽपिदृश्येतमंचैकदेशनाशेपुरुषइव नचदृश्यते तस्मात्संघातात्मैवजीवस्तदेकदेशनाशेनश्यतिमंचैकदेशनाशेमंचइवेत्यर्थः। चतुर्णामभावेनास्तिसंशयोजीवोनष्टइति संग्रहइतिपाठःस्वच्छः ७ कोष्ठभेदाद्वाय्वादिनाकोष्ठनिरोधात् ८ वर्णोविस्तारः उच्छूनतेत्यर्थः ९ तस्मिन्निति। संघाताद्व्यतिरिक्तेधावनजीवनाद्यदर्शनात्संघातएवजीवइत्यर्थः १० ततश्चपरलोकादिकंनास्तीतिदानादेर्वैयर्थ्यमित्याह एषेति ११। १२। १३ लीनमूलश्छिन्नोवृक्षोयथापुनःप्ररोहत्येवंलीनकर्मासंघातोनष्टोऽपिपुनरुत्पत्स्यतेबीजसत्त्वादित्याशंक्याह छिन्नस्येति। वृक्षमूलंबीजभूतमुपलभ्यतेनदेहमूलंकर्मेत्यर्थः १४ शरीरमूलंतुबीजमात्रं प्रत्यक्षदृष्टंरेतएवनत्वदृष्टमकॢप्तत्वात् प्रवर्ततेदेहरूपेण्यपरिणमते तथाचबीजरुहतरुवन्नष्टानांनाशएवेतरेषामुद्भवइतितस्मान्नित्यंसमिध्यतेइत्यनुपपन्नं १५ ॥

कूपेवासलिलंदद्यात्प्रदीपंवाहुताशने ॥ क्षिप्रंप्रविश्यनश्येतयथानश्यत्यसौतथा ६ पंचधारणकेह्यस्मिन्शरीरेजीवितंकुतः ॥ तेषामन्यतराभावाच्चतुर्णांनास्ति संशयः ७ नश्यंत्यापोह्यनाहाराद्वायुरुच्छ्वासनिग्रहात् ॥ नश्यतेकोष्ठभेदात्खमग्निर्नश्यत्यभोजनात् ८ व्याधिवर्णपरिक्लेशैर्मेदिनीचैवशीर्यते ॥ पीडितेऽन्यतरे ह्येषांसंघातोयातिपंचधा ९ तस्मिन्पंचत्वमापन्नेजीवःकिमनुधावति ॥ किंवेदयतिवाजीवःकिंशृणोतिब्रवीतिच १० एषागौःपरलोकस्थंतारयिष्यतिमामिति ॥ योदत्त्वाम्रियतेजंतुःसागौःकंतारयिष्यति ११ गौश्चप्रतिग्रहीताचदाताचैवसमंयदा ॥ इहैवविलयंयांतिकुतस्तेषांसमागमः १२ विहगैरुपभुक्तस्यशैलाग्रात्पतितस्यच ॥ अग्निनाचोपयुक्तस्यकुतःसंजीवनंपुनः १३ छिन्नस्ययदिवृक्षस्यनमूलंप्रतिरोहति ॥ बीजान्यस्यप्रवर्तन्तेमृतःक्वपुनरेष्यति १४ बीजमात्रंपुरासृष्टं यदेतत्परिवर्तते ॥ मृतामृताःप्रणश्यंतिबीजाद्बीजंप्रवर्तते ॥ १५ ॥ इतिश्रीमहाभारते शांतिपर्वणिमोक्षधर्मपर्वणि भृगुभरद्वाजसंवादे जीवस्वरूपाक्षेपे षडशीत्यधिकशततमोऽध्यायः ॥ १८६ ॥ ॥ भृगुरुवाच ॥ नप्रणाशोऽस्तिजीवस्यदत्तस्यचकृतस्यच ॥ यातिदेहांतरंप्राणीशरीरंतुविशीर्यते १ नशरीराश्रितोजीवस्तस्मिन्नष्टेप्रणश्यति ॥ समिधामिवदग्धानांयथाग्निर्दृश्यतेतथा ॥ २ ॥ भरद्वाजउवाच ॥ ॥ अग्नेर्यथातथातस्ययदिनाशोनविद्यते ॥ इंधनस्योपयोगांतेसचाग्निर्नोपलभ्यते ३ नश्यतीत्येवजानामिशांतमग्निमनिंधनम् ॥ गतिर्यस्यप्रमाणंवासंस्थानंवानविद्यते ॥४॥ भृगुरुवाच ॥ ॥ समिधामुपयोगांतेयथाऽग्निर्नोपलभ्यते ॥ आकाशानुगतत्वाद्धिदुर्ग्राह्योहिनिराश्रयः ५ तथाशरीरसंत्यागेजीवोह्याकाशवात्स्थितः ॥ नगृह्यतेतुसूक्ष्मत्वाद्यथाज्योतिर्नसंशयः ६

इति शांति० मोक्ष० नीलकंठीयेभारतभावदीपे षडशीत्यधिकशततमोऽध्यायः ॥ १८६ ॥ एतद्दूषयति नप्रणाशइति १ नप्रणश्यति नदृश्यतेइतिचसंबंधः अदर्शनमात्रान्नवस्तुनोनाशावधारणं दग्धेंधनस्या
१८ ग्नेरपि नाशापत्तेरित्यर्थः २ इष्टापत्तिमाशंकते अग्नेरिति। अनुपलब्धेरुभयत्रापितुल्यत्वादग्नेरपिनाशएवेत्यर्थः ३ एतदेवद्रढयति नश्यतीत्येवेति ४ समिधामिति। दग्धेंधनाग्निवत्सन्नेवात्मादेहनाशेसतिसौक्ष्म्यान्नोपलभ्यतइत्यर्थः ५ आकाशवत्सर्वगतोनित्यश्च ज्योतिरराणिस्थोऽग्निः नचतत्रासन्नेवाग्निर्मथनादुत्पद्यतइतिवाच्यं असत्त्वाविशेषेणसर्वतःसर्वोत्पत्तिप्रसंगात्। तस्मात्तिलेषुतैलमिवारण्यादिष्वग्निःसन्नेवयत्नेनाभिव्यज्यतेनचप्राग्यत्नाद्दृश्यते सूक्ष्मत्वादित्यर्थः ६

प्राणानिति । अग्निर्विज्ञानंसएवविज्ञानमयोजीवः वायुनैवसंधारणमवस्थानंयस्य नश्यतिअदर्शनंगच्छति उच्छ्वासस्यवायोर्निग्रहात् ७ अयनंलयस्थानं ८ निगृहीतःपवनः द्वयंजलभूम्याख्यं ९ अमूर्तय अदृश्याः अतस्तेषामप्यभावावधारणंदुःशकंकिमुतसूक्ष्मस्यजीवस्येतिभावः १० नन्वसत्त्ववत्सत्वमपिनिश्चेतुमशक्यं नित्यस्यवस्तुनोलक्षणाद्यभावादितिशंकते यदीति । शरीरिषुशरीराकारपरिणामवत्सुसंघातेषु ११ पंचेति । पंचभूतात्मके पंचविषयरतौ पंचविज्ञानानिज्ञानकारणानिपंचचेतनानिज्ञानानिचयत्रतस्मिन्पंचविज्ञानचेतने १२ नैवोपलभ्यते व्रीहितंडुलवत् १३ अजीवंचेतनाशून्यं अन्यस्याभावाच्छरीरमेवचेतनमित्यर्थः १४ माऽस्तुदेहेंद्रियसंघातश्चेतनो यस्मिन्व्यग्रेसतिसंघातःसन्निकृष्टोऽपिशब्दादीन्नगृह्णातितन्मनएवआत्माऽस्त्वित्याहचतुर्भिः शृणोतीति १५ । १६ । १७ । १८ उत्तरमाह नपंचेति । यथाश्रोत्रादीनांशब्दादिग्राहकत्वेनग्राह्यसजातीयगुणाश्रयत्वेनाऽऽकाशादिरूपत्वं । एवंमनोऽपिसर्वगुणग्राहकत्वात्सर्वगुणाश्रयत्वेनपांचभौतिकमतस्तन्नकिंचिद्भूतेभ्योऽन्यत्तत्त्वांतरं पंचसाधारणत्वात् । अतस्त

प्राणान्धारयतेह्यग्निःसजीवउपधार्यताम् ॥ वायुसंधारणोह्यग्निर्नश्यत्युच्छ्वासनिग्रहात् ७ तस्मिन्नष्टेशरीराग्नौततोदेहमचेतनम् ॥ पतितंयातिभूमित्वमयनंतस्यहिक्षितिः ८ जंगमानांहिसर्वेषांस्थावराणांतथैवच ॥ आकाशंपवनोऽन्वेतिज्योतिस्तमनुगच्छति ॥ तेषांत्रयाणामेकत्वाद्द्वयंभूमौप्रतिष्ठितम् ९ यत्रखंतत्रपवनस्तत्राग्निर्यत्रमारुतः ॥ अमूर्तयस्तेविज्ञेयामूर्तिमंतःशरीरिणाम् १० ॥ ॥ भरद्वाजउवाच ॥ ॥ यद्यग्निमारुतौभूमिःखमापश्चशरीरिषु ॥ जीवःकिंलक्षणस्तत्रेत्येतदाचक्ष्वमेऽनघ ११ पंचात्मकेपंचरतौपंचविज्ञानचेतने ॥ शरीरेप्राणिनांजीवंवेत्तुमिच्छामियादृशम् १२ मांसशोणितसंघातेमेदःस्नाय्वस्थिसंचये ॥ भिद्यमानेशरीरेतुजीवोनैवोपलभ्यते १३ यद्यजीवंशरीरंतुपंचभूतसमन्वितम् ॥ शारीरेमानसेदुःखेकस्तांवेदयतेरुजम् १४ शृणोतिकथितंजीवःकर्णाभ्यांनशृणोतितत् ॥ महर्षेमनसिव्यग्रेतस्माज्जीवोनिरर्थकः १५ सर्वंपश्यतियद्दृश्यंमनोयुक्तेनचक्षुषा ॥ मनसिव्याकुलेचक्षुःपश्यन्नपिनपश्यति १६ नपश्यतिनचाघ्रातिनशृणोतिनभाषते ॥ नचस्पर्शरसौवेत्तिनिद्रावशगतःपुनः १७ हृष्यतिक्रुध्यतेकोऽत्रशोचत्युद्विजतेचकः ॥ इच्छतिध्यायतिद्वेष्टिवाचमीरयतेचकः १८ ॥ भृगुरुवाच ॥ नपंचसाधारणमत्रकिंचिच्छरीरमेकोवहतेऽन्तरात्मा ॥ सवेत्तिगंधांश्चरसान्श्रुतीश्चस्पर्शंचरूपंचगुणांश्चयेऽन्ये १९ पंचात्मकेपंचगुणप्रदर्शीससर्वगात्रानुगतोऽन्तरात्मा ॥ सवेत्तिदुःखानिसुखानिचात्रतद्विप्रयोगात्तुनवेत्तिदेहः २० यदानरूपंनस्पर्शोनोष्मभावश्चपावके ॥ तदाशांतेशरीराग्नौदेहत्यागेननश्यति २१ आपोमयमिदंसर्वमापोमूर्तिःशरीरिणाम् ॥ तत्रात्मामानसोब्रह्मासर्वभूतेषुलोककृत् २२

न्नशरीरनिर्वाहकंकिंत्वेकोऽन्तरात्मैवशरीरंस्थूलसूक्ष्मभेदेनद्विविधंवहतेचालयति १९ यदुक्तंमनसोऽनवधानान्नशृणोतीतितत्राह पचात्मकेइति । पंचभूतात्मकेशरीरे पंचगुणायस्मिन्तत्तथामनस्तस्यद्रष्टा मममनःखिन्नमित्यनुभवात् । सएवमनोद्वारासर्वगात्रानुगतः । व्यतिरेकमाह तद्विप्रयोगात्सुषुप्तौसमाधौवादेहःसबुद्धिमनस्कोनवेत्तिदेहादेश्चेतनत्वेसुप्त्यादावपिवेदनमपरिहार्यंस्यात् । ततश्चक्षुषइवमनसाऽप्यनुन्मीलनाददर्शनेऽपिनतस्यकरणत्वव्याहतिरित्यर्थः २० यदानिर्वातप्रदीपइवदेहाग्नौशांतेरूपादिकंनोपलभ्यतेतदानश्यतिम्रियतेदेहएवनतुचेतनइत्यर्थः २१ स्थूलदेहनाशमुक्त्वासूक्ष्मस्याविनाशमाह आपइति । आपोमयमंबुमयं अत्रापशब्देनसूक्ष्मभूतसंघातोगृह्यते तन्मयंसूत्रात्मनाव्याप्तमित्यर्थः । तस्माद्देहिनामप्यापएवमूर्तिराकृतिः तत्राप्स्वात्माचिद्रूपःपुरुषः मानसस्तदंतर्गतेमनस्यभिव्यक्तः सएवोपाधियोगाज्जीवः सएवब्रह्मा पूर्वोक्तश्चतुर्मुखोमुख्यजीवः सार्वज्ञ्यादिमत्त्वात् २२

सएवात्माप्राकृतैस्त्रिगुणात्मकमूलप्रकृतेर्विकारैर्गुणैरिंद्रियमनोभिःसंयुक्तःसन्क्षेत्रज्ञोजीवइत्युच्यते । तथाचश्रुतिः । 'आत्मेंद्रियमनोयुक्तंभोक्तेत्याहुर्मनीषिणः'इति । अयमेवपरमात्मेत्याह तैरेवेति २३ तंपरमं । सर्वलोकस्यहितंसुखंतदात्मकं ' एतस्यैवानंदस्यान्यानिभूतानिमात्रामुपजीवंति 'इतिश्रुतेः । तस्मिन्पूर्वोक्तस्थूलसूक्ष्मरूपे २४ क्षेत्रज्ञंप्रत्यगात्मानंत्वमर्थंतंपरमात्मानंतदर्थंजानीहि । क्षेत्रज्ञस्यलौकिकस्वरूपमाह तमइति । योऽयमावरणप्रवृत्तिप्रकाशाद्यभिमानीक्षेत्रज्ञःसपरमात्मैवेत्यर्थः २५ सचेतनंचेतनेनसहितं जीवगुणंजीवस्यभोगोपकरणंदेहेंद्रियमनांसिसजीवगुणःचेष्टतेतंचसर्वंसर्वात्मकंब्रह्म ' सर्वंसमाप्नोषिततोसिसर्वः' इतिनिर्वचनात् । चेष्टयतेदारुपुत्रिकामिवसूत्रधारः कीदृशंसर्वं अतःपरंसंसारिणोजीवादन्यमसंसारिणम् २६ एवंनित्यस्यवस्तुनःसत्त्वेसिद्धेजातोदेवदत्तोमृतोदेवदत्तइत्यादिव्यवहारोदेहोत्पत्तिनाशमात्रपरइत्याह नजीवेति । दशार्धतापंचत्वं शरीरनाशएवजीवस्यमरणमित्युच्यते । ' जीवापेतंवावकिलेदंम्रियतेनजीवोम्रियते'इतिश्रुतेः २७ गूढोदेहेंद्रियादिषुलीनः संवृतोयतोऽज्ञानेनावृतः सोऽग्र्ययासूक्ष्मयाबुद्ध्याऽहं ब्रह्मास्मीतिवाक्यकरणकबुद्धिवृत्त्यादृश्यते आवरकाज्ञाननाशपूर्वकंदेहादिभ्योविविक्तःसाक्षात्क्रियते २८ । २९ प्रसादेनांतर्मुखत्वरुच्या सुखंसुखाभिन्नं आनंत्यंमोक्षं ३० कुतःसृष्टमिदंविश्वमित्यादिप्रघट्टकस्य

आत्माक्षेत्रज्ञइत्युक्तःसंयुक्तःप्राकृतैर्गुणैः ॥ तैरेवतुविनिर्मुक्तःपरमात्मेत्युदाहृतः २३ आत्मानंतंविजानीहिसर्वलोकहितात्मकम् ॥ तस्मिन्यःसंश्रितोदेहेह्यब्बिन्दु रिवपुष्करे २४ क्षेत्रज्ञंतंविजानीहिनित्यंलोकहितात्मकम् ॥ तमोरजश्चसत्त्वंचविद्धिजीवगुणानिमान् २५ सचेतनंजीवगुणंवदंतिसचेष्टतेचेष्टयतेचसर्वम् ॥ अतः परंक्षेत्रविदोवदंतिप्रावर्तयद्योभुवनानिसप्त २६ नजीवनाशोऽस्तिहिदेहभेदेमिथ्यैतदाहुर्मृतइत्यबुद्धाः ॥ जीवस्तुदेहांतरितःप्रयातिदशार्धतैवास्यशरीरभेदः २७ एवंसर्वेषुभूतेषुगूढश्चरतिसंवृतः ॥ दृश्यतेत्वग्र्ययाबुद्ध्यासूक्ष्मयातत्त्वदर्शिभिः २८ तंपूर्वापररात्रेषुयुंजानःसततंबुधः ॥ लघ्वाहारोविशुद्धात्मापश्यत्यात्मानमा त्मनि २९ चित्तस्यहिप्रसादेनहित्वाकर्मशुभाशुभम् ॥ प्रसन्नात्मात्मनिस्थित्वासुखमानंत्यमश्नुते ३० मानसोग्निःशरीरेषुजीवइत्यभिधीयते ॥ सृष्टिःप्रजापतेरे षाभूताध्यात्मविनिश्चये ३१ ॥ इतिश्रीमहाभारते शां० मोक्षधर्मपर्वणि भृगुभरद्वाजसंवादे जीवस्वरूपनिरूपणे सप्ताशीत्यधिकशततमोऽध्यायः ॥ १८७ ॥ ॥ भृगुरुवाच ॥ ॥ असृजद्ब्राह्मणानेवपूर्वंब्रह्माप्रजापतीन् ॥ आत्मतेजोभिनिर्वृत्तान्भास्कराग्निसमप्रभान् १ ततःसत्यंचधर्मंचतपोब्रह्मचशाश्वतम् ॥ आचारं चैवशौचंचस्वर्गायविदधेप्रभुः २ देवदानवगंधर्वा दैत्यासुरमहोरगाः ॥ यक्षराक्षसनागाश्चपिशाचामनुजास्तथा ३

तात्पर्यमाह मानसइति । यःशरीरेषुजरायुजादिषुमानसोमनस्याविर्भूतोऽग्निरग्निरिवप्रकाशात्मापुरुषोजीवइत्यभिधीयतेलौकिकैः । तस्मादेवप्रजापतेःसर्वेश्वरादेषासर्वभूतप्रत्यक्षासृष्टिर्भूतासमुत्पन्ना । किंव्यवहारतइ दमुच्यतेनेत्याह अध्यात्मविनिश्चयेसत्यात्मानमधिकृत्यप्रवृत्तोविशिष्टोब्रह्मविद्याजन्यसाक्षात्कारेणपरोक्षज्ञानादधिकोऽहंब्रह्मास्मीतिनिश्चयोऽसंदिग्धाविपर्यस्तंज्ञानंतस्मिन्सति । तत्त्वविदांस्वप्नसमैषादृष्टिसमसम यासृष्टिर्मूढैर्वज्रपंजरवदत्यभ्यासात्तात्विक्येवेतिनिश्चितेतिभावः ३१ ॥ इति शांतिपर्वणि मोक्षधर्मपर्वणि नीलकंठीये भारतभावदीपे सप्ताशीत्यधिकशततमोऽध्यायः ॥ १८७ ॥ कथंसृष्टानिभूतानीत्यस्यो त्तरमुक्त्वाकथंवर्णविभक्तयइत्यस्योत्तरमाह असृजदित्यादि । तत्रपूर्वंचित्तप्रसादेनाऽऽनंत्यमश्नुतइत्युक्तंचित्तप्रसादश्चस्वधर्मफलमतोधर्मंनिरूपयति ब्राह्मणान्ब्रह्मनिष्ठान्प्रजापतीन्मरीच्यंगिरआदीन् । आत्मनस्ते जःसत्यसंकल्पत्वादिसामर्थ्यंतेननिवृत्तानुत्पादितान्ब्रह्मणा १ धर्मंयज्ञादिं तपःकृच्छ्रचान्द्रायणादि शाश्वतंब्रह्मनित्यंवेदं आचारंस्नानादिं शौचंप्रायाश्चित्तादि २ । ३

वर्णाःसात्विकंराजसंतामसंमिश्रंचेतिस्वच्छत्वादिसाम्याद्गुणवृत्तंवर्णशब्देनोच्यते ४ सितःस्वच्छःसत्वगुणःप्रकाशात्माशमदमादिस्वभावः । लोहितोरजोगुणःप्रवृत्त्यात्माशौर्यतेजआदिस्वभावः । पीतकःरजस्तमोव्यामिश्रःकृष्यादिनिहीनकर्मप्रवर्तकः । असितःकृष्णःआवरणात्मातमोगुणःस्वतःप्रकाशप्रवृत्तिहीनः शकटवत्परप्रेर्यः ५ इदमाक्षिपति चातुर्वर्ण्यस्येति । वर्णेनजात्यावर्णःसात्विकत्वादिर्यदिभिद्यतेतन्नेतिशेषः तत्रहेतुः सर्वेषामिति ६ नोऽस्माकंब्राह्मणानामपिकामक्रोधादिरजस्तमःकार्यनिग्रहायप्रभवतिसमर्थंभवति । अतःसत्वादिव्यभिचारान्नतत्प्रयुक्ताजात्यादिव्यवस्थेत्यर्थः ७ । ८ जंगमानांपश्वादीनां तस्मात्सर्वेषांसमानधर्मत्वात्पशुवृक्षादिष्विवमनुष्येष्वपिनजातिभेदानिश्चयइत्यर्थः ९ ब्राह्मंब्राह्मणजातिमत् तत्रहेतुः ब्रह्मणेति । वर्णतांक्षत्रियादिभावम् १० रक्तांगारजोगुणमयाः ११ पीतारजस्तमोमयाः १२

ब्राह्मणाःक्षत्रियावैश्याःशूद्राश्चद्विजसत्तम ॥ येचान्येभूतसंघानांवर्णास्तांश्चापिनिर्ममे ४ ब्राह्मणानांसितोवर्णःक्षत्रियाणांतुलोहितः ॥ वैश्यानांपीतकोवर्णःशूद्राणामसितस्तथा ५ ॥ ॥ भरद्वाजउवाच ॥ ॥ चातुर्वर्ण्यस्यवर्णेनयदिवर्णोविभिद्यते ॥ सर्वेषांखलुवर्णानांदृश्यतेवर्णसंकरः ६ कामःक्रोधोभयंलोभःशोकश्चिंताक्षुधाश्रमः ॥ सर्वेषांनःप्रभवतिकस्माद्वर्णोविभिद्यते ७ स्वेदमूत्रपुरीषाणिश्लेष्मापित्तंसशोणितम् ॥ तनुःक्षरतिसर्वेषांकस्माद्वर्णोविभज्यते ८ जंगमानामसंख्येयाःस्थावराणांचजातयः ॥ तेषांविविधवर्णानांकुतोवर्णविनिश्चयः ९ ॥ ॥ भृगुरुवाच ॥ ॥ नविशेषोऽस्तिवर्णानांसर्वंब्राह्ममिदंजगत् ॥ ब्रह्मणापूर्वसृष्टंहिकर्मभिर्वर्णतांगतम् १० कामभोगप्रियास्तीक्ष्णाःक्रोधनाःप्रियसाहसाः ॥ त्यक्तस्वधर्मारक्तांगास्तेद्विजाःक्षत्रतांगताः ११ गोभ्योवृत्तिंसमास्थायपीताःकृष्युपजीविनः ॥ स्वधर्मान्नानुतिष्ठंतितेद्विजावैश्यतांगताः १२ हिंसानृतप्रियालुब्धाःसर्वकर्मोपजीविनः ॥ कृष्णाःशौचपरिभ्रष्टास्तेद्विजाःशूद्रतांगताः १३ इत्येतैःकर्मभिर्व्यस्ताद्विजावर्णांतरंगताः ॥ धर्मोयज्ञक्रियातेषांनित्यंनप्रतिषिध्यते १४ इत्येतेचतुरोवर्णायेषांब्राह्मीसरस्वती ॥ विहिताब्रह्मणापूर्वंलोभात्त्वज्ञानतांगताः १५ ब्राह्मणाब्रह्मतंत्रस्थास्तपस्तेषांननश्यति ॥ ब्रह्मधारयतांनित्यंव्रतानिनियमांस्तथा १६ ब्रह्मचैवपरंसृष्टंयेनजानंतितेऽद्विजाः ॥ तेषांबहुविधास्त्वस्तत्रतत्रहिजातयः १७ पिशाचाराक्षसाःप्रेताविविधाम्लेच्छजातयः ॥ प्रनष्टज्ञानविज्ञानाःस्वच्छंदाचारचेष्टिताः १८ प्रजाब्राह्मणसंस्काराःस्वकर्मकृतनिश्चयाः ॥ ऋषिभिःस्वेनतपसासृज्यंतेचापरेपरैः १९

१२ कृष्णाःकेवलतमोमयाः १३ व्यस्ताःपृथक्कृताः द्विजाब्राह्मणाः तेषांचतुर्णामपिवर्णानाम् १४ चतुरश्चत्वारः ब्राह्मीवेदमयी चतुर्णामपिवर्णानांब्रह्मणापूर्वंविहिता । लोभदोषेणत्वज्ञानतांतमोभावंगताःशूद्राअनधिकारिणोवेदेजाताइत्यर्थः १५ ब्रह्मतंत्रंवेदोक्तानुष्ठानंतत्स्थास्तत्पराः अतस्तेषांब्रह्मआत्मानंधारयतांपुरुषार्थत्वेननिश्चिन्वतांजिज्ञासूनांतपआदिकंननश्यति १६ ब्रह्मचैवेति सृष्टंसर्वकार्यंपरंब्रह्माभेदेनयेअद्विजाहीनद्विजास्तेनजानंतीतियोजना । तत्रतत्रयोनिषु जातयोजन्मानि १७ तानेवाह पिशाचाइति १८ ब्राह्मणोब्रह्मणिवेदेविहितोब्राह्मणःसंस्कारोयासांतावेदोक्तसंस्कारवत्यः अपरेऽर्वाचीनाऋषयःपरैःप्राचीनैःसृज्यंते १९

एवंप्राप्तांमीमांसकसंमतामनवस्थांनिवारयति आदीति । अक्षयानाशहीना अव्ययाअपचयहीना यतोमानसीरज्जूरगवन्मनोमात्रजन्या नहिरज्जूरगोनश्यत्यपचीयतेवा अनुत्पन्नत्वात् धर्मतंत्रंयोगानुष्ठानं तदेवपरमयनंविलयस्थानंयस्याःसातथा २० ॥ इतिशांतिपर्वणिमोक्षधर्मपर्वणि नीलकंठीयेभारतभावदीपे अष्टाशीत्यधिकशततमोऽध्यायः ॥ १८८ ॥ ॥ ॥ इत्येतैःकर्मभिर्व्यस्ताद्विजावर्णांत रंगताइत्युक्तंतत्प्रश्नपूर्वकंविवृणोति ब्राह्मणइत्यादिना १ जातकर्मादिभिरष्टाचत्वारिंशता । ‘ यस्यैतेऽष्टाचत्वारिंशत्संस्काराःसब्राह्मणःसायुज्यतांसरूपतांगच्छति’इतिस्मृतेः षट्कर्माणि‘संध्यास्ना नंजपोहोमोदेवतानांचपूजनम् । आतिथ्यंवैश्वदेवंचषट्कर्माणिदिनेदिने’इति २ विघसंब्राह्मणादिभुक्तशेषंतदेवाश्नातीतिविघसाशी ३ अथाद्रोहइत्यत्रतपोऽक्रोधइत्यपिपाठः । आनृशंस्यंनैष्ठुर्याभावः त्रपालज्जा घृणाकारुण्यं ४ क्षत्रंहिंसातदर्थंजातंक्षत्रजंयुद्धात्मकंकर्म दानंविप्रेभ्यः आदानंप्रजाभ्यः ५ वणिज्यापशुरक्षाचेत्यत्रविशत्याशुपशुभ्यश्चेतिपाठेपशुभ्यइतिल्यब्लोपेपंचमी । पशून्वाणिज्या

आदिदेवसमुद्भूताब्रह्ममूलाक्षयाव्यया ॥ सासृष्टिर्मानसीनामधर्मतंत्रपरायणा २० ॥ इति श्रीमहाभारतेशां०मो०भृगुभर०वर्णविभागकथनेअष्टाशीत्यधिक शततमोऽध्यायः ॥ १८८ ॥ ॥ भरद्वाजउवाच ॥ ब्राह्मणःकेनभवतिक्षत्रियोवाद्विजोत्तमः ॥ वैश्यःशूद्रश्चविप्रर्षेतद्ब्रूहिवदतांवर १ ॥ भृगुरुवाच ॥ जातकर्मादिभिर्यस्तुसंस्कारैःसंस्कृतःशुचिः ॥ वेदाध्ययनसंपन्नःषट्सुकर्मस्ववस्थितः २ शौचाचारस्थितःसम्यग्विघसाशीगुरुप्रियः ॥ नित्यव्रतीसत्य परःसवैब्राह्मणउच्यते ३ सत्यंदानमथाद्रोहआनृशंस्यंत्रपाघृणा ॥ तपश्चदृश्यतेयत्रसब्राह्मणइतिस्मृतः ४ क्षत्रजंसेवतेकर्मवेदाध्ययनसंगतः ॥ दा नादानरतिर्यस्तुसवैक्षत्रियउच्यते ५ वणिज्यापशुरक्षाचकृष्यादानरतिःशुचिः ॥ वेदाध्ययनसंपन्नःसवैश्यइतिसंज्ञितः ६ सर्वभक्षरतिर्नित्यंसर्वकर्मक रोऽशुचिः ॥ त्यक्तवेदस्त्वनाचारःसवैशूद्रइतिस्मृतः ७ शूद्रेचैतद्भवेल्लक्ष्यंद्विजेतच्चनविद्यते ॥ नवैशूद्रोभवेच्छूद्रोब्राह्मणोनचब्राह्मणः ८ सर्वोपायैस्तु लोभस्यक्रोधस्यचविनिग्रहः ॥ एतत्पवित्रंज्ञानानांतथाचैवात्मसंयमः ९ वार्यौसर्वात्मनातौहिश्रेयोघातार्थमुच्छ्रितौ १० नित्यंक्रोधाच्छ्रियंरक्षेत्त पोरक्षेच्चमत्सरात् ॥ विद्यांमानापमानाभ्यामात्मानंतुप्रमादतः ११ यस्यसर्वेसमारंभानिराशीर्बन्धनाद्विज ॥ त्यागेयस्यहुतंसर्वंसत्यागीचसबुद्धिमान् १२ अहिंस्रःसर्वभूतानांमैत्रायणगतश्चरेत् ॥ परिग्रहान्परित्यज्यभवेद्बुद्ध्याजितेंद्रियः ॥ अशोकंस्थानमातिष्ठेदिहचामुत्रचाभयम् १३ तपोनित्येन दांतेनमुनिनासंयतात्मना ॥ अजितंजेतुकामेनभाव्यंसंगेष्वसंगिना १४

द्युपयोगिनोलब्ध्वाविशतिप्रतिष्ठांलभतेइत्यर्थः ६ । ७ । शूद्रेचेति । एतत्सत्यादिसप्तकं द्विजेत्रैवर्णिकेधर्मएववर्णविभागेकारणंनजातिरित्यर्थः ८ तमेवब्राह्मण्यहेतुंधर्ममाह सर्वोपायैरित्यादिना तौक्रोधलोभौ सार्धःश्लोकः ९ । १० । ११ आशीःइष्टकाम्यातदेववंधनंतद्वर्जितानिराशीर्बंधनाःसमारंभाः सम्यगारभ्यंतइतियज्ञादयः काम्यकर्मत्यागीत्यर्थः । हुतमग्नौब्राह्मणेवादत्त मग्निहोत्रनित्यश्राद्धादि । त्यागेफलत्यागनिमित्तं ‘ सर्वकर्मफलत्यागंमाहुस्त्यागंविचक्षणाः’इति १२ अहिंस्रःअहिंसाशीलः मैत्रंमित्रभावस्तदेवायनंपरंप्राप्यंस्थानंतत्रगतः । अशोकं स्थानमात्मानमातिष्ठेत्आभिमुख्येनतिष्ठेत् आत्मध्यानऽपरोभवेदित्यर्थः सार्धःश्लोकः १३ संगेषुममेदमितिसंगहेतुषुपुत्रदारादिषु १४

एवंभूतस्यानुष्ठेयंयोगमाह इंद्रियैरिति । इतिअव्यक्तमितिसंबंधः इतिअनेनप्रकारेणयदिंद्रियैर्नगृह्यतेतदव्यक्तंतच्चविज्ञेयंसाक्षात्कर्तव्यंलिंगग्राह्यंलिंगंचतद्ग्राह्यंचेतिसूक्ष्मशरीरंयोगिदृश्यंचेत्यर्थः । यद्वा लोकदृष्ट्याऽनुमानगम्यं यतःअतींद्रियंइंद्रियागोचरं १५ अविस्रंभेअविश्वासेनिमित्तेसतिनगंतव्यंनप्राप्यं । अतःविस्रंभेएवगुरुवेदवाक्येषुयाथार्थ्यनिश्चयेमनोधारयेत् । अविस्रंभेणेतिसमूर्धन्यपाठेतु यथायोषितमग्निंधारयीतेत्यादौयोषित्स्वरूपमग्नित्वेनयद्द्रष्टव्यंतद्विश्वासेनैवनतुतत्रवस्तुतत्त्वंतथाऽस्ति इहतुअनुभवएवप्रमाणमित्यर्थः । एवंचसर्वाणींद्रियाणिप्रत्याहृत्यस्वप्नइवमनोमात्रेणावतिष्ठेतमनोऽपिप्राणेप्राणोपाधिकेजीवात्मनिशुद्धत्वंपदार्थेधारयेत् । तमपिब्रह्मणितत्पदलक्ष्येधारयेत् १६ एतच्चब्रह्मात्मनावस्थानंनिर्वाणाख्यंपदंयत्रकिंचिद्ध्येयध्यानध्यातृविभागंयोगीनचिंतयेत् । तन्निर्वेदात्परवैराग्यादेवप्राप्नोतीत्याह निर्वेदादिति । यदाहुर्योगभाष्यकाराःवैराग्यंप्रस्तूय एतस्यैवहिनांतरीयकंफलंकैवल्यमितिसुखंब्रह्मेत्यभेदेसामानाधिकरण्यं १७ संक्षेपेणयोगाधिकारिणंनिरूपयति

इंद्रियैर्गृह्यतेयद्यत्तत्तद्व्यक्तमितिस्थितिः ॥ अव्यक्तमितिविज्ञेयंलिंगग्राह्यमतींद्रियम् १५ अविस्रंभेनगंतव्यंविस्रंभेधारयेन्मनः ॥ मनःप्राणेनिगृह्णीयात्प्राणंब्रह्मणिधारयेत् १६ निर्वेदादेवनिर्वाणंनचकिंचिद्विचिंतयेत् ॥ सुखंवैब्राह्मणोब्रह्मनिर्वेदेनाधिगच्छति १७ शौचेनसततंयुक्तःसदाचारसमन्वितः ॥ सानुक्रोशश्चभूतेषुतद्द्विजातिषुलक्षणम् १८ ॥ इतिश्रीमहाभारते शांति० मो० भृगुभरद्वाजसंवादेवर्णस्वरूपकथनेएकोननवत्यधिकशततमोऽध्यायः ॥ १८९ ॥

॥ भृगुरुवाच ॥ ॥ सत्यंब्रह्मतपःसत्यंसत्यंविसृजतेप्रजाः ॥ सत्येनधार्यतेलोकःस्वर्गंसत्येनगच्छति १ अनृतंतमसोरूपंतमसानीयतेह्यधः ॥ तमोग्रस्तानपश्यंतिप्रकाशंतमसावृताः २ स्वर्गःप्रकाशइत्याहुर्नरकंतमएवच ॥ सत्यानृतंतदुभयंप्राप्यतेजगतीचरैः ३ तत्राप्येवंविधालोकेवृत्तिःसत्यानृतेभवेत् ॥ धर्माधर्मौप्रकाशश्चतमोदुःखंसुखंतथा ४ तत्रयत्सत्यंसधर्मोयोधर्मःसप्रकाशोयःप्रकाशस्तत्सुखमिति ॥ तत्रयदनृतंसोऽधर्मोयोऽधर्मस्तत्तमोयत्तमस्तद्दुःखमिति ५ ॥ अत्रोच्यते ॥ शारीरैर्मानसैर्दुःखैःसुखैश्चाप्यसुखोदयैः ॥ लोकसृष्टिंप्रपश्यंतोनमुह्यंतिविचक्षणाः ६ तत्रदुःखविमोक्षार्थंप्रयतेतविचक्षणः ॥ सुखंह्यनित्यंभूतानामिहलोकेपरत्रच ७ राहुग्रस्तस्यसोमस्ययथाज्योत्स्नानभासते ॥ तथातमोभिभूतानांभूतानांनश्यतेसुखम् ८

शौचेनेति १८ ॥ इतिशांतिप० मोक्ष० नी० भा० एकोननवत्यधिकशततमोऽध्यायः ॥ १८९ ॥ शुक्लोब्राह्मणधर्मःकृष्णःशूद्रधर्मइतिप्रागुक्तंतत्रशुक्लकृष्णयोःस्वरूपेविविनक्ति सत्यमिति ॥ सत्यंसत्यवस्तुप्रापकं ब्रह्मवेदः तपःस्वधर्मानुष्ठानं सत्येनब्रह्मतपोरूपेण १ अनृतंतद्विपरीतमवैदिकंयथेष्टाचरणं प्रकाशंस्वर्गं तमःअविद्यादिरूपोविपर्ययस्तेनग्रस्ताः तमसामूलाज्ञानेन २ स्वर्गोदेवत्वं प्रकाशःसत्वप्राप्यः नरकंतिर्यक्त्वंतमोगुणेन सत्यानृतंमानुषत्वंतदुभयमिश्रणेन ३ सत्यानृतेइतिधर्माधर्मौप्रकाशतमसीसुखदुःखेइतिसंबंधः ४ श्लोकंव्याचष्टे तत्रेति ५ । ६ भूतानांसंसारिणांयत्सुखंपुत्रपरिष्वंगादिजंतदनित्यंअतःसुखार्थंनयतेत । किंतुदुःखस्यौपाधिकस्यविमोक्षार्थमेवयतेत ७ तत्किंनित्यंसुखंनास्त्येवेत्याशंक्यसदपिनप्रकाशतइतिसदृष्टांतमाह राह्विति । नश्यतेअंतर्हितंभवति ८

प्रवृत्तयः दृष्टादृष्टफलाः अभिधीयंतेवेदे नह्यतस्त्रिवर्गफलात्परं सएवानित्यसुखमेव आत्मगुणविशेषस्तार्किकाभिमतः । धर्मार्थौगुणभूतौयस्यप्रधानभूतस्यसुखस्यतदर्थआरंभआरभ्यतइतिव्युत्पत्त्याधर्मादिः
अनुष्ठेयइतिशेषः । यतस्तद्धेतुःधर्महेतुः अस्यसुखस्योत्पत्तिरभिव्यक्तिः आरंभस्त्रिवर्गस्य राहुग्रस्तेंदुप्रकाशवत्सतोऽपितमसाअप्रकाशमानस्यसुखस्याभिव्यक्तयेसर्वोप्यारंभइत्यर्थः ९ सुखार्थआरंभइत्यत्रशं
कते यदेतदिति । सुखानांपरमास्थितिर्नित्यंसत्वं । सुखान्नपरमस्तीतिपाठांतरंनोपगृह्णीमोनित्यसुखस्यानुपलंभात् । अनित्यस्यसुखस्यतुच्छत्वमाह नहीति । महतियोगैश्वर्ये १० नित्यस्यसुखस्यानुपलं
भेहेतुमुपन्यस्यन्नेतन्निराकरोति अत्रोच्यतेइत्यादिना। अनृतात्सत्त्वासत्त्वाभ्यामनिर्वचनीयादज्ञानात् । तमःअविद्याअनित्याशुचिदुःखरूपेषुदेहादिषुनित्यत्वशुचित्वसुखत्वबुद्धिरूपोविपर्यासः ११ अस्यवि
पर्यासस्याभावेनित्यंसुखंप्रकाशतइत्याह यस्त्वेतैरिति। एतदेवस्वर्गपदाभिधेयमित्याह नचैतइत्यादिना । तस्मात्स्वर्गार्थिनांप्रवृत्तिः सुखार्थैवेतियुक्तमुक्तंसुखान्नपरमस्तीति १२ । १३ । १४ ऐहिकंसुखंतुच्छी

तत्खलुद्विविधंसुखमुच्यतेशारीरंमानसंच ॥ इहखल्वमुष्मिंश्चलोकेवस्तुंप्रवृत्तयःसुखार्थमभिधीयंतेनह्यतःपरंत्रिवर्गफलंविशिष्टतरमस्तिसएवकाम्योगुणविशेषो
धर्मार्थगुणारंभस्तद्धेतुरस्योत्पत्तिःसुखप्रयोजनार्थआरंभः ९॥ भरद्वाजउवाच॥ यदेतद्भवताऽभिहितंसुखानांपरमास्थितिरितिनतदुपगृह्णीमोनह्येषामृषीणांम
हतिस्थितानामप्राप्यएषकाम्योगुणविशेषोनचैनमभिलषंतिचतपसिश्रूयतेत्रिलोककृद्ब्रह्माप्रभुरेकाकीतिष्ठति ॥ ब्रह्मचारीनकामसुखेष्वात्मानमवदधाति ॥
अपिचभगवान्विश्वेश्वरउमापतिःकाममभिवर्तमानमनंगत्वेनशममनयत्॥ तस्माद्ब्रूमोनतुमहात्मभिरयंप्रतिगृहीतोनत्वेषांतावद्विशिष्टोगुणविशेषइति॥ नैतद्भ
गवतःप्रत्येमिभगवतातूक्तंसुखान्नपरमस्तीतिलोकप्रवादोहिद्विविधःफलोदयःसुकृतात्सुखमवाप्यतेदुष्कृताद्दुःखमिति १०॥ भृगुरुवाच ॥ अत्रोच्यते ॥
अनृतात्खलुतमःप्रादुर्भूतंततस्तमोग्रस्ताअधर्ममेवानुवर्तन्तेनधर्मम् ॥ क्रोधलोभहिंसाऽनृतादिभिरवच्छन्नानखल्वस्मिँल्लोकेनामुत्रसुखमाप्नुवंति ॥ विविधव्या
धिरुजोपतापैरवकीर्यन्ते ॥ वधबंधनपरिक्लेशादिभिश्चक्षुत्पिपासाश्रमकृतैरुपतापैरुपतप्यन्ते ॥ वर्षवातात्युष्णातिशीतकृतैश्चप्रतिभयैःशारीरैर्दुःखैरुपतप्यन्ते॥
बंधुधनविनाशविप्रयोगकृतैश्चमानसैःशोकैरभिभूयंतेजरामृत्युकृतैश्चान्यैरिति ११ यस्त्वेतैःशारीरमानसैर्दुःखैर्नसंस्पृश्यतेससुखंवेद ॥ नचैतेदोषाःस्वर्गेप्रादु
र्भवंति तत्रखलुभवंति १२ सुसुखःपवनःस्वर्गेगंधश्चसुरभिस्तथा ॥ क्षुत्पिपासाश्रमोनास्तिनजरानचपापकम् १३ नित्यमेवसुखंस्वर्गेसुखंदुःखमिहोभयम् ॥
नरकेदुःखमेवाहुःसुखंतत्परमंपदम् १४ पृथिवीसर्वभूतानांजनित्रीतद्विधास्त्रियः ॥ पुमान्प्रजापतिस्तत्रशुक्रंतेजोमयंविदुः १५

कृत्ययथास्वर्गार्थंसर्वेबुद्धिमंतःप्रवर्ततेएवंस्वर्गमपिक्षयिष्णुत्वेनतुच्छीकृत्यबुद्धिमत्तरामोक्षसुखार्थंयतंतइत्याह पृथिवीति । सर्वभूतानांजनित्रीअविद्यापृथिवीवपृथिवीसर्वेषांक्लेशानांक्षेत्रभूतायथाऽत्रानुभूयतेतद्विधा
१९ अनंतक्लेशसंततिक्षेत्रभूतास्तत्रस्वर्गेस्त्रियःसंति । यथाऽत्रपुमानविद्यावाननेकक्लेशभाजनंतथातत्रप्रजापतिः । 'तस्यापिसोबिभेत् सनारभत प्रजापतिर्वैस्वांदुहितरमभ्यध्यायत्तस्यरुद्रःशिरोहरत् मधुकैटभौ
तंहंतुमुद्यतौ यक्षराक्षसास्तंयभितुमुद्यताः'इत्यादिश्रुतिस्मृतिभिस्तस्यापिभयारत्यादिप्रतिपादनात् । एतावांस्तुविशेषः अत्रशुक्रंजन्मांतरबीजंवासनाजालंपुण्यापुण्यमयम् । तत्रतुतेजोमयंकेवलंपुण्यमयमिति ।
एवंचनिरुपाधिसुखमेवपरमःपुरुषार्थोनस्वर्गइतिसाधयतामोक्षस्यनिर्विषयसुखात्मत्वमुक्तम् १५

१६ ॥ इतिशांतिपर्वणिमोक्षपर्वणि नीलकंठीयेभारतभावदीपे नवत्याधिकशततमोऽध्यायः ॥ १९० ॥ ॥ एवमनृतात्खलुतमःप्रादुर्भूतमित्यादिग्रंथश्रवणेनदुःखादुद्विग्नोमोक्षंचदुर्लभंमन्वानश्चित्तशुद्धिद्वारामोक्षप्रापकंपुण्यमेवश्रेयइतिनिश्चिन्वंस्तद्विशेषफलानिपृच्छतिसारासारविवेकार्थं दानस्येत्यादिना । दानस्यदानरूपस्यधर्मस्येत्येकःप्रश्नः १ शांतिरुपरतिः २ । ३ । ४ कस्याधिकारिणःकिंरूपंधर्माचरणं ५ स्वधर्मोवर्णाश्रमनियतधर्मस्तस्याचरणेयुक्ताअवहिताः योऽन्यथाविपरीताचारःसविमुह्यते ६ स्वोचितमेवधर्मंपृच्छति यदिति । चतुर्णामाश्रमाणांधर्मश्चातुराश्रम्यं तेषामाश्रमाणां ७

इत्येतल्लोकनिर्माणंब्रह्मणाविहितंपुरा ॥ प्रजाःसमनुवर्तन्तेस्वैःस्वैःकर्मभिरावृताः ॥ १६ ॥ ॥ इतिश्रीमहाभारतेशांति०मोक्ष०भृगुभरद्वाजसंवादेनवत्यधिकशततमोऽध्यायः ॥ १९० ॥ ॥ ॥ भरद्वाजउवाच ॥ ॥ दानस्यकिंफलंप्राहुर्धर्मस्यचरितस्यच ॥ तपसश्चसुतप्तस्यस्वाध्यायस्यहुतस्यवा १ ॥ भृगुरुवाच ॥ हुतेनशाम्यतेपापंस्वाध्यायैःशांतिरुत्तमा ॥ दानेनभोगानित्याहुस्तपसास्वर्गमाप्नुयात् २ दानंतुद्विविधंप्राहुःपरत्रार्थमिहैवच ॥ सद्भ्योयद्दीयतेकिंचित्तत्परत्रोपतिष्ठते ३ असद्भ्योदीयतेयत्तुतद्दानमिहभुज्यते ॥ यादृशंदीयतेदानंतादृशंफलमश्नुते ४ ॥ ॥ भरद्वाजउवाच ॥ ॥ किंकस्यधर्माचरणंकिंवाधर्मस्यलक्षणम् ॥ धर्मःकतिविधोवाऽपितद्भवान्वक्तुमर्हति ५ ॥ भृगुरुवाच ॥ स्वधर्माचरणेयुक्तायेभवंतिमनीषिणः ॥ तेषांस्वर्गफलावाप्तिर्योऽन्यथासविमुह्यते ६ ॥ भरद्वाजउवाच ॥ यदेतच्चातुराश्रम्यंब्रह्मर्षिविहितंपुरा ॥ तेषांस्वेस्वेसमाचारास्तान्मेवक्तुमिहार्हसि ७ ॥ भृगुरुवाच ॥ पूर्वमेवभगवताब्रह्मणालोकहितमनुतिष्ठताधर्मसंरक्षणार्थमाश्रमाश्चत्वारोऽभिनिर्दिष्टाः ॥ तत्रगुरुकुलवासमेवप्रथममाश्रममुदाहरंति ॥ सम्यग्यत्रशौचसंस्कारनियमव्रतविनियतात्माउभेसंध्येभास्कराग्निदैवतान्युपस्थायविहायतंद्राऽऽलस्येगुरोरभिवादनवेदाभ्यासश्रवणपवित्रीकृतांतरात्मात्रिषवणमुपस्पृश्यब्रह्मचर्याग्निपरिचरणगुरुशुश्रूषानित्यभिक्षाभैक्ष्यादिसर्वनिवेदितांतरात्मागुरुवचननिर्देशानुष्ठानाप्रतिकूलोगुरुप्रसादलब्धस्वाध्यायतत्परःस्यात् ८ ॥ भवतिचात्रश्लोकः ॥ गुरुंयस्तुसमाराध्यद्विजोवेदमवाप्नुयात् ॥ तस्यस्वर्गफलावाप्तिःसिद्ध्यतेचास्यमानसमिति ९ गार्हस्थ्यंखलुद्वितीयमाश्रमंवदंति ॥ तस्यसमुदाचारलक्षणंसर्वमनुव्याख्यास्यामः ॥ समावृत्तानांसदाचाराणांसहधर्मचर्यफलार्थिनांगृहाश्रमोविधीयते ॥ धर्मार्थकामावाप्तिर्ह्यत्रत्रिवर्गसाधनमपेक्ष्यागर्हितेनकर्मणाधनान्यादायस्वाध्यायोपलब्धप्रकर्षेणवाब्रह्मर्षिनिर्मितेनवाअद्रिसारगतेनवा ॥ हव्यकव्यनियमाभ्यासदैवतप्रसादोपलब्धेनवाधनेनगृहस्थोगार्हस्थ्यंवर्तयेत् ॥ तद्धिसर्वाश्रमाणांमूलमुदाहरंति ॥ गुरुकुलनिवासिनःपरिव्राजकायेचान्येसंकल्पितव्रतनियमधर्मानुष्ठायिनस्तेषामप्यतएवभिक्षाबलिसंविभागाःप्रवर्तन्ते १०

तंद्रचर्धनिद्रा आलस्यमनुद्योगः अभ्यासोऽक्षरग्रहणं श्रवणंतदर्थविचारः ८ मानसंमनःसिध्यतेसत्यसंकल्पादिसिद्धिंप्राप्नोति ९ सम्यगुदितआचारःसमुदाचारस्तस्यलक्षणं । समावृत्तानांसमापितगुरुकुलवासानांस्नातकानां सहधर्मचर्यसहोभौचरतांधर्ममितिदंपत्योःसहाधिकारिकंधर्मंतच्चर्याफलंपुत्रजन्मप्रकर्षोयथाउपस्तस्यचाक्रायणस्यसर्वैर्ब्राह्मणैरज्ञाताःप्रस्तावादिदेवताउपदिशतोराज्ञासर्वविक्तुल्यदक्षिणाप्रदानहेतुः । निर्मितंयाजनमध्यापनंप्रतिग्रहश्च । अद्रिसारामणिदिव्यौषधिस्वर्णाद्याकारास्तेभ्योगतेनप्राप्तेन । भिक्षाऽतिथिभ्यः । बलिर्भूमौहोमः । संविभागःपुत्रादिभ्योविभजनं १०

द्रव्योपस्कारोधनवर्जनं द्रव्योपस्करइतिपाठेद्रव्याणांफलमूलनीवारादीनामुपस्करःसंपादनं सुखशक्त्यासुखवत्याशक्त्यानतुदेहपीडयासत्क्रियाचकर्तव्येतिशेषः ११ । १२ निवापेनपितृतर्पणेन १३ । १४ । १५ । अपिचात्रवात्सल्यादिधर्मैर्माल्यादिलाभःसंकल्पसमकालंसिद्ध्यतीत्यर्थः १६ त्रिवर्गोधर्मार्थकामास्तैःसहितागुणानांसत्वरजस्तमसांनिर्वृत्तिःकृतार्थता मुक्तिहेतोःसत्वपुरुषान्यताख्यातेर्जननान्नष्टाधिकारतेत्यर्थः शिष्टानांतत्त्वमसीत्यादिवाक्यैर्गुरुभिरनुशिष्टानां १७ उंछःकणशआदानंतेनवृत्तिर्जीवनमस्य कामसुखमारंभाश्चेतिद्वंद्वः १८ ॥ ॥ इतिशांतिपर्वणि मो०नीलकंठीये

वानप्रस्थानांचद्रव्योपस्कारइतिप्रायशःखल्वेतेसाधवःसाधुपथ्यौदनाःस्वाध्यायप्रसंगिनस्तीर्थाभिगमनदेशदर्शनार्थंपृथिवींपर्यटंतितेषांप्रत्युत्थानाभिगमनाभिवादनानसूयवाक्प्रदानसुखशक्त्यासनसुखशयनाभ्यवहारसत्क्रियाचेति ११ भवतिचात्रश्लोकः ॥ अतिथिर्यस्यभग्नाशोगृहात्प्रतिनिवर्तते ॥ सदत्त्वादुष्कृतंतस्मैपुण्यमादायगच्छति १२ अपिचात्रयज्ञक्रियाभिर्देवताःप्रीयन्ते निवापेनपितरोविद्याभ्यासश्रवणधारणेनऋषयः अपत्योत्पादनेनप्रजापतिरिति १३ श्लोकौचात्रभवतः ॥ वात्सल्यात्सर्वभूतेभ्योवाच्याःश्रोत्रसुखागिरः ॥ परितापोपघातश्चपारुष्यंचात्रगर्हितम् १४ अवज्ञानमहंकारोदंभश्चैवविगर्हितः ॥ अहिंसासत्यमक्रोधःसर्वाश्रमगतंतपः १५ अपिचात्रमाल्याभरणवस्त्राभ्यंगनित्योपभोगनृत्यगीतवादित्रश्रुतिसुखनयनाभिरामदर्शनानांप्राप्तिर्भक्ष्यभोज्यलेह्यपेयचोष्याणामभ्यवहार्याणांविविधानामुपभोगःस्वविहारसंतोषःकामसुखावाप्तिरिति १६ त्रिवर्गगुणनिर्वृत्तिर्यस्यनित्यंगृहाश्रमे ॥ ससुखान्यनुभूयेहशिष्टानांगतिमाप्नुयात् १७ उंछवृत्तिर्गृहस्थोयःस्वधर्माचरणेरतः ॥ त्यक्तकामसुखारंभःस्वर्गस्तस्यनदुर्लभः १८ ॥ इतिश्रीमहाभारतेशांतिपर्वणिमोक्षधर्मपर्वणिभृगुभरद्वाजसंवादेएकनवत्यधिकशततमोऽध्यायः ॥१९१॥ ॥ भृगुरुवाच ॥ वानप्रस्थाःखल्वपिधर्ममनुसरंतःपुण्यानितीर्थानिनदीप्रस्रवणानिसुविविक्तेष्वरण्येषुमृगमहिषवराहशार्दूलवनगजाकीर्णेषुतपस्यंतोऽनुसंचरंतित्यक्तग्राम्यवस्त्राभ्यवहारोपभोगावन्यौषधिफलमूलपर्णपरिमितविचित्रनियताहाराःस्थानासनिनोभूमिपाषाणसिकताशर्करावालुकाभस्मशायिनः काशकुशचर्मवल्कलसंवृतांगाः केशश्मश्रुनखरोमधारिणोनियतकालोपस्पर्शना अस्कंदितकालबलिहोमानुष्ठायिनःसमित्कुशकुसुमापहारसंमार्जनलब्धविश्रामाः शीतोष्णवर्षपवनविष्टंभविभिन्नसर्वत्वचो विविधनियमोपयोगचर्यानुष्ठानविहितपरिशुष्कमांसशोणितत्वगस्थिभूताधृतिपराःसत्वयोगाच्छरीराण्युद्वहंते १ यस्त्वेतांनियतश्चर्यांब्रह्मर्षिविहितांचरेत् ॥ सदहेदग्निवद्दोषान्जयेल्लोकांश्चदुर्जयान् २

भारतभावदीपेएकनवत्यधिकशततमोऽध्यायः ॥ १९१ ॥ ॥ सिकताःसूक्ष्मपाषाणपांसवः शर्कराःकर्करसहितामृत् वालुकाःलघूपलमिश्राः सिकताएवउपस्पर्शनंस्नानं बलिर्भूमावाहुतिः होमोवह्नौ बलिहोमयोःकालेऽनुष्ठायिनः विष्टंभोहेलनयासहनं नियमःपंचाग्न्यादिसाधनं उपयोगआहारसंकोचः चर्यापर्यटनं विहितंविधानम् १ । २

परिव्राजकानामिति । परिबर्हणंशय्यादिभोगसामग्री ३ । ४ कृत्वेति । आत्मन्यग्नीन्समारोप्याऽग्निमुद्दिश्यस्वमुखेहविर्भिर्जुहोतिहोमंकुर्यात् । चिताग्निनांयैरग्निचयनंकृतंमुनिर्द्वंदैस्तेषांलोकंप्राजापत्यंपदं यद्वा स्वशरीरसंस्थमग्निहोत्रंप्राणाग्निहोत्रंभैक्ष्योपगतैर्हविर्भिःकृत्वेतिसंबंधः भिक्षुर्भूत्वेत्यर्थः । शारीरंशरीरस्थं अग्निमिवप्रकाशमानंजीवं स्वमुखेनिर्गमस्थानेपरमात्मनिजुहोतिजीवंब्रह्मणिप्रविलापय तियोगंकरोतीत्यर्थः । सचितानांनष्टानामग्निनां ह्रस्वत्वमार्षं लोकमव्यक्तभावं श्रूयतेच 'यथानिरिंधनोवह्निःस्वयोनावुपशाम्यति । तथावृत्तिक्षयेचित्तंस्वयोनावुपशाम्यति' इति उक्तंच 'शकुनीनामिवाकाशेपदंनदृश्यते' इति । चिधातोर्नाशार्थत्वंयोवैभागिनंभागान्नुदतेचयतेवैनंसयदिवैनंनचयतेऽथपुत्रमथपौत्रंचयतइत्यादौदृष्टं चयतेक्षिणोति ५ एतदेवाह मोक्षेति । सुतरांसंकल्पितमु क्तासंकल्पहीनाबुद्धिर्यस्य ब्रह्मैवलोकोब्रह्मलोकस्तं ६ एवंससाधनांब्रह्मविद्यांश्रुत्वाब्रह्मसाक्षात्कारोपायंजिज्ञासमानःपृच्छति अस्मादिति । परोलोकःपरमात्मा ज्ञातुंसाक्षात्कर्तुं ७ उत्तरेइति । अत्रेदमवधेयं किमिहश्रौतोहिमवदुत्तरभागएवपरलोकत्वेनप्रतिपाद्यतेउतश्रुतिप्रसिद्धःपरमात्मेति । तत्रश्रौतार्थलाभेसंभवतिलाक्षणिकार्थस्याग्राह्यत्वात् । स्वर्गसदृशःपुण्यकृज्जनप्राप्योभूभागएवआश्रमत्रयधर्मफल स्योपसंहार्यत्वादितिप्राप्तेब्रूमः । 'अनिंधनंज्योतिरिवप्रशांतंसब्रह्मलोकंश्रयतेमनुष्यः'इत्येतद्वाक्यसमनंतरमुत्थितयोःप्रश्नोत्तरयोर्ब्रह्मविद्याप्रकरणस्थयोस्तत्परत्वेसंभवत्यसन्निहिताप्रकृतप्राचीनाश्रमधर्मफलोपसं

परिव्राजकानांपुनराचारः ॥ तद्यथा विमुच्याग्निधनकलत्रपरिबर्हणंसंगेष्वात्मनःस्नेहपाशानवधूयपरिव्रजंतिसमलोष्टाश्मकांचनास्त्रिवर्गप्रवृत्तेष्वसक्तबुद्धयोऽ रिमित्रोदासीनानांतुल्यदर्शनाः स्थावरजरायुजांडजस्वेदजोद्भिज्जानांभूतानांवाङ्मनःकर्मभिरनभिद्रोहिणोऽनिकेताः पर्वतपुलिनवृक्षमूलदेवतायतनान्यनुच रंतोवासार्थमुपेयुर्नगरंग्रामंवा नगरेपंचरात्रिकाःग्रामेचैकरात्रिकाः प्रविश्यचप्राणधारणार्थंद्विजातीनांभवनान्यसंकीर्णकर्मणामुपतिष्ठेयुःपात्रपतितायाचितभै क्ष्याः कामक्रोधदर्पलोभमोहकार्पण्यदंभपरिवादाभिमानहिंसानिवृत्ताइति ३॥ भवंतिचात्रश्लोकाः॥ अभयंसर्वभूतेभ्योदत्त्वायश्चरतेमुनिः॥ नतस्यसर्वभूतेभ्यो भयमुत्पद्यतेक्वचित् ४ कृत्वाऽग्निहोत्रंस्वशरीरसंस्थंशारीरमग्निंस्वमुखेजुहोति॥ विप्रस्तुभैक्ष्योपगतैर्हविर्भिश्चिताग्निनांसोव्रजतेहिलोकम् ५ मोक्षाश्रमंयश्चरतेय थोक्तंशुचिःसुसंकल्पितमुक्तबुद्धिः ॥ अनिंधनंज्योतिरिवप्रशांतंसब्रह्मलोकंश्रयतेमनुष्यः ६ ॥ भरद्वाजउवाच ॥ अस्माल्लोकात्परोलोकःश्रूयतेनोपलभ्यते ॥ तमहंज्ञातुमिच्छामितद्भवान्वक्तुमर्हति ७ ॥ भृगुरुवाच ॥ उत्तरेहिमवत्पार्श्वेपुण्येसर्वगुणान्विते ॥ पुण्यःक्षेम्यश्चकाम्यश्चसपरोलोकउच्यते ८

हारपरत्वकल्पनंनयुज्यते । तेषांतत्रतत्रतस्यस्वर्गफलावाप्तिः सिध्यतेचास्यमानसमितिस्वर्गस्तस्यनदुर्लभइति'सदहेदग्निवद्दोषान्जयेल्लोकांश्चदुर्जयान्'इतिफलस्योपसंहारेणतदनपेक्षणात्ततश्चानर्थक्यप्रतिहतानां विपरीतंबलाबलमितिन्यायेनसन्निधिप्रकरणाभ्यांश्रुतिरेववाध्यते । यथाआकाशस्तल्लिंगादित्यत्रसर्वाणिहवाइमानिभूतान्याकाशादेवसमुत्पद्यंतेइतिसर्वभूतोत्पादिलिंगादाकाशश्रुतिर्भूताकाशपराऽपिब्रह्मपरतयान्य वस्थाप्यतेतद्वदिहापिद्रष्टव्यं । नचपूषानुमंत्रणमंत्रवदितउत्कृष्टस्यास्ययोग्यतयाप्राचीनाश्रमत्रयधर्मफलत्वेनान्वयोभविष्यतीतियुक्तं । प्रकरणानुगुणार्थसमर्पकत्वेसंभवत्युत्कर्षायोगात् तस्मादन्यार्थत्वे सत्यन्यार्थतयाप्रतीयमानमेतत्प्रश्नोत्तरमितिव्यासकष्टमवहितहृदयैरालोचनीयमितिदिक् श्रुतियुक्तिभ्यांज्ञातोऽपिपरमात्मानसाक्षात्क्रियतेइतितत्साक्षात्कारोपायंब्रूहीतिप्रार्थितोभृगुराह उत्तरेइति उत्तरेआत्मो पलब्धिस्थानत्वादुत्कृष्टतरेहिमवत्पार्श्वेहिमवत्तुल्योऽन्यत्रमेरुशब्दोदितोनासावंशस्तस्यपार्श्वेसमीपेभ्रूघ्राणमध्ये पुण्येबहुपुण्यगम्ये । सर्वैर्गुणैरमणीयत्वादिभिर्युतेदेशेपुण्यःअपहतपाप्माक्षेम्यःसत्यकामःसत्यसंकल्पः काम्यःसर्वकामोपभोगयोग्यश्चपरोलोकःपरमात्माऽस्तीत्युच्यते । तथाहिमंत्रशास्त्रेभ्रूमध्यदेशस्यरम्यत्वादिकमुक्तं । 'हेमरूपोभ्रुवोर्मध्येमेरुस्तिष्ठतिपर्वतः ॥ तस्याभितोमहीपार्श्वेपंचाशत्कोटियोजना ॥–

लवणेक्षुसुरासर्पिर्दधिक्षीरजलात्मभिः ॥ सिंधुभिःसप्तभिर्द्वीपैस्तत्संख्यैर्द्विगुणोत्तरैः ॥ मंदरःपारियात्रश्च'इत्यादिना । श्रुतावपि 'यएषोऽनंतोऽव्यक्तआत्मातंकथमहंविजानीयाम्'इत्युपक्रम्य'सोऽविमुक्तेप्रतिष्ठितःसोविमुक्तःकस्मिन्प्रतिष्ठितः'इत्यादिनाभ्रूवोर्घ्राणस्यचयःसंधिरित्यंतेनतस्यदेशस्यनिरुपाधिब्रह्मप्रापकविमुक्ताख्यसोपाधिकब्रह्मस्थानत्वोक्तेः । सोपाधिकब्रह्मगुणाश्च'यआत्माऽपहतपाप्माविजरोविमृत्युर्विशोकोविजिघत्सोऽपिपासःसत्यकामःसत्यसंकल्पः'इतिश्रुतिप्रसिद्धाः । तदिदमुक्तंहिमवत्पार्श्वेपरोलोकइति ८ तत्रेति । अपापकर्मत्वादिगुणचतुष्टयवंतोमानवास्तत्रगताः संतोनिरुपद्रवाभवंतीतियोजना तथा चश्रुतिः 'तंवाएतंसेतुंतीर्त्वाऽधःसन्ननंधोभवत्युपतापीसन्ननुपतापीभवति'इति सेतुमात्मानं तीर्त्वाप्राप्यसमाधिकाले ९ तत्रकालेइतिसंबंधः अमृत्युरात्मासमाधिकालेप्रभवतिईश्वरोभवति । संकल्पादेवास्यपितरःसमुत्तिष्ठंतीतितस्यसत्यसंकल्पत्वश्रवणात् । अतएवचानन्याधिपतिरितिसूत्राच्च सत्यसंकल्पत्वादेवविद्वाननन्याधिपतिरस्यईश्वरोऽन्योनास्तिकिंत्वयमेवसर्वेश्वरइतिसूत्रार्थः । अतएवसदेशः हिमवत्पार्श्वाख्योभ्रुवोर्मध्यदेशःस्वर्गसदृशः सत्यसंकल्पादिगुणाविर्भावसाम्यात् । निरुपद्रवाइत्यस्यविवरणंव्याधयोनस्पृशंतीति १० आत्ममिथुनआत्मक्रीडाआत्मरतिरित्यादिश्रुतेरर्थंसंगृह्णाति नलोभइति । परेअनात्मभूताश्चतेदाराश्चेतिसमासः । स्वआत्मैवदारास्तत्रनिरतः यतःअजनःबाधितबाह्यलोकःनान्योन्यंबध्यते तत्रभेदाभावात् द्रव्येषुसंकल्पमात्रोपनतेषुनविस्मयआश्चर्यबुद्धिर्नास्ति इदंसर्वंयदयमात्मे

तत्रह्यपापकर्माणःशुचयोत्यंतनिर्मलाः ॥ लोभमोहपरित्यक्तामानवानिरुपद्रवाः ९ सस्वर्गसदृशोदेशस्तत्रह्युक्ताःशुभागुणाः ॥ कालेमृत्युःप्रभवतिस्पृशंतिव्याधयोनच १० नलोभःपरदारेषुस्वदारनिरतोजनः ॥ नान्योन्यंबध्यतेतत्रद्रव्येषुचनविस्मयः ॥ परोह्यधर्मोनैवास्तिसन्देहोनापिजायते ११ कृतस्यतुफलंतत्रप्रत्यक्षमुपलभ्यते ॥ पानासनाशनोपेताःप्रासादभवनाश्रयाः १२ सर्वकामैर्वृताकेचिद्धेमाभरणभूषिताः ॥ प्राणधारणमात्रंतुकेषांचिदुपपद्यते १३ श्रमेणमहताकेचित्कुर्वंतिप्राणधारणम् ॥ इहधर्मपराःकेचित्केचिन्नैकृतिकानराः ॥ सुखितादुःखिताःकेचिन्निर्धनाधनिनोऽपरे १४ इहश्रमोभयंमोहःक्षुधातीव्राचजायते ॥ लोभश्चार्थकृतोनृणांयेनमुह्यंत्यपंडिताः १५ इहवार्ताबहुविधाधर्माधर्मस्यकारिणः ॥ यस्तद्वेदोभयंप्राज्ञःपाप्मनानसलिप्यते १६

त्यादिश्रुतिभ्यःसर्वस्यात्ममात्रत्वावधारणात् हियतः तत्रपरोऽनात्मभूतःअधर्मःअनृतादिर्नास्ति एवंब्रह्मलोकंनविंदत्यनृतेनहिप्रत्यूढाइतिश्रुतेरनृतस्याज्ञानस्यतत्पिधायकत्वादनृताभावेएवतदाविर्भावसंभवात् संदेहःकिंदेहादिरात्माउताऽन्योऽन्योऽपिकर्ताऽकर्तावाअकर्ताऽपिएकोऽनेकोवेत्येवंरूपःसंशयःनजायते । तत्त्वापरोक्षीकरणात्छिद्यंतेसर्वसंशयाइतिश्रुतेः ११ कृतस्याऽनुष्ठितस्ययोगस्यकर्ममात्रस्यवा एनंसर्वेतदभिसमेतियत्किंचप्रजाःसाधुकुर्वंतीतिब्रह्मविद्यायांसर्वकर्मफलांतर्भावश्रवणात् १२ सर्वकामैरितिसार्धश्लोकद्वयमेकंवाक्यं इहाऽस्मिन्भ्रुवोःसंधौस्थिताःकेचिद्योगिनःसर्वकामैर्वृताआवृताःसंतोमुहुरावर्ततेइतिभावः प्राणेपरमात्मनिधारणंसर्वेषांकामानांप्रविलापनंतन्मात्रमेवकेषांचिद्दिव्यभोगेऽपिविरक्तानामुपपद्यतेयुज्यतेनतुकामभोगः १३ मध्यमानांत्वेतत्क्लेशसाध्यमित्याह श्रमेणेति । केचिद्योगैश्वर्यंप्राप्यधर्मपराव्यासनारदादयः परोपकारार्थैवहितेषांसिद्धिर्नस्वभोगाय । केचिन्नैकृतिकाआत्मवंचनपराबाह्यभोगेनयोगजंधर्मंनाशयंतः । अतएवान्येधर्मपराःसुखितानैकृतिकास्तुदुःखिताः यतोनिर्धनाःक्षीणपुण्याः अपरेधर्मपरास्तुधनिनोयोगजधर्मेणपरोपकारजंधर्मंधनंवर्धयंतः १४ इहेति । नैकृतिकानामिहलोकेश्रमादिकंभवतीत्यर्थः १५ वार्ताःकुशलाःधर्माधर्मस्यधर्माधर्मयोरितिपूर्वेणसहसार्धश्लोकः । यइतिउभयंधर्माधर्मावुपादेयहेयतयावेद १६

सोपधंसदंभं १७ तपोयोगजधर्मः १८ तस्मादिहैवधर्माधर्मविचारःकार्यइत्याहसार्धेन इहेति। चिंताविचारः तमेवाह कर्मेति १९ इष्टमाप्ततमंतपोयेषां ब्रह्मलोकंहिमवत्पार्श्वे २० तत्रैवैतत्रैवजायंते आविर्भवंति २१ सत्कारंयोगेआदरंऋच्छंतिप्राप्नुवंति अन्यथादोषमाह तिर्यगिति २२ इहैवसंसारे उत्तरांदिशंहिमवत्पार्श्वे २३ योगकलालाभेसदाऽऽचार्यएवशरणीकरणीयः 'आचार्यवान् पुरुषोवेद नैषातर्केणमतिरापनेया' इत्यादिश्रुतिभ्यइत्याह येगुरूनिति। नियताःशमदमोपरत्यादियुक्ताः। ब्रह्मचारिणःब्रह्मण्येवचारःकायवाङ्मनसांप्रवृत्तिर्येषां। पंथानंगमनागमनमार्गं। सगुणंब्रह्म निर्गुणवस्तुप्राप्तिद्वारंजानंति २४ ब्रह्मनिर्मितोवेदप्रकाशितः धर्माधर्मौलोकस्यकर्तव्याकर्तव्यार्थौ २५ विस्मितःप्रत्यगद्वैतश्रवणेन २६ एषप्रत्यगात्माजगतःप्रसवःकारणं निखिलेनसाकल्येनसंकीर्तितः।

सोपधंनिकृतिस्स्तेयंपरीवादोह्यसूयिता ॥ परोपघातोहिंसाचपैशुन्यमनृतंतथा १७ एतानासेवतेयस्तुतपस्तस्यप्रहीयते ॥ यस्त्वेतान्नाचरेद्विद्वांस्तपस्तस्यप्रवर्धते १८ इहचिंताबहुविधाधर्माधर्मस्यकर्मणः ॥ कर्मभूमिरियंलोकेइहकृत्वाशुभाशुभम् ॥ शुभैःशुभमवाप्नोतितथाऽशुभमथान्यथा १९ इहप्रजापतिःपूर्वंदेवाःसर्षिगणास्तथा ॥ इष्टेष्टतपसःपूताब्रह्मलोकमुपाश्रिताः २० उत्तरःपृथिवीभागःसर्वपुण्यतमःशुभः ॥ इहस्थास्तत्रजायंतेयेवैपुण्यकृतोजनाः २१ यदिसत्कारमृच्छंतितिर्यग्योनिषुचापरे ॥ क्षीणायुषस्तथाचान्येनश्यंतिपृथिवीतले २२ अन्योन्यभक्षणासक्तालोभमोहसमन्विताः ॥ इहैवपरिवर्तन्तेनतेयांत्युत्तरांदिशम् २३ येगुरून्पर्युपासंतेनियताब्रह्मचारिणः ॥ पंथानंसर्वलोकानांविजानंतिमनीषिणः २४ इत्युक्तोऽयंमयाधर्मःसंक्षिप्तोब्रह्मनिर्मितः ॥ धर्माधर्मौहिलोकस्ययोवैवेत्तिसबुद्धिमान् २५ ॥ भीष्मउवाच ॥ इत्युक्तोभृगुणाराजन्भरद्वाजःप्रतापवान् ॥ भृगुंपरमधर्मात्माविस्मितःप्रत्यपूजयत् २६ एषतेप्रसवोराजन्जगतःसंप्रकीर्तितः ॥ निखिलेनमहाप्राज्ञकिंभूयःश्रोतुमिच्छसि २७ ॥ ॥ इतिश्री० शांति० मोक्ष० भृगुभरद्वाजसंवादेद्विनवत्यधिकशततमोऽध्यायः ॥ १९२ ॥ ॥ युधिष्ठिरउवाच ॥ आचारस्यविधिंतातप्रोच्यमानंत्वयाऽनघ ॥ श्रोतुमिच्छामिधर्मज्ञसर्वज्ञोह्यसिमेमतः १ ॥ भीष्मउवाच ॥ दुराचारादुर्विचेष्टादुष्प्रज्ञाःप्रियसाहसाः ॥ असंतास्त्वितिविख्याताःसंतश्चाचारलक्षणाः २ पुरीषंयदिवामूत्रंयेनकुर्वंतिमानवाः ॥ राजमार्गेगवांमध्येधान्यमध्येचतेशुभाः ३ शौचमावश्यकंकृत्वादेवतानांचतर्पणम् ॥ धर्ममाहुर्मनुष्याणामुपस्पृश्यनदींतरेत् ४ सूर्यंसदोपतिष्ठेतनचसूर्योदयेस्वपेत् ॥ सायंप्रातर्जपेत्संध्यांतिष्ठन्पूर्वांतथेतराम् ५ पंचार्द्रोभोजनंभुंज्यात्प्राङ्मुखोमौनमास्थितः ॥ नानिंद्यादन्नभक्ष्यांश्चस्वादुस्वादुचभक्षयेत् ६

'परैरदार्शितःपंथाःश्रुतियुक्तिवलान्मया ॥ यथाकथंचिदुन्नीतःपंडिताःशोधयंतुतम्' २७ ॥ इतिशांतिपर्वणिमोक्षपर्वणि नीलकंठीये भारतभावदीपे द्विनवत्यधिकशततमोऽध्यायः ॥ १९२ ॥ ॥ ॥ ॥ संक्षेपेणप्रागुक्तमाचारंयोगंचविस्तरेणप्रतिपादयितुमध्यायत्रयमारभ्यते आचरस्यविधिंतातेत्यादि १ आचारोलक्षणंज्ञापकंयेषां यतआचारंजिज्ञाससेऽतःसाधुरसीतिभावः २ । ३ शौचंकृत्वाउपस्पृश्यआचम्यनदींतरेदवगाहेत् ततस्तर्पणमितिसंबंधः ४ जपेत्सावित्रीं संध्यामुपलक्ष्यतिष्ठन्नुपतिष्ठेतचस्वगृह्योक्तैर्मंत्रैः इतरांपश्चिमाम् ५ पंचपादौपाणीमुखंचेतिपंचआर्द्राणियस्य भोजनमन्नं अन्नभक्ष्यान्ओदनमपूपादींश्च ६

आर्द्रपाणिः कृतोत्तरापोशनइत्यर्थः नार्द्रपाणिरित्यपपाठः ७ शुचिंदेशंयज्ञादिशालां चैत्यंदेवतायतनं ८ सामान्यंसाधारणं पाकभेदंनकुर्यादित्यर्थः ९ तथाकुर्वन्यथाकालभोजीउपवासफलंलभेते त्यर्थः १० । ११ ब्राह्मणभुक्तावशिष्टंमातुर्हृदयामिवाहितकरंकृतंधात्रातद्येउपासतेतेसत्यंब्रह्मसमासतेआसादयंति आहारशुद्धौसत्वशुद्धिःसत्वशुद्धौध्रुवास्मृतिः स्मृतिलंभेसर्वग्रंथीनांविप्रमोक्षइतिक्रमेणआ हारशुद्धेर्ब्रह्मप्रापकत्वश्रुतेः १२ शंकुशुकःकीलबद्धशुकवत्पराधीनोव्रृथापंडितोवा । दंत्यादिपाठेसंश्लेषकः कामलोभादिवशः कुशकुससंश्लेषणार्थौदैवादिकौ दंत्यद्वयवानेवमुख्यःपाठः संकुसु कोविकुसुकइतिमंत्रवर्णात् । आस्थिरःपापोवा यद्वाऽमृतंब्राह्मणोच्छिष्टमित्यस्यप्रशंसार्थंहिंसामयंयागादिकर्मनिंद्यते । लोष्टेति लोष्टमर्दीयज्ञियवेदिकरणार्थं । तृणच्छेदीबर्हिराहरणार्थं । नखखादीनखैं श्छित्त्वाछित्वायज्ञशेषंमांसंखादतीतितथा नित्योच्छिष्टंनित्यसोमपानं । 'पितापितामहोवापिसोमंयस्यनपीतवान् ॥ सवैदुर्ब्राह्मणोनाम' इत्युक्तेः तेनउच्छिष्टःसोमपायी संकुसुकःफलाभिष्वंगी महदायु

आर्द्रपाणिःसमुत्तिष्ठेन्नार्द्रपादःस्वपेन्निशि ॥ देवार्षैर्नारदःप्राहएतदाचारलक्षणम् ७ शुचिंदेशमनड्वाहंदेवगोष्ठंचतुष्पथम् ॥ ब्राह्मणंधार्मिकंचैत्यंनित्यंकुर्यात्प्रद क्षिणम् ८ अतिथीनांचसर्वेषांप्रेष्याणांस्वजनस्यच ॥ सामान्यंभोजनंभृत्यैःपुरुषस्यप्रशस्यते ९ सायंप्रातर्मनुष्याणामशनंवेदनिर्मितम् ॥ नांतराभोजनंदृष्ट मुपवासीतथाभवेत् १० होमकालेतथाजुह्वन्नृतुकालेतथाव्रजन् ॥ अनन्यस्त्रीजनःप्राज्ञोब्रह्मचारीतथाभवेत् ११ अमृतंब्राह्मणोच्छिष्टंजनन्याहृदयंकृतम् ॥ तज्जनाःपर्युपासंतेसत्यंसंतःसमासते १२ लोष्टमर्दीतृणच्छेदीनखखादीतुयोनरः ॥ नित्योच्छिष्टःशंकुशुकोनेहायुर्विंदतेमहत् १३ यजुषासंस्कृतंमांसंनिवृत्तो मांसभक्षणात् ॥ नभक्षयेद्वृथामांसंपृष्ठमांसंचवर्जयेत् १४ स्वदेशेपरदेशेवाअतिथिंनोपवासयेत् ॥ काम्यकर्मफलंलब्ध्वागुरूणामुपपादयेत् १५ गुरुभ्यआस नंदेयंकर्तव्यंचाभिवादनम् ॥ गुरूनभ्यर्च्ययुज्यंतेआयुषायशसाश्रिया १६ नेक्षेतादित्यमुद्यंतंनचनग्नांपरस्त्रियम् ॥ मैथुनंसततंधर्म्यंगुह्येचैवसमाचरेत् ॥ १७ तीर्थानांहृदयंतीर्थंशुचीनांहृदयंशुचिः ॥ सर्वमार्यकृतंचौक्ष्यंवालसंस्पर्शनानिच १८ दर्शनेदर्शनेनित्यंसुखप्रश्नमुदाहरेत् ॥ सायंप्रातश्चविप्राणांप्रदिष्ट मभिवादनम् १९ देवागारेगवांमध्येब्राह्मणानांक्रियापथे ॥ स्वाध्यायेभोजनेचैवदक्षिणंपाणिमुद्धरेत् २० सायंप्रातश्चविप्राणांपूजनंचयथाविधि ॥ पण्यानां शोभतेपण्यंकृषीणांबाद्यतेकृषिः ॥ बहुकारंचसस्यानांवाह्येवाहोगवांतथा २१

र्ब्रह्म १३ यजुषायजुर्वेदविदाऽध्वर्युणा मांसंयाज्ञियमपि निवृत्तोनभक्षयेत् । वृथामांसमसंस्कृतमांसं पृष्ठमांसंचरममांसंश्राद्धशेषमित्यर्थः । 'पृष्ठंचरममात्रेस्यात्' इतिविश्वः । एतेनहिंसायुक्तोधर्मो नकर्तव्यइत्युक्तम् १४ किंतर्हिगृहस्थेनकर्तव्यमतआह स्वेति । काम्यंकमनीयंकर्मभिक्षाचर्यंतस्यफलमन्नादि गुरूणांपित्रादीनां १५ । १६ धर्म्यंऋतुकालिकं गुह्येरहसि १७ हृदयंरहस्यं तीर्थंगुरुः शुचिरग्निः आर्यकृतंशिष्टाचरितंसर्वंचौक्ष्यंप्रशस्तं स्वार्थेष्यञ् वालंगोपुच्छम् १८ प्रदिष्टंकर्तव्यत्वेनोपादिष्टम् १९ क्रियापथेश्रौतस्मार्तकर्मानुष्ठाने दक्षिणंपाणिमुद्धरेत्यज्ञोपवीतीभवेत् । 'आजिनंवा सेावादीक्षणतउपवीयदक्षिणंबाहुमुद्धरतेऽवधत्तेसव्यमितियज्ञोपवीतमेतदेवविपरीतंप्राचीनावीतं'इतिश्रुतेः २० सायमितिसार्धःश्लोकः विप्राणांपूजनमेवोत्तमंपण्यमुत्तमाकृषिश्चतद्वद्दृष्टफलमित्यर्थः । बाद्यतोस्थिरी क्रियते बदस्थैर्येइतिधातुः सधकारःपाठःप्रामादिकः । सस्यानांधान्यानांबहुकारंबहुलीकरणंचतदेवगवामिंद्रियाणांवाह्येप्राप्येवाहःप्रापणंदिव्यरूप्यन्नपानीदीष्टप्राप्तिरपिविप्राणांपूजनमेवपण्यादिवदेष्टव्यमित्यर्थः २१

पूजनप्रकारमाह संपन्नमिति । भोजनेदीयमानेसंपन्नमितिब्रूयाद्दाता सुसंपन्नमितिप्रतिग्रहीता ब्रूयादित्यर्थोज्ञेयं एवमुत्तरत्र । सुतर्पणमितिप्रतिग्रहीता शृतमितिदाता सुशृतमित्यन्यः । यवाग्वांद्रुतौदने कृसरेद्विदलेनसहपाचितेओदने २२ संप्राप्तेकृतेसति विप्राणामभिनंदनंवंदनादिनासंतोषणंकार्यमितिशेषः । कीदृशमभिनंदनंव्याधितानामायुष्यमायुष्करम् २३ प्रत्यादित्यमादित्याभिमुखोनमेहेतनमूत्रमुत्सृजेत् शकृत्पुरीषं २४ अवराणांकनिष्ठानां समानानांतुल्यानां २५ आर्यवृत्तंसेव्यमित्युक्तंतत्राभिवादनादिरूपंदंभेनापिकर्तुंशक्यमितिकथमार्यत्वनिश्चयस्तत्राह हृदयमिति वैकृतंनेत्रादिविकारः पापंहृदयमाख्याति यथोक्तं । 'नेत्रवक्त्रविकारेणज्ञायतेऽन्तर्गतंमनः' इति गूहमानाः पापं २६ । २७ पापेनेति । पापंपापिनं पापंप्रकाशनीयंधर्मस्तुगोपनीयइत्यर्थः २८ निवर्तमानस्याऽशास्त्रस्थस्य अबुधमितिच्छेदः २९ मरणंकर्तृ ३० मानसंमनोनिर्वर्त्यं मनसाशिवमित्यस्यसर्वभूतेभ्योऽभयंदद्यादित्यर्थः ३१ एकइति । धर्मध्यानयोगं ननुसहोभौचरतांधर्ममितिविधेर्दंपत्योरग्निहोत्रादिधर्मोविहि

संपन्नंभोजनेनित्यंपानीयेतर्पणंतथा ॥ सुशृतंपायसेब्रूयाद्यवाग्वांकृसरेतथा २२ श्मश्रुकर्मणिसंप्राप्तेक्षुतेस्नानेऽथभोजने ॥ व्याधितानांचसर्वेषामायुष्यमभिनंदनम् २३ प्रत्यादित्यंनमेहेतनपश्येदात्मनःशकृत् ॥ सहस्त्रियाऽथशयनंसहभोज्यंचवर्जयेत् २४ त्वंकारंनामधेयंचज्येष्ठानांपरिवर्जयेत् ॥ अवराणांसमानानामुभयेषांनदुष्यति २५ हृदयंपापवृत्तानांपापमाख्यातिवैकृतम् ॥ ज्ञानपूर्वंविनश्यंतिगूहमानामहाजने २६ ज्ञानपूर्वकृतंपापंछादयत्यबहुश्रुतः ॥ नैनंमनुष्याःपश्यंतिपश्यंत्येवदिवौकसः २७ पापेनापिहितंपापंपापमेवानुवर्तते ॥ धर्मेणापिहितोधर्मोधर्ममेवानुवर्तते ॥ धार्मिकेणकृतोधर्मोधर्ममेवानुवर्तते २८ पापंकृतंनस्मरतीहमूढोविवर्तमानस्यतदेतिकर्तुः ॥ राहुर्यथाचंद्रमुपैतिचापितथाऽबुधंपापमुपैतिकर्म २९ आशयासंचितंद्रव्यंदुःखेनैवोपभुज्यते ॥ तद्बुधानप्रशंसंतिमरणंनप्रतीक्षते ३० मानसंसर्वभूतानांधर्ममाहुर्मनीषिणः ॥ तस्मात्सर्वेषुभूतेषुमनसाशिवमाचरेत् ३१ एकएवचरेद्धर्मंनास्तिधर्मेसहायता ॥ केवलंविधिमासाद्यसहायःकिंकरिष्यति ३२ धर्मोयोनिर्मनुष्याणांदेवानाममृतंदिवि ॥ प्रेत्यभावेसुखंधर्माच्छश्वत्तैरुपभुज्यते ३३ ॥ इतिश्रीमहाभारतेशांति० मोक्ष० भीष्मयुधिष्ठिरसंवादे आचारविधौत्रिनवत्यधिकशततमोऽध्यायः ॥ १९३ ॥ ॥ युधिष्ठिरउवाच ॥ अध्यात्मंनामयदिदंपुरुषस्येहचिंत्यते ॥ यदध्यात्मंयथाचैतत्तन्मेब्रूहिपितामह १

तस्तत्कथमुच्यतेएकएवेतीत्याशंक्याह नास्तिधर्मेसहायतेतिस्त्र्यादेरितिशेषः । कातर्हिविधेर्गतिरित्यतआह केवलमिति । मनसिधर्मशून्ये बाह्यसहायोविधिप्राप्तोऽप्यनर्थकइत्यर्थः यथोक्तं 'मनसैवकृतंरामनशरीरकृतंकृतं । येनैवालिंग्यतेकांतातेनैवालिंग्यतेसुता' इति । तस्मात्स्त्र्यादिसापेक्षंधर्ममनादृत्यमानसिकेयोगधर्मेएवमनोदध्यादितिभावः ३२ एतमेवस्तौति धर्मइति । योनिरुत्पत्तिप्रलयस्थानं । देवत्वमनुष्यत्वादिप्रापकोधर्मइत्यर्थः । तेषामेवदेवमनुष्याणांदिविहार्दाकाशाख्येब्रह्मलोकेऽमृतंकैवल्यकारणंधर्मएव । तथाप्रेत्यभावेअपूर्वदेहप्राप्तौधर्माद्देवसुखंतैर्धर्मकर्तृभिः ३३ ॥ इतिशांतिपर्व० मोक्षधर्म० नीलकंठीये भारतभावदीपे त्रिनवत्यधिकशततमोऽध्यायः ॥ १९३ ॥ ॥ पूर्वमानासिकोधर्मोदेवादीनांयोनिरित्युक्तं तत्रकिंस्वरूपोऽसौधर्मः कथंचदेवादिहेतुत्वंतस्येतिपृच्छति अध्यात्ममिति । आत्मानंचित्तमधिकृत्य प्रवृत्तोयोगधर्मोऽध्यात्मं । यदिदंपुरुषस्यकर्तव्यत्वेनचिंत्यतेशास्त्रेविचार्यतेतदध्यात्मं । किंलक्षणंकिंप्रकारकंचेति । यद्यथाशब्दाभ्यांप्रश्नद्वयंकृतम् १

तथाब्रह्मैवप्रजानांयोनिरितिप्रसिद्धंत्वयातुमानसोधर्मोयोनिरित्युक्तंतत्कथमित्याशयवानाह कुतइति २ श्रेयस्करंधनादि श्रेयस्करतरोधर्मः श्रेयस्करतमोध्यानयोगः सुखंस्वरूपसुखाविर्भावहेतुत्वात् ३ सृष्टीति ।
सृष्टिप्रलयव्याख्याऽप्यध्यात्मव्याख्यायामेवांतर्भूता तथाहि । यदिज्ञेयआत्माप्रतीचोऽन्यःस्यात्तर्हितस्योपासनाशेषत्वात् तस्मिन्श्रुतंजगज्जन्मादिहेतुत्वंपर्णमयीफलवदर्थवादःस्यात् । द्रव्यसंस्कारकर्मसुप
रार्थत्वात्फलश्रुतिरर्थवादःस्यादितिघंटाघोषः योषिदग्नित्ववदारोपितैरपिनीलग्रीवत्वपीतांबरत्वसत्यकामत्वसत्यसंकल्पत्वजगज्जन्मादिहेतुत्वादिगुणैरुपास्तिस्वरूपसिद्धेःसंतुवातत्रानारोपिताएवगुणास्तथापित
स्यसर्वगुणविशिष्टस्यज्ञेयत्वेनघटादिवज्जडत्वापत्तिर्दुर्वारा । ननुचिन्मयएवास्यविग्रहश्चिन्मयाएवगुणाइतिनतेषांजडत्वमितिचेदत्रपृच्छामः । चिन्मयत्वंचिद्विकारत्वंचिद्रूपत्वंवा नाद्यः वाचारंभणंविकारोनाम
धेयमितिविकारस्यानृतत्वश्रवणेनतेषांतुच्छत्वापत्तेः नांत्यः स्वात्मनिवृत्तिविरोधात् । नहिचिदेवचिदंतरग्राह्येतिसंभवति ग्राह्यचितःअचित्वापत्तेः तस्मात्ज्ञेयआत्माप्रतीचोऽनन्यएव । तथाचसृष्ट्यादेस्तदु
पादानकत्वोक्तिस्तदद्वयत्वप्रतिपत्त्यर्थेति । अध्यात्मव्याख्यायामेवसृष्टिप्रलयव्युत्पादनंसंगतमितितत्प्रसंगेप्रश्नोत्तरयोःसृष्ट्याद्युपन्यासोयुक्तिमत्तरइतिसिद्धं । अत्रमानमाह आचार्यैःपरिदर्शितमिति । आत्मै
वेदंसर्वंब्रह्मैवेदंसर्वमित्यादिवेदवाक्यैरित्यर्थः । प्रीतिंदृष्टसुखं सौख्यंसुखात्मकंभावंसत्तां प्रकृतिप्रत्ययाभ्यांसुखात्मकसन्मात्रमित्यर्थावगमात्सुखस्यभावइतिविग्रहेषष्ठीतुराहोःशिरइतिवदौपचारिकीव्यक्तमाकरे

कुतःसृष्टमिदंविश्वंब्रह्मन्स्थावरजंगमम् ॥ प्रलयेकथमभ्येतितन्मेवक्तुमिहार्हसि २ ॥ ॥ भीष्मउवाच ॥ ॥ अध्यात्ममितिमांपार्थयदेतदनु
पृच्छसि ॥ तद्व्याख्यास्यामितेतातश्रेयस्करतमंसुखम् ३ सृष्टिप्रलयसंयुक्तमाचार्यैःपरिदर्शितम् ॥ यज्ज्ञात्वापुरुषोलोकेप्रीतिंसौख्यंचविं
दति ॥ फललाभश्चतस्यस्यात्सर्वभूतहितंचतत् ४ पृथिवीवायुराकाशमापोज्योतिश्चपंचमम् ॥ महाभूतानिभूतानांसर्वेषांप्रभवाप्ययौ ५
यतःसृष्टानितत्रैवतानियांतिपुनःपुनः ॥ महाभूतानिभूतेभ्यःसागरस्योर्मयोयथा ६ प्रसार्यचयथांगानिकूर्मःसंहरतेपुनः ॥ तद्वद्भूतानिभू
तात्मासृष्टानिहरतेपुनः ७ महाभूतानिपंचैवसर्वभूतेषुभूतकृत् ॥ अकरोत्तेषुवैषम्यंतत्तुजीवोनपश्यति ८

तथाचश्रुतयः ‘ योवेदनिहितंगुहायांपरमेव्योमन् । सोऽश्नुतेसर्वान्कामान्सह । निष्क्रियंनिष्कलंशांतम्’इत्याद्याः । तस्याऽऽत्मविदःफलंसर्वकामावाप्तिस्तल्लाभःस्यात् हितंचतत्ज्ञानं ४ अध्यारोपापवाद
न्यायेनज्ञेयस्यब्रह्मणस्तटस्थलक्षणंतावदाह पृथिवीति । भूतानांजरायुजादीनांप्रभवाप्ययावुत्पत्तिलयस्थानभूतानि ५ यतआनंदात्मनः । ‘ आनंदाद्ध्येवखल्विमानिभूतानिजायंते । आनन्देनजातानिजीवंतिआनंदं
प्रयंत्यभिसंविशंति’इतिश्रुतेः सृष्टानितत्रैवलयंयांति यतइति यच्छब्दार्थमाह महाभूतानिपृथिव्यादीनिभूतेभ्योजरायुजादिभ्यउत्पद्यंते सागरस्योर्मयोयथेति । अत्रजरायुजादिभ्यःखाद्युत्पत्तिलयौवदतातेषामानंदरूप
त्वमुक्तं । खादीनांचस्वप्नाकाशादिवत्कल्पनामात्रत्वंचोक्तम् ६ प्रसार्येति । भूतानिखादीनि भूतात्माजीवः यतोभूतान्येवदेहाद्याकारेणपरिणतान्यात्मत्वेनमन्यमानः । अस्तिखल्वन्योऽपरोभूतात्मायोऽयंसितासितैः
कर्मफलैरभिभूयमानःसदसद्योनिमापद्यतइतिश्रुतिप्रसिद्धेश्च । एतेनकूर्मादंगानीवावियदादीनिप्रतीचोऽनन्यानीत्युक्तं ७ ननुकथंभौतिकेभ्योभूतोत्पत्तिर्नहिपुत्रात्पितोत्पद्यतइतिचेत् अत्रब्रूमः बीजाद्वटोवटात्
बीजानिबीजेभ्योवटाइतिवद्भविष्यतीति । ननुतत्रप्रतिबीजंसूक्ष्मरूपेणवटोऽस्ति अंकुरोन्मुखातिंतिणीबीजोदरेकृत्स्नतिंतिणीसन्निवेशदर्शनात् तर्हिप्रत्यगभेदेनगृहीतेदेहेसूक्ष्मरूपेणमहाभूतानिसंतीतितुल्यमित्यभिप्रेत्याह
महाभूतानीति । भूतकृदीश्वरःसर्वभूतेषुशरीरेषुपंचमहाभूतान्यकरोदेव । कृतेषुचतेषुवैषम्यंवैलक्षण्यंपार्थक्येनावस्थितत्वंयत्तत्तुजीवोदेहाद्यात्माभिमानीनपश्यतिदेहेकःपार्थिवोंऽशःकआप्यइतिनजानाति ।

—अयंभावः जीवत्वाभिमानत्यागेखलुस्वस्यसर्वकारणत्वंग्राह्यं तदभावात्तुस्वप्नेगृह्यमाणमपितन्नश्रद्धत्ते । ततश्चनबाह्यांतरसृष्ट्योःसत्यत्वमिथ्यात्वेनिश्चिनोतिततोभेददृष्टेरबाधाद्बध्यतइति ८ जीवस्यजगदुपादानत्वप्रथनायतस्यात्मभूतेदेहेखाद्यंशान्विभजते शब्दइत्यादिना । खानिच्छिद्राणि आकाशएवयोनिःकारणंतज्जम् ९ पाकःअन्नादिपाक्तिस्तद्धेतुः १० पंचैवदेहस्थानीतिशेषः ११ इंद्रियाणिभूतेष्वंतर्भूतानि मनइतिकर्ताजीवउच्यते । अस्यविज्ञानानिचद्वृत्तिरूपाणि एतदुभयात्मिकाबुद्धिःसप्तमी क्षेत्रज्ञःसाक्षी १२ चक्षुरितिपंचानामुपलक्षणं आलोचनायविषयग्रहणाय अध्यवसानायनिश्चयाय क्षेत्रज्ञःसाक्षिवदुदासीनबोधरूपत्वात् साक्षित्वस्यापिसाक्ष्योपाधिकत्वान्नात्मधर्मत्वमितिवत्करणेनदर्शितम् १३ ऊर्ध्वमिति । पादतलद्वयमारभ्यऊर्ध्वस्थितंशरीरमुपर्यधश्चयत्साक्षिचैतन्यंपश्यति एतेनइदंबहिर्दृश्यमानमंतरंव्योमोदरंकृत्स्नंव्याप्तम् १४ एवंबुद्ध्यादिसाक्षिणोब्रह्मभावमुक्त्वाऽस्यबुद्ध्याद्युपहितस्यपूर्वमहाभूतस्रष्टृत्वमुक्तंतद्युक्त्याश्रुत्याचालोचनीयमित्याह पुरुषैरिति । कृत्स्नशःकात्स्न्येन वेदितव्यानिपरीक्षणीयानि इंद्रियाणीतिमनोबुद्ध्योरप्युपलक्षणं तथाहि किमिंद्रियाणिप्राक्सतमेवघटादिकंगोचरयंत्युतदृष्टिसमसमयमात्रसिद्धं । आद्येऽपि किंसत्वंसत्तासामान्यसमवायोवाअर्थक्रियाकारितावा नाद्यः सत्तायांसत्तासामान्यांतराभ्युपगमेऽनवस्थापातात् अनभ्युपगमेतस्याअप्यसत्त्वापत्तेश्च । नद्वितीयः रज्ज्वांकल्पितस्यापिसर्पस्यभयकंपादिजनकत्वलक्षणार्थक्रियाकारित्वदर्शनात् । नचतत्रपुष्कलार्थक्रिया

शब्दःश्रोत्रंतथाखानित्रयमाकाशयोनिजम् ॥ वायोःस्पर्शस्तथाचेष्टात्वक्चैवत्रितयंस्मृतम् ९ रूपंचक्षुस्तथापाकस्त्रिविधंतेजउच्यते ॥ रसःक्लेदश्चजिह्वाचत्रयोजलगुणाःस्मृताः १० घ्रेयंघ्राणंशरीरंचएतेभूमिगुणास्त्रयः ॥ महाभूतानिपंचैवषष्ठंचमनउच्यते ११ इंद्रियाणिमनश्चैवविज्ञानान्यस्यभारत ॥ सप्तमीबुद्धिरित्याहुःक्षेत्रज्ञःपुनरष्टमः १२ चक्षुरालोचनायैवसंशयंकुरुतेमनः ॥ बुद्धिरध्यवसानायक्षेत्रज्ञःसाक्षिवत्स्थितः १३ ऊर्ध्वंपादतलाभ्यांयदर्वाक्चोर्ध्वंचपश्यति ॥ एतेनसर्वमेवेदंविद्ध्यभिव्याप्तमंतरम् १४ पुरुषैरिंद्रियाणीहवेदितव्यानिकृत्स्नशः ॥ तमोरजश्चसत्वंचतेऽपिभावास्तदाश्रिताः १५ एतांबुध्वानरोबुद्ध्याभूतानामागतिंगतिम् ॥ समवेक्ष्यशनैश्चैवलभतेशममुत्तमम् १६

कारित्वंदृष्टंप्रसर्पणाद्यदर्शनादितिशंक्यं ताक्ष्र्योऽहमितिस्वस्मिंस्ताक्ष्र्यत्वकल्पनायाःसत्यविषनिवर्तकत्वदर्शनात् । तथाचैत्रोऽयमितिप्रतिमायांकल्पितचैत्रत्वस्यप्रतिमापीडनाच्चैत्रपीडाकरत्वदर्शनाच्च । ननुतत्रताक्ष्र्यात्वस्यभेदेगृह्यमाणेएवशास्त्रप्राप्तस्यध्यानादेःसत्यविषनिवर्तकत्वंयुक्तं गारुडशास्त्रप्रमाणात् देहेंद्रियादीनांत्वात्मन्यभेदेनदृश्यमानानांकथंकल्पितत्वमितिचेत्श्लाघनीयप्रज्ञोदेवानांप्रियः । भेदग्रहेसत्यपियत्रकल्पनायाःपुष्कलार्थक्रियाकारित्वंदृष्टंकिमुताभेदग्रहे । बाधोत्तरकालीनार्थक्रियाकारित्वाभावस्यरज्जुसर्पादौदेहेंद्रियादौचतुल्यवद्दर्शनात् तस्मात्परिशेषाद्रज्जूरगवद्दृष्टिसमसमयसिद्धंघटादिकमिंद्रियाणिगोचरयंतीतिसिद्धं इंद्रियाण्यपिमनसोऽनवहिततायांसन्निहितमपिरूपादिकंनगोचरयंतीतिमनोमात्राण्येव स्वप्नेतेषांतन्मात्रत्वानुभवात् मनोऽपिप्रमात्राप्रयुक्तंसन्नावहितंभवतीतिप्रमात्रात्मकमेव । प्रमातृत्वंचात्मनिबुद्धिव्यतिरेकेणसुषुप्त्यादौनदृष्टमितिबुद्धेरेवधर्मः । बुद्धिश्चत्रिगुणात्मकस्याज्ञानस्यकार्यमतस्त्रिगुणात्मकानेवभावान्विषयीकरोति । तदिदमुक्तं इंद्रियाणितमआदिकमेव तेऽपिइंद्रियग्राह्याभावाअपितदाश्रिताइंद्रियाश्रिताइंद्रियजाःपरंपरयातमआद्याश्रिताएवेति १५ एतदेवप्रपंचयिष्यन्प्ररोचनायतज्ज्ञानफलमाह एतामिति । एतांत्रिगुणात्मिकांमूलप्रकृतिंबुद्धिंवाभूतानांखादीनांजरायुजादीनांचाऽऽगतिमुद्भमनस्थानंगतिंलयस्थानंचेतिबुद्ध्याविचारेणावेक्ष्यशनैर्वैराग्यविवेकवृद्धिक्रमेणोत्तमंशमंसुखंप्रत्यगानंदंलभते । कंठगतविस्मृतचामीकरवन्नित्यप्राप्तमप्यज्ञानादप्राप्तमिवतत्त्वमस्यादिवाक्याल्लभते १६

भूतानांगत्यागतीएवाह गुणैरिति । तमआदिभिर्गुणैर्बुद्धिर्नेनीयतेपुनःपुनरतिशयेनविषयात्मतांनीयते । अतोबुद्धिरेवमनःषष्ठानींद्रियाणिभूतानिचाद्विविधानिसैव । तदभावेबुद्धेरभावेगुणाःकुतः स्वरूपेणतेषां
बाधान्नकापिसंतीत्यर्थः । एतेनसांख्याभिमतंतेषामबाध्यत्वंनित्यानुमेयत्वंचनिरस्तं । अयमर्थः रज्ज्वज्ञानेसतितत्कार्यसर्पस्तज्जंभयादिकंचदृश्यते । परीक्षादशायांतुसर्पाभावेसतिरज्ज्ञांनतन्मूलमज्ञान
मुपलभ्यतेनापितज्जंभयादिकं । एवंबुद्ध्यभावेबुद्धेःकार्यकारणंचनश्यतीतिगुणशब्देनसत्वादयोमनइंद्रियाविषयादयश्चगृह्यंते १७ इतीति । यतएवंतस्मात् तन्मयंबुद्धिमयंप्रलीयतेबुद्धौलीनायांउद्भवतिबुद्ध्यु
द्भवे तस्मात्तथाबुद्धिमयत्वेननिर्दिश्यतेवेदे । 'मनसाह्येवपश्यति मनसाशृणोति'इति । 'प्राणेभ्योदेवादेवेभ्योलोकाः' इतिच । बुद्धिमनसोरभेदाद्बुद्धिरेवश्रवणादिसाधनंश्रोत्रादिरूपेण प्राणेभ्यश्चक्षुरादि
भ्यइंद्रियेभ्यः देवास्तदनुग्राहकाआदित्यादयः लोकाभूतभौतिकाइतिश्रुत्यर्थः १८ एतदेवाहद्वाभ्यां येनेति । साबुद्धिर्येनद्वारेणपश्यतितच्चक्षुरित्यर्थः । जिह्वयात्वचेतिइत्थंभावेतृतीया जिह्वारूपयाबुद्ध्या
बुद्धिःकर्त्रीरसंजानाति १९ तत्रहेतुः विक्रियतेबुद्धिरेवचिदाभासाविशिष्टाजीवापरसंज्ञाकर्तृत्वंकरणत्वंचापद्यते तथाचश्रूयते'सप्राणन्नेवप्राणोनामभवतिवदन्वाक्पश्यन्चक्षुःशृण्वन्श्रोत्रंमन्वानोमनस्तान्यस्य
कर्मनामान्येव' इति । सकृदितियौगपद्यमुच्यतेकर्त्रादिभावस्य ततश्चाकाशाद्वायुर्वायोरग्निरितिक्रमोनविवक्षितःकिंतुज्ञातृज्ञानज्ञेयानांसहैवोत्पत्तिरित्यर्थः २० अधितिष्ठितिरूपादीनिबुद्धिःप्रकाशयत्येतैरित्य

गुणैर्नेनीयतेबुद्धिर्बुद्धिरेवेंद्रियाण्यपि ॥ मनःषष्ठानिभूतानितदभावेकुतोगुणाः १७ इतितन्मयमेवैतत्सर्वंस्थावरजंगमम् ॥
प्रलीयतेचोद्भवतितस्मान्निर्दिश्यतेतथा १८ येनपश्यतितच्चक्षुःशृणोतिश्रोत्रमुच्यते ॥ जिघ्रतिघ्राणमित्याहूरसंजानातिजि
ह्वया १९ त्वचास्पर्शयतेस्पर्शंबुद्धिर्विक्रियतेसकृत् ॥ येनप्रार्थयतेकिंचित्तदाभवतितन्मनः २० अधिष्ठानानिबुद्धेर्हिपृथग
र्थानिपंचधा ॥ इंद्रियाणीतियान्याहुस्तान्यदृश्योऽधितिष्ठति २१ पुरुषेतिष्ठतीबुद्धिस्त्रिषुभावेषुवर्तते ॥ कदाचिल्लभतेप्रीतिं
कदाचिदनुशोचति २२ नसुखेननदुःखेनकदाचिदपिवर्तते ॥ एवंनराणांमनसित्रिषुभावेष्ववस्थिता २३ सेयंभावात्मिकाभा
वांस्त्रीनेतानतिवर्तते ॥ सरितांसागरोभर्तामहावेलामिवोर्मिमान् २४

धिष्ठानानिकरणानि बुद्धेःकर्त्र्याः अदृश्यश्चिदात्माऽधितिष्ठतिस्वरूपसत्तामात्रेणेंद्रियाणिव्यापारयत्ययस्कांतइवलोहम् २१ एतदेवाह पुरुषेइति । त्रिषुभावेषुसत्वरजस्तमोमयेषुसुखदुःखमोहात्मकेषु तानेवक्र
मेणाह कदाचिदिति २२ एवंत्रिषुभावेष्ववस्थिताबुद्धिर्मनसिवर्तते मनोद्वाराइंद्रियविषयेष्वपीतिद्रष्टव्यम् २३ सेयमिति । सेयंसर्वात्मिकाऽपिबुद्धिर्भावान्सुखदुःखमोहान्तदात्मिकाऽपिसतीआतिक्रम्यवर्तते
तत्रयोग्योदृष्टांतः सरितांभर्तापूरयिताऊर्मिमान्सागरोमहावेलामिवेति अयमर्थः यथासमुद्रप्रभवानांनदीनांसमुद्रंप्राप्तानांवीचयःसमुद्रोर्मिभिस्तिरोधीयंते । एवंबुद्धिप्रभवाणांदेहेंद्रियविषयाणांयोगेनबुद्धौ
लीयमानानांसंस्काराबुद्धेर्ब्रह्माकारतयातिरोधीयंतइतिबुद्धेर्गुणातीतत्वमुच्यते । यथाघटप्रकाशेचक्षुरालोकसहकारेणसमर्थंदीपप्रकाशेतुतन्निरपेक्षं विषयस्यैवप्रकाशात्मकत्वात् एवंधीवृत्तिश्चिदाभाससहकारे
णैवघटादीन्प्रकाशयति यथोक्तं 'बुद्धितत्स्थचिदाभासौद्वावपि व्याप्नुवतोघटं ॥ तत्राज्ञानंधियानश्येच्चैतन्येनघटःस्फुरेत्'इति । आत्मनितुधीवृत्तिरेवापेक्षिताविषयस्यप्रकाशात्मकत्वात् । प्रकाशमानेत्वानंदेधीवृत्तिः
कतकरजोवत्सजातीयवृत्त्यंतरंविनाशयंतीस्वयमपिविलीयते । तदाचसंस्कारात्मनासतीसासत्वादिकार्याणिसुखदुःखमोहाख्यान्यतिक्रम्यगताभवति सुषुप्तौतुमोहस्याविनाशात्सुप्तिसमाध्योर्भेदइति २४

नन्वात्माकारवृत्तिमत्याबुद्धेर्गुणातीतत्वोपगमेज्ञानसमकालमेवदेहपातःस्यान्नष्टायास्तस्यामूलकारणस्याज्ञानस्यनाशेनपुनरुत्पादायोगादित्याशंक्याह अतिभावेति । सुखादिभावानतिक्रांतापिबुद्धिर्भावेमनसिनिर्दृ त्तिकतयासत्तामात्रेमनसिवर्ततेज्ञानकालेसूक्ष्मरूपेणास्तीत्यर्थः । तुपश्चादभ्युत्थानकालेप्रवर्तमानंरजस्तद्भावंबुद्धिभावमनुवर्ततेघृतकाठिन्यवद्विलीनापिबुद्धीरजोगुणेनशीतेनघृतमिवपुनर्घनीक्रियतइत्यर्थः । अयं भावः सत्यप्यज्ञाननाशेक्षालितलशुनभांडगंधवल्लेशतोऽनुवर्तमानाऽविद्याप्रारब्धकर्मपराधीनापुनःपुनर्देहादीनुत्थापयति । प्रारब्धकर्मोपरमेतुनिरन्वयनाशान्निष्प्रत्यूहंकैवल्यमिति २५ साबुद्धिर्यदारजसाल ब्धात्मिकाभवतितदाहिप्रसिद्धमिंद्रियाणिप्रवर्तयतिततश्चविषयसंबंधात्सत्वंसत्वात्मिकाबुद्धिर्विषययाथात्म्यज्ञानंप्रवर्तते । तथातमोभावस्तमसाविषयाज्ञानेनजनितोभावोविषयविपर्यासरूपःशुक्तिरजतादिःप्रीति योगात्पुरुषगतरागादिदोषात्प्रवर्तते प्रमारूपंविपर्ययरूपंवाज्ञानंविषयेंद्रियसंबंधाज्जायतइत्यर्थः २६ ततश्चप्रीत्यादयःसत्वाद्यात्मनःप्रवर्तंते भावाःशमदमकामक्रोधभयविषादादयः २७ बुद्धिव्याख्यानंस प्रयोजनमुपसंहरति इतीति २८ प्रीतिःसत्वमित्युक्तमर्थंप्रपंचयाति सत्वंरजइत्यादिना २९ त्रैविध्यमेवाह सात्विकीतिसार्द्धेन । तमोगुणेप्रादुर्भूतेसातिसंयुक्तौपूर्वोक्तौसुखदुःखस्पर्शौनभवतःकिंतुमोहएवेत्य

अतिभावगताबुद्धिर्भावेमनसिवर्तते ॥ प्रवर्तमानंतुरजस्तद्भावमनुवर्तते २५ इंद्रियाणिहिसर्वाणिप्रवर्तयतिसातदा ॥ ततःसत्वंतमोभावःप्रीतियोगात्प्रवर्तते २६ प्रीतिःसत्वंरजःशोकस्तमोमोहस्तुतेत्रयः ॥ येयेचभावालोकेऽस्मिन्सर्वेष्वेतेषुवैत्रिषु २७ इतिबुद्धिगतिःसर्वाव्याख्यातातवभारत ॥ इंद्रियाणिचसर्वाणि विजेतव्यानिधीमता २८ सत्वंरजस्तमश्चैवप्राणिनांसंश्रिताःसदा ॥ त्रिविधावेदनाचैवसर्वसत्वेषुदृश्यते २९ सात्विकीराजसीचैवतामसीचेतिभारत ॥ सुखस्प र्शःसत्वगुणोदुःखस्पर्शोरजोगुणः ॥ तमोगुणेनसंयुक्तौभवतोव्यावहारिकौ ३० तत्रयत्प्रीतिसंयुक्तंकायेमनसिवाभवेत् ॥ वर्ततेसात्विकोभावइत्याचक्षीततत्तथा ३१ अथयद्दुःखसंयुक्तमप्रीतिकरमात्मनः ॥ प्रवृत्तंरजइत्येवतन्नसंरभ्यचिंतयेत् ३२ अथयन्मोहसंयुक्तमव्यक्तविषयंभवेत् ॥ अप्रतर्क्यमविज्ञेयंतमस्तदुपधार येत् ३३ प्रहर्षःप्रीतिरानंदःसुखंसंशांतचित्तता ॥ कथंचिदभिवर्तन्तइत्येतेसात्विकागुणाः ३४ अतुष्टिःपरितापश्चशोकोलोभस्तथाक्षमा ॥ लिंगानिरजसस्तानि दृश्यन्तेहेत्वहेतुभिः ३५ अवमानस्तथामोहःप्रमादःस्वप्नतंद्रिता ॥ कथंचिदभिवर्तन्तेविविधास्तामसागुणाः ३६ दूरगंबहुधागामिप्रार्थनासंशयात्मकम् ॥ मनः सुनियतयस्यससुखीप्रेत्यचेहच ३७ सत्वक्षेत्रज्ञयोरेतदंतरंपश्यसूक्ष्मयोः ॥ सृजतेतुगुणानेकएकोनसृजतेगुणान् ३८

र्थः ३० । ३१ संरभ्यभीत्वा दुःखानुसंधानाद्दुःखमेववर्द्धिष्यतइतिभीत्यादुःखंनचिंतयेन्नगणयेदित्यर्थः ३२ । ३३ इष्टवस्तुश्रवणदर्शनप्राप्त्युपभोगजानिसुखानिप्रहर्षप्रीत्यानंदसुखाख्यानिप्रियमोद प्रमोदानंदापरपर्यायाणिप्रशांतचित्ततानिर्विकल्पसुखतापुच्छब्रह्माख्या कथंचिदितिदौर्लभ्यमुक्तम् ३४ हेत्वहेतुभिर्हेतुभिरहेतुभिश्चाऽऽहाराद्यपूर्तौसत्यामतुष्टिः क्षुद्बाधाद्यनिवृत्तिहेतुभिःसर्वसंपत्तिमतस्तुयाऽतुष्टि सानिर्हेतुकाकेवलमोहकार्यामित्यर्थः ३५ स्वप्नोनिद्रातत्सहितातंद्रितातंद्रायुक्तत्वं कथंचिदभाग्यातिशयात् ३६ दूरगंदुर्लभेऽपिवस्तुन्यासक्तं । बहुधागाम्यनेकेषुविषयेषुयुगपन्निपतितुंशीलं प्रार्थनादेही तिदैन्यभाषणं । सुनियतंनिरुद्धवृत्तिकम् ३७ वृत्तिनिरोधफलंसत्वापुरुषान्यताख्यातिमाह सत्वेति । सत्वंबुद्धिसत्वं क्षेत्रज्ञःसाक्षी तयोरंतरंभेदंतप्तायःपिंडवदितरेतराविवेकात्प्रागगृहीतं एकःसत्वं गुणानहंकारादीन् ३८

एतौमशकोदुंबरौ तयोःसत्वक्षेत्रज्ञयोः ३९ प्रकृत्यास्वभावेन ४० ननुमशकोदुंबरवज्जलमत्स्यवद्वातयोःसंयोगश्चेदुभयोरपिविभुत्वादपरिहार्यःसंयोगःस्यादित्याशंक्याह नेति । नविदुरितिगुणानांजडत्व
मुक्तं वेत्तीतिक्षेत्रज्ञस्याचिदात्मत्वमुक्तं अतश्चिज्जडयोर्वास्तवःसंबंधोनोपपद्यते । दृष्टांतेतुजडयोरेवमीनादिशरीरयोर्जलादिनाजडेनैवसंबंधः । एतदेवाह परिद्रष्टेति । पुरुषोगुणानांदेहाहंकारादीनांद्रष्टाऽपिसं
स्तान्संसृष्टान्स्वतादात्म्यापन्नान्मन्यते नहिद्रष्टृदृश्ययोःपुंगुणयोरभेदःसंभवति प्रतीयतेचाभेदः अहंगौरोऽहंकाणोऽहंसुख्यहंकर्तेति तस्मान्मरुमहाहृदयोरिवानयोराध्यासिकःसंबंधइत्यर्थः । संस्रष्टेतिपाठेस
मित्येकीभावेइतियास्कवचनादात्मन्येकीभावेनतादात्म्येनगुणानांस्रष्टाकल्पकःसंस्रष्टाचिदात्माविद्ययामन्यतेऽभिमानंकरोति ४१ ननुचिदात्मागुणसंगीचेद्घटपिहितप्रदीपवन्नाकिंचित्प्रकाशयेदित्याशंक्याह इंद्रियै
रिति । प्रदीपार्थमर्थप्रकाशनंघटच्छिद्रैरिवघटपिहितोदीपइत्यर्थः । इंद्रियैर्मनसासहषड्भिः ४२ संप्रयोगःसंबंधः ध्रुवोऽनादिः ४३ सत्वक्षेत्रज्ञयोःसंप्रयोगोऽनिर्वचनीयइत्याह आश्रयइति । आत्मनो
ऽसंगत्वान्निर्गुणत्वाच्चजतुकाष्ठवद्रूपरूपिवद्वानतयोराश्रिताश्रयभावोऽस्तीत्यर्थः । क्षेत्रज्ञस्यकश्चनाऽऽश्रयोनास्तिस्वमहिमप्रतिष्ठत्वात् । गुणःसत्वस्यचेतनेतिप्राचीनपाठेतुसत्वस्याश्रयःप्रकृतिःशाखायाइवतरुःस
नास्तिप्रकृतेस्तुच्छत्वात् । ‘तुच्छयेनाभ्वपिहितंयदासीत् । अमृतेनहिप्रत्यूढा’ इत्यादिश्रुतिभ्यस्तस्यास्तुच्छत्वावगतेः । कथंतर्हिसत्वस्यात्मलाभइत्यतआह चेतनासत्वस्यगुणइति । शुक्तीदंताय

मशकोदुंबरौवाऽपिसंप्रयुक्तौयथासदा ॥ अन्योन्यमेतौस्यातांचसंप्रयोगस्तथातयोः ३९ पृथग्भूतौप्रकृत्यातौसंप्रयुक्तौचसर्वदा ॥ यथामत्स्योजलंचैवसंप्र
युक्तौतथैवतौ ४० नगुणाविदुरात्मानंसगुणान्वेत्तिसर्वशः ॥ परिद्रष्टागुणानांतुसंसृष्टान्मन्यतेतथा ४१ इंद्रियैस्तुप्रदीपार्थंकुरुतेबुद्धिसप्तमैः ॥ निर्विचेष्टैरजा
नद्भिःपदमात्माप्रदीपवत् ४२ सृजतेहिगुणान्सत्वंक्षेत्रज्ञःपरिपश्यति ॥ संप्रयोगस्तयोरेषसत्वक्षेत्रज्ञयोर्ध्रुवः ४३ आश्रयोनास्तिसत्वस्यक्षेत्रज्ञस्यचकश्चन ॥
सत्वंमनःसंसृजतेनगुणान्वैकदाचन ४४ रश्मींस्तेषांसमनसायदासम्यङ्नियच्छति ॥ तदाप्रकाशतेऽस्यात्माघटेदीपोज्ज्वलन्निव ४५ त्यक्त्वायःप्राकृतंकर्मनि
त्यमात्मरतिर्मुनिः ॥ सर्वभूतात्मभूस्तस्मात्सगच्छेदुत्तमांगतिम् ४६ यथावारिचरःपक्षीसलिलेननलिप्यते ॥ एवमेवकृतप्रज्ञोभूतेषुपरिवर्तते ४७ एवंस्वभाव
मेवैतत्स्वबुद्ध्याविहरेन्नरः ॥ अशोचन्नप्रहृष्यंश्चसमोविगतमत्सरः ४८ स्वभावयुक्त्यायुक्तस्तुसनित्यंसृजतेगुणान् ॥ ऊर्णनाभिर्यथासूत्रंविज्ञेयास्तंतुवद्गुणाः ४९

थातत्राध्यस्तरजतस्यविशेषणंभवातितद्वच्चेतनास्वस्मिन्नध्यस्तस्यसत्वस्यविशेषणंभवति । तमिमंसत्वेचेतनानुवेधमालक्ष्याऽत्माजडश्चेतनातद्गुणःसाचक्षणावस्थायिनीतिबुद्धबंधवःप्रलपंति उक्तेर्थेहेतुमाह
सत्वमिति । संसृजतेनिर्दिशति प्रकाशयतीत्यर्थः । वैप्रसिद्धं । मनआदिकमेवसत्वस्यकार्यंप्रथतेनतन्मूलभूतागुणाअतस्तेषांसकार्याणांमृषात्वमित्यर्थः । नहिनिपुणैरपिपरीक्ष्यमाणंरज्जूरगोपादानमज्ञानंदृष्टि
पथमवतरतीतिभावः ४४ अध्यासनिवृत्त्युपायमाह रश्मीनिति । वृत्तिबहुत्वापेक्षयाबहुवचनं तेषांतस्यतत्त्वस्यरश्मीनिवेंद्रियाणि ४५ प्राकृतंस्वाभाविकंकर्मत्यक्त्वासंन्यस्येत्यथः । आत्मरतिरनन्यानि
ष्ठोमुनिर्ध्यानशीलः सर्वेषांभूतानामात्मैवभवतीतिसर्वभूतात्मभूः । ‘यएवंवेदाहंब्रह्मास्मीतिसइदंसर्वंभवति । आत्माह्येषांसभवति’ इत्यादिश्रुतिभ्यआत्मनःसार्वात्म्यावगतेः तस्मात्संन्यासादेः ४६
२१ एवंविदःकर्मालेपंसदृष्टांतमाह यथेति । वारिचरोहंसः तथाचश्रुतिः । ‘तंविदित्वानकर्मणालिप्यतेपापकेन’इति ४७ एवंस्वभावमलेपस्वभावं एतदात्मस्वरूपंस्वबुद्ध्यानिश्चित्येतिशेषः ४८
एवंविदोजीवन्मुक्तिमाह स्वेति । स्वभावेस्वरूपेयुक्तिर्योगस्तयादेहेंद्रियादितादात्म्याध्यासकृतांपररूपतांपरित्यज्यस्वरूपावस्थित्यायुक्तश्चसविद्वान्नित्यंगुणान्भूतभौतिकान्योगैश्वर्यबलेनसृजते । ‘यस्यानुवित्तः
प्रतिबुद्धआत्मा’इत्युपक्रम्य ‘सविश्वकृत्सहिविश्वस्यकर्ता’इतिश्रुतेः । ऊर्णनाभिदृष्टातोऽभिन्ननिमित्तत्वोपपादनायदर्शितः ४९

एवंजीवन्मुक्तःप्रारब्धकर्मावष्टब्धदेहःप्राक्संस्कारवशात्प्रत्युपस्थितैर्गुणैर्दृष्टिसमसमयांसृष्टिंपश्यन्योगैश्वर्येणाणिमादिनावानिर्विकल्पध्यानेनवावर्तयतीत्युक्तं प्रारब्धकर्मसमाप्तौतुकिंगुणाघटवन्निवर्तंतउतरज्जूरगव द्बाध्यंतेइतिमीमांसते प्रध्वस्ताइतिद्वाभ्यां । तत्रकृतार्थंप्रतिनष्टमप्यनष्टंतदन्यसाधारणत्वादितियोगाः । प्रधानंत्रिगुणात्मकंविदेहंकैवल्यभाजंप्रतिनष्टंध्वस्तमप्यनष्टमध्वस्तंयतोऽन्यसाधारणं । निरन्वयनाशेइ दानींतनानांसंसारोपलंभोनस्यात् । नचकश्चिन्मुक्तएवनास्तीतिवक्तुंशक्यं । इदानींतनानामपिमुक्तावनाश्वासप्रसंगादित्याहुस्तदनुवदति प्रध्वस्तानिवर्ततइति प्रध्वस्ताअपिगुणानिवर्तंतेइति तदेतद्दूष यति निवृत्तिःप्रत्यक्षेणनोपलभ्यतइति । अयंभावः । सतःपदार्थस्यादर्शनंसान्निध्याभावाद्वादृष्टिलोपाद्वालोकेऽवगतं । तत्रनाद्यः प्रधानस्यविभुत्वात् । नांत्यः पुरुषस्यालुप्तदृष्टित्वात् । तथाचज्ञानादेव तुकैवल्यमितिज्ञाननिवर्त्यत्वश्रुत्यन्यथानुपपत्त्यारज्जूरगवत्प्रधानस्यबुद्धाबुद्धदृष्टिभेदेननष्टत्वानष्टत्वेबोद्धव्येनतुघटवत्सत्यत्वपक्षेतद्युज्यतेप्रत्यक्षविरोधादितिभावः । परोक्षंतदनुमानेनसिद्ध्यति अनुभावनारूढं तत्प्रधानस्यसत्यस्यापिदृष्टिभेदेननाशानाशवचनंकिंतुकेवलानुमाने नंबंधमोक्षव्यवस्थान्यथानुपपत्त्याप्रधानस्यप्रत्यक्षादिप्रमाणसिद्धप्रपंचकारणस्यनित्यानुमेयस्यसर्वप्रमाणविरोधापातान्मिथ्यात्वमपिनाध्यवसातुं शक्यमतोऽगत्याकृतार्थंप्रतिनष्टमनष्टंतादित्युपेयामिति । यद्वा प्रत्यक्षंश्रुतिःप्रामाण्यंप्रतिनिरपेक्षत्वात् । अनुमानंस्मृतिःप्रामाण्यंप्रतिसापेक्षत्वात् । तथाच'नेहनानास्तिकिंचन'इतिप्रपंचस्यबाधःप्रत्यक्षसिद्धः नष्ट मप्यनष्टमितिध्वंसपक्षःस्मृतिसिद्धः तेनविरोधेत्वनपक्षंस्यादितिन्यायेनध्वंसस्मृतिरप्रमाणमितिभावः ५० एवमेकेनानाजीववादिनोव्यवहारानुरोधाद्व्यवस्यंतिनिश्चिन्वंति । अपरेएकजीववादिनोनिवृत्तिरेव

प्रध्वस्तानिवर्तन्तेनिवृत्तिर्नोपलभ्यते ॥ प्रत्यक्षेणपरोक्षंतदनुमानेनसिद्ध्यति ५० एवमेकेऽध्यवस्यंतिनिवृत्तिरितिचापरे ॥ उभयंसंप्रधार्यैतद्व्यवस्येतयथाम ति ५१ इतीमंहृदयग्रंथिंबुद्धिभेदमयंदृढम् ॥ विमुच्यसुखमासीतनशोचेच्छिन्नसंशयः ५२ मलिनाःप्राप्नुयुःसिद्धिंयथापूर्णांनदींनराः ॥ अवगाह्यसुविद्वांसोविद्धि ज्ञानमिदंतथा ५३ महानद्यांहिपारज्ञस्तप्यतेनतदन्यथा ॥ नतुतप्यतितत्त्वज्ञःफलेज्ञातेतरत्युत ५४ एवंयेविदुराध्यात्मंकेवलंज्ञानमुत्तमम् ५५ एतांबुद्ध्वानरः सर्वांभूतानामागतिंगतिम् ॥ अवेक्ष्यचशनैर्बुद्ध्यालभतेशमनंततः ५६ त्रिवर्गोयस्यविदितःप्रेक्ष्ययश्चविमुंचति ॥ अन्विष्यमनसायुक्तस्तत्त्वदर्शीनिरुत्सुकः ५७

स्वाज्ञानकृतःप्रपंचस्तन्नाशेकात्स्न्येननिवर्तत । नहिचैत्रेणस्वप्नेदृष्टोगजश्चैत्रप्रबोधेनबाधितोऽपिमैत्रदृष्ट्यारज्जूरगवदस्तीतिशक्यंवक्तुंकिंतुनिरन्वयनाशएवतस्येत्यपिकेचिद्व्यवस्यंति । एवमेतदुभयंदर्शितं तन्म ध्येऽन्यतरन्मतंसंप्रधार्यसम्यक्शास्त्रान्निश्चित्ययथामतिव्यवस्येतध्यानेनसाक्षात्कुर्यात् ५१ हृदयग्रंथिमन्योन्याध्यासंतप्तायःपिंडवद्बुद्धिक्षेत्रज्ञयोरेकलोलीभावं तथाहि क्षेत्रज्ञेबुद्धिधर्मादुःखादयोबुद्धौचक्षेत्रज्ञ धर्माःसत्वचित्त्वादयोदृश्यंते । बुद्धिकृतोयोभेदस्तन्मयंतत्प्रधानंतंविमुच्यसत्वपुरुषयोःपृथक्त्वज्ञानेनत्यक्त्वा तथाचश्रुतिः । 'भिद्यतेहृदयग्रंथिश्छिद्यंतेसर्वसंशयाः'इति ५२ नदीमिवेदंज्ञानमवगाह्यमलि नाःशुद्धिंप्राप्नुयुरितिविद्धि यथोक्तं । 'नहिज्ञानेनसदृशंपवित्रमिहविद्यते' इति ५३ महेति । नहिपारदर्शनमात्रात्कृतकृत्यताकिंतुनौकादिनापारप्राप्त्यैवफलमात्मनितुज्ञानमात्रादेवनपुनरनुष्ठानांतरापेक्षेतिभा वः ५४ उपसंहरतिएवमित्यर्धेन अध्यात्ममात्मनिहृदयाकाशे । केवलंनिर्विषयंकैवल्यमितिपाठेस्वार्थेष्यञ् तेज्ञानंलभंतइतिशेषः ५५ एतामिति । स्त्रीत्वंविधेयलिंगापेक्षया इदमेवज्ञानंसर्वप्रत्यग्भूतंभू तानांलयोदयस्थानमितिशास्त्रतोबुद्ध्वाध्यानेनसूक्ष्मयाबुद्ध्याचावेक्ष्य । शंसुखंअनंततःअनंतं । शममंततइतिपाठःस्पष्टार्थः ५६ शमंकोलभतइत्यतआह त्रिवर्गइति । विदितःक्षयिष्णुत्वेनज्ञातः प्रेक्ष्यय त्कृतकंतदनित्यंकार्यत्वाद्घटवदित्यनुमानोपगृहीतया । 'तद्यथेहकर्मचितोलोकःक्षीयतएवमेवामुत्रपुण्यचितोलोकःक्षीयते' इतिश्रुत्याधर्मफलस्यप्रत्यक्षेणैवार्थकामसुखयोश्चानित्यत्वंनिश्चित्यविमुंचतितंत्यजति संन्यस्यतीत्यर्थः । अन्विष्यश्रवणमननाभ्यांनिश्चित्य युक्तोध्यानशीलः निरुत्सुकआत्मदर्शनेनैवसर्वकामावाप्तेरन्यत्रास्थाशून्यः ५७

नचेति । तत्रतत्ररूपादौ 'अकृत्स्नोहिसः'इतिश्रुतेः । इंद्रियैर्वस्तुतआत्मैवगृह्यतेपरंतुपृथक्त्वेनदर्पणेनेवमुखं । अतोऽभेदस्यभेदग्रहेणतिरोधानादकृतार्थतानाशहेतुताचतेषामितितानिनिरोद्धव्यान्येवेतिभावः ५८ इतोऽपेक्षयाऽधिकंज्ञातव्यंनास्तीत्याह एतदिति ५९ ज्ञानफलंदृष्टादृष्टभयनिवृत्तिकमाह नभवतीतिद्वाभ्यां । भयंसंसारदुःखंयतोयस्माद्धेतोरज्जूरगादिवद्द्वैतादविदुषांमहद्भयं ततएवबाधिताद्विदुषांभयंनभवति हियस्मादज्ञानसंसर्गासंसर्गाववेवबंधमोक्षावतःसर्वेषांगतिर्मुक्तिःस्वरूपात्मिकातुल्यैव । हियतःगुणेःआधेयेअपनेयेवासतिगुणानामाधानापकर्षतारतम्यादतुल्यतां प्रवदंतिनतुनिर्गुणेइत्यर्थः ६० यइति । निष्कामंकर्मप्राचीनदोषापहमितिपूर्वार्द्धार्थः । तदुभयंप्राचीनमैहिकंचकर्मतस्यविदुषःकुर्वतोऽपिनाप्रियंबंधंजनयाति । 'तद्यथेषीकातूलमग्नौप्रोतंप्रदूयेतैवंहास्यसर्वेपाप्मानःप्रदूयंते । तद्यथापुष्करपलाशआपोनश्लिष्यंतएवमेवंविदिपापंकर्मनश्लिष्यते'इतितयोर्दाहाश्लेषश्रवणात्कुतःप्रियमिति । मोक्षंप्रतितुकर्मणःकारणत्वंदूरनिरस्तामितिभावः । 'नास्त्यकृतःकृतेन'इतिश्रुतेः । अकृतोमोक्षः कृतेनकर्मणा ६१ अज्ञानफलं दृष्टादृष्टभयमित्याहार्धेन लोकमिति । आतुरंकामक्रोधादिव्यसनैर्जर्जरीकृतंलोकंजनःपरीक्षकोऽसूयतेधिक्करोति तस्यकर्मणिषष्ठी तमातुरंतन्निंद्यंकर्मसर्वतःसर्वासुयोनिष्विहलोकेजनयतिजन्मददाति । आतुरोजीवन्निंद्यतेमृतश्चतिर्यक्षुजायतइत्यर्थः ६२ तस्माल्लोकतत्त्वमालोच्ययद्धितंतत्कर्तव्यमित्याह लोकइति । लोकेनिराविशन्सम्यगभिनिवेशंकुर्वन्नातुरान्पश्य कीदृशान् तत्तदेवनष्टंनष्टंपुत्रदारादिकंशोचतोहाकष्टमिती

नचात्माशक्यतेद्रष्टुमिंद्रियैश्चविभागशः ॥ तत्रतत्रविसृष्टैश्चदुर्वार्यैश्चाकृतात्मभिः ५८ एतद्बुद्ध्वाभवेद्बुद्धः किमन्यद्बुद्धलक्षणम् ॥ विज्ञायतद्धिमन्यंतेकृतकृत्यामनीषिणः ५९ नभवतिविदुषांततोभयंयदविदुषांसुमहद्भयंभवेत् ॥ नहिगतिरधिकाऽस्तिकस्यचित्सतिहिगुणेप्रवदंत्यतुल्यताम् ६० यःकरोत्यनभिसंधिपूर्वकंतच्चनिर्णुदतियत्पुराकृतम् ॥ नाप्रियंतदुभयंकुतःप्रियंतस्यतज्जनयतीहसर्वतः ६१ लोकमातुरमसूयतेजनस्तस्यतज्जनयतीहसर्वतः ६२ लोकआतुरजनान्निराविशंस्तत्तदेवबहुपश्यशोचतः ॥ तत्रपश्यकुशलानशोचतोयेविदुस्तदुभयंपदंसताम् ६३ ॥ ॥ इतिश्रीमहाभारते शांतिपर्वणि मोक्षधर्मपर्वणि अध्यात्मकथनेचतुर्नवत्यधिकशततमोऽध्यायः ॥ १९४ ॥ ॥ भीष्मउवाच ॥ हंतवक्ष्यामितेपार्थध्यानयोगंचतुर्विधम् ॥ यंज्ञात्वाशाश्वतींसिद्धिंगच्छंतीहमहर्षयः १ यथास्वनुष्ठितंध्यानंतथाकुर्वंतियोगिनः ॥ महर्षयोज्ञानतृप्तानिर्वाणगतमानसाः २ नावर्तन्तेपुनःपार्थमुक्ताःसंसारदोषतः ॥ जन्मदोषपरिक्षीणाःस्वभावेपर्यवस्थिताः ३ निर्द्वंद्वानित्यसत्वस्थाविमुक्तानियमस्थिताः ॥ असंगान्यविवादीनिमनःशांतिकराणिच ४

ष्टंशोचमानान् । तथातत्रैवपुत्रादिनाशविषयेकुशलान्सारासारविवेकनिपुणान् अशोचतःशोकहीनान्पश्य । उभयंक्रममुक्तिसद्योमुक्तिंच सतामुपासकानांज्ञानिनांचपदंपदनीयं ॥ ६३ ॥ इति शांतिपर्वणि मोक्षधर्मपर्वणि नीलकंठीये भारतभावदीपे चतुर्नवत्यधिकशततमोऽध्यायः ॥ १९४ ॥ ॥ ॥ ॥ ॥ निर्णीतमात्मतत्त्वंतत्साक्षात्कारोपायंयोगमाह हंतेत्यादिना । चतुर्विधमालंबनभेदाच्चतुष्प्रकारं आलंबनानिचयोगशास्त्रेप्रोक्तानि । प्रच्छर्दनविधारणाभ्यांवाप्राणस्य । विषयवतीवाप्रवृत्तिः । स्वप्ननिद्राज्ञानालंबनंवा । यथाऽभिमतध्यानाद्वेति । आलंबनांतराणामप्यत्रैवांतर्भावः अयमर्थः रेचकस्यपूरकस्यवाभ्यासाद्वायुंस्थिरीकृत्यतदालंबनंमनःकुर्यात् वायुस्थैर्येमनःस्थैर्यावश्यंभावात् । यद्वा बाह्यंसूर्यचंद्रतद्रश्मिप्रतिमादिकंवा । आभ्यंतरंनासिकाग्रजिह्वाग्रादिवाचित्तालंबनंकुर्यात् । यद्वा जाग्रन्निद्रयोरंतरालेयदस्मितामात्रंभातितन्मात्रालंबनंवा । यथाभिमतंनीलग्रीवपीतांबरादिविग्रहंषट्चक्रदेवतादिकंवाआलंब्यचित्तंस्थिरीकुर्यात् । अत्रबहुवक्तव्यंतदग्रेवक्ष्यते १ । २ स्वभावेस्वरूपे ३ सर्वासुविद्यासुसाधारणीमितिकर्तव्यतामाह निर्द्वंद्वाइति । निर्द्वंद्वाःशीतोष्णादिसहाः नित्यंसत्वेप्रकाशेस्थिताः विमुक्ताःलोभादिभिरितिशेषः नियमेषुशौचसंतोषादिषुस्थितानिष्ठावंतः । निष्परिग्रहाइत्यपिपाठः । असंगानि स्त्र्यादिसंगहीनानि अविवादीनिप्रतिपक्षशून्यानि शांतिःप्रसादः एवंविधानिस्थानानि ४

तत्रतेषुस्थानेषु ध्यानेन कर्मणिल्युट् । ध्येयवस्तुनासंश्लिष्टमितिमेकीभावंगतं । अध्ययनसंश्लिष्टमितिप्राचीनपाठेप्रणवेनघंटानादवदतिदीर्घोच्चारितेनैकीभूतं । एकाग्रमेकंध्येयमेवाग्रोविषयतयाऽस्यस्फुरतिनतु शब्दादयस्तदेकाग्रं तत्रोपायः पिंडीकृत्येति । 'मनसाह्येवपश्यतिमनसाशृणोति'इत्यादिश्रुतेर्मनःकूर्मस्येवबहींद्रियाण्यंगानितेनप्रसारितानिविषयान्स्पृशंति । तेनैवगुरूक्तयुक्तिबलेनाकुंचितानिनस्पृशंति । सेयमिंद्रियाणांमनोमात्रात्मनाऽवस्थितिःपिंडीकारः ५ एतमेवस्पष्टयति शब्दमिति ६ पंचानांश्रोत्रादीनांवर्गप्रमथ्नंतिव्याकुलयंतीतितथा एतानिशब्दादीनि ७ इंद्रियैःसहसंभ्रूयभ्रांतंमनःसमादध्या द्ध्येयैकप्रवणंकुर्यात् किंकृत्वा पंचवर्गंमनसिसंगृह्य ततइतिपूर्वोक्तप्रत्याहारानंतरंयमुच्यते ८ विसंचारिविषयसंचारशीलं । पंचेंद्रियाणिविषयदेशप्रापकाणिनिर्गमद्वाराणियस्यतत्पंचद्वारं । चलाचलंचले ष्वपिविषयेष्वचलं । नित्यमव्यग्रं । अंतराहार्दाकाशे निरालंबंदेहाद्यालंबनशून्यंकृत्वाध्यानपथेचतुर्विधेध्यानालंबनेमनःसमादध्यात् ९ इंद्रियाणीति । एषसमनस्केंद्रियपिंडीकरणलक्षणोध्यानपथःपूर्वो मुख्योविधित्सितः आलंबनंत्वविवक्षितमित्यर्थः १० एतावताऽपिनाकृतकृत्यतेत्याह तस्येति । तस्यमनोबुद्धींद्रियपंचकाख्यसप्तांगस्याऽऽत्मनोजीवस्यषष्ठमांतरमंगंमनःपूर्वसन्निरुद्धमपिस्फुरिष्यति अतिचांच ल्येदृष्टांतोविद्युत् ११ । १२ वायुपथंनाडीमार्गंप्राप्येतिशेषः मनोभ्रांतंभवतिनानाविधानिरूपाणिदृष्ट्वेतिशेषः । 'तस्मिञ्छुक्लमुतनीलमाहुःपिंगलंहरितंलोहितंच'इतियोगमार्गेऽनेकनाडीरूपश्रवणात् १३ गतक्लेशःश्राम्

तत्रध्यानेनसंश्लिष्टमेकाग्रंधारयेन्मनः ॥ पिंडीकृत्येंद्रियग्राममासीनःकाष्ठवन्मुनिः ५ शब्दंनविन्देच्छ्रोत्रेणस्पर्शंत्वचानवेदयेत् ॥ रूपंनचक्षुषाविद्याज्जिह्वयान रसांस्तथा ६ घ्रेयाण्यपिचसर्वाणिजह्याद्ध्यानेनयोगवित् ॥ पंचवर्गप्रमाथीनिनेच्छेचैतानिवीर्यवान् ७ ततोमनसिसंगृह्यपंचवर्गंविचक्षणः ॥समादध्यान्मनो भ्रांतमिंद्रियैःसहपंचभिः ८ विसंचारिनिरालंबंपंचद्वारंचलाचलम् ॥ पूर्वंध्यानपथेधीरःसमादध्यान्मनोंतरा ९ इंद्रियाणिमनश्चैवयदापिंडीकरोत्ययम् ॥ ए षध्यानपथःपूर्वोमयासमनुवर्णितः १० तस्यतत्पूर्वसंरुद्धमात्मनःषष्ठमांतरम् ॥ स्फुरिष्यतिसमुद्भ्रांताविद्युदंबुधरेयथा ११ जलबिंदुर्यथालोलःपर्णस्थःसर्वत श्चलः ॥ एवमेवास्यचित्तंचभवतिध्यानवर्त्मनि १२ समाहितंक्षणंकिंचिद्ध्यानवर्त्मनितिष्ठति ॥ पुनर्वायुपथंभ्रांतंमनोभवतिवायुवत् १३ अनिर्वेदोगतक्लेशो गततंद्रिरमत्सरी ॥ समादध्यात्पुनश्चेतोध्यानेनध्यानयोगवित् १४ विचारश्चविवेकश्चवितर्कश्चोपजायते ॥ मुनेःसमादधानस्यप्रथमंध्यानमादितः १५

श्रमोऽप्यनिर्वेदोयोगेनिर्वेदशून्यःस्यात् । तथागततंद्रिर्निरालस्यः । अमत्सरीपरोत्कर्षसहःस्यात् । ध्यानेनध्येयाकारप्रत्ययप्रवाहेण १४ विचारश्चेति । प्रथमंसमादधानस्यप्रागननुष्ठितयोगस्ययोगिनआ दितआदौविचारोविचाराख्यंध्यानंविवेकाख्यंवितर्काख्यंवाउपजायतेऽधिकारभेदेन । तथाहि मध्यमानांसूक्ष्मेमनःकल्पितेपीतांबरादिविग्रहेचेतसःप्रणिधानंविचारः सोऽपिद्विविधः सविचारनिर्विचारभेदात् तत्रयदा शब्दतदर्थोल्लेखपूर्वकंभावनाप्रवर्ततेसआद्यः । तदुल्लेखंविनाद्वितीयः । अयमेवस्थूलालंबनस्यवितर्कस्यसवितर्कनिर्वितर्काख्यस्यद्वैविध्येप्रकारभेदोऽधमाधिकारियोग्यः । ननुविचारेवितर्केवामानसिकी भौतिकीवामूर्तिरेवालंबनंतस्याश्चध्यानेनकीटभृंगवत्तत्सारूप्यमेवप्राप्यंनतुकैवल्यमितितावनुपायावितिचेत् सत्यं द्विविधंध्यानं भावनाप्रणिधानंच तत्राद्यंसिद्धंकल्पितंवाविषयमधिकृत्यप्रवर्ततेनवस्तुतत्त्व मवश्यमपेक्षते । द्वितीयंतुयथागृह्यमाणेमणौपरोपदिष्टस्वाज्ञाततद्गतविशेषावगतयेतदेवचक्षुर्यत्नेनप्रणिधीयतइतिप्रणिधानंवस्तुतत्त्वविषयंतत्रयथास्फटिकःस्वतःशुद्धोजपाकुसुमसान्निध्यान्मध्यमस्यतत्रैवरक्तः । स्फटिकइत्यध्यासः । अधमस्यस्फटिकांशप्रमोषेणतत्रैवपद्मरागत्वाध्यासः । तत्रैवमूढतमस्यचंद्रिकायामिंद्रनीलत्वाध्यासः । एवंचिदात्मास्वतःशुद्धोमायासान्निध्यादीशः । तत्रैवब्रह्मभावप्रमो

षेसत्यविद्ययासूत्रात्माध्यासः । तत्राप्यविद्याप्राबल्येसातिविराडध्यासः । तत्रवस्तुनिचित्तंप्राणिधित्सतःक्रमेणोत्तरोत्तराध्यासानिवृत्तौपूर्वपूर्वोऽध्यासोऽवतिष्ठते । सर्वात्मनात्वज्ञाननिवृत्तौस्फाटिकम
गिवदनुपाध्यात्मतत्त्वंप्रकाशते । तत्रविचारेणमूर्त्याकारतांनीतेचित्तेमूर्त्तेरेकैकावयवत्यागेनस्मितमात्रंपदनखचंद्रमात्रंवाभावयेत । ततस्तदपित्यक्त्वागुरूक्तयुक्त्याविराजिमनोधारयेत् । ततउक्तक्रमे
णनिर्गुणप्रतिपत्तिः । तथावितर्कालंबनेस्थूलप्रतिमायांप्रणिधीयमानंचित्तंतत्त्वोपगंभवति । तथाहि प्रतिमायाविराड्रूपेचेतनेपुंसिस्थाणुवदध्यस्तत्वेनाचेतनतांगतायास्तत्त्वंचैतन्यमेव । तद्यथा तीव्राभिनिवे
शेननिरीक्ष्यमाणंशुक्तिरजतंतिरोधीयते शुक्तिश्चप्रकाशते एवमीश्वरत्वेनचिंत्यमानायामूर्त्तेर्जडत्वंतिरोधीयतेचैतन्यंचाविर्भवति । अतएवत्राणादयःस्वाराध्यैःशिवादिभिःसहव्यवहरंतीतिबहुलमुपाख्यायते ।
तथाचेतनमूर्तेरपितत्त्वंविश्वरूपमेव । तन्निरीक्षणेतदेवविश्वरूपमाविर्भवतियदपश्यद्यशोदाकृष्णमुखे यच्चार्जुनःकृष्णशरीरे । तदिदंवितर्कजंप्रत्यक्षंप्रकृत्योक्तंयोगभाष्येतत्परंप्रत्यक्षंतच्चश्रुतानुमानयोर्बीज
मिति । तथानिर्विचारपरिपाकेऽपिसार्वज्ञ्यंसूत्रितं । निर्विचारवैशारद्येऽध्यात्मप्रसादः । ऋतंभरातत्रप्रज्ञेत्यादिना । ततःपुनरुक्तक्रमेणनिर्गुणप्रतिपत्तिः । तत्रयदादेहविस्मरणेनबाह्यमूर्त्याकारंचेत
सर्वात्मनाभवतितदाभृंगीभूतस्यकीटस्थकीटभावइवास्यजीवभावोनिवर्ततेकेवलमूर्त्याकारोभवति सेयंमहाविदेहानामधारणा । यांप्रकृत्यसूत्रितं बहिरकल्पितावृत्तिर्महाविदेहातत्संयमात्प्रकाशावरणक्षयः
इति । उक्तौविचारवितर्कौव्यक्तालंबनौमध्यमाधमयोग्यौ । अव्यक्तालंबनावपिद्वौमानंदसास्मितावुत्तमात्युत्तमयोग्यौ । तत्रगुरूक्तयुक्त्याऽव्यक्तेचित्तंधारयतोऽत्यंतंदेहविस्मरणेसत्यहमेवेदंसर्वोस्मीतिश्रुतिप्रसि
द्धाःसार्वात्म्यसार्वकाम्यादयईश्वरगुणाउपतिष्ठंतेउत्तमस्यसोऽयंसानंदः । तेषांप्रविलापनेनास्मितामात्रमवशिष्यतेसोऽयंसास्मितः सत्वपुरुषान्यताख्यातिसंज्ञोहृदयग्रंथिभेदोऽत्रविवेकशब्देनोच्यते सचात्युत्तम

मनसाक्लिश्यमानस्तुसमाधानंचकारयेत् ॥ नानिर्वेदंमुनिर्गच्छेत्कुर्यादेवाऽऽत्मनोहितम् १६ पांसुभस्मकरीषाणांयथावैराशय
श्रिताः ॥ सहसावारिणासिक्तानयांतिपरिभावनम् १७ किंचित्स्निग्धंयथाचस्याच्छुष्कचूर्णमभावितम् ॥ क्रमशस्तुशनैर्गच्छेत्स
र्वंतत्परिभावनम् १८ एवमेवेंद्रियग्रामंशनैःसंपरिभावयेत् ॥ संहरेत्क्रमशश्चैवससम्यक्प्रशमिष्यति १९

स्यपरवैराग्यवतोनष्टाशेषभोगवासनस्यैश्वर्याविर्भावंविनाऽपिभवतीतिमुख्यः । सानंदस्याप्यत्रैवांतर्भावंविवक्षित्वात्रितयमेवोक्तंविचारश्चविवेकश्चवितर्कश्चेति । तदेतदव्यक्तमालंबनं । ‘निद्रादौजागरस्यां
तेयोभावउपजायते ॥ तंभावंभावयन्प्राज्ञःसुखमक्षय्यमश्नुते’इतिशास्त्रेस्पष्टमुक्तमपिगुरूपदेशंविनादुर्गमंक्लेशसाध्यंचदेहाभिमानवतां । यथोक्तं ‘क्लेशोऽधिकतरस्तेषामव्यक्तासक्तचेतसां’ इति । एतेन
प्राणालंबनागतिर्व्यक्ताव्यक्तोभयालंबनाज्ञेया । एतासुचतसृष्वपियोगविधासुवितर्कःस्थूलसूक्ष्मकारणचैतन्यैरनुगतोविचारःसूक्ष्मकारणचैतन्यैस्त्रिभिरेव । विवेकःकारणचैतन्याभ्यामेव । निर्बीजस्तुकैव
ल्यरूपःफलभूतइतिसाधनरूपेष्वेषुनगणितइत्यलंपल्लवितेन १५ मनसेति । तुरप्यर्थे समाधानंसमाधिंकारयेत्कुर्यादेव स्वार्थेणिच् तदेवाह नेति । निर्वेदोयोगोनसेत्स्यतीत्युपरमोयोगात् १६ सउपरमो
नकर्तव्यःकालक्रमेणावश्यंभावात्फलस्येतिसदृष्टांतमाह पांस्विति । करीषंशुष्कगोमयचूर्णं एतेषांराशयोजलेनसिक्तमात्राःसंतःपरिभावनंमूर्त्याद्याकारेणकल्पनंनयांतिनप्राप्नुवंति १७ बहुकालंजलेक्लिन्नाःसंत
श्चिक्कणतांप्राप्यमूर्त्याद्याकारंग्रहीतुंशक्तास्तद्वच्चित्तंचिरकालयोगेहृदयमग्नंतत्वाकारंकर्तुंशक्यमित्याह किंचिदिति । अल्पस्नेहादभावितमपिचिरकालक्लेदात्संजातबहुलस्नेहंभावितुंशक्यमित्यर्थः १८ दार्ष्टांतिके
योजयति एवमेवेति । संपरिभावयेन्मूर्त्याद्याकारंनयेत् क्रमशश्चमूर्तेरेकैकावयवत्यागक्रमेणतमपिचित्तस्याकारंसंहरेत् । अयंभावः यत्रयत्रालंबनेस्थिरीभूतंचित्तंभवतितंतमाकारंपरित्यज्यसोपानारोहक्रमेणो
त्तरमाकारंप्रविशेत् । सर्वाकारोपरमेतुप्रशमिष्यतिप्रशाम्यातिप्रकर्षेणशमंगच्छति निर्विकल्पंभवतीत्यर्थः । तथाहि वितर्काद्विचारंगच्छेद्विचारादानंदमानंदादस्मितांततःकैवल्यमितिक्रमोयोगशास्त्रेप्रसिद्धः १९

स्वयमितिबुद्धिर्गृह्यते धीर्मनःपंचेंद्रियगणंचध्यानपथेपूर्वोक्तेनित्याभ्यस्तेनयोगेनस्थाप्यप्रविलाप्यदग्धेंधनानलवत्स्वयमपिशाम्यति यथोक्तं येनत्यज्यसितंत्यजेति । ब्रह्माकाराचेतोवृत्तिःकतकरजोवद्वृत्त्यंतराणिशमयंतीस्वयमपिशाम्यतीत्यर्थः २० नतदिति । ऐहिकात्परमसुखात्सर्वांगसंपन्नात्सार्वभौमपदादामुष्मिकाद्धिरण्यगर्भपदाद्वानतत्प्राप्यंयत्संयतात्मनोनिरुद्धचित्तस्ययोगिनोभवति तथाचश्रुतिः । 'समाधिनिर्धूतमलस्यचेतसोनिवेशितस्यात्मनियत्सुखंभवेत् ॥ नशक्यतेवर्णयितुंगिरातदास्वयंतदंतःकरणेनगृह्यते' इति २१ रंस्यतेतद्बुचिज्ञःस्वयमेवतत्ररतिंप्राप्स्यति नतत्प्राप्तौहठापेक्षेत्यर्थः । निर्वाणंकैवल्यं निरामयंनिर्द्वंतं २२ ॥ इतिशांति०मो०नी०भा०पंचनवत्यधिकशततमोऽध्यायः ॥ १९५ ॥ ॥ तत्रपूर्वंतत्राध्ययनसंक्षिप्तमेकाग्रंधारयेन्मनइत्येकांतेजप्यसहितंमनएकाग्रंकृत्वानिरुंध्यादित्युक्तं तत्रजपस्यश्रैष्ठ्यंविज्ञायतद्विधिफलादिकंश्रुतानुवादपूर्वकंपृच्छति चातुराश्रम्येति । चतुर्णामाश्रमाणांहितंचातुराश्रम्यं तेतवउक्तंवचनंश्रुतमित्युत्तरश्लोकाद्विपरिणामेनापकृष्यते । तेइतिसंबंधेषष्ठीनकर्तृषष्ठी येननलोकाव्ययनिष्ठेतिप्रतिषेधप्रसक्तिःस्यात् । इतिहासाःपुरावृत्तानि १ कथातत्त्वावबोधकोवाक्यप्रबंधः २ । ३ सांख्यंवेदांतविचारः योगश्चित्तवृत्तिनिरोधः क्रियाःकर्माणि

स्वयमेवमनश्चैवंपंचवर्गंचभारत ॥ पूर्वंध्यानपथेस्थाप्यनित्ययोगेनशाम्यति २० नतत्पुरुषकारेणनचदैवेनकेनचित् ॥ सुखमेष्यतितत्तस्ययदेवंसंयतात्मनः २१ सुखेनतेनसंयुक्तोरंस्यतेध्यानकर्मणि ॥ गच्छंतियोगिनोह्येवंनिर्वाणंतन्निरामयम् २२ इतिश्रीमहाभारतेशांतिपर्वणिमोक्ष० ध्यानयोगकथनेपंचनवत्यधिकशततमोऽध्यायः ॥ १९५ ॥ ॥ युधिष्ठिरउवाच ॥ चातुराश्रम्यमुक्तंतेराजधर्मास्तथैवच ॥ नानाश्रयाश्चबहवइतिहासाःपृथग्विधाः १ श्रुतास्त्वत्तःकथाश्चैवधर्मयुक्तामहामते ॥ सन्देहोऽस्तितुकश्चिन्मेतद्भवान्वक्तुमर्हति २ जापकानांफलावाप्तिंश्रोतुमिच्छामिभारत ॥ किंफलंजपतामुक्तंक्कवातिष्ठंतिजापकाः ३ जप्यस्यचविधिंकृत्स्नंवक्तुमर्हसिमेऽनघ ॥ जापकाइतिकिंचैतत्सांख्ययोगक्रियाविधिः ४ किंयज्ञविधिरेवैषकिमेतज्जप्यमुच्यते ॥ एतन्मेसर्वमाचक्ष्वसर्वज्ञोह्यसिमेमतः ५ भीष्मउवाच ॥ अत्राप्युदाहरंतीममितिहासंपुरातनम् ॥ यमस्ययत्पुरावृत्तंकालस्यब्राह्मणस्यच ६ सांख्ययोगौतुयावुक्तौमुनिभिर्मोक्षदर्शिभिः ॥ संन्यासएववेदांतेवर्ततेजपनंप्रति ॥ वेदवादाश्चनिर्वृत्ताःशांताब्रह्मण्यवस्थिताः ७ सांख्ययोगौतुयावुक्तौमुनिभिःसमदर्शिभिः ॥ मार्गौतावप्युभावेतौसंश्रितौनचसंश्रुतौ ८

एतेषांविधिःप्रकाशनं किंजापकशब्देनविचारकृत्योगकृत्कर्मठोवाउच्यतइत्यर्थः ४ यज्ञविधिर्ब्रह्मयज्ञविधिः ५ अत्रेति । अत्रजपविषये चकारान्मृत्युप्रभृतीनांग्रहणं पुरावृत्तंमयाऽग्रेवक्ष्यमाणं ६ सांख्ययोगौयावुक्तौतयोर्मध्येसांख्येजपक्रियात्यागएवेत्याह सांख्येतिसार्धेन । संन्यासइति । वेदांतेसांख्याख्येतत्रहेतुमाह वेदेति । चकारोहेत्वर्थः यतोवेदवादाःसर्वेब्रह्मण्यवस्थिताःपर्यवसन्नानतूपास्त्यादिविधिपराः । यतःशांतानिर्वृत्तिप्रधानाः । उपासनायाश्चमानसक्रियात्वात्तत्परत्वेवेदांतानांशांतत्वंनयुज्येतेत्यर्थः । नन्वाम्नायस्यक्रियार्थत्वादानर्थक्यमतदर्थानामितिपरमर्षिणाऽक्रियार्थानांसिद्धार्थावबोधकानांराजाऽसौगच्छतीत्यादिवाक्यानामानर्थक्योक्त्याऽप्रामाण्याभिधानादितितत्राह निर्वृत्ताइति । रज्जुरियंनसर्पइत्यादिवत्सिद्धार्थबोधकस्यापिवाक्यस्यभयकंपाद्यनर्थनिवर्तकत्वेनार्थवत्त्वोपपत्त्याप्रवृत्तिनैराकांक्ष्येणकृतार्थत्वोपपत्तेः तथाचमानांतरानवगतब्रह्मात्मैक्यरूपसिद्धार्थपरत्वाद्वेदांतानांनतत्रजपापेक्षाऽस्तीत्यर्थः ७ एवंब्रह्मात्मैक्यप्रमितौजपानपेक्षामुक्त्वाद्वयोरपिमार्गयोर्जपस्याऽऽरादुपकारित्वेनापेक्षांसाक्षात्कारोत्पत्तावनपेक्षांचाह सांख्येति । संश्रितौजपमितिशेषः । तथाहि चित्तशुद्धिद्वारातत्त्वमसीतिवाक्यार्थज्ञानेआलंबनरूपत्वेनचयोगेप्रणवजपउपकरोतिनपरतःसाक्षात्काररूपफलोपकारित्वेन ८

एतदेवाह यथेत्यादिना । अत्रापिमार्गद्वयेऽपि मनःसमाधिर्मनोनिग्रहइंद्रियजयः ९ सत्यंप्रसिद्धं अग्निपरिचारोऽग्निपरिचर्या । विविक्तानांशुद्धानामाहारादीनामेकांतदेशानांवा । ध्यानंध्येयाकारप्रत्ययप्रवाहः । तपआलोचनंविषयदोषदर्शनात्मकम् । दमोजितानामिंद्रियाणांतत्त्वप्रतिपत्तियोग्यता १० विषयाणांविशेषेणवध्नतांकामादीनांप्रतिसंहारोजयः । शमोनिगृहीतस्यमनसोविक्षेपराहित्यम् । एषइति एषमनःसमाध्यादिर्जपतःप्रवर्तकः कामनावतःस्वर्गादिजनकोजपांगभूतोधर्मइत्यर्थः ११ निवर्तकंजपतोयज्ञंव्याचष्टे यथेति । कर्मनिवृत्तिर्मोक्षःसयथासंपद्यतेसयज्ञोनिवर्तकइत्यर्थः । कर्मनिवृत्तिप्रकारमाह एतदिति । एतन्मनःसमाध्यादिपरिवर्तयेन्निष्कामानुष्ठानेनविपरीतंकुर्यात् १२ एतदेवाहार्धेन निवृत्तमिति । विरतमित्यपिपाठः । मार्गंविशिनष्टि व्यक्तंबाह्यमाभ्यंतरंवाऽऽलंबनंयद्वितर्कविचारयोःप्रागुक्तंसूक्ष्मंस्थूलंच अव्यक्तंसानंदसास्मितयोरालंबनं ततोऽनाश्रयंनिर्विषयंशुद्धचिन्मात्रमित्यर्थः १३ मार्गप्राप्तौहेतुमाह कुशेति । कदंबमुकुलसदृशाद्धृदयपिंडात्प्रस्थितानाड्यःकुशवत्स्थूलमूलाःसूक्ष्माग्रा अग्रैर्हृदयपिंडंस्पृशंत्योमूलैर्ब्रह्मांडमापूर्यतिष्ठंति । तदिदमुक्तं कुशोच्चयनिषण्णइत्यधस्तात् कुशहस्तइतिपुरस्तात् कुशैःशिखीत्युपरिष्टात् कुशैःपरिवृतइतिसमंतात् तस्मिन्कुशजालमध्येइतिहृदयपिंडेऽपिकुशैश्छन्नोऽयंपुरुषइतिप्रभाद्वाराप्रदीपस्येवास्यपुरुषस्यनाडीद्वाराब्रह्मांडव्याप्तिरस्तीति श्रुतावपितावाअस्यैताहितानामनाड्यइत्युपक्रम्यतस्यवाएतस्यपुरुषस्यप्राचीदिक्प्राञ्चःप्राणादक्षिणादिग्दक्षिणेप्राणाइत्यादिनाऽयमेवार्थोदर्शितः । तथा

सथासंश्रयतेराजन्कारणंचात्रवक्ष्यते ॥ मनःसमाधिरत्रापितथेंद्रियजयःस्मृतः ९ सत्यमग्निपरीचारोविविक्तानांचसेवनम् ॥ ध्यानंतपोदमःक्षांतिरनसूयामिताशनम् १० विषयप्रतिसंहारोमितजल्पस्तथाशमः ॥ एषप्रवर्तकोयज्ञोनिवर्तकमथोशृणु ११ यथानिवर्ततेकर्मजपतोब्रह्मचारिणः ॥ एतत्सर्वमशेषेणयथोक्तंपरिवर्तयेत् १२ निवृत्तंमार्गमासाद्यव्यक्ताव्यक्तमनाश्रयम् १३ कुशोच्चयनिषण्णःसन्कुशहस्तःकुशैःशिखी ॥ कुशैःपरिवृतस्तस्मिन्मध्येछन्नःकुशैस्तथा १४ विषयेभ्योनमस्कुर्याद्विषयान्नचभावयेत् ॥ साम्यमुत्पाद्यमनसामनस्येवमनोदधत् १५ तद्धियाध्यायतिब्रह्मजपन्वैसंहितांहिताम् ॥ संन्यस्यत्यथवातांवैसमाधौपर्यवस्थितः १६ ध्यानमुत्पादयत्यत्रसंहिताबलसंश्रयात् ॥ शुद्धात्मातपसादांतोनिवृत्तद्वेषकामवान् १७ अरागमोहोनिर्द्वन्द्वोनशोचतिनसज्जते ॥ नकर्ताकारणानांचनकार्याणामितिस्थितिः १८

चैतद्व्याख्यातंवार्तिके । 'कदंबपुष्पवत्सैषादेवताहृदयाश्रया ॥ बहिर्गतासुनाडीषुविविक्ताहृदयादधि ॥ यथाऽस्यनाड्यःपुंसःस्युरध्यात्मंसर्वतोगताः ॥ अधिभूतंतथैवास्यवायुमय्यःसमंतगाः ॥ एतस्मादेवानिःसृत्यशरीरात्सर्वतोगताः ॥ अधिभूतात्मनैवायंनाडीलक्षणवर्त्मना ॥ आपूर्येदंजगत्सर्वंस्थितआध्यात्मिकःपुमान्'इति । तथाचशरावपिहितप्रभावत्सर्वद्वारापिधानेहार्दाकाशेएकीभूतंप्रज्ञानमनादौसंसारेसमनुभूतनिखिलप्रपंचवासनावासितंतत्सर्वमवभासयतीतिचितःसार्वात्म्यमुक्तंभवति १४ नमइति । बाह्यान्नचभावयेदित्यांतरांश्चविषयांस्त्यजेदित्युक्तम् साम्यंजीवब्रह्मणोरैक्यं तत्रहेतुः मनस्येवमनःप्रविलापनं मनोहिनकूटस्थेलीयते तस्यतद्विकारत्वाभावात् । नापिमायायांतस्यास्तुच्छत्वात् । अतःपरिशेषास्वस्मिन्नेवतस्यलयइत्युक्तं १५ तद्धियासाम्यधियाप्रत्यगभेदेनेत्यर्थः । ब्रह्मशुद्धबुद्धमुक्तत्वादिलक्षणं
२२ अहंदेहेंद्रियादिभिन्नोविशुद्धोऽस्मीतिभावयेदित्यर्थः । संहितांयथायोग्यंप्रणवगायत्र्यादिरूपां संन्यस्यतिचित्तस्थैर्यसंपत्तौसत्यां अथेत्यानंतर्ये वेत्यवधारणे १६ ध्यानमितिसार्धःश्लोकः ध्यानंध्येयाकारप्रत्ययप्रवाहं । संहितायास्तदुत्पादकत्वेद्वारमाह शुद्धात्माशुद्धचित्तः तपसाविचारेण दांतोजितेंद्रियः निवृत्तद्वेषाणांसर्वभूताभयप्रदानांयोगिनांयःकामोब्रह्मावाप्तिविषयस्तद्वान् १७ कारणानांकर्मणांकार्याणांफलभोगानाम् १८

प्रस्थापयेत्सज्जीकुर्यात् कचिंत्कर्मकर्तृत्वेभोगकर्तृत्वेवा १९ ध्यानक्रियैवपरीत्कृष्टत्वेनाभिमतायस्य ध्यानेश्रद्धावानित्यर्थः । अतएवध्यानवान्ध्याननिष्ठः ध्यानद्वारकस्तत्त्वनिश्चयोयस्यसध्याननिश्चयः ध्यानेध्यानालंबनेसमाधिंचित्तैकाग्र्यमुत्पाद्य तदप्यालंबनम् २० तस्यांत्यक्तसर्वालंबनायां सर्वत्यागकृतोनिर्बीजसमाधिस्तस्यसुखंप्रत्यगानंदं विशतेइत्यपकृष्यते कोविशते योनिरिच्छोयोगफलेऽणिमादावपीच्छारहितः प्राणान्प्राणमनोबुद्धींद्रियात्मकंलिंगशरीरंलोकांतरगतिसाधनंयस्त्यजतिसब्राह्मींतनुं सुखमितिसामानाधिकरण्यं तत्प्रविशतिनतूत्क्रामति तथाचश्रुतिः 'योकामोनिष्कामआप्तकामोनतस्यप्राणा उत्क्रामंत्यत्रैवसमवनीयंते'इति तस्यशुद्धब्रह्मविदःअत्रात्मनिसमवनीयंतेएकीभावेनविलीयंतेइतिश्रुतिपदानामर्थः २१ ब्रह्मकायोब्रह्मस्वरूपसुखंतस्यनिषेवणंचेन्नेच्छतितर्ह्युत्क्रामति नजायतेनैवजन्मप्राप्नोति योगीस्वेच्छयाकैवल्यंवाब्रह्मलोकंवागच्छतिनतुसंसारंप्राप्नोतीत्यर्थः । मार्गस्थोदेवयानमार्गस्थः श्रीमद्भागवतेप्येतद्दर्शितं'यदिप्रयास्यन्नृपपारमेष्ठ्यम्'इत्यादिना २१ आत्मबुद्ध्यातत्वसाक्षात्कारेण विरजःरजो

नचाहंकारयोगेनमनःप्रस्थापयेत्कचित् ॥ नचार्थग्रहणेयुक्तोनावमानीनचाक्रियः १९ ध्यानक्रियापरोयुक्तोध्यानवान्ध्याननिश्चयः ॥ ध्यानेसमाधिमुत्पाद्य तदपित्यजतिक्रमात् २० सवैतस्यामवस्थायांसर्वत्यागकृतःसुखम् ॥ निरिच्छस्त्यजतिप्राणान्ब्राह्मींसंविशतेतनुम् २१ अथवानेच्छतेतत्रब्रह्मकायनिषेवणम् ॥ उत्क्रामतिचमार्गस्थोनैवक्कचनजायते २२ आत्मबुद्ध्यासमास्थायशांतीभूतोनिरामयः ॥ अमृतंविरजःशुद्धमात्मानंप्रतिपद्यते २३ ॥ इतिश्रीमहाभारते शांतिपर्वणि मोक्षधर्मपर्वणि जापकोपाख्याने षण्णवत्यधिकशततमोऽध्यायः ॥ १९६ ॥ ॥ युधिष्ठिरउवाच ॥ गतीनामुत्तमप्राप्तिःकथिताजापकेष्विह ॥ एकैवैषागतिस्तेषामुतयांत्यपरामपि १ ॥ भीष्मउवाच ॥ शृणुष्वावहितोराजन्जापकानांगतिंविभो ॥ यथागच्छंतिनिरयाननेकान्पुरुषर्षभ २ यथोक्तपूर्वंपूर्वंयोनानुतिष्ठतिजापकः ॥ एकदेशक्रियश्चात्रनिरयंसचगच्छति ३ अवमानेनकुरुतेनप्रीयतिनहृष्यति ॥ ईदृशोजापकोयातिनिरयंनात्रसंशयः ४ अहंकारकृतश्चैवसर्वेनिरयगामिनः ॥ परावमानीपुरुषोभवितानिरयोपगः ५ अभिध्यापूर्वकंजप्यंकुरुतेयश्चमोहितः ॥ यत्रास्यरागःपततितत्रतत्रोपपद्यते ६ अथैश्वर्यप्रवृत्तेषुजापकस्तत्ररज्यते ॥ सएवनिरयस्तस्यनासौतस्मात्प्रमुच्यते ७ रागेणजापकोजप्यंकुरुतेतत्रमोहितः ॥ यत्रास्यरागःपततितत्रतत्रोपपद्यते ८

गुणयुक्तंकार्यब्रह्मभावरूपमापेक्षिकममृतं यथाऽऽहुः 'आभूतसंप्लवंस्थानममृतत्त्वंहिभाष्यते'इति तदन्याद्विरजःआत्यंतिकममृतंसमास्थायसम्यगास्थायविषयीकृत्यशांतीभूतोनिष्कामोनिरामयोजरामरणवर्जितो विशुद्धंनिष्कलमात्मानंप्रतिपद्यते २३ ॥ इतिशांतिपर्वणिमोक्षधर्मपर्वणिनीलकंठीयेभारतभावदीपेषण्णवत्यधिकशततमोऽध्यायः ॥ १९६ ॥ ॥ जापकानांयोगसिद्धिप्राप्तिद्वाराजरामरणराहित्यमिच्छयादेहत्यागोब्रह्मलोकंप्रतिगमनंविशुद्धकैवल्यंचेत्युक्तमितोप्यन्याकाचित्तेषांगतिरस्तीतिपृच्छति गतीनामिति । प्राप्तिर्गतिः १ इतोऽन्यागतयःपूर्वोक्तगतितोहीनाइतिसूचयंस्तासुनिरयपदंप्रयुंजानएवोत्तरयति शृणुष्वेति २ एकदेशेति । अपूर्णांगजपपरइत्यर्थः ३ अवमानेनाश्रद्धया जपेप्रीत्यादिरहितः ४ :अहंकारकृतोदर्पवंतः पुरुषोजापकः ५ अभिध्याफलाभिसंधिः यत्रफलेरागःप्रीतिस्तत्रतत्फलभोगानिमित्तमुपपद्यतेयोग्यंदेहंप्राप्नोति ६ ऐश्वर्यमणिमादिकंतस्यप्रवृत्तानिप्रवृत्तयस्तेषुप्रवर्तमानेष्वणिमादिष्वित्यर्थः । सएवतत्ररागएव ७ तत्रैश्वर्यविषयेरागेणमोहितः ८

दुष्टाभोगासक्ताबुद्धिर्यस्यसदुर्बुद्धिः अकृतप्रज्ञोभोगानांदुरंतताज्ञानशून्यः ९ । १० नसंपूर्णोनसंयुक्तइत्यस्याऽविरक्तोपिहठेनत्यक्तभोगइत्यथः ११ अनिवृत्तंस्वाभाविकंअनागंतुकत्वात् । अनिमित्त मितिपाठेऽपिसएवार्थः । अव्यक्तंवाङ्मनसातीतं ब्रह्मणिप्रणवेस्थितं तद्द्वाराप्राप्यं तद्भूतोब्रह्मभावंगतः १२ दुष्प्रज्ञानेनकामाक्रांतयाबुद्ध्या दोषारागादयः तदात्मकादुष्प्रज्ञानात्मकाः १३ ॥ इति शांतिपर्वणि मोक्षधर्मपर्वणि नीलकंठीये भारतभावदीपे सप्तनवत्यधिकशततमोऽध्यायः ॥ १९७ ॥ ॥ निरयपदार्थंप्रसिद्धंगृहीत्वापृच्छति कीदृशमिति । कौतूहलंशुभकर्तुरप्यशुभनिरय प्राप्तिरित्याश्चर्यम् १ धर्ममूलंवेदःपरमात्माचतावाश्रयौयस्य २ अमूनिवक्ष्यमाणानि परमात्मनांमहाबुद्धीनां देवानांदिव्यदेहानां संस्थानान्याकृतयः वर्णाःश्वेतपीताद्याः नानारूपाण्यनेकाविधानि ३ । आक्रीडाःक्रीडास्थानान्युद्यानानि ४ । ५ परमात्मनःस्थानस्येतिपरमात्माभिन्नंस्थानमपेक्ष्येत्यर्थः ६ एतदेववर्णयतित्रिभिः अभयमिति । अभयंनाशभयशून्यं यतोऽनिमित्तंस्वभावसिद्धं क्लेशा अविद्यास्मितारागद्वेषाभिनिवेशास्तैःसमावृतंचन असंगत्वादागंतुकमपिभयंतत्रनास्तीत्यर्थः । द्वाभ्यांप्रियाप्रियाभ्यामुक्तम् । ‘अशरीरंवावसंतंनप्रियाप्रियेस्पृशतः’इतिश्रुतेः । यतस्त्रिभिर्गुणैःप्रियाप्रियहेतुभि

दुर्बुद्धिरकृतप्रज्ञश्चलेमनसितिष्ठति ॥ चलामेवगतिंयातिनिरयंवानियच्छति ९ अकृतप्रज्ञकोबालोमोहंगच्छतिजापकः ॥ समोहान्निरयंयातितत्रगत्वाऽनुशोचति १० दृढग्राहीकरोमीतिजाप्यंजपतिजापकः ॥ नसंपूर्णोनसंयुक्तोनिरयंसोऽनुगच्छति ११ ॥ युधिष्ठिरउवाच ॥ अनिवृत्तंपरंयत्तदव्यक्तंब्रह्मणिस्थितम् ॥ तद्भूतोजापकःकस्मात्सशरीरमिहाविशेत् १२ ॥ भीष्मउवाच ॥ दुष्प्रज्ञानेननिरयाबहवःसमुदाहृताः ॥ प्रशस्तंजापकत्वंचदोषाश्चैतेतदात्मकाः १३ ॥ इति श्रीम०शां०मो०जापकोपाख्यानेसप्तनवत्यधिकशततमोऽध्यायः ॥ १९७ ॥ युधिष्ठिरउवाच ॥ कीदृशंनिरयंयातिजापकोवर्णयस्वमे ॥ कौतूहलंहिराजन्मेतद्भवान्वक्तुमर्हति १ ॥ भीष्मउवाच ॥ धर्मस्यांशप्रसूतोऽसिधर्मिष्ठोऽसिस्वभावतः ॥ धर्ममूलाश्रयंवाक्यंशृणुष्वावहितोऽनघ २ अमूनियानिस्थानानिदेवानापरमात्मनाम् ॥ नानासंस्थानवर्णानिनानारूपफलानिच ३ दिव्यानिकामचारीणिविमानानिसभास्तथा ॥ आक्रीडाविविधाराजन्पद्मिन्यश्चैवकांचनाः ४ चतुर्णांलोकपालानांशुक्रस्याथबृहस्पतेः ॥ मरुतांविश्वदेवानांसाध्यानामश्विनोरपि ५ रुद्रादित्यवसूनांचतथाऽन्येषांदिवौकसाम् ॥ एतेवैनिरयास्तातस्थानस्यपरमात्मनः ६ अभयंचानिमित्तंचनतत्क्लेशसमावृतम् ॥ द्वाभ्यांमुक्तंत्रिभिर्मुक्तमष्टाभिस्त्रिभिरेवच ७ चतुर्लक्षणवर्जंतुचतुष्कारणवर्जितम् ॥ अप्रहर्षमनानंदमशोकंविगतक्लमम् ८

र्मुक्तं गुणातीतत्वमपिकुतः यतोऽष्टाभिःपुरीभिः ‘भूतेंद्रियमनोबुद्धिर्वासनाकर्मवायवः ॥ अविद्याचेत्यष्टवर्गमाहुःपुर्यष्टकंबुधाः’इत्युक्ताभिर्मुक्तं कार्यनिवृत्त्याकारणनिवृत्तिर्लक्ष्यतइत्यर्थः । एतदपिकुतः त्रिभिर्ज्ञेयज्ञानज्ञातृभावैर्मुक्तं ७ इदमपिकुतः यतश्चतुर्लक्षणवर्जंलक्ष्यतेज्ञायतेविषयस्वरूपमेभिस्तानिलक्षणानिदृष्टिश्रुतिमतिविज्ञातयः । रूपादिहीनत्वान्नप्रत्यक्षस्यविषयः । गुणजातिक्रियाहीनत्वान्नशब्दस्य । असंगत्वेनसंबंधाग्रहान्नानुमानस्य । सर्वसाक्षित्वेनाजडत्वाच्चनबुद्धेः । तथाचश्रुतिः ‘नदृष्टेर्द्रष्टारंपश्येर्नश्रुतेःश्रोतारंशृणुयात्नमतेर्मतारमन्वीथानविज्ञातेर्विज्ञातारंविजानीया’ इति चतुष्कारणवर्जितमुक्तैरेवदृष्ट्यादिविषयत्वकारणैरूपादिमत्त्वादिभिर्वर्जितम् । तथाचश्रुतयःअस्थूलमनण्वित्याद्याःपरमात्मनिसर्वविशेषान्निषेधंति । पूर्वत्रद्वाभ्यांयुक्तमितिपाठेतुपूर्वार्धेनाप्रियाप्रियादियोगमात्मन्यध्यारोप्योत्तरार्धेनतदपवादइतिध्येयं भ्रांत्याप्रियादियुक्तमपितत्त्वतोनदर्शनादिविषयइत्यर्थः । प्रहर्षइष्टविषयलाभजंसुखं आनंदस्तद्भोगजंसुखं ताभ्यांहीनमप्रहर्षमनानंदम् । शोकआंतरंदुःखं क्लमोबाह्यंदुःख ताभ्यांहीनमशोकंविगतक्लमम् ८

कालइति संपद्यतेउत्पद्यते । यत्त्वतीतानागतादिव्यवहारहेतुरखंडदंडायमानःकालोनामनित्यंतत्त्वांतरमस्ति । तस्यचोपाधिर्जन्यवस्तुमात्रमितिवदंति । तत्रउपाधयएवस्वस्यातीतत्वादिव्यवहारहेतवोभवंति । किमंतर्गडुनाकालेनेत्यभिप्रेत्योक्तं कालःसंपद्यतइति । नप्रभुरित्यादेतच्छून्यंतद्वस्त्विवतिदर्शितम् ९ आत्मनःप्रतीचःकेवलतांत्रिपुट्याअभावेनैकाकितां तत्रपरमेस्थाने १० स्थानवरस्यस्थानवरापेक्षया ११ ॥ इतिशांतिपर्वणि मोक्षपर्वणि नीलकंठीये भारतभावदीपे अष्टनवत्यधिकशततमोऽध्यायः ॥ १९८ ॥ ॥ आख्यायिकामुखेनजापकस्यवक्ष्यमाणदोषाभाववंतिसचस्वंपरंचतारयतितेनचसत्यादिकंरक्षणीयंदंभादिकंचत्याज्यमितिनिरूपयत्यध्यायद्वयेन कालेत्यादिना । आयुःपरिच्छेदिकादेवताकालः प्राणवियोजिकामृत्युः पुण्यापुण्यफलदायिकायमः तत्तम् १ सूर्यपुत्रस्ययमस्य

कालःसंपद्यतेतत्रकालस्तत्रनवैप्रभुः ॥ सकालस्यप्रभूराजन्स्वर्गस्यापितथेश्वरः ९ आत्मकेवलतांप्राप्तस्तत्रगत्वानशोचति ॥ ईदृशंपरमंस्थानंनिरयास्तेच तादृशाः १० एतेतेनिरयाःप्रोक्ताःसर्वएवयथातथम् ॥ तस्यस्थानवरस्येहसर्वेनिरयसंज्ञिताः ॥ ११ ॥ इतिश्रीमहाभारते शांतिपर्वणि मोक्षपर्वणि जापकोपाख्यानेअष्टनवत्यधिकशततमोऽध्यायः ॥ १९८ ॥ ॥ युधिष्ठिरउवाच ॥ कालमृत्युयमानांतेइक्ष्वाकोर्ब्राह्मणस्यच ॥ विवादोव्याहृतःपूर्वंतद्भवान्वक्तुमर्हति १ ॥ भीष्मउवाच ॥ अत्राप्युदाहरंतीममितिहासंपुरातनम् ॥ इक्ष्वाकोःसूर्यपुत्रस्ययद्वृत्तंब्राह्मणस्यच २ कालस्यमृत्योश्चतथायद्वृत्तंतन्निबोधमे ॥ यथासतेषां संवादोयस्मिन्स्थानेऽपिचाभवत् ३ ब्राह्मणोजापकःकश्चिद्धर्मवृत्तोमहायशाः ॥ षडंगविन्महाप्राज्ञःपैप्पलादिःसकौशिकः ४ तस्यापरोक्षंविज्ञानंषडंगेषुबभूवह ॥ वेदेषुचैवनिष्णातोहिमवत्पादसंश्रयः ५ सोयंब्राह्मंतपस्तेपेसंहितांसंयतोजपन् ॥ तस्यवर्षसहस्रंतुनियमेनतथागतम् ६ सदेव्यादर्शितःसाक्षात्प्रीताऽस्मीति तदाकिल ॥ जप्यमावर्तयंस्तूष्णींनसतांकिंचिदब्रवीत् ७ तस्यानुकंपयादेवीप्रीतासमभवत्तदा ॥ वेदमातातत्तस्तस्यतज्जप्यंसमपूजयत् ८ समाप्तजप्यस्तूत्थायशिरसापादयोस्तदा ॥ पपातदेव्याधर्मात्मावचनंचेदमब्रवीत् ९ दिष्ट्यादेविप्रसन्नात्वंदर्शनंचागतामम ॥ यदिचापिप्रसन्नाऽसिजप्येमेरमतांमनः १० ॥ सावित्र्युवाच ॥ ॥ किंप्रार्थयसिविप्रर्षेकिंचेष्टंकरवाणिते ॥ प्रब्रूहिजपतांश्रेष्ठसर्वंतत्तेभविष्यति ११ इत्युक्तःसतदादेव्याविप्रःप्रोवाचधर्मवित् ॥ जप्यंप्रति ममेच्छेयंवर्धत्विविपुनःपुनः १२ मनसश्चसमाधिर्मेवर्धेताहरहःशुभे ॥ तत्तथेतिततोदेवीमधुरंप्रत्यभाषत १३ इदंचैवापरंप्राहदेवीतत्प्रियकाम्यया ॥ निरयंनैवयातात्वंयत्रयाताद्विजर्षभाः १४ यास्यसिब्रह्मणःस्थानमनिमित्तमनिंदितम् ॥ साधयेभविताचैतद्यत्त्वयाऽहमिहार्थिता १५ नियतोजपचैकाग्रो धर्मस्त्वांसमुपैष्यति ॥ कालोमृत्युर्यमश्चैवसमायास्यंतितेऽन्तिकम् १६

२ । ३ जापकोमंत्राध्ययनपरः षडंगानिशिक्षादीनिहृदयादीनिवावेत्तीतिषडंगवित् ४ अपरोक्षंतत्त्वदर्शनात्मकम् ५ सोयंवादोऽर्थज्ञानं भासनोपसंभाषेतिसूत्रेवदेर्ज्ञानार्थत्वाजुवादात् तेनसहसोयं वदः सुपिक्यपृचेतिक्यप्यजादित्वात्संप्रसारणं । ब्राह्मंब्राह्मणयोग्यं तपःस्वधर्मानुष्ठानं । सोत्यमितिपाठेत्यमुचमम् ६ देव्यासावित्र्यादर्शितोदर्शनदानेनानुगृहीतः ७ । ८ । ९ । १० । ११ १२ समाधिर्नियमः १३ निरयंस्वर्गेक्षयिणं यातायास्यसि यातागताः १४ अनिमित्तमजन्यं यज्जप्येमेरमतांमनइति १५ जपजपंकुरु तेनकालादीनांतवभयंनास्तीत्यर्थः १६

॥ ६४ ॥

१७ । १८ दर्शयामासद्विजायात्मानंदर्शितवान् १९ । २० । २१ । २२ किंत्विति । त्यक्त्वाऽऽत्मनःशरीरमित्यनुषज्ज्यते अवतेशब्दंकरोतीत्युत् उङ्शब्दे जापकोऽहंबहुनादुःखेनमिश्रंसुखंयत्रतं
दहंदेहातरंनसृजेयंकिंत्वनेनैवदेहेनमुक्तःस्यामित्यर्थः । तस्योदितिनामसएषसर्वेभ्यःपाप्मभ्यउदितइतिश्रौतनिर्वचनादुत्सर्वपापहीनोऽहंदेहंनसृजेयमितित्वा कैवल्याधिकारित्वान्ममेतिभावः २३ । २४

भविताचविवादोऽत्रतववतेषांचधर्मतः ॥ भीष्मउवाच ॥ एवमुक्त्व भगवतीजगामभवनंस्वकम् १७ ब्राह्मणोऽपिजपन्नास्तेदिव्यंवर्षशतंतथा ॥ सदादांतोजित
क्रोधःसत्यसंधोऽनसूयकः १८ समाप्तेनियमेतस्मिन्नथविप्रस्यधीमतः ॥ साक्षात्प्रीतस्तदाधर्मोदर्शयामासतंद्विजम् १९ ॥ धर्मउवाच ॥ द्विजातेपश्यमां
धर्ममहंत्वाद्रष्टुमागतः ॥ जप्यस्याऽस्यफलंयत्तत्संप्राप्ततच्चमेशृणु २० जितालोकास्त्वयासर्वेयेदिव्यायेचमानुषाः ॥ देवानांनिलयान्साधोसर्वानुत्क्रम्ययास्यसि
२१ प्राणत्यागंकुरुमुनेगच्छलोकान्यथेप्सितान् ॥ त्यक्त्वाऽऽत्मनःशरीरंचततोलोकानवाप्स्यसि २२ ॥ ब्राह्मणउवाच ॥ किंनुलोकैर्हिमेधर्मगच्छत्वंचयथा
सुखम् ॥ बहुदुःखसुखंदेहंनोत्सृजेयमहंविभो २३ ॥ धर्मउवाच ॥ अवश्यंभोःशरीरंतेत्यक्तव्यंमुनिपुंगव ॥ स्वर्गमारोहभोविप्रकिंवावैरोचतेऽनघ २४
॥ ब्राह्मणउवाच ॥ नरोचयेस्वर्गवासंविनादेहमहंविभो ॥ गच्छधर्मनमेश्रद्धास्वर्गंगंतुंविनाऽऽत्मना २५ ॥ धर्मउवाच ॥ अलंदेहेमनःकृत्वात्यक्त्वादेहंसुखीभव ॥
गच्छलोकानरजसोयत्रगत्वानशोचसि २६ ॥ ब्राह्मणउवाच ॥ रमेजपन्महाभागकिंनुलोकैःसनातनैः ॥ सशरीरेणगंतव्यंमयास्वर्गंनवाविभो २७
॥ धर्मउवाच ॥ यदित्वंनेच्छसेत्यक्तुंशरीरंपश्यवैद्विज ॥ एषकालस्तथामृत्युर्यमश्चत्वामुपागताः २८ ॥ भीष्मउवाच ॥ अथवैवस्वतःकालोमृत्युश्चत्रितयं
विभो ॥ ब्राह्मणंतंमहाभागमुपगम्येदमब्रुवन् २९ ॥ यमउवाच ॥ तपसोऽस्यसुतप्तस्यतथासुचरितस्यच ॥ फलप्राप्तिस्तवश्रेष्ठायमोऽहंत्वामुपब्रुवे ३०
॥ कालउवाच ॥ यथावदस्यजप्यस्यफलंप्राप्तमनुत्तमम् ॥ कालस्तेस्वर्गमारोढुंकालोऽहंत्वामुपागतः ३१ ॥ मृत्युरुवाच ॥ मृत्युंमांविद्धिधर्मज्ञरूपिणं
स्वयमागतम् ॥ कालेनचोदितोविप्रत्वामितोनेतुमद्यवै ३२ ॥ ब्राह्मणउवाच ॥ स्वागतंसूर्यपुत्रायकालायचमहात्मने ॥ मृत्यवेचाथधर्मायकिंकार्यंकर
वाणिवः ३३ ॥ भीष्मउवाच ॥ अर्घ्यंपाद्यंचदत्वासतेभ्यस्तत्रसमागमे ॥ अब्रवीत्परमप्रीतःस्वशक्त्याकिंकरोमिवः ३४ तस्मिन्नेवाथकालेतुतीर्थयात्रामुपाग
तः ॥ इक्ष्वाकुरगमत्तत्रसमेतायत्रतेविभो ३५ सर्वानेवतुराजर्षिःसंपूज्याऽथप्रणम्यच ॥ कुशलप्रश्नमकरोत्सर्वेषांराजसत्तमः ३६ तस्मैसोऽथासनंदत्त्वापाद्यम
र्घ्यंतथैवच ॥ अब्रवीद्ब्राह्मणोवाक्यंकृत्वाकुशलसंविदम् ३७ स्वागतंतेमहाराजब्रूहियद्यदिहेच्छसि ॥ स्वशक्त्याकिंकरोमीहतद्भवान्प्रब्रवीतुमाम् ३८

अदेहमशरीरमात्मानंविनातंपरित्यज्यानात्मसुखेममरुचिःश्रद्धावानास्तीत्यहमिदंशरीरंनत्यक्ष्यामीत्यर्थः २५ कृत्वाऽलंमाकुर्वित्यर्थः । अलंखल्वोःप्रतिषेधयोःप्राचांक्त्वेतिक्त्वःक्त्वा २६ नवेति । देहेना
पिसहस्वर्गतिरल्पैवजपफलादितिभावः २७ । २८ । २९ । ३० । ३१ । ३२ । ३३ । ३४ । ३५ । ३६ । ३७ । ३८

जापकस्यामुष्मिकसुखेनिःस्पृहत्वंप्रदर्श्यैहिकसुखेऽपिनिस्पृहत्वमाख्यायिकयैवज्ञापयति राजाऽहमिति । प्रथितंस्वर्णरत्नादि वदस्वआज्ञापय यजनयाजनेअध्ययनाध्यापनेदानप्रतिग्रहौचेतिषट्कर्माणितेषां मध्येप्रतिग्रहस्यांतर्भावादित्याशयः ३९ ।४० ।४१ । ४२ । ४३ । ४४ । ४५ । ४६ । ४७ । ४८ । ४९ । ५० कृतमलं सर्वेणजपफलेन ५१ यज्जापितंजप्यंतस्येतिशेषः ५२

राजोवाच ॥ राजाऽहंब्राह्मणश्चत्वंयदाषट्कर्मसंस्थितः ॥ ददानिवसुकिंचित्तेप्रथितंतद्वदस्वमे ३९ ॥ ब्राह्मणउवाच ॥ द्विविधाब्राह्मणाराजन्धर्मश्चद्विविधःस्मृतः ॥ प्रवृत्ताश्चनिवृत्ताश्चनिवृत्तोऽहंप्रतिग्रहात् ४० तेभ्यःप्रयच्छदानानियेप्रवृत्तानराधिप ॥ अहंनप्रतिगृह्णामिकिमिष्टंकिंददामिते ॥ ब्रूहित्वंनृपतिश्रेष्ठतपसासाधयामिकिम् ४१ ॥ राजोवाच ॥ क्षत्रियोऽहंनजानामिदेहीतिवचनंक्वचित् ॥ प्रयच्छयुद्धमित्येवंवादिनःस्मोद्विजोत्तम ४२ ब्राह्मणउवाच ॥ तुष्यसित्वंस्वधर्मेणतथातुष्टावयंनृप ॥ अन्योन्यस्यांतरंनास्तियदिष्टंतत्समाचर ४३ ॥ राजोवाच ॥ स्वशक्त्याऽहंददानीतित्वयापूर्वमुदाहृतम् ॥ याचेत्वांदीयतांमह्यंजप्यस्यास्यफलंद्विज ४४ ॥ ब्राह्मणउवाच ॥ युद्धंममसदावाणीयाचतीतिविकत्थसे ॥ नचयुद्धंमयासार्धंकिमर्थंयाचसेपुनः ४५ राजोवाच ॥ वाग्वज्राब्राह्मणाःप्रोक्ताःक्षत्रियाबाहुजीविनः ॥ वाग्युद्धंतदिदंतीव्रंममविप्रत्वयासह ४६ ॥ ब्राह्मणउवाच ॥ सैवाऽद्यापिप्रतिज्ञामेस्वशक्त्याकिंप्रदीयताम् ॥ ब्रूहिदास्यामिराजेंद्रविभवेसतिमाचिरम् ४७ ॥ राजोवाच ॥ यत्तद्वर्षशतंपूर्णंजप्यंवैजपतात्वया ॥ फलंप्राप्तंतत्प्रयच्छममदित्सुर्भवान्यदि ४८ ब्राह्मणउवाच ॥ परमंगृह्यतांतस्यफलंयज्जापितंमया ॥ अर्धंत्वमविचारेणफलंतस्यह्यवाप्नुहि ४९ अथवासर्वमेवेहमामकंजापकंफलम् ॥ राजन्प्राप्नुहिकामंत्वंयदि सर्वमिहेच्छसि ५० ॥ राजोवाच ॥ कृतंसर्वेणभद्रंतेजप्यंयद्याचितंमया ॥ स्वस्तितेऽस्तुगमिष्यामिकिंचतस्यफलंवद ५१ ॥ ब्राह्मणउवाच ॥ फलप्राप्तिंनजानामिदत्तंयज्जपितंमया ॥ अयंधर्मश्चकालश्चयमोमृत्युश्चसाक्षिणः ५२ ॥ राजोवाच ॥ अज्ञातमस्यधर्मस्यफलंकिंमेकरिष्यति ॥ फलंब्रवीषिधर्मस्यनचेज्जप्यकृतस्यमाम् ॥ प्राप्नोतुतत्फलंविप्रोनाहमिच्छेससंशयम् ५३ ॥ ब्राह्मणउवाच ॥ नाददेऽपरवक्तव्यंदत्तंचास्यफलंमया ॥ वाक्यंप्रमाणंराजर्षेममाद्यतवचैवहि ५४ नाभिसंधिर्मयाजप्येकृतपूर्वःकदाचन ॥ जप्यस्यराजशार्दूलकथंवेत्स्याम्यहंफलम् ५५ ददस्वेतित्वयाचोक्तंददानीतिमयातथा ॥ नवाचंदूषयिष्यामिसत्यंरक्षस्थिरोभव ५६ अथैवंवदतोमेऽद्यवचनंनकरिष्यसि ॥ महानधर्मोभवितातवराजन्मृषाकृतः ५७ नयुक्तंतुमृषावाणीत्वयावक्तुमरिंदम ॥ तथामयाऽप्यभिहितंमिथ्याकर्तुंनशक्यते ५८ संश्रुतंचमयापूर्वंददानीत्यविचारितम् ॥ तद्गृह्णीष्वाविचारेणयदिसत्येस्थितोभवान् ५९ इहागम्यहिमांराजन्जाप्यंफलमयाचथाः ॥ तन्मेनिसृष्टंगृह्णीष्वभवसत्येस्थिरोऽपिच ६०

५३ अपरवक्तव्यंवाक्यांतरंनाददेनांगीकुर्वे ५४ अभिसंधिःकामः निष्कामस्यजपस्यानंतंफलमितिभावः ५५ दूषयिष्यामिअन्यथाकरिष्यामि ५६ । ५७ । ५८ । ५९ मेमयानिसृष्टंदत्तम् ६०

६१ । ६२ नविशिष्यतेनविशेषःक्रियते ६३ एकःअतुल्यः अक्षरःअविनाशी ६४ । ६५ । ६६ । ६७ । ६८ । ६९ । ७० देहीतिउक्त्वेतिशेषः ७१ । ७२ । ७३ । ७४
नच्छंदयामिप्रतिगृह्णीष्वेतिनप्रार्थितवानस्मि ७५ अविवादइति । राहूपरागादौप्रतिग्रहमनिच्छतिब्राह्मणेयत्प्रकारांतरेणदानंतद्दातुःफलौवहंप्रतिग्रहीतुश्चनदोषकरमितिभावः । तथाचस्मृतिः 'मनसापात्रमुद्दिश्यजलं

नायंलोकोऽस्तिनपरोनचपूर्वान्सतारयेत् ॥ कुतएवजानिष्यांस्तुमृषावादपरायणः ६१ नयज्ञफलदानानिनियमास्तारयंतिहि ॥ यथासत्यंपरेलोकेतथेहपुरु
षर्षभ ६२ तपांसियानिचीर्णानिचरिष्यंतिचयत्तपः ॥ शतैःशतसहस्रैश्चतैःसत्यान्नविशिष्यते ६३ सत्यमेकाक्षरंब्रह्मसत्यमेकाक्षरंतपः ॥ सत्यमेकाक्षरोयज्ञःसत्य
मेकाक्षरंश्रुतम् ६४ सत्यंवेदेषुजागर्तिफलंसत्येपरंस्मृतम् ॥ सत्याद्धर्मोदमश्चैवसर्वंसत्येप्रतिष्ठितम् ६५ सत्यंवेदास्तथागानिसत्यंविद्यास्तथाविधिः ॥ व्रत
चर्यातथासत्यमोंकारःसत्यमेवच ६६ प्राणिनांजननंसत्यंसत्यंसंततिरेवच ॥ सत्येनवायुरभ्येतिसत्येनतपतेरविः ६७ सत्येनचाग्निर्दहतिस्वर्गःसत्येप्रति
ष्ठितः ॥ सत्यंयज्ञस्तपोवेदाःस्तोभामंत्राःसरस्वती ६८ तुलामारोपितोधर्मःसत्यंचैवेतिनःश्रुतम् ॥ समकक्षांतुलयतोयतःसत्यंततोऽधिकम् ६९ यतोधर्मस्त
तःसत्यंसर्वंसत्येनवर्धते ॥ किमर्थमनृतंकर्मकर्तुंराजंस्त्वमिच्छसि ७० सत्येकुरुस्थिरंभावंमाराजन्ननृतंकृथाः ॥ कस्मात्त्वमनृणंवाक्यंदेहीतिकुरुषेऽशुभम् ७१ यदि
जप्यफलंदत्तंमयानैषिस्यसेनृप ॥ धर्मेभ्यःसंपरिभ्रष्टोलोकाननुचरिष्यसि ७२ संश्रुत्ययोनदित्सेतयाचित्वायश्चनेच्छति ॥ उभावानृतिकावेतौनमृषाकर्तुमर्हसि
७३ ॥ राजोवाच ॥ योद्धव्यंरक्षितव्यंचक्षत्रधर्मःकिलद्विज ॥ दातारःक्षत्रियाःप्रोक्तागृह्णीयांभवतःकथम् ७४ ॥ ब्राह्मणउवाच ॥ नच्छन्दयामितेराजन्नापिते
गृहमाव्रजम् ॥ इहाऽऽगम्यतुयाचित्वानगृह्णीषेपुनःकथम् ७५ ॥ धर्मउवाच ॥ अविवादोऽस्तुयुवयोर्वित्तंमांधर्ममागतम् ॥ द्विजोदानफलैर्युक्तोराजासत्यफले
नच ७६ ॥ स्वर्गउवाच ॥ स्वर्गंमांविद्धिराजेंद्ररूपिणंस्वयमागतम् ॥ अविवादोऽस्तुयुवयोरुभौतुल्यफलौयुवाम् ७७ ॥ राजोवाच ॥ कृतंस्वर्गेणमेकार्यंगच्छ
स्वर्गयथागतम् ॥ विप्रोयदीच्छतेगंतुंचीर्णंगृह्णातुमेफलम् ७८ ब्राह्मणउवाच ॥ बाल्येयदिस्यादज्ञानान्मयाहस्तःप्रसारितः ॥ निवृत्तलक्षणंधर्ममुपासेसंहि
तांजपन् ७९ निवृत्तंमांचिराद्राजन्विप्रलोभयसेकथम् ॥ स्वेनकार्यंकरिष्यामित्वत्तोनेच्छेफलंनृप ८० तपःस्वाध्यायशीलोऽहंनिवृत्तश्चप्रतिग्रहात् ॥ राजोवाच ॥
यदिविप्रविसृष्टंतेजप्यस्यफलमुत्तमम् ॥ आवयोर्यत्फलंकिंचित्सहितंनौतदस्त्विह ८१ द्विजाःप्रतिग्रहेयुक्तादातारोराजवंशजाः ॥ यदिधर्मःश्रुतोविप्रसहैवफलम
स्तुनौ ८२ मावाऽभूत्सहभोज्यंनोमदीयंफलमाप्नुहि ॥ प्रतीच्छमत्कृतंधर्मंयदितेमय्यनुग्रहः ८३ ॥ भीष्मउवाच ॥ ततोविकृतवेषौद्वौपुरुषौसमुपस्थि
तौ ॥ गृहीत्वाऽन्योन्यमावेष्टयकुचैलावूचतुर्वचः ८४ नमेधारयसीत्येकोधारयामीतिचापरः ॥ इहास्तिनौविवादोऽयमयंराजाऽनुशासकः ८५

२३

मध्येजलंक्षिपेत् । दातातत्फलमाप्नोतिप्रतिग्राहीनदोषभाक्' इति ७६ स्वर्गमिति । पुण्यस्यदानेनपुण्यंवर्धते नतुधनमिवदानेनहीयतइत्यर्थः ७७।७८।७९।८०।८१।८२।८३ द्वौपुरुषौकामक्रोधौ ८४ । ८५

८६ । ८७ प्रार्थनाहिराज्ञोऽननुरूपेतितस्यकामोविकृतसंज्ञः शांतिस्वभावस्यापिजापकस्ययाचित्वाऽपिदीयमानंनगृह्णातीतिराजानंप्रतियःक्रोधःसविरूपसंज्ञः । गोःफलंवाचंधेनुमुपासीतेतिश्रुतेर्धेनुसरूपा

सत्यंब्रवीम्यहमिदंनमेधारयतेभवान् ॥ अनृतंवदसीहत्वमृणंतेधारयाम्यहम् ८६ तावुभौसुभृशंतप्तौराजानमिदमूचतुः ॥ परीक्ष्यत्वंयथास्यावोनावामिह विगर्हितौ ८७ ॥ विरूपउवाच ॥ धारयामिनरव्याघ्रविकृतस्येहगोःफलम् ॥ ददतश्चनगृह्णातिविकृतोमेमहीपते ८८ ॥ विकृतउवाच ॥ नमेधारयतेकिंचिद्विरूपोऽयंनराधिप ॥ मिथ्याब्रवीत्ययंहित्वांसत्याभासंनराधिप ८९ ॥ राजोवाच ॥ विरूपकिंधारयतेभवानस्यब्रवीतुमे ॥ श्रुत्वातथाकरिष्येऽहमितिमेधीयतेमनः ९० ॥ विरूपउवाच ॥ शृणुष्वावहितोराजन्यथैतद्धारयाम्यहम् ॥ विकृतस्यास्यराजर्षेनिखिलेननराधिप ९१ अनेनधर्मप्राप्त्यर्थंशुभादत्तापुराऽनघ ॥ धेनुर्विप्रायराजर्षेतपःस्वाध्यायशीलिने ९२ तस्याश्चायंमयाराजन्फलमभ्येत्ययाचितः ॥ विकृतेनचमेदत्तंविशुद्धेनांतरात्मना ९३ ततोमेसुकृतंकर्मकृतमात्मविशुद्धये ॥ गावौचकपिलेक्रीत्वावत्सलेबहुदोहने ९४ तेचोंच्छवृत्तयेराजन्मयासमपवर्जिते ॥ यथाविधियथाश्रद्धंतदस्याहंपुनःप्रभो ९५ इहाद्यैवगृहीत्वातुप्रयच्छेद्विगुणंफलम् ॥ एवंस्यात्पुरुषव्याघ्रकःशुद्धःकोऽत्रदोषवान् ९६ एवंविवदमानौस्वस्त्वामिहाऽभ्यागतौनृप ॥ कुरुधर्ममधर्मंवाविनयेनौसमादध ९७ यदिनेच्छतिमेदानंयथादत्तमनेनवै ॥ भवानत्रस्थिरोभूत्वामार्गेस्थापयिताऽद्यनौ ९८ ॥ राजोवाच ॥ दीयमानंनगृह्णासिऋणंकस्मात्त्वमद्यवै ॥ यथैवतेऽभ्यनुज्ञातंतथागृह्णीष्वमाऽचिरम् ९९ ॥ विकृतउवाच ॥ धारयामीत्यनेनोक्तंददानीतितथामया ॥ नाऽयंमेधारयत्यद्यगच्छतांयत्रवांछति १०० ॥ राजोवाच ॥ ददतोऽस्यनगृह्णासिविषमंप्रतिभातिमे ॥ दंड्योहित्वंममतोनास्त्यत्रखलुसंशयः १ ॥ विकृतउवाच ॥ मयाऽस्यदत्तंराजर्षेगृह्णीयांतत्कथंपुनः ॥ काममत्रापराधोमेदंडमाज्ञापयप्रभो २ ॥ विरूपउवाच ॥ दीयमानंयदिमयानेषिष्यसिकथंचन ॥ नियंस्यतित्वांनृपतिरयंधर्मानुशासकः ३ ॥ विकृतउवाच ॥ स्वंमयायाचितेनेहदत्तंकथमिहाद्यतत् ॥ गृह्णीयांगच्छतुभवानभ्यनुज्ञांददानिते ४ ॥ ब्राह्मणउवाच ॥ श्रुतमेतत्त्वयाराजन्ननयोःकथितंद्वयोः ॥ प्रतिज्ञातंमयायत्तेतद्गृहाणाविचारितम् ५ ॥ राजोवाच ॥ प्रस्तुतंसुमहत्कार्यमनयोर्गह्वरंयथा ॥ जापकस्यदृढीकारःकथमेतद्भविष्यति ६ यदितावन्नगृह्णामिब्राह्मणेनापवर्जितम् ॥ कथंनलिप्येयमहंपापेनमहताऽद्यवै ७ तौचोवाचसराजर्षिःकृतकार्यौगमिष्यथः ॥ नेदानींमामिहासाद्यराजधर्मोभवेन्मृषा ८ स्वधर्मःपरिपाल्यस्तुराज्ञामितिविनिश्चयः ॥ विप्रधर्मश्चगहनोमामनात्मानमाविशत् १०९

यावाचः जपस्यफलमित्यर्थः ८८ । ८९ । ९० । ९१ धेनुर्वाक्विप्रायपरमेश्वराय धर्मप्राप्त्यर्थंनतुस्वार्थं ९२ । ९३ ततोमेमया पशुद्वयदानेनमयाजपयज्ञफलंप्राप्तमिदानीमस्माचदहंनेच्छामीत्यर्थः ९४ । ९५ इहेति । गृह्यापिपुनःप्रतिदानंकरिष्यामीत्यर्थः ९६ । ९७ । ९८ । ९९ धारयामीति । अप्रतिग्रहेणैवाहमेतमनृणंकरोमीत्यर्थः १०० । १ । २ । ३ । ४ । ५ । ६ ७ । ८ ।

१० निक्षेपार्थंप्रतिगृह्यप्रदानार्थं १२ । १३ समंदानस्यप्रतिदानेनतुल्यमस्तु सहैवेति तवैवतुभ्यंमयाप्रतिदत्तमित्यर्थः १४ कामक्रोधाविति । अत्रप्रतिग्रहीतुरनधिकारित्वाद्दातुर्दानसममेवपुण्यं अन्यथापुण्यप्रदानेनबहुगुणापुण्यवृद्धिरेवस्यादितिभावः कारितःप्रवर्तितःत्वंपदार्थोराजाऽत्रसंबोध्यः १५ नायमिति । आख्यायिकातात्पर्यमाह त्वत्कृतेराज्ञोबोधार्थम् १६ निघृष्टंपरीक्षितम् १७ जापकानामिति । गतिर्मुक्तिः स्थानंब्रह्मलोकः लोकाःसूर्यादिस्थानानि एतेयथाजितास्तथाकीर्तयिष्येइतिशेषः १८ तेषुस्थानमाह प्रयातीति । विरक्तस्यफलमुक्त्वारागिणांलोकानाह अथवेति । अग्निमाग्निलोकं एवमुत्तरत्र १९ तैजसेनतेजोमयेनस्वप्नरूपेण १२० भूमिशरीरेघनेऽपिगच्छति तथाआकाशशरीरेनिरालंबेपिगच्छति तेषांसूर्यादिलोकपालानांगुणान्प्रकाशकत्वादीन् २१ अथेति । तत्राग्न्यादौ तमेवपर

॥ ब्राह्मणउवाच ॥ गृहाणधारयेऽहंचयाचितंसंश्रुतंमया ॥ नचेद्ग्रहीष्यसेराजन्शपिष्येत्वांनसंशयः ११० ॥ राजोवाच ॥ धिग्राजधर्मंयस्यायंकार्यस्येहविनिश्चयः ॥ इत्यर्थंमेग्रहीतव्यंकथंतुल्यंभवेदिति ११ एषपाणिरपूर्वंमेनिक्षेपार्थंप्रसारितः ॥ यन्मेधारयसेविप्रतदिदानींप्रदीयताम् १२॥ ब्राह्मणउवाच ॥ संहितांजपतायावान्गुणःकश्चित्कृतोमया ॥ तत्सर्वंप्रतिगृह्णीष्वयदिकिंचिदिहास्तिमे १३ ॥ राजोवाच ॥ जलमेतन्निपतितंममपाणौद्विजोत्तम ॥ सममस्तुसहैवास्तुप्रतिगृह्णातुवैभवान् १४ ॥ विरूपउवाच॥ कामक्रोधौविद्धिनौत्वमावाभ्यांकारितोभवान् ॥ सहेतिचयदुक्तंतेसमालोकास्तवास्यच १५ नायंधारयतेकिंचिज्जिज्ञासात्वत्कृतेकृता ॥ कालोधर्मस्तथामृत्युःकामक्रोधौतथायुवाम् १६ सर्वमन्योन्यनिष्कर्षेनिघृष्टंपश्यतस्तव ॥ गच्छलोकान्जितान्स्वेनकर्मणायत्रवांछसि १७ ॥ भीष्मउवाच ॥ जापकानांफलावाप्तिर्मयातेसंप्रदर्शिता ॥ गतिःस्थानंचलोकाश्चजापकेनयथाजिताः १८ प्रयातिसंहिताध्यायीब्रह्माणंपरमेष्ठिनम् ॥ अथवाऽग्निंसमायातिसूर्यमाविशतेऽपिवा १९ सतैजसेनभावेनयदितत्ररमत्युत ॥ गुणांस्तेषांसमाधत्तेरागेणप्रतिमोहितः १२०एवंसोमेतथावायौभूम्याकाशशरीरगः ॥ सरागस्तत्र सतिगुणांस्तेषांसमाचरन् २१ अथतत्रविरागीसगच्छतित्वथसंशयम् ॥ परमव्ययमिच्छन्सतमेवाविशतेपुनः २२ अमृताच्चामृतंप्राप्तःशांतीभूतोनिरात्मवान् ॥ ब्रह्मभूतःसनिर्द्वंद्वःसुखीशांतोनिरामयः २३ ब्रह्मस्थानमनावर्तमेकमक्षरसंज्ञकम् ॥ अदुःखमजरंशांतंस्थानंतत्प्रतिपद्यते २४ चतुर्भिर्लक्षणैर्हीनंतथाषड्भिःसषोडशैः ॥ पुरुषंतमतिक्रम्यआकाशंप्रतिपद्यते १२५

मेष्ठिनमेव परमुत्कृष्टं अव्ययंमोक्षं क्रमतइच्छन् २२ अमृतात्परमेष्ठिभावात्आपेक्षिकामृतादमृतंकैवल्याख्यंमुख्यामृतं । शांतीभूतःनिष्कामः । निरात्मवान्आत्माबुद्धिस्तद्वान्अहंकारस्तद्वर्जितः । अतएव ब्रह्मभूतःनिर्द्वंद्वःसुखदुःखाद्यतीतः । निरामयःद्वैतदर्शनहीनः २३ ब्रह्मैवस्थानंब्रह्मस्थानं अनावर्तंआवृत्तिशून्यम् २४ जापकानांपार्यंतिकफलमाह चतुर्भिरिति । चतुर्भिःप्रत्यक्षागमानुमानचेतोभिः लक्षणैःलक्ष्यतेऽनेनेतिव्युत्पत्त्याज्ञापकैर्हीनंरूपगुणसंबंधजडत्वादिभिःपूर्वोक्तैर्विरहितं । अतएवषड्भिरूर्मीभिःअशनापिपासाभ्यांप्राणधर्माभ्यांशोकमोहाभ्यांचित्तधर्माभ्यांजरामृत्युभ्यांदेहधर्माभ्यांचहीनंच तदन्यत्वात् । अतएवप्राणाद्यात्मकषोडशकगणेनैवतेऽशनादयःसहितास्तैः । प्राणाद्याश्चप्राणाच्छ्रद्धांखंवायुर्ज्योतिरापःपृथिवींद्रियंमनोन्नमन्नाद्वीर्यंतपोमंत्राःकर्मलोकेषुनामचेतिश्रुत्युक्ताः आकाशंकारणंब्रह्माति-क्रम्यपुरुषमनुपाधिचिन्मात्रंप्रतिपद्यतइतिसंबंधः १२५

नेच्छतिपुरुषप्राप्तिमितिशेषः सर्वंसर्वात्मकंतत् आकाशाख्यंकारणंअधितिष्ठतितदभिमानीभवति । यच्चेत्यनेन'सयदिपितृलोककामोभवति संकल्पादेवास्यपितरःसमुत्तिष्ठंति' इत्यादिश्रुतेरर्थःसत्यकामःसत्यसंकल्पश्चविद्वानितिदर्शितं २६ अथवेति । परवैराग्यवतःसर्वलोकत्यागोऽपिभवतीत्याह तत्रनिर्गुणे २७ । २८ ॥ इति शांतिपर्व० मोक्षधर्मप० नीलकंठीयेभारतभावदीपेनवनवत्यधिकशततमोऽध्यायः ॥१९९॥ ॥
किमिति । उत्तरंसमालोकास्तवास्यचेतितिविरूपवाक्यश्रवणानंतरं तौइक्ष्वाकुपैप्पलादीतस्यविरूपस्यभाषितेवचनेविषये १ यदेतत्सद्योमुक्तिक्रममुक्तिलोकांतरप्राप्तिरितित्रयं २ अर्हतःपूज्यान् ३ । ४ । ५ । ६

अथनेच्छतिरागात्मासर्वंतदधितिष्ठति ॥ यच्चप्रार्थयतेतच्चमनसाप्रतिपद्यते २६ अथवाचेक्षतेलोकान्सर्वान्निरयसंज्ञितान् ॥ निस्पृहःसर्वतोमुक्तस्तत्रवैरमतेसुखम् २७ एवमेषामहाराजजापकस्यगतिर्यथा ॥ एतत्तेसर्वमाख्यातंकिंभूयःश्रोतुमर्हसि ९२८ ॥ इति श्रीमहाभारते शांतिपर्वणि मोक्षधर्मपर्वणिजापकोपाख्यानेनवनवत्यधिकशततमोऽध्यायः ॥ १९९ ॥ ॥ ॥ युधिष्ठिरउवाच ॥ किमुत्तरंतदातौस्मचक्रतुस्तस्यभाषिते ॥ ब्राह्मणोवाऽथवाराजातन्मेब्रूहिपितामह १ अथवातौगतौतत्रयदेतत्कीर्तितंत्वया ॥ संवादोवातयोःकोऽभूत्किंवातौतत्रचक्रतुः २ ॥ भीष्मउवाच ॥ तथेत्येवंप्रतिश्रुत्यधर्मंसंपूज्यचप्रभो ॥ यमंकालंचमृत्युंचस्वर्गंसंपूज्यचार्हतः ३ पूर्वयेचापरेतत्रसमेताब्राह्मणर्षभाः ॥ सर्वान्संपूज्यशिरसाराजानंसोऽब्रवीद्द्विजः ४ फलेनानेनसंयुक्तोराजर्षेगच्छमुख्यताम् ॥ भवताचाभ्यनुज्ञातोजपेयंभूयएवह ५ वरश्चममपूर्वंहिदत्तोदेव्यामहाबल ॥ श्रद्धातेजपतोनित्यंभवत्वितिविशांपते ६ ॥ राजोवाच ॥ यद्येवमफलासिद्धिःश्रद्धाचजपितुंतव ॥ गच्छविप्रमयासार्धंजापकंफलमाप्नुहि ॥ ७ ब्राह्मणउवाच ॥ कृतःप्रयत्नःसुमहान्सर्वेषांसन्निधाविह ॥ सहतुल्यफलावावांगच्छावोयत्रनौगतिः ८ व्यवसायंतयोस्तत्रविदित्वात्रिदशेश्वरः ॥ सहदेवैरुपययौलोकपालैस्तथैवच ९ साध्याश्चविश्वेमरुतोवाद्यानिसुमहांतिच ॥ नद्यःशैलाःसमुद्राश्चतीर्थानिविविधानिच १० तपांसिसंयोगविधिर्वेदास्तोभाःसरस्वती ॥ नारदःपर्वतश्चैवविश्वावसुर्हहाहुहूः ११ गंधर्वाश्चित्रसेनश्चपरिवारगणैर्युतः ॥ नागाःसिद्धाश्चमुनयोदेवदेवःप्रजापतिः १२ विष्णुःसहस्रशीर्षश्चदेवोऽचिंत्यःसमागमत् ॥ अवाद्यंतांतरिक्षेचभेर्यस्तूर्याणिवाविभो १३ पुष्पवर्षाणिदिव्यानितत्रतेषांमहात्मनाम् ॥ ननृतुश्चाप्सरःसंघास्तत्रतत्रसमंततः १४ अथस्वर्गस्तथारूपीब्राह्मणंवाक्यमब्रवीत् ॥ संसिद्धस्त्वंमहाभागस्त्वंचसिद्धस्तथानृप १५ अथतौसहितौराजन्नन्योन्यविधिनाततः ॥ विषयप्रतिसंहारमुभावेवप्रचक्रतुः १६

यदीति । अफलातवयदियद्यपिमह्यंफलस्यदत्तत्वात् तथापिजपप्रदानजपुण्येनैवतवफलवृद्धेर्जातत्वात्जापकंजपार्जितंफलंत्वमपिप्राप्नुहीत्यर्थः ७ प्रयत्नःतुभ्यंजपदानार्थं नौआवयोः ८ व्यवसायंनिश्चयं ९ । १० संयोगविधिःजीवब्रह्मैक्यप्रतिपादकावेदांताः स्तोभाःसामगीतिपूरणार्थानिअक्षराणिहाइहावुयित्यादीनि ११ । १२ । १३ । १४ । १५ अथेति । अन्योन्यविधिनापरस्परोपकारेणसहितौ एककालएवविषयाणांरूपादीनांप्रतिसंहारंप्रतीपंसंहारंविषयकारणीभूतेंद्रियसंहारेणैवसंहारम् १६

तत्रक्रममाह प्राणेति । मूलाधारात्कुंडलिनीमुत्थाप्यऊर्ध्वोर्ध्वचक्रजयक्रमेणमनसिहृदयेऽनाहतचक्रेस्थाप्यनिरुध्यतत्रस्थंमनःएकीभूतयोःप्राणापानयोःस्थाप्यवशेकृत्वादधतुःधारयतइत्यर्थः १७ उपस्थितंउपस्थं कुरुतः तौउपस्थितकृतौ बद्धपद्मासनावित्यर्थः । भ्रुवोरधः नासिकाग्रंपश्यंताविविशेषः । स्वनासिकाग्रंस्वेनद्रष्टुमशक्यमतो'यएवायमादर्शेपुरुषएतमेवाहंब्रह्मोपासे'इतिश्रुतेः आदर्शस्थनासिकाग्रदर्शनंमामर्स जीतिभ्रुवोरधइतिविशेषणं । तेननात्यंतंनिमीलिताक्षःस्यात्निद्रामाप्तेः । नापिउद्घाटिताक्षःस्यात्लोकदर्शनेनविक्षेपादित्युक्तं । उपस्थाप्योदरेतौचेतिपाठेतौप्राणापानौ उदरेस्वाधिष्ठानेउपस्थाप्यमनसिच स्थाप्येतिपूर्वेणान्वयः । ततश्चमनसासहतौप्राणापानौभ्रुकुट्यांभ्रुवोर्मध्येआज्ञाचक्रेधारयतः १८ तथाउक्तप्रकारेणजितात्मानौजितचित्तौआत्मानंचित्तंप्राणसहितंमूर्धनिधारयतइतिपूर्वेणान्वयः सुषुम्नामार्गेणे तिशेषः १९ तालुदेशंब्रह्मरंध्रं २० । २१ । २२ योगानांयोगिनां २३ योगस्ययोगिनः एतेभ्यएतेषांसभ्यानां समाहितंविहितं २४ उष्यतामिति । अत्रचतुर्मुखास्येप्रवेशोक्त्यादुःखहेतुव्यष्टि

प्राणापानौतथोदानंसमानंव्यानमेवच ॥ एवंतौमनसिस्थाप्यदधतुःप्राणयोर्मनः १७ उपस्थितकृतौतौचनासिकाग्रमधोभ्रुवोः ॥ भ्रुकुट्याचैवमनसाशनै र्धारयतस्तदा १८ निश्चेष्टाभ्यांशरीराभ्यांस्थिरदृष्टीसमाहितौ ॥ जितात्मानौतथाऽऽधायमूर्धन्यात्मानमेवच १९ तालुदेशमथोद्दाल्यब्राह्मणस्यमहात्मनः ॥ ज्योतिर्ज्वालासुमहतीजगामत्रिदिवंतदा २० हाहाकारस्तथादिक्षुसर्वेषांसुमहानभूत् ॥तज्ज्योतिःस्तूयमानंस्मब्रह्माणंप्राविशत्तदा २१ ततःस्वागतमित्याहत त्तेजःप्रपितामहः ॥ प्रादेशमात्रंपुरुषंप्रत्युद्गम्यविशांपते २२ भूयश्चैवापरंप्राहवचनंमधुरंतदा ॥ जापकैस्तुल्यफलतायोगानांनात्रसंशयः २३ योगस्य तावदेतेभ्यःप्रत्यक्षंफलदर्शनम् ॥ जापकानांविशिष्टंतुप्रत्युत्थानंसमाहितम् २४ उष्यतांमयिचेत्युक्त्वाऽचेतयत्सततंपुनः ॥ अथास्यंप्रविवेशास्यब्राह्मणो विगतज्वरः २५ राजाऽप्येतेनविधिनाभगवंतंपितामहम् ॥ यथैवद्विजशार्दूलस्तथैवप्राविशत्तदा २६ स्वयंभुवमथोदेवाअभिवाद्यततोऽब्रुवन् ॥ जापका नांविशिष्टंतुप्रत्युत्थानंसमाहितम् २७ जापकार्थमयंयत्नोयदर्थंवयमागताः ॥ कृतपूजाविमौतुल्यौत्वयातुल्यफलाविमौ २८ योगजापकयोर्दृष्टंफलंसुमह द्यवै ॥ सर्वाँल्लोकानतिक्रम्यगच्छेतांयत्रवांछितम् २९ ब्रह्मोवाच ॥ महास्मृतिंपठेद्यस्तुतथैवानुस्मृतिंशुभाम् ॥ तावप्येतेनविधिनागच्छेतांमत्सलो कताम् ३० यश्चयोगेभवेद्भक्तःसोपिनास्त्यत्रसंशयः॥ विधिनाऽनेनदेहांतेममलोकानवाप्नुयात् ॥ साधयेगम्यतांचैवयथास्थानानिसिद्धये ३१ भीष्मउवाच ॥ इत्युक्त्वासतदादेवस्तत्रैवांतरधीयत ॥ आमंत्र्यचततोदेवाययुःस्वंस्वंनिवेशनम् ३२ तेचसर्वेमहात्मानोधर्मंसत्कृत्यतत्रवै॥पृष्ठतोनुययूराजन्सर्वेसुप्रीतचेतः३३

लिंगवियोगोजापकस्यब्रह्मलोकंगतस्यसद्यएवभवतीत्युक्तं तत्रहेतुरचेतयदिति तस्यब्रह्मात्मैक्यंबोधितवानित्यर्थः । अयमर्थोभगवद्गीतासुसंगृहीतः ' सर्वद्वाराणिसंयम्यमनोहृदिनिरुद्ध्यच ॥ मूर्ध्न्याधायात्मनःप्राणमास्थितोयोगधारणां ॥ ओमित्येकाक्षरंब्रह्मव्याहरन्मामनुस्मरन् ॥ यःप्रयातिसमद्भावंयातिनास्त्यत्रसंशयः'इति । इतरेतु ' ब्रह्मणासहतेसर्वेसंप्राप्तेप्रतिसंचरे ॥ परस्यांतेकृतात्मानःप्रविशंति परंपदं' इतिस्मृतेः । कल्पांतेव्यष्टिलिंगान्मुच्यंतेइतिभेदः २५ । २६ । २७ वयंत्रिदशेश्वरादयः त्वयाचतुर्मुखेन २८ वांछितमनंतंसुखं २९ संहिताध्यायिनांफलमुक्त्वाषडंगाध्यायिनांमन्वादिस्मृत्यध्यायि नांचफलमाह महास्मृतिमिति ३० साधयेयुष्मदिष्टमितिशेषः ३१ । ३२ । ३३

३४ ॥ इतिशांति०मो०नी०भा०द्विशततमोऽध्यायः ॥ २०० ॥ ॥ पूर्वत्रजापकप्रसंगाद्योगस्यापिश्रेयस्त्वमुक्तंयोगजापकयोर्दृष्टंफलंसुमहदद्यवाइति तथाउच्यतांमयिचेत्युक्त्वाचेतयत्सततंपुनरितिजपफल कालेब्रह्मबोधस्यापिद्वारत्वमुक्तमेवंयोगोपिज्ञानसहायएवोतज्ञानफलकादितिमत्वापृच्छति किमिति । ज्ञानंविचारस्तत्सहितोयोगोज्ञानयोगस्तस्य । विद्यामेतांयोगविधिंचकृत्स्नंतत्कारणंसांख्ययोगाभिपन्नमित्या दिलिंगादनयोःसमुच्चयावगमात् वेदानांचकिंफलं तथानियमस्याग्निहोत्रादेः । भूतात्माजीवः १ । २ । ३ कारणंजगतइतिशेषः यत्रयन्निमित्तंविधिःकर्मकांडः ज्ञानेसतियत्फलंप्राप्यं मंत्रशब्दै र्वेदवाक्यैर्वाङ्मनसातीतत्वादप्रकाशितं ४ अर्थशास्त्रंत्रिवर्गशास्त्रं आगमोवेदः मंत्राइषेत्वादयोवेदांतर्गतास्तद्विद्भिर्नरैर्यैर्यज्ञादिभिःफलंसुखमुपास्यतेतत्किंवस्तुकथंकेनप्रकारेणवातत्प्राप्तिर्भविताकवातत्सुखंदेशां तरेवाप्रत्यगात्मन्येववा ५ महीजाःस्थावरजंगमाः ६ ज्ञानंयतोयस्मिन्विषये ततोज्ञानात् तदर्थोज्ञानार्थो मिथ्याप्रवृत्तिंतदज्ञात्वाप्रवृत्तिंतदवाप्येकथंनुकुर्यां ७ सोऽहंभगवोमंत्रविदेवास्मिनात्मविदितिश्रुते

एतत्फलंजापकानांगतिश्चैषाप्रकीर्तिता ॥ यथाश्रुतंमहाराजकिंभूयःश्रोतुमिच्छसि ३४ इतिश्रीमहाभारतेशां०मो०जापकोपाख्यानेद्विशततमोध्यायः ॥२००॥ ॥युधिष्ठिरउवाच ॥ किंफलंज्ञानयोगस्यवेदानांनियमस्यच ॥ भूतात्माचकथंज्ञेयस्तन्मेब्रूहिपितामह १ ॥ भीष्मउवाच ॥ अत्राप्युदाहरंतीममितिहासंपुरा तनम् ॥ मनोःप्रजापतेर्वादंमहर्षेश्चबृहस्पतेः २ प्रजापतिंश्रेष्ठतमंप्रजानांदेवर्षिसंघप्रवरोमहर्षिः ॥ बृहस्पतिःप्रश्नमिमंपुराणंपप्रच्छशिष्योऽथगुरुंप्रणम्य ३ यत्का रणंयत्रविधिःप्रवृत्तोज्ञानेफलंयत्प्रवदंतिविप्राः ॥ यन्मंत्रशब्दैरकृतप्रकाशंतदुच्यतांमेभगवन्यथावत ४ यच्चार्थशास्त्रागममंत्रविद्भिर्यज्ञैरनेकैरथगोप्रदानैः॥फलं महद्भिर्यदुपास्यतेचकिंतत्कथंवाभविताक्वातत ५ महीमहीजाःपवनोंतरिक्षंजलौकसश्चैवजलंदिवंच ॥ दिवौकसश्चापियतःप्रसूतास्तदुच्यतांमेभगवन्पुराणम् ६ ज्ञानंयतःप्रार्थयतेनरोवैततस्तदर्थाभवतिप्रवृत्तिः ॥ नचाप्यहंवेदपरंपुराणंमिथ्याप्रवृत्तिंचकथंनुकुर्याम् ७ ऋक्सामसंघांश्चयजूंषिचापिच्छंदांसिनक्षत्रगतिंनि रुक्तम् ॥ अधीत्यचव्याकरणंसकल्पंशिक्षांचभूतप्रकृतिंनवेद्मि ८समेभवान्शंसतुसर्वमेतत्सामान्यशब्दैश्चविशेषणैश्च॥समेभवान्शंसतुतावदेतज्ज्ञानेफलंकर्मणि वायदस्ति ९ यथाचदेहाच्च्यवतेशरीरीपुनःशरीरंचयथाऽभ्युपैति ॥ मनुरुवाच ॥ यद्यत्प्रियंयस्यसुखंतदाहुस्तदेवदुःखंप्रवदंत्यनिष्टम् १० इष्टंचमेस्यादितरच्च नस्यादेतत्कृतेकर्मविधिःप्रवृत्तः ॥ इष्टंत्वनिष्टंचनमांभजेतेत्येतत्कृतेज्ञानविधिःप्रवृत्तः ११ कामात्मकाश्छंदसिकर्मयोगाएभिर्विमुक्तःपरमश्नुवीत ॥ नानाविधे कर्मपथेसुखार्थीनरःप्रवृत्तोनिरयंप्रयाति ॥ बृहस्पतिरुवाच ॥ इष्टंत्वनिष्टंचसुखासुखेचसाऽऽशीस्त्ववच्छंदतिकर्मभिश्च १२

ऋक्सामादिज्ञानेऽपिभूतप्रकृतिंविश्वोपादानमात्मानंनवेद्मि ८ सामान्यशब्दैरस्तीत्येवोपलब्धव्यइत्यादिभिः विशेषणैःसत्यंज्ञानमनंतंविज्ञानमानंदमित्यादिभिः ९ यत्रविधिप्रवृत्तइत्यस्योत्तरमाह यदिति १० ज्ञानेफलंयदित्यस्योत्तरमाह इष्टमिति ११ यच्चार्थशास्त्रेत्यस्योत्तरमाह कामेति । कामात्मकाःकामप्रधानाः छंदसिवेदे एभिःकामैः कर्मपथेवेदोक्तेलौकिकेवा निरयंस्वर्गंनरकंवा एतदाक्षिपत्यर्धेन इष्टमिति । इष्टानिष्टेप्रियाप्रिये सुखदुःखे ततःसुखमिष्टंग्राह्यंदुःखमनिष्टंत्याज्यं साआशीःप्रार्थना साचकर्मभिरेनंप्रार्थयितारमवच्छंदतिपूरयतिव्याप्नोति एतावदेवपुरुषःप्रार्थयतेनान्यत्कर्मफलमस्तीत्यर्थः । स्वर्गकामोयजेतश्येनेनाभिचरन्यजेतेत्यादेरुत्पत्तिशिष्टस्यतस्यैवफलत्वेनश्रवणात् १२

विविदिषंतियज्ञेनेत्यादिवाक्यादेभिःकामैर्विमुक्तःसन्कर्माण्यनुष्ठायपरंब्रह्मविविदिषोत्पत्त्यादिद्वाराप्रविशेत् एतदर्थमेवकर्माविधिःप्रवृत्तः स्वर्गादिफलश्रवणंतुकामात्मकानेवच्छंदतिआवृणोति अतएभिःकामै र्विमुक्तःपरमेवाददीत ब्रह्मज्ञानार्थमेवकर्माण्यनुतिष्ठेन्नक्षुद्रफलार्थमित्यर्थः १३ किंश्येनादीन्यपिज्ञानार्थमनुष्ठेयानि नेत्याह आत्मेति। आत्माचित्तं आदिभिःप्रथमैर्नित्यैरित्यर्थः । इध्यमानोरागादिदोषापन येनाऽऽदर्शवद्दीप्यमानोद्युतिमान्सदसद्विषयप्रकाशवानतएवसुखार्थीमुमुक्षुःपरमत्यंतकर्मागोचरं । निराशिषमित्यनेनसाशीस्त्ववच्छंदतीतिपरोक्तिर्निरस्ता अवैत्युपैतिस्ववृत्त्याव्याप्नोति १४ ननुबंधकानांकर्म णांकथंबंधनिवर्तकत्वंनहिसुरयाआचांतःशुद्ध्यतीत्याशंक्याह। प्रजाःसृष्टाइति एतौमनःकर्मणीसंसारप्रदेअपिसत्पथौब्रह्मप्राप्तिमार्गौ । कथंतदाह दृष्टमिति। दृष्टंप्रत्यक्षंश्रुतिबोधितमित्यर्थः। शाश्वतंचमोक्षहे तुरपि अंतवच्चक्षुद्रफलमपि तत्रमनसाक्रियमाणस्त्यागःफलत्यागएवशाश्वतत्वेकर्मणांकारणंनान्यत् स्वरूपेणत्यागइत्यर्थः १५ स्वेनेति । यथाचक्षूरूपःप्रणेतानायकोनिशात्ययेरात्र्यंतेतमसाऽसंवृतात्माऽना वृतस्वरूपःसन्स्वेनात्मनातैजसेनवाआलोकेनवर्जनीयंकंटकादिकंपश्यत्येवंज्ञानंबुद्धिर्विज्ञानगुणेनाविवेकेनयुक्तंसदशुभंपश्यति १६ दृष्टांतंविवृण्वन्ज्ञानफलस्यश्रैष्ठ्यमाह सर्पानिति। उदपानंकूपं १७ ज्ञानपूर्वकं कृतंकर्मसफलमित्याह कृत्स्नइति। कर्मपंचात्मकं पंचमंत्रादयआत्मानोनिष्पादकायस्यतथासमाधिरैकाग्र्यंदेवताध्यानादौ यस्यैदेवतायैहविर्गृहीतंस्यात्तांध्यायेदितिश्रुतेः फलंफलवत् १८ कर्तृस्वभाव

॥ मनुरुवाच ॥ एभिर्विमुक्तःपरमाविवेशएतत्कृतेकर्मविधिःप्रवृत्तः ॥ कामात्मकांश्छंदातिकर्मयोगएभिर्विमुक्तःपरमाददीत १३आत्मादिभिःकर्मभिरिध्यमानो धर्मेप्रवृत्तोद्युतिमान्सुखार्थी ॥ परंहितत्कर्मपथादपेतंनिराशिषंब्रह्मपरंह्यवैति १४ प्रजाःसृष्टामनसाकर्मणाचद्वावेवैतौसत्पथौलोकजुष्टौ ॥ दृष्टंकर्मशाश्वतंचांतवच्च मनस्त्यागःकारणंनान्यदस्ति १५ स्वेनात्मनाचक्षुरिवप्रणेतानिशात्ययेतमसासंवृतात्मा ॥ ज्ञानंतुविज्ञानगुणेनयुक्तंकर्माशुभंपश्यतिवर्जनीयम् १६ सर्पान्कु शाग्राणितथोदपानंज्ञात्वामनुष्याःपरिवर्जयंति ॥ अज्ञानतस्तत्रपतंतिकेचिज्ज्ञानेफलंपश्ययथाविशिष्टम् १७ कृत्स्नस्तुमंत्रोविधिवत्प्रयुक्तोयज्ञायथोक्तास्त्विह दक्षिणाश्च ॥ अन्नप्रदानंमनसःसमाधिःपंचात्मकंकर्मफलंवदंति १८ गुणात्मकंकर्मवदंतिवेदास्तस्मान्मंत्रोमंत्रपूर्वंहिकर्म ॥ विधिर्विधेयंमनसोपपत्तिःफलस्यभो क्तातुतथाशरीरी १९ शब्दाश्चरूपाणिरसाश्चपुण्याःस्पर्शाश्चगंधाश्चशुभास्तथैव ॥ नरोनसंस्थानगतःप्रभुःस्यादेतत्फलंसिद्ध्यतिकर्मलोके २० यद्यच्छरीरेण करोतिकर्मशरीरयुक्तःसमुपाश्नुतेतत् ॥ शरीरमेवायतनंसुखस्यदुःखस्यचाप्यायतनंशरीरम् २१

भेदात्कर्मणांफलभेदमाह गुणेति। गुणात्मकंसात्विकंराजसंतामसंचविधेयंकर्मेत्यर्थः । तस्माद्धेतोर्मंत्रोऽपिगुणात्मकस्तत्रहेतुर्मंत्रपूर्वंहिकर्म तत्रसात्विकोमंत्रोऽग्निमीळे। राजसइषेत्वोर्जेत्वा । तामसःसर्वंप्रवि ध्यहृदयंप्रविध्येत्यादिः । एवंविधिरपित्रिविधः आत्मकामोयजेत । स्वर्गकामोयजेत। अभिचरन्यजेतेत्यादिः। कर्तृस्वभावभेदादपितद्भेदमाह मनसोपपत्तिःफलस्येति । तथाहि यदेवविद्ययाकरोति श्रद्धयोपनिषदातदेववीर्यवत्तरंभवतीतिविद्यादिमान्सात्विकःकर्ता । विद्यादिहीनः केवलं प्रवृत्तिमात्रपरोराजसः । दंभाभिसंधिस्तामसः। तेषांकर्मक्रमेणवीर्यवत्तरवीर्यवन्निवीर्यंचभवति । यथाफलस्यो पपत्तिस्तथाफलस्यभोक्ताऽपिसुखीदुःखीमूढश्चभवति १९ शब्दादयःकर्मफलंकर्मप्राप्यलोकेस्वर्गेसिद्ध्यति नरःप्रभुरधिकारीज्ञानफलेइतिशेषः । नसंस्थानगतइत्येकंपदं मरणमप्राप्तोजीवन्नेवस्यात् इहकृत्वा ऽमुत्रभोक्तव्यमित्यदृष्टफलात्कर्मणोऽपेक्षयादृष्टफलंज्ञानमेवश्रेयइतिभावः २० ननुकर्मभ्यएवमोक्षःसिद्ध्येत्किंज्ञानेनेत्यतआह यद्यदिति। शरीरवताकृतंकर्मशरीरयुक्तेनैवभोक्तव्यं यतःकर्मफलस्यदुःखादेरायत नमाश्रयःशरीरंनत्वशरीरआत्माऽतोऽशरीरत्वलक्षणोमोक्षोनशारीरेणकर्मणासिद्ध्यतीत्यर्थः २१

तर्हिवाचिकेनजपादिनामानसिकेनध्यानादिनावामोक्षःसिद्धयतांनेत्याह वाचेति। वाङ्मनसाभ्यांकृतंकर्मतद्द्वतैवभोक्तव्यंनतुतदतीतंवस्तुगोचरयेदित्यर्थः २२ कर्मणिगुणःसत्वंरजस्तमोवाकर्मगुणस्तं २३ अयथाप्रतिकूलंस्रोतःप्रवाहंजलवेगेनाभिपातीभवतिनत्विच्छया तथाकर्मपुरुषोऽप्युपैत्यनुवर्तते तत्रैवंसतिशुभेतोषोनत्वशुभेइतिमौढ्यमेवेत्यर्थः २४ एवंकर्मगतिमुक्त्वाज्ञानंवक्ष्यामीतिप्रतिजानीते यतइति। आत्मवंतोजितचित्ताजगद्व्यतिक्रम्ययत्तत्पदंयांति परंश्रेष्ठंयत् २५ यद्रसादिहीनमपितान्पंचप्रकारान्रसादीन्जनानांभोक्तॄणामर्थेससृजेउत्पादितवत् अवर्णंलोहितशुक्लकृष्णवर्णप्रधानंरजःसत्त्वतमोमयंतदन्यत् २६ सत्प्रधानपरमाण्वादि असत्शून्यं सदसदनिर्वचनीयं मायाशबलं अतएवाक्षरमपरिणामि। 'नासदासीन्नोसदासीत्तदानींनासीद्रजोनोव्योमापरोयत्'इतिश्रुतावपिस्पष्टेःप्राक्सदसद्रजःशब्दोदितानां प्रधानशून्यपरमाणूनांयुक्तिप्रसक्तानांपरव्योमशब्दितस्यमायाशबलस्यचजगत्कारणश्रुतिप्रसक्तस्यनिषेधात् २७ ॥ इतिशांतिपर्वणिमोक्षधर्मपर्वणिनीलकंठीये भारतभावदीपे एकाधिकद्विशततमोऽध्यायः ॥२०१॥ अक्षरान्मायासहायात् ननुनोव्योमापरोयदितिस्पष्टेःप्राङ्मायाशबलस्यनिषेधात्कथमक्षरेमायासहायादितिविशेषणंदीयते सत्यं। तुच्छयेनाभ्वपिहितंयदासीदितितत्रैववाक्यशेषेतुच्छेनमि

वाचातुयत्कर्मकरोतिकिंचिद्वाचैवसर्वंसमुपाश्नुतेतत् ॥ मनस्तुयत्कर्मकरोतिकिंचिन्मनःस्थएवायमुपाश्नुतेतत् २२ यथायथाकर्मगुणंफलार्थीकरोत्ययंकर्मफले निविष्टः ॥ तथातथाऽयंगुणसंप्रयुक्तःशुभाशुभंकर्मफलंभुनक्ति २३ मत्स्योऽयथास्रोतइवाभिपातीतथाकृतंपूर्वमुपैतिकर्म ॥ शुभेत्वसौतुष्यतिदुष्कृतेतुनतुष्यते वैपरमःशरीरी २४ यतोजगत्सर्वमिदंप्रसूतंज्ञात्वाऽऽत्मवंतोव्यतियांतियत्तत् ॥ यन्मंत्रशब्दैरकृतप्रकाशंतदुच्यमानंशृणुमेपरंयत् २५ रसैर्विमुक्तंविविधैश्चगंधैरश ब्दमस्पर्शमरूपवच्च ॥ अग्राह्यमव्यक्तमवर्णमेकंपंचप्रकारान्ससृजेप्रजानाम् २६ नस्त्रीपुमान्नापिनपुंसकंचनसन्नचासत्सदसच्चतन्न ॥ पश्यंतियद्ब्रह्मविदोमनुष्यास्त दक्षरंनक्षरतीतिविद्धि २७ ॥ इतिश्रीमहाभारतेशांतिपर्वणिमनुबृहस्पतिसंवादेएकाधिकद्विशततमोऽध्यायः ॥ २०१ ॥ ॥ मनुरुवाच ॥ अक्षरात्खं ततोवायुस्ततोज्योतिस्ततोजलम् ॥ जलात्प्रसूताजगतीजगत्यांजायतेजगत् १ एतैःशरीरैर्जलमेवगत्वाजलाच्चतेजःपवनोंतरिक्षम् ॥ खाद्वैनिवर्ततिनभाविनस्ते मोक्षंचतेवैपरमाप्नुवन्ति २ नोष्णंनशीतंमृदुनापितीक्ष्णंनाम्लंकषायंमधुरंनतिक्तम् ॥ नशब्दवन्नापिचगंधवत्तन्नरूपवत्तत्परमस्वभावम् ३ स्पर्शंतनुर्वेदरसंच जिह्वाघ्राणंचगंधाञ्छ्रवणौचशब्दान् ॥ रूपाणिचक्षुर्नचतत्परंयद्गृह्णंत्यनध्यात्मविदोमनुष्याः ४

थ्याभूतेनतमसाआभुव्यापकमपिहितमाच्छादितमित्युक्तेस्तमसश्चतुच्छत्वाभिधानात्। सर्पेणरज्ज्वाइवनपरमार्थतोऽक्षरस्यसद्वितीयत्वमितिज्ञेयं एवंचतुच्छज्ञानावृताच्छुक्तिखंडाद्रजतमिवाक्षरात्खाद्युत्पद्यतेइति नकश्चिद्दोषः १ एवमक्षरेजगदारोप्यापवदति एतैरिति। पार्थिवैःशरीरैर्लवणोदकन्यायेनशरीरिणः जलंगत्वेतिसृष्टिविपरीतक्रमेणसंहारउक्तः तेजसःपवनंततोऽन्तरिक्षंगत्वेतियोज्यं अंतरिक्षंभूताकाशं। खात्ल्यब्लोपेपंचमी मायाशबलंखशब्दोदितमतीत्ययेभाविनोभावोऽक्षरंतद्येषामात्मत्वेनास्तितेनिर्विशेषंप्रत्यगात्मानंप्राप्तास्तेननिवर्ततिनसंसरंतिकिंतुतेपरंमोक्षंप्राप्नुवंति। येभाविनस्तेपरमाप्नुवंतीतिपाठेतु येनभा विनस्तेखात्खंप्राप्यनिवर्तंति येतुभाविनस्तेखादपिपरंयच्चदाप्नुवंतीतियोजना २ एवंज्ञातस्यापिपरस्ययोगैकगम्यत्वंवक्तुंलक्षणमाह नोष्णमिति। नशीतंनमृद्वितिनाम्लंनकषायंनमधुरमितिचसंबंधः स्वभावःप्रमातृत्वा दिस्तद्वर्जम् ३ कस्तर्हिरसादीनांवेदितेत्यतआह स्पर्शमिति। तनुस्त्वगिंद्रियं त्वगादिभिस्तत्परंवस्तुनचगृह्णंति। यद्यतोऽनध्यात्मविदआत्मानमधिकृत्यप्रवृत्तोयोगोऽध्यात्मंतदनभिज्ञाः ४

योगमेवाह निवर्तयित्वेति । गुरूक्तयुक्त्येतिशेषः नहिपुरुषकारेणशब्दात्श्रोत्रंनिवर्तयितुंशक्यं । यथोक्तंवार्तिके‘शांतोदांतउपरतस्तितिक्षुःसमाहितोभूत्वाऽऽत्मन्येवात्मानंपश्येत्’ इतिश्रुतेर्व्याख्याने । ‘स्वा
तंत्र्यंयेषुकर्तुःस्यात्करणाकरणंप्रति ॥ तान्येवतुनिषिद्धानिकर्माणीहशमादिभिः ॥ अस्वातंत्र्यंतुयेषुस्यात्कर्तुःकर्मसुसर्वदा ॥ समाहितोक्त्याऽथेदानींतन्निरोधोविधीयते ॥ पिंडीकृत्येंद्रियग्रामंबुद्धावारो
प्यनिश्चलं ॥ विषयांस्तत्स्मृतीस्त्यक्त्वातिष्ठेच्चिदनुरोधतः ॥ एषोऽभ्युपायःसर्वत्रवेदांतेषुप्रतिष्ठितः ॥ तत्त्वमस्यादिवाक्योत्थज्ञानोत्पत्त्यर्थमादरात्’ इति । ततोनिवर्तकात्प्रमातुःपरंतदुपाधिभूतबुद्ध्या
देःपरंस्वंप्रत्यगभिन्नंस्वभावंस्वरूपसत्तांपश्यति ५ कोऽसौस्वभावइत्यतआह यतइति । तेमुनयःसमुदायंकर्त्रादिसंघातंयत्कारणंयद्धेतुकमाहुस्तंस्वभावंपश्यतीतिपूर्वेणान्वयः समुदायमाह यःकर्ताप्रमातायेनज्ञा
नकर्मकरणेनयत्प्राप्यमुद्दिश्ययस्मिन्देशेकालेचयस्मिन्सुखेदुःखेवानिमित्तभूते तांतदनुकूलांप्रवृत्तिंयत्नमारभतेयच्चारभ्यतत्कर्मदर्शनगमनादिकंकरोति किंकृत्वाकरोति यतोरागद्वेषादितःअदृष्टादीश्वरेच्छातोवा
गृहीत्वाऽवलंब्येतियोजना । ततश्चकर्ताकर्मकरणंदेशकालौसुखदुःखेप्रवृत्त्यारंभाख्योयत्नोगत्यादिकंरागादृष्टेश्वरादिकंचसमुदायस्तस्ययद्धेतुश्चिन्मात्रंतदेवस्वभावइत्यर्थः ६ ननुकिंतत्कारणंयदपेक्ष्यनित्ययोर
पिजीवेशयोःकार्यत्वमुच्यतेइत्याशंक्याह यद्वेति । वाशब्दएवार्थे यदेवव्यापकमीश्वराख्यंसाधकंव्याप्यंजीवाख्यंचाभूत् उभयोर्विभुत्वेनित्यत्वेचतुल्यत्वेननियम्यनियामकभावोनस्यात् । ‘तथाचांतःप्रविष्टः

निवर्तयित्वारसनांरसेभ्योघ्राणंचगंधाच्छ्रवणौचशब्दात् ॥ स्पर्शात्त्वचंरूपगुणात्तुचक्षुस्ततःपरंपश्यतिस्वंस्वभावम् ५ यतोगृहीत्वाहिकरोतियच्चयस्मिंश्चतथा
मारभतेप्रवृत्तिम् ॥ यस्मिंश्चयद्येनचयश्चकर्तायत्कारणंतेसमुदायमाहुः ६ यद्वाऽप्यभूद्व्यापकंसाधकंचयन्मंत्रवत्स्थास्यतिचापिलोके ॥ यःसर्वहेतुःपरमात्म
कारीतत्कारणंकार्यमतोयदन्यत् ७ यथाहिकश्चित्सुकृतैर्मनुष्यःशुभाशुभंप्राप्नुतेऽथाविरोधात् ॥ एवंशरीरेषुशुभाशुभेषुस्वकर्मजैर्ज्ञानमिदंनिबद्धम् ८ यथाप्रदीप्तः
पुरतःप्रदीपःप्रकाशमन्यस्यकरोतिदीप्यन् ॥ तथेहपंचेंद्रियदीपवृक्षाज्ञानप्रदीप्ताःपरवंतएव ९ यथाचराज्ञाबहवोह्यमात्याःपृथक्प्रमाणंप्रवदंतियुक्ताः ॥ तद्वच्छ
रीरेषुभवंतिपंचज्ञानैकदेशाःपरमःसतेभ्यः १०यथार्चिषोग्नेःपवनस्यवेगोमरीचयोर्कस्यनदीषुचापः ॥गच्छंतिचायांतिचसंचरंत्यतस्तद्वच्छरीराणिशरीरिणांतु ११

शास्ताजनानांसर्वात्मा’इत्यादयःश्रुतयोनोपरुध्येरन् । एकस्योभयात्मत्वेमानमाह मंत्रवदिति ‘एकएवतुभूतात्माभूतेभूतेव्यवस्थितः ॥ एकधाबहुधाचैवदृश्यतेजलचंद्रवत्’ इतिमंत्रएवात्रप्रमाणमित्यर्थः ।
भूतात्मानित्यात्माएकधेतिव्यापकत्वेन बहुधेतिसाधकत्वेन स्थास्यतीतिस्थाणुत्वंकूटस्थत्वापरपर्यायमुच्यते । यआत्मकारीआत्मनैवैकाद्वितीयेनकरोतिसर्वमित्यात्मकारी । ‘तदात्मानꣳस्वयमकुरुत’इत्या
दिश्रुतेः तत्परंकारणं । ‘आनंदाद्ध्येवखल्विमानिभूतानिजायंते’ इत्यादिश्रुतेरानंदमयाख्यईश्वरस्त्ववांतरकारणंशुद्धापेक्षयाकार्यमित्यर्थः तदिदमुक्तंकार्यमतोयदन्यदिति ७ एवंस्वभावस्यपरमकारण
त्वमुक्त्वाज्ञानात्मतामप्याहत्रिभिः यथाहीति । सुकृतैःसम्यगनुष्ठितैःपुण्यपापैः कर्मजैःपुण्यपापैःशुभाशुभेषुशरीरेषुजडेषु इदमजडंस्वभावाख्यंपरमकारणं ज्ञानंनित्यज्ञप्तिमात्रं निबद्धंशुभाशुभवज्जडाजडेअपिस
हभवतोऽविरोधादित्यर्थः ८ यथेति । यथावृक्षाग्रस्थोदीपोभूयांसंविषयमवभासयतिनतथावृक्षमूलस्थः एवंपंचेंद्रियरूपाश्चैतन्यप्रदीपयुक्तावृक्षाइवाप्रकाशाज्ञानदीपेनप्रदीप्ताःपरवंताश्चित्प्रकाशाधीनतयाप्रकाशक्
तः नस्वतइत्यर्थः । तथाचश्रुतयः ‘येनवागभ्युद्यतेयेनचक्षूंषिपश्यंतियेनाहुर्मनोमतम्’ इत्याद्याः ९ तेभ्यइंद्रियेभ्यःसज्ञानरूपःस्वभावःपरमः १० अस्यज्ञानस्यनित्यत्वंसाधयति यथार्चिषइति । शरी
रेषुमनोद्वाराज्ञानंनिबद्धमपिशरीराण्येवनश्यंतिनज्ञानमित्यर्थः ११

उपाध्युपधेययोर्धीज्ञानयोरदृश्यत्वंसदृष्टांतमाहद्वाभ्यां यथाचेति । गृहीत्वाऽव्यापारयित्वा १२ योगादुपायात्पश्यामीत्यनुभवान्निंद्रियात्माजीवःसबुद्धिःपरंबुद्धिंचसममेककालंपश्यतीत्यर्थः १३ देहनाशोत्पत्त्यादिनाबुध्युपाधिश्चिदात्मानबाध्यतेइत्याहद्वाभ्यां यथाऽऽत्मनइति । अंगंशरीरमन्यदात्मनःपृथक्स्वप्नांतरेस्वप्नमध्येयथापश्यति समनाःसबुद्धिःमनोबुद्धियुक्तः श्रोत्रादिभिर्दशभिरिंद्रियैःपंचाभिःप्राणैश्चसहितःसप्तदशात्मा मरणेआत्मनःशरीरंपृथक्स्वस्मात्पश्यन्नपितत्रात्मनोभिन्नत्वमजानन्शरीरांतरयुक्तोभवति लिंगात्स्थूलदेहात् लिंगंतदेवदेहांतरम् १४ सन्निपातोमरणं फलसन्नियोगात्सुखदुःखप्रदकर्मसंबंधात् अनेनलिंगेनशवीभूतेन अदृष्टोऽलक्षितः १५ एवमात्मनोबुद्धितादात्म्यभ्रांतिकृतंसंसारमुक्त्वावस्तुतोऽसंगत्वमाह नचक्षुषेतींद्रियाग्राह्यत्वमुक्त्वानस्पर्शमुपैतीत्यभोक्तृत्वद्वाराऽसंगत्वमुक्तंनचापीत्यकर्तृत्वद्वारा तेचक्षुराद्याः सपश्यते तानितिसाक्षित्वमुक्तम् साक्षिणोऽपिबुद्धिवृत्तिग्राह्यत्वात् कर्मव्यतिहारेतङ् फलद्वारातुनपश्यंतीत्युक्तम् १६ असंगस्यापितप्तायःपिंडवद्धीतादात्म्यभ्रांत्यासंसारप्रतीतिरित्याह यथेति । रूपंपैंगल्यादिकं कश्चिदयःपिंडादिः तथापिसःवस्तुवृत्त्यादग्धृत्वपिंगलत्वाख्यमपरंरूपंगुणंवायथानबिभर्तितथैवतदध्याऽऽत्मनोरूपंचैतन्यंदेहेदृश्यते नतुदेहोवस्तुतश्चेतनः तथापिलोहगतंचतुष्कोणत्वादिकंवह्नाविव

यथाचकश्चित्परशुंगृहीत्वाधूमंनपश्येज्ज्वलनंचकाष्ठे ॥ तद्वच्छरीरोदरपाणिपादंछित्वानपश्यंतितितोयदन्यत् १२ तान्येवकाष्ठानियथाविमथ्यधूमंचपश्येज्ज्वलनंचयोगात् ॥ तद्वत्सबुद्धिःसममिंद्रियात्माबुद्धिःपरंपश्यतितंस्वभावम् १३ यथाऽऽत्मनोऽङ्गंपतितंपृथिव्यांस्वप्नांतरेपश्यतिचात्मनोऽन्यत् ॥ श्रोत्रादियुक्तः समनाःसबुद्धिर्लिंगात्तथागच्छतिलिंगमन्यत् १४ उत्पत्तिवृद्धिव्ययसन्निपातैर्नयुज्यतेऽसौपरमःशरीरी॥अनेनलिंगेनतुलिंगमन्यद्गच्छत्यदृष्टःफलसन्नियोगात् १५ नचक्षुषापश्यतिरूपमात्मनोनचापिसंस्पर्शमुपैतिकिंचित् ॥ नचापितैःसाधयतेतुकार्यंतेतंनपश्यंतिसपश्यतेतान् १६ यथासमीपेज्वलतोऽनलस्यसंतापजंरूपमुपैतिकश्चित् ॥ नचापरंरूपगुणंबिभर्तितथैवतद्दृश्यतिरूपमस्य १७ तथामनुष्यःपरिमुच्यकायमदृश्यमन्यद्विशतेशरीरम् ॥ विसृज्यभूतेषुमहत्सुदेहंतदाश्रयंचैवबिभर्तिरूपम् १८ खंवायुमग्निंसलिलंतथोर्वींसमंततोऽभ्याविशतेशरीरी ॥ नानाश्रयाःकर्मसुवर्तमानाःश्रोत्रादयःपंचगुणान्श्रयन्ते १९ श्रोत्रंखतोघ्राणमथोपृथिव्यास्तेजोमयंरूपमथोविपाकः ॥ जलाश्रयंतेजउक्तंरसंचवाय्वात्मकःस्पर्शकृतोगुणश्च २०

त्मनिदेहगतंदुःखादिकंप्रतीयतइत्यर्थः १७ उक्तदृष्टांतेनैवयद्यच्छरीरमात्माप्राप्नोतितस्यतस्यधर्मानात्मन्यभिमन्यतइत्याह तथेति । अदृश्यंतटस्थैः तदाश्रयंदेहांतराश्रयं १८ अत्रप्रसंगात्पूर्वदेहत्यागंदेहांतरोपादानंचसप्रकारमाह खमितित्रिभिः । शरीरीम्रियमाणःखाद्युपादानकैर्देहांशैःखादीनाविशते । एवंश्रोत्रादयोपिसप्तदशनानाश्रयाःस्वस्वोपादानगाःसंतोऽपिकर्मसुपूर्वप्रज्ञासहितेषुवर्तमानाःश्लिष्टाःपंचगुणान्शब्दादीन्श्रयंते अयमर्थः । स्थूलदेहनाशेऽपिकर्मणाऽवबद्धंसप्तदशात्मकंलिंगंननश्यतिकिंतुदेहांतरंप्रविशतितृणजलायुकान्यायेन । तथाचश्रुतिः 'तमुत्क्रामंतंप्राणोनूत्क्रामतिप्राणमनूत्क्रामंतंसर्वेप्राणाअनूत्क्रामंतीति' 'तंविद्याकर्मणीसमन्वारभेतेपूर्वप्रज्ञाचेति' । 'तद्यथातृणजलायुकातृणस्यांतंगत्वाऽन्यमाक्रममाक्रम्यात्मानमुपसंहरतीति' १९ तत्रकिमिंद्रियंकस्यभूतस्यगुणंश्रयतेइतिव्यवस्थामाह श्रोत्रंखतःखस्यगुणंशब्दंश्रयते इत्यनुषंगः पृथिव्यागुणंगंधंघ्राणंसंश्रयते । विपाकश्चक्षूरूपतेजःपरिणामस्तेजोमयंरूपंश्रयते । जलाश्रयंतेजोरसप्रकाशकंरसनेंद्रियंरसंसंश्रयते । वाय्वात्मकःस्पर्शकृतःस्पर्शार्थंकृतइंद्रियविशेषस्त्वक्तमेववाय्वात्मकंगुणंस्पर्शंश्रयते । शब्दादिवासनासहिताएवश्रोत्रादयःकर्मसुश्लिष्टाभवंतीत्यर्थः २०

पंचानामिंद्रियाणामर्थाःशब्दादयोभूतेषुखादिषुवसंति । तानिचपंचखादीनींद्रियेषुवसंति । सर्वाणिचैतानिशब्दादीनिवादीनींद्रियाणिचमनोनुगानि । मनोबुद्धिमन्वेति बुद्धिःस्वभावमन्वेति तेन 'इंद्रियाणिपराण्याहुरिंद्रियेभ्यःपरंमनः ॥ मनसस्तुपराबुद्धिर्योबुद्धेःपरतस्तुसः' इतिगीतासंगता । तत्रश्चार्थाःकारणमिंद्रियाणितेषांमनस्तस्यबुद्धिस्तस्याश्चिदात्मेतिक्रमात्सर्ववासनावासितायांबुद्धौसर्वमस्तीतितद्वियोगाच्चिदात्मापुनःपुनःसंसरतीत्यर्थः २१ एतदेवाह शुभेति । स्वदेहेस्वकर्मार्जितेनूतनदेहेंद्रियादीनिदेवकर्माऽऽददते यदैहिकादन्यत्पूर्वजन्मकृतं परावराण्यर्थबुद्ध्यादीनि पूर्वसंस्कारादुत्तरोत्तरंकर्माणिकुर्वन्नमुच्यतइत्यर्थः २२ नन्वेवमपरिहार्यत्वाद्वासनासंततेरलंमोक्षाशयेत्याशंक्यानादिकालीनमपिभ्रमंतत्त्वधीःसमूलमुन्मूलयितुंक्षमतेइतिप्रतिपादयितुंसदृष्टांतंसंसारस्यभ्रमपूर्वकत्वमाह चलमिति यथादृष्टिपथंदृष्टिर्ज्ञानमनतिक्रांतंसम्यक्प्रमितंवस्तुतस्यपंथाइवपंथाहानोपादानादिमार्गोयस्यतद्यथादृष्टिपथंभ्रांतिज्ञानंतद्वच्चलंबाधविषयतयाअस्थिरंजनःपरैतिपराकृत्यैत्यवगच्छतिवस्तुतत्त्वं । यथानौस्थोनौचांचल्यंतीरतरावारोपयतिनौस्थैर्येचतद्बाधितंभवत्येवंपरंपरमात्मानंकूटस्थमपिबुद्ध्युपधानादकूटस्थमिवभासमानंबुद्धिमार्गंभ्रांतिजनकत्वरूपंधीनिरोधेनपराकृत्यपरतत्त्वमभ्येति । एवंयथासूक्ष्मंपुस्तकाक्षरंमहद्रूपमिवमहत्तररूपमिवलोचनोत्तेजनबलेनाभितोभाति तथासूक्ष्ममपिचिदात्मतत्त्वंबुद्धियोगात्स्थूलप्रपंचात्मनाभाति । एवंयथारूपंस्वमुखप्रतिबिंबंस्वरूपंस्वस्यमुखस्यतत्त्वंस्वदृष्ट्ययोग्यमपिदर्पणआलोचयतेदर्शयत्येवमेकमेवप्रत्यग्वस्तुस्वाज्ञानकल्पितधीदर्पणःपराग्भूतवियदाद्याकारेणावभासयति । तत्रयथाउपनेत्रदर्पणयोरपायेऽक्षरस्थौल्यंमुखस्यदृश्यत्वंचापैत्येवंधीनिग्रहेचितःस्थूलत्वंदृश्यत्वंचापैति । तदेवंकूटस्थस्यात्मनोविकारित्वेसूक्ष्मस्यस्थूलत्वेदृग्रूपस्यदृश्यत्वेचक्रमेणदृष्टांतत्रयं । एवंचानादिरपिभ्रांतिस्तत्त्वज्ञानेनपाश्चात्येनापिबाधितुंशक्या । नचभ्रांतेरुन्मज्जनंसंभवति बुद्धेस्तत्त्वपक्षपातित्वात् । तस्माद्भ्रांतिज्ञानापनयायाऽऽत्मज्ञानेयतितव्यमितिभावः ॥ २३ ॥ इतिशांतिपर्वणि मो०नी०भा०भा० द्व्यधिकद्विशततमोऽध्यायः ॥ २०२ ॥ ॥ ननुयदुक्तंनिर्विकारस्यविकारित्वंसूक्ष्मस्यस्थूलत्वमदृश्यस्यदृश्यत्वंचबुद्धियोगादितितन्न बुद्ध्यतिरिक्तस्यात्मनोऽनुपलंभादित्याशंक्याह यदिति । 'आत्मेंद्रियमनोयुक्तंभोक्तेत्याहुर्मनीषिणः' इतिश्रुतेः समनस्कैंद्रियैरुपहितंयज्जीवचैतन्यंतच्चिरायबहुकालंपुरस्तात्पूर्वंप्राप्तान्गुणान्विषयान्कालांतरेसंस्मरतेबाल्येऽहमिदमन्वभवमिति तदामनोरथकालेविषयेंद्रियसन्निकर्षाद्यभावाज्ज्ञेयज्ञानज्ञातृवासनावासिताबुद्धिरेवसर्वात्मतांप्राप्तातदन्येनचैतन्येनावभास्यतेइत्यस्तिबुद्ध्यधिकश्चेतनइत्यर्थः । ननुतदाइंद्रियाण्येवविषयवासनावासितानिबुद्ध्याप्रकाश्यंतइत्याशंक्याह तेष्विति । इंद्रियेष्वप्युपहतेषुविलीनेषुशब्दाद्यग्रहात् पश्चात्स्वप्नकाले बुद्धेरूपंत्रिपुटीज्ञेयज्ञानज्ञात्रात्मिकातद्वद्रूपमस्यसबुद्धिरूपः । 'ससमानःसन्नुभौलोकावनुसंचरतिध्यायतीवलेलायतीव' इतिश्रुतेः समानोबुद्धितादात्म्यंप्राप्तः परमःसर्वोत्कृष्टःस्वभावश्चिद्रूपआत्माबुद्धेरन्योऽस्त्येव । अयंभावः यथाजाग्रत्कालेघटचक्षुषोर्भास्यभासकयोर्व्यतिरिक्तःकूटस्थोनिर्विकारआदित्यःसत्तामात्रेणचक्षुषोऽनुग्रहंघटस्यचप्रकाशंकरोत्येवंस्वप्नेऽपिमातृमेयात्मनास्थितांबुद्धिंतदन्यउदासीनःप्रकाशोऽवभासयेदिति । तस्मादस्तिबुद्धेरन्यस्तत्तादात्म्यभ्रांत्याविकारित्वाद्याक्रांतआत्मेतिसिद्धम् १

महत्सुभूतेषुवसंतिपंचपंचेंद्रियार्थाश्चतथेंद्रियेषु ॥ सर्वाणिचैतानिमनोऽनुगानिबुद्धिंमनोऽन्वेतिमतिःस्वभावम् २१ शुभाशुभंकर्मकृतंयदन्यत्तदेवप्रत्याददते स्वदेहे ॥ मनोऽनुवर्ततिपरावराणिजलौकसःस्रोतइवानुकूलम् २२ चलंयथादृष्टिपथंपरैतिसूक्ष्मंमहद्रूपमिवाभिभाति ॥ स्वरूपमालोचयतेचरूपंपरंतथाबुद्धिपथंपरैति २३ ॥ ॥ इतिश्रीमहाभारते शांतिपर्वणि मोक्षधर्मपर्वणि मनुबृहस्पतिसंवादे द्व्यधिकद्विशततमोऽध्यायः ॥ २०२ ॥ ॥ मनुरुवाच ॥ ॥ यदिंद्रियैस्तूपहितंपुरस्तात्प्राप्तान्गुणान्संस्मरतेचिराय ॥ तेष्विंद्रियेषूपहतेषुपश्चात्सबुद्धिरूपःपरमःस्वभावः १

ननुमनोरथइवस्वप्नेऽपिवासनामयानींद्रियाणिसंत्येवातस्तत्राप्यविशिष्टंबुद्धेरेवभासकत्वं तथाचश्रुतिःस्वप्नावस्थांप्रकृत्याह । ‘अथोखल्वाहुर्जागरितदेशएवास्येति’ तच्चस्वप्नस्यजागररूपत्वमिंद्रियाणामसत्त्वेऽनुपपन्नं इंद्रियैरर्थोपलब्धिर्जागरितमितिप्रसिद्धेरतोनमनोरथइवस्वप्नेऽपिबुद्ध्यतिरिक्तचेतनासिद्धिरित्याशंक्याह यथेति । सपरमः युगपदेककालं अतुल्यकालमनेककालंच अतीतानागतंपदार्थजातंकृत्स्नमिहपरत्रवाजन्मनिदृष्टं । अविशेषात्समंतान्सम्यग्गतःसन्निधिर्येषांतान्सन्निहितानींद्रियार्थान्शब्दादीन्नोपेक्षतेकिंतुप्रकाशयत्येव यथेतिहेतौ । तथाचलंपरस्परव्यभिचार्यवस्थात्रयंसंचरते यतोविद्वान्साक्षीतस्मात्सव्यावृत्तेभ्योऽनुवृत्तंभिन्नंकुसुमेभ्यःसूत्रमिवेतिन्यायादेकइत्यर्थः । अयमर्थः स्वप्नावस्थायांह्यतीतमनागतंचवस्तुजातंयुगपत्सन्निहितमिवदृश्यते । तदेंद्रियाणांसत्त्वेऽतीतादिज्ञानंनस्यान्नह्यतीतादिनातेषसन्निकर्षोऽस्ति असन्निकृष्टज्ञानेतुतदानीमिंद्रियसद्भावकल्पनाव्यर्था । नहिरज्जूरगादिष्विवाधिष्ठानज्ञानार्थंतदाइंद्रियापेक्षास्त्यात्मनोबुद्धेर्वाऽधिष्ठानत्वेनाभिमतस्येंद्रियायोग्यत्वात् तस्मात्स्वप्नेधीरेवैकामात्मानमेयात्मनासतीतदन्येनसाक्षिणाभास्यते तस्याश्चावस्थात्रयंचलमित्यविशेषात्जागरेऽपिसैवमात्राद्याकारेपिपरिशिष्टएकएवसाक्षीशरीरीशरीरदर्शीतिज्ञेयमिति । अथोखल्वितिश्रुतिस्तुपूर्वपक्षविषयैवेतिश्रुत्यर्थविदांप्रसिद्धं । अन्यथाचायंपुरुषःस्वयंज्योतिरितिस्वप्नेआत्मनःस्वयंज्योतिष्ट्वज्ञापनार्थप्रवृत्तस्यज्योतिर्ब्राह्मणस्यनिर्विषयत्वंस्यादितिदिक् २ चलंसंचरतेइत्येतद्व्याचष्टे रजइति । प्रत्येकंत्रिगुणात्मकानिजाग्रदादीनिबुद्धेःस्थानानितेषांगुणान्तद्गतसुखदुःखादीन् विरूपान्परस्परविलक्षणान् गच्छतिजानात्येव नभुंक्ते अवस्थांतरगतस्यदुःखादेरन्यत्रादर्शनात् तथाचश्रुतिः ‘सयत्तत्रपश्यत्यतिपुण्यंचपापंचानन्वागतस्तेनभवत्यसंगोह्ययंपुरुषः’ इति । अतोबुद्धेरेवदुःखादिभोक्तृत्वंततएवचकर्तृत्वंनत्वात्माभोक्ताकर्तावाकिंतूदासीनबोधमात्रएवेत्यर्थः । इममेवन्यायमिंद्रियसंचारेऽप्यातिदिशति तथेति ।

यथेंद्रियार्थान्युगपत्समंतान्नोपेक्षतेकृत्स्नमतुल्यकालम् ॥ तथाचलंसंचरतेसविद्वांस्तस्मात्सएकःपरमःशरीरी २
रजस्तमःसत्वमथोतृतीयंगच्छत्यसौस्थानगुणान्विरूपान् ॥ तथेंद्रियाण्याविशतेशरीरीहुताशनंवायुरिवेंधनस्थम् ३
नचक्षुषापश्यतिरूपमात्मनोनपश्यतिस्पर्शनमिंद्रियेन्द्रियम् ॥ नश्रोत्रलिंगंश्रवणेनदर्शनंतथाकृतंपश्यतितद्विनश्यति ४

अवस्थापथेनेवेंद्रियपथेनापिबुद्धिरेवसुखादिभोक्त्रीत्यर्थः अत्रदृष्टांतः हुतेति । यथाकाष्ठस्थोऽग्निरेवकाष्ठंदहातिनवायुः सत्वग्निंदीपयत्येव एवमिंद्रियस्थाधीरेवेंद्रियजंसुखादिकंभुंक्तेचितिस्तुबुद्धिंचेतयतएवनतुतदीयंसुखादिकंभुंक्तेइत्यर्थः ३ एवंबुद्धेःपृथक्प्रसाधितमात्मतत्त्वंचक्षुराद्यगोचरमित्याहन चक्षुषेति । रूपंस्वरूपंचक्षुषानपश्यति स्पर्शनंत्वगिंद्रियंनपश्यतिनस्पृशति रूपस्पर्शराहित्यात् अत्रहेतुःयतइन्द्रियेन्द्रियं‘प्राणस्यप्राणमुतचक्षुषश्चक्षुःश्रोत्रस्यश्रोत्रंमनसोयेमनोविदुः’इतिश्रुतेरिंद्रियप्रकाशकंनेंद्रियप्रकाश्यत्वंयातीत्यर्थः नहिदारुदाहकोऽग्निर्दारुदाह्योभवति । इंद्रियाणामितिपाठेनिर्धारणेषष्ठी इंद्रियाणांमध्येस्पर्शनंयत्तदपिनपश्यतीतियोज्यं श्रोत्रेणलिंग्यतेगम्यतइतिश्रोत्रगम्यमपिनअशब्दत्वात् एतच्चप्रमाणांतराणामप्युपलक्षणं । कथंतर्हितस्यतंत्वौपनिषदंपुरुषंपृच्छामीत्युपनिषद्गम्यत्वं दृश्यतेत्वग्र्ययाबुद्ध्येतिधीगम्यत्वंचश्रूयतइत्याशंक्याहश्रवणेनदर्शनंतथाकृतमिति । तथाकथं येनपश्यतितद्विनश्यतीति तच्छब्दयोगाद्येनेत्यध्याहार्यं अयमर्थः ‘आत्मावाअरेद्रष्टव्यःश्रोतव्योमंतव्योनिदिध्यासितव्यः’ इत्यात्मदर्शनार्थत्वेनश्रवणादिकंविधीयते। तत्रविदिततत्त्वंपदार्थस्यतत्त्वमसीतिवाक्यादात्मनोब्रह्मभावावगतौवेदाअवेदाइतिवेदांतानामपिबाधःश्रूयते । अन्यस्यतुवाक्यार्थध्यानेनतदवगतौमनसोऽपिलयःश्रूयते तावन्मनोनिरोद्धव्यंहृदियावत्क्षयंगतमितितदिदमुक्तंयेनकरणेनशब्देनमनसावासर्वंपश्यत्यात्मानंतद्विनश्यतीति । एवंश्रवणेनवेदांतवाक्यविचारेणाऽऽत्मनोदर्शनंतथाताद्दशंप्रत्यस्तमितसमस्तक्रियाकारकादिद्वैतंकृतंविहितं तथाचश्रुतिः । ‘यत्रत्वस्यसर्वमात्मैवाभूत्तत्केनकंपश्येत्’इत्यादि ४

श्रोत्रेति । स्वंस्वमात्मानंनपश्यंतितत्रकिमुवक्तव्यंपरमात्मानंनपश्यंतीत्यर्थः । सर्वश्चासौज्ञश्चेत्यद्वयाचिन्मात्रत्वमुक्तं । सर्वदर्शीतितस्यैवदृश्यद्रष्टात्मत्वमुक्तं । पुनःसर्वज्ञइतिदृश्यद्रष्ट्रोर्नित्यसंबंधश्चोक्तंइत्यपौनरुक्त्यं ५ एवमात्मनिसाधकंप्रमाणंप्रदर्श्यबाधकाभावमप्याह । यथेत्यादिना ६ ज्ञानात्मवान्ज्ञानेनैवस्वरूपवान्ज्ञानस्वरूपइत्यर्थः ७ आत्माप्रतीयमानोऽपिनप्रतीयतइतिसदृष्टांतमाह पश्यन्निति । सोमेआदर्शतुल्येप्रतिबिंबितंजगल्लक्ष्मकलंकबुद्ध्यापश्यन्नपिनविंदतिइदंजगदेवचंद्रेदृश्यतइतिनजानाति एवमात्मज्ञानमस्ति यदाहुः । नचायमेकांतेनाविषयः अस्मत्प्रत्ययविषयत्वादित्यपरोक्षत्वाच्चप्रत्यगात्मप्रसिद्धेरितिच । तथापिब्रह्माभिन्नत्वेनाज्ञातत्वान्नचोत्पन्नंज्ञानमस्ति । ननुयद्यात्मैवब्रह्मतर्हिसज्ञातएव नचतज्ज्ञानेऽपिशोकादिनिवृत्तिरूपंफलंदृश्यतेऽतःकिंशास्त्रेणेत्याशंक्याह नचतन्नपरायणं तदात्मवेदनंनपरायणमितिनच तदेवपरायणमित्यर्थः । तथाचश्रुतिः 'यदाचर्मवदाकाशंवेष्टयिष्यंतिमानवाः ॥ तदादेवमविज्ञायदुःखस्यांतोभविष्यति' इतिज्ञातोऽपिभर्जुवदन्यथात्वेनगृहीतत्वात्सम्यग्ज्ञानायशास्त्रापेक्षाऽस्तीत्यर्थः । भर्जुःकिलराजवल्लभोदूरदेशस्थोऽभूत्सोऽन्यैरमात्यैर्भर्जुर्मृतोब्रह्मराक्षसोजातइतिराज्ञेज्ञापितंतंचसमीपगतंराजापश्यन्नपिधीदोषान्नपश्यतीवेत्याचक्षतेवृद्धाः ८ अपिचादृष्टमपिपदार्थमनुमाने

श्रोत्रादीनिनपश्यंतिस्वंस्वमात्मानमात्मना ॥ सर्वज्ञःसर्वदर्शीचसर्वज्ञस्तानिपश्यति ५ यथाहिमवतःपार्श्वंपृष्ठंचंद्रमसोयथा ॥ नदृष्टपूर्वंमनुजैर्नचतन्नास्तितावता ६ तद्वद्भूतेषुभूतात्मासूक्ष्मोज्ञानात्मवानसौ ॥ अदृष्टपूर्वश्चक्षुर्भ्यांनचासौनास्तितावता ७ पश्यन्नपियथालक्ष्मजगत्सोमेनविंदति ॥ एवमस्तिनचोत्पन्नंनचतन्नपरायणम् ८ रूपवंतमरूपत्वादुदयास्तमनेबुधाः ॥ धियासमनुपश्यंतितद्गताःसवितुर्गतिम् ९ तथाबुद्धिप्रदीपेननदूरस्थंसुविपश्चितः ॥ प्रत्यासन्नंनिनीषंतिज्ञेयंज्ञानाभिसंहितम् १० नहिखल्वनुपायेनकश्चिदर्थोऽभिसिद्ध्यति ॥ सूत्रजालैर्यथामत्स्यान्बध्नतिजलजीविनः ११ मृगैर्मृगाणांग्रहणंपक्षिणांपक्षिभिर्यथा ॥ गजानांचगजैरेवज्ञेयंज्ञानेनगृह्यते १२ अहिरेवह्यहेःपादान्पश्यतीतिहिनःश्रुतम् ॥ तद्वन्मूर्तिषुमूर्तिस्थंज्ञेयंज्ञानेनपश्यति १३ नोत्सहंतेयथावेत्तुमिंद्रियैरिंद्रियाण्यपि ॥ तथैवेहपराबुद्धिःपरंबोध्यंनपश्यति १४

नजानंतीत्याह रूपेति । स्थूलदृष्ट्यारूपवंतमपिवृक्षमुदयास्तमनेआद्यंतेमृन्मात्रत्वेनाऽरूपत्वाद्बुधाधियारूपंमृन्मात्रमेवसमनुपश्यंति यथाहुः । 'आदावंतेचयन्नास्तिवर्तमानेऽपितत्तथा'इति । तथातद्गताउदयास्तमयगतास्तद्दर्शिनःसवितुर्गतिंदूरत्वदोषात्प्रत्यक्षेणगृह्यमाणामपिदेशांतरप्राप्तिलिंगेनधियापश्यंति । एवंदृश्यमानस्यासत्त्वेऽदृश्यमानस्यसत्त्वेचदृष्टांतद्वयमुक्तं ९ दार्ष्टांतिकमाह तथेति । यथेदंतथादूरस्थंरविगतिवद्दुर्लक्ष्यंप्रकरणादात्मानंबुद्धिप्रदीपेनपूर्वोक्तरीत्यासमनुपश्यंतीत्यनुषज्यते । प्रत्यासन्नंनिकटस्थमपिज्ञेयंप्रपंचंनिनीषंतिनेतुमिच्छंति किंप्रति ज्ञानाभिसंहितंज्ञानशब्देनाभिसंहितंज्ञानशब्दाभिधेयंब्रह्म । 'सत्यंज्ञानमनंतंब्रह्म विज्ञानमानंदंब्रह्म' इत्यादिश्रुतिभ्यस्तत्प्रति ब्रह्मणिप्रविलापयितुमिच्छंतीत्यर्थः १० एतच्चोपायेनैवसिद्ध्यतीतिसदृष्टांतमाह नहीति ११ उपादानोपादेययोरभेदान्मृगेणमृगइवज्ञानेनस्वसजातीयेनज्ञेयंगृह्यतेवशीक्रियतेभूम्येववृक्षइत्यर्थः १२ मूर्तिषुस्थूलदेहेषु मूर्तिस्थंलिंगदेहस्थं ज्ञेयमात्मानं ज्ञानेनधीवृत्त्या १३ नन्वात्मनोधीवृत्तिविषयत्वेजडत्वापत्तिरित्याशंक्याह नोत्सहंतइति । पराबुद्धिश्चरमाधीवृत्तिःपरंशुद्धंबोध्यंनपश्यतिघटवत् । तथाचवृत्तिव्याप्तिरेवब्रह्मण्यस्तिनतुफलव्याप्तिरित्यर्थः । यथोक्तं 'फलव्याप्यत्वमेवेहशास्त्रकृद्भिर्निराकृतं ॥ ब्रह्मण्यज्ञाननाशायवृत्तिव्याप्तिरपेक्ष्यते'इति १४

वृत्तिरूपोपाधिलयेऽपिब्रह्मास्तिनतुशून्यशेषइतिसदृष्टांतमाह यथेति । अमावास्यांसूर्येणसहवासंप्राप्य अलिंगत्वात्ज्ञापकोपाधिशून्यत्वात् नथाऽनष्टंशरीरिणांविद्धि १५ कोशःस्थूलशरीरंमूर्त्योवृत्त्याविमुक्तः १६ एवंसुप्तिसमाध्योरात्मनःसत्त्वमुक्त्वाव्युत्थानेलिंगेनापितदाह यथेति । आकाशांतरमवकाशभेदं लिंगांतरमित्युक्तेःसमाधौपूर्वलिंगनाशउक्तः नथादृष्टिसृष्टिन्यायेनलिंगांतरोत्पत्तिरित्यर्थः १७ जन्मेति । चांद्रमसीचंद्रमंडलस्यवृत्तिर्धर्मः । एवंशरीरस्यैवजन्मादिर्नात्मनइत्यर्थः १८ तत्रपरमतेनयुक्तिमाह उत्पत्तीति । उत्पत्त्यादिकालभेदात्परिमाणादिभेदेनशरीरभेदेऽपिसएवायंदेवदत्तइतिशरीरिणऐक्यंप्रत्यभिज्ञायतेएवममावास्यामित्यदर्शनंलक्ष्यते नददर्शनंगतोऽपिमूर्तिमान्लब्धदेहश्चंद्रोऽप्येकएव वाल्यादवस्थांतरप्राप्तावपिदेहांतरप्राप्तावपिएकएवदेहीत्यर्थः १९ देहदेहिनोःसंबंधोऽयंप्रतीयमानोऽपिकालत्रयेऽपिनास्तीत्याह नेति । चिद्रूपंदेहिनमचिद्रूपोदेहःप्रकाशमंधकारइवस्प्रष्टुंत्यक्तुंवानशक्नोतीत्यर्थः २० एवंसत्यपिदेहंविनानदेहिनःप्रकाशोनापिदेहिनंविनादेहप्रकाशइतिसदृष्टांतमाहद्वाभ्यां यथेति । तमोगतस्तुदृश्योऽपिदृश्येनार्कादिनायुक्तएवप्रकाशते एवमात्मादेहेनेत्ययमहमस्मीतिप्रकाशते । देहाभावेतुसुषुप्तौनस्पष्टंप्रकाशतइत्यर्थः । विनाशमेवापीतोभवतीत्यादिश्रुतेः २१ यथेति । दृष्टांतदार्ष्टांतिकयोर्व्यत्ययः यथाऽर्के

यथाचंद्रोह्यमावास्यामलिंगत्वान्नदृश्यते ॥ नचनाशोऽस्यभवतितथाविद्धिशरीरिणम् १५ क्षीणकोशोह्यमावास्यांचंद्रमानप्रकाशते ॥ तद्वन्मूर्तिविमुक्तोऽसौशरीरीनोपलभ्यते १६ यथाकाशांतरंप्राप्यचंद्रमाभ्राजतेपुनः ॥ तद्वल्लिंगांतरंप्राप्यशरीरीभ्राजतेपुनः १७ जन्मवृद्धिःक्षयश्चास्यप्रत्यक्षेणोपलभ्यते ॥ सातुचांद्रमसीवृत्तिर्नतुतस्यशरीरिणः १८ उत्पत्तिवृद्धिव्ययसायथासइतिगृह्यते ॥ चंद्रएवत्वमावास्यांतथाभवतिमूर्तिमान् १९ नोपसर्पद्विमुंचद्वाशशिनंदृश्यतेतमः ॥ विसृजंश्चोपसर्पंश्चतद्वत्पश्यशरीरिणम् २० यथाचंद्रार्कसंयुक्तंतमस्तदुपलभ्यते ॥ तद्वच्छरीरसंयुक्तःशरीरीत्युपलभ्यते २१ यथाचंद्रार्कनिर्मुक्तःसराहुर्नोपलभ्यते ॥ तद्वच्छरीरनिर्मुक्तःशरीरीनोपलभ्यते २२ यथाचंद्रोह्यमावास्यांनक्षत्रैर्युज्यतेगतः ॥ तद्वच्छरीरनिर्मुक्तःफलैर्युज्यतिकर्मणः २३ ॥ इति श्रीमहाभारते शांतिपर्वणि मोक्षधर्मपर्वणि मनुबृहस्पतिसंवादेत्र्यधिकद्विशततमोऽध्यायः ॥ २०३॥ ॥ ॥ ॥ ॥ ॥ ॥
॥ मनुरुवाच ॥ यथाव्यक्तमिदंशेतेस्वप्नेचरतिचेतनम् ॥ ज्ञानमिंद्रियसंयुक्तंतद्वत्प्रेत्यभवाभवौ १

वियुक्तोराहुर्नप्रकाशतेएवंचैतन्यमंतरेणजडोदेहोनप्रकाशतइत्यर्थः । दार्ष्टांतिकेऽक्षरयोजनातुतद्वद्राहुवदप्रकाशमानंशरीरंस्वीयत्वेनयस्यास्तीतितद्वच्छरीरश्चिदात्मातेनविनिर्मुक्तःशरीरीनोपलभ्यतइति स्वर्गीध्वस्तइत्यादौस्वर्गमात्रध्वंसइवशरीरमात्रानुपलंभोविवक्षितः अनयैवरीत्यापूर्वश्लोकेऽपिशरीरोपलंभेआत्मनोऽन्वयःप्रदर्शनीयः यथाश्रुतरीत्याचोभयोरपिश्लोकयोरात्मोपलंभेशरीरान्वयव्यतिरेकौदर्शनीयौ २२ नन्वेवंमरणेशरीराभावादात्मनोप्यभावःस्यादित्याशंक्यतत्रापिशरीरांतरसंबंधोऽस्तीतिसदृष्टांतमाह यथेति । अमावास्यांसूर्येणसहवासंगतश्चंद्रोऽस्माभिर्नक्षत्रयुक्तत्वेनसमयांतरेइवादृश्यमानोऽपितद्युक्तोऽस्त्येव एवमेकशरीरनिर्मुक्तआत्माकर्मणःफलभूतैःशरीरांतरैर्युज्यतएवेतिनशरीराभावादात्माभावोऽस्तिहेत्वभावादित्यर्थः २३ ॥ इति शांतिपर्वणि मोक्षधर्मपर्वणि नीलकंठीयेभारतभावदीपेत्र्यधिकद्विशततमोऽध्यायः ॥ २०३ ॥ ॥ देहसंबंधस्यापरिहार्यत्वंश्रुत्वामुमुक्षोरुद्वेगोमाभूदितितन्निवृत्तिसाधनंयोगंवक्ष्यन्सदृष्टांतंदेहवियोगप्रकारमाह यथेति । यथाव्यक्तंस्थूलशरीरंशेते स्वप्नेचेतनंलिंगशरीरंप्रेत्यव्यक्ताद्वियुज्यचरतितद्वद्भवःसंसारस्तथाइंद्रियसंयुक्तंलिंगमपिशेते सुषुप्तौकेवलंज्ञानंप्रेत्यलिंगाद्वियुज्यचरतितद्वदभवोमोक्षइत्यर्थः १

ज्ञेयमात्मानंज्ञानेनबुद्ध्याआत्मज्ञानान्मुच्यतेतच्चेंद्रियजयाद्भवतीत्यर्थः २ विपर्ययेबंधमाह सइति । ज्ञानेबुद्धौनपश्यति ३ अबुद्धिरविद्याअनित्याशुचिदुःखानात्मसुदेहादिषुनित्यसुखशुचित्वात्मबुद्धिर्विपर्ययरू
पासाचाज्ञानजादयामनआकृष्यतेरागाद्याक्रांतंभवति पंचश्रोत्रादयः मानसाःमनःप्रधानाः ४ अज्ञानतृप्तोमोहपूर्णः अवगाढोऽत्यंतमग्नः अदृष्टवत्धर्माधर्मयुक्तंयथास्यात्तथा भूतात्माजीवोविषयेभ्यःशब्दादि
भ्योभोगार्थंनिवर्ततेमृतःपुनर्जायते ५ अंतंनाशंगतमंतगतं द्वितीयाश्रितेतिसमासः तर्षस्तृष्णा ६ शाश्वतस्येतिभावप्रधानोनिर्देशः अन्यथासुखदुःखसाधनयोर्विपरीतम् ७ प्रख्येस्वच्छे आत्मनिबुद्धौ ८
प्रसृतैर्विषयेष्वनुगतैर्नियतैर्निगृहीतैःइंद्रियैरूप्यंतेनिरूप्यंतेइतिइंद्रियरूपेभ्यःशब्दादिभ्योयच्छेत् आत्मानंइंद्रियसंज्ञं मनसैवनिगृह्णीयात् ९ लवणोदकन्यायेनकारणेकार्यलयनियमादिंद्रियमनोबुद्धिज्ञानमहतां
पूर्वपूर्वस्योत्तरोत्तरस्मिन्प्रविलयायतेषांकार्यकारणभावमाह इंद्रियेभ्यइति । पूर्वकारणं ज्ञानंजीवात्मा महत्परमात्मा तथाचानेनैवक्रमेणश्रुतावपिइंद्रियादीनांप्रविलापनंदृश्यते 'यच्छेद्वाङ्मनसीप्राज्ञस्तद्यच्छे
ज्ज्ञानआत्मनि ॥ ज्ञानमात्मनिमहतिनियच्छेत्तद्यच्छेच्छांतआत्मनि'इति । श्रुत्यर्थस्तुवाक्वाचंवागादिग्राह्येंद्रियाणिमनसिनियच्छेत् मनसीइतिदैर्घ्यंछांदसं वागादिव्यापारमुत्सृज्यमनोमात्रेणावतिष्ठेतेत्यर्थः ।
मनोऽपिविषयाविकल्पाभिमुखंज्ञानशब्दोदितायांबुद्धौनियच्छेत् । तांचमहत्यात्मनिभोक्तरिनियच्छेत्अस्मीत्येतावन्मात्रेणावतिष्ठेत । तमपिशांतेपरस्मिन्नात्मनिपरस्यांकाष्ठायांअपास्तसमस्तविशेषेनियच्छेदिति

यथांभसिप्रसन्नेतुरूपंपश्यतिचक्षुषा ॥ तद्वत्प्रसन्नेंद्रियत्वाज्ज्ञेयंज्ञानेनपश्यति २ सएवलुलितेतस्मिन्यथारूपंनपश्यति ॥ तथेंद्रियाकुलीभावेज्ञेयंज्ञानेनपश्यति ३
अबुद्धिरज्ञानकृताअबुद्ध्याऽऽकृष्यतेमनः ॥ दुष्टस्यमनसःपंचसंप्रदुष्यंतिमानसाः ४ अज्ञानतृप्तोविषयेष्ववगाढोनतृप्यते ॥ अदृष्टवच्चभूतात्माविषयेभ्योनि
वर्तते ५ तर्षच्छेदोनभवतिपुरुषस्येहकल्मषात् ॥ निवर्ततेतदातर्षःपापमंतगतंयदा ६ विषयेषुतुसंसर्गाच्छाश्वतस्यतुसंश्रयात् ॥ मनसाचान्यथाकांक्षन्परंनप्र
तिपद्यते ७ ज्ञानमुत्पद्यतेपुंसांक्षयात्पापस्यकर्मणः ॥ यथाऽऽदर्शतलेप्रख्येपश्यत्यात्मानमात्मनि ८ प्रसृतैरिंद्रियैर्दुःखीतैरेवनियतैःसुखी ॥ तस्मादिंद्रियरूपे
भ्योयच्छेदात्मानमात्मना ९ इंद्रियेभ्योमनःपूर्वंबुद्धिःपरतराततः ॥ बुद्धेःपरतरंज्ञानंज्ञानात्परतरंमहत् १० अव्यक्तात्प्रसृतंज्ञानंततोबुद्धिस्ततोमनः ॥ मनः
श्रोत्रादिभिर्युक्तंशब्दादीन्साधुपश्यति ११ यस्तांस्त्यजतिशब्दादीन्सर्वाश्चव्यक्तयस्तथा ॥ विमुंचेत्प्राकृतान्ग्रामांस्तान्मुक्त्वाऽमृतमश्नुते १२

१० प्रविलापनक्रमनियमायउत्पत्तिक्रममाह अव्यक्तादिति । अव्यक्तात्शुद्धचिन्मात्रात्युक्तंव्यापृतंमनसःश्रोत्रादीनि श्रोत्रादिभ्यःशब्दादयःप्रसृताइत्यर्थः । तथाचसुषुप्तौश्रोत्रंसर्वैःशब्दैःसहाप्येतिमनःसर्वै
र्ध्यानैःसहाप्येतीत्यात्मनिसविषयाणामिंद्रियमनआदीनांलयःप्रबोधेचएतस्मादात्मनःसर्वेप्राणायथाऽऽयतनंविप्रतिष्ठंते प्राणेभ्योदेवादेवेभ्योलोकाइतिप्राणशब्दितेभ्यइंद्रियेभ्योदेवानामादित्यादीनांतेभ्योलो
कानांचोत्पत्तिःश्रूयते तस्मादुक्तएवशब्दार्थः ननुकिमर्थमयंक्रमोविवक्ष्यते असमाधौसमाधिभ्रमनिवृत्त्यर्थमितिब्रूमः तथाहि । पूर्वपूर्वकक्षातःउत्तरोत्तरकक्षांप्रविविक्षतोयोगिनोनिरुद्ध्यमानंचित्तंदैनंदिनल
याभ्यासाल्लीयतेत्रस्तपक्षिवत्पूर्वावस्थांवासहसागच्छति । तावेतौलयविक्षेपौहेयतयाश्रूयेते । 'लयविक्षेपरहितंमनःकृत्वासुनिश्चलम् ॥ यदायात्युन्मनीभावंतदातत्परमंपदम्'इति । तत्रस्थूलप्रपंचात्सूक्ष्मंग
च्छन्मध्येलीनःसुषुप्तएव । सूक्ष्मात्कारणंगच्छन्लीनोविदेहः । कारणात्शुद्धंगच्छन्लीनःप्रकृतिलयः । शुद्धंप्राप्तोजीवन्मुक्तः । तत्राद्यःसंसार्येव मध्यमौक्रममुक्तिभाजौ अंत्यःसद्योमुक्तिभागिति ११ तदे
तदाह यस्तानिति । त्यजतित्यजेत् व्यक्तयःव्यक्तीः शब्दाद्याश्रयभूतानिवियदादीनिकारणशरीराणिमुक्त्वाहार्दाकाशेभासमानानिविमुंचेत् प्राकृतान्प्रकृत्युत्थान्ग्रामान्ग्रामवदंतःकरणपांथस्यसंश्लेषस्थानानिस्थू
लसूक्ष्मकारणशरीराणिमुक्त्वाऽमृतंकैवल्यमश्नुते १२

प्राकृतान्ग्रामानित्यत्रसांख्याभिमताप्रकृतिर्मोमसंज्ञीतिआत्मनएवेंद्रियाद्युदयास्तमयाविवितिसदृष्टांतमाहद्वाभ्यां उद्यन्निति १३ इंद्रियगुणानइंद्रियभोग्यान्रूपादीन् आवृत्त्यअस्तंस्वरूपंगच्छतीतियोजना १४ अस्यपुनःपुनर्देहावाप्तौहेतुमाह प्रणीतमिति । प्रणीतंकर्मणा उपस्थापितंमार्गेविषयंकर्मणैवनीयमानःकर्मफलंसुखादिप्राप्नोति यतःप्रवृत्तंप्रवृत्तिप्रधानंधर्मंपुण्यपापात्मकंआप्तवानकृतवान् । आत्मविदितिपाठेप्रारब्धकर्ममात्रविषयोऽयंश्लोकः १५ एतत्परिहारार्थंनिवृत्तंधर्ममाह विषयाइति । आहरणंआहारोविषयभोगस्तद्वर्जितस्यविषयाःशब्दाद्यभिलाषाःविनिवर्तंते परंतुरसोवासनात्मकोननिवर्तते सोऽपिपरंआत्मानंदृष्ट्वाअवाप्तसकलकामस्यपुंसोनिवर्तते । भोगेच्छांत्यक्त्वाऽऽत्मानंपश्यतोविषयबंधोनिवर्ततइत्यर्थः १६ कर्मगुणैःकर्माणिगुणभूतानियेषांतैर्विषयसंगैःमनासिमनःप्रधानेत्वंपदार्थेऽस्मितामात्रे तदामनोऽपीतिशेषः ब्रह्मसंपद्यते कुतः यतस्तत्रैवप्रलयंगतंभवति १७ ब्रह्मपदार्थमाह अस्पर्शनमिति । स्पर्शादिहीनत्वात्स्पर्शनादिक्रियानाश्रयं अनिंद्रियत्वात्श्रवणादिक्रियाहीनंअशृण्वानं अवितर्कमनुमानागम्यं

उद्यन्हिसवितायद्वत्सृजतेरश्मिमंडलम् ॥ सएवास्तमपागच्छंस्तदेवात्मानियच्छति १३ अंतरात्मातथादेहमाविश्येंद्रियरश्मिभिः ॥ प्राप्येंद्रियगुणान्पंचसोऽस्तमावृत्त्यगच्छति १४ प्रणीतंकर्मणामार्गंनीयमानःपुनःपुनः ॥ प्राप्नोत्ययंकर्मफलंप्रवृत्तंधर्ममाप्तवान् १५ विषयाविनिवर्तन्तेनिराहारस्यदेहिनः ॥ रसवर्जंरसोऽप्यस्यपरंदृष्ट्वानिवर्तते १६ बुद्धिःकर्मगुणैर्हीनायदामनसिवर्तते ॥ तदासंपद्यतेब्रह्मतत्रैवप्रलयंगतम् १७ अस्पर्शनमशृण्वानमनास्वादमदर्शनम् ॥ अघ्राणमवितर्कंचसत्वंप्रविशतेपरम् १८ मनस्याकृतयोमग्नामनस्त्वभिगतंमतिम् ॥ मतिस्त्वभिगताज्ञानंज्ञानंचाभिगतंपरम् १९ इंद्रियैर्मनसःसिद्धिर्नबुद्धिंबुद्ध्यतेमनः ॥ नबुद्धिर्बुद्ध्यतेव्यक्तंसूक्ष्मंत्वेतानिपश्यति २०॥ ॥इतिश्रीमहाभारते शांतिपर्वणि मोक्षधर्मपर्वणि मनुबृहस्पतिसंवादे चतुरधिकद्विशततमोऽध्यायः ॥ २०४ ॥

॥ मनुरुवाच ॥ ॥ दुःखोपघातेशारीरेमानसेचाप्युपस्थिते ॥ यस्मिन्नशक्यतेकर्तुंयत्नस्तंनानुचिंतयेत् १ भैषज्यमेतद्दुःखस्ययदेतन्नानुचिंतयेत् ॥ चिंत्यमानंहिचाभ्येतिभूयश्चापिप्रवर्तते २ प्रज्ञयामानसंदुःखंहन्याच्छारीरमौषधैः ॥ एतद्विज्ञानसामर्थ्यंनबालैःसमतामियात् ३ अनित्यंयौवनंरूपंजीवितंद्रव्यसंचयः ॥ आरोग्यंप्रियसंवासोगृध्येत्तत्रनपंडितः ४ नजानपदिकंदुःखमेकःशोचितुमर्हति ॥ अशोचन्प्रतिकुर्वीतयदिपश्येदुपक्रमम् ५

ईदृशंपरंब्रह्मसत्वंबुद्धिःप्रविशते १८ अध्यायार्थमुपसंहरति मनसीति । आकृतयोघटादिव्यक्तयःमनःसंकल्पकृतत्वात्तत्रैवमग्नाभवंति तथाचाक्षपादाचार्यप्रणीतंसूत्रं । दोषनिमित्तंरूपादयोविषयाःसंकल्पकृताइति । एवंमनसोबुद्धौबुद्धेर्जीवेतस्यब्रह्मणिचलयइत्यर्थः १९ सिद्धिर्नेतिनकारःकाकाक्षिवदुभयत्रसंबध्यते । कार्येणकारणाव्याप्तेरिंद्रियादयःस्वंस्वंकारणंनबुद्ध्यंते । सूक्ष्मंतुचिदात्मासर्वंपश्यति तदनुविद्धाउत्तरेतुस्वंस्वंकार्यंपश्यंतीत्यर्थः ॥ २० ॥ इति शांतिपर्वणि मो०नीलकंठीये भारतभावदीपे चतुरधिकद्विशततमोऽध्यायः ॥ २०४ ॥ ॥ दुःखोपघातेइति । दुःखरूपेउपघातेप्रागुक्तेयोगेविघ्नेसतिशारीरेव्याध्यादौमानसेशोकादौचयस्मिन्सतियत्नोयोगाभ्यासःकर्तुंनशक्यतेतंदुःखोपघातंनानुचिंतयेत् अचिंतयैवतंपरिहरेदित्यर्थः १ एतदेवाह भैषज्यमिति २ । ३ प्रज्ञामेवाह अनित्यमिति । नगृद्धयेत्गर्धंनकुर्यात् ४ उपक्रमंप्रतीकारोपायम् ५

मरणंभवति ६ तेब्रह्माभिगताः ७ पालनेचतेसुखंनेतिसंबंधः दुःखेनचदुःखेऽपिचसतिनाधिगम्यंतेकदाचित् ८ एवंदुःखनिवृत्त्युपायंवैराग्यमुक्त्वासुखप्राप्त्युपायंब्रह्मात्मज्ञानमाह ज्ञानमिति। ज्ञानंब्रह्मज्ञेय
महंकारादिघटांतंतदात्मनाअभिनिर्वृत्तमविद्ययानिष्पन्नमतएवमनःज्ञानगुणंज्ञानस्यधर्मः कनकस्येवकटकं प्रज्ञाकरणैर्ज्ञानेंद्रियैःसंयुक्तंतद्यदाभवति ततोनंतरंबुद्धिर्विषयाकारावृत्तिर्भवति । एतेनयदेतद्धृदयंम
नश्चेत्युपक्रम्यसर्वाण्येवैतानिप्रज्ञानस्यनामधेयानिभवंत्येवब्रह्मैषइंद्रइत्यादिनाप्रज्ञाप्रतिष्ठाप्रज्ञानंब्रह्मेत्यंतेनकरणदेवताभूतभौतिकानामर्थानांप्रज्ञात्मत्वंप्रज्ञाप्रतिष्ठात्वंचहाटककटकन्यायेनोक्त्वातामेवप्रज्ञांब्रह्मेतिवदंत्याः
श्रुतेरर्थोब्रह्माद्वैतंपादत्रयेणदर्शितम् चतुर्थेनतत्कारणाविद्यावियोगहेतुर्बुद्धिरितिचोक्तम् ९ बुद्धेर्निग्रहस्तदभिव्यक्तिहेतुरित्याह यदेति। यदाकर्मगुणैःकर्मोत्थैःसंस्कारैःसहिताबुद्धिर्मनसिमननात्मिकायांधीवृत्तौ
वर्ततेतदाऽऽत्मनापरिणमतेतदाब्रह्मप्रज्ञायते । तादृशधीवृत्त्युदयेहेतुमाह ध्यानेति। ध्यानंयमनियमादिभिःपूर्वांगैःसहितंध्यानंध्येयाकारप्रत्ययसंततिःसएवयोगाख्यस्ततोनिष्पन्नेनसमाधिनाब्रह्माकारवृत्तिवि
शेषेण । कर्मणोपेतेतिपाठेकर्मणोबाह्यविषयप्रकाशनादपेतेतिव्याख्येयम् १० गुणवतीइंद्रियादिमतीगुणेषुरूपादिषु अपरादज्ञानात् ११ यदाअज्ञाननाशकाले ध्यानंध्येयंवस्तुमनसिधीवृत्तौप्राप्नोतिअभि
व्यज्यते पूर्वजमित्यज्ञानस्यापिकारणम् । तस्मादव्यक्तमुत्पन्नमित्यादिस्मृतेः निकषेकषपाषाणे निकषंस्वर्णरेखा प्रकर्षेणानिःसंशयंज्ञायते १२ विषयत्वेननिकषवद्ब्रह्मप्रज्ञायतेचेज्जाड्यंब्रह्मणआपद्येते

सुखाद्बहुतरंदुःखंजीवितेनास्तिसंशयः ॥ स्निग्धस्यचेंद्रियार्थेषुमोहान्मरणमप्रियम् ६ परित्यजतियोदुःखंसुखंवाप्युभयंनरः ॥ अभ्येतिब्रह्मसोऽत्यंतं
नतेशोचंतिपंडिताः ७ दुःखमर्थाहियुज्यन्तेपालनेनचतेसुखम् ॥ दुःखेनचाधिगम्यन्तेनाशमेषांनचिंतयेत् ८ ज्ञानंज्ञेयाभिनिर्वृत्तंविद्धिज्ञानगुणंमनः ॥
प्रज्ञाकरणसंयुक्तंततोबुद्धिःप्रवर्तते ९ यदाकर्मगुणोपेताबुद्धिर्मनसिवर्तते ॥ तदाप्रज्ञायतेब्रह्मध्यानयोगसमाधिना १० सेयंगुणवतीबुद्धिर्गुणेष्वेवाभिवर्तते ॥
अपरादभिनिःसृत्यगिरेःशृंगादिवोदकम् ११ यदानिर्गुणमाप्नोतिध्यानंमनसिपूर्वजम् ॥ तदाप्रज्ञायतेब्रह्मनिकषंनिकषेयथा १२ मनस्त्वपहृतंपूर्वमिंद्रि
यार्थनिदर्शकम् ॥ नसमक्षगुणापेक्षिनिर्गुणस्यनिदर्शकम् १३ सर्वाण्येतानिसंवार्यद्वाराणिमनसिस्थितः ॥ मनस्येकाग्रतांकृत्वातत्परंप्रतिपद्यते १४ यथा
महांतिभूतानिनिवर्तन्तेगुणक्षये ॥ तथेंद्रियाण्युपादायबुद्धिर्मनसिवर्तते १५

त्याशंक्याह मनास्त्विति। मनोऽखंडाकारावृत्तिः पूर्वमखंडचैतन्याभिव्यक्तेःप्रागेवापहृतमखंडप्रकाशेननतिरोभूतं । कुतः यस्मादिंद्रियार्थानांशब्दादीनामेवतन्निदर्शकंतदप्यव्यवधानेनैवेत्याह समक्षमिंद्रियस
न्निकृष्टंगुणंरूपाद्यपेक्षतेतत्तथाअतोहेतोर्निर्गुणस्यरूपादिहीनस्यतन्नानिदर्शकमतोनब्रह्मणोजाड्यापत्तिः १३ उपसंहरति सर्वाणीति। द्वाराणींद्रियाणि संवार्यपिधाय मनसिसंकल्पमात्रेणस्थितःसन्तमपिमन
सिबुद्धौकृत्वाप्रविलाप्य एकाग्रतामस्मीत्यात्ममात्राकारतांप्राप्य तत्परंततएकाग्रताऽतःपरम् १४ तमेतंलयक्रमंयुक्त्याऽप्युपपादयति यथेति। गुणाःशब्दतन्मात्रादयोऽपंचीकृतभूतसंज्ञास्तेषांसुषुप्तौक्षयेसतित
त्कार्याणिमहाभूतानिपंचीकृतस्थूलभूतानिनश्यंति । तथाहिश्रुतिःकारणनाशपूर्वकत्वंकार्यनाशस्यदर्शयति । सयथासैंधवखिल्यउदकेप्रास्तउदकमेवानुविलीयेतेति उदकंविलीनमनुखिल्योलीयतइतिश्रुत्यर्थः
तथाचानुभवोजलप्रस्थेखिल्यप्रस्थप्रक्षेपेकरकाप्रक्षेपइवपरिमाणानतिरेकात्खिल्योपादानंजलंस्वोपादानेरसतन्मात्रेविलीयतेनतुजलप्रस्थे तस्यतदनुपादानत्वात् तस्मात्सुष्ठूक्तंश्रुत्याजलनाशात्खिल्यनाशइतिस्मृ
त्याचगुणक्षयाद्भूतक्षयइति । यथाऽयंदृष्टांतस्तथामनस्यहंकारेलीयमानाबुद्धिःस्वकार्याणींद्रियाणिगृहीत्वैवलीयते १५

ननुकारणेलीयमानंकार्यंस्वदोषेणकारणमपिदूषयेज्जलक्षिप्तलवणखिल्यइवजलंस्वरसेनेत्याशंक्याह यदेति । बुद्धिर्व्यवसायोनिश्चयःसएवगुणोधर्मस्तेनोपेताऽपिअंतरेऽहंकारेचरतीतितथा । यथाआकृत्यंतरोपेतमपिकुंडलंस्वर्णस्थमेवतद्वन्मनसियदाबुद्धिर्भवतितदासामनएवभवति । मधुरंजलंतुनखिल्यस्यकारणमितितेनतद्दूषणंविजातीयसंसर्गकृतमेवेत्यर्थः १६ ननुत्रिगुणात्मकोमनःशब्दितोऽहंकारोविजातीयेनिर्गुणेलीयमानःस्वधर्मेणतदपिदूषयेदेवेत्याशंक्याह गुणवद्भिरिति । ध्यानेनगुणःसत्वोत्कर्षाख्योयस्मिंस्तद्ध्यानगुणंमनोऽहंकारः गुणवद्भीरूपादिमद्भिर्विषयैःसहयदागुणोपेतंगुणान्सत्वादीन्मूलप्रकृतिमितियावत् । तामव्यक्ताख्यामुपेतंप्राप्तंभवतितदासर्वान्गुणान्सर्वंगुणात्मकमव्यक्तमपिहित्वानिर्गुणंधृत्वाप्रविलाप्यनिर्गुणंप्रतिपद्यते । यदिसत्वादयोनप्रविलाप्याःस्युस्तर्हितेषुलीनंमनःसुप्तिप्रलययोरिवपुनरुन्मज्जेत् कारणस्यानाशात् । नचादृष्टाख्यनिमित्तांतराभावान्नोन्मज्जतीतिवाच्यं श्रुतहान्यश्रुतकल्पनाप्रसंगात् । तत्त्वमसीतिवाक्यार्थज्ञानात्कृतकृत्यत्वंश्रूयते । 'ज्ञात्वादेवंसर्वपाशापहानिः' इतिश्रुतेः । नत्वहंकारस्यप्रधानेप्रलयात्कृतकृत्यत्वं निमित्तमप्रयोजकमितितत्सूत्रकृतैवादृष्टस्याऽप्रयोजकत्वाभिधानात् । तस्मात्सत्वमपिप्रविलापनीयं नचगुणात्मकस्यतस्यनिर्गुणताभवत्युक्तदोषापातादतोरज्जूरगादिवद्बाधएवास्यप्रलयः । तदिदमुक्तंमनोगुणानहित्वानिर्गुणंप्रतिपद्यते गुणानुपादायेत्यर्थः । हित्वेतिदधातेरूपंनतुजहातेः नहिकारणंमुक्त्वाकार्यस्यान्यप्राप्तिःसंभवतितस्मान्नमनोलयाधिष्ठानेब्रह्मणिमानसदोषप्रसक्तिरितिदिक् १७ अहंकाराद्युपादानंयदव्यक्ताख्यंगुणत्रयंतस्यस्वरूपंदुर्वचमित्याह अव्यक्तस्येति । निदर्शनंदृष्टांतः अव्यक्तंनसत् नेहनानाऽस्तिकिंचनेतिश्रुत्याबाधात् । नापिनरशृंगवदसत् त

यदामनसिसाबुद्धिर्वर्ततेऽन्तरचारिणी ॥ व्यवसायगुणोपेतातदासंपद्यतेमनः १६ गुणवद्भिर्गुणोपेतंयदाध्यानगुणंमनः ॥ तदासर्वानगुणानहित्वानिर्गुणंप्रतिपद्यते १७ अव्यक्तस्येहविज्ञानेनास्तितुल्यंनिदर्शनम् ॥ यत्रनास्तिपदन्यासःकस्तंविषयमाप्नुयात् १८ तपसाचानुमानेनगुणैर्जात्याश्रुतेनच ॥ निनीषेत्परमंब्रह्मविशुद्धेनांतरात्मना १९ गुणहीनोहितंमार्गंबहिःसमनुवर्तते ॥ गुणाभावात्प्रकृत्यावानिस्तर्क्यंज्ञेयसंमितम् २०

त्कार्यस्योपलंभात् नापिसदसद्विरोधात् । तस्मादनिर्वचनीयमित्याह पदन्यासोवाग्व्यापारोयत्रनास्त्यतस्तत्रनिदर्शनमपिनास्तीत्यर्थः अतएवतदवाप्तिरपिनसंभवतीत्याह कइति १८ अतःश्रवणादिजन्येनसाक्षात्कारेणेवात्मतत्त्वंनिश्चिनुयादित्याह तपसेति । तपसाआलोचनेनध्यानजेनसाक्षात्कारेण । अनुमानेनमननाख्ययुक्त्यनुसंधानेन । गुणैःशमदमादिभिः । जात्याजात्युचितस्वधर्मेण । श्रुतेनवेदांतश्रवणेन । विशुद्धेनांतरात्मनामनसापरमंब्रह्मनिनीषेत्ज्ञातुमिच्छेत् । परमंशोधितत्वंपदार्थंब्रह्मतत्पदार्थंप्रतिप्रापयितुमिच्छेदितिवा नयतेर्द्विकर्मत्वात् १९ उक्तविधयातत्वदर्शिनोऽन्तर्बहिश्चतुल्यवद्भेदभानंनास्तीत्याह गुणहीनइति । तंनिष्प्रपंचंमार्गंबहिरन्वयेनापिसम्यगनुवर्ततेअनुसरति द्वैतंतुपश्यन्नपिनपश्यतीत्यर्थः । ननुबहिःकार्यात्मनाभेदोऽन्तःकारणात्मनाऽभेदः । यथासुवर्णस्वरूपेणकुंडलादिरूपेणचाभिन्नंभिन्नंचेतिव्यपदेष्टुंशक्यंतद्वादिदमपिस्यात्किमितिबहिरपिभेदावभासःप्रत्यक्षादिप्रमाणसिद्धोऽपलप्यतइतिचेन्न । 'सयथासैंधवघनोऽनंतरोऽबाह्यःकृत्स्नोरसघनएवंवाअरेऽयमात्मानंतरोबाह्यःकृत्स्नःप्रज्ञानघनएव' इत्यात्मनऐकरस्यश्रुतेः । अंतरंकारणंबाह्यंकार्यंतयोरभावादयंकृत्स्नःप्रज्ञानमात्रइतिश्रुत्यर्थः । बहिरपिज्ञेयेनशुद्धेनचिदात्मनासंमितं तत्रहेतुः गुणाभावात्मूलप्रकृतेस्तुच्छत्वात् प्रकृत्यावाचित्स्वाभाव्याद्वातर्कैकगम्याःप्रधानपरमाणुस्वभावशून्यवादास्तर्क्यास्तद्रहितंनिस्तर्क्यंतस्मादंतर्बहिरेकरसंब्रह्म । एकस्मिन्वस्तुनिपरस्परविरुद्धयोर्भेदाभेदयोःसमानसत्ताकत्वंवक्तुमयुक्तमित्यवश्यंहेयेऽन्यतरस्मिन्व्यभिचरितत्वाद्भेदएवहेयइतिनिर्विवादमैकात्म्यमित्याकरेविस्तरः २०

बुद्धिर्नैर्गुण्यान्निर्विषयत्वाद्ब्रह्मप्राप्नोतिसगुणत्वात्सविषयत्वान्निवर्तते । ब्रह्मणःसकाशादितिशेषः गुणेषुप्रचारिणी २१ यथेति । सुषुप्तौयथाकार्यत्यागेनकारणाज्ञानात्मनाऽवस्थानमेवंतुरीयेकारणत्यागनिाचे न्मात्राऽऽत्मनाऽवस्थानमपिसंभवतीतिभावः २२ एवमितिलौकिकदृष्टांताभिनयः प्रकृतितोऽज्ञानात् । शरीरिणश्चिदाभासाजीवाख्याः । निवृत्तावज्ञानस्य । यथाज्ञानाच्छुक्तिरजतादाविवप्रवर्ततेकर्मसुतन्निवृत्तौ निवर्तते अनिवृत्तौतुस्वर्गप्रवृत्तिफलम् २३ पुरुषोजीवः अभिमानइदमित्थमेवेतिधीर्विपर्ययोवा भूतसंज्ञाफलंविनाशित्वनिश्चयः २४ ननुप्रवाहनित्यस्यवियदादेःकुतोविनाशइत्याशंक्याह एतस्येति । एतस्यभूतसं घस्यआद्याप्रवृत्तिःप्रथमसर्गःप्रधानान्मायाशबलादव्याकृतादेव । तदनंतरंमिथुनाद्बीजांकुरन्यायेनव्यक्तिमभिव्यक्तिं अविशेषात्विशेषाःपंचमहाभूतानितदन्येअविशेषाःपंचतन्मात्राणिएकादशेंद्रियाणिअहंकार श्च जात्यभिप्रायमेकवचनं द्वितीयाप्रवृत्तिस्तुमिथुनादभिव्यक्तिंनियच्छतिनियमयतिनपुनर्यादृच्छिकीसृष्टिरित्यर्थः । एवंचयथाघटशरावोदंचनादीनांविशेषाणामविशेषोमृन्मात्रमेवंवियदादिविशेषाणामप्य स्त्यविशेषःप्रधानमितिनप्रवाहनित्यत्वंसृष्टेरितिभावः २५ प्रकृतिंप्रलयकालेऽभ्येति विरक्तस्तुज्ञानवान्प्रकृतिबाधेनात्मज्ञानवान्भवति मुच्यतइत्यर्थः २६ ॥ इति शांतिपर्वणि मोक्षधर्मपर्वणि नीलकं

नैर्गुण्याद्ब्रह्मचाप्नोतिसगुणत्वान्निवर्तते ॥ गुणप्रचारिणीबुद्धिर्हुताशनइवेंधने २१ यथापंचविमुक्तानिइंद्रियाणिस्वकर्मभिः ॥ तथाहिपरमंब्रह्मविमुक्तंप्रकृतेःप रम् २२ एवंप्रकृतितःसर्वेप्रवर्तन्तेशरीरिणः ॥ निवर्तन्तेनिवृत्तौचस्वर्गंचैवोपयांतिच २३ पुरुषःप्रकृतिर्बुद्धिर्विषयाश्चेंद्रियाणिच ॥ अहंकारोऽभिमानश्चसमू होभूतसंज्ञकः २४ एतस्याद्याप्रवृत्तिस्तुप्रधानात्संप्रवर्तते ॥ द्वितीयामिथुनव्यक्तिमविशेषान्नियच्छति २५ धर्मादुत्कृष्यतेश्रेयस्तथाऽश्रेयोऽप्यधर्मतः ॥ रागवान्प्रकृतिंह्येतिविरक्तोज्ञानवान्भवेत् २६॥ इ०शां०मो० मनुबृहस्पति० पंचाधिकद्विशततमोऽध्यायः॥ २०५ ॥ मनुरुवाच ॥ यदातैःपंचभिःपंचयुक्ता निमनसासह ॥ अथतद्द्रक्ष्यतेब्रह्ममणौसूत्रमिवार्पितम् १ तदेवचयथासूत्रंसुवर्णेवर्ततेपुनः ॥ मुक्तास्वथप्रवालेषुमृन्मयेराजतेतथा २ तद्वद्गोऽश्वमनुष्येषुतद्व द्धस्तिमृगादिषु ॥ तद्वत्कीटपतंगेषुप्रसक्तात्मास्वकर्मभिः ३ येनयेनशरीरेणयद्यत्कर्मकरोत्ययम् ॥ तेनतेनशरीरेणतत्तत्फलमुपाश्नुते ४ यथाह्येकरसाभूमिरो षध्यर्थानुसारिणी ॥ तथाकर्मानुगाबुद्धिरंतरात्मानुदर्शिनी ५ ज्ञानपूर्वाभवेल्लिप्सालिप्सापूर्वाऽभिसंधिता ॥ अभिसंधिपूर्वकंकर्मकर्ममूलंततःफलम् ६ फलंक र्मात्मकंविद्यात्कर्मज्ञेयात्मकंतथा ॥ ज्ञेयंज्ञानात्मकंविद्याज्ज्ञानंसदसदात्मकम् ७

ठीये भारतभावदीपे पंचाधिकद्विशततमोऽध्यायः ॥ २०५ ॥ धर्मादुत्कृष्यतेश्रेयइत्युक्तंव्याकुर्वन्नुक्तमर्थमुपसंहरति यदातैःपंचभिःपंचेत्यादिनाऽध्यायेन । पंचाभिःशब्दादिभिःस्वविषयैःसहपंचेंद्रियाणिम नसाकारणेनापिसहयुक्तानिनिगृहीतानि मनसेत्यत्रैवबुद्धेरपिग्रहणं श्रुतिश्च । ‘यदापंचावतिष्ठंतेज्ञानानिमनसासह ॥ बुद्धिश्चनविचेष्टतितामाहुःपरमांगतिम्’ इति । आत्मानात्मनोरत्यंतविविक्तत्वंम णिसूत्रदृष्टांतेनोक्तं १ ऐकात्म्यसिद्ध्यर्थमनेनैवदृष्टांतेनसर्वत्रात्मव्याप्तिमाह तदेवेति २ प्रसक्तात्माआसक्तचित्तः आसंगहेतुमाह स्वकर्मभिरिति ३ येनयेनपित्र्येणदैवेनगांधर्वेणप्राजापत्येनवाप्राप्येण हेतुभूतेनयस्ययस्यदेहस्यप्राप्त्यर्थमित्यर्थः यद्यत्कर्मयज्ञादिकं ४ कर्मभेदाद्देहविशेषयोगेदृष्टांतमाह यथेति । अंतरात्माअनुदर्शीसाक्षीयस्याःसातथासाक्षिप्रकाश्याऽपिप्राक्कर्मानुसारिण्येवबुद्धिर्भवतीत्यर्थः ५ ज्ञानपूर्वाबुद्धिपूर्वालिप्सारागस्ततोऽभिसंधिताऽभिसंधिमत्त्वमभिसंधिरितियावत् सचेदंसाधयेयमितियत्नस्ततःकर्मस्पंदस्ततःफलावाप्तिः ६ फलमिति । अनेनक्रमेणतत्तद्देहप्राप्त्यादिरूपंफलं कर्मात्मकंकर्मप्र भवम् । कर्मतुज्ञेयात्मकमहमर्थोद्भवम् । अहमर्थोऽपिज्ञानात्माजीवरूपःसोऽपिसदसदात्माऽचिज्जडरूपः ७

ज्ञानानांचिज्जडग्रंथीनां फलानांदेहानां ज्ञेयानांबुद्धीनां कर्मणांसंचितानांचक्षयांतेयत्फलंमिवफलंआत्मतत्त्वप्रकाशः । विद्ययाब्रह्माकारचरमातःकरणवृत्त्याज्ञानंसाक्षात्कारोयस्यतद्विद्याज्ञानं दिव्यज्ञानमिति पाठेदिविहार्दाकाशाख्येकारणेब्रह्मणिभवंदिव्यंज्ञेयवस्तुनिप्रतिष्ठितंज्ञानम् ८ ज्ञेयस्वरूपमाह महदिति । महत्त्रिविधपरिच्छेदशून्यमतएवपरमंमाबुद्धिःसापरादूरेभूतायस्मात्तत् भूतंनित्यसिद्धं आत्मस्थं बुद्धिस्थंगुणेषुविषयेषुबुद्धिर्येषाम् ९ महत्त्वंव्याचष्टे पृथिवीतीतित्रिभिः १० कालोऽव्यक्ताख्यंजगत्कारणम् ११ विष्णुःशुद्धंब्रह्म १२ महत्त्वहेतुकंपरमत्वंव्याचष्टेऽनादित्वादितिद्वाभ्यां अव्ययोऽपक्षयशून्यः अंतवत्ज्ञातृज्ञेयविभागवत् । यत्रान्यत्पश्यत्यन्यच्छृणोतितदल्पं अथयदल्पंतन्मर्त्यंतद्दुःखमितितस्यदुःखत्वश्रुतेः १३ धामेवधामआश्रयःप्राप्यं गत्वाज्ञात्वा कालविषयादनित्याद्दुःखात्मकात् १४ गुणेष्विति । एतेमुक्ताःशुद्धचिदात्मानोगुणेपुमानमेयव्यवहारेपुप्रकाशंतेज्ञानरूपेण । मेयेषुवासत्वेनघटःसन्पटःसन्नित्येवंरूपेणसुखात्मनावा । अतएवोक्तम् । 'अस्तिभातिप्रियंरूपंनामचेत्यंशपंचकम् ।

ज्ञानानांचफलानांचज्ञेयानांकर्मणांतथा ॥ क्षयांतेयत्फलंविद्याज्ञानंज्ञेयप्रतिष्ठितम् ८ महद्धिपरमंभूतंयत्प्रपश्यंतियोगिनः ॥ अबुधास्तंनपश्यंतिह्यात्मस्थंगुणबुद्धयः ९ पृथिवीरूपतोरूपमपामिहमहत्तरम् ॥ अद्भ्योमहत्तरंतेजस्तेजसःपवनोमहान् १० पवनाच्चमहद्व्योमतस्मात्परतरंमनः ॥ मनसोमहतीबुद्धिर्बुद्धेःकालोमहान्स्मृतः ११ कालात्सभगवान्विष्णुर्यस्यसर्वमिदंजगत् ॥ नादिर्नमध्यंनैवांतस्तस्यदेवस्यविद्यते १२ अनादित्वादमध्यत्वादनंतत्वाच्चसोऽव्ययः ॥ अत्येतिसर्वदुःखानिदुःखंह्यंतवदुच्यते १३ तद्ब्रह्मपरमंप्रोक्तंतद्धामपरमंपदम् ॥ तद्गत्वाकालविषयाद्विमुक्तामोक्षमाश्रिताः १४ गुणेष्वेतेप्रकाशंतेनिर्गुणत्वात्ततःपरम् ॥ निवृत्तिलक्षणोधर्मस्तथाऽऽनंत्यायकल्पते १५ ऋचोयजूंषिसामानिशरीराणिव्यपाश्रिताः ॥ जिह्वाग्रेषुप्रवर्तन्तेयत्नसाध्याऽविनाशिनः १६ नचैवमिष्यतेब्रह्मशरीराश्रयसंभवम् ॥ नयत्नसाध्यंतद्ब्रह्मनादिमध्यंनचांतवत् १७ ऋचामादिस्तथासाम्नांयजुषामादिरुच्यते ॥ अंतश्चादिमतांदृष्टोनत्वादिर्ब्रह्मणःस्मृतः १८ अनादित्वादनंतत्वात्तदनंतमथाव्ययम् ॥ अव्ययत्वाच्चनिर्दुःखंद्वंद्वाभावस्ततःपरम् १९ अदृष्टतोऽनुपायाच्चप्रतिसंधेश्चकर्मणः ॥ नतेनमर्त्याःपश्यंतियेनगच्छंतितत्पदम् २०

आद्यंत्रयंब्रह्मरूपंजगद्रूपंततोद्वयम्' इति ततोगुणेभ्यःपरमुत्कृष्टंब्रह्मनिर्गुणत्वादेवनिवृत्तिलक्षणःशमदमोपरमादिरूपोधर्मोनिर्विकल्पकः सचज्ञातःसन्नानंत्यायमोक्षाय १५ ऋचइत्यध्ययनादिधर्मालक्ष्यंते शरीराणिलिंगशरीराणिव्यपाश्रितास्तत्संस्कारकत्वेनतद्गतानतुअनाधेयातिशयेचिदात्मनिगताः अतएवयत्नसाध्याविनाशिनश्च १६ ब्रह्मणितद्विपर्ययमाह नचेति । शरीरमाश्रित्यसंभवआविर्भावोयस्यतत्तादृशमपियत्नसाध्यंनभवतिधर्मवद्यतोऽनादिमध्यम् नैकधेतिवत्समासः ब्रह्मभावस्यसाध्यत्वेनिश्चितमनित्यत्वंस्यादित्यर्थः । यद्वा शरीरंलिंगमाश्रयतेपुण्यापुण्यरूपेणेतिशरीराश्रयंशरीरात्संभवतितादृशंचधर्मस्वरूपं ब्रह्मत्वशरीरंउदासीनंचेत्यर्थः १७ ऋचामिति । ब्रह्मभावस्यादिमत्वेध्रुवंविनाशइतिभावः १८ अनादित्वादजन्यत्वादनंतत्वात्ध्वंसशून्यत्वादतएवअनंतंव्यापकमव्ययंचव्योमवत् द्वंद्वानिमानापमानादीनि १९ नन्वयत्नसाध्यंनित्यंचात्मसुखंचेत्किमितितत्रसर्वेनरज्यंतइत्याशंक्याह अदृष्टतइति । अदृष्टंभाग्यंतदालंब्याऽनुपायादुपायाभावात् । अत्रादृष्टतइतिचतुर्विधाध्यात्मिकतुष्टयुपलक्षणम् ।

तथाकर्मणोविषयभोगाख्यस्यप्रतिसंधिःप्रतीपःसंधिर्वियोगोविषयेभ्यउपरमइतियावत्उतेनपंचविधाबाह्यातुष्टिरुक्ता । तेनतुष्टिद्वयेनहेतुनोपायेष्वप्रवर्तमानाःपुरुषायेनोपायेनतत्पदंगच्छंतितन्नपश्यंति । तुष्टयस्तू
क्ताःसांख्यसप्तत्यांआध्यात्मिकाश्चतस्रःप्रकृत्युपादानकालभाग्याख्याःबाह्याविषयोपरमात्पंचचतुष्टयोऽभिहिताइति । अस्यार्थः शास्त्रात्प्रकृतिपुरुषयोर्विवेकोज्ञातस्तत्साक्षात्कारस्तुद्वृत्तिरूपःप्रकृतेःपरिणामःसच
स्वयमेवपरिणामक्रमेणभविष्यतिकिंध्यानायासेनेतिप्रकृत्याख्यातुष्टिरंभइत्युच्यते । एतावताऽपिनकृतकृत्यतासर्वस्याप्यनायासेनविवेकख्यात्यापत्तेरनर्थकःप्रव्रज्याविधिःस्यादतस्तन्मात्रेणकृतकृत्यताकिंध्यानेने
त्युपादानाख्यातुष्टिःसलिलमित्युच्यते । प्रव्रज्यापिकालविशेषापेक्षैवकैवल्यहेतुरित्यलमुत्तप्ततयेतितूष्णीमवस्थानंकालाख्यतुष्टिरोघइत्युच्यते । कालोऽपिपूर्वपुण्यवशादेवविवेकसाक्षात्कारंमदालसापत्यानां
बालानामिवजनयिष्यतीतिकिंध्यानायासेनेतितुष्टिर्भाग्याख्यावृष्टिशब्देनोच्यते । सैवेहमुख्यत्वाददृष्टतइत्यनेनगृहीताऽनयैवतत्पूर्वासांतुष्टीनामाक्षेपतोलाभादिति । विषयाःपंच तेषुवैराग्याण्यतिपंच तत्रध
नार्जनेदुःखंदृष्ट्वायाउपरतिःसापारं । राजचोरादिनाधननाशेदुःखंदृष्ट्वायासासुपारं । भोगेनापिधननाशंदृष्ट्वायद्दुःखंतज्जायाउपरतिःसापारापारं । भोगेऽपिक्षयित्वादिदोषदर्शनाद्याउपरतिःसाऽनुत्तमांभः
नानुपहत्यभूतानिभोगःसंभवतीतिन्यायेनभोगेहिंसादोषदर्शनाद्याउपरतिःसाउत्तमांभः । एवंविषयोपरमात्पंचतुष्टयोऽत्रकर्मप्रतिसांधिशब्देनोच्यंते । एवंनवतुष्टयःतन्मात्रेणकृतकृत्यतांमन्वानस्योपायेष्वप्रवृत्ते
रात्मदर्शनंनभवतीत्यर्थः २० कदाचित्तुष्टिनवकंजित्वाध्यानेनप्रवृत्तोऽपिध्यानजसिद्धिविपर्ययादप्यात्मतत्त्वंनपश्यतीत्याह विषयेषुचेति । तत्रप्राणिनांस्वाभाविकोविषयेषुसंगःविषयाश्चहार्दाकाशाख्यब्रह्मलोक
गताःशाश्वताःमधुमत्यांयोगभूमौस्थितस्ययोगिनःसंकल्पमात्रोपनताः । तइमेसत्याःकामाअनृतापिधानादेहेनोपाधिनाऽऽच्छादिताः संकल्पादेवास्यपितरःसमुत्तिष्ठंतीत्यादिश्रुतिभ्यः अतोहेतोरविरक्तोयोगीम

विषयेषुचसंसर्गाच्छाश्वतस्यचदर्शनात् ॥ मनसाचान्यदाकांक्षन्परंनप्रतिपद्यते २१ गुणान्यदिहपश्यंतितदिच्छंत्यपरेजनाः ॥
परंनैवाभिकांक्षंतितिर्गुणत्वाद्गुणार्थिनः २२ गुणैर्यस्त्ववरैर्युक्तःकथंविद्यात्परान्गुणान् ॥ अनुमानाद्धिगंतव्यंगुणैरवयवैःपरम् २३

नसाऽन्यद्योगैश्वर्यसुखमिच्छन्सकलकामनिर्धूननप्राप्यंपरंब्रह्मनप्रतिपद्यतेनसाक्षात्करोति । अत्राऽन्यदित्यनेनसिद्धिविपर्ययोदर्शितः । तत्रसिद्धयःसांख्यसप्तत्युक्ताः । 'ऊहःशब्दोऽध्ययनंदुःखविघाता
स्त्रयःसुहृत्प्राप्तिः । दानंचसिद्धयोऽष्टौसिद्धेःपूर्वोंकुशस्त्रिविधः' इति । अस्यार्थः ऊहोवितर्कःश्रुतस्यार्थस्ययुक्त्याचिंतनंमननमित्यर्थः । शब्दःशब्दजंज्ञानंमोक्षशास्त्रस्योपक्रमोपसंहारपर्यालोचनयातात्पर्यज्ञानं ।
अध्ययनमुपनिषद्ग्रंथस्यावाप्तिः । आध्यात्मिकाधिभौतिकाधिदैविकभेदेनात्रिविधंदुःखमतस्तद्विघाताअपित्रयः ताश्चमुख्याःसिद्धयः । तथासुहृत्प्राप्तिःपरविद्याप्रदसदाचार्यलाभः । दानंचित्तशुद्धिजन्या
विवेकप्राप्तिः दैप्शोधनेइत्यस्यरूपं एताअष्टौसिद्धयः । तत्रऊहशब्दाध्ययनसुहृत्प्राप्तयस्तारंसुतारंताराताररंरम्यकंचेतिक्रमेणगीयंते । दानाद्याश्चतस्रस्तुसदामुदितंप्रमोदोमुदितंमोदमानाइतिचगीयंते । एता
स्तुप्रज्ञाप्रासादसोपानभूताअपिकुयोगिनंप्राप्यविपर्यस्तफलाःस्युस्तादिदमुक्तं सिद्धेःपूर्वोंकुशस्त्रिविधः सिद्धेर्मोक्षकरिण्याअकुंशइवनिवारकस्त्रिविधएकोविद्यादिःपंचविधोविपर्ययः द्वितीयोऽशक्तिः साचएकाद
शेंद्रियवधाःसहबुद्धिवधैरशक्तिरुद्दिष्टेत्युक्ताबाधिरत्वादयएकादशेंद्रियवधाः । तुष्टीनांपूर्वोक्तानांसिद्धीनांचानुपदोक्तानांविपर्ययात्सप्तदशबुद्धिवधाः । तत्रगोबलीवर्दन्यायेनतुष्टीःपृथक्कृत्यविपर्ययाशक्तितु
ष्टयस्त्रिविधोऽङ्कुशोमनसाचान्यदाकांक्षन्नित्यनेनसूचितः २१ अत्राप्यन्यकांक्षायांहेतुमाह गुणानिति । गुणान्विषयान् यद्यस्मात्तत्तस्मात् परंनिर्विषयं गुणार्थिनःपुरुषाः २२ अतिमौढ्याद्बाह्यगुणासक्ता
स्तुपरान्योगिगम्यान्विषयान्नाप्नुवंतीत्याह गुणैरिति । उभयेषांतुल्यत्वेऽप्यांतरैर्गुणैर्ब्रह्मणःस्वरूपभूतैःसत्यकामत्वादिभिःपरमुपलक्ष्यतेधूमेनैवाग्निःशाखाग्रेणेववाचंद्रकलामित्याह अनुमानादिति २३

अत्रस्वानुभवंप्रमाणयति सूक्ष्मेणेति । सूक्ष्मेणध्याननिशितेन । 'दृश्यतेत्वग्र्ययाबुद्ध्यासूक्ष्मयासूक्ष्मदर्शिभिः' इतिश्रुतेः । शब्दश्रोत्रगंधघ्राणादिषुप्रकाश्यप्रकाशकयोराकाशभूम्यादिरूपैकोपादानकत्वानिय माढुपादानोपादेययोश्चाभेदाद्घटादिरूपंमनएवचक्षुरादिरूपेणमनसायथागृह्यतेएवंद्रष्टृदृश्येअपिदर्शनमात्रोपादानेदर्शनादभिन्नेइत्यर्थः २४ ईदृगभेदग्रहेहेतुमनुभवमेवाह ज्ञानेनेति । ज्ञानंब्रह्मात्माकाराधीवृत्तिस्त याबुद्धिंदेहाद्यात्मभ्रमकलुषितांनिर्मलीकृत्यसर्वसंशयहीनांकृत्वा । तथाचश्रुतिः 'भिद्यतेहृदयग्रंथिश्छिद्यंतेसर्वसंशयाः । क्षीयंतेचास्यकर्माणितास्मिन्दृष्टेपरावरे' इति तथाबुद्ध्यामनोऽपिसंकल्पात्मकं संकल्प्यसंकल्प रूपेणस्वप्नादौस्थितमितिनिश्चित्यतथाजाग्रत्कालेऽपिमनसेंद्रियग्रामंशब्दादिसहितंमनोमात्रमितिनिश्चित्यविलोमक्रमेणाक्षरंक्षरतीतिव्युत्पत्त्याद्रष्टृदृश्येपरिणामितयाविकारौताभ्द्रिन्नंचिन्मात्रंदर्शनंप्रतिपद्यते २५ बुद्ध्या चरमवृत्त्याध्यानपरिपाकोत्थयाप्रहीणोनिर्वृत्तिकोमनसाविचारात्मकेनसमृद्धःपूर्वमितिशेषः श्रवणमननवानित्यर्थः । निराशिषं आशीरप्राप्तप्रार्थनातद्रहितं स्वेनैवरूपेणपरमानंदत्वात् निर्गुणमात्मानमुपैति प्राप्नोति । विलोड्यमानाआशीर्भिराकुलीक्रियमाणायथावायुःकाष्ठांतर्गतंवह्निंनोद्दीपयतिकिंतुत्यजत्येवमेतेऽप्यंतस्थमात्मानंत्यजंतीत्यर्थः २६ उक्तमेवार्थंस्पष्टयति गुणेति । विषयाणामादानेआभिमुख्यने खंडनेआत्मनिप्रविलापनेकृतेसातिमनोबुद्धिपरायबुद्ध्यपेक्षयायत्परंब्रह्मतस्मैतत्प्राप्तयेभवति । तेषांगुणानांविप्रयोगेपृथक्त्वेनग्रहणेसातिमनःसदासर्वस्मिन्नपियुगेबुद्ध्यवरायबुद्ध्यपेक्षयायदवरंबुद्धिकल्पितंब्र ह्मल कांतमैश्वर्यमवीच्यंतमनैश्वर्यंचतत्प्राप्तयेभवति । अनेनप्रकारेणविधिनाबंधायविषयासक्तंमुक्त्यैनिर्विषयंमनइत्यादिवचनेनगुणापायेसंप्रवृत्तोब्रह्मशरीरंब्रह्मस्वरूपंप्राप्नोति । शारीरमितिपाठेशारीरोजीवस्तयोर्ब्र

सूक्ष्मेणमनसाविप्रोवाचावक्तुंनशक्नुमः ॥ मनोहिमनसाग्राह्यंदर्शनेनचदर्शनम् २४ ज्ञानेननिर्मलीकृत्यबुद्धिंबुद्ध्यामनस्तथा ॥ मनसाचेंद्रियग्राममक्षरं प्रतिपद्यते २५ बुद्धिप्रहीणोमनसासमृद्धोनिराशिषंनिर्गुणमभ्युपैति ॥ परंत्यजंतीहविलोड्यमानाहुताशनंवायुरिवेंधनस्थम् २६ गुणादानेविप्रयोगेचतेषां मनःसदाबुद्धिपरावराभ्याम् ॥ अनेनैवविधिनासंप्रवृत्तोगुणापायेब्रह्मशरीरमेति २७ अव्यक्तात्मापुरुषोऽव्यक्तकर्मासोऽव्यक्तत्वंगच्छातिह्यंतकाले ॥ तैरेवायंचेंद्रियैर्वर्धमानैर्ग्लायद्भिर्वावर्ततेऽकामरूपः २८

ह्मशारीरयोरभेदेसामानाधिकरण्यम् २७ ननुलोकेचतुर्धाभेदोदृश्यते । यथासुवर्णंकुंडलमितितयोरुपादानोपादेयभावेन । यथावाशुक्लःपटइतितयोर्गुणगुणिभावेन । यथावाशुक्तीरजतमित्यधिष्ठानाध्य स्तभावेन । यथावासिंहोदेवदत्तइतितद्गतगुणयोगेन । नाद्यः ब्रह्मणोविकारित्वापत्त्याकूटस्थत्वनाशापत्तेः । नद्वितीयः आश्रयनाशंविनागुणनाशासंभवान्मुक्तौजीवत्वनाशेब्रह्मणोऽपिनाशापत्तेः । नतृतीयः मिथ्याभूतस्यजीवस्यमुक्त्यन्वयायोगात् । परिशेषादंत्यएवपक्षःशिष्यते । तत्रापियथानंतंवैमनोऽनंताविश्वेदेवाइतिबहुत्वसाम्यान्मनसिविश्वेदेवसंपत्तिस्तथादेहादिबृंहकत्वयोगाज्जीवेऽपिब्रह्मशब्दः । यद्वा योषावागौतमाग्निरित्यत्रस्त्रीरूपंप्रतीकमविद्यमानवत्कृत्वातत्राग्नेरुपासनम् । एवंजीवमविद्यमानवत्कृत्वातत्रब्रह्मोपास्यं । यद्वा । यथामनोब्रह्मेत्युपासीतेतिमनएवब्रह्मभावारोपेणोपास्यमेवंजीवेऽपिब्रह्मभावमा रोप्यामृतत्वकामस्यात्मोपासनंविधीयतेआत्मेत्येवोपासीतेत्यादिश्रुतिष्वित्याशंक्याह अव्यक्तात्मेति । अव्यक्तेतिवाङ्मनसागोचरत्वोक्त्यामनआदिवत्प्रतीकत्वादिकंनिरस्यते । आत्मेतिव्यापकप्रत्यक्चैतन्यरूप त्वोक्त्याकीटभृंगवद्यत्नांतरस्यालभ्यत्वमुच्यते । पुरुषइतिपुरिशेतेइतिव्युत्पत्त्यागौणात्मत्वंनिरस्यते । व्यक्तकर्मेतिदेहाद्युपाधियोगात्कर्मसमवायीवदृश्यते अतएवश्रूयते । 'आराममस्यपश्यंतिनतंपश्यति कश्चन' इति । अंतकालेसुप्तिप्रलयमोक्षाणामन्यतमकालेवाव्यक्तएवातोऽस्यव्यक्तत्वमंतरालेऽवगतंमृषैव । ततश्चाव्यक्तस्यात्मनोऽव्यक्तेनब्रह्मणासहलक्षणभेदाभावाद्भेदोनघटतइतिबिंबप्रतिबिंबन्यायेनौपा-

–धिकएवतयोर्भेदः सचोपाधिभूतायाअविद्यायानिवृत्तौनिरवशेषेणलीयतइतियुक्तमुक्तंब्रह्मशारीरमेतीति । नन्वेवंविधेआत्मनिकुतोदुःखित्वप्रतीतिरित्याशंक्याह तैरेवेति । तैःप्रसिद्धैः अकामरूपइ तिच्छेदः । जलसूर्यन्यायेनमृषैवात्मनिदुःखित्वादिभ्रमइत्याह ग्लायद्भिर्वा वाशब्दउपमार्थे ग्लायन्निवाऽऽवर्ततेलोकद्वयेसंचरति घटाकाशवत् आर्षोविभक्तिव्यत्ययः तथाचसूत्रम् । अतएवचोपमासूर्य प्रतिकृतिकादिवादिति सूर्यप्रतिकृतिःप्रतिबिंबसूर्यः आदिपदाद्घटाकाशः तथाचात्मनिभेदंगतिंचवारयंतिश्रुतयः । 'यथाह्ययंज्योतिरात्माविवस्वानपोभिन्नाबहुधैकोऽनुगच्छन् ॥ उपाधिनाक्रियतेभेदरू पोदेवःक्षेत्रेष्वेवमजोऽयमात्मा ॥ घटसंवृतमाकाशंनीयमानेयथाघटे ॥ घटोनीयेतनाकाशंतद्वज्जीवोनभोपमः' इत्यादयः २८ सर्वैरिति । अयंचिदाभासोदेहंलिंगशरीरंप्राप्तःपंचभूतानिस्थूलदेहाकारेणपरि णतानि तदाऽश्रयश्चस्यात्अस्ति परमेणबिंबभूतेनाऽन्तर्यामिणाहीनःसन्नगच्छंति गतिरुपलक्षणंकिमपिकर्तुंनशक्नोतीत्यर्थः कुतः असामर्थ्यात् कुत्रकर्मणेकर्मकर्तुमित्यर्थः । इइतिश्रौतिंप्रसिद्धिंएषह्येवसाधु कर्मकारयतीत्यादिकांद्योतयति । अयंभावः जलसूर्यघटाकाशयोश्चांचल्यगमनेइवात्मनिदुःखित्वादिकंभासमानमपिपरमार्थतोनास्तिनाप्यस्यतत्परिहारेसामर्थ्यमस्तिउपाधिपक्षपातित्वात् उपाधेश्चप्राक्कर्मानुरो धीश्वरेच्छयाचेष्टाश्रयत्वात् अतोऽन्तर्यामित्वंचेश्वरस्ययुक्तमिति २९ ननूपाध्यंतर्यामिणोरनादित्वान्नित्ययोःप्रवर्त्यप्रवर्तकयोःसतोःकथंचिदाभासस्यदुःखान्मुक्तिःस्यादित्याशंक्याह पृथ्व्येति । यथाऽन्यैर दृष्टोऽपिपृथिव्याअंतोऽस्ति अविशुद्द्रव्यत्वात् एवंदुःखसंततेरप्यंतोऽस्तिजन्यत्वात् । यथावावायुरर्णवस्थंतृणादिकं यथाप्लवंयथाप्रवाहंवायुनेवलोड्यमानमितस्ततश्चाल्यमानंवायुरेवपरंपारंनयति । एवंकर्म

सर्वैरयंचेंद्रियैःसंप्रयुक्तोदेहंप्राप्तःपंचभूताश्रयःस्यात ॥ नासामर्थ्याद्गच्छतिकर्मणेहहीनस्तेनपरमेणाव्ययेन २९ पृथ्व्यांनरःपश्यतिनान्तमस्याह्यंतश्चास्याभवि ताचेतिविद्धि ॥ परंनयंतीहविलोड्यमानंयथाप्लवंवायुरिवार्णवस्थम् ३० दिवाकरोगुणमुपलभ्यनिर्गुणोयथाभवेदपगतरश्मिमंडलः ॥ तथाह्यसौमुनिरिहनिर्विशेष वान्सनिर्गुणंप्रविशतिब्रह्मचाव्ययम् ३१ अनागतंसुकृतवतांपरांगतिंस्वयंभुवंप्रभवनिधानमव्ययम् ॥ सनातनंयदमृतमव्ययंध्रुवंनिचाय्यतत्परममृतत्वमश्नुते ३२ ॥ इतिश्रीमहाभारते शांतिपर्वणि मोक्षधर्मपर्वणि मनुबृहस्पतिसंवादे षडधिकद्विशततमोऽध्यायः ॥ २०६ ॥

वायुभिरुह्यमानंसंसारसमुद्रस्थंजीवपोतंकर्माण्येवचित्तशुद्ध्यादिजननद्वारापरंपारंनयंतीत्यर्थः । यथोक्तं 'कर्मणैवहिसंसिद्धिमास्थिताजनकादयः' इति संसिद्धिंज्ञानयोग्यताम् ३० यथासूर्यरश्मीनामुदया स्तमयावेवंचैतन्यभासामपिस्तइत्याह दिवाकरइति । गुणंरश्मिमंडलेनजगद्व्यापित्वंएवंजीवःसत्यांचित्तशुद्धौज्ञानोदयेसतिरात्रिंदिववत्संसारलयोदयौपश्यतीत्यर्थः । निर्गतोविशेषवान्सुखित्वादिधर्मवानहंकारो यस्मात्सनिर्विशेषवान् ३१ प्रकरणार्थमुपसंहरति अनागतमिति । अनादौसंसारे सर्वमपिसुखंपुरुषस्यकचिज्जन्मनिप्राप्तमेवास्ति । इदंत्वमृतत्वमनागतं आगतस्यनिवृत्त्ययोगात् । स्वयंभुवमजन्यं जन्य स्यावश्यंविनाशित्वात् । प्रभवत्यस्मान्निधीयतेलीयतेऽस्मिन्कार्यजातमितिप्रभवनिधानं । एवमप्यव्ययंप्रधानवन्नपरिणामिनित्यं परिणामिनोनाशावश्यंभावेननित्यत्वायोगात् । सनातनंयदमृतं । आदिमध्यांतशून्यंमोक्षस्वरूपं । अनादिमध्यामृतमित्यपिपाठः । अव्ययंनाशहीनंयतोध्रुवंमविचाल्यंईदृशंप्रत्यगभिन्नंवस्तुनिचाय्यज्ञात्वातद्वेदप्रसिद्धंपरमगौणममृतत्वंमोक्षमश्नुतेप्राप्नोति । अपामसोममृता अभूमेतिकर्मप्राप्यमप्यमृतत्वंश्रूयते तच्चगौणं कर्मजस्यनित्यत्वायोगात् । 'तद्यथेहकर्मचितोलोकःक्षीयतएवमेवामुत्रपुण्यचितोलोकःक्षीयते' इतिश्रुतेश्च । यथाहुः 'आभूतसंप्लवंस्थानममृतत्वंहिभाष्यते' इति । मुख्यममृतत्वंप्राप्तस्तुनपुनरावर्ततेसंसारमंडले । तस्मात्सनातनादिविशेषणविशिष्टंनित्यंसुखंमोक्षाख्यंस्वतःसिद्धमप्यज्ञानादप्राप्तमिवकंठगतविस्मृतचामीकरवत्प्राप्तव्यमज्ञानापगममात्रेणेतिसिद्धम् ३२ ॥ इति श्रीमहाभारते शांतिपर्वणि मोक्षपर्वणि नीलकंठीये भारतभावदीपे षडधिकद्विशततमोऽध्यायः ॥ २०६ ॥

पूर्वाध्यायान्तेनिनाप्यतत्परममृतत्वमश्नुतेइतिब्रह्मसाक्षात्कारस्यमोक्षहेतुत्वमुक्तं तत्रनिर्गुणदर्शनंसगुणज्ञानपूर्वकमितिमत्वासन्निहितंश्रीकृष्णंप्रागेवमहर्षीणांमुखात्परमात्माऽयमितिजानन्राजामतिसंवादायकृष्णतत्त्वंपृच्छति पितामहेत्यादिना । नन्विहपुंडरीकाक्षपदेनविग्रहमुपलक्ष्यतत्राच्युतत्वादिविशेषणमसंगतम् नहिकृष्णशरीरंपराद्दष्टैरेवोत्पन्नमितिपक्षेऽपिपराद्दष्टानांजन्मविनाशवत्वात्तत्कृतविग्रहस्यापितद्वत्त्वंप्रत्याख्यातुंशक्यं विग्रहाविवक्षायांत्वस्माकमप्यच्युतत्वादिकंसमानमितिकिंपुंडरीकाक्षेतिविशेषणेनेतिचेत् अत्रब्रूमः भूबीजांकुरतरुफलोपमानिपंचपरमेश्वररूपाणिशुद्धशबलसूत्रविराड्विष्णुसंज्ञानियथापृथिव्यामोषधयःसंभवंतीतिश्रौतदृष्टांतानुगुण्येनभूतुल्यायांचितितदनतिरिक्ताबीजादितुल्यामायाशबलादयःसंति तत्रवृक्षारूढमपिफलमनेकबीजगर्भत्वाद्बीजांकुरतरुभ्योमहत्तरम् । एवंविश्वाख्यविग्रहवद्ब्रह्माप्यनेकशबलादिगर्भत्वादीशसूत्रविराड्भ्योमहत्तरं अतएवच्छांदोग्ये । ‘आदित्यरूपंपुरुषंहिरण्यश्मश्रुर्हिरण्यकेशः’ इतिविग्रहधर्मैर्विशेषयित्वातस्यर्क्सामचगेष्णावितितदंगुलिपर्वत्वेनऋक्सामशब्दाभिहितःकृत्स्नःप्रपंचोनिरूपितः । नचतस्यामूर्तेरनित्यत्वंशंक्यं ‘देवानांकार्यसिद्ध्यर्थमाविर्भवतिसायदा ॥ उत्पन्नेतितदालोकेसानित्याऽप्यभिधीयते’ इति जीवादृष्टानुरोधेननित्यायाअपितस्याआविर्भावतिरोभावावेवोत्पत्तिलयशब्देनव्यवह्रियेतेइत्येतस्यार्थस्यप्रतिपादकेनागमेनविरोधात् अत्रयद्वक्तव्यंतत्प्रागेवोक्तं तस्मात्पुंडरीकाक्षेऽप्यच्युतत्वादिकंविशेषणंयुज्यतएव । तत्राच्युतंक्षयहीनं कर्तारमर्थात्कार्यमात्रस्य अकृतमुत्पत्तिहीनं । विष्णुंव्यापकं बीजफलन्यायेनकारणस्यापिकारणत्वात् । अतएवभूतानांवियदादीनांप्रभवाप्ययंयोनिम् १ अपराजितंदेहादिधर्मैर्जरादिभिरितिशेषः २ जल्पतःजल्पाद्वचनात् ३ महत्माहात्म्यम् ४ भगवान् ‘ऐश्वर्यस्यसमग्रस्यज्ञानस्ययशसःश्रियः ॥ वैराग्यस्यचधर्मस्यषण्णांभगइतींगना’ इत्युक्तरूपषड्गुणवान् । ईश्वरोऽन्तर्यामी । प्रभुःराजवद्बहिःस्थित्वानियंता । विभुर्व्यापकः ५ किंत्विति । यानिकर्माणीत्युत्तरेणसंबंधः अनंतमपिहरेर्माहात्म्यंलेशतोवक्ष्येइतिभावः ६ । ७ भूतात्मेत्यादिनाक्रमेणपदत्रयोक्तानांजीवेशशुद्धानांवाय्वादिमहाभूतकल्पकत्वंसामानाधिकरण्यादभेदश्चोक्तः ८ तत्रतत्सृष्ट्वातदेवानुप्राविशदितिश्रुतामीक्षणादिप्रवेशांतामैशींसृष्टिमाह सइति । चात्खादीन् आप्सु आपःपुरुषवचसइतिश्रुतेरब्बहुलेषुदेहेषु ९ जाग्रदादिविमोक्षांतांजैवींसृष्टिमाहसर्वेत्यादिना । तेजोमयःवासनामयः जाग्रद्वासनामयेस्वप्नद्रष्टरितैजसपदप्रयोगात् तस्मिन्नम्मयेदेहे संकर्षणमहंकारं १० मनसासहाऽकल्पयदितिपूर्वेणसंबंधःससमनस्कोऽहंकारः सोऽह मित्यग्रेव्याहरत्ततोऽहंनामाभवदित्यहंकारसृष्टिमुक्त्वासोबिभेत्सनारमतेतितदनुवादेनभयारत्यादेर्मनोधर्मस्यश्रवणात्तत्सृष्टेस्तत्राविवक्षणात् ‘सैषाब्रह्मणोऽतिसृष्टिर्यन्मर्त्यःसन्नमृतानसृजत’ इतिश्रुतिसाम्यादपिजीवसृष्टिप्रकरणमिदमित्यवसीयते ११

युधिष्ठिरउवाच ॥ पितामहमहाप्राज्ञपुंडरीकाक्षमच्युतम् ॥ कर्तारमकृतंविष्णुंभूतानांप्रभवाप्ययम् १ नारायणंहृषीकेशंगोविंदमपराजितम् ॥ तत्त्वेनभरतश्रेष्ठश्रोतुमिच्छामिकेशवम् २ ॥भीष्मउवाच॥ श्रुतोऽयमर्थोरामस्यजामदग्न्यस्यजल्पतः ॥ नारदस्यचदेवर्षेःकृष्णद्वैपायनस्यच ३ असितोदेवलस्तातवाल्मीकिश्चमहातपाः ॥ मार्कण्डेयश्चगोविंदेकथयंत्यद्भुतंमहत् ४ केशवोभरतश्रेष्ठभगवानीश्वरःप्रभुः ॥ पुरुषःसर्वमित्येवश्रूयतेबहुधाविभुः ५ किंतुयानिविदुर्लोकेब्राह्मणाःशार्ङ्गधन्वनि॥महात्मनिमहाबाहोशृणुतानियुधिष्ठिर६ यानिचाहुर्मनुष्येंद्रयेपुराणविदोजनाः॥कर्माणित्विहगोविंदेकीर्तयिष्यामितान्यहम्७ महाभूतानिभूतात्मामहात्मापुरुषोत्तमः ॥ वायुर्ज्योतिस्तथाचापःखंचगांचान्वकल्पयत् ८ ससृष्ट्वापृथिवींचैवसर्वभूतेश्वरःप्रभुः ॥ अप्स्वेवभवनंचक्रेमहात्मापुरुषोत्तमः ९ सर्वतेजोमयस्तस्मिन्शयानःपुरुषोत्तमः ॥ सोऽग्रजंसर्वभूतानांसंकर्षणमकल्पयत् १० आश्रयंसर्वभूतानांमनसेतीहशुश्रुम ॥ सधारयतिभूतानिउभेभूतभविष्यती ११

नाभ्यांपद्ममिति । स्वप्नवद्बहिरिवभासमानमप्यंतरेवब्रह्मांडमस्तिमानसत्वात्तस्येतिदर्शितम् । नाभ्यामुपरितिष्ठति 'विश्वस्यायतनंमहत्' इतिश्रुतेः १२ पुष्करेनाभिकमले ' अथयदिदमस्मिन्ब्रह्मपुरेदहर
पुंडरीकेवेश्म' इत्यादिश्रुतेरांतरमेवपुष्करमिहप्रतिपत्तव्यंनबाह्यं ब्रह्मपुरेब्रह्मोपलब्धिस्थानेशरीरे दहरंसूक्ष्मं ससमनस्कोऽहंकारःपुष्करेस्थित्वाब्रह्मासर्वभूतस्रष्टासमभवदितिसंबंधः । हृदयपुंडरीकादौनिरुद्धं
मनएवसर्वेश्वरइत्यसकृदावेदितम् १३ तस्मिन्निति । एवंहृत्पुंडरीकेब्रह्मणआविर्भावेसति तमोगुणकार्यभूतोमधुर्नामलयापरनामायोगविघ्नदैनंदिनलयाभ्यासात्पूर्वजोऽनादिर्ब्रह्मग्रासायआविर्भवति १४
तमिति । अपचितिमुन्नतिं पुरुषोत्तमश्चिदात्मा योगेउपस्थितंलयंबोधेनैवशमयेदित्यर्थः । एतच्चविक्षेपादेरप्युपलक्षणं यदाहुःसंप्रदायविदः 'लयेसंबोधयेच्चित्तंविक्षिप्तंशमयेत्पुनः' इत्यादि १५ तस्ये

ततस्तस्मिन्महाबाहोप्रादुर्भूतेमहात्मनि ॥ भास्करप्रतिमंदिव्यंनाभ्यांपद्ममजायत १२ सतत्रभगवान्देवःपुष्करेभ्राजयन्दिशः ॥ ब्रह्मासमभवत्तातसर्वभूत
पितामहः १३ तस्मिन्नपिमहाबाहोप्रादुर्भूतेमहात्मनि ॥ तमसापूर्वजोजज्ञेमधुर्नाममहासुरः १४ तमुग्रमुग्रकर्माणमुग्रंकर्मसमास्थितम् ॥ ब्रह्मणोऽपचितिं
कुर्वन्जघानपुरुषोत्तमः १५ तस्यतातवधात्सर्वेदेवदानवमानवाः ॥ मधुसूदनमित्याहुर्ऋषभंसर्वसात्वताम् १६ ब्रह्माऽनुससृजेपुत्रान्मानसान्दक्षसप्तमान् ॥
मरीचिमत्र्यंगिरसंपुलस्त्यंपुलहंक्रतुम् १७ मरीचिःकश्यपंतातपुत्रमग्र्यजमग्रजः ॥ मानसंजनयामासतैजसंब्रह्मवित्तमम् १८ अंगुष्ठात्ससृजेब्रह्मामरीचेरपि
पूर्वजम् ॥ सोऽभवद्भरतश्रेष्ठदक्षोनामप्रजापतिः १९ तस्यपूर्वमजायंतदशतिस्रश्चभारत ॥ प्रजापतेर्दुहितरस्तासांज्येष्ठाऽभवद्दितिः २० सर्वधर्मविशेषज्ञः
पुण्यकीर्तिर्महायशाः ॥ मारीचःकश्यपस्तातसर्वासामभवत्पतिः २१ उत्पाद्यतुमहाभागस्तासामवरजादश ॥ ददौधर्मायधर्मज्ञोदक्षएवप्रजापतिः २२
धर्मस्यवसवःपुत्रारुद्राश्चामिततेजसः ॥ विश्वेदेवाश्चसाध्याश्चमरुत्वंतश्चभारत २३ अपराश्चयवीयस्यस्ताभ्योऽन्याःसप्तविंशतिः ॥ सोमस्तासांमहाभागः
सर्वासामभवत्पतिः २४ इतरास्तुव्यजायंतगंधर्वांस्तुरगान्द्विजान् ॥ गाश्चकिंपुरुषान्मत्स्यानुद्भिज्जांश्चवनस्पतीन् २५ आदित्यानदितिर्जज्ञेदेवश्रेष्ठान्महाब
लान् ॥ तेषांविष्णुर्वामनोऽभूद्गोविंदश्चाभवत्प्रभुः २६ तस्यविक्रमणाच्चापिदेवानांश्रीर्व्यवर्धत ॥ दानवाश्चपराभूतादैतेयीचासुरीप्रजा २७ विप्रचित्तिप्रधानां
श्चदानवानसृजद्दनुः ॥ दितिस्तुसर्वानसुरान्महासत्वानजीजनत् २८ अहोरात्रंचकालंचयथर्तुमधुसूदनः ॥ पूर्वाह्णंचापराह्णंचसर्वमेवानुकल्पयत २९

त्यादिनाआंतरसृष्टिप्रपंचोयावदध्यायसमाप्ति । सात्परमात्मातद्वतांसात्वतांयोगिनामित्यर्थः १६ ब्रह्मेति । मानसत्वंयोगिसृष्टेर्मूढसृष्टेश्चयद्यपितुल्यंतथापियोगिनांजितमनस्कत्वात्सृष्टिर्नदुःखदा मूढानामतथा
त्वाद्दुःखदा ज्ञानाज्ञानकृतावेवहिमोक्षबंधावितिप्रसिद्धम् । ' अत्रद्वयाहप्राजापत्यादेवाश्चासुराश्चतत्रकानीयसाएवदेवाज्यायसाअसुरास्तएषुलोकेष्वस्पर्धंत' इतिश्रुत्यनुसारेणशमादयोदेवाःशास्त्रबलेननिष्पाद्यत

यायत्नसाध्यत्वात्कनिष्ठाः । कामादयोऽसुराःस्वाभाविकत्वाज्ज्येष्ठाः । तेषामात्मानंमोचयितुंमोहपाशैर्बद्धुंचमिथःस्पर्धमानानांयदाविष्ण्वाख्यंसत्त्वंवर्धतेतदादेवानांजयोऽसुराणांपराजयश्चात्मविमोकहेतुर्भव
तीत्याख्यायिकातात्पर्यं पदार्थःस्पष्टः १७ । १८ । १९ । २० । २१ । २२ । २३ । २४ इतराःकश्यपस्त्रियः व्यजायंतव्यजनयंत २५ । २६ । २७ । २८ । २९

प्रध्यायाऽऽलोच्य समधुसूदनः पृथिवीमितिपृथिवीस्थसर्वभूतोपलक्षणम् ३० शतमनंतं ३१ । ३२ धातारंसमष्टयहंकारं ३३ ततएवचतुर्मुखादयोजाताइत्याह वेदेत्यादिना ३४ समवर्तिनंयमं 'समवर्तीपरेतराट्' इत्यमरः ३५ । ३६ । ३७ । ३८ । ३९ । ४० निरयमेवईक्षंतेतान् ४१ । ४२ । ४३ । ४४ । ४५ । ४६ एवमिति । प्रादुर्भूतोनित्यसिद्धएवसन्नूतत्व भूत्वाभूतः अतएवभूतोत्पत्तिरित्यध्यायनामसंगच्छते महात्मनाश्रीकृष्णेनहेतुना ४७ । ४८ विग्रहविशिष्टस्यकृष्णस्यप्रतिपादितंजगद्धेतुत्वमुपसंहरति एवमेषइति । केवलमानुषोनअपितुपरमात्मैव अतए

प्रध्यायसोऽसृजन्मेघांस्तथास्थावरजंगमान् ॥ पृथिवींसोऽसृजद्विश्वांसहितांभूरितेजसा ३० ततःकृष्णोमहाभागःपुनरेवयुधिष्ठिर ॥ ब्राह्मणानांशतंश्रेष्ठंमुखादेवासृजत्प्रभुः ३१ बाहुभ्यांक्षत्रियशतंवैश्यानामूरुतःशतम् ॥ पद्भ्यांशूद्रशतंचैवकेशवोभरतर्षभ ३२ सएवंचतुरोवर्णान्समुत्पाद्यमहातपाः ॥ अध्यक्षंसर्वभूतानांधातारमकारोत्स्वयम् ३३ वेदविद्याविधातारंब्रह्माणममितद्युतिम् ॥ भूतमातृगणाध्यक्षंविरूपाक्षंचसोऽसृजत् ३४ शासितारंचपापानांपितॄणांसमवर्तिनम् ॥ असृजत्सर्वभूतात्मानिधिपंचधनेश्वरम् ३५ यादसामसृजन्नाथंवरुणंचजलेश्वरम् ॥ वासवंसर्वदेवानामध्यक्षमकरोत्प्रभुः ३६ यावद्यावदभूच्छ्रद्धादेहंधारयितुंनृणाम् ॥ तावत्तावदजीवंस्तेनासीद्यमकृतंभयम् ३७ नचैषांमैथुनोधर्मोबभूवभरतर्षभ ॥ संकल्पादेवचैतेषामपत्यमुपपद्यते ३८ ततस्त्रेतायुगेकालेसंस्पर्शाज्जायतेप्रजा ॥ नह्यभून्मैथुनोधर्मस्तेषामपिजनाधिप ३९ द्वापरेमैथुनोधर्मःप्रजानामभवन्नृप ॥ तथाकलियुगेराजन्द्वंद्वमापेदिरेजनाः ४० एषभूतपतिस्तातस्वध्यक्षश्चतथोच्यते ॥ निरपेक्षांश्चकौन्तेयकीर्तयिष्यामितच्छृणु ४१ दक्षिणापथजन्मानःसर्वेनरवरांध्रकाः ॥ गुहाःपुलिंदाःशबराश्चूचुकामद्रकैःसह ४२ उत्तरापथजन्मानःकीर्तयिष्यामितानपि ॥ यौनकांबोजगांधाराःकिराताबर्बरैःसह ४३ एतेपापकृतस्तातचरंतिपृथिवीमिमाम् ॥ श्वपाकबलगृध्राणांसधर्माणोनराधिप ४४ नैतेकृतयुगेतातचरंतिपृथिवीमिमाम् ॥ त्रेताप्रभृतिवर्धन्तेतेजनाभरतर्षभ ४५ ततस्तस्मिन्महाघोरेसंध्याकालउपस्थिते ॥ राजानःसमसज्जंतसमासाद्येतरेतरम् ४६ एवमेषकुरुश्रेष्ठप्रादुर्भूतोमहात्मना ॥ देवंदेवर्षिराचष्टनारदःसर्वलोकदृक् ४७ नारदोऽप्यथकृष्णस्यपरंमेनेनराधिप ॥ शाश्वतत्वंमहाबाहोयथावद्भरतर्षभ ४८ एवमेषमहाबाहुःकेशवःसत्यविक्रमः ॥ अचिंत्यःपुंडरीकाक्षोनैषकेवलमानुषः ४९ ॥ इति श्रीमहाभारते शांतिपर्वणि मोक्षधर्मपर्वणि सर्वभूतोत्पत्तिकथनेसप्ताधिकद्विशततमोऽध्यायः ॥ २०७ ॥ ॥ ॥ ॥ युधिष्ठिरउवाच ॥ केपूर्वमासन्पतयःप्रजानांभरतर्षभ ॥ केचर्षयोमहाभागादिक्षुप्रत्येकशःस्मृताः १ ॥ भीष्मउवाच ॥ श्रूयतांभरतश्रेष्ठयन्मांत्वंपरिपृच्छसि ॥ प्रजानांपतयोयेऽस्मिन्दिक्षुयेचर्षयःस्मृताः २

वअचिंत्यः ४९ ॥ इति शांतिपर्वणि मोक्षधर्मपर्वणि नीलकंठीये भारतभावदीपे सप्ताधिकद्विशततमोऽध्यायः ॥ २०७ ॥ ॥ ॥ ॥ पूर्वध्यानायकृष्णमाहात्म्यमुक्तंतत्रध्यानप्रतिपक्षाःकामादयआंतराःशत्रवःसंति तेषांप्रशमायपूर्वेषांगुरूणांस्मरणंकर्तव्यमित्येतदर्थोऽयमध्यायआरभ्यते । असतोमासद्गमयतमसोमाज्योतिर्गमयेतिवेदेअभ्यारोहमंत्रइवात्रचातुर्वर्ण्यसाधारण्येनयोगारोहायजप्तोऽयंसर्वदिग्गतान्विघ्नान्शमयतीतिदिशास्वस्तिकमित्यस्यनाम केपूर्वमासन्पतयइत्यादिरक्षरयोजनास्पष्टा १ । २

३ । ४ । ५ । ६ । ७ । ८ । ९ प्रदेशाःप्रदिशंतिआज्ञापयंतीतिप्रदेशाईशनशीलाइत्यर्थः प्रभावनाःप्रकर्षेणस्रष्टारश्च १० । ११ । १२ । १३ । १४ । १५ । १६ । १७ । १८

एकःस्वयंभूर्भगवानाद्योब्रह्मासनातनः ॥ ब्रह्मणःसप्तवैपुत्रामहात्मनःस्वयंभुवः ३ मरीचिरत्र्यंगिरसौपुलस्त्यःपुलहःक्रतुः ॥ वसिष्ठश्चमहाभागःसदृशोवैस्वयंभु
वा ४ सप्तब्रह्माणइत्येतेपुराणेनिश्चयंगताः ॥ अतऊर्ध्वंप्रवक्ष्यामिसर्वानेवप्रजापतीन् ५ अत्रिवंशसमुत्पन्नोब्रह्मयोनिःसनातनः ॥ प्राचीनबर्हिर्भगवांस्तस्मा
त्प्राचेतसोदश ६ दशानांतनयस्त्वेकोदक्षोनामप्रजापतिः ॥ तस्यद्वेनामनीलोकेदक्षःकइतिचोच्यते ७ मरीचेःकश्यपःपुत्रस्तस्यद्वेनामनीस्मृते ॥ अरिष्टने
मिरित्येकेकश्यपेत्यपरेविदुः ८ अत्रेश्चैवौरसःश्रीमान्राजासोमश्चवीर्यवान् ॥ सहस्रंयश्चदिव्यानांयुगानांपर्युपासिता ९ अर्यमाचैवभगवान्येचास्यतनयावि
भो ॥ एतेप्रदेशाःकथिताभुवनानांप्रभावनाः १० शशबिंदोश्चभार्याणांसहस्राणिदशाच्युत ॥ एकैकस्यांसहस्रंतुतनयानामभूत्तदा ११ एवंशतसहस्राणिद
शतस्यमहात्मनः ॥ पुत्राणांचनतेकंचिदिच्छंत्यन्यंप्रजापतिम् १२ प्रजामाचक्षतेविप्राःपुराणाःशाशबिंदवीम् ॥ सवृष्णिवंशप्रभवोमहावंशःप्रजापतेः १३
एतेप्रजानांपतयःसमुद्दिष्टायशस्विनः ॥ अतःपरंप्रवक्ष्यामिदेवांस्त्रिभुवनेश्वरान् १४ भगोंऽशश्चार्यमाचैवमित्रोऽथवरुणस्तथा ॥ सविताचैवधाताचविवस्वां
श्चमहाबलः १५ त्वष्टापूषातथैवेंद्रोद्वादशोविष्णुरुच्यते ॥ इत्येतेद्वादशादित्याःकश्यपस्यात्मसंभवाः १६ नासत्यश्चैवदस्रश्चस्मृतौद्वावश्विनावपि ॥ मार्तंड
स्यात्मजावेतावष्टमस्यमहात्मनः १७ तेचपूर्वंसुराश्चोतिद्विविधाःपितरःस्मृताः ॥ त्वष्टुश्चैवात्मजःश्रीमान्विश्वरूपोमहायशाः १८ अजैकपादहिर्बुध्न्योविरूपा
क्षोऽथरैवतः॥ हरश्चबहुरूपश्चत्र्यंबकश्चसुरेश्वरः १९ सावित्रश्चजयंतश्चपिनाकीचापराजितः ॥ पूर्वमेवमहाभागावसवोऽष्टौप्रकीर्तिताः२० एतएवंविधादेवाम
नोरेवप्रजापतेः ॥ तेचपूर्वंसुराश्चेतिद्विविधाःपितरःस्मृताः २१ शीलयौवनतस्त्वन्यस्तथाऽन्यःसिद्धसाध्ययोः ॥ ऋभवोमरुतश्चैवदेवानांचोदितोगणः २२
एवमेतेसमाम्नाताविश्वेदेवास्तथाऽश्विनौ ॥ आदित्याःक्षत्रियास्तेषांविशश्चमरुतस्तथा २३ अश्विनौतुस्मृतौशूद्रौतपस्युग्रेसमास्थितौ ॥ स्मृतास्त्वंगिरसो
देवाब्राह्मणाइतिनिश्चयः २४ इत्येतत्सर्वदेवानांचातुर्वर्ण्यंप्रकीर्तितम् ॥ एतान्वैप्रातरुत्थायदेवान्यस्तुप्रकीर्तयेत् २५ स्वजादन्यकृताच्चैवसर्वपापात्प्रमुच्यते ॥
यवक्रीतोऽथरैभ्यश्चअर्वावसुपरावसू २६ औशिजश्चैवकक्षीवान्बलश्चांगिरसःस्मृतः ॥ ऋषिर्मेधातिथेःपुत्रःकण्वोबर्हिषदस्तथा २७ त्रैलोक्यभावनास्तातप्रा
च्यांसप्तर्षयस्तथा ॥ उन्मुचोविमुचश्चैवस्वस्त्यात्रेयश्चवीर्यवान् २८ प्रमुचश्चैध्मवाहश्चभगवांश्चदृढव्रतः ॥ मित्रावरुणयोःपुत्रस्तथाऽगस्त्यःप्रतापवान् २९ एतेब्रह्म
र्षयोनित्यमास्थितादक्षिणांदिशम् ॥ उषंगुःकवषोधौम्यःपरिव्याधश्चवीर्यवान् ३० एकतश्चद्वितश्चैवत्रितश्चैवमहर्षयः॥अत्रेःपुत्रश्चभगवांस्तथासारस्वतःप्रभुः३१

१९ । २० । २१ । २२ । २३ । २४ । २५ स्वजात्स्वयंकामतोऽकामतश्चकृतात् अन्यसंसर्गजात् २६ । २७ । २८ । २९ । ३० । ३१

३२ । ३३ । ३४ । ३५ । ३६ । ३७ ॥ इति शांतिपर्वणि मोक्षधर्मपर्वणि नीलकंठीये भारतभावदीपे अष्टाधिकद्विशततमोऽध्यायः ॥ २०८ ॥ ॥ एवंस्वस्त्ययनपूर्वकंकृष्णंध्यायतःपुरुषस्यांत राविर्भूतःकृष्णोहृद्गतान्कामादीन्योगप्रतिपक्षान्नाशयतीत्यंतर्भूमिविक्रीडनाख्येऽस्मिन्नध्यायेवराहाख्यायिकामुखेनप्रतिपाद्यते पितामहमहाप्राज्ञेत्यादिना १ । २ । ३ । ४ । ५ । ६ । ७ । ८ । ९ पृथिवींबुद्धिंवासनारूपबीजानांक्षेत्रभूताम् दानवैःकामक्रोधाद्यैरभिसंस्तीर्णांसर्वतोव्याप्ताम् १० । ११ । १२ । १३ वराहरूपिणंवरंचतदहश्चेतिव्युत्पत्त्याश्रेष्ठक्रतुर्योगस्तत्ररूपयितुमाविर्भावितुंशीलमस्यतं

एतेचैवमहात्मनःपश्चिमामाश्रितादिशम् ॥ आत्रेयश्चवसिष्ठश्चकाश्यपश्चमहानृषिः ३२ गौतमोऽथभरद्वाजोविश्वामित्रोऽथकौशिकः ॥ तथैवपुत्रोभगवानृचीक स्यमहात्मनः ३३ जमदग्निश्चसप्तैतेउदीचीमाश्रितादिशम् ॥ एतेप्रतिदिशंसर्वेकीर्तितास्तिग्मतेजसः ३४ साक्षिभूतामहात्मानोभुवनानांप्रभावनाः ॥ एवमेतेम हात्मानःस्थिताःप्रत्येकशोदिशम् ३५ एतेषांकीर्तनंकृत्वासर्वपापात्प्रमुच्यते ॥ यस्यांयस्यांदिशिह्येतेतांदिशंशरणंगतः ३६ मुच्यतेसर्वपापेभ्यःस्वस्तिमांश्चगृ हान्व्रजेत् ३७ ॥ इतिश्रीमहाभारते शांतिपर्वणि मोक्षपर्वणि दिशास्वस्तिकंनामअष्टाधिकद्विशततमोऽध्यायः ॥ २०८ ॥ ॥ युधिष्ठिरउवाच ॥ ॥

पितामहमहाप्राज्ञयुधिसत्यपराक्रम ॥ श्रोतुमिच्छामिकात्स्न्र्येनकृष्णमव्ययमीश्वरम् १ यच्चास्यतेजःसुमहद्यच्चकर्मपुराकृतम् ॥ तन्मेसर्वंयथातत्त्वंब्रूहित्वंपुरुष र्षभ २ तिर्यग्योनिगतोरूपंकथंधारितवान्प्रभुः ॥ केनकार्यनिसर्गेणतमाख्याहिमहाबल ३ ॥ ॥ भीष्मउवाच ॥ ॥ पुराऽहंमृगयांयातोमार्कंडेयाश्रमेस्थितः ॥ तत्रापश्यंमुनिगणान्समासीनान्सहस्रशः ४ ततस्तेमधुपर्केणपूजांचक्रुरथोमयि ॥ प्रतिगृह्यचतांपूजांप्रत्यनंदमृषीनहम् ५ कथैषाकथितातत्रकश्यपेनमहर्षिणा ॥ मनःप्रह्लादिनींदिव्यांतामिहैकमनाःशृणु ६ पुरादानवमुख्याहिक्रोधलोभसमन्विताः ॥ बलेनमत्ताःशतशोनरकाद्यामहासुराः ७ तथैवचान्येबहवोदानवायुद्ध दुर्मदाः ॥ नसहंतेस्मदेवानांसमृद्धिंतामनुत्तमाम् ८ दानवैरर्द्यमानास्तुदेवादेवर्षयस्तथा ॥ नशर्मलेभिरेराजन्विशमानास्ततस्ततः ९ पृथिवीमार्तरूपांतेसमप श्यन्दिवौकसः ॥ दानवैरभिसंस्तीर्णांघोररूपैर्महाबलैः १० भारार्तामप्रहृष्टांचदुःखितांसंनिमज्जतीम् ॥ अथादितेयाःसंत्रस्ताब्रह्माणमिदमब्रुवन् ११ कथंशक्ष्यामहे ब्रह्मन्दानवैरभिमर्दनम् ॥ स्वयंभूस्तानुवाचेदंनिसृष्टोऽत्रविधिर्मया १२ तेवरेणाभिसंपन्नाबलेनचमदेनच ॥ नावबुध्यंतिसंमूढाविष्णुमव्यक्तदर्शनम् १३ वराहरूपिणं देवमधृष्यममरैरपि ॥ एषवेगेनगत्वाहियत्रतेदानवाधमाः १४ अंतर्भूमिगताघोरानिवसंतिसहस्रशः ॥ शमयिष्यतितच्छ्रुत्वाजहृषुःसुरसत्तमाः १५ ततोविष्णुर्महाते जावाराहंरूपमास्थितः ॥ अंतर्भूमिंसंप्रविश्यजगामदितिजान्प्रति १६ दृष्ट्वाचसहिताःसर्वेदैत्याःसत्वममानुषम् ॥ प्रसह्यतरसासर्वेसंतस्थुःकालमोहिताः १७ तत स्तेसमभिद्रुत्यवराहंजगृहुःसमम् ॥ संक्रुद्धाश्चवराहंतंव्यकर्षंतसमंततः १८ दानवेंद्रामहाकायामहावीर्यबलोच्छ्रिताः ॥ नाशक्नुवंश्चकिंचित्तेतस्यकर्तुंतदाविभो १९

अहःशब्दस्यक्रतुवाचित्वमह्नःखःक्रतावित्यादिषुदृष्टं दानवाःकामक्रोधादयः १४ अंतर्भूमिगतादेहस्थाः १५ विष्णुःसत्वं वाराहंयागात्मकम् १६ सत्वंसत्वगुणंविष्णुं अमानुषंदिव्यंव्यवहितादिग्राहक त्वात्संतस्थुर्नाशंगताः संपूर्वस्यतिष्ठतेःसमाप्तिवाचित्वात् १७ नाशक्रममेवाह ततस्तइति १८ । १९

२० । २१ । २२ । २३ । २४ । २५ । २६ सनात्सततमनितिभक्तानुग्रहार्थंचेष्टतइतिसनातनः सनादनइत्यपेक्षितेदकारस्थानेतकारोनैरुक्तः नादेनसहवर्तमानःसनातनइतियोगस्यदर्शित
त्वात् २७ । २८ । २९ । ३० महावर्ष्मामहाकायः ३१ आत्मापारमार्थिकंस्वरूपं आत्मनोजीवस्य ३२ स्वमात्मानंप्रत्यग्याथात्म्यंसमायातःप्राप्तः ३३ । ३४ । ३५ एषजीवः अतएवसं
तापादिकंनकार्यंतन्मूलस्यात्मादर्शनस्यनष्टत्वादितिभावः ३६ ॥ इति शांतिपर्वणि मोक्षपर्वणि नलिकंठीये भारतभावदीपे नवाधिकद्विशततमोऽध्यायः ॥ २०९ ॥ एवमध्यायत्रयेणेश्वरप्रणिधान

ततोऽगच्छन्विस्मयंतेदानवेंद्राभयंतथा ॥ संशयंगतमात्मानंमेनिरेचसहस्रशः २० ततोदेवाधिदेवःसयोगात्मायोगसारथिः ॥ योगमास्थायभगवांस्तदाभरत
सत्तम २१ विननादमहानादंक्षोभयन्दैत्यदानवान् ॥ सन्नादितायेनलोकाःसर्वाश्चैवदिशोदश २२ तेनसन्नादशब्देनलोकानांक्षोभआगमत् ॥ संत्रस्ताश्चभृशं
लोकेदेवाःशक्रपुरोगमाः २३ निर्विचेष्टंजगच्चापिबभूवातिभृशंतदा ॥ स्थावरंजंगमंचैवतेननादेनमोहितम् २४ ततस्तेदानवाःसर्वेतेननादेनभीषिताः ॥
पेतुर्गतासवश्चैवविष्णुतेजःप्रमोहिताः २५ रसातलगतश्चापिवराहस्त्रिदशद्विषाम् ॥ खुरैर्विदारयामासमांसमेदोस्थिसंचयान् २६ नादेनतेनमहतासनातनइति
स्मृतः ॥ पद्मनाभोमहायोगीभूताचार्यःसभूतराट् २७ ततोदेवगणाःसर्वेपितामहमुपाद्रवन् ॥ तत्रगत्वामहात्मानमूचुश्चैवजगत्पतिम् २८ नादोऽयंकीदृशोदेव
नैतंविद्मवयंप्रभो ॥ कोऽसौहिकस्यवानादोयेनविह्वलितंजगत् २९ देवाश्चदानवाश्चैवमोहितास्तस्यतेजसा ॥ एतस्मिन्नंतरेविष्णुर्वाराहंरूपमास्थितः ॥ उद
तिष्ठन्महाबाहोस्तूयमानोमहर्षिभिः ३० ॥ ॥ पितामहउवाच ॥ ॥ निहत्यदानवपतीन्महावर्ष्मामहाबलः ॥ एषदेवोमहायोगीभूतात्माभूतभावनः ३१
सर्वभूतेश्वरोयोगीमुनिरात्मातथाऽऽत्मनः ॥ स्थिरीभवतकृष्णोऽयंसर्वविघ्नविनाशनः ३२ कृत्वाकर्मातिसाध्वेतदशक्यममितप्रभः ॥ समायातःस्वमात्मानंमहा
भागोमहाद्युतिः ३३ पद्मनाभोमहायोगीमहात्माभूतभावनः ॥ नसंतापोनभीःकार्याशोकोवासुरसत्तमाः ३४ विधिरेषप्रभावश्चकालःसंक्षयकारकः ॥ लोका
न्धारयतातेननादोमुक्तोमहात्मना ३५ सएषहिमहाबाहुःसर्वलोकनमस्कृतः ॥ अच्युतःपुंडरीकाक्षःसर्वभूतादिरीश्वरः ३६ ॥ ॥ इतिश्रीमहाभारते शांति
पर्वणि मोक्षधर्मपर्वाणि अंतर्भूमिविक्रीडनंनामनवाधिकद्विशततमोऽध्यायः ॥ २०९ ॥ ॥ युधिष्ठिरउवाच ॥ ॥ योगंमेपरमंतातमोक्षस्यवदभारत ॥
तमहंतत्त्वतोज्ञातुमिच्छामिवदतांवर १ ॥ भीष्मउवाच ॥ अत्राप्युदाहरंतीममितिहासंपुरातनम् ॥ संवादंमोक्षसंयुक्तंशिष्यस्यगुरुणासह २ कश्चिद्ब्राह्मणमा
सीनमाचार्यमृषिसत्तमम् ॥ तेजोराशिंमहात्मानंसत्यसंधंजितेंद्रियम् ३ शिष्यःपरममेधावीश्रेयोर्थीसुसमाहितः ॥ चरणावुपसंगृह्यस्थितःप्रांजलिरब्रवीत् ४

मुक्तंयेनशीघ्रतरंयोगःसिद्ध्यतियोगांतरायाश्चव्याधिदुःखादयोनश्यंत्यथेदानींप्रधानभूतंयोगमेवजिज्ञासुःपृच्छति योगंमेइति । परमंसबीजयोगात्परमंनिर्बीजयोगंमोक्षस्यहेतुं मोक्षंमेइतिपाठेउपायोपेयविषयौद्वौ
प्रश्नौ तंसयोगंमोक्षं १ । २ कश्चिदितिश्लोकाभ्यांक्रमेणगुरुशिष्ययोर्गुणादर्शिताः ३ । ४

त्वंचाऽहंचकुतउपादानात्कुतोवानिमित्तादुत्पन्नौस्वस्तद्ब्रूहियत्परंश्रेष्ठमुपादानंनिमित्तंचनतुमातापितृवत्पुण्यापुण्यवच्चांतरालिकम् ५ भूतेषुपंचसूपादानकारणेषुसमेषुसत्सुविपरीताविषमाःकथंक्षयोदयानिवर्ततेनित रांवर्तंते । वेदेषुयद्वाक्यंवर्णधर्मव्यवस्थापरं 'ब्राह्मणोबृहस्पतिसवेनयजेत । राजाराजसूयेनयजेत । वैश्योवैश्यस्तोमेनयजेत । तस्माच्छूद्रोयज्ञेऽनवक्लृप्तः' इत्यादि । लौकिकंस्मृतिवाक्यंतादृशंव्यापकंसर्ववर्णाश्रमसाधारणं नहिंस्यात्सर्वभूतानीत्यादि इदमपिकथं हेतुसाम्येऽपिकार्यवैषम्येकिंबीजंतद्ब्रूहीत्यर्थः श्लोकद्वयमेकंवाक्यं ६ । ७ ब्रह्मगुह्यंवेदगोप्यंवसुधनंतद्वद्रक्षणीयमुपकारकंवा ८ ब्रह्मणोमुखंवेदादिःप्रणवः उपायोपेययोरभेदात्प्रणवादीनांवासुदेवत्वं ९ उपेयस्वरूपमाह पुरुषमिति १० एतदेवायंकृष्णइत्याह तदिति । वार्ष्णेयंवृष्णिषुकृतावतारं इतिहासंतत्स्वरूपप्रकाशनपरंग्रंथं ११ । १२ वार्ष्णेयंकृष्णाख्यानंयत्परंकालचक्रंनत्ववर्वाचीनंसंवत्सराख्यंतत्केशवंवदंतीत्युत्तरेणान्वयः । भावाभावौसृष्टिप्रलयौस्वलक्षणंस्वरूपज्ञापकौयस्य अध्यारोपापवादाभ्यांनिष्प्रपंचंनिरूप्यतइतिन्यायेनैवज्ञातुंशक्यं

उपासनात्प्रसन्नोऽसियदिवैभगवन्मम ॥ संशयोमेमहान्कश्चित्तन्मेव्याख्यातुमर्हसि ॥ कुतश्चाहंकुतश्चत्वंतत्सम्यग्ब्रूहियत्परम् ५ कथंचसर्वभूतेषुसमेषुद्विजसत्तम ॥ सम्यग्वृत्तानिवर्तन्तेविपरीताःक्षयोदयाः ६ वेदेषुचापियद्वाक्यंलौकिकंव्यापकंचयत् ॥ एतद्विद्वन्यथातत्त्वंसर्वंव्याख्यातुमर्हसि ७ ॥ गुरुरुवाच ॥ शृणुशिष्यमहाप्राज्ञब्रह्मगुह्यमिदंपरम् ॥ अध्यात्मंसर्वविद्यानामागमानांचयद्वसु ८ वासुदेवःपरमिदंविश्वस्यब्रह्मणोमुखम् ॥ सत्यंज्ञानमथोयज्ञास्तितिक्षादमआर्जवम् ९ पुरुषंसनातनंविष्णुंयंतंवेदविदोविदुः ॥ स्वर्गप्रलयकर्तारमव्यक्तंब्रह्मशाश्वतम् १० तादिदंब्रह्मवार्ष्णेयमितिहासंशृणुष्वमे ॥ ब्राह्मणोब्राह्मणैःश्राव्योराजन्यःक्षत्रियैस्तथा ११ वैश्योवैश्यैस्तथाश्राव्यःशूद्रःशूद्रैर्महामनाः ॥ माहात्म्यंदेवदेवस्यविष्णोरमिततेजसः १२ अर्हस्त्वमसिकल्याणंवार्ष्णेयंशृणुयत्परम् ॥ कालचक्रमनाद्यंतंभावाभावस्वलक्षणम् १३ त्रैलोक्यंसर्वभूतेशेचक्रवत्परिवर्तते ॥ यत्तदक्षरमव्यक्तममृतंब्रह्मशाश्वतम् ॥ वदंतिपुरुषव्याघ्रकेशवंपुरुषर्षभम् १४ पितॄन्देवानृषींश्चैवतथावैयक्षराक्षसान् ॥ नागासुरमनुष्यांश्चसृजतेपरमोऽव्ययः १५ तथैववेदशास्त्राणिलोकधर्मांश्चशाश्वतान् ॥ प्रलयंप्रकृतिंप्राप्ययुगादौसृजतेपुनः १६

नतुशृंगग्राहिकयागवाश्ववदित्यर्थः १३ सर्वभूतेशेयस्मिन्त्रैलोक्यंचक्रवच्चक्रारूढपिपीलिकावत्परवशत्वेनपरिवर्तते केशैरिवचिद्रश्मिभिर्वातिसर्वंव्याप्नोतीतिकेशवस्तं पुरुषर्षभंपुरुषाअन्नमयादयःपंचतेषामृषभंश्रेष्ठमुत्तमंषष्ठमित्यर्थः १४ पितॄनिति । अव्ययोऽपरिणामी १५ तथैवेति । वेदकर्तृत्वंब्रह्मणोमहतोभूतस्यानिःश्वसितमेतद्यदृग्वेदइत्यादिश्रुतिसिद्धं । वाचाविरूपनित्ययेतिवेदनित्यत्ववचनंतुवर्णपदाद्यानुपूर्व्यविभ्रंशमात्रपरं प्रलीयतेऽस्मिन्महदादिकार्यंसप्रलयस्तं प्रकरोतीतिप्रकृतिस्तांलयोत्पत्तिस्थानंमायाशबलमपिससृजेइत्यर्थः । तथाचश्रुतिः 'नासदासीन्नोसदासीत्तदानींनासीद्रजोनोव्योमापरोयत्' इति सदसद्रजःशब्दितानांप्रधानशून्यपरमाणूनामानुमानिकानामिवश्रौतस्यपरव्योम्नोऽपिमायाशबलापरनाम्नःसृष्टेःप्रागभावंवदंतीतस्यापिजन्यत्वंदर्शयति । मायायास्तुच्छत्वाद्ब्रह्मणश्चासंगत्वान्नतयोरेकीभावलक्षणंतात्विकंशाबल्यंसंभवति 'तुच्छ्येनाभ्वापिहितंयदासीत् असंगोह्ययंपुरुष' इतिश्रुतिभ्यां तस्मात्सृष्टेःप्राङ्मायाशबलंब्रह्मासीदित्युक्तिर्मायायांस्थित्वैवयुक्तानतुवस्तुवृत्त्या यथोक्तं 'अस्याविद्येत्यविद्यायामेवासित्वाप्रकल्प्यते' इति । अतोयुक्तमुक्तंप्रकृतिंसृजतेइति रज्जूरगवत्प्रतीतिसमकालायाएवतत्सृष्टेरुपगमादितिदिक् १६

यथेति । प्रत्यब्दंयथावसंतेआम्रवृक्षाग्रीष्मेमल्लिकावर्षासुकदंबानियमेनपुष्पिताभवंत्येवंब्रह्महरविष्ण्वादिषुप्रतिकल्पंसृष्टिप्रलयस्थितिकर्तृत्वंतदातदा आविर्भवति १७ एतदेवव्याचष्टे अथेति । तत्तत्तस्मिंस्तस्मिन्
विषये लोकयात्राव्यवहारस्तस्यविधानंप्रमाणेनप्रमेयख्यापनंतज्जं तेनसोपाधिकमेवज्ञानमुत्पद्यतेनानिरुपाधिकमित्युक्तंभवति १८ युगांतेयुगादौ अंतर्हितान्पूर्वयुगेयेऽभूवंस्तान् अनुज्ञाताउपदिष्टाः स्वयं
भुवाब्रह्मणा १९ वेदविद्भगवान्ब्रह्मावेदांगानिबृहस्पतिर्वेदेतिसंबंधः २० । २१ न्यायतंत्राणितार्किकवैशेषिककापिलपातंजलादीनि हेतुर्युक्तिः आगमोवेदः सदाचारःप्रत्यक्षं तैःप्रमाणैःकृत्वाएतैर्मु
निभिर्यद्ब्रह्मउक्तंतदुपास्यतामुख्यत्वात्तदुपास्यमेवनवेदांतविज्ञेयमित्यर्थः । तथाचोपास्यस्याब्रह्मत्वंश्रुतिराह 'तदेवब्रह्मत्वंविद्धिनेदंयदिदमुपासते' इति २२ अनाद्यंनास्तिआद्यंकारणंयस्यतत् यद्वा आ
दौविदितमाद्यंतदन्यदनाद्यंसर्गादावविदितमित्यर्थः । कथंतर्हिदेवानविदुरित्यतआह एकइत्यादि २३ । २४ ब्रह्मज्ञानस्याऽऽत्यंतिकदुःखनिवर्तकत्वमुक्त्वाऽध्यारोपापवादन्यायेनब्रह्मानिरूपयति पुरु
षेति । पुरुषेणाऽधिष्ठितानालोचितान् सोकामयतबहुस्यांप्रजायेयेतिश्रुतेः तेनसांख्याभिमतंप्रकृतेःस्वातंत्र्यंनिरस्तं अचेतनेचेतनानधिष्ठितेशकटादौप्रवृत्त्यदर्शनाच्चयुक्तंतत् । सूयतेप्रसवोन्मुखीजायते भावा

यथर्तावृतुलिंगानिनानारूपाणिपर्यये ॥ दृश्यंतेतानितान्येवतथाभावायुगादिषु १७ अथयद्यदाभातिकालयोगाद्युगादिषु ॥ तत्तदुत्पद्यतेज्ञानंलोकया
त्राविधानजम् १८ युगांतेतर्हितान्वेदान्सेतिहासान्महर्षयः ॥ लेभिरेतपसापूर्वमनुज्ञाताःस्वयंभुवा १९ वेदविद्वेदभगवान्वेदांगानिबृहस्पतिः ॥ भार्गवोनीति
शास्त्रंतुजगादजगतोहितम् २० गांधर्वंनारदोवेदभरद्वाजोधनुर्ग्रहम् ॥ देवर्षिचरितंगार्ग्यःकृष्णात्रेयश्चिकित्सितम् २१ न्यायतंत्राण्यनेकानितैस्तैरुक्तानि
वादिभिः ॥ हेत्वागमसदाचारैर्यदुक्तंतदुपास्यताम् २२ अनाद्यंतत्परंब्रह्मनदेवानर्षयोविदुः ॥ एकस्तद्वेदभगवान्धातानारायणःप्रभुः २३ नारायणादृषिग
णास्तथामुख्याःसुराऽसुराः ॥ राजर्षयःपुराणाश्चपरमंदुःखभेषजम् २४ पुरुषाधिष्ठितान्भावान्प्रकृतिःसूयतेयदा ॥ हेतुयुक्तमतःपूर्वंजगत्संपरिवर्तते २५
दीपादन्येयथादीपाःप्रवर्तन्तेसहस्रशः ॥ प्रकृतिःसूयतेतद्वदानंत्यान्नापचीयते २६ अव्यक्तात्कर्मजाबुद्धिरहंकारंप्रसूयते ॥ आकाशंचाप्यहंकाराद्वायुराकाशसं
भवः २७ वायोस्तेजस्ततश्चापअद्भ्योऽथवसुधोद्गता ॥ मूलप्रकृतयोह्यष्टौजगदेतास्ववस्थितम् २८ ज्ञानेंद्रियाण्यतःपंचपंचकर्मेंद्रियाण्यपि ॥ विषयाःपंचचै
कंचविकारेषोडशंमनः २९ श्रोत्रंत्वक्चक्षुषीजिह्वाघ्राणंज्ञानेंद्रियाण्यथ ॥ पादौपायुरुपस्थश्चहस्तौवाक्कर्मणीअपि ३०

न्महदादीन् हेतुर्धर्माधर्मौताभ्यांयुक्तमतएवसर्गादावपितारतम्यंयुक्तं अतईशात्हेतुयुक्तमितिसांख्यमतंप्रकृतेर्धर्माद्यप्रवर्त्यत्वंनिरस्तं तेषांहिजलवत्स्वतःप्रवर्तमानायाःप्रकृतेःपापंसुखपरिणामं प्रतिबध्नातिपुण्यं
चदुःखपरिणामं तत्रान्यतरेणान्यतरस्यस्वोदयेप्रतिबंधशक्तिरपनीयतइति २५ दीपादिति । हेतुयुक्तमित्यत्रापिवर्तते तैलवर्त्यादिहेतौसतियथादीपादनेकेदीपाःप्रभवंतीत्येवमदृष्टोपग्रहात्प्रकृतिर्महदादिकार्यंसूय
तेदीपवदानंत्याच्चनापचीयते ईशादृष्टाभ्यांप्रकृतिःप्रवर्त्यतइतिश्लोकद्वयतात्पर्यम् २६ सृष्टिक्रममाहाव्यक्तादिति । कर्मजेतिईशादपिकर्मप्राबल्यंदृश्यते तस्यकर्मापेक्षयैवसदसत्फलदत्वात् बुद्धिर्महत्तत्त्वं तथाच
२८ सर्गादौकर्मैवप्रकृतिंप्रवर्तयतीत्यर्थः । आकाशादिपदैःशब्दतन्मात्रादीनिज्ञेयानि २७ । २८ अतःपुरुषाधिष्ठितप्रकृत्याद्यष्टकात् विषयाइतिशब्दाद्याश्रयाःस्थूलाकाशादयः वाय्वाकाशयोरपिस्पर्शशब्दलिं
गानुमेयतयाविषयत्वं २९ वाक्कर्मणीत्यत्रवागिंद्रियं कर्मशब्देनसर्वेषामिंद्रियाणांकर्माणिवचनादानगतिविसर्गानंदाख्यानिज्ञेयानि ३०

शब्दइति शब्दादयश्चित्तमितिविज्ञेयं चित्तैर्मात्रोपादानाइत्यर्थः यदाहुभर्गवंतोऽक्षपादाचार्याः 'दोषनिमित्तंरूपादयोविषयाःसंकल्पकृताः'इति । प्रमेयस्यचित्तमात्रत्वमुक्त्वाप्रमाणस्यापितदाहतेष्विति । तेषुशब्दादिष्वपिसर्वेषुगतंश्रोत्रादिरूपेणोपगतंमनएव ३१ एतदेवस्पष्टयति रसेति । रसज्ञानेमनएवइयंजिह्वेत्यर्थः । 'मनसाह्येवपश्यतिमनसाशृणोति'इत्यादिश्रुतेः । व्याहृतेशब्दप्रयोगे । इदंद्वयंज्ञानकर्मेंद्रियपंचकद्वयस्योपलक्षणमित्याह इंद्रियैरिति । सर्वमांतरंबुद्धिसुखदुःखादिबाह्यंवियच्छब्दादि तथाऽव्यक्तंमहदादिघटांतंमनएव । तथाचश्रुतिः 'असतोऽधिमनोऽसृज्यतमनःप्रजापतिमसृजतप्रजापतिःप्रजाअसृजततद्वाइदंमनस्येवपरमंप्रतिष्ठितंयदिदंकिंच'इति ३१ षोडश दशेंद्रियाणिमनःपंचभूतानि ज्ञानकर्तारंविज्ञानात्मानमुपासीनमर्थात्परात्मानं तस्यापिसंहतत्वेनासंहतपुरुषशेषत्वात् ३३ रसात्मकत्वात्सोमोजलंतस्यगुणःकार्यंजिह्वागंधोगंधग्राहकंघ्राणंग्राह्यग्राहकयोरभेदात्स्पर्शेस्पर्शनेंद्रियं जिह्वादीनांजलादिकार्यत्वंतद्गतरसादिग्राहकत्वाद्ग्राह्यग्राहकयोःसमानजातीयत्वनियमोऽनेनसूचितः ३४ सत्त्वगुणंसत्त्वकार्यं अव्यक्तजंप्रधानकार्यंसर्वेषांभूतानामात्मभूतईश्वरस्तत्स्थमुपाधित्वेनतत्रस्थितंसर्वांतरंगंसत्वंजानीयात् । सत्त्वविशिष्टस्यज्ञेयत्वेऽपिचिद्विवेकेपरिशेषादचितःसत्वस्यैवज्ञेयत्वमस्तीतिसत्वमेवबुद्ध्येतेत्युक्तं ३५ एतेसत्वाद

शब्दःस्पर्शश्चरूपंचरसोगंधस्तथैवच ॥ विज्ञेयंव्यापकंचित्तंतेषुसर्वगतंमनः ३१ रसज्ञानेतुजिह्वेयंव्याहृतेवाक्तथोच्यते ॥ इंद्रियैर्विविधैर्युक्तंसर्वंव्यक्तंमनस्तथा ३२ विद्यात्तुषोडशैतानिदैवतानिविभागशः ॥ देहेषुज्ञानकर्तारमुपासीनमुपासते ३२ तद्वत्सोमगुणाजिह्वागंधस्तुपृथिवीगुणः ॥ श्रोत्रंनभोगुणंचैवचक्षुरग्नेर्गुणस्तथा ॥ स्पर्शंवायुगुणंविद्यात्सर्वभूतेषुसर्वदा ३४ मनःसत्वगुणंप्राहुःसत्वमव्यक्तजंतथा ॥ सर्वभूतात्मभूतस्थंतस्माद्बुद्ध्येतबुद्धिमान् ३५ एतेभावाजगत्सर्वंवहंतिसचराचरम् ॥ श्रिताविरजसंदेवंयमाहुःप्रकृतेःपरम् ३६ नवद्वारंपुरंपुण्यमेतैर्भावैःसमन्वितम् ॥ व्याप्यशेतेमहानात्मातस्मात्पुरुषउच्यते ३७ अजरःसोमरश्चैवव्यक्ताऽव्यक्तोपदेशवान् ॥ व्यापकःसगुणःसूक्ष्मःसर्वभूतगुणाश्रयः ३८ यथादीपःप्रकाशात्माह्रस्वोवायदिवामहान् ॥ ज्ञानात्मानंतथाविद्यात्पुरुषंसर्वजंतुषु ३९ श्रोत्रंवेदयतेवेद्यंसशृणोतिसपश्यति ॥ कारणंतस्यदेहोऽयंसकर्तासर्वकर्मणाम् ४० अग्निर्दारुगतोयद्वद्भिन्नेदारौनदृश्यते ॥ तथैवात्माशरीरस्थोयोगेनैवानुदृश्यते ४१ अग्निर्यथाह्युपायेनमथित्वादारुदृश्यते ॥ तथैवात्माशरीरस्थोयोगेनैवात्रदृश्यते ४२

यईशादयोवा विरजसंसर्वप्रवृत्तिशून्यंकूटस्थं ३६ नवज्ञानेंद्रियपंचकंबुद्धिमनसीदेहप्राणौच द्वाराणिविषयप्रापकाणियस्मिन्तन्नवद्वारं भावैःशब्दादिभिः ३७ अजरामरइतिदेहधर्मास्पर्शउक्तः व्यक्तंमूर्तमव्यक्तममूर्तंतदुभयात्मनाउपदिश्यते वेदे 'द्वेवावब्रह्मणोरूपेमूर्तंचैवामूर्तंच' इत्यादिनायःसव्यक्ताव्यक्तोपदेशःकार्यकारणात्मातद्वान्तदधिष्ठानभूतोनेतिनेतीत्यागमविषयः एवंविधोऽपिव्यापकःकारणात्मा । सगुणोयःसर्वज्ञइत्यादिश्रुतेःसार्वज्ञ्यादिगुणयुक्तः सूक्ष्मोदुर्लभ्यः सर्वाणिभूतानिगुणाश्चसत्वादयस्तेषामाश्रयोऽधिष्ठानं ३८ यथेति । उपाधिवशान्महत्वमल्पत्वंवाप्राप्तोऽपिदीपवत्सर्वजंतुषुसएवेत्यर्थः ३९ येनश्रोत्रंवेद्यंस्वविषयंशब्दंवेदयतेसएवशृणोति । एवंपश्यतीत्यादिष्वपियोज्यं येनश्रोत्रंशृणोतिहियेनचक्षुश्चपश्यतीत्यादिश्रुतिभ्यः । अयंदेहस्तुतस्यशब्दादिवेदनस्यकारणंनिमित्तंनतुवेत्ताकिंतुसएवकर्ता ४० एवंविधस्यापिदेहेकुतोऽनुपलंभइत्याशंक्योपायाभावादित्याह अग्निरिति । दारुभेदेकृतेऽपिनदृश्यते अयोगेयोगाभावेसतिनैवानुदृश्यते ४१ व्यतिरेकमुक्त्वाऽन्वयमाह दारुदारुणियोगेनैवनान्येनोपायेन ४२

योगाभावेदेहसंबंधोनाविच्छिद्यतइत्याह नदीष्विति ४३ देहांतरप्रवेशोऽपिनशालाचैत्रवत्किंतुस्वप्नवदित्याह स्वप्नेति। तथैवमरणांतेदेहमुत्सृज्यदेहांतरंप्राप्नोतीत्युपलभ्यतेशास्त्रदृष्ट्यायोगेनवाज्ञायते ४४ केनहेतुनादेहांतरंयातीतितत्राह कर्मणेति। रूपंप्राचीनंशरीरंबाध्यतेनतुनिवर्तते भ्रांतिगृहीतस्यघटवन्निवृत्त्ययोगात् ४५ एतदेवविशदयितुंप्रतिजानीते सत्विति ४६ ॥ इतिशांति० मो० नी० भा० दशाधिकद्विशततमोऽध्यायः ॥ २१० ॥ ॥ ॥ ॥ प्रतिज्ञातंनिरूपयति चतुरिति। नव्यक्तःप्रभवोदेहांतरप्राप्तिर्येषां अव्यक्तंनिधनंपूर्वदेहवियोगोयेषां स्वप्नवत्पूर्वापरदेहत्यागयोगौनगृहात्गृहांतरप्रवेशवत्स्पष्टावित्यर्थः अत्रहेतुमाहार्धेन अव्यक्तेति। यतोनव्यक्तंलक्षणंज्ञापकमस्यतादृशमतोऽव्यक्तलक्षणं अत्रहेतुः अव्यक्तात्माऽत्मकमव्यक्तोयआत्मातदात्मकंद्वितीयेंदुवत्तत्रैवकल्पितं अतस्तत्कल्पितेप्रभवनिधनेअप्यव्यक्तेएवेत्यर्थः १ नन्वेवंमध्येऽपिदेहादिरव्यक्तएवस्यादाद्यंतयोरव्यक्तत्वादित्यतआह यथेति। प्रागूर्ध्वंचाव्यक्तोप्यश्वत्थोमध्येव्यक्तोभवति एवमव्यक्तान्मनसःसंभवोव्यक्तिर्दृश्यस्येत्यर्थः २ अभीति। यथाऽयस्कांतंलोहचुंबकपाषाणंप्रत्यचेतनमप्ययोलोहमभिमुखंगच्छति एवंदेहंव्यक्तिगतमनुस्वभावःपूर्वसंस्कारोहेतुर्येषांकर्मणांतज्जाधर्माधर्मादयोभावाअर्थाअभिद्रवंति यच्चान्यदपिदृशमविद्यादिकंतदप्यभिद्रवति ३ इममेवन्यायमन्यत्राप्यतिदिशति तद्वदिति। अव्यक्तजाअविद्योत्थाभावाःकामकर्मवासनादेहेंद्रियादयश्चाचेतनाअभितःसंहताः। एवंकर्तुश्चेतनस्यकारणलक्षणाःकारणंब्रह्मलक्ष

नदीष्वापोयथायुक्तायथासूर्येमरीचयः ॥ संततत्वाद्यथायांतितथादेहाःशरीरिणाम् ४३ स्वप्नयोगेयथैवात्मापंचेंद्रियसमायुतः ॥ देहमुत्सृज्यवैयातितथैवात्मोपलभ्यते ४४ कर्मणाबाध्यतेरूपंकर्मणाचोपलभ्यते ॥ कर्मणानीयतेऽन्यत्रस्वकृतेनबलीयसा ४५ सतुदेहाद्यथादेहंत्यक्त्वाऽन्यंप्रतिपद्यते ॥ तथाऽन्यंसंप्रवक्ष्यामिभूतग्रामंस्वकर्मजम् ४६ ॥ इति श्रीम० शां० मो० वार्ष्णेयाध्यात्मकथनेदशाधिकद्विशततमोऽध्यायः ॥ २१० ॥ भीष्मउवाच ॥ चतुर्विधानिभूतानिस्थावराणिचराणिच ॥ अव्यक्तप्रभवान्याहुरव्यक्तनिधनानिच ॥ अव्यक्तलक्षणंविद्यादव्यक्तात्मात्मकंमनः १ यथाऽश्वत्थकणीकायामंतर्भूतोमहाद्रुमः ॥ निष्पन्नोदृश्यतेव्यक्तमव्यक्तात्संभवस्तथा २ अभिद्रवत्ययस्कांतमयोनिश्चेतनंयथा ॥ स्वभावहेतुजाभावायद्वदन्यदपीदृशम् ३ तद्वदव्यक्तजाभावाःकर्तुःकारणलक्षणाः ॥ अचेतनाश्चेतयितुःकारणादभिसंहताः ४ नभूर्नखंद्यौर्भूतानिनर्षयोनसुराऽसुराः ॥ नान्यदासीदृतेजीवमासेदुर्नतुसंहतम् ५ पूर्वंनित्यंसर्वगतंमनोहेतुमलक्षणम् ॥ अज्ञानकर्मनिर्दिष्टमेतत्कारणलक्षणम् ६

यंतितेकारणाद्ब्रह्मणःसकाशात्सत्वचित्त्वानंदत्वादयोऽपिभावाअभिसंगताः। यथापूर्वंकृत्स्नोऽप्यात्मानात्मगुणगणोदेहांतरप्राप्तौसंहन्यतइत्यर्थः ४ ननुशुक्रशोणितसंयोगादिक्रमेणदेहवृद्ध्यादिकंदृश्यतेतत्कथंस्वाप्नदेहवदाकस्मिकीदेहांतरप्राप्तिरित्याशंक्याह नभूरितिद्वाभ्यां। जीवंचिद्धातुंविना भ्वादयोवाऋषयः प्राणाःप्राणावाऋषयइतिश्रुतेः सुरासुराःशमकामादयइत्येवमादिकमन्यन्नैवासीत्प्रागुत्पत्तेः। संहतमज्ञानोपाधिंजीवमेतेराजानंभृत्याइवनाप्यासेदुःपश्चादपिनासादितवंतः भ्वादयोनित्यंजीवेनासंगताइत्यर्थः ५ कथंतर्हितत्संबंधस्यजीवेप्रतीतिरतआह पूर्वमिति। एतज्जीवेभ्वादितादात्म्यमज्ञानकर्ममायाकार्यमितिनिर्दिष्टंवेदे'इंद्रोमायाभिःपुरुरूपईयते'इत्यादौ। पूर्वमनादि नित्यमज्ञानेसत्यनुच्छेद्यं सर्वगतंविद्वदविद्वत्साधारणंव्यवहारकाले यथोक्तं पश्वादिभिश्चाविशेषादिति। मनोहेतुंमनोजन्यं अलक्षणमनिर्वचनीयं कारणंपूर्ववासनासैवलक्षणंविशेषतोज्ञापकंयस्यप्राग्भवीयवासनावशादेवतत्तन्नृपश्वादिदेहतादात्म्यमात्मनःप्रतीयते। यथास्वप्नेऽराज्ञोपिराजाऽस्मीतिप्रतीतिस्तद्वद्बालस्यापिबालोऽस्मीतिदेहांतरप्राप्तौप्रतीतिर्जायतेइत्यर्थः ६

ततश्चाकिमित्यतआह तदिति । तज्जीवस्वरूपंकारणैर्वासनाभिर्युक्तं कार्यस्यकर्मणःसंग्रहंकारयतितथा जीवःप्राग्वासनावशात्कर्मणिप्रवर्ततइत्यर्थः येनसंग्रहेणतत्तादात्म्यंवर्ततेऽनुवर्तते वासनावशात्कर्मकर्मत्र शाश्ववासनाइतिचक्रंचक्रवदनवरतप्रवाहं ७ अव्यक्तंधीवासनाष्टंदनाभिवदंतरंगंयस्य । व्यक्तंदेहेंद्रियादिअराःनाभिनेमिसंधानकाष्ठानितद्वद्बहिरंगंयस्य । विकारोज्ञानक्रियादिःपरिमंडलंनेमिस्तद्वत्व्यापकम् । स्निग्धंरंजनात्मकंरजःअक्षइवचालकंयस्य । चक्रंजन्ममरणप्रवाहसंघातः । क्षेत्रज्ञेनाधिष्ठितं ध्रुवमविचाल्यंवर्तते ८ स्निग्धत्वाद्रजोगुणाक्रांतत्वात् तिलपीडैस्तैलिकैः भोगैःसुखदुःखयोगैः ९ कर्मेति । तत्संघातात्मकंचक्रंतर्षात्फलतृष्णयाऽहंकारोऽभिमानस्तत्परिग्रहाच्चेनस्वीकृतंसत्कर्मकुरुते । कार्यकारणसंयोगेदेहाज्ञानयोगेआगामिनिसहेतुःतत्कर्मकारणं । विधेयापेक्षंपुंस्त्वं । उपपादितः समर्थितः १० ननुकारणाभिन्नंकार्यमितिसांख्याः नहिकुंडलंकनकादन्यत्किंतुकनकमेवसंस्थानविशेषविशिष्टंकुंडलमित्युच्यते । तथाकारणात्कार्यंभिन्नमभिन्नंचेत्यौडुलोमिरुत्क्रमिष्यतएवंभावादित्यौडुलोमिरितिशास्त्रेतदनुवादात् । प्रपंचःकार्यावस्थायांब्रह्मणोभिन्नोऽपिकारणावस्थायामभिन्नइतिसूत्रार्थः । अस्मिन्मतेऽपिकारणांशेनकार्यस्यकारणादभेदोऽस्ति । येतुकार्यकारणयोर्गवाश्ववद्भेदमिच्छंतितेषामपितयोरपृथक्सिद्धत्वमस्त्यतोमल्लयोरिवनकार्यकारणयोःसंयोगःकर्मनिमित्तोयुज्यतइत्याशंक्यविवर्तवादाश्रयेणपरिहरति नाभ्येतीति । रज्जूरगयोरिवकार्यकारणयोर्विषमसत्ताकत्वादन्योऽन्यस्मिन्प्रवेशःकनककुंडलादिवन्नघटतइ

तत्कारणैर्हिसंयुक्तंकार्यसंग्रहकारकम् ॥ येनैतद्वर्ततेचक्रमनादिनिधनंमहत् ७ अव्यक्तनाभंव्यक्तारंविकारपरिमंडलम् ॥ क्षेत्रज्ञाधिष्ठितंचक्रंस्निग्धाक्षंवर्ततेध्रुवम् ८ स्निग्धत्वात्तिलवत्सर्वंचक्रेऽस्मिन्पीड्यतेजगत् ॥ तिलपीडैरिवाक्रम्यभोगैरज्ञानसंभवैः ९ कर्मतत्कुरुतेतर्षादहंकारपरिग्रहात् ॥ कार्यकारणसंयोगेसहेतुरुपपादितः १० नाभ्येतिकारणंकार्यंनकार्यंकारणंतथा ॥ कार्यव्यक्तेनकरणेकालोभवतिहेतुमान् ११ हेतुयुक्ताःप्रकृतयोविकाराश्चपरस्परम् ॥ अन्योन्यमभिवर्तन्तेपुरुषाधिष्ठिताः सदा १२ राजसैस्तामसैर्भावैश्च्युतोहेतुबलान्वितः ॥ क्षेत्रज्ञमेवानुयातिपांसुर्वातेरितोयथा १३

त्यर्थः । नात्येतीतिपाठेऽपिनाऽतिक्रामतिनव्याप्नोतीत्यर्थः । कुतस्तर्हिगवाश्ववदत्यंतभिन्नयोःकार्यकारणभावइत्याशंक्याह कार्यव्यक्तेनकरणेइति ।भावेनिष्ठा हेतौतृतीया अधिकरणेल्युट् । करणेअधिष्ठाने कार्याभिव्यक्तयेहेतुमानदृष्टादिसहायांतरवान्कालोभवतिप्रभवति अयंभावः । नमृद्घटन्यायेनप्रतीचिप्रपंचाभिव्यक्तयेकारकव्यापारोऽपेक्ष्यतेकिंतुभोगप्रदकर्मोद्बोधहेतुःकालएवरज्ज्वामिवोरगोत्पत्ताविति । कार्याणांतूपकरणेइतिपाठेतुउपकरणेसत्ताप्रदानरूपोपकारेकालएवप्रभवतिनकारकव्यापारइत्यर्थः । तथाचनिरधिष्ठानकभ्रमासंभवादधिष्ठानाध्यस्तयोःसत्यमिथ्यावस्तुनोरत्यंतभेदेऽपिकार्यकारणभावोयुज्यत इत्यर्थः ११ एवमधिष्ठानाध्यस्तयोःसंबंधेकर्महेतुरित्युक्त्वाऽध्यस्तानामपिप्रकृत्यादीनांमिथःसंयोगेकर्मैवहेतुरित्याह हेत्विति । हेतुयुक्ताःकर्मयुक्ताःअभिवर्ततेसंहन्यंते प्रकृतयोऽष्टौविकाराःषोडशेतिचतुर्विंशतिः पूर्वोक्ताः १२ एवंदेहांतरप्राप्तिव्युत्पादनप्रसंगात्कृत्स्नस्यकार्यस्यब्रह्मविवर्तत्वमुक्त्वाप्रकृतमनुसरति राजसैरिति । च्युतःपूर्वदेहाद्विभ्रष्टोजीवः भावैःप्राणैर्भूतसूक्ष्मैःसंस्कारैःसमन्वितइत्येकदेशोऽप्यपकृष्यतेहेतुना कर्मणाबलेनपूर्वप्रज्ञयाविद्ययाचसमन्वितः । क्षेत्रज्ञंपरमात्मानमनुलक्ष्ययातिलोकांतरंप्रति । ' प्राज्ञेनात्मनासंपरिष्वक्तउत्सर्जन्यातितंविद्याकर्मणीसमन्वारभेतेपूर्वप्रज्ञाच । तमुत्क्रामंतंप्राणोऽनूत्क्रामति प्राणमनूत्क्रामंतंसर्वेप्राणाअनूत्क्रामंति' इतिश्रुतिभ्यः १३

नाभ्येतीतिश्लोकोक्तेकार्यकारणयोरध्यस्ताधिष्ठानत्वेदेहदेहिनोरप्याह नचेति । तैःरजःसत्वतमोजैर्देहेंद्रियभूतसूक्ष्माख्यैर्भावैः हेतुफलाभ्यांस्थूलसूक्ष्माभ्यांनस्पृश्यते । अन्यतद्धर्माणामधिष्ठानेऽनन्वयात् । तेनदेहिनातेभावादयोऽपिनस्पृशंते असंगत्वात् । यथावायौसरजस्कत्वंभ्रांत्यानीरजस्कत्वंस्वतएवमात्मानिदेहादिसंगासंगौ १४ एतयोर्वायुरजसोरंतरंपृथक्भावः अभ्यासाद्देहादितादात्म्याभ्यासात् प्रकृतिंशुद्धंस्वरूपं नगच्छेन्नजानीयात् १५ अणुरात्मास्वभावबद्धइतिकेचित् । देहसंमितइत्यन्ये । विभुरपिस्वभावबद्धइत्यपरे । असंगइत्यपरे । तत्रकिंमतमुपादेयंकिंहेयमित्येतंसंदेहं ऋषिर्मंत्रः ‘अनश्नन्न्योअभिचाकशीति । असंगोह्ययंपुरुषः’ इत्यादिः । अच्छिनत् । ननुस्वर्गकामोयजेतेतिसंगित्वमपिश्रूयतेतत्कथमसंगत्वनिश्चयइत्याशंक्याह तथेति । कृतंक्रिययानिष्पादितंयल्लक्षणंमूर्द्धाभिषिक्तत्वादितेनसंमितांतदनुरोधिनींवार्तांसुखदुःखप्राप्तिपरिहारोपायभूतांक्रियांसमीक्षेततद्वदात्मानंक्रियाविष्टंकर्तारमीक्षेत । यथादेहातिरिक्तमात्मानंजानन्नेवराजाराजसूयेनस्वाराज्यकामोयजेतेतिवाक्याद्देहसंमितंकृत्रिमंमूर्धाभिषिक्तत्वरूपलक्षणंराजसूयाधिकारिविशेषणंक्रियाकालेऽपेक्षते । एवंकर्तृत्वादिविशेषणंमुमुक्षुरपिविद्यासाधनकाले फलकालेतुराजादेहमिवमुमुक्षुःकर्तृत्वादिमुज्झतीतिभावः १६ एतद्विज्ञानफलंमोक्षमाह बीजानीति क्लेशैरविद्यादिभिः १७ ॥ इतिशांतिपर्वणिमोक्षधर्मपर्वणि नीलकंठीये भारतभावदीपे एकादशाधिकद्विशततमोऽध्यायः ॥ २११ ॥ ॥ अस्मिन्नध्यायेक्लेशोदयलयहेतूहानायोपादा

नचतैःस्पृश्यतेभावैर्नतेतेनमहात्मना ॥ सरजस्कोऽरजस्कश्चनैववायुर्भवेद्यथा १४ तथैतदंतरंविद्यात्सत्वक्षेत्रज्ञयोर्बुधः ॥ अभ्यासात्सतथायुक्तोनगच्छेत्प्रकृतिंपुनः १५ संदेहमेतमुत्पन्नमच्छिनद्भगवानृषिः ॥ तथावार्तांसमीक्षेतकृतलक्षणसंमिताम् १६ बीजान्यग्न्युपदग्धानिनरोहंतियथापुनः ॥ ज्ञानदग्धैस्तथाक्लेशैर्नात्मासंपद्यतेपुनः १७॥ इतिश्रीमहाभारते शांतिपर्वणि मोक्षधर्मपर्वणि वार्ष्णेयाध्यात्मकथने एकादशाधिकद्विशततमोऽध्यायः ॥ २११ ॥ ॥

॥ भीष्मउवाच ॥ प्रवृत्तिलक्षणोधर्मोयथासमुपलभ्यते ॥ तेषांविज्ञाननिष्ठानामन्यत्तत्त्वंनरोचते १ दुर्लभावेदविद्वांसोवेदोक्तेषुव्यवस्थिताः ॥ प्रयोजनंमहत्त्वात्तुमार्गमिच्छंतिसंस्तुतम् २ सद्भिराचरितत्त्वात्तुवृत्तमेतदगर्हितम् ॥ इयंसाबुद्धिरभ्येत्ययययातिपरांगतिम् ३ शरीरवानुपादत्तेमोहात्सर्वान्परिग्रहान् ॥ क्रोधलोभादिभिर्भावैर्युक्तोराजसतामसैः ४ नाशुद्धमाचरेत्तस्मादभीप्सन्देहयापनम् ॥ कर्मणाविवरंकुर्वन्नलोकानाप्नुयाच्छुभान् ५ लोहयुक्तंयथाहेमविपक्वंनविराजते ॥ तथाऽपक्वकषायाख्यंविज्ञानंनप्रकाशते ६

नायचप्रदर्श्यंते प्रवृत्तीत्यादिना । तेषांकर्मनिष्ठानांयथाधर्मःसमुपलभ्यतेतथाविज्ञाननिष्ठानांविज्ञानादन्यन्नरोचते १ वेदोक्तेष्वग्निहोत्रादिषुशमादिषुचयथाधिकारंव्यवस्थिताःनिष्ठावंतःप्रयोजनंस्वर्गमोक्षौतयोर्मध्येसंस्तुतंप्रशस्ततरंमोक्षमार्गंनिवृत्तिरूपंमहत्त्वादिच्छंति बुद्धिमत्तराइतिशेषः २ ननुजरामर्यमग्निहोत्रंभस्मांतंशरीरमित्यादयोयावज्जीवंकर्मानुष्ठापकाविधयउपरुध्येरन्निवृत्तिमार्गादरेइत्याशंक्याह सद्भिरिति । ‘एतद्धस्मवैतत्पूर्वेविद्वांसोमहाशालामहाश्रोत्रियाअग्निहोत्रंनजुहुवांचक्रिरे’ इत्यादिश्रुतेरेतत्कर्मत्यागात्मकंवृत्तंननिंद्यं । ‘आरुरुक्षोर्मुनेर्योगंकर्मकारणमुच्यते । योगारूढस्यतस्यैवशमःकारणमुच्यते’ इतिभगवतैवप्रवृत्तिनिवृत्तिमार्गयोरधिकारभेदेनव्यवस्थापितत्वात् इयंनिवृत्त्यात्मिका परांगतिंमोक्षं ३ एतदभावेऽनिष्टमाह शरीरेति । शरीरवान्शरीराभिमानवान् ४ देहयापनंदेहसंबंधविच्छेदमशरीरताख्यंमोक्षं । तत्रोपायमाह कर्मणेति । विवरमात्मविविदिषाख्यंद्वारं शुभान्स्वर्गादीन्कर्मफलभूतान्नाप्नुयात्नस्वीकुर्यात् फलत्यागपूर्वकंचित्तशुद्ध्यर्थंकर्माण्येवाचरेदित्यर्थः ५ चित्तशुद्ध्यभावेदोषमाह लोहेति । विपक्वंपाकहीनं भावेनिष्ठा अविपक्वकषायेपुंसिआख्याउपदेशोयस्याऽजितरागादिदोषेउक्तमित्यर्थः ६

कषायाणामपाकेदोषमाह यश्चेति । अनुप्लवन्ननुसरन् आक्रम्योपमृद्य उत्क्रम्येतिपाठःस्वच्छः ७ संरागोरागाधिक्यं व्रजनेदोषमाह क्रोधइति । क्रोधोराजसःहर्षःसात्विकोविषादस्तामसः ८ अभिष्टुवतेअभिष्टौति चितोऽविकारित्वाद्विकारिणश्चचेतसोजडत्वात्स्तुत्याक्रोशौनिरास्पदावित्यर्थः ९ विज्ञानाद्विपर्ययबुद्धेः आत्मानंदेहं पार्थिवंपृथ्वीविकारंगुणं १० देहस्यपार्थिवत्वेयुक्तिमाहद्वाभ्यां मृन्मयमिति । शरणंगृहं मृद्विकारान्मृद्विकारमन्नादिकंप्राप्यननश्यतिजीवतीत्यर्थः ११ मृद्विकारानाह मध्विति १२ कांतारमातिष्ठन्संन्यासी औत्सुक्यंमिष्टान्नादौरागं नसमनुव्रजेत् आहारमन्नं यापनंदेहनिर्वाहकं १३ संन्यासिवद्गृहिणापिविरक्तेनस्थेयमित्याह तद्वदिति । संसारोगृहं यात्रार्थंवेदांतश्रवणादिनिर्वाहार्थंनत्विंद्रियप्रीत्यर्थम् १४ एवंद्वयोरपिमिष्टान्नादौवैराग्यमुपपाद्याश्रमद्वयसाधारणान्मोक्षधर्मानाह सत्येति । सत्यंयथार्थभाषणं शौचंमृज्जलाभ्यांबाह्यंभावशुद्धिरांतरमितिद्विविधं आर्जवमकौटिल्यंत्यागोवैराग्यं वर्चोऽध्ययनादिजंतेजस्तेनतत्कारणंलक्ष्यं विक्रमोमनोजयेशौर्यं बुद्ध्याश्रवणजन्यया धृत्या

यश्चाधर्मंचरेल्लोभात्कामक्रोधावनुप्लवन् ॥ धर्म्यंपंथानमाक्रम्यसानुबंधोविनश्यति ७ शब्दादीन्विषयांस्तस्मान्नसंरागादयंव्रजेत् ॥ क्रोधोहर्षौविषादश्चजायंतेहपरस्परात् ८ पंचभूतात्मकेदेहेसत्त्वेराजसतामसे ॥ कमभिष्टुवतेचायंकंवाऽक्रोशतिकिंवदन् ९ स्पर्शरूपरसाद्येषुसंगंगच्छंतिबालिशाः ॥ नावगच्छंतिविज्ञानादात्मानंपार्थिवंगुणम् १० मृन्मयंशरणंयद्वन्मृदैवपरिलिप्यते ॥ पार्थिवोऽयंतथादेहोमृद्विकारान्ननश्यति ११ मधुतैलंपयःसर्पिर्मांसानिलवणंगुडः ॥ धान्यानिफलमूलानिमृद्विकाराःसहांभसा १२ यद्वत्कांतारमातिष्ठन्नौत्सुक्यंसमनुव्रजेत् ॥ ग्राम्यमाहारमादद्यादस्वाद्वपिहियापनम् १३ तद्वत्संसारकांतारमातिष्ठन्श्रमतत्परः ॥ यात्रार्थमद्यादाहारंव्याधितोभेषजंयथा १४ सत्यशौचार्जवत्यागैर्वर्चसाविक्रमेणच ॥ क्षांत्याधृत्याचबुद्ध्याचमनसातपसैवच १५ भावान्सर्वानुपावृत्तान्समीक्ष्यविषयात्मकान् ॥ शांतिमिच्छन्नदीनात्मासंयच्छेदिंद्रियाणिच १६ सत्त्वेनरजसाचैवतमसाचैवमोहिताः ॥ चक्रवत्परिवर्तन्तेह्यज्ञानाज्जंतवोभृशम् १७ तस्मात्सम्यक्परीक्षेतदोषानज्ञानसंभवान् ॥ अज्ञानप्रभवंदुःखमहंकारंपरित्यजेत् १८ महाभूतानींद्रियाणिगुणाःसत्त्वंरजस्तमः ॥ त्रैलोक्यंसेश्वरंसर्वमहंकारेप्रतिष्ठितम् १९ यथेहनियतःकालोदर्शयत्यार्तवान्गुणान् ॥ तद्वद्भूतेष्वहंकारंविद्यात्कर्मप्रवर्तकम् २० संमोहकंतमोविद्यात्कृष्णमज्ञानसंभवम् ॥ प्रीतिदुःखनिबद्धांश्चसमस्तांस्त्रीनथोगुणान् २१ सत्त्वस्यरजसश्चैवतमसश्चनिबोधतान् ॥ प्रसादोहर्षजाप्रीतिरसंदेहोधृतिःस्मृतिः ॥ एतान्सत्त्वगुणान्विद्यादिमान्राजसतामसान् २२ कामक्रोधौप्रमादश्चलोभमोहौभयंक्लमः ॥ विषादशोकावरतिर्मानदर्पावनार्यता २३

क्लेशकालेऽपिचित्तविधारकयत्नेन मनसाक्रियमाणेनतपसासाध्वसाधुनोरालोचनेनभावान्समीक्ष्येत्युत्तरेणान्वयः १५ संभवेतयथाक्रममितिपाठेयथाक्रमंसंसारीचेत्कामादिनामुमुक्षुश्चेच्छमादिनासंभवेतसंयुज्येतेत्यर्थः अदीनात्मोदारचित्तः १६ विपक्षेदंडमाह सत्त्वेनेति १७ अज्ञानात्प्रभवउत्पत्तिर्यस्यतं १८ महेति । ईश्वरादिकंसर्वमहंकारकल्पितमित्यर्थः १९ नन्वेतदहंकारकल्पितंचेत्स्वप्नवन्नित्यमभिनवसंस्थानंस्यादित्याशंक्यपूर्वसंस्कारानुरोधात्समानरूपमेवकल्प्यतेइतिसदृष्टांतमाह यथेति । भूतेतिभूतेंद्रियादीनामुपलक्षणम् २० त्रिगुणात्मकस्याहंकारस्यगुणकार्याणिविभजते संमोहकमिति । कृष्णमंधकारवदप्रकाशात्मकं प्रीतिदुःखेक्रमात्सात्विकराजसे २१ तान्कार्यभूतान्विशेषगुणान् २२ कामादयोराजसाः विषादादयस्तामसाः २३

अस्यविभागस्यप्रयोजनमाह दोषाणामिति । आत्मनिसंस्थानंस्थितिमेकैकंप्रत्येकमनुलक्षीकृत्यविमृशेत्कोदोषःकियान्क्षीणःकियानवशिष्टइतिनित्यमालोचयेदित्यर्थः २४ त्यक्ताःपूर्वैर्मुमुक्षुभिरितिशेषः केपुनरिति । अपरिहार्याइत्यर्थः पंचात्रप्रश्नाः अफलाआगताअपिनिष्फलाइत्यर्थः २५ । २६ दोषैरितिसार्धश्लोकएकंवाक्यं मूलात्मूलमज्ञानंतदारभ्य अवच्छिन्नैर्लूनैः मूलच्छेदेनैवदोषांश्छिद्यात्ततश्चतेपश्चाच्छिन्नमूलतरुविलसितवत्कंचित्कालमनुवर्तमानाअप्यफलाएवेत्यर्थः मूलच्छेदेउपायंसदृष्टांतमाह विनाशयतीति । संभूतमुत्पन्नमयस्मयंलोहनिगडं । अयोवास्यधारामयं । एवंकृतात्माध्यानसंस्कृताबुद्धिस्तामसैर्विपर्यासरूपैरविद्यादिदोषैःसहजैरनादिभिःसहनश्यतितान्नाशयित्वास्वयमपिकतकरजोवच्छाम्यति अत्रवास्यधारानिगडंछित्वास्वयमपिनश्यतीतिविवक्षयादृष्टांतदार्ष्टांतिकयोःसाम्यम् २७ चतुर्थप्रश्नोत्तरमुक्त्वातृतीयप्रश्नोत्तरंपादत्रयेणाह राजसमिति । शुद्धात्मकंसत्वं तच्चाकल्मषं काममोहराहित्यात् गुणत्रयंदेहिनांदेहप्राप्तौबीजं आत्मवतोजितचित्तस्यतुसत्वंसमंब्रह्मतत्प्रापकम् । निर्दोषंहिसमंब्रह्मेतिसमशब्दस्यब्रह्मणिप्रयोगात् २८ प्रथमप्रश्नोत्तरमाह । तस्मादिति सत्त्वंबुद्धिः २९ अथवेति । आत्मादानायबुद्धिवशीकारायविहितंमंत्रवन्मंत्रयुक्तंयज्ञादिकंकर्मकेचिद्दुष्कृतमितिब्रूयुःसांख्याः पशुबीजादिहिंसामिश्रत्वात् तस्माज्जपादिरेवहिंसाहीनोधीशुद्ध्युपायःश्रेयानितिभावः अत्रायंसांख्यवृद्धानामभिप्रायः । नहिंस्यात्सर्वभूतानीतिनिषेधःपुरुषार्थोनतुक्रत्वर्थः । येनास्याग्निषोमीयंपशुमालभेतेत्यनेनसमानवि

दोषाणामेवमादीनांपरीक्ष्यगुरुलाघवम् ॥ विमृशेदात्मसंस्थानमेकैकमनुसंततम् २४॥ युधिष्ठिरउवाच ॥ केदोषामनसात्यक्ताःकेबुद्ध्याशिथिलीकृताः॥ केपुनः पुनरायांतिकेमोहादफलाइव २५ केषांबलाबलंबुद्ध्याहेतुभिर्विमृशेद्बुधः ॥ एषमेसंशयस्ताततन्मेब्रूहिपितामह २६॥ भीष्मउवाच ॥ दोषैर्मूलादवच्छिन्नैर्विशुद्धात्माविमुच्यते ॥ विनाशयतिसंभूतमयस्मयमयोयथा ॥ तथाकृतात्मासहजैर्दोषैर्नश्यतितामसैः २७ राजसंतामसंचैवशुद्धात्मकमकल्मषम् ॥ तत्सर्वंदेहिनांबीजंसत्त्वमात्मवतःसमम् २८ तस्मादात्मवतावर्ज्यंरजश्चतमएवच ॥ रजस्तमोभ्यांनिर्मुक्तंसत्त्वंनिर्मलतामियात् २९ अथवामंत्रवद्ब्रूयुरात्मादानायदुष्कृतम् ॥ सवैहेतुरनादानेशुद्धधर्मानुपालने ३०

षयत्वंस्यात् । यथाआहवनीयेजुहोतीतिहोमार्थस्याहवनीयस्यपदेजुहोतीतिहोमार्थेनैवपदेनापवादस्तद्वत् । नचपुरुषार्थस्यसतःक्रत्वर्थत्वमपिनिषेधस्यवक्तुंयुक्तंकर्त्रधिकरणविरोधात् । तत्रहिपुरुषार्थेनानृतंवदेदितिनिषेधेसत्यपिदर्शपूर्णमासप्रकरणेपुनःक्रत्वर्थतयानानृतंवदेदित्यनृतवदनंनिषिध्यतेक्रतुमध्येकारणविशेषात्पुरुषार्थनिषेधोल्लंघनेतुक्रतुवैकल्यंमाभूदिति तस्माद्भिन्नविषयत्वाद्धिंसाविधितन्निषेधशास्त्रयोःपरिहृत्यापवादमुत्सर्गाःप्रवर्ततइत्यस्यन्यायस्याप्रवृत्तिः । अधिकारिभेदादपितत्रतदप्रवृत्तिः । गृहासक्तोहिहिंसाशास्त्रेऽधिक्रियतेनतुविरक्तः तस्ययदहरेवविरजेत्तदहरेवप्रव्रजेदितिप्रव्रज्याविधानात् । नचगृहाश्रमोऽपिनित्यः तस्यरागतःप्राप्तत्वाद्ब्रह्मचर्यादेवप्रव्रजेदितिविधिविरोधाच्च । तस्माद्यथाश्येनेनाभिचरन्यजेतेतिशास्त्राच्छत्रुमारणकामस्यश्येनोविधीयमानोहिंसात्मकफलद्वारानहिंस्यादितिशास्त्रंनिरुंधेतद्वत्स्वर्गपश्वादिकामस्यगृहमेधिनोज्योतिष्टोमेनस्वर्गकामोयजेतचित्रयायजेतपशुकामइत्यादिविधिःपशुबीजादिहिंसात्मकसाधनद्वारानहिंस्यादितिशास्त्रंनिरुणद्धिततश्चपुरुषःप्रत्यवैति यथोक्तं दृष्टवदानुश्रविकःसह्यविशुद्धिक्षयातिशययुक्तइति । यथादृष्टःसुखोपायोदोषादियुक्तएवंवैदिकोऽपीतिसांख्यकारिकार्थः । स्वमतमाह सवैइति । सैवेतिपाठेऽपिसैषदाशरथीतिवत्संधिः सःमंत्रवान्यज्ञादिधर्मः अनादानेवैराग्येहेतुर्निमित्तंभवति चित्तशुद्धिद्वारानित्यानित्यवस्तुविवेकादिप्रनाड्याभवति । तथाशुद्धधर्मःशमादिस्तस्यापरिक्षणेसएवयज्ञादिधर्मोभवति । अयमर्थः । विविदिषंतियज्ञेनेत्यादिश्रुतेरश्वेनजिगमिषतीत्यादौ–

—गतावश्वस्येवविद्यायांयज्ञादीनाहिंसायुक्तधर्माणासाधनत्वंगम्यते । तथाशांतोदांतइत्यादिनानिवृत्तिरूपस्याप्यहिंसादेर्धर्मस्यविद्यासाधनत्वंगम्यते । यथाद्वावश्वौरथेनियुक्तावविरुद्धदिक्क्रियौसंतावेवेष्टंदेशंरथिनंनयतोनतुतयोरन्यतरस्यैषदपिविरुद्धदिक्क्रियत्वे एवंयज्ञईषदप्यहिंसाशास्त्रविरोधीचेत्तेनसहैकार्थ्यंनभजेदितियज्ञादिव्यतिरिक्तहिंसायाएवाहिंसाशास्त्रेणानर्थहेतुताबोध्यतइति तथाचसूत्रम् । सर्वापेक्षाचयज्ञादिश्रुतेरश्ववदिति । यस्तुकाम्योयज्ञस्तस्यास्त्वंशतोदोषहेतुत्वंननः किंचिच्छिन्नं । स्वल्पःसंकरःसपरिहारःसप्रत्यवमर्शइतिसांख्याचार्यवचनमपितद्विषयमेवपुण्येकर्मणिस्वल्पोहिंसाजन्योऽधर्मसंकरःस्वल्पेनापिप्रायश्चित्तेनपरिहर्तुंशक्योऽपरिहारेवाफलकालेसोढुंशक्यःसुखसमुद्रमग्नोहिदुःखकणिकांसोढुमर्हतीतिसर्वमनवद्यम् ३० वैदिकेऽपिकर्मणिराजसंतामसंकामक्रोधादिहेतुकंत्याज्यंसात्विकंसेव्यमित्याह श्लोकत्रयेण रजसेति । अधर्मोतिच्छेदः लौकिकंतुराजसंतामसंचकर्मसुतरांत्याज्यमितिभावः ३१ । ३२ सात्विकंतुमुमुक्षूणांपथ्यमित्यर्थः ३३ । इति शांतिपर्वणि मोक्षधर्मपर्वणि नीलकंठीये भारतभावदीपे द्वादशाधिकद्विशततमोऽध्यायः ॥ २१२ ॥ ॥ पूर्वाध्यायांतिमंश्लोकत्रयंव्याख्यातुमयमध्यायआरभ्यते रजसेति । रजस्तमसोःकार्यंमोहोविपर्ययोऽनात्मन्या

रजसाऽधर्मयुक्तानिकार्याण्यपिसमाप्नुते ॥ अर्थयुक्तानिचात्यर्थंकामान्सर्वांश्चसेवते ३१ तमसालोभयुक्तानिक्रोधजानिचसेवते ॥ हिंसाविहाराभिरतस्तंद्रीनिद्रासमन्वितः ३२ सत्वस्थःसात्विकान्भावान्शुद्धान्पश्यतिसंश्रितः ॥ सदेहीविमलःश्रीमान्श्रद्धाविद्यासमन्वितः ३३ ॥इति श्री०शां०मो०वार्ष्णेयाध्यात्मकथने द्वादशाधिकद्विशततमोऽध्यायः ॥ २१२ ॥ भीष्मउवाच ॥ रजसासाध्यतेमोहस्तमसाभरतर्षभ ॥ क्रोधलोभौभयंदर्पएतेषांसादनाच्छुचिः १ परमंपरमात्मानंदेवमक्षयमव्ययम् ॥ विष्णुमव्यक्तसंस्थानंविदुस्तंदेवसत्तमम् २ तस्यमायापिनद्धांगानष्टज्ञानाविचेतसः ॥ मानवाज्ञानसंमोहात्ततःक्रोधंप्रयांतिवै ३ क्रोधात्काममवाप्याथलोभमोहौचमानवाः ॥ मानदर्पावहंकारमहंकारात्ततःक्रियाः ४ क्रियाभिःस्नेहसंबंधात्स्नेहाच्छोकमनंतरम् ॥ सुखदुःखक्रियारंभाज्जन्माजन्मकृतक्षणाः ५ जन्मतोगर्भवासंतुशुक्रशोणितसंभवम् ॥ पुरीषमूत्रविक्लेदंशोणितप्रभवाविलम् ६ तृष्णाभिभूतस्तैर्बद्धस्तानेवाभिपरिप्लवन् ॥ संसारतंत्रवाहिन्यस्तत्रबुद्ध्येतयोषितः ७ प्रकृत्याःक्षेत्रभूतास्तानराःक्षेत्रज्ञलक्षणाः ॥ तस्मादेवाविशेषेणनरोऽतीयाद्विशेषतः ८ कृत्याह्येताघोररूपामोहयंत्यविचक्षणान् ॥ रजस्यंतर्हितामूर्तिरिंद्रियाणांसनातनी ९

त्मबुद्धिः । अज्ञानस्यहिद्वेशक्तीआवरणशक्तिर्विक्षेपशक्तिश्च । तत्राद्ययावस्तुस्वरूपंरज्ज्वाद्याव्रियते द्वितीययासर्पादिस्वरूपंविक्षिप्यते तेउभेअत्रक्रमेणतमोरजःशब्दाभ्यामुच्येते मोहजाःक्रोधादयः १ शुद्धेःफलंजीवब्रह्मात्मैक्यज्ञानमित्याह परममिति । परममैात्यंतिकंपरंब्रह्मकोशपंचकातीतं । आत्मानंप्रत्यंचं । परमात्मानमात्मानमितिपाठांतरंस्पष्टार्थम् । अक्षयंनाशहीनमव्ययंह्रासहीनंविदुःप्राञ्चःशुचयइति इदानींतनोपिशुचिर्विंदतीत्यर्थः २ पिनद्धांगारूपाधिभिर्जडीकृतेंद्रियाः । अतएवनष्टज्ञानास्ततोविचेतसोनिर्विवेकाः । ज्ञानसंमोहाद्बुद्धिवैक्लव्याद्ब्रह्माज्ञानाद्वा । क्रोधंविक्षिप्तचित्ततताम् ३ मानआत्मनिपूज्यताबुद्धिः । दर्पउच्छृंखलत्वं । अहंकारःपरेषांतुच्छीकरणम् ४ जन्माजन्मकृतक्षणाः जन्ममरणयोःकृतस्वीकाराः ५ । ६ तैःक्रोधादिभिर्बद्धस्तानभितःपरिप्लवंस्तर्तुमिच्छन् हेतौशतृप्रत्ययः प्रथमंयोषितोहेयत्वेनजानीयात् यतस्ताःसंसारपटस्यतंत्रमिवतंत्रंतंतुवितानंतंतुवायवद्वहंति ७ यथाप्रकृतिःक्षेत्रज्ञंबध्नात्येवमेताअपत्योत्पत्तिक्षेत्रभूताजीवंबध्नंतीत्यर्थः । अतीयादतिक्रामेत् संन्यसेदित्यर्थः । नचाभीयुरितिपाठेनानुसरेयुरित्यर्थः ८ शत्रुमारणार्थंमंत्रमयीशक्तिःकृत्यासैवएताः रजसिरजोगुणेऽन्तर्हितासूक्ष्मरूपेणमृदिघटाइवस्थिता इंद्रियाणांमूर्तिरिंद्रियैःकल्पितेत्यर्थः

तदात्मकात्स्त्रीप्रधानात् एतेनसार्धश्लोकेनदोषनिमित्तंरूपादयोविषयाःसंकल्पकृताइतिगौतमसूत्रार्थोदर्शितः । अस्वसंज्ञान्मानुषेतिसंज्ञाहीनान् कृमीन्यूकालिक्षादीन् अस्वकाननात्मान् १० शुक्रतोरेतो
रूपात्स्नेहाद्द्रवांशतःपुत्राः । रसतःस्वेदरूपात्स्नेहाद्यूकादयः । एषाजंतूत्पत्तिःस्वभाववादेऽदृष्टवादेचसमानैवेत्यर्थः ११ एवंहेयमुक्त्वाज्ञेयमाह रजइति । प्रवृत्तिप्रकाशात्मकेरजःसत्वेतमसिलीयेते । तच्चतमोऽ
ज्ञानाख्यंज्ञानाधिष्ठानमधिष्ठानभूतेज्ञानेऽध्यस्तंसद्बुद्ध्यहंकारयोर्लक्षणंज्ञापकंभवति १२ तद्बुद्ध्यहंकारविशिष्टमज्ञानंदेहिनांजीवानांदेहप्राप्तौबीजं । तस्यसकार्यस्याज्ञानस्यबीजमधिष्ठानभूतंज्ञानंतदेवजीव
संज्ञितंदेहिशब्दवाच्यं । तज्ज्ञानंबीजसंज्ञितमितिपाठेतत्अज्ञानाविशिष्टंज्ञानंबीजमीश्वरस्तत्संज्ञं ऐश्वर्यमेवाह कर्मणेति १३ अयंजीवईश्वरोवा गर्भेमातुरुदरे १४ तत्रमांसपिंडभूतोऽसौपूर्ववासनावशाद्यंयंविषयं
स्मरतितत्तद्ग्राहकमिंद्रियस्याविर्भवतीत्याह कर्मणेत्यादिना १५ घ्राणंगंधचिकीर्षयेतिएतस्यैववासनावशात्स्रष्टृत्वंदर्शितं १६ यापनंदेहयात्रानिर्वाहः १७ संजातैःसम्यङ्निष्पन्नैः गात्रैःश्रोत्रादिभिः

तस्मात्तदात्मकाद्रागाद्बीजाज्जायंतिजंतवः ॥ स्वदेहजानस्वसंज्ञान्यद्वदंगात्कृमींस्त्यजेत् ॥ स्वसंज्ञानस्वकांस्तद्वत्सुतसंज्ञान्कृमींस्त्यजेत् १० शुक्रतोरस
तश्चैवदेहाज्जायंतिजंतवः ॥ स्वभावात्कर्मयोगाद्वातानुपेक्षेतबुद्धिमान् ११ रजस्तमसिपर्यस्तंसत्वंचरजसिस्थितम् ॥ ज्ञानाधिष्ठानमव्यक्तंबुद्ध्यहंकारलक्ष
णम् १२ तद्बीजंदेहिनामाहुस्तद्बीजंजीवसंज्ञितम् ॥ कर्मणाकालयुक्तेनसंसारपरिवर्तनम् १३ रमत्ययंयथास्वप्नेमनसादेहवानिव ॥ कर्मगर्भैर्गुणैर्देहीगर्भेतदु
पलभ्यते १४ कर्मणाबीजभूतेनचोद्यतेयद्यदिंद्रियम् ॥ जायतेतदहंकाराद्रागयुक्तेनचेतसा १५ शब्दरागाच्छ्रोत्रमस्यजायतेभावितात्मनः ॥ रूपरागात्त
थाचक्षुर्घ्राणंगंधचिकीर्षया १६ स्पर्शनेत्वक्तथावायुःप्राणापानव्यपाश्रयः ॥ व्यानोदानौसमानश्चपंचधादेहयापनम् १७ संजातैर्जायतेगात्रैःकर्मजैर्वर्ष्मणा
वृतः ॥ दुःखाद्यंतैर्दुःखमध्यैर्नरःशारीरमानसैः १८ दुःखंविद्यादुपादानादभिमानाच्चवर्धते ॥ त्यागात्तेभ्योनिरोधःस्यान्निरोधज्ञोविमुच्यते १९ इंद्रियाणांरज
स्येवप्रलयप्रभवावुभौ ॥ परीक्ष्यसंचरेद्विद्वान्यथावच्छास्त्रचक्षुषा २० ज्ञानेंद्रियाणींद्रियार्थान्नोपसर्पन्त्यतर्षुलम् ॥ हीनैश्चकरणैर्देहीनदेहंपुनरर्हति २१
॥ इति श्रीमहाभारते शांतिपर्वणि मोक्षधर्मपर्वणि वार्ष्णेयाध्यात्मकथने त्रयोदशाधिकद्विशततमोऽध्यायः ॥ २१३ ॥ ॥ भीष्मउवाच ॥ अत्रोपायंप्रव
क्ष्यामियथावच्छास्त्रचक्षुषा ॥ तत्त्वज्ञानाचरन्राजन्प्राप्नुयात्परमांगतिम् १ सर्वेषामेवभूतानांपुरुषःश्रेष्ठउच्यते ॥ पुरुषेभ्योद्विजानाहुर्द्विजेभ्योमंत्रदर्शिनः
२ सर्वभूतात्मभूतास्तेसर्वज्ञाःसर्वदर्शिनः ॥ ब्राह्मणावेदशास्त्रज्ञास्तत्त्वार्थगतनिश्चयाः ३

कृत्वानरोवर्ष्मणाशरीरेणवृतःसन्जायते ब्रह्मणासहेतिपाठांतरं १८ दुःखाद्यंतैरित्येतद्व्याचष्टे दुःखमिति । उपादानादेहेंद्रियादीनांगर्भेंगीकारात् अभिमानाज्जन्मानंतरंदुःखंदेहवद्वर्धते एवंत्यागान्मरणा
दपिवर्धतेऽतस्तेभ्योहेतुभ्योनिरोधोदुःखस्यस्यात्कर्तव्योयतोनिरोधज्ञोविमुच्यते १९ रजस्यंतर्हितामूर्तिरिंद्रियाणामित्युपक्रांतामिंद्रियाणांरजोमात्रत्वमुपसंहरति इंद्रियाणामिति । परीक्ष्येति रजोरूपप्रवृत्तिनि
रोधेनेंद्रियनिरोधादुःखनिरोधोभवतीत्यर्थः २० अतर्षुलंतृष्णाहीनं ज्ञानेंद्रियाणिनोपसर्पंतिनव्याप्नुवंति इंद्रियार्थान्प्राप्यापीतिशेषः तत्फलमाह हीनैरिति । हीनैःक्षीणैः करणैरिंद्रियैः २१ ॥ इति शां० मो०
नी०भा० त्रयोदशाधिकद्विशततमोऽध्यायः ॥ ११३ ॥ अत्रेंद्रियजयेज्ञानात्ज्ञानंप्राप्यचरन्शमादीननुतिष्ठन् १ पुरुषोमनुष्यः द्विजास्त्रैवर्णिकाः मंत्रदर्शिनोब्राह्मणाः २ तत्त्वार्थप्रतिगतोनिश्चयोयेषाम् ३

ज्ञानविदोब्रह्मविदः ४ एवमुपायज्ञानप्रशस्य तद्गुणानाह तांस्तानिति । यथागमंयथाशास्त्रं तांस्तानिष्टापूर्तादीन् अर्थसामान्यंफलसाम्यंमोक्षाख्यंनिरातिशयं इमान्वक्ष्यमाणान् ५ गुणानेवाह वागिति । अनृतहिंसाकामादिराहित्यंवागादीनांशौचं सर्वेषुप्रवृत्तिनिवृत्त्यात्मकेषुधर्मेषु ६ ब्रह्मणिचर्याब्रह्मचर्यंयोगधर्मः ब्रह्मणोरूपंब्रह्मप्रापकत्वात्तदभिन्नं परांगतिंमोक्षं ७ गतिमेवविशिनष्टि लिंगमिति । लिंगंपंच प्राणमनोबुद्धिदशेंद्रियसंघातरूपं । तेनयत्रसंयोगोनास्त्यतएवशब्दादिहीनंश्रोत्रेणोपाधिनातदेवश्रवणंशब्दानुभवरूपमेवरूपाद्यनुभवात्मकं तथाचशब्दादीनांव्यभिचारित्वाद्यत्केवलानुभवरूपंतदेवमुख्यंब्रह्म निर्विकल्पकावस्थापरब्रह्मप्रापिकेत्यर्थः ८ वाचासंभाषाकथनंप्रवृत्तंयस्मिन्तत्तथाभूतंयद्ब्रह्मचर्यंतन्मनोमनोमात्रेणावस्थानं परिवर्जितंविषयेंद्रियहीनं शब्देनवक्तुंयोग्यासविकल्पकाऽवस्थेत्यर्थः यद्बुद्ध्या श्रवणमननोत्थयाअध्यवसीयीतनिश्चिनुयात् निर्विचिकित्संपरोक्षज्ञानमित्यर्थः ९ ब्रह्मचर्याणांक्रमेणफलमाह सम्यगिति । ब्रह्मैवलोकस्तंमोक्षं सुरान्सत्यलोकं कन्यसींकनीयसीम् १० संप्रदीप्तंसमुत्पन्नं

नेत्रहीनोयथाह्येकः कृच्छ्राणिलभतेऽध्वनि ॥ ज्ञानहीनस्तथालोकेतस्माज्ज्ञानविदोधिकाः ४ तांस्तानुपासतेधर्मान्धर्मकामायथागमम् ॥ नत्वेषामर्थसामान्यमंतरेणगुणानिमान् ५ वाग्देहमनसांशौचंक्षमासत्यंधृतिःस्मृतिः ॥ सर्वधर्मेषुधर्मज्ञाज्ञापयंतिगुणाञ्छुभान् ६ यदिदंब्रह्मणोरूपंब्रह्मचर्यमितिस्मृतम् ॥ परंतत्सर्वधर्मेभ्यस्तेनयांतिपरांगतिम् ७ लिंगसंयोगहीनंयच्छब्दस्पर्शविवर्जितम् ॥ श्रोत्रेणश्रवणंचैवचक्षुषाचैवदर्शनम् ८ वाक्संभाषाप्रवृत्तंयत्तन्मनःपरिवर्जितम् ॥ बुध्याचाध्यवसीयीतब्रह्मचर्यमकल्मषम् ९ सम्यग्वृत्तिर्ब्रह्मलोकंप्राप्नुयान्मध्यमःसुरान् ॥ द्विजाग्र्योजायतेविद्वान्कन्यसींवृत्तिमास्थितः १० सुदुष्करंब्रह्मचर्यमुपायंतत्रमेशृणु ॥ संप्रदीप्तमुदीर्णंचनिगृह्णीयाद्द्विजोरजः ११ योषितांनकथाश्राव्यानानिरीक्ष्यानिरंबराः ॥ कथंचिद्दर्शनादासांदुर्बलानांविशेद्रजः १२ रागोत्पन्नश्चरेत्कृच्छ्रंमहार्तिःप्रविशेदपः ॥ मग्नःस्वप्नेचमनसात्रिर्जपेदघमर्षणम् १३ पाप्मानंनिर्दहेदेवमंतर्भूतरजोमयम् ॥ ज्ञानयुक्तेनमनसासंततेनविचक्षणः १४ कुणपामेध्यसंयुक्तंयद्वदच्छिद्रबंधनम् ॥ तद्वद्देहगतंविद्यादात्मानंदेहबंधनम् १५ वातपित्तकफान्रक्तंत्वङ्मांसंस्नायुमस्थिच ॥ मज्जांदेहंशिराजालैस्तर्पयंतिरसान्नृणाम् १६ दशविद्याद्धमन्योऽत्रपंचेंद्रियगुणावहाः ॥ याभिःसूक्ष्माःप्रतायंतेधमन्योऽन्याःसहस्रशः १७ एवमेताःशिरानद्योरसोदादेहसागरम् ॥ तर्पयंतियथाकालमापगाइवसागरम् १८ मध्येचहृदयस्यैकाशिरातत्रमनोवहा ॥ शुक्रंसंकल्पजंनृणांसर्वगात्रैर्विमुंचति ॥ १९ ॥

उदीर्णंवृद्धिंगतंरजःकामादिरूपम् ११ रजोरागः १२ कृच्छ्रं 'त्र्यहंप्रातस्त्र्यहंसायंत्र्यहमद्यादयाचितं । त्र्यहंपरंचनाश्नीयात्प्राजापत्योयमुच्यते'इत्यादिनोक्तलक्षणं महार्त्तिःशुक्रवृद्ध्यात्यंतंपीडितः अहस्त्रिरितिवापाठः स्वप्नेचरेतःस्रावेऽप्सुमग्नः अघमर्षणमृतंचसत्यंचेत्यृक्त्रयम् १३ रागयुक्तेनेत्यपपाठः मनसानिर्दहेदितिसंबंधः १४ कुणपेतिशरीरांतर्गतंमलांत्रंतद्यथादृढंबंधनमेवंदेहआत्मनोदृढबंधनमित्यर्थः १५ शिरानाड्यस्तासांजालैः १६ दशवातादिदशकवहाः । धमन्योनाड्यः पंचस्विंद्रियेषुगुणंस्वस्वविषयग्रहणपाटवमन्नरसापणद्वाराआवहंतीतितथा याभिरश्वत्थपर्णशंकुतुल्याभिः १७ । १८ हृदयस्यकदंबकुसुमाकारस्यमांसपिंडस्यमध्येमनोवहा । 'अन्नमयंहिसौम्यमनः' इतिश्रुतेरन्नरसैर्हृदयांतर्वर्तिमनःप्रीणनकरीनाडी यथोक्तं । 'अश्वत्थपत्रनाडीवद्विसप्ततिशताधिका । नाडीमनोवहेत्युक्तंयोगशास्त्रविशारदैः' इति साहिसर्वगात्रेभ्यःशुक्रमादायोपस्थोन्मुखंकरोति १९

एकाशिराकथंगात्रैःसंबद्धेत्यतआह सर्वगात्रेति । तैजसंगुणमूष्माणं २० खजैर्मथनदंडैः देहस्थात्संकल्पात्खेभ्यइंद्रियेभ्यश्चजातैः संकल्पजैःखजैःस्त्रीदर्शनस्पर्शनादिभिः २१ शुक्रंसंकल्पजामित्येतदुपपादयति स्वप्नेऽपीति । स्त्रीसंगाभावेऽपिसंकल्पजंरजःस्त्रीरागोयथाअभ्येतितथैवमनोवहानाडीशुक्रंसृजति २२ त्रीणिअन्नरसोमनोवहानाडीसंकल्पश्चेतिबीजानियस्य नृबीजमित्यपपाठः २३ भूतानांशुक्रोद्रेकादनुलोमप्रतिलोमगमनाद्वर्णसंकरकारिकांविद्युर्विचारयेयुः विचार्यविरागादग्धदोषाानिर्वासनाः २४ देहानवाप्तावनुष्ठेयांतरमाह गुणानामिति । मनसैवगुणसाम्यंनिर्विकल्पत्वमागम्ययोगबलेनासाद्यमनोवहंसत्यलोकप्रदंपूर्वोक्तंसुषुम्नाख्यनाडीमार्गंप्रत्यंतकालेप्राणान्नुदन्प्रेरयन्विमुच्यते । कःयोदेहकर्मादेहनिर्वाहमात्रार्थंकर्मयस्य बाह्यप्रवृत्तिशून्यइत्यर्थः २५ देहबंधच्छेदेयोगमार्गंक्रममुक्तिदमुक्त्वाजीवन्मुक्तिकरंज्ञानमार्गमाह भवितेति । मनसोविश्वात्मकस्यज्ञानंभविताभविष्यति । कीदृशंतत्ज्ञानंमनएवप्रजायतइतिस्वप्नइवसर्वविषयाकारंभवतीति । एतज्ज्ञानवतःफलमाह मंत्रसिद्धंप्रणवोपास्तिसिद्धंमनोनित्यमना

सर्वगात्रप्रतायिन्यस्तस्याह्यनुगताःशिराः ॥ नेत्रयोःप्रतिपद्यंतेवहंत्यस्तैजसंगुणम् २० पयस्यंतर्हितंसर्पिर्यद्वन्निर्मथ्यतेखजैः ॥ शुक्रंनिर्मथ्यतेतद्वद्देहसंकल्पजैःखजैः २१ स्वप्नेऽप्येवंयथाऽभ्येतिमनःसंकल्पजंरजः ॥ शुक्रंसंकल्पजंदेहात्सृजत्यस्यमनोवहा २२ महर्षिर्भगवानत्रिर्वेदतच्छुक्रसंभवम् ॥ त्रिबीजमिंद्रदैवत्यंतस्मादिंद्रियमुच्यते २३ येवैशुक्रगतिंविद्युर्भूतसंकरकारिकाम् ॥ विरागादग्धदोषास्तेनाप्नुयुर्देहसंभवम् २४ गुणानांसाम्यमागम्यमनसैवमनोवहम् ॥ देहकर्मानुदन्प्राणानंतकालेविमुच्यते २५ भवितामनसोज्ञानंमनएवप्रजायते ॥ ज्योतिष्मद्विरजोनित्यंमंत्रसिद्धंमहात्मनाम् २६ तस्मात्तदभिघातायकर्मकुर्यादकल्मषम् ॥ रजस्तमश्चहित्वेहयथेष्टांगतिमाप्नुयात् २७ तरुणाधिगतंज्ञानंजरादुर्बलतांगतम् ॥ विपक्वबुद्धिःकालेनआदत्तेमानसंबलम् २८ सुदुर्गमिवपंथानमतीत्यगुणबंधनम् ॥ यथापश्येत्तथादोषानतीत्यामृतमश्नुते २९ ॥ इतिश्रीमहाभारते शांतिपर्वणि मोक्षधर्मपर्वणि वार्ष्णेयाध्यात्मकथने चतुर्दशाधिकद्विशततमोऽध्यायः ॥ २१४ ॥ भीष्मउवाच ॥ दुरन्तेष्विंद्रियार्थेषुसक्ताःसीदंतिजंतवः ॥ येत्वसक्तामहात्मानस्तेयांतिपरमांगतिम् १ जन्ममृत्युजरादुःखैर्व्याधिभिर्मानसक्लमैः ॥ दृष्ट्वैवसंततंलोकंघटेन्मोक्षायबुद्धिमान् २ वाङ्मनोभ्यांशरीरेणशुचिःस्यादनहंकृतः ॥ प्रशांतोज्ञानवान्भिक्षुर्निरपेक्षश्चरेत्सुखम् ३ अथवामनसःसंगंपश्येद्भूतानुकंपया ॥ तत्राप्युपेक्षांकुर्वीतज्ञात्वाकर्मफलंजगत् ४

दिमायामात्रंसत्विरजंनिर्वासनंज्योतिष्मत्प्रकाशवत्सर्वज्ञंसर्वशक्तिचभवति यथोक्तंवासिष्ठे । ‘ विगतवासनमाशुविपाशतामुपगतंमनआत्मतयोदितं । यदभिवांछतितद्भवतिक्षणात्सकलशक्तिमयोहिमहेश्वरः’ इति २६ तदभिघातायमनोनाशाय अकल्मषंनिवृत्तिरूपं यथायेनप्रकारेण इष्टांगतिंमोक्षं २७ जरयादुर्बलतातां तृतीयात्तत्कृतार्थेनेतिसमासः मानसंबलंसंकल्पमादत्तेसंहरति कालेपूर्वभाग्येननतुदृष्टयोग्यतया २८ गुणादेहेंद्रियादयस्तदेवबंधनं २९ इतिशांतिपर्वणिमोक्षधर्मपर्वणि नीलकंठीयेभारतभावदीपे चतुर्दशाधिकद्विशततमोऽध्यायः ॥ २१४ ॥ ॥ पूर्वोक्तबंधनेऽमृतेचाधिकारिभेदानाह दुरंतेष्विति १ क्लमैःक्लेशैःसंततंव्याप्तंदृष्ट्वैवनतुममेदानींक्लेशोनास्तीत्युपेक्षेत २ घटनमेवाहाध्यायेन वागिति ३ अथवेत्यप्यर्थे भूतानुकंपयापिमनसःसंगंबंधंपश्येत् । यथोक्तं ‘ कृपयापिकृतःसंगःपतनायैवयोगिनां ॥ इतिसंदर्शयन्नाहभरतस्यैणपोषणं’ इति ४

५ शुभंकर्माहाहिंसेति ६ बुद्ध्येदंसर्वंयदयमात्मेतिशास्त्रोत्थयासमाहितंस्थिररागद्वेषशून्यमेनमहिंसादिरूपं ७ । ८ अशुभंवर्ज्यमित्याहसार्धेन नापेति । नापध्यायेत्परानिष्टंनचिंतयेत् । अबद्धंस्वस्यायोग्यंराज्यादिरंकोनस्पृहयेत् । असन्नष्टंभाविवाक्स्त्रीपुत्रादिकंनचिंतयेत् । अथामोघेतियत्नस्यावश्यंभाविफलत्वंसूचितं । ज्ञानेज्ञानसाधनेऽमानित्वादौश्रवणादौच । वाचामोघप्रयासेनेतिपाठेवाचावेदांतवाक्येन । अवागोघप्रयोगेणेतिपाठेवागितिवागादींद्रियव्यापारोलक्ष्यते ओघइतिकालपरिणाममपेक्ष्यऋतुलिंगवत्स्वयमेवज्ञानाख्यचित्तपरिणामोभाविष्यति किमुत्तप्रतयेत्युपदेशेयाश्रेयोबुद्धिःसाकालाख्यातुष्टिरोघक्षब्दार्थः तदुभयंयत्रनास्तितादृशोयमनियमादीनांयोगांगानांप्रयोगस्तेनतन्नूज्ञानंप्रवर्तते ९ सद्वाक्यंविवक्षतापुरुषेणेदृग्वक्तव्यं ईदृक्कथं यदहिंस्रांवाचंवदेदितिद्वयोःसंबंधः १० कल्कापेतांशाठ्येनहीनां ११ संसारऐहिकआमुष्मिकोऽर्थःसर्वोवाचैवप्रबद्धोऽस्त्यतःसाध्वीमेववाचंवदेत् । वैराग्यंचेचामसंहिंसादिकंकर्मापिस्वीयंव्याहरेत् । पुण्यंपापंवाकर्मस्वमुखेनप्रकाशितंचेन्नश्यतीतिभावः १२

यत्कृतंस्याच्छुभंकर्मपापंवायदिवाऽश्नुते ॥ तस्माच्छुभानिकर्माणिकुर्याद्वाबुद्धिकर्मभिः ५ अहिंसासत्यवचनंसर्वभूतेषुचार्जवम् ॥ क्षमाचैवाऽप्रमादश्चयस्यैतेससुखीभवेत् ६ तस्मात्समाहितंबुद्ध्यामनोभूतेषुधारयेत् ॥ यश्चैनंपरमंधर्मंसर्वभूतसुखावहम् ७ दुःखान्निःसरणंवेदसर्वज्ञःससुखीभवेत् ॥ तस्मात्समाहितंबुद्ध्यामनोभूतेषुधारयेत् ८ नापध्यायेन्नस्पृहयेन्नाबद्धंचिंतयेदसत् ॥ अथामोघप्रयत्नेनमनोज्ञानेनिवेशयेत् ॥ वाचामोघप्रयासेनमनोज्ञंतत्प्रवर्तते ९ विवक्षताचसद्वाक्यंधर्मंसूक्ष्ममवेक्षता ॥ सत्यांवाचमहिंस्रांचवदेदनपवादिनीम् १० कल्कापेतामपरुषामनृशंसामपैशुनाम् ॥ ईदृगल्पंचवक्तव्यमविक्षिप्तेनचेतसा ११ वाक्प्रबद्धोहिसंसारोविरागाद्व्याहरेद्यदि ॥ बुद्ध्याप्यनुगृहीतेनमनसाकर्मतामसम् १२ रजोभूतैर्हिकरणैःकर्मणिप्रतिपद्यते ॥ सदुःखंप्राप्यलोकेऽस्मिन्नरकायोपपद्यते ॥ तस्मान्मनोवाक्शरीरैराचरेद्धैर्यमात्मनः १३ प्रकीर्णमेषभारंहियद्वद्धार्येतदस्युभिः ॥ प्रतिलोमांदिशंबुद्ध्वासंसारमबुधास्तथा १४ तमेवचयथादस्युःक्षिप्त्वागच्छेच्छिवांदिशम् ॥ तथारजस्तमःकर्माण्युत्सृज्यप्राप्नुयाच्छुभम् १५ निःसंदिग्धमनीहोवैमुक्तःसर्वपरिग्रहैः ॥ विविक्तचारीलघ्वाशीतपस्वीनियतेंद्रियः १६ ज्ञानदग्धपरिक्लेशःप्रयोगरतिरात्मवान् ॥ निष्प्रचारेणमनसापरंतदधिगच्छति १७ धृतिमानात्मवान्बुद्धिंनिगृह्णीयादसंशयम् ॥ मनोबुद्ध्यानिगृह्णीयाद्विषयान्मनसाऽऽत्मनः १८ निगृहीतेंद्रियस्यास्यकुर्वाणस्यमनोवशे ॥ देवतास्तत्प्रकाशंतेहृष्टायांतितमीश्वरम् १९

रजोभूतैःप्रवृत्तिपरैः फलितमाहार्धेन तस्मादिति १३ सदृष्टांतंकर्मसंन्यासमाह प्रकीर्णेतिद्वाभ्यां । आमिषभारंवहंतंश्चोरागम्यांदिशंराजकीयाद्यवरोधात्प्रतिकूलांबुद्ध्वाआमिषंत्यक्त्वान्यांदिशंगच्छंतोयथानबद्ध्यंते एवमाविद्यकंकर्मादायकामाद्यभिमुखःसंसारभयंबुद्ध्वाकर्माणित्यजन्नबद्ध्यतेइतितात्पर्यम् । प्रकीर्णमेषोविशस्तमेषः आमिषमित्यर्थः तस्यभारः क्लीबत्वमार्षं १४ । १५ अनीहश्चेष्टाशून्यः १४स्त्रीमनसश्चेंद्रियाणांचैकाग्र्यंपरमंतपस्तद्वान् १६ प्रयोगोयोगांगानामनुष्ठानंतत्ररतिःप्रीतिर्यस्य निष्प्रचारेणनिरुद्धेन 'बुद्धिश्चनविचेष्टतितामाहुःपरमांगतिं' इतिश्रुतेः १७ आत्मवान्बुद्धिमान बुद्धिमहंब्रह्मास्मीतिवाक्यजांधीवृत्तिं मनःसंकल्पविकल्पात्मकं बुद्ध्यातयावृत्त्या मनसाविषयान्शब्दादीन् तेषांविशेषणमात्मनइति मनोरूपानित्यर्थः १८ योगावांतरफलमाह निगृहीतेति । तत्तस्यामवस्थायां देवताइंद्रियाणितंयोगिनमीश्वरंयांतिप्रविशंति एतेनततउत्पन्नत्वमपिज्ञेयम् १९

ताभिर्देवता।भेःसंयुक्तमैकात्म्यंगतंमनोयस्यधीमात्रेणस्थायिनः सत्वेधीमात्रे ब्रह्मभूयायब्रह्मभावाय भुवोभावेइतिक्यप् २० नप्रवर्त्तेतयोगैश्वर्यं नप्रकाशेतेतिपाठेऐश्वर्येणयोगीविदितोनभवेत् योगतंत्रैर्निरोधप्रधानैरेवयत्नैरुपक्रमेत् सत्यसंकल्पादीन्नभावयेत्किंत्वस्थूलत्वादीनेवेत्यर्थः । ननुकथमेकस्यात्मवस्तुनःसगुणत्वंनिर्गुणत्वंचेत्यतआह येनेति । तंत्रंतंत्रप्रतिपाद्यंयोगंतंत्रयतःअनुतिष्ठतःयेनरूपेणविशिष्टावृत्तिःस्यात्तत्तदाचरेत् । सविशेषत्वंवृत्त्युपाधिकृतंस्वतस्तुनिर्विशेषत्वमेवेतिभावः २१ कणेति । कणादीनपिभक्षयेन्नतुयोगैश्वर्यमुपजीवेतेत्यर्थः । कुल्माषाःपक्वमाषाः यावकंयवचूर्णजंजलोष्मपक्वं सक्तवःसक्तून् २२ । २३ प्रवृत्तंकर्मतदनुरोधेनयोगेऽन्तरायंनकुर्यात् ज्ञानान्वितंकर्मक्रमेणइंधयेद्वर्धयेत् तथाकुर्वतोज्ञानंब्रह्मप्रकाशते २४ नन्वात्माभिन्नस्यज्ञानस्याप्रकाशायोगात्कथंप्रकाशतइत्युक्तिरतआह ज्ञानेति । त्रीँल्लोकान्जाग्रदादीन् विज्ञानंबुद्धिस्तदनुगतं । 'सधीःस्वप्नोभूत्वाध्यायतीवलेलायतीव' इत्यादिश्रुतेः । अज्ञानेनानात्मादावात्मादिबुद्धिरूपेणविपर्ययेणप्रकाशमानमपिज्ञानमवस्थात्रयकालुष्यादप्रकाशमानमिवेत्यर्थः २५ ननुसांशमंशतःप्रकाशतेनतुनिरंशमतोस्यसर्वात्मनाऽप्रकाशःप्रकाशोवावाच्यइत्याशंक्याह पृथक्त्वादिति । अवस्थात्रयातीतमपितत्संप्रयुक्तत्वेनगृह्णन्नसूयुःशाश्वतमनुपाधिमात्मानंदूषयन्तंनवेद

ताभिःसंयुक्तमनसोब्रह्मतत्संप्रकाशते ॥ शनैश्चापगतेसत्वेब्रह्मभूयायकल्पते २० अथवानप्रवर्तेतयोगतंत्रैरुपक्रमेत् ॥ येनतंत्रयतस्तंत्रंवृत्तिःस्यात्तत्तदाचरेत् २१ कणकुल्माषपिण्याकशाकयावकसक्तवः ॥ तथामूलफलंभैक्ष्यंपर्यायेणोपयोजयेत् २२ आहारनियमंचैवदेशेकालेचसात्विकम् ॥ तत्परीक्ष्यानुवर्तेततत्प्रवृत्त्यनुपूर्वकम् २३ प्रवृत्तंनोपरुंधेतशनैरग्निमिवेंधयेत् ॥ ज्ञानान्वितंतथाज्ञानमर्कवत्संप्रकाशते २४ ज्ञानाधिष्ठानमज्ञानंत्रीँल्लोकानधितिष्ठति ॥ विज्ञानानुगतंज्ञानमज्ञानेनापकृष्यते २५ पृथक्त्वात्संप्रयोगाच्चनासूयुर्वेदशाश्वतम् ॥ सतयोरपवर्गज्ञोवीतरागोविमुच्यते २६ वयोतीतोजरामृत्यूजित्वाब्रह्मसनातनम् ॥ अमृतंतदवाप्नोतियत्तदक्षरमव्ययम् २७ ॥ ॥ इति श्रीमहाभारते शांतिपर्वणि मोक्षधर्मपर्वणि वार्ष्णेयाध्यात्मकथने पंचदशाधिकद्विशततमोऽध्यायः ॥ २१५ ॥ ॥ ॥ ॥ भीष्मउवाच ॥ निष्कल्मषंब्रह्मचर्यमिच्छताचरितुंसदा ॥ निद्रासर्वात्मनात्याज्यास्वप्नदोषानवेक्षता १ स्वप्नेहिरजसादेहीतमसाचाभिभूयते ॥ देहांतरमिवापन्नश्चरत्यपगतस्पृहः २ ज्ञानाभ्यासाज्जागरणंजिज्ञासार्थमनंतरम् ॥ विज्ञानाभिनिवेशात्तुसजागर्त्यनिशंसदा ३

तयोःपृथक्त्वापृथक्त्वयोरपवर्गपर्यंतं । रूपवृत्तेतिपाठेरूपवृत्तंस्वभावरूपमबाध्यत्वेनबाध्यत्वेनचजानन् २६ वयोतीतोजितकालः ततोवीतजरामृत्युर्ज्ञात्वेतिपाठांतरंसुगमम् २७ ॥ ॥ इति श्रीमहाभारते शांतिपर्वणि मोक्षधर्मपर्वणि नीलकंठीये भारतभावदीपे पंचदशाधिकद्विशततमोऽध्यायः ॥ २१५ ॥ ॥ ॥ ॥ ॥ ॥ पूर्वत्रयोगैश्वर्यमनुभूयानुभूयवाब्रह्मप्रविशेदित्युक्तंतत्रैश्वर्यानुभवंनिंदितुमारभते निष्कल्मषमिति । निष्कामंब्रह्मचर्ययोगं निद्राअविद्यामोहकत्वात्त्याज्या स्वप्नेति 'तस्यत्रयआवसथास्त्रयःस्वप्नाः' इतिश्रुतेः जाग्रत्स्वप्नाविवयोगैश्वर्यमपिसंप्रज्ञातकालिकंस्वप्नएवतत्रदोषादेवांगनामंत्रणादयस्तान् १ स्वप्नेद्विविधेऽपि देहीयोगीअयोगीवा २ उक्तनिद्राप्रतियोगिजागरणमाह ज्ञानाभ्यासादिति । 'तच्चिंतनंतत्कथनमन्योन्यंतत्प्रबोधनं ॥ एतदेकपरत्वंचज्ञानाभ्यासंविदुर्बुधाः' इत्युक्तविधाज्ज्ञानाभ्यासात् । जिज्ञासाविचारोऽर्थःप्रयोजनमस्यतज्जागरणमनंतरमनवरतं । ज्ञाततत्त्वस्यतुमुख्यंजागरणमित्याह विज्ञानेति ३

अत्राहपूर्वपक्षीतिशेषः । स्वप्नेदृश्यमानोऽयंदेहादिर्भावःपदार्थःकोनु नुर्वितर्के किंसत्योऽसत्योवेतिविकल्प्याद्येबाधानुपपत्तिरितिसूचयति विषयवानिवेति । इवकारेणवस्तुतोनविषयवानित्यर्थः । ननुयथोपरि स्थोर्कोजलेऽधस्थइवाभातितद्वज्जाग्रद्देहादिरेवान्यथास्वप्नेभातीतिनतावतास्वप्नस्यानिर्विषयत्वमित्याशंक्याह प्रलीनैरिति । दृष्टांतेजलोपरिसंहत्यस्थितेनार्कतेजसाप्रतिहतंचाक्षुषंतेजोऽप्रविलीनंप्रतिस्रोतःप्रवृत्तंसदुप रिस्थमप्यर्कंप्राक्प्रवृत्तिसंस्कारादधइवविषयीकरोति अत्रत्विंद्रियाणिविलीनानीतिभेदः । अन्यथाप्रतिबिंबभ्रमसमयेपुरोवर्त्तिद्रव्यांतरवद्ब्रह्मंदेशादिकमपिस्वप्नेदृश्येत तस्मात्स्वाप्नोभावोनसत्यइत्यर्थः ना प्यसत्यः असत्यस्यशशशृंगादेर्भानायोगात् ४ एवंयुक्त्यानिरुद्धगतिकःसिद्धांत्यनुभवबलेनैवोत्तरयति अत्रोच्यतइति । योगेश्वरइतिहरिरितिचहेतुगर्भविशेषणद्वयं योगिसंकल्पमात्रएवस्वाप्नोभावोवस्तुवृत्त्यातु तदभावएवेतिभावः । एतद्यथाहरिर्वेदतथामहर्षयोवर्णयंति उपपन्नार्थयुक्तिमच्चैतदित्यर्थः । 'संकल्पादेवास्यपितरःसमुत्तिष्ठंति' इतिश्रुतेर्यथायोगिसंकल्पजंपित्रादिकंतथाऽस्मत्संकल्पजंखादिकमितिसुवचमि त्याशयः ५ सर्वगतंसर्वप्राणिप्रसिद्धं इंद्रियाणामुपरमेसंकल्पस्वभावस्यमनसोऽनुपरमःस्वप्नइत्यर्थः । तत्तस्मिन्स्वप्नेविषये तत्प्रसिद्धंवक्ष्यमाणंनिदर्शनंदृष्टांतः ६ तमेवाह कार्येइति । मनोरथवृत्तिमत्स्वाप्नवृ त्तिरपिसंकल्पमात्रशरीरातथाप्याद्येइंद्रियैर्विक्षेपात्सम्यङ्नप्रतिभासःस्वप्नेतदभावाज्जाग्रद्वदर्थानांसम्यग्भानमितिविशेषइत्यर्थः ७ स्वप्नादेर्मनोगतत्वंव्याचष्टे संसाराणामिति । प्राचीनानंतजन्मसंस्कारात्कामात्मा

अत्राहकोन्वयंभावःस्वप्नेविषयवानिव ॥ प्रलीनैरिंद्रियैर्देहीवर्ततेदेहवानिव ४ अत्रोच्यतेयथाह्येतद्वेदयोगेश्वरोहरिः ॥ तथैतदुपपन्नार्थंवर्णयंतिमहर्षयः ५ इंद्रि याणांश्रमात्स्वप्नमाहुःसर्वगतंबुधाः ॥ मनसस्त्वप्रलीनत्वात्तत्तदाहुर्निदर्शनम् ६ कार्यव्यासक्तमनसःसंकल्पोजाग्रतोह्यपि ॥ यद्वन्मनोरथैश्वर्यंस्वप्नेतद्वन्मनोगतम् ७ संसाराणामसंख्यानांकामात्मातदवाप्नुयात् ॥ मनस्यंतर्हितंसर्वंसवेदोत्तमपूरुषः ८ गुणानामपियद्यत्कर्मणाचाप्युपस्थितम् ॥ तत्तच्छंसंतिभूतानिमनो यद्भावितंयथा ९ ततस्तमुपसर्पन्तिगुणाराजसतामसाः ॥ सात्विकावायथायोगमानंतर्यफलोदयम् १० ततःपश्यंत्यसंबुद्ध्यावातपित्तकफोत्तरान् ॥ रजस्तमो गतैर्भावैस्तदप्याहुर्दुरत्ययम् ११ प्रसन्नैरिंद्रियैर्यद्यत्संकल्पयतिमानसम् ॥ तत्तत्स्वप्नेऽप्युपगतेमनोदृष्ट्यन्निरीक्षते १२ व्यापकंसर्वभूतेषुवर्ततेऽप्रतिघंमनः ॥ आत्म प्रभावात्तंविद्यात्सर्वाह्यात्मनिदेवताः१३ मनस्यंतर्हितंद्वारंदेहमास्थायमानुषं ॥ यद्यत्सदसदव्यक्तंस्वपित्यस्मिन्निदर्शनं ॥ सर्वभूतात्मभूतस्थंतमध्यात्मगुणंविदुः १४

विषयासक्तचित्तस्तत्स्वप्नाद्यैश्वर्यमवाप्नुयात् कथंतदवाप्तिरतआह सउत्तमपूरुषोऽसंहतःसाक्षीमात्मानमेयाकारंमनोवेदप्रकाशयति । नविक्रियारूपंभोक्तृत्वंसाक्षिणोऽपितुसाक्ष्यप्रकाशकत्वमात्रं । यस्तुविक्रि यावान्प्रमातासदृश्यकोटिस्थएवनतुसाक्षीत्यर्थः ८ गुणानांसत्वादीनांमध्येयद्यत्कर्मणाप्राचीनेनसत्वंरजस्तमोवाउपस्थितंभवति येनचकर्मणाभावितंसंस्कृतंमनोयदाभवतितदाभूतानिसूक्ष्माणितत्तच्छंसंतितंतंक्रिया द्याकारंस्वप्नेनिवेदयंतीत्यर्थः ९ ततआकारदर्शनानंतरं आनंतर्यफलोदयमनंतरमेवसुखाद्युदयंयथास्यात्तथासमुपसर्पंति १० असंबुद्ध्याऽज्ञानात् वाताद्युत्तरान्त्रिधातुकान्देहान्पश्यंति तद्देहदर्शनांतदु रत्ययंप्राग्वासनाप्राबल्याद्योगंविनाऽपरिहार्यं ११ तत्तत्तस्मिंस्तस्मिन् १२ व्यापकमुपादानत्वादप्रतिघातशून्यं तत्रहेतुः आत्मप्रभावात्तमात्मानंदेवताआकाशाद्याः आत्मज्ञानात्सार्वज्ञ्यंसार्वात्म्यंचप्राप्नो तीत्यर्थः १३ एवंस्वप्नावस्थामुक्त्वासुषुप्त्यवस्थामाह मनसीतिसार्धेन । द्वारंस्वप्नदर्शनेद्वारभूतंस्थूलंदेहंमनस्यंतर्हितमास्थायतत्रैवदेहेस्वपितिस्वमात्मानमपिपितिगच्छति कुत्रअस्मिन्नव्यक्तेसदसदात्मकेमायाश बले । निदर्शनंनिश्चितदर्शनंसाक्षिरूपं तदेवसर्वेषांभूतानामात्मभूतोऽहंकारस्तत्रप्रतिबिंबात्मनातिष्ठतीतितथा । अध्यात्मगुणमात्माऽहंकारःगुणाश्चप्रकृतिरूपास्तेषामुपरीत्यध्यात्मगुणं । अहंकारादिगुणैर स्पृष्टंबिंबात्मकत्वात्सुषुप्तौशुद्धेसाक्षिण्येवाहंकारादयोलीयंतेइत्यर्थः १४

दृष्टांतभूतेस्वप्नसुषुप्तीउक्त्वादार्ष्टांतिकेसबीजनिर्बीजावस्थेयोगिगम्येतत्राद्यांसंप्रज्ञातावस्थामाह लिप्सेतेति। ऐश्वरंगुणंज्ञानवैराग्यैश्वर्यधर्मेष्वन्यतममात्मप्रसादंचित्तप्रसादं शुद्धंमनएवईश्वरइत्यर्थः १५ तपसाविषया
द्यालोचनेनयुक्तंमनएवंभूतंभवति तमसःपरंप्राप्तंतुमनःअर्कवज्ज्ञप्तिमात्रमेवभवति । तत्रोभयविधब्रह्मभावंदेहिनआह त्रैलोक्येति। देहीजीवस्त्रैलोक्यप्रकृतिः कारणंब्रह्मेत्यर्थः । कारणभूततमसोंतेतुसएव
महेश्वरः शुद्धब्रह्मभूतएवेत्यर्थः । यथोक्तं 'सोपाधिर्निरुपाधिश्चद्वेधाब्रह्मविदुच्यते । सोपाधिकःस्यात्सर्वात्मानिरुपाख्योऽनुपाधिकः'इति १६ तपइति। अग्निहोत्रादिकंतपः तमदंभदर्पादि एतद्ब्रह्मतु
देवासुरैर्हेतुभूतैरजस्तमोमयैर्नप्राप्यमितिगुप्तंप्रजापतिना कीदृशंज्ञानलक्षणंज्ञानस्वरूपं १७ इममेवविभागंविभजतेसत्वमिति १८ तत्परमंतेभ्यःसात्विकासात्विकेभ्योभावेभ्यउत्कृष्टं ज्ञानमेवनतुज्ञेयं अमृतं
ज्ञानांतराबाध्यं ज्योतिःस्वप्रकाशमक्षरंव्यापकं भावितात्मानःध्यानादिनाशोधिताचित्ताः १९ उपसंहरति हेतुमादिति। ज्ञानचक्षुषातत्त्वदर्शिनाएतावद्वाच्यवृत्त्यासगुणंलक्षणयाचनिर्गुणं । हेतुमद्युक्तियुक्तं
यथास्यात्तथाआख्यातुंशक्यंनतुशृंगग्राहिकयाप्रदर्शयितुं । श्रवणमननाभ्यांविदितशाब्दयुक्तितत्त्वस्यप्रत्याहारेणविषयेभ्यइंद्रियाणामाकर्षणेनब्रह्मवेदितुंशक्यंयोगांगेषुप्रत्याहारएवदुःशकइतरत्सुसंपादमतो

लिप्सेतमनसायश्चसंकल्पादैश्वरंगुणम् ॥ आत्मप्रसादंतंविद्यात्सर्वाह्यात्मनिदेवताः १५ एवंहितपसायुक्तमर्कवत्तमसःपरम् ॥ त्रैलोक्यप्रकृतिर्देहीतमसोंतेमहे
श्वरः १६ तपोह्यधिष्ठितंदेवैस्तपोघ्नमसुरैस्तमः ॥ एतद्देवासुरैर्गुप्तंतदाहुर्ज्ञानलक्षणम् १७ सत्वंरजस्तमश्चेतिदेवासुरगुणान्विदुः ॥ सत्वंदेवगुणंविद्यादितरा
वासुरौगुणौ १८ ब्रह्मतत्परमंज्ञानममृतंज्योतिरक्षरम् ॥ येविदुर्भावितात्मानस्तेयांतिपरमांगतिम् १९ हेतुमच्छक्यमाख्यातुमेतावज्ज्ञानचक्षुषा ॥ प्रत्या
हारेणवाशक्यमक्षरंब्रह्मवेदितुम् २० ॥ इतिश्रीमहाभारतेशांतिपर्वणिमोक्षधर्मपर्वणि वार्ष्णेयाध्यात्मकथनेषोडशाधिकद्विशततमोऽध्यायः २१६ ॥ ॥
भीष्मउवाच ॥ नसवेदपरंब्रह्मयोनवेदचतुष्टयम् ॥ व्यक्ताव्यक्तंचयत्तत्वंसंप्रोक्तंपरमर्षिणा १ व्यक्तंमृत्युमुखंविद्यादव्यक्तममृतंपदम् ॥ प्रवृत्तिलक्षणंधर्म
मृषिर्नारायणोऽब्रवीत् २ तत्रैवाऽवस्थितंसर्वंत्रैलोक्यंसचराचरम् ॥ निवृत्तिलक्षणंधर्ममव्यक्तंब्रह्मशाश्वतम् ३ प्रवृत्तिलक्षणंधर्मंप्रजापतिरथाब्रवीत् ॥ प्रवृ
त्तिःपुनरावृत्तिर्निवृत्तिःपरमागतिः ४ तांगतिंपरमामेतिनिवृत्तिपरमोमुनिः ॥ ज्ञानतत्त्वपरोनित्यंशुभाऽशुभनिदर्शकः ५ तदेवमेतौविज्ञेयावव्यक्तपुरुषावुभौ ॥
अव्यक्तपुरुषाभ्यांतुयत्स्यादन्यन्महत्तरम् ६

ब्रह्मप्राप्तिकामेनेंद्रियाणिजेतव्यानीत्यर्थः २० ॥ इतिशां० मो० नी० भा० षोडशाधिकद्विशततमोऽध्यायः ॥ २१६ ॥ उक्तंवक्ष्यमाणंचसाधनजातंसमुच्चिनोति नसइति । धर्ममितिपाठेअयंतुपरमोधर्मोय
द्योगेनात्मदर्शनमितियाज्ञवल्क्योक्तलक्षणंधर्मं । चतुष्टयंपूर्वोक्तंदृष्टांतभूतंस्वप्नसुषुप्त्याख्यंद्वयंदार्ष्टांतिकंचसगुणनिर्गुणब्रह्मभावाख्यंद्वयमितिचतुष्टयं व्यक्तंदृश्यं अव्यक्तंचिदात्मा यत्तत्त्वमनारोपितंरूपंयस्य
तत्परमर्षिणानारायणेन १ व्यक्ताव्यक्तयोस्तत्त्वंस्वरूपतःफलतश्चाह द्वाभ्यां व्यक्तमिति। ऋषिर्वेदःसएवनारायणवाक्यत्वान्नारायणः २ ब्रह्मांडाधिपत्यांतंसर्वंकर्मफलांतर्भूतमित्यर्थः निवृत्तिर्देहेंद्रियाहंकारां
तानांबाधस्तल्लक्षणोधर्मस्तुब्रह्मैव ३ प्रजापतिःस्रष्टारजोमयत्वात् :४ तांएषोऽस्यपरमआनंदएषाऽस्यपरमासंपादितिश्रुतिप्रसिद्धांकैवल्यावस्थांशुभाशुभेमुक्तिसंसारौनिश्चयेनद्रष्टुमिच्छन् तुमुन्ण्वुलौक्रि
यायांक्रियार्थायामितिण्वुल् । ज्ञानतत्त्वंचिदात्मतत्त्वंतद्विचारपरोनित्यंस्यात् ५ तत्तत्रतत्त्वविचारेकर्तव्येएवंवक्ष्यमाणंप्रकारंजानीयात् अव्यक्तंप्रधानंपुरुषःक्षेत्रज्ञोजीवोमहत्तरंईश्वरः प्रधानक्षेत्र
ज्ञपतिर्गुणेशइतिश्रुतिप्रसिद्धंत्रयम् ६

तेषुयन्महत्तरंतंविशेषंक्लेशादिभिरपरामृष्टतयाविशिष्टंपरमात्मानमवेक्षेतसाक्षात्कुर्यात् विशेषेणबाध्यत्वाबाध्यत्वलक्षणेनवैपरीत्येन । विशेषमेवाहानादीति । उभौप्रधानक्षेत्रज्ञौ अनादीअनंतौ अलिंगौमानांतरा विषयौ ७ नित्यौमूढस्यापरिहार्यौ एवमादिपुंप्रकृत्योःसाधर्म्यं विशेषणंव्यावर्तकंवैधर्म्यंत्वेवंविद्यात् ८ एवंकथंतदाह प्रकृत्येति । अप्रसवधर्मानिर्गुणश्चपुरुषइतिविपरीतम् ९ विकाराणांमहदादीनांद्रष्टा रंनतुदृश्यं एवंप्रधानक्षेत्रज्ञयोःसाधर्म्यवैधर्म्येउक्त्वाक्षेत्रज्ञेश्वरयोरपिसाधर्म्यमाह अग्राह्याविति । अग्राह्यौयतःपुरुषौचिद्रूपौ अलिंगौलिंग्यतेज्ञाप्यतेऽनेनेतिगुणादिकंप्रतिसंबंधिलिंगंतद्राहित्यादसंहतावत्यंताविविक्तौ १० नन्वलिंगयोर्जीवेशयोर्लिंगभेदप्रयुक्तोभेदःकुतःस्यादित्याशंक्यौपाधिकस्तयोर्भेदोनस्वतइत्याशयेनाह संयोगेति । संयोगोदृग्दृश्यसंबंधोलक्षणंज्ञापकमुत्पत्तिराविर्भावहेतुश्चयस्यससंयोगलक्षणोत्पत्तिः । कर्त्तेतिकर्तुर्बुद्धौचित्प्रातिबिंबत्वंलक्षणमुक्तं । ननुबुद्धिरेवचिच्छायापन्नाकर्त्रीकिंतदुभयेतरेणकर्त्रेत्याशंक्याह कर्मनिर्वृत्तिरिति । कर्मणांशास्त्रीयाणांलौकिकानांचनिर्वृत्तिर्निष्पत्तिर्यस्मात् अयमर्थः कर्ताशास्त्रार्थवत्त्वादितिन्यायेनविधिनिषेधशास्त्राक्षिप्तःकश्चिन्नियोज्यस्तावदस्ति । सचनबुद्धिः तस्याःकाष्ठलोष्टसमत्वेनानियोज्यत्वात् । नापिपुरुषःअकर्तृत्वात् । अतःशास्त्राद्यर्थवत्त्वायतदुभयसंयोगजःकर्ताऽवश्यंप्रधानेश्वरव्यतिरिक्तलक्षणोऽभ्युपेयइति । सकर्तायद्यद्यथायथाकरणैरिंद्रियादिभिःसाधनैर्विचेष्टतेकर्मकुरुतेतथातथातत्तद्योनिप्रदेनकर्मणासहितोगृह्यते अतःसमानेऽपिदृग्दृश्यसंयोगेदृश्योपाधिस्वरूपभेदात्कर्तृभेदइत्यर्थः ।

तंविशेषमवेक्षेतविशेषेणविचक्षणः ॥ अनाद्यंतावुभावेतावलिंगौचाप्युभावपि ७ उभौनित्यावविचलौमहद्भ्यश्चमहत्तरौ ॥ सामान्यमेतदुभयोरेवंह्यन्यद्विशेषणम् ८ प्रकृत्यासर्गधर्मिण्यातथात्रिगुणधर्मया ॥ विपरीतमतोविद्यात्क्षेत्रज्ञस्यस्वलक्षणम् ९ प्रकृतेश्चविकाराणांद्रष्टारमगुणान्वितम् ॥ अग्राह्यौपुरुषावेतावलिंगत्वादसंहतौ १० संयोगलक्षणोत्पत्तिःकर्मणागृह्यतेयथा ॥ करणैःकर्मनिर्वृत्तिःकर्तायद्यद्विचेष्टते ॥ कीर्त्यतेशब्दसंज्ञाभिःकोहमेषोऽप्यसाविति ११ उष्णीषवान्यथावस्त्रैस्त्रिभिर्भवतिसंवृतः ॥ संवृतोऽयंतथादेहीसत्वराजसतामसैः १२ तस्माच्चतुष्टयंवेद्यमेतैर्हेतुभिरावृतम् ॥ यथासंज्ञोह्ययंसम्यगंतकालेनमुह्यति १३ श्रियंदिव्यामभिप्रेप्सुर्वर्ष्मवान्मनसाशुचिः ॥ शारीरैर्नियमैरुग्रैश्चरेन्निष्कल्मषंतपः १४

एवंचकर्ताव्यवहारतस्तृतीयोऽपिपरमार्थतोदृक्कोटिरेवनतुदृश्यकोटिरितिदृष्टांतमुखेनाहार्धेन कीर्त्यतइति । यथास्वस्यकौंतेयत्वमजानानःकर्णःकःकौंतेयइतिपृच्छतिसएवसूर्येणप्रबोधितोऽहंकौंतेयइतिवक्ति । एवमज्ञःकिंब्रह्मेतिपृच्छति ज्ञस्त्वहंब्रह्मेतिजानाति । एवमेकस्मिन्नपिवस्तुन्युपाधिभेदाज्ज्ञानाज्ञानकृतभेदाद्विभिन्नौशब्दप्रत्ययौभवतः संज्ञाप्रत्ययः एवंदृश्येऽप्येषोऽसावितिसामीप्यासामीप्यकृतौशब्दप्रत्ययावेकत्रापिभिन्नौभवतएवंजीवेशाविति ११ ननुविनिगमकाभावाद्दृश्यकोटिरेवकर्ताकथंनेत्याशंक्याह उष्णीषवानिति । वस्त्रैर्वस्त्रवदाच्छादकैस्त्रिभिःस्थूलसूक्ष्मकारणदेहैः यथोष्णीष्युष्णीषादन्यएवंदेहीगुणेभ्योऽन्य इत्यर्थः । नहिप्रतिबिंबमुखंदर्पणेदृश्यमानमपिदर्पणकोटिगतंतथाजीवोऽपीतिभावः १२ चतुष्टयंद्वेपुंप्रधानयोःसाधर्म्यवैधर्म्येद्वेजीवेश्वरयोश्चसाधर्म्यवैधर्म्येइतिएतैःपूर्वोक्तैरनाद्यंतत्वेनचिज्जडत्वेनाऽसंहतत्वेन कर्तृत्वेनचेतिचतुर्भिर्हेतुभिरावृतमपिमयासम्यग्व्याख्यातमित्यर्थः । यथासंज्ञउक्तविधंज्ञानमनतिक्रांतः अंतकालेसिद्धांतसमये १३ एतच्चतुष्टयंज्ञात्वायत्कर्तव्यंतदाह श्रियमिति । दिव्यांदिविहार्दाकाशे ब्रह्मणिभवां वर्ष्मवान्देहवान् शारीरैःशरीरनिर्वर्त्यैर्नियमैःशौचसंतोषतपःस्वाध्यायेश्वरप्रणिधानाख्यैः निष्कल्मषंनिष्कामंतपोयोगम् १४

तपसायोगेनतद्बलेनेत्यर्थः अंतर्भूतेनांतरेणनतुसमित्कुशाज्यपयआदिबाह्यद्रव्यसाध्येनभास्वताचैतन्यप्रकाशवतादिविहार्दाकाशेसूर्यादिकंतपसायोगेनभासते । 'यावान्वाअयमाकाशस्तावानेषोऽन्तर्हृदयआकाशउ
भेअस्मिनद्यावापृथिवीअंतरेवसमाहिते । उभावग्निश्चवायुश्चसूर्याचंद्रमसौ ' इत्यादिश्रुतेःसर्वस्यतदंतर्गतत्वावगमात् । अतएवयोगिनांव्यवहितादिसाक्षात्कारउपपद्यते १५ प्रकाशोविकसनंफलमित्यर्थः
तपसोयोगस्य संशब्दितं 'योगिनस्तंप्रपश्यंतिभगवंतंसनातनं' इतिसर्वत्रख्यातं ज्ञानहेतुत्वेनतस्यस्वलक्षणमसाधारणंरूपं रजस्तमोभ्रंप्रवृत्त्यावरणयोर्नाशकं कर्मवैराग्यपूर्वकंवेदांतश्रवणं १६ तपोविशेषावाह ब्रह्मेति १७
१८ वैमनस्यंवैराग्यं विषयेशब्दादौ कारणानींद्रियाणि अस्याशिष्टान्नभुजः तन्मात्रमाहारमात्रंनतुधनादिकंशिष्टेभ्योऽप्याददीत् १९ एवंविधसाधनसंपत्त्यभावेऽपिमोक्षेउपायांतरमस्तीत्याह अंतेति। तत्ज्ञानमंतकाले
बलोत्कर्षात्कुर्यात्यज्ज्ञानंयोगयुक्तेनमनसाशनैरुपपद्यतेइत्यन्वयः अयमाशयः। आदिपर्वणिविष्ण्वनुग्रहाद्देवाअमृतंलेभिरेराहुस्तुच्छलेनामृतार्थीदेवपंक्तिस्थोदेहभेदेनसहैवतल्लेभेइत्युपाख्यातं। तत्राख्यायिकानांस्वार्थे
तात्पर्याभावात्ततःकश्चिद्विधेयोर्थउन्नेयः। सचयथोक्तसाधनानुष्ठानात्सात्विकामुक्तिभाजःस्युः। असात्विकोऽपिमोक्षक्षेत्रेमरणकालेमुक्तिमाप्नोतीति। तथाआश्वमेधिकेसंवर्तमरुत्तीयेकाश्यांवसतःसंवर्त्तस्यशवदर्शने
नाशिवदर्शनासिद्धिःसूचिता । तेनकाश्यांमृतस्यशिवत्वेनतत्प्रतिमावत्तच्छरीरस्यलिंगत्वंसूच्यते । तथेहापिबलोत्कर्षादंतकालेज्ञानंकुर्यादित्युच्यते । तेनसर्वेणैतेनवाक्यसंदर्भेणाऽत्रहिजंतोःप्राणेषूत्क्रममाणेषुरुद्र

त्रैलोक्यंतपसाव्याप्तमंतर्भूतेनभास्वता ॥ सूर्यश्चचंद्रमाश्चैवभासतस्तपसादिवि १५ प्रकाशस्तपसोज्ञानंलोकेसंशब्दितंतपः ॥ रजस्तमोघ्नंयत्कर्मतपसस्त
त्स्वलक्षणम् १६ ब्रह्मचर्यमहिंसाचशारीरंतपउच्यते ॥ वाङ्मानोनियमःसम्यङ्मानसंतपउच्यते १७ विधिज्ञेभ्योद्विजातिभ्योग्राह्यमन्नंविशिष्यते ॥ आहार
नियमेनास्यपाप्माशाम्यतिराजसः १८ वैमनस्यंचविषयेयांत्यस्यकरणानिच ॥ तस्मात्तन्मात्रमादद्याद्यावदन्नप्रयोजनम् १९ अंतकालेबलोत्कर्षाच्छनैः
कुर्यादनातुरः ॥ एवंयुक्तेनमनसाज्ञानंयदुपपद्यते २० रजोवर्ज्योऽप्ययंदेहीदेहवाञ्छब्दवच्चरेत् ॥ कार्यैरव्याहतमतिर्वैराग्यात्प्रकृतौस्थितः २१ आदेहादप्रमा
दाच्चदेहांताद्विप्रमुच्यते ॥ हेतुयुक्तःसदासर्गोभूतानांप्रलयस्तथा २२

स्तारकंब्रह्मव्याचष्टेयेनासावमृतीभूत्वामोक्षीभवतितस्मादविमुक्तमेवनिषेवेताविमुक्तंनविमुंचेदित्यस्याःश्रुतेरर्थःकाश्यांम्रियमाणस्यरुद्रमुखात्तारकोपदेशप्राप्त्यामुक्तिप्राप्तिरितिसमस्तपुराणोपबृंहितःसूचितइतिगम्यते ।
बलोत्कर्षादतियत्नेनकाश्यांवासादंतकालेज्ञानंकुर्यादीशोपदेशात्संपादयेत् २० एवंमोक्षेसाधनांतरमुक्त्वाआपेक्षिकत्वमप्याह रजइति। अयंदेहीरजोवर्ज्योबाह्येंद्रियप्रवृत्तिशून्यःसमाधौसंत्यक्तस्थूलदेहोऽपिदेहीपुरु
षोदेहवान्भूत्वाशब्दवत्शब्दादिमत्कार्यंसूक्ष्मशरीरंचरेदनुचरेत् । यस्तुकार्यैरव्याहतमतिःसवैराग्यात्सूक्ष्मभोगेष्वपिनिस्पृहःप्रकृतौलीयतेनतुप्रकृतेःपरंपुरुषंप्राप्नोति । अयंभावः स्थूलसूक्ष्मकारणशरीरैर्मुक्तो
योगीसद्योमोक्षमश्नुते । स्थूलमात्रविहीनोविदेहःस्थूलसूक्ष्माभ्यांविहीनःप्रकृतिलयः । एतौहिसुषुप्तिस्थवदुत्तरकक्ष्यांप्रविविक्षंतौमध्येलयेनाभिभूतौनिर्विकल्पंपदमनुभवतइव । अतएवतयोरसंप्रज्ञातःसंसार
हेतुः तथाचसूत्रितं । भवप्रत्ययोविदेहप्रकृतिलयानामिति २१ आदेहाद्देहपातावधि अप्रमादादनवधानत्वाद्यभावात् देहानांस्थूलसूक्ष्मकारणानामंताद्बाधाद्विशेषेणसद्यएवमुच्यते । पूर्वौतुक्रममुक्तिभाजा
वित्याह हेत्विति। हेतुर्मूलाज्ञानंतदनाशाद्विदेहादीनामन्येषांचभूतानांकर्मादिविनाशस्ततःसर्गप्रलयौजन्ममरणेस्तइत्यर्थः २२

परप्रत्ययसर्गेशुद्धब्रह्मसाक्षात्कारोदयेनियतिर्धर्माधर्मौनानुवर्तते शुद्धब्रह्मविदस्तदधिगमउत्तरपूर्वाघयोरश्लेषविनाशावितिन्यायेनपूर्वपापस्यनाशउत्तरस्यासंश्लेषश्चभवतीत्यागामिजन्मकारणाभावान्मुक्तिरि त्यर्थः । परप्रत्ययाभावेसंसारानर्थयोगइत्याह भावेति । येविपर्ययमनात्मसुप्रकृत्यादिदेहांतेष्वन्यतमस्मिंस्तत्समुदायेवाआत्मबुद्धिंकृत्वाआसतेभावानांमहदादीनामंतप्रभवयोर्नाशोदययोरेवप्रज्ञाबुद्धिर्येषांतेतथाभ वंति विपर्यस्तमतीनांमोक्षकथाऽपिनास्तीत्यर्थः २३ धृत्याआसनाद्यप्रच्युत्यादेहान्धारयंतोयोगिनः बुद्ध्यासंक्षिप्तंविषयेभ्यःप्रत्याहृतंचेतोयैस्ते स्थानेभ्योऽक्ष्यादिभ्यइंद्रियगोलकेभ्योध्वंसमानाश्च्युतास्त्यक्ता न्नमयकोशाः सूक्ष्मत्वादन्नमयापेक्षया नतुवस्तुतस्तान्प्राणेंद्रियादीनुपासतेआत्मत्वेनाचिंतयंति । यथोक्तंपुराणांतरे 'दशमन्वंतराणीहतिष्ठंतींद्रियचिंतकाः ॥ भौतिकास्तुशतंपूर्णंसहस्रंत्वाभिमानिकाः । बौद्धादशसहस्राणितिष्ठंतिविगतज्वराः । पूर्णंशतसहस्रंतुतिष्ठंत्यव्यक्तचिंतकाः ॥ पुरुषंनिर्गुणंप्राप्यकालसंख्यानविद्यते' इति ब्रह्मलोकेएतेसर्वेतिष्ठंतीत्यर्थः २४ यस्मादेवंतस्माद्यथागमं । 'इंद्रिये भ्यःपराह्यर्थाअर्थेभ्यश्चपरंमनः ॥ मनसस्तुपराबुद्धिर्बुद्धेरात्मामहान्परः ॥ महतःपरमव्यक्तमव्यक्तात्पुरुषःपरः ॥ पुरुषान्नपरंकिंचित्साकाष्ठासापरागतिः' इतीमंवेदमनतिक्रम्यततस्ततःपरंपरंस्थानंगत्वात त्रपरस्यांकाष्ठायांविषयेस्वयमेवबुद्ध्याधीवृत्त्याबुद्ध्यतेजानातिपरांकाष्ठां । देहांतमव्यक्तादपिपरं एतेनाव्यक्तात्पुरुषःपरइतिश्रौतमव्यक्तपदंदेहपरंनतुसांख्याभिमताव्यक्तपरमितिव्याख्यातं आनुमानिकाधि करणेचैतत्स्पष्टं । तंदेहांतंकश्चिदेवभावितात्मायोगशोधितमतिरन्वास्तेऽमुंशास्त्राचार्योपदेशमनुप्राप्यास्तेनिराश्रयंस्वमहिमप्रतिष्ठंपराकाष्ठारूपत्वात् २५ युक्तमिति । धारणयाधारणाविषयेणमूर्तब्रह्मणाकृष्णादि

परप्रत्ययसर्गेतुनियतिर्नानुवर्तते ॥ भावांतप्रभवप्रज्ञाआसतेयेविपर्ययम् २३ धृत्यादेहान्धारयंतोबुद्धिसंक्षिप्तचेतसः ॥ स्थानेभ्यो ध्वंसमानाश्चसूक्ष्मत्वात्तानुपासते २४ यथागमंचगत्वावैबुद्ध्यातत्रैवबुद्ध्यते ॥ देहांतंकश्चिदन्वास्तेभावितात्मानिराश्रयम् २५ युक्तंधारणयासम्यक्सतःकेचिदुपासते ॥ अभ्यस्यंतिपरंदेवंविद्युत्संशब्दिताक्षरम् २६ अंतकालेह्युपासंतेतपसादग्धकिल्बिषाः ॥ सर्वएतेमहात्मानोगच्छंतिपरमांगतिम् २७ सूक्ष्मंविशेषणंतेषामवेक्षेच्छास्त्रचक्षुषाम् ॥ देहांतंपरमंविद्याद्विमुक्तमपरिग्रहम् २८

नायुक्तंतादात्म्यसंबंधेनसेव्यसेवकभावेनवायुक्तंनिबद्धमात्मानंकश्चिदुपास्ते सतइतिकर्मणिषष्ठी । अविद्याशबलंकेचिदुपासते । अपरेपरंशबलादुत्कृष्टंनिर्गुणंब्रह्माऽभ्यस्यंतिपुनःपुनरनुभवविषयतामापाद यंति । विद्युत्संशब्दितंसकृद्विभातोह्येषब्रह्मलोकइतिश्रुतेर्विद्युद्वत्सकृद्विभातत्वेनविद्युत्संशब्दितंकेनेषितमित्युपनिषत्प्रसिद्धमिदंविशेषणं अक्षरमपरिणामि । ननुदेहांतपदेनैवैतदुक्तं सत्यं तत्रज्ञेयत्वेनोक्तमि हतूपास्यत्वेनोच्यते कःपुनरेतावताभेदः शृणु आद्येश्रवणादिप्रणाल्याऽध्यस्तानात्मनिरसनेनात्मतत्त्वावाप्तिःसर्पबाधेनेवरज्ज्ववगतिः । द्वितीयेतुमूलप्रमाणाभावेऽपितवपाणौपंचरत्नानीतिवदतोवाक्यंकदाचि त्संवाद्यतेतद्वत्त्वंब्रह्मासीतिगुरुवाक्येविश्वासमात्रात्प्रवृत्तआत्मनोब्रह्मभावंचिंतयंस्तमनुभवति सेयंसंवादिभ्रमवदुपास्तिर्ब्रह्मसाक्षात्कारफलेति २६ अंतेति । तपसाऽविमुक्तोपासनेनांतकालेउपासंतेब्रह्मप्राप्नुवंति असगतावित्यस्यरूपं एतेपंचयथायोगंपरमांनिर्विशेषांगतिंक्रमेणसद्योवागच्छंति २७ सूक्ष्ममिति । विशेषणंव्यावर्तकमुपाधिभूतंतेषांसोपाधिकब्रह्मणामवेक्षेतहेलनयाहेयत्वेनपश्येत् यथोक्तंकल्पतरौ । 'नि र्विशेषंपरंब्रह्मसाक्षात्कर्तुमनीश्वराः । येमंदास्तेऽनुकंप्यंतेसविशेषनिरूपणैः । स्थिरीकृतेमनस्येषांसगुणब्रह्मचिंतनात् । तदेवाविर्भवेत्साक्षादपेतोपाधिकल्पनं' इतिदेहांतमव्यक्तलयाधिष्ठानं । देहंत्विति पाठेअव्यक्तमेव परमंचरमंविशेषणं नततःपरमन्यद्ध्येयमस्तीत्यर्थः । विमुक्तमपरिग्रहमित्यादिपादोनश्लोकएकंवाक्यं विमुक्तंस्थूलदेहाध्यासहीनंअपरिग्रहंसंन्यासिनं २८

धारणासक्तमानसंयोगिनं अंतरिक्षादंतरिक्षंहादर्ाकाशस्तमारभ्याऽन्यतरमीशंसूत्रात्मानंवाविद्यादित्यर्थः । मर्त्येति । यत्किंचिच्छ्रौतोपास्तियुक्तामर्त्यदेहाद्विमुच्यंते २९ ततआरोहक्रमेणपरांगतिंयांति एकायनमेकंब्रह्मैवायनंप्राप्तिस्थानंयस्मिन् ३० कषायेति । रागादिहीनमचलंयेषांशास्त्रीयंपरोक्षमपिज्ञानमुत्पद्यतेतेऽपियथाबलंयथावैराग्यंमुच्यंते ३१ भगवंतंसर्वैश्वर्यवंतम् ३२ आत्मस्थंकोशपंचकांतर्गतम् ३३ संक्षेपेणज्ञेयंहेयंचाह एतावदिति । अस्तिचनास्तिचेत्यनेनरज्जूरगादिवज्जगद्भ्रांताभ्रांतयोरस्तिचनास्तिचेत्यनिर्वचनीयमित्युक्तं जगन्मिथ्यात्वंज्ञेयंतृष्णाचत्याज्येत्यर्थः ३४ बिसंमृणालम् ३५ । ३६ तृष्णात्यागोपायमाह विकारमिति । कार्यकारणंशुद्धंचजानन्वितृष्णोभूत्वाविमुच्यते ३७ प्रकाशंस्पष्टं अमृतंमोक्षसाधनम् ३८ ॥ इति शांतिपर्वणि मोक्षधर्मपर्वणि नीलकंठीये भारतभावदीपे सप्तदशाधिकद्विशततमोऽध्यायः ॥ २१७ ॥ पूर्वंसंक्षेपेणपुंप्रकृत्योर्वैधर्म्यमुक्तंतद्विवरणायपंचशिखवाक्यमध्यायद्वयमारभते तत्रतृष्णात्यागोमुख्यंमुक्तिसाधनंसचराज्ञांदुःशकइतिमन्वानोमिथिलायांप्रदग्धायांनमेकिं

अंतरिक्षादन्यतरंधारणासक्तमानसम् ॥ मर्त्यलोकाद्विमुच्यंतेविद्यासंसक्तचेतसः २९ ब्रह्मभूताविरजसस्ततोयांतिपरांगतिम् ॥ एवमेकायनंधर्ममाहुर्वेदविदो जनाः ३० यथाज्ञानमुपासंतःसर्वेयांतिपरांगतिम् ॥ कषायवर्जितंज्ञानंयेषामुत्पद्यतेऽचलम् ॥ यांतितेऽपिपराँल्लोकान्विमुच्यंतेयथाबलम् ३१ भगवंतमजं दिव्यंविष्णुमव्यक्तसंज्ञितम् ॥ भावेनयांतिशुद्धायेज्ञानतृप्तानिराशिषः ३२ ज्ञात्वाऽऽत्मस्थंहरिंचैवननिवर्तन्तितेऽव्ययाः ॥ प्राप्यतत्परमंस्थानंमोदंतेऽक्षरम व्ययम् ३३ एतावदेतद्विज्ञानमेतदस्तिचनास्तिच ॥ तृष्णाबद्धंजगत्सर्वंचक्रवत्परिवर्तते ३४ बिसतंतुर्यथैवायमंतस्थःसर्वतोबिसे ॥ तृष्णातंतुरनाद्यंतस्तथा देहगतःसदा ३५ सूच्यासूत्रंयथावस्त्रेसंसारयतिवायकः ॥ तद्वत्संसारसूत्रंहितृष्णासूच्यानिबद्ध्यते ३६ विकारंप्रकृतिंचैवपुरुषंचसनातनम् ॥ योयथावद्वि जानातिसवितृष्णोविमुच्यते ३७ प्रकाशंभगवानेतदृषिर्नारायणोऽमृतम् ॥ भूतानामनुकंपार्थंजगादजगतोगतिः ३८ ॥ इति श्रीमहाभारते शांतिपर्वणि मोक्षधर्मपर्वणिवार्ष्णेयाध्यात्मकथने सप्तदशाधिकद्विशततमोऽध्यायः ॥ २१७ ॥ ॥ युधिष्ठिर उवाच ॥ ॥ केनवृत्तेनवृत्तज्ञजनकोमिथिलाधिपः जगाममोक्षंमोक्षज्ञोभोगानुत्सृज्यमानुषान् १ ॥ ॥ भीष्म उवाच ॥ अत्राप्युदाहरंतीममितिहासंपुरातनम् ॥ येनवृत्तेनधर्मज्ञःसजगाममहत्सुखम् २ जनकोजनदेवस्तुमिथिलायांजनाधिपः ॥ और्ध्वदेहिकधर्माणामासीद्युक्तोविचिंतने ३ तस्यस्मशतमाचार्यावसंतिसततंगृहे ॥ दर्शयंतःपृथग्धर्मान्नानाश्रमनि वासिनः ४ सतेषांप्रेत्यभावेचप्रेत्यजातौविनिश्चये ॥ आगमस्थःसभूयिष्ठमात्मतत्त्वेनतुष्यति ५

चनदह्यतीतिपूर्वोक्तंस्वमतविरुद्धंजनकवचनंस्मरंस्तद्वृत्तंपृच्छति केनेति १ महत्सुखंमोक्षं २ जनकोजनकवंश्यः नाम्नाजनदेवः ऊर्ध्वंदेहादित्यूर्ध्वदेहमशरीरंब्रह्मतत्प्राप्तिकराणामौर्ध्वदेहिकानांविचिंतनेयुक्तोऽ
वहितआसीत् :३ धर्मानुपासनामार्गान् पाठांतरेपाषंडालोकायतादयस्तेषांवादिनःप्रतिभटत्वेनजेतारः । पाषंडवासिनइतिपाठेपाषंडान्वासयंतिआच्छादयंतीतितिरस्कुर्वंतितेतथा ४ तत्रकेचित्पाषंडादेहनाशा
दात्मनाशमिच्छंति । अन्येपुनर्देहस्यैवनाशंनेच्छंति । तत्राद्येजगद्वैचित्र्यानुपपत्तिमंत्येप्रत्यक्षविरोधंचोद्भावयतांतेषांप्रेत्यभावेअस्माद्देहादुत्क्रम्यभावेसत्तायांप्रेत्यजातौजन्मांतरलाभेचात्विषयोविनिश्चयेसभूयिष्ठंन
१ तुष्यति यतआगमस्थः तत्रतार्किकाणांविभूनामात्मनांपूर्वदेहेंद्रियवियोगोमरणमपूर्वदेहेंद्रियसंबंधोजन्मेतिविनिश्चयः । सांख्यानांत्वात्मनांकरणानांचविभूनामेवसतांअरण्यामग्नेरिवतत्रतत्राभिव्यक्तिरुपलाभोजन्मवृत्ति
विलयोमृत्युरितिविंनिश्चयः । तथाकर्ताभोक्ताविभुरात्मेतिपूर्वेषामात्मतत्त्वंपरेषांतुभोक्तैवनकर्तेति । तत्रापाषंडत्वात्किंचित्तुष्यन्नपिभूयिष्ठंनतुष्यति आगमविरोधात् । अयंभावोहिस्वमतेपूर्वदेहनाशोत्तर–

–देहमात्मेविदति । आत्मानंचाकर्तारमभोक्तारमेकंच । नतेषामितिपाठेआत्मतत्त्वेनेतितृतीया ५ कापिलेयःकपिलायाःपुत्रः परिधावन्एकत्रवासमकुर्वन् ६ सुपर्यवसितार्थःसम्यङ्निश्चितप्रयोजनः ७ कामैरनावृतं कामादवसितमितिपाठेयदृच्छयास्थितं नृपसुखंअन्विच्छंतं स्थापयितुमितिशेषः ८ सकपिलस्तेनपंचशिखसंज्ञेन तत्प्रशिष्यत्वात्तत्तुल्यत्त्वम् ९ पंचस्रोतांसिविषयकेदारप्रणालिकायस्य तस्मिन् मनसि मानसंसत्रमित्यर्थः १० यत्रयत्समीपे कापिलंकपिलमतानुसारि मंडलंमुनिसमूहंप्रतिपरमार्थंयोन्यवेदयादित्युत्तरेणसंबंधः पंचस्रोतसिमनासिनिष्णातःऊहापोहकौशलवान् पंचरात्रोनामविष्णुत्वप्रापकः क्रतुः । 'पुरुषोहवैनारायणोऽकामयतात्यतिष्ठेयंसर्वाणिभूतान्यहमेवेदंसर्वंस्यामिति । सएतंपंचरात्रंपुरुषमेधंयज्ञक्रतुमपश्यत्' इतिशतपथोक्तस्तत्रविशारदोऽनुष्ठिताखिलकर्मेत्यर्थः ११ पंचअन्नमय प्राणमयमनोमयविज्ञानमयानंदमयान्कोशान्मिथआत्मनश्चविविक्तान्जानातीतिपंचज्ञः अतएवपंचकृत्पंचतद्विषयाण्युपासनानि । भृगुर्वैवारुणिरित्यस्यामुपनिषदिसतपस्तप्त्वाऽन्नंब्रह्मेतिव्यजानादित्यादिविहितानिकरोतिसपंचकृत् । पंचशांतोदांतउपरतस्तितिक्षुःसमाहितोभूत्वाऽऽत्मन्येवात्मानंपश्यतीतिश्रुताःशांत्यादयोगुणायस्मिन्सपंचगुणः । ततश्चब्रह्मविद्ब्रह्मैवभवतीतिश्रुतेः पंचभ्योऽतिरिच्यमानत्वात्शिखे

तत्रपंचशिखोनामकापिलेयोमहामुनिः ॥ परिधावन्महींकृत्स्नांजगाममिथिलामथ ६ सर्वसंन्यासधर्माणांतत्त्वज्ञानविनिश्चये ॥ सुपर्यवसितार्थश्चनिर्द्वंद्वोनष्टसंशयः ७ ऋषीणामाहुरेकंतंयंकामानावृतंनृप ॥ शाश्वतंसुखमत्यंतमन्विच्छंतंसुदुर्लभम् ८ यमाहुःकपिलंसांख्याःपरमर्षिंप्रजापतिम् ॥ समन्येतेनरूपेण विस्मापयतिहिस्वयम् ९ आसुरेःप्रथमंशिष्यंयमाहुश्चिरजीविनम् ॥ पंचस्रोतसियःसत्रमास्तेवर्षसहस्रिकम् १० यत्रचासीनमागम्यकापिलंमंडलंमहत् ॥ पंचस्रोतासिनिष्णातःपंचरात्रविशारदः ११ पंचज्ञःपंचकृत्पंचगुणःपंचशिखःस्मृतः ॥ पुरुषावस्थमव्यक्तंपरमार्थंन्यवेदयत् १२ इष्टसत्रेणसंपृष्टोभूयश्चतपसाऽऽसुरिः ॥ क्षेत्रक्षेत्रज्ञयोर्व्यक्तिंबुबुधेदेवदर्शनः १३ यत्तदेकाक्षरंब्रह्मनानारूपंप्रदृश्यते ॥ आसुरिर्मण्डलेतस्मिन्प्रतिपेदेतदव्ययम् १४ तस्यपंचशिखःशिष्योमानुष्याःपयसाभृतः ॥ ब्राह्मणीकपिलानामकाचिदासीत्कुटुंबिनी १५ तस्याःपुत्रत्वमागम्यस्त्रियाःसपिबतिस्तनौ ॥ ततःसकापिलेयत्वंलेभेबुद्धिंचनैष्ठिकीम् १६ एतन्मेभगवानाहकापिलेयस्यसंभवम् ॥ तस्यतत्कापिलेयत्वंसर्ववित्त्वमनुत्तमम् १७

वेतिपंचशिखंपुच्छंब्रह्मतज्ज्ञत्वान्मुनिरपिपंचशिखः । ननुपंचकृत्कथंपष्ठज्ञःस्यादितिचेत् शृणु यथाऽऽन्नमयंविकारमुपासीनस्तत्प्रकृतिमन्नंविराडाख्यमेति एवंमाययाविकृतमानंदमानंदमयाख्यमुपास्याविकृतमानंदंतत्प्रकृतिमेतीतिनषष्ठोपास्तिःपृथग्वक्तव्यापष्ठज्ञानाय तस्यपंचमोपास्तिफलत्वात् तदेतदाह पुरुषेति । पुरुषाअन्नमयादयःपंचअवसन्नतयाबाधिततयातिष्ठंतीत्यस्मिन्नितिपुरुषावस्थम् । अतएवशिरआद्यवयवरहितत्वादव्यक्तमबाध्यत्वाचपरमार्थमबोधयत् १२ तस्यापिगुरुमाहेष्टेत्यादिना । इष्टसत्रेणआत्मयज्ञेन हेतौतृतीया अध्ययनेनवसतीतिवत् । सम्यक्पृष्टःप्रश्नोयस्यसंपृष्टः आत्मज्ञानार्थंकृतप्रश्नइत्यर्थः व्यक्तिंबाध्यत्वाबाध्यत्वेनस्पष्टतां देवदर्शनःदिव्यदृष्टिरित्यर्थः १३ सांख्यसंमतंगुणपुरुषांतरज्ञानात्कैवल्यंप्रधानंचोपादानमितिपक्षंनिरस्यति यत्तदिति । अक्षरमेवजगदुपादानतयानानारूपंनतुक्षरंप्रधानं अव्ययंब्रह्मैव प्रतिपेदेज्ञातवान्नतुगुणपुरुषांतरम् १४ । १५ । १६ । भगवान्मार्कंडेयःसनत्कुमारोवा १७

सामान्यंसर्वेष्वाचार्येषुसमबुद्धिम् १८ अभिसंरक्तोभक्तः १९ कल्यायसमर्थाय सांख्येउपनिषत्कांडे विधीयतेअपूर्वतयाज्ञाप्यतेनतुयुक्त्याउन्नीयते २० जातिर्जन्म कर्मयागादि सर्वब्रह्मलोकांतं तेषुनिर्वेदोदुःखरूपत्वाद्दोषयुक्तत्वात्क्षयिष्णुत्वाच्च २१ तंमोहमब्रवीदितिपूर्वेणान्वयः । तंकं यस्यमोहस्यार्थेकर्मतत्फलंचकांक्षते अनाश्वासिकमविश्वसनीयं शुक्तिरजताद्यसद्विषयप्रदर्शकत्वात् । विनाशि चंचलंध्वंसिनमनियतकालंच अध्रुवंसत्त्वेनासत्त्वेनवानानिश्चितम् २२ तमिममेतस्मिंस्तद्बुद्धिलक्षणंमोहंविवरीतुंलोकायतानांमतमुपन्यस्यति दृश्यमानेइत्यादिना । तेहिपार्थिवाऽप्यतैजसवायवीयाःपरमाणवःखरस्नेहोष्णेरणस्वभावाःस्वयमेवदेहाद्याकारेणसंहन्यमानामदशक्तिवच्चैतन्यंजनयंतिदेहेएवनतुघटादौस्वभावादितिसंतमात्मानंनास्तीत्याहुः । असंतंचदेहंसंतमाहुस्तदेतदाह विनाशेदेहरूपात्मध्वंसेप्रत्यक्षेसतिदेहात्परमात्मतत्त्वमागमप्रमाणादप्यस्तीतिब्रुवन्लोकविरुद्धागमप्रामाण्यवादीपराजितएवेत्यर्थः २३ ननुदेहस्यैवात्मत्वेस्वर्गकामोयजेतेत्यादयःपरलोकफलाश्चोदनाउपरुद्ध्येरन्नित्याशंक्याहानात्मेतिद्वाभ्यां । आत्मनोमृत्युरनात्मास्वरूपाभावएव क्लेशोदुःखंजरावयोहानिरामयोरोगश्चाऽऽत्मनोमृत्युरेवांशेनस्वरूपनाशः । गृहस्येवदुर्वलंदुर्बलमंगंपूर्वपूर्वतरंनश्यतिसोंऽशेनगृहनाशएवमिंद्रियादिनाशेनाप्यंशतआत्मैवनश्यतीत्य

सामान्यंजनकंज्ञात्वाधर्मज्ञोज्ञानमुत्तमम् ॥ उपेत्यशतमाचार्यान्मोहयामासहेतुभिः १८ जनकस्त्वभिसंरक्तःकापिलेयानुदर्शनात् ॥ उत्सृज्यशतमाचार्यान्पृष्ठतोऽनुजगामतम् १९ तस्मैपरमकल्यायप्रणतायचधर्मतः ॥ अब्रवीत्परमंमोक्षंयत्तत्सांख्येऽभिधीयते २० जातिनिर्वेदमुक्त्वासकर्मनिर्वेदमब्रवीत् ॥ कर्मनिर्वेदमुक्त्वाचसर्वनिर्वेदमब्रवीत् २१ यदर्थंधर्मसंसर्गःकर्मणांचफलोदयः ॥ तमनाश्वासिकंमोहंविनाशिचलमध्रुवम् २२ दृश्यमानेविनाशेचप्रत्यक्षेलोकसाक्षिके ॥ आगमात्परमस्तीतिब्रुवन्नपिपराजितः २३ अनात्माह्यात्मनोमृत्युःक्लेशोमृत्युर्जरामयः ॥ आत्मानंमन्यतेमोहात्तदसम्यक्परंमतम् २४ अथचेदेवमप्यस्तियल्लोकेनोपपद्यते ॥ अजरोऽयममृत्युश्चराजाऽसौमन्यतेयथा २५ अस्तिनास्तीतिचाप्येतत्तस्मिन्नसतिलक्षणे ॥ किमधिष्ठायतद्ब्रूयाल्लोकयात्राविनिश्चयम् २६ प्रत्यक्षंह्येतयोर्मूलंकृतांतैतिह्ययोरपि ॥ प्रत्यक्षेणागमोभिन्नःकृतांतोवानकिंचन २७ यत्रयत्राऽनुमानेऽस्मिन्कृतंभावयतोऽपिच ॥ नान्योजीवःशरीरस्यनास्तिकानांमतेस्थितः २८

र्थः । एवंसतियआत्मानंमोहात्परंदेहादन्यंमन्यतेतन्मतमसम्यक् २४ स्वर्गकामचोदनातुयथाराज्ञोऽजरत्वामरत्वाद्याशीरुपचारएवंदृष्टसुखेएवस्वर्गोपचारः तस्माद्धूमएवाग्नेर्दिवाददर्शनार्चिः । तस्मादर्चिरेवाग्नेर्नक्तंदद्दशेनधूमइत्यादिवत्प्रत्यक्षविरुद्धाश्रुतिर्नस्वार्थेप्रमाणमित्याहाथेति । तथाऽग्निहोत्रादेर्वैयर्थ्यमुदाहरंति । 'अग्निहोत्रंत्रयीधर्मस्त्रिदंडंभस्मगुंठनम् ॥ बुद्धिपौरुषहीनानांजीविकेतिबृहस्पतिः' इति २५ एवंप्रत्यक्षविरोधाच्छ्रुतिप्रामाण्यंदूषयित्वाव्याप्त्यग्रहादनुमानस्यापितद्दूषयति अस्तिनास्तीति । यथाचंद्रतारकेगत्यभावोऽस्तिनास्तीतिसंशयेऽस्तिगत्यनुपलब्धेरितिप्राप्तेनास्तिदेशांतरप्राप्तेरित्यनुमानेनयद्वत्याादि साधनंतदप्यसतिलक्षणेज्ञापकेहेतौशतशः सहचरितयोरपिव्यभिचारदर्शनादसतिकिंलिंगमधिष्ठायाऽऽलंब्यलोकयात्रायावह्न्यादिव्यवहारस्यविनिश्चयंब्रूयान्नकिमपीत्यर्थः २६ कृतांतैतिह्ययोरनुमानागमयोःभिन्नःवाधितः नकिंचनप्रमाणमित्यर्थः २७ फलितमाह यत्रेति । यत्रकुत्राप्यनुमानेईशादृष्टनित्यात्मान्यतमसाधकेसाध्यसिद्धिंभावयतःकृतंअलं भावनयाऽलमित्यर्थः । उक्तविधयानुमानस्याप्रमाणत्वात् शरीरस्यशरीरात् २८

अनुमानस्यप्रामाण्योपगमेतुततएवदेहादनन्यात्मसिद्धिरित्याह रेतइति । यथासमानेऽपिभूतचतुष्टयसंयोगेवटकाणिकायांवटपत्रपुष्पफलमूलत्वगादिरूपरसादयोंतर्हिताएवंतत्तद्रेतसिसमानेप्युपष्टंभकभागेमनोबुद्ध्य
हंकारचित्तशरीराकारगुणादयोंतर्हिताःसंतआविर्भवंति । यथावाएकस्मादेवधेनूपभुक्तात्तृणोदकात्पयःसर्पिषीपृथक्स्वभावेयथावाबहुद्रव्यकल्काद्विरात्रमाधिवासितान्मदशक्तिरुत्पद्यतएवंरेतसउपलभ्योपलब्धां
शौवाभूतसंयोगाद्वाचैतन्यंजन्यते जातिर्जन्माग्न्यादेः यथावाकाष्ठद्वयसंश्लेषात्तत्प्रकाशकोऽग्निर्जायतएवंभूतयोगादपितत्प्रकाशकंचैतन्यमुत्पद्यतेइतिजडद्वयादजडोत्पत्तौदृष्टांतांतरंपराभिमतम् । स्मृतिरितियथा
तर्कमतेजडयोरप्यात्ममनसोयोगादजडंस्मृत्यादिरूपंज्ञानंजायतेतद्वदत्रापिभविष्यति । एवमुत्पन्नंचैतन्यमयस्कांतमणिर्लोहमिवेंद्रियसंघातंचालयिष्यति कार्यवैचित्र्यमपिपार्थिवांशगतजातिभेदादेवभविष्यति
सूर्यकांतयोगादेवसूर्यरश्मयोऽग्निंसुवतेनपृथ्व्यंतरयोगात्तद्वत्तत् एवंभोक्तृत्वंवन्हेर्जलशोषकत्ववत्संघातस्यैवयुज्यतेइतियुक्तंशरीरादन्योजीवोनास्तीति २९ एतद्दूषयति प्रेतीति । प्रेतीभूतेदेहेचैतन्यात्ययोदेहातिरि
क्तात्माऽस्तित्वेप्रमाणमित्यध्याहृत्ययोज्यं । यदिदेहश्चेतनःस्यात्तर्हिमृतेऽपिदेहेचैतन्यमुपलभ्येतातोनदेहधर्मश्चैतन्यमित्यर्थः । प्रेत्यभूतात्ययइतिपाठे मृत्वाभूतनाशःयस्मिन्सतिदेहोननश्यति असतिचनश्य
तिसदेहादन्यइत्यर्थः । तथाशीतज्वरनिवृत्त्यर्थंमंत्रप्रतिपाद्यादेवतालोकायतिकेनप्रार्थ्यतेसाचेद्भूतमयीस्यात्तर्हिघटादिवद्दृश्येत सूक्ष्मशरीरस्यलोकांतरसंचारक्षमस्यास्वीकारात् । आदिपदाद्भूतावेशोऽपिग्राह्यः
यस्मिन्शरीरेभूतांतरमाविशतितदातद्देहपीडयामुख्योदेहपतिर्नबाध्यतेकिंत्वाविष्टएवतदानींतस्यैवदेहाभिमानात् । तदपगमेतुमुख्यएवबाध्यतेऽतोनदेहआत्मादृष्टविरोधादित्यर्थः । मृतेकर्मनिवृत्तिःकृतनाशः

रेतोवटकणीकायांघृतपाकाधिवासनम् ॥ जातिःस्मृतिरयस्कांतःसूर्यकांतोऽम्बुभक्षणम् २९ प्रेतीभूतेऽत्ययश्चैवदेवताद्युपयाचनम् ॥
मृतेकर्मनिवृत्तिश्चप्रमाणमितिनिश्चयः ३० नन्वेतेहेतवःसंतियेकेचिन्मूर्तिसंस्थिताः ॥ अमूर्तस्यहिमूर्तेनसामान्यंनोपपद्यते ३१
अविद्याकर्मचेष्टानांकेचिदाहुःपुनर्भवे ॥ कारणंलोभमोहौतुदोषाणांतुनिषेवणम् ३२

चादुत्पत्तावकृताभ्यागमश्चदोषइत्यर्थः ३० एवंस्वमतेसाधकान्युक्त्वापरोक्तान्हेतूनाभासयति नन्वेतइति । मूर्तिसंस्थिताजडमेवाग्न्यादिकमितिसर्वेपूर्वोक्ताहेतवोजडाज्जडसिद्धावेवपर्यवस्यंतिनत्वजडसिद्धौ ।
हियस्मान्मूर्तादमूर्तस्यज्ञानस्योत्पत्तौपृथिव्यादिचतुष्टयादाकाशोप्युत्पद्येतेत्यर्थः । सामान्यंसादृश्यंकार्यस्यकारणेनसहावगतंमृद्घटादौनतुमूर्तामूर्तयोरत्यंतविलक्षणयोस्तदुपपद्यते । यदपितर्कमतंजडयोरात्मम
नसोर्योगादजडंज्ञानमुत्पद्यतेतदपिदृश्याद्द्रष्टृजन्मासंभवात्प्रत्याख्येयमेव ३१ एवंलोकायतमतंनिरस्यसौगतमतंनिरसितुमुपन्यस्यति अविद्येत्यादिभिस्त्रिभिः । तेहिलोकायताभिमतात्संघाताद्बाह्यादन्यमाध्या
त्मिकंसंघातंरूपविज्ञानवेदनासंज्ञासंस्काराख्यपंचस्कंधात्मकमैहिकामुष्मिकव्यवहारास्पदमभ्युपगच्छंत्यतोनतेषांप्रेतीभूतात्ययादयोदोषाःसंति । यद्यप्येतेषामपीतरवत्स्थिरोभोक्ताप्रशासितावाचेतनःसंहंतानास्ति
तथापिअविद्या १ संस्कारो २ विज्ञानं ३ नाम ४ रूपं ५ षडायतनं ६ स्पर्शो ७ वेदना ८ तृष्णा ९ उपादानं १० भवो ११ जाति १२ जेरा १३ मरणं १४ शोकः
१५ परिदेवना १६ दुःखं १७ दुर्मनस्ता १८ इत्यष्टादशकचित्संक्षेपेणक्वचिद्विस्तरेणचोक्ताःसर्वेषांसौगतानामप्रत्याख्येयाःपूर्वपूर्वेउत्तरेषांनिमित्तभूताघटीयंत्रवदावर्तमानाःसंघातंस्वाश्रयतयाऽऽक्षिपंति ।
षडायतनंशरीरंचेत्यस्यस्कंधपंचकस्यतदुपादानस्यषष्ठस्यचित्तस्यचाऽऽश्रयभूतत्वात् । एवंचसंघातोत्पत्तेर्लोकयात्रायाश्चनिर्वाहेसतिनास्थिरआत्माऽभ्युपेयइतिवदंति तत्राविद्यास्वशब्दोपात्ताकर्मचेष्टालोभमोहश
ब्दैःसंस्कारोपादानतृष्णादुर्मनस्ताः इतरेदोषपदेनसंगृहीताः केचित्सौगताअविद्यादिकंपुनर्भवेदेहांतरप्राप्तौकारणमाहुरितियोजना ३२

एतदेवस्पष्टयत्याविद्यामिति । अविद्यांक्षेत्रंपूर्वंकृतंकर्मबीजं तृष्णास्नेहाश्रयजलरूपा एषएवंप्रकारकस्तेषामविद्यादीनांपुनर्भवः पुनःपुनरुत्पत्तिप्रकारः ३३ तस्मिन्नविद्यादिकलापेगूढेसुप्तिप्रलययोःसंस्कारात्मना स्थितेनिमित्तभूतेसति एकस्मिन्मरणधर्मिणिदेहेभिन्नेविनष्टेऽप्यन्योऽस्मात्ततएवाविद्यादेर्देहोऽन्योजायते । तस्मिन्ज्ञानेनदग्धेचसतिदेहनाशात्सत्वसंक्षयंमोक्षमाहुः । सत्वस्यधीधातोःसंक्षयःसम्यगैश्वर्येनिर्वि षयप्रवाहित्वंकैवल्यमित्याहुः ३४ एतद्दूषयति यदेति । स्वरूपतोऽन्यत्वंमुक्तावपिक्षणिकानांविज्ञानादीनां यदाचजातितःआलयविज्ञानंबाह्यविज्ञानमितितेषामन्यत्वं । यदाचशुभतःशुभाशुभतःपुण्यपापतो ऽर्थतोबंधमोक्षतोविज्ञानानांपृथक्त्वंतदाबाह्येकथंसोऽयमित्यभेदप्रत्यभिज्ञानं प्राग्दृष्टस्यघटस्येववार्तमानिकादन्यत्वात् एवमसंहितमनभिसंहितंभोगमोक्षादिकथंवास्यात् अन्योमुमुक्षुरन्यःसाधनाविष्टोऽन्यो मुक्तइत्यापत्तेः ३५ एवंचसतिदानाद्यप्यनर्थकंफलभोगकालेदातुरभावादित्याह एवमिति । अन्येनविज्ञानेनाचरितमन्यद्विज्ञानांतरंप्रतिप्रवर्ततेफलंदातुंगच्छति ३६ इष्टापत्तिमाशंक्याहापीति । अन्यत्वाविशेषा चैत्रपुण्यैरपिमैत्रःसुखीभवेदित्यर्थोदृश्यःस्पष्टः ३७ तथाहीति । चैत्रज्ञानान्मैत्रज्ञानंपृथग्विसदृशंयेनवैजात्येनैतत्पूर्वश्लोकोक्तंदूषणंनोपपद्यतेऽतश्चैत्रज्ञानधारैवसजातीयाविवक्षितेतिचेत्तर्ह्युत्पद्यमानस्यसदृशज्ञानस्य

अविद्यांक्षेत्रमाहुर्हिकर्मबीजंतथाकृतम् ॥ तृष्णासंजननंस्नेहएषतेषांपुनर्भवः ३३ तस्मिन्गूढेचदग्धेचभिन्नेमरणधर्मिणि ॥ अन्योऽस्माज्जायतेदेहस्तमा हुःसत्वसंक्षयम् ३४ यदास्वरूपतश्चान्योजातितःशुभतोऽर्थतः ॥ कथमस्मिन्सइत्येवंसर्वंवास्यादसंहितम् ३५ एवंसतिचकाप्रीतिर्दानविद्यातपोबलैः ॥ यदस्याचरितंकर्मसर्वमन्यत्प्रपद्यते ३६ अपिह्ययमिहैवान्यैःप्राकृतैर्दुःखितोभवेत् ॥ सुखितोदुःखितोवाऽपिदृश्यादृश्यविनिर्णयः ३७ तथाहिमुसलैर्हन्युःश रीरंतत्पुनर्भवेत् ॥ पृथग्ज्ञानंयदन्यचयेनैतन्नोपपद्यते ३८ ऋतुसंवत्सरौतिष्यःशीतोष्णेऽथप्रियाप्रिये ॥ यथाऽतीतानिपश्यंतिताद्दशःसत्वसंक्षयः ३९ जरयाऽभिपरीतस्यमृत्युनाचविनाशिना ॥ दुर्बलंदुर्बलंपूर्वंगृहस्येवविनश्यति ४० इंद्रियाणिमनोवायुःशोणितंमांसमस्थिच ॥ आनुपूर्व्याविनश्यंतिस्वं धातुमुपयांतिच ४१ लोकयात्राविघातश्चदानधर्मफलागमे ॥ तदर्थंवेदशब्दाश्चव्यवहाराश्चलौकिकाः ४२ इतिसम्यङ्मनस्येतेबहवःसंतिहेतवः ॥ एतदस्तीदमस्तीतिनकिंचित्प्रतिदृश्यते ४३ तेषांविमृशतामेवतत्तत्समभिधावताम् ॥ क्वचिन्निविशतेबुद्धिस्तत्रजीर्यतिवृक्षवत् ४४ एवमर्थैरनर्थैश्चदुः खिताःसर्वजंतवः ॥ आगमैरपकृष्यन्तेहास्तिपैर्हास्तिनोयथा ४५

किमुपादानं नतावत्पूर्वज्ञानं तस्यक्षणिकत्वेनोत्तरोत्पादेव्यापारायोगात् । तन्नाशश्चेन्मुसलैर्हताच्छरीरादप्यन्यच्छरीरंपुनर्भवेत् ३८ किंचऋत्वादिवज्जातोऽपिमोक्षःपुनःपुनरागत्यनिवर्तेतज्ञानधारायाआनं त्यादित्याह ऋत्विति । तिष्यःकलिरितियुगानामुपलक्षणं बहुदोषग्रस्तत्वात्क्षणिकविज्ञानवादोऽनुपपन्नइत्यर्थः ३९ अस्तुतर्हिविज्ञानानामाश्रयःस्थिरःकश्चिदात्मेतितर्कमतमाशंक्याह जरयेति । उपयन्नपयन्धर्मो विकरोतिहिधर्मिणमितिन्यायेनानित्यधर्माश्रयस्यधर्मिणोऽध्रुवमपक्षयादिनानाशइत्यर्थः ४० अनित्यधर्माश्रयोप्याकाशादिवन्ननश्यतीत्याशंक्येंद्रियवन्नश्यत्येवेत्याह इंद्रियाणीति । मनसोनाशःसांख्यसंमतःप्रोक्तः ४१ अस्तुतर्हिबुद्ध्यादिगुणानामनाश्रयःशुद्धस्तर्ह्यकर्तुरभोक्तुश्चतस्यदानादिफलाप्राप्तौदानादिवैयर्थ्यं । ततश्चसर्वस्याप्यात्मसुखार्थस्यलोकवेदव्यवहारस्योच्छेदइत्यर्थः ४२ इतीति । मनःप्रभवेष्वनेकेषुतर्केषुयु क्त्याऽन्यतरोऽपिनिर्धारयितुंनशक्यतइतिभावः ४३ विमृशतांविचारयतां ४४ निर्णायकंमानमाह एवमिति ४५

वेदोदितज्ञानेऽप्रविवक्षितेश्रोतुरधिकारसंपत्तिंविधत्ते अर्थानित्यादिना ४६ । ४७ रतिःशरीरे ४८ अनुपधिभ्रमविप्रलंभादिरहितं वेदमूलकत्वात् अच्छलंवैदिककर्मकांडवन्नमायामूलकं अनुयोक्तुंपूर्वपक्षंकर्तुं ४९ ॥ ॥ इति शांतिपर्वणि मोक्ष० नीलकंठीये भारतभावदीपे अष्टादशाधिकद्विशततमोऽध्यायः ॥ २१८ ॥ जनकइति । ज्ञपितोनिशामितः निशामनेमित्वात्ह्रस्वत्वं एतदस्तीदमस्तीतिनकिंचित्प्रतिदृश्य तइत्यनेकमतोपन्यासपूर्वकंजगतोऽनिर्वचनीयत्वंश्रावितः सांपरायेमरणे भवाभवौसंसारमोक्षौ १ ननुयदिसत्त्वासत्त्वाभ्यामनिर्वचनीयःसंसारस्तर्हिरज्जूरगवन्निस्तत्त्वस्यतस्यविनाशाययत्नोनिष्फलोनित्यनष्ट त्वात्तस्येतिशंकते भगवन्निति । प्रेत्यप्रमातृत्वादेरुद्वृत्य संज्ञाविशेषविज्ञानं सुषुप्तिमूर्च्छावदत्यंतविस्मृतिरूपेमोक्षेऽपिनास्तिचेज्ज्ञानाज्ञानकृतोनकश्चिद्विशेषोऽस्ति २ ततश्चयत्ननैष्फल्यमित्याशंक्याह सर्वमिति । उच्छेदनिष्ठमात्मनाशपर्यवसायिसर्वंयमनियमादि ३ असंसर्गइति । यदिमोक्षेभूतेषुदिव्यांगनादिषुसंसर्गोनास्तिसन्नपिसंसर्गःस्वर्गवद्विनाशिष्वेवचेत्स्यात्तर्ह्यतिशयाभावात्कस्मैफलायकोऽत्रतत्त्वतोनिश्चयःक्रियेत क्रियमाणोवाकथंकल्पेतघटेत तस्मादविनाशिस्वर्गसुखमेवमोक्षःसचनिर्वचनीयएवेत्याशयः ४ कविःक्रांतदर्शी ५ विज्ञानघनएवैतेभ्योभूतेभ्यःसमुत्थायतान्येवानुविनश्यतिनप्रेत्यसंज्ञाऽस्तीति देहाद्युत्थितस्य

अर्थांस्तथाऽत्यंतसुखावहांश्चलिप्संतएतेबहवोविशुष्काः ॥ महत्तरंदुःखमनुप्रपन्नाहित्वाऽऽमिषंमृत्युवशंप्रयांति ४६ विनाशिनोह्यध्रुवजीवितस्यकिंबंधुभि र्भिन्नपरिग्रहैश्च ॥ विहाययोगच्छतिसर्वमेवक्षणेनगत्वाननिवर्त्ततेच ४७ भूव्योमतोयानलवायवोऽपिसदाशरीरंप्रतिपालयंति ॥ इतीदमालक्ष्यरतिःकुतोभवे द्विनाशिनोऽप्यस्यनशर्मविद्यते ४८ इदमनुपधिवाक्यमच्छलंपरमनिरामयमात्मसाक्षिकम् ॥ नरपतिरभिवीक्ष्यविस्मितःपुनरनुयोक्तुमिदंप्रचक्रमे ४९ ॥ इति श्रीमहाभारते शांतिपर्वणि मोक्षपर्वणि पंचशिखवाक्ये पाषंडखंडनंनाम अष्टादशाधिकद्विशततमोऽध्यायः ॥ २१८ ॥ ॥ भीष्मउवाच ॥ जनकोजनदेवस्तुज्ञपितःपरमर्षिणा ॥ पुनरेवानुपप्रच्छसांपरायेभवाभवौ १ ॥ जनकउवाच ॥ भगवन्यदिनप्रेत्यसंज्ञाभवतिकस्यचित् ॥ एवंसतिकिमज्ञा नंज्ञानंवाकिंकरिष्यति २ सर्वमुच्छेदनिष्ठंस्यात्पश्यचैतद्द्विजोत्तम ॥ अप्रमत्तःप्रमत्तोवाकिंविशेषंकरिष्यति ३ असंसर्गोहिभूतेषुसंसर्गोवाविनाशिषु ॥ कस्मैक्रियेतकल्प्येतनिश्चयःकोऽत्रतत्त्वतः ४ ॥ भीष्मउवाच ॥ तमसाहिप्रतिच्छन्नंविभ्रांतमिवचातुरम् ॥ पुनःप्रशमयन्वाक्यैःकविःपंचशिखोऽब्रवीत् ५ उच्छेदनिष्ठानेहास्तिभावनिष्ठानविद्यते ॥ अयंह्यपिसमाहारःशरीरेंद्रियचेतसाम् ॥ वर्ततेपृथगन्योन्यमप्यपाश्रित्यकर्मसु ६

उपाधिविशिष्टस्वरूपस्यनाशाद्विशेषविज्ञानाभावेयाज्ञवल्क्येनोक्तेमैत्रेयीआत्मोच्छेदबुद्ध्याअत्रैवमाभगवानमूमुहदितितमुपालब्धवतीनवाअरेमोहंब्रवीमीत्यादिनापुनर्याज्ञवल्क्येनबोधिता तद्वदिहापिव्याकुलंराजा नमाश्वासयत्यर्थेन उच्छेदेति । उच्छेदनिष्ठानाशेपर्यवसानंननापिभावनिष्ठाविशेषेपर्यवसानमस्तिकिंत्वविद्ययाआत्मन्यारोपितंबुद्धींद्रियादिकंरज्जूरगवत्केवलमपोह्यतेतावतैवानर्थनिवृत्तिः स्वरूपानंदस्यचकंठग तविस्मृतचामीकरवत्प्राप्तिरितिकृतकृत्यताऽस्त्यतस्तदर्थोयत्नोननिष्फलइतिभावः तथाचश्रुतिः । 'अविनाशीवाअरेऽयमात्माऽनुच्छित्तिधर्मामात्रासंसर्गस्त्वस्यभवति' इति मात्राप्रमात्रा अनर्थश्चप्रमातृताप्रमुख कर्तृत्वभोक्तृत्वमितितदसंसर्गोमोक्षइतिप्रतिपादयत्यात्मनिदेहाद्यध्यारोपमेवाहायमित्यादिना समाहारःसंघातः अस्मिन्त्रिकेऽन्यतरनाशेऽपिसंघातनाशइत्यन्योन्यमपाश्रित्येत्यस्यार्थः ६

शरीरादीनामनात्मत्वंवक्तुंतत्प्रकृतीराह धातवइति । धीयतेनिलीयतेकार्यमेष्विति धातवउपादानानि ज्योतिषोधरेत्यनयोर्मध्येजलामित्यपिज्ञेयं । पंचधातोयमितिपाठांतरंसुगमं । स्वभावेनेति । सांख्यमताभिप्रायेणतेषांहीश्वरकालयोरभावाज्जीवानांचोदासीनत्वाददृष्टस्यचकार्यत्वेनकारणाप्रवर्तकत्वात्स्वभावतएवगुणानांप्रवृत्तिरितिमतम् ७ प्रवृत्तानिभूतानिशरीराकारेणपरिणमंतेइत्याहाकाशइति । यानिखानिसआकाशःयःप्राणःसवायुः यऊष्मासोऽग्निः यल्लोहितादिस्नेहवत्तदापः यत्कठिनमस्थ्यादितत्पृथिवीत्यर्थः । नैकधेतिजरायुजादिभेदेन ८ शरीरोत्पत्तिमुक्त्वाइंद्रियोत्पत्तिमाह ज्ञानेति । शरीरेबुद्धिर्जाठरःप्राणश्चसर्वकर्मसंग्राहकोगणः । कुतः यतोऽत्रइंद्रियाद्यष्टकंनिःसृतं । अर्थाःशब्दादयःस्वभावोऽर्थप्रकाशकत्वम् । चेतनाघटाद्याकाराद्वृत्तिः । मनःसंकल्पादिरूपमेतत्तुज्ञानकार्यं । वायुकार्यंतुप्राणापानौतौचव्यानादीनामप्युपलक्षणं । विकारोऽशितपीतादिपाचनेनेंद्रियादीनामाप्यायनादिर्जाठरकार्यं ९ श्रवणंश्रोत्रंस्पर्शनंत्वगिंद्रियं नासाघ्राणं चित्तंपूर्वकारणंयस्यार्थगणस्यतंचित्तपूर्वंचित्तमात्रोपादानकंगताःप्राप्ताः गुणाःगुणकार्यभूताः १० विज्ञानसंयुक्ताचित्प्रतिबिंबगर्भाचेतनावृत्तिः विषयस्योपादेयत्वहेयत्वोपेक्षणीयत्वैस्त्रिविधा ११ मूर्तयःरूपाश्रयद्रव्याणि वाय्वाकाशयोरमूर्तत्वश्रुतेर्बाह्येंद्रियाग्राह्य

धातवःपंचभूतेषुखंवायुर्ज्योतिषोधरा ॥ तेस्वभावेनतिष्ठंतिवियुज्यंतेस्वभावतः ७ आकाशोवायुरूष्माचस्नेहोयश्चापिपार्थिवः ॥ एषपंचसमाहारःशरीरमपिनैकधा ८ ज्ञानमूष्माचवायुश्चत्रिविधःकार्यसंग्रहः ॥ इंद्रियाणींद्रियार्थाश्चस्वभावश्चेतनामनः ॥ प्राणापानौविकारश्चधातवश्चात्रनिःसृताः ९ श्रवणंस्पर्शनंजिह्वादृष्टिर्नासातथैवच ॥ इंद्रियाणीतिपंचैतेचित्तपूर्वंगतागुणाः १० तत्रविज्ञानसंयुक्तात्रिविधाचेतनाध्रुवा ॥ सुखदुःखेतियामाहुरदुःखामसुखेतिच ११ शब्दःस्पर्शंचरूपंचरसोगंधश्चमूर्तयः ॥ एतेह्यामरणात्पंचषड्गुणाज्ञानसिद्धये १२ तेषुकर्मविसर्गश्चसर्वतत्त्वार्थनिश्चयः ॥ तमाहुःपरमंशुक्रंबुद्धिरित्यव्ययंमहत् १३ इमंगुणसमाहारमात्मभावेनपश्यतः ॥ असम्यग्दर्शनैर्दुःखमनंतंनोपशाम्यति १४ अनात्मेतिचयद्दृष्टंतेनाहंनममेत्यपि ॥ वर्ततेकिमधिष्ठानाप्रसक्तादुःखसंततिः १५

त्वात् पंचशब्दाद्याःमूर्तिभिःसहषड्गुणाविषयाः ज्ञानंप्रमातस्यसिद्धयेविषयकरणयोगाद्धितज्जायते १२ किंचतेषुश्रोत्रादिषु कर्मस्वर्गसाधनं विसर्गःसंन्यासोब्रह्मलोकदःसंन्यासाद्ब्रह्मणःस्थानामितिस्मृतेः सर्वतत्त्वार्थनिश्चयोमोक्षहेतुः तंतत्त्वनिश्चयं परमंश्रेष्ठं शुक्रंमोक्षबीजं बुद्धिरित्यव्ययं मोक्षदत्वादव्ययमितिचाहुः महद्ब्रह्मतत्प्रदत्वात् १३ इमामिति । अस्मिन्संघातेअनात्मनिआत्मबुद्धिरनर्थहेतुरित्यर्थः १४ एवमध्यारोपमुक्त्वाऽपवादमाहानात्मेत्यादिना । इतियद्दृष्टंतदनात्मेतिसंबंधः स्वात्मनिवृत्तिविरोधादिदंतयायद्दृष्टमहंकारादितत् आत्मानेत्यर्थः । नहिदृश्यंद्रष्टुरात्मेतियुक्तं तेनकारणेनअहमितिममेतिचनवर्तते । यद्यत्राभेदेनप्रतीयेततन्मिथ्यायथाशुक्तिरजतम् । अहंकारदेहेंद्रियादिकंचात्मन्यभेदेनप्रतीयतेऽयमहमस्मिकाणोऽहंगौरोऽहमित्यतोमिथ्याततस्तत्संबंधिममकारास्पदंपुत्रादिकमपिमिथ्या अतोऽहमितिममेतिचनवर्ततइतियुक्तमुक्तम् । अनात्मेतिह्यानिष्टंचनाहंनचममेत्यपीतिपाठेइतिहिइदमित्येवमाकाराप्रतीतिरैतिह्यं । स्वार्थेऽण्यः तत्रनिष्ठापरिसमाप्तिर्यस्यतद्विषयइत्यर्थः । ससर्वोऽप्यनात्माऽतोऽहमितिनवर्ततेममेत्यपिनवर्ततइतियोजना । पाठांतरंत्वनाकरं । एवंसतियाप्रसक्ताप्रतीयमानादुःखसंततिःसाकिमधिष्ठाना आत्मनोऽसंगत्वात् अहंकारस्यचामिथ्यात्वाद्रज्जूरगभीषणत्ववन्निरधिष्ठानैव यादृशोयक्षस्तादृशोबलिरितिन्यायेनाहंकारवन्मिथ्यैवेत्यर्थः १५

अत्रेति । हंतिर्गुणनार्थेज्योतिःशास्त्रेप्रसिद्धः सम्यग्वधोगुणनं पुनःपुनरभ्यस्यंतेतत्त्वान्यस्मिन्निति सम्यग्वधोनामसांख्यशास्त्रम् । सम्यग्ज्ञनइतिपाठेसम्यक्संदेहनिर्मुक्तंमनोयेनेतितदेव । त्यागप्रधानंशास्त्रं त्यागशास्त्रम् १६ तदेवाह त्यागइति । युक्तानांमुक्त्यर्थंनित्योद्युक्तानांपुंसांसर्वकर्मत्यागएवनित्यंमतः कर्मणामितिधनादेरप्युपलक्षणं येतुमिथ्याविनीतास्त्यागंविनाशांत्यादिपरास्तेषांक्लेशोऽविद्यादिरूपो मतः १७ सर्वशास्त्रतात्पर्यंत्यागेएवेत्याह द्रव्येति । द्रव्यादित्यागनिमित्तंयज्ञकर्मादीन्युपदिशंतीतिशेषः । सर्वत्यागनिमित्तंयोगमुपदिशंति । यतःसात्यागस्यसमापनासमाप्तिःपराकाष्ठेत्यर्थः १८ तस्येति । अयंवक्ष्यमाणोयोगोऽद्वैधःप्रकारभेदशून्यः तथाचत्यागस्यैवप्राधान्यंभाल्लविशाखिनःसमामनंति । 'त्यागएवहिसर्वेषांमोक्षसाधनमुत्तमं । त्यजतैवहितज्ज्ञेतंत्यक्तुःप्रत्यक्परंपदं ' इति । अन्यथात्यागाभावे १९ त्याज्यंगणमाह पंचेति । चेतासिबुद्धोसंतीतिबुद्धित्यागेसर्वाणित्यक्तानिस्युरितिभावः बलंप्राणशक्तिः २० शेफःशिश्नं पायुर्गुदं २१ पंचान्वितंमनइतिबुद्ध्याबुद्ध्याविसृजेन्मनस्त्यजेत् ।

अत्रसम्यग्वधोनामंत्यागशास्त्रमनुत्तमम् ॥ शृणुयत्तवमोक्षायभाष्यमाणंभविष्यति १६ त्यागएवहिसर्वेषांयुक्तानामपिकर्मणाम् ॥ नित्यंमिथ्याविनीतानांक्लेशोदुःखवहोमतः १७ द्रव्यत्यागेतुकर्माणिभोगत्यागेव्रतान्यपि ॥ सुखत्यागेतपोयोगंसर्वत्यागेसमापना १८ तस्यमार्गोऽयमद्वैधःसर्वत्यागस्यदर्शितः ॥ विप्रहाणायदुःखस्यदुर्गतिस्त्वन्यथाभवेत् १९ पंचज्ञानेंद्रियाण्युक्त्वामनःषष्ठानिचेतसि ॥ बलषष्ठानिवक्ष्यामिपंचकर्मेंद्रियाणितु २० हस्तौकर्मेंद्रियंज्ञेयमथपादौगतींद्रियम् ॥ प्रजननानंदयोःशेफोनिसर्गेपायुरिंद्रियम् २१ वाक्शब्दविशेषार्थमितिपंचान्वितंविदुः ॥ एवमेकादशैतानिबुद्ध्याऽऽशुविसृजेन्मनः २२ कर्णौशब्दश्चचित्तंचत्रयःश्रवणसंग्रहे ॥ तथास्पर्शेतथारूपेतथैवरसगंधयोः २३ एवंपंचत्रिकाह्येतेगुणास्तदुपलब्धये ॥ येनायंत्रिविधोभावःपर्यायात्समुपस्थितः २४ सात्विकोराजसश्चापितामसश्चापितेत्रयः ॥ त्रिविधावेदनायेषुप्रसूताःसर्वसाधनाः २५ प्रहर्षःप्रीतिरानंदःसुखंसंशांतचित्तता ॥ अकुतश्चित्कुतश्चिद्वाचिंतितःसात्विकोगुणः २६ अतुष्टिःपरितापश्चशोकोलोभस्तथाऽक्षमा ॥ लिंगानिरजसस्तानिदृश्यन्तेहेत्वहेतुतः २७ अविवेकस्तथामोहःप्रमादःस्वप्नतंद्रिता ॥ कथंचिदपिवर्तन्तेविविधास्तामसागुणाः २८ अत्रयत्प्रीतिसंयुक्तंकायेमनसिवाभवेत् ॥ वर्ततेसात्विकोभावइत्यपेक्षेततत्तथा २९ यत्त्वसंतोषसंयुक्तमप्रीतिकरमात्मनः ॥ प्रवृत्तंरजइत्येवंततस्तदपिचिंतयेत् ३० अथयन्मोहसंयुक्तंकायेमनसिवाभवेत् ॥ अप्रतर्क्यमविज्ञेयंतमस्तदुपधारयेत् ३१

मनस्त्यागेसविषयाणांकर्मेंद्रियाणांत्यागोबुद्धित्यागेसमनस्कानांज्ञानेंद्रियाणांचत्यागःसिद्धइतिप्रघट्टकार्थः २२ एतमेवस्पष्टयति कर्णावित्यादिना । कर्णौश्रोत्रंकरणं शब्दोविषयः चित्तंकर्ता श्रवणंक्रिया २३ पंचत्रिकाः सर्वाण्यपिविषयकरणद्वंद्वानिसमनस्कानीतित्रिकाइत्युक्तं । एतेगुणास्तत्तदुपलब्धयेशब्दादिज्ञानाभिव्यक्तयेभवंति येनाऽनुभवाभिव्यंजनेननिमित्तेनायंत्रिविधोभावःकरणकर्मकर्तृरूपःपर्यायात्पृथगर्थतयास्ति २४ त्रैविध्यमेवाह सात्त्विकइति । वेदनाःअनुभवाः सर्वान्प्रहर्षादीन् साधयंतीतिसर्वसाधनाः २५ इष्टश्रवणदर्शनप्राप्तिपरिष्वंगजानिसुखानिप्रहर्षप्रीत्यानंदसुखशब्दितानि संशांतचित्तताअभुक्तेभुक्तेवाऽनुत्सुकता अकुतश्चिद्वैराग्यात्स्वतएव कुतश्चिदितिइष्टलाभात् चिंतितोविचारितः चित्तजइतिपाठेचित्तजः २६ अक्षमेतिच्छेदः हेत्विविपूर्ववत् २७ कथंचिदिति हेत्वहेतुभिरित्यर्थः २८ अपेक्षेतेत्युक्तेउत्तरयोर्हेयत्वमुक्तम् २९ । ३० । ३१

एवंशब्दादीनांश्रोत्रादीनांचत्रिगुणात्मकचित्तमात्रत्वमुक्तांचित्तत्यागेनैवगुणकरणविषयाणांत्यागोभवतीतिज्ञानायेदानींवियदादिभ्योऽनन्यत्वंशब्दश्रोत्रादीनामुच्यतेतत्प्रविलापनेनैववियदादिप्रविलापनंभवत्वित्ये
तदर्थं श्रोत्रमितिद्वाभ्यां । आकाशाश्रितंश्रोत्रमाकाशाख्यंभूतमेव कर्णशष्कुल्यवच्छेदेननभसएवश्रोत्रत्वात् एवंश्रोत्राश्रितःशब्दोऽपिपरंपरयाभूतमेव एवंसतिशब्दविज्ञानेउभयंव्योमश्रोत्रेविज्ञानस्यापिप
यौन । नहिशब्दंजानताश्रोत्राकाशावपिज्ञायेतेतर्ह्यज्ञातावेवतौभवेतांकिंनश्छिन्नमित्याशंक्याह इतरस्यविज्ञानादन्यस्याज्ञानस्यवाविषयोश्रोत्राकाशौनभवतः शब्दस्यतदुभयानन्यत्वात् । नहिघटरूपादिव
दाश्रयान्निष्कृष्टयोःशब्दश्रोत्रयोराकाशगुणकार्ययोर्ग्रहणंप्रविलापनंवाकर्तुंशक्यंतस्मात्श्रोत्रादिप्रविलापनेनैवतदनन्यस्यशब्दाकाशादेरपिप्रविलापनंयुक्तं श्रोत्रादीनांचचित्तादनन्यत्वात् । तानिशब्दाकाशादीन्य
पिस्मरणात्मकंचित्तमेव । चित्तमपिमनसोऽध्यवसायात्मकादनन्यदितिधीमात्रं सर्वंमनसिलीनेलीनंभवतीत्यर्थः ३२ । ३३ । सर्वेषांमनोमात्रत्वेयुक्तिमाह स्वकर्मेति । एतेपुदशसुविषयेंद्रियपंचकद्वयेएकादशं
चित्तमनुगतंतिष्ठतीतिविद्धि घटशरावादिष्विवमृत्स्ना । अत्रहेतुः स्वकर्मयुगपद्भावइति पंचम्यर्थेप्रथमा स्वेषामिंद्रियविषयाणांकर्माणिश्रवणस्पर्शनदर्शनादीनितेषांयौगपद्यात्सुप्तोत्थितमात्रस्यपुंसोलब्धात्मकंमनोयुग
पदुपस्थितान्शब्दादीननुभवति तच्चतेषांमनआत्मकत्वाभावेनसंगच्छते । उपादानंहिस्वकार्यैर्युगपत्संगतंभवत्यनुपादानंतुक्रमेणेतिस्पष्टं । येतुयुगपज्ज्ञानानुपलब्धिर्मनसोलिंगमितिज्ञानायौगपद्यमेवानु
पादानस्यमनसःसाधकंलिंगमाहुस्तेषांगंगाह्रदनिमग्नस्ययुगपत्सर्वांगीणशैत्यानुभवेनहेतोर्बाधइत्यास्तांतावत् । चित्तस्यापिव्यापिकाबुद्धिर्द्वादशमीद्वादशी आर्षोमत्प्रत्ययः ३४ तेषांद्वादशानामात्मन्यारोपिता

श्रोत्रंव्योमाश्रितंभूतंशब्दःश्रोत्रंसमाश्रितः ॥ नोभयंशब्दविज्ञानेविज्ञानस्येतरस्यवा ३२ एवंत्वक्चक्षुषीजिह्वानासिकाचेतिपंचमी ॥ स्पर्शेरूपेरसेगंधेतानिचे
तोमनश्चलत् ३३ स्वकर्मयुगपद्भावोदशस्वेतेषुतिष्ठति ॥ चित्तमेकादशंविद्धिबुद्धिर्द्वादशमीभवेत् ३४ तेषामयुगपद्भावउच्छेदोनास्तितामसे ॥ आस्थितो
युगपद्भावोव्यवहारःसलौकिकः ३५ इंद्रियाण्यपिसूक्ष्माणिदृष्ट्वापूर्वंश्रुतागमात् ॥ चिंतयन्नानुपर्येतित्रिभिरेवान्वितोगुणैः ३६ यत्तमोपहतंचित्तमाशुसंहार
मध्रुवम् ॥ करोत्युपरमंकायेतदाहुस्तामसंबुधाः ३७ यद्यदागमसंयुक्तंनकृच्छ्रमनुपश्यति ॥ अथतत्राप्युपादत्तेतमोव्यक्तमिवानृतम् ३८

नामयुगपद्भावोद्रष्टृदृश्योपरक्तंचित्तंसर्वार्थमितियोगप्रसिद्धं । चित्तस्यसर्वार्थत्वमिहबुद्ध्यादियुगपद्भावइत्युच्यते तदन्योविशेषविज्ञानराहित्यलक्षणोज्ञातृज्ञेयज्ञानयौगपद्याभावस्तामसोनिद्रारूपतमोमयःसुषुप्ति
कालीनस्तस्मिन्सत्यप्यात्मनउच्छेदोनास्ति उत्थितस्यसुखमहमस्वाप्समित्यादिपरामर्शात् । सतासोम्यतदासंपन्नोभवतीतिसुषुप्तौब्रह्मसंपत्तिश्रवणात् । सएवतुकर्मानुस्मृतिशब्दविधिभ्यइतिन्यायाच्चायुग
पद्भावएवआत्मनोवास्तवंतत्त्वंयुगपद्भावस्तुस्वप्नवदज्ञानकृतइत्याह आस्थितइति । लौकिकोनतुपारमार्थिकः ३५ व्यावहारिकंयुगपद्भावमुक्त्वाप्रातिभासिकंस्वाप्नकालिकंतमाहेंद्रियाणीति । पूर्वंश्रुतंश्रवणाक्रियासाच
स्पर्शनादीनामप्युपलक्षणंतयाशब्दादीनामागमःप्राप्तिःपूर्वानुभववासनातइत्यर्थः सूक्ष्माणींद्रियाण्येकादशदृष्ट्वाचिंतयन्विषयसंगंभावयन् नापुरुषःस्वप्नदर्शीत्रिभिर्गुणैःसत्वादिभिर्युक्तोऽनुपर्येतिजाग्रदवस्थामनु
संचरतिस्वप्ने कायेइत्युत्तरादपकृष्यते स्वेशरीरेयथाकामंपरिवर्ततइतिश्रुतेः ३६ तमोपहतंतमोगुणेनाभिभूतंचित्तंप्रवृत्तिप्रकाशात्मकमाशुरांहारंशीघ्रंसंहृत्य अध्रुवंमोक्षवदानंत्यहीनमुपरमंपूर्वोक्तयुगपद्भावस्योच्छे
दंकरोतितत्सुखंतामसमज्ञानप्रधानंशरीरएवसुषुप्तावनुभूयते ३७ सुषुप्तिसादृश्यंकैवल्यस्याह यद्यदिति । यत्सुखमागमसंयुक्तमानंदोब्रह्मेतिवेदबोधितंयद्यस्मिन्कृच्छ्रंद्वैतदुःखंनानुपश्यति । नकिंचिदनुशाम्य
तीतिपाठांतरेयत्रनकिंचित्सुखंदुःखंवाज्ञाताज्ञेयंवाऽस्तिकिंतुदग्धेंधनानलवदाचार्योपदेशमनुशाम्यत्येव । तत्रतस्मिन्नपिसुखेअव्यक्तमनृतंतमउपादत्तइव । वस्तुतस्तुतमोनास्तितथापिद्वैतदर्शनाभावसाम्ये
नावृतमव्यक्तंच ज्ञात्रादिविभागाभावात् ३८

एवंसुषुप्तिवन्मोक्षेऽप्येषोऽहंकारादिघटांतोदृश्यमानोगुणोभोग्यवर्गःस्वकर्मप्रत्ययःकर्महेतुकाविर्भावःप्रसंख्यातःप्रत्याख्यातःकेषांचिदविद्यावतांवज्रपंजरवद्वर्तते केषांचिद्विद्यावतांकालत्रयेऽपिनह्यस्ति ३९ एतत् एतंसमाहारंसंघातंक्षेत्रमाहुः एतदितिविधेयापेक्षंक्लीबत्वं मनसिसंघातबीजभूतेयोभावोयासत्तासक्षेत्रज्ञः शुक्तिरजतवदध्यस्तस्यमनसःसत्तास्फूर्तिप्रदः ४० एवमिति । सर्वेषुभूतेषुचतुर्विधेषु हेतुतःअनाद्यविद्याकामकर्मवशतः । स्वभावात्सत्यानृतयोरात्माऽनात्मनोर्मिथुनीकरणात् । व्यवहारेवर्तमानेषुसत्सुकउच्छेदउच्छेदवान् । कोवाशाश्वतःस्यात् नासतोविद्यतेभावोनाभावोविद्यतेसतइतिन्यायेनासतःसंघातस्यस्वरूपाभावादेवनोच्छेदप्रसंगः । अतएवशाश्वतत्वंचास्यनेत्यर्थः । यद्वा शाश्वतआत्मावाकथमुच्छेदवान्भवेदितियापूर्वत्वयाआत्मोच्छेदशंकाकृतासानिरालंबनेत्यर्थः । एतेनपुंप्रकृत्योरत्यंतंवैधर्म्यमुपपादितम् ४१ यथेति । नद्योनदाश्चव्यक्तीःरूपाणिनामचजहतित्यजंति नदाश्चतानदीर्नियच्छंतिस्ववशेकुर्वंति यथाक्षुद्रनदीमहानद्यांनामरूपेजहातिमहानदीचसमुद्रेलीयतेतद्वत्सत्वस्यमहदादिघटांतात्मनास्थितस्योत्पत्तिविपरीतक्रमेणसंक्षयःस्थूलंसूक्ष्मेलीयतेसूक्ष्मंकारणेतच्चशुद्धेइत्यर्थः ४२ प्रतिसंयुक्तेउपाधिमिश्रेजीवेसर्वतःसर्वात्मनादर्पणस्थमुखवत्गृह्यमाणेसतिप्रेत्यभावेउपाध्यपायेसंज्ञाअयमहंदेवदत्तो

एवमेषप्रसंख्यातःस्वकर्मप्रत्ययोगुणः ॥ कथंचिद्वर्तत्तेसम्यक्केषांचिद्वानिवर्तते ३९ एतदाहुःसमाहारंक्षेत्रमध्यात्मचिंतकाः ॥ स्थितोमनसियोभावःसवैक्षेत्रज्ञ उच्यते ४० एवंसतिकउच्छेदःशाश्वतोवाकथंभवेत् ॥ स्वभावाद्वर्तमानेषुसर्वभूतेषुहेतुतः ४१ यथार्णवगतानद्योव्यक्तीर्जहतिनामच ॥ नदाश्चतानियच्छंतितादृशःसत्वसंक्षयः ४२ एवंसतिकुतःसंज्ञाप्रेत्यभावेपुनर्भवेत् ॥ जीवेचप्रतिसंयुक्तेगृह्यमाणेचसर्वतः ४३ इमांचयोवेदविमोक्षबुद्धिमात्मानमन्विच्छतिचाप्रमत्तः ॥ नलिप्यतेकर्मफलैरनिष्टैःपत्रंबिसस्येवजलेनसिक्तम् ४४ दृढैर्हिपाशैर्बहुभिर्विमुक्तःप्रजानिमित्तैरपिदैवतैश्च ॥ यदाह्यसौसुखदुःखेजहातिमुक्तस्तदाग्र्यांगतिमेत्यलिंगः ४५ श्रुतिप्रमाणागममंगलैश्चशेतेजरामृत्युभयादभीतः ॥ क्षीणेचपुण्येविगतेचपापेततोनिमित्तेचफलेविनष्टे ॥ अलेपमाकाशमलिंगमेवमास्थायपश्यंतिमहत्यसक्ताः ४६ यथोर्णनाभिःपरिवर्तमानस्तंतुक्षयेतिष्ठतिपात्यमानः ॥ तथाविमुक्तःप्रजहातिदुःखंविध्वंसतेलोष्टइवाद्रिमृच्छन् ४७ यथारुरुःशृंगमथोपुराणंहित्वात्वचंवाप्युरगोयथाच ॥ विहायगच्छत्यनवेक्षमाणस्तथाविमुक्तोविजहातिदुःखम् ४८ द्रुमंयथावाप्युदकेपतंतमुत्सृज्यपक्षीनिपतत्यसक्तः ॥ तथाह्यसौसुखदुःखेविहायमुक्तःपरार्द्ध्यांगतिमेत्यलिंगः ४९

ऽस्मीतितद्ग्रहणंकुतःस्यान्नकुतश्चिन्नापिग्रहणाभावान्मुखस्येवात्मनउच्छेदोऽप्यस्तीतिनोक्तशंकावकाशइत्यर्थः ४३ विद्याफलमाह इमामिति । वेदशास्त्रतःअन्विच्छतिशमादिपरोभवति बिसस्यमृणालस्य ४४ पाशैःस्नेहकर्मनिमित्तैः तेषांग्रहणंप्रजेत्यादिना । अलिंगः पंचप्राणमनोबुद्धिदशेंद्रियात्मकलिंगहीनः ४५ श्रुतिप्रमाणंतत्त्वमसीतिवाक्यं आगमोक्तंमंगलं साधनंशमादि निमित्तेमोहोत्थेफलेसुखदुःखात्मके महतिबुद्धितत्त्वेऽस्मितामात्रेपश्यंति । तत्रैवहिसांख्यानांगुणपुरुषांतरज्ञानमस्माकंचप्रतीचोब्रह्मभावागमःप्रसिद्धः । असक्ताविरक्ताःआकाशंहार्दाकाशाख्यंसगुणंब्रह्मास्थायाऽऽश्रित्यअलिंगंनिर्गुणंपश्यंतीतियोजना ४६ यथेति । ऊर्णनाभिर्लूताकीटस्तंतुक्षयेतंतुमयेगृहेयथातिष्ठति तथैवपात्यमानोऽविद्यावशोजीवःकर्मतंतुगृहेतिष्ठति । तथाचोर्णनाभिस्तंतुक्षयंप्रजहाति एवंविमुक्तोपि हानेफलमाह दुःखंविध्वंसतइति । दृष्टांतोलोष्टइति पांसुपिंडःअद्रिंपाषाणंऋच्छन्वेगेनप्राप्नुवन् ४७ रुरुर्मृगभेदः ४८ परार्ध्यांश्रेष्ठाम ४९

केनवृत्तेनवृत्तज्ञोजनकोमिथिलाधिपइतियुधिष्ठिरप्रश्नबीजमुपन्यस्यति आपिचेति ५० । ५१ अवेक्षतेअर्थतःपर्यालोचयति कपिलंकपिलप्रशिष्यंपंचशिखम् ५२ । इति शांतिपर्वाणि मोक्षधर्मपर्वाणि नीलकंठीये भारतभावदीपे एकोनविंशत्यधिकद्विशततमोऽध्यायः ॥ २१९ ॥ ॥ किंकुर्वन्सुखमाप्नोतिकिंकुर्वन्दुःखमाप्नुयादित्यारभ्य आद्यंतंसर्वभूतानांज्ञातुमिच्छामिकौरवेत्यतःप्राक्तनीएकादशाध्यायीउक्तवक्ष्यमाणस्वरूपज्ञानलाभार्थासाधनसंपद्विधानार्थाप्रायेणस्पष्टार्थातथापिविषमाणिपदान्यत्रव्याख्यायंते १ श्रुतिसमाधयोवेदद्रष्टारः २ दमोबाह्येंद्रियनिग्रहस्तद्वर्जितःअदांतः ३ । ४ । ५ तीक्ष्णोराजसः अमित्रान् कामादीन् ६ क्रव्याद्भ्योव्याघ्रादिभ्योमांसभक्षकेभ्यः ७ भूयोऽधिकम् ८ लिंगानिस्वरूपाणि समुदेत्यस्मादितिसमुदयोहेतुः अकार्पण्यमदीनत्वं असरंभोऽभिनिवेशाभावः ९ अतिवादोलौकिकार्थभाषणं

अपिचभवतिमैथिलेनगीतंनगरमुपाहितमग्निनाऽभिवीक्ष्य ॥ नखलुममहिदह्यतेऽत्रकिंचित्स्वयमिदमाहकिलस्मभूमिपालः ५० इदममृतपदंनिशम्यराजास्वयमिहपंचशिखेनभाष्यमाणम् ॥ निखिलमभिसमीक्ष्यनिश्चितार्थःपरमसुखीविजहारवीतशोकः ५१ इमंहियःपठतिमोक्षनिश्चयंमहीपतेसततमवेक्षतेतथा ॥ उपद्रवान्नानुभवत्यदुःखितःप्रमुच्यतेकपिलमिवैत्यमैथिलः ५२॥ इति श्रीमहाभारते शांतिपर्वाणे मोक्षधर्मपर्वाणि पंचशिखवाक्यंनाम एकोनविंशाधिकद्विशततमोऽध्यायः ॥ २१९ ॥ युधिष्ठिर उवाच ॥ किंकुर्वन्सुखमाप्नोतिकिंकुर्वन्दुःखमाप्नुयात् ॥ किंकुर्वन्निर्भयोलोकेसिद्धश्चरतिभारत १ ॥ भीष्मउवाच ॥ दममेवप्रशंसंतिवृद्धाःश्रुतिसमाधयः ॥ सर्वेषामेववर्णानांब्राह्मणस्यविशेषतः २ नादांतस्यक्रियासिद्धिर्यथावदुपपद्यते ॥ क्रियातपश्चसत्यंचदमेसर्वंप्रतिष्ठितम् ३ दमस्तेजोवर्धयतिपवित्रंदमउच्यते ॥ विपाप्मानिर्भयोदांतःपुरुषोविंदतेमहत् ४ सुखंदांतःप्रस्वपितिसुखंचप्रतिबुद्ध्यते ॥ सुखंलोकेविपर्येतिमनश्चास्यप्रसीदति ५ तेजोदमेनाधियतेतत्रतीक्ष्णोऽधिगच्छति ॥ अमित्रांश्चबहून्नित्यंपृथगात्मनिपश्यति ६ क्रव्याद्भ्यइवभूतानामदांतेभ्यःसदाभयम् ॥ तेषांविप्रतिषेधार्थंराजासृष्टःस्वयंभुवा ७ आश्रमेषुचसर्वेषुदमएवविशिष्यते ॥ यच्चतेषुफलंधर्मेभूयोदांतेतदुच्यते ८ तेषांलिंगानिवक्ष्यामियेषांसमुदयोदमः ॥ अकार्पण्यमसंरंभःसंतोषःश्रद्दधानता ९ अक्रोधआर्जवंनित्यंनातिवादोऽभिमानिता ॥ गुरुपूजाऽनसूयाचदयाभूतेष्वपैशुनम् १० जनवादमृषावादस्तुतिनिंदाविवर्जनम् ॥ साधुकामश्चस्पृहयेन्नायतिंप्रत्ययेषुच ११ अवैरकृत्सूपचारःसमोनिंदाप्रशंसयोः ॥ सुवृत्तःशीलसंपन्नःप्रसन्नात्माऽत्मवान्प्रभुः १२ प्राप्यलोकेचसत्कारंस्वर्गंवैप्रेत्यगच्छति ॥ दुर्गमंसर्वभूतानांप्रापयन्मोदतेसुखी १३ सर्वभूतहितेयुक्तोनस्मयोद्विषतेजनम् ॥ महाह्रदइवाक्षोभ्यःप्रज्ञातृप्तःप्रसीदति १४ अभयंयस्यभूतेभ्यःसर्वेषामभयंयतः ॥ नमस्यःसर्वभूतानांदांतोभवतिबुद्धिमान् १५

अभिमानितागर्वः १० जनवादोराजादिवार्ता साधुकामोमोक्षार्थी प्रत्ययेषुसुखदुःखाद्यनुभवेषु आयतिमुत्तरकालं नस्पृहयेत् प्राप्तंसुखादिकंभुंजीतनतुकालांतरीयौतज्जौहर्षविषदौचिंतनीयावित्यर्थः । नायतिंप्रत्ययोनृष्वितिपाठेफलसंवादेनविश्वस्तोनृष्वादरंनकुर्यात् किंतुप्रागेवाकृतकार्येषुसाधुष्वविश्वासोनकर्तव्यइत्यर्थः ११ सूपचारःशाठ्यवर्जितादरः प्रसन्नात्माशुद्धचित्तः आत्मवान्धृतिमान् प्रभुर्जितकामादिदोषः १२ दुर्गमंदुष्कालेदुर्लभमन्नादिप्रापयन्दयावानित्यर्थः १३ स्मेतिपृथक्पदम् १४ । १५

। १६ । १७ । १८ । १८ । २० ॥ इतिश्रीमहाभारतेशांतिपर्वणिमोक्षधर्मपर्वणि नीलकंठीयेभारतभावदीपे विंशत्यधिकद्विशततमोऽध्यायः ॥ २२० ॥ ॥ भूतानामभयंयतइत्यहिंसाविधिः किमग्नीषोमीयंपशुमालभेतसुराग्रहंगृह्णातीतिवैदिकंब्राह्मणंकर्मप्रवर्तनावाक्यं । तथा 'प्रीणयेच्चंडिकांभक्त्यामांसेनसुरयानृप' इत्यवैदिकंब्रह्मणं सविधिःकिमेताभ्यांविरुद्ध्यतेनवेतिप्रश्नार्थः द्विजातयस्त्रैवर्णिकाः व्रतं यज्ञदीक्षामंत्रदीक्षाचतद्युक्ताः हविर्देवताशेषं अन्नमदनीयंमांसमद्यादि ब्राह्मणंपूर्वोक्तंद्विविधंतत्रोक्तोयःकामःस्वर्गपुत्रादिस्तस्मै यत्भुंजतेतदिदंकथंयुक्तमयुक्तंवेतिपदार्थः १ अवेदोक्तेति । भुंजानाअभोज्यंमांसादीतिशेषः कार्यकारिणःकामाचारवंतः इहैवपतिताइत्यर्थः । व्रतलुब्धादीक्षोक्तफलानुरागिणःस्वर्गंप्राप्यपतिष्यंतीत्यर्थः । लुब्धाइतिपाठे व्रतविधिनावंचिताइत्यर्थः २ एवंपरपीडाकरंयागादिकंविनिंद्यदे

नहृष्यतिमहत्यर्थेव्यसनेचनशोचति ॥ सवैपरिमितप्रज्ञःसदांतोद्विजउच्यते १६ कर्मभिःश्रुतसंपन्नःसद्भिराचरितःशुचिः ॥ सदैवदमसंयुक्तस्तस्यभुंक्तेमहाफलम् १७ अनुसूयाक्षमाशांतिःसंतोषःप्रियवादिता ॥ सत्यंदानमनायासोनैषमार्गोदुरात्मनाम् १८ कामक्रोधौचलोभश्चपरस्येर्ष्याविकत्थना ॥ कामक्रोधौवशेकृत्वाब्रह्मचारीजितेंद्रियः १९ विक्रम्यघोरेतमसिब्राह्मणःसंशितव्रतः ॥ कालाकांक्षीचरेल्लोकान्निरपायइवात्मवान् २०॥ इति श्रीमहाभारते शांतिपर्वणि मोक्षधर्मपर्वणि दमप्रशंसायां विंशत्यधिकद्विशततमोध्यायः ॥ २२० ॥ ॥ ॥ ॥ युधिष्ठिरउवाच ॥ द्विजातयोव्रतोपेतायदिदंभुंजतेहविः॥ अन्नंब्राह्मणकामायकथमेतत्पितामह १ ॥ ॥ भीष्मउवाच ॥ ॥ अवेदोक्तव्रतोपेताभुंजानाःकार्यकारिणः ॥ वेदोक्तेषुचभुंजानाव्रतलुब्धायुधिष्ठिर २ ॥ युधिष्ठिरउवाच ॥ ॥ यदिदंतपइत्याहुरुपवासंपृथग्जनाः ॥ एतत्तपोमहाराजउताहोकिंतपोभवेत् ३॥ ॥ भीष्मउवाच ॥ ॥ मासपक्षोपवासेनमन्यन्तेयत्तपोजनाः ॥ आत्मतंत्रोपघातस्तुनतपस्तत्सतांमतम् ४ त्यागश्चसन्नतिश्चैवशिष्यतेतपउत्तमम् ॥ सदोपवासीसभवेद्ब्रह्मचारीसदाभवेत् ५ मुनिश्चस्यात्सदाविप्रोदैवतंचसदाभवेत् ॥ कुटुंबिकोधर्मकामःसदाऽस्वप्नश्चभारत ६ अमांसादीसदाचस्यात्पवित्रश्चसदाभवेत् ॥ अमृताशीसदाचस्याद्देवतातिथिपूजकः ७ विघसाशीसदाचस्यात्सदाचैवातिथिव्रतः ॥ श्रद्दधानःसदाचस्याद्देवताद्विजपूजकः ८ ॥ ॥ युधिष्ठिरउवाच॥ कथंसदोपवासीस्याद्ब्रह्मचारीकथंभवेत् ॥ विघसाशीकथंचस्यात्सदाचैवातिथिव्रतः ९॥ ॥ भीष्मउवाच ॥ ॥ अंतराप्रातराशंचसायमाशंतथैवच ॥ सदोपवासीसभवेद्योनभुंक्तेऽन्तरापुनः १० भार्यांगच्छन्ब्रह्मचारीऋतौभवतिवैद्विजः ॥ ऋतवादीभवेन्नित्यंज्ञाननित्यश्चयोनरः ११ नभक्षयेद्वृथामांसममांसाशीभवत्यपि ॥ दाननित्यःपवित्रश्चअस्वप्नश्चदिवाऽस्वप्नन् १२ भृत्यातिथिषुयोभुंक्तेभुक्तवत्सुसदासदा ॥ अमृतंकेवलंभुंक्तेइतिविद्धियुधिष्ठिर १३

हपीडाकरमपिधर्मंमुमुक्षूणामनुपादेयंनिंदतिप्रश्नोत्तराभ्यां यदिति ३ आत्मतंत्रमात्मविद्यातस्याउपघातोविघ्नः ४ आत्मविद्योपकारकंतपआह त्यागइति । भूतभयंकरकर्मसंन्यासस्त्यागः । सन्नतिर्भूताराधनं असंन्यासिनामपिमार्गमाह सदेति । सकुटुंबिकोऽपिसदोपवासीत्यादिविशेषणवान्भवेत् ५ धर्मकामःनतुफलकामः अस्वप्नइतिच्छेदः ६ । ७ अतिथिर्वैश्वदेवांतेप्राप्तः देवतावद्विजानांपूजकः ८ । ९ । १० । ११ वृथादेवपितृशेषंविना अस्वपन्नितिच्छेदः । १२ १३

अभुक्तवत्स्वतिथ्यादिषुनाश्नानःअनश्नन् १४ । १५ । १६ । १७ ॥ इति शांति० नीलकंठीये भा० एकविंशत्यधिकद्विशततमोऽध्यायः ॥ २२१ ॥ ॥ यदिति । इदंसदोपवासीत्यादि त्यादिनाविहितंकर्म १ तस्यकर्ता आस्तिर्भवत्यर्थे पुरुषस्तस्यकर्ताभवतिनवेतिप्रश्नार्थः कर्तेतिकाणादाः अकर्तेतिकापिलाः । आद्येमोक्षानुपपत्तिः स्वाभाविकस्यकर्तृत्वस्यवह्न्यौष्ण्यवदाश्रयनाशमंतरे णाविनाशात् । अंत्येशास्त्रानर्थक्यापत्तिःजडस्याप्रेर्यत्वाच्चेतनस्याकर्तृत्वाच्चसंशयः २ । ३ तत्त्वविदांलक्षणमेवज्ञानसाधनमितिप्रह्लादंविशिनष्टि असक्तमित्यादिना । असक्तंफलेच्छारहितं अस्तब्धमन लसं अनहंकारंवीतगर्वं सत्वस्थंसात्विकं अतएवसमयेस्वोचितेशमादौधर्मेरतम् ४ विदितःप्रभवश्चासावव्ययश्चेत्यपारिणाम्युपादानभूतःपरमात्मायेनतं ५ । ६ आत्मनिप्रतीचि श्रेयस्यानंदरूपे ज्ञा

अभुक्तवत्सुनाश्नानःसैततयंस्तुवद्विजः ॥ अभोजनेनतेनास्याजितःस्वर्गोभवत्युत १४ देवताभ्यःपितृभ्यश्चभृत्येभ्योऽतिथिभिःसह ॥ अवशिष्टंतुयोऽश्नातितमा हुर्विघसाशिनम् १५ तेषांलोकाह्यपर्यन्ताःसदनेब्रह्मणासह ॥ उपस्थिताश्चाप्सरोभिःपरियांतिदिवौकसः १६ देवताभिश्चयेसार्धंपितृभ्यश्चोपभुंजते ॥ रमंतेपुत्रपौत्रै श्चतेषांगतिरनुत्तमा १७ ॥ इति श्रीमहाभारते शांति० मोक्षध० अमृतप्राश्निकोनामएकविंशत्यधिकद्विशततमोऽध्यायः ॥ २२१ ॥ युधिष्ठिरउवाच ॥ यदि दंकर्मलोकेऽस्मिन्शुभंवायदिवाऽशुभम् ॥ पुरुषंयोजयत्येवफलयोगेनभारत १ कर्ताऽस्तितस्यपुरुषउताहोनेतिसंशयः ॥ एतदिच्छामितत्त्वेनत्वत्तःश्रोतुंपितामह २ ॥ भीष्मउवाच ॥ अत्राप्युदाहरंतीममितिहासंपुरातनम् ॥ प्रह्लादस्यचसंवादमिंद्रस्यचयुधिष्ठिर ३ असक्तंधूतपाप्मानंकुलेजातंबहुश्रुतम् ॥ अस्तब्धमन हंकारंसत्वस्थंसमयेरतम् ४ तुल्यनिंदास्तुतिंदांतंशून्यागारनिवासिनम् ॥ चराचराणांभूतानांविदितप्रभवाव्ययम् ५ अक्रुध्यंतमहृष्यंतमप्रियेषुप्रियेषुच ॥ कां चनेवाऽथलोष्टेवाउभयोःसमदर्शनम् ६ आत्मनिश्रेयसिज्ञानेधीरंनिश्चितनिश्चयम् ॥ परावरज्ञंभूतानांसर्वज्ञंसमदर्शनम् ७ शक्रःप्रह्लादमासीनमेकांतेसंयतेंद्रिय म् ॥ बुभुत्समानस्तत्प्रज्ञामभिगम्येदमब्रवीत् ८ यैःकश्चित्संमतोलोकेगुणैःस्यात्पुरुषोनृषु ॥ भवत्यनपगान्सर्वांस्तान्गुणान्लक्षयामहे ९ अथतेलक्ष्यतेबुद्धिःसमा बालजनैरिह ॥ आत्मानंमन्यमानःसन्श्रेयःकिमिहमन्यसे १० बद्धःपाशैश्च्युतःस्थानाद्द्विषतांवशमागतः ॥ श्रियाविहीनःप्रह्लादशोचितव्येनशोचसि ११ प्रज्ञा लाभात्तुदैतेयउताहोधृतिमत्तया ॥ प्रह्लादसुस्थरूपोऽसिपश्यन्व्यसनमात्मनः १२ इतिसंचोदितस्तेनधीरोनिश्चितनिश्चयः ॥ उवाचश्लक्ष्णयावाचास्वांप्रज्ञामनु वर्णयन् १३ ॥ प्रह्लादउवाच ॥ प्रवृत्तिंचनिवृत्तिंचभूतानांयोनबुध्यते ॥ तस्यस्तंभोभवेद्बाल्यान्नास्तिस्तंभोऽनुपश्यतः १४

नेचिन्मात्रे वीरंकुतर्कानभिभूतं अतएवनिश्चितनिश्चयं परोहिरण्यगर्भोऽवरोनीचोयस्मादश्विरात्तज्ज्ञं अतएवसर्वज्ञं । ‘ आत्मनोवाअरेदर्शनेनेदंसर्वंविदितं ’इत्यात्मज्ञानात्सार्वज्ञ्यश्रुतेः समंनिर्विशेषंतद्दर्श
३३ नवंतं ७ बुभुत्समानःसंबोद्धुमिच्छन् ८ भवतित्वयि अनपगान्स्थिरान् ९ बालजनैःसमारागद्वेषादिराहित्यात् मन्यमानोजानन्नात्मज्ञानार्थंकिंश्रेयःप्रशस्ततरंसाधनं १० । ११ । १२ । १३
अत्रसांख्यमतमादायकर्तृत्वंनिराकरोति प्रवृत्तिमित्यादिना । प्रवर्ततइतिप्रवृत्तिः निवर्ततइतिनिवृत्तिः पुरुषस्यभोगापवर्गौसाधयितुमनुलोमप्रातिलोमपरिणामवतीमूलप्रकृतिस्तांकर्तृकरणक्रियारूपामात्मनोऽ न्यांयोनबुद्ध्यतेतस्यात्मनिबुद्धिधर्मात्कर्तृत्वादीनारोपयतःस्तंभोभवेन्नत्वात्मानमनुपश्यतः । तथाचश्रुतिः ‘ तत्रकोमोहःकःशोकएकत्वमनुपश्यतः ’ इति १४

रथादिवदचेतनाप्रकृतिरधिष्ठातारंविनाकथंप्रवर्ततेत्याशंक्याह स्वभावादिति । यथावत्सोत्पत्तेःप्रागेवतद्वृद्धिनिमित्तंक्षीरंरुधिरपूर्णेऽपिगवामूधसिप्रवर्तते नचतदावात्सल्यादिकंतत्प्रवर्तकमस्तिवत्सस्यैवाजातत्वात्
जातेतुवत्सेवात्सल्यंत्वरयतांनामप्रवृत्तिस्तुक्षीरेस्वाभाविक्येव । तद्वत्सर्वेभावाभावाःस्वभावादेवप्रकृतितएवसंप्रवर्ततेनास्तिप्रवर्तकापेक्षेत्यर्थः । नन्वेवंजितंसांख्यैरित्याशंक्याह भावामहदाद्याअभावास्तेषांप्र
लयाश्च पुरुषार्थोनविद्यतइति । पुरुषार्थोभोगापवर्गात्मकःसआत्मनिनास्ति । नहिप्रकृतिःकर्त्री पुरुषोभोक्तेतिवदामोयेनसिद्धांताद्भ्रश्येम । शास्त्रफलंप्रयोक्तरितल्लक्षणत्वादितिन्यायंनचपश्यामःकिंतु
याकर्त्रीसैवभोक्त्री आत्मनितुभोक्तृत्वंजलचांचल्यवद्भ्रांतिरितिवदामः १५ नन्वयस्कांतमणिवत्पुरुषस्योदासीनस्यापिसत्तामात्रेणप्रवतकत्वमस्त्वित्याशंक्याह पुरुषार्थस्येति । भोगापवर्गयोरभावेकारकः
कारयिताकथंस्यात् सत्तामात्रेणकारयितृत्वमपिविक्रियमाणसत्वाधीनंविक्रियाचनरज्जूरगायमानायाःप्रकृतेर्वास्तवीसंभवतीतिनकारकत्वमात्मनः । ततश्चनकुर्वतःअकुर्वतस्तस्येहदेहादौस्वयंमानोऽहमित्यभिमा
नोभवेत् अविद्ययेतिशेषः १६ कस्तावतादोषइत्यतआह यइति १७ आत्मनःकर्तृत्वेदृष्टविरोधमाह यदीत्यादिना १८ नन्वदृष्टानुकूल्याभावादारंभविघातइत्यतआहानिष्टस्येति । हितार्थंयतमानानां
स्वतंत्राणामप्यनिष्टादृष्टोत्पत्तिरप्ययुक्तैवेतिभोक्तृत्वसमनियतस्यकर्तृत्वस्याभावेभोक्तृत्वस्याप्यभावइत्यर्थः १९ ईशःकालश्चेतिस्वभावस्यैवनामांतरमित्यभिप्रेत्याहानिष्टस्येति । यथाऽनिष्टनिष्पत्तिरिष्टतिरोधानंचा

**स्वभावात्संप्रवर्तन्तेनिवर्तन्तेतथैवच॥ सर्वेभावास्तथाऽभावाःपुरुषार्थोनविद्यते१५ पुरुषार्थस्यचाभावेनास्तिकश्चिचकारकः॥ स्वयंनकुर्वतस्तस्यजातुमानोभवेदि
ह १६ यस्तुकर्तारमात्मानंमन्यतेसाध्वसाधुवा ॥ तस्यदोषवतीप्रज्ञाअतत्त्वज्ञेतिमेमतिः १७ यदिस्यात्पुरुषःकर्ताशक्रात्मश्रेयसेध्रुवम्॥ आरंभातस्यसिद्ध्येयुर्न
तुजातुपराभवेत् १८ अनिष्टस्यहिनिर्वृत्तिरनिवृत्तिःप्रियस्यच ॥ लक्ष्यतेयतमानानांपुरुषार्थस्ततःकुतः १९ अनिष्टस्याभिनिर्वृत्तिमिष्टसंवृत्तिमेवच ॥ अप्रय
त्नेनपश्यामःकेषांचित्तत्स्वभावतः २० प्रतिरूपतराःकेचिद्दृश्यन्तेबुद्धिमत्तराः ॥ विरूपेभ्योऽल्पबुद्धिभ्योलिप्समानाधनागमम् २१ स्वभावप्रेरिताःसर्वेनिविशं
तेगुणायदा ॥शुभाशुभास्तदातत्रकस्यकिंमानकारणम् २२ स्वभावादेवतत्सर्वमितिमेनिश्चितामतिः॥ आत्मप्रतिष्ठाप्रज्ञावाममनास्तिततोऽन्यथा २३ कर्मजंत्वि
हमन्यंतेफलयोगंशुभाशुभम् ॥ कर्मणांविषयंकृत्स्नमहंवक्ष्यामितच्छृणु २४ यथावेदयतेकश्चिदोदनंवायसोह्यदन् ॥ एवंसर्वाणिकर्माणिस्वभावस्यैवलक्षणम् २५**

यत्नतएवस्वभावादापतत्येवमन्यदपीत्यर्थः । नहिस्वभावजमदृष्टंस्वभावप्रवर्तकंभवति कार्यस्यकारणाप्रवर्तकत्वादितिभावः २० । २१ प्रकृतेःस्वातंत्र्यमुपसंहरतिद्वाभ्यां स्वभावेति । गुणाःसुखदुःखा
दयः मानकारणमहंसुखीकर्ताभोक्ताचेत्यभिमानहेतुर्नकिमपीत्यर्थः २२ आत्मप्रतिष्ठामोक्षः प्रज्ञाआत्मज्ञानं तदपिस्वभावादेवबंधस्यैवासत्त्वात्तत्प्रतियोगिनीमुक्तिरप्यज्ञानादेवेत्यर्थः तथाचश्रुतिः। 'ननि
रोधोनचोत्पत्तिर्नबद्धोनचसाधकः । नमुमुक्षुर्नवैमुक्तइत्येषापरमार्थता 'इति २३ ननुपर्जन्यवदीशकालस्थानीयःप्रकृतिःसाधारणंकारणंकर्मतुबीजवदसाधारणमितिशंकते कर्मजमिति । एतन्निरासंप्रतिजानी
ते कर्मणामिति । विषयंविशेषकार्यं २४ तदेवाह यथेति । काकोऽन्नमिवकर्माणिस्वभावंप्रकाशयंति नतुवर्तयंतीत्यर्थः लक्षणंज्ञापकानि असाधारणोधर्मइतियावत् अयंभावः । तंतवएवपटस्यकारणं
तद्गतशौक्ल्यादिकंतुपटगतवैचित्र्यस्य । एवंस्वभावएवजन्यमात्रहेतुस्तद्गतंधर्मादिकंतद्वैचित्र्येऽसाधारणोहेतुः एतदेवोक्तंयोगैः । निमित्तमप्रयोजकंप्रकृतीनामावरणभेदस्तुततःक्षेत्रिकवदिति । धर्मादिर्गुणा
नांनप्रवर्तकः किंतुतेनगुणप्रवाहस्याधर्मस्रोतः खिलीकुर्वताधर्मस्रोतसआवरणंदूरीक्रियतेइतिसूत्रार्थः एतदेवकर्मणांस्वभावज्ञापकत्वमिति २५

फलितमाह विकारानिति । विकारान्धर्मान् परांप्रकृतिमर्वाचीनत्रिगुणमयप्रकृत्यपेक्षयाश्रेष्ठांप्रकृतिमुपादानंब्रह्मयोनवेदतस्यकर्मप्रधानस्यभेददर्शिनःस्तंभोभवतिनत्वनुपश्यतःपरांप्रकृतिम् २६ ब्रह्मविदःकुतःस्तंभोनास्तीत्याशंक्यप्रकृतिरेवकर्त्रीनत्वात्मेतिबोधादित्याह स्वभावेति । कर्तृत्वाभिमानोहिदर्पादेःकारणंतदभावाद्दर्पाद्यभावइत्यर्थः २७ यस्माद्वेदजानामिसर्वमंतवदितितस्मान्नशोचामीत्यर्थः २८ शोकाभावेहेतुमाह निर्ममइति । मुक्तबंधनोनिर्वासनः स्वस्थःस्वरूपप्रतिष्ठः अव्यपेतोदेहाद्यनभिमानेनस्वरूपादप्रच्युतः भूतानांप्रभवाप्ययौपरंब्रह्म २९ लोकमात्मानं अव्ययंनिरपायम् ३० प्रकृतौविश्वकर्त्र्यांविकारेधर्माधर्मफलयोःसुखदुःखयोः ममद्वेष्टारमहंनपश्यामि यश्चममायतेममेवाऽऽचरतिपुत्रमित्रादिरात्मीयस्तंचनपश्यामि ३१ ऊर्ध्वंस्वर्गं अवाक्पातालं तिर्यक्मर्त्यलोकं नकामयेकंचित्काले तत्रहेतुर्नहीतिज्ञेयविज्ञानेकर्म । पाठांतरेशर्मवानाविद्यतेइतिनहिकिंतुज्ञानेएवनविद्यतेइतियोजना । विज्ञानेबुद्धौज्ञानेचिदात्मनि आत्मनोधर्माधर्मतत्फलाश्रयत्वाभावादहंनकिमपिकामयेइत्यर्थः ३२ प्रज्ञाज्ञानं शांतिस्तत्फ

विकारानेवयोवेदनवेदप्रकृतिंपराम् ॥ तस्यस्तंभोभवेद्बाल्यान्नास्तिस्तंभोऽनुपश्यतः २६ स्वभावभाविनोभावान्सर्वानेवेहनिश्चयात् ॥ बुध्यमानस्यदर्पोवा
मानोवाकिंकरिष्यति २७ वेदधर्मविधिंकृत्स्नंभूतानांचाप्यनित्यताम् ॥ तस्माच्छक्रनशोचामिसर्वंह्येवेदमंतवत् २८ निर्ममोनिरहंकारोनिराशीर्मुक्तबंधनः ॥
स्वस्थोव्यपेतःपश्यामिभूतानांप्रभवाप्ययौ २९ कृतप्रज्ञस्यदांतस्यवितृष्णस्यनिराशिषः ॥ नायासोविद्यतेशक्रपश्यतोलोकमव्ययम् ३० प्रकृतौचविका
रेचनमेप्रीतिर्नचद्विषे ॥ द्वेष्टारंचनपश्यामियोमामद्यममायते ३१ नोर्ध्वंनावाङ्नतिर्यक्चनक्वचिच्छक्रकामये ॥ नहिज्ञेयेनविज्ञानेनज्ञानेकर्मविद्यते ३२
॥ शक्रउवाच ॥ येनैषालभ्यतेप्रज्ञायेनशांतिरवाप्यते ॥ प्रब्रूहितमुपायंमेसम्यक्प्रह्लादपृच्छतः ३३ ॥ प्रह्लादउवाच ॥ आर्जवेनाप्रमादेनप्रसादेनात्मव
त्तया ॥ वृद्धशुश्रूषयाशक्रपुरुषोलभतेमहत् ३४ स्वभावाल्लभतेप्रज्ञांशांतिमेतिस्वभावतः ॥ स्वभावादेवतत्सर्वंयत्किंचिदनुपश्यसि ३५ इत्युक्तोदैत्यपति
नाशक्रोविस्मयमागमत् ॥ प्रीतिमांश्चतदाराजंस्तद्वाक्यंप्रत्यपूजयत् ३६ सतदाऽभ्यर्च्यदैत्येंद्रंत्रैलोक्यपतिरीश्वरः ॥ असुरेंद्रमुपामंत्र्यजगामस्वंनिवेशनम् ॥
३७ ॥ इति श्रीम०शां०मो० शक्रप्रह्लादसंवादोनामद्वाविंशत्यधिकद्विशततमोऽध्यायः ॥ २२२ ॥ युधिष्ठिरउवाच ॥ ययाबुद्ध्यामहीपालोभ्रष्टश्रीर्विचरेन्म
हीम् ॥ कालदंडविनिष्पिष्टस्तन्मेब्रूहिपितामह १ ॥ भीष्मउवाच ॥ अत्राप्युदाहरंतीममितिहासंपुरातनम् ॥ वासवस्यचसंवादंबलेर्वैरोचनस्यच २ पितामहमु
पागम्यप्रणिपत्यकृतांजलिः ॥ सर्वानेवासुरान्जित्वाबलिंपप्रच्छवासवः ३ यस्यस्मददतोवित्तंनकदाचनहीयते ॥ तंबलिंनाधिगच्छामिब्रह्मन्नाचक्ष्वमेबलिम् ४

लम् ३३ प्रसादेनबुद्धेर्नैर्मल्येन आत्मवत्तयाजितेंद्रियतया महत्मोक्षं ३४ अनात्मनःकर्तृत्वमुपपाद्योपसंहरति स्वभावादेवेति । विद्यामुक्तिश्चमायिक्येवेत्यर्थः यथोक्तंश्रीमद्भागवते । ‘विद्याऽविद्येममतनूविद्ध्युद्धवशरीरिणाम् । मोक्षबंधकरीआद्येमाययामेविनिर्मिते’ इतिममायाविनः ३५ । ३६ । ३७ ॥ इति शांति०नी०भा० द्वाविंशत्यधिकद्विशततमोऽध्यायः २२२ ॥ ॥ इंद्रियनिग्रहोऽहंकर्तृत्वाभिमानत्यागश्चकार्यइत्यध्यायद्वयेनोक्त्वासंपदांचांचल्यात्तत्प्राप्तिनाशयोर्हर्षशोकौनकर्तव्यावित्याख्यायिकामुखेनाध्यायत्रयेणाह यथाबुद्ध्येत्यादिना । कालदंडविनिष्पिष्टोविपद्ग्रस्तः १ । २ । ३ । स्ववीर्यख्यापनायबलिंस्तौति यस्येत्यादिना ४

सवायुर्वरुणश्चैवसरविःसचचंद्रमाः ॥ सोऽग्निस्तपतिभूतानिजलंचसभवत्युत ५ तंबलिंनाधिगच्छामिब्रह्मन्नाचक्ष्वमेबलिम् ॥ सएवह्यस्तमयतेसस्मविद्योतते दिशः ६ सवर्षतिस्मवर्षाणियथाकालमतंद्रितः ॥ तंबलिंनाधिगच्छामिब्रह्मन्नाचक्ष्वमेबलिम् ७ ॥ ब्रह्मोवाच ॥ नैतत्तेसाधुमघवन्यदेनमनुपृच्छसि ॥ पृष्टस्तुनानृतंब्रूयात्तस्माद्वक्ष्यामितेबलिम् ८ उष्ट्रेषुयदिवागोषुखरेष्वश्वेषुवापुनः ॥ वरिष्ठोभविताजंतुःशून्यागारेशचीपते ९ ॥ शक्रउवाच ॥ यदिस्मबलिनाब्रह्मन्शून्यागारेसमेयिवान् ॥ हन्यामेनंनवाहन्यांतद्ब्रह्मन्ननुशाधिमाम् १० ॥ ब्रह्मोवाच ॥ मास्मशक्रबलिंहिंसीर्नबलिर्वधमर्हति ॥ न्यायस्तुशक्रप्रष्टव्यस्त्वयावासवकाम्यया ११ ॥ भीष्मउवाच ॥ एवमुक्तोभगवतामहेंद्रःपृथिवींतदा ॥ चचारैरावतस्कंधमधिरुह्यश्रियावृतः १२ ततोददर्शसबलिंखरवेषेणसंवृतम् ॥ यथाऽऽख्यातंभगवताशून्यागारकृतालयम् १३ ॥ शक्रउवाच ॥ खरयोनिमनुप्राप्तस्तुषभक्षोऽसिदानव ॥ इयंतेयोनिरधमाशोचस्याहोनशोचसि १४ अदृष्टंबतपश्यामिद्विषतांवशमागतम् ॥ श्रियाविहीनंमित्रैश्चभ्रष्टवीर्यपराक्रमम् १५ यत्तद्यानसहस्रैस्त्वंज्ञातिभिःपरिवारितः ॥ लोकान्प्रतापयन्सर्वान्यास्यस्मानवितर्कयन् १६ त्वन्मुखाश्चैवदैतेयाव्यतिष्ठंस्तवशासने ॥ अकृष्टपच्याचमहीतवैश्वर्येबभूवह १७ इदंचतेऽद्यव्यसनंशोचस्याहोनशोचसि ॥ यदाऽऽतिष्ठःसमुद्रस्यपूर्वकूलेविलेलिहन् १८ ज्ञातीन्विभजतोवित्तंतदाऽऽसीत्तेमनःकथम् ॥ यत्तेसहस्रसमितानन्नृतुर्देवयोषितः १९ बहूनिवर्षपूगानिविहारेदीप्यतःश्रिया ॥ सर्वाःपुष्करमालिन्यःसर्वाःकांचनसप्रभाः २० कथमद्यतदाचैवमनस्तेदानवेश्वर ॥ छत्रंतवासीत्सुमहत्सौवर्णंरत्नभूषितम् २१ ननृतुस्तत्रगंधर्वाःषट्सहस्राणिसप्तधा ॥ यूपस्तवासीत्सुमहान्यजतःसर्वकांचनः २२ यत्राददःसहस्राणिअयुतानांगवांदश ॥ अनंतरंसहस्रेणतदाऽऽसीद्दैत्यकामतिः २३यदाचपृथिवींसर्वांयजमानोऽनुपर्यगाः ॥ शम्याक्षेपेणविधिनातदाऽऽसीत्किंनुतेहृदि २४ नतेपश्यामिभृंगारंनच्छत्रंव्यजनेनच ॥ ब्रह्मदत्तांचतेमालांनपश्याम्यसुराधिप २५ ॥ ॥ बलिरुवाच ॥ ॥ नत्वंपश्यसिभृंगारंनच्छत्रंव्यजनेनच ॥ ब्रह्मदत्तांचमेमालांनत्वंद्रक्ष्यासिवासव २६ गुहायांनिहितानित्वंममरत्नानिपृच्छसि ॥ यदामेभविताकालस्तदात्वंतानिद्रक्ष्यासि ॥ २७ नत्वेतदनुरूपंतेयशसोवाकुलस्यच ॥ समृद्धार्थोऽसमृद्धार्थंयन्मांकत्थितुमिच्छसि २८ नहिदुःखेषुशोचंतेनप्रहृष्यंतिचर्द्धिषु ॥ कृतप्रज्ञाज्ञानतृप्ताःक्षांताःसंतोमनीषिणः २९

२३ यदाचेति । सूक्ष्माग्रःस्थूलमूलःषट्त्रिंशदंगुलोदंडःशम्यासाबलवताक्षिप्तायावद्दूरेपतेत्तावदेकंदेवयजनं एवंसर्वाऽपिपृथिवीशम्याप्रक्षेपविमिता तावदेवयजनानामपर्याप्ताऽभूदित्यर्थः पर्यगाःपरिवृत्त्यगतवान् २४ भृंगारःकनकालुकाख्यःसौवर्णउदपात्रविशेषः २५ । २६ । गुहायांमूलप्रकृतौ निहितान्यंतर्हितानि २७ । २८ । २९

३० ॥ इतिशां० मो० नी० भा० त्रयोविंशत्यधिकद्विशततमोऽध्यायः ॥ २२३ ॥ ॥ पुनरिति । प्रव्याहारायप्रकृष्टोक्तये १ । २ । ३ । ४ । ५ । इदंखरत्वंनममापराधादपितुकालपर्ययादित्यर्थः ६ जीवितंजीवत्यनेनेतिलिंगं शरीरंस्थूलं । जात्यास्वभावेन देहाःस्थूलसूक्ष्मभेदेनाद्विविधाः तृणजलायुकान्यायेनमरणेऽपिलिंगस्यस्थूलदेहांतरसंगतेरपरिहृतत्वात्स्थूलवाल्लिंगमप्यन्नेनाप्याय्यते । अन्नमयं हिसोम्यमनआपोमयःप्राणस्तेजोमयीवागितिश्रुतेः विनश्यतःमोक्षे । अयमर्थः स्थूलसूक्ष्मदेहधर्मैर्गर्दभत्वाशनायादिमत्त्वप्रभृतिभिर्दृश्यैर्द्रष्टाऽहंततोविविक्तमात्मानंजानन्नव्याकुलीभवामीत्यर्थः ७ एतदेवाह नहीति । ईदृशंभावंगार्दभंदेहंप्राप्याहंविवशोदेहधर्मैःपराभूतोनह्यस्मीतियोजना एवमात्मनोऽसंगत्वं ८ भूतानांस्थूलसूक्ष्माणांनिधनंमरणंनिष्ठापरागतिः नत्वात्मनः नमुह्यंतीतिसंबंधः ९ मूढोनश्यत्यमूढस्तरतीत्या हद्वाभ्यां येत्विति १० सत्वस्थोबुद्धिमान् संप्रसीदतिमोहजंकालुष्यंत्यजति ११ ततःसत्वान्निवर्तंतेरजस्तमोभ्यामाभिभूयंतइत्यर्थः । अर्थैःकामादिभिः १२ स्वस्यतद्वैलक्षण्यमाह अर्थेति १३ अत्रयुक्तिमाह हतमिति।

त्वंतुप्राकृतयाबुद्ध्यापुरंदरविकत्थसे ॥ यदाऽहमिवभावीस्यात्तदानैवंवदिष्यसि ३० ॥ इति श्रीमहाभारते शांतिपर्वणि मोक्षधर्मपर्वणि बलिवासवसंवादोना मत्रयोविंशत्यधिकद्विशततमोऽध्यायः ॥ २२३ ॥ ॥ भीष्मउवाच ॥ पुनरेवतुतंशक्रःप्रहसन्निदमब्रवीत् ॥ निःश्वसंतंयथानागंप्रव्याहारायभा रत १ ॥ शक्रउवाच ॥ यत्तद्यानसहस्रेणज्ञातिभिःपरिवारितः ॥ लोकान्प्रतापयन्सर्वान्यास्यस्मानवितर्कयन् २ दृष्ट्वासुकृपणांचेमामवस्थामात्मनोबले ॥ ज्ञातिमित्रपरित्यक्तःशोचस्याहोनशोचसि ३ प्रीतिंप्राप्यातुलांपूर्वंलोकांश्चात्मवशेस्थितान् ॥ विनिपातमिमंबाह्यंशोचस्याहोनशोचसि ४ ॥ बलिरुवाच ॥ अनित्यमुपलक्ष्येहकालपर्यायधर्मतः ॥ तस्माच्छक्रनशोचामिसर्वंह्येवेदमंतवत् ५ अंतवंतइमेदेहाभूतानांचसुराधिप ॥ तेनशक्रनशोचामिनापराधादिदंमम ६ जीवितंचशरीरंचजात्यैवसहजायते ॥ उभेसहविवर्धेतेउभेसहविनश्यतः ७ नहीदृशमहंभावमवशःप्राप्यकेवलम् ॥ यदेवमभिजानामिकाव्यथामेविजानतः ८ भूतानांनिधनंनिष्ठास्रोतसामिवसागरः ॥ नैतत्सम्यग्विजानंतोनरामुह्यंतिवज्रधृक् ९ येत्वेवंनाभिजानंतिरजोमोहपरायणाः ॥ तेकृच्छ्रंप्राप्यसीदंतिबुद्धि र्येषांप्रणश्यति १० बुद्धिलाभात्तुपुरुषःसर्वंतुदतिकिल्बिषम् ॥ विपाप्मालभतेसत्वंसत्वस्थःसंप्रसीदति ११ ततस्तुयेनिवर्तन्तेजायंतेवापुनःपुनः ॥ कृपणाः परितप्यंतेतैरर्थैरभिचोदिताः १२ अर्थसिद्धिमनर्थंचजीवितंमरणंतथा ॥ सुखदुःखफलेचैवनद्वेष्मिनचकामये १३ हतंहंतिहतोह्येवयोनरोहंतिकिंचन ॥ उ भौतौनविजानीतोयश्चहंतिहतश्चयः १४ हत्वाजित्वाचमघवन्यःकश्चित्पुरुषायते ॥ अकर्ताह्येवभवतिकर्ताह्येवकरोतितत् १५ कोहिलोकस्यकुरुतेवि नाशप्रभवावुभौ ॥ कृतंहितत्कृतेनैवकर्तातस्यापिचापरः १६

हतंनिर्जीवंदेहंहंतिनतुजीवं एतेनदेहस्यात्मत्वंनिरस्तं । योहंतिदेहादन्योऽहंहंतेत्यभिमानीकर्तासोऽपिहतएव दृश्यत्वाद्देहवदात्मत्वेनप्रतीयमानोऽपिजडएव उभौयोहंतिबुद्ध्याऽत्मवादी योहतोदेहात्मवादी १४ हंतीतिहत्वा जयतीतिजित्वा । उभयत्राप्यन्येभ्योऽपिदृश्यंतइतिक्निप् तुगागमः आद्येऽनुनासिकलोपोऽधिकः । हंताजेताचपुरुषाधमोधीतादात्म्यापन्नःकर्तृत्वाभिमानीपुरुषाभासोनतुमुख्यःपुरुषःसह्यकर्तैव योहिकर्ताधीधातुःसएवकरोतितद्धननादिकम् १५ जगत्कर्तृत्वमपिपुरुषेनास्तीत्याह कोहीति । तल्लोकयूथं तेनजनिमतामनसाकृतं तस्यमनसोऽपिकर्तापरः १६

तमेवाह पृथिवीति। एनोऽपिपांचभौतिकमित्यर्थः भूतानिस्थूलसूक्ष्मशरीराणि १७ महाविद्यइति। विद्यावत्त्वबलवत्त्वादयोपनोदेहयोर्भौतिकयोर्विकारादाधिक्षीरादिवत्कालैकनिर्वर्त्यानत्वात्मसंबंधिनइतिजानतोममन व्यथास्तीतिश्लोकद्वयार्थः १८ तस्मिन्धीदेहविकारेपूर्वोक्ते १९ दग्धंकालात्मनेश्वरेणाऽनुदहतिवह्न्यादिः 'मयाहतांस्त्वंजहिमाव्यथिष्ठाः' इत्यादिस्मृतेः एवमग्रेऽपि २० अस्यकालस्यविधेर्विधातुः दिव्यस्य पुण्यपापेतरस्य २१ । २२ । २३ ईक्ष्यद्दष्टा २४ । २५ धर्मवृद्धिह्रासवत्त्वं २६ प्रभवऐश्वर्यं प्रभावस्तदाविष्करणं नात्मसंस्थोनाऽऽत्माधीनः २७ कौमारंबालस्येवाज्ञंतवचित्तं २८ । २९ । ३० शास्तुरीश्वरस्य

पृथिवीज्योतिराकाशमापोवायुश्चपंचमः ॥ एतद्योनीनिभूतानितत्रकापरिदेवना १७ महाविद्योऽल्पविद्यश्चबलवान्दुर्बलश्चयः ॥ दर्शनीयोविरूपश्चसुभगो दुर्भगश्चयः १८ सर्वंकालःसमादत्तेगंभीरःस्वेनतेजसा ॥ तस्मिन्कालवशंप्राप्तेकाव्यथामेविजानतः १९ दग्धमेवानुदहातिहतमेवानुहन्यते ॥ नश्यतेनष्टमेवा ग्रेलब्धव्यंलभतेनरः २० नास्यद्वीपःकुतःपारोनावारःसंप्रदृश्यते ॥ नांतमस्यप्रपश्यामिविधेर्दिव्यस्यचिंतयन् २१ यदिमेपश्यतःकालोभूतानिनविनाश येत् ॥ स्यान्मेहर्षश्चदर्पश्चक्रोधश्चैवशचीपते २२ तुषभक्षंतुमांज्ञात्वाप्रविविक्तजनेगृहे ॥ बिभ्रतंगार्दभंरूपमागत्यपरिगर्हसे २३ इच्छन्नहंविकुर्यांहिरूपाणिब हुधात्मनः ॥ विभीषणानियानीक्ष्यपलायेथास्त्वमेवमे २४ कालःसर्वंसमादत्तेकालःसर्वंप्रयच्छति ॥ कालेनविहितंसर्वंमाकृथाःशक्रपौरुषम् २५ पुरासर्वंप्रव्य थितंमयिक्रुद्धेपुरंदर ॥ अवैमित्वस्यलोकस्यधर्मंशक्रसनातनम् २६ त्वमप्येवमवेक्षस्वमाऽऽत्मनाविस्मयंगमः ॥ प्रभवश्चप्रभावश्चनात्मसंस्थःकदाचन २७ कौ मारमेवतेचित्तंतथैवाद्ययथापुरा ॥ समवेक्षस्वमघवन्बुद्धिंविंदस्वनैष्ठिकीम् २८ देवामनुष्याःपितरोगंधर्वोरगराक्षसाः ॥ आसन्सर्वेममवशेतत्सर्वंवेत्थवासव २९ नमस्तस्यैदिशेऽप्यस्तुयस्यांवैरोचनोबलिः ॥ इतिमामभ्यपद्यंतबुद्धिमात्सर्यमोहिताः ३० नाहंतदनुशोचामिनात्मभ्रंशंशचीपते ॥ एवंमेनिश्चिताबुद्धिःशास्तु स्तिष्ठाम्यहंवशे ३१ दृश्यतेहिकुलेजातोदर्शनीयःप्रतापवान् ॥ दुःखंजीवन्सहामात्योभवितव्यंहितत्तथा ३२ दौष्कुलेयस्तथामूढोदुर्जातःशक्रदृश्यते ॥ सुखंजीवन्सहामात्योभवितव्यंहितत्तथा ३३ कल्याणीरूपसंपन्नादुर्भगाशक्रदृश्यते ॥ अलक्षणाविरूपाचसुभगादृश्यतेपरा ३४ नैतदस्मत्कृतंशक्रनैतच्छ क्रत्वयाकृतम् ॥ यत्त्वमेवंगतोवज्रिन्यच्चाप्येवंगतावयम् ३५ नकर्मभविताप्येतत्कृतंममशतक्रतो ॥ ऋद्धिर्वाऽप्यथवानार्द्धिःपर्यायकृतमेवतत् ३६ पश्यामित्वांविराजंतंदेवराजमवस्थितम् ॥ श्रीमंतंद्युतिमंतंचगर्जमानंममोपरि ३७ एवंनैवनचेत्कालोमामाक्रम्यस्थितोभवेत् ॥ पातयेयमहंत्वाद्यसव ज्रमपिमुष्टिना ३८ नतुविक्रमकालोऽयंशांतिकालोऽयमागतः ॥ कालःस्थापयतेसर्वंकालःपचतिवैतथा ३९ मांचेदभ्यागतःकालोदानवेश्वरपूजितम् ॥ गर्जंतंप्रतपंतंचकमन्यंनागमिष्यति ४०

३१ । ३२ । ३३ । ३४ । ३५ नर्द्धिःऋद्ध्यभावः नैकधेतिवत्समासः । पर्यायःकालक्रमस्तेन कृतं कर्माण्यपिकालमनुरुद्ध्यैवफलंतिबीजानीवपर्जन्यंनतुस्वतइत्यर्थः ३६ । ३७ एवंममगर्दभत्वादिकंनैवस्यादि तिशेषः नचोदेत्यादितत्रोपपत्तिः ३८ । ३९ । ४०

द्वादशानां 'अरुणोमाघमासेतुसूर्योवैफाल्गुनेतथा'इत्युक्तरूपानां ४१ उद्वहामिमेघोभूत्वा सूर्योभूत्वाशोषयामीतिवाऽर्थः आपःअपः ४२ । ४३ कालसैन्यंमाराार्धमासौदि ४४ नाहमिति । जीवस्यनत्वमितितट स्थेश्वरस्यनान्यइतिप्रकृतेश्चकर्तृत्वंनिषिद्धं पर्यायेणकालक्रमेणभुज्यंतेपाल्यंतेसंह्रियंतेवा ४५ कोऽसौकालस्तमाह मासेति । मासाद्युपलक्षितस्तार्किकाभिमतद्रव्यविशेषःकालस्तस्यवेश्मेवाधिष्ठानंमायाशबलंब्रह्मेत्यर्थः। अहःसंज्ञैरात्रिसंज्ञैश्चऋतुभिःसंवृतं 'नवैतान्यहानिभवंति नववैमाणाःनवसुवर्गोलोकाःनवस्वेवतत्सुवर्गेषुलोकेषुप्रतितिष्ठंतोयंतिप्रतितिष्ठंतिहवैयएताराात्रीरूपयंति' इत्यार्थवादिकफलवताकर्मकांडेनगूहितामित्यर्थः उक्तंचभगवता यामिमांपुष्पितांवाचमित्यादिना । एवमपिऋतुद्वारमृतवोवसंताद्याः । 'ब्राह्मणोऽग्निमादधीत वसंतेवसंतेज्योतिषायजेत' इतिवसंतादिकालविहिताधानज्योतिष्टोमादिकंकर्मैवद्वारंप्राप्तिसाध नंयस्यतद्दतुद्वारं । वायुःसूत्रात्मा 'वायुर्वैगौतमतत्सूत्रंवायुनावैगौतमतत्सूत्रेणायंचलोकःपरश्चलोकः सर्वाणिचभूतानिसंदृब्धानि 'इतिश्रुतिप्रसिद्धः । मुखमिवप्रथमप्राप्यंयस्यतद्वायुमुखं । वर्षमुखमितिपाठेवर्ष तीतिवर्षोधर्ममेघाख्यंध्यानंतदेवमुखंयस्यनिर्विषयध्यानैकगम्यंकालमाहुरितिप्रसिद्धेनविशेषणाक्रिययासंबंधः । तंमामायुरमृतमित्युपास्वेतिश्रुतेरायुर्ब्रह्मतत्प्रतिपादकोवेदउपनिषत्तद्विदः ४६ आहुरिति । इदंसर्वं कालाख्यंब्रह्मेत्याहुः । 'इदंसर्वंयदयमात्माब्रह्मैवेदंसर्वम्' इत्यागमबलेनतद्ब्रह्मचिंत्यंध्येयमितिकेचिज्जैमिन्यादयआहुर्मनीषयाबुद्ध्यैवनतुशास्त्रबलेन । अस्त्विदंसर्वंब्रह्मनतुप्रत्यगभिन्नत्वेनतदुपास्यंकिंतु

द्वादशानांतुभवतामादित्यानांमहात्मनाम् ॥ तेजांस्यैकेनसर्वेषांदेवराजधृतानिमे ४१ अहमेवोद्वहाम्यापोविसृजामिचवासव ॥
तपामिचैवत्रैलोक्यंविद्योताम्यहमेवच ४२ संरक्षामिविलुंपामिददाम्यहमथाददे ॥ संयच्छामिनियच्छामिलोकेषुप्रभुरीश्वरः ४३
तदद्यविनिवृत्तंमेप्रभुत्वममराधिप ॥ कालसैन्यावगाढस्यसर्वंनप्रतिभातिमे ४४ नाहंकर्तानचैवत्वंनान्यःकर्ताशचीपते ॥
पर्यायेणहिभुज्यंतेलोकाःशक्रयदृच्छया ४५ मासमासार्धवेश्मानमहोरात्राभिसंवृतम् ॥ ऋतुद्वारंवायुमुखमायुर्वेदविदोजनाः ४६
आहुःसर्वमिदंचिंत्यंजनाःकेचिन्मनीषया ॥ अस्याःपंचैवचिंतायाःपर्येष्यामिचपंचधा ४७

वस्तुतैत्त्वमेवर्तत्त्वंर्थज्ञेयमित्यर्थः । 'तदेवब्रह्मत्वंविद्धिनेदंयदिदमुपसाते' इतिश्रुत्याऽसकृदुपास्यस्यब्रह्मभावनिषेधात् । ननुज्ञेयत्वमपिब्रह्मणोनिषिद्धंयन्मनसानमनुतइत्यादिश्रुत्येत्यतआह अस्याइति। अस्या श्चिंतायाःपंचैवचिंत्यान्विषयानन्नमयप्राणमयमनोमयविज्ञानमयानंदमयान्कोशान्पंचधाप्रत्येकंपंचप्रकारान्पक्षद्वयशिरोमध्यदेशपुच्छाख्यपंचावयवविशिष्टान्पर्येष्यामिश्रुत्यावगच्छामि तथाहिश्रूयंते । 'सवाएष पुरुषोऽन्नरसमयः तस्येदमेवशिरः अयंदक्षिणःपक्षः अयमुत्तरःपक्षः अयमात्माइदंपुच्छंप्रतिष्ठा' इतिप्रतिपुरुषंशिरआदयःपंचावयवाः तदयमर्थः यज्ज्ञेयंयच्चोपास्यंनतद्ब्रह्मअनात्मत्वात् आत्माहिब्रह्म कथंतर्हीदंस- र्वंयदयमात्मेतिबाधायांसामानाधिकरण्यमिदमितिब्रूमः यद्रजतमभात्साशुक्तिरितिवत् अपिचाहुर्वृद्धाः 'योऽयंस्थाणुःपुमानेषपुंधियास्थाणुधीरिव । ब्रह्मास्मीतिधियाऽशेषाहंबुद्धिर्विनिवर्त्यते' इति। अशेषाहंबु-
३४ द्धिःसमष्टयहंकारःपूर्वोक्तरीत्यायथास्फटिकेलौहित्यपद्मरागत्वेंद्रनीलत्वान्यध्यस्यनुत्तरोत्तररूपबोधेपूर्वपूर्वरूपमेवतात्त्विकंमन्यते । एवंशुद्धचैतन्येईशसूत्रविराजोऽध्यस्तास्तत्रदेहपरिच्छेदाभिमाननिवृत्तौविराडस्मी त्यध्यासोऽवशिष्यते तन्निवृत्तौसूत्रात्माऽस्मीति तस्यापिनिवृत्तावीशोऽस्मीति तस्यापिनिवृत्तौवाङ्मनसातीतंकिंचित्सन्मात्रंसुषुप्तिसदृशंशिष्यतेइति ४७

तदेतदाह गंभीरमिति । गंभीरंतर्कागम्यं गहनंशास्त्रतोऽधिगतमपिदुष्प्रवेशं ब्रह्मत्रिविधपरिच्छेदशून्यं महत्तोयार्णवंपारावारशून्यार्णवतुल्यम् । सलिलएकोद्रष्टाऽद्वैतोभवतीतिश्रुत्यातादृशसलिलेनोपमितमेकरसमित्यर्थः । क्षरंशुक्तिरिवरजतरूपेणस्वतोजन्मनाशशून्यमपिजगद्रूपेणक्षरं अक्षरंजीवरूपेण निर्विशेषमेववस्त्वविद्ययासर्वविशेषयुक्तंभवतीत्यर्थः४८ एतदेवाह सत्वेष्विति । यथादर्पणेषुमुखंप्राविश्यस्वरूपस्यागमकमपि गमकंभवति एवंसत्वेषुबुद्धिसत्वेषुचित्प्रतिबिंबरूपेणाविश्यालिंगंनिरुपाधिचैतन्यस्यज्ञापिकाभवति । जीवस्यैवानुपाधिकंरूपंब्रह्मेत्यर्थः अतएवध्रुवमुपाधिधर्मास्पर्शिनम् ४९ भूतानामिति । चित्ताद्याकारपरिणतपंचमहाभूतसंबंधिनंविपर्यासंसच्चिदानंदानंतविपरीतमनृतजडदुःखपरिच्छिन्नाख्यंदुर्भगत्वंभगवानप्यविद्ययाऽऽत्मनिमन्यतेनह्येतावदविद्याप्रकाशितंदुःखित्वादिरूपमात्मनोगम्यंनित्यज्ञातत्वात्तस्य । किंतुयस्मात्प्रतीचोरूपात्पुनरन्योब्रह्मारुद्रोविष्णुर्वानप्रभवेत्तदेवात्मनोरूपमतएवचानन्याधिपातिरितिन्यायात् ५० गतिमिति । अगत्वाअप्राप्य नित्यप्राप्तत्वादितिभावः अहेयत्वमविकारित्वंचोत्तरार्धार्थः ५१ इंद्रियाणीतिचित्त

गंभीरंगहनंब्रह्ममहत्तोयार्णवंयथा ॥ अनादिनिधनंचाहुरक्षरंक्षरमेवच ४८ सत्वेषुलिंगमाविश्यनिर्लिङ्गमपितत्स्वयम् ॥ मन्यंतेध्रुवमेवैनंयेजनास्तत्त्वदर्शिनः ४९ भूतानांतुविपर्यासंकुरुतेभगवानिति ॥ नह्येतावद्भवेद्गम्यंनयस्मात्प्रभवेत्पुनः ५० गतिंहिसर्वभूतानामगत्वाक्वगमिष्यति ॥ योधावतानहातव्यस्तिष्ठन्नपि नहीयते ५१ तमिंद्रियाणिसर्वाणिनानुपश्यंतिपंचधा ॥ आहुश्चैनंकेचिदग्निंकेचिदाहुःप्रजापतिम् ५२ ऋतूनमासार्धमासांश्चदिवसांश्चक्षणांस्तथा ॥ पूर्वाह्णमपराह्णंचमध्याह्नमपिचापरे ५३ मुहूर्तमपिचैवाहुरेकंसंतमनेकधा ॥ तंकालमितिजानीहियस्यसर्वमिदंवशे ५४ बहूनींद्रसहस्राणिसमतीतानिवासव ॥ बलवीर्योपपन्नानियथैवत्वंशचीपते ५५ त्वामप्यतिबलंशक्रदेवराजंबलोत्कटम् ॥ प्राप्तेकालेमहावीर्यःकालःसंशमयिष्यति ५६ यइदंसर्वमादत्तेतस्माच्छक्रस्थिरोभव ॥ मयात्वयाचपूर्वैश्चनसशक्योऽतिवर्तितुम् ५७ यामेतांप्राप्यजानीषेराज्यश्रियमनुत्तमाम् ॥ स्थितामयीतितन्मिथ्यानैषाह्येकत्रतिष्ठति ५८ स्थिताहींद्रसहस्रेषुत्वद्विशिष्टतमेष्वियम् ॥ मांचलोलापरित्यज्यत्वामगाद्विबुधाधिप ५९ मैवंशक्रपुनःकार्षीःशांतोभवितुमर्हसि ॥ त्वामप्येवंविधंज्ञात्वाक्षिप्रमन्यंगमिष्यति ६० ॥ इति श्रीमहाभारते शांतिपर्वाणि मोक्षधर्मपर्वाणि बलिवासवसंवादे चतुर्विंशत्यधिकद्विशततमोऽध्यायः ॥ २२४ ॥ ॥ भीष्मउवाच ॥ शतक्रतुरथापश्यद्बलेर्दीप्तांमहात्मनः ॥ स्वरूपिणींशरीराद्धिनिष्क्रामंतींतदाश्रियम् १ तांदृष्ट्वाप्रभयादीप्तांभगवान्पाकशासनः ॥ विस्मयोत्फुल्लनयनोबलिंपप्रच्छवासवः २ ॥ शक्रउवाच ॥ बलेकेयमपक्रांतारोचमानाशिखंडिनी ॥ त्वत्तःस्थितासकेयूरादीप्यमानास्वतेजसा ३

वृत्तिमात्रोपलक्षणं पंचधापंचभिःप्रमाणविपर्ययविकल्पनिद्रास्मृत्याख्यैःप्रकारैः एनमिंद्रियाद्यगम्यंकेचि पनिषदाअग्निंअयमग्निर्वैश्वानरोयोऽयमंतःपुरुषेअहंवैश्वानरोभूत्वेत्यादिश्रुतिस्मृतिप्रसिद्धंजाठरेआरोप्योपास्यमाहुः अपरेकर्मपरायणाःप्रजापतिंसंवत्सरःप्रजापतिरितिश्रुतंकालाभिमानिनंसूत्रात्मानंसर्वकर्मसंतर्पणायप्रातेनियतकालसर्वफलप्रदातारंऋतुमासाद्यभिमानिदेवतात्मानमाहुरेकंसंतमनेकधाआहुः । तथाच श्रुतिः ‘ सुपर्णविप्राःकवयोवचोभिरेकंसंतंबहुधाकल्पयंति ’इत्याद्या । ‘तद्यदिदमाहुरमुंयजामुंयजेत्येतस्यैवसा । विसृष्टिः’ इत्याद्याच श्लोकत्रयम् ५२ । ५३ । ५४ । ५५ । ५६ । ५७ । ५८ । ५९ । ६० ॥ इतिशांति० मोक्ष०नी० भा० चतुर्विंशत्यधिकद्विशततमोऽध्यायः ॥ २२४ ॥ श्रीदर्पशमनायश्रियश्चांचल्यमाख्यायिकामुखेनाह प्रसंगाच्चश्रीदान्श्रीघ्नांश्चधर्मान्कथयति शतक्रतुरित्यध्यायेन १। २ । ३

४ । ५ । ६ । ७ । ८ । ९ । १० । ११ । १२ । १३ । १४ । १५ । १६ । १७ । १८ । १९ । २० । २१ । २२ । २३ । २४ । २५ । २६ । २७ । २८

बलिरुवाच ॥ नहीमामासुरींवेद्मिनदैवींचनमानुषीम् ॥ त्वमेनांपृच्छवामावायथेष्टंकुरुवासव ४ ॥ शक्रउवाच ॥ कात्वंबलेरपक्रांतारोचमानाशिखंडिनी ॥
अजानतोममाचक्ष्वनामधेयंशुचिस्मिते ५ कात्वंतिष्ठसिमामेवंदीप्यमानास्वतेजसा ॥ हित्वादैत्यवरंसुभ्रुतन्ममाचक्ष्वपृच्छतः ६ ॥ श्रीरुवाच ॥ नमांविरो
चनोवेदनायंवैरोचनोबलिः ॥ आहुर्मांदुःसहेत्येवंविधित्सेतिचमांविदुः ७ भूतिर्लक्ष्मीतिमामाहुःश्रीरित्येवंचवासव ॥ त्वंमांशक्रनजानीषेसर्वेदेवानमांविदुः ८
॥शक्रउवाच॥ किमिदंत्वंममकृतेउताहोबलिनःकृते ॥ दुःसहेविजहास्येनंचिरसंवासिनीसती ९ ॥ श्रीरुवाच ॥ नोधातानविधातामांविदधातिकथंचन ॥
कालस्तुशक्रपर्यागान्मैनंशक्रावमन्यथाः १० ॥ शक्रउवाच ॥ कथंत्वयाबलिस्त्यक्तःकिमर्थंवाशिखंडिनि ॥ कथंचमांनजह्यास्त्वंतन्मेब्रूहिशुचिस्मिते ११ ॥
श्रीरुवाच ॥ सत्येस्थिताऽस्मिदानेचव्रतेतपसिचैवहि ॥ पराक्रमेचधर्मेचपराचीनस्ततोबलिः १२ ब्रह्मण्योऽयंपुराभूत्वासत्यवादीजितेंद्रियः ॥ अभ्यसूय
द्ब्राह्मणानामुच्छिष्टश्चास्पृशद्घृतम् १३ यज्ञशीलःसदाभूत्वामामेवयजतेस्वयम् ॥ प्रोवाचलोकान्मूढात्माकालेनोपनिपीडितः १४ अपाकृतातत:शक्रत्वयिव
त्स्यामिवासव ॥ अप्रमत्तेनधार्याऽस्मितपसाविक्रमेणच १५ ॥ शक्रउवाच ॥ नास्तिदेवमनुष्येषुसर्वभूतेषुवापुमान् ॥ यस्त्वामेकोविषहितुंशक्नुयात्कमलाल
ये १६ ॥ श्रीरुवाच ॥ नैवदेवोनगंधर्वोनासुरोनचराक्षसः ॥ योमामेकोविषहितुंशक्तःकश्चित्पुरंदर १७॥ शक्रउवाच ॥ तिष्ठेथामयिनित्यंत्वंयथातद्ब्रूहिमेशु
भे ॥ तत्करिष्यामितेवाक्यमृतंतद्वक्तुमर्हसि १८ ॥ श्रीरुवाच ॥ स्थास्यामिनित्यंदेवेंद्रयथात्वयिनिबोधतत् ॥ विधिनावेददृष्टेनचतुर्धाविभजस्वमाम् १९
॥ शक्रउवाच ॥ अहंवैत्वांनिधास्यामियथाशक्तियथाबलम् ॥ नतुमेऽतिक्रमःस्याद्वैसदालक्ष्मितवांतिके २० भूमिरेवमनुष्येषुधारिणीभूतभाविनी ॥ साते
पादंतितिक्षेतसमर्थाहीतिमेमतिः २१ ॥ ॥ श्रीरुवाच ॥ ॥ एषमेनिहितःपादोयोऽयंभूमौप्रातिष्ठितः ॥ द्वितीयंशक्रपादंमेतस्मात्सुनिहितंकुरु
२२ ॥ ॥ शक्रउवाच ॥ ॥ आपएवमनुष्येषुद्रवंत्यःपरिचारिणीः ॥ तास्तेपादंतितिक्षंतामलमापस्तितिक्षितुम् २३ ॥ ॥ श्रीरुवाच ॥
॥ एषमेनिहितःपादोयोऽयमप्सुप्रतिष्ठितः ॥ तृतीयंशक्रपादंमेतस्मात्सुनिहितंकुरु २४ ॥ ॥ शक्रउवाच ॥ ॥ यस्मिन्वेदाश्चयज्ञाश्चयस्मि
न्देवाःप्रतिष्ठिताः ॥ तृतीयंपादमग्निस्तेसुधृतंधारयिष्यति २५ ॥ ॥ श्रीरुवाच ॥ ॥ एषमेनिहितःपादोयोऽयमग्नौप्रतिष्ठितः ॥ चतुर्थंश
क्रपादंमेतस्मात्सुनिहितंकुरु २६ ॥ ॥ शक्रउवाच ॥ ॥ येवैसंतोमनुष्येषुब्रह्मण्याःसत्यवादिनः ॥ तेतेपादंतितिक्षंतामलंसंतस्तितिक्षितुम् ॥
२७ ॥ ॥ श्रीरुवाच ॥ ॥ एषमेनिहितःपादोयोऽयंसत्सुप्रतिष्ठितः ॥ एवंहिनिहितांशक्रभूतेषुपरिधत्स्वमाम् २८

वित्तंतीर्थादिपुण्यंयज्ञादिधर्मोविद्याचेतिश्रियश्चत्वारःपादाभूमौजलेऽग्नौविद्वत्सुचानीहितास्तेषामुपघातःस्तेयकामाशौचाशमैः २९ यावत्पुरस्तादिति । मेरोःपृष्ठेमध्येब्रह्मलोकःप्राच्यादिचतुर्दिक्षुइंद्रयमवरुणकुबेराणांपुर्यश्चमेरुंप्रदक्षिणीकुर्वताआदित्येनभास्यंते । तत्रभास्यापेक्षंभासकत्वमतोयस्याःपुर्याउच्छेदस्तत्रादित्योनतपतीतिव्यवहारः । तथासूर्यस्योदयस्तद्देशवासिनांदर्शनमदर्शनंचास्तमयः । तत्रप्राच्यामुदितःप्रतीच्यानामस्तंगतउदीच्यानांमध्यंदिनगतोदाक्षिणात्यानांतदामध्यरात्रमितिचव्यवहारः । एवंदक्षिणादिष्वपिज्ञेयं । एवंसतियदाप्राच्यांतपतितदामेरुप्रदक्षिणायास्तुल्यत्वादितरास्वपितपत्येव । तेन यावत्प्राच्यांतपतितावदेवदक्षिणस्यामितिवदताप्राच्याउच्छेदोयावताकालेनततोद्विगुणेनतेनकालेनदक्षिणस्याउच्छेदउक्तोभवति एवमुत्तरयोस्तथाचब्रह्मणोदिनस्यषोडशधाविभक्तस्यप्रथमेनांशेनैंद्र्याउच्छेदोद्वाभ्यांसंयमिन्याश्चतुर्भिर्वारुण्याअष्टाभिरुदीच्याउच्छेदस्तदाद्रष्टॄणामभावात्सूर्यस्यदर्शनादर्शनरूपावुदयास्तमयौनस्तःकिंतुमध्यंदिनएवसंततंब्रह्मलोकंप्रकाशयतिनपुर्यंतरं तदातदभावात् तदेतदाह एकस्थोब्रह्मलोकस्थः सर्वांल्लोकान्मेरुपृष्ठादधस्तनांस्तापयति तदाब्रह्मणोमध्याह्नावसानेवर्तमानवैवस्वतमनोरधिकारच्युतौसत्यांभविष्येसावर्णिकमनौबलिरिंद्रोभविष्यति । यद्वा वैवस्वतमन्वंतरमेवाष्टधाविभज्यतदंते

॥ शक्र उवाच ॥ ॥ भूतानामिहयोवैत्वांमयाविनिहितांसतीम् ॥ उपहन्यात्समेधृष्यस्तथाशृण्वंतुमेवचः ॥ ततस्त्यक्तःश्रियाराजादैत्यानांबलिरब्रवीत् २९ ॥ ॥ बलिरुवाच ॥ ॥ यावत्पुरस्तात्प्रतपेत्तावद्वैदक्षिणांदिशम् ॥ पश्चिमांतावदेवापितथोदीचींदिवाकरः ३०
तथामध्यंदिनेसूर्योनास्तमेतियदातदा ॥ पुनर्देवासुरंयुद्धंभाविजेताऽस्मिवस्तदा ३१ सर्वलोकान्यदादित्यएकस्थस्तापयिष्यति ॥ तदादेवासुरेयुद्धेजेताऽहंत्वांशतक्रतो ३२ ॥ ॥ शक्र उवाच ॥ ॥ ब्रह्मणाऽस्मिसमादिष्टोनहंतव्योभवानिति ॥ तेनतेऽहंबलेवज्रंनविमुंचामिमूर्धनि ३३ यथेष्टंगच्छदैत्येंद्रस्वस्तितेऽस्तुमहासुर ॥ आदित्योनैवतापिताकदाचिन्मध्यतःस्थितः ३४ स्थापितोह्यस्यसमयः पूर्वमेवस्वयंभुवा ॥ अजस्रंपरियात्येषसत्येनावतपन्प्रजाः ॥ ३५ अयनंतस्यषण्मासानुत्तरंदक्षिणंतथा ॥ येनसंयातिलोकेषुशीतोष्णेविसृजन्रविः ३६ ॥ ॥ भीष्मउवाच ॥ ॥ एवमुक्तस्तुदैत्येंद्रोबलिरिन्द्रेणभारत ॥ जगामदक्षिणामाशामुदीचींतुपुरंदरः ३७

उक्तक्रमेणसर्वपुर्युच्छेदेसतिमन्वंतरांतरेबलिरिंद्रोभविष्यतीतिज्ञेयं तदिदमुक्तं । यावत्पुरस्तात्प्रतपेत्यादिनाश्लोकत्रयेण अयंलोकनाशक्रमश्छांदोग्येमधुविद्यायांयावदादित्यःपुरस्तादुदेतापश्चादस्तमेताद्विस्तावद्दक्षिणउदेतोत्तरतोऽस्तमेतेत्यादिनादर्शितःसएवात्रबलिनास्वराज्यकालकथनायोदीर्यते ३० । ३१ । ३२ तत्रमन्वंतरस्याष्टमांशकालेनस्वराज्योच्छेदंश्रुत्वाकुपितःकर्मफलस्येन्द्रपदस्यनित्यतांमन्वानइंद्रःपरुषोक्तिपूर्वकंतद्दूषयति ब्रह्मणेत्यादिना ३३ मध्यमास्थितःसन्नैवतपिता पुरीचतुष्टयोच्छेदोनैवभवितेत्यर्थः ३४ अजस्रंसत्येनकर्मणा तथाहि कर्मठाःप्राहुर्नकदाचिदनीदृशंजगदिति ३५ । ३६ एवमुक्तस्त्विवति । अयंभावः एकसप्तत्याचतुर्युगैरेकोमनुर्नश्यति तस्येदानीमष्टाविंशतितमोयुगपर्यायोऽनुवर्तते । तत्रोक्तरीत्याचतुर्थांशेनैंद्रीसंयमिन्योरुच्छेदोजातएव वारुण्याअपिक्षयकालःप्रवृत्तः । उदीच्यास्तुनप्रवृत्तइत्याशयेनेंद्रउदीचींगतोबलिस्तुभ्रष्टश्रीस्तादृशीमेवदक्षिणांगतोनतुप्रर्वां तस्याभ्रष्टैश्वर्यत्वेऽपिशत्रुसन्निहितत्वादिति ३७

ननुपुराणांतरेचतस्तृणामपिपुरीणांसहैवोच्छेदोदृश्यतेनोक्तक्रमेणेत्याशंक्याह इत्येतदिति । अनहंकारइतिसंज्ञामात्रंवाक्यस्यकिंतुकिंचित्साहंकारमेवेत्यर्थः । एवंचात्रत्रयःपक्षाउपन्यस्ताः निरहंकारस्ययुगपत्स
र्वोच्छेदःपुराणांतरसंमतः साहंकारस्येंद्रस्यतुनकदाचित्पुर्युच्छेदोऽस्ति यथोक्तंवासिष्ठे । 'यत्राद्यंतंजगत्तत्रपूर्वमागत्यतिष्ठति । त्रसरेणूदरेपींद्रःपश्यतिस्मजगत्रयं' इति । साहंकारस्यापिविवेकिनोबलेः
क्रमिकनाशयुक्तंजगदितिश्रुत्वोदीचींप्राप्यश्रुतियुक्तिबलेनपर्यालोच्यखंहार्दाकाशमारुरोह ३८ ॥ ॥ इति शांति पर्वणि मोक्षधर्मपर्वणि नीलकंठीये भारतभावदीपेपंचविंशत्यधिकद्विशततमोऽध्यायः २२५ ॥
अत्रैवअनहंकारत्वेएव १ भवाभवज्ञमुत्पत्तिप्रलयज्ञम् २ । ३ सहायता शोकस्यदुःखापनोदेहेतुत्वंनास्तीत्यर्थः ४ श्रियःसकाशात् ५ विनीयनिरस्य ६ हृद्यंहृत्स्थंस्वरूपं कल्याणंमोक्षम् ७ एक

इत्येतद्बलिनागीतमनहंकारसंज्ञितम् ॥ वाक्यंश्रुत्वासहस्राक्षःखमेवारुरुहेतदा ३८ ॥ इति श्रीमहाभारते शां०मो०प० श्रीसन्निधानोनामपंचविंशत्यधिक
द्विशततमोऽध्यायः ॥ २२५ ॥ भीष्मउवाच ॥ अत्रैवोदाहरंतीममितिहासंपुरातनम् ॥ शतक्रतोश्चसंवादंनमुचेश्चयुधिष्ठिर १ श्रियाविहीनमासीनमक्षो
भ्यमिवसागरम् ॥ भवाभवज्ञंभूतानामित्युवाचपुरंदरः २ बद्धःपाशैश्च्युतःस्थानाद्द्विषतांवशमागतः ॥ श्रियाविहीनोनमुचेशोचस्याहोनशोचसि ३
॥ नमुचिरुवाच ॥ अनिवार्येणशोकेनशरीरंचोपतप्यते ॥ अमित्राश्चप्रहृष्यंतिशोकेनास्तिसहायता ४ तस्माच्छक्रनशोचामिसर्वंह्येवेदमंतवत् ॥ संतापा
द्भ्रश्यतेरूपंसंतापाद्भ्रश्यतेश्रियः ५ संतापाद्भ्रश्यतेचायुर्धर्मश्चैवसुरेश्वर ॥ विनीयखलुतद्दुःखमागतंवैमनस्यजम् ६ ध्यातव्यंमनसाहृद्यंकल्याणंसंविजानता ॥
यदायदाहिपुरुषःकल्याणेकुरुतेमनः ॥ तदातस्यप्रसिद्ध्यंतिसर्वार्थानात्रसंशयः ७ एकःशास्तानद्वितीयोऽस्तिशास्तागर्भेशयानंपुरुषंशास्तिशास्ता ॥
तेनानुयुक्तःप्रवणादिवोदकंयथानियुक्तोऽस्मितथावहामि ८ भवाभवौत्वभिजानन्गरीयोज्ञानाच्छ्रेयोनतुतद्वैकरोमि ॥ आशासुधर्म्यासुपरासुकुर्वन्यथानियु
क्तोऽस्मितथावहामि ९ यथायथाऽस्यप्राप्तव्यंप्राप्नोत्येवतथातथा ॥ भवितव्यंयथायच्चभवत्येवतथातथा १० यत्रयत्रैवसंयुक्तोधात्रागर्भेपुनःपुनः ॥ तत्रत
त्रैववसतिनयत्रस्वयमिच्छति ११ भावोयोऽयमनुप्राप्तोभवितव्यमिदंमम ॥ इतियस्यसदाभावोनसमुह्येत्कदाचन १२ पर्यायैर्हन्यमानानामभियोक्तानवि
द्यते ॥ दुःखमेतत्तुयद्द्वेष्टाकर्ताऽहमितिमन्यते १३ ऋषींश्चदेवांश्चमहासुरांश्चत्रैविद्यवृद्धांश्चवनेमुनींश्च ॥ कान्नापदोनोपनमंतिलोकेपरावरज्ञास्तुनसंभ्रमंति
१४ नपंडितःक्रुध्यतिनाभिपद्यतेनचापिसंसीदतिनप्रहृष्यति ॥ नचार्थकृच्छ्रव्यसनेषुशोचतेस्थितःप्रकृत्याहिमवानिवाचलः १५

इति । अंतर्यामिस्वरूपमेवकल्याणमित्यर्थः प्रवणात्निम्नदेशात् ८ भवाभवौबंधमोक्षौ भावाभावावितिपाठेसत्यानृतौ तावेवाभिजानंस्तयोरपिमध्येश्रेयोमोक्षंगुरुतरत्वेनजानन्नपिनकरोमिश्रवणाद्यभ्यासेननसं
पादयामि परास्वधर्म्यासुनिमित्तभूतासु कुर्वन्कर्माणि नियुक्तःशास्त्रा ९ । १० । ११ । १२ पर्यायैःकालक्रमागतैःसुखदुःखैः द्वेष्टादुःखस्य कर्तृत्वाभिमानएवदुःखमित्यर्थः १३ आपदःकान्
पुरुषान्नोपनमंतिनानुसरंत्यपितुसर्वानेव परावरज्ञाःसदसद्वस्तुविदः नसंभ्रमंतिनबिभ्यति १४ नाभिपद्यतेनसज्जते अतिकृच्छ्रव्यसनेषुदुर्निवार्येषुदुःखेषु १५

१६ प्रणुदन्दूरीकुर्वन् १७ विवेकदौर्लभ्यमाह नतदिति । श्रौतस्मार्तलौकिकन्यायान्यायविवेचकाजनसमाजाःसदःपर्षत्सभाख्या' भयंधर्मात्रिभ्रवजं धुरंधरःसभ्यश्रेष्ठः धर्मतत्त्वमपिदुरवगाहंकिमुतब्रह्मतत्त्वमिति भावः १८ दुरन्वयानिदुर्ज्ञेयोदर्काणि नमुमोहगौतमइतिपाठेअहल्याजारस्येंद्रस्यत्रपाज्ञानानर्थममोंद्घाटनं गौतमस्यचदारापहारेऽपिधैर्यवर्णनं स्थानादहल्यायाःशप्तत्वेनशिलारूपत्वात्गार्हस्थाच्च्युतः नत्वत्सदृशोऽ

यमर्थसिद्धिःपरमानमोहयेत्तथैवकालेव्यसनंनमोहयेत् ॥ सुखंचदुःखंचतथैवमध्यमंनिषेवतेयःसधुरंधरोनरः १६ यांयामवस्थांपुरुषोऽधिगच्छेत्तस्यांरमेतापरितप्यमानः ॥ एवंप्रवृद्धंप्रणुदन्मनोजंसंतापमायासकरंशरीरात् १७ नतत्सदःसत्परिषत्सभाचसाप्राप्ययांनकुरुतेसदाभयम् ॥ धर्मतत्त्वमवगाह्यबुद्धिमान्योऽभ्युपैतिसधुरंधरःपुमान् १८ प्राज्ञस्यकर्माणिदुरन्वयानिनवैप्राज्ञोमुह्यतिमोहकाले ॥ स्थानाच्च्युतश्चेन्नमुमोहचोत्तमस्तावत्कृच्छ्रामापदंप्राप्यवृद्धः १९ नमंत्रबलवीर्येणप्रज्ञयापौरुषेणच ॥ नशीलेननवृत्तेनतथानैवार्थसंपदा ॥ अलभ्यंलभतेमर्त्यस्तत्रकापरिदेवना २० यदेवमनुजातस्यधातारोविदधुःपुरा ॥ तदेवानुचरिष्यामिकिंमेमृत्युःकरिष्यति २१ लब्धव्यान्येवलभतेगंतव्यान्येवगच्छति ॥ प्राप्तव्यान्येवचाप्नोतिदुःखानिचसुखानिच २२ एतद्विदित्वाकार्त्स्न्येनयोनमुह्यतिमानवः कुशलीसर्वदुःखेषुसवैसर्वधनोनरः २३ ॥ इतिश्रीमहाभारते शांतिपर्वणि मोक्षधर्मपर्वणि शक्रनमुचिसंवादोनामषड्विंशत्यधिकद्विशततमोऽध्यायः २२६ ॥

युधिष्ठिरउवाच ॥ मग्नस्यव्यसनेकृच्छ्रेकिंश्रेयःपुरुषस्यहि ॥ बंधुनाशेमहीपालराज्यनाशेऽथवापुनः १ त्वंहिनःपरमोवक्तालोकेऽस्मिन्भरतर्षभ ॥ एतद्भवंतंपृच्छामितन्मेत्वंवक्तुमर्हसि २ ॥भीष्मउवाच॥ पुत्रदारैःसुखैश्चैववियुक्तस्यधनेनवा॥मग्नस्यव्यसनेकृच्छ्रेधृतिःश्रेयस्करीनृप ३ धैर्येणयुक्तंसततंशरीरंनविशीर्यते ॥ विशोकतासुखंधत्तेधत्तेचारोग्यमुत्तमम् ४ आरोग्याच्चशरीरस्यसपुनर्विंदतेश्रियम्॥ यश्चप्राज्ञोनरस्तातसात्त्विकींवृत्तिमास्थितः ५ तस्यैश्वर्यंचधैर्यंचव्यवसायश्चकर्मसु ॥ अत्रैवोदाहरंतीममितिहासंपुरातनम् ६ बलिवासवसंवादंपुनरेवयुधिष्ठिर ॥ वृत्तेदेवासुरेयुद्धेदैत्यदानवसंक्षये ७ विष्णुक्रांतेषुलोकेषुदेवराजेशतक्रतौ ॥ इज्यमानेषुदेवेषुचातुर्वर्ण्येव्यवस्थिते ८ समृद्ध्यमानेत्रैलोक्येप्रीतियुक्तेस्वयंभुवि ॥ रुद्रैर्वसुभिरादित्यैरश्विभ्यामपिचर्षिभिः ९ गंधर्वैर्भुजगेंद्रैश्चसिद्धैश्चान्यैर्वृतःप्रभुः ॥ चतुर्दंतंसुदांतंचवारणेंद्रंश्रियावृतम् ॥ आरुह्यैरावतंशक्रस्त्रैलोक्यमनुसंययौ १० सकदाचित्समुद्रांतेकस्मिंश्चिद्गिरिगह्वरे ॥ बलिंवैरोचनिंवज्रीददर्शोपससर्पच ११ तमैरावतमूर्धस्थंप्रेक्ष्यदेवगणैर्वृतम् ॥ सुरेंद्रमिंद्रंदैत्येंद्रोनशुशोचनविव्यथे १२ दृष्ट्वातमविकारस्थंतिष्ठंतंनिर्भयंबलिम् ॥ अधिरूढोद्विपश्रेष्ठमित्युवाचशतक्रतुः १३ दैत्यनव्यथसेशौर्यादथवावृद्धसेवया ॥ तपसाभावितत्वाद्वासर्वथैतत्सुदुष्करम् १४ शत्रुभिर्वशमानीतोहीनःस्थानादनुत्तमात् ॥ वैरोचनेकिमाश्रित्यशोचितव्येनशोचसि १५

हमजितचित्तोऽस्मिकिंतुगौतमवज्जितजित्तोऽस्मीतिभावः १९ अलभ्यंचित्तस्वास्थ्यम् २० । २१ । २२ । २३ । इति शांतिपर्वणि मोक्षपर्वणिनीलकंठीये भारतभावदीपे षड्विंशत्यधिकद्विशततमोऽध्यायः ॥ २२६॥ ॥मग्नस्यव्यसनेकृच्छ्रइत्यादिनाऽध्यायेनविपदिधैर्यमेवश्रेयइतिपुनर्बलिवासवसंवादाख्यायिकामुखेनप्रदर्श्यते १ । २ । ३ । ४ । ५ । ६ । ७ । ८ । ९ । १० । ११ । १२ । १३ । १४ । १५

श्रैष्ठ्यंप्राप्यस्वजातीनांमहाभोगाननुत्तमान् ॥ हृतस्वरत्नराज्यस्त्वंब्रूहिकस्मान्नशोचसि १६ ईश्वरोहिपुराभूत्वापितृपैतामहेपदे ॥ तत्त्वमद्यहृतंदृष्ट्वासपत्नैःकिं
नशोचसि १७ बद्धश्चवारुणैःपाशैर्वज्रेणचसमाहतः ॥ हृतदारोहृतधनोब्रूहिकस्मान्नशोचसि १८ नष्टश्रीर्विभवभ्रष्टोयन्नशोचसिदुष्करम् ॥ त्रैलोक्यराज्यनाशे
हिकोऽन्योजीवितुमुत्सहेत् १९ एतच्चान्यच्चपरुषंब्रुवंतंपरिभूयतम् ॥ श्रुत्वासुखमसंभ्रांतोबलिर्वैरोचनोऽब्रवीत् २० बलिरुवाच ॥ निगृहीतेमयिभृशंशक्रकिंकत्थि
तेनते ॥ वज्रमुद्यम्यतिष्ठंतंपश्यामित्वांपुरंदर २१ अशक्तःपूर्वमासीस्त्वंकथंचिच्छक्ततांगतः ॥ कस्त्वदन्यइमांवाचंसुक्रूरांवक्तुमर्हति २२ यस्तुशत्रोर्वशस्थस्य
शक्तोऽपिकुरुतेदयाम् ॥ हस्तप्राप्तस्यवीरस्यतंचैवपुरुषंविदुः २३ अनिश्चयोहियुद्धेषुद्वयोर्विवदमानयोः ॥ एकःप्राप्नोतिविजयमेकश्चैवपराजयम् २४ माचतेऽ
भूत्स्वभावोऽयमितितेदेवपुंगव ॥ ईश्वरःसर्वभूतानांविक्रमेणजितोबलात् २५ नैतदस्मत्कृतंशक्रनैतच्छक्रकृतंत्वया ॥ यत्त्वमेवंगतोवज्रिन्यद्वाऽप्येवंगतावयम् २६
अहमासंयथाऽद्यत्वंभवितात्वंयथावयम् ॥ मावमंस्थामयाकर्मदुष्कृतंकृतमित्युत २७ सुखदुःखेहिपुरुषःपर्यायेणाधिगच्छति ॥ पर्यायेणाऽसिशक्रत्त्वंप्राप्तःशक्रन
कर्मणा २८ कालःकालेनयतिमांत्वांचकालोनयत्ययम् ॥ तेनाहंत्वंयथानाद्यत्वंचापिनयथावयम् २९ नमातृपितृशुश्रूषानचदैवतपूजनम् ॥ नान्योगुणसमाचा
रःपुरुषस्यसुखावहः ३० नविद्यानतपोदानंनमित्राणिनबांधवाः ॥ शक्नुवंतिपरित्रातुंनरंकालेनपीडितम् ३१ नागामिनमनर्थंहिप्रतिघातशतैरपि ॥ शक्नुवंति
प्रतिव्योढुमृतेबुद्धिबलान्नराः ३२ पर्यायैर्हन्यमानानांपरित्रातानविद्यते ॥ इदंतुदुःखंयच्छक्रकर्ताऽहमितिमन्यसे ३३ यदिकर्ताभवेत्कर्तानाक्रियेतकदाचन ॥
यस्मात्तुक्रियतेकर्तातस्मात्कर्ताऽप्यनीश्वरः ३४ कालेनाहंत्वामजयंकालेनाहंजितस्त्वया ॥ गंतागतिमतांकालःकालःकलयतिप्रजाः ३५ इंद्रप्राकृतयाबुद्ध्या
प्रलयंनावबुद्ध्यसे ॥ केचित्त्वांबहुमन्यंतेश्रैष्ठ्यंप्राप्तंस्वकर्मणा ३६ कथमस्मद्विधोनामजानन्लोकप्रवृत्तयः ॥ कालेनाभ्याहतःशोचेन्मुह्येद्वाप्यथविभ्रमेत् ३७
नित्यंकालपरीतस्यममवामद्विधस्यवा ॥ बुद्धिर्व्यसनमासाद्यभिन्नानौरिवसीदति ३८ अहंचत्वंचयेचान्येभविष्यंतिसुराधिपाः ॥ तेसर्वेशक्रयास्यंतिमार्गमिंद्र
शतैर्गतम् ३९ त्वामप्येवंसुदुर्धर्षंज्वलंतंपरयाश्रिया ॥ कालेपरिणतेकालःकालयिष्यतिमामिव ४० बहूनींद्रसहस्राणिदैवतानांयुगेयुगे ॥ अभ्यतीतानि
कालेनकालोहिदुरतिक्रमः ४१ इदंतुलब्ध्वासंस्थानमात्मानंबहुमन्यसे ॥ सर्वभूतभवंदेवंब्रह्माणमिवशाश्वतम् ४२ नचेदमचलंस्थानमनंतंवाऽपिकस्य
३५ चित् ॥ त्वंतुबालिशयाबुद्ध्याममेदमितिमन्यसे ४३ अविश्वस्तेविश्वसिषिमन्यसेवाऽध्रुवेध्रुवम् ॥ नित्यंकालपरीतात्माभवत्येवंसुरेश्वर ४४ ममेयमिति
मोहात्त्वंराजश्रियमभीप्ससि ॥ नेयंतवनचास्माकंनचान्येषांस्थिरासदा ४५

म.भा.टी ४६ । ४७ । ४८ । ४९ । ५० । ५१ ५२ । ५३ । ५४ । ५५ । ५६ । ५७ । ५८ । ५९ । ६० । ६१ । ६२ । ६३ । ६४ । ६५ । ६६ । ६७ । ६८ । ६९ । ७० । ७१ । ७२ । ७३ । ७४ । ७५ । ७६ शां.मो.१२

॥ १०२ ॥ अतिक्रम्यबहूनन्यांस्त्वयितावदियंगता ॥ कंचित्कालमियंस्थित्वात्वयिवासवचंचला ४६ गौर्निवासमिवोत्सृज्यपुनरन्यंगमिष्यति ॥ राजलोकाह्यतिक्रांतायान्न अ०
संख्यातुमुत्सहे ४७ त्वत्तोबहुतराश्चान्येभविष्यंतिपुरंदर ॥ सवृक्षौषधिरत्नेयंसहसत्त्ववनाकरा ४८ तानिदानींनपश्यामियैर्भुक्तेयंपुरामही ॥ पृथुरैलोमयोभीमो
नरकःशंबरस्तथा ४९ अश्वग्रीवःपुलोमाचस्वर्भानुरमितध्वजः ॥ प्रह्लादोनमुचिर्दक्षोविप्रचित्तिर्विरोचनः ५० ह्रीनिषेवःसुहोत्रश्चभूरिहापुष्पवान्वृषः ॥ सत्येपु ॥२२७॥
र्ऋषभोबाहुःकपिलाश्वोविरूपकः ५१ बाणःकार्तस्वरोवह्निर्विश्वदंष्ट्रोऽथनैर्ऋतिः ॥ संकोचोऽथवरीताक्षोवराहाश्वोरुचिप्रभः ५२ विश्वजित्प्रतिरूपश्चवृषांडोवि
ष्करोमधुः ॥ हिरण्यकशिपुश्चैवकैटभश्चैवदानवः ५३ दैतेयादानवाश्चैवसर्वेतेनैर्ऋतैःसह ॥ एतेचान्येचबहवःपूर्वेपूर्वतराश्चये ५४ दैत्येंद्रादानवेंद्राश्चयांश्चा
न्याननुशुश्रुम ॥ बहवःपूर्वदैत्येंद्राःसंत्यज्यपृथिवींगताः ५५ कालेनाभ्याहताःसर्वेकालोहिबलवत्तरः ॥ सर्वैःक्रतुशतैरिष्टंनत्वमेकःशतक्रतुः ५६ सर्वेधर्मपराश्चा
सन्सर्वेसततसत्रिणः ॥ अंतरिक्षचराःसर्वेसर्वेऽभिमुखयोधिनः ५७ सर्वेसंहननोपेताःसर्वेपरिघबाहवः ॥ सर्वेमायाशतधराःसर्वेतेकामरूपिणः ५८ सर्वेसमरमासा
द्यनश्रूयंतेपराजिताः ॥ सर्वेसत्यव्रतपराःसर्वेकामविहारिणः ५९ सर्वेवेदव्रतपराःसर्वेचैवबहुश्रुताः ॥ सर्वेसंमतमैश्वर्यमीश्वराःप्रतिपेदिरे ६० नचैश्वर्यमदस्तेषां
भूतपूर्वोमहात्मनाम् ॥ सर्वेयथार्हदातारःसर्वेविगतमत्सराः ६१ सर्वेसर्वेषुभूतेषुयथावत्प्रतिपेदिरे ॥ सर्वेदाक्षायणीपुत्राःप्राजापत्यामहाबलाः ६२ ज्वलंतःप्रतपं
तश्चकालेनप्रतिसंहृताः ॥ त्वंचैवेमांयदाभुक्त्वापृथिवींत्यक्ष्यसेपुनः ६३ नशक्ष्यसितदाशक्रनियंतुंशोकमात्मनः ॥ मुंचेच्छांकामभोगेषुमुंचेमंश्रीभवंमदम् ६४
एवंस्वराज्यनाशेत्वंशोकंसंप्रसहिष्यसि ॥ शोककालेशुचोमात्वंहर्षकालेचमाहृषः ६५ अतीतानागतंहित्वाप्रत्युत्पन्नेनवर्तय ॥ मांचेदभ्यागतःकालःसदायुक्तम
तंद्रितः ६६ क्षमस्वनचिरादिंद्रत्वामप्युपगमिष्यति ॥ त्रासयन्निवदेवेंद्रवाग्भिस्तक्षसिमामिह ६७ संयतेमयिनूनंत्वमात्मानंबहुमन्यसे ॥ कालःप्रथममायान्मां
पश्चात्त्वामनुधावति ६८ तेनगर्जसिदेवेंद्रपूर्वंकालहतेमयि ॥ कोहिस्थातुमलंलोकेममक्रुद्धस्यसंयुगे ६९ कालस्तुबलवान्प्राप्तस्तेनतिष्ठसिवासव ॥ यत्तद्वर्षसह
स्रांतंपूर्णंभवितुमर्हति ७० यथामेसर्वगात्राणिनसुस्थानिमहौजसः ॥ अहमैंद्राच्च्युतःस्थानात्त्वमिंद्रःप्रकृतोदिवि ७१ सुचित्रेजीवलोकेऽस्मिन्नुपास्यःकाल
पर्ययात् ॥ किंहिकृत्वात्वमिंद्रोऽद्यकिंवाकृत्वावयंच्युताः ७२ कालःकर्ताविकर्ताचसर्वमन्यदकारणम् ॥ नाशंविनाशमैश्वर्यंसुखंदुःखंभवाभवौ ७३ विद्वान्प्रा
प्यैवमत्यर्थंनप्रहृष्येन्नचव्यथेत् ॥ त्वमेवहींद्रवेत्थास्मान्वेदाहंत्वांचवासव ७४ किंकत्थसेमांकिंचत्वंकालेननिरपत्रप ॥ त्वमेवहिपुरावेत्थयत्तदापौरुषंमम ७५
समरेषुचविक्रांतंपर्याप्तंतन्निदर्शनम् ॥ आदित्याश्चैववरुद्राश्चसाध्याश्चवसुभिःसह ७६

मयादिनिर्जिताः पूर्वंमरुतश्चशचीपते ॥ त्वमेवशक्रजानासिदेवासुरसमागमे ७७समेताविबुधाभग्नास्तरसासमरेमया ॥ पर्वताश्चासकृत्क्षिप्ताः सवनाः सवनौकसः
७८ सटंकशिखराभग्नाः समरेमूर्ध्नितेमया ॥ किंनशक्यंमयाकर्तुंकालोहिदुरतिक्रमः ७९नहित्वांनोत्सहेहंतुंसवज्रमपिमुष्टिना ॥ नतुविक्रमकालोऽयंक्षमाकालो
ऽयमागतः ८० तेनत्वांमर्षयेशक्रदुर्मर्षणतरस्त्वया ॥ तंमांपरिणतेकालेपरीतंकालवह्निना ८१ नियतंकालपाशेनबद्धंशक्रविकत्थसे ॥ अयंसपुरुषः श्यामो
लोकस्यदुरतिक्रमः ८२ बद्धातिष्ठतिमांरौद्रः पशुंरशनयायथा ॥ लाभालाभौसुखंदुःखंकामक्रोधौभवाभवौ ८३ वधबंधप्रमोक्षंचसर्वंकालेनलभ्यते ॥ नाहंक
र्तानकर्तात्वंकर्तायस्तुसदाप्रभुः ८४ सोऽयंपचतिकालोमांवृक्षेफलमिवागतम् ॥ यान्येवपुरुषः कुर्वन्सुखैः कालेनयुज्यते ८५ पुनस्तान्येवकुर्वाणोदुःखैःका
लेनयुज्यते ॥ नचकालेनकालज्ञः स्पृष्टः शोचितुमर्हति ८६ तेनशक्रनशोचामिनास्तिशोकेसहायता ॥ यदाहिशोचतः शोकोव्यसनंनापकर्षति ८७ सामर्थ्यं
शोचतोनास्तीत्यतोऽहंनाद्यशोचिमि ॥ एवमुक्तः सहस्राक्षोभगवान्पाकशासनः ८८ प्रतिसंहृत्यसंरंभमित्युवाचशतक्रतुः ॥ सवज्रमुद्यतंबाहुंदृष्ट्वापाशांश्चवारु
णान् ८९ कस्येहनव्यथेद्बुद्धिर्मृत्योरपिजिघांसतः ॥ सातेनव्यथतेबुद्धिरचलातत्त्वदर्शिनी ९० ध्रुवंनव्यथसेऽद्यत्वंधैर्यात्सत्यपराक्रम ॥ कोहिविश्वासमर्थेषुश
रीरेवाशरीरभृत् ९१ कर्तुमुत्सहतेलोकेदृष्ट्वासंप्रस्थितंजगत् ॥ अहमप्येवमेवैनंलोकंजानाम्यशाश्वतम् ९२ कालाग्नावाहितंघोरेगुह्येसततगेऽक्षरे ॥ नचात्रप
रिहारोऽस्तिकालस्पृष्टस्यकस्यचित् ९३ सूक्ष्माणांमहतांचैवभूतानांपरिपच्यताम् ॥ अनीशस्याप्रमत्तस्यभूतानिपचतः सदा ९४ अनिवृत्तस्यकालस्यक्ष
यंप्राप्तोनमुच्यते ॥ अप्रमत्तः प्रमत्तेषुकालोजागर्तिदेहिषु ९५ प्रयत्नेनाप्यपक्रांतोदृष्टपूर्वोनकेनचित् ॥ पुराणः शाश्वतोधर्मः सर्वप्राणभृतांसमः ९६कालोनपरि
हार्यश्चनचास्यास्तिव्यतिक्रमः ॥ अहोरात्रांश्चमासांश्चक्षणान्काष्ठालवान्कलाः ९७ संपीडयतियः कालोवृद्धिंवार्धुषिकोयथा ॥ इदमद्यकरिष्यामिश्वः कर्ताऽस्मी
तिवादिनम् ९८ कालोहरतिसंप्राप्तोनदीवेगइवद्रुमम् ॥ इदानींतावदेवासौनयादृष्टः कथंमृतः ९९ इतिकालेनह्रियतांप्रलापः श्रूयतेनृणाम् ॥ नश्यंत्यर्थास्तथा
भोगाः स्थानमैश्वर्यमेवच १०० जीवितंजीवलोकस्यकालेनागम्यनीयते ॥ उच्छ्राया विनिपातांताभावोऽभावः सएवच १ अनित्यमध्रुवंसर्वंव्यवसायोहिदुष्करः ॥
सातेनव्यथतेबुद्धिरचलातत्त्वदर्शिनी २ अहमासंपुराचेतिमनसाऽपिनबुध्यते ॥ कालेनाक्रम्यलोकेऽस्मिन्पच्यमानेबलीयसा ३ अज्येष्ठमकनिष्ठंचक्षिप्यमा
णोनबुध्यते ॥ ईर्ष्याभिमानलोभेषुकामक्रोधभयेषुच ४ स्पृहामोहाभिमानेषुलोकः सक्तोविमुह्यति ॥ भवांस्तुभावतत्त्वज्ञोविद्वाञ्ज्ञानतपोन्वितः ५ कालंपश्य
तिसुव्यक्तंपाणावामलकंयथा ॥ कालचारित्रतत्त्वज्ञः सर्वशास्त्रविशारदः १०६

म.भा.टी १०७ । ८ । ९ । ११० । ११ । १२ । १३ । १४ । १५ । १६ । १७ । १८ । ११९ ॥ ॥ इतिशांति० मो० नी० भा० सप्तविंशत्यधिकद्विशततमोऽध्यायः ॥ २२७ ॥ ॥ शां.मो.१२

विवेचनेकृताऽऽत्मासिस्पृहणीयोविजानताम् ॥ सर्वलोकोह्ययंमन्येबुद्ध्यापरिगतस्त्वया १०७ विहरन्सर्वतोमुक्तोनक्वचित्परिषज्जते ॥ रजश्चहितमश्चत्वां अ०
॥१०३॥ स्पृशतेनजितेंद्रियम् ८ निष्प्रीतिंनष्टसंतापमात्मानंत्वमुपाससे ॥ सुहृदंसर्वभूतानांनिर्वैरंशांतमानसम् ९ दृष्ट्वात्वांममसंजातात्वय्यनुक्रोशिनीमतिः ॥ नाहमे
तादृशंबुद्धंहंतुमिच्छामिबंधने ११० आनृशंस्यंपरोधर्मोह्यनुक्रोशश्चमेत्वयि ॥ मोक्ष्यंतेवारुणाःपाशास्तवेमेकालपर्ययात् ११ प्रजानामपचारेणस्वस्तितेऽ ॥२२८॥
स्तुमहासुर ॥ यदाश्वश्रूंस्नुषावृद्धांपरिचारेणयोक्ष्यते १२ पुत्रश्चपितरंमोहात्प्रेषयिष्यतिकर्मसु ॥ ब्राह्मणैःकारयिष्यंतिवृषलाःपादधावनम् १३ शूद्राश्चब्रा
ह्मणींभार्यामुपयास्यंतिनिर्भयाः ॥ वियोनिषुविमोक्ष्यंतिबीजानिपुरुषायदा १४ संकरंकांस्यभांडैश्चबलिंचैवकुपात्रकैः ॥ चातुर्वर्ण्यंयदाकृत्स्नममर्यादंभविष्य
ति १५ एकैकस्तेतदापाशःक्रमशःपरिमोक्ष्यते ॥ अस्मत्तस्तेभयंनास्तिसमयंप्रतिपालय ॥ सुखीभवनिराबाधःस्वस्थचेतानिरामयः १६ तमेवमुक्त्वाभग
वाञ्छतक्रतुःप्रतिप्रयातोगजराजवाहनः ॥ विजित्यसर्वानसुरान्सुराधिपोननंदहर्षेणबभूवचैकराट् १७ महर्षयस्तुष्टुवुरंजसाचतंवृषाकपिंसर्वचराचरेश्वरम् ॥
हिमापहोहव्यमुवाहचाध्वरेतथाऽमृतंचार्पितमीश्वरोऽपिहि १८ द्विजोत्तमैःसर्वगतैरभिष्टुतोविदीप्ततेजागतमन्युरीश्वरः ॥ प्रशांतचेतामुदितःस्वमालयंत्रिवि
ष्टपंप्राप्यमुमोदवासवः ११९ ॥ इतिश्रीमहाभारतेशांति० मोक्ष० प० बलिवासवसंवादेसप्तविंशत्यधिकद्विशततमोऽध्यायः ॥ २२७ ॥ युधिष्ठिरउवाच ॥
पूर्वरूपाणिमेराजन्पुरुषस्यभविष्यतः ॥ पराभविष्यतश्चैवतन्मेब्रूहिपितामह १ ॥ भीष्मउवाच ॥ मनएवमनुष्यस्यपूर्वरूपाणिशंसति ॥ भविष्यतश्चभद्रं
तेतथैवनभविष्यतः २ अत्राप्युदाहरंतीममितिहासंपुरातनम् ॥ श्रियाशक्रस्यसंवादंतंनिबोधयुधिष्ठिर ३ महतस्तपसोव्युष्टयापश्यँल्लोकौपरावरौ ॥ समा
न्यमृषिभिर्गत्वाब्रह्मलोकनिवासिभिः ४ ब्रह्मेवामितदीप्तौजाःशांतपाप्मामहातपाः ॥ विचचारयथाकामंत्रिषुलोकेषुनारदः ५ कदाचित्प्रातरुत्थायपिस्पृक्षुःस
लिलंशुचि ॥ ध्रुवद्वारभवांगंगांजगाहावततारच ६ सहस्रनयनश्चापिवज्रीशंबरपाकहा ॥ तस्यादेवर्षिजुष्टायास्तीरमभ्याजगामह ७ तावाप्लुत्ययतात्मानौ
कृतजप्यौसमासतः ॥ नद्याःपुलिनमासाद्यसूक्ष्मकांचनवालुकम् ८ पुण्यकर्मभिराख्यातादेवर्षिकथिताःकथाः ॥ चक्रतुस्तौतथाऽऽसीनौमहर्षिकथितास्त
था ९ पूर्ववृत्तव्यपेतानिकथयंतौसमाहितौ ॥ अथभास्करमुद्यंतंरश्मिजालपुरस्कृतम् १० पूर्णमंडलमालोक्यतावुत्थायोपतस्थतुः ॥ अभितस्तूदयंतंतम
र्कमर्कमिवापरम् ११ आकाशेददृशेज्योतिरुद्यतार्चिःसमप्रभम् ॥ तयोःसमीपंतंप्राप्तंप्रत्यदृश्यतभारत १२ तत्सुपर्णार्करचितमास्थितंवैष्णवंपदम् ॥ भाभि
रप्रतिमंभातित्रैलोक्यमवभासयत् १३ तत्राऽभिरूपशोभाभिरप्सरोभिःपुरस्कृताम् ॥ बृहतीमंशुमत्प्रख्यांबृहद्भानोरिवार्चिषम् १४ नक्षत्रकल्पाभरणांतांमौ ॥१०३॥
क्तिकसमस्रजम् ॥ श्रियंददृशतुःपद्मांसाक्षात्पद्मदलस्थिताम् १५

१६ । १७ । १८ । १९ । २० । २१ । २२ । २३ । २४ । २५ । २६ । २७ । २८ । २९ । ३० । ३१ । ३२ । ३३ । ३४ । ३५ । ३६ । ३७ । ३८ । ३९ । ४० । ४१ । ४२ । ४३

साऽवरुह्यविमानाग्रादंगनानामनुत्तमा ॥ अभ्यागच्छत्रिलोकेशंदेवर्षिंचापिनारदम् १६ नारदानुगतःसाक्षान्मघवांस्तामुपागमत् ॥ कृतांजलिपुटोदेवींनि
वेद्यात्मानमात्मना १७ चक्रेचानुपमांपूजांतस्याश्चापिससर्ववित् ॥ देवराजःश्रियंराजन्वाक्यंचेदमुवाचह १८ ॥ शक्रउवाच ॥ कात्वंकेनचकार्येणसंप्राप्ता
चारुहासिनि ॥ कुतश्चागम्यतेसुभ्रुगंतव्यंक्वचतेशुभे १९ ॥ श्रीरुवाच ॥ पुण्येषुत्रिषुलोकेषुसर्वेस्थावरजंगमाः ॥ ममात्मभावमिच्छंतोयतंतेपरमात्मना
२० साहंवैपंकजेजातासूर्यरश्मिविबोधिते ॥ भूत्यर्थंसर्वभूतानांपद्माश्रीःपद्ममालिनी २१ अहंलक्ष्मीरहंभूतिःश्रीश्चाहंबलसूदन ॥ अहंश्रद्धाचमेधाचसन्न
तिर्विजितिःस्थितिः २२ अहंधृतिरहंसिद्धिरहंत्वद्भूतिरेवच ॥ अहंस्वाहास्वधायैवसन्नतिर्नियतिःस्मृतिः २३ राज्ञांविजयमानानांसेनाग्रेषुध्वजेषुच ॥
निवासेधर्मशीलानांविषयेषुपुरेषुच २४ जितकाशिनिशूरेचसंग्रामेष्वनिवर्तिनि॥निवसामिमनुष्येंद्रेसदैवबलसूदन २५धर्मनित्येमहाबुद्धौब्रह्मण्येसत्यवादिनि ॥
प्रश्रितेदानशीलेचसदैवनिवसाम्यहम् २६ असुरेष्ववसंपूर्वंसत्यधर्मनिबंधना ॥ विपरीतांस्तुतान्बुद्ध्वात्वयिवासमरोचयम् २७ ॥ शक्रउवाच ॥ कथंवृत्ते
षुदैत्येषुत्वमवात्सीर्वरानने ॥ दृष्ट्वाचकिमिहागास्त्वंहित्वादैतेयदानवान् २८ ॥ श्रीरुवाच ॥ स्वधर्ममनुतिष्ठत्सुधैर्यादचलितेषुच ॥ स्वर्गमार्गाभिरामेषुसत्वे
पुनिरताह्यहम् २९ दानाध्ययनयज्ञेज्यापितृदैवतपूजनम् ॥ गुरूणामतिथीनांचतेषांसत्यमवर्तत ३० सुसमृष्टगृहाश्चासन्जितस्त्रीकाहुताग्नयः ॥ गुरुशु
श्रूषकादांताब्रह्मण्याःसत्यवादिनः ३१ श्रद्दधानाजितक्रोधादानशीलाऽनसूयवः ॥ भृतपुत्राभृतामात्याभृतदाराह्यनीर्षवः ३२ अमर्षेणनचान्योन्यंस्पृहयंते
कदाचन ॥ नचजातूपतप्यंतिधीराःपरसमृद्धिभिः ३३ दातारःसंगृहीतारआर्याःकरुणवेदिनः ॥ महाप्रसादाऋजवोदृढभक्ताजितेंद्रियाः ३४ संतुष्टभृत्यस
चिवाःकृतज्ञाःप्रियवादिनः ॥ यथार्हमानार्थकराह्रीनिषेवायतव्रताः ३५ नित्यंपर्वसुसुस्नाताःस्वनुलिप्ताःस्वलंकृताः ॥ उपवासतपःशीलाःप्रतीताब्रह्मवादिनः
३६ नैनानभ्युदियात्सूर्योनचाप्यासन्प्रगेशयाः ॥ रात्रौदधिचसक्तूंश्चनित्यमेवव्यवर्जयन् ३७ कल्यंघृतंचान्ववेक्षन्प्रयताब्रह्मवादिनः ॥ मंगल्यान्यपिचाप
श्यन्ब्राह्मणांश्चाप्यपूजयन् ३८ सदाहिवदतांधर्मंसदाचाऽप्रतिगृह्णताम् ॥ अर्धंचरात्र्याःस्वपतांदिवाचास्वपतांतथा ३९ कृपणानाथवृद्धानांदुर्बलातुर
योषिताम् ॥ दयांचसंविभागंचनित्यमेवाऽन्वमोदताम् ४० त्रस्तंविषण्णमुद्विग्नंभयार्तंव्याधितंकृशम् ॥ हृतस्वंव्यसनार्तंचनित्यमाश्वासयंतिते ४१
धर्ममेवान्ववर्तन्तनहिंसंतिपरस्परम् ॥ अनुकूलाश्चकार्येषुगुरुवृद्धोपसेविनः ४२ पितॄन्देवातिथींश्चैवयथावत्तेऽभ्यपूजयन् ॥ अवशेषाणिचाश्नंतिनित्यंसत्यत
पोधृताः ४३ नैकेऽश्नंतिसुसंपन्नंनगच्छंतिपरस्त्रियम् ॥ सर्वभूतेष्वर्तन्तयथाऽऽत्मनिदयांप्रति ४४

नैवाकाशेनपशुपुवियोनौचनपर्वसु ॥ इंद्रियस्यविसर्गंतेरोचयंतिकदाचन ४५ नित्यंदानंतथादाक्ष्यमाजप्चर्वा ॥ उत्साहोऽथानहंकारःपरमंसौहृ
॥१०४॥ दंक्षमा ४६ सत्यंदानंतपःशौचंकारुण्यंवागनिष्ठुरा ॥ मित्रेपुचानभिद्रोहःसर्वंतेप्वभवत्प्रभो ४७ निद्रातंद्रीरसंप्र रसूयाऽथानवेक्षिता ॥ अरतिश्चविषा अ०
दश्चस्पृहाचाप्यविशन्नतान् ४८ साऽहमेवंगुणेष्वेवदानवेष्ववसंपुरा ॥ प्रजासर्गमुपादायनैकंयुगविपर्ययम् ४९ ततःकालविपर्यासेतेषांगुणविपर्ययात् ॥ ॥२२८॥
अपश्यंनिर्गतंधर्मंकामक्रोधवशात्मनाम् ५० सभासदांचवृद्धानांसतांकथयतांकथाः ॥ प्राहसन्नभ्यसूयंश्चसर्ववृद्धान्गुणावराः ५१ युवानश्चसमासीनावृद्धा
नपिगतान्सतः ॥ नाभ्युत्थानाभिवादाभ्यांयथापूर्वमपूजयन् ५२ वर्तयत्येवपितरिपुत्रःप्रभवतेतथा ॥ अभृत्याभृत्यतांप्राप्यख्यापयंत्यनपत्रपाः ५३ तथा
धर्मादपेतेनकर्मणागर्हितेनये ॥ महतःप्राप्नुवंत्यर्थांस्तेषांतत्राऽभवत्स्पृहा ५४ उच्चैश्चाभ्यवदन्रात्रौनीचैस्तत्राग्निरज्वलत् ॥ पुत्राःपितॄनत्यचरन्नार्यश्चात्यचरन्
पतीन् ५५ मातरंपितरंवृद्धमाचार्यमतिथिंगुरुम् ॥ गुरुत्वान्नाभ्यनंदंतकुमारान्नाऽन्वपालयन् ५६ भिक्षांबलिमदत्त्वाचस्वयमन्नानिभुंजते ॥ अनिष्ट्वाऽसं
विभज्याथपितृदेवातिथीन्गुरून् ५७ नशौचमनुरुध्यंततेषांसूदजनास्तथा ॥ मनसाकर्मणावाचाभक्ष्यमासीदनावृतम् ५८ विप्रकीर्णानिधान्यानिकाक
मूषिकभोजनम् ॥ अपावृतंपयोऽतिष्ठदुच्छिष्टाश्चास्पृशन्घृतम् ५९ कुद्दालंदात्रपिटकंप्रकीर्णंकांस्यभाजनम् ॥ द्रव्योपकरणंसर्वंनान्ववैक्षत्कुटुंबिनी ६०
प्राकारागारविध्वंसान्नस्मतेप्रतिकुर्वते ॥ नाद्रियंतेपशून्बद्ध्वायवसेनोदकेनच ६१ बालानाप्रेक्षमाणानांस्वयंभक्ष्यमभक्षयन् ॥ तथाभृत्यजनंसर्वमसंतर्प्यचदा
नवाः ६२ पायसंकृसरंमांसमपूपानथशष्कुलीः ॥ अपाचयन्नात्मनोऽर्थेवृथामांसान्यभक्षयन् ६३ उत्सूर्यशायिनश्चासन्सर्वेचासन्प्रगेनिशाः ॥ अवर्तन्कल
हाश्चात्रदिवारात्रंगृहेगृहे ६४ अनार्याश्चार्यमासीनंपर्युपासन्नतत्रह ॥ आश्रमस्थान्विधर्मस्थाःप्राद्विषंतपरस्परम् ६५ संकराश्चाभ्यवर्तन्तनचशौचमवर्तत ॥
येचवेदविदोविप्राविस्पष्टमनृचश्चये ६६ निरंतरविशेषास्तेबहुमानावमानयोः ॥ हारमाभरणंवेषंगतंस्थितमवेक्षितम् ६७ असेवंतभुजिष्यावैदुर्जनाचरितंवि
धिम् ॥ स्त्रियःपुरुषवेषेणपुंसःस्त्रीवेषधारिणः ६८ क्रीडारतिविहारेषुपरांमुदमवाप्नुवन् ॥ प्रभवद्भिःपुरादायानर्हेभ्यःप्रतिपादितान् ६९ नाऽभ्यवर्तन्तनास्ति
क्याद्वर्तन्तःसंभवेष्वपि ॥ मित्रेणाऽभ्यर्थितंमित्रमर्थसंशयितेक्वचित् ७० वालकोट्यग्रमात्रेणस्वार्थेनाघ्नततद्वसु ॥ परस्वादानरुचयोविपणव्यवहारिणः ७१
अदृश्यंताऽऽर्यवर्णेषुशूद्राश्चापितपोधनाः ॥ अधीयंतेऽव्रताःकेचिद्वृथाव्रतमथाऽपरे ७२ अशुश्रूषुर्गुरोःशिष्यःकश्चिच्छिष्यसखोगुरुः ॥ पिताचैवजनित्रीच
श्रांतौवृत्तोत्सवाविव ॥ अप्रभुत्वेस्थितौवृद्धावन्नंप्रार्थयतःसुतान् ७३ तत्रवेदविदःप्राज्ञागांभीर्येसागरोपमाः ७४ कृष्यादिष्वभवन्सक्तामूर्खाःश्राद्धान्यभुं ॥१०४॥
जत ॥ प्रातःप्रातश्चसुप्रश्नंकल्पनंप्रेषणक्रियाः ७५

७६ । ७७ । ७८ । ७९ । ८० । ८१ । ८२ । ८३ । ८४ । ८५ । ८६ । ८७ । ८८ । ८९ । ९० । ९१ । ९२ । ९३ । ९४ । ९५ । ९६

शिष्यानप्रहितास्तेषामकुर्वन्गुरवःस्वयम् ॥ श्वश्रूश्वशुरयोरग्रेवधूःप्रेष्यानशासत ७६ अन्वशासच्चभर्तारंसमाहूयाऽभिजल्पति ॥ प्रयत्नेनापिचारक्षच्चित्तंपुत्र
स्यवैपिता ७७ व्यभजच्चापिसंरंभाद्दुःखवासंतथाऽवसत् ॥ अग्निदाहेनचोरैर्वाराजभिर्वाहृतंधनम् ७८ दृष्ट्वाद्वेषात्प्राहसंतसुहृत्संभाविताह्यपि ॥ कृतघ्नाना
स्तिकाःपापागुरुदाराभिमर्शिनः ७९ अभक्ष्यभक्षणरतानिर्मर्यादाहतत्विषः ॥ तेष्वेवमादीनाचारानाचरत्सुविपर्यये ८० नाहंदेवेंद्रवत्स्यामिदानवेष्वितिमे
मतिः ॥ तन्मांस्वयमनुप्राप्तामभिनंदशचीपते ८१ त्वयाऽर्चितांमांदेवेशपुरोधास्यंतिदेवताः ॥ यत्राहंतत्रमत्कांतामद्विशिष्टामदर्पणाः ८२ सप्तदेव्योजयाष्ट
म्योवासमेष्यंतितेऽष्टधा ॥ आशाश्रद्धाधृतिःक्षांतिर्विजितिःसन्नतिःक्षमा ८३ अष्टमीवृत्तिरेतासांपुरोगापाकशासन ॥ ताश्चाहंचासुरांस्त्यक्त्वायुष्मद्विषयमा
गताः ८४ त्रिदशेषुनिवत्स्यामोधर्मनिष्ठांतरात्मसु ॥ इत्युक्तवचनांदेवींप्रीत्यर्थंचननंदतुः ८५ नारदश्चात्रदेवर्षिर्वृत्रहंताचवासवः ॥ ततोऽनलसखोवायुःप्रववौ
देववर्त्मसु ८६ इष्टगंधःसुखस्पर्शःसर्वेंद्रियसुखावहः ॥ शुचौवाभ्यर्थितेदेशेत्रिदशाःप्रायशःस्थिताः ८७ लक्ष्मीसहितमासीनंमघवंतंदिदृक्षवः ८८ ततोदिवं
प्राप्यसहस्रलोचनःश्रियोपपन्नःसुहृदामहर्षिणा॥ रथेनहर्यश्वयुजासुरर्षभःसदःसुराणामभिसत्कृतोययौ८९अथेङ्गितंवज्रधरस्यनारदःश्रियश्चदेव्यामनसाविचा
रयन् ॥ श्रियैशशंसामरदृष्टपौरुषःशिवेनतत्रागमनंमहर्षिभिः ९० ततोऽमृतंद्यौःप्रववर्षभास्वतीपितामहस्यायतनेस्वयंभुवः ॥ अनाहतादुंदुभयोऽथनेदिरेतथा
प्रसन्नाश्चदिशश्चकाशिरे९१ यथर्तुसस्येषुववर्षवासवोनधर्ममार्गाद्विचचालकश्चन ॥ अनेकरत्नाकरभूषणाचभूःसुघोषघोषाभुवनौकसांजये९२ क्रियाभिरामास
नुजामनस्वीनोबभुःशुभेपुण्यकृतांपथिस्थिताः ॥ नरामराःकिन्नरयक्षराक्षसाःसमृद्धिमंतःसुमनस्विनोऽभवन् ९३ नजात्वकालेकुसुमंकुतःफलंपपातवृक्षात्पवने
रितादपि ॥ रसप्रदाःकामदुघाश्चधेनवोनदारुणावाग्विचचारकस्यचित्९४ इमांसपर्यांसहसर्वकामदैःश्रियाश्चशक्रप्रमुखैश्चदैवतैः॥ पठंतियेविप्रसदःसमागताः
समृद्धकामाःश्रियमाप्नुवंतिते ९५ त्वयाकुरूणांवरयत्प्रचोदितंभवाभवस्येहपरंनिदर्शनम् ॥ तदद्यसर्वंपरिकीर्तितंमयापरीक्ष्यतत्त्वंपरिगंतुमर्हसि ९६ ॥ इति
श्रीम० शांति० मोक्ष० श्रीवासवसंवादोनामअष्टाविंशत्यधिकद्विशततमोऽध्यायः ॥२२८॥ युधिष्ठिरउवाच ॥ किंशीलःकिंसमाचारःकिंविद्यःकिंपराक्रमः ॥
प्राप्नोतिब्रह्मणःस्थानंयत्परंप्रकृतेर्ध्रुवम् १॥ भीष्मउवाच ॥ मोक्षधर्मेषुनियतोलघ्वाहारोजितेंद्रियः ॥ प्राप्नोतिब्रह्मणःस्थानंतत्परंप्रकृतेर्ध्रुवम् २ अत्राप्युदा
हरंतीममितिहासंपुरातनम् ॥ जैगीषव्यस्यसंवादमसितस्यचभारत ३ जैगीषव्यंमहाप्रज्ञंधर्माणामागतागमम् ॥ अक्रुध्यंतमहृष्यंतमसितोदेवलोऽब्रवीत् ४

इति शांतिपर्वणि मोक्षधर्मपर्वणि नीलकंठीये भारतभावदीपे अष्टाविंशत्यधिकद्विशततमोऽध्यायः ॥ २२२ ॥

॥ किंशीलइति १ । २ । ३ । ४

॥१०५॥ देवलउवाच ॥ ॥ नप्रीयसेवंद्यमानोनिंद्यमानोनकुप्यसे ॥ कातेप्रज्ञाकुतश्चैषाकिंतेतस्याःपरायणम् ५ ॥ भीष्मउवाच ॥ इतितेनानुयुक्तःसतमुवाचमहा अ०
तपाः ॥ महद्वाक्यमसंदिग्धंपुष्कलार्थपदंशुचि ६ ॥ ॥ जैगीषव्यउवाच ॥ ॥ यागतिर्यापराकाष्ठायाशांतिःपुण्यकर्मणाम् ॥ तांतेऽहंसंप्रवक्ष्यामिमहती
मृषिसत्तम ७ निंदत्सुचसमानित्यंप्रशंसत्सुचदेवल ॥ निह्नवंतिचयेतेषांसमयंसुकृतंचयत् ८ उक्ताश्चनवदिष्यंतिवक्तारमहितेहितम् ॥ प्रतिहंतुंनचेच्छंतिहंतारं ॥२३०॥
वैमनीषिणः ९ नाप्राप्तमनुशोचंतिप्राप्तकालानिकुर्वते ॥ नचातीतानिशोचंतिनचैवप्रतिजानते १० संप्राप्तायांचपूजायांकामादर्थेषुदेवल ॥ यथोपपत्तिंकुर्वंति
शक्तिमंतःकृतव्रताः ११ पक्वविद्यामहाप्राज्ञाजितक्रोधाजितेंद्रियाः ॥ मनसाकर्मणावाचानापराध्यंतिकर्हिचित् १२ अनीर्षवोनचाऽन्योन्यंविहिंसंतिकदाचन ॥
नचजातूपतप्यंतेधीराःपरसमृद्धिभिः १३ निंदाप्रशंसेचात्यर्थंनवदंतिपरस्यये ॥ नचनिंदाप्रशंसाभ्यांविक्रियंतेकदाचन १४ सर्वतश्चप्रशांतायेसर्वभूतहितेरताः ॥
नक्रुध्यंतिनहृष्यंतिनापराध्यंतिकर्हिचित् १५ विमुच्यहृदयग्रंथिंचंक्रमंतियथासुखम् ॥ नयेषांबांधवाःसंतियेचाऽन्येषांनबांधवाः १६ अमित्राश्चनसंत्येषांये
चाऽमित्रानकस्यचित् ॥ यएवंकुर्वतेमर्त्याःसुखंजीवंतिसर्वदा १७ येधर्मंचानुरुध्यन्तेधर्मज्ञाद्विजसत्तम ॥ येह्यतोविच्युतामार्गात्तेहृष्यंत्युद्विजंतिच १८ आस्थि
तस्तमहंमार्गमसूयिष्यामिकंकथम् ॥ निंद्यमानःप्रशस्तोवाहृष्येऽहंकेनहेतुना १९ यद्यदिच्छंतितत्तस्मादपिगच्छंतुमानवाः ॥ नमेनिंदाप्रशंसाभ्यांह्रास
वृद्धीभविष्यतः २० अमृतस्येवसंतृप्येदवमानस्यतत्त्ववित् ॥ विषस्येवोद्विजेन्नित्यंसंमानस्यविचक्षणः २१ अवज्ञातःसुखंशेतेइहचामुत्रचाभयम् ॥ विमु
क्तःसर्वदोषेभ्योयोऽवमंतासबुध्यते २२ परांगतिंचयेकेचित्प्रार्थयंतिमनीषिणः ॥ एतद्व्रतंसमाहृत्यसुखमेधंतितेजनाः २३ सर्वतश्चसमाहृत्यक्रतून्सर्वान्जितें
द्रियः ॥ प्राप्नोतिब्रह्मणःस्थानंयत्परंप्रकृतेर्ध्रुवम् २४ नास्यदेवानगंधर्वानपिशाचानराक्षसाः ॥ पदमन्ववरोहंतिप्राप्तस्यपरमांगतिम् २५ ॥ इतिश्रीमहाभारते
शांतिपर्वणि मोक्षधर्मप० जैगीषव्यासितसंवादे ऊनत्रिंशदधिकद्विशततमोऽध्यायः ॥२२९॥ युधिष्ठिरउवाच ॥ प्रियःसर्वस्यलोकस्यसर्वसत्वाभिनंदिता ॥
गुणैःसर्वैरुपेतश्चकोन्वस्तिभुविमानवः १ ॥ भीष्मउवाच ॥ अत्रतेवर्तयिष्यामिपृच्छतोभरतर्षभ ॥ उग्रसेनस्यसंवादंनारदेकेशवस्यच २ ॥ उग्रसेनउवाच ॥
यस्यसंकल्पतेलोकोनारदस्यप्रकीर्तने ॥ मन्येसगुणसंपन्नोब्रूहितन्ममपृच्छतः ३ ॥ ॥ वासुदेवउवाच ॥ ॥ कुकुराधिपयान्मन्येशृणुतान्मेविवक्षतः ॥
नारदस्यगुणान्साधून्संक्षेपेणनराधिप ४ नचारित्रनिमित्तोऽस्याहंकारोदेहतापनः ॥ अभिन्नश्रुतचारित्रस्तस्मात्सर्वत्रपूजितः ५

६ । ७ । ८ । ९ । १० ११ । १२ । १३ । १४ । १५ । १६ । १७ । १८ । १९ । २० । २१ । २२ । २३ । २४ ॥ इति शांतिपर्वणि मोक्षधर्मपर्वणि नीलकंठीये भारतभावदीपे त्रिंशाधिकद्विशततमो
ऽध्यायः ॥२३०॥ एवंनानाख्यनामुखेनोक्तमधिकारिणःस्वरूपंश्रुत्वाऽऽत्मनितत्त्वज्ञानाधिकारंपश्यन्भृगुभरद्वाजसंवादादौपूर्वंसंक्षेपेणश्रुतमेवार्थंविस्तरेणश्रोतुमिच्छन्युधिष्ठिरउवाच आद्यंतमिति । आदिंसंसारहेतुं
अंतंलयस्थानं भूतानांजीवानां अभिन्ननिमित्तोपादानत्वसूचनार्थःसमासः साक्षाच्चोभयाम्नानात् । तदात्मानंस्वयमकुरुतेतिन्यायेनश्रुत्याचब्रह्मणस्तथात्वप्रतिपादनात् । किंलक्षणंब्रह्मेतिध्यानकर्मणीतत्प्राप्त

अरतिःक्रोधचापल्येभयंनैतानिनारदे ॥ अदीर्घसूत्रःशूरश्चतस्मात्सर्वत्रपूजितः ६ उपास्योनारदोबाढंवाचिनास्यव्यतिक्रमः ॥ कामतोयदिवालोभात्तस्मा
त्सर्वत्रपूजितः ७ अध्यात्मविधितत्त्वज्ञःक्षांतःशक्तोजितेंद्रियः ॥ ऋजुश्चसत्यवादीचतस्मात्सर्वत्रपूजितः ८ तेजसायशसाबुद्ध्याज्ञानेनविनयेनच ॥ जन्मनात
पसावृद्धस्तस्मात्सर्वत्रपूजितः ९ सुशीलःसुखसंवेशःसुभोजःस्वादरःशुचिः ॥ सुवाक्यश्चाप्यनीर्ष्यश्चतस्मात्सर्वत्रपूजितः १० कल्याणंकुरुतेबाढंपापम
स्मिन्नविद्यते ॥ नप्रीयतेपरानर्थैस्तस्मात्सर्वत्रपूजितः ११ वेदश्रुतिभिराख्यानैरर्थानभिजिगीषति ॥ तितिक्षुरनवज्ञातस्तस्मात्सर्वत्रपूजितः १२ समत्वाच्च
प्रियोनास्तिनाप्रियश्चकथंचन ॥ मनोनुकूलवादीचतस्मात्सर्वत्रपूजितः १३ बहुश्रुतश्चित्रकथःपंडितोऽलालसोऽशठः ॥ अदीनोऽक्रोधनोऽलुब्धस्तस्मात्सर्वत्र
पूजितः १४ नार्थेधनेवाकामेवाभूतपूर्वोऽस्यविग्रहः ॥ दोषाश्चास्यसमुच्छिन्नास्तस्मात्सर्वत्रपूजितः १५ दृढभक्तिरनिंद्यात्माश्रुतवानानृशंसवान् ॥ वीतसंमो
हदोषश्चतस्मात्सर्वत्रपूजितः १६ असक्तःसर्वसंगेषुसक्तात्मेवचलक्ष्यते ॥ अदीर्घसंशयोवाग्मीतस्मात्सर्वत्रपूजितः १७ समाधिर्नास्यकामार्थेनात्मानंस्तौति
कर्हिचित ॥ अनीर्षुर्मृदुसंवादस्तस्मात्सर्वत्रपूजितः १८ लोकस्यविविधंचित्तंप्रेक्षतेचाप्यकुत्सयन् ॥ संसर्गविद्याकुशलस्तस्मात्सर्वत्रपूजितः १९ नासूयत्याग
मंकंचित्स्वनयेनोपजीवति ॥ अवंध्यकालोवश्यात्मातस्मात्सर्वत्रपूजितः २० कृतश्रमःकृतप्रज्ञोनचतृप्तःसमाधितः ॥ नित्ययुक्तोऽप्रमत्तश्चतस्मात्सर्वत्रपूजितः
२१ नापत्रपश्चयुक्तश्चनियुक्तःश्रेयसेपरैः ॥ अभेत्तापरगुह्यानांतस्मात्सर्वत्रपूजितः २२ नहृष्यत्यर्थलाभेषुनालाभेतुव्यथत्यपि ॥ स्थिरबुद्धिरसक्तात्मातस्मात्सर्व
त्रपूजितः २३ तंसर्वगुणसंपन्नंदक्षंशुचिमनामयम् ॥ कालज्ञंचप्रियज्ञंचकःप्रियंनकरिष्यति २४ ॥ इति श्रीमहाभारते शांतिपर्वणि मोक्षधर्मपर्वणिवासुदेवोग्रसेन
संवादे त्रिंशाधिकद्विशततमोऽध्यायः ॥ २३० ॥ ॥ युधिष्ठिरउवाच ॥ आद्यंतंसर्वभूतानांज्ञातुमिच्छामिकौरव ॥ ध्यानंकर्मचकालंचतथैवायुर्युगेयुगे १

वंतरंगबहिरंगसाधने । कालं ‘ कलिःशयानोभवतिसंजिहानस्तुद्वापरः । उत्तिष्ठंस्त्रेताभवतिकृतंसंपद्यतेचरन् ’ इतिश्रुतिप्रसिद्धंचतुर्विधंजीवं लोकतत्वं लोकस्यवास्तवंरूपं भूतानांवियदादीनामागतिमुद्गमस्थानंग
तिंप्रवेशस्थानमूर्णनाभिमिवतंतुजालस्यतदेतत्सर्वंज्ञातुमिच्छामि । श्रुत्यर्थस्तु शयानोऽविद्यावृतःपुमान्कलिरित्युच्यते । संजिहानोविषयेषुजातवैराग्यःसन्नविद्यांसम्यक्हातुमिच्छन्मुमुक्षुर्द्वापरइत्युच्यते ।
उत्तिष्ठन्शमाद्यनुष्ठानायसज्जीभवन्त्रेतेत्युच्यते । चरन्शमादिकमाचरन्कृतंकृतयुगंभवतिपुमानेवेत्यर्थः । धर्मतारतम्याच्चायुस्तारतम्यंयुगेयुगेपुंसिपुंसिज्ञेयं सार्धः १

सर्गनिधनेभौतिकानांजरायुजादीनांचतुर्मुखादिरवातरकारणमपिकिंब्रह्मैवततोऽन्यद्वेत्यभिप्रायः २ । ३ पौनरुक्त्यमाशंक्याह पूर्वंहीति ४ परमधर्मिष्ठायोगधर्मनिष्ठाबुद्धिर्मेजातेतिपूर्वेणान्वयः । दिव्यसंस्था नसंस्थिताअलौकिकस्वरूपनिष्ठावती । भूयोऽधिकंविस्तरेणेत्यर्थः । तथाचसंक्षेपेणश्रुतस्यापिविस्तरार्थंपुनःप्रश्नइत्यपौनरुक्त्यम् । ५ । ६ । ७ संदेहंसंदेहविषयप्रश्नसमूहं छिन्नधर्मार्थसंशयंव्यासम् ८ तत्त्वंपदार्थौपृच्छति भूतेति । कर्तारमीश्वरमेवसंतं कालस्यपूर्वोदाहृतश्रुत्युक्तस्यशयानसंजिहानोत्तिष्ठसंचरद्रूपवतोजीवस्यज्ञानेनशयानत्वादिधर्मज्ञानेन निष्ठाअंधंतमआदिरूपप्राप्तिःसंजाताऽस्यतंकालज्ञानेननिष्ठितं । ईशोप्यविद्ययाजीवतांगतःकेनधर्मेणकीदृशंभावमश्नुतइतिप्रश्नार्थः । तत्त्वमस्यादिवाक्याध्येतृप्रसिद्धमेवजीवब्रह्माभेदमनुवदतिप्रष्टा । कस्मिन्नुभगवोविज्ञातेसर्वमिदंविज्ञातंभवतीत्याथर्वणेएकविज्ञानात्सर्वविज्ञानप्रसिद्ध्यनुवादवत् ब्राह्मणोब्रह्मबुभूषुर्धर्माधर्माभ्यांमुक्तिमिच्छन् ९ सर्वज्ञोब्रह्मज्ञः १० भूतग्रामकर्तुःस्वरूपंतावदाह अनाद्यंतमिति । दिव्यंद्योतमानंचिन्मात्रं ब्रह्मत्रिविधपरिच्छेदशून्यंवस्तु अग्रेसृष्टेः

लोकतत्त्वंचकार्त्स्न्येनभूतानामागतिंगतिम् ॥ सर्गश्चनिधनंचैवकुतएतत्प्रवर्तते २ यदितेऽनुग्रहेबुद्धिरस्मास्विहसतांवर ॥ एतद्भवंतंपृच्छामि तद्भवान्प्रब्रवीतुमे ३ पूर्वंहिकथितंश्रुत्वाभृगुभाषितमुत्तमम् ॥ भरद्वाजस्यविप्रर्षेस्ततोमेबुद्धिरुत्तमा ४ जातापरमधर्मिष्ठादिव्यसंस्थानसंस्थिता ॥ ततोभूयस्तुपृच्छामितद्भवान्वक्तुमर्हति ५ ॥ भीष्मउवाच ॥ अत्रतेवर्तयिष्येऽहमितिहासंपुरातनम् ॥ जगौयद्भगवान्व्यासःपुत्रायपरिपृच्छते ६ अधीत्यवेदानखिलान्सांगोपनिषदस्तथा ॥ अन्विच्छन्नैष्ठिकंकर्मधर्मनैपुणदर्शनात् ७ कृष्णद्वैपायनंव्यासंपुत्रोवैयासकिःशुकः ॥ पप्रच्छसंदेहमिमंछिन्नधर्मार्थसंशयम् ८ ॥ श्रीशुकउवाच ॥ भूतग्रामस्यकर्तारंकालज्ञानेननिष्ठितम् ॥ ब्राह्मणस्यचयत्कृत्यंतद्भवान्वक्तुमर्हति ९ ॥ भीष्मउवाच ॥ तस्मैप्रोवाचतत्सर्वंपितापुत्रायपृच्छते ॥ अतीतानागतेविद्वान्सर्वज्ञःसर्वधर्मवित् १० ॥ व्यासउवाच ॥ अनाद्यंतमजंदिव्यमजरंध्रुवमव्ययम् ॥ अप्रतर्क्यमविज्ञेयंब्रह्माग्रेसंप्रवर्तते ११

प्राक्संप्रवर्तते मायाशबलाज्जगदाद्यंतरूपाद्व्यवच्छिनत्ति अनाद्यंतमिति अजमजरमव्ययमितियास्कोक्तान्जायतेऽस्तिवर्धतेविपरिणमतेऽपक्षीयतेनश्यतिवेतिषड्भावविकारांश्चित्तौनिषेधति अतएवध्रुवमविकारं । अप्रतर्क्यंकारणंहिकार्येणानुमीयते नचैतत्तथा अतएवाविज्ञेयंवृत्तेरप्यविषयः । कथंतर्हिदृश्यतेत्वग्र्ययाबुद्ध्येतिश्रुतिर्ब्रह्मणोबुद्धिगम्यत्वमाह उच्यते स्वमुखस्यस्वदृश्यत्वंयथादर्पणद्वारानस्वतःएवंब्रह्मणोऽपिधीप्रतिबिंबितस्याधियोदृश्यत्वेनैवदृश्यत्वंनस्वतइतिगृहाण । कारणत्वादिकंतुब्रह्मण्याविद्यकमविद्यादशायांस्थितंवेवकल्प्यतइत्यर्थः । एतच्चाक्षिप्यसमाहितंवार्तिके ‘ नन्वविद्यावदिष्टंचेद्ब्रह्मदोषोमहानयम् । निरविद्येचविद्यायाआनर्थक्यंप्रसज्ज्यते ’ न ‘ अस्याविद्येत्यविद्यायामेवासित्वाप्रकल्पते । ब्रह्मद्वारात्वविद्येयंनकथंचनयुज्यते ’ इति श्रुतिश्च । ‘ नासदासीन्नोसदासीत्तदानींनासीद्रजोनोव्योमापरोयत् ’ इति । सृष्टेःप्राग्वस्तुवृत्तमनुरुध्याऽसत्सद्रजःशब्दितानामानुमानिकानांशून्यप्रधानपरमाणूनामिवश्रौतस्यपरव्योमशब्दितस्यजगत्कारणस्याप्यसत्त्वमाह । तस्माद्युक्तमेवब्रह्मण्यनाद्यंतत्वादिविशेषणम् ११

कालज्ञानेननिष्ठितमितिद्वितीयप्रश्नोत्तरमाह काष्ठेति । अत्रतस्माद्व्यक्तात्मकंमनइत्युपसंहारात् । कलाकाष्ठादिव्यंजकंयद्व्यक्तंसूर्यादिपदार्थजातंतत्सर्वंमनोमात्रमित्यवगतेः । कृतत्रेतादिरूपमपितदेवसत्वादिगुणतारत म्यात् । तथामानुषपैतृकदैवब्राह्माणामहोरात्राणामुत्तरोत्तरंप्रमाणाधिक्यमपिसत्वोत्कर्षादेव तदप्यस्मद्दृष्ट्यपेक्षमेव । तत्रत्यानांतुतदस्मदीयंघटीमात्रमेव । एतदेवरेवत्यर्थंवरार्थिनारैवतकेनब्रह्मलोकस्थेनमुहूर्तमात्र त्वेनानुभूतःकालोलौकिकानामनेकसंवत्सरसंमितोव्यतीतइत्युपाख्यानेनव्यक्तीकृतंपुराणेषु । तस्मात्स्वस्वदृष्ट्यासर्वोऽपिसुखीस्वल्पायुर्दुःखीचिरायुः साधारणदृष्ट्यातुपापिनामल्पमायुःकलिप्राधान्यात् इतरेषांद्वा परादिप्राधान्यादधिकमितिविवेकः । तस्मात्कालजयार्थंमनोनिग्रहेणात्मैवशरणीयइत्यध्यायतात्पर्यं । अक्षरार्थस्तु भागःभगःसूर्यस्तत्संबंधि कलायादशमोंशस्तेनसहितःत्रिंशत्कलोमुहूर्तः । सचसूर्यस्योदयादुदयांतरप र्यंतंयावान्कालस्तस्यषोडशोंऽशःपादोननाडीचतुष्टयात्मकः । तस्यापिदशमांशःसार्धद्वाविंशतिपलात्मकः । एतेन 'अष्टादशनिमेषास्तुकाष्ठात्रिंशत्तुताःकलाः । त्रिंशत्कलोमुहूर्तस्तुत्रिंशद्रात्र्यहनीतुते ' इत्यादिलोकप्र

काष्ठानिमेषादशपंचचैवत्रिंशत्तुकाष्ठागणयेत्कलांताम् ॥ त्रिंशत्कलश्चापिभवेन्मुहूर्तोभागःकलायादशमश्चयःस्यात् १२ त्रिंशन्मुहूर्तंतुभवेदहश्चरात्रिश्चसं ख्यामुनिभिः प्रणीता ॥ मासःस्मृतोरात्र्यहनीचत्रिंशत्संवत्सरोद्वादशमासउक्तः १३ संवत्सरंद्वेत्वयनेवदंतिसंख्याविदोदक्षिणमुत्तरंच १४ अहोरात्रेविभजते सूर्योमानुषलौकिके ॥ रात्रिःस्वप्नायभूतानांचेष्टायैकर्मणामहः १५ पित्र्येरात्र्यहनीमासःप्रविभागस्तयोःपुनः ॥ शुक्लोऽहःकर्मचेष्टायांकृष्णःस्वप्नायशर्वरी १६ दैवेरात्र्यहनीवर्षंप्रविभागस्तयोःपुनः ॥ अहस्तत्रोदगयनंरात्रिःस्याद्दक्षिणायनम् १७ येतेरात्र्यहनीपूर्वंकीर्तितेजीवलौकिके ॥ तयोःसंख्यायवर्षाग्रंब्राह्मेव क्ष्याम्यहःक्षपे १८ पृथक्संवत्सराग्राणिप्रवक्ष्याम्यनुपूर्वशः ॥ कृतेत्रेतायुगेचैवद्वापरेचकलौतथा १९ चत्वार्याहुःसहस्राणिवर्षाणांतत्कृतंयुगम् ॥ तस्यताव च्छतीसन्ध्यासंध्यांशश्चतथाविधः २० इतरेषुससंध्येषुसंध्यांशेषुततस्त्रिषु ॥ एकपादेनहीयंतेसहस्राणिशतानिच २१ एतानिशाश्वतांल्लोकान्धारयंतिसनातनान् ॥ एतद्ब्रह्मविदांतातविदितंब्रह्मशाश्वतम् २२ चतुष्पात्सकलोधर्मःसत्यंचैवकृतेयुगे ॥ नाधर्मेणागमःकश्चित्परस्तस्यप्रवर्तते २३ इतरेष्वागमाद्धर्मःपादशस्त्वव रोप्यते ॥ चौर्यकानृतमायाभिरधर्मश्चोपचीयते २४ अरोगाःसर्वसिद्धार्थाश्चतुर्वर्षशतायुषः ॥ कृतेत्रेतायुगेत्वेषांपादशोह्रसतेवयः २५ वेदवादाश्चानुयु गंह्रसंतीतीहनःश्रुतम् ॥ आयूंषिचाशिषश्चैववेदस्यैवचयत्फलम् २६

सिद्धक्रमःप्रतिमुहूर्तंसार्धपलाधिक्यात्स्थूलइतिज्ञेयम् । 'कलातुषोडशोभागः' इत्यमरः । अन्येतुकाष्ठात्रयाधिकास्त्रिंशत्कलामुहूर्तइतिव्याचख्युः १२ । १३ । १४ । १५ । १६ । १७ । १८ । १९ तावच्छती चतुःशती तथाविधश्चतुःशतात्मकःकालःसंध्यायुगयोरंतरं संध्यांशोयुगांतरयोरंतरम् २० । २१ एतत्कालाख्यंचतुर्युगात्मकंजीवस्वरूपंशाश्वतमाद्यंतशून्यंमनोरूपोपाधियोगाच्चतुर्विधमपिस्वरूपतःसर्वविकाररही तंब्रह्मैवास्तीत्यर्थः २२ कृतेयुगे युज्यतेवासनावरत्रयाबध्यतेऽस्मिन्पुरुषपशुरितियुगंस्वधर्मस्तस्मिन्कृतेसाकल्येननिष्पादिते तस्यकृतयुगात्मनःपुरुषस्य अधर्मेणश्येनाद्यभिचारकर्मणा आगमउपदेशवाक्यं सचपरइतिविशेषणाद्वेदएव २३ चौर्यंचकानृतंचकुत्सितमनृतंवेदविरुद्धंहिंसादिकर्म तेनवैदिकंकर्माप्ययंतेबंधयोग्यत्वादनृतमेवेतिदर्शितं । मायाशाठ्यादिरूपा उपचीयतेवर्धते २४

२७ ततःपरंपरविद्या ज्ञानमपरविद्या तेच अथपराययातदक्षरमधिगम्यतेयत्तदद्रेश्यमग्राह्यमित्यादिनातत्रापराऋग्वेदोयजुर्वेदइत्यादिनाऽथर्वणेप्रसिद्धे २८ एतामिति । अत्रकृतादिषुचतुस्त्रिद्व्येकक्रमेणधर्मस्यदशपादा
अधर्मस्यपद् । एतेपामपियुगकालाल्पत्वबहुत्वाभ्यांफलतश्चतुर्युगयांपादमात्रमधर्मः पादत्रयंधर्मः सेयंसहस्रगुणिताब्राह्मंदिनंतावत्येवब्राह्मीरात्रिश्चेतिवदता'अथ यत्रान्यत्पश्यातितदल्पंतन्मर्त्यम्' इतिश्रुतेर्ब्राह्मंपदमपि
दिवाद्वैतदुःखेनरात्रावज्ञानशेपेणचानुविद्धत्वात्क्षयिष्णुत्वाच्चक्षुद्रमेवेतिदर्शितम् २९ तदादौदिनादौध्यानमाविश्ययोगनिद्रयासुप्त्वानर्वीद्रियाणांजाड्येन ३० । ३१ इममेवसृष्टिप्रलयप्रकारमस्मदादिष्वप्यातिदिशति
प्रतिबुद्धइति अक्षय्यंक्षेतुमशक्यंस्वतोनिर्विकारस्वरूपमपिब्रह्माजीवःक्षपाक्षयेनिद्रानाशेसतिप्रतिबुद्धःसनविकुरुतेमाययाविकारयुक्तंकरोति चकारोहेत्वर्थः तस्मान्महद्भूतमहंकारंसृजते तस्मादहंकाराद्व्यक्तात्मकं
वियदाद्यात्मकंमनश्चसृजते मनोमात्रमेवकालाकाशादिकंसुप्तिप्रबोधावेवचसृष्टिप्रलयावित्यर्थः । तथाचश्रुतिः 'सयदास्वपितितदेनंवाक्सर्वैर्नामभिःसहाप्येतिचक्षुःसर्वैरूपैःसहाप्येति'इत्यादिनासुषुप्तौवत्यगात्म
निनामरूपप्रपंचप्रलयमुक्त्वा'अथयदाप्रबुद्ध्येतएतस्मादात्मनःसर्वेप्राणायथाऽऽयतनंविप्रतिष्ठंतेप्राणेभ्योदेवादेवेभ्योलोकाः' इतिप्रबोधेचततएवप्राणदेवलोकशब्दितानामाध्यात्मिकाधिदैविकाधिलौकिकप्रपंचा

अन्येकृतयुगेधर्मास्त्रेतायांद्वापरेऽपरे ॥ अन्येकलियुगेनॄणांयुगह्रासानुरूपतः २७ तपःपरंकृतयुगेत्रेतायांज्ञानमुत्तमम् ॥ द्वापरेयज्ञ
मेवाहुर्दानमेकंकलौयुगे २८ एतांद्वादशसाहस्रींयुगाख्यांकवयोविदुः ॥ सहस्रपरिवर्तंतद्ब्राह्मंदिवसमुच्यते २९ रात्रिमेतावतींचैवत
दादौविश्वमीश्वरः ॥ प्रलयेध्यानमाविश्यसुप्त्वासोऽन्तेविबुद्ध्यते ३० सहस्रयुगपर्यंतमहर्यद्ब्रह्मणोविदुः ॥ रात्रिंयुगसहस्रांतांतेऽहोरात्र
विदोजनाः ३१ प्रतिबुद्धोविकुरुतेब्रह्माक्षय्यंक्षपाक्षये ॥ सृजतेचमहद्भूतंतस्माद्व्यक्तात्मकंमनः ३२ ॥ इति श्रीमहाभारते शांतिप
र्वणि मोक्षधर्मपर्वणि शुकानुप्रश्ने एकत्रिंदशधिकद्विशततमोऽध्यायः ॥ २३१ ॥ ॥ व्यासउवाच ॥ ब्रह्मतेजोमयंशुक्रंयस्यसर्व
मिदंजगत ॥ एकस्यभूतंभूतस्यद्वयंस्थावरजंगमम् १ अहर्मुखेविबुद्धःसन्सृजतेऽविद्ययाजगत् ॥ अग्रएवमहद्भूतमाशुव्यक्तात्मकंमनः २

नामुत्पत्तिंदर्शयति ३२ ॥ इति शांतिपर्वाणि मोक्षधर्मपर्वणि नीलकंठीये भारतभावदीपे एकत्रिंशदधिकद्विशततमोऽध्यायः ॥ २३१ ॥ ॥ ननुप्राक्सिद्धमज्ञातसत्ताकंजगत्समनस्केंद्रियसंनिकर्षाद्दृश्यतेह्यस्तनएवा
यंघटइतिप्रत्यभिज्ञायतेचतत्कथंमनोमात्रमित्याशंक्याह ब्रह्मेति । 'मनोमहान्मतिर्ब्रह्मापूर्बुद्धिःख्यातिरीश्वरः ॥ प्रज्ञासंविचितिश्चैवस्मृतिश्चपरिपठ्यते ॥ पर्यायवाचकाःशब्दामनसःपरिकीर्तिताः' इतिस्मृतेर्ब्रह्ममहत्त
त्त्वंसूक्ष्मबुद्धिः तच्चतेजोमयंसूक्ष्मवासनामयं सएतास्तेजोमात्राःसमभ्याददानइत्यादौवासनासुतेजःशब्दप्रयोगात् तदेवशुक्रंबीजंविद्धीतिशेषः । यस्यबीजस्यएकस्यद्रव्यांतरवर्जितस्यभूतस्यजनिमतः पंचम्यर्थे
षष्ठी यस्मादिदंजगद्भूतमुद्भूतं स्थावरंस्थास्नुनित्यंचेतनंजंगमंविनाश्यनित्यमचेतनंस्वप्नेइववासनामयंजगन्मनस्येवस्थितंपूर्वपूर्वसंस्कारवशादिदमितिज्ञायते तदिदमितिप्रत्यभिज्ञायतेचेत्यर्थः १ अहरिति ।
अविद्ययेतिमहत्तत्त्वस्यापिकारणमुक्तं । सृष्टिक्रममाहाग्रेइति । अग्रेसर्वादौमहन्महत्तत्त्वंभूतमुद्भूतंतदेवाशुशीघ्रंव्यक्तात्मकंवियदादिरूपंसन्मनइत्युच्यते । आशुइतिसांख्याभिमतःसृष्टिक्रमोनिरस्तः
युगपत्सृष्टिरेवहिशास्त्रतत्त्वमितिदृष्टिसृष्टिवादिनांघंटाघोषः २

अभिभूयेतिसार्द्धश्लोकः । मनःकर्तृअर्चिष्मत्प्रकाशकंचिदात्मानमभिभूयआवृत्यमानसान्सप्तव्यसृजत् : अर्चिष्मानितिपाठेत्वीश्वरःमानसान्पूर्वसर्गांतेऽभिभूयोत्तरसर्गादौव्यसृजदितिज्ञेयं । मनःप्रथमंसिसृक्षया बहुस्यांप्रजायेयेतिश्रुतीसिद्धयाप्रार्थनारूपयाऽनेनमनसोरूपांतरेणेति द्वितीयत्वमुक्तं । विकुरुतेविविधाकारांकुरुते आकाशादयःपंचेतिसप्तमानसाः ३ । ४ । ५ । ६ । ७ गुणाइति । आकाशादयःपंचक्रमेणैकद्वित्रि चतुःपंचगुणयुक्ताइत्यर्थः तेषांभूतानांमध्येयद्भूतंयावत्कालपर्यंतंयथायेनप्रकारेणवर्ततेतद्भूतं । एकस्तच्छब्दस्तावच्छब्दार्थः । तावत्कालपर्यंततावद्गुणंस्मृतं । अत्रपूर्वार्द्धोक्ताव्यवस्थासूक्ष्मभूतेष्वेवज्ञेया । स्थूले षुतुपंचीकरणादूर्ध्वंसर्वाण्यपिपंचगुणानि । त्रिवृत्करणपक्षेचआकाशवायूक्रमेणैकद्विगुणकावितराणिपंचगुणान्येवेत्याशयः । तत्रपंचीकरणंत्वाकाशादीन्प्रत्येकंद्वेधाविभज्यैकस्मिन्भागेस्वेतरभूतचतुष्टयस्याऽर्धीकृत स्यचतुरश्चतुर्थांशान्प्रक्षिप्यैकैकंस्थूलभूतंभवति । तथात्रिवृत्करणं तेजोबन्नानिप्रत्येकंद्वेधाविभज्यैकस्मिन्नर्धेस्वेतरयोरर्धार्धंप्रक्षिपेदिति । एवंसंकीर्णेष्वप्याकाशादिसंज्ञाःस्वभागाधिक्यादितिज्ञेयं ८ ननुपंचीकरणपक्षे कथमाकाशेगंधाद्यनुपलंभःकथंवात्रिवृत्करणपक्षेवायौगंधोपलंभइत्याशंक्याद्येस्थूलाकाशस्याप्रत्यक्षत्वेनतद्गतगंधादीनामप्यप्रत्यक्षत्वमित्यभिसंधायाद्वितीयंप्रत्याह उपलभ्येति । अप्स्वितिदृष्टांतार्थं यथाऽप्सुएला लवंगादिगंधउपलभ्यतेएवंवायावप्यागंतुकद्रव्यसंपर्कजएवगंधानुभवोनत्वाजानासिद्धद्रव्यसंपर्कजइत्यर्थः । अनैपुणादितिमूर्खाणामेवायंपूर्वपक्षोनविदुषांकाणादादीनां तेहियुक्तिबलेनैववायौगंधाभावंनिश्चि

अभिभूयेहचार्चिष्मद्व्यसृजत्सप्तमानसान् ॥ दूरगंबहुधागामिप्रार्थनासंशयात्मकम् ३ मनःसृष्टिंविकुरुतेचोद्यमानंसिसृक्षया ॥ आकाशंजायतेतस्मात्तस्यशब्द गुणंविदुः ४ आकाशात्तुविकुर्वाणात्सर्वगंधवहःशुचिः ॥ बलवान्जायतेवायुस्तस्यस्पर्शोगुणोमतः ५ वायोरपिविकुर्वाणाज्ज्योतिर्भवतिभास्वरम् ॥ रोचिष्णुजा यतेशुक्रंतद्रूपगुणमुच्यते ६ ज्योतिषोऽपिविकुर्वाणाद्भवंत्यापोरसात्मिकाः ॥ अद्भ्योगंधस्तथाभूमिःसर्वेषांसृष्टिरुच्यते ७ गुणाःसर्वस्यपूर्वस्यप्राप्नुवंत्युत्तरोत्तरम् ॥ तेषांयावद्यथायचतत्तत्तावद्गुणंस्मृतम् ८ उपलभ्याप्सुचेद्गंधंकेचिद्ब्रूयुरनैपुणात् ॥ पृथिव्यामेवतंविद्यादपांवायोश्चसंश्रितम् ९ एतेसप्तविधात्मानोनानावीर्याःपृथक् पृथक् ॥ नाशक्नुवन्प्रजाःस्रष्टुमसमागम्यकृत्स्नशः १० तेसमेत्यमहात्मानोह्यन्योन्यमभिसंश्रिताः ॥ शरीराश्रयणंप्राप्तास्ततःपुरुषउच्यते ११ शरीरंश्रयणाद्भव तिमूर्तिमत्षोडशात्मकम् ॥ तमाविशंतिभूतानिमहांतिसहकर्मणा १२ सर्वभूतान्युपादायतपसश्चरणायहि ॥ आदिकर्तासभूतानांतमेवाहुःप्रजापतिम् १३

न्वंतीतिदर्शितं ९ सप्तमनःसिसृक्षाशब्दितौमहदहंकारौसूक्ष्माकाशादयश्च असमागम्याऽमिलित्वा १० महात्मानोव्यापकाःसमेत्यात्रिदंडविष्टंभवदन्योन्यबलमाश्रित्यैकीभूयेत्यर्थः । पुरीतिशरीरस्यनाम तत्रव सतीतिपुरुषइत्यवयवार्थः ११ षोडशपंचस्थूलभूतानिसमनस्कान्येकादशेंद्रियाणिचतदात्मकंशरीरं षोडशानांसृष्टिस्तुव्यक्तात्मकंमनइतिमनःसृष्टयैवोक्तेतिनतेषांपृथक्सिद्धिस्तार्किकाभिमतामंतव्या । नषोड शात्मकंपुरुषंतदितिपाठेस्थूलशरीरापेक्षयाक्लीबत्वं भूतानिसूक्ष्माणिमहांतिमहत्तत्त्वानिभुक्तावशिष्टकर्मसहितानीतिबहुत्वंप्रातिपुरुषंमहदादीनांभिन्नत्वप्रतिपादनार्थं तेनतत्तत्पुरुषीयासूक्ष्मबुद्धिरेवकर्माश्रयस्त दुपलक्षितोऽहंकारश्चेतिज्ञेयं १२ एवंस्थूलेशरीरेलिंगशरीरस्यप्रवेशमुक्त्वातत्रचैतन्यप्रवेशमाह सर्वेति । आदिकर्तासर्वभूतानिस्वोपाधिमायैकदेशभूतानिउपादायतमाविशतीतिविधिपरिणामेनानुषज्ज्यते । एतेन
३७ तत्सृष्ट्वातदेवानुप्राविशदितिश्रुतेरर्थोदर्शितः तपसोज्ञानमयस्यालोचनस्यचरणायतथाचश्रुतिःपरमेश्वरस्यतत्तदुपाध्यनुसरणंस्वस्वरूपज्ञानार्थमेवेत्याह । ‘रूपंरूपंप्रतिरूपोबभूवतदस्यरूपंप्रतिचक्षणाय’ इति तमेवउपाधिंप्रविश्यजीवभावमापन्नंप्रजापतिंब्रह्मेत्याहुःतत्त्वमसीत्यादयःश्रुतयः १३

तत्रहेतुमाह सर्वैइति । सशरीरांतस्थो वैएव ततःशरीरप्रवेशानंतरं एतेन 'तदनुप्रविश्यसच्चत्यच्चाभवदित्यादि सत्'चानृतंचसत्यमभवत्' इत्यंतायाःश्रुतेरर्थोदर्शितः सत्पृथिव्यप्तेजांसित्यत्वायाकाशौ सत्यानृतेघट रज्जुरगादि सत्यंब्रह्मैवाभवदितिश्रुतिपदानामर्थः। एवमैश्वरींभूतमयींजैवींचधीमयीमितिद्विविधांसृष्टिमभिप्रेत्योक्तमभियुक्तैः । 'अन्यामांसमयीयोषिदन्याकाचिन्मनोमयी ' इति ' घटौमृन्मयधीमयौ ' इतिच । तथासृष्टिद्वयवत्प्रलयद्वयमपिविदुषोविदेहकैवल्यकालेश्रूयतेगताःकलाःपंचदशप्रतिष्ठाइति एवमेवास्यपरिद्रष्टुरिमाःषोडशकलाःपुरुषायणाःपुरुषंप्राप्यास्तंयंतीतिचकलाःप्राणाच्छ्रद्धांखंवायुर्ज्योतिरापःपृथिवींद्रिय मित्याद्याःतत्रैशींव्यावहारिकींदृष्टिसृष्टिमभिप्रेत्यप्रतिष्ठासुवाय्यादिषुतत्तदुपादानेषुप्राणादीनांमलयःपुरुषांतरप्रतीत्याउक्तः विद्वत्प्रतीत्यातुजैवींप्रातिभासिकींदृष्टिसृष्टिमभिप्रेत्यपुरुषएवकलाप्रलयउक्तःतस्माद्युक्त मुक्तंसृष्टिद्वयं १४ वयःपक्षीअव्ययंआकाशादिव्ययंघटादिअपक्षयधर्मि १५ तेषांनरकिन्नरादीनांप्राक्सृष्ट्यांऐश्यांजैव्यांवायथाद्योहिंस्रस्याद्यापिहिंस्रतैवदृश्यते एवंपूर्वकल्पेहिंस्रस्यपुनःकल्पांतरेऽपिहिंस्रत्वमे वानुवर्तते । 'सूर्याचंद्रमसौधातायथापूर्वमकल्पयत् दिवंचपृथिवींचातरिक्षमथोस्वः ' इतिश्रुतिरपिपूर्वकल्पसरूपामेवैश्वरीमपिसृष्टिमाहन्यायोऽपिसमाननामरूपत्वाच्चवृत्तावप्यविरोधइति । प्रतिकल्पमिंद्रादीनांनामानि रूपाणिकर्माणिचसमानान्येवअतस्तद्वाचिनांवैदिकशब्दानांव्रीह्यादिशब्दवज्जातिवाचित्वेनानाधुनिकत्वेनवेदस्यनित्यत्वंनविरुद्ध्यतेइतिसूत्रार्थः प्रतिकल्पंसृष्टिवैरूप्येतुकृतहानाकृताभ्यागमौप्रसज्येतामित्येवकारार्थः

सर्वैसृजतिभूतानिस्थावराणिचराणिच ॥ ततःससृजतिब्रह्मादेवर्षिपितृमानवान् १४ लोकान्नदीःसमुद्रांश्चदिशःशैलान्वनस्पतीन् ॥ नरकिन्नररक्षांसिवयः पशुमृगोरगान् ॥ अव्ययंचव्ययंचैवद्वयंस्थावरजंगमम् १५ तेषांयेयानिकर्माणिप्राक्सृष्ट्यांप्रतिपेदिरे ॥ तान्येवप्रतिपद्यंतेसृज्यमानाःपुनःपुनः १६ हिंस्राहिंस्रेमृदुक्रूरेधर्माधर्मावृताऽनृते ॥ तद्भाविताःप्रपद्यंतेतस्मात्तत्तस्यरोचते १७ महाभूतेषुनानात्वमिंद्रियार्थेषुमूर्तिषु ॥ विनियोगंचभूतानांधातैवविदधात्युत १८ केचित्पुरुषकारंतुप्राहुःकर्मसुमानवाः ॥ दैवमित्यपरेविप्राःस्वभावंभूतचिंतकाः १९ पौरुषंकर्मदैवंचफलवृत्तिस्वभावतः ॥ त्रयएतेऽपृथग्भूतानविवेकंतुकेचन २० एतमेवचनैवंचनचोभेनानुभेनच ॥ कर्मस्थाविषयंब्रूयुःसत्वस्थाःसमदर्शिनः २१

१६ । १७ महाभूतेष्विति । धाताजगदिंद्रजालविस्तारयितानानात्वंशुक्तिरजतवत्प्रतिपुरुषंभिन्नत्वंमहाभूतेषुवियदादिषुइंद्रियार्थेषुरूपादिषुमूर्तिषुद्रव्याकृतिषुभूतानांजीवानांविनियोगंभोक्तृभोग्यभावेनसंबंधंसर्व दृष्टांतार्थमिदंयथासुखाद्यनुभवःप्रतिपुरुषंनानाएवमनुभवविषयोऽपिमहाभूतादिर्नानेत्यर्थः १८ धातैवेत्येवकारव्यावर्त्यान्परपक्षानुपन्यस्यति केचिदिति । कर्मस्वेवपुरुषस्यसामर्थ्यमस्तीतिकर्मैवप्रधानमितिमीमांसकाः । दैवंआदित्याद्याग्रहाएवसदसत्फलदातारइतिदैवज्ञाः । स्वभावएवेतिस्वभाववादिनोबाह्याः १९ एतेषांसमुच्चयमतमाह पौरुषमिति । अपृथग्भूताइतिच्छेदः दैवंकर्मचस्वभावानुगृहीतं फलायवर्ततेऽतस्त्रयएतेसमुदितानतुतेषांविवेकंपृथग्भावंएकैकस्यप्राधान्यंइच्छंतिकेचन २० आर्हतमतमाह एतमितिश्लोकपादत्रयेण । एतंविषयंभूतादीनांनानात्वेकिंकारणमितिचिंताया विषयंगेयमितिविशिष्यनब्रूयुः ननिर्वक्तुंशक्यमित्यर्थः । एवंनचेत्यपिनब्रूयुः अनिर्वाच्यत्वमपिनेत्यर्थः । नन्वेकैकश्येनकर्मदैवयोःकारणत्वंसुवचंदुर्वचंवाऽस्तुसमुच्चितयोस्तुसुवच मित्याशंक्याह उभेचनब्रूयुरिति । अस्तुतर्हितयोरपिदुर्वचमित्याशंक्याह अनुभेचनब्रूयुरिति । उभयव्यतिरिक्तमपिकारणंनेत्यर्थः । कर्मस्थाइत्यार्हतानांयौगिकंनाम तेहिकर्माष्ट कवशादेवजीवानांबंधस्तप्तशिलारोहणादिनानिर्जराख्येनधर्मेणैवचमोक्षइतिवदंति । सिद्धांतमाह सत्वस्थाःसमदर्शिनइति । अयमर्थः । श्रुतौकिंकारणंब्रह्मेत्युपक्रम्य कालः–

स्वभावोनियतिर्यदृच्छाभूतानियोनिःपुरुषइतिचिंत्यमिति कालइतिदैवज्ञानां स्वभावइतिपरिणामवादिनांसांख्यानांनियातीरिति कर्मवादिनांमीमांसकानां यदृच्छेत्यनियमवादिनामार्हतानां भूतानीतिलोकायतानां पु
रुषइतितटस्थेश्वरवादिनांचजगत्कारणविषयेमतान्युपन्यस्य ‘तेध्यानयोगानुगताअपश्यन्देवात्मशक्तिंस्वगुणैर्निगूढाम्’ इत्यनुभवबलेनसिद्धांतःकृतः। देवःप्रकाशमानोयआत्माप्रत्यग्वस्तुतद्गतांशक्तिमेवकारणमाहुः’
स्वगुणैःसत्वरजस्तमोभिर्युक्तामापिपरीक्षादशायांनितरांगूढांतस्याःकार्यमात्मनोजगद्भानंप्रत्यक्षंसातुनप्रत्यक्षारज्जूरगहेत्वज्ञानवदितिश्रुत्यर्थस्तदेतदाह सत्वस्थाःरजस्तमोरहितेन्तःकरणेसत्वेसंप्रज्ञातावस्थायांतिष्ठं
तितेसत्वस्थायोगिनःसमंब्रह्मैवकारणत्वेनद्रष्टुंशीलंयेषांतेसमदर्शिनःब्रह्मैवकारणमितिपश्यंतीत्यर्थः २१ ब्रह्मप्राप्तेःसाधनंफलंचाह सार्धद्वाभ्यां तपइति। तपोयोगः निःश्रेयसंमोक्षहेतुःशमोमनोनिग्रहः दमोबाह्येंद्रिय
निग्रहः तेनतपसा तथाचश्रुतियोंगिनांसर्वसकामावाप्तिंदर्शयति ‘विशुद्धसत्वःकामयतेयांश्चकामांस्तंतंलोकंजयतेतांश्चकामान्’इति जयतेप्राप्नोति कामान्विषयान् २२ तपसेति। ततब्रह्मदर्शनंब्रह्मभावःसर्वेश्वरत्वंचयो
गस्यैवफलामित्यर्थः २३ अध्यैषंतप्राग्जन्मन्यधीतान्योगबलेनैवस्मृतवंतः अनादीतिश्लोकस्यउत्तरार्धेआदौवेदमयीदिव्यायतःसर्वाःप्रवृत्तयइतिज्ञेयं क्वचित्तददर्शनेऽपिशारीरकसूत्रभाष्यादौपुस्तकांतरेषुचदर्शनात्
स्वयंभुवा’ ‘योब्रह्माणंविदधतिपूर्वंयोवैवेदांश्चप्रहिणोतितस्मै, इतिश्रुतेः पेरमेश्वराल्लब्धवेदेनउत्स्रष्टाशिष्यप्रशिष्यसंप्रदायक्रमेणप्रवार्तिता२४।२५वेदशब्देभ्यएवेति। लोकेहिदृष्टादृष्टद्वारकंशब्दानामर्थकारणत्वंक्लृप्तंयथा

तपोनिःश्रेयसंजंतोस्तस्यमूलंशमोदमः ॥ तेनसर्वानवाप्नोतियान्कामान्मनसेच्छति २२ तपसातदवाप्नोतियद्भूतंसृजते
जगत् ॥ सतद्भूतश्चसर्वेषांभूतानांभवतिप्रभुः २३ ऋषयस्तपसावेदानध्यैषंतदिवानिशम् ॥ अनादिनिधनाविद्यावागुत्सृष्टा
स्वयंभुवा २४ ऋषीणांनामधेयानियाश्चवेदेषुसृष्टयः ॥ नानारूपंचभूतानांकर्मणांचप्रवर्तनम् २५ वेदशब्देभ्यएवादौनिर्मि
मीतेसईश्वरः ॥ नामधेयानिचर्षिणांयाश्चवेदेषुसृष्टयः ॥ शर्वर्यन्तेसुजातानामन्येभ्योविदधात्यजः २६ नामभेदतपः
कर्मयज्ञाख्यालोकसिद्धयः ॥ आत्मसिद्धिस्तुवेदेषुप्रोच्यतेदशभिःक्रमैः २७

विष्णवादिमूर्तिंसिसृक्षतःशिल्पिनस्तदाकृतिप्रतिपादकागमस्मरणंमूलं यथावा तक्षकदष्टंवटंजीवयितुमिच्छतोविषघ्नमंत्रोच्चारणं इंद्रजालपुरंसिसृक्षतोवाशाबरमंत्रोच्चारणमेवामिहापिसभूरितिव्याहरन्सभूमिमसृजतोतिश्रु
त्यादृष्टद्वारंवार्थोत्पत्तिंप्रतिशब्दस्यहेतुत्वमुक्तं। तथा‘एतइतिवैप्रजापतिर्देवानसृजत असृग्रमितिमनुष्यान् इदंवइतिपितृन् तिरःपवित्रमितिग्रहान् आशवइतिस्तोत्रं विश्वानीतिशस्त्रं अभिसौभगायेत्यन्याःप्रजाः’ इतिश्रु
तेस्तत्तत्पदोच्चारणतएवदेवादिसृष्टिर्गम्यते नतुतत्तदर्थस्मारकत्वरूपदृष्टद्वारेति सर्वथापिवेदशब्दादेवसृष्टिरित्यर्थः। शर्वर्यंतेसर्गादावित्यर्थः २६ नामेति। आत्मसिद्धिरात्मनोमुक्तिर्दशभिःक्रमैःसाधनैर्नामादि
भिःसहितावेदेषुप्रोच्यते तत्रनामवाऋग्वेदइत्यादिश्रुतेर्नामेतिवेदाध्ययनं भेदःअर्धोवाएषआत्मनोयत्पत्नीतिश्रुतेःपूर्वकृत्स्नस्यसतोदारकरणेनार्धत्वसंपादनं गार्हस्थ्यमितियावत् । तपःकृच्छ्रचांद्रायणादिवान
प्रस्थाश्रमइत्यर्थः कर्मसंध्योपासनादिसर्वाश्रमसाधारणं । यज्ञोज्योतिष्टोमादिः । आख्याकीर्तिकरंतटाकारामाद्यापूर्ताख्यं । आलोकआलोचनंमानसोध्यानादिधर्मः । सचत्रिविधः यज्ञांगेष्वश्वादिषुउ
षावाअश्वस्यमेध्यस्यशिरइत्यादिशास्त्रविहिताविराडादिसृष्टिरेका । अध्यात्मंजाठरादिप्रतीकेषुवैश्वानराख्यकारणब्रह्मदृष्टिरपराविधा दहराद्यहंग्रहोपास्त्याशुद्धस्वरूपावगतिस्तृतीया । ततश्चसिद्धिःकैवल्या
ख्याजीवतएवमुक्तिरितिदशाभिःक्रमैःक्रम्यतेउल्लंघ्यतेसंसारदुःखमेभिस्तैः २७

इतोऽप्यंतरंगंमोक्षसाधनमाह यदुक्तमिति । गहनंदुरवगाहंब्रह्मवेदवादेषुवेदोक्तकर्मसुप्रस्तावाद्दिदेवतात्वेनोक्तं । तदंतेषुवेदवादांतेषूपानिषत्सुचयथायुक्तंविस्पष्टतरमुक्तंतद्ब्रह्मक्रमयोगेनपूर्वोक्तेननामादिदशकेनलक्ष्यते । तत्त्वमस्यादिवाक्येभ्यस्तत्त्वंपदवाच्यार्थयोर्विशेषणांशभूतमायांतःकरणांशप्रहाण्यासोऽयंदेवदत्तइत्यत्रतदेतद्देशकालरूपविशेषणांशप्रहाण्याऽखंडंदेवदत्तस्वरूपमिवप्रत्यगभिन्नंब्रह्मलक्ष्यतेनतुशब्देनशृंगग्राहिकयाअयंगौरयंमहिषइतिवदावेद्यते । यतोवाचोनिवर्ततइतिश्रुतेर्ब्रह्मणोऽपदार्थत्वादवाक्यार्थत्वाच्च २८ तत्रब्रह्मणोलक्ष्यंस्वरूपंदर्शयति कर्मजइति । देहिनःदेहाभिमानिनोजीवस्यपृथग्भावःपृथक्त्वंद्वैतदर्शनमितियावत् तत्कर्मजंकर्मोपरमेसुप्तौसमाधौचनास्तीत्यर्थः द्वंद्वैःसुखदुःखशीतोष्णमानापमानादिभिर्युक्तं तंचपृथक्भावमात्मसिद्धिरात्ममोक्षरूपःपुरुषः । एतेनमुक्तमोक्षयोरभेदवचनेनानागंतुकंस्वस्वरूपमात्रंमुक्तिरित्युक्तं । विज्ञानात्सम्यग्वाक्यजाज्ज्ञानात्जहातिज्ञातृज्ञानज्ञेयभावंरूपभेदंत्यजतीत्यर्थः २९ भेदत्यागोपायमाह द्वेइति । शब्दब्रह्मप्रणवः निष्णातःप्रणवोपास्तिकुशलः परंमात्रात्रयातीतंतुरीयम् ३० प्रणवोपास्तिमेवेतरनिंदापूर्वकंस्तौति आलंभेति । आलंभःपशुहिंसा हविर्व्रीह्यादिकं परिचारस्त्रैवर्णिकसेवा तपोब्रह्मोपासनम् ३१ विधिरप्रवृत्तप्रवर्तनं तच्चत्रेतायामेवनतुकृते स्वतएवतत्रतत्सिद्धेः ।

यदुक्तंवेदवादेषुगहनंवेददर्शिभिः॥ तदंतेषुयथायुक्तंक्रमयोगेनलक्ष्यते २८ कर्मजोऽयंपृथग्भावोद्वंद्वयुक्तोऽपिदेहिनः॥तमात्मसिद्धिर्विज्ञानाज्जहातिपुरुषोबलात् २९ द्वेब्रह्मणीवेदितव्येशब्दब्रह्मपरंचयत्॥ शब्दब्रह्मणिनिष्णातःपरंब्रह्माधिगच्छति ३० आलंभयज्ञाःक्षत्राश्चहविर्यज्ञाविशःस्मृताः ॥ परिचारयज्ञाःशूद्रास्तुतपोयज्ञाद्विजातयः ३१ त्रेतायुगेविधिस्त्वेषयज्ञानांनकृतेयुगे ॥ द्वापरेविप्लवंयांतियज्ञाःकलियुगेतथा ३२ अपृथग्धर्मिणोमर्त्याऋक्सामानियजूंषिच ॥ काम्याइष्टीःपृथग्दृष्ट्वातपोभिस्तपएवच ३३ त्रेतायांतुसमस्तायेप्रादुरासन्महाबलाः ॥ संयन्तारःस्थावराणांजंगमानांचसर्वशः ३४ त्रेतायांसंहतावेदायज्ञावर्णाश्रमास्तथा ॥ संरोधादायुषस्त्वेतेभ्रश्यंतेद्वापरेयुगे ३५ दृश्यंतेनचदृश्यंतेवेदाःकलियुगेऽखिलाः ॥ उत्सीदंतेसयज्ञाश्चकेवलाऽधर्मपीडिताः ३६ कृतेयुगेयस्तुधर्मोब्राह्मणेषुप्रदृश्यते ॥ आत्मवत्सुतपोवत्सुश्रुतवत्सुप्रतिष्ठितः ३७ सधर्मव्रतसंयोगंयथाधर्मंयुगेयुगे ॥ विक्रियतेस्वधर्मस्थावेदवादायथागमम् ३८

अत्रधर्ममनुतिष्ठन्पुरुषःकृतंधर्मानुष्ठानमारभमाणस्त्रेताआरब्धुमिच्छन्द्वापरस्तद्विमुखःकलिरितिपूर्वोदाहृतश्रुत्यर्थोनविस्मर्तव्यः ३२ त्रेतायुगेइत्येतंश्लोकंव्याचष्टेऽपृथगित्यादिना । पृथग्धर्मःपृथक्त्वंभेदस्तद्वंतःपृथग्धर्मिणोऽद्वैतनिष्ठामर्त्यास्तपएवयोगमेवकृतयुगेऽनुतिष्ठंतीतिशेषः । ऋगादीनिकाम्याइष्टीश्चसौर्यंचरुंनिर्वपेद्ब्रह्मवर्चसकामइतिशास्त्रोक्ताःपृथक्तपोभिरालोचनैर्दृष्ट्वातत्फलमनात्मभूतस्वर्गादिरूपंदृष्ट्वातत्परित्यज्ययोगपराएवबभूवुरित्यर्थः ३३ त्रेतायांधर्मेनृणांस्वतःप्रवृत्त्यभावात्तत्रसंयंतारोधर्मशास्तारोवेदाश्चसंहतायज्ञाद्यनुष्ठापनायसन्नद्धाआसन्नितिसार्धश्लोकार्थः ३४ संरोधादितिसार्धःस्पष्टार्थः ३५ । ३६ कृतादिशब्दानांकालवाचित्वंसिद्धवत्कृत्याह कृतेइति । कृतयुगेयश्चतुष्पाद्धर्मउक्तःसइदानीमपिब्राह्मणेषुदृश्यतेऽतस्तेएवकृतयुगरूपाइतिभावः । आत्मवत्सुजितचित्तेषु तपोवत्सुयोगनिष्ठेषु श्रुतवत्सुवेदांतश्रवणादिमत्सु ३७ त्रेतायुगव्यवहारमाह सधर्मेति । यथाधर्ममाचाराद्यनतिक्रम्यस्वधर्मस्थाऽग्निहोत्रादिपराःयेवेदान्वदंतितेवेदवादाःवैदिकाः । यथागमंवेदोक्तप्रमाणेन धर्मोयज्ञादिस्तत्सहितंव्रतमेकादश्युपवासादिसंयोगस्तीर्थक्षेत्रप्राप्त्यादितत्सर्वंतैर्विक्रियतेकामपूर्वकंक्रियते । वैदिकाअपिस्वर्गकामाएवयक्ष्यंतेद्वापरेपुत्रादिकामाएवकलौशत्रुमरणादिकामाएवेतियुगेयुगेइत्यस्यार्थः ३८

तिष्ठंतीतिस्थानिस्थावराणि जंगमानिचस्थानिचजंगमस्थानि भूयांसिवृद्धिमत्तराणि तथायुगेयुगेधर्मोअधर्मश्चवर्धंतेह्रसंतिच ३९ ऋतुलिंगानिशीतोष्णादीनितथाब्रह्महरादिष्वपिसृष्टिसंहारसामर्थ्यानिवर्धंतेह्रसं
तिचेत्यर्थः ४० कालनानात्वंचतुर्युगात्मकस्यपुरुषस्यनानात्वंधर्मादिवृद्धिभेदेनपृथक्त्वंतच्चानादिनिधनंसत्प्रजाःसूतेवर्धयत्यत्तिचसंहरतिच ४१ दधातीति । यानिभूतानिचतुर्विधानिस्वभावेनैवद्वंद्वयुक्तानिसुख
दुःखादिमंतिवर्ततेतेषांभूतानांसमयःकालःस्थानमधिष्ठानंमतम् । सएवचतानिभूतानिदधातिधारयतिपोषयतिच । तथासएवभूतानिभवति स्वयमेवभूतात्मेत्यर्थः ४२ सर्गेति । समयएवसर्गादिकंदधाति भवती
तिचानुषज्ज्यते नकेवलंभूतात्मैवकालोऽपितुसर्गाद्यात्माऽपीत्यर्थः । सर्गःसृष्टिः कालोदर्शादिः क्रियायज्ञश्राद्धादिः वेदास्तत्प्रकाशकाः कर्तातदनुष्ठाता कार्यंदेहादिपरिस्पंदः क्रियाफलंस्वर्गः सर्वमेतत्कालात्मापुरुष
एवेत्यर्थः तथाचश्रुतिः।पुरुषएवेदंसर्वमिति४३॥इति श्रीमहाभारते शांतिपर्वणि मोक्षधर्मपर्वणि नीलकंठीये भारतभावदीपे द्वात्रिंशदधिकद्विशततमोऽध्यायः॥२३२॥ ॥ क्रमप्राप्तंप्रलयमाह प्रत्याहारमिति।प्रतीपप्रवृत्त

यथाविश्वानिभूतानिवृष्ट्याभूयांसिप्रावृषि ॥ सृज्यंतेजंगमस्थानितथाधर्मायुगेयुगे ३९ यथर्तुष्वृतुलिंगानिनानारूपाणिपर्यये ॥ दृश्यंतेतानितान्येवतथाब्र
ह्महरादिषु ४० विहितंकालनानात्वमनादिनिधनंतथा ॥ कीर्तितंतत्पुरस्तात्तेतत्सूतेचात्तिचप्रजाः ४१ दधातिभवतिस्थानंभूतानांसमयोमतम् ॥ स्वभावे
नैववर्तन्तेद्वंद्वयुक्तानिभूरिशः ४२ सर्गकालक्रियावेदाःकर्ताकार्यंक्रियाफलम् ॥ प्रोक्तंतेपुत्रसर्वंवैयन्मांत्वंपरिपृच्छसि ४३ ॥ इतिश्रीमहाभारते शांति०
मोक्षधर्मपर्वणिशुकानुप्रश्ने द्वात्रिंशदधिकद्विशततमोऽध्यायः २३२ ॥ व्यासउवाच ॥ प्रत्याहारंतुवक्ष्यामिशर्वर्यादौगतेऽहनि ॥ यथेदंकुरुतेऽध्यात्मंसुसूक्ष्मं
विश्वमीश्वरः १ दिविसूर्यस्तथासप्तदहंतिशिखिनोऽर्चिषः ॥ सर्वमेतत्तदार्चिर्भिःपूर्णंजाज्वल्यतेजगत् २ पृथिव्यांयानिभूतानिजंगमानिध्रुवाणिच ॥ तान्ये
वाग्रेप्रलीयंतेभूमित्वमुपयांतिच ३ ततःप्रलीनेसर्वस्मिन्स्थावरेजंगमेतथा ॥ निर्वृक्षानिस्तृणाभूमिर्दृश्यतेकूर्मपृष्ठवत् ४ भूमेरपिगुणंगंधमापआददतेयदा ॥
आत्तगंधातदाभूमिः प्रलयत्वायकल्पते ५ आपस्तत्रप्रतिष्ठंतिऊर्मिमत्योमहास्वनाः ॥ सर्वमेवेदमापूर्यतिष्ठंतिचचरंतिच६ अपामपिगुणंतातज्योतिराददतेयदा॥
आपस्तदात्वात्तगुणाज्योतिःषूपरमंतिवै ७ यदाऽऽदित्यंस्थितंमध्येगूहंतिशिखिनोऽर्चिषः ॥ सर्वमेवेदमर्चिर्भिःपूर्णंजाज्वल्यतेनभः ८ ज्योतिषोऽपिगुणंरूपं
वायुराददतेयदा ॥ प्रशाम्यतिततोज्योतिर्वायुर्दोधूयतेमहान् ९ ततस्तुस्वनमासाद्यवायुःसंभवमात्मनः ॥ अधश्चोर्ध्वंचतिर्यक्चदोधवीतिदिशोदश १०
वायोरपिगुणंस्पर्शमाकाशंग्रसतेयदा ॥ प्रशाम्यतितदावायुःखंतुतिष्ठतिनादवत् ११ अरूपमरसस्पर्शमगंधंनचमूर्तिमत् ॥ सर्वलोकप्रणदितंखंतुतिष्ठतिना
दवत् १२ आकाशस्यगुणंशब्दमभिव्यक्तात्मकंमनः ॥ मनसोव्यक्तमव्यक्तंब्राह्मःसंप्रतिसंचरः १३

त्तिक्रमविपरीतमाहरणंप्रत्याहारः ईश्वरःकालात्मा अध्यात्ममात्मनिसुसूक्ष्मंकारणावस्थम् १ संकर्षणमुखोद्भूतस्याशिखिनोऽग्नेरर्चिषःसप्तेतिसंबंधः अर्चिर्भिःसौरीभिराग्नेयीभिश्चज्वालाभिः२ध्रुवाणिस्थावराणि३।४
गंधंकाठिन्यहेतुं घृतवद्भूमिःकाठिण्यंत्यक्त्वाजलमात्रंभवतीत्यर्थः । प्रलयत्वायकारणभावाय ५ । ६ आपोऽप्यात्तगुणाअग्निनाशोषितरसाअग्निमात्रंभवंति:७।८ रूपंवायुराददते आङ्पूर्वस्यददादानेइत्यस्यरूपम्
९ स्वनंशब्दतन्मात्रम् १० नादःशब्दस्यपूर्वरूपंवर्णविभागहीनम् ११ सर्वेषुलोकेषुवाय्वादिषुदृश्येषुप्रणदितंशब्दोयस्यतत्तथा१२मनसःसकाशाद्व्यक्तंस्फुटीभूतंशब्दंमनोग्रसति अतोमनएवाऽभिव्यक्तात्मकंशब्दादि
स्थूलसर्वदृश्यरूपं स्वतस्त्वव्यक्तंसूक्ष्मं एषमनोऽवसानःप्रतिसंचरःप्रलयः । ब्राह्मःविराट्संबंधी 'मनःप्रजापतिमसृजत' इतिश्रुतेःमनःकल्पितोविराण्मनस्येवलीयतइत्यर्थः १३

सूत्रात्मप्रलयमाह तदात्मगुणमितिद्वाभ्यां । तद्विराडुपादानमस्मदीयंपरिच्छेदाभिमानिमनोमुख्यंकर्म आत्मगुणंनिःसीमज्ञानवैराग्यैश्वर्यधर्मात्मकंगौणंकर्माऽऽविश्य अंतर्भावितण्यर्थोऽयं प्रवेश्यग्रसतिचंद्रमाःहैरण्यगर्भीयंसमष्टिमनः एवंव्यष्टिमनस्युपरतेसतिकुत्रचंद्रमस्यधिष्ठानेततश्चोपतिष्ठते एनंपुरुषं आत्मगुणइतिशेषः अयमर्थः । द्वेब्रह्मणीवेदितव्येइत्युपक्रमात्परब्रह्मप्राप्तिकामः प्रणवाख्यमपरंब्रह्मोपासीनोभूतशुद्ध्यायुक्तक्रमेणस्थूलभूतात्मकंविराजमकारार्थंसंहृत्यसर्वात्मनास्थूलदेहंविस्मृत्यमनोमात्रेणावस्थायेतियावत्तत्त्वमुक्तबंधनंमनश्चंद्रसंज्ञमुकारार्थतांप्रतिपन्नंसदैश्वर्ययुक्तंभवति यथोक्तं ‘विगतवासनमाशुविपाशतामुपगतंमनआत्मतयोदितं ॥ यदभिवांछतितद्भवतिक्षणात्सकलशक्तिमयोहिमहेश्वरइति’इति १४ तंतुचंद्राख्यसमष्टिमनउपाधिंसंकल्पंसंकल्पमात्रशरीरमुकारार्थंमहताकालेनवशीकुरुतेमकारार्थेकारणेप्रविलापयतियोगी । यतःससंकल्पश्चित्तंविचारात्मिकांचेतोवृत्तिंग्रसत्यतःसंकल्पनिरोधोदुःशकः । तच्चसंकल्पवशीकरणंमकारार्थत्वेनाहमेवेदंसर्वोस्मीत्येवंरूपेणावस्थानमेवज्ञानमनुत्तमंश्रेष्ठं १५ ईशस्यापिलयमाहद्वाभ्यां कालइति । कालोऽर्धमात्रार्थःशोधितत्वंपदार्थः अस्मीत्येतावन्मात्रप्रत्ययात्मा विज्ञानमुक्तलक्षणंसार्वात्म्यानुभवात्मकमीशंगिरतिगिलतिग्रसतीत्यर्थः । कालमपिबलाख्याशक्तिर्ग्रसति अयमर्थः । अर्धमात्रायाःपरतोबिंदुनादशक्तिशांताख्याश्चतस्रोऽवस्थाः तत्राकारउकारमकारानपेक्ष्याऽर्धमात्रातुरीयंतामप्यपेक्ष्यशक्तिर्व्युत्थानवतीजीवन्मुक्त्याख्यातुरीया । शांतातुविदेहकैवल्यंपुनरुत्थानाभावान्नगणनीया । तथाचईश्वरग्रासस्तुरीयस्तुरीयइतिश्रुतिः अस्याअर्थः विश्वतैजसप्राज्ञतुरीयेष्वकारोकारमकारार्धमात्रार्थेषुप्रत्येकमेकैकस्मिन्विश्वादिचतुष्टयमस्तितेनषोडशभेदाभवंति । तत्रतुरीयोऽव्यक्तरूपोजागरणंबिंदुनादशक्त

तदात्मगुणमाविश्यमनोग्रसतिचंद्रमाः ॥ मनस्युपरतेचापिचंद्रमस्युपतिष्ठते १४ तंतुकालेनमहतासंकल्पंकुरुतेवशे ॥ चित्तंग्रसतिसंकल्पस्तच्चज्ञानमनुत्तमम् १५ कालोगिरतिविज्ञानंकालंबलमितिश्रुतिः ॥ बलंकालोग्रसतितुतंविद्याकुरुतेवशे १६ आकाशस्यतदाघोषंतंविद्वान्कुरुतेऽऽत्मनि ॥ तदव्यक्तंपरंब्रह्मतच्छाश्वतमनुत्तमम् ॥ एवंसर्वाणिभूतानिब्रह्मैवप्रतिसंचरः १७ यथावत्कीर्तितंसम्यगेवमेतदसंशयम् ॥ बोध्यंविद्यामयंदृष्ट्वायोगिभिःपरमात्मभिः १८

यउत्तरोत्तरंसूक्ष्मत्वात्स्वप्नसुषुप्तितुरीयरूपाः । तत्रमकारार्थस्यईश्वरस्यग्रासस्तुरीयोऽर्धमात्रातस्यापितुरीयःशक्तिरितिसाशक्तिरिहबलशब्देनोच्यते बिंदुनादयोःकालेएवांतर्भावंविवक्षित्वाकालंबलमित्युक्तम् । अत्रशंकते बलंकालोग्रसतितिवितितुशब्दउक्तार्थनिवारणार्थः । अस्मीतिजीवानुभवेनब्रह्मणोपलापःक्रियतइत्यर्थः । उत्तरमाह तमिति । तंकालंविद्यानेहनानास्तिकिंचनेतिशास्त्ररूपाअस्मीत्यस्यापिबाधिकासुषुप्त्यादिदृष्टांतेनवशेकुरुते । अस्मिताप्रलयस्यसुषुप्त्यादौप्रत्यक्षत्वान्नतद्विशिष्टआत्मेत्यर्थः १६ विद्याक्रममाह आकाशस्येति । यदाविद्याकालंवशेकुरुतेतदाआकाशस्यगुणंघोषंनादमर्धमात्राबिंदुनादक्रमेणतुरीयस्यतृतीयमीश्वरमात्मनितुर्रीयेकुरुतेप्रविलापयति । तद्घोषलयाधिष्ठानमव्यक्तंघोषादप्यतीतत्वात्परंघोषांतशब्दब्रह्मापेक्षयाश्रेष्ठं तदेवचशाश्वतंनित्यनिर्मुक्तं अनुत्तमंनास्त्युत्तमंचरमंयस्मात्तत्तथा । पुरुषान्नपरंकिंचित्साकाष्ठासापरागतिरितिश्रुतेः । एवमिति । एवंप्रतिसंचरःप्रलयउक्तः तत्स्वरूपंतुसर्वाणिभूतानिनब्रह्मैवेतिबाधायांसामानाधिकरणम् । रज्जूरगवदीश्वरांतसर्वभूतबाधेनब्रह्मैवावशिष्यतेसप्रलयोनतुघटध्वंसवन्निवृत्तिमात्रम् १७ एतदेवशास्त्रप्रतिपाद्यंवस्तुतत्त्वमित्याह यथावदिति । बोध्यंबोधयितुंयोग्यमन्वर्थनामानंशिष्यं विद्यामयमत्यौत्कंठ्येनविद्यार्थित्वात् विद्यामयंदृष्ट्वाज्ञात्वाकीर्तितम् । ‘ब्रह्मविद्ब्रह्मैवभवति’ इतिश्रुतेःपरमात्मविच्चाद्योगिनःपरमात्मानइतिदर्शयितुंपरमात्मभिरितितद्विशेषणम् १८

उपसंहरति एवमिति। विस्तारसंक्षेपौसृष्टिप्रलयावुक्ताविति शेषः ब्रह्माव्यक्तेप्रणवप्रत्यगात्मानावुपायोपेयौ पुनःपुनर्युगसहस्रांतेरात्रिस्तथैवाहश्च १९ ॥ इति शांतिपर्वणि मोक्षधर्मपर्वणि नीलकंठीये भारतभावदीपे
त्रयस्त्रिंशदधिकद्विशततमोऽध्यायः ॥ २३३ ॥ ॥अस्यैवार्थस्यवैशद्यायविस्तरेणसांख्ययोगौविवक्षंस्तदधिकारिणंनिरूपयत्यध्यायद्वयेन भूतग्रामेनियुक्तंयदित्यादिना १ । २ । ३ । ४ । ५ । ६ । ७ । ८

एवंविस्तारसंक्षेपौब्रह्माव्यक्तेपुनःपुनः ॥ युगसाहस्रयोरादावहोरात्रस्तथैवच१९॥ इतिश्रीमहाभारते शांतिपर्वणि मोक्षधर्मपर्वणि शुकानुप्रश्ने त्रयस्त्रिंशदधिक
द्विशततमोऽध्यायः ॥२३३॥ व्यासउवाच ॥ भूतग्रामेनियुक्तंयत्तदेतत्कीर्तितंमया ॥ ब्राह्मणस्यतुयत्कृत्यंतत्तेवक्ष्यामितच्छृणु १ जातकर्मप्रभृत्यस्यकर्मणां
दक्षिणावताम् ॥ क्रियास्यादासमावृत्तेराचार्येवेदपारगे २ अधीत्यवेदानखिलान्गुरुशुश्रूषणेरतः ॥ गुरूणामनृणोभूत्वासमावर्तेतयज्ञवित् ३ आचार्येणाभ्यनु
ज्ञातश्चतुर्णामेकमाश्रमम् ॥ आविमोक्षाच्छरीरस्यसोऽवतिष्ठेद्यथाविधि ४ प्रजासर्गेणदारैश्चब्रह्मचर्येणवापुनः ॥ वनेगुरुसकाशेवायतिधर्मेणवापुनः ५ गृहस्थ
स्त्वेषधर्माणांसर्वेषांमूलमुच्यते ॥ यत्रपक्वकषायोहिदांतःसर्वत्रसिध्यति ६ प्रजावान्श्रोत्रियोयज्वामुक्तएवऋणैस्त्रिभिः ॥ अथान्यानाश्रमान्पश्चात्पूतोगच्छेतक
र्मभिः ७ यत्पृथिव्यांपुण्यतमंविद्यात्स्थानंतदावसेत् ॥ यतेततस्मिन्प्रामाण्यंगंतुंयशसिचोत्तमे ८ तपसावासुमहताविद्यानांपारणेनवा ॥ इज्ययावाप्रदानैर्वावि
प्राणांवर्धतेयशः ९ यावदस्यभवत्यस्मिन्कीर्तिर्लोकेयशस्करी ॥ तावत्पुण्यकृताँल्लोकाननंतान्पुरुषोऽश्नुते १० अध्यापयेदधीयीतयाजयेतयजेतवा ॥ नवृथाप्र
तिगृह्णीयान्नचदद्यात्कथंचन ११ याज्यतःशिष्यतोवाऽपिकन्यायावाधनंमहत् ॥ यदागच्छेद्यजेद्दद्यान्नैकोऽश्नीयात्कथंचन१२ गृहमावसतोह्यस्यनान्यत्तीर्थंप्रतिग्र
हात् ॥ देवर्षिपितृगुर्वर्थंवृद्धातुरबुभुक्षताम् १३ अंतर्हितारितप्तानांयथाशक्तिबुभूषताम् ॥ द्रव्याणामतिशक्त्याऽपिदेयमेषांकृतादपि १४ अर्हतामनुरूपाण।
नादेयंह्यस्तिकिंचन ॥ उच्चैःश्रवसमप्यश्वंप्रापणीयंसतांविदुः १५ अनुनीययथाकामंसत्यसंधोमहाव्रतः ॥ स्वैःप्राणैर्ब्राह्मणप्राणान्परित्रायदिवंगतः १६ रंतिदेव
श्चसांकृत्योवासिष्ठायमहात्मने॥ अपःप्रदायशीतोष्णानाकपृष्ठेमहीयते१७आत्रेयश्चेंद्रदमनोह्यर्हतेविविधंधनम्॥ दत्त्वालोकान्ययौधीमाननंतान्समहीपतिः १८
शिबिरौशीनरोंगानिसुतंचप्रियमौरसम् ॥ ब्राह्मणार्थमुपाहृत्यनाकपृष्ठमितोगतः १९ प्रतर्दनःकाशिपतिःप्रदायनयनेस्वके ॥ ब्राह्मणायातुलांकीर्तिमिहचामुत्र
चाश्नुते २० दिव्यमष्टशलाकंतुसौवर्णंपरमर्धिमत् ॥ छत्रंदेवावृधोदत्वासराष्ट्रोऽभ्यपतद्दिवम् २१ सांकृतिश्चतथाऽत्रेयःशिष्येभ्योब्रह्मनिर्गुणम् ॥ उपदिश्यमहा
तेजागतोलोकाननुत्तमान् २२ अंबरीषोगवांदत्वाब्राह्मणेभ्यःप्रतापवान् ॥ अर्बुदानिदशैकंचसराष्ट्रोऽभ्यपतद्दिवम् २३ सावित्रीकुंडलेदिव्येशरीरंजनमेजयः॥
३८ ब्राह्मणार्थेपरित्यज्यजग्मतुर्लोकमुत्तमम् २४ सर्वरत्नंवृषादर्भिर्युवनाश्वःप्रियाःस्त्रियः ॥ रम्यमावसथंचैवदत्त्वास्वर्लोकमास्थितः २५

९ । १० । ११ । १२ । १३ कृतात्पकान्नादपि १४ । १५ । १६ । १७ । १८ । १९ । २० । २१ । २२ । २३ । २४ । २५

म.भा.टी २६।२७।२८।२९।६०।३१।३२।३३।३४।३५।३६।३७।३८॥ इति शांतिपर्वणि मोक्षधर्मपर्वणि नीलकंठीये भारतभावदीपे चतुःषष्टिदधिकद्विशततमोऽध्यायः॥ २३४॥ सां.नो.१२

॥१११॥ निमीराष्ट्रूंश्चैवैदेहोजामदग्न्योवसुंधराम्॥ ब्राह्मणेभ्योददौचापिगयश्चोर्वीसंपत्तनाय२६अवर्षतिचपर्जन्येसर्वभूतानिनिभूतकृत्॥ वसिष्ठोजीवयामासप्रजापतिरिव
अ०
प्रजाः २७ करंधमस्यपुत्रस्तुकृतात्मामरुतस्तथा॥ कन्यामांगिरसेदत्तादिवमाशुजगामह २८ बह्वदत्तश्चपांचाल्योराजाबुद्धिमतांवरः॥ निर्धिंशंखंद्विजाग्रे
भ्योदत्त्वालोकानवाप्तवान् २९ राजामित्रसहश्चापिवसिष्ठायमहात्मने॥ मदयंतींप्रियांदत्त्वातयासहदिवंगतः ३० सहस्रजिच्चराजर्षिःप्राणानिष्टान्महायशाः॥
ब्राह्मणार्थेपरित्यज्यगतोलोकाननुत्तमान् ३१ सर्वकामैश्वरसंपूर्णंदत्त्वावेश्महिरण्मयम्॥ मुद्गलायगतःस्वर्गंशतंधुम्रोमहीपतिः ३२ नाम्राच्युतिमान्नामशाल्वराजः॥१२३५॥
प्रतापवान्॥ दत्त्वाराज्यमृचीकायगतोलोकाननुत्तमान्३३ लोमपादश्चराजर्षिःशांतांदत्त्वासुतांप्रभुः॥ ऋष्यशृंगायविपुलेःसर्वकामैरयुज्यत ३४ मदिराश्वश्च
राजर्षिर्दत्त्वाकन्यांसुमध्यमाम्॥हिरण्यहस्तायगतोलोकान्देवैरभिष्टुतान्३५दत्त्वाशतसहस्रंतुगवांराजाप्रसेनजित्।सवत्सानांमहातेजागतोलोकाननुत्तमान्।
३६ एतेचान्येचबहवोदानेनतपसैवच॥ महात्मानोगताःस्वर्गंशिष्टात्मानोजितेंद्रियाः ३७ तेषांप्रतिष्ठिताकीर्तिर्यावत्स्थास्यतिमेदिनी॥ दानयज्ञप्रजासर्गैरे
तेहिदिवमाप्नुवन् ३८॥ इतिश्री० शांति०मो०शुकानुप्रश्ने चतुस्त्रिंशदधिकद्विशततमोऽध्यायः॥२३४॥ व्यासउवाच॥ त्रयींविद्यामवेक्षेतवेदेषूकामथांगतः॥
ऋक्सामवर्णाऽक्षरतोयजुषोऽथर्वणस्तथा १ तिष्ठत्येतेषुभगवान्पदसुकर्मसुसंस्थितः॥वेदवादेषुकुशलाह्यध्यात्मकुशलाश्च्ये२ सत्त्ववंतोमहाभागाःपश्यंतिप्रभवा
प्ययौ॥ एवंधर्मेणवर्तेतकियांशिष्टवदाचरेत् ३ असंरोधेनभूतानांवृत्तिंलिप्सेतवैद्विजः॥ सद्भ्यश्चआगतविज्ञानःशिष्टःशास्त्रविचक्षणः ४ स्वधर्मेणक्रियालोकेकर्मस
त्वस्थसंचरः॥तिष्ठतेतेषुगृहवान्पदसुकर्मसुसद्द्विजः ५ पंचभिःसततंयज्ञैःश्रद्धानोयजेतच॥ धृतिमान्प्रमत्तश्चदांतोधर्मविदात्मवान् ६ वीतहर्षमदक्रोधोब्राह्मणो
नावसीदति॥दानमध्ययनंयज्ञस्तपोहीराजर्वंदम ७एतैर्वर्ध्यतेतेजःपाप्मानंचापकर्षति॥धूतपाप्माचमेधावीलब्ध्वाहारोजितेंद्रियः ८ कामक्रोधौवशेकृत्वानिनीं
षेद्ब्रह्मणःपदम्॥ अग्नींश्चब्राह्मणांश्चार्चेदेवताःप्रणमेतच ९ वर्जयेदुशतींवाचंहिंसांचाधर्मसंहिताम्॥ एषापूर्वेगतावृत्तिर्ब्राह्मणस्यविधीयते१० ज्ञानागमेनकर्मा
णिकुर्वन्कर्मसुसिद्ध्यति॥पंचेंद्रियजलांघोरांलोभकूलांसुदुस्तराम्११मन्युपंकामनाद्घृष्यांनदींतरतिबुद्धिमान्॥ कालमभ्युचतंपश्येन्नित्यमत्यंतमोहनम्१२ मह
तावधिदृष्टेनबलेनाप्रतिघातिना॥स्वभावस्रोतसावृत्तमुह्यतेसततंजगत् १३ कालोदकेनमहतावर्षावर्तेनसंततम्॥ मासोर्मिणंतुवेगेनपक्षोलपतृणेन च १४ निमेषो
न्मेषफेनेनअहोरात्रजलेनच॥ कामग्राहेणघोरेणवेदयज्ञप्लवेनच १५ धर्मदींपेनभूतानांचार्थकामजलेनच॥ ऋतवाङ्मोक्षतीरेणविहिंसातरुवाहिना १६

॥ ॥ त्रयीमिति १।२।३।४।५।६।७।८।९।१०।११।१२।१३।१४।१५।१६ ॥१११॥

ब्रह्मप्रायभवेनब्रह्मकार्यभूतेन १७ । १८ । १९ । २० । २१ । २२ अवदातेषुशुद्धेषुकुलेष्वितिशेषः त्रिष्वध्यापनयाजनप्रतिग्रहेषुसंदेहवांस्तत्राप्रवृत्तइत्यर्थः त्रिकर्मकृत्स्वाध्यायजनदानकृत् २३ । २४
२५ । २६ । २७ । २८ । २९ । ३० । ३१ । ३२ ॥ इति शांतिपर्वणि मोक्षधर्मपर्वणि नीलकंठीये भारतभावदीपे पंचत्रिंशदधिकद्विशततमोऽध्यायः ॥ २३५ ॥ ॥ अथाऽतीतानंतराध्यायद्वयो
क्तसाधनसंपत्तेरनंतरमेतद्वक्ष्यमाणंशांत्याख्यंकैवल्यंचेद्रोचयेत्तर्हिज्ञानवान्भवेत्। एवंमुमुक्षावानज्ञानंसाधयेदितिवदताबंधस्याज्ञानकार्यत्वेनमिथ्यात्वंदर्शितम् । यतोज्ञानमज्ञानस्यैवनिवर्तकंतन्निवृत्तौतत्कृतस्यबंधस्य

युगह्रदौघमध्येनब्रह्मप्रायभवेनच ॥ धात्रासृष्टानिभूतानिकृष्यंतेयमसादनम् १७ एतत्प्रज्ञामयैर्धीरानिस्तरंतिमनीषिणः ॥ प्लवैरप्लववंतोहिकिंकरिष्यंत्यचे
तसः १८ उपपन्नंहियत्प्राज्ञोनिस्तरेन्नेतरोजनः ॥ दूरतोगुणदोषौहिप्राज्ञःसर्वत्रपश्यति १९ संशयंसतुकामात्माचलचित्तोऽल्पचेतनः ॥ अप्राज्ञोन
तरत्येनंयोह्यास्तेनसगच्छति २० अप्लवोहिमहादोषंमुह्यमानोनियच्छति ॥ कामग्राहगृहीतस्यज्ञानमप्यस्यनप्लवः २१ तस्मादुन्मज्जनस्यार्थेप्रयतेत
विचक्षणः ॥ एतदुन्मज्जनंतस्ययदयंब्राह्मणोभवेत् २२ अवदातेषुसंजातस्त्रिसंदेहस्त्रिकर्मकृत् ॥ तस्मादुन्मज्जनेतिष्ठेत्प्रज्ञयानिस्तरेद्यथा २३ संस्कृत
स्यहिदांतस्यनियतस्ययतात्मनः ॥ प्राज्ञस्यानंतरासिद्धिरिहलोकेपरत्रच २४ वर्तेततेषुगृहवानक्रुद्ध्यन्ननसूयकः ॥ पंचभिःसततंयज्ञैर्विघसाशीयजेतच
२५ सतांधर्मेणवर्तेतक्रियांशिष्टवदाचरेत् ॥ असंरोधेनलोकस्यवृत्तिंलिप्सेदगर्हिताम् २६ श्रुतविज्ञानतत्त्वज्ञःशिष्टाचारोविचक्षणः ॥ स्वधर्मेणक्रियावां
श्चकर्मणासोऽप्यसंकरः २७ क्रियावान्श्रद्दधानोहिदांतःप्राज्ञोऽनसूयकः ॥ धर्माधर्मविशेषज्ञःसर्वंतरतिदुस्तरम् २८ धृतिमानप्रमत्तश्चदांतोधर्मविदात्म
वान् ॥ वीतहर्षमदक्रोधोब्राह्मणोनावसीदति २९ एषापुरातनीवृत्तिर्ब्राह्मणस्यविधीयते ॥ ज्ञानवत्त्वेनकर्माणिकुर्वन्सर्वत्रसिध्यति ३० अधर्मंधर्मकामोहि
करोतिह्यविचक्षणः ॥ धर्मंवाधर्मसंकाशंशोचन्निवकरोतिसः ३१ धर्मंकरोमीतिकरोत्यधर्ममधर्मकामश्चकरोतिधर्मम् ॥ उभेऽबलःकर्मणीनप्रजानन्सजायते
म्रियतेचापिदेही ३२ ॥ इतिश्रीमहाभारते शांतिपर्वणि मोक्षधर्मपर्वणि शुकानुप्रश्ने पंचत्रिंशदधिकद्विशततमोऽध्यायः ॥ २३५ ॥ ॥ व्यासउवाच ॥
अथचेद्रोचयेदेतद्दुह्येतस्रोतसायथा ॥ उन्मज्जंश्चनिमज्जंश्चज्ञानवान्प्लववान्भवेत् १ प्रज्ञयानिश्चिताधीरास्तारयंत्यबुधान्प्लवैः ॥ नाबुधास्तारयंत्यन्याना
त्मानंवाकथंचन २ छिन्नदोषोमुनिर्योगान्युक्तोयुंजीतद्वादश ॥ देशकर्मानुरागार्थानुपायापायनिश्चयः ३

निवृत्तिःसंभाव्यतेनतुबंधसत्यत्वपक्षे । तथाचश्रुतिः 'तदन्वेष्टव्यंतद्वावविजिज्ञासितव्यं' इति । आत्मजिज्ञासासिद्ध्याक्षिप्तमावरणमनुवाद्यतस्यमिथ्यात्वंप्रसिद्धिविधयैवाह । एतंब्रह्मलोकंनविदंत्यनृतेनहि
प्रत्युढाः'इति । तथा'असंगोह्ययंपुरुष'इतिच । तथाचासंगस्यापिसंगित्वभानंमिथ्यैवसत्ज्ञाननिवर्त्यंभविष्यतीतियुक्तमुक्तंचेदेतद्रोचयेत्तर्हिज्ञानवान्भवेदिति । ज्ञानप्लवहीनःसंसारस्रोतसाउह्यमानऊर्ध्वाधोगतिर्गच्छ
तीत्यर्थः । एतेनाथातोब्रह्मजिज्ञासेतिसूत्रपदानामर्थः साधनसंपत्त्यनंतरंबंधस्यमिथ्यात्वात्तन्निवृत्त्यर्थंब्रह्मजिज्ञास्यमित्येवंरूपोदर्शितः १ प्रज्ञयाध्यानजसाक्षात्कारेण २ छिन्नदोषोरागादिहीनः अतएवयोगात्
स्यादिसंगाद्द्वादशदेशादीन्योगसाहायान्वक्ष्यमाणान्युंजतिमप्रमादध्यात् अनुसरेदित्यर्थः । तत्रदेशयोगः 'समेशुचौशर्करवह्निवालुकाविवर्जितेशब्दजलाश्रयादिभिः ॥ मनोनुकूलेनतुचक्षुपीडनेगुहानिवाताश्र

ब.मा.टी ॥११२॥ शां.मो.१२ अ० ॥ २३६ ॥

यणेनयोजयेत्' इतिश्रुत्युक्तः । कर्मयोगः । 'युक्ताहारविहारस्ययुक्तचेष्टस्यकर्मसु ॥ युक्तस्वप्नावबोधस्ययोगोभवतिदुःखहा'इतिगीतोक्तः । अनुरागःसच्छिष्यः अर्थोद्रव्यं एधोदकाद्याहारणायासादिचिंतानि रासार्थावेतयोर्योगौ । उपायआसनादियोग'त्रिरुन्नतंस्थाप्यसमंशरीरं'इत्यादिश्रुतिप्रसिद्धः । अपायोरोगाद्यपचयः । निश्चयोगुरुवेदवाक्यादौफलावश्यंभावबुद्धिः । निश्चयइतिसुपांसुलुगितिभिसःस्वादेशः । उपायापायनिश्चयैश्चक्षुरादिभिश्चसहितान्देशादीन् द्वादशयुंजीतेतिपूर्वेणसंबंधः । चक्षुश्चक्षुरादीनि । आहारः आहारशुद्धौसत्त्वशुद्धिरितिश्रुतिप्रसिद्धः । संहारः स्वाभाविकविषयप्रवृत्तिसंकोचः । मनः संकल्पविकल्पात्मकं दर्शनंजन्ममृत्युजराव्याधिदुःखदोषानुदर्शनमेतानिद्वादशमुमुक्षुरनुसरेदित्यर्थः सार्धः ३ एवंद्वादशविशेषणविशिष्टस्याधिकारिणोयत्कर्तव्यंतदाह यच्छेदिति । वागादिबाह्येंद्रियव्यापारमुत्सृज्यमनोमात्रेणावतिष्ठेत । मनोऽपिविषयविकल्पाभिमुखमध्यवसायस्वभावयाबुद्ध्यानियच्छेत् बुद्धिमात्रेणावतिष्ठेतेत्यर्थः । इदमेवोत्तमंज्ञानंनिरिंद्रियमनोतिरिक्तकर्त्रात्मविषयं तेनज्ञानेनसूक्ष्मतमयाबुद्ध्याआत्मानंबुद्धिविविक्तंयच्छेत् । बुद्धिमप्यात्मनिप्रविलापयेदित्यर्थः । कः यःशांतिंकैवल्यमात्मनइच्छेत । एतेन 'यच्छेद्वाङ्मनसीप्राज्ञस्तद्यच्छेज्ज्ञानआत्मनि ॥ ज्ञानमात्मनिमहतितद्यच्छेच्छांतआत्मनि'इत्यस्याःश्रुतेरर्थो

चक्षुराहारसंहारैर्मनसादर्शनेनच ॥ यच्छेद्वाङ्मनसीबुद्ध्यायइच्छेज्ज्ञानमुत्तमम् ४ ज्ञानेनयच्छेदात्मानंयइच्छेच्छांतिमात्मनः ॥ एतेषां चेदनुद्रष्टापुरुषोऽपिसुदारुणः ५ यदिवासर्ववेदज्ञोयदिवाऽप्यनृचोद्विजः ॥ यदिवाधार्मिकोयज्वायदिवापापकृत्तमः ६ यदिवापुरुषव्याघ्रोयदिवाक्लेशधारितः ॥ तरत्येवंमहादुर्गंजरामरणसागरम् ७ एवंह्येतेनयोगेनयुंजानोह्येवमंततः ॥ अपिजिज्ञासमानोऽपिशब्दब्रह्मातिवर्तते ८ धर्मोपस्थोह्रीवरूथउपायापायकूबरः ॥ अपानाक्षःप्राणयुगःप्रज्ञायुर्जीवबंधनः ९ चेतनाबंधुरश्चारुश्चाचारग्रहनेमिमान् ॥ दर्शनस्पर्शनवहोघ्राणश्रवणवाहनः १० प्रज्ञानाभिःसर्वतंत्रप्रतोदोज्ञानसारथिः ॥ क्षेत्रज्ञाधिष्ठितोधीरःश्रद्धादमपुरःसरः ११ त्यागसूक्ष्मानुगःक्षेम्यःशौचगोध्यानगोचरः ॥ जीवयुक्तोरथोदिव्योब्रह्मलोकेविराजते १२ अथसंत्वरमाणस्यरथमेवंयुयुक्षतः ॥ अक्षरंगंतुमनसोविधिंवक्ष्यामिशीघ्रगम् १३

दर्शितः । अत्रश्रुत्युक्तायामहदाख्यसमष्टिबुद्धेरपिबुद्धिशब्देनैवसंग्रहः अन्यत्समानम् । योगफलमाह एतेषामिति । वागादीनामनुद्रष्टा शांतात्मायेनज्ञातःसपुरुषः साधुरसाधुर्वामुच्यतएवेतिसार्धश्लोकद्वयार्थः ४ । ५ । ६ । ७ एवंपूर्वश्लोकोक्तप्रकारेण एवमंततःशांतात्मप्राप्त्यवधियोगंजिज्ञासमानोऽपिकिमुतानुतिष्ठन्शब्दब्रह्मकर्मकांडमतिक्रम्यप्रवर्तते । परोक्षज्ञानवानपिस्वकर्मत्यागजंदोषंनप्राप्नोतीत्यर्थः ८ अक्षरंब्रह्मप्राप्तुकामस्यरथरूपकेणयोगमुपायामुपदिशंस्तदंगानिबाह्यान्याह धर्मोपस्थइत्यादिना । धर्मोयज्ञादिस्तदेवोपस्थंज्ञानसारथेरुपवेशनस्थानंयस्य । ह्रीरकार्यान्निवृत्तिःसैववरूथंरथगुप्तिर्यस्य । उपायापायौप्रागुक्तौकूबरौधूर्दंडौयस्य ९ चेतनासावधानतासैवबंधुरःफलकद्वयसंश्लेषः आचारःशीलंतस्यग्रहोंगीकारः । दर्शनादिचतुष्टयंवाहनमश्वादिरूपं १० प्रज्ञाशमादिप्रावण्यं नाभिर्मध्यमभागोरथिनउपवेशनस्थानं तंत्रंशास्त्रं ज्ञानंतदर्थनिश्चयः ११ सूक्ष्मानुगश्चेटःसंनिपत्योपकारी शौचमार्गेणैवगच्छतीतिशौचगः ध्यानंध्येयैकतानतासैवगोचरःप्राप्योऽर्थोयस्य जीवयुक्तोजीवेनमुमुक्षुणायुक्तोयोजितः ब्रह्मैवलोकस्तत्समीपे १२ रथंयोगं विधिमंतरंगसाधनम् १३

॥११२॥

सप्तेति । देशबंधश्चित्तस्यधारणेतिसूत्रितंएकस्मिन्विषयेचित्तस्यस्थापनंधारणासाचविषयभेदादनेकधेतिसप्तधारणाइत्युक्तम् । वाग्यतइतियमानियमादीनामुपलक्षणम् । पृष्ठतोविप्रकृष्टतराश्चंद्रसूर्यध्रुवमंडलादं
धारणाः । पार्श्वतःकिंचित्सन्निकृष्टानासाग्रभ्रूमध्यकंठकूपादिधारणाअन्याःसंति तथाऽपिताःप्रधारणाः प्रशिष्यप्रपौत्रादिशब्दवदत्रप्रशब्दार्थः ताःव्यवहिताइति अत्यंतमव्यवहिताःसप्तैवधारणाइत्यर्थः ।
अत्रपुराणांतरे ‘ दशमन्वंतराणीहतिष्ठंतींद्रियचिंतकाः । भौतिकास्तुशतंपूर्णंसहस्रंत्वाभिमानिकाः । बौद्धादशसहस्राणितिष्ठंतिविगतज्वराः । पूर्णंशतसहस्रंतुतिष्ठंत्यव्यक्तचिंतकाः’ इतिभूतेष्वभिमाना
ख्याहंकारेऽव्यक्तेचेतिसप्तकापेक्षयेंद्रियबुद्धिधारणेअधिकेउक्तेतेअप्यहंकारधारणायामंतर्भवतः १४ क्रमशइति । पयःपयसोजलस्य षष्ठ्यर्थेप्रथमा बुद्धितोबुद्ध्यातत्रतत्रविषयेस्थिरयातत्तदैश्वर्यंप्रतिपद्यते ।
अत्रपृथ्व्यादिधारणानांस्थानबीजदेवतायोगियाज्ञवल्क्योक्ताज्ञेयाः यथा ‘ पादादिजानुपर्यंतंपृथिवीस्थानमुच्यते । आजानोःपायुपर्यंतमपांस्थानंप्रकीर्तितम् । आपायोर्हृदयांतंयद्वह्निस्थानंतदुच्यते । हृन्म
ध्यात्तुभ्रुवोर्मध्यंयावद्वायुकुलंभवेत् । आभ्रूमध्यात्तुमूर्धांतमाकाशमितिचोच्यते । पृथिव्यांवायुमास्थायलकारेणसमन्वितम् । ध्यायंश्चतुर्मुखाकारंब्रह्माणंसृष्टिकारणम् । धारयेत्पंचघटिकाःपृथिवीजयमा
प्नुयात् । वारुणेवायुमारोप्यवकारेणसमन्वितम् । स्मरन्नारायणंदेवंचतुर्बाहुंशुचिस्मितम् । शुद्धस्फटिकसंकाशंपीतवाससमच्युतम् । धारयेत्पंचघटिकाःसर्वरोगैःप्रमुच्यते । वह्नावनिलमारोप्यरेफा
क्षरसमन्वितं । त्र्यक्षंवरप्रदंरुद्रंतरुणादित्यसंनिभम् । भस्मोद्धूलितसर्वांगंसुप्रसन्नमनुस्मरन् । धारयेद्घटिकाःपंचवह्निनासौनदह्यते । मारुतंमरुतांस्थानेवर्णदेवसमन्वितं । धारयेत्पंचघटिकावायुव

सप्तयाधारणाःकृत्स्नावाग्यतःप्रतिपद्यते ॥ पृष्ठतःपार्श्वतश्चान्यास्तावत्यस्ताःप्रधारणाः १४ क्रमशःपार्थिवंयच्चवायव्यंखंतथापयः ॥ ज्योतिषोयत्तदैश्वर्यमहं
कारस्यबुद्धितः ॥ अव्यक्तस्यतथैश्वर्यंक्रमशःप्रतिपद्यते १५ विक्रमाश्चापियस्यैतेतथायुक्तेषुयोगतः ॥ तथायोगस्ययुक्तस्यसिद्धिमात्मनिपश्यतः १६ निर्मुच्य
मानःसूक्ष्मत्वाद्रूपाणीमानिपश्यतः ॥ शैशिरस्तुयथाधूमःसूक्ष्मःसंश्रयतेनभः १७

द्व्योमगोभवेत् ’ । वर्णोयकारः देवईश्वरः रूपंरुद्रवत् । ‘आकाशेवायुमारोप्यहकारोपरिशंकरं । बिंदुरूपंमहादेवंव्योमाकारंसदाशिवम् । चित्तेनचिंतयेत्खस्थंमुहूर्त्तमपिधारयेत् ’ । अत्रलकारा
दिबीजस्थानेष्वकारोकारमकारार्धमात्राबिंदून्न्यसेत् । अव्यक्तधारणायांषष्ठ्यांनादं तदंतेशुद्धंब्रह्मैवशिष्यते तथाचतत्रैवोपसंहृतम् । ‘ त्वंतस्मात्प्रणवेनैवप्राणायामैस्त्रिभिस्त्रिभिः । ब्रह्मादिकार्यरूपाणि
स्वेस्वेसंहृत्यकारणे । विशुद्धचेतसापश्यनादांतेपरमेश्वरं’इति । अहंकारधारणास्वरूपंतुस्थूलदेहासंगेनाहमेवेदंसर्वोऽस्मीत्यभिमानः अस्यैवतत्त्वमस्यादिवाक्यजांविद्यांविनाप्रलयाऽव्यक्तधारणा १५ विक्रमा
इति । योगतउपायतः युक्तेषुयोगेप्रवृत्तेषुयोगिनएतेवक्ष्यमाणाविक्रमाःअनुभवक्रमाः यथायेनप्रकारेणभवंतितथावक्ष्यामीतिशेषः । आत्मनिदेहाभ्यंतरेपश्यतोध्यायतःपुरुषस्ययुक्तस्ययोगस्यसिद्धिंसम्य
क्प्रयुक्तयोगसंबंधिनींसिद्धिंभूजयादिकां वक्ष्यामीतिशेषः १६ तत्रविक्रमानाह निर्मुच्यमानइत्यादिना । पश्यतःप्रत्यगात्मनइमानिवक्ष्यमाणानिरूपाणिनिर्मुच्यमानोगुरूक्तयुक्त्यास्थूलदेहाध्यासंत्यजन्सूक्ष्मत्वा
त्पश्यतीतिशेषः नत्वविमुच्यमानःस्थूलदृष्टिः । शैशिरोधूमोऽवश्यायोनीहाराख्योनभःसंश्रयतइत्यनेनतस्यभुवनकोशेव्याप्तिर्दर्शिता अत्रायंप्रयोगः शमादिसंपन्नोविविक्तेदेशेस्थिरसुखमासनमध्यासीनः
प्राणायामपुरःसरंगुरूक्तयुक्त्यास्थूलदेहाऽसंगेनपादादिजानुपर्यंतेभूस्थानेचित्तंधारयतःस्थाननिरोधानपूर्वकंनीहारमात्रमवभासतेयथारज्जूरगेचक्षुर्धारयतउरगतिरोधानेनरज्जुमात्रं । तदालुप्ताधरभागोजानूपरि
ष्टात्तनएवदेहोनीहारमग्नोऽसंदिग्धाविपर्यस्ततयाभातिसोऽयंभूमिजयः । अस्मिन्सिद्धेजान्वादिपाय्वंतेजलस्थानेचित्तंधारयतोधूमःस्थानंचतिरोधीयते । पायूर्ध्वभागमात्रंचकल्पांतार्णवमग्नंपूर्ववद्भाति
तदिदंद्वयंजलेभूमिसंहारोजलजयश्चेत्युच्यते एवमुत्तरत्रापिभूतसंहारजयौज्ञेयौ १७

१८ आत्मनिदेहाभ्यंतरेवह्निरूपंप्रकाशतेलोहितांधकारमग्नोभवतीत्यर्थः १९ तस्मिन्निति। अस्ययोगिनः अजतिगच्छतिक्षिपातिवाद्वृक्षानित्यजोवायुः पीतशस्त्रःपीतशस्त्रवत्पीतानिगिलितानिशस्त्रवाद्विच्छेदकत्वाद्वृक्षागारपर्वतादीनिशस्त्राणियेनतद्वत् गिलिताखिलभूजलतेजोरूपःकेवलेनभसिसंततंदोधूयमानःप्रकाशतेइत्यर्थः । तदेवोक्तंप्राक् वायुर्दोधूयतेमहान्। तदानिराश्रयमूर्णातंतोर्यद्रूपमतिलघुतेनसवर्णस्यसमानरूपस्य ऊर्णातंतुवन्निरालंबनेऽन्तरिक्षेस्थितस्यवायुवशस्येत्यर्थः । तस्ययोगिनोऽपिरूपंहृन्मध्यादारभ्योपरितनंप्रकाशतेनत्वन्यत्किंचिद्वाय्वाकाशव्यतिरिक्तम् २० अथतेजःसंहारवायुजयानंतरंवायव्यंवायुसंबंधिसूक्ष्मंरूपादिहीनंस्वरूपंकर्तृश्वेतांप्रवृत्त्यावरणरूपरजस्तमोमलशून्यत्वात्प्रकाशमयत्वाचस्वच्छाम् । गतिःगम्यतेतत्त्वंप्राप्यतेऽनयेतिभ्रूमध्यादिमूर्धांतमाकाशस्थानंगतिस्तांगत्वातत्रविलयंप्राप्याऽशुक्लंनीलरूपंसुषिरमाकाशमात्रंस्थानलयपूर्वकंपूर्ववत्प्रकाशतइतिपूर्वेणान्वयः । तदिदमशुक्लंचेतसःसौक्ष्म्यं सौख्यमितिपाठेप्रसादकरं ब्राह्मणस्यब्रह्मबुभूषोरुक्तंशास्त्रे अपिःपादपूरणार्थः । अव्यक्तमितिपाठेलोकाप्रसिद्धंयोगैकगम्यंसेयंव्योमसंविद्वायुलयआकाशजयश्चेत्युच्यते । अयमेवतांत्रिकाणांभूतशुद्धिप्रकारःसंप्रदायापरिज्ञानाद्यथावदिदानींतनैर्नानुष्ठीयते २१ 'पृथ्व्याप्यतेजोऽनिलखेसमुत्थितेपंचात्मकेयोगगुणेप्रवृत्ते। नतस्यरोगोनजरानमृत्युःप्राप्तस्ययोगाग्निमयंशरीरं' इतिश्रुत्युक्तंपंचभूतजयफलंपृथिवीवायुराकाशआपोज्योतींषीतिश्रुत्यंतरोक्तक्रमेणोपबृंहयति एतेष्वित्यादिना। जातस्यसिद्धस्य २२ । २३

तथादेहाद्विमुक्तस्यपूर्वंरूपंभवत्युत ॥ अथधूमस्यविरमेद्वितीयंरूपदर्शनम् १८ जलरूपमिवाकाशेतथैवात्मनिपश्यति ॥ अपांव्यतिक्रमेचास्यवह्निरूपंप्रकाशते १९ तस्मिन्नुपरतेऽजोऽस्यपीतशस्त्रःप्रकाशते ॥ उर्णारूपसवर्णस्यतस्यरूपंप्रकाशते २० अथश्वेतांगतिंगत्वावायव्यंसूक्ष्ममप्युत ॥ अशुक्लंचेतसः सौक्ष्म्यमप्युक्तंब्राह्मणस्यवै २१ एतेष्वपिहिजातेषुफलजातानिमेशृणु ॥ जातस्यपार्थिवैश्वर्यैःसृष्टिरत्रविधीयते २२ प्रजापतिरिवाक्षोभ्यःशरीरात्सृजतेप्रजाः॥ अंगुल्यंगुष्ठमात्रेणहस्तपादेनवातथा २३ पृथिवींकंपयत्येकोगुणोवायोरितिश्रुतिः ॥ आकाशभूतश्चाकाशेसवर्णत्वात्प्रकाशते ॥ वर्णतोगृह्यतेचापिकामात्पिबतिचाशयान् २४ नचास्यतेजसांरूपंदृश्यतेशाम्यतेतथा ॥ अहंकारेऽस्यविजितेपंचैतेस्युर्वशानुगाः २५ षण्णामात्मनिबुद्धौचजितायांप्रभवत्यथ ॥ निर्दोषप्रतिभाह्येनंकृत्स्नासमभिवर्तते २६ तथैवव्यक्तमात्मानमव्यक्तंप्रतिपद्यते ॥ यतोनिःसरतेलोकोभवतिव्यक्तसंज्ञकः २७ तत्राव्यक्तमयींविद्यां शृणुत्वंविस्तरेणमे ॥ तथाव्यक्तमयंचैवसांख्येपूर्वंनिबोधमे २८

आकाशभूतत्वेहेतुःसवर्णत्वादिति । आकाशवत्सर्वगतश्चनित्यइतिश्रुतेराकाशेनसमानरूपत्वात् वर्णतआकृतितोगृह्यतेपिधीयते अरूपत्वादेवांतर्धानशक्तिमपिप्राप्नोतीत्यर्थः । जलजयफलमाह कामादिति। इच्छयाआशयान्वाजलस्यवापीकूपतटाकादीन्पिबत्यगस्त्यवत् २४ नचेति। आकाशजयेआकृतेरेवाऽऽकाशभूततयापिधानम् । अत्रतुसत्यामप्याकृतौअदृश्यत्वमुच्यते । उक्तक्रमेणभूजयंविनावापूर्वोक्ताहंकारधारणयाऽहंकारेविजितेनांतरीयकत्वेनैवाकाशादयोजिताःस्युरित्यर्थः २५ षण्णामिति। पंचभूतान्यहंकारश्चतेषामात्मभूतायांबुद्धौ एतेनाहंकाराद्बुद्धेरव्यतिरेकउक्तः तेनसप्तैवधारणाः प्रभवत्यैश्वयवान्भवति निर्दोषप्रतिभासंशयविपर्ययशून्यंज्ञानं सर्वेश्वरःसर्वज्ञश्चभवतीत्यर्थः २६ व्यक्तंबुद्ध्यादिरूपमात्मानमव्यक्तमव्यक्तत्वेनजीवंजगत्कारणंब्रह्मभावेनजानातीत्यर्थः २७ अव्यक्तमयीमव्यक्तप्रधानां मेमत्तःपूर्वमव्यक्तबोधात्प्राकूव्यक्तंनिबोध २८

॥११३॥

पंचेति । ' मूलप्रकृतिरविकृतिर्महदाद्याःप्रकृतिविकृतयःसप्त ॥ षोडशकस्तुविकारोनप्रकृतिर्नविकृतिःपुरुषः'इतिसाख्योक्तानितत्त्वानियोगेपातंजलीयेसांख्येवेदांतविचारेचतुल्यानि विशेषंशास्त्रभेदप्रयोजकम् २९
तत्रव्यक्तलक्षणमाह प्रोक्तमिति । तच्चमहदादिविकारांतंत्रयोविंशकम् ३० विपरीतंजन्मवृद्ध्यादिहीनं अव्यक्तंचतुर्विंशंएतेभ्योऽन्यमेकमेवजीवात्मानंप्रतिशरीरंभिन्नमितिसांख्यामन्यंतेततोविशेषमाह द्वाविति ।
द्वौजीवेश्वरौ वेदेषुकर्मकांडेषु यजमानोयष्टव्यश्च तेनयष्टव्यदेवतायाश्चेतनत्वमनिच्छंतोमीमांसकाःपरास्ताः । सिद्धांतेषुवेदांतेषूदाहृतौजीवब्रह्मरूपौ ३१ ' कार्योपाधिरयंजीवःकारणोपाधिरीश्वरः' इति
श्रुत्यनुसारेणजीवेश्वरविभागमाह चतुरिति । चतुर्लक्षणंजन्मादिविकारवन्महदहंकारपंचतन्मात्रैकादशेंद्रियपंचभूतानितज्जंतदुपाधिकंचतुर्वर्गार्थिनं व्यक्तंजीवं अव्यक्तजंमायोपाधिमीश्वरं तथेति तदुभय
मपिबुद्धमचेतनंच चिदचिदात्मकमित्यर्थः । अथजलचंद्रन्यायेनप्रतिबिंबोजीवोबिंबचैतन्यमीश्वरइति । द्वासुपर्णासयुजासखायेत्यादिश्रुतिसंमतंजीवेश्वरविभागमाह सत्वमिति । सत्वंबुद्धिः क्षेत्रज्ञश्चिदात्मा

पंचविंशतितत्त्वानितुल्यान्युभयतःसमम् ॥ योगेसांख्येऽपिचतथाविशेषंतत्रमेशृणु२९प्रोक्तंतद्व्यक्तमित्येवजायतेवर्धतेचयत् ॥ जीर्यतेम्रियतेचैवचतुर्भिर्लक्षणै
र्युतम् ३० विपरीतमतोयत्तुतदव्यक्तमुदाहृतम् ॥ द्वावात्मानौचवेदेषुसिद्धांतेष्वप्युदाहृतौ ३१ चतुर्लक्षणजंत्वाद्यंचतुर्वर्गंप्रचक्षते ॥ व्यक्तमव्यक्तजंचैवतथा
बुद्धमचेतनम् ॥ सत्वंक्षेत्रज्ञइत्येतद्द्वयमप्यनुदर्शितम् ३२ द्वावात्मानौचवेदेषुविषयेष्वनुरज्यतः ॥ विषयात्प्रतिसंहारःसांख्यानांविद्धिलक्षणम् ३३ निर्ममश्चा
नहंकारोनिर्द्वंद्वश्छिन्नसंशयः ॥ नैवक्रुद्ध्यतिनद्वेष्टिनानृताभाषतेगिरः ३४ आक्रुष्टस्ताडितश्चैवमैत्रेणध्यातिनाशुभम् ॥ वाग्दंडकर्ममनसात्रयाणांचनिवर्तकः
३५ समःसर्वेषुभूतेषुब्रह्माणमभिवर्तते ॥ नैवेच्छतिनचानिच्छोयात्रामात्रव्यवस्थितः ३६ अलोलुपोऽव्यथोदांतोनकृतीननिराकृतिः ॥ नास्येंद्रियम
नेकाग्रंनाविक्षिप्तमनोरथः ३७ सर्वभूतसदृङ्मैत्रःसमलोष्टाश्मकांचनः ॥ तुल्यप्रियाप्रियोधीरस्तुल्यनिंदात्मसंस्तुतिः ३८ अस्पृहःसर्वकामेभ्योब्रह्मचर्य
दृढव्रतः ॥ अहिंस्रःसर्वभूतानामीदृक्सांख्योविमुच्यते ३९

'तदेतत्सत्वंयेनस्वप्नंपश्यत्यथयोऽयंशारीरउपद्रष्टासक्षेत्रज्ञस्तावेतौसत्वक्षेत्रज्ञौ'इतिपैंगिरहस्यब्राह्मणेव्याख्यानात् । यद्यपितृतीययाकरणत्वेनानिर्दिष्टस्याचेतनस्यसत्वस्यभोक्तृत्वंनघटतेनाप्युपद्रष्टुःक्षेत्रज्ञस्यनि
र्विकारस्यतथाऽपितयोरन्यःपिप्पलंस्वाद्वत्तीतिसत्वस्यभोक्तृत्वश्रुत्यन्यथानुपपत्त्याचैतन्यानुविद्धत्वंवक्तव्यं । ' यथाह्ययंज्योतिरात्माविवस्वानपोभिन्नाबहुधैकोऽनुगच्छन् ॥ उपाधिनाक्रियतेभेदरूपोदेवः
क्षेत्रेष्वेवमजोऽयमात्मा' इतिश्रुत्यंतराच्च एतद्द्वयंजीवेश्वरविभागेप्रकारद्वयमपिदर्शितंश्रुत्या ३२ अनयोःपक्षयोःक्रमेणमूढामूढदृष्टिभेदेनव्यवस्थामाह द्वाविति । विषयाद्धटादिविषयमारभ्यप्रतिसंहारउत्पत्ति
क्रमवैपरीत्येनसंप्रविलापनंकर्तव्यमितिसांख्यानामौपनिषदानांलक्ष्यतेऽनेनेतिलक्षणंशास्त्रं अयमर्थः । मूढानांतात्त्विकएवजीवेश्वरादिभेदोबुद्धानांतुबिंबप्रतिबिंबभावेनेतिप्रतिबिंबोपाधेःसत्वस्यप्रविलयेचि
३९ न्मात्रमेवशिष्यतइति ३३ एवंज्ञाततत्त्वस्यजीवन्मुक्तस्यलक्षणान्याह निर्ममइत्यादिना ३४ ध्यातिध्यायति वाग्दंडःपारुष्यं कर्मताडशमेवहिंस्रं तथामनोऽपिपरानिष्टार्थितेषां ३५ ब्रह्माणंचतुर्मुखम् ३६
कृतीकार्यवान् निराकृतिस्तुच्छवेषः नविक्षिप्तःसंपादितोमनोरथोयस्यसतथानभवतिसत्यसंकल्पइत्यर्थः ३७ । ३८ । ३९

योगमतेविशेषंवक्तुंप्रतिजानीते यथेति । योगैश्वर्यमणिमादिपरमार्थभूतंसदतिक्रांतस्तदुल्लंघ्यगतःपरवैराग्यबलेननतुतत्त्वज्ञानबलेनानृतंसत्सांख्यइवशुक्तिरजतवद्बाधितवान्निष्कामतिर्वृत्तिसारूप्यादपसरतिनतुद्वाचि मूलमज्ञानमुच्छिनत्ति अयमर्थः । अस्माकंमिथ्याज्ञानोद्भवोदेहेंद्रियादिःप्रपंचोऽविद्ययाज्ञानबाधेसतिबाध्यतेरज्जूरगादिवत् । योगानांतुसत्यात्प्रधानतउत्पन्नःप्रपंचःसत्यस्तदाकाराश्चित्तस्यवृत्तयोऽपिसत्याः वृत्तिसारूप्यंचचैतन्यस्यसत्यमेव तत्रवृत्तीनांनिरोधेचितस्तदाकारताऽपिनिवर्तते तथाचसूत्रितं । योगश्चित्तवृत्तिनिरोधस्तदाद्रष्टुःस्वरूपेऽवस्थानंवृत्तिसारूप्यमितरत्रेति । सोऽयंसांख्ययोगयोर्विशेषोयथामति ज्ञमुपपादितः ४० उपसंहरति इतीति । भावोवक्तृविवक्षातद्विशेषजाबुद्धिः फलतस्तुनतयोर्भेदोऽस्तीतिभावः । यथोक्तंभगवता 'यत्सांख्यैःप्राप्यतेस्थानंतद्योगैरपिगम्यते ॥ एकंसांख्यंचयोगंचयःपश्यति सपश्यति' इति। ब्रह्माणंपरंब्रह्म पुंस्त्वमार्षम् ४१॥ इतिश्रीमहाभारते शांतिपर्वणिमोक्षधर्मपर्वणिनीलकंठीये भारतभावदीपेषट्त्रिंशदधिकद्विशततमोऽध्यायः ॥ २३६ ॥ ॥ सांख्ययोगपक्षयोर्मध्येसांख्यमेव श्रेयइत्याह अथेति। शास्त्राचार्योपदेशजंपरोक्षज्ञानरूपंप्लवंसंसारसमुद्रतरणसाधनंगृहीत्वाधीरोध्यानवानात्मनःशांतिंमोक्षहेतुंज्ञानमेवाश्रयेत् । 'तमेवधीरोविज्ञायप्रज्ञांकुर्वीतब्राह्मणः' इतिश्रुतेर्ज्ञानंशास्त्रतःसंपाद्यतन्निष्ठो भवेदित्यर्थः १ अत्रज्ञानशब्दार्थंपृच्छति किमिति । तत्संश्रयणीयंज्ञानं किंविद्यारज्जूरगादिन्यानेनाविद्यामात्रनिरासेनवस्तुतत्त्वज्ञापिकांधीवृत्तिंवाब्रूपेउतप्रवृत्तिलक्षणोध्यानेनकीटभृंगवद्ध्येयसारूप्यप्रापकोधर्म इतिवाआत्मोच्छेदलक्षणाशून्यवादिलौकायतिकयोःसंमतानिवृत्तिरितिवातद्वद । यथायेनप्रकारेणद्वयंजन्ममरणादिनिस्तरतेतथावदेति २ अत्राहमित्यनुभवेजडोऽहंकारस्तत्प्रकाशश्चप्रथेतेतदुभयमात्मेतिभाट्टाः ।

यथायोगाद्विमुच्यंतेकारणैर्यैर्निबोधतत् ॥ योगैश्वर्यमतिक्रांतोयोनिष्कामतिमुच्यते ४० इत्येषाभावजाबुद्धिःकथितातेनसंशयः ॥ एवंभवतिनिर्द्वन्द्वोब्रह्माणंचा धिगच्छति ४१ ॥ इतिश्रीमहाभारते शांतिपर्वणि मोक्षधर्मपर्वणि शुकानुप्रश्नेषट्त्रिंशदधिकद्विशततमोऽध्यायः ॥ २३६ ॥ ॥ व्यासउवाच ॥ अथज्ञानप्लवंधीरोगृहीत्वाशांतिमात्मनः ॥ उन्मज्जंश्चनिमज्जंश्चज्ञानमेवाभिसंश्रयेत् १ ॥ शुकउवाच ॥ किंतज्ज्ञानमथोविद्यांयथानिस्तरतेद्वयम् ॥ प्रवृत्तिलक्षणोधर्मोनिवृत्तिरितिवावद २ ॥ व्यासउवाच ॥ यस्तुपश्यन्स्वभावेनविनाभावमचेतनः ॥ पुष्यतेचपुनःसर्वान्प्रज्ञयामुक्तहेतुकान् ३ येषांचै कांतभावेनस्वभावात्कारणंमतम् ॥ पूत्वातृणमिषीकांवातेलभन्तेनकिंचन ४

अहमर्थएवात्माप्रकाशस्तस्यगुणःसचत्रिक्षणावस्थायीतितार्किकाः । नित्यप्रकाशएवात्माऽहमर्थोऽनात्मेतिसांख्याः । तत्राप्यात्मानात्मानौद्वावपितात्त्विकावितिबहवः । अनात्मैवस्थिरश्चिदात्मातुदेहनाशेनश्यती तिलोकायतिकाः । आत्मैवसत्योऽनात्मामृषेतिवेदांतवादाः । द्वयमपिनास्तीतिशून्यवादिनः । एवमात्माभावेसतिज्ञानानर्थक्यंस्यादित्यत्यंतावद्दूषयति यस्त्विति । यस्तुभावमधिष्ठानसत्तांविनास्वभावेनैवाहं कारादिकंस्वरूपेणैवभातीतिपश्यन्निरधिष्ठानकांस्वाभाविकींजगद्भ्रांतिंवदन्सर्वान्शिष्यान्प्रज्ञयामुक्ताःऊहापोहकौशलेनरहिताःहेतवोयुक्तयोयेषांतान्निर्बुद्धीनित्यर्थः । प्रज्ञयेतितृतीयायाआर्षोऽलुक् पुष्यतेपुष्णा तितादृशेनबोधेनरंजयति अचेतनोमूढःसनकिंचनतत्त्वंलभतेइत्युत्तरेणान्वयः । निरधिष्ठानकभ्रमासंभवाच्छून्यवादोऽत्यंतंहेयइतिभावः ३ एवंनैरात्म्यवादंदूषयित्वाऽऽत्मोच्छेदवादंलोकायतमतंदूषयति येषामिति । येषांलोकायतानामेकांतभावेनदृढत्वेनस्वभावादेवक्षीरादिकंदध्यादेःकारणंनत्वीशादृष्टाद्यनुग्रहादीशादिसत्त्वेप्रमाणाभावात्प्रत्यक्षेणचतेषामदृष्टत्वादितिमतं । तेकिंतृणंमुंजंपूत्वासंशोध्यतदंतर्गतांप्रागदृष्टा मिषीकामपिकिंवानलभंतेइतिकाकादृष्टविरुद्धवादित्वंतेषामुक्तं । चनशब्दोऽप्यर्थोभिन्नक्रमश्च । नह्यदर्शनमात्रेणवस्त्वाभावोनिश्चेतुंशक्यःमुंजांतस्येषीकायाअप्यसत्त्वापत्तेः । श्रुतिश्चमुंजेषीकादृष्टांतेनैवदेहादन्यमात्मान–

माह । तंस्वाच्छरीरात्प्रवृहेन्मुंजादिवइषीकांधैर्येणेति । श्रुत्वान्नृणामृषीणांवेतिपाठेतेश्रवणपूर्वकंकिंचित्तत्त्वंनलभंतेऽपितुस्वयमेवानुपासिताचायाईत्थंकल्पयंतीत्यर्थः ४ स्वभावादेवशून्येजगद्भ्रांतिःस्वभावादेवचदेहाद्युत्पत्तिरितिपक्षद्वयमप्यनर्थकमित्याह येचेति ५ तदेवदूषयति स्वभावोहीति । मोहकर्म मोहकार्यंयन्मनस्तद्भवः मूढैर्मनसाकल्पितइत्यर्थः । स्वस्यैवभावःसत्ताकारणमितिएकःपक्षः । परितःस्वस्येतरेषांचभावःकारणमित्यन्यः । एतयोःस्वभावपरिभावयोर्निरुक्तंनिर्वचनंतत्त्वमेतद्वक्ष्यमाणंशृण्वितिशेषः ६ स्वभावादेवक्षीरदधिन्यायेनसर्वोत्पत्तौकृष्यादिर्यत्नःप्रज्ञाकौशलंचानर्थकंस्यादित्याह कृष्यादीत्यादिना ७ गदानां रोगाणांअगदस्यौषधस्य अनुष्ठिताःप्रयोजिताः ८ तुल्यलक्षणाःप्रज्ञाधिक्यादैश्वर्याधिक्यभाजः ९ भूतानांपरंरूपंचिदात्माअवरंमायातदुभयंज्ञानेनधीवृत्त्यैवबाध्याबाध्यरूपयोपलभ्यते

येचैनंपक्षमाश्रित्यनिवर्तन्त्यल्पमेधसः ॥ स्वभावंकारणंज्ञात्वानश्रेयःप्राप्नुवंतिते ५ स्वभावोहिविनाशायमोहकर्ममनोभवः ॥ निरुक्तमेतयोरेतत्स्वभावपरिभावयोः ६ कृष्यादीनीहकर्माणिसस्यसंहरणानिच ॥ प्रज्ञावाद्भिःप्रकॢप्तानियानासनगृहाणिच ७ आक्रीडानांगृहाणांचगदानामगदस्यच ॥ प्रज्ञावंतःप्रयोक्तारोज्ञानवद्भिरनुष्ठिताः ८ प्रज्ञासंयोजयत्यर्थैःप्रज्ञाश्रेयोऽधिगच्छति ॥ राजानोभुंजतेराज्यंप्रज्ञयातुल्यलक्षणाः ९ परावरंतुभूतानांज्ञानेनैवोपलभ्यते ॥ विद्ययातातसृष्टानांविद्यैवेहपरागतिः १० भूतानांजन्मसर्वेषांविविधानांचतुर्विधम् ॥ जरायुजांडजोद्भिज्जस्वेदजंचोपलक्षयेत् ११ स्थावरेभ्योविशिष्टानिजंगमान्युपधारयेत् ॥ उपपन्नंहियच्चेष्टाविशिष्येताविशेष्यया १२ आहुर्वैबहुपादानिजंगमानिद्वयानितु ॥ बहुपाद्भ्योविशिष्टानिद्विपादानिबहून्यपि १३ द्विपदानिद्वयान्याहुःपार्थिवानीतराणिच ॥ पार्थिवानिविशिष्टानितानिह्यन्नानिभुंजते १४ पार्थिवानिद्वयान्याहुर्मध्यमान्युत्तमानितु ॥ मध्यमानिविशिष्टानिजातिधर्मोपधारणात् १५ मध्यमानिद्वयान्याहुर्धर्मज्ञानीतराणिच ॥ धर्मज्ञानिविशिष्टानिकार्याकार्योपधारणात् १६ धर्मज्ञानिद्वयान्याहुर्वेदज्ञानीतराणिच ॥ वेदज्ञानिविशिष्टानिवेदोह्येषुप्रतिष्ठितः १७ वेदज्ञानिद्वयान्याहुःप्रवक्तॄणीतराणिच ॥ प्रवक्तॄणिविशिष्टानिसर्वधर्मोपधारणात् १८ विज्ञायंतेहियैर्वेदाःसधर्माःसक्रियाफलाः ॥ सधर्मानिखिलावेदाःप्रवक्तृभ्योविनिःसृताः १९ प्रवक्तॄणिद्वयान्याहुरात्मज्ञानीतराणिच ॥ आत्मज्ञानिविशिष्टानिजन्माजन्मोपधारणात् २० धर्मद्वयंहियोवेदससर्वज्ञःससर्ववित् ॥ सत्यागीसत्यसंकल्पःसत्यःशुचिरथेश्वरः २१ ब्रह्मज्ञानप्रतिष्ठंहितंदेवाब्राह्मणंविदुः ॥ शब्दब्रह्मणिनिष्णातंपरेचकृतनिश्चयम् २२

ज्ञायते विद्ययाधीवृत्त्या परागतिर्लयस्थानं १० एवंधीमयौसृष्टिप्रलयावुक्त्वाव्यावहारिकौतावाहविद्वत्प्रशंसार्थं भूतानामिति । जरायुजंमनुष्यपश्वादि । अंडजंपक्षिसर्पादि । उद्भिज्जंतृणवनस्पत्यादि । स्वेदजंयूकालिक्षादि ११ यद्यस्माद्विशेष्यविशेषंकृत्वायाचेष्टासाविशिष्येतविशिष्टंकुर्यात् । वृक्षादीनांपूर्वोक्तरीत्यादर्शनादिमत्वेऽपिप्रत्यक्षेणदर्शनादिमंतोजंगमास्ततःश्रेष्ठाइत्यर्थः १२ । १३ पार्थिवानिपृथिवीचराणिमानुषाणि इतराणिखेचराणि १४ । १५ उत्तमानिनिर्णेतुंमध्यमेष्वेवावांतरतारतम्यमाह मध्यमानीत्यादिनाआत्मज्ञानिविशिष्टानीत्यंतेन १६ । १७ । १८ । १९ । २० धर्मद्वयंप्रवृत्तिनिवृत्तिरूपम् २१ तत्रापिब्रह्मज्ञानेप्रतिष्ठासमाप्तिर्यस्यनतुप्रवृत्तिधर्मे शब्दब्रह्मणिवेदशास्त्रे २२

म.भा.टी ॥११५॥ शां.मो.१२ अ० ॥२३८॥

अंतस्थंपरचित्तस्थं बहिष्ठंव्यवहितादि तेज्ञानान्विताद्विजादेवाश्च अन्येनामब्राह्मणाअसुराश्चेत्यर्थः २३ । २४ । २५ ॥ इति शांतिपर्वणि मोक्ष० नीलकंठीये भारतभावदीपे सप्तत्रिंशदधिकद्विशततमोऽध्यायः ॥ २३७ ॥ आत्मज्ञानंविनाकर्मापिकृतमंतवदेवभवति । 'योवाएतदक्षरंगार्ग्यविदित्वाऽस्मिँल्लोकेयजतिददातितपस्तप्यतेऽपिबहूनिवर्षसहस्राण्यंतवदेवास्यभवति' इतिश्रुतेः । अतआत्मानंजिज्ञास्यंज्ञात्वात त्प्राप्त्यर्थंकर्माणिकुर्वीत विविदिषंतियज्ञेनेत्यादिश्रुतेरित्याह एषेति । वृत्तिर्वर्तनं पूर्वतरानित्या एषनित्योमहिमाब्राह्मणस्येतिश्रुतेः १ तत्रकर्मणिसंशयश्चेन्नभवेत्तर्हिकर्मकृतंसतिसिद्ध्येभवति संशयस्वरूपंविवृणोति किंत्विति । किंकर्मस्वभावोनित्यमेवोतज्ञानंज्ञानजनकत्वेनकर्मकाम्यंवेत्यर्थः । नित्यंचेन्नकाम्यंस्यात्काम्यंचेन्नतदकरणेप्रत्यवायःस्यादितिभावः २ तत्रतस्मिन्संशयेसति पुरुषंप्रतिब्रह्मोद्देशेनज्ञानंज्ञानजनकं चेत्कर्मस्याच्चर्हिसएववेदविधिर्नित्यविधिरपिस्यात् । आत्मविविदिषार्थैरपिकर्मभिर्नित्यप्रयोगस्यापिसिद्धिरस्तीत्यर्थः । अत्रहेतुद्वयमुपपत्तेरुपलब्धेश्चेति यथाकाम्योऽपिदारसंग्रहःक्रत्वर्थोऽपिभवति । नहिकामार्थमन्यास्त्रीक्रत्वर्थमन्यास्त्रीपरिणेयेत्युपपद्यते । उपलभ्यतेचसंयोगपृथक्त्वन्यायेननित्यस्यापिखादिरत्वादेःकाम्यत्वंतच्चोदाहृतं तत्कर्मणामुभयार्थत्वेनप्राधान्यंवर्णयिष्याम्यहंत्वंचशृणु ३ स्वभाव वादनिरासमुपक्रांतमुपसंहरिष्यन्मतांतराण्युपन्यस्यति केचिदिति । पौरुषमिहजन्मांतरेवाकृतंकर्म दैवंग्रहाःकालइतियावत् स्वभावःस्वरूपमात्रं ४ इतिक्रमेणमीमांसकस्यदैवज्ञस्यशून्यवादिलोकायतयोश्चमतान्युपन्य

अंतस्थंचबहिष्ठंचसाधियज्ञाधिदैवतम् ॥ ज्ञानान्विताहिपश्यंतितेदेवास्तातते द्विजाः २३ तेषुविश्वमिदंभूतंसर्वंचजगदाहितम् ॥ तेषांमाहात्म्यभावस्यसदृशं नास्तिकिंचन २४ आद्यंतेनिधनंचैवकर्मचातीत्यसर्वशः ॥ चतुर्विधस्यभूतस्यसर्वस्येशाःस्वयंभुवः २५ इति श्रीमहाभारते शांतिपर्वणि मोक्षधर्मपर्वणि शुकानुप्रश्नेसप्तत्रिंशदधिकद्विशततमोऽध्यायः ॥ २३७ ॥ व्यासउवाच ॥ एषापूर्वतरावृत्तिर्ब्राह्मणस्यविधीयते ॥ ज्ञानवानेवकर्माणिकुर्वन्सर्वत्रसिद्ध्यति १ तत्रचेन्नभवेदेवंसंशयःकर्मसिद्धये ॥ किंतुकर्मस्वभावोऽयंज्ञानंकर्मेतिवापुनः २ तत्रवेदविधिःसस्याज्ज्ञानंचेत्पुरुषंप्रति ॥ उपपत्त्युपलब्धिभ्यांवर्णयिष्यामित च्छृणु ३ पौरुषंकारणंकेचिदाहुःकर्मसुमानवाः॥ दैवमेकेप्रशंसंतिस्वभावमपरेजनाः४ पौरुषंकर्मदैवंचकालवृत्तिस्वभावतः॥ त्रयमेतत्पृथग्भूतमविवेकंतुकेचन५ एतदेवंचनैवंचनचोभेनानुभेतथा ॥ कर्मस्थाविषयंब्रूयुःसत्वस्थाःसमदर्शिनः ६ त्रेतायांद्वापरेचैवकलिजाश्चससंशयाः॥तपस्विनःप्रशांताश्चसत्वस्थाश्चकृतेयुगे७

स्यैतेषांविकल्पसमुच्चयावाह पौरुषमिति । पौरुषंदैवंचकर्मदृष्टादृष्टयत्नःस्वभावमनुसृत्यकर्मकालौफलदावित्यर्थः । अविवेकंसमुच्चयं पृथक्भूतमेकमेवप्रधानं नत्वितरावित्यर्थः ५ आर्हतमतआह एतदिति । तर्हि स्यादस्ति । स्यान्नास्ति । स्यादस्तिचनास्तिच । स्यादस्तिचावक्तव्यः । स्यान्नास्तिचावक्तव्यः । स्यादस्तिचनास्तिचावक्तव्यः । स्यादवक्तव्य इतिसप्तभंगीनयःसर्वत्रयोज्यते । अतएतदेव मितिस्यादस्तीत्युक्तं । चात्एतन्नएवंचनेतिसंबंधेनस्यान्नास्तिस्यादवक्तव्यइतिचोक्तं । नचोभेइत्यनेनस्यादस्तिचनास्तिचस्यादस्तिचनास्तिचावक्तव्यइतिचोक्तं । नानुभेइतिस्यादस्तिचावक्तव्यःस्यान्नास्तिचाव क्तव्यइतिचोक्तं । कर्मस्थाआर्हताविषयंघटादिंएतदेवमस्तीत्यादिब्रूयुरितिसंबंधः । एतेषुपक्षेषुकृतहानाकृताभ्यागमप्रसंगात्स्वभावमात्रपक्षस्तुच्छः । बंधमोक्षादिवस्तुमात्रस्वरूपस्यास्तिनास्तीत्यादिविकल्पग्र स्तत्वेनानवधारणात्मकआर्हतपक्षोऽपितुच्छएव । परिशेषात्समुच्चयपक्षएवश्रेयान्व्यवहारे । परमार्थस्तुसत्वस्थायोगिनःसमदर्शिनोब्रह्मैवकारणत्वेनपश्यंति ६ त्रेतायामिति । पापानुवेधादेवात्रश्रौतेमते संशयोभवतीत्यर्थः प्रशांतानिःसंशयाः ७

॥११५॥

अपृथगिति। वेदत्रयेऽपिभेदमपश्यंतःकामादीन्पृथक्कृत्यतपोज्ञानमुपासतेश्रयंति ८ अतोज्ञातारमेवस्तौति तपइति ९ यद्भूत्वाब्रह्मभूत्वातद्भूतोब्रह्मभूतः १० किंतज्ज्ञानमितिज्ञानशब्देनविद्यावा कर्मजोऽतिशयोवा आत्मनाशोवेतिपृष्टं । तत्रांत्यःस्वभाववादनिरासेननिरस्तः । आद्येप्रमाणंप्रदर्शयन्मध्यमंनिरस्यति तदिति । तद्ब्रह्मवेदवादेषुकर्मकांडेष्वपिप्रस्तावादिदेवतात्वेनोक्तंतथापिगहनमज्ञातमेवतत्रवेददर्शिभिरपि वेदांतेषुतुतदेवपुनर्विद्यैकप्राप्यंब्रह्मव्यक्तमुक्तं । कर्मयोगेभावनाद्यात्मकेयोगेतत्रलक्ष्यते । नह्युपासनयाकीटभृंगन्यायेनब्रह्मभावस्यप्राप्यत्वंवक्तुंयुक्तं जन्यत्वेनानित्यत्वापातादित्यर्थः ११ प्रमेयसिद्ध्यर्थंब्रह्मणिप्रमाणभूतंवेदंस्तौति आलंभेत्यादिना १२ । १३ । १४ । १५ । १६ स्वधर्मस्थाआश्रमाविक्रियंतेभृतकाध्यापनक्रतुजन्यपुण्यसमर्पणादिना १७ वर्षतिपुष्णाति अंगानियोगांगानियमादीनि वेदाध्यायिनं पुष्यंतीत्यर्थः १८ कालनानात्वंकालोजीवस्तस्यनानात्वंकृतत्रेतादिरूपेण तथाहि । सत्कर्मपराङ्मुखःशयानःपुरुषःकलिरित्युच्यते । अधर्मंहातुमिच्छन्संजिहानोद्वापरः । धर्ममनुष्ठातुमुद्युक्तउत्तिष्ठंस्त्रेता । धर्मं

अपृथग्दर्शनाःसर्वेऋक्सामसुयजुःषुच ॥ कामद्वेषौपृथक्कृत्वातपःकृतउपासते ८ तपोधर्मेणसंयुक्तस्तपोनित्यःसुसंशितः ॥ तेनसर्वानवाप्नोतिकामान्यान्मनसेच्छति ९ तपसातदवाप्नोतियद्भूत्वासृजतेजगत् ॥ तद्भूतश्चततःसर्वभूतानांभवतिप्रभुः १० तदुक्तंवेदवादेषुगहनंवेददर्शिभिः ॥ वेदांतेषुपुनर्व्यक्तंकर्मयोगेनलक्ष्यते ११ आलंभयज्ञाःक्षत्राश्चहविर्यज्ञाविशःस्मृताः ॥ परिचारयज्ञाःशूद्राश्चजपयज्ञाद्विजातयः १२ परिनिष्ठितकार्योहिस्वाध्यायेनद्विजोभवेत् ॥ कुर्यादन्यन्नवाकुर्यान्मैत्रोब्राह्मणउच्यते १३ त्रेतादौकेवलावेदायज्ञावर्णाश्रमास्तथा ॥ संरोधादायुषस्त्वेतेव्यस्यन्तेद्वापरेयुगे १४ द्वापरेविप्लवंयांतिवेदाःकलियुगेतथा ॥ दृश्यंतेनापिदृश्यंतेकलेरंतेपुनःकिल १५ उत्सीदंतिस्वधर्माश्चतत्राधर्मेणपीडिताः ॥ गवांभूमेश्चयेचापामोषधीनांचयेरसाः १६ अधर्मान्तर्हितावेदावेदधर्मास्तथाऽऽश्रमाः ॥ विक्रियंतेस्वधर्मस्थाःस्थावराणिचराणिच १७ यथासर्वाणिभूतानिवृष्टिर्भौमानिवर्षति ॥ सृजतेसर्वतोंगानितथावेदायुगेयुगे १८ निश्चितंकालनानात्वमनादिनिधनंचयत् ॥ कीर्तितंयत्पुरस्तान्मेसूतेयच्चात्तिचप्रजाः १९ यच्चेदंप्रभवःस्थानंभूतानांसंयमोयमः ॥ स्वभावेनैववर्तन्तेद्वंद्वसृष्टानिभूरिशः २० सर्गःकालोधृतिर्वेदाःकर्ताकार्यंक्रियाफलम् ॥ एतत्तेकथितंतातयन्मांत्वंपरिपृच्छसि २१ ॥ इति श्रीमहाभारते शांतिपर्वणि मोक्षधर्मपर्वणि शुकानुप्रश्ने अष्टत्रिंशदधिकद्विशततमोऽध्यायः ॥ २३८ ॥ ॥ भीष्मउवाच ॥ इत्युक्तोऽभिप्रशस्यैतत्परमर्षेस्तुशासनम् ॥ मोक्षधर्मार्थसंयुक्तमिदंप्रष्टुंप्रचक्रमे १ ॥ शुकउवाच ॥ प्रज्ञावान्श्रोत्रियोयज्वाकृतप्रज्ञोऽनसूयकः ॥ अनागतमनैतिह्यंकथंब्रह्माधिगच्छति २

चरन्कृतंभवति । तथाचश्रुतिः 'कलिःशयानोभवतिसंजिहानस्तुद्वापरः ॥ उत्तिष्ठंस्त्रेताभवति कृतंसंपद्यतेचरन्' इति । सचकालोऽनादिनिधनःप्रजाःसूतेऽत्तिचेतिजीवस्यतत्पदार्थभेदउक्तः १९ यच्चेदंकालाख्यं भूतानांप्रभवउत्पत्तिः स्थानंपोषणं संयमःप्रलयः यमोनियंतान्तर्यामीयत्रवर्ततेभूतानिस्वभावेनब्रह्मभावेननतुविकृतेनरूपेण २० कालएवसर्गादिकं तेनज्ञानंनामविद्यैवप्रतीचोऽज्ञानकृतजीवत्वबाधेनब्रह्मभावप्रकाशिकानत्वात्मन्यतिशयआत्मोच्छेदोवेत्यध्यायद्वयेनस्पष्टीकृतम् २१ ॥ इतिशांतिपर्वणिमोक्षधर्मपर्वणिनीलकंठीयेभारतभावदीपे अष्टत्रिंशदधिकद्विशततमोऽध्यायः ॥ २३८ ॥ एवंज्ञानपदार्थव्याख्यानप्रसंगादात्मनोऽनाधेयातिशयत्वमुक्तं तच्चनकर्त्रात्मपक्षेउच्छेदपक्षेवायुज्यते । अतःपरिशेषादसंगात्मवादिनोःसांख्ययोगयोरेवव्यवतिष्ठतइतितयोरेवाविभागार्थमध्यायद्वयमारभ्यते इत्युक्तइत्यादि १ अनागतंप्रत्यक्षानुमानाभ्यामज्ञातं । अनैतिह्यंयूपाहवनीयादिवदलौकिकमपीदमित्थमितिवेदेनापिननिर्देश्यं २

३ यथायत्प्रकारकमैकाग्र्यं ४ विद्यादिपदैःक्रमेणाश्रमचतुष्टयधर्माउक्ताः ५ स्वयंभुवईश्वरस्यमहाभूतानिपूर्वसृष्टिः । तानिचप्राणभृद्ग्रामेजीवसंघेशरीरिषुशरीराभिमानिषुमूढजीवेषुभूयिष्ठंनिविष्टानितैरात्मत्वेनगृहीतानी त्यर्थः पृथक्सृष्टिरितिपाठेभौतिकसृष्टेःपृथगेवभूतसृष्टिस्ततःप्राचीनत्वादितिसएवार्थः ६ खेपुनासादिरंध्रेषु ७ योगमतेआत्माभोक्तैवनतुकर्त्ता सांख्यमतेतुनभोक्तानापिकर्तेति तत्राद्यंदूषयत्युत्तरस्यैवसिद्धांतत्वं ज्ञापयितुं क्रांतेइति । क्रांतेपादेंद्रियवलेपाणींद्रियेचविष्णुशक्रौतत्प्रयोक्तारौतिष्ठतः भटाइवराजकीयरथशकटादौ । तत्रयथाभटगतंजयपराजयादिरथगतंह्रासवृद्ध्यादिचराजाआत्मन्यभिमानादध्यारोपयतितद्वद्बुद्धि दात्मादेवतेंद्रियगतंभोक्तृत्वखंजत्वादिकमविद्ययास्वस्मिन्नारोपयत्यहंभोग्यहंखंजइति । यथाचपराजयोनभृत्यैतदभिमानाभावादेवंभोगोऽपिविष्ण्वादीनांनास्ति । आत्मनित्वविद्ययैवतद्भावनमितिसिद्धमात्मनोऽकर्तृत्व मभोक्तृत्वंच । नन्वात्मैवकर्त्ताभोक्ताचास्तुकिमंतर्गडुभिर्विष्ण्वादिभिरितिचेन्न अनिर्मोक्षापत्तेः । स्वाभाविकस्यकर्तृत्वादेर्वन्ह्यौष्ण्यवदाश्रयनाशमंतरेणनाशायोगाच्च कर्णौस्थानं श्रोत्रमिंद्रियं दिशोदेवताः । जिव्हास्थानं वागिंद्रियं सरस्वतीदेवता । एतच्चान्येषामपिस्थानादीनामुपलक्षणं ८ दर्शयंतीतिनिदर्शनीयानि कर्त्तरिकृत्यः तानिचतानींद्रियाणिचेतिसमासः विभक्तिलोपआर्षः आहारःशब्दादिग्रहः ९ इंद्रि

तपसाब्रह्मचर्येणसर्वत्यागेनमेधया ॥ सांख्येवायदिवायोगएतत्पृष्टोवदस्वमे ३ मनसश्चेंद्रियाणांचयथैकाग्र्यमवाप्यते ॥ येनोपायेनपुरुषैस्तत्त्वंव्याख्यातुमर्हसि ४ ॥ व्यासउवाच ॥ नान्यत्रविद्यातपसोर्नान्यत्रेंद्रियनिग्रहात् ॥ नान्यत्रसर्वसंत्यागात्सिद्धिंविंदतिकश्चन ५ महाभूतानिसर्वाणिपूर्वसृष्टिःस्वयंभुवः ॥ भूयिष्ठं प्राणभृद्ग्रामेनिविष्टानिशरीरिषु ६ भूमेर्देहोजलात्स्नेहोज्योतिषश्चक्षुषीस्मृते ॥ प्राणापानाश्रयोवायुःखेष्वाकाशंशरीरिणाम् ७ क्रांतेविष्णुर्बलेशक्रःकोष्ठेऽग्निर्भो क्तुमिच्छति ॥ कर्णयोःप्रदिशःश्रोत्रंजिह्वायांवाक्सरस्वती ८ कर्णौत्वक्चक्षुषीजिव्हानासिकाचैवपंचमी ॥ दर्शनीयेंद्रियोक्तानिद्वाराण्याहारसिद्धये ९ शब्दःस्पर्श स्तथारूपंरसोगंधश्चपंचमः ॥ इंद्रियार्थान्पृथग्विद्यादिंद्रियेभ्यस्तुनित्यदा १० इंद्रियाणिमनोयुंक्तेवश्यान्यंतेववाजिनः ॥ मनश्चापिसदायुंक्तेभूतात्माहृद याश्रितः ११ इंद्रियाणांतथैवैषांसर्वेषामीश्वरंमनः ॥ नियमेचविसर्गेचभूतात्मामानसस्तथा १२ इंद्रियाणींद्रियार्थाश्चस्वभावश्चेतनामनः ॥ प्राणापानौ चजीवश्चनित्यंदेहेषुदेहिनाम् १३ आश्रयोनास्तिसत्वस्यगुणाःशब्दोनचेतना ॥ सत्वंहितेजःसृजतिनगुणान्वैकथंचन १४

येभ्यएवेंद्रियाथान्कूर्मांगवत्पृथक्भूतान्विद्यात् १० मनःकर्तृयंतासारथिः भूतात्माबुद्ध्युपाधिर्जीवः ११ एषांशब्दादीनां ईश्वरमुत्पत्तिस्थितिलयहेतुः नियमेसंहारे विसर्गेसृष्टौ १२ इंद्रियार्थाघटादयः स्वभावः शीतोष्णादिधर्मः चेतनाधीवृत्तिः देहेषुहृदयगुहायामेववर्त्तंते स्वप्नइवकर्मोदयेततएवाविर्भवंतीत्यर्थः १३ ननुदेहस्यापींद्रियार्थत्वाद्देहांतर्गतबुद्धौस्थितिःस्वस्कंधारोहणन्यायमनुसरतीत्याह आश्रयइति । सत्वस्यबुद्धे राश्रयोयःप्रागुक्तोदेहःसोऽपिनास्ति स्वाप्नदेहवत्तस्यापिप्रतिभानमात्रत्वात् कस्तर्हिसत्वस्याश्रयःकिंचतस्यरूपमतआह गुणाइति । त्रिगुणात्मिकामूलप्रकृतिरेवस्वविकारस्यवाचारंभणंविकारोनामधेयमितिश्रुतेःशब्द मात्रस्वरूपस्यसत्वस्याश्रयइत्यर्थः नतुचेतनासत्वस्याश्रयःस्वरूपंवा असंगत्वादविकारत्वाच्च । ननुगुणाबुद्धेरेवधर्माःसंतु तथाचसात्विकोऽयंराजसोयमितितेषांतदुपाधिकेपुरुषेव्यपदेशोयुज्यतइत्याशंक्याह सत्वंहीति । तेजोवासनासत्वंसृजतिनतुगुणान् अनादिवासनाहिसत्वस्यकारणंसाचत्रिगुणात्मिकेतिनसत्वकार्यत्वंगुणानांघटते सात्विकोयमित्यादिर्व्यपदेशस्तुपरंपरयाऽपियुज्यतइतिभावः १४

सप्तदशंचिदात्मानं षोडषभिःपंचेंद्रियाणिपंचेंद्रियार्थाः स्वभावादयश्चषट्तैः मनीषीमनोनीग्रहशीलः आत्मनिबुद्धौ १५ । १६ अशरीरंस्थूलसूक्ष्मकारणशरीररहितं १७ मर्त्येषुमरणधर्मवत्सुअनुपश्यतिगुरुवेद वाक्यमनु ब्रह्मभूयसेनिर्विशेषब्रह्मभावाय १८ अभिजनःशिष्यकुलादिः समंब्रह्मैवपश्यंतितेसमदर्शिनः १९ एतदेवप्रसिद्धिविधयाआह सहीति । ध्रुवेषुस्थावरेषु २० योगफलमाह सर्वभूतेष्विति । संप्रज्ञातेसो पाधिकावस्थायांसर्वभूतेष्वात्मानमनुस्यूतंपश्यति अहमेवेदंसर्वोऽस्मीत्यनुभवतीत्यर्थः । आत्मनिनिष्कलेअसंप्रज्ञातावस्थायांसर्वभूतान्यात्मन्येवविलीनानिपश्यति । तत्केनकंपश्येदितिश्रुतेः । तथाचद्विविधोब्रह्म भावउक्तोभवति सचोक्तः । 'सोपाधिर्निरुपाधिश्चद्वेधाब्रह्मविदुच्यते ॥ सोपाधिकःस्यात्सर्वात्मानिरुपाख्योऽनुपाधिकः'इति २१ वेदस्यआत्माशब्दःसआत्मनिस्वस्वरूपेयावान्देशतःकालतश्चयावत्प्रमाणो ऽस्तितावानात्माजीवःसर्वोऽपि वाचोविषयआत्मेत्यर्थः सचपरात्मन्यधिष्ठानेस्वस्वरूपे तथाचश्रुतिः 'यावद्ब्रह्मविष्ठितंतावतीवागिति' विष्ठितंविविधाकारेणस्थितं २२ सर्वेषांभूतानामात्मभूतस्यप्रत्यग्रूपस्य

एवंसप्तदशंदेहेवृतंषोडशभिर्गुणैः ॥ मनीषीमनसाविप्रःपश्यत्यात्मानमात्मनि १५ नह्ययंचक्षुषाद्दश्योनचसर्वैरपींद्रियैः ॥ मनसातुप्रदीपेनमहानात्माप्रकाशते १६ अशब्दस्पर्शरूपंतदरसागंधमव्ययम् ॥ अशरीरंशरीरेषुनिरीक्षेतनिरिंद्रियम् १७ अव्यक्तंसर्वदेहेषुमर्त्येषुपरमाश्रितम् ॥ योऽनुपश्यतिसप्रेत्यकल्पतेब्रह्म भूयसे १८ विद्याभिजनसंपन्नेब्राह्मणेगविहस्तिनि ॥ शुनिचैवश्वपाकेचपंडिताःसमदर्शिनः १९ सहिसर्वेषुभूतेषुजंगमेषुध्रुवेषुच ॥ वसत्येकोमहानात्मायेनसर्वमि दंततम् २० सर्वभूतेषुचात्मानंसर्वभूतानिचात्मनि ॥ यदापश्यतिभूतात्माब्रह्मसंपद्यतेतदा २१ यावानात्मनिवेदात्मातावानात्मापरात्मनि ॥ यएवंसततंवेद सोऽमृतत्वायकल्पते २२ सर्वभूतात्मभूतस्यविभोर्भूतहितस्यच ॥ देवाऽपिमार्गेमुह्यंतिअपदस्यपदैषिणः २३ शकुंतानामिवाकाशेमत्स्यानामिवचोदके ॥ यथा गतिर्नद्दश्येतततथाज्ञानविदांगतिः २४ कालःपचतिभूतानिसर्वाण्येवात्मनाऽऽत्मनि ॥ यस्मिंस्तुपच्यतेकालस्तंवेदेहनकश्चन २५ नतदूर्ध्वंनतिर्यक्चनाधोनच पुनःपुनः ॥ नमध्येप्रतिगृह्णीतेनैवकिंचित्कुतश्चन २६ सर्वेऽन्तस्थाइमेलोकाबाह्यमेषांनकिंचन ॥ यद्यजस्रंसमागच्छेद्यथाबाणोगुणच्युतः २७ नैवांतंकारणस्ये याद्यद्यपिस्यान्मनोजवः ॥ तस्मात्सूक्ष्मात्सूक्ष्मतरंनास्तिस्थूलतरंततः २८ सर्वतःपाणिपादंतत्सर्वतोक्षिशिरोमुखम् ॥ सर्वतःश्रुतिमल्लोकेसर्वमावृत्यतिष्ठति २९ तदेवाणोरणुतरंतन्महद्भ्योमहत्तरम् ॥ तदंतःसर्वभूतानांध्रुवंतिष्ठन्नदृश्यते ३०

विभोःआकाशतुल्यस्य परिच्छेदाभिमानिनामेवदेवयानःपितृयाणोऽन्योवामार्गोस्ति अतस्तस्यमार्गेऽन्वेषण यिदेवाअपिमुह्यंति । देवापीत्यपेरार्षःसंधिर्व्यवहितक्रिययासंबंधश्च । अपदस्यमार्गरहितस्य पदैषिणोब्रह्म बुभूषोः तथाचश्रुतिः । 'नतस्यप्राणाउत्क्रामंत्यत्रैवसमवनीयंते ब्रह्मैवसन्ब्रह्माप्येति' इति । अत्रैवस्वात्मन्येवसमवनीयंतेएकीभावेनलीयंते । 'अस्यपरिद्रष्टुरिमाःषोडषकलाःपुरुषायणाःपुरुषंप्राप्यास्तंगच्छंति' इतिश्रुत्यंतराच्चविदुष्येवप्राणमनःप्रभृतीनांकलानांप्रत्ययोऽध्यवसेयः २३ एतदेवदृष्टांतेनस्पष्टयति शकुंतानामिति । ज्ञानविदांब्रह्मविदां २४ कालउक्तरूपोजीवः पचतिजरयाति पच्यतेजीर्यतेयस्मिंस्तंपरमा त्मानं २५ तन्मुक्तस्वरूपं प्रतिगृह्णीतेविषयीकरोति एतेनदेशविशेषप्राप्तिर्मुक्तिरितिपक्षःपरास्तः २६ अंतस्थामुक्तस्वरूपांतर्गताः एषांलोकानांमध्येबाह्यंकिंचित्स्थानंनास्तियद्गतिप्राप्यंस्यात् २७ अंतंसन्निधिमनं तत्वाच्चस्य २८ कारणस्यज्ञेयंस्वरूपमाह तस्मादितिसार्धाभ्याम् २९ । ३०

कालःपचतीत्यादिभिःषड्भिःश्लोकैर्ब्रह्मणःप्रत्यगात्मत्वादविषयत्वात्सर्वलोकाश्रयत्वादनंतत्वात्सूक्ष्मत्वाद्विभुत्वाच्चब्रह्मविदादेशातरप्राप्तिर्नास्तीत्युक्त्वाप्रकारांतरेणाप्येतदाह अक्षरमिति । अक्षरमविनाशिचैतन्यं क्षरंविनाशिजडं सर्वेषुभूतेषुस्थावरजंगमशरीरेषु क्षरःक्षरत्वं ३१ नवमहदहंकारपंचतन्मात्राण्यविद्याकर्मचेतिकामस्याहंकारधर्मस्यतद्ग्रहेणैवग्रहइतिनवैवगतिद्वाराणियस्मिंस्तन्नवद्वारंपुरंगत्वाप्राप्येशोऽपिहंसोहंति गच्छतीतिहंसोगतिमान्भवति । 'सईक्षांचक्रेकस्मिंस्त्वहमुत्क्रान्तेउत्क्रांतोभविष्यामिकस्मिन्वाप्रतिष्ठितेप्रतिष्ठास्यामीतिसप्राणमसृजत'इतिपरस्मिन्प्राणोपाधिकस्यैवगमनस्यश्रवणात् । नियतोऽचंचलः वशीउ पाधिदोषानभिभूतः ईशोनियंता ३२ पुरंगत्वाहंसोभवतीत्येतद्विवृणोति हानीति। अजस्यपरमेश्वरस्यशरीराणांशरीरांतर्गतानांनवानांपूर्वोक्तमहदादीनांसंबंधिनोयेहान्यादयस्तेषांसंचयेनसंग्रहेणहंसत्वमाहुःपारदर्शि नस्तत्वाविदः हानिर्गतिः ओहाङ्गतावित्यस्यरूपं भंगोदुःखित्वादिकं विकल्पोमनुष्योऽयंपशुरयंवृक्षोऽयमितिविविधकल्पनाच हंसत्वमित्युपलक्षणंभंगादेरपि ३३ एवमात्मनःक्षराक्षरयोरुत्पत्तिमक्षरस्यक्षरद्वारकं गत्यादिकंचेत्युक्त्वातत्त्वमसिवाक्यार्थप्रतिपादनपुरःसरंविदुषउपाध्यभावाद्गत्यभावमाह हंसेति । हंसपदेनोक्तंयदक्षरंजीवाख्यंततकूटस्थमेवाक्षरंनत्वन्यत् कूटस्थमक्षरमन्यद्धंसाख्यमक्षरमितिभेदोऽस्तिअयमात्माअहं

अक्षरंचक्षरंचैवद्वैधीभावोऽयमात्मनः ॥ क्षरःसर्वेषुभूतेषुदिव्यंतमृतमक्षरम् ३१ नवद्वारंपुरंगत्वाहंसोहिनियतोवशी ॥ ईशःसर्वस्यभूतस्यस्थावरस्यचरस्यच ३२ हानिभंगविकल्पानांनवानांसंचयेनच॥शरीराणामजस्याहुर्हंसत्वंपारदर्शिनः ३३ हंसोक्तंचाक्षरंचैवकूटस्थंयत्तदक्षरम् ॥ तद्विद्वानक्षरंप्राप्यजहातिप्राणजन्मनी ३४ ॥ इतिश्रीमहाभारतेशांतिपर्वणिमोक्षधर्मपर्वणिशुकानुप्रश्नेऊनचत्वारिंशदधिकद्विशततमोध्यायः॥२३९॥ व्यासउवाच ॥ पृच्छतस्तवसत्पुत्रयथावदिहस त्वतः ॥ सांख्यज्ञानेनसंयुक्तंयदेतत्कीर्तितंमया १ योगकृत्यंतुतेकृत्स्नंवर्तयिष्यामितच्छृणु ॥ एकत्वंबुद्धिमनसोरिंद्रियाणांचसर्वशः २ आत्मनोव्यापिनस्तातज्ञा नमेतदनुत्तमम् ॥ तदेतदुपशांतेनदांतेनाध्यात्मशीलिना ३ आत्मारामेणबुद्धेनबोद्धव्यंशुचिकर्मणा ॥ योगदोषान्समुच्छिद्यपंचयान्कवयोविदुः ४ कामंक्रोधं चलोभंचभयंस्वप्नंचपंचमम् ॥ क्रोधंशमेनजयतिकामंसंकल्पवर्जनात् ५ सत्त्वसंसेवनाद्धीरोनिद्रामुच्छेत्तुमर्हति ॥ धृत्याशिश्नोदरंरक्षेत्पाणिपादंचचक्षुषा ६

ब्रह्मास्मीत्यादिश्रुतिशतेभ्यः । तत्तस्माद्धेतोर्विद्वान्हंसोऽक्षरंकूटस्थमात्मानंप्राप्यप्राणमुत्क्रांत्यादिसाधनेउपाधिंजन्मचजहाति जन्महेतोरविद्यायानाशात् ३४ ॥ इतिशांतिपर्वणिमो० नी० भा० ऊनचत्वारिंशद धिकद्विशततमोध्यायः ॥ २३९ ॥ ॥एवंसांख्यतत्त्वमुक्त्वायोगिनांयत्कृत्यंतद्वक्तुंप्रतीजानीते पृच्छतइति १ ननुज्ञानादेवतुकैवल्यंनान्यःपंथाविद्यतेऽयनायेतिश्रुतेःसांख्यादन्योमोक्षमार्गोनास्तितत्किंस्वातंत्र्ये णयोगकृत्यनिरूपणेनेत्याशंक्ययोगमते ज्ञानशब्दार्थमाह एकत्वमिति। घटादिवृत्तिद्वारमिंद्रियाणिदुःखादिवृत्तिद्वारंमनः तेषामेकत्वंबुद्धिमात्रेणावस्थानंबुद्धिवृत्तिनिरोधइतियावत्। एतदेवज्ञानमनुत्तमंश्रेष्ठमित्यर्थः । नान्यदहंब्रह्मास्मीतिधीवृत्तिरूपं तथाचश्रुतिः 'तावन्मनोनिरोद्धव्यंहृदियावत्क्षयंगतम् ॥ एतज्ज्ञानंचध्यानंचशेषोऽन्योग्रंथविस्तरः'इति २ बोद्धव्यंगुरुमुखादवगंतव्यं । आचार्यवान्पुरुषोवेदेतिश्रुतेः तेनसुषु प्तौघटदुःखादिवृत्त्यभावेनज्ञानत्वंप्रसक्तंतन्निरस्तं । आनंदभुक्चेतोमुखःप्राज्ञइतिश्रुतेःस्तत्रापिनिद्रारूपायाधीवृत्तेः सत्त्वात् प्राज्ञःसुषुप्तः उपशांतोजितचित्तः दांतोजितबाह्येंद्रियः अध्यात्मशीलीध्याननिष्ठः आत्मारामआत्मनिरतिमान् बुद्धोज्ञातशास्त्रतत्त्वः शुचिकर्मायमनियमादिमान् ३ समुच्छिद्यबोद्धव्यमितिपूर्वेणान्वयः ४ । ५ सत्वेनबुद्ध्यासंसेवनंपरिशीलनमर्थानांतेन । धृत्याधैर्येण । शिश्नोदरंव्य भिचारादिभ्यः पाणिपादंकंटकादिभ्यः ६

चक्षुःश्रोत्रेसाभिलाषपरस्त्रीदर्शनादिभ्यः । मनोवाचंदुर्ध्यानादिभ्यः । कर्मणायज्ञादिना । एतदेवाहाप्रमादादिति दंभंलोभमूलं ७ । ८ उशतींकामप्रधानां विटगोष्ठीरित्यर्थः । मनोनुदांमनोभंगकारिणीं । ननुब्रह्मज्ञानादेवमुक्तिःप्रसिद्धानतुधीनिरोधमात्रादित्याशंक्यब्रह्मशब्दार्थमाह ब्रह्मेति । शुक्रंबीजभूतंप्रधानं तेजोमयंप्रकाशात्मकसत्वगुणप्रधानंमहत्तत्त्वाख्यं तदेवब्रह्मनततोऽन्यत् यस्यशुक्रस्यरसःसारः ९ भव्यस्यजन्मवतःएतस्यदृष्टमीक्षणं एतेन'सदेवसोम्येदमग्रआसीत् तदैक्षतबहुःस्यांप्रजायेयेति । ऐतदात्म्यमिदंसर्वं'इत्यस्याःश्रुतेरर्थः प्रधानमेकमेवसत्सत्वोद्रेकादीक्षणकर्तृत्वेनमहत्तत्वात्मकंभूत्वाईक्षणद्वारासर्वात्मकत्वंगतमितिदर्शितः । अस्यध्यानेनाध्ययनादिनाचसत्वोत्कर्षेसतिपापनाशःसर्वकामावाप्तिस्तत्त्वज्ञानंचजायतइत्याहद्वाभ्यां ध्यानमित्यादि १० । ११ समोरागद्वेषशून्यः लब्धालब्धेनेतियदृच्छालाभसंतुष्ट इत्यर्थः १२ तेजस्वीसत्ववान् ब्रह्मणोमहत्तत्त्वस्यपदंलयस्थानंप्रकृतिंनिनीषेद्वशीकर्तुमिच्छेत् १३ ऐकाग्र्यंविषयेभ्योनिरोधंकृत्वाआत्मानिबुद्धौमनोधारयेत् संकल्पात्मकंमनोनिरुंध्यादित्यर्थः १४ इंद्रियाणाम

चक्षुःश्रोत्रेचमनसामनोवाचंचकर्मणा ॥ अप्रमादाद्भयंजह्याद्दंभंप्राज्ञोपसेवनात् ७ एवमेतान्योगदोषान्जयेन्नित्यमतन्द्रितः ॥ अग्नींश्चब्राह्मणांश्चार्चेद्देवताः प्रणमेतच ८ वर्जयेदुशतींवाचंहिंसायुक्तांमनोनुदाम् ॥ ब्रह्मतेजोमयंशुक्रंयस्यसर्वमिदंरसः ९ एतस्यभूतंभव्यस्यदृष्टंस्थावरजंगमम् ॥ ध्यानमध्ययनंदानंसत्यंह्रीरार्जवंक्षमा १० शौचमाचारसंशुद्धिरिंद्रियाणांचनिग्रहः ॥ एतैर्विवर्धतेतेजःपाप्मानंचापकर्षति ११ सिद्ध्यंतिचास्यसर्वार्थाविज्ञानंचप्रवर्तते ॥ समःसर्वेषुभूतेषुलब्धालब्धेनवर्तयन् १२ धूतपाप्मातुतेजस्वीलघ्वाहारोजितेंद्रियः ॥ कामक्रोधौवशेकृत्वानिनीषेद्ब्रह्मणःपदम् १३ मनसश्चेंद्रियाणांचकृत्वैकाग्र्यंसमाहितः ॥ पूर्वरात्रापरार्धेचधारयेन्मनआत्मनि १४ जंतोःपचेंद्रियस्यास्ययदेकंछिद्रमिंद्रियम् ॥ ततोऽस्यस्रवतेप्रज्ञादृतेःपादादिवोदकम् १५ मनस्तुपूर्वमादद्यात्कुमीनमिवमत्स्यहा ॥ ततःश्रोत्रंततश्चक्षुर्जिह्वाघ्राणंचयोगवित् १६ ततएतानिसंयम्यमनसिस्थापयेद्यतिः ॥ तथैवापोह्यसंकल्पान्मनोह्यात्मनिधारयेत् १७ पंचेंद्रियाणिसंधायमनसिस्थापयेद्यतिः ॥ यदैतान्यवतिष्ठंतिमनःषष्ठान्यथात्मनि १८ प्रसीदंतिचसंस्थायतदाब्रह्मप्रकाशते ॥ विधूमइवदीप्तार्चिरादित्यइवदीप्तिमान् १९ वैद्युतोऽग्निरिवाकाशेदृश्यतेऽऽत्मातथाऽऽत्मनि ॥ सर्वस्तत्रससर्वत्रव्यापकत्वाच्चदृश्यते २० तंपश्यंतिमहात्मानोब्राह्मणायेमनीषिणः ॥ धृतिमंतोमहाप्राज्ञाःसर्वभूतहितेरताः २१

निरोधेदोषमाह जंतोरिति । प्रज्ञाशास्त्रजाबुद्धिः स्रवतेविषयप्रावण्यात्क्षीयते दृतेश्चर्मकोशस्य १५ मनइति । इंद्रियाणांनिग्रहोमनोनिग्रहपूर्वकएवेत्यर्थः कुमीनंजालदंशक्षमंमीनम् १६ ततइति । संकल्पत्यागएवमनस आत्मनिबुद्धौधारणंनाम १७ संधायध्येयवस्तुनोऽभिसंधानंकृत्वानतुसुप्तादिवतमोग्रस्तत्वेनमनसिस्था .येत् आत्मनिबुद्धौ १८ प्रसीदंतिसंकल्पजंकालुष्यंत्यजंति तत्रहेतुः संस्थायनाशंप्राप्य वह्न्यौष्ण्यवत्स्वरूपनाशानुविनाश्येवेंद्रियाणांकालुष्यमित्यर्थः । ब्रह्ममहत्तत्त्वंप्रकाशतेनिर्विषयवेदनमस्मीत्येतावत्प्रत्ययमात्रंसएवब्रह्मप्रकाशोयोगानांसत्वपुरुषान्यताख्यातिःशुद्धत्वंपदार्थसाक्षात्कारः १९ आत्माशुद्धत्वंपदार्थः आत्मनिसूक्ष्मबुद्धावस्मितामात्रायां सर्वोऽहंकारादिर्विकारस्तत्रमहत्यात्मानिसचमहानात्माकारणत्वेनव्यापकत्वादेवसर्वत्रेत्यर्थः २० । २१

परिमितंषण्मासमात्रं तथाचश्रुतिः 'षड्भिर्मासैस्तुयुक्तस्यनित्ययुक्तस्ययोगिनः ॥ आनंदःपरमोगुह्यःसम्यग्योगःप्रवर्तते'इति । संशितव्रतःसम्यक्कृतीक्ष्णनियमः रागादिच्छेदकत्वमिहशितत्वं अक्षरमस्मितानिर्मुक्तं शुद्धात्मस्वरूपंतेनसाम्यतांसमतांलक्षणभेदाभावं स्वार्थेष्यञ् २२ योगविघ्नानाह प्रमोहइति । प्रमोहोलयः भ्रमोविक्षेपः आवर्तउभयास्पर्शःकषायः घ्राणेतिदिव्यगंधादिग्रहणंच मारुताकृतीरितिशीघ्रगतिरदर्शनसिद्धिराकाशगमनंचेत्युक्तं २३ प्रतिभांसकलशास्त्रार्थभानं उपसर्गादिव्यांगनासंगादयस्तांश्चोपसंगृह्ययोगबलेनलब्ध्वाअनादृत्यचाऽऽत्मनिबुद्धावेवनिवर्तयेत्संहरेत् बुद्धिकल्पितत्वाच्चेषांतत्रैवसंहारस्ययुक्तत्वात् २४ त्रैकाल्येप्रातःपूर्वरात्रेऽपररात्रेच चैत्येबद्धमूलतरौ वृक्षाग्रेषुवृक्षपुरतः २५ कोष्ठेहृदयपुंडरीके एकाग्रंयथास्यात्तथानित्यंवस्तु भांडंधनाद्युपकरणंतन्मनाः भांडमिवनित्यमनानित्यंचिंतयेत् २६ येनोपायेन पूर्वोक्तेनव्यक्तालंबनेनाऽव्यक्तालंबनेनवा २७ । २८ नाभिष्वजेन्नपरिगृह्णीयात् । परिग्रहोहिदुःखायेत्युक्तेः २९ अपवादयेन्निंदेत् स्वार्थेणिच् ३० मातरिश्वनोवायोःसधर्मातुल्यधर्माऽसंगोऽनिकेतश्च ३१

एवंपरिमितंकालमाचरन्संशितव्रतः ॥आसीनोहिरहस्येकोगच्छेदक्षरसाम्यताम् २२ प्रमोहोभ्रमआवर्तोघ्राणंश्रवणदर्शने ॥ अद्भुतानिरसस्पर्शेशीतोष्णेमारुताकृतिः २३ प्रतिभामुपसर्गांश्चाप्युपसंगृह्ययोगतः ॥ तांस्तत्त्वविदनादृत्यआत्मन्येवनिवर्तयेत २४ कुर्यात्परिचयंयोगेत्रैकाल्येनियतोमुनिः ॥ गिरिशृंगे तथाचैत्येवृक्षाग्रेषुचयोजयेत् २५ संनियम्येन्द्रियग्रामंकोष्ठेभांडमनाइव ॥ एकाग्रंचिंतयेन्नित्यंयोगान्नोद्विजयेन्मनः २६ येनोपायेनशक्येतसन्नियंतुंचलंमनः ॥ तंचमुक्तोनिषेवेतनचैवविचलेत्ततः२७शून्यागिरिगुहाश्चैवदेवतायतनानिच ॥ शून्यागाराणिचैकाग्रोनिवासार्थमुपक्रमेत्२८नाभिष्वजेत्परंवाचाकर्मणामनसाऽपिवा ॥ उपेक्षकोयताहारोलब्धालब्धेसमोभवेत् २९ यश्चैनमभिनंदेतयश्चैनमपवादयेत् ॥ समस्तयोश्चाप्युभयोर्नाभिध्यायेच्छुभाशुभम् ४० नप्रहृष्येतलाभेषुनालाभेषुचचिंतयेत् ॥समःसर्वेषुभूतेषुसधर्मामातरिश्वनः ३१ एवंस्वस्थात्मनःसाधोःसर्वत्रसमदर्शिनः॥ षण्मासान्नित्ययुक्तस्यशब्दब्रह्मातिवर्तते ३२ वेदनार्ताःप्रजादृष्ट्वासमलोष्टाश्मकांचनः ॥ एतस्मिन्विरतोमार्गेविरमेन्नचमोहितः ३३ अपिवर्णावकृष्टस्तुनारीवाधर्मकांक्षिणी॥ तावप्येतेनमार्गेणगच्छेतांपरमांगतिम् ३४ अजंपुराणमजरंसनातनंयदिंद्रियैरुपलभेतनिश्चलैः ॥ अणोरणीयोमहतोमहत्तरंतदात्मनापश्यतिमुक्तमात्मवान् ३५

शब्दब्रह्मप्रणवः अतिवर्ततेस्वार्थापरोक्षीकरणेनात्यंतंप्रकाशते ३२ प्रजाःकांचनलाभार्थेवेदनार्त्तादृष्ट्वाएतस्मिन्वित्तार्जनादिमार्गेविरतोविरक्तोविरमेद्वित्तार्जनादिभ्योनचमोहितोभवेत् ३३ श्रद्धावानेवात्राधिकारीत्याह अपीति । वर्णावकृष्टःशूद्रः एतेनतत्त्वमस्यादिवाक्यार्थविचारात्मकेसांख्येत्रैवर्णिकाएवाधिकारिणोमनोनिरोधाख्येयोगमार्गेतुस्त्रीशूद्रादयोऽप्यधिकारिणइतिगम्यते ३४ योगविद्यामुपसहंरति अजमिति । इंद्रियैर्मनोबुद्धियुक्तैर्निश्चलैःसद्भिरुपलक्षितंयन्नामरूपातीतंस्वरूपंतदेवाजंजन्महीनंयतःपुराणंपुराऽपिनवमतएवाऽजरंसर्वभावविकारहीनमतःसनातनंनित्यमेकरूपंवस्तुउपलभेततद्वस्तुअणोरप्यणीयः दुर्लक्ष्यमित्यर्थः महतोपिमहत्तरमनंतमित्यर्थः । तत्आत्मनाबुद्ध्यामुक्तमात्मवान्जितचित्तःपश्यति । एतेन 'यदापंचावतिष्ठंतेज्ञानानिमनसासह ॥ बुद्धिश्चनविचेष्टतितामाहुःपरमांगतिं ॥ तांयोगमितिमन्यतेस्थिरामिंद्रियधारणां अप्रमत्तस्तदाभवतियोगोहिप्रभवाप्ययौ'इतिश्रुतेरर्थोदर्शितः ३५

सांख्यविद्यामुपसंहरति इदमिति । अनुदृश्यगुरुवचनमनुशब्दतोऽर्थतश्चज्ञात्वाऽवेक्ष्यस्वयंचयुक्त्यापरीक्ष्येमाशास्त्रप्रसिद्धापरमेष्ठिसाम्यताचतुर्मुखसमतांप्रयांति । आभूतगतिंभूतसंप्लवपर्यंतं ब्रह्मलोकेब्रह्मणासहसमान भोगभाजोभूत्वाब्रह्मणासहमुच्यंते मनीषिणःशुद्धचित्ताः । निर्विचिकित्सपरोक्षज्ञानस्यैवैतत्फलमपरोक्षज्ञानिनामक्षरसाम्यतायाःप्रागुक्तत्वात् । एतेन 'वेदांतविज्ञानसुनिश्चितार्थाःसंन्यासयोगाद्यतयःशुद्धसत्त्वाः । तेब्रह्मलोकेतुपरांतकालेपरामृतात्परिमुच्यंतिसर्वे'इतिश्रुतेरर्थोदर्शितः परांतकालेब्रह्मणोमोक्षकालेतन्मुक्त्यैवमुच्यंते ३६ ॥ इति शांतिपर्वणिमोक्ष०नी०भा० चत्वारिंशदधिकद्विशततमोऽध्यायः ॥ २४० ॥ समाप्ताब्रह्मविद्या तस्याःकर्मभिःसमंसमुच्चयंखंडयति । यदिदमिति 'कुर्वन्नेवेहकर्माणिजीजीविषेच्छतंसमाः'इति । 'नकर्मणानप्रजयाधनेनत्यागेनैकेअमृतत्त्वमानशुः' इतिकर्मकरणत्यागविधीपरस्परविरोधादेककार्य कारित्वमलभमानौविसदृशकार्यांगत्वंप्रतिपद्येतेऽतःपृच्छति कामिति १ । २ क्षराक्षरौनश्वरानश्वरौमार्गाविितिशेषः ३ गह्वरमाकाशमिवानंतं एतदंतरमेतयोरंतरम् ४ आस्तिकनास्तिकयोरिवपृच्छ्यमानंतार

इदंमहर्षेर्वचनंमहात्मनोयथावदुक्तंमनसाऽनुदृश्यच ॥ अवेक्ष्यचेमांपरमेष्ठिसाम्यतांप्रयांतिचाभूतगतिंमनीषिणः ३६ ॥ इति श्रीमहाभारते शांति०मो०शु कानुप्रश्नेचत्वारिंशदधिकद्विशततमोऽध्यायः ॥ २४० ॥ ॥ शुकउवाच ॥ यदिदंवेदवचनंकुरुकर्मत्यजेतिच ॥ कांदिशंविद्यया यांतिकांचगच्छंतिकर्मणा १ एतद्वैश्रोतुमिच्छामितद्भवान्प्रब्रवीतुमे ॥ एतच्चान्योन्यवैरूप्येवर्ततेप्रतिकूलतः २ ॥ भीष्मउवाच ॥ इत्युक्तःप्रत्युवाचेदंपराशरसुतःसुतम् ॥ कर्मविद्याम यावेतौव्याख्यास्यामिक्षराक्षरौ ३ यांदिशंविद्ययायांतियांचगच्छंतिकर्मणा ॥ शृणुष्वैकमनावत्सगह्वरंह्येतदंतरम् ४ अस्तिधर्मइतिप्रोक्तंनास्तीत्यत्रैवयोवदेत् ॥ तस्यपक्षस्यसदृशमिदंममभवेद्यथा ५ द्वाविमावथपंथानौयत्रवेदाःप्रतिष्ठिताः ॥ प्रवृत्तिलक्षणोधर्मोनिवृत्तौचसुभाषितः ६ कर्मणाबध्यतेजंतुर्विद्ययातुप्रमु च्यते ॥ तस्मात्कर्मनकुर्वंतियतयःपारदर्शिनः ७ कर्मणाजायतेप्रेत्यमूर्तिमान्षोडशात्मकः ॥ विद्ययाजायतेनित्यमव्यक्तंह्यव्ययात्मकम् ८ कर्मत्वेकेप्रशंसंति स्वल्पबुद्धिरतानराः ॥ तेनतेदेहजालानिरमयंतउपासते ९ येसम्बुद्धिंपरांप्राप्ताधर्मनैपुण्यदर्शिनः ॥ नतेकर्मप्रशंसंतिकूपंनद्यांपिबन्निव १० कर्मणःफल माप्नोतिसुखदुःखेभवाभवौ ॥ विद्ययातदवाप्नोतियत्रगत्वानशोचति ११ यत्रगत्वानम्रियतेयत्रगत्वानजायते ॥ नपुनर्जायतेयत्रयत्रगत्वानवर्तते १२ यत्रतद्ब्रह्मपरममव्यक्तमचलंध्रुवम् ॥ अव्याकृतमनायासमव्यक्तंचावियोगिच १३

तम्यंयथास्तिकस्यक्लेशावहंतद्वदेतन्ममेत्यर्थः ५ द्वाविति । निवृत्तावात्मदर्शनेचधर्मःसुभाषितःआत्यंतिकोधर्मःसउक्तः । अयंतुपरमोधर्मोयद्योगेनात्मदर्शनमिति ६ । ७ षोडशात्मकोदेहःप्रेत्यमृत्वापुनर्जायतेउत्पद्यते विद्ययानित्यमव्यक्तंद्वैतभिन्नंजायतेआविर्भवति ८ रमयंतःस्त्र्यादीन्रंजयंतस्तद्वासनावासिताःदेहशतानिप्राप्नुवंति ९ । १० । ११ यत्रेति । यत्रनिर्विशेषेब्रह्मणिगत्वाप्रविश्यनजायतेअयमहमस्मीतिनजानात्यात्मानं तत्रहेतुर्नवर्ततेगंता विशेषविज्ञानाभावाज्जीवएवनश्यति तथाचश्रुतिः । 'विज्ञानघनएवैतेभ्योभूतेभ्यःसमुत्थायतान्येवानुविनश्यति'इति १२ नवर्ततेइत्यत्रापिहेतुमाह यत्रेति । यत्रयस्यामवस्थायां तद्ब्रह्माऽवियोगिजीवेश्वरभेदेनवियोगवन्नभवति उपाध्यभावेनब्रह्माभेदादेववर्ततेनतुस्वरूपनाशादित्यर्थः । 'अविनाशीवाअरेऽयमात्माऽनुच्छित्तिधर्मामात्राऽसंसर्गस्त्वस्यभवति'इतिश्रुतेः । मीयंतेविषयाअनयासा मात्राऽन्तःकरणवृत्तिस्तयाअसंसर्गइतिश्रुत्यर्थः । सूत्रप्रणवप्रकृतिभ्योव्यवच्छिनत्ति परममव्यक्तमचलमिति ध्रुवंकूटस्थंनित्यम् अव्याकृतमविस्पष्टम् अनायासमक्लेशप्राप्यंप्रत्यगात्मत्वात् । अव्यक्तमहं

म.भा.टी. ॥११९॥ शां.मो.१२ अ० ॥२४२॥

कारादन्यत् । अमृतमितिपाठेऽपिसएवार्थः । व्यक्तआविर्भावतिरोभाववांश्चाहंकारएवततोऽन्यद्ब्रह्मेत्यर्थः १३ द्वंद्वैःसुखदुःखादिभिः मानसेनकर्मणासंकल्पेन १४ चंद्रमसंकर्ममयानांमध्येउत्कृष्टतमंसंवत्सराख्यं प्रजापतिमुपचयापचयवंतंप्रतिमासंदर्शेकलामात्रशेषंतद्वदन्येषामपिकर्ममयानामैश्वर्यमित्यर्थः१५ दृष्टांतेप्रमाणमाह तदेतदिति । ऋषिणाबृहदारण्यकदर्शिनायाज्ञवल्क्येन । 'सएषसंवत्सरःप्रजापतिःषोडशकलस्तस्यरात्रयएवपंचदशकलाध्रुवैवास्यषोडशीकलासारात्रिभिरेवावपूर्यतेऽपचक्षीयतेसोऽमावास्यांरात्रिमेतयाषोडश्याकलयासर्वमिदंप्राणभृदनुप्रविश्यततःप्रातर्जायते'इतिदृष्टांतमुक्त्वा 'योवैसंवत्सरःप्रजापतिःषोडशकलःअयमेवसयोऽयमेवंवित्पुरुषस्तस्यवित्तमेवपंचदशकलाआत्मैवास्यषोडशीकलासवित्तेनैवावपूर्यतेऽपचक्षीयते'इतिदार्ष्टांतिकंप्रोक्तम् । अनुमीयतेचचंद्रगतौवृद्धिह्रासौकर्मपूर्वकावस्मदीयवृद्धिह्रासवदिति १६ एकादशेति । वैराजंमनश्चंद्रस्तत्राऽस्मदीयंमनः । मनसाह्येवपश्यतीत्यादिश्रुतेर्मनएकादशेंद्रियात्मकंतद्वद्वैराजमप्यतस्तत्ररात्रयइवात्रवित्ताख्यंकर्मैवकलास्तासांसंभारेणसंभृतोमनोमयःसूत्रात्माऽस्मदादिभिश्चमूर्तिमानितिहेतोस्तंविराजंव्यष्टिजीवंचकर्मगुणात्मकंत्रिगुणात्मककर्मफलभूतंचंद्रवद्वृद्धिह्रासभाजंविद्धि १७ तस्मिन्जीवोपाधिभूतेमनसिचदेवोद्योतनवान्चित्प्रकाशस्तंक्षेत्रज्ञंपरमात्मानंविजानीयात् । अयमेवसयोऽयमेवंविदित्यनुपदोदा

द्वंद्वैर्नयत्रबाध्यंतेमानसेनचकर्मणा ॥ समाःसर्वत्रमैत्राश्चसर्वभूतहितेरताः १४ विद्यामयोऽन्यःपुरुषस्तातकर्ममयोऽपरः ॥ विद्धिचंद्रमसंदर्शेसूक्ष्मयाकलया
स्थितम् १५ तदेतदृषिणाप्रोक्तंविस्तरेणानुमीयते ॥ नवजंशशिनंदृष्ट्वावक्रंतंतुमिवांबरे १६ एकादशविकारात्माकलासंभारसंभृतः ॥ मूर्तिमानितितंविद्धिता
तकर्मगुणात्मकम् १७ देवोयःसंश्रितस्तस्मिन्नब्बिंदुरिवपुष्करे ॥ क्षेत्रज्ञंतंविजानीयान्नित्यंयोगजितात्मकम् १८ तमोरजश्चसत्त्वंचविद्धिजीवगुणात्म
कम् ॥ जीवमात्मगुणंविद्यादात्मानंपरमात्मनः १९ सचेतनंजीवगुणंवदंतिसचेष्टतेजीवयतेचसर्वम् ॥ ततःपरंक्षेत्रविदोवदंतिप्राकल्पयद्योभुवनानिसप्त २०
॥ इतिश्रीमहाभारते शांतिपर्वणि मोक्षधर्मपर्वणि शुकानुप्रश्ने एकचत्वारिंशदधिकद्विशततमोऽध्यायः ॥ २४१ ॥
शुकउवाच ॥ क्षरात्प्रभृतियःसर्गःसगुणानींद्रियाणिच ॥ बुद्ध्यैश्वर्यातिसर्गोऽयंप्रधानश्चात्मनःश्रुतम् १

हृतश्रुतेरुपाधिद्वयस्थएकएवक्षेत्रज्ञइत्यर्थः । योगेनजितोनिरुद्धआत्माचित्तंयेनतंजीवंक्षेत्रज्ञंविजानीयादितियोजना । १८ तमइति । तमआदिकंत्रयंजीवस्यविज्ञानमयकोशस्यगुणाःकर्तृत्वादयः । विज्ञानंयज्ञंतनुतइत्यादिश्रुतेः तदात्मकंगुणत्रयमेवकर्त्रादिधर्मकंनत्वात्मेत्यर्थः । जीवंविज्ञानमात्मगुणंचिदाभासगुणश्चैतन्यंतद्युक्तंविद्धि । आत्मानंचिदाभासंपरमात्मनोगुणैर्ज्ञानैश्वर्यादिभिर्युक्तंविद्धीत्यध्याहृत्ययोज्यम् । चिदचिदात्माजीबोऽचिदंशत्यागेनब्रह्मैवेत्यर्थः१९ अध्यायार्थमुपसंहरति सचेतनमिति । चेतनयासहितंस्वयमचेतनंदेहंजीवगुणंजीवगुणेनचैतन्येनयुक्तंवदंति यतःसजीवश्चेष्टतेनतुदेहः । जीवयतेचेतयतेचदेहंनतुदेहः स्वयंचेतनः ततोजीवादपिपरंतंवदंति यःसप्तभुवनानिभूर्भुवआदीनिप्राकल्पयत्परमात्माप्रत्यगात्मत्वात् । ब्रह्मनग्रामादिवत्क्रियाप्राप्यमितिज्ञानकर्मणोर्ब्रह्मप्राप्तौसमसमुच्चयोनघटतइत्यर्थः २० ॥ इति० शांति० मो० नी० भा० एकचत्वारिंशदधिकद्विशततमोऽध्यायः ॥२४१॥ स्वबोधख्यापनार्थंवृत्तमनुवदति क्षरादिति । क्षरात्प्रधानाद्यःसर्गश्चतुर्विंशतितत्त्वात्मकःसाधारणःसआत्मनईशादितिश्रुतम् तथासगुणानिसविषयाणींद्रियाणिबुद्धेरैश्वर्यसामर्थ्यंतत्कृताऽतिसर्गउत्कृष्टसृष्टिस्तत्तत्पुरुषकृताऽसारणःअयंचबंकत्वेनप्रधानःश्रेष्ठः ऐशीजैवीचेतिद्विविधासृष्टिस्तत्रजैवीधीमयीसृष्टिर्बंधहेतुर्नत्वैशीभूतमयीतिप्राक्श्रुतामित्यर्थः १

॥ ११९ ॥

सद्वृत्तिंसतामाचारं कालहैतुकींयुगानुसारिणीं अनुवर्तितुंपुनःश्रोतुम् २ कुरुकर्मत्यजेतिश्रुत्योरेतदेतमविरोधंचकथंविजानीयांविषयविभागेनविविच्यकथंजानीयाम् ३ लोकवृत्तांतोलोकरीतिः तस्यतत्त्वंधर्माधर्ममूल
कत्वंतज्ज्ञः पूतोधर्मानुष्ठानेन बुद्धिंकृत्वासंस्कृत्य विमुक्तात्मात्यक्तदेहः ४ तत्रमाऽस्तुकर्मणांज्ञानेनसहसमुच्चयःक्रमसमुच्चयस्तुभविष्यतीत्याशयमाह यथेति। एषाकर्मभिर्बुद्धिसंस्कृत्यतयाऽऽत्मदर्शनमित्येवंरूपा ५
श्रेयांसिश्रेयोहेतूनयज्ञादीनन्विच्छन् विविदिषंतियज्ञेनेतिश्रुतेः ६ । ७ । ८ । ९ बुद्धिंकृत्वाऽऽत्मानंद्रक्ष्यामीतिस्वाभिप्रायंद्रढयितुंपृच्छति यदिदमिति। कुरुकर्मत्यजेतिवाक्यद्वयमपिप्रमाणंचेद्विरुद्धयो

भूयएवतुलोकेऽस्मिन्सद्वृत्तिंकालहैतुकीम् ॥ यथासंतःप्रवर्त्तन्तेतादिच्छाम्यनुवर्त्तितुम् २ वेदेवचनमुक्तंतुकुरुकर्मत्यजेतिच ॥ कथमेतद्विजानीयांतच्चव्याख्यातुम
र्हसि ३ लोकवृत्तांततत्त्वज्ञःपूतोऽहंगुरुशासनात् ॥ कृत्वाबुद्धिंविमुक्तात्माद्रक्ष्याम्यात्मानमव्ययम् ४ ॥ व्यासउवाच ॥ यथावैविहितावृत्तिःपुरस्ताद्ब्रह्मणास्व
यम् ॥ एषापूर्वतरैःसद्भिराचीर्णापरमर्षिभिः ५ ब्रह्मचर्येणवैलोकान्जयंतिपरमर्षयः ॥ आत्मनश्चततःश्रेयांस्यन्विच्छन्मनसाऽऽत्मनि ६ वनेमूलफलाशीचत
प्यन्सुविपुलंतपः ॥ पुण्यायतनचारीचभूतानामविहिंसकः ७ विधूमेसन्नमुसलेवानप्रस्थप्रतिश्रये ॥ कालेप्राप्तेचरन्भैक्ष्यंकल्पतेब्रह्मभूयसे ८ निस्तुतिर्निर्नम
स्कारःपरित्यज्यशुभाशुभे ॥ अरण्येविचरैकाकीयेनकेनचिदाशितः ९ ॥ शुकउवाच ॥ यदिदंवेदवचनंलोकवादेविरुध्यते ॥ प्रमाणेवाऽप्रमाणेचविरुद्धेशास्त्रता
कुतः १० इत्येतच्छ्रोतुमिच्छामिप्रमाणंतूभयंकथम् ॥ कर्मणामविरोधेनकथंमोक्षःप्रवर्त्तते ११ ॥ भीष्मउवाच ॥ इत्युक्तःप्रत्युवाचेदंगंधवत्याःसुतःसुतम् ॥
ऋषिस्तत्पूजयन्वाक्यंपुत्रस्यामिततेजसः १२ ॥ व्यासउवाच ॥ ब्रह्मचारीगृहस्थश्चवानप्रस्थोऽथभिक्षुकः ॥ यथोक्तचारिणःसर्वेगच्छन्तिपरमांगतिम् १३ एको
वाऽप्याश्रमानेतान्योऽनुतिष्ठेद्यथाविधि ॥ अकामद्वेषसंयुक्तःसपरत्रविधीयते १४ चतुष्पदीहिनिःश्रेणीब्रह्मण्येषाप्रतिष्ठिता ॥ एतामारुह्यनिःश्रेणींब्रह्मलोकेमही
यते १५ आयुषस्तुचतुर्भागंब्रह्मचार्यनसूयकः ॥ गुरौवागुरुपुत्रेवावसेद्धर्मार्थकोविदः १६ जघन्यशायीपूर्वंस्यादुत्थायगुरुवेश्मनि ॥ यच्चशिष्येणकर्तव्यंकार्यंदा
सेनवापुनः १७ कृतमित्येवतत्सर्वंकृत्वातिष्ठेतपार्श्वतः ॥ किंकरःसर्वकारीस्यात्सर्वकर्मसुकोविदः १८ कर्मातिशेषेणगुरावध्येतव्यंबुभूषता ॥ दक्षिणोऽनपवादी
स्यादाहूतोगुरुमाश्रयेत् १९ शुचिर्दक्षोगुणोपेतोब्रूयादिष्टमिवांतरा ॥ चक्षुषागुरुमव्यग्रोनिरीक्षेतजितेंद्रियः २० नाभुक्तवतिचाश्नीयादपीतवतिनोपिबेत् ॥
नातिष्ठतितथासीतनासुप्तेप्रस्वपेतच २१ उत्तानाभ्यांचपाणिभ्यांपादावस्यमृदुस्पृशेत् ॥ दक्षिणंदक्षिणेनैवसव्यंसव्येनपीडयेत् २२

र्वाक्ययोरशास्त्रत्वमप्रमाणंचेत्सुतरामशास्त्रत्वमतोऽनयोःशास्त्रयोःप्रामाण्यसिद्ध्यर्थंव्यवस्थावक्तव्येत्याशयः १० । ११ तद्वाक्यंकृत्वाबुद्धिंविमुक्तात्माद्रक्ष्याम्यात्मानमात्मनीतिकर्मणांचित्तसंस्कारार्थत्ववचनंपूज
 यन्सिद्धांतत्वेनमानयंश्चातुराश्रम्यधर्मानेव गंधवत्याःयोजनगंधायाःसुतोव्यासउवाच १२ ब्रह्मचारीति। परमांगतिंमोक्षं तेनसमुच्चितानामसमुच्चितानांवाआश्रमधर्माणांतत्त्वजिज्ञासाहेतुत्वमुक्तम् १३ परत्रब्रह्म
णिविषयेविधीयतेज्ञातुंयोग्यःक्रियते १४ चतुष्पदीचातुराश्रम्यरूपा १५ । १६ । १७ । १८ कर्मातिशेषेणनिःशेषंकर्मकृत्वेत्यर्थः १९ । २० अभुक्तवतिगुराविविशेषः २१ । २२

अधीष्वाध्यापय २३ । २४ । २५ समावृत्तःसमापितब्रह्मचर्यकृत्यः २६ अनपगः समीपस्थः२७। २८ । २९ । ३० ॥इति शांतिपर्वणि मोक्षधर्मपर्वणि नीलकंठीये भारतभावदीपे द्विचत्वारिंशदधिकद्विशत तमोऽध्यायः ॥ ३४२ ॥ क्रमप्राप्तान्गृहस्थधर्मानाह द्वितीयमिति १ वृत्तयोजीविकाः २ कापोतीमुंछवृत्तिम् ३ षट्यज्‌नयाजनाध्ययनाध्यापनदानप्रतिग्रहाःकर्मयस्य एकोगृहस्थः त्रिभिर्यजनाध्ययनदानैः अन्यो वानप्रस्थः द्वाभ्यांदानाध्ययनाभ्यां ब्रह्मसत्रेप्रणवोपास्तौ ४ अत्रगार्हस्थ्ये ५ प्राणीछागादिः अप्राणीअश्वत्थादिः यजुषाछेदनमंत्रेणैवक्रत्वर्थमेवसंस्कारमर्हतिनतुभक्षणमात्रार्थं ६ अंतराभोजनद्वयमध्ये स्त्रियंमै

अभिवाद्यगुरुंब्रूयादधीष्वभगवन्निति ॥ इदंकरिष्येभगवन्निदंचापिकृतंमया २३ ब्रह्मंस्तदपिकर्ताऽस्मियद्भवान्वक्ष्यतेपुनः ॥ इतिसर्वमनुज्ञाप्यनिवेद्यचय थाविधि २४ कुर्यात्कृत्वाचतत्सर्वमाख्येयंगुरवेपुनः ॥ यांस्तुगंधान्रसान्वाऽपिब्रह्मचारीनसेवते २५ सेवेततान्समावृत्तइतिधर्मेषुनिश्चयः ॥ येकेचिद्वि स्तरेणोक्तानियमाब्रह्मचारिणः २६ तान्सर्वानाचरेन्नित्यंभवेच्चानपगोगुरोः ॥ सएवंगुरवेप्रीतिमुपहृत्ययथाबलम् २७ आश्रमादाश्रमेष्वेवशिष्योवर्त्तेतक र्मणा ॥ वेदव्रतोपवासेनचतुर्थेचायुषोगते २८ गुरवेदक्षिणांदत्त्वासमावर्त्तेद्यथाविधि २९ धर्मलब्धैर्युतोदारैरग्नीनुत्पादयत्नतः ॥ द्वितीयमायुषोभागंगृ हमेधीभवेद्व्रती ३० ॥ इति श्रीमहाभारते शांतिपर्वणि मोक्षधर्मपर्वणि शुकानुप्रश्ने द्विचत्वारिंशदधिकद्विशततमोऽध्यायः ॥ २४२ ॥ ॥ व्यासउवाच ॥ द्वितीयमायुषोभागंगृहमेधीगृहेवसेत् ॥ धर्मलब्धैर्युतोदारैरग्नीनाहृत्यसुव्रतः १ गृहस्थवृत्तयश्चैवचतस्रःकविभिःस्मृताः ॥ कुसूलधान्यःप्रथमःकुंभधान्य स्त्वनंतरम् २ अश्वस्तनोऽथकापोतीमाश्रितोवृत्तिमाहरेत् ॥ तेषांपरःपरोज्यायान्धर्मतोधर्मजित्तमः ३ षट्कर्मावर्तयत्येकस्त्रिभिरन्यःप्रवर्तते ॥ द्वाभ्यामेकश्चतुर्थस्तुब्रह्मसत्रेव्यवस्थितः ४ गृहमेधिव्रतान्यत्रमहांतीहप्रचक्षते ॥ नात्मार्थेपाचयेदन्नंनवृथाघातयेत्पशून् ५ प्राणीवायदिवाऽप्राणीसंस्कारं यजुषाऽर्हति ॥ नदिवाप्रस्वपेज्जातुनपूर्वापररात्रिषु ६ नभुंजीतांतराकालेनानृतावाह्वयेत्स्त्रियम् ॥ नास्यानश्नन्गृहेविप्रोवसेत्कश्चिदपूजितः ७ तथाऽ स्यातिथयःपूज्याहव्यकव्यवहाःसदा ॥ वेदविद्याव्रतस्नाताःश्रोत्रियावेदपारगाः ८ स्वधर्मजीविनोदांताःक्रियावंतस्तपस्विनः ॥ तेषांहव्यंचकव्यंचाप्यर्ह णार्थंविधीयते ९ नखरैःसंप्रयातस्यस्वधर्मज्ञापकस्यच ॥ अपविद्धाग्निहोत्रस्यगुरोर्वालीककारिणः १० संविभागोऽत्रभूतानांसर्वेषामेवशिष्यते ॥ तथैवा पचमानेभ्यःप्रदेयंगृहमेधिना ११ विघसाशीभवेन्नित्यंनित्यंचामृतभोजनः ॥ अमृतंयज्ञशेषंस्याद्भोजनंहविषासमम् १२ भृत्यशेषंतुयोऽश्नातितमाहुर्विघसा शिनम् ॥ विघसंभृत्यशेषंतुयज्ञशेषमथामृतम् १३ स्वदारनिरतोदांतोह्यनसूयुर्जितेंद्रियः ॥ ऋत्विक्पुरोहिताचार्यैर्मातुलातिथिसंश्रितैः १४

थुनायेतिशेषः ७ । ८ । ९ नखरैर्नखैः दंभार्थंनखलोमधरस्य अपविद्धमविधिनात्यक्तमग्निहोत्रंयेनतस्य एवंविधानांचांडालादीनांचभूतानामत्रगार्हस्थ्येसंविभागोऽस्ति १० अपचमानेभ्योब्रह्मचारिसंन्या सिभ्यः ११ विघसामृतेव्याख्याति अमृतमिति १२ । १३ । १४

जामीभिःसगोत्रस्त्रीभिः १५ संवादानंशाद्यर्थकलहान् १६ जितोऽशाच्च्यावितः आचार्यादयःसम्यगाराधिताब्रह्मलोकादीन्प्रतिनयंतीत्याहाचार्यइतिसार्धाभ्याम् १७ । १८।१९ भ्रातेति । एतेस्वदेहवत्पोषणीया
इत्यर्थः २० । २१ नचेति। अर्थाशयाऽग्निहोत्रादीन्नकुर्यात् तिस्रोवक्ष्यमाणाःकुंभधान्यमुंछशिलंकापोतींचतासांपरमुत्तरमुत्तरंश्रेयः २२ चातुराश्रम्यमध्येऽपिपरंपरंश्रेयः परस्परामित्यपपाठः २३ । २४ । २५
चक्रधराश्चक्रवर्तिनोमांधात्रादयस्तल्लोकानांसदृशींगातिंतत्तुल्यताम् २६ सुपुष्पितोरमणीयः २७ एषागार्हस्थ्यं योनिःस्वर्गस्यकारणं यस्मात्तस्मात् द्वितीयंगार्हस्थ्यम् २८ गृहपतिनां हस्वत्वमार्षं गृहस्थेभ्यःश्रेष्ठं

वृद्धबालातुरैर्वैद्यैर्ज्ञातिसंबंधिबांधवैः ॥ मातापितृभ्यांजामीभिर्भ्रात्रापुत्रेणभार्यया १५ दुहित्रादासवर्गेणविवादंनसमाचरेत् ॥ एतान्विमुच्यसंवादान्सर्वपापैर्वि
मुच्यते १६ एतैर्जितस्तुजयतिसर्वांल्लोकान्नसंशयः ॥ आचार्योब्रह्मलोकेशःप्राजापत्येपिताप्रभुः १७ अतिथिस्त्विंद्रलोकस्यदेवलोकस्यचर्त्विजः ॥ जामयो
ऽप्सरसांलोकेवैश्वदेवेतुज्ञातयः १८ संबंधिबांधवादिक्षुपृथिव्यांमातृमातुलौ ॥ वृद्धबालातुरकृशास्त्वाकाशेप्रभविष्णवः १९ भ्राताज्येष्ठःसमःपित्राभार्यापुत्रः
स्वकातनुः ॥ छायास्वादासवर्गश्चदुहिताकृपणंपरम् २० तस्मादेतैरधिक्षिप्तःसहेन्नित्यमसंज्वरः ॥ गृहधर्मपरोविद्वान्धर्मशीलोजितक्लमः २१ नचार्थबद्धः
कर्माणिधर्मवान्कश्चिदाचरेत् ॥ गृहस्थवृत्तयस्तिस्रस्तासांनिःश्रेयसंपरम् २२ परंपरंतथैवाहुश्चातुराश्रम्यमेवतत् ॥ यथोक्तानियमास्तेषांसर्वंकार्यंबुभूषता
२३ कुंभधान्यैरुंछशिलैःकापोतींचास्थितास्तथा ॥ यस्मिंश्चैतेवसंत्यर्हास्तद्राष्ट्रमभिवर्धते २४ पूर्वान्दशदशपरान्पुनातिचपितामहान् ॥ गृहस्थवृत्तीश्चा
प्येतावर्तयेद्योगतव्यथः २५ सचक्रधरलोकानांसदृशीमाप्नुयाद्गतिम् ॥ जितेंद्रियाणामथवागतिरेषाविधीयते २६ स्वर्गलोकोगृहस्थानामुदारमनसांहितः ॥
स्वर्गोविमानसंयुक्तोवेददृष्टःसुपुष्पितः २७ स्वर्गलोकोगृहस्थानांप्रतिष्ठानियतात्मनाम् ॥ ब्रह्मणाविहितायोनिरेषायस्माद्विधीयते ॥ द्वितीयंक्रमशःप्राप्य
स्वर्गलोकेमहीयते २८ अतःपरंपरममुदारमाश्रमंतृतीयमाहुस्त्यजतांकलेवरम् ॥ वनौकसांगृहपतिनामनुत्तमंशृणुष्वसंश्लिष्टशरीरकारिणाम् २९ ॥ इति
श्रीमहाभारते शांति०मोक्ष०शुकानुप्रश्ने त्रिचत्वारिंशदधिकद्विशततमोऽध्यायः ॥ २४३ ॥ भीष्मउवाच ॥ प्रोक्तागृहस्थवृत्तिस्तेविहितायामनीषिभिः ॥
तदनंतरमुक्तंयत्तन्निबोधयुधिष्ठिर १ क्रमशस्त्ववधूयैनांतृतीयांवृत्तिमुत्तमाम् ॥ संयोगव्रतखिन्नानांवानप्रस्थाश्रमौकसाम् २ श्रूयतांपुत्रभद्रंतेसर्वलोकाश्रमात्म
नाम् ॥ प्रेक्षापूर्वंप्रवृत्तानांपुण्यदेशनिवासिनाम् ३ ॥ व्यासउवाच ॥ गृहस्थस्तुयदापश्येद्वलीपालितमात्मनः ॥ अपत्यस्यैवचापत्यंवनमेवतदाश्रयेत् ४

संश्लिष्टमस्थिचर्ममात्रसंश्लेषवत्तच्चतच्छरीरंचतस्यकारिणांशरीरशोषकाणामित्यर्थः २९ ॥ इति शांति० मोक्ष०पर्वणि नीलकंठीये भारतभावदीपे त्रिचत्वारिंशदधिकद्विशततमोऽध्यायः ॥ २४३ ॥ ॥ प्रोक्तेति:
प्रकर्षेणोक्ताप्रोक्ताशास्त्रे १ एनांगृहस्थवृत्तिमवधूयतिरस्कृत्य कां तृतीयांकापोतींवृत्तिमपि संयोगःसहधर्मचारिणीसंयोगस्तत्रयद्व्रतंतेनाखिन्नानां वानप्रस्थाश्रमओकआश्रयोयेषांतेषांवृत्तिःश्रूयतामितिद्वयोःसंबंध
२ सर्वेलोकाआश्रमाश्चाऽऽत्मायेषां संविभागशमादिमयत्वात्सर्वाश्रमफलमत्रैवांतर्भूतमित्यर्थः ३ । ४

५ । ६ अत्रापिवनेऽपि पंचसुमहायज्ञेषु अग्निहोत्रंदर्शपूर्णमासौचातुर्मास्यानिपशुःसोमइत्येतेषुवा ७ । ८ । ९ । १० । ११ । १२ । १३ । १४ चतुर्थश्चतुर्थाश्रमेविहितऔपनिषदः'शांतोदांतोउपरतस्तितिक्षुःसमाहितो भूत्वाऽऽत्मन्येवात्मानंपश्यति'इत्याद्युपनिषिदिविदितोधर्मःसाधारणःसर्वेष्वाश्रमेषुअन्योऽसाधारणः १५।१६।१७।१८ प्रत्यक्षोधर्मोधर्मफलंसत्यसंकल्पत्वादिकंयेषांतेप्रत्यक्षधर्माणः १९ । २० निरानंदाःकृच्छ्रचां द्रायणादिपरत्वात् २१ अनक्षत्राःनक्षत्रग्रहताराभ्योन्येषांतरतमःप्रभृतयः अनाधृष्यानिर्भयाः २२ सद्यस्कारामेकाहसाध्यामिष्टिंप्राजापत्यांत्रैधातवींवा सर्ववेदसदक्षिणांसर्वस्वदक्षिणां सर्वान्वेदान्सदक्षिणानित्य

तृतीयमायुषोभागंवानप्रस्थाश्रमेवसेत् ॥ तानेवाग्नीन्परिचरेद्यजमानोदिवौकसः ५ नियतोनियताहारःषष्ठभक्तोऽप्रमत्तवान् ॥ तदग्निहोत्रंतागावोयज्ञांगानि चसर्वशः ६ अफालकृष्टंव्रीहियवंनीवारंविघसानिच ॥ हवींषिसंप्रयच्छेतमखेष्वत्रापिपंचसु ७ वानप्रस्थाश्रमेऽप्येताश्चतस्रोवृत्तयःस्मृताः ॥ सद्यःप्रक्षालकाः केचित्केचिन्मासिकसंचयाः ८ वार्षिकंसंचयंकेचित्केचीद्द्वादशवार्षिकम् ॥ कुर्वंत्यतिथिपूजार्थंयज्ञतंत्रार्थमेववा ९ अभ्रावकाशावर्षासुहेमंतेजलसंश्रयाः ॥ ग्रीष्मे चपंचतपसःशश्वच्चमितभोजनाः १० भूमौविपरिवर्तन्तेतिष्ठंतिप्रपदैरपि ॥ स्थानासनैर्वर्तयंतिसवनेष्वभिषिंचते ११ दंतोलूखलिकाःकेचिदश्मकुट्टास्तथा परे ॥ शुक्लपक्षेपिबंत्येकेयवागूंकथितांसकृत् १२ कृष्णपक्षेपिबंत्यन्येभुंजतेवायथागतम् ॥ मूलैरेकेफलैरेकेपुष्पैरेकेदृढव्रताः १३ वर्तयंतियथान्यायंवैखान समाश्रिताः ॥ एताश्चान्याश्चविविधादीक्षास्तेषांमनीषिणाम् १४ चतुर्थश्चौपनिषदोधर्मःसाधारणःस्मृतः ॥ वानप्रस्थाद्गृहस्थाच्चततोऽन्यःसंप्रवर्तते १५ अस्मिन्नेवयुगेतातविप्रैःसर्वार्थदर्शिभिः ॥ अगस्त्यःसप्तऋषयोमधुच्छंदोऽघमर्षणः १६ सांकृतिःसुदिवातंडिर्यथावासोकृतश्रमः ॥ अहोवीर्यस्तथाकाव्यस्तां ड्योमेधातिथिर्बुधः १७ बलवान्कर्णनिर्वाकःशून्यपालःकृतश्रमः ॥ एवंधर्मंकृतवंतस्ततःस्वर्गमुपागमन् १८ तातप्रत्यक्षधर्माणस्तथायायावरागणाः ॥ ऋ षीणामुग्रतपसांधर्मनैपुणदर्शिनाम् १९ अन्येचापरिमेयाश्चब्राह्मणावनमाश्रिताः ॥ वैखानसावालखिल्याःसैकताश्चतथापरे २० कर्मभिस्तेनिरानंदाधर्मनि त्याजितेंद्रियाः ॥ गताःप्रत्यक्षधर्माणस्तेसर्वेवनमाश्रिताः २१ अनक्षत्रास्त्वनाधृष्यादृश्यंतेज्योतिषांगणाः ॥ जरयाचपरिद्यूनोव्याधिनाचप्रपीडितः २२ चतुर्थेचायुषःशेषेवानप्रस्थाश्रमंत्यजेत् ॥ सद्यस्कारांनिरूप्येष्टिंसर्ववेदसदक्षिणाम् २३ आत्मयाजीसोऽऽत्मरतिरात्मक्रीडात्मसंश्रयः ॥ आत्मन्यग्नीन्समारो प्यत्यक्त्वासर्वपरिग्रहान् २४ साद्यस्कांश्चयजेद्यज्ञानिष्टीश्चैवेहसर्वदा ॥ यदैवयाजिनांयज्ञादात्मनीज्याप्रवर्तते २५

पराठः २३ आत्मयाजीजीवच्छ्राद्धादिकृत् आत्मरतिरात्मनिष्ठः संधिरार्षः आत्मक्रीडश्चाऽऽत्मसंश्रयश्चनतुरूयादिक्रीडोराजाद्याश्रयः २४ तीव्रतरवैराग्याभावेतुपक्षांतरमाह साद्यस्कान्सद्यएवक्रियंतेतान्ब्रह्म यज्ञादीन् इष्टीश्चदर्शपूर्णमासमित्रविंदादीस्ताभिस्तावद्यजेत् यदैवयस्मिन्नेवकालेयाजिनांयज्वनांयज्ञात्कर्ममयादन्यआत्मनीज्याआत्मयज्ञोयोगाभ्यासःप्रवर्ततेतावदेवतान्कुर्यादित्यर्थः यथोक्तंभगवता 'आरुरुक्षोर्मु नेर्योगंकर्मकारणमुच्यते । योगारूढस्यतस्यैवशमःकारणमुच्यते' इति २५

आत्मनीज्यायाःस्वरूपमाह त्रीनिति । हृदयंगार्हपत्योमनोन्वाहार्यपचनआस्यमाहवनीयइतिवैश्वानरविद्योक्तप्रकारेणआत्ममोक्षणाद्देहपातावध्यात्मानिदेहेएवाग्नीन्यजेत्प्राणाग्निहोत्रविधिना 'तद्यद्भक्तंप्रथममागच्छे
त्तद्धोमीयंसयांप्रथमामाहुतिंजुहुयात्तांजुहुयात्प्राणायस्वाहा'इत्यादिश्रुतेर्यजुषउच्चारणानंतरंपचग्रासान्प्राश्नीयात्षड्वा अकुत्सयन्नन्नमनिंदन् २६ वाप्यवापयित्वा २७। २८ नचेहनामुत्रचेहलोकनिमित्तंपरलोकनि
मित्तंवाकर्तुंकर्मानुष्ठातुमीहतेइच्छति २९ यमेष्वहिंसासत्यास्तेयब्रह्मचर्यापरिग्रहाख्येषु चात्शौचसंतोपतपःस्वाध्यायेश्वरप्रणिधानाख्येपुनियमेषु स्वशास्त्रेति स्वस्यसंन्यासविधेःशास्त्रंतत्रस्थंसूत्रंलोकानिमंलोकममुं
चपरित्यज्यात्मानमन्विच्छेदित्येवंरूपं आहुतिमंत्रःशिखांयज्ञोपवीतमित्येतत्सर्वंभूःस्वाहेत्यप्सुप्रक्षिप्येतिश्रुतिनिर्दिष्टः तत्रोभयत्रापिविक्रमःपराक्रमोयस्यसतथा यथेष्टाचिरजीवितावासद्योमुक्तिर्वाक्रममुक्तिर्वाइच्छया

त्रींश्चैवाग्नीन्यजेत्सम्यगात्मन्येवात्ममोक्षणात ॥ प्राणेभ्योयजुषःपंचषट्प्राश्नीयादकुत्सयन् २६ केशलोमनखान्वाप्यवानप्रस्थोमुनिस्ततः ॥ आश्रमादाश्रमं
पुण्यंपूतोगच्छतिकर्मभिः २७ अभयंसर्वभूतेभ्योदत्वायःप्रव्रजेद्विजः ॥ लोकास्तेजोमयास्तस्यप्रेत्यचानंत्यमश्नुते २८ सुशीलवृत्तोव्यपनीतकल्मपोनचेहना
मुत्रचकर्तुमीहते ॥ अरोपमोहोगतसंधिविग्रहोभवेदुदासीनवदात्मविन्नरः २९ यमेपुचैवानुगतेपुनव्यथेत्स्वशास्त्रसूत्राहुतिमंत्रविक्रमः ॥ भवेद्यथेष्टागतिरात्मवेदि
निनिःसंशयोधर्मपरेजितेंद्रिये ३० ततःपरंश्रेष्ठमतीवसद्गुणैरधिष्ठितंत्रीनधिवृत्तिमुत्तमम् ॥ चतुर्थमुक्तंपरमाश्रमंशृणुप्रकीर्त्यमानंपरमंपरायणम् ३१॥ इतिश्रीम०
शां०मोक्ष०शुकानुप्रश्नेचतुश्चत्वारिंशदधिकद्विशततमोऽध्यायः ॥ २४४ ॥ श्रीशुकउवाच ॥ वर्तमानस्तथैवात्रवानप्रस्थाश्रमेयथा ॥ योक्तव्योऽऽत्माकथंशक्त्या
वेद्यंवैकांक्षतापरम् १ ॥ व्यासउवाच ॥ प्राप्यसंस्कारमेताभ्यामाश्रमाभ्यांततःपरम् ॥ यत्कार्यंपरमार्थंतुतदिहैकमनाःशृणु २ कपायंपाचयित्वाऽऽशुश्रेणिस्थाने
पुचात्रिषु ॥ प्रव्रजेचपरंस्थानंपारिव्राज्यमनुत्तमम् ३ तद्भवानेवमभ्यस्यवर्ततांश्रूयतांतथा॥ एकएवचरेद्धर्मंसिद्ध्यर्थमसहायवान् ४ एकश्चरतियःपश्यन्नजहातिन
हीयते ॥ अनग्निरनिकेतश्चग्राममन्नार्थमाश्रयेत् ५ अश्वस्तनविधातास्यान्मुनिर्भावसमाहितः ॥ लघ्वाशीनियताहारःसकृदन्ननिपेविता ६ कपालंवृक्षमूलानिकु
चैलमसहायता ॥ उपेक्षासर्वभूतानामेतावद्भिक्षुलक्षणम् ७ यस्मिन्वाचःप्राविशंतिकूपेत्रस्ताद्विपाइव ॥ नवक्तारंपुनर्यांतिसकैवल्याश्रमेवसेत् ८

भवतीत्यर्थः ३० त्रीनाश्रमानपेक्ष्याधिष्ठितमधिकत्वेनस्थितं यतोधिवृत्तिमाधिकाशमाद्यात्मिकावृत्तिर्यस्मिंस्तंपरमंमोक्षहेतुत्वात् ३१ ॥ इति शांतिपर्वाणि नीलकंठीये भारतभावदीपे चतुश्चत्वारिंशदधिकद्विश
ततमोऽध्यायः ॥ २४४ ॥ पूर्वत्रसाद्यस्कांश्चयजेद्यज्ञानितिश्लोकद्वयेनवानप्रस्थस्यापिवैश्वानरात्मोपासनमुक्तंतत्कर्मव्यग्रस्यदुःशकमितिमन्वानःपृच्छति वर्तमानइति । यथायथावत् आत्माकथंयोक्तव्यः संधिरार्षः
परंवेद्यंब्रह्म १ उत्तरमाहार्धेन प्राप्येति। एताभ्यामाश्रमाभ्यांब्रह्मचर्यगार्हस्थ्याभ्यांसंस्कारंचित्तशुद्धिंप्राप्यात्मायोक्तव्यइतिपूर्वेणान्वयः ।चित्तशुद्धौसत्यांवानप्रस्थाद्याश्रमेऽपियोगमभ्यस्येदित्यर्थः । ऋजुमार्गमाह
यदितिसार्धेन २ कपायंचित्तदोपं पाचयित्वाविश्लथंकृत्वा स्थानेष्वाश्रमेष्वनुत्तमं इदंमतंश्रेष्ठमित्यर्थः ३ एवंवक्ष्यमाणरीत्या धर्मयोगम् ४ पश्यन्नात्मदृङ्नजहातिकिंचित्पदार्थंसर्वव्यापित्वात् नहीयतेमोक्षसुखात्
५ भावसमाहितश्चित्तसमाधानवान् ६ कपालंपानपात्रं विवर्णकापायवस्त्रंकुचैलमित्युच्यते उपेक्षाप्रीतिद्वेषराहित्यम् ७ यस्मिन्निति । आक्रुश्यमानोनाक्रोशेदित्यर्थः ८

एतदेवाह नैवेति ९ भैषज्यंभवरोगचिकित्सां १० येनसंप्रज्ञातेऽहमेवेदंसर्वोऽस्मीतिपश्यतायेनरूपादीनगृह्णताचजनपूर्णमपिस्थानंशून्यमिवभवति ब्राह्मणंब्रह्मिष्ठम् ११ । १२ अहेःसार्पात्गणाज्जनसमूहात् सौहित्यान्मृष्टान्नजनितत्वप्तेः १३ । १४ निदेशमाज्ञां १५ अभ्याहतंदोषाक्रांतंनिरमित्रस्याजातशत्रोः १६ सर्वभूतेभ्योयस्येतिशेषः १७ निर्भयत्वमुक्त्वाकृत्स्नानंदप्राप्तिमप्याह यथेति । नागपदेहस्तिपदे पदगामिनांनृपश्वादीनांपदान्यपिधीयंतेतिरोधीयंते तथेंद्रादीनांपदजातानिस्थानानि कौंजरेकुंपृथिवींशरीररूपांजरयतीतिकुंजरःसमाधिस्थोयोगीतस्यस्थानेकौंजरेपदे । 'यथाकृतायविजितायाधरेऽयःसंयंत्येवमेवैनंसर्वंतदभिसमेतियत्किंचप्रजाःसाधुकुर्वंतियस्तद्वेद' इतिश्रुतेः । कृतायश्चतुरंकपाशः तत्रत्र्यैकांकानामिवयोगेकृतत्वात्कर्मफलानामंतर्भावइतिश्रुत्यर्थः १८ दार्ष्टांतिकंविवृणोति एवमिति । एवंदृश्यमानप्रकारंधर्मार्थं अहिंसायांसर्वभूताभयदानरूपेसंन्यासयोगे १९ । २० प्रज्ञानमात्मानुभवस्तेनतृप्तस्य मृत्युरूपोभावस्तस्यातिगोऽतिक्रम्यगंतानभवतिकिंतुसएवमृत्युमतिक्रामतीत्यर्थः 'सयथाऽश्मानमाखणमृत्वालोष्टोविध्वंसेतैवंहैवतेविष्वंचो

नैवपश्येन्नशृणुयादवाच्यंजातुकस्यचित् ॥ ब्राह्मणानांविशेषेणनैवब्रूयात्कथंचन ९ यद्ब्राह्मणस्यकुशलंतदेवसततंवदेत् ॥ तूष्णीमासीतनिंदायांकुर्वन्भैषज्यमात्मनः १० येनपूर्णमिवाकाशंभवत्येकेनसर्वदा ॥ शून्यंयेनजनाकीर्णंतंदेवाब्राह्मणंविदुः ११ येनकेनचिदाच्छन्नोयेनकेनचिदाशितः ॥ यत्रक्वचनशायीचतंदेवाब्राह्मणंविदुः १२ अहेरिवगणाद्भीतःसौहित्यान्नरकादिव ॥ कुणपादिवचस्त्रीभ्यस्तंदेवाब्राह्मणंविदुः १३ नक्रुद्ध्येन्नप्रहृष्येच्चमानितोऽमानितश्चयः ॥ सर्वभूतेष्वभयदस्तंदेवाब्राह्मणंविदुः १४ नाभिनंदेतमरणंनाभिनंदेतजीवितम् ॥ कालमेवप्रतीक्षेतनिदेशंभृतकोयथा १५ अनभ्याहतचित्तःस्यादनभ्याहतवाग्भवेत् ॥ निर्मुक्तःसर्वपापेभ्योनिरमित्रस्यकिंभयम् १६ अभयंसर्वभूतेभ्योभूतानामभयंयतः ॥ तस्यमोहाद्विमुक्तस्यभयंनास्तिकुतश्चन १७ यथानागपदेऽन्यानिपदानिपदगामिनाम् ॥ सर्वाण्येवाऽपिधीयंतेपदजातानिकौंजरे १८ एवंसर्वमहिंसायांधर्मार्थमपिधीयते ॥ अमृतःसनित्यंवसतियोहिंसांनप्रपद्यते १९ अहिंसकःसमःसत्योधृतिमान्नियतेंद्रियः ॥ शरण्यःसर्वभूतानांगतिमाप्नोत्यनुत्तमाम् २० एवंप्रज्ञानतृप्तस्यनिर्भयस्यनिराशिषः ॥ नमृत्युरतिगोभावःसमृत्युमधिगच्छति २१ विमुक्तंसर्वसंगेभ्योमुनिमाकाशवत्स्थितम् ॥ अस्वमेकचरंशांतंतंदेवाब्राह्मणंविदुः २२ जीवितंयस्यधर्मार्थंधर्मोहर्यर्थमेवच ॥ अहोरात्राश्चपुण्यार्थंतंदेवाब्राह्मणंविदुः २३ निराशिषमनारंभंनिर्नमस्कारमस्तुतिम् ॥ निर्मुक्तंबंधनैःसर्वैस्तंदेवाब्राह्मणंविदुः २४

विनेशुः'इतिश्रुतेः ऋत्वाभाप्यतेकामादयोऽसुरामृत्युरूपाइतिश्रुत्यर्थः आखणःखननायोग्यः स्वार्थेतद्धितः णत्वमार्षं २१ संगेभ्यःस्थूलसूक्ष्मकारणशरीरेष्वहमित्यभिमानेभ्यः आकाशवन्निर्विषयत्वात् शून्यवदस्वंनिर्देश्यं अतएवैकचरंज्ञातृज्ञेयशून्यज्ञानमात्रम् २२ यस्यकृतकृत्यस्यजीवन्मुक्तस्यजीवितंधर्मार्थंधर्ममेघाख्यनिर्विकल्पसमाधिजपुण्योत्पत्त्यर्थं तथाचश्रुतिः 'क्षणमेकंक्रतुशतस्यचतुःसप्तत्यायत्फलंतदवाप्नोति' इति । धर्ममेघस्यफलमाह सोऽपिधर्मोहर्यर्थंहरंतितेहरयस्तत्समीपवर्तिनस्तेषामर्थं योगिनोहिपुण्यंतद्भक्ताहरंति । 'तस्यपुत्रादायमुपयंतिसुहृदः साधुकृत्यांद्विषंतःपापकृत्यां' इतिश्रुतेः । 'अहिंसाप्रतिष्ठायांतत्सन्निधौवैरत्यागः'इत्यन्यनिष्ठंयोगांगफलंस्मर्यतेच । रत्यर्थमितिपाठेपरेषांसुखार्थं अहोरात्राःसमाधयोव्युत्थानानिच पुण्यार्थंलोकशिक्षार्थं २३ निरिति । स्तुतिनमस्कारजन्यसुखासंगिनमित्यर्थः बंधनैर्वासनाभिः २३

सर्वाणीति। कर्ममात्रंहिंसाकरमतस्त्याज्यमित्यर्थः२५अधितिष्ठत्यधिकत्वेनवर्तते तीक्ष्णांतनुंहिंसामयंधर्मं सोऽनंत्यंसआनंत्यंमोक्षं यतःप्रजाभ्यःप्रजानामभयं २६ आनंत्यावाप्त्युपायभूतांत्रींश्चैवाग्नीन्यजेदितिपूर्वाध्या
येसूत्रितांवैश्वानरविद्यामनुवर्तयतिउत्तानइत्यादिना वानप्रस्थइवोत्तानेव्यात्तेआस्येमुखेप्राणायस्वाहेत्यादिमंत्रैः पंचषड्वाआहुतीर्नजुहोतिकिंतर्हिप्राणानेवेंद्रियमनआदीनात्मयाजीआत्मनिजुहोतिप्रविलापयतीत्युत्तरे
णसंबंधः । तत्प्रकारमाह लोकस्येति। लोकस्यचराचरस्यजंतोर्नाभिःजगतस्त्रैलोक्यात्मनोवैश्वानरस्यप्रतिष्ठास्थानं। 'अधोनिष्ट्याावितस्त्यांतेनाभ्यामुपरितिष्ठति॥ ज्वालमालाकुलंभातिविश्वस्यायतनंमहत्'इतिश्रुतेः।
निष्ट्याःहृदयकपाटात् विश्वस्यवैश्वानरस्य। प्रकारांतरेणायतनांतरमाह तस्यांगमंगानीति। तस्यलोकस्यांगंमूर्धादिचुबुकांतं अंगांनिवैश्वानरावयवामूर्धानमुपादिशन्नुवांचैषवाप्रातिष्ठावैश्वानरइत्यादिनाचुबुकमुपादिशन्नु
वाचैषवैप्रतिष्ठावैश्वानरइत्यंतेनग्रंथेनश्रुत्यादर्शिताः। नाभ्यादिनिष्ट्यंतेदेशेवाचुबुकादिमूर्धांतदेशेवात्रैलोक्यात्मानंवैश्वानरमुपासीतेतिपक्षद्वयमुपन्यस्तं। एतच्चकृताकृतंवैकल्पिकंनतुसमुच्चितं।:तात्पर्यमाह वैश्वानरःसर्व
मिदमिति प्रपेदेप्रतिपत्तव्यमित्यर्थः २७ 'यस्त्वेतमेवंप्रादेशमात्रमभिविमानमात्मानंवैश्वानरमुपास्तेससर्वेषुलोकेषुसर्वेषुभूतेषुसर्वेष्वात्मस्वन्नमत्ति' इत्यस्याःश्रुतेरर्थमाह प्रादेशेति। हृदिनाभ्यादिहृदयपर्यंतेदेशेप्रादेशसंमि
ते निःसृतमाविर्भूतमितिश्रौतस्यप्रादेशमात्रपदस्यार्थः । तस्मिंश्चिन्मात्रेप्राणोपलक्षितंकृत्स्नंप्रपंचमात्मयाजीयोगीजुहोतिप्रविलापयतियस्तस्याग्निहोत्रंप्राणाग्निहोत्रमात्मसंस्थंदेहास्थितंहृदयंगार्हपत्यइत्यादिनोक्तप्रकारं
सर्वेषुलोकेषुहुतंभवति तस्यसर्वात्मकत्वात्तेनयदवदानंगृहीतंतेनावदानेनसर्वंब्रह्मांडंतृप्यतीत्यर्थः । तद्यद्भक्तंप्रथममागच्छेदित्यादिनाग्रंथेश्रुतौचैतदुपपादितम् २८ एवंप्रणवमात्रासुप्रथममकारार्थंवैश्वानरमुपासी

सर्वाणिभूतानिसुखेरमंतेसर्वाणिदुःखस्यभृशंत्रसंते॥तेषांभयोत्पादनजातखेदःकुर्यान्नकर्माणिहिश्रद्दधानः२५दानंहिभूताभयदक्षिणायाःसर्वाणिदानान्यधिति
ष्ठतीह॥तीक्ष्णांतनुंयःप्रथमंजहातिसोऽऽनंत्यमाप्नोत्यभयंप्रजाभ्यः२५उत्तानआस्येनहविर्जुहोतिलोकस्यनाभिर्जगतःप्रतिष्ठा॥तस्यांगमंगानिकृताकृतंचवैश्वा
नरःसर्वमिदंप्रपेदे२७प्रादेशमात्रेहृदिनिःसृतंयत्तस्मिन्प्राणानात्मयाजीजुहोति॥तस्याग्निहोत्रंहुतमात्मसंस्थंसर्वेषुलोकेषुसदेवकेषु २८ देवंत्रिधातुंत्रिवृतंसुपर्णंये
विद्युरग्र्यांपरमात्मतांच॥तेसर्वलोकेषुमहीयमानादेवाःसमर्त्याःसुकृतंवदंति २९ वेदांश्चवेद्यंतुविधिंचकृत्स्नमथोनिरुक्तंपरमार्थतांच॥ सर्वंशरीरात्मनियःप्रवेदत
स्यैवदेवाःस्पृहयंतिनित्यम् ३० भूमावसक्तंदिविचाप्रमेयंहिरण्मयंयोऽण्डजमंडमध्ये॥ पतत्त्रिणंपक्षिणमंतरिक्षेयोवेदभोग्यात्मनिरश्मिदीप्तः ३१

नायेतेदेवंत्रिधातुंद्योतमानंसूक्ष्मतेजोबन्नात्मकंसूत्रात्मानमुकारार्थंविद्युः । तथात्रिवृतंत्रिभिर्गुणैर्वृतंसुपर्णमीश्वरंमायोपाधिंमकारार्थमग्र्यांसूक्ष्मतमांपरमोनिरुपाधिरात्माप्रत्यक्स्वरूपंतद्भावंचविद्युः अतएवतेषांसु
कृतंदेवादयोवदंतिप्रशंसंति। व्रजंतीतिपाठेसुकृतंब्रह्मानंदं। 'यद्वैतत्सुकृतंरसोवैसः'इतिश्रुतेः २९ विद्याफलमाह वेदानिति। वेद्यंवियदादिविधिंकर्मकांडंनिरुक्तंशब्दैकगम्यंपरलोकादि परमार्थतांसत्यस्व
भावतांचात्मनः एतत्सर्वंशरीरात्मनिप्रत्यग्रूपेएवास्तीतियोवेदतस्यतमेवसर्वेश्वरंदेवाःसेवितुंस्पृहयंति ३० अस्यसुपर्णत्वंव्याचष्टे भूमाविति। अप्रमेयंप्रत्यगात्मत्वात् हिरण्मयंचिन्मयं अंडजंब्रह्मांडांतराविर्भूतं
अंडमध्येपिंडस्यमध्येहृदंबुजे भोग्यात्मनिशरीरे अंतरिक्षेहार्दाकाशेमायायांएवंचदेहपुंडरीकंमायाख्यमुपाधित्रयमाधारत्वेनाधेयाद्ब्रह्मणःपृथगुक्तंभवति । 'अथयदिदमस्मिन्ब्रह्मपुरेदहरंपुंडरीकंवेश्मदहरोऽस्मिन्नंत
राकाशस्तस्मिन्यदंतस्तदन्वेष्टव्यं'इतिश्रुतेः। रश्मिभिरिवप्रसृमरैश्चक्षुःश्रोत्रादिभिर्दीप्तोजीवभावं मितः । पतत्रिणंबहुपतत्रस्थानीयाभिरंगदेवताभिर्युक्तं 'यस्याग्निरास्यंखंमूर्धाद्यौर्नाभिश्चरणौक्षितिः'इत्यादिभिर्युक्तं
पक्षिणमिवासंगंमोदप्रमोदाख्यवृत्तिविशेषरूपपक्षद्वयवंतंवाजीवप्रत्यग्भूतंब्रह्महिरण्मयःशकुनिर्ब्रह्म .तिश्रुतंतत्वतोयोवेदतंदेवावदंतीतिपूर्वेणान्वयः ३१

विवर्तनमायुःक्षपणं षड्ऋतवोनाभयोयस्य द्वादशमासाअरायस्मिन् शोभनानिदर्शसंक्रमादीनिपर्वाणियत्र आस्योपरिभक्ष्यमिवविश्वंयाति गुहायांबुद्धौ ३२ संप्रसीदत्यस्मिन्नितिसंप्रसादःसुषुप्तं तदेवजगतः शरीरंमूलकारणत्वात् यथोक्तं। 'सुषुप्ताख्यंतमोऽज्ञानंयद्बीजंस्वप्नबोधयोः'इति। सर्वान्लोकांश्चस्थूलसूक्ष्मानधिगच्छतिव्याप्नोतिकारणत्वादेवतस्मिन्संप्रसादाभिन्नेस्थूलसूक्ष्मदेहद्वयेसजीवोदेवान्प्राणादींस्तर्पयति तेचदेवाअस्यआस्यंमुखंप्राप्यएनंतर्पयंतीत्यर्थः तथाचश्रुतिः। 'सयांप्रथमामाहुतिंजुहुयात्तांजुहुयात्प्राणायस्वाहेतिप्राणस्तृप्यतिप्राणेतृप्यतिचक्षुस्तृप्यतिचक्षुषितृप्यत्यादित्यस्तृप्यतिआदित्येतृप्यतिद्यौस्तृप्यतीदिविप्यंत्यांयत्किंचद्यौश्चादित्यश्चाधितिष्ठतस्तत्तृप्यतितस्यानुतृप्तिंतृप्यतिप्रजयापशुभिरन्नाद्येनतेजसाब्रह्मवर्चसेनेति'इति३३ यःपूर्वोक्तामग्र्यांपरमात्मतामप्राप्यत्रिधातुकेसोपाधिकेएवरूपेतिष्ठतितस्यगतिमाह तेजोमयइति तेषुब्रह्मलोकेषुपराःपरावतोवसंतीतिश्रुताविवेहापिलोकानितिबहुत्वंकार्यब्रह्मलोकगतप्रदेशभेदापेक्षया तेनकार्यब्रह्मलोकंगच्छतीत्यर्थः। अतएवकठवल्लीषुनिर्गुणविद्याप्रकरणेऽपिगतिराम्नायते। 'शतंचैकाचहृदयस्यनाड्यस्तासांमूर्धानमभिनिःसृतैका॥ तयोर्ध्वमायन्नमृतत्वमेतिविष्वङ्ङन्यउत्क्रमणेभवंति'इतितत्राप्ययमेवश्रुतेराशयोनतुपरब्रह्मविदामर्चिरादिगतिरस्तीतितत्रगत्याम्नानमितिव्यक्तमाकरे ३४ परमात्म

आवर्तमानमजरंविवर्तनंषण्णाभिकंद्वादशारंसुपर्व॥ यस्येदमास्योपरियातिविश्वंतत्कालचक्रंनिहितंगुहायाम् ३२ यःसंप्रसादोजगतःशरीरंसर्वान्सलोकानधिगच्छतीह॥ तस्मिन्हितंतर्पयतीहदेवांस्तेवैतृप्तास्तर्पयंत्यास्यमस्य ३३ तेजोमयोनित्यमयःपुराणोलोकाननंतानभयानुपैति॥ भूतानियस्मान्नत्रसन्तेकदाचित्सभूतानांनत्रसतेकदाचित् ३४ अगर्हणीयोनचगर्हतेऽन्यान्सवैविप्रःपरमात्मानमीक्षेत्॥ विनीतमोहोव्यपनीतकल्मषोनचेहनामुत्रचसोऽन्नमर्च्छति ३५ अरोषमोहःसमलोष्टकांचनःप्रहीणकोशोगतसंधिविग्रहः॥ अपेतनिंदास्तुतिरप्रियाप्रियश्चरन्नुदासीनवदेषभिक्षुकः ३६॥ ॥ इति श्रीमहाभारते शांतिपर्वणि मोक्षधर्मपर्वणि शुकानुप्रश्ने पंचचत्वारिंशदधिकद्विशततमोऽध्यायः॥ २४५॥

व्यासउवाच॥ प्रकृत्यास्तुविकारायेक्षेत्रज्ञस्तैरधिष्ठितः॥ नचैनंतेप्रजानंतिसतुजानातितानपि १ तैश्चैवंकुरुतेकार्यंमनःषष्ठैरिहेंद्रियैः॥ सुदांतैरिवसंयंताद्दढैःपरमवाजिभिः २ इंद्रियेभ्यःपरेह्यर्थाअर्थेभ्यःपरमंमनः॥ मनसस्तुपराबुद्धिर्बुद्धेरात्मामहान्परः ३

तांप्राप्तस्यतुनेहामुत्रवाभोगोऽस्तितद्धेतोर्मूलाज्ञानस्यनाशादित्याह अगर्हणीयइति। विनीतमोहोनष्टाज्ञानः अतएवव्यपनीतंनष्टंकल्मषंस्थूलसूक्ष्मदेहद्वयंयस्य अन्नमदनीयंभोग्यंलोकं अर्च्छतिगच्छति नतस्यप्राणाउत्क्रामंतीतितस्यगत्यभावश्रुतेः ३५ अस्यजीवन्मुक्तावस्थामाह अरोषेति। नस्तःप्रियाप्रियेयस्यसोऽप्रियाप्रियः उदासीनवन्नतुप्रीत्यप्रीतियुक्तंचरन्भुंजानोभोगान् ३६॥ इति शांतिपर्वणि मोक्षधर्मपर्वणि नीलकंठीये भारतभावदीपे पंचचत्वारिंशदधिकद्विशततमोऽध्यायः॥ २४५॥ ॥ विस्तरेणससाधनांब्रह्मविद्यामुक्त्वासंक्षेपेणकठवल्लीनामर्थंसंगृह्णन्नुपसंहरति प्रकृत्याइति। विकारादेहेंद्रियमनांसितैरधिष्ठितोऽधिष्ठातृत्वंकर्तृत्वभोक्तृत्वभावंप्रापितः। 'आत्मेंद्रियमनोयुक्तंभोक्तेत्याहुर्मनीषिणः' इतिश्रुतेः १ जडत्वाच्चक्षुरादयआत्मानंनभासयंत्यात्मातुचेतनत्वात्तानेवभासयति। 'नचक्षुषागृह्यतेनापिवाचा तस्यभासासर्वमिदंविभाति' इतिश्रुतिभ्यामित्याह तैश्चेति। कार्यंविषयदेशंप्रतिगमनम् २ परत्वंसूक्ष्मत्वंकारणत्वंचांतरत्वंच। ननु 'इंद्रियाणिहयानाहुर्विषयांस्तेषुगोचरान्' इतितत्रैवकठवल्ल्यामिंद्रियेभ्योऽर्थानांबाह्यत्वंश्रूयतेतत्कथमिंद्रियेभ्यःपरेह्यर्थाइतितद्विरुद्धमुच्यते सत्यं व्यवहारतस्त्वित्थमेव परमार्थतस्तुसंकल्पमात्रकृताविषयाः संकल्पश्चमनोधर्मइंद्रियेभ्यआंतरइतिनकिंचिदवद्यं तथाचाक्षपादसूत्रं। दोषनिमित्तंरूपादयोविषयाःसं–

—कल्पकृताइति अर्थेभ्योमनस्तत्कल्पकं मनसोऽपिबुद्धिर्निश्चयात्मिकापरा ततोऽपिपरंमहानात्माशुद्धत्वंपदार्थःसएवहैरण्यगर्भीबुद्धिः ३ ततःपरंमहतउपादानमव्यक्ताख्यमज्ञानंनतुकापिलाभिमतंप्रधानं आनु
मानिकाधिकरणेतस्याव्यक्तशब्दार्थत्वनिरासात् । ननुतत्रसूक्ष्मंशरीरमव्यक्तशब्देनोक्तंतदेवास्माकमज्ञानं 'आदित्यवर्णंतमसःपरस्तात्'इतिश्रुतेः पुरुषादव्यवहितममृतंचिदात्मा ४ एवमनेनप्रकारेणभूतेषुशरीरा
कारेषुआत्माऽनेककंचुकाक्रांततयागूढःसन्ननौपाधिकेनरूपेणप्रकाशते।तर्हितत्सत्त्वेकिंमानमतआह दृश्यतेत्विति अग्रामिवाग्र्यातीक्ष्णातया सूक्ष्मयेतितस्यैवव्याख्यानं सूक्ष्मदर्शिभिर्ब्रह्मदर्शनशीलैर्योगिभिः५इंद्रियाणि
इंद्रियार्थांश्च मेधयाबुद्ध्याअंतरात्मनिमहत्तत्त्वे संलीयविलाप्य बहुचिंत्यंध्येयध्यानध्यातृरूपंत्रयमचिंतयत् ६ ध्यानेनतदेकतानतया विद्यासंपादितमहंब्रह्मास्मीतिवाक्यजधीवृत्त्याविद्ययासंस्कृतं उपरमप्रुपरतंकृत्वा
अनीश्वरईशभावमपिप्रविलाप्यातएवप्रकर्षेणशांतात्मामुक्तचित्तोऽमृतंकैवल्यमच्छतिप्राप्नोति ७ विपक्षेदोषमाह इंद्रियाणांवश्यात्मा इंद्रियैर्हृताचित्तः आत्मनःसंप्रदानेनकामादिभ्यःसमर्पणेन मर्त्योऽयंमृत्युमश्नुते ८
उपसंहरति आहत्येति । आहत्यविनाश्य सत्वेसूक्ष्मायांबुद्धौ चित्तंस्थूलबुद्धिं कालंजरपर्वतवदप्रकंप्योभवेत् कालंक्षणमुहूर्तादिरूपंजरयतिनाशयति तथाआत्मविदेवकालंनाशयतिनतुतंकालइत्यर्थः ९ प्रसादेनद्वैत

महतःपरमव्यक्तमव्यक्तात्परतोऽमृतम् ॥ अमृतान्नपरंकिंचित्साकाष्ठासापरागतिः ४ एवंसर्वेषुभूतेषुगूढोऽऽत्मानप्रकाशते ॥ दृश्यतेत्वग्र्ययाबुद्ध्यासूक्ष्मया
सूक्ष्मदर्शिभिः ५ अंतरात्मनिसंलीयमनःषष्ठानिमेधया ॥ इंद्रियाणींद्रियार्थांश्चबहुचिंत्यमचिंतयत् ६ ध्यानेनोपरमंकृत्वाविद्यासंपादितंमनः ॥ अनीश्वरः
प्रशांतात्माततोऽर्च्छत्यमृतंपदम् ७ इंद्रियाणांतुसर्वेषांवश्यात्माचलितस्मृतिः ॥ आत्मनःसंप्रदानेनमर्त्योमृत्युमुपाश्नुते ८ आहत्यसर्वसंकल्पान्सत्वेचित्तं
निवेशयेत् ॥ सत्वेचित्तंसमावेश्यततःकालंजरोभवेत् ९ चित्तप्रसादेनयतिर्जहातीहशुभाशुभम् ॥ प्रसन्नात्माऽऽत्मनिस्थित्वासुखमत्यंतमश्नुते १० लक्षणं
तुप्रसादस्ययथास्वप्नेसुखंस्वपेत् ॥ निवातेवायथादीपोदीप्यमानोनकंपते ११ एवंपूर्वापरेकालेयुंजन्नात्मानमात्मनि ॥ लघ्वाहारोविशुद्धात्मापश्यत्यात्मान
मात्मनि १२ रहस्यंसर्ववेदानामनैतिह्यमनागमम् ॥ आत्मप्रत्ययिकंशास्त्रमिदंपुत्रानुशासनम् १३ धर्माख्यानेषुसर्वेषुसत्याख्यानेचयद्वसु ॥ दशेदमृक्
सहस्राणिनिर्मथ्यामृतमुद्धृतम् १४ नवनीतंयथादध्नःकाष्ठादग्निर्यथैवच ॥ तथैवविदुषांज्ञानंपुत्रहेतोःसमुद्धृतम् १५

दर्शनाभावरूपेणनैर्मल्येन शुभाशुभंपुण्यपापं पुण्यस्यापिबंधकत्वेनमोक्षापेक्षयापापत्वं । तथाचजापकोपाख्यानेइंद्रादिलोकानामपिनरकत्वमुक्तं । 'प्रसन्नात्माशुद्धचित्तआत्मनिस्वरूपेस्थित्वाद्वैतदर्शनकालीनंद्वाप्ति
सारूप्यंपरित्यज्यसुखमत्यंतमंतमतिक्रान्तंत्रिविधपरिच्छेदशून्यमश्नुते १० स्वप्नेसुषुप्तौ तथाहिद्वैतादर्शनंसुप्तिकैवल्ययोस्तुल्यवदाम्नायतेमाध्यंदिनैः । 'यद्वैतन्नपश्यतिपश्यन्वैतन्नपश्यतिनहिद्रष्टुर्दृष्टेर्विपरिलोपोविद्यते
ऽविनाशित्वान्नतुतद्द्वितीयमस्तिततोऽन्यद्यद्विभक्तंपश्येत्'इत्यादिना अनूदितंचैतत्सूत्रकारेणस्वाप्ययसंपत्त्योरन्यतरापेक्षमाविष्कृतंहीति स्वाप्ययःसुषुप्तं संपत्तिःकैवल्यंअनयोरन्यतरदपेक्ष्यद्वैतादर्शनमाविष्कृतंश्रुत्याक
चित्षष्ठाध्यायादौसुषुप्तिमपेक्ष्यमैत्रेयिब्राह्मणादौकैवल्यमपेक्ष्येतिसूत्रार्थः११।१२ अनैतिह्यंनकेवलमनुमानतः अनागममागममात्रतोवागम्यं ।कत्वनुभवगम्यमित्यर्थः १३ वसुधनंसारभूतं दशकिंचिदधिकानिऋक्सह
स्राणि तथाचोक्तंशाकलके 'ऋचांदशसहस्राणिऋचांपंचशतानिच ॥ ऋचामशीतिःपादश्चैतत्पारायणमुच्यते 'इति । सर्ववेदश्रेष्ठादृग्वेदादयंसारउद्धृतइत्यर्थः १४ । १५

१६ । १७ । १८ । १९ । २० । २१ । २२ । २३ ॥ इति शांतिपर्वणि मोक्षधर्मपर्वणि नीलकंठीये भारतभावदीपे षट्चत्वारिंशदधिकद्विशततमोऽध्यायः ॥२४६॥ अध्यात्ममिति । आत्मापुर्यष्टकंतच्च कर्मेंद्रियाणि १ ज्ञानेंद्रियाणि २ मनआदिचतुष्टयम् ३ पंचप्राणाः ४ पंचभूतानि ५ कामः ६ कर्म ७ अविद्याचेति ८ पुनरितिशतकृत्वोऽपिपथ्यंवेदितव्यमितिन्यायेनविस्तरार्थंचोच्यते यथेतिसप्रकारंवेद १ । २ भूतानांजरायुजादीनां सागरोर्मिन्यायेनप्रतिजीवंभूम्यादयःपृथक्कल्पिताःसंतीत्यर्थः ३ एतदेवदृष्टांतांतरपूर्वकमाह प्रसार्येति । यवीयःस्वल्पेषुशरीराकारेषुमहाभूतेषुस्थित्वाविकुर्वतेसृष्टिलयाख्यंविकारं जनयंति ४ अंतःशरीरेएवस्वप्नवद्ब्रह्मांडोदयप्रलयौभवतइतिफलितमाह इतीति । तन्मयमल्पभूतमयं तस्मिन्शरीरांतःस्थे । तथासृष्टिप्रलयादिकंनिर्दिश्यतेइहैवांतःशरीरेसोम्यसपुरुषोयस्मिन्नेताःषोडशकलाःप्रभ

स्नातकानामिदंशास्त्रंवाच्यंपुत्रानुशासनम् ॥ तदिदंनाप्रशांतायनादांतायातपस्विने १६ नावेदविदुषेवाच्यंतथानानुगतायच॥ नासूयकायानृजवेनचानिर्दिष्टकारिणे १७ नतर्कशास्त्रदग्धायतथैवपिशुनायच ॥ श्लाघिनेश्लाघनीयायप्रशांतायतपस्विने १८ इदंप्रियायपुत्रायशिष्यायानुगतायच ॥ रहस्यधर्मं वक्तव्यंनान्यस्मैतुकथंचन १९ यद्यप्यस्यमहींदद्याद्रत्नपूर्णामिमांनरः ॥ इदमेवततःश्रेयइतिमन्येततत्त्ववित् २० अतोगुह्यतरार्थंतदध्यात्ममतिमानुषम् ॥ यत्तन्महर्षिभिर्दृष्टंवेदांतेषुचगीयते २१ तत्तेऽहंसंप्रवक्ष्यामियन्मांत्वंपरिपृच्छसि २२ यच्चतेमनसिवर्ततेपरंयत्रचास्तितवसंशयःक्वचित् ॥ श्रूयतामयमहंतवाग्रतःपुत्रकिंहिकथयामितेपुनः २३ ॥ इतिश्रीमहाभारतेशांति० मो० शुकाऽनुप्रश्नेषट्चत्वारिंशदधिकद्विशततमोऽध्यायः ॥ २४६ ॥ शुकउवाच ॥ अध्यात्मंविस्तरेणेहपुनरेववदस्वमे ॥ यदध्यात्मंयथावेदभगवन्नृषिसत्तम १ ॥ व्यासउवाच ॥ अध्यात्मंयदिदंतातपुरुषस्येहपठ्यते ॥ तत्तेऽहंवर्तयिष्यामितस्य व्याख्यामिमांशृणु २ भूमिरापस्तथाज्योतिर्वायुराकाशएवच ॥ महाभूतानिभूतानांसागरस्योर्मयोयथा ३ प्रसार्येहयथांगानिकूर्मःसंहरतेपुनः ॥ तद्वन्महांतिभूतानियवीयःसुविकुर्वते ४ इतितन्मयमेवेदंसर्वंस्थावरजंगमम् ॥ सर्गेचप्रलयेचैवतस्मिन्निर्दिश्यतेतथा ५ महाभूतानिपंचैवसर्वभूतेषुभूतकृत् ॥ अकरोत्तातवैषम्यंयस्मिन्यदनुपश्यति ६ ॥ शुकउवाच ॥ अकरोद्यच्छरीरेषुकथंतदुपलक्षयेत् ॥ इंद्रियाणिगुणाःकेचित्कथंतानुपलक्षयेत् ७ ॥ व्यासउवाच ॥ एतत्तेवर्तयिष्यामियथावदनुपूर्वशः ॥ शृणुतत्त्वमिहैकाग्रोयथातत्त्वंयथाचतत् ८ शब्दःश्रोत्रंतथाखानित्रयमाकाशसंभवम् ॥ प्राणश्चेष्टातथास्पर्शएतेवायुगुणास्त्रयः ९ रूपंचक्षुर्विपाकश्चत्रिधाज्योतिर्विधीयते ॥ रसोऽथरसनंस्नेहोगुणास्त्वेतेत्रयोऽम्भसः १०

वंतीतिश्रुत्या ५ यद्यपिसर्वस्मिन्शरीरेपंचैवभूतानितथाऽपिशरीरेषुसुरनरतिर्यगादिरूपेणवैषम्यमकरोत् । तत्रहेतुः यस्मिन्कर्मणिनिमित्तेसतियदनुपश्यतिअंतकाले । ‘यंयंवाऽपिस्मरन्भावंत्यजत्यंतेकलेवरं । तंतमेवैति’इतिस्मृतेः ६ शरीरेषुशरीरावयवेषुबुद्धींद्रियादिषुयद्वैषम्यंकानिचिदिंद्रियाणिकेचिद्गुणाःशब्दादयइत्येवमादितत्कथमितिस्वरूपतोगुणतश्चभेदंकथंशब्दद्वयेनपृच्छतीत्यर्थः ७ तदेववक्तुंप्रतिजानीते यथातत्त्वं यथाचतदिति ८ शब्दश्रोत्रदेहच्छिद्राणिस्वरूपतोभिन्नानिविषयत्वंकरणत्वंतदुभयाश्रयत्वंचेतिगुणतोभिन्नानि एवमग्रेपिज्ञेयम् । स्पर्शःस्पर्शनेंद्रियं वायुगुणावायुविकाराः ९ विपाकोजाठरः १०

शरीरंकठिनांशबाहुल्यात्पार्थिवं इंद्रियग्रामैःसहपांचभौतिकोविकारः ११ स्पर्शादयोवाय्वादीनांगुणास्तद्विकारैःस्पर्शनादींद्रियैर्गृह्यंते१२मनःसंकल्पविकल्पात्मकं बुद्धिर्निश्चयात्मिका स्वभावःपूर्ववासनास्वयोनिर्भूता न्येवातस्तानिसर्वाण्यपिभूतोत्थान्येव । अत्रहेतुमाह नेति । गुणेभ्यःसत्वादिभ्यःपरंश्रोत्रादिकार्यस्वरूपमागताःप्राप्ताःसंतोगुणान्शब्दादीन्नातिवर्तंते अत्रायमाशयः । इदिंद्रियंयस्यार्थस्यग्राहकंतद्ग्राह्यसजातीयगुणा श्रयइतिनियमश्चक्षूरूपादौदृष्टइतिमनोबुद्ध्यहंकाराःपंचानामपिग्राहकाइतिपंचगुणाश्रयत्वात्पांचभौतिकाः १३ समनस्कानींद्रियाणिबुद्धिमात्रमेवेत्याह यथेति १४ यदिति । ऊर्ध्वमित्यादिनाकृत्स्नंशरीरंयत्पश्यति इदमहमितियद्दर्शनमेतस्मिन्कृत्येकर .येबुद्धिर्वर्तते देहेअहमित्यनुभवोविषयोबुद्धेःस्वरूपमित्यर्थः१५गुणान्शब्दादीन्भावप्रधानोनिर्देशः बुद्धिरेवशब्दाद्यात्मतामतिशयेननीयते कर्मकर्तरिप्रयोगः बुद्ध्यभावेविषया इंद्रियाणिचनप्रथंतेऽतस्तदुभयंबुद्धिरेवेत्यर्थः १६ । १७ चक्षुरिति । इदंरूपमितिज्ञानेयथाचक्षुःकरणं । एवमिदमित्थंनवेत्यांतरेज्ञानेइदमित्थमेवेतिज्ञानेचमनोबुद्धीकरणे तेषांज्ञानानांद्रष्टातुसाक्षीततःपृथगित्यर्थः

घ्रेयंघ्राणंशरीरंचभूमेरेतेगुणास्त्रयः ॥ एतावानिंद्रियग्रामैर्व्याख्यातःपांचभौतिकः ११ वायोःस्पर्शोरसोऽद्भ्यश्चज्योतिषोरूपमुच्यते ॥ आकाशप्रभवःशब्दोगंधो भूमिगुणःस्मृतः १२ मनोबुद्धिःस्वभावश्चत्रयएतेस्वयोनिजाः ॥ नगुणानतिवर्तन्तेगुणेभ्यःपरमागताः १३ यथाकूर्मइहांगानिप्रसार्यविनियच्छति ॥ एवमेवें द्रियग्रामंबुद्धिःसृष्ट्वानियच्छति १४ यदूर्ध्वंपादतलयोरवाङ्मूर्ध्नश्चपश्यति ॥ एतस्मिन्नेवकृत्येतुवर्ततेबुद्धिरुत्तमा १५ गुणान्नेनीयतेबुद्धिर्बुद्धिरेवेंद्रियाण्यपि ॥ मनःषष्ठानिसर्वाणिबुद्ध्यभावेकुतोगुणाः १६ इंद्रियाणिनरेपंचषष्ठंतुमनउच्यते ॥ सप्तमींबुद्धिमेवाहुःक्षेत्रज्ञंपुनरष्टमम् १७ चक्षुरालोचनायैवसंशयंकुरुतेमनः ॥ बुद्धिरध्यवसानायसाक्षीक्षेत्रज्ञउच्यते १८ रजस्तमश्चसत्वंचत्रयएतेस्वयोनिजाः ॥ समाःसर्वेषुभूतेषुतान्गुणानुपलक्षयेत् १९ तत्रयत्प्रीतिसंयुक्तंकिंचिदात्मनि लक्षयेत् ॥ प्रशांतमिवसंशुद्धंसत्वंतदुपधारयेत् २० यत्तुसंतापसंयुक्तंकायेमनसिवाभवेत्॥प्रवृत्तंरजइत्येवंतत्रचाप्युपलक्षयेत्२१ यत्तुसंमोहसंयुक्तमव्यक्तविषयं भवेत् ॥ अप्रतर्क्यमविज्ञेयंतमस्तदुपधार्यताम् २२ प्रहर्षःप्रीतिरानंदःसाम्यंस्वस्थात्मचित्तता ॥ अकस्माद्यदिवाकस्माद्वर्तन्तेसात्विकागुणाः २३ अभिमानो मृषावादोलोभोमोहस्तथाक्षमा ॥ लिंगानिरजसस्तानिवर्तन्तेहेत्वहेतुतः २४ तथामोहःप्रमादश्चनिद्रातंद्राप्रबोधिता ॥ कथंचिदभिवर्तन्तेविज्ञेयास्तामसागुणाः २५ ॥ इति श्रीमहाभारते शांतिपर्वणि मोक्षधर्मपर्वणि शुकानुप्रश्ने सप्तचत्वारिंशदधिकद्विशततमोऽध्यायः ॥ २४७ ॥ ॥ व्यासउवाच ॥ ॥ मनो विसृजतेभावंबुद्धिरध्यवसायिनी ॥ हृदयंप्रियाप्रियेवेदत्रिविधाकर्मचोदना १ इंद्रियेभ्यःपराह्यर्था अर्थेभ्यःपरमंमनः ॥ मनसस्तुपराबुद्धिर्बुद्धेरात्मापरोमतः २

१८ रजइति । स्वयोनिजास्तत्तत्संस्कारसचिवाच्चित्तादाविर्भूताः अतएवचित्तंतज्जाश्चार्थेन्द्रियादयःसर्वेत्रिगुणात्मकाएवेतिमतं सर्वेषुसुरनरादिषुतान्गुणान्कार्यद्वाराउपलक्षयेत् १९ कार्याण्येवाह तत्रेत्यादिना। २० । २१ । २२ । २३ हेतुतःकारणात् अहेतुतोऽकस्मात् २४ । २५ ॥ इति शांतिपर्वाणे मोक्षधर्मपर्वाणि नीलकंठीये भारतभावदीपे सप्तचत्वारिंशदधिकद्विशततमोध्यायः ॥ २४७ ॥ एवंबुद्धेःस्वाभाविकं त्रिगुणात्मकत्वमुक्त्वाकर्मजंत्रैविध्यमाह मनइति । विसृजतेसंकल्पमात्रेणभावंपदार्थंविविधमुत्पादयति बुद्धिरध्यवसायिनीतंपदार्थंबुद्धिर्निश्चिनोतीदमित्थमेवेति हृदयमहंकारंप्रियमनुकूलमप्रियंप्रतिकूलंचवेद १ अतएवेंद्रियेभ्योर्थाविषयाःपराःसूक्ष्माः संकल्पजत्वात् तेभ्योमनःपरं तदुपादानत्वात ततोऽपिबुद्धिःपरा निश्चयात्मकत्वात् ततोऽप्यात्मापरः अदृश्यत्वेनप्रत्यक्तमत्वात् २

जंतोर्व्यावहारिकआत्माबुद्धिः सायदाभावंघटादिविविधाकारंकुरुतेतदासामनइत्युच्यते ३ पृथग्भावात्पृथग्विषयत्वात् विक्रियतेविकारंप्राप्नोति तानेवविकारानाह शृण्वतीति ४ । ५ तानिबुद्धेर्विकारान् अद्द श्यश्चिदात्मा भावेषुसात्विकादिषु ६ तानेवाह कदाचिदिति । प्रीतिशोकोभयाभावाः क्रमेणसात्विकराजसतामसाः ७ एतान्भावानतिवर्ततेबुद्धिःसरितांवेगान्सागरोर्मिरिवतिरोधत्ते निरोधकालेइत्यर्थः ८ यदेति। अधिष्ठानानींद्रियगोलकानिबुद्धयामेवांतर्भूतानिपरस्परंपृथग्भूतानि मेधारूपादिज्ञानंतत्राहितानिमेध्यानि ९ सर्वाणीति । यदिंद्रियंयदाअनुविधीयतेबुद्ध्याऽनुगतंभवतितदापूर्वमविभागगताअपृथग्भूताऽपिबुद्धिःपश्चान्मनसिसंकल्पात्मकेभावेघटादौवर्तते । बुद्ध्याऽनुगृहीतमिंद्रियंसंकल्पजंघटंगृह्णात्येवंरूपादीनानुपूर्व्येणनतुयौगपद्येन १० भावाःसात्विकादयः त्रिषुमनोबुद्ध्यहंकारेषु अन्वर्थाअर्थमनुसृत्यवर्ततइत्यन्वर्थाः एकस्मिंस्त्र्यादिपिंडेभर्तुःप्रीतिःसपत्न्याद्वेषस्तामविदतश्चैत्रस्यमोहइत्यांतराएवभावाविषयदर्शनेनाविर्भवंतत्यिर्थः । इतएवानुभववैषम्याद्विषयएवत्रिगुणात्मेतिकापिलाःप्राहुस्तन्मंदं । नहिस्त्रीपिंडेसदैवभर्त्रादीनांप्रीत्यादयोऽनुवर्ततेयेनतान्प्रतितेषांसत्वाद्यात्मत्वंनियम्येत । नह्येकःपदार्थएकमेवभोक्तारंप्रतिकदाचिदसत्वात्माकदाचित्सत्वात्मेतियुक्तम् । नहिहिमग्रीष्मयोःप्रीत्यप्रीतिविषयोऽपिवह्निर्दाहात्म्यमतिवर्तते तस्माद्बुद्ध्यादयए

बुद्धिरात्मामनुष्यस्यबुद्धिरेवात्मनाऽऽत्मनि ॥ यदाविकुरुतेभावंतदाभवतिसामनः ३ इंद्रियाणांपृथग्भावाद्बुद्धिर्विक्रियतेह्यतः ॥ शृण्वतीभवतिश्रोत्रंस्पृशतीस्पर्शउच्यते ४ पश्यतीभवतेदृष्टीरसतीरसनंभवेत् ॥ जिघ्रतीभवतिघ्राणंबुद्धिर्विक्रियतेपृथक् ५ इंद्रियाणितुतान्याहुस्तेष्वदृश्योऽधितिष्ठति ॥ तिष्ठतीपुरुषेबुद्धिस्त्रिषुभावेषुवर्तते ६ कदाचिल्लभतेप्रीतिंकदाचिदपिशोचति ॥ नसुखेननदुःखेनकदाचिदिहयुज्यते ७ सेयंभावात्मिकाभावांस्त्रीनेतानतिवर्तते॥ सरितांसागरोभर्तामहावेलामिवोर्मिमान् ८ यदाप्रार्थयतेकिंचित्तदाभवतिसामनः ॥ अधिष्ठानानिवैबुद्ध्यांपृथगेतानिसंस्मरेत् ॥ इंद्रियाण्येवमेध्यानिविजेतव्यानिकृत्स्नशः ९ सर्वाण्येवानुपूर्वेणयद्यदाऽनुविधीयते ॥ अविभागगताबुद्धिर्भावेमनसिवर्तते १० येचैवभावावर्तन्तेसर्वएष्वेवतेत्रिषु ॥ अन्वर्थाः संप्रवर्तन्तेरथनेमिमराइव ११ प्रदीपार्थंमनःकुर्यादिंद्रियैर्बुद्धिसत्तमैः ॥ निश्चरद्भिर्यथायोगमुदासीनैर्यदृच्छया १२

वसत्वाद्यात्मानोनत्वर्थाः रज्जूरगादिवदनिर्वचनीयत्वात्तेषां । नहिव्यवहितघटादिसत्त्वेप्रत्यक्षंक्रमते तस्यतत्रासामर्थ्यात् । नाप्यनुमानं वह्निधूमन्यायेनतत्सत्त्वसाधकस्यानियतस्यालिंगस्यभावात् । नापिलोकवाक्यं तस्याप्रामाण्यादिदोषशंकाकलंकितत्वात् । नापिवेदवाक्यं नेहनानास्तिकिंचनेतिसर्वसत्ताग्रासिनोवेदस्ययत्किंचित्पदार्थसत्वासाधकत्वात् । ननु 'अविमुक्तंवैकुरुक्षेत्रंदेवानांदेवयजनं सर्वेषांभूतानांब्रह्मसदनमत्रहिजंतोःप्राणेषू त्क्रममोणषुरुद्रस्तारकंब्रह्मव्याचष्टे ॥ येनासावमृतीभूत्वामोक्षीभवतितस्मादविमुक्तमेवनिषेवेताविमुक्तंनविमुंचेत्'इत्यादिश्रुतेरविमुक्तादीनांसद्भावंप्रभावंतदविमोकंचप्रकाशयंत्याःकागतिः अज्ञातवस्तुनःसत्वाभावेकर्मोपास्तिकांडयोरुच्छेदापत्तिरितिचेन्न अविद्यावाद्विषयत्वात्तयोः यथास्वाप्नेरज्जूरगभ्रमेऽपनीतेरज्जूःसत्यासर्पोमृषेतिसत्यासत्यत्रिभागआभिमानिकोऽविद्यापेक्षःपरमार्थतस्तयोर्मिथ्यात्वाविशेषेऽप्यनुवर्ततेतद्वदित्यवेहि । तस्मादविद्यावतांवज्रपंजरायितमपिजगद्विद्यावतांदृष्टिसमसमयमात्रमेवेतियुक्तमुक्तंबुद्ध्यादयएवसत्वाद्यात्मानोनत्वर्थाइति ११ नन्वर्थानांस्वरूपसत्त्वाभावेकथमिंद्रियसन्निकर्षादितज्जंघटादिज्ञानंवास्यादित्याशंक्याह प्रदीपार्थमिति । इंद्रियैःकरणैः बुद्धिसत्तमैर्हेतुभिः । इयमत्रप्रक्रिया त्रिविधंसत्वं शुक्तिरजतादीनांप्रातिभासिकंघटादीनांव्यावहारिकंब्रह्मणःपरमार्थिकंचेतिक्रमेण

–तानिसत्सत्तरसत्तमानि । तत्रसत्तमब्रह्माभिन्नत्वाद्विषयाअपिसत्तमाइत्युच्यंते बुद्धिसत्तमैरितिबुद्धिस्थविषयसिद्ध्यर्थम् । अध्ययनेनवसतीतिवत्तृतीया । इंद्रियैरश्मिभूतैर्मनःप्रदीपार्थसत्तमावर
काज्ञाननाशंकुर्यात् । ततःस्वतःप्रकाशमानेसत्तमेविषयाअध्यस्यंते । यथेंद्रियैःशुक्तीदमंशावरकाज्ञानेनाशितेशुक्तिर्बुद्धिस्थरजतभावेनशुक्त्यनतिरिक्तेनभाति । इंद्रियान्वयव्यतिरेकयोरधिष्ठानग्रहएवो
पक्षयः । एवंघटाद्यध्यासेऽपींद्रियद्वारामनसासत्तमावरकाज्ञानेनाशिते स्वतःप्रकाशमानंसत्तमंबुद्धिस्थवियदादिभावेनसत्तमाऽनन्येनभाति । अतइंद्रियंसत्तमस्यैवग्रहार्थम् । वियदादिकंतुरज्ज्वामुर
गवदविद्यामात्रभातंसाक्षिमात्रभातंवा । तथाचश्रुतिस्तमेवभांतमनुभातिसर्वमित्यधिष्ठानभानमन्वध्यस्तस्यघटादेर्भानमाह लोकेऽपिघटानुभवःपटानुभवइत्यादावनुभवशब्दःप्राप्त्यर्थस्यभवतेर्ज्ञानार्थत्वेनपाश्चा
त्यप्रकाशवाचकोऽनुशब्दसामर्थ्यात्पूर्वतरमधिष्ठानप्रकाशमाक्षिपति । इममेवतार्किकानिर्विकल्पकंज्ञानमित्याचक्षतेभाषांतरेण । तथाचविषयाणांस्वरूपसत्त्वाभावेऽपिरज्जूरगवदविद्याप्रकाशउपपद्यतेइतिसर्व
मवदातम् १२ एतज्ज्ञानफलमाह एवमिति । इदंजगदेवंस्वभावंबुद्धिमात्रकल्पितमितिजानन्नमुह्यति । नहिस्वाप्नधननाशादिनाप्रबुद्धःशोकादिकंप्राप्नोतीत्यर्थः १३ नन्वेवंघटमात्रविदाप्यधिष्ठानब्रह्मज्ञातमेवेति

एवंस्वभावमेवेदमितिविद्वन्नमुह्यति ॥ अशोचन्नप्रहृष्यन्हिनित्यंविगतमत्सरः १३ नचात्माशक्यतेद्रष्टुमिन्द्रियैःकामगोचरैः ॥ प्रवर्तमानैरनघैर्दुष्करैरकृता
त्मभिः १४ तेषांतुमनसारश्मीन्यदासम्यङ्नियच्छति ॥ तदाप्रकाशतेऽस्यात्मादीपदीप्तायथाऽऽकृतिः १५ सर्वेषामेवभूतानांतमस्यपगतेयथा ॥ प्रकाशं
भवतेसर्वंतथेदमुपधार्यताम् १६ यथावारिचरःपक्षीनलिप्यतिजलेचरन् ॥ विमुक्तात्मातथायोगीगुणदोषैर्नलिप्यते १७ एवमेवकृतप्रज्ञोनदोषैर्विषयांश्चरन् ॥
असज्जमानःसर्वेषुकथंचननलिप्यते १८ त्यक्त्वापूर्वकृतंकर्मरतिर्यस्यसदाऽऽत्मनि ॥ सर्वभूतात्मभूतस्यगुणवर्गेष्वसज्जतः १९ सत्वमात्माप्रसरतिगुणान्वा
ऽपिकदाचन ॥ नगुणाविदुरात्मानंगुणान्वेदससर्वदा २० परिद्रष्टागुणानांचपरिस्रष्टायथातथम् ॥ सत्वक्षेत्रज्ञयोरेतदंतरंविद्धिसूक्ष्मयोः २१ सृजतेऽत्रगुणा
नेकएकोनसृजतेगुणान् ॥ पृथग्भूतौप्रकृत्यातौसंप्रयुक्तौचसर्वदा २२ यथामत्स्योऽद्भिरन्यःस्यात्संप्रयुक्तौतथैवतौ ॥ मशकोदुंबरौवाऽपिसंप्रयुक्तौयथासह
२३ इषीकावायथामुंजेपृथक्चसहचैवच ॥ तथैवसहितावेतावन्योन्यस्मिन्प्रतिष्ठितौ २४ ॥ इतिश्रीमहाभारते शांतिपर्वणि मोक्षधर्मपर्वणि शुकानुप्रश्ने अष्ट
चत्वारिंशदधिकद्विशततमोध्यायः ॥ २४८ ॥ ॥ व्यासउवाच ॥ सृजतेतुगुणान्सत्वंक्षेत्रज्ञस्त्वधितिष्ठति ॥ गुणान्विक्रियतःसर्वानुदासीनवदीश्वरः १

किंश्रवणादिनेत्याशंक्याह नचेति । कामगोचरैः काम्यमानाविषयगोचरैः अनघैर्निर्दोषैरपींद्रियैः आत्मास्वरूपेणज्ञातएवपुरुषार्थोनपररूपेण । नहिरजतात्मनाज्ञाताशुक्तिःशुक्तिकार्यायप्रभवतितद्वत् । दुष्करैर्दुष्कृ
तिभिरकृतात्मभिरशोधितचित्तैःपुरुषैः १४ कथंतर्ह्यात्माज्ञेयइत्यतआह तेषामिति । आकृतिर्घटादिरूपं १५ भवतेप्राप्नोति कंठगतविस्मृतचामीकरवदज्ञानापगममात्रलभ्यआत्मेत्यर्थः १६ विद्याफलमाह यथेति ।
गुणदोषैःपुण्यपापैःप्राकृतैः १७ क्रियमाणैरपिनलिप्यतइत्याह एवमिति । विषयांश्चरन्नपिनलिप्यते तत्रहेतुरसज्जमानइति सर्वेषुपुत्रादिष्वप्यसज्जमानस्तन्नाशादिजैःशोकादिभिर्नलिप्यते एवंदेहासंगीदेहकृतैरपिकर्म
भिर्नलिप्यतइत्यर्थः १८ संन्यासपूर्वकमात्मध्यानशीलस्यसार्वात्म्यंप्राप्तस्यभोग्यानासक्तस्यबुद्धींद्रियाण्यात्माकाराण्येवभवंतितथापिचिदचितोर्विभागएवास्तिनत्वैक्यंभवतीत्याहद्वाभ्यां त्यक्त्वेति १९ । २० ।
४३ २१ । २२ । २३ शेषंप्राग्व्याख्यातं २४ ॥ इति शांतिपर्वणि मोक्षधर्मपर्वणि नीलकंठीये भारतभावदीपेअष्टचत्वारिंशदधिकद्विशततमोऽध्यायः ॥ २४८ ॥ ॥ सृजतइति । गुणान्विषयान् । गुणान्सत्वा
दीन् । विक्रियतःविकारंभजमानान् अनुलक्ष्य उदासीनस्याप्यधिष्ठातृत्वमयस्कांतमणिवज्ज्ञेयम् १

एतदेवाह स्वभावेति। अभिन्ननिमित्तोपादानत्वसूचनायोर्णनाभिदृष्टांतः २ एतेगुणाःप्रध्वस्तास्तत्त्वज्ञानेनदर्शनंगताःसंतोननिवर्तंतेघटादिवन्ननश्यंतिकिंतुरज्जूरगादिवद्बाधएवात्रप्रध्वंसपदार्थइत्यर्थः।तत्रहेतुः प्रवृत्तिना पलभ्यतेइति। निवृत्तस्यहिघटादेःकपालादिरूपेणप्रवृत्तिर्लभ्यतेऽत्रघटोध्वस्तइति। इहतुतादृक्प्रवृत्त्यदर्शनान्निरन्वयनाशएवगुणानामित्यर्थः। एकेमुख्याः अपरेतार्किकाः निवृत्तिरात्यंतिकीदुःखानामात्मगुणानांनिवृत्तिर्भवतीत्याहुः। एवंसांख्यादयोऽपिसंसारहेतोर्दृग्दृश्यसंयोगस्यानादिभावस्यापिनाशमिच्छंति ३ एवंनिवृत्तिबाधपक्षौसंप्रधार्ययुक्त्याऽऽलोच्ययथामतिनिश्चिनुयात्सिद्धांतंकुर्यात् एतदनुरोधेनैवगर्भशयः जन्मादिलाभोऽपिबाधपक्षेअध्यासिकोनिवृत्तिपक्षेतात्त्विकइति ४ अनादीति। हिशब्दोनित्यानित्ययोर्धर्मधर्मिभावासंभवप्रसिद्धिद्योतकः। उपयन्नपयन्धर्मोविकरोतिहिधर्मिणमितिन्यायेनदुःखादिधर्मिणिविकारिणिनित्यत्वासंभवाद्घटेयावद्रूपनाशादर्शनेनात्मनियावद्दुःखनाशलक्षणमोक्षस्याप्यसंभवाच्चसाधीयानयंपक्षइत्याशयः ५ बुद्धिधर्माश्चिंतादयस्तत्प्रधानंबुद्धिचिंतामयम् ध्यायतीवलेलायतीवेत्यादिश्रुतेः। दृढंकर्माभेद्यमनित्यं

स्वभावयुक्तंतत्सर्वंयदिमान्सृजतेगुणान् ॥ ऊर्णनाभिर्यथासूत्रंसृजतेतद्गुणांस्तथा २ प्रध्वस्ताननिवर्तन्तेप्रवृत्तिर्नोपलभ्यते ॥ एवमेकेव्यवस्यंतिनिवृत्तिरितिचापरे ३ उभयंसंप्रधार्यैतदध्यवस्येद्यथामति ॥ अनेनैवविधानेनभवेद्गर्भशयोमहान् ४ अनादिनिधनोह्यात्मातंबुद्ध्वाविचरेन्नरः ॥ अक्रुध्यन्नप्रहृष्यंश्चनित्यंविगतमत्सरः ५ इत्येवंहृदयग्रंथिंबुद्धिचिंतामयंदृढम् ॥ अनित्यंसुखमासीतअशोचंश्छिन्नसंशयः ६ ताम्येयुःप्रच्युताःपृथ्व्यायथापूर्णांनदींनराः ॥ अवगाढाह्यविद्वांसोविद्धिलोकमिमंतथा ७ नतुताम्यतिवैविद्वान्स्थलेचरतितत्त्ववित् ॥ एवंयोविंदतेऽऽत्मानंकेवलंज्ञानमात्मनः ८ एवंबुद्ध्वानरःसर्वभूतानामागतिंगतिम् ॥ समवेक्ष्यचवैषम्यंलभतेशममुत्तमम् ९ एतद्वैजन्मसामर्थ्यंब्राह्मणस्यविशेषतः ॥ आत्मज्ञानंशमश्चैवपर्याप्तंतत्परायणम् १० एतद्बुद्ध्वाभवेच्छुद्धःकिमन्यद्बुद्धलक्षणम् ॥ विज्ञायैतद्विमुच्यंतेकृतकृत्यामनीषिणः ११ नभवतिविदुषांमहद्भयंयदविदुषांसुमहद्भयंपरत्र ॥ नहिगतिरधिकाऽस्तिकस्यचिद्भवतिहियाविदुषःसनातनी १२ लोकमातुरमसूयतेजनस्तत्तदेवचनिरीक्ष्यशोचते ॥ तत्रपश्यकुशलानशोचतोयेविदुस्तदुभयंकृताकृतम् १३

नित्यंविद्याविनाश्यंछित्वेतिशेषः ६ पृथ्व्याःसकाशान्नदींप्रतिच्युताअविद्वांसस्तरणविद्याहीनाउन्मज्जननिमज्जनैस्ताम्येयुःक्लिश्येयुः ७ सार्धश्लोकेनदृष्टांतमुक्त्वादार्ष्टांतिकमाहार्धेन एवमिति। आत्मनःस्वस्यात्मानंप्रत्यंचंतस्यस्वरूपलक्षणंकेवलंज्ञानमितिशुद्धचिन्मात्रमित्यर्थः ८ शमंसुखम् ९ जन्मसामर्थ्यंलब्धजन्ममनोयथोक्ताचारवतोऽवश्यंभावीत्यर्थः। पर्याप्तंपूर्णं परायणंमोक्षप्रापकम् १० शुद्धःपुण्यपापहीनः ११ भयमधःपातजं याविदुषोगतिस्ततोऽधिकाकस्यचिद्गतिर्नास्ति १२ लोक्यतइतिलोकोभोग्यंस्त्र्यादिस्तमातुरंदोषाक्रांतंजनःअसूयतेदोषेणपश्यति भोगवैकल्यात्। तथातत्तदेवलोकस्यातुरत्वंनिरीक्ष्यशोचतेच तत्रेति बुद्धाबुद्धयोर्महद्वैलक्षण्यमित्यर्थः। येपुरुषास्तदुभयंशोकाशोकरूपंकृताकृतंक्रमेणारोपितानारोपितमितिविदुस्तेकुशलाइत्यर्थः १३

॥

किमनेनकौशलेनेत्यत आह यदिति । इहलोकेकुर्वतोयन्निष्कामंकर्मतत्प्राचीनकर्मणांनाशकं नहिकर्मणासर्वकर्मोच्छेदोऽस्तीत्यर्थः किंतुतदुभयमिहजन्मानिपूर्वजन्मानिचकृतंकर्मतस्याविदुषः प्रियमप्रियंवानजनयतीत्य
तोविद्यासंपादनीयेतिभावः । 'नैनंकृताकृतेतपतः नलिप्यतेकर्मणापापकेन' इत्यादिश्रुतिभ्यः ॥१४ इति शांतिपर्वणि मोक्षधर्मपर्वणि नीलकंठीये भारतभावदीपे एकोनपंचाशदधिकद्विशततमोऽध्यायः ॥२४९॥
विद्याप्रापकंधर्मंपृच्छति यस्मादिति १ अश्वमेधादिर्माभूदितिनिवृत्तिधर्मलक्षणायाऽऽह विशिष्टमिति २ निष्पतिष्णूनिनिष्पतनशीलानि सन्नियम्यैकाग्र्यंकुर्यादितिसंबंधः ३ । ४ बहुचिंत्यंत्रिपुटीं ५ गोचरेभ्यो

यत्करोत्यनभिसंधिपूर्वकंतच्चनिर्णुदतितत्पुराकृतम् ॥ नप्रियंतदुभयंनचाप्रियंतस्यतज्जनयतीहकुर्वतः १४ ॥ इति श्रीम० शां० मोक्ष० शुकानुप्रश्नेए
कोनपंचाशदधिकद्विशततमोऽध्यायः ॥ २४९ ॥ ॥ शुकउवाच ॥ यस्माद्धर्मात्परोधर्मोविद्यतेनेहकश्चन ॥ योविशिष्टश्चधर्मेभ्यस्तंभवान्प्रब्रवीतुमे १
॥ व्यासउवाच ॥ धर्मंतेसंप्रवक्ष्यामिपुराणमृषिभिःकृतम् ॥ विशिष्टंसर्वधर्मेभ्यस्तमिहैकमनाःशृणु २ इंद्रियाणिप्रमाथीनिबुद्ध्यासंयम्ययत्नतः ॥ सर्वतोनि
ष्पतिष्णूनिपिताबालानिवात्मजान् ३ मनसश्चेंद्रियाणांचाप्यैकाग्र्यंपरमंतपः ॥ तज्ज्यायःसर्वधर्मेभ्यःसधर्मःपरउच्यते ४ तानिसर्वाणिसंधायमनःषष्ठानिमे
धया ॥ आत्मतृप्तइवाऽऽसीतबहुचिंत्यमचिंतयन् ५ गोचरेभ्योनिवृत्तानियदास्थास्यंतिवेश्मनि ॥ तदात्वमात्मनात्मानंपरंद्रक्ष्यसिशाश्वतम् ६ सर्वा
त्मानंमहात्मानंविधूममिवपावकम् ॥ तंपश्यंतिमहात्मानोब्राह्मणायेमनीषिणः ७ यथापुष्पफलोपेतोबहुशाखोमहाद्रुमः ॥ आत्मनोनाभिजानीतेकमे
पुष्पंकमेफलम् ८ एवमात्मानजानीतेकगमिष्येकुतस्त्वहम् ॥ अन्योह्यत्रांतरात्माऽस्तियःसर्वमनुपश्यति ९ ज्ञानदीपेनदीप्तेनपश्यत्यात्मानमात्मनि ॥
दृष्ट्वात्वमात्मनाऽऽत्मानंनिरात्माभवसर्ववित् १० विमुक्तःसर्वपापेभ्योमुक्तत्वचइवोरगः ॥ परांबुद्धिमवाप्येहविपाप्माविगतज्वरः ११ सर्वतःस्रोतसंघोरांनदीं
लोकप्रवाहिनीम् ॥ पंचेंद्रियग्राहवतींमनःसंकल्परोधसम् १२ लोभमोहतृणच्छन्नांकामक्रोधसरीसृपाम् ॥ सत्यतीर्थानृतक्षोभांक्रोधपंकांसरिद्वराम् १३
अव्यक्तप्रभवांशीघ्रांदुस्तरामकृतात्मभिः ॥ प्रतरस्वनदींबुद्ध्याकामग्राहसमाकुलाम् १४ संसारसागरगमांयोनिपातालदुस्तराम् ॥ आत्मकर्मोद्भवांतात
जिह्वावर्तांदुरासदाम् १५ यांतरंतिकृतप्रज्ञाधृतिमंतोमनीषिणः ॥ तांतीर्णःसर्वतोमुक्तोविधूतात्माऽऽत्मविच्छुचिः १६ उत्तमांबुद्धिमास्थायब्रह्मभूयान्म
विष्यसि ॥ संतीर्णःसर्वसंसारात्प्रसन्नात्माविकल्मषः १७

बाह्याभ्यंतरविषयेभ्यः वेश्मनिपरस्मिन्ब्रह्मणिसर्वाधिष्ठाने ६ विधूममिवनिरुपाधिं ब्राह्मणाब्रह्मविदः ७ । ८ आत्माबुद्धिरचेतनत्वाद्वृक्षवत् सर्वंबुद्ध्यादिकं ९ ज्ञानदीपेनब्रह्माकारांतःकरणवृत्त्या आत्मानंब्रह्म
आत्मनिदेहे आत्मनेतिपाठेआत्मना ज्ञानदीपेनेतिसामानाधिकरण्यं निरात्मानिरुपाधिः १० विपाप्मेतिदेहांतरसंबंधनिरासः विगतज्वरइतिजीवन्मुक्तिसुखवान् ११ सर्वतःस्रोतसंअनेकधाप्रवहंतीं नदींसंसार
नदीं लोकान्वाहयंतीं रोधस्तीरम् १२ । १३ बुद्ध्याज्ञानेन १४ योनिर्वासना १५ । १६ ब्रह्मभूयान्ब्रह्मैव १७

भूतान्यज्ञानिनिशामयपश्य पर्वतस्थोज्ञानपर्वतारूढः यथोक्तं 'प्रज्ञाप्रासादमारुह्याशोच्यःशोचतोजनान् ॥ भूमिष्ठानिवशैलस्थःसर्वान्प्राज्ञोऽनुपश्यति'इति १८ एनंयोगेनाज्ञाननदीतरणरूपम् १९ । २० । २१ नैवेति । पुमानेतद्ब्रह्मस्त्र्यादिरूपेणनवेदनामरूपशून्यत्वात् भूतभव्ययोर्भवउत्पत्तिःकारणंतदात्मकम् २२ अभवोऽनुत्पत्तिरात्मातस्यप्रतिपत्त्यर्थं एतद्धर्ममेषयोगधर्मः २३ यद्यपितंत्रभेदेनजगदुत्प त्तिप्रकाराभिद्यन्ते तथाऽपिशमादिसंपन्नस्यसर्वधर्मास्पर्शिसुषुप्तावस्थासदृशसुखदुःखसंपर्कशून्यतयाऽवस्थानंमुक्तिरितिसर्ववादिसंमतम् । वादिनांदेहनाशोवाशून्यभावोवादुःखनाशोवालिंगभंगोवाऽविद्यानिवृत्ति र्वास्वरूपप्रतिष्ठाचितिशक्तिर्वापरमानंदावाप्तिर्वेतिशब्दतएवविकल्पयंतितदेतदभिसंधायाह यथेति । यथासर्वाणिमतानियेनप्रकारेणमुक्तौपर्यवस्यंति तथातेनैवप्रकारेणमदीयान्येतानिवचांसिमुक्तौपर्यवस्यं तीति मया यथातथेतिभावप्रधानोनिर्देशः याथातथ्येनकथितानीत्यर्थः । हेपुत्रतानिमतानिभवंति फलतोविरोधाभावात् । नभवंतिचनिर्वक्तुमशक्यत्वात् । तस्मात्सर्वैरपितांत्रिकैरिदंशास्त्रमुपादेयमितिसिद्धम् ॥ १२७ ॥ ॥ २५१ ॥

भूमिष्ठानीवभूतानिपर्वतस्थोनिशामय ॥ अक्रुध्यन्नप्रहृष्यंश्चननृशंसमतिस्तथा १८ ततोद्रक्ष्यसिसर्वेषांभूतानांप्रभवाप्ययौ ॥ एनंवैसर्वभूतेभ्योविशिष्टंमे निरेबुधाः ॥ धर्मंधर्मभृतांश्रेष्ठामुनयस्तत्त्वदर्शिनः १९ आत्मनोव्यापिनोज्ञानमिदंपुत्रानुशासनम् ॥ प्रयतायप्रवक्तव्यंहितायानुगतायच २० आत्मज्ञा नमिदंगुह्यंसर्वगुह्यतमंमहत् ॥ अब्रुवंयदहंतातआत्मसाक्षिकमंजसा २१ नैवस्त्रीनपुमानेतन्नैवचेदनपुंसकम् ॥ अदुःखमसुखंब्रह्मभूतभव्यभवात्मकम् २२ नैतज्ज्ञात्वापुमान्स्त्रीवापुनर्भवमवाप्नुते ॥ अभवप्रतिपत्त्यर्थमेतद्धर्मंविधीयते २३ यथामतानिसर्वाणितथैतानियथातथा ॥ कथितानिमयापुत्रभवंतिनभवं तिच २४ तत्प्रीतियुक्तेनगुणान्वितेनपुत्रेणसत्पुत्रदमान्वितेन ॥ पृष्टोहिसंप्रीतिमनायथार्थंब्रूयात्सुतस्येहयदुक्तमेतत् २५ ॥ इतिश्रीमहाभारते शांतिपर्वणि मोक्षधर्मपर्वणि शुकानुप्रश्नेपंचाशदधिकद्विशततमोऽध्यायः ॥२५०॥ व्यासउवाच ॥ गंधान्रसान्नानुरुंध्यात्सुखंवानालंकारांश्चाप्नुयात्तस्यतस्य ॥ मानंचकी र्तिंचयशश्चनेच्छेत्सवैप्रचारःपश्यतोब्राह्मणस्य १ सर्वान्वेदानधीयीतशुश्रूषुर्ब्रह्मचर्यवान् ॥ ऋचोयजूंषिसामानियोवेदनसवैद्विजः २ ज्ञातिवत्सर्वभूतानांसर्ववि त्सर्ववेदवित् ॥ नाकामोम्रियतेजातुनतेननचवैद्विजः ३ इष्टीश्चविविधाःप्राप्यक्रतूंश्चैवाप्तदक्षिणान् ॥ प्राप्नोतिनैवब्राह्मण्यमविधानात्कथंचन ४ यदाचायंन बिभेतियदाचास्मान्नबिभ्यति ॥ यदानेच्छतिनद्वेष्टिब्रह्मसंपद्यतेतदा ५ यदानकुरुतेभावंसर्वभूतेषुपापकम् ॥ कर्मणामनसावाचाब्रह्मसंपद्यतेतदा ६

२४ तदिति । तस्मादुक्तविशेषणवताऽधिकारिणापृष्टोगुरुःप्रीतिपूर्वकमिदंवदेदित्यर्थः २५ ॥ इति श्रीमहाभारते शांतिपर्वणि मोक्षधर्मपर्वणि नीलकंठीये भारतभावदीपे पंचाशदधिकद्विशततमोऽध्यायः ॥ २५० ॥ गंधान्रसानित्याद्यध्यायःसाधनविधानार्थंजीवन्मुक्तलक्षणख्यापनार्थंच नानुरुंध्यान्नानुसरेत् नापितस्यतस्यगंधादेरलंकारान्वर्जनानिचप्राप्नुयात् गंधादिरागद्वेषौनकार्यौकिंतूदासीनैवेत्यर्थः । प्रचारोव्यवहारः पश्यतोविदुषः १ द्विजोमुख्योब्राह्मणः २ कस्तर्हिद्विजइत्यतआत ज्ञातिवदिति । योदयालुर्ब्रह्मवित्सएववेदविद्यश्चाकामआत्मज्ञानेनतृप्तोजातुकदाचिन्नम्रियते तथाचश्रुतिः । 'योकामोनिष्कामआप्तकामःस्यान्नत स्यप्राणाउत्क्रामंत्यत्रैवसमवनीयंतेब्रह्मैवसन्ब्रह्माप्येति'इति । तेनाकामत्वेनद्विजोनेतिनचकिंतुद्विजएव । योनिर्दयःसकामश्चनासौवेदविन्नब्राह्मणश्चेतिभावः ३ अविधानाद्दयानैष्काम्ययोरननुसरणात् ४ एत देवविवृणोति यदेत्यादिना ५ । ६ ॥ १२७ ॥

७।८ समुद्रेऽन्याआपइवयत्रपुंसिकामालर्यितंसेमोक्षभाङ्नतुकामकामोविषयाभिलाषी ९ तेषांसर्वेषुलोकेषुकामचारोभवतीतिश्रुतेर्ब्रह्मविदेवपूर्णकामोनत्वन्यइत्याहार्धेन सइति । सःविद्वान्कामैः संकल्पमात्रोपनतैः कांतोमनोहरः नतुकामकामःस्वर्गाद्यर्थी कुतः सवाइति। स्वर्गप्राप्यसंयोगाविप्रयोगांताइतिनियमेनततोभ्रश्यतइतिभावः १० उपनिषद्रहस्यं सत्यंहितकरंवाक्यं उत्तरोत्तराभावेपूर्वपूर्वंव्यर्थमित्यर्थः ११ स्वर्गःसगुण ब्रह्मभावः शमोनिर्गुणब्रह्मभावः १२ क्लेदनमिति। संतोषाद्धेतोःसत्वंबुद्धिप्रसादमिच्छसिइच्छेत पंचमलकारोऽयं । एतदेवसत्वंशांतिलक्षणंमोक्षस्यसूचकं कीदृशंसत्वं तृष्णयासहशोकमनसोःसंकल्पःसंशयोवाऽत्रम नःशब्दार्थः संतापंसंताप्यक्लेदनंविक्लित्तीकरणं तंडुलस्येवपाचकामित्यर्थः संतापमितिणमुलंतम् १३ षड्भिःसंतोषसाहितैर्वैशोकत्वादिभिःसमग्रोज्ञानतृप्तः १४ एवंमुक्तलक्षणमुक्त्वामुक्तिसाधनमाह षड्भिरिति । फलभूतत्वात्सुखस्वर्गवर्जपूर्वोक्तैः सत्यदमदानतपस्त्यागशमाख्यैरुपनिषत्संज्ञैः सत्यादिषुराजसतामसत्वेअपिसंभावितेअतस्तद्व्यावृत्तयेसत्वगुणोपेतैरिति । त्रिभिश्चश्रवणमनननिदिध्यासनैरागमानुमानानुभवैं

कामबंधनमेवैकंनान्यदस्तीहबंधनम् ॥ कामबंधनमुक्तोहिब्रह्मभूयायकल्पते ७ कामतोमुच्यमानस्तुधूम्राभ्राद्दिवचंद्रमाः॥ विरजाःकालमाकांक्षन्धीरोधैर्येणवर्तते ८ आपूर्यमाणमचलप्रतिष्ठंसमुद्रमापःप्रविशंतियद्वत् ॥ तद्वत्कामायंप्रविशंतिसर्वेसशांतिमाप्नोतिनकामकामः ९ सकामकांतोनतुकामकामःसर्वैकामात्स्वर्गमुपैतिदेही १० वेदस्योपनिषत्सत्यंसत्यस्योपनिषद्दमः ॥ दमस्योपनिषद्दानंदानस्योपनिषत्तपः ११ तपसोपनिषत्त्यागस्त्यागस्योपनिषत्सुखम् ॥ सुखस्योपनिषत्स्वर्गःस्वर्गस्योपनिषच्छमः १२ क्लेदनंशोकमनसोःसंतापंतृष्णयासह ॥ सत्वमिच्छसिसंतोषाच्छांतिलक्षणमुत्तमम् १३ विशोकोनिर्ममःशांतःप्रसन्नात्माविमत्सरः ॥ षड्भिर्लक्षणवानेतैःसमग्रःपुनरेष्यति १४ षड्भिःसत्वगुणोपेतैःप्राज्ञैरधिगतंत्रिभिः ॥ येविदुःप्रेत्यचात्मानमिहस्थंतंगुणंविदुः १५ अकृत्रिममसंहार्यंप्राकृतंनिरुपस्कृतम् ॥ अध्यात्मंसुकृतंप्राप्तःसुखमव्ययमश्नुते १६ निष्प्रचारंमनःकृत्वाप्रतिष्ठाप्यचसर्वशः ॥ यामयंलभतेतुष्टिंसानशक्याऽऽत्मनोऽन्यथा १७ येनतृप्यत्यभुंजानोयेनतृप्यत्यवित्तवान् ॥ येनास्नेहोबलंधत्तेयस्तंवेदसवेदवित् १८ संगुप्तान्यात्मनोद्वाराण्यपिधायविचिंतयन् ॥ योह्यास्तेब्राह्मणःशिष्टःसआत्मरतिरुच्यते १९

र्वोऽधिगतमात्मानमिहस्थंशरीरांतस्थंप्रेत्यजीवत्येवदेहेदेहाभिमानाद्व्युत्थाययोविदुर्जानीयुस्तेतंगुणंपूर्वोक्तंमुक्तलक्षणांविदुःप्राप्नुयुः १५ अकृत्रिममजन्यमतएवाऽसंहार्यं प्राकृतंस्वभावसिद्धं। निरुपस्कृतंगुणाधानमलापकर्षणात्मकसंस्काररहीनम्। अध्यात्ममात्मानिदेहेसुकृतंब्रह्मतस्मात्तत्सुकृतमुच्यतइतिश्रुतिप्रसिद्धंप्राप्तःसुखमव्ययमश्नुते। यद्वाअध्यात्मग्रंथंयःप्राप्तःसोऽपिध्यानादिक्रमेणाव्ययंसुखमश्नुते। ग्रंथेऽप्युपनिषद्रूपेनित्यत्वादकृत्रिमत्वमसंहार्यत्वंच । प्राकृतंवाक्यार्थमर्यादास्वरसतोऽर्थप्रत्यायकं। निरुपस्कृतंद्वैतिनामिवहठानाकृष्टार्थं। एतेनपरोक्षज्ञानस्यापिपुण्यवृद्धिहेतुतयाक्रममुक्त्यर्थत्वमुक्तं तथाचस्मृतिः । 'दिनेदिनेतुवेदांतश्रवणाद्भक्तिसंयुतात् ॥ गुरुशुश्रूषयालब्धात्कृच्छ्राशीतिफलंलभेत्'इति १६ नकेवलंशास्त्रीयज्ञानमात्रान्मुक्तिःकिंतुसाधनांतरापेक्षाऽप्यस्तीत्याह निष्प्रचारमिति। अन्यथामनोनिरोधाभावे नशक्याप्राप्तुमितिशेषः १७ येन ब्रह्मणा १८ संगुप्तानिप्रमादात्सम्यग्रक्षितानिद्वाराणींद्रियाण्यपिधायनिरुध्यविचिंतयन्ध्यायन् १९

अन्वेतीतवर्धते २० अविशेषाणीति । विशेषाविशेषलिंगमात्रालिंगानिगुणपर्वाणीतियोगोक्तेषुगुणावयवेषु । विशेषाःस्थूलपृथिव्यादयएकादशेंद्रियाणिच । अविशेषःपंचतन्मात्राणिबुद्धिश्च लिंगमात्रंमहत्तत्त्वं अलिंगं प्रधानं तत्रपूर्वपूर्वत्यागेनउत्तरमुत्तरंप्रतिपद्यमानोयोगीगुणानपित्यजाति । तत्राविशेषाणिभूतानीतिपंचतन्मात्राणिगुणाइतिमहदव्यक्तंचजहतोमुनेस्त्यजतामुनिना दुःखंसंसाराख्यमपोह्यते । सविशेषाणीतिपाठेभूतशब्देनपंचतन्मात्राण्येवस्वकार्यस्थूलभूतसहितानीत्यर्थः २१ अतिक्रांतंबाधितंगुणक्षयंगुणैश्वर्ययेनतं विषयैरश्लिष्टम् २२ मुक्तोविरक्तः समोरागद्वेषशून्यः पर्यवतिष्ठतेस्थिरोभवति शरीरस्थोजीवन्नेवसर्वार्थानतिक्रम्यवर्तते २३ परमंकारणं निर्गुणंब्रह्म कार्यतामव्यक्तताम् २४ ॥ इति शांतिपर्वणि मोक्षधर्मपर्वणि नीलकंठीये भारतभावदीपे एकपंचाशदधिकद्विशततमोऽध्यायः ॥ २५१ ॥ ॥ विस्तरेणोक्तमध्यात्मंसुखसंग्रहार्थंसंक्षिपति द्वंद्वानीत्यादिनाऽध्यायेन । द्वंद्वानिमानापमानादीनि अर्थधर्मौचाश्रिष्ठितोऽपिपुरुषोयदिमोक्षार्थीस्यात्तर्हिसइदंमहदध्यात्मंश्राव्यः १ भूतेषुजरायुजादिषु पंचसुपंचात्मकेषु एतेनभावाभावकालानामपिभौतिकत्वमुक्तं । ननुपंचभ्योभूतेभ्योऽधिकानिकालदिगात्ममनांसिचत्वारिद्रव्याणिगुणाश्चचतुर्विंशतिः कर्मसामान्यविशेषसमवायाश्चभावपदार्थाःसप्तमोऽभावपदार्थश्चेतिकाणादामन्यंतेतत्कथंसर्व

समाहितंपरेतत्त्वेक्षीणकाममवस्थितम् ॥ सर्वतःसुखमन्वेतिवपुश्चांद्रमसंयथा २० अविशेषाणिभूतानिगुणांश्चजहतोमुनेः ॥
सुखेनापोह्यतेदुःखंभास्करेणतमोयथा २१ तमतिक्रांतकर्माणमतिक्रांतगुणक्षयम् ॥ ब्राह्मणंविषयाश्लिष्टंजरामृत्यूनविंदतः २२
सयदासर्वतोमुक्तःसमःपर्यवतिष्ठते ॥ इंद्रियाणींद्रियार्थांश्चशरीरस्थोऽतिवर्तते २३ कारणंपरमंप्राप्यअतिक्रांतस्यकार्यताम् ॥
पुनरावर्तनंनास्तिसंप्राप्तस्यपरंपदम् २४ ॥ ॥ इति श्रीमहाभारते शांतिपर्वणि मोक्षधर्मपर्वणि शुकानुप्रश्ने एकपंचाशदधिकद्विशततमोऽध्यायः ॥ २५१ ॥ ॥ ॥ ॥ व्यासउवाच ॥ ॥ द्वंद्वानिमोक्षजिज्ञासुरर्थधर्मावनुष्ठितः ॥ वक्तागुणवताशिष्यःश्राव्यःपूर्वमिदंमहत् १ आकाशंमारुतोज्योतिरापःपृथ्वीचपंचमी ॥ भावाभावौचकालश्चसर्वभूतेषुपंचसु २

स्यपंचात्मकत्वंमतिज्ञायतइतिचेत् अत्रोच्यते । नतावत्कालोनायपदार्थांतरमतीतानागतत्वादिव्यवहारहेतुःकिंचिदस्ति नूतनत्वपुराणत्वादिवद्द्रव्यगताभिरेवातीतत्वाद्यवस्थाभिस्तादृग्व्यवहारोपपत्तेः । नापिदिक् आकाशेएवसूर्योपाधिकीप्राच्यादिकल्पनेत्युपगमात् । नापिमनस्तस्यइंद्रियत्वेनश्रोत्रादिवद्ग्राह्यसजातीयगुणाश्रयत्वस्यावश्यंवक्तव्यत्वेनपांचभौतिकत्वात् । पराभिमतमनसस्तुग्राह्यसजातीयगुणानाश्रयत्वेनदिक्कालवन्नेंद्रियत्वंयुज्यते । गुणाअपिआश्रयान्नातिरिच्यंतेइतिनपृथक्पदार्थः तथाद्रव्यस्यैवस्वास्थ्यमच्युतिःपरिस्पंदात्माऽवस्थाविशेषःकर्मेतिनतदपिपृथक्पदार्थः । तथासत्सदितिव्यवहारविषयत्वस्यस्वकल्पितस्यसामान्यादिषुसद्भावेऽप्यनवस्थादिदोषभयात्तेभ्योव्यावृत्तंद्रव्यगुणकर्मस्वेवानुगतंसामान्यमित्यप्यसत् । अधिष्ठानसत्त्वेनैवसत्सदितिव्यवहारस्योपपत्तौसत्यामननुगतस्यतस्यकल्पनायाअनौचित्यात् । नित्यद्रव्यवृत्तयोऽनंताविशेषाइत्युपगमस्त्वैकात्म्येनित्यद्रव्याणामेवाभावान्निरालंबनोमानांतरासिद्धश्च । समवायवद्रूपादिकमपिसमवायंविनैवद्रव्येस्थास्यतीतिसमवायकल्पनाऽप्यनर्थिका । यथाघटःपटान्योन्याभावः । एवंभूतलंघटसंसर्गाभावोऽपिभविष्यति तथाचोक्तं । 'भावांतरमभावोहिकयाचित्तुव्यपेक्षया' इति । प्रागभावप्रध्वंसाभावयोस्त्वसत्प्रतियोगिकत्वादेवासिद्धिः । सद्व्यामभावोनिरूप्यतइतिन्यायेनतन्निरूपकाभावात् तस्मादभौतिकःपदार्थएवनास्तीतियुक्तमुक्तंभावाभावकालानामपिपंचात्मकत्वम् २

अंतरात्मकंअवकाशात्मकंमूर्तिःशरीरंतस्यशास्त्रंस्वरूपप्रकाशकं विधानंवेदवाक्यंतद्विन्मूर्तिशास्त्रविधानवित् ३ चरणंगमनं मारुतात्मकंवायुधर्मत्वात्तदात्मकम् ४ पाकोऽन्नादेःप्रकाशोदीपादेः ज्योतिःऊष्मा ५ क्षुद्र
ताअंन्तःप्रविश्यपार्थिवावयवसंयोगश्लथीकरणेनसूक्ष्मता ६ । ७ । ८ उत्तरेषुभूतेषुपूर्वभूतगुणाःसंतितेनशब्दएवाकाशेशब्दस्पर्शौवायौशब्दस्पर्शरूपाणितेजसिशब्दस्पर्शरूपरसाःसलिलेतएवसगंधाःपृथिव्यामिति ।
तथासर्वसत्वेषुसर्वप्राणिषुउत्तरागुणाःअविद्याकामकर्माख्याः । तथाचोक्तं 'तमःप्रधानःक्षेत्राणांचित्प्रधानश्चिदात्मनां ॥ परःकारणतामेतिभावनाज्ञानकर्मभिः' इति ९ एतैर्भावनाज्ञानकर्मभिर्वाक्यशेषेदृष्टैः
सहनवमंमनः १० व्यवसायात्मिकानिश्चयात्मिका व्याकरणंसंशयः सःअनंतात्माकर्मानुमानात् सुखदुःखलिंगेनकर्मणामाश्रयत्वेनानुमेयोजीवः ११ एभिरिति । कालःकृतत्रेताद्वापरकलिरूपोजीवस्तदात्मकैः
पुण्यापुण्यादिसंस्कारात्मभिःएभिःभावैर्भावनाभिःसर्वप्राणिजातंसमन्वितंयःपश्यतिस्वरूपतस्त्वकलुषामितिजानातिसःसमोहंसकामंकर्मनानुवर्तते । ज्ञातात्मतत्त्वतयानिष्कामोभवतीत्यर्थः १२ ॥ इतिशांतिपर्वणि

अंतरात्मकमाकाशंतन्मयंश्रोत्रमिंद्रियम् ॥ तस्यशब्दंगुणंविद्यान्मूर्तिशास्त्रविधानवित् ३ चरणंमारुतात्मेतिप्राणापानौचतन्मयौ ॥ स्पर्शनंचेंद्रियंविद्यात्तथा
स्पर्शंचतन्मयम् ४ तापःपाकःप्रकाशश्चज्योतिश्चक्षुश्चपंचमम् ॥ तस्यरूपंगुणंविद्यात्ताम्रगौरासितात्मकम् ५ प्रक्लेदःक्षुद्रतास्नेहइत्यपामुपदिश्यते ॥ असृङ्
मज्जाचयच्चान्यत्स्निग्धंविद्यात्तदात्मकम् ६ रसनंचेंद्रियंजिह्वारसश्चापांगुणोमतः ॥ संघातःपार्थिवोधातुरस्थिदंतनखानिच ७ श्मश्रुरोमचकेशाश्चशिरास्नायुच
चर्मच ॥ इंद्रियंघ्राणसंज्ञातंनासिकेत्यभिसंज्ञिता ८ गंधश्चैवेंद्रियार्थोऽयंविज्ञेयःपृथिवीमयः ॥ उत्तरेषुगुणाःसंतिसर्वसत्वेषुचोत्तराः ९ पंचानांभूतसंघानांसंततिं
मुनयोविदुः ॥ मनोनवममेषांतुबुद्धिस्तुदशमीस्मृता १० एकादशस्त्वनंतात्मासर्वःपरउच्यते ॥ व्यवसायात्मिकाबुद्धिर्मनोव्याकरणात्मकम् ॥ कर्मानुमाना
द्विज्ञेयःसजीवःक्षेत्रसंज्ञकः ११ एभिःकालात्मकैर्भावैर्यःसर्वैःसर्वमन्वितम् ॥ पश्यत्यकलुषंकर्मसमोहंनानुवर्तते १२ ॥ इतिश्रीमहाभारतेशांति० मोक्ष० शुकानु
प्रश्नेद्विपंचाशदधिकद्विशततमोऽध्यायः ॥ २५२ ॥ ॥ व्यासउवाच ॥ शरीराद्विप्रमुक्तंहिसूक्ष्मभूतंशरीरिणम् ॥ कर्मभिःपरिपश्यंतिशास्त्रोक्तैःशास्त्रवेदिनः १
यथामरीच्यःसहिताश्चरंतिसर्वत्रतिष्ठंतिचदृश्यमानाः ॥ देहैर्विमुक्तानिचरंतिलोकांस्तथैवसत्वान्यतिमानुषाणि २ प्रतिरूपंयथैवाप्सुतापःसूर्यस्यलक्ष्यते ॥
सत्ववत्सुतथासत्वंप्रतिरूपंसपश्यति ३ तानिसूक्ष्माणिसत्वानिविमुक्तानिशरीरतः ॥ स्वेनसत्वेनसत्वज्ञाःपश्यंतिनियतेंद्रियाः ४

मोक्षधर्म० नी० भारतभावदीपे द्विपंचाशदधिकद्विशततमोऽध्यायः ॥ २५२ ॥ एवंपंचभूतानिअविद्याकामकर्माणिमनोबुद्धीचेतिदशकःक्षेत्रंततोऽन्यएकादशोऽनंतात्मासचलिंगात्मैवेतिभ्रमोमाभूदिततस्यापिद
शकांतर्गतत्वंसाधयतिशरीरादित्यादिना । स्थूलशरीराद्विप्रमुक्तमपिशरीरिणंसूक्ष्मशरीरवंतंअतएवसूक्ष्मभूतंदुर्लक्ष्यंशास्त्रोक्तैःकर्मभिर्योगानुष्ठानैःपश्यंतिशास्त्रज्ञायोगिनः लिंगात्मानंसमाधौसाक्षात्कुर्वन्तीत्यर्थः १

लिंगदेहसत्त्वेविद्वदनुभवंप्रमाणमुक्त्वायुक्तिमप्याह यथेति। यथागगनोदरेसूर्यमरीचिकानिबिडाःसंत्योऽपिस्थूलदृष्टयानगृह्यंते । गुरूक्तयुक्त्यातुदृश्यमानास्ताएवातिविस्पष्टंगृह्यंते । तथादेहैःस्थूलैर्विमुक्तानिराहितानि
सत्वानिस्थूलदृष्ट्यानदृश्यंतइत्यर्थः । लोकांश्चरंतीतिशत्रंतम् २ प्रतिरूपंप्रत्युपाधि सूर्यस्यतापोरश्मिमंडलमप्सुलक्ष्यते एवं सत्ववत्सुजीववद्देहेषुसत्वंसत्वप्रधानंलिंगंप्रतिरूपंप्रतिव्यक्तिसयोगीपश्यति ३
एतदेवाह तानीति ४

सर्वेषायोगयोगिनांयोगंयुंजतांसत्वात्मालिंगदेहोवशेतिष्ठतियथेष्टंपरशरीरप्रवेशादावपियोग्योभवति । आत्मनिर्चिंतितंकल्पितं कर्मजंरजःकामादिव्यसनंजहता । प्रधानस्यजगत्कारणस्याद्वैधमपृथग्भावस्तादात्म्यं योगैश्वर्यंततोऽपिमुक्तानांसर्वास्ववस्थासुसर्वकालेषुचयोगिनांलिंगदेहोवशेतिष्ठतीतिद्वयोःसंबंधः ५ । ६ तेषामिति । तेषांयोगिनांभूतात्माजीवःसततंसर्वदासूक्ष्मैःसप्तभिर्गुणैर्गुणकार्यैर्महदहंकारपंचतन्मात्राख्यैर्युतो नित्यंचरिष्णुरिंद्रादिलोकेषुसंचरणशीलः । सदाऽनित्यःकालत्रयेऽपिमिथ्यात्वादनित्योबाधितोव्यवहारतोऽजरामरश्चभवति ७ एवंयोगिनांसूक्ष्मदेहापरोक्ष्यमुक्तंमूढानामपितदस्तीत्याह मनइति । मनोबुद्धिभ्यां पराभूतोजितःस्वप्नेष्वपिस्वदेहंपरदेहंचस्थूलादन्यंवेत्तीतितथा ८ । ९ । १० एवंस्वप्नइवगर्भेशयनंप्राप्तोऽपितत्रत्यैर्जाठराग्न्यादिभिर्दुःखंनाप्नोतितद्दृष्टयातत्राग्न्यादेरभावादित्याह अहेति । अहेतिप्रसिद्ध्यर्थमव्ययं ऊष्माजाठरीयस्तदंतर्गतः ११ अस्यैवदुर्ज्ञेयत्वमाह तमिति । तमेतमात्मानं अतितेजाःपरमेश्वरस्तस्यांशमिवांशं मूर्तिषुदेहेषु १२ कथंतर्ह्यात्मप्राप्तिरतआह योगेति । अनुच्छ्वासान्यचेतनानिस्थूलशरीराणि अमूर्तानिसूक्ष्मशरीराणि वज्रोपमानिब्राह्मप्रलयेऽप्यविनाशीनिकारणशरीराणि अतिक्रामंतीतिशेषः केतमात्मानंयेपरीप्सवःप्राप्तुमिच्छवोभवंति योगेनदेहत्रयमुल्लंघयतामात्मप्राप्तिरित्यर्थः १३ आश्रमकर्मसुकर्मच्छि

स्वपतांजाग्रतांचैषसर्वेषामात्मचिंतितम् ॥ प्रधानाद्वैधमुक्तानांजहतांकमजरजः ५ यथाऽहनितथारात्रौयथारात्रौतथाऽहनि ॥ वशेतिष्ठतिसत्वात्मासततं योगयोगिनाम् ६ तेषांनित्यंसदानित्योभूतात्मासततंगुणैः ॥ सप्तभिस्त्वन्वितःसूक्ष्मैश्चरिष्णुरजरामरः ७ मनोबुद्धिपराभूतःस्वदेहपरदेहवित् ॥ स्वप्नेष्व पिभवत्येषविज्ञातासुखदुःखयोः ८ तत्रापिलभतेदुःखंतत्रापिलभतेसुखम् ॥ क्रोधलोभौतुतत्रापिकृत्वाव्यसनमर्च्छति ९ प्रीणितश्चापिभवतिमहतोऽर्थान वाप्यहि ॥ करोतिपुण्यंतत्रापिजीवन्निवचपश्यति १० अहोष्मांतर्गतश्चापिगर्भत्वंसमुपेयिवान् ॥ दशमासान्वसन्कुक्षौनैषोऽन्नमिवजीर्यते ११ तमेतमति तेजोंशंभूतात्मानंहृदिस्थितम् ॥ तमोरजोभ्यामाविष्टानानुपश्यंतिमूर्तिषु १२ योगशास्त्रपराभूत्वातमात्मानंपरीप्सवः ॥ अनुच्छ्वासान्यमूर्तानियानिवज्रो पमान्यपि १३ पृथग्भूतेषुसृष्टेषुचतुर्थाश्रमकर्मसु ॥ समाधौयोगमेवैतच्छांडिल्यःशममब्रवीत् १४ विदित्वासप्तसूक्ष्माणिषडंगंचमहेश्वरम् ॥ प्राधानविनियो गज्ञःपरंब्रह्मानुपश्यति १५ ॥ इति श्रीमहाभारते शांतिपर्वणि मोक्षधर्मपर्वणि शुकानुप्रश्ने त्रिपंचाशदधिकद्विशततमोऽध्यायः ॥ २५३ ॥

द्रेषु एतन्मदुक्तंबाक्यं योगंयोगप्रधानं शांडिल्योमुनिरब्रवीत् कीदृशंयोगंसमाधौशमंसमाधिकालीनंकारणभावात्परभूतंशमंसर्ववृत्त्युपशमात्मकं । तत्रसंन्यासिनांध्यानार्थएवसंन्यासइतरेषामाश्रमिणामपिकर्मच्छि द्रेषुध्यानंविहितमेवेत्यर्थः । सोऽयंशमश्छांदोग्येऽपिशांडिल्यब्राह्मणेसर्वंखल्विदंब्रह्मतज्जलानितिशांतउपासीतेत्यादिनाविहितः । तत्रब्रह्मणएवजायतेतत्रैवलीयतेतेनैवाऽनितिचेष्टतेचेतितज्जलानितिहेतोर्यतःसर्वं ब्रह्मतउत्पन्नमतोब्रह्मैव । अतऐकात्म्यदर्शित्वेनरागद्वेषादिशून्यतयाशांतोभूत्वाउपासीतेतिश्रुत्यर्थः १४ उपसंहरति विदित्वेति । सप्तसूक्ष्माणिइंद्रियार्थमनोबुद्धिमहत्तत्वाव्यक्तपुरुषान्शास्त्रतोविदित्वा षडंगं महेश्वरंजगत्कारणंयोगबलेनाविदित्वा षडंगानितु 'सर्वज्ञतातृप्तिरनादिबोधःस्वतंत्रतानित्यमलुप्तदृष्टिः । अनंतशक्तिश्चविभोर्विज्ञःषडाहुरंगानिमहेश्वरस्य' इतिवायुपुराणोक्तानि । प्रधानंत्रिगुणा त्मकमज्ञानंतस्यविनियोगोविपरिणामइदंजगदितिजानन् परंब्रह्मशाखाग्रस्थानीयादीश्वरादांतरंचंद्रस्थानीयं अनुगुरुवेदवाक्यमनु ध्यानेनपश्यतिसाक्षात्करोति १५ ॥ इति शांतिपर्वणि मोक्षधर्मपर्वणि नीलकंठीये भारतभावदीपे त्रिपंचाशदधिकद्विशततमोऽध्यायः ॥ २५३ ॥

एवमध्यायद्वयेनस्थूलसूक्ष्मशरीराभ्यामात्मानंविविच्यमूलाज्ञानादपितंविवेक्तुमारभते हृदीति । हृदयक्षेत्रे मोहोवैचित्यंतदेवसंचयोबीजंतस्मात्संभवोयस्य विधित्साकर्तुमिच्छा परिषिच्यतेऽस्मिन्निितिपरिषेचन मालवालम् १ आधारोमूलं परिषिच्यतेऽनेनेतिपरिषेचनंजलम् २ । ३ तत्फलंरत्यादितदिच्छवः आयसैर्लोहमयवद्दृढैःपाशैर्बंधकैःशरीरैर्वासनाभिर्वा ४ वासनाजित्वाकाममपकर्षतिनिकृंततिदुःखयोःसुखदुःखयोःवैषयिकसुखमपिदुःखमेवेतिमत्वादुःखयोरित्युक्तं त्यजमानस्त्यजंस्त्यक्तुमिच्छन् हेतौशानच् ५ येनक्रयादिनाहेतुनातंकामपादपंसंरोहतिवर्धयतिसएवक्रयादिस्तंवर्धकंहंति ६ मूलमज्ञानं साम्येननिर्विकल्पसमाधिना एतेनतार्किकाणामात्मत्वेनाभिमतादानंदमयाख्यादज्ञानादप्यन्यआत्मेतिकारणादपिविवेकोदर्शितः ७ बंधंबंधकत्वं वधमितिपाठेत्यागम् ८ अग्रिमाध्यायेविचार्याविवक्षंस्तान्निवर्त्यसंसारंपूर्वोक्ताज्ञानकृतंकुराज्यरूपकेणाह शरीरंपुरमित्यादिना । भोगायतनत्वाच्छरीरंपुरं भोगजसुखाभिमानित्वाद्बुद्धिःस्वामिनी तत्त्वबुद्धेर्निश्चयात्मिकायाबुद्धेःस्वामिन्याअर्थचिंतकममात्यस्थानीयंमनःविचारपरत्वात् ९

॥ व्यासउवाच ॥ हृदिकामद्रुमश्चित्रोमोहसंचयसंभवः ॥ क्रोधमानमहास्कंधोविधित्सापरिषेचनः १ तस्यचाज्ञानमाधारःप्रमादःपरिषेचनम् ॥ सोऽभ्यसूयापलाशोहिपुरादुष्कृतसारवान् २ संमोहचिंताविटपःशोकशाखोभयांकुरः ॥ मोहनीभिःपिपासाभिर्लताभिरनुवेष्टितः ३ उपासतेमहावृक्षंसुलुब्धास्तत्फलेप्सवः ॥ आयसैःसंयुताःपाशैःफलदंपरिवेष्टयतम् ४ यस्तान्पाशान्वशेकृत्वातंवृक्षमपकर्षति ॥ गतःसदुःखयोरंतंत्यजमानस्तयोर्द्वयोः ५ संरोहत्यकृतप्रज्ञःसदायेनहिपादपम् ॥ सतमेवततोहंतिविषग्रंथिरिवातुरम् ६ तस्यानुगतमूलस्यमूलमुद्ध्रियतेबलात् ॥ योगप्रसादात्कृतिनासाम्येनपरमासिना ७ एवंयोवेदकामस्यकेवलस्यनिवर्तनम् ॥ बंधंवैकामशास्त्रस्यसदुःखान्यतिवर्तते ८ शरीरंपुरमित्याहुःस्वामिनीबुद्धिरिष्यते ॥ तत्वबुद्धेःशरीरस्थंमनोनामर्थचिंतकम् ९ इंद्रियाणिमनःपौरास्तदर्थंतुपराकृतिः ॥ तत्रद्वौदारुणौदोषौतमोनामरजस्तथा ॥ तदर्थमुपजीवंतिपौराःसहपुरेश्वरैः १० अद्वारेणतमेवार्थंद्वौदोषावुपजीवतः ॥ तत्रबुद्धिर्हिदुर्धर्षामनःसामान्यमश्नुते ११ पौराश्चापिमनस्त्रस्तास्तेषामपिचलास्थितिः ॥ तदर्थंबुद्धिरध्यास्तेसोऽनर्थःपरिषीदति १२

बुद्धेर्भोगार्थविषयधनमर्पयंतींद्रियाणिपौराः तेचमनसाऽमात्येनप्रवर्त्याइतिमनःपौराइत्युच्यंते । तदर्थंतेषामिंद्रियपौराणांपालनार्थमनसःपराकृतिर्महतीक्रियाप्रवृत्तिर्यज्ञदानक्षेत्रारामादिर्दृष्टादृष्टार्थसाधिका । तत्रकृतौद्वौदोषौरजस्तमसीराजसतामसाहंकारौदारुणौक्रियाफलमन्यथयंतौचित्तामात्यस्यकालुष्यंकुर्वंतौ । तमेवार्थंक्रियाफलंसुखदुःखंमनसाऽमात्येनसदोषेणनिर्मितंपौराउपजीवंतिश्रयंति पुरेश्वरैर्मनोबुद्ध्यहंकारैःसह १० एवंसत्यद्वारेणाऽविहितेननिषिद्धेनचमार्गेणपारदार्यादिनाराजसतामसाहंकारौकर्तारौतंसुखादिरूपमप्यर्थमुपजीवतःतत्रएवंसतिदुर्धर्षाऽपिबुद्धिःशुद्धसत्वमयत्वेनरजस्तमसोरवशत्वात्साऽपिदोषकलुषितेनमनसासहसमानत्वंभजतेमनसःप्रधानत्वात् । एवंबुद्धिरपिसदोषत्वेन । 'ययाधर्ममधर्मंचकार्यंचाकार्यमेवच । अयथावत्प्रजानातिबुद्धिःसापार्थराजसी । अधर्मंधर्ममितियामन्यतेतमसाऽऽवृता । सर्वार्थान्विपरीतांश्चबुद्धिःसापार्थतामसी' इतिभगवदुक्तरूपवतीभवति ११ ततोऽपिकिंस्यादित्यतआह पौराइति । दुष्टेमनसींद्रियाण्यपिदुष्टानिभूत्वानकचित्स्थैर्यंलभंतेएवंबुद्धिरपिदुष्टासतीयदर्थयमर्थंधनपुत्रादिकंहितमित्यध्यवस्यतिसएवानर्थोदुःखदायीभूत्वापरिषीदतिनश्यति १२

नष्टोऽप्यर्थोदुःखदइत्याह यदिति । यद्बुद्धिसहितंमनः अर्थनाशादूर्ध्वमध्यास्तेस्मरतितन्मनोऽपिपरिषीदति । मनस्तापेनबुद्धिरपितप्यतइत्याह पृथगिति । संकल्परूपेणमनोयदाबुद्धेःसकाशात्पृथक्भवतितदात त्केवलंमनइत्युच्यते । वस्तुतस्तुतदेवबुद्धिरतस्तत्तापेनबुद्धिरपितप्यतइत्यर्थः १३ बुद्धिमनसोरनात्मनोस्तापेआत्मनःकिंनष्टमतआहसार्धेन तत्रेति । एनमात्मानंतत्रबुद्धौविधृतंप्रतिबिंबरूपेणस्थापितंरजोबुद्धि गतोरजोगुणोदुःखैकफलदःपर्यवतिष्ठतेव्याप्नोति । तथाचबुद्धिधर्माःपरिच्छेदपरितापादयस्तदुपहितेआत्मनिभांतीत्यर्थः । 'बुद्धेर्गुणेनात्मगुणेनचैवह्याराग्रमात्रोह्यवरोऽपिदृष्टः । सहिस्त्रग्रोभूत्वाध्यायतीवले लायतीव' इत्यादिश्रुतिभ्यस्तैर्बुद्धिगुणैरात्माऽपितप्यतएवेति । फलितमाह तदिति । तत्तस्माद्धेतोःमनोरजसासहसख्यंकुरुतेप्रवृत्त्युन्मुखंसंभवतीत्यर्थः । ततःकिमतआह संगतंमनउपाधिकंतमात्मानंपौरंजन मिंद्रियाणिचादायस्ववशेकृत्वा मनःकर्तृ रजसेरजःफलायदुःखायप्रयच्छति । यथादुष्टोऽमात्योराजानंपौरंजनंचस्वाधीनंकृत्वाशत्रवेऽर्पयातितद्वद्राजसेनमनसा आत्मात्बुद्धिरिंद्रियाणिचद्रानीत्यर्थः १४ ॥ इति शांतिपर्वणि मोक्षधर्मपर्वणि नीलकंठीये भारतभावदीपे चतुःपंचाशदधिकद्विशततमोऽध्यायः ॥ २५४ ॥ ॥ एवंप्रसक्तस्यबंधस्यमोक्षार्थंव्यासेनोक्तमुपायंवक्तुंप्रतिजानीतेभीष्मः भूतानामिति । चिदात्मो

यदर्थंपृथगध्यास्तेमनस्तत्परिषीदति ॥ पृथग्भूतंमनोबुद्ध्यामनोभवतिकेवलम् १३ तत्रैनंविधृतंशून्यंरजःपर्यवतिष्ठते ॥ तन्मनःकुरुतेसख्यंरजसासहसं गतम् ॥ तंचादायजनंपौरंरजसेसंप्रयच्छति १४ ॥ इति श्रीमहाभारते मोक्षधर्मपर्वणि शांतिपर्वणि शुकानुप्रश्ने चतुःपंचाशदधिकद्विशतत मोऽध्यायः ॥ २५४ ॥ ॥ भीष्मउवाच ॥ भूतानांपरिसंख्यानंभूयःपुत्रनिशामय ॥ द्वैपायनमुखाद्भ्रष्टंश्लाघयापरयाऽनघ १ दीप्तानलनिभःप्राहभगवान्धू मवर्चसे ॥ ततोऽहमपिवक्ष्यामिभूयःपुत्रनिदर्शनम् २ भूमेःस्थैर्यंगुरुत्वंचकाठिन्यंप्रसवार्थता ॥ गंधोगुरुत्वंशक्तिश्चसंघातःस्थापनाधृतिः ३ अपांशैत्यंरसः क्लेदोद्रवत्वंस्नेहसौम्यता ॥ जिह्वाविस्यंदनंचापिभौमानांश्रपणंतथा ४ अग्नेर्दुर्धर्षताज्योतिस्तापःपाकःप्रकाशनम् ॥ शोकोरागोलघुस्तैक्ष्ण्यंसततंचोर्ध्वभासिता ५ वायोरनियमस्पर्शोवादस्थानंस्वतंत्रता ॥ बलंशैघ्र्यंचमोक्षंचकर्मचेष्टात्मताभवः ६

पाधिभूतानांखादीनांपरिसंख्यानंनिवारणंभूयइतिप्रागुक्तमेवाध्यात्मंपुनःश्लाघयाधन्योऽहमीदृशमध्यात्मंज्ञातवानितिबुद्ध्यानिशामयशृणु १ दीप्तेति । अज्ञानेनानावृतोवह्निनिभः आवृतोधूमतुल्यः निदर्शनंनि श्चितंशास्त्रमज्ञानापनोदकम् २ 'एतद्वैतदक्षरंगार्गिब्राह्मणाअभिवदंत्यस्थूलमनण्वह्रस्वमदीर्घं' इत्यादिश्रुत्याब्रह्मणिनिषिद्धानांचतुर्विधपरिमाणादिगुणानामाश्रयोभूतान्येवेत्यात्मनोनिर्गुणत्वसिद्ध्यर्थंभूम्यादि गुणान्विभजते भूमेरिति । स्थैर्यमचांचल्यम् । गुरुत्वंपतनप्रतियोगीगुणः । प्रसवोधान्याद्युत्पत्तिस्तदर्थता । गुरुत्वंप्रथमानतापिंडपुष्टिः । शक्तिर्गंधग्रहणसामर्थ्यं । संघातःश्लिष्टावयवत्वम् । स्थापना मनुष्याद्याश्रयत्वं धृतिःपांचभौतिकेमनसियोधृत्यंशःसपार्थिवःस्थैर्यशब्देनैवोपात्तइतिधृतिशब्देनात्रभूतांतरप्रवेशस्थानत्वमुच्यते ३ जिह्वारसनेंद्रियं । विस्यंदनंप्रस्रवणम् चाद्धिमकरकादिरूपेणसंघा तश्च । भौमानांतंडुलादीनांश्रपणंपाचनम् ४ ज्योतिर्ज्वलनकर्म लघुःशीघ्रगामित्वम् ५ अनियमस्पर्शोऽनुष्णाशीतस्पर्शः । वादस्थानंवागिंद्रियगोलकानि । स्वतंत्रतागमनादौ मोक्षोमूत्रादेः कर्मउत्क्षेपणादि चेष्टाश्वासप्रश्वासादिः । आत्मताप्राणरूपेणचिदुपाधित्वम् । भवोजन्ममरणे ६

अनाश्रयमाश्रयत्वाभावः । अनालंबनमाश्रयांतरशून्यत्वम् । अव्यक्तंरूपस्पर्शशून्यत्वात् । अविकारिताद्रव्यांतरानारंभकत्वम् ७ भूतत्वंश्रोत्रेंद्रियोपादानत्वात् । विकृतानिदेहांतर्गतच्छिद्राणि । अत्रभूतत्वविकृतत्वादयोभूतांतरेऽपिसंभवंतीतिअधिकगुणत्वंतत्रास्तितथापिगुणाःपंचाशदेव पंचाशत्वमित्यार्षं । पंचभूतात्मभाविताःपंचानांभूतानामात्माप्रातिस्विकंस्वरूपंतत्रलक्षिताः ८ धैर्योपपत्तिरूहापोहकौशलं व्यक्तिःस्मरणम् । विसर्गोविपरीतःसर्गोभ्रांतिः । कल्पनामनोरथवृत्तिः । क्षमाप्रसिद्धा । सत्वैराग्यादि । असत्रागद्वेषादि । आशुताअस्थिरत्वम् ९ इष्टानिष्टानांवृत्तिविशेषाणांविपत्तिर्नाशोनिद्रारूपावृत्तिरित्यर्थः । व्यवसायउत्साहः । समाधिताचित्तस्थैर्यंनिरोधइत्यर्थः । संशयःकोटिद्वयस्पृग्ज्ञानं । प्रतिपत्तिःप्रत्यक्षादिप्रमाणवृत्तिः १० अत्रबुद्धिमनसीएकीकृत्यशंकते कथमिति । ननुभूम्यादीनांजडानां स्थैर्यादयोजडाएवगुणाइतियुक्तम् । इंद्रियमनसांतुपश्याम्यहंदुःख्यहंजानाम्यहमित्यात्माभेदेनप्रतीयमानानांकथमनात्मत्वं । अनात्मत्वेवाकथंतद्गुणानांधैर्योपपत्त्यादीनांप्रतिपत्त्यंतानांज्ञानरूपत्वम् । नहिजडानामजडागुणाःसंभवंतीत्यैंद्रियागुणारूपादिप्रकाशाइतिबुद्धिगुणानामेवावयुत्याऽनुवादः ११ अत्रोत्तरंयदेतद्धृदयंमनश्चेत्यादिप्रज्ञानंब्रह्मेत्यंतांश्रुतिमनुसरन्नाह आहुरिति । ननुपंचाशद्भूतगुणाःपंचबुद्धिगुणाइति

आकाशस्यगुणःशब्दोव्यापित्वंछिद्रताऽपिच ॥ अनाश्रयमनालंबमव्यक्तमविकारिता ७ अप्रतीघातिताचैवभूतत्वंविकृतानिच ॥ गुणाःपंचाशतंप्रोक्ताःपंचभूतात्मभाविताः ८ धैर्योपपत्तिर्व्यक्तिश्चविसर्गःकल्पनाक्षमा ॥ सदसच्चाशुताचैवमनसोनववैगुणाः ९ इष्टानिष्टविपत्तिश्चव्यवसायःसमाधिता ॥ संशयःप्रतिपत्तिश्चबुद्धेःपंचगुणान्विदुः १० ॥ युधिष्ठिरउवाच ॥ कथंपंचगुणाबुद्धिःकथंपंचेंद्रियागुणाः ॥ एतन्मेसर्वमाचक्ष्वसूक्ष्मज्ञानंपितामह ११ ॥ भीष्मउवाच ॥ आहुःषष्टिंबुद्धिगुणान्वैभूतविशिष्टानित्यविषक्ताः ॥ भूतविभूतीश्चाक्षरसृष्टाःपुत्रननित्यंतदिहवदंति १२ तत्पुत्रचिंताकलिलंतदुक्तमनागतंवैतवसंप्रतीह ॥ भूतार्थतत्त्वंतदवाप्यसर्वंभूतप्रभावाद्भवशांतबुद्धिः १३ ॥ इति श्रीमहाभारते शा० मो० शुकानुप्रश्ने पंचपंचाशदधिकद्विशततमोऽध्यायः ॥ २५५ ॥ ॥

पंचपंचाशद्वा । चतुर्दशानुपदोक्ताबुद्धिगुणाइतिपक्षेचतुःषष्टिर्वाबुद्धिगुणाःस्युरित्याशंक्याह भूतविशिष्टाःपंचभूतान्यपिबुद्धेरेवगुणाःपूर्वेचपंचपंचाशदितिषष्टिंबुद्धिगुणानाहुः । तेचनित्येनचैतन्येनाविषक्तामिश्रिताःजडानामपिवृत्तीनांचिदनुबंधनेनैवज्ञानरूपत्वव्यवहारइतिनकश्चिद्दोषइतिभावः । वृत्तिभिश्चैतन्यस्यसंबंधोजतुकाष्ठवन्माभूदित्याशयेनाह भूतेति । भूतानिपंचतद्विभूतयश्चमनोबुद्धिभ्यांसहउक्ताःषट्षष्टिरित्येकसप्ततिपदार्थानक्षरेणब्रह्मणाप्रशासित्रासृष्टान्वदंतिवेदाःसर्वंखल्विदंब्रह्मतज्जलानितीत्यादयः । नन्वक्षरस्यसर्वस्रष्टृत्वेपरिणामित्वंस्यादित्याशंक्याह पुत्रननित्यंतदिहवदंतीति । तत्स्रष्टृत्वमक्षरस्याक्षरत्वादपरिणामित्वादेवनित्यंम । यथाक्षीरस्यनित्यंदधिस्रष्टृत्वंतद्वन्नकिंतर्हिशुक्तिकायांरजतंप्रतिकादाचित्कंदृष्टिसमसमयंचितोविश्वस्रष्टृत्वमित्यर्थः । एवंचितोऽपरिणामित्वात्तज्जंजगद्रज्जूरगवन्मृषैवेतिब्रह्माद्वैतंसिद्ध्यतीतिभावः तथाचश्रुतिः । 'अजायमानोबहुधाविजायते' इति । जन्मादिभावविकारमलभमानएवबहुरूपोभवतीतिश्रुत्यर्थः १२ इदमेवमदुक्तंवेदसंमतमित्याह तदिति । तत्तस्मिन्पूर्वश्लोकोक्तेजगदुत्पत्त्यादिविषयेयत्तवतुभ्यमनागतमनागमंवेदविरुद्धमुक्तमन्यैर्वादिभिस्तच्चिन्ताकलिलंविचारतोदुष्टंयौक्तिकैरुक्तमपियुक्तिविरुद्धमेवश्रौतमेवमतंयुक्तिमत्तरमित्यर्थः । त्वंसंप्रतिइहलोकेतन्मदुक्तंभूतार्थस्यनित्यसिद्धस्यब्रह्मणस्तत्त्वंयाथात्म्यंसर्वंकृत्स्नमवाप्यभूतप्रभावाद्ब्राह्मैश्वर्यात् ल्यब्लोपेपंचमी तत्प्राप्यशांतानिर्वृत्तिकाबुद्धिर्यस्यतथाभव १३॥ इति श्रीमहाभारते शांतिपर्वणि मोक्षधर्मपर्वणिनीलकंठीये भारतभावदीपे पंचपंचाशदधिकद्विशततमोऽध्यायः॥२५५॥

ननुशांतबुद्धितैवश्रेयश्चेन्मृत्युरत्यंतविस्मृतिंरितिस्मृतेःसामरणेस्त्वयमेवभवतींकिंसाधनायासेनेत्याशंक्यग्रामाद्ग्रामांतरप्राप्तिवन्मृत्युजन्मनीनतुस्वरूपनाशोदयौ कृतहानाकृताभ्यागमादिदोषप्रसक्तेः । स्मृतिस्तुस्थूल देहमात्रविस्मरणपरेतिनिर्णयार्थंमृत्युप्रजापतिसंवादमारभते यइमेपृथिवीपालाइत्यादिना १ । २ । ३ वर्त्ततिवर्त्तते ४ । ५ कस्येति । स्थूलस्यसूक्ष्मस्यवादहेस्याऽऽत्मनएववेति कुतःपुरुषात्केननिमित्तेन ६ आख्यायिकामुखेनकुतइत्यस्योत्तरंतावदाह पुरेत्यादिना ७ । ८ । ९ । १० । ११ । १२ । १३ । १४ । १५ खेभ्यइंद्रियच्छिद्रेभ्यः १६ खंखस्थंग्रहनक्षत्रादि १७ ध्रुवाणिध्रुवाद्यौर्ध्रुवापृथिवीत्यादिश्रुते

युधिष्ठिरउवाच ॥ यइमेपृथिवीपालाःशेरतेपृथिवीतले ॥ पृतनामध्यएतेहिगतसंज्ञामहाबलाः १ एकैकशोभीमबलानागायुतबलास्तथा ॥ एतेहिनिहताःसंख्ये ॥२५७॥ तुल्यतेजोबलैर्नरैः २ नैषांपश्यामिहंतारंप्राणिनांसंयुगेपरम् ॥ विक्रमेणोपसंपन्नास्तेजोबलसमन्विताः ३ अथचेममहाप्राज्ञाःशेरतेहिगतासवः ॥ मृताइतिचशब्दो ऽयंवर्तत्येषुगतासुषु ४ इमेमृतानृपतयःप्रायशोभीमविक्रमाः ॥ तत्रमेसंशयोजातःकुतःसंज्ञामृताइति ५ कस्यमृत्युःकुतोमृत्युःकेनमृत्युरिहप्रजाः ॥ हरत्यमरसं काशतन्मेब्रूहिपितामह ६ ॥ भीष्मउवाच ॥ पुराकृतयुगेतातराजाह्यासीदकंपनः ॥ सशत्रुवशमापन्नःसंग्रामेक्षीणवाहनः ७ तस्यपुत्रोहरिर्नामनारायणसमोबले ॥ सशत्रुभिर्हतःसंख्येसबलःसपदानुगः ८ सराजाशत्रुवशगःपुत्रशोकसमन्वितः ॥ यदृच्छयाशांतिपरोददर्शभुविनारदम् ९ तस्मैससर्वमाचष्टयथावृत्तंजनेश्वरः ॥ शत्रुभिर्ग्रहणंसंख्येपुत्रस्यमरणंतथा १० तस्यतद्वचनंश्रुत्वानारदोऽथतपोधनः ॥ आख्यानमिदमाचष्टपुत्रशोकापहंतदा ११ ॥ नारदउवाच ॥ राजन्शृणुसमा ख्यानमद्येदंबहुविस्तरम् ॥ यथावृत्तंश्रुतंचैवमयेदंवसुधाधिप १२ प्रजाःसृष्ट्वामहातेजाःप्रजासर्गेपितामहः ॥ अतीववृद्धाबहुलानामृष्यतपुनःप्रजाः १३ नह्यंत रमभूत्किंचित्क्वचिज्जंतुभिरच्युत ॥ निरुच्छ्वासमिवोन्नद्धंत्रैलोक्यमभवन्नृप १४ तस्यचिंतासमुत्पन्नासंहारंप्रतिभूपते ॥ चिंतयन्नाध्यगच्छच्चसंहारेहेतुकारणम् ॥ १५ तस्यरोषान्महाराजखेभ्योऽग्निरुदतिष्ठत ॥ तेनसर्वादिशोराजन्ददाहसपितामहः १६ ततोदिवंभुवंखंचजगच्चसचराचरम् ॥ ददाहपावकोराजन्भगवत्को पसंभवः १७ तत्रादह्यंतभूतानिजंगमानिध्रुवाणिच ॥ महताक्रोधवेगेनकुपितेप्रपितामहे १८ ततोऽध्वरजटःस्थाणुर्वेदाध्वरपतिःशिवः ॥ जगामशरणंदेवोब्रह्मा णंपरवीरहा १९ तस्मिन्नभिगतेस्थाणौप्रजानांहितकाम्यया ॥ अब्रवीत्परमोदेवोज्वलन्निवतदाशिवम् २० करवाण्यद्यकंकामंवरार्होऽसिमतोमम ॥ कर्त्ताह्यस्मि प्रियंशंभोतवयद्धृदिवर्तते २१ ॥ इति श्रीमहाभारते शांति० मोक्ष० मृत्युप्रजापतिसंवादोपक्रमे षट्पंचाशदधिकद्विशततमोऽध्यायः ॥ २५६ ॥ ॥ ॥

॥ स्थाणुरुवाच ॥ प्रजासर्गनिमित्तंमेकार्यवत्तामिमांप्रभो ॥ विद्धिसृष्टास्त्वयाहीमामाकुप्याऽसांपितामह १

द्युपृथिव्यादीनि १८ अध्वरः ध्वृहिंसायां अहिंसैवजटाइवशिरसिधार्यत्वेनमान्यायस्यसोऽध्वरजटोदयालुः । हरिजटइतिपाठेऽपिहरिशब्देनतद्गुणःपालकत्वमालक्ष्यपूर्ववदेवार्थः १९ । २० । २१ ॥ इति शांतिपर्वणि नीलकंठीये भारतभावदीपे षट्पंचाशदधिकद्विशततमोऽध्यायः ॥ २५६ ॥ ॥ प्रजेति ।कार्यवत्तामर्थित्वं माकुप्यकोपंमाकुरु आसांआसु १

२ नभवेयुर्नश्येयुः ३ । ४ । ५ । ६ उल्पमपित्वणविशेषः ७ । ८ । ९ । १० अधिदैवेअहंकाराधिष्ठातृत्वे ११ आवृत्तिजाःप्रजायाचामियाचे आवृत्त्याजाताः मृत्वामृत्वापुनर्जायंतामित्यर्थः १२ सन्नि
जग्राहसंहृतवान् १३ प्रवृत्तिंजन्म निवृत्तिंमरणं अनेनात्यंतंप्रजानामुच्छेदोनाप्यत्यंतंभूमेर्भारइतिदर्शितं १४ विश्वेभ्यःसर्वेभ्यः १५ । १६ उभौब्रह्मरुद्रौ १७ । १८ । १९ । २० । २१

तववतेजोग्निनादेवप्रजादह्यंतिसर्वशः ॥ तादृङ्नाममकारुण्यंमाकुप्याऽसांजगत्प्रभो २ ॥ प्रजापतिरुवाच ॥ नकुप्येनचमेकामोनभवेयुःप्रजाइति ॥ लाघवार्थंध
रण्यास्तुततःसंहारइष्यते ३ इयंहिमांसदादेवीभारार्तासमचोदयत् ॥ संहारार्थंमहादेवभारेणाप्सुनिमज्जति ४ यदाऽहंनाधिगच्छामिबुद्ध्याबहुविचारयन् ॥
संहारमासांवृद्धानांततोमांक्रोधआविशत् ५ ॥ स्थाणुरुवाच ॥ संहारार्थंप्रसीदस्वमाक्रुधोविबुधेश्वर ॥ माप्रजाःस्थावरंचैवजंगमंचव्यनीनशत् ६ पल्वलानिच
सर्वाणिसर्वंचैवतृणोलपम् ॥ स्थावरंजंगमंचैवभूतग्रामंचतुर्विधम् ७ तदेतद्भस्मसाद्भूतंजगत्सर्वमुपप्लुतम् ॥ प्रसीदभगवन्साधोवरएषवृतोमया ८ नष्टानपुनरेष्यं
तिप्रजाह्येताःकथंचन ॥ तस्मान्निवर्ततामेतत्तेनस्वेनैवतेजसा ९ उपायमन्यंसंपश्यभूतानांहितकाम्यया ॥ यथाऽमीजंतवःसर्वेनदह्येरन्पितामह १० अभावंहि
नगच्छेयुरुच्छिन्नप्रजनाःप्रजाः ॥ अधिदैवेनियुक्तोऽस्मित्वयालोकेश्वरेश्वर ११ त्वद्भवंहिजगन्नाथएतत्स्थावरजंगमम् ॥ प्रसाद्यत्वांमहादेवयाचाम्यावृत्तिजाःप्रजाः
१२ ॥ नारदउवाच ॥ श्रुत्वातुवचनंदेवःस्थाणोर्नियतवाङ्मनाः ॥ तेजस्तत्सन्निजग्राहपुनरेवांतरात्मनि १३ ततोऽग्निमुपसंगृह्यभगवाँल्लोकपूजितः ॥ प्रवृत्तिंचनि
वृत्तिंचकल्पयामासवैप्रभुः १४ उपसंहरतस्तस्यतमग्निंरोषजंतदा ॥ प्रादुर्बभूवविश्वेभ्यःखेभ्योनारीमहात्मनः १५ कृष्णरक्तांबरधराकृष्णनेत्रतलांतरा ॥ दि
व्यकुंडलसंपन्नादिव्याभरणभूषिता १६ सार्विनिःसृत्यवैखेभ्योदक्षिणामाश्रितादिशम् ॥ ददृशातेचतांकन्यांदेवौविश्वेश्वरावुभौ १७ तामाहूयतदादेवोलोकाना
मादिरीश्वरः ॥ मृत्योइतिमहीपालजहिचेमाःप्रजाइति १८ त्वंहिसंहारबुद्ध्यामेचिंतितारुषितेनच ॥ तस्मात्संहरसर्वास्त्वंप्रजाःसजडपंडिताः १९ अविशेषेण
चैवत्वंप्रजाःसंहरकामिनि ॥ ममत्वंहिनियोगेनश्रेयःपरमवाप्स्यसि २० एवमुक्तातुसादेवीमृत्युःकमलमालिनी ॥ प्रदध्यौदुःखिताबालासाश्रुपातमतीवच २१
पाणिभ्यांचैवजग्राहतान्यश्रूणिजनेश्वरः ॥ मानवानांहितार्थाययथाचेपुनरेवह २२ ॥ ॥ इति श्रीमहाभारते शांतिपर्वणि मोक्षधर्मपर्वणि मृत्युप्रजापतिसंवादे
सप्तपंचाशदधिकद्विशततमोऽध्यायः ॥ २५७ ॥ ॥ नारदउवाच ॥ विनीयदुःखमबलासाऽऽत्मनैवायतेक्षणा ॥ उवाचप्रांजलिर्भूत्वातमेवावर्जितातदा १
त्वयासृष्टाकथंनारीमादृशीवदतांवर ॥ रौद्रकर्माभिजायेतसर्वप्राणिभयंकरी २ बिभेम्यहमधर्मस्यधर्म्यमादिशकर्ममे ॥ त्वंमांभीतामवेक्षस्वशिवेनेक्षस्वचक्षुषा ३

पाणिभ्यामश्रूणिजग्राह मृत्योरश्रुपातेयुगपत्सर्वभूतक्षयोमाभूदितिभावः २२ ॥ इति शांतिपर्वणि मोक्षधर्मपर्वणि नीलकंठीये भारतभावदीपे सप्तपंचाशदधिकद्विशततमोऽध्यायः ॥ २५७ ॥ ॥
विनीयममार्ज्य आवर्जिताऋजुभूता १ । २ । ३

४ प्रियान्पुत्रानित्यस्यनहरेयमितिपूर्वेणान्वयः तत्रहेतुः येषांसंबंधिनोमृतास्तेयद्यपध्यास्यंतिशप्स्यंतेतर्हितेषांतेभ्योबिभेम्यहं ५ बलवदत्यंतम् ६ । ७ । ८ । ९ । १० । ११ । १२ । १३ । १४ अप्रतिश्रुत्याऽनंगीकृत्य धेनुकंगोतीर्थमायांतर्वर्ति १५ । १६ । १७ । १८ । १९ । २० कौशिकींगंडकींनदीम् २१ । २२ । दार्विवस्थाणुरिव २३ । २४ । २५ । २६ निगृह्यहठंकृत्वा २७ । २८ । २९ अप

॥ १३२ ॥ बालान्वृद्धान्वयस्थांश्चनहरेयमनागसः ॥ प्राणिनःप्राणिनामीशनमस्तेऽस्तुप्रसीदमे ४ प्रियान्पुत्रान्वयस्यांश्चभ्रातॄन्मातॄःपितॄनपि ॥ अपध्यास्यंतियद्येवंमृतास्तेषांबिभेम्यहम् ५ कृपणाश्रुपरिक्लेदोदहेन्मांशाश्वतीःसमाः ॥ तेभ्योऽहंबलवद्भीताशरणंत्वामुपागता ६ यमस्यभवनेदेवपात्यंतेपापकर्मिणः ॥ प्रसादयेत्वांवरदप्रसादंकुरुमेप्रभो ७ एतदिच्छाम्यहंकामंत्वत्तोलोकपितामह ॥ इच्छेयंत्वत्प्रसादार्थंतपस्तप्तुंमहेश्वर ८ ॥ पितामहउवाच ॥ मृत्योसंकल्पितामेत्वंप्रजासंहारहेतुना ॥ गच्छसंहरसर्वास्त्वंप्रजामाचविचारय ९ एतदेवमवश्यंहिभवितानैतदन्यथा ॥ क्रियतामनवद्यांगियथोक्तंमद्वचोऽनघे १० एवमुक्तामहाबाहोमृत्युःपरपुरंजय ॥ नव्याजहारतस्थौचप्रह्वाभगवदुन्मुखी ११ पुनःपुनरथोक्तासागतसत्त्वेवभामिनी ॥ तूष्णीमासीत्ततोदेवोदेवानामीश्वरेश्वरः १२ प्रससादकिलब्रह्मास्वयमेवात्मनाऽऽत्मनि ॥ स्मयमानश्चलोकेशोलोकान्सर्वानवैक्षत १३ निवृत्तरोषेतस्मिंस्तुभगवत्यपराजिते ॥ साकन्याऽथजगामास्यसमीपादितिनःश्रुतम् १४ अपसृत्याप्रतिश्रुत्यप्रजासंहरणंतदा ॥ त्वरमाणेवराजेंद्रमृत्युर्धेनुकमभ्यगात् १५ सातत्रपरमंदेवीतपोचरतदुश्चरम् ॥ समाह्येकपदेतस्थौदशपद्मानिपंचच १६ तांतथाकुर्वतींतत्रतपःपरमदुश्चरम् ॥ पुनरेवमहातेजाब्रह्मावचनमब्रवीत् १७ कुरुष्वमेवचोमृत्योतदनादृत्यसत्वरा ॥ तथैवैकपदेतातपुनरन्यानिसप्तसा १८ तस्थौपद्मानिषट्चैवपंचद्वेचैवमानद ॥ भूयःपद्मायुतंतातमृगैःसहचचारसा १९ द्वेचायुतेनरश्रेष्ठवाय्वाहारामहामते ॥ पुनरेवततोराजन्मौनमातिष्ठदुत्तमम् २० अप्सुवर्षसहस्राणिसप्तचैकंचपार्थिव ॥ ततोजगामसाकन्याकौशिकींनृपसत्तम २१ तत्रवायुजलाहाराचचारनियमंपुनः ॥ ततोययौमहाभागागंगांमेरुंचकेवलम् २२ तस्थौदार्विवनिश्चेष्टाप्रजानांहितकाम्यया ॥ ततोहिमवतोमूर्ध्नियत्रदेवाःसमीजिरे २३ तत्रांगुष्ठेनराजेंद्रनिखर्वमपरंततः ॥ तस्थौपितामहंचैवतोषयामासयत्नतः २४ ततस्तामब्रवीत्तत्रलोकानांप्रभवाप्ययः ॥ किमिदंवर्ततेपुत्रिक्रियतांममतद्वचः २५ ततोऽब्रवीत्पुनर्मृत्युर्भगवंतंपितामहम् ॥ नहरेयंप्रजादेवपुनश्चाहंप्रसादये २६ तामधर्मभयाद्भीतांपुनरेवप्रयाचतीम् ॥ तदाऽब्रवीद्देवदेवोनिगृह्येदंवचस्ततः २७ अधर्मोनास्तितेमृत्योसंयच्छेमाःप्रजाःशुभे ॥ मयाह्युक्तंमृषाभद्रेभवितानेहकिंचन २८ धर्मःसनातनश्चत्वामिहैवानुप्रवेक्ष्यति ॥ अहंचविबुधाश्चैवत्वद्धितेनिरताःसदा २९ इममन्यंचतेकामंददानिमनसेप्सितम् ॥ नत्वांदोषेणयास्यंतिव्याधिसंपीडिताःप्रजाः ३० पुरुषेषुस्वरूपेणपुरुषस्त्वंभविष्यसि ॥ स्त्रीषुस्त्रीरूपिणीचैवतृतीयेषुनपुंसकम् ३१ ॥ २५८ ॥

ध्यास्यंतीत्युक्तंतत्राह नत्वामिति । त्वयिदोषंनवदिष्यंतीत्यर्थः ३० पुरुषेष्विति 'रूपंरूपंप्रतिरूपोबभूव' इतिश्रुतेःसर्वेषांप्रतिरूपंब्रह्मतत्त्वंचवद्भावमप्राप्तस्यनभवतीति ब्रह्मभावंप्राप्स्यसीत्यर्थः । तेनच'नहवाएवंविदिपापंकर्मश्लिष्यते' इतिश्रुतेर्ब्रह्मज्ञायास्तेपापलेपोऽपिनभविष्यतीतिभावः ३१ ॥ १३२ ॥

यावद्देहपातंक्रोधवेगंधारयितुमशक्ततयाहिंस्रस्यब्रह्मनिष्ठाऽपिनश्यति ततश्चपापलेशोऽपिप्रसक्तइत्याभिप्रेत्याह सैवमिति ३२।३३ कालयिष्यंतिमारयिष्यंति ३४ तत्रापिमारकत्वंमरणनिदानयोःकामक्रोधयोः
प्रेरकत्वेनेत्याह सर्वेषामिति। नन्वेवमपिप्रयोजकेमयिपापसंबंधःप्रसक्तइत्याशंक्याह एवमिति। एवंकुर्वतींत्वांप्रतिधर्मोऽपिनिमित्ततयाउपैष्यति । प्राणिकर्मानुरोधेनकामक्रोधोद्भावनद्वाराभूतानिमारयंत्यास्त
वनदोषोऽस्तियतस्त्वंतुल्यवृत्तिःरागद्वेषशून्याऽसि तथाचसूत्रितं। वैषम्यनैर्घृण्येनसापेक्षत्वादिति परमेश्वरस्यविषमांसृष्टिंकुर्वतोवैषम्यादिदोषोनास्तिकुतस्तत्तत्प्राणिकर्मसापेक्षत्वाद्वैषम्यस्येतिसूत्रार्थः ३५ अभ्या
गतमधिकारंरोचयकामंसंयोज्यजंतून्संहरस्वेतियोजना ३६ प्राप्यप्रापय्य ३७ प्राणनांतेजीवनांते बुद्ध्यजानीहि ३८ सर्वेइति। देवाइंद्रियाणिप्राणनांतेस्वव्यवहारान्तेजाग्रदवसाने सद्वस्तुगत्वा । सता

सैवमुक्तामहाराजकृतांजलिरुवाचह ॥ पुनरेवमहात्मानंनेतिदेवेशमव्ययम् ३२ तामब्रवीत्तदादेवोमृत्योसंहरमानवान् ॥ अधर्मस्तेनभवितातथाध्यास्याम्यहं
शुभे ३३ यानश्रुबिंदून्पतितानपश्यंयेपाणिभ्यांधारितास्तेपुरस्ताद् ॥ तेव्याधयोमानवान्घोररूपाःप्राप्तेकालेकालयिष्यंतिमृत्यो ३४ सर्वेषांत्वंप्राणिनामं
तकालेकामक्रोधौसहितौयोजयेथाः ॥ एवंधर्मस्त्वामुपैष्यत्यमेयोनचाधर्मंलप्स्यसेतुल्यवृत्तिः ३५ एवंधर्मंपालयिष्यस्यथोत्वंनचात्मानंमज्जयिष्यस्यधर्मे ॥ त
स्मात्कामंरोचयाभ्यागतंत्वंसंयोज्याथोसंहरस्वेहजंतून् ३६ सावैतदामृत्युसंज्ञापदेशाच्छापाद्भीताबाढमित्यब्रवीत्तम् ॥ अथोप्राणान्प्राणिनामंतकालेकामक्रोधौप्रा
प्यनिर्मोह्यहंति ३७ मृत्योर्येतेव्याधयश्चाश्रुपातामनुष्याणांरुज्यतेयैःशरीरम् ॥ सर्वेषांवैप्राणिनांप्राणनांतेतस्माच्छोकंमाकृथाबुद्ध्यबुद्ध्या ३८ सर्वेजीवाःप्राणि
नांप्राणनांतेगत्वावृत्ताःसन्निवृत्तास्तथैव ॥ एवंसर्वेमानवाःप्राणनांतेगत्वावृत्तादेववद्राजसिंह ३९ वायुर्भीमोभीमनादोमहौजाःससर्वेषांप्राणिनांप्राणभूतः ॥ नाना
वृत्तिर्देहिनांदेहभेदेतस्माद्वायुर्देवदेवोविशिष्टः ४० सर्वेदेवामर्त्यसंज्ञाविशिष्टाःसर्वेमर्त्यादेवसंज्ञाविशिष्टाः ॥ तस्मात्पुत्रंमाशुचोराजसिंहपुत्रःस्वर्गंप्राप्यतेमोदतेह
४१ एवंमृत्युर्देवसृष्टाप्रजानांप्राप्तेकालेसंहरंतीयथावत् ॥ तस्याश्चैवव्याधयस्तेऽश्रुपाताःप्राप्तेकालेसंहरंतीहजंतून् ४२ ॥ ॥ इति श्रीमहाभारते शांतिपर्वणि
मोक्षधर्मपर्वणि मृत्युप्रजापतिसंवादेअष्टपंचाशदधिकद्विशततमोऽध्यायः ॥ २५८ ॥ ॥ युधिष्ठिरउवाच ॥ इमेवैमानवाःसर्वेधर्मंप्रतिविशंकिताः ॥ को
ऽयंधर्मःकुतोधर्मस्तन्मेब्रूहिपितामह १ धर्मस्त्वयमिहार्थःकिममुत्रार्थोऽपिवाभवेत् ॥ उभयार्थोहिवाधर्मस्तन्मेब्रूहिपितामह २

सोम्यतदासंपन्नोभवतीतिश्रुतेःसुषुप्तौब्रह्माभेदंप्राप्यजागरेपुनरावृत्तास्तथैवपुनर्निवृत्ताइति । तथाऽवस्थाभेदेदृष्टएवंदेहभेदेऽपिप्राणनांतेजीवनांतेपरलोकंगत्वाआवृत्तादेववत्पुनर्वृत्ताश्चभवंति । सुप्तिप्रबोधवत्कर्मो
परमोद्भवकृतेजन्ममरणेइत्यर्थः। एतेनकेनमृत्युरित्यस्योत्तरमुक्तम् ३९ कस्यमृत्युरित्यस्योत्तरमाह वायुरिति। वायुःपंचवृत्तिःप्राणः देहभेदेदेहनाशे देवानामिंद्रियाणांदेवोराजा नानावृत्तिर्नानादेहगतः एतेनदे
हस्यैवमृत्युर्नप्राणानामात्मनोवा ४० सर्वेइति। देवाःक्षीणपुण्यामर्त्यत्वं मर्त्याश्चकृतपुण्यादेवत्वंप्राप्नुवंतीत्यर्थः ४१।४२ ॥ इतिशांतिपर्वणि मो० नी० भारतभावदीपे अष्टपंचाशदधिकद्विशततमोऽध्यायः ॥२५८॥
एवंप्राणिनांकर्माधीनोमृत्युव्याधिसंबंधःसंततइतिज्ञात्वातन्निवृत्तिंधर्ममूलांमन्वानोधर्मतत्त्वेऽप्यार्यजैनम्लेच्छागमानांनानापथत्वेनसंदिहानोधर्मस्वरूपंलक्षणप्रमाणाभ्यांजिज्ञासमानःपृच्छति इमेवैइति १।२

तत्रचोदनालक्षणोऽर्थोधर्मइतिस्मृतेर्मुख्यंधर्मस्यलक्षणंवेद एवइतरदपितन्मूलतयाधर्मलक्षणंनस्वतइतिसिद्धंपूर्वतंत्रे । कवयोविद्वांसोऽर्थप्रयोजनमेवधर्मलक्षणमाहुः । यथोक्तं 'परिनिर्मथ्यवाग्जालमिदमेवसुनिश्चितं ॥ नोपकारात्परंपुण्यंनापकारादघंपरं' इति अधर्मलक्षणमपकारइत्यपिप्रश्लेषेणध्येयं ३ एतदेवविवृणोति अपीति । धर्म्याणिधर्मायहितानिकर्माण्युत्तरावरेऽव्यवस्यंतिन्यूनाधिकभावेनाविपरीतंचानिश्चिन्वंति तथाहि गार्हस्थ्येऽपिमोक्षोऽस्त्यलसाःसंन्यासमिच्छंतित्यागेनैवमोक्षोविषयलंपटागार्हस्थ्यमिच्छंतीतिकस्तत्रनिर्णयइत्याशंक्याह लोकेति । लोकव्यवहारमनुरुध्यायंनियमःकृतः यथाऽविक्षिप्तचित्तस्यपुरुषधौरेयस्यगार्हस्थ्येऽपिजनकवसिष्ठादिवन्मोक्षोऽस्ति । अन्यस्यवेदांतश्रवणादौदृष्टविक्षेपनिवृत्त्यर्थःसंन्यासइति ४ इहवापरत्रोभयत्रवाधर्मःफलतीतिप्रश्नस्योत्तरमाह उभयत्रेति ५ नैपुण्यमेवाह नचेति । केचिदित्याहुरितिशेषः आपदितुयथापापवाद्यप्यपापवादीभवति अधर्मकृदपिधर्मकृद्भवति । तथैवोक्तमापद्धर्मेषुकर्णपर्वणिवायुधिष्ठिरंजिघांसोरर्जुनस्यबोधायभगवतासत्यवादिनोहिंस्रस्यचाख्यानमुक्तंतदिहानुसंधेयं भोत्स्यसेज्ञास्यसि ६ पुरुषः परपापमेवपश्यतिप्रकाशयतिनचस्वीयामितिसदृष्टांतमाह यथेतित्रिभिः ७।८।९ यद्यप्येवंतथापिसत्यमेवश्रेयइत्याह सत्यस्येति १० पापिनामपिसत्यमत्याज्यमित्याहसार्धेन अपीति । सत्यंशपथम् ११ अधृतिंसमयत्यागम् १२ तंपूर्वोक्तंधर्मं नियतिदौर्बल्यंदैवप्रातिकूल्यं तदात्वेषामेवसधर्मोरोचते १३ रुचौहेत्वंतरमाह नहीति । उपसंहरति तस्मादिति । अनार्जवेकौटिल्ये १४। १५ मृगइव आचरितंस्वेनशठःपरमपिशठंमन्यतेइत्यर्थः १६ । १७ उक्तन्यायमन्यत्राप्यतिदिशति दातव्यमिति । कृपणैर्निर्धनैः १८ । १९

॥ भीष्मउवाच ॥ सदाचारःस्मृतिर्वेदास्त्रिविधंधर्मलक्षणम् ॥ चतुर्थमर्थमित्याहुःकवयोधर्मलक्षणम् ३ अपिह्युक्तानिधर्म्याणिव्यवस्यंत्युत्तरावरे ॥ लोकयात्रार्थमेवेहधर्मस्यनियमःकृतः ४ उभयत्रसुखोदर्कइहचैवपरत्रच ॥ अलब्ध्वानिपुणंधर्मंपापःपापेनयुज्यते ५ नचपापकृतःपापान्मुच्यंतेकेचिदापदि ॥ अपापवादीभवतियथाभवतिधर्मकृत् ॥ धर्मस्यनिष्ठात्वाचारस्तमेवाश्रित्यभोत्स्यसे ६ यथाधर्मसमाविष्टोधनंगृह्णातितस्करः ॥ रमतेनिर्हरंस्तेनःपरवित्तमराजके ७ यदाऽस्यतद्धरंत्यन्येतदाराजानमिच्छति ॥ तदातेषांस्पृहयतेयेवैतुष्टाःस्वकैर्धनैः ८ अभीतःशुचिरभ्येतिराजद्वारमशंकितः ॥ नहिदुश्चरितंकिंचिदंतरात्मनिपश्यति ९ सत्यस्यवचनंसाधुनसत्याद्विद्यतेपरम् ॥ सत्येनविधृतंसर्वंसर्वंसत्येप्रतिष्ठितम् १० अपिपापकृतोरौद्राःसत्यंकृत्वापृथक्पृथक् ॥ अद्रोहमविसंवादंप्रवर्तन्तेतदाश्रयाः ११ तेचेन्मिथोधृतिंकुर्युर्विनश्येयुरसंशयम् ॥ नहर्तव्यंपरधनमितिधर्मःसनातनः १२ मन्यन्तेबलवंतस्तंदुर्बलैःसंप्रवर्तितम् ॥ यदानियतिदौर्बल्यमथैषामेवरोचते १३ नह्यत्यंतंबलवंतोभवंतिसुखिनोऽपिवा ॥ तस्मादनार्जवेबुद्धिर्नकार्यातिकदाचन १४ असाधुभ्योऽस्यनभयंनचौरेभ्योनराजतः ॥ अकिंचित्कस्यचित्कुर्वन्निर्भयःशुचिरावसेत् १५ सर्वतःशंकतेस्तेनोमृगोग्राममिवेयिवान् ॥ बहुधाऽऽचरितंपापमन्यत्रैवानुपश्यति १६ मुदितःशुचिरभ्येतिसर्वतोनिर्भयःसदा ॥ नहिदुश्चरितंकिंचिदात्मनोऽन्येषुपश्यति १७ दातव्यमित्ययंधर्मउक्तोभूतहितेरतैः ॥ तंमन्यंतेधनयुताःकृपणैःसंप्रवर्तितम् १८ यदानियतिकार्पण्यमथैषामेवरोचते ॥ नह्यत्यंतंधनवंतोभवंतिसुखिनोऽपिवा १९

सामान्यतोधर्मलक्षणमाह यदन्यैरिति २० यइति। अन्यस्यभार्यायामितिशेषः उपपतिर्जारःकंकिंवक्तुमर्हति स्वस्यैवदुष्टत्वात् यद्यदि अन्यस्यान्यं ततस्तस्मिन्नेवऔपपत्येविषयेकुर्याद्दृग्गोचरीकुर्यात्तदानमृष्येदितियो
जना अन्यस्येतिद्वितीयार्थेषष्ठी २१ । २२ अतिरिक्तैरावश्यकाधिकैर्भोगैर्भोगसाधनैर्धनादिभिः कुसीदंवृद्ध्यर्थंधनप्रयोगःसदीनपोषणार्थमेवकार्योनधनमात्रवृद्ध्यर्थं २३ समयेसन्मार्गेसंतिष्ठेरन्संमुखाभवेयुस्तथा
तन्मार्गाचरणशीलोदमदानदयापरोभवेदित्यर्थः। तत्रदानेविशेषमाह अथवेति। धर्मेयज्ञदानादौ २४ प्रियेणसाम्नानतुहिंसयाअभ्युपगतं प्राप्तंप्रियाभ्युपगतंपश्याऽऽलोचय लक्षणोद्देशंलक्षणकीर्तनं एवंयदात्मनःप्रियं
तदन्येषुकर्तव्यंयन्नतन्नेत्येवंविधम् २५ लोकेति। दयाप्रधानमित्यर्थः सूक्ष्मधर्मार्थंसूक्ष्मधर्मलाभायनियतंनियमितम् २६ अनार्जवेकौटिल्ये २७ ॥ इति शांतिपर्वणि मोक्षधर्मपर्वणि नीलकंठीये भारतभावदीपे
ऊनषष्ट्यधिकद्विशततमोऽध्यायः ॥ २५९ ॥ ॥ अत्रप्रत्यवतिष्ठते सूक्ष्ममिति। ब्रह्मलक्षणंचोदनालक्षणंवेदैकबोध्यंधर्मजातं प्रतिभास्फूर्तिःसाचानुमानलक्षणा त्वदुक्तंयुक्तिविरुद्धमित्यर्थः १ निग्रहात्कुत

यदन्यैर्विहितंनेच्छेदात्मनःकर्मपूरुषः ॥ नतत्परेषुकुर्वीतजानन्नप्रियमात्मनः २० योऽन्यस्यस्यादुपपतिःसकंकिंवक्तुमर्हति ॥ यदन्यस्यततःकुर्यान्नमृष्येदितिमे
मतिः २१ जीवितुंयःस्वयंचेच्छेत्कथंसोऽन्यंप्रघातयेत् ॥ यद्यदात्मनिचेच्छेततत्परस्यापिचिंतयेत् २२ अतिरिक्तैःसंविभजेद्भोगैरन्यानकिंचनान् ॥ एतस्मा
त्कारणाद्धात्राकुसीदंसंप्रवर्तितम् २३ यस्मिंस्तुदेवाःसमयेसंतिष्ठेरंस्तथाभवेत् । अथवालाभसमयेस्थितिर्धर्मेऽपिशोभना २४ सर्वंप्रियाभ्युपगतंधर्ममाहुर्मनी
षिणः ॥ पश्यैतंलक्षणोद्देशंधर्माधर्मेयुधिष्ठिर २५ लोकसंग्रहसंयुक्तंविधात्राविहितंपुरा ॥ सूक्ष्मधर्मार्थनियतंसतांचरितमुत्तमम् २६ धर्मलक्षणमाख्यातमेतत्ते
कुरुसत्तम ॥ तस्मादनार्जवेबुद्धिर्नतेकार्याकथंचन २७ ॥ इतिश्रीमहाभारते शांतिपर्वणि मोक्षधर्मपर्वणि धर्मलक्षणेएकोनषष्ट्यधिकद्विशततमोऽध्यायः २५९॥
॥ युधिष्ठिरउवाच ॥ सूक्ष्मंसाधुसमुद्दिष्टंनियतंब्रह्मलक्षणम् ॥ प्रतिभात्वस्तिमेकाचित्तांब्रूयामनुमानतः १ भूयांसोहृदयेयेमेप्रश्नास्तेव्याहृतास्त्वया ॥ इदंत्व
न्यत्प्रवक्ष्यामिनराजन्निग्रहादिव २ इमानिहिप्राणयंतिसृजंत्युत्तारयंतिच ॥ नधर्मःपरिपाठेनशक्योभारतवेदितुम् ३ अन्योधर्मःसमस्थस्यविषमस्थस्यचापरः॥
आपदस्तुकथंशक्याःपरिपाठेनवेदितुम् ४ सदाचारोमतोधर्मःसंतस्त्वाचारलक्षणाः ॥ साध्यासाध्यंकथंशक्यंसदाचारोह्यलक्षणः ५

र्काग्रहेण २ इमानिभूतानिशरीरवंति हिप्रसिद्धं स्वेनस्वयमेवाऽऽत्मानंप्राणयंतिजीवयन्तिसृजंत्युत्तारयंतिदेहाकाराच्च्यावयंति तथाचश्रुतिः 'अन्नाद्ध्येवखल्विमानिभूतानिजायंते । अन्नेनजातानिजीवंति । अन्नं
प्रयंत्यभिसंविशंतीति ' त्वयाहिपरस्यसुखदुःखोत्पादनेनजातौधर्माधर्मौस्वस्यापिकालांतरेसुखदुःखप्रदौभवतइत्युक्तंतत्केवलंपरिपाठेनाऽऽम्नायमात्रेणनानिश्चेतुंशक्यम् । अन्नस्यैवजन्मसुखादिहेतुत्वदर्शनाद्दृष्टेनै
वकारणेनस्वाभाविकेनधर्मेणजगद्वैचित्र्यसिद्धौवैदिकधर्मस्यादृष्टस्यकल्पनायाअनुदयाच्चेत्याशयः ३ व्यवस्थित्यभावादपिवैदिकधर्मोदुर्ज्ञेयइत्याहान्यइति । आपदामानंत्यात्तद्धर्माअप्यनंताइतिदुर्ज्ञे
यएवधर्मइत्याह आपदस्त्विति । तस्माद्व्यवस्थितरूपस्यवैदिकधर्मस्यनधर्मत्वमित्याशयः ४ सतामाचारोधर्मोधर्माचरणाच्चसत्त्वमित्यन्योन्याश्रयेणलक्ष्यलक्षणयोःसाध्यासाध्ययोरविवेकादपिनसदा
चारोऽपिधर्मेमानमित्याह सदाचारइति ५

दृश्यतेहीति 'अथा..दस्युपशृण्वतस्त्रपुजतुभ्यांश्रोत्रपूरणं' इत्यादिनिषेधेश्रूयमाणेऽपिभाक्तताःशूद्राद्युमुक्षवोवेदांतान्धर्मबुद्ध्याशृण्वंति । अगस्त्यादिरप्राकृतोऽपिबहुहिंसाकरंदंडकारण्यस्नापाख्यमधर्मंचकार । अतोभ्रष्टेषुशिष्टलक्षणदर्शनाच्छिष्टेषुचभ्रष्टलक्षणदर्शनात्सदाचारोऽपिदुर्निर्णेयइत्यर्थः ६ कालभेदेनधर्ममन्यथयंतोवेदाअप्यश्रद्धेयाअनवस्थितत्वादित्याह वेदेति ७ । ८ लोकसंग्रहोलोकरंजनमात्रं वेदयंत्या म्नायार्थमितिवेदाःस्मृतयः ९ तेआम्नायाः अत्रस्मृतिषु प्रमाणंप्रमाणत्वं प्रमाणंश्रुतिर्निरपेक्षत्वात् अप्रमाणंस्मृतिर्मूलश्रुतिसापेक्षत्वात् तयोःपरस्परविरोधेऔदुंबरीसर्वावेष्टयितव्या औदुंबरींस्पृष्ट्वोद्गायेदिति तत्रवेष्टनस्मृतिःसापेक्षत्वादप्रमाणंचेत्तत्सामान्यात्सर्वाऽपिस्मृतिरप्रमाणंततश्चतन्मूलभूतायाःश्रुतेरप्यप्रमाणत्वेनविनिगमनाविरहात्प्रत्यक्षाप्रत्यक्षयोरपिश्रुत्योरप्रामाण्यमित्याह प्रमाणेऽपीति १० धर्मस्येति । संस्था स्वरूपं जनमेजयाश्वमेधेइंद्रापराधादश्वमेधसंस्थालोपोदृष्टः ११ स्वयंविज्ञनवाविज्ञउक्तंवावेदितुंशक्यंनवा दुर्ज्ञेयंधर्मतत्वमित्यर्थः १२ प्रथमंकर्मकांडे'अक्षय्यंहवैचातुर्मास्ययाजिनःसुकृतंभवति । अपामसोमम

दृश्यतेहिधर्मरूपेणाधर्मंप्राकृतश्चरन् ॥ धर्मंचाधर्मरूपेणकश्चिदप्राकृतश्चरन् ६ पुनरस्यप्रमाणंहिनिर्दिष्टंशास्त्रकोविदैः ॥ वेदवादाश्चानुयुगंह्रसंतीतीहनःश्रुतम् ७ अन्येकृतयुगेधर्मास्त्रेतायांद्वापरेपरे ॥ अन्येकलियुगेधर्मायथाशक्तिकृताइव ८ आम्नायवचनंसत्यमित्ययंलोकसंग्रहः॥ आम्नायेभ्यःपुनर्वेदाःप्रसृताःसर्वतोमुखाः ९ तेचेत्सर्वप्रमाणंवैप्रमाणंह्यत्रविद्यते ॥ प्रमाणेऽप्यप्रमाणेनविरुद्धेशास्त्रताकुतः १० धर्मस्यक्रियमाणस्यबलवद्भिर्दुरात्मभिः ॥ यायाविक्रियतेसंस्थाततःसाऽपिप्रणश्यति ११ विद्मचैवंनवाविद्मशक्यंवावेदितुंनवा ॥ अणीयान्क्षुरधारायागरीयानपिपर्वतात् १२ गंधर्वनगराकारःप्रथमंसंप्रदृश्यते ॥ अन्वीक्ष्यमाणःकविभिःपुनर्गच्छत्यदर्शनम् १३ निपानानीवगोभ्योऽपिक्षेत्रेकुल्येचभारत ॥ स्मृतिर्हिशाश्वतोधर्मोविप्रहीणोनदृश्यते १४ कामादन्येच्छयाचान्येकारणैरपरैस्तथा ॥ असंतोऽपिवृथाचारंभजन्तेबहवोऽपरे १५ धर्मोभवतिसक्षिप्रंप्रलापस्त्वेवसाधुषु ॥ अथैतानाहुरुन्मत्तानपिचावहसंत्युत १६ महाजनाह्युपावृत्ताराजधर्मंसमाश्रिताः ॥ नहिसर्वहितःकश्चिदाचारःसंप्रवर्तते १७ तेनैवान्यःप्रभवतिसोऽपरंबाधतेपुनः ॥ दृश्यतेचैवसपुनस्तुल्यरूपोयदृच्छया १८ येनैवान्यःसभवतिसोऽपरानपिबाधते ॥ आचाराणामनैकाग्र्यंसर्वेषामुपलक्षयेत् १९

मृताअभूम'इत्यादिश्रुतेर्गंधर्वनगरवदद्भुतइवदृश्यते । कविभिरन्वीक्ष्यमाणःयत्कृतकंतदनित्यंकार्यत्वाद्घटवत् । 'तद्यथेहकर्मचितोलोकःक्षीयतएवमेवामुत्रपुण्यचितोलोकःक्षीयत'इत्युपपत्तिपूर्वकमुपनिषत्सुईक्ष्यमाण अदर्शनंयाति तुच्छइवभवति १३ निपीयंतेपशुभिर्जलमस्मिन्निति निपानंवाप्यादिसमीपस्थःक्षुद्रजलाधारः कुल्यावाकेदारान्प्रतिनीयमानायथासद्यःशुष्यतिएवंशाश्वतोवैदिकोधर्मोविप्रहीणःसन्कलेरंतेनदृश्यतेइति स्मृतिरस्तिभविष्यविषया १४ विप्रहीणत्वमेवोपपादयति कामादिति । कामात्काम्याग्निहोत्रादिः अन्येच्छयाभृतकाध्यापनादिः अपरैःकारणैर्यज्ञाद्युद्देशेनधनलाभार्थंव्रतादिः असंतोदांभिकाः वृथाश्रद्धाराहित्यात् १५ सकामादिमद्भिःकृतोधर्मोभवतितिमूढदृष्ट्यासाधुषुचधर्मःप्रलापमात्रंधर्मोनास्तीतिवदंतिमूढाः प्रलापमेवाहाथेति १६ महाजनाःद्रोणाचार्यादयः ब्रह्मकर्मादरेसुरकार्यंनस्यात्अनादरेशिष्टाचारव्याकोपइतिभावः १७ तेनैवआचारेणैव अन्योविश्वामित्रादिः अपरंजामदग्न्यादिकं सः आचारवानतुल्यरूपोवसिष्ठादिः १८ उक्तानुवादपूर्वकमाचाराणामनैकाग्र्यंव्यभिचारित्वमाह येनैवेति १९

एवंश्रुतिस्मृतिसदाचाराणामप्रामाण्यमुक्त्वास्वमतमाह चिराभिपन्नइति। अनाद्यविगानप्रवृत्तेनस्वभावेनैवसुखदुःखकार्याकार्यव्यवस्थानश्रुत्यादिप्रमाणकेनधर्मेणेत्यर्थः संस्थामर्यादा २० इति शांतिपर्वणि मोक्षध र्मपर्वाणि नीलकंठीये भारतभावदीपे षष्ट्यधिकद्विशततमोऽध्यायः ॥ २६० ॥ ॥ अत्रेति। अत्रसुखादिव्यवस्थायां स्वभावएवनियामकउतधर्मइतिविमर्शेतुलाधारवाक्यानिधर्मेप्रमाणत्वेनोदाहरंतीत्यर्थः १।

चिराभिपन्नःकविभिःपूर्वंधर्मउदाहृतः ॥ तेनाचारेणपूर्वेणसंस्थाभवतिशाश्वती २०॥ इति श्रीमहाभारते शांतिपर्वणि मोक्षधर्मपर्वणि धर्मप्रामाण्याक्षेपे षष्ट्य धिकद्विशततमोऽध्यायः ॥ २६० ॥ भीष्मउवाच ॥ अत्राप्युदाहरंतीममितिहासंपुरातनम् ॥ तुलाधारस्यवाक्यानि धर्मेजाजलिनासह १ वनेवनचरःकश्चिज्जा जलिर्नामवैद्विजः ॥ सागरोद्देशमागम्यतपस्तेपेमहातपाः २ नियतोनियताहारश्चीराजिनजटाधरः ॥ मलपंकधरोधीमान्बहून्वर्षगणान्मुनिः ३ सकदाचिन्म हातेजाजलवासोमहीपते ॥ चचारलोकान्विप्रर्षिःप्रेक्षमाणोमनोजवः ४ सचिंतयामासमुनिर्जलवासेकदाचन ॥ विप्रेक्ष्यसागरांतांवैमहींसवनकाननाम् ५ नम यासदृशोऽस्तीहलोकेस्थावरजंगमे ॥ अप्सुवैहायसंगच्छेन्मयायोऽन्यःसहेतिवै ६ अदृश्यमानोरक्षोभिर्जलमध्येवदंस्तथा ॥ अब्रुवंश्चपिशाचास्तंनैवंत्वंवक्तुम र्हसि ७ तुलाधारोवणिग्धर्मावाराणस्यांमहायशाः ॥ सोप्येवंनार्हतेवक्तुंयथात्वंद्विजसत्तम ८ इत्युक्तोजाजलिर्भूतैःप्रत्युवाचमहातपाः ॥ पश्येयंतमहंप्राज्ञंतुला धारंयशस्विनम् ९ इतिब्रुवाणंतमृषिंरक्षांस्युद्धृत्यसागरात् ॥ अब्रुवन्गच्छपंथानमास्थायेमंद्विजोत्तम १० इत्युक्तोजाजलिर्भूतैर्जगामविमनास्तदा ॥ वाराण स्यांतुलाधारंसमासाद्याब्रवीदिदम् ११ युधिष्ठिरउवाच ॥ किंकृतंदुष्करंतातकर्मजाजलिनापुरा ॥ येनसिद्धिंपरांप्राप्तस्तन्मेव्याख्यातुमर्हसि १२ भीष्मउवाच ॥ अतीवतपसायुक्तोघोरेणसबभूवह ॥ तथोपस्पर्शनरतःसायंप्रातर्महातपाः १३ अग्नीन्परिचरन्सम्यक्स्वाध्यायपरमोद्विजः ॥ वानप्रस्थविधानज्ञोजाजलिर्ज्व लितःश्रिया १४ वनेतपस्यतिष्ठत्सनचधर्ममवैक्षत ॥ वर्षास्वाकाशशायीचहेमंतेजलसंश्रयः १५ वातातपसहोग्रीष्मेनचधर्ममविंदत ॥ दुःखशय्याश्चविविधा भूमौचपरिवर्तते १६ ततःकदाचित्समुनिर्वर्षास्वाकाशमास्थितः ॥ अंतरिक्षाज्जलंमूर्ध्नाप्रत्यगृह्णान्मुहुर्मुहुः १७ अथतस्यजटाःक्लिन्नाबभूवुर्ग्रथिताःप्रभो ॥ अरण्यगमनान्नित्यंमलिनोऽमलसंयुतः १८ सकदाचिन्निराहारोवायुभक्षोमहातपाः ॥ तस्थौकाष्ठवदव्यग्रोनचचालचकर्हिचित् १९ तस्यस्मस्थाणुभूतस्य निर्विचेष्टस्यभारत ॥ कुलिंगशकुनौराजन्नीडंशिरसिचक्रतुः २० सतौदयावान्ब्रह्मर्षिरुपप्रैक्षतदंपती ॥ कुर्वाणौनीडकंतत्रजटासुतृणतंतुभिः २१ यदानसच लत्येवस्थाणुभूतोमहातपाः ॥ ततस्तौसुखविश्वस्तौसुखंतत्रोषतुस्तदा २२

२ । ३ । ४ जलवासेमहींविप्रेक्ष्यतपोबलाद्दूरदर्शनादिसिद्धिंप्राप्येत्यर्थः ५ वैहायसमाकाशगतंग्रहनक्षत्रादिगच्छेदवगच्छेत् मयासहगच्छेद्यःसोऽन्यःकोऽस्तीतियोज्यम् ६ । ७ । ८ । ९ । १० । ११ । १२ उपस्पर्शनरतःस्नानाचमनरतः १३ श्रियावेदविद्यया १४ नचधर्ममवैक्षतधर्मवानस्मीतिमानंनप्रापेत्यर्थः १५ ।१६। १७ अमलसंयुतः निष्पापः १८ । १९ । २० उपप्रैक्षतोपेक्षांचक्रे नवारितवानित्यर्थः २१ । २२

२३ प्राजापत्येनगर्भाधानविधिना २४ । २५ । २६ । २७ । २८ कालसमयेकालमर्यादायांसत्यां तेशकुंतकाःपक्षिणःपक्षवंतोवभूवुः २९ पक्षीन् आर्षोमत्वर्थीयइः ३० । ३१ द्विजान्शकुतान् ३२ । ३३ ।

अतीतास्वथवर्षासुशरत्कालउपस्थिते ॥ प्राजापत्येनविधिनाविश्वासात्काममोहितौ २३ तत्रापातयत।राजन्शिरस्यंडानिखेचरौ ॥ तान्यबुध्यततेजस्वीसविप्रःसंशितव्रतः २४ बुद्धाचसमहातेजानचचालचजाजलिः ॥ धर्मेकृतमनानित्यंनाधर्मंसत्वरोचयत् २५ अहन्यहनिचागत्यततस्तौतस्यमूर्धनि ॥ आश्वासितौनिवसतःसंप्रहृष्टौतदाविभो२६ अण्डेभ्यस्त्वथपुष्टेभ्यःप्राजायंतशकुंतकाः॥ व्यवर्धन्तचतत्रैवनचाकंपतजाजलिः२७सरक्षमाणस्त्वंडानिकुलिंगानांधृतव्रतः॥ तथैवतस्थौधर्मात्मानिर्विचेष्टःसमाहितः २८ ततस्तुकालसमयेबभूवुस्तेऽथपक्षिणः ॥ बुबुधेतांस्तुसमुनिर्जातपक्षान्कुलिंगकान् २९ ततःकदाचित्तांस्तत्रपश्यन्पक्षीन्यतव्रतः ॥ बभूवपरमप्रीतस्तदामतिमतांवरः ३० तथातानपिसंवृद्धान्दृष्ट्वाचाप्नुवतांमुदम् ॥ शकुनौनिर्भयौतत्रऊषतुश्चात्मजैःसह ३१ जातपक्षांश्चसोऽपश्यदुड्डीनान्पुनरागतान् ॥ सायंसायंद्विजान्विप्रोनचाकंपतजाजलिः ३२ कदाचित्पुनरभ्येत्यपुनर्गच्छंतिसंततम् ॥ त्यक्तामातापितृभ्यांतेनचाकंपतजाजलिः ३३ तथातेदिवसंचापिगत्वासायंपुनर्नृप ॥ उपावर्तन्ततत्रैवानिवासार्थंशकुंतकाः ३४ कदाचिद्दिवसान्पंचसमुत्पत्यविहंगमाः॥ षष्ठेऽहनिसमाजग्मुर्नचाकंपतजाजलिः ३५ क्रमेणचपुनःसर्वेदिवसान्सुबहूनथ॥ नोपावर्तन्तशकुनाजातप्राणाःस्मतेयदा३६ कदाचिन्मासमात्रेणसमुत्पत्यविहंगमाः॥ नैवागच्छंस्ततोराजन्प्रातिष्ठतसजाजलिः ३७ततस्तेषुप्रलीनेषुजाजलिर्जातविस्मयः ॥ सिद्धोऽस्मीतिमतिंचक्रेततस्तंमानआविशत् ३८ सतथानिर्गतान्दृष्ट्वाशकुंतान्नियतव्रतः ॥ संभावितात्मासंभाव्यभृशंप्रीतमनाऽभवत् ३९ सनद्यांसमुपस्पृश्यतर्पयित्वाहुताशनम् ॥ उदयंतमथादित्यमुपातिष्ठन्महातपाः ४० संभाव्यचटकान्मूर्ध्निजाजलिर्जपतांवरः ॥ आस्फोटयत्तथाऽऽकाशेधर्मःप्राप्तोमयेतिवै ४१ अथांतरिक्षेवागासीत्तांचशुश्रावजाजलिः ॥ धर्मेणनसमस्त्वंवैतुलाधारस्यजाजले ४२ वाराणस्यांमहाप्राज्ञस्तुलाधारःप्रतिष्ठितः ॥ सोऽप्येवंनार्हतेवक्तुंयथात्वंभाषसेद्विज ४३ सोऽमर्षवशमापन्नस्तुलाधारदिदृक्षया ॥ पृथिवीमचरद्राजन्यत्रसायंगृहोमुनिः ४४ कालेनमहताऽगच्छत्सतुवाराणसींपुरीम् ॥ विक्रीणंतंचपण्यानितुलाधारंददर्शसः ४५ सोऽपिदृष्ट्वैवतंविप्रमायांतंभांडजीवनः ॥ समुत्थायसुसंहृष्टःस्वागतेनाभ्यपूजयत् ४६ ॥ तुलाधारउवाच ॥ आयानेवासिविदितोममब्रह्मन्नसंशयः ॥ ब्रवीमियत्तुवचनंतच्छृणुष्वद्विजोत्तम ४७ सागरानूपमाश्रित्यतपस्तप्तंत्वयामहत् ॥ नचधर्मस्यसंज्ञांत्वंपुरावेत्थकथंचन ४८ ततःसिद्धस्यतपसातवविप्रशकुंतकाः॥ क्षिप्रंशिरस्यजायंततेचसंभावितास्त्वया ४९

३४ । ३५ । ३६ । ३७ । प्रलीनेषुप्रडीनेषु मानोगर्वः ३८ । ३९ । ४० संभाव्यवर्धयित्वा आस्फोटयद्बाहुशब्दमकरोत् ४१ । ४२ । ४३ । ४४ । ४५ भांडंमूलधनंतेनजीवनंयस्य 'स्याद्भांडमश्वाभरणामत्रेमूलवणिग्धने'इतिविश्वः ४६ आयानागच्छन् ४७ सागरानूपंसागरसमीपस्थंसजलंप्रदेशं संज्ञांधर्मवानहमितिज्ञानम् ४८ । ४९

चारीमाहारार्थसंचरणम् ५० । ५१ ॥ इति शांतिपर्वणि मोक्ष० नी० भा० एकषष्टयधिकद्विशततमोऽध्यायः ॥ २६१ ॥ इतीति १ वाणिजवणिक्पुत्रेतिसाधिक्षेपमाह अपण्यविक्रेतृत्वाद्दोषवानपीत्यर्थः २ अध्यगाःअधिगतवानसि ३ । ४ धर्मरहस्यमेवाह सर्वभूतहितामिति ५ अल्पद्रोहेण आपदिवानानुपहत्यभूतानिभोगःसंभवतीतिन्यायेनाद्रोहेणवृत्त्यसंभवाद्वा ६ अलक्तंलाक्षारससारं पद्मकंतुंगंचकाष्ठविशेषौ कस्तूर्यादीन्गंधान् ७ रसान्लवणादीन् क्रीत्वैवनतुस्वयमुत्पाद्य ८ ननु'लाक्षालवणमांसानिपतनीयानिविक्रये'इतिलाक्षादिविक्रयेदोषस्मृतेस्तद्वतःकथंधार्मिकत्वमित्याशंक्याह सर्वेषामिति । अयमर्थः लोके

जातपक्षायदातेचगताश्चारीमितस्ततः ॥ मन्यमानस्ततोधर्मंचटकप्रभवंद्विज ५० खेवाचंत्वमथाश्रौषीर्मांप्रतिद्विजसत्तम ॥ अमर्षवशमापन्नस्ततःप्राप्तो भवानिह ॥ करवाणिप्रियंकिंतेतद्ब्रूहिद्विजसत्तम ५१ ॥ इति श्रीमहाभारते शांतिपर्वणि मोक्षधर्मप०तुलाधारजाजलिसंवादे एकषष्टयधिकद्विशततमो ऽध्यायः ॥ २६१ ॥ ॥ भीष्मउवाच ॥ इत्युक्तःसतदातेनतुलाधारेणधीमता ॥ प्रोवाचवचनंधीमान्जाजलिर्जपतांवरः १ ॥ जाजलिरुवाच ॥ विक्रीणतः सर्वरसान्सर्वगंधांश्चवाणिज ॥ वनस्पतीनोषधीश्चतेषांमूलफलानिच २ अध्यगानैष्ठिकींबुद्धिंकुतस्त्वामिदमागतम् ॥ एतदाचक्ष्वमेसर्वंनिखिलेनमहामते ३ ॥भीष्मउवाच॥ एवमुक्तस्तुलाधारोब्राह्मणेनयशस्विना ॥ उवाचधर्मसूक्ष्माणिवैश्योधर्मार्थतत्त्ववित् ४॥ तुलाधारउवाच॥वेदाहंजाजलेधर्मंसरहस्यंसनातनम् ॥ सर्वभूतहितंमैत्रंपुराणंयंजनाविदुः ५ अद्रोहेणैवभूतानामल्पद्रोहेणवापुनः ॥ यावृत्तिःसपरोधर्मस्तेनजीवामिजाजले ६ परिच्छिन्नैःकाष्ठतृणैर्मयेदंशरणंकृतम् ॥ अलक्तंपद्मकंतुंगंगंधांश्चोच्चावचांस्तथा ७ रसांश्चतांस्तान्विप्रर्षेमद्यवर्ज्यान्बहूनहम् ॥ क्रीत्वावैप्रतिविक्रीणेपरहस्तादमायया ८ सर्वेषांयःसुहृन्नित्यंसर्वेषांचहि तेरतः ॥ कर्मणामनसावाचासधर्मंवेदजाजले ९ नानुरुध्येविरुध्येवानद्वेष्मिनचकामये ॥ समोऽहंसर्वभूतेषुपश्यमेजाजलेव्रतम् ॥ तुलामेसर्वभूतेषुसमातिष्ठति जाजले १० नाहंपरेषांकृत्यानिप्रशंसामिनगर्हये ॥ आकाशस्येवविप्रेंद्रपश्यन्लोकस्यचित्रताम् ११ इतिमांत्वंविजानीहिसर्वलोकस्यजाजले ॥ सममतिमतांश्रे ष्ठसमलोष्टाश्मकांचनम् १२ यथांधबधिरोन्मत्ताउच्छ्वासपरमाःसदा ॥ देवैरपिहितद्वाराःसोपमापश्यतोमम १३ यथावृद्धातुरकृशानिस्पृहाविषयान्प्रति ॥ तथार्थकामभोगेषुममापिविगतास्पृहा १४ यदाचायंनबिभेतियदाचास्मान्नबिभ्यति ॥ यदानेच्छतिनद्वेष्टिब्रह्मसंपद्यतेतदा १५ यदानकुरुतेभावंसर्वभूते षुपापकम् ॥ कर्मणामनसावाचाब्रह्मसंपद्यतेतदा १६ नभूतोनभविष्योऽस्तिनचधर्मोऽस्तिकश्चन ॥ योऽभयःसर्वभूतानांसप्राप्नोत्यभयंपदम् १७ यस्मादुद्वि जतेलोकःसर्वोमृत्युमुखादिव ॥ वाक्क्रूराद्दंडपरुषात्सप्राप्नोतिमहद्भयम् १८

हिउपकारिणंप्रत्युपकुर्वंति अद्रोहिणेनद्रुह्यंतिचेत्युत्सर्गः तत्सामान्याद्दैहिकौउपकारापकारौजन्मांतरेऽपिसुखदुःखप्रदानायप्रभवतोनत्वाकस्मिकंकस्यचित्सुखंदुःखंवाऽस्तिजन्मांतरीयंकारणंविनेत्यनुमीयतेऽतःस्वभाव वादस्तावदयुक्तएव । श्रुत्यादीनांधर्मेप्रामाण्यमपिवक्ष्यमाणरीत्यायुज्यतएवेति ९ । १० आकाशस्यअभ्रपटलस्यचित्रतांविविधाकारत्वम् ११ । १२ अपिहितद्वाराआच्छादितेंद्रियगोलकाः १३ । १४ १५ । १६ । १७ विपक्षेदोषमाह यस्मादिति १८

'मानःपथःपित्र्यान्मानवादधिदूरंनैष्टपरावतः' इतिमंत्रलिंगात्कुलाचारस्यप्रामाण्यंगम्यतेतदप्यस्मास्वस्तीत्याह यथावदिति । अहिंस्राणामितिहिंसामयःकुलाचारोऽप्यप्रमाणमित्युक्तं । मंत्रार्थस्तु पित्र्यात्पित्रादिसं सेवितान्मानवात्मनुर्मंत्रस्तत्प्रकाशितात् त्रेदाविरुद्धादित्यर्थः पथोमार्गान्नोऽस्मान्दूरंमानैष्टनयतपरावतःबह्वायुष्मतोऽस्मानिति १९ शिष्टाचारंप्रमाणयति । प्रनष्टइतिद्वाभ्यां शाश्वतःशश्वद्भवःपरंपरयावेदमूलकत्वा दनादिर्धर्मःशिष्टाचारःसप्रनष्टः यतःसदाचारेणक्वचिदंशेविरुद्धेनमोहितःमोहंप्रापितः यथा 'अवर्त्याशुनआंत्राणिपेचे' 'यःपूजयितुंपितृदेवमनुष्यान्पेचआंत्राणिशुनः' इतिश्रुतिस्मृतिभ्यांवामदेवस्यश्रेष्ठतमस्यापिवी भत्सआचारआपदिश्वमांसभक्षणरूपःप्रदर्शितः पुराणेवाऋषभादीनांमहायोगिनामाचारंदृष्ट्वाआर्हतादयोमोहिताःपाषंडमार्गमनुगताइत्युक्तम् । तेनमोहरूपेणकारणेन वैद्योविद्यावान् तपस्वीजितेंद्रियः बल वान्जितकामक्रोधःसोऽपिंविमुह्यते विमुच्यतइतिपाठेतेनसदाचारेणेत्यर्थः अयंभावः । 'सर्वनाशेसमुत्पन्नेह्यर्धंत्यजतिपंडितः । अर्धनाशेसमुत्पन्नेसर्वंत्यजतिदुर्मतिः' इतिन्यायेनमूढाःशिष्टाचारमंशेविगीतं

यथावद्वर्तमानानांवृद्धानांपुत्रपौत्रिणाम् ॥ अनुवर्तामहेवृत्तमहिंस्राणांमहात्मनाम् १९ प्रनष्टःशाश्वतोधर्मःसदाचारेणमोहितः ॥ तेनवैद्यस्तपस्वीवाबल वान्वाविमुह्यते २० आचाराज्जालेप्राज्ञःक्षिप्रंधर्ममवाप्नुयात् ॥ एवंयःसाधुभिर्दान्तश्चरेदद्रोहचेतसा २१ नद्यांचेहयथाकाष्ठमुह्यमानंयदृच्छया ॥ यदृच्छ यैवकाष्ठेनसंधिंगच्छेतकेनचित् २२ तत्रापराणिदारूणिसंसृज्यंतेपरस्परम् ॥ तृणकाष्ठकरीषाणिकदाचिन्नसमीक्षया २३ यस्मान्नोद्विजतेभूतंजातुकिं चित्कथंचन ॥ अभयंसर्वभूतेभ्यःसप्राप्नोतिसदामुने २४ यस्मादुद्विजतेविद्वन्सर्वलोकोवृकादिव ॥ क्रोशतस्तीरमासाद्ययथासर्वेजलेचराः २५ एवमेवाय माचारःप्रादुर्भूतोयतस्ततः ॥ सहायवान्द्रव्यवान्यःसुभगोऽथपरस्तथा २६ ततस्तानेवकवयःशास्त्रेषुप्रवदंत्युत ॥ कीर्त्यर्थमल्पहृल्लेखाःपटवःकृत्स्नि र्णयाः २७ तपोभिर्यज्ञदानैश्चवाक्यैःप्रज्ञाश्रितैस्तथा ॥ प्राप्नोत्यभयदानस्ययद्यत्फलमिहाश्नुते २८ लोकेयःसर्वभूतेभ्योददात्यभयदक्षिणाम् ॥ ससर्वयज्ञैरीजानःप्राप्नोत्यभयदक्षिणाम् २९

दृष्ट्वाकृत्स्नमपित्यजंतिस्वभाववादंचानुरुद्ध्यंते । बुद्धास्तुश्रुत्यंतरविरुद्धंविरुद्धांशमात्रंत्यक्त्वातेनैवसदाचारेणमुच्यंतइति २० एतदेवाह आचारादिति । धर्ममोक्षोपयोगिनमधिकारं । उपसंहरति एवमिति । साधुभिश्चीर्णंधर्मंयश्चरेत्सधर्ममाप्नुयादित्यन्वयः २१ नद्यामिति । नदीप्रवाहेणकाष्ठानामिवकर्मप्रवाहेणपितृपुत्रादीनांसंयोगवियोगावित्याशयः २२ । २३ लोकस्यकर्माधीनत्वात्सुखार्थीनकंचिदुद्वेजये दित्याह यस्मादिति । एतत्फलमाह अभयमिति २४ विपक्षेदोषमाह यस्मादिति । वृकःहिंस्रपशुः दृष्टांतेवडवाग्निः २५ अयमभयदानलक्षणः यतस्ततःसर्वोपायसाध्यःसहायादिसाध्योबंदीमोचनादिरूपः सुभगःऐश्वर्यहेतुः परःपरलोकहेतुश्च २६ ततोऽभयदानात् तान्साहयादियुक्तान्प्रवदंति प्रकृष्टान्वदन्ति तेचयदिअल्पहृल्लेखाःअल्पंबाह्यसुखंहृदिलेखेवप्रतिष्ठितंयेषांतेबहिर्मुखाःकीर्त्यर्थमभयदानंकुर्युःयेपटवः कुशलाः कृत्स्नंब्रह्मतन्मूलकएवतदर्थमेवाभयदानमितिनिर्णयोयेषां अभयदानंसर्वेषांसंमतमित्यर्थः २७ तपआदिभिर्यद्यत्फलमश्नुतेतदभयदानस्याभयदानेनप्राप्नोति २८ एतदेवप्रशंसति लोकेइत्यादिना २९

३० । ३१ अभयदानस्यपार्यंतिकंफलमाह सर्वेति । सर्वेषांभूतानामात्मभूतस्यप्रत्यगात्मनः 'आत्माह्येषांसभवतियत्रत्वस्यसर्वमात्मैवाभूत्तत्केनकंपश्येत्' इत्यादिश्रुतिप्रसिद्धानिर्विकल्पकावस्थाउक्ता । सर्वभूता निपश्यतइति 'आत्मनोवाअरेदर्शनेनश्रवणेनमत्याविज्ञानेनेदंसर्वंविदितं' इतिश्रुतिप्रसिद्धसार्वज्ञ्यफलासविकल्पावस्था उक्ता । अतएवास्यविभुत्वेनगगनस्येवगत्यभावाद्देवाआपि संधिरार्षः मार्गेमुह्यंति पदंब्रह्मलोकादितद्रहितस्य पदैषिणोदेवाः ३२ अभयदानश्रैष्ठ्यमुपसंहरति दानमिति ३३ अस्यैवस्तुत्यर्थंकाम्यंकर्मक्षयिष्णुत्वेनानिंदति सएवेति । सुभगःस्वर्गी व्यापत्तिंनाशं कर्मणांकर्मफलानांस्वर्गादीनां ३४ अकारणः कारणमनुष्ठानप्रयोजकंफलंतद्धीनः सूक्ष्मोऽभयदानात्मकः भूतंब्रह्मभव्यंस्वर्गादिउभयार्थमेव धर्माणांशमादीनांयज्ञादीनांचप्रवचनमध्ययनंवेदेकृतं अतःस्थूलधर्माद्यज्ञादेरन्यःसूक्ष्मधर्मोऽस्तीतिभावः ३५ कुतः

नभूतानामहिंसायाज्ज्यायान्धर्मोऽस्तिकश्चन ॥ यस्मान्नोद्विजतेभूतंजातुकिंचित्कथंचन ॥ सोऽभयंसर्वभूतेभ्यःसंप्राप्नोतिमहामुने ३० यस्मादुद्विजतेलोकः सर्पाद्वेश्मगतादिव ॥ नसधर्ममवाप्नोतिइहलोकेपरत्रच ३१ सर्वभूतात्मभूतस्यसर्वभूतानिपश्यतः ॥ देवाऽपिमार्गेमुह्यंतिअपदस्यपदैषिणः ३२ दानंभूताऽभयस्याहुःसर्वदानेभ्यउत्तमम् ॥ ब्रवीमितेसत्यमिदंश्रद्दधस्वचजाजले ३३ सएवसुभगोभूत्वापुनर्भवतिदुर्भगः ॥ व्यापत्तिंकर्मणांदृष्ट्वाजुगुप्संतिजनाःसदा ३४ अकारणोहिनैवास्तिधर्मःसूक्ष्मोहिजाजले ॥ भूतभव्यार्थमेवेहधर्मप्रवचनंकृतम् ३५ सूक्ष्मत्वान्नसविज्ञातुंशक्यतेबहुनिह्नवः ॥ उपलभ्यांतराचान्यानाचारानवबुध्यते ३६ येचच्छिंदन्तिवृषणान्येचभिंदंतिनस्तकान् ॥ वहंतिमहतोभारान्बध्नंतिदमयंतिच ३७ हत्वासत्वानिखादंतितान्कथंनविगर्हसे ॥ मानुषामानुषानेवदासभावेनभुंजते ३८ वधबंधनिरोधेनकारयंतिदिवानिशम् ॥ आत्मनश्चापिजानातियद्दुःखंवधबंधने ३९ पंचेंद्रियेषुभूतेषुसर्वंवसतिदैवतम् ॥ आदित्यश्चंद्रमावायुर्ब्रह्माप्राणःक्रतुर्यमः ४० तानिजीवानिविक्रीयकामृतेषुविचारणा ॥ अजोऽग्निर्वरुणोमेषःसूर्योऽश्वःपृथिवीविराट् ४१ धेनुर्वत्सश्चसोमोवैविक्रीयैतन्नसिध्यति ॥ कातैलेकाघृतेब्रह्मन्मधुन्यप्यौषधेषुवा ४२ अदंशमशकेदेशेसुखसंवर्धितान्पशून् ॥ तांश्चमातुःप्रियान्जानन्नाक्रम्यबहुधानराः ४३ बहुदंशाकुलान्देशान्नयंतिबहुकर्दमान् ॥ वाहसंपीडिताधुर्याःसीदंत्यविधिनापरे ४४ नमन्येभ्रूणहत्याऽपिविशिष्टातेनकर्मणा॥कृषिंसाध्वितिमन्यंतेसाचवृत्तिःसुदारुणा ४५ भूमिंभूमिशयांश्चैववहंतिकाष्ठमयोमुखम् ॥ तथैवानडुहोयुक्तान्समवेक्षस्वजाजले ४६

सूक्ष्मधर्मोदुर्ज्ञेयः यतोबहुनिह्नवः 'सप्तदशप्राजापत्यान्पशूनालभतेसप्तदशःप्रजापतिःप्रजापतेराप्त्या' इत्यादिविधयःश्रेयःसाधनत्वेनहिंसामुपदिशंतोऽहिंसाशास्त्रमुपमृद्गन्तीत्यर्थः । तर्हितदप्रमाणमेवेत्याशंक्याह उपलभ्येति । 'उक्षाणंवावेहतंवाक्षदंते' 'महोक्षंवामहाजंवाश्रोत्रियायोपकल्पयेत्' इतिश्रुतिस्मृतिविहितोमधुपर्केगवालंभएकआचारः । 'मागामनागामदितिंवधिष्ठ' इतिमंत्रलिंगावगतोगवोत्सर्गविधिस्तद्विरुद्धोऽन्यआचारः । तत्राऽनागामितिविशेषणात्क्रत्वर्थहिंसाविधेरहिंसाविधिर्ज्यायानितिगम्यते अनागस्त्वस्यप्राजापत्यपशुष्वपितुल्यत्वादित्यास्तांतावत् ३६ यदुक्तमलक्तपद्मकादीन्यपण्यानिविक्रीणासीतितत्राह येचेति । नस्तकान्नासागर्भान् वहंतिवाहयंति ३७।३८।३९।४०।४१।४२।४३ अविधिना क्रत्वर्थोऽपिहिंसादोषावहा किमुताऽक्रत्वर्थेत्यर्थः ४४ एतदेवाह नमन्येइति ४५ भूमिशयान्सर्पादीन् अयोमुखंकाष्ठंलांगलम् ४६

आप्यायध्वमघ्न्यादेवभागमितिश्रुतिप्रसिद्धमघ्न्याइतिगवांनाम नहंतुंशक्याअघ्न्याइतियोगाद्गवामवध्यत्वंश्रौतमित्यर्थः । चकारकृतवान् आलभेद्धिंस्यात् पृषध्रोगांलभन्निवेतिपाठेगांगोजातीयापृषध्रबाणोलभन्स्पृशन्निव व्याघ्रभ्रांत्यानिसृष्टोबाणोगविपतितोनतुगविविसृष्टइत्यर्थः ४७ । ४८ शतमिति । यथेंद्रस्यब्रह्महत्यानार्यादिषुरजआदिरूपेणक्षिप्ताएवंनहुषकृतागोहत्यासर्वभूतेष्वेकाधिकशतरोगरूपेणक्षिप्तेत्यर्थः ४९ भ्रूणहमिति 'ब्राह्मणाश्चैवगावश्चकुलमेकंद्विधाकृतम् ॥ एकत्रमंत्रास्तिष्ठंतिहविरेकत्रतिष्ठति' इतिस्मृतेर्गवांब्राह्मणेनसहसमानवंशत्वाद्गोघ्नोऽपिभ्रूणहैवेत्यर्थः ५० एवमुक्त्वाऽपितपसाध्यानेनतंप्रत्यवेदयन्प्रतीपमवेदयन् हंतारमपिधीपूर्वमहंतारंनहुषंध्यानबलेनज्ञात्वातथैवलोकेऽपिप्रमादात्कृतोऽपिगोवधोव्याधिरूपेणसर्वलोकोपकारायाभूत्किमुतबुद्धिपूर्वंकृतइतिज्ञापितवंतइत्यर्थः ५१ केवलेति । मधुपर्कादौगवाद्यालंभःपूर्वैःकृतइत्यंधपरंपरामात्रात्करोषिनतुतत्त्वबुद्ध्या ५२ कारणाद्धेतुतः येनभूतानामभयंसधर्मइतिजानीयान्नगतानुगतिकःस्यादित्यर्थः ५३ प्रियाप्रियंहर्षविषादौतौहिहिंसायांप्रवर्तयतः तथाचापस्तंबः । 'हृष्टो

अघ्न्याइतिगवांनामकएताहंतुमर्हति ॥ महच्चकाराकुशलंवृषंगांवाऽलभेत्तुयः ४७ ऋषयोयतयोह्येतन्नहुषेप्रत्यवेदयन् ॥ गांमातरंचाप्यवधीर्वृषभंचप्रजापतिम् ४८ अकार्यंनहुषाकार्षीर्लप्स्यामस्त्वत्कृतेव्यथाम् ॥ शतंचैकंचरोगाणांसर्वभूतेष्वपातयन् ४९ ऋषयस्तेमहाभागाःप्रजास्वेवहिजाजले ॥ भ्रूणहंनहुषंत्वाहुर्नतेहोष्यामहेहविः ५० इत्युक्त्वातेमहात्मानःसर्वेतत्त्वार्थदर्शिनः ॥ ऋषयोयतयःशांतास्तपसाप्रत्यवेदयन् ५१ ईदृशानशिवान्घोरानाचारानिहजाजले ॥ केवलाचरितत्वात्तुनिपुणोनावबुद्ध्यसे ५२ कारणाद्धर्ममन्विच्छेन्नलोकचरितंचरेत् ॥ योहन्याद्यश्चमांस्तौतितत्रापिशृणुजाजले ५३ समौतावपिमेस्यातांनहिमेऽस्तिप्रियाप्रियम् ॥ एतदीदृशकंधर्मंप्रशंसंतिमनीषिणः ५४ उपपत्त्याहिसंपन्नोयतिभिश्चैवसेव्यते ॥ सततंधर्मशीलैश्चनिपुणेनोपलक्षितः ५५ ॥ इति श्रीमहाभारते शांतिपर्वणि मोक्षधर्मपर्वणि तुलाधारजाजलिसंवादे द्विषष्ट्यधिकद्विशततमोऽध्यायः ॥ २६२ ॥ ॥ ॥

॥ जाजलिरुवाच ॥ ॥ अयंप्रवर्तितोधर्मस्तुलांधारयतात्वया ॥ स्वर्गद्वारंचवृत्तिंचभूतानामवरोत्स्यते १ कृष्याद्यन्नंप्रभवतिततस्त्वमपिजीवसि ॥ पशुभिश्चौषधीभिश्चमर्त्याजीवंतिवाणिज २ ततोयज्ञःप्रभवतिनास्तिक्यमपिजल्पसि ॥ नहिवर्तेदयंलोकोवार्तामुत्सृज्यकेवलाम् ३ ॥ ॥ तुलाधारउवाच ॥ वक्ष्यामिजाजलेवृत्तिंनास्मिब्राह्मणनास्तिकः ॥ नयज्ञंचविनिंदामियज्ञवित्तुसुदुर्लभः ४

दृप्यतिदृप्तोधर्ममतिक्रामतिधर्मातिक्रमान्नश्यतीति क्रुद्धोहन्यात्पितॄनपि' इति तस्मात्सर्वभूताभयप्रदानमेवमहान्धर्मइत्याशयः ५४ सेव्यतेधर्मः निपुणेनचक्षुषोपलक्षितश्च ५५ ॥ इति शांतिपर्वणि मोक्षधर्मपर्वणि नीलकंठीये भारतभावदीपे द्विषष्ट्यधिकद्विशततमोऽध्यायः ॥ २६२ ॥ ॥ येचच्छिद्रंतिदूषणानित्यादिनाकृषिंदूषयतात्वयालोकद्वयंनाशितमित्याह अयमिति १ । २ नास्तिक्यंहिंसात्मकत्वेनयज्ञनिंदा ३ वृत्तिमहिंस्रांजीविकांवक्ष्यामिवच्मि अस्मद्वृत्त्यावानप्रस्थवृत्त्यावन्येनवाजीविकायाःसंभवात्किंहिंसात्मकयाकृष्येतिभावः । नचकृषिद्रोहमात्रान्नास्तिक्यंयज्ञनिंदावाकृताभवतीत्याह नास्मीति । तथापियज्ञवित्यज्ञोवैविष्णुरितिश्रुतेर्योयज्ञभोक्तारंपरमात्मानंवेदसदुर्लभः ४

ब्राह्मणानांब्रह्मविदांयज्ञोब्रह्माग्नौजीवहविषस्त्यागस्तस्मैयोगायेत्यर्थः । स्वयज्ञंयोगं क्षत्रयज्ञंहिंसामयंज्योतिष्टोमादिं ५ क्षत्रयज्ञंविशिनष्टि लुब्धैरिति । हेब्रह्मन् आस्तिकैर्वेदप्रामाण्यवादिभिः वेदवादान् अर्थवादान्तेषांस्तुतिमात्रेतात्पर्यमित्यविज्ञाय सत्यवदाभासमानंस्वरूपतःअनृतंआविद्यकब्राह्मण्याद्यध्यासमूलत्वात्लुब्धैःसंप्रवर्तितं । तथाचश्रुतिः 'नीहारेणप्रावृताजल्प्याचासुतृपउक्थशासश्चरंति' इति अज्ञानेनआवृताः जल्प्याअर्थवादगिरा असुतृपःप्राणपोषकाः उक्थशासःकर्मानुशासनपराः ६ इदमिति । 'यज्ञआयुष्मान्सदक्षिणाभिरायुष्मान् । प्राचीदिग्घोतुर्दक्षिणाऽध्वर्योः' इत्यादिश्रुतिस्मृतिविहितादाक्षिणादेया । षट्देयाद्वादशंदेयाइतितादृशश्चदक्षिणावानयंयज्ञःप्रशस्यते । अन्यथाअतोयज्ञादेवस्तैन्यंलुब्धस्ययजमानस्यसामर्थ्येसतियथोक्तदक्षिणामददतःप्रकर्षेणभवति । विकर्माणितस्यकर्माणिविपरीतान्यश्रेयस्कराणिचभवंति । यथोक्तं 'प्रभुःप्रथमकल्पस्ययोऽनुकल्पेनवर्त्तते ॥ सनाप्नोतिफलंतस्यपरत्रेतिश्रुतिःस्मृतिः' इति 'नास्तियज्ञसमोरिपुः' इतिच ७ एवंक्षत्रयज्ञंनिंदित्वाब्राह्मणयज्ञस्वरूपमाह यदेवेति । सुकृतंसुकृतार्जितंहव्यं तदेवात्रिविधमाह नमइति। नमस्कारात्मकेनहविषेतिसामानाधिकरण्यं 'योनमसास्वध्वर'इति'यज्ञोवैनमइतीहिब्राह्मणंभवति'इतिश्रुतिस्मृतिभ्यांनमस्कारस्यैवयज्ञत्वावगतेः तथास्वाध्यायैर्हविषेति संबंधः । 'वयमग्नेअर्वतावासुवीर्यंब्रह्मणावाचिंतयेमाजनाँअति' इतिवेदस्यापियज्ञत्वश्रुतेः अर्वताअश्वेनब्रह्मणावेदेनवाऽग्नेत्वांचिंतयेमजानीम । तथाचाश्वमेधतुल्यत्वंब्रह्मयज्ञस्योक्तं आश्वलायनगृह्येऽपि 'आते

नमोब्राह्मणयज्ञाययेचयज्ञविदोजनाः ॥ स्वयज्ञंब्राह्मणाहित्वाक्षत्रयज्ञमिहास्थिताः ५ लुब्धैर्वित्तपरैर्ब्रह्मन्नास्तिकैःसंप्रवर्तितम् ॥ वेदवादानविज्ञायसत्याभासमिवानृतम् ६ इदंदेयमिदंदेयमितिचायंप्रशस्यते ॥ अतःस्तैन्यंप्रभवतिविकर्माणिचजाजले ७ यदेवसुकृतंहव्यंतेनतुष्यंतिदेवताः ॥ नमस्कारेणहविषास्वाध्यायैरौषधैस्तथा ॥ पूजास्यादेवतानांहियथाशास्त्रनिदर्शनम् ८ इष्टापूर्तादसाधूनांविगुणाजायतेप्रजा ॥ लुब्धेभ्योजायतेलुब्धःसमेभ्योजायतेसमः ९ यजमानायथाऽऽत्मानमृत्विजश्चतथाप्रजाः ॥ यज्ञात्प्रजाप्रभवतिनभसोंभइवामलम् १० अग्नौप्रास्ताहुतिर्ब्रह्मन्नादित्यमुपगच्छति ॥ आदित्याज्जायतेवृष्टिर्वृष्टेरन्नंततःप्रजाः ११ तस्मात्सुनिष्ठिताःपूर्वेसर्वान्कामांश्चलेभिरे ॥ अकृष्टपच्यापृथिवीआशीभिर्वीरुधोऽभवन् १२

अग्नऋचाहविर्हृदातष्टंभरामसि ॥ तेतेभवंतूक्षणऋषभासोवशाउत' इत्येतएव उक्षाणश्चऋषभाश्चवशाश्चभवंतियइमंस्वाध्यायमधीयतेइति । तथाऔषधैर्व्रीहियवादिभिः 'पशुभ्योवैमेधाउदक्रामंस्तौव्रीहिश्चैवयवश्चभूतावजायेतांतस्मादापुःपुरोडाशसत्रंलोक्यं' इतिचतयोर्हविष्ट्वावगमात्पुरुषाश्वगोऽजानांपशूनाममेध्यत्वश्रुतेश्च तएतउत्क्रांतमेधाअमेध्याःपशवः इति तथाचैतैस्त्रिभिर्हविर्भिर्देवतापूजायज्ञाख्याकर्तव्येतिशास्त्रेवेदेनिदर्शनंप्रत्यायकंवचनमास्तितदप्युदाहृतमेव ८ ननु 'इष्टान्भोगान्हिवोदेवादास्यंतेयज्ञभाविताः' इतिभगवतायज्ञानांधनपुत्रादिप्राप्त्यर्थत्वोक्तेःकिंतैर्मोक्षानुपयोगिभिरित्याशंक्याह इष्टेति । इष्टंइष्टिपशुसोमादि आपूर्तंतटाकारामादि असाधूनांकामनावतांयज्ञात्तादृगेवलुब्धमपत्यंभवति । समेभ्योरागद्वेषशून्येभ्यइष्टादिकर्तृभ्योऽनीप्सिताऽपितादृशीप्रजाजायतइत्यर्थः ९ अंत्यमर्धंव्याचष्टे यजमानाइति। ऋत्विजोयजमानाश्चयथाआत्मानंसकाममकामंवापश्यंतितथाउभयेषामपिप्रजाभवति तथाहि ऋत्वंगोपासनस्यऋत्विककर्तृकस्यापिफलंउभयगामिदृष्टंआत्मनेवायजमानायवायंकामंकामयतेतमागायानीति १० यज्ञस्यप्रजाहेतुत्वेमनुवाक्यंप्रमाणयति अग्नाविति ११ तस्मात्यज्ञात् सुनिष्ठितायज्ञमात्रनिष्ठानतुकामपराः पूर्वेविनाऽविफलाभिसंधिंसर्वान्कामान्नांतरीयकतयालेभिरे यथोक्तमापस्तंबेन । 'तद्यथाऽऽम्रेफलार्थेनिर्मितेच्छायागंधइत्यनूत्पद्येतेएवंधर्मंचर्यमाणमर्थाअनूत्पद्यंते' इति। एतदेवाह:अकृष्टेति। यथाच कर्षणाभावान्नगवांभुवोभूमिशयानांवाहिंसाभवति अभवन्फलपुष्पवत्यइतिशेषः। आशीर्भिर्जगतःशुभानुध्यानेन १२

नतेइति । यज्ञानांस्वाभाविकत्वादात्मनश्चाऽनाधेयातिशयत्वान्नकर्मणःफलंकर्तारपिश्यंति शंकमानायज्ञेफलमस्तिनवेतिसंदिहानाः १३ असाधवः धूर्ताः दांभिकाः । सस्मेत्यादिसार्धः । अप्रमाणेनकुतर्केणप्रमाणं वेदंअशुभंकुर्यात्सः पापकृतांलोकानगच्छेत्स्मेत्यन्वयः । सचसदैवाकृतप्रज्ञोभवतिनकदाचिदपिमुच्यतइत्यर्थः १४ । १५ एवंश्लोकत्रयेणफलाभिसंधिशून्यंकर्मप्रशस्यदांभिककुतार्किकौचनिंदितौ इदानीं विद्वदभिसंधिमाह कर्तव्यमिति । कर्मेत्युत्तरश्लोकादपकृष्यते कर्मकर्तव्यं नित्यमित्येवकर्तव्यं कुतोनित्यंयतःवैइतिनिश्चितंब्राह्मणोवेदनिष्ठःभयंवेत्ति कर्माकरणेइतिशेषः । ब्राह्मणशब्दार्थमाह ब्रह्मेति । लोके ऋत्विग्घविर्मंत्राग्न्यादिरूपेणब्रह्मैववर्ततेइतियोवेत्तिकर्तव्यतांकर्तुमर्हतांआत्मनिचयोवर्णाध्यासपूर्वकंकर्तृत्वंचपुनर्नैववेत्तिसब्राह्मणइत्यर्थः । कर्तृत्वाभिमानंफलाभिलाषंचत्यक्त्वाकर्मांगेषुब्रह्मदृष्टिंकुर्वाणाअन्नपानादाविवस्वरसेनैवकर्माणिकुर्वंतीत्यर्थः १६ यदुक्तमतःस्तैन्यंप्रभवतीतिविगुणात्कर्मणोदोषोऽस्तीतितत्राह विगुणमिति । एवंविदोब्राह्मणस्यविगुणमपिकर्मज्यायः तथाचानुशुश्रुमवेदे । 'यदुचैवास्मिन्नशव्यंकुर्वंतियदिचनार्चिषमेवाभिसंभवतीति' ।' अंत्येष्ट्यभावेपिविदुषोऽर्चिरादिगतिरस्त्येवकिमुततत्रांगवैगुण्येइतिश्रुत्यर्थः । किंचैवंविदःकर्मणिसर्वैर्भूतैःश्वसूकरादिभिरमेध्यपशुभिरुपघातोऽपिज्यायान् आत्मानुसंधानहेतुत्वात् नतुमूढस्यसांगमपिकर्मज्यायइतिभावः । तथाफलभावेउपघातफलस्यइदंमेकर्मानेनोपघातेननष्टमितिबुद्धिस्तत्सत्त्वेसंयमःप्रायश्चित्तमुक्तंनान्यथा चकारोहेत्वर्थः । तथाचाम्नातमैतरेयके 'तदाहुर्य

नतेयज्ञेष्वात्मसुवाफलंपश्यंतिकिंचन ॥ शंकमानाःफलंयज्ञेयेयजेरन्कथंचन १३ जायन्तेसाधवोधूर्तालुब्धावित्तप्रयोजनाः ॥
सस्मपापकृतांलोकान्गच्छेदशुभकर्मणा १४ प्रमाणमप्रमाणेनयःकुर्यादशुभंनरः ॥ पापात्मासोऽकृतप्रज्ञःसदैवेहद्विजोत्तम १५
कर्तव्यमितिकर्तव्यंवेत्तिवैब्राह्मणोभयम् ॥ ब्रह्मैववर्ततेलोकेनैवकर्तव्यतांपुनः १६ विगुणंचपुनःकर्मज्यायइत्यनुशुश्रुम ॥
सर्वभूतोपघातश्चफलभावेचसंयमः १७ सत्ययज्ञादमयज्ञाअर्थलुब्धार्थतृप्तयः ॥ उत्पन्नत्यागिनःसर्वेजनाआसन्नमत्सराः १८
क्षेत्रक्षेत्रज्ञतत्वज्ञाःस्वयज्ञपरिनिष्ठिताः ॥ ब्राह्मंवेदमधीयंतस्तोषयंत्यपरानपि १९ अखिलंदैवतंसर्वंब्रह्मब्रह्मणिसंश्रितम् ॥
तुष्यंतितृप्यतोदेवास्तृप्ताऽतृप्तस्यजाजले २०

स्यगार्हपत्याहवनीयावंतरेणानोवारथोवाऽश्वोवाप्रतिपद्येतकातत्रप्रायश्चित्तिरितिनैनन्मनसिकुर्यादित्याहुरात्मन्यस्यहिताभवंतीतितचेन्मनसिकुर्वीतगार्हपत्यादविच्छिन्नामुदकधारांहरेत्तंतुंतन्वन्नरजसोभानुमन्विहीत्याहवनीयात्सातत्रप्रायश्चित्तिः' इति । अनःशकटं एनत्एतत् अस्ययजमानस्य आत्मनिस्वरूपे हियस्मात् तातानिअनआदीनि सुपांसुलुगितिसुपोडादेशः १७ एवंविदुषःकर्मयज्ञंप्रशस्ययज्ञांतरमप्याहशिष्टाचारप्रदर्शनमुखेन सत्येति । अर्थलुब्धाःपरमपुरुषार्थेलोभवंतःअर्थेषुधनेषुविषयेतृप्तिर्येषांते वैराग्यतृप्ताइत्यर्थः परमपुरुषार्थेनैवतृप्ताइतिवा । उत्पन्नत्यागिनः श्वस्तनसंग्रहमकुर्वतः अमत्सराइतिच्छेदः १८ स्वयज्ञो योगः ब्राह्मंवेदंप्रणवं १९ कथंतोषयंतीत्यतआहाखिलमिति सर्वंब्रह्मप्रणवः कार्यकारणोभयरूपत्वात् । 'एतद्वैसत्यकामपरंचापरंचब्रह्मयदोंकारः' इतिश्रुतेः तदखिलंदैवतंसर्वदेवतात्मकं वाच्यवाचकयोरभेदात् । ओंकारःसर्वदैवत्यइत्यनुक्रमणिकायांकात्यायनवचनाच्च । तच्चब्रह्मणिब्रह्मविदिस्थितं अतस्तृप्यतोऽश्नतोब्रह्मविदस्तृप्तस्यच सप्तम्यर्थेषष्ठी ब्रह्मविदितृप्तेसतिदेवाविराडवयवभूताआदित्यादयस्तुष्यंति तथाचोक्तंछांदोग्ये । 'प्राणेतृप्यतिचक्षुस्तृप्यतिचक्षुषितृप्यत्यादित्यस्तृप्यति' इत्यादि । भुंजानोऽपिविद्वान्विश्वंतर्पयतिकिमुतयजमानइत्याशयः २०

॥ १३८ ॥

किंचनरसातरंनाभिनंदतिदृष्ट्वानतुष्यति २१ ईदृक्प्रज्ञालाभेहेतुमाह धर्मेति। धर्माधाराधर्मैकाश्रयाः धर्मसुखाधर्मेणैवसुखंयेषां कृत्स्नंकार्याकार्यंव्यवासितंनिश्चितंयैःईदृशावयंस्मः । नःअस्माकंतत्त्वतःस्वरूपात्बुद्धौ
चिदाभासात्मकात्सूत्रात्मकप्राणसंज्ञात्भूयःबहुतरंविश्वव्यापकत्वात्प्राणएवसर्वापेक्षयाभूयान्ततोऽपिबहुतरः । प्राणाद्युत्पत्तिस्थानंभूतात्माऽस्तीतिप्राज्ञःकर्माभिःशुद्धांतःकरणईक्षतेआलोचयति २२ तितीर्षवो
यत्रगत्वानशोचंतितत्ब्रह्मणःस्थानंसात्विकाःप्राप्नुवंतीतिद्वयोःसंबंधः । ज्ञानंशास्त्रजंविज्ञानमनुभवस्तद्वंतः २३ । २४ नैवेति । तेतितीर्षवः तस्यनाममहद्यशःइतिश्रुतेर्यशोब्रह्म । धनैर्धनसाध्यैःकर्मभिःसतांव
र्त्मयोगमनुवर्तंते यजंतेचाविहिंसया २५ विदुःहविष्ट्वेन एतान्निर्धनान् ऋत्विजोनयाजयंति यतःफलार्थिनोधनार्थिनः २६ कथंतर्हितेयज्ञंसंपादयंतीत्यतआह स्वमेवेति । स्वमात्मानमेव अर्थंयज्ञोपकरणसामग्रीं
संकल्पसमकालोत्थांकुर्वाणामानसिकंयज्ञंचक्रुः तथाचोपबृंहितंत्रिताख्यायिकयाप्रागेव मंत्रलिंगंच । 'त्रितःकूपेऽवहितोदेवान्हवतऊतये' इति ऊतयेयज्ञसंतत्यविच्छेदाय । परिनिष्ठितंसमापितंकर्मयैस्तेतथाभूता
अपिलोकानुग्रहार्थमानसैर्यज्ञैर्यजंतेइत्यर्थः २७ यस्मादेवंविधान्लुब्धाऋत्विजोनयाजयंतितेचतान्नेच्छंतितस्माचानेवाशुभान्मोक्षेच्छारहितांस्तेलुब्धाऋत्विजोयाजयंतीत्याह तस्मादिति । इतरेतुसाधवःस्वधर्मा

यथासर्वरसैस्तृप्तोनाभिनंदतिकिंचन ॥ तथाप्रज्ञानतृप्तस्यनित्यतृप्तिःसुखोदया २१ धर्माधाराधर्मसुखाःकृत्स्नव्यवसितास्तथा ॥ अस्तिनस्तत्त्वतोभूयइ
तिप्राज्ञस्त्ववेक्षते २२ ज्ञानविज्ञानिनःकेचित्परंपारंतितीर्षवः ॥ अतीवपुण्यदंपुण्यंपुण्याभिजनसंहितम् २३ यत्रगत्वानशोचंतिनच्यवंतिव्यथन्तिच ॥
तेतुतद्ब्रह्मणःस्थानंप्राप्नुवंतीहसात्विकाः२४ नैवतेस्वर्गमिच्छंतिनयजंतियशोधनैः ॥ सतांवर्त्मानुवर्तन्तेयजंतेचाविहिंसया २५ वनस्पतीनोषधीश्चफलंमूलं
चतेविदुः ॥ नचैतानृत्विजोलुब्धायाजयंतिफलार्थिनः २६ स्वमेवचार्थंकुर्वाणायज्ञंचक्रुःपुनर्द्विजाः ॥ परिनिष्ठितकर्माणःप्रजानुग्रहकाम्यया २७ तस्मात्ता
नृत्विजोलुब्धायाजयंत्यशुभान्नरान् ॥ प्रापयेयुःप्रजाःस्वर्गेस्वधर्माचरणेनवै ॥ इतिमेवर्ततेबुद्धिःसमासर्वत्रजाजले २८ यानियज्ञेष्विहेज्यंतिसदाप्राज्ञाद्वि
जर्षभाः॥ तेनतेदेवयानेनपथायांतिमहामुने २९ आवृत्तिस्तस्यचैकस्यनास्त्यावृत्तिर्मनीषिणः ॥ उभौतौदेवयानेनगच्छतोजाजलेयथा ३०

चरणेनपरान्उपकुर्वंतिनतुधर्मफलंकामयंतेसमबुद्धित्वादित्याह प्रापयेयुरिति । इतीति इतिहेतोःसदसद्वृत्त्योर्विभिन्नत्वादहंसद्वृत्तमेवानुसरामीत्यर्थः २८ यानीति । यानिमार्गदैवतानिधूमरात्र्यादीनिपुनरावृत्तिप्रदमार्ग
प्रदर्शकानिअर्चिरहरादीनिअपुनरावृत्तिप्रदमार्गप्रदर्शकानिवा । प्राज्ञाःकर्मठाउपासकावा इज्यंतियजंते तेनयजनेन 'तंयथायथोपासतेतथेतःप्रेत्यभवंति' इतिश्रुतेस्तेयजमानाःयथाभावनंतेनतेनदेवयानेनपथामा
र्गेणअत्रपितृयाणोऽपिदेवयानपदेनोच्यते तेपितृलोकंदेवलोकंवायांति । 'कर्मणापितृलोकोविद्ययादेवलोकः' इतिश्रुतेः २९ तस्यदेवयानेनगतस्यापिएकस्यकर्मठस्यावृत्तिरस्ति । अथैतमेवाध्वानंपुनर्निवर्ततइति
धूमादिमार्गेणगतानामावृत्तिश्रुतेः । मनीषिणोमनोरोधशीलस्योपासकस्यनास्त्यावृत्तिः नचपुनरावर्ततइत्यर्चिरादिमार्गगतानामनावृत्तिश्रुतेः । उभौकर्मठोपासकौ देवैःधूमाग्न्यादिभिरातिवाहिकैःसहयांत्य
स्मिन्निति देवयानस्तेनदिव्येनमार्गेणयद्यप्युभावपिगच्छतस्तथाऽपिसंकल्पभेदात्तयोरावृत्त्यनावृत्तीभवतइतिमहद्वैलक्षण्यमित्याशयः ३०

विदुषांसत्यसंकल्पानामैश्वर्यमाह स्वयमिति । अनड्वाहइत्युपलक्षणं सर्वमेषांसौभर्यादीनामिवसंकल्पेनैवासिद्ध्यतीत्यर्थः उस्राधेनवः ३१ तेषांक्रतवोऽपिमानसिकाएवेत्याहार्धेन स्वयमिति । सिद्धसंकल्पत्वा द्यूपदक्षिणादीन्मनसैवसृजंतीत्यर्थः । ततश्चकिमित्यतआह यइति । भावितात्मायोगाभ्यासशोधितचित्तःसमधुपर्केगांआलब्धुंहिंसितुमर्हति । नकर्मणालिप्यतेपापकेनेतिविदुषिदोषालेपश्रुतेः ३२ इतरस्तुपशुबी जादिवधात्मत्यवैत्येवेत्याह नताद्दशाइति । मूढाःनगवौषधादिभिर्यष्टुमर्हाइत्यर्थः । इतीति । यस्मात्त्यागिनामीदृङ्माहात्म्यंतस्माद्धेतोरित्यर्थः ३३ संक्षेपेणत्यागिनोलक्षणमाह निराशिषमिति ३४ कांगतिंयाति 'तस्मादाहुरयजमानमददानमासुरोबत' इतिश्रुतेःसआसुरःकामपिगतिंदेवमार्गंपितृमार्गंवानयातीत्यर्थः । कथंतर्हिगतिंयांतीत्यतआहार्धेन इदमिति । इदंनिराशिषमितिश्लोकोक्तलक्षणंदवतंदैवतमिवसेवनी यंकृत्वायथायथावत्यज्ञंपरमात्मानं । 'यज्ञोवैविष्णुः' इतिश्रुतेः । अवाप्नुयात् ३५ मुनीनांस्वयंयूपानुपादाययजंतेस्वाप्तदक्षिणैरित्युक्तरूपाणामात्मयाजिनांएतत्तत्त्वंरहस्यंनस्मश्रृणुमोनश्रुतवंतोवयं यतःकष्टं गहनंअतस्त्वांपृच्छामि अस्ययोगधर्मस्य नावेक्षमाणाःनआलोचनंकृतवंतः अवेक्षमाणाअपिअतःपरमपितंधर्मंनस्थापयंतिलोकेनप्रवर्त्तयंतिरहस्यत्वादेव ३६ यस्मिन्निति विभक्तिप्रतिरूपकमव्ययंयत्रार्थे एवएवं

स्वयंचैषामनड्वाहोयुज्यंतिचवहंतिच ॥ स्वयमुस्राश्चदुह्यंतेमनःसंकल्पसिद्धिभिः ३१ स्वयंयूपानुपादाययजंतेस्वाप्तदक्षिणैः ॥ यस्तथाभावितात्मास्यात्सगामा लब्धुमर्हति ३२ ओषधीभिस्तथाबह्मन्यजेरंस्तेनताद्दशाः ॥ इतित्यागंपुरस्कृत्यताद्दशंप्रब्रवीमिते ३३ निराशिषमनारंभंनिर्नमस्कारमस्तुतिम् ॥ अक्षीणं क्षीणकर्माणंतंदेवाब्राह्मणंविदुः ३४ नश्रावयन्नचयजन्नददद्ब्राह्मणेषुच ॥ काम्यांवृत्तिंलिप्समानःकांगतिंयातिजाजले ॥ इदंतुदैवतंकृत्वायथायज्ञमवाप्नुयात् ३५ ॥ जाजलिरुवाच ॥ नवैमुनीनांशृणुमःस्मतत्त्वंपृच्छामितेवाणिजकष्टमेतत् ॥ पूर्वेपूर्वेचास्यनावेक्षमाणानातःपरंतमृषयःस्थापयंति ३६ यस्मिन्नेवात्मतीर्थेनपशवः प्राप्नुयुर्मखम् ॥ अथस्मकर्मणाकेनवाणिजप्राप्नुयात्सुखम् ॥ शंसमेतन्महाप्राज्ञभृशंवैश्रद्दधामिते ३७ ॥ तुलाधारउवाच ॥ उतयज्ञाउतायज्ञामखंनार्हन्तितेकाचित् ॥ आज्येनपयसादध्नापूर्णाहुत्याविशेषतः ॥ वालैःशृंगेणपादेनसंभरत्येवगौर्मखम् ३८ पत्नींचानेनविधिनाप्रकरोतिनियोजयन् ॥ इष्टंतुदैवतंकृत्वायथायज्ञमवाप्नुयात् ३९

यद्येवंत्वदुक्तकारेणआत्मतीर्थेआत्मैवतीर्थंयज्ञभूमिस्तत्रपशवःपशुप्रायाःमंदमतयोमखंमानसिकंक्रतुंनप्राप्नुयुः तत्प्राप्तेर्बहुपुण्यसाध्यत्वात् । अथतर्हिप्राप्नुयात्प्राप्नुयुः वचनव्यत्ययआर्षः तत्कर्म तेतववाक्यमि तिशेषः ३७ उतेतिएकउतशब्दोऽधिकविवक्षायामन्योऽप्यर्थे । किंचयेषांदांभिकानांयज्ञा अपिश्रद्धादिराहित्यादयज्ञाभवंतितेकाचिदंतर्बहिर्वामखंनार्हंति श्रद्दधानानांत्वेकयागवैवबाह्यक्रतुसिद्धिरित्याह आज्ये नेति । दर्शपूर्णमासयोःश्रूयते । सर्वस्मैवाएतद्यज्ञायगृह्यंतेयद्ध्रुवायामाज्यम् । ऐंद्रंपयोऽमावास्यायांऐंद्रंदध्यमावास्यायां । आधानप्रकारेणचद्वादशगृहीतेनस्रुचंपूरयित्वासप्तवत्यापूर्णाहुतिंजुहोतीति आज्येने तिशेषः । सप्ततेअग्नेसमिधइत्यृचा विशेषतइतिश्रौतमखोदर्शितः । तत्राशक्तानांतुवालैर्गोपुच्छेपितृतर्पणादिना शृंगेणगोशृंगेणाभिषेकादिना पादेनेतिपादरजसेत्यर्थः एतेषांगोस्पर्शनादीनांचसद्यःपापनाशक त्वंपरलोकप्रदत्वंचस्मृत्युक्तंदर्शितम् ३८ ननुपत्न्यभावेविशेषवान्श्रौतोमखःकथंस्यादित्यतआह पत्नीमिति । अनेनपशुहिंसारहितेनाऽऽज्यादिसाध्यक्रतुविधिनाऽऽज्यादिद्रव्यंदेवतार्थेविनियोजयन् हेतौशतृ प्रत्ययः । विनियोगहेतोःपत्नींचश्रद्धामेवकरोति श्रद्धामितिशेषः तस्मादपत्नीकोऽग्निहोत्रमाहरेत्तस्मादपत्नीकस्याधानंकुर्वतीत्युक्त्वाश्रद्धापत्नीसत्यंयजमानइतिबह्वृचब्राह्मणेऽपत्नीकस्याग्निहोत्राधानादौश्रद्धायाः पत्नीत्वदर्शनात् । इष्टं भावेक्तः यागमेवदैवतवदत्यंतसेवनीयंकृत्वायथायथावद्यज्ञंविष्णुंप्राप्नुयात् ३९

तत्रयागविशेषंनियमयति पुरोडाशोहीति । हिशब्देनतएतउत्क्रांतमेधाअमेध्याःपशवइतिपशूनाममेध्यत्वंतस्मादाहुःपुरोडाशसत्रंलोक्यमितिपुरोडाशसत्रप्राशस्त्यंचश्रुतिप्रसिद्धंद्योत्यते मेधोयज्ञस्तदर्होमेध्यः । 'सर्वेषांवाएषपशूनांमेधेनयजतेयःपुरोडाशेनयजते' इतिश्रुतेः । मूलेपशूनामितिननिर्द्धारणेषष्ठी पशूनाममेध्यत्वात्पुरोडाशस्यचापशुत्वात् तेनपशुसंबंधीयोमेधस्तदर्हःपुरोडाशइतिश्रुत्यनुसारेणस्मृत्यर्थोवर्णनीयः । एवंश्रद्धावतामविदुषांयज्ञमुक्त्वाविदुषांयज्ञमाह सर्वाइति ४० तीर्थयज्ञभूमिः यत्रैवात्मसमाधानंतत्रैवसर्वाणितीर्थानिसंतीत्यर्थः । तीर्थमितियज्ञाद्युपलक्षणं । ईदृशकानहिंस्रान् कारणैरर्थित्वसमर्थत्वविद्वत्त्वतार तम्यैः ४१ उपपत्त्यायुक्त्या ४२ ॥ इति शांतिपर्वणि मोक्षधर्मपर्वणि नीलकंठीये भारतभावदीपे त्रिषष्ट्यधिकद्विशततमोऽध्यायः ॥ २६३ ॥ ॥ एवंश्रुत्यविरोधेनाहिंसात्मकोधर्मःप्रतिपादितस्तत्रदृष्ट

पुरोडाशोहिसर्वेषांपशूनांमेध्यउच्यते ॥ सर्वानद्यःसरस्वत्यःसर्वेपुण्याःशिलोच्चयाः ४० जाजलेतीर्थमात्मैवमास्मदेशातिथिर्भव ॥ एतानीदृशका न्धर्मानाचरन्निहजाजले ॥ कारणैर्धर्ममन्विच्छन्सलोकानाप्नुतेशुभान् ४१ ॥ भीष्मउवाच ॥ एतानीदृशकान्धर्मांस्तुलाधारःप्रशंसति ॥ उपप त्त्याभिसंपन्नान्नित्यंसद्भिर्निषेवितान् ४२ ॥ इति श्रीमहाभारतेशांतिपर्वणिमोक्षधर्मपर्वणि तुलाधारजाजलिसंवादे त्रिषष्ट्यधिकद्विशततमोऽ ध्यायः २६३ ॥ ॥ तुलाधारउवाच ॥ सद्भिर्वायदिवाऽसद्भिःपंथानमिममास्थितम् ॥ प्रत्यक्षंक्रियतांसाधुततोज्ञास्यसितद्यथा १ एतेशकुंताब हवःसमंताद्विचरंतिह ॥ तवोत्तमांगेसंभूताःश्येनाश्चान्याश्चजातयः २ आहूयैनान्महाब्रह्मन्विशमानांस्ततस्ततः ॥ पश्येमान्हस्तपादैश्चश्लिष्टा न्देहेषुसर्वशः ३ संभावयंतिपितरंत्वयासंभाविताःखगाः ॥ असंशयंपितावैत्वंपुत्रानाहूयजाजले ४ ॥ भीष्मउवाच ॥ ततोजाजलिनातेनसमाहूताः पतत्रिणः ॥ वाचमुच्चारयंतिस्मधर्मस्यवचनात्किल ५ अहिंसादिकृतंकर्मइहचैवपरत्रच ॥ श्रद्धांनिहंतिवैब्रह्मन्साहताहंतितंनरम् ६ समानां श्रद्दधानानांसंयतानांसुचेतसाम् ॥ कुर्वतांयज्ञइत्येवनयज्ञोजातुनेष्यते ७

प्रत्ययोत्पादनपूर्वकंश्रद्धांद्रढयितुमारभते सद्भिरिति । क्रियतांकुरु पंथानमातिष्ठअस्यफलंचत्वयाप्रत्यक्षंक्रियतामित्यध्याहृत्यवायोज्यम् आहूयतत्फलंयथातथाज्ञास्यसीतिचतुर्थेनसंबंधः १ । २ ततस्ततःतेषुतेषु नीडेषु प्रवेशायश्लिष्टान्संकुचितहस्तपादान् ३।४ वाचमुच्चारयंति निःशंकंप्रत्युत्तरंप्रयच्छंतीत्यर्थः । तत्रहेतुः धर्मस्याऽहिंसात्मकस्यसंबंधिनोवचनात्प्रियवचनादित्यर्थः ५ एवमहिंसाधर्मेप्रत्ययमुत्पाद्यफलितमाह अहिंसादीति । हिंसाआदिपदार्थःइहपरत्रचप्रत्यक्षफलमितिशेषः तत्राहिफलमनुभवेनदर्शयित्वाहिंसाफलमाह श्रद्धामिति । हिंसाश्रद्धांविश्वासंनिहंतीत्यध्याहृत्ययोज्यं तंविश्वासघातिनम् ६ समानांलाभालाभयो स्तुल्यानां संयतानांदांतानां सुचेतसांशांतानां यज्ञःकर्तव्यइत्येवाभिसंधायकुर्वतांयज्ञमनुतिष्ठतां नतुकर्तृत्वाभिमानंफलंचाभिसंधायेतिएवार्थः । तेषांयज्ञोजातुकदाचिन्नेष्यतइतिनकिंत्विष्यतएव ७

श्रद्धांस्तौति श्रद्धेत्यादिना । विवस्वान्प्रकाशरूपश्चिदात्मातत्संबंधिनीवैवस्वतीब्रह्मविषयिणीतियावत् सेयंसूर्यस्यसूर्यवत्प्रकाशधर्मिणःसत्वस्यदुहितेवदुहितासात्विकीत्यर्थः । सैवचश्रद्धाअवित्रीपालयित्री प्रसवित्रीविशुद्धजन्मप्रदा तथावाङ्मनसयोरपिसांतरंगं । निश्चयात्मिकाहिश्रद्धा संकल्पात्मकंसंशयात्मकंमनस्ततोबहिरंगं । ततोऽपिबाह्यतरावाणी जपध्यानजधर्मापेक्षयाश्रद्धैवश्रेष्ठेत्यर्थः ८एतदेवाह वाग्वृद्धमिति। वाचास्वरवर्णविपर्यासेनयद्वृद्धंछिन्नंनष्टंमंत्राद्युच्चारणेतच्छ्रद्धात्रायतेसमाधत्ते । मनसाव्यग्रेणयन्नष्टंदेवताध्यानादितच्छ्रद्धाहीनंतुव्यर्थमेवकर्मातोनत्रातुमर्हतिकिंचित् ९ श्रद्धाशुचित्वयोःश्रद्धाधिकेत्यत्राख्यायिका महात्रेति १० कदर्यस्यकृपणस्य वार्द्धुषेर्धान्यविक्रयिणः ११ मीमांसित्वाविचार्य १२ । १३ हविर्दातुमितिशेषः १४ । १५ निवृत्तःशीलदोषआचारलांछनंरागादिर्यस्यसनिर्दोषशीलवान् १६ यत्वासा

श्रद्धावैवस्वतीसेयंसूर्यस्यदुहिताद्विजा॥साऽवित्रीप्रसवित्रीचबहिर्वाङ्मनसीततः८वाग्वृद्धंत्रायतेश्रद्धामनोवृद्धंचभारत॥श्रद्धावृद्धंवाङ्मनसीनकर्मत्रातुमर्हति ९ अत्रगाथाब्रह्मगीताःकीर्तयंतिपुराविदः॥ शुचेरश्रद्दधानस्यश्रद्दधानस्यचाशुचेः १० देवावित्तममन्यंतसदृशंयज्ञकर्माणि ॥ श्रोत्रियस्यकदर्यस्यवदान्यस्यच वार्धुषेः ११ मीमांसित्वोभयंदेवाःसममन्नमकल्पयन् ॥ प्रजापतिस्तानुवाचविषमंकृतमित्युत १२ श्रद्धापूतंवदान्यस्यहतमश्रद्धयेतरत् ॥ भोज्यमन्नंवदान्यस्यक दर्यस्यनवार्धुषेः १३ अश्रद्दधानएवैकोदेवानांनार्हतेहविः॥ तस्यैवान्नंनभोक्तव्यमितिधर्मविदोविदुः १४ अश्रद्धापरमंपापंश्रद्धापापप्रमोचनी॥ जहातिपापंश्रद्धा वान्सर्पोजीर्णामिवत्वचम् १५ज्यायसीयापवित्राणांनिवृत्तिःश्रद्धयासह ॥ निवृत्तशीलदोषोयःश्रद्धावान्पूतएवसः१६ किंतस्यतपसाकार्यंकिंवृत्तेनकिमात्मना ॥ श्रद्धामयोऽयंपुरुषोयोयच्छ्रद्धःसएवसः १७ इतिधर्मःसमाख्यातःसद्भिर्धर्मार्थदर्शिभिः॥ वयंजिज्ञासमानास्तुसंप्राप्ताधर्मदर्शनात् १८ श्रद्धांकुरुमहाप्राज्ञततः प्राप्स्यसियत्परम् ॥ श्रद्धावान्श्रद्दधानश्चधर्मश्चैवहिजाजले ॥ स्ववर्त्मनिस्थितश्चैवगरीयानेवजाजले १९॥ भीष्मउवाच ॥ ततोऽचिरेणकालेनतुलाधारःसए च ॥ दिवंगत्वामहाप्राज्ञौविहरेतांयथासुखम् २० स्वंस्वंस्थानमुपागम्यस्वकर्मपरिवार्जितम् ॥ एवंबहुविधार्थंचतुलाधारेणभाषितम् २१ सम्यक्चैतदुपालब्धोध र्मश्चोक्तःसनातनः॥ तस्यविख्यातवीर्यस्यश्रुत्वावाक्यानिसद्विजः २२ तुलाधारस्यकौन्तेयशांतिमेवान्वपद्यत ॥ एवंबहुमतार्थंचतुलाधारेणभाषितम् ॥ यथौ पम्योपदेशेनकिंभूयःश्रोतुमिच्छसि २३ ॥ ॥इति श्रीमहाभारते शांतिपर्वणि मोक्षधर्मपर्वणि तुलाधारजाजलिसंवादे चतुःषष्ट्यधिकद्विशततमो ऽध्यायः ॥ २६४ ॥ ॥ भीष्मउवाच ॥ अत्राप्युदाहरंतीममितिहासंपुरातनम् ॥ प्रजानामनुकंपार्थंगीतंराज्ञाविचख्नुना १

त्विकीराजसीतामसीवाश्रद्धायस्यसयच्छ्रद्धः सएवसात्विकोराजसस्तामसोवा १७ धर्मदर्शनाख्यान्मुनेर्धर्मंवयंप्राप्तवंतः १८ श्रद्धावान्वेदवाक्ये श्रद्दधानस्तदर्थमनुष्ठातुंममेदंश्रेयइतिनिश्चयवान् धर्मोधर्मात्मा गरीयान्श्रेष्ठतरः १९ अचिरेणाऽल्पेन दिवंहार्दाकाशाख्यंब्रह्म विहरेतांसत्यकामःसत्यसंकल्पइतिश्रुतेर्योगैश्वर्येणक्रीडामकुरुता । स्वंस्वंस्थानंवासदेशंस्वकर्मभिःपरिवर्जितमर्जितमुपागम्येतिसार्धः २०।२१ । २२ यथौपम्योपदेशेनयथावद्दृष्टांतकीर्तनेन २३ ॥ इति शांतिपर्वणि मोक्षधर्मपर्वणि नीलकंठीये भारतभावदीपे चतुःषष्ट्यधिकद्विशततमोऽध्यायः ॥ २६४ ॥ ॥ एवंतुलाधारवाक्यैरहिंसात्मकस्यधर्मस्य श्रैष्ठ्यमुपपाद्यतस्यैवस्तुतयेहिंसात्मकंधर्मंनिंदत्याख्यायिकामुखेन अत्रापीत्यादिना । प्रजानांपुरुषादिपशूनाम् १

छिन्नाविशस्तास्थूणाप्रतिमाशरीरंयस्यतं । ‘ स्थूणायसिस्मृता प्रतिमायांगृहस्तंभे’इतिविश्वः । गोग्रहेगवालंभवतियज्ञे यज्ञवाटस्य कर्मणिषष्ठी यज्ञवाटस्थान्ब्राह्मणान्निर्दयान्प्रेक्षमाणः २ निश्चितंवचनंनिर्वचनं एषास्वस्तिगोभ्योऽस्त्विति ३ तदेवाह अव्यवस्थितेत्यादिना । हिंस्रःक्षत्रयज्ञस्तदन्योब्राह्मणयज्ञइतिमर्यादा अव्यवस्थिताविचालितामर्यादायेषांतैः यतोविमूढैः तत्रापिहेतुर्नास्तिकैर्नास्तिब्रह्मेतिवदद्भिः संशयात्मभिः आत्मादेहोऽन्योऽवा अन्योऽपिकर्ताऽकर्तावा अकर्ताऽप्येकोऽनेकोवा एकोऽपिसंगवानसंगोवाइत्यादिरूपःसंशयस्तद्वानात्माचित्तंयेषांतैः अव्यक्तैर्यज्ञादिद्वारैवख्यातिमिच्छद्भिरितिभावः हिंसाकृतोपश्वालंभःश्रेष्ठःकृतः ४ सर्वेति । बहिर्वेद्यामिवसर्वकर्मसुज्योतिष्टोमादिष्वपिनराःकामकारादेवपशून्हिंसंतिनतुशास्त्रात् यतोधर्मात्मामनुःसर्ववेदार्थतत्त्वविदहिंसामेवाऽब्रवीत्प्रशशंस । ननु‘वसंतेवसंतेज्योतिषायजेत प्रतिसंवत्सरंसोमः’ इतिश्रुतिस्मृतिभ्यांनित्यत्वेनविहितेषुज्योतिष्टोमादिषुविहितःपश्वालंभःकथंकामकारःस्यात् ‘जायमानोवैब्राह्मणस्त्रिभिर्ऋणवाजायते ब्रह्मचर्येणऋषिभ्योयज्ञेनदेवेभ्यःप्रजयापितृभ्यः’ इत्यृणश्रुतेश्चानधीत्यानिष्ट्वाप्रजामनुत्पाद्यचकथमनृणोवास्यात् अनाहिताग्नितायाश्चोपपातकेषुस्मरणात् ‘ कृताधानस्यसमर्थस्यक्रत्वनारंभोवाकथंस्यादितिचेन्न गार्हस्थ्यस्यैवकामकारत्वेतनन्मूलकानामाधानादीनामपितथात्वाज्जायमानोवैइत्यत्रापिनोत्पद्यमानइत्यर्थः किंतुगृहस्थोऽधिकारीवासंपद्यमानइतिव्याख्येयं अन्यथापित्रादिष्वकृताधानेषुपुत्रादीनामनाहिताग्निताजनितदोषभाक्त्वोपपत्तेः किंच‘येदहरेवैनंश्रद्धोपनमेदथादधीताथयजेत’इतिशतपथश्रुतेराधानादिविधिषुश्रद्धावानधिकारी श्रद्धाचाधीतसांगवेदस्याऽऽपातप्रतिपन्नवेदार्थस्य ‘ प्लवाह्येतेअदृढायज्ञरूपाअष्टादशोक्तमवरंयेषुकर्म । एतच्छ्रेयोयेऽभिनंदंति

छिन्नस्थूणंवृषंदृष्ट्वाविलापंचगवांभृशम् ॥ गोग्रहेयज्ञवाटस्यप्रेक्षमाणःसपार्थिवः २ स्वस्तिगोभ्योऽस्तुलोकेषुततो
निर्वचनंकृतम् ॥ हिंसायांहिप्रवृत्तायामाशीरेषातुकल्पिता ३ अव्यवस्थितमर्यादैर्विमूढैर्नास्तिकैर्नरैः ॥ संशया
त्मभिरव्यक्तैर्हिंसासमनुवर्णिता ४ सर्वकर्मस्वहिंसाहिधर्मात्मामनुरब्रवीत् ॥ कामकाराद्विहिंसंतिबहिर्वेद्यांपशून्नराः
५ तस्मात्प्रमाणतःकार्योधर्मःसूक्ष्मोविजानता ॥ अहिंसासर्वभूतेभ्योधर्मेभ्योज्यायसीमता ६ उपोष्यसंशितो
भूत्वाहित्वावेदकृताःश्रुतीः ॥ अचारइत्यनाचारःकृपणाःफलहेतवः ७

मूढाजरामृत्युंतेपुनरेवापियंति’ इत्यादिश्रुत्याषोडशऋत्विजोयजमानःपत्नीचेत्यष्टादशतैर्निष्पाद्यानांयज्ञानामदृढत्वंतत्कर्तॄणांचमूढत्वंदर्शयंत्याज्योतिष्टोमादिभ्योहिंसावद्भ्योयज्ञेभ्यःप्रागेवापनीता । तथाचवसंतेवसंतेज्योतिषायजेतेतिविधितोनिंदार्थवादानुमितनिषेधाच्चातिरात्रेषोडशिनंगृह्णातिनातिरात्रेषोडशिनंगृह्णातीतिविहितप्रतिषिद्धत्वात्षोडशिग्रहणवज्ज्योतिष्टोमोऽपिकृताकृतएवेति । अश्रद्दधानस्यतत्रप्रवृत्तिःकामकारकृतैव । नचोपनिषदध्ययनात्प्रागेवज्योतिष्टोमेप्रवृत्तिःसंभवतियेननिंदाश्रवणात्प्राक्तत्रश्रद्धाआवश्यकत्वबुद्धिश्चसंभाव्यते । स्वाध्यायोऽध्येतव्यइतिब्रह्मचर्यएवार्थज्ञानपर्यंतस्योपनिषदध्ययनस्यसिद्धत्वात् । ननुकांडद्वयाध्याय्यपिकर्मकांडएवश्रद्धावानहमस्मिनज्ञानकांडइतिचेत्तर्हिमोहसर्पदष्टस्यतवकर्मनिंबंमधुरीकुर्वतस्तत्त्वज्ञानसितेयंतिक्तायेतांननःकिंचिच्छिन्नं । सर्वथाऽप्यज्ञानात्कामकारकृताहिंस्रकर्मणिप्रवृत्तिरितिसिद्धं तस्मादुक्तविधएवश्लोकार्थः ५ प्रमाणतःप्रमाणयोर्बलाबलंविजानतासूक्ष्मोधर्मःकार्यः तमेवाह अहिंसेति ६ गृहस्थस्यपंचसूनानामपरिहार्यत्वात्कथमहिंसाकार्येत्यतआह उपोष्येति । उपसमीपेग्रामस्यवासंकृत्वाभिक्षार्थंग्रामंप्रविशेदितिविधेःसंन्यस्येत्यर्थः । संशितस्तीक्ष्णव्रतोभूत्वावेदेनकृताःश्रुतीःफलश्रुतीः ‘ अक्षय्यंहवैचातुर्मास्ययाजिनःसुकृतंभवति ’ इत्याद्याहित्वा आचारइतिबुद्ध्याऽनाचारोगृहस्थाचारहीनःस्यात् पुरुषस्येदमेवश्रेयइतिबुद्ध्यानैष्कर्म्यंश्रयेदित्यर्थः । कृपणाःक्षुद्राः फलमेवकर्मणिप्रवृत्तौहेतुःकारणंयेषांतथाभूताः ७

एतदेवकर्मनिंदयास्तौति यदीति । यज्ञादिपरामानवावृथामांसंनखादंतिइतियःसएषधर्मोनप्रशस्यते ८ वैदिकंधर्मंनिंदित्वाकामकारकृतंकर्मनिंदति सुरामितिसार्धेन आसवंमद्यं कृसरौदनंतिलमिश्रौदनं ९ एवं
निरस्ताखिलदोषोविष्णुमात्मानमेवश्रयेदित्याह विष्णुमिति १० तस्यार्चनार्थंचनशक्तेरिवसुरामांसाद्यपेक्षितमित्याह पायसैरिति ११ चोक्षैर्विशुद्धैः १२ आपदःशरीरंशोषयंतिशरीरंचापदांनाशमिच्छत्यतोऽत्यं
तंहिंसाशून्यस्यकथंशरीरनिर्वाहइत्याह शरीरमिति १३ यथेति । शरीराविरोधेनैवधर्मंचरेन्नतुधर्मानुरोधेनशरीरंनाशयेत् १४ ॥ इतिशांतिपर्वणि मोक्षधर्मपर्वणि नीलकंठीये भारतभावदीपे पंचषष्ट्यधिकद्वि

॥२६६॥

यदियज्ञांश्चवृक्षांश्चयूपांश्चोद्दिश्यमानवाः ॥ वृथामांसंनखादंतिनैषधर्मःप्रशस्यते ८ सुरांमत्स्यान्मधुमांसमासवंकृसरौदनम् ॥ धूर्तैःप्रवर्तितंह्येतन्नैतद्वेदेषु
कल्पितम् ९ मानान्मोहाच्चलोभाच्चलौल्यमेतत्प्रकल्पितम् ॥ विष्णुमेवाभिजानंतिसर्वयज्ञेषुब्राह्मणाः १० पायसैःसुमनोभिश्चतस्यापियजनंस्मृतम् ॥ य
ज्ञियाश्चैवयेवृक्षावेदेषुपरिकल्पिताः ११ यच्चापिकिंचित्कर्तव्यमन्यच्चोक्षैःसुसंस्कृतम् ॥ महत्सत्वैःशुद्धभावैःसर्वंदेवार्हमेवतत् १२ ॥ युधिष्ठिरउवाच ॥ शरी
रमापदश्चापिविवदंत्यविहिंसतः ॥ कथंयात्राशरीरस्यनिरारंभस्यसेत्स्यते १३ ॥ भीष्मउवाच ॥ यथाशरीरंनग्लायेन्नेयान्मृत्युवशंयथा ॥ तथाकर्मसुवर्तेत
समर्थोधर्ममाचरेत् १४ ॥ इतिश्रीमहाभारते शांतिपर्वणि मोक्षधर्मपर्वणि विचख्नुगीतायां पंचषष्ट्यधिकद्विशततमोऽध्यायः ॥ २६५॥ युधिष्ठिरउवाच ॥
कथंकार्यंपरीक्षेतशीघ्रंवाऽथचिरेणवा ॥ सर्वथाकार्यदुर्गेऽस्मिन्भवान्नःपरमोगुरुः १ ॥ भीष्मउवाच ॥ अत्राप्युदाहरंतीममितिहासंपुरातनम् ॥
चिरकारेस्तुयत्पूर्वंवृत्तमांगिरसेकुले २ चिरकारिकभद्रंतेभद्रंतेचिरकारिक ॥ चिरकारीहिमेधावीनापराध्यतिकर्मसु ३ चिरकारीमहाप्राज्ञोगौतमस्याभव
त्सुतः ॥ चिरेणसर्वकार्याणिविमृश्यार्थान्प्रपद्यते ४ चिरंसचिंतयत्यर्थांश्चिरंजाग्रच्चिरंस्वपन् ॥ चिरंकार्याभिपत्तिंचचिरकारीतथोच्यते ५ अलसग्रहणंप्राप्तो
दुर्मेधावीतथोच्यते ॥ बुद्धिलाघवयुक्तेनजनेनादीर्घदर्शिना ६ व्यभिचारेतुकस्मिंश्चिद्व्यतिक्रम्यापरान्सुतान् ॥ पित्रोक्तःकुपितेनाथजहीमांजननीमिति ७
इत्युक्त्वासतदाविप्रोगौतमोजपतांवरः ॥ अविमृश्यमहाभागोवनमेवजगामसः ८ सतथेतिचिरेणोक्त्वास्वभावाच्चिरकारिकः ॥ विमृश्यचिरकारित्वाच्चिं
तयामासवैचिरम् ९ पितुराज्ञांकथंकुर्यांनहन्यांमातरंकथम् ॥ कथंधर्मच्छलेनास्मिन्निमज्जेयमसाधुवत् १० पितुराज्ञापरोधर्मःस्वधर्मोमातृरक्षणम् ॥ अस्व
तंत्रंचपुत्रत्वंकिंतुमांनानुपीडयेत् ११ स्त्रियंहत्वामातरंचकोहिजातुसुखीभवेत् ॥ पितरंचाप्यवज्ञायकःप्रतिष्ठामवाप्नुयात् ॥ १२

शततमोऽध्यायः ॥ २६५॥ ॥ एवमहिंसाधर्मस्यावश्यानुष्ठेयत्वमुक्त्वाकदाचित्परनिर्बंधाद्धिंसायामुपस्थितायांकालविलंबादिनापरिहरोदितिप्रश्नपूर्वकमाख्यायिकामुखेनाह कथंकार्यमित्यादिना । कार्यदुर्गे
गुर्वादिवचनादवश्यकर्तव्येहिंसामयत्वेनदुष्करेचसतीत्यर्थः १ । २ । ३ । ४ । चिरकारिनामनिर्वक्ति चिरमिति । कार्याभिपत्तिःकार्याधिगमः तथातेनहेतुनाचिरकारीत्युच्यते ५ गृह्यतेउपादीयतेलोकेनेनेति
ग्रहणंनामधेयं अलसइतिग्रहणमलसग्रहणंप्राप्तः लाघवंनीचता जनेनोच्यतइतिसंबंधः ६ पित्रागौतमेन इमांजननीमहल्याम् ७ । ८ । ९ धर्मच्छलेधर्मसंकटे १० । ११ । १२

युक्तमुचितं क्षमंसुखानुष्ठेयं इहतुद्वावपिधर्मौपरस्परविरुद्धौममयुक्तक्षमौकथमहमेतौनातिवर्तेतमामातिशयेननातिवर्ते किमेत्तिङव्ययघादितितिङंताच्चमपआम् १३ गोत्रस्यनाम्नः १४ बुद्ध्येजानामि संभवमुत्पत्तिहेतुम् १५ जातकर्मणिअश्माभवपरशुर्भवेतिप्राह अश्मेवाच्छेद्योभवपरशुरिवमदीयेषुशत्रुषुच्छेदकोभवेतिमंत्रपदार्थः उपकर्मऔपनयनात्प्रवासादेत्यपुत्रस्यशिरःपरिगृह्यजपतीतिगृह्यविहितसर्वसंस्कारबहिर्भूतत्वादिदमुपकर्म तथाआत्मावैपुत्रनामासीतिप्राह पितुःपालयितुः एवंपितुराशिषमात्मभावंचदधतोगौरवंनिश्चितमित्यर्थः १६ । १७ । १८ । १९ भोग्येवस्त्रादौ भोज्येऽन्नादौ प्रवचनेवेदाध्ययने लोक

अनवज्ञापितुर्युक्ताधारणंमातृरक्षणम् ॥ युक्तक्षमावुभावेतौनातिवर्तेतमांकथम् १३ पिताह्यात्मानमाधत्तेजायायांजज्ञिवानिति ॥ शीलचारित्रगोत्रस्यधारणार्थंकुलस्यच १४ सोऽहंमात्रास्वयंपित्रापुत्रत्वेप्रकृतःपुनः ॥ विज्ञानंमेकथंनस्याद्बौबुद्ध्येचात्मसंभवम् १५ जातकर्मणियत्प्राहपितायच्चोपकर्मणि ॥ पर्याप्तःसदृढीकारःपितुर्गौरवनिश्चये १६ गुरुरग्र्यःपरोधर्मःपोषणाध्यापनान्वितः ॥ पितायदाहधर्मःसवेदेष्वपिसुनिश्चितः १७ प्रीतिमात्रंपितुःपुत्रःसर्वंपुत्रस्यवैपिता ॥ शरीरादीनिदेयानिपितात्वेकःप्रयच्छति १८ तस्मात्पितुर्वचःकार्यंनविचार्यंकदाचन ॥ पातकान्यपिपूयंतेपितुःशासनकारिणः १९ भोग्येभोज्येप्रवचनेसर्वलोकनिदर्शने ॥ भर्त्राचैवसमायोगेसीमंतोन्नयनेतथा २० पिताधर्मःपितास्वर्गःपिताहिपरमंतपः ॥ पितरिप्रीतिमापन्नेसर्वाःप्रीयंतिदेवताः २१ आशिषस्ताभजंत्येनंपुरुषंप्राहयात्पिता ॥ निष्कृतिःसर्वपापानांपितायच्चाभिनंदति २२ मुच्यतेबंधनात्पुष्पंफलंवृक्षात्प्रमुच्यते ॥ क्लिश्यन्नपिसुतंस्नेहैःपितापुत्रंनमुंचति २३ एतद्विचिंतितंतावत्पुत्रस्यापितृगौरवम् ॥ पितानाल्पतरंस्थानंचिंतयिष्यामिमातरम् २४ योह्ययंमयिसंघातोमर्त्यत्वेपांचभौतिकः ॥ अस्यमेजननीहेतुःपावकस्ययथाऽरणिः २५ मातादेहारणिःपुंसांसर्वस्यार्तस्यनिर्वृतिः ॥ मातृलाभेसनाथत्वमनाथत्वंविपर्यये २६ नचशोचतिनाप्येनंस्थाविर्यमपकर्षति ॥ श्रियाहीनोऽपियोगेहमंबेतिप्रतिपद्यते २७ पुत्रपौत्रोपपन्नोऽपिजननींयःसमाश्रितः ॥ अपिवर्षशतस्यांतेसद्विहायनवच्चरेत् २८ समर्थंवाऽसमर्थंवाकृशंवाप्यकृशंतथा ॥ रक्षत्येवसुतंमातानान्यःपोष्टाविधानतः २९ तदासवृद्धोभवतितदाभवतिदुःखितः ॥ तदाशून्यंजगत्तस्ययदामात्रावियुज्यते ॥ ३० नास्तिमातृसमाच्छायानास्तिमातृसमागतिः ॥ नास्तिमातृसमंत्राणंनास्तिमातृसमाप्रिया ३१ कुक्षिसंधारणाद्धात्रीजननाज्जननीस्मृता ॥ अंगानांवर्धनादंबावीरसूत्वेनवीरसूः ३२ शिशोःशुश्रूषणाच्छुश्रूर्मातादेहमनंतरम् ॥ चेतनावान्नरोहन्याद्यस्यनासुषिरंशिरः ३३

निदर्शनेलौकिकशिक्षायां भर्त्रेतिगर्भाधानादिसर्वसंस्कारोपलक्षणम् २० । २१ । २२ । २३ । २४ । २५ निर्वृतिःसुखंतत्कर्त्री २६ हेअंबइत्युक्त्वा २७ द्विहायनवद्विवर्षवान्भवेत् २८ २९ । ३० । ३१ वीरसूर्वीरपुत्रसूः ३२ मातैवशुश्रूस्तामनंतरमव्यवहितमात्मनोदेहंसचेतनावान्नहन्यात् सकः यस्यशिरःसुषिरंमेदोमज्जादिनारिक्तंशुष्कालाबुवत्पथिपतितंतद्विपरीतमसुषिरंस्यात् ३३

प्राणउपस्थेंद्रियंतत्संश्लेषेमैथुनेइत्यर्थः । अभिसंधिःपुत्रोमेगौरोजायेतवेदमब्रवीतसर्वमायुरित्यादिश्रुत्याप्रदर्शितोऽभिलाषःकृतोदंपतीभ्यामेव । तमभिलाषंमातापितावाउभौवाकुरुतस्तत्रभूतार्थोयाथार्थ्यंमातर्ये वतत्कर्तृत्वंस्थितंनिष्ठितंपितरितुसोऽभिलाषःपाक्षिकोभवतीत्यर्थः ३४ भरणमात्रेणगर्भधारणमात्रेणसंबंधेनमातापुत्रेप्रीतिमाह्लादंस्नेहमासक्तिंचकरोति अतःप्रत्युपकारायतस्यामपिप्रीतिस्नेहौपुत्रेणकार्यावित्यर्थः। वस्तु तस्तुपितुरेवप्रजाः यथोक्तंप्रागेव'माताभस्त्रापितुःपुत्रोयेनजातःसएवसः' इति। भस्त्राचर्मकोशः पितुराज्ञाऽनुल्लंघनीयेतिभावः ३५ ननुनचैतद्विद्मोब्राह्मणाःस्मोवयमब्राह्मणावेतिश्रुतेःपितृत्वेएवसंशयात्कथंतदाज्ञानुल्लंघनीयेत्यतआह पाणीति। धर्मेचार्थेचकामेचनातिचरामीतिप्रतिज्ञापूर्वकंस्वयंपाणिग्रहंकृत्वायदिपुरुषाःस्त्रियःपरदारान्प्रतियास्यंतितर्हितेयाच्यतांप्रार्थनीयतांपूज्यतामितियावत् नार्हंति धर्मत्यागात्। अयमाशयः यएवंविधःपितासोऽज्ञातत्वादशिष्टत्वाच्चनानुरोध्योममतुपितासतीपतिरनुरोध्यएवेति ३६ किंतर्हिपित्राज्ञयामाताहंतव्येत्याशंक्याह भरणादिति। पत्युर्भावःकर्मवापात्यंपालयितृत्वंतस्मात् तथाचभार्यापत्नींच प्राणैर्वियोजयितुमिच्छतोऽस्यभर्तृत्वादिगुणशून्यस्योन्मत्तस्येववचनान्मातरंनहिंसिष्येइत्याशयः ३७ ननुव्यभिचारिणीस्त्रीहंतव्यैवान्यथाकुलसंकरापत्तेरित्याशंक्याह एवमिति। एवमपीत्यर्थः। व्युच्चरन्नाचरन्

दंपत्योःप्राणसंश्लेषेयोऽभिसंधिःकृतःकिल ॥ तंमाताचपिताचेतिभूतार्थोमातरिस्थितः ३४ माताजानातियद्गोत्रंमाताजानातियस्यसः ॥ मातुर्भरणमात्रेणप्रीतिःस्नेहःपितुःप्रजाः ३५ पाणिबंधंस्वयंकृत्वासहधर्ममुपेत्यच ॥ यदायास्यंतिपुरुषाःस्त्रियोनार्हन्तियाच्यताम् ३६ भरणाद्धिस्त्रियोभर्ता पात्याच्चैवस्त्रियःपतिः ॥ गुणस्यास्यनिवृत्तौतुनभर्तानपुनःपतिः ३७ एवंस्त्रीनापराध्नोतिनरएवापराध्यति ॥ व्युच्चरंश्चमहादोषंनरएवापराध्यति ३८ स्त्रियाहिपरमोभर्तादैवतंपरमंस्मृतम् ॥ तस्यात्मनातुसदृशमात्मानंपरमंददौ ३९ नापराधोऽस्तिनारीणांनरएवापराध्यति ॥ सर्वकार्यापराध्यत्वान्नापराध्यंतिचांगनाः ४० यश्चनोक्तोऽथनिर्देशस्त्रियामैथुनतृप्तये ॥ तस्यस्मारयतोव्यक्तमधर्मोनास्तिसंशयः ४१ एवंनारींमातरंच गौरवेचाधिकेस्थिताम् ॥ अवध्यांतुविजानीयुःपशवोऽप्यविचक्षणाः ४२

महादोषंपारदार्यं यदिप्रार्थयितैवनस्यात्तर्हिनायंदोषःप्रसज्ज्येतातःप्रथमप्रवृत्तेपुंस्येवायंदोषइत्यर्थः ३८ ननुस्त्रियाअपितदनुमोदनादपराधोऽस्त्येवेत्याशंक्याह स्त्रियाहीति। तस्याऽऽत्मनाशरीरेणसदृशमिंद्रमालक्ष्येतिशेषः आत्मानंशरीरंपरमंश्रेष्ठंददौ स्वपतिवेषेणागतायपरस्मैपतिबुद्ध्याशरीरंप्रयच्छंत्याममममातुर्नव्यभिचारदोषोऽस्ति गर्भानुत्पत्तेःकुलसंकराभावाच्चनेयंवध्येत्यर्थः ३९ उपसंहरति नापराधइति। किंच सर्वेषुकार्येष्वपराध्यत्वादनुरोध्यत्वादल्पबलत्वेनसर्वथापुरुषाधीनत्वात् तथाचबलात्कारकृतेव्यभिचारादौस्त्रियोनापराध्यंतीत्यर्थः ४० यश्चनेति। चनशब्दोप्यर्थे योऽपिमैथुनजन्यतृप्तयेनिर्देशोवचनमुक्तंइंद्रप्रतीतिशेषः एवंह्युपाख्यायते त्वष्टुःपुत्रस्त्रिशिराइंद्रेणहतस्तद्धत्यायास्तृतीयांशःस्त्रीषुरजोरूपेणस्थापितोद्वौवृक्षभूम्योर्निर्यासोषररूपौस्थापितौ तदास्त्रीभिर्वरःप्रार्थितः । काममाविजनितोःसंभवामेति अस्माकंजननपर्यंतंपुरुषसंगोऽस्त्विति सोऽयंनिर्देशःस्त्रियाउक्तः तस्यतंस्मारयतःस्वहत्यांशनिधानेनतत्स्मरणप्रयोजकस्येंद्रस्यैवव्यक्तमधर्मोनतुममममातुरत्रसंशयोनास्ति तस्मादिंद्रस्यापराधान्ममममातुर्वधोनन्याय्यइतिभावः ४१ यावत्कृत्स्नांनारीमवध्यांजानीयुस्तत्रापिमातरं तत्रापि गौरवेपातिव्रत्यधर्मेस्थितां । पशवोऽपिपशुप्रायाअपि किमुतमादृशाइत्यर्थः ४२

समावायःसमूहः पितुस्तोषणेनस्वर्गप्राप्तिरित्यर्थः मर्त्यानांदेवतानांचसमावायंमातरंस्नेहादभ्येतीतीतियोजना मातात्वदृष्टद्वारालोकद्वयप्रदाइहलोकपालयित्रीचेतिभावः ४३ । ४४ तेनतावताकालेन संस्थाव्यतिक्रमंमरणानौचित्यं ४५ श्रुतमध्ययनं धैर्यंक्रोधादिजयेस्थैर्यं तयोःप्रसादेन ४६ । ४७ सांत्वितोविश्रांतिंप्रापितः प्रतिपादितःप्रापितः ४८ परवान्त्वयाऽहंनाथवानस्मीत्युक्तस्तेनसांत्वनादिनातृप्तःसन्प्रणयिष्यतिमयिप्रणयंकारिष्यति अत्रास्मिन्नर्थेचिंतितेसति अकुशलेइंद्रलौल्येनस्त्रीदूषणेजातेविषयेस्त्रियाअहल्यायाव्यतिक्रमोनास्ति ४९ अध्वगइतिस्वर्गमार्गेणगच्छतेंद्रेणाहल्यांदृष्ट्वामोहंप्राप्तेनैतत्कृतमितिसूचितं धर्मस्ययो

देवतानांसमावायमेकस्थंपितरंविदुः ॥ मर्त्यानांदेवतानांचस्नेहादभ्येतिमातरम् ४३ एवंविमृशतस्तस्याचिरकारितयाबहु ॥ दीर्घःकालोव्यतिक्रांतस्ततोऽस्याभ्यागमत्पिता ४४ मेधातिथिर्महाप्राज्ञोगौतमस्तपसिस्थितः ॥ विमृश्यतेनकालेनपत्न्याःसंस्थाव्यतिक्रमम् ४५ सोऽब्रवीद्दुःशसंतप्तोदुःखेनाश्रूणिवर्तयन् ॥ श्रुतधैर्यप्रसादेनपश्चात्तापमुपागतः ४६ आश्रमंममसंप्राप्तस्त्रिलोकेशःपुरंदरः ॥ अतिथिव्रतमास्थायब्राह्मणंरूपमास्थितः ४७ समयासांत्वितोवाग्भिःस्वागतेनाभिपूजितः ॥ अर्घ्यंपाद्यंयथान्यायंमयाचप्रतिपादितः ४८ परवानस्मिचेत्युक्तःप्रणयिष्यतितेनच ॥ अत्रचाकुशलेजातेस्त्रियानास्तिव्यतिक्रमः ४९ एवंनस्त्रीनचैवाहंनाध्वगस्त्रिदशेश्वरः ॥ अपराध्यतिधर्मस्यप्रमादस्त्वपराध्यति ५० ईर्ष्याजंव्यसनंप्राहुस्तेनचैवोर्ध्वरेतसः ॥ ईर्ष्ययात्वहमाक्षिप्तोमग्नोदुष्कृतसागरे ५१ हत्वासाध्वींचनारींचव्यसनित्वाच्चवासिताम् ॥ भर्तव्यत्वेनभार्यांचकोनुमांतारयिष्यति ५२ अंतरेणमयाऽऽज्ञप्तश्चिरकारीत्युदारधीः ॥ यद्यद्यचिरकारीस्यात्समांत्रायेतपातकात् ५३ चिरकारिकभद्रंतेभद्रंतेचिरकारिक ॥ यद्यद्यचिरकारीत्वंततोऽसिचिरकारिकः ५४ त्राहिमांमातरंचैवतपोयच्चार्जितंमया ॥ आत्मानंपातकेभ्यश्चभवाद्यचिरकारिकः ५५ सहजंचिरकारित्वमतिप्रज्ञतयातव ॥ सफलंतत्तथातेऽस्तुभवाद्यचिरकारिकः ५६ चिरमाशंसितोमात्राचिरंगर्भेणधारितः ॥ सफलंचिरकारित्वंकुरुत्वंचिरकारिक ५७ चिरायतेचसंतापाच्चिरंस्वपितिधारितः ॥ आवयोश्चिरसंतापादवेक्ष्यचिरकारिक ५८ एवंसदुःखितोराजन्महर्षिर्गौतमस्तदा ॥ चिरकारिंददर्शाथपुत्रंस्थितमथांतिके ५९ चिरकारीतुपितरंदृष्ट्वापरमदुःखितः ॥ शस्त्रंत्यक्त्वाततोमूर्ध्नाप्रसादायोपचक्रमे ६० गौतमस्तंततोदृष्ट्वाशिरसापतितंभुवि ॥ पत्नींचैवनिराकारांपरामभ्यागमन्मुदम् ६१ नहिसातेनसंभेदंपत्नीनीतामहात्मना ॥ विजनेचाश्रमस्थेनपुत्रश्चापिसमाहितः ६२ हन्याइतिसमादेशःशस्त्रपाणौसुतेस्थिते ॥ विनीतेप्रसवत्यर्थेविवासेचात्मकर्मसु ६३ बुद्धिश्चासीत्सुतंदृष्ट्वापितुश्चरणयोर्नतम् ॥ शस्त्रग्रहणचापल्यंसंवृणोतिभयादिति ६४

र्मसंबंधि प्रमादोऽनवधानता इंद्रस्यानपराधत्वंद्वेषराहित्यान्मुनिनेहोक्तंनतुव्यवहारतः ५० तेनप्रमादेनहेतुनाऊर्ध्वरेतसोमुनयः ५१ । ५२ अंतरेणप्रमादेन ५३ । ५४ । ५५ । ५६ । ५७ । ५८ । ५९ । ६० निराकारांलज्जयापाषाणभूतां पुराणांतरेगौतमशापेनैवपाषाणभूतामितिस्मर्यते ६१ । ६२ । ६३ । ६४

६५ । ६६ । ६७ । ६८ । ६९ । ७० । ७१ । ७२ । ७३ । ७४ । ७५ । ७६ । ७७ । ७७ ॥ ॥ इतिशांतिपर्वणि मोक्षधर्मपर्वणि नीलकंठीये भारतभावदीपे षट्षष्ट्यधिकद्विशततमोऽध्यायः ॥ २६६ ॥ ॥ एवमहिंसैवधर्मोहिंसैवचपापमितिस्थितेदंडयानदंडयतोराज्ञःकथमहिंस्रत्वंस्याददंडयतोवाकथंप्रजासंरक्षणंस्यादितिपृच्छति कथमिति १ । २ अव्याहृतंदंडयानामप्यदंडयत्वंमाकेनचिदनुक्तंः वधायवध्येष्वितिशेषः ३ वधोनामसचधर्मइतिवदतोव्याघातइत्यर्थः ४ । ५ संकरमेवाह सममेति । लोकयात्रातीर्थगमनवाणिज्यादिव्यवहारः कलौयुगेअधर्मप्रधानेकालेवेत्थचेदहिंसयाप्यसंकरप्रकारमिशेषः

अ०

ततःपित्राचिरंस्तुत्वाचिरंचाघ्रायमूर्धनि ॥ चिरंदोर्भ्यांपरिष्वज्यचिरंजीवेत्युदाहृतः ६५ एवंसगौतमःपुत्रंप्रीतिहर्षगुणैर्युतः ॥ अभिनंद्यमहाप्राज्ञइदंवचनमब्रवीत् ६६ चिरकारिकभद्रंतेचिरकारीचिरंभव ॥ चिरायययदितेसौम्यचिरमस्मिनदुःखितः ६७गाथाश्चाप्यब्रवीद्विद्वान्गौतमोमुनिसत्तमः ॥ चिरकारिषुधीरेषुगुणोद्देशसमाश्रयाः ६८ चिरेणमित्रंबध्नीयाच्चिरेण चकृतंत्यजेत् ॥ चिरेणहिकृतंमित्रंचिरंधारणमर्हति ६९ रागेदर्पेचमानेचद्रोहेपापेचकर्मणि ॥ अप्रियेचैवकर्तव्येचिरकारीप्रशस्यते ७० बंधूनांसुहृदांचैवभृत्यानांस्त्रीजनस्यच ॥ अव्यक्तेष्वपराधेषुचिरकारीप्रशस्यते ७१ एवंसगौतमस्तत्रप्रीतःपुत्रस्यभारत ॥ कर्मणा तेनकौरव्यचिरकारितयातथा ७२ एवंसर्वेषुकार्येषुविमृश्यपुरुषस्ततः ॥ चिरेणनिश्चयंकृत्वाचिरंनपरितप्यते ७३ चिरंधारयतेरोषंचिरंकर्मनियच्छति ॥ पश्चात्तापकरंकर्मनकिंचिदुपपद्यते ७४ चिरंवृद्धानुपासीतचिरमन्वास्यपूजयेत् ॥ चिरंधर्मंनिषेवेतकुर्याच्चान्वेषणंचिरम् ७५ चिरमन्वास्यविदुषश्चिरंशिष्टान्निषेव्यच ॥ चिरंविनीयचात्मानंचिरंयात्यनवज्ञताम् ७६ ब्रुवतश्चपरस्यापिवाक्यंधर्मोपसंहितम् ॥ चिरंपृष्टोऽपिचब्रूयाच्चिरंनपरितप्यते ७७ उपास्यबहुलास्तस्मिन्नाश्रमेसुमहातपाः ॥ समाःस्वर्गंगतोविप्रःपुत्रेणसहितस्तदा ७८ ॥ इति श्रीमहाभारते शांतिपर्वणि मोक्षधर्मपर्वणि चिरकारिकोपाख्याने षट्षष्ट्यधिकद्विशततमोऽध्यायः ॥ २६६ ॥

॥ युधिष्ठिरउवाच ॥ कथंराजाप्रजारक्षेन्नचकिंचित्प्रघातयेत् ॥ पृच्छामित्वांसतांश्रेष्ठतन्मेब्रूहिपितामह १ ॥ भीष्मउवाच ॥ अत्राप्युदाहरंतीममितिहासंपुरातनम् ॥ द्युमत्सेनस्यसंवादंराज्ञासत्यवतासह २ अव्याहृतंव्याजहारसत्यवानितिनःश्रुतम् ॥ वधायोन्नीयमानेषुपितुरेवानुशासनात् ३ अधर्मतांयातिधर्मोयात्यधर्मश्चधर्मताम् ॥ वधोनामभवेद्धर्मोनैतद्भवितुमर्हति ४ ॥ द्युमत्सेनउवाच ॥ अथचेदवधोधर्मोधर्मःकोजातुचिद्भवेत् ॥ दस्यवश्चेन्नहन्येरन्सत्यवन्संकरोभवेत् ५ ममेदमितिनास्यैतत्प्रवर्तेतकलौयुगे ॥ लोकयात्रानचैवस्यादथचेद्वेत्थशंसनः ६ ॥ सत्यवानुवाच ॥ सर्वएते त्रयोवर्णाःकार्याब्राह्मणबंधनाः ॥ धर्मपाशनिबद्धानामन्योऽप्येवंचरिष्यति ७ योयस्तेषामपचरेत्तमाचक्षीतवैद्विजः ॥ अयंमेनशृणोतीतितस्मिन्राजाप्रधारयेत् ८

॥ २६७ ॥

नोऽस्मभ्यंशंसकथय ६ त्रयःक्षत्रविट्शूद्राःब्राह्मणाधीनाःकार्याः धर्मपाशनिबद्धानांतेषुधर्मपाशेननिबद्धेषुसत्सु अन्योऽपिप्रतिलोमानुलोमजातःसूतमागधादिरेवंत्रैवर्णिकवच्चरिष्यतिधर्मम् ७ अपचरेद्ब्राह्मणवचनमतिक्रामेत् प्रधारयेद्दण्डम् ८

तत्त्वात्मकत्वात्तत्त्वंशरीरं सत्वेतिपाठेजंतुस्तस्याभेदेनाऽविनाशेनयत्प्रवृत्तंशास्त्रंतत्कार्यं एतदेवव्यतिरेकमुखेनाह नेति कर्मादीन्यसमीक्ष्यसम्यगनालोच्यान्यथाविधंविपरीतप्रकारंछेदात्मकंशासनंनकार्यमिति योज्यम् ९ यतःएकस्मिंश्चोरेहतेतत्संबंधिनामनागसांबहूनांवधोभवतीत्याह दस्यूनिति। पुरुषेणहतेनतेभार्यादयः यस्मादेकस्यापराधेनबहूनांवधोऽनुचितस्तस्मात्सम्यक्प्रधारयेद्विचारयेत् १० तमेवाहासाधुश्चेति साधोःसकाशाच्छीलंलभते ११ फलितमाह नमूलेति । यतोमूलघातोनैवधर्मः १२ उद्वेजनंसर्वस्वापहरणादिभयप्रदर्शनेन परंतुचोरस्यवधेनतेतदीयाभार्यादयोनक्लिश्याद्वृत्तिलोपेनक्लेशंनप्रापणीयाः १३ यदेति तेदस्यवः १४ बिभ्रदिति । संन्यासिनोऽपिशास्याइत्यर्थः १५ गरीयांसमपिशास्युरितिशेषः पुनःपुनरपराधेयदाकृतेतदातोविसर्गनार्हीति प्रथमापराधेइवेतिव्यतिरेकदृष्टांतः १६ यत्रयत्रसमयेमर्यादायांसंयंतुं नियंतुम् १७ धर्मोल्लंघनेप्यहन्यमानेषुचोरेषु पूर्वेपूर्वकाले १८ सुशास्यत्वेहेतूनाह मृदवइति १९ अघकलौ एकस्मिन्हतेऽपीतरेनत्रस्यंतीत्यर्थः अतःसर्वेऽपिचोरपक्षीयाहंतव्याएवेत्याशयः २० नैवेति । कःकस्ये

तत्त्वाभेदेनयच्छास्त्रंतत्कार्यंनान्यथाविधम् ॥ असमीक्ष्यैवकर्माणिनीतिशास्त्रंयथाविधि ९ दस्यून्निहंतिवैराजाभूयसोवाप्यनागसः ॥ भार्यामातापितापुत्रोहन्यंते पुरुषेणते ॥ परेणापकृतोराजातस्मात्सम्यक्प्रधारयेत् १० असाधुश्चैवपुरुषोलभतेशीलमेकदा ॥ साधोश्चापिह्यसाधुभ्यःशोभनाजायतेप्रजा ११ नमूलघातः कर्तव्योनैषधर्मःसनातनः ॥ अपिस्वल्पवधेनैवप्रायश्चित्तंविधीयते १२ उद्वेजनेनबंधेनविरूपकरणेनच ॥ वधदण्डेनतेक्लिश्यानपुरोहितसंसदि १३ यदापुरोहितं वातेपर्येयुःशरणैषिणः ॥ करिष्यामःपुनर्ब्रह्मन्नपापमितिवादिनः १४ तदाविसर्गमर्हाःस्युरितीदंधातृशासनम् ॥ बिभ्रद्दंडाजिनंमुंडोब्राह्मणोऽर्हतिशासनम् १५ गरीयांसोगरीयांसमपराधेपुनःपुनः ॥ तदाविसर्गमर्हन्तिनयथाप्रथमेतथा १६ ॥ द्युमत्सेनउवाच ॥ यत्रयत्रैवशक्येरन्संयन्तुंसमयेप्रजाः ॥ सतावान्प्रोच्यते धर्मोयावन्नप्रतिलंघ्यते १७ अहन्यमानेषुपुनःसर्वमेवपराभवेत् ॥ पूर्वेपूर्वतरेचैवसुशास्याह्यभवन्जनाः १८ मृदवःसत्यभूयिष्ठाअल्पद्रोहाऽल्पमन्यवः ॥ पुरा धिग्दंडएवासीद्वाग्दंडस्तदनंतरम् १९ आसीदादानदंडोऽपिवधदंडोऽद्यवर्तते ॥ वधेनापिनशक्यंतेनियंतुमपरेजनाः २० नैवदस्युर्मनुष्याणांनदेवानामिति श्रुतिः ॥ नगंधर्वपितृणांचकःकस्येहनकश्चन २१ पद्मंश्मशानादादत्तेपिशाचाच्चापिदैवतम् ॥ तेषुयःसमयंकश्चित्कुर्वीतहतबुद्धिषु २२ ॥ सत्यवानुवाच ॥ तान्नशक्नोषिचेत्साधून्परित्रातुमहिंसया ॥ कस्यचिद्भूतभव्यस्यलाभेनांतंतथाकुरु २३

हेतिगतएवप्रश्नः नकश्चनकस्यापीत्युत्तरंच दस्युवधेतद्भार्यादीनांवधोनास्तीत्यर्थः संबंधाभावात् २१ चोरेषुमर्यादाकरमपिनसंभवतीत्याह पद्मिति । पद्मंशवालंकारमादत्ते पिशाचात्पिशाचोपहतादादत्तेचैला दिकमितिशेषः कीदृशंसमयंदैवतं देवताशपथादिरूपं यःकश्चिन्मूढोनतुप्राज्ञइत्यर्थः २२ साधून्कर्तुमितिशेषः भूतंभव्यायोपादिश्यतइतिन्यायेनसिद्धंपश्वादिकंसाध्यायकर्मणेभवतीतिभूतभव्यशब्देनक्रतुःकस्य चित्क्रतोर्लाभेनतेषामंतंनाशंकुरु । तथाहिसर्वमेधेब्रह्मणेब्राह्मणमालभेतेत्यादिनासर्वजातीयानांसर्वकर्मणांचनराणामालंभउक्तः । तथाचराजाबहून्वध्यान्निरोध्यकालेसर्वमेधेआलभेतेत्यर्थः । तेनपापिष्ठाअपि यज्ञपशुभूयस्वर्गयांति । 'पशुर्वैनीयमानःसमृत्युंप्रापश्यत्सदेवान्नान्वकामयतैतुंतंदेवाअब्रुवन्नेहिस्वर्गंवैत्वालोकंगमयिष्यामइतिसतथेत्यब्रवीत्' इतिश्रुतेः । वध्यानपिक्रतुप्रवेशेनोपकुर्यादेवेतिभावः २३

तेराजानस्तादृग्भ्यःस्तेनेभ्योऽपत्रपंतेममापिराज्येस्तेनइतिलज्जांकुर्वंतेऽतस्तथावृत्तालोकयात्रार्थंप्रजानांनिर्दोषत्वंकामयानाःपितरइवतपस्विनोभवंति । तथाचराजानःप्रतिजानतेछांदोग्ये 'नमेस्तेनोजनपदेनकदर्योनमद्यपः ॥ नानाहिताग्निर्नाविद्वान्नस्वैरीस्वैरिणीकुतः' इति २४ वित्रास्यमानाइति । त्रासेनैवप्रजाःसाध्व्योभवंतिनतुराजानोदुष्कृतीन्दुष्टान्कामाद्घ्नंत्यपितुक्रतुप्रयोजनेनैवघ्नंत्येवंचसुकृतेनैवप्रजाःशासते २५ एवंविधेराज्ञि 'यद्यदाचरतिश्रेष्ठस्तत्तदेवेतरेजनाः' इतिन्यायेनोत्तरोत्तरंप्रजाःश्रेयस्याभवंतीत्याह श्रेयसइति २६ राज्ञास्वचित्तंजित्वैवप्रजाःशास्याअन्यथाताएवैनमुपहसंतीत्याह आत्मानमिति २७ । २८ दुष्कृतंदुष्टकर्मकारिणं अनंतरान्पुत्रसोदर्यादीन् २९ विपक्षेदोषमाह यत्रेति । यत्रराज्ये अर्च्छतिप्राप्नोति ३० स्वोक्तेःसांप्रदायिकत्वमाह इतीति ३१ आश्वासयद्भिः प्रजाइतिशेषः एतत्कृत्स्नमण्डलं प्रथमकल्पेनमुख्येनाहिंसामयेनदंडेनजयेद्वशीकुर्यात् धिग्दंडंवाग्दंडमादानदंडंवधदंडंचयुगक्रमेणप्रजासुप्रवर्तयेदितितात्पर्यम् ३२ । ३३ । ३४ अथेति । निर्दिश्यनिश्चित्यतपोदंडं । 'राजाभिःकृतदंडास्तु

राजानोलोकयात्रार्थंतप्यन्तेपरमंतपः ॥ तेऽपत्रपंतितादृग्भ्यस्तथावृत्ताभवंतिच २४ वित्रास्यमानाःसुकृतोनकामाद्घ्नंतिदुष्कृतीन् ॥ सुकृतेनैवराजानोभूयिष्ठं शासतेप्रजाः २५ श्रेयसःश्रेयसोऽप्येवंवृत्तंलोकोऽनुवर्तते ॥ सदैवहिगुरोर्वृत्तमनुवर्तन्तिमानवाः २६ आत्मानमसमाधायसमाधित्सतियःपरान् ॥ विषयेष्विंद्रियवशंमानवाःप्रहसंतितम् २७ योराज्ञोदंभमोहेनकिंचित्कुर्यादसांप्रतम् ॥ सर्वोपायैर्नियंम्यःसतथापापान्निवर्तते २८ आत्मैवादौनियंतव्योदुष्कृतंसंनियच्छता ॥ दंडयेच्चमहादंडैरपिबंधूननंतरान् २९ यत्रवैपापकृत्क्लीचोनमहद्दुःखमर्च्छति ॥ वर्धन्तेतत्रपापानिधर्मोह्रसतिचध्रुवम् ३० इतिकारुण्यशीलस्तुविद्वान्वैब्राह्मणोऽन्वशात् ॥ इतिचैवानुशिष्टोऽस्मिपूर्वैस्तातपितामहैः ३१ आश्वासयद्भिःसुभृशमनुक्रोशात्तथैवच ॥ एतत्प्रथमकल्पेनराजाकृतयुगेजयेत् ३२ पादोनेनापिधर्मेणगच्छेत्त्रेतायुगेतथा ॥ द्वापरेतुद्विपादेनपादेनत्ववरेयुगे ३३ तथाकलियुगेप्राप्तेराज्ञोदुश्चरितेनह ॥ भवेत्कालविशेषेणकलाधर्मस्यषोडशी ३४ अथप्रथमकल्पेनसत्यवन्संकरोभवेत् ॥ आयुःशक्तिंचकालंचनिर्दिश्यतपआदिशेत् ३५ सत्यायहियथानेहजह्याद्धर्मफलंमहत् ॥ भूतानामनुकंपार्थंमनुःस्वायंभुवोऽब्रवीत् ३६

॥ इति श्रीमहाभारते शांतिपर्वणि मोक्षधर्मपर्वणि द्युमत्सेनसत्यवत्संवादे सप्तषष्ट्यधिकद्विशततमोऽध्यायः ॥ २६७ ॥ ॥ ॥ युधिष्ठिर उवाच ॥

अविरोधेनभूतानांयोगःषाड्गुण्यकारकः ॥ यःस्यादुभयभाग्धर्मस्तन्मेब्रूहिपितामह १

शुध्द्यंतिमलिनाजनाः' इतिदंडस्यापितपोवच्छुद्धिहेतुत्वस्मृतेः ३५ उक्तेऽर्थेप्रमाणमाह सत्यायेति सत्यायब्रह्मप्राप्तयेइहिमसिद्धं महद्धर्मफलंज्ञानं स्वर्गादेःक्षुद्रत्वात् यथायेनप्रकारेणेहनजह्यात्तादृशमहिंसाख्यंधर्ममनुरब्रवीत् ३६ ॥ इतिशांतिपर्वणि मोक्षधर्मपर्वणि नीलकंठीये भारतभावदीपे सप्तषष्ट्यधिकद्विशततमोऽध्यायः ॥ २६७ ॥ ॥ वृत्तमनूद्यपृच्छति अविरोधेनेति । राज्ञामप्यहिंसाप्रधानःषाड्गुण्यकारकःषड्गुणाऐश्वर्यादयोयैर्भगवच्छब्दभाग्भवतिउत्पत्त्यादयःप्रकृतिगुणावातेषांसमूहःषाड्गुण्यंतस्यकारकोहेतुर्योगउक्तइतिशेषः । 'ऐश्वर्यस्यसमग्रस्यज्ञानस्ययशसःश्रियः ॥ वैराग्यस्यचधर्मस्यषण्णांभगइतींगना ॥ उत्पत्तिंचविनाशंचभूतानामागतिंगतिं ॥ वेत्तिविद्यामविद्यांचसवाच्योभगवानिति' १

उभयभाक्त्वमेवाविवृणोति गार्हस्थ्यस्येति । गार्हस्थ्येपंचसूनाअनिवार्याः योगेतुहिंसासर्वात्मनात्याज्या अदूरेसमीपेएककार्यार्थत्वेनसंप्रस्थितयोःप्रवृत्तयोः । 'न्यायागतधनस्तत्त्वज्ञाननिष्ठोऽतिथिप्रियः । श्राद्धकृ
त्सत्यवादीचगृहस्थोऽपिविमुच्यते । प्रणायामैर्दहेद्देनोधारणाभिश्चकिल्बिषान् । प्रत्याहारेणसंसर्गान्ध्यानेनानैश्वरान्गुणान्' इतिस्मृतिभ्यां गुणान्जीवत्वादीन् अतस्तुल्यार्थयोरेतयोर्मध्येकिंस्विच्छ्रेयः २ उभौगार्ह
स्थ्ययोगधर्मौ ३।४ अत्रेति । अक्षराधिक्यमार्षम् ५ 'तद्यथैवादोमनुष्यराजआगतेऽन्यस्मिन्वार्हत्युक्षाणंवावेहतंवाक्षदंते' इतिश्रुतिमनुपश्यंस्त्वष्टुस्त्वष्ट्रेगृहागतायमधुपर्केगामालेभे वेहतंवंध्यांगां क्षदंतेहिंसंति ६ नियुक्तांहं
तुंपुरस्कृतांदृष्ट्वावेदाइत्यब्रवीदितिद्वयोःसंबंधः दृष्ट्वेत्यस्याध्याहारश्च ७ वेदाइतिगर्हायांप्लुतिः ८ प्रविश्ययोगबलेनेत्यर्थः यतिंकापिलमुनिं हंहोइतिविस्मये वेदायादिमताःतर्हितत्वेनसंमताः अत्रापिगर्हार्थायाःप्लुतेरनु
वादः अपरेहिंसाशून्याधर्माःकेनमताः प्रामाण्यमप्रामाण्यंवाकर्मज्ञानकांडयोस्तुल्यमतोनान्यतरन्निंदेत्प्रशंसेद्वेतिभावः ९ तपस्विनःआर्षमन्यंते किंविदितात्मनःनित्यज्ञानवतःपरमेश्वरस्यव्याहृतं । 'अस्यमहतोभू

गार्हस्थ्यस्यचधर्मस्ययोगधर्मस्यचोभयोः ॥ अदूरसंप्रस्थितयोःकिंस्विच्छ्रेयःपितामह २ ॥ भीष्मउवाच ॥ उभौधर्मौमहाभागावुभौपरमदुश्चरौ ॥ उभौमहा
फलौतौतुसद्भिराचरितावुभौ ३ अत्रतेवर्तयिष्यामिप्रामाण्यमुभयोस्तयोः ॥ शृणुष्वैकमनाःपार्थच्छिन्नधर्मार्थसंशयम् ४ अत्राप्युदाहरंतीममितिहासंपुरातनम् ॥
कपिलस्यगोश्चसंवादंतन्निबोधयुधिष्ठिर ५ आम्नायमनुपश्यन्हिपुराणंशाश्वतंध्रुवम् ॥ नहुषःपूर्वमालेभेत्वष्टुर्गामितिनःश्रुतम् ६ तांनियुक्तामदीनात्मासत्वस्थः
संयमेरतः ॥ ज्ञानवान्नियताहारोददर्शकपिलस्तथा ७ सबुद्धिमुत्तमांप्राप्तोनैष्ठिकीमकुतोभयाम् ॥ सतीमशिथिलांसत्यांवेदा३इत्यब्रवीत्सकृत् ८ तांगामृषिः
स्यूमरश्मिःप्रविश्ययतिमब्रवीत् ॥ हंहोवेदा३यदिमताधर्माःकेनापरेमताः ९ तपस्विनोधृतिमंतःश्रुतिविज्ञानचक्षुषः ॥ सर्वमार्षंहिमन्यन्तेव्याहृतंविदितात्मनः
१० तस्यैवंगततृष्णस्यविज्वरस्यनिराशिषः ॥ काविवक्षाऽस्तिवेदेषुनिरारंभस्यसर्वतः ११ ॥ कपिलउवाच ॥ नाहंवेदान्विनिंदामिनविवक्ष्यामिकर्हिचित् ॥
पृथगाश्रमिणांकर्माण्येकार्थानीतिनःश्रुतम् १२ गच्छत्येवपरित्यागीवानप्रस्थश्चगच्छति ॥ गृहस्थोब्रह्मचारीचउभौतावपिगच्छतः १३ देवयानाहिपंथानश्च
त्वारःशाश्वतामताः ॥ एषांज्यायःकनीयस्त्वंफलेपूक्तंबलाबलम् १४

तस्यनिःश्वसितमेतद्यदृग्वेदः' इतिश्रुतेर्निःश्वासवदयत्नोच्चारितंचवेदं अतोऽत्रैकमप्यक्षरमप्रमाणीकर्तुमशक्यमित्यर्थः १० ननु'एषह्येवसाधुकर्मकारयतितंयमेभ्योलोकेभ्यउन्निनीषतेएषह्येवासाधुकर्मकारयतितंयम
ऽधोनिनीषते' इतिश्रुत्यासतांमुक्तिमसतांबंधंचदातुंविवक्षाभेदेनज्ञानकर्मकाण्डेप्रवृत्तेइत्याशंक्याह तस्येति । तस्यईश्वरस्यगततृष्णस्यफलाशाहीनस्य विज्वरस्यद्वेषहीनस्य निराशिषःनीरागस्य निरारंभस्याव
प्तसकलकामत्वात् नवैषम्यविवक्षयावेदवचनंसंभवतीत्यर्थः ११ नाहमिति । विवक्ष्यामिविषमान्वक्ष्यामि १२ एकार्थत्वमाह गच्छत्येवेति । परित्यागीसंन्यासी गच्छत्येवपरंपदमितिशेषः १३ देवया
नाःदेवमात्मानंयांत्येभिरितितथाभूताश्चत्वारआश्रमाः एषांज्यायस्त्वकनीयस्त्वरूपंबलाबलंफलेषुनिमित्तेषूक्तं यथोक्तं 'संन्यासीमोक्षमाप्नोतिब्रह्मलोकंवनीतथा । स्वर्लोकमृषिलोकंचगृहस्थब्रह्मचारिणौ' इति १४

आरभेतसर्वार्थान्स्वर्गादिप्रदान्यज्ञादीनितिवैदिकंमतं यथोक्तमापस्तंबेन त्रैविद्यवृद्धानांतुवेदाःप्रमाणमितिनिष्ठातत्रयानिश्रूयंतेव्रीहियवपश्वाज्यपयःकपालपत्नीसंबद्धान्युच्चैर्नीचैःकार्यमितितैर्विरुद्धआचारोऽप्रमाणमितिमन्यंते अथापिप्रजापतेर्वचनं ‘त्रयींविद्यांब्रह्मचर्यंप्रजातिंश्रद्धांतपोयज्ञमनुप्रदानं । यएतानिकुर्वतेतैरित्सहस्मोरजोभूताध्वंसतेऽन्यत्प्रशंसन्निति’ इति श्रुतिश्चभस्मांतंशरीरमितिआमरणमग्निसाध्यकर्मानुष्ठानं कर्तव्यमितिदर्शयति तथाऽन्यत्रप्रकरणांतरेनारभेतकर्माणीतिशेषः तथाचवार्तिककारोदाहृतंभाल्लविशाखावचनं ‘त्यागएवहिसर्वेषांमोक्षसाधनमुत्तमं । त्यजतैवहिविज्ञेयंत्यक्तुःप्रत्यक्परंपदं’इति । नैष्ठिकीत्यनेनैतस्याःसिद्धांतत्वंदर्शितं १५ तदेवाहार्धेन अनारंभेइति । अत्रशंकतेऽर्धेन एवमिति । कर्मतत्त्यागविध्योर्बलाबलंदुर्ज्ञेयं उभयत्रनिंदास्तुत्योस्तुल्यत्वादितिभावः १६ एतद्दूषयति यद्यत्रेति । अहिंसायाःपरमहिंसातोऽन्यत्यत्किंचित्हिंसाशास्त्रंआगमशास्त्रेभ्यःऋतेयदिप्रत्यक्षंदृष्टफलंमतंयुक्त्यायदिवातत्पश्यसिअनुभवेनतर्हिब्रूहि । अयंभावः। योगफलंप्रत्यक्षंयथोक्तमापस्तंबेन अथापिसंकल्पासिद्धयोभवंति यथावर्षप्रजादानंदूरेदर्शनंमनोजवतायच्चान्यदेवंयुक्तंतस्मात्श्रुतितःप्रत्यक्षफलत्वाच्चविशिष्टानाश्रमानेतानेकेब्रुवतइति अनुमानगम्यंच तथाहि । नीहारेणप्रावृताअनृतेनहिप्रत्यूढाइत्यादिश्रुतिभ्योरज्जूरगस्येवबंधस्यमिथ्याज्ञानकार्यत्वंसिद्धं ततोज्ञानमात्रापनोद्यत्वंयुक्तं । नहिरज्जूरगभीतस्यभयनिवृत्तिर्गंगास्नानसहस्रेणापिभवत्यधिष्ठानसाक्षात्कारजनिततद्बाधमंतरेण । स्मृतिश्च । ‘भिद्यतेहृदयग्रंथिश्छिद्यंतेसर्वसंशयाः ।

एवंविदित्वासर्वार्थानारभेतेतिवैदिकम् ॥ नारभेतेतिचान्यत्रनैष्ठिकीश्रूयतेश्रुतिः १५ अनारंभेह्यदोषःस्यादारंभेदोषउत्तमः ॥ एवंस्थितस्यशास्त्रस्यदुर्विज्ञेयंबलाबलम् १६ यद्यत्रकिंचित्प्रत्यक्षमहिंसायाःपरंमतम् ॥ ऋतेत्वागमशास्त्रेभ्योब्रूहितद्यदिपश्यसि १७ ॥ ॥ स्यूमरश्मिरुवाच ॥ ॥ स्वर्गकामोयजेतेतिसततंश्रूयतेश्रुतिः ॥ फलंप्रकल्प्यपूर्वंहिततोयज्ञःप्रतायते १८ अजश्चाश्वश्चमेषश्चगौश्चपक्षिगणाश्चये ॥ ग्राम्यारण्याश्चौषधयःप्राणस्यान्नमितिश्रुतिः १९ तथैवान्नंह्यहरहःसायंप्रातर्निरूप्यते ॥ पशवश्चाथधान्यंचयज्ञस्यांगमितिश्रुतिः २०

क्षीयंतेचास्यकर्माणितस्मिन्दृष्टेपरावरे’ इति तथाच यथाप्रत्यक्षानुमानागमगम्यंतत्त्वज्ञानफलं कर्मफलंतुश्रुत्यैकगम्यं नतत्रप्रत्यक्षानुमानेसंक्रमतइतिकर्मतत्त्यागविद्ध्योर्बलाबलंसुज्ञेयमेव यत्तुआपस्तंबेनोक्तं । तत्रयेपुण्यकृतस्तेषांप्रकृतयःपराज्वलंत्यउपलभ्यंतइतितारारूपिणांकर्मकृतामपिप्रत्यक्षंज्योतिर्मयत्वमिति तदपिश्रौतमेव नहिसुकृतांवाएतानिज्योतींषियन्नक्षत्राणीतिश्रुतिमंतरेणतेषांचेतनत्वमध्यवसातुंशक्यं अचेतनत्वंतुजैमिनिसंमतमित्यास्तांतावत् यत्तुतेनैवस्यात्तुकर्मावयवेनतपसावाकश्चित्सशरीरोंतवंतंलोकंजयति संकल्पसिद्धिश्चस्यान्नतुतज्ज्यैष्ठ्यमाश्रमाणामितिज्ञानफलस्यप्रत्यक्षत्वमभ्युपेत्यापितत्साधकाश्रमस्यज्यैष्ठ्यंनिषिद्धं यच्चगौतमेन ऐकाश्रम्यंत्वाचार्याःप्रत्यक्षविधानाद्गार्हस्थ्यस्येतिभस्मांतंशरीरंकुर्वंबेशुचौदेशेस्वाध्यायमधीयानइतिप्रत्यक्षश्रुतिमूलकतयागार्हस्थ्यस्यज्यैष्ठ्यमुक्तं तत्सर्वं‘नहिनिंदानिंद्यंनिंदितुंप्रवर्ततेऽपितुविधेयंस्तोतुं’इतिन्यायेनज्ञानादधिकारिणामाश्रमधर्मेषुश्रद्धोत्पादनार्थमितिद्रष्टव्यमिति १७ अत्रप्रत्यवतिष्ठते स्वर्गेति । यागविधावुद्देश्यस्यस्वर्गस्यस्वरूपाविवक्षायांकृत्स्नंशास्त्रमनर्थकंस्यादित्यर्थः प्रतायतेप्रतन्यते १८ ननुस्वर्गोनास्तीतिनब्रूमःकिंतुहिंसायुक्तंतत्साधनंनिंदामइत्याशंक्यप्राणविद्यायां‘सहोवाचकिंमेऽन्नंभविष्यतीतियत्किंचिदिदमाश्वभ्यआशकुनिभ्य’इतिश्रुतिंप्रत्यक्षंचसर्वस्यान्नत्वेप्रमाणयति अजश्चेतिसार्धेन । मेषोमुंडशिराः ग्राम्याओषधयोयवाद्याः यस्ययदन्नंतद्भक्षणेतस्यदोषोनास्तीतिभावः १९ यदैवंतदाश्रौतेकर्मणिहिंसादोषःकैमुतिकन्यायनिरस्तइत्याशयेनाह पशवइति २०

२१ अन्योन्यवराःपरस्परापेक्षयाश्रेष्ठाः सप्तधासप्तधेतिधात्रआवृत्तिः तेच'गौरजोमनुजोऽश्वश्चमेषाश्वतरगर्दभाः ॥ ग्राम्याःसप्तसमाख्याताःपशवःसाधुवेदिभिः ॥ सिंहान्याघ्रावराहाश्चमहिषावारणास्तथा ॥ ऋक्षाश्चवानराश्चैवसप्तारण्याःप्रकीर्तिताः'इति उत्तममितिसंज्ञासंजातायस्य पुरुषोवावसुकृतामितिश्रुतेरुत्तमसांज्ञितंपुरुषाख्यमपियज्ञेषूपाकृतंविनियुक्तं'पुरुषंवैदेवाःपशुमालभन्ते' इतिवेदाःप्राहुस्तच्चशिष्टैरादृतं । 'पुरुषोहवैनारायणोकामयतात्यतिष्ठेयंसर्वाणिभूतान्यहमेवेदंसर्वंस्यामिति सएतंपुरुषमेधंपंचरात्रंयज्ञक्रतुमपश्यत्'इतिश्रुतेः पूर्वैर्ब्रह्मादिभिःपूर्वतरैर्नारायणादिभिः यत्रसर्वोत्कृष्टःपुरुषोऽपिश्रुतितआचाराच्चहिंस्यतेतत्रकाकथाइतरेषामितिभावः सार्धः २२ स्वांशक्तिंविद्वान्प्रयेदमजस्याश्वस्यपुरुषस्यवाआलंभनंकर्तुंशक्यमितिजानन्कः पुमानात्मनोजीवान्नविचिन्वीतनविवेचयेत् आलंभार्थमितिशेषः किंतुसर्वोऽप्यास्तिकःस्वस्यशक्यंकर्तुंकुर्यादेवेत्यर्थः २३ नचात्रहिंसादोषोऽस्तिप्रत्युतस्वर्गार्थिनापश्वादीनां'नवाउएतन्म्रियसेनरिष्यसिदेवाँइदेषिपाथिभिःसुगेभिः'इतिमंत्रवर्णादयमुपकारएवेत्याह पशवश्चेति । मखात्मखंविनास्वर्गस्ततोविस्तृतो

एतानिसहयज्ञेनप्रजापतिरकल्पयत् ॥ तेनप्रजापतिर्देवान्यज्ञेनायजतप्रभुः २१ तदन्योन्यवराःसर्वेप्राणिनःसप्तसप्तधा ॥ यज्ञेषूपाकृतंविश्वंप्राहुरुत्तमसंज्ञितम् २२ एतच्चैवाभ्यनुज्ञातंपूर्वैःपूर्वतरैस्तथा ॥ कोजातुनविचिन्वीतविद्वान्स्वांशक्तिमात्मनः २३ पशवश्चमनुष्याश्चद्रुमाश्चौषधिभिःसह ॥ स्वर्गमेवाभिकांक्षन्तेनचस्वर्गस्ततोमखात् २४ ओषध्यःपशवोवृक्षावीरुदाज्यंपयोदधि ॥ हविर्भूमिर्दिशःश्रद्धाकालश्चैतानिद्वादश २५ ऋचोयजूंषिसामानियजमानश्चषोडश ॥ अग्निर्ज्ञेयोगृहपतिःससप्तदशउच्यते २६ अंगान्येतानियज्ञस्ययज्ञोमूलमितिश्रुतिः ॥ आज्येनपयसादध्नाशकृताऽऽमिक्षयात्वचा २७ वालैःशृंगेणपादेनसंभवत्येवगौर्मखम् ॥ एवंप्रत्येकशःसर्वंयद्यदस्यविधीयते २८ यज्ञंवहंतिसंभूयसहर्त्विग्भिःसदक्षिणैः ॥ संहृत्यैतानिसर्वाणियज्ञंनिर्वर्तयंत्युत २९ यज्ञार्थानिहिसृष्टानियथार्थाश्रूयतेश्रुतिः ॥ एवंपूर्वतराःसर्वेप्रवृत्ताश्चैवमानवाः ३० नाहिनास्तिनारभतेनाभिद्रुह्यतिकिंचन ॥ यज्ञोयष्टव्यइत्येवयोयजत्यफलेप्सया ३१ यज्ञांगान्यपिचैतानियज्ञोक्तान्यनुपूर्वशः ॥ विधिनाविधियुक्तानिधारयंतिपरस्परम् ३२ आम्नायमार्षंपश्यामियस्मिन्वेदाःप्रतिष्ठिताः ॥ तंविद्वांसोऽनुपश्यंतिब्राह्मणस्यानुदर्शनात् ३३ ब्राह्मणप्रभवोयज्ञोब्राह्मणार्पणएवच ॥ अनुयज्ञंजगत्सर्वंयज्ञश्चानुजगत्सदा ३४

नास्ति जपादिजःस्वर्गःस्वल्पइतिभावः नरिष्यसिनहिंस्यसे देवाँइत्देवानेव २४।२५।२६ यज्ञोमूलं लोकस्थितेरितिशेषः श्रुतिर्यज्ञाद्भवतिपर्जन्यइत्यादिर्भगवद्वचनरूपा वेदस्यापीश्वरकर्तृकत्वाभ्युपगमेनभगवद्गीतानामुपनिषदामपिसमानकर्तृकत्वेनश्रुतित्वौचित्यात् । शकृतागोमयेन आमिक्षयादधिमिश्रेणपयसा त्वचाआनुडुहेचर्मणिनिर्वापादेर्विधानात् शेषंव्याख्यातं २७ । २८ संहृत्यगुणोपसंहारन्यायेनैकीकृत्य आरभंतैवयज्ञमितिभावः २९ । ३० हिंसारंभयोरुपपादितमदोषत्वमुपसंहरति नेति । फलार्थिनामेवहिंसारंभौदोषावहौनत्वफलार्थिनांममेदमावश्यकमितिबुद्ध्यायज्ञमनुतिष्ठतामित्यर्थः ३१ यज्ञांगान्योषध्यादीनियज्ञोक्तानियूपदार्वादिवत्समासः विधियुक्तान्यलौकिकानियूपाहवनीयादीनि विधिनोच्छ्रयणप्रणयनादिरूपेण धारयंतिस्वस्वकार्येपरस्परमुपकुर्वंतीत्यर्थः ३२ ब्राह्मणस्यक्रियायांप्रवर्तकस्यवाक्यस्य ३३ ब्राह्मणप्रभवोवेदविभोद्भवः नपुंसकमनपुंसकेनेत्येकशेषपूर्वकोऽयंसमासः ३४

ब्रह्मणोवेदस्य तस्मात्प्रणवपूर्विकायज्ञादिक्रियाकर्तव्येत्यर्थः ३५ । ३६ स्तोभाःसामपूरकाक्षराणिहायिहाउइत्यादीनि ३७ मानुषाद्दैव्यमुपैमीतिमंत्रवर्णादाधानकृदिहैवदेवेभावंप्राप्नोति सोमंसुनोतिभवतिद्युमाँ अहेतिमंत्रवर्णात्सोमंसुन्वंतःस्वर्गाधिपत्यंप्राप्नुवंतीत्येवमादितद्भगवान्ज्ञानैश्वर्यसंपन्नतमोभवानेववेद ३८ स्वर्गविधिनास्वर्गप्रदज्योतिष्टोमादिनायतःप्रेत्यमहत्स्वर्गफलंभवति ३९ वेदवादविदःयोवेदगतानर्थवादा न्वेदतस्योभयंफलसमर्पकमर्थवादद्व···णंस्तुत्यर्थत्वेनेत्यर्थः । यथायस्यपर्णमयीजुहूर्भवतिनसपापंश्लोकंशृणोतीतिफलंक्रत्वंगजुहूसंबंधादविवक्षितस्वार्थंकिंतुलक्षणयास्तुतिमात्रपरम् । एवंसर्वांश्चलोकानाप्नो तिसर्वांश्चकामान्यस्तमात्मानमनुविद्यविजानातीत्यात्मज्ञानफलमपिज्ञेयं । ननुलोकवेदसाधारणस्यकर्त्रात्मनोजुहूवदव्यभिचरितक्रतुसंबंधाभावात्कथंतज्ज्ञानफलस्यजुहूफलवदर्थवादत्वम् उच्यते देहातिरिक्तआत्मा वेदैकगम्योयूपाहवनीयादिवदलौकिकोऽस्ति तस्यचक्रतुसंबंधोनव्यभिचरति आमुष्मिकव्यवहारमात्रस्यतत्सापेक्षत्वात् । ऐहिकव्यवहारेचतदनपेक्षणाद्देहात्मवादेऽपितदुपपत्तेः । यद्यपिजातपुत्रःकृष्णकेशोऽग्नीनाद धीतेत्यादिविशेषणमात्रस्यपत्न्यादिवल्लोकवेदेसाधारणत्वेऽपिफलभोक्तुर्नतथात्वमस्ति । तस्माज्जुहूवत्स्वर्गकामस्याप्यव्यभिचरितक्रतुसंबंधात्साम्नदश्यादिवदनारभ्याधीतमपितज्ज्ञानंक्रतुप्रवेशंलभतेतत्फल ॥ २६९ ॥

ओमितिब्रह्मणोयोनिर्नमःस्वाहास्वधावषट् ॥ यस्यैतानिप्रयुज्यन्तेयथाशक्तिकृतान्यपि ३५ नतस्यत्रिषुलोकेषुपरलोकभयंविदुः ॥ इतिवेदावदंतीहसिद्धाश्च परमर्षयः ३६ ऋचोयजूंषिसामानिस्तोभाश्चविधिचोदिताः ॥ यस्मिन्नेतानिसर्वाणिभवंतीहसवैद्विजः ३७ अग्न्याधेयेयद्भवतियच्चसोमेसुतेद्विज ॥ यच्चेतरै र्महायज्ञैर्वेदतद्भगवान्पुनः ३८ तस्माद्ब्रह्मन्यजेचैवयाजयेच्चाविचारयन् ॥ यजतःस्वर्गविधिनाप्रेत्यस्वर्गफलंमहत् ३९ नायंलोकोऽस्त्ययज्ञानांपरश्चेतिविनि श्चयः ॥ वेदवादविदश्चैवप्रमाणमुभयंतदा ४० ॥ इति श्रीमहाभारते शांतिपर्वणि मोक्षधर्मपर्वणि गोकपिलीये अष्टषष्ट्यधिकद्विशततमोऽध्यायः ॥ २६८ ॥
॥ कपिलउवाच ॥ एतावदनुपश्यंतियतयोयांतिमार्गगाः ॥ नैषांसर्वेषुलोकेषुकश्चिदस्तिव्यतिक्रमः १

स्यचार्थवादत्वमितियुक्तमुत्पश्यामः तथाचसूत्रम् । शेषत्वात्पुरुषार्थवादोयथान्येष्विति जैमिनेति । यत्तुविद्याफलंप्रत्यक्षमितितत्रायुक्तमापरतश्चेनबुद्धेःक्षेमप्रापणंतच्छास्त्रैर्विप्रतिषिद्धं बुद्धेश्चेत्क्षेमप्रापणमिहैवनदुःख मुपलभेतेति बुद्धेरात्मनिज्ञातेक्षेमप्रापणमानंदप्राप्तिर्नास्ति ज्ञातात्मतत्वस्यापिदुःखोपलंभात् अयुक्तंचतत् रजोभूत्वाध्वंसतेऽन्यत्रप्रशंसन्निति कर्ममार्गादन्यज्ज्ञानंप्रशंसतोनिंदाश्रवणात् तस्माज्जुहात्मज्ञानफलयोःस मानमर्थवादत्वमितिपूर्वःपक्षः ४० ॥ इतिशांतिपर्वणि मोक्षधर्मपर्वणि नैलकंठीये भारतभावदीपे अष्टषष्ट्यधिकद्विशततमोऽध्यायः ॥ २६८ ॥ ॥ ॥ अत्रोत्तरमाह एतावदिति । यतयोयमनियमादिमं तोयांतिप्रकरणादात्मानंप्राप्नुवंति तेमार्गगाःप्रागेवशुद्धात्मप्राप्तेर्मार्गेसविशेषावस्थायांस्थिताएतावद्दृश्यत्वेनपरिच्छिन्नंब्रह्मांडंपार्यंतिकंकर्मफलमनुपश्यंतिगुरुशास्त्रोपदेशमनुसाक्षात्कुर्वंति तथाचश्रुतिर्ब्रह्मविदाप्नोति परमितिमहत्फलमुपक्षिप्य'योवेदनिहितंगुहायांपरमेव्योमन्सोऽश्नुतेसर्वान्कामानरूह'इतिशरीरगुहास्थंसत्यादिलक्षणंब्रह्मयोवेदसःपरमेव्योमन्नव्याकृतावस्थांगतःसर्वकामभाग्भवतीतिचदर्शयति । ननुफलश्रुतेरर्थवा दत्वमुक्तमित्याशंक्याह नैषामिति । एषांयतीनांसर्वेषुलोकेषुभोग्यपदार्थेषुकश्चिद्व्यतिक्रमोमिथ्यासंकल्पत्वंनास्ति । 'संकल्पादेवास्यपितरःसमुत्तिष्ठंति संकल्पादेवतुतच्छ्रुतेः'इतिश्रुतिन्यायाभ्यां तथाहि छांदो ग्येसर्वांश्चलोकानाप्नोतिसर्वांश्चकामानितिप्रजापतिनाआत्मज्ञानफलमुपन्यस्तंतदेवोद्दिश्येंद्रविरोचनौप्रजापतौब्रह्मचर्यमूषतुः । 'तंवायतंदेवाआत्मानमुपासते तस्मात्तेषांसर्वेचलोकाःसर्वेचकामाआप्ताः'इतिपरकृतिसरू

—पार्थवादेनसिद्धवन्निर्दिष्टम्। एतस्याविवक्षायांकृत्स्नंकर्मफलमप्यविवक्षितंस्यात् न्यायसाम्यात् प्राकरणिकफलत्वाच्च। ननूक्तंदेहादन्यस्यकर्त्रात्मनोजुह्वाइवनित्यःक्रतुसंबंधइति। सत्यं तथापिअन्यत्रधर्मात् अन्यत्राधर्मात्‌योऽशनायापिपासेशोकंमोहंजरांमृत्युमत्येतीतिविदितवेदांतवेद्यस्यधर्माद्यतीतस्याशनायादिरहितस्याऽऽत्मनोज्ञानंनकर्मांगत्वंप्रतिपद्यते । यत्रत्वस्यसर्वमात्मैवाभूत्तत्केनकंपश्येदितितदधिगमेद्वैतोपमर्दश्रवणात् । तस्मान्नात्मज्ञानफलस्यार्थवादत्वंपर्णमयीदृष्टांतेनयुज्यते । तथाचसूत्रं अधिकोपदेशात्तुबादरायणस्यैवंतद्दर्शनादिति १ यत्तुबुद्धेचेत्क्षेमप्रापणमिहैवनदुःखमुपलभेतेत्यार्षवचनमुदाहृतंतत्राह निर्द्वन्द्वाइति । निर्द्वंद्वाःशीतोष्णादिजहर्षविषादशून्याः अतएवनिर्नमस्काराःनकंचिन्नमस्कुर्वंति यतोनिराशीर्बंधनाःप्रार्थनापाशशून्याः यतःपापेभ्योवासनाहेतुभ्योविमुक्ताः शुचयःस्वभावशुद्धाः अमलाआगंतुकदोषशून्याः । यतएवंविधाभरतसंवर्तादयोबहवउपलभ्यंतेऽतआपस्तंबोक्तिर्ज्ञानानधिकारिणांकर्मणिश्रद्धोत्पादनार्था। अन्यथापूर्वोदाहृतेनतदीयेनज्ञानफलाभ्युपगमवचनेनविरोधःस्यात् एतेनगौतमोक्तिरप्यैकाश्रम्यपराव्याख्यातावेदितव्या २।३ लोकाःलोक्यंतइतिलोकाःकाम्यमानाविषयाः सनातनानित्यसिद्धाः। 'तएतेसत्याःकामाअनृतापिधानाः'इतिश्रुतेः अनृतंदेहादितादात्म्याध्यासः गार्हस्थ्येअसत्यस्वर्गादिप्रदकर्माधिकारनिमित्तेकिमपिप्रयोजनं

निर्द्वन्द्वानिर्नमस्कारानिराशीर्बन्धनाबुधाः ॥ विमुक्ताःसर्वपापेभ्यश्चरंतिशुचयोऽमलाः२अपवर्गेऽथसंत्यागेबुद्धौचकृतनिश्चयाः॥ ब्रह्मिष्ठाब्रह्मभूताश्चब्रह्मण्येव कृतालयाः ३ विशोकानष्टरजसस्तेषांलोकाःसनातनाः ॥ तेषांगतिंपरांप्राप्यगार्हस्थेकिंप्रयोजनम् ४ ॥ स्यूमरश्मिरुवाच ॥ यद्येषापरमाकाष्ठायद्येषापर मागतिः ॥ गृहस्थानव्यपाश्रित्यनाश्रमोऽन्यःप्रवर्तते ५ यथामातरमाश्रित्यसर्वेजीवंतिजंतवः॥ एवंगार्हस्थ्यमाश्रित्यवर्ततइतराऽऽश्रमाः ६ गृहस्थएवयजते गृहस्थस्तप्यतेतपः ॥ गार्हस्थ्यमस्यधर्मस्यमूलंयत्किंचिदेजते ७ प्रजनाद्यभिनिर्वृत्ताःसर्वेप्राणभृतोजनाः ॥ प्रजनंचाप्युतान्यत्रनकथंचनविद्यते ८ यास्तुस्युर्बर्हिरोषध्योबाहिरन्यास्तथाऽद्रिजाः ॥ ओषधिभ्योबहिर्यस्मात्प्राणात्कश्चिन्नदृश्यते ९ कस्यैषावाग्भवेत्सत्यामोक्षोनास्तिगृहादिति ॥ अश्रद्दधा नैरप्राज्ञैःसूक्ष्मदर्शनवर्जितैः १० निरासैरलसैःश्रान्तैस्तप्यमानैःस्वकर्मभिः ॥ शमस्योपरमोदृष्टःप्रव्रज्यायामपंडितैः ११ त्रैलोक्यस्यैवहेतुर्हिमर्यादा शाश्वतीध्रुवा ॥ ब्राह्मणोनामभगवान्जन्मप्रभृतिपूज्यते १२

नास्ति नहिप्राप्तसाम्राज्योभिक्षामन्विच्छति ४ ननुतथाऽपिकैकेयजनकादीनांगार्हस्थ्यएवविद्वत्त्वदर्शनात्कर्मसमुच्चितैवविद्याफलायभवतीत्यभिप्रेत्याह यदीति । यदिएषानिर्द्वंद्वादिविशेषणवत्तैवज्ञाननिष्ठातर्हिसागार्हस्थ्यमंतरेणनभवति प्रवर्ततेएनांनिष्ठांदातुंसमर्थोभवति ५ । ६ एजते एजृकंपने यत्किंचित्सुखार्थीचेष्टतेतस्यधर्मफलस्यसुखस्यमूलंगार्हस्थ्यमेव ७ जनायेनप्रजनादिनाप्रजोत्पादनादिनाअभिनिर्वृत्ताःसर्वतः
५० सुखिनोभवंतितत्प्रजनंप्रजनाद्यन्यत्राश्रमांतरेनास्ति८ यास्त्विति । बर्हींषितृणानिओषध्योधान्यानिबहिरन्याओषध्योऽद्रिजाःसोमपूतिकाद्यायास्तासामपिमूलंवृष्ट्यादिगार्हस्थ्यमेवेतिव्यवहितातीतेनसंबंधः । तथाह्याह 'अग्नौप्रास्ताहुतिःसम्यगादित्यमुपतिष्ठते । आदित्याज्जायतेवृष्टिर्वृष्टेरन्नंततःप्रजाः'इति ओषधिभ्यःप्राणादितिसमानाधिकरणेपंचम्यौ ओषध्यात्मकात्प्राणाद्बहिर्नकश्चिद्दृश्यते अतोविश्वोत्पत्त्यादिहेतुर्गार्हस्थ्यमेवेति भावः ९ तथापिमोक्षसाधनत्वंगार्हस्थ्यस्यनास्तीत्याशंक्याह कस्येति १० निरासैःअप्रतिष्ठैःकाणत्वादिदोषाद्गार्हस्थ्यंकर्तुमशक्तैरित्यर्थः। अतएवस्वकर्मभिःकाणत्वादिप्रदैःप्राकृतैस्तप्यमानैः ११ब्राह्मणःवेदवित् १२

अविश्रंभेषुमानांतरागम्येषुस्वर्गादिषुविश्रंभेषुऐहिकेषुदृष्टचादिषुसाध्येषुमंत्राएवसाधयितुंभवर्तन्ते १३ दाहइति । मृतस्यदाहादिकंपितरोमंत्राश्चानुमन्यंतइतिद्वयोःसंबंधः तत्र 'मैनमग्नेविदह' इतिदाहंमकाशयति मंत्रः । 'संगच्छस्वपितृभिःसंयमेनेष्टापूर्तेनपरमेव्योमन् । हित्वायावद्यंपुनरस्तमेहिसंगच्छस्वतन्वासुवर्चा' इतिमंत्रेऽवद्यंजीर्णदेहंहित्वायहित्वा आर्षःक्त्वोयक् पितृभिर्यमेनइष्टादिफलेनचस्वर्गेसंगतिंसंप्राप्यपुनरस्तंगृहंपौत्ररूपेणप्रपौत्ररूपेणवाएहितन्वादेहेनसंगच्छेतिपुनर्देहप्राप्तिःप्रकाश्यते । तदिदंपुनःसंश्रयणं देहस्येतिशेषः तस्मिन्निमित्तेदाहइतिसंबंधः । देहेपुनःसंश्रितेसतिमृतस्यतृप्तयेपात्रभोजनेपीयतइतिपात्रंजलंभोजनंचतेउभेतर्पणनित्यश्राद्धादिरूपेणदेये । तथागवांवैतरण्यादीनांदानंपशूनांवागोवृपादीनामुत्सर्गःपिंडानांवाप्सुमज्जनंक्रियते । एतत्सर्वंमंत्रमूलंनह्यशरीरस्यमुक्तस्योपकारायभवतीतिनतादृशोऽशरीरतालक्षणोमोक्षोऽस्ति १४।१५ अत्रैवहेत्वंतरमाह ऋणवंतइति। तथाचश्रुतिः'जायमानोवैब्राह्मणस्त्रिभिर्ऋणवाजायतेब्रह्मचर्येणऋषिभ्योयज्ञनदेवेभ्यःप्रजयापितृभ्यः' इति१६ वेदवादानां 'प्रजामनुप्रजायसेतदुतेमर्त्यामृतं'इति संततयविच्छेदस्यैवामृतत्ववदतांनपरिज्ञानंयस्मिंस्तत्सत्याभासमनृतमशरीरतालक्षणंमोक्षस्वरूपंदर्शितं १७ प्रतिपादितमर्थमुपसंहरति नवाइतिद्वाभ्यां १८ परिभवात्वेदोक्तकर्मानादरात् ब्रह्मणिवैदिककर्मणि । ब्रह्म 'यआत्माऽपहतपाप्माविजरोविमृत्युर्विशोकोऽविजिघत्सोऽपिपासःसत्यकामःसत्यसंकल्पः'इत्यष्टगुणयुक्तंप्राप्नोति । तथाचसूत्रं ब्राह्मेणजैमिनिरुपन्यासादिभ्यइति ब्राह्मेणअपहतपाप्मत्वादिगुणाष्टकवतारूपेण

प्राग्गर्भाधानान्मंत्राहिप्रवर्तन्तेद्विजातिषु॥अविश्रंभेषुवर्तन्तेविश्रंभेष्वप्यसंशयम्१३दाहेपुनःसंश्रयणेसंश्रितेपात्रभोजने॥दानेगवांपशूनांवापिंडानामप्सुमज्जने१४ अर्चिष्मंतोबर्हिषदःक्रव्यादाःपितरस्तथा॥ मृतस्याप्यनुमन्यंतेमंत्रामंत्राश्चकारणम् १५ एवंक्रोशत्सुवेदेषुकुतोमोक्षोऽस्तिकस्यचित ॥ ऋणवंतोयदामर्त्याःपितृदेवद्विजातिषु१६श्रियाविहीनैरलसैःपंडितैःसंप्रवर्तितम्॥वेदवादापरिज्ञानंसत्याभासमिवानृतम्१७नवैपापैर्हियतेकृष्यतेवायोब्राह्मणोयजतेवेदशास्त्रैः॥ऊर्ध्वंयज्ञैःपशुभिःसार्धमेतिसंतर्पितस्तर्पयतेचकामैः १८ नवेदानांपरिभवान्नशाठ्येननमायया॥ महत्प्राप्नोतिपुरुषोब्रह्मणिब्रह्मविंदति १९॥कपिलउवाच॥दर्शंचपौर्णमासंचअग्निहोत्रंचधीमतः॥ चातुर्मास्यानिचैवासंस्तेषुधर्मःसनातनः २० अनारंभाःसुधृतयःशुचयोब्रह्मसंज्ञिताः॥ ब्रह्मणैवस्मतेदेवांस्तर्पयंत्यमृतैपिणः २१

मुक्तःसंपद्यते कुतः उपन्यासादिभ्यः उपन्यासोऽज्ञातज्ञापनं उद्देशःसिद्धवद्व्यपदेशश्चादिपदार्थः तेचप्राग्व्याख्याताः । तथाचाग्निहोत्रादिकर्मसमुच्चितादुपासनारूपात्ज्ञानान्मोक्षःसचगार्हस्थ्येएवसिद्ध्यतीतिनिष्कृष्टोऽर्थः । जैमिनिमतेसृष्टिप्रलययोरभावात् इमंमानवमावर्तंनावर्ततइतिदेवयानेनपथागतानामनावृत्तिश्रुतेश्वसगुणभावएवनित्यः वस्तुतस्तुइममितिविशेषणात्मानवांतरेतएवबीजभूताआवर्ततइतिगम्यते । तथाचपुनरस्तमेहीतिप्रागुक्तमंत्रलिंगंसंगच्छते । आपस्तंबवचनंचआभूतसंप्लवात्तेस्वर्गजितःपुनःसर्गेबीजार्थाभवंतीति १९ तत्रयदुक्तंकर्मभिरेवचेष्टादिकंकरोतितदंगीकरोति दर्शचेति । चित्तशुद्ध्यर्थिनाएतान्येवकर्माण्यनुष्ठेयानिनपुनर्हिंस्राणिपशुबंधादीनीतिभावः २० यत्पुनःसंन्यासोऽलसैःकल्पितइतितत्राह अनारंभाइति। येकर्मणिनारभंतेसंन्यस्यंतितएवसुतरांधैर्यवंतः वैराग्यबलेनजितकामत्वात्। अतएवशुचयोरागादिमलरहिताब्रह्मेतिसंज्ञांप्राप्ताः ब्रह्मज्ञाइत्यर्थः 'ब्रह्मविद्ब्रह्मैवभवति' इतिश्रुतेः। यत्तुऋणत्रयवान्नमुच्यतइतितत्राह । ब्रह्मणैवसाक्षात्कृतेनतेसंन्यासिनोदेवानृदेवऋषिपितॄनमृतानिहविःस्वाध्यायप्रजाख्यानिइच्छंतिताहशांस्तर्पयंति । क्षणमेकंक्रतुशतस्यचतुःसप्तत्यायत्फलंतदवाप्नोतीत्यल्पकालकृतस्यापिध्यानस्यमहाफलत्वात् २१

यदुक्तमूर्ध्वंयज्ञैःपशुभिःसार्धमेतीतितन्नतस्यप्राणाउत्क्रामंत्यत्रैवसमवनीयंतइतिश्रुत्युक्तेनब्रह्मविदांगत्यभावेनविरुद्धमित्याशयवानाह सर्वेति । नहिसार्वात्म्यंसार्वज्ञ्यंचप्राप्तस्यगतिर्भोगोवायुज्यतेऽतस्तस्यमार्गेदेवा अपिमुह्यंति । अपदस्यपद्यतेगम्यतेवस्तुस्वरूपमेभिरितिपदानिगुणास्तद्रहितस्य पदैषिणःगुणकामाःदेवाः । एतेनमुक्तस्यसोपाधिकावस्थायांसार्वात्म्यंवास्तवंतुचिन्मात्रत्वमितिदर्शितं । तथाचसूत्रम् । एवमप्युपन्यासात्पूर्वभावादविरोधंबादरायणइति । सगुणैकांतवादीजैमिनिःनिर्गुणैकांतवादीऔडुलोमिः । अवस्थाभेदेनउभयमुपगच्छतोबादरायणस्यत्वविरोधइतिभावः । तदिदंद्वयंसर्वभूतात्मभूत स्येत्यपदस्येतिविशेषणाभ्यांदर्शितं २२ ननुकथमात्मनोद्वैरूप्यंकथंवातत्रदेवानामपिमोहइत्याशंक्याह चतुर्द्वारमिति । एनंसर्वात्मानमपदंपुरुषंशरीरांतःस्थंवाचागुरूपदेशेनचतुर्धाविराट्सूत्रांतर्यामिशुद्धरू पेण उपयातिअवगच्छति अतःसोपाधिकाऽनुपाधिकरूपेणात्मनोद्वैविध्यंयुक्तम् । ननुसर्वेषामात्मत्वात्सर्वदैवायमवगतएवास्तीत्याशंक्याह चतुर्द्वारंचत्वारिबाह्वादीनिद्वाराणीवपिधायकानियस्यतंचत्वारि देहेंद्रियमनोबुद्ध्याख्यानिमुखानीवभोगसाधनानियस्यतम् । आत्माऽपिकर्मादिभिरावृतत्वाद्भोक्तृत्वादिरूपेणअन्यथाग्रहणादावृतएवेत्यर्थः । बाहुभ्यामितिकर्मोपलक्षणं भोगप्रदेनकर्मणेत्यर्थः हेत्वर्थे

सर्वभूतात्मभूतस्यसर्वभूतानिपश्यतः ॥ देवाऽपिमार्गेमुह्यंतिअपदस्यपदैषिणः २२ चतुर्द्वारंपुरुषंचतुर्मुखंचतुर्धाचैनमुपयातिवाचा ॥ बाहुभ्यांवाचउदरा दुपस्थात्तेषांद्वारंद्वारपालोबुभूषेत् २३ नाक्षैर्दीव्येन्नाददीतान्यवित्तंनवाऽयोनीयस्यशृतंप्रगृह्णात् ॥ क्रुद्धोनचैवप्रहरेतधीमांस्तथाऽस्यतत्पाणिपादंसुगुप्तम् २४ नाक्रोशमृच्छेन्नवृथावदेच्चनपैशूनंजनवादंचकुर्यात् ॥ सत्यव्रतोऽमितभाषोऽप्रमत्तस्तथाऽस्यवाग्द्वारमथोसुगुप्तम् २५ नानाशनःस्यान्नमहाशनःस्यादलोलुपः साधुभिरागतःस्यात् ॥ यात्रार्थमाहारमिहाददीततथाऽस्यस्याज्जाठरीद्वारगुप्तिः २६ नवीरपत्नींविहरेतनारींनचापिनारीमनृतावाह्वयीत ॥ भार्याव्रतंह्यात्म निधारयीततथाऽस्योपस्थद्वारगुप्तिर्भवेत २७ द्वाराणियस्यसर्वाणिसुगुप्तानिमनीषिणः ॥ उपस्थमुदरंबाहूवाक्चतुर्थीभवेद्द्विज २८ मोघान्यगुप्तद्वा रस्यसर्वाण्येवभवंत्युत ॥ किंतस्यतपसाकार्यंकिंयज्ञेनकिमात्मना २९ अनुत्तरीयवसनमनुपस्तीर्णशायिनम् ॥ बाहूपधानंशाम्यंतंतंदेवाब्राह्मणंविदुः ३० द्वंद्वारामेषुसर्वेषुयएकोरमतेमुनिः ॥ परेषामननुध्यायंस्तंदेवाब्राह्मणंविदुः ३१ येनसर्वमिदंबुद्धंप्रकृतिर्विकृतिश्चया ॥ गतिज्ञःसर्वभूतानांतंदेवाब्राह्मणंविदुः३२ अभयंसर्वभूतेभ्यःसर्वेषामभयंयतः ॥ सर्वभूतात्मभूतोयस्तंदेवाब्राह्मणंविदुः ३३

पंचम्यः । वाचइतिकर्मकांडतंत्रांतरीयसिद्धांतानांग्रहणम् । उदरोपस्थयोरपिविपरीतप्रवृत्तिहेतुतयाआत्माऽवरकत्वम् । एतैश्चतुर्भिर्निमित्तैस्तेषांदेवानामपिद्वारपिधानमास्ति । छदस्थगनेअस्माद्भावे घञ् । अतोद्वारपालोबाह्वादीनांपालकोविनियंताबुभूषेत्भावितुमिच्छेत् २३ नियमनप्रकारमाह नाक्षैरित्यादिना । अयोनीयस्यनास्तियोनीयंयोनिसंबंधोयस्यसतथातस्य शृतंहविर्नप्रगृह्णात्नप्रतिगृह्णी यात् पंचमलकारोऽयंलिङर्थेलेट् । योनिसंबंधायोग्यंनतुयाजयेदित्यर्थः । तथाचस्मृतिः यथाकन्यातथाहविरिति २४ । २५ । २६ नेति । हेवीरयुधिष्ठिरपत्नींयज्ञसंबंधवर्तींनारींनविहरेतनविभजेत तदुपरिहृयंतरकरणेनधर्मार्थकामेषुतांविभागवर्तींनकुर्यात् तथोक्तमापस्तंबेन । धर्मप्रजासंपन्नेदारेनान्यांकुर्वीतान्यतराभावेकार्याप्रागग्न्याधेयादाधानेसतिहिकर्मभिःसंबध्यतइति भार्याव्रतंपरस्त्रीवर्जनं २७ । २८ मोघानिनिष्फलानि सर्वाणितपआदीनि २९ । ३० अननुध्यायन्सुखंदुःखंवा ३१ प्रकृतिर्ब्रह्म विकृतिर्द्वैतं ३२ । ३३

ईदृशंब्राह्मण्यमज्ञात्वामूढाःकर्मसुसज्जंतेयोगंचावमन्यंतेइत्याह नेतिचतुर्भिः । दानादिक्रियायाःफलंचित्तशुद्धिस्तामंतरेणविनानअनुजानंतिगुर्वादिभिरुक्तंनानुबुद्ध्यंते ब्राह्मण्यमितिशेषः । अन्यत्तुस्वर्गादि ३४ यमाश्रित्यसंश्रितानामाश्रमाणांस्वकर्मभिःसहितंतपःवेदांतश्रवणाद्यात्मकमात्मालोचनंघोरत्वंसंसारमूलाज्ञानदाहकत्वमागतंभवतितंसदाचारंचरितुमशक्नुवंतएतानिविगुणान्यनैकांतिकानिव्यभिचारीणिपश्यं तीतित्रयाणांसंबंधः । पुराणमनादिं शाश्वतंमुमुक्षूणांनित्यानुष्ठेयं ध्रुवमव्यभिचारिफलं ३५ अप्रमादःसावधानता अपराभवःकामाद्यनाक्रांतता ३६ फलवंतिप्रत्यक्षफलानि कर्माणियमनियमासन प्राणायामप्रत्याहारधारणाध्यानसमाध्याख्यानि । व्युष्टिःपारमैश्वर्यंतद्वंति ध्रुवाण्यविनाशीन्यपि । विगुणानियज्ञादिकर्मत्यागान्निष्फलानि । अनैकांतिकानिचेतिपश्यंति ३७ गुणाःगुणकार्याणि यज्ञादीनि यज्ञादीनामंतवत्फलत्वंजानन्ज्ञाननिष्ठामेवश्रयस्वेतिभावः ३८ एवंश्रद्धोपपत्तिभ्यांकर्मतत्त्यागादिशोराकृष्यमाणतयाऽन्यतरस्यश्रेयस्त्वेसंदिहानःस्यूमरश्मिःपृच्छति यथाचेति । कुरुकर्मत्यजेतिचेतिपर स्परविरुद्धंपक्षद्वयमुपदिशतोवेदस्यप्रामाण्यंयथानिर्वहेत् यथाचत्यागश्चादत्यागः । एतौपक्षौव्यक्तौ 'कुर्वन्नेवेहकर्माणिजिजीविषेच्छतंसमाः । त्यजतैवहितज्ज्ञेयंत्यक्तुःप्रत्यक्परंपदं' इतिश्रुतिभ्यांविस्पष्ट मुक्तौ । भगवन्सर्वैश्वर्यज्ञानादिसंपन्न तत्तयोस्तत्त्वंमेमह्यंब्रवीहि ३९ अत्रानुभवमेवप्रमाणयन्नुत्तरमाह प्रत्यक्षमिति । सतःपंथाब्रह्मप्राप्तिमार्गोयोगस्तत्रस्थिताःसंतोभवंतइहजीवत्येवदेहेप्रत्यक्षंपश्यंतुपरीक्ष

नांतरेणानुजानंतिदानयज्ञक्रियाफलम् ॥ अविज्ञायचतत्सर्वमन्यद्रोचयतेफलम् ३४ स्वकर्मभिःसंश्रितानांतपोघोरत्वमागतम् ॥ तंसदाचारमाश्रित्यपुराणं शाश्वतंध्रुवम् ३५ अशक्नुवंतश्चरितुंकिंचिद्धर्मेषुसूत्रितम् ॥ निरापद्धर्मआचारोह्यप्रमादोपराभवः ३६ फलवंतिचकर्माणिव्युष्टिमंतिध्रुवाणिच ॥ विगुणानिचपश्यं तितथाऽनैकांतिकानिच ३७ गुणाश्चात्रसुदुर्ज्ञेयाज्ञाताश्चात्रसुदुष्कराः ॥ अनुष्ठिताश्चांतवंतइतित्वमनुपश्यसि ३८ ॥ स्यूमरश्मिरुवाच ॥ यथाचवेदप्रामा ण्यंत्यागश्चसफलोयथा ॥ तौपंथानावुभौव्यक्तौभगवंस्तद्ब्रवीहिमे ३९ ॥ कपिलउवाच ॥ प्रत्यक्षमिहपश्यंतिभवंतःसत्पथेस्थिताः ॥ प्रत्यक्षंतुकिमत्रास्तियद्भ वंतउपासते ४० ॥ स्यूमरश्मिरुवाच ॥ स्यूमरश्मिरहंब्रह्मन्जिज्ञासार्थमिहागतः ॥ श्रेयस्कामःप्रत्यवोचमार्जवान्नविवक्षया ४१ इमंचसंशयंघोरंभगवान्प्र ब्रवीतुमे ॥ प्रत्यक्षमिहपश्यंतोभवंतःसत्पथेस्थिताः ॥ किमत्रप्रत्यक्षतमंभवंतोयदुपासते ४२

यंतु विधौलेट् किंतत्परीक्षणीयंप्रत्यक्षंघटंप्रत्यक्षीकरोमिघटेप्रत्यक्षेणपश्यामीतिविषयकरणयोरपिप्रत्यक्षशब्दप्रयोगादिदितत्राह प्रत्यक्षमिति । यद्भवंतःकर्मठाउपासतेप्रार्थयंते तत्प्रत्यक्षंसुखाद्यनुभवरूपमत्रा स्मिंल्लोकेकिंकिंस्वरूपमस्तीति ४० तत्रसुखाद्यनुभवंपरीक्षितुमशक्तःप्रतिवादित्वंपरित्यज्यशिष्यत्वेनकपिलमनुसरन्स्यूमरश्मिरुवाच स्यूमेति । इहागतोगविप्रविष्टः विवक्षयास्वपक्षनिर्वाहेच्छया वहतेरिदं रूपं नप्रातिभटचेनेत्यर्थः ४१ संशयंकिंविषयात्मकंप्रत्यक्षंज्योतिष्टोमादिप्राप्यं उतइंद्रियमनोबुद्ध्याख्यकरणात्मकम् । आद्ये एकस्यांयुवत्यांकामुकसपत्न्योरागद्वेषदर्शनेनविषयस्यसुखरूपत्वानि यमेनकाम्यत्वायोगात् । अंत्ये सुखकरणत्वादेवतेषांसुखत्वाभावेनाकाम्यत्वात् । अथस्वरूपसुखाभिव्यक्तयेकरणपाटवमेवकाम्यंतदाविरक्तानांविनाऽपिविषयंसुखसिद्धेःस्वर्गकामादिपदवैयर्थ्यं । परा भिमतचित्तसंस्कारपक्षानतिरेकादित्यन्यतरानिर्णयात्संशयस्यघोरत्वंविशेषेजिज्ञासुःकपिलोक्तिमनुवदति प्रत्यक्षमिति । विषयःप्रत्यक्षं बुद्धिःप्रत्यक्षतरं प्रत्यक्षतमंतुकिंबुद्धिविशिष्टश्चिदाभासः । उतबुद्धि निष्कृष्टोऽन्यःकश्चिदात्मेति । यंभवंतउपासतेतंमेब्रुवंत्विति विपरिणामेनानुपंजनीयम् ४२

स्वमतमाह अन्यत्रेति। तर्कैकप्रधानानिवेदविरोधीनिलोकायतार्हतसौगतकापालिकादिशास्त्राणितेभ्योऽन्यत्रतानिवर्जयित्वाआगमस्यार्थंयथायथावदगममधिगतवानस्मि। तत्राऽगमःकिंपाशुपतपांचरात्रादिरित्येतांश्शं
कांनिरस्यति आगमइति। तर्कशास्त्राणिवेदार्थनिर्णायकानिपूर्वोत्तरमीमांसेसांख्यपातंजलेच। यत्रवेदस्यस्वतःप्रामाण्यमास्थीयतेनानुमानांतरसंवादसापेक्षं ४३ तान्येतानियथाश्रममाश्रमधर्ममनतिक्रम्योपासीत।
तत्राप्यागमोमीमांसाद्वयोपगृहीतःसिद्ध्यति। सांख्यपातंजलेत्वंशतोवेदाविरोधान्नासिद्ध्यतः। तथाहि सांख्यैरहिंसैवप्रशस्यते। पातंजलैश्चाचित्तनिरोधएव। तावुभौयागाद्यनुष्ठानप्रतिबंधकावतोनासिद्ध्यतः।
ननु'पृथ्व्याप्यतेजोऽनिलखेसमुत्थितेपंचात्मकेयोगगुणेप्रवृत्ते॥ नतत्ररोगोनजरानमृत्युःप्राप्तस्ययोगाग्निमयंशरीरं'इतिपंचभूतजयाद्योगिनामप्यजरत्वामरत्वादिसिद्धिःप्रत्यक्षागममूलाद्दृश्यते। सत्यं प्रतिक्षणपरि
णामिनोजन्मवतःशरीरस्याजरत्वामरत्वेप्रत्यक्षानुमानविरुद्धे। अतोयाप्रत्यक्षस्यरूपमिवरूपंयस्याइतिप्रत्यक्षाविरुद्धाचादनुमानाविरुद्धाचआगमनिश्चयाद्दृश्यतिदृश्यतेगत्यागतिदिव्यभोगप्राप्त्यादिरूपासैवसिद्धि
रिति ४४ एवमुपन्यस्तंस्वमतंपरमतजिज्ञासयानिंदति नौर्नावीति। यथानाविनिबद्धानौःस्रोतसाह्रियमाणानतारयत्येवमंधपरंपरयाकर्मनौकांसनिबंधनांपूर्वपूर्वकर्मवासनाबंधवतीमाश्रितावयंजन्मजरामृत्युप्रवा
हंनतर्तुंक्षमाइत्यर्थः। फलितमाह एतादिति। एतत्प्रत्यक्षतमं उपपन्नउपसन्नःशिष्योऽस्म्यधिकार्यस्मीतिवा अधीह्यध्यापय ४५ ननुतरतिशोकमात्मविदितित्वयाऽप्यधीतमस्त्येव। निर्द्वंद्वानिर्नमस्काराइ

अन्यत्रतर्कशास्त्रेभ्यआगमार्थंयथागमम्॥ आगमोवेदवादास्तुतर्कशास्त्राणिचागमः ४३ यथाश्रममुपासीतआगमस्तत्रसिद्ध्यति॥ सिद्धिःप्रत्यक्षरूपाचदृश्य
त्यागमनिश्चयात् ४४ नौर्नावीवनिबद्धाहिस्रोतसासनिबंधना॥ ह्रियमाणाकथंविप्रकुबुद्धींस्तारयिष्यति॥ एतद्ब्रवीतुभगवानुपपन्नोस्म्यधीहिभो ४५ नैवत्या
गीनसंतुष्टोनाशोकोननिरामयः॥ नानिर्विधित्सोनावृत्तोनापवृत्तोऽस्तिकश्चन ४६ भवंतोऽपिचहृष्यंतिशोचंति चयथावयम्॥ इंद्रियार्थाश्चभवतांसमानाःसर्व
जंतुषु ४७ एवंचतुर्णांवर्णानामाश्रमाणांप्रवृत्तिषु॥ एकमालंबमानानांनिर्णयेकिंनिरामयम् ४८॥ कपिलउवाच॥ यद्यदाचरतेशास्त्रमर्थ्यंसर्वप्रवृत्तिषु॥ य
स्ययत्रह्यनुष्ठानंतत्रतत्रनिरामयम् ४९ ज्ञानंप्लावयतेसर्वंयोज्ञानंह्यनुवर्तते॥ ज्ञानादपेत्ययावृत्तिःसाविनाशयतिप्रजाः ५०

त्यादिनामयाऽप्युक्तंचकिमतःपरमध्यापयितव्यमित्याशंक्यतत्रप्रत्यक्षाविरोधमुपन्यस्यति नैवेति। नापुरुषः निर्विधित्साश्चिकीर्षाशून्यः आवृत्तःसंगविमुखः अपवृत्तोनिष्कर्मा ४६। ४७ एकंसर्वेषा
मीप्सितंसुखमालंबमानानांसुखार्थिनांवर्णादीनांनिर्णयेसिद्धांतेकिंसुखंनिरामयमपचयहीनंतदधीहीतिपूर्वेणसंबंधः ४८ अत्रोत्तरमाह यद्यदिति। वैदिकमवैदिकंयद्यच्छास्त्रंयस्ययस्यमोक्षशास्त्रस्यार्थमाचरतेस
म्यगनुतिष्ठति भावकर्मणोरितिकर्मणितङ् तत्तदर्थ्यमर्थात्प्रयोजनादनपेतंसफलं एतत्प्रसिद्धमेवेत्याह यस्येति। अयंभावः। सर्वज्ञानंधर्मिण्यभ्रांतंप्रकारेतुविपर्ययइतिन्यायेनसर्वेषांघटस्वरूपेतत्साक्षा
त्कारसाधनेचक्षुरुन्मीलनादौचनविगानमेवमात्मनिदादिविप्रतिपत्त्यानेकेषुविकल्पेषुशून्यंक्षणिकविज्ञानं कर्ताभोक्तेत्यादिषुसत्स्वपिमोक्षेतत्स्वरूपंनिरस्ताशेषविषयदर्शनंतत्साधनंचशमदमोपरमतितिक्षाश्रद्धासमा
धानात्मकमविगीतं। एवंव्यावहारिकप्रक्रियायांविगानेऽपिफलसाधनयोरविगानात्। यत्रयत्रमतेस्थित्वाऽस्यशमाद्यनुष्ठानंसंपद्यतेतेनतत्रतत्रनिरामयंसर्वदोषशून्यंस्वरूपंलभ्यते। एतेनान्यत्रतर्कशास्त्रे
भ्यइतिपूर्ववाक्युक्तंशास्त्रांतरविगानमुपादेयांशस्याविज्ञानादेवेत्युक्तं। उक्तंचव्यावहारिकप्रक्रियाणांसर्वासामविगीतत्वमनवस्थितत्वंच। 'ययाययाभवेत्पुंसांव्युत्पुत्तिःप्रत्यगात्मनि॥ सासैवप्रक्रियाज्ञेयासा
ध्वीसाचानवस्थिता'इति ४९ ज्ञानमिति। यथोक्तसाधनानुष्ठानादुत्पन्नंज्ञानंसर्वसंसारंनाशयति कस्य योज्ञानंह्यनुवर्ततेतस्य ज्ञानंविनायावैदिक्यापिवृत्तिःसाप्रजानाशयतिजन्ममरणप्रवाहपातनेनक्लेशयति ५०

एकएवद्वैतदर्शनहीनआत्मायत्रभवतितदैकात्म्यंनामज्ञानंभवतांज्ञानिनांमध्येकश्चिदुपपद्यतेउपसन्नोभूत्वाप्राप्नोतिनैवेत्यर्थः शमाद्यभावात् ५१ अतःसर्वेयूयंभ्रांताइत्याह शास्त्रंहीत्यादिना ५२ ब्रह्मत्रिविध परिच्छेदशून्यंवस्तुतस्यस्तेनाअपलापकर्तारः निरारंभाःशमाद्यारंभशून्याः ५३ नैर्गुण्यंफलाभावं गुणान्ज्ञानैश्वर्यादीन् नानुयुंजतेआत्मसंवेद्यतामापाद्यपरेषुनयोजयंति । पाषाणवत्स्वयंमज्जंतोनान्यमुद्धर्तुं शक्नुवंतीत्यर्थः ५४ । ५५ संयमेधारणाध्यानसमाध्यात्मके समयेइतिपाठेसिद्धांते ५६ एतत्कर्मणांप्राशस्त्यंसंन्यासस्याप्राशस्त्यंच प्रवृत्तयोवाचांविलासाः ५७ । ५८ ५९ व्यक्तंप्रत्यक्षसिद्धं तदेवमन्यंतइतिदृष्टमात्रपराः अतएवशास्त्रादपेतमिहलोकमेवपश्यंति । शास्त्रदोषान्शास्त्रोक्तान्कृतहानाकृताभ्यागमादिदोषानन्याय्यमवैदिकंचमतमाश्रित्ययथालोकायताःशोचंतितथावयमपिशोचामइत्यर्थः

भवंतोज्ञानिनोव्यक्तंसर्वतश्चनिरामयाः॥ ऐकात्म्यंनामकश्चिद्धिकदाचिदुपपद्यते ५१ शास्त्रंह्यबुद्धातत्त्वेनकेचिद्वादबलाज्जनाः ॥ कामद्वेषाभिभूतत्वादहंकार वशंगताः ५२ याथातथ्यमविज्ञायशास्त्राणांशास्त्रदस्यवः॥ ब्रह्मस्तेनानिरारंभादंभमोहवशानुगाः ५३ नैर्गुण्यमेवपश्यंतिनगुणाननुयुंजते॥ तेषांतमःशरीरा णांतमएवपरायणम् ५४ योयथाप्रकृतिर्जन्तुःप्रकृतेःस्याद्वशानुगः॥ तस्यद्वेषश्चकामश्चक्रोधोदंभोऽनृतंमदः॥ नित्यमेवाभिवर्तन्तेगुणाःप्रकृतिसंभवाः ५५ एवं ध्यात्वाऽनुपश्यंतःसंत्यजेयुःशुभाशुभम्॥ परांगतिमभीप्संतोयतयःसंयमेरताः ५६॥ स्यूमरश्मिरुवाच॥ सर्वमेतन्मयाब्रह्मन्शास्त्रतःपरिकीर्तितम्॥ नह्य विज्ञायशास्त्रार्थंप्रवर्तन्तेप्रवृत्तयः ५७ यःकश्चिन्न्याय्यआचारःसर्वंशास्त्रमितिश्रुतिः॥ तदन्याय्यमशास्त्रंतदित्येषाश्रूयतेश्रुतिः५८ नप्रवृत्तिर्ऋतेशास्त्रात्काचिद स्तीतिनिश्चयः॥ यदन्यद्वेदवादेभ्यस्तदशास्त्रमितिश्रुतिः ५९ शास्त्रादपेतंपश्यंतिबहवोव्यक्तमानिनः॥ शास्त्रदोषान्नपश्यंतिशोचंतिचयथावयम्॥ इंद्रिया र्थाश्चभवतांसमानाःसर्वजंतुषु ६० एवंचतुर्णांवर्णानामाश्रमाणांप्रवृत्तिषु ॥ एकमालंबमानानांनिर्णयेसर्वतोदिशम् ६१ आनंत्यंवदमानेनशक्तेनावर्जिता त्मना॥ अविज्ञानहतप्रज्ञाहीनप्रज्ञास्तमोवृताः ६२ शक्यंत्वेकेनयुक्तेनकृतकृत्येनसर्वशः॥ पिंडमात्रंव्यपाश्रित्यचरितुंविजितात्मना ६३ वेदवादंव्यपाश्रित्य मोक्षोऽस्तीतिप्रभाषितुम्॥ अपेतन्यायशास्त्रेणसर्वलोकविगर्हिणा ६४

अत्रहेतुमाह इंद्रियार्थाइति । शीतोष्णादीनांस्पर्शःसर्वेषांसुखादिप्रदःपशुपामरपंडितानांतुल्यरूपइत्यर्थः ६० एवमितिद्वयोःसंबंधः एकसुखार्थिनांवर्णादीनांमध्येवयंत्वयाआत्मनाचित्तेनआवर्जिताःशांतिंनीताः संधिरार्षः कीदृशेनत्वया निर्णयेसिद्धांतिसर्वतोदिशंसर्वतःप्रकारंसर्वशास्त्रसिद्धांतत्वेनाऽऽनंत्यंवदमानेनयद्यदाचरतेशास्त्रमित्यत्रप्राग्व्याख्यातरीत्याप्रकाशयता । भासनोपसंभाषेतिवदेर्भासनार्थेतङ् शक्तेनो हापोहकुशलेन । कीदृशावयं अविज्ञानेनाऽऽत्माननुभवेनहताप्रज्ञास्वरूपनिष्ठायेषां अतएवहीनेविषयेएवप्रज्ञाधीर्येषां । एतयोरावरणविक्षेपयोःकारणमाह तमोवृताइति ६१ । ६२ यद्यपित्वयेयंनि ष्ठोक्तातथापिदुष्करेत्याह शक्यंत्विविद्वयेन । येनसर्वशःसर्वतोदिशंचरितुंशक्यंतेनमोक्षोऽस्तीतिप्रभाषितुंयुक्तमित्यध्याहृत्यव्यवहितेनयोज्यं संन्यासंविनामोक्षोदुष्प्रापइत्यर्थः ६३ । ६४

अत्रानुपपत्तिमाह सार्धद्वयेन इदंत्विति । कर्मकांडस्यवैयर्थ्यंप्रतिपत्तृणांनास्तिक्यंचास्मिन्मतेस्यादित्यर्थः ६५ । ६६ एतस्यकर्मकांडस्य आनंत्यमानंत्यहेतुत्वं अयंभावः कर्मज्ञानकांडयोः पार्थगर्थ्येवेदस्यैक
स्मिन्नर्थेपर्यवसानाभावाद्वाक्यभेदःस्यात् । सचसंभवत्येकवाक्यत्वेवाक्यभेदोहिनेष्यतइतिन्यायेनायुक्तः अतःकर्मकांडस्यैवज्ञानकांडशेषत्वंवाच्यं वैपरीत्यस्यप्रागेवनिरस्तत्वादितिं ६७ । ६८ ॥ इतिशांतिपर्वणि
मोक्षधर्मपर्वणि नीलकंठीये भारतभावदीपे ऊनसप्तत्यधिकद्विशततमोऽध्यायः ॥ २६९ ॥ ॥ कर्मणांज्ञानांगत्वंविवक्षुस्तद्वैयर्थ्यशंकांतावत्परिहरत्यर्धेन वेदाइति । शब्दब्रह्मकर्मोपास्तिकांडः परंब्रह्मप्रत्य
गात्मा १ तत्रगर्भाधानमारभ्यकर्मकांडोज्ञानशेषत्वंभजतइत्याह शरीरमिति । वेदेउपनिषत्कांडेयत्तनुंशरीरंकुरुतेगर्भाधानविधिनोत्पादयति । 'विष्णुर्योनिंकल्पयतुत्वष्टारूपाणिपिंशतु । आसिंचतुप्रजापतिर्धाता
गर्भंदधातुते' इत्यादिमंत्रैस्तच्छरीरमेवकुरुतेसंस्कुरुते । विष्ण्वादिदेवतास्मरणपूर्वकमाहितेगर्भेविष्ण्वादिवज्ज्ञानैश्वर्यसंपन्नएवजीवआविर्भवति । शरीरसंस्कारेणशरीराभिमानिनःस्वास्थ्यदर्शनात् २ अत्रैववैदि
कप्रसिद्धिमाह कृतेति । कृतंश्रौतस्मार्तसंस्कारैःपित्रासंस्कृतंशुद्धंचाध्ययनादिनाशरीरंयस्यसब्राह्मणःपात्रंब्रह्मविद्यायायोग्यंभवति । तत्रश्रौतःसंस्कारोजातेष्ट्यादिः 'यस्मिन्जातएतामिष्टिंनिर्वपतिपूतएवसतेजस्व्य

इदंतुदुष्करंकर्मकुटुंबमभिसंश्रितम् ॥ दानमध्ययनंयज्ञःप्रजासंतानमार्जवम् ६५ यद्येतदेवंकृत्वाऽपिनविमोक्षोऽस्तिकस्यचित् ॥ धिक्कर्तारंचकार्यंचश्रमश्चायंनि
रर्थकः ६६ नास्तिक्यमन्यथाचस्याद्वेदानांपृष्ठतःक्रिया ॥ एतस्यानंत्यमिच्छामिभगवन्श्रोतुमंजसा ६७ तत्त्वंवदस्वमेब्रह्मन्नुपसन्नोऽस्म्यधीहिभोः ॥ यथाते
विदितोमोक्षस्तथेच्छाम्युपशिक्षितुम् ६८ ॥ इतिश्रीमहाभारतेशांतिपर्वणि मोक्षधर्मपर्वणिगोकपिलीये ऊनसप्तत्यधिकद्विशततमोऽध्यायः॥ २६९ ॥ ॥
॥ कपिलउवाच ॥ वेदाःप्रमाणंलोकानांनवेदाःपृष्ठतःकृताः ॥ द्वेब्रह्मणीवेदितव्येशब्दब्रह्मपरंचयत् १ शब्दब्रह्मणिनिष्णातःपरंब्रह्माधिगच्छति ॥ शरीरमेतत्कु
रुतेयद्वेदेकुरुतेतनुम् २ कृतशुद्धशरीरोहिपात्रंभवतिब्राह्मणः ॥ आनंत्यमत्रबुद्ध्येदंकर्मणांतद्ब्रवीमिते ३ अनागममनैतिह्यंप्रत्यक्षंलोकसाक्षिकम् ॥ धर्मइत्येवये
यज्ञान्वितन्वंतिनिराशिषः ४ उत्पन्नत्यागिनोलुब्धाःकृपासूयाविवर्जिताः॥धनानामेषवैपंथास्तीर्थेषुप्रतिपादनम् ५ अनाश्रिताःपापकर्मकदाचित्कर्मयोगिनः॥
मनःसंकल्पसंसिद्धाविशुद्धज्ञाननिश्चयाः ६ अकुध्यंतोऽनसूयंतोनिरहंकारमत्सराः ॥ ज्ञाननिष्ठास्त्रिशुक्लाश्चसर्वभूतहितेरताः ७

न्यादइंद्रियावीपशुमान्भवति' इतिश्रुत्युक्तफलकः । स्मृत्यंतरे 'यस्यैतेअष्टाचत्वारिंशत्संस्काराःसब्रह्मणःसायुज्यंसरूपतांसलोकतांजयति' इति । 'महायज्ञैश्चयज्ञैश्चब्राह्मीयंक्रियतेतनुः' इतिच । एतेनज्ञानशेष
त्वंकर्मकांडस्योक्तंभवति । कर्मणांफलमानंत्यंमोक्षोपयोगिचित्तशुद्धिरूपमत्राऽस्मिन्नेवलोकेप्रत्यक्षंबुद्ध्याजानीहि । नहिचित्तशुद्धिःस्वसाक्षिकीस्वर्गवद्वेदैकगम्यापर्वतवह्निवदनुमेयावेतिवक्तुंशक्यं ३ तदेतदाह
५१ अनागममनैतिह्यमिति । येनक्रमेणकर्मणामानंत्यहेतुत्वंस्यात्तमाह धर्मइति । निराशिषोनिष्कामाः ४ उत्पन्नत्यागिनोधनसंग्रहशून्याः कृपासूयाभ्यांरागद्वेषौलक्ष्यौतद्वर्जिताः तीर्थेषुसत्पात्रेषु ५ तल्लक्षणं अना
श्रिताइति । अग्निहोत्रादिमंतःसर्वदापापकर्मानाश्रितास्तेतीर्थभूताइत्यर्थः । एवंधर्ममनुतिष्ठंतईदृशाभवंतीत्याह मनइत्यादिद्वाभ्यां । विशुद्धंनिर्विषयंज्ञानंब्रह्मतत्रनिश्चयोयेषां ६ ज्ञानेज्ञानोपायेश्रवणमनननिदिध्यास
नाख्येनिष्ठायेषांते । त्रिशुक्लाजन्मकर्मविद्याचेतित्रीणिशुक्लानिशुद्धानियेषांते ७

अव्युत्क्रांताआदरवंतः राजानोजनकादयः ब्राह्मणायाज्ञवल्क्यादयः ८ प्रत्यक्षोधर्मोधर्मफलंसत्यसंकल्पत्वादिकंयेषांते परंसोपाधिकंब्रह्मअवरंनीचंयस्मात्तस्मिन्निरुपाधिकेब्रह्मणि ९ । १० । ११ मात्रांमीयंतेविषयाअनयेतिमात्राबुद्धिस्तांनानुरुध्यंते अपितुशास्त्रमेवानुरुध्यंते धर्मेच्छलंवंचनां १२ छलाभावमेवाह यएवेति १३ दुर्बलात्मनोऽशक्तस्य १४ । १५ तेषांयज्ञादिकंसर्वमानंत्यमासीदितित्ततीयेनान्वयः १६ । १७ शंसितानांप्रख्यातानां १८ आनंत्यंब्रह्म शाश्वतीश्रुतिर्गीताब्रह्मार्पणंब्रह्महविरित्यादिः १९ संभृतानांपूर्णानांघोरत्वमविद्यानिवर्तनक्षमत्वं तमितिसार्धश्लोकद्वयमेकंवाक्यंपाठक्रममननुरुध्यांधक्रमेण व्याख्येयं । यःसदाचारःसतामापद्धर्माचारादन्यआचारःससदाचारइतिसदाचारलक्षणं सच अप्रमादःसावधानताअपराभवःकामक्रोधादिभिरनभिभूतता यत्रचपुराव्यतिक्रमःअपूज्यपूजनंपूज्यानामपूजनंचेत्या

आसन्गृहस्थाभूयिष्ठाअव्युत्क्रांताःस्वकर्मसु ॥ राजानश्चतथायुक्ताब्राह्मणाश्चयथाविधि ८ समाह्यार्जवसंपन्नाःसंतुष्टाज्ञाननिश्चयाः ॥ प्रत्यक्षधर्माःशुचयःश्रद्दधानाःपरावरे ९ पुरस्ताद्भावितात्मानोयथावच्चरितव्रताः ॥ चरंतिधर्मंकृच्छ्रेऽपिदुर्गेचैवापिसंहताः १० संहत्यधर्मंचरतांपुरासीत्सुखमेवतत् ॥ तेषांनासीद्विधातव्यंप्रायश्चित्तंकथंचन ११ सत्यंहिधर्ममास्थायदुराधर्षतमामताः ॥ नमात्रामनुरुध्यन्तेनधर्मच्छलमंततः १२ यएवप्रथमःकल्पस्तमेवाभ्याचरन्सह ॥ तेषांनासीद्विधातव्यंप्रायश्चित्तंकदाचन १३ तस्मिन्विधौस्थितानांहिप्रायश्चित्तंनविद्यते ॥ दुर्बलात्मनउत्पन्नंप्रायश्चित्तमितिश्रुतिः १४ एवंबहुविधाविप्राःपुराणायज्ञवाहनाः ॥ त्रैविद्यवृद्धाःशुचयोवृत्तवंतोयशस्विनः १५ यजंतोऽहरहर्यज्ञैर्निराशीर्बन्धनाबुधाः ॥ तेषांयज्ञाश्चवेदाश्चकर्माणिचयथागमम् १६ आगमाश्चयथाकालेसंकल्पाश्चयथाक्रमम् ॥ अपेतकामक्रोधानांदुश्चराचारकर्मणाम् १७ स्वकर्मभिःशंसितानांप्रकृत्याशंसितात्मनाम् ॥ ऋजूनांशमनित्यानांस्वेषुकर्मसुवर्तताम् १८ सर्वमानंत्यमेवासीदितिनःशाश्वतीश्रुतिः ॥ तेषामदीनसत्वानांदुश्चराचारकर्मणाम् १९ स्वकर्मभिःसंभृतानांतपोघोरत्वमागतम् ॥ तंसदाचारमाश्चर्यंपुराणंशाश्वतंध्रुवम् २० अशक्नुवद्भिश्चरितुंकिंचिद्धर्मेषुसूक्ष्मताम् ॥ निरापद्धर्मआचारोह्यप्रमादोऽपराभवः २१ सर्ववर्णेषुजातेषुनासीत्कश्चिद्व्यतिक्रमः ॥ व्यस्तमेकंचतुर्धाहिब्राह्मणाआश्रमंविदुः २२ तंसंतोविधिवत्प्राप्यगच्छंतिपरमांगतिम् ॥ गृहेभ्यएवनिष्क्रम्यवनमन्येसमाश्रिताः २३ गृहमेवाभिसंश्रित्यततोऽन्येब्रह्मचारिणः ॥ तएतेदिविदृश्यन्तेज्योतिर्भूताद्विजातयः २४ नक्षत्राणीवधिष्ण्येषुबहवस्तारकागणाः ॥ आनंत्यमुपसंप्राप्ताःसंतोषादितिवैदिकम् २५

दिर्नासीत् तंसदाचारमेकमाश्रमंसंतंचतुर्धाव्यस्तंब्राह्मणाआहुः । कैर्व्यस्तं धर्मेषुसूक्ष्मतांसूक्ष्मंधर्ममाचरितुमशक्नुवद्भिः तथाहि । मानसिकंव्यभिचारंवारयितुमक्षमैर्ब्रह्मचारिभिर्गार्हस्थ्यमाश्रितं । तत्रकृतैर्यज्ञादिभिः कषायेष्वीषत्पक्केषुवैराग्यबहुलंवानप्रस्थ्यमास्थितं तेष्वेवसम्यक्पक्केषुपारिव्राज्यमित्यारोहक्रमेणचातुराश्रम्यंस्थितमित्यर्थः श्लेषंव्याख्यातं २० । २१ । २२ तमितिसार्धःश्लोकः तंसदाचारंसंतोगृहेभ्योनिष्क्रम्यैवसंन्यासंकृत्वैवविधिवत्प्राप्यपरमांगतिंगच्छंति । विधिवदित्यादिसर्वत्रयोज्यं चतुर्ष्वप्याश्रमेषूक्तरूपसदाचारवतांमोक्षोऽस्तीत्यर्थः २३ । २४ संतोषाद्वैराग्यादानंत्यंब्रह्मभावंप्राप्ताःअगस्त्यवसिष्ठादयः १५

तादृशाआधिकारिकायद्यागच्छंतिसंसारंतथाऽपिपापैर्योनिप्रवेशजैर्दुःखैर्नलिप्यंते । गृहाद्गृहांतरप्रवेशवदैच्छिकस्तेषांदेहांतरप्रवेशः । यथाम्नातमनुक्रमणिकायां । मित्रावरुणयोर्दीक्षितयोरुर्वशीमप्सरसंदृष्ट्वावासतीवरेकुंभेरेतोऽपतत्ततोऽगस्त्यवसिष्ठावजायेतामिति वसतीवर्यःसोमाभिषवार्थाआपस्तत्संबंधिनिवासतीवरे । तेषांशुद्धब्रह्मविदामपिहिरण्यगर्भस्येवयावदधिकारसमाप्तिनविदेहकैवल्यमस्ति यावदधिकारमवस्थितिराधिकारिकाणामितिन्यायात् । ननु'कार्तिक्यांकृत्तिकायोगेयःकुर्यात्स्वामिदर्शनं ॥ सप्तजन्मभवेद्विप्रोधनाढ्योवेदपारगः'इत्येकंकर्मानेकजन्मारंभकंदृष्टं । तत्रप्रथमेऽस्मिन्नेवजन्मनितत्त्वज्ञानोदयेऽपिप्रारब्धकर्मणांभोगादेवक्षयइतिन्यायेनप्रारब्धकर्मबलादन्यानिषट्जन्मान्यनिवार्याण्येवेत्याशंक्याह कर्मयोनितइति । अत्रेदंविचार्यतेकिंसप्तजन्मानितेषुचगर्भवासादीनिदुःखान्यशनपानादिजन्यानिसुखानिचाकिमेकमेवस्वामिदर्शनाख्यंकर्मप्रापयत्युतकर्मांतरसमवेतं । आद्येइष्टसाधनबुद्ध्याऽनुष्ठितस्यतस्यगर्भवासाद्यनिष्टप्रापकत्वेशास्त्रस्याऽनर्थकरत्वंस्यात् । अंत्येतत्त्वज्ञानेनकर्मांतरनाशेसतिजन्मायोगाद्दर्शनशास्त्रानर्थक्यंस्यात्तस्माज्जातस्यहिध्रुवोमृत्युर्ध्रुवंजन्ममृतस्यचेतिशास्त्रादविच्छिन्नेजन्ममरणप्रवाहेसप्तसुजन्मसुविप्रत्वादियोगोदर्शनफलंनतुसप्तजन्मान्यपि । तस्माद्युक्तमुक्तंप्रारब्धकर्मोपस्थापितयोनिप्रवेशनिमित्ततःपापकृत्यैःपापफलैर्दुःखैस्तेनालिप्यंतइति २६ ब्राह्मणोब्रह्मवित्त्वेनयथार्थनामा । अन्योब्राह्मणकोब्राह्मणप्रतिकृतिःदारुगजवन्नाममात्रधारीत्यर्थः २७ एवंब्राह्मणइतिब्राह्मणकइतिचकर्मसदसद्रूपंपुरुषस्यनामआह

यद्यागच्छंतिसंसारंपुनर्योनिषुतादृशाः ॥ नलिप्यंतेपापकृत्यैःकदाचित्कर्मयोनितः २६ एवमेवब्रह्मचारीशुश्रूषुर्घोरनिश्चयः ॥ एवंयुक्तोब्राह्मणःस्यादन्योब्राह्मणकोभवेत् २७ कर्मैवंपुरुषस्याहशुभंवायदिवाऽशुभम् ॥ एवंपक्वकषायाणामानंत्येनश्रुतेनच २८ सर्वमानंत्यमासीद्वैएवंनःशाश्वतीश्रुतिः ॥ तेषामपेततृष्णानांनिर्णिक्तानांशुभात्मनाम् २९ चतुर्थोपनिषद्धर्मःसाधारणइतिस्मृतिः ॥ संसिद्धैःसाध्यतेनित्यंब्राह्मणैर्नियतात्मभिः ३० संतोषमूलस्त्यागात्माज्ञानाधिष्ठानमुच्यते ॥ अपवर्गमतिर्नित्योयतिधर्मःसनातनः ३१ साधारणःकेवलोवायथाबलमुपासते ॥ गच्छतांगच्छतांक्षेमंदुर्बलोऽत्रावसीदति ॥ ब्रह्मणःपदमन्विच्छन्संसारान्मुच्यतेशुचिः ३२ ॥ स्यूमरश्मिरुवाच ॥ येभुंजन्तेयेददतेयजन्तेऽधीयतेचये ॥ मात्राभिरुपलब्धाभिर्येवात्यागंसमाश्रिताः ३३

एवंनिष्कामकर्मप्रनाड्याआनंत्येनत्वंपदार्थसाक्षात्कारजेन श्रुतेनतत्त्वमसिवाक्यार्थज्ञानेन २८ सर्वंकृत्स्नमानंत्यंप्राक्श्रुतादीश्वरोमदन्यःकश्चिदस्तीतिशंकयासमाधौपरिदृश्यमानमप्यानंत्यमसर्वमभूतश्रुतानंतरंतुसर्वमित्यर्थः । आसीदित्यनेनसर्वानंत्यस्याकृत्रिमत्वमुक्तं शाश्वतीश्रुतिःक्षेत्रज्ञंचापिमांविद्धीतितत्वमसीतिचजीवस्यासिद्धवद्ब्रह्मभावकीर्तनात् निर्णिक्तानांविशुद्धानां शुभात्मनांमोक्षबुद्धीनां २९ चतुर्थःजाग्रत्स्वप्नसुषुप्त्यभिमानिविश्वतैजसप्राज्ञानपेक्ष्यचतुर्थोनिर्विशेषःपरमात्मातद्विषयिणीयाउपनिषत्विद्यातदर्थोधर्मःशमदमोपरमतितिक्षाश्रद्धासमाध्यात्मकःसाधारणोवर्णाश्रमाणामितिशेषः । संसिद्धैःशुद्धचित्तैःनियतात्मभिर्निरुद्धचित्तैःनित्यंतुरीयंब्रह्मसाध्यतेप्राप्यते । ज्ञानंशास्त्रीयंश्रवणमपिनिर्विक्षेपंसंन्यासेएवभवतीत्यर्थः ३० आपवर्गप्रदामतिर्विद्याब्रह्मसाक्षात्काररूपात्रवृत्तिर्यस्मिन्निितिनित्यआवश्यकः । एषनित्योमहिमाब्राह्मणस्येतिश्रुतेः सनातनःसंप्रदायागतः ३१ साधारणआश्रमांतरधर्मसंमिश्रः यथाबलंयथावैराग्यं गच्छतांगच्छतामितिपुरुषमात्रस्यवणिग्व्याधादेरपिक्षेमंक्षेमहेतुः दुर्बलोरागी । ज्ञानफलमुपसंहरति ब्रह्मणइत्यर्धेन ३२ मात्राभिर्धनैः त्यागंसंन्यासं गार्हस्थ्येसंन्यासेवायथोक्ताचारवतांयद्यपिनिवृत्तिधर्मस्तुल्यस्तथाऽपिप्रेत्यभावेमरणेकःस्वर्गजित्तमः ३३

३४ परीति । द्वयोर्मोक्षेसमानेऽपित्यागीदृष्टसुखंबहुप्राप्नोतीत्यर्थः ३५ ऐक्यंमोक्षैकफलत्वम् ३६ एकत्वेनज्ञानकर्मणोःसमप्राधान्येन पृथक्त्वेनप्रधानगुणभावेन ३७ शरीरपक्तिःस्थूलसूक्ष्मशरीरशुद्धिःकर्माणि कर्मप्रयोज्या साध्यसाधनयोरभेदोपचारःज्ञानं तुशब्दःपूर्ववैलक्षण्यसूचनार्थः मोक्षसाधनमित्यर्थः । तत्रक्रममाह कषायेइति । चित्तदोषेकर्मभिःपाचितेसति रसःप्रीतिर्ब्रह्मानंदस्तस्यज्ञानेशास्त्रजेतिष्ठतिसति ३८ आनृशंस्यादयःप्रवर्तंतेतैश्चपरंब्रह्मप्राप्नोति आनृशंस्यंभूतदया क्षमाअभिभवेप्यविक्षिप्तचित्तता शांतिर्मनोजयःसत्यंयथार्थभाषणं आर्जवमवक्रत्वं शमःकर्मभ्यउपरतिः ३९ कर्मनिश्चयंकर्मफलनिश्चयंकषायपक्ति मनुवैराग्याद्युत्पत्तिमनुसंजातांबुद्ध्येत ४० यामितिपरमगतेर्लक्षणम् ४१ यत्रतेवेदाःवेदितव्यंकर्मब्रह्मस्वरूपं यथास्थितिंकर्मणामनुष्ठानंब्रह्मणश्चज्ञानंप्राप्याऽनहंकारेणावस्थानंचद्दृश्यतेसएववेदवित्। अन्यस्तुवातरेचको भस्त्रापरनामाचर्मकोशः वातवेटकइतिगौडाःपठंति व्याचक्षतेचवातवशाद्वेटकोभाषकः वेटपरिभाषणेइतिधातुः ४२ मानंमेयंमातृस्थितिंचवेदादिपदोपात्तांक्रमेणव्युत्पादयति सर्वमित्यादिनाऽध्यायशेषेण । अस्तिवर्तमानं नास्त्यतीतानागतंतस्यसर्वस्यनिष्ठास्वरूपम् ४३ मानमुक्त्वामेयमाह एषैवेति । सर्वत्रसर्वेषुशास्त्रेष्वेषाएकैवनिष्ठा । काऽसौ एतज्जगदस्तिचप्रतीतिकाले नास्तिचबाधकाले । ननुवटादिरपिस्थितिकालेऽस्तिप्राक्प्रध्वंसाभा

एतेषांप्रेत्यभावेतुकतमःस्वर्गजित्तमः ॥ एतदाचक्ष्वमेब्रह्मन्यथातत्त्वेनपृच्छतः ३४ ॥ कपिलउवाच ॥ परिग्रहाःशुभाःसर्वेगुणतामभ्युपागताः ॥ नतुत्यागसुखंप्राप्ताएतत्त्वमपिपश्यसि ३५ ॥ स्यूमरश्मिरुवाच ॥ भवंतोज्ञाननिष्ठावैगृहस्थाःकर्मनिश्चयाः ॥ आश्रमाणांचसर्वेषांनिष्ठायामैक्यमुच्यते ३६ एकत्वेन पृथक्त्वेनविशेषोनात्रदृश्यते ॥ तद्यथावद्यथान्यायंभगवान्प्रब्रवीतुमे ३७ ॥ कपिलउवाच ॥ शरीरपक्तिःकर्माणिज्ञानंतुपरमागतिः ॥ कषायेकर्मभिःपक्वेरसज्ञानेचतिष्ठति ३८ आनृशंस्यंक्षमाशांतिरहिंसासत्यमार्जवम् ॥ अद्रोहोऽनभिमानश्चह्रीस्तितिक्षाशमस्तथा ३९ पंथानोब्रह्मणस्त्वेतेएतैःप्राप्नोतियत्परम् ॥ तद्विद्वाननुबुद्ध्येतमनसाकर्मनिश्चयम् ४० यांविप्राःसर्वतःशांताविशुद्धाज्ञाननिश्चयाः ॥ गतिंगच्छंतिसंतुष्टास्तामाहुःपरमांगतिम् ४१ वेदांश्चवेदितव्यंचविदित्वाचयथास्थितिम् ॥ एवंवेदविदित्याहुरतोऽन्योवातरेचकः ४२ सर्वंविदुर्वेदविदोवेदेसर्वंप्रतिष्ठितम् ॥ वेदेहिनिष्ठासर्वस्ययद्यदस्तिचनास्तिच ४३ एषैवनिष्ठासर्वत्रयत्तदस्तिचनास्तिच ॥ एतदंतंचमध्यंचसच्चाऽसच्चविजानतः ४४

वकालेनास्तीत्याशंकानिरासायचकारद्वयेनसमानकालिकमास्तित्वनास्तित्वधर्मद्वयंसमुच्चिनोति । तेनबुद्धानांप्रतीयमानमपिमायापुरवन्नास्त्येव । अबुद्धानांचतत्त्वतोऽत्यंतासदपिवज्रपंजरवद्दृढतरमस्त्येव। एतदेवविवृणोति एतदिति । विजानतस्तत्त्वज्ञस्यैतत्परिदृश्यमानंवियदादि अंतंचमध्यंच अनुवाद्यापेक्षंक्लीबत्वं अंतश्चमध्यश्च अंतोनिर्विशेषंलयस्थानं मध्यःसविशेषंलयस्थानं सत्सूत्राख्यं वस्तुतस्त्वसदिति एतदुक्तंभवति एतद्वैराजंरूपंशुद्धाद्ब्रह्मणोऽनन्यदेवरजतमिवशुक्तेः । एतन्मायाशबलादप्यनन्यत्कुंडलमिवकनकात् । एतत्सूक्ष्मादप्यनन्यत्उपनेत्रदृशःस्थूलाक्षरमिवसूक्ष्मात् । तेनैतदसदज्ञानमात्रमनिर्वचनीयमिति । नन्वेकएवमायावीसर्वलयस्थानमस्तुकिमितितवोऽन्यन्निर्मायंकल्प्यतेइतिचेच्छ्रुतिप्रामाण्यादितिब्रूमः । तथाहिश्रुतिः 'सयथासर्वासामपांसमुद्रएकायनमेवंसर्वेषांरूपाणांचक्षुरेकायनम्' इत्यप्समुद्रदृष्टांतेनकार्यलयाधिष्ठानंमायाविनमुक्त्वासयथासैंधवखिल्यउदकेप्रास्तउदकमेवानुविलीयतइतिलवणोदकदृष्टांतेनकार्यकारणोभयलयाधिष्ठानंचिन्मात्रंदर्शयति । यथाऽदकेप्रास्तःसैंधवखिल्यस्तत्रस्वोपादानभूतमुदकंविलीयतेनतुकरकावत्स्वरूपमात्रेणपरिमाणानतिरेकादेवंकार्यकारणेशुद्धेब्रह्मणिलीयेतेइतिश्रुत्यर्थः ४४

एवंविदःसमाधिव्युत्थानयोःस्थितिमाह समाप्तमिति । त्यागइत्येवक्षेत्रारामगृहपशुपत्नीपुत्रशरीरेंद्रियप्राणमनोबुद्ध्यहंकारांतानांत्यागोनिर्विकल्पसमाधौसत्येवसम्यगाप्तंभवति एतदेवसर्ववेदार्थः यथोक्तंवासिष्ठे । 'निर्विकल्पसमाधिर्हिसिद्धांतःसर्ववाङ्मयः' इति । अपिसंराधनेप्रत्यक्षानुमानाभ्यामितिसूत्रंच संराधनेसमाधौ प्रत्यक्षंश्रुतिः प्रामाण्यंप्रत्यनपेक्षत्वात् । अनुमानंस्मृतिः मूलसापेक्षत्वात् । दृश्यतेत्वग्र्ययाबुद्ध्यायोगिनस्तंप्रपश्यंतीतिश्रुतिस्मृतिभ्यांसमाधावात्मनःसम्यग्दर्शनंभवतीतिसूत्रार्थः। व्युत्थानावस्थामाह संतोषइति । श्रुतौहि 'तेयेशतंमानुषाआनंदाः सएकोमनुष्यगंधर्वाणामानंदः श्रोत्रियस्यचाकामहतस्य'इत्यादिनोत्तरोत्तरंशतगुणेषुमानुषानंदादिब्रह्मानंदान्तेष्वानंदेषुश्रोत्रियत्वाकामहतत्वयोरनुगमोदृष्टः। तत्रश्रोत्रियत्वंसर्वत्रसमानं । अकामहतत्वोत्कर्षादेवचानंदोत्कर्षस्तस्यैवसंतोषशब्दितस्यसर्वानंदेष्वनुगतस्यपराकाष्ठा व्युत्थितेब्रह्मविदिज्ञेयेत्यर्थः४५अपवर्गस्वरूपमाह ऋतमिति।ऋतमबाधितं सत्त्यंसच्चत्यच्चेतिसत्त्यंमूर्तामूर्तप्रपंचात्मकं तदधिष्ठानत्वात् यतःसर्वस्यात्माऽअतोविदितं यतःस्थावरंजंगमंचतत्तद्देहतादात्म्यापन्नमतोवेदितव्यं सर्वमविकलंसुखं दुःखासंभिन्नंसुखमित्यर्थः । उत्तरंसर्वोत्कृष्टंशिवंशांतमद्वैतंतुरीयमित्यर्थः । शिवमद्वैतंचतुर्थमन्यंतइतिश्रुतेः।ब्रह्मत्रिविधपरिच्छेदशून्यं अव्यक्तस्यप्रभवआविर्भावोयस्मात्तदीशस्याप्यधिष्ठानं।अव्ययं

समाप्तंत्यागइत्येवसर्ववेदेषुनिष्ठितम् ॥ संतोषइत्यनुगतमपवर्गेप्रतिष्ठितम् ४५ ऋतंसत्त्यंविदितंवेदितव्यंसर्वस्यात्मास्थावरंजंगमंच ॥ सर्वंसुखंयच्छिवमुत्तरंच ब्रह्माव्यक्तंप्रभवश्चाव्ययंच ४६ तेजःक्षमाशांतिरनामयंशुभंतथाविधंव्योमसनातनंध्रुवम् ॥ एतैःसर्वैर्गम्यतेबुद्धिनेत्रैस्तस्मैनमोब्रह्मणेब्राह्मणाय ४७ ॥ इति श्रीमहाभारते शांतिपर्वणिमोक्षधर्मपर्वणि गोकपिलीये सप्तत्यधिकद्विशततमोऽध्यायः ॥ २७० ॥ ॥ युधिष्ठिरउवाच ॥ धर्ममर्थंचकामंचवेदाःशंसंति भारत ॥ कस्यलाभोविशिष्टोऽत्रतन्मेब्रूहिपितामह १॥ भीष्मउवाच ॥ अत्रतेवर्तयिष्यामिइतिहासंपुरातनम् ॥ कुंडधारेणयत्प्रीत्याभक्तायोपकृतंपुरा २ अधनोब्राह्मणःकश्चित्कामाद्धर्ममवैक्षत ॥ यज्ञार्थंसततोऽर्थार्थीतपोतप्यतदारुणम् ३ सनिश्चयमथोकृत्वापूजयामासदेवताः ॥ भक्त्यानचैवाध्यगच्छद्धनंसंपूज्यदेवताः ४ ततश्चिंतामनुप्राप्तःकतमद्दैवतंतुतत् ॥ यन्मेद्रुतंप्रसीदेतमानुषैरजडीकृतम् ५ सोऽथसौम्येनमनसादेवानुचरमंतिके ॥ प्रत्यपश्यज्जलधरंकुंडधारमवस्थितम् ६ दृष्ट्वैवतंमहाबाहुंतस्यभक्तिरजायत ॥ अयंमेधास्यतिश्रेयोवपुरेतद्धिताद्दशम् ७

अपरिणामित्वान्नित्यं चादसंगम् ४६ प्रकरणार्थमुपसंहरति तेजइति । तेजःइंद्रियजयेसामर्थ्यं । क्षमाअपकारिष्वपिक्रोधानुत्पत्तिः । शांतिर्निष्कामत्वेनसर्वस्मात्कर्तव्यादुपरमः । एतत्त्रयमनामयंशुभंनिर्दुःखस्य सुखस्यप्राप्तौहेतुः । तथेतिप्राप्यप्रापकस्वरूपविभागार्थः । तथाविधंनास्तिविधोविधानंकर्तव्यतायत्रतदविधमकृत्रिमं । व्योमजगत्कारणं व्योमवदसंगंवा । सनातनंनित्यैकरूपं ध्रुवमविनाशि । एतैस्तेजआदिभिस्त्रिभिःकारणैर्यद्गम्यतेअधिगम्यतेऽज्ञानापनोदेसति । कैःबुद्धिनेत्रैःपुरुषैः तस्मैब्रह्मणेनमइतिविद्यायावीर्यवत्त्वायप्रचयगमनायचनमस्करोतिभगवान्कपिलः ब्राह्मणायब्रह्मविदभिन्नाय ४७ ॥ इति शांतिपर्वणि मोक्षधर्मपर्वणि नीलकंठीये भारतभावदीपे सप्तत्यधिकद्विशततमोऽध्यायः ॥ २७० ॥ ॥ मोक्षधर्माननुष्ठातुमशक्तस्यत्रिवर्गेकःश्रेष्ठतमइतिपृच्छति धर्ममिति १ तत्राख्यायिकापूर्वकंधर्मस्यप्राधान्यमाहात्रेत्यादिना कामाद्धर्ममवैक्षतफलकामनयाधर्मंकरिष्यामीतिचिंतितवान् धर्मश्चार्थसाध्यइत्यर्थार्थीघोरंतपोऽतप्यत २ । ३ । ४ । ५ जलधरंमेघं कुंडधारंनामतः ६ धास्यैतिविधास्यति ७

८ । ९ उपकारेनियमेनप्रवर्तयंतीमुपकारनियतां १० । ११ । १२ तेजसाप्रभावेन १३ निरुपस्कृतोभोगवर्जितः निदर्शनंकुंडधारभक्तेःप्रत्ययं १४ व्यादिशंतंदेवेभ्यःफलयाचकान्निवेदयंतं देवाज्ञयायाचकेभ्यःफलानिसमर्पयंतंवा १५ अशुभेषुकर्मसूपस्थितेषुप्राग्दत्तमपिराज्यादिकंप्रच्छिंदंतिहरंति १६ भूमौपतितोब्राह्मणहितार्थी १७।१८।१९।२०।२१।२२।२३।२४।२५।२६।२७ धर्मेधर्मनिमित्तं अभ्यासंपुनः

संनिकृष्टश्चदेवस्यनचान्यैर्मानुषैर्वृतः ॥ एषमेदास्यतिधनंप्रभूतंशीघ्रमेवच ८ ततोधूपैश्चगंधैश्चमाल्यैरुचावचैरपि ॥ बलिभिर्विविधाभिश्चपूजयामासतंद्विजः ९ ततस्त्वल्पेनकालेनतुष्टोजलधरस्तदा ॥ तस्योपकारनियतामिमांवाचमुवाचह १० ब्रह्मघ्नेचसुरापेचचौरेभग्नव्रतेतथा ॥ निष्कृतिर्विहितासद्भिःकृतघ्नेनास्तिनिष्कृतिः ११ आशायास्तनयोऽधर्मःक्रोधोऽसूयासुतःस्मृतः ॥ लोभःपुत्रोनिकृत्यास्तुकृतघ्नोनार्हतिप्रजाम् १२ ततःसब्राह्मणःस्वप्नेकुंडधारस्यतेजसा ॥ अपश्यत्सर्वभूतानिकुशेषुशयितस्तदा १३ शमेनतपसाचैवभक्त्याचनिरुपस्कृतः ॥ शुद्धात्माब्राह्मणोरात्रौनिदर्शनमपश्यत १४ मणिभद्रंसतत्रस्थंदेवतानांमहाद्युतिम् ॥ अपश्यतमहात्मानंव्यादिशंतंयुधिष्ठिर १५ तत्रदेवाःप्रयच्छंतिराज्यानिचधनानिच ॥ शुभैःकर्मभिरारब्धाःप्रच्छिंदंत्यशुभेषुच १६ पश्यतामथयक्षाणांकुंडधारोमहाद्युतिः ॥ निपत्यपतितोभूमौदेवानांभरतर्षभ १७ ततस्तुदेववचनान्मणिभद्रोमहामनाः ॥ उवाचपतितंभूमौकुंडधारकिमिष्यते १८ कुंडधारउवाच ॥ यदिप्रसन्नादेवामेभक्तोऽयंब्राह्मणोमम ॥ अस्यानुग्रहमिच्छामिकृतंकिंचित्सुखोदयम् १९ ततस्तंमणिभद्रस्तुपुनर्वचनमब्रवीत् ॥ देवानामेववचनात्कुंडधारंमहाद्युतिम् २० ॥ मणिभद्रउवाच ॥ उत्तिष्ठोत्तिष्ठभद्रंतेकृतकृत्यःसुखीभव ॥ धनार्थीयदिविप्रोऽयंधनमस्मैप्रदीयताम् २१ यावद्धनंप्रार्थयतेब्राह्मणोऽयंसखातव ॥ देवानांशासनात्तावदसंख्येयंददाम्यहम् २२ विचार्यकुंडधारस्तुमानुष्यंचलमध्रुवम् ॥ तपसेमतिमाधत्तब्राह्मणस्ययुधिष्ठिर २३ कुंडधारउवाच ॥ नाहंधनानियाचामिब्राह्मणायधनप्रद ॥ अन्यमेवाहमिच्छामिभक्तायानुग्रहंकृतम् २४ पृथिवींरत्नपूर्णांवामहद्वारत्नसंचयम् ॥ भक्तायनाहमिच्छामिभवेदेषतुधार्मिकः २५ धर्मेऽस्यरमतांबुद्धिर्धर्मंचैवोपजीवतु ॥ धर्मप्रधानोभवतुममैषोऽनुग्रहोमतः २६ ॥ मणिभद्रउवाच ॥ सदाधर्मफलंराज्यंसुखानिविविधानिच ॥ फलान्येवायमश्नातुकायक्लेशविवर्जितः २७ ॥ भीष्मउवाच ॥ ततस्तदेवबहुशःकुंडधारोमहायशाः ॥ अभ्यासमकरोद्धर्मेततस्तुष्टास्तुदेवताः २८ मणिभद्रउवाच ॥ प्रीतास्तेदेवताःसर्वाद्विजस्यास्यतथैवच ॥ भविष्यत्येषधर्मात्माधर्मेचाधास्यतेमतिः २९ ततःप्रीतोजलधरःकृतकार्योयुधिष्ठिर ॥ ईप्सितंमनसोलब्ध्वावरमन्यैःसुदुर्लभम् ३० ततोपश्यतचीराणिसूक्ष्माणिद्विजसत्तमः ॥ पार्श्वतोऽभ्याशतोन्यस्तान्यथनिर्वेदमागतः ३१ ॥ ब्राह्मणउवाच ॥ अयंनसुकृतंवेत्तिकोन्वन्योवेत्स्यतेकृतम् ॥ गच्छामिवनमेवाहंवरंधर्मेणजीवितुम् ३२

पुनर्धर्ममेवविमार्थमयाचत तेनकामस्तदर्थोधर्मोऽर्थश्चेतित्रयमपितुच्छंनिष्कामधर्मएवश्रेयानित्याख्यायिकातात्पर्यमुक्तंभवति २८।२९।३० चीराण्यपश्यतोपादेयत्वेनैक्षत विरक्तोभूदित्यर्थः। शेषंस्पष्टार्थम् ३१ । ३२

३३ । ३४ । ३५ । ३६ । ३७ । ३८ । ३९ । ४० । ४१ । ४२ । ४३ । ४४ । ४५ । ४६ । ४७ । ४८ । ४९ । ५० । ५१ । ५२ । ५३ । ५४ । ५५ । ५६ ॥ इतिशां० मो० नी० भा० एकस
प्तत्यधिकद्विशततमोऽध्यायः ॥ २७१ ॥ ॥ निष्कामधर्मस्यश्रैष्ठ्यमुक्तंतद्धिंसाशून्यस्यैवतस्येतिवक्तुंहिंस्रयज्ञनिंदार्थोयमध्यायआरभ्यते बहूनामिति । एकंचित्तशुद्धिरीश्वरप्रीतिर्वातदर्थानांमध्येयधर्मोर्थयो

भीष्मउवाच ॥ निर्वेदाद्देवतानांचप्रसादात्सद्विजोत्तमः ॥ वनंप्रविश्यसुमहत्तपआरब्धवांस्तदा ३३ देवतातिथिशेषेणफलमूलाशनोद्विजः ॥ धर्मेचास्यमहा
राजदृढाबुद्धिरजायत ३४ त्यक्त्वामूलफलंसर्वंपर्णाहारोऽभवद्विजः ॥ पर्णंत्यक्त्वाजलाहारःपुनरासीद्विजस्तदा ३५ वायुभक्षस्ततःपश्चाद्बहून्वर्षगणानभूत् ॥
नचास्यक्षीयतेप्राणस्तदद्भुतमिवाभवत् ३६ धर्मेचश्रद्दधानस्यतपस्युग्रेचवर्ततः ॥ कालेनमहतातस्यदिव्यादृष्टिरजायत ३७ तस्यबुद्धिःप्रादुरासीद्यदिद
द्यामहंधनम् ॥ तुष्टःकस्यचिदेवेहमिथ्यावाङ्भवेन्मम ३८ ततःप्रहृष्टवदनोभूयआरब्धवांस्तपः ॥ भूयश्चाचिंतयत्सिद्धोयत्परंसोऽभिमन्यते ३९ यदिदद्या
महंराज्यंतुष्टोवैयस्यकस्यचित् ॥ सभवेदचिराद्राजानमिथ्यावाग्भवेन्मम ४० तस्यसाक्षात्कुंडधारोदर्शयामासभारत ॥ ब्राह्मणस्यतपोयोगात्सौहृदेनाभिचो
दितः ४१ समागम्यसतेनाथपूजांचक्रेयथाविधि ॥ ब्राह्मणःकुंडधारस्यविस्मितश्चाभवन्नृप ४२ ततोऽब्रवीत्कुंडधारोदिव्यंतेचक्षुरुत्तमम् ॥ पश्यराज्ञांगतिं
विप्रलोकांश्चैवतुचक्षुषा ४३ ततोराजसहस्राणिमग्नानिनिरयेतदा ॥ दूरादपश्यद्विप्रःसदिव्ययुक्तेनचक्षुषा ४४ ॥ कुंडधारउवाच ॥ मांपूजयित्वाभावेनय
दित्वंदुःखमाप्नुयाः ॥ कृतंमयाभवेत्किंतेकश्चतेऽनुग्रहोभवेत् ४५ पश्यपश्यचभूयस्त्वंकामानिच्छेत्कथंनरः ॥ स्वर्गद्वारंहिसंरुद्धंमानुषेषुविशेषतः ४६ ॥ भीष्म
उवाच ॥ ततोऽपश्यत्सकामंचक्रोधंलोभंभयंमदम् ॥ निद्रांतंद्रींतथाऽऽलस्यमावृत्त्यपुरुषानस्थितान् ४७ ॥ कुंडधारउवाच ॥ एतैर्लोकाःसुसंरुद्धादेवानां
मानुषाद्भयम् ॥ तथैवदेववचनाद्विघ्नंकुर्वन्तिसर्वशः ४८ नदेवैरननुज्ञातःकश्चिद्भवतिधार्मिकः ॥ एषशक्तोऽसितपसादातुंराज्यंधनानिच ४९ ॥ भीष्मउवाच ॥
ततःपपातशिरसाब्राह्मणस्तोयधारिणे ॥ उवाचचैनंधर्मात्मामहान्मेऽनुग्रहःकृतः ५० कामलोभानुबंधेनपुरातेयदसूयितम् ॥ मयास्नेहमविज्ञायतन्मेक्षंतुमर्ह
सि ५१ क्षांतमेवमयेत्युक्त्वाकुंडधारोद्विजर्षभम् ॥ संपरिष्वज्यबाहुभ्यांतत्रैवांतरधीयत ५२ ततःसर्वांस्तदालोकान्ब्राह्मणोऽनुचचारह ॥ कुंडधारप्रसादेन
तपसासिद्धिमागतः ५३ विहायसाचगमनंतथासंकल्पितार्थता ॥ धर्माच्छक्त्यातथायोगाद्याचैवपरमागतिः ५४ देवताब्राह्मणाःसंतोयक्षामानुषचारणाः ॥
धार्मिकान्पूजयंतीहनधनाढ्यान्नकामिनः ५५ सुप्रसन्नाहितेदेवायत्तेधर्मेरतामतिः ॥ धर्मेसुखकलाकाचिद्धर्मेतुपरमंसुखम् ५६ ॥ इतिश्रीमहाभारतेशांति
पर्वणिमोक्षधर्मपर्वणिकुंडधारोपाख्यानेएकसप्तत्यधिकद्विशततमोऽध्यायः ॥ २७१ ॥ ॥ युधिष्ठिरउवाच ॥ बहूनांयज्ञतपसामेकार्थानांपितामह ॥
धर्मार्थंनसुखार्थार्थंकथंयज्ञःसमाहितः १

यज्ञःसमाहितोविनियुक्तःसकथंकीदृक्स्वरूपःस्यात् । सुखार्थार्थैस्वर्गार्थंधनार्थंचयोनभवति तदर्थीहिहिंसांनानुरुध्यतेऽतोऽधर्ममात्रार्थस्ययज्ञस्यस्वरूपंब्रूहीत्यर्थः १

उंछवृत्तेर्ब्राह्मणस्येतिसंबंधः २ यज्ञंविष्णुं । यज्ञोवैविष्णुरितिश्रुतेः । समादधेसमाहितोऽभूत् ३ श्यामाकमशनमदनीयं सूर्यपर्णीसुवर्चलेतिशाकविशेषौ त्रयमेतद्वन्यंयज्ञियद्रव्यं ४ उपगम्यप्राप्य वनेवानप्रस्था श्रमे । 'यदन्नःपुरुषोभवतितदन्नास्तस्यदेवताः' इतिश्रुतेरर्थमाहापीति ५ पुष्करधारिणीनामतः सत्येसत्यसंज्ञेभर्तरिवक्ष्यमाणरीत्याहिंसाप्रधानेनयज्ञेनयष्टुमिच्छतिनानुविधीयतेहिंसायज्ञमश्रेयस्त्वेनमन्यमानाअनु विधानमानुकूल्यंनकरोति ६ तथाऽपिशापाद्भीतासतीभर्तुःस्वभावमनुरुध्यास्तेइत्यर्थः । मायूरेति। मयूरपिच्छैःसन्निवेशविशेषेणगुंफितैस्तस्यावस्त्रंवर्णितंविस्तारितं जीर्णेतिस्वयंगलितत्वंपर्णानांपिच्छानांच ७ अकामयायज्ञंयज्ञफलंवाऽनिच्छंत्यापुष्करमालिन्याहोतुर्भर्तुरनुशासनाद्यज्ञःकृतः । एतेनभार्यायाअपिकर्तृत्वमुक्तंनत्वंगत्वमात्रं । शुक्रस्येति आज्ञाभिरसकृत्कृतयाआज्ञया आजातिरितिपाठेवंशजः ८ सहवासि कोयजमानस्यसत्यसंज्ञस्यप्रतिवेशीसमृगोऽभून्मृगोभूत्वाचसत्यंमुनिमब्रवीत् दुष्कृतमिति । यथायवमयेपुरोडाशेव्रीहीणांमेधसुमनस्यमानइतिमंत्रस्यालिंगाभावाल्लोपः । यथावाज्योतिष्टोमेआनुबंध्यायांगोपशोःस्थाने

॥ भीष्मउवाच ॥ अत्रतेवर्तयिष्यामिनारदेनानुकीर्तितम् ॥ उंछवृत्तेःपुरावृत्तंयज्ञार्थेब्राह्मणस्यच २ ॥ नारदउवाच ॥ राष्ट्रेधर्मोत्तरेश्रेष्ठेविदर्भेष्वभवद्विजः ॥ उंछवृत्तिर्ऋषिःकश्चिद्यज्ञंयष्टुंसमादधे ३ श्यामाकमशनंतत्रसूर्यपर्णीसुवर्चला ॥ तिक्तंचविरसंशाकंतपसास्वादुतांगतम् ४ उपगम्यवनेशुद्धिंसर्वभूताविहिंसया ॥ अपिमूलफलैरिष्टोयज्ञःस्वर्ग्यःपरंतप ५ तस्यभार्याव्रतकृशाशुचिःपुष्करधारिणी ॥ यज्ञपत्नीसमानीतासत्येनानुविधीयते ६ सातुशापपरित्रस्तातत्स्वभा वानुवर्तिनी ॥ मायूरजीर्णपर्णानांवस्त्रंतस्याश्चवर्णितम् ७ अकामयाकृतस्तत्रयज्ञोहोत्रनुशासनात् ॥ शुक्रस्यपुनराज्ञाभिःपर्णादोनामधर्मवित् ८ तस्मि न्वनेसमीपस्थोमृगोऽभूत्सहवासिकः ॥ वचोभिरब्रवीत्सत्यंत्वयेदंदुष्कृतंकृतम् ९ यदिमंत्रांगहीनोऽयंयज्ञोभवतिवैकृतः ॥ मांभोप्रक्षिपहोत्रेत्वंगच्छस्वर्गमनिं दितः १० ततस्तुयज्ञेसावित्रीसाक्षात्तंसंन्यमंत्रयत् ॥ निमंत्रयंतीप्रत्युक्तानहन्यांसहवासिनम् ११ एवमुक्तानिवृत्तासाप्रविष्टायज्ञपावकम् ॥ किंनुदुश्चरितंय ज्ञेदिदृक्षुःसारसातलम् १२ सतुबद्धांजलिंसत्यमयाचद्धरिणःपुनः ॥ सत्येनसपरिष्वज्यसंदिष्टोगम्यतामिति १३ ततःसहरिणोगत्वापदान्यष्टौन्यवर्तत ॥ साधुहिंसयमांसत्यहतोयास्यामिसद्गतिम् १४ पश्यह्यप्सरसोदिव्यामयादत्तेनचक्षुषा ॥ विमानानिविचित्राणिगंधर्वाणांमहात्मनाम् १५

पश्वभावेपयस्येत्याश्वलायनाद्युपदिष्टायांपयस्यायांहृदयाद्यवदानलोपोमंत्रलोपश्च । एवंसतिसामर्थ्येमंत्रांगहीनंयज्ञंकुर्वतांदुष्कृतंभवतीत्यर्थः ९ ननुदरिद्रेणमयापशुःकर्तुंनशक्यतेऽतोऽनुकल्पेनैवश्यामाकचरुणा पशुकार्यंक्रियतइत्याशंक्याह यदीति । होत्रेहूयतेऽस्मिन्नितिव्युत्पत्त्याअग्नौ मांपर्णादंमृगभूतं १० सावित्रीसवितृमंडलाधिष्ठात्रीदेवताप्रत्यक्षमेत्यसंन्यमंत्रयत्मदर्थेऽयंपशुरग्नौहोतव्यइत्युक्तवती प्रत्युक्ताप्रत्याख्याता तत्रहेतुःनहन्यामिति ११ रसातलंदिदृक्षुःसायज्ञपावकंप्रविष्टेतिसंबंधः । यज्ञेदुश्चरितंदुष्टमाचरितंकिंन्वितिसमीपवर्तिमूढजनोत्प्रेक्षानिर्देशः १२ सत्यंसत्यसंज्ञं अयाचतमामग्नौप्रक्षिपेतिप्रार्थितवान् ततोहिंसायांदोषं पश्यतापर्यग्निकृतानारण्यानुत्सृजंतीतिशास्त्रदृष्ट्यासत्येनसमृगःपरिष्वज्यस्पृष्टः । एतेनाऽऽलंभादिपर्यग्निकरणांतंलक्ष्यते । तावत्कृत्वासंदिष्टआज्ञप्तः १३ सहरिणआत्मनोवधमात्रेणस्वस्यस्वर्गतिंपश्यन् १४

ततइति । पशूनांयजमानानांचसहैवस्वर्गतिंस्पृहालग्नेनेदृशंसुखंमेभूयादितिस्पृहयालग्नेनविषयेषुमग्नेनचक्षुषादृष्ट्वामृगंचस्वर्गार्थिनमालोक्यहिंसायांकृतायामेवस्वर्गवासंप्राप्नोतीतिसमर्थयत्समार्थितवानितिसंबंधः १६ सत्विति । केनचिन्निमित्तेनमृगतांप्राप्तोधर्मस्तस्यनिमित्तस्यनिष्कृतिंप्रतीकारमाधत्तस्वात्मानंमोचितवान्नत्वसौयज्ञस्यसमीचीनोविधिर्हिंसामयत्वात् १७ अनुभावेनपशुंहत्वास्वर्गंप्राप्स्यामीत्यभिप्रायेण यज्ञिया यज्ञायहिता १८ ननुधर्मस्यापिदृक्छलकरणमयुक्तमित्याशंक्याह ततइति । याजयत अडभावआर्षः याजितवान् भार्यायाःपुष्करधारिण्याहिंसामययज्ञमनिच्छंत्याः १९ तथातेनस्वर्गप्रदत्वेनरूपे णहितः सत्यवादिनांब्रह्मवादिनांत्वसौनोधर्मः । योधर्मइतिपाठे तेतुभ्यंसत्यंवक्ष्यामि किंतत्सत्यंयःसत्यवादिनांधर्मः यइतिविधेयापेक्षंपुंस्त्वं । अत्राख्यायिकातात्पर्यंपशुकार्येश्यामाकादिविकारांश्चरुपुरोडाशादीन्कुर्यादितिगम्यते । तथाचगृह्ये 'अथश्वोभूतेष्टकाःपशुनास्थालीपाकेनवा'इतिपशुस्थानेस्थालीपाकोऽपिविधीयते एवमन्यत्रपुरोडाशामिक्षादीनामपिपशुस्थानेविधानमवगंतव्यं । तस्मान्नहिं

ततःससुचिरंदृष्ट्वास्पृहालग्नेनचक्षुषा ॥ मृगमालोक्यहिंसायांस्वर्गवासंसमर्थयत् १६ सतुधर्मोमृगोभूत्वाबहुवर्षोषितोवने ॥ तस्यनिष्कृतिमाधत्तनत्वसौ यज्ञसंविधिः १७ तस्यतेनानुभावेनमृगहिंसात्मनस्तदा ॥ तपोमहत्समुच्छिन्नंतस्माद्धिंसानयज्ञिया १८ ततस्तंभगवान्धर्मोयज्ञंयाजयतस्वयम् ॥ स माधानंचभार्यायालेभेसतपसापरम् १९ अहिंसासकलोधर्मोहिंसाधर्मस्तथाहितः ॥ सत्यंतेऽहंप्रवक्ष्यामिनोधर्मःसत्यवादिनाम् २० ॥ इतिश्रीमहाभारतेशांतिपर्वणिमोक्षधर्मपर्वणि यज्ञनिंदानाम द्विसप्तत्यधिकद्विशततमोऽध्यायः ॥ २७२ ॥ ॥ युधिष्ठिरउवाच ॥ कथंभवतिपापात्माकथंधर्मंकरोतिवा ॥ केन निर्वेदमादत्तेमोक्षंवाकेनगच्छति १ ॥ भीष्मउवाच ॥ विदिताःसर्वधर्मास्तेस्थित्यर्थंत्वंतुपृच्छसि ॥ शृणुमोक्षंसनिर्वेदंपापंधर्मंचमूलतः २ विज्ञानार्थंहि पंचानामिच्छापूर्वंप्रवर्तते ॥ प्राप्यैकंजायतेकामोद्वेषोवाभरतर्षभ ३ ततस्तदर्थंयततेकर्मचारभतेमहत् ॥ इष्टानांरूपगंधानामभ्यासंचचिकीर्षति ४ ततोरागःप्रभवतिद्वेषश्चतदनंतरम् ॥ ततोलोभःप्रभवतिमोहश्चतदनंतरम् ५ लोभमोहाभिभूतस्यरागद्वेषान्वितस्यच ॥ नधर्मेजायतेबुद्धिर्व्याजाद्धर्मंकरो तिच ६ व्याजेनचरतेधर्ममर्थंव्याजेनरोचते ॥ व्याजेनसिद्ध्यमानेषुधनेषुकुरुनंदन ७ तत्रैवकुरुतेबुद्धिंततःपापंचिकीर्षति ॥ सुहृद्भिर्वार्यमाणो ऽपिपंडितैश्चापिभारत ८ उत्तरंन्यायसंबद्धंब्रवीतिविधिचोदितम् ॥ अधर्मस्त्रिविधस्तस्यवर्धतेरागमोहजः ९ पापंचिंतयतेचैवप्रब्रवीतिकरोतिच ॥ तस्याधर्मप्रवृत्तस्यदोषान्पश्यंतिसाधवः १० एकशीलाश्चमित्रत्वंभजंतेपापकर्मिणः ॥ सनेहसुखमाप्नोतिकुतएवपरत्रवै ११

सायज्ञःश्रेयानितियज्ञनिंदेत्यध्यायनाम तत्रहिंसायज्ञनिंदेत्यवगंतव्यं २० ॥ इतिशांतिपर्वणिमोक्षधर्मपर्वणि नीलकंठीये भारतभावदीपे द्विसप्तत्यधिकद्विशततमोऽध्यायः ॥ २७२ ॥ ॥ अहिंसा धर्मएववैराग्योत्पादनद्वारामोक्षहेतुरितिनिश्चित्यधर्मविरोधिनःपापस्योत्पत्तिपरिहारायेतरच्चोपादानायजिज्ञासते कथमिति १ । २ पंचानांशब्दादीनामेकंप्राप्यतत्ररागद्वेषौजायेतेइत्यर्थः ३ तदर्थंकाम्य स्यप्राप्तयेद्वेष्यस्यहानायच अभ्यासंपुनःपुनःसेवनं ४ । ५ । ६ व्याजेनकपटेन अर्थमर्थजातं ७ पापंपित्रादिद्रोहं ८ न्यायसंबद्धमाहारेव्यवहारेचत्यक्तलज्जःसुखीभवेदित्यादि त्रिवि धःकायिकोवाचिकोमानसश्च ९ पापंपरानिष्टं १० । ११

कुशलंकल्याणंपरहितमित्यर्थः १२ । १३ सुखदुःखानांविवेचनेकुशलश्चतुरः १४ । १५ मूलंसिंचतेयत्रवैगुणान्पश्यातितदेववर्धयाति १६ । १७ प्रभुत्वंसंकल्पसिद्धत्वं १८ निर्वेदंवैराग्यं १९ भावयतेचिंतावशंकरोति २० धर्मत्यागेधर्मफलस्यस्वर्गादेस्त्यागे नानुपायादुपायानुष्ठानात्किंतूपायतएव २१ । २२ । २३ । २४ ॥ इतिशांतिपर्वणिनीलकंठीयेभारतभावदीपेत्रिसप्तत्यधिकद्विशततमोऽध्यायः ॥ २७३ ॥ ॥ ॥ उपायस्वरूपंप्रश्नपूर्वकंवक्तुमारभते मोक्षइति १ सर्वार्थंसर्वमर्थंधर्मादिंमोक्षमेववा प्राज्ञअर्थग्रहणसमर्थ निपुणंश्रुतार्थपरीक्षयाक्षमंनिदर्शनंप्रत्ययःमोक्षेस्वबुद्धिसाक्षिकउपायइत्यर्थः २ तत्रोपायोद्विविधःप्रवृत्तिरूपोनिवृत्तिरूपश्च तयोर्दृष्टांतमुखेनवैलक्षण्योपपादनपूर्वकंमोक्षेहेतुहेतुमद्भावमाह करणेइति । साध्येधर्मेचिकीर्षाबुद्धिरुत्पद्यते सिद्धेतुब्रह्मण्या

एवंभवतिपापात्माधर्मात्मानंतुमेशृणु ॥ यथाकुशलधर्मासकुशलंप्रतिपद्यते १२ कुशलेनैवधर्मेणगतिमिष्टांप्रपद्यते ॥ यएतान्प्रज्ञयादोषान्पूर्वमेवानुपश्यति १३ कुशलःसुखदुःखानांसाधूंश्चाप्यथसेवते ॥ तस्यसाधुसमाचारादभ्यासाच्चैववर्धते १४ प्रज्ञाधर्मेचरमतेधर्मंचैवोपजीवति ॥ सोऽथधर्मादवाप्तेषुधनेषुकुरुते मनः १५ तस्यैवसिंचतेमूलंगुणान्पश्यातियत्रवै ॥ धर्मात्माभवतिह्येवंमित्रंचलभतेशुभम् १६ समित्रधनलाभात्तुप्रेत्यचेहचनंदति ॥ शब्देस्पर्शेरसेरूपेतथागंधेचभारत १७ प्रभुत्वंलभतेजंतुर्धर्मस्यैतत्फलंविदुः ॥ सतुधर्मफलंलब्ध्वानहृष्यातियुधिष्ठिर १८ अतृप्यमाणोनिर्वेदमादत्तेज्ञानचक्षुषा ॥ प्रज्ञाचक्षुर्यदाकामेरसेगंधेनरज्यते १९ शब्देस्पर्शेतथारूपेनचभावयतेमनः ॥ विमुच्यतेतदाकामान्नचधर्मंविमुंचति २० धर्मत्यागेचयततेदृष्ट्वालोकंक्षयात्मकम् ॥ ततोमोक्षाययततेनानुपायादुपायतः २१ शनैर्निर्वेमादत्तेपापंकर्मजहातिच ॥ धर्मात्माचैवभवतिमोक्षंचलभतेपरम् २२ एतत्तेकथितंतातयन्मांत्वंपरिपृच्छसि ॥ पापंधर्मस्तथामोक्षोनिर्वेदश्चैवभारत २३ तस्माद्धर्मेप्रवर्तेथाःसर्वावस्थंयुधिष्ठिर ॥ धर्मेस्थितानांकौन्तेयसिद्धिर्भवतिशाश्वती २४ ॥ इतिश्रीमहाभारतेशांतिपर्वणिमोक्षधर्मपर्वणिचतुःप्राश्निकोनामत्रिसप्तत्यधिकद्विशततमोऽध्यायः ॥ २७३ ॥ ॥ युधिष्ठिरउवाच ॥ मोक्षःपितामहेनोक्तउपायान्नानुपायतः ॥ तमुपायंयथान्यायंश्रोतुमिच्छामिभारत १ ॥ भीष्मउवाच ॥ त्वय्येवैतन्महाप्राज्ञयुक्तंनिपुणदर्शनम् ॥ येनोपायेनसर्वार्थंनित्यंमृगयसेऽनघ २ करणेघटस्ययाबुद्धिर्घटोत्पत्तौनसामता ॥ एवंधर्माभ्युपायेषुनान्यद्धर्मेषुकारणम् ३ पूर्वेसमुद्रेयःपंथाःसनगच्छातिपश्चिमम् ॥ एकःपंथाहिमोक्षस्यतन्मेविस्तरतःशृणु ४ क्षमयाक्रोधमुच्छिंद्यात्कामंसंकल्पवर्जनात् ॥ सत्वसंसेवनाद्धीरोनिद्रांचच्छेत्तुमर्हति ५

वरणापगमेनज्ञानमात्रमितिघटदृष्टांतेनैवज्ञेयमित्यर्थः । एवंधर्मेषुमोक्षधर्मेषुशमदमादिषुनिवृत्तिरूपेष्वालोकवद्वस्तुतत्त्वाभिव्यंजकेष्वन्यत्प्रवृत्तिरूपोधर्मःकारणंन । तस्योपयोगंविशेषणेनैवाह धर्माभ्युपायेषुधर्मोयागादिःसएवाभ्युपायोयेषांतेषु । निष्कामस्ययागादिश्चित्तशुद्धिद्वारानिवृत्तिहेतुर्भवतीत्यर्थः ३ एवंप्रवृत्तिनिवृत्तिधर्मयोर्हेतुहेतुमद्भावेऽप्यत्यंतवैलक्षण्यंदृष्टांतेनैवाह पूर्वेइति ४ निवृत्तिधर्मस्यपराकाष्ठासर्ववृत्तिनिरोधरूपोयोगस्तंविवक्षंस्तादृशानिक्षमादीनित्रयोविंशतिसाधनानिपृथक्प्रयोजनवंतिनिर्दिशति क्षमयेत्यादिना । सत्वसंसेवनादालस्यादित्यागपूर्वकंसात्विकभगवद्ध्यानादिधर्मसेवनात् ५

अप्रमादात्सावधानतया भयंलोकापवादजं लज्जामित्यर्थः । श्वासंप्राणचेष्टां क्षेत्रज्ञस्त्वंपदार्थस्तस्यशीलनाद्धेतोःतत्रमनसोधारणयेत्यर्थः । रक्षेन्निरुंध्यादितिपूर्वेणान्वयः । 'प्राणान्प्रपीड्येहसयुक्तचेष्टःक्षीणेप्राणे नासिकयोच्छ्वसीत ॥ दुष्टाश्वयुक्तमिववाहमेनंविद्वान्मनोधारयतेऽप्रमत्तः' इतिवायुजयस्यमनोधारणार्थत्वश्रुतेः । कामंस्त्र्यभिलापं ६ भ्रमंविपरीतज्ञानं संमोहःअज्ञानं आवर्तमासमंताद्वर्ततइतिव्युत्पत्त्याऽनेककोटिस्पर्शिनंसंशयं अभ्यासात्तत्त्वाभ्यासात् निद्रामननुसंधानं प्रतिभामन्यानुसंधानंच ज्ञानाभ्यासेन 'तच्चिंतनंतत्कथनमन्योन्यंतत्प्रबोधनं ॥ एतदेकपरत्वंचज्ञानाभ्यासंविदुर्बुधाः' इत्युक्तलक्षणेन ७ उपद्रवान श्लेष्माजीर्णादीन् रोगान्ज्वरातिसारादीन् हितंदाहाद्यनुत्पादकं जीर्णसात्म्यतांप्राप्तं तत्त्वंविपयाणांरूपमनर्थकरत्वंतद्दर्शनात् ८ अनुक्रोशात्कृपातः अवेक्षयापरिपालनेन आयत्याउत्तरकालेन संगोऽभिलापः ९ योगेनवायुनिग्रहेण मानंचित्तसमुन्नतिं १० उत्थानेनोद्योगेन तंद्रीमालस्यं वितर्कविपरीतंतर्कं निश्चयाच्छ्रुतिविश्वासात् शौर्येणपड्वर्गजयसामर्थ्येन भयंसंसारं ११ अंगान्युक्त्वाप्रधानंयोगमाह यच्छेदिति ।

अप्रमादाद्भयंरक्षेच्छ्वासंक्षेत्रज्ञशीलनात् ॥ इच्छांद्वेपंचकामंचधैर्येणविनिवर्तयेत् ६ भ्रमंसंमोहमावर्तमभ्यासाद्विनिवर्तयेत् ॥ निद्रांचप्रतिभांचैवज्ञानाभ्यासेनतत्त्ववित् ७ उपद्रवांस्तथारोगान्हितजीर्णमिताशनात् ॥ लोभंमोहंचसंतोपाद्विपयांस्तत्त्वदर्शनात् ८ अनुक्रोशादधर्मंचजयेद्धर्ममवेक्षया ॥ आयत्याचजयेदाशामर्थंसंगविवर्जनात् ९ अनित्यत्वेनचस्नेहंक्षुधांयोगेनपंडितः ॥ कारुण्येनात्मनोमानंतृष्णांचपरितोपतः १० उत्थानेनजयेत्तंद्रींवितर्कंनिश्चयाज्जयेत् ॥ मौनेनवहुभाप्यंचशौर्येणचभयंत्यजेत् ११ यच्छेद्वाङ्मनसीबुद्ध्यातांयच्छेज्ज्ञानचक्षुपा ॥ ज्ञानमात्मावबोधेनयच्छेदात्मानमात्मना १२ तदेतदुपशांतेनबोद्धव्यंशुचिकर्मणा ॥ योगदोपान्समुच्छिद्यपंचयान्कवयोविदुः १३ कामंक्रोधंचलोभंचभयंस्वप्नंचपंचमम् ॥ परित्यज्यनिपेवेतयतवाग्योगसाधनात् १४ ध्यानमध्ययनंदानंसत्यंह्रीरार्जवंक्षमा ॥ शौचमाहारतःशुद्धिरिंद्रियाणांचसंयमः १५एतैर्विवर्धतेतेजःपाप्मानमुपहंतिच ॥ सिद्ध्यंतिचास्यसंकल्पाविज्ञानंचप्रवर्तते१६धूतपापःसतेजस्वीलघ्वाहारोजितेंद्रियः ॥ कामक्रोधौवशेकृत्वानिनीपेद्ब्रह्मणःपदम्१७अमूढत्वमसंगित्वंकामक्रोधविवर्जनम् ॥ अदैन्यमनुदीर्णत्वमनुद्वेगोव्यवस्थितिः १८

निद्रायामिवयुगपत्सर्वलयोमाभूदित्यनुष्ठेयंलयक्रममनुरुद्ध्यवागादिवाह्येंद्रियव्यापारमुत्सृज्यमनोमात्रेणावतिष्ठेत मनोऽपिविपयविकल्पाभिमुखमध्यवसायस्वरूपायांबुद्धौधारयेत् । तदिदमुक्तंयच्छेद्वाङ्मनसी बुद्ध्येति । तांबुद्धिंज्ञानचक्षुपाशुद्धत्वंपदार्थबोधेनसमष्टिबुद्ध्यावा ज्ञानंशुद्धंत्वंपदार्थमप्यात्माववोधेनायमात्माब्रह्मेत्यवबोधेनवाक्यजवृत्त्यायच्छेत् आत्मानंधीवृत्तिमप्यात्मनापरमचैतन्यप्रकाशेननियच्छेत् । इंद्रियाणिमनसिमनोबुद्धौबुद्धिंत्वंपदार्थेतंब्रह्माकारवृत्तौतांशुद्धात्मनिचेतिक्रमेणप्रविलाप्यस्वरूपात्मनाऽवतिष्ठेतेत्यर्थः १२ । १३ । १४ । १५ । १६ निनीपेन्नेतुमिच्छेदात्मानं कुत्र ब्रह्मणःपदंपदनीयंयत्रब्रह्माचतुर्मुखोऽपिलीयतेतत्स्थानं राहोःशिरःइतिवदभेदेभेदोपचारात्पष्ठी १७ अमूढत्वंवेदांतश्रवणाद्यभ्यासात् असंगित्वंवैराग्यात् कामक्रोधविवर्जनंसंतोपक्षमादाढ्र्यात् अदैन्यंपरिपूर्णकामता अनुदीर्णत्वंदर्पाहंकारराहित्यं अनुद्वेगोनिर्भयत्वं अव्यवस्थितिरनिकेतत्वं १८

कामतोऽन्यथाकामवैपरीत्येननियमोयोगोनिष्कामःकर्तव्यः योगजासिद्धीनेच्छेदित्यर्थः १९ ॥ इति शांतिपर्वणि मोक्षधर्मपर्वणि नीलकंठीये भारतभावदीपे चतुःसप्तत्यधिकद्विशततमोऽध्यायः ॥ २७४ ॥ अत्रैवनिनीषेद्ब्रह्मणःपदमित्यत्रोक्तेब्रह्मणःपदेविषयेएव १ । २ कुतइत्यवांतरकारणप्रश्नः कमभ्येतीतिपार्यंतिकोपादानकारणप्रश्नः ३ आद्यस्योत्तरमाह येभ्यइति । भूतानिजरायुजादीनि कालेकर्मोद्भवसमये भावोभावनानिखिलप्राणिधीवासनातयाप्रचोदितःप्रेरितःपरमात्मा महाभूतानिखादीनि ४ कःसृजतिकश्चास्यप्रवर्तकोभावइत्यतआह तेभ्यइति । कालश्चतुर्युगात्मा अधर्मेरतोऽधर्मीतित्यक्षुर्धर्मारंभीधर्मेरतइतिचतुर्विधःकलिद्वापरत्रेताकृतयुगसंज्ञोजीवआत्माबुद्धिस्तयाप्रचोदितः एतेभ्यःकालबुद्धिमहाभूतेभ्यःपरंचेतनमीशमचेतनंप्रधानंवाऽन्यदस्तीतियोब्रूयात्सोऽसदलीकंब्रूयात् । नान्योऽतोस्तिद्रष्टेतिद्रष्ट्रंतरनिषेधश्रुतेः । 'तुच्छ्येनाभ्वपिहितंयदासीत्तमसस्तन्महिनाऽजायतैकं' इतितुच्छाज्ञानमाहात्म्याद्बुध्द्यादिरूपेणब्रह्मैवाजायतेतिश्रुतेर्दृश्यमानकार्यमेवास्तिनतुपरीक्षायांतिरोधीयमानंकारणमस्तिरज्जूरगोपादानाज्ञानवदतोऽन्येषां नित्यानुमेयत्वेनाभिमतंप्रधानंतटस्थेश्वरश्चतदुभयंदृश्याद्द्रष्टुश्चान्यदचेतनंचेतनंवानास्तीतिस्पष्टम् ५ :एतान्खादीन् अचलान्परिणामशून्यान् ध्रुवानाद्यंतशून्यान् स्वप्नघटइवाजातत्वादेवत्वनाद्यंतवत्त्वदृष्टिर्भूतेषु

एषमार्गोहिमोक्षस्यप्रसन्नोविमलःशुचिः ॥ तथावाकायमनसांनियमःकामतोऽन्यथा १९ ॥ इति श्रीमहाभारतेशांतिपर्वणिमोक्षधर्मपर्वणियोगाचारानुवर्णनंनामचतुःसप्तत्यधिकद्विशततमोऽध्यायः ॥ २७४॥ ॥ भीष्मउवाच ॥ अत्रैवोदाहरंतीममितिहासंपुरातनम् ॥ नारदस्यचसंवादंदेवलस्यासितस्यच १
आसीनंदेवलंवृद्धंबुद्ध्वाबुद्धिमतांवरम् ॥ नारदःपरिपप्रच्छभूतानांप्रभवाप्ययम् २ ॥ नारदउवाच ॥ कुतःसृष्टमिदंविश्वंब्रह्मन्स्थावरजंगमम् ॥ प्रलयेचकमभ्येतितद्भवान्प्रब्रवीतुमे ३ ॥ असितउवाच ॥ येभ्यःसृजतिभूतानिकालेभावप्रचोदितः ॥ महाभूतानिपंचेतितान्याहुर्भूतचिंतकाः ४ तेभ्यःसृजतिभूतानिकालआत्मप्रचोदितः ॥ एतेभ्योयःपरंब्रूयादसद्ब्रूयादसंशयम् ५ विद्धिनारदपंचैतान्शाश्वतानचलान्ध्रुवान् ॥ महतस्तेजसोराशीन्कालषष्ठान्स्वभावतः ६
आपश्चैवांतरिक्षंचपृथिवीवायुपावकौ ॥ नासीद्धिपरमंतेभ्योभूतेभ्योमुक्तसंशयम् ७

भ्रांतिरेवेत्यर्थः । जातएवनजायतेमायामात्रमिदंद्वैतमितिश्रुत्याच योलोकदृष्ट्याजातोघटादिःसएवपरमार्थतोनजायतेस्वप्नघटवदित्याद्यश्रुतेरर्थः । द्वितीयायास्तुस्पष्टएवार्थः महतोमहत्तत्त्वाख्यस्यबुद्धिसूक्ष्मस्य तेजसः सत्वप्राधान्येनप्रकाशमयस्य राशीनिवराशीन्कार्याणिविद्धि कालउक्तरूपोजीवःसएवषष्ठोयेषांतान् स्वभावतइतिपूर्वकल्पादिप्राधान्येन ६ तानेवाह आपइति। महत्तत्त्वस्यापिभौतिकत्वात्सात्मकेभ्यो भूतेभ्यःपरममुत्कृष्टंकिमपितत्त्वंनासीत् उपपत्त्याश्रौतयुक्त्यालौकिकानुमानेनवाकश्चित्तदस्तीतियदिब्रूयात्तर्हिअंतेअसदज्ञानमेवब्रूयात् तथाहि दुःखस्यमूलंशरीरंतस्यापिकारणंकर्म कर्मण्यपिप्रवर्तकोरागादिर्दोषः सचाज्ञानादेवभवतीतिश्रौतीउपपत्तिस्तामसूत्रयद्भगवानक्षपादः । दुःखजन्मप्रवृत्तिदोषमिथ्याज्ञानानामुत्तरोत्तरापायेतदनंतराभावादपवर्गइति । तस्मान्मूलकारणमज्ञानमेव । ननुसंसारकारणमज्ञानमस्तु तस्य वियदादिप्रपंचकारणत्वेकिंमानमितिचेत् अत्रपृच्छामः किंतदज्ञानंयत्संसारकारणमुच्यते नतावज्ज्ञानाभावमात्रं तस्यसुषुप्तावपिसत्त्वेनदोषाद्यजनकत्वात् अभावाद्भावोत्पत्त्यसंभवाच्च । नापिसंशयज्ञानं अनवधा-

—रणात्मकस्यतस्यप्रवृत्त्याद्यनुपयोगित्वात् । तस्मादतस्मिंस्तद्बुद्धिरूपाविपरीतिज्ञानंतत्रानात्मनिदेहादावात्मबुद्धिरूपंसंसारकारणमितिवाच्यं । नचासिंहोमाणवकइत्यादौमाणवकेसिंहत्वबुद्धिरस्तिप्रयोक्तृप्रतिपत्तृभ्यांसिंहमाणवकयोर्भेदस्यप्रतिपन्नत्वात् अस्मिंस्तच्छब्दप्रयोगमात्रं तत्तुमाणवकेसिंहगतक्रौर्यादिसंबंधप्रत्यायकंगौणमितिप्रसिद्धं । देहादिस्तुशुक्तिरजतवदात्मनितादात्म्येनाध्यस्तइतिकृशोऽहंगौरोऽहमितितत्रदेहधर्मस्यगौरत्वादेःप्रत्ययोनगौणः सिंहमाणवकयोरिवदेहात्मनोर्भेदस्यलोकाप्रसिद्धत्वात् । ननुमाऽस्तुतयोर्भेदप्रसिद्धिःतथाऽपिस्फटिकलौहित्यन्यायेनधर्ममात्राध्यासेनैवकृशोऽहमित्यादिव्यवहारोपपत्तावात्मनिकिंदेहाद्यध्यासकल्पनयेतिचेत् किमहमर्थमेवात्मानंब्रूपेउतततोऽन्यं आद्येइष्टापत्तेः नहिजडयोर्देहाहमोरन्यधर्मस्यान्यत्राध्यासेकिंचिदस्माकंहीयते । अहमर्थस्यचैतन्याश्रयत्वेनाजडत्वंत्वाकरएवदृश्यत्वादिनाहेतुनानात्मत्वादेवनिरस्तं । अंत्ये ‘निःसंगस्यससंगेनकूटस्थस्यविकारिणा । आत्मनोऽनात्मनायोगोवास्तवोनोपपद्यते’ इतिवृद्धवचनात्शुक्तिरजतवदनिर्वचनीयएवतयोरज्ञानकृतःसंबंधइत्यज्ञानमेवांतशरणीकरणीयं । तथाचस्वप्नवदज्ञानेनैवसर्वव्यवहारोपपत्तौवियदादीनांपृथक्सत्वकल्पनंगरीयस्तरमित्युपेक्षणीयं । तस्माद्युक्तमुक्तमसद्ब्रूयादसंशयमिति । आसिद्धेःपरममितिपाठेतुयावन्मोक्षंभूतेभ्यःपरममधिकंनोपपत्त्यानवायुक्त्याकश्चिद्ब्रूयात् यदिब्रूयात्तर्ह्यसदज्ञानमेवब्रूयात् । मोक्षेतुनवाभूतानिनाप्यज्ञानमितिभावः । असिद्धिःपरमेतेभ्यइतिपाठेऽपिएतेभ्यःपरमस्तीतियत्तत्रासिद्धिप्रमाणाभावः यतःनोपपत्त्यानवायु

नोपपत्त्यानवायुक्त्यात्वसद्ब्रूयादसंशयम् ॥ वेत्थैतानभिनिर्वृत्तान्षडेतेयस्यराशयः ८ पंचैवतानिकालश्चभावा
भावौचकेवलौ ॥ अष्टौभूतानिभूतानांशाश्वतानिभवात्ययौ ९ अभावंयांतितेष्वेवतेभ्यश्चप्रभवंत्यपि ॥
विनष्टोऽप्यनुतान्येवजंतुर्भवतिपंचधा १० तस्यभूमिमयोदेहःश्रोत्रमाकाशसंभवम् ॥ सूर्याच्चक्षुरसुर्वायोरद्भ्यस्तु
खलुशोणितम् ११ चक्षुर्षीनासिकाकर्णौत्वक्जिह्वेतिचपंचमी ॥ इंद्रियाणींद्रियार्थानांज्ञानानिकवयोविदुः १२
दर्शनंश्रवणंघ्राणंस्पर्शनंरसनंतथा ॥ उपपत्त्यागुणान्विद्धिपंचपंचसुपंचधा १३

क्त्यानब्रूयात्किंत्वसदेवब्रूयादितियोज्यं सार्धः ७ एतान्षडभिनिर्वृत्तान्सर्वत्रकार्येऽनुगतान्वेत्थजानीषे । यस्यचैतेराशयःकार्याणितदसच्छब्दवाच्यमज्ञानंचवेत्थ । अहमज्ञइत्यनुभवोनीहारेणप्रावृताजल्प्याचेतिश्रुतिश्चाज्ञानसद्भावेप्रमाणमस्तीतिभावः ८ भावोभावनंपूर्वसंस्कारः अभावोऽज्ञानं भावांतरमभावोहिकियाचित्तुव्यपेक्षयेतिन्यायेनतदपिभावरूपमेवनतुसप्तमपदार्थरूपमित्युक्तंप्रागेव । कालोजीवःपंचभूतानिचेत्यष्टौभूतान्यनादीनिशाश्वतान्यखंडदंडायमानानिभूतानांस्थावरजंगमानांभवात्ययावुत्पत्तिलयस्थानानि ९ एतदेवव्याचष्टेऽभावमिति । ननुस्थावरजंगमदेहावयवानांभूम्यादीनांस्वस्वकारणेलयोयुज्यते । जीवस्यतुलयस्थानंनास्तिनान्योतोऽस्तिद्रष्टेतिद्रष्ट्रंतरनिषेधादतआह विनष्टइति । तान्येवभूतानिनष्टान्यनुलक्षीकृत्यजंतुरपिपंचधाभूत्वानष्टोऽपिभवति । विज्ञानघनएवैतेभ्योभूतेभ्यःसमुत्थायतान्येवानुविनश्यती
१३ तिजलचंद्रन्यायेनोपाधिभूतभूतनाशेनतन्नाशस्यापिश्रवणात् १० पंचधात्वमेवविवृणोति तस्येत्यादिना ११ इंद्रियार्थानांशब्दादीनां ज्ञानानिज्ञानकरणानि १२ पंचइंद्रियाणिपंचसुरूपादिषुपंचधादर्शनादिक्रियारूपेणवर्त्तमानानेतान्गुणानेवोपपत्त्यायुक्त्याविद्धि । अयमर्थः । प्रकाश्यप्रकाशयोर्गंधघ्राणयोःपार्थिवत्वमेवैकजातीयत्वावगमाद्विषयपंचकप्रकाशंमनःपंचभूतात्मकंतत्प्रवर्त्तकोविज्ञानमयोऽपितादृशएवतस्यैवपूर्वापरीभावोदर्शनादिक्रिया अतःद्रष्टृदर्शनदृश्यानांत्रयाणामपिगुणात्मत्वमुपपन्नमिति १३

रूपामिति । तद्गुणाःउपलब्धुर्विज्ञानमयस्यगुणाः पंचधाभूतेनतेनैवोपलब्ध्वाउपलभ्यंते इंद्रियैःकरणैः १४ उपलब्धुःस्वरूपमाह रूपमितिसार्धत्रयेण। मनःसहितानींद्रियाणीतिज्ञेयं क्षेत्रज्ञोविज्ञानात्मा क्षेत्रंचज्ञश्चतयोः समाहारः अथवाक्षेत्रयुक्तोज्ञःक्षेत्रज्ञःबुद्धिविशिष्टश्चेतनइत्यर्थः १५ क्षेत्रात्क्षेत्रज्ञंविविनक्ति चित्तामिति १६ चित्तादीनंतःकरणवृत्तिभेदान्व्याचष्टे पूर्वमिति। चेतयतेजानाति सामान्यतइदमितिज्ञानमनवधृतविशेषं चित्तमिति पृथगितिकोटिद्वयमुपन्यस्ययद्विचारात्मकंज्ञानमिदंवाइदंवेतितन्मनोव्यवस्यतिनिश्चिनोतिययासावृत्तिर्बुद्धिः। यइंद्रियैरर्थान्व्यवस्यतिसउपलब्धाबुद्धिमानबुद्ध्युपहितः १७ इंद्रियसंघातंश्रोत्रादिपंचकं एतेनबुद्धेरिंद्रियत्वादुपलब्धाततोऽपिनिष्कृष्टोऽनुपाधिचिन्मात्रस्वरूपःक्षेत्रज्ञोदर्शितोभवति १८ मेहनंशिश्नं मुखंवागिंद्रियमदनसाधनंच १९ एतेषांविषयानाह जल्पनेति २० पायूपस्थमितिपूर्वार्धस्योत्तरार्धं व्याख्यानम् २१ बलमिति। पंचवृत्तिःप्राणःयथाममतथासर्वेषांएतानिषडिंतिमयावाचाउक्तानीतिशेषः । चेष्टाकर्मयथागमंसंशब्दितामयाइतिपाठेस्पष्टोऽर्थः । तेनसामान्याकरणवृत्तिःप्राणाद्यावायवःपंचेतिसां

रूपंगंधोरसःस्पर्शःशब्दश्चैवाथतद्गुणाः ॥ इंद्रियैरुपलभ्यंतेपंचधापंचपंचभिः १४ रूपंगंधंरसंस्पर्शंशब्दंचैवाथतद्गुणान् ॥ इंद्रियाणिनबुध्यंतेक्षेत्रज्ञस्तैस्तुबुध्यते १५ चित्तमिंद्रियसंघातात्परंतस्मात्परंमनः ॥ मनसस्तुपराबुद्धिःक्षेत्रज्ञोबुद्धितःपरः १६ पूर्वंचेतयतेजंतुरिंद्रियैर्विषयान्पृथक ॥ विचार्यमनसापश्चादथबुद्ध्याव्यवस्यति ॥ इंद्रियैरुपलब्धार्थान्बुद्धिमांस्तुव्यवस्यति १७ चित्तमिंद्रियसंघातंमनोबुद्धिस्तथाऽष्टमी ॥ अष्टौज्ञानेंद्रियाण्याहुरेतान्यध्यात्मचिंतकाः १८ पाणिपादंचपायुश्चमेहनंपंचमंमुखम् ॥ इतिसंशब्द्यमानानिशृणुकर्मेंद्रियाण्यपि १९ जल्पनाभ्यवहारार्थंमुखमिंद्रियमुच्यते ॥ गमनेंद्रियंतथापादौकर्मणःकरणेकरौ २० पायूपस्थंविसर्गार्थमिंद्रियेतुल्यकर्मणी ॥ विसर्गेचपुरीषस्यविसर्गेचापिकामिके २१ बलंषष्ठंषडेतानिवाचासम्यग्यथामम ॥ ज्ञानचेष्टेंद्रियगुणाःसर्वेषांशब्दितामया २२ इंद्रियाणांस्वकर्मभ्यःश्रमादुपरमोयदा ॥ भवतींद्रियसंत्यागादथस्वपितिवैनरः २३ इंद्रियाणांव्युपरमेमनोव्युपरतंयदि ॥ सेवतेविषयानेवतंविद्यात्स्वप्नदर्शनम् २४ सात्विकाश्चैवयेभावास्तथातामसराजसाः ॥ कर्मयुक्तान्प्रशंसंतिसात्विकानितरांस्तथा २५ आनंदःकर्मणांसिद्धिःप्रतिपत्तिःपरागतिः ॥ सात्विकस्यनिमित्तानिभावान्संश्रयतेस्मृतिः २६

ख्यानांसंमतःप्राणस्येंद्रियानतिरेकपक्षःपरास्तः । निर्विशेषंनसामान्यमितिन्यायेनसुषुप्तौसर्वेन्द्रियोपरमेप्राणानुपलंभापत्तेः तुल्यन्यायेनतथामनसोऽप्यनिंद्रियत्वापत्तेः २२ एवंजाग्रदवस्थापरीक्षिता सुषुप्तिस्वप्नयोःस्वरूपमाह इंद्रियाणामिति । इंद्रियाण्यष्टौचित्तमनोबुद्धिसहितानिप्राणव्यतिरिक्तानिपंचकर्मेंद्रियाणिच तेषांसंत्यागात्त्यक्तवास्यस्तक्षेवस्वरूपमात्रेणतदाक्षेत्रज्ञआस्तइत्यर्थः । नरइतिमूलाज्ञाननाशाभावाज्जीवत्वंदर्शितम् २३ अव्युपरतमितिच्छेदः २४ ननुस्वप्नेविषयाणामभावात्कथंतद्धानमतआह सात्विकाइति । येभावाभाव्यंतेचिंत्यंतइतिभावावासनामयाविषयायेजाग्रत्प्रसिद्धास्तानेवसात्विकादीन्कर्मयुक्तान्भोगप्रदकर्मयुक्तान्प्रशंसंति स्वप्नेऽपीतिशेषः । जाग्रद्वासनाएवकर्मोद्भवेस्वप्नेऽपिभांतीत्यर्थः २५ एतदेवाह आनंदइति । आनंदःसुखं कर्मणांसिद्धिरैश्वर्यं प्रतिपत्तिर्ज्ञानं परागतिःपरंवैराग्यंधर्मोवा धर्मोज्ञानंविरागऐश्वर्यं सात्विकमेतद्रूपमितिसप्तत्युक्तेः । सात्विकस्यपुरुषस्यस्मृतेर्निमित्तानिहेतुभूतानानंदादीनभावान्वासनाःसंश्रयते । सात्विकःपुमान् जाग्रद्वासनाहेतुकानानंदादीन्स्वप्नेस्मरतीतिभावः २६

सात्विकस्येत्युपलक्षणत्वेनव्याचष्टे जंतुष्विति । सात्विकेषुराजसेषुतामसेषुवाजंतुष्वेकतमेषुयेषुकेचिद्येभावायावासनाविधिंकर्मगतिमास्थितास्तानेवभावान्स्मृतिःसंश्रयतइतिपूर्वेणसंबंधः । सात्विकादिसंस्कारेष्वन्यतमःप्राक्कर्मोपोद्बलितःस्वप्नेतादृशान्भावान्स्मारयतीत्यर्थः । स्मृतिरूपमपितज्ज्ञानंभोगप्रदकर्मवशादेवप्रत्यक्षवदवभातीतिभावः । जाग्रत्स्वप्नयोरुपपादनफलंदर्शयति भावयोरितिद्वित्वंजात्याभिप्रायं जाग्रद्भावजातीयस्यस्वाप्नभावजातीयस्यचगमनमपसरणंजागरीयभावस्यस्वप्नेस्वाप्नस्यजागरेचद्वयस्यापिसुषुप्तौप्रत्यक्षंदृष्टंतदेवनित्यमपुनरावृत्तिस्वभावमीप्सितं नित्यासुषुप्तिरेवमुक्तिःसैवापेक्षितव्या उच्छेदशीलयोर्भावयोरात्यंतिकोच्छेदस्यापिसंभवादित्यर्थः २७ वह्न्यौष्ण्यवदात्मनितयोरनुच्छेदमाशंक्याह इंद्रियाणीति । पूर्वोक्तानिचतुर्दशेंद्रियाणि त्रयःसात्विकादयोभावाः एतेसप्तदशगुणाभोक्तुरष्टादशस्यात्मनोभोग्याअतोभोक्तृभोग्ययोःस्वस्वामिभावसंबंधोवह्न्यौष्ण्यवत्तादात्म्याभावादुच्छेद्योभवतीत्यर्थः । शरीरेसप्तदशात्मिकायामविद्यायांप्रविष्टोयोऽष्टादशःसशाश्वतोभोक्तेत्यर्थः २८ ननुभोक्तुर्विक्रियावतःकथंशाश्वतत्वमित्याशंक्याह अथवेति । अविद्ययासहितास्तेअष्टादशगुणाभोग्याएवभोक्तुरप्यविद्ययासंहतत्वात्पारार्थ्यमस्त्यतःसोऽपिभोग्यवर्गेऽन्तर्भूतइत्यर्थः । शरीरिणांचिदात्मनांयस्यानुभवस्यार्थेभोक्ताभोग्यमिच्छतिससर्वशेषीपरमप्रेमास्पदंतस्यैवैतेऽष्टादशभोग्याः । बहुत्वंभोक्तृभेदकृतानुभवभेदाभिप्रायं शरीरिणामितिकर्मणिषष्ठी भोक्रादयोऽनुभवाश्रिताः अस्यानुभवस्यसत्त्वेप्रमाणमाह तद्वियोगेहीति । यतोऽनुभवाभावेसाविद्यास्तेनसंति । प्रमात्रादिभावाभावसाधकस्यानुभवस्याभावेप्रमात्रादयएवनसिद्ध्यंत्यतःसप्रसिद्धतरइत्यर्थः । यथोक्तंवार्तिके 'प्रमाणमप्रमाणंचप्रमाभावस्तथैवच ॥ यदाश्रिताःप्रवर्तन्तेतदासंभा

जन्तुष्वेकतमेष्वेवंभावायेविधिमास्थिताः॥ भावयोरीप्सितंनित्यंप्रत्यक्षंगमनंतयोः २७ इंद्रियाणिचभावाश्चगुणाःसप्तदशस्मृताः॥
तेषामष्टादशोदेहीयःशरीरेसशाश्वतः २८ अथवासशरीरास्तेगुणाःसर्वेशरीरिणाम् ॥ संश्रितास्तद्वियोगेहिसशरीरानसंतिते २९
अथवासंनिपातोऽयंशरीरंपांचभौतिकम् ॥ एकश्चदशचाष्टौचगुणाःसहशरीरिणा ॥ ऊष्मणासहविंशोवासंघातःपांचभौतिकः ३०
महान्संधारयत्येतच्छरीरंवायुनासह ॥ तस्यप्रभावयुक्तस्यनिमित्तंदेहभेदने ३१

वनाकृतः' इति अप्रमाणंमातृमेयात्मकं २९ नन्वनुभवोऽपिनप्रमोदास्पदंदुःखानुभवस्यापिप्रार्थ्यत्वापत्तेरित्यतआहाथवेति । सन्निपातएकीभावः शरीरंस्थूलसूक्ष्मभेदेनद्विविधं एकोऽनुभवःशरीरिणाभोक्रासहदशचाष्टौचेत्यष्टादशपूर्वोक्तागुणाःऊष्मणाजाठराग्निनासहविंशोविंशतेर्गणः अयंकृत्स्नोऽपिपांचभौतिकःसंघातः । अत्रानुभवस्यधीवृत्तिरूपत्वंवृत्तिवृत्तिमतोर्भेदंचविवक्षित्वासंघातमध्येपाठः तेनवृत्तिरूपोऽनुभवः क्षेत्रज्ञइतिशंकांपरास्ययोमातृमानमेयप्रमाणानांतदाभासान..दभावानांचप्रकाशकोयोऽखंडसंविद्रूपोऽनुभवःसक्षेत्रज्ञइतिस्थितं ३० अस्यैवदेहेप्रवेशादिकमाह महानित्यादिना । महानेकविंशतितमउक्तविधोऽनुभवोवायुनाप्राणेनोपकरणेनसहशरीरंविंशात्मकंक्षेत्रंधारयति । ननुतत्प्राणेप्रपन्नउदतिष्ठदितिप्राणस्यैवमुख्यंशरीरधारकत्वमुच्यतइत्याशंक्याह तस्येति । तस्यमहतोनिमित्तमुपकरणंदेहभेदनेदेहनाशे । यथाघटनाशेमुद्गरोनिमित्तमात्रंभेत्तातुपुरुषएवंमहानेवधारयितादेहस्यवायुस्तुनिमित्तमात्रं । निमित्तमात्रपरतयाचश्रुतिरप्युपपन्नैवेतिनकश्चिद्दोषः । तथाचश्रुत्यंतरं 'नप्राणेननापानेनमर्त्योजीवतिकश्चन ॥ इतरेणतुजीवंतियस्मिन्नेतावुपाश्रितौ' इति । प्रभावयुक्तस्येत्यनेन 'अपाणिपादोजवनोग्रहीतापश्यत्यचक्षुःसशृणोत्यकर्णः ॥ सवेत्तिवेद्यंनतुतस्यास्तिवेत्तातमाहुरग्र्यंपुरुषंमहांतम् ॥ पराऽस्यशक्तिर्विविधैवश्रूयतेस्वाभाविकीज्ञानबलक्रियाच' इत्यादिश्रुत्यर्थोदर्शितः ३१

एवंप्रविष्टस्यदेहनाशोत्पत्तीअनुनाशोत्पत्तीअपिस्तइत्याह यथैवेतिसार्धेन । यथैवकिंचिद्घटादिकमुत्पद्यतेनश्यतिचतथैवायंमारब्धपुण्यपापविनाशांतेपंचत्वंगच्छति संचितपुण्यपापाभ्यांसमीरितःकालेनदेहंदेहांतरंविशति ३२ कृताश्रयोऽविद्याकामकर्मभिर्निष्पादितदेहांतरः । वाशब्दइवार्थे ३३ तत्रदेहसंबंधकृतेमरणादौसतिसंबंधदर्शिनआत्मनोऽनात्मनादेहपुत्रादिनासंबंधंवस्तुतोऽविद्यमानमपिभ्रांत्यापश्यंतः ३४ पुत्रादिसंबंधंतावन्निषेधति नहीति ३५ देहादिसंबंधंनिषेधति नैवेति । कदाचिद्विद्ययाकर्मदाहेसतिपरमांगतिंमोक्षंयाति ३६ तथापिप्रारब्धकर्मणामवश्यभोक्तव्यत्वमाह पुण्येति ३७ संचितकर्मणांज्ञानेनैवदाहइत्याह पुण्येति । तत्क्षयेपुण्यपापक्षयेसति अस्यजीवस्यब्रह्मभावेब्रह्मविद्ब्रह्मैवभवतीतिश्रुतिसिद्धेब्रह्मविद्ययाव्यक्तीभूतेसतिपरांगतिंकैवल्यंपश्यंतिपंडिताःशास्त्रदृष्ट्या नत्वन्यस्यकैवल्यमन्येनद्रष्टुंशक्यतइति ३८ ॥ इतिशांतिपर्वणि मोक्षधर्मपर्वणि नीलकंठीये भारतभावदीपे पंचसप्तत्यधिकद्विशततमोऽध्यायः ॥ २७५ ॥ ॥ उक्तविधज्ञानप्रतिबंधिकासर्वानर्थहेतुस्तृष्णाममतात्यागेननाशनीयेत्याह भ्रातरइत्यादि

यथैवोत्पद्यतेकिंचित्पंचत्वंगच्छतेतथा ॥ पुण्यपापविनाशांतेपुण्यपापसमीरितः ॥ देहंविशतिकालेनततोऽयंकर्मसंभवम् ३२ हित्वाहित्वाह्ययंप्रैतिदेहाद्देहंकृताश्रयः ॥ कालसंचोदितःक्षेत्रीविशीर्णाद्वागृहाद्गृहम् ३३ तत्रनैवानुतप्यंतेप्राज्ञानिश्चितनिश्चयाः ॥ कृपणास्त्वनुतप्यन्तेजनाःसंबंधदर्शिनः ३४ नह्ययंकस्यचित्कश्चिन्नास्यकश्चनविद्यते ॥ भवत्येकोह्ययंनित्यंशरीरसुखदुःखकृत् ३५ नैवसंजायतेजंतुर्नचजातुविपद्यते ॥ यातिदेहमयंमुक्त्वाकदाचित्परमांगतिम् ३६ पुण्यपापमयंदेहंक्षपयन्कर्मसंक्षयात् ॥ क्षीणदेहःपुनर्देहीब्रह्मत्वमुपगच्छति ३७ पुण्यपापक्षयार्थंहिसांख्यज्ञानंविधीयते ॥ तत्क्षयेह्यस्यपश्यंतिब्रह्मभावेपरांगतिम् ३८ ॥ इतिश्रीमहाभा०शां०मो०नारदासितसंवादेपंचसप्तत्यधिकद्विशततमोऽध्यायः २७५ ॥ ॥ युधिष्ठिरउवाच ॥ भ्रातरःपितरःपौत्राज्ञातयःसुहृदःसुताः ॥ अर्थहेतोर्हताःक्रूरैरस्माभिःपापकर्मभिः १ येयमर्थोद्भवातृष्णाकथमेतांपितामह ॥ निवर्तयेयंपापानितृष्णयाकारितावयम् २ ॥ भीष्मउवाच ॥ अत्राप्युदाहरंतीममितिहासंपुरातनम् ॥ गीतंविदेहराजेनमांडव्यायानुपृच्छते ३ सुसुखंबतजीवामियस्यमेनास्तिकिंचन ॥ मिथिलायांप्रदीप्तायांनमेदह्यतिकिंचन ४ अर्थाःखलुसमृद्धाहिबाढंदुःखंविजानताम् ॥ असमृद्धास्त्वपिसदामोहयंत्यविचक्षणान् ५ यच्चकामसुखंलोकेयच्चदिव्यंमहत्सुखम् ॥ तृष्णाक्षयसुखस्यैतेनार्हतःषोडशींकलाम् ६ यथैवशृंगंगोःकालेवर्धमानस्यवर्धते ॥ तथैवतृष्णावित्तेनवर्धमानेनवर्धते ७ किंचिदेवममत्वेनयदाभवतिकल्पितम् ॥ तदेवपरितापायनाशेसंपद्यतेपुनः ८

नाऽध्यायेन १ । २ । ३ । ४ अर्थाब्रह्मलोकांताविषयाः समृद्धाःसंपन्नाः हिप्रसिद्धं विजानतांविवेकिनांदुःखमेव यदाहभगवान्पतंजलिः 'परिणामतापसंस्कारदुःखैर्गुणवृत्तिविरोधाच्चदुःखमेवसर्वंविवेकिनइति' परिणामेदुःखंविनश्यदवस्थःपुत्रादिर्दुःखंददाति विद्यमानोऽपिचैत्रपुत्रवन्नायंगुणवानितितापयन्दुःखंददाति । गुणवान्विनष्टोऽपिहापुत्रइतिस्मृत्वास्मृत्वादुःखसंस्कारोद्बोधनेनदुःखंददाति । सर्वथारमणीयेऽपितस्मिन्चलंगुणवृत्तमितिन्यायेनप्रतिक्षणपरिणामितयाचित्तस्यसूक्ष्मंराजसंतामसंदुःखमोहहेतुंपरिणामंयोगिनएवजानंतिनतुमंदाः । अंतःसंज्ञाःस्थावरवद्धारसहामूढास्तद्दुःखमितिविद्रवंते अक्षिमात्रकल्पोहिविद्वानत्यंतदुःखलेशेनाप्युद्विजतेऽतोविवेकिनःसर्वंब्रह्मलोकांतंदुःखमेवेतिसूत्रार्थसंक्षेपः ५ । ६ । ७ । ८

प्राप्येति । धर्मार्थमपिवित्तंनलिप्सेत यथोक्तं ‘ धर्मार्थंयस्यवित्तेहाव्वरंतस्यनिरीहिता ॥ प्रक्षालनाद्धिपंकस्यदूरादस्पर्शनंवरम्’ इति धर्ममपिअर्थंप्राप्यैवोपयुंजीत कामांस्त्वर्थंप्राप्यापिविसर्जयेदेव ९ आत्मनासो पमःआत्मौपम्येनसर्वेषांसुखमिच्छेत् दुःखंचनेच्छेदित्यर्थः सर्वपुण्यपापसंचयं १० ततोऽपिकिमतआह उभेइति । सत्यानृतेजाग्रत्स्वप्नौशोकानंदाविष्टवियोगसंयोगजौत्यक्त्वा कुतःयस्मात्प्रियाप्रियेइष्टानिष्टेएव तन्मूलभूतेत्यजाति तेनचभयंसंसारं अभयमैश्वर्यं प्रशांतोनिर्विकल्पः निरामयोनिर्द्वंद्वः ११ । १२ । चारित्रंसदाचारं १३ । १४ । इतिशांतिपर्वणि नी०भा० षट्सप्तत्यधिकद्विशततमोऽध्यायः ॥ २७६ ॥ ॥

नकामाननुरुध्येतदुःखंकामेषुवैरतिः ॥ प्राप्यार्थमुपयुंजीतधर्मंकामान्विसर्जयेत् ९ विद्वान्सर्वेषुभूतेषुआत्मनासोपमोभवेत् ॥ कृतकृत्योविशुद्धात्मासर्वंत्यज तिचैवह १० उभेसत्यानृतेत्यक्त्वाशोकानंदौप्रियाप्रिये ॥ भयाभयंचसंत्यज्यसप्रशांतोनिरामयः ११ यादुस्त्यजादुर्मतिभिर्यानजीर्यतिजीर्यतः ॥ योऽसौप्राणां तिकोरोगस्तांतृष्णांत्यजतःसुखम् १२ चारित्रमात्मनःपश्यंश्चंद्रशुद्धमनामयम् ॥ धर्मात्मालभतेकीर्तिंप्रेत्यचेहयथासुखम् १३ राज्ञस्तद्वचनंश्रुत्वाप्रीतिमान भवद्द्विजः ॥ पूजयित्वाचतद्वाक्यंमांडव्योमोक्षमाश्रितः १४ ॥ इतिश्रीम०शांति०मोक्ष०मांडव्यजनकसंवादे षट्सप्तत्यधिकद्विशततमोऽध्यायः ॥ २७६ ॥ ॥

॥ युधिष्ठिरउवाच ॥ अतिक्रामतिकालेऽस्मिन्सर्वभूतभयावहे ॥ किंश्रेयःप्रतिपद्येततन्मेब्रूहिपितामह १ ॥ भीष्मउवाच ॥ अत्राप्युदाहरंतीममितिहासंपुरा तनम् ॥ पितुःपुत्रेणसंवादंतंनिबोधयुधिष्ठिर २ द्विजातेःकस्यचित्पार्थस्वाध्यायनिरतस्यवै ॥ पुत्रोबभूवमेधावीमेधावीनामनामतः ३ सोऽब्रवीत्पितरंपुत्रः स्वाध्यायकरणेरतम् ॥ मोक्षधर्मेष्वकुशलंमोक्षधर्मविचक्षणः ४ ॥ पुत्रउवाच ॥ धीरःकिंस्वित्तातकुर्यात्प्रजानन्क्षिप्रंह्यायुर्भ्रश्यतेमानवानाम् ॥ पितस्तथा ऽऽख्याहियथार्थयोगंममानुपूर्व्यायेनधर्मंचरेयम् ५ ॥ पितोवाच ॥ अधीत्यवेदान्ब्रह्मचर्येणपुत्रपुत्रानिच्छेत्पावनार्थंपितॄणाम् ॥ अग्नीनाधायविधिवच्चेष्टयज्ञो वनंप्रविश्याथमुनिर्बुभूषेत् ६ ॥ पुत्रउवाच ॥ एवमभ्याहतेलोकेसर्वतःपरिवारिते ॥ अमोघासुपतंतीषुकिंधीरइवभाषसे ७ ॥ पितोवाच ॥ कथमभ्याह तोलोकःकेनवापरिवारितः ॥ अमोघाःकाःपतंतीहकिंनुभीषयसीवमाम् ८ ॥ पुत्रउवाच ॥ मृत्युनाऽभ्याहतोलोकोजरयापरिवारितः ॥ अहोरात्राःपतंती मेतच्चकस्मान्नबुद्ध्यसे ९ यदाऽहमेवजानामिनमृत्युस्तिष्ठतीतिह ॥ सोऽहंकथंप्रतीक्षिष्येज्ञानेनापिहितश्चरन् १० रात्र्यांरात्र्यांव्यतीतायामायुरल्पतरंयदा ॥ गाधोदकेमत्स्यइवसुखंविंदेतकस्तदा ११ पुष्पाणीवविचिन्वंतमन्यत्रगतमानसम् ॥ अनवाप्तेषुकामेषुमृत्युरभ्येतिमानवम् १२ श्वःकार्यमद्यकुर्वीतपूर्वाह्णे चापराह्णिकम् ॥ नहिप्रतीक्षतेमृत्युःकृतंवाऽस्यनवाकृतम् १३ अद्यैवकुरुयच्छ्रेयोमात्वांकालोऽत्यगान्महान् ॥ कोहिजानातिकस्याद्यमृत्युकालोभविष्यति १४ अकृतेष्वेवकार्येषुमृत्युर्वैसंप्रकर्षति ॥ युवैवधर्मशीलःस्यादनिमित्तंहिजीवितम् १५

तृष्णात्यागिनाचत्वारआश्रमायथाक्रमंसेव्यानवेतिपृच्छति अतिक्रामतीति १ क्रमानुष्ठानमनियतायुषामशक्यमतोयत्रकुत्रचिदाश्रमेस्थितैर्मोक्षपरैर्भवितव्यमितिवक्ष्यन्पूर्वोक्तमेवेतिहासंप्रस्तौति अत्रापीति २ स्वाध्यायनिरतस्यकेवलाध्ययननिरतस्य ३ । ४ । ५ । ६ । ७ । ८ । ९ । १० । ११ । १२ । १३ । १४ । १५ ॥

म.भा.टी. १६ । १७ । १८ १९ । २० । २१ । २२ । २३ । २४ । २५ । २६ । २७ । २८ । २९ । ३० । ३१ ३२ । ३३ । ३४ । ३५ । ३६ । ३७ । ३८ ः। ३९ इतिशांतिपर्वणिमोक्षधर्मपर्वणिनीलकं शां.मो.१२

कृतेधर्मेभवेत्प्रीतिरिहप्रेत्यचशाश्वती ॥ मोहेनहिसमाविष्टःपुत्रदारार्थमुद्यतः १६ कृत्वाकार्यमकार्यंवातुष्टिमेषांप्रयच्छति ॥ तंपुत्रपशुसंपन्नंव्यासक्तमनसं नरम् १७ सुप्तंव्याघ्रंमहौघोवामृत्युरादायगच्छति ॥ संचिन्दानकमेवैनंकामानामवितृप्तकम् १८ वृकीवोरणमासाद्यमृत्युरादायगच्छति ॥ इदंकृतमिदंकार्य मिदमन्यत्कृताकृतम् १९ एवमीहासमायुक्तंमृत्युरादायगच्छति ॥ कृतानांफलमप्राप्तंकार्याणांकर्मसंगिनाम् २० क्षेत्रापणगृहासक्तंमृत्युरादायगच्छति ॥ दुर्बलंबलवंतंचप्राज्ञंशूरंजडंकविम् २१ अप्राप्तसर्वकामार्थंमृत्युरादायगच्छति ॥ मृत्युर्जराचव्याधिश्चदुःखंचानेककारणम् २२ असंत्याज्यंयदामर्त्यैःकिंस्व स्थइवतिष्ठसि ॥ जातमेवांतकोन्तायजराचाभ्येतिदेहिनम् २३ अनुषक्ताद्वयेनैतेभावाःस्थावरजंगमाः ॥ नमृत्युसेनामायांतींजातुकश्चित्प्रबाधते २४ बला त्सत्यमृतेत्वेकंसत्येह्यमृतमाश्रितम् ॥ मृत्योर्वागृहमेतद्वैयाग्रामेवसतोरतिः २५ देवानामेषवैगोष्ठोयदरण्यमितिश्रुतिः ॥ निबंधनीरज्जुरेषायाग्रामेवसतोरतिः २६ छित्त्वैनांसुकृतोयांतिनैनांछिंदंतिदुष्कृतः ॥ योनहिंसतिसत्वानिमनोवाक्कर्महेतुभिः २७ जीवितार्थापनयनैःप्राणिभिर्नसबद्धयते ॥ तस्मात्सत्यव्रताचा रःसत्यव्रतपरायणः २८ सत्यकामःसमोदांतःसत्येनैवांतकंजयेत् ॥ अमृतंचैवमृत्युश्चद्वयंदेहेप्रतिष्ठितम् २९ मृत्युरापद्यतेमोहात्सत्येनापद्यतेऽमृतम् ॥ सो ऽहंसत्यमहिंसार्थीकामक्रोधबहिष्कृतः ३० समाश्रित्यसुखंक्षेमीमृत्युंहास्याम्यमृत्युवत् ॥ शांतियज्ञरतोदांतोब्रह्मयज्ञेस्थितोमुनिः ३१ वाङ्मनःकर्मयज्ञश्चभ विष्याम्युदगायने ॥ पशुयज्ञैःकथंहिंस्रैर्मादृशोयष्टुमर्हति ३२ अंतवद्भिरुतप्राज्ञःक्षत्रयज्ञैःपिशाचवत् ॥ आत्मन्येवात्मनाजातआत्मनिष्ठोऽप्रजःपितः ३३आ त्मयज्ञोभविष्यामिनमांतारयतिप्रजा ॥ यस्यवाङ्मनसीस्यातांसम्यक्प्रणिहितेसदा ३४ तपस्त्यागश्चयोगश्चसतैःसर्वमवाप्नुयात् ॥ नास्तिविद्यासमंचक्षुर्ना स्तिविद्यासमंफलम् ३५ नास्तिरागसमंदुःखंनास्तित्यागसमंसुखम् ३६ नैतादृशंब्राह्मणस्यास्तिवित्तंयथैकतासमतासत्यताच ॥ शीलेस्थितिर्दण्डविधानमा र्जवंततस्ततश्चोपरमःक्रियाभ्यः ३७ किंतेधनैर्बान्धवैर्वाऽपिकिंतेकिंतेदारैर्ब्राह्मणयोमरिष्यसि ॥ आत्मानमन्विच्छगुहांप्रविष्टंपितामहास्तेक्वगताःपिताच ३८ भीष्मउवाच ॥ पुत्रस्यैतद्वचःश्रुत्वातथाऽकार्षीत्पितानृप ॥ तथात्वमपिवर्तस्वसत्यधर्मपरायणः ३९ ॥ इतिश्रीमहाभारते शांतिपर्वणिमोक्षधर्मपर्वणिपिता पुत्रसंःसप्तसप्तत्यधिकद्विशततमोऽध्यायः ॥२७७॥ युधिष्ठिरउवाच ॥ किंशीलःकिंसमाचारःकिंविद्यःकिंपरायणः ॥ प्राप्नोतिब्रह्मणःस्थानंयत्परंप्रकृतेर्ध्रुवम् १

ठीये भारतभावदीपे सप्तसप्तत्यधिकद्विशततमोऽध्यायः ॥ २७७ ॥ ॥ ॥ ॥ तृष्णांत्यक्त्वाशीघ्रंमोक्षमिच्छेदितिश्रुत्वामोक्षसाधनानिपृच्छति किंशीलइति । शीलंसुस्वभावः आचरणमाचारः विद्याज्ञानं परायणमत्यंतंप्राप्यं कार्यब्रह्मलोकव्यावृत्तयेयत्परमिति १

॥ १५८ ॥

क्रमेणोत्तरं मोक्षधर्मेषुनिरतोऽध्यात्मविद्यापरिशीलनशीलः लघ्वाहारोहितंमितंमेध्यंचान्नादिकंस्वीकुर्वन्द्वयोरेकमुत्तरंजितेंद्रियइति इंद्रियजयएवमहतीविद्यामुमुक्षूणांशरणंच प्रकृतेःपरंनिर्विशेषं अतएवध्रुवम विचलं २ समोरागद्वेषहीनःसमुपोढेषूपस्थितेष्वपिपरिव्रजेत् गृहंत्यक्त्वामोक्षाश्रमंकुर्यात् ३ परिव्राड्धर्मानाह नचक्षुषेत्यादिना ४ मैत्रायणगतोमित्रःसूर्यस्तस्येदंमैत्रंतदयनंगमनंतच्चमैत्रायणंतत्रगतः सूर्यवत्प्रत्यहंविभिन्नमार्गः अनिकेतोग्रामैकरात्रविधिनाचरेदित्यर्थः ५ कंचनोद्दिश्यनाभिमन्येताऽभिमानमहंकारंदर्पंनकुर्यात् ६ ग्राममध्येजनसमाजेप्रदक्षिणमनुकूलंसव्यं प्रतिकूलंवानाचरेत् भिक्षार्थंच र्यामनेकगृहाटनमनापन्नःअकुर्वन्नित्यर्थः । पूर्वकेतितःप्राङ्निमंत्रितोनगच्छेद्भोजनार्थमितिशेषः ७ अवकीर्णोमूढैःपांसुभिश्छन्नःधिक्कृतइत्यर्थः तथापिसुगुप्तोऽचपलःस्वधर्मेनिष्ठावान् । यथोक्तं । 'तथाचरे तवैयोगीसतांधर्ममदूषयन् ॥ जनायथाऽवमन्येरन्गच्छेयुर्नैवसंगतं' इति । मृदुर्दयावान अप्रतिक्रूरःक्रूरंजिघांसंतंप्रत्यपिक्रूरोनस्यात् विस्रब्धोनिर्भयः आविकत्थनो धन्योऽहमितिश्लाघामकुर्वन् ८ यदा

॥ भीष्मउवाच ॥ मोक्षधर्मेषुनिरतोलघ्वाहारोजितेंद्रियः ॥ प्राप्नोतिपरमंस्थानंयत्परंप्रकृतेर्ध्रुवम् २ स्वगृहादभिनिःसृत्यलाभेऽलाभेसमोमुनिः ॥ समुपोढेषुका मेषुनिरक्षेपःपरिव्रजेत् ३ नचक्षुषानमनसानवाचादूषयेदपि ॥ नप्रत्यक्षंपरोक्षंवादूषणंव्याहरेत्क्वचित् ४ नहिंस्यात्सर्वभूतानिमैत्रायणगतश्चरेत् ॥ नेदंजीवि तमासाद्यवैरंकुर्वीतकेनचित् ५ अतिवादांस्तितिक्षेतनाभिमन्येतकंचन ॥ क्रोध्यमानःप्रियंब्रूयादाक्रुष्टःकुशलंवदेत् ६ प्रदक्षिणंचसव्यंचग्राममध्येचनाचरेत् ॥ भैक्षचर्यामनापन्नोनगच्छेत्पूर्वकेतितः ७ अवकीर्णःसुगुप्तश्चनवाचाह्यप्रियंवदेत् ॥ मृदुःस्यादप्रतिक्रूरोविस्रब्धःस्यादकत्थनः ८ विधूमेन्यस्तमुसलेव्यंगा रेभुक्तवज्जने ॥ अतीतपात्रसंचारेभिक्षांलिप्सेतवैमुनिः ९ प्राणयात्रिकमात्राःस्यान्मात्रालाभेष्वनादृतः ॥ अलाभेनविहन्येतलाभश्चैवंनहर्षयेत् १० लाभंसा धारणंनेच्छेन्नभुंजीताभिपूजितः ॥ अभिपूजितलाभंहिजुगुप्सेतैवतादृशः ११ नचान्नदोषान्निंदेतनगुणानभिपूजयेत् ॥ शय्यासनेविविक्तेचनित्यमेवाभिपूज येत् १२ शून्यागारंवृक्षमूलमरण्यमथवागुहाम् ॥ अज्ञातचर्यांगत्वाऽन्यांततोऽन्यत्रैवसंविशेत् १३ अनुरोधविरोधाभ्यांसमःस्यादचलोध्रुवः ॥ सुकृतंदुष्कृतंचो भेनानुरुध्येतकर्मणा १४ नित्यतृप्तःसुसंतुष्टःप्रसन्नवदनेंद्रियः ॥ विभीर्जप्यपरोमौनीवैराग्यंसमुपाश्रितः १५ अभ्यस्तंभौतिकंपश्यन्भूतानामागतिंगतिम् ॥ निस्पृहःसमदर्शीचपक्वापक्वेनवर्तयन् ॥ आत्मनायःप्रशांतात्मालघ्वाहारोजितेंद्रियः १६

पात्राणांपरिवेषणपात्रहस्तानांसंचारेअतीतेसतीतिवृत्तेशरावसंपातेइत्यनेनैतदेवोक्तं ९ मात्राआहारपूर्तिस्तत्राप्यनादृतःकिमुतवस्त्रादौ अलाभेसतिनविहन्येतहिंसितोनस्यात् १० साधारणंसर्वयोग्यंस्रक्चंदना दिलाभं ११ अन्नदोषान्पर्युषितत्वादीन् शय्येति एकांतेशय्यामासनमुपवेशनंचकांक्षेतेत्यर्थः १२ विविक्तमेवाह शून्येति । अन्यांपैशाचीं अन्यत्रात्मनि १३ अनुरोधोयोगस्य विरोधःसंगस्य ताभ्यां समोब्रह्मस्यात् । निर्दोषंहिसमंब्रह्मेतिगीता । अचलउत्क्रांतिगत्यागतिशून्यः ध्रुवःकूटस्थः नानुरुध्येतनकांक्षेतकर्मणादयाद्वेषादिना १४ । १५ अभ्यस्तंपुनःपुनर्यथास्यात्तथाभौतिकंतत्त्वजातमात्म नोदेहेंद्रियादिपश्यन्ननात्मत्वेनालोचयन् भूतानांचान्येषां पक्वेनभक्तादिना अपक्वेनमूलादिना वर्तयन्जीविकांकुर्वन् । पक्षापक्षेणेतिपाठे मित्रामित्रसमूहेनवर्तयन्मित्रवदमित्रमपिपश्येदित्यर्थः । आ त्मनाहेतूनाआत्मलाभार्थमित्यर्थः अध्ययनेनवसतीतिवत् १६

१७ । १८ अनपाश्रितःसंगमकुर्वन् अपूर्वचारकःपूर्वाश्रमीयेषुदेशाश्रादिषुचरतीतितदन्यः १९ नसंसृज्येततयोर्गृहेनवसेत् अज्ञातंपूर्वमकृप्तमाहारादिलिप्सित्वैवेत्यज्ञातलिप्संलिप्सेतलब्धुमिच्छेत् कषा दित्वादनुप्रयोगः समूलकाषंकषतीतिवत् २० मोक्षसाधनमेषसंन्यासधर्मः मोक्षयानंमोक्षप्रापकम् २१ लोकाविषयाः तेजोमयास्तैजसांतःकरणमयाः । 'सत्यकामःसत्यसंकल्पः'इतिश्रुतेः तथाविदेह कैवल्यकालेआनंत्यायवाङ्मनसातीतमत्यगात्मप्राप्तयेकल्पतेप्रव्रज्येतिशेषः २२ ॥ इति शांति०मो०नी०भा०अष्टसप्तत्यधिकद्विशततमोऽध्यायः ॥ २७८ ॥ ॥ उक्तःसंन्यासोदेवतांशभूतैःसार्वभौमैर्भग वद्भक्तैरपिप्रार्थ्यतइत्येतद्दर्शयितुंयुधिष्ठिरप्रश्नमाह धन्याइति १ देवैर्धर्मादिभिर्बीजप्रदैः जातिंजन्मप्राप्यापि यद्यस्मादस्माभिरपिदुःखंप्राप्तमतःशरीराणांधारणंदुःखमित्युत्तरेणान्वयः २ यतएतद्दुःखमतो दुःखसंज्ञकंदुःखनाशकंसंन्यासंकदाकरिष्यामः मारणतोषणनिशामनेषुज्ञेतिसूत्रेजानातेर्मारणार्थत्वानुवादात्पशुंसंज्ञपयतीतिब्राह्मणदर्शनाच्चसंज्ञपयतेर्ण्वुलिणेरणिटीतिणिलोपेनिमित्तापायेनैमित्तिकस्याप्यपायइति

वाचोवेगंमनसःक्रोधवेगंहिंसावेगमुदरोपस्थवेगम् ॥ एतान्वेगान्विषहेद्वैतपस्वीनिंदाचास्यहृदयंनोपहन्यात् १७ मध्यस्थएवतिष्ठेतप्रशंसानिंदयोःसमः ॥ एतत्प वित्रंपरमंपरिव्राजकआश्रमे १८ महात्मासर्वतोदांतःसर्वत्रैवानपाश्रितः ॥ अपूर्वचारकःसौम्योअनिकेतःसमाहितः १९ वानप्रस्थगृहस्थाभ्यांनसंसृज्येतकर्हि चित् ॥ अज्ञातलिप्संलिप्सेतनचैनंहर्षआविशेत् २० विजानतांमोक्षएषश्रमःस्यादविजानताम् ॥ मोक्षयानमिदंकृत्स्नंविदुषांहारितोऽब्रवीत् २१ अभयंसर्वभू तेभ्योदत्त्वायःप्रव्रजेद्गृहात् ॥ लोकास्तेजोमयास्तस्यतथाऽऽनंत्यायकल्पते २२ ॥ इति श्रीमहाभारतेशांतिपर्वणिमोक्षधर्मपर्वणिहारीतगीतायांअष्टसप्तत्य धिकद्विशततमोऽध्यायः ॥ २७८ ॥ ॥ युधिष्ठिरउवाच ॥ धन्याधन्याइतिजनाःसर्वेऽस्मान्प्रवदंत्युत ॥ नदुःखिततरःकश्चित्पुमानस्माभिरस्तिह १ लोकसंभावितैर्दुःखंयत्प्राप्तंकुरुसत्तम ॥ प्राप्यजातिंमनुष्येषुदेवैरपिपितामह २ कदावयंकरिष्यामःसंन्यासंदुःखसंज्ञकम् ॥ दुःखमेतच्छरीराणांधारणंकुरुसत्तम ३ विमुक्ताःसप्तदशभिर्हेतुभूतैश्चपंचभिः ॥ इंद्रियार्थैर्गुणैश्चैवअष्टाभिश्चपितामह ४ नगच्छंतिपुनर्भावंमुनयःसंशितव्रताः ॥ कदावयंगमिष्यामोराज्यंहित्वापरंतप ५ ॥ भीष्मउवाच ॥ नास्त्यनंतंमहाराजसर्वंसंख्यानगोचरः ॥ पुनर्भावोऽपिविख्यातोनास्तिकिंचिदिहाचलम् ६

न्यायेनपुङ्निवृत्तिः ३ सप्तदशभिःपंचप्राणाद्वेमनोबुद्धीदशज्ञानकर्मेंद्रियाणितैः हेतुभूतैर्मुक्तिविरोधितयासंसारवर्धकैः पंचभिः 'कामंक्रोधंचलोभंचभयंस्वप्नंचपंचमं'इतिप्रागुक्तैर्योगदोषैः इंद्रियार्थैःशब्दादि भिः गुणैःसत्वादिभिः अष्टाभिःपंचस्थूलभूतानिअविद्याहंकारकर्माणिचेतिअष्टात्रिंशतागणेनविमुक्ताः ४ पुनर्भावंजन्मगमिष्यामःपारिव्राज्यंकरिष्यामः ५ एवंदुःखातुरंराजानंदुःखस्यांतवर्त्तांबोधयन्ना श्वासयति नास्तीति । अनंतंनास्तिदुःखमितिशेषः अस्त्येवदुःखांताख्योमोक्षइत्यर्थः । यतःसर्वंसंख्यानंपरिच्छेदस्तस्यविषयः । ननुप्रलयेपिसर्वस्यांतोस्तिनतावतासंसारनिवृत्तिरस्त्यतआह पुन र्भावोभावोभवनंपुनर्जन्मसोऽपिविख्यातोऽन्तवत्त्वेन । नसपुनरावर्ततइतिश्रुत्यासर्ववादिसंप्रतिपत्त्याचप्रसिद्धोऽन्तः । ननुतथाप्यैश्वर्यलुब्धैरस्माभिःसकथंप्राप्तुंशक्यइत्यतआह नास्तिकिंचिदिहाचलमिति । अतोऽन्यदार्तमितिश्रुतेरैश्वर्यस्याप्यंतोभविष्यतीत्यर्थः ६

एषऐश्वर्यदोषइतिमन्यसेतदपिनेतिनच तत्रहेतुः प्रसंगतऐश्वर्यस्यापिसंगहेतुत्वेनमोक्षप्रतिबंधकत्वात्तथाऽपिमर्धज्ञायूयमुद्योगाच्छमाद्यभ्यासादेवकालेनाकियताऽपिगामिष्यथप्राप्स्यथ मोक्षमितिशेषः । 'बहूनांजन्म नामंतेज्ञानवान्मांप्रपद्यते' इतिगीतावचनात् ७ किंचायंजीवःपुण्यपापयोःसुखदुःखयोर्नैशेनइष्टे ततएवसुखदुःखोत्थेनैवतमसारागद्वेषात्मकेनाज्ञानेनरुध्यते दैवप्रापिताभ्यांसुखदुःखाभ्यामनुद्विग्नोमोक्षार्थमुद्योगं कुर्यादेवेत्यर्थः ८ सुखदुःखयोरुच्छेद्यत्वंदर्शयितुमात्मधर्मत्वंदृष्टांतपूर्वकंव्युदस्यति यथेतिद्वाभ्यां । अंजनमयःकज्जलप्रचुरः मनःशिलायाइदंमानःशिलंरक्तपीतंरजः यथास्वयमरूपोऽपिवायुरंजनादिसंबंधात्तद्वर्णवा निवभूत्वास्वयोनिंदिक्शब्दितमाकाशंचतद्वर्णवंतमिवकरोत्येवंतमसाऽऽवृतोऽविद्योपाधिःसमष्टिजीवःस्वयंविवर्णोरागादिराहित्याद्दोषास्पृगपिदेहद्वयसंबंधात्तद्धर्मैर्गौरत्वकाणत्वसुखित्वादिभिस्तद्वानिवभूत्वास्वयोनि मंतर्यामिणमवर्णंत्रिगुणातीतमप्याश्रित्यव्याप्यतद्वंतमिवकृत्वादेहेषुभ्रमति । बिंबप्रतिबिंबयोरनन्यत्वात्प्रतिबिंबगतंकंपादिकंवस्तुतोबिंबएवावभासतेएवंजीवगतोऽपिसंसारोब्रह्मण्येवास्ति तयोरभेदात् । अतोदुःखादेरात्मधर्मत्वाभावात्सुखेनोच्छेद्यत्वंस्यादित्यर्थः ९ । १० ननुदेहात्मयोगोऽनादित्वाद्दुरुच्छेद्यइत्याशंक्याह ज्ञानेनेति । तमःअतस्मिंस्तद्बुद्धिरूपोविपर्ययःसचआत्मन्यसंगेऽपिदुःखित्वादिभ्रमोऽज्ञान

नचापिमन्यसेराजन्नेषदोषःप्रसंगतः ॥ उद्योगादेवधर्मज्ञाःकालेनैवगमिष्यथ ७ नेशेऽयंसततंदेहीनृपतेपुण्यपापयोः ॥ ततएवसमुत्थेनतमसारुध्यतेऽपिच
८ यथाऽञ्जनमयोवायुःपुनर्मानःशिलंरजः ॥ अनुप्रविश्यतद्वर्णोदृश्यतेरंजयन्दिशः ९ तथाकर्मफलैर्देहीरंजितस्तमसावृतः ॥ विवर्णोवर्णमाश्रित्यदेहेषुप
रिवर्तते १० ज्ञानेनहियदाजंतुरज्ञानप्रभवंतमः ॥ व्यपोहतितदाब्रह्मप्रकाशतिसनातनम् ११ अयत्नसाध्यंमुनयोवदंतियेचापिमुक्तास्तउपासित
व्याः ॥ त्वयाचलोकेनचसामरेणतंस्मान्नशाम्यंतिमहर्षिसंघाः १२ अस्मिन्नर्थेपुरागीतंशृणुष्वैकमनानृप ॥ यथादैत्येनवृत्रेणभ्रष्टैश्वर्येणचेष्टितम् १३
निर्जितेनासहायेनहृतराज्येनभारत ॥ अशोचताशत्रुमध्येबुद्धिमास्थायकेवलाम् १४ भ्रष्टैश्वर्यंपुरावृत्रमुशनावाक्यमब्रवीत् ॥ कच्चित्पराजितस्याद्यन
व्यथतेऽस्तिदानव १५ ॥ वृत्रउवाच ॥ सत्येनतपसाचैवविदित्वाऽसंशयंह्यहम् ॥ नशोचामिनहृष्यामिभूतानामागतिंगतिम् १६

जोज्ञानेननश्यतियदातदाप्रकाशतेब्रह्मसनातनंसदैकरूपं । अनादिरपिदेहात्मयोगोभ्रांत्यात्मकस्तत्त्वज्ञानेनोच्छेत्तुंशक्यइत्यर्थः ११ तच्चसनातनंब्रह्मअयत्नसाध्यंकर्मप्राप्यंन अनित्यत्वापत्तेः कर्मजंह्युत्पाद्यमाप्यं संस्कार्यंविकार्यंवास्यात् । नंहिसंयवनेनपिंडइवोपास्त्याब्रह्मोत्पाद्यं अनित्यत्वापत्तेः नापिग्रामवद्गमनेनप्राप्यमात्मत्वात् । अन्यत्वेघटवज्जडत्वापत्तेः । नापिव्रीहिवदवघातेनोपास्त्यादोषापनयेनसंस्कार्यं असंगत्वा त्संगित्वेवह्न्यौष्ण्यवत्तदनिवृत्त्यापत्तेः । नापिविकार्यंक्षीरादिवद्विकारयुक्तस्यानित्यत्वापत्तेः । अतोज्ञानेनाज्ञानापनोदेसतिकंठगतविस्मृतचामीकरवत्सिद्धमपिसाध्यमिवोच्यते तस्माद्युक्तमुक्तमयत्नसाध्यमिति । येइति । अत्रविद्वदनुभवएवप्रमाणमितिभावः । नशाम्यंतिब्रह्मोपासनान्नोपरमंते उद्योगिनोऽवश्यंब्रह्मप्राप्तिरतस्त्वयोद्योगवताभवितव्यमितिभावः १२ । १३ केवलांसंगहीनाम् १४ । १५ सत्येनाऽबाधितार्थेनवे दवाक्येन तपसामननध्यानात्मकेनात्मालोचनेनच आगतिंसंसारं गतिंमोक्षमसंशयंविदित्वा नशोचामिनहृष्यामि तथाच मत्वाधीरोहर्षशोकौजहातीतिश्रुतिः १६

कालेति । युगचतुष्टययोग्याःपुण्यपापाख्याधर्मालक्ष्यंतेकेचिन्नरकेकानिचिद्भूतानिदिव्यानिस्वर्गार्हाणि १७ क्षपयित्वाभोगेनस्वर्गेनरकेवातंकालंनीत्वापुण्यापुण्येसमाप्य ताभ्यामेवनृतिर्यगादियोनिप्रापकाभ्य चोदिताःसंतःपुनःपुनर्भवंति कालचोदिताइत्यस्यव्याख्यनंसावशेषेणकालेनेति १८ कामबंधनबंधनाःकामपाशबद्धाः १९ जीवानिजीववंतिभूतानि अद्दष्टवान्नद्दष्टमद्दष्टंव्यवहितमतीतमनागतादिचतद्द्रष्टातिगच्छ तिप्राप्नोतीतिजानातीत्यद्दष्टवानतींद्रियज्ञानीअहंवेद्मीतिशेषः संसरतोजीवान् शास्त्रनिदर्शनंशास्त्रप्रत्ययंचजानामीत्यर्थः २० एतदेवाह तिर्यगिति । चरित्वाताद्दशंकर्मकृत्वासुखादिकंप्रपद्यतेइतिसार्धेन संबंधः कृतांतविधिसंयुक्तोयमयातनांते २१ गतमिति । 'यावत्संपातमुषित्वाथैतमेवाध्वानंपुनर्निवर्तंते'इतिश्रुतेःसंपतत्यनेनेतिसंपातःकर्मयावत्तावत्कालंस्थित्वापुनरत्रयथागतमायांतीति सर्वदेतिजन्ममरणप्रवा हस्यानंत्यमुक्तं २२ एतच्चाज्ञंप्रत्येवेतिवक्तुमध्वनोविशेषणं कालेति । कर्ममानेनमितं तेननैष्कर्म्यंश्रयतोनायमध्वाऽस्तीतिदर्शितं एवंसृष्टिस्थित्योःपरायणंपरमात्मानंभाषमाणंकथयंतंतंवृत्रंप्रतिभगवानुशनाशुक्राचा

कालसंचोदिताजीवामज्जंतिनरकेऽवशाः ॥ परितुष्टानिसर्वाणिदिव्यान्याहुर्मनीषिणः १७ क्षपयित्वातुतंकालंगणितंकालचोदिताः ॥ सावशेषेणकालेनसं भवंतिपुनःपुनः १८ तिर्यग्योनिसहस्राणिगत्वानरकमेवच ॥ निर्गच्छंत्यवशाजीवाःकामबंधनबंधनाः १९ एवंसंसरमाणानिजीवान्यहमदृष्टवान् ॥ यथाक मंतथालाभइतिशास्त्रनिदर्शनम् २० तिर्यग्गच्छंतिनरकंमानुष्यंदैवमेवच ॥ सुखदुःखेप्रियेद्वेष्येचरित्वापूर्वमेवह २१ कृतांतविधिसंयुक्तःसर्वोलोकःप्रपद्यते ॥ गतंगच्छंतिचाध्वानंसर्वभूतानिसर्वदा २२ कालसंख्यानसंख्यातंसृष्टिस्थितिपरायणम् ॥ तंभाषमाणंभगवानुशनाप्रत्यभाषत ॥ धीमन्दुष्टप्रलापांस्त्वंतातक स्मात्प्रभाषसे २३ ॥ वृत्रउवाच ॥ प्रत्यक्षमेतद्भवतस्तथाऽन्येषांमनीषिणाम् ॥ मयायज्जयलुब्धेनपुरातप्तंमहत्तपः २४ गंधानादायभूतानांरसांश्चविवि धानपि ॥ अवर्धंत्रीन्समाक्रम्यलोकान्वैस्वेनतेजसा २५ ज्वालामालापरिक्षिप्तोवैहायसचरस्तथा ॥ अजेयःसर्वभूतानामासंनित्यमपेतभीः २६ ऐश्वर्यंतप साप्राप्तंभ्रष्टंतच्चस्वकर्मभिः ॥ धृतिमास्थायभगवन्नशोचामिततस्त्वहम् २७ युयुत्सुनामहेंद्रेणपुंसासार्धंमहात्मना ॥ ततोमेभगवान्दृष्टोहरिर्नारायणःप्रभुः २८ वैकुंठःपुरुषोऽनंतःशुक्लोविष्णुःसनातनः ॥ मुंजकेशोहरिश्मश्रुःसर्वभूतपितामहः २९

र्योऽसुरयोनिजातस्यापीदृशंज्ञानमित्याश्चर्यमत्वातद्बुद्धिपरीक्षार्थंप्रत्यभाषत दुष्टप्रलापानसुरभावविनाशकाननर्थकान्वादानसुरोभूत्वाकथंभाषसइति २३ । २४ गंधाद्यादानंतदाश्रयोपमर्देन अवर्धंहिंसितवान् २५ वैहायसचरोविमानेनगच्छन् २६ । २७ युयुत्सुनायोद्धुमिच्छुना ततस्तत्रयुद्धकाले मेमया भगवान्सर्वैश्वर्यसंपन्नोदृष्टइंद्रसाहाय्यार्थमागतःसन्नवलोकितः हरिःपापहर्ता नारायणोनारस्यजीवसंघस्याऽयनंलयस्थानं पुंस्त्वंलोकात् प्रभुरंतर्यामी २८ वैकुंठोविकुंठायाअपत्यंविकुंठानामासुरींद्रतुल्यंपुत्रमिच्छंतीमहत्तपस्तेपेतस्याःस्वयमेवेंद्रःपुत्रोजज्ञेइत्यनुक्रमणिकावाक्यात् । विकुंठनंभूतानांमेलनंकरोतीतिविकुंठः स्वार्थेतद्धितः तथाचनामनिर्वचनाध्यायेवक्ष्यति । 'संश्लेषितामयाभूमिरद्भिर्व्योमचवायुना । वायुनाचैवतेजश्चवैकुंठत्वंततोमम' इतिविद्यासागरीये । पुरुषःपूर्णः । यतोऽनंतस्त्रिविधपरिच्छेदशून्यः । शुक्लःशुद्धः । विष्णुर्व्यापनशीलः । सनातनःकूटस्थः । मुंजकेशोमुंजवत्पीतकेशः । हरिश्मश्रुःपिंगलश्मश्रुः । हिरण्यश्मश्रुर्हिरण्यकेशइतिश्रुतेः । सर्वभूतानिविराट्तस्यपितामायावीतस्यापिपिताशुद्धंब्रह्म २९

तस्यप्रासंगिकस्यविष्णुदर्शनात्मकस्यतपसइंद्रविजयत्रैलोक्याधिपत्यहेतोःसावशेषंकर्मगतिजिज्ञासोत्पादकंशेषंकिंचिदस्तीत्याह नूनमिति । ३० महदैश्वर्यंब्रह्मवर्णेब्राह्मणादिधर्मे उत्तममैश्वर्यंब्राह्ममैश्वर्यंनिवर्तते चकथं अयमर्थः सर्वांश्चलोकानाप्नोतिसर्वांश्चकामान्यस्तमात्मानमनुविद्यविजानातीत्यात्मसाक्षात्कारफलमैश्वर्यमंतवच्चेत्कर्मफलाविशेषः नचपुनरावर्ततइतिश्रुतिव्याकोपश्च । अनंतंचेत्अस्थूलमनणुइत्यादिनिर्विशेषब्रह्मप्रतिपादकश्रुतिविरोधः । निर्विशेषसविशेषयोर्ब्रह्मणोःसमसत्ताकत्वायोगादिति ३१ प्रवर्त्ततेचेष्टांकुर्वंति कोऽन्तर्यामीत्यर्थः शाश्वतोब्रह्मभूत्वेतिशेषः किंफलंशाश्वतप्रापकंज्ञानंयज्ञादिफलं ३२ कर्मणायज्ञादिना ज्ञानेनउपास्त्या फलंविद्याख्यं ३३ । ३४ ॥ इतिशांतिपर्वणि मोक्षधर्मपर्वणि नीलकंठीये भारतभावदीपेएकोनाशीत्यधिकद्विशततमोऽध्यायः ॥ २७९ ॥ ॥ दुर्वहंप्रश्नभारंनि

नूनंतुतस्यतपसःसावशेषमिहास्तिवै ॥ यदहंप्रष्टुमिच्छामिभगवन्कर्मणःफलम् ३० ऐश्वर्यंवैमहद्ब्रह्मवर्णेकस्मिन्प्रतिष्ठितम् ॥ निवर्ततेचापिपुनःकथमैश्वर्यमुत्तमम् ३१ कस्माद्भूतानिजीवंतिप्रवर्तन्तेयथापुनः ॥ किंवाफलंपरंप्राप्यजीवस्तिष्ठतिशाश्वतः ३२ केनवाकर्मणाशक्यमथज्ञानेनकेनवा ॥ तदवाप्तुंफलंविप्रतन्मेव्याख्यातुमर्हसि ३३ इतीदमुक्तःसमुनिस्तदानींप्रत्याहयत्तच्छृणुराजसिंह ॥ मयोच्यमानंपुरुषर्षभत्वमनन्यचित्तःसहसोदरीयैः ३४ ॥ इति श्रीमहाभारते शांतिपर्वणि मोक्षधर्मपर्वाणि वृत्रगीतासुएकोनाशीत्यधिकद्विशततमोऽध्यायः ॥ २७९ ॥ ॥ उशनोवाच ॥ नमस्तस्मैभगवतेदेवायप्रभविष्णवे ॥ यस्यपृथ्वीतलंतातसाकाशंबाहुगोचरः १ मूर्धायस्यत्वनंतंचस्थानंदानवसत्तम ॥ तस्याहंतेप्रवक्ष्यामिविष्णोर्माहात्म्यमुत्तमम् २ तयोःसंवदतोरेवमाजगाममहामुनिः ॥ सनत्कुमारोधर्मात्मासंशयच्छेदनायवै ३ सपूजितोऽसुरेन्द्रेणमुनिनोशनसातथा ॥ निषसादासनेराजन्महार्हेमुनिपुंगवः ४ तमासीनंमहाप्रज्ञमुशनावाक्यमब्रवीत् ॥ ब्रूह्यस्मैदानवेंद्रायविष्णोर्माहात्म्यमुत्तमम् ५ सनत्कुमारस्तुततःश्रुत्वाप्राहवचोऽर्थवत् ॥ विष्णोर्माहात्म्यसंयुक्तंदानवेंद्रायधीमते ६ शृणुसर्वमिदंदैत्यविष्णोर्माहात्म्यमुत्तमम् ॥ विष्णौजगत्स्थितंसर्वमितिविद्धिपरंतप ७ सृजत्येषमहाबाहोभूतग्रामंचराचरम् ॥ एषचाक्षिपतेकालेकालेविसृजतेपुनः ८ अस्मिन्गच्छंतिविलयमस्माच्चप्रभवंत्युत ॥ नैषज्ञानवताशक्यस्तपसानैवचेज्यया ॥ संप्राप्तुमिंद्रियाणांतुसंयमेनैवशक्यते ९ बाह्येचाभ्यंतरेचैवकर्मणोर्मनसिस्थितः ॥ निर्मलीकुरुतेबुद्ध्यासोऽमुत्रानंत्यमश्नुते १०

वोढुंहरिंशरणीकरोति नमइति । तलमधोभागः साकाशमाकाशसहितंसर्वमुपरितनं बाहुगोचरोमध्यस्थमित्यर्थः १ अनंतंस्थानंमोक्षः २ विष्ण्वनुग्रहमाह तयोरिति ३ । ४ । ५ । ६ माहात्म्यंमहांश्चासौआत्माचतस्यभावः विष्णोर्जगज्जन्मादिकर्तृत्वंप्रत्यगभिन्नत्वंचशृणु उत्तमंतच्छ्रवणस्यमोक्षदत्वात् । तदेवाह विष्णौजगत्कनकेकुंडलमिवास्थितंविद्धि चेतनाचेतनंसर्वंविष्णुरेवेत्यर्थः ७ एतदेवव्युत्पादयति सृजतीति ८ निमित्तत्वमुक्त्वाउपादानत्वमाहार्धेन अस्मिन्निति । कार्यंयत्रलीयतेयतश्चोद्भवतितदुपादानमित्यर्थः । एवमभिन्ननिमित्तोपादानत्वलक्षणंजगत्कारणत्वंविष्णोरुक्तं तस्यदुर्ज्ञेयत्वमाह नेति । संयमेनयोगेन ९ संयमेनैवेत्येवशब्देनयज्ञादीनामात्मप्राप्त्यवसाधनत्वंमाभूदित्याह बाह्येइति । यःपुमान्बाह्येयज्ञादौविविदिषंतियज्ञेनेत्यादिश्रुतेर्विविदिषाहेतौ । आभ्यंतरे 'शांतोदांतउपरतास्तितिक्षुःसमाहितोभूत्वाऽऽत्म-

न्येवात्मानंपश्यति' इतिश्रुतेर्दर्शनहेतुत्वेनांतरंगेसमाधौ । मनसिसंकल्पेच'इदंमेऽनेनांगंसंस्क्रियते'इतिस्मृतेरात्मविविदिषाचित्तसंस्कारान्यतराभिसंधौचबुद्ध्यानिश्चयेनस्थितोनिष्ठावान् तानिवाह्ययज्ञादीनिनिर्मलीकुरुतेतैश्चित्तंशोधयतीत्यर्थः । सोऽमुत्रदेहाभिमानत्यागलभ्येआत्मलोकेगत्वाआनंत्यंमोक्षमश्नुते १० निर्मलीकरणेदृष्टांतांतरमाह यथेति । हिरण्यकर्तास्वर्णकारः ११ जातिशतैर्जन्मशतैः अनेनयज्ञादिनाशमादिनाअतियत्नेनत्वेकजातौएकजन्मन्यपि १२ दृष्टांतांतरमाह लीलयेति १३ ननुकर्मसुक्रियमाणेष्वपिचित्तशुद्धिर्नदृश्यते अतस्तत्करणंव्यर्थमित्याशंक्यदृष्टांतपूर्वकमावृत्त्याफलंसिध्यतीत्याहत्रिभिः यथाचेति १४।१५ युक्तोयोजितः गुणैःसत्त्वाद्यैःप्रसंगिषुस्त्र्यादिसंगिषुदोषः अभ्यासजेनबाह्याभ्यंतरसाधनानांपुनःपुनरावृत्त्युत्थेन १६ रक्तानिजीवजातानीतिशेषः कर्मविशेषान्रागविरागहेतून् १७ यथावाकर्मणिप्रवर्तेतेऽविद्यादशायां यस्मिन्निमित्तेतिष्ठंतिकर्मभ्योनिवर्ततेविद्यायांसत्यां आनुपूर्व्येतिच्छेदः पूर्वरूपमार्षं १८ एवंसाधनाभिमुखीकृतस्यज्ञेयमाह अनादीति । अनादिनिधनःनित्यः द्योततइतिदेवश्चिन्मात्रः । ननुनित्य

यथाहिरण्यकर्तावैरूप्यमग्नौविशोधयेत् ॥ बहुशोऽतिप्रयत्नेनमहताऽऽत्मकृतेनह ११तद्वज्जातिशतैर्जीवःशुद्ध्यतेऽनेनकर्मणा ॥ यत्नेनमहताचैवाप्येकजातौविशुद्ध्यते १२ लीलयाऽल्पंयथागात्रात्प्रमृज्यादात्मनोरजः ॥ बहुयत्नेनमहतादोषनिर्हरणंतथा १३ यथाचाल्पेनमाल्येनवासितंतिलसर्षपम् ॥ नमुंचतिस्वकंगंधंतद्वत्सूक्ष्मस्यदर्शनम् १४ तदेवबहुभिर्माल्यैर्वास्यमानंपुनःपुनः ॥ विमुंचतिस्वकंगंधंमाल्यगंधेचतिष्ठति १५ एवंजातिशतैर्युक्तोगुणैरेवप्रसंगिषु॥बुद्ध्यानिवर्ततेदोषोयत्नेनाभ्यासजेनह १६ कर्मणास्वनुरक्तानिविरक्तानिचदानव ॥ यथाकर्मविशेषांश्चप्राप्नुवंतितथाशृणु १७ यथावत्संप्रवर्तन्तेयस्मिंस्तिष्ठतिवाविभो ॥ तत्तेऽऽनुपूर्व्याव्याख्यास्येतदिहैकमनाःशृणु १८ अनादिनिधनःश्रीमान्हरिर्नारायणःप्रभुः॥ देवःसृजतिभूतानिस्थावराणिचराणिच१९ सर्वेसर्वेषुभूतेषुक्षरश्चाक्षरएवच ॥ एकादशविकारात्माजगत्पिबतिरश्मिभिः २०पादौतस्यमहींविद्धिमूर्धानंदिवमित्युत ॥ बाहवस्तुदिशोदैत्यश्रोत्रमाकाशमेवच२१तस्यतेजोमयःसूर्योमनश्चंद्रमसिस्थितम् ॥ बुद्धिर्ज्ञानगतानित्यंरसस्त्वप्सुप्रतिष्ठितः२२ भ्रुवोरनंतरास्तस्यग्रहादानवसत्तम ॥ नक्षत्रचक्रंनेत्राभ्यांपादयोर्भूश्चदानव २३

ज्ञानंनास्त्येवघटज्ञानंजातंपटज्ञानंनष्टमित्यनुभवादित्याशंक्याह श्रीमानिति। श्रीयतेआश्रीयतइतिश्रीरुपाधिस्तद्वान् घटाकाशवदौपाधिकावुत्पत्तिलयौ नतुस्वतइत्यर्थः हरिःसंहर्ता नारायणःसर्वाश्रयः प्रभुःसर्वनियंता १९ अस्यैवसार्वात्म्यंवक्तुंनवविधसर्गोपादानत्वमाह सर्वाइति । सर्वेषुभूतेषुशरीरेषु क्षरःसंघातः अक्षरोजीवः एकादशइंद्रियाणि पिबतिगृह्णाति रश्मिभिरिंद्रियैः अत्रक्षरइतिमहतःसर्गःप्रथमउक्तः । भूतेष्विति भूतसर्गोद्वितीयउक्तः । एकादशेतिवैकारिकस्तृतीयऐंद्रियकःसर्गउक्तः । तएतेत्रयःप्राकृताःसर्गाः यथोक्तंवैष्णवे 'प्रथमोमहतःसर्गोविज्ञेयोब्रह्मणस्तुयः ॥ तन्मात्राणांद्वितीयस्तुभूतसर्गोहिसस्मृतः ॥ वैकारिकस्तृतीयस्तुसर्गऐंद्रियकःस्मृतः ॥ इत्येषप्राकृतःसर्गःसस्मृतोबुद्धिपूर्वकः'इति २० ऐकात्म्यसिद्धयेनारायणावयवत्वेनकृत्स्नंजगन्निरूपयतिपादावित्यादिना। दिवंस्वर्लोकं २१ तेजोमयश्चाक्षुषःमनश्चंद्रमसीत्यादावाधाराधेयभावोगंगायांजलमितिवदभेदविवक्षयाज्ञेयः बुद्धिर्महत्तत्त्वंज्ञानगतावृत्तिरूपज्ञानाकारा रसस्त्वप्सुप्रतिष्ठितः आपोरसनेत्यर्थः २२ अनंतराःसन्निहिताः नेत्राभ्यांनेत्ररश्मिभिर्निर्वृत्तमितिशेषः पादयोःपादावेवभूः २३

रजइति। एतेगुणावक्ष्यमाणविधयाषट्प्रकारानारायणाख्यचैतन्यानुविद्धतयातदात्मनःषड्विधजीवसंज्ञाभवंति आश्रमाणामिंतिसंधिरार्षः कर्मणोजपादेःफलंतत्प्राप्तिरेव सर्वस्यसुकृतस्यफलंसप्तस्वर्गात्मकंसुख मित्यर्थः २४ अकर्मणोनैष्कर्म्यस्यसंन्यासस्यफलंमोक्षः छंदांसिमंत्रादयः अक्षरंप्रणवः २५ बहवोवर्णाआश्रमाश्चाऽऽश्रयोयस्य परमोधर्मआत्मदर्शनं यथोक्तंयाज्ञवल्क्येन ‘इज्याचारदमाहिंसादान स्वाध्यायकर्मणां॥ अयंतुपरमोधर्मोयद्योगेनात्मदर्शनं’इति। तपःकृच्छ्रचांद्रायणादि तत्फलमप्यव्ययमेवेत्यर्थः। सत्कार्यं असत्कारणं २६ श्रुतिर्मंत्राः शास्त्रंशास्तीतिशास्त्रंप्रवर्तनावाक्यंब्राह्मणं ग्रहाऐं द्रवाय्वाद्याःसोमपात्राणि षोडशऋत्विजः ब्रह्माब्राह्मणाच्छंस्याग्नीध्रःपोताएतेसर्ववेदीयाः। होतामैत्रावरुणोऽच्छावाकोग्रावस्तोत्वाएतेऋग्वेदिनः। अध्वर्युःप्रतिप्रस्थातानेष्टोन्नेताएतेयाजुषाः। उद्गाताप्र स्तोताप्रतिहर्तासुब्रह्मण्यएतेसामगाः २७ तेऋत्विजःपृथग्दर्शनाअपींद्रान्महेंद्रोऽन्योऽग्नेर्वैश्वानरोऽन्यइतिशास्त्रेणपृथक्पितामहादीन्कर्मपृथक्त्ववशात्पश्यंतोऽपितस्यैकतांतथाकारणत्वेनसंविदंति। तथाचकात्या यनः ‘कर्मपृथक्त्वाद्धिपृथगभिधानाःस्तुतयोभवंत्येकैववामहात्मादेवता’इति। श्रुतिरपि‘तद्यदिदमाहुरमुंयजामुंयजेत्येतस्यैवसाविसृष्टिः’इति २८ नानेति। अयमितिबुद्धिस्थआम्नायःपरामृश्यते ‘सचै कंसंतंबहुधाकल्पयंति योदेवानांनामधाएकएव’इत्यादिः। अनुभवेनैवैतज्जनोजानातीत्याह जंतुरिति। विज्ञानाद्वृत्त्यासोपाधिकावस्थायांसार्वात्म्यंपश्याति वृत्तिविलयेतुब्रह्माद्वैतं २९ ब्रह्मप्राप्तेरतिदौर्लभ्य

रजस्तमश्चसत्वंचविद्धिनारायणात्मकम्॥ सोऽऽश्रमाणांफलंतातकर्मणस्तत्फलंविदुः २४ अकर्मणःफलंचैवसएवपरमव्ययः॥ छंदांसियस्यरोमाणिह्यक्षरंचस रस्वती २५ बह्वाश्रयोबहुमुखोधर्मोहृदिसमाश्रितः॥ सब्रह्मपरमोधर्मस्तपश्चसदसच्चसः २६ श्रुतिशास्त्रग्रहोपेतःषोडशर्त्विक्क्रतुश्चसः॥ पितामहश्चविष्णुश्च सोऽश्विनौसपुरंदरः २७ मित्रोऽथवरुणश्चैवयमोऽथधनदस्तथा॥ तेपृथग्दर्शनास्तस्यसंविदंतितथैकताम्॥ एकस्यविद्धिदेवस्यसर्वंजगदिदंवशे २८ नाना भूतस्यदैत्येंद्रतस्यैकत्वंवदत्ययम्॥ जंतुःपश्यतिविज्ञानात्ततोब्रह्मप्रकाशते २९ संहारविक्षेपसहस्रकोटीस्तिष्ठंतिजीवाःप्रचरंतिचान्ये॥ प्रजाविसर्गस्यचपा रिमाण्यंवापीसहस्राणिबहूनिदैत्य ३० वाप्यःपुनर्योजनविस्तृतास्ताःक्रोशंचगंभीरतयाऽवगाढाः॥ आयामतःपंचशताश्चसर्वाःप्रत्येकशोयोजनतःप्रवृद्धाः ३१ वाप्याजलंक्षिप्यतिवालकोट्यात्वह्नासकृच्चाप्यथनद्वितीयम्॥ तासांक्षयेविद्धिपरंविसर्गंसंहारमेकंचतथाप्रजानाम् ३२

माह संहारेति। संहरत्यस्मिन्विक्षिपत्यस्मिन्निति व्युत्पत्त्यासंहारविक्षेपशब्दाभ्यांजगल्लयोदयकालःकल्पसंज्ञकउच्यते तस्यसहस्रकोटीः कालाध्वनोरत्यंतसंयोगेइतिद्वितीया तावत्कालपर्यंतंकेचिज्जीवास्तिष्ठं तिस्थावराभूत्वाआसते प्रचरंतिजंगमाभवंतिचान्ये। तत्राप्येकैकस्यकल्पस्यातिप्रमाणत्वंभंग्यंतरेणाह प्रजाविसर्गस्येति। पारिमाण्यंस्वार्थेतद्धितः बहूनीत्यसंख्येयत्वमुक्तं ३० वापीत्येतद्व्याचष्टे वाप्य इतिद्वाभ्यां। योजनविस्तृताः पंचशताइतिवाक्यशेषाद्विस्तारयोजनसंख्याज्ञेया आयामतोदैर्घ्यतोयोजनतःपंचशताइतिसंबंधः शताइतिलिंगव्यत्ययआर्षः। पंचशतंयोजनानीत्यर्थः। अवगाढानास्ति
५५ वगाढोऽवगाहोयासांताः दुरवगाहाइत्यर्थः। भागुरिमतेनावेत्युपसर्गस्याकारलोपंकृत्वानञ्समासः अतएवप्रत्येकशःप्रवृद्धाः ३१ वाप्याइति। अयमर्थः यदिवालकोट्याकेशाग्रेणैकैकस्मिन्दिवसेएकए कएवबिंदुरुद्ध्रियेतनद्वितीयः तेनक्रमेणैकैकवाप्याउच्छोषणेनबहुसहस्रवाप्युच्छेदःस्याच्चर्हिसंसारस्यापिविनाशानमुच्छेदःस्यात्। एकस्यमुक्त्यैकस्यविसर्गस्यनाशेऽप्यनंताजीवाःसंतीतिसर्वथाऽपिसंसारस्या नुच्छेदएव। तथोक्तंभगवता नांतोनचादिर्नचसंप्रतिष्ठेति ३२

एवंमुक्तिदौर्लभ्यायसंसारस्यानंत्यमुक्तमिदानींरजःसत्वंतमश्चैवविद्धिनारायणात्मकमितिपूर्वोक्तंगुणत्रयंरंजकत्वस्वच्छत्वमालिनत्वसाम्याद्रक्तश्वेतकृष्णशब्दैर्विवक्षित्वातेषांभागभेदेनषड्रूपाणिप्रकल्प्यंते तथाहि । त्रिदंडविष्टंभवद्गुणत्रयमन्योन्यव्यतिरेकेणनतिष्ठति तत्रयदातमस आधिक्यंसत्वरजसोर्न्यूनत्वसमत्वेतदाकृष्णोवर्णः । अंत्ययोर्वैपरीत्येधूम्रः । तथारजस आधिक्येसत्वतमसोर्न्यूनत्वसमत्वेनीलवर्णः । अंत्ययोर्वैपरीत्येमध्यंमध्यमोवर्णः । तच्चरक्तंलोकानांसह्यतरं लोकानांप्रवृत्तिकुशलानाममूढानांसाहसिकानांसत्वस्याधिक्येरजस्तमसोर्न्यूनत्वसमत्वेहारिद्रःपीतवर्णस्तच्चसुखकरं अंत्ययोर्वैपरीत्येशुक्लंतच्चात्यंतसुखकरं । ततःकृष्णोमुख्यसर्गःस्थावरश्चतुर्थः धूम्रस्तैर्यग्योन्यःपंचमः पीतोदेवसर्गःषष्ठः नीलोमानुषसर्गःसप्तमः मध्यमोऽनुग्रहसर्गोऽष्टमः शुक्लःकौमारसर्गोनवमः । यथोक्तंवैष्णवे ‘मुख्यसर्गश्चतुर्थस्तुमुख्यावैस्थावराःस्मृताः ॥ तिर्यक्स्रोतस्तुयःप्रोक्तस्तैर्यग्योन्यःसउच्यते ॥ तदूर्ध्वस्रोतसांषष्ठोदेवसर्गस्तुसस्मृतः ॥ ततोऽर्वाक्स्रोतसांसर्गःसप्तमःसतुमानुषः ॥ मध्यमोऽनुग्रहःसर्गःसात्विकस्तामसश्चसः ॥ पंचैतेवैकृताःसर्गाःप्राकृतास्तुत्रयःस्मृताः ॥ प्राकृतावैकृताश्चैवकौमारोनवमःस्मृतः’ ॥ अत्रानुग्रहशब्देनद्वयाहप्राजापत्यादेवाश्चासुराश्चेतिश्रुतिप्रसिद्धाःशमकामादिचेतोवृत्त्यनुग्राहिकादेवताउच्यंतेसचानुग्रहोजातिभेदाद्बहुविधः यथोक्तं वायुपुराणे ‘अष्टमोऽनुग्रहःसर्गःसचतुर्धाव्यवस्थितः ॥ विपर्ययेणवाशक्त्यासिद्ध्यातुष्ट्यातथैवच ॥ स्थावरेषुविपर्यासास्तिर्यग्योनिषुशक्तितः ॥ सिद्ध्यात्मनामनुष्येषुतुष्ट्यादेवेषुकृत्स्नशः’इति ३३ परंत्विति । एतेषुसर्गेषुशुक्लंकौमारसर्गः रागद्वेषराहित्यात् विमलंनिष्पापमतएवविशोकम् विशोकत्वमपिकुतः यतोगतक्लमंप्रवृत्त्याख्यश्रमहीनं सिद्ध्यतिमोक्षंसाधयति । एतच्चात्यंतदुर्लभमित्याह गत्वेति ।

षड्जीववर्णाःपरमंप्रमाणंकृष्णोधूम्रोनीलमथास्यमध्यम् ॥ रक्तंपुनःसह्यतरंसुखंतुहारिद्रवर्णंसुसुखंचशुक्लम् ३३ परंतुशुक्लंविमलंविशोकंगतक्लमंसिद्ध्यतिदानवें
द्र ॥ गत्वातुयोनिप्रभवाणिदैत्यसहस्रशःसिद्धिमुपैतिजीवः ३४ गतिंचयांदर्शनमाहदेवोगत्वाशुभंदर्शनमेवचापि ॥ गतिःपुनर्वर्णकृताप्रजानांवर्णस्तथाकाल
कृतोऽसुरेंद्र ३५ शतंसहस्राणिचतुर्दशेहपरागतिर्जीवगुणस्यदैत्य ॥ आरोहणंतत्कृतमेवविद्धिस्थानंतथानिःसरणंचतेषाम् ३६

योनिप्रभवाणिजन्मानिनत्वयोनिजानिधृष्टद्युम्नादिवत् तेषांह्यधिकारिकाणांनेतरवद्योनिजंजन्म गत्वाप्राप्य । यथोक्तं ‘मनुष्याणांसहस्रेषुकश्चिद्यततिसिद्धये ॥ यततामपिसिद्धानांकश्चिन्मांवेत्तितत्वतः’ इति ३४ यांसिद्धिंजीवउपैतितांव्याचष्टे गतिमिति । शुभंदर्शनंसच्छास्त्रंगत्वाप्राप्यदेवइंद्रोयांगतिंदर्शनमात्मानुभवात्मिकामाहउक्तवान् सैवशुक्लवर्णभूतांसिद्धिरित्यर्थः । तथाचश्रुतिः । ‘सएतमेवपुरुषंब्रह्मततममपश्यदिदमदर्शमिति तस्मादिदंद्रोनामेदंद्रोहवैनामतमिदंद्रंसंतमिंद्रइत्याचक्षते’इति । ततमंतततममित्येकस्यतकारस्यछांदसोलोपः इदंब्रह्मअदर्शमपश्यं एतेनेदमिहवाक्यंप्रमाणत्वेनदर्शितं । इदमेवान्यत्रापितुल्यमित्याह गतिरिति । वर्णःसत्वादितारतम्यं वर्णोऽपिकालकृतः कालःप्रागुक्तश्चतुर्युगात्माजीवोधर्मेरतोधर्ममालंबमानोऽधर्माद्व्यावृत्तोऽधर्मेरतइतिक्रमेणकृतत्रेताद्वापरकलिसंज्ञः तथाचजीवस्यप्राग्भवीयसंस्कारवशाद्यादृशःसत्वाद्याविर्भावस्तादृशीगतिरित्यर्थः ३५ शतमिति । सेयंजीवगुणस्यगतिःपरापार्यंतिकीदशानामिंद्रियाणामंतःकरणचतुष्टयस्यचकरणगणस्यभेदाच्चतुर्दशसंख्याकासतीतावंतिशतानिसहस्राणिशतसहस्राणिलक्षाणिवाविषयभेदाद्भवति तथाहि विषयभेदाद्वृत्तिभेदंश्रुतिराह ‘अयंवैहरयोऽयंवैदशचशतानिचसहस्राणिचप्रयुतानिच’इत्यादि । आरोहणमुपर्युपरिसोपानारोहक्रमेणोर्ध्वगतिः तैरेवचतुर्दशभिःसत्वतारतम्यप्रधानैःकृतंतत्कृतं स्थानंचतेषुतेषुपदेषुस्थैर्यंतथानिःसरणंतेभ्यःपदेभ्यश्च्युतिः तेषांजीवानांतत्कृतैव तस्मादेतेचतुर्दशसात्विकमार्गप्रवणाःकार्याइत्यर्थः ३६

अन्यथादोषमाह कृष्णस्येति । कृष्णस्यस्थावरत्वप्रापकस्यवर्णस्यानिकृष्टानीचागतिः यतःसभावीस्थावरोनरकेनरकप्रदेकर्मणिसज्जतेऽतोनरकेपच्यमानएवास्ते । तत्रैवतस्यस्थानांस्थितिःदुर्गतिभिःतैरेवचतुर्दशभि र्दुर्मार्गप्रवृत्तैर्भवति । स्थानावधिमाह सुबहूनिति । प्रजाविसर्गान्कल्पान् ३७ सुबहूनित्यस्यव्याख्या शतंसहस्राणिलक्षमित्यर्थः हरितंधूम्रंतिर्यग्योनित्वं अनीशोदीनःशीतवाताद्यर्दितःसर्वतोमृत्युभयदर्शीच युगक्षयेपापभोगक्षयेइदंहिवर्णद्वयंकेवलाभोगभूमिरेवाऽतोऽत्रभोगेनक्षपितकलुषस्यदैवात्प्राचीनपुण्योदयेसतिजीवस्तपसाविवेकेनसंवृतात्मान्याप्तचित्तोभूत्वा ३८ सत्वगुणेनयुक्तःसन्बुद्ध्यातमोगुणप्रवृत्तिंदूरीकुर्व न्घटतेयततेश्रेयसेतदासर्वोत्कर्षेसतिलोहितमष्टममनुग्रहसर्गमुपैति शमकामाद्यभिमानिदेवताभावंप्राप्नोतीत्यर्थः । सत्वापकर्षेतुनीलान्नीलत्वंप्राप्यमनुष्यलोकेपरिवर्ततेगतागतंकरोति चकारोवाशब्दस्यार्थे ३९ सनीलत्वंप्राप्तः तत्रमानुषलोके संहारैर्विसर्गकल्पं बंधनैर्विधिनिषेधनिगडैःक्लिश्यमानस्तपोवृद्धिंकुर्वाणोहारिद्रंषष्ठंसर्गंदेवताभावमुपैति । तत्रापिसंहारविक्षेपशतेकल्पशतेजातेसति व्यतीतेव्यतिगच्छति कर्मव्यति हारेतङ् गतिकांत्यर्थस्यवीधातोरंतःप्रश्लिष्टस्यईधोतोर्व्यतिपूर्वस्येदंरूपं । तथाचदेवोभूत्वामनुष्यत्वमुपैतिमानुषश्चभूत्वादेवत्वमुपैतीत्यर्थः ४० एतदेवाह हारिद्रेत्यादिना । देवःसहस्रशःकल्पान्संचरन्नप्यविप्रमुक्तो

कृष्णस्यवर्णस्यगतिर्निकृष्टासमज्जतेनरकेपच्यमानः ॥ स्थानंतथादुर्गतिभिस्तुतस्यप्रजाविसर्गान्सुबहून्वदंति ३७ शतंसहस्राणिततश्चरित्वाप्राप्नोतिवर्णंहरितं तुपश्चात् ॥ सचैवतस्मिन्निवसत्यनीशोयुगक्षयेतपसासंवृतात्मा ३८ सवैयदासत्वगुणेनयुक्तस्तमोव्यपोहन्घटतेस्वबुद्ध्या ॥ सलोहितंवर्णमुपैतिनीलान्मनुष्यलो केपरिवर्ततेच ३९ सतत्रसंहारविसर्गमेकंस्वधर्मजैर्बन्धनैःक्लिश्यमानः ॥ ततःसहारिद्रमुपैतिवर्णंसंहारविक्षेपशतेव्यतीते ४० हारिद्रवर्णस्तुप्रजाविसर्गात्सहस्रश स्तिष्ठतिसंचरन्वै ॥ अविप्रमुक्तोनिरयेचदैत्यततःसहस्राणिदशाऽपराणि ४१ गतीःसहस्राणिचपंचतस्यचत्वारिसंवर्तकृतानिचैव ॥ विमुक्तमेनंनिरयाच्च विद्धिसर्वेषुचान्येषुचसंभवेषु ४२ सदेवलोकेविरहत्यभीक्ष्णंततश्च्युतोमानुषतामुपैति ॥ संहारविक्षेपशतानिचाष्टौमर्त्येषुतिष्ठत्यमृतत्वमेति ४३ सोऽस्मादथभ्रश्य तिकालयोगात्कृष्णेतलेतिष्ठतिसर्वकृष्टे ॥ यथात्वयंसिध्यतिजीवलोकस्तत्तेऽभिधास्याम्यसुरप्रवीर ४४

विषयवियोगहीनोनिरयेचसंवर्तकृतानिकल्पेकल्पेकृतानिफलानिभुंजानोगतीःसंचरंस्तिष्ठतीतिपूर्वेणान्वयः । गतिसंख्यादशपंचचत्वारिचेत्येकोनविंशतिसहस्राणि अयमर्थः । एकोनविंशतिमुखःप्रविविक्तभु गितिश्रुतेः स्वप्नोपमेस्वर्गेपिदशेंद्रियाणिपंचप्राणामनआदिचतुष्टयंचेत्येकोनविंशतिर्जाग्रद्वासनामयानिभोगसाधनानिवर्ततेतान्येवपूर्ववच्चावांतिशतानिसहस्राणिचभवंति । अत्रदिव्योऽपिभोगोरागहेतुत्वात्पुण्यक्षेप कत्वादनित्यत्वाच्चनिरयएवेतिस्वर्गोऽपिनिरयभोगउक्तः । ततश्चैनंनरंनिरयाद्भोगप्रदकर्मणःसकाशात्तुविमुक्तंविद्धि स्वर्गोऽपिक्षयवानित्यर्थः अन्येष्वपिसंभवेषुस्थावरतैर्यग्योन्यादिषुमानुषवर्ज्येषु तस्मात्तिर्यक् सर्गवद्देवसर्गोऽपिभोगभूमित्वाद्धेयएवेतिभावः ४१ । ४२ व्यतीतेइत्यस्यार्थंस्पष्टयति सइति । देवामानुषत्वंमानुषाश्चदेवत्वंभजंतइत्यर्थः । अमृतत्वं अष्टौपूर्वोक्तानिश्रोत्रत्वक्चक्षुजिह्वाघ्राणचित्तमनोबुद्ध्याख्या निज्ञानेंद्रियाणि दृष्टिसृष्टिमाश्रित्यतान्येवस्वस्वविषयलयोदयकारणानीतिविषयभेदात्तान्येवशतानिसहस्राणिवालयोदयान्मर्त्येषुयस्तिष्ठतिसचपैतीत्यन्वयः ४३ सोऽस्मात्संकल्पकृताल्लयोदयप्रवाहात्कालः कलिरूपस्तद्योगाच्चप्रभ्रश्यकृष्णेतलेतलवदधोगतेसर्वकृष्टेसर्वेभ्योनीचेस्थावरेतिष्ठति । अयमारोहावरोहप्रवाहपतितःसिद्ध्यतिमुच्यते ४४

भक्त्युपायमेवाह दैवानीति । समुमुक्षुःसप्तव्यूहशतानिदैवानिसंश्रित्यरक्तादिक्रमेणांतेशुक्लएवसन्नवराँल्लोकान्संधावतीतिसंबंधः । एकस्यानेकधाभावोव्यूहः बुद्धेःश्रोत्रत्वक्चक्षुर्जिह्वाघ्राणमनोबुद्धिरूपेणसप्तधाभूतायास्तत्तदिंद्रियवृत्तिभेदात्व्यूहानांशतानिसहस्राणिवापूर्ववद्भवंति । तत्रदैवानिसात्विकानिशमदमादीन्येवसंश्रित्यप्रथमंरक्तःशमाद्यभिमानिदेवतारूपोऽत्यंतंशमादिमान्भवति । ततोहारिद्रोदैवस्ततःशुक्लःकौमारोबालवद्रागद्वेषशून्योभवति ततअष्टावरान् अष्टौपुर्यःअवराअनुत्कृष्टाःपश्चाद्भूतावायेषुतान्सगुणात्मरूपान्लोकान् अर्च्यतमान्धूम्रादिमार्गंप्राप्यचंद्रलोकादर्च्यादर्च्यतरोऽर्चिरादिमार्गंप्राप्योब्रह्मलोकस्ततोऽप्यर्च्यतमान् । ज्ञानैकप्राप्यलोकान्योगफलभूतान् । तस्याभिध्यानात्तृतीयंदेहभेदेविश्वैश्वर्यंकेवलआप्तकामइत्यादिश्रुतिप्रसिद्धंतृतीयमैश्वर्यंप्राप्नोतीत्यर्थः ४५ अष्टावरानित्येतद्व्याचष्टे अष्टाविति। शतशब्दार्थःप्राग्वत् अयमर्थः सप्तांगएकोनविंशतिमुखइतिजाग्रत्स्वप्नयोस्तुल्यवच्छ्रवणात्सप्तजाग्रदवस्थापंचभूतात्मकःस्थूलदेहःशब्दादिपंचकंचाऽस्यद्रष्टुरंगमिवांगंस्वरूपभूतमप्यविद्यादर्पणेनमुखवत्पराकृत्वंप्रापितस्यसतःप्राप्तये एकोनविंशतिर्दशेंद्रियाणिप्राणपंचकंमनोबुद्ध्यहंकारचित्तचतुष्टयंचेतिमुखानीवप्राप्तिद्वाराणि । अविद्याकामकर्मात्मकस्त्रिशकःसंघातोजाग्रद्वत्स्वप्नेऽपितुल्यइतियान्यष्टावुक्तानितान्येवषष्टिशतानीतियोजना । यदात्वविद्यादित्रयंत्रिंशकात्पृथग्गण्यतेतदाऽपिसर्वेषामावृत्त्याषट्षष्टिः । सुषुप्तौचआनंदभुक्चेतोमुखइतिश्रुतेर्भोग्यआनंदोभोगसाधनंचेतिद्वयंचेत्षट्षष्टिस्तदात्वृजुतरएवार्थः । एतानिमहाद्युतीनांपूर्णप्रकाशानामात्मविदांमनोविरुद्धानिमनसैवविशेषेणरुद्धानि । मूढदृष्ट्यापृथग्भूतान्यपिविदुषांमनोमात्राण्येवेत्यर्थः । सेयंशुक्लस्यवर्णस्यगतिःसंक्षेपेण । त्रीणिजाग्रत्स्वप्नसुषुप्त्याख्यानिरुद्धानिचेच्छिवमद्वैतंचतुर्थंमन्यंते सआत्मास

दैवानिसव्यूहशतानिसप्तरक्तोहरिद्रोऽथतथैवशुक्लः ॥ संश्रित्यसंधावतिशुक्लमेतमष्टावरानर्च्यतमान्सलोकान् ४५
अष्टौचषष्टिंचशतानिचैवमनोविरुद्धानिमहाद्युतीनाम् ॥ शुक्लस्यवर्णस्यपरागतिर्यात्रीण्येवरुद्धानिमहानुभाव ४६
संहारविक्षेपमनिष्टमेकंचत्वारिचान्यानिवसत्यनीशः ॥ षष्ठस्यवर्णस्यपरागतिर्यासिद्धावसिद्धस्यगतक्लमस्य ४७
सप्तोत्तरंतत्रवसत्यनीशःसंहारविक्षेपशतंसशेषम् ॥ तस्मादुपावृत्त्यमनुष्यलोकेततोमहान्मानुषतामुपैति ४८

विज्ञेयइतिश्रुतिप्रसिद्धस्यतुर्यस्यप्राप्तिः । एवशब्देनत्रयरोधात्मिकैवतुर्यप्राप्तिस्तुर्यस्यप्रत्यक्त्वेनाप्राप्यत्वात् ४६ एवंविदोजीवन्मुक्तस्यापिप्रारब्धकर्मभोगस्यापरिहार्यत्वमाह संहारेति । एकंसंहारविक्षेपशतमनिष्टंवसतीति एकंभोगायारब्धंजन्मदृष्टिसृष्टचभिप्रायेणलयोदयशतात्मकमिहदेहेवसतीत्यध्याहृत्ययोज्यं । अस्यैवयोगिनःक्रममुक्तिमाह चत्वारीति । अनीशोयोगैश्वर्योपस्थापितान्दिव्यान्भोगास्त्यक्तुमसमर्थोयोग्यन्यानिचत्वारिमहर्जनस्तपःसत्यलोकाख्यानियोगबलतारतम्येनैश्वर्यतारतम्यवंतिक्रममुक्तिस्थानानिवसत्यधिवसति । वासेनिमित्तमाह षष्ठस्येति । यागतिःसत्वशुद्ध्यात्मिकातस्याःसिद्धावप्यसिद्धस्यशुद्धब्रह्मसाक्षात्कारेणजीवन्मुक्ततामप्राप्तस्यगतक्लमस्यनष्टरागादिदोषस्य । योगसिद्धोऽपिब्रह्मात्मैक्यज्ञानात्क्रममुक्तिभाग्भवतीत्यर्थः ४७ योगभ्रष्टगतिमाह सप्तेति । अनीशःसम्यग्योगमनुष्ठातुमशक्तः तत्रपरोक्षत्वेननिर्दिष्टेस्वर्गलोके सप्तपूर्वोक्तानिश्रोत्रादिपंचकंमनोबुद्धीचतान्युत्तराणिसत्वोत्कर्षबलेनोत्कृष्टानियास्मिन्तादृशंसंहारविक्षेपशतंसशेषंकर्मशेषसहितं । ध्येयब्रह्मसाक्षात्कारेहि 'तद्यथैषीकातूलमग्नौप्रोतंप्रदूयेतैवंहास्यसर्वेपाप्मानःप्रदूयंते'इतिनिःशेषपापदाहश्रुतेस्ततःप्रागारब्धयोगस्ययोगिनःकर्मशेषमस्तीतियुक्तंशुद्धकर्मासन्योगीभाग्योगसिद्धेर्मृतश्चेद्ध्रुवोलोकंस्वर्लोकंचगच्छतीत्यर्थः । ततश्चमानुषंजन्मप्राप्यमहान्कुलशीलविद्यादिनापूज्योभवति ४८

तस्मान्मानुषाद्भावादुपावृत्त्यनिष्क्रम्याऽग्रेउत्तरमुत्तरंभूतसर्गंमतिगन्तुंसंतिष्ठतिप्रस्थानंकरोति पूर्वाभ्यासवशादुत्तरोत्तरांयोगभूमिकामारोहतीत्यर्थः । सएवंप्रतिष्ठमानःसप्तकृत्वःसप्तवारंलोकान्परैतिपर्यटतिसंहारविक्षेपयोःसमाधिव्युत्थानाभ्यांकृतःसंवादितःप्रभावऐश्वर्यंयेनसः । अयमर्थः प्रथमांभूमिमारूढोयोगीमृतःस्वर्गंप्राप्यततश्च्युतःसार्वभौमोराजाभवति एवंसोऽयंभूलोकजयः । एवमुत्तरोत्तरयोगकलावृद्ध्याउत्तरमुत्तरंलोकंजयति । अंतेब्रह्मलोकंसप्तमंप्राप्यापिपुनरावर्ततेयदिध्येयवस्तुन्यहंग्रहंनकुर्वीत तंकुर्वंस्तुब्रह्मणासहैवमुच्यते । तत्रप्रमाणानि 'प्राप्यपुण्यकृतांल्लोकानुषित्वाशाश्वतीःसमाः ॥ शुचीनांश्रीमतांगेहेयोगभ्रष्टोऽभिजायते ॥ तत्रतंबुद्धिसंयोगंलभतेपौर्वदेहिकं ॥ यततेचततोभूयःसंसिद्धौकुरुनंदन' इतिगीता । 'आब्रह्मभुवनाल्लोकाःपुनरावर्तिनोऽर्जुन' इतिच । 'ब्रह्मणासहतेसर्वेसंप्राप्तेप्रतिसंचरे ॥ परस्यांतेकृतात्मानःप्रविशंतिपरंपदं' इतिच ४९ सप्तेति । एवशब्दोभिन्नक्रमः संहारमितिणमुलंतं सप्तभूरादिसत्यलोकांतांल्लोकान्मनोबुद्धिसहितानिज्ञानेंद्रियाणिवासंहृत्यैवबोधेनबाधित्वाजीवलोकेसंतिष्ठतिसम्यक्मोहशोकाभावादास्ते । संहारेबीजमुपप्लवानिसंभ्याव्यतेषांबुद्ध्यादीनांभूरादीनांवादुःखरूपत्वंनिश्चित्यततोदेहांतेअव्ययमपरिणामिस्थानमतएवानंतंत्रिविधपरिच्छेदशून्यंशुद्धंब्रह्मएतिप्राप्नोति । तचुस्थानं

तस्मादुपावृत्यततःक्रमेणसोग्रेणसंतिष्ठतिभूतसर्गम् ॥ ससप्तकृत्वश्चपरैतिलोकान्संहारविक्षेपकृतप्रभावः ४९ सप्तैवसंहारमुपप्लवानिसंभाव्यसंतिष्ठतिजीवलोके ॥ ततोऽव्ययस्थानमनंतमेतिदेवस्यविष्णोरथब्रह्मणश्च ॥ शेषस्यचैवाथनरस्यचैवदेवस्यविष्णोःपरमस्यचैव ५० संहारकालेपरिदग्धकायाब्रह्माणमायांतिसदाप्रजाहि ॥ चेष्टात्मनोदेवगणाश्चसर्वेयेब्रह्मलोकादपराःस्मतेऽपि ५१ प्रजाविसर्गंतुसशेषकालेस्थानानिस्वान्येवसरंतिजीवाः ॥ निःशेषतस्तत्पदंयांतिचान्तेसर्वेदेवायेसदृशामनुष्याः ५२ येतुच्युताःसिद्धलोकात्क्रमेणतेषांगतिंयांतियथानुपूर्व्या ॥ जीवाःपरेतद्बलतुल्यरूपाःस्वंस्वंविधिंयांतिविपर्ययेण ५३

केचिद्देवस्यमहादेवस्यसंबंधिकैलासमितिवदंतिशांभवाः । विष्णोर्वैकुंठमितिवैष्णवाः । ब्रह्मणोब्रह्मलोकइतिहैरण्यगर्भाः । शेषस्याऽनंतस्येतितद्भक्ताः । नरस्यजीवस्यैवतत्परंस्थानामितिसांख्याः । देवस्यद्योतमानस्यचिन्मात्रस्यविष्णोर्व्यापकस्यपरब्रह्मणस्तुर्यमूर्तिस्वरूपस्यपरमस्येतितद्विष्णोःपरमंपदमितिश्रुतिप्रसिद्धमित्यौपनिषदाः ५० एवंशब्दजान्विकल्पान्मोक्षेउपन्यस्यसर्ववादिसंमतंवस्तुदृष्टमाह संहारेति । परितःसर्वात्मनादग्धबोधेनभस्मीकृताःकायाःस्थूलसूक्ष्मकारणदेहायाभिस्ताः ब्रह्माणंब्रह्म पुंस्त्वमार्ष देवगणाइंद्रियाणि येब्रह्मस्वरूपाल्लोकादपराअर्वाचीनाःप्रकृत्यादयस्तेऽपिपरिदग्धकायाःसंहारकालेमोक्षेब्रह्मप्राप्नुवंति ५१ एवमात्मबोधजमात्यंतिकंप्रलयमुक्त्वाऽवान्तरप्रलयमाह प्रजेति । प्रलयकालेआसन्नतरेयेदेवत्वंप्राप्ताअभुक्तकृत्स्नकर्मफलास्तेपूर्वकल्पार्जितानिस्वानिस्थानानिकल्पांतरेऽपिसरंतिलभंते । सर्वेषांकल्पानांपूर्वपूर्वकल्पसादृश्यात् । 'सूर्याचंद्रमसौधातायथापूर्वमकल्पयत्' इतिश्रुतेश्च । येत्वंतेकल्पांतेनिःशेषतःनिःशेषितकालास्तेस्वर्गनाशेइतरवन्मनुष्यत्वमेवयांतीत्यर्थः । प्रलयशतेनापिकृतंकर्मनननश्यतितत्त्वज्ञानमंतरेणेतिभावः ५२ विधिमदृष्टंपुण्यपापंतत्फलंयांतिप्राप्नुवंति एकस्मिन्नपिकल्पेअसकृदारोहावरोहौवर्तेतेऽतःसंसारभीरुणातत्त्वज्ञानमेवाश्रयणीयामितिभावः ५३

एवंसपरिकरांब्रह्मविद्यामुक्त्वातद्वतोदृष्टिमाह सइति । सब्रह्मवित् यावत्सशेषभुक् शेषंप्रारब्धकर्मतदपरित्यज्यभुंक्तेइतिसशेषभुगस्ति । तावत्तदंगेषुतत्स्वरूपेएवप्रजाःसर्वास्तेशुक्लेदेव्यौपरापरविद्येचवर्तेतेइति शेषः । ब्रह्मविदोविशुद्धकैवल्याबधिकृत्स्नंजगदस्तिअनंतरंनास्तीत्यर्थः । अत्रकिंमानमतआह विशुद्धभावोयोगसंशोधितचित्तोभूत्वासंयम्यधारणाध्यानसमाध्यात्मकंसंयममनुष्ठाय एतत्परिदृश्यमानंवियदादिपंचेंद्रियरूपमित्येवविद्धीतिशेषः । तथाहिप्राणेभ्योदेवादेवेभ्योलोकाइतींद्रियेभ्यःसाक्षात्परंपरयाचदेवानांलोकानांचसृष्टिःश्रूयते । स्वप्नमायेंद्रजालवदुपपद्यतेचैतज्जगतःप्रतिभासमात्रत्वमित्युपपादितमधस्तात् ५४ उपसंहरति शुद्धामिति । शुद्धांनिरवद्यांपरमांगतिंशुद्धचिन्मात्रभावंशुद्धेनमनसाविचिन्वन्श्रवणमननध्यानाभ्यासैर्ज्ञातुमिच्छन्परैतिद्वैतजालंपराहत्यएतिप्राप्नोति । ततोब्रह्मसाक्षात्कारानंतरमव्ययंस्थानंमोक्षमुपैति । ग्रामवत्प्राप्यत्वमस्त्वित्यतआह ब्रह्म नहित्रिविधपरिच्छेदशून्यस्यगगनस्येवप्राप्यत्वंसंभवति । अथापिदुष्प्रापमविद्यादिनाव्यवधानात् शाश्वतंनित्यंप्राप्तमप्यभ्येतिकंठगतचामीकरवदित्यर्थः । तथाचश्रुतयो 'ब्रह्मवाइदमग्रआसीत्तदाऽऽत्मानमेवावेदहंब्रह्मास्मीति ब्रह्मैवसन्ब्रह्माप्येतितत्त्वमस्ययमात्माब्रह्म' इत्यादयःसिद्धवद्ब्रह्मभावंजीवस्योपदिशंति ५५ हेअहीनसत्व ५६ एवमुक्तप्रकारेणगतेजगतोमनो

सयावदेवास्तिसशेषभुक्तेप्रजाश्चदेव्यौचतथैवशुक्ले ॥ तावत्तदंगेषुविशुद्धभावःसंयम्यपंचेंद्रियरूपमेतत् ५४ शुद्धांगतिंतांपरमांपरैतिशुद्धेननित्यंमनसाविचिन्वन् ॥ ततोऽव्ययंस्थानमुपैतिब्रह्मदुष्प्रापमभ्येतिसशाश्वतंवै ५५ इत्येतदाख्यातमहीनसत्त्वनारायणस्येहबलंमयाते ५६ ॥ ॥ वृत्रउवाच ॥ एवंगतेमेनविषादोऽस्तिकश्चित्सम्यक्चपश्यामिवचस्तथैतत् ॥ श्रुत्वातुतेवाचमदीनसत्वविकल्मषोऽस्म्यद्यतथाविपाप्मा ५७ प्रवृत्तमेतद्भगवन्महर्षेमहाद्युतेश्चक्रमनंतवीर्यम् ॥ विष्णोरनंतस्यसनातनंतत्स्थानंसर्गायत्रसर्वेप्रवृत्ताः ॥ सवैमहात्मापुरुषोत्तमोवैतस्मिन्जगत्सर्वमिदंप्रतिष्ठितम् ५८ ॥ ॥ भीष्मउवाच ॥ एवमुक्त्वासकौन्तेयवृत्रःप्राणानवासृजत् ॥ योजयित्वातथाऽऽत्मानंपरंस्थानमवाप्तवान् ५९ ॥ ॥ युधिष्ठिरउवाच ॥ अयंसभगवान्देवःपितामहजनार्दनः ॥ सनत्कुमारोवृत्रायायत्तदाख्यातवान्पुरा ६० ॥ ॥ भीष्मउवाच ॥ मूलस्थायीमहादेवोभगवान्स्वेनतेजसा ॥ तत्स्थःसृजतितान्भावान्नानारूपान्महामनाः ६१

मात्रत्वेस्थितेसति वचोवचोर्थब्रह्माद्वैतं विकल्मषोनिरवद्यः विपाप्माशोकमोहहीनः ५७ श्रुतंविष्णुमाहात्म्यमनुसंधत्ते प्रवृत्तमितिसार्धेन ५८ एवमिति । इंद्रेणसहयुध्यन् अंतकालेप्रवृत्तमेतदित्यादिसार्धश्लोकेनविष्णुमनुसंधायाऽऽत्मानंब्रह्मणियोजयित्वा ५९ अयंसइतिपुरोवर्तिनंकृष्णमंगुल्यानिर्दिशति श्रीकृष्णएवसर्वशास्त्रप्रतिपाद्यइत्यर्थः ६० राजवन्मूर्तिमांस्तटस्थईश्वरइतियुधिष्ठिरस्यभ्रमोमाभूदितिभीष्मउवाचमूलेति ।मूलमधिष्ठानंतद्वन्निर्विकारेणरूपेणतिष्ठतीतिमूलस्थायी । योऽधिष्ठानचिद्रूपःसमहादेवोमहान्चिदात्मामायानिष्कृष्टोभूस्थानीयःप्रथमःसएवमायाशबलोभगवान्षड्भिरैश्वर्यवान्कारणात्माभवति । बीजस्थानीयश्चिदचिदुभयात्माद्वितीयःसोऽपिस्वेनस्वकार्येणतेजसोपलक्षितस्तैजसाख्यकार्यब्रह्मतांप्राप्तस्तृतीयोवृक्षस्थानीयोभवतितत्स्थस्तस्मिन्ब्रह्मांडरूपेकार्येतिष्ठन्नयंश्रीकृष्णोऽनेकबीजगर्भफलस्थानीयश्चतुर्थः । तान्भावान्कार्यकारणरूपान्वृक्षबीजाभावान्सृजति । महामनाःमहत्परिच्छेदाभिमानशून्यंसत्यसंकल्पादिगुणकंमनोयस्यसतथा ६१

अस्यरूपमाह तुरीयेति । तस्यमूलस्थायिनश्चिन्मात्रस्यतुरीयार्धेनाऽष्टमांशेननिष्पन्नमिमंमूर्तिमंतंकेशवंविद्धि । अच्युतमितिमूर्तिमतएवयावदविद्यंनित्यत्वमुक्तं तथाहि । मूलस्थायिपूर्णचैतन्यभगवतिमायाशस्य
समप्राधान्यादर्धम् । तैजसेत्वाविद्यकेसमष्टिकार्येबीजांशस्यार्धस्यैवसत्वात्तुरीयांशश्चैतन्यस्यास्ति । व्यष्टिकार्येतुपरिच्छिन्नेदेहाद्यभेदाभिमानादष्टमांशश्चैतन्यस्यास्ति । तदिदमुक्तंतुरीयार्धेनतस्येमंविद्धीति ।
नन्वेवमस्मदादितुल्यएवायमितितमुद्दिश्याऽयंसभगवानितियुधिष्ठिरोक्तिरयुक्ता । उपाध्यंशाविवक्षायांत्वस्माकमपितथात्वमस्तीत्याशंक्याह तुरीयार्धेनेति । पूर्वोक्तरीत्याकृष्णेपक्कफलाभेईशादिस्रष्टृत्वंयुक्तमपक्क
फलाभेष्वस्मासुत्वनीशत्वंस्फुटमितिनतेनसहास्माकंसाम्यप्रसंगः ६२ एतदेवकार्यकारणयोर्लयप्रतिपादनेनद्रढयति अर्वागितिसार्धेन । अर्वाक्स्थितःस्थायीसमष्टिकार्यात्मातृतीयोऽस्मदादिशरीरापेक्षयानित्योऽ
पिकल्पांतेपरिवर्ततेनश्यतीत्यर्थः । यस्तुभगवान्द्वितीयोऽतिबलोऽनेकब्रह्मांडलयोदयबीजभूतःप्रभुरंतर्यामीसोऽपिअप्स्वापइवापस्तासु । सलिलएकोद्रष्टाऽद्वैतोभवतीतिश्रुत्यापरावरवर्जितसलिलाभत्वेननिरूपि
तेअखंडैकरसेब्रह्मणिशेतेलीयते । ईश्वरस्यास्यनित्यत्वंव्यवहारापेक्षयैवोच्यतेनतुपरमार्थतइतिनतद्वयोक्तिरसंगता । तानित्यनुवाद्यमप्शब्दमपेक्ष्यबहुत्वंविधेयलोकापेक्षंपुंस्त्वंच । तमखंडैकरसंलोकमात्मानंशा
श्वतंनित्यप्राप्तमेवविधाताचतुर्मुखःप्रसन्नात्माशुद्धचित्तःसन्नविद्यापनयमात्रेणचरतिगच्छतिप्राप्नोति ब्रह्मादीनांचेतनानामपितदेवलयस्थानमित्यर्थः ६३ सोऽयमनंतःपरमात्मासर्वाणिकारणानिचाशून्यानिस्वस

तुरीयार्धेनतस्येमंविद्धिकेशवमच्युतम् ॥ तुरीयार्धेनलोकांस्त्रीन्भावयत्येवबुद्धिमान् ६२ अर्वाक्स्थितस्तुयःस्थायीकल्पांतेपरिवर्तते ॥ सशेतेभगवानप्सुयो
ऽसावतिबलःप्रभुः ॥ तान्विधाताप्रसन्नात्मालोकांश्चरतिशाश्वतान् ६३ सर्वाण्यशून्यानिकरोत्यनंतःसनातनःसंचरतेचलोकान् ॥ सचानिरुद्धःसृजतेमहात्मा
तत्स्थंजगत्सर्वमिदंविचित्रम् ६४ ॥ युधिष्ठिरउवाच ॥ वृत्रेणपरमार्थज्ञदृष्टामन्येत्मनोगतिः ॥ शुभातस्मात्ससुखितोनशोचतिपितामह ६५ शुक्लःशुक्लाभि
जातीयःसाध्योनावर्ततेऽनघ ॥ तिर्यग्गतेश्चनिर्मुक्तोनिरयाच्चपितामह ६६ हारिद्रवर्णेरक्तेवावर्तमानस्तुपार्थिव ॥ तिर्यगेवानुपश्येतकर्मभिस्तामसैर्वृतः ६७
वयंतुभृशमापन्नारक्तादुःखसुखेसुखे ॥ कांगतिंप्रतिपत्स्यामोनीलांकृष्णाधमामथ ६८

त्तास्फूर्तिप्रदानेनपूर्णानिकरोति । सनातनःसर्वदैकरूपोऽपिमायिकउपाधिविशिष्टेनरूपेणश्रीकृष्णात्मनालोकान्संचरते । सचैवंभूतोऽप्यस्मदादिवदुपाधिधर्मेणनानिरुध्यतेऽतोऽनिरुद्धोऽहंकारःसन्जगत्सृजते
महात्मासर्वाधारत्वयोग्यः । तथाचश्रुतिः 'अस्मान्मायीसृजतेविश्वमेतत्तस्मिंश्चान्योमाययासन्निरुद्धः'इतिस्रष्टुर्मायासन्निरुद्धादन्यत्वमाह तत्स्थंबीजेतरुरिवफलेबीजानीवपरमात्मनिकृष्णेसर्वंजगदस्ति । तथाचश्रुतिः
'हिरण्यश्मश्रुर्हिरण्यकेशः'इति । विग्रहधर्मवंतमीश्वरमुपदिश्यइयमेवर्गग्निः सामेत्यृक्सामात्मनानिरूपितंप्रपंचंतस्यर्क्चसामगेष्णावितितदंगुलिपर्वत्वेनानिर्दिशति अतस्तत्स्थंजगद्रंगातरंगन्यायेनयुक्तम् ६४ एवं
ब्रह्मविद्यांश्रुत्वातत्रस्वस्याधिकारोऽस्तिनास्तिवेतिसंदिहानःपृच्छति वृत्रेणेति । त्मनःआत्मनः तस्मादात्मगतिदर्शनात् ६५ शुक्लाभिजातीयःशुक्लवंश्यः साध्यःसाध्यसंज्ञकोदेवइतिनावर्तते ६६ हारिद्रवर्णेसत्वाधि
क्येतमःसाम्येरजसोऽल्पत्वेचषष्ठेदेवतासर्गेउक्ते तथारक्तेरजसआधिक्येसत्वस्यसाम्येतमसोन्यूनत्वेचमध्यमेऽनुग्रहसर्गेचवर्तमानः । तमोरजसोःसाम्यात्कदाचिदावरणस्यप्रवृत्तेर्वाउद्रेकःस्यात्तेनततस्तिर्यगादि
संभाव्यते ६७ वयंतुहारिद्राच्च्युताःकेवलरजःप्रधानेरक्तेवर्तमानानीलांमानुषींवाकृष्णांतवोऽप्यधमांतिर्यग्गतिंवा । कृष्णयासहितामधमांकृष्णाधमाम् ६८

म.भा.टी. एवंभीतंयुधिष्ठिरमाश्वासयति शुद्धेति । हेपांडवायूयंसंपन्नाःस्थ ६९ सिद्धसंख्यांसिद्धेषुगणनाम् ७० ॥ इति शांति०मो०नी०भा० अशीत्यधिकद्विशततमोऽध्यायः ॥ २८० ॥ ॥ अहोइति १ शां.मो.१२

॥१६५॥ ॥ भीष्मउवाच ॥ शुद्धाभिजनसंपन्नाःपांडवाःसंशितव्रताः ॥ विहृत्यदेवलोकेषुपुनर्मानुषमेष्यथ ६९ प्रजाविसर्गंचसुखेनकालेप्रत्येत्यदेवेषुसुखानिभुक्त्वा ॥ अ०
सुखेनसंयास्यथसिद्धसंख्यांमावोभयंभूद्विमलाःस्थसर्वे ७० ॥ ॥ इतिश्रीमहाभारतेशांतिपर्वणिमोक्षधर्मपर्वणिवृत्रगीतासुअशीत्यधिकद्विशततमोऽध्यायः
॥ २८० ॥ ॥ युधिष्ठिरउवाच ॥ अहोधर्मिष्ठताताततवृत्रस्यामिततेजसः ॥ यस्यविज्ञानमतुलंविष्णोर्भक्तिश्चतादृशी १ दुर्विज्ञेयंपदंताताविष्णोरमितते ॥२८१॥
जसः ॥ कथंवाराजशार्दूलपदंतुज्ञातवानसौ २ भवताकथितंह्येतच्छ्रद्दधेचाहमच्युतम् ॥ भूयस्तुमेसमुत्पन्नाबुद्धिरव्यक्तदर्शनात् ३ कथंविनिहतोवृत्रःशक्रेण
पुरुषर्षभ ॥ धार्मिकोविष्णुभक्तश्चतत्त्वज्ञश्चपदान्वये ४ एतन्मेसंशयंब्रूहिपृच्छतेभरतर्षभ ॥ वृत्रस्तुराजशार्दूलयथाशक्रेणनिर्जितः ५ यथाचैवाभवद्युद्धंतच्चाच
क्ष्वपितामह ॥ विस्तरेणमहाबाहोपरंकौतूहलंहिमे ६ ॥ भीष्मउवाच ॥ रथेनेंद्रःप्रयातोवैसार्धंदेवगणैःपुरा ॥ ददर्शाथाग्रतोवृत्रंधिष्ठितंपर्वतोपमम् ७ योजना
नांशतान्यूर्ध्वंपंचोच्छ्रितमरिंदम ॥ शतानिविस्तरेणाथत्रीण्येवाभ्यधिकानिवै ८ तत्प्रेक्ष्यतादृशंरूपंत्रैलोक्येनापिदुर्जयम् ॥ वृत्रस्यदेवाःसंत्रस्तानशांतिमुपले
भिरे ९ शक्रस्यतुतदाराजन्नूरुस्तंभोव्यजायत ॥ भयाद्वृत्रस्यसहसादृष्ट्वातद्रूपमुत्तमम् १० ततोनादःसमभवद्वादित्राणांचनिःस्वनः ॥ देवासुराणांसर्वेषांतस्मि
न्युद्धेह्युपस्थिते ११ अथवृत्रस्यकौरव्यदृष्ट्वाशक्रमवस्थितम् ॥ नसंभ्रमोनभीःकाचिदास्थावासमजायत १२ ततःसमभवद्युद्धंत्रैलोक्यस्यभयंकरम् ॥ शक्रस्यचसुरें
द्रस्यवृत्रस्यचमहात्मनः १३ असिभिःपट्टिशैःशूलैःशक्तितोमरमुद्गरैः ॥ शिलाभिर्विविधाभिश्चकार्मुकैश्चमहास्वनैः १४ शस्त्रैश्चविविधैर्दिव्यैःपावकोल्काभिरेवच ॥
देवासुरैस्ततःसैन्यैःसर्वमासीत्समाकुलम् १५ पितामहपुरोगाश्चसर्वेदेवगणास्तथा ॥ ऋषयश्चमहाभागास्तद्युद्धंद्रष्टुमागमन् १६ विमानाग्र्यैर्महाराजसिद्धाश्चभ
रतर्षभ ॥ गंधर्वाश्चविमानाग्र्यैरप्सरोभिःसमागमन् १७ ततोन्तरिक्षमावृत्यवृत्रोधर्मभृतांवरः ॥ अश्मवर्षेणदेवेंद्रंसमाकिरदतिद्रुतम् १८ ततोदेवगणाःक्रुद्धाःसर्वतः
शरवृष्टिभिः ॥ अश्मवर्षमपोहंतवृत्रप्रेरितमाहवे १९ वृत्रस्तुकुरुशार्दूलमहामायोमहाबलः ॥ मोहयामासदेवेंद्रंमायायुद्धेनसर्वशः २० तस्यवृत्रार्दितस्याथमोहआसी
च्छतक्रतोः ॥ रथंतरेणतंतत्रवसिष्ठःसमबोधयत् २१ ॥ वसिष्ठउवाच ॥ देवश्रेष्ठोऽसिदेवेंद्रदैत्यासुरनिबर्हण ॥ त्रैलोक्यबलसंयुक्तःकस्माच्छक्रविषीदसि २२
एषब्रह्माचविष्णुश्चशिवश्चैवजगत्पतिः ॥ सोमश्चभगवान्देवःसर्वेचपरमर्षयः २३ माकार्षीःकश्मलंशक्रकश्चिदेवेतरोयथा ॥ आर्यांयुद्धेमतिंकृत्वाजहिशत्रून्सुराधिप २४

पदंस्थानं पदंपदनीयम् २ वृत्रवधश्रव्यापकेत्वद्वचसिश्रद्धाचवैष्णवस्यवृत्रस्यवधानर्हत्वंचेतिविरुद्धकोटिद्वयेनव्यक्तंस्पष्टमन्यतरकोटिनिश्चयाकंदर्शनंव्यक्तदर्शनंतदभावादव्यक्तदर्शनात् ३ पदान्वयेव्यक्त
दर्शनवेदांतवाक्यार्थविचारे ४ । ५ । ६ । ७ । ८ । ९ । १० । ११ । १२ । १३ । १४ । १५ । १६ । १७ । १८ । १९ । २० । २१ । २२ । २३ । २४ ॥

२५ । २६ । २७ । २८ । २९ । ३० । ३१ । ३२ । ३३ । ३४ । ३५ । ३६ । ३७ । ३८ । ३९ । ४० । ४१ । ४२ । ४३ । ४४ ॥ इतिशांतिपर्वणि मोक्षधर्मपर्वणि नीलकंठीये भारतभावदीपे

एषलोकगुरुर्यक्षःसर्वलोकनमस्कृतः ॥ निरीक्षेतेत्वांभगवांस्त्यजमोहंसुराधिप २५ एतेब्रह्मर्षयश्चैवबृहस्पतिपुरोगमाः ॥ स्तवेनशक्रदिव्येनस्तुवंतित्वांजया
यवै २६ ॥ भीष्मउवाच ॥ एवंसंबोध्यमानस्यवसिष्ठेनमहात्मना ॥ अतीववासवस्यासीद्बलमुत्तमतेजसः २७ ततोबुद्धिमुपागम्यभगवान्पाकशासनः ॥
योगेनमहतायुक्तस्तांमायांव्यपकर्षत २८ ततोऽङ्गिरसुतःश्रीमांस्तेचैवसुमहर्षयः ॥ दृष्ट्वावृत्रस्यविक्रांतमुपागम्यमहेश्वरम् २९ ऊचुर्वृत्रविनाशार्थंलोकानां
हितकाम्यया ॥ ततोभगवतस्तेजोज्वरोभूत्वाजगत्पतेः ३० समाविशत्तदारौद्रोवृत्रंलोकपतिंतदा ॥ विष्णुश्चभगवान्देवःसर्वलोकाभिपूजितः ३१ऐंद्रंसमावि
शद्वज्रंलोकसंरक्षणेरतः ॥ ततोबृहस्पतिर्धीमानुपागम्यशतक्रतुम् ॥ वसिष्ठश्चमहातेजाःसर्वेचपरमर्षयः ३२ तेसमासाद्यवरदंवासवंलोकपूजितम् ॥ ऊचुरेकाग्रम
नसोजहिवृत्रमितिप्रभो ३३ ॥ महेश्वरउवाच ॥ एषवृत्रोमहान्शक्रबलेनमहतावृतः ॥ विश्वात्मासर्वगश्चैवबहुमायश्चविश्रुतः ३४ तदेनमसुरश्रेष्ठंत्रैलोक्येनापि
दुर्जयम् ॥ जहित्वंयोगमास्थायमावमंस्थाःसुरेश्वर ३५ अनेनहितपस्तप्तंबलार्थममराधिप ॥ षष्टिंवर्षसहस्राणिब्रह्माचास्मैवरंददौ ३६ महत्त्वंयोगिनांचैवम
हामायत्वमेवच ॥ महाबलत्वंचतथातेजश्चाग्र्यंसुरेश्वर ३७ एतत्त्वांमामकंतेजःसमाविशतिवासव ॥ व्यग्रमेनंत्वमप्येनंवज्रेणजहिदानवम् ३८ ॥ शक्रउवाच ॥
भगवंस्त्वत्प्रसादेनदितिजंसुदुरासदम् ॥ वज्रेणनिहनिष्यामिपश्यतस्तेसुरर्षभ ३९ ॥ भीष्मउवाच ॥ आविश्यमानेदैत्येतुज्वरेणाथमहासुरे ॥ देवतानामृषीणां
चहर्षान्नादोमहानभूत् ४० ततोदुंदुभयश्चैवशंखाश्चसुमहास्वनाः ॥ मुरजाडिंडिमाश्चैवप्रावाद्यंतसहस्रशः ४१ असुराणांतुसर्वेषांस्मृतिलोपोमहानभूत् ॥
मायानाशश्चबलवान्क्षणेनसमपद्यत ४२ तथाविष्टमथोज्ञात्वाऋषयोदेवतास्तथा ॥ स्तुवंतःशक्रमीशानंतथाप्राचोदयन्नपि ४३ रथस्थस्यहिशक्रस्ययुद्धकाले
महात्मनः ॥ ऋषिभिःस्तूयमानस्यरूपमासीत्सुदुर्दृशम् ४४ ॥ ॥ इति श्रीमहाभारते शांतिपर्वणि मोक्षधर्मपर्वणि वृत्रवधे एकाशीत्यधिकद्विशततमो
ऽध्यायः ॥ २८१ ॥ ॥ भीष्मउवाच ॥ वृत्रस्यतुमहाराजज्वराविष्टस्यसर्वशः ॥ अभवन्यानिलिंगानिशरीरेतानिमेशृणु १ ज्वलितास्योऽभवद्घोरोवैवर्ण्यं
चागमत्परम् ॥ गात्रकंपश्चसुमहान्श्वासश्चाप्यभवन्महान् २ रोमहर्षश्चतीव्रोऽभून्निःश्वासश्चमहान्नृप ॥ शिवाचाशिवसंकाशातस्यवक्रात्सुदारुणा ३ निष्पपात
महाघोरास्मृतिःसातस्यभारत ॥ उल्काश्चज्वलितास्तस्यदीप्ताःपार्श्वेप्रपेदिरे ४ गृध्राःकंकाबलाकाश्चवाचोमुंचन्सुदारुणाः ॥ वृत्रस्योपरिसंसृष्टाश्चक्रवत्परिबभ्रमुः
५ ततस्तंरथमास्थायदेवाप्यायितआहवे ॥ वज्रोद्यतकरःशक्रस्तंदैत्यंसमवैक्षत ६ अमानुषमथोनादंसमुमोचमहासुरः ॥ व्यजृंभच्चैवराजेंद्रतीव्रज्वरसमन्वितः ७
अथास्यजृंभतःशक्रस्ततोवज्रमवासृजत् ॥ सवज्रःसुमहातेजाःकालाग्निसदृशोपमः ८

एकाशीत्यधिकद्विशततमोऽध्यायः ॥ २८१ ॥ ॥ ॥ वृत्रस्येति १ । २ । ३ । ४ । ५ । ६ । ७ । ८

९ । १० । ११ । १२ । १३ । १४ । १५ । १६ । १७ । १८ । १९ । २० । २१ । २२ । २३ । २४ । २५ । २६ । २७ । २८ । २९ । ३० । ३१ । ३२ यस्त्वमिति यः आहिताग्निरधिकारी

क्षिप्रमेवमहाकायंवृत्रंदैत्यमपातयत् ॥ ततोनादःसमभवत्पुनरेवसमंततः ९ वृत्रंविनिहतंदृष्ट्वादेवानांभरतर्षभ ॥ वृत्रंतुहत्वामघवादानवारिर्महायशाः १० वज्रेण विष्णुयुक्तेनदिवमेवसमाविशत् ॥ अथवृत्रस्यकौरव्यशरीरादभिनिःसृता ११ ब्रह्मवध्यामहाघोरारौद्रालोकभयावहा ॥ करालदशनाभीमाविकृताकृष्णपिंगला ॥ १२ प्रकीर्णमूर्धजाचैवघोरनेत्राचभारत ॥ कपालमालिनीचैवकृत्येवभरतर्षभ १३ रुधिरार्द्राचधर्मज्ञचीरवल्कलवासिनी ॥ साऽभिनिष्क्रम्यराजेंद्रतादृग्रूपाभ यावहा १४ वज्रिणंमृगयामासतदाभरतसत्तम ॥ कस्यचित्त्वथकालस्यवृत्रहाकुरुनंदन १५ स्वर्गायाभिमुखःप्रायाल्लोकानांहितकाम्यया ॥ साविनिःसरमाणंतु दृष्ट्वाशक्रंमहौजसम् १६ जग्राहवध्यादेवेंद्रंसुलग्नाचाभवत्तदा ॥ सहितस्मिन्समुत्पन्नेब्रह्मवध्याकृतेभये १७ नलिन्याबिसमध्यस्थउवासाब्दगणान्बहून् ॥ अनुसृ त्यतुयत्नात्सतयावैब्रह्महत्यया १८ तदागृहीतःकौरव्यनिस्तेजाःसमपद्यत ॥ तस्याव्यपोहनेशक्रःपरंयत्नंचकारह १९ नचाशकत्तांदेवेंद्रोब्रह्मवध्यांव्यपोहि तुम् ॥ गृहीतएवतुतयादेवेंद्रोभरतर्षभ २० पितामहमुपागम्यशिरसाप्रत्यपूजयत् ॥ ज्ञात्वागृहीतंशक्रंसद्विजप्रवरवध्यया २१ ब्रह्मासचिंतयामासतदाभरतसत्तम ॥ तामुवाचमहाबाहोब्रह्मवध्यांपितामहः २२ स्वरेणमधुरेणाथसांत्वयन्निवभारत ॥ मुच्यतांत्रिदशेंद्रोऽयंमत्प्रियंकुरुभाविनि २३ ब्रूहिकिंतेकरोम्यद्यकामंकिंत्वमिहे च्छसि २४ ॥ ब्रह्मवध्योवाच ॥ त्रिलोकपूजितेदेवेप्रीतेत्रैलोक्यकर्तरि ॥ कृतमेवहिमन्यामिनिवासंतुविधत्स्वमे २५ त्वयाकृतेयंमर्यादालोकसंरक्षणार्थिना ॥ स्था पनावैसुमहतीत्वयादेवप्रवर्तिता २६ प्रीतेतुत्वयिधर्मज्ञसर्वलोकेश्वरप्रभो ॥ शक्रादपगमिष्यामिनिवासंसंविधत्स्वमे २७ ॥ भीष्मउवाच ॥ तथेतितांप्राहतदाब्र ह्मवध्यांपितामहः ॥ उपायतःसशक्रस्यब्रह्मवध्यांव्यपोहत २८ ततःस्वयंभुवाध्यातस्तत्रवह्निर्महात्मना ॥ ब्रह्माणमुपसंगम्यततोवचनमब्रवीत् २९ प्राप्तोऽस्मि भगवन्देवत्वत्सकाशमनिंदित ॥ यत्कर्तव्यंमयादेवतद्भवान्वक्तुमर्हति ३० ॥ ब्रह्मोवाच ॥ बहुधाविभजिष्यामिब्रह्मवध्यामिमामहम् ॥ शक्रस्याघविमोक्षार्थंचतुर्भा गंप्रतीच्छवै ३१ ॥ अग्निरुवाच ॥ ममनोक्षस्यकोऽन्तोवैब्रह्मन्ध्यायस्ववैप्रभो ॥ एतदिच्छामिविज्ञातुंतत्त्वतोलोकपूजित ३२ ॥ ब्रह्मोवाच ॥ यस्त्वांज्वलंतमासा द्यस्वयंवैमानवःक्वचित् ॥ बीजौषधिरसैर्वह्नेनयक्ष्यतितमोवृतः ३३ तमेषायास्यतिक्षिप्रंतत्रैवचनिवत्स्यति ॥ ब्रह्मवध्याहव्यवाहव्येतुतेमानसोज्वरः ३४ इत्युक्तः प्रतिजग्राहतद्वचोहव्यकव्यभुक् ॥ पितामहस्यभगवांस्तथाचतदभूत्प्रभो ३५ ततोवृक्षौषधितृणंसमाहूयपितामहः ॥ इममर्थंमहाराजवक्तुंसमुपचक्रमे ३६ ततोवृ क्षौषधितृणंतथैवोक्तंयथातथम् ॥ व्यथितंवह्निवद्राजन्ब्रह्माणमिदमब्रवीत् ३७ अस्माकंब्रह्मवध्यायाःकोन्तोलोकपितामह ॥ दैवेनाभिहतानस्मान्नपुनर्हंतुमर्हसि ३८

बीजैःपुरोडाशादिना ओषधिरसैःसोमेनपयआदिभिर्वा ३३ । ३४ । ३५ । ३६ । ३७ । ३८

३९।४०।४१।४२।४३।४४।४५।४६।४७।४८।४९।५०।५१।५२।५३।५४।५५।५६। ब्रह्मविदांवधइंद्रस्याप्यत्यंतदुःखदोना ऽहेतुश्चभवतीत्यध्यायतात्पर्यम् ५७। ५८। ५९। ६०। ६१

वयमग्निंतथाशीतंवर्षंचपवनेरितम् ॥ सहामःसततंदेवतथाच्छेदनभेदने ३९ ब्रह्मवध्यामिमामद्यभवतःशासनाद्वयम् ॥ ग्रहीष्यामस्त्रिलोकेशमोक्षंचिंतयतां भवान् ४० ॥ ब्रह्मोवाच ॥ पर्वकालेतुसंप्राप्तेयोवैछेदनभेदनम् ॥ करिष्यतिनरोमोहात्तमेषाऽनुगमिष्यति ४१ ॥ भीष्मउवाच ॥ ततोवृक्षौषधितृणमेवमुक्तं महात्मना ॥ ब्रह्माणमभिसंपूज्यजगामाशुयथागतम् ४२ आहूयाप्सरसोदेवस्ततोलोकपितामहः ॥ वाचामधुरयाप्राहसांत्वयन्निवभारत ४३ इयमिंद्रादनु प्राप्ताब्रह्मवध्यावरांगनाः ॥ चतुर्थमस्याभागांशंमयोक्ताःसंप्रतीच्छत ४४ ॥ अप्सरसऊचुः ॥ ग्रहणेकृतबुद्धीनांदेवेशतवशासनात् ॥ मोक्षंसमयतोऽस्माकं चिंतयस्वपितामह ४५ ॥ ब्रह्मोवाच ॥ रजस्वलासुनारीषुयोवैमैथुनमाचरेत् ॥ तमेषायास्यतिक्षिप्रंव्येतुवोमानसोज्वरः ४६ ॥ भीष्मउवाच ॥ तथेतिहृष्टमनसइत्युक्त्वाऽप्सरसांगणाः ॥ स्वानिस्थानानिसंप्राप्यरेमिरेभरतर्षभ ४७ ततस्त्रिलोककृद्देवःपुनरेवमहातपाः॥ अपःसंचिंतयामासध्यातास्ताश्चाप्यथागमन् ४८ तास्तुसर्वाःसमागम्यब्रह्माणममितौजसम् ॥ इदमूचुर्वचोराजन्प्रणिपत्यपितामहम् ४९ इमाःस्मदेवसंप्राप्तास्त्वत्सकाशमरिंदम ॥ शासनात्तवलोकेशसमाज्ञापयनःप्रभो ५० ॥ ब्रह्मोवाच ॥ इयंवृत्रादनुप्राप्तापुरुहूतंमहाभया ॥ ब्रह्मवध्याचतुर्थांशमस्यायूयंप्रतीच्छत ५१ ॥ आपऊचुः ॥ एवंभवतुलोकेशयथावदसिनःप्रभो ॥ मोक्षंसमयतोऽस्माकंसंचिंतयितुमर्हसि ५२ त्वंहिदेवेशसर्वस्यजगतःपरमागतिः ॥ कोऽन्यःप्रसादोहिभवेद्यन्नःकृच्छ्रात्समुद्धरेत् ५३ ॥ ब्रह्मोवाच ॥ अल्पाइतिमतिंकृत्वायोनरोबुद्धिमोहितः ॥ श्लेष्ममूत्रपुरीषाणियुष्मासुप्रतिमोक्ष्यति ५४ तमियंयास्यतिक्षिप्रंतत्रैवचानिवत्स्यति ॥ तथावोभवितामोक्षइतिसत्यंब्रवीमिवः ५५ ततोविमुच्यदेवेंद्रंब्रह्मवध्यायुधिष्ठिर ॥ यथाविसृष्टंतंवासमगमद्देवशासनात् ५६ एवंशक्रेणसंप्राप्ताब्रह्मवध्याजनाधिप॥ पितामहमनुज्ञाप्यसोऽश्वमेधमकल्पयत् ५७ श्रूयतेचमहाराजसंप्राप्तावासवेनवै ॥ ब्रह्मवध्याततःशुद्धिंहयमेधेनलब्धवान् ५८ समवाप्यश्रियंदेवोहत्वाऽरींश्चसहस्रशः ॥ प्रहर्षमतुलंलेभेवासवःपृथिवीपते ५९ वृत्रस्यरुधिराच्चैवशिखंडाःपार्थजज्ञिरे ॥ द्विजातिभिरभक्ष्यास्तेदीक्षितैश्चतपोधनैः ६० सर्वावस्थंत्वमप्येषांद्विजातीनांप्रियंकुरु ॥ इमेहिभूतलेदेवाःप्रथिताःकुरुनंदन ६१ एवंशक्रेणकौरव्यबुद्धिसौक्ष्म्यान्महासुरः ॥ उपायपूर्वंनिहतोवृत्रोह्यमिततेजसा ६२ एवं त्वमपिकौन्तेयपृथिव्यामपराजितः ॥ भविष्यसियथादेवःशतक्रतुरमित्रहा ६३ येतुशक्रकथांदिव्यामिमांपर्वसुपर्वसु ॥ विप्रमध्येवदिष्यंतिनतेप्राप्स्यंतिकिल्बिषम् ६४ इत्येतद्वृत्रमाश्रित्यशक्रस्यात्यद्भुतंमहत् ॥ कथितंकर्मतेतातकिंभूयःश्रोतुमिच्छसि ६५॥ इतिश्रीमहाभारतेशां०मोक्ष०ब्रह्महत्याविभागेद्व्यशीत्यधिकद्विशततमोऽध्यायः ॥ २८२ ॥

६२। ६३। ६४। ६५ ॥ इतिशांतिपर्वणिमोक्षधर्मपर्वणिनीलकंठीये भारतभावदीपे द्व्यशीत्यधिकद्विशततमोऽध्यायः ॥ २८२ ॥

प्रसंगात्ज्वरोत्पत्तिंपृच्छति पितामहेत्यादिना १ । २ । ३ । ४ । ५ । ६ । ७ । ८ । ९ । १० । ११ । १२ । १३ । १४ । १५ । १६ । १७ । १८

॥ युधिष्ठिरउवाच ॥ पितामहमहाप्राज्ञसर्वशास्त्रविशारद ॥ अस्मिन्वृत्रवधेदेवविवक्षाममजायते १ ज्वरेणमोहितोवृत्रःकथितस्तेजनाधिप ॥ निहतोवासवेने
हवज्रेणेतितदाऽनघ २ कथमेषमहाप्राज्ञज्वरःप्रादुर्बभौकुतः ॥ ज्वरोत्पत्तिंनिपुणतःश्रोतुमिच्छाम्यहंप्रभो ३ ॥ भीष्मउवाच ॥ शृणुराजन्ज्वरस्येमंसंभवंलो
कविश्रुतम् ॥ विस्तरंचास्यवक्ष्यामियादृशश्चैवभारत ४ पुरामेरोर्महाराजशृंगंत्रैलोक्यपूजितम् ॥ ज्योतिष्कंनामसावित्रंसर्वरत्नविभूषितम् ५ अप्रमेयमना
धृष्यंसर्वलोकेषुभारत ॥ तत्रदेवोगिरितटेहेमधातुविभूषिते ६ पर्यङ्कइवविभ्राजन्नुपविष्टोबभूवह ॥ शैलराजसुताचास्यनित्यंपार्श्वेस्थिताबभौ ॥ तथादेवाम
हात्मानोवसवश्चामितौजसः ७ तथैवचमहात्मानावश्विनौभिषजांवरौ ॥ तथावैश्रवणोराजागुह्यकैरभिसंवृतः ८ यक्षाणामीश्वरःश्रीमान्कैलासनिलयःप्रभुः ॥
उपासंतमहात्मानमुशनाचमहामुनिः ९ सनत्कुमारप्रमुखास्तथैवचमहर्षयः ॥ अंगिरःप्रमुखाश्चैवतथादेवर्षयोऽपरे १० विश्वावसुश्चगंधर्वस्तथानारदपर्वतौ ॥
अप्सरोगणसंघाश्चसमाजग्मुरनेकशः ११ ववौसुखःशिवोवायुर्नानागंधवहःशुचिः ॥ सर्वर्तुकुसुमोपेताःपुष्पवंतोद्रुमास्तथा १२ तथाविद्याधराश्चैवसिद्धाश्चैव
तपोधनाः ॥ महादेवंपशुपतिंपर्युपासंतभारत १३ भूतानिचमहाराजनानारूपधराण्यथ ॥ राक्षसाश्चमहारौद्राःपिशाचाश्चमहाबलाः १४ बहुरूपधराहृ
ष्टानानाप्रहरणोद्यताः ॥ देवस्यानुचरास्तत्रतस्थिरेचानलोपमाः १५ नंदीचभगवांस्तत्रदेवस्यानुमतेस्थितः ॥ प्रगृह्यज्वलितंशूलंदीप्यमानःस्वतेजसा ॥
१६ गंगाचसरितांश्रेष्ठासर्वतीर्थजलोद्भवा ॥ पर्युपासततंदेवंरूपिणीकुरुनंदन १७ सएवंभगवांस्तत्रपूज्यमानःसुरर्षिभिः ॥ देवैश्चसुमहातेजामहादेवोव्यति
ष्ठत १८ कस्यचित्त्वथकालस्यदक्षोनामप्रजापतिः ॥ पूर्वोक्तेनविधानेनयक्ष्यमाणोऽन्वपद्यत १९ ततस्तस्यमखंदेवाःसर्वेशक्रपुरोगमाः ॥ गमनायसमागम्य
बुद्धिमापेदिरेतदा २० तेविमानैर्महात्मानोज्वलनार्कसमप्रभैः ॥ देवस्यानुमतेगच्छन्गंगाद्वारमितिश्रुतिः २१ प्रस्थितादेवतादृष्ट्वाशैलराजसुतातदा ॥ उवा
चवचनंसाध्वीदेवंपशुपतिंपतिम् २२ भगवन्क्वनुयांत्येतेदेवाःशक्रपुरोगमाः ॥ ब्रूहितत्त्वेनतत्त्वज्ञसंशयोमेमहानयम् २३ ॥ महेश्वरउवाच ॥ दक्षोनामम
हाभागेप्रजानांपतिरुत्तमः ॥ हयमेधेनयजतेतत्रयांतिदिवौकसः २४ ॥ उमोवाच ॥ यज्ञमेतंमहादेवकिमर्थंनाधिगच्छसि ॥ केनवाप्रतिषेधेनगमनंतेनविद्यते
२५ ॥ महेश्वरउवाच ॥ सुरैरेवमहाभागेपूर्वमेतदनुष्ठितम् ॥ यज्ञेषुसर्वेषुममनभागउपकल्पितः २६ पूर्वोपायोपपन्नेनमार्गेणवरवर्णिनि ॥ नमेसुराःप्रयच्छं
तिभागंयज्ञस्यधर्मतः २७ ॥ उमोवाच ॥ भगवन्सर्वभूतेषुप्रभावाभ्यधिकोगुणैः ॥ अजय्यश्चाप्यधृष्यश्चतेजसायशसाश्रिया २८ अनेनतेमहाभागप्रतिषे
षेधेनभागतः ॥ अतीवदुःखमुत्पन्नंवेपथुश्चममानघ २९

१९ । २० । २१ । २२ । २३ । २४ । २५ । २६ । २७ । २८ । २९॥

३० । ३१ । ३२ । ३३ । ३४ । ३५ । ३६ । ३७ । ३८ । ३९ । ४० । ४१ । ४२ । ४३ । ४४ । ४५ । ४६ । ४७ । ४८ । ४९ ५० । ५१

॥ भीष्मउवाच ॥ एवमुक्त्वातुसादेवीतदापशुपतिंपतिम् ॥ तूष्णींभूताऽभवद्राजन्दह्यमानेनचेतसा ३० अथदेव्यामतंज्ञात्वाहृद्गतंयच्चिकीर्षितम् ॥ ससमा
ज्ञापयामासतिष्ठत्वमितिनंदिनम् ३१ ततोयोगबलंकृत्वासर्वयोगेश्वरेश्वरः ॥ तंयज्ञंसमहातेजाभीमैरनुचरैस्तदा ३२ सहसाघातयामासदेवदेवःपिनाकधृक् ॥
केचिन्नादानमुंचंतकेचिद्धासांश्वचक्रिरे ३३ रुधिरेणापरेराजंस्तत्राग्निंसमवाकिरन् ॥ केचिद्यूपान्समुत्पाट्यबभ्रमुर्विकृताननाः ३४ आस्यैरन्येचाग्रसंततथैव
परिचारकान् ॥ ततःसयज्ञोनृपतेवध्यमानःसमंततः ३५ आस्थायमृगरूपंवैखमेवाभ्यगमत्तदा ॥ तंतुयंज्ञंतथारूपंगच्छंतमुपलभ्यसः ३६ धनुरादायबाणे
नतदान्वसरतप्रभुः ॥ ततस्तस्यसुरेशस्यक्रोधादमिततेजसः ३७ ललाटात्प्रसृतोघोरःस्वेदबिंदुर्बभूवह ॥ तस्मिन्पतितमात्रेचस्वेदबिंदौतदाभुवि ३८ प्रा
दुर्बभूवसुमहानग्निःकालानलोपमः ॥ तत्रचाजायततदापुरुषःपुरुषर्षभ ३९ ह्रस्वोतिमात्ररक्ताक्षोहरिश्मश्रुर्विभीषणः ॥ ऊर्ध्वकेशोऽतिरोमांगःश्येनोलूकस्त
थैवच ४० करालकृष्णवर्णश्चरक्तवासास्तथैवच ॥ तंयज्ञंसुमहासत्वोऽदहत्कक्षमिवानलः ४१ व्यचरत्सर्वतोदेवान्प्राद्रवत्सऋषींस्तथा ॥ देवाश्चाप्याद्रवन्सर्वे
ततोभीतादिशोदश ४२ तेनतस्मिन्विचरतापुरुषेणविशांपते ॥ पृथिवीह्यचलद्राजन्नतीवभरतर्षभ ४३ हाहाभूतंजगत्सर्वमुपलक्ष्यतदाप्रभुः ॥ पितामहो
महादेवंदर्शयन्प्रत्यभाषत ४४ ॥ ब्रह्मोवाच ॥ भवतोऽपिसुराःसर्वेभागंदास्यंतिवैप्रभो ॥ क्रियतांप्रतिसंहारःसर्वदेवेश्वरत्वया ४५ इमाहिदेवताःसर्वाऋषयश्च
परंतप ॥ तवक्रोधान्महादेवनशांतिमुपलेभिरे ४६ यश्चैषपुरुषोजातःस्वेदात्तेविबुधोत्तम ॥ ज्वरोनामैषधर्मज्ञलोकेषुप्रचरिष्यति ४७ एकीभूतस्यनत्वस्यधा
रणेतेजसःप्रभो ॥ समर्थासकलापृथ्वीबहुधासृजतामयम् ४८ इत्युक्तोब्रह्मणादेवोभागेचापिप्रकल्पिते ॥ भगवंतंतथेत्याहब्रह्माणममितौजसम् ४९ परांचप्री
तिमगमदुत्स्मयंश्चपिनाकधृक् ॥ अवापचतदाभागंयथोक्तंब्रह्मणाभवः ५० ज्वरंचसर्वधर्मज्ञोबहुधाव्यसृजत्तदा ॥ शांत्यर्थंसर्वभूतानांशृणुतच्चापिपुत्रक ५१
शीर्षाभितापोनागानांपर्वतानांशिलाजतु ॥ अपांतुनीलिकांविद्यान्निर्मोकंभुजगेषुच ५२ खोरकःसौरभेयाणामूषरंपृथिवीतले ॥ पशूनामपिधर्मज्ञदृष्टिप्रत्यवरो
धनम् ५३ रंध्रागतमथाश्वानांशिखोद्भेदश्चबर्हिणाम् ॥ नेत्ररोगःकोकिलस्यज्वरःप्रोक्तोमहात्मना ५४ अवीनांपित्तभेदश्चसर्वेषामितिनःश्रुतम् ॥ शुकानाम
पिसर्वेषांहिक्किकाप्रोच्यतेज्वरः ५५ शार्दूलेष्वथधर्मज्ञश्रमोज्वरइहोच्यते ॥ मानुषेषुतुधर्मज्ञज्वरोनामैषभारत ५६ मरणेजन्मनितथामध्येचाविशतेनरम् ॥
एतन्माहेश्वरंतेजोज्वरोनामसुदारुणः ५७ नमस्यश्चैवमान्यश्चसर्वप्राणिभिरीश्वरः ॥ अनेनहिसमाविष्टोवृत्रोधर्मभृतांवरः ५८ व्यजृम्भततततःशक्रस्तस्मैवज्र
५७ मवासृजत् ॥ प्रविश्यवज्रंवृत्रंचदारयामासभारत ५९ दारितश्चसवज्रेणमहायोगीमहासुरः ॥ जगामपरमंस्थानंविष्णोरमिततेजसः ६०

शिलाजतुधातुविशेषः नीलिकाशैवालं ५२ खोरकःपशूनांपादरोगः ५३ रंध्रागतमश्वगलरंध्रगतंमांसखंडं ५४ । ५५ । ५६ । ५७ । ५८ । ५९ । ६०

६१ । ६२ । ६३ ॥ इतिशांतिपर्वणिमोक्षधर्मपर्वणि नीलकंठीये भारतभावदीपे त्र्यशीत्यधिकद्विशततमोऽध्यायः ॥ २८३ ॥ ॥ प्राचेतसस्येति । वृत्रगीतोपसंहारेअयंसभगवान्देवःपि तामहजनार्दनः ॥ सनत्कुमारोवृत्राययत्तदाख्यातवान्पुरेति श्रीकृष्णस्यप्रकरणप्रतिपाद्यत्वोक्त्यानिर्विशेषब्रह्मावाप्तिद्वारत्वमुक्तं तत्प्रसक्तानुप्रसक्तत्वेनवृत्रवधंज्वरोत्पत्तिंचोक्त्वापुनरपितस्यैवमूर्तिमतःपरमेश्वर स्यपरमकारुणिकत्वंदर्शयितुंद्विषंतमपिभगवान्दंडपूर्वकमनुगृह्णातीतिदक्षाख्यायिकामुखेनोक्तं तत्रकैमुतिकन्यायेनभक्तेष्वनुग्रहःसिध्यतीतिभक्त्याभगवत्तोषणार्थंनाम्नामष्टसहस्रंचवक्तुमयमध्यायआरभ्यते मोक्षध

विष्णुभक्त्याहितेनेदंजगद्व्याप्तमभूत्तदा ॥ तस्माच्चनिहतोयुद्धेविष्णोःस्थानमवाप्तवान् ६१ इत्येषवृत्रमाश्रित्यज्वरस्यमहतोमया ॥ विस्तरःकथितःपुत्रकिम न्यत्प्रब्रवीमिते ६२ इमांज्वरोत्पत्तिमदीनमानसःपठेत्सदायःसुसमाहितोनरः ॥ विमुक्तरोगःससुखीमुदायुतोलभेतकामान्सयथामनीषितान् ६३॥ इतिश्रीम हाभारतेशांतिपर्वणिमोक्षधर्मपर्वणिज्वरोत्पत्तिर्नामत्र्यशीत्यधिकद्विशततमोऽध्यायः ॥ २८३ ॥ ॥ जनमेजयउवाच ॥ प्राचेतसस्यदक्षस्यकथंवैवस्वतें तरे ॥ विनाशमगमद्ब्रह्मन्हयमेधःप्रजापतेः १ देव्यामन्युकृतंमत्वाक्रुद्धःसर्वात्मकःप्रभुः ॥ प्रसादात्तस्यदक्षेणसयज्ञःसंधितःकथम् ॥ एतद्वेदितुमिच्छेयंतन्मेब्रूहि यथातथम् २॥ वैशंपायनउवाच ॥ पुराहिमवतःपृष्ठेदक्षोवैयज्ञमाहरत् ॥ गंगाद्वारेशुभेदेशेऋषिसिद्धनिषेविते ३ गंधर्वाप्सरसाकीर्णेनानाद्रुमलतावृते॥ ऋ षिसंघैःपरिवृतंदक्षंधर्मभृतांवरम् ४ पृथिव्यामंतरिक्षेचयेचस्वर्लोकवासिनः॥ सर्वेप्रांजलयोभूत्वाउपतस्थुःप्रजापतिम् ५ देवदानवगंधर्वाःपिशाचोरगराक्षसाः॥ हाहाहूहूश्चगंधर्वौतुंबुरुर्नारदस्तथा६विश्वावसुर्विश्वसेनोगंधर्वाप्सरसस्तथा॥आदित्यावसवोरुद्राःसाध्याःसहमरुद्गणैः७इंद्रेणसहिताःसर्वेआगतायज्ञभागिनः॥ ऊष्मपाःसोमपाश्चैवधूमपाआज्यपास्तथ" ८ ऋषयःपितरश्चैवआगताब्रह्मणासह ॥ एतेचान्येचबहवोभूतग्रामाश्चतुर्विधाः ९ जरायुजांडजाश्चैवसहसास्वेदजो द्भिजैः ॥ आहूतामंत्रिताःसर्वेदेवाश्चसहपत्निभिः १० विराजंतेविमानस्थादीप्यमानाइवाग्नयः॥ तान्दृष्ट्वामन्युनाऽऽविष्टोदधीचिर्वाक्यमब्रवीत् ११ नायंयज्ञो नवाधर्मोयत्ररुद्रोनइज्यते ॥ वधबंधंप्रपन्नावैकिन्नुकालस्यपर्ययः १२ किन्नुमोहान्नपश्यंतिविनाशंपर्युपस्थितम् ॥ उपस्थितंमहाघोरंनबुध्यंतिमहाध्वरे १३ इत्युक्त्वासमहायोगीपश्यतिध्यानचक्षुषा ॥ सपश्यतिमहादेवंदेवींचवरदांशुभाम् १४ नारदंचमहात्मानंतस्यादेव्याःसमीपतः ॥ संतोषंपरमंलेभेइ तिनिश्चत्ययोगवित् १५ एकमंत्रास्तुतेसर्वेयेनेशोननिमंत्रितः ॥ तस्माद्देशादपक्रम्यदधीचिर्वाक्यमब्रवीत् १६ अपूज्यपूजनाच्चैवपूज्यानांचाप्यपूजनात् ॥ नृघातकसमंपापंशश्वत्प्राप्नोतिमानवः१७ अनृतंनोक्तपूर्वंमेनचवक्ष्येकदाचन ॥ देवतानामृषीणांचमध्येसत्यंब्रवीम्यहम् १८ ॥ २८४ ॥

र्मेषुपाठाच्चास्यस्तवस्यसाक्षात्तत्त्वज्ञानहेतुतयाशमदमादिवन्मोक्षोपयोगित्वं इतरेषांतुयज्ञादिवच्चित्तशुद्ध्युत्पादनद्वारातद्धेतुत्वमित्ययमेवपदशःसम्यग्विभज्यते तत्रप्राचेतसस्यदक्षस्येत्यादिर्नाम्नामष्टसहस्रेणस्तुतवा न्वृषभध्वजमित्यंतःस्पष्टार्थोग्रंथः तस्यतात्पर्यंपरमेश्वरद्रोहिणाकृतंकर्मानर्थावहंतदनुग्रहमंतरेणदुश्चिकित्स्यंचेतिसएवप्रार्थ्यइति १।२।३।४।५।६।७।८।९।१०।११।१२।१३।१४।१५।१६।१७।१८

१९ । २० । २१ । २२ । २३ । २४ । २५ । २६ । २७ । २८ । २९ । ३० । ३१ । ३२ । ३३ । ३४ । ३५ । ३६ । ३७ । ३८ । ३९ । ४० । ४१ । ४२ । ४३ । ४४ । ४५ । ४६

आगतंपशुभर्तारंस्रष्टारंजगतःपतिम् ॥ अध्वरेह्यग्रभोक्तारंसर्वेषांपश्यतप्रभुम् १९ ॥ दक्षउवाच ॥ संतिनोबहवोरुद्राःशूलहस्ताःकपर्दिनः ॥ एकादशस्थानग
तानाहंवेद्मिमहेश्वरम् २० ॥ दधीचिरुवाच ॥ सर्वेषामेवमंत्रोऽयंयेनासौनननिमंत्रितः ॥ यथाऽहंशंकरादूर्ध्वंनान्यंपश्यामिदैवतम् ॥ तथादक्षस्यविपुलोयज्ञोऽयं
नभविष्यति २१ ॥ दक्षउवाच ॥ एतन्मखेशायसुवर्णपात्रेहविःसमस्तंविधिमंत्रपूतम् ॥ विष्णोर्नयाम्यप्रतिमस्यभागंप्रभुर्विभुश्चाहवनीयएषः २२ ॥ देव्यु
वाच ॥ किंनामदानंनियमंतपोवाकुर्यामहंयेनपतिर्ममाद्य ॥ लभेतभागंभगवानचिंत्योह्यर्धंतथाभागमथोतृतीयम् २३ एवंब्रुवाणांभगवान्स्वपत्नींप्रहृष्टरूपःक्षुभि
तामुवाच॥ नवेत्सिमांदेविकृशोदरांगिकिंनामयुक्तंवचनंमखेशे २४ अहंविजानामिविशालनेत्रेध्यानेनहीनानविदंत्यसंतः॥तवाद्यमोहेनचसेंद्रदेवालोकास्त्रयःसर्व
तएवमूढाः २५ मामध्वरेशंसितारःस्तुवंतिरथंतरंसामगाश्चोपगांति॥मांब्राह्मणाब्रह्मविदोयजंतेममाध्वर्यवःकल्पयंतेचभागम् २६ ॥ देव्युवाच ॥ सुप्राकृतोऽपिपु
रुषःसर्वःस्त्रीजनसंसदि ॥ स्तौतिगर्वायतेचापिस्वमात्मानंनसंशयः २७ ॥ भगवानुवाच ॥ नात्मानंस्तौमिदेवेशिपश्यमेतनुमध्यमे ॥ यंस्रक्ष्यामिवरारोहेया
गार्थेवरवर्णिनि २८ इत्युक्त्वाभगवान्पत्नीमुमांप्राणैरपिप्रियाम् ॥ सोऽसृजद्भगवान्वक्त्राद्भूतंघोरंप्रहर्षणम् २९ तमुवाचाक्षिपमखंदक्षस्येतिमहेश्वरः॥ततोवक्त्रा
द्विमुक्तेनसिंहेनैकेनलीलया ३० देव्यामन्युव्यपोहार्थंहतोदक्षस्यवैक्रतुः ॥ मन्युनाचमहाभीमामहाकालीमहेश्वरी ३१ आत्मनःकर्मसाक्षित्वेतेनसार्धंसहानुगा॥
देवस्यानुमतंमत्वाप्रणम्यशिरसाततः ३२ आत्मनःसदृशःशौर्याद्बलरूपसमन्वितः ॥ सएवभगवान्क्रोधःप्रतिरूपसमन्वितः ३३ अनंतबलवीर्यश्चअनंतबलपौ
रुषः ॥ वीरभद्रइतिख्यातोदेव्यामन्युप्रमार्जकः ३४ सोऽसृजद्रोमकूपेभ्योरौम्यान्नामगणेश्वरान् ॥ रुद्रतुल्यागणारौद्रारुद्रवीर्यपराक्रमाः ३५ तेनिपेतुस्तत
स्तूर्णंदक्षयज्ञविहिंसया ॥ भीमरूपामहाकायाःशतशोऽथसहस्रशः ३६ ततःकिलकिलाशब्दैराकाशंपूरयन्निव ॥ तेनशब्देनमहतात्रस्तास्तत्रदिवौकसः ३७ पर्व
ताश्चव्यशीर्यंतचकंपेचवसुंधरा ॥ मारुताश्चैवघूर्णन्तेचुक्षुभेवरुणालयः ३८ अग्नयोनैवदीप्यंतेनैवदीप्यतिभास्करः ॥ ग्रहानैवप्रकाशंतेनक्षत्राणिनचंद्रमाः ३९
ऋषयोनप्रकाशंतेनदेवानचमानुषाः ॥ एवंतुतिमिरीभूतेनिर्दहंत्यपमानिताः ४० प्रहरंत्यपरेघोरायूपानुत्पाटयंतिच ॥ प्रमर्दन्तितथाचान्येविमर्दन्तितथाऽपरे
४१ आधावंतिप्रधावंतिवायुवेगामनोजवाः ॥ चूर्ण्यन्तेयज्ञपात्राणिदिव्यान्याभरणानिच ४२ विशीर्यमाणादृश्यंतेताराइवनभस्तले ॥ दिव्यान्नपानभक्ष्याणांरा
शयःपर्वतोपमाः ४३ क्षीरनद्योऽथदृश्यन्तेघृतपायसकर्दमाः ॥ दधिमंडोदकादिव्याःखंडशर्करवालुकाः ४४ षड्रसानिवहंत्येतागुडकुल्यामनोरमाः ॥ उच्चावचा
निमांसानिभक्ष्याणिविविधानिच ४५ पानकानिचदिव्यानिलेह्यचोष्याणियानिच ॥ भुंजतेविविधैर्वक्त्रैर्विलुंपंत्याक्षिपंतिच ४६

४७ । ४८ । ४९ । ५० । ५१ । ५२ । ५३ । ५४ । ५५ । ५६ । ५७ । ५८ । ५९ । ६० । ६१ । ६२ ६३ । ६४ । ६५ । ६६ । ६७ । ६८ । ६९ । ७० । ७१ यैर्नामधेयैरिति उत्तरार्धे तानीतिशेषः ७२ नन्विहनाम्नामष्टसहस्रेणेत्यष्टाधिकंसहस्रंनाम्नांवक्तव्यत्वेनप्रतिज्ञातं । तत्रनामपाठेकिंचिदधिकानिषट्शतनामान्युपलभ्यंते । नचस्तुतिपदेभ्योविपरिणामेननामान्युन्नेतुंशक्यंते अन्य

रुद्रकोपान्महाकायाःकालाग्निसदृशोपमाः ॥ क्षोभयन्सुरसैन्यानिभीषयंतःसमंततः ४७ क्रीडंतिविविधाकाराश्चिक्षिपुःसुरयोषितः ॥ रुद्रक्रोधात्प्रयत्नेनसर्वदेवैः सुरक्षितम् ४८ तंयज्ञमदहच्छीघ्रंरुद्रकर्मासमंततः ॥ चकारभैरवंनादंसर्वभूतभयंकरम् ४९ छित्त्वाशिरोवैयज्ञस्यननादचमुमोदच ॥ ततोब्रह्मादयोदेवादक्षश्चैवप्रजापतिः ५० ऊचुःप्रांजलयःसर्वेकथ्यतांकोभवानिति ॥ वीरभद्रउवाच ॥ नाहंरुद्रोनवादेवीनैवभोक्तुमिहागतः ५१ देव्यामन्युकृतंमत्वाक्रुद्धःसर्वात्मकःप्रभुः ॥ द्रष्टुंवानैवविप्रेंद्रान्नैवकौतूहलेनवा ५२ तवयज्ञविघातार्थंसंप्राप्तंविद्धिमामिह ॥ वीरभद्रइतिख्यातोरुद्रकोपाद्विनिःसृतः ५३ भद्रकालीतिविख्यातादेव्याःकोपाद्विनिःसृता ॥ प्रेषितौदेवदेवेनयज्ञांतिकमिहागतौ ५४ शरणंगच्छविप्रेंद्रदेवदेवमुमापतिम् ॥ वरंक्रोधोऽपिदेवस्यवरदानंनचान्यतः ५५ वीरभद्रवचःश्रुत्वादक्षोधर्मभृतांवरः ॥ तोषयामासस्तोत्रेणप्रणिपत्यमहेश्वरम् ५६ प्रपद्येदेवमीशानंशाश्वतंध्रुवमव्ययम् ॥ महादेवंमहात्मानंविश्वस्यजगतःपतिम् ५७ दक्षप्रजापतेर्यज्ञेद्रव्यैस्तैःसुसमाहितैः ॥ आहूतादेवताःसर्वाऋषयश्चतपोधनाः ५८ देवोनाहूयतेतत्रविश्वकर्मामहेश्वरः ॥ तत्रक्रुद्धामहादेवीगणांस्तत्रव्यसर्जयत् ५९ प्रदीप्तयज्ञवाटेतुविद्रुतेषुद्विजातिषु ॥ तारागणमनुप्राप्तेरौद्रेदीप्तेमहात्मनि ६० शूलनिर्भिन्नहृदयैःकूजद्भिःपरिचारकैः ॥ निखातोत्पाटितैर्यूपैरपविद्धैरितस्ततः ६१ उत्पतद्भिःपतद्भिश्चगृध्रैरामिषगृद्धिभिः ॥ पक्षवातविनिर्धूतैःशिवाशतनिनादितैः ६२ यक्षगंधर्वसंघैश्चपिशाचोरगराक्षसैः ॥ प्राणापानौसंनिरुध्यवक्त्रस्थानेनयत्नतः ६३ विचार्यसर्वतोदृष्टिंबहुदृष्टिरमित्रजित् ॥ सहसादेवदेवेशोह्यग्निकुंडात्समुत्थितः ६४ बिभ्रत्सूर्यसहस्रस्यतेजःसंवर्तकोपमः ॥ स्मितंकृत्वाऽब्रवीद्वाक्यंब्रूहिकिंकरवाणिते ६५ श्राविते चमखाध्यायेदेवानांगुरुणाततः ॥ तमुवाचांजलिंकृत्वादक्षोदेवंप्रजापतिः ६६ भीतशंकितवित्रस्तःसबाष्पवदनेक्षणः ॥ यदिप्रसन्नोभगवान्यदिचाहंभवत्प्रियः ६७ यदिवाऽहमनुग्राह्योयदिवावरदोमम ॥ यद्दग्धंभक्षितंपीतमशितंयचनाशितम् ६८ चूर्णीकृतापविद्धंचयज्ञसंभारमीदृशम् ॥ दीर्घकालेनमहताप्रयत्नेनसुसंचितम् ॥ तन्नमिथ्याभवेन्मह्यंवरमेतमहंवृणे ६९ तथाऽस्त्वित्याहभगवान्भगनेत्रहरोहरः ॥ धर्माध्यक्षोविरूपाक्षस्त्र्यक्षोदेवःप्रजापतिः ७० जानुभ्यामवनींगत्वादक्षोलब्ध्वाभवाद्वरम् ॥ नाम्नामष्टसहस्रेणस्तुतवान्वृषभध्वजम् ७१ ॥ युधिष्ठिरउवाच ॥ यैर्नामधेयैःस्तुतवान्दक्षोदेवंप्रजापतिः ॥ वक्तुमर्हसिमेतातश्रोतुंश्रद्धाममानघ ७२ ॥ भीष्मउवाच ॥ श्रूयतांदेवदेवस्यनामान्यद्भुतकर्मणः ॥ गूढव्रतस्यगुह्यानिप्रकाशानिचभारत ७३

शब्दस्यान्यार्थत्वकल्पनेप्रमाणाभावात् । नचतावताऽपिसंख्यापूर्तिःसंभवति तस्माद्गलितइहनामसमाम्नायइत्यव्याख्येयमेतत्सहस्रनामस्तोत्रंनापिपठनीयंन्यूनत्वेनवाग्वज्रत्वात् वाग्वज्रोहिमंत्रोऽध्येतारंनाशयति तथाचोक्तंशिक्षायां । 'मंत्रोहीनःस्वरतोवर्णतोवामिथ्याप्रयुक्तोनतमर्थमाह ॥ सवाग्वज्रोयजमानंहिनस्तियथेंद्रशत्रुःस्वरतोऽपराधात्' इतींद्रंहंतुकामेनत्वष्ट्रापुत्रार्थिना—

स्त्राहेंद्रशत्रुर्वर्धस्वेतिमंत्रेणहोमंकुर्वतेंद्रपदंस्वेष्टसिद्धयेऽन्तोदात्तंप्रयोज्यंतच्चनप्रयुक्तंप्रत्युताऽद्युदात्तमेवतत्पठितमितींद्रएवतत्पुत्रस्यनाशकोजातइत्युपाख्यायतेत्वष्टाहतपुत्रइत्यनुवाके । तस्मादस्यस्तवस्यमोक्षमंत्रत्वा द्वर्णतश्चात्यंतंहीनत्वान्नेष्टार्थप्रदत्वंयुज्यतेऽपितुपाठकानर्थकरत्वमेवेतिचेदुच्यते इदमिहजाबालाःसमामनंति । 'अथहैनंब्रह्मचारिणऊचुःकिंजप्येनामृतत्वंब्रूहीतिसहोवाचयाज्ञवल्क्यःशतरुद्रियेणेत्येतानिहवाअमृतस्य नामधेयान्येतैर्हवाअमृतोभवतीति' । अत्रनामजपस्यामृतसाधनत्वंगम्यते तेषांचनाम्नांन्यूनाधिकभावेनानेकासुशाखासुपठितानांगुणोपसंहारन्यायेनैकत्रोपसंहारेणभवितव्यं । तच्चास्मदादीनामशक्यमितिभग वान्बादरायणस्तैत्तिरीयकवाजसनेयकादिप्रसिद्धशाखास्वविद्यमानानांनाम्नामुपसंहारमिहकृतवान् । यथाह्यापस्तंबादिःकल्पकारःस्वपरशाखास्थान्यंगान्युपदिश्याऽऽग्नेयमष्टाकपालमितियथासमाम्नातमितिमध्ये प्रधानंसिद्धवन्निर्दिश्यपुनरुपरिष्टात्त्वन्यान्यंगान्युपदिशतितद्वदिहापिनमस्तेदेवदेवेशेत्यादिनाकानिचिन्नामान्युपदिश्य'त्रिसौपर्णंतथाब्रह्मयजुषांशतरुद्रियं'इतिसुपर्णशतरुद्रियेनाममालायांसिद्धवन्निर्दिश्यशेषमपिनाम धेयगणंपठति । तथाचयथाप्रतिज्ञातमष्टोत्तरसहस्रनाम्नांसंख्यापूर्यतेनान्यथा । तदिदमभिप्रेत्योक्तंगुह्यानीति । गुह्यान्यश्रद्धाद्युपहतेष्वप्रकाश्यानि ७३ ॥ आदिपुरुषायनमः ॥ नमस्तेदेवेति । ब्रह्मविद्याधिकारा ध्यात्मपरतयैवैतानिव्याख्येयानि तथाहि हेदेवजगन्निर्माणक्रीडापरतेतुभ्यंनमः तेइतियुष्मदर्थस्यदृश्यस्यप्रमेयस्यनिर्देशः देवेशदेवाइंद्रियाणिईशोबुद्धिः 'पूर्बुद्धिःख्यातिरीश्वरः'इतिस्मृतेः एतदुभयात्मक एतेनप्रमाणप्रमात्रोर्निर्देशःकृतः । एवंनामत्रयेणज्ञेयज्ञानज्ञात्रात्मकत्वंदेवस्योक्तं तत्प्राप्त्युपायंत्रयेणाह देवारीति । देवाःशमाद्याइंद्रियवृत्तयस्तेषामरयोऽसुराःकामादयस्तेषांबलस्यसूदन । तथाचशमकामादिषुदे

नमस्तेदेवदेवेशदेवारिबलसूदन ॥ देवेन्द्रबलविष्टंभदेवदानवपूजित ७४ सहस्राक्षविरूपाक्षत्र्यक्षयक्षाधिपप्रिय ॥ सर्वतःपाणिपादांतसर्वतोक्षिशिरोमुख ७५ सर्वतःश्रुतिमँल्लोकेसर्वमावृत्यतिष्ठति ॥ शंकुकर्णमहाकर्णकुंभकर्णार्णवालय ७६ गजेंद्रकर्णगोकर्णपाणिकर्णनमोऽस्तुते ॥ शतोदरशतावर्तशतजिह्वनमोऽस्तुते ७७ गायंतित्वागायत्रिणोऽर्चन्त्यर्कमर्किणः ॥ ब्रह्माणंत्वाशतक्रतुमूर्ध्वंखमिवमेनिरे ७८

वासुरशब्दयोःप्रयोगोदृष्टोद्वयाहप्राजापत्यादेवाश्चासुराश्चेति । देवानामिंद्रियाणामिंद्रोबुद्धिस्तस्यात्रलंविषयप्रावण्यंतद्विशेषेणस्तभ्नातीतिदेवेंद्रबलविष्टंभ । अतएवदेवैरिंद्राद्यैर्दानवैर्बाणाद्यैश्चपूजिताऽऽदरनैरंतर्य सत्कारसेवित । एवंचकामादिजयोधीनिरोधस्तत्रादरादिश्चमेयाद्यात्मकस्यवस्तुनःप्रापकइत्युक्तंभवति ६ ॥ ७४ योगेप्रथमंप्राप्यायाःसांबमूर्तेःस्वरूपमाहचतुर्भिः । सहस्रमक्षाणियुगवत्सर्वविषयप्रकाशकानीं द्रियाणियस्य सर्वज्ञेत्यर्थः । अतएवविरूपाण्यस्मदादींद्रियेभ्योविलक्षणानिव्यवहितादिग्राहकाणींद्रियाणियस्य । त्र्यक्षत्रीणिसोमसूर्याग्न्याख्यान्यक्षाणियस्य । यक्षाधिपःकुबेरःसप्रियोयस्य । अथामूर्त ज्ञेयंस्वरूपमाह सर्वतइतिचतुर्भिः। भगवद्गीतास्वपिज्ञेयंयत्तत्प्रवक्ष्यामीतिप्रतिज्ञायसर्वतःपाणिपादंतदित्यादिना इदमेवस्वरूपमुक्तंसर्वतःपाणयःपादाःअंतःसन्निधिश्चयस्यससर्वतःपाणिपादांतः एवमुत्तरत्र तथाचश्रुतिः 'विश्वतश्चक्षुरुतविश्वतोमुखोविश्वतोबाहुरुतविश्वतस्पात् ॥ संबाहुभ्यांधमतिसंपतत्रैर्द्यावाभूमीजनयन्देवएकः' इति धमतिवशीकरोति । सर्वेषुसंबोधनपदेषुनमस्तेइत्यनुषंजनीयं । लोकेसर्वमावृत्यतिष्ठसीत्यत्र विपरिणामेनलोकेसर्वमावृत्यतिष्ठन्निति संबोधनमूहनीयं सार्धःश्लोकः ८ । ७५ शंकुकर्णादयःसप्तईश्वरगणाःसर्वाभिन्नत्वादीशस्यतदात्मत्वमुच्यते ७ शतोदरेत्यर्धोवैश्वरूप्यप्रथनार्थः ३ ॥ ७६ । ७७ अस्यैवत्रैवर्णिकोपास्यत्वेश्रुतिंपठति गायंतीति । गायत्रिणस्त्रिसंध्यंगायत्रीजपपराःत्वामेवगायंतिगायत्रीप्रतिपाद्यस्त्वमेवासीत्यर्थः । अर्किणअर्कोपासनपराःत्वामर्कंसवितारंमंडलाधिष्ठातारमर्चंत्युपतिष्ठंतेसंध्यासु ब्रह्माणंब्रह्मविदंचतुर्मुखं । शतक्रतुंदेवेंद्रं । ऊर्ध्वंसर्वोपाधिभ्यउद्गतं खमिवआकाशवत्सर्वगतश्चनित्यःअसंगश्चतादृशंमेनिरेमुनयः । अत्रापिगायत्रिगेय । अर्क । अर्च्यर्च्य । ब्रह्मन् । शतक्रतो । ऊर्ध्व । खतुल्यत्वेनमतइतिनामान्युन्नेयानि ७ । ७८

मूर्तौअष्टरूपायाभूम्यंबुवह्निवाय्वाकाशसूर्यचंद्रयजमानात्मिकायां सर्वदेवतामूर्तेइत्यूह्यंनाम ७९ हेभवन्हेसोमश्चरीरेत्यादीन्यष्टौनामान्यूह्यानि ८ ॥ ८० भगवन्नित्यादीनिपूर्वार्धेपंच सदसत्प्रभवाप्ययेत्युत्तरार्धेएकं ६ ॥ ८१ भवत्यस्मादितिभवः । शृणातिहिनस्तीतिशर्वः । रुपापंद्रावयतीतिरुद्रः । पशूनांब्रह्मादिस्थावरांतानांजीवानां ६ ॥ ८२ नानारूपत्वेनस्तौति त्रिजटायेत्यादिना । त्रिशूलवरेणपणितुंव्यवहर्तुंशीलमस्यतस्मैत्रिशूलवरपाणिने । त्रीणिशास्त्राचार्यध्यानान्यंबकानिनेत्राणीवगमकानिबोधकानियस्यसत्र्यंबकः । त्रीणिसोमसूर्याग्न्याख्यानिनेत्राणियस्य ६ ॥ ८३ चंडःसर्वसूदनक्षमः । कुंडःअमत्रवत्स्वास्मिन्सर्वंधारयितुंक्षमः । अंडंब्रह्मांडं । दंडिनेदंडधरायशासित्रेइत्यर्थः । समश्चासौकर्णश्चेतिसमकर्णःऋजुर्वक्रश्च । दंडीचासौमुंडश्चेतिदंडिमुंडःपरिव्राजकः ७ ॥ ८४ ऊर्ध्वाःउच्चाःदंष्ट्राःकेशाश्चयस्य । शुक्लायशुद्धायअसंगिने । तथाऽपिअवततायअवसन्नेनबाध्येनरूपेणजगदात्मनाततायविस्तृताय । अतएवविलोहितायरजोगुणिने । धूम्रायतमोगुणिने । नीलग्रीवायजगद्रक्षणार्थंकंठेविषधारित्वेनसात्विकाय ६ ॥ ८५

मूर्तौहितेमहामूर्तेसमुद्रांबरसन्निभ ॥ सर्वाविदेवताह्यस्मिन्गावोगोष्ठइवासते ७९ भवच्छरीरेपश्यामिसोममग्निंजलेश्वरम् ॥ आदित्यमथवैविष्णुंब्रह्माणंचबृहस्पतिम् ८० भगवान्कारणंकार्यंक्रियाकरणमेवच ॥ असतश्चसतश्चैवतथैवप्रभवाप्ययौ ८१ नमोभवायशर्वायरुद्रायवरदायच ॥ पशूनांपतयेनित्यंनमोऽस्त्वंधकघातिने ८२ त्रिजटायत्रिशीर्षायत्रिशूलवरपाणिने ॥ त्र्यंबकायत्रिनेत्रायत्रिपुरघ्नायवैनमः ८३ नमश्चंडायकुंडायअंडायांडधरायच ॥ दंडिनेसमकर्णायदंडिमुंडायवैनमः ८४ नमोर्ध्वदंष्ट्रकेशायशुक्लायावततायच ॥ विलोहितायधूम्रायनीलग्रीवायवैनमः ८५ नमोस्त्वप्रतिरूपायविरूपायशिवायच ॥ सूर्यायसूर्यमालायसूर्यध्वजपताकिने ८६ नमःप्रमथनाथायवृषस्कंधायधन्विने ॥ शत्रुंदमायदंडायपर्णचीरपटायच ८७ नमोहिरण्यगर्भायहिरण्यकवचायच ॥ हिरण्यकृतचूडायहिरण्यपतयेनमः ८८ नमःस्तुतायस्तुत्यायस्तूयमानायवैनमः ॥ सर्वायसर्वभक्षायसर्वभूतांतरात्मने ८९ नमोहोत्रेऽथमंत्रायशुक्लध्वजपताकिने ॥ नमोनाभायनाभ्यायनमःकटकटायच ९० नमोस्तुकृशनासायकृशांगायकृशायच ॥ संहृष्टायविहृष्टायनमःकिलकिलायच ९१ नमोस्तुशयमानायशयितायोत्थितायच ॥ स्थितायधावमानायमुंडायजटिलायच ९२ नमोनर्तनशीलायमुखवादित्रवादिने ॥ नाद्योपहारलुब्धायगीतवादित्रशालिने ९३

नास्तिप्रतिरूपःसदृशोयस्य । विविधानिरूपाणियस्य । शिवायपरमकल्याणायतुर्यब्रह्मणे । सूर्यायसूर्यमंडलरूपाय । सूर्यमालायतस्मिन्मालतेशोभतेसूर्यमंडलांतर्वर्तिनेपरमेश्वराय । सूर्यवत्प्रख्याःध्वजाःपताकाश्चयस्य ६ ॥ ८६ प्रमथाःशिवगणाः । वृषस्येवस्कंधौयस्यपर्णानिभूर्जत्वचःचीराणिवल्कलानिपटायस्यशबररूपिणस्तापसस्यवा ६ ॥ ८७ । ४ ॥ ८८ । ६ ॥ ८९ नाभायनाभौजगदस्यास्तीतिनाभःमत्वर्थीयोऽच्प्रत्ययस्येतिचेतीकारालोपः । नाभ्यायनाभिमर्हतीतिनाभ्यः नाभिनभंचेतियत्प्रत्ययेनभादेशः नाभिस्थानीयाय अस्यअरनेमिस्थानेकारणकार्यप्रपंचौ तथाचश्रुतिः । 'तद्यथाऽरेषुनेमिरर्पितोनाभावराअर्पिताएवमस्मिन्प्राणेसर्वंसमर्पितं' प्राणेब्रह्मणिसर्वंकार्यकारणंच । कटानामावरकाणामपिकटायआवरकाय । नामद्वयेनांतर्बहिर्व्याप्तिर्दर्शिता १ ॥ ९० किलकिलायशब्दविशेषरूपाय ६ ॥ ९१ सर्वक्रियाकर्तृत्वेनस्तौति नमोऽस्त्वित्यादिना ७ ॥ ९२ नद्यांभवानिनाद्यानिकमलानितान्येवोपहारस्तत्रलुब्धाय । 'हरिस्तेसाहस्रंकमलबलिमाधायपदयोः' इत्येतदनेनसूचितम् ४ ॥ ९३

ज्येष्ठोवयसाऽधिकः । श्रेष्ठोगुणाधिकः । बलोबलाभिमानीदेवताइंद्रस्तस्यप्रमथनंपराजयस्तत्कर्त्रे । कालस्यापिनाथायनियंत्रे । कल्यायसमर्थाय । क्षयायमहाप्रलयाय । उपक्षयायअवांतरप्रलयाय ७ ॥ ९४ भीमंव्रतमनशनादितस्यधरायधर्त्रे ४ ॥ ९५ विभीषणायनिर्भयाय । भीष्मायभयंकराय । हेभीम व्रतैःशमादिभिःधरणमाकल्पांतंयस्यतस्मैव्रतधराय ६ ॥ ९६ पक्वंयज्ञेआममपक्वंश्मशानेउभयविधमांसलुब्धाय ५ ॥ ९७ वृषायवृष्टिकर्त्रे । वृष्ण्यायवृषोधर्मस्तत्रहितायधर्मवृद्धिकर्त्रे । गोवृषायनंदिरूपाय । वृषायधर्माय । कटंकटाय कटीगतौनित्यवीप्सयोरितिद्वित्वंमुमागमआर्षः । वाय्वादिरूपेणनित्यंगमनशीलायेत्यर्थः कालायवा । दंडायनियंत्रे । पचपचायनित्यंभूतानांपाककर्त्रे कटिपच्योःपचाद्यच् ७ ॥ ९८ गौर्वरः अतिवरोधेनुः ईप्सितमात्रदानंवरःततोऽप्यधिकदानमतिवरः वरदेवरदाय क्विबंतस्यातोधातोरित्यालोपेरूपं ५ ॥ ९९ रक्तोरागवान् विरक्तस्तदन्यस्तदुभयात्मकाय । भावनायध्यात्रे । संभिन्नायकारणरूपेणसर्वतोनुस्यूताय । विभिन्नायकार्यरूपेणव्यावृत्ताय । छायायछायावतेगृहतर्वादिरूपाय । छायाशब्दादर्शआद्यच् । आतपनआतपः ७ ॥ १०० । ५ ॥ १०१ एकपादेकपदे ६ ॥ २ पंचालायविश्वकर्मणे

नमोज्येष्ठायश्रेष्ठायबलप्रमथनायच ॥ कालनाथायकल्यायक्षयायोपक्षयायच ९४ भीमदुंदुभिहासायभीमव्रतधरायच ॥ उग्रायचनमोनित्यंनमोऽस्तुदशबाहवे ९५ नमःकपालहस्तायचितिभस्मप्रियायच ॥ विभीषणायभीष्मायभीमव्रतधरायच ९६ नमोविकृतवक्त्रायखड्गजिह्वायदंष्ट्रिणे ॥ पक्वाममांसलुब्धायतुंबीवीणाप्रियायच ९७ नमोवृषायवृष्यायगोवृषायवृषायच ॥ कटंकटायदंडायनमःपचपचायच ९८ नमःसर्ववरिष्ठायवरायवरदायच ॥ वरमाल्यगंधवस्त्रायवरातिवरदेनमः ९९ नमोरक्तविरक्तायभावनायाक्षमालिने ॥ संभिन्नायविभिन्नायच्छायायातपनायच १०० अघोरघोररूपायघोरघोरतरायच ॥ नमःशिवायशांतायनमःशांततमायच १०१ एकपाद्बहुनेत्रायएकशीर्ष्णेनमोऽस्तुते ॥ रुद्रायक्षुद्रलुब्धायसंविभागप्रियायच २ पंचालायसितांगायनमःशमशमायच ॥ नमश्चंडिकघंटायघंटायाघंटघंटिने ३ सहस्राध्मातघंटायघंटामालाप्रियायच ॥ प्राणघंटायगंधायनमःकलकलायच ४ हूंहूंहूंकारपारायहूंहूंकारप्रियायच ॥ नमःशमशमेनित्यंगिरिवृक्षालयायच ५

स्वर्णकारलोहकारतक्षादिकर्मकर्त्रेइत्यर्थः । शमशमायनित्यंशाम्यतीतिपचपचवत् । चंडिकाशत्रुभयंकरीघंटायस्यतस्मैचंडिकघंटाय । घंटायघंटानादरूपाय । अघंटघंटिनेनादहेत्वभावेऽपिनादवतेअनाहतध्वनिरूपायेत्यर्थः ६ ॥ ३ पुंसांसहस्रैर्युगपदाध्माताएकाऽपिसतीप्रतिबिंबार्कवत्प्रत्येकंपरिसमाप्ताघंटाऽस्ययोगबलवतःसतथा । तादृशघंटामालाप्रियाय । प्राणःपंचवृत्तिर्वायुःसएवघंटावच्छब्दहेतुर्यस्यतस्मैप्राणघंटाय । गंधःप्रसिद्धः कलकलउष्माकोलाहलोवा ५ ॥ ४ हूंकारःक्रोधवर्णस्तस्यपरोऽन्तःशमोहूंकारोयाज्ञिकप्रसिद्धः । 'हूंइतिर्हिंकृत्यभूर्भुवःस्वरोमितिजपत्येषोऽभिर्हिंकारः'इत्याश्वलायनाद्युक्तोऽभिर्हिंकारस्तस्यपारोभूरादिलोकेभ्यःपरंशांतंब्रह्म । हूंहकारआकाशऊकारःषष्ठीशिवमूर्तिःसूर्यस्ताभ्यांनामरूपात्मकःप्रपंचोलक्ष्यते मकारस्तस्यकारणमीश्वरस्तस्यपारस्तुरीयंशांतंब्रह्म तादिदमुक्तंहूंहूंहूंकारपारायेति । हूंहूंकारप्रियायेतिक्रोधवर्जंहूंकारद्वयप्रियाय । शमशमशांतोभवशांतोभवेत्याचष्टेशमशमेतिशाम्यशाम्येत्यपेक्षितेभौवादिकत्वमार्षं शमशमतीतिशमशमृतस्मैशमशमे आचारक्विबंतात्कर्तरिक्विप् ४ । ५

गर्भमांसंहृदयजिह्वावक्षआद्यवदानगतमांसंतत्रसृगालवल्लुब्धाय । यद्वा गर्भमांसंवपातस्यांलुब्धाय । अमृताहुतिर्वपाहुतिरितिब्राह्मणात् । तारकाययज्ञभोक्तृत्वेनपापमोचकाय । तरायतरत्यनेनेतिव्यु त्पत्त्यायज्ञोपकरणाय । यजिनेयजमानाय । हुतायब्राह्मणमुखेनतृप्ताय । प्रहुतायाग्निमुखेनतृप्ताय ७ ॥ ६ यज्ञवाहायऋत्विगादिरूपेणयज्ञनिर्वोढ्रे । दांतायजितेंद्रियाय । तप्यायसत्त्वमयाय । आतपनायरजोम याय तप्यंसत्त्वंतापकंरजइतिसांख्यप्रसिद्धेः तट्यायतटाईनद्यादिरूपाय । तटानांतटवतीनांनदीनांपतयेसमुद्राय ६ ॥ ७ अन्नदाय २०० ॥ ४ । ८ । ४ । ९ बालाश्चतेअनुचराश्चतान्गोपायती तिबालानुचरगोप्ताःतस्मै गुपेरौणादिकस्तन एतेनचाग्निपानादिश्रीकृष्णलीलासूचिता ६ ॥ ११० त्रीणिकर्माणियजनाध्ययनदानानि ४ ॥ ११ कलकलःकोलाहलः ४ ॥ १२ प्राणभग्नाय जितश्वासाय वाहिताग्न्यादिष्वितिविशेष्यस्यैवपूर्वनिपातः दंडआयुधं स्फोटनंविदारणं ६ ॥ १३ सांख्यायकपिलायनिरीश्वरवादिने । सांख्यमुख्यायसेश्वरपातंजलाय । सांख्यंवेदांतविचारः ।

गर्भमांससृगालायतारकायतरायच ॥ नमोयज्ञाययजिनेहुतायप्रहुतायच ६ यज्ञवाहायदांतायतप्यायातपनायच ॥ नमस्तटायतट्यायतटानांपतयेनमः ७
अन्नदायान्नपतयेनमस्त्वन्नभुजेतथा ॥ नमःसहस्रशीर्षायसहस्रचरणायच ८ सहस्रोद्यतशूलायसहस्रनयनायच ॥ नमोबालार्कवर्णायबालरूपधरायच ९ बाला
नुचरगोप्तायबालक्रीडनकायच ॥ नमोवृद्धायलुब्धायक्षुब्धायक्षोभणायच ११० तरंगांकितकेशायमुंजकेशायवैनमः ॥ नमःषट्कर्मतुष्टायत्रिकर्मनिरतायच ११
वर्णाश्रमाणांविधिवत्पृथक्कर्मनिवर्तिने ॥ नमोघुष्यायघोषायनमःकलकलायच १२ श्वेतपिंगलनेत्रायकृष्णरक्तेक्षणायच ॥ प्राणभग्नायदंडायस्फोटनायकृशायच
१३ धर्मकामार्थमोक्षाणांकथनीयकथायच ॥ सांख्यायसांख्यमुख्यायसांख्ययोगप्रवर्तिने १४ नमोरथ्यविरथ्यायचतुष्पथरथायच ॥ कृष्णाजिनोत्तरीयायव्या
लयज्ञोपवीतिने १५ ईशानवज्रसंघातहरिकेशनमोऽस्तुते ॥ त्र्यंबकांबिकनाथायव्यक्ताव्यक्तनमोऽस्तुते १६ कामकामदकामघ्नतृप्तातृप्तविचारिणे ॥ स
र्वसर्वदसर्वघ्नसंध्यारागनमोऽस्तुते १७ महामेघचयप्रख्यमहाकालनमोऽस्तुते ॥ स्थूलजीर्णांगजटिलेवल्कलाजिनधारिणे १८ दीप्तसूर्याग्निजटिलेवल्कलाजिन
वाससे ॥ सहस्रसूर्यप्रतिमतपोनित्यनमोऽस्तुते १९ उन्मादनशतावर्तगंगातोयार्द्रमूर्धज ॥ चंद्रावर्तयुगावर्तमेघावर्तनमोऽस्तुते १२० त्वमन्नमत्ताभोक्ताचअ
न्नदोऽन्नभुगेवच ॥ अन्नस्रष्टाचपक्ताचपक्वभुक्पवनोऽनलः २१ जरायुजांडजाश्चैवस्वेदजाश्चतथोद्भिजाः ॥ त्वमेवदेवदेवेशभूतग्रामश्चतुर्विधः २२

योगोनिदिध्यासनं । अनुग्रहद्वाराएतयोःप्रवर्तकाय ४ ॥ १४ रथस्तदभावोविरथस्तदुभयार्हायरथ्यविरथ्याय । चतुर्भुजलाग्निवाय्वाकाशेषुपंथायस्यरथस्यतद्वते रतायेतिपाठेप्रसिद्धोऽर्थः ४ ॥ १५ ईशानहेईशितः वज्रसंघातवत्कठिनशरीर । हरिकेशपिंगकेश । त्र्यंबकात्रिनेत्राचासौअंबिकाचतस्यानाथ ह्रस्वत्वमार्षं । व्यक्तकार्यरूप । अव्यक्तकारणरूप ६ ॥ १६ कामेतिद्वौ ८ ॥ १७ हेस्थूलहेजीर्णांग । जटिलवदाचरतिजटिलतस्मैजटिले ६ ॥ १८ दीप्तौयौसूर्याग्नीतद्वद्दीप्यमानजटावते ४ ॥ १९ हेउन्मादनव्यामोहक शतमावर्तायस्मिन्गंगातोयेतेनार्द्रमूर्धज । चंद्रंआवर्तयतिपुनः पुनरितिचंद्रावर्तेत्यर्थः ५ ॥ १२० त्वमिति । अन्नभुगन्नपालकः ९ ॥ २१ जरेति । जरायुजांडजाइतिनामद्वयं संधिरार्षः । हेदेव हेदेवेश । भूतग्रामश्चतुर्विधइत्येकंनाम ७ ॥ २२

चरेति । ब्रह्मेतिब्रह्मविदांवरेतिचनामद्वयं ४ ॥ २३ मनसइति ६ ॥ २४ हायिहायीतिसामगीतिपुराणार्थाःस्तोभाः तेप्रत्येकंचतुरक्षराश्चयः । सुरश्रेष्ठेत्येकं ब्रह्मवादिगेयेतिपंचमभुन्नेयं ५ ॥ २५ यजुरिति । वेदोपनिषद्गणस्तुतिपठनीयेतिचतुर्थं ४ ॥ ३०० । २६ वर्णावराःसंकरजाः । विद्युत्स्तनितंसवृष्टिकोमेघशब्दः । गर्जितंनिर्वृष्टिकःसः नवनामानि ९ ॥ २७ । १० ॥ २८ वृक्षाणामिति । ककुदोमुख्याःन्यग्रोधाश्वत्थादयः । पततांपक्षिणांद्वाभ्यामुपासनार्थेविभूतयउक्ताः ५ ॥ २९ ॥ ४ ॥ १३० त्वमितिद्वौ । झर्झरोवाद्यविशेषस्तद्वान् मतोझातः शास्त्रकृद्भिरितिशेषः २४ । ३१ । ३२ दशलक्षणसंयुक्तोधर्मःइत्येकं । लक्षणानिच 'अहिंसासत्यास्तेयब्रह्मचर्यापरिग्रहायमाः'ईत 'शौचसंतोषतपःस्वाध्यायेश्वरप्रणिधानानिनियमाः'इतिचयोगोक्तानि क्षमासत्यादीनिमनूक्तानिवा ८ । ३३ तृणौषध्यइतिद्वे । मृगपक्षिणइतिद्वे । द्रव्यकर्मणांसमारंभइत्येकं । कालःपुष्पफलप्रदइत्येकं ९ ॥ ३४ आदिश्चेत्यर्थः हरितादिर्दशविधोवर्णः १० ॥ ३५ ॥ ६ ॥ ३६ त्वमिति । उपप्लवउपरागः ९ ॥ ३७ होत्रमित्यर्धं हूयतेस्मि

चराचरस्यस्रष्टात्वंप्रतिहर्तातथैवच ॥ त्वामाहुर्ब्रह्मविदुषोब्रह्मब्रह्मविदांवर २३ मनसःपरमायोनिःखंवायुर्ज्योतिषांनिधिः ॥ ऋक्सामानितथोंकारमाहुस्त्वांब्रह्मवादिनः २४ हायिहायिहुवाहायिहावुहायितथाऽसकृत् ॥ गायंतित्वांसुरश्रेष्ठसामगाब्रह्मवादिनः २५ यजुर्मयोऋङ्मयश्चत्वमाहुतिमयस्तथा ॥ पठ्यसेस्तुतिभिश्चैववेदोपनिषदांगणैः २६ ब्राह्मणाःक्षत्रियावैश्याःशूद्रावर्णावराश्चये ॥ त्वमेवमेघसंघाश्चविद्युत्स्तनितगर्जितः २७ संवत्सरस्त्वमृतवोमासोमासार्धमेवच ॥ युगंनिमेषाःकाष्ठास्त्वंनक्षत्राणिग्रहाःकलाः २८ वृक्षाणांककुदोऽसित्वंगिरीणांशिखराणिच ॥ व्याघ्रोमृगाणांपततांताक्ष्योऽनंतश्चभोगिनाम् २९ क्षीरोदोह्युदधीनांचयंत्राणांधनुरेवच ॥ वज्रःप्रहरणानांचव्रतानांसत्यमेवच १३० त्वमेवद्वेषइच्छाचरागोमोहःक्षमाऽक्षमे ॥ व्यवसायोधृतिर्लोभःकामक्रोधौजयाजयौ ३१ त्वंगदीत्वंशरीचापिखट्वांगीझर्झरीतथा ॥ छेत्ताभेत्ताप्रहर्तात्वंनेतामंतापितामतः ३२ दशलक्षणसंयुक्तोधर्मोऽर्थःकामएवच ॥ गंगासमुद्राःसरितःपल्वलानिसरांसिच ३३ लतावल्ल्यस्तृणौषध्यःपशवोमृगपक्षिणः ॥ द्रव्यकर्मसमारंभःकालःपुष्पफलप्रदः ३४ आदिश्चांतश्चदेवानांगायत्र्योंकारएवच ॥ हरितोरोहितोनीलःकृष्णोरक्तस्तथाऽरुणः ॥ कद्रुश्चकपिलश्चैवकपोतोमेचकस्तथा ३५ अवर्णश्चसुवर्णश्चवर्णकारोघनोपमः ॥ सुवर्णनामाचतथासुवर्णप्रियएवच ३६ त्वमिंद्रश्चयमश्चैववरुणोधनदोऽनलः ॥ उपप्लवश्चित्रभानुःस्वर्भानुर्भानुरेवच ३७ होत्रंहोताचहोम्यंचहुतंचैवतथाप्रभुः ॥ त्रिसौपर्णंतथाब्रह्मयजुषांशतरुद्रियम् ३८

न्नितिहोत्रंवह्निः । होतायजमानः । प्रभुर्हुतस्यफलदईश्वरः ५ त्रिसौपर्णंत्रिसौपर्णेविदितंनामजातं । शतरुद्रसंबंधिनामजातंयस्मिंस्तच्छतरुद्रियं । तच्चब्रह्मवेदरूपं तेनद्रोणपर्वस्थशतरुद्रियस्यशिवोमहेश्वरःशंभुरितिनामाष्टोत्तरशतादेश्चव्यावृत्तिः । वेदांतरेऽपिशतंरुद्रनामानिसंभाव्यंतेतद्व्यावृत्तयेयजुषामिति । यजुषांशतरुद्रियमित्येतावदुक्तेद्रोणपर्वस्थस्यापिशतरुद्रियस्यमूलमूलिभावेनयजुःसंबंधित्वसंभवाद्ब्रह्मेत्युक्तं । तस्य तथात्वेऽपिसाक्षाद्वेदत्वाभावात् । ततश्चहुतंचैवतथाप्रभुरित्यंतान्यष्टाशीत्यधिकशतत्रयंनाम्नांभवति । तथापवित्रंचपवित्राणामित्यादीनिनिमेषोन्मेषकर्मेत्यंतान्यष्टादशाधिकशतद्वयंतेनषडधिकषट्शतानिनाम्नामिहाम्नातानि । अष्टाधिकसहस्रस्यशेषंद्व्यधिकंनाम्नांशतचतुष्टयंत्रिसुपर्णशतरुद्रियाभ्यांपूरणीयं । तथाहि । त्रिसुपर्णत्रयेचतुर्दशमंत्राः १४ सर्वशाखागतानांनाम्नामुपसंहार्यत्वात् । खिलसहितेपुनमकान्नवाकेषु—

प्रथमेषोडशमंत्राएकादशनामानिचेतिसप्तविंशतिः २७ द्वितीयेऽष्टाचत्वारिंशत् ४८ तृतीयचतुर्थयोःषट्सप्ततिः ७६ ततस्त्रिकेद्विनवतिः ९२ ततोद्विकेत्र्यशीति ८३ रितिनामान्येवांत्ययोः चतुर्विंशतिः २४ मंत्राः शेषंखिले १७ सप्तदशमंत्राः नब्रह्मानचगोविंदइत्यादयोमूलश्लोकाश्चैकविंशतिः २१ सर्वेषांसंकलनेद्व्यधिकंशतचतुष्टयंएतत्पूर्वोक्तषडधिकषट्शतयुतमष्टाधिकंसहस्रंभवति । तथाचामृतत्वकामस्यायंनामसमाम्नायस्त्रिसुपर्णत्रयशतरुद्रियाभ्यांसमुच्चितएवश्रेयस्करोनत्वन्यथान्यूनत्वेनवाग्वज्रत्वापत्तेरितिशिवं ॥३८॥ पवित्रमिति । गिरिंगिरिवदचेतनंदेहंकायतिशब्दयतीतिगिरिकः आतोऽनुपसर्गेकइतिकः अचेतनमपिदेहादिचेतनंकरोतीत्यर्थः । अचेतयदचितोदेवोअर्यइतिमंत्रलिंगंच । हिंडुकः हिंडतेगत्यागतंकुरुतेइति हिंडुकः हिडिगतावित्यस्माद्बाहुलकादुकञ् चिदाभासइत्यर्थः । वृक्षःवृश्च्यतेछेद्यतइतिवृक्षः उपाधिविशिष्टेनरूपेणनाशवान् । जीवःशुद्धस्वरूपेणजीवत्येवननश्यतीत्यर्थः । तथाचश्रुतिर्विज्ञानघनएवैतेभ्योभूतेभ्यःसमुत्थायतान्येवानुविनश्यतीत्यविनाशीवाअरेऽयमात्मेतिच । पुद्गलःपूयतेगलतिचेतिपुद्गलोदेहः ७ । ३९ अप्रमदःप्रमदयास्त्रियाहीनः ऊर्ध्वरेताइत्यर्थः १० ॥ १४० लोहितांतर्गताचदृष्टिरस्य पुंवद्भावाभावआर्षः ७ ॥ ४१ चलाचलःअत्यंतंचलः । तद्धावतोऽन्यानत्येतीतिश्रुतेः ६ ॥ ४२ मत्स्यइवमत्स्योजीवः संसारनदीजलेचरतीतिजाल्योवासनाजालबद्धः वस्तुतस्तुअकलोदुर्धरः कलनंधरणंकलः केलिरेवकलोयस्य लीलयाऽस्यबद्धत्वंनान्यवशतयेत्यर्थः १० ॥ ४३ क्षुरःछेदनसाधनं

पवित्रंचपवित्राणांमंगलानांचमंगलम् ॥ गिरिकोहिंडुकोवृक्षोजीवःपुद्गलएवच ३९ प्राणःसत्त्वंरजश्चैवतमश्चाप्रमदस्तथा ॥ प्राणोऽपानःसमानश्चउदानोव्यानएवच १४० उन्मेषश्चनिमेषश्चक्षुतंजृंभितमेवच ॥ लोहितांतर्गताद्दृष्टिर्महावक्रोमहोदरः ४१ सूचीरोमाहरिश्मश्रुरूर्ध्वकेशश्चलाचलः ॥ गीतवादित्रतत्त्वज्ञोगीतवादनकप्रियः ४२ मत्स्योजलचरोजाल्योऽकलःकेलिकलःकलिः ॥ अकालश्चातिकालश्चदुष्कालःकालएवच ४३ मृत्युःक्षुरश्चकृत्यश्चपक्षोऽपक्षक्षयंकरः ॥ मेघकालोमहादंष्ट्रःसंवर्तकबलाहकः ४४ घंटोऽघंटोघटीघंटीचरुचेलीमिलीमिली ॥ ब्रह्मकायिकमग्नीनांदंडीमुंडस्त्रिदंडधृक् ४५ चतुर्युगश्चतुर्वेदश्चातुर्होत्रप्रवर्तकः ॥ चातुराश्रम्यनेताचचातुर्वर्ण्यकरश्चयः ४६ सदाचाक्षप्रियोधूर्तोगणाध्यक्षोगणाधिपः ॥ रक्तमाल्यांबरधरोगिरिशोगिरिकप्रियः ४७ शिल्पिकःशिल्पिनांश्रेष्ठःसर्वशिल्पप्रवर्तकः ॥ भगनेत्रांकुशश्चंडःपूष्णोदंतविनाशनः ४८ स्वाहास्वधावषट्कारोनमस्कारोनमोनमः ॥ गूढव्रतोगुह्यतपास्तारकस्तारकामयः ४९

कृत्यःछेत्तुंयोग्यः कृतीछेदनेइत्यस्यरूपं । पक्षोमित्रंअपक्षःअमित्रं तस्यक्षयंकरः संवर्तकबलाहकःकल्पांतमेघः ८ ॥ ४४ घंटतिद्योततेइतिघंटःप्रकाशवान् । अघंटोमायावृतत्वेनप्रच्छन्नप्रकाशः । घटयतिकर्मफलैर्योजयतिनरानितिघटी । घंटीघंटावान् । चरुचेली चरंतितेचरवःस्थावरजंगमाजीवास्तैःसारिभिरिवचेलतिक्रीडतइतिचरुचेली । मिली मिलनंसंश्लेषणंमिलः घञर्थेभावेकः सइस्यास्तीतिमिली कारणतयासर्वकार्येष्वनुस्यूतइत्यर्थः । द्विर्वचनंनित्यव्याप्तिप्रदर्शनार्थं । यद्वामिलीइतिद्विवचनांतेनमिलिमिलिइतिमंत्रपदंसाभ्याससमुद्धृतंभवति । गौडास्तुरुद्रचीलिचिलीमिलीइतिपठंति अस्मिन्पक्षेघंटीप्रणवः रुद्रेतिसंबुद्धिः मिलीवचीलिचिंलिशब्दावपिद्वित्वपरौज्ञेयौ ब्रह्मप्रणवःअग्नीनांकायिकंकायेभवंकायिकंजाया । 'सइममेवात्मानंद्वेधापातयत्ततःपतिश्चपत्नीचाभवताम्'इतिश्रुतेः वह्निजायास्वाहेत्यर्थः । तेन ओंरुद्रचीलिचीलिचिलिचिलिमिलिमिलिमिलिओंस्वाहेत्यष्टादशार्णोमंत्रउद्धृतोयबाति । दंडी मुंडइतिपरमहंसः । त्रिदंडधृगितित्रिदंडीउक्तः १३ ॥ ४५ । ५ ॥४६ गिरिकंकाषायंतत्प्रियमस्य ७ । ४७ शिल्पिकोऽल्पशिल्पी६ ॥४८ नमस्कारस्यैवरूपांतरंनमोनमइतिशिष्टप्रयोज्यं । तारकःप्रणवः तारकामयःप्रचुरनक्षत्रआकाशरूपः ९ ॥ ४९

॥ १७२ ॥

धाता आदिकर्ताविष्णुः । विधाताभौतिकस्रष्टाचतुर्मुखः । संधाताएकीकृत्यस्थापकः । संहर्तामहेश्वरः । विधाताविधिरदृष्टंकर्मेत्यर्थः । धारणः सर्वाधिष्ठानभूतकारणात्मा । अधरोनास्तिधरोधर्तायस्येतिसर्वबाधावधिभूतःशुद्धात्मा । ब्रह्माब्रह्मवित् । तपआदिचतुष्टयंब्रह्मविद्यासाधनं ११ ॥ १५० भूतानांजरायुजादीनामात्मा । भूतकृद्वियदाद्युत्पादकः । भूतोनित्यसिद्धः । भूतमतीतं भव्यंभवतीतिकर्तरिकृत्यः । वर्तमानंभविष्यंचतयोर्भवउत्पत्तिर्यस्मान्मायाशबलात्तस्याप्युद्भवउत्पत्तिस्थानं । भूर्भुवःस्वरितिनामत्रयं इतोध्रुवश्चेत्येकंनाम इतोदृश्यमानाद्वियदादेरपिध्रुवः शाश्वतइत्यर्थः । दांतोजितेंद्रियः । अतएवमहेश्वरइतरेभ्योब्रह्मादिभ्यईश्वरेभ्योऽपिमहान् १० ॥ अदांतनाशनइतिच्छेदः चंद्रमावर्तयतिमासः युगमावर्तयतिकल्पः सएवसंवर्तःसंप्रवर्तकःसृष्टिहेतुः ९ ॥ ५२ कामःकृपाभिलाषः बिंदुःरेतोंशःपुत्रबीजभूतः स्रजइतिसमासांतष्टच् आर्षः नंदीतिदैर्घ्यमार्षं अमुखइतिच्छेदः ॥ ५३ शकुनिःपक्षिवदसंगः ७ ॥ ५४ गोनर्दःकृष्णावतारेगोपबाललीलायांगौरिवनर्दतिशब्दंकरोतीतितथा । गोप्रतारोगवांप्रकर्षेणतारकोविषजलाच्छिलावृष्टितश्चगोवर्धनोद्धरणेनाऽऽपत्तारकः । गोवृषाणामीश्वरोनंदीवाहनंयस्य ७ ॥ ५५ गोमार्गोगवामिंद्रियाणांमार्गइवगत्याश्रयःइंद्रियचालकइत्यर्थः । अमार्गः इंद्रियाद्यग्राह्यइत्यर्थः

धाताविधातासंधाताविधाताधारणोधरः ॥ ब्रह्मातपश्चसत्यंचब्रह्मचर्यमथार्जवम् १५० भूतात्माभूतकृद्भूतोभूतभव्यभवोद्भवः ॥ भूर्भुवःस्वरितश्चैवध्रुवोदांतोमहेश्वरः ५१ दीक्षितोऽदीक्षितःक्षांतोदुर्दान्तोऽदांतनाशनः ॥ चंद्रावर्तयुगावर्तःसंवर्तःसंप्रवर्तकः ५२ कामोबिंदुरणुःस्थूलःकर्णिकारस्रजप्रियः ॥ नंदीमुखोभीममुखःसुमुखोदुर्मुखोऽमुखः ५३ चतुर्मुखोबहुमुखोरणेष्वभिमुखस्तथा ॥ हिरण्यगर्भःशकुनिर्महोरगपतिर्विराट् ५४ अधर्महामहापार्श्वश्चंडधारोगणाधिपः ॥ गोनर्दोगोप्रतारश्चगोवृषेश्वरवाहनः ५५ त्रैलोक्यगोप्तागोविंदोगोमार्गोऽमार्गएवच ॥ श्रेष्ठःस्थिरश्चस्थाणुश्चनिष्कंपःकंपएवच ५६ दुर्वारणोदुर्विषहोदुःसहोदुरतिक्रमः ॥ दुर्धर्षोदुष्प्रकंपश्चदुर्विषोदुर्जयोजयः ५७ शशःशशांकःशमनःशीतोष्णक्षुज्जराधिकृत् ॥ आधयोव्याधयश्चैवव्याधिहाव्याधिरेवच ५८ ममयज्ञमृगव्याधोव्याधीनामागमोऽगमः ॥ शिखंडीपुंडरीकाक्षःपुंडरीकवनालयः ५९ दंडधारस्त्र्यंबकश्चउग्रदंडोऽण्डनाशनः ॥ विषाग्निपाःसुरश्रेष्ठःसोमपास्त्वंमरुत्पतिः १६० अमृतपास्त्वंजगन्नाथदेवदेवगणेश्वरः ॥ विषाग्निपामृत्युपाश्चक्षीरपाःसोमपास्तथा ॥ मधुश्च्युतानामग्रपास्त्वंत्वमेवतुषिताद्यपाः ६१

श्रेष्ठःप्रशस्ततमः । स्थिरश्चलनहीनः । स्थाणुस्त्रैलोक्यधारणस्तंभः । निष्कंपः कंपःकंपवान् ९ ॥ ५६ दुर्वारणोमृत्युरूपेणाऽऽगतःसन्दुःखेनापिवारयितुमशक्यः । अमृतरूपेणानुगृह्णातिचेद्दुर्विषहोदुष्टस्यापिविषस्यहंता । संग्रामेदुःसहःदुरतिक्रमश्च । दुर्धर्षोभीषयितुमप्यशक्यः । दुर्विषोदुःखेनवेष्टुंव्याप्तुंप्रवेष्टुमशक्यः विष्लृव्याप्तावितिस्यकप्रत्ययेरूपं । जयोजयस्वरूपीनरोधर्मराजाख्योवा ९ ॥ ७ शशःशीघ्रगः । शशांकश्चंद्रः । शमनोयमः ८ ॥ ५८ यज्ञमृगस्यव्याधइवहंता । व्याधीनामागमः । व्याधीनांगमश्च ५ ॥ ५९ त्रीणिवेदाख्यान्यंबकानिचक्षूंषियस्य । विषरूपमग्निंपिबतीतिविषाग्निपाः । विषाग्रपादितिपाठेविषमेवाऽग्रपादस्त्रैलोक्याक्रमणार्होयस्यास्तिसतथा ८ ॥ १६० विषाग्नेःसकाशात्पातीतिविषाग्निपाःसर्वत्रपिबतीत्येववा मधुश्च्युतानांस्वर्गादिसुखाद्भ्रष्टानामग्रेपूर्वंपातीतिप्रथमरक्षकः आपन्नत्रातेत्यर्थः । तुषितानांदेवानामाद्योब्रह्मातंपातीतितुषिताद्यपाः १० ॥ ६१

हिरण्यरेतावह्निः । विश्वकृत्विश्वकर्ता १३ ॥ ६२ विश्वंकृंततितिच्छिनत्तीतिविश्वकृत् विश्वसंहर्तेत्यर्थः । विश्वकृतांविश्वसृजांप्रजापतीनांवरेण्योवरणीयः । विश्वंवहतिपालनपोषणेनस्वस्मिन्धारयतीति विश्ववाहः चंद्रेत्यर्धःस्तुतिरेव ७ ॥ ६३ सरस्वतीनदी । वाग्वर्णरूपा । वलंवैराग्यं । निमेषोन्मेषादिकंकर्मयस्यसनिमेषोन्मेषकर्मा । यंविनानिमेषादिकमपिकर्तुंनकश्चिच्छक्नोतीत्यर्थः । तथाचश्रुतिः 'नहित्व दारेनिमिषश्चनेशे'इति त्वत्त्वत्तःआरेदूरात् त्वांविनेत्यर्थः निमिषश्चनिमेषोऽपि नईशेनेशितवान् । पूर्वेषांब्रह्मादीनामपिपक्ष्मपातोऽपित्वत्प्रेरणंविनानासीत्किमुतेदानींतनानामल्पसाराणामितिश्रुतिपदार्थः ८ ॥ ६४ नब्रह्मानचगोविंदइत्यादयएकविंशतिश्लोकाजपहोमादौएकैकनामगणनयापर्यवस्यंतीतिप्रागुक्तं ६५ । ६६ । ६७ पुंसांसहस्राण्यावृत्याज्ञानेनाभिभूय एकःज्ञेयज्ञानज्ञातृभावशून्यः समुद्राणांकामा नामंतेनाशेसतितिष्ठतिप्रकाशते । कामंसमुद्रमाविशेतिमंत्रलिंगात्समुद्रशब्दःकामवचनः । 'यदासर्वेप्रमुच्यंतेकामायेऽस्यहृदिश्रिताः ॥ अथमर्त्योऽमृतोभवत्यत्रब्रह्मसमश्नुते'इतिकामांतेब्रह्मभावश्रुतेश्च ६८ ईदृग्रूपसत्वेविद्वदनुभवंप्रमाणयति यंविनिद्राइति । विनिद्रत्वेहेतुःजितश्वासाइति । सनिद्रोहिश्वसित्येव एवमपिहठेननिरुद्धेवायौसुषुप्तिसदृशीमूर्च्छाभवतितांवारयितुंसत्वस्थाइति । तत्राप्यज्ञानमस्त्येवेतिनासौ

हिरण्यरेताःपुरुषस्त्वमेवत्वंस्त्रीपुमांस्त्वंचनपुंसकंच ॥ बालोयुवास्थविरोजीर्णदंष्ट्रस्त्वंनागेंद्रशक्रस्त्वंविश्वकृद्विश्वकर्ता ६२विश्वकृद्विश्वकृतांवरेण्यस्त्वंविश्वबाहो विश्वरूपस्तेजस्वीविश्वतोमुखः ॥ चंद्रादित्यौचक्षुषीतेहृदयंचपितामहः ६३ महोदधिःसरस्वतीवाग्बलमनलोऽनिलः ॥ अहोरात्रंनिमेषोन्मेषकर्मा ६४ नब्र ह्मानचगोविंदःपौराणाऋषयोनते ॥ माहात्म्यंवेदितुंशक्तायाथातथ्येनतेशिव ६५ यामूर्तयःसुसूक्ष्मास्तेनमह्यंयांतिदर्शनम् ॥ ताभिर्मांसततंरक्षपितापुत्रमि वौरसम् ६६ रक्षमांरक्षणीयोऽहंतवानघनमोऽस्तुते ॥ भक्तानुकंपीभगवान्भक्तश्चाहंसदात्वयि ६७ यःसहस्राण्यनेकानिपुंसामावृत्त्यदुर्दृशः ॥ तिष्ठत्येकःसमुद्रांते समेगोप्ताऽस्तुनित्यशः६८ यंविनिद्राजितश्वासाःसत्वस्थाःसंयतेंद्रियाः ॥ ज्योतिःपश्यंतियुंजानास्तस्मैयोगात्मनेनमः ६९ जटिलेदंडिनेनित्यंलंबोदरशरी रिणे ॥ कमंडलुनिषंगायतस्मैब्रह्मात्मनेनमः १७० यस्यकेशेषुजीमूतानद्यःसर्वांगसंधिषु ॥ कुक्षौसमुद्राश्चत्वारस्तस्मैतोयात्मनेनमः ७१ संभक्ष्यसर्वभूतानि युगांतेपर्युपस्थिते ॥ यःशेतेजलमध्यस्थस्तंप्रपद्येम्बुशायिनम् ७२ प्रविश्यवदनंराहोर्यःसोमंपिबतेनिशि ॥ ग्रसत्यर्कंचस्वर्भानुर्भूत्वामांसोऽभिरक्षतु ७३

समाधिःकिंतुसत्वोत्कर्षस्यपरस्यांकाष्ठायांजायमानाहंब्रह्मास्मीतिवाक्यजावृत्तिःकतकरजोवत्प्रपंचंप्रविलाप्यस्वयमपिसंस्कारात्मनातिष्ठंतीतिसत्वशब्दवाच्या तस्यांतिष्ठंतीतिसत्वस्थाःसंयतेंद्रियाइतिजाग्रद्व्यावृत्तिः ज्योतिःचिर्तितन्मात्रंयुंजानायोगिनः ६९ अस्मिन्योगेप्रथममालंबनीयंमूर्तिमद्रूपमुपदिशति जटिलेजटिलवदाचरन्जटिलस्तस्मै आचारक्विंताद्धातोःकर्तरिक्विप् । लंबोदरंयच्छरीरंतद्वते कमंडलुर्जलपात्रंतदेवनि षंगःबाणाधारोयस्य कमंडलुजलेनैवयक्षराक्षसादीन्नाशयतेइत्यर्थः । ब्रह्माचतुर्मुखस्तदात्मने १७० इतऊर्ध्वंवैराजींधारणामाह यस्येति ७१ अस्याप्युपसंहारमाह संभक्ष्येति । जल मिवजलंनिर्विशेषंब्रह्मतत्रयोमायावीशेतेलीनोभवति । कथंसर्वभूतान्याकाशादीनिसंभक्ष्यस्वात्मनिप्रविलाप्यस्वयमपिलीयतइत्यर्थः ७२ इमंराजयोगमनुष्ठातुमसमर्थस्यहठयोगमाह प्रविश्येति । मुखस्यऊर्ध्व फलकेयच्छिद्रंतत्रचर्मांसखंडोलंबतेतत्घंटिकेतिलंबिकेतिचान्यत्रउच्यते साइहचंद्रसूर्यदैवत्ययोरिडापिंगलयोर्नाड्योःसंहारकत्वाद्राहोर्वदनमित्युच्यते । तत्रहिजिह्वाग्रेण्यावृत्यधारितेसतिवायुर्निरुद्धोभवति

सेयंखेचरीनाममुद्राहठयोगिनांप्रसिद्धा सोमंतत्रत्यममृतंपिबते निशिरात्रौज्ञानज्ञेयज्ञातृविभागाभावलक्षणायांसत्यां निशासद्भावेएतमेवहेतुमाह यतःस्वर्भानुःराहुरुक्तरूपःअर्कंचाचंद्रं इडापिंगलेग्रसतितन्मार्गंनिरोधेनदृष्टृदृश्यविभागंगिलतियःसमांपरमेश्वरोऽभितोरक्षतु । अत्रग्रंथांतरवाक्यानिसांख्ययोगे । 'इडायांपिंगलायांचचरतश्चंद्रभास्करौ ॥ इडायांचंद्रमाज्ञेयःपिंगलायांरविःस्मृतः' इति शिवयोगे । अथतेषोडशाधारान्प्रवक्ष्यामिविशेषतइत्युपक्रम्य 'नवमंघंटिकाधारंजिह्वाग्रंतत्रदापयेत् ॥ सुधाकलास्रवत्येषासातुसंतापिकारिणी ॥ यालंबिकाचालनदोहनाभ्यांदीर्घाकृतासाविपरीतमार्गात् ॥ यस्तालुमूलांतरगर्भदेशेप्रवेशयेत्सोन्मनतांप्रयाति' ॥ ईश्वरप्रोक्ते 'लंबिकोर्ध्वंस्थितेगर्तेरसनांविपरीतगां ॥ संयोजयेत्प्रयत्नेनसुधाकूपेविचक्षणः ॥ मुद्रैषाखेचरीप्रोक्ताभक्तानामनुरोधतः ॥ निरंतरकृताभ्यासात्पीयूषंप्रत्यहंपिबेत् ॥ तेननिग्रहसिद्धिःस्यान्मृत्युमातंगकेसरी'इति । इयमेवभ्रूमध्यदृष्टिरित्याह दत्तात्रेयः 'अंतःकपालविवरेजिह्वांव्यावृत्यधारयेत् ॥ भ्रूमध्यदृष्टिरप्येषाम्मुद्राभवतिखेचरी'इति ७३ द्विविधेऽपियोगे त्रिविधविघ्नविघातकंमंत्रजातंपठति येचेति । गर्भाइवात्यंतंशिशवःअनुचतुर्मुखस्टष्टिमनुपतिताःनिर्गतास्त्वत्तइतिशेषः । यथायथावद्भागान्यज्ञेडपासतेदेवाःपितरश्चतेभ्योनमः तेचस्वाहास्वधाशब्दाभ्यांदत्तेनहव्यकव्येन

येचानुपतितागर्भायथाभागानुपासते ॥ नमस्तेभ्यःस्वधास्वाहाप्राप्नुवंतुमुदंतुते ७४ येऽङ्गुष्ठमात्राःपुरुषादेहस्थाःसर्वदेहिनाम् ॥ रक्षंतुतेहिमांनित्यंनित्यंचाप्यायंतुमाम् ७५ येनरोदंतिदेहस्थादेहिनोरोदयंतिच ॥ हर्षयंतिनहृष्यंतिनमस्तेभ्योऽस्तुनित्यशः ७६ येनदीषुसमुद्रेषुपर्वतेषुगुहासुच ॥ वृक्षमूलेषुगोष्ठेषुकांतारेगहनेषुच ७७ चतुष्पथेषुरथ्यासुचत्वरेषुतटेषुच ॥ हस्त्यश्वरथशालासुजीर्णोद्यानालयेषुच ७८ येषुपंचसुभूतेषुदिशासुविदिशासुच ॥ चंद्रार्कयोर्मध्यगतायेचचंद्रार्करश्मिषु ७९ रसातलगतायेचयेचतस्मैपरंगताः ॥ नमस्तेभ्योनमस्तेभ्योनमस्तेभ्योऽस्तुनित्यशः १८० येषांनविद्यतेसंख्याप्रमाणंरूपमेवच ॥ असंख्येयगुणारुद्रानमस्तेभ्योऽस्तुनित्यशः ८१ सर्वभूतकरोयस्मात्सर्वभूतपतिर्हरः ॥ सर्वभूतांतरात्माचतेनत्वंननिमंत्रितः ८२ त्वमेवहीज्यसेयस्माद्यज्ञैर्विविधदक्षिणैः ॥ त्वमेवकर्तासर्वस्यतेनत्वंननिमंत्रितः ८३ अथवामाययादेवसूक्ष्मयातवमोहितः ॥ एतस्मात्कारणाद्वापितेनत्वंननिमंत्रितः ८४ प्रसीदममभद्रंतेभावभावगतस्यमे ॥ त्वयिमेहृदयंदेवत्वयिबुद्धिर्मनस्त्वयि ८५ स्तुत्वैवंसमहादेवंविररामप्रजापतिः ॥ भगवानपिसुप्रीतःपुनर्दक्षमभाषत ८६ परितुष्टोऽस्मितेदक्षस्तवेनानेनसुव्रत ॥ बहुनात्रकिमुक्तेनमत्समीपेभविष्यसि १८७

मुदंहर्षंप्राप्नुवंतु ७४ अधिदैवात्शांतिंप्राप्यर्थाध्यात्मभूतात्प्रार्थयतेद्वाभ्यां येऽङ्गुष्ठेति । अंगुष्ठमात्राः जीवाः ७५ प्राणान्प्रणमति येइति । देहिनोजीवानयतोरोदयंत्यतोरुद्राख्याएतेप्राणाःश्रुताः ७६ आधिभौतिकेभ्यःसुखंप्रार्थयते येनदीष्वित्यादिना ७७ । ७८ । ७९ तस्मैतत्पदार्थायईश्वरार्थमित्यर्थः परमुत्कृष्टंवैराग्यादिकंगताःप्राप्ताः । 'तदितिवाएतस्यमहतोभूतस्यनामभवति'इतिश्रुत्याईश्वरस्यतच्छब्दाभिधेयत्वमुक्तं १८० येषामितिसार्वात्म्यमेवभंग्यंतरेणईश्वरस्योक्तं ८१ स्वयज्ञेईश्वरस्यानिमंत्रणेयुक्तिमाह सर्वेति । उपादानत्वादंतर्यामित्वादंतरात्मत्वाच्चनन्यवाइतिस्यपृथग्भूतस्येतरस्येवतवानिमंत्रणंयुक्तमित्यर्थः ८२ । ८३ ननुउपादानत्वादिनारूपेणमांजानन्कथंनिंदितवानसीत्याशंक्याह अथवेति ८४ भावगतस्यस्रष्टावधिकृतत्वेनराज्ञसभावगतस्य सत्वैकग्राह्यंत्वामजानतइत्यर्थः हृदयंचित्तं चिंतनंनिश्चयःसंकल्पश्चत्वद्गोचरएवममास्तीत्यर्थः ८५ । ८६ । ८७

८८ वाक्यंवचनं वाक्यंवक्तुमुचितं वाक्यविदांवाक्यानितेषुसंमतंयुक्तिमत्तमम् ८९ तुभ्यंतव दृष्टंपूर्वकल्पे अतःसर्वेपाकल्पानांसमानरूपत्वादस्मिन्नपिकल्पेतवैवयज्ञहर्तात्वंजातोऽतोमन्युर्दैन्यंनकार्यं अप्रतिकार्यत्वाच्चाविनइत्यर्थः पुरातनंपुराणं १९० ।९१ एवंस्तोत्रजपांगभूतंव्रतद्वयंविधित्सुस्तत्स्तुतयेवैदिकंधर्ममनुवदति वेदादिति ९२ वेदोक्तंतपोदेवादिभिश्चीर्णंवदपेक्षयामयावक्ष्यमाणंव्रतंश्रेष्ठमित्याह अपूर्वमिति । अपूर्वंवेदषडंगसांख्ययोगतर्कैरनधिगतंकिंतर्हिकैवल्याद्युपनिषत्स्वत्याश्रमस्थपदेनप्रकाशितम् । सर्वतोभद्रंफलकालेसाधनकालेचश्रेयोरूपं सर्वतोमुखंसर्वेषुवर्णेष्वाश्रमेषुचाऽभिमुखं सर्वेषामिहाधिकारोऽस्तीत्यर्थः । अव्ययंमोक्षहेतुत्वात् अब्दैर्भूयसाकालेनाऽब्दसाध्यैःसहस्रसंवत्सरसत्रैर्वाःकर्मभिर्वादशाहैःसंयुक्तं दशपंचयमाःपंचनियमाश्चतएवाहानियज्ञक्रतवोयेषां अहःशब्दस्यक्रतुवाचित्वंनवैतान्यहानिभवंतीत्यादौप्रसिद्धम् । भूयसाकालेनपुण्येनवायमनियमवद्भिर्लभ्यमित्यर्थः । दर्शाहेतिपाठेतद्दत्तयागपूज्यैर्लभ्यमित्यर्थः । गौडास्तुदशार्धेतिपठंति तदाब्दैःमासंदशार्धैःपंचभिःसद्योजातमित्यादिभिर्मंत्रैःसंयुक्तंआग्नेयंभस्मसद्योजातादिपंचमंत्रैःपरिगृह्यत्र्यंबकमितिजलेनमिश्रयित्वेत्यादिश्रुतेः । अस्मिन्पक्षेऽत्याश्रममितिपाशुपतव्रतस्यैवविशेषणम् गूढमत्याश्रमस्थइतिपदमात्रेणसूचितमप्रकाशम् अतएवाप्राज्ञैःकर्मठैर्निंदितम् ९३ वर्णेति । सूतसंहितायामत्याश्रमस्थइत्यत्रत्यमाश्रमपदंवर्णोपलक्षणीकृत्यवर्णाश्रमधर्मानतिक्रांतमतिवर्णाश्रमंव्रतंतद्वानतिवर्णाश्रमीतितेनपदेनब्रह्मविदंविवक्षित्वा 'ब्रह्मचारीगृहस्थश्चवानप्रस्थोऽथभिक्षुकः । अतिवर्णा

अश्वमेधसहस्रस्यवाजपेयशतस्यच ॥ प्रजापतेमत्प्रसादात्फलभागीभविष्यसि १८८ अथैनमब्रवीद्वाक्यंलोकस्याधिपतिर्भवः ॥ आश्वासनकरंवाक्यंवाक्यविद्वाक्यसंमतम् ८९ दक्षदक्षनकर्तव्योमन्युर्विघ्नमिमंप्रति ॥ अहंयज्ञहरस्तुभ्यंदृष्टमेतत्पुरातनम् १९० भूयश्चतेवरंदद्मितंत्वंगृह्णीष्वसुव्रत ॥ प्रसन्नवदनोभूत्वातदिहैकमनाःशृणु ९१ वेदात्षडंगादुद्धृत्यसांख्ययोगाच्चयुक्तितः ॥ तपःसुतप्तंविपुलंदुश्चरंदेवदानवैः ९२ अपूर्वंसर्वतोभद्रंसर्वतोमुखमव्ययम् ॥ अब्दैर्दशाहसंयुक्तंगूढमप्राज्ञनिंदितम् ९३ वर्णाश्रमकृतैर्धर्मैर्विपरीतंक्वचित्समम् ॥ गतांतैरध्यवसितमत्याश्रममिदंव्रतम् १९४

श्रमीतेऽपिक्रमाच्छ्रेष्ठाविचक्षण'इत्युपक्रम्यभूयसाग्रंथेनतल्लक्षणान्युक्त्वा । 'यस्यवर्णाश्रमाचारोगलितःस्वात्मदर्शनात् । सवर्णानाश्रमान्सर्वानतीत्यस्वात्मनिस्थितः' । तथा 'नविधिर्ननिषेधश्चनवर्ज्यावर्ज्यकल्पना । आत्मविज्ञानिनामस्तितथाचान्यज्जनार्दन'इतितस्ययथेष्टाचरणमप्यनुज्ञातम् तदिदमभिप्रेत्यक्वचिदंशेवर्णादिधर्मैर्विपरीतमुक्तं एतेनस्वस्यैतदसंमतमितिसूचितं तथाचसूत्रं सर्वान्नानुमतिश्चप्राणात्ययेतद्दर्शनादिति । छांदोग्ये 'उषस्तिर्हचाक्रायणइभ्यग्रामेप्रद्राणकउवाससहेभ्यंकुल्माषान्खादंतंबिभिक्षेतंहोवाचनेतोऽन्येविद्यंतेयच्चयेमइमेउपनिहिताइत्येतेषांमेदेहीतिहोवाचतानस्मैप्रददौहंतानुपानमित्युच्छिष्टंवैमेपीतंस्यादितिहोवाचनस्विदेतेऽप्युच्छिष्टाइतिनवाअजीविष्यमिमानखादन्नितिकामोमउदपानं' इतिब्रह्मविदउषस्तस्यइभ्योच्छिष्टपक्वमाषभक्षणंतद्दत्तजलत्यागश्चप्राणात्ययकालेएवविदुषांनिषिद्धाचरणंकामकारनिषेधंचदर्शयतः । अतएवोक्तं 'तथाचरेतवैयोगीसतांधर्ममदूषयन् । जनायथाऽवमन्येरन्गच्छेयुर्नैवसंगतम्'इति । 'साक्षात्कृतात्मतत्त्वस्ययथेष्टाचरणंयदि । शुनांतत्त्वदृशांचैवकोभेदोऽशुचिभक्षणे'इतिचक्वचिद्विपरीतमपिवस्तुतःसममेव विदुषःकर्तृत्वाभिमानाभावेनतत्रविधिनिषेधयोरप्रवृत्तेः गतांतैर्ज्ञातसिद्धांतैरध्यवसितंनिश्चितं अत्याश्रमंपरमहंसपारिव्राज्यं यद्यप्याश्रमलिंगधारणंब्राह्मणस्यैवतथापितद्धर्माःशमादयःसर्ववर्णसाधारणाः अतएवगृहस्थादीनामप्यत्याश्रमित्वमुक्तंब्रह्मचारीत्युदाहृतसूतसंहिताश्लोके । तद्विशिनष्टि इदंव्रतमिदंवक्ष्यमाणंव्रतमस्त्यस्मिन्नितीदंव्रतमितिसमस्तंपदं ९४

किंतद्व्रतमित्यतआह मयेति । मयावेदकर्त्रोउत्पादितंप्रकटीकृतं एतच्चश्रूयतेऽथर्वशिरउपनिषादि व्रतमेतत्पाशुपतं 'अग्निरितिभस्मवायुरितिभस्मजलमितिभस्मस्थलमितिभस्मव्योमेतिभस्मसर्वंहवाइदंभस्ममनए तानिचक्षूंषिभस्मान्यग्निः'इत्यादिनाभस्मगृहीत्वानिमृज्यांगानिसंस्पृशेत् तस्माद्व्रतमेतत्पाशुपतंपशुपाशविमोक्षायेति पशवोजीवाः पाशोऽविद्या यद्यपिसंन्यासोभस्मोद्धूलनंचद्वयमपिविद्यार्थमुक्तंतथापिसंन्यास स्यतीव्रतरवैराग्याधिकारिकत्वेनदुःशकत्वाद्भस्मधारणस्यैवमुख्यंविद्यांगत्वंध्येयं ९५ । ९६ । ९७ ब्रह्मसंमितोवेदेनतुलितः अस्मिन्स्तवेऽर्धंवेदभागोर्धंपौराणांशइति ९८ विद्याकामैर्ब्रह्मसाक्षात्का रार्थिभिः ९९ । २०० । २०१ । २ । ३ । ४ । ५ नामजपेविशेषविधिमाह देवस्येति । गुहस्यकार्तिकेयस्य अत्रायंप्रयोगः शुचिःकृतनित्यक्रियःकालाग्निरुद्रोपनिषदुक्तप्रकारेणभस्म

मयापाशुपतंदक्षशुभमुत्पादितंपुरा ॥ तस्यचीर्णस्यतत्सम्यक्फलंभवतिपुष्कलम् ९५ तच्चास्तुतेमहाभागत्यज्यतांमानसोज्वरः ॥ एवमुक्त्वामहादेवःसपत्नीकः सहानुगः ॥ अदर्शनमनुप्राप्तोदक्षस्यामितविक्रमः ९६ दक्षप्रोक्तंस्तवमिमंकीर्तयेद्यःशृणोतिवा ॥ नाशुभंप्राप्नुयात्किंचिद्दीर्घमायुरवाप्नुयात् ९७ यथासर्वेषुदेवे षुवरिष्ठोभगवाञ्छिवः ॥ तथास्तवोवरिष्ठोऽयंस्तवानांब्रह्मसंमितः ९८ यशोराज्यसुखैश्वर्यकामार्थधनकांक्षिभिः ॥ श्रोतव्योभक्तिमास्थायविद्याकामैश्चयत्नतः ९९ व्याधितोदुःखितोदीनश्चोरग्रस्तोभयार्दितः ॥ राजकार्याभियुक्तोवामुच्यतेमहतोभयात् २०० अनेनैवतुदेहेनगणानांसमतांव्रजेत् ॥ तेजसायशसाचैवयु क्तोभवतिनिर्मलः १ नराक्षसाःपिशाचावानभूतानविनायकाः ॥ विघ्नंकुर्युर्गृहेतस्ययत्रायंपठ्यतेस्तवः २ शृणुयाच्चैवयानारीतद्भक्ताब्रह्मचारिणी ॥ पितृ पक्षेमातृपक्षेपूज्याभवतिदेववत् ३ शृणुयाद्यःस्तवंकृत्स्नंकीर्तयेद्वासमाहितः ॥ तस्यसर्वाणिकर्माणिसिद्धिंगच्छंत्यभीक्ष्णशः ४ मनसाचिंतितंयच्चयच्चवाचा ऽनुकीर्तितम् ॥ सर्वंसंपद्यतेतस्यस्तवस्यास्यानुकीर्तनात् ५ देवस्यचगुहस्यापिदेव्यानंदीश्वरस्यच ॥ बलिंसुविहितंकृत्वादमेननियमेनच ६ ततस्तुयु क्तोगृह्णीयान्नामान्याशुयथाक्रमम् ॥ ईप्सितान्लभतेसोऽर्थान्भोगान्कामांश्चमानवः ७ मृतश्चस्वर्गमाप्नोतितिर्यक्षुचनजायते ॥ इत्याहभगवान्व्यासः पराशरसुतःप्रभुः २०८ ॥ इतिश्रीमहाभारते शांतिपर्वणिमोक्षधर्मपर्वणि दक्षप्रोक्तशिवसहस्रनामस्तवे चतुरशीत्यधिकद्विशततमोऽध्यायः ॥ २८४ ॥
॥ युधिष्ठिरउवाच ॥ अध्यात्मंनामयदिदंपुरुषस्येहविद्यते ॥ यदध्यात्मंयतश्चैवतन्मेब्रूहिपितामह १

धृत्वारुद्राक्षांश्चधृत्वामुक्तसंगोभूतशुद्ध्यादिपूर्वंपूर्वोक्ताष्टादशाक्षरमंत्रेण त्रिभिश्चतुश्चतुश्चतुर्भिर्गंत्येत्रिभिश्चवर्णैःपंचांगद्वयंकृत्वापंचाक्षरोक्तविधिनावान्यासध्यानपूजादिकंकृत्वागुहादिभ्योऽङ्गदेवताभ्यःपूजापूर्वकंबलिं दत्वायथाशक्त्यर्थानुसंधानपूर्वकंस्तवमावर्त्योत्तरपूजांकृत्वाहृदिदेवंविसर्जयेदिति ६ । ७ २०८ ॥ इतिशांतिपर्वणिमोक्षधर्मपर्वणिनीलकंठीये भारतभावदीपे दक्षप्रोक्तशिवसहस्रनामस्तवेचतुरशीत्यधिकद्विशतत मोऽध्यायः ॥ २८४ ॥ ॥ ॥ एवंस्तवपाठादिनाविशुद्धचेतसोयज्ज्ञेयंतत्पृच्छति अध्यात्ममिति । पुरुषस्याऽऽत्मनिस्वरूपेवर्ततइत्यध्यात्मं दृश्यादृश्यविवेकार्थंशास्त्रंचाध्यात्मंवत्तत्किंकुतश्चोत्पद्यतइतिप्रश्नः १

सर्वज्ञानमिति । पूर्वमसकृदुक्तमप्यध्यात्ममिह संक्षिप्य वक्तुमुपसंहारार्थं तेनउपक्रमोपसंहारयोरैकरूप्येणाऽभ्यासेनचशास्त्रस्याध्यात्मपरत्वेनिश्चितेमध्येयद्वर्णाश्रमधर्मजपादिकमुक्तंतत्प्रकरणात्तदंगभावंभजतइतिज्ञाप्यते । तत्रयदध्यात्ममित्यस्योत्तरंपृथिवीत्यादि । ततश्चेत्यस्योत्तरंपुरुषेतिष्ठतीबुद्धिरित्यादि । अनयोःपुंबुद्ध्योर्विवेकार्थंशास्त्रमध्यात्मं सर्वंज्ञायतेऽनेनेतिसर्वज्ञानं तदेवपरंसर्वश्रेष्ठं बुद्ध्याबुद्धिमत्तया
॥ १७५ ॥ व्याख्याविस्पष्टंकथनं २ भूतानांजरायुजादीनां ३ शरीरंस्थूलंसूक्ष्मंच तेषांभूतानांगुणसंघातःकार्यसमूहःगुणाबुद्ध्यादयोभौतिकाःपरमकारणेआत्मनिप्रलीयंते ४ ततआत्मनःसकाशात् भूतानिजीवाःयांतिलीयंते । यथासौषुप्तादात्मनोऽहमर्थस्यजीवस्योद्भवस्तत्रैवचलयएवमहमर्थेषुभूतेषुमहाभूतानामपिलयोदयौभवतइत्यर्थः ५ भूतानिखादीनि भूतानांजीवानां अल्पीयांसिकूर्माणांस्वांगानीवानायासेनैवदृष्टिमात्रेणाविर्भावयितुंतिरोभावयितुंचशक्यानि ६ शरीरस्यभूतकार्यत्वमुक्तं तत्रतत्तद्भूतांशान्विविनक्ति आकाशादिति । घोषःशब्दःयःशरीरेप्रसिद्धःसंघातःकठिनांशः रसोलोहितादिद्रवांशः ॥ २८५ ॥

भीष्मउवाच ॥ सर्वज्ञानंपरंबुद्ध्यायन्मांत्वमनुपृच्छसि ॥ तद्व्याख्यास्यामितेतातस्यव्याख्यामिमांशृणु २ पृथिवीवायुराकाशमापोज्योतिश्चपंचमम् ॥ महाभूतानिभूतानांसर्वेषांप्रभवाप्ययौ ३ सतेषांगुणसंघातःशरीरंभरतर्षभ ॥ सततंहिप्रलीयंतेगुणास्तेप्रभवंतिच ४ ततःसृष्टानिभूतानितानियांतिपुनःपुनः ॥ महाभूतानिभूतेभ्यऊर्मयःसागरेयथा ५ प्रसारयित्वेहांगानिकूर्मःसंहरतेयथा ॥ तद्वद्भूतानिभूतानामल्पीयांसिस्थवीयसाम् ६ आकाशात्खलुयोघोषःसंघातस्तुमहीगुणः ॥ वायोःप्राणोरसस्त्वद्भ्योरूपंतेजसउच्यते ७ इत्येतन्मयमेवैतत्सर्वंस्थावरजंगमम् ॥ प्रलयेचतमभ्येतितस्मादुद्दिश्यतेपुनः ८ महाभूतानिपंचैवसर्वभूतेषुभूतकृत् ॥ विषयान्कल्पयामासयस्मिन्यदनुपश्यति ९ शब्दश्श्रोत्रेतथाखानित्रयमाकाशयोनिजम् ॥ रसःस्नेहश्चजिह्वाचअपामेतेगुणाःस्मृताः १० रूपंचक्षुर्विपाकश्चत्रिविधंज्योतिरुच्यते ॥ घ्रेयंघ्राणंशरीरंचएतेभूमिगुणाःस्मृताः ११ प्राणःस्पर्शश्चचेष्टाचवायोरेतेगुणाःस्मृताः ॥ इतिसर्वगुणाराजन्व्याख्याताःपांचभौतिकाः १२ सत्त्वंरजस्तमःकालःकर्मबुद्धिश्चभारत ॥ मनःषष्ठानिचैतेषुईश्वरःसमकल्पयत् १३ यदूर्ध्वंपादतलयोरवाङ्मूर्ध्नश्चपश्यसि ॥ एतस्मिन्नेवकृत्स्नेयंवर्ततेबुद्धिरंतरे १४ इंद्रियाणिनरेपंचषष्ठंतुमनउच्यते ॥ सप्तमींबुद्धिमेवाहुःक्षेत्रज्ञःपुनरष्टमः १५ इंद्रियाणिचकर्ताचविचेतव्यानिभागशः ॥ तमःसत्वंरजश्चैवतेऽपिभावास्तदाश्रयाः १६

रूपंगौरादिऊष्माच ७ एतन्मयंभूतमयं तस्मादुद्दिश्यतेतस्माद्भूतकर्तुर्ब्रह्मणःसकाशादुद्दिश्यतेजायतइतिशब्दमात्रेणोच्यतेनतुवस्तुतस्तत्रलीयतेउत्पद्यतेवारज्ज्वामुरगइव ८ भूतकृदहंकारः भूतेषुदेहेषुभूतानिखादीनियथाकल्पयामास यस्मिंश्चभूतेदेहांतस्थेयत्कार्यमनुपश्यतितच्छृणुविशेषः ९ तदेवाहत्रिभिः शब्देति १० । ११ । १२ सत्वमिति । एतेषुशब्दादिषुपंचदशसुसात्विकादिकं कालोऽतीतत्वादिधर्मःप्रागुक्तरीत्याचतुर्युगात्माचिदाभासरूपोजीवोवा । कर्मबुद्धिःस्वविषयस्वरूपनिश्चयः । यद्वाकर्मव्यापारःशब्दस्यार्थप्रत्यायनंश्रोत्रस्यशब्दप्रत्यायनमित्यादिः । बुद्धिःप्रतीतिगोचरस्येदमित्थमेवेत्थमेवेत्यवधारणं । मनइदमित्थंनवेतिसंशयः कर्मसहितांबुद्धिंपंचमीमपेक्ष्यमनःषष्ठं ईश्वरोमायावी १३ अस्मिन्पादतलादिमूर्धांतेशरीरेतत्स्थाबुद्धिरेवशब्दादिमनोन्तैकविंशतितत्त्वरूपेत्याह यदूर्ध्वमिति । बुद्धेरेवसप्तरूपत्वमाह इंद्रियाणीति । पुनःशब्दोदृश्यात्सप्तकादष्टमस्यद्रष्टुरत्यंतवैलक्षण्यद्योतनार्थः १५ भागशःकार्यविभागेन तेऽपिभावाःसात्विकादयोऽर्थाः तदाश्रयाइंद्रियकर्त्राश्रयाःततएवोत्थिताइत्यर्थः १६ ॥१७५॥

विभागमेवाह चक्षुरिति । चक्षुरिंद्रियमात्रं साक्षीइंद्रियाद्यव्यवधानेनद्रष्टाचिन्मात्रउदासीनः १७ गुणैस्तमआदिपंचभिः नेनीयतेपुनःपुनरतिशयेनवाविषयान्प्रतिनीयते बुद्धिरेवेंद्रियाणिचकारात्तमआदिपंच
बुद्धिरेव अत्रहेतुःबुद्ध्यभावेकुतोगुणाइति १८ एतदेवव्याचष्टेयेनेतिद्वाभ्यां १९ । २० एतानिमनःषष्ठानिबुद्ध्याकल्पितानीतिशेषः अवयवदोषेऽवयवीवेंद्रियेषुदुष्टेषुबुद्धिर्दुष्यति २१ पुरुषेसाक्षिणितिष्ठती
आध्यासिकसंबंधेनवर्तमानात्रिषुसात्विकादिषुसुखदुःखमोहात्मकेषुभावेषुविषयितयाबुद्धिर्वर्तते २२ एवंदृगदृश्ययोःपुंबुद्ध्योरत्यंतभेदेऽप्याध्यासिकसंबंधादैक्यंमन्वानास्तार्किकाःपुमांसमेवसुखादिमंतमाहुः नसु
खेनेतिमोहावस्थोक्ता २३ । २४ । २५ । २६ । २७ । २८ । २९ । ३० । ३१ । ३२ एवंसर्वेषांभावानांधीमात्रत्वमुक्त्वासत्वक्षेत्रज्ञयोर्भेदंव्याचष्टेसत्वेत्यादिना ३३ । ३४ संस्रष्टासंसर्गकृतवान् आत्म

चक्षुरालोचनायैवसंशयंकुरुतेमनः ॥ बुद्धिरध्यवसानायसाक्षीक्षेत्रज्ञउच्यते १७ तमःसत्वंरजश्चेतिकालःकर्मचभारत ॥ गुणैर्नेनीयतेबुद्धिर्बुद्धिरेवेंद्रियाणिच॥
मनःषष्ठानिसर्वाणिबुद्ध्यभावेकुतोगुणाः १८ येनपश्यतितच्चक्षुःशृण्वतीश्रोत्रमुच्यते ॥ जिघ्रतीभवतिघ्राणंरसतीरसनारसान् १९ स्पर्शनंस्पर्शतीस्पर्शान्बु
द्धिर्विक्रियतेऽसकृत् ॥ यदाप्रार्थयतेकिंचित्तदाभवतिसामनः २० अधिष्ठानानिबुद्ध्याहिपृथगेतानिपंचधा ॥ इंद्रियाणीतितान्याहुस्तेषुदुष्टेषुदुष्यति २१
पुरुषेतिष्ठतीबुद्धिस्त्रिषुभावेषुवर्तते ॥ कदाचिल्लभतेप्रीतिंकदाचिदपिशोचति २२ नसुखेननदुःखेनकदाचिदपिवर्तते ॥ सेयंभावात्मिकाभावांस्त्रीनेतान्परिवर्त
ते २३ सरितांसागरोभर्तायथावेलामिवोर्मिमान् ॥ इतिभागवताबुद्धिर्भावेमनसिवर्तते २४ प्रवर्तमानंतुरजस्तद्भावेनानुवर्तते ॥ प्रहर्षःप्रीतिरानंदःसुखंसंशां
तचित्तता २५ कथंचिदुपपद्यन्तेपुरुषेसात्विकागुणाः ॥ परिदाहस्तथाशोकःसंतापोऽपूर्तिरक्षमा २६ लिंगानिरजसस्तानिदृश्यन्तेहेत्वहेतुभिः ॥ अविद्यारा
गमोहौचप्रमादस्तब्धताभयम् २७ असमृद्धिस्तथादैन्यंप्रमोहःस्वप्नतंद्रिता ॥ कथंचिदुपवर्तन्तेविविधास्तामसागुणाः २८ तत्रयत्प्रीतिसंयुक्तंकायेमनसिवा
भवेत् ॥ वर्ततेसात्विकोभावइत्युपेक्षेततत्तथा २९ अथयद्दुःखसंयुक्तमप्रीतिकरमात्मनः ॥ प्रवृत्तंरजइत्येवतदसंरभ्यचिंतयेत् ३० अथयन्मोहसंयुक्तंकायेम
नसिवाभवेत् ॥ अप्रतर्क्यमविज्ञेयंतमस्तदुपधारयेत् ३१ इतिबुद्धिगतीःसर्वाव्याख्यातायावतीरिह ॥ एतद्बुद्ध्वाभवेद्बुद्धःकिमन्यद्बुद्धलक्षणम् ३२ सत्वक्षेत्र
ज्ञयोरेतदंतरंविद्धिसूक्ष्मयोः॥ सृजतेऽत्रगुणानेकएकोनसृजतेगुणान्३३पृथग्भूतौप्रकृत्यातुसंप्रयुक्तौचसर्वदा॥यथामत्स्योऽद्भिरन्यःस्यात्संप्रयुक्तोभवेत्तथा ३४
नगुणाविदुरात्मानंसगुणान्वेदसर्वतः॥परिद्रष्टागुणानांतुसंस्रष्टामन्यतेयथा३५आश्रयोनास्तिसत्वस्यगुणसर्गेणचेतना॥सत्वमस्यसृजंत्यन्येगुणान्वेदकदाचन३६

नोगुणानांचगुणगुणिभावेनसंसर्गोऽस्तीतिमूढोयथामन्यतेतथाऽयंगुणानांपरिद्रष्टातादात्म्येनात्मनिगुणान्पश्यतीत्यर्थः ३५ ननुकिमाश्रितास्तर्हिगुणाःप्रवर्ततइत्यतआह आश्रयइति । सत्वस्यबुद्धिसत्वस्याश्रय
उपादानंनास्ति उपादानत्वेनक्लृप्तस्याज्ञानस्यस्वरूपतस्तुच्छत्वात् । गुणानांसत्वादीनांसर्गेणकार्येणमहदादिनालिंगेनाऽन्येकारणभूतागुणाःसृजंतीत्यनुमीयते कदाचिदपिगुणान्कश्चिदपिनवेद । यथारज्जू
रगोपादानमज्ञानंकार्यद्वारैवानुमीयतेनत्वपरोक्षीक्रियतेतद्वत् । ननुगुणानांतुच्छत्वेतत्कार्यंनदृश्येतखपुष्पसौरभवदतआह चेतनासत्वमस्येति । अस्यगुणसर्गस्यसत्वंचेतना अधिष्ठानसत्तैवाध्यस्तसत्तेत्यर्थः ।
तथाचनात्यंततुच्छत्वंगुणानामनिर्वचनीयस्यतद्रूपस्याभ्युपगमादतोनोक्तदोषइत्यर्थः ३६

ध्रुवोऽनादिः ३७ प्रदीपार्थंप्रदीपप्रयोजनमावरणभंगं निश्चक्षुर्भिरचेतनैरतएवाजानद्भिः इंद्रियाणिप्रदीपवत्सहकारीणि बुद्धिरिंद्रियवत्कारणं चिदात्मातुप्रमातृवत्तृतीयः । एतेनबुद्ध्यतिरिक्तश्चेतनःसिद्धइति भावः ३८ दीपचक्षुर्भ्यांधीमान्रज्जूरगमिवेंद्रियबुद्धिभ्यांचितिर्घटमवभासयतीत्याह एवमिति ३९ ऊर्णनाभिदृष्टांतोऽध्यारोपप्रसंगेपरिणामवादमाश्रित्यध्येयः ४० वस्तुतत्वमाह प्रध्वस्ताइति । यथाप्रध्वस्तो घटोविहीनेनकपालाद्यात्मनारूपेणवर्तते नैवंगुणाविवर्तते यतोघटकपालवन्निवृत्तानांगुणानांप्रवृत्तिःसूक्ष्मावयवद्वारानोपलभ्यतेऽतोरज्जूरगवदुच्छिद्यतएवेत्यर्थः । येतुनिवृत्तिमन्यंतेतेषांप्रवृत्त्यनुपलंभोदोषो दुष्परिहरइतिभावः ४१ हृदयग्रंथिंचिदचितोरात्ममनसोस्तादात्म्यं बुद्धिश्चचिंताचतदुभयप्रधानंबुद्धिचिंतामयं ४२ पृथ्वींमहतीमिमांसंसाररूपांनदीमनुप्रच्युताःपतिताः गाधंतलं अविद्वांसोऽजानंतः एवमयं जीवोबुद्धियोगमनुप्रच्युतस्ताम्येत् ४३ । ४४ यथाविद्वदविदुषोरंतरमेवंविदुषांमिथोऽन्तरंनास्तीत्याह नहीति । तत्रहेतुः सकृदिति । सकृद्विभातोह्येषब्रह्मलोकइतिश्रुतिःप्रत्ययावृत्तिकृतंतारतम्यंमोक्षेनास्तीतिदर्श

सृजतेहिगुणान्सत्वंक्षेत्रज्ञःपरिपश्यति ॥ संप्रयोगस्तयोरेषसत्वक्षेत्रज्ञयोर्ध्रुवः ३७ इंद्रियैस्तुप्रदीपार्थंक्रियतेबुद्धिरंतरा ॥ निश्चक्षुर्भिरजानद्भिरिंद्रियाणिप्रदीपवत् ३८ एवंस्वभावमेवैतत्तद्बुद्ध्वाविहरन्नरः ॥ अशोचन्नप्रहृष्यंश्चसवैविगतमत्सरः ३९ स्वभावसिद्धमेवैतद्यदिमान्सृजतेगुणान् ॥ ऊर्णनाभिर्यथासूत्रंविज्ञेयास्तंतुवद्गुणाः ४० प्रध्वस्तानविवर्तन्तेप्रवृत्तिर्नोपलभ्यते ॥ एवमेकेव्यवस्यंतिनिवृत्तिरितिचापरे ४१ इतीदंहृदयग्रंथिंबुद्धिचिंतामयंदृढम् ॥ विमुच्यसुखमासीतविशोकश्छिन्नसंशयः ४२ ताम्येयुःप्रच्युताःपृथ्वींमोहपूर्णांनदींनराः ॥ यथागाधमविद्वांसोबुद्धियोगमयंतथा ४३ नैवताम्यंतिविद्वांसःप्लवंतःपारमंभसः ॥ अध्यात्मविदुषोधीराज्ञानंतुपरमंप्लवः ४४ नभवतिविदुषांमहद्भयंयदविदुषांसुमहद्भयंभवेत् ॥ नहिगतिरधिकाऽस्तिकस्यचित्सकृदुपदर्शयतीहतुल्यताम् ४५ यत्करोतिबहुदोषमेकतस्तच्चदूषयतियत्पुराकृतम् ॥ नाप्रियंतदुभयंकरोत्यसौयच्चदूषयतियत्करोतिच ४६ ॥ इतिश्रीमहाभारतेशांतिपर्वणि मोक्षधर्मपर्वणि पांचभौतिके पंचाशीत्यधिकद्विशततमोऽध्यायः ॥ २८५ ॥ ॥ युधिष्ठिरउवाच ॥ सुदुःखाच्चसुमृत्योश्चत्रसंतेप्राणिनःसदा ॥ उभयंनोयथानस्यात्तन्मेब्रूहिपितामह १ ॥ भीष्मउवाच ॥ अत्राप्युदाहरंतीममितिहासंपुरातनम् ॥ नारदस्यचसंवादंसमंगस्यचभारत २

यतीत्यर्थः ४५ एवंविदःफलमाह यदिति । यदयंज्ञानीबहुदोषंकर्मकरोति यच्चानेनपुराज्ञानात्पूर्वकालेकृतंतच्चैकतएकेनज्ञातेनैवदूषयतिनाशयति । ‘तद्यथापुष्करपलाशआपोनश्लिष्यंतएवमेवंविदिपापंकर्मनश्लिष्यते ॥ तद्यथैषीकतूलमग्नौप्रोतंप्रदूयेतैवंहास्यसर्वेपाप्मानःप्रदूयंते’ इति श्रुतिभ्यांतत्वविदःक्रियमाणकर्माश्लेषपूर्वकर्मदाहयोरवगमात् । दृष्टमपिफलमाह यच्चाज्ञानदशायामयमप्रियमनिष्टंपरकृतंदूषयतियच्चरागादिदोषात्स्वयंकरोति तदुभयमप्रियदूषणकारणात्मकंनकरोतिद्वैतदर्शनाभावात् । स्वयमदुष्टःपरदोषमपिनपश्यतीत्यर्थः ४६ ॥ इतिशांतिपर्वणिमोक्षधर्मपर्वणि नीलकंठीये भारतभावदीपे पंचाशीत्यधिकद्विशततमोऽध्यायः ॥ २८५ ॥ विद्वल्लक्षणानिवक्तुमारभते सुदुःखादिति । यान्येवविद्वल्लक्षणानितानिविद्यासाधनानीत्यभिमेत्योभयंनोऽस्माकंकथंकेनप्रकारेणस्यादितिप्रश्नः १ समंगंविद्वांसमुदाहृत्यतस्योत्तरमाह अत्रापीति २

अन्येशिरसानमंतित्वंतूरसाप्रणमसेऽत्यंतंविनीतोऽसीत्यर्थः । बाहुभ्यांतरसीवभवनदीं अत्यंतसंकटेऽपिनिरपेक्षोऽसीत्यर्थः । एतत्सुखलिंगंज्ञानवक्षानां ३ बालवद्रागद्वेषशून्यः ४ भवतीतिभव्यंवर्त मानंभव्यगेयेतिकर्तरिकृत्यः भूतभविष्ययोस्तत्त्वमविद्यमानत्वं 'आदावंतेचयन्नास्तिवर्तमानेऽपितत्तथा'इतिन्यायेनवर्तमानस्यापितत्त्वंतदेव । यथोक्तंभगवता । 'नासतोविद्यतेभावोनाभावोविद्यतेसतः'इति । नह्यैंद्रजालिकप्रदर्शितधनवृद्धिह्रासाभ्यांविद्वान्मुह्यतीत्यर्थः ५ अभ्युपेत्यापिजगत्सत्यत्वमारंभान्फलानिफलवैचित्र्यंदुःखहेतुरेवेतिजानन्नपेतारंभादिरप्यहंमुह्यामीत्याह उपक्रमानिति ६ नन्वनारंभेकथंजी वितव्यमित्याशंक्याह अगाधाश्चेति । अगाधानिर्ग्रंथामूर्खाः । गाधृप्रतिष्ठालिप्सयोर्ग्रंथेचेतिस्मृतेः अप्रतिष्ठाधनदारादिशून्याः गतिमंतोग्रंथधनादिमंतः जडामत्तादयः अस्मान्निरारंभान्निरारंभाअपिजी वंतीत्यर्थः ७ कुतस्तेजीवंतीत्यतआह विहितेनैवेति । प्राक्कर्मणैवजीवंतिनत्वारंभादिति सभाजयपूजय ८ । ९ यदावयंनशोचेमशोकमूलस्याज्ञानस्याभावात् तदानोऽस्माकंधर्मेणात्मनिब्राह्मण्याद्यध्यासो पजीविनायज्ञादिनावाकर्मणालौकिकेनवाकिंप्रयोजनंनकिमपीत्यर्थः । 'एतद्धस्मवैतद्विद्वांसआहुर्ऋषयःकावषेयाःकिमर्थावयमध्येष्यामहेकिमर्थावयंयक्ष्यामहे'इतिश्रुतेस्तत्त्वविदोनधर्माद्यनुतिष्ठंतीत्यर्थः । शोका

नारदउवाच ॥ उरसेवप्रणमसेबाहुभ्यांतरसीवच ॥ संप्रहृष्टमनानित्यंविशोकइवलक्ष्यसे ३ उद्वेगंनहितेकिंचित्सुसूक्ष्ममपिलक्षये ॥ नित्यतृप्तइवस्वस्थोबालवच्च विचेष्टसे ४ ॥ समंगउवाच ॥ भूतंभव्यंभविष्यंचसर्वमेतत्तुमानद ॥ तेषांतत्त्वानिजानामिततोनविमनाह्यहम् ५ उपक्रमानहंवेदपुनरेवफलोदयान् ॥ लोकेफला निचित्राणिततोनविमनाह्यहम् ६ अगाधाश्चाप्रतिष्ठाश्चगतिमंतश्चनारद ॥ अंधाजडाश्चजीवंतिपश्यास्मानपिजीवतः ७ विहितेनैवजीवंतिअरोगांगादिवौक सः ॥ बलवंतोबलाश्चैवतस्मादस्मान्सभाजय ८ सहस्रिणोऽपिजीवंतिजीवंतिशतिनस्तथा ॥ शाकेनचान्येजीवंतिपश्यास्मानपिजीवतः ९ यदानशोचेमहिकिं नुनःस्याद्धर्मेणवानारदकर्मणावा ॥ कृतांतवश्यानियदासुखानिदुःखानिवायन्नविधर्षयंति १० यस्मैप्राज्ञाःकथयंतेमनुष्याःप्रज्ञामूलंहींद्रियाणांप्रसादः ॥ मुह्यंति शोचंतितथेंद्रियाणिप्रज्ञालाभोनास्तिमूढेंद्रियस्य ११ मूढस्यदर्पःसपुनर्मोहएवमूढस्यनायंनपरोऽस्तिलोकः ॥ नह्येवदुःखानिसदाभवंतिसुखस्यवानित्यशोलाभ एव १२ भवात्मकंसंपरिवर्तमानंनमादृशःसंज्वरंजातुकुर्यात् ॥ इष्टान्भोगान्नानुरुध्येत्सुखंवानर्चिंतयेद्दुःखमभ्यागतंवा १३ समाहितोनस्पृहयेत्परेषांनानागतं चाभिनंदेच्चलाभम् ॥ नचापिहृष्येद्विपुलेऽर्थलाभेतथाऽर्थनाशेचनवैविषीदेत् १४

भावेहेतुः कृतांतेति । कृतांतवश्यान्यंतवंतियद्यस्मात्तस्मात् नधर्षयंत्यस्मानितिशेषः १० प्रसादोमोहादिराहित्यंप्रज्ञायामूलं इंद्रियाण्येवमुह्यंतिशोचंतीतियस्मैप्राज्ञाःकथयंतेसप्राज्ञइत्यध्याहृत्ययोज्यं । दृश्यो मोहादिर्दृश्यस्यबुद्ध्याद्यनेकभेदभिन्नस्याहंकारस्यैवधर्मोनत्वदृश्यस्यदृगात्मनइत्यर्थः ११ दर्पआढ्योस्मीत्यादिगर्वः समोहश्चेत्काहानिरतआह मूढस्येति । नहीति तस्मात्सुखादेरागमापायित्वात्सुख्यहमि
६० तिदर्पोदुःख्यहमितिदैन्यंचनकार्यमितिभावः १२ भवात्मकंसंसाररूपं भावेतिपाठेदृश्यात्मकंसंज्वरंमादृशआत्मज्ञोदेहाभिमानशून्योजातुकदाचिन्नकुर्यान्नस्वीकुर्यात् । तथाचश्रुतिः 'आत्मानंचेद्विजानीयाद यमस्मीतिपूरुषः । किमिच्छन्कस्यकामायशरीरमनुसंज्वरेत्' इति । भोगाद्यचिंतनमेवविज्वरत्वेहेतुरित्याह इष्टानिति १३ अचिंतायामपिहेतुःसमाहितोयोगारूढः आचिंतत्वादेवनस्पृहादि मान्भवतीत्यर्थः परेषांसुखादीन्नेच्छेत् १४

समाहितत्वंचशमदमादिरूपेणशीलेनैवभवतिनबांधवादिभिरित्याह नेति । शांतिंनिर्विकल्पतां १५ योगंविनाज्ञानंसुखंचनास्तीत्याह नास्तीति । योगसाधनमाह धृतीति । धृतिर्मनःप्राणेंद्रियक्रियाणांस्तंभसामर्थ्यं १६ योगेप्रवृत्त्यर्थंलौकिकंप्रियंनिंदति प्रियमिति । उत्सेकोदर्पः तान्प्रियहर्षोत्सेकान् १७ आ अस्येतिच्छेदः अस्यदेहस्याऽविचेष्टनादितिसंबंधः । विमुक्तश्चविमुच्यतेभूयश्चांतेविश्वमायानिवृत्तिरितिश्रुतिभ्यांद्विर्मुक्तिमायानिवृत्त्योःप्रतिपादनात्तत्त्वविदामिंद्रजालत्वविदामिवावरणांशनिवृत्तावपिविक्षेपांशानुवृत्तिरस्तीतिगम्यते । साचमतिबिंबभ्रमादौदृष्टा तेनजीवन्मुक्तिसिद्धीरागद्वेषराहित्यसिद्धिश्च । अन्यथाज्ञानसमकालमेवदेहपातापत्तिः यस्तुदेहपातावधिसाक्षिवत्पश्यतिविषयेषुसंगंचकरोतितस्यजातमपिज्ञानंनश्यतीतिभावः । यथोक्तंभगवता 'इंद्रियाणांहिचरतांयन्मनोऽनुविधीयते ॥ तदस्यहरतिप्रज्ञांवायुर्नावमिवांभसि'इतिबुद्धिनाशात्प्रणश्यतीतिच १८ । १९ इहवाऽमुत्रवानभयमित्यन्वयः २० महद्ब्रह्मविजानामि अव्ययंतपोयोगंकृत्वासंप्राप्तोऽपिनप्रबाधते शीतोष्णादिजःशोकोदेहस्वाभाव्यादवश्यंप्राप्नोतिनचमूढेष्विवबुद्धेषुतस्यातीवप्रतापोऽस्तीतिभावः २१ ॥ ॥ इतिश्रीमहाभारतेशांतिपर्वणिमोक्षधर्मपर्वणिषडशीत्यधिकद्विशततमोऽध्यायः ॥ २८६ ॥ ॥ ॥ ॥ ॥

नबांधवानचवित्तंनकौल्यंनचश्रुतंनचमंत्रानवीर्यम् ॥ दुःखात्त्रातुंसर्वएवोत्सहन्तेपरत्रशीलेनतुयांतिशांतिम् १५ नास्तिबुद्धिरयुक्तस्यनायोगाद्विंदतेसुखम् ॥ धृतिश्चदुःखत्यागश्चेत्युभयंतुसुखंनृप १६ प्रियंहिहर्षजननंहर्षउत्सेकवर्धनः ॥ उत्सेकोनरकायैवतस्मात्तान्संत्यजाम्यहम् १७ एतान्शोकभयोत्सेकान्मोहनान्सुखदुःखयोः ॥ पश्यामिसाक्षिवल्लोकेदेहस्याऽस्यविचेष्टनात् १८ अर्थकामौपरित्यज्यविशोकोविगतज्वरः ॥ तृष्णामोहौतुसंत्यज्यचरामिपृथिवीमिमाम् १९ नचमृत्योर्नचाधर्मान्नलोभान्नकुतश्चन ॥ पीतामृतस्येवात्यंतमिहवाऽमुत्रवाभयम् २० एतद्ब्रह्मन्विजानामिमहत्कृत्वातपोव्ययम् ॥ तेननारदसंप्राप्तोनमांशोकःप्रबाधते २१ ॥ इतिश्रीमहाभारते शांतिपर्वणिमोक्षधर्मपर्वणि समंगनारदसंवादे षडशीत्यधिकद्विशततमोऽध्यायः ॥ २८६ ॥ ॥ ॥ ॥ युधिष्ठिरउवाच ॥ अतत्त्वज्ञस्यशास्त्राणांसंततंसंशयात्मनः ॥ अकृतव्यवसायस्यश्रेयोब्रूहिपितामह १

एवमुपदेशप्रधानांब्रह्मविद्यांश्रुत्वातामेवोपपत्तिप्राधान्येनजिज्ञासमानःपृच्छति अतत्त्वज्ञस्यशास्त्राणामिति । तस्यशास्त्रंतार्किकपाशुपतपांचरात्रसांख्यपातंजलादिउपपत्तिप्रधानमुपदेशप्रधानंच । तत्रवैदिकेशास्त्रेपूर्वोत्तरमीमांसेउपदेशप्रधाने । वैशेषिकतार्किकपाशुपतपांचरात्रसांख्यपातंजलादीनिउपपत्तिप्रधानानि । अवैदिकेऽपिलौकायतंशास्त्रमुपपत्तिप्रधानं । आर्हतसौगतेशाक्यबुद्धमुनिप्रणीतागमप्रधाने । तत्रापिसौगतेचत्वारोभेदाः सौत्रांतिकवैभाषिकयोगाचारमाध्यमिकाः । सर्वाण्येतानिविभिन्नप्रस्थानानिमोक्षार्थंचप्रवृत्तानि । मोक्षश्च 'नान्यःपंथाविद्यतेऽयनाय'इतिएकमार्गःश्रूयते । सर्वेषुचशास्त्रेषुस्वमतेएवमोक्षोऽस्तिनपरमतेइतिसाटोपंप्रतिपाद्यते विनिगमनाविरहाच्चनैतेषामन्यतमस्यश्रैष्ठ्यमध्यवसातुंशक्यं नाप्येषामैकमत्यंवक्तुंशक्यं विभिन्नप्रस्थानतायाःस्पष्टत्वात् ऐकशास्त्र्यापत्तेश्च । अतःशास्त्राणांतत्त्वानवधारणात्संशयःकिमुपादेयमिति । ननु 'भिद्यतेहृदयग्रंथिश्छिद्यंतेसर्वसंशयाः'इतिश्रुतेरात्मानुभवएवसंशयोच्छेदंकरिष्यतिकिमुच्यतइतयेत्याशंक्याह अकृतव्यवसायस्येति । व्यवसायआत्मदर्शनार्थंशमदमाद्यनुष्ठानंतदकुर्वतःकिंहितंस्यात्तद्ब्रूहि १

यद्यपिसर्वज्ञानंधर्मिण्यभ्रांतंप्रकारेतुविपर्ययइतिन्यायेनाशरीरतालक्षणेमोक्षेतत्साधनेशमादौसर्वेषांशास्त्राणामैकमत्यमस्ति । तथाहि शून्यदेहात्मवादिनौमाध्यमिकलौकायतिकौसंघातस्यतुच्छत्वंतस्यैवकर्तृत्वादिधर्माश्रयत्वंचप्रथयितुमेवसदात्मानमपलपतः । एवंतार्किकादयोऽप्यहमर्थस्यैवकर्तृत्वादिकंप्रथयितुंचिदात्मानमपलपंति अतोनतेषामात्मापलापेतात्पर्यंकिंतुसंघातादेस्तुच्छत्वादौ । तथासांख्याअपिआत्मनोऽसंगत्वमेवप्रथयितुंप्रधानादिकंकल्पयंति । नतुतेषामात्मनःकर्तृत्वेप्रधानादिसत्यत्वेआत्मभेदेवातात्पर्यमस्ति एवंतंत्रांतरतात्पर्यमप्यूह्यं । सर्वथाऽपिदेहनाशोवादुःखनाशोवानिर्विषयज्ञानधारावाचितितन्मात्रंवापरमानंदोवामोक्षइतिशब्दजविकल्पमात्रं सुषुप्तवद्द्वैतदर्शनाभावःसर्वेषांमोक्षेतुल्यः शमादीनांसाधनत्वंच व्यावहारिकप्रक्रियाणामात्मतत्त्वप्रतिपादनप्रकारभेदानांच तेषांपरस्परविरोधान्नैकशास्त्र्यंविधिमुखेनैवअखंडसच्चिदानंदैकरसंब्रह्मवेदांताविस्पष्टंप्रतिपादयंतीतितेषामेवश्रैष्ठ्यंचस्पष्टं । तथाऽपिसर्वशास्त्राविरोधेनैवोत्तरमाह गुरुपूजेति । गुरुपूजाऽत्रईश्वरेचेतःप्रणिधानं तस्यैवपरमगुरुत्वात् । सपूर्वेषांगुरुःकालेनानवच्छेदादितितस्यपातंजलेपरमगुरुत्वोक्तेः । वृद्धानामाचार्याणां तथाच 'यस्यदेवेपराभक्तिर्यथादेवेतथागुरौ ॥ तस्यैतेकथिताह्यर्थाःप्रकाशंतेमहात्मनः' इतिश्रुत्यर्थोदर्शितः । शास्त्राणामविशेषात्सर्वे

॥ भीष्मउवाच ॥ गुरुपूजाचसततंवृद्धानांपर्युपासनम् ॥ श्रवणंचैवशास्त्राणांकूटस्थंश्रेयउच्यते २ अत्राप्युदाहरंतीममितिहासंपुरातनम् ॥ गालवस्यचसंवादंदेवर्षेर्नारदस्यच ३ वीतमोहक्लमंविप्रंज्ञानतृप्तंजितेंद्रियः ॥ श्रेयस्कामोयतात्मानंनारदंगालवोऽब्रवीत् ४ यैःकश्चित्संमतोलोकेगुणैश्चपुरुषोमुने ॥ भवत्यनपगान्सर्वांस्तान्गुणान्लक्षयामहे ५ भवानेवंविधोऽस्माकंसंशयंछेत्तुमर्हति॥अमूढश्चिरमूढानांलोकतत्त्वमजानताम् ६ ज्ञानेह्येवंप्रवृत्तिःस्यात्कार्याणामविशेषतः॥यत्कार्यंनव्यवस्यामस्तद्भवान्वक्तुमर्हति ७ भगवन्नाश्रमाःसर्वेपृथगाचारदर्शिनः॥ इदंश्रेयइदंश्रेयइतिसर्वेप्रबोधिताः ८ तांस्तुविप्रस्थितान्दृष्ट्वाशास्त्रैःशास्त्राभिनंदिनः ॥ स्वशास्त्रैःपरितुष्टाश्चश्रेयोनोपलभामहे ९ शास्त्रंयदिभवेदेकंश्रेयोव्यक्तंभवेत्तदा ॥ शास्त्रैश्चबहुभिर्भूयःश्रेयोगुह्यंप्रवेशितम् १० एतस्मात्कारणाच्छ्रेयःकलिलंप्रतिभातिमे ॥ ब्रवीतुभगवांस्तन्मेउपसन्नोऽस्म्यधीहिभोः ११

षांसर्वत्रमोक्षस्यप्रतिपादनात् श्रवणंगुरुमुखेनग्रहणं एतच्चमनननिदिध्यासनयोरप्युपलक्षणं गुरुदेवपूजाश्रवणादिप्रपंचकूटस्थमविकारिआत्यंतिकमैकांतिकंचयच्छ्रेयस्तद्रूपंतत्साधनत्वादुच्यते २ । ३ वीतेति । जितेंद्रियःश्रेयस्कामइतिचशिष्यलक्षणं शेषंगुरुलक्षणं ४ भवतित्वयि अनपगान्स्थिरान् ५ लोकतत्त्वमात्मयाथात्म्यम् ६ अज्ञानमेवाह ज्ञानेहीति । कार्याणांतत्तच्छास्त्रोदितकर्तव्यानांचैत्यवंदनतप्तशिलारोहणकृच्छ्रचांद्रायणाग्निहोत्रादीनामविशेषतइदंश्रेयइदंनेतिविशेषावधारणहेत्वभावेनसाम्यात् एवंसमैवप्रवृत्तिःस्यात् ततश्चपरस्परविरुद्धधर्मद्वयाचरणादुभयभ्रष्टःस्यादित्यर्थः । अतस्तेषांकार्याणांमध्येयदस्माकंकार्यंकर्तुमुचितंतन्नव्यवस्यामोननिश्चिनुमः सर्वत्रश्रेयोबुद्धिसाम्यात् अतोभवान्विशेषदर्शीतद्वक्तुमर्हति ७ एतदेवाह भगवन्निति । नास्तिश्रमोऽनुष्ठानजोयस्मिन्नित्यश्रमंज्ञानंतस्येमेसाधकाआश्रमाःशास्त्राणि पृथगाचारंपूर्वोक्तंदर्शयितुंशीलंयेषांतेपृथगाचारदर्शिनः तैराश्रमैःसर्वेनराःप्रबोधिताः ८ तान्प्रबोधितान्विविधेनमार्गेणप्रस्थितान्शास्त्राभिनंदिनःस्वेस्वेशास्त्रेअभिनंदितुंशीलंयेषांतान्दृष्ट्वायथावयंस्वशास्त्रैःपरितुष्टास्तथातानपिदृष्ट्वासंदिहानाःसंतःश्रेयःप्रशस्ततरंनोपलभामहेननिश्चेतुंसमर्थाःस्मः ९ । १० कलिलंनानाशंकाकुलं अधीहिअध्यापय ११

आश्रमाःशास्त्राणिचत्वारि तत्रधर्मोनास्त्येवेत्येकंशास्त्रं । अवैदिकःशाक्यादिकल्पितश्चैत्यवंदनादिरेवधर्मोनान्यइत्यपरं । वेदोक्तएवधर्मोनान्यइतितृतीयं । धर्माधर्मातीतंवस्तुमात्रमस्तीतिचतुर्थम् । यथासंकल्पिताःसंकल्पितंसंकल्पमनतिक्रांताः योयेनश्रेयस्त्वेनभावितस्तस्यतदेवश्रेयइत्यर्थः । तथाचश्रुतिः तंयथायथोपासतेतथेतःप्रेत्यभवतीतिसंकल्पानुसारेणफलंदर्शयति तान्समाश्रित्यअनुपश्यगुरुभ्योऽधिगम्यसम्यगालोचय एतान्बुद्ध्याआलोचयन्स्वयमेवैतेषुप्रशस्ततमंत्वंज्ञास्यसीतिभावः १२ गुणोद्देशमात्मज्ञानगुणभूतानांधर्माणामुद्देशंसंकीर्तनं पृथग्विरुद्धेनप्रकारेणप्रस्थितं । यथापरेषांतप्तशिलारोहणादिर्धर्मःसएवास्माकमधर्मः । यथावाऽस्माकमग्नीषोमीयपश्वालंभोधर्मःसएवपरेषामधर्मइत्यर्थः १३ नेति । तेआश्रमाःस्थूलदृष्ट्यानिरीक्ष्यमाणाःसम्यगभिप्रेतंधर्ममात्मतत्त्वंवानयांतिनप्रापयंति तेषामेवपरांगतिमन्येसूक्ष्मदृशःसम्यगृजुयथास्यात्तथाऽपश्यन्उक्तरीत्याफलसाधनयोःसर्वत्राविगानात् १४ एतदेवाह यत्त्विति । मित्राणांसर्वभूताभयप्रदानामनुग्रहंअमित्राणांहिंस्राणांचनिग्रहंश्रेयआहुरित्यग्रिमेणान्वयः हिंस्रनिग्रहस्यश्रेय

नारदउवाच ॥ आश्रमास्तातचत्वारोयथासंकल्पिताःपृथक् ॥ तान्सर्वाननुपश्यत्वंसमाश्रित्येतिगालव १२ तेषांतेषांतथाहित्वमाश्रमाणांततस्ततः ॥ नानारूपगुणोद्देशंपश्यविप्रस्थितंपृथक् १३ नयांतिचैवतेसम्यगभिप्रेतमसंशयम् ॥ अन्येपश्यंस्तथासम्यगाश्रमाणांपरांगतिम् १४ यत्तुनिःश्रेयसंसम्यक्तच्चैवासंशयात्मकम् ॥ अनुग्रहंचमित्राणाममित्राणांचनिग्रहम् १५ संग्रहंचत्रिवर्गस्यश्रेयआहुर्मनीषिणः ॥ निवृत्तिःकर्मणःपापात्सततंपुण्यशीलता १६ सद्भिश्चसमुदाचारःश्रेयएतदसंशयम् ॥ मार्दवंसर्वभूतेषुव्यवहारेषुचार्जवम् १७ वाक्चैवमधुराप्रोक्ताश्रेयएतदसंशयम् ॥ दैवतेभ्यःपितृभ्यश्चसंविभागोऽतिथिष्वपि १८ असंत्यागश्चभृत्यानांश्रेयएतदसंशयम् ॥ सत्यस्यवचनंश्रेयःसत्यज्ञानंतुदुष्करम् १९ यद्भूतहितमत्यंतमेतत्सत्यंब्रवीम्यहम् ॥ अहंकारस्यचत्यागःप्रमादस्यचनिग्रहः २० संतोषश्चैकचर्याचकूटस्थंश्रेयउच्यते ॥ धर्मेणवेदाध्ययनंवेदांतानांतथैवच २१ ज्ञानार्थानांचजिज्ञासाश्रेयएतदसंशयम् ॥ शब्दरूपरसस्पर्शान्सहगंधेनकेवलान् २२ नात्यर्थमुपसेवेतश्रेयसोर्थीकथंचन २३ नक्तंचर्यांदिवास्वप्नमालस्यंपैशुनंमदम् ॥ अतियोगमयोगंचश्रेयसोर्थीपरित्यजेत् २४ आत्मोत्कर्षंनमार्गेतपरेषांपरिनिंदया ॥ स्वगुणैरेवमार्गेतविप्रकर्षंपृथग्जनात् २५ निर्गुणास्त्वेवभूयिष्ठमात्मसंभावितानराः ॥ दोषैरन्यान्गुणवतःक्षिपंत्यात्मगुणक्षयात् २६ अनूच्यमानास्तुपुनस्तेमन्यंतुमहाजनात् ॥ गुणवत्तरमात्मानंस्वेनमानेनदर्पिताः २७ अब्रुवन्कस्यचिन्निन्दामात्मपूजामवर्णयन् ॥ विपश्चिद्गुणसंपन्नःप्राप्नोत्येवमहद्यशः २८ अब्रुवन्वातिसुरभिर्गन्धःसुमनसांशुचिः ॥ तथैवाव्याहरन्भातिविमलोभानुरंबरे २९ एवमादीनिचान्यानिपरित्यक्तानिमेधया ॥ ज्वलंतियशसोलोकेयानिनव्याहरंतिच ३०

स्त्वोक्त्याहिंस्रसत्वस्यातिनिंद्यत्वमुक्तं १५ । १६ । १७ सर्वतंत्रसाधारणधर्मप्रसंगाद्वैदिकंधर्ममाह दैवतेभ्यइत्यर्धेन १८ सत्यस्यअबाधितात्मतत्त्वस्यवचनंश्रवणादिकं १९ सत्यंसत्यप्रापकं २० । २१ जिज्ञासाअनुभवेच्छा २२ । २३ अतियोगंआहारादीनां यथोक्तं 'नात्यश्नतस्तुयोगोऽस्तिनचैकांतमनश्नतः ॥ नचातिस्वप्नशीलस्यजाग्रतोनैवचार्जुन' इति २४ आत्मेति । विप्रकर्षमुत्कर्षं नीचादुत्कर्षंनेच्छेदपितूच्चादेवेतिभावः २५ आत्मनोगुणाःक्षयऐश्वर्यंतदुभयात् गुणक्षयादितिसमाहारः क्षिपंतिनिंदंति २६ अनूच्यमानाःशिक्ष्यमाणाः २७ विपश्चिद्गुणाअद्वेष्टासर्वभूतानामित्यादयः महद्यशोब्रह्म । 'नंतस्येशेकश्चनतस्यनाममहद्यशः' इतिश्रुतिप्रसिद्धेः २८ । २९ । ३०

३१ असत्सारवर्जितंयथास्यात्तथाप्रोक्तः ३२ मूढानामिति। यथासूर्यःसूर्यकांतयोगात्स्वस्याग्निरूपंदर्शयतिएवंक्षुद्रोऽपिकुशब्दयोगात्क्षुद्रमंतरात्मानंदर्शयतीत्यर्थः ३३ मृगयंतेश्रेयोर्थिनः पृथग्विधानानाशास्त्र भेदभिन्नां ३४ । ३५ वासंपरीक्षेतवस्तुमिच्छेत् ३६ व्यतिकरःसंकरः ३७ आप्नुयात्संगमात्रेणैवेत्यर्थः ३८ अत्रदृष्टांतमाह अपामिति । अबादीनांसंगमात्रंयथाशीतोष्णसुखदुःखदंतथासदसत्संगएवपुण्यपाप दइत्यर्थः ३९ विषयंविषयमनुवर्ततइत्यनुविषयोरसःतमपश्यंतःइदंमधुरमिदंतिक्तमित्यनालोचयंतःकेवलंगर्तपूरणमात्रार्थंभुंजते । विघसोदेवतादिशेषंतदशनशीलाःशिष्टाः । येतुआत्मविषयान्बुद्धेर्विशेषतोबं

नलोकेदीप्यतेमूर्खःकेवलात्मप्रशंसया ॥ अपिचापिहितःश्वभ्रेकृतविद्यःप्रकाशते ३१ असदुच्चैरपिप्रोक्तःशब्दःसमुपशाम्यति ॥ दीप्यतेत्वेवलोकेषुशनैरपिसुभाषितम् ३२ मूढानामवलिप्तानामसारंभाषितंबहु ॥ दर्शयत्यंतरात्मानमग्निरूपमिवांशुमान् ३३ एतस्मात्कारणात्प्रज्ञांमृगयंतेपृथग्विधाम् ॥ प्रज्ञालाभोहिभूतानामुत्तमःप्रतिभातिमे ३४ नापृष्टःकस्यचिद्ब्रूयान्नाप्यन्यायेनपृच्छतः ॥ ज्ञानवानपिमेधावीजडवत्समुपाविशेत् ३५ ततोवासंपरीक्षेतधर्मनित्येषुसाधुषु ॥ मनुष्येषुवदान्येषुस्वधर्मनिरतेषुच ३६ चतुर्णांयत्रवर्णानांधर्मव्यतिकरोभवेत् ॥ नतत्रवासंकुर्वीतश्रेयोर्थीवैकथंचन ३७ निरारंभोऽप्ययमिहयथालब्धोपजीवनः ॥ पुण्यंपुण्येषुविमलंपापंपापेषुचाप्नुयात् ३८ अपामग्नेस्तथेंदोश्चस्पर्शंवेदयतेयथा ॥ तथापश्यामहेस्पर्शमुभयोःपुण्यपापयोः ३९ अपश्यंतोऽनुविषयंभुंजतेविघसाशिनः ॥ भुंजानाश्चात्मविषयान्विषयान्विद्धिकर्मणाम् ४० यत्रागमयमानानामसत्कारेणपृच्छताम् ॥ प्रब्रूयाद्ब्रह्मणोधर्मंत्यजेत्तंदेशमात्मवान् ४१ शिष्योपाध्यायिकावृत्तिर्यत्रस्यात्सुसमाहिता ॥ यथावच्छास्त्रसंपन्नाकस्तंदेशंपरित्यजेत् ४२ आकाशस्थाध्रुवंयत्रदोषंब्रूयुर्विपश्चिताम् ॥ आत्मपूजाभिकामोवैकोवसेत्तत्र पंडितः ४३ यत्रसंलोडितालुब्धैःप्रायशोधर्मसेतवः ॥ प्रदीप्तमिवचैलांतंकस्तंदेशंनसंत्यजेत् ४४ यत्रधर्ममनाशंकाश्चरेयुर्वीतमत्सराः ॥ भवेत्तत्रवसेच्चैवपुण्यशीलेषुसाधुषु ४५ धर्ममर्थनिमित्तंचचरेयुर्यत्रमानवाः ॥ नताननुवसेज्जातुतेहिपापकृतोजनाः ४६ कर्मणायत्रपापेनवर्तन्तेजीवितेप्सवः ॥ व्यवधावेत्ततस्तूर्णंसर्पाच्छरणादिव ४७ येनखट्वांसमारूढःकर्मणाऽनुशयीभवेत् ॥ आदितस्तन्नकर्तव्यमिच्छताभवमात्मनः ४८ यत्रराजाचराज्ञश्चपुरुषाःप्रत्यनंतराः ॥ कुटुंबिनामग्रभुजस्त्यजेत्तद्राष्ट्रमात्मवान् ४९ श्रोत्रियास्त्वग्रभोक्तारोधर्मनित्याःसनातनाः ॥ याजनाध्यापनेयुक्तायत्रतद्राष्ट्रमावसेत् ५० स्वाहास्वधावषट्कारा यत्रसम्यगनुष्ठिताः ॥ अजस्रंचैववर्तन्तेवसेत्तत्राविचारयन् ५१ अशुचीन्यत्रपश्येतब्राह्मणान्वृत्तिकर्शितान् ॥ त्यजेत्तद्राष्ट्रमासन्नमुपसृष्टमिवामिषम् ५२

धकान्रसविशेषान्परीक्षापूर्वकंभुंजतेतान्कर्मणांविषयान्कर्मपाशगोचरान्विद्धि । इंद्रियपोषकाणांकदाचिदपिनसंसारोपरमसंभावनाऽस्तीत्यर्थः ४० गुरुशिष्यधर्मानाह यत्रेत्यादिना । आगमंप्रमाणजं ज्ञानमात्मनइच्छतामागमयमानानां क्वयजंतस्यरूपम् ४१ । ४२ आकाशस्थानिरालंबनाः अविद्यमानान्दोषान्ब्रूयुरित्यर्थः ४३ संलोडिताःआकुलीकृताः ४४ भवेत्तत्रसन्निहितः ४५ काम्यनिषिद्धोर्निंदाति धर्ममितिद्वाभ्याम् ४६ । ४७ अनुशयीपूर्वकर्मवासनावान् खट्वारूढस्तीव्रदुःखग्रस्तः ४८ । ४९ । ५० । ५१ उपसृष्टंसविषम् ५२ ॥

आत्मवान्जितचित्तः ५३ । ५४ येदांतेषुउपसृष्टाःसक्रोधास्तेषु येचसाधुषुदुराचारास्तेषु ५५ कामान्विषयाभिलाषान् कामेशःसर्वसंपत्तिमान् ५६ विषयवासिनःस्वदेशस्थान्प्रत्युपस्थितेप्रतीपत्वेनोपास्थिते हीयमानेसतीत्यर्थः ५७ प्रधानेनप्राधान्येन संख्यातुंकीर्तयितुम् ५८ एवमनयादिशा वृत्तिंजीविकामुद्दिश्य तपसास्वधर्मेण प्राणिहितेआत्माचित्तंयस्य पाठांतरेप्रणिहितःसमाहितःआत्माचित्तंयस्य बहुलं श्रेयोमोक्षाख्यम् ५९ ॥ इति शांतिपर्वणि मोक्षधर्मपर्वणि नी० भारतभावदीपे सप्ताशीत्यधिकद्विशततमोऽध्यायः ॥ २८७ ॥ सर्वतंत्रसाधारणानहिंसाप्रधानान्मोक्षधर्मान्श्रुत्वाराज्ञांतदनुष्ठानंदुःशकमिति मन्वानःपृच्छति कथमिति १ सर्वस्यासारतांभावयन्नेवसंगपाशाद्विमुच्यतइतिवक्तुमाख्यायिकामुखेनाह अत्रेति २ । ३ संपदमुपदेशयोग्यताश्रियम् ४ । ५ सक्तेति । सक्ताविषयनिमग्नासाचासौबुद्धिश्च

प्रीयमाणानरायत्रप्रयच्छेयुरयाचिताः ॥ स्वस्थचित्तोवसेत्तत्रकृतकृत्यइवात्मवान् ५३ दंडोयत्राविनीतेषुसत्कारश्चकृतात्मसु ॥ चरेत्तत्रवसेच्चैवपुण्यशीलेषु साधुषु ५४ उपसृष्टेषुदान्तेषुदुराचारेषुसाधुषु ॥ अविनीतेषुलुब्धेषुसुमहद्दंडधारणम् ५५ यत्रराजाधर्मनित्योराज्यंधर्मेणपालयेत् ॥ अपास्यकामान्कामेशो वसेत्तत्राविचारयन् ५६ यथाशीलाहिराजानःसर्वान्विषयवासिनः ॥ श्रेयसायोजयत्याशुश्रेयसिप्रत्युपस्थिते ५७ पृच्छतस्तेमयाताततश्रेयएतदुदाहृतम् ॥ नहि शक्यंप्रधानेनश्रेयःसंख्यातुमात्मनः ५८ एवंप्रवर्तमानस्यवृत्तिंप्राणिहितात्मनः ॥ तपसैवेहबहुलंश्रेयोव्यक्तंभविष्यति ५९ ॥ इति श्रीमहाभारते शांतिपर्वणि मोक्षधर्मपर्वणि श्रेयोवाचिकोनामसप्ताशीत्यधिकद्विशततमोऽध्यायः ॥ २८७ ॥ युधिष्ठिरउवाच ॥ कथंनुयुक्तःपृथिवींचरेदस्मद्विधोनृपः ॥ नित्यंकै श्चगुणैर्युक्तःसंगपाशाद्विमुच्यते १ ॥ भीष्मउवाच ॥ अत्रतेवर्तयिष्येऽहमितिहासंपुरातनम् ॥ अरिष्टनेमिनाप्रोक्तंसगरायानुपृच्छते २॥ सगरउवाच ॥ किंश्रेयः परमंब्रह्मन्कृत्वेहसुखमश्नुते ॥ कथंनशोचेन्नक्षुभ्येदेतदिच्छामिवेदितुम् ३ ॥ भीष्मउवाच ॥ एवमुक्तस्तदाताक्ष्यःसर्वशास्त्रविदांवरः ॥ विबुध्यसंपदंचाग्र्यांसद्वा क्यमिदमब्रवीत् ४ सुखंमोक्षसुखंलोकेनचमूढोऽवगच्छति ॥ प्रसक्तःपुत्रपशुषुधनधान्यसमाकुलः ५ सक्तबुद्धिरशांतात्मानशक्यंतच्चिकित्सितुम् ॥ स्नेहपा शसितोमूढोनसमोक्षायकल्पते ६ स्नेहजानिहतेपाशान्वक्ष्यामिशृणुतान्मम ॥ सकर्णकेनशिरसाशक्याःश्रोतुंविजानता ७ संभाव्यपुत्रान्कालेनयौवनस्था न्निवेश्यच ॥ समर्थान्जीवनेज्ञात्वामुक्तश्चरयथासुखम् ८ भार्यांपुत्रवतींवृद्धांलालितांपुत्रवत्सलाम् ॥ ज्ञात्वाप्रजहिकालेनपरार्थमनुदृश्यच ९ सापत्योनि रपत्योवामुक्तश्चरयथासुखम् ॥ इंद्रियैरिंद्रियार्थांस्त्वमनुभूययथाविधि १० कृतकौतूहलस्तेषुमुक्तश्चरयथासुखम् ॥ उपपत्त्योपलब्धेषुलोकेषुचसमोभव ११ एषतावत्समासेनतवसंकीर्तितोमया ॥ मोक्षार्थोविस्तरेणाथभूयोनक्ष्यामितच्छृणु १२

अशान्तश्चासौआत्माचतृष्णाकुलंमनः तत्तद्वयंचिकित्सितुमशक्यम् । नसशक्यश्चिकित्सितुमितिपाठांतरेस्पष्टोर्थः सितोबद्धः ६ सकर्णकेनशिरसेत्येताभ्यांपदाभ्यांसावधानेनजीवतेत्यर्थोलक्ष्यते ७ निवेश्यदारैःसंयोज्य ८ परार्थंमतिंमंपुरुषार्थंमोक्षं प्रजहित्यज ९ । १० कृतकौतूहलःछिन्नौत्सुक्यः कृहिंसायांभ्वादिस्तस्यनिष्ठायांकृतामितिरूपं उपपत्त्यायदृच्छयाउपलब्धेषुलोकेषुविषयेषुसमोरागद्वेषहीनः ११ एषभोगपूर्वक स्त्यागः मोक्षार्थोमोक्षप्रयोजनः १२

मुक्ताश्छिन्नस्नेहपाशाः सक्तभावाःविषयासक्तचित्ताः १३ उक्तेर्थेदृष्टांतमाह आहारेति । आहारंसंचिन्वंतिसंगृह्णंतिताद्दशाःकीटादयोनश्यंति नत्वसंग्रहिणइत्यर्थः १४ ननु'वृद्धौचमातापितरौसाध्वीभार्या सुतःशिशुः ॥ अप्यकार्यशतंकृत्वाभर्तव्यामनुरब्रवीत्'इतिस्मृतेःसंग्रहंविनाकथंमात्रादिजीवनंस्यादित्याशंक्याह स्वजनेइतित्रिभिः । यथाऽत्पत्त्यादिकंतत्तत्कर्माधीनमेवंभोजनादिकमपीतिमात्रादिविषयेचिंतान कार्येत्यर्थः १५ । १६ मात्रापित्राकृतेनस्वकृतेनवासंग्रहमधिगच्छंतीतियोजना १७ धात्रामाकर्मफलविभाजकेन १८ स्वस्याकिंचित्करत्वादपिमात्रादिपोषणेचिंतानकार्येत्याह स्वयमित्यादिना । अद्दढेतिच्छेदः १९ । २० जीवंतमिति । भरणेअन्ने रक्षणेगृहादौ असमाप्तेऽप्यन्नादौवैनंभर्तारंजीवंतमपिपरित्यज्यस्वकर्मणैवयथाभार्यादिर्म्रियतेपश्चात्तदुभयनाशादूर्ध्वमपितथैवमरिष्यत्येवेत्यर्थः २१ यदेति । मृतंदेशांतरस्थं

मुक्तावीतभयालोकेचरंतिसुखिनोनराः ॥ सक्तभावाविनश्यंतिनिरास्तत्रनसंशयः१३ आहारसंचयाश्चैवतथाकीटपिपीलिकाः ॥असक्ताःसुखिनोलोकेसक्ताश्चै वविनाशिनः१४स्वजनेनचतेचिंताकर्तव्यामोक्षबुद्धिना ॥ इमेमयाविनाभूताभविष्यंतिकथंत्विति १५ स्वयमुत्पद्यतेजंतुःस्वयमेवविवर्धते ॥ सुखदुःखेतथामृत्युं स्वयमेवाधिगच्छति १६ भोजनाच्छादनेचैवमात्रापित्राचसंग्रहम् ॥ स्वकृतेनाधिगच्छंतिलोकेनास्त्यकृतंपुरा १७ धात्राविहितभक्ष्याणिसर्वभूतानिमेदिनीम् ॥ लोकेविपरिधावंतिरक्षितानिस्वकर्मभिः१८ स्वयंमृत्पिंडभूतस्यपरतंत्रस्यसर्वदा ॥ कोहेतुःस्वजनंपोष्टुंरक्षितुंवाऽदृढात्मनः १९ स्वजनंहियदामृत्युर्हन्त्येवतवपश्य तः ॥ कृतेऽपियत्नेमहतितत्रबोद्धव्यमात्मना २० जीवंतमपिचैवैनंभरणेरक्षणेतथा ॥ असमाप्तेपरित्यज्यपश्चादपिमरिष्यसि २१ यदामृतंचस्वजनंनज्ञास्य सिकदाचन ॥ सुखितंदुःखितंवाऽपिनत्नुबोद्धव्यमात्मना २२ मृतेवात्वयिजीवेवायदाभोक्ष्यतिवैजनः ॥ स्वकृतंननुबुद्ध्वैवंकर्तव्यंहितमात्मनः २३एवंविजानन् लोकेऽस्मिन्कःकस्येत्यभिनिश्चितः ॥ मोक्षेनिवेशयमनोभूयश्चाप्युपधारय २४ क्षुत्पिपासादयोभावाजितायस्येहदेहिनः ॥ क्रोधोलोभस्तथामोहःसत्ववान्मुक्त एवसः २५ द्यूतेपानेतथास्त्रीषुमृगयायांचयोनरः ॥ नप्रमाद्यतिसंमोहात्सततंमुक्तएवसः २६ दिवसेदिवसेनामरात्रौरात्रौपुमान्सदा ॥ भोक्तव्यमितियःखिन्नो दोषबुद्धिःसउच्यते २७ आत्मभावंतथास्त्रीषुमुक्तमेवपुनःपुनः ॥ यःपश्यतिसदायुक्तोयथावन्मुक्तएवसः २८ संभवंचविनाशंचभूतानांचेष्टितंतथा ॥ यस्तत्त्व तोविजानातिलोकेऽस्मिन्मुक्तएवसः २९

वास्वजनंसुखितंदुःखितंवानज्ञास्यसिनाप्युपकरिष्यसियथैवमात्मनेदंबोद्धव्यंमामापिमृतंदेशांतरगतंपुत्रादयोनज्ञास्यंतिनोपकरिष्यंतीति २२ अत्यल्पमिदमुक्तंत्वयिमृतेवाजीवतिवाजनःपुत्रादिःस्वकृतंजरारो
६१ गादिकंभोक्ष्यतित्वंचनतद्दूरीकर्तुंशक्तोषिएवमन्येऽपितवेतिबुद्ध्वा २३ । २४ यस्यदेहिनःयेनपुंसा सत्ववान्सत्वाधिकः २५ द्यूतेइत्यादयःसामीप्येसप्तम्यः नप्रमाद्यतिआत्मानंविस्मृत्यतत्राभिनिविष्टोनभवति २६ कियत्प्रत्यहंभोक्तव्यंकियत्प्रातिरात्रंभोक्तव्यमितियोभोगात्खिन्नः२७ आत्मेति । आत्मभावंचित्तस्यस्वभावं स्त्रीषुविषयभूतासु मुक्तंत्वयभिलाषाद्व्यावृत्तं । सक्तमितिपाठेसक्तंसंगस्तं भावेनिष्ठा आत्मनोभवनं भावोजन्मस्त्रीसंगंजन्महेतुत्वेनयःपश्यतीत्यर्थः । युक्तःसावधानः २८ संभवमिति । जन्ममरणजीवनक्लेशज्ञोमुच्यतइत्यर्थः २९ ॥

वाहः धान्यपूर्णशकटं सहस्रेषुकोटिष्वितिसमानाधिकरणं प्रस्थंपुरुषाहारपरिमितंधान्यं । यद्वा पंचकृष्णलकोमाषस्तेषोडशपलंतानिसार्धत्रयोदशप्रस्थःप्रस्थशतमाढकस्तेशतद्वयंद्रोणःकुंभस्तेदशतदेशवाहइति । यात्रार्थं देहव्यवहारार्थं अधिकसंग्रहोव्यर्थइतियःपश्यति ३० अवृत्तिर्जीविकायाअभावः ३१ नपश्यन्नित्येकंपदं मृत्युनाऽभ्याहतंलोकमित्यनुकृष्यते ३२ अग्नीषोमाविति । अग्निर्जाठरोभोक्ता सोमोऽन्नंभोज्यं अहंतुततोऽन्यइतियोऽनुपश्यतिसभावैःसुखदुःखादिभिरद्भुतैर्मायिकैर्नसंस्पृश्यतेसंगवान्नभवति ३३ । ३४ क्षौममतसीसूत्रमयं कुशचीरंतृणवस्त्रं कौशेयंकोशजं आविकंकंबलं ३५ तथाचसाम्येनेत्यर्थः ३६ । ३७

प्रस्थंवाहसहस्रेषुयात्रार्थंचैवकोटिषु ॥ प्रासादेमंचकंस्थानंयःपश्यतिसमुच्यते ३० मृत्युनाऽभ्याहतंलोकंव्याधिभिश्चोपपीडितम् ॥ अवृत्तिकर्शितंचैवयःपश्यति समुच्यते ३१ यःपश्यतिससंतुष्टोनपश्यंश्चविहन्यते ॥ यश्चाप्यल्पेनसंतुष्टोलोकेऽस्मिन्मुक्तएवसः ३२ अग्नीषोमाविदंसर्वमितियश्चानुपश्यति ॥ नचसंस्पृश्यते भावैरद्भुतैर्मुक्तएवसः ३३ पर्यंकशय्याभूमिश्चसमानेयस्यदेहिनः ॥ शालयश्चकदन्नंचयस्यस्यान्मुक्तएवसः ३४ क्षौमंचकुशचीरंचकौशेयंवल्कलानिच ॥ आविकं चर्मचसमंयस्यस्यान्मुक्तएवसः ३५ पंचभूतसमुद्भूतंलोकंयश्चानुपश्यति ॥ तथाचवर्ततेदृष्ट्वालोकेऽस्मिन्मुक्तएवसः ३६ सुखदुःखेसमेयस्यलाभालाभौजयाजयौ ॥ इच्छाद्वेषौभयोद्वेगौसर्वथामुक्तएवसः ३७ रक्तमूत्रपुरीषाणांदोषाणांसंचयांस्तथा ॥ शरीरंदोषबहुलंदृष्ट्वाचैवविमुच्यते ३८ वलीपलितसंयोगंकार्श्यंवैवर्ण्यमेवच ॥ कुब्जभावंचजरयायःपश्यतिसमुच्यते ३९ पुंस्त्वोपघातंकालेनदर्शनोपरमंतथा ॥ बाधिर्यंप्राणमंदत्वंयःपश्यतिसमुच्यते ४० गतानृषींस्तथादेवानसुरांश्चतथागतान् ॥ लोकादस्मात्परंलोकंयःपश्यतिसमुच्यते ४१ प्रभावैरन्वितास्तैस्तैःपार्थिवेंद्राःसहस्रशः ॥ येगताःपृथिवींत्यक्त्वाइतिज्ञात्वाविमुच्यते ४२ अर्थांश्चदुर्लभाँल्लोकेक्लेशांश्चसुलभांस्तथा ॥ दुःखंचैवकुटुंबार्थेयःपश्यतिसमुच्यते ४३ अपत्यानांचवैगुण्यंजनंविगुणमेवच ॥ पश्यन्भूयिष्ठशोलोकेकोमोक्षंनाभिपूजयेत् ४४ शास्त्राल्लोकाच्चयोबुद्धःसर्वंपश्यतिमानवः ॥ असारमिवमानुष्यंसर्वथामुक्तएवसः ४५ एतच्छ्रुत्वाममवचोभवांश्चरतुमुक्तवत् ॥ गार्हस्थ्येयदिवामोक्षेकृताबुद्धिरविक्लवा ४६ तत्तस्यवचनंश्रुत्वासम्यक्सपृथिवीपतिः ॥ मोक्षजैश्चगुणैर्युक्तःपालयामासचप्रजाः ४७ ॥ इतिश्रीमहाभारतेशांतिपर्वणिमोक्षधर्मपर्वणिसगरारिष्टनेमिसंवादेअष्टाशीत्यधिकद्विशततमोऽध्यायः ॥ २८८ ॥ ॥ युधिष्ठिरउवाच ॥ तिष्ठतेमेसदातातकौतूहलमिदंहृदि ॥ तदहंश्रोतुमिच्छामित्वत्तःकुरुपितामह १ कथंदेवर्षिरुशनाःसदाकाव्योमहामतिः ॥ असुराणांप्रियकरःसुराणामप्रियेरतः २ वर्धयामासतेजश्चकिमर्थममितौजसाम् ॥ नित्यंवैरनिबद्धाश्चदानवाःसुरसत्तमैः ३

३८ । ३९ । प्राणमंदत्वंदौर्बल्यं ४० । ४१ । ४२ । ४३ । ४४ । ४५ । ४६ मोक्षजैर्ज्ञानजैरद्वेष्टृत्वादिभिः ४७ ॥ इतिशांतिपर्वाणि मोक्षधर्मपर्वाणि नीलकंठीये भारतभावदीपे अष्टाशीत्यधिकद्विशततमोऽध्यायः ॥२८८॥ ॥ एवंरागद्वेषहीनोवीतसंगोमुच्यतइत्युक्तं । संगदोषाज्जन्मनामहानप्यधोगतिंस्वर्गमार्गप्रतिबंधंचलभतइतिवक्तुंशुक्रोपाख्यानंप्रस्तूयते तिष्ठतेइतिस्थेयाख्यायांतङ् कौतूहलमाश्चर्यं चिरकालंममहृदिवर्ततेइत्यर्थः १ । २ वर्धयामासाचिच्छेद अमितौजसांदेवानां ३

शुक्रत्वंशुक्रोत्पन्नत्वं ४ नेति । तस्याकाशगतिःकुतःकुंठितेत्यर्थः । सप्तर्षिवद्विरूपेणस्थितस्यशुक्रस्यभूस्थमूर्तिविषयकएवायंप्रश्नोनभचक्रस्थमूर्तिविषयः तेनयथाभौमानांवसिष्ठादीनांस्वर्गेऽपिगतिरास्तिनैवंभौमस्य
शुक्रस्यास्तीतिगम्यते ५ । ६ कारणाक्रियातदात्मकेनिमित्तेसति एवंह्युपाख्यायते असुराःकिलदेवान्बाधित्वाभृगुपत्न्याआश्रमंप्रविशंतितंचदेवाःप्रवेष्टुमशक्नुवंतोविष्णुंशरणमीयुस्ततोविष्णुश्चक्रेणभृगुपत्न्याः
शिरश्चिच्छेदततोहतावशिष्टाअसुरास्तत्पुत्रंशुक्रंशरणमीयुः । सचमातृवधखिन्नोऽसुरेभ्योऽभयंदत्वादेवान्बाधतइति ७ इंद्रोजगतःप्रभुर्धनदस्तदीयकोशस्यप्रभुरित्यन्वयः ८ तस्यधनदस्य आत्मानंशरीरं ९ आप

कथंचाप्युशनाप्रापशुक्रत्वममरद्युतिः ॥ ऋद्धिंचसकथंप्राप्तःसर्वमेतद्ब्रवीहिमे ४ नयातिचसतेजस्वीमध्येननभसःकथम् ॥ एतदिच्छामिविज्ञातुंनिखिलेनपिता
मह ५ ॥ भीष्मउवाच ॥ शृणुराजन्नवहितःसर्वमेतद्यथातथम् ॥ यथामतियथाचैतच्छ्रुतपूर्वंमयाऽनघ ६ एषभार्गवदायादोमुनिर्मान्योदृढव्रतः ॥ सुराणांवि
प्रियकरोनिमित्तेकारणात्मके ७ इंद्रोऽथधनदोराजायक्षरक्षोधिपःसदा ॥ प्रभविष्णुश्चकोशस्यजगतश्चतथाप्रभुः ८ तस्यात्मानमथाविश्ययोगसिद्धोमहामुनिः॥
रुद्ध्वाधनपतिंदेवंयोगेनहृतवान्वसु ९ हृतेधनेततःशर्मनलेभेधनदस्तथा॥आपन्नमन्युःसंविग्नःसोऽभ्यगात्सुरसत्तमम् १० निवेदयामासतदाशिवायामिततेजसे॥
देवश्रेष्ठायरुद्रायसौम्यायबहुरूपिणे ११ योगात्मकेनोशनसारुद्ध्वाममहृतंवसु ॥ योगेनात्मगतंकृत्वानिःसृतश्चमहातपाः १२ एतच्छ्रुत्वाततःक्रुद्धोमहायोगीमहे
श्वरः ॥ संरक्तनयनोराजन्शूलमादायतस्थिवान् १३ कासौकासावितिप्राहगृहीत्वापरमायुधम् ॥ उशनादूरतस्तस्यबभौज्ञात्वाचिकीर्षितम् १४ समहायोगिनो
बुद्ध्वातंरोषंवैमहात्मनः ॥ गतिमागमनंवेत्तिस्थानंचैवततःप्रभुः १५ संचिंत्योग्रेणतपसामहात्मानंमहेश्वरम् ॥ उशनायोगसिद्धात्माशूलाग्रेप्रत्यदृश्यत १६
विज्ञातरूपःसतदातपःसिद्धोऽथधन्विना॥ज्ञात्वाशूलंचदेवेशःपाणिनासमनामयत् १७ आनतेनाथशूलेनपाणिनाऽमिततेजसा॥पिनाकमितिचोवाचशूलमुग्रा
युधःप्रभुः १८ पाणिमध्यगतंदृष्ट्वाभार्गवंतमुमापतिः ॥ आस्यंविवृत्यककुदीपाणिनाप्राक्षिपच्छनैः १९ सतुप्रविष्टउशनाकोष्ठंमाहेश्वरंप्रभुः ॥ व्यचरच्चापितत्रा
सौमहात्माभृगुनंदनः २० ॥ युधिष्ठिरउवाच ॥ किमर्थंव्यचरद्राजन्नुशनातस्यधीमतः ॥ जठरेदेवदेवस्यकिंचाकार्षीन्महाद्युतिः २१ ॥ भीष्मउवाच ॥ पुरा
सोन्तर्जलगतःस्थाणुभूतोमहाव्रतः ॥ वर्षाणामभवद्राजन्प्रयुतान्यर्बुदानिच २२ उदतिष्ठत्तपस्तप्त्वादुश्चरंचमहाह्रदात् ॥ ततोदेवातिदेवस्तंब्रह्मावैसमसर्पत २३

न्नमन्युःप्राप्तदैन्यः १० । ११ । १२ । १३ बभौआत्मानंदर्शितवान् १४ महायोगिनःशिवस्यप्रभुर्योगसिद्धःशुक्रः १५ । १६ सशुक्रः धन्विनारुद्रेण शूलंशुक्रयुतं शूलस्थेशूलंप्रयोक्तुमशक्यमितितमेवशूलं
धनुरूपंकर्तुंपाणिनासमनामयत्संनामितवात् १७ शूलमेवपिनाकपदेनोवाच यतःपाणिनाऽनामयदतःपिनाकं तेनाद्यपदस्याद्यंतवर्णाभ्यांद्वितीयस्यमध्यगाभ्यांकप्रत्यययुक्ताभ्यांपिनाकपदंनिष्पन्नमितियोगम
दर्शनंकृतं १८ पाणिमध्यगतोधनुषाऽपिवेद्धुमशक्यइतिमत्वाककुदीदेवानांपट्टाधिपतीरुद्रःप्राक्षिपदास्ये १९ कोष्ठमुदरं २० व्यचरदेवनत्वन्नवज्जीर्णतांगतः किंचतादृशमकार्षीत्तपइतिशेषः २१ । २२ । २३

२४ वृद्धिंशुक्रस्योत्कर्षं तत्संयोगेनतपोयोगेन २५ सशुक्रः २६ निलिल्येनितरांगतिंजगामवभ्रामेत्यर्थः २७ निःसारंनिर्गमं तेनरुद्रेण २८ । २९ । ३० । ३१ कार्येणेति । तेनशिश्नाद्विनिर्गमनेनकार्येणनिमित्ते नास्मदादिवन्नभसोमध्यतोनाध्यगच्छतनाधिगम्यते कर्मणितव्य जामदग्न्यस्यरामस्येवास्यस्वर्गतिर्निरुद्धेत्यर्थः । अन्येतुभचक्रस्थोऽपिशुक्रःसूर्याद्विप्रकर्षात्खमध्यगतोनदृश्यतइतितन्मात्रपरतयैवैतद्व्याचख्युस्त स्मिन्पक्षेशुक्रत्वहेतुर्नसंगच्छतइत्यालोचनीयं ३२ । ३३ । ३४ । ३५ । ३६ । ३७ । ३८ ॥ इतिशांतिपर्वणिमो० नी० भा० एकोननवत्यधिकद्विशततमोऽध्यायः ॥ २८९ ॥ ॥ रुद्रेणापिहंतुमन्न

तपोवृद्धिमपृच्छच्चकुशलंचैवमव्ययः ॥ तपःसुचीर्णमितिचप्रोवाचवृषभध्वजः २४ तत्संयोगेनवृद्धिंचाप्यपश्यत्सतुशंकरः ॥ महामतिरचिंत्यात्मासत्यधर्म रतःसदा २५ सतेनाढ्योमहायोगीतपसाचधनेनच ॥ व्यराजतमहाराजत्रिषुलोकेषुवीर्यवान् २६ ततःपिनाकीयोगात्माध्यानयोगंसमाविशत् ॥ उशना तुसमुद्विग्नोनिलिल्येजठरेततः २७ तुष्टावचमहायोगीदेवंतत्रस्थएवच ॥ निःसारंकांक्षमाणःसतेनस्मप्रतिहन्यते २८ उशनातुतथोवाचजठरस्थोमहामुनिः ॥ प्र सादंमेकुरुष्वेतिपुनःपुनररिंदम २९ तमुवाचमहादेवोगच्छशिश्नेनमोक्षणम् ॥ इतिसर्वाणिस्रोतांसिरुद्ध्वात्रिदशपुंगवः ३० अपश्यमानस्तद्द्वारंसर्वतःपिहितो मुनिः ॥ पर्यक्रामद्दह्यमानइतश्चेतश्चतेजसा ३१ सवैनिष्क्रम्यशिश्नेनशुक्रत्वमभिपेदिवान् ॥ कार्येणतेननभसोनाध्यगच्छतमध्यतः ३२ विनिष्क्रांतंतुतं दृष्ट्वाज्वलंतमिवतेजसा ॥ भवोरोषसमाविष्टःशूलोद्यतकरःस्थितः ३३ अवारयततंदेवीक्रुद्धंपशुपतिंपतिम् ॥ पुत्रत्वमगमद्देव्यावारितेशंकरेचसः ३४ ॥ देव्युवाच ॥ हिंसनीयस्त्वयानैवममपुत्रत्वमागतः ॥ नहिदेवोदरात्कश्चिन्निःसृतोनाशमृच्छति ३५ ततःप्रीतोभवोदेव्याप्रहसंश्चेदमब्रवीत् ॥ गच्छत्वेषयथाकाममितिराज न्पुनःपुनः ३६ ततःप्रणम्यवरदंदेवंदेवीमुमांतथा ॥ उशनाप्रापतद्धीमान्गतिमिष्टांमहामुनिः ३७ एतत्तेकथितंतातभार्गवस्यमहात्मनः ॥ चरितंभरत श्रेष्ठयन्मांत्वंपरिपृच्छसि ३८ ॥ इतिश्रीमहाभारते शांति० मोक्ष० भवभार्गवसमागमे एकोननवत्यधिकद्विशततमोऽध्यायः ॥ २८९ ॥ ॥ युधिष्ठिरउवाच ॥ अतःपरंमहाबाहोयच्छ्रेयस्तद्ब्रवीहिमे ॥ नतृप्याम्यमृतस्येववचसस्तेपितामह १ किंकर्मपुरुषःकृत्वाशुभंपुरुषसत्तम ॥ श्रेयःपरमवाप्नोतिप्रेत्यचेहचतद्वद २ ॥ भीष्मउवाच ॥ अत्रतेवर्तयिष्यामियथापूर्वंमहायशाः ॥ पराशरंमहात्मानंपप्रच्छजनकोनृपः ३ किंश्रेयःसर्वभूतानामस्मिँल्लोकेपरत्रच ॥ यद्भवेत्प्रति पत्तव्यंतद्भवान्प्रब्रवीतुमे ४ ततःसतपसायुक्तःसर्वधर्मविधानवित् ॥ नृपायानुग्रहमनामुनिर्वाक्यमथाब्रवीत् ५

क्यस्तस्यजठरेऽपियोनजीर्णोयश्चांबायाःपुत्रत्वंगतस्तादृशस्यापिसंगदोषादूर्ध्वगतिःप्रतिबद्धाकिमुतान्येषामितिमत्वाभीतोराजापुनःसर्वसंगदोषघस्परंश्रेयःकिंतत्कारणंचकिंकर्मेतिपृच्छति अतःपरमिति १ । २ अभ्यर्हितत्वात्प्रथमंश्रेयःकारणंकर्मैवाहपराशरगीतयाऽत्रेति ३ प्रतिपत्तव्यंज्ञातव्यंनत्वनुष्ठातव्यं क्रियासाध्यस्यश्रेयसोऽनित्यत्वापत्तेः तथाचप्रयोगः यत्कृतकंतदनित्यंकार्यत्वाद्घटवदिति श्रुतिश्च 'तद्यथेह कर्मचितोलोकःक्षीयतएवमेवामुत्रपुण्यचितोलोकःक्षीयते' इति ४ सर्वेषांवर्णाश्रमाणांधर्माणांविधानमाचारस्तद्वित् ५

६ धर्मस्यलक्षणमाह धर्मेति । कर्मविधिर्यजेतजुहुयाद्दद्यादित्यादिःसएवधर्मः एतेनचोदनालक्षणोऽर्थोधर्मइत्युक्तंभवति चोदनेतिक्रियायाःप्रवर्तकंवचनंयजेतेत्यादीदमेवधर्मेप्रमाणंच ७ तास्मिन्धर्मेआश्रमिणःसंतस्तन्निष्ठाःकुर्वते विधौलेट् ८ कर्मापेक्षितंवित्तार्जनंकथंस्यादित्यतआह चतुर्विधेति । यात्राजीविका ब्राह्मणस्यप्रतिग्रहो राजन्यस्यकरादानं वैश्यस्यकृष्यादि शूद्रस्यभृतिर्वेतनमितिचतुर्विधा ९ सुकृतासुकृतंपुण्यपापंनिषेव्यवृत्तिमिच्छतां दशानामर्धेपंचभूतानितेषुप्रविभक्तानांविभज्यस्थितानांपंचत्वंप्राप्तानांभूतानांप्राणिनांवृत्त्यनुरूपाचतुर्विधाऽप्यवांतरतारतम्याद्बहुविधागतिःश्रूयते पापिनांतिर्यक्त्वंपुण्यवतांस्वर्गस्तयोःसाम्येमानुषत्वंतत्त्वज्ञानेनोच्छेदेमुक्तिरिति १० जीवानांकर्मानुरंजितत्वंसदृष्टांतमाह सौवर्णमिति । यथाताम्रादिमयंपात्रंसौवर्णेनराजतेनवारसेननिषिच्यतेचेत्सौवर्णमिवराजतमिववादृश्यतेतद्वज्जंतुःपूर्वकर्मानुसारीनिषिच्यतेनिषिक्तोभवतिप्राक्कर्मणा ११ एतत्तर्कबलेनसाधयति नाबीजादिति । यथाग्रीष्मेपांसुगुंठितंबीजमदृष्टमपिवर्षास्वंकुरोत्पादनेनानुमीयतेएवंदृष्टादृष्टाभ्यांकारणाभ्यांसुखादिकंजायतेदेहक्षयंदेहाधिपत्यंदेहनाशंवा । कर्मभिरेवदेहीइहपरत्रचसुखंप्राप्नोतिअन्यथाकृतनाशाकृताभ्यागमौप्रसज्जेयातामितिभावः १२ अत्रप्रत्यवतिष्ठतेचार्वाकः दैवमिति । दैवंपुण्यपापलक्षणंनपश्यामि नाप्यनुमानंतस्यसाधनमस्ति । ननुसुखादिवैचित्र्यान्यथानुपपत्तिरेवतत्रमानमित्याशंक्याह स्वभावतइति । वह्न्यौष्ण्यादिवत्स्वभावतएवतज्जायतेनकारणांतरादित्यर्थः १३ तत्रसिद्धांतीशंकते प्रेत्येति । ननुप्रेत्याऽकृतंकर्मकर्मफ

॥ पराशरउवाच ॥ धर्मएवकृतःश्रेयानिहलोकेपरत्रच ॥ तस्माद्धिपरमंनास्तियथाप्राहुर्मनीषिणः ६ प्रतिपद्यनरोधर्मंस्वर्गलोकेमहीयते ॥ धर्मात्मकःकर्मविधिर्देहिनांनृपसत्तम ७ तास्मिन्नाश्रमिणःसंतःस्वकर्माणीहकुर्वते ८ चतुर्विधाहिलोकेऽस्मिन्यात्रातातविधीयते ॥ मर्त्यायत्रावतिष्ठन्तेसाचकामात्प्रवर्तते ९ सुकृतासुकृतंकर्मनिषेव्यविविधैःक्रमैः ॥ दशार्धप्रविभक्तानांभूतानांबहुधागतिः १० सौवर्णंराजतंचापियथाभांडंनिषिच्यते ॥ तथानिषिच्यतेजंतुःपूर्वकर्मवशानुगः ११ नाबीजाज्जायतेकिंचिन्नाकृत्वासुखमेधते ॥ सुकृतैर्विन्दतेसौख्यंप्राप्यदेहक्षयंनरः १२ दैवंतातनपश्यामिनास्तिदैवस्यसाधनम् ॥ स्वभावतोहिसंसिद्धादेवगंधर्वदानवाः १३ प्रेत्ययांत्यकृतंकर्मनस्मरंतिसदाजनाः ॥ तेवैतस्यफलप्राप्तौकर्मचापिचतुर्विधम् १४ लोकयात्राश्रयश्चैवशब्दोवेदाश्रयःकृतः ॥ शांत्यर्थंमनसस्तातनैतद्वृद्धानुशासनम् १५

लंनयांतिनप्राप्नुवंतिएवंसतिकृतहानादिदोषप्रसंगइत्यर्थः । नचेष्टापत्तिः लोकवादविरोधादित्याह स्मरंतीति । तस्यकर्मणःफलप्राप्तावकस्माद्राजमार्गेपतितद्रव्यलाभेरोगाद्युत्पत्तौचसत्यांतेजनाःसदाचतुर्विधंकर्मपुण्यंपापंनीतिरनीतिश्चेतितत्कारणत्वेनतुल्यवत्स्मरंति । अन्यथानीतिमतामपिदुःखमनीतिमतामपिसुखंचदृश्यमानंनोपपद्यतेइत्यर्थः । अन्येतुप्रेत्यजातिकृतंकर्मेतिपठित्वामृत्वाजन्मांतरेकृतंकर्मजन्मांतरेफलप्राप्तौसत्यांचतुर्विधंनित्यनैमित्तिककाम्यनिषिद्धलक्षणंकारणत्वेननस्मरंतीतिचार्वाकवचनत्वेनैतमपिश्लोकंव्याचक्षते १४ लोकेति । पुण्यादिचतुष्टयंयत्सुखादिहेतुत्वेनस्मरंति तथैवचवेदेऽपिशृण्वंति । पुण्योवैपुण्येनकर्मणाभवतिउत्तिष्ठतजाग्रतप्राप्यवरान्निबोधतेति वेदशब्दोऽपियःकर्मप्राधान्यपरःसोऽपिशांत्यर्थंपरर्द्धिंस्वस्यहानिंचदृष्ट्वोत्तप्तानांसमाधानार्थंप्राकृतकर्मणातवशत्रुःसुखीत्वंचदुःखीतिनात्रतवदोषोऽस्तीतिनसंतापस्त्वयाकार्यइतिप्रयुज्यते अतएतद्दैवप्रतिपादनंवृद्धानांबृहस्पत्यादीनांलोकायतागमप्रणेतृणांशासनंनभवति नहिधर्मःप्रत्यक्षस्यविषयः अयोग्यत्वात् नाप्यनुमानस्य तस्यापिप्रत्यक्षपूर्वकत्वात्तदुभयाविषयेयःशब्दःसकेवलंवंचनार्थइतिभावः १५

एतद्दूषयति चक्षुषेति । इंद्रियमनोवाक्शरीरेषुमत्येकंचतुर्विधंपुण्यपापनीत्यनीत्याऽस्माकंताद्दशंतत्प्रकारंफलंप्रतिपद्यते अयमर्थः । कार्यवैचित्र्यात्कारणवैचित्र्यंतावदवश्यंकल्प्यं तच्चकर्मवैचित्र्यकृतंलोकेवेदेच क्लृप्तंविहायसमानेऽपिभौतिकत्वेऽनंतानवस्थिताप्रामाणिकस्वभाववादंकल्पयतोविस्पष्टंमूर्खत्वमितिभावः १६ एतदेवाह निरंतरमिति । कर्मेतितत्फलंलक्ष्यते कदाचिन्निरंतरंदुःखमेवलभतेकदाचित्सुखमेवलभतेकदाचिन्मिश्रंयुगपदुभयंलभतेपादेमेदुःखंहस्तेमेसुखमिति । नचैतत्स्वभाववादेयुज्यते नहिवह्निरुष्णस्वभावःकंचित्कालमुष्णःकंचित्कालंशीतःकंचित्कालमनुष्णाशीतश्चदृश्यते । नन्वाशुतराविनाशिनःकर्मणःकथंकालांतरीयंफलंयुज्यतइत्याशंक्याह नतुनाशोऽस्यविद्यतइति । अस्यकर्मणःकर्मजन्यस्यपुण्यपापात्मकस्यापूर्वस्येश्वरप्रीतिरूपस्यवाभोगंविनानाशोनास्तीत्यर्थः १७ इमंश्लोकंव्याचष्टे कदाचिदिति । कूटस्थंपक्षपातशून्यं दुष्कृताविरोधेनेत्यर्थः १८ । १९ अव्यसनितेतिच्छेदः सुखावहाःपुण्यपापयोःसमूलोच्छेदेयत्सुखंतदावहंतीतितथा २० नियतोयावज्जीवमेकैकभागी अतोद्वयोरप्यागमापायि

चक्षुषामनसावाचाकर्मणाचचतुर्विधम् ॥ कुरुतेयाद्दशंकर्मताद्दशंप्रतिपद्यते १६ निरंतरंचमिश्रंचलभतेकर्मपार्थिव ॥ कल्याणंयदिवापापंनतुनाशोऽस्यविद्यते १७ कदाचित्सुकृतंतातकूटस्थमिवतिष्ठति ॥ मज्जमानस्यसंसारेयावद्दुःखाद्विमुच्यते १८ ततोदुःखक्षयंकृत्वासुकृतंकर्मसेवते ॥ सुकृतक्षयाच्चदुष्कृतंतद्विद्धिमनुजाधिप १९ दमःक्षमाधृतिस्तेजःसंतोषःसत्यवादिता ॥ ह्रीरहिंसाऽव्यसनितादाक्ष्यंचेतिसुखावहाः २० दुष्कृतेसुकृतेचापिनजंतुर्नियतोभवेत् ॥ नित्यंमनःसमाधानेप्रयतेतविचक्षणः २१ नायंपरस्यसुकृतंदुष्कृतंचापिसेवते ॥ करोतियाद्दशंकर्मताद्दशंप्रतिपद्यते २२ सुखदुःखेसमाधायपुमानन्येनगच्छति ॥ अन्येनैवजनःसर्वःसंगतोयश्चपार्थिवः २३ परेषांयदसूयेतनतत्कुर्यात्स्वयंनरः ॥ योह्यसूयुस्तथायुक्तःसोऽवहासंनियच्छति २४ भीरूराजन्योब्राह्मणःसर्वभक्ष्योवैश्योऽनीहावान्हीनवर्णोलसश्च ॥ विद्वांश्चाशीलोवृत्तहीनःकुलीनःसत्याद्विभ्रष्टोब्राह्मणःस्त्रीचदुष्टा २५ रागीयुक्तःपचमानोऽऽत्महेतोर्मूर्खोवक्तानृपहीनंचराष्ट्रम् ॥ एतेसर्वेशोच्यतांयांतिराजन्यश्चायुक्तःस्नेहहीनःप्रजासु २६ ॥ इतिश्रीमहाभारते शांतिपर्वणि मोक्षधर्मपर्वणि पराशरगीतायां नवत्यधिकद्विशततमोऽध्यायः ॥ २९० ॥ ॥ ॥ ॥

त्वान्नित्यंसमाधानेब्रह्मदर्शनहेतौसमाधौप्रयतेत २१ नचैतत्पितुःपुत्रस्यवासुकृतेनाप्तुंशक्यमित्याह नायमिति । योयथाकरोतिसतथाप्राप्नोतीत्युत्तरार्धार्थः २२ सुखदुःखहेतूपुण्यपापेसमाधायतत्त्वज्ञानेनात्मनिप्रविलाप्यपुमानन्येनज्ञानवर्त्मनागच्छतीष्टंवस्तुप्राप्नोति । यश्चसंगतोजनःपार्थिवःपृथिवीस्थःस्त्रीपुत्रपशुगृहधनारामादिःसोऽन्यतोगच्छति । नतुस्वर्गेऽपवर्गेवोपकरोतीत्यर्थः २३ परेषामिति । यत्कर्मपरकृतमसूयेतेदमयंनिंद्यंकर्मकरोतीतिदोषवत्तयाऽऽचक्षीततत्स्वयंनकुर्यात् । तन्किमसूयाऽपिकर्तव्यानेत्याह योयुक्तोयोगी असूयुर्दोषदर्शीसोऽवहासंनिंद्यतांनियच्छतिनियमेनस्वीकरोति तस्मात्संगासूयावर्जितोयोगयुक्तोभवेदितिनिष्कृष्टोर्थः २४ यथाऽसूयावान्योगीनिंद्यएवंविरक्तोऽपियोगशून्योनिंद्यएवेतिवद्दृष्टांतपूर्वकमाह भीरुरितिद्वाभ्यां ।ःप्रजासुस्नेहहीनइतित्यक्तैषणत्वमुक्तं सोऽपिचेदयुक्तोयोगाभ्यासहीनस्तर्हिशोच्यतांयाति तेनयोगोऽभ्यसनीयइतिभावः २५ । २६ ॥ इतिशांतिपर्वणिमोक्षधर्मपर्वणिनीलकंठीये भारतभावदीपे नवत्यधिकद्विशततमोऽध्यायः ॥ २९० ॥ ॥ ॥ ॥ ॥

॥ १८२ ॥

एवंसुखादिहेतूनांप्राक्कर्मणामस्तित्वंबुद्ध्वासकलकर्मोच्छेदाययोगमाश्रयोदितिसूचितंतदेवव्याचष्टे मनइतिद्वाभ्यां । मनोमयोरथःशरीरंतदेवरथइवलोकांतरगतिसाधनं इंद्रियार्थाःशब्दादयोहयाइववाहकाय
स्यतंप्राप्ययोज्ञानसंभूतैस्तत्तदाकारवृत्तिसंवलितैरश्मिभिश्चिद्धाभिर्गच्छतिविषयांश्चिन्मयत्वेनैवपश्यतिसबुद्धिमान् । देहंप्राप्यब्रह्मभावेनविश्वंपश्यन्मुच्यतइत्यर्थः १ अन्वयमुक्त्वाव्यतिरेकमाह सेवेति । अश्रितेनय
त्किंचिदालंबनमनाश्रितेननिरालंबेनमनसास्थितस्यातएववृत्तिहीनस्यपुंसःसेवाभक्तिर्ध्यानरूपेश्वरप्रणिधानंशस्यते निर्विकल्पसमाधिनाऽवस्थानंश्रेष्ठमित्यर्थः । हेद्विज कीदृशीसेवा अतिहस्तान्निर्वृत्ता
हस्तशब्देनतत्साध्यंकर्मलक्ष्यते अतिहस्तोऽतिक्रांतकर्मा । 'सर्वंपाप्मानंतरति नैनंकृताकृतेतपतः क्षीयंतेचास्यकर्माणि'इत्यादिश्रुतिभ्यःक्षीणकर्माब्रह्मवित्तंप्राप्यनिर्वृत्तानिष्पन्नासदाचार्यप्रसादाल्लब्धा नतुपर
स्पराज्जुल्यान्निर्वृत्ता । परोक्षज्ञानिनांनपरस्परोपदेशेऽधिकारःकिंत्वपरोक्षज्ञान्येवोपदेष्टायुक्तइत्यर्थः । यथोक्तं 'परोक्षज्ञानमात्रेणनाचार्यत्वेनियुज्यते' इति :। 'तद्विज्ञानार्थंसगुरुमेवाभिगच्छेत्समित्पाणिःश्रोत्रि
यंब्रह्मनिष्ठं' । 'उपदेक्ष्यंतितेज्ञानंज्ञानिनस्तत्त्वदर्शिनः' इतिश्रुतिस्मृत्योर्ब्रह्मनिष्ठंतत्त्वदर्शिनइतिविशेषणाच्च २ एतदेवशीघ्रंसाधनीयामित्याहायुरिति । नसुलभंकिंतुदुर्लभं नावकर्षेद्विषयसेवनैर्ननाशयेत्किंतुपुण्येन

॥ पराशरउवाच ॥ मनोरथरथंप्राप्यइंद्रियार्थहयंनरः ॥ रश्मिभिर्ज्ञानसंभूतैर्योगच्छतिसबुद्धिमान् १ सेवाश्रितेनमनसावृत्तिहीनस्यशस्यते ॥ द्विजातिह
स्तान्निर्वृत्तानतुतुल्यात्परस्परात् २ आयुर्नसुलभंलब्ध्वानावकर्षेद्विशांपते ॥ उत्कर्षार्थंप्रयतेतनरःपुण्येनकर्मणा ३ वर्णेभ्योहिपरिभ्रष्टोनवैसंमानमर्हति ॥ नतु
यःसत्क्रियांप्राप्यराजसंकर्मसेवते ४ वर्णोत्कर्षमवाप्नोतिनरःपुण्येनकर्मणा॥दुर्लभंतमलब्धाहिहन्यात्पापेनकर्मणा ५अज्ञानाद्धिकृतंपापंतपसैवाभिनिर्णुदेत् ॥
पापंहिकर्मफलतिपापमेवस्वयंकृतम् ॥ तस्मात्पापंनसेवेतकर्मदुःखफलोदयम् ६ पापानुबंधंयत्कर्मयद्यपिस्यान्महाफलम् ॥ तन्नसेवेतमेधावीशुचिःकुशलिनं
यथा ७ किंकष्टमनुपश्यामिफलंपापस्यकर्मणः ॥ प्रत्यापन्नस्यहिततोनात्मातावद्विरोचते ८ प्रत्यापत्तिश्चयस्येहबालिशस्यनजायते ॥ तस्यापिसुमहांस्तापः
प्रस्थितस्योपजायते ९ विरक्तंशोध्यतेवस्त्रंनतुकृष्णोपसंहितम् ॥ प्रयत्नेनमनुष्येंद्रपापमेवंनिबोधमे १० स्वयंकृत्वातुयःपापंशुभमेवानुतिष्ठति ॥ प्रायश्चित्तंन
रःकर्तुमुभयंसोऽश्नुतेपृथक् ११ अज्ञानात्तुकृतांहिंसामहिंसाव्यपकर्षति ॥ ब्राह्मणाःशास्त्रनिर्देशादित्याहुर्ब्रह्मवादिनः १२

कर्मणोत्कर्षार्थमुत्तरोत्तरश्रेष्ठभूमिलाभार्थंप्रयतेत ३ वर्णेभ्योवृत्रगीतासूक्तेभ्यःषड्भ्यःकृष्णधूम्रनीलरक्तहारिद्रशुक्लेभ्यःसत्वरजस्तमसांह्रासवृद्धितारतम्यात्कल्पितेभ्यःपरिभ्रष्टउच्चवर्णान्नीचवर्णंप्राप्तःसंमानंश्रैष्ठ्यं
नार्हति परिभ्रष्टत्वमेवव्याचष्टे नत्विति ४ तंवर्णोत्कर्षमलब्धाकुपुरुषःपापेनात्मानंहन्यान्नानानरकपातेनहिंस्यात् ५ पापंदुःखं पापंकर्मेतिसंबंधः ६ कुशलिनंकारुकं चंडालविशेषमित्यर्थः ७ कुत्सितंचतत्कष्टं
चकिंकष्टं ततःपापाद्धेतोः प्रत्यासन्नस्यविपरीतदृष्टेः अनात्मादेहादिरेवविशेषेणआत्मत्वेनरोचते ८ प्रत्यापत्तिर्वैराग्यं प्रस्थितस्ययोगेप्रवृत्तस्यउत्तरभूम्यलाभात्तापोजायते प्रस्थितस्यमृतस्यवातापोनरकजः ९
६२ विरक्तंस्वतःशुद्धंसद्विपरीतेनरागेणाक्रांतंवस्त्रंशोध्यते परंतुकृष्णेनभल्लातकेनोपसंहितंरक्तंनशोध्यते एवंमेमत्तःपापंकिंचिच्छोधितुंशक्यंकिंचिदशक्यमितिनिबोधबुध्यस्व १० धीपूर्वकृतंननश्यतीत्याह स्वयमिति ।
११ अहिंसाअहिंस्या तृतीयालोपआर्षः ब्रह्मणइतिपाठेवेदसंबंधिनः १२

तथाऽस्यपुंसःकर्मकामकृतंविहिंसाअहिंसानैवानुकर्षति ब्रह्मवादिनःस्मृतिकाराः। यथोक्तं 'प्रायश्चित्तैरपैत्येनोयदज्ञानकृतंभवेत् ॥ कामतोव्यवहार्यस्तुवचनादिहजायते' इति । कर्मकृतमितिपाठेकामतइत्य
ध्याहर्त्तव्यं । तथाकामकृतंचास्येतिपाठेत्वकामकृतवत्कामकृतमपि अहिंसैवापकर्षतीत्यर्थः १३ एवंपरमतमुपन्यस्यकामतोऽकामतोवाकृतंकर्मबह्वल्पंवाभोगमदत्वानैवनश्यतीतिस्वमतमाह अहंत्वित्यादिना ।
गुणयुक्तंपुण्यंकर्मप्रकाशंबुद्धिपूर्वकंप्रकाश्यज्ञात्वेत्यर्थः णमुलंतमिदं १४ मनसाबुद्धियुक्तानिइदमित्थंकुर्यान्नवेतिविमर्शपूर्वकमिदमित्थंकर्तव्यमेवेतिनिश्चित्येत्यर्थः । यथातथंस्थूलसूक्ष्मतारतम्येनफलंतिसुखदुःखादि
कंयच्छंति १५ नित्यमव्यभिचारिफलमुल्बणंनरकावहंउग्रेणहिंस्रेण यथाबुद्धिपूर्वकृतंकर्मनियमेनफलदमेवमबुद्धिपूर्वकृतमपि । तयोर्विशेषस्तुफलबहुत्वाल्पत्वकृतो नतुफलसदसद्भावकृतइतिश्लोकत्रयार्थः १६
ननुकर्मफलस्यापरिहार्यत्वेकथंविश्वामित्रेणवसिष्ठस्यपुत्रशतंहतंतत्फलंनरकपातश्चनप्राप्तइत्याशंक्यालौकिकत्वान्नतदुदाहरणमित्याह कृतानीति१७।१८नवेअपक्केसलिलंन्यस्तंचेद्धीयतेकपालमेव नवेतरेपक्केजलंन्यस्तं

तथाकामकृतंनास्यविहिंसैवानुकर्षति ॥ इत्याहुर्ब्रह्मशास्त्रज्ञाब्राह्मणाब्रह्मवादिनः १३ अहंतुतावत्पश्यामिकर्मयद्वर्ततेकृतम् ॥ गुणयुक्तंप्रकाशंवापापेनानुपसंहि
तम् १४ यथासूक्ष्माणिकर्माणिफलंतीहयथातथम् ॥ बुद्धियुक्तानितानीहकृतानिमनसासह १५ भवत्यल्पफलंकर्मसेवितंनित्यमुल्बणम् ॥ अबुद्धिपूर्वंधर्मज्ञकृ
तमुग्रेणकर्मणा १६ कृतानियानिकर्माणिदैवतैर्मुनिभिस्तथा ॥ नचरेत्तानिधर्मात्माश्रुत्वाचापिनकुत्सयेत् १७ संचिंत्यमनसाराजन्विदित्वाशक्यमात्मनः ॥
करोतियःशुभंकर्मसवैभद्राणिपश्यति १८ नवेकपालेसलिलंसंन्यस्तंहीयतेयथा ॥ नवेतरेतथाभावंप्राप्नोतिसुखभावितम् १९ सतोयेऽन्यत्तुयत्तोयंतस्मिन्नेवप्रसि
च्यते ॥ वृद्धेवृद्धिमवाप्नोतिसलिलेसलिलंयथा २० एवंकर्माणियानीहबुद्धियुक्तानिपार्थिव ॥ समानिचैवयानीहतानिपुण्यतमान्यपि २१ राज्ञाजेतव्याः
शत्रवश्चोन्नताश्चसम्यक्कर्तव्यंपालनंचप्रजानाम् ॥ अग्निश्चेयोबहुभिश्चापियज्ञैरंत्येमध्येवावनमाश्रित्यस्थेयम् २२ दमान्वितःपुरुषोधर्मशीलोभूतानिचात्मान
मिवानुपश्येत् ॥ गरीयसःपूजयेदात्मशक्त्यासत्येनशीलेनसुखंनरेंद्र २३ ॥ इति श्रीमहाभारते शांतिपर्वणि मोक्षधर्मपर्वणि पराशरगीतायां एकनवत्यधि
कद्विशततमोऽध्यायः ॥ २९१ ॥ ॥ पराशरउवाच ॥ कःकस्यचोपकुरुतेकश्चकस्मैप्रयच्छति ॥ प्राणीकरोत्ययंकर्मसर्वमात्मार्थमात्मना १

चेत्तथाभावंयथापूर्वरूपंस्थितंतथारूपत्वमेवप्राप्नोतिनहीयते । एवंतेजस्विनंपापपुण्योदासीनंकर्मनहिनास्तिइतरंतुहिनस्त्येवेतिभावः १९ । २० समानिचाद्विषमाणि २१ एवंसाधारणंधर्ममुक्त्वाराज्ञांविशेषधर्मानाह
राज्ञेति। अंत्येवयस्यविरक्तेनापि मध्येमध्यमेविरक्तेन २२ आत्मानमिवेत्यहिंसासूचिता गरीयसोगुरुतरान्ब्रह्मविद्याप्रदान् सत्येनब्रह्मप्राप्तये अध्ययनेनवसतीतिवद्धेतौतृतीया २३॥ इति शांतिपर्वणि नीलकंठीये
भारतभावदीपे एकनवत्यधिकद्विशततमोऽध्यायः ॥ २९१ ॥ ॥ नन्वहंराजायेषांमुनीनांपालयिताऽस्मितेषांयोगफलस्यषष्ठांशहर्ताचास्म्यतोममब्रह्मप्राप्त्येनगुरुसेवाऽपेक्ष्यतेतेषामहिंसादिभिर्मदीयाहिंसादेरपि
वृद्धिसंभवात् । यथोक्तंपातंजले अहिंसाप्रतिष्ठायांतत्सन्निधौवैरत्यागःइत्याशंक्याह कःकस्येति । सत्यं यदिकर्मजन्योमोक्षःस्यात्तर्हियुज्येतैतत् ज्ञानैकप्राप्योमोक्षः दृष्टार्थंचज्ञानंभोजनादिवन्नेतरेणप्राप्तमितरस्यो
पकरोति कर्मदृष्टफलंभोजनादि आत्मनाशरीरेंद्रियबुद्धिरूपेणाऽऽत्मार्थमात्मनएवतृप्त्याद्यर्थं नतुपरार्थंकर्मकश्चित्करोतीत्यर्थः १

ननुमातृदेवोभवपितृदेवोभवेत्यादिश्रुतेर्देववदाराधितोमात्रादिरुपकरोत्येवेत्याशंक्यानुपकारिणंमात्रादिकमपित्यजंत्येवलोकेऽतोनकश्चित्कंचिदुपकरोतीत्याह गौरवेणेति । यत्तुमात्राद्याराधनंतदप्यामुष्मिकायैहिका
यवास्वहितायैवनतुमात्रादिहितायेतिभावः २ कथंतर्ह्यात्महितमाचरेदित्यतआह विशिष्टस्येत्यादि । विशिष्टात्प्रतिग्रहोनिर्धनस्यदानेनतुल्यःसधनस्यतुदानंपुण्यतरमित्यर्थः ३ दानप्राशस्त्यप्रकारमाह
न्यायेति ४ ऋद्धिंधनसमृद्धिंनानुस्मरेत्धर्मार्थीत्यनुषंजनीयं ५ निर्धनस्यापिदानफलमस्तीत्याह अपइति । फलमन्नदानस्येतिशेषः ६ । ७ अतिथिपूजाफलमुक्त्वादेवपूजाफलमाह तैरेवेति । समा
ठरंमाठरेणपारिपार्श्विकेनसहितंसमाठरंसूर्यं अतोषयच्छैब्यइतिसंबंधः । 'माठरःपिंगलोदंडश्चंडांशोःपारिपार्श्विकाः'इत्यमरः ८ । ९ । १० वाचावेदशास्त्रमय्या श्रवणमननादिनेत्यर्थः शेषावहार्ये

गौरवेणपरित्यक्तंनिःस्नेहंपरिवर्जयेत् ॥ सोदर्यंभ्रातरमपिकिमुतान्यंपृथग्जनम् २ विशिष्टस्यविशिष्टाच्चतुल्यौदानप्रतिग्रहौ ॥ तयोःपुण्यतरंदानंतद्द्विजस्यप्रय
च्छतः ३ न्यायागतंधनंचैवन्यायेनैवविवर्धितम् ॥ संरक्ष्यंयत्नमास्थायधर्मार्थमितिनिश्चयः ४ नधर्मार्थीनृशंसेनकर्मणाधनमर्जयेत् ॥ शक्तितःसर्वकार्याणिकु
र्यान्नर्द्धिमनुस्मरेत् ५ अपोहिप्रयतःशीतास्तापिताज्वलनेनवा ॥ शक्तितोऽतिथयेदत्त्वाक्षुधार्तायाश्नुतेफलम् ६ रंतिदेवेनलोकेष्टासिद्धिःप्राप्तामहात्मना ॥ फ
लपत्रैरथोमूलैर्मुनीनार्चितवांश्चसः ७ तैरेवफलपत्रैश्चसमाठरमतोषयत् ॥ तस्माल्लेभेपरंस्थानंशैब्योऽपिपृथिवीपतिः ८ देवताऽतिथिभृत्येभ्यःपितृभ्यश्चात्मन
स्तथा ॥ ऋणवान्जायतेमर्त्यस्तस्मादनृणतांव्रजेत् ९ स्वाध्यायेनमहर्षिभ्योदेवेभ्योयज्ञकर्मणा ॥ पितृभ्यःश्राद्धदानेननृणामभ्यर्चनेनच १० वाचाशेषावहार्ये
णपालनेनात्मनोपिच ॥ यथावद्भृत्यवर्गस्यचिकीर्षेत्कर्मआदितः ११ प्रयत्नेनचसंसिद्धाधनैरपिविवर्जिताः ॥ सम्यग्धुत्वाहुतवहंमुनयःसिद्धिमागताः १२ वि
श्वामित्रस्यपुत्रत्वमृचीकतनयोऽगमत् ॥ ऋग्भिःस्तुत्वामहाबाहोदेवान्वैयज्ञभागिनः १३ गतःशुक्रत्वमुशनादेवदेवप्रसादनात् ॥ देवींस्तुत्वातुगगनेमोदतेयशसा
वृतः १४ असितोदेवलश्चैवतथानारदपर्वतौ ॥ कक्षीवान्जामदग्न्यश्चरामस्तांड्यस्तथाऽऽत्मवान् १५ वसिष्ठोजमदग्निश्चविश्वामित्रोऽत्रिरेवच ॥ भरद्वाजोहरि
श्मश्रुःकुंडधारःश्रुतश्रवाः १६ एतेमहर्षयःस्तुत्वाविष्णुमृग्भिःसमाहिताः ॥ लेभिरेतपसासिद्धिंप्रसादात्तस्यधीमतः १७ अनर्हाश्चार्हतांप्राप्ताःसंतःस्तुत्वातमे
वह ॥ नतुवृद्धिमिहान्विच्छेत्कर्मकृत्वाजुगुप्सितम् १८ येऽर्थाधर्मेणतेसत्यायेऽधर्मेणाधिगस्तुतान् ॥ धर्मंवैशाश्वतंलोकेनजह्याद्धनकांक्षया १९ आहिताग्निर्हि
धर्मात्मायःसपुण्यकृदुत्तमः ॥ वेदाहिसर्वेराजेंद्रस्थितास्त्रिष्वग्निषुप्रभो २०

णपंचयज्ञशेषेणान्नेन पालनेनभूतदययाऽऽत्मनोऽप्यनृणतांव्रजेत् तथाभृत्यवर्गस्यपुत्रादेःआदितःकर्मजातकर्मादिचिकीर्षेत्तेनाप्यात्मनएवानृणतांव्रजेत् ११ प्रयत्नेनध्यानधारणादिना हुत्वाहुतवहं अग्निहो
त्रंकृत्वेत्यर्थः १२ ऋचीकतनयोऽगमादित्यत्राऽजीगर्तसुतोऽगमदितिपठनीयं शुनःशेपोह्यजीगर्तपुत्रःसन्विश्वामित्रपुत्रतामापेतिबह्वृचब्राह्मणेसमाम्नायते । नचतनयशब्दोगोत्रपरःकर्तुंशक्यः । ऋचीको
हिभार्गवोजामदग्न्यस्यरामस्यपूर्वजः अथर्चीकादयोभ्येत्यपितरोराममब्रुवन्नित्यादिपर्वणिसमंतपंचकाख्यानेलिंगदर्शनात् अजीगर्तस्त्वांगिरसः । यथैवांगिरसःसन्नुपेयांतवपुत्रतामितिविश्वामित्रंप्रतिबह्वृचब्राह्म
णेशुनःशेपवचनाद्यथाकथंचिद्वाएतत्समाधेयं । योविश्वामित्रपुत्रत्वमगमत्सदेवान्स्तुत्वासिद्धिमागतइत्यध्याहृत्यपूर्वेणयोज्यं १३ । १४ । १५ । १६ । १७ । १८ । १९ । २०

२१ अग्निरिति । जनयितायःपितासएवनत्वन्येऽन्नदात्भयत्रातृप्रभृतयः परिचर्याःसेव्याः २२ क्लीबःकामहीनःसन्यःप्रीतियोगात्केवलंकृपार्द्रयादृष्ट्यापश्यति । दाक्ष्येणस्पंदेनहीनआयासशून्यःसन्योध र्मपरः । नदांतइत्येकंपदं दानतिछिनत्तिदांतः दानआर्जवच्छेदनयोरित्यस्मात्कर्तरिक्तः तदन्योनदान्तः नैकधेतिवत्समासःहिंसाशून्यइत्यर्थः २३ ॥ इतिशांतिपर्वणिमोक्षधर्मपर्वणिनीलकंठीयेभारत भावदीपे द्विनवत्यधिकद्विशततमोऽध्यायः ॥ २९२ ॥ ॥ ॥ ॥ पूर्वाध्यायेयतःस्वस्योपकर्ताऽन्योनास्त्यतआत्मोपकारायस्वयंमानंत्यक्त्वाऽन्यान्सेवेतेत्युक्तंतत्रवृद्धसेवाप्रशंसार्थंशूद्रवृत्तिं महीकरोति वृत्तिरिति । वर्णेभ्योब्राह्मणक्षत्रियवैश्येभ्यः हीनस्यशूद्रस्यवृत्तिर्जीविकावृद्धसेवासेवकान्धर्मिष्ठान्कुरुतेऽतःशोभना दृष्टादृष्टोभयार्थत्वात् । नहियाजनकरादानवाणिज्यादयोविप्रादिजीविकास्तेषां

सचाप्यग्न्याहितोविप्रःक्रियायस्यनहीयते ॥ श्रेयोह्यनाहिताग्नित्वमग्निहोत्रंननिष्क्रियम् २१ अग्निरात्माचमाताचपिताजनयितातथा ॥ गुरुश्चनरशार्दूलपरिचर्यायथातथम् २२ मानंत्यक्त्वायोनरोवृद्धसेवीविद्वान्क्लीबःपश्यतिप्रीतियोगात् ॥ दाक्ष्येणहीनोधर्मयुक्तोनदांतोलोकेऽस्मिन्वैपूज्यतेसद्भिरार्यः २३ ॥ इति श्रीमहाभारतेशांतिपर्वणिमोक्षधर्मपर्वणिपराशरगीतायांद्विनवत्यधिकद्विशततमोऽध्यायः ॥ २९२ ॥ ॥ पराशरउवाच ॥ वृत्तिःसकाशाद्वर्णेभ्यस्त्रिभ्यो हीनस्यशोभना ॥ प्रीत्योपनीतानिर्दिष्टाधर्मिष्ठान्कुरुतेसदा १ वृत्तिश्चेन्नास्तिशूद्रस्यपितृपैतामहीध्रुवा ॥ नवृत्तिंपरतोमार्गेच्छुश्रूषातुप्रयोजयेत् २ सद्भिस्तुसहसंसर्गःशोभतेधर्मदर्शिभिः ॥ नित्यंसर्वास्ववस्थासुनासद्भिरितिमेमतिः ३ यथोदयगिरौद्रव्यंसन्निकर्षेणदीप्यते ॥ तथासत्सन्निकर्षेणहीनवर्णोऽपिदीप्यते ४ यादृशेनहिवर्णेनभाव्यतेशुक्लमंबरम् ॥ तादृशंकुरुतेरूपमेतदेवमवेहिमे ५ तस्माद्गुणेषुरज्येथामादोषेषुकदाचन ॥ अनित्यमिहमर्त्यानांजीवितंहिचलाचलम् ६ सुखेवायदिवादुःखेवर्तमानोविचक्षणः ॥ यश्चिनोतिशुभान्येवसतंत्राणीहपश्यति ७ धर्मादपेतंयत्कर्मयद्यपिस्यान्महाफलम् ॥ नतत्सेवेतमेधावीनतद्धितमिहोच्यते ८ योहृत्वागोसहस्राणिनृपोदद्यादरक्षिता ॥ सशब्दमात्रफलभाग्राजाभवतितस्करः ९ स्वयंभूरसृजच्चाग्रेधातारंलोकसत्कृतम् ॥ धाताऽसृजत्पुत्रमेकंलोकानांधारणेरतम् १० तमर्चयित्वावैश्यस्तुकुर्यादत्यर्थमृद्धिमत् ॥ रक्षितव्यंतुराजन्यैरुपयोज्यंद्विजातिभिः ११ अजिह्मैरशठक्रोधैर्हव्यकव्यप्रयोक्तृभिः ॥ शूद्रैर्निर्मार्जनंकार्यमेवंधर्मोननश्यति १२ अप्रनष्टेततोधर्मेभवंतिसुखिताःप्रजाः ॥ सुखेनतासांराजेंद्रमोदन्तेदिविदेवताः १३ तस्माद्योरक्षतिनृपःसधर्मेणेतिपूज्यते ॥ अधीतेचापियोविप्रोवैश्योयश्चार्जनेरतः १४ यश्चशुश्रूषतेशूद्रःसततंनियतेंद्रियः ॥ अतोऽन्यथामनुष्येंद्रस्वधर्मात्परिहीयते १५

धर्मिष्ठतायैभवंत्यतःसत्सेवयालोकद्वयंसाधयेदितिभावः १ परतस्त्रैवर्णिकसेवाव्यतिरेकेण २ शुश्रूषामेवस्तौति सद्भिरित्यादिना ३ द्रव्यंमणिकांचनादिदीप्यतेसूर्यसन्निकर्षेण अतएवसंध्योःसूर्यरश्मयोद्रव्यप्रभाविच्छुरणाद्रक्ताद्दृश्यंते ४ । ५ । ६ तंत्राणिशास्त्राणि सएवशास्त्रदर्शीत्यर्थः ७ । ८ । ९ पुत्रंपर्जन्यदेवतां १० ऋद्धिमत्कृषिगोरक्ष्यादि ११ अजिह्मैर्दंभहीनैः अशठक्रोधैर्वित्तशाठ्यक्रोधहीनैः निर्मार्जनंभूमिशुद्ध्यादि १२ । १३ तस्मादिति । धर्मेणरक्षतीतिपूज्यतेनतुनृपत्वमात्रेणेत्यर्थः १४ । १५

प्राणसंतापपूर्वकमपिनिर्दिष्टादत्ताःकाकिण्योविंशतिवराटिकाः कपिंजलाधिकरन्यायेनबहुत्वंत्रित्वेपर्यवसन्नं तिस्रोऽपिकाकिण्यइत्यर्थः १६ यादृशंतादृशंसश्रद्धमश्रद्धंवायोनित्यंददाति तथाचश्रुतिः 'श्रद्धयादेयंअश्रद्धयादेयंश्रियादेयंह्रियादेयंभियादेयंसंविदादेयं'इति १७ तत्तुष्ट्यापात्रतुष्ट्यर्थं अभिष्टुतंसर्वतःप्रशस्तम् १८ तंधर्मं दानंदानात्मकम् १९ अतिक्रामेद्भवाब्धिं विविधेनोपायेन:संश्रय दृढपाशात् २० दाक्ष्येणसेवार्थोत्साहेन २१ इति शांतिपर्वाणि मोक्षधर्मपर्वणि नीलकंठीये भारतभावदीपे त्रिनवत्यधिकद्विशततमोऽध्यायः ॥ २९३ ॥ दानप्रशंसाप्राकृताप्राणसंतापनिर्दिष्टाइत्यादिना तदर्थमर्थार्जनोपायंनियमयन्न

प्राणसंतापनिर्दिष्टाःकाकिण्योऽपिमहाफलाः ॥ न्यायेनोपार्जितादत्ताःकिमुतान्याःसहस्रशः १६ सत्कृत्यहिद्विजातिभ्योयोददातिनराधिपः ॥ यादृशंतादृशं
नित्यमश्नातिफलमूर्जितम् १७ अभिगम्यचतत्तुष्ट्यादत्तमाहुरभिष्टुतम् ॥ याचितेनतुयद्दत्तंतदाहुर्मध्यमंबुधाः १८ अवज्ञयादीयतेयत्तथैवाश्रद्धयाऽपिवा ॥
तमाहुरधमंदानंमुनयःसत्यवादिनः १९ अतिक्रामेन्मज्जमानोविविधेननरःसदा ॥ तथाप्रयत्नंकुर्वीतयथामुच्येतसंश्रयात् २० दमेनशोभतेविप्रःक्षत्रियोविजये
नतु ॥ धनेनवैश्यःशूद्रस्तुनित्यंदाक्ष्येणशोभते २१ ॥ इतिश्रीम०शांति०मोक्ष०पराशरगीतायांत्रिनवत्यधिकद्विशततमोऽध्यायः ॥२९३ ॥ पराशरउवाच ॥
प्रतिग्रहगताविप्रेक्षत्रियेयुधिनिर्जिताः ॥ वैश्येन्यायार्जिताश्चैवशूद्रेशुश्रूषयार्जिताः १ स्वल्पाप्यर्थाःप्रशस्यंतेधर्मस्यार्थेमहाफलाः ॥ नित्यंत्रयाणांवर्णानांशु
श्रूषुःशूद्रउच्यते २ क्षत्रधर्मावैश्यधर्मानावृत्तिःपततेद्विजः ॥ शूद्रधर्मायदातुस्यात्तदापतातिवैद्विजः ३ वाणिज्यंपाशुपाल्यंचतथाशिल्पोपजीवनम् ॥ शूद्रस्या
पिविधीयंतेयदावृत्तिर्नजायते ४ रंगावतरणंचैवतथारूपोपजीवनम् ॥ मद्यमांसोपजीव्यंचविक्रयंलोहचर्मणोः ५ अपूर्विणानकर्तव्यंकर्मलोकेविगर्हितम् ॥
कृतपूर्वंतुत्यजतोमहान्धर्मइतिश्रुतिः ६ संसिद्धःपुरुषोलोकेयदाऽऽचरतिपापकम् ॥ मदेनाभिप्लुतमनास्तच्चनग्राह्यमुच्यते ७ श्रूयन्तेहिपुराणेषुप्रजाधि
ग्दंडशासनाः ॥ दांताधर्मप्रधानाश्चन्यायधर्मानुवृत्तिकाः ८ धर्मएवसदानॄणामिहराजन्प्रशस्यते ॥ धर्मवृद्धागुणानेवसेवंतेहिनराभुवि ९ तंधर्ममसुरास्तातना
मृष्यंतजनाधिप ॥ विवर्धमानाःक्रमशस्तत्रतेऽन्वाविशन्प्रजाः १० तासांदर्पःसमभवत्प्रजानांधर्मनाशनः ॥ दर्पात्मनांततःपश्चात्क्रोधस्तासामजायत ११
ततःक्रोधाभिभूतानांवृत्तंलज्जासमन्वितम् ॥ ह्रीश्चैवाप्यनशद्राजंस्ततोमोहोव्यजायत १२ ततोमोहपरीतास्तानापश्यंतयथापुरा ॥ परस्परावमर्देनवर्धयंत्यो
यथासुखम् १३ ताःप्राप्यतुसधिग्दंडोनकारणमतोऽभवत् ॥ ततोऽभ्यगच्छन्देवांश्चब्राह्मणांश्चावमन्यह १४

न्यानपिप्रसंगाद्धर्मान्वक्ष्यति प्रतिग्रहागताइत्यादि १ । २ नपततइतिसंबंधः ३ शिल्पंचित्रलेखनादि वृत्तिःसेवारूपा ४ रंगेस्त्र्यादिवेषेणाऽवतरणंरूपोपजीवनंजलमंडपिकेतिदाक्षिणात्येषुप्रसिद्धं यत्रसूक्ष्मवस्त्रंव्यवधायचर्ममयैराकारैराजामात्यादीनांचर्याप्रदर्श्यंते ५ अपूर्विणायेनपूर्वंमद्याद्युपजीवनंनकृतंसोऽपूर्वीतेनतन्नकर्तव्यम् ६ संसिद्धोलब्धान्नवस्त्रादिः नग्राह्यंवृद्धैराचरितमपिनस्वीकर्तव्यम् ७ मदएवकुतोऽभवदित्यतआह श्रूयंतेहीत्यादिना ८ । ९ असुराःकामक्रोधादयः १० । ११ अनशदनश्यत १२ । १३ नकारणंतासांनियमनेइतिशेषः ततस्ताःप्रजादेवान्ब्राह्मणांश्चावमन्याऽभ्यगच्छन् विषयानसेवंतेत्यर्थः १४

एवंकामक्रोधादिद्वारेणप्रजानांबंधनंप्रदर्श्यसंक्षेपेणतन्निवृत्त्युपायमाह एतस्मिन्निति । देवाःशमदमादयः देवईश्वरस्ततोऽपिवरंश्रेष्ठंशिवंतुर्यंजाग्रत्स्वप्नसुषुप्त्यभिमानिभ्योविश्वतैजसप्राज्ञेभ्योविराट्सूत्रान्तर्यामिभ्यश्च परंचतुर्थंब्रह्म 'शिवमद्वैतंचतुर्थंमन्यंतेसआत्मासविज्ञेयः'इतिश्रुतिप्रसिद्धं बहुरूपंमाययेतिशेषः । 'इंद्रोमायाभिःपुरुरूपईयते'इतिश्रुतेः गुणैर्नित्यज्ञानैश्वर्यादिभिरधिकम् १५ तेनशिवेनसाक्षात्कृतेनतेऽसुराःकामक्रोधादयःगगनगाः[म]याख्याव्याकृतांतर्गताःसपुराःपुरैःस्थूलसूक्ष्मकारणशरीरैःसहिताः क्षितौऐश्वर्येशुद्धचिन्मात्रेपातिताःप्रविलापिताः एकेनबाणेनजीवात्मनाशुद्धचिन्मात्रांतःप्रविष्टेन तथाचश्रुतिः 'प्रणवोधनुःशरोह्यात्माब्रह्मतल्लक्ष्यमुच्यते । अप्रमत्तेनवेद्धव्यंशरवत्तन्मयोभवेत्'इति । देवैरिंद्रियैराप्यायितेनतेजसासंस्कारशेषेणेत्यर्थः १६ नन्वेवंसंस्कारशेषेणपुरांपतनंसुप्तिमूर्च्छयोरप्यस्तीत्यतआह तेषामिति । तेषांकामादीनामधिपतिर्भीमोभयंकरोमहामोहः शूलपाणिनाशूलवत्तीक्ष्णाग्रयाबुद्ध्याआयुधभूतयापाणिस्थवत्स्वाधीनयेत्यर्थः १७ तस्मिन्महामोहेहतेस्वंभावंब्रह्मभावंमानवाजीवाःप्रत्यपद्यंत । 'ब्रह्मविद्ब्रह्मैवभवति ब्रह्मैवसन्ब्रह्माप्येति'इतिश्रुतेः । यथापुरेति सृष्ट्यादौयथामरीच्यादयोवेदैकनिष्ठाआसंस्तथातत्त्वज्ञानोत्तरमपिजीवन्मुक्ताअनादिसद्वासनावशाद्वेदैकनिष्ठाएवासन्नित्यर्थः १८ ततइति । देवानामिंद्रियाणांराज्येव

एतस्मिन्नेवकालेतुदेवादेववरंशिवम् ॥ अगच्छन्शरणंधीरंबहुरूपंगुणाधिकम् १५ तेनस्मतेगगनगाःसपुराःपातिताःक्षितौ ॥ त्रिधाऽप्येकेनबाणेनदेवाप्यायिततेजसा १६ तेषामधिपतिस्त्वासीद्भीमोभीमपराक्रमः ॥ देवतानांभयकरःसहतःशूलपाणिना १७ तस्मिन्हतेऽथस्वंभावंप्रत्यपद्यंतमानवाः ॥ प्रापद्यंतचवेदान्वैशास्त्राणिचयथापुरा १८ ततोऽभिषिच्यराज्येनदेवानांदिविवासवम् ॥ सप्तर्षयश्चान्वयुंजन्नराणांदंडधारणे १९ सप्तर्षीणामथोर्ध्वंचविपृथुर्नामपार्थिवः ॥ राजानःक्षत्रियाश्चैवमंडलेषुपृथक्पृथक् २० महाकुलेषुयेजातावृद्धाःपूर्वतराश्चये ॥ तेषामप्यासुरोभावोहृदयान्नापसर्पति २१ तस्मात्तेनैवभावेनसानुषंगेणंपार्थिवाः ॥ आसुराण्येवकर्माणिन्यसेवन्भीमविक्रमाः २२ प्रत्यतिष्ठंश्चतेष्वेवतान्येवस्थापयंत्यपि ॥ भजतेतानिचाद्यापियेबालिशतरानराः २३ तस्मादहंब्रवीमित्वांराजन्संचिंत्यशास्त्रतः ॥ संसिद्धाधिगमंकुर्यात्कर्महिंसात्मकंत्यजेत् २४

शित्वेदिविहार्दाकाशे वासवंवासयतिस्वरूपचैतन्येनशरीरेंद्रियादीनीतिवासवश्चिदात्मातमभिषिच्यब्रह्मनिष्ठत्वेनजितेंद्रियाभूत्वासप्तर्षयोवसिष्ठाद्याःलोकशिक्षांकृतवंतइत्यर्थः १९ आधिकारिकेभ्यःसप्तर्षिभ्योऽपिब्रह्मविदःश्रैष्ठ्यमाह सप्तर्षीणामिति । 'अर्वाग्बिलश्चमसऊर्ध्वबुध्नस्तस्मिन्यशोनिहितंविश्वरूपम् । तस्यासतऋषयःसप्ततीरेवागष्टमीब्रह्मणासंविदान'इतिश्रुतेः । शिरसिसहस्रारेब्रह्मनिहितं तस्यसमीपेश्रोत्रादिस्थानेषुइमावेवगोतमभरद्वाजावित्यादिश्रुत्याऋषिदृष्टिर्विधीयते तताऽप्यधस्तनेषुमूलाधारादिषुचक्रेषुराजशब्दिततत्तद्देवताधिष्ठितेषुब्रह्मैवविराजतइत्यर्थः ऋषीणांश्रोत्रादीनामूर्ध्वमुपरिसहस्रारेविपृथुःविगतंपृथुप्रथनादवयवोपचयात्पृथुशरीरंतद्रहितोऽशरीरःपरमात्माऽस्ति पार्थिवःपृथिवीशरीरंतदाश्रितः । तथाच 'अशरीरंशरीरेष्वनवस्थेष्ववस्थितम्'इतिश्रुत्याशरीरस्यापिशरीरस्थत्वंश्रुतं राजंतइतिराजानःषट्चक्राधिपागणेशाद्याः क्षत्रियायोगविघ्नविनाशिनइत्यक्षरार्थः २० ईदृग्ज्ञाननिदानस्यकामादिजयस्यदौर्लभ्यमाहावधानार्थं महाकुलेष्वित्यादिना २१ । २२ । २३ संसिद्धोनित्यसिद्धआत्मातदधिगममात्मज्ञानमासुरभावनिवृत्तयेसंपादनीयमित्यर्थः तत्रोपायः कर्महिंसात्मकंत्यजेदित्यादि:२४ ॥

२५ । २६ इष्टेति । सर्वेष्वपिजन्मसुइष्टादियोगोऽस्त्येवेत्यर्थः २७ आत्मनोगुणैरातिरज्यतेअतीवतुष्टोभवति २८ । २९ ईहकोऽन्नाद्यर्थी ३० हृदिलिख्यतइवेतिहृल्लेखावासनानानृतमनृतमहंकारोऽज्ञानं वातद्रहितं नैकधेतिवत्समासः निर्दासनंनिरहंकारंनिर्गताज्ञानंवामनोयदाभवतितदाकल्याणंब्रह्मानंदमृच्छतिप्राप्नोति ३१ ॥ इतिशांतिपर्वणिमोक्षधर्मपर्वणि नीलकंठीये भारतभावदीपे चतुर्नवत्यधिक द्विशततमोऽध्यायः ॥ २९४ ॥ ॥ उक्तवक्ष्यमाणयोःसंगतिमाह एषइति १ तपःप्रशंसितुंगार्हस्थ्यंनिंदति प्रायेणेत्यादिना २ । ३ । ४ । ५ भोगिनमात्मानमितिशेषः ६ जनंकुटुंबंदासीदासादिकं

नसंकरेणद्रविणंप्रचिन्वीयाद्विचक्षणः॥धर्मार्थंन्यायमुत्सृज्यनतत्कल्याणमुच्यते२५सत्वमेवंविधोदांतःक्षत्रियः प्रियबांधवः॥प्रजाभृत्यांश्चपुत्रांश्चस्वधर्मेणानुपालय २६ इष्टानिष्टसमायोगेवैरंसौहार्दमेवच ॥ अथजातिसहस्राणिबहूनिपरिवर्तते २७ तस्माद्गुणेषुरज्येथामादोषेषुकथंचन ॥ निर्गुणोऽपिहिदुर्बुद्धिरात्मनःसोऽतिरज्यते २८ मानुषेषुमहाराजधर्माधर्मौप्रवर्ततः ॥ नतथान्येऽषुभूतेषुमनुष्यरहितेष्विह २९ धर्मशीलोनरोविद्वानीहकोऽनीहकोऽपिवा ॥ आत्मभूतःसदालोकेचरेद्भूतान्यहिंसया ३० यदाव्यपेतहृल्लेखंमनोभवतितस्यवै ॥ नानृतंचैवभवतितदाकल्याणमृच्छति ३१ ॥ इतिश्रीमहाभारते शांतिपर्वणिमोक्षधर्मपर्वणि पराशरगीतायांचतुर्नवत्यधिकद्विशततमोऽध्यायः ॥ २९४ ॥ ॥ पराशरउवाच ॥ एषधर्मविधिस्तातगृहस्थस्यप्रकीर्तितः ॥ तपोविधिंतुवक्ष्यामितन्मेनिगदतःशृणु १ प्रायेणचगृहस्थस्यममत्वंनामजायते ॥ संगागतंनरश्रेष्ठभावैराजसतामसैः २ गृहाण्याश्रित्यगावश्चक्षेत्राणिचधनानिच ॥ दाराःपुत्राश्चभृत्याश्चभवंतीहनरस्यवै ३ एवंतस्यप्रवृत्तस्यनित्यमेवानुपश्यतः ॥ रागद्वेषौविवर्धेतेह्यनित्यत्वमपश्यतः ४ रागद्वेषाभिभूतंचनरंद्रव्यवशानुगम् ॥ मोहजातारतिर्नामसमुपैतिनराधिप ५ कृतार्थंभोगिनंमत्वासर्वोरतिपरायणः ॥ लाभंग्राम्यसुखादन्यंरतितोनानुपश्यति ६ ततोलोभाभिभूतात्मासंगाद्वर्धयतेजनम् ॥ पुष्ट्यर्थंचैवतस्येहजनस्यार्थंचिकीर्षति ७ सजानन्नपिचाकार्यमर्थार्थंसेवतेनरः ॥ बालस्नेहपरीतात्मातत्क्षयाच्चानुतप्यते ८ ततोमानेनसंपन्नोरक्षन्नात्मपराजयम् ॥ करोतियेनभोगीस्यामितितस्माद्विनश्यति ९ तथाहिबुद्धियुक्तानांशाश्वतंब्रह्मवादिनाम् ॥ अन्विच्छतांशुभंकर्मनराणांत्यजतांसुखम् १० स्नेहायतननाशाच्चधननाशाच्चपार्थिव ॥ आधिव्याधिप्रतापाच्चनिर्वेदमुपगच्छति ११ निर्वेदादात्मसंबोधःसंबोधाच्छास्त्रदर्शनम् ॥ शास्त्रार्थदर्शनाद्राजंस्तपएवानुपश्यति १२ दुर्लभोहिमनुष्येंद्रनरःप्रत्यवमर्शवान् ॥ योवैप्रियसुखेक्षीणस्तपःकर्तुंव्यवस्यति १३ तपःसर्वगतंतातहीनस्यापिविधीयते ॥ जितेंद्रियस्यदांतस्यस्वर्गमार्गप्रवर्तकम् १४

६३ अर्थधनं चिकीर्षतिविक्षिपति वृद्ध्यर्थंकुसीदव्यापारंकरोतीत्यर्थः ७ । ८ येनस्त्र्यादिना भोगीभोगसंपन्नःस्यामितिमनसिकरोति तस्मादेवस्त्र्यादितोविनश्यति ९ बुद्धियुक्तानांफलासंगिनां त्यजतांनिषिद्धकाम्यकर्माणीतिशेषः १० स्नेहायतनंस्त्रीपुत्रादि ११ तपएवानुपश्यतिश्रेयस्त्वेन १२ प्रत्यवमर्शवानसारासारविवेकवान् प्रियसुखेस्त्र्यादिजसुखनिमित्तं क्षीणःक्लेशंप्राप्तः तत्रदोषदृष्ट्यातपःकर्तुंनिश्चिनोति १३ सर्वगतंसाधारणंदमदयादानादिहीनस्यश्रद्धादेरपि १४

प्रजापतिःपूर्वयजमानावस्थायांकचिज्जन्मनिकचिद्देशेव्रतानिसूत्रोपासनादीनिसोपासनानिकर्माणिवाआस्थायफलावस्थायांप्रजाअसृजदितिसंबंधः १५ एवमादित्यादयोऽपिपूर्वयजमानास्तत्तत्पदप्रापकाणि कर्माणिकृत्वाआदित्यादिभावंप्राप्ताइत्यर्थः । तथाचश्रुतिः । 'अग्निर्वाअकामयतअन्नादोदेवानांस्यामिति सएतमग्नयेकृत्तिकाभ्यःपुरोडाशमष्टाकपालंनिरवपत्' इत्यादि । योनिरवपत्सयजमानस्तस्मिन्न ग्निशब्दप्रयोगोभाविनींवृत्तिमाश्रित्यज्ञेयः । यस्मैनिरवपत्सदेवतात्मातद्भावश्चकल्पांतरेप्राप्यतइतिप्रसिद्धं १६ । १७ । १८ । १९ । २० । २१ । २२ नाप्राप्यमिति । अकृतकर्मणांकृतकृत्यत्वहीनानाम नुत्पन्नतत्त्वज्ञानानांतपसःफलानि उपभोगपरित्यागोवैराग्यं २३ शास्त्रमवेक्ष्यलोभंत्यजेदितिसंबंधः २४ ततअसंतोषाल्लोभाच्च २५ प्रज्ञानाशेऽपिकिंस्यादतआह नष्टेति । न्यायंकर्तव्याकर्तव्यनिर्णयं योवै

प्रजापतिःप्रजाःपूर्वमसृजत्तपसाविभुः ॥ कचित्कचिद्व्रह्मपरोव्रतान्यास्थायपार्थिव १५ आदित्यावसवोरुद्रास्तथैवाग्न्यश्विमारुताः ॥ विश्वेदेवास्तथासाध्याः पितरोऽथमरुद्गणाः १६ यक्षराक्षसगंधर्वाःसिद्धाश्चान्येदिवौकसः ॥ संसिद्धास्तपसातातयेचान्येस्वर्गवासिनः १७ येचादौब्राह्मणाःसृष्टाब्रह्मणातपसापुरा ॥ तेभावयंतःपृथिवींविचरंतिदिवंतथा १८ मर्त्यलोकेचराजानोयेचान्येगृहमेधिनः ॥ महाकुलेषुदृश्यन्तेतत्सर्वंतपसःफलम् १९ कौशिकानिचवस्त्राणिशुभान्या भरणानिच ॥ वाहनासनपानानितत्सर्वंतपसःफलम् २० मनोनुकूलाःप्रमदारूपवत्यःसहस्रशः ॥ वासःप्रासादपृष्ठेचतत्सर्वंतपसःफलम् २१ शयनानिच मुख्यानिभोज्यानिविविधानिच ॥ अभिप्रेतानिसर्वाणिभवंतिशुभकर्मिणाम् २२ नाप्राप्यंतपसःकिंचित्त्रैलोक्येऽपिपरंतप ॥ उपभोगपरित्यागःफलान्यकृ तकर्मणाम् २३ सुखितोदुःखितोवाऽपिनरोलोभंपरित्यजेत् ॥ अवेक्ष्यमनसाशास्त्रंबुद्ध्याचनृपसत्तम २४ असंतोषोऽसुखायेतिलोभादिंद्रियसंभ्रमः ॥ त तोऽस्यनश्यतिप्रज्ञाविद्येवाभ्यासवर्जिता २५ नष्टप्रज्ञोयदातुस्यात्तदान्यायंनपश्यति ॥ तस्मात्सुखक्षयेप्राप्तेपुमानुग्रंतपश्चरेत् २६ यदिष्टंतत्सुखंप्राहु द्वेष्यंदुःखमिहेष्यते ॥ कृताकृतस्यतपसःफलंपश्यस्वयादृशम् २७ नित्यंभद्राणिपश्यंतिविषयांश्चोपभुंजते ॥ प्राकाश्यंचैवगच्छंतिकृत्वानिष्कल्मषंतपः २८ अप्रियाण्यवमानांश्चदुःखंबहुविधात्मकम् ॥ फलार्थीतत्फलंत्यक्त्वाप्राप्नोतिविषयात्मकम् २९ धर्मेतपसिदानेचविधित्साचास्यजायते ॥ सकृत्वापापकान्ये वंनिरयंप्रतिपद्यते ३० सुखेतुवर्तमानोवैदुःखेवाऽपिनरोत्तम ॥ सुवृत्ताद्योनचलतेशास्त्रचक्षुःसमानवः ३१ इषुप्रपातमात्रंहिस्पर्शयोगेरतिःस्मृता ॥ रसने दर्शनेघ्राणेश्रवणेचविशांपते ३२ ततोऽस्यजायतेतीव्रावेदनातत्क्षयात्पुनः ॥ अबुधानप्रशंसंतिमोक्षंसुखमनुत्तमम् ३३

प्रियसुखेक्षीणइत्युपक्रांतमुपसंहरति तस्मादिति २६ कृतस्यतपसःफलंसुखमकृतस्यदुःखं २७ प्राकाश्यंविख्यातता २८ । २९ धर्मेइति । धर्मादौयथाकालंकर्तव्येसति अस्यविधित्साअविहितकार्यचिकीर्षा जायते । तथाचनित्यकर्मकालेयोन्यानिकर्माणिकामकारेणकरोतिसतान्येवपापानिकृत्वानरकंप्रतिपद्यते । एतेननित्याकरणमात्रात्प्रत्यवैतीतिपरास्तं । अभावाद्भावोत्पत्त्यसंभवात् ३० । ३१ इष्विति । यावता कालेनगुणच्युतोबाणोभूमौपततितावत्कालिकमेवस्त्र्यादिस्पर्शेसुखमित्यर्थः । सएवन्यायोरसनादावपीत्याह रसनइति ३२ तत्क्षयात्सुखक्षयात् तर्हिनित्यंसुखमेवकुतोनरानप्रार्थयंतेइत्याशंक्याह अबुधाइति । यतोमूढःअतोनित्यंसुखंमोक्षाख्यंनप्रशंसंत्यपिकिमुततदर्थंयतिष्यंते । बुधायेनप्रशंसंतीतिपाठेयेनतीव्रवेदनादुःखेनहेतुनाबुधाःमोक्षंप्रशंसंतीतिसंबंधः ३३

ततोविषयस्पर्शानांतीव्रवेदनाकरत्वाद्धेतोःसर्वस्यविवेकिनोज्यायसेफलार्थंफलायमोक्षाय गुणाःशमादयोभवंत्युत्पद्यन्तेततश्चतंकामार्थौनाभिभवितुंशक्नुतइत्याह धर्मेति ३४ ननुसर्वंप्रारब्धकर्माधीनंकिमैहिकेनयत्नेनेत्याशंक्यप्रारब्धप्रयत्नयोर्विषयौविभजते अप्रयत्नेति । प्रारब्धकर्मोपस्थापिताःस्त्र्यन्नपानादयःसेव्याःतेषुहिकिंचित्फलविसंवाददर्शनेनपुरुषकारस्यदौर्बल्यात् धर्मेहिपुरुषकारप्राबल्यं अन्यथाविधिनिषेधशास्त्रमनर्थकंस्यादितिभावः ३५ मानिनामिति । पूर्वार्धोक्तानामुचिताक्रियाउत्तरार्धोपात्तैःकर्तुमशंक्येत्यर्थः संवृतात्मनांमूढमनसाम् ३६ उभयेषांधर्मान्विभजते क्रियमाणमित्यादिना । कर्मयज्ञादिकं मानुषंमनुष्योहमित्यभिमानवताकृतं यस्मादेवंतस्मात्तेषांशास्त्रचक्षुषांतपसोविचारादन्यत्कर्मनविद्यते ३७ संवृतात्मनांधर्ममाह सर्वात्मनेति । कर्मनिश्चयंयज्ञादौबुद्धिम् ३८ । ३९ ॥ इतिशांतिपर्वणिमो०नीलकंठीये भार० पंचनवत्यधिकद्विशततमोऽध्यायः ॥ २९५ ॥ एवंधर्मान्श्रुत्वोत्तरोत्तरमुत्कर्षंप्रेप्सुःपृच्छति वर्णइति । तत्रवर्णाःपूर्वोक्ताःषट्कृष्णधूम्रनीलरक्तपीतश्वेताःक्रमेणबुद्धिसत्वेत

ततःफलार्थंसर्वस्यभवंतिज्यायसेगुणाः ॥ धर्मवृत्त्याचसततंकामार्थाभ्यांनहीयते ३४ अप्रयत्नागताःसेव्यागृहस्थैर्विषयाःसदा ॥ प्रयत्नेनोपगम्यश्चस्वधर्मइतिमेमतिः ३५ मानिनांकुलजातानांनित्यंशास्त्रार्थचक्षुषाम् ॥ क्रियाधर्मविमुक्तानामशक्त्यासंवृतात्मनाम् ३६ क्रियमाणंयदाकर्मनाशंगच्छतिमानुषम् ॥ तेषांनान्यदृतेलोकेतपसःकर्मविद्यते ३७ सर्वात्मनाऽनुकुर्वीतगृहस्थःकर्मनिश्चयम् ॥ दाक्ष्येणहव्यकव्यार्थंस्वधर्मेविचरन्नृप ३८ यथानदीनदाःसर्वेसागरेयांतिसंस्थितिम् ॥ एवमाश्रमिणःसर्वेगृहस्थेयांतिसंस्थितिम् ३९ ॥ इतिश्रीम०शांति०मोक्ष० प० पराशरगीतायांपंचनवत्यधिकद्विशततमोऽध्यायः ॥ २९५ ॥ ॥ जनकउवाच ॥ वर्णोविशेषवर्णानांमहर्षेकेनजायते ॥ एतदिच्छाम्यहंज्ञातुंतद्ब्रूहिवदतांवर १ यदेतज्जायतेऽपत्यंसएवायमितिश्रुतिः ॥ कथंब्राह्मणतोजातोविशेषग्रहणंगतः २ ॥ पराशरउवाच ॥ एवमेतन्महाराजयेनजातःसएवसः ॥ तपसस्त्वपकर्षेणजातिग्रहणतांगतः ३ सुक्षेत्राच्चसुबीजाच्चपुण्योभवतिसंभवः ॥ अतोऽन्यतरतोहीनादवरोनामजायते ४ वक्त्राद्भुजाभ्यामूरुभ्यांपद्भ्यांचैवाथजज्ञिरे ॥ सृजतःप्रजापतेर्लोकानितिधर्मविदोविदुः ५ मुखजाब्राह्मणास्तातबाहुजाःक्षत्रियाःस्मृताः ॥ ऊरुजाधनिनोराजन्पादजाःपरिचारकाः ६ चतुर्णामेववर्णानामागमःपुरुषर्षभ ॥ अतोऽन्येत्वतिरिक्तायेतेवैसंकरजाःस्मृताः ७ क्षत्रियातिरथांबष्ठाउग्रावैदेहकास्तथा ॥ श्वपाकाःपुल्कसाःस्तेनानिषादाःसूतमागधाः ८ अयोगाःकरणाव्रात्याश्चांडालाश्चनराधिप ॥ एतेचतुर्भ्योवर्णेभ्योजायन्तेवैपरस्परात् ९ ॥ जनकउवाच ॥ ब्रह्मणैकेनजातानांनानात्वंगोत्रतःकथम् ॥ बहूनीहहिलोकेवैगोत्राणिमुनिसत्तम १०

मोरजोंशयोराधिक्यसाम्यापकर्षजाः तत्रविशेषःस्वाभाविकवर्णादाधिक्यंतमोरजसोर्ह्रासइत्यर्थः १ यदेतदिति । सात्विकस्यब्रह्मणोऽपत्यैर्लोकैःसात्विकैरेवब्राह्मणैर्भवितव्यंकथंरजआदिप्रधानंक्षत्रादिविशेषजातिग्रहणंततउत्पन्नस्येत्याक्षेपार्थः २ । ३ तपसोऽप्यपकर्षःकुतइत्यतआह सुक्षेत्रादिति । सात्विकयोर्दंपत्योःपुण्यःसंभवस्तयोरन्यतरस्यहीनत्वेहीनइत्यर्थः ४ अन्यतरहीनत्वमपिकुतइत्याशंक्योत्पत्तिस्थानभेदादित्याह वक्त्रादितिद्वाभ्याम् ५ । ६ । ७ अंबष्ठादीनांस्वरूपंजातिविवेकाद्विवेक्तव्यं । 'सवर्णाब्राह्मणान्सूतेराज्ञीमूर्धावसिक्तकं ॥ वैश्यांबष्ठंनिषादंतुशूद्रापारसवश्चसः'इत्यादिना ८ । ९ ननुनिरवयवादव्याकृताज्जगज्जातमितिसर्वत्रश्रूयतेतत्रकुतोऽवयवकल्पनेतिशंकते ब्रह्मणेति । ब्राह्मणेतिपाठेएकेनब्रह्मणेत्यध्याहर्तव्यं नानात्वंब्रह्मक्षत्रियादिभावेनभिन्नत्वं गोत्रतोऽन्वयतः गोत्राणिब्रह्मक्षत्रियादीन्युग्रांबष्ठादीनिच तस्माज्जातितारतम्यमयुक्तमित्यर्थः १०

तस्यादरेऽप्यव्यभिचारमाह यत्रेति । यथाकाक्षीवतादशूद्रायामुत्पादिताःपुत्राब्राह्मणत्वंनीतानतुतेनिषादत्वंप्राप्ताइत्यर्थः । तस्मात्कारणद्वाराकार्यद्वारावाजातिभेदोनयुक्तइतिभावः ११ तदेतदभ्युपगमेनैवपरिहरिष्यन्नस्यार्थस्यदुर्ग्रहत्वमाह राजन्निति । अपकृष्टेनवर्णतारतम्यदृष्टिमतारजस्तमोग्रस्तेन १२ । १३ । १४ । १५ । १६ मूलेति । मूलंकार्यब्रह्म तत्रचत्वारिगोत्राणिनामानिसमुत्पन्नानि गुणयोगात् तथाचश्रुतिः 'एतमंगिराइत्याचक्षतेऽङ्गानांहिरसस्तेनेतितंदेवाअब्रुवन्नयंवैनःसर्वेषांवसिष्ठइतितस्माद्वसिष्ठइत्याचक्षतएतमेवसंतं'इत्यादिका १७ कर्मतोऽन्यानिगोत्राणि । 'तस्येदंविश्वंमित्रमासीद्यदिदंकिंचतस्माद्विश्वामित्रइत्याचक्षतएतमेवसंतं'इत्यादिश्रुतेःकर्मजान्येवसर्वाणिगोत्राणि परमात्मनिकर्मजन्यैववर्णाश्रमगोत्रकल्पनेतिप्रघट्टकार्थः । तानिचगोत्राणितपसाऽर्जितनामधेयापरपर्यायाणि सतांग्रहणमार्षेयंवरणंविवाहादिश्रौतस्मार्तव्यवहा

यत्रतत्रकथंजाताःस्वयोनिंमुनयोगताः ॥ शुद्धयोनौसमुत्पन्नावियोनौचतथाऽपरे ११ ॥ पराशरउवाच ॥ राजन्नैतद्भवेद्ग्राह्यमपकृष्टेनजन्मना ॥ महात्मनां समुत्पत्तिस्तपसाभावितात्मनाम् १२ उत्पाद्यपुत्रान्मुनयोनृपतेयत्रतत्रह ॥ स्वेनैवतपसातेषामृषित्वंविदधुःपुनः १३ पितामहश्चमेपूर्वमृष्यशृंगश्चकाश्यपः ॥ वेदस्तांडयःकृपश्चैवकाक्षीवत्कमठादयः १४ यवक्रीतश्चनृपतेद्रोणश्चवदतांवरः ॥ आयुर्मतंगोदत्तश्चद्रुमदोमात्स्यएवच १५ एतेस्वांप्रकृतिंप्राप्तावैदेहतपसोऽऽश्रयात् ॥ प्रतिष्ठितावेदविदोदमेनतपसैवहि १६ मूलगोत्राणिचत्वारिसमुत्पन्नानिपार्थिव ॥ अंगिराःकश्यपश्चैववसिष्ठोभृगुरेवच १७ कर्मतोऽन्यानिगोत्राणिसमुत्पन्नानिपार्थिव ॥ नामधेयानितपसातानिचग्रहणंसताम् १८ ॥ जनकउवाच ॥ विशेषधर्मान्वर्णानांप्रब्रूहिभगवन्मम ॥ ततःसामान्यधर्मांश्चसर्वत्रकुशलोह्यसि १९ ॥ पराशरउवाच ॥ प्रतिग्रहोयाजनंचतथैवाध्यापनंनृप ॥ विशेषधर्माविप्राणांरक्षाक्षत्रस्यशोभना २० कृषिश्चपाशुपाल्यंचवाणिज्यंचविशामपि ॥ द्विजानां परिचर्याचशूद्रकर्मनराधिप २१ विशेषधर्मानृपतेवर्णानांपरिकीर्तिताः ॥ धर्मान्साधारणांस्तातविस्तरेणशृणुष्वमे २२ आनृशंस्यमहिंसाचाप्रमादःसंविभागिता ॥ श्राद्धकर्मातिथेयंचसत्यमक्रोधएवच २३ स्वेषुदारेषुसंतोषःशौचंनित्यानसूयता ॥ आत्मज्ञानंतितिक्षाचधर्माःसाधारणानृप २४ ब्राह्मणाःक्षत्रियावैश्याःस्त्रयोवर्णाद्विजातयः ॥ अत्रतेषामधीकारोधर्मेषुद्विपदांवर २५ विकर्मावस्थितावर्णाःपतन्तेनृपतेत्रयः ॥ उन्नमंतियथासंतमाश्रित्येहस्वकर्मसु २६ नचापिशूद्रःपततीतिनिश्चयोनचापिसंस्कारमिहार्हतीतिवा ॥ श्रुतिप्रवृत्तंनचधर्ममाप्नुतेनचास्यधर्मेप्रतिषेधनंकृतम् २७ वैदेहकंशूद्रमुदाहरंतिद्विजामहाराजश्रुतोपपन्नाः ॥ अहंहिपश्यामिनरेंद्रदेवंविश्वस्यविष्णुंजगतःप्रधानम् २८

रालंबनंभवतीतिशेषः १८ एवंवर्णाद्युत्पत्तिंज्ञात्वातदीयान्सामान्यविशेषधर्मान्पृच्छति विशेषेति १९ । २० । २१ । २२ आनृशंस्यादित्रयोदशकोगणःसर्ववर्णाश्रमसाधारणः २३ । २४ अधीकारः उपसर्गस्यघञ्यमनुष्येबहुलमितिदीर्घः धर्मेषुपूर्वोक्तेषु २५ विकर्मनिषिद्धंकर्म स्वकर्मसुसंतंनरमाश्रित्यवर्णाःसत्वादिगुणजाउन्नमंति २६ नचेति । संस्कारार्होहितदभावेपतेन्नत्वयंतथेत्यर्थः । धर्मेआनृशंस्यादित्रयोदशकरूपे २७ हेवैदेहद्विजाःशूद्रंकंप्रजापतिंब्राह्मणतुल्यमाहुः अहंतुतंविष्णुंक्षत्रियतुल्यंपश्यामि ब्रह्मविष्णूहिब्राह्मणक्षत्रियौ यथोक्तंद्रोणपर्वणिद्रोणंप्रकृत्य । 'ब्रह्मकल्पोभवद्ब्राह्मेक्षात्रेनारायणोपमः'इतिप्राञ्चः ।—

वस्तुतस्तुयेस्थूलंशरीरंत्यक्त्वालिंगमेवात्मत्वेनप्रतिपन्नास्तेविदेहाः येतुस्थूलसूक्ष्मेत्यक्त्वाप्रधानाख्यंकारणमात्मत्वेनप्रतिपन्नास्तेप्रकृतिलयाः त्रयमतिक्रांताब्राह्मणाः । आद्यस्यमुक्तिर्जन्मद्वयेनव्यवहिता । द्वितीयस्यैकेनाऽन्त्यस्यसद्यःएवंसतिद्विजाःशूद्रंवैदेहकंविदेहेषुविदितंप्राहुः शूद्रोविट्क्षत्रजन्मनीप्राप्यब्राह्मणोभवतीत्यर्थः । स्वमतेतुसप्रधानमतएकमेवजन्मप्राप्यमुच्यतेइति २८ नन्वयज्ञस्यशूद्रस्यचित्तशुद्ध्यभावात्कथंविदेहत्वादिकंस्यादतआह सतामिति । सतांवृत्तंदमदयादानादि निहीनाःशूद्राःउद्दिधीर्षवआत्मानमुद्धर्तुमिच्छवः निहीनानुज्जिहीर्षवइतिपाठेकामादीन्दोषानुज्जिहीर्षवउच्छेत्तुमिच्छवइत्यर्थः २९. मोदतेमोदंते ३० एनंनरंदूषयतिहीनतांनयति ३१ । ३२ दुष्टकर्मत्यागेजातिकर्मणोर्द्वयोरन्यतरस्यापिचहेतुत्वमाह द्वाभ्यां जात्येति ३३ । ३४ । ३५ । ३६ । संन्यस्याग्नीन्पारिव्राज्यंकृत्वेत्यर्थः यथाक्रमंवितर्कविचारा

सतांवृत्तमधिष्ठायनिहीनाउद्दिधीर्षवः ॥ मंत्रवर्जंनदुष्यंतिकुर्वाणाःपौष्टिकीःक्रियाः २९ यथायथाहिसद्वृत्तमालंबंतीतरेजनाः ॥ तथातथासुखंप्राप्यप्रेत्यचेहच मोदते ३०॥ जनकउवाच ॥ किंकर्मदूषयत्येनमथोजातिर्महामुने ॥ संदेहोमेसमुत्पन्नस्तन्मेव्याख्यातुमर्हसि ३१॥ पराशरउवाच ॥ असंशयंमहाराजउभयंदोषकारकम् ॥ कर्मचैवहिजातिश्चविशेषंतुनिशामय ३२ जात्याचकर्मणाचैवदुष्टंकर्मनसेवते ॥ जात्यादुष्टश्चयःपापंनकरोतिसपूरुषः ३३ जात्याप्रधानंपुरुषंकुर्वाणंकर्मधिक्कृतम् ॥ कर्मतद्दूषयत्येनंतस्मात्कर्मनशोभनम् ३४॥ जनकउवाच ॥ कानिकर्माणिधर्म्याणिलोकेऽस्मिन्द्विजसत्तम॥नहिंसंतीहभूतानिक्रियमाणानिसर्वदा ३५॥ पराशरउवाच ॥ शृणुमेऽत्रमहाराजयन्मांत्वंपरिपृच्छसि ॥ यानिकर्माण्यहिंस्राणिनरंत्रायंतिसर्वदा ३६संन्यस्याग्नीनुदासीनाःपश्यंतिविगतज्वराः ॥ नैःश्रेयसंकर्मपथंसमारुह्ययथाक्रमम् ३७प्रश्रिताविनयोपेतादमनित्याःसुसंशिताः ॥ प्रयांतिस्थानमजरंसर्वकर्मविवर्जिताः ३८सर्वेवर्णाधर्मकार्याणिसम्यक्कृत्वाराजन्सत्यवाक्यानिचोक्त्वा ॥ त्यक्त्वाऽधर्मंदारुणंजीवलोकेयांतिस्वर्गंनात्रकार्योविचारः ३९ ॥ इतिश्रीमहाभारतेशांतिपर्वणिमोक्षधर्मपर्वणि पराशरगीतायांषण्णवत्यधिकद्विशततमोऽध्यायः ॥ २९६ ॥ ॥ पराशरउवाच ॥ पितासखायोगुरवस्त्रियश्चनर्निर्गुणानांप्रभवंतिलोके ॥ अनन्यभक्ताःप्रियवादिनश्चहिताश्चवश्याश्चतथैवराजन् १ पितापरंदैवतंमानवानांमातुर्विशिष्टंपितरंवदंति ॥ ज्ञानस्यलाभंपरमंवदंतिजितेंद्रियार्थाःपरमाप्नुवंति २रणाजिरेयत्रशराग्निसंस्तरेनृपात्मजोघातमवाप्यदह्यते ॥ प्रयातिलोकानमरैःसुदुर्लभान्निषेवतेस्वर्गफलंयथासुखम् ३ श्रांतंभीतंभ्रष्टशस्त्रंरुदंतंपराङ्मुखंपारिबर्हैश्चहीनम् ॥ अनुद्यंतंरोगिणंयाचमानंनवैहिंस्याद्बालवृद्धौचराजन् ४ पारिबर्हैःसुसंयुक्तमुद्यतंतुल्यतांगतम् ॥ अतिक्रमेत्तंनृपतिःसंग्रामेक्षत्रियात्मजम् ५

नंदास्मिताख्यासुयोगभूमिषुपूर्वपूर्वभूमिकांत्यक्त्वोत्तरोत्तरभूमिकामारुह्य कर्मपथंयोगं ३७ प्रश्रिताःश्रद्धावंतः सुसंशिताःअतिसूक्ष्मबुद्धयः ३८ त्यक्त्वाअधर्ममितिच्छेदः ३९ ॥ इतिशांतिपर्वणिनीलकंठीयेभारतभावदीपेषण्णवत्यधिकद्विशततमोऽध्यायः २९६ ॥ कानिधर्मकार्याणीत्यपेक्षायामाह पितेति । निर्गुणानांभक्त्यादिहीनानांपित्रादयोयथोक्तंसेवाफलंदातुंनप्रभवंति येतुभक्तास्तेपित्रादिसेवाफलंप्राप्नुवंत्येवेत्यर्थः १ लाभंलाभहेतुं जिताइंद्रियार्थायैस्तेशब्दादिविषयजयिनः २ । ३ पारिबर्हैरथाश्वकवचादिभिः अनुद्यंतमायुधमप्रेरयंतमुदयहीनंवा ४ अतिक्रमेज्जयेत् ५

६ । ७ दिष्टांतोमृत्युः ८ स्निग्धैर्मात्रादिभिः क्रियमाणान्यभ्यंगादीनि नायुरिति परप्राणैःप्राणान्नपोषयेत् ९ गृहस्थानामिति । विनाशंबंधक्षयं यद्वा विःपक्षीपरमात्मा पुरःसपक्षीभूत्वाहिरण्मयःशकुनिर्ब्रह्मनाम द्वासुपर्णाइत्यादिश्रुतिषुपरमात्मनिपक्षिवाचिशब्दप्रयोगदर्शनात् तेन इत्थंभावेतृतीया परमात्मभावेनशंपरमानंदमभिकांक्षतामित्यर्थः । पुलिनेषुपुलिनवत्सुतीर्थेषुनिधनंमरणंश्रेयःक्रियावतांतीर्थवास्युचितकर्मवतां तथाचस्मृतिः 'यस्यहस्तौचपादौचमनश्चैवसुसंयतम् । विद्यातपश्चकीर्तिश्चसतीर्थफलमश्नुते'इति पुलिनेष्वपिसमुद्रगामिन्यएवनद्यःप्रशस्ताः तथाचश्रुतिः 'इदंतेऽन्याभिरसमानमद्भिर्याःकाश्चसिंधुंप्रवहंतिनद्यः । सर्पोजीर्णामिवत्वचंजहातिपापंसशिरस्कोऽभ्युपेत्य'इति । योऽप्सुनावंप्रतिष्ठितांवेदप्रत्येवतिष्ठतीतिचनावंतारकाख्यांप्रणवरूपांब्रह्मविद्याम् । यद्यप्येवंसर्वासामपांब्रह्मविद्याप्रदत्वंप्राप्तंतथाऽपियथापुरोडाशंचतुर्धाकरोत्याग्नेयंचतुर्धाकरोतीतिवत्सामान्यशास्त्रंविशेषेणावरुध्यते'एवमत्रहिजंतोःप्राणेषूत्क्रममाणेषुरुद्रस्तारकंब्रह्मव्याचष्टेयेनासावमृतीभूत्वामोक्षीभवति'इतिविशेषश्रुतेरविमुक्तांतर्गतास्वेवाप्सुतन्नियम्यते । अत्राप्यप्सुइतिश्रौतसप्तमीपुलिनेष्विवतिपदेनसामीप्येव्याख्याता तेनाऽपांसमीपेऽपिमरणंयुक्तम् १० तच्चनहठेनसंपादनीयमित्याह आयुषीति । तथाहितेनहियदृच्छामरणप्रकारेणयदकारणाद्भवत्यज्ञानमात्रापनयेन स्वतःसिद्धंमोक्षरूपंतत्कारणैस्तीर्थमरणैर्हठादुपपादितंभवति यथोक्तंवासिष्ठेऽखिलग्रंथे 'मोक्षक्षेत्रेविमूढांतःकरणायेऽथवामृताः । क्षेत्रमाहात्म्यतस्तेऽपिसंतिक्षेत्रफलान्विताः' इतिविमूढान्तःकरणाइदंमुक्तिक्षेत्र

तुल्यादिहवधःश्रेयान्विशिष्टाचेतिनिश्चयः ॥ निहीनात्कातराच्चैवकृपणाद्गर्हितोवधः ६ पापात्पापसमाचारान्निहीनाच्चनराधिप ॥ पापएववधःप्रोक्तोनरकायेति
निश्चयः ७ नकश्चित्त्रातिवैराजन्दिष्टांतवशमागतम् ॥ सावशेषायुषंचापिकश्चिन्नैवापकर्षति ८ स्निग्धैश्चक्रियमणानिकर्माणीहनिवर्तयेत् ॥ हिंसात्मकानिसर्वाणि
नायुरिच्छेत्परायुषा ९ गृहस्थानांतुसर्वेषांविनाशमभिकांक्षताम् ॥ निधनंशोभनंतातपुलिनेषुक्रियावताम् १० आयुषिक्षयमापन्नेपंचत्वमुपगच्छति ॥ तथाह्यका
रणाद्भवतिकारणैरुपपादितम् ११ तथाशरीरंभवतिदेहाद्येनोपपादितम् ॥ अध्वानंगतकश्चायंप्राप्तश्चायंगृहाद्गृहम् १२ द्वितीयंकारणंतत्रनान्यत्किंचनविद्यते ॥
तद्देहंदेहिनांयुक्तंमोक्षभूतेषुवर्तते १३ शिरास्नाय्वस्थिसंघातंबीभत्सामेध्यसंकुलम् ॥ भूतानामिंद्रियाणांचगुणानांचसामागमम् १४ त्वगंतंदेहमित्याहु
र्विद्वांसोऽध्यात्मचिंतकाः ॥ गुणैरपिपरिक्षीणंशरीरंमर्त्यतांगतम् १५

मित्यप्यजानंतःक्षेत्रफलमोक्षस्तदन्वितामुक्ताइत्यर्थः । अत्रहिजंतोरित्युदाहृतश्रुत्यायद्यप्यत्राप्यज्ञानापनयोऽस्त्येवतथापिसएवात्रशमादिकंविनामरणेनहठात्साध्यतइतिमोक्षस्यापिहठसाध्यत्वमुपचारादुक्तंभवति ११ तीर्थेऽपिहठान्मरणंनिंदति तथेति । देहात् ल्यब्लोपेपंचमी देहंप्राप्ययेनपुंसापंचत्वमित्यनुकृष्यते उपपादितंहठेनजलप्रवेशादिनासंपादितं तस्यतथाशरीरंपूर्वदेहप्रकारमेवशरीरंभवति देहत्यागीयातनाशरीरंप्राप्नोतीत्यर्थः । सोऽयमध्वानंमोक्षमार्गंगतोऽपिकुत्सितत्वादध्वानंगतकः यतोऽयंमोक्षक्षेत्रेऽपिगृहाद्गृहंदेहाद्देहंप्राप्तः १२ तत्किमस्यमोक्षोनास्त्येवेत्याशंक्याह द्वितीयमिति । तत्रगृहाद्गृहांतरंप्राप्तोद्वितीयंकारणंकाश्यांमृतस्यापियातनादेहप्राप्तावेकंकारणंहठमरणमभूत् । ततोऽपिदेहांतरप्राप्तौद्वितीयंकारणंनास्ति । तस्ययातनादेहस्यभोगदेहत्वेनकर्मदेहत्वाभावाद्देहांतरोत्पादकत्वंनास्तीत्यर्थः । तद्देहंक्लीबत्वमार्षंदेहिनांसोऽपियातनादेहोमोक्षभूतेषुमोक्षयोग्येषुरुद्रपिशाचेषुयुक्तमात्महत्यापापनिर्हरणाययातनार्थंयोजितंवर्तते १३ यातनादेहस्यस्वरूपमेतद्देहतुल्यमित्याह शिरेति । गुणानांविषयाणांवासनामयानाम् १४ त्वगंतंत्वगेवांऽतेसमीपेयस्य त्वगस्थिमात्रंमेदोमांसवर्जितमित्यर्थः गुणैःसौंदर्यादिभिः मर्त्यतांवायवीयमपिपूर्ववासनावशान्मनुष्यतामिवगतम् १५

अतएवतन्नाशोऽपिमर्त्यशरीरनाशवदेवेत्याह शरीरिणेति। कंचुकिनाकंचुकमिवमुक्तेनपरित्यक्तंभूतैरपंचीकृतैः प्रकृतिंस्वंस्वंकारणं यद्वा भूतैर्यातनादेहारंभकैःप्रकृतिमात्मानंप्राप्तैः 'एवमेवास्यपरिद्रष्टुरिमाः षोडशकलाःपुरुषायणाःपुरुषंप्राप्यास्तंयंति' इतिश्रुतेस्ततोभूमौनिमज्जतिलोकदृष्ट्या। तथाच'नतस्यप्राणाउत्क्रामंत्यत्रैवसमवनीयंते'इतिप्राणानांप्रत्यगात्मनिविद्वद्दृष्ट्यालयंप्रदर्श्यसउच्छ्रयत्याध्मातोमृतःशेतइति लोकदृष्ट्याशरीरस्यभूमौलयोऽपिश्रुत्याप्रदर्शितः। इदमपिरुद्रपिशाचानामेवदृष्ट्यानत्वस्मदृष्ट्यातेष्वेवतस्यवर्तनादितिध्येयं १६ ननुपाद्मेमाघमाहात्म्येवाराणस्यांमृतस्यापिब्राह्मणस्यदशजन्मानिस्मर्यंतेतत्कथंद्वितीयंकारणंतत्रेतिजन्मांतरप्रापकंकारणांतरंतस्यनास्तीत्युक्तमित्याशंक्याहार्धेन भावितामिति। तत्पिशाचशरीरंकर्मयोगेनआत्महत्यायाइवब्रह्महत्यादीनामनेकजन्मप्रापकाणामनेकेषांकर्मणांकाश्यांकृतानांसंभवात्तत्तत्कर्मवासनयातत्रतत्रयातनाशरीरेजायते। नचैवंदेशांतरमरणादविशेषइत्याशंक्याह इदमिति। इदंयातनाशरीरादन्यद्यत्रयत्रविषयेनिमग्नंसत् म्रियतेतत्तत्स्वभावस्तत्तद्रूपोऽपरोविसर्गोजन्मकर्मणःफलभूतोदृष्टः यातनाशरीरविसर्गस्तुत्यक्तशरीरसजातीयोनभवतीत्यर्थः। विमर्दइतिपाठेऽपिसएवार्थः १७ यातनादेहस्यतुततोवैलक्षण्यमाह नजायतइति। भूतात्मारुद्रपिशाचः नजायतेस्वेनरूपेणनाविर्भवतियावत्पापक्षयं १८ आयतनमधिष्ठानंप्राप्योपाधिजनितकालुष्यत्यागेनावगम्य। आयतनस्वरूपमाह मनसइति। निःसंकल्पमेवमोक्षलक्षणमित्यर्थः। तस्मान्निःसंकल्पस्तटस्थस्तिष्ठेदेतन्मोक्षलक्षणमितिमैत्रायणीयश्रुतेः १९ एवंजंतुतारतम्यवर्जितांदेशविशेषायत्तांगतिमुक्त्वा कालायत्तांगतिंवक्तुंजंतुतारतम्यंतावदाह विविधानामिति २० आत्मसंबुद्धायोगिनः अमानिनोयोगैश्वर्यकृतदर्पहीनाः २१ दर्पत्यागमूलंविवेकमाह जातमिति २२ पुण्यकृत्ब्रह्मलोकंगंतुमधिकारीत्यर्थः २३ तत्रमुख्यंसाधनंजनंक्लेशेनअयोजयित्वेति अत्रापियादृच्छिकमेवमरणंश्रेयइत्याह मृत्युनेति। आत्मकृतेनकालजेन २४ विषमिति। योगीअत्यंतव्याधिपीडाग्रस्तोऽपिदुर्मरणंनेच्छेदित्यर्थः २५। २६ उत्तरायणेमृतानांपुण्यकृतांगतिमाह ऊर्ध्वमिति। सूर्यमंडलंभित्त्वेत्यर्थः। 'सूर्यद्वारेणतेविरजाःप्रयांति'इतिश्रुतेः। मध्यतोमनुष्यलोके प्रासंगिकोऽयमर्धश्लोकः २७

शरीरिणापरित्यक्तंनिश्चेष्टंगतचेतनम् ॥ भूतैःप्रकृतिमापन्नैस्ततोभूमौनिमज्जति १६ भावितंकर्मयोगेनजायतेतत्रतत्रह ॥ इदंशरीरंवैदेहम्रियतेयत्रयत्रह ॥
तत्स्वभावोऽपरोदृष्टोविसर्गःकर्मणस्तथा १७ नजायतेतुनृपतेकंचित्कालमयंपुनः ॥ परिभ्रमतिभूतात्माद्यामिवांबुधरोमहान् १८ सपुनर्जायतेराजन्प्राप्येहायतनंनृप ॥ मनसःपरमोह्यात्माइंद्रियेभ्यःपरंमनः १९ विविधानांचभूतानांजंगमाःपरमानृप ॥ जंगमानामपितथाद्विपदाःपरमामताः ॥ द्विपदानामपितथाद्विजावैपरमाःस्मृताः २० द्विजानामपिराजेंद्रप्रज्ञावंतःपरामताः ॥ प्राज्ञानामात्मसंबुद्धाःसंबुद्धानाममानिनः २१ जातमन्वेतिमरणंनृणामितिविनिश्चयः ॥ अंतवंतिहिकर्माणिसेवंतेगुणतःप्रजाः २२ आपन्नेतूत्तरांकाष्ठांसूर्येयोनिधनंव्रजेत् ॥ नक्षत्रेचमुहूर्तेचपुण्येराजन्सपुण्यकृत् २३ अयोजयित्वाक्लेशेनजनंप्लाव्यचदुष्कृतम् ॥ मृत्युनाऽऽत्मकृतेनेहकर्मकृत्वाऽऽत्मशक्तिभिः २४ विषमुद्बंधनंदाहोदस्युहस्तात्तथावधः ॥ दंष्ट्रिभ्यश्चपशुभ्यश्चप्राकृतोवधउच्यते २५ नचैभिःपुण्यकर्माणोयुज्यन्तेचाभिसंधिजैः ॥ एवंविधैश्चबहुभिरपरैःप्राकृतैरपि २६ ऊर्ध्वंभित्त्वाप्रतिष्ठन्तेप्राणाःपुण्यवतांनृप ॥ मध्यतोमध्यपुण्यानामधोदुष्कृतकर्मणाम् २७

देशकालनिरपेक्षागतिस्तुकेवलमज्ञानाख्यशत्रोरपगममात्रादेवेत्याह एकइतिद्वाभ्याम् २८ यस्यप्रबाधनार्थंश्रुतिधर्मयुक्तंयथास्यात्तथावृद्धाननुपास्यप्रभवेत सोऽज्ञानशत्रुःप्रज्ञास्त्रेरेणोन्माथितःपरैतिनश्यति हेराजपुत्र २९ आश्रमत्रयधर्मःप्रज्ञाप्राप्तावुपायइत्याह अधीत्येति । श्रेयःस्थित्वाश्रेयोऽस्त्यर्थंतिष्ठतिसन्नद्धोभवतीतिश्रेयःस्थित्वामोक्षकामः । आतोमनिन्क्कनिब्वनिपश्चेतिक्कनिबंतोऽयंशब्दः ३० अध्ययनादियोग्यांनृयोनिंप्रशंसति उपभोगैरितिचतुर्भिः ३१ । ३२ । ३३ योधर्मावमंतासकामात्माभवेत्सचकामेनवंच्यते ३४ प्रीतिपुराणेनप्रीत्याचिरंतनेन । पुरोगेणेतिपाठःस्वच्छः । दीपोपमानिस्नेहेनसंवर्धनीयानि यावदर्थान्सर्वान्विषयान् दयावान्भूतानिपश्यतिविरक्तोऽर्थान्नपश्यतियःसमहीयतेइत्युत्तरेणसंबंधः ३५ । ३६ पुनरावृत्तिमतींगतिमाह दानमित्यादिना । शोभनामूर्तिःशांताआकृतिः हेभूप अद्भ्योऽद्भिस्तपसाचशरीरं

एकःशत्रुर्नद्वितीयोऽस्तिशत्रुरज्ञानतुल्यःपुरुषस्यराजन् ॥ येनावृतःकुरुतेसंप्रयुक्तोघोराणिकर्माणिसुदारुणानि २८ प्रबाधनार्थंश्रुतिधर्मयुक्तंवृद्धानुपास्यप्रभवेतयस्य ॥ प्रयत्नसाध्योहिसराजपुत्रप्रज्ञाशरेणोन्माथितःपरैति २९ अधीत्यवेदंतपसाब्रह्मचारीयज्ञान्शक्त्यासन्निसृज्येहपंच ॥ वनंगच्छेत्पुरुषोधर्मकामःश्रेयःस्थित्वास्थापयित्वास्ववंशम् ३० उपभोगैरपित्यक्तंनात्मानंसादयेन्नरः ॥ चण्डालत्वेऽपिमानुष्यंसर्वथातातशोभनम् ३१ इयंहियोनिःप्रथमायांप्राप्यजगतीपते ॥ आत्मावैशक्यतेत्रातुंकर्मभिःशुभलक्षणैः ३२ कथंनविप्रणश्येमयोनितोऽस्याइतिप्रभो ॥ कुर्वन्तिधर्मंमनुजाःश्रुतिप्रामाण्यदर्शनात् ३३ योदुर्लभतरंप्राप्यमानुष्यंद्विषतेनरः ॥ धर्मावमंताकामात्माभवेत्सखलुवंच्यते ३४ यस्तुप्रीतिपुराणेनचक्षुषातातपश्यति ॥ दीपोपमानिभूतानियावदर्थान्नपश्यति ३५ सांत्वेनान्नप्रदानेनप्रियवादेनचाप्युत ॥ समदुःखसुखोभूत्वासपरत्रमहीयते ३६ दानंत्यागःशोभनामूर्तिरद्भ्योभूपप्लाव्यंतपसावैशरीरम् ॥ सरस्वतीनैमिषपुष्करेषुयेचाप्यन्येपुण्यदेशाःपृथिव्याम् ३७ गृहेषुयेषामसवःपतंतितेषामथानिर्हरणंप्रशस्तम् ॥ यानेनवैप्रापणंचश्मशानेशौचेननूनंविधिनाचैवदाहः ३८ इष्टिःपुष्टिर्यजनंयाजनंचदानंपुण्यानांकर्मणांचप्रयोगः ॥ शक्त्यापित्र्यंयच्चकिंचित्प्रशस्तंसर्वाण्यात्मार्थेमानवोऽयंकरोति ३९ धर्मशास्त्राणिवेदाश्चषडंगानिनराधिप ॥ श्रेयसोऽर्थेविधीयंतेनरस्याक्लिष्टकर्मणः ४० ॥ भीष्मउवाच ॥ एतद्वैसर्वमाख्यातंमुनिनासुमहात्मना ॥ विदेहराजायपुराश्रेयसोऽर्थेनराधिप ४१ ॥ इति श्रीमहाभारते शांतिपर्वणि मोक्षधर्मपर्वणि पराशरगीतायां सप्तनवत्यधिकद्विशततमोऽध्यायः ॥ २९७ ॥ ॥ भीष्मउवाच ॥ पुनरेवतुपप्रच्छजनकोमिथिलाधिपः ॥ पराशरंमहात्मानंधर्मेपरमनिश्चयम् १ ॥ जनकउवाच ॥ किंश्रेयःकागतिर्ब्रह्मन्किंकृतंनविनश्यति ॥ क्वगतोननिवर्तेततन्मेब्रूहिमहामते २ ॥ पराशरउवाच ॥ असंगःश्रेयसोमूलंज्ञानंज्ञानगतिःपरा ॥ चीर्णंतपोनप्रणश्येद्वापःक्षेत्रेननश्यति ३

प्लाव्यंशोधनीयं तत्र आपःकत्याइत्यतआह सरस्वतीति । अन्येकुरुक्षेत्राद्याः ३७ उक्तएवार्थेप्रकारांतरमाह गृहेष्विति ३८ । ३९ । ४० ४१ ॥ इति शांतिपर्वणि मोक्षधर्मपर्वणि निलकंठीये भारतभावदीपे सप्तनवत्यधिकद्विशततमोऽध्यायः ॥ २९७ ॥ ॥ उक्तमर्थंसंक्षेपेणवक्तुमारभतेपुनरेवेत्याऽऽध्यायं १ श्रेयःश्रेशःसाधनं २ ज्ञानमेवपरागतिः हेज्ञानेहेचिन्मात्रस्वरूप प्रत्यक्वितिरेवपरागतिरित्यर्थः । वापोदानं क्षेत्रेसत्पात्रे बीजमितिपाठेबीजमिवन्युप्तमितिसएवार्थः ३

किंकृतंनविनश्यतीत्यस्यैवोत्तरंप्रायेणाध्यायशेषः । अधर्मेतिच्छेदः । अभयंकृतमभयंकरंदानंदत्वासंन्यासंकृत्वेत्यर्थः । सिद्धिंमोक्षमनिवर्तनंस्थानं इदंचतुर्थप्रश्नस्योत्तरं ४ अभयंसर्वभूतेभ्योयोददातितम
भितःसदाऽभयंवर्तते ५ बुद्धिमानासंगशून्यः दुर्बुद्धिर्मनसाविषयसंगवान् ६ श्लिष्यतेआलिंगति तङ्गर्षः पर्णवत्पर्णमिव ७ कारणाफलदानात्मिकाक्रियातन्निर्वृत्त्यपेक्षी समभिपद्यतेफलंप्राप्नोति
ततोऽधर्मात् कर्ताकर्तृत्वाभिमानी ८ नभिद्यंतेकर्मफलैर्नाक्लिश्यंति तेषांकर्माश्लेषात् कस्तर्हिभिद्यतेऽतआह बुद्धीति । नबुध्यतेदुश्चेष्टितमितिशेषः ९ । १० यथानद्यांबद्धःसेतुर्नैवसीदति स्रोतःपुष्टिंक
रोति एवमसक्तोधर्मएवसेतुर्यस्यसःमर्यादायांबद्धोनैवसीदति संचयस्तपोवृद्धिश्चस्फीताभवतीत्यर्थः ११ समाधिनानियमेनदृष्टांते दार्ष्टांतिकेतुसमाधिनाध्यानेन यथामणिःसौरंतेजआदत्ते एवंजीवोब्र

छित्वाऽधर्ममयंपाशंयदाधर्मेऽभिरज्यते ॥ दत्वाऽभयकृतंदानंतदासिद्धिमवाप्नुते ४ योददातिसहस्राणिगवामश्वशतानिच ॥ अभयंसर्वभूतेभ्यःसदातमभिवर्त
ते ५ वसन्विषयमध्येऽपिनवसत्येवबुद्धिमान् ॥ संवसत्येवदुर्बुद्धिरसत्सुविषयेष्वपि ६ नाधर्मःश्लिष्यतेप्राज्ञंपयःपुष्करपर्णवत् ॥ अप्राज्ञमधिकंपापंश्लिष्यते
जतुकाष्ठवत् ७ नाधर्मःकारणापेक्षीकर्तारमभिमुंचति ॥ कर्ताखलुयथाकालंततःसमभिपद्यते ८ नभिद्यन्तेकृतात्मानआत्मप्रत्ययदर्शिनः बुद्धिकर्मेंद्रिया
णांहिप्रमत्तोयोनबुद्ध्यते ॥ शुभाशुभेप्रसक्तात्माप्राप्नोतिसुमहद्भयम् ९ वीतरागोजितक्रोधःसम्यग्भवतियःसदा ॥ विषयेवर्तमानोऽपिनसपापेनयुज्यते १० म
र्यादायांधर्मसेतुर्निबद्धोनैवसीदति ॥ पुष्टस्रोतइवासक्तःस्फीतोभवतिसंचयः ११ यथाभानुगतंतेजोमणिःशुद्धःसमाधिना ॥ आदत्तेराजशार्दूलतथायोगःप्रव
र्तते १२ यथातिलानामिहपुण्यसंश्रयात्पृथक्पृथग्यातिगुणोतिसौम्यताम् ॥ तथानराणांतुविभावितात्मनांयथाश्रयंसत्वगुणःप्रवर्तते १३ जहातिदारांश्चज
हातिसंपदःपदंचयानंविविधाश्चसत्क्रियाः ॥ त्रिविष्टपेजातमतिर्यदानरस्तदास्यबुद्धिर्विषयेषुभिद्यते १४ प्रसक्तबुद्धिर्विषयेषुयोनरोनबुध्यतेह्यात्महितंकथंचन ॥
ससर्वभावानुगतेनचेतसानृपामिषेणेवझषोविकृष्यते १५ संघातवन्मर्त्यलोकःपरस्परमपाश्रितः ॥ कदलीगर्भनिःसारोनौरिवाप्सुनिमज्जति १६ नधर्मकालः
पुरुषस्यनिश्चितोनचापिमृत्युःपुरुषंप्रतीक्षते ॥ सदाहिधर्मस्यक्रियैवशोभनायदानरोमृत्युमुखेऽभिवर्तते १७ यथांधःस्वगृहेयुक्तोह्यभ्यासादेवगच्छति ॥ तथा
युक्तेनमनसाप्राज्ञोगच्छतितांगतिम् १८ मरणंजन्मनिप्रोक्तंजन्मवैमरणाश्रितम् ॥ अविद्वान्मोक्षधर्मेषुबद्धोभ्रमतिचक्रवत् १९ बुद्धिमार्गप्रयातस्यसुखंत्विहप
रत्रच ॥ विस्तराःक्लेशसंयुक्ताःसंक्षेपास्तुसुखावहाः ॥ परार्थंविस्तराःसर्वेत्यागमात्महितंविदुः २०

ह्मभावमादत्ते मणिद्वारावह्नेरिवयोगद्वाराब्रह्मभावाभिव्यक्तिर्भवतीत्यर्थः १२ सौम्यतांरम्यतां यथाश्रयंपुनःपुनर्वासनाभ्यासाद्बहुलंतदभावेऽल्पःसत्वगुणःप्रवर्तते १३ भिद्यतेशब्दादिभ्योव्यावृत्ताभवति
१४ आमिषेणबडिशगर्भितेन झषोमत्स्यः १५ संघातवद्देहेंद्रियादिसमुदायवत् मर्त्यलोकःस्त्रीपुत्राश्वादिसमुदायः अपाश्रितउपकारकः १६ नेति । सदामृत्युःसन्निहितोऽस्तीतिसदैवधर्मःकार्यइत्यर्थः
१७ धर्मेणचित्तशुद्धौसत्यांयोगाभ्यासःकार्यइत्याह यथेति । अगोचरेऽपिमार्गेगुरूक्तयुक्त्याऽभ्यासादेवगच्छतीत्यर्थः १८ योगाभावेऽनिष्टमाह मरणमिति । जन्मनिजन्मनिमित्तं मोक्षधर्मेषुमोक्षधर्मान्
अजानन् १९ ज्ञानमार्गेप्रवृत्तस्यतूभयत्रापिसुखमित्याहार्धेन बुद्धीति । विस्तराःवैतानिकान्यग्निहोत्रादीनि संक्षेपास्त्यागादयः परार्थंअनात्मभूतफलार्थम् २०

मृणालेतिलुप्तविभक्तिकं विसतंतुःकर्दममिवात्मोपाधिभूतंमनस्त्यजतीत्यर्थः २१ मनःकृतःसंसारोमनसैवनश्यतीत्याह मनइति। त्मानमात्मानं संधिरार्षः। प्रणयतेयोगोन्मुखंकरोति सयोगीएनंमनोरूप मात्मानमभियुंजातिपरस्यांकाष्ठायांयुनक्तिप्रविलापयाति युक्तोयोगसिद्धः तंपरंसर्वोपाधिहीनमात्मानम् २२ परार्थेइंद्रियतृयर्थे एतदेवस्वंकार्यमितियोमन्यतेमूढःसःस्वकार्यात्‌योगात् २३ योगाच्च्युत स्यगतिमाह अधइति। स्वर्गेपरांगतिमिंद्रलोकम् २४ योगस्थस्यगतिमाह मृन्मयेइति। द्रवःद्रवद्रव्यंजलादिनश्यतिनक्षीयतेनक्षरतीत्यर्थः। श्यतीतिश्लोतनूकरणेइत्यस्यरूपं शरीरंबुद्धिर्लिंगंवा तप्तंआलोचितं विषयंब्रह्मलोकांतंअश्नुतेव्याप्नोति नतुत्यजतीत्यर्थः २५ शरीरपदेनलिंगस्यैवभोक्तृत्वंसूचितंतद्व्याचष्टे विषयानिति। योविषयान्‌अश्नुतेआलोकइवव्याप्नोतिप्रकाशयातिसाक्षीनासौभोक्तेत्यर्थः। यस्तुआत्माबुद्धिप्रधानश्चिदाभासोजीवोभोक्ताभोगांस्त्यजेद्वैराग्यावेशात्‌सएवभोक्तुंव्यवस्यतिअध्यवसायंकरोति। तथाचश्रुतिर्द्विविधमात्मानंदर्शयति 'द्वासुपर्णासयुजासखायासमानंवृक्षंपरिषस्वजाते।

यथामृणालानुगतमाशुमुंचतिकर्दमम् ॥ तथाऽऽत्मापुरुषस्येहमनसापरिमुच्यते २१ मनःप्रणयतेऽऽत्मानंसएनमभियुंजति ॥ युक्तोयदासभवतितदातंपश्यते परम् २२ परार्थेवर्तमानस्तुस्वंकार्यंयोऽभिमन्यते ॥ इंद्रियार्थेषुसंयुक्तःस्वकार्यात्परिमुच्यते २३ अधस्तिर्यग्गतिंचैवस्वर्गेचैवपरांगतिम् ॥ प्राप्नोतिसुकृतैरात्मा प्राज्ञस्येहेतरस्यच २४ मृन्मयेभाजनेपक्वेयथावैनश्यतिद्रवः ॥ तथाशरीरंतपसातंप्तविषयमश्नुते २५ विषयानश्नुतेयस्तुनसभोक्षत्यसंशयम् ॥ यस्तुभोगांस्त्यजेदात्मासवैभोक्तुंव्यवस्यति २६ नीहारेणहिसंवीतःशिश्नोदरपरायणः ॥ जात्यंधइवपंथानमावृतात्मानबुध्यते २७ वणिग्यथासमुद्राद्वैयथार्थंलभतेधनम् ॥ तथामर्त्यार्णवेजंतोःकर्मविज्ञानतोगतिः २८ अहोरात्रमयेलोकेजरारूपेणसंसरन् ॥ मृत्युर्ग्रसतिभूतानिपवनंपन्नगोयथा २९ स्वयंकृतानिकर्माणिजातोजंतुः प्रपद्यते ॥ नाकृत्वालभतेकश्चित्किंचिदत्रप्रियाप्रियम् ३० शयानंयांतमासीनंप्रवृत्तंविषयेषु च॥ शुभाशुभानिकर्माणिप्रपद्यंतेनरंसदा ३१नह्यन्यत्तीरमासाद्यपुनस्तर्तुंव्यवस्यति ॥ दुर्लभोदृश्यतेह्यस्यविनिपातोमहार्णवे ३२ यथाभावावसन्नाहिनौर्महांभासितंतुना ॥ तथामनोभियोगाद्वैशरीरंप्रचिकीर्षति ३३ यथासमुद्रमभितः संश्रिताःसरितोऽपराः ॥ तथाऽऽद्याप्रकृतिर्योगादभिसंश्रियतेसदा ३४ स्नेहपाशैर्बहुविधैरासक्तमनसोनराः ॥ प्रकृतिस्थाविषीदंतिजलेसैकतवेश्मवत् ३५

तयोरन्यःपिप्पलंस्वाद्वत्त्यनश्नन्न्योअभिचाकशीति'इति। भोक्तुंविनश्यतीतिपाठेभोगार्थजन्मान्तरलाभायैवम्रियतइत्यर्थः २६ नन्वभोक्ताऽऽत्माकुतोनोपलभ्यतइत्यतआह नीहारेणेति। आवृतात्माजीवः नबुध्यतेअनावृतंस्वस्वरूपमित्यर्थः। तथाचश्रुतिरभोक्तारमीशमावृतंदर्शयति। 'नतंविदाथयइमाजजानान्यद्युष्माकमंतरंबभूव। नीहारेणप्रावृताजल्प्याचासुतृपउक्थशासश्चरंति'इति २७ यथार्थमूलधनानुसारेणयथाधनलाभः एवंकर्मविज्ञानानुसारेणगतिरित्यर्थः २८ तस्मादात्ममोक्षाययतेतेत्याशयेनाह अहोरात्रेति। अहोरात्रमयेकालप्रधाने २९। ३०। ३१ ज्ञाततत्त्वस्यजन्मांतरंनास्तीत्याहदृष्टांतेनैव नहीति। अन्यत्‌जलात्परम् ३२ भावेनधीवराभिप्रायेण धीवरस्तंतुनानावामिव मनःअभियोगेनभावनाभिनिवेशेनशरीरंप्रचिकीर्षति अंतर्भावितण्यर्थोऽयं कारयितुमिच्छतीत्यर्थः ३३ अभियोगबलादेवनदीसमुद्रदृष्टांतेनमनसोमूलप्रकृतौलयमाह यथेति। योगात्‌अभियोगात् अभिसंश्रियते मनसेतिशेषः ३४ योगाभावेदोषमाह स्नेहेति। प्रकृतिस्थाःअज्ञानवशाः ३५

शरीरगृहस्यसंज्ञैवसंज्ञायस्य देहगतंनामरूपंआत्मधर्मत्वेनमन्यमानस्य देहिनोदेहाभिमानवतः शौचंआंतरंभावशुद्धिः बाह्यंचप्रसिद्धं बुद्धिरात्मज्ञानंदेवताद्युपासनंवा ३६ विस्तराइतिश्लोकोव्याख्यातः ३७
योगविघ्नभूताकुटुंबचिंतानकार्येत्याह संकल्पजइत्यादिना ३८ दानमेवपथिस्वर्गमार्गेहितमोदनस्थानीयंपाथेयंयस्यसःदानपथ्यौदनः ३९ अष्टापदपदंसुवर्णंकार्षापणस्तस्यस्थानेइहदक्षयथामुद्रारेखाविशेषास्तद्व
न्मात्रादयइत्यर्थः । स्वर्णवत्स्वादृष्टमेवस्वाभ्युदयहेतुः रेखावत्त्वांधवादयोनाममात्रं सर्वेरेखेवनिर्देवमात्रादयोनिष्फलाइत्यर्थः । दक्षसूत्रेणलक्ष्यतइतिपाठेसूत्रेणसूचकेनमुद्रयेतियावत् । यथामुद्रयाकार्षापण
विशेषोलक्ष्यतेएवंमात्रादिनाजातिविशेषइत्यर्थः ४० यांतिफलंदातुमितिशेषः ४१ व्यवसायमुद्योगम् ४२ अद्वैधमनसमेकाग्रचित्तम् ४३ विस्मयात्स्मयोगर्वस्तदभावात् ४४ गर्भाद्गर्भप्रवेशमारभ्य यद्यस्मात्त
दुभयंशुभाशुभं अपरिहारवानपरिहर्तुमशक्यः कालेनप्राप्तेनविच्छेदिनाजीवनन्नाशकेनसहायेनमृत्युःकर्मांतिकंविनाशाख्यंप्रापयेत् । दारोःकाष्ठस्यचूर्णमश्मसारविहितंक्रकचकृतं समाशीतोष्णसाम्यवती

शरीरगृहसंज्ञस्यशौचतीर्थस्यदेहिनः ॥ बुद्धिमार्गप्रयातस्यसुखंत्विहपरत्रच ३६ विस्तराःक्लेशसंयुक्ताःसंक्षेपास्तुसुखावहाः ॥ परार्थंविस्तराःसर्वेत्याग
मात्महितंविदुः ३७ संकल्पजोमित्रवर्गोज्ञातयःकारणात्मकाः ॥ भार्यापुत्रश्चदासश्चस्वमर्थमुपभुञ्जते ३८ नमातानपिताकिंचित्कस्यचित्प्रतिपद्यते ॥ दान
पथ्यौदनोजन्तुःस्वकर्मफलमश्नुते ३९ मातापुत्रःपिताभ्राताभार्यामित्रजनस्तथा ॥ अष्टापदपदस्थानेदक्षमुद्रेवलक्ष्यते ४० सर्वाणिकर्माणिपुराकृतानिशुभा
शुभान्यात्मनोयान्तिजन्तोः ॥ उपस्थितंकर्मफलंविदित्वाबुद्धिंतथाचोदयतेऽन्तरात्मा ४१ व्यवसायंसमाश्रित्यसहायान्योऽधिगच्छति ॥ नतस्यकश्चिदारम्भः
कदाचिदवसीदति ४२ अद्वैधमनसंयुक्तंशूरंधीरंविपश्चितम् ॥ नश्रीःसन्त्यजतेनित्यमादित्यमिवरश्मयः ४३ आस्तिक्यव्यवसायाभ्यामुपायाद्विस्मयाद्धि
या ॥ समारभेदनिन्द्यात्मानसोऽर्थःपरिषीदति ४४ सर्वःस्वानिशुभाशुभानिनियतंकर्माणिजन्तुःस्वयंगर्भात्संप्रतिपद्यतेतदुभयंयत्तेनपूर्वंकृतम् ॥ मृत्युश्चापरि
हारवान्समगतिःकालेनविच्छेदिनादारोश्चूर्णमिवाश्मसारविहितंकर्मान्तिकंप्रापयेत् ४५ स्वरूपतामात्मकृतंचविस्तरंकुलान्वयंद्रव्यसमृद्धिसंचयम् ॥ नरोहि
सर्वोलभतेयथाकृतंशुभाशुभेनात्मकृतेनकर्मणा ४६ ॥ भीष्मउवाच ॥ इत्युक्तोजनकोराजन्याथातथ्यंमनीषिणा ॥ श्रुत्वाधर्मविदांश्रेष्ठःपरांमुदमवापह ४७ ॥
इतिश्रीमहाभारते शांतिपर्वणिमोक्षधर्मपर्वणि पराशरगीतायां अष्टनवत्यधिकद्विशततमोऽध्यायः ॥ २९८ ॥ ॥ पराशरगीतासमाप्ता ॥ ॥
॥ युधिष्ठिरउवाच ॥ सत्यंदमंक्षमांप्रज्ञांप्रशंसंतिपितामह ॥ विद्वांसोमनुजालोकेकथमेतन्मतंतव १

गतिर्यस्यससमगतिर्वायुः दारुचूर्णमिवमृत्युर्नरंकालेनांतंनयतीत्यर्थः । तस्माद्यदृच्छयागतैरन्नादिभिःप्राणान्धारयित्वामोक्षार्थंयतनीयमितिसिद्धम् ४५ स्वरूपतांस्वस्यरूपंहिरण्यंपशवोविवाहाइतिश्रुतंरूपस्वि
रूपंयस्यस्वकुलानुसारिविवाहादिकंतदेवतत्तातां आत्मकृतंविस्तरंपुत्रसंतत्यादिपौष्कल्यं कुलान्वयंसत्कुलेजन्म यथाकृतंकृतमनतिक्रम्य यस्मात्सर्वंप्राक्कर्मवशादेवलभ्यतेऽतस्तदर्थंयत्नमकुर्वन्नात्मलाभान्नपरंविद्य
तइतिवचनादात्मतत्त्वसाक्षात्कारार्थंयतेतैवेतिभावः ४६ । ४७ ॥ इति शांतिपर्वणि मोक्षधर्मपर्वणि नीलकंठीये भारतभावदीपे अष्टनवत्यधिकद्विशततमोऽध्यायः ॥ २९८ ॥ ॥ अन्नाद्यर्थंयत्नमकुर्वताय
त्कर्तव्यंतन्निरूपयितुंहंसगीताआरभ्यते सत्यंदमंक्षमांप्रज्ञामित्यादिना १

२ । ३ । ४ हेद्विजपक्षिन् ५ । ६ भोअमृताशाअमृतभुजोदेवाः तपःस्वधर्माचरणं दमोबाह्येंद्रियनियमः सत्यंयथार्थभाषणं आत्माभिगुप्तिश्चित्तजयः ग्रंथीन्रागादीन् स्ववशंस्वाधीनतां प्रियाप्रिययोर्हर्षविषादौ नकर्तव्यावित्यर्थः ७ अरुंतुदोमर्मच्छिन्नृशंसवादीनिष्ठुरवादीचनस्यात् हीनतोनीचात्परंशास्त्ररहस्यंचनाददीत उषतीमकल्याणींदाहकरीं पापलोक्यांनरकप्रदाम् ८ । ९ । १० क्षेपायमाणमधिक्षेपकारिणं अभिषंगव्यलीकमभिनिवेशवशादप्रियम् ११ । १२ उपनिषद्रहस्यं वेदाधिगमस्यफलंसत्यवचनमित्यर्थः । तस्यापिफलंदमः १३ विधित्साविशिष्टापिपासा वेदपानेऽस्यरूपं तृष्णावेगमित्यर्थः । ब्राह्मणं

॥ भीष्मउवाच ॥ अत्रतेवर्तयिष्येऽहमितिहासंपुरातनम् ॥ साध्यानामिहसंवादंहंसस्यचयुधिष्ठिर २ हंसोभूत्वाऽथसौपर्णस्त्वजोनित्यःप्रजापतिः ॥ सवैपर्येतिलोकांस्त्रीनथसाध्यानुपागमत् ३ ॥ साध्याऊचुः ॥ शकुनेवयंस्मदेवावैसाध्यास्त्वामनुयुंक्ष्महे ॥ पृच्छामस्त्वांमोक्षधर्मंभवांश्चकिलमोक्षवित् ४ श्रुतोऽसिनःपण्डितोधीरवादीसाधुशब्दश्चरतेतेपतत्रिन् ॥ किंमन्यसेश्रेष्ठतमंद्विजत्वंकस्मिन्मनस्तेरमतेमहात्मन् ५ तन्नःकार्यंपक्षिवरप्रशाधियत्कार्याणांमन्यसेश्रेष्ठमेकम् ॥ यत्कृत्वावैपुरुषःसर्वबन्धैर्विमुच्यतेविहगेन्द्रेहशीघ्रम् ६ ॥ हंसउवाच ॥ इदंकार्यममृताशाःशृणोमितपोदमःसत्यमात्माभिगुप्तिः ॥ ग्रन्थीन्विमुच्यहृदयस्यसर्वान्प्रियाप्रियेस्ववशमानयीत ७ नारुन्तुदःस्यान्ननृशंसवादीनहीनतःपरमभ्याददीत ॥ ययास्यवाचापरउद्विजेतनतांवदेदुषतींपापलोक्याम् ८ वाक्सायकावदनान्निष्पतन्तियैराहतःशोचतिरात्र्यहानि ॥ परस्यनामर्मसुतेपतन्तितान्पण्डितोनावसृजेत्परेषु ९ परश्चेदेनमतिवादबाणैर्भृशंविध्येच्छमएवेहकार्यः ॥ संरोष्यमाणःप्रतिहृष्यतेयःसआदत्तेसुकृतंवैपरस्य १० क्षेपायमाणमभिषङ्गव्यलीकंनिगृह्णातिज्वलितंयश्चमन्युम् ॥ अदुष्टचेतामुदितोऽनसूयुःसआदत्तेसुकृतंवैपरेषाम् ११ आक्रुश्यमानोनवदामिकिंचित्क्षमाम्यहंताड्यमानश्चनित्यम् ॥ श्रेष्ठंह्येतद्यत्क्षममाहुरार्याःसत्यंतथैवार्जवमानृशंस्यम् १२ वेदस्योपनिषत्सत्यंसत्यस्योपनिषद्दमः ॥ दमस्योपनिषन्मोक्षएतत्सर्वानुशासनम् १३ वाचोवेगंमनसःक्रोधवेगंविधित्सावेगमुदरोपस्थवेगम् ॥ एतान्वेगान्योविषहेदुदीर्णांस्तंमन्येऽहंब्राह्मणंवैमुनिंच १४ अक्रोधनःक्रुध्यतावैविशिष्टस्तथातितिक्षुरतितिक्षोर्विशिष्टः ॥ अमानुषान्मानुषोवैविशिष्टस्तथाऽज्ञानाज्ज्ञानविद्वैविशिष्टः १५ आक्रुश्यमानोनाक्रुश्येन्मन्युरेनंतितिक्षतः ॥ आक्रोष्टारंनिर्दहतिसुकृतंचास्यविन्दति १६ योनात्युक्तःप्राहरूक्षंप्रियंवायोवाहतोनप्रतिहन्तिधैर्यात् ॥ पापंचयोनेच्छतितस्यहन्तुस्तस्येहदेवाःस्पृहयन्तिनित्यम् १७ पापीयसःक्षमेतैवश्रेयसःसदृशस्यच ॥ विमानितोहतोक्रुष्टएवंसिद्धिंगमिष्यति १८ सदाऽहमार्यान्निभृतोऽप्युपासेनमेविधित्सोत्सहतेनरोषः ॥ नवाऽप्यहंलिप्समानःपरैमिनचैवकिंचिद्विषयेणयामि १९

ब्रह्मिष्ठं मुनिंध्यायिनम् १४ अज्ञानाज्ज्ञानहीनान्मूढात् ज्ञानविद्ब्रह्मविल्लब्धज्ञानोवा १५ । १६ अत्युक्तोऽत्यंतंनिंदितःस्तुतोवारूक्षंप्रियंवानप्राहेतियोज्यं तस्यस्पृहयंतितंलिप्संतेइत्यर्थः १७ । १८ निभृतोऽपिपूर्णोपि विधित्सातृष्णा उत्सहतेउल्लसति परैमिधर्मादपगच्छामि विषयेणविषयलाभार्थंनयामिदेवतादिकंप्रार्थयामि १९

ब्रह्ममहत् २० । २१ उत्सेधनउत्तंभनकरः ब्रह्मांडमंडपस्तंभभूतइत्यर्थः २२ नैर्गुण्यंदोषं अनुयुंजकाःस्पर्धावंतः २३ इदंसर्वमेतस्यसर्वस्यफलं २४ अबुधानाक्रोष्टॄन्शुनकानिवनबोधयेत् नवर्धयेन्नहिंसयेत्
२५ । २६ । २७ । २८ अस्पृहयन्परेषामाशांजितवान् २९ वत्सश्चतुरःस्तनानिवैनान्सत्यादीननुपदोक्तान्नवाऽनुचरेत् सत्यंदमंक्षमांप्रज्ञामित्युपक्रांतान्वाचतुःसंख्यान् आचक्षेकथयामि पारावारस्यसमुद्रस्य
३० । ३१ । ३२ यादृशैरितिश्लोकंव्याचष्टे यदीति ३३ मानुषंविषयंभोगंद्रष्टुमपिनेच्छंति विनाशित्वात्तस्येत्यर्थः तदेवाह इंदुरमृतमयोऽपिनसमःकिंतूपचयापचयधर्मा । तथावायुरप्यसमएव मंदमध्यम

नाहंशप्तःप्रतिशपामिकंचिद्दमंद्वारंह्यमृतस्येहवेद्मि ॥ गुह्यंब्रह्मतदिदंब्रवीमिनमानुषाच्छ्रेष्ठतरंहिकिंचित् २० निर्मुच्यमानःपापेभ्योघनेभ्यइवचंद्रमाः ॥ विरजाः
कालमाकांक्षन्धीरोधैर्येणसिध्यति २१ यःसर्वेषांभवतिह्यर्चनीयउत्सेधनस्तंभइवाभिजातः॥ यस्मैवाचंसुप्रसन्नांवदंतिसवैदेवान्गच्छतिसंयतात्मा २२ नतथावक्तु
मिच्छंतिकल्याणान्पुरुषेगुणान् ॥ यथैषांवक्तुमिच्छंतिनैर्गुण्यमनुयुंजकाः २३ यस्यवाङ्मनसीगुप्तेसम्यक्प्रणिहितेसदा ॥ वेदास्तपश्चत्यागश्चसइदंसर्वमाप्नुयात्
२४ आक्रोशनविमानाभ्यांनाबुधान्बोधयेद्बुधः॥ तस्मान्नवर्धयेदन्यंनचात्मानंविहिंसयेत् २५ अमृतस्येवसंतृप्येदवमानस्यपंडितः ॥ सुखंह्यवमतःशेतेयोऽवमंता
सनश्यति २६ यत्क्रोधनोयजतियद्ददातियद्वातपस्तप्यतियज्जुहोति ॥ वैवस्वतस्तद्धरतेऽस्यसर्वंमोघःश्रमोभवतिहिक्रोधनस्य २७ चत्वारियस्यद्वाराणिसुगु
प्तान्यमरोत्तमाः ॥ उपस्थमुदरंहस्तौवाक्चतुर्थीसधर्मवित् २८ सत्यंदमंह्यार्जवमानृशंस्यंधृतिंतितिक्षामतिसेवमानः ॥ स्वाध्यायनित्योस्पृहयन्परेषामेकांतशी
ल्यूर्ध्वगतिर्भवेत्सः २९ सर्वांश्चैनाननुचरन्वत्सवच्चतुरःस्तनान् ॥ नपावनतमंकिंचित्सत्यादध्यगमंक्वचित् ३० आचक्षेऽहंमनुष्येभ्योदेवेभ्यःप्रतिसंचरन् ॥ सत्यं
स्वर्गस्यसोपानंपारावारस्यनौरिव ३१ यादृशैःसन्निवसतियादृशांश्चोपसेवते ॥ यादृगिच्छेच्चभवितुंतादृग्भवतिपूरुषः ३२ यदिसंतंसेवतियद्यसंतंतपस्विनंयदिवा
स्तेनमेव ॥ वासोयथारंगवशंप्रयातितथासतेषांवशमभ्युपैति ३३ सदादेवाःसाधुभिःसंवदंतेनमानुषंविषयंयांतिद्रष्टुम् ॥ नेंदुःसमःस्यादसमोहिवायुरुच्चावचंविष
यंयःसवेद ३४ अदुष्टंवर्तमानेतुहृदयांतरपूरुषे ॥ तेनैवदेवाःप्रीयंतेसतांमार्गस्थितेनवै ३५ शिश्नोदरेयेनिरताःसदैवस्तेनानरावाक्परुषाश्चनित्यम् ॥ अपेतदोषा
नपितान्विदित्वादूराद्देवाःसंपरिवर्जयंति ३६ नवैदेवाहीनसत्वेनतोष्याःसर्वाशिनादुष्कृतकर्मणावा ॥ सत्यव्रतायेतुनराःकृतज्ञाधर्मेरतास्तैःसहसंभजंते ३७ अ
व्याहृतंव्याहृताच्छ्रेयआहुःसत्यंवदेद्व्याहृतंतद्द्वितीयम् ॥ धर्मंवदेद्व्याहृतंतत्तृतीयंप्रियंवदेद्व्याहृतंतच्चतुर्थम् ३८

६५ तीव्रभेदात् । एवंसर्वविषयमुच्चावचमुपचयापचयवंतंयोवेदसएववेदनान्यइत्यर्थः ३४ अदुष्टंरागद्वेषशून्यंयथास्यात्तथाअंतरपूरुषेऽन्तर्यामिणिवर्तमानेसतितेनैवांतर्यामिणाज्ञातेनदेवाःप्रीयंते कीदृशेन अधिकारा
वस्थायांसतांमार्गस्थितेन योऽन्तर्यामीसएवजीवइत्यर्थः तथाचश्रुतयः । 'अयमात्माब्रह्म अहंब्रह्मास्मि तत्त्वमसि' इत्याद्याजीवब्रह्मणोरभेदप्रतिपादिकाः ३५ अपेतदोषान्प्रायश्चित्तेनेतिशेषः ३६ हीनसत्वे
ननीचबुद्धिना संभजंतेसुखंविभज्यसेवंते ३७ अव्याहृतंमौनंश्रेयःप्रथममितिशेषः यत्सत्यंवदेत्तद्द्वितीयंश्रेयइतिव्याहृतंसद्भिरितिशेषः मौनादपिश्रेष्ठमित्यर्थः एवमग्रेऽपियोज्यं ३८

एवंचेत्सर्वेकुतःश्रेयएवनाचरंतीत्याशयेनपृच्छंति केनेति ३९ । ४० नष्टाज्ञानस्यलक्षणंप्रकारचतुष्टयेनप्रश्नपूर्वकमाह कःस्विदिति ४१ । ४२ देवत्वंदेवत्वहेतुः एवमग्रेऽपि ४३ । ४४ क्षेत्रंस्थूलसूक्ष्मं भेदेनद्विविधं तत्कर्मणांवयोवस्थाद्यभ्यासोपजीविनांयोनिःकारणं सद्भावःसत्तामात्रंयत्तत्सत्यमबाधितं तेनाऽत्रस्यबाधितत्वमुक्तंभवति विशेषविधिनिषेधयोःशेषनिषेधाभ्यनुज्ञाफलकत्वनियमात् ४५ ॥ इतिशांतिपर्वणिमोक्षधर्मपर्वणिनीलकंठीये भारतभावदीपे नवनवत्यधिकद्विशततमोऽध्यायः ॥ २९९ ॥ ॥ एवंपराशरहंसगीताभ्यामधिकारिविशेषणान्युक्त्वान्तेसांख्यमतमनुरुध्यसद्भावःसत्यमुच्य तइतिसत्तामात्रमबाध्यंजिज्ञास्यमुपक्षिप्तमितरस्यबाध्यत्वंसूचितं तच्चप्रकृतिपरमार्थतावादिनांयोगानांमतेविरुद्धमितिमत्रासंदिहानःसांख्ययोगयोर्विशेषंपृच्छति सांख्यइति १ अत्रसांख्यंनामऐकात्म्यज्ञानं इदंसर्वंयदयमात्मेतिश्रुतिप्रसिद्धंनतुकापिलंपष्टितंत्राख्यं 'संहृत्यसर्वंनिजदेहसंस्थंकृत्वासुशेतेजगदंतरात्मा' इत्युपसंहारात् । षष्टितंत्रेतुप्रधानेएवसर्वलयोनत्वंतरात्मनीतिप्रसिद्धं योगमतेतुनानात्मवादोजीवेश्वर योर्भेदश्च । अत्रैवानीश्वरःकथंमुच्येदित्यादि गुरुंतटस्थमीश्वरंविनामोक्षदौर्लभ्यसूचनात् कारणंहेतुः युक्तिरितियावत् स्वपक्षोद्भावनायस्वपक्षोत्कर्षाय २ युक्तिमेवाहानीश्वरइति । 'एषह्येवसाधुकर्मकारयतितं

साध्याऊचुः ॥ केनायमावृतोलोकःकेनवानप्रकाशते ॥ केनत्यजतिमित्राणिकेनस्वर्गंनगच्छति ३९ ॥ हंसउवाच ॥ अज्ञानेनावृतोलोकोमात्सर्यान्नप्रकाशते ॥ लोभात्त्यजतिमित्राणिसंगात्स्वर्गंनगच्छति ४० ॥ साध्याऊचुः ॥ कःस्विदेकोरमतेब्राह्मणानांकःस्विदेकोबहुभिर्जोषमास्ते ॥ कःस्विदेकोबलवान्दुर्बलोऽपिकः स्विदेषांकलहंनान्ववैति ४१ ॥ हंसउवाच ॥ प्राज्ञएकोरमतेब्राह्मणानांप्राज्ञश्चैकोबहुभिर्जोषमास्ते ॥ प्राज्ञएकोबलवान्दुर्बलोऽपिप्राज्ञएषांकलहंनान्ववैति ४२ ॥ साध्याऊचुः ॥ किंब्राह्मणानांदेवत्वंकिंचसाधुत्वमुच्यते ॥ असाधुत्वंचकिंतेषांकिमेषांमानुषंमतम् ४३ ॥ हंसउवाच ॥ स्वाध्यायएषांदेवत्वंव्रतंसाधुत्वमुच्यते ॥ असाधुत्वंपरीवादोमृत्युर्मानुष्यमुच्यते ४४ ॥ भीष्मउवाच ॥ संवादइत्ययंश्रेष्ठःसाध्यानांपरिकीर्तितः ॥ क्षेत्रंवैकर्मणांयोनिःसद्भावःसत्यमुच्यते ४५ ॥ इतिश्री म० शां० मो० हंसगीतासमाप्तौननवत्यधिकद्विशततमोऽध्यायः ॥ २९९ ॥ ॥ युधिष्ठिरउवाच ॥ सांख्येयोगेचमेतातविशेषंवक्तुमर्हसि ॥ तवधर्मज्ञसर्वं हिविदितंकुरुसत्तम १ ॥ भीष्मउवाच ॥ सांख्याःसांख्यंप्रशंसंतियोगायोगंद्विजातयः ॥ वदंतिकारणंश्रेष्ठंस्वपक्षोद्भावनायवै २ अनीश्वरःकथंमुच्येदित्येवंशत्रुक र्शन ॥ वदंतिकारणश्रैष्ठ्यंयोगाःसम्यङ्मनीषिणः ३

यमेभ्योलोकेभ्यउन्निनीषते । एषह्येवासाधुकर्मकारयतितंयमधोनिनीषते' । 'अज्ञोजंतुरनीशोऽयमात्मनःसुखदुःखयोः । ईश्वरप्रेरितोगच्छेत्स्वर्गंवाश्वभ्रमेववा' इतिश्रुतिस्मृतिभ्यांक्षित्यंकुरादिकंसकर्तृकंकार्य त्वाद्घटवदितियुक्त्यनुगृहीताभ्यामस्तितटस्थईश्वरस्तदभावेहिस्वतंत्रश्चेतनोऽनिष्टजनकेकर्मणिनप्रवर्तेत । प्रवर्ततेचेद्विद्वानप्यतोऽस्तिकश्चिच्चेतनोऽधिष्ठाता । नचकर्मणःप्रेरकत्वंसंभवति तस्यप्रकृतिकार्यस्यप्रवर्तक त्वायोगात् तथाचपातंजलं सूत्रं । निमित्तमप्रयोजकंप्रकृतीनामावरणभेदस्तुततःक्षेत्रिकवदिति । निमित्तंपुण्यपापात्मकंकर्मप्रकृतीनांगुणानांप्रयोजकंनभवतिकिंतर्हिजलवत्स्वयंप्रवर्तमानायांप्रकृतौकैदारिकवदावर णभंगायैवकर्माण्युपयुज्यंते । यथादुरदृष्टप्रतिबद्धागुणाःप्रातिकूल्येनपरिणमंतेसदृष्टेनतुतद्विपरीतंक्रियतइतिसूत्रार्थः । तस्मादयस्कांतमणिवदुदासीनोऽपीश्वरःस्वसत्तामात्रेणप्रधानंप्रवर्तयन्भक्ताननुगृह्णाति । अतोमोक्षप्रदाताईश्वरोऽवश्यमस्तीतिज्ञेयमितियोगानांयुक्तिः ३

सांख्यानांयुक्तिमाह वदंतीतिद्वाभ्यां । सर्वागतीर्विज्ञायसाक्षात्कृत्य । सांख्यमतोहियथास्फटिकःस्वतःशुद्धोजपाकुसुमसान्निध्याद्रक्तःसएवस्फटिकांशेधीप्रमोषेपद्मरागःसोऽपिचंद्रिकायामिंद्रनीलइत्यध्यासपरंपरा ।
तथाचिदात्मास्वतःशुद्धोमायायोगादीश्वरोऽविद्ययाब्रह्मधीप्रमोषेसूत्रात्माअविद्याप्राबल्येविराट् अतिप्राबल्येविश्वोव्यष्टिदेहमात्राभिमानी तत्रयथाघटांतर्गतादीपप्रभाघटमात्रंभासयतिघटच्छिद्राद्बहिर्गताकिंचि
द्भवनगतंविषयंसर्वात्मनाघटाद्बहिर्गताकृत्स्नंभवनोदरंव्याप्नोतितथाप्रत्यक्चितिर्देहावृतादेहमात्रंभासयतिदेहेंद्रियादिद्वाराद्देहाद्बहिर्गतासतीब्रह्मांडांतर्गतंकंचिच्छब्दादिकंविषयंगुरूक्तयुक्त्याप्रत्यक्प्रवणस्थसर्वात्मना
देहाध्यासनिवृत्तौकृत्स्नंत्रिभुवनोदरंव्याप्नोतितदानीमयंसर्वात्मकोविराडस्मीत्यभिमन्यते । ततोऽविद्यायास्तानवेसूत्रात्माऽस्मीतितस्यावक्षेईशोऽस्मीतिमायायाश्चविनाशेशुद्धचिन्मात्रात्मनादीप्यतइत्ययमनुभवक्रमः ।
तत्रविश्वस्यविराट्सूत्रेशशुद्धप्रापिकाःक्रमेणचतस्रोगतयस्ताःसर्वाःसाक्षात्कृताश्चेत्सुव्यक्तंसुतरांव्यक्तंदेहाद्देहचतुष्टयादूर्ध्वंब्रह्मविन्मुच्येत् । ब्रह्मण्यज्ञानबलक्रमेणेशादिविश्वांताध्यासस्तत्तानवक्रमेणनश्यतिच
पूर्वपूर्वरूपमुपतिष्ठति । सर्वात्मनात्वध्यासनिवृत्तौस्फटिकवदनुपाधिप्रत्यक्त्वंप्रकाशइत्यनुभवबलादेवासिद्ध्यतिकिंतटस्थेश्वरेणांतर्गडुनेतिसांख्यामन्यंते ४ । ५ स्वपक्षइति । एवंपक्षद्वयेऽपियुक्तौसत्यांयः
स्वस्यसंमतःपक्षस्तद्विषयैवयुक्तिर्ग्राह्या वचनमपीशमतेप्रागुदाहृतमेव समयेस्वस्वपक्षे । सांख्यमतेऽपिअयमात्माब्रह्म सोऽयमात्मा चतुष्टयादित्युपक्रम्यविश्वतैजसप्राज्ञान्जाग्रत्स्वप्नसुषुप्ताभिमानिनःक्रमेणनि

वदंतिकारणंचेदंसांख्याःसम्यग्द्विजातयः ॥ विज्ञायेहगतीःसर्वाविरक्तोविषयेषुयः ४ ऊर्ध्वंसदेहात्सुव्यक्तंविमुच्येदितिनान्यथा ॥ एतदाहुर्म
हाप्राज्ञाःसांख्यंवैमोक्षदर्शनम् ५ स्वपक्षेकारणंग्राह्यंसमयेवचनंहितम् ॥ शिष्टानांहिमतंग्राह्यंत्वद्विधैःशिष्टसंमतैः ६ प्रत्यक्षहेतवोयोगाः
सांख्याःशास्त्रविनिश्चयाः ॥ उभेचैतेमतेतत्त्वेममताततयुधिष्ठिर ७ उभेचैतेमतेज्ञातेपनृतेशिष्टसंमते ॥ अनुष्ठितेयथाशास्त्रंनयेतांपरमांगतिम् ८
तुल्यंशौचंतपोयुक्तंदयाभूतेषुचानघ ॥ व्रतानांधारणंतुल्यंदर्शनंनसमंतयोः ९

र्दिश्य‘शिवमद्वैतंचतुर्थंमन्यंतेसआत्मासविज्ञेयः’इतिशुद्धात्मनोज्ञेयत्वपरं तत्रैवप्राज्ञंप्रकृत्यैषसर्वेश्वरइत्याद्याम्नानान्नप्रतीचोऽन्यईशोऽस्तीतिगम्यते तत्रापिस्वपक्षानुसारियद्वचनंतदेवाहितं ६ किंतच्छिष्टसंमतमित्या
कांक्षायांद्वयमपिहेतुविशेषयोःसमबलत्वात्सममेवेत्याह प्रत्यक्षेति । कंठकूपेक्षुत्पिपासानिवृत्तिरित्यादिकंतत्रतत्रधारणाफलंयोगपक्षेप्रत्यक्षमेवप्रामाण्यहेतुः । सांख्यपक्षेतुपूर्वोदाहृतंशास्त्रमेवास्ति अतःश्रुतिप्रत्यक्ष
योस्तुल्यबलत्वाद्द्वयमपिशिष्टसंमतमेवेत्यर्थः ७ फलस्याविसंवादादपिद्वयोःसाम्यमाह उभेचैतेइति ८ फलैक्येहेतुंसाधनैक्यमाह तुल्यमिति । व्रतानामहिंसासत्यास्तेयादीनां नह्येकरूपेसाधनेगतिद्वयंसंभवतिना
पिद्वयोर्गत्योःपरमत्वंसंभवत्यतउभयप्राप्याएकैवगतिः यथोक्तंभगवता । ‘यत्सांख्यैःप्राप्यतेस्थानंतद्योगैरपिगम्यते’इति । क्वतर्हितयोर्विसंवादइत्यतआह दर्शनंनसमंतयोरिति । दर्शनंशास्त्रं अयमर्थः ।
महदादिसकारणंजगद्रज्ज्वांसर्पइवात्मन्यध्यस्तंतत्सम्यगवेक्षणलक्षणेनाधिष्ठानज्ञानेनबाधितंचेत्संसारस्यसबीजस्योच्छेदोभवतीतिसांख्याः । योगास्तुहेयंदुःखमनागतमितिहेयंवस्तूपन्यस्यद्रष्टृदृश्ययोःसंयोगो
हेयहेतुरितितन्निमित्तमुक्तं । तथाचमहदादिदृश्याकारवृत्तिनिरोधेनद्रष्टृदृश्ययोर्वियोगेसतिद्रष्टुर्वृत्तिसारूप्याभावात्स्वरूपेऽवस्थितिःकैवल्यंभवति । यथोक्तंयोगश्चित्तवृत्तिनिरोधस्तदाद्रष्टुःस्वरूपेऽवस्थानंवृत्ति
सारूप्यमितरत्रेति । एवंचहेतुनाशेकार्यनाशाज्जगतोमिथ्यात्वानिरूपणंव्यर्थमितिमन्यंतेइति यथोक्तंवासिष्ठे ‘द्वौक्रमौचित्तनाशस्ययोगोज्ञानंचराघव ॥ योगोवृत्तिनिरोधोहिज्ञानंसम्यगवेक्षणं ॥ असाध्यःकस्य
चिद्योगःकस्यचित्तत्त्वनिश्चयः ॥ प्रकारौद्वौततोदेवोजगादपरमःशिवः’इति ९

फलसाधनयोरैक्येकिमर्थोऽयंशास्त्रभेदइतिशंकते यदीति १० उत्तरमाह रागमिति । अयंभावः । ज्ञानपक्षेवस्तुतत्त्वदर्शनेनसकृदपिबाधितस्यद्वैतसत्यत्वसंस्कारस्यपुनरुदयोनभवति प्रतिबिंबादिवत्तन्मिथ्यात्वनिश्चयात् । तथाचरागाद्यनुदयात्कर्मनापिदेहोनापितज्जंदुःखंचभवतिसंसारकारणाभावात्सुखेनमुच्यतेच यथोक्तं दुःखजन्मप्रवृत्तिदोषमिथ्याज्ञानानामुत्तरोत्तरापायेतदनंतरापायादपवर्गइति । योगपक्षेतुनिरोधसंस्कारबलेनैवद्वैतस्यसंस्कारोपमर्दःकार्यः ततश्चरागाद्युच्छेदक्रमेणमुच्यते तदभावेत्वसकृन्निरोधाभ्यासेऽपिरागाद्याक्रांततयायोगाद्भ्रश्यतीतियोगमार्गेमोक्षेविघ्नसंभावनाऽस्तीतिनासौमुख्यइति ११ एतदेवमहामत्स्याद्यनेकदृष्टांतैरुपपादयति यथाचेत्यादिना । अनिमिषामत्स्याः योगशब्दोऽत्रप्रायेणमत्वर्थीयोच्प्रत्ययांतोयोगिपरःप्रकरणाज्ज्ञेयः १२ वागुरांपाशवर्तीस्नायुरज्जुं १३ । १४ । १५ । १६ । १७ ।

॥ युधिष्ठिरउवाच ॥ यदितुल्यंव्रतंशौचंदयाचात्रफलंतथा ॥ नतुल्यंदर्शनंकस्मात्तन्मेब्रूहिपितामह १० ॥ भीष्मउवाच ॥ रागंमोहंतथास्नेहंकामंक्रोधंचकेवलम् ॥ योगाच्छित्त्वाततोदोषान्पंचैतान्प्राप्नुवंतितत् ११ यथाचानिमिषाःस्थूलाजालंछित्त्वापुनर्जलम् ॥ प्राप्नुवंतितथायोगास्तत्पदंवीतकल्मषाः १२ तथैववागुरांच्छित्त्वाबलवंतोयथामृगाः ॥ प्राप्नुयुर्विमलंमार्गंविमुक्ताःसर्वबंधनैः १३ लोभजानितथाराजन्बंधनानिबलान्विताः ॥ छित्त्वायोगाःपरंमार्गंगच्छंतिविमलंशिवम् १४ अबलाश्चमृगाराजन्वागुरासुतथापरे ॥ विनश्यंतिनसंदेहस्तद्वद्योगबलादृते १५ बलहीनाश्चकौन्तेययथाजालंगताझषाः ॥ वधंगच्छंतिराजेंद्रयोगास्तद्वत्सुदुर्बलाः १६ यथाचशकुनाःसूक्ष्मंप्राप्यजालमरिंदम ॥ तत्रसक्ताविपद्यन्तेमुच्यन्तेचबलान्विताः १७ कर्मजैर्बंधनैर्बद्धास्तद्वद्योगाःपरंतप ॥ अबलावैविनश्यंतिमुच्यंतेचबलान्विताः १८ अल्पकश्चयथाराजन्वह्निःशाम्यतिदुर्बलः ॥ आक्रांतइंधनैःस्थूलैस्तद्वद्योगोऽबलःप्रभो १९ सएवचयदाराजन्वह्निर्जातबलःपुनः ॥ समीरणगतःक्षिप्रंदहेत्कृत्स्नांमहीमपि २० तद्वज्जातबलोयोगीदीप्ततेजामहाबलः ॥ अंतकालइवादित्यःकृत्स्नंसंशोषयेज्जगत् २१ दुर्बलश्चयथाराजन्स्रोतसाह्रियतेनरः ॥ बलहीनस्तथायोगोविषयैर्ह्रियतेवशः २२ तदेवचमहास्रोतोविष्टंभयतिवारणः ॥ तद्वद्योगबलंलब्ध्वाव्यूहतेविषयान्बहून् २३ विशंतिचावशाःपार्थयोगाद्योगबलान्विताः ॥ प्रजापतीनृषीन्देवान्महाभूतानिचेश्वराः २४ नयमोनांतकःक्रुद्धोनमृत्युर्भीमविक्रमः ॥ ईशतेनृपतेसर्वेयोगस्यामिततेजसः २५ आत्मनांचसहस्राणिबहूनिभरतर्षभ ॥ योगःकुर्याद्बलंप्राप्यतैश्चसर्वैर्महींचरेत् २६ प्राप्नुयाद्विषयान्कश्चित्पुनश्चोग्रंतपश्चरेत् ॥ संक्षिपेच्चपुनस्तातसूर्यस्तेजोगुणानिव २७ बलस्थस्यहियोगस्यबंधनेशस्यपार्थिव ॥ विमोक्षेप्रभविष्णुत्वमुपपन्नमसंशयम् २८ बलानियोगप्राप्तानिमयैतानिविशांपते ॥ निदर्शनार्थंसूक्ष्माणिवक्ष्यामिचपुनस्तव २९

१८ योगोऽबलःयोगीनिर्बलः १९ । २० । २१ । २२ व्यूहतेविक्षिपतितुच्छीकरोतीत्यर्थः २३ अवशाःस्वतंत्राः २४ स्वातंत्र्यमेवाह नयमइति २५ प्रत्यक्षहेतवोयोगाइतिस्वोक्तिंव्याचष्टे आत्मनामिति । आत्मनांदेहानां सएकधाभवतित्रिधाभवतीत्यादिकायव्यूहस्यवेदेऽपिश्रवणात् । सौभर्यादिवद्युगपदनेकदेहधारणंयोगिनांदृष्टमित्यर्थः २६ कश्चित्कश्चिदुग्रमितिमूलपाठः २७ उपपादितमर्थंनिगमयतिबलस्थस्येति । बंधनेशस्यबंधनंछेत्तुंसमर्थस्य २८ मयाउक्तानीतिशेषः २९

समाधिसिद्ध्यर्थंधारणांनाभ्याद्यन्यतमेदेशेचित्तस्यस्थिरीकरणं तांप्रतितद्विषये निदर्शनानिदृष्टांतान् ३० । ३१ पात्रेशिरसिधृते ३२ । ३३ । ३४ । ३५ । ३६ दार्ष्टांतिकमाह तथैवेति
३७ आत्मन्यात्मानंप्रवेश्यद्वात्तिसारूप्यंत्यक्त्वेत्यर्थः पुनीतानांनहिज्ञानेनसदृशंपवित्रमिहविद्यतइतिस्मृतेर्ज्ञानेनपवित्राणांसांख्यानामित्यर्थः ३८ नाभ्यांमणिपूरे कंठेविशुद्धौ शीर्षेसहस्रारे हृदिअनाहते
एतच्चाऽऽज्ञादिचक्राणामुपलक्षणं एतेआंतराधारणाविषयाः । वक्षःप्रभृतयोदेहावयवाबाह्याः । एतेतालुनिरससंविदित्यादियोगशास्त्रप्रसिद्धताल्वादीनामुपलक्षणं । दर्शनेबाह्यतरेसूर्यरश्म्यादौ । श्रवणे
अनाहतध्वनौ । घ्राणेनासाग्रदृष्टिधारणं । अत्रयोगानुष्ठानप्रयोगोवेदस्तुतिटीकायांचतुर्दशेश्लोकेऽस्माभिःप्रदर्शितोऽनुसंधेयः ३९ अहिंसादयएवजातिदेशकालसमयानवच्छिन्नाःसार्वभौमामहाव्रतमित्यु
च्यंते । तत्र'पाठीनरोहितावाद्यौप्रशस्तौहव्यकव्ययोः'इतिस्मृतेः पाठीनादीनेवभक्षयिष्येनमत्स्यान् । 'मत्स्यांश्चकामतोजग्ध्वापुनःसंस्कारमर्हति'इतिमत्स्यभक्षणेप्रायश्चित्तगौरवस्मृतेः । सोऽयंहिंसायांजात्य

आत्मनश्चसमाधानेधारणांप्रतिवाविभो ॥ निदर्शनानिसूक्ष्माणिशृणुमेभरतर्षभ ३० अप्रमत्तोयथाधन्वीलक्ष्यंहंतिसमाहितः ॥ युक्तःसम्यक्तथायोगीमोक्षंप्रा
प्नोत्यसंशयम् ३१ स्नेहपूर्णेयथापात्रेमनआधायनिश्चलम् ॥ पुरुषोयुक्तआरोहेत्सोपानंयुक्तमानसः ३२ युक्तस्तथाऽयमात्मानंयोगःपार्थिवनिश्चलम् ॥ करोत्य
मलमात्मानंभास्करोपमदर्शनम् ३३ यथाऽनावंकौन्तेयकर्णधारःसमाहितः॥ महार्णवगतांशीघ्रंनयेत्पार्थिवसत्तम ३४ तद्वदात्मसमाधानंयुक्त्वायोगेनतत्त्ववित्॥
दुर्गमंस्थानमाप्नोतिहित्वादेहमिमंनृप ३५ सारथिश्चयथायुक्त्वासदश्वान्सुसमाहितः ॥ देशमिष्टंनयत्याशुधन्विनंपुरुषर्षभ ३६ तथैवनृपतेयोगीधारणासुस
माहितः॥ प्राप्नोत्याशुपरंस्थानंलक्षंमुक्तइवाशुगः ३७ अवेक्ष्यात्मनिचात्मानंयोगीतिष्ठतियोऽचलः ॥ पापंहंतिपुनीतानांपदमाप्नोतिसोऽजरम् ३८ नाभ्यांकं
ठेचशीर्षेचहृदिवक्षसिपार्श्वयोः ॥ दर्शनेश्रवणेचापिघ्राणेचामितविक्रम ३९ स्थानेष्वेतेषुयोयोगीमहाव्रतसमाहितः ॥ आत्मनासूक्ष्ममात्मानंयुंक्तेसम्यग्विशां
पते ४० सशीघ्रमचलप्रख्यंकर्मदग्ध्वाशुभाशुभम् ॥ उत्तमंयोगमास्थाययदीच्छतिविमुच्यते ४१ ॥ युधिष्ठिरउवाच ॥ आहारान्कीदृशान्कृत्वाकानिजित्वा
चभारत ॥ योगीबलमवाप्नोतितद्भवान्वक्तुमर्हति ४२ भीष्मउवाच ॥ कणानांभक्षणेयुक्तःपिण्याकस्यचभारत॥ स्नेहानांवर्जनेयुक्तोयोगीबलमवाप्नुयात् ४३
भुंजानोयावकंरूक्षंदीर्घकालमरिंदम ॥ एकाहारोविशुद्धात्मायोगीबलमवाप्नुयात् ४४ पक्षान्मासानृतूंश्चैतान्संवत्सरानहस्तथा ॥ अपःपीत्वापयोमिश्रायोगी
बलमवाप्नुयात् ४५ अखंडमपिवामांसंसततंमनुजेश्वर ॥ उपोष्यसम्यक्शुद्धात्मायोगीबलमवाप्नुयात् ४६

वच्छेदः पाठीनादीनप्यतीर्थेष्वेवहिंसिष्येनतीर्थेइतिदेशावच्छेदः अतीर्थेऽपिदर्शादिव्यतिरिक्तेएवकालेहिंसिष्येनान्यदेतिकालावच्छेदः । तत्रापिश्राद्धार्थमेवहिंसिष्येनात्मार्थमितिसमयावच्छेदः । एतैरनव
च्छिन्नाःसर्वात्मनाऽपिहिंसात्यागात् । अनापद्यापदिवातत्त्यागःसोऽयंमहाव्रतमित्युच्यते । एवंसत्येअस्तेयेब्रह्मचर्येअपरिग्रहेचमहाव्रतमुदाहर्तव्यं ४० यदीच्छतीतियोगिनःस्वेच्छयाब्रह्मलोकादौगमनंविदे
हकैवल्यंदेहधारणंचेतिदर्शितं ४१ । ४२ । ४३ यावकंजलोष्मपक्वंयवान्नंयवपिष्टमयंवाभक्ष्यं ४४ पयोमिश्राःक्षीरमिश्राः ४५ अखंडंसर्वकालंमांसमुपोष्यत्यक्त्वा मांसमित्यन्येषामप्युपलक्षणं
यथोक्तंहठयोगे 'मांसंदधिकुलित्थंचलशुनंशाकमेवच ॥ कट्वम्लतिक्तपिण्याकहिंगुसौवीरसर्षपाः ॥ तैलंचवर्ज्यान्येतानियत्नतोयोगिनासदा ॥ पुनरुष्णीकृतंद्रव्यमहितंचेतिकेचन'इति ४६

पौरुषान्पुरुषप्रियान्शब्दान् ४७ अरतिःस्त्रीसंगाभावजमस्वास्थ्यं स्पर्शःस्त्र्यादिसंयोगजंसुखं ४८ दीपयंतिप्रकाशयंति आत्मानंत्वंपदार्थं आत्मनाबुद्ध्या । दृश्यतेत्वग्र्ययाबुद्ध्येतिश्रुतेः ध्यानंध्येयाकारप्रत्ययप्रवाहः तत्रप्रत्ययैकतानताध्यानमितिसूत्रं अध्ययनंप्रणवजपः यथोक्तं । 'जपाच्छ्रांतःपुनर्ध्यायेद्ध्यानाच्छ्रांतःपुनर्जपेत् । जपध्यानपरिश्रांतआत्मानंचविचारयेत्'इति ४९ यःकश्चिदित्यनेनात्राधिकारिदौर्लभ्यमुक्तं ५० । ५१ । ५२ । ५३ सुस्थेयंसुखेनस्थातुंशक्यं ५४ नशुभांरोगाद्याघातवतीं ५५ । ५६ योगेषुयोगशास्त्रेषुकृत्यंकर्तुं योग्यंफलमितियावत् ५७ ब्रह्मब्रह्म

कामंजित्वातथाक्रोधंशीतोष्णेवर्षमेवच ॥ भयंशोकंतथाश्वासंपौरुषान्विषयांस्तथा ४७ अरतिंदुर्जयांचैवघोरांतृष्णांचपार्थिव ॥ स्पर्शंनिद्रांतथातंद्रींदुर्जयां नृपसत्तम ४८ दीपयंतिमहात्मानःसूक्ष्ममात्मानमात्मना ॥ वीतरागामहाप्रज्ञाध्यानाध्ययनसंपदा ४९ दुर्गस्त्वेषमहापंथाब्राह्मणानांविपश्चिताम् ॥ यः कश्चिद्व्रजतिह्यस्मिन्क्षेमेणभरतर्षभ ५० यथाकश्चिद्वनंघोरंबहुसर्पसरीसृपम् ॥ श्वभ्रवत्तोयहीनंचदुर्गमंबहुकंटकम् ५१ अभक्षमटवीप्रायंदावदग्धमहीरुहम् ॥ पंथानंतस्कराकीर्णंक्षेमेणाभिपतेद्युवा ५२ योगमार्गंतथाऽसाद्ययःकश्चिद्व्रजतेद्विजः ॥ क्षेमेणोपरमेन्मार्गाद्बहुदोषोहिसस्मृतः ५३ सुस्थेयंक्षुरधारासुनिशितासुमहीपते ॥ धारणासुतुयोगस्यदुःस्थेयमकृतात्मभिः ५४ विपन्नाधारणास्तातनयंतिनशुभांगतिम् ॥ नेतृहीनायथानावःपुरुषानर्णवेनृप ५५ यस्तुतिष्ठतिकौन्तेयधारणासुयथाविधि ॥ मरणंजन्मदुःखंचसुखंचसविमुंचति ५६ नानाशास्त्रेषुनिष्पन्नंयोगेष्विदमुदाहृतम् ॥ परंयोगस्ययत्कृत्यंनिश्चितंतद्द्विजातिषु ५७ परंहितद्ब्रह्ममयंमहात्मन्ब्रह्माणमीशंवरदंचविष्णुम् ॥ भवंचधर्मंचषडाननंचयद्ब्रह्मपुत्रांश्चमहानुभावान् ५८ तमश्चकष्टंसुमहद्रजश्चसत्वंविशुद्धंप्रकृतिंपरांच ॥ सिद्धिंचदेवींवरुणस्यपत्नींतेजश्चकृत्स्नंसुमहच्चधैर्यम् ५९ ताराधिपंखेविमलंसतारंविश्वांश्चदेवानुरगान्पितॄंश्च ॥ शैलांश्चकृत्स्नानुदधींश्चघोरान्नदीश्च सर्वाःसवनान्घनांश्च ६० नागान्नगान्यक्षगणान्दिशश्चगंधर्वसंघान्पुरुषान्स्त्रियश्च ॥ परस्परंप्राप्यमहान्महात्माविशेतयोगीनचिराद्विमुक्तः ६१

विष्ण्वादिस्रष्टृतुर्यमूर्तिरूपंतत्प्रधानंपरंकैवल्यात्मकंयोगफलं तथाब्रह्मविष्ण्वादिभावोऽपियोगफलमित्यर्थः महानुभावान्ऋषभकपिलादीन् ५८ तमोरजसीलयविक्षेपौयोगविघ्नौ सत्वंचधर्मज्ञानैश्वर्योपगमाभूदितिविशुद्धमित्युक्तं आत्मतत्त्वप्रकाशकत्वंविशुद्धता विशेतयोगीत्यपकृष्यते परांप्रकृतिंप्रकृतिलयत्वंचविशते वरुणस्यपत्नींसिद्धिंजलजयं तेजश्चविशतेइत्यनेनतेजोजयं सुमहच्चधैर्यमितिपृथ्वीजयंचप्राप्नोतीत्यर्थः ५९ ताराधिपादीनांमध्येयद्भावंवांछतितद्भावमिच्छयाप्राप्नोतीत्यर्थः यथोक्तंनिरुक्ते । 'अथागमोर्यांयांदेवतांनिराहत्तस्यास्तस्यास्ताद्भाव्यमनुभवतीति' ६० । ६१

ननुयथाऽग्नेःक्षुद्राविस्फुलिंगाव्युच्चरंत्येवमेवैतस्मादात्मनःसर्वएतआत्मानोव्युच्चरंतीतिपुरुषादेवब्रह्मादीनांसृष्टिःश्रूयतेतत्कथंब्रह्मादीन्प्राक्सिद्धान्योगीविसृजतइत्युच्यतेइत्याशंक्याह कथाचेति । देवेपरमात्मनि विषयेयेयंकथाजगत्कर्तृत्वादिनिरूपणात्मिकाआत्मनआकाशःसंभूतइत्यादिश्रुतितःप्रसक्तासेयंशुभैवनास्मन्मतविरुद्धेत्यर्थः । यतोयोगीनारायणात्मानारायणेतुर्यमूर्त्तावीश्वरे अयमहंनारायणइत्यहंग्रहेणप्रणिहितआत्मायेनसतथा । तंयथायथोपासतेतथेतःप्रेत्यभवतीतिश्रुतेर्नारायणभावंप्राप्तोमहात्माव्यापकचित्तःसर्वानभिभूयसर्वाधिकोभूत्वामर्त्यान्पांचभौतिकानजरायुजादीनकुरुतेसंकल्पमात्रेणसृजत्यतोयोगिनांसंप्रज्ञातेभूतस्रष्टृत्वंव्युत्थानेभौतिकजंतुस्रष्टृत्वंचास्तीतिनकयाचित्श्रुत्यायोगशास्त्रंविरुध्यते । वेदांतिभिरप्यस्ययोगैश्वर्यस्यहर्तुमशक्यत्वात्शास्त्रांत्यपादेऽभ्युपगतत्वाच्चेतिनकिंचिदवद्यं ६२ ॥ इति शांति० मोक्ष० नी० भा० त्रिशततमोऽध्यायः ॥ ३०० ॥ ॥ सूचीकटाहन्यायेनयोगमुक्त्वासांख्यंवक्तुमारभते सम्यगिति १ । २ मेमत्तः इदंवक्ष्यमाणंतत्त्वमितिशेषः यतिभिःऋषभादिभिः विहितंप्रकाशितं ३ तदेवस्तौति यस्मिन्निति । प्राणावैसत्यंतेषामेषसत्यमितिश्रुत्याप्राणोपलक्षितस्यकृत्स्नस्यप्रपंचस्ययावद्व्यवहारमबाध्यत्वलक्षणंसत्त्वमन्यत्सर्वथैवाबाध्यत्वंसत्वंप्रत्यगात्मनइतिदर्शितं । तत्राद्यमादायकृत्स्नो

कथाचयेयंनृपतेप्रसक्तादेवेमहावीर्यमतौशुभेयम् ॥ योगीससर्वानभिभूयमर्त्यान्नारायणात्माकुरुतेमहात्मा ६२ ॥ इतिश्रीमहा० शांति० मोक्ष० योगविधौत्रिशततमोध्यायः ॥ ३०० ॥ ॥ युधिष्ठिरउवाच ॥ सम्यक्त्वयाऽयंनृपतेवर्णितःशिष्टसंमतः ॥ योगमार्गोयथान्यायंशिष्यायेहहितैषिणा १ सांख्येत्विदानींकात्स्न्र्येनविधिंप्रब्रूहिपृच्छते ॥ त्रिषुलोकेषुयज्ज्ञानंसर्वंतद्विदितंहिते २ ॥ भीष्मउवाच शृणुमेत्वमिदंसूक्ष्मंसांख्यानांविदितात्मनाम् ॥ विहितंयतिभिःसर्वैःकपिलादिभिरीश्वरैः ३ यस्मिन्नविभ्रमाःकेचिद्दृश्यंतेमनुजर्षभ ॥ गुणाश्चयस्मिन्बहवोदोषहानिश्चकेवला ४ ज्ञानेनपरिसंख्यायसदोषान्विषयान्नृप॥ मानुषान्दुर्जयान्कृत्स्नान्पैशाचान्विषयांस्तथा ५ राजसान्विषयान्ज्ञात्वायक्षाणांविषयांस्तथा ॥ विषयानौरगान्ज्ञात्वागांधर्वविषयांस्तथा ६ पितॄणांविषयान्ज्ञात्वातिर्यक्षुचरतांनृप ॥ सुपर्णविषयान्ज्ञात्वामरुतांविषयांस्तथा ७ राजर्षिविषयान्ज्ञात्वाब्रह्मर्षिविषयांस्तथा ॥ आसुरान्विषयान्ज्ञात्वावैश्वदेवांस्तथैवच ८ देवर्षिविषयान्ज्ञात्वायोगानाममपिचेश्वरान् ॥ प्रजापतीनांविषयान्ब्रह्मणोविषयांस्तथा ॥ ९ ॥

पिकर्मोपास्त्यादिव्यवहारःसिद्ध्यतिअंत्यमादायनेहनानाऽस्तिकिंचनेत्यादिर्जगतोबाधादिकंसंगच्छते । मतांतरेतुसर्वस्यभेदस्यपारमार्थिकत्वादिदंसर्वंयदयमात्मानेहनानाऽस्तीत्याद्याअध्यारोपापवादन्यायेनात्मैक्यप्रतिपादनपराःश्रुतयउपरुध्यंतइतितेषांजगत्सत्यत्वविभ्रमोदृश्यते । केषांचिदात्मन्यप्यसत्वभ्रमोऽस्तिनत्वस्माकंक्वचिदप्यंशेविभ्रमोऽस्तीत्यर्थः। गुणाःकर्मज्ञानकांडयोर्दृष्टिभेदेनाविरोधादयः । दोषाश्चबह्वात्मवादेएकस्मिन्शरीरेसर्वात्मसान्निध्याविशेषादेकस्यभोगेनसर्वेषांभोगापत्तिरित्यादयस्तेषांहानिः ४ ज्ञानेनेति । तत्त्वदर्शनोन्मुखंचेतस्तत्त्वस्यतमःपिहितत्वतयाऽनधिगमात्तत्रशुक्तौरजतादिवन्मानुषत्वासुरत्वादिभावंपश्यति । तत्रोत्तरोत्तरज्ञानेनपूर्वपूर्वभ्रमान्परिसंख्यायबाधित्वाप्राप्नुवंतिशुभंमोक्षमितित्रयोदशेनसंबंधः । सदोषानागमापायितयामिथ्यात्वदोषयुक्तान् । यथोक्तं 'आदावंतेचयन्नास्तिवर्त्तमानेऽपितत्तथा' इति । 'नासतोविद्यतेभावः' इतिच । ज्ञात्वापरिसंख्यायेतिसर्वत्रयोज्यं । तत्रयथायथातत्त्वावरकस्यतमसःसम्यगवेक्षणेनापगमस्तथोत्तरोत्तरमुत्कृष्टविषयोपस्थितिर्यावद्ब्राह्मणोविषयान्पश्यतिप्राग्वत् ५ । ६ । ७ । ८ । ९

१० । ११ अत्रगुणाअप्यागमापायितयादोषाएवेतितेऽपिहानार्थमेवज्ञातव्याः १२ सांख्यज्ञानेऽपिदोषाविद्वत्त्वाभिमानादयः गुणाअद्वेष्टृत्वादयः १३ सत्वमिति । 'आनंदःप्रीतिरुद्वेगःप्राकाश्यंपुण्यशीलता । संतोषःश्रद्दधानत्वमार्जवंत्यागशीलता । ऐश्वर्यंचेतिसत्वस्यगुणादशनिसर्गजाः । आस्तिकत्वमकार्पण्यंसुखदुःखोपसेवनम् । भेदःपुरुषताचैवकामक्रोधौमदस्तथा । दर्पद्वेषातिवादाश्चनवैतेराजसागुणाः । तमोमोहोमहामोहस्तामिस्रश्चांधपंचमः । निद्राप्रमादआलस्यमित्यष्टौतमसोगुणाः'इति । बुद्धिंसप्तगुणांमहदहंकारपंचतन्मात्ररूपाम् १४ मनःश्रोत्रादिपंचकेनसहषड्रूपं नभोवियदादिपंचकरूपं बुद्धिःसंशयानिश्चयगर्वस्मरणरूपा तमोऽप्रतिपत्तिविप्रतिपत्तिविपरीतप्रतिपत्तिरूपं १५ रजःप्रवृत्तिदुःखरूपं सत्वंप्रकाशरूपं बुद्ध्यादीनांपुनर्ग्रहणंप्रातिलोम्येनसत्वेतत्प्रविलापनार्थं एतेपंचपंचाशत् एतेषांमध्येतत्त्वेनयाथात्म्येनमार्गमात्मप्रापकंसत्वादिप्रधानंविज्ञायहानार्थंतत्प्रतिबंधकंचरजस्तमःप्रधानंगुणजातंविज्ञायप्रलयेप्राकृतलयेतथाप्रेक्षणेआत्मतत्त्वालोचनेच १६ ज्ञानविज्ञानसंपन्नाएतान्सर्वान्ग्रंथतोऽनुभवतश्चज्ञात्वाकारणैर्मोक्षे

आयुषश्चपरंकालंलोकेविज्ञायतत्त्वतः ॥ सुखस्यचपरंतत्त्वंविज्ञायवदतांवर १० प्राप्तेकालेचयद्दुःखंसततंविषयैषिणाम् ॥ तिर्यक्षुपततांदुःखंपततांनरकेचयत्
११ स्वर्गस्यचगुणान्कृत्स्नान्दोषान्सर्वांश्चभारत ॥ वेदवादेऽपियेदोषागुणायेचापिवैदिकाः १२ ज्ञानयोगेचयेदोषागुणायोगेचयेनृप ॥ सांख्यज्ञाने
चयेदोषास्तथैवचगुणानृप १३ सत्वंदशगुणंज्ञात्वारजोनवगुणंतथा ॥ तमश्चाष्टगुणंज्ञात्वाबुद्धिंसप्तगुणांतथा १४ षड्गुणंचमनोज्ञात्वानभःपंचगुणंतथा ॥ बुद्धिं
चतुर्गुणांज्ञात्वातमश्चत्रिगुणंतथा १५ द्विगुणंचरजोज्ञात्वासत्वमेकगुणंपुनः ॥ मार्गंविज्ञायतत्त्वेनप्रलयेप्रेक्षणेतथा १६ ज्ञानविज्ञानसंपन्नाःकारणैर्भाविताःशु
भाः ॥ प्राप्नुवंतिशुभंमोक्षंसूक्ष्माइवनभःपरम् १७ रूपेणदृष्टिंसंयुक्तांघ्राणंगंधगुणेनच ॥ शब्देसक्तंतथाश्रोत्रंजिह्वारसगुणेषुच १८ तनुंस्पर्शेतथासक्तांवा
युंनभसिचाश्रितम् ॥ मोहंतमसिसंयुक्तंलोभमर्थेषुसंश्रितम् १९ विष्णुक्रांतेबलेशक्रंकोष्ठेसक्तंतथाऽनलम् ॥ अप्सुदेवींसमासक्तामपस्तेजसिसंश्रिताः २०
तेजोवायौतुसंसक्तंवायुंनभसिचाश्रितम् ॥ नभोमहतिसंयुक्तंमहद्बुद्धौचसंश्रितम् २१ बुद्धिंतमसिसंसक्तांतमोरजसिसंश्रितम् ॥ रजःसत्वेतथासक्तंसत्वंसक्तं
तथाऽऽत्मनि २२ सक्तमात्मानमीशेचदेवेनारायणेतथा ॥ देवंमोक्षेचसंसक्तंमोक्षंसक्तंतुनकचित् २३

पयोगिभिःसात्विकैर्भावैर्भावितात्मानोवासितचित्तामोक्षंप्राप्नुवंति सूक्ष्मारविरश्मयोवायवोवा १७ अत्रप्राणेभ्योदेवादेवेभ्योलोकाइतिश्रुत्यनुसारादिंद्रियेभ्योदेवतासृष्टिंदेवताभ्योलोकसृष्टिंचाभ्युपेत्यब्रह्मणिसर्वलयमाह रूपेणेति । रूपेणरूपवताद्रव्येणदृष्टिंचक्षुरिंद्रियंसंयुक्तंकुंडलेनकनकमिव चक्षुर्व्यतिरिक्तोरूपद्रव्यदेवतादिर्विषयोनास्तीत्यर्थः । एवमग्रेऽपियावन्मोक्षंज्ञेयम् १८ वायुंत्वगिंद्रियदेवतांनभसिस्वकारणेसंश्रितं एतच्चसर्वदेवतोपलक्षणं । मोहंवैचित्यं तमसितमोगुणे । लोभंरजःकार्यमर्थेषु तमसोऽर्थानांचवियोगेमोहलोभौनभवतइतिदृष्टांतमात्रमिदम् १९ क्रांतिपादविक्षेपे बलेहस्तेंद्रिये कोष्ठेउदरे देवींपृथ्वीम् २० महतिमहत्तत्त्वकार्येऽहंकारे महद्बुद्धौमहत्तत्त्वे २१ आत्मनिजीवेत्वंपदार्थे २२ ईशेमायाविनिदेवेनारायणेचेतितस्यैवविशेषणे । तत्पदार्थेमोक्षेकैवल्येनिर्विकल्पेवस्तुनि तच्चनकचित्सक्तं स्वेमहिम्निप्रतिष्ठितइतिश्रुतेः २३

ननुरूपादीनांमोक्षमात्रत्वोक्तिरागममात्रंनत्वत्रकाचिदुपपत्तिरस्तीत्याशंक्याह ज्ञात्वेति । सत्वगुणंदेहबुद्धिसत्वमयंस्वाप्नंशरीरंषोडशभिर्गुणैःकार्यैः'प्राणाच्छ्रद्धांखंवायुर्ज्योतिरापःपृथिवींद्रियंमनोऽन्नमन्नाद्वीर्यंतपोमं
त्राःकर्मलोकेषुनामच' इतिश्रुत्युक्तैःप्राणादिनामांतैर्वृत्तंज्ञात्वास्वभावंप्राक्कर्मचतदुत्पत्तिकारणंचेतनांधीवृत्तिंचतदवभासिकांदेहसमाश्रितेलिंगदेहाश्रितेज्ञात्वाचमध्यस्थमुदासीनमेकमात्मानंयस्मिन्पापंनविद्यतइत्यसंगं
जानीयात् यथैकेनकर्मणास्वाप्नप्रपंचविभ्रमेआत्मनोऽसंगत्वंस्थूलशरीरजदुःखाननुवृत्तेर्दृश्यतेएवंजाग्रद्भ्रमेऽपिविषयैषिणांविषयवासनावतांद्वितीयंकर्मकारणंविज्ञायेंद्रियादीनात्माश्रितानात्मन्यविद्यया अध्यारोपि
तान्जानीयादित्यध्याहृत्ययोज्यं । अयमर्थः यथास्वप्नेएकस्यैवात्मनोवासनावशात्सर्वजगदात्मकत्वमात्मनश्चासंगत्वंदृश्यतेएवंजाग्रद्भ्रमेऽपिज्ञेयमितिसार्धश्लोकद्वयार्थः २४ । २५ एतस्माद्वासनामयादवस्था

द्वितीयंकर्मविज्ञायनृपतेविषयैषि
ज्ञात्वासत्वगुणंदेहंवृतंषोडशभिर्गुणैः ॥ स्वभावंचेतनांचैवज्ञात्वादेहसमाश्रिते २४ मध्यस्थमेकमात्मानंपापंयस्मिन्नविद्यते ॥ अधश्चैवानिलं
णाम् २५ इंद्रियाणींद्रियार्थांश्चसर्वानात्मनिसंश्रितान् ॥ दुर्लभत्वंचमोक्षस्यविज्ञायश्रुतिपूर्वकम् २६ प्राणापानौसमानंचव्यानोदानौचतत्त्वतः ॥
ज्ञात्वाप्रवहंचानिलंपुनः २७ सप्तवातांस्तथाज्ञात्वासप्तधापिहितान्पुनः ॥ प्रजापतीनृषींश्चैषमार्गांश्चैवबहून्वरान् २८ सप्तर्षींश्चबहून्ज्ञात्वाराजर्षींश्चपरंतप ॥
सुरर्षीन्महतश्चान्यान्ब्रह्मर्षीन्सूर्यसन्निभान् २९ ऐश्वर्याच्च्यावितान्दृष्ट्वाकालेनमहतानृप ॥ महतांभूतसंघानांश्रुत्वानाशंचपार्थिव ३० गतिंचाप्यशुभांज्ञात्वानृप
तेपापकर्मिणाम् ॥ वैतरण्यांचयद्दुःखंपतितानांयमक्षये ३१ योनीषुचविचित्रासुसंसारानशुभांस्तथा ॥ जठरेचाशुभेवासंशोणितोदकभाजने ३२ श्लेष्ममूत्रपु
रीषेचतीव्रगंधसमन्विते ॥ शुक्रशोणितसंघातेमज्जास्नायुपरिग्रहे ३३ शिराशतसमाकीर्णेनवद्वारेपुरेऽशुचौ ॥ विज्ञायहितमात्मानंयोगांश्चविविधान्नृप ३४
तामसानांचजंतूनांरमणीयावृतात्मनाम् ॥ सात्विकानांचजंतूनांकुत्सितंभरतर्षभ ३५ गर्हितंमहतामर्थेसांख्यानांविदितात्मनाम् ॥ उपप्लवांस्तथाघोरान्शशिन
स्तेजसस्तथा ३६ ताराणांपतनंदृष्ट्वानक्षत्राणांचपर्ययम् ॥ द्वंद्वानांविप्रयोगंचविज्ञायकृपणंनृप ३७ अन्योन्यभक्षणंदृष्ट्वाभूतानामपिचाशुभम् ॥ बाल्येमोहंच
विज्ञायक्षयंदेहस्यचाशुभम् ३८ रागेमोहेचसंप्राप्तेक्वचित्सत्वंसमाश्रितम् ॥ सहस्रेषुनरःकश्चिन्मोक्षबुद्धिंसमाश्रितः ३९ दुर्लभत्वंचमोक्षस्यविज्ञायश्रुतिपूर्वकम्
बहुमानमलब्धेषुलब्धेमध्यस्थतांपुनः ४० विषयाणांचदौरात्म्यंविज्ञायनृपतेपुनः ॥ गतासूनांचकौन्तेयदेहान्दृष्ट्वातथाऽशुभान् ४१

त्रयसंचरादात्मनोमोक्षस्यदुर्लभत्वंवक्ष्यमाणैःकारणैर्विज्ञायकश्चिन्मोक्षबुद्धिंसमाश्रितोभवतीतिचतुर्दशेनान्वयः २६ यःप्राणादीन्पंचैकीकृत्याधोनयतिसोऽधोऽनिलःषष्ठः एवंप्रवहऊर्ध्वंनेतासप्तमः २७ तएते
सप्तवायवःप्रत्येकंसप्तधाविहिताः । अयंभावः यथैकस्मिन्वटेऽनेकानिबीजानितेषुचबीजेषुप्रतिबीजमनंतानिबीजानितद्वदेकस्मिन्देहेसप्तप्राणाःप्रतिप्राणंसप्तसप्तप्राणाएवमुत्तरोत्तरमितिजगदानंत्यमुक्तं तस्मा
त्संसारबीजस्याज्ञानस्यतत्त्वज्ञानेनोच्छेदेयतितव्यमितिभावः २८ । २९ ननुसंत्यनेकेप्राजापत्यादिदेहाएवसुखमयाःकिंमोक्षेणेत्याशंक्यतेषामप्यैश्वर्यस्यांतवत्त्वान्नेत्याह ऐश्वर्यादिति ३० । ३१
३२ । ३३ । ३४ । ३५ उपप्लवानुपरागान् तेजसःसूर्यस्य ३६ द्वंद्वानांदंपतीनां ३७ । ३८ क्वचित्पुंसि ३९ बहुमानमत्यादरं मध्यस्थतामौदासीन्यं ४० दौरात्म्यंबंधहेतुताम् ४१

कुलेषुगृहेषु ४२ । ४३ । ४४ । ४५ संवत्सरक्षयो बृहस्पतेर्मध्यमराशिभोगयोरंतरालेसूर्यस्याद्विरेकराशिसंक्रमभवति । मासक्षयोदर्शयोरंतरालेसूर्यसंक्रांतिद्वयम् ४६ पक्षक्षयःसार्धचतुर्दशादिनम ध्येपर्वद्वयंतदात्रयोदशभिर्दिनैःपक्षोभवति । दिवसक्षयःसूर्योदययोरंतरालेतिथित्रयस्पर्शः । कालाभिमानिदेवतानामपिक्षयोदयौदृश्येतेकिमुतकाल्यमानानामस्मदादीनामितिभावः ४७ । ४८ । ४९

वासंकुलेषुजंतूनांदुःखंविज्ञायभारत ॥ ब्रह्मघ्नानांगतिंज्ञात्वापतितानांसुदारुणाम् ४२सुरापानेचसक्तानांब्राह्मणानांदुरात्मनाम् ॥ गुरुदारप्रसक्तानांगतिंविज्ञा यचाशुभाम्४३जननीषुचवर्तन्तेयेनसम्यग्युधिष्ठिर॥ सदेवकेषुलोकेषुयेनवर्तन्तिमानवाः४४तेनज्ञानेनविज्ञायगतिंचाशुभकर्मणाम्॥तिर्यग्योनिगतानांचविज्ञा

यगतयःपृथक् ४५ वेदवादांस्तथाचित्रानृतूनांपर्ययांस्तथा ॥ क्षयंसंवत्सराणांचमासानांचक्षयंतथा ४६ पक्षक्षयंतथादृष्ट्वादिवसानांचसंक्षयम् ॥ क्षयंवृद्धिंचचं द्रस्यदृष्ट्वाप्रत्यक्षतस्तथा ४७ वृद्धिंदृष्ट्वासमुद्राणांक्षयंतेषांतथापुनः॥ क्षयंधनानांदृष्ट्वाचपुनर्वृद्धिंतथैवच ४८ संयोगानांक्षयंदृष्ट्वायुगानांचविशेषतः ॥क्षयंचदृष्ट्वा शैलानांक्षयंचसरितांतथा ४९ वर्णानांचक्षयंदृष्ट्वाक्षयांतंचपुनःपुनः ॥ जरामृत्युस्तथाजन्मदृष्ट्वादुःखानिचैवह ५० देहदोषांस्तथाज्ञात्वातेषांदुःखंचतत्त्वतः ॥ देहविक्लवतांचैवसम्यग्विज्ञायतत्त्वतः ५१ आत्मदोषांश्चविज्ञायसर्वानात्मनिसंश्रितान् ॥ स्वदेहादुत्थितान्गंधांस्तथाविज्ञायचाशुभान् ५२ ॥ युधिष्ठिरउवाच ॥ कान्स्वगात्रोद्भवान्दोषान्पश्यस्यमितविक्रम ॥एतन्मेसंशयंकृत्स्नंवक्तुमर्हसितत्वतः ५३ ॥ भीष्मउवाच ॥ पंचदोषान्प्रभोदेहेप्रवदंतिमनीषिणः ॥ मार्गज्ञाः कापिलाःसांख्याःशृणुतानरिसूदन ५४ कामक्रोधौभयंनिद्रापंचमःश्वासउच्यते ५५ एतेदोषाःशरीरेषुदृश्यंतेसर्वदेहिनाम्॥छिंदंतिक्षमयाक्रोधंकामंसंकल्पवर्ज नात् ५६ सत्वसंसेवनान्निद्रामप्रमादाद्भयंतथा ॥ छिंदंतिपंचमंश्वासमल्पाहारतयानृप ५७ गुणान्गुणशतैर्ज्ञात्वादोषान्दोषशतैरपि ॥ हेतून्हेतुशतैश्चित्रैश्चित्रा न्विज्ञायतत्त्वतः ५८ अपांफेनोपमंलोकंविष्णोर्मायाशतैर्वृतम् ॥ चित्रभित्तिप्रतीकाशंनलसारमनर्थकम् ५९तमःश्वभ्रनिभंदृष्ट्वावर्षबुद्बुदसंनिभम् ॥ नाशप्रायं सुखाधीनंनाशोत्तरमिहावशम् ६० रजस्तमसिसंमग्नंपंकेद्विपमिवावशम् ॥ सांख्याराजन्महाप्राज्ञास्त्यक्त्वास्नेहंप्रजाकृतम् ६१ ज्ञानयोगेनसांख्येनव्यापिना महतानृप ॥ राजसानशुभान्गंधांस्तामसांश्चतथाविधान् ६२ पुण्यांश्चसात्विकान्गंधान्स्पर्शजान्देहसंश्रितान् ॥ छित्त्वाशुज्ञानशस्त्रेणतपोदंडेनभारत ६३ ततो दुःखोदकंघोरंचिंताशोकमहाह्रदम् ॥ व्याधिमृत्युमहाग्राहंमहाभयमहोरगम् ६४ तमःकूर्मंरजोमीनंप्रज्ञयासंतरंत्युत ॥ स्नेहपंकंजरादुर्गंज्ञानदीपमरिंदम ६५ कर्मा गाधंसत्यतीरंस्थितव्रतमरिंदम॥हिंसाशीघ्रमहावेगंनानारससमाकरम् ६६नानाप्रीतिमहारत्नंदुःखज्वरसमीरणम्॥शोकतृष्णामहावर्तंतीक्ष्णव्याधिमहागजम् ६७ अस्थिसंघातसंघट्टंश्लेष्मफेनमरिंदम॥ दानमुक्ताकरंघोरंशोणितह्रदविद्रुमम् ६८हसितोत्क्रुष्टनिर्घोषंनानाज्ञानसुदुस्तरम् ॥रोदनाश्रुमलक्षारंसंगत्यागपरायणम् ६९

५० । ५१ बाह्यदोषानुक्त्वादेहजान्दोषानाह स्वदेहादिति । उत्थितान्दोषानित्यनुषंगः ५२ । ५३ । ५४ । ५५ । ५६ । ५७ । ५८ नलसारंनलतृणवदंतःसारहीनं ५९ नाशप्रायं नाशबहुलम् ६० । ६१ । ६२ शुभाशुभांश्चगंधांस्तपोदंडेनज्ञानशस्त्रेणधीकुठारेणच्छित्वायतयःसागरंतरंतीतिदशमेनसंबंधः ६३ । ६४ । ६५ । ६६ । ६७ । ६८ । ६९

७० । ७१ तीर्त्वाचेति । जन्मईदृशेनालोचनेनजन्मयुक्तंस्थूलंशरीरंतीर्त्वाविस्मृत्यविमलंनभःप्रविशंति देहाध्यासापायेव्योमसंविदुदेतीत्यर्थः ७२ तत्रेति । तस्मिन्हार्देव्योम्निपद्मतंतुवत् यथाकमलनालेनांतःसुषिरे
णजलंमुखेनाकृष्यमाणमंतःप्रविशतितद्वत् आत्मनिप्रणिधीयमानमनोद्वारासूर्योऽन्तराविश्यतत्रैवहृदयाकाशेसांख्यान्प्रतिस्वनाडीभिःसंबंधाच्चतुर्दशभुवनगतान्विषयान्वहतिप्रापयति । प्रवहन्विषयानित्यने
नविषयैःसहसूर्यस्यनित्यसंबंधोदर्शितः । व्योमसंविदुदयेसांख्यस्यसार्वज्ञ्यंसार्वात्म्यंसर्वभोगभाक्त्वंचोदेतीत्यर्थः । एतेनप्रत्यगात्मस्थाएवविषयामुकुरमुखवदज्ञानवशात्पराक्त्वेनभांतीत्यात्माद्वैतमुपपादितं
हार्दनाडीनांसूर्यरश्मिभिःसंबंधस्तेषांचब्रह्मांडेनसंबंधश्छांदोग्यादावुक्तःप्रागेवोदाहृतः ७३ तत्रेति । तत्रहार्दाकाशेतांस्तेजोबन्नात्मकान्विषयान्प्रवहसंज्ञकोवायुःप्रतिगृह्णातिस्वात्मसात्करोति । तथाचश्रुतिः
'वायुर्ह्येवैतान्सर्वान्संवृंक्ते'इति । किंकृत्वा वीतरागान्यतीन् अपेक्ष्येतिशेषः । संपन्नानपुनरास्वादप्रसक्तेःसांख्यानेवायुर्विषयान्नसंहरति अन्यथातुसंहरतीत्यर्थः :। अतएवसमाधिंप्रकृत्योक्तंगौडपादीये नास्वादं
येत्सुखंतत्रेति ७४ सूक्ष्मइति । सूक्ष्मस्त्वगिंद्रियाग्राह्यःस्पर्शः । ननुसूर्यरश्मिसंबंधेऽपिब्रह्मांडंनहार्दाकाशमत्रेष्टुमर्हति अत्रत्यानांघटादीनांसूर्यास्तोत्तरंलोकांतरसंबंधादर्शनादित्याशंक्याह सत्वानामिति । तान्पिंड

पुत्रदारजलौकौघंमित्रबांधवपत्तनम् ॥ अहिंसासत्यमर्यादंप्राणत्यागमहोर्मिणम् ७० वेदांतगमनद्वीपंसर्वभूतदयोदधिम् ॥ मोक्षदुर्लभविषयंवडवामुखसाग
रम् ७१ तरंतियतयःसिद्धाज्ञानयानेनभारत ॥ तीर्त्वाऽतिदुस्तरंजन्मविशंतिविमलंनभः ७२ तत्रतान्सुकृतीन्सांख्यान्सूर्योवहतिरश्मिभिः ॥ पद्मतंतुवदा
विश्यप्रवहन्विषयान्नृप ७३ तत्रतान्प्रवहोवायुःप्रतिगृह्णातिभारत॥वीतरागान्यतीन्सिद्धान्वीर्ययुक्तांस्तपोधनान् ७४ सूक्ष्मःशीतःसुगंधीचसुखस्पर्शश्चभारत॥
सतानांमरुतांश्रेष्ठोलोकान्गच्छतियःशुभान् ॥ सतान्वहतिकौन्तेयनभसःपरमांगतिम् ७५ नभोवहतिलोकेशरजसःपरमांगतिम् ॥ रजोवहतिराजेंद्रसत्वस्य
परमांगतिम् ७६ सत्वंवहतिशुद्धात्मन्परंनारायणंप्रभुम् ॥ प्रभुर्वहतिशुद्धात्मापरमात्मानमात्मना ७७ परमात्मानमासाद्यतद्भूतायतनाऽमलाः ॥ अमृतत्वा
यकल्पन्तेननिवर्तन्तिवाविभो ७८ परमासागतिःपार्थनिर्द्वन्द्वानांमहात्मनाम् ॥ सत्यार्जवरतानांवैसर्वभूतदयावताम् ७९ ॥ युधिष्ठिरउवाच ॥ स्थानमुत्तम
मासाद्यभगवंतंस्थिरव्रताः ॥ आजन्ममरणंवातेस्मरंत्युतनवाऽनघ ८०

ब्रह्मांडरूपान्विषयान् यथाऽयंप्रवहोवायुर्देहेनसंबंधात्स्वयंलोकान्प्रतिगच्छतिपिंडंचतत्तल्लोकान्प्रतिवहति एवंनभसःपरमांगतिंहार्दाकाशंगच्छतिब्रह्मांडंचतंप्रतिवहति । तथाचब्रह्मांडंवातरज्जुभिःसूर्यमंडले
निबद्धमतोहार्दनभसिसूर्यप्रवेशेनब्रह्मांडस्यापिप्रवेशोयुज्यते अत्रत्यघटादीनांतुरात्रावपिसूर्यरश्मिसंबंधविघटनंनास्तीतिनतैःसहदेशांतरगमनप्रसक्तिरस्ति अतोयुक्तमुक्तंतत्रवान्सुकृतीनित्यादि ७५ नभइति ।
तमसःसूक्ष्मतमःपरिणामोव्योमसंविन्नभआख्यंरजसःपरमांगतिमहंकारंनयति । सत्वस्यपरमांगतिंमहत्तत्त्वमास्मितामात्रंशुद्धत्वंपदार्थं । तस्यापिपरमागतिःप्रभुस्तत्पदार्थस्तस्यापिनिरुपाधिचिन्मात्रमित्यर्थः
७६ । ७७ । ७८ योगवत्सांख्येऽपिशौचादिकंतुल्यमित्युक्तंतदत्रोपसंहरति निर्द्वंद्वानामिति । सेयमात्मनिष्ठायोगैर्विषयेभ्यश्चित्तवृत्तेर्निरोधइत्युच्यते । सांख्यैस्तुतत्तद्विषयसहितानांवृत्तीनांलवणोदकन्यायेन
प्रविलापनमित्युच्यते एवमयंभाषाभेदएव । शमादिसाधनंकैवल्यंचफलंपक्षद्वयेऽपिसमानमितिप्रागुक्तंनभस्मर्तव्यं ७९ भगवंतंषड्गुणैश्वर्यसंपन्नंपरमात्मानमेवपरंमोक्षाख्यंस्थानंप्राप्याऽऽजन्ममरणंसर्वज्ञत्वा
ज्जन्ममरणादिकंतत्रस्मरंतिनवामोक्षेविशेषविज्ञानमस्तिनवेतिप्रश्नः 'कस्मिन्नुभगवोविज्ञातेसर्वमिदंविज्ञातंभवतियएवंवेदाहंब्रह्मास्मीतिसइदंसर्वंभवति'इतिमोक्षेसार्वज्ञ्यसार्वात्म्ययोःश्रवणाद्यत्रत्वस्यसर्वमात्मैवा

भूत्वत्केनकंपश्येदितिविशेषविज्ञानाभावश्रुतेश्चसंशयः ८० । ८१ एषद्विविधोऽपिमोक्षेमहान्दोषःस्फुरति सिद्धिगतान्मोक्षप्रतिपादकानृषीन्मंत्रान्प्राप्यस्फुरतिपरस्परंविरुद्धस्यैकत्रपक्षद्वयस्यासंभवात् । अन्यतरांगीकारेऽवश्यकर्तव्येऽन्यतरश्रुतेर्बाधोभवतीत्यर्थः । यदीति । तत्रैवमोक्षेऽपिविज्ञानेविशेषदर्शनेसतिकमैवश्रेष्ठंकिंसंन्यासाद्यायासेनेत्यर्थः ८२ तदभावेतुमहान्दोषःसुषुप्ताविवविगलितज्ञानस्यापिज्ञानमस्तीत्युच्यतेचेदितोदुःखतरमयुक्ततरंनकिंचिदित्यर्थः ८३ बुधानांमैत्रेयीप्रभृतीनामप्यत्रसंमोहोदृश्यते । तथाहि मैत्रेयीमुक्तौद्वैतदर्शनेकर्मफलसाम्यंद्वैतादर्शनेनमूढतमत्वंचपश्यंतीअन्यतरस्यश्रेयस्त्वमप्रतिपद्यमाना याज्ञवल्क्यमवोचत् अत्रैवमाभगवानमूमुहदिति मामां ८४।८५ अत्रसमाधानमाह इंद्रियाणीति। देहिनांप्राणिनांस्वदेहेस्वस्वरूपेऽधिष्ठानेस्थितानींद्रियाण्येवमनःषष्ठानिबुध्यंतेविशेषतःपश्यंति । यतस्तान्यात्मनोविशेषविज्ञानेकारणानिहेतुभूतानि । कथंसूक्ष्मश्चिदात्मातैःकर्तृकारणरूपैःपश्यतिबाह्यमाभ्यंतरंवाविषयंप्रकाशयति । अयंभावः प्रत्यक्षंहिबाह्यमर्थंचक्षुषैवपश्यति तदभावेनपश्यति नचतावताआत्मनःप्रकाशनशक्तिर्हीयतेतेनविनाऽपिस्वप्नेतद्दर्शनात् । एवंसुप्तिसमाध्योर्मनसाबिनाऽपिनास्त्यात्मनोज्ञशक्तिवियोगः उपकरणस्यस्वातंत्र्याविघातकत्वात् । तथाचकरणाभावकृतमेवास्यविशेषविज्ञानराहित्यं । नत्वज्ञत्वकृत

यदत्रतथ्यंतन्मेत्वंयथावद्वक्तुमर्हसि ॥ त्वदृतेपुरुषंनान्यंप्रष्टुमर्हामिकौरव ८१ मोक्षेदोषोमहानेषप्राप्यसिद्धिगतानृषीन् ॥ यदितत्रैवविज्ञानेवर्त्तन्तेयतयःपरे ८२ प्रवृत्तिलक्षणंधर्मंपश्यामिपरमंनृप ॥ मग्नस्यहिपरंज्ञानंकिंनदुःखतरंभवेत् ८३ ॥ भीष्मउवाच ॥ यथान्यायंत्वयातातप्रश्नःपृष्टःसुसंकटः ॥ बुधानामपि संमोहःप्रश्नेऽस्मिन्भरतर्षभ ८४ अत्रापितत्त्वंपरमंशृणुसम्यङ्मयेरितम्॥ बुद्धिश्चपरमायत्रकापिलानांमहात्मनाम् ८५ इंद्रियाण्येवबुध्यन्तेस्वदेहेदेहिनांनृप॥ कारणान्यात्मनस्तानिसूक्ष्मःपश्यतितैस्तुसः ८६ आत्मनाविप्रहीणानिकाष्ठकुड्यसमानितु॥विनश्यंतिनसंदेहःफेनाइवमहार्णवे ८७ इंद्रियैःसहसुप्तस्यदेहिनः शत्रुतापन ॥ सूक्ष्मश्चरतिसर्वत्रनभसीवसमीरणः ८८ सपश्यतियथान्यायंस्पर्शान्स्पृशतिदाविभो ॥ बुध्यमानोयथापूर्वमखिलेनेहभारत ८९ इंद्रियाणीहसर्वाणिस्वेस्वेस्थानेयथाविधि ॥ अनीशत्वात्प्रलीयंतेसर्पाहतविषाइव९०इंद्रियाणांतुसर्वेषांस्वस्थानेष्वेवसर्वशः॥आक्रम्यगतयःसूक्ष्माश्चरत्यात्मानसंशयः९१ सत्वस्यचगुणान्कृत्स्नान्रजसश्चगुणान्पुनः ॥ गुणांश्चतमसःसर्वान्गुणान्बुद्धेश्चभारत ९२

मितिकैवल्येऽपिनात्मनःसार्वज्ञ्यहानिः । तथाचश्रुतिः ‘यद्वैतन्नपश्यतिपश्यन्वैतन्नपश्यतियद्वैतन्नशृणोत्यशृण्वन्वैतन्नशृणोति’इत्यादिकासुप्त्यादावप्यात्मनोद्रष्टृत्वादिकंदर्शयति ८६ आत्मनोज्ञशक्त्यवियोगं दर्शयितुमिंद्रियाणांजडत्वमाह आत्मनेति । वस्तुतइंद्रियाणिस्वरूपेणैवनसंति अध्यस्तत्वात् । परमतेस्थिरत्वात्तत्स्वस्वमुपेत्यापितानिकाष्ठवदचेतनान्येवातोविनश्यंति । तत्रफेनदृष्टांतोयथायोग्यंयोजनीयः यथाफेनोजलेनविनास्वयंनिरात्मैवसात्मत्वेनदृष्टोऽपितेनविनानतिष्ठतीति ८७ इंद्रियाणांजडत्वमुक्त्वाऽऽत्मनःस्वयंज्योतिष्ट्वमाह इंद्रियैरिति। देहाभिमानिनःसेंद्रियस्यस्वप्नेप्रलीनस्यापियःसूक्ष्मोऽन्तरात्मासंसर्वत्रविषयेचरति । जाग्रतीवस्वप्नेऽपिसर्वंविषयंभासयतीत्यर्थः ८८ एतदेवाह सइति । यथापूर्वंजाग्रद्वदित्यर्थः ८९ इंद्रियाणांसात्मत्वमात्मचैतन्यानुवेधादेवेत्यन्वयव्यतिरेकाभ्यामाह इंद्रियाणीति । इहस्वप्नेअनीशत्वात्नास्तिईशःप्रवर्तकोयेषांतानितथात्वात् ९० व्यतिरेकमुक्त्वान्वयमाह इंद्रियाणांत्विति। स्वस्थानेस्थितानांगतयःगतीःसर्वाइंद्रियवृत्तयश्चिद्व्याप्ताएववर्धंतीत्यर्थः ९१ सर्वत्रचिद्व्याप्तिंदर्शयति सत्वस्येति । सत्वादीनांगुणान्व्याप्याऽऽत्माचरतीतिपूर्वेणान्वयः । सत्वस्यगुणान्धर्मादीन् रजसःप्रवृत्त्यादीन् तमसोऽप्रवृत्त्यादीन् बुद्धेरध्यवसायादीन् ९२

मनसःसंकल्पादीन् नभआदीनांश्रोत्रादीन् स्नेहजान्स्नेहोजलंजायतेस्माच्चेजसस्तज्जान् ९३ सर्वाण्येवेति । सर्वाण्युक्तान्यनुक्तानिचक्षेत्रज्ञेषुसन्निहितानिसत्वादीनिगुणैर्मायिकैश्चित्तसत्वानंदत्वाद्यन्व्याप्यआ त्माब्रह्मक्षेत्रज्ञंजीवंव्यातिव्याप्नोति कर्मणीचतमेवक्षेत्रज्ञंव्याप्नुतइतिसंबंधः ९४ इंद्रियाणिमनःषष्ठानि एतच्चक्षेत्रज्ञस्यकर्मसंबंधेकारणमुपन्यस्तं ९५ मुक्तिकारणंचाह प्रकृतिमिति । चादिंद्रियाणि इंद्रियाणि कार्योपाधिंप्रकृतिंकारणोपाधिंचातीत्यक्षेत्रज्ञोऽव्ययंवृद्धिह्रासशून्यंकूटस्थमात्मानंगच्छति तमेवविशिनष्टि परमिति ९६ तत्प्राप्तिफलमाह विमुक्तइति ९७ ननुपरमात्मानंप्राप्तस्यानिवृत्तौपुनर्देहस्योत्थानं नस्यादित्याशंक्याह शिष्टमिति । निवृत्तेऽपिकारणेचक्रभ्रमिन्यायेनशिष्टंमनआदिप्रतियोगिनआगच्छंतिगच्छंति यथाकालंसमाधिव्युत्थानकालभेदेन गुरोःसंदेशकारिणः प्रारब्धकर्मानुसारिणीश्वरप्रेरणातां कर्तुंशीलंयेषांते ९८ एवंजीवन्मुक्तिसद्भावमुक्त्वाविदेहकैवल्यमाह शक्यमिति । अल्पेनवर्तमानदेहपातावधिनाशांतिंविदेहमुक्तिं ९९ । १०० परंयोगापेक्षयाश्रेष्ठं एवंसांख्येनयोगेनवाशोधितस्यत्वंप

गुणांश्चमनसश्चापिनभसश्चगुणांश्चसः ॥ गुणान्वायोश्चधर्मात्मन्स्नेहजांश्चगुणान्पुनः ९३ अपांगुणांस्तथापार्थपार्थिवांश्चगुणानपि ॥ सर्वाण्येवगुणैर्व्याप्यक्षेत्रज्ञे षुयुधिष्ठिर ९४ आत्माचव्यातिक्षेत्रज्ञंकर्मणीचशुभाशुभे ॥ शिष्याइवमहात्मानमिंद्रियाणिचतंप्रभो ९५ प्रकृतिंचाप्यतिक्रम्यगच्छत्यात्मानमव्ययम् ॥ परंनारायणात्मानंनिर्द्वन्द्वंप्रकृतेःपरम् ९६ विमुक्तःपुण्यपापेभ्यःप्रविष्टस्तमनामयम् ॥ परमात्मानमगुणंननिवर्ततिभारत ९७ शिष्टंतत्रमनस्तातइंद्रियाणि चभारत ॥ आगच्छंतियथाकालंगुरोःसंदेशकारिणः ९८ शक्यंचाल्पेनकालेनशांतिंप्राप्तुंगुणार्थिना ॥ एवमुक्तेनकौन्तेययुक्तज्ञानेनमोक्षिणा ९९ सांख्या राजन्महाप्राज्ञागच्छंतिपरमांगतिम् ॥ ज्ञानेनानेनकौन्तेयतुल्यंज्ञानंनविद्यते १०० अत्रतेसंशयोमाभूज्ज्ञानंसांख्यंपरंमतम् ॥ अक्षरंध्रुवमेवोक्तंपूर्णंब्रह्मस नातनम् १ अनादिमध्यनिधनंनिर्द्वन्द्वंकर्तृशाश्वतम् ॥ कूटस्थंचैवनित्यंचयद्वदंतिमनीषिणः २ यतःसर्वाःप्रवर्तन्तेसर्गप्रलयविक्रियाः ॥ यच्चशंसंतिशास्त्रेषु वदंतिपरमर्षयः ३ सर्वेविप्राश्चदेवाश्चतथाशमविदोजनाः ॥ ब्रह्मण्यंपरमंदेवमनंतंपरमच्युतम् ४ प्रार्थयंतश्चतंविप्रावदंतिगुणबुद्धयः ॥ सम्यग्युक्तास्तथायोगाः सांख्याश्चामितदर्शनाः ५ अमूर्तेस्तस्यकौन्तेयसांख्यंमूर्तिरितिश्रुतिः ॥ अभिज्ञानानितस्याहुर्मतंहिभरतर्षभ ६ द्विविधानीहभूतानिपृथिव्यांपृथिवीपते ॥ जंगमागमसंज्ञानिजंगमंतुविशिष्यते १०७

दार्थस्यब्रह्माद्वैतसिद्धयेतत्पदार्थाभेदंवक्तुंतत्पदार्थस्वरूपमाह अक्षरमित्यादिना । अक्षरंव्यापकं अश्नोतेःसरन् ध्रुवमचंचलं अतएवपूर्णंब्रह्मसर्वोत्कृष्टं सनातनंसदैकरूपं १ निर्द्वंद्वंद्वैतवर्जितं कर्तृजगज्जन्मा दिहेतुः शाश्वतमखंडदंडायमानं कूटस्थंनिर्विकारं २ । ३ ब्रह्मण्यंब्रह्मजातिहितं ४ प्रार्थयंतःगुणेषुविषयेषुबुद्धिर्येषांते तंवदंतिमायिकैर्गुणैःस्तुवंति सांख्यायोगाश्चस्तुवंति जगत्कर्तृत्वेनआदिगुरु त्वेनचेतिशेषः ५ सांख्यंज्ञानंशुद्धचिन्मात्रंतस्यस्वरूपमित्यर्थः तत्सत्वेमानमाह अभिज्ञानानीति । घटादीनांज्ञानानितान्येवतस्यामूर्तेर्ब्रह्मणोमतंज्ञानं मनज्ञानेऽस्माद्भावेनिष्ठा निर्विषयघटादिज्ञानमेवपरंब्रह्मे त्यर्थः । यथोक्तंवार्तिके 'परागर्थप्रमेयेषुयाफलत्वेनसंमता ॥ संवित्सैवेहमेयार्थोवेदांतोक्तिप्रमाणतः'इति ६ यदुक्तविधंब्रह्मतत्सच्चिदानंदरूपंतत्रस्थावरेषुसदंशमात्राभिव्यक्तिःजंगमेषुसच्चिदंशयोर्विद्वत्सु सच्चिदानंदांशानांत्रयाणामप्यभिव्यक्तिरितितेषामुत्तरमुत्तरंश्रेष्ठमित्याहद्वाभ्यां द्विविधानीति । अगमंस्थावरं १०७

महत्सुब्रह्मवित्सु यन्महज्ज्ञानंतत्सांख्यागतंसांख्येऽन्तर्गतं एतेनसांख्यविज्ञानात्सर्वविज्ञानमुक्तं । तथाचस्थावराज्जंगमंश्रेष्ठंजंगमेष्वपिविद्वान्श्रेष्ठतरइतिभावः ८ । ९ शमादिकंसर्वंसांख्येसांख्यविज्ञाननिमित्तंविहितमित्यर्थः ११० विपर्ययेकिंचित्साधनवैकल्याज्ज्ञानानुत्पत्तौ यतेषुयत्नशीलेषु तांश्चानुसंचार्यतेषामाधिपत्यंकृत्वा ११ महार्हेअतिपूज्येऽधिकमभिरतास्तेदेवंतत्पदार्थंप्रविशंतिक्रमेणेतिशेषः १२ कीदृशीगतिःयापापकृतानामधिवासः एतत्परोक्षज्ञानफलमुक्तम् १३ अपरोक्षज्ञानफलमाह सांख्यमिति । कृत्स्नंसांख्यंयोधारयतेसाक्षात्कृत्यास्तेसनारायणःपरंब्रह्मैव तथाचश्रुतिर्ब्रह्मविद्ब्रह्मैवभवतीति १४ हेनर मयाएतद्देवस्यात्मनस्तत्त्वमुक्तं तच्चनारायणोविश्वमिति सर्वंखल्विदंब्रह्मेतिश्रुतेरित्यर्थः तत्रहेतुः सइति । एतेनतज्जलानितिश्रुतेरर्थउक्तः १५ सांख्यसर्वस्वमाहार्धेन संहृत्येति । सर्व

ज्ञानंमहद्यद्धिमहत्सुराजन्वेदेषुसांख्येषुतथैवयोगे ॥ यच्चापिदृष्टंविविधंपुराणेसांख्यागतंतन्निखिलंनरेंद्र ८ यच्चेतिहासेषुमहत्सुदृष्टंयच्चार्थशास्त्रेनृपशिष्टजुष्टे ॥ ज्ञानंचलोकेयदिहास्तिकिंचित्सांख्यागतंतच्चमहन्महात्मन् ९ शमश्चदृष्टःपरमंबलंचज्ञानंचसूक्ष्मंचयथावदुक्तम् ॥ तपांसिसूक्ष्माणिसुखानिचैवसांख्येयथावद्विहितानिराजन् १० विपर्ययेतस्यहिपार्थदेवान्गच्छंतिसांख्याःसततंसुखेन ॥ तांश्चानुसंचार्यततःकृतार्थाःपतंतिविप्रेषुयतेषुभूयः ११ हित्वाचदेहंप्रविशंतिदेवंदिवौकसोद्यामिवपार्थसांख्याः ॥ अतोऽधिकंतेऽभिरतामहार्हेसांख्येद्विजाःपार्थिवशिष्टजुष्टे १२ तेषांनतिर्यग्गमनंहिदृष्टंनावाग्गतिःपापकृताधिवासः॥ नवाप्रधानाअपितेद्विजातयोयेज्ञानमेतन्नृपतेऽनुरक्ताः १३ सांख्यंविशालंपरमंपुराणंमहार्णवंविमलमुदारकांतम् ॥ कृत्स्नंचसांख्यंनृपतेमहात्मानारायणोधारयतेऽप्रमेयम् १४ एतन्मयोक्तंनरदेवतत्त्वंनारायणोविश्वमिदंपुराणम् ॥ ससर्गकालेचकरोतिसर्गंसंहारकालेचतदत्तिभूयः १५ संहृत्यसर्वंनिजदेहसंस्थंकृत्वाऽप्सुशेतेजगदंतरात्मा ११६ ॥ इतिश्रीमहाभारते शांतिपर्वणि मोक्ष० सांख्यकथनेएकाधिकत्रिशततमोऽध्यायः ॥ ३०१ ॥

॥ युधिष्ठिरउवाच ॥

किंतदक्षरमित्युक्तंयस्मान्नावर्ततेपुनः ॥ किंचतत्क्षरमित्युक्तंयस्मादावर्ततेपुनः १ अक्षरक्षरयोर्व्यक्तिंपृच्छाम्यरिनिषूदन ॥ उपलब्धुंमहाबाहोतत्त्वेनकुरुनंदन २ त्वंहिज्ञाननिधिर्विप्रैरुच्यसेवेदपारगैः ॥ ऋषिभिश्चमहाभागैर्यतिभिश्चमहात्मभिः ३ शेषमल्पंदिनानांतेदक्षिणायनभास्करे ॥ आवृत्तेभगवत्यर्केगंतासिपरमांगतिम् ४ त्वयिप्रतिगतेश्रेयःकुतःश्रोष्यामहेवयम् ॥ कुरुवंशप्रदीपस्त्वंज्ञानदीपेनदीप्यसे ५ तदेतच्छ्रोतुमिच्छामित्वत्तःकुरुकुलोद्वह ॥ नतृप्यामीहराजेंद्रशृण्वन्नमृतमीदृशम् ६ ॥ भीष्मउवाच ॥ अत्रतेवर्तयिष्यामिइतिहासंपुरातनम् ॥ वसिष्ठस्यचसंवादंकरालजनकस्यच ७

कार्यजातंवियदादिकंसंहृत्यप्रविलाप्य कुत्र निजदेहेकारणात्मनिसंस्थासमाप्तिर्यस्यसतथाकृत्वास्वयमपिकारणात्माप्सुनिर्विशेषाचिन्मात्रेशेतेलीनोभवति जगदंतरात्मानारायणःसर्वप्रत्यग्भूतः । एतेनयोयंमायावीजगज्जन्मादिहेतुःससर्वेषांप्रत्यग्भूतईश्वरश्चिन्मात्रेलीयतइतिनिर्विशेषब्रह्माद्वैतमुक्तंभवति ११६ ॥ इतिशांतिपर्वणिमोक्षधर्मपर्वणि नीलकंठीये भारतभावदीपे एकाधिकत्रिशततमोऽध्यायः ॥३०१॥ ॥ ॥ त्वंपदार्थशोधकौसांख्ययोगावुक्त्वातस्यपारमार्थिकंतत्पदार्थतत्त्वंवक्तुमक्षरंध्रुवमेवोक्तमित्यादिनांतेतत्पदार्थस्वरूपमुपक्षिप्तंतद्विवरणायारभते किंतदक्षरमित्यादि व्यक्तिंविवेकंतत्त्वेनयाथात्म्येनउपलब्धुंपृच्छामीतिद्वयोःसंबंधः १ । २ । ३ । ४ । ५ । ६ करालनामाजनकःकरालजनकस्तस्य ७

कुशलंऊहापोहसमर्थं गतिरनुभवस्तेननिश्चयोऽस्यास्तीतितथा अध्यात्मेपरोक्षापरोक्षोभयविधज्ञानवंतामित्यर्थः । मैत्रावरुणिंमित्रावरुणयोर्दीक्षितयोरुर्वशीमप्सरसंदृष्ट्वावासतीवरेकुंभेरेतोऽपतत्ततोऽगस्त्यवसि ष्ठावजायेतामितिबह्वृचानांह्यनुक्रमणिकायांतस्यमैत्रावरुणित्वमुक्तम् ९ प्रश्रितंविनीतं मधुरमर्थतः अनुल्बणंकुतर्कहीनं १० । ११ यच्चेति । यत्राक्षरेक्षरतेलवणोदकवल्लीयते एतेनक्षराक्षरशब्दवृत्तिनिमित्ते दर्शिते शिवमानंदरूपं क्षेम्यंसंसारमोचकंयतोऽनामयंनिर्द्वंद्वं १२ यावत्कालेनकृत्स्नेनापिकालेन १३ कृत्स्नंक्षरंयावताकालेनक्षरतितत्प्रमाणमाह युगमिति । युगंचतुर्युगंदेवमानेनअब्दानांद्वादशसहस्रसंमितं तदेवचतुर्युगंदशशतावृत्तंकल्पंतदेवचब्राह्ममहरुच्यते । अत्रयोऽयंमानुषःसंवत्सरःसदेवानामहोरात्रस्तयागणनयाद्वादशसहस्रंचतुर्युगं तेनएतत्षष्ट्यधिकशतत्रयेणगुणितंत्रिचत्वारिंशल्लक्षाणिविंशतिसहस्राणिच । एतेषुदशधाभक्तेष्वेकोंऽशःचतुर्लक्षंद्वात्रिंशत्सहस्राणिचकलेर्मानं तदेवद्विगुणंद्वापरस्य त्रिगुणंत्रेतायाः चतुर्गुणंकृतस्यएतद्ब्रह्मदिनमानंगीतास्वप्युक्तम् । 'चतुर्युगसहस्रंतद्ब्रह्मणोदिनमुच्यते । रात्रिंयुगसहस्रांत।

वसिष्ठंश्रेष्ठमासीनमृषीणांभास्करद्युतिम् ॥ पप्रच्छजनकोराजाज्ञानंनैःश्रेयसंपरम् ८ परमध्यात्मकुशलमध्यात्मगतिनिश्चयम् ॥ मैत्रावरुणिमासीनमभिवाद्यकृ तांजलिः ९ स्वक्षरंप्रश्रितंवाक्यंमधुरंचाप्यनुल्बणम् ॥ पप्रच्छर्षिवरंराजाकरालजनकःपुरा १० भगवन्श्रोतुमिच्छामिपरंब्रह्मसनातनम् ॥ यस्मान्नपुनरावृत्ति माप्नुवंतिमनीषिणः ११ यच्चतत्क्षरमित्युक्तंयत्रेदंक्षरतेजगत् ॥ यच्चाक्षरमितिप्रोक्तंशिवंक्षेम्यमनामयम् १२॥ वसिष्ठउवाच ॥ श्रूयतांपृथिवीपालक्षरतीदंयथा जगत् ॥ यन्नक्षरतिपूर्वेणयावत्कालेनवाऽप्यथ १३ युगंद्वादशसाहस्रंकल्पंविद्धिचतुर्युगम् ॥ दशकल्पशतावृत्तमहस्तद्ब्राह्ममुच्यते १४ रात्रिश्चैतावतीराजन्य स्यांतेप्रतिबुध्यते ॥ सृजत्यनंतकर्माणंमहांतंभूतमग्रजम् १५ मूर्तिमंतममूर्तात्माविश्वंशंभुःस्वयंभुवः ॥ अणिमालघिमाप्राप्तिरीशानंज्योतिरव्ययम् १६ सर्वतः पाणिपादंतत्सर्वतोक्षिशिरोमुखम् ॥ सर्वतःश्रुतिमल्लोकेसर्वमावृत्यतिष्ठति १७ हिरण्यगर्भोभगवानेषबुद्धिरितिस्मृतः ॥ महानितिचयोगेषुविरिंचिरितिचाप्य जः १८ सांख्येचपठ्यतेशास्त्रेनामभिर्बहुधात्मकः ॥ विचित्ररूपोविश्वात्माएकाक्षरइतिस्मृतः १९ वृतंनैकात्मकंयेनकृतंत्रैलोक्यमात्मना ॥ तथैवबहुरूपत्वा द्विश्वरूपइतिस्मृतः २० एषवैविक्रियापन्नःसृजत्यात्मानमात्मना ॥ अहंकारंमहातेजाःप्रजापतिमहंकृतम् २१ अव्यक्ताद्व्यक्तमापन्नंविद्यासर्गंवदंतितम् ॥ महांतंचाप्यहंकारमविद्यासर्गमेवच २२

तेऽहोरात्रविदोजनाः' इति १४ यस्यांते यस्येतितद्धितप्रकृतेर्ग्रहणं ब्रह्मणोन्तेइत्यर्थः प्रतिबुध्यतेशंभुरितिसंबंधः अग्रजंहिरण्यगर्भं 'हिरण्यगर्भःसमवर्तताग्रेभूतस्यजातःपतिरेकआसीत् । सदाधारपृथिवींद्यामुते मांकस्मैदेवायहविषाविधेम' इतिश्रुतेः १५ अणिमाद्यायत्रस्वयंभुवःनित्यंस्वतःसिद्धाःनतुहिरण्यगर्भादिष्विवतपसाआविर्भूताः ततईशानंसर्वनियंतृज्योतिश्चिद्रूपमव्ययमपारिणामि १६ अमूर्तमेवाक्षरस्यज्ञेयंरूप माह सर्वतइति १७ हिरण्यगर्भइति । योऽक्षरइतिस्मृतःसएषहिरण्यगर्भःसूत्रात्माभगवान्सर्वैश्वर्यसंपन्नः । बुद्धिःसमदृष्टिबुद्धिरितिवेदांतिनः । योगेतुएषएवमहानितिप्रथमंकार्यं १८ । १९ नैकात्मकंबहुरूपंत्रैलो क्यंकृतंवृतंच तदेवविश्वरूपोविराट्विश्वंरूपमस्य तथाचश्रुतिः । 'अग्निर्मूर्धाचक्षुषीचंद्रसूर्यौदिशःश्रोत्रेवाग्विवृताश्चवेदाः । वायुःप्राणोहृदयंविश्वमस्यपद्भ्यांपृथिवीह्येषसर्वभूतांतरात्मा' इति २० एषसूत्रात्माअहं कारमुपाधिं अहंकृतंतदभिमानिनंविराजं २१ अस्यद्वैविध्यमाह अव्यक्तादिति । महांतंसमष्टिं चात्व्यष्ट्यहंकारमविद्यासर्गम् २२

विद्याविद्ययोर्लक्षणमाह अविधिरिति । अत्राक्षरात्कारणाद्धिरण्यगर्भसृष्टिःप्रथमा विराट्सृष्टिर्द्वितीया एकतएतेषांत्रयाणामन्यतमेएकस्मिन्विषयेयोविधिः । आप्नोतेरादिमत्वात् । आप्नोतिह्वाइदंसर्वमादिर्मा श्चभवतियएवंवेदेति तत्तदुपास्तिविधानंसाऽविद्या । योविधिस्तत्त्वमस्यहंब्रह्मास्मिअयमात्माब्रह्मोतीसिद्धवत्कथनंसाविद्या । अयमर्थः यथारज्जुंसर्पत्वेनपश्यंतंभीतंनरंप्रतिकश्चिद्रज्जुरियंनसर्पइतिसिद्धवद्रज्जु भावमुपदिशति तेनचसाक्षात्कृतेनसद्योभयनिवृत्तिर्जायतेसोऽयमविधिर्विद्या । अतिविक्षेपादाप्तवाक्येश्रद्धाहीनंप्रतिइमंसर्परज्जुत्वेनभावयतस्तवरज्जुरेवभविष्यति सचकर्मश्रद्धाजडोविधौविश्वस्यभावनाबले नतस्यरज्जुत्वंपश्यति सर्पदष्टइवगरुडभावनेनात्मनोनिर्विषत्वंतद्वत्सोऽयंविधिरविद्येति तद्वदत्रापिध्येयं २३ उपहितयोर्महदहंकारयोः सूत्रविराडपरपर्याययोःसृष्टिमुक्त्वातदुपाध्योःसृष्टिमाह भूतेति । भूतानिपंच तन्मात्राख्यानिसूक्ष्मपंचभूतान्यपंचीकृतानि सर्वेषुसात्विकराजसतामसेषु वैकृतंविकृतमेववैकृतं २४ तमेवाह वायुरिति। तत्रवाय्वादीनिपंचीकृतानिस्थूलानिभूतानिशब्दादिसहितानितामसाहंकाराच्चतुर्थःसर्गः२५ युगपदित्याकाशाद्वायुःवायोरग्निरित्यादिःश्रौतक्रमोऽनादरणीयइत्युक्तंदृष्टिसृष्ट्यभिप्रायेण भौतिकंस्थूलभूतजम् २६ तमेवाह श्रोत्रमिति २७ अत्रतामसानिभूतानि सात्विकानिमनःश्रोत्रादीनि राजसानिवागा

अविधिश्चविधिश्चैवसमुत्पन्नौतथैकतः॥ विद्याऽविद्येतिविख्यातेश्रुतिशास्त्रार्थचिंतकैः २३ भूतसर्गमहंकारात्तृतीयंविद्धिपार्थिव॥ अहंकारेषुसर्वेषुचतुर्थंविद्धिवै कृतम् २४ वायुर्ज्योतिरथाकाशमापोऽथपृथिवीतथा॥ शब्दःस्पर्शश्चरूपंचरसोगंधस्तथैवच २५ एवंयुगपदुत्पन्नंदशवर्गमसंशयम् ॥ पंचमंविद्धिराजेंद्रभौतिकं सर्गमर्थवत् २६ श्रोत्रंत्वक्चक्षुषीजिह्वाघ्राणमेवचपंचमम्॥ वाक्चहस्तौचपादौचपायुर्मेढ्रंतथैवच २७ बुद्धींद्रियाणिचैतानितथाकर्मेंद्रियाणिच ॥ संभूतानीह युगपन्मनसासहपार्थिव २८ एषातत्त्वचतुर्विंशासर्वाकृतिषुवर्तते ॥ यांज्ञात्वानाभिशोचंतिब्राह्मणास्तत्त्वदर्शिनः २९ एतद्देहंसमाख्यानंत्रैलोक्येसर्वदेहिषु ॥ वेदितव्यंनरश्रेष्ठसदेवनरदानवे ३० सयक्षभूतगंधर्वेसकिन्नरमहोरगे॥ सचारणपिशाचेवैसदेवर्षिनिशाचरे ३१ सदंशकीटमशकेसपूतिकृमिमूषिके॥ शुनिश्वपा केचैणेयेसचांडालेसपुल्कसे ३२ हस्त्यश्वखरशार्दूलेसवृक्षेगविचैवह॥ यच्चमूर्तिमयंकिंचित्सर्वत्रैतन्निदर्शनम् ३३ जलेभुवितथाऽऽकाशेनान्यत्रेतिविनिश्चयः॥ स्थानंदेहवतामासीदित्येवमनुशुश्रुम ३४ कृत्स्नमेतावतस्तातक्षरतेव्यक्तसंज्ञितम् ॥ अहन्यहनिभूतात्माततःक्षरइतिस्मृतः ३५ एतदक्षरमित्युक्तंक्षरती दंयथाजगत् ॥ जगन्मोहात्मकंप्राहुरव्यक्ताद्व्यक्तसंज्ञकम् ३६ महांश्चैवाग्रजोनित्यमेतत्क्षरनिदर्शनम् ॥ कथितंतेमहाराजयन्मांत्वंपरिपृच्छसि ३७

दीनि जाड्यप्रकाशप्रवृत्तिधर्मत्वादेतेषामयंविभागोबोध्यः २८ एषामूलप्रकृतिः चतुर्विंशाचतुर्विंशतितमी चतुर्विंशीत्यृजुःपाठः । सर्वाकृतिषुसर्वासुविकृतिषु यांप्रकृतिंपुरुषात्पृथग्भूतांज्ञात्वा २९ एतद्विकृत्यात्मकंदेहंपिंडब्रह्मांडात्मकशरीरं क्लीबत्वमार्षं ३० । ३१ । ३२ । ३३ जलेति नान्यत्रेतिचपंचमहाभूतांतर्वर्त्येवदेहवान्जीवस्तान्यतीतस्तुब्रह्मैवेतिभावः ३४ एतावतएतावत्पर्यंतमक्षरावधियद्व्यक्तंतत्क्षरते भूतात्माचतुर्विंशकःसंघातः ३५ एतदिति प्रत्यगात्मानंत्वंपदार्थमभिनीयदर्शयति इदमिति पराग्भूतंजगत् जगच्छब्दार्थमाह जगदिति । एतेनाव्यक्तस्यापिक्षरत्वमुक्तं ३६ अत्रयुक्तिमाह महानिति। यतोमहान्सूक्ष्मा बुद्धिःसाऽपिनित्यंक्षरत्यतस्तत्कारणमव्यक्तमपिक्षरत्येवेत्यर्थः तथाचप्रयोगः । महान्क्षरोपादानकः क्षरात्मत्वाद्धटवदिति नचात्मधर्माणांदुःखादीनांक्षरत्वेऽपिक्षरोपादानकत्वंनास्त्यात्मनोऽनित्यत्वादिति वाच्यं दुःखादेरात्मधर्मत्वस्यैवासिद्धेः । तदभ्युपगमेवाव[illegible]यौष्ण्यवन्निवृत्त्यसंभवेनयावद्दुःखनिवृत्तिलक्षणस्यमोक्षस्यासिद्धेरित्यास्तांतावत् ३७

पंचविंशतिमः तकारलोपआर्षः विष्णुःशुद्धःचिन्मात्रंसनिर्गुणत्वान्निस्तत्वः कथंतांहंपचविंशतितत्वेषुतस्यगणनेत्यतआह तत्त्वेति । तत्त्वाधिष्ठानत्वादेवास्यतत्त्वसंज्ञानतुकार्यत्वात्कारणत्वाद्वाऽस्यतत्त्वांतर्गततत्व
मस्ति । एतेनब्रह्मणोजगदुपादानत्वमपितदुपादानाज्ञानाश्रयत्वादेवेतिव्याख्यातंअन्यथातस्यापिपूर्वोक्तानुमानेनक्षरत्वापात्तिः यथोक्तंसंप्रदायविद्भिः । 'अस्यद्वैतेंद्रजालस्ययदुपादानकारणं । अज्ञानंतदुपाश्रि
त्यब्रह्मकारणमुच्यते'इति ३८ निस्तत्वत्वादेवाधिष्ठातृत्वमपिनास्तीत्याह यदिति । यद्यस्माद्धेतोः मर्त्यक्षरणधर्मिप्रधानंकर्तृव्यक्तंकार्यमसृजचचस्माद्धेतोस्तन्मूर्तिमत् जगत्प्रधानेनैवप्रवर्त्यतइत्यर्थः । कोसावधि
ष्ठातायश्चतुर्विंशतितमःअव्यक्तः । ननुकथमचेतनस्याधिष्ठातृत्वंसंहतत्वादेवेतिगृहाण द्वियतःपुरुषोऽमूर्तोऽसंहतःअतोनासावधिष्ठातेत्यर्थः ३९ ननुसंहतमप्यव्यक्तंकाष्ठलोष्ठसमत्वान्नाधिष्ठातृभवेदतआह सएवेति
चतुर्विंशतितमएवआतिष्ठतेऽधितिष्ठति यतआत्मवान्चिच्छायावान् संधिरार्षः केवलोऽनुपाधिरपिचेतनःसर्गप्रलयधर्मिण्याप्रकृत्यामूर्तिमान्भवतिस्वतस्त्वमूर्तिमानेव ४० तथैवचनिर्गुणमगोचरमपिगोचरेवर्तते
दर्पणेनेवमुखं यदाहुः । नतावदयमेकांतेनाविषयः अस्मत्प्रत्ययविषयत्वादिति ४१ तत्पदार्थनिरूपणमुपसंहराति एवमिति । त्वंपदार्थंनिरूपयाति विकुर्वाणइति।प्रकृतिमानविद्यावान् अबुद्धिमान्मूढः अभिमन्य

पंचविंशतिमोविष्णुर्निस्तत्त्वस्तत्त्वसंज्ञितः ॥ तत्त्वसंश्रयणादेतत्तत्त्वमाहुर्मनीषिणः ३८ यन्मर्त्यमसृजद्व्यक्तंतत्तन्मूर्त्यधितिष्ठति ॥ चतुर्विंशतिमोऽव्यक्तोह्य
मूर्तःपंचविंशकः ३९ सएवहृदिसर्वासुमूर्तिष्वातिष्ठतेऽऽत्मवान्॥ केवलश्चेतनोनित्यःसर्वमूर्तिरमूर्तिमान् ४० सर्गप्रलयधर्मिण्यासर्सगप्रलयात्मकः॥ गोचरेवर्त
तेनित्यंनिर्गुणंगुणसंज्ञितम् ४१ एवमेषमहानात्मासर्गप्रलयकोविदः॥ विकुर्वाणःप्रकृतिमानभिमन्यत्यबुद्धिमान्४२तमःसत्वरजोयुक्तस्तासुतास्विहयोनिषु॥
लीयतेप्रतिबुद्धत्वादबुद्धजनसेवनात् ४३ सहवासविनाशित्वान्नान्योऽहमितिमन्यते॥ योऽहंसोऽहमितिह्युक्त्वागुणानेवानुवर्तते४४ तमसातामसान्भावान्वि
विधान्प्रतिपद्यते ॥ रजसाराजसांश्चैवसात्विकान्सत्वसंश्रयात् ४५ शुक्ललोहितकृष्णानिरूपाण्येतानित्रीणितु ॥ सर्वाण्येतानिरूपाणियानीहप्राकृतानिवै
४६ तामसानिरयंयांतिराजसामानुषानथ॥ सात्विकादेवलोकायगच्छंतिसुखभागिनः ४७ निष्कैवल्येनपापेनतिर्यग्योनिमवाप्नुयात् ॥ पुण्यपापेनमानुष्यं
पुण्येनैकेनदेवताः ४८ एवमव्यक्तविषयंक्षरमाहुर्मनीषिणः॥ पंचविंशतिमोयोऽयंज्ञानादेवप्रवर्तते ४९ ॥ इतिश्रीमहाभारते शांतिपर्वाणि मोक्षधर्मपर्वाणि
वसिष्ठकरालजनकसंवादे द्व्यधिकत्रिशततमोध्यायः ॥ ३०२ ॥

तेअहमित्यात्मानंमन्यते ४२ लीयतेयोनिभिःसहतादात्म्यंप्राप्नोति ४३ तत्रहेतुमाह सहेति । सहवासेनाविनष्टमदर्शनंगंतुंशीलमस्यतस्यभावस्तत्वंतस्मात्नान्योहंसंघातादितिमन्यते । योऽहंसोऽहममुष्यपुत्रोऽहम
मुकजातीयोऽहमितिगुणान्ब्राह्मण्यादीनेव ४४ तामसान्क्रोधादीन् राजसान्प्रवृत्त्यादीन् सात्विकान्प्रकाशादीन् ४५ शुक्लेति । क्रमेणस्वच्छत्वाद्रंजकत्वान्मालिनत्वाच्चसत्वादीनिशुक्ललोहितकृष्णानि
तान्येवजलतेजोऽन्नानि एतानिदृश्यानि । 'वाचारंभणंविकारोनामधेयंत्रीणिरूपाणीत्येवसत्यं'इतिश्रुतेः । प्राकृतानिप्रकृतिस्तेजोबन्नानितत्संबंधीनि ४६ तेजोबन्नोपाधिकेषुजीवेषुयेतामसाइतिव्याख्येयं ४७ ।
४८ एवमिति।यद्वा योऽयंपंचविंशतितमस्तमेवाव्यक्तविषयंमायागोचरंसंतंक्षरंविनाशिनंविकारिणंवाजातोदेवदत्तोमृतोदेवदत्तःसुखीदुःखीपुण्यवान्पापीचेत्यज्ञानादाहुः । कथंतर्हितदुपलब्धिरतआह ज्ञानादेवप्रव
र्ततेप्रकाशते एतेनतत्पदार्थएवाज्ञानाज्जीवत्वमापन्नोज्ञानान्मुच्यतइतिवदतातत्त्वमसीत्यादिवाक्यार्थोजीवब्रह्माभेदःसाधितोभवति ४९ ॥ इतिशांतिपर्वाणि मोक्षपर्वाणि नीलकंठीये भारतभावदीपे
द्व्यधिकत्रिशततमोऽध्यायः ॥ ३०२ ॥

प्रकृतिसंयोगात्पुरुषस्तामेवानुवर्ततइत्युक्तंतत्प्रपंचयत्यध्यायद्वयेन एवमप्रतिबुद्धत्वादित्यादिना । अबुद्धमबोधमज्ञानं भावेनिष्ठांतेननञ्समासः १ गुणक्षयाद्गुणसामर्थ्यात् क्षिक्षयैश्वर्ययोरित्यैश्वर्यार्थस्याक्षिधातोरूपं एतच्चतामसानिरयंयांतीतिश्लोकेनप्रागेवोक्तं २ आनंत्यमनंतं ३ । ४ निर्द्वन्द्वःसुखदुःखादिहीनः ५ हिध्माकासश्वासः ६ एषजीवोऽभिमन्यतेअहमेवदुःखीरोगीचेति ७ । ८ मंडूकवत्पाणिपादंसंकोच्य न्युब्जःशेतेइतिमंडूकशायी ९ आकाशेनिरावरणेदेशे १० । ११ फलगृद्ध्याफलाशा मुंजमेखलेतिकौपीनवच्चंलक्ष्यते १२ वालेत्याविकंकंबलोलक्ष्यते १३ फलकंभूर्जत्वगादिचिपिटकाष्ठंवाकौपीनरूपं

॥ वसिष्ठउवाच ॥ एवमप्रतिबुद्धत्वादबुद्धमनुवर्तते ॥ देहाद्देहसहस्राणितथासमभिपद्यते १ तिर्यग्योनिसहस्रेषुकदाचिद्देवतास्वपि॥ उपपद्यतिसंयोगाद्गुणैःसहगुणक्षयात् २ मानुषत्वाद्दिवंयातिदिवोमानुष्यमेवच ॥ मानुष्यान्निरयस्थानमानंत्यंप्रतिपद्यते ३ कोशकारोयथाऽऽत्मानंकीटःसमवरुंधति ॥ सूत्रतंतुगुणैर्नित्यंतथाऽयमगुणोगुणैः ४ द्वंद्वमेतिचनिर्द्वन्द्वस्तासुतास्विहयोनिषु ॥ शीर्षरोगेऽक्षिरोगेचदंतशूलेगलग्रहे ५ जलोदरेतृषारोगेज्वरगंडेविषूचके ॥ श्वित्रकुष्ठेऽग्निदग्धेचहिध्मापस्मारयोरपि ६ यानिचान्यानिद्वंद्वानिप्राकृतानिशरीरिषु ॥ उत्पद्यंतेविचित्राणितान्येषोऽप्यभिमन्यते ७ तिर्यग्योनिसहस्रेषुकदाचिद्देवतास्वपि ॥ अभिमन्यत्यभीमानात्तथैवसुकृतान्यपि ८ शुक्लवासाश्चदुर्वासाःशायीनित्यमधस्तथा ॥ मंडूकशायीचतथावीरासनगतस्तथा ९ चीरधारणमाकाशेशयनंस्थानमेवच ॥ इष्टकाप्रस्तरेचैवकंटकप्रस्तरेतथा १० भस्मप्रस्तरशायीचभूमिशय्यातलेषुच ॥ वीरस्थानांबुपंकेचशयनंफलकेषुच ११ विविधासुचशय्यासुफलगृद्ध्यान्वितस्तथा ॥ मुंजमेखलनग्नत्वंक्षौमकृष्णाजिनानिच १२ शाणीवालपरीधानोव्याघ्रचर्मपरिच्छदः ॥ सिंहचर्मपरीधानःपट्टवासास्तथैवच १३ फलकंपरिधानश्चतथाकंटकवस्त्रधृक् ॥ कीटकावसनश्चैवचीरवासास्तथैवच १४ वस्त्राणिचान्यानिबहून्यभिमन्यत्यबुद्धिमान् ॥ भोजनानिविचित्राणिरत्नानिविविधानिच १५ एकरात्रांतराशित्वमेककालिकभोजनम् ॥ चतुर्थाष्टमकालश्चषष्ठकालिकएवच १६ षड्रात्रभोजनश्चैवतथैवाष्टाहभोजनः ॥ सप्तरात्रदशाहारोद्वादशाहिकभोजनः १७ मासोपवासीमूलाशीफलाहारस्तथैवच ॥ वायुभक्षोऽम्बुपिण्याकदधिगोमयभोजनः १८ गोमूत्रभोजनश्चैवशाकपुष्पादएवच शैवालभोजनश्चैवतथाऽऽचामेनवर्तयन् १९ वर्तयन्शीर्णपर्णैश्चप्रकीर्णफलभोजनः ॥ विविधानिचकृच्छ्राणिसेवतेसिद्धिकांक्षया २० चांद्रायणानिविधिवल्लिंगानिविविधानिच ॥ चातुराश्रम्यपंथानमाश्रयत्यपथानपि २१ उपाश्रमानप्यपरान्पाषंडान्विविधानपि ॥ विविक्ताश्चशिलाच्छायास्तथाप्रस्रवणानिच २२ पुलिनानिविविक्तानिविविक्तानिवनानिच ॥ देवस्थानानिपुण्यानिविविक्तानिसरांसिच २३ विविक्ताश्चापिशैलानांगुहागृहनिभोपमाः ॥ विविक्तानिचजप्यानिव्रतानिविविधानिच २४ नियमान्विविधांश्चापिविविधानितपांसिच ॥ यज्ञांश्चविविधाकारान्विधींश्चविविधांस्तथा २५

कंटकवस्त्रंशाल्मल्यादितूलजं । कटकेतिपाठेतृणमयःकटः कीटकावसनःपट्टसूत्रजवस्त्रः १४ । १५ । १६ दशाहारोदशाहाहारः एकोहाकारोलुप्तः दशाहेनाहारोयस्येत्यर्थः १७ । १८ आचामेनभक्तमंडेन'मासराचामनिस्रावामंडेभक्तसमुद्भवे'इत्यमरः १९ । २० । २१ उपाश्रमान्पाशुपतपांचरात्राद्युक्तदीक्षायोगान् २२ । २३ गृहेषुयेनिभाःनितरांभांतिते दिव्यगृहोपमाइत्यर्थः २४ । २५

२६ । २७ प्रकृत्योपकरणभूतया २८ । २९ विशसनेसंग्रामे ३० भवंसृष्टिं अभ्येत्यप्रसित्वा ३१ । ३२ आत्मरूपगुणान्आत्मनिकल्पितवान् रूपंवयोवर्णाकृत्यादि गुणान्सत्वादीन्
३३ क्रियापथेकर्ममार्गे क्रियांतथातदितिमन्यतेइदंकर्मएवंगुणंफलमित्यावश्यकत्वेनमानयति ३४ । ३५ । ३६ । ३७ । ३८ । ३९ । ४० । ४१ निरात्मानिःस्वरूपश्चिदाभासविशि
ष्टोदेहेंद्रियादिसंघातःदृश्यत्वेनशुक्तिरजतादिवन्मिथ्यात्वात् आत्मगुणैश्चेतनत्वसत्यत्वसुखत्वैः यथोक्तं । आनंदोविषयानुभवोऽनित्यत्वंचेतिसतिधर्माः अपृथक्त्वेऽपिचतेषांचैतन्यात्पृथगिवावभासंतइति

वणिक्पथंद्विजंक्षत्रंवैश्यशूद्रास्तथैवच ॥ दानंचविविधाकारंदीनांधकृपणादिषु २६ अभिमन्यत्यसंबोधात्तथैवत्रिविधान्गुणान् ॥ सत्वंरजस्तमश्चैवधर्मार्थौकामए
वच २७ प्रकृत्यात्मानमेवात्माएवंप्रविभजत्युत ॥ स्वधाकारवषट्कारौस्वाहाकारनमस्क्रियाः २८ याजनाध्यापनंदानंतथैवाहुःप्रतिग्रहम् ॥ यजनाध्ययनेचै
वयच्चान्यदपिकिंचन २९ जन्ममृत्युविवादेचतथाविशसनेऽपिच ॥ शुभाशुभमयंसर्वमेतदाहुःक्रियापथम् ३० प्रकृतिःकुरुतेदेवीभवंप्रलयमेवच ॥ दिवसांतेगुणा
नेतानभ्येत्यैकोऽवतिष्ठते ३१ रश्मिजालमिवादित्यस्तत्तत्कालेनियच्छति ॥ एवमेषोऽसकृत्पूर्वंक्रीडार्थमभिमन्यते ३२ आत्मरूपगुणानेतान्विविधान्हृदय
प्रियान् ॥ एवमेतांविकुर्वाणःसर्गप्रलयधर्मिणीम् ३३ क्रियांक्रियापथेरक्तस्त्रिगुणांस्त्रिगुणाधिपः ॥ क्रियांक्रियापथोपेतस्तथातदितिमन्यते ३४ प्रकृत्यासर्वमे
वेदंजगदंधीकृतंविभो ॥ रजसातमसाचैवव्याप्तंसर्वमनेकधा ३५ एवंद्वंद्वान्यथैतानिसमावर्तन्तिनित्यशः ॥ ममैवैतानिजायंतेधावंतेतानिमामिति ३६ निस्तर्तव्या
न्यथैतानिसर्वाणीतिनराधिप ॥ मन्यतेऽयंह्यबुद्धत्वात्तथैवसुकृतान्यपि ३७ मोक्तव्यानिमयैतानिदेवलोकगतेनवै ॥ इहैवचैनंभोक्ष्यामिशुभाशुभफलोदयम् ३८
सुखमेवतुकर्तव्यंसकृत्कृत्वासुखंमम ॥ यावदंतंचमेसौख्यंजात्यांजात्यांभविष्यति ३९ भविष्यतिचमेदुःखंकृतेनेहाप्यनंतकम् ॥ महद्दुःखंहिमानुष्यंनिरयेचापि
मज्जनम् ४० निरयाच्चापिमानुष्यंकालेनैष्याम्यहंपुनः ॥ मनुष्यत्वाच्चदेवत्वंदेवत्वात्पौरुषंपुनः ४१ मनुष्यत्वाच्चनिरयंपर्यायेणोपगच्छति ॥ यएवंवेत्तिनित्यंवैनिरा
त्माऽऽत्मगुणैर्वृतः ४२ तेनदेवमनुष्येषुनिरयेचोपपद्यते ॥ ममत्वेनावृतोनित्यंतत्रैवपरिवर्तते ४३ सर्गकोटिसहस्राणिमरणांतासुमूर्तिषु ॥ यएवंकुरुतेकर्मशुभाशु
भफलात्मकम् ॥ सएवंफलमाप्नोतित्रिषुलोकेषुमूर्तिमान् ४४ प्रकृतिःकुरुतेकर्मशुभाशुभफलात्मकम् ॥ प्रकृतिश्चतदश्नातित्रिषुलोकेषुकामगा ४५ तिर्यग्योनि
मनुष्यत्वंदेवलोकेतथैवच ॥ त्रीणिस्थानानिचैतानिजानीयात्प्राकृतानिह ४६ अलिंगांप्रकृतिंत्वाहुर्लिंगैरनुमिमीमहे ॥ तथैवपौरुषंलिंगमनुमानाद्धिमन्यते ४७

४२ । ४३ । ४४ प्रकृतिरिति । यद्यपिस्त्रीपुंसाभ्यामपत्यमिवपुंप्रकृतिभ्यामेवसर्वंकार्यंक्रियतेनान्यतरेणतथाऽपिविवक्षिताविवेकेप्रकृतावेवकर्तृत्वंपर्यवस्यति तस्याःसविकारत्वात्पुंसिनिर्विकारत्वादि
त्यर्थः ४५ । ४६ अलिंगांनित्यानुमेयां ननुवक्ष्यत्कदाचित्प्रत्यक्षां कथंतर्हिसामन्यते दृष्टैर्लिंगैर्महदादिकार्यैस्तत्कारणभूतांतामनुमिमीमहे पौरुषंलिंगंपुरुषस्यानुमापकंदेहाद्यनुगतंचैतन्यं चिदाभास
लिंगेनचितिरनुमीयतेइत्यर्थः । इतिमन्यतेनिरीश्वरः सांख्योनतुतत्तथेतिभावः । यत्साक्षादपरोक्षाद्ब्रह्मयआत्मासर्वांतरइतिचिद्रोऽन्यत्राहिवापरोक्षत्वश्रुतिविरोधात् ४७

सइति । अव्रणंप्राकृतंलिंगंनिर्विकारंप्रकृतेरिदंलिंगंगमकं दृश्यायाःप्रकृतेःसाधकइत्यर्थः । सलिंगांतरंपुर्यष्टकंगर्भंप्राप्य क्षरणधर्मित्वाद्व्रणोलिंगंतस्यद्वाराणिश्रोत्रादीनि ४८ । ४९ निर्व्रणोऽपिव्रणवानस्मीतिमन्यते ५० अलिंगोलिंगादन्योऽपि लिंगंपुर्यष्टकं कालंमृत्युं मरणधर्मास्मीतिमन्यतेइत्यर्थः सत्वंबुद्धिंअसत्वमवस्तुदेहादिकं आत्मनस्तत्त्वमनारोपितंरूपं ५१ मृत्युंहंतारं चरंचरत्वं सर्गंपुत्रादिमात्मसंबंधिनंमन्यते ५२ तपस्तपस्विनं गतिमुत्क्रांतिगत्यागतिं भवंभववंतंसंसारिणं ५३ अबुद्धिर्विपर्यस्तबुद्धिः ५४ ॥ इतिशांतिपर्वणि मोक्षधर्मपर्वणि नीलकंठीये भारतभावदीपे त्र्यधिकत्रिशततमोऽध्यायः ॥ ३०३ ॥ ॥ एवंपूर्वोक्तप्रकारेण १ धाम्नाषोडशकलःपुरुषइतिप्रकृत्यध्रुवैवास्यषोडशीकलेतिश्रुतिप्रसिद्धयाप्रकाशरूपयाचित्कलया धामसहस्राणिस्थानसहस्राणिप्राज्ञेनात्मनासंपरिष्वक्तउत्सर्जद्यातीतिब्रह्मालिंगितस्यैवगत्यादिश्रवणात् २ अत्रदृष्टांतमाह चंद्रमाइव ३ योनिःसाभासामूलप्रकृतिः दशेंद्रियाण्यंतःकरणचतुष्टयंचापेक्ष्यसापंचदशी सोमममृतंचिदात्मानंदं नित्यमेतद्धामेतिसंबंधः ४ कलायांयोनिभूतायांपंचदश्यामविद्यायांनिमित्तभूतायांसत्यां अबुद्धिमान्मूढोविपर्यस्तमतिः जायतेजन्मलभते तस्यजायमानस्यपुरुषस्यधामषोडशीकलातामानंद

सलिंगांतरमासाद्यप्राकृतंलिंगमव्रणम् ॥ व्रणद्वाराण्यधिष्ठायकर्मणाऽऽत्मनिमन्यते ४८ श्रोत्रादीनितुसर्वाणिपंचकर्मेंद्रियाण्यथ ॥ वागादीनिप्रवर्तन्तेगुणेष्विहगुणैःसह ४९ अहमेतानिवैसर्वंमय्येतानींद्रियाणिह ॥ निरिंद्रियोहिमन्येतव्रणवानस्मिनिर्व्रणः ५० अलिंगोलिंगमात्मानमकालःकालमात्मनः ॥ असत्वंसत्वमात्मानमतत्त्वंतत्त्वमात्मनः ५१ अमृत्युर्मृत्युमात्मानमचरश्चरमात्मनः ॥ अक्षेत्रःक्षेत्रमात्मानमसर्गःसर्गमात्मनः ५२ अतपास्तपआत्मनमगतिर्गतिमात्मनः ॥ अभवोभवमात्मानमभयोभयमात्मनः ५३ अक्षरःक्षरमात्मानमबुद्धिस्त्वभिमन्यते ५४ ॥ इति श्रीमहाभारते शांतिपर्वणि मोक्षधर्मपर्वणि वसिष्ठकरालजनकसंवादे त्र्यधिकत्रिशततमोऽध्यायः ॥ ३०३ ॥ ॥ वसिष्ठउवाच ॥ एवमप्रतिबुद्धत्वादबुद्धजनसेवनात् ॥ सर्वकोटिसहस्राणिपतनांतानिगच्छाति १ धाम्नाधामसहस्राणिमरणांतानिगच्छति ॥ तिर्यग्योनिमनुष्यत्वेदेवलोकेतथैवच २ चंद्रमाइवभूतानांपुनस्तत्रसहस्रशः ॥ लीयतेप्रतिबुद्धत्वादेवमेषह्यबुद्धिमान् ३ कलापंचदशीयोनिस्तद्धामप्रतिबुध्यते ॥ नित्यमेतद्विजानीहिसोमंवैषोडशींकलाम् ४ कलायांजायतेऽजस्रंपुनःपुनरबुद्धिमान् ॥ धामतस्योपयुंजंतिभूयएवोपजायते ५ षोडशीतुकलासूक्ष्मासससोमउपधार्यताम् ॥ नतूपयुज्यतेदेवैर्देवानुपयुनक्तिसा ६ एतामक्षपयित्वाहिजायतेनृपसत्तम ॥ साह्यस्यप्रकृतिर्दृष्टातत्क्षयान्मोक्षउच्यते ७

रूपाद्युपयुंजंतिभूतानीतिशेषः । एतस्यैवानंदस्यान्यानिभूतानिमात्रामुपजीवंतीतिश्रुतेः । उपजायते एकवचनमार्षं युंजंतीतिप्रथमंसुप्तिचिदानंदलेशंविषयसंपर्कजमुपजीव्यभूतानिसंसरंतीत्यर्थः ५ चित्कलातुनैवसंसरतीत्याह षोडशीति । देवैरिंद्रियैर्नोपयुज्यतेपाल्यतेकिंतुदेवानेवसत्तास्फूर्तिप्रदानेनउपयुनक्तिपालयति ६ एतांषोडशीमक्षपयित्वाअविनाश्यजायतेइदंसर्वंरज्जुमिवसर्पः नतुपिंडमिवघटउपमृद्यजायतेवद्वत् अक्षपणेहेतुमाह साहीति । यत्रकार्यमुत्पद्यतेयत्रचलीयतेसाप्रकृतिरितिप्रसिद्धंलोके । नहिपिंडेघटोलीयतेकिंतुपिंडस्यप्रकृतिभूतायांमृद्येव । नचकपालादिकार्यांतरोत्पादएवपूर्वकार्यप्रलयइतिवाच्यं निराश्रयायाःकार्यधारायाअनुपपत्तेः कुतः घटशरावोदंचनादिषुपिंडलोष्टपांसुपरमाणुपुव्यावृत्तेषुयन्मृदित्यनुस्यूतव्यवहारालंबनंतत्कुसुमेभ्यःसूत्रमिवतेभ्यःपृथक्तदुदयलयस्थानंमंतव्यंअतःप्रकृतित्वात्षोडश्याःक्षपणंनयुज्यतइत्यर्थः । अस्यकार्यस्य नन्वितएवदृष्टांतात्षोडश्याःकार्याकारत्वंदुस्त्यजमित्याशंक्याह तत्क्षयादिति । कार्यक्षयान्मुच्यतइत्यर्थः । सत्यंमृदोऽपिविकारविशेषत्वात्

कतिपयविकारेष्वनुवृत्तावपिनिर्विकारंरूपंनप्रत्यक्षंतथाऽपिजलमेवतस्यानिर्विकारंरूपमेवंजलस्यतेजस्तेजसःसन्मात्रंयत्सर्वकार्येष्वनुस्यूतंतस्यैवसत्यत्वंवक्तव्यं इतरस्यविकारस्य मिथ्यात्वंवाचारंभणंविकारो नामधेयमितिश्रुतेः सतोऽपिविकारत्वेऽनवस्थापत्तिःशून्याच्चजगदुत्पत्त्यसंभवस्यकथमसतःसज्जायेतेतिश्रुत्यैवाक्षिप्तत्वात् । तस्मात्सर्वविकारक्षयेऽपिसन्मात्रंब्रह्मास्तीतितद्भावापत्तिर्मोक्षइतियुक्तमुक्तंतत्क्षयान्मोक्ष उच्यतइति। गौडास्तुएवंतांक्षपयित्वेतिपठंति तदापंचदशीपरएवायमृज्वर्थःश्लोकः ७ तदेवेति। यद्धामशब्देनमोक्षशब्देनचोच्यतेतदेवाऽऽनंदात्मकंवस्तुषोडशकलंचिदचित्संघातरूपंपिंडब्रह्मांडात्मकं तथाचश्रुतिः। 'आनंदाद्ध्येवखल्विमानिभूतानिजायंते आनंदेनजातानिजीवंति आनंदंप्रयंत्यभिसंविशंतीति' तत्राप्यव्यक्तसंज्ञकंपंचदशीकलयापूर्वयोनिशब्देनोक्तातत्कार्यत्वाच्चदभिन्नंदेहंयोनरोममायामितिदेहेममतांकरोति तत्रैवपरिवर्तते देहेननमुच्यतइत्यर्थः ८ योमन्वानस्तमाह पंचविंशइति। शुद्धाशुद्धनिषेवणात्क्रमेणशुद्धोऽशुद्धश्चभवतीतिशेषः ९ तादृक् असंगोह्ययंपुरुषइतिश्रुतेरसंगोऽपिशुद्धात्माऽशुद्धएवभवति तत्रहेतुर्म मायमिति। मन्वानइत्यनुवर्तते तादृगित्यनेनैववाऽयंहेतुरनुकृष्यते अबुद्धोऽज्ञः १० अप्रतिबुद्धःप्रतीपोबोधःप्रतिबोधस्तद्रहितोविपर्ययहीनः तथैवेत्यनेनतादृशजनसेवनात्तादृशोभवतीत्युक्तं ११ ॥ इति शांति०

तदेवषोडशकलंदेहमव्यक्तसंज्ञकम् ॥ ममायमितिमन्वानस्तत्रैवपरिवर्तते ८ पंचविंशोमहानात्मातस्यैवाप्रतिबोधनात् ॥ विमलस्यविशुद्धस्यशुद्धाशुद्धनिषे
वणात् ९ अशुद्धएवशुद्धात्माताहृग्भवतिपार्थिव ॥ अबुद्धसेवनाच्चापिबुद्धोऽप्यबुद्धतांव्रजेत् १० तथैवाप्रतिबुद्धोऽपिविज्ञेयोनृपसत्तम ॥ प्रकृतेस्त्रिगुणायास्तुसे
वनात्त्रिगुणोभवेत् ११ इति श्रीमहाभारते शांति० मो० वसिष्ठक० चतुरधिकत्रिशततमोऽध्यायः ॥ ३०४ ॥ ॥ जनकउवाच ॥ अक्षरक्षरयोरेष
द्वयोःसंबंधइष्यते ॥ स्त्रीपुंसोर्वाऽपिभगवन्संबंधस्तद्वदुच्यते १ ऋतेतुपुरुषंनेहस्त्रीगर्भंधारयत्युत ॥ ऋतेस्त्रियंनपुरुषोरूपंनिर्वर्तयेत्तथा २ अन्योन्यस्याभिसं
बंधादन्योन्यगुणसंश्रयात् ॥ रूपंनिर्वर्तयत्येतदेवंसर्वासुयोनिषु ३ रत्यर्थमभिसंबंधादन्योन्यगुणसंश्रयात् ॥ ऋतौनिर्वर्त्यतेरूपंतद्वक्ष्यामिनिदर्शनम् ४ येगुणाः
पुरुषस्येहयेचमातृगुणास्तथा ॥ अस्थिस्नायुश्चमज्जाचजानीमःपितृतोगुणाः५ त्वङ्मांसंशोणितंचेतिमातृजान्यपिशुश्रुम ॥ एवमेतद्द्विजश्रेष्ठवेदेशास्त्रेचपठ्यते६
प्रमाणंयत्स्ववेदोक्तंशास्त्रोक्तंयच्चपठ्यते।वेदशास्त्रद्वयंचैवप्रमाणंतत्सनातनम्७अन्योन्यगुणसंरोधादन्योन्यगुणसंश्रयात्॥एवमेवाभिसंबद्धौनित्यंप्रकृतिपूरुषौ८

मोक्षध० नी० भारतभावदीपे चतुरधिकत्रिशततमोऽध्यायः ॥ ३०४ ॥ तत्क्षयान्मोक्षउच्यतेइतिप्रकृतिवियोगान्मोक्षउक्तस्तंप्रकृतेःपुरुषतुल्यत्वेननिवृत्तिर्नसंभवतीतिमत्वानआक्षिपति अक्षरक्षरयोरिति १ रूपमाकृतिं २। ३। ४ येगुणाइति। द्रोणस्यमातुरभावेऽपिधृष्टद्युम्नस्यमातापित्रोर्द्वयोरप्यभावेऽपित्वगस्थ्यादिदर्शनेनव्याप्तिव्यभिचारोनशंक्यः । यज्ञाद्भवतिपर्जन्यइतिस्मृतेर्दंपतीसाध्यस्ययज्ञस्यपर्जन्यादि द्वाराप्रजाहेतुत्वेनतत्राप्युभयसंबंधानपायात् साधारणव्यवहारापेक्षयावाइयमुक्तिः ५। ६ यद्वेदेशास्त्रेचप्रमाणत्वेनपठ्यतेतद्वेदशास्त्रंप्रमाणमित्यर्थः । तस्माद्यद्वेदेषूक्तंतद्विद्वांसउपजीवंतीति । तस्माद्ब्राह्मणो नावैदिकमभिधीयेतेतिमैत्रायणीयेवेदस्यप्रामाण्यंतदन्यस्याप्रामाण्यंश्रूयते तस्माच्छास्त्रंप्रमाणंतइतिच । ननुवेदशास्त्रस्यप्रामाण्यंस्वोक्त्यैवचेत्शाक्यग्रंथानामपितथैवप्रामाण्यंस्यादित्याशंक्याह सनातनमिति। वेदस्यहिदृष्टकर्तृस्मरणाभावादपौरुषेयतयानित्यत्वेनाप्रामाण्यशंकानास्पदत्वमस्तिनतुसंभवत्भ्रमविप्रलंभानांशाक्यादिपुरुषाणांवाक्यस्येतिभावः ७ एवंशास्त्रस्यप्रामाण्यमुक्त्वातदर्थंविध्याद्यधिकारिणंभट्टाभिम तंचिदचिदात्मकंकर्तारमाह अन्योन्येति। पुंसाप्रकृतेर्जाड्यंरुद्धंदुःखंचाश्रितं तयाचास्याऽऽनंदादिकंरुद्धंचैतन्यादिकंचाश्रितम्। फलितमाह एवमिति। चिदचिद्ग्रंथेर्दृढत्वान्नमोक्षसंभावनाप्यस्तीतिभावः ८

अनंतरकृतंसाक्षात्कृतंनिदर्शनंमोक्षेदृष्टांतं प्रत्यक्षःप्रत्यक्षदर्शी ९ अनामयंनिर्दुःखं यस्माददेहं 'अशरीरंवावसंतंनप्रियाप्रियेस्पृशतः'इतिश्रुतेः अनीश्वरमीशादपिपरमित्यर्थः १० वेदप्रामाण्यमभ्युपेत्यापिवे दार्थंचिदचितोस्त्रैकालिकंसंबंधंनजानासीत्याह यदेतदित्यादिना ११ । १२ धारणंवृथेति श्रुतिश्चात्रभवति 'यस्तित्याजसचिविदंसखायंनतस्यवाच्यपिभागोअस्ति । यदींशृणोत्यलकंशृणोतिनहिप्रवेद सुकृतस्यपंथां'इति षचसेवायाम् सेवाविदंसखायमंतरात्मानंनित्याजत्यक्तवान् भागःफलांशोऽक्षरग्रहणजः यदींयदेतत् अलकमलीकंवृथेत्यर्थः सुकृतस्यब्रह्मणः पंथांपंथानं १३ भारमिति। श्रुतिश्च । 'स्थाणु रयंभारहारःकिलाभूदधीत्यवेदंनविजानातियोऽर्थं । योऽर्थज्ञइत्सकलंभद्रमश्नुतेनाकमेतिज्ञानविधूतपाप्मा'इति १४ । १५ संसत्सुविद्वत्सभासु १६ छिद्रात्माज्ञानरिक्तचित्तभांडः सोपहासेपिपादपूरणार्थःसंधिः १७ महात्मस्वात्मवित्सु १८ यदेवेति । फलतःसाधनतश्चसांख्ययोगयोरैक्येसतिव्यवहारोपपादनेनिस्तात्पर्येतयोर्विरोधोदृश्यमानोऽप्यकिंचित्करइतिभावः १९ 'अस्थिस्नायुश्चमज्जाचजानीमःपितृतोगुणाः । त्वङ्मांसंशोणितंचेतिमातृजान्यपिशुश्रुम'इतिस्त्रीपुंसाभ्यामिवपुंप्रकृतिभ्यांशरीरंनिर्वर्त्यतइत्युक्तंतदनुवदन्दृष्टांतासिद्धिमाह त्वगित्यादिना । ऐंद्रियकमिंद्रियसमुदायश्चाधिकः २० सेंद्रियकंधातुसप्तकंबीजाद्बी

पश्यामिभगवंस्तस्मान्मोक्षधर्मोनविद्यते ॥ अथवाऽनंतरकृतंकिंचिदेवनिदर्शनम् ॥ तन्ममाचक्ष्वतत्त्वेनप्रत्यक्षोह्यसिसर्वदा ९ मोक्षकामावयंचापिकांक्षामोय दनामयम् ॥ अदेहमजरंनित्यमतींद्रियमनीश्वरम् १० ॥ वसिष्ठउवाच ॥ यदेतदुक्तंभवतावेदशास्त्रनिदर्शनम् ॥ एवमेतद्यथाचैतन्निगृह्णातितथाभवान् ११ धार्यतेहित्वयाग्रंथउभयोर्वेदशास्त्रयोः ॥ नचग्रंथस्यतत्त्वज्ञोयथातत्त्वंनरेश्वर १२ योहिवेदेचशास्त्रेचग्रंथधारणतत्परः ॥ नचग्रंथार्थतत्त्वज्ञस्तस्यतद्धारणंवृथा १३ भारंसवहतेतस्यग्रंथस्यार्थंनवेत्तियः ॥ यस्तुग्रंथार्थतत्त्वज्ञोनास्यग्रंथागमोवृथा १४ ग्रंथस्यार्थस्यपृष्टःसंस्तादृशोवक्तुमर्हति ॥ यथातत्त्वाभिगमनादर्थंतस्य सविंदति १५ नयःसंसत्सुकथयेद्ग्रंथार्थंस्थूलबुद्धिमान् ॥ सकथंमंदविज्ञानोग्रंथंवक्ष्यतिनिर्णयात् १६ निर्णयंचापिच्छिद्रात्मानतंवक्ष्यतितत्वतः ॥ सोपहासात्म तामेतियस्माच्चैवात्मवानपि १७ तस्मात्त्वंशृणुराजेंद्रयथैतदनुदृश्यते ॥ याथातथ्येनसांख्येषुयोगेषुचमहात्मसु १८ यदेवयोगाःपश्यंतिसांख्यैस्तदनुगम्यते ॥ एवंसांख्यंचयोगंचयःपश्यतिसबुद्धिमान् १९ त्वङ्मांसंरुधिरंमेदःपित्तंमज्जाचस्नायुच ॥ अथचैंद्रियकंताततद्भवानिदमाहमाम् २० द्रव्याद्द्रव्यस्यनिर्वृत्तिरिंद्रि यादिंद्रियंतथा ॥ देहाद्देहमवाप्नोतिबीजाद्बीजंतथैवच २१ निरिंद्रियस्याबीजस्यनिर्द्रव्यस्याप्यदेहिनः ॥ कथंगुणाभविष्यंतिनिर्गुणत्वान्महात्मनः २२

जांतरमिवजायते नह्येकंकार्यंबीजद्वयोत्पत्तिकमितिदृष्टमस्तीत्याशयवानाह द्रव्यादिति २१ दार्ष्टांतिकेपुंप्रकृत्योर्विषमस्वभावत्वात्संबंधासंभवमाह निरिंद्रियस्येति । नतावत्पुंप्रकृत्योर्विषयविषयिभावलक्षणःसंबंधः पुंसोनिरिंद्रियत्वात्प्रकृतेस्तुच्छत्वात् नापिबीजांकुरवज्जन्यजनकभावः केवलत्वेनपुंसोबीजशक्तिशून्यत्वात्प्रकृतेरकार्यत्वाच्च नापिकुलालघटवत् पुंसोऽद्वितीयत्वेनोपादानांतराभावात्तत्कल्पनेऽनवस्थापत्तेश्च । नाप्ययस्कांतमणिलोहवत्तयोःसंबंधः उभयोरप्यमूर्तत्वात् । मूर्तिमतोर्हिद्वयोरुभयकर्मजोऽन्यतरकर्मजोवासंबंधोयुज्यतेनत्वमूर्तयोः नास्तिदेहीभातिसंबंधीयस्येति नदेहीचसमासद्वयेनार्थद्वयमुन्नेयं । नापिपरा भिमतःसमवायस्तादात्म्यंवा निर्गुणेगुणसंबंधासंभवात् । नह्यस्पर्शेनभसिशीतोष्णादिस्पर्शवत्त्वंवक्तुंशक्यमेवंनिरिंद्रियस्येत्यादिहेतुपंचकंपुंप्रकृत्योःसंबंधासंभवार्थमुक्तं वार्तिकेतु 'निःसंगस्यससंगेनकूटस्थस्य विकारिणा । आत्मनोऽनात्मनायोगोवास्तवोनोपपद्यते'इत्येवोक्तं तत्रासंगत्वकूटस्थत्वेमसाध्येनिरिंद्रियत्वादिहेतुचतुष्टयंतुबहुवादिसंमतमितियुक्ततरं २२

कथंतर्हिएषासृष्टिरतआह गुणाइति । गुणाःखादयः गुणेषुत्रिगुणात्मिकायांमायायां २३ कथमसहायायास्तस्याजगज्जनकत्वमित्याशंक्यदृष्टांतेनसाधयाति त्वगिति । यथाद्रोणशरीरेमातरंविनाऽप्येकेनैवशुक्रेण मेदआदिवत्त्वगादिकमपिजातं एवमेकयैवदर्पणवत्परप्रतिबिंबग्रहणशीलयाकृत्स्नोजगज्जीवात्मप्रपंचोजायतइतिश्लोकद्वयार्थः २४ पुमानविद्यायामंतःकरणेवाचित्प्रतिबिंबोजीवः अपुमान्वियदादिः त्रैलिंग्यं त्रीण्यात्मनोलिंगानिगमकानिप्रमातृप्रमाणप्रमेयानि एतैर्हिलिंगैरेतेषांसाधकश्चिदात्मागम्यते स्वार्थेष्यञ् पुमानपुमानितिआभासोपाध्योःपृथग्ग्रहणं त्रैलिंग्येतुतयोर्वैशिष्ट्यंविवक्षितं तथाहि अंतःकरणविशिष्टमाभासचैतन्यंप्रमाता अंतःकरणवृत्तिविशिष्टंप्रमाणंघटाद्यवच्छिन्नंप्रमेयमितिप्रसिद्धं । ननुप्रमातुंयोग्यतयाघटएवप्रमेयंनतुघटावच्छिन्नमाभासचैतन्यंघटज्ञानाख्यं सत्यं प्रमाकरणप्रमाणस्यहिफलं प्रमेयंतच्चोक्तविधःप्रमैव तत्संबंधात्तुघटादिरपिप्रमेयं अतोमुख्यंप्रमेयंचैतन्यमेव अज्ञानेनतस्यैवावृतत्वाज्जडेघटादौआवरणकृत्याभावाच्च । घटाद्यनुभवस्यैवहिपुरुषार्थत्वमतस्तस्यैवावृतत्वमनावृतत्वंवावाच्यंनघटादेरित्यास्तांतावत् । लिंगानांप्रमात्रादीनांप्राकृतत्वेऽपिलिंगीनप्राकृतइत्याह नवेति । लिंगीपुमानितिअपुमानितिवानाभिधीयतइतियोजना जीवजगतोरन्यइत्यर्थः २५ ननुसंबंधाभावेप्रकृतिपुरुषयोःकथंलिंगलिंगिभावइत्याशंक्याह अलिंगादिति । ल्यब्लोपेपंचमी । अलिंगंपुरुषंप्राप्यसाप्रकृतिरात्मजैर्लिंगैर्महदादिभिःकार्यैर्गमकैरुपालभ्यतिउपलभ्यते अमूर्तयऋतवोयथाफलादिव तद्वच्चैतन्यप्रकाशितैर्महदादिभिस्तत्कारणभूताप्रकृ

गुणागुणेषुजायंतेतत्रैवनिविशंतिच ॥ एवंगुणाःप्रकृतितोजायन्तेनिविशंतिच २३ त्वङ्मांसंरुधिरंमेदःपित्तंमज्जाऽस्थिस्नायुच ॥ अष्टौतान्यथशुक्रेणजानीहि प्राकृतानिवै २४ पुमांश्चैवापुमांश्चैवत्रैलिंग्यंप्राकृतंस्मृतम् ॥ नवाऽपुमान्पुमांश्चैवसलिंगीत्यभिधीयते २५ अलिंगात्प्रकृतिर्लिंगैरुपालभ्यतिसाऽत्मजैः ॥ यथा पुष्पफलैर्नित्यमृतवोऽमूर्तयस्तथा २६ एवमप्यनुमानेनह्यलिंगमुपलभ्यते ॥ पंचविंशतिमस्तातलिंगेषुनियतात्मकः २७ अनादिनिधनोऽनंतःसर्वदर्शीनिरामयः ॥ केवलंत्वभिमानित्वाद्गुणेष्वगुणउच्यते २८ गुणागुणवतःसंतिनिर्गुणस्यकुतोगुणाः ॥ तस्मादेवंविजानंतियेजना गुणदर्शिनः २९

तिरनुमीयते आलोकप्रकाशितैःपुष्पादिभिर्ऋतवइवेत्यर्थः । अलिंगेतिपाठेस्पष्टोऽर्थः २६ यथाप्रकृतितत्कार्ययोर्लिंगिलिंगभावएवमात्मानात्मनोरपीत्याह एवमिति । दृश्यप्रकाशनेनदृगात्माऽपिसूर्यवद्दृश्यादन्योऽनुमेयइत्यर्थः । अलिंगंशुद्धचिन्मात्रंलिंगीत्यर्थः तदेवपंचविंशतितमः तकारलोपआर्षः लिंगेषुनियतात्मकइतिलिंगलिंगिनोर्व्याप्तिर्दर्शिता । ननुशब्दांतरेणजडाजडयोरयंविषयविषयिभावसंबंधएवोक्तः न योहि विषयीसविषयस्यशुभाशुभत्वाभ्यांहर्षविषादादिविकारवान्भवतिनतुलिंगी नह्यालोकःप्रकाश्याभ्यांमेध्यामेध्यवस्तुभ्यांविक्रियतइतितयोर्महान्भेदइतिभावः २७ अनादीत्यनेनाऽलिंगस्यप्रकाशस्यतार्किकाद्यभिमतमनित्यत्वंनिरस्तं । घटज्ञानंजातंपटज्ञानंनष्टमित्यनुभवस्यवृत्तिविषयत्वात् अतएवमनोवृत्तिषुह्रीर्धीर्भीरित्येतत्सर्वंमनएवेतिधीशब्दितंवृत्तिज्ञानमपिपठ्यते कालापरिच्छेदमुक्त्वादेशापरिच्छेदमाहानंतइति प्रकाशत्वादेवसर्वदर्शी निरामयइतिस्वगतपरिच्छेदंगुणगुणिभावादिरूपंव्यावर्तयाति । कथंतर्ह्यस्यगुणसंबंधइत्यतआह केवलमिति । वास्तवस्याभिमाननिमित्तस्याभावेऽपिशुक्तिरजतेममेदंरजतमित्यभिमानवद्गुणेषुदेहाद्याकारेष्वहमिदंदेहादीत्यभिमानित्वादयंगुणोदेहादिसंघातएवात्मेत्युच्यते । एतेनलिंगलिंगिनोःसंबंधःकेवलमाध्यासिकइतिसिद्धं २८ ननुनिर्गुणमपिगुणादिकंगुणवताद्रव्येणसहसंबध्यतेएवंनिर्गुणोऽप्यात्मागुणवत्याप्रकृत्यासंबध्यतामित्यतआह गुणाइति । गुणाःसंयोगादयः संबंधागुणवतएवसंतिनत्वगुणस्यगुणिनासहसंभवंतीत्यर्थः । नन्वस्तितादृशःसमवायाख्यःसंबंधइतिचेत् किमात्मनिप्रकृतेःसमवाय–

उतविपरीतं । नाद्यः अनिर्मोक्षापत्तेः नह्याश्रयनाशमंतरेणाश्रितनाशोऽस्ति । नांत्यः रूपादीनामाश्रयतःपृथगदर्शनेनप्रकृतिनाशेआत्मनोऽपिनाशप्रसंगात् अथकारणनाशेपियथाकंचित्कालंकार्यमस्तियथावाप्रलये सर्वव्यक्तिनाशेपिजातिरस्त्येवंप्रकृतिनाशेप्यात्माननश्यतीतिविवक्षेत कार्यकारणयोर्जातिव्यक्त्योर्वाबह्वयौष्ण्यवद्वास्तवतादात्म्याभ्युपगमेईदृग्विवक्षायाएवासिद्धेः । ययात्वनुपपत्त्याएवंविवक्ष्यतेसैवतत्तादात्म्यस्यभ्रमत्वमाक्षिपतीतिकाणत्रमेलकस्त्वंनपश्यसीत्याश्चर्यं । तादात्म्यस्यभ्रमत्वेतूभयमप्युपपन्नं अविद्यानाशेऽपितत्कार्यस्यदेहादेःकंचित्कालमनुवृत्तिःसंभवतीतिजीवन्मुक्तिसिद्धिः । विदेहमुक्तौचसदात्ममात्रावशेषइति तस्माद्युक्तमुक्तंगुणागुणवतःसंतीति । तेनरज्जुःसर्पदंडधाराऽभूच्छिद्राद्यात्मनेवसद्वस्तुघटपटनूतनपुराणातीतानागतश्वेतपीतशीतोष्णाद्यात्मनाभातिनतुकचित्किंचित्समवायसंबंधोनोत्पद्यते समवायस्यैवानवस्थादोषेणाकरेनिरस्तत्वादितिसिद्धं । अत्रविद्वदनुभवंप्रमाणयति तस्मादिति २९ यदात्वेषइति । अभिमन्यतेहिनस्तिकामादीन्जयतीत्यर्थः । यदिवाएनमभिमंस्येकनीयोऽभंकरिष्यइत्यभिपूर्वस्यमन्यतेर्हिंसार्थत्वदर्शनात् । यदाऽन्विष्येतिगौडपाठेअन्विष्यश्रवणमननाभ्यामालोच्याऽभिमन्यतेजानातीत्यर्थः । गुणहान्यादेहाद्यात्मत्वभ्रमत्यागेन ३० किंतत्परमित्यतआह यत्तदिति । सर्वज्ञःसर्वेपितांत्रिकाः अबुद्धस्यजडस्याहंकारादेःपरित्यागाद्बुद्ध्यमानंनत्वइंतयाइदंतयावा ३१ अतएवाप्रबुद्धमज्ञातं अगुणंगुणेभ्योऽन्यंनिर्गुणंगुणसंबंधशून्यं ईश्वरमंतर्यामिणं अधिष्ठातारंसर्वकार्यनिर्मातारं ३२ गुणानांमहदादीनां

यदात्वेषगुणानेतान्प्राकृतानभिमन्यते॥ तदासगुणहान्यैतंपरमेवानुपश्यति ३० यत्तद्बुद्धेःपरंप्राहुःसांख्ययोगाश्चसर्वशः ॥
बुद्ध्यमानंमहाप्राज्ञमबुद्धपरिवर्जनात् ३१ अप्रबुद्धमथाव्यक्तमगुणंप्राहुरीश्वरम्॥ निर्गुणंचेश्वरंनित्यमधिष्ठातारमेवच ३२
प्रकृतेश्चगुणानांचपंचविंशतिकंबुधाः॥ सांख्ययोगेचकुशलाबुध्यंतेपरमैषिणः ३३ यदाप्रबुद्धाह्यव्यक्तमवस्थाजन्मभीरवः॥
बुध्यमानंप्रबुध्यंतिगमयंतिसमंतदा ३४ एतन्निदर्शनंसम्यगसम्यगनिदर्शनम् ॥ बुध्यमानाप्रबुद्धानांपृथक्पृथगरिंदम ३५
परस्परेणैतदुक्तंक्षराक्षरनिदर्शनम् ॥ एकत्वमक्षरंप्राहुर्नानात्वंक्षरमुच्यते ३६ पंचविंशतिनिष्ठोऽयंयदासम्यक्प्रवर्तते ॥
एकत्वंदर्शनंचास्यनानात्वंचाप्यदर्शनम् ३७

प्रकृतिगुणांश्चापेक्ष्यपंचविंशकमित्यर्थः ३३ प्रबुद्धाज्ञानवंतः अवस्थाबाल्याद्याजाग्रदाद्याश्च बुद्ध्यमानं कर्तरिशानच् प्रमातारमेवप्रबुद्ध्यंति प्रबोधेनैवचतंसमंब्रह्मगमयंति प्रत्यगात्मैवाज्ञातोजीवोज्ञातोब्रह्मेत्यर्थः यथोक्तं । 'अन्वेष्टव्यात्मविज्ञानात्प्राक्प्रमातृत्वमात्मनः । अन्विष्टःस्यात्प्रमातैवपाप्मदोषादिवर्जितः' इति । सममितिपाठेऽपिसममप्राप्यंब्रह्मैवसमशब्दार्थः ३४ एतदिति । एतज्जीवेश्वराभेदेदर्शनंबुद्ध्यमानेनसम्यगितिपृथगुक्तमित्युत्तरादपकृष्यते एतन्निदर्शनमसम्यक् अनिदर्शनमशास्त्रं अनुदर्शनमितिपाठेअमुख्यंदर्शनमितिपृथक्अप्रबुद्धेनोक्तमितियोजना ३५ एतत्क्षराक्षरनिदर्शनंजडाजडवस्तुतत्त्वप्रतिपादनपरं शास्त्रंपरस्परेणस्वमतंसम्यक्परमसम्यगित्युक्तं । इतिवादिनांविभ्रममुक्त्वास्वसंमतंतत्त्वमाह एकत्वमिति । एकत्वेहिविनाशहेतोर्द्वितीयस्याभावादक्षरत्वमविनाशित्वंयुक्तं नानात्वंतुक्षरमेव तथाचप्रयोगः । प्रधानाद्यनित्यंव्यावृत्तत्वाद्घटादिवदिति ३६ एतच्चानुभववेद्यमित्याह पंचविंशतीति। यदायंचिदाभाससहितेषुपंचविंशतितत्त्वेषुरज्जूरगकल्पेषुनिष्ठांसम्यगवेक्षणंकर्तुंप्रवर्ततेतदातेषांबाधेनपड्विंशमात्मानंसाक्षात्करोति तदैवचैकत्वमेवशास्त्रंनानात्वमशास्त्रमितिनिश्चिनोतीत्यर्थः तथा चात्मदर्शनफलंभिद्यंतेसर्वसंशयाइतिश्रूयते ३७

672

ननुपरेस्वशास्त्रमर्यादयायोगेनात्मानंजानंतोऽपिकुतएवंननिश्चिन्वंतीत्याशंक्याह तत्त्वेति। तत्त्वंजन्यंनिस्तत्त्वंतदन्यदजन्यं तनुविस्तारेऽस्मात्कृत्यार्थेतवैकेनकेन्यत्वनइतिछांदसस्त्वन् ।निदर्शनमनुभवः येऽपिकर्तार मात्मानमाहुस्तेऽपिसमाधौबुद्ध्याद्यभावेआत्मनिकर्तृत्वंनपश्यंतीतितत्रकर्तृत्वादिकंबुद्ध्यादियोगश्चदृश्यमानोऽपिकादाचित्कत्वाद्रज्जूरगवदसन्नेव । नहिधर्मोनिकृष्टोधर्मीकचित्केनाचिदुपलब्धोस्ति नहिदाहप्रकाशाभ्यांवियुक्तोऽपिवह्निर्गोचरीभवति तस्मात्तेऽनुभवविरुद्धंवदंतीतिभ्रांताएवेतिभावः । तत्वनिस्तत्त्वशब्दौव्याचष्टे पंचविंशतीति ३८ पंचविंशस्यपंचविंशात्परंनिदर्शनमनुभूयमानान्निष्कृष्टमनुभवंनिस्तत्त्वमाहुः । तमेवविशिनष्टि सर्गस्यपंचविंशत्यात्मकस्य वर्गस्येतिपाठेऽप्ययमेवार्थः वर्गप्रतिवर्गमित्यध्याहृत्ययोज्यं वर्ग्यमितिपाठेवर्गंवर्गमर्हतीतिवर्ग्यमाचारं आसमंताच्चारउपलब्धिः दृश्यस्यप्रतिविषयनियतायाउपलब्धिःसषड्विंशइत्यर्थः । तत्रवर्गाःपंच यथापंचज्ञानेंद्रियाणिपंचकर्मेंद्रियाणिपंचभूतानिपंचशब्दाद्याविषयामनोबुद्ध्यहंकारप्रकृतिचिदाभासाइतिपंचप्रत्यंचः । तत्त्वंतस्यभावस्तत्त्वंयथार्थंसत्यामितियावत् सत्यादपिसत्यमित्यर्थः तथाचश्रुतिः 'प्राणावैसत्यंतेषामेषसत्यंसत्यस्यसत्यमनुयत्रयुज्यते'इत्यादिप्राणशब्दितस्यकृत्स्नप्रपंचस्यव्यवहारतःसत्यस्यपारमार्थिकंसत्यंब्रह्मप्रतिभासतःसत्यस्यरजतस्यशुक्तिरिवेतिप्रतिपादयति । यतस्तत्त्वादपितत्त्वमतएवसनातनंसर्वदैकरूपंनतुकदाचित्सत्यंकदाचिदसत्यमित्यर्थः ३९ ॥ इति शांति० मोक्षधर्म०नी० भा० पंचाधिकत्रिशततमोऽध्यायः ॥ ३०५ ॥ यदुक्तमेकत्वमक्ष

तत्त्वनिस्तत्त्वयोरेतत्पृथगेवनिदर्शनम् ॥ पंचविंशतिसर्गंतुतत्वमाहुर्मनीषिणः ३८ निस्तत्त्वंपंचविंशस्यपरमाहुर्निदर्शनम् ॥ सर्गस्यवर्गमाचारंतत्त्वंतत्त्वात्सनातनम् ३९ ॥ इति श्रीमहाभारते शांतिपर्वणि मोक्षधर्मपर्वणि वसिष्ठकरालजनकसंवादेपंचाधिकत्रिशततमोऽध्यायः ॥३०५॥ जनकउवाच ॥ नानात्वैकत्वमित्युक्तंत्वयैतदृषिसत्तम ॥ पश्याम्येतद्धिसंदिग्धमेतयोर्वैनिदर्शनम् १ तथाऽबुद्धप्रबुद्धाभ्यांबुद्ध्यमानस्यचानघ ॥ स्थूलबुद्ध्यानपश्यामितत्त्वमेतन्नसंशयः २ अक्षरक्षरयोरुक्तंत्वयायदपिकारणम् ॥ तदप्यस्थिरबुद्धित्वात्प्रनष्टमिवमेऽनघ ३ तदेतच्छ्रोतुमिच्छामिनानात्वैकत्वदर्शनम् ॥ बुद्धंचाप्रतिबुद्धंचबुध्यमानंचतत्त्वतः ४ विद्याविद्येचभगवन्नक्षरंक्षरमेवच ॥ सांख्यंयोगंचकात्स्न्येंनपृथक्चैवापृथक्कह ५ ॥ वसिष्ठउवाच ॥ हंततेसंप्रवक्ष्यामियदेतदनुपृच्छसि ॥ योगकृत्यंमहाराजपृथगेवशृणुष्वमे ६

रंनानात्वक्षंरामीतितत्रैकत्वेबंधमोक्षव्यवस्थानुपपत्तिःनानात्वेत्वात्मनाशप्रसंगइति एतयोःपक्षयोर्निदर्शनंतत्त्वावधारणंसंदिग्धं १ यदुक्तंपंचविंशतिनिष्ठानुभवबलेनैवतत्त्वंनिश्चिनोतीतितत्राह। तथेति अबुद्धेतिच्छेदः बुध्यमानस्यात्मवस्तुनस्तत्वंनपश्यामीत्यत्रनसंशयइतियोजना अनुभवस्यदुःसाध्यत्वान्नसंदेहनिवर्तकत्वमतोयुक्त्यैवतत्त्वंत्वयोपपादनीयमितिभावः २ यच्चाक्षरत्वकारणमेकत्वंक्षरत्वकारणंचनानात्वमुक्तंतदप्यस्थिरबुद्धित्वाद्विकल्पग्रस्तत्वात् तत्रैकत्वंत्रिविधभेदशून्यत्वंचेत् हेतोःस्वरूपासिद्धिः नहिकचिदीदृशमेकत्वंप्रसिद्धमस्ति । एकव्यक्तिमात्रत्वंचेत् आकाशस्याप्यक्षरत्वापत्तिस्तथाचसांख्यशास्त्र

६८ विरोधः । नानात्वमपिसंहतत्वंचेत् प्रधानपरमाण्वादीनामपिक्षरत्वापत्तिः । भिन्नत्वमात्रंचेत्सांख्यात्मनामपिक्षरत्वापत्तिरितितथाचात्रनममतत्त्वावधारणेसामर्थ्यमस्तीतिभावः ३ तत्तस्माद्धेतोः बुद्धंज्ञं अप्रतिबुद्धंप्रधानादि बुध्यमानंचिदचिदात्मानंजीवं ४ विद्याज्ञाधिगमः अविद्याज्ञावरणं अक्षरंनित्यं क्षरमनित्यं सांख्यंवस्तुतत्वाविवेकः योगश्चित्तवृत्तिनिरोधः पृथक्भेदः अपृथगभेदः भेदाभेदश्चनानात्वैकत्वदर्शनमित्यनेनप्रथमप्युक्तः ५ हंतेत्यालोचने प्रधानभूतयोःसांख्ययोगयोरेवनिरूपणप्रसंगात्प्रश्नांतराणामप्युत्तरंनिरूपितंभवतीत्याशयेनाह योगेति ६

योगानांयोगिनां योगेयोगशास्त्रेकृत्यंकर्तव्यमावश्यकं ध्यानमेवपरंबलमविद्याजयेसामर्थ्यं ध्यानमपिद्विविधंभावनाप्रणिधानभेदेनद्विप्रकारं विविधमितिपाठेऽप्ययमेवार्थः ७ तत्रध्यानस्यसाधारणंलक्षणंमनस एकाग्रतेति तथाप्राणायामोऽपियोगिनांयोगकृत्यंबलं तस्यद्वैविध्यमाह सगुणःसगर्भः निर्गुणोनिर्गर्भः तयोर्मनसःसंबंधीप्रथमः मानसइतिस्पष्टार्थःपाठः । तत्रभावनावस्तुतत्त्वनिरपेक्षा । यथायोषितम ग्निंध्यायीतेत्यनग्नौयोषायामग्निदृष्टिकरणम् । यथावाऽसतोपिकामिन्यादेर्विषयस्यभावनंतत्फलंचानित्यं यथोक्तं । ‘भावनाजंफलंयच्चयच्चस्यात्कर्मणःफलं । नतत्स्थास्नित्वितिमंतव्यंपण्यस्त्रीसंगतंयथा’इति । एवंसांबपीतांबरादिमूर्तिभावनयाऽपिकीटभृंगन्यायेनप्राप्यंतत्सारूप्यमप्यस्थायीतिज्ञेयं प्रणिधानंतुवस्तुतत्त्वसापेक्षं । यथाचक्षुषारत्नगतसूक्ष्मविशेषेस्वेनाग्रहीतेपरेणोपदिष्टेसतितद्ग्रहणायतस्यैवचक्षुषःप्रणिधा नंतत्रैवविषयेऽत्यादरेणनियोजनंक्रियतेतथामनसागृह्यमाणेप्रतीचिश्रुत्यानिर्विशेषचिन्मात्रोऽसीत्युपदिष्टेसतितद्ग्रहणायतस्यैवमनसोगुरूक्तयुक्त्याप्रणिधानेप्रवर्तते तद्बलाच्चतावुभौवस्तुतत्वमवगच्छतः तत्रापिभाव नायांफलभेदोदक्षेणसूचितः ‘चतुर्णांसन्निधानेनयत्फलंतदशाश्वतं । द्वयोस्तुसन्निधानेनशाश्वतंप्राप्यतेफलं’इति । चतुर्णामात्मनःशरीरविषयाणां द्वयोरात्ममनसोः । देहसंगेनसांबादीन्भावयन्पुनरावर्तते । देहासंगेनभावयंस्तुध्येयसारूप्यंप्राप्यक्रमेणकैवल्यंप्राप्नोति । उभयथाऽपिभावनाफलस्यास्थायित्वमुक्तमितिनोदाहृतंवार्तिकंविरुध्यते । प्राणायामोऽपिवायुसंहितायामुक्तः ‘जपध्यानंविनाऽगर्भःसगर्भस्त त्समन्वयात् । अगर्भाद्गर्भसंयुक्तःप्राणायामःशताधिकः’जपोमनसाप्रसंख्यानं । नंदिपुराणे‘जाप्येनतुजपंकुर्यादविलंबितमद्रुतं । मनसैवप्रसंख्यानंप्राणायामविधौसदा’ । जाप्येनप्रणवगायत्र्यादिनामंत्रेण मानसोजपइतिसगुणस्यैवप्राणायामस्यमानसइतिविशेषणंयुज्यतेनत्वगुणस्य विस्तरस्तुयोगचिंतामणिप्रभृतिषुसंग्रहग्रंथेषुद्रष्टव्यः ८ शेषंकालं अत्यंतसंयोगेद्वितीया मूत्रादिव्यतिरिक्तेसर्वस्मिन्कालेयोगमनुति

योगकृत्यंतुयोगानांध्यानमेवपरंबलम्॥ तच्चापिद्विविधंध्यानमाहुर्विद्याविदोजनाः७एकाग्रताचमनसःप्राणायामस्तथैवच॥प्राणायामस्तुसगुणोनिर्गुणोमनसस्तथा ८मूत्रोत्सर्गपुरीषेचभोजनेचनराधिप॥त्रिकालंनाभियुंजीतशेषंयुंजीततत्परः९इंद्रियाणींद्रियार्थेभ्योनिवर्त्यमनसाशुचिः॥दशद्वादशभिर्वापिचतुर्विंशात्परंततः १०

छेदित्यर्थः ९ तत्रयोगांगेषुप्राणायामउक्तस्तेनैवततःप्राचीनानियमानियमासनान्याक्षिप्तानि अथप्रत्याहारमाह इंद्रियाणीति । इंद्रियार्थेभ्यःशब्दादिभ्योमनसानिवर्त्येतिमुख्यंप्रत्याहारं । ‘त्रिरुन्नतंप्राप्यसमंशरीरंहृदींद्रिया णिमनसासन्निरुध्य’इतिश्रुत्युक्तमुक्त्वाहठसाध्यंप्रत्याहारादिकमाह दशेति । दशयुक्ताभिर्द्वादशभिर्द्वाविंशतिसंख्याभिः । संचोदनाभिश्चित्तात्रवस्यप्रतोदस्थानीयाभिःप्रेरणाभिर्मेतिमानात्मानंजीवंचतुर्विंशाद्दज्ञानात् प्रकृतिसंज्ञात्परंपंचविंशंप्रतिगंतुंचोदयेत्प्रेरयेत् । तत्राष्टादशसुस्थानेषुवायोःप्रत्याहरणंयाज्ञवल्क्येनोक्तं । ‘अष्टादशसुयद्वायोर्मर्मस्थानेषुधारणं । स्थानात्स्थानात्समाकृष्यप्रत्याहारोनिगद्यते’ इत्युपक्रम्य मर्मस्थानानितेषामंतरंचोक्त्वाह । ‘संपूर्णकुंभवद्वायुमंगुष्ठान्मूर्ध्निमध्यतः । धारयत्यनिलंबुध्याप्राणायामःप्रचोदितः । व्योमरंध्रात्समाकृष्यललाटेधारयेत्पुनः । ललाटाद्वायुमाकृष्यभ्रुवोर्मध्येनिरो धयेत् । भ्रूमध्याद्वायुमाकृष्यनेत्रस्थानेनिरोधयेत् । नेत्राद्वायुंसमाकृष्यनासामूलेनिरोधयेत् । नासामूलात्तुजिह्वायामूलेप्राणंनिरोधयेत् । जिह्वामूलात्कंठकूपेततोवायुंनिरोधयेत् । कंठकूपात्तुहृन्मध्ये हृन्मध्यान्नाभिमध्यमे । नाभिमध्यात्पुनर्मेढ्रेमेढ्राद्वह्न्यालयेततः । देहमध्याद्गुदेगार्गिगुदाद्वैऊरुमूलके । ऊरुमध्यात्तयोर्मध्येतस्माज्जान्वोर्निरोधयेत् । चितिमूलेततस्तस्माज्जंघयोर्मध्यमेतथा । जंघांततः समाकृष्यवायुंगुल्फेनिरोधयेत् । गुल्फादंगुष्ठयोर्गार्गिपादयोस्तंनिरोधयेत् । स्थानात्स्थानंसमाकृष्ययस्त्वेवंधारयेद्धिया । सर्वपापविशुद्धात्माजीवेदाचंद्रतारकं । एतत्तुयोगसिद्ध्यर्थमगस्त्येनापिकीर्तितम् । प्रत्याहारेषुसर्वेषुप्रशस्तामितियोगिभिः’इति । एवमष्टादशप्रत्याहारचोदनाः धारणाध्यायसमाधिसंज्ञास्तिस्रः । ततःसत्वपुरुषान्यताख्यातिसंज्ञाद्वाविंशीचोदना । ततोऽपिसंप्रेरितोजीवोनदीसमुद्रन्यायेननि र्विशेषचिन्मात्रतांप्रतिपद्यतेसार्धः १०

तंयोगिनंतिष्ठंतंजीवन्मुक्तं अजरंजराहीनं मनीषिभिर्योगिभिर्यद्यस्मात्तच्छब्देनोक्तं 'तादितिवाएतस्यमहतोभूतस्यनामभवति'इतिश्रुतेर्ब्रह्मत्वेननिर्दिष्टमतस्तद्भावापत्तयेआत्मानंप्रत्यंचंनरश्चतुर्विंशात्परंप्रतिगंतुं चोदयेदितिपूर्वेणसंबंधः ११ तैर्द्वाविंशत्याप्रेरणैः अहीनंकामादिभिरनास्कंदितंमनोयस्यतस्यैवव्रतंयोगाख्यंयोग्यमितिशेषः १२ संगेभ्योऽहंकर्तृत्वाद्यभिमानेभ्यःहृयादिभ्योवा १३ पाषाणस्थाणुगिरिदृष्टांतानिश्चलत्वोत्कर्षार्थाः १४ विधेःशास्त्रस्यविधानंतात्पर्यंतज्ज्ञानंतोविधिविधानज्ञाः बुद्ध्यास्वानुभवेनैव तदाआत्मप्राप्त्यवस्थायांयुक्तंयोगिनंप्रचक्षते नशृणोतीत्यादिनातदनुभवंवर्णयंतीत्यर्थः १५ १६ प्रकृतिंस्वस्यशुद्धंस्वरूपं १७ निर्लिंगोबुद्ध्यादिहीनः अविचलोऽव्यापकत्वात् ऊर्ध्वंतिर्यगधोवागतिंनप्राप्नुयात् तथाचश्रुतिः 'नतस्यप्राणाउत्क्रामंत्यत्रैवसमवनीयंते'इति १८ तदेति। अंतरात्माऽन्तर्यामीश्वरोहृदयस्थोऽहमेवब्रह्मेतियदाकथ्यतेऽनुभवबलात्तदैवात्मानमनुपश्येतेतिज्ञेयं नान्यथात्वंपदार्थमात्रसाक्षात्कारेणात्मदर्शीभवतीत्यर्थः । नकथ्यतइतिपाठेज्ञोज्ञेयइतियदानकथ्यतेसर्ववृत्तिनिरोधादात्म

संचोदनाभिर्मतिमानात्मानंचोदयेदथ ॥ तिष्ठंतमजरंतंतुयत्तदुक्तंमनीषिभिः ११ तैश्चात्मासततंज्ञेयइत्येवमनुशुश्रुम ॥ व्रतंह्यहीनमनसोनान्यथेतिविनिश्चयः १२ विमुक्तःसर्वसंगेभ्योलघ्वाहारोजितेंद्रियः ॥ पूर्वरात्रेपररात्रेधारयीतमनोऽऽत्मनि १३ स्थिरीकृत्येंद्रियग्रामंमनसामिथिलेश्वर ॥ मनोबुद्ध्यास्थिरंकृत्वापाषाणइवनिश्चलः १४ स्थाणुवच्चाप्यकंपःस्याद्गिरिवच्चापिनिश्चलः ॥ बुद्ध्याविधिविधानज्ञास्तदायुक्तंप्रचक्षते १५ नशृणोतिनचाघ्रातिनरस्यतिनपश्यति ॥ नचस्पर्शंविजानातिनसंकल्पयतेमनः १६ नचाभिमन्यतेकिंचिन्नचबुध्यतिकाष्ठवत् ॥ तदाप्रकृतिमापन्नंयुक्तमाहुर्मनीषिणः १७ निर्वातेहियथादीप्यन्दीपस्तद्वत्प्रकाशते ॥ निर्लिंगोऽविचलश्चोर्ध्वंनतिर्यग्गतिमाप्नुयात् १८ तदातमनुपश्येतयस्मिन्दृष्टेऽनुकथ्यते ॥ हृदयस्थोऽन्तरात्मेतिज्ञेयोज्ञस्तातमद्विधैः १९ विधूमइवसप्तार्चिरादित्यइवरश्मिमान् ॥ वैद्युतोऽग्निरिवाकाशेदृश्यतेऽऽत्मातथाऽऽत्मनि २० येपश्यंतिमहात्मानोधृतिमंतोमनीषिणः ॥ ब्राह्मणाब्रह्मयोनिस्थाह्ययोनिमप्रतात्मकम् २१ तदेवाहुरणुभ्योऽणुतन्महद्भ्योमहत्तरम् ॥ तत्तत्त्वंसर्वभूतेषुध्रुवंतिष्ठन्नदृश्यते २२ बुद्धिद्रव्येणदृश्येतमनोदीपेनलोककृत् ॥ महतस्तमसस्तातपारेतिष्ठन्नतामसः २३ सतमोनुदइत्युक्तःसर्वज्ञैर्वेदपारगैः ॥ विमलोवितमस्कश्चनिर्लिंगोऽलिंगसंज्ञितः २४ योगएषहियोगानांकिमन्यद्योगलक्षणम् ॥ एवंपश्यंप्रपश्यंतिआत्मानमजरंपरम् २५ योगदर्शनमेतावदुक्तंतेतत्त्वतोमया ॥ सांख्यंज्ञानंप्रवक्ष्यामिपरिसंख्यानदर्शनम् २६ अव्यक्तमाहुःप्रकृतिंपरांप्रकृतिवादिनः ॥ तस्मान्महत्समुत्पन्नंद्वितीयंराजसत्तम २७

नश्चप्रत्यक्त्वेनाज्ञेयत्वात्तदाऽत्मज्ञइत्युच्यतइत्यर्थः । तथाचश्रुतिः 'यदिमन्यसेसुवेदेतिदहमेवापिनूनंत्वंवेत्थब्रह्मणोरूपम्'इति सुवेदसम्यग्जानामि दहमल्पं । 'यस्यामतंतस्यमतंमतंयस्यनवेदसः । अविज्ञातंविजानतांविज्ञातमविजानताम्'इतिच १९ विधूमइत्यादिनाशुद्धप्रकाशात्मत्वमुक्तं २० ब्रह्मयोनिस्थाःब्रह्मावगमहेतुशास्त्रनिष्ठाः २१ । २२ नदृश्यतेचेत्कुतस्तदुपलब्धिरित्यतआह बुद्धीति। बुद्धिद्रव्येणधीधनेनपुंसा अतामसईश्वरात्परः २३ सज्ञातःसंस्तमोनुदःसंसारच्छित् निर्लिंगःसूत्रात्मनोऽप्यन्यः अलिंगेतिच्छेदः नास्तिलिंगंगमकंयस्य वाङ्मनसातीतत्वात् निरुपाधिब्रह्मसंज्ञितइत्यर्थः २४ योगमुपसंहरति योगएषइति। पश्यंद्रष्टारं प्रपश्यंतियोगाइतिशेषः २५ परिसंख्यानंपरिवर्जनंरज्जूरगवदुत्तरोत्तरस्यकार्यस्यपूर्वस्मिन्पूर्वस्मिन्प्रविलापनंतेनदर्शनंसाक्षात्कारोयस्मिंस्तत्तथा २६ एतदेवाहाव्यक्तामितिषड्भिः परांप्रथमांनत्वविकृतिम् २७

पंचभूतानिसूक्ष्माणिपंचतन्मात्राख्यानि २८ एताअव्यक्ताद्याःप्रकृतयोविकृतयश्चषोडशविकाराएवनप्रकृतयः तेचैकादशेंद्रियाणिस्थूलभूतानिच एतेषुपंचवियदादयोविशेषसंज्ञाः शेषाएकादशतानींद्रियाणि तेषांविशेषणंपंचेति पंचयंतिव्यक्तीकुर्वंतिस्वंस्वंविषयंशब्दवचनादिकमितिपंचानितानींद्रियाणिचेतिकर्मधारयः २९ । ३० एतेषांप्रविलापनमाह यस्मादीति । अंतरात्मनासृज्यंतेनतुनिरीश्वरसांख्याभिमत याप्रकृत्या ३१ । ३२ प्रकृतेरितिकर्मणिषष्ठी एवंप्रकृत्यादिकमुत्पद्यतेप्रलीयतेचेत्यर्थः । तथाचप्रकृतेरप्युत्पत्तिप्रलयौवक्ष्यति । तस्मादव्यक्तमुत्पन्नंत्रिगुणंद्विजसत्तमेति । अव्यक्तंपुरुषेब्रह्मन्निष्क लेसंप्रलीयतइतिच । एवंसांख्यमुक्त्वानानात्वैकत्वेविभजते एकत्वमिति । प्रतिलोमक्रमेणप्रकृतेरपिपुरुषेप्रलयेसतिमोक्षेअसंप्रज्ञातेचैकत्वमस्यपुरुषस्यभवतिसृष्टिकालेतुनानात्वमित्यर्थः ३३ नन्वेवंसृष्टिका लेनानात्वमापकशक्तिमतःकथमेकत्वमतआह अधिष्ठातारमिति । अव्यक्तमव्याकृतमविद्यामायेतिपर्यायाः अव्यक्तमेवपुरुषंनानात्वंनयति तथाचश्रुतिः 'माययाह्यन्यदिव'इति । 'इंद्रोमायाभिःपुरुरूपईयते'इतिच नहितुच्छयामाययापुंसःसद्वितीयत्वमस्तिरज्ज्वाइवकल्पितभुजंगेन 'तुच्छयेनाभ्वपिहितंयदासीत्तमसस्तन्महिनाजायतैकं'इतिश्रुतेः आभुब्रह्म तमसोऽज्ञानस्य महिनामाहात्म्येन एकमप्यजायतप्रपंचात्मनाआ

अहंकारस्तुमहतस्तृतीयमितिनःश्रुतम् ॥ पंचभूतान्यहंकारादाहुःसांख्यात्मदर्शिनः २८ एताःप्रकृतयश्चाष्टौविकाराश्चापिषोडश ॥ पंचचैवविशेषावैतथापंचें द्रियाणिच २९ एतावदेवतत्त्वानांसांख्यमाहुर्मनीषिणः ॥ सांख्येविधिविधानज्ञानित्यंसांख्यपथेरताः ३० यस्माद्यदभिजायेतत्तत्तत्रैवप्रलीयते ॥ लीयंते प्रतिलोमानिसृज्यन्तेचांतरात्मना ३१ अनुलोमेनजायंतेलीयंतेप्रतिलोमतः ॥ गुणागुणेषुसततंसागरस्योर्मयोयथा ३२ सर्गप्रलयएतावान्प्रकृतेर्नृपसत्तम ॥ एकत्वंप्रलयेचास्यबहुत्वंचयदाऽसृजत् ३३ एवमेवचराजेंद्रविज्ञेयंज्ञानकोविदैः ॥ अधिष्ठातारमव्यक्तमस्याप्येतन्निदर्शनम् ३४ एकत्वंचबहुत्वंचप्रकृतेरर्थत त्त्ववान् ॥ एकत्वंप्रलयेचास्यबहुत्वंचप्रवर्तनात् ३५ बहुधात्माप्रकुर्वीतप्रकृतिंप्रसवात्मिकाम् ॥ तच्चक्षेत्रंमहानात्मापंचविंशोऽधितिष्ठति ३६ अधिष्ठाते तिराजेंद्रप्रोच्यतेयतिसत्तमैः ॥ अधिष्ठानादधिष्ठाताक्षेत्राणामितिनःश्रुतम् ३७ क्षेत्रंजानातिचाव्यक्तंक्षेत्रज्ञइतिचोच्यते ॥ अव्यक्तिकेप्रविशतेपुरुषश्चेति कथ्यते ३८ अन्यदेवचक्षेत्रंस्यादन्यःक्षेत्रज्ञउच्यते ॥ क्षेत्रमव्यक्तमित्युक्तंज्ञातारंपंचविंशकम् ३९

विर्बभूवेत्यर्थः अस्यव्यक्तस्याप्येतदेकत्वंनानात्वंचसुषुप्तिप्रलययोरेकत्वंसृष्टिकालेनानात्वंचेतिनिदर्शनंदृष्टांतः पृथिव्यादिष्वप्येवमेवद्रष्टव्यं ३४ अर्थतत्त्ववानर्थतत्त्वंसम्यगधिगतवान्यःसजानीयादितिशेषः । नन्वेवमव्यक्तस्याधिष्ठातृत्वेजितंनिरीश्वरसांख्यैरित्याशंक्याह एकत्वमिति । प्रलयेमोक्षे अयस्कांतवत्स्वरूपसत्तामात्रेणायंप्रकृतिंप्रवर्तयंस्तांबहुधाप्रकरोति अतश्चिदात्मैवमुख्योऽधिष्ठाता प्रकृतेस्तुगौणमधिष्ठातृ त्वंस्वकार्यविषयमितिभावः सार्धः ३५ एतदेवाह तच्चेति । तत्प्रकृतिविकृत्यात्मकं ३६ पुंसोनामानिनिर्वक्ति अधिष्ठानादिति ३७ अव्यक्तिकेआविद्यकेक्षेत्रेपुर्यष्टके अत्रोक्तंकतके । 'सूर्यकांतमु पारुह्यसूर्यएवतृणंदहेत् । नतवह्नमापार्थिवस्तंचन्यायंचित्तमनोर्दिशेत्'इति । यथास्वरूपसत्तामात्रेणतृणंप्रकाशयतःसूर्यस्यसूर्यकांतद्वारातृणदग्धृत्वंतृणेप्रवेशश्चनतुव्यापाराविष्टस्य । एवंपुंसोऽप्यव्यक्तद्वारास र्वकार्याधिष्ठातृत्वंतत्तत्प्रकाशकत्वंचनतुकुलालवदधिष्ठातृत्वंनापिबुद्धिवादिंद्रियव्यापाराधीनप्रकाशकत्वंनापिकुंडबदरन्यायेनप्रविष्टत्वंकिंतुवह्निकाष्ठन्यायेनाभिव्यक्तत्वमात्रमितिभावः ३८ नामनिरुक्तेःफलंपुंप्र कृत्योर्विवेकमाहान्यदेवेति । एवमधिष्ठातुरन्यदधिष्ठेयंप्रवेष्टुरन्यत्प्रवेशायतनमित्यपिद्रष्टव्यं ३९

ज्ञानंप्रमाणजन्यावृत्तिः ज्ञेयंप्रमारूपंफलं फलकरणयोश्छिदापरश्वोर्भेदस्यस्पष्टत्वात् । ज्ञानज्ञेयपदेव्याचष्टे ज्ञानमिति ४० अधिष्ठातारमव्यक्तमित्यत्रोक्तमव्यक्तपदंव्याचष्टेऽव्यक्तमिति । सत्वंबुद्धिःक्षेत्रस त्वेश्वरशब्दाःपर्यायाइत्यर्थः । ततश्चकिमतआह अनीश्वरमिति । ईश्वरादिपदोपात्ताद्दृश्यादन्यत् तच्छब्दःपरोक्षवाची नास्तितत्त्वंपरोक्षत्वंयस्यतदतत्त्वंनित्यापरोक्षद्रष्टुःस्वरूपंतदेवपंचविंशतेःपूरणं तत्त्वमनारोपि तंरूपं अन्यत्सर्वमीश्वरादिकं दृश्यमारोपितमित्यर्थः । अतोऽन्यदार्तमितिश्रुतेः ४१ उपसंहरति सांख्येति । सांख्याःपरिसंख्यानुदर्शनंप्रकुर्वतेप्रकृतिंमायांचप्रचक्षतेजगत्कारणत्वेनवदंतीतिसंबंधः परि संख्यास्थूलसूक्ष्मक्रमेणचिदात्मनिप्रपंचप्रविलापनंतामनुदर्शनंसाक्षात्कारंसंपादयंतीत्यर्थः ४२ प्रविलाप्यान्याह तत्वानीति । प्रकृत्यासहचतुर्विंशचतुर्विंशतिस्तत्वानिपरिसंख्यायेतियोजना निस्तत्वोनिर्गतंतत्वं परोक्षत्वंयस्मात् यत्साक्षादपरोक्षाद्ब्रह्मेतिश्रुतेर्नित्यापरोक्षइत्यर्थः ४३ अप्रकृत्यात्माप्रकृतितोनिष्कृष्टः बुध्यमानः कर्तरिशानच् जीवएवप्रकृतित्यागात्केवलोभवति एतेनाऽबुद्धंप्रकृतिर्बुध्यमानोजीवःप्र बुद्धःकेवलइतिप्रश्नत्रयस्योत्तरंसंक्षिप्योक्तं ४४ समंब्रह्मतस्यभावःसाम्यंतस्यापिभावःसाम्यतासाचब्रह्मैव । ब्रह्मविद्ब्रह्मैवभवतीतिश्रुतेः ४५ प्रकृतेर्ब्रह्मणःब्रह्मदर्शनमेवसम्यग्दर्शनंनामनत्वब्रह्मदर्शनंर ज्जूरगदर्शनवद्भ्रांतत्वात्तस्य नहिरज्जुंभुजंगत्वेनपश्यन्सम्यग्दर्शीभवतिकिंतुरज्जुत्वेनैवपश्यन् एवंब्रह्मण्यध्यस्तमहंकारादिकंपश्यन्नसम्यग्दर्शीअधिष्ठानंतुपश्यन्सम्यग्दर्शीत्यर्थः । तथाशब्दःपादपूरणार्थः यद्वा यथैतत्तथाश्रूयतइत्यध्याहृत्यश्रुत्यंतरप्रदर्शनार्थः । यथादाशतय्यामाम्नायते । 'परापूर्वेषांसख्याद्वृणक्तिवितर्तुराणोअपरेभिरेति ॥ अनानुभूतीरवधून्वानःपूर्वीरिंद्रःशरदस्तर्तरीति' अस्यार्थः

अन्यदेवचज्ञानंस्यादन्यज्ज्ञेयंतदुच्यते ॥ ज्ञानमव्यक्तमित्युक्तंज्ञेयोवैपंचविंशकः ४० अव्यक्तंक्षेत्रमित्युक्तंतथासत्त्वंतथेश्वरः ॥ अनीश्वर मतत्त्वंचतत्त्वंतत्पंचविंशकम् ४१ सांख्यदर्शनमेतावत्परिसंख्यानुदर्शनम् ॥ सांख्याःप्रकुर्वतेचैवप्रकृतिंचप्रचक्षते ४२ तत्त्वानिचचतु र्विंशत्परिसंख्यायतत्त्वतः ॥सांख्याःसहप्रकृत्यातुनिस्तत्त्वःपंचविंशकः ४३ पंचविंशोऽप्रकृत्यात्माबुध्यमानइतिस्मृतः॥ यदातुबुध्यतेऽऽत्मा नंतदाभवतिकेवलः ४४ सम्यग्दर्शनमेतावद्भाषितंतवतत्त्वतः ॥ एवमेतद्विजानंतःसाम्यतांप्रतियांत्युत ४५ सम्यङ्निदर्शनंनामप्रत्य क्षंप्रकृतेस्तथा ॥ गुणतत्त्वाचथैतानिनिर्गुणेभ्यस्तथाभवेत् ४६

पूर्वेषांदेवानांस्वाभाविकानांकामक्रोधादीनांसख्यासख्यानि सुपांसुलुगितिसुपोडा पराद्वृणक्तिपरिवर्जयति । व्यवहितश्चेतिच्छंदसिव्यवहितक्रिययाऽप्युपसर्गसंबंधस्मृतेः वितर्तुराणः । अतिशयेनकालंतरवीति तर्तुराणः यङ्लुगंतात्तरतेस्ताच्छीलिकश्चानश् उदोष्ठ्यपूर्वस्येत्यस्मादुदित्यनुवर्तमानेबहुलंछंदसीत्युत्वंरपरत्वं अभ्यासगुणेरेफलोपाभावादिश्छांदसः अभ्यस्तानामादिरित्याद्युदात्तत्वेगतिकारकोपपदात्कृ दितिप्रकृतिस्वरः । अपरेभिःशास्त्रीयैःशमदमादिभिःसख्यानिएतिप्राप्नोति । मुक्तिकामःकामादीन्जित्वाशमादीनाश्रयेदित्यर्थः । अनानुभूतीःअननुभवान् अनन्वित्यस्यमध्यममितिप्रातिशाख्यसूत्राद्दीर्घ मध्यत्वं रज्जूरगज्ञानतुल्यानिभ्रांतिज्ञानान्यवधून्वानःकल्पितंदेहादितादात्म्यंप्रविलापयन् पूर्वीरनादिःशरदःकालंतर्तरीतिबलेनतरतीति । अस्यामृचिप्रपंचदर्शनमानुभूतिशब्देनोक्तं अतआत्मदर्शनमेवसम्य ग्दर्शनमितरदर्शनंभ्रांतिदर्शनमितिसिद्धं । सम्यग्दर्शनविषयस्यप्रत्यगात्मरूपस्याधिष्ठानस्यशून्यतांवारयन्सम्यग्दर्शनस्यनष्टवनितासाक्षात्कारतुल्यतांनिरस्यति गुणतत्त्वादिति । निर्गुणेभ्यःपुरुषेभ्योऽन्यानि यथैतानिमहदादीनि गुणतत्त्वात्गुणानांतत्त्वंताद्भाव्यं गुणत्वाद्दृश्यत्वादितियावत् । यथैतानिव्यावहारिकप्रमारूपत्वेनाभ्रान्तानिप्रत्यक्षाण्येवंनिर्गुणानांपुंसामप्यभ्रांतंप्रत्यक्षंभवेदित्यर्थः । निर्गुणेभ्यइतिब हुत्वंभूतपूर्वगत्याप्रमातृभेदाभिप्रायं तस्माद्यथावस्त्वेवात्मज्ञानंनभावनादिजन्यंनष्टवनिताज्ञानवदितिसिद्धं ४६

आत्मज्ञानफलमाह नत्विति । विगतदेहानांमुक्तानांपुनरावृत्तिर्नविद्यते सदेहानांत्वपरंसत्यकामत्वसत्यसंकल्पत्वाद्यैश्वर्यपरंचसमाधिकालेनिरुपाधिसुखमव्ययंविद्यते । तत्रहेतुः अक्षरभावत्वादिति साम्यता पदव्याख्यातरीत्याभावशब्देनभावप्रत्ययेनचाक्षरमात्रंग्राह्यं यतोब्रह्मविदक्षरमेवभवति । अतोऽक्षरधर्माणां'एतस्यवाअक्षरस्यप्रशासनेगार्गिद्यावापृथिव्यौविधृतेतिष्ठतः । एतद्वैतदक्षरंगार्गिब्राह्मणाअभिवदं त्यस्थूलमनण्वह्रस्वमदीर्घं'इत्यादिश्रुतिप्रसिद्धानांप्रशासितृत्वास्थूलत्वादीनांतत्रसंबंधोयुज्यतएवेत्यर्थः । तथाचप्रागेवोदाहृतं 'सोपाधिर्निरुपाधिश्चद्वेधाब्रह्मविदुच्यते ॥ सोपाधिकःस्यात्सर्वात्मानिरुपा ख्योऽनुपाधिकः ॥ जगत्क्रीडन्रतिंप्राप्तइतिसोपाधिकस्यतु ॥ छांदोग्येसर्वकामाप्तिःसार्वात्म्यात्स्पष्टमीरिता ॥ अहमन्नंतथाऽन्नादःश्लोककार्यप्यहोअहं ॥ इतितत्त्वविदःसामगानेसर्वात्मताश्रुता ॥ अत्रापिचक्रदृष्टांतात्सोपाधिस्तत्त्वविच्छ्रुतः ॥ अपूर्वानपराद्युक्त्याश्रोष्यतेनिरुपाधिकः'इति ४७ केपुनरावर्ततइत्यतआह पश्येरन्निति । नैकमतयोनानात्वदर्शिनोयेतेषुसम्यग्दर्शनंनास्ति व्यक्तंशरीरं ४८ 'कस्मिन्नुभगवोविज्ञातेसर्वमिदंविज्ञातंभवति'इत्येकविज्ञानात्सर्वविज्ञानंश्रुतंतत्समर्थयते सर्वमिति । एतद्वाक्यजातंसर्वमर्थतोविजानंतोध्यानबलेनसर्वापरोक्ष्यव्यक्तथादेहस्यवशेनभविष्यंतीतियोज्यं ४९ सर्व मिति । पंचविंशस्यविज्ञानात्सर्वज्ञोभवतीतिश्लोकद्वयतात्पर्यं भयंसंसारदुःखं ५० ॥ इतिशांतिपर्वणिमोक्षधर्मपर्वणिनीलकंठीये भारतभावदीपे षडधिकत्रिशततमोऽध्यायः ॥ ३०६ ॥ नानात्वैकत्व

नत्वेवंवर्तमानानामावृत्तिर्विद्यतेपुनः ॥ विद्यतेऽक्षरभावत्वादपरंपरमव्ययम् ४७ पश्येरन्नैकमतयोनसम्यक्तेषुदर्शनम् ॥ तेव्यक्तंप्रतिपद्यंतेपुनःपुनररिंदम ४८ सर्वमेतद्विजानंतोनसर्वस्यप्रबोधनात् ॥ व्यक्तीभूताभविष्यंतिव्यक्तस्यवशवर्तिनः ४९ सर्वमव्यक्तमित्युक्तमसर्वःपंचविंशकः ॥ यएनमभिजानंतिनभयंतेषुविद्यते ५० ॥ इतिश्रीमहाभारते शांतिपर्वणिमोक्षधर्मपर्वणि वसिष्ठकरालजनकसंवादे षडधिकत्रिशततमोऽध्यायः॥ ३०६ ॥ ॥वसिष्ठउवाच॥ सांख्यदर्शनमेतावदुक्तंतेनृपसत्तम ॥ विद्याविद्येत्विदानींमेत्वंनिबोधानुपूर्वशः १ अविद्यामाहुरव्यक्तंसर्गप्रलयधर्मिवै ॥ सर्गप्रलयनिर्मुक्तांविद्यांवैपंचविंशकः २ परस्परस्यविद्यांवैत्वंनिबोधानुपूर्वशः ॥ यथोक्तमृषिभिरतातसांख्यस्याभिनिदर्शनम् ३ कर्मेन्द्रियाणांसर्वेषांविद्याबुद्धीन्द्रियंस्मृतम् ॥ बुद्धीन्द्रियाणांचतथाविशेषाइतिनःश्रुतम् ४ विशेषाणांमनस्तेषांविद्यामाहुर्मनीषिणः॥ मनसःपंचभूतानिविद्याइत्यभिचक्षते ५

विज्ञानमित्यादिनाकृतानांद्वादशानांप्रश्नानांमध्येसांख्यंयोगीनानात्वैकत्वविज्ञानंचेतित्रयंव्याख्यातं अबुद्धादित्रयमंग्रिमाध्यायेव्याकरिष्यते विद्यादिषट्कमिहव्याख्यायते सांख्यदर्शनमिति । योगादिसहित मितिशेषः १ तत्त्वदर्शनंविद्या तत्त्वावरकंभावरूपमज्ञानादिकमविद्या नतुविद्यायाअभावमात्रमित्याशयेनाह अविद्यामिति । अभावात्सर्गाद्यसंभवाद्भावरूपैवाविद्याऽव्यक्ताख्येत्यर्थः । विद्यामाह स र्गेति । विद्यांपंचविंशकइत्याहुरितियोजना २ अस्याविद्यायाःपरमत्वंवक्तुमवांतरविद्याभेदमाह परस्परस्येति ३ कर्मेंद्रियाणांव्यापारमुत्सृज्यकेवलंबुद्धींद्रियाण्येवाहमितिचिंतनंबुद्धींद्रियविद्येत्यर्थः । एव मुत्तरत्र । विशेषाःस्थूलभूतानिदेहारंभकाणि तत्रपादादिजानुपर्यंतंपृथिवीस्थानंजान्वादिपायुपर्यंतमपांस्थानमित्यादिनाप्राग्व्युत्पादितरीत्योत्तरस्यभूतस्यपूर्वपूर्वस्मिन्प्रविलापनेनतत्तन्मात्रात्मनाऽवस्थानेनपंचभूत विद्याःपृथक्फलाअनुसंधेयाः ४ विशेषाणांचमनसिप्रविलापनेनमनोमात्रेणावस्थानंमनोविद्या । मनोऽपिविषयविकल्पाभिमुखंवासनामात्रेषुशब्दादिषुप्रविलाप्यतन्मात्रेणावस्थानंसूक्ष्मभूतविद्या एवमुत्तरत्र ज्ञेयं अत्रविशेषमनसोःसूक्ष्मभूताहंकारयोरंतर्भावंविवक्षित्वावायुपुराणेएतासांविद्यानांफलान्युक्तानि । 'दशमन्वंतराणीहतिष्ठंतींद्रियचिंतकाः । भौतिकास्तुशतंपूर्णंसहस्रंत्वाभिमानिकाः । बौद्धादशसह स्राणितिष्ठंतिविगतज्वराः । पूर्णंशतसहस्रंतुतिष्ठंत्यव्यक्तचिंतकाः । पुरुषंनिर्गुणंप्राप्यकालसंख्यानविद्यते'इति ५

बुद्धिर्महत्तत्त्वं ६ तत्त्वानांमहदादीनां ७ सर्वस्यज्ञानस्यज्ञेयंसर्वमव्यक्तमित्युक्तं अव्यक्तज्ञानादेवसर्वज्ञोभवतीत्यर्थः । वेदांतेष्वपिसार्वज्ञ्यंकारणज्ञानस्यमुख्यंफलंशुद्धज्ञानस्यतुनांतरीयकमितिभावः ८ ज्ञानं धीवृत्तिः ज्ञेयस्तदभिव्यंग्योबोधः योविज्ञाताप्रमातासएवपंचविंशकोबोधइत्यर्थः ९ विद्यासहिताऽविद्या अर्थतत्त्वेनयाथार्थ्येन 'क्षरंप्रधानममृताक्षरंहरः क्षरात्मानावीशतेदेवएकः' । 'द्वाविमौपुरुषौलोकेक्षरश्चाक्षरएवच । उत्तमःपुरुषस्त्वन्यः' इतिश्रुतिस्मृत्युक्तंपुंत्रैविध्यमुपेत्यक्षराक्षरयोस्तावद्विभागमाहाक्षरंचेति । अमृतोजीवोऽक्षरमितिश्रुतिपदयोरर्थः संधिश्छांदसः १० उभौप्रकृतिजीवावक्षरावनादित्वात्पुरुषोत्तमाख्याद्ब्रह्मणोऽनन्यत्वाच्चत्रयस्यापिब्रह्ममात्रत्वाच्च तथाचश्रुतिः । 'भोक्ताभोग्यंप्रेरितारंचमत्वासर्वंप्रोक्तंत्रिविधंब्रह्ममेतत्' इति । उभावनक्षरौअक्षरभिन्नौक्षरावित्यर्थः । विज्ञानघनएवैतेभ्यो भूतेभ्यःसमुत्थायतान्येवानुविनश्यतीतिभूतशब्दितस्यक्षरस्यतदनुसारिणोविज्ञानघनस्यचनाशश्रुतेः भूतानिनष्टान्यनुविज्ञानघनोऽपिनश्यतीतिश्रुत्यर्थः । उभयोरप्यक्षरत्वेहेतुमाहसार्धत्रिभिः कारणंत्विति ११ अनादित्वादनिधनौ अनादिभावस्यानित्यत्वायोगात् ईश्वरौमिश्रौसंतावखंडदंडायमानस्यप्रपंचस्योपादानभूतौकथमनित्यौस्यातांनकथंचिदित्यर्थः ज्ञानचिंतकैर्ब्रह्मदर्शिभिः १२ ननुक्षरायाःप्रकृतेरक्षरत्वं

अहंकारस्तुभूतानांपंचानांनात्रसंशयः ॥ अहंकारस्यचतथाबुद्धिर्विद्यानरेश्वर ६ विद्याप्रकृतिरव्यक्तंतत्त्वानांपरमेश्वरी ॥ विद्याज्ञेयानरश्रेष्ठ विधिश्चपरमःस्मृतः ७ अव्यक्तस्यपरंप्राहुर्विद्यांवैपंचविंशकम् ॥ सर्वस्यसर्वमित्युक्तंज्ञेयंज्ञानस्यपार्थिव ८ ज्ञानमव्यक्तमित्युक्तंज्ञेयोवैपंचविंशकः ॥ तथैवज्ञानमव्यक्तंविज्ञातापंचविंशकः ९ विद्याविद्यार्थतत्त्वेनमयोक्तातेविशेषतः ॥ अक्षरंचक्षरंचैवयदुक्तंतन्निबोधमे १० उभावेवाक्षरावुक्तावुभावेतावनक्षरौ ॥ कारणंतुप्रवक्ष्यामियाथातथ्यंतुज्ञानतः ११ अनादिनिधनावेतावुभावेवेश्वरौमतौ ॥ तत्त्वसंज्ञावुभावेतौ प्रोच्येतेज्ञानचिंतकैः १२ सर्गप्रलयधर्मत्वादव्यक्तंप्राहुरक्षरम् ॥ तदेतद्गुणसर्गायविकुर्वाणंपुनःपुनः १३ गुणानांमहदादीनामुत्पत्तिश्चपरस्परम् ॥ अधिष्ठानात्क्षेत्रमाहुरेतत्तत्पंचविंशकम् १४ यदातुगुणजालंतदव्यक्तात्मनिसंक्षिपेत् ॥ तदासहगुणैस्तैस्तुपंचविंशोविलीयते १५ गुणागुणेषुलीयंतेतदैकाप्रकृतिर्भवेत् ॥ क्षेत्रज्ञोपियदाताततत्क्षेत्रेसंप्रलीयते १६

क्षरंप्रधानंक्षरःसर्वाणिभूतानीतिश्रुतिस्मृतिप्रसिद्धिविरुद्धमित्याशंक्याह सर्गेति । तस्याःक्षरत्वेसंसारस्यांतवत्त्वंस्यात् । तच्च 'नांतोनचादिर्नचसंप्रतिष्ठा' इतितदानंत्यस्मृतिविरुद्धं क्षरत्वश्रुत्यादिकंतुप्रतिक्षणपरिणामित्वमात्रान्नतुप्रवाहोच्छेदादितिभावः प्रवाहानुच्छेदमाहार्धेन तदेतादिति १३ जीवस्याप्यक्षरत्वमाह गुणानामिति । पंचविंशकंचिदाभासमपिगुणानांक्षेत्रमुत्पत्तिस्थानमाहुः । कुतःपरस्परमधिष्ठानात् चिच्छायामनवाप्यनकेवलाप्रकृतिर्वाप्रकृतिरूपमुपाधिमनवाप्यकेवलःपुरुषोवामहदादीन्स्रष्टुमुत्सहतेकिंतुपरस्परानुग्रहेणैवेत्यर्थः । अतःपंचविंशस्यापिक्षेत्रत्वात्प्रकृतिवदक्षरत्वमितिभावः १४ उभयोःक्षरत्व

७० माह यदात्वित्यादिना । गुणजालंप्रकृत्याद्यव्यक्तात्मन्यहमनुभवागोचरेशुद्धेब्रह्मणिसंक्षिपेत्प्रविलापयेद्योगी । तदेति उपाधिनाशमनुआभासोऽपिनश्यतीतिद्वयोरपिक्षरत्वं १५ ननुपंचविंशस्यलयेनैरात्म्यं स्यादित्याशंक्याह गुणाइति । यथामहदादीनांप्रकृतौलयेयथैकाप्रकृतिःप्रलयेशिष्यतेएवंक्षेत्रज्ञःपंचविंशोऽपितत्क्षेत्रेस्वोत्पत्तिस्थानेषड्विंशेसंप्रलीयते । अतआभासस्यलयेऽपिमुख्योननश्यतीतिननैरात्म्यवादप्रसंगः । यदातदेतिचोभयत्राध्याहारस्तदैकाप्रकृतिरित्यस्यानुकर्षश्चोत्तरार्धे १६

तदेति । यदात्वसंप्रज्ञातेपुरुषोनिर्गुणंप्राप्नोति इवैदेह वैइतिपृथक्पदंवा तदाप्रकृतिरपिक्षरत्वंविनाशित्वंगच्छते आर्षस्तङ् गुणसंश्रितामहदादिभिःसहिता । तत्रक्षरत्वेहेतुः देहगुणेष्वप्रतिवर्तनादिति देहाश्रितेषुश्रोत्रादिषुप्रतिविषयंवर्तनंतदभावात् १७ अयमेवन्यायःक्षेत्रज्ञेऽपीत्याह एवमिति । क्षरत्वंगच्छतेइत्यनुषंगः कार्येणाहंकारेणास्तित्वंगम्यते यथानद्याःपूरेणोपरिदेशेवृष्टिमत्त्वं पूराभावेतदभावएवंगुणानामप्रवृत्तेरप्रकाशाच्चप्रकृतिक्षेत्रज्ञौनश्येते । तत्रापिक्षेत्रज्ञेविशेषमाह प्रकृत्येति । गुणगुणिनौक्षेत्रक्षेत्रज्ञावनित्यौ क्षेत्रज्ञस्यतुक्षेत्राभिष्कृष्टोनिर्गुणोज्ञानांशःसनित्यइत्यर्थः । अनुशुश्रुमसाक्षीचेताकेवलोनिर्गुणश्चेति श्रुतवंतोवयं १८ एषक्षेत्रज्ञःसाक्षित्वत्यागेनक्षरोयदाऽसंप्रज्ञातोभवतितदेति शेषंस्पष्टं १९ प्रकृतेःपरिवर्जनात्प्रविलापनात्तुशास्त्रजज्ञानमात्रात्बुध्यत्यपरोक्षीकरोति २० पृथक्त्वैवापृथक्त्वहेत्यस्योत्तरमाह तदैषइति । तत्त्वतामारोपशून्यतां चिदचिद्ग्रंथिरपृथक्त्वंतस्यभेदःपृथक्त्वमित्यर्थः २१ इदंज्ञानेनपश्यतीत्याह यदेति । जुगुप्सतेनिंदति पश्यंद्रष्टारंपश्यन्नसंत्यजेन्नविस्मरेत् तत्वपक्षपातोहिधियांस्वभावइतिन्याये

तदाक्षरत्वंप्रकृतिर्गच्छतेगुणसंश्रिता ॥ निर्गुणत्वंचवैदेहगुणेष्वप्रतिवर्तनात् १७ एवमेवचक्षेत्रज्ञःक्षेत्रज्ञानपरिक्षये ॥ प्रकृत्यानिर्गुणस्त्वेषइत्येवमनुशुश्रुम १८ क्षरोभवत्येषयदातदागुणवतीमथ ॥ प्रकृतिंत्वभिजानातिनिर्गुणत्वंतथाऽऽत्मनः १९ तदाविशुद्धोभवतिप्रकृतेःपरिवर्जनात् ॥ अन्योऽहमन्येयमितियदाबुध्यतिबुद्धिमान् २० तदैषतत्त्वतामेतिनचापिमिश्रतांव्रजेत् ॥ प्रकृत्याचैवराजेंद्रमिश्रोह्यन्यश्चदृश्यते २१ यदातुगुणजालंतत्प्राकृतंवैजुगुप्सते ॥ पश्यतेचपरंपश्यंतदापश्यन्नसंत्यजेत् २२ किंमयाकृतमेतावद्योऽहंकालमिमंजनम् ॥ मत्स्योजालंह्यविज्ञानादनुवर्तितवानिह २३ अहमेवहिसंमोहादन्यमन्यंजनाज्जनम् ॥ मत्स्योयथोदकज्ञानादनुवर्तितवानहम् २४ मत्स्योऽन्यत्वंयथाज्ञानादुदकान्नाभिमन्यते ॥ आत्मानंतद्वदज्ञानादन्यत्वंचैववेद्म्यहम् २५ ममास्तुधिगबुद्धस्ययोऽहंमग्नमिमंपुनः ॥ अनुवर्तितवान्मोहादन्यमन्यंजनाज्जनम् २६ अयमत्रभवेद्बंधुरनेनसहमेक्षमम् ॥ साम्यमेकत्वमायातोयादृशस्तादृशस्त्वहम् २७ तुल्यतामिहपश्यामिसदृशोऽहमनेनवै ॥ अयंहिविमलोव्यक्तमहमीदृशकस्तथा २८ योऽहमज्ञानसंमोहादज्ञयासंप्रवृत्तवान् ॥ ससंगयाऽहंनिःसंगःस्थितःकालमिमंत्वहम् २९ अनयाऽहंवशीभूतःकालमेतंनबुद्धवान् ॥ उच्चमध्यमनीचानांतामहंकथमावसे ३०

नसकृज्जातमपिप्रमाणज्ञानंननश्यति अनादिकालीनमपिभ्रांतिज्ञानंनपुनरुन्मिषतीतिभावः । यदाहुर्बौद्धाअपि 'निरुपद्रवभूतार्थस्वभावस्यविपर्ययैः । नबाधोयत्नवत्त्वेऽपिबुद्धेस्तत्पक्षपाततः' इति । अपरिणामिनोनित्यसिद्धस्यवस्तुनःसम्यग्ज्ञातस्यपुनर्बाधोनास्ति अयत्नवत्त्वेऽपितद्विषयकप्रत्ययानावृत्तावपितत्रहेतुर्बुद्धेरितीतिबाह्यश्लोकार्थः २२ इमंप्राकृतं जनंदेहं जालंहिजालमिव २३ उदकज्ञानादिदंममजीवनमितिज्ञानात् ह्रदाद्ध्रदंमत्स्यइवदेहाद्देहमप्यनुवर्तितवान् २४ मत्स्यउदकादिवाहंपुत्रादिभ्योऽन्यमात्मानंनवेद्मीतिनञ्शब्दानुकर्षेणयोज्यं २५ मग्नंविपद्ग्रस्तं २६ बंधुःसखा एकत्वमविसंवादः तस्यैवव्याख्यायादृशइति २७ विमलोनिष्कपटः २८ अज्ञयाजडयाप्रकृत्यासंगमनिःसंगयोर्मोहमंतरेणसंबंधायोगादित्यर्थः २९ उच्चादीनांदेवमनुष्यतिरश्चांसंबंधिनीं तामनेकविकारवतीमित्यर्थः । एतेनविकारित्वाविकारित्वेअपिसंबंधासंभवायदर्शिते तथोदाहृतंप्रागेव । 'निःसंगस्यससंगेनकूटस्थस्यविकारिणा । आत्मनोऽनात्मनायोगोवास्तवोनोपपद्यते' इति ३०

समानयासंयुतया एषेदानीमितिपादपूरणार्थःसंधिः स्थिरःसांख्येयोगेवानिष्ठायुक्तःसन्भवेप्राप्नुयांआत्मानंजानीयामित्यर्थः मूमाप्नावित्यस्यरूपं ३१ः वंचनाद्विपर्ययज्ञानजात् अनयामूढाविद्यया विकारया
विकारवत्या ३२ पराङ्मुखंबहिर्मुखंविषयमुपास्थितोभोक्तुमुद्युक्तः ३३ ततःपराङ्मुखोपस्थानाद्बाह्यार्थप्रावण्यात् मूर्तिषुदेहेषु अमूर्तस्यापिमूर्तात्मत्वेहेतुर्ममत्वमित्यर्थः ३४ योनिषुनिपातितइतिशेषः एतदेवप्रध
र्षणंनाम निर्ममस्येति किंकृतंनकिमपि ज्ञानस्यासाधनादित्यर्थः ३५ अहंकारेणकृतोहिंसितआत्माययासातया आत्मयेतिसमासांतोडच् ३६ बहुधाऽनेकदेहाकारं ३७ ममत्वमिति । अपेत्याऽपसृत्यप्रत्यक्प्राव
ण्येनइमांप्रकृतिंत्यक्त्वेत्यर्थः । निरामयंनिर्द्वंद्वंपरमात्मानम् ३८ अनेननिरामयेणसाम्यमैक्यं अचेतयाजडया अनेनसहैकत्वंक्षेमंनत्वनयासहैकत्वं ३९ परमस्यषड्विंशस्यसंबोधात् क्षरंत्यक्त्वाअक्षरत्वंनिय
च्छेताक्षरएवभवेत् ब्रह्मभावंनजह्यादित्यर्थः कःयःपंचविंशःनिरामयमनुबुद्धवान् ४० प्रथममव्यक्तस्याप्यादिं तादृङ्निर्गुणःप्रथमश्चभवति निर्गुणत्वादेवव्यावर्तकधर्माभावाद्ब्रह्मैवभवतीत्यर्थः ४१ निदर्शनमनुभवः

समानयाऽनयाचेहसहवासमहंकथम् ॥ गच्छाम्यबुद्धभावत्वादेषेदानींस्थिरोभवे ३१ सहवासंनयास्यामिकालमेतद्धिवंचनात् ॥ वंचितोऽस्म्यनयायद्धिनिर्विकारोविकारया ३२ नचायमपराधोऽस्याह्यपराधोह्ययंमम ॥ योऽहमत्राभवंसक्तःपराङ्मुखमुपस्थितः ३३ ततोऽस्मिबहुरूपासुस्थितोमूर्तिष्वमूर्तिमान् ॥ अमूर्तश्चापिमूर्तात्माममत्वेनप्रधर्षितः ३४ प्राकृतेनममत्वेनतासुतास्विहयोनिषु ॥ निर्ममस्यममत्वेनकिंकृतंतासुतासुच ३५ योनीषुवर्तमानेननष्टसंज्ञेनचेतसा ॥ नममात्रानयाकार्यमहंकारकृतात्मया ३६ आत्मानंबहुधाकृत्वायेयंभूयोयुनक्तिमाम् ॥ इदानीमेषबुद्धोऽस्मिनिर्ममोनिरहंकृतः ३७ ममत्वमनयानित्यमहंकारकृतात्मकम् ॥ अपेत्याहमिमांहित्वासंश्रयिष्येनिरामयम् ३८ अनेनसाम्यंयास्यामिनानयाऽहमचेतया ॥ क्षेमंममसहानेननैकत्वमनयासह ३९ एवंपरमसंबोधात्पंचविंशोऽनुबुद्धवान् ॥ अक्षरत्वंनियच्छेतत्यक्त्वाक्षरमनामयम् ४० अव्यक्तंव्यक्तधर्माणंसगुणंनिर्गुणंतथा ॥ निर्गुणंप्रथमंदृष्ट्वातादृग्भवतिमैथिल ४१ अक्षरक्षरयोरेतदुक्तंतवनिदर्शनम् ॥ मयेहज्ञानसंपन्नंयथाश्रुतिनिदर्शनात् ४२ निःसंदिग्धंचसूक्ष्मंचविबुद्धंविमलंयथा ॥ प्रवक्ष्यामितुतेभूयस्तन्निबोधयथाश्रुतम् ४३ सांख्ययोगौमयाप्रोक्तौशास्त्रद्वयनिदर्शनात् ॥ यदेवशास्त्रंसांख्योक्तंयोगदर्शनमेवतत् ४४ प्रबोधनकरंज्ञानंसांख्यानामवनीपते ॥ विस्पष्टंप्रोच्यतेतत्रशिष्याणांहितकाम्यया ४५ बृहच्चैवमिदंशास्त्रमित्याहुर्विदुषोजनाः ॥ अस्मिंश्चशास्त्रेयोगानांपुनर्वेदेपुरःसरः ४६

यथाश्रुतिश्रुतिमनतिक्रम्य निदर्शनादनुभवात् ४२ विबुद्धंविशिष्टंज्ञानं विमलंनिर्दोषं ४३ सांख्येति । शमादिभिर्दृष्टादर्शनंमोक्षदमित्यस्यार्थस्योभयत्रसाम्यात् साधनानुभवफलैःसांख्ययोगयोरैक्यमित्यर्थः
४४ किमंशेनतर्हितयोर्भेदइत्याशंक्याह प्रबोधनेत्यादिना । अत्रायमर्थः सांख्येहिलवणोदकन्यायेनकार्यस्यकारणेप्रविलापनमितिक्रमेणाऽध्यायादौनिरूपितविद्याष्टकेनानिर्विशेषप्रत्यङ्मात्रेणावस्थानंयुक्तिपूर्वक
मुपपादितं ४५ तदेतद्धीमतांशिष्याणामाशुसिद्धिदंबृहच्चशास्त्रंविदुषोविद्वांसःप्राहुः योगानांपुनरस्मिन्सांख्यशास्त्रेवेदेचपुरःसरोऽत्यंतमादरोऽस्ति तथाहि शास्त्रेअपिसंराधनेप्रत्यक्षानुमानाभ्यामितिशास्त्रेयोगस्या
दरोदृश्यतेसंराधनंभक्तिध्यानपूर्वकमात्मनिमनःप्रणिधानंतस्मिन्क्रियमाणेआत्मनःसम्यग्दर्शनंभवति । तत्रप्रमाणंप्रत्यक्षंश्रुतिःप्रामाण्यंप्रत्यनपेक्षत्वात् ‘अध्यात्मयोगाधिगमेनदेवंमत्वाधीरोहर्षशोकौजहाति’
इत्यादिका अनुमानंस्मृतिःप्रामाण्यंप्रतिसापेक्षत्वाद्योगिनस्तंप्रपश्यंतीत्यादिका एताभ्यांप्रमाभ्यामित्यर्थः । तथावेदेऽपि ‘विद्यामेतांयोविधिंचकृत्स्नं । यदापंचावतिष्ठंतेज्ञानानिमनसासह ॥ बुद्धिश्चनविचेष्टति

तामाहुःपरमांगतिं । 'तांयोगमितिमन्यंतेस्थिरामिंद्रियधारणां । अप्रमत्तस्तदाभवतियोगेहिप्रभवाप्ययौ'इति । अज्ञातोयोगःसंसारोज्ञातोमोक्षइतियोगस्यादरोदृश्यते । तथाचसांख्यस्यशिष्यानुग्राहकत्वाद्योगस्य चवेदशास्त्रादृतत्वाद्द्वयमप्यपरित्याज्यमिति । ननुकथंतर्हिद्वाविमौमार्गावित्युक्तोदोषः प्रधानोपसर्जनभावेनेत्यवेहि तथाहि । द्विविधोमोक्षाधिकारीकृतोपास्तिरकृतोपास्तिश्च । तत्राद्योवाक्यार्थविचारात्प्रागेवा नुष्ठितयोगइतिनतंप्रतिध्यानापेक्षा विविक्तस्यत्वंपदार्थस्यप्रागेवदृष्टत्वात् । तस्यतत्पदार्थाभेदमात्रंवाक्यात्प्रतिपत्तव्यंतंप्रतियोगउपसर्जनःसांख्यंप्रधानंचरमत्वात् । यस्त्वकृतोपास्तिरौत्सुक्याच्छ्रवणादावेव प्रवर्ततेतस्यवेदांतेपरोक्षंज्ञानंजायतेतदर्थस्यनिदिध्यासनादापरोक्ष्यंतंप्रतिसांख्यमुपसर्जनंयोगःप्रधानं । तदिदंमतद्वयंगृहीत्वाऔपनिषदस्यपुरुषस्यक्वचिद्वेदैकगम्यत्वंक्वचिच्चित्तैकगम्यत्वमुच्यते । 'नावेद विन्मनुतेतंबृहंतामिति दृश्यतेत्वग्र्ययाबुद्ध्येतिच' सूत्रमपि'सन्कार्यंतरविधिःपक्षेणतृतीयंतद्वतः'इतिध्यानस्यपाक्षिकत्वंदर्शयत्यधिकारिभेदेन तद्वतःश्रवणमननवतः । तृतीयंनिदिध्यासनं पक्षेणशुद्धचेतसामन पेक्षिततयाविकल्पेनसहकार्यंतरंविधीयतेआत्मदर्शनार्थमितिसूत्रपदानामर्थः ४६ किमंशेतर्हिसांख्यायोगंनाद्रियंतइत्यतआह पंचविंशादिति । तेषांपंचविंशेऽसंगात्मनिकर्तृत्वानुपगमाज्जडेचप्रकृत्यादौकर्तृत्वासं भवाच्चिज्जडग्रंथ्यात्मनःकर्त्रात्मापलापेनसर्वविधिप्रतिषेधमोक्षपरंशास्त्रमनर्थकमितिभावः । सांख्यानांतुषड्विंशस्याभ्युपगमात् पंचविंशस्यकर्तृत्वान्नोक्तदोषस्तत्त्वमसीत्यादिजीवब्रह्माभेदवादानांसामंजस्यमि

पंचविंशात्परंतत्त्वंपठ्यतेननराधिप ॥ सांख्यानांतुपरंतत्त्वंयथावदनुवर्णितम् ४७ बुद्धमप्रतिबुद्धत्वाद्बुध्यमानंचतत्त्वतः ॥ बुध्यमानंचबुद्धंचप्राहुर्यो गनिदर्शनम् ४८ ॥ इतिश्रीमहाभारतेशांति०मोक्षधर्मपर्वणि वसिष्ठकरालजनकसंवादेसप्ताधिकत्रिशततमोऽध्यायः ॥३०७॥ ॥ वसिष्ठउवाच ॥ अथबुद्धमथाबुद्धमिमंगुणविधिंशृणु ॥ आत्मानंबहुधाकृत्वातान्येवप्रविचक्षते १ एतदेवंविकुर्वाणोबुध्यमानोनबुध्यते ॥ गुणान्धारयतेह्येषसृजत्या क्षिपतेतदा २ अजस्रंत्विहक्रीडार्थंविकरोतिजनाधिप ॥ अव्यक्तबोधनाच्चैवबुध्यमानंवदंत्यपि ३

त्याशयेनाह सांख्यानामिति ४७ क्वातर्हियोगमतेउक्तदोषगतिरित्याशंक्ययथाकथंचित्समाधत्ते बुद्धमिति । यदेवनित्यमबुद्धंचिदात्मस्वरूपंतदेववृत्तिसारूप्यदशायांतत्त्वतःकेवलेनरूपेणाऽप्रतिबुद्धत्वाद्बुध्यमानं बुभुत्साविषयोभवति नहिस्त्रीवेषच्छन्नोनटोबुद्धोऽपिनबुभुत्सितोभवतीतियुज्यते नचतावतातस्यद्वैरूप्यंभवति यदपगमायतत्त्वमसीत्यादयोभेदवादाअपेक्ष्यंतइत्याशयः । अतएवकर्त्रात्मापलापिनायोगानांद्वा वेवपदार्थावित्याह बुध्यमानंदृश्यंप्रधानं बुद्धंबोधश्चिदात्मा ४८ ॥ इतिशांति०मो०नी० भारतभावदीपेसप्ताधिकत्रिशततमोऽध्यायः ॥ ३०७ ॥ ॥ भोक्ताभोग्यंप्रेरितारंचमत्वेतिश्रुत्यनुसारात्पदार्थत्रय मुपेत्यबुद्धाबुद्धविभागमाह अथबुद्धमित्यादिना । बुद्धंबोधःपरमात्मा अबुद्धंतदन्योजीवः अबुद्धस्यविशेषणंगुणविधिंगुणानांसत्वादीनामेवविधिंविधानंप्रभावमिमंशृणु दृश्यतेहीदंगुणसामर्थ्यंब्राह्मणोऽपिस्वप्ने राजाऽहमितिमन्यतेनचब्राह्मण्यमनुसंधत्तेइति । आत्मानंबहुधाविश्वतैजसप्राज्ञविराट्सूत्रांतर्यामिरूपेणकृत्वा माययेतिशेषः तान्येवचरूपाणिप्रविचक्षतेतात्विकत्वेनपश्यति । नटस्तुस्त्रीवेषकालेऽप्यात्मनःपुंस्त्व मनुसंधत्तेइतिपरागर्थप्रमेतदुदाहरणंनप्रत्यक्त्वप्रमे । तस्मात्प्रधानादन्यौबुद्धाबुद्धौपृथगभ्युपेयौ । तथाचाबुद्धाधिकारिकंशास्त्रंनवैयर्थ्यमश्नुते १ नन्वेवंजितंभेदवादिनेत्याह एतदिति । बुध्यमानो जीवएतद्बुद्धंब्रह्मनबुध्यते यतएवमहंकर्ताऽहंभोक्तेतिप्रकारेणविकुर्वाणोभवति । कुतएतद्विकुर्वाणत्वमतआह गुणानिति । यतोगुणान्धारयतेऽतःसर्गादिकर्तृत्वेनविक्रियतइत्यर्थः २ एतद्विवृणोति अजस्र मिति । बुध्यमापदंनिर्वक्ति अव्यक्तेति । अव्यक्तंसकार्यमज्ञानंघटोऽयंमामहंनजानामीतिघटादीनांस्वाश्रिताज्ञानस्यचबोधाज्जीवंबुध्यमानपदेनवदंति ३

नन्विदंबुध्यमानत्वंसत्वस्यैवधर्मइत्याशंक्याह नत्विति । अव्यक्तंकर्तृसगुणंरूपादिमन्निर्गुणंप्रधानपुरुषौवानबुध्यते अचेतनत्वादव्यक्तस्य अतएवतदप्रतिबुद्धकंजडमित्याहुः ४ तुष्यतुदुर्जनइतिन्यायेनाभ्युपे
त्याप्याह बुध्यतइति । अव्यक्तंकर्तृयदिजानातितर्हिपंचविंशकंचिदाभासमेवोपाधिविशिष्टमयमहमस्मीतिजानीयान्नतुषाड्विंशमसंगं यत्स्वयंबुध्यमानःपंचविंशःससंगात्मकश्चिदचिद्ग्रंथिरूपोऽहंकारःपुण्यपापसुखदुःखा
दिसंगी तथाचश्रुतिः 'पुण्योवैपुण्येनकर्मणाभवतिपापःपापेन'इति । अनेनसंगात्मकत्वेनहेतुनाऽव्यक्तमस्फुटमच्युतमविकारिणमपिसंतमेतंपुरुषमप्रतिबुद्धोमूढइतिवदंति संधिरार्षः ५ बुध्यमानंजीवंपंचविं
शंचिदाभासंनतुनिष्कृष्टचैतन्यरूपंमुख्यंनचासावपिबुध्यतेचिदाभासोऽपिदृश्यत्वान्नान्यंद्रष्टुमीष्टे नहिघटोघटंबुध्यते । यदात्वाभासेऽपिनज्ञातृत्वंसंभवतितदानतरांतदुपाधिभूतेसत्वेइत्यर्थः ६ कस्तर्हिबुध्य
तेइत्यतआह षड्विंशमिति । निरुपाधिचैतन्यमेवसर्वप्रकाशकमित्यर्थः ७ षड्विंशस्यसत्त्वेमानमाह दृश्येति । कार्येकारणेचस्वभावेनस्वसत्तयाऽनुगतंशुक्तीदमंशइवस्वाध्यस्तंरजतंसर्वस्मिन्दृश्येसत्सदित्यनुगमोयदनुवे
धाद्दृश्यतेतत्सन्मात्रंकेवलंवस्तुषड्विंशशब्दितमित्यर्थः । अनुभवमप्यत्राह अव्यक्तमिति । अव्यक्तमस्फुटमपि अत्रजीवत्येवदेहे तत्केवलंनिर्गुणंब्रह्म बुध्यतेज्ञायते विद्वद्भिरितिशेषः ८ कुतस्तर्हिसर्वत्रानुगतो

नत्वेवबुध्यतेव्यक्तंसगुणंतातनिर्गुणम् ॥ कदाचित्त्वेवखल्वेतदाहुरप्रतिबुद्धकम् ४ बुध्यतेयदिवाऽव्यक्तमेतद्वैपंचविंशकम् ॥ बुध्यमानोभवत्येवसंगात्मकइतिश्रु
तिः ॥ अनेनाप्रतिबुद्धेतिवदंत्यव्यक्तमच्युतम् ५ अव्यक्तबोधनाच्चापिबुध्यमानंवदंत्युत ॥ पंचविंशंमहात्मानंनचासावपिबुध्यते ६षड्विंशंविमलंबुद्धमप्रमेयंसनात
नम् ॥ सततंपंचविंशंचचतुर्विंशंचबुद्ध्यते ७ दृश्यादृश्येह्यनुगतंस्वभावेनमहाद्युते॥ अव्यक्तमत्रतद्ब्रह्मबुध्यतेतातकेवलम् ८ केवलंपंचविंशंचचतुर्विंशंनपश्यति॥
बुध्यमानोयदाऽऽत्मानमन्योऽहमितिमन्यते ९ तदाप्रकृतिमानेषभवत्यव्यक्तलोचनः ॥ बुध्यतेचपरांबुद्धिंविमलाममलांयदा १० षड्विंशोराजशार्दूलतथा
बुद्धत्वमाव्रजेत् ॥ ततस्त्यजतिसोऽव्यक्तंसर्गप्रलयधर्मिवै ११ निर्गुणःप्रकृतिंवेदगुणयुक्तामचेतनाम् ॥ ततःकेवलधर्माऽसौभवत्यव्यक्तदर्शनात् १२ केवलेनसमा
गम्यविमुक्तोऽऽत्मानमाप्नुयात् ॥ एतत्तुतत्त्वमित्याहुर्निस्तत्त्वमजरामरम् १३ तत्त्वसंश्रयणादेतत्तत्त्ववन्नचमानद॥ पंचविंशतितत्त्वानिप्रवदंतिमनीषिणः १४
नचैषतत्त्ववांस्तातनिस्तत्त्वस्त्वेषबुद्धिमान् ॥ एषमुंचतितत्त्वंहिक्षिप्रंबुद्धत्वलक्षणम् १५

ऽपिकेवलोस्मदादिभिर्नानुभूयतइत्यतआह केवलमिति । बुध्यमानोजीवोयदाऽऽत्मानमहमन्योऽमुष्यपुत्रोब्राह्मणोऽधीतीत्यादिरूपंमन्यतेतदाकेवलंषड्विंशंपंचविंशंचसर्वत्रैकरूपंजीवंचतुर्विंशमव्यक्तंचनपश्यति
कार्योपहृतदृष्टित्वात् ९ कथंतर्हिकेवलज्ञःस्यादतआह तदेति । अव्यक्तेअव्याकृतेलोचनंदृष्टिरस्याऽव्याकृतोपास्त्याप्रकृतिमान्प्रकृतिजयीयदाभवतितदाविमलांशुद्धब्रह्मविषयिणींबुद्धिंविद्याममलांनिर्द्वैतांपरांसर्वोत्कृष्टां
बुध्यतेअवगच्छति १० तदैवपरविद्योदयकालेषड्विंशबोधःप्रकृतित्यागश्चभवतीत्याह षाड्विंशइति ११ असौजीवः अव्यक्तस्यस्वस्मात्पृथक्त्वेनदर्शनात्केवलधर्माकेवलएवभवति योनिर्गुणःसन्प्रकृतिंवेदसकेवल
इतियोज्यं १२ आत्मानंकेवलं विमुक्तउपाधित्रयान्मुक्तः तत्वमनारोपितरूपं निस्तत्वंपारोक्ष्यरहितंनित्यापरोक्षमित्यर्थः १३ तत्वंदृश्यंशरीरादि तदाश्रयादस्यापिदृश्यत्वं वस्तुतस्तुनचदृश्यत्वमस्तिदृङ्मात्रत्वात्
१४ एषषड्विंशः तत्त्ववान्पारोक्ष्यवान् कार्यभूतंमहदादितत्त्वमस्यास्तीतितत्त्ववांश्च यतोनिस्तत्वःकार्यकारणवर्जितःबुद्धलक्षणंतत्वमहंब्रह्मास्मीतिविद्याचिमापिएषमुंचति १५

एतदेवाह षड्विंशइति । ननुषड्विंशोऽहमितिययावृत्त्याषड्विंशोगृह्यतेतस्यानाशकस्यवृत्त्यंतरस्याभावाद्भावेवाऽनवस्थापातात्कथंनिरुपाधिकस्यसाक्षात्कारोवृत्तिरूपस्यैवोपाधेर्विद्यमानत्वादित्याशंक्याह केवलेनेति । बलेनस्वसामर्थ्येनतद्वृत्तिरूपंग्रहणंसमतांयाति । यथाकतकरजोरजोंतरंशमयत्स्वयमपिशाम्यतितथाचरमाब्रह्माकाराद्वृत्तिर्दृश्यंतरंस्वात्मानंचशमयतीत्यर्थः १६ षड्विंशेनेति । येनकेवलप्रकाशात्मनापंचविंशादीन्बुध्यतेतमजानन्नबुद्धिमान्यतोभवति एतत्तस्याज्ञानमेवनानात्वंब्रह्माज्ञानमूलकएवप्रपंचइत्यर्थः १७ षड्विंशानुभवस्वरूपमाह चेतनेनेति । पंचविंशस्याऽहंप्रत्ययगम्यस्यचेतनायुक्तस्यजडस्यतदैकत्वंभवतियदाबुद्ध्याऽप्यहमित्यात्मानंनबुद्ध्यते । धीनिरोधेसतिगाढसुषुप्तिवत्षड्विंशानुभवइत्यर्थः १९ एतत्फलमाह बुध्यमानइति । अहमितिगृह्यमाणःसंगधर्मासुखादिसंगीजीवोऽप्रबुद्धेनवाङ्मनसातीततयाअगोचरीकृतेनषड्विंशेनयदासमतामभेदंयातितदानिःसंगात्मापुण्यापुण्यादिस्पर्शशून्योभवति १९ निःसंगात्मनःषड्विंशस्यसंगात्संगिनोऽपिजीवस्यानिःसंगताभवतिसाचाऽव्यक्तत्यागेनैवेत्यर्थः । एतदव्यक्तं

षड्विंशोऽहमितिप्राज्ञोगृह्यमाणोऽजरामरः ॥ केवलेनबलेनैवसमतांयात्यसंशयम् १६ षड्विंशेनप्रबुद्धेनबुध्यमानोऽप्यबुद्धिमान् ॥ एतन्नानात्वमित्युक्तंसांख्यश्रुति
निदर्शनात् १७ चेतनेनसमेतस्यपंचविंशतिकस्यह ॥ एकत्वंवैभवत्यस्ययदाबुद्ध्यानबुध्यते१८बुध्यमानोऽप्रबुद्धेनसमतांयातिमैथिल ॥ संगधर्माभवत्येषनिः
संगात्मानराधिप १९ निःसंगात्मानमासाद्यषड्विंशकमजंविभुम् ॥ विभुस्त्यजतिचाव्यक्तंयदात्वेतद्विबुध्यते २० चतुर्विंशमसारंचषड्विंशस्यप्रबोधनात् ॥
एषह्यप्रतिबुद्धश्चबुध्यमानश्चतेऽनघ २१ प्रोक्तोबुद्धश्चतत्त्वेनयथाश्रुतिनिदर्शनात् ॥ नानात्वैकत्वमेतावद्द्रष्टव्यंशास्त्रदर्शनात् २२ मशकोदुंबरेयद्वदन्यत्त्वंतद्वदे
तयोः ॥ मत्स्योदकेयथातद्वदन्यत्त्वमुपलभ्यते २३ एवमेवावगंतव्यंनानात्वैकत्वमेतयोः ॥ एतद्विमोक्षइत्युक्तमव्यक्तज्ञानसंहितम् २४ पंचविंशतिकस्यास्ययो
ऽयंदेहेषुवर्तते ॥ एषमोक्षयितव्येतिप्राहुरव्यक्तगोचरात् २५ सोऽयमेवंविमुच्येतनान्यथेतिविनिश्चयः ॥ परश्चपरधर्माचभवत्येषसमेत्यवै २६ विशुद्धधर्माशु
द्धेनबुद्धेनचसबुद्धिमान् ॥ विमुक्तधर्मामुक्तेनसमेत्यपुरुषर्षभ २७ वियोगधर्मिणाचैवविमुक्तात्माभवत्यथ ॥ विमोक्षिणाविमोक्षश्चसमेत्येहतथाभवेत् २८
शुचिकर्माशुचिश्चैवभवत्यमितदीप्तिमान् ॥ विमलात्माचभवतिसमेत्यविमलात्मना२९ केवलात्मातथाचैवकेवलेनसमेत्यवै ॥ स्वतंत्रश्चस्वतंत्रेणस्वतंत्रत्वमवाप्नुते
३० एतावदेतत्कथितंमयातेतथ्यंमहाराजयथार्थतत्वम् ॥ अमत्सरत्वंपरिगृह्यचार्थंसनातनंब्रह्मविशुद्धमाद्यम् ३१

दृष्टमात्रैवप्रकृतिर्लीयतइत्यर्थः । यथोक्तंसप्तत्यां 'प्रकृतेःसुकुमारतरंनकिंचिदस्तीतिमेमतिर्भवति । यादृष्टास्तीतिपुनर्नदर्शनमुपैतिपुरुषस्य'इति २० असारंरज्जूरगवाभिःस्वरूपंभवति 'क्षरंप्रधानममृताक्षरंहरःक्षरात्मानावीशतेदेवएक'इतिश्रुत्यनुसारेणअप्रतिबुद्धःक्षरः बुद्ध्यमानोऽक्षरः बुद्धईशः एतेयथाश्रुतिप्रोक्ताः २१ नानात्वेति । यथोदुंबरेणसहमशकस्ययथावाजलेनसहमत्स्यस्यनानात्वैकत्वेएवंचतुर्विंशत्यातत्त्वैःसहपंचविंशस्येत्यर्थः एतद्योगसंमतंनानात्वैकत्वमुक्तं २२ ।। २३ अव्यक्तज्ञानसंहितमव्यक्तविषयंपुरुषात्पृथक्त्वेनज्ञानंपुरुषमात्रावशेषमेकत्वंमोक्षोऽन्यन्नानात्वमित्यर्थः २४ सांख्यमतमाह पंचविंशतिकस्येति । अव्यक्तादज्ञानात्तद्विषयान्महदादेश्चमोक्षयितव्यः २५ एवमज्ञानबाधेसत्येवविमुच्येतनान्यथेत्यर्थः । परोऽन्यश्चिदात्मापरधर्माक्षेत्रधर्मा समेत्यक्षेत्रेणैकीभूय २६ परधर्मत्वमेवप्रपंचयति विशुद्धेत्यादिना २७ । २८ । २९ । ३० । ३१

वेदनिष्ठस्यनिदाघवत्कर्मश्रद्धाजडस्य । नावेदनिष्ठस्येतिपाठःस्वच्छः । विधित्समानायविशेषेणतृष्णावते धेट्पानेत्यस्यरूपं ३२ । ३३ । ३४ । ३५ । ३६ । ३७ । ३८ अगाधमप्रतिष्ठितंजन्मयेनतत् जन्मानि वर्तकमित्यर्थः नास्तिमरणंयेनतदमरणं ३९ । ४० । ४१ किंतदक्षरमित्युक्तंयस्मान्नावर्ततेपुनरित्युपक्रांतमुपपाद्योपसंहरति एतदुक्तमिति ४२ । ४३ । ४४ । ४५ । ४६ वित्तेविज्ञाते ४७ उपाद्रवत्क्लेशवानभूत्

नवेदनिष्ठस्यजनस्यराजन्प्रदेयमेतत्परमंत्वयाभवेत् ॥ विधित्समानायविबोधकारणंप्रबोधहेतोःप्रणतस्यशासनम् ३२ नदेयमेतच्चतथाऽनृतात्मनेशठायक्लीबा यनाजिह्मबुद्धये ॥ नपंडितज्ञानपरोपतापिनेदेयंतुदेयंचनिबोधयादृशे ३३ श्रद्धान्वितायाथगुणान्वितायपरापवादाद्विरतायनित्यम् ॥ विशुद्धयोगायबुधायनि त्यंक्रियावतेचक्षमिणेहिताय ३४ विविक्तशीलायविधिप्रियायविवादहीनायबहुश्रुताय ॥ विजानतेचैवनचाहितक्षमेदमेचशक्तायशमेचदेयम् ३५ एतैर्गुणैर्ही नतमेनदेयमेतत्परंब्रह्मविशुद्धमाहुः ॥ नश्रेयसायोक्ष्यतितादृशेकृतंधर्मप्रवक्तारमपात्रदानात् ३६ पृथ्वीमिमांयद्यपिरत्नपूर्णांदद्यान्नदेयंत्विदमव्रताय ॥ जितें द्रियायैतदसंशयंतेभवेत्प्रदेयंपरमंनरेंद्र ३७ करालमातेभयमस्तुकिंचिदेतच्छ्रुतंब्रह्मपरंत्वयाऽद्य ॥ यथावदुक्तंपरमंपवित्रंविशोकमत्यंतमनादिमध्यम् ३८ अगा धजन्मामरणंचराजन्निरामयंवीतभयंशिवंच ॥ समीक्ष्यमोहंत्यजवाऽद्यसर्वंज्ञानस्यतत्त्वार्थमिदंविदित्वा ३९ अवाप्तमेतद्धिमयासनातनाद्धिरण्यगर्भाद्गदतोनरा धिप ॥ प्रसाद्ययत्नेनतमुग्रचेतसंसनातनंब्रह्मयथाऽद्यवैत्वया ४० पृष्टस्त्वयाचास्मियथानरेंद्रयथामयेदंत्वयिचोक्तमद्य ॥ तथाऽवाप्तंब्रह्मणोमेनरेंद्रमहाज्ञानं मोक्षविदांपरायणम् ४१ ॥ भीष्मउवाच ॥ एतदुक्तंपरंब्रह्मयस्मान्नावर्ततेपुनः ॥ पंचविंशोमहाराजपरमर्षिनिदर्शनात् ४२ पुनरावृत्तिमाप्नोतिपरंज्ञानमवा प्यच ॥ नावबुध्यतितत्त्वेनबुध्यमानोऽजरामरम् ४३ एतन्निःश्रेयसकरंज्ञानंतेपरमंमया ॥ कथितंतत्त्वतस्तातश्रुत्वादेवर्षितोनृप ४४ हिरण्यगर्भादृषिणावसिष्ठे नमहात्मना ॥ वसिष्ठादृषिशार्दूलान्नारदोऽवाप्तवानिदम् ४५ नारदाद्विदितंमह्यमेतद्ब्रह्मसनातनम् ॥ माशुचःकौरवेंद्रत्वंश्रुत्वैतत्परमंपदम् ४६ येनक्षराक्षरे वित्तेभयंतस्यनविद्यते ॥ विद्यतेतुभयंतस्ययोनैतद्वेत्तिपार्थिव ४७ अविज्ञानाच्चमूढात्मापुनःपुनरुपाद्रवत् ॥ प्रेत्यजातिसहस्राणिमरणांतान्युपाश्नुते ४८ देव लोकंतथातिर्यङ्मनुष्यमपिचाश्नुते ॥ यदिशुध्यतिकालेनतस्मादज्ञानसागरात् ४९ अज्ञानसागरोघोरोह्यव्यक्तोऽगाधउच्यते ॥ अहन्यहनिमज्जंतियत्रभूता निभारत ५० यस्मादगाधादव्यक्तादुत्तीर्णस्त्वंसनातनात् ॥ तस्मात्त्वंविरजाश्चैववितमस्कश्चपार्थिव ५१ ॥ इति श्रीमहाभारते शांतिपर्वणि मोक्षधर्मपर्वणि वसिष्ठकरालजनकसंवादसमाप्तौअष्टाधिकत्रिशततमोऽध्यायः ॥ ३०८ ॥ ॥ भीष्मउवाच ॥मृगयांविचरन्कश्चिद्द्विजनेजनकात्मजः॥ वनेददर्शवि प्रेंद्रमृषिंवंशधरंभृगोः १

७१

अश्नुतेचमेत्येत्युभयान्वयि ४८ । ४९ । ५० । ५१ ॥ इति शांति॰मो॰नी॰भा॰ अष्टाधिकत्रिशततमोऽध्यायः ॥ ३०८ ॥ किंतदक्षरमितिपृष्टस्यव्याख्यानायचतुर्विंशत्यात्मकंक्षरमुक्त्वापंचविंशोऽक्षरइति योगमतमुक्तं सोऽपिधर्माद्यभिभूतत्वात्क्षरएवेतिधर्माद्यस्पृष्टःषड्विंशोऽक्षरःसांख्यमतेनोपक्षिप्तस्तंव्याचिख्यासुस्तदधिगमेऽधिकारहेतून्कांश्चिद्धर्मान्विधत्ते मृगयांविचरन्नित्यध्यायेन १

२ । ३ । ४ । ५ । ६ । ७ । ८ । ९ । १० । ११ । १२ । १३ । १४ योनिकर्मविशुद्धःपात्रमित्युक्तंतत्रयोनिशुद्धिंकर्मशुद्धिंचव्याचष्टे सत्कृतेति एकस्यैवपत्नीएकपत्नीनत्वन्यपूर्वा जात्याःपुत्रोत्पत्तेः योनि

उपासीनमुपासीनःप्रणम्यशिरसामुनिम् ॥ पश्चादनुमतस्तेनपप्रच्छवसुमानिदम् २ भगवन्किमिदंश्रेयःप्रेत्यचापीहवाभवेत् ॥ पुरुषस्याध्रुवेदेहेकामस्यवशवर्तिनः ३ सत्कृत्यपरिपृष्टःसन्सुमहात्मामहातपाः ॥ निजगादततस्तस्मैश्रेयस्करमिदंवचः ४ ॥ ऋषिरुवाच ॥ मनसोऽप्रतिकूलानिप्रेत्यचेहचवांछसि ॥ भूतानांप्रतिकूलेभ्योनिवर्तस्वयतेंद्रियः ५ धर्मःसतांहितःपुंसांधर्मश्चैवाश्रयःसताम् ॥ धर्माल्लोकास्त्रयस्तातप्रवृत्ताःसचराचराः ६ स्वादुकामुककामानांवैतृष्ण्यंकिंनगच्छसि ॥ मधुपश्यसिदुर्बुद्धेप्रपातंनानुपश्यसि ७ यथाज्ञानेपरिचयःकर्तव्यस्तत्फलार्थिना ॥ तथाधर्मेपरिचयःकर्तव्यस्तत्फलार्थिना ८ असताधर्मकामेनविशुद्धंकर्मदुष्करम् ॥ सतातुधर्मकामेनसुकरंकर्मदुष्करम् ९ वनेग्राम्यसुखाचारोयथाग्राम्यस्तथैवसः ॥ ग्रामेवनसुखाचारोयथावनचरस्तथा १० मनोवाक्कायिकेधर्मेकुरुश्रद्धांसमाहितः ॥ निवृत्तौवाप्रवृत्तौवासंप्रधार्यगुणागुणान् ११ नित्यंचबहुदातव्यंसाधुभ्यश्चानसूयता ॥ प्रार्थितंव्रतशौचाभ्यांसत्कृतंदेशकालयोः १२ शुभेनविधिनालब्धमर्हायप्रतिपादयेत् ॥ क्रोधमुत्सृज्यदद्याच्चनानुतप्येन्नकीर्तयेत् १३ अनृशंसःशुचिर्दान्तःसत्यवागार्जवेस्थितः ॥ योनिकर्मविशुद्धश्चपात्रंस्याद्वेदविद्द्विजः १४ सत्कृताचैकपत्नीचजात्यायोनिरिहेष्यते ॥ ऋग्यजुःसामगोविद्वान्षट्कर्मापात्रमुच्यते १५ सएवधर्मःसोऽधर्मस्तंतंप्रतिनरंभवेत् ॥ पात्रकर्मविशेषेणदेशकालाववेक्ष्यच १६ लीलयाल्पंयथागात्रात्प्रमृज्यात्तुरजःपुमान् ॥ बहुयत्नेनचमहत्पापनिर्हरणंतथा १७ विरिक्तस्ययथासम्यग्घृतंभवतिभेषजम् ॥ तथानिर्हृतदोषस्यप्रेत्यधर्मःसुखावहः १८ मानसंसर्वभूतेषुवर्ततेवैशुभाशुभम् ॥ अशुभेभ्यःसदाऽऽक्षिप्यशुभेष्वेवावतारयेत् १९ सर्वंसर्वेणसर्वत्रक्रियमाणंचपूजयेत् ॥ स्वधर्मेयत्ररागस्तेकामंधर्मेविधीयताम् २० अधृतात्मन्धृतौतिष्ठदुर्बुद्धेबुद्धिमान्भव ॥ अप्रशांतःप्रशाम्यत्वमप्राज्ञःप्रज्ञवच्चर २१ तेजसाशक्यतेप्राप्तुमुपायःसहचारिणा ॥ इहचप्रेत्यचश्रेयस्तस्यमूलंधृतिःपरा २२ राजर्षिरधृतिःस्वर्गात्पतितोहिमहाभिषः ॥ ययातिःक्षीणपुण्योऽपिधृत्यालोकानवाप्तवान् २३ तपस्विनांधर्मवतांविदुषांचोपसेवनात् ॥ प्राप्स्यसेविपुलांबुद्धिंतथाश्रेयोऽभिपत्स्यसे २४॥ भीष्मउवाच ॥ सतुस्वभावसंपन्नस्तच्छ्रुत्वामुनिभाषितम् ॥ विनिवर्त्यमनःकामाद्धर्मेबुद्धिंचकारह २५ ॥ इति श्रीमहाभारते शांतिपर्वणि जनकानुशासने नवाधिकत्रिशततमोऽध्यायः ॥३०९ ॥

स्थानं १५ । १६ । १७ । विरिक्तस्येति । विरेचनानंतरमेवयथाघृतपानंभेषजमेवंदानेननिर्हृतदोषस्यैवयागादिधर्मःसुखावहइत्यर्थः १८ । १९ । २० । २१ । २२ । २३ । २४ । २५ ॥ इतिशांतिपर्वणिमोक्षधर्मपर्वणिनीलकंठीयेभारतभावदीपेनवधिकत्रिशततमोऽध्यायः ॥ ३०९ ॥

यथाकठवल्लीषुयेयंप्रेतेविचिकित्सामनुष्येअस्तीत्येकेनायमस्तीतिचैकेइत्यादिनाप्रश्नप्रतिवचनेनस्थूलदेहनाशेऽप्यात्मास्तित्वंप्रसाधितं तस्यैवपुनरन्यत्रधर्मादन्यत्राधर्मादन्यत्रास्मात्कृताकृतादन्यत्रभूताच्चभव्याच्चयत्त त्पश्यसितद्वदेत्यादिनाधर्माद्युपेतलिंगशरीरादन्यत्त्वंप्रश्नपूर्वकंसाधितंतद्वदिहापिसाधयतिधर्माधर्मविमुक्तंयदित्यादिना । धर्माधर्मौसुखदुःखे तद्धेतूजन्ममृत्यूतद्धेतूपुण्यपापेप्रवृत्तिरूपेतद्धेतुःसंशयशब्दितमवस्तुविष यंभ्रांत्यादिज्ञानंरागादिजनकंतैर्विमुक्तंयत्प्रत्यगात्मवस्तु १ तदेवशिवंजाग्रदाद्यपेक्षयातुरीयं । 'शिवमद्वैतंचतुर्थंमन्यंते'इतिश्रुतेः । नित्यमभयंसर्वदाभयशून्यं प्रलयादौकारणब्रह्मभावंप्राप्तस्यापिजन्मांतरसत्वात् नित्यमविनाशिहिरण्यगर्भादिवन्ननश्यतीत्यर्थः । अक्षरमपचयशून्यं । अतएवाव्ययंनाशहीनं । शुचिस्वतोनिर्दोषं । नित्यमनायासमुपाधिसंपर्केऽप्यप्रच्युतकौटस्थ्यभावम् २ यत्पृष्टंयच्चापृष्टमपिपृष्टप्र तिपत्त्यर्थत्वादावश्यकंतत्सर्वमाख्यायिकामुखेनवक्तुंप्रतिजानीते अत्रेति ३ । ४ अव्यक्तंकारणंब्रह्म परंमहदादेस्तस्माच्चपरतोनिर्गुणं ५ कांक्षिणःकांक्षिणेमह्यमितिशेषः ६ । ७ सांख्ययोगयोरै

॥ युधिष्ठिरउवाच ॥ धर्माधर्मविमुक्तंयद्विमुक्तंसर्वसंशयात् ॥ जन्ममृत्युविमुक्तंचविमुक्तंपुण्यपापयोः १ यच्छिवंनित्यमभयंनित्यमक्षरमव्ययम् ॥ शुचिनित्यम नायासंतद्भवान्वक्तुमर्हति २ ॥ भीष्मउवाच ॥ अत्रतेवर्तयिष्यामिइतिहासंपुरातनम् ॥ याज्ञवल्क्यस्यसंवादंजनकस्यचभारत ३ याज्ञवल्क्यमृषिश्रेष्ठंदैवरा तिर्महायशाः ॥ पप्रच्छजनकोराजाप्रश्नंप्रश्नविदांवरम् ४ ॥ जनकउवाच ॥ कतींद्रियाणिविप्रर्षेकतिप्रकृतयःस्मृताः ॥ किमव्यक्तंपरंब्रह्मतस्माच्चपरतस्तुकिम् ५ प्रभवंचाप्ययंचैवकालसंख्यांतथैवच ॥ वक्तुमर्हसिविप्रेंद्रत्वदनुग्रहकांक्षिणः ६ अज्ञानात्परिपृच्छामित्वंहिज्ञानमयोनिधिः ॥ तदहंश्रोतुमिच्छामिसर्वमे तदसंशयम् ७ ॥ याज्ञवल्क्यउवाच ॥ श्रूयतामवनीपालयदेतदनुपृच्छसि ॥ योगानांपरमंज्ञानंसांख्यानांचविशेषतः ८ नतवाविदितंकिंचिन्मांतुजिज्ञासते भवान् ॥ पृष्टेनचापिवक्तव्यमेषधर्मःसनातनः ९ अष्टौप्रकृतयःप्रोक्ताविकाराश्चापिषोडश ॥ तत्रतुप्रकृतीरष्टौप्राहुरध्यात्मचिंतकाः १० अव्यक्तंचमहांतंचत थाऽहंकारएवच ॥ पृथिवीवायुराकाशमापोज्योतिश्चपंचमम् ११ एताःप्रकृतयस्त्वष्टौविकारानपिमेशृणु ॥ श्रोत्रंत्वक्चैवचक्षुश्चजिह्वाघ्राणंचपंचमम् १२ शब्दःस्पर्शश्चरूपंचरसोगंधस्तथैवच ॥ वाक्चहस्तौचपादौचपायुर्मेढ्रंतथैवच १३ एतेविशेषाराजेंद्रमहाभूतेषुपंचसु ॥ बुद्धींद्रियाण्यथैतानिसविशेषाणिमैथिल १४ मनःषोडशकंप्राहुरध्यात्मगतिचिंतकाः ॥ त्वंचैवान्येचविद्वांसस्तत्त्वबुद्धिविशारदाः १५

कार्थ्यस्यप्रागुक्तत्वादुभयसंमतामित्यर्थः अव्यक्तंयोगमतेजडंसत्यंच सांख्यमतेचित्प्रतिबिंबगर्भमीश्वराख्यंशुद्धब्रह्मज्ञानेनबाध्यंचेति । यद्यप्येषामवांतरधर्मभेदोऽस्तितथाऽप्यव्यक्तादिधर्मिणःसर्वेषामप्रत्या ख्येयाइतिभावः ८ । ९ । १० पृथिव्यादिपदैस्तन्मात्राण्युच्यंतेप्रकृतिशब्दितत्वात् ११ । १२ शब्दादयःस्थूलवियदाद्याः एषाप्राचांव्याख्या शब्दादीनांभौतिकत्वोपपादकवाक्यशेषविरोधात्तुयथाश्रुत मेवसाधु सर्वत्रलक्षणायांचसर्वशास्त्रविप्लवःस्यात् १३ एतेशब्दादयोदशविशेषाः विकारांतरानुपादानत्वंविशेषत्वंतच्चशब्दादिष्वेवदृष्टंनस्थूलपृथिव्यादिषु मनस्तुविकारांतर्गतमपिनविशेषः तस्यवक्ष्यमाणरी त्यामहाभूतोपादानत्वात् श्रोत्रादीनामपिविशेषत्वंनिराचष्टे बुद्धीति । सविशेषाणीत्यनेनश्रोत्रादयोनविशेषाइत्युक्तं १४ षोडशकमितिबुद्ध्यहंकाराभ्यांमनःपृथक्करोति एतच्चानुभवबलाद्वचनतार्किकादीनांचसं मतमित्याह त्वंचेति । तथाहि लौकिकाअहंकारमात्मानंबुद्धिंतद्गुणंमनोऽन्तरिंद्रियंचेतिप्रतियंति । शास्त्रतत्त्वेतु 'मनोबुद्धिरहंकारश्चित्तंकरणमांतरं । संशयोनिश्चयोगर्वःस्मरणंविषयाअमी' इतिसर्वेषामंतरिंद्रियत्वमेव १५

सृष्टिक्रममाह अव्यक्तादिति । 'सुषुप्ताख्यंतमोऽज्ञानंयद्बीजंस्वप्नबोधयोः' इत्युक्तेरव्यक्तमिहसौषुप्तंतमस्तस्मान्महानास्माऽयमहंब्राह्मणोऽमुष्यपुत्रइतिविशेषानालिंगितोऽस्मीत्येतावन्मात्रप्रत्ययविषयोबुद्धिसूक्ष्माख्योमहानुत्पद्यते १६ ततउक्तविशेषालिंगितोऽस्मीतिप्रत्ययविषयोऽहंकारः १७ ततःसंकल्पविकल्पात्मकंमनस्तच्चवियदादिभूततद्गुणशब्दाद्यात्मकं १८ अतएवतस्मान्मनसोभूतोत्पत्तिरुच्यते अतोमानसत्वाद्भूतानांस्थूलसूक्ष्मतारूपोविभागोनास्तीतिविशेषेषुशब्दादयएवगणितानस्थूलपृथिव्याद्यास्तेषांशब्दादिहेतुत्वेनविकारांतरानुपादानत्वरूपविशेषत्वायोगात् एतच्चतार्किकादीनामपिसंमतंश्रुत्यनुगृहीतंच तथाहि । तार्किकागुणिनःसकाशाद्गुणोत्पत्तिमिच्छंतआकाशादिभ्यएवशब्दाद्युत्पत्तिमिच्छंति श्रुतिश्च । 'इंद्रियेभ्यःपराह्यर्थाअर्थेभ्यश्चपरंमनः । मनसस्तुपराबुद्धिर्बुद्धेरात्मामहान्परः । महतःपरमव्यक्तमव्यक्तात्पुरुषःपरः । पुरुषान्नपरंकिंचित्साकाष्ठासापरागतिः' इतिविलोमक्रमेणइममेवानुक्रमंप्रदर्शयति परत्वंकारणत्वं अर्थाःखादयः १९ शब्दादीनांसर्गस्तुभौतिकःपंचमः २० बहुचिंतात्मकंमानसमित्यर्थः एतेनशब्दादीनांश्रोत्राद्यजनकत्वमुक्तंतेनचतेषांविशेषत्वंदृढीकृतंभवति २१ श्रोत्रादिभ्योऽधस्तनोऽधःश्रोत्रःसचासाविंद्रियग्रामश्चवागादिःसोऽपिश्रोत्रादिवच्चिंतात्मकएवेतिभावः ऐंद्रियकमिंद्रियसमुदायः २२ ऊर्ध्वस्रोतःप्रवाहोऽस्येतिप्राणऊर्ध्वस्रोताः तिर्यगित्यत्रापिस्रोतःपदानुषंगोद्रष्टव्यः । तेननाभिमध्यस्थस्यसमानस्यसर्वांगव्यापिनोव्यानस्यसर्वसंधिगतस्योदानस्यचोपरिभागगतांशानांग्रहणं । एतदार्जवकमेतस्यैंद्रियकस्यआर्जवकंऋजुवृत्तिः विशेषानाक्रांतसामान्यवृत्तिरितियावत् यथोक्तंसांख्यसप्तत्यां सामान्यकरणवृत्तिःप्राणाद्यावायवःपंचेति २३ तिर्यक्स्रोतःशब्देनतेषामेवसमानोदानव्यानानांदेहस्याधोभागगतानांग्रहणं अधःस्रोताअपानः शेषंप्राग्वत् २४ सर्गाणिक्लीबत्वमार्षं चतुर्विंशतिरव्यक्तमहदहंकारमनांसिचत्वारिपंचभूतानिपंचशब्दाद्याः पंचज्ञानेंद्रियाणिपंचकर्मेंद्रियाणि प्राणादिपंचकस्यैंद्रियेष्वेवांतर्भावाच्चतुर्विंशतिरेवेत्यर्थः २५ गुणस्यगुणसर्गस्य तत्त्वतस्तदुपासनयातच्चद्भावापत्तिंप्राप्य ल्यब्लोपेपंचमी यावंतंयावंतंकालंतिष्ठतितत्तत्कालस्यसंख्यानिबोधबुध्यस्व मेमत्तः २६ ॥ इति शांतिपर्वणि मोक्षधर्मपर्वणि नीलकंठीये भारतभावदीपे दशाधिकत्रिशततमोऽध्यायः ॥ ३१० ॥ मोक्षस्यानंत्यंवक्तुंकर्मोपास्तिफलस्यसर्वस्यसावधिकत्वमाह अव्यक्तस्येत्यादिना । अव्यक्तस्योपासनयाऽव्यक्तभावंगतस्य १

अव्यक्ताच्चमहानात्मासमुत्पद्यतिपार्थिव ॥ प्रथमंसर्गमित्येतदाहुःप्राधानिकंबुधाः १६ महतश्चाप्यहंकारउत्पन्नोहिनराधिप ॥ द्वितीयंसर्गमित्याहुरतद्बुद्ध्यात्मकंस्मृतम् १७ अहंकाराच्चसंभूतंमनोभूतगुणात्मकम् ॥ तृतीयःसर्गइत्येषआहंकारिकउच्यते १८ मनसस्तुसमुद्भूतामहाभूतानराधिप ॥ चतुर्थंसर्गमित्येतन्मानसंविद्धिमेमतम् १९ शब्दःस्पर्शश्चरूपंचरसोगंधस्तथैवच ॥ पंचमंसर्गमित्याहुर्भौतिकंभूतचिंतकाः २० श्रोत्रंत्वक्चैवचक्षुश्चजिह्वाघ्राणंचपंचमम् ॥ सर्गंतुषष्ठमित्याहुर्बहुचिंतात्मकंस्मृतम् २१ अधःश्रोत्रेंद्रियग्रामउत्पद्यतिनराधिप ॥ सप्तमंसर्गमित्याहुरेतदैंद्रियकंस्मृतम् २२ ऊर्ध्वस्रोतस्तथातिर्यगुत्पद्यतिनराधिप ॥ अष्टमंसर्गमित्याहुरेतदार्जवकंस्मृतम् २३ तिर्यक्स्रोतस्त्वधःस्रोतउत्पद्यतिनराधिप ॥ नवमंसर्गमित्याहुरेतदार्जवकंबुधाः २४ एतानिनवसर्गाणितत्त्वानिचनराधिप ॥ चतुर्विंशतिरुक्तानियथाश्रुतिनिदर्शनात् २५ अतऊर्ध्वंमहाराजगुणस्यैतस्यतत्त्वतः ॥ महात्मभिरनुप्रोक्तंकालसंख्यांनिबोधमे २६ ॥ इतिश्रीमहाभारते शांतिपर्वणि मोक्षधर्मपर्वणि याज्ञवल्क्यजनकसंवादे दशाधिकत्रिशततमोऽध्यायः ॥ ३१० ॥ याज्ञवल्क्यउवाच ॥ अव्यक्तस्य नरश्रेष्ठकालसंख्यांनिबोधमे ॥ पंचकल्पसहस्राणिद्विगुणान्यहरुच्यते १

रात्रिरेतावतीति । अनयैवसंख्ययाशतायुर्वैपुरुषइतिश्रुतेरस्यशतंवर्षाण्यायुरितिज्ञेयं एवमुत्तरत्र अस्यैश्वर्यमाह सृजतीति । ओषधिमन्नंतत्कार्यंमनः । अन्नमयंहिसोम्यमनइतिश्रुतेः । असतोऽधिमनोऽसृज्यते तिश्रुतेश्चासच्छब्दितादव्यक्तान्महत्तत्त्वापरनामकंसूक्ष्मंमनोऽसृजादित्यर्थः २ मनःप्रजापतिमसृजतेतिश्रुतेरर्थमाह ततइति । मनोद्वाराऽव्यक्तमेवप्रजापतिमसृजदितिश्रुत्यर्थोदर्शितः । एवमन्यास्त्वपिश्रुतिषुआकाशा दीनांवाय्वादिसृष्टत्वोक्तिर्व्याख्येया । अंडंब्रह्मांडंवासनामयं सेतितच्छब्देनांडमुच्यते ३ महामुनिर्महान् संदधे अनुसंधानंकृतवान् अव्यक्तस्याव्याकृतस्य येयंतदैक्षतबहुस्यांप्रजायेयेतिप्राणिकर्मानुरोधेन स्रष्टव्यब्रह्मांडालोचनात्मकस्यईक्षणस्यकर्त्रीचिदचिदात्मिकापारमेश्वरीशक्तिःसैवमहत्तत्त्वमितिप्रघट्टकार्थः ४ । ५ । ६ सृजतीति । ऋषिर्महान् भूतंमहाभूतोपादानत्वात् ७ देहाद्भौतिकदेहोत्पत्तेःपूर्वंचतु रोभौतिकान्व्यष्टिमनोबुद्ध्यहंकारचित्ताख्यान्पुत्रान्महानृषिरसृजत् तेचत्वारःपुत्राःपितृणांमहाभूतानामपिपितरइतिमनआदायएवभूतानांकल्पकाइत्यर्थः ८ एवंदृष्टिसृष्टिमुक्त्वासृष्टिदृष्टिमाह देवाइति । देवाइंद्रियाण्यं

रात्रिरेतावतीचास्यप्रतिबुद्धोनराधिप ॥ सृजत्योषधिमेवाग्रेजीवनंसर्वदेहिनाम् २ ततोब्रह्माणमसृजद्धिरण्यांडसमुद्भवम् ॥सामूर्तिःसर्वभूतानामित्येवमनुशुश्रुम ३ संवत्सरमुषित्वाऽण्डेनिष्क्रम्यचमहामुनिः ॥ संदधेसमहींकृत्स्नांदिवमूर्ध्वंप्रजापतिः ४द्यावापृथिव्योरित्येषराजन्वेदेषुपठ्यते ॥तयोःशकलयोर्मध्यमाकाशमकरोत्प्रभुः ५ एतस्यापिचसंख्यानंवेदवेदांगपारगैः ॥ दशकल्पसहस्राणिपादोनान्यहरुच्यते ६ रात्रिमेतावतींचास्यप्राहुरध्यात्मचिंतकाः ॥ सृजत्यहंकारमृषिर्भूतंदिव्यात्मकंतथा ७ चतुरश्चापरान्पुत्रान्देहात्पूर्वंमहानृषिः ॥ तेवैपितॄणांपितरःश्रूयंतेराजसत्तम ८देवाःपितॄणांचसुतादेवैर्लोकाःसमावृताः ॥ चराचरानरश्रेष्ठइत्येवमनुशुश्रुम ९ परमेष्ठीत्वहंकारःसृजन्भूतानिपंचधा ॥ पृथिवीवायुराकाशमापोज्योतिश्चपंचमम् १० एतस्यापिनिशामाहुस्तृतीयमिहकुर्वतः ॥ पंचकल्पसहस्राणितावदेवाहरुच्यते ११ शब्दःस्पर्शश्चरूपंचरसोगंधस्तथैवच ॥ एतेविशेषाराजेंद्रमहाभूतेषुपंचसु १२ यैराविष्टानिभूतानिअहन्यहनिपार्थिव ॥ अन्योन्यंस्पृहयंत्येतेअन्योन्यस्यहितेरताः १३ अन्योन्यमतिवर्तन्तेअन्योन्यस्पर्धिनस्तथा ॥ तेवध्यमानाह्यन्योन्यंगुणैर्हारिभिरव्ययैः १४इहैवपरिवर्तन्तेतिर्यग्योनिप्रवेशिनः ॥ त्रीणिकल्पसहस्राणिएतेषामहरुच्यते १५रात्रिरेतावतीचैवमनसश्चनराधिप ॥मनश्चरतिराजेंद्रचारितंसर्वमिंद्रियैः १६ नचेंद्रियाणिपश्यंतिमनएवानुपश्यति ॥ चक्षुःपश्यतिरूपाणिमनसातुनचक्षुषा १७ मनसिव्याकुलेचक्षुःपश्यन्नपिनपश्यति ॥ तथेंद्रियाणिसर्वाणिपश्यंतीत्यभिचक्षते १८ नचेंद्रियाणिपश्यंतिमनएवात्रपश्यति ॥ मनस्युपरतेराजन्निंद्रियोपरमोभवेत् १९ तर्दिद्रियेषूपरमोमनस्युपरमोभवेत् ॥ एवंमनःप्रधानानिइंद्रियाणिप्रभावयेत् २० इंद्रियाणांतुसर्वेषामीश्वरंमनउच्यते ॥ एताद्विशंतिभूतानिसर्वाणीहमहायशः २१ ॥ इतिश्रीम०शां०मोक्ष० याज्ञवल्क्यजनकसंवादे ,एकादशाधिकत्रिशततमोऽध्यायः ॥ ३११ ॥

तःकरणचतुष्टयसहिताः पितॄणांमहाभूतानांसुताः देवैर्भूतैः लोकाश्चतुर्दशभुवनानिचराचराश्चतदंतर्गताभूतैरेवावृताः ९ एतदेवविस्पष्टयति परमेष्ठीति । चकाराद्भौतिकानिमनआदीनि १० अहंकारोपासकस्यापिकालमानमाहैतस्येति । तृतीयमाहंकारिकंसर्गं ११ । १२ । १३ हारिभिर्हरणशीलैः गुणैःरूपादिभिः १४ त्रीणिति । एतेषांविशेषोपासकानां १५ भूतादीनामुपास्तिर्मनआख्यान्महतउपासनात्ना तिरिच्यतइत्याशयेनमनसःप्राधान्यंप्रतिपादयति मनश्चरतीत्यादिना १६ । १७ । १८ । १९ । २० । २१ ॥ इतिशांतिपर्वणि मोक्षधर्मपर्वणि नीलकंठीये भारतभावदीपे एकादशाधिकत्रिशततमोऽध्यायः ॥ ३११ ॥ ॥

विनाशिफलत्वेऽपिभोजनादिवत्तत्वानामुपास्तिरादर्तव्येत्याशंक्यतत्फलस्यांतेबीभत्सतांदर्शयितुंप्रलयमाह तत्वानामित्यादिना १ । २ अहंकृतंनरमहंकाराभिमानिनंमहारुद्रं ३ सूर्यरूपीरुद्रएवशतसूर्यसमोऽभूत् ४ । ५ । ६ । ७ जाज्वलतिअतिशयेनज्वलति ८ । ९ अष्टात्मकःयथाद्वादशात्मासूर्यएवमष्टात्मकोवायुःसर्वैःस्वरूपैर्युगपद्वातीत्यर्थः :१० । ११ अहंकारःअहंकारंमहानात्माग्रसतीत्यनुषज्जते १२ शंभुरीश्वरः तमेवविशिनष्टि अणिमेति । सर्वसिद्धिरूपइत्यर्थः १३ सर्वतइत्यादिनाऐश्वरंज्ञेयंरूपमुक्तं १४ हृदयंहृदयस्थायाबुद्धेःप्रवर्त्तकः पर्वणाएकदेशेनांगुष्ठमात्रकः बुद्ध्युपाधिवशादंगुष्ठपर्वमात्रइत्यर्थः । 'अंगुष्ठमात्रःपुरुषोऽन्तरात्मा'इत्यादिश्रुतेः । विश्वंमहदंतं १५ महात्मनोऽपिनाशेसर्वंब्रह्मसमभवदाविर्भवति क्षयोऽपचयोव्ययोनाशोव्रणःपरिणामस्तैःरहितं अनघंमायादोषास्पर्शिनं १६ इमंचप्रलयंयोगिनोनित्यमनुभवंतीत्यहरहरनुष्ठेयइत्याशयेनाहाध्यात्ममिति । अयंभावः । अथातोविभूतयोऽस्यपुरुषस्यवाचासृष्टौपृथिवीचाग्निश्चेत्यादिश्रुत्याऽध्यात्मिकवाचःसकाशादाधिभौतिकानांपृथिव्यादीनामाधिदैविकानामग्न्यादीनांचोत्पत्तिःश्रुता अतोवाचोनिग्रहेतत्कार्ययोःपृथिव्यग्न्योरपिप्रलयोभवतीतिसर्वकारणलयात्सर्वलयेसंतिकेवलोऽद्वैतोऽवशिष्यते :। ननुवागादेर्लयेऽपिव्यवहारानुच्छेदादग्न्यादिलयोनयुज्यतइतिचेत्भ्रांतोऽसि । येऽग्न्यादीन्पश्यंतितेषांवागादयोलीनाःसंतियस्यतुवागादयोलीनानासौवह्न्यादीन्पश्यतीति । नन्वेवंप्रपंचस्यरज्जूरगतुल्यतास्यात् योगिदृष्ट्यानाशेऽपीतरदृष्ट्यातदभावादितिचेत् इष्टापत्तिः । नहिनित्यसंनिहितंवस्तुबहूनामलुप्तदृशांमध्येकश्चिन्नपश्यतीतरेतुपश्यंतीतियुज्यते तस्माद्रज्जूरगसमस्यास्यसंसारस्योच्छेदायतत्वज्ञानार्थेयत्नआस्थेयइतिं १७ ॥ इतिशांतिपर्वणिमोक्षधर्मपर्वणिनीलकंठीये भारतभावदीपे द्वादशाधिकत्रिशततमोऽध्यायः ॥ ३१२ ॥

॥ याज्ञवल्क्यउवाच ॥ तत्त्वानांसर्वसंख्याचकालसंख्यातथैवच ॥ मयाप्रोक्ताऽनुपूर्व्येणसंहारमपिमेशृणु १ यथासंहरतेजंतून्ससर्जचपुनःपुनः ॥ अनादिनिधनोब्रह्मानित्यश्चाक्षरएवच २ अहःक्षयमथोबुद्धानिशिस्वप्नमनास्तथा ॥ चोदयामासभगवानव्यक्तोऽहंकृतंनरम् ३ ततःशतसहस्रांशुरव्यक्तेनाभिचोदितः ॥ कृत्वाद्वादशधाऽत्मानमादित्योज्वलदग्निवत् ४ चतुर्विधंमहीपालनिर्दहत्याशुतेजसा ॥ जराउजांडजस्वेदजोद्भिज्जंचनराधिप ५ एतदुन्मेषमात्रेणविनष्टंस्थाणुजंगमम् ॥ कूर्मपृष्ठसमाभूमिर्भवत्यथसमंततः ६ जगद्दग्ध्वाऽमितबलःकेवलांजगतींततः ॥ अंभसाबलिनाक्षिप्रमापूरयतिसर्वशः ७ ततःकालाग्निमासाद्यतदंभोयातिसंक्षयम् ॥ विनष्टेऽम्भसिराजेंद्रजाज्वलत्यनलोमहान् ८ तमप्रमेयोऽतिबलंज्वलमानंविभावसुम्॥ ऊष्माणंसर्वभूतानांसप्तार्चिषमथांजसा ९ भक्षयामासभगवान्वायुरष्टात्मकोबली ॥ विचरन्नमितप्राणस्तिर्यगूर्ध्वमधस्तथा १० तमप्रतिबलंभीममाकाशंग्रसतेऽत्मना ॥ आकाशमप्यभिनदन्मनोग्रसतिचाधिकम् ११ मनोग्रसतिभूतात्मासोऽहंकारःप्रजापतिः॥ अहंकारोमहानात्माभूतभव्यभविष्यवित् १२ तमप्यनुपमात्मानंविश्वंशंभुःप्रजापतिः॥ अणिमालघिमाप्राप्तिरीशानोज्योतिरव्ययः१३सर्वतःपाणिपादांतःसर्वतोक्षिशिरोमुख.॥ सर्वतःश्रुतिमाँल्लोकेसर्वमावृत्यतिष्ठति१४हृदयंसर्वभूतानांपर्वणांगुष्ठमात्रकः॥ अथग्रसत्यनंतोहिमहात्माविश्वमीश्वरः १५ ततःसमभवत्सर्वमक्षयाव्ययमव्रणम्॥ भूतभव्यभविष्याणांस्रष्टारमनघंतथा १६ एषोऽप्ययस्तेराजेंद्रयथावत्समुदाहृतः ॥ अध्यात्ममाधिभूतंचअधिदैवंचश्रूयताम् १७ ॥ इतिशांतिपर्वणिमोक्षधर्मपर्वणि याज्ञवल्क्यजनकसंवादेद्वादशाधिकत्रिशततमोऽध्यायः ॥ ३१२ ॥

पादाविति १ । २ । ३ । ४ । ५ । ६ । ७ । ८ । ९ । १० । ११ । १२ । १३ एषेति। आदौमध्येऽन्तेचेतिसृष्टिसमाधिप्रलयप्रपंचनेनैकाद्वितीयस्यैवकृत्स्नंद्वैतंविभूतिःसर्पइवरज्ज्वामितिदर्शितमित्यर्थः १४ प्रकृतिरविद्यासुप्तिप्रबोधवद्रात्रिदिनवदुन्मीलननिमीलनवच्चगुणान्महदादीन्विकुरुतेविशेषेणाविष्कुरुते तेनप्रकरोतीतिप्रकृतिपदस्यव्युत्पत्तिर्दर्शिता । क्रिचूक्तौचसंज्ञायामितिकृञःसंज्ञायांक्तिच् । स्वच्छंदे

॥ याज्ञवल्क्यउवाच ॥ पादावध्यात्ममित्याहुर्ब्राह्मणास्तत्त्वदर्शिनः ॥ गंतव्यमधिभूतंचविष्णुस्तत्राधिदैवतम् १ पायुरध्यात्ममित्याहुर्यथातत्वार्थदर्शिनः ॥ विसर्गमधिभूतंचमित्रस्तत्राधिदैवतम् २ उपस्थोऽध्यात्ममित्याहुर्यथायोगप्रदर्शिनः ॥ अधिभूतंतथाऽऽनंदोदैवतंचप्रजापतिः ३ हस्तावध्यात्ममित्याहुर्यथासंख्यानदर्शिनः ॥ कर्तव्यमधिभूतंतुइंद्रस्तत्राधिदैवतम् ४ वागध्यात्ममितिप्राहुर्यथाश्रुतिनिदर्शिनः ॥ वक्तव्यमधिभूतंतुवह्निस्तत्राधिदैवतम् ५ चक्षुरध्यात्ममित्याहुर्यथाश्रुतिनिदर्शिनः ॥ रूपमत्राधिभूतंतुसूर्यश्चाप्याधिदैवतम् ६ श्रोत्रमध्यात्ममित्याहुर्यथाश्रुतिनिदर्शिनः ॥ शब्दस्तत्राधिभूतंतुदिशश्चात्राधिदैवतम् ७ जिह्वामध्यात्ममित्याहुर्यथाश्रुतिनिदर्शिनः ॥ रसएवाधिभूतंतुआपस्तत्राधिदैवतम् ८ घ्राणमध्यात्ममित्याहुर्यथाश्रुतिनिदर्शिनः ॥ गंधएवाधिभूतंतुपृथिवीचाधिदैवतम् ९ त्वगध्यात्ममितिप्राहुस्तत्त्वबुद्धिविशारदाः ॥ स्पर्शमेवाधिभूतंतुपवनश्चाधिदैवतम् १० मनोऽध्यात्ममितिप्राहुर्यथाशास्त्रविशारदाः ॥ मंतव्यमधिभूतंतुचंद्रमाश्चाधिदैवतम् ११ अहंकारिकमध्यात्ममाहुस्तत्त्वनिदर्शिनः ॥ अभिमानोऽधिभूतंतुबुद्धिश्चात्राधिदैवतम् १२ बुद्धिरध्यात्ममित्याहुर्यथावदभिदर्शिनः ॥ बोद्धव्यमधिभूतंतुक्षेत्रज्ञश्चाधिदैवतम् १३ एषातेव्यक्तितोराजन्विभूतिरनुदर्शिता ॥ आदौमध्येतथांतेचयथातत्त्वेनतत्त्ववित् १४ प्रकृतिर्गुणान्विकुरुतेस्वच्छंदेनात्मकाम्यया ॥ क्रीडार्थंतुमहाराजशतशोऽथसहस्रशः १५ यथादीपसहस्राणिदीपान्मर्त्याःप्रकुर्वते ॥ प्रकृतिस्तथाविकुरुतेपुरुषस्यगुणान्बहून् १६ सत्वमानंदउद्रेकःप्रीतिःप्राकाश्यमेवच ॥ सुखंशुद्धित्वमारोग्यंसंतोषःश्रद्दधानता १७ अकार्पण्यमसंरम्भःक्षमाधृतिरहिंसता ॥ समतासत्यमानृण्यंमार्दवंह्रीरचापलम् १८ शौचमार्जवमाचारमलौल्यंहृद्यसंभ्रमः ॥ इष्टानिष्टवियोगानांकृतानामविकत्थना १९ दानेनचात्मग्रहणमस्पृहत्वंपरार्थता ॥ सर्वभूतदयाचैवसत्वस्यैतेगुणाःस्मृताः २० रजोगुणानांसंघातोरूपमैश्वर्यविग्रहौ ॥ अत्यागित्वमकारुण्यंसुखदुःखोपसेवनम् २१ परापवादेषुरतिर्विवादानांचसेवनम् ॥ अहंकारमसत्कारश्चिंतावैरोपसेवनम् २२ परितापोऽभिहरणंह्रीनाशोऽनार्जवंतथा॥भेदःपरुषताचैवकामःक्रोधोमदस्तथा २३ दर्पोद्वेषोऽतिवादश्चएतेप्रोक्तारजोगुणाः ॥ तामसानांतुसंघातंप्रवक्ष्याम्युपधार्यताम् २४ मोहोऽप्रकाशस्तामिस्रमंधतामिस्रसंज्ञितम् ॥ मरणंचांधतामिस्रंतामिस्रंक्रोधउच्यते २५ तमसोलक्षणानीहभक्षणाद्यभिरोचनम् ॥ भोजनानामपर्याप्तिस्तथाऽपेयेष्वतृप्तता २६ गंधवासोविहारेषुशयनेष्वासनेषुच ॥ दिवास्वप्नेऽतिवादेच्चप्रमादेषुचवैरतिः २७

नेतिप्रेरकांतराभावउक्तः आत्मकाम्ययाक्रीडार्थंचेतिमोक्षभोगौतत्फलमुक्तं १५ दीपदृष्टांतेनक्रीडाविषयाणामानंत्यमुक्तं तेनपरिणामक्रमेणमोक्षफलमपियत्नंविनास्वयमेवभाविष्यतीतिप्रत्याशानकार्येतिदर्शितं १६ गुणविकारानेवाह सत्वमित्यादिना । सत्वंधैर्यं उद्रेकऐश्वर्यं शेषंस्पष्टार्थं १७ । १८ । १९ । २० । २१ । २२ । २३ । २४ । २५ । २६ । २७

२८ ॥ इतिशांतिपर्वणि मोक्षधर्मपर्वाणि नीलकंठीयेभारतभावदीपे त्रयोदशाधिकत्रिशततमोऽध्यायः ॥ ३१३ ॥ एतैर्गुणविकारैस्तत्प्रकाशकः पुरुषोऽनेकधाविक्रियतइवप्रकाशइवाङ्गुल्याद्युपाधिभिराकाशइवका हलकलशनलिकाद्युपाधिभिर्दीर्घवर्तुलदंडाद्याकरतामिवप्रतिपद्यते तद्वत्तच्चदाकारानुरूपाणिचोत्तममध्यमाधमानिस्थानानिप्राप्नोतीत्यत्रप्रतिपाद्यते एतेप्रधानस्यगुणाःइत्यादिना १ । २ । ३ । ४ । ५ । ६ ७ । ८ निरूपणतात्पर्यमाह पुण्येति ९ पुण्यादिवियोगेहेतुंज्ञानिनांमध्येसंभवमाह ज्ञानिनामिति । तत्त्वज्ञसंगत्यातत्त्वंप्राप्यपुण्यपापविमुक्तोभवतीत्यर्थः अबीजंनिरविघ्नं १० अव्यक्तस्थमव्यक्तेऽमूर्तेब्रह्मणितिष्ठतीतितथाअव्यक्तद्वाराप्राप्यमित्यर्थः । किंमंजूषारत्नवन्नेत्याह सएषइति । प्रकृतिःस्वरूपं नित्यंकूटस्थएवसउपचारात्प्रकृतिस्थइत्युच्यते घटाकाशेगतिरिवास्मिन्प्रकृतिस्थत्वमारोप्यते ११ एतेना यस्कांतकल्पेन प्रकृतिर्लोहतुल्या १२ उभयोरपितुल्यवच्चेतनत्वंमन्वानःप्रकृतेरचेतनत्वमाक्षिपति अनादीत्यादिना । अमूर्त्तत्वमदृश्यत्वं तंचनित्यानुमेयेप्रधानेपुरुषेचतुल्यमतस्तयोरनादिनिधनत्वंततश्चाप्रकंप्यगुणा

नृत्यवादित्रगीतानामज्ञानाच्छ्रद्दधानता ॥ द्वेषोधर्मविशेषाणामेतेवैतामसागुणाः२८॥ इतिश्रीम०शांतिपर्वणि मोक्षधर्मपर्वणियाज्ञवल्क्यजनकसंवादेत्रयोदशाधिकत्रिशततमोऽध्यायः ॥ ३१३ ॥ ॥ याज्ञवल्क्यउवाच ॥ एतेप्रधानस्यगुणास्त्रयःपुरुषसत्तम ॥ कृत्स्नस्यचैवजगतस्तिष्ठंत्यनपगाःसदा १ अव्यक्तरूपोभगवान्शतधाचसहस्रधा ॥ शतधासहस्रधाचैवतथाशतसहस्रधा २ कोटिशश्चकरोत्येषप्रत्यगात्मानमात्मना ॥ सात्विकस्योत्तमंस्थानंराजसस्येहमध्यमम् ३ तामसस्याधमंस्थानंप्राहुरध्यात्मचिंतकाः ॥ केवलेनेहपुण्येनगतिमूर्ध्वामवाप्नुयात ४ पुण्यपापेनमानुष्यमधर्मेणाप्यधोगतिम् ॥ द्वंद्वमेषांत्रयाणांतुसन्निपातंचतद्वतः ५ सत्वस्यरजसश्चैवतमसश्चशृणुष्वमे ॥ सत्वस्यतुरजोदृष्टंरजसश्चतमस्तथा ६ तमसश्चतथासत्वंसत्वस्याव्यक्तमेवच ॥ अव्यक्तःसत्वसंयुक्तोदेवलोकमवाप्नुयात् ७ रजःसत्वसमायुक्तोमानुषेषुप्रपद्यते ॥ रजस्तमोभ्यांसंयुक्तस्तिर्यग्योनिषुजायते ८ राजसैस्तामसैःसत्वैर्युक्तोमानुषमाप्नुयात् ॥ पुण्यपापनियुक्तानांस्थानमाहुर्महात्मनाम् ९ शाश्वतंचाव्ययंचैवमक्षयंचामृतंचतत् ॥ ज्ञानिनांसंभवंश्रेष्ठंस्थानमव्रणमच्युतम् ॥ अतींद्रियमबीजंचजन्ममृत्युतमोनुदम् १० अव्यक्तस्थंपरंयत्तत्पृष्टस्तेऽहंनराधिप ॥ सएषप्रकृतिस्थोहितत्स्थइत्यभिधीयते ११ अचेतनाचैवमताप्रकृतिश्चापिपार्थिव ॥ एतेनाधिष्ठिताचैवसृजतेसंहरत्यपि १२ ॥ जनकउवाच ॥ अनादिनिधनावेतावुभावेवमहामते ॥ अमूर्तिमंतावचलावप्रकंप्यगुणागुणौ १३ अग्राह्यावृषिशार्दूलकथमेकोह्यचेतनः ॥ चेतनावांस्तथाचैकः क्षेत्रज्ञइतिभाषितः १४ त्वंहिविप्रेंद्रकात्स्न्येंनमोक्षधर्ममुपाससे ॥ साकल्यंमोक्षधर्मस्यश्रोतुमिच्छामितत्त्वत. १५ अस्तित्वंकेवलत्वंचविनाभावंतथैवच ॥ दैवतानिचमेब्रूहिदेहंयान्याश्रितानिवै १६ तथैवोत्क्रामिणःस्थानंदेहिनोवैविपद्यतः ॥ कालेनयद्धिप्राप्नोतिस्थानंतत्प्रब्रवीहिमे १७

गुणत्वं अगुणःसंगित्वादिर्दोषः गुणोऽसंगित्वादिः अप्रच्युतस्वभावावित्यर्थः १३ अग्राह्यत्वाच्चतयोर्वैलक्षण्यंनानिश्चेतुंशक्यमित्याहाग्राह्याविति १४ । १५ एवंपुंसश्चेतनत्वेऽप्यस्तित्वंकथं वह्न्यौष्ण्ययोरिवपुंप्रकृत्योर्युगपन्नाशावश्यंभावात् । अस्तित्वेवाकेवलत्वंप्रकृत्याावियुक्तत्वंकथं पुंसोविभुत्वेनप्रकृतेरविनाशेनचतदसंभवात् । ननुतर्कमतेआत्ममनसोरिवपुंप्रकृत्योर्नित्ययोगेऽपिफलोपहितोविलक्षणःसंयोगोऽन्यःसच्चकादाचित्कइतितदभावान्मोक्षेपुंसःकेवलत्वंयुज्यतइत्याशंक्याह विनाभावमिति । निरवयवेपुंस्यव्याप्यवर्तिनःसंयोगस्यैवासंभवात् अभ्युपगमेऽपितंत्वादिवत्प्रदेशभेदाभावेनतद्वैलक्षण्यस्यसुतरामसंभवाच्चदृष्टांतेदार्ष्टांतिके चतुल्यवत्संयोगासिद्धौदृश्यमानस्यसंयोगस्यमिथ्यात्वमंतरेणविनाभावोनसंभवति । मिथ्यात्वंचप्रत्यक्षादिप्रमाणविरुद्धमित्याशयः १६ उत्क्रामिणउत्क्रांतस्य विपद्यतोम्रियमाणस्य १७

अरिष्टानिमृत्युसूचकानि १८ ॥ इतिशांतिपर्वणि मोक्षधर्मपर्वणि नीलकंठीये भारतभावदीपे चतुर्दशाधिकत्रिशततमोऽध्यायः ॥ ३१४ ॥ कथमेकोह्यचेतनइतिचेतनाचेतनविभागमाक्षिपतस्तवोभाव पिकिंचेतनावचेतनौवासंमतौ । नांत्यः जगदांध्यप्रसंगात् । नाद्यः दृश्यमानस्यदृग्दृश्यविभागस्यदुरपह्नवत्वात् । अथयथामलयेचंदनाचंदनावपिचंदनावेवभवतएवमनादिसंयोगाच्चेतनाचेतनावपितौचेत नावेवभवतइतिब्रूषेतदपिन स्वभावस्यापरिहार्यत्वादित्याह नशक्यइति १ । २ स्वभावतोऽज्ञोप्यारोपितेनज्ञत्वेनोपयुंक्तेभुंक्ते तानगुणान् ३ तर्हिमुख्योभोक्ताकिंपुरुषइत्याशंक्यनेत्याह अव्यक्तइति । अव्यक्तोऽदृश्योदृगात्मानजानीतेनभुंक्तेच यतोमत्तआत्मनोऽन्यंभोग्यमर्थंनपश्यति अभिमन्यतइतिव्युत्थानाभिप्रायेणोक्तम् ४ अनेनभोक्तृत्वाभोक्तृत्ववैलक्षण्येनएतदव्यक्तंप्रधानंस्वभावतोऽचेतनमपितदन्य थाततोभोक्तुःसकाशादन्यथाविपरीतमभोक्तृनस्यात् । कथंजडेभोक्तृत्वमतआह अक्षरत्वात्क्षरत्वाच्चेति । क्षराक्षरात्मत्वाच्चिदचिदात्मकत्वात्तस्यभोक्तृत्वंनतुकाष्ठकुड्यवदचेतनांशमात्रस्येत्यर्थः । नित्यत्वा च्चभोग्यभोक्तृविभागस्यनकश्चिद्दोषइत्यर्थः ५ ननुजतुकाष्ठयोरिवतुल्यस्वभावयोःसंश्लेषोदृष्टोनतुकाष्ठाकाशयोरितिचिदचितोःसंबंधोदुर्निरूपइत्याशंक्याह यदेति । अज्ञानेनेतिच्छेदः गुणसर्गंगुणसंसर्गं

सांख्यज्ञानंचतत्त्वेनपृथग्योगंतथैवच ॥ अरिष्टानिचतत्त्वानिवक्तुमर्हसिसत्तम ॥ विदितंसर्वमेतत्तेपाणावामलकंयथा १८ ॥ इति श्रीमहाभारते शांतिपर्वणि मोक्षधर्मपर्वणि याज्ञवल्क्यजनकसंवादे चतुर्दशाधिकत्रिशततमोऽध्यायः॥ ३१४ ॥ याज्ञवल्क्यउवाच ॥ ॥ नशक्योनिर्गुणस्तातगुणीकर्तुंविशांपते ॥ गुण वांश्चाऽप्यगुणवान्यथातत्त्वंनिबोधमे १ गुणैर्हिगुणवानेवनिर्गुणश्चागुणतस्तथा॥ प्राहुरेवंमहात्मानोमुनयस्तत्त्वदर्शिनः२ गुणस्वभावस्त्वव्यक्तोगुणान्नैवातिवर्तते॥ उपयुंक्तेचतानेवसचैवाज्ञःस्वभावतः३ अव्यक्तस्तुनजानीतेपुरुषोऽज्ञःस्वभावतः॥ नमत्तःपरमोऽस्तीतिनित्यमेवाभिमन्यते४ अनेनकारणेनैतदव्यक्तंस्यादचेतनम् नित्यत्वाच्चाक्षरत्वाच्चक्षरत्वान्नतदन्यथा ५ यदाऽज्ञानेनकुर्वीतगुणसर्गंपुनःपुनः ॥ यदाऽऽत्मानंनजानीतेतदाऽऽपिनमुच्यते ६ कर्तृत्वाच्चापिसर्गाणांसर्ग धर्मातथोच्यते ॥ कर्तृत्वाच्चानियोगानांयोगधर्मातथोच्यते ७ कर्तृत्वात्प्रकृतीनांचतथाप्रकृतिधर्मिता ८ कर्तृत्वाच्चापिबीजानांबीजधर्मातथोच्यते ॥ गुणा नांप्रसवत्वाच्चप्रलयत्वात्तथैवच९ उपेक्षत्वादनन्यत्वादभिमानाच्चकेवलम्॥ मन्यंतेयतयःसिद्धाअध्यात्मज्ञागतज्वराः॥ अनित्यंनित्यमव्यक्तंव्यक्तमेतद्धिशुश्रुम १०

आद्योयदाशब्दोयस्मादर्थे यदितिपाठःस्वच्छः यस्मादाध्यासिकोऽयमज्ञानकृतआत्मनिगुणसंसर्गस्तस्माद्यावदात्मानमसंगंनजानातितावन्नमुच्यतेइत्यर्थः ६ अमुक्तिहेतुमाह कर्तृत्वादित्यादिना । प्राकृतेन महदादितत्त्वकर्तृत्वेनायमपिकर्तायतोभवत्यतोनमुच्यतइत्यर्थः ७ प्रकृतीनांप्रजानां ८ बीजानांस्थावराणां गुणानांकामशमादीनां ९ नन्वेवंविधस्यकथंकेवलत्वंस्यादतआह उपेक्षत्वादिति । उपसमीपे स्थित्वाईक्षतेइत्युपेक्षःसाक्षी नहिसाक्ष्येणसाक्षीविक्रियतेघटेनालोकइवातःकेवलत्वमस्ययुज्यते यथोक्तम् । 'नर्तेस्याद्विक्रियादुःखीसाक्षिताकाऽविकारिणः ॥ धीविक्रियासहस्राणांसाक्ष्यतोऽहमविक्रियः' इति । ननुसाक्षित्वमस्तुमावाप्रतिकूलवेदनीयंदुःखंत्वपरिहार्यमित्याशंक्याह अनन्यत्वादिति । नास्त्यन्योऽस्मादित्यनन्यस्तत्त्वात् दुःखादेःस्वरूपेणाप्यसत्त्वान्नात्मनितत्संबंधःकदाचिदप्यस्तीत्यर्थः । कुतस्त र्हिदुःखभानमतआह अभिमानादिति । यदाहिपुत्रमात्मीयंमन्यतेतदातद्दुःखेनदुःखीभवतिनान्यथा । एवंधीतादात्म्याद्धीदुःखेनैवास्यदुःखित्वंधीत्यागेतुकेवलत्वंनित्यसिद्धमित्येतेनअस्तित्वकेवलत्वाविनाभा वानामाक्षेपःपरिहृतोज्ञेयः । अनित्यमिति । अनित्यंपरिणामि अव्यक्तंकारणं व्यक्तंकार्यमिति १०

तत्रमतांतरमाह अव्यक्तस्यैकत्वं पुरुषाः षष्ठ्यर्थेप्रथमा पुरुषाणांनानात्वमित्याहुर्निरीश्वरसांख्याः तान्विशिनष्टि सर्वेत्यर्धेन ११ पुंप्रकृत्योर्भेदमनेकदृष्टांतपूर्वकमाह अन्यइत्यादिना । अव्यक्तइति च्छेदः इषीकाणांबाह्योयथामुंजएवंपुंसोबाह्यअव्यक्ताद्याइत्यर्थः श्रुतिश्च 'अंगुष्ठमात्रःपुरुषोन्तरात्मासदाजनानांहृदयेसन्निविष्टः ॥ तंस्वाच्छरीरात्प्रवृहेन्मुंजादिवइषीकांधैर्येणतंविद्याच्छुक्रममृतम्'इति १२ १३ । १४ उखामृत्पात्रविशेषः १५ । १६ । १७ । १८ । १९ । २० ॥ इतिशांतिपर्वणि मोक्षधर्मपर्वणि नीलकंठीये भारतभावदीपे पंचदशाधिकत्रिशततमोऽध्यायः ॥ ३१५ ॥ ॥ ॥ सांख्यज्ञानमिति १ एकैवचर्याशमाद्यनुष्ठानंययोस्तौ अनिधनौमृत्युनाशकौ २ पृथगिति । उभाविति द्वितीयांतमनुकृष्यते ३ । ४ उत्क्रमणकालेदेहिनंरोदयंतीतिरुद्राःप्राणाइंद्रियाणिचतान्येवप्रधानभूतान्यालंबनानियेषुतान् तथाचसूत्रम् । प्रच्छर्दनविधारणाभ्यांवाप्राणस्यविषयवतीचाप्रवृत्तिरुत्पन्नामनसःस्थितिनिबंधिनी । प्रच्छर्दनंरेचकः । विधारणंपूरकपूर्वकःकुंभकः । तथानासिकाग्रेधारयतोगंधसंवित् ।

अव्यक्तैकत्वमित्याहुर्नानात्वंपुरुषास्तथा ॥ सर्वभूतदयावंतःकेवलंज्ञानमास्थिताः ११ अन्यःसपुरुषोऽव्यक्तस्त्वध्रुवोध्रुवसंज्ञकः ॥ यथामुंजइषीकाणांतथैवैतद्विजायते १२ अन्यश्चमशकंविद्यादन्यच्चोदुंबरंतथा ॥ नचोदुंबरसंयोगैर्मशकस्तत्रलिप्यते १३ अन्यएवतथामत्स्यस्तदन्यदुदकंस्मृतम् ॥ नचोदकस्यस्पर्शेनमत्स्योलिप्यतिसर्वशः १४ अन्योह्यग्निरुखाऽप्यन्यानित्यमेवमवेहिभोः ॥ नचोपलिप्यतेसोऽग्निरुखासंस्पर्शनेनवै १५ पुष्करंत्वन्यदेवात्रतथाऽन्यदुदकंस्मृतम् ॥ नचोदकस्यस्पर्शेनलिप्यतेतत्रपुष्करम् १६ एतेषांसहवासंचनिवासंचैवनित्यशः ॥ याथातथ्येनपश्यंतिननित्यंप्राकृताजनाः १७ येत्वन्यथैवपश्यंतिनसम्यक्तेषुदर्शनम् ॥ तेव्यक्तंनिरयंघोरंप्रविशंतिपुनःपुनः १८ सांख्यदर्शनमेतत्तेपरिसंख्यानमुत्तमम् ॥ एवंहिपरिसंख्यायसांख्याःकेवलतांगताः १९ येत्वन्येतत्त्वकुशलास्तेषामेतन्निदर्शनम् ॥ अतःपरंप्रवक्ष्यामियोगानामनुदर्शनम् २० ॥ इतिश्रीमहाभारते शांतिपर्वणि मोक्षधर्मपर्वणि याज्ञवल्क्यजनकसंवादे पंचदशाधिकत्रिशततमोऽध्यायः ३१५ ॥ ॥ ॥ याज्ञवल्क्यउवाच ॥ सांख्यज्ञानंमयाप्रोक्तंयोगज्ञानंनिबोधमे ॥ यथाश्रुतंयथादृष्टंतत्त्वेननृपसत्तम १ नास्तिसांख्यसमंज्ञानंनास्तियोगसमंबलम् ॥ तावुभावेकचर्यौतावुभावनिधनौस्मृतौ २ पृथक्पृथक्प्रपश्यंतियेऽप्यबुद्धिरतानराः ॥ वयंतुराजन्पश्यामएकमेवतुनिश्चयात् ३ यदेवयोगाःपश्यंतितत्सांख्यैरपिदृश्यते ॥ एकंसांख्यंचयोगंचयःपश्यतिसतत्त्ववित् ४ रुद्रप्रधानानपरान्विद्धियोगानरिंदम ॥ तेनैवचाथदेहेनविचरंतिदिशोदश ५ यावद्धिप्रलयस्तातसूक्ष्मेणाष्टगुणेनह ॥ योगेनलोकान्विचरन्सुखंसंन्यस्यचानघ ६ वेदेषुचाष्टगुणिनंयोगमाहुर्मनीषिणः ॥ सूक्ष्ममष्टगुणंप्राहुर्नेतरंनृपसत्तम ७ द्विगुणंयोगकृत्यंतुयोगानांप्राहुरुत्तमम् ॥ सगुणंनिर्गुणंचैवयथाशास्त्रनिदर्शनम् ८

जिह्वाग्रेरससंवित् । तालुनिरूपसंवित् । जिह्वामध्येस्पर्शसंवित् । जिह्वामूलेशब्दसंवित् । तत्रवायुधारणायाःफलंविचरंतिदिशोदशेत्युक्तंखेचरत्वंप्राप्नुवंतीत्यर्थः ५ अष्टगुणेनपुर्यष्टकमयेनसूक्ष्मशरीरेणसन्यस्यसंन्यासंचदेहस्यसुखंयथेच्छंकुरु । एतद्यदृष्टंफलंमोक्षांतेषुयोगधर्मेषुश्रद्धोत्पादनार्थमुक्तंनतुयोगिनामवश्यादरणीयं ६ वेदेष्विति । अष्टगुणिनमणिमाद्यष्टगुणवंतं नित्ययोगेमत्वर्थीयः अष्टगुणमष्टांगं प्राणायामःप्रत्याहारोध्यानंधारणातर्कःसमाधिःषडंगाइतिमैत्रायणीयोपनिषदिषडेवांगान्युक्तानितथापियमनियमाभ्यांश्रुत्यंतरोक्ताभ्यांसहाष्टसंख्याबोध्या । अत्रसूक्ष्ममित्युक्तेःपूर्वस्यस्थूलत्वंमंदाधिकारित्वंचोक्तम् । तर्कोयोगसिद्धिपूपस्थितासुदोषोन्नयनं ७ द्विगुणंद्विप्रकारं तदेवाह सगुणंसबीजं निर्गुणंनिर्बीजं ८

सगुणमाह धारणमिति । प्राणायामःप्राणनिग्रहपूर्वकंमनसःषोडशस्वाधारेषुधारणं तेचशिवयोगेप्रोक्ताः । 'अथतेषोडशाधारान्कथयामिविशेषतः'इत्यादिनापादांगुष्ठपार्ष्णिमूलप्रभृतयोनेत्राधारंषोडशंतित्वियंताः । यद्वायाज्ञवल्क्योक्ताःप्रागुदाहृताअष्टादशस्थानात्स्थानंसमाकृष्येत्यादिनादर्शिताग्राह्याः । अथवायाज्ञवल्क्योक्ताएवपंचभूतधारणाज्ञेयाः । 'पादादिजानुपर्यंतंपृथिवीस्थानमुच्यते । आजानोःपायुपर्यंतमपांस्थानंप्रकीर्तितं । आपायोर्हृदयांतंयद्वह्निस्थानंतदुच्यते । हृन्मध्यात्तुभ्रुवोर्मध्येयावद्वायुकुलंभवेत् । आभ्रूमध्यात्तुमूर्धांतमाकाशस्थानमुच्यते । पृथिव्यांधारयेद्वाग्निंब्रह्माणंपरमेष्ठिनं । विष्णुमप्स्वनलेरुद्रमीश्वरंवायुमंडले । सदाशिवंतथाव्योम्निधारयेत्सुसमाहितः । पृथिव्यांवायुमास्थाप्यलकारेणसमन्वितं । ध्यायंश्चतुर्मुखाकारंब्रह्माणंसृष्टिकारणं । धारयेत्पंचघटिकाःपृथिवीजयमाप्नुयात् । वारुणेवायुमारोप्यवकारेणसमन्वितं । स्मरन्नारायणंदेवंचतुर्बाहुंशुचिस्मितं । शुद्धस्फटिकसंकाशंपीतवाससमच्युतं । धारयेत्पंचघटिकाःसर्वरोगैःप्रमुच्यते । वह्नावनिलमारोप्यरेफाक्षरसमन्वितं । त्र्यक्षंवरप्रदंरुद्रंतरुणादित्यसन्निभं । भस्मोद्धूलितसर्वांगंसुप्रसन्नमनुस्मरन् । धारयेद्घटिकाःपंचवह्निनाऽसौनदह्यते । मारुतंमरुतांस्थानेवर्णदेवसमन्विते । धारयेत्पंचघटिकावायुवद्व्योमगोभवेत् । आकाशेवायुमारोप्यहकारोपरिशंकरं । बिंदुरूपंमहादेवंसर्वलोकैककारणं । चित्तेनचिंतयेत्स्वस्थंमुहूर्तमपिधारयेत् । सएवयुक्तइत्युक्तस्तांत्रिकेष्वपिशिक्षितैः'इति । निर्गुणमाह एकाग्रतेति । एकमेवध्यातृध्येयध्यानविभागशून्यंवस्त्वग्रेयस्यतदेकाग्रंनिर्वृत्तिकं तस्यभावस्तत्ता मनसोबुद्धेः प्राणाइंद्रियाणिसमनस्कानितेषामायामोनिग्रहःप्राणायामः तथाचश्रुतिः 'यदापंचावतिष्ठंतेज्ञानानिमनसासह । बुद्धिश्चनविचेष्टतितामाहुःपरमांगतिं'इति ९ सगुणनिर्गुणयोरंगांगिभावमाहार्धेन प्राणायामोहीति । निर्गुणंनिर्वृत्तिकंधारयेत्स्थिरंकुर्यात् यदीति । अदृश्यत्यदृश्यमानेमोचनस्थानेयदिवायुंमुंचन्भवतितर्हिवाताधिक्यंभवत्येव

धारणंचैवमनसःप्राणायामश्चपार्थिव ॥ एकाग्रताचमनसःप्राणायामस्तथैवच ९ प्राणायामोहिसगुणो
निर्गुणंधारयेन्मनः ॥ यद्यदृश्यतिमुंचन्वैप्राणान्मैथिलसत्तम ॥ वाताधिक्यंभवत्येवतस्मात्तंनसमाचरेत्
१० निशायाःप्रथमेयामेचोदनाद्वादशस्मृताः ॥ मध्येस्वप्नात्परेयामेद्वादशैवतुचोदनाः ११

अयमर्थः । पूरकादीनांमूलाधारादीनांचदेवतादिकंध्यायन्योवायुधारणांकरोतिससिध्यति ध्यानवर्जितंत्वभ्यस्यन्नवश्यंबाध्यतइति यथोक्तंपवनयोगसंग्रहे । 'प्राणायामेनयुक्तेनसर्वरोगक्षयोभवेत् । अयुक्ताभ्यासयोगेनमहारोगसमुद्भवः'इति । युक्तेनदेवताध्यानयुक्तेन देवताश्चयाज्ञवल्क्योक्ताः 'नीलोत्पलदलश्यामंनाभिमध्येव्यवस्थितं । चतुर्भुजंमहात्मानंपूरकेणविचिंतयेत् । कुंभकेनहृदिस्थानंध्यायेत्तुकमलासनं । ब्रह्माणंरक्तगौरांगंचतुर्वक्त्रंपितामहं । रेचकेनेश्वरंविद्याल्ललाटस्थंमहेश्वरं । शुद्धस्फटिकसंकाशंनिर्मलंपापनाशनं'इत्यादिना १० निशायाइति । द्वादशपूर्वोक्ताः द्वाविंशतिचोदनाएवात्रसंक्षेपेणद्वादशग्रंथांतरेगणिताः यथोक्तंशिवयोगे'मूलाधारेत्रिधावर्तंब्रह्मचक्रंभगोपमं । तत्कंदेऽग्निनिभेध्यायेदधःशक्तिमभीष्टदां १ स्वाधिष्ठानंततश्चक्रंतत्रचातुर्दलांबुजं । तदेवोड्डीयनंध्यायेत्पश्चिमाभिमुखंशिवं २ पंचावर्तंनाभिचक्रेमेघाकारंतडिन्निभं । तत्रकुंडलीनींध्यायेदधःशक्तिंसुसिद्धिदां ३ अधोमुखाष्टपत्राब्जयुक्तंहृच्चक्रमिष्टदं । तन्मध्यकर्णिकांध्यायेज्ज्योतिर्लिंगाकृतिंत्विमां ४ पंचमंकंठचक्रंतुतत्रांगुलचतुष्टयं । इडापिंगलयोर्ध्यायेत्सुषुम्नांमध्यसंस्थिताम् ५ षष्ठंचघंटिकालिंगमूलंतद्राजदंतकं । ध्यायेत्तुदशमंद्वारंतत्रशून्यंसुसिद्धये ६ भूचक्रंसप्तमंत्वेकनालकंदंस्ववाक्प्रदं । ध्यायेद्दिव्यशिखाकारंयन्मध्येज्ञानलोचनं ७ ब्रह्मरंध्रेऽष्टमंचक्रंनिर्वाणाख्यंसुसूक्ष्मदं । तत्रजालंधरंध्यायेत्सूक्ष्मंमोक्षप्रदंततः ८ आकाशबीजंनवमंप्रशस्तंत्रिकूटकंपूर्णगिरेश्चपृष्ठे । तत्रोर्ध्वशक्तिंशुभदांसुशून्यांध्यायेच्चसाष्टारसरोजमध्ये' ९ आकाशबीजंहकारस्तत्स्मरणपूर्वकंशिरसउपरिभूताकाशमात्रंध्यायेत् एतानवचोदनावायुनिग्रहगर्भिताः । ततःशून्यात्परंसमष्टिकार्येमनोधारयेचतःकारणेततोनिष्कलेइतितिस्रएवंद्वादशचोदनाःपूर्वरात्रेआवश्यैकांनिद्रांगृहीत्वापश्चात्पुनर्द्वादशएताएवाभ्यसेदित्यर्थः ११

एवंवायुधारणाद्युपायेनदुर्दांतंमनोनिगृह्यउपशांतेनदांतेनतत्त्वप्रतिपत्तियोग्येनएकांतशीलिनाएकाकिनासंन्यासिनेत्यर्थः। आत्मन्येवनतुस्त्र्यादौआरमणंयस्यतेनात्मारामेण बुद्धेनशास्त्रतत्त्वविदा आत्मायोक्तव्यः संधिरार्षः १२ कथंयोक्तव्यइत्यतआह पंचानामिति। दोषानप्राप्तस्पृहारूपान् प्राप्तमपिशब्दादिकंचाऽऽक्षिप्यनिरस्य एतेनप्रत्याहारउक्तः १३ प्रतिभांविक्षेपं अपवर्गंलयंप्रतिसंहारेयुक्तिमाह इंद्रियेति १४ बुद्धौमहत्तत्त्वे १- परिसंख्यायप्रविलाप्यअलमत्यर्थंनित्यंनत्वाकाशादिवद्व्यावहारिकानित्यं १६ तस्थुषंतस्थिवांसंस्थाणुंकूटस्थमित्यर्थः नित्यमभेद्यं अज्ञानदशायांजीवेश्वरभावेनमाययाभिद्यमानमप्या काशवदभेद्यं अव्ययमनश्वरंयतोऽव्ययंह्रासशून्यं १७ युक्तस्यसमाधिस्थस्य सुखंस्वपेदितिस्वसंवेद्यंलक्षणं १८। १९ पाषाणइवेतिपरसंवेद्यं २०। २१ युक्तस्यलक्षणान्युक्त्वायुंजानस्याह तैलेति। उच्चर

तदेवमुपशांतेनदांतेनैकांतशीलिना॥ आत्मारामेणबुद्धेनयोक्तव्योऽऽत्मानसंशयः १२ पंचानामिंद्रियाणांतुदोषानाक्षिप्यपंचधा॥ शब्दंरूपंतथास्पर्शंरसंगंधं तथैवच १३ प्रतिभामपवर्गंचप्रतिसंहृत्यमैथिल॥ इंद्रियग्राममखिलंमनस्यभिनिवेश्यह १४ मनस्तथैवाहंकारेप्रतिष्ठाप्यनराधिप॥ अहंकारंतथाबुद्धौबुद्धिं चप्रकृतावपि १५ एवंहिपरिसंख्यायततोध्यायंतिकेवलम्॥ विरजस्कमलंनित्यमनंतंशुद्धमव्रणम् १६ तस्थुषंपुरुषंनित्यमभेद्यमजरामरम्॥ शाश्वतंचाव्य यंचैवईशानंब्रह्मचाव्ययम् १७ युक्तस्यतुमहाराजलक्षणान्युपधारय॥ लक्षणंतुप्रसादस्ययथातृप्तःसुखंस्वपेत् १८ निर्वातेतुयथादीपोज्वलेत्स्नेहसमन्वितः॥ निश्चलोर्ध्वशिखस्तद्वद्युक्तमाहुर्मनीषिणः १९ पाषाणइवमेघोत्थैर्यथाबिंदुभिराहतः॥ नालंचालयितुंशक्यस्तथायुक्तस्यलक्षणम् २० शंखदुंदुभिनिर्घोषैर्वि विधैर्गीतवादितैः॥ क्रियमाणैर्नकंपेतयुक्तस्यैतन्निदर्शनम् २१ तैलपात्रंयथापूर्णंकराभ्यांगृह्यपूरुषः॥ सोपानमारुहेद्भीतस्तर्ज्यमानोऽसिपाणिभिः२२ संयता त्माभयात्तेषांनपात्राद्बिंदुमुत्सृजेत्॥ तथैवोत्तरमागम्यएकाग्रमनसस्तथा २३ स्थिरत्वादिंद्रियाणांतुनिश्चलत्वात्तथैवच॥ एवंयुक्तस्यतुमुनेर्लक्षणान्युपलक्ष येत् २४ स्वयुक्तःपश्यतेब्रह्मयत्तत्परममव्ययम्॥ महतस्तमसोमध्येस्थितंज्वलनसन्निभम् २५ एतेनकेवलंयातित्यक्त्वादेहमसाक्षिकम्॥ कालेनमहताराजन्श्रुतिरेषासनातनी २६ एतद्धियोगंयोगानांकिमन्यद्योगलक्षणम्॥ विज्ञायतद्धिमन्यंतेकृतकृत्यामनीषिणः२७ ॥ इतिश्रीमहाभारते शांतिपर्वणि मोक्ष धर्मपर्वणि षोडशाधिकत्रिशततमोऽध्यायः ॥ ३१६ ॥ ॥ याज्ञवल्क्यउवाच॥ ॥ तथैवोत्क्रममाणंतुशृणुष्वावहितोनृप ॥ पद्भ्यामुत्क्रममाणस्य वैष्णवंस्थानमुच्यते १ जंघाभ्यांतुवसून्देवानाप्नुयादितिनःश्रुतम्॥ जानुभ्यांचमहाभागान्साध्यान्देवानवाप्नुयात् २

मुत्कृष्टतरं एकाग्रमनसः लक्षणमितिशेषः २२। २३ स्थिरत्वाद्बहिर्मुखत्वनिवृत्तेः निश्चलत्वादंतरप्रकंप्यत्वात् २४ महतोमहत्तत्त्वस्यमध्येस्थितंत्वंपदार्थं तमसोमध्येस्थितंतत्पदार्थंज्वलनसन्निभंचिन्मात्रं तदुभयनिष्कृष्टं २५ एतेनदर्शनेन केवलंमोक्षं देहत्यागात्प्राक्किंचिदज्ञानानुवृत्तिरस्तीतिभावः २६ योगं क्लीबत्वमार्षं वयंकृतकृत्याइतिमन्यंतेमनीषिणः अनुभवसिद्धंयोगात्कैवल्यमित्यर्थः तथाचश्रुतिः। 'उर्ध्वमूलमवाक्शाखंवृक्षंयोवेदसंप्रति। नसजातुजनःश्रद्दध्यान्मृत्युर्मामारयादिति' २७॥ इति शांतिपर्वणि मोक्षधर्मपर्वणि नीलकंठीये भारतभावदीपे षोडशाधिकत्रिशततमोऽध्यायः ३१६ कैवल्य प्राप्तिंराजयोगफलमुक्त्वाहठयोगफलमाह तथैवेत्यादिना। अत्रयस्मिन्यस्मिन्नाधारेसमनस्कोवायुरामरणांतंध्रियतेतत्तदाधारदेवतालोकंतेनतेनैवाधारद्वारेणोत्क्रम्यगच्छतीतिप्रघट्टकतात्पर्यं १। २

३ । ४ । ५ । ६ । मूर्ध्नासुषुम्नयानाड्याब्रह्मरंध्रेण एतत्क्रममुक्तिस्थानंनान्यत् तथाचश्रुतिः । 'शतंचैकाहृदयस्यनाड्यस्तासांमूर्धानमभिनिःसृतैका । तयोर्ध्वमायन्नमृतत्वमेतिविष्वङ्ङन्याउत्क्रमणे भवंति' इति ७ मृत्युंसंनिहितंज्ञात्वाऽपिहितमाचरेदित्याशयेनाह अरिष्टानीति ८ । ९ । १० । ११ प्रकृतेर्विक्रियादातुःकार्पण्यंकृपणस्यदातृत्वमित्यादिः १२ कृष्णस्यश्यावच्छविर्धूसरतातच्छायापत्ति र्मरणचिन्हं छिद्रंछिद्रवंतं १३ शवगंधमिविसुरभिद्रव्येशवगंधग्रहइत्यर्थः १४ । १५ । १६ अरिष्टज्ञानफलमाह एतावंतीति १७ योगिनोमरणादन्यत्कर्तव्यंनास्तीत्याह प्रतीक्षमाणइति १८ मृत्युमपिनेच्छेच्चेदिमांवक्ष्यमाणांक्रियांस्थातुंकर्तुमिच्छेदित्याहाथेति । पूर्वोक्तरीत्यापृथिव्यादिजयाद्वंधादिजयोभवतीतिपंचभूतजयान्मृत्युंजयतीत्यर्थः । तथाचश्रुतिः 'पृथ्व्याप्यतेजोनिलखेसमुत्थितेपंचात्मकेयोगगुणे

पायुनोत्क्रममाणस्तुमैत्रंस्थानमवाप्नयात् ॥ पृथिवींजघनेनाथऊरुभ्यांचप्रजापतिम् ३ पार्श्वाभ्यांमरुतोदेवान्नाभ्यामिंद्रत्वमेवच ॥ बाहुभ्यामिंद्रमेवाहुरुरसा रुद्रमेवच ४ ग्रीवयातुमुनिश्रेष्ठंनरमाप्नोत्यनुत्तमम् ॥ विश्वेदेवान्मुखेनाथदिशःश्रोत्रेणचाप्नुयात् ५ घ्राणेनगंधवहनंनेत्राभ्यामाग्निमेवच ॥ भ्रूभ्यांचैवाश्विनौदेवौललाटेनपितॄनथ ६ ब्रह्माणमाप्नोतिविभुंमूर्ध्नादेवाग्रजंतथा ॥ एतान्युत्क्रमणस्थानान्युक्तानिमिथिलेश्वर ७ अरिष्टानिप्रवक्ष्यामिविहितानिमनीषिभिः ॥ संवत्सरवियोगस्यसंभवंतिशरीरिणः ८ योऽरुंधतींनपश्येतदृष्टपूर्वांकदाचन ॥ तथैवध्रुवमित्याहुःपूर्णेन्दुंदीपमेवच ९ खंडाभासंदक्षिणतस्तेऽपिसंवत्सरायुषः ॥ परचक्षुषिचात्मानंयेनपश्यंतिपार्थिव १० आत्मछायाकृतीभूतंतेऽपिसंवत्सरायुषः ॥ अतिद्युतिरतिप्रज्ञाअप्रज्ञाचाद्युतिस्तथा ११ प्रकृतेर्विक्रियापत्तिःषण्मासान्मृत्युलक्षणम् ॥ दैवतान्यवजानातिब्राह्मणैश्चविरुद्ध्यते १२ कृष्णश्यावच्छविच्छायःषण्मासान्मृत्युलक्षणम् ॥ ऊर्णनाभेर्यथाचक्रंछिद्रंसोमंप्रपश्यति १३ तथैवचसहस्रांशुंसप्तरात्रेणमृत्युभाक् ॥ शवगंधमुपाघ्रातिसुरभिंप्राप्ययोनरः १४ देवतायतनस्थस्तुसप्तरात्रेणमृत्युभाक् ॥ कर्णनासावनमनंदंतदृष्टिविरागिता १५ संज्ञालोपोनिरूष्मत्वंसद्योमृत्युनिदर्शनम् ॥ अकस्माच्चस्रवेद्यस्यवाममक्षिनराधिप १६ मूर्धतश्चोत्पतेद्धूमःसद्योमृत्युनिदर्शनम् ॥ एतावंतित्वरिष्टानि विदित्वामानवोऽऽत्मवान् १७ निशिचाहनिचात्मानंयोजयेत्परमात्मनि ॥ प्रतीक्षमाणस्तत्कालंयत्कालंप्रेतताभवेत् १८ अथास्यनेष्टंमरणंस्थातुमिच्छेदिमांक्रियाम् ॥ सर्वगंधान्रसांश्चैवधारयीतनराधिप १९ ससांख्यधारणंचैवविदितात्मानरर्षभ ॥ जयेच्चमृत्युंयोगेनतत्परेणांतरात्मना २० गच्छेत्प्राप्याक्षयंकृत्स्नमजन्मशिवमव्ययम् ॥ शाश्वतंस्थानमचलंदुष्प्रापमकृतात्मभिः २१ ॥ इतिश्रीमहाभारते शांतिपर्वणि मोक्षधर्मपर्वणि याज्ञवल्क्यजनकसंवादे सप्तदशाधिकत्रिशततमोऽध्यायः ॥ ३१७ ॥ याज्ञवल्क्यउवाच ॥ अव्यक्तस्थंपरंयत्तत्पृष्टस्तेऽहंनराधिप ॥ परंगुह्यमिमंप्रश्नंशृणुष्वावहितोनृप १

प्राप्ते ॥ नतस्यरोगोनजरानमृत्युःप्राप्तस्ययोगाग्निमयंशरीरम् 'इति १९ सांख्ययोगयोर्मुख्यंफलमाह ससांख्येति । सांख्यंचधारणेतियोगउच्यतेताभ्यांसमुच्चिताभ्यांसहितंयथास्यात्तथाविदितात्मा मृत्युंसंसारं २० गच्छेदिति । अक्षयमविनाशि अव्ययमपचयशून्यं अचलमपरिणामि प्रकृतेरन्यदित्यर्थः २१ ॥ इति शांतिपर्वणिमोक्षधर्मपर्वणिनीलकंठीये भारतभावदीपे सप्तदशाधिकत्रिशततमोऽध्यायः ॥ ३१७ ॥ अचलत्वेनप्रकृतेरन्यत्वंब्रह्मणःप्रतिपादयितुमारभते अव्यक्तस्थमिति । अत्राऽव्यक्तमव्याकृतंमायाशबलंहार्दाकाशइतिपर्यायास्त्रिगुणात्मकस्यकारणस्यब्रह्मणोवाचकाः । चक्रेनाभिरिवश्रितेतिप्रयोगदर्शनाच्चत्र विशिष्टेनिष्कृष्टंचक्रनाभिन्यायेनश्रितंवस्त्वव्यक्तस्थं किमव्यक्तंपरंब्रह्मतस्मादपरतस्तुकिमितिपृष्टस्तेत्वयाहं १

निष्कलब्रह्मविद्यायादौर्लभ्यंगोप्यत्वंदेवताप्रसादप्राप्यत्वंचदर्शयितुमाख्यायिकामाह यथाऽऽर्षेणेत्यादिना । आदित्यानीमानिशुक्लानियजूंषिवाजसनेयेनयाज्ञवल्क्येनाख्यायंतइतिश्रुतेरादित्यप्रसादात्पंचद शशाखाद्रष्टुर्ममवचनमत्यंतंपथ्यंममापिगहनंचनिष्कलब्रह्मकथनमभूदित्याख्यायिकातात्पर्यं २ । ३ । ४ । ५ । ६ मेऽऽस्यंममऽऽस्यं संधिरार्षः ७ । ८ शीतीभविष्यति त्वद्देहइतिशेषः ९ खिलंपरशाखी यंस्वशाखायामपेक्षावशात्पठ्यतेतत्खिलमित्युच्यते । यथावह्वृचानांहिरण्यवर्णांहरिणीमितिश्रीसूक्तंसखिलंतत्सहितं सोत्तरंसोपनिषत्कं १० अपुनर्भावेमोक्षे ११ । १२ । १३ । १४ । १५ चक्रेकर्मकर्त्त

यथाऽऽर्षेणेहविधिनाचरताऽवनतेनह ॥ मयाऽऽदित्यादवाप्तानियजूंषिमिथिलाधिप २ महतातपसादेवस्तापिष्णुःसेवितोमया ॥ प्रीतेनचाहंविभुनासूर्येणोक्तस्त ॥ २१७ ॥
दाऽनघ ३ वरंवृणीष्वविप्रर्षेयदिष्टंतेसुदुर्लभम् ॥ तत्तेदास्यामिप्रीतात्मामत्प्रसादोहिदुर्लभः ४ ततःप्रणम्यशिरसामयोक्तस्तपतांवरः ॥ यजूंषिनोपयुक्तानिक्षि
प्रमिच्छामिवेदितुम् ५ ततोमांभगवानाहवितरिष्यामितेद्विज ॥ सरस्वतीहवाग्भूताशरीरंतेप्रवेक्ष्यति ६ ततोमामाहभगवानास्यंस्वंविवृतंकुरु ॥ विवृतंचततो
मेऽऽस्यंप्रविष्टाचसरस्वती ७ ततोविदह्यमानोऽहंप्रविष्टोऽम्भस्तदानघ ॥ अविज्ञानादमर्षाच्चभास्करस्यमहात्मनः ८ ततोविदह्यमानंमामुवाचभगवान्रविः ॥
मुहूर्त्तंसह्यतांदाहस्ततःशीतीभविष्यति ९ शीतीभूतंचमांदृष्ट्वाभगवानाहभास्करः ॥ प्रतिष्ठास्यतितेवेदःसखिलःसोत्तरोद्विज १० कृत्स्नंशतपथंचैवप्रणेष्यसिद्वि
जर्षभ ॥ तस्यांतेचापुनर्भावेबुद्धिस्तवभविष्यति ११ प्राप्स्यसेचयदिष्टंतत्सांख्ययोगेप्सितंपदम् ॥ एतावदुक्त्वाभगवानस्तमेवाभ्यवर्त्तत १२ ततोऽनुव्याहृ
तंश्रुत्वागतेदेवेविभावसौ ॥ गृहमागत्यसंहृष्टोऽचिंतयंवैसरस्वतीम् १३ ततःप्रवृत्ताऽतिशुभास्वरव्यंजनभूषिता ॥ ओंकारमादितःकृत्वाममदेवीसरस्वती १४ त
तोऽहमर्घ्यंविधिवत्सरस्वत्यैन्यवेदयम् ॥ तपतांचवरिष्ठायनिषण्णस्तत्परायणः १५ ततःशतपथंकृत्स्नंसरहस्यंससंग्रहम् ॥ चक्रेसपरिशेषंचहर्षेणपरमेणह १६
कृत्वाचाध्ययनंतेषांशिष्याणांशतमुत्तमम् ॥ विप्रियार्थंसशिष्यस्यमातुलस्यमहात्मनः १७ ततःसशिष्येणमयासूर्येणेवगभस्तिभिः ॥ व्यस्तोयज्ञोमहाराजपितु
स्तवमहात्मनः १८ मिषतोदेवलस्यापिततोऽर्धंकृतवानहम् ॥ स्ववेददक्षिणायाऽर्थेविमर्देमातुलेनह १९ सुमंतुनाऽथपैलेनतथाजैमिनिनाचवै ॥ पित्रातेमुनिभि
श्चैवततोऽहमनुमानितः २० दशपंचचप्राप्तानियजूंष्यर्कान्मयाऽनघ ॥ तथैवरोमहर्षेणपुराणमवधारितम् २१ बीजमेतत्पुरस्कृत्यदेवींचैवसरस्वतीम् ॥ सूर्य
स्यचानुभावेनप्रवृत्तोऽहंनराधिप २२ कर्तुंशतपथंचेदमपूर्वंचकृतंमया ॥ यथाऽभिलषितंमार्गंतथातच्चोपपादितम् २३ शिष्याणामखिलंकृत्स्नमनुज्ञातंससंग्र
हम् ॥ सर्वेचशिष्याःशुचयोगताःपरमहर्षिताः २४ शाखाःपंचदशेमास्तुविद्याभास्करदेशिताः ॥ प्रतिष्ठाप्ययथाकामंवेद्यंतदनुचिंतयम् २५

रिमयोगः स्वयमेवाविरभूदित्यर्थः १६ मातुलस्यवैशंपायनस्य १७ । १८ मिषद्दति । देवलस्यमातुलपक्षीयस्यमिषतःपश्यतःपुरस्तात् अर्थेअर्धनिमित्तंमातुलादिभिःसहविमर्देसतिसमंविभज्यग्राह्यमितिनिर्बंधे सतिदेवलसंमत्याऽहंदक्षिणायाअर्धंकृतवान्स्वीकृतवानित्यर्थः । दक्षिणायाऽर्थेइतिसंधिरार्षः १९ । २० । २१ । २२ कर्तुंप्रकटीकर्तुं २३ । २० । २१-

ब्रह्मण्यंब्राह्मणजातेर्हितं २६ प्रष्टरिसत्यत्यंताभिनिवेशेनविचारेप्रवर्ततेइतिदर्शयतिविश्वावसुरित्यादिना २७ पंचविंशतिममिति । श्रवणमनुईक्षायुक्त्याआलोचनमन्वीक्षामननंतत्प्रधानामान्वीक्षिकीं चतुर्विंशत्प्रश्नाःश्रुत्यवष्टंभेनपंचविंशोयुक्त्यवष्टंभेनेत्यर्थः । अत्रकृत्स्नंशास्त्रंमायाशबलपरं निष्कलोनास्त्येवेतिपूर्वःपक्षः । सएवास्तिमायैवनास्तीतिसिद्धांतइत्याशयेनविश्वाविश्वमित्यादिकःसंदर्भःप्रवर्तते । अत्रयद्यप्येकएवप्रश्नएकएवसिद्धान्तस्तथापिविषयवाक्यानांप्रकारभेदात्प्रतिकारंस्वपक्षस्थापनंपरपक्षदूषणंचेतिद्वौद्वौप्रश्नौज्ञेयौ । उत्तराणिचस्वपक्षसाधकानिपरपक्षदूषणानीतिद्विप्रकाराणिचतुर्विंशतिरितिज्ञेयं विश्वाविश्वमिति । 'आत्मेत्येवोपासीतइदंसर्वंयदयमात्मायएवंवेदाहंब्रह्मास्मीतिसइदंसर्वंभवति'इत्यव्याकृताख्यस्यकारणब्रह्मणआत्मत्वेनोपासनंविधायतस्यप्रतिपत्तव्यंरूपमुपासनफलंचसार्वात्म्यमेवोक्तं । अतःसविशेषाद्वैतमेवतत्त्वंनहिसर्वस्मादन्यदसर्ववस्त्वस्तीतिवक्तुंशक्यं वदतोव्याघातापत्तेरित्यर्थः । ननु'सत्यंज्ञानमनंतंब्रह्मयोवेदनिहितंगुहायांपरमेव्योमन्'इतिपरमव्योमशब्दितेमायाशबलेसत्यादिशब्दितस्यनिष्कलस्यकुंडबदरन्यायेनसत्वमुक्तंकथंशुद्धंनास्तीत्युच्यतेइत्यतआह तथाऽश्वाश्वमिति । यथाऽश्वातोऽन्योऽश्वोरेतःसिगस्त्येवंमायायांस्वप्रतिबिंबस्यार्पयिताद्वितीयोऽस्तीतियद्युच्येततदपिन 'कोह्येवान्यात्कःप्राण्याद्यदेषआकाशआनंदोनस्यात्'इत्याकाशानंदयोःसामानाधिकरण्यात्सैषाऽऽनंदस्यमीमांसाभवतीत्यादिनाकृत्स्नायाउपनिषदआनंदमात्रेपर्यवसानंचानंदानंदिनोरभेदाद्घाशुक्लःपटइतिन्यायेनवाज्ञेयं । आनंदंब्रह्मणोविद्वानितिसंबंधदर्शनात् । अतआनंदादिगुणविशिष्टमेकमेवजगत्कारणंनतुततोनिष्कृष्टंकुंडबदरवदन्यद्ब्रह्मनिष्कलमस्तीतिभावः । तथाचसर्वत्रैवंयोज्यं । विश्वैवबर्ततेनत्वविश्वस्तथाऽश्वैवास्तिनत्वश्वइति । ननुमांडूक्येएषसर्वेश्वरइत्यादिनातृतीयमानंदमयंनिरूप्यनांतःप्रज्ञमित्यादिनाशिवमद्वैतंचतुर्थमन्यंतेइतिपृथक्तयोर्भेदेनोपपादनंदृष्टं । नएषसर्वेश्वरइत्यादेरुत्तरान्वयित्वात् । तथाचविश्वतैजसप्राज्ञभेदेन

किमत्रब्रह्मण्यमृतंकिंचवेद्यमनुत्तमम् ॥ चिंतयंस्तत्रचागत्यगंधर्वोमामपृच्छत २६ विश्वावसुस्ततोराजन्वेदांतज्ञानकोविदः ॥
चतुर्विंशांस्ततोपृच्छत्प्रश्नान्वेदस्यपार्थिव २७ पंचविंशतिमंप्रश्नंपप्रच्छान्वीक्षिकींतदा ॥ विश्वाविश्वंतथाऽश्वाश्वंमित्रंवरुणमेवच २८
ज्ञानंज्ञेयंतथाऽज्ञोज्ञःकस्तपाअतपास्तथा ॥ सूर्यादःसूर्यइतिचविद्याऽविद्येतथैवच २९

त्रिविधंजीवमुक्त्वाचतुर्थंब्रह्मोपदिष्टमेषसर्वेश्वरइत्यादिनासविज्ञेयइत्यंतेनग्रंथेन । तथाचयथावृक्षात्मनैकत्वंपत्रपुष्पफलाद्यात्मनाचनानात्वमितिविशिष्टमेकमेवब्रह्म तथाचश्रुतिः । आपोवाइदंसर्वंविश्वाभूतानीत्युपक्रम्यभूर्भुवःसुवरापओमितिअबाख्यस्यजगत्कारणस्यओमर्थत्वमाह । नततोऽन्यद्दर्शयतीत्याह मित्रंवरुणंचेति । वरुणशब्देनापःमित्रशब्देनसूर्यः ताभ्यांसगुणनिर्गुणेउच्येते तथाचवरुणएवास्तिनतुमित्रइति २८ ननुघटादालोकइवज्ञेयान्मायाशबलात्प्रकाशरूपंज्ञानमन्यन्नतुतयोर्गुणगुणिभावोयुज्यतइत्याशंक्याह ज्ञानंज्ञेयमिति । सत्यंज्ञानमनंतंब्रह्मेतिपूर्वप्रक्रांतंब्रह्मभृगुणावरुणोऽधीहिभगवोब्रह्मेतिपृष्टोयतोवाइमानिभूतानिजायंतेइत्यादिनाब्रह्मलक्षणमुक्त्वाऽऽहतद्विजिज्ञासस्वतद्ब्रह्मेतीतितस्यैवज्ञेयत्वमुक्तं अतोज्ञानवदेवब्रह्म । प्रकाशमात्रस्यजगज्जन्मादिहेतुत्वायोगात् । तस्माज्ज्ञेयान्निष्कृष्टंनिष्कलंज्ञानंनास्तिकिंतुज्ञेयमेवास्ति । ननुएकधाबहुधाचैवदृश्यतेजलचंद्रवदितिश्रुतेःप्रकाशस्यपृथक्त्वेतस्योपाधिमालिन्याज्जीवेष्वल्पत्वमुपाधेःस्वच्छत्वाच्चेश्वरेपूर्णत्वमित्यज्ञोजीवोज्ञईश्वरइतितयोर्विभागोयुज्यते । अन्यथाजीवेशयोस्तुल्यज्ञानतास्यात्मृद्घटयोरिवतुल्यगंधतेत्याशंक्याह अज्ञोज्ञइति । अज्ञत्वज्ञत्वेतयोःस्वाभाविकेएवनत्वौपाधिके प्रमाणाभावात् तस्मान्नकेवलःप्रकाशःपृथगस्ति ननुतदैक्षतबहुस्यांप्रजायेयेतिकल्पादावीश्वरोजीवादृष्टानुरोधात्स्रष्टव्यंसर्वमीक्षतेऽतएवसर्वज्ञः । शुद्धस्तुयत्रनान्यत्पश्यतिनान्यच्छृणोतिसभूमायोवैभूमातत्सुखंअथयत्रान्यत्पश्यतितदल्पंअथयदल्पंतन्मर्त्यमितिचतयोर्भेदःश्रुतइत्याह कस्तपाइति । यएकोभूमानंदःसएवतपाःआलोचनकर्ताआकाशाख्यः तथाचश्रुतिः 'यद्वावकंतदेवखंयदेवखंतदेवकं'इतिकखयोरभेदमुक्त्वोपसंहरतिप्राणंचहास्मैतदाकाशंचोचुरिति । तत्रप्राणस्यविजानाम्यहंप्राणोब्रह्मेतिवदतोपकोसलेन

प्रागेवज्ञातत्वादाकाशाख्यकारणब्रह्ममात्रपरोऽयंवाक्यसंदर्भइत्यवसीयते । ननुसगुणब्रह्मपरैवोपकोसलविद्यातत्रतद्युक्तमेव । निर्गुणविद्याधिकारेतु अतपाःनिर्गुणः सूर्यादःसूतेविश्वमितिसूर्योमायावी
तमत्तीतिसूर्यादःसएवसूर्योऽपिमायावेशादितितापनीयेश्रूयते । ईश्वरग्रासस्तुरीयइतिमाययाह्यन्यादिवोतिचेति । तस्मादस्तीश्वरात्पृथङ्निष्कलइत्याशंक्याह अनपाःसूर्यादःसूर्यइतिचेति । एकस्मिन्निर्गुणे
॥२१७॥ सगुणादत्वंसगुणस्रष्टृत्वंचनयुज्यते विरोधात् । नहिकाष्ठादस्यवह्नेःकाष्ठोपादानत्वंघटते । कूर्मांगवन्निर्गुणात्सगुणस्याविर्भावतिरोभावावेवभवतइतिचेत्तस्यैवतर्हिसगुणत्वापत्तेः । श्रुतिस्तुसुषुप्तिसमाधिकालिक
सुखप्रशंसामात्रपरेतिद्रष्टव्यं । ननुयत्रत्वस्यसर्वमात्मैवाभूत्तत्केनकंपश्येदितिविद्यावस्थायांद्वैतदर्शनंनिषेधति । यत्रहिद्वैतमिवभवतितदितरइतरंपश्यतीत्यविद्यावस्थायाद्वैतदर्शनमितिवदंतीकथमुपचारान्नेया ।
तस्मादस्तिसगुणात्सद्वयादद्वयमन्यत् । रज्जूरगवत्तुतत्रेश्वरस्योदयलयावितिनोक्तदोषइत्याशंक्याह विद्याविद्येइति । उपासनैवविद्यातदभावोऽविद्या । तत्रापिदेहमिवकृत्स्नंब्रह्मांडंस्वरूपादनन्यत्वेनपश्यती
तिनोक्तश्रुतिविरोधइतिभावः २९ ननुज्ञातृज्ञानज्ञेयात्मकत्रिपुटीभानमविद्यातदभानंविद्येतिहि उदाहृतश्रुत्योरर्थोनत्वदुक्तइत्याशंक्याह वेद्यावेद्यमिति । वेद्यविषयाहिविद्यानावेद्यविषयाभवितुमर्हति । नचत्रिपुट्य ॥२१८॥
भानेवेद्यविषयत्वमस्तिविद्यायाः वदतोव्याघातात् वेद्यंचब्रह्मैव'आत्माद्रष्टव्यःसोऽन्वेष्टव्यःसविजिज्ञासितव्यः'इत्यादिश्रुतिभ्यः । यच्चावेद्यंतदब्रह्म अतएवच्छांदोग्येसत्यकामःसत्यसंकल्पआत्मावेद्यत्वेनश्रूयते
'यआत्माऽपहतपाप्माविजरोविमृत्युर्विशोकोविजिघत्सोऽपिपासःसत्यकामःसत्यसंकल्पःसोऽन्वेष्टव्यःसविजिज्ञासितव्योयस्तमात्मानमनुविद्यविजानातिससर्वांश्चलोकानाप्नोतिसर्वांश्चकामानिति' । अप्रियवेत्ते
वभवतिविनाश्यमेवापीतोभवतीतिमूर्च्छामरणदृष्टांतेनसुषुप्तंचनिंदितं । त्रिपुट्याअभावान्निर्विकल्पकज्ञानान्मुक्तिरितिचेत्सर्वेऽपिसुषुप्तौतादृशाःसंतीतिव्यर्थसाधनं । सुषुप्तिसमाध्योर्भेदापादनंपरिभाषामात्रं ।
अनुभूयमानस्यत्रिपुट्यभावस्योभयत्रतुल्यत्वादतोवेद्यमेवब्रह्मनत्ववेद्यं ननुवेद्यंचेद्ब्रह्मैवनभवतिघटादिवदनात्मवत्वाज्जडत्वाच्च आत्माहिब्रह्मज्ञानमात्ररूपश्च'अयमात्माब्रह्म सत्यंज्ञानमनंतंब्रह्म'इत्यादिश्रुतिशतेभ्यः

वेद्यावेद्यंतथाराजन्नचलंचलमेवच ॥ अपूर्वमक्षयंक्षय्यमेतत्प्रश्नमनुत्तमम् ३०

अतःस्वाभाविकानांदेहादिधर्माणांस्थूलत्वादीनांयोगजधर्माणामणुत्वादीनांचव्यभिचारिणांव्युदासेनाऽस्थूलमनणुइत्यादिवाक्येभ्यःसर्वदृश्यधर्मशून्यमक्षरंप्रत्यक्त्वंप्रतिपत्तव्यमित्याशंक्याह अचलंचलमिति ।
द्विविधंहिब्रह्मणिधर्मजातंश्रूयतेऽचलंचलंच । तत्रापहतपाप्मत्वादिसत्यसंकल्पत्वांतमचलं । अणुत्वस्थूलत्वादिकंयत्प्रसादाद्योगिनामपिवर्ततेतदस्यानित्यमिति । नहिसत्यसंकल्पोऽप्यणुःस्यामितिध्याय
न्स्थूलत्वेनरोद्धुंशक्योनापिस्थूलःस्यामितिध्यायन्नणुत्वेन नहियुगपत्तद्द्वयंसंभवतिपरस्परविरोधात् । तस्माद्यथाउच्छ्रायपरिणाहादयोवृक्षधर्माएवंसुरभित्वमधुरत्वकषायत्वादयःपरंपरयावृक्षगताअपिपुष्पफल
शलाटूनामेवधर्मानतुवृक्षस्यअव्याप्यवृत्तित्वात्तेषां तथासत्यसंकल्पादयोऽचलाब्रह्मधर्माःस्थूलत्वाणुत्वादयस्तुतेनसमरसीभूतस्यशक्त्यंशजातस्याऽतस्तान्निषेधोब्रह्मणियुज्यतएव । वृक्षेसौरभादेरिवस्वाश्रयतादा
त्म्येनतत्रतत्प्रसक्तेरित्यर्थः । किंचाऽऽत्मैवचेद्ब्रह्मतर्हिशास्त्रस्यवैयर्थ्यंनित्यापरोक्षत्वात्तस्यतद्गुणानामपिज्ञानैश्वर्यादीनांसर्वदैवभानापत्तेश्च । नहिमणिबुद्ध्याऽपिस्पृष्टःस्फुलिंगोनदहतीत्यस्त्यतोदेहबुद्ध्यागृहीतोऽ
पिस्वाभाविकंधर्मंप्रकाशयेदेवतस्मादयमात्माब्रह्मेतिममात्माभद्रसेनइतिवदुपासनार्थमौपचारिकोऽभेदइत्याशयेनाह अपूर्वमिति । उपास्तेःप्रागविज्ञातंउपास्त्यातुकीटभृंगन्यायेनप्राप्तुंशक्यमित्यर्थः । ननूपास्त्या
साध्यस्यमोक्षस्यकथंनित्यतास्यात् नित्यश्चमोक्षः क्रियासाध्यस्यानित्यत्वंचसर्वसिद्धमित्याशंक्याह अक्षयंक्षय्यमिति । क्षययोग्यमपिनचपुनरावर्ततइतिशास्त्रबलादक्षयमेव । नहिशास्त्रीयेऽर्थेयुक्तिःसंक्रमतेयेन
क्रियासाध्यत्वादनित्यत्वंमोक्षस्यानुमीयेत । नहिभस्मीभूतेभ्यःसोमाज्यपयःप्रभृतिभ्यःस्वर्गोत्पत्तौशास्त्रादृतेकिंचिन्मानमस्ति । तस्मादेतत्प्रश्नजातंश्रुत्युपष्टब्धमनुत्तमंयुक्तिमत्तरं । नह्यात्यंतिकंकैवल्यं
पाषाणकल्पंनैरात्म्यवादादनतिरिच्यमानंपुरुषार्थोभवत्यपित्वात्यंतिकंसत्यसंकल्पत्वादिकमेव । लोकेऽपिनहिकश्चित्सुषुप्तिंपुरुषार्थत्वेनोपैत्यपितुस्त्र्यादिभोगमेव । तत्सामान्याद्वेदेऽपिपुरुषार्थभूतस्यार्थस्यनि ॥२१९॥
र्णयःकर्तव्यः । तस्माद्व्यक्तमेवमुख्यंब्रह्मनतुततोऽन्यन्निष्कलंनामशून्यकल्पंकिंचिदस्तीतिसिद्धं ३०

अथान्वीक्षिक्यासहितायाश्चतुर्विंशतिप्रश्न्याः श्रवणानंतरं ३१ । ३२ घृतमिवेतिप्रश्नानांश्रुतिसारत्वेनगहनत्वमुक्तं ३३ परिशेषंश्रुतेर्वाक्यशेषभूतंतर्कं मथ्नामिश्रुतिमुपक्रमोपसंहारैकरूप्यादिनातात्पर्यलिंग षट्केनपरिभावयामि युक्तिमपिसाधकबाधकतर्कबलेनालोडयामि । परामान्वीक्षिकींश्रुतिदर्शितांयुक्तिं ३४ चतुर्थींत्रयींवार्तादंडनीतिंचापेक्ष्य सांपरायिकीमोक्षायहिता हेराजशार्दूलहेजनक उदीरितातुभ्यं साविश्वावसुनिकटेऽप्युक्तेत्यर्थः । गतग्रंथेनपंचविंशातपंचविंशःशारीरस्थमधिकृत्यस्थिता ३५ उक्तप्रश्नानामुत्तराणिवक्तुमुपोद्घातयति अथेति ३६ विश्वेति । अव्यक्तमितिच्छेदः भूतभव्यरूपंयद्भयंसं सारस्तत्करोतीतिभूतभव्यभयंकरं ३७ अविश्वोनिष्कलस्तथेतिगौडपाठःप्रामाणिकः । आत्मेत्येवोपासीतेत्यत्रोक्तस्योपास्यस्यात्मनस्तदेतत्प्रेयःपुत्रात्प्रेयोवित्तात्प्रेयोऽन्यस्मात्सर्वस्मादंतरतरंयदयमात्मेतिस र्वांतरत्वमयमितिप्रत्यगनन्यत्वंचोक्तं । तदन्यस्यचविश्वस्यसयोन्यमात्मनःप्रियंब्रुवाणंब्रूयात्प्रियंरोत्स्यतीतिशोकहेतुत्वमुक्तं । अतःपौर्वापर्यपर्यालोचनाद्दुःखदाविश्वातदन्योविश्वोनिष्कलआत्मेतिसिद्धं । इदंसर्वंयदयमात्मेतिबाधायांसामानाधिकरण्यंयोऽयंस्थाणुःसपुमानितिवत् । आत्मविदःसार्वात्म्योक्तिरपिबाधकालीनानुभवानुसंधानमात्रमितिज्ञेयं । यदुक्तंयदेषआकाशआनंदोनस्यादित्याकाशानंदयोः सामानाधिकरण्याद्गुणगुणिभावेनाभेदइतितत्राह अश्वश्चेति । मिथुनमश्वाऽश्वश्चेतिद्वयमित्यर्थः ३८ अव्यक्तंस्त्रीरूपांप्रकृतिंपुरुषंपुंरूपंरेतःसिचं यस्यप्रतिबिंबंप्राप्यप्रकृतिःसर्वंकरोतिसबिंबभूतोऽन्योनिष्कलइ

अथोक्तश्चमहाराजराजागंधर्वसत्तमः ॥ पृष्टवाननुपूर्वेणप्रश्नमर्थविदुत्तमम् ३१ मुहूर्तंमुष्यतांतावद्यावदेवंविचिंतये ॥ बाढमित्येवकृत्वाचतूष्णींगंधर्वआस्थितः ३२ ततोऽनुचिंतयमहंभूयोदेवींसरस्वतीम् ॥ मनसासचमेप्रश्नोदध्नोघृतमिवोद्धृतम् ३३ तत्रोपनिदपंचैवपरिशेषंचपार्थिव ॥ मथ्नामिमनसातातदृष्ट्वा चान्वीक्षिकींपराम् ३४ चतुर्थीराजशार्दूलविद्यैषासांपरायिकी ॥ उदीरितामयातुभ्यंपंचविंशादधिष्ठिता ३५ अथोक्तस्तुमयाराजन्राजाविश्वावसुस्तदा ॥ श्रूयतांयद्भवानस्मान्प्रश्नंसंपृष्टवानिह ३६ विश्वाविश्वेतियदिदंगंधर्वेंद्रानुपृच्छसि ॥ विश्वाऽव्यक्तंपरंविद्याद्भूतभव्यभयंकरम् ३७ त्रिगुणंगुणकर्तृत्वाद्विश्वान्यो निष्कलस्तथा ॥ अश्वश्चाश्वाचमिथुनमेवमेवानुदृश्यते ३८ अव्यक्तंप्रकृतिंप्राहुःपुरुषेतिचनिर्गुणम् ॥ तथैवमित्रंपुरुषंवरुणंप्रकृतिंतथा ३९ ज्ञानंतुप्रकृतिं प्राहुर्ज्ञेयंनिष्कलमेवच ॥ अज्ञश्चज्ञश्चपुरुषस्तस्मान्निष्कलउच्यते ४० कस्तपाअतपाःप्रोक्तःकोऽसौपुरुषउच्यते ॥ तपास्तुप्रकृतिंप्राहुरतपानिष्कलःस्मृतः ४१

त्यर्थः । श्रुत्यर्थस्तु आकाशेइतिसप्तमी तेनयदिकारणेआनंदोनस्यात्तर्हिकार्येसुतरांनस्यादित्याधाराधेयभावश्चकारणानंदयोःसर्वत्रश्रूयतइतिनगुणगुणिभावेनतयोःसंबंधः । आनंदंब्रह्मणोविद्वानितिषष्ठ्य पिराहोःशिरइतिवदौपचारकीवावोध्या ब्रह्मणइतिपदंब्रह्मवित्परंवाकर्तव्यं यत्तूक्तं । आपोवाइदंसर्वमित्यादिश्रुतेर्वरुणएवास्तिनमित्रः । मांडूक्योक्तंसर्वेश्वरत्वादिकमपितुरीयान्वय्येवेतितत्राह तथैवेति । उ दाहृताश्रुतिःकारणमात्रपरानतुशुद्धंनिषेधतीतिनतथामांडूक्यश्रुतंसर्वेश्वरत्वादिकंतृतीयमानंदमयंप्रकृत्यश्रूयमाणंचतुर्थनिष्कलपरतयानेतुंशक्यमतोऽस्तिवरुणादन्योमित्रइत्यर्थः ३९ यत्तूक्तंप्रकाशमात्रस्यजगज्ज न्मादिहेतुत्वंनसंभववीतिज्ञानवदेवब्रह्मेतिबत्राह ज्ञानंतुप्रकृतिमिति । यच्चादृशंजगज्जन्माद्युपयोगिज्ञानंतन्मायावृत्तिरूपत्वात्प्रकृतिरेव । सत्त्वधर्मोहिज्ञानमितिसांख्यप्रसिद्धिः । यत्तुतेनज्ञानेनप्रमाणवृत्तिरूपेणजन्यतेतत् त्प्रमाणफलभूतंप्रमारूपंज्ञानंवेदांतिपुज्ञेयमित्युच्यते यथोक्तं । 'परागर्थप्रमेयेषुयाफलत्वेनसंमता । संवित्सैवेहमेयोऽर्थोवेदांतोक्तिप्रमाणतः'इति । तच्चज्ञेयस्वरूपंज्ञानंनिष्कलंसत्यंज्ञानामित्यादिश्रुतिविषयइत्यर्थः । यत्तुज्ञत्वाज्ञत्वेईशजीवयोःस्वाभाविकेतन्निरस्यति अज्ञेति । ज्ञाज्ञौनिष्कलमेवब्रह्मेत्यर्थः । 'कार्योपाधिरयंजीवःकारणोपाधिरीश्वरः'इतिब्रह्मण्यौपाधिकौजीवेशभावौश्रूयेतेतेनोपाध्यपगमेतावुभावपिनिष्कलमेवब्रह्मेति भावः ४० यच्चानंदाकाशयोरभेदबोधकंवाक्यमुदाहृतंयद्वावकंतदेवखमितितत्प्रकरणिनःसगुणस्यस्तुतिमात्रमित्याशयेनाह कइति । कआनंदः तपाःअव्यक्तं तौचक्रमेणपुंप्रकृतीइत्यर्थः । यत्तूक्तं अतपाःसूर्यादःसूर्यइति—

–कूर्मांगवन्निर्गुणात्सगुणस्याविर्भावतिरोभावावितिचोन्निर्गुणस्यापिसगुणत्वापात्तीरितितत्राह अतपानिष्कलइति । निष्कलस्यरज्जूरगवत्सगुणलयोदयाधिष्ठानत्वमतोननिष्कलत्वव्याघातइत्यर्थः ४१ ननुनि
ष्कलस्यवेद्यत्वंनयुज्यतेत्रिपुट्याअभानादित्युक्तमतआह तथैवेति । यदज्ञानंपुरुषार्थप्रतिबंधकंतदवेद्यं । 'यदाचर्मवदाकाशंवेष्टयिष्यंतिमानवाः । तदादेवमविज्ञायदुःखस्यांतोभविष्यति'इतिश्रुत्याआत्मज्ञानस्यत
थात्वादात्मैववेद्यः प्रधानंतुपरिशेषादवेद्यमेव । तद्वेदनंचमनोनाशादेवेति नतत्रत्रिपुटीभानप्रसक्तिरस्ति तथाचश्रुतिः । 'तावन्मनोनिरोद्धव्यंहृदियावत्क्षयंगतं । एतज्ज्ञानंचध्यानंचशेषोऽन्योग्रंथविस्तरः'इति ।
अन्यथाघटादिवदनात्मत्वंजडत्वंस्थौल्यादिमत्त्वंचब्रह्मणःस्यात् । तथाच'अयमात्माब्रह्म विज्ञानमानंदंब्रह्म अस्थूलमनणु'इत्यादिश्रुतिविरोधः । नह्यसतिबाधकेतासामौपचारिकत्वंवक्तुंयुक्तं यद्वा । अयमा
त्मेत्युपास्त्यर्थंगौणंसामानाधिकरण्यं छांदोग्येसगुणस्यैववेद्यत्वलक्षणोपास्यत्वश्रवणात् । विदेरुपास्त्यर्थत्वस्यापियोवायुंदिशांवत्संवेदेत्यादौसर्वत्रप्रसिद्धेश्चेत्याशंक्याह तथैवेति । यदावृतंतद्वेद्यं आवरणं
चसत्येनमलेनदर्पणादेर्दृष्टमसत्येनोरगेणरज्ज्वादेश्च । पक्षद्वयेऽपिप्रत्यगात्मैववेद्योनत्वनात्मातटस्थईश्वरोजडत्वापत्तेरितिनात्मब्रह्मणोरभेदोगौणः । अथागौणोऽप्यभेदउपास्तिसाध्यइत्यपिन छांदोग्येएव
सोऽन्वेष्टव्यइत्यात्मन्यन्वेषणविध्याक्षिप्तस्यावरणस्यानुवादेनैतंब्रह्मलोकंनविंदत्यनृतेनहिप्रत्यूढाइत्यनृतत्वविधानात् । ब्रह्माभिन्नंलोकंब्रह्मलोकमात्मानं अतोनृताज्ञानमात्रापनोदेनब्रह्मवेद्यमेवनतूपास्यं अ
व्यक्तंत्ववेद्यं तुच्छत्वात् ४२ यत्तूक्तंप्रत्यक्षदृष्टांतेनज्ञानैश्वर्यादीनांसत्त्वंस्थूलत्वादीनांनिषेधश्चविशिष्टेब्रह्मणियुज्यतइतितत्राह चलामिति । चलाप्रकृतिरचलःपुरुषइतितयोःपरिणामित्वकूटस्थत्वादिकृतविशेषात्पा

तथैवावेद्यमव्यक्तंवेद्यःपुरुषउच्यते ॥ चलाचलमितिप्रोक्तंत्वयातदपिमेशृणु ४२ चलांतुप्रकृतिंप्राहुःकारणंक्षयसर्गयोः ॥ आक्षेपसर्गयोःकर्तानिश्चलःपुरुषः
स्मृतः ४३ तथैववेद्यमव्यक्तमवेद्यःपुरुषस्तथा ॥ अज्ञावुभौध्रुवौचैवअक्षयौचाप्युभावपि ४४ अजौनित्यावुभौप्राहुरध्यात्मगतिनिश्चयात् ४५

रमार्थिकतादात्म्यायोगेनब्रह्मणिप्राकृतानांज्ञानैश्वर्यस्थौल्यादीनःमाध्यासिकतादात्म्येनप्रसक्तानांमुख्यत्वत्यैवनिषेधोयुज्यतइतिभावः । प्रकृतिर्विक्रियमाणाजगल्लयोदयकर्त्री पुरुषस्त्वविक्रियमाणएवतत्कर्तै
तिश्लोकार्थः ४३ यद्यपिप्रागुक्तोऽवेद्यमव्यक्तंवेद्यःपुरुषइत्युक्तं तथाऽपिवस्तुस्वभावतोवेद्यमव्यक्तंदृश्यत्वात् अवेद्यःपुरुषोऽदृश्यत्वादितितत्त्वमाह तथैवेति । यत्त्वात्माचेद्ब्रह्मतर्हितस्यनित्यापरोक्षतयातज्ज्ञान
फलंसार्वज्ञ्यंसर्वस्यैवस्यादितितत्राह अज्ञाविति । यथाप्रकृतिर्जडत्वात्स्वात्मानंनजानात्येवंनिष्कलात्माऽपिस्वात्मनिवृत्तिविरोधात्स्वात्मानंनजानात्यतउभावप्यज्ञौ । आत्मनोनित्यापरोक्षत्ववादास्तूदासीनबो
धरूपतयानतुवृत्तिविषयतया । यौहिसोपाधीजीवेशौज्ञाज्ञौयौतावधिकृत्यजीवस्यात्मज्ञानंतज्ज्ञानात्सार्वज्ञ्यमितिचोच्यते । निष्कलज्ञानस्यतुसार्वज्ञ्यफलकत्वं'योवेदनिहितंगुहायांपरमेव्योमन् सोऽश्नुतेसर्वान्का
मान्सह'इतिश्रूयमाणंनांतरीयकमितिज्ञेयं ईशज्ञानस्यचंद्रशाखान्यायेनतत्रोपलक्षणत्वात् । तस्मादुपलक्षणस्येश्वरस्याज्ञानादज्ञातंब्रह्मेतिनापूर्वत्वव्याहतिस्तज्ज्ञानस्येतिभावः । ध्रुवावनादी अक्षयौपरिणामिनि
त्यत्वाद्व्यवहारापेक्षयाप्रकृतिरपिनित्यापुरुषस्त्वसाध्यत्वादेवनित्यइति ४४ यत्तुसाध्योऽपिमोक्षःशास्त्रबलान्नित्योभवतीतितत्राह अजौनित्याविति । द्वित्वमविवक्षितं । 'तद्यथेहकर्मचितोलोकःक्षीयतएवमे
वामुत्रपुण्यचितोलोकःक्षीयते'इतिश्रुत्यायत्कृतकंतदनित्यमितितर्कोपगृहीतयाकर्मफलंनिंदित्वातद्यइहात्मानमनुविद्यव्रजंत्येतांश्चसत्यान्कामांस्तेषांसर्वेषुलोकेषुकामचारोभवतीतिविधीयमानमात्मज्ञानमुपासनारूपंचे
त्स्यकर्मांतःपातित्वाद्व्यर्थैवकर्मनिंदा अकर्मरूपस्यान्यस्यततउत्कृष्टविधेयस्याभावात् । यद्येतदपिवाक्यमुपासनापरमित्याग्रहस्तदाऽथयएषसंप्रसादोऽस्माच्छरीरात्समुत्थायपरंज्योतिरुपसंपद्यस्वेनरूपेणाभि
निष्पद्यतएषआत्मैतदमृतमभयमेतद्ब्रह्मेतिवाक्यमात्मविद्यापरंद्रष्टव्यं संप्रसादःसुषुप्ताभिमानीप्राज्ञः यंप्रकृत्यमांडूक्येएषसर्वेश्वरइत्यादिश्रूयते सपरंज्योतिःशब्दितं निष्कलमुत्तमंपुरुषंज्ञात्वास्वेनैश्वरेणरूपेणसंयु
ज्यतेएतदेवपरंज्योतिरमृतादिरूपमितिश्रुत्यर्थः । तेनयदकर्मफलंतदजंतदेवचनित्यमित्यर्थः ४५

एवंचतुर्विंशत्याप्रश्नैःश्रुतिबलेनप्रत्युत्थितस्यश्रुतिबलेनैवोत्तरंदत्तं । इदानीमान्वीक्षिक्याकेवलतर्कबलेनप्रत्यवस्थितस्यतर्कबलेनैवोत्तरंवक्तुमुपक्रमते अक्षयत्वादितिसार्धेन । यत्तुनित्यःस्वर्गउपास्तिसाध्यःपुरुषा
र्थोनकैवल्यंपाषाणकल्पंनैरात्म्यवादानतिरेकादितितत्राह यतःप्रजननेऽक्षयत्वादजमत्राव्ययमाहुरितियोजना । प्रकृष्टंजननमस्येतिप्रजननंतस्मिन्ननित्यस्वर्गे ल्यब्लोपेपंचमी । अक्षयत्वंपरोक्तंश्रुत्वाअक्षपा
दादयआचार्याअत्रव्यवहारेयदजमाकाशादितदेवाव्ययमित्याहुः जायमानस्यघटादेर्व्ययोहिप्रत्यक्षस्तद्वत्पराभिमतस्यमोक्षस्यापीत्यर्थः । नह्यागमशतेनापिवस्तुस्वभावोऽन्यथयितुंशक्यतेइतिभावः । पूर्वंदृष्टसुव
सतीतिपुरुषस्तमक्षयंप्राहुः नतुपुरामक्षयत्वंयुक्तं । तथाचकैवल्यमेवमुक्तिर्नत्वैश्वर्यंतारतम्यग्रस्तत्वेनकार्यत्वेनपरतंत्रत्वेनचतस्यापिदुःखरूपत्वादितिभावः ४६ नन्वस्मदीयामोक्षिणोऽप्राकृतेषुलोके
षुस्थिताःप्रतिपदमभिनवंदेहेंद्रियादिकमुपादायभगवदाराधनंवाक्रयादिभोगंवाकुर्वंत्यतोनतेषांप्रकृतिलयेऽपिप्रलयेनापिजराद्याघातोऽवस्तेषांप्रवाहनित्यमैश्वर्यं । तथाचश्रीधरस्वामिभिर्वेदस्तुतिटीकायामुदाहृत
मुपनिषद्वाक्यं'यंसर्वेदेवानमंतिमुमुक्षवोब्रह्मवादिनश्चमुक्ताअपिलीलयाविग्रहंकृत्वायंभजंते'इतितद्भाष्यंचोदाहृतमित्याशंक्याह गुणक्षयत्वादिति गुणानांक्षयवत्त्वादित्यर्थः । अप्राकृतेषुलोकेषुसत्वादयोगुणाः
संतिनवा । अंत्येनामांतरेणकैवल्यमेवतत् । आद्येप्रलयकालेगुणसाम्यावस्थायांगुणकार्यत्वात्तेषामपिक्षयोऽवश्यंभावी अथतेषामनादित्वान्नक्षयइतितत्राह प्रकृतिःकर्तृत्वादिति । काकाक्षिवदयंहेतुरुभयत्रापि

अक्षयत्वात्प्रजननेअजमत्राहुरव्ययम् ॥ अक्षयंपुरुषंप्राहुःक्षयोह्यस्यनविद्यते ४६ गुणक्षयत्वात्प्रकृतिःकर्तृत्वादक्षयंबुधाः ॥ एषातेऽऽन्वीक्षिकीविद्याचतुर्थीसां परायिकी ४७ विद्योपेतंधनंकृत्वाकर्मणानित्यकर्मणि ॥ एकांतदर्शनावेदाःसर्वेविश्वावसोस्मृताः ४८ जायंतेचम्रियन्तेचयस्मिन्नेतेयतश्च्युताः ॥ वेदार्थंयेनजानं तिवेद्यंगंधर्वसत्तम ४९ सांगोपांगानपियदियश्चवेदानधीयते ॥ वेदवेद्यंनजानीतेवेदभारवहोहिसः ५० योघृतार्थीखरीक्षीरंमथेद्गंधर्वसत्तम ॥ विष्ठांतत्रानुपश्ये तनमंडंनचवैघृतम् ५१ तथावेद्यमवेद्यंचवेदविद्योनविंदति ॥ सकेवलंमूढमतिर्ज्ञानभारवहःस्मृतः ५२ द्रष्टव्यौनित्यमेवैतौतत्परेणांतरात्मना ॥ यथाऽस्य जन्मनिधनेनभवेतांपुनःपुनः ५३ अजस्रंजन्मनिधनंचिंतयित्वात्रयीमिमाम् ॥ परित्यज्यक्षयमिहअक्षयंधर्ममास्थितः ५४ यदानुपश्यतेऽत्यंतमहन्यहनि काश्यप ॥ तदासकेवलीभूतःषड्विंशमनुपश्यति ५५

संबध्यते प्रकरोतीतिप्रकृतिरितिव्युत्पत्तेस्तेषामकार्यत्वप्राकृतत्वमेवनस्यात् नचेष्टापत्तिः ब्रह्मव्यतिरिक्ताप्राकृतवस्त्वंतरकल्पनेप्रमाणाभावात् । अतोऽन्यदार्तमितिश्रुत्यावन्नित्यत्वकल्पनाबाधाच्चेत्यर्थः । यत्त्वैश्वर्यप्रवाहनित्यमितितत्राह कर्तृत्वादक्षयमिति । सहीदमन्नंपुनःपुनर्जनयतीतिश्रुत्याभावनाज्ञानकर्मभिःपुनःपुनर्जायमानस्यभोग्यस्याक्षयत्वमुक्तं । नचभोगभूमौतानिसंतितस्मादप्राकृतेषुलोकेभोग्यस्या क्षयत्वंनयुज्यते कर्मभूमौसाधिवस्यतस्यक्षयावश्यंभावाद्भोगभूमौचानुष्ठानाभावादितिसिद्धं । श्रीधरस्वामिभिरुदाहृतयोःश्रुतितद्भाष्ययोस्तुयोगसिद्धजीवन्मुक्ताभिप्रायेणाप्युपपत्तिरितिनाप्राकृतलोककल्पनं युक्तमिति । उपसंहरति एषेति । उक्तेतिशेषः ४७ विद्योपेतमान्वीक्षिक्याविद्ययासहितंधनं । 'ऋचःसामानियजूंषिसाहिश्रीरमृतासतां'इतिश्रुतेःश्रीशब्दितावेदविद्याधनंतांसोपपत्तिकांसंपाद्य श्रवणमननेकृत्वे तिभावः कर्मणागुरूपसदनादिनायत्नेन सर्वेवेदानित्यकर्मणिएकांतदर्शनाविज्ञेयाइत्यर्थः ४८ एतेवियदाद्याःयस्मिन्नधिष्ठानेजायंतेलीयंतेचतंवेदार्थंवेदप्रतिपाद्यंवेद्यमात्मानंयेनजानंतितेयतश्च्युताभवंतितन्नित्य मितिपूर्वानुषंगः ४९ । ५० विष्ठांविष्ठासमंमंडंपश्येतनतुघृतंमंडंवाशुद्धं ५१ अवेद्यंप्रकृतिःवेद्यंब्रह्मयोवेदविन्नविंदतिनलभतेनापरोक्षीकरोति ५२ यथायेनदर्शनेन ५३ त्रयींकर्मकांडोक्तंधर्मंक्षयंक्षयवंतं परित्यज्य अक्षयंधर्मंयोगं ५४ पश्यतेदृश्यते कर्माणितद्ध आत्मेतिशेषः शुद्धस्त्वंपदार्थोयदाप्रत्यहंदृश्यतेतदावाक्यजज्ञानेनकेवलीभूतस्त्यक्ताविद्यः षड्विंशंतत्पदार्थं ५५

तत्त्वमसीतिवाक्यार्थमेवाह शाश्वतईश्वरःपंचविंशकोजीवः तस्यतेऽनेनमूढेनद्वावनुदृश्येतां अत्रापिकर्मणितङ् संभावनायांलोट् पृथगिवसंभाव्येतेइत्यर्थः । तमितिविधेयापेक्षयाएकत्वं तावुभावप्येकमभिन्नंवस्त्विवतिसाधवोवेदांतनिष्ठाःसांख्याःपश्यंति ५६ तइति। तेसांख्यायोगाश्च एतज्जीवेशाभेददर्शनं नाभिनंदंतीतिनापित्वभिनंदंत्येव । तत्रसांख्याःस्पष्टमेवाभेदमाहुः । योगाअपिमोक्षेपंचविंशंसर्वक्लेशशून्यं निर्विशेषचिन्मात्रमुपगच्छंतस्तादृशंचेश्वरंमन्वानास्तयोश्चनिर्विशेषयोर्विशेषकृतस्यभेदस्यायोगात्फलतोऽभेदमेवेच्छंतीतिभावः । भयोद्वेगाइतिपाठेभयादुद्वेगोयेषांतेतथा अस्मिन्पक्षेसांख्यमतेएवायमभेदइत्यर्थः ५७ पंचविंशंपंचविंशस्यतत्त्वंयदच्युतत्वंत्वयाउक्तंतत्तथाउतनतथा अयंभावः । यदिजीवत्वंसत्यंतर्हितस्येश्वरत्वंदुर्वचं, नह्यागमोऽपिघटंपटयितुमीष्टेऽतस्तत्त्वमसीत्यभेदोगौणःस्यात् । यद्यसत्यं तदाब्रह्मकांडस्याप्रामाण्यंबंधमोक्षाद्यव्यवस्थाचेति ५८ यद्यप्येतद्बहुभ्यःश्रुतंतथाऽपित्वय्येवममविश्वासोऽस्तीत्याह जैगीषव्यस्येत्यादिना ५९ । ६० । ६१ । ६२ । ६३ प्रवर्हःश्रेष्ठःप्रगल्भोवक्ता ६४ । ६५

अन्यश्चशाश्वतोऽव्यक्तस्तथाऽन्यःपंचविंशकः ॥ तस्यद्वावनुपश्येतांतमेकमितिसाधवः ५६ तेनैतन्नाभिनंदंतिपंचविंशकमच्युतम् ॥ जन्ममृत्युभयाद्योगाःसांख्याश्चपरमैषिणः ५७ ॥ विश्वावसुरुवाच ॥ पंचविंशंयदेतत्तेप्रोक्तंब्राह्मणसत्तम॥ तथातन्नतथाचेतितद्भवान्वक्तुमर्हति ५८ जैगीषव्यस्यासितस्यदेवलस्यमया श्रुतम् ॥ पराशरस्यविप्रर्षेर्वार्षगण्यस्यधीमतः ५९ भृगोःपंचशिखस्यास्यकपिलस्यशुकस्यच ॥ गौतमस्यार्ष्टिषेणस्यगर्गस्यचमहात्मनः ६० नारदस्यासुरेश्चैवपुलस्त्यस्यचधीमतः ॥ सनत्कुमारस्यततःशुक्रस्यचमहात्मनः ६१ कश्यपस्यपितुश्चैवपूर्वमेवमयाश्रुतम् ॥ तदनंतरंचरुद्रस्यविश्वरूपस्यधीमतः ६२ दैवतेभ्यःपितृभ्यश्चदैतेयेभ्यस्ततस्ततः॥ प्राप्तमेतन्मयाकृत्स्नंवेद्यंनित्यंवदंत्युत६३ तस्मात्तद्वैभवद्बुद्ध्याश्रोतुमिच्छामिब्राह्मण॥ भवान्प्रवर्हःशास्त्राणांप्रगल्भश्चातिबुद्धिमान्६४ नतवाविदितंकिंचिद्भवान्श्रुतिनिधिःस्मृतः॥ कथ्यतेदेवलोकेचपितृलोकेचब्राह्मण६५ब्रह्मलोकगताश्चैवकथयंतिमहर्षयः॥ पतिश्चतपतांशश्वदादित्यस्तवभाषिता ६६ सांख्यज्ञानंत्वयाब्रह्मन्नवाप्तंकृत्स्नमेवच॥ तथैवयोगशास्त्रंचयाज्ञवल्क्यविशेषतः ६७ निःसंदिग्धंप्रबुद्धस्त्वंबुध्यमानश्चराचरम्॥ श्रोतुमिच्छामितज्ज्ञानंघृतंमंडमयंयथा ६८ ॥ याज्ञवल्क्यउवाच ॥ कृत्स्नधारिणमेवत्वांमन्येगंधर्वसत्तम॥ जिज्ञाससेचमांराजंस्तन्निबोधयथाश्रुतम् ६९ अबुध्यमानां प्रकृतिंबुध्यतेपंचविंशकः ॥ नतुबुध्यतिगंधर्वप्रकृतिःपंचविंशकम् ७० अनेनप्रतिबोधेनप्रधानंप्रवदंतितत् ॥ सांख्ययोगाश्चतत्त्वज्ञायथाश्रुतिनिदर्शनात् ७१ पश्यंस्तथैवचापश्यन्पश्यत्यन्यःसदाऽनघ ॥ षड्विंशंपंचविंशंचचतुर्विंशंचपश्यति ७२ नतुपश्यतिपश्यंस्तुयश्चैनमनुपश्यति ॥ पंचविंशोऽभिमन्येतनान्योऽस्तिपरतोमम ७३

६६ । ६७ मंडमयंघृतमतिस्वादुइतिहिप्रसिद्धं ६८ । ६९ जीवतत्त्वंवक्तुमुपक्रमते अबुध्यमानामिति। जडाप्रकृतिःपुंसाप्रकाश्यतेनतुपुमान्प्रकृत्यातेनजीवस्यबुद्ध्याद्यगोचरत्वेननिष्कलत्वमुक्तं ७० अनेनपंचविंशेनप्रतिबोधेनबोधप्रतिबिंबात्मनातत्तांप्रकृतिंप्रधानंप्रधीयतेऽस्मिंश्चितिच्छायेतियोगात्प्रधानसंज्ञंप्रवदंति । एतेनचितिच्छायापन्नाबुद्धिरेवाहंप्रत्ययविषयइत्युक्तं । यथाश्रुतिनिदर्शनात् 'एकएवतुभूतात्माभूतेभूतेव्यवस्थितः । एकधाबहुधाचैवदृश्यतेजलचंद्रवत्' इतिजलचंद्रदृष्टांतादित्यर्थः ७१ पश्यन्निति । चिदाभासादन्यःसाक्षीपश्यन्जाग्रदादौपुंप्रकृत्योर्विवेकख्यातिकालेवापश्यन्सविकारंचतुर्विंशंपंचविंशंचपश्यति । अपश्यन्सुषुप्त्यादौनिर्विकल्पकसमाधौचषड्विंशंपश्यति । एतेनयःसाक्षीसएवसाक्ष्येणासंबद्धश्चेत्पंचविंशोभवतिसाक्ष्येणवियुक्तःषड्विंशइत्युक्तं ७२ षड्विंशस्याद्रष्टत्वंवदन्चतुर्विंशस्यात्मत्वंलोकायतसौगतसंमतंनिरस्यति पंचविंशइति ७३

नग्राह्यआत्मभावेनेतिशेषः ७४ । ७५ । कालस्यकालेन । एकत्वंषड्विंशादभेदं मज्जनोन्मज्जनेसंसारमोक्षौ समत्वेनज्ञातेनब्रह्मभावेन ७६ तमेवकालमाह यदेति । अहंचिदात्मा एषोऽहमर्थादिरनात्मा ७७ प्रागुक्तंजीवेशयोरभेदंपरामृशति अन्यइति । वरःषड्विंशः तत्स्थानादितिभावप्रधानोनिर्देशः वरस्यावराधिष्ठानत्वादित्यर्थः । अवरस्यरज्जूरगवद्बाधेसतिवरएकएवेतिसाधवोऽनुभवंतीतिभावः ७८ तंनेतिसार्धश्लोकोव्याख्यातः ७९ । ८० अप्रतिबुद्धःप्रधानं बुध्यमानोजीवः बुद्धोब्रह्म ८१ धीफलमाह पश्येति । पश्यंद्रष्टारं अपश्यंदृश्यं क्षेम्यंक्षेमायसाधु तत्वंदृग्दृश्ययोरन्यत्वंचनिर्विकल्पकतयायोनपश्येत्स

नचतुर्विंशकोग्राह्योमनुजैर्ज्ञानदर्शिभिः ॥ मत्स्यश्चोदकमन्वेतिप्रवर्तेतप्रवर्तनात् ७४यथैवबुध्यतेमत्स्यस्तथैषोऽप्यनुबुध्यते॥सस्नेहात्सहवासाच्चसाभिमानाच्चनित्यशः ७५ सनिमज्जतिकालस्ययदैकत्वंनबुध्यते ॥ उन्मज्जतिहिकालस्यसमत्वेनाभिसंवृतः ७६ यदातुमन्यतेऽन्योऽहमन्यएषइतिद्विजः ॥ तदासकेवलीभूतःषड्विंशमनुपश्यति ७७ अन्यश्चराजन्यवरस्तथाऽन्यःपंचविंशकः ॥ तत्स्थानाच्चानुपश्यंतिएकएवेतिसाधवः ७८ तेनैतन्नाभिनंदंतिपंचविंशकमच्युतम् ॥ जन्ममृत्युभयाद्भीतायोगाःसांख्याश्चकाश्यप ॥ षड्विंशमनुपश्यंतःशुचयस्तत्परायणाः ७९ यदासकेवलीभूतःषड्विंशमनुपश्यति ॥ तदाससर्वविद्विद्वान्नपुनर्जन्मविंदति ८० एवमप्रतिबुद्धश्चबुध्यमानश्चतेऽनघ ॥ बुद्धश्चोक्तोयथातत्त्वंमयाश्रुतिनिदर्शनात् ८१ पश्यापश्यंयोनपश्येत्क्षेम्यंतत्त्वंचकाश्यप ॥ केवलाकेवलंचाद्यंपंचविंशंपरंचयत् ८२ ॥ विश्वावसुरुवाच ॥ तथ्यंशुभंचैतदुक्तंत्वयाविभोसम्यक्क्षेम्यंदैवताद्यंयथावत् ॥ स्वस्त्यक्षयंभवतश्चास्तुनित्यंबुद्ध्यासदाबुद्धियुक्तंमनस्ते ८३ ॥ याज्ञवल्क्यउवाच ॥ एवमुक्त्वासंप्रयातोदिवंसविभ्राजन्वैश्रीमतादर्शनेन ॥ हृष्टश्चतुष्ट्यापरयाऽभिनंद्यप्रदक्षिणंममकृत्वामहात्मा ८४ ब्रह्मादीनांखेचराणांक्षितौचयेचाधस्तात्संवसंतेनरेंद्र ॥ तत्रैवतद्दर्शनंदर्शयन्वैसम्यक्क्षेम्यंयेपथंसंश्रितावै ८५ सांख्याःसर्वेसांख्यधर्मेरताश्चतद्वद्योगायोगधर्मेरताश्च ॥ येचाप्यन्येमोक्षकामामनुष्यास्तेषामेतद्दर्शनंज्ञानदृष्टम् ८६ ज्ञानान्मोक्षोजायतेराजसिंहनास्त्यज्ञानादेवमाहुर्नरेंद्र ॥ तस्माज्ज्ञानंतत्त्वतोऽन्वेषितव्यंयेनात्मानंमोक्षयेज्जन्ममृत्योः ८७ प्राप्यज्ञानंब्राह्मणात्क्षत्रियाद्वावैश्याच्छूद्रादपिनीचादभीक्ष्णम् ॥ श्रद्धातव्यंश्रद्दधानेननित्यंनश्रद्धिनंजन्ममृत्यूविशेताम् ८८ सर्वेवर्णाब्राह्मणाब्रह्मजाश्चसर्वेनित्यंव्याहरंतेचब्रह्म ॥ तत्त्वंशास्त्रंब्रह्मबुद्ध्याब्रवीमिसर्वंविश्वंब्रह्मचैतत्समस्तम् ८९ब्रह्मास्यतोब्राह्मणाःसंप्रसूताबाहुभ्यांवैक्षत्रियाःसंप्रसूताः॥ नाभ्यांवैश्याःपादतश्चापिशूद्राःसर्वेवर्णानान्यथावेदितव्याः ९० अज्ञानतःकर्मयोनिंभजंतेतांतांराजंस्तेतथायांत्यभावम् ॥ तथावर्णाज्ञानहीनाःपतंतेघोराद्ज्ञानात्प्राकृतंयोनिजालम् ९१

एवकेवलंसाक्ष्येणापिनिर्मुक्तमकेवलंसाक्षिरूपंपंचविंशंचिदाभासरूपं आद्यंजगत्कारणं परंमहदादिकार्यं । अनेन'यएवंवेदाहंब्रह्मास्मीतिसइदंसर्वंभवति'इतिश्रुतौब्रह्मपदेननिर्विशेषंसर्वपदेनकेवलादिकंचग्राह्यमिति दर्शितम् ८२ क्षेम्यंमोक्षायहितं दैवताद्यंब्रह्म ८३ । ८४ दर्शनंशास्त्रं दर्शयन्नदर्शयन् पथंपंथानम् ८५ ज्ञानदृष्टंप्रत्यक्षफलमित्यर्थः ८६ । ८७ श्रद्धिनंश्रद्धावंतं आदंतादपिमत्वर्थीयइनिः ८८ । ८९ । ९० । ९१

९२ सर्वत्रस्थंसर्ववर्णगतं तत्स्थोज्ञाननिष्ठोयःसएवब्रह्मज्ञोब्राह्मणःअपरःक्षत्रियादिरपि तस्थिवान्तस्थौज्ञानेइतिशेषः तस्मैतदर्थं मोक्षंनित्यंनित्यसिद्धम् ९३ । ९४ । ९५ स्पर्शयामासददौ ९६ उपासनुपासीनः ९७ प्राकृतमाविद्यकं ९८ अनंतस्त्रिविधपरिच्छेदशून्योऽहमितिमनसिनिश्चयंकृत्वानित्यंसर्वदायतोधर्मादिकंप्राकृतंमिथ्याऽतःकेवलमेवाचिंतयदितिसार्धःश्लोकः ९९ इदंधर्मादि व्यक्तंबुद्ध्यादि अव्यक्तमज्ञानम् १०० तस्थौस्थाणुवदचलमस्तीत्यर्थः १०१ दीयमानंगवादिकंसर्वमात्मैवेत्यर्थः १०२ । १०३ एवमुक्तप्रकारेणमन्यस्वजानीहि १०४ । १०५ अव्यक्तादीनांमध्येयद्यदुपास्तेतत्तत्तादात्म्यंमाप्नो

तस्माज्ज्ञानंसर्वतोमार्गितव्यंसर्वत्रस्थंचैतदुक्तंमयाते ॥ तत्स्थोब्रह्मातस्थिवांश्चापरोयस्तस्मैनित्यंमोक्षमाहुर्नरेंद्र ९२ यत्तेपृष्टंतन्मयाचोपदिष्टंयाथातथ्यंतद्विशोकोभवस्व ॥ राजन्गच्छस्वैतदर्थस्यपारंसम्यक्प्रोक्तंस्वस्तितेतवस्तुनित्यम् ९३ ॥ भीष्मउवाच ॥ सएवमनुशास्तस्तुयाज्ञवल्क्येनधीमता ॥ प्रीतिमानभवद्राजामिथिलाधिपतिस्तदा ९४ गतेमुनिवरेतस्मिन्कृतेचापिप्रदक्षिणम् ॥ देवरातिर्नरपतिरासीनस्तत्रमोक्षवित् ९५ गोकोटिंस्पर्शयामासहिरण्यंतुतथैवच ॥ रत्नांजलिमथैकंचब्राह्मणेभ्योददौतदा ९६ विदेहराज्यंचतदाप्रतिष्ठाप्यसुतस्यवै ॥ यतिधर्ममुपासंश्चाप्यवसन्मिथिलाधिपः ९७ सांख्यज्ञानमधीयानोयोगशास्त्रंचकृत्स्नशः ॥ धर्माधर्मंचराजेंद्रप्राकृतंपरिगर्हयन् ९८ अनंतइतिकृत्वासनित्यंकेवलमेवच ॥ धर्माधर्मौपुण्यपापेसत्यासत्येतथैवच ९९ जन्ममृत्यूचराजेंद्रप्राकृतंतदचिंतयत् ॥ व्यक्ताव्यक्तस्यकर्मेदमितिनित्यंनराधिप १०० पश्यंतियोगाःसांख्याश्चस्वशास्त्रकृतलक्षणाः ॥ इष्टानिष्टविमुक्तंहितस्थौब्रह्मपरात्परम् १ नित्यंतदाहुर्विद्वांसःशुचितस्माच्छुचिर्भव ॥ दीयतेयच्चलभतेदत्तंयच्चानुमन्यते २ ददातिचनरश्रेष्ठप्रतिगृह्णातियच्चह ॥ ददात्यव्यक्तइत्येतत्प्रतिगृह्णातियच्चवै ३ आत्माह्येवात्मनोह्येकःकोऽन्यस्तस्मात्परोभवेत् ॥ एवंमन्यस्वसततमन्यथामाविचिंतय ४ यस्याव्यक्तंनविदितंसगुणंनिर्गुणंपुनः ॥ तेनतीर्थानियज्ञाश्चसेवितव्याविपश्चिता ५ नस्वाध्यायैस्तपोभिर्वायज्ञैर्वाकुरुनंदन ॥ लभतेऽव्यक्तिकंस्थानंज्ञात्वाऽव्यक्तंमहीयते ६ तथैवमहतःस्थानमाहंकारिकमेवच ॥ अहंकारात्परंचापिस्थानानिसमवाप्नुयात् ७ येत्वव्यक्तात्परंनित्यंजानतेशास्त्रतत्पराः ॥ जन्ममृत्युविमुक्तंचविमुक्तंसदसच्चयत् ८ एतन्मयाऽऽप्तंजनकात्पुरस्तात्तेनापिचाप्तंनृपयाज्ञवल्क्यात् ॥ ज्ञानंविशिष्टंनतथाहियज्ञाज्ज्ञानेनदुर्गंतरतेनयज्ञैः ९ दुर्गंजन्मनिधनंचापिराजन्नभौतिकंज्ञानविदोवदंति॥यज्ञैस्तपोभिर्नियमैर्व्रतैश्चदिवंसमासाद्यपतंतिभूमौ ११० तस्मादुपासस्वपरंमहच्छुचिशिवंविमोक्षंविमलंपवित्रम् ॥ क्षेत्रंज्ञात्वापार्थिवज्ञानयज्ञमुपास्यवैतत्त्वमृषिर्भविष्यासि ११ यदुपनिषदमुपाकरोत्तथाऽसौजनकनृपस्यपुराहियाज्ञवल्क्यः ॥ यदुपगणितशाश्वताव्ययंतच्छुभममृतत्वमशोकमर्च्छति १२ ॥ ॥ इति श्रीमहाभारते शांतिपर्वणिमोक्षधर्मपर्वणि याज्ञवल्क्यजनकसंवादसमाप्तौ अष्टादशाधिकत्रिशततमोध्यायः ॥ ३१८ ॥

तीत्याह लभतइत्यादिना व्यक्तं स्पष्टंआपरोक्ष्येणेत्यर्थः १०६ शेषंस्पष्टार्थं १०७ । १०८ । १०९ । ११० । १११ । ११२ ॥ ॥ इति शांतिपर्वणिमोक्ष०ः नीलकंठीये भारतभावदीपे अष्टादशाधिकत्रिशततमोऽध्यायः ॥ ३१८ ॥ ॥

समस्ताश्रुतियुक्तिप्रधानाब्रह्मविद्या अथसाधनप्रधानांवक्तुमुपक्रमते ऐश्वर्यंवामहत्प्राप्येत्यादिना । स्वधर्माचरणपूर्वकंनिवृत्तिमार्गनिष्ठोजरांतकावतिक्रामतिनान्यथेत्यध्यायतात्पर्यं १ । २ । ३ । ४
५ । ६ । ७ । ८ । ९ । १० । ११ । १२ । १३ । १४ । १५ ॥ इतिशांतिपर्वणिमोक्षधर्मपर्वणि नीलकंठीयेभारतभावदीपे एकोनविंशत्यधिकत्रिशततमोऽध्यायः ॥ ३१९ ॥ इदानींगा
र्हस्थ्येऽपिनिवृत्तिनिष्ठामुक्तिबीजभूतासंभवतीतिदर्शयितुंसुलभाजनकसंवादआरभ्यते अपरित्यज्येति । बुद्ध्याःबुद्धेः विनीयतेलीयतेऽस्मिन्निितिविनयोलयस्थानंमोक्षतत्त्वं १ आत्मालिंगदेहःव्यक्त

॥ युधिष्ठिरउवाच ॥ ऐश्वर्यंवामहत्प्राप्यधनंवाभरतर्षभ ॥ दीर्घमायुरवाप्याथकथंमृत्युमतिक्रमेत् १ तपसावासुमहताकर्मणावाश्रुतेनवा ॥ रसायनप्रयोगैर्वाकैर्ना
प्नोतिजरांतकौ २ ॥ भीष्मउवाच ॥ अत्राप्युदाहरंतीममितिहासंपुरातनम् ॥ भिक्षोःपंचशिखस्येहसंवादंजनकस्यच ३ वैदेहोजनकोराजामहर्षिंवेदवित्तमम् ॥
पर्यपृच्छत्पंचशिखंछिन्नधर्मार्थसंशयम् ४ केनवृत्तेनभगवन्नतिक्रामेज्जरांतकौ ॥ तपसावाऽथवाबुद्ध्याकर्मणावाश्रुतेनवा ५ एवमुक्तःसवैदेहंप्रत्युवाचापरोक्षवित् ॥
निवृत्तिर्नतयोरस्तिनानिवृत्तिःकथंचन ६ नह्यहानिनिवर्तन्तेनमासानपुनःक्षपाः ॥ सोऽयंप्रपद्यतेऽध्वानंचिरायध्रुवमध्रुवः ७ सर्वभूतसमुच्छेदःस्रोतसेवोह्यतेस
दा ॥ ऊह्यमानंनिमज्जंतमप्लवेकालसागरे ८ जरामृत्युमहाग्राहेनकश्चिदभिपद्यते ॥ नैवास्यकश्चिद्भवतिनासौभवतिकस्यचित् ९ पथिसंगतमेवेदंदारैरन्यैश्चबंधु
भिः ॥ नायमत्यंतसंवासोलब्धपूर्वोहिकेनचित् १० क्षिप्यन्तेतेनतेनैवनिष्टनंतःपुनःपुनः ॥ कालेनजातायाताहिवायुनेवाभ्रसंचयाः ११ जरामृत्यूहिभूतानांखा
दितारौवृकाविव ॥ बलिनांदुर्बलानांचह्रस्वानांमहतामपि १२ एवंभूतेषुभूतात्मानित्यभूतोध्रुवेषुच ॥ कथंहिहृष्येज्जातेषुमृतेषुचनसंज्वरेत् १३ कुतोऽहमागतः
कोऽस्मिकगमिष्यामिकस्यवा ॥ कस्मिन्स्थितःक्वभविताकस्मात्किमनुशोचसि १४ द्रष्टास्वर्गस्यकोऽन्योऽस्तितथैवनरकस्यच ॥ आगमांस्त्वनतिक्रम्यदद्या
चैवयजेतच १५ इतिश्रीमहाभारतेशांति॰ मोक्ष॰पंचशिखजनकसंवादे एकोनविंशत्यधिकत्रिशततमोऽध्यायः ॥ ३१९ ॥ ॥ युधिष्ठिरउवाच ॥ अप
रित्यज्यगार्हस्थ्यंकुरुराजर्षिसत्तम ॥ कःप्राप्तोविनयंबुद्ध्यामोक्षतत्त्वंवदस्वमे १ संन्यस्यतेयथाऽऽत्माऽयंव्यक्तस्यात्मायथाचयत् ॥ परंमोक्षस्ययच्चापितन्मेब्रूहि
पितामह २ ॥ भीष्मउवाच ॥ अत्राप्युदाहरंतीममितिहासंपुरातनम् ॥ जनकस्यचसंवादंसुलभायाश्चभारत ३ संन्यासफलिकःकश्चिद्बभूवनृपतिःपुरा ॥
मैथिलोजनकोनामधर्मध्वजइतिश्रुतः ४ सवेदेमोक्षशास्त्रेचस्वेचशास्त्रेकृतश्रमः ॥ इंद्रियाणिसमाधायशशासवसुधामिमाम् ५ तस्यवेदविदःप्राज्ञाःश्रुत्वातांसा
धुवृत्ततम् ॥ लोकेषुस्पृहयंत्यन्येपुरुषाःपुरुषेश्वर ६ अथधर्मयुगेतस्मिन्योगधर्ममनुष्ठिता ॥ महीमनुचचारैकासुलभानामभिक्षुकी ७ तयाजगदिदंकृत्स्नमटं
त्यामिथिलेश्वरः ॥ तत्रतत्रश्रुतोमोक्षेकथ्यमानस्त्रिदंडिभिः ८

स्यस्थूलदेहस्य आत्मास्वरूपं देहद्वयंयथात्यज्यतेयच्चमोक्षस्यपरंतत्त्वंतद्वदेत्यर्थः २ । ३ संन्यासफलंसम्यग्दर्शनंतदस्यास्तीतिसंन्यासफलिकः ४ स्वेशास्त्रेदंडनीतौ ५ तस्यसाधुवृत्ततांश्रुत्वातांस्पृह
यंतीतिसंबंधः ६ धर्मयुगेसत्ययुगेअनुष्ठिताकर्तरिक्तः भिक्षुकीत्यनेनस्त्रीणामपिप्राग्विवाहाद्वैधव्यादूर्ध्वंवासंन्यासेऽधिकारोऽस्तीतिदर्शितं । तेनभिक्षाचर्यंमोक्षशास्त्रश्रवणमेकांतेआत्मध्यानंचताभिरपिकर्तव्यं
त्रिदंडादिकंचधार्यं ७ मोक्षेमोक्षशास्त्रेनिष्णातइतिशेषः ८

नेतिनवेति ९ । १० लघुशीघ्रमवक्रगत्यागच्छतीतिसा ११ । १२ सौकुमार्यंसौंदर्यं १३ । १४ भाष्यविदांसूत्रार्थज्ञानांमध्ये १५ अस्यएनंजनकं धर्मेषुमोक्षधर्मेषुविषयेषु अन्यानादृत्यचोदयामासपृष्टवती अयंमुक्तोनेतिनवेतिससंशया सत्वमिति। स्वस्ययोगैश्वर्यख्यापनार्थंजनकस्यसत्वंबुद्धिंसत्वेनस्वयाबुद्ध्यामविवेश १६ स्वबुद्धेर्बहिरस्वातंत्र्यात्परबुद्धेश्चाप्रत्यक्षत्वात्कथंप्रविवेशेत्याशंक्याह नेत्राभ्यामिति। बुद्धिसत्वं ह्यन्नमयंहिसोम्यमनइतिश्रुतेर्भौतिकंद्रव्यंरविप्रभावत्सूक्ष्मंतच्चदा चक्षुरादिच्छिद्रेभ्योबहिर्निर्गत्यघटादिकंप्रकाशयातिघटाच्छिद्रान्निर्गतप्रदीपप्रभावत्तदाचक्षुरिंद्रियमित्युच्यते । तत्रैकस्मिन्देशेयुगपत्प्रदीपयोरिवबुद्ध्यो रंशवःसंसृज्यंतेतत्रयक्षराक्षसादयोवीराःस्वीयेनबुद्ध्यंशेनसंसृष्टांपरबुद्धिमभिभूयतदीयैर्देहादिभिर्व्यवहरंतीतिप्रसिद्धंलोके । यदितुद्वावपियोगिवीरौबुद्ध्यंशप्रयोगसंहाराभिज्ञौतदाऽऽरब्धद्वयवद्बीद्वयंमिथोनाभिभू

साऽतिसूक्ष्माकथांश्रुत्वातथ्यंनेतिससंशया॥ दर्शनेजातसंकल्पाजनकस्यबभूवह ९ तत्रसाविप्रहायाथपूर्वरूपंहियोगतः॥ अबिभ्रदनवद्यांगीरूपमन्यदनुत्तमम् १० चक्षुर्निमेषमात्रेणलघ्वग्रगतिगामिनी॥ विदेहानांपुरींसुभ्रूर्जगामकमलेक्षणा ११ साप्राप्यमिथिलांरम्यांप्रभूतजनसंकुलाम्॥ भैक्ष्यचर्यापदेशेनददर्शमिथिलेश्वरम् १२ राजातस्याःपरंदृष्ट्वासौकुमार्यंवपुस्तदा॥ केयंकस्यकुतोवेतिबभूवागतविस्मयः १३ ततोऽस्याःस्वागतंकृत्वाव्यादिश्यचवरासनम्॥ पूजितांपादशौचेनवरान्नेनाप्यतर्पयत् १४ अथभुक्तवतीप्रीताराजानंमंत्रिभिर्वृतम्॥ सर्वभाष्यविदांमध्येचोदयामासभिक्षुकी १५ सुलभात्वस्यधर्मेषुमुक्तोनेतिससंशया॥ सत्वंसत्वेनयोगज्ञाप्रविवेशमहीपतेः १६ नेत्राभ्यांनेत्रयोरस्यरश्मीन्संयम्यरश्मिभिः॥ सास्मतंचोदयिष्यंतीयोगबंधैर्बबंधह १७ जनकोऽप्युत्स्मयन्राजाभावमस्याविशेषयन्॥ प्रतिजग्राहभावेनभावमस्यानृपोत्तम १८ तदेकस्मिन्नधिष्ठानेसंवादःश्रूयतामयम्॥ छत्रादिषुविमुक्तस्यमुक्तायाश्चत्रिदंडके १९॥ जनकउवाच॥ भगवत्याःक्वचर्येयंकृताक्वचगमिष्यसि॥ कस्यचत्वंकुतोवेतिपप्रच्छैनांमहीपतिः २० श्रुतेवयसिजातौचसद्भावोनाधिगम्यते॥ एष्वर्थेषूत्तरंतस्मात्प्रवेद्यंमत्समागमे २१ छत्रादिषुविशेषेषुमुक्तंमांविद्धितत्त्वतः॥ सत्वांसंमंतुमिच्छामिमानार्हाहिमताऽसिमे २२ यस्माच्चैतन्मयाप्राप्तंज्ञानंवैशेषिकंपुरा॥ यस्यनान्यःप्रवक्ताऽस्तिमोक्षंतमपिमेशृणु २३ पराशरसगोत्रस्यवृद्धस्यसुमहात्मनः॥ भिक्षोःपंचशिखस्याहंशिष्यःपरमसंमतः २४ सांख्यज्ञानेचयोगेचमहीपालविधौतथा॥ त्रिविधेमोक्षधर्मेऽस्मिन्गताध्वाछिन्नसंशयः २५ सयथाशास्त्रदृष्टेनमार्गेणेहपरिभ्रमन्॥ वार्षिकांश्चतुरोमासान्पुरामयिसुखोषितः २६

यतेतेतएकस्मिन्देहेद्वयोर्विवादोभवति संचोदयिष्यंतीप्रष्टुमिच्छंती योगबंधैर्योगबलेनाचिचबंधैर्बबंधवशीचकार १७ उत्स्मयन्स्वस्याऽजेयत्वाभिमानेगर्वंकुर्वन् अस्याःसुलभायाःभावमाशयमेनंमूकंकरिष्यामि त्येवंरूपं विशेषयन्नभिभवन् भावेनभावंजग्राह १८ तयासहसमत्वेनैकस्मिन्देहेउवास अधिष्ठानेदेहे छत्रेति उभावपिस्थूलदेहोपस्कारंत्यक्तवंतावित्यर्थः १९ एतदाख्यानतात्पर्यंत्वेकस्मिन्गेहेइवलिंगदेहेऽपिद्वयो र्जीवयोरवस्थानंभवतितेनस्थूलसूक्ष्मदेहौगृहवर्ज्जीवस्यानात्मावित्युक्तं एवंसतिस्वस्यानभिभूतत्वंदर्शयन्जनकउवाच भगवत्याइति २० परकीयंश्रुतादिकमज्ञातमतःपृष्टेनतद्वेदनीयमित्यर्थः २१ राजाऽप्यहंराज्यान्मुक्तोऽस्मीत्याह छत्रादिष्विति। संमंतुंसम्यक्ज्ञातुं २२ मोक्षंमोक्षहेतुं २३ । २४ सांख्ययोगविधिशब्दैःक्रमेणज्ञानोपास्तिकर्मकांडार्थाज्ञेयाः । अयमेवत्रिविधोमोक्षधर्मस्तत्रविषयेगताध्वाज्ञातमार्गः २५ मयिममसमीपे २६

२७ । २८ वैराग्यमितिद्वाभ्यांवैराग्यज्ञानयत्नानांवासिष्ठादौवासनाक्षयविज्ञानमनोनाशशब्दितानांत्रिदंडविष्टंभवदन्योन्याश्रयेणासिद्धिरुक्ता यथा । 'तत्त्वज्ञानंमनोनाशोवासनाक्षयएवच । मिथःकारणतांगत्वादुःसाध्यानिस्थितानिहि । यावद्विलीनंनमनोनतावद्वासनाक्षयः । नक्षीणावासनायावच्चित्तंतावन्नशाम्यति । यावन्नतत्त्वविज्ञानंतावच्चित्तशमःकुतः । यावन्नचित्तोपशमोनतावत्तत्त्ववेदनं । यावन्नवासनानाशस्तावत्तत्त्वागमःकुतः । यावन्नतत्त्वसंप्राप्तिर्नतावद्वासनाक्षयः । एकैकशोनिषेव्यंतेयद्येतेचिरमप्यलं । तत्रसिद्धिंप्रयच्छंतिमंत्राःसंकीर्तिताइव'इति । यथाषडंगमंत्राणामेकैकमंत्रावृत्त्यानसिद्धिःकिंतुसहितानामावृत्त्यातद्वदित्यर्थः । मोक्षस्यतत्साधनस्यज्ञानस्यविधिरुपायः २९ यत्नंयोगाभ्यासंमनोनाशहेतुं महदात्मज्ञानं तेनचपरंवैराग्यमितिसाएषात्रयाणांसिद्धिर्निष्पत्तिर्महतांद्वंद्वानांसुखदुःखादीनांमोक्षायेतिजीवन्मुक्तिसुखायवयोतिगेतिमृत्युजयायभवतीत्युक्तं ३० । ३१ ननुराज्यंकुर्वतस्तवकथंमुक्तसंगितासंभावितेत्यतआह यथेत्यादिना । सबीजत्वादंकुरंजनयतीत्यध्याहृत्ययोज्यं त

तेनाहंसांख्यमुख्येनसुदृष्टार्थेनतत्त्वतः ॥ श्रावितस्त्रिविधंमोक्षंनचराज्याद्विचालितः २७ सोऽहंतामखिलांवृत्तिंत्रिविधांमोक्षसंहिताम् ॥ मुक्तरागश्चराम्येकःपदेपरमकेस्थितः २८ वैराग्यंपुनरेतस्यमोक्षस्यपरमोविधिः ॥ ज्ञानादेवचवैराग्यंजायतेयेनमुच्यते २९ ज्ञानेनकुरुतेयत्नंयत्नेनप्राप्यतेमहत् ॥ महद्द्वंद्वप्रमोक्षायसासिद्धिर्यावयोतिगा ३० सेयंपरमिकाबुद्धेःप्राप्तानिर्द्वन्द्वतामया ॥ इहैवगतमोहेनचरतामुक्तसंगिना ३१ यथाक्षेत्रंमृदूभूतमद्भिराप्लावितंतथा ॥ जनयत्यंकुरंकर्मनृणांतद्वत्पुनर्भवम् ३२ यथाचोत्तापितंबीजंकपालेयत्रतत्रवा ॥ प्राप्याप्यंकुरहेतुत्वमबीजत्वान्नजायते ३३ तद्वद्भगवताऽनेनशिखाप्रोक्तेनभिक्षुणा ॥ ज्ञानंकृतमबीजंमेविषयेषुनजायते ३४ नाभिरज्यतिकस्मिंश्चिन्नानर्थेनपरिग्रहे ॥ नाभिरज्यतिचैतेषुव्यर्थत्वाद्रागरोषयोः ३५ यश्चमेदक्षिणंबाहुंचंदनेनसमुक्षयेत् ॥ सव्यंवास्यापियस्तक्षेत्समावेतावुभौमम ३६ सुखीसोऽहमवाप्तार्थःसमलोष्टाश्मकांचनः ॥ मुक्तसंगःस्थितोराज्येविशिष्टोऽन्यैस्त्रिदंडिभिः ३७ मोक्षेहित्रिविधानिष्ठादृष्टान्यैर्मोक्षवित्तमैः ॥ ज्ञानंलोकोत्तरंयच्चसर्वत्यागश्चकर्मणाम् ३८ ज्ञाननिष्ठांवदंत्येकेमोक्षशास्त्रविदोजनाः ॥ कर्मनिष्ठांतथैवान्येयतयःसूक्ष्मदर्शिनः ३९ प्रहायोभयमप्येवज्ञानंकर्मचकेवलम् ॥ तृतीयेयंसमाख्यातानिष्ठातेनमहात्मना ४० यमेचनियमेचैवकामेद्वेषेपरिग्रहे ॥ मानेदंभेतथास्नेहेसदृशास्तेकुटुंबिभिः ४१

द्वत्कर्मबीजस्थानीयं ३२ । ३३ ज्ञानंबुद्धिः अबीजंवासनाबीजशून्यं नजायतेनप्रवर्तते शिक्षापदयुक्तंप्रोक्तंनामयस्यतेनपंचशिखेनेत्यर्थः ३४ अनर्थेशत्रुवधादौ परिग्रहेकृष्यादिसंग्रहे एतेषुरागरोषयोर्विषयेषुस्त्रीशत्रुप्रभृतिषुव्यर्थत्वात्तेषांमिथ्यात्वेनानिःस्वरूपत्वादित्यर्थः ३५ वास्येतिवास्यसंज्ञकेनशस्त्रेण विभक्तिलोपआर्षः अस्यंवास्यैवाशीतयेतिवा ३६ उपपादितमात्मनोमुक्तसंगित्वमुपसंहरति सुखीति ३७ त्रिविधाज्ञानोपास्तिकर्मात्मिकाएका । अन्याज्ञानोपास्त्यात्मिका । कर्मणांमानसानामपि तेनसांख्ययोमात्मिकेत्यर्थः ३८ ज्ञाननिष्ठांकर्मोपसर्जनां कर्मनिष्ठांज्ञानोपसर्जनां ३९ एवंच

७५ स्वारःपरपक्षाउपन्यस्ताः स्वमतमाह प्रहायेति । उभयंसमुच्चयाविकल्पाख्यंपूर्वश्लोकद्वयोक्तंत्यक्त्वेत्यर्थः । ज्ञानस्यकेवलत्वंकर्मकृतोपकारनैरपेक्ष्यं । कर्मणःकेवलत्वंप्रयोजनाभावेऽप्यत्यागः । सेयंतृतीयानिष्ठाज्ञानकर्मणोःसमुच्चयपक्षाद्विकल्पपक्षाच्चान्या । तेनपंचशिखेनसमाख्याता ४० इमामेवानिष्ठांस्तौति यमेचेति । तेत्रिदंडिनः यमादौसतिगृहस्थःसंन्यासितुल्यःकामादौसतिसंन्यास्यपिगृहस्थतुल्यइत्यर्थः ४१

त्रिदंडेति । यदिज्ञानेनैवमोक्षइतीसिद्धं तर्हित्रिदंडपरिग्रहवच्छत्रपरिग्रहोऽपिनबाधकोज्ञानेनसंगाभावस्योभयत्रापितुल्यत्वादित्यर्थः ४२ येनेति । आलंबतेप्रयोजनवत्तयाआसक्तोभवति क्व कर्माणिद्रव्येपन्यादौ स्वंघनमर्थाःछत्रादयस्तेषांपरिग्रहे किमर्थं येनयेनकारणेनान्नादिनायस्यार्थःप्रयोजनंक्षुन्निवृत्त्यादितदर्थमित्यर्थः । तथाचार्थस्याल्पत्वबहुत्वेबंधमोक्षहेतूनभवतःकिंतुतत्रासक्त्यनासक्तीएवेतिभावः ४३ आधिपत्ये तुल्येत्रिदंडाद्यर्थेआसक्तिर्वाधिकेत्याह दोषेति ४४ आसंगमेवविवृणोति आधिपत्येइति शिष्यादिष्वासक्तिविशेषः ४५। ४६ त्रिविष्टब्धंत्रिदंडकं लिंगानिआश्रमपरिचायकानि ४७ । ४८ अथवेति । दुःखाभावार्थंत्रि दंडंचेत्कर्तव्यंतर्हिराज्यमपितदर्थंकुतोनकर्तव्यमित्यर्थः अतएवोक्तंभगवता । 'दुःखमित्येवयत्कर्मकायक्लेशभयात्त्यजेत् । सकृत्वाराजसंत्यागंनैवत्यागफलंलभेत्'इति ४९ फलितमाह आकिंचन्येइति ५० एषुस त्स्वपिअबंधेपदेस्थितंमांविद्धि ५१ राज्यैश्वर्यमयःराज्याद्यासक्त्यातत्प्रधानः स्त्रीमयोजाल्मइतिवत् स्नेहायतनैर्धनदारादिभिर्बध्नातीतितथा एतेनसंगीबध्यतेत्यागीमुच्यतेइत्युक्तं ५२ त्वयियोगप्रभाववत्यांजातास्थो

त्रिदंडादिषुयद्यस्तिमोक्षोज्ञानेनकस्यचित् ॥ छत्रादिषुकथंनस्यात्तुल्यहेतौपरिग्रहे ४२ येनयेनहियस्यार्थःकारणेनेहकर्माणि ॥ तत्तदालंबतेसर्वद्रव्येस्वार्थ परिग्रहे ४३ दोषदर्शीतुगार्हस्थ्येयोव्रजत्याश्रमांतरे ॥ उत्सृजन्परिगृह्णंश्चसोऽपिसंगान्नमुच्यते ४४ आधिपत्येतथातुल्येनिग्रहानुग्रहात्मके ॥ राजभिर्भि क्षुकास्तुल्यामुच्यंतेकेनहेतुना ४५ अथसत्याधिपत्येऽपिज्ञानेनैवेहकेवलम् ॥ मुच्यंतेसर्वपापेभ्योदेहेपरमकेस्थिताः ४६ काषायधारणंमौंड्यंत्रिविष्टब्धं कमंडलुम् ॥ लिंगान्युत्पथभूतानिनमोक्षायेतिमेमतिः ४७ यदिसत्यपिलिंगेऽस्मिन्ज्ञानमेवात्रकारणम् ॥ निर्मोक्षायेहदुःखस्यलिंगमात्रंनिरर्थकम् ४८ अथवादुःखशैथिल्यंवीक्ष्यलिंगेकृतामतिः ॥ किंतदेवार्थसामान्यंछत्रादिषुनलक्ष्यते ४९ आकिंचन्येनमोक्षोऽस्तिकिंचन्येनास्तिबंधनम् ॥ किंचन्येचेतरे चैवजंतुर्ज्ञानेनमुच्यते ५० तस्माद्धर्मार्थकामेषुतथाराज्यपरिग्रहे ॥ बंधनायतनेष्वेषुविद्ध्यबंधेपदेस्थितम् ५१ राज्यैश्वर्यमयःपाशःस्नेहायतनबंधनः मोक्षाश्मनिशितेनेहच्छिन्नस्त्यागासिनामया ५२ सोऽहमेवंगतोमुक्तोजातास्थस्त्वयिभिक्षुकि ॥ अयथार्थंहितेवर्णंवक्ष्यामिशृणुतन्मम ५३ सौकुमार्यं तथारूपंवपुरग्र्यंतथावयः ॥ तवैतानिसमस्तानिनियमश्चेतिसंशयः ५४ यच्चाप्यननुरूपंतेलिंगस्यास्यविचेष्टितम् ॥ मुक्तोऽयंस्यान्नवेतिस्याद्ध र्षितोमत्परिग्रहः ५५ नचकामसमायुक्तेयुक्तेऽप्यस्तित्रिदंडके ॥ नरक्षतेत्वयाचेदंनमुक्तस्यास्तिगोपना ५६ मत्पक्षसंश्रयाच्चायंशृणुयस्तेऽव्यतिक्रमः ॥ आश्रयंत्याःस्वभावेनममपूर्वपरिग्रहम् ५७

जातादरःअथापिअयथार्थंयोगाननुरूपंवर्णंत्रिगुणजंरूपं ५३ सौकुमार्यादिकंयोगश्चैकस्यांत्वयिपरस्परविरुद्धंकथंस्यादितिसंशयः । त्वंयोगसिद्धाब्राह्मणीवाआजानसिद्धायक्षराक्षसादियोनिजावेतिभावः ५४ लिंगस्यत्रिदंडधारणस्याननुरूपंशरीरशोषणाद्यभावात् । धर्षितोरूपादिनाऽभिभूतः परिग्रहःसभाविकृतवेषत्वंपराभिभवश्चनमुक्तलक्षणमितिभावः ५५ नंदिन्यादिलीपइवानुग्रहार्थमेवंधार्षितोऽसीत्याशंक्याह नचेति । परानुग्रहनिग्रहकामेयुक्तेयोगिनिसंन्यासफलंनास्तीत्यर्थः । मच्छरीरसंगाच्चत्वयेदमाश्रमलिंगमपिनरक्ष्यतेअनेनलिंगेनापिमुक्तस्यारूढपतितस्यगोपनानास्ति । विमुक्तस्येतिपाठेज्ञाततत्त्वस्यापिगोपनाव्य भिचाराद्यकृत्यादात्मरक्षाकर्तव्येत्यस्त्येवेत्यर्थः ५६ मत्पक्षेति । मच्छरीरप्रवेशात् । नन्वहंस्वासनेएवास्मीत्याशंक्याह आश्रयंत्याइति । स्वभावेनस्वेनाचित्तेनममपरिग्रहंशरीरमाश्रयंत्याः अतस्त्व य्यव्यभिचारदोषइतिभावः ५७

जारिण्योऽपिसंकेतेनैवपरपुरंगृहंवाप्रविशंतितत्रापितवास्मान्धर्षयंत्याअपराधइत्याह कस्यवेति । सन्निकर्षात्संकेवात् ५८ इष्टापत्तिमाशंक्याह वर्णेति ५९ आश्रमसंकरःसंन्यासाद्गार्हस्थ्यंप्रतिपुनरागमनम् ६० सं
न्यासिवेषेणगार्हस्थ्यार्थमेवाहमागतास्मीतिचेद्गोत्राद्यनिर्णयात्प्रागेतन्नोचितमित्याह सगोत्रामिति ६१ । ६२ अविज्ञानेनज्ञानाभावेन मिथ्याज्ञानेनविपर्ययेण ६३ नस्त्रीस्वातंत्र्यमर्हतीतिशास्त्रोल्लंघनरूपेणस्वदोषे
ण तर्हिशास्त्रातिक्रमणात्तवश्रुतंव्यर्थम् ६४ भावयोश्चित्तयोःस्पर्शःऐक्यंप्रीतिरितियावत् ६५ दोषलिंगमेवाह नमयीति ६६ अर्हतःपूज्यान्उद्दिश्य ६७ अमर्षःपरोत्कर्षासहिष्णुत्वंतज्जेन योगान्परबुद्धीभिःस्वबुद्धेःसं

प्रवेशस्तेकृतःकेनममराष्ट्रेपुरेऽपिवा ॥ कस्यवासन्निकर्षात्त्वंप्रविष्टाहृदयंमम ५८ वर्णप्रवरमुख्याऽसिब्राह्मणीक्षत्रियस्त्वहम् ॥ नावयोरेकयोगोऽस्तिमाकृथावर्ण
संकरम् ५९ वर्तसेमोक्षधर्मेणत्वंगार्हस्थ्येऽहमाश्रमे ॥ अयंचापिसुकष्टस्तेद्वितीयोऽऽश्रमसंकरः ६० सगोत्रांवाऽसगोत्रांवानवेदत्वांनवेत्थमाम् ॥ सगोत्रमाविशं
त्यास्तेतृतीयोगोत्रसंकरः ६१ अथजीवतितेभर्ताप्रोषितोऽप्यथवाक्कचित् ॥, अगम्यापरभार्येतिचतुर्थोधर्मसंकरः ६२ सात्वमेतान्यकार्याणिकार्यपेक्षाव्यवस्य
सि ॥ अविज्ञानेनवायुक्तामिथ्याज्ञानेनवापुनः ६३ अथवाऽपिस्वतंत्राऽसिस्वदोषेणेहकर्हिचित् ॥ यदिकिंचिच्छ्रुतंतेऽस्तिसर्वंकृतमनर्थकम् ६४ इदमन्यत्तृतीयं
तेभावस्पर्शविघातकम् ॥ दुष्टायालक्ष्यतेलिंगंविवृण्वत्याप्रकाशितम् ६५ नमय्येवाभिसंधिस्तेजयैषिण्याजयेकृतः ॥ येयंमत्परिषत्कृत्स्नाजेतुमिच्छसितामपि ६६
तथाऽर्हतस्ततश्चत्वंदृष्टिंस्वांप्रतिमुंचासि ॥ मत्पक्षप्रतिघातायस्वपक्षोद्भावनायच ६७ सास्वेनामर्षजेनत्वमृद्धिमोहेनमोहिता ॥ भूयःसृजसियोगांस्त्वंविषामृत
सिवैकताम् ६८ इच्छतोरत्रयोलाभःस्त्रीपुंसोरमृतोपमः ॥ अलाभश्चाप्यरिक्तस्यसोऽपिदोषोविषोपमः ६९ माऽत्याक्षीःसाधुजानीष्वस्वशास्त्रमनुपालय ॥ कृते
यंहिविजिज्ञासामुक्तोनेतित्वयामम ७० एतत्सर्वंप्रतिच्छन्नंमयिनार्हसिगूहितम् ॥ सायदित्वंस्वकार्येणयद्यन्यस्यमहीपतेः ॥ तत्त्वंसत्रप्रतिच्छन्नामयिनार्हसिगूहि
तम् ७१ नराजानंमृषागच्छेन्नद्विजातिंकथंचन ॥ नस्त्रियंस्त्रीगुणोपेतांहन्युर्ह्येतेमृषागताः ७२ राज्ञांहिबलमैश्वर्यंब्रह्मब्रह्मविदांबलम् ॥ रूपयौवनसौभाग्यं
स्त्रीणांबलमनुत्तमम् ७३ अतएतैर्बलैरेवबलिनःस्वार्थमिच्छता ॥ आर्जवेनाभिगंतव्याविनाशायह्यनार्जवम् ७४ सात्वंजातिंश्रुतंवृत्तंभावंप्रकृतिमात्मनः ॥ कृ
त्यमागमनेचैववक्तुमर्हसितत्त्वतः ७५ ॥ भीष्मउवाच ॥ इत्येतैरसुखैर्वाक्यैरयुक्तैरसमंजसैः ॥ प्रत्यादिष्टानरेंद्रेणसुलभानव्यकंपत ७६ उक्तवाक्येतुनृपतौसुलभा
चारुदर्शना ॥ ततश्चारुतरंवाक्यंप्रचक्रामाथभाषितुम् ७७ ॥ सुलभोवाच ॥ नवभिर्नवभिश्चैवदोषैर्वाग्बुद्धिदूषणैः ॥ अपेतमुपपन्नार्थमष्टादशगुणान्वितम् ७८

बंधान् ६८ विषामृतशब्दौव्याचष्टे । इच्छतोरिति रक्तायास्तवरक्तस्यपुंसोऽलाभात् तादृशयोर्योगोविषामृतमित्यर्थः ६९ स्वशास्त्रंसंन्यासिशास्त्रं ७० सत्रप्रतिच्छन्नावेषांतरेणगुप्ता ७१ । ७२ । ७३ । ७४ । ७५
प्रत्यादिष्टातिरस्कृता ७६ । ७७ नवभिर्वाग्दूषणैर्गुर्वक्षरसंयुक्तत्वादिभिर्वक्ष्यमाणैः । बुद्धिदूषणैश्चनवभिःकामादिभिर्वक्ष्यमाणैरेव । अष्टादशगुणाःनवैववाग्दूषणादिविपर्यासेनमधुराक्षरत्वादयोगुणाः
नवदोषाअपिगुणत्वेनयत्रोच्यंतेतेदोषगुणाश्चनवइत्येवमष्टादशगुणान्वितंवाक्यमित्युत्तरेणान्वयः ७८

सौक्ष्म्यंसंशयस्यविषयीभूतंपदादि संधिग्धार्थत्वमित्यर्थः । सांख्यंपूर्वपक्षेसिद्धांतेचगुणदोषसंख्यानं । क्रमःसंख्यातानांगुणदोषाणांबलाबलविचारणं । विनिर्णयःसिद्धांतः । प्रयोजनमनुष्ठानं । एतानि पंचसमुच्चितानिवाक्यंशब्दाख्यंप्रमाणमित्यर्थः ७९ स्वलक्षणंव्यावर्तकंधर्मवचनं तच्चविषयभेदाच्चतुर्धा पदतोवाक्यतः पदार्थतोवाक्यार्थतइति । एतेषामुदाहरणान्यनुपदमेववक्ष्यंते ८० ज्ञानमिति । यत्र विषयवाक्येज्ञेयेपुवाक्यप्रमेयतयोपस्थितेपुभिन्नेष्वनेकेष्वर्थेषुसत्सुयदाज्ञानंबुद्धिर्भेदेननिर्णयमप्राप्नुवती अधिवासिनी अनेककोटिस्पर्शिनीवर्ततेतत्सौक्ष्म्यंवाक्यस्यदुर्ज्ञेयत्वमित्युच्यते ८१ क्वचित्पूर्वपक्षेसिद्धांतेवासं मतंकंचिदनियतमर्थम् ८२ इदमिति । संख्यातानांगुणानांदोषाणांचमध्येइदंपूर्वंवक्तव्यमिदंपश्चाद्विवक्षितमितिबलाबलविचारक्रमः ८३ वाक्यांतेवाक्यार्थविचारांते प्रोच्यतेप्रकर्षेणयुक्तिमत्तयाउच्यतेसानि र्णयः ८४ प्रयोजनंलक्षयति इच्छेति । तत्रइच्छाप्रभवंदुःखंयत्रविषयेजायतेइदमवश्यंकर्तव्यमित्यौत्सुक्यंद्वेषभवंदुःखमिदमवश्यंत्याज्यमित्यसह्यत्वं । तत्रयाप्रवृत्तिरूपानिवृत्तिरूपावावृत्तिःसाप्रयोजनंनाम ८५ एकार्थेसमवेतान्येकस्मिन्नर्थेपर्यवसितानि वाक्यमितिपंचांगंवाक्यंममवचनान्निश्रिणु सौक्ष्म्यादीनामुदाहरणानितु तत्रपदतःसौक्ष्म्यादेरुदाहरणंवायव्यंश्वेतमालभेतभूतिकामइतिविधायाम्नायतेवायुर्वैक्षेपि ष्ठादेवतावायुमेवस्वेनभागधेयेनोपधावतिसएवैनंभूतिंगमयतीतिकिंवायुर्वाइत्यादीनिपदानिसमिधोयजतितनूनपातंजयतीत्यादिपदकदंबवत्क्वचिदर्थविधायप्रधानवाक्येनएकवाक्यतांप्रतिपद्यंतेउतसंभूयप्राशस्त्यमा त्रंश्वेतालंभस्यार्थंलक्षयंति एतत्सौक्ष्म्यं अविशिष्टस्तुवाक्यार्थइतिन्यायेनतेषांप्रतीयमानस्यार्थस्यापलपितुमशक्यत्वात्समिदादिवाक्यवत्स्वार्थेपर्यवसानंप्राप्यैवमहावाक्येनैकवाक्यतांलभंतेइतिपूर्वपक्षेगुणः सिद्धां

सौक्ष्म्यंसांख्यक्रमौचोभौनिर्णयःसप्रयोजनः ॥ पंचैतान्यर्थजातानिवाक्यमित्युच्यतेनृप ७९ एषामेकैकशोऽर्थानांसौक्ष्म्यादीनांस्वलक्षणम् ॥ शृणुसंसार्यमाणा नांपदार्थपदवाक्यतः ८० ज्ञानंज्ञेयेपुभिन्नेषुयदाभेदेनवर्तते ॥ यत्राधिवासिनीबुद्धिस्तत्सौक्ष्म्यमितिवर्तते ८१ दोषाणांचगुणानांचप्रमाणंप्रविभागतः ॥ कंचि दर्थमभिप्रेत्यसासंख्येत्युपधार्यताम् ८२ इदंपूर्वमिदंपश्चाद्वक्तव्यंयद्विवक्षितम् ॥ क्रमयोगंतमप्याहुर्वाक्यंवाक्यविदोजनाः ८३ धर्मकामार्थमोक्षेपुप्रतिज्ञायविशे षतः ॥ इदंतदितिवाक्यांतेप्रोच्यतेसविनिर्णयः ८४ इच्छाद्वेषभवैर्दुःखैःप्रकर्षोयत्रजायते ॥ तत्रयानृपतेवृत्तिस्तत्प्रयोजनमिष्यते ८५ तान्येतानियथोक्ता निसौक्ष्म्यादीनिजनाधिप ॥ एकार्थसमवेतानिवाक्यंममनिशामय ८६

तेदोषः । तथासर्वस्याम्नायस्यप्रयोजनवदर्थपर्यवसायित्वात्वायोःशीघ्रगामित्वादिप्रतिपादनेशास्त्रस्यप्रवृत्तिनिवृत्तिकरत्वायोगात् आनर्थक्यलक्षणाप्रामाण्याद्वरंविधेयार्थप्राशस्त्यसमर्पणेनार्थवत्त्वमितिसिद्धांतेगुणाः पूर्वपक्षेदोषाश्च । एतत्सांख्यं अत्रैवक्रमाख्यंपूर्वोत्तरपक्षयोर्बलाबलमुन्नेयं पूर्वपक्षेआनर्थक्यात्दुर्बलत्वं सिद्धांतेऽर्थवत्वात्प्राबल्यमितिइतएवनिर्णयः । अर्थवादानांप्रयाजादिवाक्यानामिवप्रधानविधिनावाक्यैकवा क्यतानास्तिअपितुपदैकवाक्यतैवेतितस्माद्वायुर्वाइत्यादिकमेवपदमविधायकं अतःप्रशीघ्रगामिदेवताकंकर्मशीघ्रफलदमितिस्तुतिःसिद्धांतेफलं । पूर्वपक्षेतुयतोवायुःक्षेपिष्ठाऽतिशयेनक्षिप्रगामिनीदेवतेतिस्वयमपिधाव नंकर्तव्यमिति । इदंपदैकत्वानेकत्वेसौक्ष्म्यादिकंवाक्यैकत्वानेकत्वेतुवैश्वानरंद्वादशकपालंनिर्वपेत्पुत्रेजातेयदष्टाकपालोभवत्यष्टाक्षरागायत्रीत्यादौसंशयः । किंद्वादशकपालेएवअष्टाकपालत्वादिर्वैकल्पिकोगुणविधि रुततस्यैवावयवद्वारास्तुतिरिति तत्रउत्पत्तिशिष्टद्वादशत्वावरुद्धेउत्पन्नशिष्टानामष्टत्वादीनांनिवेशायोगात्संभवत्येकवाक्यत्वेवाक्यभेदोहिनेष्यतइतिन्यायेनपुत्रेजातेइत्युपक्रम्ययस्मिन्जातएतामिष्टिंनिर्वपतीत्युपसंहा रेणउपक्रमोपसंहारयोरेकरूप्यान्नात्रवाक्यभेदेदोषापत्त्यागुणविधानंकर्तुंशक्यामिति । अत्रापिपूर्ववत्सौक्ष्म्यादिकंद्रष्टव्यंतथापदार्थेसौक्ष्म्यादि । 'इंद्रियेभ्यःपराह्यर्था अर्थेभ्यश्चपरंमनः ॥ मनसस्तुपराबुद्धिर्बुद्धेरात्मामहा न्परः ॥ महतःपरमव्यक्तं'इत्यत्राव्यक्तपदेनसांख्याभिमतंप्रधानंग्राह्यंरूढेरितिपूर्वःपक्षः । 'आत्मानंरथिनंविद्धिशरीरंरथमेवतु ॥ बुद्धिंतुसारथिंविद्धिमनःप्रग्रहमेवच । इंद्रियाणिहयानाहुर्विषयांस्तेषुगोचरान्'इति—

रथरूपककल्पनायांयेश्रूयंतेइंद्रियादयस्तएवक्रमव्युत्क्रमाभ्यांप्रत्यभिज्ञायंतेऽतःपरिशेषादव्यक्तशब्देनसूक्ष्मंशरीरमितिसिद्धांतः । तथावाक्यार्थेऽपिसौक्ष्म्यादिकमिंद्रेणप्रतर्दनंप्रत्युच्यतेप्राणोऽस्मिप्रज्ञात्मातंमामा
युरमृतमित्युपास्वेतिकिमिहवक्ताइंद्रएवोपास्यःउतमुख्यःप्राणःश्रौतार्थलाभात् उतप्रज्ञात्मेतिविशेषणाज्जीवः । उततद्यथापुरेषुनिमिरर्पितोनाभावराअर्पिताएवमास्मिन्प्राणेसर्वंसमर्पितमितिसर्वलयाधिष्ठानत्वोक्तेर्ब्र
ह्मवातत्रअन्यतमपरत्वमितिपूर्वःपक्षः । वाक्यभेदस्यायुक्तत्वेनैकस्मिन्नर्थेवाक्यपर्यवसानावश्यकत्वाद्धिततमंब्रूहीतिप्रक्रमात्ब्रह्मेतरस्याहिततमत्वायोगात् । वक्रात्मोपदेशस्यवामदेववदहंमनुरभवंसूर्यश्चेतिप्रत्यक्त
त्वानुसंधानपरत्वेब्रह्मपरत्वोपपत्तेः । प्राणादिधर्मवैशिष्ट्येनापिब्रह्मोपास्तिसंभवादुदाहृतोपसंहाराच्चब्रह्मपरत्वमितिसिद्धांतइतिदिक् ८६ एवंसौक्ष्म्याद्यंगपंचकंसलक्षणमंगिचवाक्यंसलक्षणमुक्त्वावाक्य
गुणानाह उपेतार्थमितित्रिभिः । अत्रालंकारिकैःश्लेषादयःशब्दगुणाश्चतुर्विंशतिःप्रतिपादिताः तेऽत्रशब्दांतरैःसंक्षेपेणचअंतर्भावेणचपंचदशप्रोक्ताः तत्रकेनशब्देनकोगुणउच्यतेकस्मिंश्चकोऽन्तर्भवतितत्संक्षेपेण
प्रकाश्यते तत्रश्लेषादयस्तावद्भोजेनप्रोक्ताः 'श्लेषः १ प्रसादः २ समता ३ माधुर्यं ४ सुकुमारता ५। अर्थव्यक्ति ६ स्तथाकांति ७ रुदारत्व ८ मुदात्तता ९। ओज १० स्तस्थान्यदौर्जित्यं ११ प्रेयान
१२ थसुशब्दता १३। तद्वत्समाधिः १४ सौक्ष्म्यं १५ चगांभीर्य १६ मथविस्तरः १७। संक्षेपः १८ संमितत्वंच १९ भाविकत्वं २० गतिस्तथा २१। रीति २२ रुक्ति २३ स्तथाप्रौढिः
२४' इति 'श्लेषःसाम्यंकांतिरोजऔर्जित्यौदार्यरीतयः ॥ गतिश्चांतर्भवंत्यष्टौश्लक्ष्णेत्वंधगुणावने' उपेतार्थअर्थव्यक्तिःसंपूर्णवाक्यत्वरूपा १ अभिन्नार्थमनानार्थं प्रसिद्धार्थपदत्वंप्रसादाख्यं २ न्याय

उपेतार्थमभिन्नार्थंन्यायवृत्तंनचाधिकम् ॥ नाश्लक्ष्णंनचसंदिग्धंवक्ष्यामिपरमंततः ८७
नगुर्वक्षरसंयुक्तंपराङ्मुखसुखंनच ॥ नानृतंनत्रिवर्गेणविरुद्धंनाप्यसंस्कृतम् ८८
नन्यूनंकष्टशब्दंवाविक्रमाभिहितंनच ॥ नशेषमनुकल्पेनानिष्कारणमहेतुकम् ८९

वृत्तंश्लाघ्यैर्विशेषणैर्योगउदात्तताख्यः ३ नचाधिकंसंक्षिप्तम् ४ नाश्लक्ष्णंश्लेषाद्यष्टगुणयुक्तं ५ नसंदिग्धंविविक्तपदतारूपमाधुर्यवत् ६ एतेषड्वाक्यगुणाः ८७ अतःपरंनवपददोषास्तेऽपिविपर्ययेणवाक्य
गुणाएवेतिनञ्संबंधाद्बोध्याःनगुर्वक्षरसंयुक्तं अनिष्ठुराक्षरप्रायंसुकुमाराख्यं निष्ठुराक्षरंतु'शुष्कोवृक्षस्तिष्ठत्यग्रे'एवमादि १ पराङ्मुखानांसुखकरंग्राम्यं अश्लीलामंगलघृणावदर्थंग्राम्यं इदंचनतथा अंतर्मुखग्राह्यं
सूक्ष्मार्थमित्यर्थः यथोक्तं 'अंतःसंजल्परूपत्वंशब्दानांसौक्ष्म्यमुच्यते' उदाहृतंच'केवलंदधतिकर्तृवाचिनःप्रत्ययानिहनजातुकर्मणि । धावतःसृजतिसंहृशास्तयःस्तौतिरत्रविपरीतकारकः'इति २ अनृतंपुराणा
द्यमूलकंमेघसंदेशादिवत् ततोऽन्यत्श्रुत्यादिमूलकतयाप्रौढोक्तिरूपम् ३ त्रिवर्गेणविरुद्धं असावनुपनीतोऽपिवेदानधिजगेगुरोरितिधर्मशास्त्रविरुद्धं कामोपभोगसाकल्यफलोराज्ञांमहीजयइत्यर्थशास्त्रविरुद्धं
' तवोत्तरोष्ठेबिंबोष्ठिदशनांकोविराजते'इतिकर्मशास्त्रविरुद्धंच तदन्यत् श्रेयस्करंप्रेयःसंज्ञं असंस्कृतंदेश्यं तद्यथा 'गल्लौलावण्यतल्लौतेलडहांमडहोभुजौ ॥ नेत्रेसेवाट्टकंदोट्टमोट्टायितसखेसखि' । तदन्यत् उक्तिसं
ज्ञंविशिष्टभणितिरूपं ८८ न्यूनमसमर्थं 'असंगतंपदंयत्तदसमर्थमितिस्मृतं' इदंतदन्यत्समर्थविस्तररूपं ६ कष्टशब्दंछंदोव्याकरणदोषयुक्तंतदन्यत्सुशब्दतारूपं ७ विक्रमाभिहितंउदारत्वं नृत्यद्भिरिवपदैर्वाक्य
रचनंगुणः नचेतिचकारात्पूर्वनकारानुवृत्तिः नकारद्वयेनौदार्याधिक्यंसूचितं तदन्यत्क्लिष्टं यथोक्तं 'दूरंयस्यार्थसंवित्तिःक्लिष्टंनेष्टंहितत्सतां'उदाहृतंच 'विजितात्मभवद्वेषी'इत्यादि विनागरुत्मताजितइंद्रस्तस्या
त्मभवोऽर्जुनस्तस्यद्वेषीकर्णइत्यर्थः ८ नशेषं शेषःपदांतराध्याहारःअनुकल्पोलक्षणातयायुक्तत्वं निष्कारणंनिष्प्रयोजनं अहेतुकंयुक्तिशून्यं अध्याहारलक्षणाफलयुक्त्यपेक्षमित्यर्थः यथाइपेत्वेतिवाक्यंछिनद्मी

त्यध्याहारसापेक्षं मित्रंप्रतिविषंभुंक्ष्वेतिवचनंशत्रुगृहेभोजननिषेधलक्षणार्थं एतच्च 'समाधिःसोऽन्यधर्माणांयदन्यत्रप्रकल्पनं'इत्यालंकारिकाणांगुणः तथापिवेदार्थमर्यादाविदांमतेऽयंदोषः प्रयोजनहीनंराजासौ गच्छतीत्यादिनिर्युक्तिकं 'गोरपत्यंबलीवर्दस्तृणमत्तिमुखेनसः'इति एतैर्दोषैर्हीनंभाविकत्वादिगुणांतरयुक्तं तएतेनवशब्दानांगुणानवदोषाश्चतंत्रेणैवनञ्वद्भिःपदैर्दर्शिताः यद्यपिउपेतार्थमितिश्लोकेऽपिनञ्वांति पदानिवर्तंतेतथापितल्लक्ष्याणांदोषाणामेष्वेवांतर्भावान्नतत्रापितद्व्यर्थत्वंकल्पितं तथानिष्ठुराक्षरत्वादीनांदोषाणामपिगुणत्वंकेनचिन्निमित्तेनोच्यते यथा 'यच्छ्रुतेर्विरसंकष्टंतस्यदुर्वचकादिषु । गुणत्वमनुमन्यंते सानुप्रासस्यसूरयः'इति 'भ्राष्ट्रास्त्वाष्ट्रारिराष्ट्रेनभ्राष्ट्रेनादंष्ट्रिणोजनाः । धार्तराष्ट्राःसुराष्ट्रेनमहाराष्ट्रेचनोष्ट्रिणः'इत्यादिग्रंथांतरेद्रष्टव्यं मोक्षकथान्यवधायकत्वाच्चनैतत्प्रपंचितं तदेतदभिप्रेत्योक्तंनववाग्दोषाअष्टादशवाचोगुणाइति ८९ नवबुद्धिदोषानाह कामादिति। अनार्यकात्दर्पात् ह्रीतःत्रपातः अनुक्रोशतःकृपातः ९० वाक्यगुणानुक्त्वावक्तृगुणानाह वक्तेति। अविकलमव्यग्रंयथास्यात्तथाविवक्षायांतत्त्वनिर्णयार्थायां कथायांसमंसिद्धांताविरोधेनयदाएतिप्रविशतितदासःविवक्षितार्थःप्रकाशते नतूभयोरप्युत्पथगामित्वे ९१ तयोरेवस्वस्वपक्षाग्रहेऽर्थनिर्णयोनभवतीत्याह वक्तव्येइति। स्वार्थंस्वेनपरिगृहीतमर्थंपरार्थंमुत्कृष्टमर्थं यदारो

कामात्क्रोधाद्भयाल्लोभाद्दैन्याच्चानार्यकात्तथा॥ ह्रीतोनक्रोशतोमानान्नवक्ष्यामिकथंचन९० वक्ताश्रोताचवाक्यंचयदात्वविकलंनृप॥ सममेतिविवक्षायांतदासोर्थःप्रकाशते ९१ वक्तव्येतुयदावक्ताश्रोतारमवमन्यवै ॥ स्वार्थमाहपरार्थंतत्तदावाक्यंनरोहति ९२ अथयःस्वार्थमुत्सृज्यपरार्थंप्राहमानवः ॥ विशंकाजायतेतस्मिन्वाक्यंतदपिदोषवत् ९३ यस्तुवक्ताद्वयोरर्थमविरुद्धंप्रभाषते ॥ श्रोतुश्चैवात्मनश्चैवसवक्तानेतरोनृप ९४ तदर्थवदिदंवाक्यंराजन्नेकमनाःशृणु ॥ यथाजतुचकाष्ठंचपांसवश्चोदबिंदवः ९५ संश्लिष्टानितथाराजन्प्राणिनामिहसंभवः ॥ शब्दःस्पर्शोरसोरूपंगंधःपंचेंद्रियाणिच ९६ पृथगात्मानआत्मानंसंश्लिष्टाजतुकाष्ठवत् ॥ नचैषांचोदनाकाचिदस्तीत्येषविनिश्चयः ९७ एकैकस्येहविज्ञानंनास्त्यात्मनितथापरे ॥ नवेदचक्षुश्चक्षुष्ट्वंश्रोत्रंनात्मनिवर्तते ९८ तथैवव्यभिचारेणनवर्तन्तेपरस्परम् ॥ प्रश्लिष्टंचनजानंतियथाऽऽपइवपांसवः ९९ बाह्यानन्यानपेक्षंतेगुणांस्तानपिमेशृणु ॥ रूपंचक्षुःप्रकाशश्चदर्शनेहेतवस्त्रयः १००

इतिर्हृदयेरूढंभवति ९२ विशंकाभ्रमविप्रलंभकत्वादिबुद्धिःरूपा ९३ । ९४ जडादेहेंद्रियादेर्वामदेववदात्मानंपृथक्पश्यंतीसुलभाप्राणिनःकिंचिदचित्संघातात्मनांजीवानांसंबंधीकेवलश्चिदंशआकाशवत्त्वयिमयिच एकोवाङ्मनसातीतश्चेतिनप्रष्टव्य एवमचिदंशोऽपिकाष्ठलोष्ठसमःस्वदेहवत्सुतरांनप्रष्टव्यइत्याह यथेत्यादिना ९५ । ९६ आत्मानंशब्दाद्यात्मकवियदादिसंघातं पृथमात्मानःनानारूपाःसंतः जतुकाष्ठंबालक्रीडनकं यथापृथगात्मनीजतुकाष्ठेसंश्रयतोनचताभ्यामन्यत्तस्यरूपंगृह्यतेतद्वदिहापीत्यर्थः एषांव्यस्तानांसंहतानांवाचोदनाकोसीतिवदेत्येवंरूपाप्रेरणानास्त्यचेतनत्वादित्याह नचेति ९७ व्यस्तानामचेतनत्वंपरस्यस्वस्य चाज्ञानादित्याह एकैकस्येति । आत्मनिवर्तते चक्षुर्वत्स्वरूपंनजानातीत्यर्थः ९८ अज्ञानेहेतुमाह तथेति । संघातादन्यस्तत्प्रकाशकोदृष्टोघटादिवत्सूर्यःनचैतेसंघातात्पृथग्दृश्यंतेऽतोऽप्रकाशात्मत्वादात्मानंपरस्परमन्यंचनप्रकाशयंतीत्यर्थः संभूयाप्येतेनजानंतीत्याह प्रश्लिष्टमिति । प्रश्लिष्टंयथास्यात्तथासंश्लेषंप्राप्यापीत्यर्थः ९९ ननुचक्षुरादयोऽपिदेहाश्रिताःसंतोघटादीन्सूर्यादिवत्प्रकाशयंत्येवेत्याह बाह्यानिति। यथाचक्षुःस्वापेक्ष्याबाह्यमालोकंघटप्रकाशार्थमपेक्षतेनैवंसूर्यइतितस्यैवप्रकाशकत्वंनबाह्यापेक्षस्यचक्षुषइत्यर्थः । बाह्यानेवाह रूपमिति । यथारूपमालोकश्चतद्वच्चक्षुरपिसहकार्येवनतुप्रकाशकमितिभावः १००

ननुबाह्येत्यप्रयोजकंयथासूर्यश्चक्षुरपेक्षोपिनाप्रकाशकएवंचक्षुःसूर्यापेक्षमपीत्याशंक्याह   ज्ञानेति । ज्ञानंप्रकाशोज्ञेयंरूपादितयोरंतरालेचक्षुरपेक्षयाऽपरोमनोनामगुणोस्ति १०१ तत्सत्त्वेमानमाह विचारयतीति । निश्चयनिमित्तंचक्षुर्निमीलनेऽपियेनकरणेनायंभोक्तासाध्वसाधुनीविचारयतितन्मनः; बाह्यानपेक्षप्रकाशकत्वमेवस्वप्रकाशत्वंतच्चदृष्टांतेसूर्येएवास्तिनचक्षुषितस्यसूर्यापेक्षत्वात्   नापिमनसितस्यापिघटादौचक्षुराद्यपेक्षत्वात्अतःसुस्थितमिदंस्वप्रकाशत्वलक्षणं अस्यलक्षणस्यबुद्ध्यादिष्वपिसद्भावंवारयितुंतेषामपिबाह्यापेक्षत्वमाह द्वादशस्त्वित्यादिना २ संशयपूर्वेषुबुद्धिःस्वकार्येनिश्चयेकर्तव्येस्वस्माद्बाह्यंसंशयात्मकंमनोऽपेक्षते इत्यर्थः व्यवस्यतिनिश्चिनोति भूतेंद्रियमनांस्यपेक्ष्यबुद्धेर्द्वादशत्वं बुद्धिद्रव्यस्योपादानंसत्त्वं तस्यरजस्तमोभ्यामत्यंताभिभवेमध्यत्वंकिंचिदभिभवेमहत्त्वं तस्याल्पत्वादिकंदेहात्मकर्त्रात्मासंगचिदात्मादिनिश्चयद्वाराऽनुमीयतेज्ञायते अक्षरार्थःस्पष्टः ३ अहंकर्तेति । येनसत्वेनाहंकर्ताममायंनिश्चयइतिमन्यतेसतत्रसत्त्वेचतुर्दशोगुणः सत्वमपेक्ष्यबुद्धिनिश्चयप्रकाशकेऽहमर्थेऽपिबाह्यानपेक्षप्रकाशकत्वलक्षणंस्वप्रकाशत्वंनास्तीत्यर्थः ४ कलाःप्राणाच्छ्रद्धांखंवायुर्ज्योतिरापःपृथिवींद्रियंमनोऽन्नंअन्नाद्वीर्यंतपोमंत्राःकर्मलोकेषुनामचेतिश्रुत्युक्ताःषोडशतासांसमूहस्यसामग्र्यंवासनात्मकंजगदहंकर्तर्यस्ति   यथोक्तंवासिष्ठे 'यत्राहंत्वंजगत्तत्रपूर्वमागत्यतिष्ठति । त्रसरेणूदरेऽपींद्रोह्यपश्यद्भुवनत्रयम्'इति । वासनाप्यहंकारद्वारास्वकार्यंजगत्प्रकाशयतीतिनस्वप्रकाश्येत्यर्थः ५ गुणइति । तत्रवासनायांतदुपादानभूतोगुणः त्रिगुणात्मत्वात्संघातइवजगदंकु

यथैवात्रतथाऽन्येषुज्ञानज्ञेयेषुहेतवः ॥ ज्ञानज्ञेयांतरेतस्मिन्मनोनामापरोगुणः १०१ विचारयतियेनायंनिश्चयेसाध्वसाधुनी ॥
द्वादशस्त्वपरस्तत्रबुद्धिर्नामगुणःस्मृतः ॥ येनसंशयपूर्वेषुबोद्धव्येषुव्यवस्यति २ अथद्वादशकेतस्मिन्सत्वंनामापरोगुणः ॥
महासत्वोऽल्पसत्वोवाजंतुर्येनानुमीयते ३ अहंकर्तेतिचाप्यन्योगुणस्तत्रचतुर्दशः ॥ ममायमितियेनायंमन्यतेनममेतिच ४
अथपंचदशोराजन्गुणस्तत्रापरःस्मृतः ॥ पृथक्कलासमूहस्यसामग्र्यंतदिहोच्यते ५ गुणस्त्वेवापरस्तत्रसंघातइवषोडशः ॥
प्रकृतिर्व्यक्तिरित्येतौगुणौयस्मिन्समाश्रितौ ६ सुखासुखेजरामृत्यूलाभालाभौप्रियाप्रिये ॥ इतिचैकोनविंशोऽयंद्वंद्वयोगइतिस्मृतः ७

रबीजभूतोऽविद्यासंज्ञकोगुणःषोडशोऽस्ति'सुषुप्ताख्यंतमोज्ञानंयद्बीजंस्वप्रबोधयोः'इतिस्मृतेःसौषुप्ताज्ञानस्यसंहतत्वेनाभासमानत्वात्संघातेऽपिलौकिकानुभवापेक्षा   संहतत्वविवक्षयाइवशब्दः 'तत्राकस्मात्परित्यक्तपूर्वापरविचारणं । यदादानंपदार्थस्यवासनासाप्रकीर्तिता'इतिवासिष्ठोक्तोक्तलक्षणवासनाद्वारासौषुप्ताविद्याप्यहमर्थंजनयतीतिनतस्यामपिबाह्यानपेक्षप्रकाशकत्वमस्तीतिनासावपिस्वप्रकाशा   तथायस्मिन्षोडशेसौषुप्ताज्ञानेप्रकृतिःमायाव्यक्तिस्तत्प्रकाशइत्येतौद्वौगुणावाश्रितौकल्पितरजतेइवशुक्तीदमंशः   मायाशबलेब्रह्मण्येवसौषुप्ताज्ञानमध्यस्तामित्यर्थः   अतएवसौषुप्तंप्रकृत्यतदीयपारमार्थिकरूपापेक्षयाएषसर्वेश्वरएषसर्वज्ञइत्यादिर्मांडूक्येतस्येश्वरत्वंसमाम्नातंविवक्षाभेदाज्जीवमप्येनंवदंति यदाहुर्बाह्याअपिजीवस्यदेहाभिमानलयेसार्वज्ञ्यमस्तीति 'मणिहुतवहतारासोमसूर्यादयोऽपिक्षितिविषयमिहाल्पंबाह्यमुद्योतयंति । सहजलयसमुत्थंद्योतयेज्ज्योतिरंतस्त्रिभुवनमपिसूक्ष्मस्थूलभेदंक्रमेण'इति । एतयोश्चप्रकृतिव्यक्त्योर्गुणत्वंदृश्यत्वादेव तथाहि दर्पणेनमुखमिवप्रकृत्याचिदात्मादृश्यते   चंद्रेणराहुरिवचिदात्मनाप्रकृतिःप्रकाश्यते अतोयद्यस्यसाधकंतत्तत आंतरमित्यनुगमात्   एतयोःपरस्परापेक्षयाबाह्यत्वात्   स्वस्वकार्यप्रकाशेपरस्परापेक्षत्वाच्चनद्वयोरपिबाह्यानपेक्षप्रकाशकत्वलक्षणंस्वप्रकाशकत्वमस्तीतिप्रकृतेर्निष्कृष्टश्चेतनःस्वप्रकाश इतिभावः ६ तत्रप्रकृतिकार्यमाह सुखेति १०७

व्यक्तिकार्यमाह ऊर्ध्वमिति । कालः अविद्याख्यः षोडशोगुणयुक्तः तदुपाधिर्जीवः कालसंज्ञः तस्यसदसद्वासनामयत्वात्कृतत्रेतादिकालरूपत्वंभागुक्तंनमस्त्यर्तव्यं विंशत्यासंख्यातं ८ महाभूतानिदेहा रंभकाण्यन्यतिरिक्तानि सद्भावयोगःइहघटोऽस्तीत्यादिर्व्यपदेशःअसद्भावयोगइहघटोनास्तीत्यादिर्व्यपदेशः यद्वाममाश्रमविषयौसदसद्भावयोगौज्ञेयौ ९ विधिःवासनाबीजभूतौधर्माधर्मौ शुक्रंवासनोद्बोधकः
॥ २२५ ॥ संस्कारः बलंवासनाविषयप्राप्त्यनुकूलोयत्नः संघातधर्मत्वेनएतेषांपृथग्ग्रहणं ११० विंशतिर्दशचेतितिंशत्संघातःशरीरं ११ अस्यत्रिंशकस्योत्पत्तौमतांतराण्याह आव्यक्तमिति । अव्यक्तंमधानं प्रकृतिमुपादानं कलानांत्रिंशत्संख्यानां कश्चिन्निरीश्वरसांख्यः व्यक्तंपरमाणवः चकारादव्यक्तंकालादृष्टेश्वरादि स्थूलदर्शीकणादादिः १२ अव्यक्तंकापिलाः व्यक्तंचतुर्विधाःपरमाणवएवेतिचार्वाकाः द्वयींकाणादाः चतुष्टयीं व्यवहारेस्वयमभ्युपगतांजीवेशौस्वस्योपाधियुतौपश्यंतिद्वयाविषयीकुर्वंति इदंसर्वमप्यस्माकमध्यात्मविदामविरुद्धं :व्यावहारिकेष्वर्थेष्वतात्विकेपुनातीवाभिनिवेष्टव्यमित्याशयः १३ कतर्हीभिनिवेष्टव्यमतआह येयमिति । इयमितिप्रत्यक्त्वेनाभिनीयदर्शयति प्रकृतिरधिष्ठानमात्रत्वेनोपादानं अव्यक्तात्रिंशकवद्बुध्यानगृहीता अदृष्टोद्रष्टेत्यादिश्रुतेर्वाङ्मनसातीतत्वात् कलाभिरुक्ताभिरेवत्रिंशत्संख्याभिः इत्थंभावेतृतीया ।

ऊर्ध्वंचैकोनविंशत्याकालोनामापरोगुणः॥ इतीमंविद्धिविंशत्याभूतानांप्रभवाप्ययम् ८ विंशकश्चैषसंघातोमहाभूतानिपंचच॥सदसद्भावयोगौतुगुणावन्यौप्रकाशकौ ९ इत्येवंविंशकश्चैवगुणाःसप्तचयेस्मृताः ॥विधिःशुक्रंबलंचेतित्रयएतेगुणाःपरे ११० विंशतिर्दशचैवंहिगुणाःसंख्यानतःस्मृताः ॥ समग्रायत्रवर्तन्तेतच्छरीरमितिस्मृतम् ११ अव्यक्तंप्रकृतिंत्वासांकलानांकश्चिदिच्छति ॥ व्यक्तंचासांतथाचान्यःस्थूलदर्शीप्रपश्यति १२ अव्यक्तंयदिवाव्यक्तंद्वयमिथचतुष्टयीम् ॥ प्रकृतिंसर्वभूतानांपश्यंत्यध्यात्मचिंतकाः १३ येयंप्रकृतिरव्यक्ताकलाभिर्व्यक्ततांगता ॥ अहंचत्वंचराजेंद्रयेचाप्यन्येशरीरिणः१४ बिंदुन्यासादयोऽवस्थाःशुक्रशोणितसंभवाः ॥ यासामेवनिपातेनकललंनामजायते १५ कललाद्बुद्बुदोत्पत्तिःपेशीचबुद्बुदात्स्मृता॥पेश्यास्त्वंगाभिनिर्वृत्तिर्नखरोमणिचांगतः १६ संपूर्णेनवमेमासिजंतोर्जातस्यमैथिल ॥ जायतेनामरूपत्वंस्त्रीपुमान्वेतिलिंगतः १७ जातमात्रंतुतद्रूपंदृष्ट्वाताम्रनखांगुलि ॥ कौमाररूपमापन्नंरूपतोनोपलभ्यते १८ कौमाराद्यौवनंचापिस्थाविर्यंचापियौवनात् ॥ अनेनक्रमयोगेनपूर्वंपूर्वंनलभ्यते १९ कलानांपृथगर्थानांप्रतिभेदःक्षणेक्षणे ॥ वर्त्ततेसर्वभूतेषुसौक्ष्म्यात्तुनविभाव्यते १२० नचैषामत्ययोराजन्लक्ष्यतेप्रभवोनच ॥ अवस्थायामवस्थायांदीपस्येवार्चिषोगतिः २१ तस्याप्येवंप्रभावस्यसदश्वस्येवधावतः ॥ अजस्रंसर्वलोकस्यकःकुतोवानवाकुतः २२

माययाकलात्मनाव्यक्तताद्दश्यतांगतेत्यर्थः याचनिष्कलाबाह्यानपेक्षप्रकाशकतयासूर्यवत्त्रिंशकादन्यास्वयंज्योतिःसैवत्वंचाहंचान्येचस्मः सर्वेषांप्रत्यग्भूतआत्मेत्यर्थः घटमणिकमल्लिकाद्याकाशानामिवोपाधिप्रतिसंधानमंतरेणभेदस्याविभाव्यमानत्वात्सर्वेषामस्माकंतन्मात्रत्वमितिभावः नन्वस्यापिमुकुरमुखवद्बाह्यापेक्षप्रकाशत्वमुक्तं न प्रतिबिंबस्यैवसप्रकाशोनत्वस्येतिदिक् १४ एवंचिदंशाभिप्रायेणकाऽसीत्यादिप्रश्नानुपपत्तिमुक्त्वाजडांशाभिप्रायेणापितामाह बिंद्विति । बिंदुन्यासोरेतःसेकस्ततःशुक्रशोणितसंयोगाद्भवंतिताः निपातेनमिश्रणेन कललंपरस्पराविविक्तं १५ । १६ । १७ । १८ । १९ कलानांपरिणामवतीनां पृथगर्थानांरूपादिप्रकाशार्थानांप्रतिभेदोरूपभेदः १२० सौक्ष्म्यादित्येवविवृणोति नचेति २१ एवंपरिणामभेदाद्द्रव्यभेदमुपेत्यप्रश्नोत्त रक्षणयोर्देहभेदात्कासिकस्यासीतिप्रश्नस्यानुपपत्तिमुक्त्वादेहस्यानित्यत्वादपितदयोगमाह तस्येति २२ ॥ २२५ ॥

२३ आदित्यात्सूर्यकान्तेन मणेर्लोहसंबंधात् वीरुद्भ्योमंथनादिना कलानांसमुदयात् इवशब्दोऽनर्थकःपादपूरणार्थः २४ आत्मनीतिसार्धश्लोकः आत्मनिदेहे आत्मानंदेहं आत्मानंनिष्कलं देहात्म
वन्निष्कलात्मानमपियद्यसंदिग्धंपश्यसितार्हिब्रह्मनिष्ठस्त्वमैकात्म्यविस्वादन्यास्मिन्नपिदेहेनिष्कलमेवकुतोनपश्यसीत्यर्थः 'देहात्मज्ञानवज्ज्ञानंदेहात्मज्ञानबाधकं । ज्ञानंयस्यभवेद्राजनसनेच्छन्नपिमुच्यते' इतिदेहज्ञान
दृष्टांतःशुद्धज्ञानेऽस्तितमज्ञात्वाकेचिदिहमध्यममर्धंनपठंति २५ । २६ । २७ कृतवानुचितक्रियावान् भावेनिष्ठा २८ धर्मोर्थःकामइत्यसंकीर्णास्त्रयः धर्मार्थयोर्धर्मकामयोःकामार्थयोश्चेतिसंकीर्णाद्विकास्त्रयः
धर्मार्थकामानांत्रिसंकीर्णस्त्रिकःएकइतिसप्तधा त्रिवर्गासक्तोनमुच्यतइत्यर्थः २९ । १३० अविरक्तस्याऽपथ्यशीलस्य ३१ तानीतिसंगस्थानानिक्रयादीन्यात्मन्येवसंपश्येन्नतुबहिः आत्मक्रीडआत्मर

कस्येदंकस्यवानेदंकुतोवेदंनवाकुतः ॥ संबंधःकोऽस्तिभूतानास्वरप्यवयवैरिह २३यथाऽऽदित्यान्मणेश्चापिवीरुद्भ्यश्चैवपावकः ॥ जायंत्येवंसमुदयात्कलानामि
वजंतवः २४ आत्मन्येवात्मनाऽऽत्मानंयथात्वमनुपश्यसि ॥ एवमेवात्मनाऽऽत्मानंयथात्वमनुपश्यासि ॥ एवमेवात्मनाऽऽत्मानमन्यस्मिन्किंनपश्यसि २५
यद्यात्मनिपरस्मिंश्चसमतामध्यवस्यसि ॥ अथमांकाऽसिकस्येतिकिमर्थमनुपृच्छसि २६ इदंमेस्यादिदंनेतिद्वन्द्वैर्मुक्तस्यमैथिल ॥ काऽसिकस्यकुतोवेतिवचनैः
किंप्रयोजनम् २७ रिपौमित्रेऽथमध्यस्थेविजयेसंधिविग्रहे ॥ कृतवान्योमहीपालःकिंतस्मिन्मुक्तलक्षणम् २८ त्रिवर्गंसप्तधाव्यक्तंयोनवेदेहकर्मसु ॥ संगवान्य
स्त्रिवर्गेणकिंतस्मिन्मुक्तलक्षणम् २९ प्रियेवाऽप्यप्रियेवाऽपिदुर्बलेबलवत्यपि ॥ यस्यनास्तिसमंचक्षुःकिंतस्मिन्मुक्तलक्षणम् १३० तदयुक्तस्यतेमोक्षेयोऽभि
मानोभवेन्नृप ॥ सुहृद्भिःसन्निवार्यस्तेऽविरक्तस्येवभेषजम् ३१ तानितानितुसंचिंत्यसंगस्थानान्यरिंदम ॥ आत्मनात्मनिसंपश्येत्किमन्यन्मुक्तलक्षणम् ३२
इमान्यन्यानिसूक्ष्माणिमोक्षमाश्रित्यकानिचित् ॥ चतुरंगप्रवृत्तानिसंगस्थानानिमेशृणु ३३ यइमांपृथिवींकृत्स्नामेकच्छत्रांप्रशास्तिह ॥ एकएवसवैराजापुरम
ध्यावसत्युत ३४ तत्पुरेचैकमेवास्यगृहंयदधितिष्ठति ॥ गृहेशयनमप्येकंनिशायांयत्रलीयते ३५ शय्यार्धंतस्यचाप्यत्रस्त्रीपूर्वमधितिष्ठति ॥ तदनेनप्रसंगे
नफलेनैवेहयुज्यते ३६ एवमेवोपभोगेषुभोजनाच्छादनेषुच ॥ गुणेषुपरिमेयेषुनिग्रहानुग्रहंप्रति ३७ परतंत्रःसदाराजास्वल्पेष्वपिप्रसज्जते ॥ संधिविग्रहयो
गेचकुतोराज्ञःस्वतंत्रता ३८ स्त्रीषुक्रीडाविहारेषुनित्यमस्यास्वतंत्रता ॥ मंत्रेचामात्यसमितौकुतस्तस्यस्वतंत्रता ३९ यदाह्याज्ञापयत्यन्यांस्तत्रास्योक्ताऽ
स्वतंत्रता ॥ अवशःकार्यतेतत्रतस्मिंस्तस्मिन्क्षणेस्थितः १४० स्वप्नकामोनलभतेस्वप्तुंकार्यार्थिभिर्जनैः ॥ शयनेचाप्यनुज्ञातःसुप्तउत्थाप्यतेऽवशः ४१
स्नाह्यालभपिबप्राशजुहुध्यग्नीन्यजेत्यपि ॥ ब्रवीहिशृणुचापीतिविवशःकार्यतेपरैः ४२

तिश्चयःसएवमुक्तइत्यर्थः ३२ चतुर्ष्वंगेषुशयनोपभोगभोजनाच्छादनेषुप्रवृत्तानिसंगस्थानानिपृथिव्यादीनि ३३ यदुक्तंमवेशस्तेकुतःकेनममराज्येपुरेऽपिवेतितत्रतवपुरादिनासंबंधएवनास्तीत्याह यइमा
मिति । पृथ्वीपतिःपुरेऽस्तीतिपृथ्वीव्यर्थापुरेशोगृहेऽस्तीतिपुरंव्यर्थंगृहेशोऽपिमंचेऽस्तीतिगृहंव्यर्थंमंचस्थोऽप्येकदेशेऽस्तीतितदीयप्रदेशांतरंव्यर्थं अल्पेनैवनिर्वाहसिद्धेरधिकेममतामोहमात्रं यथोक्तं 'गोशतादपि
गोक्षीरंप्रस्थंधान्यशतादपि । प्रासादादपिखट्वार्धशेषाःपरविभूतयः' इति ३४ । ३५ । १६ ! ३७ । ३८ । ३९ । ४० । ४१ । ४२

४३ । ४४ । ४५ । ४६ । एवंराज्येदुःखान्युक्त्वायत्तत्रसुखंतत्सर्वेषामप्यस्तीत्याह स्वेस्वेइति ४७ । ४८ राज्याभिमानेतापोऽधिकइत्याह हतइति ४९ अमुक्तोनित्यसंबद्धः १५० । ५१ । ५२ कइति । प्राप्यकोऽभिपद्येतनकोऽपीत्यर्थः अतउपशममेवलभेत्प्राप्नुयात् ५३ त्रिदंडविष्टंभोयथान्योन्याश्रयेणतिष्ठत्येवंमित्रादयःसप्त नात्रतेषांप्रधानगुणभावोऽस्तीत्यर्थः ५४ । ५५ तत्रोदयाद्वृद्धिक्षयस्थानाख्यानी तिशास्त्रोक्ताः ५६ संभूयेति । तथाऽचेतनःकोशःस्वपुष्ट्यैमित्रादीनभुंक्तेएवंमित्रादयोऽपिकोशमितिजडयोरेवोपकार्योपकारकभावोनतुजडाजडयोः ५७ । ५८ असतीतिच्छेदः परमोक्षसुखं ५९ । ६० ६१

अभिगम्याभिगम्यैवंयाचंतेसततंनराः ॥ नचाप्युत्सहतेदातुंवित्तरक्षीमहाजनान् ४३ दानेकोशक्षयोऽप्यस्यवैरंचास्यप्रयच्छतः ॥ क्षणेनास्योपवर्तन्तेदोषावैराग्य कारकाः ४४ प्राज्ञान्शूरांस्तथैवाढ्यानेकस्थानपिशंकते ॥ भयमप्यभयेराज्ञोयैश्चनित्यमुपास्यते ४५ तथाचैतेप्रदुष्यंतिराजन्येकीर्त्तितामया ॥ तथैवास्यभ यंतेभ्योजायतेपश्ययादृशम् ४६ सर्वःस्वेस्वेगृहेराजासर्वःस्वेस्वेगृहेगृही ॥ निग्रहानुग्रहान्कुर्वंस्तुल्योजनकराजभिः ४७ पुत्रादारास्तथैवात्माकोशोमित्रा णिसंचयाः ॥ परैःसाधारणाह्येतेतैस्तैरेवास्यहेतुभिः ४८ हतोदेशःपुरंदग्धंप्रधानःकुंजरोमृतः ॥ लोकसाधारणेष्वेषुमिथ्याज्ञानेनतप्यते ४९ अमुक्तोमानसै र्दुःखैरिच्छाद्वेषभयोद्भवैः ॥ शिरोरोगादिभीरोगैस्तथैवाभिनियंतृभिः ५० द्वन्द्वैस्तैस्तैस्त्वपहतःसर्वतःपरिशंकितः ॥ बहुप्रत्यर्थिकंराज्यमुपास्तेगणयन्निशाः ५१ तदल्पसुखमत्यर्थंबहुदुःखमसारवत् ॥ तृणाग्निज्वलनप्रख्यंफेनबुद्बुदसन्निभम् ५२ कोराज्यमभिपद्येतप्राप्यचोपशमंलभेत् ॥ ममेदमितियच्चेदंपुरंराष्ट्रंचम न्यसे ५३ बलंकोशममात्यांश्चकस्यैतानिनवानृप ॥ मित्रामात्यपुरंराष्ट्रंदंडःकोशोमहीपतिः ५४ सप्तांगस्यास्यराज्यस्यत्रिदंडस्येवतिष्ठतः ॥ अन्योन्यगुण युक्तस्यकःकेनगुणतोऽधिकः ५५ तेषुतेषुहिकालेषुतत्तदंगंविशिष्यते ॥ येनयत्सिध्यतेकार्यंतत्प्राधान्यायकल्पते ५६ सप्तांगश्चैवसंघातस्त्रयश्चान्येनृपोत्तम ॥ संभूयदशवर्गोऽयंभुंक्तेराज्यंहिराजवत् ॥ यश्चराजामहोत्साहःक्षत्रधर्मरतोभवेत् ५७ सतुष्येद्दशभागेनततस्त्वन्योदशावरैः ॥ नास्त्यसाधारणोराजानास्तिराज्य मराजकम् ५८ राज्येऽसतिकुतोधर्मोधर्मेऽसतिकुतःपरम् ॥ योप्यत्रपरमोधर्मःपवित्रंराजराज्ययोः ५९ पृथिवीदक्षिणायस्यसोऽश्वमेधोनयुज्यते ॥ साऽहमेता निकर्माणिराजदुःखानिमैथिल १६० समर्थाशतशोवक्तुमथवाऽपिसहस्रशः ॥ स्वदेहेनाभिषंगोमेकुतःपरपरिग्रहे ६१ नमामेवंविधांयुक्तामीदृशंवक्तुमर्हसि ॥ ननुनामत्वयामोक्षःकृत्स्नःपंचशिखाच्छ्रुतः ६२ सोपायःसोपनिषदःसोपासंगःसनिश्चयः ॥ तस्यतेमुक्तसंगस्यपाशानाक्रम्यतिष्ठतः ६३ छत्रादिषुविशेषेषुपुनः संगः कथंनृप ॥ श्रुतंतेनश्रुतंमन्येमृषावाऽपिश्रुतंश्रुतम् ६४ अथवाश्रुतसंकाशंश्रुतमन्यच्छ्रुतंत्वया ॥ अथापीमासुसंज्ञासुलौकिकीषुप्रतिष्ठसे ६५ अभिषंगावरो धाभ्यांबद्धस्त्वंप्राकृतोयथा ॥ सत्वेनानुप्रवेशोहियोऽयंत्वयिकृतोमया ६६

ईदृशंसत्वसंबंधेनसंकरकर्तृत्वं ६२ उपायोनिदिध्यासनं उपनिषच्छ्रवणमनने उपासंगोध्यानांगानियमादीनि निश्चयस्तद्धेतुर्ब्रह्मात्मैकत्वानुभवः पाशानाक्रम्यकामादीन्जित्वा ६३ श्रुतंशास्त्रंतेत्वयान श्रुतंनज्ञातं मृषादंभेन ६४ श्रुतसंकाशंशास्त्राभासरूपंश्रुतशास्त्रंत्वयाश्रुतमाकर्णितं संज्ञासु'वाचारंभणंविकारोनामधेयम्'इतिश्रुतेर्नाममात्रासुसंपत्सु ६५ । ६६

६७ शून्यंबोधशून्यंतवबुद्धिसत्वमितिभावः शून्यागारेवासश्चसंन्यासिनांधर्मइतिनममकश्चिद्दोषोऽस्ति ६८ । ६९ । १७० । ७१ । ७२ । ७३ मोक्षवार्चिकोवार्चामात्राभिज्ञोनतुमुक्तः ७४ मुक्तत्वेहिमाकथा वर्णसंकरमित्युक्तिरयुक्तेत्याह नहीति । एकत्वंचिदात्मनःपृथक्त्वंपुंप्रकृत्योः भावआत्मा अभावस्तुच्छरूपत्वात्प्रकृतिः अनयोःसमायोगेवर्णसंकरोनह्यस्ति ७५ कथंतर्हिवर्णसंकरोनिंद्यतइत्याशंक्यवर्णाश्रमाभि मानवशादित्याह वर्णाश्रमाइति । अपृथक्त्विनः पृथक्त्वंपुंप्रकृत्योर्विवेकस्तदस्यास्तीतिपृथक्त्वीतदन्यस्य अतएवपृथक्त्वेननानात्वेनवर्णाश्रमायस्यभांति दृष्टाअर्थायेनसःजगतःपृथक्त्वंमन्वानस्यैतद्दृष्ट्याव्य

किंतवापकृतंतत्रयदिमुक्तोऽसिसर्वशः ॥ नियमोह्येषुवर्णेषुयतीनांशून्यवासिता ६७ शून्यमावेशयंत्याचमयाकिंकस्यदूषितम् ॥ नपाणिभ्यांनबाहुभ्यांपादोरु भ्यांनचाऽनघ ६८ नगात्रावयवैरन्यैःस्पृशामित्वांनराधिप ॥ कुलेमहतिजातेनह्रीमतादीर्घदर्शिना ॥ नैतत्सदसिवक्तव्यंसद्वाऽसद्वामिथःकृतम् ६९ ब्राह्मणा गुरवश्चेमेतथामान्यागुरूत्तमाः ॥ त्वंचाथगुरुरप्येषामेवमन्योन्यगौरवम् १७० तदेवमनुसंदृश्यवाच्यावाच्यंपरीक्षता ॥ स्त्रीपुंसोःसमवायोऽयंत्वयावाच्यो नसंसदि ७१ यथापुष्करपर्णस्थंजलंतत्पर्णमस्पृशत् ॥ तिष्ठत्यस्पृशतीतद्वत्त्वयिवत्स्यामिमैथिल ७२ यदिचाप्यस्पृशंत्यामेस्पर्शंजानासिकंचन ॥ ज्ञानंकृत मबीजंतेकथंतेनेहभिक्षुणा ७३ सगार्हस्थ्याच्च्युतश्चत्वंमोक्षंचानाप्यदुर्विदम्॥ उभयोरंतरालेवैवर्त्तसेमोक्षवार्तिकः ७४ नहिमुक्तस्यमुक्तेनज्ञस्यैकत्वपृथक्त्वयोः ॥ भावाभावसमायोगेजायतेवर्णसंकरः ७५ वर्णाश्रमाःपृथक्त्वेनदृष्टार्थस्यापृथक्त्विनः ॥ नान्यदन्यदितिज्ञात्वानान्यदन्यत्रवर्त्तते ७६ पाणौकुंडंतथाकुंडेपयः पयसिमक्षिका ॥ आश्रिताश्रययोगेनपृथक्त्वेनाश्रिताःपुनः ७७ नतुकुंडेपयोभावःपयश्चापिनमक्षिका ॥ स्वयमेवाप्नुवंत्येतेभावानतुपराश्रयम् ७८ पृथक्त्वादा श्रमाणांचवर्णान्यत्वेतथैवच ॥ परस्परपृथक्त्वाच्चकथंतेवर्णसंकरः ७९ नास्मिवर्णोत्तमाजात्यानवैश्यानावरातथा ॥ तवराजन्सवर्णाऽस्मिशुद्धयोनिरविप्लुता १८० प्रधानोनामराजर्षिर्व्यक्तंतेश्रोत्रमागतः ॥ कुलेतस्यसमुत्पन्नांसुलभांनामविद्धिमाम् ८१ द्रोणश्चशतशृंगश्चशक्रद्वारश्चपर्वतः ॥ ममसत्रेषुपूर्वेषांचि तामघवतासह ८२ साऽहंतस्मिन्कुलेजाताभर्तर्यसतिमद्विधे ॥ विनीतामोक्षधर्मेषुचराम्येकामुनिव्रतम् ८३ नास्मिसत्रप्रतिच्छन्नानपरस्वापहारिणी ॥ नधर्मसंकरकरीस्वधर्मेऽस्मिधृतव्रता ८४ नास्थिरास्वप्रतिज्ञायांनासमीक्ष्यप्रवादिनी ॥ नासमीक्ष्यागताचेहत्वत्सकाशंजनाधिप ८५ मोक्षेतेभावितांबुद्धिं श्रुत्वाऽहंकुशलैषिणी ॥ तवमोक्षस्यचाप्यस्यजिज्ञासार्थमिहागता ८६

भिचाराद्वर्णसंकरइत्यर्थः यदात्वेवंजानात्यन्यच्छरीरमन्यदात्मानभवतिइतितदाज्ञात्वाएतदेवापरोक्षीकृत्यास्थितायाममाऽन्यत्सत्वमन्यत्रत्वयिनवर्चतइत्यर्थः ७६ पाणिकुंडादयएकदेशस्थाअपिपरस्परंनसंकीर्यं तेकुसरान्नवदेकलोलीभावंनगच्छंत्येवमाश्रमाणांवर्णानांचाऽऽत्मनःसकाशाच्चेतवब्रह्मिष्ठस्यपृथक्त्वात्कथंवर्णसंकरइतिश्लोकत्रयार्थः ७७ । ७८ । ७९ । १८० । ८१ द्रोणादयःपर्वताममपूर्वेषांसत्रेषुमघवता सहचिताश्चयनेइष्टकास्थानेनिवेशिताइत्यर्थः ८२ तस्मिान्विख्यातप्रभावेकुले विनीतागुरुभिःशिक्षिता मद्विधेभर्तर्यसत्यप्राप्तेसतिनैष्ठिकंब्रह्मचर्यमेवाश्रित्यसंन्यासंकृतवत्यस्मीत्यर्थः ८३ सत्रप्रतिच्छन्नाकपटसंन्यासिनी ८४ । ८५ । ८६

स्वपक्षपरपक्षयोर्मध्येवर्गस्यास्वपक्षेपक्षपातेनस्थितासतीनाहंब्रवीम्यपितुत्वद्धितार्थंब्रवीमीतिभावः ननुज्ञाततत्त्वस्यमेकिंत्वदीयैर्वाक्यैरित्याशंक्याह मुक्तइति । नकारोभिन्नक्रमः योनन्यायच्छतेमत्तुवत्स्वजया र्थेन्यायामंवादश्रमंनकरोतियश्चशांतोब्रह्मणिशाम्यतिसमुक्तोऽतस्तवतत्त्वज्ञस्याप्यादरेणमद्वाक्यश्रवणंयुक्तमितिभावः ८७ स्वस्यग्रामैकरात्रवासित्वंद्योतयति यथेति ८८ । ८९ हेतुमंतियुक्तिमंति अर्थवंति प्रयोजनवंति नाधिजगौनाधिगतवान् उत्तरंवक्तुंनसमर्थोबभूवेत्यर्थः एतेनगार्हस्थ्येमुक्तिर्दुर्लभाऽतःसंन्यासएवश्रेयानितिसुलभामतमेवसिद्धांतइतिदर्शितं १९० ॥ इतिशांतिपर्वणि मोक्षधर्मपर्वणि नीलकंठीये भारतभावदीपे विंशत्यधिकत्रिशततमोऽध्यायः ॥ ३२० ॥ संन्यासस्यश्रैष्ठ्यमुक्त्वातद्धर्मान्शुकचरितेनैवदर्शयतिमश्नोत्तरमुखेन कथमित्यादिना । निर्वेदंवैराग्यंसंन्यासेमुख्यंविशेषणं 'यदहरेवविरजेत्तदहरे वप्रव्रजेत्'इतिश्रुतेः १ अव्यक्तंकारणं व्यक्तंकार्यं तत्त्वंतयोरनारोपितरूपंब्रह्मतेषांनिश्चयं अजस्यनारायणस्यकृतिर्लीला आकृतिरितिच्छेदेसगुणंरूपं अत्रप्रथमस्यप्रश्नस्योत्तरंशुकोत्पत्तिरितरयोरुत्तरंशेष ग्रंथइतिविभागः २ स्वाध्यायंपितृपितामहपरंपरयापरिगृहीतंवेदभागमध्याप्यशब्दतोऽर्थतश्चग्राहयित्वातत्रानधिगतान्शाखांतरीयानर्थानन्वशादनुशासितवान् नचाऽध्याप्येतिशब्दतएवस्वाध्यायग्रहणमुच्यतेनत्व

नवर्गस्थाब्रवीम्येतस्वपक्षपरपक्षयोः ॥ मुक्तोन्यायच्छतेयश्चशांतोयश्चनशाम्यति ८७ यथाशून्येपुरागारेभिक्षुरेकांनिशांवसेत् ॥ तथाऽहंत्वच्छरीरेस्मिन्निमांवत्स्यामिशर्वरीम् ८८ साऽहंमानप्रदानेनवागातिथ्येनचार्चिता ॥ सुप्तासुशरणंप्रीताश्वोगमिष्यामिमैथिल ८९ ॥ भीष्मउवाच ॥ इत्येतानिसवाक्यानिहेतुमत्यर्थवंतिच ॥ श्रुत्वानाधिजगौराजाकिंचिदन्यदतःपरम् १९० ॥ इतिश्रीमहाभारतेशांति० मो० प० सुलभाजनकसंवादे विंशत्यधिकत्रिशततमोऽध्यायः ॥३२०॥

॥ युधिष्ठिरउवाच ॥ कथंनिर्वेदमापन्नःशुकोवैयासकिःपुरा ॥ एतदिच्छाम्यहंश्रोतुंपरंकौतूहलंहिमे १ अव्यक्तव्यक्ततत्त्वानांनिश्चयंबुद्धिनिश्चयम् ॥ वक्तुमर्हसि कौरव्यदेवस्याजस्ययाकृतिः २ ॥ भीष्मउवाच ॥ प्राकृतेनसुवृत्तेनचरंतमकुतोभयम् ॥ अध्याप्यकृत्स्नंस्वाध्यायमन्वशाद्वैपितासुतम् ३ ॥ व्यासउवाच ॥ धर्मंपुत्रनिषेवस्वसुतीक्ष्णौचहिमातपौ ॥ क्षुत्पिपासेचवायुंचजयनित्यंजितेंद्रियः ४ सत्यमार्जवमक्रोधमनसूयांदमंतपः ॥ अहिंसांचानृशंस्यंचविधिवत्परिपालय ५ सत्येतिष्ठरतोधर्मेहित्वासर्वमनार्जवम् ॥ देवतातिथिशेषेणमात्रांप्राणस्यसंलिह ६ फेनमात्रोपमेदेहेजीवेशकुनिवत्स्थिते ॥ अनित्येप्रियसंवासेकथंस्वपिषिपुत्रक ७ अप्रमत्तेषुजाग्रत्सुनित्ययुक्तेषुशत्रुषु ॥ अंतरंलिप्समानेषुबालस्त्वंनावबुध्यसे ८ अहःसुगण्यमानेषुक्षीयमाणेतथाऽऽयुषि ॥ जीवितेलिख्यमाने चकिमुत्थायनधावसि ९ ऐहलौकिकमीहंतेमांसशोणितवर्धनम् ॥ पारलौकिककार्येषुप्रसुप्ताभृशनास्तिकाः १०

र्थंतेपिचैत्रोऽयमधीतइत्यक्षरोच्चारणमात्रेऽधीतिशब्दप्रयोगादितिवाच्यं अध्ययनविधेर्वाक्योपक्रमेणोक्तार्थस्यदर्शितत्वात् तथाहि'यस्तित्याजसचिविदंसखायंनतस्यवाच्यपिभागोअस्ति । यदींशृणोत्यलकंशृणोति नहिप्रवेदसुकृतस्यपंथाम्'इति तस्मात्स्वाध्यायोऽध्येतव्य इतिसुकृतमार्गाज्ञानेवेदस्यश्रवणग्रहणेनिष्फलइत्युक्त्वाविधीयमानस्याध्ययनस्यार्थज्ञानपर्यंततावसीयते अयंमंत्रःप्रागेवव्याख्यातः काव्यमधीते पाणिनीयमधीतेकाणादमधीतेइत्यर्थग्रहणेऽप्यधीतिप्रयोगदर्शनान्मैत्रोऽयमधीतइत्यक्षरमात्रोच्चारणेसगौणइतिमंतव्यं अन्यथाध्याप्यान्वशादितिक्रममात्रंविधीयेततश्चान्यर्थं आकांक्षितसमर्पणेतुवाक्यस्यार्थवत्त्व मितिदिक् ३ । ४ । ५ संलिहस्पृश स्वाद्वस्वादुविवेकंमाकार्षीरित्यर्थः ६ स्वपिषिपुरुषार्थसाधनेनप्रवर्तसे ७ शत्रुषुकामादिषु अंतरंछिद्रं ८ नधावसिदेवंगुरुंवाशरणंनयासि ९ । १०

अपथाअपथेन ११ । १२ । १३ आद्यकालिकयावर्त्तमानमात्रदर्शिन्या १४ । १५ कूलपातंमहानदीपूरं १६ धृतिःप्राणादिवेगधारणं योगइत्यर्थः १७ अमोघास्वायुर्हरणेनसफलासुरात्रिषुधर्मपोतेनधर्म नौकया १८ । १९ संचिन्वानकंधनादिसंचयपरं २० अंधकारेसंसारे दीपोज्ञानं २१ । २२ । २३ । २४ संवास्यश्छेत्तुंयोग्यः संध्रास्यइतिपाठेउच्छेत्तुंयोग्यः संध्यांसइतिपाठेसंध्याद्वयमंसस्थानीयंयस्य शुक्लकृष्णौपक्षौ २५ चक्षुर्ज्ञानंपरप्रणेतृनेयं अंधवद्यदिनभवसीत्यर्थः परंपरलोकमात्मानंवा २६ परिगतंप्राप्तंवेदनाशरीरंयमलोकेयातनाशरीरंयैस्तेतथाभूताभवंतीतिशेषः अधर्मकारणाभिःअधर्मक्रियाभिः २७ एतत्भयंश्रुत्वाभीतंराजानमाश्वासयाति राजेति । शुभाशुभस्यउत्तमाधमवर्णजातस्यसुकृतेप्रवर्तकत्वात् सुकृतिनांलोकान्दधातिधारयतेप्राप्नोतीत्यर्थः । अनुपगतंनानायोनिसहस्रेष्वप्राप्तंमोक्षं स्वर्गमोक्षंचसाधु

धर्मायये ऽभ्यसूयंतिबुद्धिमोहान्वितानराः ॥ अपथागच्छतांतेषामनुयाताऽपिपीड्यते ११ येतुतुष्टाःश्रुतिपरामहात्मानोमहाबलाः ॥ धर्म्यंपंथानमारूढास्ता नुपास्वचपृच्छच १२ उपधार्यमतंतेषांबुधानांधर्मदर्शिनाम् ॥ नियच्छपरयाबुद्ध्याचित्तमुत्पथगामिवै १३ आद्यकालिकयाबुद्ध्यादूरेश्वइतिनिर्भयाः ॥ सर्व भक्ष्यानपश्यंतिकर्मभूमिमचेतसः १४ धर्मंनिःश्रेणिमास्थायकिंचित्किंचित्समारुह ॥ कोषकारवदात्मानंवेष्टयन्नानुबुध्यसे १५ नास्तिकंभिन्नमर्यादंकूलपात मिवस्थितम् ॥ वामतःकुरुविस्रब्धोनरंवेणुमिवोद्धृतम् १६ कामंक्रोधंचमृत्युंचपंचेंद्रियजलांनदीम् ॥ नावंधृतिमयींकृत्वाजन्मदुर्गाणिसंतर १७ मृत्युनाऽभ्याह तेलोकेजरयापरिपीडिते ॥ अमोघासुपतंतीषुधर्मपोतेनसंतर १८ तिष्ठंतंचशयानंचमृत्युरन्वेषतेयदा ॥ निर्वृत्तिंलभतेकस्मादकस्मान्मृत्युनाऽशितः १९ सं चिन्वानकमेवैनंकामानामवितृप्तकम् ॥ वृकीवोरणमासाद्यमृत्युरादायगच्छति २०क्रमशःसंचिताशिखोधर्मबुद्धिमयोमहान् ॥ अंधकारेप्रवेष्टव्यंदीपोयत्नेनधा र्यताम् २१ संपतन्देहजालानिकदाचिदिहमानुषे ॥ ब्राह्मण्यंलभतेजंतुस्तत्पुत्रपरिपालय २२ ब्राह्मणस्यतुदेहोऽयंनकामार्थायजायते ॥ इहक्लेशायतपसे प्रेत्यत्वनुपमंसुखम् २३ ब्राह्मण्यंबहुभिरवाप्यतेतपोभिस्तल्लब्ध्वानरतिपरेणहेलितव्यम् ॥ स्वाध्यायेतपसिदमेचनित्ययुक्तःक्षेमार्थीकुशलपरःसदायतस्व २४ अव्यक्तप्रकृतिरयंकलाशरीरःसूक्ष्मात्माक्षणत्रुटिशोनिमेषरोमा ॥ संवास्यःसमबलशुक्लकृष्णनेत्रोमासांगोद्रवतिवयोहयोनराणाम् २५ तंदृष्ट्वाप्रसृतमजस्रमु ग्रवेगंगच्छंतंसततमिहान्ववेक्षमाणम् ॥ चक्षुस्तेयदिनपरप्रणेतृनेयंधर्मेतेभवतुमनःपरंनिशाम्य २६ येचात्रप्रचलितधर्मकामवृत्ताःक्रोशंतःसततमनिष्टसंप्रयो गाः ॥ क्लिश्यंतःपरिगतवेदनाशरीराबह्वीभिःसुभृशमधर्मकारणाभिः २७ राजासदाधर्मपरःशुभाशुभस्यगोप्तासमीक्ष्यसुकृतिनांदधातिलोकान् ॥ बहुविधमपिच रतिप्रविशतिसुखमनुपगतंनिरवद्यम् २८श्वानोभीषणकायाअयोमुखानिवयांसिबलगृध्रपक्षिणांचसंघाः ॥ नरकदनेरुधिरपागुरुवचननुदमुपरतंविशंत्यसंतः २९ मर्यादानियतास्वयंभुवायइहेमाःप्रभिनत्तिदशगुणामनोनुगत्वात् ॥ निवसतिभृशमसुखंपितृविषयविपिनमवगाह्यसपापः ३०

नृपःप्राप्नोतीत्यर्थः २८ गुरुद्रोहिणांदुर्गतिमाह श्वानइति । नराणांकदनंयत्रतस्मिन्नरके रुधिरपाःकीटाः गुरूणांमातृपितृप्रभृतीनांवचनंनुदतिदूरीकरोतितंगुरुवचननुदं उपरतंमृतं २९ नियताःविहिताः
७७ स्वयंभुवावेदेन ब्रह्मस्वयंभुइतिश्रुतेः दशगुणाःदशविधाः शौचसंतोषतपःस्वाध्यायेश्वरप्रणिधानानिपंचविधिरूपाः अहिंसासत्यास्तेयब्रह्मचर्यापरिग्रहाख्यानिषेधरूपाश्चपंच पितृविषयेयमलोके विपिनमसिपत्रवनं तदेवावगाह्यतत्रैवनिवसति ३०

निकृतिर्नीचकर्म वंचनाचौर्यादि उपनिधिभिश्छलेन ३१ । ३२ नरकादुद्विजेदित्युक्त्वास्वर्गेऽपिनरज्येतेत्याह महापदानीत्यादिना ब्रह्मादीनांस्थानानिदृष्टाकत्थसेधन्योऽहमितिश्लाघसेपरंतुब्रह्मनावेक्षसे मृत्यु
कारिकांजरां ३३ प्रयायतांप्रचलत्यतांमोक्षमार्गेणप्रस्थातव्यं सुखस्यप्रमाथिसंविधीयतांप्रयत्यतां ३४ अंतकायअयतिसुखाय दारुणैःकृच्छ्रादितपोभिः ३५ यावत्जीवितहरणंनजायतेततःप्रागेवसांपरायिकं
 परलोकहितंकुरुष्वेत्युत्तरेणसंबंधः ३६ । ३७ । ३८ । ३९ । ४० । ४१ । ४२ वृकाःकामादयः ४३ हिरण्मयवृक्षदर्शनंमरणचिह्नं ४४ तेत्वांतवमतिंवा ४५ तद्धनंबिद्यां ४६

योलुब्धःसुभृशंप्रियानृतश्चमनुष्यःसततनिकृतिवंचनाभिरतिःस्यात् ॥ उपनिधिभिरसुखकृत्सपरमनिरयगोभृशमसुखमनुभवतिदुष्कृतकर्मा ३१ उष्णांवैत
रणींमहानदीमवगाढोऽसिपत्रवनभिन्नगात्रः॥परशुवनशयोनिपतितोवसतिचमहानिरयेभृशार्तः ३२ महापदानिकत्थसेनचाप्यवेक्षसेपरम्॥ चिरस्यमृत्युका
रिकामनागतांनबुध्यसे ३३ प्रयायतांकिमास्यतेसमुत्थितंमहद्भयम् ॥ अतिप्रमाथिदारुणंसुखस्यसंविधीयताम् ३४ पुरामृतःप्रणीयतेयमस्यराजशासनात्॥
त्वमंतकायदारुणैःप्रयत्नमार्जवेकुरु ३५ पुरासमूलबांधवंप्रभुर्हरत्यदुःखवित् ॥ तवेहजीवितंयमोनचास्तितस्यवारकः ३६ पुराऽभिवातिमारुतोयमस्ययःपुरः
सरः ॥ पुरैकएवनीयसेकुरुष्वसांपरायिकम् ३७ पुरासहिकएवतेप्रवातिमारुतोंतकः ॥पुराचविभ्रमंतितेदिशोमहाभयागमे ३८ श्रुतिश्चसन्निरुध्यतेपुरातवेह
पुत्रक ॥ समाकुलस्यगच्छतःसमाधिमुत्तमंकुरु ३९ शुभाशुभेपुराकृतेप्रमादकर्मविप्लुते ॥ स्मरन्पुरानतप्यसेनिधत्स्वकेवलंनिधिम् ४० पुराजराकलेवरंविजर्ज
रीकरोतिते ॥ बलांगरूपहारिणीनिधत्स्वकेवलंनिधिम् ४१ पुराशरीरमंतकोभिनत्तिरोगसारथिः॥ प्रसह्यजीवितक्षयेतपोमहत्समाचर ४२ पुरावृकाभयंकराम
नुष्यदेहगोचराः ॥ अभिद्रवंतिसर्वतोयतस्वपुण्यशीलने ४३ पुरांधकारमेककोऽनुपश्यसित्वरस्ववै ॥ पुराहिरण्मयान्नगान्निरीक्षसेऽद्रिमूर्धनि ४४ पुराकुसंग
तानितेसुहृन्मुखाश्चशत्रवः ॥ विचालयंतिदर्शनाद्घटस्वपुत्रयत्परम् ४५ धनस्ययस्यराजतोभयंनचास्तिचोरतः ॥ मृतंचयन्नमुंचतिसमर्जयस्वतद्धनम् ४६
नतत्रसंवियुज्यतेस्वकर्मभिःपरस्परम् ॥ यदेवयस्ययौतकंतदेवतत्रसोऽश्नुते ४७ परत्रयेनजीव्यतेतदेवपुत्रदीयताम् ॥ धनंयदक्षरंध्रुवंसमर्जयस्वतत्स्वयम् ४८
नयावदेवपच्यतेमहाजनस्ययावकम्॥ अपक्वएवयावकेपुराप्रलीयसेत्वरम् ४९ नमातृपुत्रबांधवानसंस्तुतःप्रियोजनः॥ अनुव्रजंतिसंकटेव्रजंतमेकपातिनम् ५०
यदेवकर्मकेवलंपुराकृतंशुभाशुभम् ॥ तदेवपुत्रसार्थिकंभवत्यमुत्रगच्छतः ५१ हिरण्यरत्नसंचयाःशुभाशुभेनसंचिताः॥ नतस्यदेहसंक्षयेभवंतिकार्यसाधकाः
५२ परत्रगामिकस्यतेकृताकृतस्यकर्मणः ॥ नसाक्षिआत्मनासमोनृणामिहास्तिकश्चन ५३

यौतकंविवाहाप्तंधनंदायादाग्राह्यं पाथेयमित्यर्थः ४७ । ४८ यावकेघृतखंडमिश्रेयवपिष्टविकारेत्वरंत्वरायुक्तंयथास्यात्तथाप्रलीयसेम्रियसे भोगान्भुक्त्वामोक्षेयत्नंकरिष्यामीतिनमंतव्यं अप्राप्तएवभोगे
मृत्युभयमस्तीतिभावः ४९ । ५० सार्थिकंदेहेंद्रियादिसार्थवाहकं ५१ । ५२ परत्रगामिकस्यगमनशीलस्य साक्षिआत्मनेति इकोऽसवर्णेशाकल्यस्यह्रस्वश्चेतिप्रकृतिभावेह्रस्वः साक्षितात्मनेतिपाठःप्रामादिकः
मामन्योनजानातीतिमत्वापापंनकर्तव्यमितिभावः ५३

ननुकर्त्रात्मनोतिरिक्तस्यसाक्षिणःसत्त्वेमानंकिमतआह मनुष्येति । अमुत्रसाक्षिणिगच्छतोलीयमानस्यकर्तुर्मनुष्यदेहस्यशून्यमिवशून्यकमभावोभवति परदृष्ट्यासन्नपियोगिदृष्ट्यामनुष्यदेहोनष्टोभवतीत्यर्थः अत्रविद्वदनुभवंप्रमाणयति प्रविश्येति । हार्दाकाशामितिशेषः ५४ साक्ष्यंतराण्याह इहेति ५५ । ५६ तत्रपरलोकमार्गे विरूपाःरौद्राश्चमाक्षिकाःदंशायस्मिन्अनेकेपरिपंथिनःशत्रवोलोहतुंडाःपक्षिष्टकादयोयस्मिन् ५७ । ५८ । ५९ । ६० । ६१ अबुद्धीन्मोहयतीतितथापावकःपुनातिपवित्रीकरोतीतिव्युत्पत्त्याधर्मः क्लीबपाठेपावकंसत्कर्म यावकमितिपाठेऽपियावकमिवपाथेयरूपोधर्मएव ६२ । ६३ प्रमादगःप्रमादगृहवासीअंतकः चमूंचमतिभक्षयतीतिचमूरिंद्रियसेनातामसुखामंतकत्वादिदोषेणस्वस्वविषयभोगहीनांयावत्करोति । ततःपुरैवगृहीतंदेहमनतिक्रम्येतियथागृहीतं देहमात्रेणेत्यर्थः ६४ यथेति । पुरःपश्चाच्चसर्वमात्ममात्रंयथाभवतितथागतिमात्मज्ञानरूपां आत्मनादेहेन परेणतत्संबंधिपुत्रादिना ६५ भयेषुउपस्थितेषुएकपातिनाएकाकिनायत्सांपरायिकंपरलोकेहितंतमेवधर्मंज्ञानंवानिधिमिवनिगूह्यनिधत्स्व

मनुष्यदेहशून्यकंभवत्यमुत्रगच्छतः ॥ प्रविश्यबुद्धिचक्षुषाप्रदृश्यतेहिसर्वशः ५४ इहाग्निसूर्यवायवःशरीरमाश्रितास्त्रयः ॥ तएवतस्यसाक्षिणोभवंतिधर्मदर्शिनः ५५ अहर्निशेषुसर्वतःस्पृशत्सुसर्वचारिषु ॥ प्रकाशगूढवृत्तिषुस्वधर्ममेवपालय ५६ अनेकपारिपंथिकेविरूपरौद्रमक्षिके ॥ स्वमेवकर्मरक्ष्यतांस्वकर्मतत्रगच्छति ५७ नतत्रसंविभज्यतेस्वकर्मणापरस्परम् ॥ तथाकृतंस्वकर्मजंतदेवभुज्यतेफलम् ५८ यथाऽप्सरोगणाःफलंसुखंमहर्षिभिःसह॥ तथाऽऽप्नुवंतिकर्मजंविमानकामगामिनः ५९ यथेहयत्कृतंशुभंविपाप्मभिःकृतात्मभिः ॥ तदाप्नुवंतिमानवास्तथाविशुद्धयोनयः ६० प्रजापतेःसलोकतांबृहस्पतेःशतक्रतोः॥व्रजंतितेपरांगतिंगृहस्थधर्मसेतुभिः ६१ सहस्रशोप्यनेकशःप्रवक्तुमुत्सहामते ॥ अबुद्धिमोहनंपुनःप्रभुर्विनायपावकः ६२ गतात्रिरष्टवर्षताध्रुवोसिपंचविंशकः ॥ कुरुष्वधर्मसंचयंवयोहितेऽतिवर्तते ६३ पुराकरोतिसोंतकःप्रमादगोमुखांचमूम् । यथागृहीतमुत्थितस्त्वरस्वधर्मपालने ६४ यथात्वमेवपृष्ठतस्त्वमग्रतोगमिष्यसि ॥ तथागतिंगमिष्यतःकिमात्मनापरेणवा ६५ यदेकपातिनासतांभवत्यमुत्रगच्छताम् ॥ भयेषुसांपरायिकंनिधत्स्वकेवलंनिधिम् ६६ सकूलमूलबांधवंप्रभुर्हरत्यसंगवान् ॥ नसंतियस्यवारकाःकुरुष्वधर्मसंनिधिम् ६७ इदंनिदर्शनंमयातवेहपुत्रसांप्रतम् ॥ स्वदर्शनानुमानतःप्रवर्णितंकुरुष्वतव ६८ दधातियःस्वकर्मणा ददातियस्यकस्यचित् ॥ अबुद्धिमोहजैर्गुणैःसएकएवयुज्यते ६९ श्रुतंसमस्तमश्नुतेप्रकुर्वतःशुभाःक्रियाः ॥ तदेतदर्थदर्शनंकृतज्ञमर्थसंहितम् ७० निबंधनीरज्जुरेषायाग्रामेवसतोरतिः ॥ छित्वैतांसुकृतोयांतिनैनांछिंदंतिदुष्कृतः ७१ किंतेधनेनकिंबंधुभिस्तेकिंतेपुत्रैःपुत्रकयोमरिष्यसि ॥ आत्मानमन्विच्छगुहांप्रविष्टंपितामहास्तेक्वगताश्चसर्वे ७२

केवलंशुद्धं निष्कामंनिर्गुणं ६६ कूलमग्रं प्राक्कूलेषुदर्भेषूपविश्येतिलिंगात् बालवृद्धैर्वयस्यैःसहितंयथास्यात्तथेत्यर्थः ६७ । ६८ यःस्वकर्मणादधातिआत्मानंदेहंपुष्णाति यस्यकस्यचित्फलस्यकृतेददातिच अबुद्धिरज्ञानंमोहोविपरीतज्ञानंतदुभयजैर्गुणैर्दुःखादिभिः मुच्यतइतिपाठेआत्मानंचित्तंदधातिएकस्मिंस्तत्त्वेधारयति यस्येतियत्किंचिद्ददातिसर्वंत्यजतीत्यर्थः ६९ श्रुतंतत्त्वमस्यादिवाक्यजंज्ञानंकर्तृसमस्तंब्रह्मांडमश्नुतेव्याप्नोति । 'यएवंवेदाहंब्रह्मास्मीतिसइदंसर्वंभवति'इतिब्रह्मविदःसार्वात्म्यश्रुतेःतदेतत्सार्वात्म्यंसार्वज्ञ्यंचार्थस्यमोक्षाख्यपरमपुरुषार्थस्यदर्शनंनान्यत् कृतज्ञंकृतज्ञेउपादिष्टमर्थसंहितंपुरुषार्थसंगतंभवतिनतुकृतघ्नादौ सार्वज्ञ्यसार्वात्म्यदाइयंविद्याउत्तमायैवदातव्येत्यर्थः ७० । ७१ । ७२

७३ । ७४ । ७५ । ७६ । ७७ देहभेदेऽपिमरणंनास्तीतिजानतां अनुपालितेशिष्टैराहतेपथिवर्त्तमानानां ७८ । ७९ । ८० नोत्क्रामतिधर्ममितिशेषः ८१ नोपहतेतिनैकधेतिवत्समासः ८२ । ८३ । ८४ ८५ । ८६ । ८७ । ८८ । ८९ । ९० । ९१ । ९२ । ९३ मोक्षदैशिकंमोक्षोपदेष्टारं ९४ पावकस्यधर्मस्याध्ययनं यावकेतिपाठेऽपिसएवार्थः यद्वापावकाध्ययनंचित्तशोधकाध्ययनंनाम ॥ इति शांति०

॥ २२९ ॥ श्वःकार्यमद्यकुर्वीतपूर्वाह्णेचापराह्णिकम् ॥ नहिप्रतीक्षतेमृत्युःकृतंवाऽस्यनवाकृतम् ७३ अनुगम्यविनाशांतेनिवर्तन्तेहबांधवाः ॥ अग्नौप्रक्षिप्यपुरुषंज्ञातयःसुहृदस्त था ७४ नास्तिकान्निरनुक्रोशान्नरान्पापमतेस्थितान् ॥ वामतःकुरुविस्रब्धंपरंप्रेप्सुरतंद्रितः ७५ एवमभ्याहतेलोकेकालेनोपनिपीडिते ॥ सुमहद्धैर्यमालंब्यध र्मंसर्वात्मनाकुरु ७६ अथेमंदर्शनोपायंसम्यग्योवेत्तिमानवः ॥ सम्यक्सधर्मंकृत्वेहपरत्रसुखमश्नुते ७७ नदेहभेदेमरणंविजानतांनचप्रणाशःस्वनुपालितेपथि ॥ ॥ ३२२ ॥ धर्मंहियोवर्धयतेसपंडितोयएवधर्माच्च्यवतेसमुह्यति ७८ प्रयुक्तयोःकर्मपथिस्वकर्मणोःफलंप्रयोक्तालभतेयथाकृतम् ॥ निहीनकर्मानिरयंप्रपद्यतेत्रिविष्टपंगच्छ तिधर्मपारगः ७९ सोपानभूतंस्वर्गस्यमानुष्यंप्राप्यदुर्लभम् ॥ तथाऽऽत्मानंसमादध्याद्भ्रश्यतेनपुनर्यथा ८० यस्यनोत्क्रामतिमतिःस्वर्गमार्गानुसारिणी ॥ तमाहुःपुण्यकर्माणमशोच्यंपुत्रबांधवैः ८१ यस्यनोपहताबुद्धिर्निश्चयेष्ववलंबते ॥ स्वर्गेकृतावकाशस्यनास्तितस्यमहद्भयम् ८२ तपोवनेषुयेजातास्तत्रैव निधनंगताः ॥ तेषामल्पतरोधर्मःकामभोगानजानताम् ८३ यस्तुभोगान्परित्यज्यशरीरेणतपश्चरेत् ॥ नतेनकिंचिन्नप्राप्तंतन्मेबहुमतंफलम् ८४ मातापि तृसहस्राणिपुत्रदारशतानिच ॥ अनागतान्यतीतानिकस्यतेकस्यवावयम् ८५ अहमेकोनमेकश्चिन्नाहमन्यस्यकस्यचित ॥ नतंपश्यामियस्याहंतन्नपश्यामियोमम ८६ नतेषांभवताकार्यंनकार्यंतवतैरपि ॥ स्वकृतैस्तानिजातानिभवांश्चैवगमिष्यति ८७ इहलोकेहिधनिनांस्वजनःस्वजनायते ॥ स्वजनस्तुदरिद्राणांजीवतामपि नश्यति ८८ संचिनोत्यशुभंकर्मकलत्रापेक्षयानरः ॥ ततःक्लेशमवाप्नोतिपरत्रेहतथैवच ८९ पश्यतिच्छिन्नभूतंहिजीवलोकंस्वकर्मणा ॥ तत्कुरुष्वतथापुत्रकृत्स्नंयत्समु दाहृतम् ९० तदेतत्संप्रदृश्यैवकर्मभूमिंप्रपश्यतः ॥ शुभान्याचरितव्यानिपरलोकमभीप्सता ९१ मासर्तुसंज्ञापरिवर्त्तकेनसूर्याग्निनारात्रिदिवेंधनेन ॥ स्वकर्मनि ष्ठाफलसाक्षिकेनभूतानिकालःपचतिप्रसह्य ९२ धनेनकिंयन्नददातिनाश्नुतेबलेनकिंयेनरिपुंनबाधते ॥ श्रुतेनकिंयेननधर्ममाचरेत्किमात्मनायोनजितेंद्रियोवशी ९३ ॥ भीष्मउवाच ॥ इदंद्वैपायनवचोहितमुक्तंनिशम्यतु ॥ शुकोगतःपरित्यज्यपितरंमोक्षदैशिकम् ९४ ॥ इति०शां०मोक्ष०पावकाध्ययनंनामएकविंशत्यधिकत्रि शततमोऽध्यायः ॥ ३२१ ॥ युधिष्ठिरउवाच ॥ यद्यस्तिदत्तमिष्टंवातपस्तप्तंतथैवच ॥ गुरूणांवापिशुश्रूषातन्मेब्रूहिपितामह १ ॥ भीष्मउवाच ॥ आत्मनानर्थयु क्तेनपापेनिविशतेमनः ॥ सकर्मकलुषंकृत्वाक्लेशेमहतिधीयते २ दुर्भिक्षादेवदुर्भिक्षंक्लेशात्क्लेशंभयाद्भयम् ॥ मृतेभ्यःप्रमृतायांतिदरिद्राःपापकर्मिणः ३

मोक्षपर्वणिनीलकंठीये भा० एकविंशत्यधिकत्रिशततमोऽध्यायः ॥ ३२१ ॥ संन्यासोपयोगिवैराग्यहेतून्धर्मानुक्त्वाइतरेषांवैयर्थ्यमाशंक्यतेषामपिसदसत्फलत्वमनिवार्यमित्याह यद्यस्तीत्यादिना । प्राग्व्याख्यातोऽयमध्यायः १ । २ । ३

॥ २२९ ॥

४ । ५ । ६ । ७ । ८ । ९ । १० । ११ । १२ । १३ । १४ । १५ । १६ । १७ । १८ । १९ । २० ॥ इतिशांतिपर्वणिमोक्षधर्मपर्वणिनीलकंठीये भारतभावदीपे द्वाविंशत्यधिकत्रिशततमोऽध्यायः

उत्सवादुत्सवंयांतिस्वर्गात्स्वर्गसुखात्सुखम् ॥ श्रद्दधानाश्चदांताश्चधनस्थाःशुभकारिणः ४ व्यालकुंजरदुर्गेषुसर्पचौरभयेषुच ॥ हस्तावापेनगच्छंतिनास्तिकाः
किमतःपरम् ५ प्रियदेवातिथेयाश्चवदान्याःप्रियमाधवः ॥ क्षेम्यमात्मवतांमार्गमास्थिताहस्तदक्षिणाः ६ पुलकाइवधान्येषुपूत्यंडाइवपक्षिषु ॥ तद्विधास्तेम
नुष्येषुयेषांधर्मोनकारणम् ७ सुशीघ्रमपिधावंतांविधानमनुधावति ॥ शेतेसहशयानेनयेनयेनयथाकृतम् ८ पापंतिष्ठतितिष्ठंतंधावंतमनुधावति ॥ करोतिकु
र्वतःकर्मच्छायेवानुविधीयते ९ येनयेनयथायद्यत्पुराकर्मसुनिश्चितम् ॥ तत्तदेवोत्तरंभुंक्तेनित्यंविहितमात्मना १० समानकर्मविक्षेपाविधानपरिरक्षणम् ॥ भूत
ग्राममिमंकालःसमंतादपकर्षति ११ अचोद्यमानानियथाऽपुष्पाणिचफलानिच ॥ स्वंकालंनातिवर्त्तन्तेतथाकर्मपुराकृतम् १२ समानश्चावमानश्चलाभोऽलाभः
क्षयाव्ययौ ॥ प्रवृत्तानानिवर्त्तन्तेनिधनांताःपदेपदे १३ आत्मनाविहितंदुःखमात्मनाविहितंसुखम् ॥ गर्भशय्यामुपादायभजतेपूर्वदेहिकम् १४ बालोयुवावा
वृद्धश्चयत्करोतिशुभाशुभम् ॥ तस्यांतस्यामवस्थायांभुंक्तेजन्मनिजन्मनि १५ यथाधेनुसहस्रेषुवत्सोविंदतिमातरम् ॥ तथापूर्वकृतंकर्मकर्त्तारमनुगच्छति १६
मलिनंहियथावस्त्रंपश्चाच्छुद्ध्यतिवारिणा॥ उपवासैःप्रतप्तानांदीर्घंसुखमनंतकम् १७ दीर्घकालेनतपसासेवितेनमहामते ॥ धर्मनिर्धूतपापानांसंसिध्यंतेमनोरथाः
१८ शकुनानामिवाकाशेमत्स्यानामिवचोदके ॥ पदंयथानदृश्येततथापुण्यकृतांगतिः १९ अलमन्यैरुपालब्धैःकीर्तितैश्चव्यतिक्रमैः ॥ पेशलंचानुरूपंचकर्त
व्यंहितमात्मनः २० ॥ इतिश्रीमहाभारतेशांतिपर्वणि मोक्षधर्मपर्वणि धर्ममूलिकोनामद्वाविंशत्यधिकत्रिशततमोध्यायः ३२२ ॥ ॥ युधिष्ठिरउवाच ॥
कथंव्यासस्यधर्मात्माशुकोजज्ञेमहातपाः ॥ सिद्धिंचपरमांप्राप्तस्तन्मेब्रूहिपितामह १ कस्यांचोत्पादयामासशुकंव्यासस्तपोधनः ॥ नह्यस्यजननींविद्मजन्म
चाग्र्यंमहात्मनः २ कथंचबालस्यसतःसूक्ष्मज्ञानेगतामतिः ॥ यथानान्यस्यलोकेऽस्मिन्द्वितीयस्येहकस्यचित् ३ एतदिच्छाम्यहंश्रोतुंविस्तरेणमहामते ॥
नहिमेतृप्तिरस्तीहशृण्वतोऽमृतमुत्तमम् ४ महात्म्यमात्मयोगंचविज्ञानंचशुकस्यह ॥ यथावदनुपूर्वेणतन्मेब्रूहिपितामह ५ ॥ भीष्मउवाच ॥ नहायनैर्नपलि
तैर्नवित्तैर्नचबंधुभिः ॥ ऋषयश्चक्रिरेधर्मंयोनूचानःसनोमहान् ६ तपोमूलमिदंसर्वंयन्मांपृच्छसिपांडव ॥ तदिंद्रियाणिसंयम्यतपोभवतिनान्यथा ७ इंद्रिया
णांप्रसंगेनदोषमर्च्छत्यसंशयम् ॥ संनियम्यतुतान्येवसिद्धिमाप्नोतिमानवः८ अश्वमेधसहस्रस्यवाजपेयशतस्यच ॥ योगस्यकलयातातनतुल्यंविद्यतेफलम् ९
अत्रतेवर्त्तयिष्यामिजन्मयोगफलंतथा ॥ शुकस्याग्र्यांगतिंचैवदुर्विदामकृतात्मभिः १०

३२२ ॥ ॥ शकुनानामिवाकाशइतिब्रह्मनिष्ठानांनिष्कलात्मत्वंश्रुत्वासंन्याससहितब्रह्मनिष्ठावान्शुकःश्रुतिपथमवतीर्णस्तदीयेनैवमार्गेणाहंकृतकृत्यःस्यामितिमन्वानस्तस्यजन्मादिकंसर्वंपृच्छति कथंव्यास
स्यधर्मात्मेत्यादि १ । २ । ३ । ४ । ५ । ६ । ७ । ८ । ९ । १०

११ । १२ योगेनात्मानमाविश्यांतर्हृदयेइंद्रियाणिनिरुध्येत्यर्थः १३ । १४ । १५ । १६ । १७ । १८ । १९ । २० । २१ । २२ । २३ । २४ कृष्णस्यव्यासस्य २५ । २६ । २७ । २८
तद्भावभावीति तद्भावंब्रह्मभावंब्रह्माहमिंतिभावमाशयंभावयतीतितद्भावभावी'तदितिवाएतस्यमहतोभूतस्यनामभवति'इतितच्छब्दस्यब्रह्मनामधेयत्वश्रुतेः नकेवलभावनामात्रकृत्अपितुतद्बुद्धिस्तत्रैवबुद्धिर्निश्चयो

मेरुशृंगेकिलपुराकर्णिकारवनायुते ॥ विजहारमहादेवोभीमैर्भूतगणैर्वृतः ११ शैलराजसुताचैवदेवीतत्राभवत्पुरा ॥ तत्रदिव्यंतपस्तेपेकृष्णद्वैपायनस्तदा १२ योगेनात्मानमाविश्ययोगधर्मपरायणः ॥ धारयन्सतपस्तेपेपुत्रार्थंकुरुसत्तम १३ अग्नेर्भूमेरपांवायोरंतरिक्षस्यवाविभो ॥ धैर्येणसंमितःपुत्रोममभूयादितिस्मह १४ संकल्पेनाथयोगेनदुष्प्रापमकृतात्मभिः ॥ वरयामासदेवेशमास्थितस्तपउत्तमम् १५ अतिष्ठन्मारुताहारःशतंकिलसमाःप्रभुः ॥ आराधयन्महादेवंबहुरूपमुमापतिम् १६ तत्रब्रह्मर्षयश्चैवसर्वेराजर्षयस्तथा ॥ लोकपालाश्चलोकेशंसाध्याश्चवसुभिःसह १७ आदित्याश्चैवरुद्राश्चदिवाकरनिशाकरौ ॥ वसवोमरुतश्चैवसागराःसरितस्तथा १८ अश्विनौदेवगंधर्वास्तथानारदपर्वतौ ॥ विश्वावसुश्चगंधर्वःसिद्धाश्चाप्सरसस्तथा १९ तत्ररुद्रोमहादेवःकर्णिकारमयींशुभाम् ॥ धारयाणःस्रजंभातिज्योत्स्नामिवनिशाकरः २० तस्मिन्दिव्येवनेरम्येदेवदेवर्षिसंकुले ॥ आस्थितःपरमंयोगमृषिःपुत्रार्थमच्युतः २१ नचास्यहीयतेप्राणोनग्लानिरुपजायते ॥ त्रयाणामपिलोकानांतदद्भुतमिवाभवत् २२ जटाश्चतेजसातस्यवैश्वानरशिखोपमाः ॥ प्रज्वलंत्यःस्मदृश्यंतेयुक्तस्यामिततेजसः २३ मार्कण्डेयोहिभगवानेतदाख्यातवान्मम ॥ सदेवचरितानीहकथयामासमेसदा २४ एताअद्यापिकृष्णस्यतपसातेनदीपिता ॥ अग्निवर्णाजटास्तातप्रकाशंतेमहात्मनः २५ एवंविधेनतपसातस्यभक्त्याचभारत ॥ महेश्वरःप्रसन्नात्माचकारमनसामतिम् २६ उवाचचैवंभगवांस्त्र्यंबकःप्रहसन्निव ॥ एवंविधस्तेतनयोद्वैपायनभविष्यति २७ यथाह्यग्निर्यथावायुर्यथाभूमिर्यथाजलम् ॥ यथाचखंतथाशुद्धोभावितातेसुतोमहान् २८ तद्भावभावीतद्बुद्धिस्तदात्मातदपाश्रयः ॥ तेजसाऽऽवृत्यलोकांस्त्रीन्यशःप्राप्स्यतितेसुतः २९॥ इति श्रीमहाभारते शांति०मोक्ष०शुकोत्पत्तौत्रयोविंशत्यधिकत्रिशततमोध्यायः ॥ ३२३ ॥ भीष्मउवाच ॥ सलब्ध्वापरमंदेवाद्वरंसत्यवतीसुतः ॥ अरणीसहितेगृह्यममंथाग्निचिकीर्षया १ अथरूपंपरंराजन्बिभ्रतींस्वेनतेजसा ॥ घृताचींनामाप्सरसमपश्यद्भगवानृषिः २ ऋषिरप्सरसंदृष्ट्वासहसाकाममोहितः ॥ अभवद्भगवान्व्यासोवनेतस्मिन्युधिष्ठिर ३ साचदृष्ट्वातदाव्यासंकामसंविग्नमानसम् ॥ शुकीभूत्वामहाराजघृताचीसमुपागमत् ४ सतामप्सरसंदृष्ट्वारूपेणान्येनसंवृताम् ॥ शरीरजेनानुगतःसर्वगात्रातिगेनह ५ सतुधैर्येणमहतानिगृह्णन्हृच्छयंमुनिः ॥ नशशाकनियंतुंतद्व्यासःप्रविसृतंमनः ६ भावित्वाच्चैवभावस्यघृताच्यावपुषाहृतः ॥ यत्नान्नियच्छतस्तस्यमुनेरग्निचिकीर्षया ७ अरण्यामेवसहसातस्यशुक्रमवापतत् ॥ सोऽविशंकेनमनसातथैवद्विजसत्तमः ८

यस्येत्यनेनश्रद्धावानुच्यते तत्रैवात्माचित्तंयस्येतिआदरः तदपाश्रयइतितत्र·थयेंणनेरंतर्यमुच्यते २९ ॥ इति शांतिपर्वणि नीलकंठीये भारतभावदीपे त्रयोविंशत्यधिकत्रिशततमोऽध्यायः ३२३ ॥
सइति । अरणीद्वेअधरोत्तरे सहितेमिथुनरूपे १ । २ । ३ । ४ । ५ । ६ । ७ । ८

शुक्रेनिर्मथ्यमानेजातत्वात्शुकइतिरेफलोपेनास्यनामकृतम् ९ । १० । ११ । १२ । १३ । १४ । १५ । १६ । १७ महात्मामहादेवउपानयत्स्वशिष्यंकृतवानितिसंबंधः १८ । १९ । २० । २१ । २२

अरणीममंथब्रह्मर्षिस्तस्यांजज्ञेशुकोनृप ॥शुक्रेनिर्मथ्यमानेसशुकोजज्ञेमहातपाः९परमार्षिर्महायोगीअरणीगर्भसंभवः॥ यथाऽध्वरेसमिद्धोग्निर्भातिहव्यमुदावहन्
१० तथारूपःशुकोजज्ञेप्रज्वलन्निवतेजसा ॥ बिभ्रत्पितुश्चकौरव्यरूपवर्णमनुत्तमम् ११ बभौतदाभावितात्माविधूमइवपावकः ॥ तंगंगासरितांश्रेष्ठामेरुपृष्ठेजने
श्वर १२ स्वरूपिणीतदाऽभ्येत्यतर्पयामासवारिणा ॥ अंतरिक्षाच्चकौरव्यदंडःकृष्णाजिनंचह १३ पपातभूमिराजेंद्रशुकस्यार्थेमहात्मनः ॥ जेगीयंतेस्मगंधर्वा
ननृतुश्चाप्सरोगणाः १४ देवदुंदुभयश्चैवप्रावाद्यंतमहास्वनाः ॥ विश्वावसुश्चगंधर्वस्तथातुंबुरुनारदौ १५ हाहाहूहूश्चगंधर्वौतुष्टुवुःशुकसंभवम् ॥ तत्रशक्रपुरोगाश्च
लोकपालाःसमागताः १६ देवादेवर्षयश्चैवतथाब्रह्मर्षयोऽपिच ॥ दिव्यानिसर्वपुष्पाणिप्रववर्षचमारुतः १७ जंगमाजंगमंचैवप्रहृष्टमभवज्जगत् ॥ तंमहात्मास्वयं
प्रीत्यादेव्यासहमहाद्युतिः १८ जातमात्रंमुनेःपुत्रंविधिनोपानयत्तदा ॥ तस्यदेवेश्वरःशक्रोदिव्यमद्भुतदर्शनम् १९ ददौकमंडलुंप्रीत्यादेववासांसिवाविभो ॥
हंसाश्चशतपत्राश्चसारसाश्चसहस्रशः २० प्रदक्षिणमवर्तन्तशुकाश्चाषाश्चभारत॥ आरणेयस्ततोदिव्यंप्राप्यजन्ममहाद्युतिः २१ तत्रैवोवासमेधावीव्रतचारीसमा
हितः ॥ उत्पन्नमात्रंतंवेदाःसरहस्याःससंग्रहाः २२ उपतस्थुर्महाराजयथाऽस्यपितरंतथा ॥ बृहस्पतिंचवव्रेसवेदवेदांगभाष्यवित् २३ उपाध्यायंमहाराजधर्मम
वानुचिंतयन् ॥ सोऽधीत्यनिखिलान्वेदान्सरहस्यान्ससंग्रहान् २४ इतिहासंचकात्स्न्येंनराजशास्त्राणिवाविभो ॥ गुरवेदक्षिणांदत्त्वासमावृत्तोमहामुनिः २५
उग्रंतपःसमारेभेब्रह्मचारीसमाहितः ॥ देवतानामृषीणांचबाल्येऽपिसमहातपाः २६ संमंत्रणीयोमान्यश्चज्ञानेनतपसातथा॥नत्वस्यरमतेबुद्धिराश्रमेषुनराधिप॥
त्रिषुगार्हस्थ्यमूलेषुमोक्षधर्मानुदर्शिनः २७ ॥ इतिश्रीमहाभारतेशांति० मोक्ष० प० शुकोत्पत्तौचतुर्विंशत्यधिकत्रिशततमोऽध्यायः ॥ ३२४ ॥ भीष्मउवाच ॥
समोक्षमनुचिंत्यैवशुकःपितरमभ्यगात् ॥ प्राहाभिवाद्यचगुरुंश्रेयोर्थीविनयान्वितः१मोक्षधर्मेषुकुशलोभगवान्प्रब्रवीतुमे॥ यथामेमनसःशांतिःपरमासंभवेत्प्रभो
२ श्रुत्वापुत्रस्यतुवचःपरमर्षिरुवाचतम् ॥ अधीष्वपुत्रमोक्षंवैधर्मांश्चविविधानपि ३ पितुर्नियोगाज्जग्राहशुकोधर्मभृतांवरः ॥ योगशास्त्रंचनिखिलंकापिलंचैवभा
रत ४ सतंब्राह्म्याश्रियायुक्तंब्रह्मतुल्यपराक्रमम् ॥ मेनेपुत्रंयदाव्यासोमोक्षधर्मविशारदम् ५उवाचगच्छेतितदाजनकंमिथिलेश्वरम् ॥ सतेवक्ष्यतिमोक्षार्थंनिखि
लंमिथिलेश्वरः ६ पितुर्नियोगमादायजगाममिथिलांनृप ॥ प्रष्टुंधर्मस्यनिष्ठांवैमोक्षस्यचपरायणम् ७

 ईश्वरप्रसादात्स्वयंभातवेदोऽपिशिष्टाचारपालनार्थंबृहस्पतिंगुरुंचकारेत्याह बृहस्पतिमिति २३ । २४ । २५ । २६ । २७ ॥ इति शांतिपर्वणि मोक्षधर्मपर्वणि नीलकंठीये भारतभावदीपे चतुर्विंशत्यधिक
त्रिशततमोऽध्यायः ॥ ३२४ ॥ सइति । मोक्षंमोक्षशास्त्रंअनुचिंत्यउपादेयत्वेनज्ञात्वा १ । २ । ३ । ४ । ५ उवाचेतिजनकंप्रतिप्रेषणंमतिसंवादार्थंनतत्त्वज्ञानापनयार्थं मोक्षार्थंमोक्षशास्त्रार्थम् ६ । ७

८ । ९ । १० । ११ । १२ । १३ मेरोर्वर्षमिलावृतं हरेर्वर्षहरिवर्षाख्यं हैमवतंवर्षकिंपुरुषाख्यम् १४ । १५ । १६ पश्यन्नपिनपश्यतितुच्छत्वनिश्चयाद्वैराग्याद्वा १७ । १८ । १९ । २० । २१ । २२

शां.मो.१२

उक्तश्चमानुषेणत्वंयथागच्छेत्यविस्मितः ॥ नप्रभावेणगंतव्यमंतरिक्षचरेणवै ८ आर्जवेणैवगंतव्यंनसुखान्वेषिणातथा ॥ नान्वेष्टव्याविशेषास्तुविशेषाहिप्रसंगि
 नः ९ अहंकारोनकर्तव्योयाज्येतस्मिन्नराधिपे ॥ स्थातव्यंचवशेतस्यसतेछेत्स्यतिसंशयम् १० सधर्मकुशलोराजामोक्षशास्त्रविशारदः ॥ याज्योममसयद्ब्रयात्त
त्कार्यमविशंकया ११ एवमुक्तःसधर्मात्माजगाममिथिलांमुनिः ॥ पद्भ्यांशक्तोऽन्तरिक्षेणक्रांतुंपृथ्वींससागराम् १२ सगिरींश्चाप्यतिक्रम्यनदीतीर्थसरांसिच ॥ बहु
व्यालमृगाकीर्णाश्चाटवीश्चवनानिच १३ मेरोर्हरेश्चद्वेवर्षेवर्षंहैमवतंततः ॥ क्रमेणैवंव्यतिक्रम्यभारतंवर्षमासदत् १४ सदेशान्विविधान्पश्यंश्चीनहूणनिषेवितान् ॥
आर्यावर्तमिमंदेशमाजगाममहामुनिः १५ पितुर्वचनमाज्ञायतमेवार्थंविचिंतयन् ॥ अध्वानंसोऽतिचक्रामखचरःखेचरन्निव १६ पत्तनानिचरम्याणिस्फीतानि
नगराणिच ॥ रत्नानिचविचित्राणिपश्यन्नपिनपश्यति १७ उद्यानानिचरम्याणितथैवायतनानिच ॥ पुण्यानिचैवरत्नानिसोऽत्यक्रामदथाध्वगः १८ सोऽचिरेणै
वकालेनविदेहानाससादह ॥ रक्षितान्धर्मराजेनजनकेनमहात्मना १९ तत्रग्रामान्बहून्पश्यन्बह्वन्नरसभोजनान् ॥ पल्लीघोषान्समृद्धांश्चबहुगोकुलसंकुलान् २०
स्फीतांश्चशालियवसैर्हंससारससेवितान् ॥ पद्मिनीभिश्चशतशःश्रीमतीभिरलंकृतान् २१ सविदेहानतिक्रम्यसमृद्धजनसेवितान् ॥ मिथिलोपवनंरम्यमाससादसमृ
द्धिमत् २२ हस्त्यश्वरथसंकीर्णंनरनारीसमाकुलम् ॥ पश्यन्नपश्यन्निवतत्समतिक्रामदच्युतः २३ मनसातंवहन्भारंतमेवार्थंविचिंतयन् ॥ आत्मारामःप्रसन्नात्मामि
थिलामाससादह २४ तस्याद्वारंसमासाद्यनिःशंकःप्रविवेशह ॥ तत्रापिद्वारपालास्तमुग्रवाचान्यषेधयन् २५ तथैवचशुकस्तत्रनिर्मन्युःसमतिष्ठत ॥ नचातपा
ध्वसंतप्तःक्षुत्पिपासाश्रमान्वितः २६ प्रताम्यतिग्लायतिवानापैतिचतथाऽऽतपात् ॥ तेषांतुद्वारपालानामेकःशोकसमन्वितः २७ मध्यंगतमिवादित्यंदृष्ट्वाशुक
मवस्थितम् ॥ पूजयित्वायथान्यायमभिवाद्यकृतांजलिः २८ प्रावेशयत्ततःकक्ष्यांद्वितीयांराजवेश्मनः ॥ तत्रासीनःशुकस्तातमोक्षमेवान्वचिंतयत् २९ छाया
यामातपेचैवसमदर्शीसमद्युतिः ॥ तंमुहूर्तादिवागम्यराज्ञोमंत्रीकृतांजलिः ३० प्रावेशयत्ततःकक्ष्यांतृतीयांराजवेश्मनः ॥ तत्रान्तःपुरसंबद्धंमहच्चैत्ररथोपमम् ३१
सुविभक्तजलाक्रीडंरम्यंपुष्पितपादपम् ॥ शुकंप्रावेशयन्मंत्रीप्रमदावनमुत्तमम् ३२ सतस्यासनमादिश्यनिश्चक्रामततःपुनः ॥ तंचारुवेषाःसुश्रोण्यस्तरुण्यःप्रि
यदर्शनाः ३३ सूक्ष्मरक्तांबरधरास्तप्तकांचनभूषणाः ॥ संलापोल्लापकुशलानृत्यगीतविशारदाः ३४ स्मितपूर्वाभिभाषिण्योरूपेणाप्सरसांसमाः ॥ कामोपचा
रकुशलाभावज्ञाःसर्वकोविदाः ३५ परंपंचाशतंनार्योवारमुख्याःसमाद्रवन् ॥ पाद्यादीनिप्रतिग्राह्यपूजयापरयाऽर्चयन् ३६ कालोपपन्नेनतदास्वाद्वन्नेनाभ्यतर्पयन् ॥
तस्यभुक्तवतस्ताततदंतःपुरकाननम् ३७

२३ तंभारंजिज्ञासाख्यं अर्थंमोक्षम् २४ तस्याद्वारमित्यादिनाअध्यायशेषेणास्यक्रोधकामजयोव्याख्यायते २५ । २६ । २७ । २८ । २९ । ३० । ३१ । ३२ । ३३ । ३४ । ३५ । ३६ । ३७

३८ आरणेयःअरणिजःशुकः ३९ । ४० । ४१ । ४२ । ४३ कार्ष्णिःशुकः अच्युतोधैर्यादितिशेषः ४४ ॥ इतिशांतिपर्वणि मोक्षधर्मपर्वणिनीलकंठीये भारतभावदीपेपंचविंशत्यधिकत्रिशततमो

सुरम्यंदर्शयामासुरेकैकश्येनभारत ॥ क्रीडंत्यश्चहसंत्यश्चगायंत्यश्चापिताःशुभम् ३८ उदारसत्वंसत्वज्ञाःस्त्रियःपर्यचरंस्तथा ॥ आरणेयस्तुशुद्धात्मानिःसंदेहःस्व
कर्मकृत् ३९ वश्येंद्रियोजितक्रोधोनहृष्यतिनकुप्यति ॥ तस्मैशय्यासनंदिव्यंदेवार्हंरत्नभूषितम् ४० स्पर्ध्यास्तरणसंकीर्णंददुस्ताःपरमस्त्रियः ॥ पादशौचंतु
कृत्वैवशुकःसंध्यामुपास्यच ४१ निषसादासनेपुण्येतमेवार्थंविचिंतयन् ॥ पूर्वरात्रेतुतत्रासौभूत्वाध्यानपरायणः ४२ मध्यरात्रेयथान्यायंनिद्रामाहारयत्प्रभुः ॥
ततोमुहूर्तादुत्थायकृत्वाशौचमनंतरम् ॥ स्त्रीभिःपरिवृतोधीमान्ध्यानमेवान्वपद्यत ४३ अनेनविधिनाकार्ष्णिस्तदहःशेषमच्युतः ॥ तांचरात्रिंनृपकुलेवर्तयामा
सभारत ४४ ॥ ॥ इतिश्रीमहाभारतेशांतिपर्वणिमोक्षधर्मपर्वणिशुकोत्पत्तौपंचविंशत्यधिकत्रिशततमोऽध्यायः ॥ ३२५ ॥ ॥ भीष्मउवाच ॥ ततः
सराजाजनकोमंत्रिभिःसहभारत ॥ पुरःपुरोहितंकृत्वासर्वाण्यंतःपुराणिच १ आसनंचपुरस्कृत्यरत्नानिविविधानिच ॥ शिरसाचार्घमादायगुरुपुत्रंसमभ्यगात् २
सतदासनमादायबहुरत्नविभूषितम् ॥ स्पर्ध्यास्तरणसंस्तीर्णंसर्वतोभद्रमृद्धिमत् ३ पुरोधसासंगृहीतंहस्तेनालभ्यपार्थिवः ॥ प्रददौगुरुपुत्रायशुकायपरमार्चितम्
४ तत्रोपविष्टंतंकार्ष्णिंशास्त्रतःप्रत्यपूजयत् ॥ पाद्यंनिवेद्यप्रथममर्घ्यंगांचन्यवेदयत् ५ सचतांमंत्रवत्पूजांप्रत्यगृह्णाद्यथाविधि ॥ प्रतिगृह्यतुतांपूजांजनकाद्द्विजसत्त
मः ६ गांचैवसमनुज्ञायराजानमनुमान्यच ॥ पर्यपृच्छन्महातेजाराज्ञःकुशलमव्ययम् ७ अनामयंचराजेंद्रशुकःसानुचरस्यह ॥ अनुशिष्टस्तुतेनासौनिषसाद
सहानुगः ८ उदारसत्वाभिजनोभूमौराजाकृतांजलिः ॥ कुशलंचाव्ययंचैवपृष्ट्वावैयासकिंनृपः ॥ किमागमनमित्येवंपर्यपृच्छतपार्थिवः ९ ॥ ॥ शुकउवाच ॥
पित्राऽहमुक्तोभद्रंतेमोक्षधर्मार्थकोविदः ॥ विदेहराजोयाज्योमेजनकोनामविश्रुतः १० तत्रगच्छस्ववैतूर्णंयदितेहृदिसंशयः ॥ प्रवृत्तौवानिवृत्तौवासतेच्छेत्स्यतिसं
शयम् ११ सोऽहंपितुर्नियोगात्त्वामुपप्रष्टुमिहागतः ॥ तन्मेधर्मभृतांश्रेष्ठयथावद्वक्तुमर्हसि १२ किंकार्यंब्राह्मणेनेहमोक्षार्थश्चकिमात्मकः ॥ कथंचमोक्षःप्राप्तव्यो
ज्ञानेनतपसाऽथवा १३ ॥ जनकउवाच ॥ यत्कार्यंब्राह्मणेनेहजन्मप्रभृतितच्छृणु ॥ कृतोपनयनस्तातभवेद्वेदपरायणः १४ तपसागुरुवृत्त्याचब्रह्मचर्येणवावि
भो ॥ देवतानांपितॄणांचाप्यनृणोह्यनसूयकः १५ वेदानधीत्यनियतोदक्षिणामपवर्ज्यच ॥ अभ्यनुज्ञामथप्राप्यसमावर्तेतवैद्विजः १६ समावृतश्चगार्हस्थ्येस्व
दारनिरतोवसेत् ॥ अनसूयुर्यथान्यायमाहिताग्निस्तथैवच १७ उत्पाद्यपुत्रपौत्रंतुवन्याश्रमपदेवसेत् ॥ तानेवाग्नीन्यथाशास्त्रमर्चयन्नतिथिप्रियः १८ सवनेऽग्नी
न्यथान्यायमात्मन्यारोप्यधर्मवित् ॥ निर्द्वन्द्वोवीतरागात्माब्रह्माश्रमपदेवसेत् १९

ऽध्यायः ॥ ३२५ ॥ ॥ ततइति १ । २ । ३ । ४ । ५ । ६ । ७ । ८ । ९ । १० । ११ । १२ । १३ यत्कार्यमित्यादिनाव्रतीभूत्वागृहीभवेद्गृहीभूत्वावनीभवेद्वनीभूत्वाप्रव्रजेदितिश्रुत्युक्तःक्रमस
मुच्चयपक्षोदर्शितः १४ । १५ । १६ । १७ । १८ वीतरागात्माविरक्तचित्तः ब्रह्माश्रमःसंन्यासाश्रमस्तदेवपदंपदस्थानंतत्र १९

एतदाक्षिपति उत्पन्नेइति । ज्ञानंशास्त्रजाधीः विज्ञानमनुभवः तस्मिन्मोक्षाश्रमफलेब्रह्मचर्यात्प्रागेवोत्पन्नेसति त्रिषुब्रह्मचर्यादिषु । समुच्चयपक्षेयदिचेतरथाब्रह्मचर्यादेवप्रव्रजेद्गृहाद्वावनाद्वायदहरेवविरजेत्त हरेवप्रव्रजेदित्यनियमश्रुतिर्बाध्येतेतिभावः २० । २१ तत्रब्रह्मचर्यस्यावश्यकत्वंतावदाह नविनेति २२ प्लावयिताकर्णधारः ज्ञानंशास्त्रं 'तद्विज्ञानार्थंसगुरुमेवाभिगच्छेत्समित्पाणिःश्रोत्रियंब्रह्मनिष्ठं नैषातर्केणमतिरापनेयाप्रोक्तान्येनैवसुज्ञानायप्रेष्ठा' इत्यादिश्रुतिभिरन्वयव्यतिरेकाभ्यामाचार्यकरणस्यविद्याहेतुत्वावगमात्तदावश्यकमितिभावः । तदुभयमाचार्यशास्त्रे २३ वामदेववद्ब्रह्मचर्यात्प्राग्विज्ञानेजाते सतिकिंतेनेत्याशंक्याह अनुच्छेदायेति । लोकशिक्षार्थमपितदावश्यकमितिभावः २४ जातिषुजन्मसु २५ भावितैःशोधितैः करणैर्बुद्ध्यादिभिः २६ तमिति । चित्तशुद्ध्यर्थमाश्रमधर्मास्तच्छुद्धौतुतेव्य

॥ शुकउवाच ॥ उत्पन्नेज्ञानविज्ञानेनिर्द्वन्द्वेहृदिशाश्वते ॥ किमवश्यंनिवस्तव्यमाश्रमेषुभवेद्विषु २० एतद्भवंतंपृच्छामितद्भवान्वक्तुमर्हति ॥ यथावेदार्थतत्त्वे नब्रूहिमेत्वंजनाधिप २१॥ जनकउवाच ॥ नविनाज्ञानविज्ञानेमोक्षस्याधिगमोभवेत् ॥ नविनागुरुसंबंधंज्ञानस्याधिगमःस्मृतः २२ गुरुःप्लावयितातस्यज्ञा नंप्लवइहोच्यते ॥ विज्ञायकृतकृत्यस्तुतीर्णस्तदुभयंत्यजेत् २३ अनुच्छेदायलोकानामनुच्छेदायकर्मणाम् ॥ पूर्वैराचरितोधर्मश्चातुराश्रम्यसंकटः २४ अनेन क्रमयोगेनबहुजातिषुकर्मणाम् ॥ हित्वाशुभाशुभंकर्ममोक्षोनामेहलभ्यते २५ भावितैःकरणैश्चायंबहुसंसारयोनिषु ॥ आसादयतिशुद्धात्मामोक्षंवैप्रथमाश्रमे २६ तमासाद्यतुमुक्तस्यदृष्टार्थस्यविपश्चितः ॥ त्रिष्वाश्रमेषुकोन्वर्थोभवेत्परमभीप्सतः २७ राजसांस्तामसांश्चैवनित्यंदोषान्विवर्जयेत् ॥ सात्त्विकंमार्गमास्थायपश्ये दात्मानमात्मना २८ सर्वभूतेषुचात्मानंसर्वभूतानिचात्मनि ॥ संपश्यन्नोपलिप्येतजलेवारिचरोयथा २९ पक्षिवत्प्रवणादूर्ध्वममुत्रानंत्यमश्नुते ॥ विहायदेहान्नि र्मुक्तोनिर्द्वन्द्वःप्रशमंगतः ३० अत्रगाथाःपुरागीताःशृणुराज्ञाययातिना ॥ धार्यन्तेयाद्विजैस्तातमोक्षशास्त्रविशारदैः ३१ ज्योतिरात्मनिनान्यत्रसर्वजंतुषुतत्समम् ॥ स्वयंचशक्यतेद्रष्टुंसुसमाहितचेतसा ३२ नाबिभेतिपरोयस्मान्नाबिभेतिपराच्चयः ॥ यश्चनेच्छतिनद्वेष्टिब्रह्मसंपद्यतेतदा ३३ यदाभावंनकुरुतेसर्वभूतेषुपापकम् ॥ कर्मणामनसावाचाब्रह्मसंपद्यतेतदा ३४ संयोज्यमनसाऽऽत्मानमीर्ष्यामुत्सृज्यमोहनीम् ॥ त्यक्त्वाकामंचमोहंचतदाब्रह्मत्वमश्नुते ३५ यदाश्राव्येचदृश्येचसर्व भूतेषुचाप्ययम् ॥ समोभवतिनिर्द्वंद्वोब्रह्मसंपद्यतेतदा ३६ यदास्तुतिंचनिंदांचसमत्वेनैवपश्यति ॥ कांचनंचायसंचैवसुखंदुःखंतथैवच ३७ शीतमुष्णंतथै वार्थमनर्थंप्रियमप्रियम् ॥ जीवितंमरणंचैवब्रह्मसंपद्यतेतदा ३८ प्रसार्येहयथांगानिकूर्मःसंहरतेपुनः ॥ तथेंद्रियाणिमनसासंयंतव्यानिभिक्षुणा ३९ तमःपरि गतंवेश्मयथादीपेनदृश्यते ॥ तथाबुद्धिप्रदीपेनशक्यआत्मानिरीक्षितुम् ४०

र्थाइत्यर्थः २७ । २८ सर्वभूतेष्वनुगतमात्मानंसंप्रज्ञातेपश्यतेपश्यतिसर्वभूतानिचाऽऽत्मनिरज्जूरगवद्विलीनान्यसंप्रज्ञातेपश्यति वारिचरोहंसादिः २९ प्रवणान्निम्नात् यथाभूचरःपर्वतात्पर्वतंगच्छन्निम्नंदे शमनुसृत्यगच्छतिनैवंपक्षीतद्वद्विद्वान्देहंनानुसरतीत्यर्थः ३० । ३१ ज्योतिश्चिन्मात्रंब्रह्म आत्मनिबुद्धौ सममेकं एकत्वेऽनुभवएवमानमित्याह स्वयमिति । सुष्ठुसमाहितंयोगारूढंचेतोयस्यतेन ३२ दर्शन लिंगमाह नबिभेतीत्यादिना ३३ । ३४ । ३५ । ३६ । ३७ । ३८ । ३९ तमःपरिगतमंधकारव्याप्तमज्ञानव्याप्तंच वेश्मगृहंसर्वाधिष्ठानंब्रह्मच ४०

॥ २३२ ॥

४१ । ४२ । ४३ । ४४ । ४५ । ४६ । ४७ । ४८ । ४९ । ५० । ५१ ॥ इति शांतिपर्वणि मोक्षधर्मपर्वणि नीलकंठीये भारतभावदीपे षड्विंशत्यधिकत्रिशततमोऽध्यायः ॥ ३२६ ॥ ॥ एतच्छु

एतत्सर्वंवपश्यामित्वयिबुद्धिमतांवर ॥ यच्चान्यदपिवेत्तव्यंतत्त्वतोवेदतद्भवान् ४१ ब्रह्मर्षेऽविदितश्चासिविषयांतमुपागतः ॥ गुरोस्तवप्रसादेनतवचैवोपशिक्ष
या ४२ तस्यैवचप्रसादेनप्रादुर्भूतंमहामुने ॥ ज्ञानंदिव्यंममापीदंतेनासिविदितोमम ४३ अधिकंतवविज्ञानमधिकाचगतिस्तव ॥ अधिकंतवचैश्वर्यंतच्चत्वंनाव
बुध्यसे ४४ बाल्याद्वासंशयाद्वाऽपिभयाद्वाऽप्यविमोक्षजात् ॥ उत्पन्नेचापिविज्ञानेनाधिगच्छतितांगतिम् ४५ व्यवसायेनशुद्धेनमद्विधैश्छिन्नसंशयः ॥ विमु
च्यहृदयग्रंथीनासादयतितांगतिम् ४६ भवांश्चोत्पन्नविज्ञानःस्थिरबुद्धिरलोलुपः ॥ व्यवसायादृतेब्रह्मन्नासादयतितत्परम् ४७ नास्तितेसुखदुःखेषुविशेषोना
सिलोलुपः ॥ नौत्सुक्यंनृत्यगीतेषुनरागउपजायते ४८ नबंधुष्वनुबंधस्तेनभयेष्वस्तितेभयम् ॥ पश्यामित्वांमहाभागतुल्यलोष्टाश्मकांचनम् ४९ अहंत्वामनु
पश्यामियेचाप्यन्येमनीषिणः ॥ आस्थितंपरमंमार्गमक्षयंतमनामयम् ५० यत्फलंब्राह्मणस्येहमोक्षार्थश्चयदात्मकः ॥ तस्मिन्वैवर्तसेब्रह्मन्किमन्यत्परिपृच्छसि
५१ ॥ इति श्रीमहाभारते शांति० मोक्ष० शुकोत्पत्तौषड्विंशत्यधिकत्रिशततमोऽध्यायः ॥ ३२६ ॥ भीष्मउवाच ॥ एतच्छ्रुत्वातुवचनंकृतात्माकृतनिश्चयः ॥
आत्मनात्मानमास्थायदृष्ट्वाचात्मानमात्मना १ कृतकार्यःसुखीशांतस्तूष्णींप्रायादुदङ्मुखः ॥ शैशिरंगिरिमुद्दिश्यसधर्मामातरिश्वनः २ एतस्मिन्नेवकालेतुदेवर्षि
र्नारदस्तथा ॥ हिमवंतमियाद्द्रष्टुंसिद्धचारणसेवितम् ३ तमप्सरोगणाकीर्णंशांतस्वननिनादितम् ॥ किन्नराणांसहस्रैश्चभृंगराजैस्तथैवच ४ मद्गुभिःखंजरीटै
श्चविचित्रैर्जीवजीवकैः ५ चित्रवर्णैर्मयूरैश्चकेकाशतविराजितैः ॥ राजहंससमूहैश्चकृष्णैःपरभृतैस्तथा ६ पक्षिराजोगरुत्मांश्चयंनित्यमधितिष्ठति ॥ चत्वारो
लोकपालाश्चदेवाःसर्षिगणास्तथा ७ तत्रनित्यंसमायांतिलोकस्यहितकाम्यया ॥ विष्णुनायत्रपुत्रार्थेतपस्तप्तंमहात्मना ८ तत्रैवचकुमारेणबाल्येक्षिप्तादिवौ
कसः ॥ शक्तिर्न्यस्ताक्षितितलेत्रैलोक्यमवमन्यवै ९ तत्रोवाचजगत्स्कंदःक्षिपन्वाक्यमिदंतदा ॥ योऽन्योऽस्तिमत्तोऽभ्यधिकोविप्रायस्याधिकंप्रियाः १०
योब्रह्मण्योद्वितीयोऽस्तित्रिषुलोकेषुवीर्यवान् ॥ सोऽभ्युद्धरत्विमांशक्तिमथवाकंपयत्विति ११ तच्छ्रुत्वाव्यथितालोकाःकइमामुद्धरेदिति ॥ अथदेवगणंसर्वंसंभ्रां
तेंद्रियमानसम् १२ अपश्यद्भगवान्विष्णुःक्षिप्तंसासुरराक्षसम् ॥ किंत्वत्रसुकृतंकार्यंभवेदितिविचिंतयन् १३ अनामृष्यततःक्षेपमवैक्षतचपावकिम् ॥ संप्रगृ
ह्यविशुद्धात्माशक्तिंप्रज्वलितांतदा १४ कंपयामाससव्येनपाणिनापुरुषोत्तमः ॥ शक्त्यांतुकंप्यमानायांविष्णुनाबलिनातदा १५

त्वातुवचनमित्यादेरध्यायस्यतात्पर्यंतुयत्रशिवविष्णुस्कंदप्रह्लादादीनांमहामहिम्नांसमागमस्तत्रपुण्यतमेदेशेयोगिनाध्यानार्थंगंतव्यंविद्याचगोपनीयागुरुशिष्याभ्यांचस्वोचितधर्मेणस्थेयमिति १ शैशिरंगिरिंहिमालयं
२ । ३ । ४ । ५ । ६ । ७ । ८ । ९ । १० । ११ । १२ । १३ । १४ । १५

॥ २३३ ॥ मेदिनीकंपितासर्वासशैलवनकानना ॥ शक्तेनापिसमुद्धर्तुंकंपितासाऽभवत्तदा १६रक्षितास्कंदराजस्यधर्षणाप्रभविष्णुना॥तांकंपयित्वाभगवान्प्रह्रादमिदमब्र
वीत् १७ पश्यवीर्यंकुमारस्यनैतदन्यःकरिष्यति ॥ सोऽमृष्यमाणस्तद्वाक्यंसमुद्धरणनिश्चितः १८ जग्राहतांतदाशक्तिंनचैनांसव्यकंपयत् ॥ नादंमहांतंमुक्त्वा अ०
समूर्च्छितोगिरिमूर्धनि १९ विह्वलःप्रापतद्भूमौहिरण्यकशिपोःसुतः ॥ तत्रोत्तरांदिशंगत्वाशैलराजस्यपार्श्वतः २० तपोऽतप्यतदुर्धर्षंताताननित्यंवृषध्वजः ॥ पाव ॥ ३२७ ॥
केनपरिक्षिप्तंदीप्यतायस्यचाश्रमम् २१ आदित्यपर्वतंनामदुर्धर्षमकृतात्मभिः ॥ नतत्रशक्यतेगंतुंयक्षराक्षसदानवैः २२ दशयोजनविस्तारमग्निज्वालासमा
वृतम् ॥ भगवान्पावकस्तत्रस्वयंतिष्ठतिवीर्यवान् २३ सर्वान्विघ्नान्प्रशमयन्महादेवस्यधीमतः ॥ दिव्यंवर्षसहस्रंहिपादेनैकेनतिष्ठतः २४ देवान्संतापयंस्तत्र
महादेवोमहाव्रतः ॥ ऐंद्रींतुदिशमास्थायशैलराजस्यधीमतः २५ विविक्तेपर्वततटेपाराशर्योमहातपाः ॥ वेदानध्यापयामासव्यासःशिष्यान्महातपाः २६ सुमं
तुंचमहाभागंवैशंपायनमेवच ॥ जैमिनिंचमहाप्राज्ञंपैलंचापितपस्विनम् २७ यत्राशिष्यैःपरिवृतोव्यासआस्तेमहातपाः ॥ तत्राश्रमपदंरम्यंददर्शपितुरुत्तमम् २८
आरणेयोविशुद्धात्मानभसीवदिवाकरः ॥ अथव्यासःपरिक्षिप्तंज्वलंतमिवपावकम् २९ ददृशेसुतमायांतंदिवाकरसमप्रभम् ॥ असज्जमानंवृक्षेषुशैलेषुवि
षयेषुच ॥ योगयुक्तंमहात्मानंयथाबाणंगुणच्युतम् ३० सोऽभिगम्यपितुःपादावगृह्णदरणीसुतः ॥ यथोपजोषंतैश्चापिसमागच्छन्महामुनिः ३१ ततोनिवेदया
मासपित्रेसर्वमशेषतः ॥ शुकोजनकराजेनसंवादंप्रीतमानसः ३२ एवमध्यापयञ्छिष्यान्व्यासःपुत्रंचवीर्यवान् ॥ उवासहिमवत्पृष्ठेपाराशर्योमहामुनिः ३३ ततः
कदाचिच्छिष्यास्तंपरिवार्यावतस्थिरे ॥ वेदाध्ययनसंपन्नाःशांतात्मानोजितेंद्रियाः ३४ वेदेषुनिष्ठांसंप्राप्यसांगेष्वपितपस्विनः ॥ अथोचुस्तेतदाव्यासं
शिष्याःप्रांजलयोगुरुम् ३५ ॥ शिष्याऊचुः ॥ महतातेजसायुक्तायशसाचापिवर्धिताः ॥ एकंत्विदानीमिच्छामोगुरुणाऽनुग्रहंकृतम् ३६ इतितेषांवचःश्रुत्वाब्र
ह्मर्षिस्तानुवाचह ॥ उच्यतामितितद्वत्सायद्वःकार्यंप्रियंमया ३७ एतद्वाक्यंगुरोःश्रुत्वाशिष्यास्तेहृष्टमानसाः ॥ पुनःप्रांजलयोभूत्वाप्रणम्याशिरसागुरुम् ३८
ऊचुस्तेसहिताराजन्निदंवचनमुत्तमम् ॥ यदिप्रीतउपाध्यायोधन्याःस्मोमुनिसत्तम ३९ कांक्षामस्तुवयंसर्वेवरंदातुंमहर्षिणा॥षष्ठःशिष्योनतेख्यातिंगच्छेदत्रप्रसी
दनः ४० चत्वारस्तेवयंशिष्यागुरुपुत्रश्चपंचमः ॥ इहवेदाःप्रतिष्ठेरन्नेषनःकांक्षितोवरः ४१ शिष्याणांवचनंश्रुत्वाव्यासोवेदार्थतत्त्ववित् ॥ पराशरात्मजोधीमा
न्परलोकार्थचिंतकः ४२ उवाचशिष्यान्धर्मात्माधर्म्यंनैःश्रेयसंवचः ॥ ब्राह्मणायसदादेयंब्रह्मशुश्रूषवेतथा ४३ ब्रह्मलोकेनिवासंयोध्रुवंसमभिकांक्षते ॥ भवंतो
बहुलाःसंतुवेदोविस्तार्यतामयम् ४४ नाशिष्येसंप्रदातव्योनाव्रतेनाकृतात्मनि ॥ एतेशिष्यगुणाःसर्वेविज्ञातव्यायथार्थतः ४५ ॥ २३३ ॥

४६ । ४७ । ४८ । ४९ । ५० । ५१ । ५२ । ५३ ॥ इति शांति०मोक्ष०नीलकंठीयेभारतभावदीपेसप्तविंशत्यधिकत्रिशततमोऽध्यायः ॥ ३२७ ॥ ॥ एतच्छ्रुत्वागुरोर्वाक्यमित्यादेर्व्यासःपुत्रमवारय
दित्यंतस्यतात्पर्यंविद्याप्रचारःकर्तव्योविदुषाऽपिवेदाध्ययनंनत्याज्यंस्वाध्यायानध्यायपरिपालनंचकर्तव्यमिति १ तदात्वायातिसंहितं तदात्वेतत्कालेआयतावुत्तरकालेचसंहितंसम्यग्घितम् २ । ३ । ४

नापरीक्षितचारित्रेविद्यादेयाकथंचन॥यथाहिकनकंशुद्धंतापच्छेदनिकर्षणैः ४६ परीक्षेततथाशिष्यानीक्षेत्कुलगुणादिभिः॥ननियोज्याश्चवःशिष्याअनियोगे
महाभये ४७ यथामतियथापाठंतथाविद्याफलिष्यति॥सर्वस्तरतुदुर्गाणिसर्वोभद्राणिपश्यतु४८ श्रावयेच्चतुरोवर्णान्कृत्वाब्राह्मणमग्रतः॥वेदस्याध्ययनंहीदंतच्चकार्यं
महत्स्मृतम् ४९ स्तुत्यर्थमिहदेवानांवेदाःसृष्टाःस्वयंभुवा ॥ योनिर्वदेतसंमोहाद्ब्राह्मणंवेदपारगम् ५० सोऽभिध्यानाद्ब्राह्मणस्यपराभूयादसंशयम्॥यश्चाधर्मेणविब्रू
याद्यश्चाधर्मेणपृच्छति ५१ तयोरन्यतरःप्रैतिविद्वेषंचाधिगच्छति ॥ एतद्वःसर्वमाख्यातंस्वाध्यायस्यविधिंप्रति ५२ उपकुर्याच्चशिष्याणामेतच्चहृदिवोभवेत् ५३
इतिश्रीम०शांति०मोक्ष०सप्तविंशत्यधिकत्रिशततमोध्यायः॥ ३२७ ॥ भीष्मउवाच॥एतच्छ्रुत्वागुरोर्वाक्यंव्यासशिष्यामहौजसः ॥ अन्योन्यंहृष्टमनसःपरिषस्व
जिरेतदा १ उक्ताःस्मोयद्भगवतातदात्वायतिसंहितम् ॥ तन्नोमनसिसंरूढंकरिष्यामस्तथाचतत् २ अन्योन्यंसांविभाष्यैवंसुप्रीतमनसःपुनः ॥ विज्ञापयंतिस्मगुरुं
पुनर्वाक्यविशारदाः ३ शैलादस्मान्महींगंतुंकांक्षितंनोमहामुने॥वेदाननेकधाकर्तुंयदितेरुचितंप्रभो ४ शिष्याणांवचनंश्रुत्वापराशरसुतःप्रभुः॥प्रत्युवाचततोवा
क्यंधर्मार्थसहितंहितम् ५ क्षितिंवादेवलोकंवागम्यतांयदिरोचते॥ अप्रमादश्चवःकार्योब्रह्महिप्रचुरच्छलं ६ तेऽनुज्ञातास्ततःसर्वेगुरुणासत्यवादिना॥ जग्मुःप्रद
क्षिणंकृत्वाव्यासंमूर्ध्नाऽभिवाद्यच ७ अवतीर्यमहींतेऽथचातुर्होत्रमकल्पयन् ॥ संयाजयंतोविप्रांश्चराजन्यांश्चविशस्तथा ८ पूज्यमानाद्विजैर्नित्यंमोदमानागृहेर
ताः ॥ याजनाध्यापनरताःश्रीमंतोलोकविश्रुताः ९ अवतीर्णेषुशिष्येषुव्यासःपुत्रसहायवान् ॥ तूष्णींध्यानपरोधीमानेकांतेसमुपाविशत् १० तंददर्शाश्रमपदे
नारदःसुमहातपाः ॥ अथैनमब्रवीत्कालेमधुराक्षरयागिरा ११ भोभोब्रह्मर्षिवासिष्ठब्रह्मघोषोनवर्तते ॥ एकोध्यानपरस्तूष्णींकिमास्सेचिंतयन्निव१२ ब्रह्मघोषै
र्विरहितःपर्वतोऽयंनशोभते ॥ रजसातमसाचैवसोमःसोमप्लवोयथा १३ नभ्राजतेयथापूर्वंनिषादानामिवालयः॥ देवर्षिगणजुष्टोऽपिवेदध्वनिनिराकृतः १४ ऋ
षयश्चहिदेवाश्चगंधर्वाश्चमहौजसः ॥ वियुक्ताब्रह्मघोषेणनभ्राजंतेयथापुरा १५ नारदस्यवचःश्रुत्वाकृष्णद्वैपायनोऽब्रवीत् ॥ महर्षेयत्त्वयाप्रोक्तंवेदवादविचक्ष
ण १६ एतन्मनोनुकूलंमेभवानर्हतिभाषितुम् ॥ सर्वज्ञःसर्वदर्शीचसर्वत्रचकुतूहली १७ त्रिषुलोकेषुयद्भूतंसर्वंतवमतेस्थितम् ॥ तदाज्ञापयविप्रर्षेब्रूहिकिंकरवा
७९ णिते १८ यन्मयासमनुष्ठेयंब्रह्मर्षेतदुदाहर ॥ विमुक्तस्येहशिष्यैर्मेनातिहृष्टमिदंमनः १९

५ । ६ । ७ चातुर्होत्रंचतुर्होतृसंज्ञकामंत्राश्चित्तिःस्रुक्चित्तमाज्यमित्यादयोऽध्यात्माधियज्ञयोरभेददर्शनार्थाः तत्पूर्वकंप्रवृत्तंकर्मचातुर्होत्रमग्निहोत्रादिकंसोमांतमकल्पयन्प्रवर्तितवंतः ८ । ९ । १० । ११ ।
१२ सोमप्लवोराहुग्रस्तः १३ । १४ । १५ । १६ । १७ । १८ नातिहृष्टमिदंमनइतिविदुषामपिशिष्यादिसंयोगवियोगजंसुखंदुःखमपरिहार्यमितिभावः १९

अनाम्नायः अनावृत्तिः सएवमलोदूषणंयेषु। २० । २१ । २२ । २३ । २४ ततोऽनध्यायइत्यादिग्रंथोयोगिनांस्वेच्छयाकृत्स्नेब्रह्मांडेसंचारयोग्यताइच्छयादेहत्यागश्चयथाभवतितादृशींविद्यांवक्तुंप्रवर्तते २५ कुतइतिवायोर्मूलकारणप्रश्नः । विचेष्टितमितिवायुकर्मप्रश्नः २६ । २७ प्रश्नमभिनंदन्नस्यार्थस्याजिज्ञासाऽतिदुर्लभेतिसूचयति दिव्यमिति योगसंस्कृतंचक्षुर्व्यवहितार्थग्राहित्वात्मनश्चनिर्मलमतीतादिग्राहि सत्वेसर्वज्ञत्वादिहेतौबुद्धिसत्वे २८ आत्मनिबुद्धौ वेदान्वेदार्थान् व्यस्यऊहापोहाभ्यांपरिभाव्य बुद्ध्यानिश्चयेनसमनुचिंतयवायुःकुतोऽभूदित्यादिकंविचारय २९ देवयानेति । योविष्णोर्व्यापकस्यपरमात्मनः संबंधीदेवयानोऽर्चिरादिमार्गस्तत्रचरतीतितेनमार्गेण । सात्विकानुपासकान् विष्णुलोकमपुनरावृत्तिपदंप्रापयतीत्यर्थः । पितृयानश्चधूमादिपितृयानमार्गप्रदश्चायमेव सतुतामसःपुनरावृत्तिप्रदत्वात् ३० पृथिव्यामिति । पृथिव्यांपिंडे अंतरिक्षेब्रह्मांडे संवांतिसंगच्छंति वायुमार्गाःवायुसंचारस्थानानि तत्रदेहेतावद्वायुस्थानवर्णबीजानिनकुलीश्वयोगपारायणेप्रोक्तानि । 'प्राणोघ्राणाग्रहृन्नाभिपादांगुष्ठांतसंस्थितिः ॥

॥ नारदउवाच ॥ अनाम्नायमलावेदाब्राह्मणस्याव्रतंमलम् ॥ मलंपृथिव्यावाहीकाःस्त्रीणांकौतूहलंमलम् २० अधीयतांभवान्वेदान्सार्धंपुत्रेणधीमता ॥ विधुन्वन्ब्रह्मघोषेणरक्षोभयकृतंतमः २१ ॥ भीष्मउवाच ॥ नारदस्यवचःश्रुत्वाव्यासःपरमधर्मवित् ॥ तथेत्युवाचसंहृष्टोवेदाभ्यासदृढव्रतः २२ शुकेनसहपुत्रेणवेदाभ्यासमथाकरोत् ॥ स्वरेणोच्चैःसशैक्ष्येणलोकानापूरयन्निव २३ तयोरभ्यसतोरेवनानाधर्मप्रवादिनोः ॥ वातोऽतिमात्रंप्रववौसमुद्रानिलवेजितः २४ ततोऽनध्यायइतितंव्यासःपुत्रमवारयत् ॥ शुकोवारितमात्रस्तुकौतूहलसमन्वितः २५ अपृच्छत्पितरंब्रह्मन्कुतोवायुरभूदयम् ॥ आख्यातुमर्हतिभवान्वायोःसर्वंविचेष्टितम् २६ शुकस्यैतद्वचःश्रुत्वाव्यासःपरमविस्मितः ॥ अनध्यायनिमित्तेऽस्मिन्निदंवचनमब्रवीत् २७ दिव्यंतेचक्षुरुत्पन्नंस्वयंतेनिर्मलंमनः ॥ तमसारजसाचापित्यक्तःसत्वेव्यवस्थितः २८ आदर्शेस्वामिवच्छायांपश्यस्यात्मानमात्मना ॥ व्यवस्यात्मनिस्वयंवेदान्बुद्ध्यासमनुचिंतय २९ देवयानचरोविष्णोःपितृयानश्चतामसः ॥ द्वावेतौप्रेत्यपंथानौदिवंचाधश्चगच्छतः ३० पृथिव्यामंतरिक्षेचयत्रसंवांतिवायवः ॥ सप्तैतेवायुमार्गावैतान्निबोधानुपूर्वशः ३१ तत्रदेवगणाःसाध्यामहाभूतामहाबलाः ॥ तेषामप्यभवत्पुत्रःसमानोनामदुर्जयः ३२ उदानस्तस्यपुत्रोऽभूद्व्यानस्तस्याभवत्सुतः ॥ अपानश्चततोज्ञेयःप्राणश्चापिततोपरः ३३ अनपत्योऽभवत्प्राणोदुर्धर्षःशत्रुतापनः ॥ पृथक्कर्माणितेषांतुप्रवक्ष्यामियथातथम् ३४ प्राणिनांसर्वतोवायुश्चेष्टांवर्तयतेपृथक् ॥ प्राणनाच्चैवभूतानांप्राणइत्यभिधीयते ३५

नीलःसोंकाररेफादिबीजेनविनियोजितः' ओंयमित्यर्थः । 'कृष्णोपानःकृकाटिस्थःपृष्ठपृष्ठांतपार्ष्णिगः ॥ सतारकनकारांतबीजेनविनियोजितः' ओंपमित्यर्थः । 'शक्रचापनिभोव्यानस्त्वगिंद्रियनिकेतनः ॥ तारकोपेतयातांतबीजतेजोविराजितः' ओंलमित्यर्थः । 'मूर्धस्थोमध्यताल्वग्रकंठहृत्पद्मलाश्रयः ॥ उदानोरुणच्छायस्तारकाक्रांतयांतयुक्' ओंरमित्यर्थः । 'श्वेतःसमानोहृन्नाभिसर्वसंधिनिकेतनः ॥ प्रणवाक्रांतलांतिनबीजेनात्यंतमुज्ज्वलः' इति ओंवमित्यर्थः । षष्ठसप्तममार्गौतुजीवन्मुक्तिविदेहमुक्तिप्रदौवक्ष्यति ३१ देवगणाअध्यात्मंइंद्रियाणितेषांपुत्रःसमानःइंद्रियाणांसामान्याद्वृत्तिरेवसमानादयः । तदुक्तंसांख्यसप्तत्यां सामान्याकरणवृत्तिःप्राणाद्यावायवःपंचेति । एवमधिदैवमपिसाध्यानांदेवानांसामान्यंरूपंसमानादयइत्यर्थः । पिंडब्रह्मांडयोरभेदात् ३२ उदानइति एतेषामुत्तरोत्तरस्यपूर्वपूर्वकार्यत्वादुत्तरोत्तरंस्थूलत्वंज्ञेयम् ३३ अनपत्यइतिप्राणस्यकार्यांतरंनास्तिसर्वापेक्षयास्थूलत्वंचदर्शितम् ३४ पिंडेप्राणकार्यंप्राणशब्दप्रवृत्तिनिमित्तंचाह प्राणिनामिति ३५

अस्यैवाधिदैवकर्मनामनीआह प्रेरयतीतिसार्धेन । धूमोष्मजान्मेघान्स्नेहंस्नेहत्वमथवास्नेहगुणयुक्तजलवृष्टिकालंप्राप्यअंबरेप्रेरयतीतियोजना सएववायुर्धूमज्योतिःस्नेहक्रमेणविद्युत्त्वंप्राप्यमहाद्युतिश्चभवति । विद्यु
द्भ्यइतिपंचमील्यब्लोपे । प्रथमःविष्णुदेवसमानादिक्रमेणसप्तमोऽपिसंहारक्रमेणप्रथमइत्यर्थः । अयंभावः । पूर्वोदाहृतप्राणांतहृन्नाभिपादांगुष्ठानांमध्येऽन्यतमेस्थानेप्राणंनिरोध्यनीलवर्णप्राणंओंयमितिबी
जशरीरंसंचिंतयन्योगीकियताकालेनसिद्धिंप्राप्तोजीवतैवशरीरेणप्रवहमार्गेणसंचरति देहांतेचप्रवहेणतादात्म्यंप्राप्नोति एवंसर्वत्रप्रयोगोज्ञेयइति ३६ आध्यात्मिकस्यापानस्याधिदैवकर्मनामनीआह आवहइति ।
भचक्रमासमंताद्वहतीत्यावहः ३७ आदत्तेऽन्नमनेनोद्दीपकेनजठराग्निरित्यादानोऽपानः । अपानस्यजाठरोद्दीपकत्वमाहयाज्ञवल्क्यः 'स्वयंत्वपानंसंप्राप्यतेनैवसहमारुतः ॥ प्रवातिज्वलनंतत्रप्राणोमध्यगतं
पुनः । वायुनावाजितोवह्निरपानेनशनैःशनैः । तदाज्वलतिविप्रेंद्रेसकलेदेहमध्यमे' प्राणःअपानंप्राप्यप्रवर्त्यज्वलनंप्रवातिप्रवर्तयति अपानेनवायुनावाजितःवीजितः वोविधूननेजुक्इतिजुगंताद्वाधातोर्निष्ठा
यांरूपम् । हेविप्रेंद्रेगार्गिइतियाज्ञवल्क्यश्लोकार्थः । आदानइत्यपानस्यनामांतरंयोगिप्रसिद्धमित्यर्थः । अंतर्देहेष्वित्यर्थे उदानमितिपाठेउत्तरान्वायि ३८ उद्धृत्यादानसाम्यादुद्वहादानयोरैक्यम् ३९

प्रेरयत्यभ्रसंघातान्धूमजांश्चोष्मजांश्चयः॥ प्रथमःप्रथमेमार्गेप्रवहोनामयोऽनिलः ३६ अंबरेस्नेहमभ्येत्यविद्युद्भ्यश्चमहाद्युतिः॥ आवहोनामसंवातिद्वितियःश्वस
नोनदन् ३७ उदयंज्योतिषांशश्वत्सोमादीनांकरोतियः ॥ अंतर्देहेषुचादानंयेवदंतिमनीषिणः ३८ यश्चतुर्भ्यःसमुद्रेभ्योवायुर्धारयतेजलम् ॥ उद्धृत्याददतेचा
पोजीमूतेभ्योंऽबरेऽनिलः३९योऽद्भिःसंयोज्यजीमूतान्पर्जन्यायप्रयच्छति॥उद्वहोनामबंहिष्ठस्तुतीयःससदागतिः ४० समुह्यमानाबहुधायेननीताःपृथग्घनाः॥
वर्षमोक्षकृतारंभास्तेभवंतिघनाघनाः४१संहतायेनचाविद्धाभवंतिनदतांनदाः॥रक्षणार्थायसंभूतामेघत्वमुपयांतिच ४२योऽसौवहतिभूतानांविमानानिविहाय
सा॥ चतुर्थःसंवहोनामवायुःसगिरिमर्दनः ४३ येनवेगवतारुग्णारूक्षेणरुवतानगाः॥ वायुनासहितामेघास्तेभवंतिबलाहकाः ४४ दारुणोत्पातसंचारोनभसः
स्तनयित्नुमान्॥ पंचमःसमहावेगोविवहोनाममारुतः ४५ यस्मिन्पारिप्लवादिव्यावहंत्यापोविहायसा॥ पुण्यंचाकाशगंगायास्तोयंविष्टभ्यतिष्ठति४६ दूरात्प्रति
हतोयस्मिन्नेकरश्मिर्दिवाकरः॥ योनिरंशुसहस्रस्ययेनभातिवसुंधरा ४७ यस्मादाप्यायतेसोमःक्षीणःसंपूर्णमंडलः॥ षष्ठःपरिवहोनामसवायुर्जयतांवरः ४८

पर्जन्यायवृष्ट्यभिमानिदेवतायै बंहिष्ठःअतिशयेनबहुः ४० वर्षमोक्षायकृतआरंभोयैस्ते रिच्यमानोमेघःपूर्णापूर्णत्वाद्घनाघनउच्यतइत्यर्थः ४१ संहताःसंघीभूताअपियेनहेतुनातेपृथक्आविद्धाःप्रक्षिप्ताभवंति
अतस्तेषांवाद्यमानवेणुवन्नदतांशब्दंकुर्वतांनदाइतिनामभवति । रक्षणार्थायगोस्तनवत्सेचनात्रिक्ता अपितेमेघत्वंयांति । मिहसेचनइतिधातुः । नतुनीरसफलवन्नश्यंतीत्यर्थः ४२ योऽसाविति । वर्धनइतिपाठेऽपि
सएवार्थः वृधुर्हिंसायामितिधातोरूपं ४३ मर्दनमेवाह येनेति । बलेनपरोपमर्देनअंहंतिगच्छंतितेबलाहकाः पृषोदरादित्वान्नकारलोपः अहिगतावितिधातुः ४४ दारुणेति । दारुणालोकनाशसूचकाधूम
केतुसंवर्तमेघादयउत्पातास्तेषांसंचारोयेनस्तनयित्नुःसगर्जितोमेघस्तद्वान् विषमवहनाद्विवहः ४५ परितउपर्येवयस्यवेगात्पतंतिनत्वधःपतंतीतिपरिप्लवाः स्वार्थेताद्धितः । यस्तोयंविष्टभ्याऽऽकाशेएवावस्थाप्य
४६ दूरादिति । येनप्रतिहतःसूर्यःसहस्ररश्मिरप्येकरश्मिरिवभातीत्यर्थः ४७ एवंपिंडब्रह्मांडांतर्गतानाधिकारिकान्पंचवायूनुक्त्वाषष्ठंतदंतर्गतमपितदस्पर्शिनंवायुमाह यस्मादिति । यस्मात्सहस्रारस्थिताच्चिद्वं
द्राख्यादयंसोमोब्रह्मांडांतर्गतओषधीशोब्रह्मांडाप्यायनकृत्पिंडांतर्गतंमनश्चपिंडाप्यायनकृदेतद्द्वयंयंप्राप्यआप्यायतेवर्धतेसपरिवहःसर्वतोवहनाद्व्यापकःकारणात्माषष्ठोवायुरित्यर्थः ४८

अनुकालेकल्पांते निरस्यतिसंहरति । मृत्युर्वैवस्वतावपियदनुरोधिनौ तयोरपिप्रेरकइत्यर्थः । एतेनमृत्युग्रस्तानांब्रह्मादीनांतदधीनत्वंकैमुतिकन्यायसिद्धम् ४९ भोअध्यात्मचिंतकाइतिपूजायांबहुत्वेनपुत्रसंबोधनं । शांतयाबाह्याभ्यंतरविषयेभ्यउपरतयाबुद्ध्यासम्यगहंब्रह्मास्मीतिवाक्यार्थानुसंधानपूर्वकमन्वीक्षतांश्रवणमननमनुध्यानेनपश्यतां । ध्यानाभ्यासोनिरंतरंध्यानमेवाऽभिरामंयेषांतेषांयोऽमृतत्वाय मोक्षायकल्पते ५० दिशोंतंप्रतिपेदिरेब्रह्मांडंनिर्भिद्यगताइत्यर्थः ५१ सप्तममाह येनेति । सृष्टउपसृष्टः एकएवायंनिर्बीजसमाधिगम्यः यावदारब्धकर्मभोगंयस्मिन्लीनोऽपियोगीसंस्कारशेषसत्त्वात्पुनरावर्ततेप्रारब्धभोगांतेदेहनाशेतुनावर्ततेइतिएतयोर्भेदः । अतोदक्षपुत्राणामप्यारब्धकर्मभोगांतेऽनावृत्तिरेवज्ञेया ५२ अदितेःखंडनशून्यायाअदीनायाःपरमचितेः पुत्राइवपुत्रारूपभेदाः ५३ । ५४ पर्वतकंपनेहेतुमाह विष्णोरिति । यतोऽयंवेदोविष्णोर्निःश्वासवातः । 'महतोभूतस्यनिःश्वसितमेतद्यदृग्वेदोयजुर्वेदः'इत्यादिश्रुतेः । सयदावेगेनसमीरितःसहसाऽकस्मादुदीर्यतेउच्चैःपठ्यतेतदाजगद्व्यथते मूलपुरुष

सर्वप्राणभृतांप्राणान्योऽनुकालेनिरस्यति ॥ यस्यवर्त्मानुवर्त्तेतेमृत्युवैवस्वतावुभौ ४९ सम्यगन्वीक्षतांबुद्ध्याशांतयाऽध्यात्मचिंतकाः ॥ ध्यानाभ्यासाभिरामाणांयोऽमृतत्वायकल्पते ५० यंसमासाद्यवेगेनदिशोंऽतंप्रतिपेदिरे ॥ दक्षस्यदशपुत्राणांसहस्राणिप्रजापतेः ५१ येनसृष्टःपराभूतोयात्येवननिवर्तते ॥ परावहो नामपरोवायुःसदुरतिक्रमः ५२ एवमेतेऽदितेःपुत्रामारुताःपरमाद्भुताः ॥ अनारतंतेसंवांतिसर्वगाःसर्वधारिणः ५३ एतत्तुमहदाश्चर्यंयदयंपर्वतोत्तमः ॥ कंपितःसहसातेनवायुनाऽतिप्रवायता ५४ विष्णोर्निःश्वासवातोऽयंयदावेगसमीरितः ॥ सहसोदीर्यतेतातजगत्प्रव्यथतेतदा ५५ तस्माद्ब्रह्मविदोवेदान्नाधीयंतेऽतिवायति ॥ वायोर्वायुभयंह्युक्तंब्रह्मतत्पीडितंभवेत् ५६ एतावदुक्त्वावचनंपराशरसुतःप्रभुः ॥ उक्त्वापुत्रमधीष्वेतिव्योमगंगामगात्तदा ५७ ॥ इति श्रीमहाभारते शांतिपर्वणि मोक्षधर्मपर्वणि शुकोत्पत्तिर्नाम अष्टाविंशत्यधिकत्रिशततमोऽध्यायः ॥ ३२८ ॥

॥ भीष्मउवाच ॥ एतस्मिन्नंतरेशून्येनारदःसमुपागमत् ॥ शुकंस्वाध्यायनिरतंवेदार्थान्प्रष्टुमीप्सया १ देवर्षिंतुशुकोदृष्ट्वानारदंसमुपस्थितम् ॥ अर्घपूर्वेणविधिनावेदोक्तेनाभ्यपूजयत् २ नारदोऽथाब्रवीत्प्रीतोब्रूहिधर्मभृतांवर ॥ केनत्वांश्रेयसावत्सयोजयामीतिहृष्टवत् ३ नारदस्यवचःश्रुत्वाशुकःप्रोवाचभारत ॥ अस्मिँल्लोकेहितंयत्स्यात्तेनमांयोक्तुमर्हसि ४ ॥ नारदउवाच ॥ तत्त्वंजिज्ञासतांपूर्वमृषीणांभावितात्मनाम् ॥ सनत्कुमारोभगवानिदंवचनमब्रवीत् ५

निःश्वासःसहसोच्चैरुत्थितःकदाचित्सर्वंसंहरेदितिहेतोरितिभावः ५५ आख्यायिकायाविधित्सितमाह तस्मादिति । वायुर्वेदरूपोवेगेनोच्चार्यमाणः एवंबाह्यवायुकृतभयजनकोभवतितेनचतद्ब्रह्मजगद्रूपंवेदरूपंवापीडितंभवत्यतोमहावायौवायतिवातिसातिनाध्येतव्यमित्यर्थः ५६ । ५७ ॥ इति शांतिपर्वणि मो० प० नीलकंठीये भारतभावदीपे अष्टाविंशत्यधिकत्रिशततमोऽध्यायः ॥ ३२८ ॥ ॥ आत्मज्ञानेनसंचितक्रियमाणयोःकर्मणोर्दाहाश्लेषौभवतःप्रारब्धंतुज्ञानेनाप्यपरिहार्यमितिसर्वत्रप्रसिद्धं । योगीतुनिर्विकल्पकसमाध्यभ्यासेनवासुलभावदृढाद्देहांतरमिवदेहाद्देहांतरंप्रविश्यवाशुकवद्यथेष्टंदेहत्यागेनवादेहसिद्ध्यावादेहारंभकंकर्मप्रतिबध्नात्युच्छिनत्तिवेतिदर्शयितुंशुकोत्पतनमारभ्यते अतएवयोगीज्ञानिभ्योऽपिमहानितिगीतास्वप्युक्तं । 'तपस्विभ्योऽधिकोयोगीज्ञानिभ्योऽपिमतोऽधिकः'इति । तत्रतावच्छ्लोकद्वयस्यहानार्थंतुच्छत्वंप्रदर्श्यतेनारदवाक्येन एतस्मिन्नंतरेइत्यादिना । शुकंनारदउपागमच्छुकोवेदार्थान्प्रष्टुमीहयानारदमभ्यपूजयदितिसंबंधः १ । २ । ३ । ४ । ५

६ । ७ । ८ । ९ । १० । ११ । १२ । १३ । १४ । १५ आत्मभूतैर्देहेंद्रियादिभिःसहचवर्तते विनैवपृथक्चवर्तते कः अतद्भूतोदेहादितादात्म्यंबाधित्वाकेवलीभूतः १६ । १७ । १८ । १९ । २०

नास्तिविद्यासमंचक्षुर्नास्तिसत्यसमंतपः ॥ नास्तिरागसमंदुःखंनास्तित्यागसमंसुखम् ६ निवृत्तिःकर्मणःपापात्सततंपुण्यशीलता ॥ सद्वृत्तिःसमुदाचारःश्रेय
एतदनुत्तमम् ७ मानुष्यमसुखंप्राप्ययःसज्जतिसमुह्यति ॥ नालंसदुःखमोक्षायसंयोगोदुःखलक्षणम् ८ सक्तस्यबुद्धिश्चलतिमोहजालविवर्धनी ॥ मोहजालावृ
तोदुःखमिहचामुत्रसोऽश्नुते ९ सर्वोपायात्तुकामस्यक्रोधस्यचविनिग्रहः॥ कार्यःश्रेयोर्थिनातौहिश्रेयोघातार्थमुद्यतौ१० नित्यंक्रोधात्तपोरक्षेच्छ्रियंरक्षेच्चमत्सरात्॥
विद्यांमानावमानाभ्यामात्मानंतुप्रमादतः ११ आनृशंस्यंपरोधर्मःक्षमाचपरमंबलम्॥आत्मज्ञानंपरंज्ञानंनसत्याद्विद्यतेपरम् १२ सत्यस्यवचनंश्रेयःसत्यादपि
हितंवदेत् ॥ यद्भूतहितमत्यंतमेतत्सत्यंमतंमम १३ सर्वारंभपरित्यागीनिराशीर्निष्परिग्रहः ॥ येनसर्वंपरित्यक्तंसविद्वान्सचपंडितः १४ इंद्रियैरिंद्रियार्थान्य
श्चरत्यात्मवशैरिह ॥ असज्जमानःशांतात्मानिर्विकारःसमाहितः १५ आत्मभूतैरतद्भूतःसहचैवविनैवच ॥ सविमुक्तःपरंश्रेयोनचिरेणाधितिष्ठति १६ अद
र्शनमसंस्पर्शस्तथाऽसंभाषणंसदा ॥ यस्यभूतैःसहमुनेसश्रेयोविंदतेपरम् १७ नहिंस्यात्सर्वभूतानिमैत्रायणगतश्चरेत् ॥ नेदंजन्मसमासाद्यवैरंकुर्वीतकेनचित् १८
आकिंचन्यंसुसंतोषोनिराशीस्त्वमचापलम् ॥ एतदाहुःपरंश्रेयआत्मज्ञस्यजितात्मनः १९ परिग्रहंपरित्यज्यभवताताजितेंद्रियः ॥ अशोकंस्थानमातिष्ठइहचा
मुत्रचाभयम् २० निरामिषानशोचंतित्यजेदामिषमात्मनः ॥ परित्यज्यामिषंसौम्यदुःखतापाद्विमोक्ष्यसे २१ तपोनित्येनदांतेनमुनिनासंयतात्मना ॥ अजि
तंजेतुकामेनभाव्यंसंगेष्वसंगिना २२ गुणसंगेष्वनासक्तएकचर्यारतःसदा ॥ ब्राह्मणोनचिरादेवसुखमायात्यनुत्तमम् २३ द्वंद्वारामेषुभूतेषुयएकोरमतेमुनिः ॥
विद्धिप्रज्ञानतृप्तंतंज्ञानतृप्तोनशोचति२४ शुभैर्लभतिदेवत्वंव्यामिश्रैर्जन्ममानुषम् ॥ अशुभैश्चाप्यधोजन्मकर्मभिर्लभतेऽवशः २५ तत्रमृत्युजरादुःखैःसततंसम
भिद्रुतः ॥ संसारेपच्यतेजंतुस्तत्कथंनावबुद्ध्यसे २६ अहितेहितसंज्ञस्त्वमध्रुवेध्रुवसंज्ञकः ॥ अनर्थेचार्थसंज्ञस्त्वंकिमर्थंनावबुध्यसे २७ संवेष्ट्यमानंबहुभिर्मो
हात्तंतुभिरात्मजैः ॥ कोषकारइवात्मानंवेष्टयन्नावबुध्यसे २८ अलंपरिग्रहेणेहदोषवान्हिपरिग्रहः ॥ कृमिर्हिकोषकारस्तुबध्यतेसपरिग्रहात् २९ पुत्रदारकुटुंबे
षुसक्ताःसीदंतिजंतवः ॥ सरःपंकार्णवेमग्नाजीर्णावनगजाइव ३० महाजालसमाकृष्टान्स्थलेमत्स्यानिवोद्धृतान् ॥ स्नेहजालसमाकृष्टान्पश्यजंतून्सुदुःखि
तान् ३१ कुटुंबंपुत्रदारांश्चशरीरंसंचयाश्चये ॥ पारक्यमध्रुवंसर्वंकिंस्वंसुकृतदुष्कृतम् ३२ यदासर्वान्परित्यज्यगंतव्यमवशेनते ॥ अनर्थेकिंप्रसक्तस्त्वंसमर्थंनानु
तिष्ठसि ३३ अविश्रांतमनालंबमपाथेयमदैशिकम् ॥ तमःकांतारमध्वानंकथमेकोगमिष्यसि ३४ नहित्वांप्रस्थितंकश्चित्पृष्ठतोऽनुगमिष्यति ॥ सुकृतंदुष्कृ
तंचत्वांयास्यंतमनुयास्यति ३५

२१ । २२ । २३ । २४ । २५ । २६ । २७ । २८ । २९ । ३० । ३१ । ३२ । ३३ । ३४ । ३५ ।

३६ । ३७ । ३८ । क्षमैवाऽरित्राणिनौचालनदंडायस्यां धर्मस्थैर्यंवटारकानौकाकर्षणरज्जुर्यस्यां ३९ । ४० । ४१ । ४२ । ४३ महाभूतेति । पंचभूतानि महद्बुद्धिः यच्चाश्रयादेहात्परंपरलोकगामिएषसप्त दशकः इंद्रियाणिपंच चकारात्पंचप्राणाः तमआदित्रयमेकमिति ४४ इंद्रियार्थैरष्टभिःशब्दादिभिः पंचभिर्मंतव्यंबोद्धव्यमहंकर्तव्यंचतैःसहाष्टाभिःएवंचतुर्विंशकः ४५ । ४६ । ४७ । ४८ । ४९ । ५० ।

॥ २३६ ॥ विद्याकर्मचशौचंचज्ञानंचबहुविस्तरम् ॥ अर्थार्थमनुसार्यंतेसिद्धार्थश्चविमुच्यते ३६ निबंधनीरज्जुरेषायाग्रामेवसतोरतिः ॥ छित्त्वैतांसुकृतोयांतिनैनांछिंदंतिदुष्कृतः ३७ रूपकूलांमनःस्रोतांस्पर्शद्वीपांरसावहाम् ॥ गंधपंकांशब्दजलांस्वर्गमार्गदुरावहाम् ३८ क्षमारित्रांसत्यमयींधर्मस्थैर्यवटारकाम् ॥ त्यागवाताध्वगांशीघ्रांनौतार्यांतांनदींतरेत् ३९ त्यजधर्ममधर्मंचतथासत्यानृतेत्यज ॥ उभेसत्यानृतेत्यक्त्वायेनत्यजसितंत्यज ४० त्यजधर्ममसंकल्पादधर्मंचाप्यलिप्सया ॥ उभेसत्यानृतेबुद्ध्याबुद्धिंपरमनिश्चयात् ४१ अस्थिस्थूणंस्नायुयुतंमांसशोणितलेपनम् ॥ चर्मावनद्धंदुर्गंधिपूर्णंमूत्रपुरीषयोः ४२ जराशोकसमाविष्टंरोगायतनमातुरम् ॥ रजस्वलमनित्यंचभूतावासमिमंत्यज ४३ इदंविश्वंजगत्सर्वमजगच्चापियद्भवेत् ॥ महाभूतात्मकंसर्वंमहद्यत्परमाश्रयात् ४४ इंद्रियाणिचपंचैवतमःसत्वंरजस्तथा ॥ इत्येषसप्तदशकोराशिरव्यक्तसंज्ञकः ४५ सर्वैरिहेंद्रियार्थैश्चव्यक्ताव्यक्तैर्हिसंहितः ॥ चतुर्विंशकइत्येषव्यक्ताव्यक्तमयोगणः ४६ एतैःसर्वैःसमायुक्तःपुमानित्यभिधीयते ॥ त्रिवर्गंतुसुखंदुःखंजीवितंमरणंतथा ४७ यइदंवेदतत्त्वेनसवेदप्रभवाप्ययौ ॥ पारंपर्येणबोद्धव्यंज्ञानानांयच्चकिंचन ४८ इंद्रियैर्गृह्यतेयद्यत्तत्तद्व्यक्तमितिस्थितिः ॥ अव्यक्तमितिविज्ञेयंलिंगग्राह्यमतींद्रियम् ४९ इंद्रियैर्नियतैर्देहीधाराभिरिवतप्यते ॥ लोकेविततमात्मानंलोकांश्चात्मनिपश्यति ५० परावरदृशःशक्तिर्ज्ञानमूलाननश्यति ॥ पश्यतःसर्वभूतानिसर्वावस्थासुसर्वदा ५१ सर्वभूतस्यसंयोगोनाशुभेनोपपद्यते ॥ ज्ञानेनविविधान्क्लेशानतिवृत्तस्यमोहजान् ५२ लोकेबुद्धिप्रकाशेनलोकमार्गोनरिष्यते ॥ अनादिनिधनंजंतुमात्मनिस्थितमव्ययम् ५३ अकर्तारममूर्तंचभगवानाहतीर्थवित् ॥ योजंतुःस्वकृतैस्तैस्तैःकर्मभिर्नित्यदुःखितः ५४ सदुःखप्रतिघातार्थंहंतिजंतूननेकधा॥ ततःकर्मसमादत्तेपुनरन्यन्नवंबहु ५५ तप्यतेऽथपुनस्तेनभुक्त्वाऽपथ्यमिवातुरः ॥ अजस्रमेवमोहांधोदुःखेषुसुखसंज्ञितः ५६ बध्यतेमथ्यतेचैवकर्मभिर्मंथवत्सदा ॥ ततोनिबद्धःस्वांयोनिंकर्मणामुदयादिह ५७ परिभ्रमतिसंसारंचक्रवद्बहुवेदनः ॥ सत्वंनिवृत्तबंधस्तुनिवृत्तश्चापिकर्मतः ५८ सर्ववित्सर्वजित्सिद्धोभवभावविवर्जितः ॥ संयमेननवंबंधंनिवर्त्यतपसोबलात् ॥ संप्राप्ताबहवःसिद्धिमप्यबाधांसुखोदयाम् ५९ ॥ इतिश्रीमहाभारतेशांतिपर्वणिमोक्षधर्मपर्वणिएकोनत्रिंशदधिकत्रिशततमोऽध्यायः ॥ ३२९ ॥ ॥ नारदउवाच ॥ अशोकंशोकनाशार्थंशास्त्रंशांतिकरंशिवम् ॥ निशम्यलभतेबुद्धिंतांलब्ध्वासुखमेधते १ शोकस्थानसहस्राणिभयस्थानशतानिच ॥ दिवसेदिवसेमूढमाविशंतिनपंडितम् २ ॥ ३३० ॥

५१ । ५२ रिष्यतेहिंस्यते ५३ तीर्थविन्मोक्षोपायवित् ५४ । ५५ । ५६ । ५७ । ५८ संयमेनधारणाध्यानसमाध्यात्मकेननवंदृष्टिमात्रेणोत्पन्नम् ५९ ॥ ॥ इतिशांतिपर्वणिमोक्षधर्मपर्वणिनीलकंठीये भारतभावदीपेएकोनत्रिंशदधिकत्रिशततमोऽध्यायः ॥ ३२९ ॥ ॥ अशोकमिति १ । २

३ । ४ । ५ । ६ । ७ । ८ द्रावनर्थौइष्टक्षयादिदेहविनाशःस्वशरीरतापश्च शेषग्रंथःस्पष्टार्थोव्याख्यातप्रायश्चेतिनव्याख्यायते ९ । १० । ११ । १२ । १३ । १४ । १५ । १६ । १७ । १८

तस्मादनिष्टनाशार्थमितिहासंनिबोधमे ॥ तिष्ठंतेचेद्वशेबुद्धिर्लभतेशोकनाशनम् ३ अनिष्टसंप्रयोगाच्चविप्रयोगात्प्रियस्यच ॥ मनुष्यामानसैर्दुःखैर्युज्यन्तेस्व
ल्पबुद्धयः ४ द्रव्येषुसमतीतेषुयेगुणास्तान्नचिन्तयेत् ॥ नतानाद्रियमाणस्यस्नेहबन्धःप्रमुच्यते ५ दोषदर्शीभवेत्तत्रयत्ररागःप्रवर्तते ॥ अनिष्टवर्धितंपश्येत्तथा
क्षिप्रंविरज्यते ६ नार्थोनधर्मोनयशोयोऽतीतमनुशोचति ॥ अप्यभावेनयुज्येततच्चास्यननिवर्तते ७ गुणैर्भूतानियुज्यन्तेवियुज्यन्तेतथैवच ॥ सर्वाणिनैतदेकस्य
शोकस्थानंहिविद्यते ८ मृतंवायदिवानष्टंयोऽतीतमनुशोचति ॥ दुःखेनलभतेदुःखंद्वावनर्थौप्रपद्यते ९ नाश्रुकुर्वन्तियेबुद्ध्यादृष्ट्वालोकेषुसंततिम् ॥ सम्यक्प्रपश्य
तःसर्वंनाश्रुकर्मोपपद्यते १० दुःखोपघातेशारीरेमानसेचाप्युपस्थिते ॥ यस्मिन्नशक्यतेकर्तुंयत्नस्तन्नानुचिन्तयेत् ११ भैषज्यमेतद्दुःखस्ययदेतन्नानुचिन्तयेत् ॥
चिन्त्यमानंहिनव्येतिभूयश्चापिप्रवर्तते १२ प्रज्ञयामानसंदुःखंहन्याच्छारीरमौषधैः ॥ एतद्विज्ञानसामर्थ्यंनबालैःसमतामियात् १३ अनित्यंयौवनंरूपंजीवितंद्र
व्यसञ्चयः ॥ आरोग्यंप्रियसंवासोगृध्येत्तत्रनपण्डितः १४ नजानपदिकंदुःखमेकःशोचितुमर्हति ॥ अशोचन्प्रतिकुर्वीतयदिपश्येदुपक्रमम् १५ सुखाद्बहुतरंदुःखं
जीवितेनात्रसंशयः ॥ स्निग्धत्वंचेन्द्रियार्थेषुमोहान्मरणमप्रियम् १६ परित्यजतियोदुःखंसुखंवाप्युभयंनरः ॥ अभ्येतिब्रह्मसोऽत्यन्तंनतंशोचंतिपण्डिताः १७
त्यजन्तेदुःखमर्थाहिपालनेनचतेसुखाः ॥ दुःखेनचाधिगम्यन्तेनाशमेषांनचिन्तयेत् १८ अन्यामन्यांधनावस्थांप्राप्यवैशेषिकींनराः ॥ अतृप्तायांतिविध्वंसंसन्तोषं
यान्तिपण्डिताः १९ सर्वेक्षयान्तानिचयाःपतनान्ताःसमुच्छ्रयाः ॥ संयोगाविप्रयोगान्तामरणांतंहिजीवितम् २० अन्तोनास्तिपिपासायास्तुष्टिस्तुपरमंसुखम् ॥
तस्मात्संतोषमेवेहधनंपश्यन्तिपण्डिताः २१ निमेषमात्रमपिहिवयोगच्छन्नतिष्ठति ॥ स्वशरीरेष्वनित्येषुनित्यंकिमनुचिंतयेत् २२ भूतेषुभावंसञ्चिन्त्ययेबुद्ध्वामन
सःपरम् ॥ नशोचन्तिगताध्वानःपश्यन्तःपरमांगतिम् २३ सञ्चिन्वानकमेवैनंकामानामवितृप्तकम् ॥ व्याघ्रःपशुमिवासाद्यमृत्युरादायगच्छति २४ तथाप्युपा
यंसंपश्येद्दुःखस्यपरिमोक्षणम् ॥ अशोचन्नारभेच्चैवमुक्तश्चाव्यसनीभवेत् २५ शब्देस्पर्शेचरूपेचगंधेषुचरसेषुच ॥ नोपभोगात्परंकिंचिद्धनिनोवाऽधनस्यच
२६ प्राक्संप्रयोगाद्भूतानांनास्तिदुःखंपरायणम् ॥ विप्रयोगात्तुसर्वस्यनशोचेत्प्रकृतिस्थितः २७ धृत्याशिश्नोदरंरक्षेत्पाणिपादंचचक्षुषा ॥ चक्षुःश्रोत्रेचम
नसामनोवाचंचविद्यया २८ प्रणयंप्रतिसंहृत्यसंस्तुतेष्वितरेषुच ॥ विचरेदसमुन्नद्धःससुखीसचपण्डितः २९ अध्यात्मरतिरासीनोनिरपेक्षोनिरामिषः ॥ आत्मनै
वसहायेनयश्चरेत्ससुखीभवेत् ३० ॥ ॥ इतिश्रीमहाभारतेशांतिपर्वणिमोक्षधर्मपर्वणिशुकाभिपतनेत्रिंशदधिकत्रिशततमोऽध्यायः ॥ ३३० ॥ ॥ ॥

१९ । २० । २१ । २२ । २३ । २४ । २५ । २६ । २७ । २८ । २९ । ३० ॥ इतिशांतिपर्वणिमोक्षधर्मपर्वणिनीलकंठीयेभारतभावदीपेत्रिंशदधिकत्रिशततमोऽध्यायः ॥ ३३० ॥ ॥

सुखेति । विपर्यासःसुखेदुःखधीःदुःखेसुखधीः १ । २ । ३ विधित्साभिःपिपासाभिस्तृष्णाभिः ४ । ५ व्यत्ययःपौर्वापर्यं ६ । ७ । ८ । ९ । १० । ११ । १२ । १३ । १४ । १५ । १६ । १७ । १८ । १९ । २० शीघ्रमिति । परशरीराणिशरीरांतराणिप्राप्नुवंतीतिशेषः । छिन्नबीजंस्वर्गनरकांकुरबीजंस्थूलशरीरंयस्यतंशरीरिणं । कदा प्राणसंरोधेमृतं कीदृशंशरीरिणं मांसशोणितादियुक्तेनबीभत्सेन

॥ २३१ ॥

॥ नारदउवाच ॥ सुखदुःखविपर्यासोयदासमनुपद्यते ॥ नैनंप्रज्ञासुनीतंवात्रायतेनापिपौरुषम् १ स्वभावाद्यत्नमातिष्ठेद्यत्नवान्नावसीदति ॥ जरामरणरोगेभ्यः प्रियमात्मानमुद्धरेत् २ रुजंतिहिशरीराणिरोगाःशारीरमानसाः ॥ सायकाइवतीक्ष्णाग्राःप्रयुक्तादृढधन्विभिः ३ व्यथितस्यविधित्साभिस्ताम्यतोजीवितैषिणः ॥ अवशस्यविनाशायशरीरमपकृष्यते ४ स्रवंतिननिवर्तन्तेस्रोतांसिसरितामिव ॥ आयुरादायमर्त्यानांरात्र्यहानिपुनःपुनः ५ व्यत्ययोह्ययमत्यंतंपक्षयोःशुक्लकृष्णयोः ॥ जातान्मर्त्यान्जरयतिनिमेषान्नावतिष्ठते ६ सुखदुःखानिभूतानामजरोजरयत्यसौ ॥ आदित्योह्यस्तमभ्येतिपुनःपुनरुदेतिच ७ अदृष्टपूर्वानादायभावानपरिशङ्कितान् ॥ इष्टानिष्टान्मनुष्याणामस्तंगच्छन्तिरात्रयः ८ योऽयमिच्छेद्यथाकामंकामानांतदवाप्नुयात् ॥ यदिस्यान्नपराधीनंपुरुषस्यक्रियाफलम् ९ संयताश्चहिदक्षाश्चमतिमंतश्चमानवाः ॥ दृश्यंतेनिष्फलाःसंतःप्रहीणाःसर्वकर्मभिः १० अपरेबालिशाःसंतानिर्गुणाःपुरुषाधमाः ॥ आशीर्भिरप्यसंयुक्तादृश्यंतेसर्वकामिनः ११ भूतानामपरःकश्चिद्धिंसायांसततोत्थितः ॥ वंचनायांचलोकस्यससुखेष्वेवजीर्यते १२ अचेष्टमानमासीनंश्रीःकंचिदुपतिष्ठते ॥ कश्चित्कर्मानुसृत्यान्योनाप्राप्यमधिगच्छति १३ अपराधंसमाचक्ष्वपुरुषस्यस्वभावतः ॥ शुक्रमन्यत्रसंभूतंपुनरन्यत्रगच्छति १४ तस्ययोनौप्रयुक्तस्यगर्भोभवतिवानवा ॥ आम्रपुष्पोपमायस्यनिर्वृत्तिरुपलभ्यते १५ केषांचित्पुत्रकामानामनुसंतानमिच्छताम् ॥ सिद्धौप्रयतमानानांनचांधमुपजायते १६ गर्भाच्चोद्विजमानानांक्रुद्धादाशीविषादिव ॥ आयुष्मान्जायतेपुत्रःकथंप्रेत्यइवाभवत् १७ देवानिष्ट्वातपस्तप्त्वाकृपणैःपुत्रगृद्धिभिः ॥ दशमासान्परिधृताजायंतेकुलपांसनाः १८ अपरेधनधान्यानिभोगांश्चपितृसञ्चितान् ॥ विपुलानभिजायंतेलब्धास्तैरेवमंगलैः १९ अन्योन्यंसमभिप्रेत्यमैथुनस्यसमागमे ॥ उपद्रवइवाविष्टोयोनिगर्भःप्रपद्यते २० शीघ्रंपरशरीराणिच्छिन्नबीजंशरीरिणम् ॥ प्राणिनंप्राणसंरोधेमांसश्लेष्मविचेष्टितम् २१ निर्दग्धंपरदेहेऽपिपरदेहंचलाचलम् ॥ विनश्यंतंविनाशांतेनाविनावमिवाहितम् २२ संगत्याजठरेन्यस्तंरेतोबिंदुमचेतनम् ॥ केनयत्नेनजीर्यंतंगर्भंत्वमिहपश्यसि २३ अन्नपानानिजीर्यन्तेयत्रभक्षाश्चभक्षिताः ॥ तस्मिन्नेवोदरेगर्भःकिंनान्नमिवजीर्यते २४

॥ २३१ ॥

देहेनचेष्टितंचेष्टायस्यतं मरणेऽपिसद्यःशरीरांतरमायातीतितिदेहबन्धविच्छेदोनकदाचिदस्तीत्यर्थः २१ परदेहेदेहांतरेनिर्दग्धंविनश्यंतंजीवमभिलक्ष्यपरंदेहंदेहांतरंचलाचलंपरिणामितयाऽतिचपलंआहितंउपस्थापितंभवतिकर्मणेतिशेषः २२ देहधारणमत्याश्चर्यमित्याह संगत्येति २३ । २४

॥ २३१ ॥

२५। २६। २७ सतस्येति। सहजातस्य अनादिप्रवाहसंबद्धस्य देहस्य गर्भवासोजन्मबाल्यंकौमारंपौगंडंयौवनंस्थाविर्यंजराप्राणरोधोनाशश्चेतिदशशरीरस्यदशास्तासुसप्तमींस्थाविर्यं तत्रकुटुंबभरणादावत
याव्याकुलत्वं नवमीतुप्राणरोधः तांसुभयींपंचभूतान्येवप्राप्नुवंतिनत्वात्मा ततःनवमींप्राप्यनभवंतिदशमीमभावदशांचप्राप्नुवन्तीत्यर्थः। गतायुषःसतःतस्येतिसंबंधः २८ योगाःसामर्थ्यानि २९। ३०

गर्भेमूत्रपुरीषाणांस्वभावनियतागतिः ॥ धारणेवाविसर्गेवानकर्ताविद्यतेऽवशः २५ स्रवंतिह्युदराद्गर्भाजायमानास्तथापरे ॥ आगमेनतथाऽन्येषांविनाशउपपद्यते
२६ एतस्माद्योनिसंबंधाद्योबीजंपरिमुच्यते ॥ प्रजांचलभतेकांचित्पुनर्द्वन्द्वेषुसज्जति २७ सतस्यसहजातस्यसप्तमींनवमींदशाम् ॥ प्राप्नुवंतिततःपंचनभवंतिग
तायुषः २८ नाभ्युत्थानेमनुष्याणांयोगाःस्युर्नात्रसंशयः ॥ व्याधिभिश्चविमथ्यन्तेव्याधैःक्षुद्रमृगाइव २९ व्याधिभिर्मथ्यमानानांत्यजतांविपुलंधनम् ॥ वेदनां
नापकर्षंतियतमानाश्चिकित्सकाः ३० तेचातिनिपुणावैद्याःकुशलाःसंभृतौषधाः ॥ व्याधिभिःपरिकृष्यंतेमृगाव्याधैरिवार्दिताः ३१ तेपिबंतःकषायांश्चसर्पींषि
विविधानिच ॥ दृश्यंतेजरयाभग्नानगानागैरिवोत्तमैः ३२ केवाभुविचिकित्संतेरोगार्तान्मृगपक्षिणः ॥ श्वापदानिदरिद्रांश्चप्रायोनार्ताभवंतिते ३३ घोरानपिदु
राधर्षान्नृपतीनुग्रतेजसः ॥ आक्रम्याददतेरोगाःपशून्पशुगणाइव ३४ इतिलोकमनाक्रंदंमोहशोकपरिप्लुतम् ॥ स्रोतसासहसाक्षिप्तंह्रियमाणंबलीयसा ३५ नध
नेननराज्येननोग्रेणतपसातथा ॥ स्वभावमतिवर्तन्तेयेनियुक्ताःशरीरिणः ३६ नम्रियेरन्नजीर्येरन्सर्वेस्युःसर्वकामिनः ॥ नाप्रियंप्रतिपश्येयुरुत्थानस्यफलेसति
३७ उपर्युपरिलोकस्यसर्वोगन्तुंसमीहते ॥ यततेचयथाशक्तिनचतद्वर्तेततथा ३८ ऐश्वर्यमदमत्तांश्चमत्तान्मद्यमदेनच ॥ अप्रमत्ताःशठाःशूराविक्रान्ताःपर्युपासते
३९ क्लेशाःपरिनिवर्तन्तेकेषांचिदसमीक्षिताः ॥ स्वंस्वंचपुनरन्येषांनाकिंचिदधिगम्यते ४० महच्चफलवैषम्यंदृश्यतेकर्मसंधिषु ४१ वहंतिशिबिकामन्येयान्त्यन्ये
शिबिकागताः ४२ सर्वेषामृद्धिकामानामन्येरथपुरःसराः ॥ मनुष्याश्चगतस्त्रीकाःशतशोविविधाःस्त्रियः ॥ द्वंद्वारामेषुभूतेषुगच्छन्त्येकैकशोनराः ॥ इदमन्यत्पदं
पश्यमाऽत्रमोहंकरिष्यासि ४३ त्यजधर्ममधर्मंचउभेसत्यानृतेत्यज ॥ उभेसत्यानृतेत्यक्त्वायेनत्यजसितंत्यज ४४ एतत्तेपरमंगुह्यमाख्यातमृषिसत्तम ॥ येनदेवाः
परित्यज्यमर्त्यलोकंदिवंगताः ४५ नारदस्यवचःश्रुत्वाशुकःपरमबुद्धिमान् ॥ संचिंत्यमनसाधीरोनिश्चयंनाध्यगच्छत ४६ पुत्रदारैर्महान्क्लेशोविद्याम्नायेमहाञ्छ्रमः॥
किंनुस्याच्छाश्वतंस्थानमल्पक्लेशंमहोदयम् ४७ ततोमुहूर्तंसंचिन्त्यनिश्चितांगतिमात्मनः ॥ परावरज्ञोधर्मस्यपरांनैःश्रेयसींगतिम् ४८ कथंत्वहमसंश्लिष्टोगच्छेयं
गतिमुत्तमाम् ॥ नावर्तेयंयथाभूयोयोनिसंकरसागरे ४९ परंभावंहिकांक्षामियत्रनावर्ततेपुनः ॥ सर्वसङ्गान्परित्यज्यनिश्चितोमनसागतिम् ५० तत्रयास्यामि
यत्रात्माशमंमेऽधिगमिष्यति ॥ अक्षयश्चाव्ययश्चैवयत्रस्थास्यामिशाश्वतः ५१ नतुयोगमृतेशक्याप्राप्तुंसापरमागतिः ॥ अवबन्धोहिबुद्धस्यकर्मभिर्नोपपद्यते५२

३१। ३२। ३३। ३४ अनाक्रंदंवेदनयामूढं ३५। ३६। ३७ ३८। ३९। ४०। ४१। ४२। ४३। ४४। ४५। ४६। ४७। ४८। असंश्लिष्टःसर्वोपाधिनिर्मुक्तः ४९। ५०
५१ अवबंधःनीचोदेहबंधः ५२

दिवाकरमित्यर्कमंडलांतर्वर्तीभर्गपदवाच्यःसंसारवीजभर्जनकर्तासर्वेषांप्राणिनांबुद्धेःप्रवर्तकोगायत्रीप्रतिपाद्योग्राबोनन्वर्चिरादिमार्गपर्वभूतोमंडलाभिमान्यादित्यः । कुतएतत्कार्यब्रह्मलोकंप्रतितद्गमनस्यादर्शनात् । ‘शुकस्तुमारुतादूर्ध्वंगतिंकृत्वांऽतरिक्षगां । दर्शयित्वाप्रभावंस्वंब्रह्मभूतोऽभवत्तदा’ इतिवाक्यशेषेशुद्धब्रह्मभावदर्शनाच्च । सूर्यमंडलरूपवैश्वंगमनंतुतस्ययोगप्रभावदर्शनमात्रमितित्वत्रैवस्पष्टमस्ति ५३

आवृत्तिमार्गंनिंदति । नहीति । सोमः धूमादिमार्गेणसोमलोकंगतः ५४ तल्लोकादिपतनेदृढिहामवस्थानात्रगताअपिताडनादिप्रवर्तनीत्याह क्षीयतेहीति ५५ ५६ अत्रवत्स्यामीतिर्लिगान्नात्रमार्गपर्वभूतआ

तस्माद्योगंसमास्थायत्यक्त्वागृहंकलेवरम् ॥ वायुभूतःप्रवेक्ष्यामितेजोराशिंदिवाकरम् ५३ नह्येषक्षयतांयातिसोमःसुरगणैर्यथा ॥ कंपितःपततेभूमिंपुनश्चैवाधिरोहति ५४ क्षीयतेहिसदासोमःपुनश्चैवाभिपूर्यते ॥ नेच्छाम्येवंविदित्वैतेह्रासवृद्धीपुनःपुनः ५५ रविस्तुसंतापयतेलोकान्रश्मिभिरुल्बणैः ॥ सर्वस्यतेजआदत्तेनित्यमक्षयमंडलः ५६ अतोमेरोचतेगंतुमादित्यंदीप्ततेजसम् ॥ अत्रवत्स्यामिदुर्धर्षोनिःशंकेनांतरात्मना ५७ सूर्यस्यसदनेचाहंनिक्षिप्येदंकलेवरम् ॥ ऋषिभिःसहयास्यामिसौरंतेजोऽतिदुःसहम् ५८ आपृच्छामिनगान्नागान्गिरिमुर्वींदिशोदिवम् ॥ देवदानवगंधर्वान्पिशाचोरगराक्षसान् ५९ लोकेषुसर्वभूतानिप्रवेक्ष्यामिनसंशयः ॥ पश्यंतुयोगवीर्यंमेसर्वेदेवाःसहर्षिभिः ६० अथानुज्ञाप्यतमृषिंनारदंलोकविश्रुतम् ॥ तस्मादनुज्ञांसंप्राप्यजगामपितरंप्रति ६१ सोऽभिवाद्यमहात्मानंकृष्णद्वैपायनंमुनिम् ॥ शुकःप्रदक्षिणंकृत्वाकृष्णमापृष्टवान्मुनिम् ६२ श्रुत्वाचर्षिस्तद्वचनंशुकस्यप्रीतोमहात्मापुनराहचैनम् ॥ भोभोपुत्रस्थीयतांतावदद्ययावच्चक्षुःप्रीणयामित्वदर्थे ६३ निरपेक्षःशुकोभूत्वानिःस्नेहोमुक्तसंशयः ॥ मोक्षमेवानुसंचिंत्यगमनायमनोदधे ६४ पितरंसंपरित्यज्यजगाममुनिसत्तमः ॥ कैलासपृष्ठंविपुलंसिद्धसंघनिषेवितम् ६५ ॥ इतिश्रीमहाभारतेशांति० मोक्ष० शुकाभिगमनेएकत्रिंशदधिकत्रिशततमोऽध्यायः ॥ ३३१ ॥ भीष्मउवाच ॥ गिरिशृंगंसमारुह्यसुतोव्यासस्यभारत ॥ समेदेशेविविक्तेसनिःशलाकउपाविशत् १ धारयामासचात्मानंयथाशास्त्रंयथाविधि ॥ पादप्रभृतिगात्रेषुक्रमेणक्रमयोगवित् २ ततःसप्राङ्मुखोविद्वानादित्येनाचिरोदिते ॥ पाणिपादंसमादायविनीतवदुपाविशत् ३ नतत्रपक्षिसंघातोनशब्दोनाभिदर्शनम् ॥ यत्रवैयासकिर्धीमान्योक्तुंसमुपचक्रमे ४ सददर्शतदाऽऽत्मानंसर्वसंगविनिःसृतम् ॥ प्रजहाससततोहासंशुकःसंप्रेक्ष्यतत्परम् ५ सपुनर्योगमास्थायमोक्षमार्गोपलब्धये ॥ महायोगेश्वरोभूत्वासोऽत्यक्रामद्विहायसम् ॥ ततःप्रदक्षिणंकृत्वादेवर्षिंनारदंततः ॥ निवेदयामासचतंस्वंयोगंपरमर्षये ७ ॥ शुकउवाच ॥ दृष्टोमार्गःप्रवृत्तोऽस्मिस्वस्तितेऽस्तुतपोधन ॥ त्वत्प्रसादाद्गमिष्यामिगतिमिष्टांमहाद्युते ८ नारदेनाभ्यनुज्ञातःशुकोद्वैपायनात्मजः ॥ अभिवाद्यपुनर्योगमास्थायाकाशमाविशत् ९

दित्योगृह्यते । सूर्यद्वारेणतेविरजाःप्रयांतीतितस्यद्वारत्वमात्रश्रवणात् ५७ सौरंआदित्यांतर्यामि । ‘यआदित्येतिष्ठन्नादित्यादंतरोयमादित्योनवेद’ इत्यादिश्रुतेस्ततोऽन्यत् ५८ ॥ ५९ ६० ६१ ६२ ६३ ६४ ॥ ६५ इतिशांतिपर्वणिमोक्षधर्मपर्वणिनीलकंठीयेभारतभावदीपेएकत्रिंशदधिकत्रिशततमोऽध्यायः ॥ ३३१ ॥ ॥ ॥ गिरिशृंगमिति । निःशलाकेनिस्तृण १ २ । ३ । ४ । ५ । ६ । ७ । ८ । ९

१० । ११ व्यवसायेनसार्वात्म्यनिश्चयेन १२ । १३ । १४ । १५ अधःकायात्ऊर्ध्ववक्त्रंयस्य सूर्यंदत्तदृष्टिरतःस्वदेहस्याधोभागंनपश्यतीत्यर्थः १६ । १७ । १८ । १९ । २० । २१ । २२
२३ । २४ । २५ । २६ । २७ । २८ । २९ । ३० । ३१ ॥ इति शांतिपर्वणि मोक्षधर्मपर्वणि नीलकंठीये भारतभावदीपे द्वात्रिंशदधिकत्रिशततमोऽध्यायः ॥ ३३२ ॥ ॥ इत्येवमिति । दोषान्सा
त्विकान्मोक्षप्रतिबंधकान्धर्मज्ञानवैराग्यैश्वर्यप्रदानेनकिल्बिषसंसर्गाऽनैश्वर्याख्यान्वा यदाहमनुः । 'प्राणायामैर्दहेद्दोषान्धारणाभिश्चकिल्बिषान् ॥ प्रत्याहारेणसंसर्गान्ध्यानेनानैश्वरान्गुणान्' इति । योगानि

कैलासपृष्ठादुत्पत्यसपपातदिवंतदा ॥ अंतरिक्षचरःश्रीमान्वायुभूतःसुनिश्चितः १० तमुद्यंतंद्विजश्रेष्ठंवैनतेयसमद्युतिम् ॥ ददृशुःसर्वभूतानिमनोमारुतरंहसम् ११
व्यवसायेनलोकांस्त्रीन्सर्वान्सोऽथविचिंतयन् ॥ आस्थितोदीर्घमध्वानंपावकार्कसमप्रभः १२ तमेकमनसंयांतमव्यग्रमकुतोभयम् ॥ ददृशुःसर्वभूतानिजंगमानिच
राणिच १३ यथाशक्तियथान्यायंपूजांवैचक्रिरेतदा ॥ पुष्पवर्षैश्चदिव्यैस्तमवचक्रुर्दिवौकसः १४ तंदृष्ट्वाविस्मिताःसर्वेगंधर्वाप्सरसांगणाः ॥ ऋषयश्चैवसंसिद्धाः
परंविस्मयमागताः १५ अंतरिक्षगतःकोऽयंतपसासिद्धिमागतः ॥ अधःकायोर्ध्ववक्त्रश्चनेत्रैःसमभिरज्यते १६ ततःपरमधर्मात्मात्रिषुलोकेषुविश्रुतः ॥ भास्क
रंसमुदीक्षन्सप्राङ्मुखोवाग्यतोऽगमत् १७ शब्देनाकाशमखिलंपूरयन्निवसर्वशः ॥ तमापतंतंसहसादृष्ट्वासर्वाप्सरोगणाः १८ संभ्रांतमनसोराजन्नासन्परमवि
स्मिताः ॥ पंचचूडाप्रभृतयोभृशमुत्फुल्ललोचनाः १९ दैवतंकतमंह्येतदुत्तमांगतिमास्थितम् ॥ सुनिश्चितमिहायातिविमुक्तमिवनिःस्पृहम् २० ततःसमभिचक्रा
ममलयंनामपर्वतम् ॥ उर्वशीपूर्वचित्तिश्चयंनित्यमुपसेवतः २१ तस्यब्रह्मर्षिपुत्रस्यविस्मयंययतुःपरम् ॥ अहोबुद्धिसमाधानंवेदाभ्यासरतेद्विजे २२ अचिरेणै
वकालेननभश्चरतिचंद्रवत् ॥ पितृशुश्रूषयाबुद्धिंसंप्राप्तोऽयमनुत्तमाम् २३ पितृभक्तोदृढतपाःपितुःसुदयितःसुतः ॥ अनन्यमनसातेनकथंपित्राविसर्जितः
२४ उर्वश्यावचनंश्रुत्वाशुकःपरमधर्मवित् ॥ उदैक्षतदिशःसर्वावचनेगतमानसः २५ सोऽन्तरिक्षंमहींचैवसशैलवनकाननाम् ॥ विलोकयामासतदासरांसिस
रितस्तथा २६ ततोद्वैपायनसुतंबहुमानात्समंततः ॥ कृतांजलिपुटाःसर्वानिरीक्षंतेस्मदेवताः २७ अब्रवीत्तास्तदावाक्यंशुकःपरमधर्मवित् ॥ पितायद्यनुगच्छेन्मां
क्रोशमानःशुकेतिवै २८ ततःप्रतिवचोदेयंसर्वैरेवसमाहितैः ॥ एतन्मेस्नेहतःसर्वेवचनंकर्तुमर्हथ २९ शुकस्यवचनंश्रुत्वादिशःसर्वाःसकाननाः ॥ समुद्राःसरितः
शैलाःप्रत्यूचुस्तंसमंततः ३० यथाऽज्ञापयसेविप्रबाढमेवंभविष्यति ॥ ऋषेर्व्याहरतोवाक्यंप्रतिवक्ष्यामहेवयम् ३१ ॥ इति श्रीमहाभारते शांतिपर्वणि मोक्षधर्म
पर्वणिशुकाभिपतने द्वात्रिंशदधिकत्रिशततमोऽध्यायः ॥ ३३२ ॥ ॥ भीष्मउवाच ॥ इत्येवमुक्त्वावचनंब्रह्मर्षिःसुमहातपाः ॥ प्रातिष्ठतशुकःसिद्धिंहि
त्वादोषांश्चतुर्विधान् १ तमोह्यष्टविधंहित्वाजहौपंचविधंरजः ॥ ततःसत्वंजहौधीमांस्तदद्भुतमिवाभवत् २

तिपाठेवितर्कविचारानंदास्मिताख्यान्संप्रज्ञातभेदान्तत्फलानीत्यर्थः १ अष्टविधंपुर्यष्टकप्रकारंतमः पंचविधंविषयपंचकेप्रवर्तकंवासनामयंरजः नवगुणंरजइतिपाठे 'अत्यागित्वमकार्पण्यंसुखदुःखोपसेवनं ॥
भेदःपरुषताचैवकामःक्रोधस्तथैवच ॥ दर्पोद्वेषोऽतिवादश्चएतेप्रोक्तारजोगुणाः' इतिप्रोक्ताज्ञेयाः । सत्वंबुद्धिसत्वेनसर्वंसंत्यज्यसत्वमपित्यक्तंयेनत्यजसितत्त्यजेतिनारदेनोपदिष्टत्वात् २

तस्मिन्नादित्यतियोमिणिपरब्रह्मणिनित्येपुनराष्टत्तिवर्जितेयतोनिर्गुणेमत्यतिष्ठत् ३ महापुरुषस्योपरमेहिजगदभाग्यसूचकाउत्पाताभवंतीत्याह उल्कापाताइति ४ । ५ । ६ ववर्षेत्यादयःशुकस्योत्पतनेशकुनानि ७ । ८ । ९ द्विधाकृतेभारेण समुद्रलंघनेहनुमद्भारेणमहेंद्रपर्वतइवव्यथामापेत्यर्थः १० । ११ । १२ । १३ । १४ । १५ ततइति । पूर्वोक्तासुतसृषुवायुविद्यासुपंचम्याःज्ञानकर्मसमु

ततस्तस्मिन्पदेनित्येनिर्गुणेलिंगवर्जिते ॥ ब्रह्मणिप्रत्यतिष्ठत्सविधूमोग्निरिवज्वलन् ३ उल्कापातादिशांदाहोभूमिकंपस्तथैवच ॥ प्रादुर्भूतःक्षणेतस्मिंस्तदद्भुतमिवाभवत् ४ द्रुमाःशाखाश्चमुमुचुःशिखराणिचपर्वताः ॥ निर्घातशब्दैश्चगिरिर्हिमवान्दीर्यतीवह ५ नबभासेसहस्रांशुर्नजज्वालचपावकः ॥ ह्रदाश्चसरितश्चैवचुक्षुभुःसागरास्तथा ६ ववर्षवासवस्तोयंरसवच्चसुगंधिच ॥ ववौसमीरणश्चापिदिव्यगंधवहःशुचिः ७ सशृंगेप्रथमेदिव्येहिमवन्मेरुसंभवे ॥ संश्लिष्टेश्वेतपीतेद्वेरुक्मरूप्यमयेशुभे ८ शतयोजनविस्तारेतिर्यगूर्ध्वंचभारत ॥ उदीचींदिशमास्थायरुचिरेसंददर्शह ९ सोऽविशंकेनमनसातथैवाभ्यपतच्छुकः ॥ ततःपर्वतशृंगेद्वेसहसैवद्विधाकृते १० अदृश्येतांमहाराजतदद्भुतमिवाभवत् ॥ ततःपर्वतशृंगाभ्यांसहसैवविनिःसृतः ११ नचप्रतिजघानास्यसगतिंपर्वतोत्तमः ॥ ततोमहानभूच्छब्दोदिविसर्वदिवौकसाम् १२ गंधर्वाणामृषीणांचयेचशैलनिवासिनः ॥ दृष्ट्वाशुकमतिक्रांतंपर्वतंचद्विधाकृतम् १३ साधुसाध्वितितत्रासीन्नादःसर्वत्रभारत ॥ सपूज्यमानोदेवैश्चगंधर्वैर्ऋषिभिस्तथा १४ यक्षराक्षससंघैश्चविद्याधरगणैस्तथा ॥ दिव्यैःपुष्पैःसमाकीर्णमंतरिक्षंसमंततः १५ आसीत्किलमहाराजशुकाभिपतनेतदा ॥ ततोमंदाकिनींरम्यामुपरिष्टादभिव्रजन् १६ शुकोददर्शधर्मात्मापुष्पितद्रुमकाननाम् ॥ तस्यांक्रीडंत्यभिरतास्तेचैवाप्सरसांगणाः १७ शून्याकारनिराकाराःशुकंदृष्ट्वाविवाससः ॥ तंप्रक्रामंतमाज्ञायपितास्नेहसमन्वितः १८ उत्तमांगतिमास्थायपृष्ठतोऽनुससारह ॥ शुकस्तुमारुतादूर्ध्वंगतिंकृत्वाऽन्तरिक्षगाम् १९ दर्शयित्वाप्रभावंस्वंब्रह्मभूतोऽभवत्तदा ॥ महायोगगतिंत्वन्यांव्यासोत्थायमहातपाः२० निमेषांतरमात्रेणशुकाभिपतनंययौ॥सददर्शद्विधाकृत्वापर्वताग्रंशुकंगतम् २१ शशंसुर्ऋषयस्तस्मैकर्मपुत्रस्यतत्तदा ॥ ततःशुकेतिदीर्घेणशब्देनाक्रंदितस्तदा २२ स्वयंपित्रास्वरेणोच्चैस्त्रीँल्लोकाननुनाद्यवै ॥ शुकःसर्वगतोभूत्वासर्वात्मासर्वतोमुखः २३ प्रत्यभाषतधर्मात्माभोःशब्देनानुनादयन् ॥ ततएकाक्षरंनादंभोरित्येवसमीरयन्२४प्रत्याहरज्जगत्सर्वमुच्चैःस्थावरजंगमम् ॥ततःप्रभृतिचाद्यापिशब्दानुच्चारितान्पृथक् २५ गिरिगह्वरपृष्ठेषुव्याहरंतिशुकंप्रति॥अंतर्हितःप्रभावंतुदर्शयित्वाशुकस्तदा२६ गुणान्संत्यज्यशब्दादीन्पदमभ्यगमत्परम् ॥ महिमानंतुतंदृष्ट्वापुत्रस्यामिततेजसः २७ निषसादगिरिप्रस्थेपुत्रमेवानुचिंतयन् ॥ ततोमंदाकिनीतीरेक्रीडंतोऽप्सरसांगणाः २८ आसाद्यतमृषिंसर्वाःसंभ्रांतागतचेतसः ॥ जलेनिलिल्यिरेकाश्चित्काश्चिद्गुल्मान्प्रपेदिरे २९ वसनान्याददुःकाश्चित्तंदृष्ट्वामुनिसत्तमम् ॥ तांमुक्ततांतुविज्ञायमुनिःपुत्रस्यवैतदा ३० सक्ततामात्मनश्चैवप्रीतोऽभूद्व्रीडितश्चह ३१

च्चयरूपायाःपार्यैतिकंफलंपंचमवायुस्थानस्यमंदाकिनीदेशस्यप्राप्तिः १६ । १७ । १८ शुकस्त्विति । मारुतात्सूत्रात्मनऊर्ध्वं । वायुर्वैगौतमतत्सूत्रमितिश्रुतेः १९ व्यासउत्थाय संधिरार्षः २० । २१ शुकेति । शुका ३ इतिदूराह्वानेप्लुतिः अप्लुतवदुपस्थितइत्यप्लुतवज्ज्ञानाच्चप्रकृतिभावः २२ । २३ । २४ । २५ । २६ । २७ । २८ । २९ । ३० । ३१

३२ तमुवाचमहादेवइत्यादिनाछायाशुकस्यदानंव्यासादीनामपिपुत्रशोकोऽत्यंतापरिहार्यइतिचसूचनेनशुकवदेवनैष्ठिकंब्रह्मचर्यमातिष्ठेदित्याशयोदर्शितः ३३ । ३४ । ३५ । ३६ । ३७ । ३८ । ३९ । ४०
४१ । ४२ ॥ इतिशांति०नी०भा०त्रयस्त्रिंशदधिकत्रिशततमोऽध्यायः ॥ ३३३ ॥ 'यस्यदेवेपराभक्तिर्यथादेवेतथागुरौ । तस्यैतेकथिताह्यर्थाःप्रकाशंतेमहात्मनः'इतिश्रुतेर्भक्त्यामामभिजानातीतिभगवद्व
चनाच्चभक्तेर्ज्ञानांगत्वंबुद्ध्वाभजनीयांदेवतांपृच्छति गृहस्थइति १ कुतःकस्यप्रसादात्ध्रुवोऽनावृत्तिफलकोब्रह्मलोकः २ । ३ तस्माद्देवादीनांजनकात् ४ तर्कयातर्केण आर्षोलिंगव्यत्ययःज्ञानागमेनऋते

तंदेवगंधर्ववृतोमहर्षिगणपूजितः ॥ पिनाकहस्तोभगवानभ्यागच्छतशंकरः ३२ तमुवाचमहादेवःसांत्वपूर्वमिदंवचः ॥ पुत्रशोकाभिसंतप्तंकृष्णद्वैपायनंतदा ३३
अग्नेर्भूमेरपांवायोरन्तरिक्षस्यचैवह ॥ वीर्येणसदृशःपुत्रःपुरामत्तस्त्वयावृतः ३४ सतथालक्षणोजातस्तपसातवसंभृतः ॥ ममचैवप्रसादेनब्रह्मतेजोमयःशुचिः ३५
सगतिंपरमांप्राप्तोदुष्प्रापामजितेंद्रियैः ॥ दैवतैरपिविप्रर्षेतंत्वंकिमनुशोचसि ३६ यावत्स्थास्यंतिगिरयोयावत्स्थास्यंतिसागराः ॥ तावत्तवाक्षयाकीर्तिःसपुत्रस्य
भविष्यति ३७ छायांस्वपुत्रसदृशींसर्वतोऽनपगांसदा ॥ द्रक्ष्यसेत्वंचलोकेऽस्मिन्मत्प्रसादान्महामुने ३८ सोऽनुनीतोभगवतास्वयंरुद्रेणभारत ॥ छायांपश्यन्स
मावृत्तःसमुनिःपरयामुदा ३९ इतिजन्मगतिश्चैवशुकस्यभरतर्षभ ॥ विस्तरेणसमाख्यातायन्मांत्वंपरिपृच्छसि ४० एतदाचष्टमेराजन्देवर्षिर्नारदःपुरा ॥ व्या
सश्चैवमहायोगीसंजल्पेषुपदेपदे ४१ इतिहासमिमंपुण्यंमोक्षधर्मोपसंहितम् ॥ धारयेद्यःशमपरःसगच्छेत्परमांगतिम् ४२ ॥ इति श्रीम०शांति०मोक्ष०शुकोत्पत
नसमाप्तिर्नामत्रयस्त्रिंशदधिकत्रिशततमोऽध्यायः॥३३३॥युधिष्ठिरउवाच॥गृहस्थोब्रह्मचारीवावानप्रस्थोऽथभिक्षुकः॥ यइच्छेत्सिद्धिमास्थातुंदेवतांकांयजेतसः
१ कुतोह्यस्यध्रुवःस्वर्गःकुतोनैःश्रेयसंपरम्॥विधिनाकेनजुहुयाद्दैवंपित्र्यंतथैवच २ मुक्तश्चकांगतिंगच्छेन्मोक्षश्चैवकिमात्मकः॥ स्वर्गतश्चैवकिंकुर्याद्येननच्यवते
दिवः ३ देवतानांचकोदेवःपितॄणांचपितातथा ॥ तस्मात्परतरंयच्चतन्मेब्रूहिपितामह ४ ॥ भीष्मउवाच ॥ गूढंमांप्रश्नवित्प्रश्नंपृच्छसेत्वमिहानघ ॥ नह्येतत्त
र्कयाशक्यंवक्तुंवर्षशतैरपि ५ ऋतेदेवप्रसादाद्वाराजन्ज्ञानागमेनवा ॥ गहनंह्येतदाख्यानंव्याख्यातव्यंतवारिहन् ६ अत्राप्युदाहरंतीममितिहासंपुरातनम् ॥
नारदस्यचसंवादमृषेर्नारायणस्यच ७ नारायणोहिविश्वात्माचतुर्मूर्तिःसनातनः॥धर्मात्मजःसंबभूवपितैवंमेऽभ्यभाषत ८ कृतेयुगेमहाराजपुरास्वायंभुवेऽन्तरे॥
नरोनारायणश्चैवहरिःकृष्णःस्वयंभुवः ९ तेषांनारायणनरौतपस्तेपतुरव्ययौ ॥ बदर्याश्रममासाद्यशकटेकनकामये १०

विना ५ । ६ । ७ चतस्रोमूर्तयोनराद्याः ८ स्वयंभुवइत्यनेनवासुदेवस्यैवैतेचत्वारोव्यूहाअजन्मानः तेनतुपांचरात्राणामिववासुदेवात्परमकारणात्संकर्षणाख्योजीवउत्पद्यतेततःप्रद्युम्नाख्यंमनोजायतेततो
८१ ऽनिरुद्धाख्योऽहंकारउत्पद्यतइतिमतंनिरस्तंतथाचसूत्रं । उत्पत्त्यसंभवादितिनचकर्तुःकरणमितिच । जीवस्योत्पत्तौविनाशित्वंस्यात्तथाचमोक्षिणोऽभावः कर्तुःसकाशात्करणोत्पत्तिर्दृष्टालोकेइतिसूत्रार्थः ९
शकटेशकटवत्परमेश्वरीरे कनकवन्मोहकत्वात्कनकामयंतन्मयेस्थित्वेतिशेषः १०

अष्टौश्वविद्याश्चक्रवद्वाहकानियस्य भूतैःपंचभिर्युक्तं हिशब्दाल्लोकप्रसिद्धमिदं नरनारायणयोःशरीरेतुमायामयेइत्यर्थः । वक्ष्यतिच 'मायाह्येषामयासृष्टायन्मांपश्यसिनारद ॥ सर्वभूतगुणैर्युक्तमेवंमांज्ञातुमर्हसि'इति ११ । १२ नूनमिति । हृच्छयोऽन्तर्यामीतेनमेरितः १३ । १४ आह्निकंब्रह्मयज्ञादि आस्पदमधिष्ठानं १५ । १६ । १७ । १८ । १९ । २० । २१ । २२ । २३ । २४ । २५ । २६ २७ अवाच्यमपिभक्तिमत्त्वाद्वक्ष्यामीत्यर्थः २८ सूक्ष्मंदुर्लक्ष्यं यतोऽविज्ञेयंनविज्ञेयंरूपादियत्र अतएवाऽव्यक्तंनास्तिव्यक्तंकार्यंयस्यकारणमपिनेत्यर्थः यतोऽचलंकूटस्थं विकारिणएवकारणत्वानियमात् ध्रुवंशाश्वतंसद्रूपमित्यर्थः एतेनतदसत्त्वशंकानिरस्ता २९ पुरिशरीरेवसतीतियोगात्पुरुषइतिकल्पितः । नतुतस्यदेहसंगित्वंवास्तवमस्तीत्यर्थः ३० अव्यक्तंसांख्यैर्नित्यत्वेनकल्पितंप्रधानं ।

अष्टचक्रंहितद्यानंभूतयुक्तंमनोरमम् ॥ तत्राद्यौलोकनाथौतौकृशौधमनिसंततौ ११ तपसातेजसाचैवदुर्निरीक्ष्यौसुरैरपि ॥ यस्यप्रसादंकुर्वातेसदेवौद्रष्टुमर्हति १२ नूनंतयोरनुमतेहृदिहृच्छयचोदितः ॥ महामेरोर्गिरेःशृंगात्प्रच्युतोगंधमादनम् १३ नारदःसुमहद्भूतंसर्वलोकानचीचरत् ॥ तंदेशमगमद्राजन्बदर्याश्रममाशुगः १४ तयोराह्निकवेलायांतस्यकौतूहलंत्वभूत् ॥ इदंतदास्पदंकृत्स्नंयस्मिन्लोकाःप्रतिष्ठिताः १५ सदेवासुरगंधर्वाःसकिन्नरमहोरगाः ॥ एकामूर्तिरियंपूर्वंजाताभूयश्चतुर्विधा १६ धर्मस्यकुलसंतानेधर्मादेभिर्विवर्धितः ॥ अहोह्यनुगृहीतोऽद्यधर्मएभिःसुरैरिह १७ नरनारायणाभ्यांचकृष्णेनहरिणातथा ॥ अत्रकृष्णाहरिश्चैवकस्मिंश्चित्कारणांतरे १८ स्थितौधर्मोत्तरौह्येतौतथातपसिधिष्ठितौ ॥ एतौहिपरमंधामकाऽनयोराह्निकक्रिया १९ पितरौसर्वभूतानांदैवतंचयशस्विनौ ॥ कांदेवतांतुयजतःपितॄन्वाकान्महामती २० इतिसंचिंत्यमनसाभक्त्यानारायणस्यतु॥ सहसाप्रादुरभवत्समीपेदेवयोस्तदा २१ कृतेदैवेचपित्र्येचततस्ताभ्यांनिरीक्षितः ॥ पूजितश्चैवविधिनायथाप्रोक्तेनशास्त्रतः २२ तद्दृष्ट्वामहदाश्चर्यमपूर्वंविधिविस्तरम् ॥ उपोपविष्टःसुप्रीतोनारदोभगवानृषिः २३ नारायणंसंनिरीक्ष्यप्रसन्नेनांतरात्मना ॥ नमस्कृत्वामहादेवमिदंवचनमब्रवीत् २४॥ नारदउवाच ॥ वेदेषुसपुराणेषुसांगोपांगेषुगीयसे ॥ त्वमजःशाश्वतोधातामाताऽमृतमनुत्तमम् २५ प्रतिष्ठितंभूतभव्यंत्वयिसर्वमिदंजगत् ॥ चत्वारोह्याश्रमादेवसर्वेगार्हस्थ्यमूलकाः २६ यजंतेत्वामहरहर्नानामूर्तिसमास्थितम् ॥ पितामाताचसर्वस्यजगतःशाश्वतोगुरुः ॥ कंत्वद्ययजसेदेवंपितरंकंनविद्महे २७॥ श्रीभगवानुवाच ॥ अवाच्यमेतद्वक्तव्यमात्मगुह्यंसनातनम् ॥ तवभक्तिमतोब्रह्मन्वक्ष्यामितुयथातथम् २८ यत्तत्सूक्ष्ममविज्ञेयमव्यक्तमचलंध्रुवम् ॥ इंद्रियैरिंद्रियार्थैश्चसर्वभूतैश्चवर्जितम् २९ सह्यंतरात्माभूतानांक्षेत्रज्ञश्चेतिकथ्यते ॥ त्रिगुणव्यतिरिक्तोवैपुरुषश्चेतिकल्पितः ३० तस्माद्व्यक्तमुत्पन्नंत्रिगुणंद्विजसत्तम ॥ अव्यक्ताव्यक्तभावस्थायासाप्रकृतिरव्यया ३१

ननुपुरुषस्याऽव्यक्तजनकत्वेकौटस्थ्यव्याहतिरतआह अव्यक्तेति । यासत्तास्वयमव्यक्ता घटादिभ्योनिष्कृष्टायास्तस्याअग्रहणात् व्यक्तेषुचभावेषुघटःसन्पटःसन्नितिसद्रूपेणतिष्ठति सैवसत्ताअव्यया अपरिणामिनी प्रकृतिरुपादानं रज्जूरगवद्ब्रह्मण्यज्ञानंविवर्ततइत्यभ्युपगमान्नब्रह्मणःकौटस्थ्यहानिरित्यर्थः कल्पितस्यकार्यस्यकारणंकार्यसजातीयंकल्पितमेवभवति । तत्सत्वंचकल्पनासमानकालिकमेव । नहिरज्जूरगस्यसत्वंदर्शनात्प्रागप्यस्तीत्यत्रकिंचिन्मानमस्ति । नचबाधकाभावात्कार्यस्यकल्पितत्वमेवासिद्धमितिवाच्यं । यद्यत्रतात्त्विकरूपावरणपूर्वकमभेदेनभातितत्तत्रकल्पितमिति—

—नियमेनाहंकारादेर्मिथ्यात्वावगमाज्ज्ञातिचचिदात्मनोऽसंगरूपमावृत्यतदभेदेनप्रत्यगात्माऽयमहंसुखीदुःखीब्राह्मणोगौरःकाणइति । सुवर्णेकुंडलस्यवाऽध्यस्तत्वंमाभूदितितात्त्विकेति । नन्वहंकारधर्मादुःखा
दयश्चिदात्मनिचिदात्मधर्माश्चैतन्यादयोऽहंकारेचाध्यस्यतांकिंधर्म्यध्यासकल्पनेनेतिचेन्न यत्रहिधर्ममात्रमध्यस्यतेनतत्रधर्मिणउल्लेखोदृश्यते । यथालोहितःस्फटिकइतिलौहित्यमात्रमुल्लिख्यतेनजपाकुसुममपि ।
अहंकाराध्यासेत्वहंदुःखीतिधर्म्युल्लेखपूर्वकंधर्माध्यासःप्रतीयमानस्तत्रधर्मिणोऽप्यध्यस्ततांविस्पष्टमाचष्टे । तस्मादध्यस्तत्वेनाहमादेर्मिथ्यात्वाचत्कारणस्याव्यक्तस्यापितथात्वेनदृष्टिसमसमयकल्पितत्वस्यावश्यव
क्तव्यत्वात्तस्मादव्यक्तमुत्पन्नमित्यव्यक्तोत्पत्तिवचनंसंगच्छतेतरामितिदिक् ३१ अस्यचाध्यस्तस्याव्यक्तस्यजीवेशविभागहेतुत्वमाह तांयोनिमिति । विभेयापेक्षंस्त्रीत्वं तांनिष्कलचैतन्यरूपां माययाआव
योर्जीवेश्वरयोःप्रकृतिंविद्धि तथाचश्रुतिः 'जीवेशावाभासेनकरोतिमायाचाविद्याचस्वयमेवभवति'इति । योसौनिष्कलःसदसदात्मकःसदसतीकार्यकारणेतत्कल्पनाधिष्ठानत्वात्तदात्मकः सएवपूज्यतेआनं

तांयोनिमावयोर्विद्धियोऽसौसदसदात्मकः ॥ आवाभ्यांपूज्यतेसोहिदैवेपित्र्येचकल्प्यते ३२ नास्तितस्मात्परोऽन्योहिपितादेवोऽथवाद्विज ॥ आत्माहिनःस
विज्ञेयस्ततस्तंपूजयावहे ३३ तेनैषाप्रथिताब्रह्मन्मर्यादालोकभाविनी ॥ दैवंपित्र्यंचकर्तव्यमितितस्यानुशासनम् ३४ ब्रह्मास्थाणुर्मनुर्दक्षोभृगुर्धर्मस्तथायमः ॥
मरीचिरंगिराऽत्रिश्चपुलस्त्यःपुलहःक्रतुः ३५ वसिष्ठःपरमेष्ठीचविवस्वान्सोमएवच ॥ कर्दमश्चापियःप्रोक्तःक्रोधोविक्रीतएवच ३६ एकविंशतिरुत्पन्नास्तेप्रजाप
तयःस्मृताः ॥ तस्यदेवस्यमर्यादांपूजयंतःसनातनीम् ३७ दैवंपित्र्यंचसततंतस्यविज्ञायतत्त्वतः ॥ आत्मप्राप्तानिचततःप्राप्नुवंतिद्विजोत्तमाः ३८ स्वर्गस्थाअपि
येकेचित्तान्नमस्यंतिदेहिनः ॥ तेतत्प्रसादाद्गच्छंतितेनादिष्टफलांगतिम् ३९ येहीनाःसप्तदशभिर्गुणैःकर्मभिरेवच ॥ कलाःपंचदशत्यक्तास्तेमुक्ताइतिनिश्चयः ४०
मुक्तानांतुगतिर्ब्रह्मन्क्षेत्रज्ञइतिकल्पिता ॥ सहिसर्वगुणश्चैवनिर्गुणश्चैवकथ्यते ४१ दृश्यतेज्ञानयोगेनआवांचप्रसृतौततः ॥ एवंज्ञात्वातमात्मानंपूजयावःसना
तनम् ४२ तंवेदाश्चाश्रमाश्चैवनानामतसमास्थिताः ॥ भक्त्यासंपूजयंत्याशुगतिंचैषांददातिसः ४३ येतुतद्भावितालोकेह्येकांतित्वंसमास्थिताः ॥ एतदभ्यधिकं
तेषांयत्तेतंप्रविशंत्युत ४४ इतिगुह्यसमुद्देशस्तवनारदकीर्तितः ॥ भक्त्याप्रेम्णाचविप्रर्षेअस्मद्भक्त्याचतेश्रुतः ४५ ॥ इतिश्रीमहाभारतेशांतिपर्वणिमोक्षधर्मपर्वणि
चतुस्त्रिंशदधिकत्रिशततमोऽध्यायः ॥ ३३४ ॥ भीष्मउवाच ॥ सएवमुक्तोद्विपदांवरिष्ठोनारायणेनोत्तमपूरुषेण ॥ जगादवाक्यंद्विपदांवरिष्ठंनारायणंलोकहि
ताधिवासम् १ ॥ नारदउवाच ॥ यदर्थमात्मप्रभवेणजन्मकृतंत्वयाधर्मगृहेचतुर्धा ॥ तत्साध्यतांलोकहितार्थमद्यगच्छामिद्रष्टुंप्रकृतिंतवाद्याम् २

दात्मासर्वैरित्यर्थः ३२ । ३३ तेनमायोपाधिना ३४ । ३५ । ३६ । ३७ । ३८ । ३९ सप्तदशभिःपंचप्राणमनोबुद्धिदशेंद्रियैः गुणैःसत्वादिभिः कर्मभिःशुक्लकृष्णैः यैश्चपंचदशकलावैराजीयास्त्यक्ताः
पूर्वार्धेलिंगभंगउक्तःउत्तरार्धेस्थूलभंगउक्तःउभयोरप्येकोनविंशतिसुखत्वस्यमांडूक्येतुल्यवच्छ्रवणात् तान्येवैकोनविंशतिरंतर्भावेणसप्तदशपंचदशचभवंति ४० क्षेत्रज्ञश्चिदात्मा सर्वगुणत्वंमायया निर्गुणत्वं
स्वतः ४१ प्रसृतौनिर्गतौ ४२ । ४३ । ४४ अस्मिन्नेवाध्यायेसर्वेप्रश्नाःसमाहिताज्ञेयाः ४५ ॥ इति शांतिपर्वणि मोक्षधर्मपर्वणि नीलकंठीये भारतभावदीपे चतुस्त्रिंशदधिकत्रिशततमोऽध्यायः
॥ ३३४ ॥ ॥ सएवेति १ आत्मप्रभवेणस्वयंभुवा जन्मभवतारः आद्यांमूर्तिंश्वेतद्वीपस्थां २

म.भा.टी. शां.मो.१२ अ० ॥ २४१ ॥

तद्दर्शनेस्वस्याधिकारसंपत्तिमाह पूजामिति ३ चत्वारिपाणिपादोदरोपस्थानि ४ । ५ । ६ । ७ उत्तरपश्चिमेनवायव्यकोणतः योत्तरतःयःउत्तरतः ८ मेरुमूलाद्द्वात्रिंशत्सहस्रयोजनादूर्ध्वं अनिंद्रियाः स्थूलदेहसंगहीनाःअतएवाऽनशनाःशब्दादिविषयभोगशून्याः निष्पंदहीनाःनिश्चेष्टाश्च सुगंधिःपरमात्मा सुगंधिंपुष्टिवर्धनमितिमंत्रलिंगात् शोभनःसुगंधिःसुसुगंधिःसोऽस्त्येषांध्यानगोचरइतिसुसुगंधिनः ९ श्वेताःशुद्धसत्वप्रधानाः चक्षुर्मुषस्तेजस्वित्वात् मानश्चोन्मानोऽपमानश्चसमौयेषांते शुभोयोगप्रभावजःसारोबलंतेनोपेताः १० छत्राकृतिशीर्षानिर्मांसग्रीवत्वात् समंपीनत्वरहितंमुष्कौवृषणौचतुष्कमंसयोःकटयोश्चांतरालंचमुष्कचतुष्कंबाहुचतुष्कंवा । किंमुष्कावान्मुष्कयोर्बद्धआसतइतिलिंगान्मुष्कोबाहुः शुष्कंकाष्ठतुल्यंचतुष्कंयेषांसंशुष्कचतुष्काइत्यपिपठंति । राजीवत्यःपंक्तियुक्ताःशिरारेखास्तासांशतैर्यु

पूजांगुरूणांसततंकरोमिपरस्यगुह्यंनतुभिन्नपूर्वम् ॥ वेदाःस्वधीताऽमललोकनाथतप्तंतपोनानृतमुक्तपूर्वम् ३ गुप्तानिचत्वारियथागमंमेशत्रौचमित्रेचसमोऽस्मि नित्यम् ॥ तंचादिदेवंसततंप्रपन्नएकांतभावेनवृणोम्यजस्रम् ४ एभिर्विशेषैःपरिशुद्धसत्वःकस्मान्नपश्येयमनंतमीशम् ॥ तत्पारमेष्ठ्यस्यवचोनिशम्यनारायणःशाश्वतधर्मगोप्ता ५ गच्छेतितंनारदमुक्तवान्ससंपूजयित्वाऽऽत्मविधिक्रियाभिः ॥ ततो विसृष्टःपरमेष्ठिपुत्रःसोभ्यर्चयित्वातमृषिंपुराणम् ६ खमुत्पपातोत्तमयोगयुक्तस्ततोऽधिमेरौसहसानिलिल्ये ॥ तत्रावतस्थेचमुनिर्मुहूर्त्तमेकांतमासाद्यगिरेःसशृंगे ७ आलोकयन्नुत्तरपश्चिमेनददर्शचाप्यद्भुतमुक्तरूपम् ॥ क्षीरोदधेर्योत्तरतोहिद्वीपःश्वेतःसनाम्नाप्रथितोविशालः ८ मेरोःसहस्रैःसहियोजनानांद्वात्रिंशतोर्ध्वंकविभिर्निरुक्तः ॥ अनिंद्रियाश्चानशनाश्चतत्रनिष्पंदहीनाःसुसुगंधिनस्ते ९ श्वेताःपुमांसोगतसर्वपापाश्चक्षुर्मुषःपापकृतांनराणाम् ॥ वज्रास्थिकायाःसममानोन्मानादिव्यावयवरूपाःशुभसारोपेताः १० छत्राकृतिशीर्षामेघौघनिनादाःसममुष्कचतुष्काराजीवच्छदपादाः ॥ षष्ट्यादंतैर्युक्ताःशुक्लैरष्टाभिर्दंष्ट्राभिर्येजिह्वाभिर्योविश्ववक्त्रंलेलिह्यंतेसूर्यप्रख्यम् ११ देवंभक्त्याविश्वोत्पन्नंयस्मात्सर्वेलोकाःसंप्रसूताः ॥ वेदाधर्मामुनयःशांतादेवाःसर्वेतस्यनिसर्गः १२ ॥ युधिष्ठिरउवाच ॥ अनिंद्रियानिराहाराअनिष्पंदाःसुगंधिनः ॥ कथंतेपुरुषाजाताःकातेषांगतिरुत्तमा ॥ १३ येचमुक्ताभवंतीहनराभरतसत्तम ॥ तेषांलक्षणमेतद्धितच्छ्वेतद्वीपवासिनाम् १४ तस्मान्मेसंशयंछिंधिपरंकौतूहलंहिमे ॥ त्वंहिसर्वकथारामस्त्वांचैवापाश्रितावयम् १५ ॥ भीष्मउवाच ॥ विस्तीर्णैषाकथाराजन्श्रुतामेपितृसन्निधौ ॥ यैषातवहिवक्तव्याकथासारोहिसामता १६ राजोपरिचरोनामबभूवाधिपतिर्भुवः ॥ आखंडलसखःख्यातोभक्तोनारायणंहरिम् १७ धार्मिकोनित्यभक्तश्चपितुर्नित्यमतंद्रितः ॥ साम्राज्यंतेनसंप्राप्तंनारायणवरात्पुरा १८

क्ताःपादायेषां नाडीशतपादाइतिपाठांतरं षष्ट्याषष्टिसंख्यैर्दन्तैरिवजगच्चणकचर्वणक्षमैःसंवत्सरैर्युक्ताः । अष्टौदिशःसर्वेषामाश्रयभूतास्ताभिश्चयुक्तः देशकालौयेषांमुखमध्येप्रविष्टावित्यर्थः सूर्येणप्रख्यायते स्फुटीक्रियतेदिनमासर्तुसंवत्सरात्मामहाकालस्तं विश्ववक्त्रंविश्वंवक्त्रेयस्यताद्दशं जिह्वाभिरिवस्वांगभूताभिरसनाशक्तिभिर्लेलिह्यंतेपायसमिवालिहंति ११ कुतएतेषामीदृशंकालग्रसनसामर्थ्यमतआह देवमिति । यस्माद्धेतोर्देवंपरमेश्वरंसंप्रसूताध्यानबलेनहृदयेव्यक्तीकृतवंतःसूत्यगारेमातापुत्रमिव । तमेवदेवंविशिनष्टि विश्वोत्पन्नंविश्वमुत्पन्नंयस्मात् वेदादयस्तस्यनिसर्गःअयत्नरचिताः १२ । १३ श्वेतद्वीपनिवासिनांजीवन्मुक्तानांचनिरिंद्रियत्वादिकमेवलक्षणंकथं मूर्तब्रह्मध्यायिनांभक्तानाममूर्तब्रह्मध्यायिनांचयोगिनांतुल्यत्वंकथमितिभावः १४ । १५ । १६ । १७ । १८

॥ ३३५ ॥ ॥ २४१ ॥

सात्वतंसात्वतानांपांचरात्राणांहितं तच्छेषेणविष्णुशेषेण १९ । २० ।२१ । २२ । २३ । २४ प्रायणमुपहारं । २५ । २६ । २७ । २८ । २९ सप्तप्रकृतयोमहदहंकारादिमूर्तयः स्वायंभुवस्तुमूलप्रकृ

सातत्वंविधिमास्थायप्राक्सूर्यमुखानिःसृतम् ॥ पूजयामासदेवेशंतच्छेषेणपितामहान् १९ पितृशेषेणविप्रांश्चसंविभज्याश्रितांश्चसः ॥ शेषान्नभुक्सत्यपरःसर्वभू
तेष्वहिंसकः २० सर्वभावेनभक्तःसदेवदेवंजनार्दनम् ॥ अनादिमध्यनिधनंलोककर्तारमव्ययम् २१तस्यनारायणेभक्तिंवहतोऽमित्रकर्षिणः॥ एकशय्यासनंदेवो
दत्तवान्देवराट्स्वयम् २२ आत्मराज्यंधनंचैवकलत्रंवाहनंतथा ॥ यत्तद्भागवतंसर्वमितितत्प्रोक्षितंसदा २३ काम्यनैमित्तिकाराजन्यज्ञियाःपरमक्रियाः ॥
सर्वाःसात्वतमास्थायविधिंचक्रेसमाहितः २४ पांचरात्रविदोमुख्यास्तस्यगेहेमहात्मनः ॥ प्रायणंभगवत्प्रोक्तंभुंजतेवाऽग्रभोजनम् २५ तस्यप्रशासतोराज्यं
धर्मेणामित्रघातिनः ॥ नानृतावाक्समभवन्मनोदुष्टंनचाभवत् २६ नचकायेनकृतवान्सपापंपरमण्वपि ॥ येहितेऋषयःख्याताःसप्तचित्रशिखंडिनः २७ तैरे
कमतिभिर्भूत्वायत्प्रोक्तंशास्त्रमुत्तमम्॥ वेदैश्चतुर्भिःसमितंकृतंमेरौमहागिरौ २८ आस्यैःसप्तभिरुद्गीर्णंलोकधर्ममनुत्तमम् ॥ मरीचिरत्र्यंगिरसौपुलस्त्यःपुलहःक्र
तुः ॥ वसिष्ठश्चमहातेजास्तेहिचित्रशिखंडिनः २९ सप्तप्रकृतयोह्येतास्तथास्वायंभुवोऽष्टमः ॥ एताभिर्धार्यतेलोकस्ताभ्यःशास्त्रंविनिःसृतम् ३० एकाग्रमनसो
दांतामुनयःसंयमेरताः ॥ भूतभव्यभविष्यज्ञाःसत्यधर्मपरायणाः ३१ इदंश्रेयइदंब्रह्मइदंहितमनुत्तमम् ॥ लोकान्संचिंत्यमनसाततःशास्त्रंप्रचक्रिरे ३२ तत्रधर्मा
र्थकामाहिमोक्षःपश्चाच्चकीर्त्तितः॥ मर्यादाविविधाश्चैवदिविभूमौचसंस्थिताः३३ आराध्यतपसादेवंहरिंनारयणंप्रभुम् ॥ दिव्यंवर्षसहस्रंवैसर्वेतेऋषिभिःसह३४
नारायणानुशास्ताहितदादेवीसरस्वती ॥विवेशतानृषीन्सर्वान्लोकानांहितकाम्यया ३५ ततःप्रवर्त्तितासम्यक्तपोविद्भिर्द्विजातिभिः॥ शब्देचार्थेचहेतौचएषा
प्रथमसर्गजा ३६ आदावेवहितच्छास्त्रमोंकारस्वरपूजितम् ॥ ऋषिभिःश्रावितंयत्रतत्रकारुणिकोह्यसौ ३७ ततःप्रसन्नोभगवाननिर्दिष्टशरीरगः॥ ऋषीनुवाच
तान्सर्वानदृश्यःपुरुषोत्तमः ३८ कृतंशतसहस्रंहिश्लोकानामिदमुत्तमम् ॥ लोकतंत्रस्यकृत्स्नस्ययस्माद्धर्मःप्रवर्तते ३९ प्रवृत्तौचनिवृत्तौचयस्मादेतद्भविष्यति॥
यजुर्ऋक्सामभिर्जुष्टमथर्वांगिरसैस्तथा ४० यथाप्रमाणंहिमयाकृतोब्रह्माप्रसादतः ॥ रुद्रश्चक्रोधजोविप्रायूयंप्रकृतयस्तथा ४१ सूर्याचंद्रमसौवायुर्भूमिरापोऽग्नि
रेवच ॥ सर्वेचनक्षत्रगणायच्चभूताभिशब्दितम् ४२ अधिकारेषुवर्तन्तेयथास्वंब्रह्मवादिनः ॥ सर्वेप्रमाणंहियथातथातच्छास्त्रमुत्तमम् ४३ भविष्यतिप्रमाणंवैएत
न्मदनुशासनम् ॥ तस्मात्प्रवक्ष्यतेधर्मान्मनुःस्वायंभुवःस्वयम् ४४ उशनाबृहस्पतिश्चैवयदोत्पन्नौभविष्यतः॥ तदाप्रवक्ष्यतःशास्त्रंयुष्मन्मतिभिरुद्धृतम्४५स्वायं
भुवेषुधर्मेषुशास्त्रेचौशनसेकृते॥ बृहस्पतिमतेचैवलोकेषुप्रतिचारिते ४६ युष्मत्कृतमिदंशास्त्रंप्रजापालोवसुस्ततः ॥ बृहस्पतिसकाशाद्वैप्राप्स्यतेद्विजसत्तमाः४७

तिरेव महत्कर्तृकत्वादिदंशास्त्रमुपादेयमितिपांचरात्रागमस्मृतेः स्तुतिरध्यायशेषेण स्पष्टार्थश्चाध्यायः ३० । ३१ । ३२ । ३३ । ३४ । ३५ । ३६ । ३७ । ३८ । ३९ । ४० । ४१ । ४२ । ४३
४४ । ४५ । ४६ । ४७

४८ । ४९ । ५० । ५१ । ५२ । ५३ । ५४ । ५५ ॥ इतिशांतिपर्वणिमोक्षधर्मपर्वणिनीलकंठीयेभारतभावदीपे पंचत्रिंशदधिकत्रिशततमोऽध्यायः ॥ ३३५ ॥ ततोऽतीतेमहाकल्पेइत्यध्यायःपरमेश्वरदर्शन

सहिसद्भावितोराजामद्भक्तश्चभविष्यति ॥ तेनशास्त्रेणलोकेषुक्रियाःसर्वाःकरिष्यति ४८एतद्धियुष्मच्छास्त्राणांशास्त्रमुत्तमसंज्ञितम् ॥एतदर्थ्यंचधर्म्यंचरहस्यंचै

॥ २४२ ॥ तदुत्तमम् ४९ अस्यप्रवर्त्तनाचैवप्रजानंतोभविष्यथ ॥ सचराजश्रियायुक्तोभविष्यतिमहान्वसुः ५० संस्थितेतुनृपेतस्मिन्शास्त्रमेतत्सनातनम् ॥ अंतर्धास्यति अ०

तत्सर्वमेतद्वःकथितंमया ५१ एतावदुक्त्वावचनमदृश्यःपुरुषोत्तमः ॥ विसृज्यतानृषीन्सर्वान्कामपिप्रसृतोदिशम् ५२ ततस्तेलोकपितरःसर्वलोकार्थचिंतकाः ॥ ॥ ३३६ ॥

प्रावर्त्तयंततच्छास्त्रंधर्मयोनिंसनातनम् ५३ उत्पन्नेऽङ्गिरसेचैवयुगेप्रथमकल्पिते ॥ सांगोपनिषदंशास्त्रंस्थापयित्वाबृहस्पतौ ५४ जग्मुर्यथेप्सितंदेशंतपसेकृतनि

श्चयाः ॥ धारणाःसर्वलोकानांसर्वधर्मप्रवर्त्तकाः ५५ ॥ इतिश्रीमहाभारतेशांतिपर्वणिमोक्षधर्मपर्वणिनारायणीयेपंचत्रिंशदधिकत्रिशततमोऽध्यायः ॥३३५॥

॥ भीष्मउवाच ॥ ततोऽतीतेमहाकल्पेउत्पन्नेंगिरसःसुते ॥ बभूवुर्निर्वृतादेवाजातेदेवपुरोहिते १ बृहद्ब्रह्ममहच्चेतिशब्दाःपर्यायवाचकाः ॥ एभिःसमन्वितोराज

न्गुणैर्विद्वान्बृहस्पतिः २ तस्यशिष्योबभूवाग्र्योराजोपरिचरोवसुः ॥ अधीतवांस्तदाशास्त्रंसम्यक्चित्रशिखंडिजम् ३ सराजाभावितःपूर्वंदैवेनविधिनावसुः ॥

पालयामासपृथिवींदिवमाखंडलोयथा ४ तस्ययज्ञोमहानासीदश्वमेधोमहात्मनः ॥ बृहस्पतिरुपाध्यायस्तत्रहोताबभूवह ५ प्रजापतिसुताश्चात्रसदस्याश्चाभवं

स्त्रयः ॥ एकतश्चद्वितश्चैवत्रितश्चैवमहर्षयः ६ धनुषाख्योऽथरैभ्यश्चअर्वावसुपरावसू ॥ ऋषिर्मेधातिथिश्चैवतांड्यश्चैवमहानृषिः ७ ऋषिःशांतिर्महाभागस्तथा

वेदशिराश्चयः ॥ ऋषिश्रेष्ठश्चकपिलःशालिहोत्रपितास्मृतः ८ आद्यःकठस्तैत्तिरिश्चवैशंपायनपूर्वजः ॥ कण्वोऽथदेवहोत्रश्चएतेषोडशकीर्त्तिताः ९ संभूताःसर्व

संभारास्तस्मिन्राजन्महाक्रतौ ॥ नतत्रपशुघातोऽभूत्सराजैवंस्थितोऽभवत् १० अहिंस्रःशुचिरक्षुद्रोनिराशीःकर्मसंस्तुतः ॥ आरण्यकपदोद्भूताभागास्तत्रोप

कल्पिताः ११ प्रीतस्ततोऽस्यभगवान्देवदेवःपुरातनः ॥ साक्षात्तंदर्शयामाससोऽदृश्योऽन्येनकेनचित् १२ स्वयंभागमुपाघ्रायपुरोडाशंगृहीतवान् ॥ अदृश्ये

नहृतोभागोदेवेनहरिमेधसा १३ बृहस्पतिस्ततःक्रुद्धःस्रुचमुद्यम्यवेगितः ॥ आकाशंघ्नन्स्रुचःपातैरोषादश्रूण्यवर्तयत् १४ उवाचचोपरिचरंमयाभागोयमुद्यतः ॥

ग्राह्यःस्वयंहिदेवेनमत्प्रत्यक्षंनसंशयः १५ ॥ युधिष्ठिरउवाच ॥ उद्यतायज्ञभागाहिसाक्षात्प्राप्ताःसुरैरिह ॥ किमर्थमिहनप्राप्तोदर्शनंसहरिर्विभुः १६ ॥ भी

ष्मउवाच ॥ ततःसतंसमुद्धूतंभूमिपालोमहान्वसुः ॥ प्रसादयामासमुनिंसदस्यास्तेचसर्वशः १७ ऊचुश्चैनमसंभ्रांतानरोषंकर्तुमर्हसि ॥ नैषधर्मःकृतयुगेयस्त्वं

रोषमचीकृथाः १८ अरोषणोह्यसौदेवोयस्यभागोऽयमुद्यतः ॥ नशक्यःसत्वयाद्रष्टुमस्माभिर्वाबृहस्पते १९ यस्यप्रसादंकुरुतेसवैतंद्रष्टुमर्हति ॥ एकतद्वितात्रि

ताश्चोचुस्ततश्चित्रशिखंडिनः २० ॥ २४२ ॥

स्यदौर्लभ्यंतद्भक्तदर्शनाद्यतद्दर्शनसिद्धिरित्येतत्प्रतिपादयति स्पष्टार्थश्च १ । २ । ३ । ४ । ५ । ६ । ७ । ८ । ९ । १० । ११ । १२ । १३ । १४ । १५ । १६ । १७ । १८ । १९ । २०

२१ । २२ । २३ । २४ । २५ । २६ । २७ । २८ । २९ । ३० । ३१ । ३२ । ३३ । ३४ । ३५ । ३६ । ३७ । ३८ । ३९ । ४० । ४१ । ४२ । ४३ । ४४ । ४५ । ४६ । ४७ । ४८ । ४९ । ५० । ५१

वयंहिब्रह्मणःपुत्रामानसाःपरिकीर्तिताः ॥ गतानिःश्रेयसार्थंहिकदाचिद्दिशमुत्तरम् २१ तप्त्वावर्षसहस्राणिचरित्वातपउत्तमाम् ॥ एकपादाःस्थिताःसम्यक्काष्ठभू
ताःसमाहिताः २२ मेरोरुत्तरभागेतुक्षीरोदस्यानुकूलतः ॥ सदेशोयत्रनस्तप्तंतपःपरमदारुणम् २३ कथंपश्येमहिवयंदेवंनारायणात्मकम् ॥ वरेण्यंवरदंतंवैदेव
देवंसनातनम् २४ कथंपश्येमहिवयंदेवंनरायणंत्विति ॥ अथव्रतस्यावभृथेवाग्उवाचाशरीरिणी २५ स्निग्धगंभीरयावाचाप्रहर्षणकरीविभो ॥ सुतप्तंवस्तपोवि
प्राःप्रसन्नेनांतरात्मना २६ यूयंजिज्ञासवोभक्ताःकथंद्रक्ष्यथतंविभुम् ॥ क्षीरोदधेरुत्तरतःश्वेतद्वीपोमहाप्रभः २७ तत्रनरायणपरामानवाश्चंद्रवर्चसः ॥ एकां
तभावोपगतास्तेभक्ताःपुरुषोत्तमम् २८ तेसहस्रार्चिषंदेवंप्रविशंतिसनातनम् ॥ अनिंद्रियानिराहाराअनिष्पंदाःसुगंधिनः २९ एकांतिनस्तेपुरुषाःश्वेतद्वी
पनिवासिनः ॥ गच्छध्वंतत्रमुनयस्तत्रात्मामेप्रकाशितः ३० अथश्रुत्वावयंसर्वेवाचंतामशरीरिणीम् ॥ यथाख्यातेनमार्गेणतंदेशंप्रतिपेदिरे ३१ प्राप्यश्वेतंमहाद्वी
पंतच्चित्तास्तद्दिदृक्षवः ॥ ततोऽस्मद्दृष्टिविषयस्तदाप्रतिहतोऽभवत् ३२ नचपश्यामपुरुषंतत्तेजोहृतदर्शनाः ॥ ततोनःप्रादुरभवद्विज्ञानंदेवयोगजम् ३३ नकि
लातप्ततपसाशक्यतेद्रष्टुमजसा ॥ ततःपुनर्वर्षशतंतप्त्वातात्कालिकंमहत् ३४ व्रतावसानेचशुभान्नरान्ददृशिरेवयम् ॥ श्वेतांश्चंद्रप्रतीकाशान्सर्वलक्षणलक्षितान्
३५ नित्यांजलिकृतान्ब्रह्मजपतःप्रागुदङ्मुखान् ॥ मानसोनामसजपोजप्यतेतैर्महात्मभिः ३६ तेनैकाग्रमनस्त्वेनप्रीतोभवतिवैहरिः ॥ याऽभवन्मुनिशार्दूल
भाःसूर्यस्ययुगक्षये ३७ एकैकस्यप्रभाताद्दृक्साऽभवन्मानवस्यह ॥ तेजोनिवासःसद्वीपइतिवैमेनिरेवयम् ३८ नतत्राभ्यधिकःकश्चित्सर्वेतेसमतेजसः ॥ अथसूर्य
सहस्रस्यप्रभांयुगपदुत्थिताम् ३९ सहसाद्दृष्टवंतःस्मपुनरेवबृहस्पते ॥ सहिताश्चाभ्यधावंतततस्तेमानवाद्रुतम् ४० कृतांजलिपुटाहृष्टानमइत्येववादिनः ॥ ततो
हिवदतांतेषामश्रौष्मविपुलंध्वनिम् ४१ बलिःकिलोपह्रियतेतस्यदेवस्यतैर्नरैः ॥ वयंतुतेजसातस्यसहसाहृतचेतसः ४२ नकिंचिदपिपश्यामोहतचक्षुर्बलेंद्रियाः ॥
एकस्तुशब्दोविततःश्रुतोऽस्माभिरुदीरितः ४३ जितंतेपुंडरीकाक्षनमस्तेविश्वभावन ॥ नमस्तेस्तुऽस्तुहृषीकेशमहापुरुषपूर्वज ४४ इतिशब्दःश्रुतोऽस्माभिःशि
क्षाक्षरसमन्वितः ॥ एतस्मिन्नंतरेवायुःसर्वगंधवहःशुचिः ४५ दिव्यान्युवाहपुष्पाणिकर्मण्याश्चौषधीस्तथा ॥ तैरिष्टःपंचकालज्ञैर्हरिरेकांतिभिर्नरैः ४६ भक्त्याप
रमयायुक्तैर्मनोवाक्कर्मभिस्तदा ॥ नूनंतत्रागतोदेवोयथातैर्वागुदीरिता ४७ वयंत्वेनंनपश्यामोमोहितास्तस्यमायया ॥ मारुतेसन्निवृत्तेचबलौचप्रतिपादिते ४८
८२ चिंताव्याकुलितात्मानोजाताःस्मोंगिरसांवर ॥ मानवानांसहस्रेषुतेषुवैशुद्धयोनिषु ४९ अस्मान्नकश्चिन्मनसाचक्षुषावाप्यपूजयत् ॥ तेऽपिस्वस्थामुनिगणाए
कभावमनुव्रताः ५० नास्मासुदधिरेभावंब्रह्मभावमनुष्ठिताः ॥ ततोऽस्मान्सुपरिश्रांतांस्तपसाचातिकर्शितान् ५१

५२ । ५३ । ५४ । ५५ । ५६ । ५७ । ५८ । ५९ । ६० । ६१ । ६२ । ६३ । ६४ । ६५ ॥ इति शांतिपर्वणि मोक्षधर्मपर्वणि नीलकंठीये भारतभावदीपे षट्त्रिंशदधिकत्रिशततमोऽध्यायः ॥ ३३६ ॥ ॥ यदाभागवतोत्यर्थमित्यादिरध्यायोवैष्णवानांहिंस्रयज्ञवर्जनार्थः १ । २ । ३ अजसंज्ञानिबीजानितस्मादेषपतेषांपशूनांमधुक्तमोयदजस्तेजमालभंतसोऽजावालभ्यावुदक्रामत्सइमांप्राविशत्स्मादियंमेध्याऽभवत्तमस्यामन्ववायन्सोऽनुगतोव्रीहिरभवदितिबह्वृचब्राह्मणं सर्वेषांपशूनां सयज्ञोमेध्यताख्यः इमांपृथिवींप्रविष्टः अन्ववायन्अन्वेषितवंतः इयंश्रुतिःपुरोडाशस्तुतिमात्रपरानतुपशूनाममेध्यत्वप्रतिपादनपरा नहिनिंदानिंद्यंनिंदितुंप्रवर्ततेऽपितुविधेयंस्तोतुमितिन्यायात् इतिभोगलोलुपानांदेवानांमतं । वीतरागाणामृषीणांतुमानांतराविसंवादादहिंसाशास्त्रानुग्रहाच्चाऽवांतरतात्पर्येणप्रतीयमानोऽर्थोयथाभूतए

उवाचखस्थंकिमपिभूतंतत्राशरीरकम् ॥ देवउवाच ॥ दृष्टावःपुरुषाःश्वेताःसर्वेन्द्रियविवर्जिताः ५२ दृष्टोभवतिदेवेशएभिर्दृष्टैर्द्विजोत्तमैः ॥ गच्छध्वंमुनयःसर्वेयथागतमितोऽचिरात् ५३ नसशक्यस्त्वभक्तेनद्रष्टुंदेवःकथंचन ॥ कामंकालेनमहताएकांतित्वमुपागतैः ५४ शक्योद्रष्टुंसभगवान्प्रभामंडलदुर्दृशः ॥ महत्कार्यंचकर्तव्यंयुष्माभिर्द्विजसत्तमाः ५५ इतःकृतयुगेऽतीतेविपर्यासंगतेऽपिच ॥ वैवस्वतेंतरेविप्राःप्राप्तेत्रेतायुगेपुनः ५६ सुराणांकार्यसिद्ध्यर्थंसहायावैभविष्यथ ॥ ततस्तदद्भुतंवाक्यंनिशम्यैवामृतोपमम् ५७ तस्यप्रसादात्प्राप्ताःस्मोदेशमीप्सितमंजसा ॥ एवंसुतपसाचैवहव्यकव्यैस्तथैवच ५८ देवोऽस्माभिर्नदृष्टःसकथंत्वंद्रष्टुमर्हसि ॥ नारायणोमहद्भूतंविश्वसृग्घव्यकव्यभुक् ५९ अनादिनिधनोऽव्यक्तोदेवदानवपूजितः ॥ एवमेकतवाक्येनद्वितत्रितमतेनच ६० अनुनीतःसदस्यैश्चबृहस्पतिरुदारधीः ॥ समापयत्ततोयज्ञंदैवतंसमपूजयत् ६१ समाप्तयज्ञोराजाऽपिप्रजांपालितवान्वसुः ॥ ब्रह्मशापाद्दिवोभ्रष्टःप्रविवेशमहींततः ६२ सराजाराजशार्दूलसत्यधर्मपरायणः ॥ अंतर्भूमिगतश्चैवसततंधर्मवत्सलः ६३ नारायणपरोभूत्वानारायणजपंजपन् ॥ तस्यैवचप्रसादेनपुनरेवोत्थितस्तुसः ६४ महीतलाद्गतःस्थानंब्रह्मणःसमनंतरम् ॥ परांगतिमनुप्राप्तइतिनैष्ठिकमंजसा ६५ ॥ इति श्रीमहाभारतेशां०मोक्षधर्मपर्वणिनारायणीयेषट्त्रिंशदधिकत्रिशततमोऽध्यायः ॥ ३३६ ॥ ॥ युधिष्ठिरउवाच ॥ यदाभागवतोत्यर्थमासीद्राजामहान्वसुः ॥ किमर्थंसपरिभ्रष्टोविवेशविवरंभुवः १ ॥ भीष्मउवाच ॥ अत्राप्युदाहरंतीममितिहासंपुरातनम् ॥ ऋषीणांचैवसंवादंत्रिदशानांचभारत २ अजेनयष्टव्यमितिप्राहुर्देवाद्विजोत्तमान् ॥ सचच्छागोप्यजोज्ञेयोनान्यःपशुरितिस्थितिः ३ ॥ ऋषयऊचुः ॥ बीजैर्यज्ञेषुयष्टव्यमितिवैवैदिकीश्रुतिः ॥ अजसंज्ञानिबीजानिच्छागंनोहंतुमर्हथ ४ नैषधर्मःसतांदेवायत्रवध्येतवैपशुः ॥ इदंकृतयुगंश्रेष्ठंकथंवध्येतवैपशुः ५ ॥ भीष्मउवाच ॥ तेषांसंवदतामेवमृषीणांविबुधैःसह ॥ मार्गागतोनृपश्रेष्ठस्तंदेशंप्राप्तवान्वसुः ६

वनतुसस्वार्थेअप्रमाणं यथाऽऽहुःसंप्रदायविदः । 'विरोधेगुणवादःस्यादनुवादोऽवधारिते । भूतार्थवादस्तद्धानादर्थवादस्त्रिधामतः'इति तत्रयजमानःप्रस्तरइत्यादिःप्रस्तरयजमानयोरभेदस्यप्रत्यक्षविरोधात्प्रस्तरस्तुत्यर्थगुणवादोऽयं अग्निर्हिमस्यभेषजमितिलोकावगतार्थत्वादनुवादः मेधातिथिंहकाण्वायनंमेषोभूत्वेंद्रोजहारेत्यादिर्विरोधानुवादयोरभावात्भूतार्थवादइतिवृद्धश्लोकार्थः नचात्रापिक्रत्वर्थेनालंभाविधिनापुरुषार्थनिषेधस्यविरोधोऽस्ति अतोऽर्थवादोऽप्ययंस्वार्थेऽवांतरतात्पर्यविषयादेवताधिकरणन्यायेनप्रामाण्यमश्नुवीत अन्यथाभारतरामायणादीनामपिस्वार्थेप्रामाण्यंविहन्येतेति तस्मादजस्थस्यमेधस्यबीजेषुसंक्रमाद्बीजान्येवाजसंज्ञानीतियुक्तं ४ । ५ । ६

७ । ८ । ९ । १० । ११ । १२ । १३ । १४ । १५ । १६ । १७ । १८ । १९ । २० । २१ । २२ । २३ अत्रराज्ञःशापहेतुत्वाद्धिंसायज्ञोऽधर्मोऽपिवसोर्धाराभागप्रापकदेवानुग्रहत्वात्किंचित्फलम

अन्तारिक्षचरःश्रीमान्समग्रबलवाहनः॥ तंदृष्ट्वासहसाऽऽयांतंवसुंतेत्वंतरिक्षगम् ७ ऊचुर्द्विजातयोदेवानेषच्छेत्स्यतिसंशयम् ॥ यज्वादानपतिःश्रेष्ठःसर्वभूतहित
प्रियः ८ कथंस्विदन्यथाब्रूयादेषवाक्यंमहान्वसुः॥ एवंतेसंविदंकृत्वाविबुधाऋषयस्तथा ९ अपृच्छन्सहिताभ्येत्यवसुंराजानमंतिकात् ॥ भोराजन्केनयष्टव्यमजे
नाहोस्विदौषधैः१०एतन्नःसंशयंछिंधिप्रमाणंनोभवान्मतः॥ सतान्कृतांजलिर्भूत्वापरिपप्रच्छवैवसुः ११ कस्यवैकोमतःकामोब्रूतसत्यंद्विजोत्तमाः॥ऋषयऊचुः॥
धान्यैर्यष्टव्यमित्येवपक्षोऽस्माकंनराधिप १२ देवानांतुपशुःपक्षोमतोराजन्वदस्वनः ॥ भीष्मउवाच ॥ देवानांतुमतंज्ञात्वावसुनापक्षसंश्रयात् १३ छागेनाजे
नयष्टव्यमेवमुक्तंवचस्तदा ॥ कुपितास्तेततःसर्वेमुनयःसूर्यवर्चसः १४ ऊचुर्वसुंविमानस्थंदेवपक्षार्थवादिनम् ॥ सुरपक्षोगृहीतस्तेयस्मात्तस्माद्दिवःपत १५ अद्य
प्रभृतितेराजन्नाकाशेविहतागतिः ॥ अस्मच्छापाभिघातेनमहींभित्त्वाप्रवेक्ष्यसि १६ ततस्तस्मिन्मुहूर्तेऽथराजोपरिचरस्तदा ॥ अधोवैसंबभूवाशुभूमेर्विवरगो
नृप १७ स्मृतिस्त्वेवंनहिजहौतदानारायणाज्ञया ॥ देवास्तुसहिताःसर्वेवसोःशापविमोक्षणम् १८ चिंतयामासुरव्यग्राःसुकृतंहिनृपस्यतत् ॥ अनेनास्मत्कृते
राज्ञाशापःप्राप्तोमहात्मना १९ अस्यप्रतिप्रियंकार्यंसहितैर्नोदिवौकसः॥इतिबुद्ध्याव्यवस्याशुगत्वानिश्चयमीश्वराः २०ऊचुःसंहृष्टमनसोराजोपरिचरंतदा ॥
ब्रह्मण्यदेवभक्तस्त्वंसुरासुरगुरुर्हरिः२१कामंसतवतुष्टात्माकुर्याच्छापविमोक्षणम् ॥ माननातुद्विजातीनांकर्तव्यावैमहात्मनाम् २२ अवश्यंतपसातेषांफलितव्यं
नृपोत्तम ॥ यतस्त्वंसहसाभ्रष्टआकाशान्मेदिनीतलम् २३ एकंत्वनुग्रहंतुभ्यंदद्मोवैनृपसत्तम ॥ यावत्त्वंशापदोषेणकालमासिष्यसेऽनघ २४ भूमेर्विवरगोभूत्वाता
वत्त्वंकालमाप्स्यसि ॥ यज्ञेषुसुहुतांविप्रैर्वसोर्धारांसमाहितैः २५ प्राप्स्यसेऽस्मदनुध्यानान्माचत्वांग्लानिरस्पृशत् ॥ नक्षुत्पिपासेराजेंद्रभूमेश्छिद्रेभविष्यतः२६व
सोर्धाराभिपीतत्वात्तेजसाप्यायितेनच॥सदेवोस्मद्वरात्प्रीतोब्रह्मलोकंहिनेष्यति२७एवंदत्त्वावरंराज्ञेसर्वेतेवदिवौकसः ॥ गताःस्वभवनंदेवाऋषयश्चतपोधनाः
२८चक्रेवसुस्ततःपूजांविष्वक्सेनायभारत॥जप्यंजगौचसततंनारायणमुखोद्गतम्२९तत्रापिपंचभिर्यज्ञैःपंचकालानरिंदम॥ अजयद्धरिंसुरपतिंभूमेर्विवरगोऽपि
सन् ३० ततोऽस्यतुष्टोभगवान्भक्त्यानारायणोहरिः ॥ अनन्यभक्तस्यसतस्तत्परस्याजितात्मनः ३१ वरदोभगवान्विष्णुःसमीपस्थंद्विजोत्तमम्॥गरुत्मंतंमहावे
गमाबभाषेप्सितंतदा ३२ द्विजोत्तममहाभागपश्यतांवचनान्मम ॥ सम्राड्राजावसुर्नामधर्मात्मासंशितव्रतः ३३ ब्राह्मणानांप्रकोपेनप्रविष्टोवसुधातलम् ॥ मानि
तास्तेतुविप्रेंद्रास्त्वंतुगच्छद्विजोत्तम ३४ भूमेर्विवरसंगुप्तंगरुडेहममाज्ञया ॥ अधश्चरंनृपश्रेष्ठंखेचरंकुरुमाचिरम् ३५ गरुत्मानथविक्षिप्यपक्षौमारुतवेगवान् ॥
विवेशविवरंभूमेर्यत्रास्तेपार्थिवोवसुः ३६

पिजनयतीत्यत्रैवसूचितं वसोर्धारेत्यलुक्समासः २४ । २५ । २६ । २७ । २८ । २९ । ३० । ३१ । ३२ । ३३ । ३४ । ३५ । ३६

३७ । ३८ । ३९ अध्यायतात्पर्यमाह केवलमिति ४० । ४१ ॥ इति शांति०मोक्ष०नील०भारतभावदीपे सप्तत्रिंशदधिकत्रिशततमोऽध्यायः ॥ ३३७ ॥ ॥ प्राप्येति १ । २ । ३ देवैरिंद्रियैर्दीव्यतीतिजीवोदेवदेवस्तस्येशोऽन्तर्यामी १ निष्क्रियःव्यापकत्वात् २ निर्गुणःअसंगत्वात् ३ लोकसाक्षीउदासीनबोधरूपत्वात् ४ क्षेत्रज्ञः देहद्वयप्रकाशकोजीवः ५ पुरुषोत्तमःशरीरजीवेशेभ्योज्यायान् ६ अतएवानंतोदेशतःकालतोवस्तुतश्चपरिच्छेदशून्यः ७ पुराणिव्यष्टिस्थूलसूक्ष्मकारणशरीराणिओपतिदहतीतिपुरुषःअतएवानंतइत्युक्तं ८ महापुरुषसमष्टिस्थूलादिदाहकत्वात् ९ अतएवपुरुषं स्वन्नमयादिषूत्तमःसत्यज्ञानानंतानंदरूपः १० त्रिगुणेत्यादिनामायिकंरूपंस्तौति सत्वरजस्तमोरूप ११ प्रधानतत्संघातरूप १२ अमृतंसुधा १३ अमृतादेवास्तदाख्य १४ अनंताख्यशेषशर्मन् १५ व्योमअव्याकृताख्य १६ सनातनोऽनादिः १७ सदसतोःकार्यकारणयोःरूपेणव्यक्तोऽव्यक्तश्चग्राह्योऽग्राह्यश्चेत्यर्थः १८ ऋतंसत्यमविकारंधामप्रकाशोयस्य १९ आदिदेवोनारायणः २० वसुप्रदःकर्मफल

ततएनंसमुत्क्षिप्यसहसाविनतासुतः ॥ उत्पपातनभस्तूर्णंतत्रचैनममुंचत ३७ अस्मिन्मुहूर्तेसंजज्ञेराजोपरिचरःपुनः ॥ सशरीरोगतश्चैवब्रह्मलोकंनृपोत्तमः ३८ एवंतेनापिकौन्तेयवाग्दोषाद्देवताज्ञया ॥ प्राप्तागतिरधस्तात्तुद्विजशापान्महात्मना ३९ केवलंपुरुषस्तेनसेवितोहरिरीश्वरः ॥ ततःशीघ्रंजहौशापंब्रह्मलोकमवाप च ४० ॥ भीष्मउवाच ॥ एतत्तेसर्वमाख्यातंसंभूतामानवायथा ॥ नारदोऽपियथाश्वेतंद्वीपंसगतवानृषिः ॥ तत्तेसर्वंप्रवक्ष्यामिशृणुष्वैकमनानृप ४१ ॥ इति श्रीमहाभारतेशांतिपर्वणि मोक्षधर्मपर्वणि नारायणीयेसप्तत्रिंशदधिकत्रिशततमोऽध्यायः ॥ ३३७ ॥ ॥ भीष्मउवाच ॥ प्राप्यश्वेतंमहाद्वीपंनारदोभगवानृषिः ॥ ददर्शतानेवनरान्श्वेतांश्चंद्रसमप्रभान् १ पूजयामासशिरसामनसातैश्चपूजितः ॥ दिदृक्षुर्जप्यपरमःसर्वकृच्छ्रगतःस्थितः २ भूत्वैकाग्रमनाविप्रऊर्ध्वबाहुःसमाहितः ॥ स्तोत्रंजगौसविश्वायनिर्गुणायगुणात्मने ३ ॥ नारदउवाच ॥ नमस्तेदेवदेवेश १ निष्क्रिय २ निर्गुण ३ लोकसाक्षिन् ४ क्षेत्रज्ञ ५ पुरुषोत्तमा ६ नंत ७ पुरुष ८ महापुरुष ९ पुरुषोत्तम १० त्रिगुण ११ प्रधाना १२ मृता १३ मृताख्या १४ नंताख्य १५ व्योम १६ सनातन १७ सदसद्व्यक्ताव्यक्त १८ ऋतधाम १९ आदिदेव २० वसुप्रद २१ प्रजापते २२ सुप्रजापते २३ वनस्पते २४ महाप्रजापते २५ ऊर्जस्पते २६ वाचस्पते २७ जगत्पते २८ मनस्पते २९ दिवस्पते ३० मरुत्पते ३१ सलिलपते ३२ पृथिवीपते ३३ दिक्पते ३४ पूर्वनिवास ३५ गुह्य ३६ ब्रह्मपुरोहित ३७ ब्रह्मकायिक ३८ महाराजिक ३९ चातुर्महाराजिका ४० भासुर ४१ महाभासुर ४२ सप्तमभाग ४३ याम्य ४४ महायाम्य ४५ संज्ञासंज्ञ ४६ तुषित ४७ महातुषित ४८ प्रमर्दन ४९

दाता २१ प्रजापतिर्दक्षादिः २२ सुप्रजापतिःसनकादिः मोक्षगुरुत्वात् २३ वनस्पतिःअश्वत्थादिः २४ महाप्रजापतिःचतुर्मुखः २५ ऊर्जस्पतेऊर्जःब्रह्मादयोजीवरूपाःपशवस्तेषांपते अलुक्समासः एकत्वंजात्यभिप्रायं २६ वाचस्पतिःवाचःप्रवर्तकोदेवाचार्योवा २७ जगत्पतिरिंद्रः २८ मनस्पतिःसूत्रात्मा २९ दिवस्पतिःसूर्यः ३० मरुत्पतिःप्राणवायुः ३१ सलिलपतिर्वरुणः ३२ पृथिवीपतिःराजा ३३ दिक्पतिरिंद्राग्न्यादिः ३४ पूर्वनिवासमहाप्रलयेजगदाधार ३५ गुह्यअप्रकाश्य ३६ ब्रह्मपुरोहितब्रह्मणेवेदप्रद 'योब्रह्माणंविदधातिपूर्वंयोवैवेदांश्चप्रहिणोतितस्मै । तंहदेवमात्मबुद्धिप्रकाशंमुमुक्षुर्वैशरणमहंप्रपद्ये' इतिश्रुतेः ३७ ब्रह्मकायिकब्राह्मणशरीरसाध्ययज्ञाध्ययनादिरूप ३८ महाराजिकादयश्चत्वारोदेवानांगणविशेषाः ३९ । ४० । ४१ । ४२ सप्तभिर्गायत्र्यादिभिरर्पणीयाःसप्तैवमहांतोयज्ञभागायस्यससप्तमहाभागः ४३ याम्ययमगण ४४ महायाम्यचित्रगुप्तादिरूप ४५ संज्ञायमपत्नीतन्नामक ४६ तुषितमहातुषितौदेवगणविशेषौ ४७ । ४८ प्रमर्दनोमृत्युः ४९

परिनिर्मितंमृत्युसहायत्वेनकल्पितंकामरोगादि ५० अपरिनिर्मितंतदन्यत्शमारोग्यादि ५१ वशवर्तीकामादिग्रस्तः ५२ अपरिर्निदितःक्षमादिमत्त्वात् ५३ अपरिमितःसर्वजातीयेष्वपिरूपेषुअनंतः ५४ वशवर्तीशास्यः ५५अशवर्तीशास्ता ५६ यज्ञोऽग्निहोत्रादिः ५७ महायज्ञोब्रह्मयज्ञादिः ५८ यज्ञसंभवोऋत्विगादिः ५९ यज्ञयोनिर्वेदः ६० यज्ञगर्भोऽग्निः ६१ यज्ञहृदयंयज्ञांगोपासनारूपः ६२ ६३ ६४ ६५ पंचकालाअहोरात्रमासर्त्वयनसंवत्सराः पंचकर्तारः'अधिष्ठानंतथाकर्ताकरणंचपृथग्विधं ॥ विविधाचपृथक्चष्टादैवंचैवात्रपंचमं ॥ शरीरवाङ्मनोभिर्यत्कर्मप्रारभतेनरः ॥ न्याय्यंवाविपरीतंवापंचैते तस्यहेतवः'इतिगीतोक्तास्तेषांपते ६६ पंचरात्रागमगम्य ६७ वैकुंठअकुंठित विकुंठायाःपुत्रेतिवा ६८ ६९ मानसिकमनउपाधिक ७० नामनामिकनाम्निनाम्निविदित 'नामानिसर्वाणियमाविशंति' इतिश्रुतेः ७१ परोब्रह्मातस्यस्वामी ७२ सुस्नातसमाप्तवेदव्रत ७३ हंसस्त्रिदंडी ७४ परमहंसएकदंडी ७५ महाहंसोदंडादिहीनः ७६ ७७ ७८ ७९ अमृतंजीवः हिरण्यंहृदयं देवाइंद्रियाणि कुशंसमुद्रजलं ब्रह्मवेदः पद्मंब्रह्मांडमेतेषुशयनादमृतेशयादिषट्संज्ञकः ८० ८१ ८२ ८३ ८४ ८५ ८६ विष्वक्सर्वतोगमनशीलाभक्तपालनार्थंसेनायस्य ८७ जगतिसत्ता

परिनिर्मिता ५० परिनिर्मत ५१ वशवर्त्ति ५२ अपरिनिंदिता ५३ परिमित ५४ वशवर्ति ५५ अवशवर्त्तिन् ५६ यज्ञ ५७ महायज्ञ ५८ यज्ञसंभव ५९ यज्ञयोने ६० यज्ञगर्भ ६१ यज्ञहृदय ६२ यज्ञस्तुत ६३ यज्ञभागहर ६४ पंचयज्ञ ६५ पंचकालकर्तृपते ६६ पांचरात्रिक ६७ वैकुंठ ६८ अपराजित ६९ मानसिक ७० नामनामिक ७१ परस्वामिन् ७२ सुस्नात ७३ हंस ७४ परमहंस ७५ महाहंस ७६ परमयाज्ञिक ७७ सांख्ययोग ७८ सांख्यमूर्त्ते ७९ ऽमृतेशय ८० हिरण्येशय ८१ देवेशय ८२ कुशेशय ८३ ब्रह्मेशय ८४ पद्मेशय ८५ विश्वेश्वर ८६ विष्वक्सेन ८७ त्वंजगदन्वय ८८ त्वंजगत्प्रकृति ८९ स्तवाग्निरास्यं ९० वडवामुखोग्नि ९१ त्वमाहुतिः ९२ सारथि ९३ त्वंवषट्कार ९४ त्वमोंकार ९५ त्वंतप ९६ त्वंमन ९७ त्वंचंद्रमा ९८ त्वंचक्षुराज्यं ९९ त्वंसूर्य १०० त्वंदिशांगज १ त्वंदिग्भानो २ विदिग्भानो ३ हयशिरः ४ प्रथमत्रिसौपर्णो ५ वर्णधरः६ पंचाग्ने ७ त्रिणाचिकेत ८ षडंगनिधान ९ प्राग्ज्योतिष ११० ज्येष्ठसामग ११ सामिकव्रतधरा १२ थर्वशिराः १३ पंचमहाकल्प १४ फेनपाचार्य १५ वालखिल्य १६ वैखानसा १७ भग्नयोगा १८ भग्नपरिसंख्यान १९ युगादे १२० युगमध्य २१ युगनिधना २२ खंडल २३ प्राचनिगर्भ २४

रूपेणान्वयोयस्य ८८ ८९ ९० वडवामुखजोऽग्निस्त्वमेव ९१ ९२ सारथिरग्निश्चत्वं सारथिरस्यकेशीतिमंत्रवर्णात् अग्निर्वायुःसूर्यश्चकेशिनइतिस्मृतौसत्यामप्यत्राग्निरेवप्रकरणाद्ग्राह्यः ९३ ९४ ९५ ९६ ९७ ९८ चक्षुराज्यमवेक्षणेनसंस्कृतंयज्ञियंसर्पिः ९९ १०० १०१ भानुर्भासकः २ विदिक्कादिक्कोणः ३ ४ ब्रह्ममेतुमामित्यादीनित्रीणिसुपर्णानितैत्तिरीयोपनिषदिपठ्यंते तत्रप्रथमंसवितृदैवत्यंत्वंजगत्कर्तेत्यर्थः चतुष्कपर्दायुवतिःसुपेशाइत्यादिऋग्वेदमंत्रत्रयंवाप्रथमत्रिसुपर्णं ५ वर्णाःब्राह्मणादयस्तेषांधारकः ६ पंचगार्हपत्यदक्षिणाहवनीयसभ्यावसथ्याख्याग्निरूप ७ त्रिणाचिकेतनाचिकेताख्योऽग्निःत्रिवारंचितोयेनसत्रिणाचिकेतसंज्ञ ८ षडंगानिशिक्षादीनिनिधीयंतेऽस्मिन्नितिसांगवेदरूप ९ प्राग्ज्योतिषंज्येष्ठसामेतिचद्वेसामनीताभ्यांगेयजोतोवाहा यीतिसामप्राग्ज्योतिः मूर्द्धानंदिवइत्यस्यामृचिगीयमानंसामज्येष्ठसाम ११० ११ सामिकानांसामकानांव्रतंवेदव्रतंधारयतीतिसामिकव्रतधर १२ अथर्वशिरःसंज्ञाउपनिषत्तद्रूप १३ पंचमहाकल्पाःसौरशाक्तगाणेशशैववैष्णवागमास्तत्प्रविपाद्य १४ १५ १६ १७ १८ परिसंख्यानंविचारः १९ २० २१ युगनिधनंयुगांतः २२ आखंडलइंद्रः २३ प्राचीनगर्भकौशिकोमुनी २४

२५ पुरुबहु २६ २७ २८ २९ १३० भोगःशरीरं ३१ ३२ ३३ ३४ ३५ ३६ ३७ ३८ ३९ १४० ४१ ४२ ४३ ४४ ४५ ४६ ४७ सर्वच्छंदकसर्वमनोरथप्रद ४८
हरिःकपिःसएवरामावतारेहयोऽश्वोयस्य ४९ हरिमेधअश्वमेध ५० महायज्ञोयोगस्तत्रभागोहौम्यंद्रव्यंजीवस्तस्यहर्त्तः ५१ ५२ ५३ ५४ हरौमेधाबुद्धिर्यस्यहरिभक्त ५५ ५६ ५७ महानियमो
यमादीनामेवपराकाष्ठा ५८ ५९ ६० ६१ ६२ ६३ ६४ प्रवचनेअध्ययनेगतःस्थितोब्रह्मचारी ६५ ६६ ६७ ६८ ६९ ७० ७१ ७२ महतीवियदादिसृष्टिरूपाविभूतिरस्य ७२ माहात्म्ययुक्तंविराडाख्यंश
रीरमस्य ७४ पवित्राणिशुक्रियारण्यकादीनि महापवित्राणिपावमानीसूक्तादीनि हिरण्मयानिमंडलब्राह्मणादीनि बृहद्वेदाख्यंब्रह्मइतिजप्यचतुष्टयात्मकेत्यर्थः ७५ ७६ ७७ ७८ अप्रतर्क्यस्तर्कागम्यः ७९

कौशिक २५ पुरुष्टुत २६ पुरुहूत २७ विश्वकृ २८ द्विश्वरूपा २९ नंतगते १३० नंतभोगा ३१ नंता ३२ नादे ३३ ऽमध्य ३४ व्यक्तमध्या ३५ व्यक्त निधन ३६ व्रतावास ३७ समुद्राधिवास ३८ यशोवास ३९ तमोवास १४० दमावास ४१ लक्ष्म्यावास ४२ विद्यावास ४३ कीर्त्यावास ४४ श्रीवास ४५ सर्वा वास ४६ वासुदेव ४७ सर्वच्छंदक ४८ हरिहय ४९ हरिमेध १५० महायज्ञभागहर ५१ वरप्रद ५२ सुखप्रद ५३ धनप्रद ५४ हरिमेध ५५ यम ५६ नियम ५७ महानियम ५८ कृच्छ्रा ५९ तिकृच्छ्र १६० महाकृच्छ्र ६१ सर्वकृच्छ्र ६२ नियमधर ६३ निवृत्तभ्रम ६४ प्रवचनगत ६५ पृश्निगर्भप्रवृत्त ६६ प्रवृत्तवेदक्रिया ६७ ज ६८ सर्वगते ६९ सर्वदर्शि १७० न्नग्राह्या ७१ चल ७२ महाविभूते ७३ महात्म्यशरीर ७४ पवित्र ७५ महापवित्र ७६ हिर ण्यमय ७७ बृहद ७८ प्रतर्क्या ७९ विज्ञेय १८० ब्रह्माग्र्य ८१ प्रजासर्गकर ८२ प्रजानिधनकर ८३ महामायाधर ८४ चित्रशिखंडिन् ८५ वरप्रद ८६ पुरोडाशभागहर ८७ गताध्वर ८८ च्छिन्नतृष्ण ८९ च्छिन्नसंशय १९० सर्वतोवृत्त ९१ निवृत्तिरूप ९२ ब्राह्मणरूप ९३ ब्राह्मणप्रिय ९४ विश्वमूर्त्ते ९५ महामूर्त्ते ९६ बांधव ९७ भक्तवत्सल ९८ ब्रह्मण्यदेव ९९ भक्तोऽहंत्वांदिदृक्षुरेकांतदर्शनायनमोनमः ॥ इति श्रीम० शां० मो० अष्टत्रिंशदधिकत्रिशततमो ऽध्यायः॥ ३३८ ॥भीष्मउवाच॥एवंस्तुतःसभगवान्गुह्यैस्तथ्यैश्चनामभिः॥तंमुनिंदर्शयामासनारदंविश्वरूपधृक्१किंचिचंद्राद्विशुद्धात्माकिंचिचंद्राद्विशेषवान् ॥ कृशानुवर्णःकिंचिचकिंचिद्धिष्ण्याकृतिःप्रभुः २ शुकपत्रनिभःकिंचित्किंचित्स्फटिकसन्निभः॥ नीलांजनचयप्रख्योजातरूपप्रभःक्वचित् ३ प्रवालांकुरवर्ण श्चश्वेतवर्णस्तथाक्वचित्॥ क्वचित्सुवर्णवर्णाभोवैडूर्यसदृशःक्वचित्४नीलवैडूर्यसदृशइंद्रनीलनिभःक्वचित्॥ मयूरग्रीववर्णाभोमुक्ताहारनिभःक्वचित्५एतान्बहुवि धान्वर्णान्रूपैर्बिभ्रत्सनातनः॥सहस्रनयनःश्रीमाञ्छतशीर्षःसहस्रपात्६सहस्रोदरबाहुश्चअव्यक्तइतिचक्वचित्॥ओंकारमुद्गिरन्वक्रात्सावित्रींचतदन्वयाम् ७

अविज्ञेयोरूपादिहीनत्वात् ८० ब्रह्मणांकार्यकारणमहाकारणानांमध्येअग्र्यंश्रेष्ठंमहाकारणं ८१ ८२ । ८३ ८४ ८५ ८६ ८७ गताध्वरप्राप्तयज्ञ ८८ ८९ ९० सर्वतोवृत्तंवृत्तिर्वर्तनंयस्य ९१
९२ ९३ ९४ ९५ ९६ ९७ ९८ ९९ दिदृक्षुरस्मिएकमेवज्ञेयज्ञानज्ञातृविभागहीनवस्तुअभ्यतेगम्यतेयस्मिन्तत्निर्विकल्पकंदर्शनंतस्मैमोक्षायेत्यर्थः ॥ इति शांतिपर्वणिमोक्षधर्मपर्वणि नीलकंठीये
भारतभावदीपे अष्टत्रिंशदधिकत्रिशततमोऽध्यायः ॥ ३३८ ॥ एवमिति विश्वानिसर्वाणिरूपाणिधारयतीतिविश्वरूपधृक् १ एतदेवस्पष्टयति किंचिदित्यादिना २ । ३ जातरूपस्वर्णयोरवांतरवै
जात्यकृतोभेदोज्ञेयः ४ । ५ सहस्रनयनइत्यादिनाविश्वंवेदायज्ञाश्रममतनुरितिदर्शितं ६ । ७

८ । ९ । १० । ११ । १२ ददृशिरेददृशुः पदव्यत्ययआर्षः १३ । १४ । १५ । १६ । १७ । १८ । १९ । २० मांप्रवेक्ष्यंतीत्युक्तंतत्रप्रवेशार्हआत्मस्वरूपमाह नदृश्यइत्यादिना । नघ्रेयःचाद्रसनीय
त्वादिवर्जितः यतोगंधादिनाविवर्जितः २१ रूपाद्यभावमुक्त्वासत्वाद्यभावमाह सत्वमिति । कार्यकारणातीतमित्यर्थः २२ अस्योपाधिधर्मास्पर्शित्वमाह भूतेति । अजोनित्यइतिजन्मादिसर्वभाव
विकारनिषेधः शाश्वतइतिप्रकृतिवत्परिणामराहित्यं यतोनिर्गुणः चलंगुणवृत्तमितिन्यायेनसाम्यदशायामपिगुणानांपरिणामरूपत्वापरित्यागात् गुणाअपिगुणवंतोनभवंत्यनवस्थापातादतआह निष्कलइ

शेषेभ्यश्चैववक्त्रेभ्यश्चतुर्वेदान्गिरन्बहून् ॥ आरण्यकंजगौदेवोहरिर्नारायणोवशी ८वेदिंकमंडलुंशुभ्रान्मणीनुपानहौकुशान्॥अजिनंदंडकाष्ठंचज्वलितंचहुताश
नम् ९ धारयामासदेवेशोहस्तैर्यज्ञपतिस्तदा ॥ तंप्रसन्नंप्रसन्नात्मानारदोद्विजसत्तमः १० वाग्यतःप्रणतोभूत्वाववंदेपरमेश्वरम् ॥ तमुवाचनतंमूर्ध्नादेवानामादि
रव्ययः ११ ॥श्रीभगवानुवाच ॥ एकतश्चद्वितश्चैवत्रितश्चैवमहर्षयः ॥ इमंदेशमनुप्राप्ताममदर्शनलालसाः १२ नचमांतेददृशिरेनचद्रक्ष्यतिकश्चन ॥ ऋतेह्यै
कांतिकश्रेष्ठात्त्वंचैवैकांतिकोत्तम १३ ममैतास्तनवःश्रेष्ठाजाताधर्मगृहेद्विज ॥ तास्त्वंभजस्वसततंसाधयस्वयथागतम् १४ वृणीष्वचवरंविप्रमत्तस्त्वंयदिहेच्छ
सि ॥ प्रसन्नोऽहंतवाद्येहविश्वमूर्तिरिहाव्ययः १५ ॥ नारदउवाच ॥ अद्यमेतपसोदेवयमस्यनियमस्यच ॥ सद्यःफलमवाप्तंवैदृष्टोयद्भगवान्मया १६ वरएषम
मात्यंतंदृष्टस्त्वंयत्सनातनः ॥ भगवन्विश्वदृक्सिंहःसर्वमूर्तिर्महान्प्रभुः १७ ॥ भीष्मउवाच ॥ एवंसंदर्शयित्वातुनारदंपरमेष्ठिनम् ॥ उवाचवचनंभूयोगच्छना
रदमाचिरम् १८ इमेह्यनिंद्रियाहारामद्भक्ताश्चंद्रवर्चसः ॥ एकाग्राश्चिंतयेयुर्मांनैषांविघ्नोभवेदिति १९ सिद्धाह्येतेमहाभागाःपुराह्येकांतिनोऽभवन् ॥ तमोरजो
भिर्निर्मुक्तामांप्रवेक्ष्यंत्यसंशयम् २० नदृश्यश्चक्षुषायोऽसौनस्पृश्यःस्पर्शनेनच ॥ नघ्रेयश्चैवगंधेनरसेनचविवर्जितः २१ सत्वंरजस्तमश्चैवनगुणास्तंभजंतिवै ॥ यश्च
सर्वगतःसाक्षीलोकस्यात्मेतिकथ्यते २२भूतग्रामशरीरेषुनश्यत्सुनविनश्यति ॥ अजोनित्यःशाश्वतश्चनिर्गुणोनिष्कलस्तथा २३ द्विर्द्वादशेभ्यस्तत्त्वेभ्यःख्यातो
यःपंचविंशकः ॥ पुरुषोनिष्क्रियश्चैवज्ञानदृश्यश्चकथ्यते २४यंप्रविश्यभवंतीहमुक्तावैद्विजसत्तमाः ॥सवासुदेवोविज्ञेयःपरमात्मासनातनः २५पश्यदेवस्यमाहात्म्यं
महिमानंचनारद ॥ शुभाशुभैःकर्मभिर्योनलिप्यतिकदाचन २६ सत्वंरजस्तमश्चेतिगुणानेतान्प्रचक्षते ॥ यत्तेसर्वशरीरेषुतिष्ठंतिविचरंतिच २७एतान्गुणांस्तुक्षेत्र
ज्ञोभुंक्तेनैभिःसभुज्यते ॥ निर्गुणोगुणभुक्चैवगुणस्रष्टागुणाधिकः २८ जगत्प्रतिष्ठादेवर्षेपृथिव्यप्सुप्रलीयते ॥ जोतिष्यापःप्रलीयंतेज्योतिर्वायौप्रलीयते २९ खेवा
युःप्रलयंयातिमनस्याकाशमेवच ॥ मनोहिपरमंभूतंतदव्यक्तेप्रलीते ३० अव्यक्तंपुरुषेब्रह्मान्निष्क्रियेसंप्रलीयते ॥ नास्तितस्मात्परतरःपुरुषाद्वैसनातनात् ३१

ति । एकगुणशरीरेगुणांतरस्याप्युपसर्जनत्वेनप्रवेशसत्त्वान्नगुणानांनिष्कलत्वलक्षणंनिरवयवत्वमस्तीतिततोऽप्यन्यद्ब्रह्मेत्यर्थः २३ द्विर्द्वादशेभ्यश्चतुर्विंशतिभ्यः ज्ञानदृश्यःसूक्ष्मबुद्धिग्राह्यःदृश्यतेत्वग्र्ययाबुद्ध्येतिश्रुतेः
२४ प्रवेशार्हरूपमुपपाद्योपसंहरति यमिति । तंप्रविष्टोयःसनलिप्यतइत्यर्थः २५ । २६ । २७ गुणाधिकः गुणेभ्योऽतिरिक्तः २८ निर्गुणत्वंवक्तुमव्यक्तस्यकार्यस्यप्रलयमाह जगदित्यादिना २९ । ३०
अव्यक्तमिति । अव्यक्तस्यापिलयंवदतासांख्यमतमपास्तम् ३१

एतदेवव्यातिरेकमुखेनद्रढयति नित्यमिति । नित्यमविनाशिभूतंनित्यसिद्धंपरस्मादन्यन्नास्तीत्यर्थः ३२ एवंतत्पदार्थस्वरूपमुक्त्वात्वंपदार्थस्वरूपमाह सर्वेति । सर्वेषांभूतानामात्मभूतःप्रत्यग्रूपोवासुदेवः एतदेवकथमित्यतआह पृथिवीत्यादिना ३३ सएषइहप्रविष्टआनखाग्रेभ्यइतिश्रुतेरर्थंसंगृह्णाति तदिति । आविशतीतिप्रवेशोक्त्यापांचरात्राभिमतोजीवोत्पत्तिपक्षोऽपास्तः । लघुविक्रमःशीघ्रकारी एतेनदृष्टिसृष्टिरुक्ता ३४ घटाकाशवदुपाध्युत्पत्त्याउत्पन्नइति एवशब्दोऽनवधारणे प्रवेशाभावेचेष्टानुपपत्तिमाह नविनेति ३५ सइति । योऽयंप्रविष्टःसजीवःसंकर्षणाख्योविश्वविधारकोभगवतोव्यूहः ३६ सजीवएवसनत्कुमारत्वंजीवन्मुक्तत्वंस्वेनध्यानार्चनादिकर्मणालभते एवमविद्योपाधिकंजीवमुपपाद्यतस्मादेवजीवात्प्रद्युम्नाख्यंमनउत्पद्यतेइत्याह यस्मिन्नित्याद्यर्धद्वयेनप्रद्युम्नसंज्ञकेमनसिसर्वेषांभूतानांलयोदयावुक्तौअतोमानस्येवेयंसृष्टिरितिभावः ३७ तस्मात्प्रसूतइति । तच्छब्देनसंकर्षणःपरामृश्यते ३८ तस्मात्सर्वमितितच्छब्देनप्रद्युम्नः सएवचानिरुद्धाख्योऽहंकारः ३९ एवंत्वंपदार्थंप्रद्युम्नादिजनकंजीवमुक्त्वाऽस्यपूर्वो ॥ ३३९ ॥

नित्यंहिनास्तिजगतिभूतंस्थावरजंगमम् ॥ ऋतेतमेकंपुरुषंवासुदेवंसनातनम् ३२ सर्वभूतात्मभूतोहिवासुदेवोमहाबलः ॥ पृथिवीवायुराकाशमापोज्योतिश्चपंचमम् ३३ तेसमेतामहात्मानःशरीरमितिसंज्ञितम् ॥ तदाविशतियोब्रह्मन्नदृश्योलघुविक्रमः ३४ उत्पन्नएवभवतिशरीरंचेष्टयन्प्रभुः ॥ नविनाधातुसंघातंशरीरंभवतिकचित् ३५ नचजीवंविनाब्रह्मन्वायवश्चेष्टयंत्युत ॥ सजीवःपरिसंख्यातःशेषःसंकर्षणःप्रभुः ३६ तस्मात्सनत्कुमारत्वंयोऽलभत्स्वेनकर्मणा ॥ यस्मिंश्चसर्वभूतानिप्रलयंयांतिसंक्षयम् ३७ समनःसर्वभूतानांप्रद्युम्नःपरिपठ्यते ॥ तस्मात्प्रसूतोयःकर्ताकारणंकार्यमेवच ३८ तस्मात्सर्वंसंभवतिजगत्स्थावरजंगमम् ॥ सोऽनिरुद्धःसईशानोऽव्यक्तःसर्वकर्मसु ३९ योवासुदेवोभगवान्क्षेत्रज्ञोनिर्गुणात्मकः ॥ ज्ञेयःसएवराजेंद्रजीवःसंकर्षणःप्रभुः ४० संकर्षणाच्चप्रद्युम्नोमनोभूतःसउच्यते ॥ प्रद्युम्नाद्योऽनिरुद्धस्तुसोऽहंकारःसईश्वरः ४१ मत्तःसर्वंसंभवतिजगत्स्थावरजंगमम् ॥ अक्षरंचक्षरंचैवसच्चासच्चैवनारद ४२ मांप्रविश्यभवंतीहमुक्ताभक्तास्तुयेमम ॥ अहंहिपुरुषोज्ञेयोनिष्क्रियःपंचविंशकः ४३ निर्गुणोनिष्कलश्चैवनिर्द्वन्द्वोनिष्परिग्रहः ॥ एतत्त्वयानविज्ञेयंरूपवानितिदृश्यते ४४ इच्छन्मुहूर्तान्नश्येयमीशोऽहंजगतोगुरुः ॥ मायाह्येषामयासृष्टायन्मांपश्यसिनारद ४५ सर्वभूतगुणैर्युक्तंनैवंत्वंज्ञातुमर्हसि ॥ मयैतत्कथितंसम्यक्तवमूर्तिचतुष्टयम् ४६

क्तेनतत्पदार्थेनाभेदमाह योवासुदेवइति ४० । ४१ परमकारणत्वंस्वस्यैवाह मत्तइति । अक्षरंजीवः क्षरंप्रकृतिमहदहंकारादि सत्कारणम् ४२ मांप्रविश्येत्युक्तःप्रवेशोनदीसमुद्रदृष्टांतेनमाभूदितिस्वस्योपाधिशबलत्वंनिराचष्टेऽहंहीति पुरुषश्चिन्मात्रः निष्क्रियःकूटस्थः ज्ञेयएवनतुप्राप्यः सर्वभूतप्रत्यमात्मत्वात् ४३ निर्गुणत्वात्सुखदुःखाविवासनाशेषवतीप्राप्तिःनिष्कलत्वान्नसंयोगरूपा अतएवनिर्द्वंद्वः महाकाशघटाकाशयोरिवोपाध्यपगममात्रकृतत्वादभेदस्य अतएवोपाध्यभावाद्वासनादिरूपःपरिग्रहोपिनास्ति । ननुविश्वरूपस्यतवकथंनिष्कलत्वमतआह एतदिति । अयंरूपवानिति यदेतत्त्वयानज्ञातव्यम् ४४ यतोऽहंमुहूर्तान्नश्येयमदृश्योभवेयं इच्छन्नितिमदीक्षामात्रंसृष्टिसंहारावित्यर्थः । देवतादिवददर्शनेऽपिविश्वरूपत्वंनापैतीत्याशंक्याह मायेति । निष्कलस्यममवैश्वरूप्यमेवमायेत्यर्थः ४५ सर्वभूतगुणैःस्वरूपादिभिरेवंप्रकारेणयुक्तंमांज्ञातुंनार्हसिनिर्गुणत्वान्ममेत्यर्थः ४६

संज्ञातःजीवत्वेनसम्यक्ज्ञातः । पाठांतरेजीवस्योपकरणभूतःसंघातःजडवर्गोऽप्यहमेव । जीवलयाधिष्ठानत्वाज्जीवोऽप्यहमेवेतिभावः । यतः जडाजडवर्गात्माऽहमेवततोहेतोश्चक्षुषामांदृष्ठासोपाधिकःसम
ष्टिजीवएवमयादृष्टोनत्वीश्वरइतिनमंतव्यंजीवादिरूपेणममैवावस्थानादित्याह नैवमिति ४७ स्पष्टार्थोऽध्यायशेषः ४८ । ४९ । ५० ५१ । ५२ । ५३ । ५४ । ५५ । ५६ ५७ । ५८ । ५९ । ६० ।

अहंहिजीवसंज्ञातोमयिजीवःसमाहितः ॥ नैवंतेबुद्धिरत्राभूद्दृष्टोजीवोमयेतिवै ४७ अहंसर्वत्रगोब्रह्मन्भूतग्रामांतरात्मकः ॥ भूतग्रामशरीरेषुनश्यत्सुननशाम्य
हम् ४८ सिद्धाहितेमहाभागानराह्येकांतिनोऽभवन् ॥ तमोरजोभ्यांनिर्मुक्ताःप्रवेक्ष्यंतिचमांमुने ४९ हिरण्यगर्भोलोकादिश्चतुर्वक्त्रोनिरुक्तगः ॥ ब्रह्मासनातनो
देवोममबह्वर्थचिंतकः ५० ललाटाचैवमेरुद्रोदेवःक्रोधाद्विनिःसृतः ॥ पश्यैकादशमेरुद्रान्दक्षिणंपार्श्वमास्थितान् ५१ द्वादशैवतथाऽऽदित्यान्वामपार्श्वेसमा
स्थितान् ॥ अग्रतश्चैवमेपश्यवसूनष्टौसुरोत्तमान् ५२ नासत्यंचैवदस्रंचभिषजौपश्यपृष्ठतः ॥ सर्वान्प्रजापतीन्पश्यपश्यसप्तऋषींस्तथा ५३ वेदान्यज्ञांश्चश
तशःपश्यामृतमथौषधीः ॥ तपांसिनियमाश्चैवयमानपिपृथग्विधान् ५४ तथाऽष्टगुणमैश्वर्यमेकस्थंपश्यमूर्तिमत् ॥ श्रियंलक्ष्मींचकीर्तिंचपृथिवींचककुद्मिनीम्
५५ वेदानांमातरंपश्यमत्स्थांदेवींसरस्वतीम् ॥ ध्रुवंचज्योतिषांश्रेष्ठंपश्यनारदखेचरम् ५६ अंभोधरान्समुद्रांश्चसरांसिसरितस्तथा ॥ मूर्तिमंतःपितृगणांश्चतुरः
पश्यसत्तम ५७ त्रींश्चैवेमान्गुणान्पश्यमत्स्थान्मूर्तिविवर्जितान् ॥ देवकार्यादपिमुनेपितृकार्यंविशिष्यते ५८ देवानांचपितॄणांचपिताह्येकोऽहमादितः ॥ अहंहय
शिराभूत्वासमुद्रेपश्चिमोत्तरे ५९ पिबामिसुहुतंहव्यंकव्यंचश्रद्धयाऽन्वितम् ॥ मयासृष्टःपुराब्रह्मामांयज्ञमयजत्स्वयम् ६० ततस्तस्मिन्वरान्प्रीतोदत्तवान
स्म्यनुत्तमाम् ॥ मत्पुत्रत्वंचकल्पादौलोकाध्यक्षत्वमेवच ६१ अहंकारकृतंचैवनामपर्यायवाचकम् ॥ त्वयाकृतांचमर्यादांनातिक्रंस्यतिकश्चन ६२ त्वंचैववर
दोब्रह्मन्वरेप्सूनांभविष्यसि ॥ सुरासुरगणानांचऋषीणांचतपोधन ६३ पितॄणांचमहाभागसततंसंशितव्रत ॥ विविधानांचभूतानांत्वमुपास्योभविष्यसि
६४ प्रादुर्भावगतश्चाहंसुरकार्येषुनित्यदा ॥ अनुशास्यस्त्वयाब्रह्मन्नियोज्यश्चसुतोयथा ६५ एतांश्चान्यांश्चरुचिरान्ब्रह्मणेऽमिततेजसे ॥ अहंदत्वावरान्प्री
तोनिवृत्तिपरमोऽभवम् ६६ निर्वाणंसर्वधर्माणांनिवृत्तिःपरमास्मृता ॥ तस्मान्निवृत्तिमापन्नश्चरेत्सर्वाङ्गनिर्वृतः ६७ विद्यासहायवंतंचआदित्यस्थंसमाहि
तम् ॥ कपिलंप्राहुराचार्याःसांख्यनिश्चितनिश्चयाः ६८ हिरण्यगर्भोभगवानेषच्छंदसिसुष्टुतः ॥ सोऽहंयोगरतिर्ब्रह्मन्योगशास्त्रेषुशब्दितः ६९ एषोऽहंव्य
क्तिमागत्यातिष्ठामिदिविशाश्वतः॥ततोयुगसहस्रांतेसंहरिष्येजगत्पुनः ७० कृत्वात्मस्थानिभूतानिस्थावराणिचराणिच॥एकाकीविद्ययासार्धंविहरिष्येजगत्पुनः
७१ ततोभूयोजगत्सर्वंकरिष्यामीहविद्यया ॥ अस्मिन्मूर्तिश्चतुर्थीयासाऽसृजच्छेषमव्ययम् ७२

६१ । ६२ । ६३ । ६४ । ६५ । ६६ । ६७ । ६८ । ६९ । ७० । ७१ । ७२

॥ २४७ ॥ सहिसंकर्षणःप्रोक्तःप्रद्युम्नंसोऽप्यजीजनत् ॥ प्रद्युम्नादनिरुद्धोऽहंसर्गोममपुनःपुनः ७३ अनिरुद्धात्तथाब्रह्मातन्नाभिकमलोद्भवः ॥ ब्रह्मणःसर्वभूतानिचराणि अ० स्थावराणिच ७४ एतांसृष्टिंविजानीहिकल्पादिषुपुनःपुनः ॥ यथासूर्यस्यगगनादुदयास्तमनेइह ७५ नष्टेपुनर्बलात्कालआनयत्यमितद्युतिः ॥ तथाबलाद ॥ ३३९ ॥ हंपृथ्वींसर्वभूतहितायवै ७६ सत्वैराक्रांतसर्वाङ्गांनष्टांसागरमेखलाम् ॥ आनयिष्यामिस्वस्थानंवाराहंरूपमास्थितः ७७ हिरण्याक्षंवधिष्यामिदैतेयंबलग र्वितम् ॥ नारसिंहंवपुःकृत्वाहिरण्यकशिपुंपुनः ७८ सुरकार्येहनिष्यामियज्ञघ्नंदितिनंदनम् ॥ विरोचनस्यबलवान्बलिःपुत्रोमहासुरः ७९ अवध्यःसर्वलोका नांसदेवासुररक्षसाम् ॥ भविष्यतिसशक्रंवास्वराज्याच्च्यावयिष्यति ८० त्रैलोक्येऽपहृतेतेनविमुखेचशचीपतौ ॥ अदित्यांद्वादशादित्यःसंभविष्यामिकश्य पात् ८१ ततोराज्यंप्रदास्यामिशक्रायामिततेजसे ॥ देवताःस्थपयिष्यामिस्वस्वस्थानेषुनारद ८२ बलिंचैवकरिष्यामिपातालतलवासिनम् ॥ दानवंचब लिंश्रेष्ठमवध्यंसर्वदैवतैः ८३ त्रेतायुगेभविष्यामिरामोभृगुकुलोद्वहः ॥ क्षत्रंचोत्सादयिष्यामिसमृद्धबलवाहनम् ८४ संध्यांशेसमनुप्राप्तेत्रेतायाद्वापरस्यच ॥ अहंदाशरथीरामोभविष्यामिजगत्पतिः ८५ त्रितोपघाताद्वैरूप्यमेकतोऽथद्वितस्तथा ॥ प्राप्स्येतेवानरत्वंहिप्रजापतिसुतावृषी ८६ तयोर्येत्वन्वयेजा ताभविष्यंतिवनौकसः ॥ महाबलामहावीर्याःशक्रतुल्यपराक्रमाः ८७ तेसहायाभविष्यंतिसुरकार्येममद्विज ॥ ततोरक्षःपतिंघोरंपुलस्त्यकुलपांसनम् ८८ हरिष्येरावणंरौद्रंसगणंलोककंटकम् ॥ द्वापरस्यकलेश्चैवसंधौपार्यवसानिके ८९ प्रादुर्भावःकंसहेतोर्मथुरायांभविष्यति ॥ तत्राहंदानवान्हत्वासुबहून्देवकं टकान् ९० कुशस्थलींकरिष्यामिनिवेशंद्वारकांपुरीम् ॥ वसानस्तत्रवैपुर्यामदितेर्विप्रियंकरम् ९१ हनिष्येनरकंभौमंमुरुंपीठंचदानवम् ॥ प्राग्ज्योतिषं पुरंरम्यंनानाधनसमन्वितम् ९२ कुशस्थलींनयिष्यामिहत्वावैदानवोत्तमम् ॥ महेश्वरमहासेनौबाणप्रियहितैषिणौ ९३ पराजेष्याम्यथोद्युक्तौदेवौलोकन मस्कृतौ ॥ ततःसुतंबलेर्जित्वाबाणंबाहुसहस्रिणम् ९४ विनाशयिष्यामिततःसर्वान्सौभनिवासिनः ॥ यःकालयवनःख्यातोगर्गतेजोभिसंवृतः ९५ भविष्यति वधस्तस्यमत्तएवद्विजोत्तम ॥ जरासंधश्चबलवान्सर्वराजविरोधनः ९६ भविष्यत्यसुरःस्फीतोभूमिपालोगिरिव्रजे ॥ ममबुद्धिपरिस्पंदाद्वधस्तस्यभविष्यति ९७ शिशुपालंवधिष्यामियज्ञेधर्मसुतस्यवै ॥ समागतेषुबलिषुपृथिव्यांसर्वराजसु ९८ वासविःसुसहायोवैममत्वेकोभविष्यति ॥ युधिष्ठिरंस्थापयिष्येस्वराज्ये भ्रातृभिःसह ९९ एवंलोकावदिष्यंतिनरनारायणावृषी ॥ उद्युक्तौदहतःक्षत्रंलोककार्यार्थमीश्वरौ १०० कृत्वाभारावतरणंवसुधायायथेप्सितम् ॥ सर्वसात्वतमु ॥ २४७ ॥ ख्यानांद्वारकायाश्चसत्तम १०१ करिष्येप्रलयंघोरमात्मज्ञानाभिसंहितः ॥ कर्माण्यपरिमेयाणिचतुर्मूर्तिधरोह्यहम् १०२

३ । ४ । ५ । ६ । ७ । ८ । ९ । ११० । ११ । १२ । १३ । १४ । १५ । १६ । १७ । १८ । १९ । १२० । २१ । २२ । २३ । २४ । २५ । २६ । २७ । २८ । २९ । १३० । ३१ । ३२

कृत्वालोकान्गमिष्यामिस्वानहंब्रह्मसत्कृतान् ॥ हंसःकूर्मश्चमत्स्यश्चप्रादुर्भावाद्विजोत्तम ३वराहोनरसिंहश्चवामनोरामएवच ॥ रामोदाशरथिश्चैवसात्वतःकल्कि
रेवच ४ यदावेदश्रुतिर्नष्टामयाप्रत्याहृतापुनः ॥ सवेदाःसश्रुतीकाश्चकृताःपूर्वंकृतेयुगे ५ अतिक्रांताःपुराणेषुश्रुतास्तेयदिवाक्वचित ॥ अतिक्रांताश्चबहवः
प्रादुर्भावाममोत्तमाः ६ लोककार्याणिकृत्वाचपुनःस्वांप्रकृतिंगताः ॥नह्येतद्ब्रह्मणाप्राप्तमीदृशंममदर्शनम् ७ यत्त्वयाप्राप्तमद्येहएकांतगतबुद्धिना ॥ एतत्तेसर्वमा
ख्यातंब्रह्मन्भक्तिमतोमया ८ पुराणंचभविष्यंचसरहस्यंचसत्तम॥भीष्मउवाच॥ एवंसभगवान्देवोविश्वमूर्तिधरोऽव्ययः ९ एतावदुक्त्वावचनंतत्रैवांतर्दधेपुनः॥
नारदोऽपिमहातेजाःप्राप्यानुग्रहमीप्सितम् ११० नरनारायणौद्रष्टुंबदर्याश्रममाद्रवत् ॥ इदंमहोपनिषदंचतुर्वेदसमान्वितम् ११ सांख्ययोगकृतंतेनपंचरात्रानुश
ब्दितम् ॥ नारायणमुखोद्गीतंनारदोऽश्रावयत्पुनः १२ ब्रह्मणःसदनेतातयथादृष्टंयथाश्रुतम् ॥ युधिष्ठिरउवाच ॥ एतदाश्चर्यभूतंहिमाहात्म्यंतस्यधीमतः १३
किंवैब्रह्मानजानीतेयतःशुश्रावनारदात् ॥ पितामहोऽपिभगवांस्तस्माद्देवादनंतरः १४ कथंसनविजानीयात्प्रभावममितौजसः॥ भीष्मउवाच॥महाकल्पसहस्रा
णिमहाकल्पशतानिच १५ समतीतानिराजेंद्रसर्गाश्चप्रलयाश्चह ॥ सर्गस्यादौस्मृतोब्रह्माप्रजासर्गकरःप्रभुः १६ जानातिदेवप्रवरंभूयश्चातोऽधिकंनृप ॥ परमा
त्मानमीशानमात्मनःप्रभवंतथा १७ येत्वन्येब्रह्मसदनेसिद्धसंघाःसमागताः ॥ तेभ्यस्तच्छ्रावयामासपुराणं वेदसंमितम् १८ तेषांसकाशात्सूर्यस्तुश्रुत्वावैभाविता
त्मनाम् ॥ आत्मानुगामिनांराजन्श्रावयामासवैततः १९ षट्षष्टिर्हिसहस्राणिऋषीणांभावितात्मनाम् ॥ सूर्यस्यतपतोलोकान्निर्मितायेपुरःसराः १२० तेषाम
कथयत्सूर्यःसर्वेषांभावितात्मनाम् ॥ सूर्यानुगामिभिस्तातऋषिभिस्तैर्महात्मभिः २१ मेरौसमागतादेवाःश्राविताश्चेदमुत्तमम् ॥ देवानांतुसकाशाद्वैततःश्रुत्वाऽ
सितोद्विजः २२ श्रावयामासराजेंद्रपितॄणांमुनिसत्तमः ॥ ममचापिपितातातकथयामासशंतनुः २३ ततोमयाऽपिश्रुत्वाचकीर्तितंतवभारत ॥ सुरैर्वामुनिभि
र्वाऽपिपुराणंयैरिदंश्रुतम् २४ सर्वेतेपरमात्मानंपूजयंतेसमंततः ॥ इदमाख्यानमार्षेयंपारंपर्यागतंनृप २५ नावासुदेवभक्तायत्वयादेयंकथंचन ॥ मत्तोन्यानि
चतेराजन्नुपाख्यानशतानिवै २६ यानिश्रुतानिसर्वाणितेषांसारोऽयमुद्धृतः ॥ सुरासुरैर्यथाराजन्निर्मथ्यामृतमुद्धृतम् २७ एवमेतत्पुराविप्रैःकथामृतमिहोद्धृतम्॥
यश्चेदंपठतेनित्यंयश्चेदंशृणुयान्नरः २८ एकांतभावोपगतएकांतेषुसमाहितः ॥प्राप्यश्वेतंमहाद्वीपंभूत्वाचंद्रप्रभोनरः २९ ससहस्रार्चिषं देवंप्रविशेन्नात्रसंशयः॥
मुच्येदार्तस्तथारोगाच्छ्रुत्वेमामादितःकथाम् १३० जिज्ञासुर्लभतेकामान्भक्तोभक्तगतिंव्रजेत् ॥ त्वयाऽपिसततंराजन्नभ्यर्च्यःपुरुषोत्तमः ३१ सहिमातापि
ताचैवकृत्स्नस्यजगतोगुरुः ॥ ब्रह्मण्यदेवोभगवान्प्रीयतांतेसनातनः ॥ युधिष्ठिरमहाबाहो महाबुद्धिर्जनार्दनः ३२

म.भा.टी. ॥ २४८ ॥

३३ । ३४ । ३५ । ३६ । ३७ । ३८ । ३९ । ४० । १४१ ॥ इतिआदिपर्वणि नीलकंठीये भारतभावदीपे ऊनचत्वारिंशदधिकत्रिशततमोऽध्यायः ॥ ३३९ ॥ ॥ कथंसइति । यज्ञधारी यज्ञकृत् एकस्यैवयज्ञभोक्तृत्वंयज्ञकर्तृत्वंचविरुद्धमित्यर्थः तथापरस्परविरुद्धयोःप्रवृत्तिनिवृत्तिधर्मयोरेकस्यशास्त्रत्वांविरुद्धंप्रतारकत्वापत्तेरितिप्रश्नार्थः एतेनजीवेश्वयोरभेदस्तत्प्रतिपत्त्यर्थोनिवृत्तिधर्मश्चाक्षिप्तइतिज्ञेयं

॥ वैशंपायनउवाच ॥ ॥ श्रुत्वैतदाख्यानवरंधर्मराड्जनमेजय ३३ भ्रातरश्चास्यतेसर्वेनारायणपराऽभवन् ॥ जितंभगवतातेनपुरुषेणेतिभारत ३४ नित्यं जप्यपराभूत्वासरस्वतीमुदीरयन् ॥ योह्यस्माकंगुरुःश्रेष्ठःकृष्णद्वैपायनोमुनिः ३५ जगौपरमकंजप्यंनारायणमुदीरयन् ॥ गत्वांतरिक्षात्सततंक्षीरोदममृताशयम् ३६ पूजयित्वाचदेवेशंपुनरायात्स्वमाश्रमम् ॥ ॥ भीष्मउवाच ॥ एतत्तेसर्वमाख्यातंनारदोक्तंमयेरितम् ३७ पारंपर्यागतंह्येतत्पित्रामेकथितंपुरा ॥ ॥ सौतिरुवाच ॥ एतत्तेसर्वमाख्यातंवैशंपायनकीर्तितम् ३८ जनमेजयेनतच्छ्रुत्वाकृतंसम्यग्यथाविधि ॥ यूयंहितप्ततपसःसर्वेचचरितव्रताः ३९ सर्ववेदविदोमुख्यानैमिषारण्यवासिनः ॥ शौनकस्यमहासत्रंप्राप्ताःसर्वेद्विजोत्तमाः १४० यजध्वंसुहुतैर्यज्ञैःशाश्वतंपरमेश्वरम् ॥ पारंपर्यागतंह्येतत्पित्रामेकथितंपुरा १४१ ॥ इतिश्रीमहाभारतेशांतिपर्वणिमोक्षधर्मपर्वणिनारायणीयेऊनचत्वारिंशदधिकत्रिशततमोऽध्यायः ॥ ३३९ ॥ ॥ शौनकउवाच ॥ कथंसभगवान्देवोयज्ञेष्वग्रहरःप्रभुः ॥ यज्ञधारीचसततंवेदवेदांगवित्तथा १ निवृत्तंचास्थितोधर्मंक्षमीभागवतःप्रभुः ॥ निवृत्तिधर्मान्विदधेसएवभगवान्प्रभुः २ कथंप्रवृत्तिधर्मेषुभागार्हादेवताःकृताः ॥ कथंनिवृत्तिधर्माश्चकृताव्यावृत्तबुद्धयः ३ एतंनःसंशयंसौतेछिंधिगुह्यंसनातनम् ॥ त्वयानारायणकथाःश्रुतावैधर्मसंहिताः ४ ॥ सौतिरुवाच ॥ जनमेजयेनयत्पृष्टःशिष्योव्यासस्यधीमतः ॥ तत्तेऽहंकथयिष्यामिपौराणंशौनकोत्तम ५ श्रुत्वामाहात्म्यमेतस्यदेहिनांपरमात्मनः ॥ जनमेजयोमहाप्राज्ञोवैशंपायनमब्रवीत् ६ ॥ जनमेजयउवाच ॥ इमेसब्रह्मकालोकाःससुरासुरमानवाः ॥ क्रियास्वभ्युदयोक्तासुसक्तादृश्यंतिसर्वशः ७ मोक्षश्चोक्तस्त्वयाब्रह्मन्निर्वाणंपरमंसुखम् ॥ येतुमुक्ताभवंतीहपुण्यपापविवर्जिताः ८ तेसहस्रार्चिषंदेवंप्रविशंतीहशुश्रुम ॥ अयंहिदुरनुष्ठेयोमोक्षधर्मःसनातनः ९ यंहित्वादेवताःसर्वाहव्यकव्यभुजोऽभवन् ॥ किंचब्रह्माचरुद्रश्चशक्रश्चबलभित्प्रभुः १० सूर्यस्ताराधिपोवायुरग्निर्वरुणएवच ॥ आकाशंजगतीचैवयेचशेषादिवौकसः ११ प्रलयंनविजानंतिआत्मनःपरिनिर्मितम् ॥ ततस्तेनास्थितामार्गंध्रुवमक्षरमव्ययम् १२ स्मृतिकालपरीमाणंप्रवृत्तिंयेसमास्थिताः ॥ दोषःकालपरीमाणेमहानेषक्रियावताम् १३ एतन्मेसंशयंविप्रहृदिशल्यमिवार्पितम् ॥ छिंधीतिहासकथनात्परंकौतूहलंहिमे १४ कथंभागहराःप्रोक्तादेवताःक्रतुषुद्विज ॥ किमर्थंचाध्वरेब्रह्मन्निज्यंतेत्रिदिवौकसः १५

१ । २ । ३ । ४ । ५ देहिनांपरमात्मनोऽन्तरात्मनः ६ । ७ । ८ सहस्रार्चिषंसूर्यांतर्यामिणमनंतचिद्रूपंवा ९ यमिति । निवृत्तिधर्मश्चेच्छ्रेयांस्तर्हियेऽस्मद पेक्षयाजगत्त्वमधिकंजानंतितेऽपिब्रह्मरुद्रादयःसृष्टिसंहारादौनप्रवर्तेयुरतःप्रतारणामात्रंनिवृत्तिधर्मइत्यर्थः १० । ११ । १२ । १३ । १४ कथमिति । यथादेवादेवांतराभावादितरेभ्योभागमदत्वास्वयंसुखमेधंतेएवंवयमपिसुखंस्थास्यामइतिप्रवृत्तिमार्गोप्याऽक्षिप्तः १५

१६ । १७ । १८ । १९ । २० । २१ । २२ । २३ । २४ मयेति श्रुत्यनुमानाभ्यांपरोक्ष्येणगृहीतार्थोयोगिनांप्रत्यक्षः अतोयोगजंप्रत्यक्षंप्रकृत्योक्तंयोगभाष्ये तत्परंप्रत्यक्षं तच्चश्रुतानुमानयोर्बीजमिति योगसिद्ध्यभावेत्वात्मागमगम्यएवायमर्थइत्याशयः २५ । २६ । २७ परमात्मनःप्रतिबिंबभूतादेवाविंत्रभूतंपरमात्मानंयेनरूपेणमहीचक्रुस्तेनतेनरूपेणस्वयंपूजांयज्ञभागादिरूपांलब्धवंतः यथोक्तंभागवते 'यद्य ज्जनोभगवतेविदधीतमानंतच्चात्मनःप्रतिमुखस्ययथामुखश्रीः'इति अतःफलावस्थांस्वयमकुर्वतोऽपिदेवाअस्मद्दत्तान्यज्ञभागान्भुंजते अस्माकंच तेभ्योऽप्रदानेमहान्दोषः । 'इष्टान्भोगान्हिवोदेवादास्यंतेयज्ञभाविताः

येचभागंप्रगृह्णंतियज्ञेषुद्विजसत्तम ॥ तेयजन्तोमहायज्ञैःकस्यभागंददंतिवै १६ ॥ वैशंपायनउवाच ॥ अहोगूढतमःप्रश्नस्त्वयापृष्टोजनेश्वर ॥ नातप्ततपसाह्येष नावेदविदुषातथा १७ नापुराणविदाचैवशक्योव्याहर्तुमंजसा ॥ हंततेकथयिष्यामियन्मेपृष्टःपुरागुरुः १८ कृष्णद्वैपायनोव्यासोवेदव्यासोमहानृषिः ॥ सुमंतु जैमिनिश्चैवपैलश्चसुदृढव्रतः १९ अहंचतुर्थःशिष्योवैपंचमश्चशुकःस्मृतः ॥ एतान्समागतान्सर्वान्पंचशिष्यान्दमान्वितान् २० शौचाचारसमायुक्तान्जितक्रो धान्जितेंद्रियान् ॥ वेदानध्यापयामासमहाभारतपंचमान् २१ मेरौगिरिवरेरम्येसिद्धचारणसेविते ॥ तेषामभ्यस्यतांवेदान्कदाचित्संशयोऽभवत् २२ एषवैयस्त्व यापृष्टस्तेनतेषांप्रकीर्तितः ॥ ततःश्रुतोमयाचापितवाख्येयोद्यभारत २३ शिष्याणांवचनंश्रुत्वासर्वाज्ञानतमोनुदः ॥ पराशरसुतःश्रीमान्व्यासोवाक्यमथाब्र वीत् २४ मयाहिसुमहत्तप्तंतपःपरमदारुणम् ॥ भूतंभव्यंभविष्यंचजानीयामितिसत्तमाः २५ तस्यमेतप्ततपसोनिगृहीतेंद्रियस्यच ॥ नारायणप्रसादेनक्षीरोद स्यानुकूलतः २६ त्रैकालिकमिदंज्ञानंप्रादुर्भूतंयथेप्सितम् ॥ तच्छृणुध्वंयथान्यायंवक्ष्येसंशयमुत्तमम् २७ यथावृत्तंहिकल्पादौदृष्टंमेज्ञानचक्षुषा ॥ परमात्मेति यंप्राहुःसांख्ययोगविदोजनाः २८ महापुरुषसंज्ञांसलभतेस्वेनकर्मणा ॥ तस्मात्प्रसूतमव्यक्तंप्रधानंतंविदुर्बुधाः २९ अव्यक्ताद्व्यक्तमुत्पन्नंलोकसृष्ट्यर्थमीश्वरात् अनिरुद्धोहिलोकेषुमहानात्मेतिकथ्यते ३० योऽसौव्यक्तत्वमापन्नोनिर्ममेचपितामहम् ॥ सोऽहंकारइतिप्रोक्तःसर्वतेजोमयोहिसः ३१ पृथिवीवायुराकाशमापो ज्योतिश्चपंचमम् ॥ अहंकारप्रसूतानिमहाभूतानिपंचधा ३२ महाभूतानिसृष्ट्वैवतान्गुणान्निर्ममेपुनः ॥ भूतेभ्यश्चैवनिष्पन्नामूर्तिमंतश्चतान्शृणु ३३ मरीचिरं गिराश्चात्रिःपुलस्त्यःपुलहःक्रतुः ॥ वसिष्ठश्चमहात्मावैमनुःस्वायंभुवस्तथा ३४ ज्ञेयाःप्रकृतयोऽष्टौतायासुलोकाःप्रतिष्ठिताः ॥ वेदवेदांगसंयुक्तान्यज्ञयज्ञांगसंयु तान् ३५ निर्ममेलोकसिध्यर्थंब्रह्मालोकपितामहः ॥ अष्टाभ्यःप्रकृतिभ्यश्चजातंविश्वमिदंजगत् ३६ रुद्रोरोषात्मकोजातोदशान्यान्सोऽसृजत्स्वयम् ॥ एकाद शैतेरुद्रास्तुविकारपुरुषाःस्मृताः ३७ तेरुद्राःप्रकृतिश्चैवसर्वेचैवसुरर्षयः ॥ उत्पन्नालोकसिद्ध्यर्थंब्रह्माणंसमुपस्थिताः ३८

॥ तैर्दत्तानप्रदायैभ्योयोभुंक्तेस्तेनएवसः' इतिगीतावचनात् । अतःप्रवृत्तिमार्गोऽवश्यमनुसरणीयइत्याह परमात्मेतियंप्राहुरित्यादिना सनःसनत्सुजातश्चेत्यतःप्राक्तनेनग्रंथेन २८ । २९ । ३० । ३१ । ३२ ३३ । ३४ । ३५ । ३६ । ३७ । ३८

॥ २४९ ॥ वयंसृष्टाहिभगवंस्त्वयाचप्रभविष्णुना ॥ येनयस्मिन्नधीकारेवर्तितव्यंपितामह ३९ योऽसौत्वयाऽभिनिर्दिष्टोह्यधिकारोर्थचिंतकः ॥ परिपाल्यःकथंतेनसाहंकारे अ०
णकर्तृणा ४० प्रदिशस्वबलंतस्ययोऽधिकारार्थचिंतकः ॥ एवमुक्तोमहादेवोदेवांस्तानिदमब्रवीत् ४१ ॥ ब्रह्मोवाच ॥ साध्वहंज्ञापितोदेवायुष्माभिर्भद्रमस्तुवः॥ ॥ ३४० ॥
ममाप्येषासमुत्पन्नाचिंतायाभवतांमता ४२ लोकत्रयस्यकृत्स्नस्यकथंकार्यःपरिग्रहः ॥ कथंबलक्षयोनस्याद्युष्माकंह्यात्मनश्चमे ४३ इतःसर्वेऽपिगच्छामःशरणं
लोकसाक्षिणम् ॥ महापुरुषमव्यक्तंसनोवक्ष्यतियद्धितम् ४४ ततस्तेब्रह्मणासार्धमृषयोविबुधास्तथा ॥ क्षीरोदस्योत्तरंकूलंजग्मुर्लोकहितार्थिनः ४५ तेतपःस
मुपातिष्ठन्ब्रह्मोक्तंवेदकल्पितम् ॥ समहानियमोनामतपश्चर्यासुदारुणः ४६ ऊर्ध्वादृष्टिर्बाहवश्चएकाग्रंचमनोऽभवत् ॥ एकपादाःस्थिताःसर्वेकाष्ठभूताःसमाहिताः
४७ दिव्यंवर्षसहस्रंतेतपस्तप्त्वासुदारुणम् ॥ शुश्रुवुर्मधुरांवाणींवेदवेदांगभूषिताम् ४८ ॥ श्रीभगवानुवाच ॥ भोभोःसब्रह्मकादेवाऋषयश्चतपोधनाः ॥ स्वाग
तेनार्च्यवःसर्वान्श्रावयेवाक्यमुत्तमम् ४९ विज्ञातंवोमयाकार्यंतचलोकहितंमहत् ॥ प्रवृत्तियुक्तंकर्तव्यंयुष्मत्प्राणोपबृंहणम् ५० सुतप्तंचतपोदेवाममाराधनका
म्यया ॥ भोक्ष्यथास्यमहासत्वास्तपसःफलमुत्तमम् ५१ एषब्रह्मालोकगुरुर्महान्लोकपितामहः ॥ यूयंचविबुधश्रेष्ठामांयजध्वंसमाहिताः ५२ सर्वेभागान्कल्पय
ध्वंयज्ञेषुममनित्यशः ॥ तथाश्रेयोऽभिधास्यामियथाऽधीकारमीश्वराः ५३ ॥ वैशंपायनउवाच ॥ श्रुत्वैतद्देवदेवस्यवाक्यंहृष्टतनूरुहाः ॥ ततस्तेविबुधाःसर्वेब्र
ह्मातेचमहर्षयः ५४ वेददृष्टेनविधिनावैष्णवंक्रतुमाहरन् ॥ तस्मिन्सत्रेसदाब्रह्मास्वयंभागमकल्पयत् ५५ देवादेवर्षयश्चैवस्वंस्वंभागमकल्पयन् ॥ तेकार्तयुगध
र्माणोभागाःपरमसत्कृताः ५६ प्राहुरादित्यवर्णंतंपुरुषंतमसःपरम् ॥ बृहंतंसर्वगंदेवमीशानंवरदंप्रभुम् ५७ ततोऽथवरदोदेवस्तान्सर्वानमरान्स्थितान् ॥ अशरी
रोब्रभाषेदंवाक्यंखस्थोमहेश्वरः ५८ येनयःकल्पितोभागःसतथामामुपागतः ॥ प्रीतोऽहंप्रदिशाम्यद्यफलमावृत्तिलक्षणम् ५९ एतद्वोलक्षणंदेवामत्प्रसाद
समुद्भवम् ॥ स्वयंयज्ञैर्यजमानाःसमाप्तवरदक्षिणैः ६० युगेयुगेभविष्यध्वंप्रवृत्तिफलभागिनः ॥ यज्ञैर्येचापियक्ष्यंतिसर्वलोकेषुवैसुराः ६१ कल्पयिष्यंति
वोभागांस्तेनरावेदकल्पितान् ॥ योमेयथाकल्पितवान्भागमस्मिन्महाक्रतौ ६२ सतथायज्ञभागार्होवेदसूत्रेमयाकृतः ॥ यूयंलोकान्भावयध्वंयज्ञभागफलो
चिताः ६३ सर्वार्थचिंतकालोकेयथाधीकारनिर्मिताः ॥ याःक्रियाःप्रचरिष्यंतिप्रवृत्तिफलसत्कृताः ६४ आभिराप्यायितबलालोकान्वैधारयिष्यथ ॥
यूयंहिभाविताश्यज्ञैःसर्वयज्ञेषुमानवैः ६५ मांततोभावयिष्यध्वमेषावोभावनामम ॥ इत्यर्थंनिर्मितावेदायज्ञाश्चौषधिभिःसह ६६ एभिःसम्यक्प्रयुक्तैर्हिप्रीयंते ॥ २४९ ॥
देवताःक्षितौ ॥ निर्माणमेतद्युष्माकंप्रवृत्तिगुणकल्पितम् ६७

६८ । ६९ । ७० । ७१ एवंरजःप्रधानानांप्रवृत्तिमार्गमुक्त्वासत्वप्रधानानांयोग्यंनिवृत्तिमार्गमाह सनइति ७२ । ७३ । ७४ कुतएवंमार्गभेदोऽधिकारिभेदश्चेत्याशंक्याह यतोऽहमिति । अहंकारोयतस्त्रिगुणः सात्विकोराजसस्तामसश्चातःसृष्टिस्त्रैविध्यंजातं येऽत्यंतंसात्विकास्तेधर्मज्ञानवैराग्यैश्वर्यबलेनाहंकारात्परंक्षेत्रज्ञंसंहारक्रमेणप्रविशंति येराजसास्तेऽहंकारात्पराचीनमेवशब्दादिकंपुरुषार्थत्वेनपश्यंतःप्रवृत्तावभिक्रियंत

मयाकृतंसुरश्रेष्ठायावत्कल्पक्षयादिह ॥ चिंतयध्वंलोकहितंयथाधीकारमीश्वराः ६८ मरीचिरंगिराश्चात्रिःपुलस्त्यःपुलहःक्रतुः ॥ वसिष्ठइतिसप्तैतेमानसानि र्मिताहिते ६९ एतेवेदविदोमुख्यावेदाचार्याश्चकल्पिताः ॥ प्रवृत्तिधर्मिणश्चैवप्राजापत्येचकल्पिताः ७० अयंक्रियावतांपंथाऽव्यक्तीभूतःसनातनः ॥ अनिरुद्ध इतिप्रोक्तोलोकसर्गकरःप्रभुः ७१ सनःसनत्सुजातश्चसनकःससनंदनः ॥ सनत्कुमारःकपिलःसप्तमश्चसनातनः ७२ सप्तैतेमानसाःप्रोक्ताऋषयोब्रह्मणःसुताः ॥ स्वयमागतविज्ञानानिवृत्तिंधर्ममास्थिताः ७३ एतेयोगविदोमुख्याःसांख्यज्ञानविशारदाः ॥ आचार्याधर्मशास्त्रेषुमोक्षधर्मप्रवर्तकाः ७४ यतोऽहंप्रसृतःपूर्वमव्य क्तात्त्रिगुणोमहान् ॥ तस्मात्परतरोयोऽसौक्षेत्रज्ञइतिकल्पितः ७५ सोऽहंक्रियावतांपंथाःपुनरावृत्तिदुर्लभः ॥ योयथानिर्मितोजंतुर्यस्मिन्यस्मिंश्चकर्मणि ७६ प्रवृत्तौवानिवृत्तौवातत्फलंसोऽश्नुतेमहत् ॥ एषलोकगुरुर्ब्रह्माजगदादिकरःप्रभुः ७७ एषमातापिताचैवयुष्माकंचपितामहः ॥ मयाऽनुशिष्टोभवितासर्वभूतवरप्रदः ७८ अस्यचैवात्मजोरुद्रोललाटाद्यःसमुत्थितः ॥ ब्रह्माऽनुशिष्टोभवितासर्वभूतधरःप्रभुः ७९ गच्छध्वंस्वानधीकारांश्चिंतयध्वंयथाविधि ॥ प्रवर्तन्तांक्रियाःसर्वाः सर्वलोकेषुमाचिरम् ८० प्रदिश्यंतांचकर्माणिप्राणिनांगतयस्तथा ॥ परिनिष्ठितकालानिआयूंषीहसुरोत्तमाः ८१ इदंकृतयुगंनामकालःश्रेष्ठःप्रवर्तितः ॥ अहिंस्या यज्ञपशवोयुगेऽस्मिन्नतदन्यथा ८२ चतुष्पात्सकलोधर्मोभविष्यत्यत्रवैसुराः ॥ ततस्त्रेतायुगंनामत्रयीयत्रभविष्यति ८३ प्रोक्षितायत्रपशवोवधंप्राप्स्यंतिवै मखे ॥ यत्रपादश्चतुर्थोवैधर्मस्यनभविष्यति ८४ ततोवैद्वापरंनाममिश्रःकालोभविष्यति ॥ द्विपादहीनोधर्मश्चयुगेतस्मिन्भविष्यति ८५ ततस्तिष्येऽथसंप्रा प्तेयुगेकलिपुरस्कृते ॥ एकपादस्थितोधर्मोयत्रतत्रभविष्यति ८६ देवादेवर्षयश्चोचुस्तमेवंवादिनंगुरुम् ॥ एकपादस्थितेधर्मेयत्रक्वचनगामिनि ८७ कथंकर्त व्यमस्माभिर्भगवंस्तद्वदस्वनः ॥ श्रीभगवानुवाच ॥ यत्रवेदाश्चयज्ञाश्चतपःसत्यंदमस्तथा ८८ अहिंसाधर्मसंयुक्ताःप्रचरेयुःसुरोत्तमाः ॥ सवोदेशःसेवितव्योमावो ऽधर्मःपदास्पृशेत् ८९ ॥ व्यासउवाच ॥ तेऽनुशिष्टाभगवतादेवाःसर्षिगणास्तथा ॥ नमस्कृत्वाभगवतेजग्मुर्देशान्ययेप्सितान् ९० गतेषुत्रिदिवौकःसुब्रह्मैकः पर्यवस्थितः ॥ दिदृक्षुर्भगवंतंतमनिरुद्धतनौस्थितम् ९१ तंदेवोदर्शयामासकृत्वाहयशिरोमहत् ॥ सांगानावर्तयन्वेदान्कमंडलुत्रिदंडधृक् ९२ ततोऽश्वशिरसंदृ ष्ट्वातंदेवममितौजसम् ॥ लोककर्ताप्रभुर्ब्रह्मालोकानांहितकाम्यया ९३ मूर्ध्नाप्रणम्यवरदंतस्थौप्रांजलिरग्रतः ॥ सपरिष्वज्यदेवेनवचनंश्रावितस्तदा ९४

इत्यर्थः ७५ सोऽहमिति सोहंऽनिवृत्तिमार्गरूपश्चात्यंतिकीनिवृत्तिरात्ममात्रावशेषैवेत्यात्मैवनिवृत्तिरूपःपंथाःसक्रियावतांपुनरावृत्तिमतांदुर्लभःपुनरावृत्तिदुर्लभःमध्यमपदलोपीसमासः मार्गद्वैविध्यादिकमुपसं हरति योयथेति ७६ एषलोकगुरुरित्यादिस्पष्टार्थं ७७ । ७८ । ७९ । ८० । ८१ । ८२ । ८३ । ८४ । ८५ । ८६ । ८७ । ८८ । ८९ । ९० । ९१ । ९२ । ९३ । ९४ ।

९५ । ९६ । एवमुक्त्वेत्यादिव्यासवाक्यं ९७ प्रश्नानांक्रमेणोत्तराण्युक्त्वोपसंहरति एवमेषइत्यादिना ९८ । ९९ भक्त्यतिशयात्प्रश्नोत्तरमुक्त्वास्मृतंपरमात्मानंस्तौति सआदिरिति । धातादधातिधारयतिपोषयतिवा धेयंधारणीयंपोषणीयंच १०० नाम्नांनिर्वचनंतुस्वयमेवकरिष्यतीतिनव्याख्यायंते १ । २ । ३ । ४ । ५ । ६ । ७ । ८ । ९ । ११० । ११ । १२ । १३ । १४ । १५ । १६ । १७ । १८ ।

॥ २५० ॥ ॥ श्रीभगवानुवाच ॥ लोककार्यगतीः सर्वास्त्वंचिंतययथाविधि ॥ धातात्वंसर्वभूतानांत्वंप्रभुर्जगतोगुरुः ९५त्वय्यावेशितभारोऽहंधृतिंप्राप्स्याम्यथांजसा ॥ यदाच सुरकार्यंतेअविषह्यंभविष्यति ९६ प्रादुर्भावंगमिष्यामितदाऽऽत्मज्ञानदेशिकः ॥ एवमुक्त्वाहयशिरास्तत्रैवांतरधीयत ९७ तेनानुशिष्टोब्रह्माऽपिस्वंलोकमाचिरा द्गतः ॥ एवमेषमहाभागपद्मनाभःसनातनः ९८ यज्ञेष्वग्रहरःप्रोक्तोयज्ञधारीचनित्यदा ॥ निवृत्तिंचास्थितोधर्मंगतिमक्षयधर्मिणाम् ॥ प्रवृत्तिधर्मान्विदधेकृत्वा लोकस्यचित्रताम् ९९ सआदिःसमध्यःसचांतःप्रजानांसधातासधेयंसकर्तासकार्यम् ॥ युगांतेप्रसुप्तःसुसंक्षिप्यलोकान्युगादौप्रबुद्धोजगद्ध्युत्ससर्ज १०० तस्मै नमध्वंदेवायनिर्गुणायमहात्मने ॥ अजायविश्वरूपायधाम्नेसर्वदिवौकसाम् १ महाभूताधिपतयेरुद्राणांपतयेतथा ॥ आदित्यपतयेचैववसूनांपतयेतथा २ अश्वि भ्यांपतयेचैवमरुतांपतयेतथा ॥ वेदयज्ञाधिपतयेवेदांगपतयेऽपिच ३ समुद्रवासिनेनित्यंहरयेमुंजकेशिने ॥ शांतायसर्वभूतानांमोक्षधर्मानुभाषिणे ४ तपसां तेजसांचैवपतयेयशसामपि ॥ वचसांपतयेनित्यंसरितांपतयेतथा ॥ कपर्दिनेवराहायएकशृंगायधीमते ॥ विवस्वतेऽश्वशिरसेचतुर्मूर्तिधृतेसदा ॥ गुह्यायज्ञान दृश्यायअक्षरायक्षरायच ॥ एषदेवःसंचरतिसर्वत्रगतिरव्ययः ७ एषचैतत्परंब्रह्मज्ञेयोविज्ञानचक्षुषा ॥ एवमेतत्पुराहष्टंमयावैज्ञानचक्षुषा ८ कथितंतच्चवैसर्वंम यापृष्टेनतत्त्वतः ॥ क्रियतांमद्वचःशिष्याःसेव्यतांहरिरीश्वरः ॥ गीयतांवेदशब्दैश्चपूज्यतांचयथाविधि ९ ॥ वैशंपायनउवाच ॥ इत्युक्तास्तुवयंतेनवेदव्यासे नधीमता ॥ सर्वेशिष्याःसुतश्चास्यशुकःपरमधर्मवित् ११० सचास्माकमुपाध्यायःसहास्माभिर्विशांपते ॥ चतुर्वेदोद्गताभिस्तमृग्भिःसमभितुष्टुवे ११ एतत्ते सर्वमाख्यातंयन्मांत्वंपरिपृच्छसि ॥ एवंमेऽकथयद्राजन्पुराद्वैपायनोगुरुः १२ यश्चेदंशृणुयान्नित्यंयश्चैनंपरिकीर्तयेत् ॥ नमोभगवतेकृत्वासमाहितमतिर्नरः १३ भवत्यरोगोमतिमान्बलरूपसमन्वितः ॥ आतुरोमुच्यतेरोगाद्बद्धोमुच्येतबंधनात् १४ कामान्कामीलभेत्कामंदीर्घंचायुरवाप्नुयात् ॥ ब्राह्मणःसर्ववेदीस्यात्क्ष त्रियोविजयीभवेत् १५ वैश्योविपुललाभःस्याच्छूद्रःसुखमवाप्नुयात् ॥ अपुत्रोलभतेपुत्रंकन्याचैवेप्सितंपतिम् १६ लग्नगर्भाविमुच्येतगर्भिणीजनयेत्सुतम् ॥ वंध्याप्रसवमाप्नोतिपुत्रपौत्रसमृद्धिमतम् १७ क्षेमेणगच्छेदध्वानमिदंयःपठतेपथि ॥ योयंकामंकामयतेसतमाप्नोतिचध्रुवम् १८ इदंमहर्षेर्वचनंविनिश्चितं महात्मनःपुरुषवरस्यकीर्तितम् ॥ समागमंचर्षिदिवौकसामिमंनिशम्यभक्ताःसुसुखंलभन्ते ११९ ॥ ॥ इतिश्रीमहाभारतेशांतिपर्वणिमोक्षधर्मपर्वणिनारा यणीयेचत्वारिंशदधिकत्रिशततमोऽध्यायः ॥ ३४० ॥ ॥ २५० ॥

इति शांतिपर्वणि मोक्षधर्मपर्वणि नीलकंठीये भारतभावदीपे चत्वारिंशदधिकत्रिशततमोऽध्यायः ॥ ३४० ॥

अस्तौषीदिति । निरुक्तंनिर्वचनं १ । २ गुणकर्मजंगुणःसर्वज्ञत्वादिस्तज्जं कर्मजगत्सृष्ट्यादितज्जं ३ । ४ । ५ । ६ । ७ । ८ । ९ । १० । ११ । १२ अष्टादशगुणंसत्वं । 'प्रीतिःप्राकाश्यमुद्रेकोलघुतासुखमेवच । अकार्पण्यमसंरंभःसंतोषःश्रद्दधानता ।। क्षमाधृतिरहिंसाचशौचमक्रोधएवच ।। आर्जवंसमतासत्यमनसूयातथैवच'इति तत्तद्गुणोपाधिःप्रीत्यादिशब्दितोभवतीतिगौणनामानिर्वचनं

।। जनमेजयउवाच ।। अस्तौषींद्यैरिमंव्यासःसशिष्योमधुसूदनम् ।। नामाभिर्विविधैरेषांनिरुक्तंभगवन्मम १ वक्तुमर्हसिशुश्रूषोःप्रजापतिपतेर्हरेः ।। श्रुत्वाभवेयं
यत्पूतःशरच्चंद्रइवामलः २ ।। वैशंपायनउवाच ।। शृणुराजन्यथाऽऽचष्टफाल्गुनस्यहरिःप्रभुः ।। प्रसन्नात्माऽऽत्मनोनाम्नांनिरुक्तंगुणकर्मजम् ३ नामाभिःकीर्ति
तैस्तस्यकेशवस्यमहात्मनः ।। पृष्टवान्केशवंराजन्फाल्गुनःपरवीरहा ४ ।। अर्जुनउवाच ।। भगवन्भूतभव्येशसर्वभूतसृगव्यय ।। लोकधामजगन्नाथलोकानामभ
यप्रद ५ यानिनामानितेदेवकीर्तितानिमहार्षिभिः ।। वेदेषुसपुराणेषुयानिगुह्यानिकर्मभिः ६ तेषांनिरुक्तंत्वत्तोऽहंश्रोतुमिच्छामिकेशव ।। नह्यन्योवर्णयेन्नाम्नांनि
रुक्तंत्वामृतेप्रभो ७ ।। श्रीभगवानुवाच ।। ऋग्वेदेसयजुर्वेदेतथैवाथर्वसामसु ।। पुराणेसोपनिषदेतथैवज्योतिषेऽर्जुन ८ सांख्येचयोगशास्त्रेचआयुर्वेदेतथैवच ।।
बहूनिममनामानिकीर्तितानिमहार्षिभिः ९ गौणानितत्रनामानिकर्मजानिचकानिचित् ।। निरुक्तंकर्मजानांत्वंशृणुष्वप्रयतोऽनघ १० कथ्यमानंमयाताततत्वंहिमे
ऽर्द्धंस्मृतःपुरा ।। नमोऽतियशसेतस्मैदेहिनांपरमात्मने ११ नारायणायविश्वायनिर्गुणायगुणात्मने ।। यस्यप्रसादजोब्रह्मारुद्रश्चक्रोधसंभवः १२ योऽसौयोनि
र्हिसर्वस्यस्थावरस्यचरस्यच ।। अष्टादशगुणंयत्तत्सत्वंसत्ववतांवर १३ प्रकृतिःसापरामह्यंरोदसीयोगधारिणी ।। ऋतासत्याऽमराऽजय्यालोकानामात्मसंज्ञिता
१४ तस्मात्सर्वाःप्रवर्तन्तेसर्गप्रलयविक्रियाः ।। तपोयज्ञश्चयष्टाचपुराणःपुरुषोविराट् १५ अनिरुद्धइतिप्रोक्तोलोकानांप्रभवाप्ययः ।। ब्राह्मेरात्रिक्षयेप्राप्तेतस्यह्य
मिततेजसः १६ प्रसादात्प्रादुरभवत्पद्मंपद्मनिभेक्षण ।। ततोब्रह्मासमभवत्सतस्यैवप्रसादजः १७ अह्नःक्षयेललाटाच्चसुतोदेवस्यवैतथा ।। क्रोधाविष्टस्यसंजज्ञेरुद्रः
संहारकारकः १ एतौद्वौविबुधश्रेष्ठौप्रसादक्रोधजावुभौ ।। तदादेशितपंथानौसृष्टिसंहारकारकौ १९ निमित्तमात्रंतावत्रसर्वप्राणिवरप्रदौ ।। कपर्दीजटिलोमुंडःश्म
शानगृहसेवकः २० उग्रव्रतचरोरुद्रोयोगीपरमदारुणः ।। दक्षक्रतुहरश्चैवभगनेत्रहरस्तथा २१ नारायणात्मकोज्ञेयःपांडवेययुगेयुगे ।। तस्मिन्हिपूज्यमानेवैदेवदे
वेमहेश्वरे २२ संपूजितोभवेत्पार्थदेवोनारायणःप्रभुः ।। अहमात्माहिलोकानांविश्वेषांपांडुनंदन २३ तस्मादात्मानमेवाग्रेरुद्रंसंपूजयाम्यहम् ।। यद्यहंनार्चयेयं
वैईशानंवरदंशिवम् २४ आत्मानंनार्चयेत्कश्चिदितिमेभावितात्मनः ।। मयाप्रमाणंहिकृतंलोकःसमनुवर्तते २५ प्रमाणानिहिपूज्यानिततस्तंपूजयाम्यहम् ।।
यस्तंवेत्तिसमांवेत्तियोऽनुतंसहिमामनु २६

१३ साऽष्टादशगुणमयीमह्यंममपरप्रकृतिःस्वरूपं रोदसीद्यावापृथिव्यात्मिका योगेनलोकान्धारयतीतियोगधारिणी ऋताकर्मफलभूताब्रह्मलोकांता सत्याअबाधितचिन्मात्ररूपा १४ तस्मात्ऋताद्यात्मकात्परमात्मन्यध्यस्तात्सत्वात् तपआदिरूपोऽनिरुद्धएव १५ । १६ । १७ । १८ । १९ १० । २१ । २२ । २३ । १४ । २५ । २६

२७ । २८ । २९ । ३० । ३१ । ३८ । चतुर्विधाःआर्तोजिज्ञासुरर्थार्थीज्ञानीचेतिगीतोक्ताः ३३ अन्याआत्मातिरिक्तादेवताऽस्यास्तीत्यन्यदेवतःतथाचश्रुतिः । 'अथयोऽन्यांदेवतामुपास्तेऽन्योऽसावन्योऽहमस्मीतिनसवेदयथापशुरेवसदेवानां,इतिअन्योपास्तिंनिंदति अनन्याऽऽत्मैवदेवतायेषां । आत्मेत्येवोपासीतेत्यादिश्रुतेः । तेज्ञानिनइत्यर्थः ३४ । ३५ । ३६ । ३७ । ३८ प्रतिज्ञातंनामनिर्वचनंकरोति नराणामित्यादिना नराजीवाःबिंबेप्रतिबिंबमिवयत्राध्यस्ताःअतस्तेषामयनंनरायणःस्वार्थेतद्धितइत्येकोऽर्थः दर्पणादिस्वच्छंद्रव्यंप्राप्यरविरश्मिवत्प्रतिस्रोतःप्रवृत्तैर्नयनरश्मिभिर्ग्रीवास्थमेवमुखंपूर्वप्रवृत्तपराक्संस्कारात्प्रत्यङ्मुखत्वाद्युपाधिधर्मविशिष्टंगृह्यते । अन्यथाऽत्यंताननुभूतपुरुषादिदर्शनंदर्पणेनस्यात् तद्विषयकसंस्काराभावात् । योऽयंदर्पणेदृष्टःसएवायमित्यबाधितप्रत्यभिज्ञाबलाच्चनदर्पणेभिन्नमुखाध्यासइतिव्युत्पादितंवेदांतकतकेऽस्माभिः । श्रुतिश्चईशजीवयोर्बिंबप्रतिबिंबभावंदर्शयति । 'यथाह्ययंज्योतिरात्माविवस्वानपोभिन्नाबहुधैकोऽनुगच्छन् ॥ उपाधिनाक्रियतेभेदरूपोदेवःक्षेत्रेष्वेवमजोऽयमात्मा'इति । तस्मा

रुद्रोनारायणश्चैवसत्वमेकंद्विधाकृतम् ॥ लोकेचरतिकौन्तेयव्यक्तिस्थंसर्वकर्मसु २७ नहिमेकेनचिद्देयोवरःपांडवनंदन ॥ इतिसंचिंत्यमनसापुराणंरुद्रमीश्वरम् २८ पुत्रार्थमाराधितवानयमात्मानमात्मना ॥ नहिविष्णुःप्रणमतिकस्मैचिद्विबुधायच २९ ऋतेआत्मानमेवेतिततोरुद्रंभजाम्यहम् ॥ सब्रह्मकाःसरुद्राश्चसेंद्रादेवाःसहर्षिभिः ३० अर्चयंतिसुरश्रेष्ठंदेवंनारायणंहरिम् ॥ भविष्यतांवर्ततांचभूतानांचैवभारत ३१ सर्वेषामग्रणीर्विष्णुःसेव्यःपूज्यश्चनित्यशः ॥ नमस्वहव्यदंविष्णुंतथाशरणदंनमः ३२ वरदंनमस्वकौन्तेयहव्यकव्यभुजंनमः ॥ चतुर्विधाममजनाभक्ताएवहिमेश्रुतम् ३३ तेषामेकांतिनःश्रेष्ठायेचैवानन्यदेवताः ॥ अहमेवगतिस्तेषांनिराशीःकर्मकारिणाम् ३४ येचशिष्टास्त्रयोभक्ताःफलकामाहितेमताः ॥ सर्वेच्यवनधर्मास्तेप्रतिबुद्धस्तुश्रेष्ठभाक् ३५ ब्रह्माणंशितिकंठंचयाश्चान्यादेवताःस्मृताः ॥ प्रबुद्धचर्याःसेवंतोमामेवैष्यंतियत्परम् ३६ भक्तंप्रतिविशेषस्तेएषपार्थानुकीर्तितः ॥ त्वंचैवाहंचकौन्तेयनरनारायणौस्मृतौ ३७भारावतरणार्थंतुप्रविष्टौमानुषींतनुम् ॥ जानाम्यध्यात्मयोगांश्चयोऽहंयस्माच्चभारत ३८ निवृत्तिलक्षणोधर्मस्तथाऽभ्युदयिकोऽपिच ॥ नराणामयनंख्यातमहमेकःसनातनः ३९ आपोनाराइतिप्रोक्ताआपोवैनरसूनवः ॥ अयनंममतत्पूर्वमतोनारायणोह्यहम् ४० छादयामिजगद्विश्वंभूत्वासूर्यइवांशुभिः ॥ सर्वभूताधिवासश्चवासुदेवस्ततोह्यहम् ४१ गतिश्चसर्वभूतानांप्रजनश्चापिभारत ॥ व्याप्तामेरोदसीपार्थकांतिश्चाभ्यधिकामम ४२

द्बिंबचैतन्येऽध्यस्तस्यजीवाख्यप्रतिबिंबस्याविद्यादर्पणापनयेतत्रैवविलयइतियुक्तं ३९ तस्यनारायणत्वेनिर्वचनांतरमाह आपइति । नरोजीवस्तदविद्याकल्पितमंबुप्रधानत्वादापःपुरुषवचसोभवंतीतिश्रुतेश्चापइतिशरीरमुच्यते तदस्यपूर्वमयनंप्रवेशस्थानं । उपाधिसृष्टिसमकालंहिघटाकाशवदुपाधौचितेःप्रवेशः । उपाध्यभिमानानंतरंचजीवत्वमितिविवेकः । अतउक्तंममतत्पूर्वमयनमिति ४० वासयत्याच्छादयतिविश्वंवसत्यस्मिन्विश्वमितिवावासुः वसआच्छादनेवसनिवासेइत्यनयोरूपे सचासौदेवश्चेतिवासुदेवइत्यर्थः । एतेन'ईशावास्यमिदंसर्वं कर्माध्यक्षःसर्वभूताधिवासः'इतिश्रुत्योरर्थःसंगृहीतः ४१ विच्छगतौतुदादिः विच्छदीप्तौचुरादिः विषुसेचनेभ्वादिः विष्लृव्याप्तौजुहोत्यादिः विशप्रवेशनेतुदादिः ष्णुप्रस्रवणेऽदादिः एतेषामन्यतमस्यरूपंविष्णुरित्यभिप्रेत्याह गतिरिति । विच्छंतिगच्छंतिलीयंतेऽस्मिन्विच्छंत्यस्माल्लोकाइतिवावेवेष्टिव्याप्नोतीतिवाविच्छयतिदीप्यतइतिवा ४२

अधिभूतानिसर्वाणिप्राणिजातानिदिव्यादिव्यान्यंतेषुदेहावसानेषुयद्ब्रह्मइ च्छन् ऐच्छन् अडभावआर्षः इच्छितवंति तदस्मिसर्वकामप्रपूरकमिति विशेषेणस्नौतिप्रस्रवतिकामक्षीरमितिवाचकारात्सिंचतिजीवनंप्रविशति हृदयंकामविकार्यमितिवाविष्णुरित्यर्थः । एतेन 'गच्छंत्यस्मिन्नागच्छंतिचयस्मात्प्रजाः । येनावृतंखंचदिवंमहींचतस्यभासासर्वमिदंविभाति । यदिच्छंतोब्रह्मचर्यंचरंतितद्धावतोऽन्यानत्येतीति । अन्नादोवसुदानः' इत्यादिश्रुत्यर्थउक्तः ४३ दमनंदामस्तेनउदुत्कर्षेणऋच्छान्तिप्राप्नुवंतिस्वर्गादिकंयस्मादितिदामोदरइत्याभिप्रेत्याह दमादिति ४४ पृच्छंत्येनंजिज्ञासवोधर्मजातमितिपृच्छंत्येनंक्षुधितादयइतिवापृश्निर्वेदोऽन्नादिवागर्भो गर्भस्थान्यतःपृश्निगर्भोऽहमित्यर्थः ४४ ऋषयइतिद्वावेतन्नामजपफलमाहतुः ४६ । ४७ केशैःकेशवत्सूक्ष्मैःसूर्यादिरश्मिभिस्तद्रूपेणवावाविशच्छतीतिकेशवइत्याह सूर्यस्येति । 'यदादित्यगतंतेजोजगद्भासयतेऽखिलं ॥

अधिभूतानिचांतेषुतदिच्छंश्चास्मिभारत ॥ क्रमणाच्चाप्यहंपार्थविष्णुरित्यभिसंज्ञितः ४३ दमात्सिद्धिंपरीप्संतोमांजनाःकामयंतिह ॥दिवंचोर्वींचमध्यंचतस्मा द्दामोदरोह्यहम् ४४ पृश्निरित्युच्यतेचान्नंवेदआपोऽमृतंतथा ॥ ममैतानिसदागर्भःपृश्निगर्भस्ततोह्यहम् ५५ ऋषयःप्राहुरेवंमांत्रितंकूपनिपातितम् ॥ पृश्निगर्भ त्रितंपाहीत्येकतद्वितपातितम् ४६ ततःसब्रह्मणःपुत्रआद्योहृषिवरस्त्रितः ॥ उत्ततारोपपानाद्वैपृश्निगर्भानुकीर्तनात् ४७ सूर्यस्यतपतोलोकानग्नेःसोमस्य चाप्युत ॥ अंशवोयत्प्रकाशन्तेममैतेकेशसंज्ञिताः ४८ सर्वज्ञाःकेशवंतस्मान्मामाहुर्द्विजसत्तमाः ॥ स्वपत्न्यामाहितोगर्भउतथ्येनमहात्मना ४९ उतथ्येऽन्त र्हितेचैवकदाचिद्देवमायया ॥ बृहस्पतिरथाविंदत्पत्नींतस्यमहात्मनः ५० ततोवैतमृषिश्रेष्ठंमैथुनोपगतंतथा ॥ उवाचगर्भःकौन्तेयपंचभूतसमन्वितः ५१ पूर्वागतोऽहंवरदनार्हस्यंबांप्रबाधितुम् ॥ एतद्बृहस्पतिःश्रुत्वाचुक्रोधचशशापच ५२ मैथुनायागतोयस्मात्त्वयाऽहंविनिवारितः ॥ तस्मादंधोयास्यसित्वं मच्छापान्नात्रसंशयः ५३ सशापादृषिमुख्यस्यदीर्घंतमउपेयिवान् ॥ सहिदीर्घतमानामनाम्नाह्यासीदृषिःपुरा ५४ वेदानवाप्यचतुरःसांगोपांगान्सनात नान् ॥ प्रयोजयामासतदानामगुह्यमिदंमम ५५ आनुपूर्व्येणविधिनाकेशवेतिपुनःपुनः ॥ सचक्षुष्मान्समभवद्गौतमश्चाभवत्पुनः ५६ एवंहिवरदंनाम केशवेतिममार्जुन ॥ देवानामथसर्वेषामृषीणांचमहात्मनाम् ५७ अग्निःसोमेनसंयुक्तएकयोनित्वमागतः ॥ अग्नीषोममयंतस्माज्जगत्कृत्स्नंचराचरम् ५८ अपिहिपुराणेभवतिएकयोन्यात्मकावग्नीषोमौदेवाश्चाग्निमुखाइति ॥ एकयोनित्वाच्चपरस्परमर्हन्तोलोकान्धारयंतइति ५९ ॥ इतिश्रीमहाभारतेशांति पर्वणिमोक्षधर्मपर्वणिनाराणीयेएकचत्वारिंशदधिकत्रिशततमोध्यायः ॥ ३४१॥

यच्चंद्रमसियच्चाग्नौतत्तेजोविद्धिमामकं' इतिभगवद्वचनार्थःकेशवपदव्युत्पत्त्युक्त्यासिद्धः ४८ केशवशब्दजपफलमंधस्यचक्षुःप्राप्तिरित्याह स्वपत्न्यामित्यादिना ४९ । ५० । ५१ । ५२ । ५३ । ५४ । ५५ गोतमःगोशब्दे नचक्षुरुच्यते चक्षुष्मत्तमइत्यर्थः ५६ तापनादाप्यायनाच्चलोकंहर्षयतइतिहृषीअग्नीषोमौजाठरान्नरूपौतौकेशाइवकेशायस्येतिहृषीकेशइत्येतमर्थंव्युत्पादयितुमग्नीषोमयोर्भोक्तृभोग्ययोरेकयोनित्वमाह देवानामि त्यादिना ५७ । ५८ एकयोनित्वंविनाभोक्तृभोग्यभावासंभवः अन्यथावायय्वग्नियोन्योःस्पर्शचक्षुषोरपिभोग्यभोक्तृभावःस्यादित्याशयेनाह परस्परमर्हंतइति भोक्तृभोग्यत्वमित्तिशेषः ५९ ॥ ॥ इति शांतिपर्वणि मोक्षधर्मपर्वणि नीलकंठीये भारतभावदीपे एकचत्वारिंशदधिकत्रिशततमोऽध्यायः ॥ ३४१ ॥

अग्नीषोमावीति १ तेजोद्भवंसंधिराषेः २ संप्रक्षालनकालेप्रलयकाले चतुर्युगानांसहस्रांतदन्तेजलैकार्णवेसलिलवच्छिदेकसमुद्रे ३ आपइत्येवमिति सलिलएकोद्रष्टाऽद्वैतोभवतीतिश्रुतौब्रह्मभूतस्याऽप्पर्यायसलिलशब्देनो
पादानात् एकार्णववदद्वितीयेइत्यर्थः प्रतिष्ठितेस्वमहिम्नीतिशेषः४ 'नरात्र्यांअह्नआसीत्प्रकेतः नासदासीन्नोसदासीत्तदानीं नासीद्रजोनोव्योमापरोऽयत्'इत्येतावतःश्रुतिभागस्यार्थंसंगृह्णाति नवैरात्र्यामिति सतिप्रधाने
असतिशून्येव्यक्तेपरमाण्वादौ अव्यक्तेमायाशबलेपरव्योमाख्ये ५ एवंनिर्विशेषसन्मात्रेब्रह्मणिव्यवस्थितेसत्यनिर्वचनीयात्तमसःसृष्टिमाह एवमस्यामित्यादिना नारायणगुणानामैश्वर्यादीनामाश्रयादजरामरत्वंभू
ताकाशेऽस्ति। नतुतस्यश्रोत्रेंद्रियात्मनोनिरिंन्द्रियत्वमस्तीत्यतउक्तमनिंद्रियादिति। तदपिकालेऽस्तीत्यतआह अग्राह्यादिति कालस्यापिषडिंद्रियवेद्यत्वमस्ति इदानींघटंपश्यामीत्याद्यनुभवात् । विशिष्टप्रत्यक्षस्यचवि
शेषणप्रत्यक्षंविनाऽसंभवादित्यर्थः । अथवातार्किकाभिमतमनःप्रत्यक्षात्प्रव्यावृत्त्यर्थमिदं । तटस्थेश्वरेवारणार्थमाह असंभवादिति। तस्यहिक्षित्यादिकंसकर्तृकंकार्यत्वात्संमतवदित्यनुमानतःसंभवोऽस्ति । नचै

॥ अर्जुनउवाच ॥ अग्नीषोमौकथंपूर्वमेकयोनीप्रवर्तितौ ॥ एषमेसंशयोजातस्तंछिंधिमधुसूदन १॥ श्रीभगवानुवाच ॥ हंततेवर्तयिष्यामिपुराणंपांडुनंदन ॥ आ
त्मतेजोद्भवंपार्थशृणुष्वैकमनाममम २ संप्रक्षालनकालेऽतिक्रांतेचतुर्युगसहस्रांते ॥ अव्यक्तेसर्वभूतेप्रलयेसर्वभूतस्थावरजंगमे ॥ ज्योतिर्धरणिवायुरहितेअंधेतमसि
जलैकार्णवेलोके ३ आपइत्येवंब्रह्मभूतसंज्ञकेऽद्वितीयेप्रतिष्ठिते ४ नवैरात्र्यांनदिवसेनसतिनासतिनव्यक्तेनचाप्यव्यक्तेव्यवस्थिते ५ एवमस्यांव्यवस्थायांनाराय
णगुणाश्रयादजरामरादनिंद्रियादग्राह्यादसंभवात्सत्यादहिंस्राल्ललामाद्विविधप्रवृत्तिविशेषादवैरादक्षयादमरादजरादमूर्तितःसर्वव्यापिनःसर्वकर्तुःशाश्वतस्तम
सःपुरुषःप्रादुर्भूतोहरिरव्ययः६निदर्शनमपिह्यत्रभवति ७ नासीदहोनरात्रिरासीन्नसदासीन्नासदासीत्तमएवपुरस्तादभवद्विश्वरूपम्॥ साविश्वरूपस्यरजनीहिए
वमस्यार्थोऽनुभाष्यः ८तस्येदानींतमसःसंभवस्यपुरुषस्यब्रह्मयोनेर्ब्रह्मणःप्रादुर्भावेसपुरुषःप्रजाःसिसृक्षमाणोनेत्राभ्यामग्नीषोमौससर्ज ॥ ततोभूतसर्गेषुसृष्टेषु
प्रजाक्रमवशाद्ब्रह्मक्षत्रमुपातिष्ठत्॥ यःसोमस्तद्ब्रह्मयद्ब्रह्मतेब्राह्मणायोऽग्निस्तत्क्षत्रंक्षत्राद्ब्रह्मबलवत्तरम्॥ कस्मादितिलोकप्रत्यक्षगुणमेतत्तद्यथा॥ ब्राह्मणेभ्यःपरंभूतं
नोत्पन्नपूर्वंदीप्यमानेऽग्नौजुहोतियोब्राह्मणमुखेजुहोतीतिकृत्वांब्रवीमिभूतसर्गःकृतोब्रह्मणाभूतानिचप्रतिष्ठाप्यत्रैलोक्यंधार्यतइतिमंत्रवादोऽपिहिभवति ९

तत्तथाऽस्यजडत्वाभ्युपगमात् सत्यात्व्यवहारतइतिशेषः । नतुपरीक्षातःसत्यत्वमस्यास्ति तत्र हेतुःअहिंस्रादिति स्वप्नव्याघ्रोहिनिद्रादोषेणोपप्लुतंभीषयत्येवनतुहिनस्तितद्वदेतत् सत्यत्वेअहिंस्रत्वंनोपपद्येतेत्यर्थः ।
नन्वेवंनामांतरेणासदेवोक्तंनेत्याह ललामादिति । चिंतामणिरत्नवच्छ्रावरूपादित्यर्थः । अतएवविविधाःप्रवृत्तिविशेषायस्मात् भावरूपत्वेऽपिजडत्वात्तुच्छत्वाच्चवैरक्षयजरामृत्युमूर्तयोऽस्यनसंभवंति । ईदृशमपि
सर्वव्यापकंसर्वकर्तृचेति । शश्वद्भवमनादि पंचम्यर्थेप्रथमा तमसःसकाशाच्चिदात्माप्रादुर्भूतोव्यक्ततांगतोऽहंप्रत्ययविषयत्वंगतःहरिरव्ययः ६ निदर्शनंश्रुतिरूपंप्रमाणं ७ तदेवपठति नासीदिति तमएवपुरस्ताद
भवद्विश्वरूपमित्यस्मिन्नर्थेश्रुत्यंतरमप्यस्ति । 'तमआसीत्तमसागूळ्हमग्रेऽप्रकेतंसलिलंसर्वमाइदं तुच्छ्येनाभ्वपिहितंयदासीत्तमसस्तन्महिनाजायतैकं'इति एषाश्रुतिःप्राग्व्याख्याता एवमस्यार्थोऽनुभाष्यःअग्नीषोमयो
रेकयोनित्वंभाषितमेवशुद्धात्मावशेषोक्त्या पुनरप्यनुभाष्यःहरिप्रभवत्वेनेत्यर्थः ८ तदेवाहतस्येदानीमित्यादिना सपुरुषः ब्रह्मणाब्राह्मणेन मंत्रवादोऽपिब्राह्मणमाहात्म्यप्रख्यापकः ९

हेअग्नेत्वंदेवादीनांहितोऽसियतस्त्वंयज्ञानांहोताहोत्वस्वरूपोऋत्विगसि होतृत्वेनाग्निंस्तुवन्नाग्नितोऽपिहोताब्राह्मणोऽधिकइतिदर्शितं १० संक्षिप्यमंत्रंव्याचष्टे निदर्शनामिति ११ विस्तरेणव्याचष्टेअग्निर्हीति होताऋत्विक् कर्तायजमानःउभौहोतृशब्दार्थःउभयरूपीअग्निर्ब्रह्मब्राह्मणः १२ ब्राह्मणस्यवेदधारित्वेनब्रह्मभावमुपपादयति नहीत्यादिना १३ अग्नाविति अग्नौहुतेसातिब्राह्मणोनतृप्यतिब्राह्मणमुखेहुतंचेदग्न्यादयोदेवता

त्वमग्नेयज्ञानांहोताविश्वेषांहितोदेवानांमानुषाणांचजगतइति १० निदर्शनंचात्रभवतिविश्वेषामग्नेयज्ञानांत्वंहोतेति ॥ त्वंहितोदेवैर्मनुष्यैर्जगतइति ११ अग्निर्हिं यज्ञानांहोताकर्तासचाग्निर्ब्रह्म १२ नह्यृतेमंत्राणांहवनमस्तिनविनापुरुषंतपःसंभवति ॥ हविर्मन्त्राणांसंपूजाविद्यतेदेवमानुषऋषीणामनेनत्वंहोतेतितिनियुक्तः ॥ येचमानुषहोत्राधिकारास्तेचब्राह्मणस्यहियाजनंविधीयतेनक्षत्रवैश्ययोर्द्विजात्योस्तस्माद्ब्राह्मणाह्यग्निभूतायज्ञानुद्वहंति॥यज्ञास्तेदेवांस्तर्पयंतिदेवाःपृथिवींभावयंतिशतपथेऽपिहिब्राह्मणमुखेभवति १३ अग्नौसमिद्धेसजुहोतियोविद्वान्ब्राह्मणमुखेनाहुतिंजुहोति १४ एवमप्यग्निभूताब्राह्मणाविद्वांसोऽग्निंभावयंति ॥ अग्निर्विष्णुःसर्वभूतान्यनुप्रविश्यप्राणान्धारयंति १५ अपिचात्रसनत्कुमारगीताःश्लोकाभवंति ॥ ब्रह्माविश्वंसृजत्पूर्वंसर्वादिर्निरवस्कृतम् ॥ ब्रह्मघोषैर्दिवंगच्छंत्यमराब्रह्मयोनयः १६ ब्राह्मणानांमतिर्वाक्यंकर्मश्रद्धातपांसिच ॥ धारयंतिमहींद्यांचशैक्योवागमृतंतथा १७ नास्तिसत्यात्परोधर्मोनास्तिमातृसमोगुरुः॥ ब्राह्मणेभ्यःपरंनास्तिप्रेत्यचेहचभूतये १८ नैषामुक्षावहतिनोतवाहानगर्गरोमथ्यतिसंप्रदाने ॥ अपध्वस्तादस्युभूताभवंतियेषांराष्ट्रेब्राह्मणावृत्तिहीनाः १९ वेदपुराणेतिहासप्रामाण्यान्नारायणमुखोद्गताःसर्वात्मानःसर्वकर्तारःसर्वभावाश्चब्राह्मणाश्च २० वाक्संयमकालेहितस्यवरप्रदस्यदेवदेवस्यब्राह्मणाःप्रथमंप्रादुर्भूताब्राह्मणेभ्यश्चशेषावर्णाःप्रादुर्भूताः २१ इत्थंचसुरासुरविशिष्टाब्राह्मणायएवमयाब्रह्मभूतेनपुरास्वयमेवोत्पादिताःसुरासुरमहर्षयोभूतविशेषाःस्थापितानिगृहीताश्च २२ अहल्याधर्षणनिमित्तंहिगौतमाद्धरिश्मश्रुतामिंद्रःप्राप्तः ॥ कौशिकनिमित्तंचेंद्रोमुष्कवियोगंमेषवृषणत्वंचावाप २३ अश्विनोर्ग्रहप्रतिषेधोद्यतवज्रस्यपुरंदरस्यच्यवनेनस्तंभितौबाहू २४ क्रतुवधप्राप्तमन्युनाचदक्षेणभूयस्तपसाचात्मानंसंयोज्यनेत्राकृतिरन्याललाटेरुद्रस्योत्पादिता २५ त्रिपुरवधार्थंदीक्षामुपगतस्यरुद्रस्यउशनसाजटाःशिरसउत्कृत्यप्रयुक्तास्ततःप्रादुर्भूताभुजगास्तैरस्यभुजगैःपीड्यमानःकंठोनीलतामुपगतः ॥ पूर्वेचमन्वंतरेस्वायंभुवेनारायणहस्तग्रहणान्नीलकंठत्वमेवच २६ अमृतोत्पादनपुरश्चरणतामुपगतस्यांगिरसोबृहस्पतेरुपस्पृशतोनप्रसादंगतवत्यःकिलापः ॥ अथबृहस्पतिरपांचुक्रोधयस्मान्ममोपस्पृशतःकलुषीभूतानचप्रसादमुपगतास्तस्माद्द्यप्रभृतिझषमकरकच्छपजन्तुभिःकलुषीभवितेति ॥ तदाप्रभृत्याऽऽपोयादोभिःसंकीर्णाःसंप्रवृत्ताः २७

ब्राह्मणशरीरंप्रविश्यधारयंत्यतस्तत्पृथ्यात्प्यंवीतिशतपथवाक्यार्थः १४।१५।१६ शैक्यइवशैक्यःशिक्यसमुदायःयथाशिक्यंगव्यादीन्धारयति एवंब्राह्मणोमत्यादीनीत्यर्थः१७।१८ गर्गरोदधीक्षुतैलादिनिपीडनयंत्रं येषांराज्ञांकृष्यादिहीनत्वाचादृशाराजानोनष्टाश्चोराश्चभवंतीत्यर्थः १९ । २० । २१ । २२ । २३ । २४ । २५ । २६ । २७

विश्वरूपोहि वैत्वाष्ट्रःपुरोहितोदेवानामासीत् ॥ स्वस्रीयोऽसुराणांसप्रत्यक्षंदेवेभ्योभागमदात्परोक्षमसुरेभ्यः २८ अथहिरण्यकशिपुंपुरस्कृत्यविश्वरूपमातरंस्व
सारमसुरावरमयाचंतहेस्वसरयंतेपुत्रस्त्वाष्ट्रोविश्वरूपस्त्रिशिरादेवानांपुरोहितःप्रत्यक्षंदेवेभ्योभागमदात्परोक्षमस्माकंततोदेवावर्धन्तेवयंक्षीयामस्तदेनंत्वंवारयि
तुमर्हसितथायथाऽस्मान्भजेदिति २९ अथविश्वरूपंनंदनवनमुपगतंमातोवाचपुत्रकिंपरपक्षवर्धनस्त्वंमातुलपक्षंनाशयसि ॥ नार्हस्येवंकर्तुमितिसाविश्वरूपोमा
तुर्वाक्यमनतिक्रमणीयमितिमत्वासंपूज्यहिरण्यकशिपुमगात् ३० हैरण्यगर्भाच्चवसिष्ठाद्धिरण्यकशिपुःशापंप्राप्तवान्यस्मात्त्वयाऽन्योवृतोहोतातस्मादसमाप्तय
ज्ञस्त्वमपूर्वात्सत्वजाताद्वधंप्राप्स्यसीतितच्छापदानाद्धिरण्यकशिपुःप्राप्तवान्वधम् ३१ अथविश्वरूपोमातृपक्षवर्धनोऽत्यर्थंतपस्यभवत्तस्यव्रतभंगार्थमिंद्रोबह्वीः
श्रीमत्योऽप्सरसोनियुयोजताश्चदृष्ट्वामनःक्षुभितंतस्याभवत्तासुचाप्सरःसुनचिरादेवसक्तोऽभवत्स कंचैनंज्ञात्वाअप्सरसऊचुर्गच्छामहेवयंयथागतमिति ३२
तास्त्वाष्ट्रउवाचक्वगमिष्यथास्यतांतावन्मयासहश्रेयोभविष्यतीतितास्तमब्रुवन्वयंदेवस्त्रियोऽप्सरसइंद्रंदेवंवरदंपुराप्रभविष्णुंवृणीमहइति ३३ अथताविश्वरूपो
ऽब्रवीदद्यैवसेंद्रादेवानभविष्यंतीतिततोमंत्रान्जजापतैर्मन्त्रैरवर्धतत्रिशिराएकेनास्येनसर्वलोकेषुयथावद्द्विजैःक्रियावद्भिर्यज्ञेषुसुहुतंसोमंपपावेकेनान्नमेकेनसेंद्रा
न्देवानथेन्द्रस्तंविवर्धमानंसोमपानाप्यायितसर्वगात्रंदृष्ट्वाचिंतामापेदेसहदेवैः ३४ तेदेवाःसेंद्राब्रह्माणमभिजग्मुस्तऊचुर्विश्वरूपेणसर्वयज्ञेषुसुहुतःसोमःपीयते
वयमभागाःसंवृत्ताअसुरपक्षोवर्धतेवयंक्षीयामस्तदर्हसिनोविधातुंश्रेयोऽनंतरमिति ३५ तान्ब्रह्मोवाचऋषिर्भार्गवस्तपस्तप्यतेदधीचःसयाच्यतांवरंसयथाकलेवरं
जह्यात्तथाविधीयतांतस्यास्थिभिर्वज्रंक्रियतामिति ३६ ततोदेवास्तत्रागच्छन्यत्रदधीचोभगवानृषिस्तपस्तेपेसेंद्रादेवास्तंतथाऽभिगम्योचुर्भगवंस्तपःसुकुशल
मभिन्नंचेति ३७ तान्दधीचउवाचस्वागतंभवद्भ्यउच्यतांकिंक्रियतामितियद्वक्ष्यथतत्करिष्यामि ३८ तेतमब्रुवन्शरीरपरित्यागंलोकहितार्थंभगवान्कर्तुमर्हतीति
३९ अथदधीचस्तथैवाविमनाःसुखदुःखसमोमहायोगीआत्मानंसमाधायशरीरपरित्यागंचकार ४० तस्यपरमात्मन्यपसृतेतान्यस्थीनिधातासंगृह्य वज्रमकरो
त्तेनवज्रेणाभेद्येनाप्रधृष्येणब्रह्मास्थिसंभूतेनविष्णुप्रविष्टेनेन्द्रोविश्वरूपंजघानाशिरसांचास्यच्छेदनमकरोत्तस्मादनंतरंविश्वरूपगात्रमथनसंभवंत्वाष्ट्रोत्पादितमे
वारिंवृत्रमिंद्रोजघान ४१ तस्यांद्वैधीभूतायांब्रह्मवध्यायांभयादिंद्रोदेवराज्यंपर्यत्यजदप्सुसंभवांचशीतलांमानससरोगतांनलिनींप्रतिपेदेतत्रचैश्वर्ययोगादणुमा
त्रोभूत्वाबिसग्रंथिंप्रविवेश ४२ अथब्रह्मवध्याभयप्रणष्टेत्रैलोक्यनाथेशचीपतौजगदनीश्वरंबभूवदेवान्रजस्तमश्चाविवेशमंत्रानप्रावर्तन्तमहर्षीणांरक्षांसिप्रादुर
भवन्ब्रह्मचोत्सादनंजगामानिंद्राश्चाबलालोकाःसुप्रधृष्याबभूवुः ४३

अथदेवाऋषयश्चायुषःपुत्रंनहुषंनामदेवराज्येऽभिषिषिचुर्नहुषःपंचाभिःशतैर्ज्योतिषांललाटेज्वलाद्भिःसर्वतेजोहरैस्त्रिविष्टपंपालयांबभूव४४अथलोकाःप्रकृतिमा
पेदिरेस्वस्थाश्चहृष्टाश्चबभूवुः४५अथोवाचनहुषःसर्वंमांशक्रोपभुक्तमुपस्थितमृतेशचीमितिसएवमुक्त्वाशचीसमीपमगमदुवाचैनांसुभगेऽहमिंद्रोदेवानांभजस्व
मामितितंशचीप्रत्युवाचप्रकृत्यात्वंधर्मवत्सलःसोमवंशोद्भवश्चनार्हसिपरपत्नीधर्षणंकर्तुमिति ४६तामथोवाचनहुषऐंद्रंपदमध्यास्यतेमयाऽहमिंद्रस्यराज्यरत्नह
रोनात्राधर्मःकश्चित्त्वमिंद्रोपभुक्तेतिसातमुवाचास्तिममकिंचिद्व्रतमपर्यवसितंतस्यावभृथेत्वामुपगमिष्यामिकैश्चिदेवाहोभिरितिसशच्यैवमभिहितोजगाम४७
अथशचीदुःखशोकार्ताभर्तृदर्शनलालसानहुषभयगृहीताबृहस्पतिमुपागच्छत्सचतामत्युद्विग्नांदृष्ट्वैवध्यानंप्रविश्यभर्तृकार्यतत्परांज्ञात्वाबृहस्पतिरुवाचानेनैवव्र
तेनतपसाचान्वितादेवींवरदामुपश्रुतिमाह्वयतदासातेइंद्रंदर्शयिष्यतीतिसाऽथमहानियमास्थितादेवींवरदामुपश्रुतिंमंत्रैराह्वयतिसोपश्रुतिःशचीसमीपमगादुवा
चचैनामियमस्मीतित्वयाऽऽहूतोपस्थिताकिंतेप्रियंकरवाणीतितांमूर्ध्नाप्रणम्योवाचशची भगवत्यर्हसिमेभर्तारंदर्शयितुंत्वंसत्याऋताचेतिसैनांमानसंसरोऽनय
त्तत्रेंद्रंबिसग्रंथिगतमदर्शयत् ४८ तामथपत्नींकृशांग्लानांचेंद्रोदृष्ट्वाचिंतयांबभूवअहोममदुःखमिदमुपगतंनष्टंहिमामियमान्विष्ययत्पत्न्यभ्यगमद्दुःखार्तेतिता
मिंद्रउवाचकथंवर्तयसीति सातमुवाचनहुषोमामाह्वयतिपत्नींकर्तुंकालश्चास्यमयाकृतइ तितामिंद्रउवाचगच्छनहुषस्त्वयावाच्योऽपूर्वेणमामृषियुक्तेनयानेनत्व
मधिरूढउद्वहस्वेति ॥ इंद्रस्यमहांतिवाहनानिसंतिमनःप्रियाण्यधिरूढानिमयात्वमन्येनोपयातुमर्हसीतिसैवमुक्ताहृष्टाजगामेंद्रोऽपिबिसग्रंथिमेवाविवेशभूयः
४९ अथेंद्राणीमभ्यागतांदृष्ट्वातामुवाचनहुषःपूर्णःसकालइतितंशच्यब्रवीच्छक्रेणयथोक्तंसमहर्षियुक्तंवाहनमधिरूढःशचीसमीपमुपागच्छत् ५०अथमैत्रावरु
णिःकुंभयोनिरगस्त्यऋषिवरोमहर्षीन्धिक्क्रियमाणांस्तान्नहुषेणापश्यत्पभ्द्यांचतमस्पृशत् ततःसनहुषमब्रवीदकार्यप्रवृत्तपापपतस्वमहींसर्पोभवयावद्भूमिर्गिरय
श्चतिष्ठेयुस्तावदितिसमहर्षिवाक्यसमकालमेवतस्माद्यानादवापतत् ५१अथानिंद्रंपुनस्त्रैलोक्यमभवत्ततोदेवाऋषयश्चभगवंतंविष्णुंशरणमिंद्रार्थेऽभिजग्मुरूचु
श्चैनंभगवन्निंद्रंब्रह्महत्याभिभूतंत्रातुमर्हसीतिततःसवरदस्तानब्रवीदश्वमेधंयज्ञंवैष्णवंशक्रोऽभियजतांततःस्वस्थानंप्राप्स्यतीतिततोदेवाऋषयश्चेंद्रंनापश्यन्यदा
तदाशचीमूचुर्गच्छसुभगेइंद्रमानयस्वेतिसापुनस्तत्सरःसमभ्यगच्छदिंद्रश्चतस्मात्सरसःप्रत्युत्थायबृहस्पतिमभिजगामबृहस्पतिश्चाश्वमेधंमहाक्रतुंशक्रायाहरवत
त्रकृष्णसारंगमेध्यमश्वमुत्सृज्यवाहनंतमेवकृत्वाइंद्रंमरुत्पतिंबृहस्पतिःस्वंस्थानंप्रापयामास ५२ ततःसदेवराड्देवैर्ऋषिभिःस्तूयमानस्त्रिविष्टपस्थोनिष्कल्मषोबभू
वहब्रह्मवध्यांचतुर्षुस्थानेषुवनिताऽग्निवनस्पतिगोषुव्यभजद्देवामिंद्रोब्रह्मतेजःप्रभावोपबृंहितःशत्रुवधंकृत्वास्वंस्थानंप्रापितः ५३

४४ । ४५ । ४६ । ४७ । ४८। ४९ । ५० ५१ । ५२ । ५३

ब.भा.टी. शां.मो.१२ अ० ३४२

५४ । ५५ । ५६ । ५७ । ५८ । ५९ ६० । ६१ । ६२ ब्राह्मणमाहात्म्यकथनपरोग्रंथःस्पष्टार्थः ६३ क्षत्रियमाहात्म्यमप्याह क्षत्रमिति ६४ उपसंहरति यदेतादिति । यदेतद्ब्रह्मक्षत्रगतंतेजोऽग्नीषोमीय

आकाशगंगागतश्चपुराभरद्वाजोमहर्षिरुपास्पृशत्त्रीन्क्रमान्क्रमताविष्णुनाऽभ्यासादितःसभरद्वाजेनससलिलेनपाणिनोरसिताडितःसलक्षणोरस्कःसंवृत्तः
॥ २५४ ॥ ४५भृगुणामहर्षिणाशप्तोऽग्निःसर्वभक्षत्वमुपानीतः५५अदितिर्वैदेवानामन्नमपचदेतद्भुक्त्वाऽसुरान्हनिष्यंतीतितत्रबुधोव्रतचर्यासमाप्तावागच्छददितिंचावोच
द्भिक्षांदेहीतितत्रदेवैःपूर्वमेतत्प्राश्यंनान्येनेत्यदितिर्भिक्षांनादादथभिक्षाप्रत्याख्यानरुषितेनबुधेनब्रह्मभूतेनादितिःशप्ताअदितेरुदरेभविष्यतिव्यथाविवस्वतो
द्वितीयजन्मन्यंडसंज्ञितस्यअंडमातुरदित्यामारितंसमार्तंडोविवस्वानभवच्छ्राद्धदेवः५६दक्षस्ययावैदुहितरःषष्टिरासंस्ताभ्यःकश्यपायत्रयोदशप्रादाद्दशधर्माय ॥ ३४२ ॥
दशमनवेसप्तविंशतिमिंदवेतासुतुल्यासुनक्षत्राख्यांगतासुसोमोरोहिण्यामभ्याधिकंप्रीतिमानभूत्ततस्ताःशिष्टाःपत्न्यईर्ष्यावत्यःपितुःसमीपंगत्वेममर्थंशशंसुर्भग
वन्नस्मासुतुल्यप्रभावासुसोमोरोहिणींप्रत्यधिकंभजतीतिसोऽब्रवीद्यक्ष्मैनमाविश्येतेतिदक्षशापात्सोमंराजानंयक्ष्माविवेशसयक्ष्मणाऽऽविष्टोदक्षमगाद्दक्षश्चैनम
ब्रवीन्नसमंवर्तयसीतितत्रर्षयःसोममब्रुवन्क्षीयसेयक्ष्मणापश्चिमायांदिशिसमुद्रेहिरण्यसरस्तीर्थंतत्रगत्वाआत्मानमभिषेचयस्वेत्यथागच्छत्सोमस्तत्रहिरण्यसर
स्तीर्थंगत्वाचात्मनःसेचनमकरोत्स्नात्वाचात्मानंपाप्मनोमोक्षयामासतत्रचावभासितस्तीर्थेयदासोमस्तदाप्रभृतिचतीर्थंतत्प्रभासमितिनाम्नाख्यातंबभूव ५७
तच्छापादद्यापिक्षीयतेसोमोऽमावास्यांतरस्थःपौर्णमासीमात्रेऽधिष्ठितोमेघलेखाप्रतिच्छन्नंवपुर्दर्शयतिमेघसदृशंवर्णमगमत्तदस्यशशलक्ष्मविमलमभवत् ५८
स्थूलशिरामहर्षिर्मेरोःप्रागुत्तरेदिग्विभागेतपस्तेपेततस्तस्यतपस्तप्यमानस्यसर्वगंधवहःशुचिर्वायुर्वायमानःशरीरमस्पृशत्सतपसातापितशरीरःकृशोवायुनोप
वीज्यमानोहृदयेपरितोषमगमत्तत्रकिलतस्यानिलव्यजनकृतपरितोषस्यसद्योवनस्पतयःपुष्पशोभांनिदर्शितवंतइतिसएतान्शशापनसर्वकालंपुष्पवंतोभविष्य
थेति ॥ ५९ नारायणोलोकहितार्थंवडवामुखोनामपुरामहर्षिर्बभूवतस्यमेरौतपस्तप्यतःसमुद्रआहूतोनागतस्तेनामर्षितेनात्मगात्रोष्मणासमुद्रःस्तिमितजलः
कृतःस्वेदप्रस्यंदनसदृशश्चास्यलवणभावोजनितः ६० उक्तश्चाप्यपेयोभविष्यस्येतच्चतेतोयंवडवामुखसंज्ञितेनपेपीयमानंमधुरंभविष्यतितदेतदद्यापिवडवामुखसं
ज्ञितेनानुवर्तिनातोयंसमुद्रात्पीयते ६१ हिमवतोगिरेर्दुहितरमुमांकन्यांरुद्रश्चकमेभृगुरपिचमहर्षिर्हिमवंतमागत्याब्रवीत्कन्यामिमांमेदेहीतितमब्रवीद्धिमवान
भिलक्षितोवरोरुद्रइतितमब्रवीद्भृगुर्यस्मात्त्वयाहंकन्यावरणकृतभावःप्रत्याख्यातस्तस्मान्नरत्नानांभवान्भाजनंभविष्यतीति ६२ अद्यप्रभृत्येतदवस्थितमृषिवच
नंतदेवंविधंमाहात्म्यंब्राह्मणानाम् ६३ क्षत्रमपिचब्राह्मणप्रसादादेवशाश्वतीमव्ययांचपृथिवींपत्नीमभिगम्यबुभुजे ६४ यदेतद्ब्रह्माग्नीषोमीयंतेनजगद्धार्यते ६५ उ
च्यते ॥ सूर्याचंद्रमसौचक्षुःकेशाश्चैवांशवःस्मृताः ॥ बोधयंस्तापयंश्चैवजगदुत्तिष्ठतेपृथक् ६६

मतस्तेनैवतेजसाजगद्धार्यतेऽतोजगदप्याग्नीषोमीयमित्यर्थः ६५ सूर्याचंद्रमसावग्नीषोमौचक्षुः परमेश्वरनेत्राभ्यामुत्पन्नत्वात् केशाःअंशवःकिरणाःबोधयंश्चंद्रस्तापयन्सूर्यः ६६

॥ २५४ ॥

तौजगद्धर्षयतोयस्माचस्माचौहृषी हृष्यतेरिन्तस्येगुपधात्किदितिकित्वंअलुक्समासःहृषीअग्नीषोमौकेशावंशूइवांशूयस्यसहृषीकेशइत्यर्थः ६७ हरिनामानिर्वक्ति इलेति इळोपहूतासहदिवेत्यादिमंत्रेणाहूतोहंतद्योगाद्य
ज्ञभागंहरेहरणंकुर्वेऽतोहंहरिरित्यर्थः वर्णश्चहरिर्हरिन्मणितुल्यस्तस्माद्धरिरिति ६८ ऋतधामशब्दंनिर्वक्ति धामेति धामशब्दोलोकसारवाची ऋतमबाधितंधामःसत्तास्फूर्तिरूपंयस्यसऋतधामेत्यर्थः ६९ नष्टांजलेमग्नांगां
धरणींविंदतिलभतइतिगोविंदइत्यर्थः ७० हीनानित्यक्तानिरोमाणीवरोमाण्यंशवोऽवयवायेनसशिपिर्निष्कलइत्यर्थः तेनशिपिनारूपेणयत्किंचिदाविष्टंयेनाऽतोऽयंशिपिविष्टइत्यर्थः ७१ । ७२ अधोनष्टंवेदहरण
वेलायांपातालेन्तर्हितं ७३ अजशब्दंनिर्वक्तिनहीति ७४ नोक्तेतिसत्यभाषित्वात् ७५ पृथिव्यप्तेजांसिसत्वाय्वाकाशौत्यत्तदुभयात्मत्वाद्वासत्यनामाहमित्यर्थः पौष्करेमन्नाभिकमलोत्थे ७६ सत्वेनतायते
पालयतेवासत्वंतनोतिविस्तारयतिवासत्वतःसत्वमस्त्यस्मिन्नितिसत्वतःसत्वपूर्वकमेवसर्वकर्माचरतीतिसत्वतः सत्वतएवसात्वतः । तायृसंतानपालनयोस्तनुविस्तारेआभ्यांसत्वशब्दपूर्वाभ्यांडः । तप्पर्वम

बोधनात्तापनाच्चैवजगतोहर्षणंभवेत् ॥ अग्नीषौमकृतैरेभिःकर्मभिःपांडुनंदन ॥ हृषीकेशोऽहमीशानोवरदोलोकभावनः ६७ इलोपहूतयोगेनहरेभागंक्रतुष्वहम्
॥ वर्णश्चमेहरिश्रेष्ठस्तस्माद्धरिरहंस्मृतः ६८ धामसारोहिभूतानामृतंचैवविचारितम् ॥ ऋतधामाततोविप्रैःसद्यश्चाहंप्रकीर्तितः ६९ नष्टांचधरणींपूर्वमविंदंवैगुहा
गताम् ॥ गोविंदइतितेनाहंदेवैर्वाग्भिरभिष्टुतः ७० शिपिविष्टेतिचाख्यायांहीनरोमाचयोभवेत् ॥ तेनाविष्टंतुयत्किंचिच्छिपिविष्टेतिचस्मृतः ७१ यास्कोमामृषि
रव्यग्रोनैकयज्ञेषुगीतवान् ॥ शिपिविष्टइतिह्यस्माद्गुह्यनामधरोह्यहम् ७२ स्तुत्वामांशिपिविष्टेतियास्कऋषिरुदारधीः ॥ मत्प्रसादादधोनष्टंनिरुक्तमभिजग्मिवा
न् ७३ नहिजातोनजायेयंनजनिष्येकदाचन ॥ क्षेत्रज्ञःसर्वभूतानांतस्मादहमजःस्मृतः ७४ नोक्तपूर्वंमयाक्षुद्रमश्लीलंवाकदाचन ॥ ऋताब्रह्मसुतासामेसत्यादे
वीसरस्वती ७५ सच्चासच्चेवकौन्तेयमयावेशितमात्मनि ॥ पौष्करेब्रह्मसदनेसत्यंमामृषयोविदुः ७६ सत्वान्नच्युतपूर्वोऽहंसत्वंवैविद्धिमत्कृतम् ॥ जन्मनीहाभवे
त्सत्वंपौर्विकंमेधनंजय ७७ निराशीःकर्मसंयुक्तःसत्वतश्चाप्यकल्मषः ॥ सात्वतंज्ञानदृष्टोऽहंसत्वतामितिसात्वतः ७८ कृषामिमेदिनींपार्थभूत्वाकार्ष्णायसोमहा
न् ॥ कृष्णोवर्णश्चमेयस्मात्तस्मात्कृष्णोऽहमर्जुन ७९ मयासंश्लेषिताभूमिरद्भिर्व्योमचवायुना ॥ वायुश्चतेजसासार्धंवैकुंठत्वंततोमम ८० निर्वाणंपरमंब्रह्मधर्मो
ऽसौपरउच्यते ॥ तस्मान्नच्युतपूर्वोऽहमच्युतस्तेनकर्मणा ८१ पृथिवीनभसीचोभेविश्रुतेविश्वतोमुखे ॥ तयोःसंधारणार्थंहिमामधोक्षजमंजसा ८२

रुद्धयामित्यत्रश्रुतोमत्वर्थीयस्तप्रत्ययोबाहुलकात्सत्वशब्दादपि अंतेतद्धितांतानुकरणमेवप्रातिपदिकं । सद्ब्रह्मतद्वंतःसत्वंतःआर्षभत्वं तेषामिदंतंत्रंसात्वतंपांचरात्रादितज्जन्यज्ञानेनदृष्टोऽहंसात्वतोवेत्यभिप्रे
त्याह सत्वादिति ७७ निराशीःकर्मनिष्कामकर्म ७८ कृषामीति कृष्णायसोलांगलकीलरूपी ७९ विशब्दःपक्षिवाचीव्योमचारित्वसामान्याद्वायुतेजसोर्मेघरूपास्वप्सुचवर्तते कुःपृथ्वी ठशब्दआका
शवचनःएतेषांसमाहारोविकुंठवर्णागमेनविकुंठशब्दउत्पन्नः विकुंठानामयंश्लेषणकर्तावैकुंठइत्यभिसंधायाह मयेति विगताकुंठापंचानांभूतानांमेलनेअसामर्थ्यंयस्यसःविकुंठः स्वार्थेतद्धितः इतिस्पष्टोऽर्थः ८०
८१ अधइतिपृथिवी अक्षूव्याप्तावित्यतोऽक् आकाशः तेउभेसंजयतिसंगेनधारयतीत्यधोक्षजइत्याह पृथिवीति अधोक्शब्दपूर्वात्संजेःकःअनिदितामितिनकारलोपः ८२

म.भा.टी ॥ २५५ ॥ शां.मो. १२ अ० ॥ ३४२ ॥

निर्वचनान्तरमाह निरुक्तमिति । प्राग्वंशेयज्ञशालैकदेशे ८३ एकपदैःपृथक्पदैः अतंतिसततंगच्छंत्यस्मिन्नितिअः अतसातत्यगमनेऽस्माड्डः धोक्षः दुहप्रपूरणेऽस्मादौणादिकःसःगुणभष्भावाजोयैतऽस्मात्सर्वमितिजः जगल्लयस्थितिजन्मस्थानमित्यर्थः ८४ ममवह्निस्वरूपस्यार्चिषोवर्धकमितिशेषः ८५ । ८६ त्रयोधातवउपाधिभूताःसंत्यस्यसत्रिधातुः ८७ । ८८ ८९ विभुपदंव्याचष्टे नचादिमिति ९० । ९१ । ९२ त्रीणिककुदान्युच्चप्रदेशाःस्कंधपोत्रदंष्ट्रायस्यत्रिककुदःशरीरस्येतिसामानाधिकरण्यं ९३ विशेषेणरिणक्तितत्त्वानांपरिसंख्यानाख्यंप्रविलयंकरोतीतिविरिंचइत्यर्थः रेचनादितिपाठेरेचनद्वारातत्सा

निरुक्तंवेदविदुषोवेदशब्दार्थचिंतकाः ॥ तेमांगायंतिप्राग्वंशेअधोक्षजइतिस्थितिः ८३ शब्दएकपदैरेषव्याहृतःपरमर्षिभिः ॥ नान्योह्यधोक्षजोलोकेऋतेनारायणंप्रभुम् ८४ घृतंममार्चिषोलोकेजंतूनांप्राणधारणम् ॥ घृतार्चिरहमव्यग्रैर्वेदज्ञैःपरिकीर्तितः ८५ त्रयोहिधातवःख्याताःकर्मजाइतियेस्मृताः ॥ पित्तंश्लेष्माचवायुश्चएषसंघातउच्यते ८६ एतैश्चधार्यतेजंतुरेतैःक्षीणैश्चक्षीयते ॥ आयुर्वेदविदस्तस्मात्त्रिधातुंमांप्रचक्षते ८७ वृषोहिभगवान्धर्मःख्यातोलोकेषुभारत ॥ नैघंटुकपदाख्यानेविद्धिमांवृषमुत्तमम् ८८ कपिर्वराहःश्रेष्ठश्चधर्मश्चवृषउच्यते ॥ तस्माद्वृषाकपिंप्राहकश्यपोमांप्रजापतिः ८९ नचादिंनमध्यंतथाचैवनांतंकदाचिद्विदंतेसुराश्चासुराश्च ॥ अनाद्योह्यमध्यस्तथाचाप्यनंतःप्रगीतोऽहमीशोविभुर्लोकसाक्षी ९० शुचीनिश्रवणीयानिशृणोमीहधनंजय ॥ नचपापानिगृह्णामिततोऽहंवैशुचिश्रवाः ९१ एकशृंगःपुराभूत्वावराहोनंदिवर्धनः ॥ इमांचोद्धृतवान्भूमिमेकशृंगस्ततोह्यहम् ९२ तथैवासंत्रिककुदोवाराहंरूपमास्थितः ॥ त्रिकुकुत्तेनविख्यातःशरीरस्यतुमापनात् ९३ विरिंचइतियत्प्रोक्तंकापिलज्ञानचिंतकैः ॥ सप्रजापतिरेवाहंचेतनात्सर्वलोककृत् ९४ विद्यासहायवंतंमामादित्यस्थंसनातनम् ॥ कपिलंप्राहुराचार्याःसांख्यानिश्चितनिश्चयाः ९५ हिरण्यगर्भोद्युतिमान्यएषच्छंदसिस्तुतः ॥ योगैःसंपूज्यतेनित्यंसएवाहंभुविस्मृतः ९६ एकविंशतिसाहस्रंऋग्वेदंमांप्रचक्षते ॥ सहस्रशाखंयत्सामयेवैवेदविदोजनाः ९७ गायंत्यारण्यकेविप्रामद्भक्तास्तेहिदुर्लभाः ॥ षट्पंचाशतमष्टौचसप्तत्रिंशतमित्युत ९८ यस्मिन्शाखायजुर्वेदेसोऽहमाध्वर्यवेस्मृतः ॥ पंचकल्पमथर्वाणंकृत्याभिःपरिबृंहितम् ९९ कल्पयंतिहिमांविप्राअथर्वाणविदस्तथा ॥ शाखाभेदाश्चयेकेचिद्याश्चशाखासुगीतयः १०० स्वरवर्णसमुच्चाराःसर्वांस्तान्विद्धिमत्कृतान् ॥ यत्तद्धयशिरःपार्थसमुदेतिवरप्रदम् १ सोऽहमेवोत्तरेभागेक्रमाक्षरविभागवित् ॥ वामादेशितमार्गेणमत्प्रसादान्महात्मना २ पांचालेनक्रमःप्राप्तस्तस्माद्भूतात्सनातनात् ॥ बाभ्रव्यगोत्रःसबभौप्रथमंक्रमपारगः ३ नारायणाद्वरंलब्ध्वाप्राप्ययोगमनुत्तमम् ॥ क्रमंप्रणीयशिक्षांचप्रणयित्वासगालवः ४ कंडरीकोऽथराजाचब्रह्मदत्तःप्रतापवान् ॥ जातीमरणजंदुखंस्मृत्वास्मृत्वापुनःपुनः ५

ध्यंचेतनमेवलक्षणीयं ९४ कपिलंपीतं आदित्यपुरुषंप्रकृत्यच्छांदोग्येआप्रणखात्सर्वएवसुवर्णइतिश्रुतेः ९५ छंदसिसमाष्टिलिंगाभिमानीसूत्रात्माश्रुविचतुर्मुखः ९६ । ९७ । ९८ । ९९ । १०० । १ क्रमविभागःपदद्वयमादायपूर्वंविसृज्योत्तरमुत्तरेणसंदध्यात् यथा अग्निमीळेईळेपुरोहितंपुरोहितंयज्ञस्येत्यादि अक्षरविभागःपदविभागः वामेतिवामदेवादिष्टेनध्यानमार्गेणमामाराधयतापांचालेनमुनिनेतिसंबंधः २ । ३ । ४ कंडरीकइतिकुलनाम सप्तजन्मिकंजन्मादिदुःखंस्मृत्वातीव्रतमवैराग्याच्छीघ्रंयोगिनांसंपदमैश्वर्यंगतःप्राप्तइतिसार्धः ५

॥ २५५ ॥

६ । ७ । ८ अपाहरन्नाशितवानरुद्रइतिशेषः ९ तच्छूलंकर्तृ ११० आवयोर्नरनायणयोरंतिकादागच्छदागतं ११ तत्तेजसाशूलतेजसा १२ । १३ एनंसमुद्धतमुद्गीयागतंरुद्रं १४ शितिकंठता
कृष्णवर्णस्यनारायणस्यसंबंधान्नीलकंठत्वंरुद्रोगतइत्यर्थः १५ इषीकैवपरशुतांप्राप्ताक्षिप्तआक्षिप्तस्तेनरुद्रशूलेनरुद्रेणवा १६ रुद्रस्यखंडपरशुत्वप्रसिद्धिस्तुमदनन्यत्वादित्यर्थः १७ । १८ । १९ । २०

सप्तजातिषुमुख्यत्वाद्योगानांसंपदंगतः ॥ पुराऽहमात्मजःपार्थप्रथितःकारणांतरे ६ धर्मस्यकुरुशार्दूलततोऽहंधर्मजःस्मृतः ॥ नरनायणौपूर्वंतपस्तेपतुरव्य
यम् ७ धर्मयानंसमारूढौपर्वतेगंधमादने ॥ तत्कालसमयेचैवदक्षयज्ञोबभूवह ८ नचैवाकल्पयद्भागंदक्षोरुद्रस्यभारत ॥ ततोदधीचिवचनाद्दक्षयज्ञमपाहरत् ९
ससर्जशूलंकोपेनप्रज्वलंतंमुहुर्मुहुः ॥ तच्छूलंभस्मसात्कृत्वादक्षयज्ञंसविस्तरम् ११० आवयोःसहसाऽगच्छद्बदर्याश्रममंतिकात् ॥ वेगेनमहतापार्थपतन्नाराय
णोरसि ११ ततस्तत्तेजसाऽविष्टाःकेशानारायणस्यह ॥ बभूवुर्मुंजवर्णास्तुततोऽहंमुंजकेशवान् १२ तच्चशूलंविनिर्धूतंहुंकारेणमहात्मना ॥ जगामशंकरकरंना
नारायणसमाहतम् १३ अथरुद्रउपाधावत्तावृषीतपसान्वितौ ॥ ततएनंसमुद्धूतंकंठेजग्राहपाणिना १४ नारायणःसविश्वात्मातेनास्यशितिकंठता ॥ अथरुद्र
विघातार्थमिषीकांनरउद्धरन् १५ मंत्रैश्चसंयुयोजाऽऽशुसोऽभवत्परशुर्महान् ॥ क्षिप्तश्चसहसातेनखंडनंप्राप्तवांस्तदा १६ ततोऽहंखंडपरशुःस्मृतःपरशुखंडनात्॥
॥ अर्जुनउवाच ॥ अस्मिन्युद्धेतुवार्ष्णेयत्रैलोक्यशमनेतदा १७ कोजयंप्राप्तवांस्तत्रशंसैतन्मेजनार्दन ॥ श्रीभगवानुवाच ॥ तयोःसंलग्नयोर्युद्धेरुद्रनारायणात्मनोः
१८ उद्विग्नाःसहसाकृत्स्नाःसर्वेलोकास्तदाऽभवन् ॥ नागृह्णात्पावकःशुभ्रंमखेषुसुहुतंहविः १९ वेदानप्रतिभांतिस्मऋषीणांभवितात्मनाम् ॥ देवान्रजस्तमश्चै
वसमाविविशतुस्तदा १२० वसुधासंचकंपेचनभश्चविपफालह ॥ निष्प्रभाणिचतेजांसिब्रह्माचैवासनच्युतः २१ अगाच्छोषंसमुद्रश्चहिमवांश्चव्यशीर्यत ॥ तस्मि
न्नेवंसमुत्पन्नेनिमित्तेपांडुनंदन २२ ब्रह्मावृतोदेवगणैर्ऋषिभिश्चमहात्मभिः ॥ आजगामाशुतंदेशंयत्रयुद्धमवर्तत २३ सोंजलिप्रग्रहोभूत्वाचतुर्वक्रोनिरुक्तगः ॥
उवाचवचनंरुद्रंलोकानामस्तुवैशिवम् २४ न्यस्यायुधानिविश्वेशजगतोहितकाम्यया ॥ यदक्षरमथाव्यक्तमीशंलोकस्यभावनम् २५ कूटस्थंकर्तृनिर्द्वंद्वमकर्तेति
चयंविदुः ॥ व्यक्तिभावगतस्यास्यएकामूर्तिरियंशुभा २६ नरोनारायणश्चैवजातौधर्मकुलोद्वहौ ॥ तपसामहतायुक्तौदेवश्रेष्ठौमहाव्रतौ २७ अहंप्रसादजस्त
स्यकुतश्चित्कारणांतरे ॥ त्वंचैवक्रोधजस्तातपूर्वसर्गेसनातनः २८ मयाचसार्द्धंवरदविबुधैश्चमहर्षिभिः ॥ प्रसादयाऽऽशुलोकानांशांतिर्भवतुमाचिरम् २९
ब्रह्मणात्वेवमुक्तस्तुरुद्रःक्रोधाग्निमुत्सृजन् ॥ प्रसादयामासततोदेवंनारायणंप्रभुम् ॥ शरणंचजगामाऽऽद्यंवरेण्यंवरदंप्रभुम् १३० ततोऽथवरदोदेवोजितक्रोधोजि
तेंद्रियः ॥ प्रीतिमानभवत्तत्ररुद्रेणसहसंगतः ३१ ऋषिभिर्ब्रह्मणाचैवविबुधैश्चसुपूजितः ॥ उवाचदेवमीशानमीशःसजगतोहरिः ३२

२१ । २२ । २३ । २४ । २५ । २६ । २७ । २८ । २९ । ३० । ३१ । ३२

म.भा.टी. ३३ । ३४ । ३५ । ३६ । ३७ । ३८ । ३९ । १४० । १४१ । १४२ ॥ इति शांतिपर्वणि मोक्षधर्मपर्वणि नीलकंठीये भारतभावदीपे द्विचत्वारिंशदधिकत्रिशततमोऽध्यायः ॥ ३४२ ॥ ॥ सौतेइति शां.मो.१२

॥ २५६ ॥ यस्त्वांवेत्तिसमांवेत्तियस्त्वामनुसमामनु ॥ नावयोरंतरंकिंचिन्मातेऽभूद्बुद्धिरन्यथा ३३ अद्यप्रभृतिश्रीवत्सःशूलांकोमेभवत्वयम् ॥ ममपाण्यंकितश्चापिश्रीकंठ अ०
स्त्वंभविष्यसि ३४ ॥ श्रीभगवानुवाच ॥ एवंलक्षणमुत्पाद्यपरस्परकृतंतदा ॥ सख्यंचैवातुलंकृत्वारुद्रेणसहितावृषी ३५ तपस्तेपतुरव्यग्रौविसृज्यत्रिदिवौकसः ॥
एषतेकथितःपार्थनारायणजयोमृधे ३६ नामानिचैवगुह्यानिनिरुक्तानिचभारत ॥ ऋषिभिःकथितानीहयानिसंकीर्तितानिते ३७ एवंबहुविधैरूपैश्चरामीह ॥ ३४३ ॥
वसुंधराम् ॥ ब्रह्मलोकंचकौन्तेयगोलोकंचसनातनम् ३८ मयात्वंरक्षितोयुद्धेमहांतंप्राप्तवान्जयम् ॥ यस्तुतेसोऽग्रतोयातियुद्धेसंप्रत्युपस्थिते ३९ तंविद्धिरुद्रंकौं
न्तेयदेवदेवंकपर्दिनम् ॥ कालःसएवकथितःक्रोधजेतिमयातव १४० निहतास्तेनवैपूर्वंहतवानसियान्रिपून् ॥ अप्रमेयप्रभावंतंदेवदेवमुमापतिम् ॥ नमस्वदेवंप्र
यतोविश्वेशंहरमक्षयम् १४१ यश्चतेकथितःपूर्वंक्रोधजेतिपुनःपुनः ॥ तस्यप्रभादएवाग्रेयच्छ्रुतंतेधनंजय १४२ ॥ इति श्रीमहाभारते शांति० मोक्ष० नारायणी
येद्विचत्वारिंशदधिकत्रिशततमोऽध्यायः ॥ ३४२ ॥ शौनकउवाच ॥ सौतेसुमहदाख्यानंभवतापरिकीर्तितम् ॥ यच्छ्रुत्वामुनयःसर्वेविस्मयंपरमंगताः १ सर्वा
श्रमाभिगमनंसर्वतीर्थावगाहनम् ॥ नतथाफलदंसौतेनारायणकथायथा २ पाविताङ्गाःस्मसंवृत्ताःश्रुत्वेमामादितःकथाम् ॥ नारायणाश्रयांपुण्यांसर्वपापप्रमो
चनीम् ३ दुर्दर्शोभगवान्देवःसर्वलोकनमस्कृतः ॥ सब्रह्मकैःसुरैःकृत्स्नैरन्यैश्चैवमहर्षिभिः ४ दृष्टवान्नारदोयत्तुदेवंनारायणंहरिम् ॥ नूनमेतद्ध्यनुमतंतस्यदेवस्य
सूतज ५ यद्दृष्टवान्जगन्नाथमनिरुद्धतनौस्थितम् ॥ यत्प्राद्रवत्पुनर्भूयोनारदोदेवसत्तमौ ६ नरनारायणौद्रष्टुंकारणंतद्ब्रवीहिमे ॥ सौतिरुवाच ॥ तस्मिन्यज्ञेवर्त्तमा
नेराज्ञःपारिक्षितस्यवै ७ कर्मान्तरेषुविधिवद्वर्तमानेषुशौनक ॥ कृष्णद्वैपायनंव्यासमृषिंवेदनिधिंप्रभुम् ८ परिपप्रच्छराजेंद्रःपितामहपितामहम् ॥ जनमेजय
उवाच ॥ श्वेतद्वीपान्निवृत्तेननारदेनसुरर्षिणा ९ ध्यायताभगवद्वाक्यंचेष्टितंकिमतःपरम् ॥ बदर्याश्रममागम्यसमागम्यचतावृषी १० कियंतंकालमवसत्कां
कथांपृष्टवांश्चसः ॥ इदंशतसहस्राद्धिभारताख्यानविस्तरात् ११ आमंथ्यमतिमंथेनज्ञानोदधिमनुत्तमम् ॥ नवनीतंयथादध्नोमलयाच्चंदनंयथा १२ आरण्यकं
चवेदेभ्यओषधिभ्योऽमृतंयथा ॥ समुद्धृतमिदंब्रह्मन्कथाऽमृतमिदंतथा १३ तपोनिधेत्वयोक्तंहिनारायणकथाश्रयम् ॥ सईशोभगवान्देवःसर्वभूतात्मभावनः १४ अ
होनारायणंतेजोदुर्दर्शंद्विजसत्तम ॥ यत्राविशंतिकल्पांतेसर्वेब्रह्मादयःसुराः १५ ऋषयश्चसगंधर्वायच्चकिंचिच्चराचरम् ॥ नततोऽस्तिपरंमन्येपावनंदिविचेहच १६ सर्वा
श्रमाभिगमनंसर्वतीर्थावगाहनम् ॥ नतथाफलदंचापिनारायणकथायथा १७ सर्वथापाविताःस्मेहश्रुत्वेमामादितःकथाम् ॥ हरेर्विश्वेश्वरस्येहसर्वपापप्रणाशनीम् १८ ॥ २५६ ॥

१९ । २० । २१ । २२ । २३ । २४ । २५ । २६ । २७ । २८ । २९ । ३० । ३१ । ३२ । ३३ । ३४ । ३५ जाळपादाहंसास्तदंकितभूजौहंसपादांकितभुजौचक्रलक्षणौचक्रांकितपादौ ३६ । ३७

नचित्रंकृतवांस्तत्रयदायोमेधनंजयः॥वासुदेवसहायोयःप्राप्तवान्जयमुत्तमम् १९ नचास्यकिंचिदप्राप्यंमन्येलोकेष्वपित्रिषु ॥त्रैलोक्यनाथोविष्णुःसयथाऽऽसी
त्साह्यकृत्सवै २० धन्याश्चसर्वएवासन्ब्रह्मंस्तेममपूर्वजाः ॥ हितायश्रेयसेचैवयेषामासीज्जनार्दनः २१ तपसाऽथसुदृश्योहिभगवान्लोकपूजितः ॥ यंदृष्टवंतस्ते
साक्षाच्छ्रीवत्सांकविभूषणम् २२तेभ्योधन्यतरश्चैवनारदःपरमेष्ठिजः ॥ नचाल्पतेजसमृषिंवेद्मिनारदमव्ययम् २३ श्वेतद्वीपंसमासाद्ययेनदृष्टःस्वयंहरिः ॥ देवप्र
सादानुगतंव्यक्तंतत्तस्यदर्शनम् २४ यद्दृष्टवांस्तदादेवमनिरुद्धतनौस्थितम् ॥ बदरीमाश्रमंयत्तुनारदःप्राद्रवत्पुनः २५ नरनारायणौद्रष्टुंकिंतुतत्कारणंमुने ॥
श्वेतद्वीपान्निवृत्तश्चनारदःपरमेष्ठिजः २६ बदरीमाश्रमंप्राप्यसमागम्यचतावृषी॥कियंतंकालमवसत्प्रश्नान्कान्पृष्टवांश्चह२७श्वेतद्वीपादुपावृत्तेतस्मिन्वासुमहा
त्मनि ॥ किमब्रूतांमहात्मानौनरनारायणावृषी २८ तदेतन्मेयथातत्त्वंसर्वमाख्यातुमर्हसि ॥ वैशंपायनउवाच ॥ नमोभगवतेतस्मैव्यासायामिततेजसे २९
यस्यप्रसादाद्वक्ष्यामिनारायणकथामिमाम् ॥ प्राप्यश्वेतंमहाद्वीपंदृष्ट्वाचहरिमव्ययम् ३० निवृत्तोनारादोराजंस्तरसामेरुमागमत् ॥ हृदयेनोद्वहन्भारंयदुक्तंपरमा
त्मना ३१ पश्चादस्याभवद्राजन्नात्मनःसाध्वसंमहत् ॥ यद्गत्वादूरमध्वानंक्षेमीपुनरिहागतः ३२ मेरोःप्रचक्रामततःपर्वतंगंधमादनम् ॥ निपपातचखात्तूर्णंवि
शालांबदरीमनु ३३ ततःसददृशेदेवौपुराणावृषिसत्तमौ ॥ तपश्चरंतौसुमहदात्मनिष्ठौमहाव्रतौ ३४ तेजसाऽभ्यधिकौसूर्यात्सर्वलोकविरोचनात् ॥ श्रीवत्सलक्ष
णौपूज्यौजटामंडलधारिणौ ३५ जालपादभुजौतौतुपादयोश्चक्रलक्षणौ ॥ व्यूढोरस्कौदीर्घभुजौतथामुष्कचतुष्किणौ ३६ षष्टिदंतावष्टदंष्ट्रौमेघौघसदृशस्वनौ ॥
स्वास्यौपृथुललाटौचसुभ्रूसुहनुनासिकौ ३७ आतपत्रेणसदृशेशिरसीदेवयोस्तयोः ॥ एवंलक्षणसंपन्नौमहापुरुषसंज्ञितौ ३८ तौदृष्ट्वानारदोहृष्टस्ताभ्यांचप्रति
पूजितः ॥ स्वागतेनाभिभाष्याथपृष्टश्चानामयंतथा ३९ बभूवांतर्गतमतिर्निरीक्ष्यपुरुषोत्तमौ ॥ सदोगतास्तत्रयेवैसर्वभूतनमस्कृताः ४० श्वेतद्वीपेमयादृष्टास्ता
दृशावृषिसत्तमौ ॥ इतिसंचिंत्यमनसाकृत्वाचाभिप्रदक्षिणम् ४१ सचोपविविशेतत्रपीठेकुशमयेशुभे ॥ ततस्तौतपसांवासौयशसांतेजसामपि ४२ ऋषीशम
दमोपेतौकृत्वापौर्वाह्णिकंविधिम् ॥पश्चान्नारदमव्यग्रौपाद्यार्घ्याभ्यामथार्चतः ४३ पीठयोश्चोपविष्टौतौकृतातिथ्याह्निकौनृपौ ॥ तेषुतत्रोपविष्टेषुसदेशोऽभिव्य
राजत ४४ आज्याहुतिमहाज्वालैर्यज्ञवाटोयथाऽग्निभिः ॥ अथनारायणस्तत्रनारदंवाक्यमब्रवीत् ४५ सुखोपविष्टंविश्रांतंकृतातिथ्यंसुखस्थितम् ॥ नरनारा
यणावूचतुः ॥ अपीदानींसभगवान्परमात्मासनातनः ४६ श्वेतद्वीपेत्वयादृष्टआवयोःप्रकृतिःपरा ॥ नारदउवाच ॥ दृष्टोमेपुरुषःश्रीमान्विश्वरूपधरोऽव्ययः
४७ सर्वेलोकाहितत्रस्थास्तथादेवाःसहर्षिभिः ॥ अद्यापिचैनंपश्यामियुवांपश्यन्सनातनौ ४८ ३८ । ३९ । ४० । ४१ । ४२ । ४३ । ४४ । ४५ । ४६ । ४७ । ४८

४९ । ५० । ५१ । ५२ । ५३ । ५४ । ५५ । ५६ । ५७ । ५८ । ५९ अष्टनलोत्सेधामित्यत्रनलवत्पर्वयुक्तत्वान्नलशब्देनांगुलंग्राह्यं तलेतिपाठेऽपिहस्तस्यतलमंगुलोच्छ्रायमेवभवति ६० । ६१ । ६२ ६३ एकांतगतबुद्धिभिरव्यभिचरितबुद्धिभिः ६४ । ६५ । ६६ । ६७ ॥ इतिशांतिपर्वणिमोक्षधर्मपर्वणिनीलकंठीयेभारतभावदीपेत्रिचत्वारिंशदधिकत्रिशततमोऽध्यायः ॥ ३४३ ॥ ॥ धन्योऽसीत्यध्यायेभूतपंचकात्मकंशरीरंसमनस्कंयेनसृष्टंयोविद्यासहायोविद्यैकलभ्यस्तंसूर्यद्वारेणविशंतीत्युक्तंतत्रायमर्थः आदित्यमंडलांतःस्थेनारायणेसम्यग्दत्तदृष्टिःपुरुषस्तदेकाग्रतयायदाशरीरंसर्वात्मनाविस्मरतितदा

यैर्लक्षणैरुपेतःसहरिरव्यक्तरूपधृक् ॥ तैर्लक्षणैरुपेतौहिव्यक्तरूपधरौयुवाम् ४९ दृष्टौयुवांमयातत्रतस्यदेवस्यपार्श्वतः ॥ इहैवचागतोऽस्म्यद्यविसृष्टःपरमात्मना ५० कोहिनामभवेत्तस्यतेजसायशसाश्रिया ॥ सदृशस्त्रिषुलोकेषुऋतेधर्मात्मजौयुवाम् ५१ तेनमेकथितःकृत्स्नोधर्मःक्षेत्रज्ञसंज्ञितः ॥ प्रादुर्भावाश्चकथिताभविष्याइहयेयथा ५२ तत्रयेपुरुषाःश्वेताःपंचेंद्रियविवर्जिताः ॥ प्रतिबुद्धाश्चतेसर्वेभक्ताश्चपुरुषोत्तमम् ५३ तेऽर्चयंतिसदादेवंतैःसार्धंरमतेचसः ॥ प्रियभक्तोहिभगवान्परमात्माद्विजप्रियः ५४ रमतेसोऽर्च्यमानोहिसदाभागवतप्रियः ॥ विश्वभुक्सर्वगोदेवोमाधवोभक्तवत्सलः ५५ सकर्ताकारणंचैवकार्यंचातिबलद्युतिः ॥ हेतुश्चाज्ञाविधानंचतत्त्वंचैवमहायशाः ५६ तपसायोज्यसोऽऽत्मानंश्वेतद्वीपात्परंहियत् ॥ तेजइत्यभिविख्यातंस्वयंभासाऽवभासितम् ५७ शांतिःसात्रिषुलोकेषुविहिताभावितात्मना ॥ एतयाशुभयाबुध्यानैष्ठिकंव्रतमास्थितः ५८ नतत्रसूर्यस्तपतिनसोमोऽभिविराजते ॥ नवायुर्वातिदेवेशेतपश्चरतिदुश्चरम् ५९ वेदीमष्टनलोत्सेधांभूमावास्थायविश्वकृत् ॥ एकपादस्थितोदेवऊर्ध्वबाहुरुदङ्मुखः ६० सांगानावर्तयन्वेदांस्तपस्तेपेसुदुश्चरम् ॥ यद्ब्रह्माऋषयश्चैवस्वयंपशुपतिश्चयत् ६१ शेषाश्चविबुधश्रेष्ठादैत्यदानवराक्षसाः ॥ नागाःसुपर्णागंधर्वाःसिद्धाराजर्षयश्चये ६२ हव्यंकव्यंचसततंविधियुक्तंप्रयुंजते ॥ कृत्स्नंतुतस्यदेवस्यचरणावुपतिष्ठतः ६३ याःक्रियाःसंप्रयुक्ताश्चएकांतगतबुद्धिभिः ॥ ताःसर्वाःशिरसादेवःप्रतिगृह्णातिवैस्वयम् ६४ नतस्यान्यःप्रियतरःप्रतिबुद्धैर्महात्मभिः ॥ विद्यतेत्रिषुलोकेषुततोऽस्यैकांतिकंगतः ६५ इहचैवागतस्तेनविसृष्टःपरमात्मना ॥ एवंमेभगवान्देवःस्वयमाख्यातवान्हरिः ६६ आसिष्येतत्परोभूत्वायुवाभ्यांसहनित्यशः ६७ ॥ इतिश्रीमहाभारतेशांतिपर्वणिमोक्षधर्मपर्वणिनारायणीयेत्रिचत्वारिंशदधिकत्रिशततमोऽध्यायः ॥ ३४३ ॥ नरनारायणावूचतुः ॥ धन्योऽस्यनुगृहीतोऽसियत्तेदृष्टःस्वयंप्रभुः ॥ नहितंदृष्टवान्कश्चित्पद्मयोनिरपिस्वयम् १ अव्यक्तयोनिर्भगवान्दुर्दर्शःपुरुषोत्तमः ॥ नारदैतद्धिनौसत्यंवचनंसमुदाहृतम् २ नास्यभक्तात्प्रियतरोलोकेकश्चनविद्यते ॥ ततःस्वयंदर्शितवान्स्वमात्मानंद्विजोत्तम ३ तपोहितप्यतस्तस्ययत्स्थानंपरमात्मनः ॥ नतत्संप्राप्नुतेकश्चिदृतेह्यावांद्विजोत्तम ४

दग्धसर्वांगोभवति ततआदित्यपुरुषाकारंमनःक्रमेणपुरुषाकृतिंपरित्यज्यअणुःस्मितमात्राकारोनखचंद्रमात्राकारोवाभवेत् एवंसूक्ष्मीकृतंमनःअकारार्थेविराजिअनिरुद्धाख्येहंकारेप्रवेशयेचदप्यनिरुद्धाकारतांपरित्यज्योकारार्थेसूत्रात्मनिप्रद्युम्नाख्येमनसितदपिमकारार्थेअंतर्यामिसंकर्षणाख्येजीवेशुद्धत्वंपदार्थेप्रविशतितमपिपरित्यज्यचतुर्थेऽर्धमात्रार्थेशुद्धेब्रह्मणिवासुदेवाख्येमहाकाशकल्पेघटाकाशवत्प्रविशेदिति १।२।३।४

५ । ६ । ७ । ८ । ९ । १० । ११ । १२ । १३ । १४ । १५ । १६ । १७ । १८ । १९ विशालांबदरीं २० भगवदवताराणांस्वस्तत्याशिषातत्पालनीयस्यविश्वस्यकल्याणंचिंतितंभवति २१
२२ । २३ । २४ । २५ । २६ । २७ ॥ इतिशांतिपर्वणिमोक्षधर्मपर्वणिनीलकंठीयेभारतभावदीपेचतुश्चत्वारिंशदधिकत्रिशततमोऽध्यायः ॥ ३४४ ॥ ॥ देवतांकांयजेतेत्यादिप्रश्नजातस्योत्तरमुक्तंवि

याहिसूर्यसहस्रस्यसमस्तस्यभवेद्द्युतिः॥ स्थानस्यसाभवेत्तस्यस्वयंतेनविराजता ५ तस्माद्भुत्तिष्ठतेविप्रदेवाद्विश्वभुवःपतेः॥क्षमाक्षमावतांश्रेष्ठययाभूमिस्तुयुज्यते
६ तस्माच्चोत्तिष्ठतेदेवात्सर्वभूताहिताद्रसः॥आपोहितेनयुज्यंतेद्रवत्वंप्राप्नुवंतिच ७ तस्मादेवसमुद्भूतंतेजोरूपगुणात्मकम् ॥ येनसंयुज्यतेसूर्यस्ततोलोकेविराजते
८ तस्माद्देवात्समुद्भूतःस्पर्शस्तुपुरुषोत्तमात् ॥ येनस्मयुज्यतेवायुस्ततोलोकान्विवात्यसौ ९ तस्माच्चोत्तिष्ठतेशब्दःसर्वलोकेश्वरात्प्रभोः॥ आकाशंयुज्यतेयेनतत
स्तिष्ठत्यसंवृतम् १० तस्माच्चोत्तिष्ठतेदेवात्सर्वभूतगतंमनः ॥ चंद्रमायेनसंयुक्तःप्रकाशगुणधारणः ११ सद्भूतोत्पादकंनामतत्स्थानंवेदसंज्ञितम् ॥विद्यासहायोयत्रा
स्तेभगवान्हव्यकव्यभुक् १२ योहिनिष्कलुषालोकेपुण्यपापविवर्जिताः ॥ तेषांवैक्षेममध्वानंगच्छतांद्विजसत्तम १३ सर्वलोकेतमोहंताआदित्योद्वारमुच्यते ॥ आ
दित्यदग्धसर्वांगाअदृश्याःकेनचित्कचित् १४ परमाणुभूताभूत्वातुतंदेवंप्रविशंत्युत ॥ तस्मादपिचनिर्मुक्ताअनिरुद्धतनौस्थिताः १५ मनोभूतास्ततोभूत्वाप्रद्युम्नं
प्रविशंत्युतं ॥ प्रद्युम्नाच्चापिनिर्मुक्ताजीवंसंकर्षणंततः १६ विशंतिविप्रप्रवराःसांख्याभागवतैःसह ॥ ततस्त्रैगुण्यहीनास्तेपरमात्मानमंजसा १८ प्रविशंतिद्वि
जश्रेष्ठाःक्षेत्रज्ञंनिर्गुणात्मकम् ॥ सर्वावासंवासुदेवंक्षेत्रज्ञंविद्धितत्त्वतः १८ समाहितमनस्काश्चनियताःसंयतेंद्रियाः ॥ एकांतभावोपगतावासुदेवंविशंतिते
१९ आवामपिचधर्मस्यगृहेजातौद्विजोत्तम ॥ रम्यांविशालामाश्रित्यतपउग्रंसमास्थितौ २० येतुतस्यैवदेवस्यप्रादुर्भावाःसुरप्रियाः ॥ भविष्यंतित्रिलोकस्था
स्तेषांस्वस्तीत्यथोद्विज २१ विधिनास्वेनयुक्ताभ्यांयथापूर्वंद्विजोत्तम ॥ आस्थिताभ्यांसर्वकृच्छ्रंव्रतंसम्यगनुत्तमम् २२ आवाभ्यामपिदृष्टस्त्वंश्वेतद्वीपेतपोध
न ॥ समागतोभगवतासंकल्पंकृतवांस्तथा २३ सर्वंहिनौसंविदितंत्रैलोक्येसचराचरे ॥ यद्भविष्यतिवृत्तंवावर्ततेवाशुभाशुभम् ॥ सर्वंसतेकथितवान्देवदेवो
महामुने २४ ॥ वैशंपायनउवाच ॥ एतच्छुत्वातयोर्वाक्यंतपस्युग्रेचवर्ततोः ॥ नारदःप्रांजलिर्भूत्वानारायणपरायणः २५ जजापविधिवन्मंत्रान्नारायणग
तान्बहून् ॥ दिव्यंवर्षसहस्रंहिनरनारायणाश्रमे २६ अवसत्समहातेजानारदोभगवानृषिः ॥ तमेवाभ्यर्चयन्देवंनरनारायणौचतौ २७ ॥ इतिश्रीमहाभारते
शांतिपर्वणिमोक्षधर्मपर्वणिनारायणीयेचतुश्चत्वारिंशदधिकत्रिशततमोऽध्यायः ॥ ३४४ ॥ ॥ वैशंपायनउवाच ॥ कस्यचित्त्वथकालस्यनारदःपरमे
८७ ष्ठिजः ॥ दैवंकृत्वायथान्यायंपित्र्यंचक्रेततःपरम् १ ततस्तंवचनंप्राहज्येष्ठोधर्मात्मजःप्रभुः ॥ कइज्यतेद्विजश्रेष्ठदैवेपित्र्येचकल्पिते २

धिनाकेनजुहुयादैवंपित्र्यंतथैवचेत्यस्योत्तरमाह कस्यचित्त्वथेत्यादिना १ । २

३ । ४ । ५ ममपितरंप्रजापतिंब्रह्मापरमेष्ठीतिसंबंधः नारदोदक्षशापात्प्रजापतेःसकाशात्पुनर्जन्मप्रापेतिहरिवंशेस्ति तस्यब्रह्मणः ६ नारायणविधौतांत्रिकेपूजादौ ७ श्रुतिश्चेति अग्निष्वात्तादीन्पुत्रान पितरोदेवाअध्याप्यासुरैःसहयुद्धार्थंगतास्ततश्चिरोषितानांतेषांश्रुतिःप्रनष्टाप्रतिभातितितस्तेपुत्रेभ्यएववेदमधीतवंतइत्याख्यायिकापुराणांतरप्रसिद्धासूचिता ८ । ९ । १० पूर्वंपृथ्व्यांकुशान्दत्वातत्रपित्राद्युद्देशेन

त्वयामतिमतांश्रेष्ठतन्मेशंसयथागमम् ॥ किमेतत्क्रियतेकर्मफलंवाऽस्यकिमिष्यते ३ ॥ नारदउवाच ॥ त्वयैतत्कथितंपूर्वंदैवंकर्तव्यमित्यपि ॥ दैवतंचपरोयज्ञः परमात्मासनातनः ४ ततस्तद्भावितोनित्यंयजेवैकुंठमव्ययम् ॥ तस्माच्चप्रसृतःपूर्वंब्रह्मालोकपितामहः ५ ममवैपितरंप्रीतःपरमेष्ठ्यप्यजीजनत् ॥ अहंसंकल्प जस्तस्यपुत्रःप्रथमकल्पितः ६ यजामिवैपितॄन्साधोनारायणविधौकृते ॥ एवंसएवभगवान्पितामातापितामहः ७ इज्यतेपितृयज्ञेषुतथानित्यंजगत्पतिः ॥ श्रुतिश्चाप्यपरादेवीपुत्रान्हिपितरोऽयजन् ८ वेदश्रुतिःप्रनष्टाचपुनरध्यापितासुतैः ॥ ततस्तेमंत्रदाःपुत्राःपितृत्वमुपपेदिरे ९ नूनंसुरैस्तद्विदितंयुवयोर्भावितात्म नोः ॥ पुत्राश्चपितरश्चैवपरस्परमपूजयन् १० त्रीन्पिंडान्न्यस्यवैपृथ्व्यांपूर्वंदत्वाकुशानिति ॥ कथंतुपिंडसंज्ञांतेपितरोलेभिरेपुरा ११ ॥ नरनारायणावूचतुः ॥ इमांहिधरणींपूर्वंनष्टांसागरमेखलाम् ॥ गोविंदउज्जहाराऽऽशुवाराहंरूपमास्थितः १२ स्थापयित्वातुधरणींस्वेस्थानेपुरुषोत्तमः ॥ जलकर्दमलिप्तांगोलोककार्यार्थ मुद्यतः १३ प्राप्तेचाह्निककालेतुमध्यदेशगतेरवौ ॥ दंष्ट्राविलग्नांस्त्रीन्पिंडान्विधूयसहसाप्रभुः १४ स्थापयामासवैपृथ्व्यांकुशानास्तीर्यनारद ॥ सतेष्वात्मानमु द्दिश्यपित्र्यंचक्रेयथाविधि १५ संकल्पयित्वात्रीन्पिंडान्स्वेनैवविधिनाप्रभुः ॥ आत्मगात्रोष्मसंभूतैःस्नेहगर्भैस्तिलैरपि १६ प्रोक्ष्यापवर्गंदेवेशःप्राङ्मुखःकृत वान्स्वयम् ॥ मर्यादास्थापनार्थंचततोवचनमुक्तवान् १७ ॥ वृषाकपिरुवाच ॥ अहंहिपितरःस्रष्टुमुद्यतोलोककृत्स्वयम् ॥ यस्यचिंतयतःसद्यःपितृकार्यविधीन्प रान् १८ दंष्ट्राभ्यांप्रविनिर्धूताममैतेदक्षिणांदिशम् ॥ आश्रिताधरणींपिंडास्तस्मात्पितरएवते १९ त्रयोमूर्तिविहीनावैपिंडमूर्तिधरास्त्विमे ॥ भवंतुपितरोलोकेम यासृष्टाःसनातनाः २० पितापितामहश्चैवतथैवप्रपितामहः ॥ अहमेवात्रविज्ञेयस्त्रिषुपिंडेषुसंस्थितः २१ नास्तिमत्तोऽधिकःकश्चित्कोवाऽन्योऽर्च्योमयास्वयम् ॥ कोवाममपितालोकेअहमेवपितामहः २२ पितामहपिताचैवअहमेवात्रकारणम् ॥ इत्येतदुक्त्वावचनंदेवदेवोवृषाकपिः २३ वराहपर्वतेविप्रदत्वापिंडान्सवि स्तरान् ॥ आत्मानंपूजयित्वैवतत्रैवादर्शनंगतः २४ एषातस्यस्थितिर्विप्रपितरःपिंडसंज्ञिताः ॥ लभंतेसततंपूजांवृषाकपिवचोयथा २५ येयजंतिपितॄन्देवा न्गुरूंश्चैवातिथींस्तथा ॥ गाश्चैवद्विजमुख्यांश्चपृथिवींमातरंयथा २६ कर्मणामनसावाचाविष्णुमेवयजंतिते ॥ अंतर्गतःसभगवान्सर्वसत्वशरीरगः २७

पिंडान्न्यस्यापूजयन्निितिसंबंधः ११ । १२ । १३ । १४ । १५ । १६ । १७ अहंहीति पितरःपितॄन् १८ विष्णोःशालग्रामइवपितॄणांमूर्तयःपिंडाएवेत्याह दंष्ट्राभ्यामिति १९ । २० पितापितामहश्चे त्यादिनाश्राद्धंसर्वंविष्णुदैवत्यमेवेतिपित्र्यप्रकारोदर्शितः २१ । २२ । २३ । २४ । २५ । २६ । २७

२८ ॥ इति शांतिपर्वणि मोक्षधर्मपर्वणि नीलकंठीये भारतभावदीपे पंचचत्वारिंशदधिकत्रिशततमोऽध्यायः ॥ ३४५ ॥ ॥ श्रुत्वेति अस्यतात्पर्यंसर्वभूतात्मकेविष्णौद्रोहमकुर्वाणेनपरमेश्वरःसम्य
गाराधनीयइति १ । २ । ३ । ४ । ५ । ६ । ७ । ८ । ९ । १० । ११ । १२ । १३ । १४ । १५ । १६ गुरवेबृहस्पतय १७ सहीति सनारायणःशमस्यनियमोनिग्रहस्तत्परः यमानियमाश्चपंच

समःसर्वेषुभूतेषुईश्वरःसुखदुःखयोः ॥ महान्महात्मासर्वात्मानारायणइतिश्रुतः २८ ॥ इति श्रीमहाभारते शांति० मोक्ष० नारायणीयेपंचचत्वारिंशदधिकत्रिश
ततमोऽध्यायः ॥ ३४५ ॥ वैशंपायनउवाच ॥ श्रुत्वैतन्नारदोवाक्यंनरनारायणेरितम् ॥ अत्यंतंभक्तिमान्देवेएकांतित्वमुपेयिवान् १ प्रोष्यवर्षसहस्रंतुनरनाराय
णाश्रमे ॥ श्रुत्वाभगवदाख्यानंदृष्ट्वाचहरिमव्ययम् २ हिमवंतंजगामाऽऽशुयत्रास्यस्वकआश्रमः ॥ तावपिख्याततपसौनरनारायणावृषी ३ तस्मिन्नेवाश्रमेरम्ये
तेपतुस्तपउत्तमम् ॥ त्वमप्यमितविक्रांतःपांडवानांकुलोद्वहः ४ पावितात्माऽद्यसंवृत्तःश्रुत्वेमामादितःकथाम् ॥ नैवतस्यापरोलोकोनायंपार्थिवसत्तम ५ कर्म
णामनसावचायोद्विष्याद्विष्णुमव्ययम् ॥ मज्जंतिपितरस्तस्यनरकेशाश्वतीःसमाः ६ योद्विष्याद्विबुधश्रेष्ठंदेवंनारायणंहरिम् ॥ कथंनामभवेद्द्वेष्यआत्मालोकस्य
कस्यचित् ७ आत्माहिपुरुषव्याघ्रज्ञेयोविष्णुरितिस्थितिः ॥ यएषगुरुरस्माकंऋषिर्गन्धवतीसुतः ८ तेनैतत्कथितंतातमाहात्म्यंपरमव्ययम् ॥ तस्माच्छ्रुतंमयाचेदं
कथितंचतवानघ ९ नारदेनतुसंप्राप्तःसरहस्यःससंग्रहः ॥ एषधर्मोजगन्नाथात्साक्षान्नारायणान्नृप १० एवमेषमहान्धर्मःसतेपूर्वंनृपोत्तम ॥ कथितोहरिगीता
सुसमासविधिकल्पितः ११ कृष्णद्वैपायनंव्यासंविद्धिनारायणंभुवि ॥ कोह्यन्यःपुरुषव्याघ्रमहाभारतकृद्भवेत् १२ धर्मान्नानाविधांश्चैवकोब्रूयात्तमृतेप्रभुम् १३
वर्ततांतेमहायज्ञोयथासंकल्पितस्त्वया ॥ संकल्पिताश्वमेधस्त्वंश्रुतधर्मश्चतत्त्वतः १४ ॥ सौतिरुवाच ॥ एतत्तुमहदाख्यानंश्रुत्वापार्थिवसत्तमः ॥ ततोयज्ञसमा
प्त्यर्थंक्रियाःसर्वाःसमारभत् १५ नारायणीयमाख्यानमेतत्तेकथितंमया ॥ पृष्टेनशौनकाद्येहनैमिषारण्यवासिषु १६ नारदेनपुरायद्वैगुरवेतुनिवेदितम् ॥ ऋषी
णांपांडवानांचशृण्वतोःकृष्णभीष्मयोः १७ सहिपरमर्षिर्जनभुवनपतिःपृथुधरणिधरःश्रुतिविनयविधिः ॥ शमनियमनिधिर्यमनियमपरोद्विजवरसहितस्तवच
भवतुगतिर्हरिरमरहितः १८ असुरवधकरस्तपसांनिधिःसुमहतांयशसांचभाजनम् ॥ मधुकैटभहाकृतधर्मविदांगतिदोऽभयदोमखभागहरोऽस्तुशरणंसते १९
त्रिगुणोविगुणश्चतुरात्मधरःपूर्तेष्टयोश्चफलभागहरः ॥ विदधातुनित्यमजितोऽतिचलोगतिमात्मगांसुकृतिनामृषीणाम् २० तंलोकसाक्षिणमजंपुरुषंपुराणंरवि
वर्णमीश्वरंगतिंबहुशः ॥ प्रणमध्वमेकमनसोयतःसलिलोद्भवोऽपितमृषिंप्रणतः २१

पंचअहिंसादयःसत्यादयश्च १८ कृतधर्मःकृतयुगधर्मःसत्यादिस्तद्विदां १९ चत्वारोवासुदेवसंकर्षणप्रद्युम्नानिरुद्धाख्याआत्मानस्तान्धारयतिसतथा पूर्तंवाप्यादि इष्टमग्निहोत्रादि आत्मगांप्रत्यक्तत्त्वगामिनीं
२० सलिलमुद्भवोयस्यसनारायणःशेषशायीतमृषिंवासुदेवं २१

लोकस्याव्यक्तादेर्योनिः अमृतस्यमोक्षस्यपदंस्थानं पदंपदनीयं हेउदार तद्वृतं धृतमितिपाठांतरेध्यातं यतात्मभिर्निरुद्धचित्तैः २२ ॥ इति शांतिपर्वणि मोक्षधर्मपर्वणि नीलकंठीये भारतभावदीपे षट्चत्वारिंशदधिकत्रिशततमोध्यायः ॥ ३४६ ॥ ॥ श्रुतंभगवतस्तस्येत्यादिरध्यायोहयग्रीवावतारस्यप्रयोजनंमाहात्म्यंचप्रतिपादयति तस्यतात्पर्यंरजस्तमोभ्यांवेदानष्टास्तिरोहितार्थाभवंति सत्वेनत्वर्थतः सम्यक्प्रकाशंतइति १ । २ हव्यकव्यभुजः मूलविभुजादित्वात्कः अकारांतःशब्दः उदक्पूर्वेऐशानकोणे महोदधौतत्समीपे इदमुत्तरान्वयि ३ । ४ अपूर्वंप्रागदृष्टं ५ अपूर्वमद्भुतं ६ । ७ । ८ । ९ दर्शितवांस्तदश्वशिरोरूपं १० वेदोवेदहर्तावेदाध्यायीवेदहरणमित्यादिकंसर्वभगवल्लीलामात्रमितिपृष्टस्योत्तरंवक्ष्यंस्तज्जत्वेनसृष्टिमेवतावदुपक्रमते यत्किंचिदिति ११ ईश्वरबुद्धिभिरीश्वरसंकल्पमात्रैः १२ लय

सहिलोकयोनिरमृतस्यपदंसूक्ष्मंपरायणमचलंहिपदम् ॥ तत्सांख्ययोगिभिरुदारवृतंबुद्ध्यायतात्मभिरिदंसनातनम् २२ ॥ इति श्रीमहाभारते शांतिपर्वणि मोक्षधर्मपर्वणि नरायणीये षट्चत्वारिंशदधिकत्रिशततमोऽध्यायः ॥ ३४६ ॥ शौनकउवाच ॥ श्रुतंभगवतस्तस्यमाहात्म्यंपरमात्मनः ॥ जन्मधर्मगृहेचैवनरनारायणात्मकम् १ महावराहसृष्टाचपिंडोत्पत्तिःपुरातनी ॥ प्रवृत्तौचनिवृत्तौचयोयथापरिकल्पितः २ तथा चनःश्रुतोब्रह्मन्कथ्यमानस्त्वयाऽनघ ॥ हव्यकव्यभुजो विष्णुरुदक्पूर्वेमहोदधौ ३ यच्चतत्कथितंपूर्वंत्वयाहयशिरोमहत् ॥ तच्चदृष्टंभगवताब्रह्मणापरमेष्ठिना ४ किंतदुत्पादितंपूर्वंहरिणालोकधारिणा ॥ रूपंप्रभावंमहतामपूर्वंधीमतांवर ५ दृष्ट्वाहिविबुधश्रेष्ठमपूर्वममितौजसम् ॥ तदश्वशिरसंपुण्यंब्रह्माकिमकरोन्मुने ६ एतन्नःसंशयंब्रह्मन्पुराणंज्ञानसंभवम् ॥ कथयस्वोत्तममतेमहापुरुषनिर्मितम् ७ पाविताःस्मत्वयाब्रह्मन्पुण्यांकथयताकथाम् ॥ सौतिरुवाच ॥ कथयिष्यामितेसर्वंपुराणंवेदसंमितम् ८ जगौयद्भगवान्व्यासोराज्ञःपारिक्षितस्यवै ॥ श्रुत्वाऽश्वशिरसोमूर्तिंदेवस्यहरिमेधसः ९ उत्पन्नसंशयोराजाएतदेवमचोदयत् ॥ जनमेजयउवाच ॥ यत्तद्दर्शितवान्ब्रह्मादेवंहयशिरोधरम् १० किमर्थं तत्समभवत्तन्ममाचक्ष्वसत्तम ॥ वैशंपायनउवाच ॥ यत्किंचिदिहलोकेवैदेहसत्वंविशांपते ११ सर्वंपंचभिराविष्टंभूतैरीश्वरबुद्धिभिः ॥ ईश्वरोहिजगत्स्रष्टाप्रभुर्नारायणोविराट् १२ भूतांतरात्मावरदःसगुणोनिर्गुणोऽपिच ॥ भूतप्रलयमत्यंतंशृणुष्वनृपसत्तम १३ धरण्यामथलीनायामप्सुचैकार्णवेपुरा ॥ ज्योतिर्भूतेजलेचापिलीनेज्योतिषिचानिले १४ वायौचाकाशसंलीनेआकाशेचमनोनुगे ॥ व्यक्तेमनसिसंलीनेव्यक्तेचाव्यक्ततांगते १५ अव्यक्तेपुरुषंयातेपुंसिसर्वगतेऽपिच ॥ तमएवाभवत्सर्वंनप्राज्ञायतकिंचन १६ तमसोब्रह्मसंभूतंतमोमूलामृतात्मकम् ॥ तद्विश्वभावसंज्ञांतंपौरुषींतनुमाश्रितम् १७ सोऽनिरुद्धइतिप्रोक्तस्तत्प्रधानंप्रचक्षते ॥ तदव्यक्तमितिज्ञेयंत्रिगुणंनृपसत्तम १८ विद्यासहायवान्देवोविष्वक्सेनोहरिःप्रभुः ॥ अप्स्वेवशयनंचक्रेनिद्रायोगमुपागतः १९

माह भूतेति १३ । १४ व्यक्तेमहत्तत्त्वेमनोलीनंतद्व्यक्तेऽप्यव्यक्ततांगुणसाम्यावस्थांगतेसति १५ पुरुषंत्वमर्थं पुंसिसर्वगतेब्रह्मणिलीनेसतिप्रलयावस्थायांतमएवाभवत्सर्वं विशेषविज्ञानंसर्वंलुप्तमित्यर्थः १६ तमसःसकाशात्ब्रह्मजगत्कारणंपरव्योमाख्यमुत्पन्नं तमःकुतउत्पन्नमित्याकांक्षायामाह तमोमूलामृतात्मकमिति अधिष्ठानमात्रात्मकमुरगइवरज्जुमात्रात्मकः तन्मूलामृतंस्वाध्यस्ततमसाउपेतंसद्विश्वेभावाःसर्वरूपंसंज्ञानामतदंतंप्रपंचात्मकमित्यर्थः पौरुषींवैराजीं १७ अनिरुद्धएवसूक्ष्मरूपोऽव्यक्तसंज्ञितोज्ञेयः १८ विद्यानिर्विशेषचिन्मात्राकाराचेतोवृत्तिः अप्सुनिर्विशेषेब्रह्मणिशयनंचक्रेविलयंजगाम १९

सएवाचिद्रूपोजगतःसृष्टिंचिंतयन्बहुस्यांप्रजायेयेतीक्षणंकुर्वन् २० । २१ पद्मेब्रह्मांडे अनिरुद्धादहंकारात् संभूतआविर्भूतोब्रह्मा २२ । २३ पद्मस्यपत्रेअंडैकदेशे २४ । २५ । २६ । २७ । २८ । २९
३० । ३१ । ३२ । ३३ । ३४ । ३५ । ३६ । ३७ रजस्तमोभ्यामभिभूतैर्नष्टज्ञानैरीश्वरएवजपध्यानादिनाज्ञानलाभार्थमनुसरणीयइत्याशयेनाह ओंनमस्तेइति ३८ तुभ्यंतव लोकधामप्रकाशकःसचा
सौस्वयंभूश्चतस्य ३९ त्वत्तोमइति ननु 'ज्ञानमप्रतिमंयस्यवैराग्यंचजगत्पतेः ॥ ऐश्वर्यंचैवधर्मश्चसहसिद्धंचतुष्टयं'इतिस्मृत्या'सहायमीक्षांचक्रेयन्मदन्यन्नास्तिकस्मान्नुबिभेमीतिकस्माद्धयभेष्यत्द्वितीयाद्वैभयं

जगतश्चिंतयन्सृष्टिंचित्रांबहुगुणोद्भवाम् ॥ तस्यचिंतयतःसृष्टिंमहानात्मगुणःस्मृतः २० अहंकारस्ततोजातोब्रह्मासतुचतुर्मुखः ॥ हिरण्यगर्भोभगवान्सर्वलो
कपितामहः २१ पद्मेऽनिरुद्धात्संभूतस्तदापद्मनिभेक्षणः ॥ सहस्रपत्रेद्युतिमानुपविष्टःसनातनः २२ ददृशेऽद्भुतसंकाशोलोकानापोमयान्प्रभुः ॥ सत्वस्थःपर
मेष्ठीसततोभूतगणान्सृजन् २३ पूर्वमेवचपद्मस्यपत्रेसूर्यांशुसप्रभे ॥ नारायणकृतौबिंदूअपामास्तांगुणोत्तरौ २४ तावपश्यत्सभगवाननादिर्निधनोच्युतः ॥
एकस्तत्राभवद्बिंदुर्मध्वाभोरुचिरप्रभः २५ सतामसोमधुर्जातस्तदानारायणाज्ञया ॥ कठिनस्त्वपरोबिंदुःकैटभोराजसस्तुसः २६ तावभ्यधावतांश्रेष्ठौतमोरज
गुणान्वितौ ॥ बलवंतौगदाहस्तौपद्मनालानुसारिणौ २७ ददृशातेऽरविंदस्थंब्रह्माणममितप्रभम् ॥ सृजंतंप्रथमंवेदांश्चतुरश्चारुविग्रहान् २८ ततोविग्रहवंतौ
तौवेदान्दृष्ट्वाऽसुरोत्तमौ ॥ सहसाजगृहतुर्वेदान्ब्रह्मणःपश्यतस्तदा २९ अथतौदानवश्रेष्ठौवेदान्गृह्यसनातनान् ॥ रसांविविशतुस्तूर्णमुदक्पूर्वेमहोदधौ ३०
ततोहृतेषुवेदेषुब्रह्माकश्मलमाविशत् ॥ ततोवचनमीशानंप्राहवेदैर्विनाकृतः ३१ ॥ ब्रह्मोवाच ॥ वेदामेपरमंचक्षुर्वेदामेपरमंबलम् ॥ वेदामेपरमंधामवेदामे
ब्रह्मचोत्तरम् ३२ ममवेदाहृताःसर्वेदानवाभ्यांबलादितः ॥ अंधकाराहिमेलोकाजातावेदैर्विनाकृताः ३३ वेदानृतेहिकिंकुर्यांलोकानांसृष्टिमुत्तमाम् ॥ अहोब
तमहद्दुःखंवेदनाशनजंमम ३४ प्राप्तंदुनोतिहृदयंतीव्रंशोकपरायणम् ॥ कोहिशोकार्णवेमग्नंमामितोऽद्यसमुद्धरेत् ३५ वेदांस्तांश्चानयेन्नष्टान्कस्यचाहंप्रियो
भवे ॥ इत्येवंभाषमाणस्यब्रह्मणोनृपसत्तम ३६ हरेःस्तोत्रार्थमुद्भूताबुद्धिर्बुद्धिमतांवर ॥ ततोजगौपरंजप्यंसांजलिप्रग्रहःप्रभुः ३७ ॥ ब्रह्मोवाच ॥ ॐनमस्ते
ब्रह्महृदयनमस्तेममपूर्वज ॥ लोकाद्यभुवनश्रेष्ठसांख्ययोगनिधेप्रभो ३८ व्यक्ताव्यक्तकराचिंत्यक्षेमंपंथानमास्थित ॥ विश्वभुक्सर्वभूतानामंतरात्मन्नयोनिज ॥
अहंप्रसादजस्तुभ्यंलोकधामस्वयंभुवः ३९ त्वत्तोमेमानसंजन्मप्रथमंद्विजपूजितम् ॥ चाक्षुषंवैद्वितीयंमेजन्मचासीत्पुरातनम् ४० त्वत्प्रसादात्तुमेजन्मतृतीयंवा
चिकंमहत् ॥ त्वत्तःश्रवणजंचापिचतुर्थंजन्ममेविभो ४१

भवति'इतिश्रुत्यातद्भाष्येणचब्रह्मणःस्वतःसिद्धज्ञानत्वमुक्तं । सतिचज्ञानेजन्मांतरंनास्तीतिकथंतस्यसप्तजन्मान्युच्यंते । अभ्युपगमेत्वाजानसिद्धज्ञानस्यवैफल्यं । अतोव्यर्थंमोक्षधर्मान्वाख्यानमितिचेदत्रब्रूमः अत्र
ह्यहंकारादुत्पन्नश्चतुर्मुखः स्वस्यवैराजंरूपंसर्वनामरूपात्मकमनुसंदधानोमन्यतेयदायदायद्यत्प्रकाशतेतत्तद्दैवोत्पन्नामितितावंतिवैराजानिजन्मानीति । स्थूलप्रपंचात्मकंमानसंभोगद्वारामनस्तृप्तिकरंप्रथमंवैराजंजन्म ।
रूपप्रपंचात्मकंचाक्षुषंततोऽपिबाह्यत्वाद्वितीयं ४० वचनमात्रोपस्थापितमेरुस्वर्गाद्यात्मकंततोऽपिबाह्यत्वात्तृतीयं । अस्यभोग्यतयाऽन्तरंगस्योपस्थापकोवेदात्मानामप्रपंचस्ततोऽपिबाह्यत्वाच्चतुर्थः ४१

नासत्यामिति अश्विदैवत्यघ्राणजंजन्मगंधप्रपंचात्मकंनामोल्लेखपूर्वकरूपस्मारकतयाततोऽपिबहिरंगत्वात्पंचमं । अंडंब्रह्मांडंतद्दर्शनसंस्कारजंवासनात्मकंस्वाप्नप्रपंचमयंततोऽपिबाह्यंषष्ठं ४२ ततोऽपिबाह्यंपद्यते गम्यतइतिवापदनीयंवापाद्मंसर्वप्राणिधीवासनोद्बोधकंकारणात्मकमिदंसप्तमं । इतोऽपिबाह्यस्त्वंशुद्धचिन्मात्रोऽष्टमः । सर्वेषुकार्येष्वनुगतत्वात्पिताऽहंचत्वत्सत्तयैवकार्यसप्तकरूपेणमानसत्वयात्वत्पुत्रोऽस्मीत्याह

नासत्यंचापिमेजन्मत्वत्तःपरममुच्यते ॥ अंडजंचापिमेजन्मत्वत्तःषष्ठंविनिर्मितम् ४२ इदंचसप्तमंजन्मपद्मजन्मेतिवैप्रभो ॥ सर्गेसर्गेह्यहंपुत्रस्तवत्रिगुणवर्जित ४३ प्रथमंपुंडरीकाक्षःप्रधानगुणकल्पितः ॥ त्वमीश्वरःस्वभावश्चकर्मबंधःस्वयंभुवः ४४ त्वयाविनिर्मितोऽहंवैवेदचक्षुर्वयोतिगः ॥ तेमेवेदाहृताश्चक्षुरंधोजातोस्मिजागृहि ४५ ददस्वचक्षूंषिममप्रियोहंतेप्रियोऽसिमे ॥ एवंस्तुतःसभगवान्पुरुषःसर्वतोमुखः ४६ जहौनिद्रामथतदावेदकार्यार्थमुद्यतः ॥ ऐश्वर्येणप्रयोगेणद्वितीयांतनुमास्थितः ४७ सुनासिकेनकायेनभूत्वाचंद्रप्रभस्तदा ॥ कृत्वाहयशिरःशुभ्रंवेदानामालयंप्रभुः ४८ तस्यमूर्धासमभवद्द्यौःसनक्षत्रतारका ॥ केशाश्चास्याभवन्दीर्घारवेरंशुसमप्रभाः ४९ कर्णावाकाशपातालेललाटंभूतधारिणी ॥ गंगासरस्वतीश्रोण्यौभ्रुवावास्तांमहोदधी ५० चक्षुषीसोमसूर्यौतेनासासंध्यापुनःस्मृता ॥ ॐकारस्त्वथसंस्कारोविद्युज्जिह्वाचनिर्मिता ५१ दंताश्चपितरोराजन्सोमपाइतिविश्रुताः ॥ गोलोकोब्रह्मलोकश्चओष्ठावास्तांमहात्मनः ५२ ग्रीवाचास्याभवद्राजन्कालरात्रिर्गुणोत्तरा ॥ एतद्धयशिरःकृत्वानानामूर्तिभिरावृतम् ५३ अंतर्दधौसविश्वेशोविवेशचरसांप्रभुः ॥ रसांपुनःप्रविष्टश्चयोगंपरममास्थितः ५४ शैक्ष्यंस्वरंसमास्थायउद्गीतंप्रासृजत्स्वरम् ॥ सस्वरःसानुनादीचसर्वशःस्निग्धएवच ५५ बभूवांतर्महीभूतःसर्वभूतगुणोहितः ॥ ततस्तावसुरौकृत्वावेदान्समयबंधनान् ५६ रसातलेविनिक्षिप्ययतःशब्दस्ततोद्रुतौ ॥ एतस्मिन्नंतरेराजन्देवोहयशिरोधरः ५७ जग्राहवेदानखिलान्रसातलगतान्हरिः ॥ प्रादाच्चब्रह्मणेभूयस्ततःस्वांप्रकृतिंगतः ५८ स्थापयित्वाहयशिरउदक्पूर्वेमहोदधौ ॥ वेदानामालयंचापिबभूवाश्वशिरास्ततः ५९ अथकिंचिदपश्यंतौदानवौमधुकैटभौ ॥ पुनराजग्मतुस्तत्रवेगितौपश्यतांचतौ ६० यत्रवेदाविनिक्षिप्तास्तत्स्थानंशून्यमेवच ॥ ततउत्तममास्थायवेगंबलवतांवरौ ६१ पुनरुत्तस्थतुःशीघ्रंरसानामालयात्तदा ॥ ददृशातेच पुरुषंतमेवादिकरंप्रभुम् ६२ श्वेतंचंद्रविशुद्धाभमनिरुद्धतनौस्थितम् ॥ भूयोऽप्यमितविक्रांतंनिद्रायोगमुपागतम् ६३ आत्मप्रमाणरचितेअपामुपरिकल्पिते ॥ शयनेनागभोगाढ्येज्वालामालासमावृते ६४ निष्कल्मषेणसत्वेनसंपन्नंरुचिरप्रभम् ॥ तंदृष्ट्वादानवेंद्रौतौमहाहासममुंचताम् ६५ ऊचतुश्चसमाविष्टौरजसातमसाचतौ ॥ अयंसपुरुषःश्वेतःशेतेनिद्रामुपागतः ६६ अनेननूनंवेदानांकृतमाहरणंरसात् ॥ कस्यैषकोनुखल्वेषकिंचस्वपितिभोगवान् ६७ इत्युच्चारितवाक्यौतौबोधयामासतुर्हरिम् ॥ युद्धार्थिनौहिविज्ञायविबुद्धःपुरुषोत्तमः ६८

सर्गेसर्गेइति ४३ प्रधानंमुख्योगुणःसत्वंतेनकल्पितःशुद्धसत्वमयशरीरइत्यर्थः ४४ यतोवेदचक्षुरहमतोवयोतिगःकालवित् अध्यायशेषःस्पष्टार्थः ४५ । ४६ । ४७ । ४८ । ४९ । ५० । ५१ । ५२ । ५३ । ५४ । ५५ । ५६ । ५७ । ५८ । ५९ । ६० । ६१ । ६२ । ६३ । ६४ । ६५ । ६६ । ६७ । ६८

६९ । ७० । ७१ । ७२ । ७३ । ७४ । ७५ । ७६ । ७७ । ७८ । ७९ । ८० । ८१ । ८२ । ८३ । ८४ । ८५ । ८६ । ८७ । ८८ । ८९ । ९० । ९१ । ९२ । ९३ । ९४ । ९५ ९६ ॥ इति

निरीक्ष्यचासुरेन्द्रौतौततोयुद्धेमनोदधे॥ अथयुद्धंसमभवत्तयोर्नारायणस्यवै६९ रजस्तमोविष्टतनूतावुभौमधुकैटभौ॥ब्रह्मणोऽपचितिंकुर्वन्जघानमधुसूदनः७०
ततस्तयोर्वधेनाशुवेदापहरणेनच॥ शोकापनयनंचक्रेब्रह्मणःपुरुषोत्तमः ७१ ततःपरिवृतोब्रह्माहरिणावेदसत्कृतः ॥ निर्ममेसतदालोकान्कृत्स्नान्स्थावरजंगमान्
७२ दत्वापितामहायाग्र्यांमतिंलोकविसर्गिकीम् ॥ तत्रैवांतर्दधेदेवोयतएवागतोहरिः७३ तौदानवौहरिर्हत्वाकृत्वाहयशिरस्तनुम् ॥ पुनःप्रवृत्तिधर्मार्थंतामेवविदधेतनुम् ७४ एवमेवमहाभागोबभूवाश्वशिराहरिः ॥ पौराणमेतत्प्रख्यातंरूपंवरदमैश्वरम् ७५ योह्येतद्ब्राह्मणोनित्यंशृणुयाद्धारयीतवा ॥ नतस्याध्ययनंनाशमुप
गच्छेत्कदाचन ७६ आराध्यतपसोग्रेणदेवंहयशिरोधरम् ॥ पंचालेनक्रमःप्राप्तोदेवेनपथिदेशिते ७७ एतद्धयशिरोराजन्नाख्यानंतवकीर्तितम् ॥ पुराणंवेदस
मितंयन्मांत्वंपरिपृच्छसि ७८यांयामिच्छेत्तनुंदेवःकर्तुंकार्यविधौक्वचित्॥तांतांकुर्याद्विकुर्वाणःस्वयमात्मानमात्मना ७९एषवेदनिधिःश्रीमानेषवैतपसोनिधिः ॥
एषयोगश्चसांख्यंचब्रह्मचाग्र्यंहविर्विभुः ८० नारायणपरावेदायज्ञानारायणात्मकाः॥ तपोनारायणपरंनारायणपरागतिः ८१ नारायणपरंसत्यमृतंनारायणात्म
कम् ॥ नारायणपरोधर्मःपुनरावृत्तिदुर्लभः ८२ प्रवृत्तिलक्षणश्चैवधर्मोनारायणात्मकः॥ नारायणात्मकोगंधोभूमौश्रेष्ठतमःस्मृतः ८३ अपांचापिगुणाराजन्रसा
नारायणात्मकाः ॥ ज्योतिषांचपरंरूपंस्मृतंनारायणात्मकम् ८४ नारायणात्मकश्चापिस्पर्शोवायुगुणःस्मृतः ॥ नारायणात्मकश्चैवशब्दआकाशसंभवः ८५ म
नश्चापिततोभूतमव्यक्तगुणलक्षणम् ॥ नारायणपरःकालोज्योतिषामयनंचयत् ८६ नारायणपराकीर्तिःश्रीश्चलक्ष्मीश्चदेवताः॥ नारायणपरंसांख्यंयोगोनारा
यणात्मकः ८७ कारणंपुरुषोह्येषांप्रधानंचापिकारणम् ॥ स्वभावश्चैवकर्माणिदैवंयेषांचकारणम् ८८ अधिष्ठानंतथाकर्ताकरणंचपृथग्विधम् ॥विविधाचतथाचे
ष्टादैवंचैवात्रपंचमम् ८९ पंचकारणसंख्यातोनिष्ठासर्वत्रवैहरिः ॥ तत्त्वंजिज्ञासमानानांहेतुभिःसर्वतोमुखैः९० तत्त्वमेकोमहायोगीहरिर्नारायणःप्रभुः॥ ब्रह्मादी
नांसलोकानामृषीणांचमहात्मनाम् ९१ सांख्यानांयोगिनांचापियतीनामात्मवेदिनाम् ॥मनीषितंविजानातिकेशवोनतुतस्यते ९२ येकेचित्सर्वलोकेषुदैवंपित्र्यं
चकुर्वते ॥ दानानिचप्रयच्छंतितप्यंतेचतपोमहत् ९३ सर्वेषामाश्रयोविष्णुरैश्वरंविधिमास्थितः ॥ सर्वभूतकृतावासोवासुदेवेतिचोच्यते ९४ अयंहिनित्यःपरमोम
हर्षिर्महाविभूतिर्गुणवर्जिताख्यः ॥ गुणैश्चसंयोगमुपैतिशीघ्रंकालोयथर्तावृतुसंप्रयुक्तः ९५नैवास्यविंदंतिगतिंमहात्मनोनचागतिंकश्चिदिहानुपश्यति ॥ ज्ञानात्म
काःसंतिहियेमहर्षयःपश्यंतिनित्यंपुरुषंगुणाधिकम् ९६ ॥ इतिश्रीमहाभारतेशां०मोक्षपर्वणिनारायणीयेसप्तचत्वारिंशदधिकत्रिशततमोऽध्यायः ॥ ३४७ ॥

शांतिपर्वणि मोक्षधर्मपर्वणि नीलकंठीये भारतभावदीपे सप्तचत्वारिंशदधिकत्रिशततमोऽध्यायः ॥ ३४७ ॥

यान्येतानिब्रह्मणःसप्तजन्मान्युक्तानिमानसंचाक्षुषंवाचिकंश्रावणंनासत्यमंडजंपाद्मंचेतितान्येवपरब्रह्मणःस्वरूपाणितेषामेकोपास्तिस्तुतिद्वाराचरमस्तुतयेऽयमध्यायआरभ्यते अहोह्येकांतिनइत्यादि । सर्वान्सप्तविधब्रह्मणोव्यस्तोपासकान्समस्तोपासकांश्च १ दग्धेंधनाःनष्टवासनाः पारंपर्यागतागुरुसंप्रदायागता गतिर्ज्ञानं २ चतुर्थ्यांअनिरुद्धप्रद्युम्नसंकर्षणानपेक्ष्यचतुर्थ्यांवासुदेवाख्यायांहारिभक्तानांविशेषमाह एकांतिनस्त्विति । एकांतिनोनिष्कामभक्ताः ३ गतयःगतीः अनिरुद्धादींस्त्रीननुपास्यैववासुदेवंगच्छतीत्यर्थः ४ जापकेभ्योऽपिभक्तानांश्रेष्ठांगतिमाह सहेति ५ । ६ । ७ अगतिर्गतिशून्योज्ञानधर्मःगतिर्गतिमानुपासनाधर्मः ८ । ९ सामवेदेनसंमितःसामवेदोक्तंतत्त्वमसीतिवाक्यंयथाधिकारिणःसद्योज्ञानजनकमेवंवैष्णवधर्मोऽपिशमादिमतांसद्यःकैवल्यहेतुरित्यर्थः । तथाचयोगशास्त्रेतीव्रवैराग्यवतामासन्नंसमाधिलाभंप्रस्तुत्यमृदुमध्यातिमात्रत्वात्ततोऽपिविशेषइतिमृदुतीव्रमध्यतीव्रातिमात्रतीव्रवैराग्यवतामासन्नआसन्नतरआसन्नतमःसमाधिलाभइत्युक्त्वाईश्वरप्रणिधानाद्वेतीश्वरप्रणिधानस्यसर्वाधिक्यमुच्यते ईशेनमहादेवेन १० ११ । १२ यदासीदिति अत्रमानसादीनांसप्तानांपूर्वपूर्वस्मिन्नुत्तरेषांसर्वेषामनुगमोऽस्तिनतूत्तरस्मिन्नुत्तरास्मिन्पूर्वपूर्वस्य । कारणंहिकार्येऽनुगतंनतुकार्यस्यकारणेऽनुगमोऽस्तीतिप्रसिद्धंलोके । तत्रमानसंनामस्थूलं

॥ जनमेजयउवाच ॥ अहोह्येकांतिनःसर्वान्प्रीणातिभगवान्हरिः ॥ विधिप्रयुक्तांपूजांचगृह्णातिभगवान्स्वयम् १ येतुदग्धेंधनालोकेपुण्यपापविवर्जिताः ॥ तेषांत्वयाऽभिनिर्दिष्टापारंपर्यागतागतिः २ चतुर्थ्यांचैवतेगत्यांगच्छंतिपुरुषोत्तमम् ॥ एकांतिनस्तुपुरुषागच्छंतिपरमंपदम् ३ नूनमेकांतधर्मोऽयंश्रेष्ठोनारायणप्रियः ॥ अगत्वागतयस्तिस्रोयद्गच्छत्यव्ययंहरिम् ४ सहोपनिषदान्वेदान्येविप्राःसम्यगास्थिताः ॥ पठंतिविधिमास्थाययेचापियतिधर्मिणः ५ तेभ्योविशिष्टांजानामिगतिमेकांतिनांनृणाम् ॥ केनैषधर्मःकथितोदेवेनऋषिणाऽपिवा ६ एकांतिनांचकाचर्याकदाचोत्पादिताविभो ॥ एतन्मेसंशयंछिंधिपरंकौतूहलंहिमे ७
वैशंपायनउवाच ॥ समुपोढेष्वनीकेषुकुरुपांडवयोर्मृधे ॥ अर्जुनेविमनस्केचगीताभगवतास्वयम् ८ अगतिश्चगतिश्चैवपूर्वंतेकथितामया ॥ गहनोह्येषधर्मोवैदुर्विज्ञेयोऽकृतात्मभिः ९ संमितःसामवेदेनपुरैवादियुगेकृतः ॥ धार्यतेस्वयमीशेनराजन्नारायणेनच १० एतदर्थंमहाराजपृष्टःपार्थेननारदः ॥ ऋषिमध्येमहाभागःशृण्वतोःकृष्णभीष्मयोः ११ गुरुणाचमयाऽप्येषकथितोनृपसत्तम ॥ यथातत्कथितंतत्रनारदेनतथाशृणु १२ यदासीन्मानसंजन्मनारायणमुखोद्गतम् ॥ ब्रह्मणःपृथिवीपालतदानारायणःस्वयम् १३

समित्कुशाज्यगंधपुष्पधूपदीपाद्युपकरणंशालग्रामब्राह्मणादिप्रतिमालंबनंदैवंपित्र्यंचधर्मं नारायणेनोपदिष्टंफेनपादयोऽनुवर्ततेइतिश्लोकत्रयार्थः । अयंभावः । अग्न्यर्कतोयशालग्रामप्रतिमादिषुस्थूलालंबनेष्वैकाग्र्येणादरनैरंतर्यदीर्घकालोपोद्बलितांदृष्टिंदत्वोपासीनस्याग्न्यादीनांचेतनंरूपंदृष्टिगोचरंभवति । तत्रहिजडमध्यस्तंरज्ज्वामिवसर्पःसयथाचिरंनिरीक्ष्यमाणोलीयतेरज्जुश्चप्रकाशतेतद्वदिहाप्यग्न्यादीनांतीव्राभिनिवेशेननिरीक्ष्यमाणानांजाड्यंलीयतेचैतन्यंचप्रकाशते । सेयंमहाविदेहानामधारणा यांप्रकृत्योक्तंयोगसूत्रकृता । बहिरकल्पितावृत्तिर्महाविदेहाततःप्रकाशावरणक्षयइति । देहविस्मरणेसतियाबाह्याकारावृत्तिःसाअकल्पिताअन्याकल्पिता । अस्यांसिद्धायामेवप्रतिमादीनांजाड्यंतिरोधीयते नान्यथातद्वदनंतेचैतन्येपरिच्छेदोऽध्यस्तस्तथैवेक्षणेनप्रविलापनीयस्तेनतदीयमानंत्यंप्रकाशते । यत्कृष्णशरीरेयशोदयार्जुनेनचदृष्टंतस्यापिसविशेषत्वमेवप्रविलाप्यनिर्विशेषचिन्मात्रात्मनातिष्ठेदिति १३

१४ । १५ यदासीचाक्षुषमिति । चाक्षुषंचक्षुर्ग्राह्यंतेजःसूर्यादिरश्मिरूपंतत्रनिबिडतरशुक्लभास्वरांधकारकल्पेप्रत्यस्तमितसमस्तविशेषरूपेदृष्टिंधारयतोऽपिपूर्ववद्देहविस्मरणेसतितत्रैवविश्वरूपंप्रकाशते । ततश्चिन्मात्र मितिद्वितीयोयोगप्रकारः एतौद्वौवाह्यालंबनौयोगौ १६ । १७ आंतरालंबनंतृतीयमाह तृतीयमिति । वाचिकंवाङ्निर्वर्त्यमंत्रार्थचिंतनपूर्वकंजपंतत्रापिमातृकास्मरणमतीत्यमंत्रार्थमात्रंध्यायतस्तदाकारायांचि त्तवृत्तौपुनःपूर्ववद्विश्वरूप्याधिगमद्वाराचिन्मात्रेणावस्थानं १८ । १९ त्रिःपरिक्रांतवान्त्रिरावर्तितवान्प्रत्यहमितिशेषः २० ऋग्वेदपाठपठितंत्रिसौपर्णंचतुष्कपर्दायुवतिःसुपेशाइत्यादिसुपर्णलिंगकंमंत्रत्रयं २१

तेनधर्मेणकृतवान्दैवंपित्र्यंचभारत ॥ फेनपाऋषयश्चैवतंधर्मंप्रतिपेदिरे १४ वैखानसाःफेनपेभ्योधर्मंतंप्रतिपेदिरे ॥ वैखानसेभ्यःसोमस्तुततःसोंतर्दधेपुनः १५ यदाऽऽसीचाक्षुषंजन्मद्वितीयंब्रह्मणोनृप ॥ यदापितामहेनैवसोमाद्धर्मःपरिश्रुतः १६ नारायणात्मकोराजन्रुद्रायप्रददौचतम् ॥ ततोयोगस्थितोरुद्रःपुराकृत युगेनृप १७ वालखिल्यानृषीन्सर्वान्धर्ममेतदपाठयत् ॥ अंतर्दधेततोभूयस्तस्यदेवस्यमायया १८ तृतीयंब्रह्मणोजन्मयदासीद्वाचिकंमहत् ॥ तत्रैपधर्मःसंभूतः स्वयंनारायणान्नृप १९ सुपर्णोनामतमृषिःप्राप्तवान्पुरुषोत्तमात् ॥ तपसावैसुतप्तेनदमेननियमेनच २० त्रिःपरिक्रांतवानेतत्सुपर्णोधर्ममुत्तमम् ॥ यस्मात्तस्मा द्व्रतंह्येतत्त्रिसौपर्णमिहोच्यते २१ ऋग्वेदपाठपठितंव्रतमेतद्धिदुश्चरम् ॥ सुपर्णाच्चाप्यधिगतोधर्मएषसनातनः २२ वायुनाद्विपदांश्रेष्ठकथितोजगदायुषा ॥ वायोः सकाशात्प्राप्तश्चऋषिभिर्विघसाशिभिः २३ ततोमहोदधिश्चैवप्राप्तवान्धर्ममुत्तमम् ॥ अंतर्दधेततोभूयोनारायणसमाहितः २४ यदाभूयःश्रवणजासृष्टिरासी न्महात्मनः ॥ ब्रह्मणःपुरुषव्याघ्रतत्रकीर्तयतःशृणु २५ जगत्स्रष्टुमनादेवोहरिर्नारायणःस्वयम् ॥ चिंतयामासपुरुषंजगत्सर्गकरंप्रभुम् २६ अथचिंतयतस्तस्य कर्णाभ्यांपुरुषःस्मृतः ॥ प्रजासर्गकरोब्रह्मातमुवाचजगत्पतिः २७ सृजप्रजाःपुत्रसर्वामुखतःपादतस्तथा ॥ श्रेयस्तवविधास्यामिबलंतेजश्चसुव्रत २८ धर्मंचम त्तोगृह्णीष्वसात्वतंनामनामतः ॥ तेनसृष्टंकृतयुगंस्थापयस्वयथाविधि २९ ततोब्रह्मानमश्चक्रेदेवायहरिमेधसे ॥ धर्मंचाग्र्यंसजग्राहसरहस्यंससंग्रहम् ३० आर ण्यकेनसहितंनारायणमुखोद्भवम् ॥ उपदिश्यततोधर्मंब्रह्मणेऽमिततेजसे ३१ त्वंकर्तायुगधर्माणांनिराशीःकर्मसंज्ञितम् ॥ जगामतमसःपारंयत्राव्यक्तंव्यवस्थि तम् ३२ ततोऽथवरदोदेवोब्रह्मालोकपितामहः ॥ असृजत्सततोलोकान्कृत्स्नान्स्थावरजंगमान् ३३ ततःप्रावर्ततदाआदौकृतयुगंशुभम् ॥ ततोहिसात्वतो धर्मोव्याप्यलोकानवस्थितः ३४ तेनैवाद्येनधर्मेणब्रह्मालोकविसर्गकृत् ॥ पूजयामासदेवेशंहरिंनारायणंप्रभुम् ३५ धर्मप्रतिष्ठाहेतोश्चमनुंस्वारोचिषंततः ॥ अ ध्यापयामासतदालोकानांहितकाम्यया ३६ ततःस्वरोचिषःपुत्रंस्वयंशंखपदंनृप ॥ अध्यापयत्पुराऽव्यग्रःसर्वलोकपतिर्विभुः ३७ ततःशंखपदश्चापिपुत्रमात्म जमौरसम् ॥ दिशांपालंसुवर्णाभमध्यापयतभारत ॥ सोऽन्तर्दधेततोभूयःप्राप्तेत्रेतायुगेपुनः ३८

२२ । २३ यदाभूयइतिश्रवणजाअनाहतध्वनिरूपा एतदेवनादब्रह्महंसोपनिषत्प्रसिद्धं २४ । २५ तदुपासनाज्जगत्सृष्ट्यादिसामर्थ्यंभवतीत्याह अथेति २६ । २७ । २८ । २९ । ३० । ३१ । ३२ ३३ । ३४ । ३५ । ३६ । ३७ । ३८

नासत्येजन्मनीति । नासत्येतिपूर्वोक्तरीत्यागंधसंवित् सारसादिसंविदांप्रागुक्तानामुपलक्षणं अनाहतध्वनिश्चित्तैकाग्र्याभावेऽपिगुरूक्तयुक्त्यास्फुरति गंधादिसंविदस्तुचित्तवैयग्र्यलक्षणेनस्फुरंतीतिपूर्वस्मात्सूक्ष्माः तत्रापिगंधांशंत्यक्त्वासंविन्मात्रेस्थेयमितियोगः ३९ । ४० । ४१ । ४२ । ४३ अंडजेजन्मनिसूत्रात्मनिअत्रधारणायांसिद्धायामहंब्रह्मास्मीतिवाक्यश्रवणमात्रात्कृतकृत्यतेतिनानिर्विकल्पापेक्षाऽपीत्ययंसर्वापेक्षयाश्रेयान् ४४ । ४५ । ४६ । ४७ यदिदंसप्तममिति अंतर्यामिरूपंजन्म इदमेवसमुपोढेष्वनीकेषुइत्यादिनाउपक्रांतंगीतायामुक्तमितिप्रत्यभिज्ञानार्थं'इमंविवस्वतेयोगंप्रोक्तवानहमव्ययं ॥ विवस्वान्मनवेप्राह

नासत्येजन्मनिपुराब्रह्मणःपार्थिवोत्तम ॥ धर्ममेतंस्वयंदेवोहरिर्नारायणःप्रभुः ३९ तज्जगादारविंदाक्षोब्रह्मणःपश्यतस्तदा ॥ सनत्कुमारोभगवांस्ततःप्राधीतवान्नृप ४० सनत्कुमारादपिचवीरणोवैप्रजापतिः ॥ कृतादौकुरुशार्दूलधर्ममेतदधीतवान् ४१ वीरणश्चाप्यधीत्यैनंरैभ्यायमुनयेददौ ॥ रैभ्यःपुत्रायशुद्धायसुव्रतायसुवेधसे ४२ कुक्षिनाम्नेसप्रददौदिशांपालयधर्मिणे ॥ ततोऽप्यंतर्दधेभूयोनारायणमुखोद्भवः ५३ अंडजेजन्मनिपुनर्ब्रह्मणेहरियोनये ॥ एषधर्मःसमुद्भूतोनारायणमुखात्पुनः ४४ गृहीतोब्रह्मणाराजन्प्रयुक्तश्चयथाविधि ॥ अध्यापिताश्चमुनयोनाम्नाबर्हिषदोनृप ४५ बर्हिषद्भ्यश्चसंप्राप्तःसामवेदांतगंद्विजम् ॥ ज्येष्ठंनामाभिविख्यातंज्येष्ठसामव्रतोहरिः ४६ ज्येष्ठाच्चाप्यनुसंक्रांतोराजानमविकंपनम् ॥ अंतर्दधेततोराजन्नेषधर्मःप्रभोहरेः ४७ यदिदंसप्तमंजन्मपद्मजंब्रह्मणोनृप ॥ तत्रैषधर्मःकथितःस्वयंनारायणेनह ४८ पितामहायशुद्धाययुगादौलोकधारिणे ॥ पितामहश्चदक्षायधर्ममेतंपुराददौ ४९ ततोज्येष्ठेतुदौहित्रेप्रादाद्दक्षोनृपोत्तम ॥ आदित्येसवितुर्ज्येष्ठेविवस्वान्जगृहेततः ५० त्रेतायुगादौचततोविवस्वान्मनवेददौ ॥ मनुश्चलोकभूत्यर्थंसुतायेक्ष्वाकवेददौ ५१ इक्ष्वाकुनाचकथितोव्याप्यलोकानवस्थितः ॥ गमिष्यतिक्षयांतेचपुनर्नारायणंनृप ५२ यतीनांचापियोधर्मःसतेपूर्वंनृपोत्तम ॥ कथितोहरिगीतासुसमासविधिकल्पितः ५३ नारदेनसुसंप्राप्तःसरहस्यःससंग्रहः ॥ एषधर्मोजगन्नाथात्साक्षान्नारायणान्नृप ५४ एवमेषमहान्धर्मआद्योराजन्सनातनः ॥ दुर्विज्ञेयोदुष्करश्चसात्वतैर्धार्यतेसदा ५५ धर्मज्ञानेनचैतेनसुप्रयुक्तेनकर्मणा ॥ अहिंसाधर्मयुक्तेनप्रीयतेहरिरीश्वरः ५६ एकव्यूहविभागोवाक्वचिद्द्विव्यूहसंज्ञितः ॥ त्रिव्यूहश्चापिसंख्यातश्चतुर्व्यूहश्चदृश्यते ५७ हरिरेवहिक्षेत्रज्ञोनिर्ममोनिष्कलस्तथा ॥ जीवश्चसर्वभूतेषुपंचभूतगुणातिगः ५८ मनश्चप्रथितंराजन्पंचेंद्रियसमीरणम् ॥ एषलोकविधिर्धीमानेषलोकविसर्गकृत् ५९ अकर्ताचैवकर्ताचकार्यंकारणमेवच ॥ यथेच्छतितथाराजन्क्रीडतेपुरुषोऽव्ययः ६० एषएकांतधर्मस्तेकीर्तितोनृपसत्तम ॥ मयागुरुप्रसादेनदुर्विज्ञेयोऽकृतात्मभिः ६१ एकांतिनोहिपुरुषादुर्लभाबहवोनृप ॥ यद्येकांतिभिराकीर्णंजगत्स्यात्कुरुनंदन ६२

मनुरिक्ष्वाकवेऽब्रवीत्'इतितत्रत्यवंशकीर्तनेनद्रढयति विवस्वान्जगृहेततइत्यादिना ४८ । ४९ । ५० । ५१ । ५२ । ५३ । ५४ । ५५ । ५६ एकव्यूहेति । अत्रानिरुद्धश्चतुष्टयानुगतःप्रद्युम्नस्त्रितयानुगतःसंकर्षणोद्वितयानुगतोवासुदेवएकएव । एतदेवव्युत्क्रमेणात्रोक्तं अधिकारतारतम्यादेषामुपासनानांव्यवस्था ५७ जीवश्चहरिरेवेतिसंबंधः ५८ मनश्चादहंकारोऽपिहरिरेवेत्यन्वयः एषहरिःलोकविधिःलोकप्रवर्तकोऽन्तर्यामी ५९ । ६० एकांतधर्मःनिष्कामानांभक्तानांधर्मः ६१ । ६२

आशीःकर्मकाम्यंकर्म ६३ । ६४ । ६५ । ६६ योगधर्मानादरहेतुमविद्यांदर्शयति एवमित्यादिना ६७ । ६८ देहबंधेषुदेहएवबंधोयेषांतेषुजीवेषुपुरुषःसात्विकःश्रेष्ठइतियोजना ६९ सात्विकलक्षणमाह अत्रापीत्यादिना ७० । ७१ । ७२ जायमानमिति । जन्ममरणादिदुःखभाजंपश्येत्कृपयेतिशेषः ७३ । ७४ ईशकृपयैवज्ञानंजायतेनत्वात्मेच्छयेत्याह नारायणेनेति । तस्माद्भक्तिरास्थेयेतिभावः ७५ भक्त्यभावेदोषमाह राजसीति । व्यामिश्रेसदोषे ७६ एनंराजसंब्रह्मापश्यतिप्रवृत्तिमार्गेनियोजयतीत्यर्थः ७७ । ७८ वैकारिकाःसात्विकाहंकारजाःसूक्ष्मेणापिसत्त्वेनत्यक्ताःसंतःकदाचिन्मुच्यंतइत्यर्थः । अतएवेंद्रादीनांतत्त्वज्ञानंश्रूयतेछांदोग्यादिषु । वैकारिकोऽहंकारोजीवःपुरुषोत्तमंकथंगच्छेत् । अन्यस्यान्यात्मताऽयोगान्नजीवस्यब्रह्मभावोघटतइत्यर्थः ७९ अत्रानुभवएवमानमित्याह सुसूक्ष्ममिति । सुसूक्ष्मंदुर्ग्राह्यं तत्त्वेनाऽनारोपि

अहिंसकैरात्मविद्भिःसर्वभूतहितेरतैः ॥ भवेत्कृतयुगप्राप्तिराशीःकर्मविवर्जिता ६३ एवंसभगवान्व्यासोगुरुर्ममविशांपते ॥ कथयामासधर्मज्ञोधर्मराज्ञेद्विजोत्तमः
६४ ऋषीणांसंनिधौराजन्शृण्वतोःकृष्णभीष्मयोः ॥ तस्याप्यकथयत्पूर्वंनारदःसुमहातपाः ६५ देवंपरमकंब्रह्मश्वेतंचंद्राभमच्युतम् ॥ यत्रचैकांतिनोयांतिनारा
यणपरायणाः ६६ ॥ जनमेजयउवाच ॥ एवंबहुविधंधर्मंप्रतिबुद्धैर्निषेवितम् ॥ नकुर्वंतिकथंविप्राअन्येनानाव्रतेस्थिताः ६७ ॥ वैशंपायनउवाच ॥ तिस्रःप्रकृत
योराजन्देहबंधेषुनिर्मिताः ॥ सात्विकीराजसीचैवतामसीचैवभारत ६८ देहबंधेषुपुरुषःश्रेष्ठःकुरुकुलोद्वह ॥ सात्विकःपुरुषव्याघ्रभवेन्मोक्षायनिश्चितः ६९
अत्रापिसविजानातिपुरुषंब्रह्मवित्तमम् ॥ नारायणपरोमोक्षस्ततोवैसात्विकःस्मृतः ७० मनीषितंचप्राप्नोतिचिंतयन्पुरुषोत्तमम् ॥ एकांतभक्तिःसततंनारायण
परायणः ७१ मनीषिणोहियेकेचिद्यतयोमोक्षधर्मिणः ॥ तेषांविच्छिन्नतृष्णानांयोगक्षेमवहोहरिः ७२ जायमानंहिपुरुषंयंपश्येन्मधुसूदनः ॥ सात्विकस्तुसविज्ञे
योभवेन्मोक्षेचनिश्चितः ७३ सांख्ययोगेनतुल्योहिधर्मएकांतसेवितः ॥ नारायणात्मकेमोक्षेततोयांतिपरांगतिम् ७४ नारायणेनदृष्टस्तुप्रतिबुद्धोभवेत्पुमान् ॥
एवमात्मेच्छयाराजन्प्रतिबुद्धोनजायते ७५ राजसीतामसीचैवव्यामिश्रेप्रकृतीस्मृते ॥ तदात्मकंहिपुरुषंजायमानंविशांपते ७६ प्रवृत्तिलक्षणैर्युक्तंनावेक्षतिह
रिःस्वयम् ॥ पश्यत्येनंजायमानंब्रह्मालोकपितामहः ७७ रजसातमसाचैवमानसंसमभिप्लुतम् ॥ कामंदेवाऋषयश्चसत्वस्थानृपसत्तम ७८ हीनाःसत्वेनसूक्ष्मे
णततोवैकारिकाःस्मृताः ॥ जनमेजयउवाच ॥ कथंवैकारिकोगच्छेत्पुरुषःपुरुषोत्तमम् ७९ वदसर्वंयथादृष्टंप्रवृत्तिंचयथाक्रमम् ॥ वैशंपायनउवाच ॥ सुसूक्ष्मं
तत्त्वसंयुक्तंसंयुक्तंत्रिभिरक्षरैः ॥ ८० पुरुषःपुरुषंगच्छेन्निष्क्रियःपंचविंशकः ॥ एवमेकंसांख्ययोगंवेदारण्यकमेवच ८१ परस्परांगान्येतानिपांचरात्रंचकथ्यते
॥ एषएकांतिनांधर्मोनारायणपरात्मकः ८२

तेनरूपेणसंयुक्तमधिष्ठानमात्रं अथवाब्रह्मैवचतुर्विंशतितत्त्वरूपोपाधियुतं तदेवत्रिभिरक्षरैरकारोकारमकारैःसंयुक्तंसम्यक्समाहितमुपाधित्यागेन ८० एतदेवपुरुषःपुरुषंगच्छेदित्युच्यतेनतत्रप्राप्यप्रापृत्वलक्षणोनगरनरवद्भेदोऽस्तिकिंतूपाधिवियोगएवतत्प्राप्तिरित्यर्थः । एवमेकंसमुच्चितं सांख्यमात्मानात्मविवेकः योगश्चित्तवृत्तिनिरोधः वेदारण्यकंजीवब्रह्माभेदपरंतत्त्वमस्यादिवाक्यजंज्ञानं । पांचरात्रंभक्तिमार्गःपरमगुरौकृतानांवैदिकानांकर्मणामर्पणं । एतत्सर्वमेककार्यकारित्वात्समुच्चितमेवनतुविकल्पितामित्यर्थः । उपसंहरति एषइति । नारायणपरात्मकोनारायणनिष्ठः ८१ । ८२

८३ । ८४ श्वेतानांगृहस्थादीनां यतिनांकाषायधारिणां ८५ । ८६ ८७ कृष्णाद्वैतंप्रतिपादितंनिगमयति कृष्णएवेति भावनःपालकः ८८ ॥ इति शांतिपर्वणि मोक्षधर्मपर्वणि नीलकंठीये भारतभावदीपे अष्टचत्वारिंशदधिकत्रिशततमोऽध्यायः ॥ ३४८ ॥ ॥ कृष्णाद्वैतमुक्तंतत्सांख्यादिभिःसर्वैःप्राप्यमेकमेवेतिचोक्तं तत्रतैःसमुच्चितैर्विकल्पितैर्वाप्राप्यंतदितिसंदिहानःपृच्छतिसांख्यमिति १ । २ अज्ञानतमोनुदायेतिच्छेदः ३ पितामहस्याऽऽद्योनारायणस्तंयंषष्ठंनारायणावतारंवदंतीत्यर्थः तथाहि । कार्यस्यकारणानन्यत्वाद्वाआत्मावैपुत्रनामाऽऽसीतिगौणाभेदाद्वाव्यासस्यनारायणांशत्वाद्वाषष्ठेनारायणत्वं । ऋषिर्हिर

यथासमुद्रात्प्रसृताजलौघास्तमेवराजन्पुनराविशांत ॥ इमेतथाज्ञानमहाजलौघानारायणंवैपुनराविशंति ८३ एषतेकथितोधर्मःसात्वतःकुरुनंदन ॥ कुरुष्वैनंयथान्यायंयदिशक्तोऽसिभारत ८४ एवंहिसमहाभागोनारदोगुरवेमम ॥ श्वेतानांयतिनांचाहएकांतगतिमव्ययाम् ८५ व्यासश्चाकथयत्प्रीत्याधर्मपुत्रायधीमते ॥ सएवायंमयातुभ्यमाख्यातःप्रसृतोगुरोः८६इत्थंहिदुश्चरोधर्मएषपार्थिवसत्तम॥यथैवत्वंतथैवान्येभवंतीहविमोहिताः ८७ कृष्णएवहिलोकानांभावनोमोहनस्तथा॥संहारकारकश्चैवकारणंचविशांपते ८८ ॥ इतिश्रीमहाभारतेशांतिपर्व० मोक्षधर्मपर्वणिनारायणीयेएकांतिकभावेअष्टचत्वारिंशदधिकत्रिशततमोऽध्यायः ॥३४८॥ जनमेजयउवाच ॥ सांख्यंयोगःपांचरात्रंवेदारण्यकमेवच ॥ ज्ञानान्येतानिब्रह्मर्षेलोकेषुप्रचरंतिह १ किमेतान्येकनिष्ठानिपृथङ्निष्ठानिवामुने ॥ प्रब्रूहिवैमयापृष्टःप्रवृत्तिंचयथाक्रमम्२॥वैशंपायनउवाच॥जज्ञेबहुज्ञंपरमत्युदारंयंद्वीपमध्येसुतमात्मयोगात्॥पराशरात्सत्यवतीमहर्षिंतस्मैनमोऽज्ञानतमोनुदाय ३पितामहाद्यंप्रवदंतिषष्ठंमहर्षिमार्षेयविभूतियुक्तं॥नारायणस्यांशजमेकपुत्रंद्वैपायनंवेदमहानिधानम्४तमादिकालेषुमहाविभूतिर्नारायणोब्रह्ममहानिधानम् ॥ ससर्जपुत्रार्थमुदारतेजाव्यासंमहात्मानमजंपुराणम् ५॥ जनमेजयउवाच ॥ त्वयैवकथितंपूर्वंसंभवेद्विजसत्तम ॥ वसिष्ठस्यसुतःशक्तिःशक्तिपुत्रःपराशरः ६ पराशरस्यदायादःकृष्णद्वैपायनोमुनिः ॥ भूयोनारायणसुतंत्वमेवैनंप्रभाषसे ७ किमतःपूर्वजंजन्मव्यासस्यामिततेजसः ॥ कथयस्वोत्तममतेजन्मनारायणोद्भवम् ८ ॥ वैशंपायनउवाच ॥ वेदार्थान्वेत्तुकामस्यधर्मिष्ठस्यतपोनिधेः ॥ गुरोर्मेज्ञाननिष्ठस्यहिमवत्पादआसतः ९ कृत्वाभारतमाख्यानंतपःश्रांतस्यधीमतः ॥ शुश्रूषांतत्पराराजन्कृतवंतोवयंतदा १० सुमंतुर्जैमिनिश्चैवपैलश्चसुदृढव्रतः ॥ अहंचतुर्थःशिष्योवैशुकोव्यासात्मजस्तथा ११ एभिःपरिवृतोव्यासःशिष्यैःपंचभिरुत्तमैः ॥ शुशुभेहिमवत्पादेभूतैर्भूतपतिर्यथा १२ वेदानावर्तयन्सांगान्भारतार्थांश्चसर्वशः ॥ तमेकमनसंदांतंयुक्तावयमुपास्महे १३ कथांतरेऽथकस्मिंश्चित्पृष्टोऽस्माभिर्द्विजोत्तमः ॥ वेदार्थान्भारतार्थांश्चजन्मनारायणात्तथा १४ सपूर्वमुक्त्वावेदार्थान्भारतार्थांश्चतत्त्ववित् ॥ नारायणादिदंजन्मव्याहर्तुमुपचक्रमे १५ शृणुध्वमाख्यानवरमिदमार्षेयमुत्तमम् ॥ आदिकालोद्भवंविप्रास्तपसाऽधिगतंमया १६

ण्यगर्भस्तदीयैश्वर्ययुक्तंनारायणस्यांशजं । 'कृष्णद्वैपायनंव्यासंविद्धिनारायणांशजं' इतिस्मृतेः । पितामहाद्यमारभ्ययंषष्ठंवदंतीतिवायस्मात्पितामहाद्यंषष्ठंवदंतीतिवाऽध्याहृत्ययोज्यं सर्वथाऽपिपितामहाद्यमित्येकं पदं ४ । ५ नारायणःपुत्रार्थंव्यासंससर्जेत्येतदाक्षिपति त्वयैवेति अतआरभ्यभक्तानांस्नेहतोमयेत्यंतोग्रंथःस्पष्टार्थः ६ । ७ । ८ । ९ । १० । ११ । १२ । १३ । १४ । १५ । १६

प्राप्तेप्रजाविसर्गेवैसप्तमेपद्मसंभवे ॥ नारायणोमहायोगीशुभाशुभविवर्जितः १७ ससृजेनाभितःपूर्वंब्रह्माणममितप्रभः ॥ ततःसप्रादुरभवदथैनंवाक्यमब्रवीत्१८
ममत्वंनाभितोजातःप्रजासर्गकरःप्रभुः ॥ सृजप्रजास्त्वंविविधाब्रह्मन्सजडपंडिताः १९ सएवमुक्तोविमुखश्चिंताव्याकुलमानसः॥प्रणम्यवरदंदेवमुवाचहरिमीश्व
रम् २० काशक्तिर्ममदेवेशप्रजाःस्रष्टुंनमोऽस्तुते ॥ अप्रज्ञावानहंदेवविधत्स्वयदनंतरम् २१ सएवमुक्तोभगवान्भूत्वाऽथांतर्हितस्ततः ॥ चिंतयामासदेवेशोबुद्धिंबु
द्धिमतांवरः २२ स्वरूपिणीततोबुद्धिरुपतस्थेहरिंप्रभुम् ॥ योगेनचैनांनिर्योगःस्वयंनियुयुजेतदा २३ सतामैश्वर्ययोगस्थांबुद्धिंगतिमतींसतीम् ॥ उवाचवच
नंदेवोबुद्धिंवैप्रभुरव्ययः २४ ब्रह्माणंप्रविशस्वेतिलोकसृष्ट्यर्थसिद्धये ॥ ततस्तमीश्वरादिष्टाबुद्धिःक्षिप्रंविवेशसा २५ अथैनंबुद्धिसंयुक्तंपुनःसदद्दशेहरिः ॥ भूय
श्चैववचःप्राहसृजेमाविविधाःप्रजाः २६ बाढमित्येवकृत्वाऽसौययाऽऽज्ञांशिरसाहरेः ॥ एवमुक्त्वासभगवांस्तत्रैवांतरधीयत २७ प्रापचैनंमुहूर्तेनसंस्थानंदेवसंज्ञि
तम् ॥ तांचैवप्रकृतिंप्राप्यएकीभावगतोऽभवत् २८ अथास्यबुद्धिरभवत्पुनरन्यातदाकिल ॥ सृष्टाःप्रजाइमाःसर्वाब्रह्मणापरमेष्ठिना २९ दैत्यदानवगंधर्वरक्षोग
णसमाकुला ॥ जाताहीयंवसुमतीभाराक्रांतातपस्विनी ३० बहवोबलिनःपृथ्व्यांदैत्यदानवराक्षसाः॥ भविष्यंतितपोयुक्तावरान्प्राप्स्यंतिचोत्तमान् ३१ अवश्य
मेवतैःसर्वैर्वरदानेनदर्पितैः ॥ बाधितव्याःसुरगणाऋषयश्चतपोधनाः ३२ तत्रन्याय्यमिदंकर्तुंभारावतरणंमया ॥ अथनानासमुद्भूतैर्वसुधायांयथाक्रमम् ३३ नि
ग्रहेणचपापानांसाधूनांप्रग्रहेणच ॥ इयंतपस्विनीसत्याधारयिष्यतिमेदिनी ३४ मयाह्येषाहिध्रियतेपातालस्थेनभोगिना ॥ मयाधृताधारयतिजगद्विश्वंच
राचरम् ३५ तस्मात्पृथ्व्याःपरित्राणंकरिष्येसंभवंगतः ॥ एवंसचिंतयित्वातुभगवान्मधुसूदनः ३६ रूपाण्यनेकान्यसृजत्प्रादुर्भावेभवायसः ॥ वाराहंनारसिंहंच
वामनंमानुषंतथा ३७ एभिर्मयानिहंतव्यादुर्विनीताःसुरारयः॥ अथभूयोजगत्स्रष्टाभोःशब्देनानुनादयन् ३८ सरस्वतीमुच्चचारतत्रसारस्वतोऽभवत् ॥ अपांतर
तमानामसुतोवाक्संभवःप्रभुः ३९ भूतभव्यभविष्यज्ञःसत्यवादीदृढव्रतः ॥ तमुवाचनतंमूर्ध्नादेवानामादिरव्ययः ४० वेदाख्यानेश्रुतिःकार्यात्वयामतिमतांवर ॥
तस्मात्कुरुयथाज्ञप्तंममैतद्वचनंमुने ४१ तेनभिन्नास्तदावेदामनोःस्वायंभुवेंतरे ॥ ततस्तुतोषभगवान्हरिस्तेनास्यकर्मणा ४२ तपसाचसुतप्तेनयमेननियमेनच ॥ म
न्वंतरेषुपुत्रत्वमेवमेवप्रवर्त्तकः ४३ भविष्यस्यचलोब्रह्मन्नप्रधृष्यश्चनित्यशः ॥ पुनस्तिष्येचसंप्राप्तेकुरवोनामभारताः ४४ भविष्यंतिमहात्मानोराजानःप्रथिताभु
८९ वि ॥ तेषांत्वत्तःप्रसूतानांकुलभेदोभविष्यति ४५ परस्परविनाशार्थंत्वामृतेद्विजसत्तम ॥ तत्राप्यनेकधावेदान्भेत्स्यसेतपसाऽन्वितः ४६ कृष्णेयुगेचसंप्राप्तेकृष्ण
वर्णोभविष्यसि ॥ धर्माणांविविधानांचकर्ताज्ञानकरस्तथा ४७

४८ । ४९ । ५० । ५१ । ५२ । ५३ । ५४ । ५५ । ५६ । ५७ । ५८ । ५९ । ६० । ६१ अत्रैव ऽचिदध्यायंसमापयंति ६२ प्रासंगिकोपसंहारपूर्वकंप्रश्नस्योत्तरंवक्तुंप्रतिजानीते एषतइति ६३ नानामतानिभिन्नप्रस्थानानि ६४ सर्वेषांप्रामाण्यसिद्धयेविशिष्टकर्तृत्वेनसर्वाणिस्तौति सांख्यस्येत्यादिना ६५ । ६६ । ६७ । ६८ आगमंवेदंज्ञानमनुभवंचानतिक्रम्यएतेषांसर्वेषांनिष्ठापरमतात्पर्यविषयीभूतोऽर्थस्तु

भविष्यसितपोयुक्तोनचरागाद्विमोक्ष्यसे ॥ वीतरागश्चपुत्रस्तेपरमात्माभविष्यति ॥ महेश्वरप्रसादेननैतद्वचनमन्यथा ४८ यंमानसंवैप्रवदंतिविप्राःपितामहस्योत्तमबुद्धियुक्तम् ॥ वसिष्ठमग्र्यंचतपोनिधानंयस्यातिसूर्यंव्यतिरिच्यतेभाः ४९ तस्यान्वयेचापिततोमहर्षिःपराशरोनाममहाप्रभावः ॥ पितासतेवेदनिधिर्वरिष्ठोमहातपावैतपसोनिवासः ५० कानीनगर्भःपितृकन्यकायांतस्माद्दषेस्त्वंभविताचपुत्रः ५१ भूतभव्यभविष्याणांछिन्नसर्वार्थसंशयः ॥ येह्यतिक्रांतकाःपूर्वंसहस्रयुगपर्ययाः ५२ तांश्चसर्वान्मयोद्दिष्टान्द्रक्ष्यसेतपसाऽन्वितः ॥ पुनर्द्रक्ष्यसिचानेकसहस्रयुगपर्ययान् ५३ अनादिनिधनंलोकेचक्रहस्तंचमांमुने ॥ अनुध्यानान्ममसुनेनैतद्वचनमन्यथा ५४ भविष्यतिमहासत्वख्यातिश्चाप्यतुलातव ॥ शनैश्चरःसूर्यपुत्रोभविष्यतिमनुर्महान् ५५ तस्मिन्मन्वंतरेचैवमन्वादिगणपूर्वकः ॥ त्वमेवभवितावत्समत्प्रसादान्नसंशयः ५६ यत्किंचिद्विद्यतेलोकेसर्वतन्मद्विचेष्टितम् ॥ अन्योह्यन्यंचिंतयतिस्वच्छंदंविदधाम्यहम् ५७ एवंसारस्वतमृषिमपांतरतमंतथा ॥ उक्त्वावचनमीशानःसाधयस्वेत्यथाब्रवीत् ॥ सोऽहंतस्यप्रसादेनदेवस्यहरिमेधसः ५८ अपांतरतमानामततोजातोऽऽज्ञयाहरेः ॥ पुनश्चजातोविख्यातोवसिष्ठकुलनंदनः ५९ तदेतत्कथितंजन्ममयापूर्वकमात्मनः ॥ नारायणप्रसादेनतथानारायणांशजम् ६० मयाहिसुमहत्तप्तंतपःपरमदारुणम् ॥ पुरामतिमतांश्रेष्ठाःपरमेणसमाधिना ६१ एतद्वःकथितंसर्वंयन्मांपृच्छथपुत्रकाः ॥ पूर्वजन्मभविष्यंचभक्तानांस्नेहतोमया ६२ ॥ वैशंपायनउवाच ॥ एषतेकथितःपूर्वंसंभवोऽस्मद्गुरोर्नृप ॥ व्यासस्याक्लिष्टमनसोयथापृष्टःपुनःशृणु ६३ सांख्यंयोगःपांचरात्रंवेदाःपाशुपतंतथा ॥ ज्ञानान्येतानिराजर्षेविद्धिनानामतानिवै ६४ सांख्यस्यवक्ताकपिलःपरमर्षिःसउच्यते ॥ हिरण्यगर्भोयोगस्यवेत्तानान्यःपुरातनः ६५ अपांतरतमाश्चैववेदाचार्यःसउच्यते ॥ प्राचीनगर्भंतमृषिंप्रवदंतीहकेचन ६६ उमापतिर्भूतपतिःश्रीकंठोब्रह्मणःसुतः ॥ उक्तवानिदमव्यग्रोज्ञानंपाशुपतंशिवः ६७ पांचरात्रस्यकृत्स्नस्यवेत्तातुभगवान्स्वयम् ॥ सर्वेषुचनृपश्रेष्ठज्ञानेष्वेतेषुदृश्यते ६८ यथागमंयथाज्ञानंनिष्ठानारायणःप्रभुः ॥ नचैनमेवंजानंतितमोभूताविशांपते ६९ तमेवशास्त्रकर्तारःप्रवदंतिमनीषिणः ॥ निष्ठांनारायणमृषिंनान्योऽस्तीतिवचोमम ७० निःसंशयेषुसर्वेषुनित्यंवसतिवैहरिः ॥ ससंशयान्हेतुबलान्नाध्यावसतिमाधवः ७१ पांचरात्रविदोयेतुयथाक्रमपरानृप ॥ एकांतभावोपगतास्तेहरिंप्रविशंतिवै ७२

नारायणःपरमात्मैवेतिदृश्यतइत्यर्थः अत्रभिन्नप्रस्थानत्वाभिमानोमूढानामेवेत्याह नचेति ६९ स्वमतमाह तमेवेति ७० निःसंशयेषुश्रुत्यनुभवबलादितिशेषः हेतुबलात्कुतर्कबलात्ससंशयात् ७१ ईदृशाएवपांचरात्राअपिमुच्यंतइत्याह पांचरात्रेति ७२

सनातनेश्रुतिप्रतिपादितत्वादाद्यंतशून्येउभेअपि तेनपांचरात्रस्यपुंप्रणीतत्वंवेदविरुद्धत्वंचसूचितंतथापिअवांतरतात्पर्यभेदेऽपिपरमतात्पर्यैत्वेकमेवेत्याह । सर्वैरिति 'इदंविश्वंनारायणइतिइदंसर्वंयदयमात्माब्रह्मैवे दंसर्वं'इत्यादिश्रुतेरर्थोब्रह्माद्वैतरूपोदर्शितः ७३ शुभाशुभमिति । सर्वत्रनारायणएवप्रवर्तकोन्तर्यामीत्यर्थः । समीरितंवेदेविदितं तस्माद्दषेर्नारायणात् ७४ ॥ ॥ इति शांतिपर्वणि मोक्षधर्मपर्वणि नीलकंठीये भारतभावदीपे ऊनपंचाशदधिकत्रिशततमोऽध्यायः ॥ ३४९ ॥ ॥ पुरुषभेदमंतरेणबंधमोक्षव्यवस्थानुपपत्तेःश्रूयमाणस्यात्मैक्यस्यचानतिलंघनीयत्वात्संदिहानःपृच्छति बहवइति । नन्वेकस्मिन्नाकाशे कर्णशष्कुलीरूपोपाधिभेदात्श्रोत्रभेदःकल्पितोबाधिर्यसुश्रवस्त्वादिव्यवहारहेतुःशब्दग्रहासंकरहेतुश्चएवमेकस्मिन्नात्मनिअंतःकरणभेदाज्जीवभेदःकल्पितोबद्धमुक्तव्यवहारहेतुर्भोगासंकरहेतुश्चभविष्यतीतिव्यवहारपर मार्थदृष्ट्यापुरुषबहुत्वैकत्वेसंभवतइतिनतत्रप्रष्टव्यमस्तीत्याशंक्याह कोह्यत्रेति । योषावावगौतमाग्निरितिवदात्मैवेदंसर्वमित्यात्माभेदश्रुतेरुपासनार्थंगौणाभेदपरत्वेनाप्युपपत्तेरात्मैक्यासिद्धौशष्कुलीदृष्टांतेनापिउक्त व्यवस्थाकल्पनस्यनिर्मूलत्वात्मानांतरेणचाद्वैतासिद्धेःकःश्रेष्ठःपुरुषोऽस्तिकोवायोनिरस्तिनकोपीत्यर्थः १ 'लोकेव्यवहारेएतदेतस्मिन्व्यवहारेबहवएवपुरुषानत्वेकइत्यर्थः परमार्थतस्त्वेकएवनबहवइतिभावः २ स्वमतमाह बहूनामिति । पूर्षुउपाधिषुवसतांपुरुषाणांघटमठाकाशदर्पणमणिकृपाणप्रतिबिंबाद्यात्मनांयथैकायोनिर्महाकाशबिंबपुरुषादिरूपातथैवतमस्मदादीनांयोनिंएकंपुरुषंव्याख्यास्यामीत्यर्थः । अयंभावः

सांख्यंचयोगंचसनातनेद्वेवेदाश्चसर्वेनिखिलेनराजन् ॥ सर्वैःसमस्तैर्ऋषिभिर्निरुक्तोनारायणोविश्वमिदंपुराणम् ७३ शुभाशुभंकर्मसमीरितंयत्प्रवर्ततेसर्वलो केषुकिंचित् ॥ तस्मादृषेस्तद्भवतीतिविद्याद्दिव्यंतरिक्षेभुविचाप्सुचेति ७४ ॥ इति श्रीमहाभारते शांति० मोक्ष० प० द्वैपायनोत्पत्तौ ऊनपंचाशदधिकत्रिश ततमोऽध्यायः ॥ ३४९ ॥ ॥ जनमेजयउवाच ॥ बहवःपुरुषाब्रह्मन्नुताहोएकएवतु ॥ कोह्यत्रपुरुषःश्रेष्ठःकोवायोनिरिहोच्यते १ वैशंपायनउवाच ॥ बहवःपुरुषालोकेसांख्ययोगविचारणे ॥ नैतदिच्छंतिपुरुषमेकंकुरुकुलोद्वह २ बहूनांपुरुषाणांचयथैकायोनिरुच्यते ॥ तथातंपुरुषंविश्वंव्याख्यास्यामिगुणा धिकम् ३ नमस्कृत्वाचगुरवेव्यासायविदितात्मने ॥ तपोयुक्तायदांतायवंद्यायपरमर्षये ४

ऐकात्म्यंश्रुतेस्तात्पर्याभावाद्वामानांतरविरोधाद्वात्यज्येत नांत्यः एकस्मादपिप्राणिकर्मवासनागर्भिताज्ञानसहायात्स्वप्नवद्वियदाद्युत्पत्तेरविरोधात् शष्कुलीन्यायेनैकस्मिन्नप्यौपाधिकभेदकल्पनयाबंधमोक्षादिव्य वस्थोपपत्तेश्च नाद्यः 'उपक्रमोपसंहारावभ्यासोपूर्वताफलं ॥ अर्थवादोपपत्तीचलिंगंतात्पर्यनिर्णये'इत्येतैर्लिंगैःश्रुतेरैकात्म्येएवतात्पर्यदर्शनात् तथाहि । 'सदेवसोम्येदमग्रआसीदेकमेवाद्वितीयं'इत्युपक्रम्य 'ऐतदात्म्यमिदंसर्वंतत्सत्यंसआत्मातत्त्वमसिश्वेतकेतो'इतिचोपक्रमोपसंहारयोरैकरूप्यंऐतदात्म्यमित्यादेरसकृत्श्रवणमभ्यासः मानांतरानवगतत्वादात्मैकतत्त्वस्यअपूर्वता उततमादेशमप्राक्षीर्येनाश्रुतंश्रुतंभवत्यम तंमतमविज्ञातंविज्ञातमित्येकविज्ञानात्सर्वविज्ञानंफलंयथासौम्यैकेनमृत्पिंडेनसर्वंमृन्मयंविज्ञातंस्यादितिदृष्टांताउपपत्तयः लवणमेतदुदकेऽवधायन्यग्रोधफलमतआहरेतीत्यादिरर्थवादः लवणोदकन्यायेनब्रह्मणि जगल्लयंन्यग्रोधकणिकान्यायेनततोजगदुदयंचप्रतिपादयंस्तस्यैका द्वितीयत्वमवगमयतिएवमैकात्म्यंप्रतिपाद्य 'घटसंवृतमाकाशंनीयमानेयथाघटे । घटोनीयेतनाकाशंतद्वज्जीवोनभोपमः । एकएवतुभूतात्मा भूतेभूतेप्रकाशते । एकधाबहुधाचैवदृश्यतेजलचंद्रवत् ॥ अहरहर्गच्छंत्यएतंब्रह्मलोकंनविंदंत्यनृतेनाहिप्रत्यूढा'इत्यादिश्रुतिभिर्घटाकाशजलचंद्रादिदृष्टांतपूर्वकंबंधस्याज्ञानकार्यत्वंप्रतिपाद्यतेऽतोनश्रुतेरुपासना यांतात्पर्यमस्तिप्रत्युतऐकात्म्येएवेतिव्यक्तमाकरे ३ इदमेवगुरुनमस्कारपूर्वकमाख्यायिकामुखेनोपपादयति । नमस्कृत्वेत्यादिना आख्यायिकास्पष्टार्था ४

५ । ६ । ७ । ८ । ९ । १० । ११ । १२ । १३ । १४ । १५ । १६ । १७ । १८ । १९ । २० । २१ । २२ बहवःपुरुषाब्रह्मन्निति । पुरुषाणांस्रष्टाऽपिपुरुषांतरंप्रणमतीत्याश्चर्यंसंघातादन्यःपुरुषो नास्तीतिभावः २३ । २४ बहवःपुरुषाःपुत्रेतियेसंघातात्मानस्त्वयाउदाहृताः एतदतिक्रांतंप्रत्यक्षेणैवापहृताविषयंवेदाभातिपाद्यंनैतद्द्रष्टव्यमित्यर्थः । अनधिगतार्थज्ञापकंहिप्रमाणं आत्मभेदश्चाधिगतएवेति नशास्त्रस्यविषयस्ततत्परत्वेऽग्निर्हिमस्यभेषजमितिवत्शास्त्रस्यानुवादकत्वापत्तेः अतस्तत्त्वमस्यादिवाक्यंनगौणाभेदपरमित्यर्थः २५ आधारोऽधिष्ठानं एकस्यविराजः सोपाधिकत्वेऽपिपुरुषस्यैकत्वमास्तिकिमुत

इदंपुरुषसूक्तंहिसर्ववेदेषुपार्थिव ॥ ऋतंसत्यंचविख्यातमृषिसिंहेनचिंतितम् ५ उत्सर्गेणापवादेनऋषिभिःकपिलादिभिः ॥ अध्यात्मचिंतामाश्रित्यशास्त्राण्यु क्तानिभारत ६ समासतस्तुयद्व्यासःपुरुषैकत्वमुक्तवान् ॥ तत्तेहंसंप्रवक्ष्यामिप्रसादादमितौजसः ७ अत्राप्युदाहरंतीममितिहासंपुरातनम् ॥ ब्रह्मणासहसंवा दंत्र्यंबकस्यविशांपते ८ क्षीरोदस्यसमुद्रस्यमध्येहाटकसप्रभः ॥ वैजयंतइतिख्यातःपर्वतप्रवरोनृप ९ तत्राध्यात्मगतिंदेवएकाकीप्रविचिंतयन् ॥ वैराजसदना न्नित्यंवैजयंतंनिषेवते १० अथतत्रासतस्तस्यचतुर्वक्त्रस्यधीमतः ॥ ललाटप्रभवःपुत्रःशिवआगाद्यदृच्छया ११ आकाशेनमहायोगीपुरात्रिनयनःप्रभुः ॥ ततः खान्निपपाताशुधरणीधरमूर्धनि १२ अग्रतश्चाभवत्प्रीतोववंदेचापिपादयोः ॥ तंपादयोर्निपतितंदृष्ट्वासव्येनपाणिना १३ उत्थापयामासतदाप्रभुरेकःप्रजापतिः ॥ उवाचचैनंभगवांश्चिरस्यागतमात्मजम् १४ ॥ पितामहउवाच ॥ स्वागतंतेमहाबाहोदिष्ट्याप्राप्तोऽसिमेंतिकम् ॥ कच्चित्तेकुशलंपुत्रस्वाध्यायतपसोःसदा १५ नित्यमुग्रतपास्त्वंहिततःपृच्छामितेपुनः १६ ॥ रुद्रउवाच ॥ त्वत्प्रसादेनभगवन्स्वाध्यायतपसोर्मम ॥ कुशलंचाव्ययंचैवसर्वस्यजगतस्तथ १७ चिरदृष्टोहिभग वान्वैराजसदनेमया ॥ ततोऽहंपर्वतंप्राप्तस्त्विमंत्वत्पादसेवितम् १८ कौतूहलंचापिहिमेएकांतगमनेनते ॥ नैतत्कारणमल्पंहिभविष्यतिपितामह १९ किंनुत त्सदनंश्रेष्ठंक्षुत्पिपासाविवर्जितम् ॥ सुरासुरैरध्युषितंऋषिभिश्चामितप्रभैः २० गंधर्वैरप्सरोभिश्चसततंसंनिषेवितम् ॥ उत्सृज्येमंगिरिवरमेकाकीप्राप्तवानसि २१ ॥ ब्रह्मोवाच ॥ वैजयंतोगिरिवरःसततंसेव्यतेमया ॥ अत्रैकाग्रेणमनसापुरुषश्चिंत्यतेविराट् २२ ॥ रुद्रउवाच ॥ बहवःपुरुषाब्रह्मंस्त्वयासृष्टाःस्वयंभुवा ॥ सृज्यंतेचापरेब्रह्मन्सचैकःपुरुषोविराट् २३ कोह्यसौचिंत्यतेब्रह्मंस्त्वयैकःपुरुषोत्तमः ॥ एतन्मेसंशयंब्रूहिमहत्कौतूहलंहिमे २४ ॥ ब्रह्मोवाच ॥ बहवःपुरुषाःपुत्र त्वयायेसमुदाहृताः ॥ एवमेतदतिक्रांतंद्रष्टव्यंनैवमित्यपि २५ आधारंतुप्रवक्ष्यामिएकस्यपुरुषस्यते ॥ बहूनांपुरुषाणांसयथैकायोनिरुच्यते २६ तथातंपुरुषं विश्वंपरमंसुमहत्तमम् ॥ निर्गुणंनिर्गुणाभूत्वाप्रविशंतिसनातनम् २७ ॥ ॥ इतिश्रीमहाभारतेशांतिपर्वणि मोक्षधर्मपर्वणिनीलकंठीये भारतभावदीपे नारायणीयेब्रह्मरुद्रसंवादेपंचाशदधिकत्रिशततमोऽध्यायः ॥ ३५० ॥

निरुपाधिकत्वेइतिभावः २६ विश्वंविराजं परमंसूत्रात्मानं सुमहत्तमंकारणं निर्गुणंशुद्धं अनेनानिरुद्धप्रद्युम्नसंकर्षणवासुदेवाःक्रमेणोक्ताः । तत्रनिर्गुणस्यैवनिर्गुणेवासुदेवेप्रवेशइत्यर्थः २७ ॥ इति शांतिपर्वणि मोक्षधर्मपर्वणि नीलकंठीये भारतभावदीपे पंचाशदधिकत्रिशततमोऽध्यायः ॥ ३५० ॥

इदमेवपुरुषैकत्वंदृष्टांतैरुपपादयनकृत्स्नस्यमोक्षशास्त्रस्यार्थमुपसंहरति शृणुपुत्रेत्यादिना । पुरुषःपूर्णत्वात् । शाश्वतःआद्यंतशून्यत्वात् । अव्ययःअपरिणामित्वात् । अतएवअक्षयःअपचयहीनः । अप्रमेयः वाङ्
मनसातीतत्वात् । सर्वगःसर्वोपादानत्वात् १ सगुणैःबुद्धींद्रियादिसहितैःनिर्गुणैःशमादिहीनैर्मूढैः विश्वोविश्वात्माज्ञानेनचिन्मात्रेणैवदृश्यः स्वयंप्रकाशइत्यर्थः २ अशरीरःस्थूलसूक्ष्मकारणशरीरैर्विरहितः नलिप्य
तिनलिप्यते आकाशइवघटांतर्गतैर्दोषैर्दृष्टत्वादिभिर्गत्यादिभिर्वा ३ अस्यतटस्थतांवारयति ममेति । अंतरात्माऽपिनग्राह्यः उपाध्यभिनिवेशात् ४ अयमेवविश्वरूपइत्याह विश्वेति । सर्वेषांशरीरैरयमेवशरीरीत्यर्थः
५ अस्यैवक्षेत्रज्ञत्वंसनिरुक्तमाह क्षेत्राणीति ६ नन्वयमेवक्षेत्रज्ञश्चेदुत्क्रांतिगत्यागत्यादिकमस्यैवप्रसक्तमित्याशंक्याह नागतिरिति । घटाकाशस्यैवाप्रतीतितोऽगत्यादिमत्त्वेऽपिवस्तुतोनैवास्ति अतोनैवसाज्ञेया आ
त्मनिगतिरस्तीतिनज्ञातव्यमित्यर्थः ७ कातर्हिगतिप्रतीतेर्गतिरित्याशंक्यानिर्वचनीयास्मिन्गतिप्रतीतिरित्याह चिंतयामीति । गतेर्निर्वचनंसत्त्वेनासत्त्वेनवादुर्निरूपं पुरुषंयथाज्ञानंश्रुतियुक्त्यनुभूतीरनतिक्रम्यव
क्ष्यामि यतःसनातनंनित्यैकरूपं यद्भिनानारूपंतदिदमित्थमेवेतिदुर्निरूपमित्यर्थः ८ अस्यमहापुरुषत्वंनिर्वक्ति तस्येति । पुरुषांतरसत्त्वेएकस्यमहत्त्वंनस्यात् समत्वात्पुरुषाणां ९ ननुक्लेशादिभिरपरामृष्टईश्वरइति

॥ ब्रह्मोवाच ॥ शृणुपुत्रयथाह्येषपुरुषःशाश्वतोऽव्ययः ॥ अक्षयश्चाप्रमेयश्चसर्वगश्चनिरुच्यते १ नसशक्यस्त्वयाद्रष्टुंमयाऽन्यैर्वाऽपिसत्तम ॥ सगुणैर्निर्गुणै
र्विश्वोज्ञानदृश्योह्यसौस्मृतः २ अशरीरःशरीरेषुसर्वेषुनिवसत्यसौ ॥ वसन्नपिशरीरेषुनसलिप्यतिकर्मभिः ३ ममांतरात्मातवचयेचान्येदेहसंज्ञिताः ॥ सर्वेषां
साक्षिभूतोऽसौनग्राह्यःकेनचित्क्वचित् ४ विश्वमूर्धाविश्वभुजोविश्वपादाक्षिनासिकः ॥ एकश्चरतिक्षेत्रेषुस्वैरचारीयथासुखम् ५ क्षेत्राणिहिशरीराणिबीजंचा
पिशुभाशुभम् ॥ तानिवेत्तिसयोगात्माततःक्षेत्रज्ञउच्यते ६ नागतिर्नगतिस्तस्यज्ञेयाभूतेषुकेनचित् ॥ सांख्येनविधिनाचैवयोगेनचयथाक्रमम् ७ चिंतयामि
गतिंचास्यनगतिंवेद्मिचोत्तराम् ॥ यथाज्ञानंतुवक्ष्यामिपुरुषंतुसनातनम् ८ तस्यैकत्वंमहत्त्वंचसचैकःपुरुषःस्मृतः ॥ महापुरुषशब्दंसबिभर्त्येकःसनातनः ९
एकोहुताशोबहुधासमिध्यतेएकःसूर्यस्तपसोयोनिरेका ॥ एकोवायुर्बहुधावातिलोकेमहोदधिश्चांभसांयोनिरेकः ॥ पुरुषश्चैकोनिर्गुणोविश्वरूपस्तंनिर्गुणंपुरु
षंचाविशंति १० हित्वागुणमयंसर्वंकर्महित्वाशुभाशुभम् ॥ उभेसत्यानृतेत्यक्त्वाएवंभवतिनिर्गुणः ११

योगावदंतिसचमहानित्याशंक्यैकस्यैवोपाध्यावेशात्संसारस्तटस्थेश्वरस्यपूर्वमेवनिरस्तत्वादित्याशयेनाह एकइति । आद्योदृष्टांतउपाधितादात्म्येज्ञेयः । द्वितीयस्त्वौपाधिकधर्माणामुपहितेप्रतिबिंबेजलचांचल्यवत्
प्रतीतावसंगित्वेऽप्युपाधिप्रकाशकत्वेच । तपसःप्रकाशस्य श्रुतौतु 'एकएवाग्निर्बहुधासमिद्धःएकःसूर्योविश्वमनुप्रभूतःएकैवोषाःसर्वमिदंविभात्येकंवाइदंविबभूवसर्वं'इतिदृष्टांतत्रयंपृथगुक्तं । सर्वेऽप्येकस्यानेकत्वेदृ
ष्टांताएते वायुदृष्टांतोऽप्यसंगत्वएव । समुद्रदृष्टांतस्तूत्पत्तिलयस्थानत्वेइतिविवेकः दृष्टांतानुक्त्वादार्ष्टांतिकमाहार्धेन पुरुषश्चेति । निर्गुणोऽपिमाययाविश्वरूपोभवति । विश्वानिचरूपाणितमेवाविशंति समुद्राद्भूता
आपःसमुद्रमिवेत्यर्थः १० कदानिर्गुणंपुरुषंविशंतीत्यतआह हित्वेति । गुणमयंदेहेंद्रियाद्यहंकारांतंहित्वातद्धानाच्चशुभाशुभंकर्मत्यक्त्वाततःसत्यानृतेसत्यमक्षरंजीवाख्यमनृतंप्रधानं भोक्तारंभोग्यंचत्यक्त्वेत्यर्थः ।
'क्षरंप्रधानममृताक्षरंहरःक्षरात्मनावीशतेदेवएकः'इति । अमृतोऽक्षरइतिवक्तव्येअमृताक्षरमितिच्छांदसउत्वाद्यभावः ११

तंनिर्गुणमचिन्त्यंमनोऽतीतंज्ञात्वासाक्षात्कृत्यचतुष्टयंभावसूक्ष्मंविचरेत् । भावस्यसत्तामात्रस्यसूक्ष्मंसूक्ष्मरूपभूतंचतुष्टयमनिरुद्धप्रद्युम्नसंकर्षणवासुदेवापरपर्यायमधिदैवंविराट्सूत्रान्तर्यामिशुद्धब्रह्मरूपमध्यात्मं । वि
श्वतैजसप्राज्ञतुरीयसंज्ञमवस्थाचतुष्टयंयःसंचरेत् स्थूलसूक्ष्मप्रविलापनक्रमेणयोनित्यंसमाधिमनुतिष्ठेदित्यर्थः । तस्यलक्षणमसमुन्नद्धःअत्यंतंशांतः सएवपरमंपुरुषंगच्छेन्नान्यइत्यर्थः १२ एवंयोगमार्गेणके
चिद्योगाः अपरेसांख्याआत्मानंप्रत्यंचमेकात्मानंब्रह्माभिन्नमिच्छंति १३ पक्षद्वयेपिपरमात्मशब्दार्थमाह सार्धेन तत्रेति १४ आत्मशब्दार्थमाह कर्मेति १५ सप्तदशकेनराशिनालिंगशरीरेणसःसोपाधिरा
त्माजीवःसचकर्मभेदाद्देवतिर्यगादिभावमापन्नोबहुविधइत्याह एवमिति । एवमौपाधिकेपुरुषबहुत्वेसतियेस्वतएवपुंबहुत्वंप्राहुर्निरीश्वरसांख्यादयस्तेभ्रांताइत्यर्थः १६ एवंबहवःपुरुषाराजन्नुताहोएकएवचेत्य
स्यप्रश्नस्योत्तरंसिद्धांतेपुरुषैक्यमुक्तं । संप्रतिब्रह्मविद्यासमाप्तौमंगलार्थंतदेवानुसंदधानो 'भोक्ताभोग्यंप्रेरितारंचमत्वासर्वंप्रोक्तंत्रिविधंब्रह्ममेतत्'इतिश्रुतेरर्थंभोक्तृभोग्ययोर्ब्रह्माभेदंदर्शयतियत्तदित्यादिना धामप्रका
शकंचिज्ज्योतिः तदेवपरंवेद्यंतदेवचवोद्धायोयंबोद्धाजीवःसएवबोधनीयईश्वरइत्यर्थः यथोक्तंवृद्धैः । 'अन्वेष्टव्यात्मविज्ञानात्प्राक्प्रमातृत्वमात्मनः । अन्विष्टःस्यात्प्रमातैवपाप्मदोषादिवर्जितः'इति । नकेवलमात्मन

अचिंत्यंचापितंज्ञात्वाभावसूक्ष्मंचतुष्टयम् ॥ विचरेद्योऽसमुन्नद्धःसगच्छेत्पुरुषंशुभम् १२ एवंहिपरमात्मानंकेचिदिच्छंतिपंडिताः ॥ एकात्मानंतथात्मानमप
रेज्ञानचिंतकाः १३ तत्रयःपरमात्माहिसनित्यंनिर्गुणःस्मृतः ॥ सहिनारायणोज्ञेयःसर्वात्मापुरुषोहिसः १४ नलिप्यतेफलैश्चापिपद्मपत्रमिवांभसा ॥ कर्मा
त्मात्वपरोयोऽसौमोक्षबंधैःसयुज्यते १५ ससप्तदशकेनापिराशिनायुज्यतेचसः ॥ एवंबहुविधःप्रोक्तःपुरुषस्तेयथाक्रमम् १६ यत्तत्कृत्स्नंलोकतंत्रस्यधामवेद्यंप
रंबोधनीयःसबोद्धा ॥ मंतामंतव्यंप्राशिताप्राशनीयंघ्राताघ्रेयंस्पर्शितास्पर्शनीयम् १७ द्रष्टाद्रष्टव्यंश्राविताश्रावणीयंज्ञाताज्ञेयंसगुणंनिर्गुणंच ॥ यद्वैप्रोक्तंता
तसम्यक्प्रधानंनित्यंचैतच्छाश्वतंचाव्ययंच १८ यद्वैसूतेधातुराद्यंविधानंतद्वैविप्राःप्रवदन्तेऽनिरुद्धम् ॥ यद्वैलोकेवैदिकंकर्मसाधुआशीर्युक्तंतद्धितस्यैवभाव्यम्
१९ देवाःसर्वेमुनयःसाधुशांतास्तंप्राग्वंशेयज्ञभागंभजंते ॥ अहंब्रह्माआद्यईशःप्रजानांतस्माज्जातस्त्वंचमत्तःप्रसूतः २० मत्तोजगज्जंगमंस्थावरंचसर्वेवेदाःसर
हस्याहिपुत्र २१ चतुर्विभक्तःपुरुषःसक्रीडतियथेच्छति ॥ एवंसभगवान्स्वेनज्ञानेनप्रतिबोधितः २२

एवमंतृमंतव्यत्वादिकमपितुघ्रेयत्वादिकमपितस्यैवेत्याह घ्रातेत्यादिना १७ किंबहुनायत्प्रधानमनात्मत्वेनप्रसिद्धंघ्रेयादीनामुपादानंतदप्यात्मैवेत्याह यद्वैप्रोक्तमिति । यत्प्रधानमितिप्रोक्तंयदपिधातुःआद्यंविधानंम
हत्तत्वंसूतेतदपिएतदेवेत्यन्वयः । एतदेवविशिनष्टि नित्यंध्वंसहीनं अतएवशाश्वतमनादि अव्ययमपरिणामि परिणामिनोहिविकारवत्त्वादाद्यंतवत्त्वंप्रधानस्ययुज्यतेनत्वतादृशस्यपुरुषस्य १८ तदेवंपरेषांमहत्तत्वेनाभि
मतंविप्राःपूर्णज्ञानाब्राह्मणाअनिरुद्धमहंकाराख्ययाहुः । अयमेववैदिककर्मणामधिष्ठात्रीदेवतेत्याह यद्वैलोकेइति आशीर्युक्तंकाम्यंतस्यैवतादर्थ्येनैवभाव्यंचिंतनीयं अनेनाग्निहोत्रेणानिरुद्धात्मावासुदेवःप्रीयतामितिक
र्मावसरेऽनुसंधानंकर्तव्यमित्यर्थः १९ इदमेवसदाचारप्रदर्शनेनद्रढयति देवाइत्यादिना २० मत्तइति । ममआराध्यादेवतामज्ञैरपिस्थावरजंगमात्मकैर्जीवैराराधनीयेत्यर्थः २१ पांचरात्रमार्गमुपसंहरति चतुर्विभक्तइति
चतुर्विभक्तःचतुर्धावासुदेवादिरूपेणविभक्तःक्रीडति शास्यशासितृभावेनभोग्यभोक्तृभावेनचेत्यर्थः । एवंसभगवान्वासुदेवउपाध्यावेशादबुद्धइवसन्स्वेनस्वरूपाभिन्नेनज्ञानेनप्रतिबोधितःसन्जीवत्वंपरित्यज्य–

वासुदेवएवभवतीत्यर्थः । ननुचतुर्विंभक्तइत्युपसंहारोनयुज्यते पांचरात्रमतस्यावैदिकस्यश्रौतेसांख्ययोगमतेऽनुपसंहार्यत्वादितिचेत्कृत्स्नभावादितिब्रूमः तथाहि । भगवदाराधनंविनासंन्या
सपूर्वकंसांख्यमनुतिष्ठतश्चित्तैकाग्र्यस्याभावाद्बुद्धिर्भ्रश्यतिततश्चारूढपतितास्तेउभयभ्रष्टाभवंति यथोक्तंश्रीभागवते । 'श्रेयःस्रुतिंभक्तिमुदस्यतेविभोक्लिश्यंतियेकेवलबोधलब्धये ॥ तेषामसौक्लेश
लएवशिष्यतेनान्यद्यथास्थूलतुषावघातिनां ॥ येऽन्येरविंदाक्षविमुक्तमानिनस्त्वय्यस्तभावादविशुद्धबुद्धयः । आरुह्यकृच्छ्रेणपरंपदंततःपतंत्यधोनादृतयुष्मदंघ्रयः'इति । यथायोगिनामपिभक्त्य
क्तत्वाधिगमोऽन्तरायाभावश्चनभगवदाराधनंविनाभवतीतिस्मर्यते । ततःप्रत्यक्चेतनाधिगमोऽन्तरायाभावश्च अंतरायास्तुयोगेरेवोक्ताः व्याधिस्त्यानसंशयप्रमादालस्याविरतिभ्रांतिदर्शनालब्धभूमि
कत्वानवस्थितत्वानिचित्तविक्षेपास्तेऽन्तरायाः । दुःखदौर्मनस्यांगमेजयत्वश्वासप्रश्वासाविक्षेपसहभुवइति । 'तथानतेमाधवतावकाःक्वचिद्भ्रश्यंतिमार्गात्त्वयिबद्धसौहृदाः ॥ त्वयाऽभिगुप्ताविचरंतिनिर्भयाविनायकानीकपमूर्धसुप्रभो'इति । तस्माद्भक्तौकृत्स्नस्यशास्त्रफलस्यांतर्भावोऽस्तिअतस्तयैवोपसंहारोयुक्तः २२ परमप्रकृतौसांख्ययोगावुपसंहरति एतत्तइति । तथाचज्ञानस्यैवप्राकरणिकत्वात्तत्प्रकरणेपठिताभक्तिस्तदंगभावंभजतइतिभावः तथाचोक्तंभगवता । भक्त्यामामभिजानातीति । श्रुतिरपि 'यस्यदेवेपराभक्तिर्यथादेवेतथागुरौ ॥ तस्यैतेकथिताह्यर्थाःप्रकाशंतेमहात्मनः'

एतत्तेकथितंपुत्रयथावदनुपृच्छतः ॥ सांख्यज्ञानेतथायोगेयथावदनुवर्णितम् २३ ॥ इतिश्रीमहाभारतेशांतिपर्वणिमोक्षधर्मपर्वणिनारायणीयसमाप्तौएकपंचाशदधिकत्रिशततमोऽध्यायः ॥ ३५१ ॥ ॥ युधिष्ठिरउवाच ॥ धर्माःपितामहेनोक्तामोक्षधर्माश्रिताःशुभाः ॥ धर्ममाश्रमिणांश्रेष्ठंवक्तुमर्हतिमेभवान् १ भीष्मउवाच ॥ सर्वत्रविहितोधर्मःस्वर्गःसत्यफलंमहत् ॥ बहुद्वारस्यधर्मस्यनेहास्तिविफलाक्रिया २ यस्मिन्यस्मिंश्चविषयेयोयोयातिविनिश्चयम् ॥ सतमेवाभिजानातिनान्यंभरतसत्तम ३ इमांचत्वंनरव्याघ्रश्रोतुमर्हसिमेकथाम् ॥ पुराशक्रस्यकथितांनारदेनमहर्षिणा ४ महर्षिर्नारदोराजन्सिद्धस्त्रैलोक्यसंमतः ॥ पर्येतिक्रमशोलोकान्वायुरव्याहतोयथा ५ सकदाचिन्महेष्वासदेवराजालयंगतः ॥ सत्कृतश्चमहेन्द्रेणप्रत्यासन्नगतोऽभवत् ६ तंकृतक्षणमासीनंपर्यपृच्छच्छचीपतिः ॥ महर्षेकिंचिदाश्चर्यमस्तिदृष्टंत्वयाऽनघ ७ यदात्वमपिविप्रर्षेत्रैलोक्यंसचराचरम् ॥ जातकौतूहलोनित्यंसिद्धश्चरसिसाक्षिवत् ८ ॥ ॥

इतिभक्तेर्ज्ञानांगत्वंदर्शयति तदयंसंग्रहः'कर्मभिर्भगवद्भक्तिर्भक्त्येश्वरकृपातया ॥ ज्ञानंतेनविमुक्तिश्चमोक्षधर्मार्थसंग्रहः' २३ ॥ इति शांतिपर्वणि मोक्षधर्मपर्वणि नीलकंठीये भारतभावदीपे एकपंचाशदधिकत्रिशततमोऽध्यायः ॥ ३५१ ॥ ॥ यद्यपिसुलभाजनकसंवादेसंन्यासस्यैवश्रैष्ठ्यंस्थितं तथाऽपिसर्वैःप्रकारैःसुखहेतुत्वेनश्रेष्ठतरःकोवाआश्रमइतिजिज्ञासयापृच्छति धर्माइति । आश्रमिणांआश्रमवतांमध्येश्रेष्ठंप्रशस्यतमंधर्ममाश्रमधर्मंवक्तुमर्हतिभवान् अयंभावः । संन्यासःश्रेष्ठोऽपितद्धर्माणामत्यंतंदुरनुष्ठेयत्वात् यथोक्तंतत्रैवसुलभाजनकसंवादे । 'आधिपत्येतथातुल्येनिग्रहानुग्रहात्मके ॥ राजभिर्भिक्षुकास्तुल्यामुच्यंतेकेनहेतुना'इति । तत्रारूढपातित्यंकलौसंभावितमतोनशयानःपतत्यधइतिन्यायेनयत्रपातित्यंनास्त्यूर्ध्वगतिश्चसर्वैःप्रकारैःसंभाव्यतेतादृशआश्रमःप्रशस्ततरःकःइतिप्रष्टुरभिप्रायइति १ सर्वत्राश्रमेषुविहितोधर्मःस्वर्गःस्वर्गसाधनंसत्यफलमबाधितमोक्षाख्यफलसाधनंचभवति साधनेसाध्योपचारः बहूनियज्ञदानादीनिद्वाराणियस्य २ यस्मिन्निति । सर्वेष्वाश्रमेषुस्वर्गोमोक्षश्चास्तितेषुयत्रयस्यरुचिस्तेनसक्तस्तत्क्रतुर्योनान्यंधर्मंबहुमन्यतेइतिश्लोकद्वयार्थः ३ एवंसत्यपिन्यायागतधनस्यगृहस्थस्यश्रेष्ठतमत्वंप्रतिपादयितुमुञ्छवृत्त्युपाख्यानमारभते इमांचत्वंनरव्याघ्रेत्यादिना ४ । ५ । ६ । ७ । ८ ॥ ॥ ॥ ॥

९ । १० । ११ ॥ इति शांतिपर्वणि मोक्षधर्मपर्वणि नीलकंठीये भारतभावदीपे द्विपंचाशदधिकत्रिशततमोऽध्यायः ॥ ३५२ ॥ ॥ आसीदिति १ सोमान्वये अत्रिगोत्रे गताध्वा ज्ञातमार्गः २ । ३ ४ । ५ । ६ । ७ । ८ । ९ ॥ इति शांतिपर्वणि मोक्षधर्मपर्वणि नीलकंठीये भारतभावदीपे त्रिपंचाशदधिकत्रिशततमोऽध्यायः ॥ ३५३ ॥ ॥ ॥ समुत्पन्नेति । आभिधानी बंधनरज्जुः अश्वाभिधानीमादत्त इति ब्राह्मणात् तेनाभिधानशब्दोऽपि बंधनवाची जातबंधन इत्यर्थः १ । २ आत्मानं अवस्थाय आलंब्य एक एव आत्मनि स्थितिं आत्मज्ञानार्थमेकाकितया स्थातुं संन्यासं कर्तुमिच्छामि गुणैर्विषयपाशैर्निबद्धश्च तं नेच्छामि यथा मंदाग्निर्बह्वाहारं कामयानोऽप्यौदर्यदोषेण भोक्तुं नेच्छति तद्वदित्यर्थः ३ । ४ कुतो धर्ममयः प्लवः कुतः कुत्राश्रमे

नह्यस्त्यविदितं लोके देवर्षे तव किंचन ॥ श्रुतं वाऽप्यनुभूतं वा दृष्टं वा कथयस्व मे ९ तस्मै राजन्सुरेन्द्राय नारदो वदतां वरः ॥ आसीनायोपपन्नाय प्रोक्तवान्विपुलां कथाम् १० यथा येन च कल्पेन स तस्मै द्विजसत्तमः ॥ कथां कथितवान्पृष्टस्तथा त्वमपि मे शृणु ११ ॥ इति श्रीमहाभारते शांति० मो० प० उंछवृत्त्युपाख्याने द्विपंचाशदधिकत्रिशततमोऽध्यायः ॥ ३५२ ॥ ॥ भीष्म उवाच ॥ आसीत्किल नरश्रेष्ठ महापद्मे पुरोत्तमे ॥ गंगाया दक्षिणे तीरे कश्चिद्विप्रः समाहितः १ सौम्यः सोमान्वये वेदे गताध्वाछिन्नसंशयः ॥ धर्मनित्यो जितक्रोधो नित्यतृप्तो जितेन्द्रियः २ तपःस्वाध्यायनिरतः सत्यः सज्जनसंमतः ॥ न्यायप्राप्तेन वित्तेन स्वेन शीलेन चान्वितः ३ ज्ञातिसंबंधिविपुले सत्वाद्याश्रयसंमिते ॥ कुले महति विख्याते विशिष्टां वृत्तिमास्थितः ४ सपुत्रान्बहुलान्दृष्ट्वा विपुले कर्मणि स्थितः ॥ कुलधर्माश्रितो राजन्धर्मचर्याऽऽस्थितोऽभवत् ५ ततः स धर्मं वेदोक्तं तथा शास्त्रोक्तमेव च ॥ शिष्टाचीर्णं च धर्मं च त्रिविधं चिंत्य चेतसा ६ किं नु मे स्याच्छुभं कृत्वा किं कृतं किं परायणम् ॥ इत्येवं खिद्यते नित्यं न च याति विनिश्चयम् ७ तस्यैवं खिद्यमानस्य धर्मं परममास्थितः ॥ कदाचिदतिथिः प्राप्तो ब्राह्मणः सुसमाहितः ८ स तस्मै सत्क्रियां चक्रे क्रियायुक्तेन हेतुना ॥ विश्रांतं सुसमासीनमिदं वचनमब्रवीत् ९ ॥ इति श्रीमहाभारते शांतिपर्वणि मोक्षधर्मपर्वणि उंछवृत्त्युपाख्याने त्रिपंचाशदधिकत्रिशततमोऽध्यायः ॥ ३५३ ॥ ॥ ब्राह्मण उवाच ॥ समुत्पन्नाभिधानोऽस्मि वाङ्माधुर्येण तेऽनघ ॥ मित्रत्वमभिपन्नस्त्वां किंचिद्वक्ष्यामि तच्छृणु १ गृहस्थधर्मं विप्रेंद्र कृत्वा पुत्रगतं त्वहम् ॥ धर्मं परमकं कुर्यां को हि मार्गो भवेद्द्विज २ अहमात्मानमास्थाय एक एवात्मनि स्थितिम् ॥ कर्तुं कांक्षामि नेच्छामि बद्धः साधारणैर्गुणैः ३ यावदेतदतीतं मे वयः पुत्रफलाश्रितम् ॥ तावदिच्छामि पाथेयमादातुं पारलौकिकम् ४ अस्मिन्हि लोकसंभारे परं पारमभीप्सतः ॥ उत्पन्ना मे मतिरियं कुतो धर्ममयः प्लवः ५ संयुज्यमानानि निशम्य लोके निर्यात्यमानानि च सात्विकानि ॥ दृष्ट्वा तु धर्मध्वजकेतुमालां प्रकीर्यमाणामुपरि प्रजानाम् ६ न मे मनो रज्यति भोगकाले दृष्ट्वा यतीन्प्रार्थयतः परत्र ॥ तेनातिथे बुद्धिबलाश्रयेण धर्मेण धर्मे विनियुंक्ष्व मां त्वम् ७ सोऽतिथिर्वचनं तस्य श्रुत्वा धर्माभिभाषिणः ॥ प्रोवाच वचनं श्लक्ष्णं प्राज्ञो मधुरया गिरा ८ ॥ । ॥

प्लवः संसाराब्धितरणसाधनं ५ धर्मप्लवापेक्षायां हेतुमाह संयुज्यमानानीति निशम्य आलोच्य निर्यात्यमानानि निपीड्यमानानि सात्विकानि देवादीनि धर्मस्य यमस्य ध्वजाः केतवः पताकादंडो यमारोगादयस्तेषां मालाः संततिस्तां दृष्ट्वा मे मनो भोगकाले न रज्यतीत्युत्तरेण संबंधः ६ तर्हि किं भोगत्यागे रज्यति नेत्याह यतीन् परिव्राजकानपि परत्र गृहे वस्त्रान्नादिकं प्रार्थयतः प्रार्थयमानान्दृष्ट्वा च यतिधर्मेऽपि मे मनो न रज्यति अतः दोलायमानं मां धर्मे नियुंक्ष्व । ८ ॥ ॥ ॥ ॥ ॥

९ । १० । ११ । १२ । १३ । १४ । १५ । १६ ॥ इति शांतिपर्वणि मोक्षधर्मपर्वणि नीलकंठीये भारतभावदीपे पंचाशदधिकत्रिशततमोऽध्यायः ॥ ३५४ ॥ ॥ उपदेशंत्विति १ । २ । ३

॥ अतिथिरुवाच ॥ अहमप्यत्रमुह्यामिममाप्येषमनोरथः ॥ नचसंनिश्चयंयामिबहुद्वारेत्रिविष्टपे ९ केचिन्मोक्षंप्रशंसंतिकेचिद्यज्ञफलंद्विजाः ॥ वानप्रस्थाश्रयाः
केचिद्गार्हस्थ्यंकेचिदास्थिताः १० राजधर्माश्रयंकेचित्केचिदात्मफलाश्रयम् ॥ गुरुधर्माश्रयंकेचित्केचिद्वाक्संयमाश्रयम् ११ मातरंपितरंकेचिच्छुश्रूषंतोदिवंगताः॥
अहिंसयाऽपरेस्वर्गंसत्येनचतथाऽपरे १२ आहवेऽभिमुखाःकेचिन्निहतास्त्रिदिवंगताः ॥ केचिदुंछव्रतैःसिद्धाःस्वर्गमार्गसमाश्रिताः १३ केचिदध्ययनेयुक्तावेदव्रत
पराःशुभाः ॥ बुद्धिमंतोगताःस्वर्गंतुष्टात्मानोजितेंद्रियाः १४ आर्जवेनापरेयुक्तानिहतानार्जवैर्जनैः ॥ ऋजवोनाकपृष्ठेवैशुद्धात्मानःप्रतिष्ठिताः १५ एवंबहुवि
धैर्लोकैर्धर्मद्वारैरनावृतैः ॥ ममापिमतिराविग्नामेघलेखेववायुना १६ ॥ इति श्रीमहाभारते शांतिपर्वणि मोक्षधर्मपर्वणि उंछवृत्त्युपाख्याने चतुःपंचाशदधिक
त्रिशततमोऽध्यायः ॥ ३५४ ॥ ॥ अतिथिरुवाच ॥ उपदेशंतुतेविप्रकरिष्येहंयथाक्रमम् ॥ गुरुणामेयथाऽऽख्यातमर्थतत्त्वंतुमेशृणु १ यत्रपूर्वाभिसर्गेवैधर्म
चक्रंप्रवर्तितम् ॥ नैमिषेगोमतीतीरेतत्रनागाह्वयंपुरम् २ समग्रैस्त्रिदशैस्तत्रइष्टमासीद्द्विजर्षभ ॥ यत्रेंद्रातिक्रमंचक्रेमांधाताराजसत्तमः ३ कृताधिवासोधर्मात्मा
तत्रचक्षुःश्रवामहान् ॥ पद्मनाभोमहानागःपद्मइत्येवविश्रुतः ४ सवाचाकर्मणाचैवमनसाचद्विजर्षभ ॥ प्रसादयतिभूतानित्रिविधेवर्त्मनिस्थितः ५ साम्नाभेदेनदा
नेनदंडेनेतिचतुर्विधम् ॥ विषमस्थंसमस्थंचचक्षुर्ध्यानेनरक्षति ६ तमतिक्रम्यविधिनाप्रष्टुमर्हसिकांक्षितम् ॥ सतेपरमकंधर्मंनमिथ्यादर्शयिष्यति ७ सहिसर्वा
तिथिर्नागोबुद्धिशास्त्रविशारदः ॥ गुणैरनुपमैर्युक्तःसमस्तैराभिकामिकैः ८ प्रकृत्यानित्यसलिलोनित्यमध्ययनेरतः ॥ तपोदमाभ्यांसंयुक्तोवृत्तेनानवरेणच ९
यज्वादानपतिःक्षांतोवृत्तेचपरमेस्थितः ॥ सत्यवागनसूयुश्चशीलवान्नियतेंद्रियः १० शेषान्नभोक्तावचनानुकूलोहितार्जवोत्कृष्टकृताकृतज्ञः ॥ अवैरकृद्भूतहितेनि
युक्तोगंगाह्रदांभोऽभिजनोपपन्नः ११ ॥ इति श्रीमहाभारते शांतिपर्वणि मोक्षपर्वणि उंछवृत्त्यु० पंचपंचाशदधिकत्रिशततमोऽध्यायः ॥ ३५५ ॥ ब्राह्मणउवाच ॥
अतिभारोऽद्यतस्यैवभारावतरणंमहत् ॥ पराश्वासकरंवाक्यमिदंमेभवतःश्रुतम् १ अध्वक्लांतस्यशयनंस्थानक्लांतस्यचासनम् ॥ तृषितस्यचपानीयंक्षुधार्त्तस्यचभोज
नम् २ ईप्सितस्येवसंप्राप्तिरन्नस्यसमयेऽतिथेः ॥ एषितस्यात्मनःकालेवृद्धस्यैवसुतोयथा ३ मनसाचिंतितस्येवप्रीतिस्निग्धस्यदर्शनम् ॥ प्रह्लादयतिमांवाक्यंभव
तायदुदीरितम् ४ दत्तचक्षुरिवाकाशेपश्यामिविमृशामिच ॥ प्रज्ञानवचनाद्योऽयमुपदेशोहिमेकृतः ५ ॥ ॥ ॥

चक्षुःश्रवाःसर्पः ४ त्रिविधेकर्मज्ञानोपास्त्यात्मके ५ चक्षुःचक्षुरादि ध्यानेनवस्तुतत्त्वानुसंधानेन ६ अतिक्रम्यापगम्य ७ आभिकाभिकैरभीप्सितैः ८ नित्यंसलिलवान्निर्मलोनित्यसलिलः ९ । १० । ११
॥ इति शांतिपर्वणि मोक्षधर्मपर्वणि नीलकंठीये भारतभावदीपे पंचपंचाशदधिकत्रिशततमोऽध्यायः ॥ ३५५ ॥ ॥ अतिभारेति १ । २ । ३ । ४ । ५ ॥ ॥

६ । ७ । ८ चतुर्थधर्मोमोक्षधर्मस्तेनसंयुक्तं ९ । १० । ११ ॥ इति शांतिपर्वणि मोक्षधर्मपर्वणि नी० भा० षट्पंचाशदधिकत्रिशततमोऽध्यायः ॥ ३५६ ॥ सवनानीति १ । २ । ३ । ४ । ५ । ६ । ७

बाढमेवंकरिष्यामियथामेभाषतेभवान् ॥ इमांहिरजनींसाधोनिवसस्वमयासह ६ प्रभातेयास्यतिभवान्पर्याश्वस्तःसुखोषितः ॥ असौहिभगवान्सूर्योमंदरश्मिरवाङ्मुखः ७ ॥ भीष्मउवाच ॥ ततस्तेनकृतातिथ्यःसोऽतिथिःशत्रुसूदन ॥ उवासकिलतांरात्रिंसहतेनद्विजेनवै ८ चतुर्थधर्मसंयुक्तंतयोःकथयतोस्तदा ॥ व्यतीतासानिशाकृत्स्नासुखेनदिवसोपमा ९ ततःप्रभातसमयेसोऽतिथिस्तेनपूजितः ॥ ब्राह्मणेनयथाशक्त्यास्वकार्यमभिकांक्षता १० ततःसविप्रःकृतकर्मनिश्चयःकृताभ्यनुज्ञःस्वजनेनधर्मकृत् ॥ यथोपदिष्टंभुजगेंद्रसंश्रयंजगामकालेसुकृतैकनिश्चयः ११ ॥ इतिश्रीमहाभारतेशांतिपर्वणिमोक्षधर्मपर्वणिउंछवृत्त्युपाख्यानेषट्पंचाशदधिकत्रिशततमोऽध्यायः ॥ ३५६ ॥ भीष्मउवाच ॥ सवनानिविचित्राणितीर्थानिचसरांसिच ॥ अभिगच्छन्क्रमेणसमकंचिन्मुनिमुपस्थितः १ तंसतेनयथोद्दिष्टंनागंविप्रेणब्राह्मणः ॥ पर्यपृच्छद्यथान्यायंश्रुत्वैवचजगामसः २ सोऽभिगम्ययथान्यायंनागायतनमर्थवित् ॥ प्रोक्तवानहमस्मीतिभोःशब्दालंकृतंवचः ३ ततस्यवचनंश्रुत्वारूपिणीधर्मवत्सला ॥ दर्शयामासतंविप्रंनागपत्नीपतिव्रता ४ सातस्मैविधिवत्पूजांचक्रेधर्मपरायणा ॥ स्वागतेनागतंकृत्वाकिंकरोमीतिचाब्रवीत् ५ ॥ ब्राह्मणउवाच ॥ विश्रांतोऽभ्यर्चितश्चास्मिभवत्याश्लक्ष्णयागिरा ॥ द्रष्टुमिच्छामिभवतिदेवंनागमनुत्तमम् ६ एतद्धिपरमंकार्यमेतन्मेपरमेप्सितम् ॥ अनेनचार्थेनास्म्यद्यसंप्राप्तःपन्नगाश्रमम् ७ ॥ नागभार्योवाच ॥ आर्यःसूर्यरथंवोढुंगतोऽसौमासचारिकः ॥ सप्ताष्टभिर्दिनैर्विप्रदर्शयिष्यत्यसंशयम् ८ एतद्विदितमार्यस्यविवासकरणंतव ॥ भर्तुर्भवतुकिंचान्यत्क्रियतांतद्वदस्वमे ९ ॥ ब्राह्मणउवाच ॥ अनेननिश्चयेनाहंसाध्विसंप्राप्तवानिह ॥ प्रतीक्षन्नागमंदेविवत्स्याम्यस्मिन्महावने १० संप्राप्तस्यैवचाव्यग्रमावेद्योऽहमिहागतः ॥ ममाभिगमनंप्राप्तोवाच्यश्चवचनंत्वया ११ अहमप्यत्रवत्स्यामिगोमत्याःपुलिनेशुभे ॥ कालंपरिमिताहारोयथोक्तंपरिपालयन् १२ ततःसविप्रस्तांनागींसमाधायपुनःपुनः ॥ तदेवपुलिनंनद्याःप्रययौब्राह्मणर्षभः १३ ॥ इतिश्रीमहाभारतेशांतिपर्वणिमोक्षधर्मपर्वणिउंछवृत्त्युपाख्यानेसप्तपंचाशदधिकत्रिशततमोऽध्यायः ॥ ३५७ ॥ भीष्मउवाच ॥ अथतेननरश्रेष्ठब्राह्मणेनतपस्विना ॥ निराहारेणवसतादुःखितास्तेभुजंगमाः १ सर्वेसंभूयसहितास्तस्यनागस्यबांधवाः ॥ भ्रातरस्तनयाभार्याययुस्तंब्राह्मणंप्रति २ तेऽपश्यन्पुलिनेतंवैविविक्तेनियतव्रतम् ॥ समासीनंनिराहारंद्विजंजप्यपरायणम् ३ तेसर्वेसमतिक्रम्यविप्रमभ्यर्च्यचासकृत् ॥ ऊचुर्वाक्यमसंदिग्धमातिथेयस्यबांधवाः ४ षष्ठोहिदिवसस्तेऽद्यप्राप्तस्येहतपोधन ॥ नचाभिभाषसेकिंचिदाहारंधर्मवत्सल ५ ॥ ॥

८ विवासकरणंप्रवासकारणं ९ । १० । ११ । १२ । १३ ॥ इति शांतिपर्वणि मोक्षधर्मपर्वणि नीलकंठीये भारतभावदीपे सप्तपंचाशदधिकत्रिशततमोऽध्यायः ॥ ३५७ ॥ अथेति १ । २ । ३ समतिक्रम्योपेत्य ४ । ५ ॥ ॥ ॥ ॥ ॥

६ । ७ । ८ । ९ । १० । ११ । १२ । १३ ॥ इति शांतिपर्वणि मोक्षधर्मपर्वणि नीलकंठीये भारतभावदीपे अष्टपंचाशदधिकत्रिशततमोऽध्यायः ॥ ३५८ ॥ ॥ अथेति १

अस्मानभिगतश्चासिवयंचत्वामुपस्थिताः ॥ कार्यंचातिथ्यमस्माभिर्वयंसर्वेकुटुंबिनः ६ मूलंफलंवापर्णंवापयोवाद्विजसत्तम ॥ आहारहेतोरन्नंवाभोक्तुमर्हसिब्रा ह्मण ७ त्यक्ताहारेणभवतावनेनिवसतात्वया ॥ बालवृद्धमिदंसर्वंपीड्यतेधर्मसंकरात् ८ नहिनोभ्रूणहाकश्चिज्जातापत्यनृतोऽपिवा ॥ पूर्वाशीवाकुलेह्यस्मिन्देवता तिथिबंधुषु ९ ॥ ब्राह्मणउवाच ॥ उपदेशेनयुष्माकमाहारोऽयंकृतोमया ॥ द्विरूनंदशरात्रंवैनागस्यागमनंप्रति १० यद्यष्टरात्रेऽतिक्रांतेनागमिष्यतिपन्नगः ॥ तदाऽऽहारंकरिष्यामितन्निमित्तमिदंव्रतम् ११ कर्तव्योनचसंतापोगम्यतांचयथागतम् ॥ तन्निमित्तमिदंसर्वंनैतद्भेत्तुमिहार्हथ १२ तेतेनसमनुज्ञाताब्राह्मणेनभु जंगमाः ॥ स्वमेवभवनंजग्मुरकृतार्थानरर्षभ १३ ॥ इतिश्रीमहाभारतेशांतिपर्वणिमोक्षधर्मपर्वणिउंछवृत्त्युपाख्यानेअष्टपंचाशदधिकत्रिशततमोऽध्यायः ॥ ३५८॥ ॥ भीष्मउवाच ॥ अथकालेबहुतिथेपूर्णेप्राप्तोभुजंगमः ॥ दत्ताभ्यनुज्ञःस्वंवेश्मकृतकर्माविवस्वता १ तंभार्याऽप्युपचक्रामपादशौचादिभिर्गुणैः ॥ उपपन्नांचतांसाध्वीं पन्नगःपर्यपृच्छत २ अथत्वमसिकल्याणिदेवतातिथिपूजने ॥ पूर्वमुक्तेनविधिनायुक्तियुक्तेनतत्सतम् ३ नखल्वस्यकृतार्थेनस्त्रीबुध्यामार्दवीकृता ॥ मद्वियोगेनसुश्रो णिविमुक्ताधर्मसेतुना ४ ॥ नागभार्योवाच ॥ शिष्याणांगुरुशुश्रूषाविप्राणांवेदधारणम् ॥ भृत्यानांस्वामिवचनंराज्ञोलोकानुपालनम् ५ सर्वभूतपरित्राणंक्षत्रध र्मइहोच्यते ॥ वैश्यानांयज्ञसंवृत्तिरातिथेयसमन्विता ६ विप्रक्षत्रियवैश्यानांशुश्रूषाशूद्रकर्मतत् ॥ गृहस्थधर्मोनागेन्द्रसर्वभूतहितैषिता ७ नियताहारतानित्यंव्रतच र्यायथाक्रमम् ॥ धर्मोहिधर्मसंबंधादिंद्रियाणांविशेषतः ८ अहंकस्यकुतोवाऽपिकःकोमेहभवेदिति ॥ प्रयोजनमतिर्नित्यमेवंमोक्षाश्रमेवसेत् ९ पतिव्रतात्वंभार्या याःपरमोधर्मउच्यते ॥ तवोपदेशान्नागेन्द्रतच्चतत्त्वेनवेद्मिवै १० साऽहंधर्मंविजानंतीधर्मनित्येत्वयिस्थिते ॥ सत्पथंकथमुत्सृज्ययास्यामिविपथंपथः ११ देवतानां महाभागधर्मचर्यानहीयते ॥ अतिथीनांचसत्कारेनित्ययुक्ताऽस्म्यतंद्रिता १२ सप्ताष्टदिवसास्त्वद्यविप्रस्येहागतस्यवै ॥ तच्चकार्यंनमेख्यातिदर्शनंतवकांक्षति १३ गोमत्यास्त्वेषपुलिनेत्वद्दर्शनसमुत्सुकः ॥ आसीनोवर्तयन्ब्रह्मब्राह्मणःसंशितव्रतः १४ अहंत्वनेनगागेंद्रसत्यपूर्वंसमाहिता ॥ प्रस्थाप्योमत्सकाशंसंप्राप्तोभुजगो त्तमः १५ एतच्छ्रुत्वामहाप्राज्ञतत्रगंतुंत्वमर्हसि ॥ दातुमर्हसिवातस्यदर्शनंदर्शनश्रवः १६ ॥ ॥ इतिश्रीमहाभारतेशांतिपर्वणिमोक्षधर्मपर्वणिउंछवृत्त्युपाख्या नेएकोनषष्ट्यधिकत्रिशततमोऽध्यायः ॥ ३५९ ॥ ॥ ॥ ॥ ॥ ॥ ॥

२ । ३ अकृतार्थेनधर्मसेतुना ४ । ५ । ६ । ७ । ८ । ९ १० । ११ । १२ मेमांप्रतिख्यातिकथयति १३ वर्तयन् आवर्तयन् ब्रह्मवेदं १४ । १५ दर्शनश्रवः हेसर्प १६ ॥ ॥ इति शांतिपर्वणि मोक्षधर्मपर्वणि नीलकंठीये भारतभावदीपे एकोनषष्ट्यधिकत्रिशततमोऽध्यायः ॥ ३५९ ॥ ॥ ॥ ॥ ॥

अथेति १ । २ सौरभेयादिव्यगंधवहाः ३ । ४ । ५ स्तोककश्चातकः ६ हित्वाविना प्रतिपालयेत्प्राप्नुयात् त्वद्दर्शनंविनाऽस्यकोऽपिविघ्नोमाभूदित्यर्थः अभिजनेसद्वंशेजातस्तुल्योऽप्य न्योनागोऽपिकश्चिन्नपर्युपासतेपरित्यज्यनआस्ते अतिथित्यक्त्वानकश्चित्स्वकुलेआस्तेइत्यर्थः ७ सहजंसर्पत्वजातिजं ८ भ्रूणहत्यैवभ्रूणहत्ययैव ९ । १० । ११ । १२ । १३ । १४ । १५ । १६ । १७

॥२६९॥ ॥ नागउवाच ॥ अथब्राह्मणरूपेणकंतंसमनुपश्यसि ॥ मानुषंकेवलंविप्रंदेवंवाऽथशुचिस्मिते १ कोहिमांमानुषःशक्तोद्रष्टुकामोयशस्विनि ॥ संदर्शनरुचिर्वाक्य माज्ञापूर्वंवदिष्यति २ सुरासुरगणानांचदेवर्षीणांचभाविनि ॥ ननुनागामहावीर्याःसौरभेयास्तरस्विनः ३ वंदनीयाश्चवरदावयमप्यनुयायिनः ॥ मनुष्याणांवि शेषेणनावेक्ष्याइतिमेमतिः ४ ॥ नागभार्योवाच ॥ आर्जवेनविजानामिनासौदेवोऽनिलाशन ॥ एकंतस्मिन्विजानामिभक्तिमानतिरोषण ५ सहिकार्यान्तराकां क्षीजलेप्सुःस्तोककोयथा ॥ वर्षंवर्षप्रियःपक्षीदर्शनंतवकांक्षति ६ हित्वात्वद्दर्शनंकिंचिद्विघ्नंनप्रतिपालयेत् ॥ तुल्योऽप्यभिजनेजातोनकश्चित्पर्युपासते ७ तद्रो षंसहजंत्यक्त्वात्वमेनंद्रष्टुमर्हसि ॥ आशाच्छेदेनतस्याद्यनात्मानंदग्धुमर्हसि ८ आशयाह्यभिपन्नानामकृत्वाऽश्रुप्रमार्जनम् ॥ राजावाराजपुत्रोवाभ्रूणहत्यैवयुज्यते ९ मौनेज्ञानफलवाप्तिर्दानेनचयशोमहत् ॥ वाग्मित्वंसत्यवाक्येनपरत्रचमहीयते १० भूप्रदानेनचगतिंलभत्याश्रमसंमिताम् ॥ न्याय्यस्यार्थस्यसंप्राप्तिंकृत्वाफल मुपाश्नुते ११ अभिप्रेतामसंश्लिष्टांकृत्वाचात्महितांक्रियाम् ॥ नयातिनिरयंकश्चिदितिधर्मविदोविदुः १२ ॥ नागउवाच ॥ अभिमानैर्नमानोमेजातिदोषेणवैम हान् ॥ रोषःसंकल्पजःसाध्विदग्धोवागग्निनात्वया १३ नचरोषादहंसाध्विपश्येयमधिकंतमः ॥ तस्यवक्तव्यतांयातिविशेषेणभुजंगमाः १४ रोषस्यहिवशंगत्वा दशग्रीवःप्रतापवान् ॥ तथाशक्रप्रतिस्पर्धीहतोरामेणसंयुगे १५ अंतःपुरगतंवत्संश्रुत्वारामेणनिर्हृतम् ॥ धर्षणारोषसंविग्नाःकार्तवीर्यसुताहताः १६ जामदग्न्ये नरामेणसहस्रनयनोपमः ॥ संयुगेनिहतोरोषात्कार्तवीर्योमहाबलः १७ तदेषतपसांशत्रुःश्रेयसांविनिपातकः ॥ निगृहीतोमयारोषःश्रुत्वैवंवचनंतव १८ आत्मानं चविशेषेणप्रशंसाम्यनपायिनि ॥ यस्यमेत्वंविशालाक्षिभार्यागुणसमन्विता १९ एषतत्रैवगच्छामियत्रतिष्ठत्यसौद्विजः ॥ सर्वथाचोक्तवान्वाक्यंसकृतार्थःप्रयास्य ति २० ॥ इतिश्रीमहाभारतेशांतिपर्वणिमोक्षधर्मपर्वणिउंछवृत्त्युपाख्यानेषष्ट्यधिकत्रिशततमोऽध्यायः ॥ ३६० ॥ भीष्मउवाच ॥ सपन्नगपतिस्तत्रप्रययौब्रा ह्मणंप्रति ॥ तमेवमनसाध्यायन्कार्यवत्तांविचारयन् १ तमतिक्रम्यनागेंद्रोमतिमान्सनरेश्वर ॥ प्रोवाचमधुरंवाक्यंप्रकृत्याधर्मवत्सलः २ भोभोक्षाम्याभिभाषेत्वां नरोषंकर्तुमर्हसि ॥ इहत्वमभिसंप्राप्तःकस्यार्थेकिंप्रयोजनम् ३ आभिमुख्यादभिक्रम्यस्नेहात्पृच्छामितेद्विज ॥ विविक्तेगोमतीतीरेकंवात्वंपर्युपाससे ४ ब्राह्मण उवाच ॥ धर्मारण्यंहिमांविद्धिनागंद्रष्टुमिहागतम् ॥ पद्मनाभंद्विजश्रेष्ठतत्रमेकार्यमाहितम् ५ ॥ ॥ ॥ ॥

१८ । १९ । २० ॥ ॥ इति शांतिपर्वणि मोक्षधर्मपर्वणि नीलकंठीये भारतभावदीपे षष्ट्यधिकत्रिशततमोऽध्यायः ॥ ३६० ॥ ॥ ॥ सपन्नगपतिरिति १ । २ क्षाम्यक्षमापयंकृत्वा ३ । ४ धर्मारण्यंमुनिंमांविद्धि पद्मनाभंनागंद्रष्टुमागतं ५ ॥ ॥ ॥ ॥

६ अक्लेशकरणंक्लेशनिवारकं ७ । ८ । ९ । १० । ११ । १२ अनर्थज्ञःअर्थानभिज्ञः १३ आत्मानंब्रह्मआत्मानोजीवस्यगतिंविश्रांतिस्थानं आत्मस्थोविषयेभ्योव्यावृत्तः एवंविधोऽपिचलच्चित्तंवासार्थिनंगृहासक्तमपिमहाप्रज्ञंगृहदोषदार्शिनंउपास्मिह तथाचनरक्तोनापिविरक्तोऽस्मीत्यर्थः १४ । १५ । १६ ॥ ॥ इतिशांतिपर्वणिमोक्षधर्मपर्वणिनीलकंठीयेभारतभावदीपेएकषष्ट्यधिकत्रिशततमो

तस्यचाहमसान्निध्येश्रुतवानस्मितंगतम् ॥ स्वजनात्तंप्रतीक्षामिपर्जन्यमिवकर्षकः ६ तस्यचाक्लेशकरणंस्वस्तिकारसमाहितम् ॥ आवर्तयामितद्ब्रह्मयोगयुक्तोनिरामयः ७ ॥ नागउवाच ॥ अहोकल्याणवृत्तस्त्वंसाधुःसज्जनवत्सलः ॥ अवाच्यस्त्वंमहाभागपरंस्नेहेनपश्यसि ८ अहंसनागोविप्रर्षेयथामांविंदतेभवान् ॥ आज्ञापययथास्वैरंकिंकरोमिप्रियंतव ९ भवंतंस्वजनादस्मिसंप्राप्तंश्रुतवानहम् ॥ अतस्त्वांस्वयमेवाहंद्रष्टुमभ्यागतोद्विज १० संप्राप्तश्चभवानद्यकृतार्थःप्रतियास्यति ॥ विस्रब्धोमांद्विजश्रेष्ठविषयेयोक्तुमर्हसि ११ वयंहिभवतासर्वेगुणक्रीताविशेषतः ॥ यस्त्वमात्महितंत्यक्त्वामामेवेहानुरुध्यसे १२ ॥ ब्राह्मणउवाच ॥ आगतोऽहंमहाभागतवदर्शनलालसः ॥ कंचिदर्थमनर्थज्ञःप्रष्टुकामोभुजंगम १३ अहमात्मानमात्मस्थोमार्गमाणोत्मनोगतिम् ॥ वासार्थिनंमहाप्रज्ञंचलच्चित्तमुपास्मिह १४ प्रकाशितस्त्वंसगुणैर्यशोगर्भगभस्तिभिः ॥ शशांककरसंस्पर्शैर्हृद्यैरात्मप्रकाशितैः १५ तस्यमेप्रश्नमुत्पन्नंछिंदित्वमनिलाशन ॥ पश्चात्कार्यंवदिष्यामिश्रोतुमर्हतितद्भवान् १६ ॥ इतिश्रीमहाभारतेशांतिपर्वणिमोक्षधर्मपर्वणिउंछवृत्त्युपाख्यानेएकषष्ट्यधिकत्रिशततमोऽध्यायः ॥ ३६१ ॥ ब्राह्मणउवाच ॥ विवस्वतोगच्छतिपर्ययेणवोढुंभवांस्तंरथमेकचक्रम् ॥ आश्चर्यभूतंयदितत्रकिंचिद्दृष्टंत्वयाशंसितुमर्हसित्वम् १ ॥ नागउवाच ॥ आश्चर्याणामनेकानांप्रतिष्ठाभगवान्रविः ॥ यतोभूताःप्रवर्तन्तेसर्वेत्रैलोक्यसंमताः २ यस्यरश्मिसहस्रेषुशाखास्विवविहंगमाः ॥ वसंत्याश्रित्यमुनयःसंसिद्धादैवतैःसह ३ यतोवायुर्विनिःसृत्यसूर्यरश्म्याश्रितोमहान् ॥ विजृंभत्यंबरेतत्रकिमाश्चर्यमतःपरम् ४ विभज्यतंतुविप्रर्षेप्रजानांहितकाम्यया ॥ तोयंसृजतिवर्षासुकिमाश्चर्यमतःपरम् ५ यस्यमंडलमध्यस्थोमहात्मापरमत्विषा ॥ दीप्तःसमीक्षतेलोकान्किमाश्चर्यमतःपरम् ६ शुक्रोनामाऽसितःपादोयश्चवारिधरोंबरे ॥ तोयंसृजतिवर्षासुकिमाश्चर्यमतःपरम् ७ योष्टमासांस्तुशुचिनाकिरणेनोक्षितंपयः ॥ प्रत्यादत्तेपुनःकालेकिमाश्चर्यमतःपरम् ८ यस्यतेजोविशेषेषुस्वयमात्माप्रतिष्ठितः ॥ यतोबीजंमहीचेयंधार्यतेसचराचरा ९ यत्रदेवोमहाबाहुःशाश्वतःपुरुषोत्तमः ॥ अनादिनिधनोविप्रकिमाश्चर्यमतःपरम् १० आश्चर्याणामिवाश्चर्यमिदमेकंतुमेशृणु ॥ विमलेयन्मयादृष्टमंबरेसूर्यसंश्रयात् ११ पुरामध्यान्हसमयेलोकांस्तपतिभास्करे ॥ प्रत्यादित्यप्रतीकाशःसर्वतःसमदृश्यत १२ सलोकांस्तेजसासर्वान्स्वभासानिर्विभासयन् ॥ आदित्याभिमुखोऽभ्येतिगगनंपाटयन्निव १३ ॥ ॥

ऽध्यायः ॥ ३६१ ॥ ॥ विवस्वतइति १ । २ । ३ । ४ तंवातंपुरोवातादिरूपेणविभज्यपरिणामंनीत्वा ५ महात्मांतर्यामी ६ पादइवपादोऽवयवः नीलमेघरूपेणाप्ययमेववर्षतीत्यर्थः ७ । ८ यतःसूर्याद्बीजंऔषधं ९ । १० । ११ प्रत्यादित्यप्रतीकाशःआदित्यांतरतुल्यतेजस्कः समदृश्यतदृष्टः १२ सइति । तदेवभूतंपरामृश्यते १३ ॥ ॥ ॥

म.भा.टी. शां.मो.१२

१४ । १५ । १६ । १७ । १८ ॥ ॥ इति शांतिपर्वणि मोक्षधर्मपर्वणि नीलकंठीये भारतभावदीपे द्विषष्ट्यधिकत्रिशततमोऽध्यायः ॥ ३६२ ॥ ॥ ॥ ॥ नैषइति । अनिलसखोवन्हिः १
२ । ३ । ४ । ५ । ६ ॥ ॥ इति शांतिपर्वणि मोक्षधर्मपर्वणि नीलकंठीये भारतभावदीपे त्रिषष्ट्यधिकत्रिशततमोऽध्यायः ॥ ३६३ ॥ ॥ ॥ ॥ आश्चर्यमिति १ । २ । ३ उक्ता
नुक्तेपृष्टेअपृष्टेऽपिमय्येववात्सल्यात्कृतेसति ४ । ५ अहंत्वयिभक्तिमानितिशेषः मयिमित्रेसतिकाचिंतानकापीत्यर्थः ६ । ७ सएवत्वमिति । 'यत्रदेवोमहाबाहुःशाश्वतःपुरुषोत्तमः ॥ अनादिनि

हुताहुतिरिवज्योतिर्व्याप्यतेजोमरीचिभिः ॥ अनिर्देश्येनरूपेणद्वितीयइवभास्करः १४ तस्याभिगमनप्राप्तौहस्तौदत्तौविवस्वता ॥ तेनापिदक्षिणोहस्तोदत्तःप्रत्यर्चिताऽर्थिना १५ ततोभित्त्वैवगगनंप्रविष्टोरश्मिमंडलम् ॥ एकीभूतंचतत्तेजःक्षणेनादित्यतांगतम् १६ तत्रनःसंशयोजातस्तयोस्तेजःसमागमे ॥ अनयोःकोभवेत्सूर्योरथस्थोयोयमागतः १७ तेवयंजातसंदेहाःपर्यपृच्छामहेरविम् ॥ कएषदिवमाक्रम्यगतःसूर्यइवापरः १८ ॥ इतिश्रीमहाभारतेशांतिपर्वणिमोक्षपर्वणिउंछवृत्त्युपाख्यानेद्विषष्ट्यधिकत्रिशततमोऽध्यायः ॥ ३६२ ॥ सूर्यउवाच ॥ नैषदेवोऽनिलसखोनासुरोनचपन्नगः ॥ उंछवृत्तिव्रतेसिद्धोमुनिरेषदिवंगतः १ एषमूलफलाहारःशीर्णपर्णाशनस्तथा ॥ अब्भक्षोवायुभक्षश्चआसीद्विप्रःसमाहितः २ भवश्चानेनविप्रेणसंहिताभिरभिष्टुतः ॥ स्वर्गद्वारेकृतोद्योगोयेनासौत्रिदिवंगतः ३ असंगतिरनाकांक्षीनित्यमुंछशिलाशनः ॥ सर्वभूतहितेयुक्तएषविप्रोभुजंगमाः ४ नहिदेवानगंधर्वानासुरानचपन्नगाः ॥ प्रभवंतीहभूतानांप्राप्तानामुत्तमांगतिम् ५ एतदेवंविधंदृष्टमाश्चर्यंतत्रमेद्विज ॥ संसिद्धोमानुषःकामंयोऽसौसिद्धगतिंगतः ॥ सूर्येणसहितोब्रह्मन्पृथिवींपरिवर्तते ६ ॥ इतिश्रीमहाभारतेशांतिपर्वणिमोक्षधर्मपर्वणिउंछवृत्त्युपाख्यानेत्रिषष्ट्यधिकत्रिशततमोऽध्यायः ॥ ३६३ ॥ ब्राह्मणउवाच ॥ आश्चर्यंनात्रसंदेहःसुप्रीतोस्मिभुजंगम ॥ अन्वर्थोपगतैर्वाक्यैःपंथानंचास्मिदर्शितः १ स्वस्तितेऽस्तुगमिष्याभिसाधोभुजगसत्तम ॥ स्मरणीयोऽस्मिभवतासंप्रेषणनियोजनैः २ ॥ नागउवाच ॥ अनुक्त्वाहृद्गतंकार्यंक्केदानींप्रस्थितोभवान् ॥ उच्यतांद्विजयत्कार्यंयदर्थंत्वमिहागतः ३ उक्तानुक्तेकृतेकार्येमामामंत्र्यद्विजर्षभ ॥ मयाप्रत्यभ्यनुज्ञातस्ततोयास्यसिसुव्रत ४ नहिमांकेवलंदृष्ट्वात्यक्त्वाप्रणयवानिह ॥ गंतुमर्हसिविप्रर्षेवृक्षमूलगतोयथा ५ त्वयिचाहंद्विजश्रेष्ठभवान्मयिनसंशयः ॥ लोकोऽयंभवतःसर्वःकाचिंतामयितेऽनघ ६ ॥ ब्राह्मणउवाच ॥ एवमेतन्महाप्राज्ञविदितात्मन्भुजंगम ॥ नातिरिक्तास्त्वयादेवाःसर्वथैवयथातथम् ७ सएवत्वंसएवाहंयोऽहंसतुभवानपि ॥ अहंभवांश्चभूतानिसर्वेयत्रगताःसदा ८ ॥ ॥

धनोविप्रकिमाश्चर्यमतःपरं'इतियःपूर्वमादित्यांतर्वर्तीपुरुषोत्तमउक्तःसएवत्वंसएवचाहं सयश्चायंपुरुषे यश्चासावादित्येसएकइतिहृदयादित्यपुरुषयोरभेदावगमादकारणात्मनाऽभेदेपिकार्यात्मनाआवयोर्भेदोभविष्यतीत्याशंक्याह योऽहंसएवभवानपि । तुशब्दोऽवधारणे एतेनभेदाभेदपक्षोनिरस्तः भूतानिवियदादीनि सर्वेयत्रगताःप्रलयकालेतदेवब्रह्मसमइत्यर्थः एतच्चोंछवृत्तेःसूर्यप्रवेशमात्रश्रवणेनैवज्ञातंनिश्चितंचवेदवाक्यादितिभावः ८ ॥ ॥ ॥ ॥ ॥ ॥

भोगपतेभोगोऽहिकुलंतत्पते भोगिपतेइतिस्वच्छःपाठ ९ । १० ॥ इतिशांतिपर्वणि मोक्षधर्मपर्वणि नीलकंठीये भारतभावदीपे चतुःषष्ट्यधिकत्रिशततमोऽध्यायः ॥ ३६४ ॥ सचेति । दीक्षाक्षौरमाय
श्चित्तादिपूर्वमुंछव्रतस्वीकारस्तदर्थी १ तदनेनप्रबंधेनयद्यपिसर्वेष्वाश्रमेषुमोक्षोऽस्तितथाऽपिगार्हस्थ्यमेवस्वाध्यायव्रतयमनियमशमदमाद्युपेतमाश्रमांतरधर्माणामाश्रयइतितत्रैवकात्स्न्येंनसर्वेधर्माःसंभवंतीतिते
नैवोपसंहारःकृतः यथाछांदोग्येब्रह्मसंस्थोऽमृतत्वमेतीतिसंन्यासोत्कर्षप्रतिपादकेवाक्येसत्यप्याचार्यकुलाद्वेदमधीत्ययथाविधानंगुरोःकर्मातिशेषेणाभिसमावृत्यकुटुंबेशुचौदेशेस्वाध्यायमधीयानोधार्मिकान्विदध
दात्मनिसर्वेंद्रियाणिप्रतिष्ठाप्याहिंसन्सर्वाणिभूतान्यत्रतीर्थेभ्यःसखल्वेवंवर्तयन्यावदायुषंब्रह्मलोकमभिसंपद्यतेनचपुनरावर्ततेनचपुनरावर्त्ततइतिगृहिणैवोपसंहारःकृतस्तत्रैवकृत्स्नाश्रमधर्मसमाप्तेः यथोक्तंभगवता

आसीत्तुमेभोगपतेसंशयःपुण्यसंचये ॥ सोहमुंछव्रतंसाधोचरिष्याम्यर्थसाधनम् ९ एषमेनिश्चयःसाधोकृतंकारणमुत्तमम् ॥ आमंत्रयामिभद्रंतेकृतार्थोऽस्मिभुजं
गम १० ॥ ॥ इति श्रीमहाभारते शांतिपर्वणि मोक्षधर्मपर्वणि उंछवृत्त्युपाख्याने चतुःषष्ट्यधिकत्रिशततमोऽध्यायः ॥ ३६४ ॥ ॥ ॥ भीष्म
उवाच ॥ ॥ सचामंत्र्योरगश्रेष्ठंब्राह्मणःकृतनिश्चयः ॥ दीक्षाकांक्षीतदाराजंश्च्यवनंभार्गवंश्रितः १ सतेनकृतसंस्कारोधर्ममेवाधितस्थिवान् ॥ तथैवचकथामे
तांराजन्कथितवांस्तदा २ भार्गवेणापिराजेंद्रजनकस्यनिवेशने ॥ कथैषाकथितापुण्यानारदायमहात्मने ३ नारदेनापिराजेंद्रदेवेंद्रस्यनिवेशने ॥ कथिताभरत
श्रेष्ठपृष्टेनाक्लिष्टकर्मणा ४ देवराजेनचपुराकथितैषाकथाशुभा । समस्तेभ्यःप्रशस्तेभ्योविप्रेभ्योवसुधाधिप ५ यदाचममरामेणयुद्धमासीत्सुदारुणम् ॥
वसुभिश्चतदाराजन्कथेयंकथितामम ६ पृच्छमानायतत्त्वेनमयाचैवोत्तमातव ॥ कथेयंकथितापुण्याधर्म्याधर्मभृतांवर ७ यदयंपरमोधर्मोयन्मांपृच्छ
सिभारत ॥ आसीद्वीरोह्यनाकांक्षीधर्मार्थकरणेनृप ८ ॥ ॥ ॥ ॥

बादरायणेन कृत्स्नभावात्तुगृहिणोपसंहारइति तथेहापिसुलभाजनकसंवादेसंन्यासस्याधिक्येसिद्धेप्युंछवृत्त्युपाख्यानेनगृहिणैवोपसंहारःप्रदर्शितः अतिशेषेणनिःशेषेणकृत्वेत्यध्याहारः धार्मिकान्पुण्याव
हान्धर्मान् सर्वेंद्रियाणिप्रतिष्ठाप्येत्यनेनयोगउक्तः तीर्थेभ्योयज्ञेभ्यइतिश्रुतिपदानामर्थः यत्रकुत्राप्याश्रमेजितेंद्रियोध्याननिष्ठोमुच्यतइत्युक्तंभवति तथैवचकथामेतामित्यादिनावंशउक्तः २ । ३ । ४
५ । ६ । ७ परकृतिस्वरूपेणार्थवादेननिष्कामस्वकर्मैवजितेंद्रियेणकर्तव्यंतदेवगोचरमित्याशयेनार्द्धेनाद्वासीदिति ८ ॥ ॥ ॥ ॥ ॥

उपसंहरति सचेति । यमाअहिंसादयः नियमाःशौचादयः वनांतरंवनमध्यंप्रविष्टः उंछःकणशःआदानंकणिशाद्यर्जनंशिलं परिगणितंपरिमितंउंछशिलाभ्यांअशनंयस्य अनुफणिपत्युक्तामुंछवृत्तेर्गतिंप्रापेतिशेषः ९ ॥ वेदांतिलक्ष्मणार्यक्रतुविधिविदृतौतीर्थनारायणार्यौवर्केश्रीरेवमिश्रान्फणिपतिमभितोपोळगंगाधरार्यौ ॥ वेदेअंगेपिदुर्गंधियममपिवरंदक्षिणामूर्त्युपास्तौश्रौतेचिंतामणिंयःशरणमुपगतोभूत्रिगोपालदेवं

सचकिलकृतनिश्चयोद्विजोभुजगपतिप्रतिदेशितात्मकृत्यः ॥ यमनियमसहोवनांतरंपरिगणितोंछशिलाशनःप्रविष्टः ९ ॥ ॥ इति श्रीमहाभारतेशतसाहस्र्यां संहितायां वैयासक्यां शांतिपर्वणि उंछवृत्त्युपाख्याने पंचषष्ट्यधिकत्रिशततमोऽध्यायः ॥ ३६५ ॥ ॥ ॥ ॥ अस्यानंतरमनुशासनपर्वभविष्यति तस्यायमाद्यःश्लोकः ॥ ॥ युधिष्ठिरउवाच ॥ शमोबहुविधाकारःसूक्ष्मउक्तःपितामह ॥ नचमेहृदयेशांतिरस्तिश्रुत्वेदमीदृशम् ॥ १ ॥ ॥

॥ १ ॥ व्याकरोन्मोक्षधर्मान्सनीलकंठःसमासतः ॥ अनेनप्रीयतांदेवोगिरिजापतिरव्ययः ॥ २ ॥ इतिश्रीमत्पदवाक्यप्रमाणमर्यादाधुरंधरचतुर्धरवंशावतंसश्रीगोविंदसूरिसूनोःश्रीनीलकंठस्यकृतौभारतभावदीपे मोक्षधर्मपर्वार्थप्रकाशे पंचषष्ट्यधिकत्रिशततमोऽध्यायः ॥ ३६५ ॥ ॥ ॥ समाप्तेयंटीका ॥ शुभमस्तु ॥ श्रीकृष्णार्पणमस्तु ॥ ॥ ॥ ॥ ॥

॥ अस्मिन्पर्वणि व्यासोक्ताध्यायश्लोकसंख्यान्यूनाधिक्यं तल्लिपिकरादिप्रमादादेवेतिबोध्यं ॥

॥ इति श्रीमहाभारते शांतिपर्व समाप्तम् ॥